COLLECTION

DES

AUTEURS LATINS

AVEC LA TRADUCTION EN FRANÇAIS

PUBLIÉE SOUS LA DIRECTION

DE M. NISARD

DE L'ACADÉMIE FRANÇAISE
INSPECTEUR GÉNÉRAL DE L'ENSEIGNEMENT SUPÉRIEUR

QUINTILIEN

ET

PLINE LE JEUNE

PARIS. — TYPOGRAPHIE DE FIRMIN DIDOT FRÈRES, FILS ET Cie, RUE JACOB, 56

QUINTILIEN

ET

PLINE LE JEUNE

ŒUVRES COMPLÈTES

AVEC LA TRADUCTION EN FRANÇAIS

PUBLIÉES SOUS LA DIRECTION

DE M. NISARD

DE L'ACADÉMIE FRANÇAISE
INSPECTEUR GÉNÉRAL DE L'ENSEIGNEMENT SUPÉRIEUR

PARIS

CHEZ FIRMIN DIDOT FRÈRES, FILS ET Cie, LIBRAIRES

IMPRIMEURS DE L'INSTITUT DE FRANCE

RUE JACOB, 56

M DCCC LXV

QUINTILIEN.

DE L'INSTITUTION ORATOIRE.

LIVRE PREMIER.

SOMMAIRE.

Quintilien à Tryphon. — Introduction à Marcellus Victorius. — CHAP. I. Des précautions que réclame l'enfant dans les commencements de son éducation. Des nourrices et des précepteurs. — II. L'éducation privée est-elle préférable à l'éducation publique? — III. Comment on parvient à connaître l'esprit des enfants, et comment il faut le manier. — IV. De la grammaire. — V. Des qualités et des vices du discours. — VI. Des mots propres et métaphoriques, usités et nouveaux. Des quatre choses qui constituent le langage. — VII. De l'orthographe. — VIII. De la lecture de l'enfant. — IX. Des devoirs du grammairien. — X. La connaissance de plusieurs arts est-elle nécessaire à l'orateur? — XI. De la prononciation et du geste. — XII. Les enfants sont-ils capables d'apprendre plusieurs choses en même temps?

QUINTILIEN A TRYPHON.

Vous n'avez pas laissé passer un jour sans renouveler vos instances, je dirai presque vos reproches, pour me déterminer à publier le traité que j'avais adressé à mon ami Marcellus sur l'*Institution de l'orateur*. A vrai dire, mon travail ne me semblait pas encore assez mûr, n'y ayant consacré, comme vous le savez, qu'un peu plus de deux ans, et distrait par tant d'autres soins : encore ce temps fut-il employé moins à le rédiger qu'à faire les recherches presque infinies qu'il exigeait, et à lire une foule innombrable d'auteurs. Ensuite, d'après le conseil d'Horace, qui, dans son Art poétique, recommande aux écrivains de ne point trop se presser de produire leurs ouvrages, et *de les garder pendant neuf ans en portefeuille*, je laissai reposer le mien et refroidir mon amour d'auteur, afin d'être en état de le revoir avec plus de sévérité, et de le juger avec l'impartialité d'un lecteur. Toutefois s'il est aussi impatiemment attendu que vous le dites, livrons la voile au vent, et faisons des vœux pour un heureux voyage. Au reste, je compte beaucoup sur vos soins consciencieux pour qu'il parvienne au public avec toute la correction possible.

INTRODUCTION.

A MARCELLUS VICTORIUS.

Après vingt années de travaux, consacrées à l'instruction de la jeunesse, j'avais obtenu le repos, lorsque je fus sollicité par des amis de com-

---

M. FABII QUINTILIANI
ORATORIÆ INSTITUTIONIS
LIBER PRIMUS.

ARGUMENTUM.

M. Fabius Quintilianus Tryphoni salutem. — Ad Marcellum Victorium prooemium. — CAP. I. Quid circa primam pueri institutionem providendum sit. A quali nutrice educandum filium pater curet, et quales præceptores primos habere debeat. — II. Utrum utilius domi, an in scholis erudiatur. — III. Qua ratione puerorum ingenia dignoscantur, et quomodo tractanda. — IV. De grammatica, de litteris et earum potestate, ac orationis partibus. Declinare inprimis nomina, et verba scire oportet pueros, et genera nosse, ac casus. Tum de verbis et verborum appellationibus. — V. De virtutibus et vitiis orationis. — VI. De verbis propriis ac translatis, usitatis et novis, et de quatuor quibus sermo constat. De vetustis verbis, et quibus verbis sit utendum. De auctoritate. De consuetudine. — VII. De orthographia. — VIII. De lectione pueri. — IX. De officio grammatici, et quæ primordia sint dicendi. — X. An oratori futuro necessaria sit plurium artium scientia. — XI. De prima pronuntiationis et gestus institutione. — XII. An plura eodem tempore doceri prima ætas possit.

M. FABIUS QUINTILIANUS TRYPHONI SALUTEM.

Efflagitasti quotidiano convicio, ut libros, quos ad Marcellum meum de Institutione oratoria scripseram, jam emittere inciperem. Nam ipse eos nondum satis opinabar maturuisse : quibus componendis, uti scis, paulo plus quam biennium, tot alioqui negotiis districtus, impendi : quod tempus non tam stylo, quam inquisitioni instituti operis prope infiniti, et legendis auctoribus, qui sunt innumerabiles, datum est. Usus deinde Horatii consilio, qui in Arte poetica suadet, ne præcipitetur editio,

..... nonumque prematur in annum,

dabam iis otium, ut refrigerato inventionis amore, diligentius repetitos tamquam lector perpenderem. Sed si tantopere efflagitantur, quam tu affirmas, permittamus vela ventis, et oram solventibus bene precemur. Multum autem in tua quoque fide ac diligentia positum est, ut in manus hominum quam emendatissimi veniant.

AD MARCELLUM VICTORIUM PROŒMIUM.

Post impetratam studiis meis quietem, quæ per viginti annos erudiendis juvenibus impenderam, quum a me quidam familiariter postularent, ut aliquid de ratione dicendi

poser un traité sur l'art oratoire. Je résistai longtemps, leur alléguant que de célèbres auteurs, grecs et latins, avaient laissé à la postérité un grand nombre d'écrits où cette matière est traitée à fond. Mais cette raison, qui me semblait de nature à faire admettre mon excuse sans observations, ne fit, au contraire, que les rendre plus pressants. Ils m'opposaient qu'au milieu des opinions différentes, quelquefois même contraires, des premiers auteurs, il était difficile de se déterminer : de sorte que, si je n'avais rien de nouveau à dire, je ne pouvais du moins me dispenser de porter un jugement sur ce qui avait été dit. Je cédai donc moins à l'espérance de réussir dans ce qu'on exigeait de moi, qu'à l'embarras d'un refus; puis, mon sujet venant à se développer sous ma plume, je me chargeai volontairement d'un fardeau plus lourd que celui qu'on m'avait imposé, autant pour satisfaire par une entière déférence aux droits de l'amitié, que pour n'avoir pas, dans un sentier si battu, à me traîner servilement sur les traces d'autrui. En effet, la plupart de ceux qui ont écrit sur l'art oratoire ont débuté comme s'il ne se fût agi que de donner le dernier poli de l'éloquence à des esprits déjà consommés dans toute espèce de science : soit qu'ils méprisassent, comme peu important, tout ce qu'on apprend avant d'en venir là; soit qu'ils crussent que ces études préliminaires n'étaient pas de leur ressort, à cause du partage des professions de l'enseignement; soit enfin, ce qui est plus vraisemblable, qu'ils désespérassent de pouvoir briller dans des choses qui, quoique nécessaires, ne sont susceptibles d'aucun éclat; de même que dans un édifice c'est le faîte qui frappe la vue, tandis que les fondements restent cachés.

Pour moi, qui estime que rien n'est étranger à l'art oratoire de ce qui est indispensable pour devenir orateur, et que dans aucun art on ne peut arriver au sommet si l'on n'a passé par les degrés inférieurs, je ne dédaignerai pas de m'abaisser à des choses qui, bien que peu relevées, sont la condition des grandes; et, comme si j'étais chargé de l'éducation d'un orateur, je commencerai ses études avant même qu'il sache parler.

C'est à vous, Marcellus Victorius, que je dédie cet ouvrage. Quoique votre tendre amitié pour moi et votre noble amour des lettres soient des titres qui justifient suffisamment ce gage de notre affection mutuelle, j'ai eu aussi en vue l'instruction de votre fils, qui dès ses tendres années aspire manifestement à briller un jour par la beauté de l'esprit et de l'éloquence. J'ai pensé que ce traité ne lui serait pas inutile, en ce que mon dessein est de prendre, pour ainsi dire, l'orateur au berceau, de le faire passer par tous les arts qui peuvent contribuer en quelque chose à sa perfection, et de ne le quitter qu'après être arrivé au terme; ce que j'ai entrepris d'autant plus volontiers qu'on a fait paraître sous mon nom et sans ma participation deux traités de Rhétorique, qui même n'étaient pas destinés à être publiés : l'un est le résumé d'une conférence de deux jours que j'avais eue avec mes élèves, et qu'ils avaient retenue de mémoire; l'autre, ce sont encore eux qui recueillirent mes leçons pendant plusieurs jours, il est vrai, mais autant que des notes pouvaient le permettre; et ces bons jeunes gens, par un excès de zèle pour la gloire de leur maître, leur accordèrent témérairement les honneurs de la publication. Aussi trouvera-t-on dans ce traité quelques parties semblables, un assez grand nom-

componerem, diu sum equidem reluctatus : quod auctores utriusque linguæ clarissimos non ignorabam multa, quæ ad hoc opus pertinerent, diligentissime scripta posteris reliquisse. Sed qua ego ex causa faciliorem mihi veniam meæ deprecationis arbitrabar fore, hac accendebantur illi magis : quod inter diversas opiniones priorum, et quasdam etiam inter se contrarias, difficilis esset electio : ut mihi, si non inveniendi nova, at certe judicandi de veteribus, injungere laborem non injuste viderentur. Quamvis autem non tam me vinceret præstandi, quod exigebatur, fiducia, quam negandi verecundia : latius se tamen aperiente materia, plus quam imponebatur oneris, sponte suscepi; simul ut pleniori obsequio demererer amantissimos mei; simul ne vulgarem viam ingressus, alienis demum vestigiis insisterem. Nam cæteri fere, ubi artem orandi litteris tradiderunt, ita sunt exorsi, quasi perfectis omni alio genere doctrinæ summam inde eloquentiæ manum imponerent : sive contemnentes tamquam parva, quæ prius discimus, studia, sive non ad suum pertinere officium opinati, quando divisæ professionum vices essent; seu, quod proximum vero, nullam ingenii sperantes gratiam circa res, etiamsi necessarias, procul tamen ab ostentatione positas : ut operum fastigia spectantur, latent fundamenta. Ego, quum nihil existimem arti oratoriæ alienum, sine quo fieri ora-

torem non posse fatendum est, nec ad ullius rei summam, nisi præcedentibus initiis, perveniri; ad minora illa, sed, quæ si negligas, non sit majoribus locus, demittere me non recusabo : nec aliter, quam si mihi tradatur educandus orator, studia ejus formare ab infantia incipiam. Quod opus, Marcelle Victori, tibi dicamus : quem, quum amicissimum nobis, tum eximio litterarum amore flagrantem, non propter hæc modo (quamquam sunt magna) dignissimum hoc mutuæ inter nos caritatis pignore judicabamus; sed quod erudiendo nato tuo, cujus prima ætas manifestum iter ad ingenii lumen ostendit, non inutiles fore libri videbantur, quos ab ipsis orientis velut incunabulis, per omnes, quæ modo aliquid oratori futuro conferant, artes, ad summam ejus operis perducere destinabamus; atque eo magis, quod duo jam sub nomine meo libri ferebantur artis rhetoricæ, neque editi a me, neque in hoc comparati. Namque alterum, sermone per biduum habito, pueri, quibus id præstabatur, exceperant : alterum pluribus sane diebus, quantum notando consequi poterant, interceptum, boni juvenes, sed nimium amantes mei, temerario editionis honore vulgaverant. Quare in his quoque libris erunt eadem aliqua, multa mutata, plurima adjecta, omnia vero compositiora, et, quam nos poterimus, elaborata. Oratorem autem instituimus illum perfectum, qui esse nisi vir

re de changements, beaucoup d'additions, et le tout dans un meilleur ordre, et élaboré avec tout le soin dont je suis capable.

Or, quand je parle d'un orateur parfait, je prétends tel qu'il n'y ait que l'homme de bien qui le puisse être. Je n'exige donc pas seulement de lui un rare talent pour l'éloquence, mais encore toutes les qualités de l'âme ; et je n'accorde pas qu'il faille, comme quelques-uns l'ont pensé, renvoyer aux philosophes ce qui regarde la morale et les devoirs. Car le vrai politique, l'homme né pour l'administration des affaires publiques et privées, capable de régir un État par ses conseils, de le fonder par des lois, de le réformer par la justice, cet homme n'est autre, à coup sûr, que l'orateur. Ainsi, quoique je confesse que j'aurai quelquefois recours aux principes contenus dans les livres des philosophes, je les revendique à bon droit comme étant véritablement de mon domaine, et comme appartenant en propre à l'art oratoire. Quoi ! lorsqu'on a si souvent occasion de discourir sur la justice, le courage, la tempérance, et les autres vertus de même espèce ; lorsqu'il n'est presque point de cause où il ne s'élève quelque question sur ces points de morale, qui tous ont besoin du secours de l'invention et de l'élocution pour être bien traités, peut-on douter que, partout où il faut déployer toutes les ressources de l'esprit et de l'éloquence, ce ne soit à l'orateur qu'appartient le rôle principal ? Ces choses sont si étroitement unies entre elles par la nature et par le besoin qu'elles ont mutuellement les unes des autres, comme Cicéron l'a démontré jusqu'à l'évidence, qu'autrefois le sage n'était point distingué de l'orateur. Avec le temps, les soins se partagèrent, et la paresse fit qu'au lieu d'un art il sembla y en avoir plusieurs. En effet, dès que l'on commença à faire une marchandise de la parole et à abuser des dons de l'éloquence, ceux qui passaient pour diserts abandonnèrent le soin de la morale, qui devint alors la proie des esprits les plus médiocres. D'autres, à leur tour, méprisant le soin de bien parler, retournèrent à la morale, se réservant ainsi la partie, sans contredit, la plus importante des fonctions de l'orateur, si toutefois elles pouvaient être divisées. Mais en voulant passer pour être les seuls amis de la sagesse, ils s'arrogèrent insolemment un titre que n'osèrent jamais prendre ni les plus fameux capitaines ni les plus grands politiques, plus jaloux de pratiquer la vertu que de la professer. Toutefois, j'accorderai sans peine que beaucoup de ces anciens professeurs de la sagesse ont émis d'excellents préceptes, et qu'ils les ont pratiqués. Mais, de notre temps, ce nom a le plus souvent servi de masque aux vices les plus honteux. Car ce n'était point par la vertu et le travail que la plupart de nos philosophes tâchaient de mériter ce titre, mais par un air triste, un extérieur singulier, dont l'affectation n'était qu'un voile destiné à couvrir des mœurs infâmes.

Au reste, ce qu'on regarde comme le partage exclusif de la philosophie est le bien de tout le monde. Quel est l'homme (et plût aux dieux que souvent les plus pervers ne fussent pas de ce nombre) qui ne discoure sur la justice, l'équité, le bien ? quel est l'ignorant, même le plus grossier, qui ne s'avise quelquefois de raisonner sur la physique ? Pour ce qui est de la dialectique, qui a pour objet la propriété et la différence des mots, l'étude en est commune à tous ceux qui donnent quelque soin à leur langage. Mais tout cela, l'orateur le saura parfaitement, et en parlera de même ; et certes, s'il en eût jamais existé de parfait, ce n'est pas dans les écoles de philosophie

---

bonus non potest. Ideoque non dicendi modo eximiam in eo facultatem, sed omnes animi virtutes exigimus. Neque enim hoc concesserim, rationem rectæ honestæque vitæ (ut quidam putaverunt) ad philosophos relegandam : quum vir ille vere civilis, et publicarum privatarumque rerum administrationi accommodatus, qui regere consiliis urbes, fundare legibus, emendare judiciis possit, non alius sit profecto, quam orator. Quare, tametsi me fateor usurum quibusdam, quæ philosophorum libris continentur, tamen ea jure verequæ contenderim esse operis nostri, proprieque ad artem oratoriam pertinere. An, si frequentissime de justitia, fortitudine, temperantia, cæterisque similibus sit disserendum, et adeo, ut vix ulla possit causa reperiri, in quam non aliqua quæstio ex his incidat, eaque omnia inventione atque elocutione sint explicanda : dubitabitur, ubicunque vis ingenii et copia dicendi postulatur, ibi partes oratoris esse præcipuas ? Fueruntque hæc, ut Cicero apertissime colligit, quemadmodum juncta natura, sic officio quoque copulata, ut iidem sapientes atque eloquentes haberentur. Scidit deinde se studium, atque inertia factum est, ut artes esse plures viderentur. Nam ut primum lingua esse cœpit in quæstu, institutumque eloquentiæ bonis male uti, curam morum, qui diserti habebantur, reliquerunt. Ea vero destituta, infirmioribus ingeniis velut prædæ fuit. Inde quidam, contempto bene dicendi labore, ad formandos animos statuendasque vitæ leges regressi, partem quidem potiorem, si dividi posset, retinuerunt : nomen tamen sibi insolentissime arrogaverunt, ut soli sapientiæ studiosi vocarentur : quod neque summi imperatores, neque in consiliis rerum maximarum ac totius administratione reipublicæ præclarissime versati, sibi unquam vindicare sunt ausi. Facere enim optima, quam promittere, maluerunt. Ac veterum quidem sapientiæ professorum multos et honesta præcepisse, et ut præceperunt, etiam vixisse, facile concesserim : nostris vero temporibus sub hoc nomine maxima in plerisque vitia latuerunt. Non enim virtute ac studiis, ut haberentur philosophi, laborabant, sed vultum, et tristitiam, et dissentientem a cæteris habitum pessimis moribus prætendebant. Hæc autem quæ velut propria philosophiæ asseruntur, passim tractamus omnes. Quis enim non de justo, æquo, ac bono (modo non et vir pessimus) loquitur ? quis non etiam rusticorum aliqua de causis naturalibus quærit? nam verborum proprietas ac differentia, omnibus, qui sermonem curæ habent, debet esse communis. Sed ea et

qu'on serait allé chercher les préceptes de la vertu. De là la nécessité de recourir aujourd'hui à ces auteurs, qui se sont emparés de la plus noble partie de l'art oratoire, qu'on avait abandonnée, ainsi que je l'ai dit, et de la revendiquer comme notre propre bien; non comme des gens qui s'approprient les découvertes d'autrui, mais pour faire voir que ce sont eux qui se sont servis d'un bien qui ne leur appartenait pas.

Je veux donc que l'orateur soit tel, qu'il mérite véritablement le nom de sage: parfait, non-seulement dans ses mœurs (car cela, dans mon opinion même, ne suffit pas, quoique certaines personnes pensent le contraire), mais encore dans toutes les sciences et dans tous les genres d'éloquence; tel enfin qu'il ne s'en est peut-être jamais rencontré. Toutefois, je n'en ferai pas moins tous mes efforts pour le conduire à la perfection, à l'exemple de la plupart des anciens, qui, tout en reconnaissant que le vrai sage était encore à trouver, n'ont pas laissé de donner des préceptes sur la sagesse. Car certainement l'éloquence parfaite est quelque chose de réel, et la nature de l'esprit humain n'empêche pas qu'on ne puisse y atteindre. Que si l'on n'est pas assez heureux pour cela, toujours est-il qu'en aspirant au sommet, on s'élèvera plus haut que ceux qui, désespérant d'avance du succès, s'arrêteront dès le premier pas.

C'est pourquoi on me pardonnera de descendre à des détails inférieurs, mais nécessaires à l'œuvre que je me suis proposée. Ainsi, mon premier livre contiendra tout ce qui précède les fonctions du rhéteur. Dans le second, je traiterai des premiers éléments de la rhétorique, et des questions qui ont pour objet la nature même de la rhétorique. Je consacrerai les cinq livres suivants à l'invention et à la disposition, les quatre autres à l'élocution, y compris la mémoire et la prononciation. Enfin, dans un dernier livre, qui regardera la personne même de l'orateur, j'expliquerai, autant que ma faiblesse me le permettra, quelles doivent être ses mœurs, ce qu'il doit observer dans les causes qu'il entreprend, qu'il étudie, qu'il plaide; quel genre d'éloquence il y doit employer, quel doit être le terme de ses travaux oratoires, et à quelles études il doit se livrer dans sa retraite. J'accommoderai aussi ma manière d'écrire à la nature des choses qui se présenteront. Ainsi, je ne me bornerai pas à donner à mes lecteurs la connaissance de ces principes, qui seuls, selon quelques-uns, composent l'art dont il est question, ni à leur expliquer la rhétorique comme on enseigne le droit; mais j'écrirai de telle sorte, que la lecture de mon ouvrage puisse nourrir leur faconde et fortifier leur éloquence. Car le plus souvent la sécheresse affectée de ces traités, qui ne contiennent que des préceptes nus, énerve et brise ce qu'il y a de plus généreux dans le style, boit pour ainsi dire le suc de l'esprit, et met à nu les os. Sans doute il faut qu'il y en ait, et qu'ils soient liés par des muscles; mais encore faut-il qu'ils ne soient pas décharnés. C'est pour cela que je ne donne pas un traité en raccourci, comme la plupart des rhéteurs; mais tout ce qui m'a paru utile à l'institution de l'orateur, je l'ai fait entrer dans ces douze livres, sans toutefois m'étendre longuement sur chaque partie; car, s'il fallait donner à chaque chose tout le développement dont elle est susceptible, je ne verrais pas la fin de mon ouvrage.

Cependant je dois déclarer, avant de commencer, que l'art et les traités ne peuvent rien, si la

---

sciet optime et eloquetur orator : qui si fuisset aliquando perfectus, non a philosophorum scholis virtutis præcepta peterentur. Nunc necesse est ad eos aliquando auctores recurrere, qui desertam, ut dixi, partem oratoriæ artis, meliorem præsertim, occupaverunt, et veluti nostrum reposcere : non ut nos illorum utamur inventis, sed ut illos alienis usos esse doceamus. Sit igitur orator vir talis, qualis vere sapiens appellari possit : nec moribus modo perfectus (nam id mea quidem opinione, quamquam siut qui dissentiant, satis non est), sed etiam scientia, et omni facultate dicendi, qualis adhuc fortasse nemo fuerit. Sed non ideo minus nobis ad summa tendendum est, quod fecerunt plerique veterum, qui, etsi nondum quemquam sapientem repertum putabant, præcepta tamen sapientiæ tradiderunt. Nam est certe aliquid consummata eloquentia, neque ad eam pervenire natura humani ingenii prohibet. Quod si non contingat, altius tamen ibunt, qui ad summa nitentur, quam qui, præsumpta desperatione quo velint evadendi, protinus circa ima substiterint. Quo magis impetranda erit venia, si ne minora quidem illa, verum operi, quod instituimus, necessaria, præteribo. Nam liber primus ea, quæ sunt ante officium rhetoris, continebit. Secundo, prima apud rhetorem elementa, et quæ de ipsa rhetoricæ substantia quæruntur, tractabimus. Quinque deinceps inventioni (nam huic et dispositio subjungitur), quatuor elocutioni (in cujus partem memoria ac pronuntiatio veniunt) dabuntur. Unus accedet, in quo nobis orator ipse informandus est, ut qui mores ejus, quæ in suscipiendis, discendis, agendis causis ratio, quod eloquentiæ genus, quis agendi debeat esse finis, quæ post finem studia, quantum nostra valebit infirmitas, disseramus. His omnibus admiscebitur, ut quisque locus postulabit, dicendi ratio, quæ non eorum modo scientia, quibus solis quidam nomen artis dederunt, studiosos instruat, et (ut sic dixerim) jus ipsum rhetorices interpretetur, sed alere facundiam, vires augere eloquentiæ possit. Nam plerumque nudæ illæ artes, nimia subtilitatis affectatione frangunt atque concidunt quidquid est in oratione generosius, et omnem succum ingenii bibunt, et ossa detegunt : quæ, ut esse, et astringi nervis suis, debent, sic corpore operienda sunt. Ideoque nos non particulam illam, sicut plerique, sed quidquid utile ad instituendum oratorem putabamus, in hos duodecim libros contulimus, breviter omnia demonstrando. Nam si quantum de quaque re dici potest persequamur, finis operis non reperietur. Illud tamen inprimis testandum est, nihil præcepta atque artes valere,

nature ne les seconde. Ainsi, mon livre n'est pas plus fait pour celui qui est dépourvu d'esprit, qu'un traité sur l'agriculture ne l'est pour un terrain stérile. Il y a aussi d'autres auxiliaires naturels, tels que la voix, la force des poumons, la santé, l'assurance, la beauté des formes. Si ces qualités extérieures ont été médiocrement départies, l'art peut y ajouter ; mais quelquefois elles sont tellement défectueuses, qu'elles corrompent jusqu'aux qualités de l'esprit et aux fruits de l'étude ; comme aussi, sans un maître habile, sans un travail opiniâtre et un exercice patient et continuel à écrire, à lire, à parler, ces mêmes avantages ne servent à rien.

Chap. I. Vous est-il né un fils, concevez d'abord de lui les plus hautes espérances : cela vous rendra plus soigneux dès le commencement. On dit tous les jours qu'il n'est donné qu'à un très-petit nombre d'hommes de comprendre ce qu'on leur enseigne, et que la plupart, faute d'intelligence, perdent leur peine et leur temps. Cette plainte n'est pas fondée : il s'en rencontre beaucoup, au contraire, qui ont autant de facilité à concevoir que d'aptitude à apprendre. C'est que cela est dans la nature de l'homme ; et de même que l'oiseau est né pour voler, le cheval pour courir, la bête féroce pour nuire ; de même l'homme est né pour penser, et exercer cette intelligence active et subtile qui a fait attribuer à l'âme une origine céleste. Les esprits stupides et rebelles à toute instruction sont dans l'ordre intellectuel ce que les monstres sont dans l'ordre physique : le nombre en est infiniment petit. Ce qui le prouve, c'est qu'on voit briller dans les enfants des lueurs très-vives d'espérance, qui s'évanouissent avec l'âge ; d'où il faut conclure que ce n'est pas la nature qui leur a manqué, mais les soins. Il y en a pourtant qui ont plus d'esprit que d'autres : d'accord ; mais de ce qu'on montre plus ou moins de capacité, il ne s'ensuit pas que personne n'ait jamais rien gagné à l'étude. Quiconque est pénétré de cette vérité, dès qu'il sera devenu père ne saurait cultiver avec trop de soin l'espérance de former un orateur.

Avant tout, choisissez des nourrices qui n'aient point un langage vicieux. Chrysippe les souhaitait savantes, si cela se pouvait, ou du moins aussi vertueuses que possible ; et sans doute c'est à leurs mœurs qu'il faut principalement regarder. Il faut tenir aussi pourtant à ce qu'elles parlent correctement. Ce sont elles que l'enfant entendra d'abord, ce sont elles dont il essayera d'imiter et de reproduire les paroles ; et naturellement les impressions que nous recevons dans le premier âge sont les plus profondes. Ainsi un vase conserve toujours l'odeur dont il a été imbu étant neuf, et la laine, une fois teinte, ne recouvre jamais sa blancheur primitive. Mais ce sont surtout les mauvaises impressions qui laissent les traces les plus durables. Le bien se change aisément en mal : mais quand vient-on à bout de changer le mal en bien ? Que l'enfant ne s'accoutume donc pas, si jeune qu'il soit, à un langage qu'il lui faudra désapprendre.

Pour ce qui est des parents, je voudrais en eux beaucoup de savoir ; et ici je ne parle pas seulement des pères. On sait combien Cornélie, dont le langage élégant a passé jusqu'à nous avec ses lettres, influa sur l'éloquence des Gracques. On dit aussi que la fille de Lélius ne parlait pas moins bien que son père ; et nous lisons encore un discours de la fille de Q. Hortensius, prononcé de-

---

nisi adjuvante natura. Quapropter ei, cui deerit ingenium, non magis hæc scripta sunt, quam de agrorum cultu sterilibus terris. Sunt et alia ingenita quædam adjumenta, vox, latus patiens laboris, valetudo, constantia, decor : quæ si modica obtigerunt, possunt ratione ampliari : sed nonnumquam ita desunt, ut bona etiam ingenii studiique corrumpant : sicut et hæc ipsa, sine doctore perito, studio pertinaci, scribendi, legendi, dicendi multa et continua exercitatione, per se nihil prosunt.

Cap. I. Igitur nato filio pater spem de illo primum quam optimam capiat : ita diligentior a principiis fiet. Falsa enim est querela, paucissimis hominibus vim percipiendi, quæ tradantur, esse concessam, plerosque vero laborem ac tempora tarditate ingenii perdere. Nam contra, plures reperias et faciles in excogitando, et ad discendum promptos. Quippe id est homini naturale : ac sicut aves ad volatum, equi ad cursum, ad sævitiam feræ gignuntur; ita nobis propria est mentis agitatio atque sollertia : unde origo animi cœlestis creditur. Hebetes vero et indociles non magis secundum naturam homines eduntur, quam prodigiosa corpora, et monstris insignia : sed hi pauci admodum. Fuerit argumentum, quod in pueris elucet spes plurimorum, quæ dum emoritur ætate, manifestum est, non naturam defecisse, sed curam. Præstat tamen ingenio alius alium. Concedo : sed ut plus efficiat, aut minus : nemo tamen reperitur, qui sit studio nihil consecutus. Hoc qui perviderit, protinus ut erit parens factus, acrem quam maxime curam spei futuri oratoris impendat. Ante omnia, ne sit vitiosus sermo nutricibus, quas, si fieri posset, sapientes Chrysippus optavit, certe, quantum res pateretur, optimas eligi voluit ; et morum quidem in his haud dubie prior ratio est ; recte tamen etiam loquantur. Has primum audiet puer, harum verba effingere imitando conabitur ; et natura tenacissimi sumus eorum, quæ rudibus annis percepimus, ut sapor, quo nova imbuas, durat ; nec lanarum colores, quibus simplex ille candor mutatus est, elui possunt ; et hæc ipsa magis pertinaciter hærent, quæ deteriora sunt ; nam bona facile mutantur in pejus : nunc quando in bonum verteris vitia ? Non assuescat ergo, ne dum infans quidem est, sermoni, qui dediscendus sit. In parentibus vero quamplurimum esse eruditionis optaverim : verum nec de patribus tantum loquor ; nam Gracchorum eloquentiæ multum contulisse accepimus. Corneliam matrem cujus doctissimus sermo in posteros quoque est epistolis traditus, et Lælii filia reddidisse in loquendo paternam elegantiam dicitur, et Quinti Hortensii filiæ oratio, apud triumviros habita, legitur non tantum in sexus honorem. Nec tamen ii, quibus discere ipsis non

vant les triumvirs, qui fait honneur à son sexe et n'en ferait pas moins au nôtre.

Ce n'est pas à dire que les pères, qui ont été privés du bienfait de l'instruction, doivent être moins soigneux de faire étudier leurs enfants; c'est au contraire un motif pour eux de veiller de plus près aux accessoires. Ce que j'ai dit des nourrices, je le dis également des esclaves au milieu desquels sera élevé l'enfant qu'on destine à être orateur. Enfin, à l'égard des pédagogues, ce que j'ai à recommander par-dessus tout, c'est qu'ils soient véritablement instruits, ou qu'ils sachent du moins qu'ils ne le sont pas; car je ne connais rien de pire que ces gens qui, pour avoir une légère teinture des lettres, s'imaginent être savants : dans cette fausse opinion d'eux-mêmes, ils croient en savoir plus que tous les maîtres; et, abusant d'un certain pouvoir qui enfle ordinairement la vanité des hommes de cette espèce, ils sont impérieux, quelquefois cruels, et communiquent leur sottise à leurs élèves. Leur défaut de jugement n'est pas moins nuisible aux mœurs : témoin Léonidès, gouverneur d'Alexandre, qui, au rapport de Diogène le Babylonien, avait fait contracter à ce prince certains défauts qui le poursuivirent jusque dans un âge avancé, et lorsqu'il était déjà un très-grand roi.

Si je parais exiger beaucoup, que l'on considère qu'il s'agit de former un orateur, œuvre laborieuse, en supposant même que nous n'aurons manqué à rien dans les commencements; qu'il reste encore beaucoup plus à faire, et des choses plus difficiles; que nous aurons besoin et d'une étude continuelle, et des maîtres les plus habiles, et des connaissances les plus variées. Je dois donc prescrire la perfection : si le fardeau paraît trop pesant, ce sera la faute du maître et non de la méthode. Cependant s'il arrive qu'on ne puisse donner aux enfants des nourrices telles que je les veux, qu'on ait au moins un pédagogue instruit, qui soit toujours là pour reprendre à l'instant ce qu'elles auraient dit d'incorrect en présence de l'enfant, afin qu'aucun défaut n'ait le temps de s'enraciner. Il est, au reste, bien entendu que ce que j'ai prescrit d'abord c'est le bien, et que ceci n'est que le remède.

Je suis d'avis que l'enfant commence par la langue grecque, parce que le latin étant plus usité, l'habitude nous le fait apprendre, pour ainsi dire, malgré nous; ensuite, parce que l'ordre veut qu'il étudie d'abord les Grecs, qui ont été nos devanciers dans toutes les sciences. Toutefois, je ne voudrais pas que cela fût observé trop scrupuleusement, et qu'un enfant fût longtemps à ne parler que grec ou à n'étudier que dans cette langue, comme on le fait généralement; car il arrive de là qu'on s'accoutume à une prononciation qui sent l'étranger, et à des formes de langage qui sont vicieuses dans un idiome différent, et dont on a de la peine à se corriger. Le latin ne doit donc pas venir trop longtemps après le grec; mais les deux langues ne doivent pas tarder à marcher de front; et alors, en les cultivant simultanément, on ne risquera pas de nuire à l'une par l'autre. Quelques-uns ont pensé que les études de l'enfant ne devaient commencer qu'à sept ans, parce que ce n'est guère qu'à cet âge qu'on a le degré d'intelligence et la force d'application convenables pour apprendre. C'était l'opinion d'Hésiode, au rapport d'un grand nombre d'écrivains antérieurs au grammairien Aristophane, et cela se trouve en effet dans son poëme intitulé *Préceptes;* mais Aristophane nie que cet ouvrage soit de ce poëte. D'autres, et notamment Éra-

---

contigit, minorem curam docendi liberos habeant, sed sint propter hoc ipsum ad cætera magis diligentes. De pueris, inter quos educabitur ille huic spei destinatus, idem quod de nutricibus dictum sit. De pædagogis hoc amplius, ut aut sint eruditi plane, quam primam esse curam velim; aut, se non esse eruditos sciant; nihil enim pejus est iis qui, paulum aliquid ultra primas litteras progressi, falsam sibi scientiæ persuasionem induerunt; nam et cedere præcipiendi peritis indignantur, et velut jure quodam potestatis, qua fere hoc hominum genus intumescit, imperiosi atque interim sævientes, stultitiam suam perdocent. Nec minus error eorum nocet moribus : siquidem Leonides Alexandri pædagogus, ut a Babylonio Diogene traditur, quibusdam eum vitiis imbuit, quæ, robustum quoque et jam maximum regem, ab illa institutione puerili sunt prosecuta. Si cui multa videor exigere, cogitet oratorem institui, rem arduam, etiam quum ei formando nihil defuerit : præterea plura ac difficiliora supersere; nam et studio perpetuo, et præstantissimis præceptoribus, et pluribus disciplinis opus est. Quapropter præcipienda sunt optima; quæ si quis gravabitur, non rationi defuerit, sed homini. Si tamen non continget, quales maxime velim nutrices pueros habere; pædagogus at unus certe sit assiduus, dicendi non imperitus, qui, si qua erunt ab his præsente alumno dicta vitiose, corrigat protinus, nec insidere illi sinat; dum tamen intelligatur, id, quod prius dixi, bonum esse; hoc, remedium. A Græco sermone puerum incipere malo : quia Latinum, qui pluribus in usu est, vel nobis nolentibus perbibet : simul quia disciplinis quoque Græcis prius instituendus est, unde et nostræ fluxerunt. Non tamen hoc adeo superstitiose velim fieri, ut diu tantum loquatur Græce, aut discat, sicut plerisque moris est; hinc enim accidunt et oris plurima vitia in peregrinum sonum corrupti, et sermonis, cui quum Græcæ figuræ assidua consuetudine hæserunt, in diversa quoque loquendi ratione pertinacissime durant. Non longe itaque Latina subsequi debent, et cito pariter ire : ita fiet, ut, quum æquali cura linguam utramque tueri cœperimus, neutra alteri officiat. Quidam litteris instituendos, qu' minores septem annis essent, non putaverunt, quod illa primum ætas et intellectum disciplinarum capere et laborem pati posset. In qua sententia Hesiodum esse plurimi tradunt, qui ante grammaticum Aristophanem fuerunt; nam is primus ὑποθήκας, in quo libro scriptum hoc invenitur, negavit esse hujus poetæ. Sed alii quoque auctores, inter quos Eratosthenes, idem præceperunt. Melius au-

tosthène, ont prescrit la même chose. Mais ceux-là pensent plus sagement, qui veulent qu'aucun âge ne soit privé de soin : de ce nombre est Chrysippe, qui, tout en accordant trois ans aux nourrices, est d'avis qu'elles s'appliquent à faire germer dès cet âge les meilleurs principes dans le cœur des enfants. Or, pourquoi la culture de l'esprit ne trouverait-elle pas place dans un âge qui appartient déjà à la morale ? Je sais bien que, pendant tout le temps dont je parle, on obtiendra à peine ce qu'une seule année donnera dans la suite. Mais il me semble que ceux que je combats ont voulu encore plus ménager les maîtres que les élèves dans cette partie de l'éducation. Après tout, que pourront faire de mieux les enfants, du moment qu'ils commencent à parler ? car enfin faut-il qu'ils fassent quelque chose. Or, pourquoi dédaignerait-on, si petit qu'il soit, le gain qu'on peut faire jusqu'à sept ans ? En effet, si peu que rapporte le premier âge, l'enfant ne laissera pas d'être à sept ans capable d'études plus fortes, que si l'on eût attendu jusque-là pour commencer. Ce bénéfice, accumulé chaque année, formera avec le temps un capital qui, prélevé sur l'enfance, sera autant de gagné pour l'adolescence. Appliquons la même règle aux années suivantes, afin qu'aucun âge ne soit arriéré dans les études qui lui sont propres. Hâtons-nous donc de mettre à profit les premières années, avec d'autant plus de raison que les commencements de l'instruction ne portent que sur une seule faculté, la mémoire; que non-seulement les enfants en ont déjà, mais qu'ils en ont même beaucoup plus que nous. Toutefois, je connais trop la portée de chaque âge, pour vouloir qu'on tourmente tout d'abord un enfant, et qu'on exige de lui une application qui ne laisse rien à désirer. Car il faut bien prendre garde de lui faire haïr l'étude dans un temps où il est encore incapable de l'aimer, de peur que sa répugnance ne se prolonge au delà des premières années avec le souvenir de l'amertume qu'il aura une fois sentie. Que l'étude soit un jeu pour lui : je veux qu'on le prie, qu'on le loue, et qu'il soit toujours bien aise d'avoir appris ce qu'on veut qu'il sache. Quelquefois, ce qu'il refusera d'apprendre, on l'enseignera à un autre; cela piquera sa jalousie. Il luttera de temps en temps avec lui, et le plus souvent on lui laissera croire qu'il l'a emporté. Enfin, on le stimulera par les récompenses que comporte cet âge.

Voilà de bien petits préceptes pour un aussi grand dessein que celui que je me propose. Mais les études ont aussi leur enfance ; et de même que les corps les plus robustes ont eu de faibles commencements, tels que le lait et le berceau, de même l'éloquence la plus sublime a commencé quelquefois par des vagissements, bégayé ses premiers mots, et hésité sur la forme des lettres. D'ailleurs, parce qu'une chose ne suffit pas, en est-elle pour cela moins nécessaire ? Que si personne ne blâme un père qui tient à ces petits détails, peut-on désapprouver un auteur de professer publiquement ce dont on le louerait, s'il le pratiquait chez lui ? Ajoutez à cela que les petites choses sont plus proportionnées à l'intelligence des enfants. De même qu'il est certains mouvements auxquels le corps ne peut se plier que dans l'âge où les membres sont encore tendres, de même il est une foule de choses auxquelles l'esprit est inhabile, par cela même qu'il a acquis plus de force. Philippe, roi de Macédoine, aurait-il voulu qu'Alexandre, son fils, apprît à lire du plus grand philosophe de son temps, d'Aristote, et celui-ci se fût-il chargé de cet emploi, si l'un et l'autre

---

tem, qui nullum tempus vacare cura volunt, ut Chrysippus : nam is, quamvis nutricibus triennium dederit, tamen ab illis quoque jam informandam quam optimis institutis mentem infantium judicat. Cur autem non pertineat ad litteras ætas, quæ ad mores jam pertinet? Neque ignoro, toto illo, de quo loquor, tempore vix tantum effici, quantum conferre unus postea possit annus : sed tamen mihi, qui id senserunt, videntur non tam discentibus in hac parte, quam docentibus, pepercisse. Quid melius alioqui facient, ex quo loqui poterunt? Faciant enim aliquid necesse est. Aut hoc, quantulumcunque sit, usque ad septem annos lucrum fastidiamus? Nam certe quamlibet parvum sit, quod contulerit ætas prior, majora tamen aliqua discet puer eo ipso anno, quo minora didicisset. Hoc per singulos annos prorogatum, in summam proficit, et quantum in infantia præsumptum est temporis, adolescentiæ acquiritur. Idem etiam de sequentibus annis præceptum sit; ne, quod cuique discendum est, sero discere incipiat. Non ergo perdamus primum statim tempus, atque eo minus, quod initia litterarum sola memoria constant, quæ non modo jam est in parvis, sed tum etiam tenacissima est. Nec sum adeo ætatum imprudens, ut instandum teneris protinus acerbe putem, exigendamque plenam operam : nam id inprimis cavere oportebit, ne studia, qui amare nondum potest, oderit, et amaritudinem semel perceptam etiam ultra rudes annos reformidet. Lusus hic sit : et rogetur, et laudetur, et nunquam non scisse se gaudeat; aliquando ipso nolente doceatur alius, cui invideat; contendat interim, et sæpius vincere se putet; præmiis etiam, quæ capit illa ætas, evocetur. Parva docemus, instituendum oratorem professi; sed est sua etiam studiis infantia, et, ut corporum mox etiam fortissimorum educatio a lacte cunisque initium ducit; ita futurus eloquentissimus edidit aliquando vagitum, et loqui primum incerta voce tentavit, et hæsit circa formas litterarum; nec si quid discere satis non est, ideo nec necesse est. Quod si nemo reprehendit patrem, qui hæc non negligenda in suo filio putet, cur improbetur, si quis ea, quæ domi suæ recte faceret, in publicum promit? Atque eo magis, quod minora etiam facilius minores percipiunt; et, ut corpora ad quosdam membrorum flexus formari, nisi tenera, non possunt, sic animos quoque ad pleraque duriores robur ipsum facit. An Philippus Macedonum rex Alexandro filio suo prima litterarum elementa tradi ab Aristotele, summo ejus ætatis philosopho, voluisset; aut ille suscepisset hoc officium, si non studiorum

n'eussent senti combien il importait, pour le présent et pour l'avenir, que les premières études fussent dirigées par le maître le plus parfait? Représentons-nous donc Alexandre, cet enfant si cher, si digne de soins (et quel enfant n'en est digne pour son père!); figurons-nous qu'on l'ôte d'entre les bras des femmes pour le confier à nos soins; et si j'ai quelque secret pour apprendre à lire en peu de temps, aurai-je honte de le mettre en usage? Car j'avoue que je n'aime pas ce que je vois faire généralement, qu'on apprenne aux enfants les noms et l'ordre des lettres avant qu'ils n'en connaissent la forme. Cette méthode les retarde, en ce que, songeant bien moins à ce qu'ils voient qu'à ce qu'ils ont dans la mémoire, qui va plus vite que les yeux, ils ne portent point leur attention sur la forme. Aussi les maîtres, quand ils jugent que les enfants ont suffisamment retenu les lettres dans l'ordre où on a coutume de les écrire, se mettent-ils à intervertir et à bouleverser tout l'alphabet, jusqu'à ce qu'enfin leurs élèves parviennent à les reconnaître à leurs caractères et non, d'après leur ordre. Il sera donc mieux de les leur faire distinguer en même temps, comme on distingue les hommes et par leur extérieur et par leurs noms. Mais ce qui est un obstacle à la connaissance des lettres n'en est pas un pour les syllabes. Je ne blâme pas au surplus l'usage d'exciter le zèle des enfants en leur donnant pour jouets des lettres figurées en ivoire, ou toute autre bagatelle qui les amuse, et qu'ils aient du plaisir à manier, à voir, à nommer.

Lorsque l'enfant commence à écrire, il sera bon de faire graver les lettres le mieux qu'on pourra sur une tablette, dont les sillons servent à guider leur *style*. Étant ainsi contenu de chaque côté par des bords, il ne sera pas sujet à s'égarer comme sur la cire, et ne pourra pas sortir des proportions voulues. L'habitude de suivre avec célérité des traces déterminées formera ses doigts, et il n'aura pas besoin que la main d'un maître vienne se poser sur la sienne pour la diriger. Ce n'est pas un soin indifférent, quoique parmi les personnes de distinction il soit presque d'usage de le négliger, que celui d'écrire bien et vite. Ce qu'il y a de plus essentiel dans les études, ce qui seul leur fait porter des fruits véritables et jeter de profondes racines, c'est d'écrire, et cela dans l'acception propre du mot. Or une écriture trop lente retarde la pensée; grossière et confuse, elle est inintelligible; d'où résulte un second travail, celui de dicter ce que l'on veut transcrire. On se trouvera donc toujours bien, et en tout lieu, mais particulièrement dans les correspondances secrètes ou familières, de n'avoir pas négligé ce point.

Quant aux syllabes, point d'abréviation. Il faut les apprendre toutes, et sans ajourner, les plus difficiles, comme on le fait ordinairement; et cela, afin qu'en écrivant les enfants, embarrassés par leur rencontre, soient obligés de s'y arrêter. Bien plus, il ne faut pas se fier au premier effort de leur mémoire; mais il sera bon de leur faire répéter plusieurs fois la même chose, et de la leur bien inculquer. Et quand ils liront, qu'on ne les presse pas trop d'abord, soit pour articuler des mots entiers, soit pour lire avec vitesse, à moins qu'ils ne voient tout d'un coup et sans hésiter la liaison des lettres. Alors on pourra leur faire prononcer un mot tout entier, puis des phrases. On ne saurait croire combien la précipitation retarde les enfants dans la lecture.

---

initia, et a perfectissimo quoque optime tractari, et pertinere ad summam credidisset? Fingamus igitur Alexandrum dari nobis imposituni gremio, dignum tanta cura infantem, quamquam suus cuique dignus est, pudeatne me in ipsis statim elementis etiam brevia docendi monstrare compendia? Neque enim mihi illud saltem placet, quod fieri in plurimis video, ut litterarum nomina et contextum, prius quam formas, parvuli discant. Obstat hoc agnitioni earum, non intendentibus mox animum ad ipsos ductus, dum antecedentem memoriam sequuntur. Quæ causa est præcipientibus, ut etiam, quum satis affixisse eas pueris recto illo, quo primum scribi solent, contextu videntur, retroagant rursus, et varia permutatione perturbent, donec litteras, qui instituuntur, facie norint, non ordine. Quapropter optime, sicut hominum, pariter et habitus et nomina edocebuntur. Sed quod in litteris obest, in syllabis non nocebit. Non excludo autem, id quod est notum, irritandæ ad discendum infantiæ gratia, eburneas etiam litterarum formas in lusum offerre; vel si quid aliud, quo magis illa ætas gaudeat, inveniri potest, quod tractare, intueri, nominare, jucundum sit. Quum vero jam ductus sequi cœperit, non inutile erit eas tabellæ quam optime insculpi, ut per illos velut sulcos ducatur stylus. Nam neque errabit, quemadmodum in ceris; continebitur enim utriusque marginibus; neque extra præscriptum poterit egredi; et celerius ac sæpius sequendo certa vestigia, formabit articulos; neque egebit adjutorio manum suam manu superimposita regentis. Non est aliena res, quæ fere ab honestis negligi solet, cura bene ac velociter scribendi; nam quum sit in studiis præcipuum, quoque solo verus ille profectus, et altis radicibus nixus, paretur, scribere ipsum : tardior stylus cogitationem moratur; rudis et confusus intellectu caret : unde sequitur alter dictandi, quæ ex his transferenda sunt, labor. Quare cum semper et ubique, tum præcipue in epistolis secretis et familiaribus delectabit ne hoc quidem neglectum reliquisse. Syllabis nullum compendium est : perdiscendæ omnes; nec, ut fit plerumque, difficillima quæque earum differenda, ut in nominibus scribendis deprehendantur. Quin immo et primæ quidem memoriæ tenere credendum; repetere, et diu inculcare, fuerit utilius; et in lectione quoque non properare ad continuandam eam, vel accelerandam; nisi quum inoffensa atque indubitata litterarum inter se conjunctio suppeditare sine ulla cogitandi saltem mora poterit. Tunc ipsis syllabis verba complecti, et his sermonem connectere incipiat. Incredibile est, quantum moræ lectioni festinatione adjiciatur; hinc enim accidit dubitatio, intermissio, repetitio, plus quam possunt audentibus; deinde

Car il arrive de là qu'ils hésitent, qu'ils s'interrompent, qu'ils se répètent, et cela parce qu'ils veulent dire mieux qu'ils ne peuvent ; et une fois qu'ils se sont trompés, ils se défient même de ce qu'ils savent. Que la lecture soit donc d'abord sûre, ensuite liée ; qu'elle soit longtemps très-lente, jusqu'à ce que, à force d'exercice, ils parviennent à lire vite et bien. Car, quant à ce que tous les maîtres recommandent, de regarder à droite et de porter les yeux en avant, le précepte ne suffit pas, c'est aussi une affaire de pratique, puisque, pendant que vous prononcez ce qui précède, vous avez à voir ce qui suit ; et, chose très-difficile, l'attention de l'esprit doit être partagée de manière que la voix fasse une chose et les yeux une autre. Lorsque l'enfant commencera, suivant l'usage, à écrire des noms, on ne se repentira pas d'avoir veillé à ce qu'il ne perde pas sa peine sur des mots vulgaires et pris au hasard. Il peut, dès lors, tout en s'occupant d'autre chose, être initié à ce que les Grecs appellent *glose*, et acquérir, au milieu des premiers éléments, ce qui, dans la suite, exigerait un temps particulier. Et puisque je suis en train de donner de petits préceptes, je voudrais encore que les lignes d'écriture qui leur sont données comme modèles continssent non des pensées oiseuses, mais quelque moralité. Le souvenir en reste jusque dans la vieillesse ; et, empreint dans une âme neuve, il influe jusque sur les mœurs. Rien n'empêche enfin qu'il n'apprenne, tout en jouant, les paroles mémorables des hommes illustres, et des morceaux de choix, tirés principalement des poètes, dont la lecture est celle qui a le plus d'attraits pour les enfants. Car la mémoire, ainsi que je le dirai en son lieu, est très-nécessaire à l'orateur ; et ce qui contribue le plus à l'entretenir et à la fortifier, c'est l'exercice. Or, à l'âge dont nous parlons, et où l'on ne peut encore rien produire par soi-même, la mémoire est presque la seule faculté qui puisse être secondée par le soin des maîtres.

Il ne sera pas non plus indifférent, pour délier la langue des enfants et leur donner une prononciation nette, d'exiger qu'ils répètent avec le plus de vitesse et de volubilité possible certains mots et certains vers d'une difficulté étudiée, dont les syllabes enchaînées comme par force se heurtent et s'entre-choquent, et que les Grecs appellent χαλεποί. Cette recommandation peut paraître minutieuse ; cependant, si on la néglige, il se glisse dans la prononciation une infinité de défauts, qui, lorsqu'on n'y remédie pas dans les premières années, s'enracinent à tel point, qu'il n'est plus possible de s'en corriger dans la suite.

CHAP. II. Cependant l'enfant grandit : il est temps qu'il sorte du giron et qu'il commence à travailler sérieusement. C'est ici le lieu de traiter cette question : S'il vaut mieux faire étudier un enfant dans la maison paternelle et dans le sein de sa vie privée, que de le livrer au monde des écoles, et à des professeurs pour ainsi dire publics? Je vois que les législateurs les plus célèbres et les auteurs les plus éminents se sont déclarés pour l'éducation publique. Mais il ne faut pas dissimuler que quelques personnes ont sur ce point une conviction personnelle, opposée à l'usage presque général. Deux raisons semblent surtout les déterminer : la première, c'est que les mœurs doivent être plus en sûreté loin de la foule des hommes de cet âge, naturellement plus enclins au vice, et dont le contact (plût au ciel que ce reproche fût sans fondement !) a été souvent la cause de déré-

---

quum errarunt, etiam iis quæ jam sciunt, diffidentibus. Certa sit ergo inprimis lectio, deinde conjuncta ; et diu lentior, donec exercitatione contingat emendata velocitas. Nam prospicere in dextrum, quod omnes præcipiunt, et providere, non rationis modo, sed usus quoque est ; quoniam sequentia intuenti, priora dicenda sunt ; et, quod difficillimum est, dividenda intentio animi, ut aliud voce, aliud oculis agatur. Illud non pœnitebit curasse, dum scribere nomina puer, quemadmodum moris est, cœperit, ne hanc operam in vocabulis vulgaribus et forte occurrentibus perdat. Protinus enim potest interpretationem linguæ secretioris, quas Græci γλώσσας vocant, dum aliud agitur, ediscere, et inter prima elementa consequi rem, postea proprium tempus desideraturam. Et, quoniam adhuc circa res tenues moramur, ii quoque versus, qui ad imitationem scribendi proponentur, non otiosas velim sententias habeant, sed honestum aliquid monentes. Prosequitur hæc memoria in senectutem, et impressa animo rudi, usque ad mores proficiet. Etiam dicta clarorum virorum, et electos ex poetis maxime (namque eorum parvis cognitio gratior est), locos ediscere inter lusum licet. Nam et maxime necessaria est oratori, sicut suo loco dicam, memoria, et ea præcipue firmatur atque alitur exercitatione ; et in iis, de quibus nunc loquimur, ætatibus, quæ nihil dum ipsæ ex se generare queunt, prope sola est, quæ juvari cura docentium possit. Non alienum fuerit exigere ab his ætatibus, quo sit absolutius os, et expressior sermo, ut nomina quædam versusque affectatæ difficultatis ex pluribus et asperrime eœuntibus inter se syllabis catenatos, et velut confragosos, quam citatissime volvant : χαλεποί Græce vocantur. Res modica dictu ; qua tamen omissa, multa linguæ vitia, nisi primis eximuntur annis, inemendabili in posterum pravitate durantur.

CAP. II. Sed nobis jam paulatim accrescere puer, et exire de gremio, ac discere serio incipiat. Hoc igitur potissimum loco tractanda quæstio est, utiliusne sit domi atque intra privatos parietes studentem continere, an frequentiæ scholarum, et velut publicis præceptoribus tradere. Quod quidem, quum iis, a quibus clarissimarum civitatum mores sunt instituti, tum eminentissimis auctoribus, video placuisse : non est tamen dissimulandum, esse nonnullos, qui ab hoc prope publico more privata quadam persuasione dissentiant. Hi duas præcipue rationes sequi videntur · unam, quod moribus magis consultant, fugiendo turbam hominum ejus ætatis, quæ sit ad vitia maxime prona ; unde causas turpium factorum sæpe extitisse

glements honteux. La seconde, que le maître, quel qu'il soit, semble devoir dispenser plus largement son temps à un seul élève, que s'il avait à partager le même temps entre plusieurs. Le premier motif est tout à fait grave; car s'il était certain que les écoles fussent avantageuses aux études, mais nuisibles aux mœurs, je serais d'avis qu'on apprît plutôt à bien vivre qu'à bien parler. Mais, selon moi, ces deux choses sont inséparables; je ne pense pas qu'on puisse être orateur sans être homme de bien; et, quand cela serait possible, je ne le voudrais pas. Examinons donc d'abord ce premier motif.

On dit que les mœurs se corrompent dans les écoles, et, en effet, cela arrive quelquefois; mais ne se corrompent-elles pas aussi dans l'intérieur des familles? Combien d'exemples prouvent que, soit dans les écoles, soit dans la maison paternelle, un enfant peut également perdre ou conserver son innocence! Le naturel et l'éducation font toute la différence. Supposez un enfant naturellement enclin au mal, supposez qu'on aura négligé, dans le premier âge, de former ses mœurs et de les surveiller, la solitude lui fournira-t-elle moins d'occasions de se livrer à ses penchants vicieux? En effet, le précepteur domestique ne peut-il pas être un homme dépravé; et le commerce d'esclaves corrompus est-il plus sûr que celui d'hommes libres de peu de retenue? Mais si l'enfant est bien né, si les parents ne sont pas aveugles et endormis dans une coupable insouciance, on peut (et c'est le premier soin des personnes sages) faire choix d'un précepteur vertueux, et soumettre l'enfant à une discipline sévère; on peut en outre attacher à ses côtés un ami de mœurs graves, ou un affranchi fidèle, dont la présence assidue tienne en respect ceux mêmes que l'on redoute.

Au surplus, le remède à ces craintes était facile. Plût aux dieux qu'on n'eût pas à nous imputer à nous-mêmes les déréglements de nos enfants! A peine sont-ils nés, nous les énervons par toutes sortes de délicatesses. Cette molle éducation, que nous appelons indulgence, brise tous les ressorts de l'âme et du corps. Que ne convoitera-t-il pas, quand il sera adulte, l'enfant accoutumé à ramper sur la pourpre? Il peut à peine bégayer quelques mots, que déjà il connaît ce qu'il y a de plus délicat et de plus exquis. Nous formons leur palais avant de dénouer leur langue. Ils grandissent dans des litières; essayent-ils de toucher la terre, des mains empressées les soutiennent de chaque côté; s'il leur échappe quelque mot licencieux, c'est un divertissement pour nous. Des paroles qui ne seraient pas supportables dans la bouche de ces enfants d'Égypte, les délices de leurs maîtres, sont accueillies d'un sourire ou d'un baiser. Et cela n'a rien qui doive étonner: nous avons été leurs maîtres, ils ne font que répéter ce qu'ils nous ont entendu dire. Ils sont témoins de nos amours et de nos passions les plus infâmes; il n'est point de repas qui ne retentisse de chants obscènes; des choses qu'on n'oserait dire sans rougir sont exposées en spectacle à leurs yeux. Tout cela passe en habitude, et bientôt en nature. Les malheureux! ils se trouvent vicieux avant de savoir ce que c'est que le vice. Puis, ne respirant que mollesse et volupté, ils viennent languir dans nos écoles. Y prennent-ils ces mœurs? non, mais ils les y apportent.

Venons aux études. Un maître, dit-on, qui n'a qu'un élève, sera tout à lui. Et d'abord rien n'empêche que ce maître, si précieux, ne soit aussi attaché à l'enfant qui suit les écoles. Que si ces deux avantages ne peuvent s'allier, je préférerais encore le grand jour d'une honorable assemblée aux

utinam falso jactaretur! alteram, quod, quisquis futurus est ætate præceptor, liberalius tempora sua impensurus uni videtur, quam si eadem in plures partiatur. Prior causa prorsus gravis; nam si studiis quidem scholas prodesse, moribus autem nocere constaret, potior mihi ratio vivendi honeste, quam vel optime dicendi, videretur. Sed mea quidem sententia juncta ista atque indiscreta sunt; neque enim esse oratorem, nisi bonum virum, judico; et fieri, etiam si posset, nolo. De hac re igitur prius: corrumpi mores in scholis putant; nam et corrumpuntur interim, sed domi quoque. Adsunt multa ejus rei exempla, tam læsæ hercle, quam conservatæ sanctissime utrobique opinionis. Natura cujusque totum curaque distat. Da mentem ad pejora facilem, da negligentiam formandi custodiendique in ætate prima pudoris; non minorem flagitiis occasionem secreta præbuerint; nam et esse potest turpis domesticus ille præceptor, nec tutior inter servos malos, quam ingenuos parum modestos conversatio est. At si bona ipsius indoles, si non cæca ac sopita parentum sit socordia est; et præceptorem eligere sanctissimum quemque, cujus rei præcipua prudentibus cura est, et disciplinam, quæ maxime severa fuerit, licet; et nihilominus amicum gravem

virum, aut fidelem libertum, lateri filii sui adjungere, cujus assiduus comitatus etiam illos meliores faciat, qui timebuntur. Facile erat hujus metus remedium. Utinam liberorum nostrorum mores non ipsi perderemus! Infantiam statim deliciis solvimus: mollis illa educatio, quam indulgentiam vocamus, nervos omnes et mentis et corporis frangit. Quid non adultus concupiscet, qui in purpuris repit? Nondum prima verba exprimit, et jam coccum intelligit, jam conchylium poscit. Ante palatum eorum, quam os, instituimus. In lecticis crescunt: si terram attigerint, e manibus utrinque sustinentium pendent. Gaudemus, si quid licentius dixerint; verba, ne Alexandrinis quidem permittenda deliciis, risu et osculo excipimus. Nec mirum: nos docuimus, ex nobis audierunt. Nostras amicas, nostros concubinos vident, omne convivium obscœnis canticis strepit, pudenda dictu spectantur. Fit ex his consuetudo, deinde natura. Discunt hæc miseri ante quam sciant vitia esse: inde soluti ac fluentes non accipiunt a scholis mala ista, sed in scholas afferunt. Verum in studiis magis vacabit unus uni. Ante omnia nihil prohibet esse istum, nescio quem, unum etiam cum eo, qui in scholis eruditur. Sed etiamsi jungi utrumque non posset,

ténèbres et à la solitude. Car tout bon maître aime un nombreux auditoire, et se croit digne d'un grand théâtre; tandis que d'ordinaire les hommes médiocres, par la conscience qu'ils ont de leur faiblesse, s'accommodent assez d'un seul élève, et descendent volontiers au rôle de pédagogues. Mais je veux que, par une faveur spéciale, par amitié ou par argent, on puisse avoir chez soi le maître le plus savant, un homme incomparable : pourra-t-il consumer toute sa journée auprès d'un seul enfant? L'attention de l'élève lui-même pourra-t-elle être si continue, qu'elle ne se lasse, comme la vue, d'être trop longtemps fixée sur un même objet? d'ailleurs l'étude demande le plus souvent que l'on soit seul. Ainsi, lorsque l'enfant écrit, apprend sa leçon ou médite, la présence du maître est inutile ; et quiconque survient pendant ce temps-là, précepteur ou autre, il dérange l'élève dans son travail. Toute lecture n'exige pas toujours qu'un maître la prépare ou l'explique. Autrement, quand l'élève parviendrait-il à connaître un si grand nombre d'auteurs? Il ne s'agit donc que de lui assigner sa tâche de chaque jour : ce qui ne demande pas beaucoup de temps ; et c'est pour cela qu'on peut enseigner à plusieurs à la fois tout ce qu'on a à enseigner à chacun en particulier. Telle est en effet la nature de la plupart des choses, que la même voix peut les communiquer à tous en même temps. Je ne parle pas des partitions et des déclamations des rhéteurs : quel que soit le nombre de leurs auditeurs, chacun peut profiter de tout. Car il n'en est pas de la voix d'un professeur comme d'un repas, qui diminue à mesure que croît le nombre des convives; mais il en est comme du soleil, qui dispense à tous toute sa lumière et toute sa chaleur. Est-ce un grammairien qui disserte sur les lois du langage, qui développe des questions, lise quelque trait historique ou fabuleux, ou commente un poëme; autant l'entendront, autant en profiteront.

Mais, dira-t-on encore, avec tant d'élèves comment suffire à la correction et à l'explication qui précède la lecture de chacun d'eux? C'est un inconvénient, sans doute ; mais où n'y en a-t-il pas? bientôt nous en ferons voir la compensation. D'abord je n'entends pas qu'on envoie l'enfant dans une école où l'on croit qu'il sera négligé; en second lieu, un bon maître ne se chargera jajamais d'un nombre d'élèves au-dessus de ses forces; et, de notre côté, faisons en sorte de l'avoir je ne dis pas seulement pour ami, mais pour ami de la famille, afin qu'il agisse non par devoir, mais par affection : de cette manière, notre enfant ne sera pas confondu dans la foule. Ajoutez à cela qu'il n'est pas de maître, pour peu qu'il soit lettré, qui ne donne des soins particuliers, dans l'intérêt de sa propre gloire, à l'élève en qui il aura distingué du zèle et de l'esprit. Au surplus, de ce qu'on doive fuir les écoles trop nombreuses, (ce que je n'accorde pas quand c'est le mérite du professeur qui justifie le concours), ce n'est pas une raison pour les fuir toutes. Autre chose est de les éviter, autre chose est de les choisir.

J'ai tâché de réfuter ce que l'on objecte contre les écoles ; il me reste maintenant à dire ce que je pense. Appelé à vivre dans le mouvement du monde et au grand jour des affaires publiques l'orateur doit, avant tout, s'accoutumer dès l'enfance à ne point redouter les hommes, et à ne point s'étioler dans l'ombre d'une vie solitaire. L'esprit veut être sans cesse excité, aiguillonné. Il languit dans l'isolement, et se rouille, pour ainsi dire, dans

---

lumen tamen illud conventus honestissimi, tenebris ac solitudini prætulissem; nam optimus quisque præceptor frequentia gaudet, ac majore se theatro dignum putat. At fere minores ex conscientia suæ infirmitatis hærere singulis, et officio fungi quodammodo pædagogorum non indignantur. Sed præstet alicui vel gratia, vel amicitia, vel pecunia, ut doctissimum atque incomparabilem magistrum domi habeat : num tamen ille totum in uno diem consumpturus est? aut potest esse ulla tam perpetua discentis intentio, quæ non, ut visus oculorum, obtutu continuo fatigetur? quum præsertim multo plus secreti studia desiderent; neque enim scribenti, ediscenti, et cogitanti præceptor assistit, quorum aliquid agentibus, cujuscunque interventus impedimento est. Lectio quoque non omnis, nec semper, præcunte vel interpretante eget; quando enim tot auctorum notitia contingeret? ergo modicum tempus est, quo in totum diem velut opus ordinetur; ideoque per plures ire possunt etiam quæ singulis tradenda sunt : pleraque vero hanc conditionem habent, ut eadem voce ad omnes simul perferantur. Taceo de partitionibus et declamationibus rhetorum, quibus certe quantuscunque numerus adhibeatur, tamen unusquisque totum feret; non enim vox illa præceptoris, ut cœna, minus pluribus sufficit; sed ut sol, universis idem lucis calorisque largitur. Grammaticus quoque de ratione loquendi si disserat, quæstiones explicet, historias exponat, poemata enarret : tot illa discent, quot audient. At enim emendationi prælectionique numerus obstat. Sit incommodum (nam quid fere undique placet?), mox illud comparabimus commodis. Nec ego tamen eo mitti puerum volo, ubi negligatur : sed neque præceptor bonus majore se turba, quam ut sustinere eam possit, oneraverit; et inprimis ea habenda cura est, ut is omni modo fiat nobis familiariter amicus, nec officium in docendo spectet, sed affectum : ita nunquam erimus in turba. Nec sane quisquam, litteris saltem leviter imbutus, eum, in quo studium ingeniumque perspexerit, non in suam quoque gloriam peculiariter fovebit; sed ut fugiendæ sint magnæ scholæ (cui nec ipsi quidem rei assentior, si ad aliquem merito concurritur), non tamen hoc eo valet, ut fugiendæ sint omnino scholæ. Aliud est enim vitare eas, aliud eligere. Et si refutavimus quæ contra dicuntur, jam explicemus, quid ipsi sequamur. Ante omnia, futurus orator, cui in maxima celebritate, et in media reipublicæ luce vivendum est, assuescat jam a tenero non reformidare homines, neque illa solitaria et velut umbratili vita pallescere. Excitanda mens et attollenda semper est, quæ in hujusmodi secretis aut languescit, et quemdam velut in opaco situm ducit, aut contra tumescit

les ténèbres, ou bien il s'enfle d'une vaine présomption : comment, en effet, ne pas s'en faire accroire quand on n'a jamais occasion de se comparer avec personne? Vient-on ensuite à se produire en public, le grand jour éblouit, on trébuche à chaque pas dans un chemin où tout est nouveau, parce qu'on a appris dans la solitude ce qu'il faut, au contraire, pratiquer au milieu du monde. Je ne parle pas de ces amitiés, empreintes d'un sentiment presque religieux, qui se prolongent avec la même vivacité jusque dans la vieillesse. Avoir partagé les mêmes études est un lien non moins sacré que d'avoir été initié aux mêmes mystères. Et ce qu'on appelle le sens commun, où le prendra-t-on, si l'on a fui la société, dont le besoin n'est pas seulement naturel aux hommes, mais aux animaux eux-mêmes, tout privés qu'ils sont de la parole? Ajoutez à cela que l'enfant n'apprend dans la maison paternelle que ce qu'on lui enseigne, et que dans une école il apprend encore ce qu'on enseigne aux autres. Il entend chaque jour approuver ou reprendre tantôt une chose, tantôt une autre; gourmander la paresse de celui-ci, louer l'activité de celui-là; et il en fait son profit. L'amour de la gloire pique son émulation : il attache de la honte à être vaincu par ses égaux, et de l'honneur à surpasser ses aînés. Tout cela enflamme l'esprit; et quoique l'ambition soit en elle-même un vice, elle est souvent l'occasion des vertus. Je me souviens d'un usage que mes maîtres avaient adopté avec succès : ils distribuaient les enfants par classes, et assignaient les rangs pour parler suivant la force de chacun, en sorte que, plus on avait fait de progrès, plus le rang était élevé. Cet ordre était soumis à des jugements, et c'était à qui remporterait l'avantage. Mais d'être le premier de la classe, c'était surtout ce qui faisait l'objet de notre ambition. Cette distribution n'était pas d'ailleurs irrévocablement fixée une fois pour toutes. Tous les trente jours, les vaincus pouvaient prendre leur revanche. Par là, le vainqueur ne se reposait pas sur son triomphe, et la douleur excitait le vaincu à laver sa honte. Autant que je puis me le rappeler, cette lutte nous inspirait plus d'ardeur pour l'étude de l'éloquence que les exhortations de nos maîtres, et la surveillance des pédagogues, et les vœux de nos parents.

Quant à ceux qui sont déjà avancés dans l'étude des lettres, c'est à qui approchera le plus du maître ; mais les commençants d'un âge encore tendre imitent plus volontiers leurs condisciples que leurs maîtres, parce que cela leur est plus facile. En effet, un élève qui n'en est encore qu'aux premiers éléments osera difficilement élever ses espérances jusqu'à son maître, et aspirer à reproduire une éloquence qu'il regarde comme le type de la perfection. Il embrassera de préférence ce qui est à sa portée, comme la vigne s'attache d'abord aux rameaux inférieurs de l'arbre qui lui sert d'appui, avant de s'élancer au faîte. Cela est tellement vrai, que le maître lui-même, si toutefois il songe plus à se rendre utile qu'à briller, a bien soin, en maniant des esprits encore neufs, de ne pas surcharger d'abord leur faiblesse, mais de tempérer ses forces et de descendre à leur intelligence. Si vous versez de l'eau trop abondamment dans un vase dont l'embouchure est étroite, rien n'entre ; mais versez-la avec ménagement, ou même goutte à goutte, vous finirez par le remplir. Il faut de même calculer ce que l'esprit des enfants est capable de recevoir ; car ce qui excédera leur intelligence

inani persuasione; necesse est enim sibi nimium tribuat, qui se nemini comparat. Deinde quum proferenda sunt studia, caligat in sole, et omnia nova offendit, ut qui solus didicerit, quod inter multos faciendum est. Mitto amicitias, quæ ad senectutem usque firmissimæ durant, religiosa quadam necessitudine imbutæ; neque enim est sanctius, sacris iisdem, quam studiis initiari. Sensum ipsum, qui communis dicitur, ubi discet, quum se a congressu, qui non hominibus solum sed mutis quoque animalibus naturalis est, segregarit? Adde, quod domi ea sola discere potest, quæ ipsi præcipientur; in schola, etiam quæ aliis. Audiet multa quotidie probari, multa corrigi : proderit alicujus objurgata desidia, proderit laudata industria : excitabitur laude æmulatio; turpe ducet cedere pari, pulchrum superasse majores. Accendunt omnia hæc animos; et licet ipsa vitium sit ambitio, frequenter tamen causa virtutum est. Non inutilem scio servatum esse a præceptoribus meis morem, qui, quum pueros in classes distribuerant, ordinem dicendi secundum vires ingenii dabant; et ita superiore loco quisque declamabat, ut præcedere profectu videbatur. Hujus rei judicia præbebantur; ea nobis ingens palmæ contentio : ducere vero classem, multo pulcherrimum. Nec de hoc semel decretum erat : tricesimus dies reddebat victo certaminis potestatem. Ita nec superior successu curam remittebat, et dolor victum ad depellendam ignominiam concitabat. Id nobis acriores ad studia dicendi faces subdidisse, quam exhortationes docentium, pædagogorum custodiam, vota parentum, quantum animi mei conjectura colligere possum, contenderim. Sed sicut firmiores in litteris profectus alit æmulatio; ita incipientibus, atque adhuc teneris, condiscipulorum quam præceptoris jucundior, hoc ipso quod facilior, imitatio est; vix enim se prima elementa ad spem tollere effingendæ, quam summam putant, eloquentiæ audebunt; proxima amplectuntur magis, ut vites arboribus applicatæ, inferiores prius apprehendendo ramos, in cacumina evadunt. Quod adeo verum est, ut ipsius etiam magistri, si tamen ambitiosis utilia præferet, hoc opus sit, quum adhuc rudia tractabit ingenia, non statim onerare infirmitatem discentium, sed temperare vires suas, et ad intellectum audientis descendere. Nam ut vascula oris angusti superfusam humoris copiam respuunt, sensim autem influentibus, vel etiam instillatis complentur; sic animi puerorum quantum excipere possint, videndum est : nam majora intellectu, velut parum apertos ad percipiendum, animos non subibunt. Utile igitur est habere, quos imitari primum, mox

n'entrera pas dans leur esprit, pour ainsi dire faute d'ouverture. Il est donc utile d'avoir quelqu'un qu'on se propose d'imiter, en attendant qu'on soit en état de le surpasser. C'est ainsi qu'on s'élèvera peu à peu à de plus hautes espérances. Ajoutons à cela que le maître ne peut parler avec la même force et la même chaleur en présence d'un seul élève, que s'il était animé par la présence d'un nombreux auditoire. Le véritable foyer de l'éloquence, c'est l'âme : il faut qu'elle soit émue, il faut qu'elle se remplisse d'images, et qu'elle s'identifie pour ainsi dire avec les choses dont on a à parler. Plus l'âme est généreuse et élevée, plus il lui faut de puissants leviers pour l'ébranler. C'est pour cela que la louange lui donne plus d'essor, que la lutte redouble ses forces, et qu'elle se complaît dans les grands rôles. Au contraire, on ressent un secret dédain d'abaisser à un seul auditeur ce talent de la parole, acquis au prix de tant de travaux ; on rougit de s'élever au-dessus du ton de la conversation. Représentez-vous, en effet, l'air d'un rhéteur qui déclame, ou la voix, le geste, la prononciation d'un orateur qui sue et s'escrime de corps et d'âme, et cela face à face avec un seul auditeur : ne serez-vous pas tenté de le prendre pour un fou ? L'éloquence n'existerait pas sur la terre, si l'on n'avait jamais à parler qu'en particulier.

CHAP. III. Un maître habile doit commencer par bien connaître l'esprit et la nature de l'enfant qui lui est confié. Le principal indice de l'esprit dans le jeune âge, c'est la mémoire, laquelle consiste à apprendre aisément et à bien retenir. Après la mémoire, c'est l'imitation, qui annonce aussi de l'aptitude, pourvu cependant que l'enfant se borne à reproduire ce qu'on lui enseigne, et non à contrefaire l'air et la démarche des gens, et ce qu'ils ont de ridicule. Je n'aurai pas bonne opinion du naturel d'un enfant qui, dans son goût pour l'imitation, ne cherchera qu'à faire rire. L'enfant vraiment spirituel, comme je l'entends, sera bon avant tout. Autrement, j'aimerais autant qu'il eût l'esprit lourd que de l'avoir méchant. Mais cette bonté n'aura rien de commun avec la pesanteur et l'inertie. Celui dont je me fais l'idée comprendra sans peine ce qu'on lui enseigne, il interrogera même quelquefois ; mais son allure sera plutôt de suivre que de courir en avant. Ces espèces d'esprits précoces n'arrivent presque jamais à maturité. On les reconnaît à leur facilité à faire de petites choses; secondés d'une certaine audace, ils font voir tout d'abord ce qu'ils peuvent en ce genre; mais ce qu'ils peuvent ne s'étend pas loin. Ils articulent plusieurs mots de suite, et les prononcent d'un air assuré, sans hésiter, sans crainte de mal dire; ils ne font pas beaucoup, mais ils font vite. Leur force est toute superficielle; elle ne s'appule pas sur de profondes racines, et ressemble à ces semences tombées à fleur de terre, qui lèvent incontinent, et dont les petites herbes ne produisent que des épis vides, avant le temps de la moisson. Cela plaît dans l'enfance, à cause du contraste ; mais tout à coup les progrès s'arrêtent et le charme s'évanouit.

Après avoir fait ces remarques, le maître examinera comment l'esprit des enfants veut être manié. Il en est qui se relâchent, si on ne les presse incessamment ; il en est qui ne peuvent se plier à aucun joug; la crainte retient les uns, elle énerve les autres. Ceux-ci ne produisent rien qu'à force de labeur; ceux-là vont plutôt par impétueuses saillies. Pour moi, je veux un enfant que la louange excite, qui soit sensible à la gloire, qu'une dé-

---

vincere velis ; ita, paulatim et superiorum spes erit. His adjicio, præceptores ipsos non idem mentis ac spiritus in dicendo posse concipere singulis tantum præsentibus, quod illa celebritate audientium instinctos. Maxima enim pars eloquentiæ constat animo : hunc affici, hunc concipere imagines rerum, et transformari quodammodo ad naturam eorum, de quibus loquimur, necesse est. Is porro, quo generosior celsiorque est, hoc majoribus velut organis commovetur; ideoque et laude crescit, et impetu augetur, et aliquid magnum agere gaudet. Est quædam tacita dedignatio, vim dicendi, tantis comparatam laboribus, ad unum auditorem demittere : pudet supra modum sermonis attolli. Et sane concipiat quis mente vel declamantis habitum, vel orantis vocem, incessum, pronunciationem, illum denique animi et corporis motum, sudorem, ut alia prætereram, et fatigationem, audiente uno; nonne quidam pati furori simile videatur? Non esset in rebus humanis eloquentia, si tantum cum singulis loqueremur.

CAP. III. Tradito sibi puero, docendi peritus ingenium ejus inprimis naturamque perspiciat. Ingenii signum in parvis præcipuum, memoria est. Ejus duplex virtus, facile percipere, et fideliter continere. Proximum, imitatio : nam id quoque est docilis naturæ; sic tamen, ut ea, quæ discit, effingat, non habitum forte et incessum, et si quid in pejus notabile est. Non dabit mihi spem bonæ indolis, qui hoc imitandi studio petet, ut rideatur : nam probus quoque inprimis erit ille vere ingeniosus; alioqui non pejus duxerim tardi esse ingenii, quam mali. Probus autem ab illo segni et jacente plurimum aberit. Hic meus, quæ tradentur, non difficulter accipiet; quædam etiam interrogabit; sequetur tamen magis, quam præcurret. Illud ingeniorum velut præcox genus; non temere unquam pervenit ad frugem. Hi sunt, qui parva facile faciunt, et audacia provecti, quidquid illic possunt, statim ostendunt. Possunt autem id demum, quod in proximo est; verba continuant; hæc vultu interrito, nulla tarditi verecundia, proferunt; non multum præstant, sed cito; non subest vera vis, nec penitus immissis radicibus nititur, ut quæ summo solo sparsa sunt semina, celerius se effundunt, et imitatæ spicas herbulæ inanibus aristis ante messem flavescunt. Placent hæc annis comparata; deinde stat profectus, admiratio decrescit. Hæc quum animadverterit, prospiciat deinceps, quonam modo tractandus sit discentis animus. Sunt quidam, nisi institeris, remissi, quidam imperia indignantur, quosdam continet metus, quosdam debilitat; alios continuatio extundit, in aliis plus impetus facit. Mihi ille detur puer,

faite fasse pleurer. L'ambition sera son aliment : un reproche le piquera au vif, l'honneur l'aiguillonnera. Jamais je ne craindrai la paresse dans un enfant de cette nature. Cependant il faut accorder à tous quelque relâche, non-seulement parce que rien n'est à l'épreuve d'un travail continu, et que les choses même privées de sentiment et de vie ont besoin d'une alternative de repos, qui les détende en quelque sorte, pour se conserver; mais encore parce que l'amour de l'étude a son principe dans la volonté, sur laquelle la contrainte ne peut rien. Aussi les enfants se remettent-ils avec plus de vigueur au travail quand ils sont, pour ainsi dire, renouvelés et rafraîchis, et que l'air de la liberté a retrempé leur âme. L'amour du jeu ne me déplaît pas dans les enfants, il est même un signe de vivacité. Un enfant que je verrais toujours morne, abattu et fuyant les ébats de cet âge, me donnerait une mauvaise idée de son activité pour les exercices de l'esprit. Mais en cela, comme en tout, il y a un milieu à garder : trop de travail leur ferait prendre l'étude en aversion; trop de délassement leur ferait contracter l'habitude de l'oisiveté. Il y a des amusements qui peuvent servir à exercer l'esprit des enfants et qui consistent dans de petites questions de toute espèce qu'ils se proposent tour à tour. C'est aussi dans le jeu que les inclinations se décèlent avec le plus de naïveté, pourvu qu'on se souvienne qu'il n'est pas d'âge si tendre qui ne sache discerner le bien du mal, et qu'il n'est peut-être point de temps plus favorable pour former les mœurs que celui où la dissimulation est inconnue et où la voix du maître a tant d'autorité. Mais vous parviendrez plutôt à rompre qu'à redresser ce qui a crû dans une mauvaise direction. On ne saurait donc avertir trop tôt un enfant de ne rien faire avec passion, avec méchanceté, avec emportement ; et il faut se souvenir toujours de ce mot de Virgile :

Tant de nos premiers ans l'habitude a de force!

Il y a une chose que je condamne absolument, quoique l'usage l'autorise et que Chrysippe ne la désapprouve pas : c'est de fouetter les enfants. D'abord c'est un châtiment bas et servile; et l'on ne saurait, au moins, disconvenir qu'à tout autre âge ce serait un affront cruel. Ensuite, l'enfant assez malheureusement né pour que les réprimandes ne le corrigent pas, s'endurcira bientôt aux coups comme les plus vils esclaves. Enfin on n'aura pas besoin de recourir à ce châtiment, en plaçant près de l'enfant un surveillant assidu, chargé de lui faire rendre compte de ses études; car on peut dire qu'aujourd'hui c'est plutôt la négligence des pédagogues qu'on punit dans les enfants, puisqu'on les châtie, non pour les forcer à bien faire, mais pour n'avoir pas fait. Au surplus, si vous traitez ainsi l'enfant, que ferez-vous au jeune homme, que vous ne pourrez plus menacer de ce châtiment, et à qui vous aurez à enseigner des choses plus importantes? Ajoutez à cela que la douleur ou la crainte leur fait faire des choses, qu'on ne saurait honnêtement rapporter, et qui ne tardent pas à les couvrir de honte. Oppressée par d'ignominieux souvenirs, l'âme s'attriste jusqu'à fuir et détester la lumière. Que sera-ce, si l'on a négligé de s'assurer des mœurs des surveillants et des précepteurs ? je n'ose dire à quelles infamies se portent des hommes abominables par suite du droit de châtier ainsi les enfants, ni les

---

quem laus excitet, quem gloria juvet, qui victus fleat. Hic erit alendus ambitu, hunc mordebit objurgatio, hunc honor excitabit; in hoc desidiam nunquam verebor. Danda est tamen omnibus aliqua remissio; non solum, quia nulla res est, quæ perferre possit continuum laborem; atque ea quoque, quæ sensu et anima carent, ut servare vim suam possint, velut alterna quiete retenduntur : sed quod studium discendi, voluntate, quæ cogi non potest, constat. Itaque et virium plus afferunt ad discendum renovati ac recentes, et acriorem animum, qui fere necessitatibus repugnat. Nec me offenderit lusus in pueris : est et hoc signum alacritatis. Neque illum tristem, semperque demissum, sperare possum erectæ circa studia mentis fore, quum in hoc quoque, maxime naturali ætatibus illis, impetu jaceat. Modus tamen sit remissionibus, ne aut odium studiorum faciant negatæ, aut otii consuetudinem nimiæ. Sunt etiam nonnulli acuendis puerorum ingeniis non inutiles lusus, quum positis invicem cujusque generis quæstiunculis æmulantur. Mores quoque se inter ludendum simplicius detegunt, modo nulla videatur ætas tam infirma, quæ non protinus quid rectum pravumque sit, discat; tum vel maxime formanda, quum simulandi nescia est, et præcipientibus facillime cedit. Frangas enim citius, quam corrigas, quæ in pravum induruerunt. Protinus ergo, ne quid cupide, ne quid improbe, ne quid impotenter faciat, monendus est puer, habendumque in animo semper illud Virgilianum :

Adeo in teneris consuescere multum est.

Cædi vero discentes, quamquam et receptum sit et Chrysippus non improbet, minime velim : primum, quia deforme atque servile est, et certe, quod convenit, si ætatem mutes, injuria; deinde, quod si cui tam est mens illiberalis, ut objurgatione non corrigatur, is etiam ad plagas, ut pessima quæque mancipia, durabitur; postremo quod ne opus erit quidem hac castigatione, si assiduus studiorum exactor astiterit. Nunc fere negligentia pædagogorum sic emendari videtur, ut pueri non facere, quæ recta sunt, cogantur, sed, quum non fecerint, puniantur. Denique quum parvulum verberibus coegeris, quid juveni facias, cui nec adhiberi potest hic metus, et majora discenda sunt? Adde quod multa vapulantibus dictu deformia, et mox verecundiæ futura, sæpe dolore vel metu accidunt, qui pudor refringit animum, et abjicit, atque ipsius lucis fugam et tædium dictat. Jam si minor in diligendis custodum et præceptorum moribus fuit cura, pudet dicere, in quæ probra nefandi homines isto cædendi jure abutantur, quam det aliis quoque nonnunquam occasionem hic mise-

attentats dont la crainte de ces malheureux enfants est quelquefois une occasion pour d'autres. Je ne m'arrêterai pas plus longtemps sur ce point; on ne m'a que trop compris: qu'il me suffise d'avoir protesté qu'il n'est permis à personne de trop entreprendre sur un âge faible, et naturellement exposé aux outrages.

Je vais maintenant parler des arts nécessaires à l'institution de l'orateur, en déterminant les études propres à chaque âge.

Chap. IV. Dès que l'élève sait lire et écrire, le rôle du grammairien commence. Il n'importe que ce soit du grammairien grec ou du grammairien latin que je veuille parler, quoique, selon moi, le premier doive avoir la priorité. La méthode est la même pour tous les deux. Bien que la division de la grammaire soit très-succincte et se réduise à deux parties : *l'art de parler correctement, et l'explication des poëtes*, la grammaire est plus importante au fond qu'elle ne le paraît par sa définition. En effet, l'art d'écrire correctement est inséparable de l'art de parler correctement; et pour expliquer les poëtes, il faut savoir parfaitement lire. C'est de tout cela que se compose la critique, que les anciens grammairiens exerçaient avec tant de sévérité, que non-seulement ils se permettaient de marquer les passages qui leur paraissaient défectueux, et d'éliminer comme des enfants supposés ceux des ouvrages d'un écrivain qu'ils jugeaient leur avoir été faussement attribués; mais encore, dans la revue qu'ils faisaient des auteurs, ils reléguaient les uns dans la foule des écrivains vulgaires et excluaient les autres de toute classification.

Mais ce n'est pas assez d'avoir lu les poëtes, il faut encore approfondir les écrits de tout genre, non-seulement pour les traits d'histoire qui s'y rencontrent, mais aussi pour les mots qui tirent souvent leur autorité de ceux qui s'en sont servis. Ce n'est pas tout : sans la musique, la science grammaticale ne peut être complète, puisqu'elle a à traiter de mesures et de rhythmes. Elle ne peut non plus se passer de l'astronomie pour l'intelligence des poëtes, lesquels, sans parler d'autre chose, déterminent si souvent le temps par le lever et le coucher des astres. Comment, sans le secours de la philosophie, entendra-t-on les nombreux passages qui se trouvent dans presque tous les poëmes, et qui appartiennent aux questions les plus abstraites de la physique? Comment pourra-t-on lire, par exemple, Empédocle chez les Grecs, Varron et Lucrèce chez les Latins, qui ont enseigné la sagesse en vers? Enfin, il ne faut pas une médiocre éloquence pour traiter pertinemment et avec abondance chacune des connaissances dont nous venons de parler. On peut juger par là s'il faut écouter ceux qui se moquent de la grammaire comme d'une science vide et stérile, tandis que, si elle n'a servi à établir sur un fondement solide l'éducation de l'orateur, cette éducation aura la destinée de tous les édifices qui manquent par la base. La grammaire, indispensable aux enfants, est un délassement pour la vieillesse, et fait le charme de la retraite. De toutes les sciences, c'est peut-être la seule qui ait plus de fond que d'apparence. Ne dédaignons donc pas comme peu importants les éléments de la grammaire; non qu'il soit bien difficile de distinguer les consonnes des voyelles, ou de diviser celles-ci en demi-voyelles et muettes, mais parce que plus on pénètre dans les mystères de cette science, plus on y découvre de finesses, qui ne sont pas moins propres à aiguiser l'esprit des enfants qu'à exercer l'érudition et la science la plus profonde. En effet, toutes les oreilles sont-elles capables de bien saisir les tons

---

rorum metus. Non morabor in parte hac : nimium est quod intelligitur ; quare hoc dixisse satis est, in ætatem infirmam, et injuriæ obnoxiam, nemini debere nimium licere. Nunc quibus instituendus sit artibus, qui sic formabitur, ut fieri possit orator, et quæ in quaque ætate inchoanda, dicere ingrediar.

Cap. IV. Primus in eo, qui legendi scribendique adeptus erit facultatem, grammaticis est locus. Nec refert, de Græco an de Latino loquar; quamquam Græcum esse priorem placet. Utrique eadem via est. Hæc igitur professio, quum brevissime in duas partes dividatur, *recte loquendi scientiam* et *poetarum enarrationem*; plus habet in recessu, quam fronte promittit. Nam et scribendi ratio conjuncta cum *loquendo* est, et enarrationem præcedit *emendata lectio*, et mixtum his omnibus *judicium* est : quo quidem ita severe sunt usi veteres grammatici, ut non versus modo censoria quadam virgula notare, et libros, qui falso viderentur inscripti, tamquam subdititios summovere familia permiserint sibi ; sed auctores alios in ordinem redegerint, alios omnino exemerint numero. Nec poetas legisse satis est : excutiendum omne scriptorum genus, non propter historias modo, sed verba, quæ frequenter jus ab auctoribus sumunt. Tum nec citra musicen grammatice potest esse perfecta, quum ei de metris rhythmisque dicendum sit ; nec rationem siderum ignoret, poetas intelligat ; qui, ut alia mittam, toties ortu occasuque signorum in declarandis temporibus utuntur : nec ignara philosophiæ, cum propter plurimos in omnibus fere carminibus locos, ex intima quæstionum naturalium subtilitate repetitos; tum vel propter Empedoclem in Græcis, Varronem ac Lucretium in Latinis, qui præcepta sapientiæ versibus tradiderunt. Eloquentia quoque non mediocri est opus, ut de unaquaque earum, quas demonstravimus, rerum dicat proprie et copiose. Quo minus sunt ferendi, qui hanc artem, ut tenuem ac jejunam, cavillantur : quæ nisi oratoris futuri fundamenta fideliter jecerit, quidquid superstruxeris, corruet : necessaria pueris, jucunda senibus, dulcis secretorum comes, et quæ vel sola omni studiorum genere plus habeat operis, quam ostentationis. Ne quis igitur tamquam parva fastidiat grammatices elementa : non quia magnæ sit operæ, consonantes a vocalibus discernere, ipsasque eas in semivocalium numerum mutarumque partiri ; sed quia interiora velut sacri hujus adeuntibus apparebit multa rerum subtilitas, quæ non modo acuere

de chaque lettre? Non sans doute, pas plus que de bien saisir les sons des cordes d'un instrument. Mais du moins tout grammairien voudra-t-il descendre dans tous ces détails, jusqu'à reconnaître si nous manquons de quelques lettres nécessaires, non lorsque nous écrivons des mots tirés du grec, car alors nous empruntons à cette langue deux lettres, mais dans les mots purement latins, comme *seruus* et *uulgus*, où le besoin du digamma éolien se fait sentir? Il est certain aussi qu'il y a un son qui tient le milieu entre l'*U* et l'*I*; car nous ne prononçons pas *optimum* comme *opimum*, et dans le mot *here* on n'entend pleinement ni l'*e* ni l'*i*. Le grammairien examinera, d'un autre côté, si, indépendamment de ce signe d'aspiration, qu'on ne peut employer sans admettre le signe contraire, nous n'avons pas de lettres surabondantes, comme le *K*, qui sert, ainsi que l'*H*, à caractériser certains noms; le *Q*, qui répond à peu près pour l'effet et pour la forme au *Koppa* des Grecs, si ce n'est que nous l'écrivons un peu plus obliquement, et que les Grecs n'en font maintenant usage que dans les nombres; et enfin la dernière de nos lettres, *X*, dont nous aurions pu nous passer, si nous n'eussions été la chercher.

A l'égard des voyelles, le grammairien examinera encore si l'usage n'a point donné à quelques-unes force de consonne, puisque l'on écrit *Iam* comme *Tam*, et *Uos* comme *Cos*. Il aura aussi à remarquer comment on les joint ensemble. Car, par le moyen de cette jonction, tantôt on en fait une diphthongue, à la manière des anciens, chez qui ce redoublement tenait lieu d'accent; et tantôt on les fait longues toutes deux, ce qui ne peut aller plus loin, à moins qu'on ne s'imagine qu'on peut faire une syllabe de trois voyelles: mais cela ne saurait jamais être, si l'une de ces voyelles ne fait l'office de consonne. Il recherchera comment deux voyelles semblables ont seules la propriété de se confondre, tandis qu'aucune consonne ne peut s'unir à une seconde sans l'affaiblir. Cependant la lettre *I* s'appuie sur elle-même dans *coniicit* formé de *Iacit*, et la lettre *U* dans *uulgus* et *seruus*, comme on les écrit à présent. Il remarquera à ce sujet que Cicéron aimait le redoublement de l'*i* dans *Aiio* et *Maiia*, et que dans ce cas l'un des deux *i* devient consonne.

L'enfant doit donc apprendre ce que chaque lettre a de particulier, ce qu'elle a de commun avec d'autres, et quelles sont celles qui ont de l'affinité entre elles. Il ne s'étonnera plus que de *scamno* on ait fait *scabellum*, ou que de *pinna*, qui veut dire *aigu*, on ait fait *bipennis*, qui signifie une hache à deux tranchants; il ne tombera pas dans l'erreur de ceux qui, persuadés que le mot *bipennis* vient de *duabus pennis*, veulent qu'on dise *pinnas* pour signifier les ailes des oiseaux. Non-seulement il connaîtra toutes ces modifications qui tiennent ou à la conjugaison ou à une préposition, comme *secat secuit*, *cadit excidit*, *cædit excidit*, *calcat exculcat*, et comment de *lavando* on a fait *lotus* et son contraire *illotus*, et mille autres semblables; mais encore il saura comment des nominatifs ont changé avec le temps. Car de même que *Valesius* et *Fusius* sont devenus *Valerius* et *Furius*, de même *arbos*, *labos*, *vapos*, *clamos* et *lases* ont eu leur temps. Et cette même lettre *S*, que nous avons exclue de tous ces mots, a succédé dans quelques-uns à une autre lettre. Ainsi on disait *mertare* et *pultare* pour *mersare* et *pulsare*. Bien plus, on disait jadis *fordeum* et *fœdus* pour *hordeum* et *hædus*, en se servant, au lieu d'aspirations, d'une lettre

---

ingenia puerilia, sed exercere altissimam quoque eruditionem ac scientiam possit. An cujuslibet auris est exigere litterarum sonos? non hercule magis, quam nervorum. At grammatici saltem omnes in hanc descendent rerum tenuitatem: desintne aliquæ nobis necessariæ litteræ, non quum Græca scribimus (tum enim ab iisdem duas mutuamur), sed proprie in Latinis? ut in his, *Seruus* et *Uulgus*, Æolicum digamma desideratur, et medius est quidam U et I litteræ sonus (non enim sic *optimum* dicimus, ut *opimum*) et in *Here* neque E plane neque I auditur: an rursus aliæ redundent (præter illam aspirationis notam, quæ si necessaria est, etiam contrariam sibi poscit), ut K, quæ et ipsa quorumdam nominum nota est; et Q, cujus similis effectu specieque, nisi quod paulum a nostris obliquatur, *Koppa* apud Græcos nunc tantum in numero manet: et nostrarum ultima X, qua tamen carere potuimus, si non quæsissemus. Atque etiam in ipsis vocalibus grammatici est videre, an aliquas pro consonantibus usus acceperit, quia *Iam* sicut *Tam* scribitur, et *Uos* ut *Cos*. At, quæ ut vocales junguntur, aut *unam* longam faciunt, ut veteres scripsere, qui geminatione earum velut apice utebantur; aut *duas*: nisi quis putat etiam ex tribus vocalibus syllabam fieri; quod nequit, si non aliquæ officio consonantium fungantur. Quæret etiam hoc, quomodo duabus demum vocalibus in se ipsas coeundi natura sit, quum consonantium nulla, nisi alteram, frangat. Atqui littera I sibi insidit; *Coniicit* enim est ab illo *Iacit*: et U, quomodo nunc scribitur *Uulgus* et *Seruus*. Sciat etiam Ciceroni placuisse *Aiio Maiiam*que geminata I scribere: quod si est, etiam jungetur ut consonans. Quare discat puer, quid in litteris proprium, quid commune, quæ cum quibus cognatio: nec miretur, cur ex *Scamno* fiat *Scabellum*, aut a *pinna* (quod est acutum) securis utrinque habens aciem *Bipennis*: ne illorum sequatur errorem, qui, quia a pennis duabus hoc esse nomen existimant, *pinnas* avium dici volunt. Neque has modo noverit mutationes, quas afferunt declinatio, aut præpositio, ut *secat secuit*, *cadit excidit*, *cædit excidit*, *calcat exculcat*: et sic a *lavando lotus*, et inde rursus *illotus*, et mille alia; sed et quæ rectis quoque casibus ætate transierunt: nam ut *Valesii* et *Fusii* in *Valerios Furiosque* venerunt; ita *arbos*, *labos*, *vapos* etiam et *clamos* ac *lases*, ætatis fuerunt. Et hæc ipsa S littera ab his nominibus exclusa, in quibusdam ipsa alteri successit: nam *mertare* atque *pultare* dicebant: quin *fordeum fœdusque*, pro aspiratione *vav* simili littera utentes: nam contra Græci aspirare solent, ut pro

semblable au *vav*; tandis que les Grecs aspirent ordinairement le φ. De là vient que Cicéron se moque d'un témoin qui ne pouvait prononcer la première lettre du mot *Fundanius*. Il fut aussi un temps où nous mettions un *b* à la place d'autres lettres : de là *Burrhus, Bruges* et *Belena*. De *duello* on a fait *bellum*, d'où quelques-uns ont osé dire *bellios* pour *duellios*. Parlerai-je de *stlocum* et de *stlites?* de l'affinité qui existe entre le *t* et le *d?* Aussi ne faut-il pas s'étonner si, sur les vieux monuments de notre ville, et dans quelques-uns de nos temples les plus célèbres, on lit *Alexanter* et *Cassantra*. L'*o* et l'*u* n'ont-ils pas été employés l'un pour l'autre? on écrivait *Hecoba* et *notrix*, *Culchides* et *Pulyxena*, et cela, non-seulement dans les mots tirés du grec, mais dans les mots latins *dederont* et *probaveront*. C'est ainsi que d'Ὀδυσσεύς les Éoliens ont fait Οὐδυσσέα, puis les Latins *Ulysses*. Enfin l'*e* n'a-t-il pas été mis à la place de l'*i*, comme dans *Menerva*, *leber* et *magester*, et *Dijove* et *Vejove* pour *Dijovi* et *Vejovi?* Mais il me suffit d'indiquer l'endroit; car je n'enseigne pas, je montre la route à ceux qui auront à enseigner. Ensuite on s'occupera des syllabes; sur quoi je ferai quelques observations, quand je parlerai de l'orthographe. Puis le maître fera voir combien le discours a de parties et quelles sont ces parties, quoiqu'on soit peu d'accord sur le nombre; car les anciens, et entre autres Aristote et Théodecte, ont enseigné qu'il n'y en avait que trois, le verbe, le nom et la conjonction : sans doute parce que le verbe, étant la parole même, est la substance du discours; le nom, étant ce dont on parle, en est la matière; et que ces deux mots ne peuvent s'unir sans le secours d'un troisième, c'est-à-dire d'une conjonction, *conjunctio*, mot dont on se sert généralement, et qui correspond moins exactement que *convinctio* au mot grec συνδέσμος. Peu à peu les philosophes, et surtout les stoïciens, ont augmenté ce nombre; et d'abord aux conjonctions on a ajouté les *articles*, puis les *prépositions*; puis on a ajouté aux noms l'*appellation*; ensuite le *pronom*, ensuite le *participe*, qui tient de la nature du verbe; enfin on a joint aux verbes mêmes les *adverbes*. Notre langue n'exigeant pas d'articles, ils se trouvent confondus avec les autres parties; mais à toutes celles que j'ai nommées on a encore ajouté l'*interjection*. D'autres néanmoins, mais qui peuvent être comptés parmi les auteurs compétents, comme Aristarque, et de nos jours Polémon, n'en ont admis que huit, ne regardant ce que nous nommons *vocable*, ou *appellation*, que comme dépendance ou espèce du nom. Mais ceux qui ont vu une différence entre le *nom* et le *vocable* en admettent neuf. Il en est néanmoins qui, établissant une distinction plus subtile entre vocable et *appellation*, veulent que le premier se rapporte seulement aux objets qu'on peut voir ou toucher, comme *maison*, *lit*; et la seconde à ceux qui manquent d'une de ces propriétés ou de toutes deux à la fois, comme *vent, ciel, dieu, vertu*. Ils ajoutaient aussi deux parties, l'une d'*affirmation*, comme *heu*, l'autre d'agrégation, comme *fasceatim*, ce que je n'approuve pas. Au surplus, le mot grec προσηγορία est-il bien rendu par vocable ou par *appellation*, et doit-on ou ne doit-on pas considérer cette partie comme une dépendance du nom? La question est peu importante, et je laisse à chacun la liberté de la décider comme il lui plaira.

Mais surtout que les enfants sachent bien dé-

Fundanio Cicero testem, qui primam ejus litteram dicere non posset, irridet. Sed B quoque in locum aliarum dedimus aliquando, unde *Burrus*, et *Bruges* et *Belena*. Nec non eadem fecit ex *duello bellum*, unde *Duellios* quidam dicere *Bellios* ausi. Quid *stlocum stlitesque?* Quid T litteræ cum D quædam cognatio? Quare minus mirum, si in vetustis operibus urbis nostræ, et celebribus templis legantur *Alexanter* et *Cassantra*. Quid O atque U permutatæ invicem? ut *Hecoba* et *notrix*, *Culchides* et *Pulyxena*, scriberentur : ac, ne in Græcis id tantum notetur, *dederont*, ac *probaveront*. Sic Ὀδυσσεύς, quem Οὐδυσσέα fecerunt Æoles, ad *Ulyssem* deductus est. Quid? non E quoque I loco fuit? ut *Menerva*, et *leber*, et *magester*, et *Dijove* et *Vejove*, pro *Dijovi* et *Vejovi?* Sed mihi locum signare satis est; non enim doceo, sed admoneo docturos. Inde in syllabas cura transibit, de quibus in orthographia pauca annotabo. Tum videbit ad quem hoc pertinet, quot et quæ sint partes orationis; quamquam de numero parum convenit : veteres enim, quorum fuerunt Aristoteles atque Theodectes, *verba* modo et *nomina* et *convinctiones* tradiderunt; videlicet quod in verbis vim sermonis, in nominibus materiam, quia alterum est quod loquimur, alterum de quo loquimur, in convinctionibus autem complexum eorum esse judicaverunt; quas *conjunctiones* a plerisque dici scio, sed hæc videtur ex συνδέσμῳ magis propria translatio. Paulatim a philosophis, ac maxime stoicis, auctus est numerus : ac primum convinctionibus *articuli* adjecti, post *præpositiones*, nominibus *appellatio*, deinde *pronomen*; deinde mixtum verbo *participium*, ipsis verbis *adverbia*. Noster sermo articulos non desiderat, ideoque in alias partes orationis sparguntur. Sed accedit superioribus *interjectio*. Alii tamen ex idoneis duntaxat auctoribus octo partes secuti sunt, ut Aristarchus, et ætate nostra Palæmon, qui *vocabulum*, sive *appellationem*, nomini subjecerunt, tamquam species ejus. At ii, qui aliud *nomen*, aliud *vocabulum* faciunt, novem : nihilominus fuerunt, qui ipsum adhuc *vocabulum* ab *appellatione* diducerent, ut esset *vocabulum*, corpus visu tactuque manifestum, *domus, lectus; appellatio*, cui vel naturam deesset, vel utrumque, *ventus, cœlum, deus, virtus*. Adjiciebant et *asseverationem*, ut *heu*, et *attrectationem*, ut *fasceatim*, quæ mihi non approbantur. *Vocabulum*, an *appellatio* dicenda sit προσηγορία, et subjicienda nomini, nec ne, quia parvi refert, liberum opinaturis relinquo. Nomina declinare et verba inprimis pueri sciant; neque enim aliter pervenire ad intellectum sequentium possunt; quod etiam monere supervacuum fuerat, nisi ambitiosa festinatio plerique a posterioribus inciperent; et, dum

cliner les noms et conjuguer les verbes, car c'est le seul moyen de parvenir à l'intelligence de ce qui suivra. Cet avertissement serait superflu, sans la précipitation fastueuse de la plupart des maîtres, qui commencent par où l'on doit finir, et qui, pour faire briller leurs élèves par des connaissances spécieuses, les retardent en voulant leur abréger le chemin. Mais le maître qui aura et l'instruction suffisante, et la volonté quelquefois non moins rare d'enseigner ce qu'il sait, ne se contentera pas de faire observer qu'il y a trois genres dans les noms, et quels sont les noms qui ont deux genres et même les trois. Cependant je ne verrai pas tout d'abord un maître dont les soins ne laissent rien à désirer dans celui qui aura fait remarquer qu'il y a des genres *communs*, appelés *épicènes*, qui comprennent les deux sexes; et qu'il y a des noms masculins dont la terminaison est féminine, comme *Murœna*, et des noms féminins dont la terminaison est neutre, comme *Glycerium*.

Un maître qui aime à pénétrer plus avant dans les secrets de son art scrutera l'origine d'une infinité de noms : de ceux, par exemple, qui proviennent de certains signes extérieurs, tels que *Rufus* et *Longus* (parmi lesquels il y en a dont l'étymologie a quelque chose de plus obscur, tels que *Sylla*, *Burrhus*, *Galba*, *Plancus*, *Pansa*, *Scaurus*, et autres semblables); de ceux qui rappellent des accidents qui ont accompagné la naissance, comme *Agrippa*, *Opiter*, *Cordus*, *Postumus*; ou des accidents qui l'ont suivie, comme *Vopiscus*; de ceux enfin qui tiennent à d'autres raisons diverses, comme *Cotta*, *Scipion*, *Lénas*, *Seranus*. On trouve aussi des noms tirés de certains peuples, de certains lieux, et de beaucoup d'autres causes. C'était autrefois un usage, tombé depuis en désuétude, d'appeler les esclaves d'un nom où entrait celui de leurs maîtres, comme *Marcipores*, *Publipores*. Le maître recherchera encore si la langue grecque ne possède pas virtuellement un sixième cas, et la nôtre un septième. Car lorsque je dis *hasta percussi*, blessés d'une lance, ce mot *hasta* n'a pas la nature de l'ablatif, de même qu'en grec le mot τῷ δορί n'a pas celle du datif.

Quant aux verbes, il n'est personne qui ne sache qu'ils ont le genre, le mode, la personne, et le nombre. C'est ce qu'on apprend aux petites écoles, et ce qu'il y a de plus vulgaire dans la science. Mais on peut être embarrassé dans certains temps où la terminaison est équivoque. En effet, il y a certains mots qui donnent lieu de douter si ce sont des participes ou des noms, parce qu'ils ont l'une ou l'autre acception suivant la place qu'ils occupent, comme *lectus* et *sapiens*. Il y a aussi des verbes qu'on prendrait pour des noms, comme *fraudator*, *nutritor*.

Cette locution, *Itur in antiquam silvam*, n'a-t-elle pas encore une règle particulière? car quelle est la première personne d'*Itur*? il en est de même de *fletur*. L'acception du passif dans ce vers :

Panditur interea domus omnipotentis Olympi,

n'est pas la même que dans celui-ci :

Totis
Usque adeo turbatur agris!...

Il y a enfin une troisième forme, comme *urbs habitatur*, d'où *campus curritur, mare navigatur*.

Pransus et *potus* ont une signification différente de celle qu'ils indiquent. Que dirai-je de cette foule de verbes qu'on ne conjugue pas dans tous les modes? Les uns sont irréguliers, comme *fero* au prétérit; les autres ne s'emploient qu'à la troisième personne, comme *licet*, *piget*; d'autres

---

ostentare discipulos circa speciosiora malunt, compendio morarentur. At si quis et didicerit satis, et, quod non minus deesse interim solet, voluerit docere quæ didicit, non erit contentus tradere in nominibus tria genera, et quæ sint duobus omnibusve communia. Nec statim diligentem putabo, qui *promiscua*, quæ *epicœna* dicuntur, ostenderit, in quibus sexus uterque per alterum apparet, aut quæ feminina positione *mares*, neutrali *feminas* significant; qualia sunt, *Murœna*, et *Glycerium*. Scrutabitur mille præceptor acer atque subtilis origines nominum; ut quæ ex habitu corporis *Rufos Longosque* fecerunt (ubi erit aliud secretius, ut *Sullæ*, *Burrhi*, *Galbæ*, *Planci*, *Pansæ*, *Scauri*, taliaque), et ex casu nascentium; hinc *Agrippa*, et *Opiter*, et *Cordus*, et *Postumus* erunt : et ex iis, quæ post natos eveniunt; unde *Vopiscus*. Jam *Cottæ*, *Scipiones*, *Lœnates*, *Serani* sunt, et ex variis causis. Gentes quoque ac loca, et alia multa reperias inter nominum causas. In servis jam intercidit illud genus, quod ducebatur a domino, unde *Marcipores*, *Publiporesque*. Quærat etiam, sitne apud Græcos vis quædam sexti casus, et apud nos quoque septimi; nam quum dico, *hasta percussi*, non utor ablativi natura; nec si idem Græce dicam, dativi. Sed in verbis quoque quis est adeo imperitus, ut ignoret genera, et qualitates, et personas, et numeros? Litterarii pæne ista sunt ludi et trivialis scientiæ. Jam quosdam illa turbabunt, quæ declinationibus non tenentur. Nam et quædam, *participia*, an *verbi appellationes* sint, dubitari potest, quia aliud alio loco valent, ut *lectus* et *sapiens*. Quædam verba appellationibus similia, ut *fraudator*, *nutritor*. Jam, *Itur in antiquam silvam*, nonne propriæ cujusdam rationis est? nam quod initium ejus invenias? cui simile *Fletur* : accipimus aliter, ut

Panditur interea domus omnipotentis Olympi;

aliter ut

Totis
Usque adeo turbatur agris!...

Est etiam quidam tertius modus, ut *urbs habitatur;* unde et *campus curritur, mare navigatur*. *Pransus* quoque atque *potus* diversum valent, quam indicant. Quid? quod multa verba non totum declinationis ordinem ferunt? quædam etiam mutantur, ut *fero* in præterito : quædam tertiæ demum personæ figura dicuntur, ut *licet*, *piget*: quædam simile quiddam patiuntur *vocabulis in adver-*

enfin ont quelque ressemblance avec certains mots qui se prennent adverbialement ; car de même qu'on dit *noctu* et *diu*, on dit aussi *dictu* et *factu*; les deux derniers mots sont, en effet, des participes, qu'il ne faut pourtant pas confondre avec *dicto* et *facto*.

CHAP. V. Le discours a trois qualités : la *correction*, la *clarté*, et l'*ornement*; car pour la convenance, qui est la qualité principale, la plupart en font une dépendance de l'ornement. A ces qualités sont opposés autant de défauts. Le maître recherchera donc en quoi consistent les règles de la correction, lesquelles constituent la première des deux parties de la grammaire. Ces règles portent sur les *mots pris isolément*, ou *joints ensemble*. Je prends ici le mot *verbum*, dans une acception générale ; car il s'entend de deux manières : ou il embrasse dans sa signification tous les mots dont la phrase est composée, et a le sens que lui donne Horace dans ce vers :

Verbaque provisam rem non invita sequentur :
Ce que l'on conçoit bien s'énonce clairement,
Et les mots pour le dire arrivent aisément;

ou il est une partie du discours, comme *je lis, j'écris*. Pour éviter cette équivoque, quelques écrivains ont mieux aimé dire *voces*, *dictiones*, *locutiones*.

Les mots considérés isolément sont ou essentiellement *latins* ou *étrangers*; *simples* ou *composés*; *propres* ou *métaphoriques*; *usités* ou *nouveaux*. Le plus souvent la qualité d'un mot, pris en lui-même, est purement négative. Car lors même que notre langage est exact, élégant, sublime, ces qualités sont uniquement le résultat de l'ensemble et de l'enchaînement du discours, puisque nous ne louons dans les mots que leur convenance avec les choses. La seule qualité qu'on puisse y remarquer, c'est la *vocalité* ou l'euphonie. Voilà pourquoi entre deux mots qui ont même signification et même valeur, on choisit celui qui sonne le mieux.

Ce qu'il faut d'abord fuir comme une difformité, c'est le *barbarisme* et le *solécisme*. Mais comme ces vices trouvent quelquefois leur excuse soit dans l'usage, soit dans l'autorité, soit dans l'antiquité, soit enfin dans un rapport avec quelque beauté (car il est souvent difficile de les distinguer des figures), le grammairien qui ne veut pas se méprendre sur un point d'observation aussi fugitif, doit s'appliquer à bien saisir cette nuance délicate. J'en parlerai plus au long, lorsque je traiterai des figures. Quoi qu'il en soit, le vice qui affecte les mots pris isolément s'appelle *barbarisme*.

Est-ce donc à cela, me dira-t-on peut-être, que se réduisent vos magnifiques promesses ? Qui ne sait qu'il y a des barbarismes qu'on fait *en écrivant*, et d'autres qu'on fait *en parlant*, par la raison que ce qui est mal écrit doit nécessairement être mal dit, au lieu qu'on peut prononcer d'une manière vicieuse, sans tomber dans la même faute en écrivant ? qui ne sait que les premiers ont lieu par addition ou par retranchement, par substitution ou par transposition ; et les seconds, dans la manière de séparer ou d'assembler les syllabes, d'aspirer ou d'accentuer ? Tout cela est peu de chose ; mais ce sont des enfants qu'il s'agit d'enseigner, et c'est à des grammairiens que j'adresse mes avis. Que, parmi ces derniers, il s'en trouve qui n'aient que des connaissances grossières et qui ne soient pas allés au delà du seuil de cette science, ils s'en tiendront aux préceptes vulgaires que renferment les abrégés de certains professeurs ; les doctes, au contraire, y ajoute-

---

bium transeuntibus : nam ut *noctu* et *diu*, ita *dictu* et *factu*. Sunt enim hæc quoque verba participialia quidem, non tamen qualia *dicto*, *facto* que.

CAP. V. Jam quum omnis oratio tres habeat virtutes, ut *emendata*, ut *dilucida*, ut *ornata* sit (quia dicere apte, quod est præcipuum, plerique ornatui subjiciunt), totidem vitia, quæ sunt supra dictis contraria; emendate loquendi regulam, quæ grammatices prior pars est, examinet. Hæc exigitur *verbis*, *aut singulis*, aut *pluribus*. Verba nunc generaliter accipi volo; nam duplex eorum intellectus est; alter, qui omnia, per quæ sermo nectitur, significat, ut apud Horatium,

Verbaque provisam rem non invita sequentur;

alter, in quo est una pars orationis, *lego*, *scribo* : quam vitantes ambiguitatem quidam dicere maluerunt, *voces*, *dictiones*, *locutiones*. Singula sunt aut *nostra*, aut *peregrina*; aut *simplicia*, aut *composita*; aut *propria*, aut *translata*; aut *usitata*, aut *ficta*. Uni verbo vitium sæpius, quam virtus, inest. Licet enim dicamus aliquid proprium, speciosum, sublime, nihil tamen horum, nisi in complexu loquendi serieque, contingit ; laudamus enim verba bene rebus accommodata. Sola est quæ notari possit velut *vocalitas*, quæ εὐφωνία dicitur : cujus in eo delectus est, ut inter duo, quæ idem significant ac tantumdem valent, quod melius sonet, malis. Prima *barbarismi* ac *solœcismi* fœditas absit. Sed quia interim excusantur hæc vitia aut consuetudine, aut auctoritate, aut vetustate, aut denique vicinitate virtutum; nam sæpe a figuris ea separare difficile est : ne quem tam lubrica observatio fallat, acriter se in illud tenue discrimen grammaticus intendat, de quo nos latius ibi loquemur, ubi de figuris orationis tractandum erit. Interim vitium, quod fit in singulis verbis, sit *barbarismus*. Occurrat mihi forsan aliquis, quid hic promisso tanti operis dignum ? aut quis hoc nescit, alios barbarismos *scribendo* fieri, alios *loquendo* ? quia, quod male scribitur, male etiam dici necesse est ; qui vitiose dixerit, non utique et scripto peccat. Illud prius *adjectione*, *detractione*, *immutatione*, *transmutatione*; hoc secundum, *divisione*, *complexione*, *aspiratione*, *sono* contineri ? Sed, ut parva sint hæc, pueri docentur adhuc, et grammaticos officii sui commonemus. Ex quibus si quis erit plane impolitus, et vestibulum modo artis hujus ingressus, intra hæc quæ profitentium commentariolis vulgata sunt, consistet : doctiores multa adjicient ; vel hoc primum, quod *barbarismum* pluribus modis accipimus.

2.

ront beaucoup ; et d'abord ils feront remarquer qu'on reconnaît des barbarismes de plusieurs sortes : le premier, qui naît d'un mot étranger, si, par exemple, on introduit dans le latin un mot *africain* ou *espagnol*, comme le mot *canthus*, dont on se sert ordinairement pour désigner la bande de fer qui lie les roues, et que Perse néanmoins emploie comme un mot reçu. Ainsi, dans Catulle, on trouve le mot *ploxenum*, qui n'est usité que dans les environs du Pô ; et dans le discours de Labiénus, ou, si l'on veut, de Cornélius Gallus, contre Pollion, un séducteur amoureux est appelé *casnar,* terme emprunté aux Gaulois. Quant au mot *mastraea*, qui est sarde, Cicéron s'en est servi à dessein et par raillerie. Le second genre de barbarisme est celui qui est purement intellectuel ; ainsi nous disons d'un homme dont le langage a été emporté, menaçant ou cruel, qu'il a parlé comme un barbare. Le troisième genre de barbarisme, dont il y a une infinité d'exemples vulgaires, est celui dont on peut se faire une idée en ajoutant une lettre ou une syllabe à un mot quelconque, ou en la retranchant, ou en mettant l'une pour l'autre, ou en la plaçant où elle ne doit pas être. Mais il y a des maîtres qui, pour faire parade d'érudition, se plaisent à chercher des exemples de barbarisme dans les poëtes, et en lisant le texte d'un auteur comme on fait d'abord, commencent par lui faire son procès. Or, il faut qu'un enfant sache que ces fautes sont excusables chez les écrivains en vers, et doivent même quelquefois être regardées comme des beautés. Il vaudra donc mieux choisir des exemples moins ordinaires, comme celui de Tinca de Plaisance, qui, s'il faut en croire les reproches d'Hortensius, faisait deux barbarismes dans un seul mot, *Precula* pour *pergula ;* d'abord, par changement de lettre, *e* pour *g;* puis, par transposition *r* devant *e.* Ennius fait la même faute deux fois dans *Metieo Fufetieo;* mais il a pour lui le privilége de la poésie. On admet aussi en prose certaines modifications. Cicéron dit *exercitum Canopitarum*, quoique les gens du pays disent *Canobon ;* beaucoup d'écrivains ont autorisé *Tharsomenum* pour *Thrasumenum*, quoiqu'il y ait là transposition. Il en est de même de plusieurs autres mots. Car si l'on soutient qu'*assentior* est conforme au génie de la langue, Sisenna a dit *assentio*, et beaucoup d'autres l'ont imité, s'appuyant d'ailleurs sur l'analogie ; et si l'on soutient, au contraire, qu'*assentio* est le vrai mot, on s'écarte de l'usage, qui a accrédité *assentior.* Et cependant un grammairien puriste et méticuleux s'imaginera qu'il y a retranchement dans l'un ou addition dans l'autre. Que dire aussi de quelques mots qui, pris en particulier, seraient certainement vicieux, et qui joints ensemble sont très-corrects? *Dua, tre, pondo ,* sont des barbarismes de différents genres ; cependant tout le monde a dit *duapondo* et *trepondo* jusqu'à nous, et ces deux mots ont encore pour eux l'autorité de Messala. Il peut paraître absurde d'avancer que le barbarisme, qui n'est que le vice d'un mot pris isolément, a lieu aussi par rapport aux nombres et aux genres, comme le solécisme : pourtant *scala* et *scopa*, *hordea* et *mulsa*, quoiqu'on n'ait à y reprendre ni changement, ni retranchement, ni addition de lettres, ne sont vicieux que par cela seul que le pluriel y est transformé en singulier, et le singulier en pluriel ; et ceux qui ont dit *gladia* ont péché contre le genre. Mais je me contente, ici comme plus haut, de signaler en passant cet endroit, pour ne pas ajouter moi-

---

Unum, in gente, quale sit, si quis *Afrum* vel *Hispanum* Latinæ orationi nomen inserat, ut ferrum, quo rotæ vinciuntur, quod solet *canthus;* quamquam eo, tamquam recepto, utitur Persius ; sicut Catullus *ploxenum* circa Padum invenit, et in oratione Labieni, sive illa Cornelii Galli est, in Pollionem *casnar*, assectator, e Gallia ductum est : nam *mastracam*, quod Sardum est, illudens Cicero ex industria dixit. Alterum *genus barbarismi* accipimus, quod fit animi natura, ut is, a quo insolenter quid, aut minaciter, aut crudeliter dictum sit, barbare locutus existimetur. Tertium est illud vitium *barbarismi,* cujus exempla vulgo nota plurima, sibi etiam quisque fingere potest, ut verbo, cui libebit, adjiciat litteram syllabamve ; vel detrahat ; aut aliam pro alia, aut eamdem alio, quam rectum est, loco ponat. Sed quidam fere in jactationem eruditionis sumere illa ex poetis solent, et auctores, quos prælegunt, criminantur. Scire autem debet puer, hæc apud scriptores carminum aut venia digna, aut etiam laude duci : poliusque illa ducendi erunt minus vulgata. Nam duos in uno nomine faciebat barbarismos Tinca Placentinus, si reprehendenti Hortensio credimus, *preculam* pro *pergula* dicens, et immutatione, quum *c* pro *g* uteretur ; et transmutatione, quum *r* præponeret *e* antecedenti. At in eadem vitii geminatione *Metieo Fufetieo* dicens Ennius, poetico jure defenditur. Sed in prosa quoque est quædam jam recepta immutatio. Nam Cicero *Canopitarum* exercitum dicit, ipsi *Canobon* vocant : et *Tharsomenum* pro *Thrasumeno* multi auctores, etiamsi est in eo transmutatio, vindicaverunt: similiter alia ; nam, sive est *assentior;* Sisenna dixit *assentio,* multique et hunc, et analogiam secuti ; sive illud verum est, hæc quoque pars consensu defenditur. At ille pexus pinguisque doctor, aut illic detractionem, aut hic adjectionem putabit. Quid? quod quædam, quæ singula procul dubio vitiosa sunt, juncta sine reprehensione dicuntur? Nam *dua* et *tre* et *pondo* diversorum generum sunt barbarismi ; at *duapondo* et *trepondo* usque ad nostram ætatem ab omnibus dictum est, et recte dici Messala confirmat. Absurdum forsan videatur dicere, barbarismum, quod est unius verbi vitium, fieri per numeros, aut genera, sicut solœcismum : *scala* tamen et *scopa*, contraque *hordea* et *mulsa*, licet litterarum mutationem, detractionem, adjectionem non habeant, non alio vitiosa sunt, quam quod pluralia singulariter, et singularia pluraliter efferuntur ; et *gladia* qui dixerunt, genere exciderunt. Sed hoc quoque notare contentus sum, ne arti, culpa quorumdam pervicacium per-

même une question de plus à un art que l'entêtement de quelques rhéteurs n'a déjà que trop compliqué.

Il faut plus de sagacité pour distinguer les fautes qui se font en parlant, parce qu'on ne peut pas en donner d'exemples par écrit, si ce n'est lorsqu'elles se rencontrent dans les vers, comme cette diérèse *Europaï*, ou le défaut contraire appelé par les Grecs *synérèse* et *synalèphe*, que nous traduisons par *complexion*. Tel est ce vers qu'on lit dans Varron :

Cum te flagranti dejectum fulmine Phaeton.

Car, si c'était en prose, on pourrait prononcer toutes les lettres et conserver chaque syllabe. Il y a en outre des fautes contre la mesure, soit lorsqu'on allonge une syllabe brève, comme dans

Italiam fato profugus,

ou qu'on fait brève une syllabe longue, comme dans

Unius ob noxam et furias;

Mais ces fautes ne peuvent être remarquées que dans les vers, et même n'y doivent-elles pas être regardées comme telles. Quant à celles qui altèrent les sons, c'est l'oreille seule qui en est juge, quoiqu'on puisse pourtant demander si dans notre langue une aspiration ajoutée ou supprimée mal à propos n'est point une faute d'orthographe, en admettant que *H* soit une lettre, et non pas seulement un signe. En effet, l'aspiration a subi chez nous de fréquentes variations avec le temps. Les anciens en usaient très-sobrement, même devant les voyelles; car ils disaient *oedos* et *ircos*. Ensuite on observa longtemps de ne pas employer l'aspiration avec des consonnes, comme dans *Graccis* et *triumpis*. Puis tout à coup l'usage en devint si excessif, qu'on voit encore aujourd'hui dans quelques inscriptions, *choronœ*, *chentu-riones*, *prœchones* : usage qui a donné lieu à une épigramme fort connue de Catulle. C'est ainsi que sont venus jusqu'à nous *vehementer*, *comprehendere*, *mihi*. On trouve même dans les vieux livres des anciens écrivains, et surtout des poètes tragiques, *mehe* pour *me*.

Des fautes plus difficiles encore à remarquer sont celles qui se font contre les tons, *tenores*, que je trouve appelés *tonores* par les anciens, sans doute par dérivation du mot grec τόνους; ou contre les accents, que les Grecs appellent προσῳδίας, lorsqu'on met une syllabe aiguë pour une syllabe grave, et réciproquement, comme si l'on faisait aiguë la première syllabe de *Camillus*; ou quand on emploie l'accent grave au lieu de l'accent circonflexe, comme si l'on plaçait l'accent aigu sur la première syllabe de *Cethegus*, car alors celle du milieu changerait de nature; ou bien lorsqu'on met un accent circonflexe pour un grave, en confondant les deux dernières syllabes en une, au moyen d'un signe : en quoi on pèche doublement. Mais cela ne se fait guère que dans les noms grecs, comme *Atreus*. Dans ma jeunesse, des vieillards fort savants prononçaient ce mot avec un accent aigu sur la première syllabe, en sorte que la seconde était nécessairement grave : il en était de même des mots *Terei* et *Nerei*. Telles étaient les règles des accents. Je sais au reste qu'aujourd'hui des savants, et même quelques grammairiens, recommandent et observent de donner quelquefois un ton aigu à la dernière syllabe d'un mot, pour le distinguer d'un autre avec lequel on pourrait le confondre, comme dans ce passage de Virgile :

... *Quæ circum littora, circum
Piscosos scopulos*...

de peur que, si l'on faisait grave la dernière syl-

---

plexæ, videar et ipse quæstionem addidisse. Plus exiguut subtilitatis quæ accidunt *in dicendo* vitia, quia exempla eorum tradi scripto non possunt, nisi quum in versus inciderint, ut divisio *Europai*, et ei contrarium vitium, quod συναίρεσιν et συναλοιφήν Græci vocant, nos *complexionem* dicimus : qualis est apud P. Varronem :

Cum te flagranti dejectum fulmine Phaeton.

Nam si esset prosa oratio, easdem litteras enunciare veris syllabis licebat. Præterea quæ fiunt spatio, sive quum syllaba correpta producitur, ut :

Italiam fato profugus;

seu longa corripitur, ut *Unius ob noxam et furias*; extra carmen non deprehendas : sed nec in carmine vitia ducenda sunt. Illa vero nonnisi aure exiguntur, quæ fiunt per sonos; quamquam per aspirationem, sive adjicitur vitiose, sive detrahitur, apud nos potest quæri, an in scripto sit vitium, si H littera est, non nota? Cujus quidem ratio mutata cum temporibus est sæpius. Parcissime ea veteres usi etiam in vocalibus, quum *oedos*, *ircosque* dicebant. Diu deinde servatum, ne consonantibus aspiraretur, ut in *Graccis* et *triumpis*. Erupit brevi tempore nimius usus, ut *choronœ*, *chenturiones*, *prœchones* adhuc quibusdam inscriptionibus maneant : qua de re Catulli nobile epigramma est. Inde durat ad nos usque *vehementer*, et *comprehendere*, et *mihi* : et *mehe* quoque pro *me* apud antiquos, tragœdiarum præcipue scriptores, in veteribus libris invenimus. Adhuc difficilior observatio est per *tenores*, quos quidem ab antiquis dictos *tonores* comperi, ut videlicet declinato a Græcis verbo, qui τόνους dicunt, vel accentus, quas Græci προσῳδίας vocant, quum acuta et gravis, alia pro alia, ponitur, ut in hoc *Camillus*, si acuitur prima : aut gravis pro flexa, ut *Cethegus*, et hic prima acuta; nam sic media mutatur, aut flexa pro gravi, ut apice circumducta sequente, quam ex duabus syllabis in unam cogentes, et deinde flectentes, dupliciter peccant. Sed id sæpius in Græcis nominibus accidit, ut *Atreus*, quem nobis juvenibus doctissimi senes acuta prima dicere solebant, ut necessario secunda gravis esset; idem *Terei Nereique*. Hæc de accentibus tradita. Cæterum jam scio, quosdam eruditos, nonnullos etiam grammaticos, sic docere ac loqui, ut propter quædam vocum discrimina verbum interim acuto sono finiant : ut in illis,

...Quæ circum littora, circum

labe, on ne confondit *circum*, préposition, avec l'accusatif de *circus*. C'est par la même raison qu'ils prononcent *quantum*, *quale*, avec la dernière syllabe grave, lorsque ces mots sont interrogatifs; et qu'ils font cette même syllabe aiguë, lorsque ces mêmes mots servent de termes de comparaison. Ce n'est, au surplus, que pour les adverbes et les pronoms qu'ils tiennent à cette distinction; dans tout le reste, ils suivent l'ancienne règle. Pour moi, je crois que l'exception vient de ce que, dans l'exemple tiré de Virgile, nous lions les mots entre eux. Car lorsque je dis *circum littora*, j'ai l'air de ne prononcer qu'un seul mot sans division; et alors, ainsi que dans un seul mot, il n'y a qu'une syllabe aiguë : ce qui a lieu dans cet hémistiche :

.... *Trojœ qui primus ab oris.*

Il arrive aussi que la loi de la mesure change l'accent : par exemple,

... *pecudes pictœque volucres;*

car il faut mettre l'accent aigu sur la seconde syllabe de *volucres*, parce que, bien que cette syllabe soit brève de sa nature, elle devient longue par position, ou autrement serait un ïambe, sorte de mesure que ne comporte pas le vers héroïque. Mais, pris séparément, les mots dont nous parlions rentrent dans la règle; où, si la coutume l'emporte, il faut abolir les anciennes lois du langage. Ces lois sont plus difficiles à observer chez les Grecs, à cause de la diversité des dialectes, et parce que ce qui est vicieux dans l'un est quelquefois correct dans l'autre. Chez nous, au contraire, les règles de l'accentuation sont très-simples. Dans tout mot, sur trois syllabes qui le composent ou qui le terminent, il y en a une d'aiguë, et de ces trois, c'est toujours la pénultième ou l'antépénultième. Si celle du milieu est longue, elle aura l'accent aigu ou circonflexe; si elle est brève, elle aura toujours un accent grave, et alors l'accent aigu passera sur la syllabe qui la précède, c'est-à-dire l'antépénultième. Dans tous les mots donc il y a une syllabe aiguë, mais jamais plus d'une, et ce n'est jamais la dernière; en sorte que dans les mots de deux syllabes c'est toujours la première. En outre, le même mot ne peut pas avoir un accent circonflexe et un accent aigu, puisque le circonflexe se forme du grave et de l'aigu : aussi ni l'un ni l'autre ne peut terminer un mot latin : je dis un mot de plusieurs syllabes, car pour ceux qui n'ont qu'une syllabe, ils reçoivent l'accent aigu ou circonflexe, afin qu'il soit vrai de dire qu'il n'est pas un mot qui n'ait l'accent aigu.

Il faut ranger parmi les fautes contre les accents ces prononciations vicieuses qu'il n'est pas possible de démontrer par écrit, et qui tiennent à des défauts d'organe. Les Grecs, plus heureux que nous à forger des mots, les appellent ἰωκατισμοὺς et λαμδακισμοὺς, ἰσχνότητας, πλατειασμούς; ils ont encore inventé le mot κοιλοστομίαν pour peindre l'effet de la voix quand elle semble sortir du fond de la gorge. Il y a enfin certains sons particuliers et inénarrables, que nous reprochons quelquefois à toute une nation. C'est en se préservant de tous ces défauts qu'on obtiendra une prononciation pure et agréable, ce parler correct que les Grecs appellent ὀρθοέπεια.

Tous les autres vices sont ceux qui affectent un assemblage de mots. De ce nombre est le *solécisme*. Cependant on n'est pas d'accord sur ce point. Car ceux même qui reconnaissent que le solécisme gît dans la contexture du discours induisent, de ce qu'on peut le faire disparaître en

---

Piscosos scopulos...

ne si gravem posuerint secundam, circus dici videatur, non circuitus. Idem quantum, quale, interrogantes, gravi; comparantes, acuto tenore concludunt: quod tamen in adverbiis fere solis ac pronominibus vindicant, in cæteris veterem legem sequuntur. Mihi videtur conditionem mutare, quod his locis verba conjungimus. Nam quum dico circum littora, tamquam unum enuncio, dissimulata distinctione : itaque tamquam in una voce, una est acuta : quod idem accidit in illo,

... Trojæ qui primus ab oris.

Evenit, ut metri quoque conditio mutet accentum : ut

... Pecudes pictæque volucres;

nam volucres media acuta legam : quia, etsi brevis natura, tamen positione longa est, ne faciat iambum, quem non recipit versus herous. Separata vero hæc a præcepto non recedent : aut si consuetudo vicerit, vetus lex sermonis abolebitur : cujus difficilior apud Græcos observatio est, (quia plura illis loquendi genera, quas Διαλέκτους vocant, et quod alias vitiosum, interim alias rectum est) apud nos vero brevissima ratio. Namque in omni voce, *acuta* intra numerum trium syllabarum continetur, sive eæ sunt in verbo solæ, sive ultimæ, et in his aut proxima extremæ, aut ab ea tertia. Trium porro, de quibus loquor, media longa, aut acuta, aut flexa erit; eodem loco brevis utique gravem habebit sonum, ideoque positam ante se, id est ab ultima tertiam, acuet. Est autem in omni voce utique acuta, sed nunquam plus una; nec ultima unquam; ideoque in disyllabis prior. Præterea nunquam in eadem flexa et acuta, quoniam eadem flexa est acuta; itaque neutra claudet vocem Latinam. Ea vero, quæ sunt syllabæ unius, erunt acuta, aut flexa, ne sit aliqua vox sine acuta. Et illa per sonos accidunt, quæ demonstrari scripto non possunt, vitia oris et linguæ : ἰωτακισμοὺς et λαμδακισμοὺς, ἰσχνότητας et πλατειασμοὺς, feliciores fingendis nominibus Græci vocant : sicut κοιλοστομίαν, quum vox quasi in recessu oris auditur. Sunt etiam proprii quidam et inenarrabiles soni, quibus nonnunquam nationes reprehendimus. Remotis igitur omnibus, quæ supra diximus, vitiis, erit illa, quæ vocatur, ὀρθοέπεια, id est, emendata cum suavitate vocum explanatio : nam sic accipi potest recta. Cætera vitia omnia ex pluribus vocibus sunt, quorum est *solœcismus* : quamquam circa hoc quoque disputatum est : nam etiam qui complexu orationis accidere eum confitentur, qnia tamen unius emendatione verbi corrigi

corrigeant un seul mot, que c'est un vice qui est dans le mot, et non dans le tissu du discours. Ainsi, par exemple, *amarœ corticis* ou *medio cortice* font un solécisme de genre. Je ne blâme ni l'un ni l'autre, parce qu'ils sont de Virgile; mais supposons que l'un des deux soit mal dit, et qu'en corrigeant le mot où il y a faute, on rende la phrase correcte, ce n'en sera pas moins une mauvaise chicane; car *amarœ* ou *medio* ne sont ni l'un ni l'autre vicieux, pris isolément; ils ne le deviennent que parce qu'ils sont joints à un autre mot : or cette jonction ne constitue-t-elle pas le discours?

Mais on fait une question plus savante. Peut-il y avoir solécisme dans un mot seul? si, par exemple, en appelant à soi une seule personne, on dit *venite*, ou si, pour en congédier plusieurs, on dit : *abi, discede?* Ou bien y a-t-il solécisme, quand la réponse ne s'accorde pas avec l'interrogation, comme si à ces mots : *quem video?* on répondait : *ego?* Quelques-uns vont même jusqu'à penser qu'il y a solécisme dans le geste, toutes les fois que, par un mouvement de la tête ou de la main, on fait entendre le contraire de ce qu'on dit. Je n'adopte ni ne rejette entièrement ces opinions; car j'avoue qu'il peut y avoir solécisme dans un mot seul, mais seulement en ce sens qu'il y a quelque chose de sous-entendu qui tient lieu d'un second mot, et à quoi se rapporte le premier: en sorte que le solécisme est dans l'assemblage même de ce qui sert à signifier les choses et de ce qui sert à manifester l'intention de celui qui parle. Enfin, pour éviter toute subtilité, je dirai que le solécisme a lieu quelquefois dans un mot, mais jamais dans un mot pris absolument.

Combien y a-t-il d'espèces de solécismes, et quelles sont-elles? c'est un point sur lequel on n'est guère plus d'accord. Ceux dont la division me paraît la plus complète en reconnaissent de quatre sortes, avec la même distinction que pour les barbarismes : le solécisme qui se fait par addition, comme *veni de Susis in Alexandriam;* celui qui a lieu par retranchement, *ambulo viam, Ægypto venio, ne hoc fecit;* celui qui résulte d'une inversion, qui détruit l'ordre, *quoque ego, enim hoc voluit, autem non habuit.* Quant à *igitur* placé au commencement d'une phrase, on peut douter si c'est un solécisme de ce dernier genre; car je vois que les plus grands auteurs ont été partagés sur ce point, puisque les uns l'ont souvent placé ainsi, et que chez les autres on n'en trouve aucun exemple. Quelques-uns ne considèrent pas comme solécismes ces trois vices de langage, et ils appellent l'addition *pléonasme;* le retranchement, *ellipse;* l'inversion, *anastrophe;* prétendant que, si ces figures sont des solécismes, on peut en dire autant de l'*hyperbate.* Pour la quatrième espèce, qui consiste à mettre un mot pour un autre, c'est, de l'aveu de tous, un solécisme. Toutes les parties du discours sont susceptibles de ce genre de solécisme, mais particulièrement le verbe, à cause de ses nombreuses modifications. Aussi donne-t-il lieu à des solécismes de genres, de temps, de personnes et de modes, que d'autres appellent état, ou qualités, et qui sont au nombre de six ou de huit; car il y aura autant de formes de solécismes qu'il y aura d'espèces de modifications. Ajoutons encore les nombres. Nous en avons deux, le singulier et le pluriel; les Grecs ont le plus le duel. Quelques-uns, cependant, ont voulu voir un duel dans *scripsere, legere;* mais la terminaison de ces mots n'a d'autre raison que l'euphonie, comme *male merere* pour *male mere-*

---

possit, in verbo esse vitium, non in sermone contendunt : quum, sive *amarœ corticis* seu *medio cortice* per genus facit solœcismum (quorum neutrum quidem reprehendo, quum sit utriusque Virgilius auctor; sed fingamus utrumlibet non recte dictum), mutatio vocis alterius, in qua vitium erat, rectam loquendi rationem sic reddit, ut *amari corticis* fiat vel *media cortice:* quod manifestæ calumniæ est : neutrum enim vitiosum separatum est, sed compositione peccatur, quæ jam sermonis est. Illud eruditius quæritur, an in singulis quoque verbis possit fieri solœcismus; ut si unum quis ad se vocans, dicat *venite*, aut si plures a se dimittens, ita loquatur, *Abi*, aut *Discede*. Nec non quum responsum ab interrogatione dissentit; ut si dicenti, *Quem video?* ita occurras, *Ego*. In gestu etiam nonnulli putant idem vitium inesse, quum aliud voce, aliud nutu vel manu demonstratur. Huic opinioni neque omnino accedo, neque plane dissentio; nam id fateor posse accidere voce una, non tamen aliter, quam si sit aliquid, quod vim alterius vocis obtineat, ad quod vox illa referatur, ut *solœcismus* ex complexu fiat eorum, quibus res significantur, et voluntas ostenditur. Atque ut omnem effugiam cavillationem, fit aliquando in uno verbo, nunquam in solo verbo. Per quot autem et quas accidat species, non satis conve-nit. Qui plenissime, quadripertitam volunt esse rationem, nec aliam, quam barbarismi, ut fiat adjectione, ut, *Veni de Susis in Alexandriam*: detractione, *Ambulo viam, Ægypto venio, ne hoc fecit;* transmutatione, qua ordo turbatur, *Quoque ego, Enim hoc voluit, Autem non habuit* : ex quo genere an sit *igitur*, in initio sermonis positum, dubitari potest, quia maximos auctores in diversa fuisse opinione video, quum apud alios sit etiam frequens, apud alios nunquam reperiatur. Hæc tria genera quidam diducunt a solœcismo, et *adjectionis vitium*, πλεονασμόν· *detractionis*, Ἔλλειψιν· *inversionis*, ἀναστροφήν vocant; quæ si in speciem solœcismi cadant, ὑπερβατόν quoque appellari eodem modo posse. *Immutatio* sine controversia est, quum aliud pro alio ponitur. Id per omnes orationis partes deprehendimus, frequentissime in verbo, quia plurima huic accidunt, ideoque in eo fiunt *solœcismi* per *genera, tempora, personas, modos*, sive cui *status* eos dici, seu *qualitates* placet, vel sex, vel, ut alii volunt, octo; nam totidem vitiorum erunt formæ, in quot species eorum quidque, de quibus supra dictum est, diviseris : præterea *numeros*, in quibus nos *singularem* ac *pluralem* habemus, Græci et δυϊκόν. Quamquam fuerunt, qui nobis quoque adjicerent dualem, *scripsere, legere*, quod

ris, qu'on trouve chez les anciens ; de sorte que ce qu'on appelle duel, en latin, n'occupe que ces deux places tandisque chez les Grecs ; le duel existe dans presque toute la conjugaison du verbe et dans les noms, quoique pourtant ils s'en servent très-rarement. Mais pour le nôtre, aucun de nos auteurs ne s'est avisé d'en faire la distinction ; au contraire, ces locutions, *devenere locos, conticuere omnes, consedere duces*, prouvent évidemment qu'elles ne s'appliquent nullement à deux personnes. Il en est de même de *dixere*, quoique Antonius Rufus cite cet exemple comme une preuve du contraire ; car il est certain que l'huissier prononce ce mot après les plaidoiries des avocats, quel qu'en soit le nombre. Mais quoi! Tite-Live, dès le début de son histoire, ne dit-il pas : *tenuere arcem Sabini* ; et peu après : *in adversum Romani subiere* ? Enfin quelle autorité préférerai-je à celle de Cicéron, qui s'exprime ainsi dans son *Orateur* : « Je ne blâme pas *scripsere*, mais je crois que *scripserunt* est plus vrai ? »

Le solécisme a lieu dans les noms appellatifs et dans les noms proprement dits, en genre, en nombre, comme dans les verbes, et en cas. On peut étendre aux comparatifs et aux superlatifs le solécisme qui consiste à mettre une de ces trois choses à la place d'une autre ; il faut en dire autant de l'emploi du nom patronymique au lieu du nom possessif, et réciproquement. A l'égard du vice qui affecte la quantité, comme dans *magnum peculiolum*, il y en a qui pourront y voir un solécisme, parce que le diminutif est mis au lieu du mot intégral. Pour moi, j'y vois plutôt une impropriété ; car c'est dans la signification qu'est l'erreur : or, le solécisme n'est jamais dans le sens, mais dans l'union des mots. Le participe peut pécher en genre et en cas, comme le nom appellatif ; en temps, comme le verbe ; et en nombre, comme tous les deux. Le pronom comporte aussi le genre, le nombre, et les cas ; et ces diverses propriétés sont susceptibles de cette espèce de faute. Enfin on fait des solécismes, et en grand nombre, dans les parties des discours ; mais il ne suffit pas de faire cette observation générale, de peur que l'enfant ne s'imagine qu'il n'y a faute que lorsqu'on emploie une partie pour une autre, un verbe au lieu d'un nom, un adverbe au lieu d'un pronom, et autres substitutions semblables. Car il y a des mots qui ont une sorte de parenté, c'est-à-dire qui appartiennent au même genre, et à l'égard desquels on ne pèche pas moins par le changement d'espèce que par le changement de genre. Ainsi, *an* et *aut* sont des conjonctions, et cependant ce serait mal parler que de dire dans la forme interrogative : *hic, aut ille, sit?* *ne* et *non* sont des adverbes ; et cependant celui qui dirait *non feceris* pour *ne feceris*, tomberait dans la même faute, parce que *non* est un adverbe de négation, et *ne* un adverbe de prohibition. Un autre exemple : *intro* et *intus* sont des adverbes de lieu : cependant *eo intus, intro sum*, sont des solécismes. Les mêmes fautes peuvent avoir lieu dans les différentes espèces de pronoms, d'interjections, et de prépositions. Il y a aussi solécisme, lorsque, dans une phrase sans division, les mots qui précèdent et ceux qui suivent ne s'accordent pas entre eux. Cependant il y a des locutions qui ont l'apparence de solécismes, et qui pourtant ne peuvent pas être regardées comme vicieuses, telles que *tragœdia Thyestes, ludi Floralia, ludi Megalesia* :

---

evitandæ asperitatis gratia mollitum est, ut apud veteres, pro *male mereris, male merere*, ideoque quod vocant *duale*, in illo solo genere consistit ; quum apud Græcos et in verbi tota fere ratione, et in nominibus deprehendatur, et sic quoque rarissimi ejus sit usus ; apud nostrorum vero neminem hæc observatio reperiatur, quin e contrario, *Devenere locos*, et *Conticuere omnes*, et *Consedere duces*, aperte nos doceant, nihil horum ad duos pertinere ; *Dixere* quoque, quanquam id Antonius Rufus ex diverso ponit exemplum, de pluribus patronis præco pronunciet. Quid? non Livius circa initia statim primi libri, *Tenuere*, inquit, *arcem Sabini?* et mox, *In adversum Romani subiere?* Sed quem potius ego, quam M. Tullium, sequar? qui in Oratore, *Non reprehendo*, inquit, *scripsere : scripserunt esse verius sentio.* Similiter in vocabulis et nominibus fit *solœcismus genere, numero*, proprie autem *casibus*. Quidquid eorum alteri succedet, huic parti subjungatur licet per *comparationes* et *superlationes*; itemque in quibus *patrium* pro *possessivo* dicitur, vel contra. Nam vitium quod fit per quantitatem, ut *magnum peculiolum*, erunt qui *solœcismum* putent ; quia pro nomine integro positum sit diminutum. Ego dubito, an id *improprium* potius appellem ; significatione enim deerrat : *solœcismi* porro vitium non est in sensu, sed in complexu.

In *participio* per *genus*, et *casum*, ut in vocabulo ; per *tempora*, ut in verbo ; per *numerum*, ut in utroque, peccatur. *Pronomen* quoque *genus*, *numerum*, *casus* habet, quæ omnia recipiunt hujusmodi errorem. Fiunt *solœcismi* (et quidem plurimi) per partes orationis ; sed id tradere satis non est, ne ita demum vitium esse credat puer, si pro alia ponatur alia, ut *verbum*, ubi *nomen* esse debuerit, vel *adverbium*, ubi *pronomen*, et similia. Nam sunt quædam cognata, ut dicunt, id est ejusdem generis, in quibus, qui alia specie, quam oportet, utetur, non minus, quam ipso genere permutato, deliquerit. Nam et *an* et *aut* conjunctiones sunt ; male tamen interroges, *hic, aut ille, sit?* et *ne* ac *non* adverbia : qui tamen dicat pro illo, *Ne feceris, Non feceris*, in idem incidat vitium, quia alterum negandi est, alterum vetandi. Hoc amplius *intro* et *intus*, loci adverbia : *Eo tamen intus*, et *Intro sum*, solœcismi sunt. Eadem in diversitate *pronominum*, *interjectionum*, *præpositionum*, accidunt. Est etiam *solœcismus*, in oratione comprehensionis unius sequentium ac priorum inter se inconveniens positio. Quædam tamen et faciem solœcismi habent, et dici vitiosa non possunt, ut *tragœdia Thyestes*, et *ludi Floralia* ac *Megalesia* ; quamquam hæc sequenti tempore interciderunt, nunquam aliter a veteribus dicta. *Schemata* igitur nominabuntur, frequen-

quoiqu'elles soient aujourd'hui tombées en désuétude, les anciens ne parlaient pas autrement. Nous appellerons donc figures ces locutions, plus fréquentes, à la vérité, chez les poëtes, mais permises aussi aux orateurs. Au reste, une figure est ordinairement fondée sur une raison quelconque, comme je le démontrerai en son lieu, ainsi que je l'ai promis tout à l'heure. Mais ces locutions, qu'on appelle figures, ne laissent pas d'être des solécismes, si celui qui les a employées n'a pas cru parler en style figuré. Il faut ranger dans la même espèce, quoiqu'ils n'aient rien de figuré, ces noms dont j'ai parlé plus haut, qui sont masculins avec la forme du genre féminin, ou féminins avec celle du genre neutre. Je n'en dirai pas davantage sur le solécisme, car je n'ai pas prétendu composer un traité de grammaire ; mais comme cet art s'est rencontré dans mon chemin, je n'ai pas voulu le laisser passer sans lui faire honneur.

Maintenant, pour suivre l'ordre que je me suis prescrit, les mots, comme je l'ai dit, sont ou latins ou étrangers. Or, par mots *étrangers*, j'entends ceux qui nous sont venus de presque toutes les nations, comme il nous en est venu beaucoup d'hommes et beaucoup d'institutions. Je passe sous silence les *Toscans*, les *Sabins* et même les *Prénestins;* car quoique Lucilius reproche à Vectius de se servir de leur langage, de même que Pollion a cru remarquer dans Tite-Live quelque chose qui sent le terroir de Padoue, je puis considérer comme Romains tous les peuples de l'Italie. Plusieurs mots gaulois ont prévalu, tels que *rheda* et *petorritum*, qu'on trouve l'un dans Cicéron, l'autre dans Horace. Les Carthaginois revendiquent *mappa*, usité dans le cirque ; et j'ai entendu dire que *gurdus*, dont le peuple se sert pour désigner un niais, a une origine espa-

gnole. Au surplus, dans ma division, j'ai particulièrement en vue la langue grecque, parce que c'est d'elle que la nôtre s'est formée en grande partie, et que même nous nous servons au besoin de mots purement grecs, comme aussi quelquefois les Grecs nous font des emprunts. De là naît une question, si ces mots étrangers doivent se décliner de la même manière que les nôtres. D'abord un grammairien, zélateur de l'antiquité, ne manquera pas de vous dire qu'il ne faut rien changer à la manière latine, attendu que, les Latins ayant un ablatif que les Grecs n'ont pas, il serait peu convenable de se servir de leurs cinq cas, et de n'en apporter qu'un seul pour notre part. Il louera même le zèle de ceux qui, jaloux d'accroître la puissance de la langue latine, ne voulaient pas avouer qu'elle eût besoin de recourir à des lois étrangères. C'est pour cela qu'ils prononçaient *castorem*, en faisant longue la syllabe du milieu, parce que c'est ainsi que se prononce notre accusatif dans tous les noms qui ont le nominatif terminé en *or*. C'est par la même raison qu'ils persistaient à dire *Palœmo*, *Telamo*, *Plato* (Cicéron même appelle ainsi ce dernier), parce qu'ils ne trouvaient pas de nom latin terminé en *on*. Ils répugnaient même à la terminaison en *as* au nominatif des noms grecs masculins : aussi lisons-nous dans Cælius *Pelia Cincinnatus*, et dans Messala *bene fecit Euthia*, et dans Cicéron *Hermagora*. Ne nous étonnons donc plus si la plupart des anciens ont dit *Ænea* et *Anchisa*. Leur raison était que, si l'on eût écrit ces noms comme *Mecœnas*, *Suffenas*, *Asprenas*, il aurait fallu que le génitif, au lieu de finir en *æ*, se terminât par la syllabe *tis*. De là vient qu'ils mettaient l'accent aigu sur la pénultième des mots *Olympus*, *tyrannus*, parce que le génie de notre langue s'oppose

---

tiora quidem apud poetas, sed oratoribus quoque permissa. Verum *schema* fere habebit aliquam rationem, ut docebimus eo, quem paulo ante promisimus, loco. Sed hoc quoque, quod *schema* vocatur, si ab aliquo per imprudentiam factum erit, *solœcismi* vitio non carebit. In eadem specie sunt, sed schemate carent, ut supra dixi, nomina feminina, quibus mares utuntur, et neutralia quibus feminæ. Hactenus de *solœcismo;* neque enim artem grammaticam componere aggressi sumus : sed quum in ordinem incurreret, inhonoratam transire noluimus. Hoc amplius, ut institutum ordinem sequar, verba aut latina, aut peregrina sunt. *Peregrina* porro ex omnibus prope dixerim gentibus, ut homines, ut instituta etiam multa, venerunt. Taceo de *Tuscis* et *Sabinis*, et *Prœnestinis* quoque ; nam, ut eorum sermone utentem, Vectium Lucilius insectatur, quemadmodum Pollio deprehendit in Livio *Patavinitatem,* licet etiam Italica pro Romanis habeam. Plurima Gallica valuerunt, ut *rheda* ac *petorritum,* quorum altero Cicero tamen, altero Horatius utitur. Et *mappam* quoque, usitatum circo nomen, Pœni sibi vindicant ; et *Gurdos*, quos pro stolidis accipit vulgus, ex Hispania duxisse originem audivi. Sed hæc divisio mea ad Græcum præcipue sermonem pertinet : nam et maxima ex parte

Romanus inde conversus est, et confessis quoque Græcis utimur verbis, ubi nostra desunt, sicut illi a nobis nonnunquam mutuantur. Inde illa quæstio exoritur, an eadem ratione per casus duci externa, qua nostra, conveniat. Ac si reperias grammaticum veterum amatorem, neget quidquam ex Latina ratione mutandum; quia, quum sit apud nos casus ablativus, quem illi non habent, parum conveniat, uno casu nostro, quinque Græcis uti. Quin etiam laudet virtutem eorum, qui potentiorem facere linguam Latinam studebant, nec alienis egere institutis fatebantur : inde *Castorem*, media syllaba producta, pronunciarunt, quia hoc omnibus nostris nominibus accidebat, quorum prima positio in easdem, quas *Castor*, litteras exit ; et ut *Palæmo* ac *Telamo* et *Plato* (nam sic eum Cicero quoque appellat) dicerentur, retinuerunt, quia latinum, quod *o* et *n* litteris finiretur, non reperiebant. Ne in *a* quidem atque *s* litteras exire temere masculina græca nomina recto casu patiebantur, ideoque et apud Cælium legimus, *Pelia Cincinnatus*; et apud Messalam, *Bene fecit Euthia*, et apud Ciceronem, *Hermagora*. Nec miremur, quod ab antiquorum plerisque *Ænea* et *Anchisa* sit dictus. Nam si ut *Mæcenas*, *Suffenas*, *Asprenas* dicerentur, genitivo casu non *e* littera, sed *tis* syllaba terminarentur. Inde *Olympa*

à ce qu'on mette l'accent aigu sur la première syllabe, quand c'est une brève suivie de deux longues. C'est ainsi qu'au génitif ils ont dit *Achilli*, *Ulyssi*, et beaucoup d'autres. Les grammairiens modernes ont établi l'usage de donner aux noms grecs les déclinaisons grecques : ce qui pourtant n'est pas toujours possible. Pour moi, je crois qu'il vaut mieux suivre la manière latine, tant que la convenance le permet ; car je ne dirai pas *Calypsonem* comme on dit *Junonem*, quoique C. César, à l'imitation des anciens, ait adopté cette manière de décliner. Mais l'usage l'a emporté sur l'autorité. Dans les autres mots qui pourront comporter l'une et l'autre déclinaison, celui qui préfère la forme grecque ne parlera pas latin, à la vérité, mais on n'aura pas sujet de le blâmer.

Les mots simples sont ceux qui conservent leur état primitif, c'est-à-dire ceux à la nature desquels on n'a rien ajouté. Les mots composés sont des mots simples, précédés tantôt d'une préposition, comme *innocens*, tantôt de deux, qui quelquefois s'accordent mal entre elles, comme *imperterritus*, et quelquefois sont compatibles, comme *incompositus*, *reconditus*, et comme *subabsurdum*, dont se sert Cicéron ; ou bien ce sont pour ainsi dire deux corps en un, comme *maleficus*. Car je n'accorde pas que notre langue comporte un mot composé de trois, quoique Cicéron dise que *capsis* est formé de *cape si vis*, et qu'il y ait des gens qui prétendent également que *Lupercalia* est composé de trois parties du discours, *luere per caprum*. Car, pour le mot *Solitaurilia*, on ne doute plus qu'il ne vienne de *sus*, *ovis* et *taurus*; et en effet ce sont les trois animaux que l'on immole dans ce sacrifice, dont on voit aussi la description dans Homère : mais ces composés sont moins trois mots que trois particules de mots. Et Pacuvius, qui a voulu joindre à deux mots, non pas un troisième, mais seulement une préposition, a fait évidemment un assemblage insupportable dans le vers suivant :

... *Nerei*
Repandirostrum, incurvicervicum pecus

La seconde espèce de mots, dont nous parlons, se compose soit de deux mots latins entiers, comme *superfui*, *subterfugi* (encore est-ce une question si ce sont là des mots entiers), soit d'un mot entier et d'un mot corrompu, comme *malevolus*; soit d'un mot corrompu et d'un mot entier, comme *noctivagus*; soit de deux mots corrompus, comme *pedisequus*; soit d'un mot latin et d'un mot étranger, comme *biclinium*, ou d'un mot étranger et d'un mot latin, comme *epitogium*, *Anticato*; soit enfin de deux mots étrangers, comme *epirhedium*, car dans ce dernier la préposition ἐπὶ est grecque, *rheda* est gaulois, et ni les Grecs ni les Gaulois ne se servent de ce composé. De ces deux mots empruntés à deux langues étrangères, les Romains en ont fait un qui leur appartient.

Souvent aussi les prépositions sont corrompues par cette alliance, comme dans *abstulit*, *aufugit*, *amisit*, quoique isolément la préposition soit *ab*; et dans *coit*, quoique la préposition soit *con*. Il en est de même dans *ignavi*, *erepti*, et autres semblables. Mais en général cet alliage de mots différents nous réussit moins qu'aux Grecs ; et cela, je crois, tient moins à la nature des deux langues qu'à notre engouement pour ce qui est étranger : ainsi nous admirons le κυρταύχενα des Grecs ; et notre *incurvicervicum*, nous avons peine à l'entendre sans rire.

Les mots propres sont ceux qui conservent

---

et *tyranno* acutam mediam syllabam dederunt, quia duabus longis sequentibus primam brevem acui noster sermo non patitur. Sic genitivus *Achilli* et *Ulixi* fecit, sic alia plurima. Nunc recentiores instituerunt græcis nominibus græcas declinationes potius dare : quod tamen ipsum non semper fieri potest. Mihi autem placet latinam rationem sequi, quousque patitur decor ; neque enim jam *Calypsonem* dixerim, ut *Junonem* : quamquam secutus antiquos C. Cæsar utitur hac ratione declinandi. Sed auctoritatem consuetudo superavit. In cæteris, quæ poterunt utroque modo non indecenter efferri, qui græcam figuram sequi malet, non Latine quidem, sed citra reprehensionem loquetur. Simplices voces, prima positione, id est, natura sua, constant ; compositæ, aut præpositionibus subjunguntur, ut *innocens* (dum ne pugnantibus inter se duabus, quale est *imperterritus*; alioqui possunt aliquando continuari duæ, ut *incompositus*, *reconditus*, et, quo Cicero utitur, *subabsurdum*); aut e duobus quasi corporibus coalescunt, ut *maleficus*. Nam ex tribus nostræ utique linguæ non concesserim, quamvis *capsis* Cicero dicat compositum esse ex *cape si vis*; et inveniantur, qui *Lupercalia* quoque tres partes orationis esse contendant, quasi *luere per caprum*; nam *Solitaurilia* jam persuasum est esse *Suovetaurilia* : et sane ita se habet sacrum, quale apud Homerum quoque est. Sed hæc non tam ex tribus, quam ex particulis trium coeunt. Cæterum etiam ex præpositione et duobus vocabulis dure videtur struxisse Pacuvius :

... *Nerei*
Repandirostrum, incurvicervicum pecus.

Junguntur autem aut ex duobus Latinis integris, ut *superfui*, *subterfugi* (quamquam ex integris an composita sint, quæritur) ; aut ex integro et corrupto, ut *malevolus*; aut ex corrupto et integro, ut *noctivagus*; aut ex duobus corruptis, ut *pedisequus*; aut ex nostro et peregrino, ut *biclinium*; aut contra, ut *epitogium*, et *Anticato*; aut ex duobus peregrinis, ut *epirhedium*; nam quum sit præpositio ἐπὶ Græca, *rheda* Gallicum ; nec Græcus tamen, nec Gallus utitur composito ; Romani suum ex utroque alieno fecerunt. Frequenter autem præpositiones quoque copulatio ista corrumpit : inde *abstulit*, *aufugit*, *amisit*, quum præpositio sit *ab* sola ; et *coit*, quum sit præpositio *con* : sic *ignavi*, et *erepti*, et similia. Sed res tota magis Græcos decet, nobis minus succedit : nec id fieri natura puto, sed alienis favemus ; ideoque quum κυρταύχενα mirati sumus, *incurvicervicum* vix a risu defendimus. *Propria* sunt verba, quum id si-

leur signification primitive; les *métaphoriques* sont ceux qui reçoivent du lieu où ils sont placés un sens autre que celui qu'ils ont naturellement.

Quant aux mots *usités*, ce sont ceux dont l'emploi est le plus sûr. Ce n'est pas sans quelque danger qu'on en crée de *nouveaux*; car s'ils sont accueillis, ils ajoutent peu de mérite au discours; et s'ils ne le sont pas, ils nous donnent même du ridicule. Cependant il faut oser, parce que, comme le dit Cicéron, ce qui d'abord a paru dur s'adoucit par l'usage. Quant aux *onomatopées*, elles ne sont nullement permises à notre langue. Qui en supporterait du genre de celles qu'on admire avec raison dans la langue grecque, comme λίγξε βιὸς et σίζε ὀφθαλμός? On oserait à peine dire *balare* et *hinnire*, si ces mots n'étaient consacrés par l'antiquité.

CHAP. VI. Il y a des règles à observer, soit en parlant, soit en écrivant. Le *langage* a pour fondement la *raison*, le *temps*, l'*autorité*, l'*usage*. La *raison* s'appuie principalement sur l'*analogie* et quelquefois sur l'*étymologie*. Le *temps* donne aux mots anciens une sorte de majesté, et, pour ainsi dire, de sanction religieuse. L'*autorité* se tire ordinairement des orateurs et des historiens. Car, pour les poëtes, ils ont leur excuse dans la nécessité de la mesure, si ce n'est lorsqu'étant libres de choisir entre deux manières de parler, ils préfèrent l'une à l'autre, comme dans les exemples suivants : *imo de stirpe recisum... aeriæ quo congessere palumbes... silice in nuda*, et autres semblables : en quoi on peut fort bien les imiter, parce qu'alors le jugement de ces maîtres en éloquence supplée la raison, et qu'il y a même de l'honneur à s'égarer sur les traces de pareils guides. Quant à l'*usage*, c'est le maître le plus sûr, et l'on doit se servir hardiment du langage établi, comme de la monnaie marquée au coin de l'État.

Mais tout cela exige beaucoup de discernement, surtout l'*analogie*, mot tiré du grec, et auquel correspond dans notre langue celui de *rapport*.

L'analogie consiste à rapporter ce qui est douteux à quelque chose de semblable qui ne l'est pas, à prouver l'incertain par le certain : ce qui a lieu de deux manières, ou par la *comparaison* de deux mots semblables, principalement par rapport aux syllabes finales (voilà pourquoi l'on dit qu'il ne faut pas demander raison de ceux qui n'en ont qu'une), ou par les *diminutifs*. Par la *comparaison*, on découvre le genre ou la déclinaison des noms : le genre ; on veut savoir si *funis* est masculin ou féminin, on le compare, par exemple, à *panis* : la déclinaison ; on doute s'il faut dire *hac domu* ou *hac domo, domuum* ou *domorum* : on compare *domus* à des mots semblables, *anus, manus*. Par les *diminutifs*, on trouve seulement le genre : ainsi, pour m'en tenir au même exemple, *funiculus* démontre que *funis* est masculin. La comparaison se fait de la même manière pour les verbes. Si quelqu'un, à l'imitation des anciens, prononçait brève la pénultième de *fervere*, il serait convaincu de mal parler, parce que tous les verbes qui ont l'indicatif terminé en *eo*, lorsque l'infinitif de ces verbes est en *ere*, ont toujours ce premier *e* long, *prandeo, pendeo, spondeo, prandere, pendere, spondere* ; tandis que ceux qui n'ont qu'un *o* à l'in-

---

gnificant, in quod primum denominata sunt; *translata*, quum alium natura intellectum, alium loco præbent. *Usitatis* tutius utimur, *nova* non sine quodam periculo fingimus. Nam si recepta sunt, modicam laudem afferunt orationi; repudiata, etiam in jocos exeunt. Audendum tamen; namque, ut *Cicero* ait, etiam quæ primo dura visa sunt, usu molliuntur. Sed minime nobis concessa est ὀνοματοποιΐα : quis enim ferat, si quid simile illis merito laudatis, λίγξε βιὸς, et σίζε ὀφθαλμὸς, fingere audeamus? Jam ne *balare* quidem aut *hinnire* fortiter diceremus, nisi judicio vetustatis niterentur.

CAP. VI. Est etiam sua loquentibus observatio, sua scribentibus. *Sermo* constat ratione, vetustate, auctoritate, consuetudine. *Rationem* præstat præcipue *analogia*, nonnunquam et *etymologia*. *Vetera* majestas quædam, et, ut sic dixerim, religio commendat. *Auctoritas* ab oratoribus vel historicis peti solet : nam poetas metri necessitas excusat, nisi si quando, nihil impediente in utroque modulatione pedum, alterum malunt; qualia sunt,... *Imo de stirpe recisum*; et ...*Aeriæ quo congessere palumbes*; et ...*Silice in nuda*, et similia ; quum summorum in eloquentia virorum judicium pro ratione, et vel error honestus est magnos duces sequentibus. *Consuetudo* vero certissima loquendi magistra, utendumque plane sermone, ut nummo, cui publica forma est. Omnia tamen hæc exigunt acre judicium, *analogia* præcipue, quam proxime ex Græco transferentes in Latinum, *proportionem* vocaverunt. Ejus hæc vis est, ut id quod dubium est, ad aliquid simile, de quo non quæritur, referat, ut incerta certis probet, quod efficitur duplici via : *comparatione* similium in extremis maxime syllabis (propter quod ea, quæ sunt e singulis, negantur debere rationem); et *diminutione*. Comparatio in nominibus aut genus deprehendit, aut declinationem. *Genus*, ut, si quæratur, *funis* masculinus sit, an femininum, simile illi sit *panis*; *Declinationem*, ut, si veniat in dubium, *hac domu* dicendum sit, an *hac domo*, et *domuum*, an *domorum*, similia sunt *domus, anus, manus*. Deminutio genus modo detegit; et, ne ab eodem exemplo recedam, *funem* masculinum esse *funiculus* ostendit. Eadem in verbis quoque ratio comparationis : ut si quis, antiquos secutus, *fervere* brevi media syllaba dicat, deprehendatur vitiose loqui, quod omnia, quæ *e* et *o* litteris, fatendi modo, terminantur, eadem, si infinitis *e* litteram media syllaba acceperunt, utique productam habent, *prandeo, pendeo, spondeo, prandere, pendere, spondere*. At quæ *o* solam habent, dummodo per eamdem litteram in infinito exeant, brevia fiunt, *lego, dico, curro, legere, dicere, currere* : etiamsi est apud Lucilium,

Fervit aqua et fervet : fervit nunc, fervet ad annum.

Sed pace dicere hominis eruditissimi liceat, si *fervit* pu-

dicatif, et qui ont aussi l'infinitif en *ere*, comme *lego, dico, curro*, ont cet *e* bref, *legere, dicere, currere*; quoique Lucilius ait dit :

Fervit aqua et fervet : fervit nunc, fervet ad annum.

Car, avec tout le respect que je dois à un homme si savant, si, selon lui, *fervit* est semblable à *currit* et *legit*, il faudra dire *fervo*, comme on dit *curro* et *lego*; ce que je n'ai jamais vu. Aussi la comparaison n'est-elle pas exacte; car l'analogue de *fervit* est *servit*, et il faudra dire conséquemment *fervire* comme on dit *servire*.

On découvre aussi quelquefois l'indicatif à l'aide des temps obliques. Je me souviens d'avoir ramené à mon avis des personnes qui me reprenaient de m'être servi du prétérit *pepigi*. Ils convenaient bien que de grands écrivains l'avaient employé; mais ils prétendaient que la règle ne le permettait pas, parce que le présent de l'indicatif ayant la nature de la voix passive, devait faire au prétérit *pactus sum*; et moi, outre l'autorité des orateurs, je me fondais encore sur l'analogie. En effet, en lisant dans les xii Tables *ni ita pagunt*, j'étais conduit par son analogue *cadunt* à reconnaître que l'indicatif, tombé depuis en désuétude, était *pago* comme *cado*, et qu'ainsi il n'était pas douteux qu'en disant *pepigi* je suivais la même règle que pour *cecidi*.

Souvenons-nous néanmoins que l'analogie ne peut être une règle universelle, puisqu'on la trouve en contradiction avec elle-même dans beaucoup de cas. Il est vrai que certains érudits la défendent autant qu'ils peuvent. Par exemple, qu'on leur fasse remarquer que *lepus* et *lupus*, qui ont le même nominatif, sont néanmoins fort différents dans les cas et dans les nombres, ils répondront que ces deux noms ne sont pas de même espèce, que *lepus* est épicène et *lupus* masculin, quoique Varron dans son livre sur les commencements de Rome fasse *lupus* féminin, après Ennius et Fabius Pictor. Si vous leur demandez pourquoi *aper* fait *apri*, tandis que *pater* fait *patris*, ils diront que le premier est un nom absolu et le second un nom relatif; en outre, comme ces deux mots viennent du grec, ils recourront à cette raison, que le latin suit la déclinaison grecque, *patris* πατρὸς, *apri* κάπρου. Mais comment s'en tireront-ils quand on leur fera remarquer que des noms, même féminins, qui ont le singulier nominatif en *us*, n'ont jamais le génitif terminé en *ris*, et que cependant *Venus* fait *Veneris*; que ceux qui ont le nominatif en *es*, quelque diversifié que soit le génitif, ne l'ont jamais en *ris*; et qu'il faut dire cependant *Ceres Cereris?* Parlerai-je des mots qui, avec un nominatif ou un indicatif entièrement semblables, reçoivent des inflexions différentes, comme *Alba* qui fait *albanos* et *albenses*; *volo* qui fait *volui* et *volavi?* L'analogie reconnaît elle-même que les verbes dont l'indicatif est terminé en *o* à la première personne varient à l'infini leurs prétérits, *cado cecidi, spondeo spopondi, pingo pinxi, lego legi, pono posui, frango fregi, laudo laudavi*. C'est que l'analogie n'est pas descendue du ciel au moment de la formation de l'homme, pour lui apprendre à parler; mais elle a été découverte après la parole, et après que le langage eut donné lieu à des remarques sur les désinences de certains mots. Ce n'est donc pas sur la raison que se fonde l'analogie, mais sur l'exemple; elle n'est donc pas loi du langage, mais le résultat de l'observation; de sorte que l'analogie n'a d'autre origine que

---

tal illi simile *currit* et *legit*, *fervo* dicetur, ut *curro* et *lego* : quod nobis inauditum est. Sed non est hæc vera comparatio; nam *fervit* illi est simile *servit*, quam proportionem sequenti dicere necesse est *fervire*, ut *servire*. Prima quoque aliquando positio ex obliquis invenitur, ut memoria repeto convictos a me, qui reprehenderant, quod hoc verbo usus essem, *pepigi*; nam id quidem dixisse summos auctores confitebantur, rationem tamen negabant permittere, quia prima positio *paciscor*, quum haberet naturam patiendi, faceret tempore præterito *pactus sum*. Nos, præter auctoritatem oratorum atque historicorum, analogia quoque dictum tuebamur; nam quum in xii tabulis legeremus, *Ni ita pagunt* : inveniebamus simile huic, *cadunt;* inde prima positio, etiamsi vetustate exoleverat, apparebat; *pago*, ut *cado;* unde non erat dubium sic *pepigi* nos dicere, ut *cecidi*. Sed meminerimus non per omnia duci *analogiæ* posse rationem, quum sibi ipsa plurimis in locis repugnet. Quædam sine dubio conantur eruditi defendere, ut, quum deprehensum est, *lepus* et *lupus* simili positione quantum casibus numerisque dissentiant, ita respondent, non esse paria, quia *lepus* epicœnum sit, *lupus* masculinum; quamquam Varro in eo libro, quo initia urbis Romæ enarrat, *lupum feminam* dicit, Ennium Pictoremque Fabium secutus. Illi autem iidem, quum interrogantur, cur *aper apri*, et *pater patris* faciat? illud nomen simpliciter positum, hoc ad aliquid esse contendunt. Præterea quoniam utrumque a Græco dictum sit, ad eam rationem recurrunt, ut πατρὸς *patris*, κάπρου *apri* faciat. Illa tamen quomodo effugient, ut nomina, quamvis feminina, singulari nominativo, *u, s,* litteris finita, nunquam genitivo casu in *ris* syllaba terminentur; faciat tamen *Venus, Veneris?* Item quum *e, s,* litteris finita, per varios exeant genitivos, nunquam tamen eadem *ris* syllaba terminatos; *Ceres* cogat dici *Cereris?* Quid vero? quæ tota positionis ejusdem, in diversos flexus exeunt? quum *Alba* faciat *Albanos* et *Albenses*, *Volo volui* et *volavi*. Nam præterito quidem tempore varie formari verba, prima persona littera o terminata, ipsa analogia confitetur. Siquidem facit *cado cecidi, spondeo spopondi, pingo pinxi, lego legi, pono posui, frango fregi, laudo laudavi*. Non enim, quum primum fingerentur homines, *analogia* demissa cœlo formam loquendi dedit : sed inventa est, postquam loquebantur, et notatum in sermone, quid quoque modo caderet : itaque non ratione nititur, sed exemplo; nec lex est loquendi, sed observatio, ut ipsam *analogiam* nulla res alia fecerit, quam

l'usage. Il se rencontre pourtant des gens qui, par un travers insupportable et sous prétexte de rester fidèles à l'analogie, s'obstinent à dire *audaciter* au lieu d'*audacter*, quoique tous les orateurs emploient ce dernier; *emicavit* au lieu de *emicuit*, *conire* au lieu de *coire*. Laissons-leur donc aussi *audivisse*, *scivisse*, *tribunale*, *faciliter*; souffrons qu'ils disent *frugalis* et non *frugi*; car autrement d'où viendrait *frugalitas*? qu'ils relèvent deux solécismes dans *centum millia nummum* et *fidem deum*, parce que ces locutions pèchent contre les cas et contre les nombres. Nous ne nous en doutions pas, en effet, et c'était sans le savoir que nous nous conformions à l'usage et à la convenance, en cela comme en bien d'autres façons de parler que Cicéron a discutées divinement, comme tout le reste, dans l'*Orateur*. Citerai-je Auguste, qui, dans ses lettres à C. César, le blâme de préférer *calidum* à *caldum*; non que le premier ne soit pas latin, dit-il, mais parce qu'il a quelque chose de choquant et de recherché, περίεργον, mot grec dont il se sert?

Voilà pourtant, suivant certaines personnes, ce qui seul constitue la correction du langage. Certes, je suis loin de l'exclure. Quoi de plus nécessaire, en effet, que la correction? Je veux même qu'on s'y attache autant que possible, et qu'on résiste longtemps aux novateurs. Mais quand des mots n'ont plus cours, quand ils sont abrogés, il y a une sorte d'impertinence et de prétention puérile dans les petites choses à vouloir les conserver. Car ce savant, qui en saluant prononçait *avète* sans aspiration et en allongeant la pénultième (la règle veut en effet *avère*), aurait pu dire aussi *calefacere* et *conservavisse* plu- tôt que *calfacere* et *conservasse*; il aurait pu dire encore *face*, *dice*, et autres. C'est le droit chemin, dira-t-on; qui le nie? mais à côté i y en a un plus doux et plus fréquenté.

Cependant, ce qui me moleste le plus, ce n'est pas de les voir se permettre, je ne dis pas de chercher le nominatif par les cas obliques, mais de le changer, et de dire, par exemple, *ebor* et *robor* pour *ebur* et *robur*, que les grands auteurs ont toujours dit et écrit de la sorte; et cela sous prétexte que ces mots font *eboris* et *roboris* au génitif, tandis que *sulfur* et *guttur* gardent l'*u* au même cas. C'est par la même raison que *jecur* et *femur* ont fait question : ce qui n'est pas moins exorbitant que si l'*O* était substitué à l'*U* dans le génitif de *sulfur* et de *guttur*, parce qu'on dit *eboris* et *roboris*, à l'exemple d'Antonius Gniphon, qui convient à la vérité qu'on doit dire *robur*, *ebur*, et même, ajoute-t-il, *marmur*; mais qui veut que ces mots fassent au pluriel *robura*, *ebura*, *marmura*. Mais si l'on eût fait attention à l'affinité des lettres, on aurait vu que de *robur* on a fait *roboris*, comme de *miles*, *limes*, on a fait *militis*, *limitis*; de *judex*, *vindex*, *judicis*, *vindicis*, et autres dont j'ai déjà touché quelque chose. D'ailleurs, comme je le disais, n'y a-t-il pas des noms qui, avec la même terminaison au nominatif, prennent des formes toutes différentes dans les cas obliques? *Virgo*, *Juno*; *fusus*, *lusus*; *cuspis*, *puppis*, et mille autres? N'y a-t-il pas même quelques noms qui n'ont pas de pluriel, d'autres pas de singulier? N'y en a-t-il pas qui sont indéclinables, d'autres qui, immédiatement après le nominatif, changent totalement, comme *Jupiter*? Ce qui a lieu aussi dans les verbes, comme *fero*, dont le prétérit parfait *tuli* ne se

---

consuetudo. Inhærent tamen quidam molestissima diligentiæ perversitate, ut *audaciter* potius dicant, quam *audacter*, licet omnes oratores aliud sequantur; et *emicavit*, non *emicuit*, et *conire*, non *coire*. His permittamus et *audivisse*, et *scivisse*, et *tribunale*, et *faciliter*, dicere : *frugalis* quoque sit apud illos, non *frugi*; nam quo alio modo fiat *frugalitas*? Iidem *centum millia nummum*, et *fidem Deum*, ostendant duplices solœcismos esse, quando et casum mutant, et numerum : nesciebamus enim, ac non consuetudini et decori serviebamus, sicut in plurimis, quæ Tullius in Oratore divine, ut omnia, exsequitur. Sed Augustus quoque in epistolis ad C. Cæsarem scriptis emendat, quod is *calidum* dicere, quam *caldum* malit : non quia illud non sit Latinum, sed quia sit odiosum, et, ut ipse Græco verbo significavit, περίεργον. Atqui hanc quidam ὀρθοέπειαν solam putant, quam ego minime excludo. Quid enim tam necessarium, quam recta locutio? Immo inhærendum ei judico, quoad licet; diu etiam mutantibus repugnandum; sed abolita uloque abrogata retinere, insolentiæ cujusdam est, et frivolæ in parvis jactantiæ. Multum enim litteratus, qui sine aspiratione et producta secunda syllaba salutavit (*avere* est enim), et *calefacere* dixerit potius, quam quod dicimus, et *conservavisse*; his adjiciat *face*, et *dice*, et similia.

Recta est hæc via : quis negat? sed adjacet et mollior, et magis trita. Ego tamen non alio magis angor, quam quod obliquis casibus ducti etiam primas sibi positiones non invenire, sed mutare permittunt; ut quum *ebur* et *robur*, ita dicta ac scripta summis auctoribus, in *o* litteram secundæ syllabæ transferunt; quia sit *roboris* et *eboris*, *sulfur* autem et *guttur*, *u* litteram in genitivo servent; ideoque etiam *jecur* et *femur* controversiam fecerunt, quod non minus est licentiosum, quam si *sulfuri* et *gutturi* subjicerent in genitivo litteram *o* mediam, quia dicant *eboris* et *roboris*; sicut Antonius Gnipho, qui *robur* quidem et *ebur*, atque etiam *marmur* fatetur esse : verum fieri vult ex his *robura*, *ebura*, *marmura*. Quod si animadverterent litterarum affinitatem, scirent sic ab eo, quod est *robur*, *roboris* fieri, quomodo ab eo, quod est *miles*, *limes*, *militis*, *limitis*; *judex*, *vindex*; *judicis*, *vindicis*, et quæ supra jam attigi. Quid? non similes quoque (ut dicebam) positiones, in longe diversas figuras per obliquos casus exeunt? ut *virgo*, *Juno*; *fusus*, *lusus*; *cuspis*, *puppis*, et mille alia? quum illud etiam accidat, ut quædam pluraliter non dicantur; quædam contra singulari numero, quædam casibus careant; quædam a primis statim positionibus tota mutentur, ut *Jupiter*. Quod verbis etiam accidit, ut *fero*, *tuli*, cujus præteri-

retrouve pas dans les autres temps. Au reste, il importe peu que certains mots n'existent pas, ou soient insupportables à l'oreille. Quel sera, par exemple, le génitif singulier de *progenies*, ou le génitif pluriel de *spes?* comment arrivera-t-on à former les prétérits passifs et les participes de *quire* et *ruere?* Que dirai-je d'autres mots du genre de *senatus?* doit-on dire *senatus senatus senatui* ou *senatus senati senato?* C'est pourquoi il me semble qu'on a dit assez heureusement qu'autre chose est de parler latin, autre chose de parler grammaticalement. Mais en voilà peut-être trop sur l'analogie.

L'étymologie, qui s'occupe de l'origine des mots, est appelée par Cicéron *notatio*, parce qu'elle est désignée chez Aristote sous le nom de σύμβολον, qui veut dire *signe*; car il se défie du mot *veriloquium*, qu'il a créé lui-même, et qui est la traduction littérale d'ἐτυμολογία. D'autres, qui se sont attachés au sens virtuel du mot l'appellent *originatio*. L'étymologie est nécessaire toutes les fois que la chose dont il s'agit a besoin d'interprétation. Ainsi M. Cœlius prétendait qu'il était ce qu'on appelle *homo frugi*, non pas qu'il fût tempérant, car il ne pouvait mentir à ce point, mais parce qu'il était utile à beaucoup de monde, c'est-à-dire fructueux, *fructuosus*, d'où venait, disait-il, *frugalitas*. C'est donc dans les définitions qu'on fait particulièrement usage de l'étymologie. Elle sert aussi quelquefois à distinguer des termes barbares de ceux qui sont corrects : elle examine, par exemple, si on doit appeler la Sicile *Triquetram* ou *Triquedram*; si l'on doit dire *meridies* ou *medidies*; et ainsi d'autres mots, qui se plient à l'usage. Au surplus, elle réclame beaucoup d'érudition, soit qu'elle s'exerce sur les mots que nous avons tirés du grec, et qui sont en grand nombre, surtout ceux qui se déclinent suivant le dialecte éolien, avec lequel notre langue a le plus de rapport, soit qu'elle recherche dans les traditions des anciens historiens l'origine des noms d'hommes, de lieux, de nations, de villes; d'où sont venus les noms de *Brutus*, *Publicola*, *Picus*; ceux de *Latium*, d'*Italie*, de *Beneventum*; quelle raison on a eue de dire *le Capitole, le mont Quirinal, l'Argilète.*

Je ne parle pas de ces recherches minutieuses dans lesquelles se consument particulièrement certains amateurs passionnés de l'étymologie, qui se servent de mille détours pour y ramener les mots un peu altérés, et qui pour cela font brèves les lettres ou syllabes qui sont longues, ou longues celles qui sont brèves, en ajoutent ou en retranchent, ou même les changent. Cela dégénère, dans les esprits faux, en puérilités tout à fait misérables, jusqu'à rechercher, par exemple, si *consul* vient de *consulere* dans le sens de *pourvoir* ou dans celui de *juger*. En effet, les anciens employaient ce mot dans cette dernière acception, d'où nous est resté : *rogat boni consulas*, c'est-à-dire *bonum judices*; si c'est à cause de l'âge qu'on a appelé les sénateurs de ce nom, car on les appelle aussi *patres*; si *rex* vient de *regere*, et une foule d'autres mots qui ne font pas question. Je veux bien qu'on recherche l'origine de *tegulæ*, de *regulæ*, et d'autres semblables; je veux que *classis* vienne de *calando*, *lepus* de *levipes*, *vulpes* de *volipes* : mais sera-ce une raison pour admettre que l'étymologie de quelques mots doive se tirer précisément de leurs contraires? que *lucus*, bois sacré, vient de *lucet*, parce que l'épaisseur du feuillage laisse à peine entrer le jour, *parum lucet*; que *ludus*, école, vient de *lusus*, jeu, parce qu'il n'y a rien qui ait moins de

---

tum perfectum, et ulterius non invenitur. Nec plurimum refert, nulla hæc, an prædura sint; nam quid *progenies* genitivo singulari, quid plurali *spes* faciet? Quomodo autem *quire* et *ruere*, vel in præterita patiendi modo, vel in participia transibunt? Quid de aliis dicam, quum *senatus senatus senatui*, an *senatus senati senato* faciat, incertum sit? Quare mihi non invenuste dici videtur, aliud esse *Latine*, aliud *Grammatice* loqui. Ac de *analogia* vel nimium. *Etymologia*, quæ verborum originem inquirit, a Cicerone dicta est *notatio*, quia nomen ejus apud Aristotelem invenitur σύμβολον, quod est *nota*: nam verbum ex verbo, ductum id est *veriloquium*, ipse Cicero, qui finxit, reformidat. Sunt, qui vim potius intuiti, *originationem* vocent. Hæc habet aliquando usum necessarium, quoties interpretatione res, de qua quæritur, eget; ut quum M. Cœlius se esse hominem frugi vult probare, non quia abstinens sit (nam id ne mentiri quidem poterat), sed quia utilis multis, id est, fructuosus, unde sit dicta *frugalitas*. Ideoque in definitionibus assignatur etymologiæ locus. Nonnumquam etiam barbara ab emendatis conatur discernere, ut quum *Triquetram* dici Siciliam, an *Triquedram*; *meridiem*, an *medidiem* oporteat, quæritur, aliaque, quæ consuetudini servient. Continet autem in se multam eruditionem, sive illa ex Græcis orta tractemus, quæ sunt plurima, præcipueque Æolica ratione (cui est sermo noster simillimus) declinata, sive ex historiarum veterum notitia, nomina hominum, locorum, gentium, urbium requiramus, unde *Bruti*, *Publicolæ*, *Pici?* cur *Latium*, *Italia*, *Beneventum?* quæ *Capitolium*, collem *Quirinalem*, et *Argiletum* appellandi ratio? Jam illa minora, in quibus maxime studiosi ejus rei fatigantur, qui verba paulum declinata, varie et multipliciter ad veritatem reducunt, aut correptis aut porrectis, aut adjectis aut detractis, aut permutatis litteris syllabisve. Inde pravis ingeniis ad fœdissima usque ludibria dilabuntur. Sit enim *Consul* a consulendo, vel a judicando; nam et hoc *consulere* veteres appellaverunt; unde adhuc remanet illud, *Rogat, boni consulas*, id est, bonum judices; *Senatui* nomen dederit ætas; nam iidem *Patres* sunt; et *Rex*, *rector* et alia plurima indubitata : nec abnuerim *tegulæ*, *regulæque*, et similium his, rationem : jam sit et *classis* a calando, et *lepus levipes*, et *vulpes volipes*, etiamne a contrariis aliqua sinemur trahi? ut *lucus*, quia, umbra opacus, parum luceat? et *ludus*, quia sit longissime ab lusu? et *Ditis*, quia minime *dives?* etiamne *hominem* appellari, quia

rapport avec le jeu; que Pluton est appelé *ditis* parce qu'il n'est rien moins que riche? que *homo* vient d'*humus*, parce que l'homme est né de la terre; comme si tous les animaux n'avaient pas la même origine, ou comme si les premiers hommes avaient donné un nom à la terre avant de s'en donner un à eux-mêmes? Croirai-je que *verbum* est une contraction de *aer verberatus*, parce que la parole frappe l'air? Continuons, et nous en viendrons jusqu'à croire que *stella*, étoile, vient de *luminis stilla*, goutte de lumière. L'auteur de cette étymologie est pourtant un homme distingué dans les lettres: mais il serait peu convenable à moi de le nommer dans un endroit où je ne fais mention de lui que pour le blâmer. Mais quant à ceux qui ont composé des livres sur ces sortes de recherches, comme ils n'ont pas craint d'y mettre leurs noms, je citerai, entre autres, Caïus Granius qui s'applaudissait de dire *cælibes*, célibataires, dans le sens de *cælites*, habitants des cieux, parce que les célibataires sont exempts du plus pesant des fardeaux; et qui alléguait, à l'appui de son interprétation, le mot grec ἠΐθεος, qui veut dire aussi célibataire, et a, selon lui, la même origine. Modestus ne lui cède en rien pour l'invention; car il prétend qu'on a donné le nom de *cælebs* à celui qui n'a point de femme, à cause de *Cælus*, que Saturne avait mutilé. *Pituita*, dit L. Ælius, a pour étymologie *quia petat vitam*, parce que la pituite attaque la vie. Mais qui n'aura pas droit à l'indulgence après Varron, qui voulait persuader à Cicéron qu'*ager*, champ, vient du mot *agere*, agir, parce qu'il y a toujours à faire dans un champ; et que *graculi*, les geais, sont ainsi nommés parce qu'ils volent par troupe, *gregatim;* tandis qu'il est évident qu'*ager* est tiré du grec, et que *graculus* est imité du cri de ces oiseaux? Mais Varron attachait tant de prix aux étymologies, que, selon lui, *merula*, merle, s'appelle ainsi parce qu'il vole seul, *mera volans*. Quelques-uns n'ont pas fait difficulté de comprendre dans l'étymologie toutes les causes des noms: par exemple, les qualités extérieures, d'où sont venus, comme je l'ai dit, les surnoms de *Longus* et de *Rufus;* le son, dont l'imitation a produit *strepere*, *murmurare*. Ils y ont joint les dérivés, comme *velocitas* de *velox*, et les composés, qui, pour la plupart, ont incontestablement, comme les dérivés, quelque primitif d'où ils tirent leur origine, mais pour lesquels il est superflu de recourir à la science, dont on doit, en matière d'étymologie, réserver l'emploi pour les cas douteux.

Pour ce qui est des *vieux mots*, non-seulement ils ont d'illustres partisans, mais il est certain qu'ils donnent au discours une sorte de majesté qui n'est pas sans charme. A l'autorité du temps ils joignent l'attrait de la nouveauté, à cause de leur désuétude. Mais il faut en user sobrement, et n'en faire un emploi ni trop fréquent ni trop saillant, car rien ne déplaît tant que l'affectation. Il faut se garder surtout de les aller chercher dans des temps trop reculés et trop obscurs, comme les mots *topper, antigerio, exanclare, prosapia*, ou comme les vers des Saliens, à peine compris de ces prêtres eux-mêmes. Quant à ceux-ci, la religion interdit d'y rien changer, et il faut s'en servir comme de choses consacrées. Mais pour le langage ordinaire, dont la clarté est la qualité principale, que serait-ce s'il avait besoin d'interprétation? En un mot, il faut préférer dans les mots nouveaux les plus anciens, et dans les anciens les plus nouveaux.

Il faut procéder de la même manière par rapport à l'*autorité*. Quoiqu'à la rigueur on ne pèche pas en se servant des mots qu'ont émis de grands écrivains, il importe beaucoup de regarder non-seulement à ce qu'ils ont dit, mais encore jusqu'à

---

sit *humo* natus? (quasi vero non omnibus animalibus eadem origo, aut illi primi mortales ante nomen imposuerint terræ quam sibi) et *verba* ab acre verberato? Pergamus: sic perveniemus eousque, ut *stella*, luminis *stilla* credatur, cujus etymologiæ auctorem, clarum sane in litteris, nominare a parte, qua a me reprehenditur, inhumanum est. Qui vero talia libris complexi sunt, nomina sua ipsi inscripserunt, ingeniosoque sibi visus est Caius Granius *cœlibes* dicere, veluti *cœlites*, quod onere gravissimo vacent, idque Græco argumento innuit; ἠϊθέους enim eadem de causa dici affirmat. Nec id cedit Modestus inventione: nam, quia *Cœlo* Saturnus genitalia absciderit, hoc nomine appellatos, qui uxore careant, ait. L. Ælius *pituitam*, quia petat vitam. Sed cui non post Varronem sit venia? qui *agrum*, quod in eo *agatur* aliquid; et *graculos*, quia *gregatim* volent, dictos Ciceroni persuadere voluit (ad eum enim scribit); quum alterum ex Græco sit manifestum duci, alterum ex vocibus avium. Sed huic tanti fuit vertere, ut *merula*, quia sola volat, quasi *mera volans* nominaretur. Quidam non dubitaverunt etymologiæ subjicere omnem nominis causam: ut ex habitu, quemadmodum dixi, *Longos* et *Rufos;* ex sono, *strepere*, *murmurare;* etiam derivata, ut a *velocitate* dicitur *velox;* et composita pleraque his similia, quæ sine dubio aliunde originem ducunt, sed arte non egent, cujus in hoc opere non est usus, nisi in dubiis. Verba a *vetustate* repetita, non solum magnos assertores habent, sed etiam afferunt orationi majestatem aliquam, non sine delectatione; nam et auctoritatem antiquitatis habent, et, quia intermissa sunt, gratiam novitati similem parant. Sed opus est modo, ut neque crebra sint hæc, neque manifesta, quia nihil est odiosius affectatione; nec utique ab ultimis et jam oblitteratis repetita temporibus, qualia sunt *topper*, et *antigerio*, et *exanclare*, et *prosapia*, et Saliorum carmina, vix sacerdotibus suis satis intellecta. Sed illa mutari vetat religio, et consecratis utendum est; oratio vero, cujus summa virtus est perspicuitas, quam sit vitiosa, si egeat interprete? Ergo, ut novorum optima erunt maxime vetera, ita veterum maxime nova. Similis circa *auctoritatem* ratio. Nam etiamsi potest videri

quel point ce qu'ils ont dit est accrédité. Qui de nous tolèrerait aujourd'hui *tuburchinabundum* ou *lurchinabundum*, quoique ces mots soient de Caton ; ou *hos lodices* que Pollion aimait ; ou *gladiola* de Messala ; ou *parricidatum* qui paraît à peine supportable dans Cælius ? Calvus ne me fait pas approuver *collos*, et tous ces écrivains eux-mêmes ne parleraient pas ainsi aujourd'hui.

Reste donc l'*usage ;* car il serait presque ridicule de préférer la langue qu'on a parlée à celle qu'on parle. Ce vieux langage, en effet, qu'est-ce autre chose que l'ancien usage de parler ? Mais ce que je dis a besoin d'être raisonné, et il faut d'abord établir ce qu'on doit entendre par *usage*. Si nous appelons ainsi ce que fait la majorité, nous émettrons un précepte très-dangereux, non-seulement pour le langage, mais, ce qui est plus important, pour les mœurs. D'où nous viendrait tant de bonheur, en effet, que ce qui est bien eût le suffrage de la majorité ? De même donc que, bien que la manie de s'*épiler*, de se *couper les cheveux par étages*, *de boire avec excès dans le bain*, ait envahi la ville, cette manie n'a rien de commun avec l'usage, parce que rien de tout cela n'est à l'abri du blâme, et que l'usage se borne à *se baigner*, à *se raser*, à *prendre ses repas ;* de même, dans le langage, si des locutions vicieuses viennent à se propager, elles ne doivent pas pour cela faire autorité. Car, sans parler des fautes qui échappent journellement aux ignorants, n'entendons-nous pas souvent le peuple entier, dans les théâtres ou au cirque, pousser des exclamations barbares ? J'appellerai donc usage, pour parler, le consentement des personnes éclairées, comme j'appellerai usage, pour la manière de vivre, le consentement des honnêtes gens.

Chap. VII. Nous avons exposé les règles qu'il faut observer en parlant : passons à celles qu'il faut observer en écrivant. Ce que les Grecs appellent ὀρθογραφία, nous l'appelons l'art d'écrire correctement : art qui ne consiste pas à connaître de quelles lettres se compose chaque syllabe (ce qui serait même au-dessous de la profession du grammairien), mais qui, selon moi, consiste uniquement à éclaircir l'ambiguïté des mots. Sans doute ce serait une ineptie que de marquer d'un accent toutes les syllabes longues, la plupart se reconnaissant facilement pour telles par la nature même du mot qu'on écrit ; mais quelquefois cet accent est nécessaire lorsque la même lettre donne lieu à un sens différent, selon qu'elle est brève ou longue, comme dans *malus*, où l'accent indique s'il s'agit d'un arbre ou d'un homme méchant, et dans *palus*, qui a deux significations, suivant que la première ou la seconde syllabe est longue ; et comme la même lettre est brève au nominatif et longue à l'ablatif, cette marque est ordinairement nécessaire pour indiquer si c'est l'un ou l'autre qu'il faut entendre. C'est par la même raison que des grammairiens voulaient qu'on distinguât les verbes composés de la préposition *ex*, et qui commencent par une *s*, d'avec ceux qui commencent par un *p*, comme *specto* et *pecto*, en écrivant *exspecto* et *expecto*, l'un avec une *s* et l'autre sans *s*. Beaucoup ont observé aussi d'écrire *ad*, quand il est préposition, avec un *d*, et, quand il est conjonction, avec un *t ;* ou encore d'écrire *quum* par *quom*, quand il marque le temps ; par un *c*, suivi

---

nihil peccare, qui utitur iis verbis, quæ summi auctores tradiderunt, multum tamen refert non solum, quid dixerint, sed etiam quid persuaserint. Neque enim *tuburchinabundum* et *lurchinabundum* jam in nobis quisquam ferat, licet Cato sit auctor ; nec *hos lodices*, quamquam id Pollioni placeat ; nec *gladiola*, atqui Messala dixit ; nec *parricidatum*, quod in Cælio vix tolerabile videtur ; nec *collos* mihi Calvus persuaserit : quæ nec ipsi jam dicerent. Superest igitur *consuetudo :* quæ fuerit pæne ridiculum malle sermonem, quo locuti sint homines, quam quo loquantur. Et sane quid est aliud *vetus sermo*, quam vetus loquendi consuetudo ? Sed huic ipsi necessarium est judicium, constituendumque in primis, id ipsum quid sit, quod *consuetudinem* vocemus. Quæ si ex eo, quod plures faciunt, nomen accipiat, periculosissimum dabit præceptum, non orationi modo, sed (quod majus est) vitæ. Unde enim tantum boni, ut pluribus quæ recta sunt placeant ? Igitur ut *velli*, et *comam in gradus frangere*, et *in balneis perpotare*, quamlibet hæc invaserint civitatem, non erit consuetudo, quia nihil horum caret reprehensione ; at *lavamur*, et *tondemur*, et *conviviumus ex consuetudine :* sic in loquendo, non si quid vitiose multis insederit, pro regula sermonis accipiendum erit. Nam, ut transeam, quemadmodum vulgo imperiti loquuntur ; tota sæpe theatra, et omnem circi turbam exclamasse barbare scimus.

Ergo consuetudinem sermonis, vocabo consensum eruditorum ; sicut vivendi, consensum bonorum.

Cap. VII. Nunc, quoniam diximus, quæ sit loquendi regula, dicendum, quæ scribentibus custodienda, quod Græci ὀρθογραφίαν vocant, nos *recte scribendi scientiam* nominemus. Cujus ars non in hoc posita est, ut noverimus, quibus quæque syllaba litteris constet (nam id quidem infra grammatici officium est), sed totam, ut mea fert opinio, subtilitatem in dubiis habet : ut longis syllabis omnibus apponere apicem ineptissimum est, quia plurimæ natura ipsa verbi, quod scribitur, patent : sed interim necessarium, quum eadem littera alium atque alium intellectum, prout correpta, vel producta est, facit : ut *malus*, utrum arborem significet, an hominem non bonum, apice distinguitur ; *palus* aliud priore syllaba longa, aliud sequenti significat ; et quum eadem littera nominativo casu brevis, ablativo longa est, utrum sequamur, plerumque hac nota monendi sumus. Similiter putaverunt illa quoque servanda discrimina, ut *ex* præpositionis si verbum sequeretur *specto*, adjecta secundæ syllabæ *s* littera, si *pecto*, remota scriberemus. Illa quoque servata est a multis differentia, ut *ad*, quum esset præpositio, *d* litteram ; quum autem conjunctio, *t* acciperet ; item *quum*, si *tempus* significaret, per *q*, *u*, *o*, *m ;* si *comitem*, per *c* ac duas sequentes, scriberetur. Frigidiora his alia, ut

de *um* quand il est préposition, et autres minuties plus insipides encore, comme d'écrire *quidquid* avec un *c* à la quatrième lettre, *quicquid*, de peur qu'on ait l'air de faire une double interrogation ; et *quotidie* au lieu de *cotidie*, comme plus conforme à *quot diebus*. Mais tout cela est aujourd'hui abandonné de ceux mêmes qui se complaisaient dans ces sortes de puérilités. On demande souvent si, en écrivant, il convient de conserver le son que rendent les prépositions quand elles sont jointes à un mot, ou celui qui leur est propre quand elles sont isolées, comme dans le mot *obtinuit*, où la raison demande un *b* à la seconde lettre, quoique l'oreille entende plutôt le son du *p*, et dans le mot *inmunis*, où cette *n*, qui est la lettre véritable, se trouvant surmontée par le son de la syllabe suivante, se change en une double *m*. Il faut aussi prendre garde, quand on est obligé de partager les mots, si la consonne du milieu appartient à la syllabe qui précède, ou à celle qui suit. Ainsi, dans *aruspex*, la dernière partie de ce mot venant du verbe *spectare*, la lettre *s* appartient à la troisième syllabe ; et dans *abstemius*, mot composé de *abstinentia temeti*, abstinence de vin, la lettre *s* sera laissée à la première syllabe. Quant au *k*, je crois qu'on ne doit jamais s'en servir, si ce n'est lorsqu'étant seul il signifie tout un mot. Je fais cette remarque parce qu'il y a des gens qui se persuadent que cette lettre est nécessaire toutes les fois qu'elle est suivie d'un *a*, quoique nous ayons la lettre *c*, qui communique sa force à toutes les voyelles. Au reste, l'orthographe est aussi soumise à l'usage, et c'est pour cela qu'elle a souvent changé. Car je ne parle pas de ces temps reculés où la langue n'avait qu'un petit nombre de lettres, qui même différaient encore de celles d'aujourd'hui

pour la forme et pour la valeur, comme la lettre *o*, qui, chez les Grecs ainsi que chez nous, est tantôt brève, et quelquefois est employée pour la syllabe qu'elle exprime par son nom : ne savons-nous pas que les anciens Latins terminaient plusieurs mots par un *d*, comme on le voit encore sur la colonne rostrale élevée à Duillius dans le forum. Ils en terminaient d'autres par un *g*, comme nous le voyons aussi sur l'autel du Soleil, près le temple de Quirinus, où on lit *vesperug* pour *vesperugo*. Il est inutile encore de répéter ici ce que j'ai dit de certaines lettres qu'ils changeaient en d'autres ; car probablement ils parlaient comme ils écrivaient.

Il a été longtemps fort en usage de ne pas doubler les demi-voyelles ; et au contraire, jusqu'au temps d'Accius et par delà, on écrivait les syllabes longues en doublant, comme je l'ai dit, les voyelles. On a conservé plus longtemps encore celui de joindre l'*e* et l'*i*, et de s'en servir comme les Grecs se servent de ει. On a même établi des règles pour marquer les cas et les nombres où cette jonction avait lieu, comme on le voit dans Lucilius :

> *Jam pueri venere : E postremum facito, atque I,*
> *Ut puerei plures fiant.*

et ailleurs :

> *Mendaci furique addes E, quum dare furei*
> *Jusseris.*

Mais cela me parait superflu, parce que l'*i* est aussi bien long que bref de sa nature ; et même cela peut avoir quelquefois de l'inconvénient. En effet, dans les mots qui ont un *e* pour pénultième et qui se terminent par un *i* long, si on adoptait cette manière, il faudrait dire *aureei, argenteei*, etc., ce qui serait fort embarrassant pour ceux

qui apprennent à lire. C'est ce qui arrive aux Grecs par l'addition de la lettre I qu'ils mettent non-seulement à la fin des datifs, mais quelquefois au milieu même du mot, comme dans ΛΗΙΣΤΗΙ, parce que cette interposition est nécessaire pour faire ressortir l'étymologie en divisant les syllabes. Quant à leur diphthongue αι, dont nous avons changé la seconde lettre en *e*, les anciens en variaient la prononciation par *a* et *i*, les uns toujours à la manière des Grecs, les autres seulement au singulier, pour le génitif et le datif. De là vient qu'on trouve dans Virgile, qui était passionné pour l'antiquité, *pictai vestis* et *aquai*; mais au pluriel des mêmes noms ils mettaient un *e* au milieu de l'*i*, et disaient *hi Galbœ*, *Syllœ*. Nous avons là-dessus un précepte de Lucilius, que je ne rapporte pas parce qu'il est trop longuement développé, mais qu'on peut lire dans son neuvième livre.

Mais sans remonter si haut, du temps de Cicéron, et même un peu après, n'était-on pas dans l'usage de doubler la lettre *s*, soit qu'elle fût entre deux voyelles longues, soit qu'elle en fût précédée, comme *caussœ*, *cassus*, *divissiones?* C'est ainsi que cet orateur et même Virgile écrivaient : leurs manuscrits autographes en font foi. Or, un peu avant eux, le mot *jussi*, que nous écrivons avec deux *s*, ne s'écrivait qu'avec une. On tient que c'est dans une inscription de C. César qu'on a commencé à écrire *optimus*, *maximus*, au lieu d'*optumus*, *maxumus*. Nous disons maintenant *here*, et je lis dans nos anciens comiques *heri ad me venit;* et même dans des lettres qu'Auguste a écrites ou corrigées de sa main, on trouve aussi *heri*. Caton le Censeur n'écrivait jamais *dicam*, *faciam*, mais *dicem* et *faciem*, et il modifiait ainsi, dans les autres verbes, les temps qui ont cette terminaison. On peut le voir dans les anciens livres qui nous restent de lui; et Messala en a fait l'objet d'une remarque dans son traité sur la lettre *s*. On trouve dans beaucoup de livres *sibe* et *quase*; mais peut-être était-ce l'intention des auteurs. Pédianus m'apprend que Tite-Live écrivait ainsi, et lui-même a suivi Tite-Live. Nous terminons maintenant ces mots par un *i*.

Que dirai-je de *vortices*, *vorsus*, et autres mots semblables, dans lesquels Scipion l'Africain passe pour avoir le premier changé l'*e* en *o*? Nos maîtres, dans mon enfance, écrivaient *ceruum* et *seruum* par un *u* et un *o*, parce que deux mêmes voyelles, à la suite l'une de l'autre, ne pouvaient se réunir et se confondre en un même son. Maintenant ces mots s'écrivent avec un double *u*, comme on vient de le voir; mais ni l'une ni l'autre de ces deux manières ne rend le son que nous voudrions exprimer; et ce n'était pas à tort que Claudius employait, pour ce cas, le digamma éolien. Une réforme que nous avons eu raison de faire, c'est d'écrire *cui* au datif avec les trois lettres dont je me sers ici, au lieu de *quoi*, si épais à prononcer, et qu'on écrivait ainsi dans mon enfance, pour le distinguer du nominatif *qui*.

Que dire enfin de ces mots qui s'écrivent autrement qu'ils ne se prononcent? Par exemple, la lettre majuscule C signifie *Gajus*, et cette même lettre renversée Ↄ désigne une femme; car on voit par nos cérémonies nuptiales que ce nom se donnait aux femmes comme aux hommes. *Gneus* ne répond nullement, pour la prononciation, à la lettre dont on se sert pour indiquer ce prénom.

---

idque iis præcipue, qui ad lectionem instituentur, etiam impedimento erit, sicut in Græcis accidit adjectione ι litteræ, quam non solum dativis casibus in parte ultima ascribunt, sed quibusdam etiam interponunt, ut in ΛΗΙΣΤΗΙ, quia etymologia ex divisione in tris syllabas facta desideret eam litteram. At syllabam, cujus secundam nunc *E* litteram ponimus, varie per *A* et *I* efferebant, quidam semper ut Græci, quidam singulariter tantum, quum in dativum vel genitivum casum incidissent, unde *pictai vestis* et *aulai*, Virgilius, amantissimus vetustatis, carminibus inseruit. In iisdem plurali numero *E* utebantur, *hi Syllœ*, *Galbœ*. Est in hac quoque parte Lucilii præceptum, quod, quia pluribus explicatur versibus, si quis parum credat, apud ipsum in nono requirat. Quid? quod Ciceronis temporibus, paulumque infra, fere quoties *S* littera media vocalium longarum vel subjecta longis esset, geminabatur? ut *caussœ*, *cassus*, *divissiones*: quo modo et ipsum et Virgilium quoque scripsisse, manus eorum docent. Atqui paulum superiores etiam illud, quod nos gemina S dicimus, *jussi*, una dixerunt. Etiam *optimus*, *maximus*, ut mediam *I* litteram, quæ veteribus *U* fuerat, acciperent, Caii primum Cæsaris inscriptione traditur factum. *Here*, nunc *E* littera terminamus : at veterum comicorum adhuc libris invenio, *Heri ad me venit* : quod idem in epistolis Augusti, quas sua manu scripsit, aut emendavit, deprehenditur. Quid? non Cato Censorius, *dicam* et *faciam*, *dicem* et *faciem* scripsit? eumdemque in cæteris, quæ similiter cadunt, modum tenuit? quod et ex veteribus ejus libris manifestum est, et a Messala in libro de *S* littera positum. *Sibe* et *quase*, scriptum in multorum libris est; sed an hoc voluerint auctores, nescio. T. Livium ita his usum, ex Pediano comperi, qui et ipse eum sequebatur : hæc nos *I* littera finimus. Quid dicam *vortices* et *vorsus*, cæteraque ad eumdem modum, quæ primo Scipio Africanus in *E* litteram secundam vertisse dicitur? Nostri præceptores *ceruum* *seruum*que, *U* et *O* litteris scripserunt, quia subjecta sibi vocalis in unum sonum coalescere, et confundi nequiret; nunc *U* gemina scribuntur, ea ratione, quam reddidi : neutro sane modo vox, quam sentimus, efficitur. Nec inutiliter Claudius Æolicum illam ad hos usus litteram adjecerat. Illud nunc melius, quod *cui*, tribus, quas proposui, litteris enotamus; in quo pueris nobis, ad pinguem sane sonum, *qu* et *oi* utebantur, tantum ut ab illo *qui* distingueretur. Quid? quæ scribuntur aliter, quam enunciantur? Nam et *Gajus* *C* littera notatur, quæ inversa Ↄ mulierem declarat, quia tam *Caias* esse vocitatas, quam *Cajos*, etiam ex nuptialibus sacris apparet. Nec *Gneus* eam litteram in prænominis nota accipit, qua sonat; et *columnam* et *Consules*, exempta *N* littera, legimus; et *Subura*, quam tribus litteris notatur,

Nous lisons *coluna* pour *columna*, et *Coss.* avec deux *s* pour *consules*; enfin quand on veut écrire *subura* en abrégé, la troisième lettre est un *C*. Je pourrais rapporter beaucoup d'autres exemples de ce genre, mais je craindrais d'excéder les bornes dans une question aussi peu importante. C'est au grammairien à interposer son jugement, qui, en tout ceci, est la meilleure autorité.

Pour moi, j'estime qu'à moins que l'usage n'en ait autrement ordonné, tous les mots doivent s'écrire comme ils se prononcent. Car les lettres servent à conserver les paroles, et à les rendre comme un dépôt au lecteur. Elles doivent donc exprimer ce que nous dirions.

Voilà à peu près tout ce qui constitue l'art de parler et d'écrire correctement. Quant aux deux autres parties, qui consistent dans la clarté et l'ornement, je ne les ôte pas au grammairien; mais comme il me reste à parler des fonctions du rhéteur, je les réserve pour une place plus importante.

Il me revient encore à l'esprit que quelques personnes pourront regarder ce que je viens de dire comme peu digne d'attention, et de nature même à nuire à des études d'un ordre plus relevé. Je leur réponds que moi-même je ne crois pas qu'on doive porter le scrupule à l'excès, et descendre à de misérables minuties, qui ne sont bonnes qu'à appauvrir et rapetisser l'esprit; mais je crois en même temps que, dans la grammaire, il n'y a de nuisible que ce qui est superflu. Cicéron a-t-il été moins grand orateur pour avoir approfondi cette science, et pour avoir été envers son fils un censeur rigoureux du langage, ainsi qu'on le voit dans ses lettres? Les livres publiés par César *sur l'analogie* ont-ils ôté quelque chose à la vigueur de son génie? Messala est-il un écrivain moins brillant pour avoir composé des traités entiers, non-seulement sur les mots en particulier, mais même sur les lettres? ces connaissances ne nuisent pas à ceux qui les traversent pour aller plus loin, mais à ceux qui s'y arrêtent.

CHAP. VIII. Reste la lecture. Elle a pour objet d'apprendre à l'enfant quand il doit s'arrêter pour reprendre haleine, où le vers se partage, où le sens finit, où il commence, quand il faut élever ou abaisser la voix, ce qui doit être prononcé avec une inflexion lente ou rapide, douce ou animée : ce qui ne peut guère se démontrer que dans la pratique. Or, je n'ai qu'une chose à recommander à cet égard : pour bien faire tout cela, qu'il comprenne bien ce qu'il lit. Qu'il s'accoutume surtout à lire d'un ton mâle, qui ait à la fois de la gravité et de la douceur. Et puisque ce sont des vers, et que les poëtes disent eux-mêmes qu'ils chantent, le ton ne doit pas être le même que pour la prose, sans dégénérer pourtant en une modulation languissante et efféminée ; défaut presque général aujourd'hui, et qui donna occasion à un bon mot de C. J. César, lorsqu'il portait encore la robe prétexte : *Si vous chantez*, disait-il, *vous chantez mal ; si vous prétendez lire, vous chantez*. Je ne suis pas non plus de l'avis de certaines personnes qui veulent qu'on lise les prosopopées sur le ton d'un comédien ; seulement, une certaine inflexion est nécessaire pour les distinguer des endroits où le poëte parle lui-même.

La lecture, sous les autres rapports, réclame des préceptes plus sérieux. D'abord, comme les impressions ne sont jamais plus profondes qu'à l'âge où l'on ignore tout, l'âme tendre des enfants exige qu'on ne regarde pas moins à l'honnêteté

C tertiam ostendit. Multa sunt generis hujus ; sed hæc quoque vereor ne modum tam parvæ quæstionis excesserint. Judicium autem suum grammaticus interponat his omnibus : nam hoc valere plurimum debet. Ego, nisi quod consuetudo obtinuerit, sic scribendum quidque judico, quomodo sonat. Hic enim usus est litterarum, ut custodiant voces, et velut depositum reddant legentibus : itaque id exprimere debent, quod dicturi sumus. Hæ fere sunt emendate loquendi scribendique partes ; duas reliquas, significanter ornateque dicendi, non equidem grammaticis aufero ; sed, quum mihi officia rhetoris supersint, majori operi reservo. Redit autem illa cogitatio, quosdam fore, qui hæc, quæ diximus, parva nimium, et impedimenta quoque majus aliquid agendi, putent. Nec ipse ad extremam usque anxietatem, et ineptas cavillationes descendendum ; atque his ingenia concidi et comminui, credo. Sed nihil ex grammatica nocuerit, nisi quod supervacuum est. An ideo minor est M. Tullius orator, quod idem artis hujus diligentissimus fuit, et in filio, ut epistolis apparet, recte loquendi usquequaque asper quoque exactor ? aut vin C. J. Cæsaris fregerunt editi *de analogia* libri ? aut ideo minus Messala nitidus, quia quosdam totos libellos non verbis modo singulis, sed etiam litteris dedit ? Non obstant hæ disciplinæ per illas euntibus, sed circa illas hærentibus.

CAP. VIII. Superest lectio : in qua puer ut sciat, ubi suspendere spiritum debeat, quo loco versum distinguere, ubi claudatur sensus, unde incipiat, quando attollenda vel summittenda sit vox, quid quoque flexu, quid lentius, celerius, concitatius, lenius dicendum ; demonstrari nisi in opere ipso non potest. Unum est igitur, quod in hac parte præcipiam, ut omnia ista facere possit, intelligat. Sit autem inprimis lectio virilis, et cum suavitate quadam gravis ; et non quidem prosæ similis, quia carmen est, et se poëtæ canere testantur ; non tamen flexum quemdam, quo dissolvantur ab iis, in quibus poeta persona sua utetur. Cætera admonitione magna egent, inprimis, ut teneræ mentes, tracturæque altius quidquid rudibus et omnium ignaris insederit, non modo, quæ diserta, sed vel magis quæ honesta sunt, discant ; ideoque optime institutum est, ut

qu'à l'éloquence dans le choix des livres ; et c'est fort sagement qu'on fait commencer la lecture par Homère et Virgile, quoique, pour comprendre les beautés de ces deux poëtes, il faille un jugement plus formé ; mais il reste du temps pour cela, et ils ne les liront pas qu'une fois. En attendant, la sublimité du poëme héroïque élèvera leur âme, la grandeur du sujet excitera leur enthousiasme, et cette lecture jettera en eux les semences du beau et du bon.

La lecture des tragiques est utile ; celle des lyriques nourrit aussi l'esprit, pourvu néanmoins que, pour ceux-ci, on fasse un choix, non-seulement parmi les auteurs, mais encore dans leurs ouvrages. Car les Grecs sont souvent licencieux, et il y a des endroits dans Horace que je ne voudrais pas expliquer. Quant à l'élégie, qui ne roule que sur l'amour, et aux hendécasyllabes, où il y a des bouts de vers *sotadéens* (car pour les vers sotadéens purs et simples, il ne faut pas même en faire mention), c'est un devoir d'en préserver les enfants, s'il est possible, ou au moins d'en différer la lecture jusqu'à un âge plus avancé. A l'égard de la comédie, qui, par la peinture générale des hommes et des passions, peut être d'un grand secours par l'éloquence, je dirai bientôt, et en son lieu, l'usage que, selon moi, on doit en faire avec les enfants. En effet, dès qu'il n'y aura plus lieu de craindre pour les mœurs, la comédie devra faire leur principale lecture. Je veux parler de Ménandre, sans toutefois exclure les autres ; car les comiques latins ne seront pas non plus sans utilité. Mais il faut commencer par ce qui peut nourrir l'esprit et élever l'âme des enfants ; pour le reste, c'est-à-dire pour ce qui ne regarde que l'érudition, ils auront assez de temps devant eux.

La lecture des anciens poëtes latins sera aussi d'un grand secours, quoique pour la plupart ils aient plus d'esprit que d'art. L'élocution peut surtout s'y enrichir, et puiser dans la tragédie la gravité, dans la comédie l'élégance, et partout une sorte d'atticisme. L'économie y est aussi plus soignée que dans la plupart des modernes, qui font consister tout le mérite des ouvrages de l'esprit dans les pensées. C'est chez eux surtout qu'il faut aller chercher cette chasteté, et, pour ainsi dire, cette virilité que nous ne connaissons plus, aujourd'hui que les raffinements d'une fausse délicatesse ont gagné jusqu'à l'éloquence. Enfin croyons-en les grands orateurs, qui, pour le succès de leurs causes ou l'ornement de leurs discours, ont fait des emprunts aux poëmes des anciens. Ne voyons-nous pas, en effet, Cicéron surtout, et souvent même Asinius et les autres orateurs qui touchent à la même époque, citer des vers d'Ennius, d'Accius, de Pacuvius, de Lucile, de Térence, de Cécilius, etc., et recueillir le double avantage de laisser, pour ainsi dire, respirer l'oreille fatiguée de l'âpreté du style judiciaire, et, indépendamment du charme de la poésie, d'apporter à l'appui de leurs propositions les pensées de ces poëtes, comme des espèces de témoignages ? Au surplus, ce qui regarde les enfants est ce que j'ai dit d'abord ; ce que je viens de dire s'adresse à un âge plus avancé, car l'amour des lettres et le goût de la lecture ne sont point limités au temps des classes : ils n'ont de bornes que celles de la vie.

Il est de petits soins que le grammairien ne doit pas négliger dans la première explication des poëtes, comme d'exiger que l'enfant fasse l'analyse des parties du discours en décomposant le vers, et remarque les propriétés du nombre, dont la con-

---

ab *Homero* atque *Virgilio* lectio inciperet, quamquam ad intelligendas eorum virtutes firmiore judicio opus est : sed huic rei superest tempus ; neque enim semel legentur. Interim et sublimitate heroici carminis animus assurgat, et ex magnitudine rerum spiritum ducat, et optimis imbuatur. Utiles *Tragœdiæ*; alunt et *Lyrici*; si tamen in his non auctores modo, sed etiam partes operis clegeris ; nam et Græci licenter multa, et *Horatium* in quibusdam nolim interpretari. *Elegia* vero, utique quæ amat, et hendecasyllabi, et quibus sunt commata *Sotadeorum* (nam de Sotadeis ne præcipiendum quidem est) amoveatur, si fieri potest ; si minus, certe ad firmius ætatis robur reserventur. *Comœdiæ*, quæ plurimum conferre ad eloquentiam potest, quum per omnes et personas et affectus eat, quem usum in pueris putem paulo post suo loco dicam. Nam quum mores in tuto fuerint, inter præcipue legenda erit. De *Menandro* loquor ; nec tamen exclusorim alios : nam Latini quoque auctores afferent utilitatis aliquid. Sed pueris, quæ maxime ingenium alant, atque animum augeant, prælegenda, cæteris, quæ ad eruditionem modo pertinent longa ætas spatium dabit. Multum autem veteres etiam Latini conferunt, quamquam plerique plus ingenio, quam arte valuerunt ; inprimis copiam verborum,

quorum in tragœdiis gravitas, in comœdiis elegantia, et quidam velut ἀττικισμός inveniri potest. Œconomia quoque in his diligentior, quam in plerisque novorum erit, qui omnium operum solam virtutem sententias putaverunt. Sanctitas certe, et ut sic dicam, virilitas ab his petenda, quando nos in omnia deliciarum vitia, dicendi quoque ratione, defluximus. Denique credamus summis oratoribus, qui veterum poemata, vel ad fidem causarum, vel ad ornamentum eloquentiæ assumunt. Nam præcipue quidem apud Ciceronem, frequenter tamen apud Asinium etiam, et cæteros, qui sunt proximi, vidimus *Ennii*, *Accii*, *Pacuvii*, *Lucilii*, *Terentii*, *Cœcilii*, et aliorum inseri versus, summa non eruditionis modo gratia, sed etiam jucunditatis ; quum poeticis voluptatibus aures a forensi asperitate respirent, quibus accedit non mediocris utilitas, quum sententiis eorum, velut quibusdam testimoniis, quæ proposuere, confirment. Verum priora illa ad pueros magis, hæc sequentia ad robustiores pertinebunt ; quum grammatices amor, et usus lectionis, non scholarum temporibus, sed vitæ spatio terminentur. In prælegendo grammaticus et illa quidem minora præstare debebit, ut partes orationis reddi sibi soluto versu desideret, et pedum proprietates, quæ adeo debent esse notæ in carminibus, ut

naissance est d'autant plus nécessaire dans la versification, qu'elle se fait désirer même dans la composition oratoire; de lui faire observer ce qui est barbare, impropre, ou contraire aux règles du langage; non pour en faire un reproche aux poëtes, qui, obligés la plupart du temps de s'asservir à la mesure, ont droit à l'indulgence, et dont nous déguisons les défauts, comme je l'ai déjà dit, sous des noms honorables, attribuant en quelque sorte à la nécessité le mérite de la vertu; mais pour familiariser l'enfant avec les termes de l'art et pour exercer sa mémoire. Il ne sera pas inutile non plus de lui enseigner, parmi les premiers éléments, de combien d'acceptions les mots sont susceptibles. A l'égard de la glose, c'est-à-dire de l'interprétation des mots peu usités, le grammairien ne devra pas la regarder comme une chose indifférente. Mais ce qu'il devra enseigner plus scrupuleusement encore, ce sont les tropes, qui sont un des principaux ornements de la prose comme de la poésie, et ce qu'on appelle figures de mot et figures de pensée. Je remets à parler de ces figures, ainsi que des tropes, lorsque je traiterai des ornements du discours.

Enfin, ce qu'un grammairien doit surtout s'appliquer à faire remarquer à son élève, c'est l'art avec lequel toutes les parties du poëme sont distribuées, et la convenance observée soit par rapport aux choses, soit par rapport aux personnes; c'est la beauté des pensées et des expressions, les endroits où l'écrivain a été tantôt abondant, tantôt sobre, selon la circonstance.

A cela se joindra l'explication des traits tirés de l'histoire ou de la fable, qu'il faut sans doute traiter avec soin, mais sans la surcharger de superfluités. Il suffit d'exposer ce qui est généralement reçu, ou du moins ce qui est rapporté par des auteurs célèbres. S'attacher à tout ce qui a été dit par de misérables écrivains serait un excès d'ineptie ou une vaine parade d'érudition, outre que cela embarrasse et surcharge l'esprit, et fait perdre un temps qu'on emploierait plus utilement à autre chose. Quiconque serait curieux d'étudier toutes ces rapsodies, indignes d'être lues, pourrait aussi trouver de quoi s'instruire dans les contes de vieilles femmes. Cependant les cahiers des grammairiens sont remplis d'un pareil fatras, et à peine peuvent-ils se reconnaître dans leur propre travail. On sait ce qui arriva à Didyme, qui poussa si loin la manie des compilations : on racontait devant lui une histoire à laquelle il refusait d'ajouter foi : pour le convaincre, on lui présenta un livre de lui, qui la contenait. Mais c'est surtout dans les récits fabuleux que cet abus va jusqu'au ridicule, et même jusqu'à l'effronterie. Comme alors la fiction peut se donner carrière, rien n'arrête un grammairien sans conscience; il va jusqu'à supposer des livres entiers, des auteurs, au gré de son imagination; et il peut mentir en toute sûreté, bien certain qu'on ne le convaincra pas d'imposture sur ce qui n'exista jamais, tandis que sur des choses véritables on s'expose à être relevé par les érudits. Je mets donc au rang des qualités d'un grammairien d'ignorer certaines choses.

CHAP. IX. Nous avons terminé les deux parties qui composent tout l'enseignement grammatical, c'est-à-dire *l'art de parler correctement*, et *l'explication des auteurs*. La première est appelée *méthodique*, et la seconde *historique*. Les grammairiens devront y joindre cependant quelques éléments de composition, propres à exercer les enfants à l'âge où ils ne sont point encore en état de suivre les leçons du rhéteur. On leur apprendra

---

etiam in oratoria compositione desiderentur; deprehendatque quæ barbara, quæ impropria, quæ contra legem loquendi sunt posita; non ut ex his utique improbentur poetæ (quibus, quia plerumque metro servire coguntur, adeo ignoscitur, ut vitia ipsa aliis in carmine appellationibus nominentur; *metaplasmos* enim, et *schematismus*, et *schemata*, ut dixi, vocamus, et laudem virtutis necessitati damus), sed ut commoneat artificialium, et memoriam agitet. Il quoque inter prima rudimenta non inutile, demonstrare quot quæque verba modis intelligenda sint. Circa *glossemata* etiam, id est, voces minus usitatas, non ultima ejus professionis diligentia est. Enimvero jam majore cura doceat *tropos* omnes, quibus præcipue, non poema modo, sed etiam oratio ornatur; *schemata* utraque, id est, *figuras*, quæque λέξεως, quæque διανοίας vocantur : quorum ego, sicut troporum tractatum, in eum locum differo, quo mihi de ornatu orationis dicendum erit. Præcipue vero illa infigat animis, quæ in œconomia virtus, quæ in decoro rerum; quid personæ cuique convenerit; quid in sensibus laudandum, quid in verbis; ubi copia probabilis, ubi modus. His accedet enarratio historiarum, diligens quidem illa, non tamen usque ad supervacuum laborem occupata : nam receptis, aut certe claris auctoribus memoratas, exposuisse satis est. Persequi quidem quod quisque unquam vel contemptissimorum hominum dixerit, aut nimiæ miseriæ, aut inanis jactantiæ est, et detinet atque obruit ingenia, melius aliis vacatura. Nam qui omnes, etiam indignas lectione, schedas excutit, anilibus quoque fabulis accommodare operam potest. Atqui pleni sunt ejusmodi impedimentis grammaticorum commentarii, vix ipsis, qui composuerunt, satis noti. Nam *Didymo*, quo nemo plura scripsit, accidisse compertum est, ut, quum historiæ cuidam, tamquam vanæ, repugnaret, ipsius proferretur liber, qui eam continebat. Quod evenit præcipue in fabulosis usque ad deridicula; quædam etiam pudenda; unde improbissimo cuique pleraque fingendi licentia est, adeo ut de libris totis, et auctoribus, ut succurrit, mentiatur tuto, quia inveniri, qui nunquam fuere, non possunt : nam in notioribus frequentissime deprehenduntur a curiosis : ex quo mihi inter virtutes grammatici habebitur, *aliqua nescire*.

CAP. IX. Et finitæ quidem sunt partes duæ, quas hæc professio pollicetur, id est, *ratio loquendi*, et *enarratio auctorum* : quarum illam *methodicen*, hanc *historicen* vocant. Adjiciamus tamen eorum curæ quædam dicendi primordia, quibus ætates nondum rhetorem capientes

donc à raconter de vive voix dans un langage correct et simple les fables d'Ésope, qui viennent après les contes des nourrices, et à les écrire ensuite avec soin, en conservant la même simplicité : ce qui consiste premièrement à rompre le vers, puis à le traduire en d'autres mots, et enfin à le paraphraser avec plus de hardiesse, tantôt en abrégeant, tantôt en amplifiant, mais en conservant toutefois le sens du poëte. L'enfant qui s'acquittera comme il faut de ce travail, qui a ses difficultés même pour des professeurs consommés, ne peut manquer de réussir à tout autre.

C'est encore près du grammairien que l'enfant s'exercera à traiter ces petites matières de composition appelées *sentences*, *chries*, *éthologies*, dont la lecture fournit l'occasion, et qui consistent dans certaines paroles remarquables, dont il faut rendre raison. L'art de tous ces développements est le même au fond, et ne diffère que par la forme. La *sentence* est une proposition générale ; l'*éthologie* se renferme dans les personnes. Quant aux *chries*, on en reconnaît de plusieurs sortes : la première, comme la sentence, consiste dans un simple mot : *il disait*, ou *il avait coutume de dire*, etc. ; la seconde a pour objet une réponse : *interrogé pourquoi*, ou *comme on lui demandait pourquoi, il répondit*, etc. ; la troisième, qui diffère peu de la seconde, a trait, non à une question, mais à une action. On pense que la *chrie* peut consister dans l'action seule de celui dont on la rapporte, par exemple : *Cratès ayant vu un enfant ignorant, se mit à battre le précepteur ;* et cette autre à peu près semblable, qu'on n'ose pourtant pas appeler du même nom, mais qu'on exprime par celui de *chriose : Milon s'étant habitué à porter tous les jours le même veau, finit par porter un taureau.* Dans tous ces exemples, les déclinaisons passent par les mêmes cas, et on peut rendre également raison des actions et des paroles. Quant aux petits traits historiques ou fabuleux, si fréquents chez les poëtes, il ne faut s'y arrêter que pour les faire connaître, et non par rapport à l'éloquence. Il y a d'autres exercices plus importants et de plus longue haleine, que les rhéteurs latins ont abandonnés, et qui par là sont devenus nécessairement le partage des grammairiens. Les Grecs connaissent mieux la gravité et la mesure de leurs devoirs.

CHAP. X. Voilà ce que j'avais à dire sur la grammaire. Je l'ai fait le plus brièvement possible, n'ayant pas prétendu épuiser la matière, ce qui serait infini, mais seulement exposer ce qu'il y a de plus essentiel. Je vais maintenant ajouter un mot sur les autres arts dont je crois la connaissance utile aux enfants avant qu'ils ne passent entre les mains du rhéteur, afin de parcourir le cercle de science que les Grecs appellent encyclopédie, ἐγκύκλιον παιδείαν. C'est, en effet, à peu près dans le même temps qu'on associe d'autres études à celle des lettres ; et comme ces études ont pour objet des arts particuliers, qui ne peuvent être perfectionnés sans l'art oratoire, et que d'un autre côté ces arts ne peuvent suffire seuls à former l'orateur, on demande si l'étude de ces arts lui est nécessaire, en tant qu'il s'agit de l'orateur.

A quoi sert, dit-on, pour plaider une cause ou pour exprimer son avis, de savoir comment dans une ligne donnée on peut tracer des triangles équilatéraux ? En quoi défendra-t-on mieux un accusé, ou traitera-t-on mieux une délibération, parce qu'on saura distinguer les noms d'un instrument par leurs noms et leurs intervalles ? On citera même des orateurs, et peut-être en grand

---

instituant. Igitur *Æsopi fabellas*, quæ fabulis nutricularum proxime succedunt, narrare sermone puro, et nihil se supra modum extollente, deinde eamdem gracilitatem stylo exigere condiscunt : versus primo solvere, mox mutatis verbis interpretari ; tum paraphrasi audacius vertere, qua et breviare quædam, et exornare, salvo modo poetæ sensu, permittitur. Quod opus, etiam consummatis professoribus difficile, qui commode tractaverit, cuicumque discendo sufficiet. *Sententiæ* quoque, et *chriæ*, et *ethologiæ* subjectis dictorum rationibus apud grammaticos scribantur, quia initium ex lectione ducunt ; quorum omnium similis est ratio, forma diversa ; quia *sententia* universalis est vox, *ethologia* personis continetur. Chriarum plura genera traduntur ; unum simile sententiæ, quod est positum in voce simplici, *Dixit ille*, aut *Dicere solebat :* alterum, quod est in respondendo, *Interrogatus ille*, vel, *Quum hoc ei dictum esset, respondit :* tertium huic non dissimile, *Quum quis non dixisset, sed aliquid fecisset.* Etiam in ipsorum factis esse chriam putant, ut *Crates, quum indoctum puerum vidisset, pædagogum ejus percussit ;* et aliud pariter par ei, quod tamen eodem nomine appellare non audent, sed dicunt χρειῶδες ; ut, *Milo quem vitulum assueverat ferre, taurum ferebat.* In his omnibus et declinatio per eosdem ducitur casus, et tam factorum, quam dictorum ratio est. Narratiunculas a poetis celebratas, notitiæ causa, non eloquentiæ, tractandas puto. Cætera majoris operis ac spiritus Latini præceptores relinquendo necessaria grammaticis fecerunt ; Græci magis operum suorum et onera et modum norunt.

CAP. X. Hæc de *Grammatica*, quam brevissime potui, non ut omnia dicerem sectatus, quod infinitum erat ; sed ut maxime necessaria : nunc de cæteris artibus, quibus instituendos, prius quam tradantur rhetori, pueros existimo, strictim subjungam, ut efficiatur orbis ille doctrinæ, quam Græci ἐγκύκλιον παιδείαν vocant. Nam iisdem fere annis aliarum quoque disciplinarum studia ingredienda sunt ; quæ, quia et ipsæ artes sunt, et esse perfectæ sine orandi scientia non possunt, nec rursus ad efficiendum oratorem satis valent solæ ; an sint huic operi necessariæ, quæritur. Nam quid, inquiunt, ad agendam causam, dicendamve sententiam pertinet scire, quemadmodum in data linea constitui triangula æquis lateribus possint ? Aut quo melius vel defendet reum, vel reget consilia, qui citharæ sonos nominibus et spatiis distinxerit ? Enumerent etiam fortasse multos, quamlibet utiles foro, qui nec geometren audiverint, nec musicos, nisi hac communi vo-

nombre, qui ont été très-utiles au barreau sans avoir jamais entendu parler de géométrie, ni connu la musique autrement que par le plaisir sensible qu'elle cause à tout le monde.

A cela je répondrai d'abord ce que Cicéron déclare si souvent dans le traité qu'il a adressé à Brutus, que je ne prétends pas former un orateur sur le modèle de ceux qui existent ou qui ont existé, mais d'après le type idéal d'un orateur parfait et accompli sous tous les rapports. Quand les philosophes veulent former un sage, destiné à être un jour le type de la perfection, et qui soit, comme ils le disent, un dieu revêtu d'un corps mortel; non contents de l'initier aux sciences divines et humaines, ils le font passer par certaines épreuves intellectuelles qui, considérées en elles-mêmes, sont assez misérables, telles, par exemple, que les *cératines* et les *crocodilines*. Ce n'est pas que ces arguments d'une ambiguïté recherchée puissent jamais faire un sage; mais c'est qu'un sage doit être infaillible jusque dans les plus petites choses. De même l'orateur, qui, lui aussi, doit être un sage, ne deviendra pas tel parce qu'il saura la géométrie ou la musique, ou parce qu'il possédera les autres connaissances dont je parlerai après celle-ci; mais tout cela ne laissera pas de l'aider à s'élever à la perfection. C'est ainsi que l'antidote et les autres remèdes préparés contre les maladies et les blessures se composent de plusieurs substances, qui même, prises séparément, produisent des effets contraires, dont la variété forme une mixtion qui n'a plus de rapport avec aucun de ses éléments, et qui tire une vertu particulière de leur ensemble; c'est ainsi que des insectes dépourvus d'intelligence composent du suc de différentes fleurs un miel dont toute l'industrie humaine ne saurait imiter la saveur. Et nous nous étonnerons que l'éloquence, ce don par excellence que la Providence a fait à l'homme, réclame l'assistance de plusieurs arts, qui, sans se manifester ouvertement dans le discours, lui communiquent cependant une force secrète, qui ne laisse pas de se faire sentir confusément! *Un tel*, dira-t-on, *est devenu disert sans tout cela?* Mais c'est un orateur que je demande. *Cela n'ajoute pas beaucoup à l'art.* Mais un tout n'est complet qu'autant qu'il n'y manque pas la moindre partie, et il est certain qu'il n'y a de perfection qu'à cette condition. Que si cette perfection est placée à une hauteur qui semble inaccessible, nous n'en devons pas moins demander tout, pour en obtenir le plus possible. Mais pourquoi nous découragerions-nous? La nature ne s'oppose pas à ce qu'il y ait un orateur parfait, et il est honteux de désespérer de ce qui est possible.

Je pourrais m'en tenir ici au jugement des anciens. Qui ignore, en effet, que la musique, pour parler d'abord de cet art, était, dans l'antiquité, non-seulement cultivée, mais en si haute vénération qu'Orphée et Linus entre autres étaient indistinctement appelés musiciens, poëtes et sages? N'a-t-on pas cru qu'ils étaient tous deux de la race des dieux, et que le premier attirait à lui non-seulement les bêtes féroces, mais jusqu'aux rochers et aux forêts, parce qu'il adoucissait les mœurs d'une multitude ignorante et sauvage? Timagène avance que de tous les arts littéraires, la musique est le plus ancien; et si nous en croyons le témoignage des poëtes les plus célèbres, c'était l'usage de chanter sur la lyre, à la table des rois, les louanges des héros et des dieux. Iopas, dans Virgile, ne chante-t-il pas *la lune errante et les phases laborieuses du soleil?* Par où ce grand poëte nous confirme manifeste-

---

luptate aurium, intelligant. Quibus ego primum hoc respondeo, quod a M. Cicero scripto ad Brutum libro frequentius testatur, non eum a nobis institui oratorem, qui sit, aut fuerit; sed imaginem quamdam concepisse nos animo perfecti illius, ex nulla parte cessantis. Nam et sapientem formantes eum, qui sit futurus consummatus undique, et, ut dicunt, mortalis quidam deus, non modo cognitione cœlestium vel mortalium putant instruendum; sed per quædam parva sane, si ipsa demum æstimes, ducunt, sicut exquisitas interim ambiguitates; non quia *Ceratinæ* aut *Crocodilinæ* possint facere sapientem, sed quia illum ne in minimis quidem oportet falli. Similiter oratorem, qui debet esse sapiens, non geometres faciet, aut musicus, quæque his alia subjungam; sed hæ quoque artes, ut sit consummatus, juvabunt. Nisi forte antidotum quidem, atque alia, quæ morbis aut vulneribus medentur, ex multis, atque interim contrariis quoque inter se effectibus, componi videmus, quorum ex diversis fit illa mixtura una, quæ nulli earum similis est, quibus constat, sed proprias vires ex omnibus sumit; et muta animalia mellis illum inimitabilem humanæ rationi saporem, vario florum ac succorum genere perficiunt. Nos mirabimur, si oratio, qua nihil præstantius homini dedit providentia, pluribus artibus eget; quæ, etiam quum se non ostendunt in dicendo, nec proferunt, vim tamen occultam suggerunt, et tacitæ quoque sentiuntur. « Fuit ali-« quis sine his disertus: » at ego oratorem volo. «Non « multum adjicient: » sed utique non erit totum, cui vel parva deerunt; et optimum quidem hoc esse conveniet, cujus etiamsi in arduo spes est, nos tamen præcipiamus omnia, ut saltem plura fiant. Sed cur deficiat animus? Natura enim perfectum oratorem esse non prohibet, turpiterque desperatur, quidquid fieri potest. Atque ego vel judicio veterum poteram esse contentus. Nam quis ignorat musicen, ut de hac primum loquar, tantum jam illis antiquis temporibus non studii modo, verum etiam venerationis habuisse, ut iidem musici et vates et sapientes judicarentur (mittam alios) *Orpheus* et *Linus*, quorum utrumque diis genitum, alterum vero, quod rudes quoque atque agrestes animos admiratione mulceret, non feras modo, sed saxa etiam silvasque duxisse, posteritatis memoriæ traditum est. Et Timagenes auctor est, omnium in litteris studiorum antiquissimam musicen extitisse: et testimonio sunt clarissimi poetæ, apud quos inter regalia convivia laudes heroum ac deorum ad citharam canebantur. Iopas vero ille Virgilii nonne canit,

ment que la musique est inséparable de la connaissance des choses divines, ce qu'on ne peut admettre sans reconnaître en même temps qu'elle est nécessaire à l'orateur, puisque, ainsi que nous l'avons dit, cette partie, abandonnée par les orateurs, et dont les philosophes se sont emparés, fut toujours de notre ressort, et que l'éloquence ne saurait être parfaite sans elle.

Qui peut douter que les hommes les plus renommés par leur sagesse n'aient été passionnés pour la musique, lorsqu'on voit Pythagore et ses disciples répandre l'opinion, accréditée sans doute de toute antiquité, que le monde lui-même avait été créé selon les lois de la musique, et que la lyre avait été depuis formée à l'imitation du système planétaire? Et même, non contents de l'idée de cette concorde entre des choses contraires, qu'ils appellent *harmonie*, ils prêtaient encore des sons aux mouvements des sphères célestes. Platon lui-même, dans quelques-uns de ses écrits, et notamment dans le Timée, n'est intelligible que pour ceux qui ont fait une étude approfondie de cette partie de la science.

Mais que parlé-je des philosophes? Le père de la philosophie, Socrate, a-t-il rougi, dans sa vieillesse, de prendre des leçons de lyre? L'histoire nous apprend que les plus grands capitaines jouaient de la lyre et de la flûte, et que les armées des Lacédémoniens s'enflammaient aux accents de la musique. Les clairons et les trompettes de nos légions ne produisent-ils pas le même effet? La supériorité des armes romaines semble être en rapport avec la véhémence de leurs accents. C'est donc avec raison que Platon a cru que la musique était nécessaire à l'homme public, que les Grecs appellent πολιτικόν. Les chefs mêmes de cette secte, qui paraît aux uns si sévère, aux autres si dure, ont été d'avis que quelques sages pouvaient accorder quelque chose à cette étude; et Lycurgue, cet austère législateur de Sparte, a approuvé l'enseignement de la musique. La nature elle-même semble nous en avoir fait présent pour nous aider à supporter plus facilement nos peines. C'est le chant qui encourage le rameur; et non-seulement le chant d'une voix agréable anime un travail commun et semble y présider, mais chacun isolément charme son labeur en modulant quelque air de sa façon. Mais je n'oublie dans l'éloge d'un très-bel art, sans en démontrer les rapports avec l'éloquence. Je passe donc rapidement aussi sur l'alliance qui existait autrefois entre la grammaire et la musique. Elle était telle qu'Archytas et Aristoxène considéraient la grammaire comme une partie de la musique. C'étaient aussi les mêmes maîtres qui enseignaient l'une et l'autre, comme on le voit dans Sophron, ce poëte mimique si goûté de Platon, qu'on trouva, dit-on, ses livres sous le chevet du lit de ce philosophe lorsqu'il mourut. Dans les comédies d'Eupolis, un certain Prodamus enseigne à la fois la musique et les lettres; et Maricas, c'est-à-dire Hyperbolus, avoue que de toutes les parties de la musique, il ne connaît que la grammaire. Aristophane témoigne en plus d'un endroit qu'autrefois la musique faisait partie de l'éducation des enfants; et dans l'*Hypobolimée* de Ménandre, un vieillard opposant à un père, qui lui redemande son fils, le remboursement de ses dépenses, dit qu'il lui en a coûté beaucoup en maîtres de musique et en géomètres. C'est de là qu'était venu l'usage de se passer la lyre à la fin

.... Errantem Lunam, Solisque labores?
Quibus certe palam confirmat auctor eminentissimus, musicen cum divinarum etiam rerum cognitione esse conjunctam. Quod si datur, erit etiam oratori necessaria, siquidem, ut diximus, hæc quoque pars, quæ, ab oratoribus relicta, a philosophis est occupata, nostri operis fuit, ac sine omnium talium scientia non potest esse perfecta eloquentia. Atque claros nomine sapientiæ viros, nemo dubitaverit studiosos musices fuisse; quum Pythagoras, atque eum secuti, acceptam sine dubio antiquitus opinionem, vulgaverint, mundum ipsum ejus ratione esse compositum; quam postea sit lyra imitata. Nec illa modo contenti dissimilium concordia, quam vocant ἁρμονίαν, sonum quoque his motibus dederunt. Nam Plato, cum in aliis quibusdam, tum præcipue in Timæo, ne intelligi quidem, nisi ab iis, qui hanc quoque partem disciplinæ diligenter perceperint, potest. Quid de philosophis loquor, quorum fons ipse Socrates jam senex instituti lyra non erubescebat? Duces maximos et fidibus et tibiis cecinisse tradidum, et exercitus Lacedæmoniorum musicis accensos modis. Quid autem aliud in nostris legionibus cornua ac tubæ faciunt? quorum concentus quanto est vehementior, tantum Romana in bellis gloria cæteris præstat. Non igitur frustra Plato civili viro, quem πολιτικόν vocant, necessariam musicen credidit. Et ejus sectæ, quæ aliis severissima, aliis asperrima videtur, principes in hac fuere sententia, ut existimarent, sapientum aliquos nonnullam operam his studiis accommodaturos. Et Lycurgus, durissimarum Lacedæmoniis legum auctor, musices disciplinam probavit. Atque eam natura ipsa videtur ad tolerandos faciliús labores velut muneri nobis dedisse; siquidem et remigem cantus hortatur; nec solum in iis operibus, in quibus plurium conatus, præeunte aliqua jucunda voce, conspirat; sed etiam singulorum fatigatio quamlibet se rudi modulatione solatur. Laudem adhuc dicere artis pulcherrimæ videor, nondum tamen eam oratori conjungere. Transeamus igitur id quoque, quod grammatice quondam ac musice junctæ fuerunt: siquidem Archytas atque Aristoxenus etiam subjectam grammaticen musicæ putaverunt; et, eosdem utriusque rei præceptores fuisse, quum Sophron ostendit, mimorum quidem scriptor, sed quem Plato adeo probavit, ut suppositos capiti libros ejus, quum moreretur, habuisse tradatur; tum Eupolis, apud quem Prodamus et musicen et litteras docet; et Maricas, qui est Hyperbolus, *nihil se ex musicis scire, nisi litteras*, confitetur. Aristophanes quoque non uno libro sic institui pueros antiquitus solitos esse demonstrat: et apud Menandrum, in *Hypobolimæo*, senex, reposcenti filium patri velut rationem impendiorum, quæ in educationem contulerit, opponens, psaltis se et geometris multa dicit dedisse. Unde etiam ille mos, ut in conviviis post cœnam

des repas. Thémistocle, ayant confessé qu'il n'en savait pas jouer, *passa pour ignorant*, suivant les propres expressions de Cicéron. La lyre et la flûte égayaient aussi les repas des anciens Romains. Les vers des Saliens n'ont-ils pas leur chant? Or ces vers et leur musique remontent au roi Numa : ce qui fait voir que nos ancêtres, quoique grossiers et uniquement adonnés à la guerre, ne laissaient pas de cultiver la musique, autant que le comportaient ces premiers temps. Enfin il est passé en proverbe chez les Grecs que *les ignorants n'ont commerce ni avec les Muses ni avec les Grâces*.

Examinons maintenant l'utilité particulière que l'orateur peut retirer de la musique. La musique a deux sortes de nombres, les uns pour la voix, les autres pour le corps : car il faut que les mouvements de l'une et de l'autre soient réglés. Le musicien Aristoxène divise ce qui regarde la voix en *rhythme* et en *mélodie cadencée*. Le premier consiste dans la modulation, l'autre dans le chant et les sons. Or, tout cela n'est-il pas nécessaire à l'orateur? Le rhythme du corps se rapporte au geste, le rhythme de la voix à l'arrangement des mots, la mélodie aux inflexions de la voix, qui varient à l'infini dans le discours, à moins qu'on ne s'imagine qu'il n'y a que les vers et les chansons qui soient susceptibles de rhythme et d'harmonie, et que tout cela est superflu pour l'orateur; ou que celui-ci ne varie pas sa diction et sa prononciation, suivant les sujets qu'il traite, aussi bien que le musicien. Car de même que le musicien, fidèle aux lois du chant et de la modulation, exprime tour à tour avec élévation, avec douceur, avec calme, les sentiments nobles, agréables ou modérés, et s'applique à bien peindre les sentiments renfermés dans les paroles; de même l'orateur, selon qu'il élève ou abaisse la voix, suivant les inflexions qu'il lui donne, remue différemment l'âme des auditeurs; et, pour me servir des mots de la définition qui précède, nous varions la modulation de la phrase et de la voix selon que nous voulons exciter l'indignation ou la pitié des juges. Qui pourrait nier ces effets de l'éloquence, quand on voit que des instruments inanimés, qui ne peuvent exprimer la parole, produisent cependant sur l'âme des impressions si différentes?

La convenance dans les mouvements du corps, que les Grecs appellent εὐρυθμία, est également nécessaire ; et c'est encore à la musique qu'il faut emprunter cette partie de l'action, qui n'est pas la moins importante, et dont je parlerai en son lieu. Si enfin il est vrai que l'orateur doive prendre un soin particulier de sa voix, quoi de plus essentiel à la musique? Mais, sans anticiper sur ce sujet, contentons-nous pour le moment d'un seul exemple, de celui de C. Gracchus, le plus grand orateur de son temps. Toutes les fois qu'il parlait en public, un musicien se tenait derrière lui, et, sur une flûte appelée τονάριον, lui donnait le ton qu'il devait prendre. Il eut toujours cette attention au milieu de ses harangues les plus turbulentes, alors qu'il était la terreur des patriciens, et même alors qu'il les craignait.

Pour mettre certaines personnes, tout à fait étrangères au commerce des Muses, en état d'apprécier l'utilité de la musique, je veux me servir d'une preuve qui leur ôtera jusqu'au moindre doute. Elles m'accorderont certainement que l'orateur doit lire les poëtes. Or, comment le pourra-t-il sans la musique? Que si l'on est assez aveugle pour contester cette vérité à l'égard des poëtes en général, au moins sera-t-on forcé de la reconnaître à l'égard des poëtes lyriques. Je m'é-

---

circumferretur lyra; cujus quum se imperitum Themistocles confessus esset, ut verbis Ciceronis utar, *habitus est indoctior*. Sed veterum quoque Romanorum epulis fides ac tibias adhibere moris fuit : versus quoque Saliorum habent carmen : quæ quum omnia sint a Numa rege instituta, faciunt manifestum, ne illis quidem, qui rudes ac bellicosi videntur, curam musices, quantam illa recipiebat ætas, defuisse. Denique in proverbium usque Græcorum celebratum est, *Indoctos a Musis atque a Gratiis abesse*. Verum quid ex ea proprie petat futurus orator, disseramus. Numeros *musice* duplices habet, in *vocibus*, et in *corpore* : utriusque enim rei aptus quidam modus desideratur. Vocis *rationem* Aristoxenus musicus dividit in ῥυθμόν et μέλος ἔμμετρον; quorum alterum *modulatione*, *canore* alterum ac *sonis* constat. Num igitur non hæc omnia oratori necessaria? quorum unum ad gestum, alterum ad collocationem verborum, tertium ad flexus vocis, qui sunt in agendo quoque plurimi, pertinet. Nisi forte in carminibus tantum et in canticis exigitur structura quædam et inoffensa copulatio vocum, in agendo supervacua est ; aut non compositio vocum et sonus in oratione quoque varie; pro rerum modo, adhibetur, sicut in musice. Namque et voce et modulatione grandia elate, jucunda dulciter, moderata leniter canit;

totaque arte consentit cum eorum, quæ dicuntur, affectibus. Atqui in orando quoque intentio vocis, remissio, flexus, pertinet ad movendos audientium affectus : aliaque et collocationis, et vocis, ut eodem utar verbo, modulatione concitationem judicum, alia misericordiam petimus; quum etiam organis, quibus sermo exprimi non potest, affici animos in diversum habitum sentiamus. Corporis quoque decens et aptus motus, qui dicitur εὐρυθμία, est necessarius, nec aliunde peti potest; in quo pars actionis non minima consistit : qua de re sepositus nobis est locus. Age, si habebit inprimis curam vocis orator, quid tam musices proprium? Sed ne hæc quidem præsumenda pars est : ut uno interim contenti simus exemplo C. Gracchi, præcipui suorum temporum oratoris, cui concionanti consistens post eum musicus, fistula, quam τονάριον vocant, modos, quibus deberet intendi, ministrabat. Hæc ei cura inter turbidissimas actiones, vel terrenti optimates, vel jam timenti fuit. Libet propter quosdam imperitiores, etiam *crassiore*, ut vocant, *musa*, dubitationem hujus utilitatis eximere. Nam poetas certe legendos oratori futuro concesserint : num igitur hi sine musice? at si quis tam cæcus animi est, ut de aliis dubitet; illos certe, qui carmina ad lyram composuerunt. Hæc diutius forent dicenda, si hoc

tendrais davantage sur cette matière, si c'était une nouveauté que je voulusse introduire. Mais comme l'étude de la musique est consacrée de toute antiquité, depuis Chiron et Achille jusqu'à nous, par tous ceux qui tiennent compte de la tradition et de l'autorité, je dois me garder de rendre cette vérité douteuse par trop de sollicitude à la défendre.

Quoique j'aie assez fait connaître, ce me semble, par les exemples que j'ai cités, quelle est la musique que j'approuve, et jusqu'à quel point je l'approuve, je crois pourtant devoir déclarer ouvertement que je recommande, non cette musique efféminée qui ne fait entendre aujourd'hui sur nos théâtres que des sons lascifs et languissants, et qui n'a pas peu contribué à détruire ce qui pouvait nous rester de mâle vigueur, mais cette musique qui célébrait les louanges des héros, et que les héros eux-mêmes chantaient; non ces instruments, tels que le *luth* et le *spadix*, que les jeunes filles elles-mêmes devraient s'interdire; mais la connaissance des moyens que la musique emploie pour émouvoir ou apaiser les passions. C'est ainsi que Pythagore, dit-on, voyant des jeunes gens prêts à forcer une maison respectable, calma leur fureur en ordonnant à la musicienne de jouer sur un ton plus grave. Chrysippe assigne un air particulier aux nourrices pour allaiter les enfants; il y a dans les écoles un sujet de déclamation assez ingénieux. On suppose qu'un joueur de flûte a fait entendre le mode phrygien pendant un sacrifice; le prêtre devient fou, et s'élance dans un précipice; le musicien est accusé comme auteur de sa mort. Que si un orateur, ayant à plaider une cause de cette espèce, ne peut le faire sans connaître la musique, comment donc ne pas demeurer d'accord que cet art entre nécessairement dans mon dessein, quelque prévenu qu'on soit du contraire?

On convient qu'il y a une partie de la géométrie qui est utile à l'enfance; qu'elle donne de l'activité à l'esprit, qu'elle l'aiguise, et qu'elle rend par là la conception plus prompte; mais on veut qu'à la différence des autres sciences, qui sont utiles quand on les a acquises, la géométrie ne serve à quelque chose que dans le temps qu'on l'apprend. Voilà l'opinion du vulgaire. Mais ce n'est pas sans raison que de grands hommes ont fait une étude particulière de cette science. En effet, la géométrie traite des nombres et des dimensions : or la connaissance des nombres n'est pas seulement nécessaire à l'orateur, mais à quiconque a la moindre teinture des lettres. Elle trouve très-fréquemment sa place dans les plaidoiries; et un avocat qui hésite sur un produit, ou qui seulement montre de l'incertitude ou de la gaucherie en comptant sur ses doigts, donne une mauvaise idée de son habileté. Quant à la partie linéaire, souvent aussi elle trouve son application dans les causes, car on a tous les jours des procès sur les limites et sur les mesures; mais la géométrie a, sous un autre rapport, une affinité plus intime avec l'art oratoire.

Et d'abord, l'ordre est de l'essence de la géométrie : n'en est-il pas de même de l'éloquence? La géométrie prouve les conséquences par les prémisses, et l'incertain par le certain : n'est-ce pas ce que nous faisons dans le discours? La plupart des problèmes, en géométrie, ne se résolvent-ils pas uniquement par le syllogisme, ce qui fait qu'en général on lui trouve plus d'analogie avec la dialectique qu'avec la rhétorique? Il est

studium velut novum præciperem. Quum vero antiquitus usque a Chirone atque Achille ad nostra tempora apud omnes, qui modo legitimam disciplinam non sint perosi, duraverit, non est committendum, ut illa dubia faciam, defensionis sollicitudine. Quamvis autem satis jam ex ipsis, quibus sum modo usus, exemplis, credam esse manifestum, quæ mihi, et quatenus musicæ placeat; apertius tamen profitendum puto, non hanc a me præcipi, quæ nunc in scenis effeminata, et impudicis modis fracta, non ex parte minima, si quid in nobis virilis roboris manebat, excidit; sed qua laudes fortium canebantur, quaque et ipsi fortes canebant, nec *psalteria* et *spadicas*, etiam virginibus probis recusanda; sed cognitionem rationis, quæ ad movendos leniendosque affectus plurimum valet. Nam et Pythagoram accepimus, concitatos ad vim pudicæ domui afferendam juvenes, jussa mutare in spondeum modos tibicina, composuisse : et Chrysippus etiam nutricum, quæ adhibetur infantibus, allectationi, suum quoddam carmen assignat. Est etiam non ineruditæ apud declamantum ficta materia, in qua ponitur tibicen, qui sacrificanti Phrygium cecinerat, acto illo in insaniam et per præcipitia delato, accusari, quod causa mortis exstiterit; quæ si dici debet ab oratore, nec dici citra scientiam musices potest, quomodo non hanc quoque artem necessariam esse operi nostro, vel iniqui consentiant? In *geometria* partem fatentur esse utilem teneris ætatibus; agitari namque animos, atque acui ingenia, et celeritatem percipiendi venire inde, concedunt : sed prodesse eam, non ut cæteras artes, quum perceptæ sint, sed quum discatur, existimant : ea vulgaris opinio est. Nec sine causa summi viri etiam impensam huic scientiæ operam dederunt : nam quum sit *geometria* divisa in numeros atque formas, numerorum quidem notitia non oratori modo, sed cuicumque primis saltem litteris erudito, necessaria est : in causis vero vel frequentissime versari solet; in quibus actor, nec dico, si circa summas trepidat, sed si digitorum saltem incerto aut indecoro gestu a computatione dissentit, judicatur indoctus. Illa vero linearis ratio, et ipsa quidem cadit frequenter in causas; nam de terminis mensurisque sunt lites, sed habet majorem quamdam aliam cum arte oratoria cognationem. Jam primum ordo est *geometriæ* necessarius, nonne et *eloquentiæ?* ex prioribus geometria probat insequentia, et certis incerta; nonne id in dicendo facimus? quid? illa propositarum quæstionum conclusio, non tota fere constat syllogismis? propter quod plures invenias, qui dialecticæ similem, quam qui rhetoricæ, fateantur hanc artem : verum et orator, etiamsi raro, non tamen nunquam, probabit dialectice. Nam et syllogismis, si res poscet, utetur, et cer-

vrai que l'orateur se sert peu de la dialectique; mais il en use pourtant; car il emploie, au besoin, le syllogisme, ou, à coup sûr, l'enthymème, qui est le syllogisme de la rhétorique. Enfin, les preuves les plus puissantes sont celles qu'on appelle vulgairement preuves géométriques, γραμμικαὶ ἀποδείξεις: et quelle est la fin principale de l'éloquence, si ce n'est de prouver?

La géométrie découvre aussi, par le calcul, le faux dans le vraisemblable: par exemple, en fait de nombres, elle fait voir l'erreur de certaines propositions appelées ψευδογραφίας, qui, de mon temps, servaient d'amusement à l'enfance. Mais prenons pour exemples des questions plus sérieuses. Qui ne croirait à l'exactitude de cette proposition: Soient donnés deux lieux dont la circonférence est égale, ils contiendront le même espace. Cependant cela est faux, car il importe beaucoup de savoir quelle est la forme du contour; et des historiens ont été repris par les géomètres, pour avoir cru que la dimension des îles était suffisamment indiquée par le circuit de la navigation. En effet, plus une forme est parfaite, plus elle a de capacité. Si donc la circonférence figure un cercle, qui est la ligne plane la plus parfaite, elle contiendra un plus grand espace, que si elle formait un carré d'une égale circonférence. A son tour, le carré en renfermera plus que le triangle, et le triangle équilatéral plus que le triangle à côtés inégaux. Mais ces exemples sont peut-être un peu abstraits: je me renfermerai dans l'expérience commune. Presque personne n'ignore que la mesure d'un arpent est de deux cent quarante pieds en longueur, et de moitié en largeur; d'où il est aisé de juger quel est son contour et quelle est sa surface. Mais supposons un carré de cent quatre-vingts pieds sur toutes ses faces: il aura la même circonférence que l'arpent, et contiendra néanmoins un espace beaucoup plus grand. Si l'on ne veut pas se donner la peine de faire ce calcul, on peut s'en convaincre en opérant sur un plus petit nombre. Dix pieds en carré font quarante pieds de tour et cent pieds de superficie; mais quinze pieds en longueur, sur cinq en largeur, ont la même circonférence, et donnent un quart de moins en surface; et dix-neuf pieds de long, sur un seulement de large, n'ont pas plus en superficie qu'ils n'ont en longueur, et cependant le contour est le même que celui du carré, qui contient cent pieds. Ainsi tout ce que vous ôterez à la forme du carré sera de moins en surface: donc il peut arriver qu'un espace soit renfermé dans un plus grand circuit. Ceci est pour les terrains planes; car pour les collines et les vallées, il est évident, même pour l'homme étranger à la géométrie, que le sol qu'elles couvrent est plus étendu que l'espace aérien qu'elles embrassent.

Mais la géométrie ne s'arrête pas là: elle s'élève jusqu'à la connaissance des lois du monde: et, en nous démontrant par les nombres le cours réglé et déterminé des astres, elle nous apprend que rien n'est désordonné ni fortuit: ce qui peut quelquefois être du domaine de l'orateur. Lorsque Périclès rassura les Athéniens, qu'effrayait une éclipse de soleil, en leur expliquant les causes de ce phénomène; quand Sulpicius Gallus, au milieu de l'armée de Paul-Émile, raisonna de même sur une éclipse de lune, afin que les soldats n'en fussent pas épouvantés comme d'un prodige surnaturel, l'un et l'autre ne firent-ils pas alors l'office d'orateurs? Si Nicias eût eu ces connaissances, il n'eût pas perdu en Sicile la belle armée

---

te *enthymemate*, qui rhetoricus est syllogismus: denique probationum, quæ sunt potentissimæ, γραμμικαὶ ἀποδείξεις vulgo dicuntur: quid autem magis oratio, quam probationem petit? Falsa quoque verisimilia *geometria* ratione deprehendit: fit hoc et in numeris per quasdam, quas ψευδογραφίας vocant, quibus pueri ludere solebamus. Sed alia majora sunt; nam quis non ita proponenti credat; quorum locorum extremæ lineæ eamdem mensuram colligunt, eorum spatium quoque, quod his lineis continetur, par sit necesse est? At id falsum est: nam plurimum refert, cujus sit formæ ille circuitus; reprehensique a geometris sunt historici, qui magnitudines insularum satis significari navigationis ambitu crediderunt: nam ut quæque forma perfectissima, ita capacissima est. Ideoque illa circumcurrens linea, si efficiat orbem, quæ forma est in planis maxime perfecta, amplius spatium complectetur, quam si quadratum paribus oris efficiat: rursus quadrata triangulis, triangula ipsa plus æquis lateribus, quam inæqualibus. Sed alia forsitan obscuriora; nos facillimum etiam imperitis sequamur experimentum. Jugeri mensuræ, ducentos et quadraginta longitudinis pedes esse, dimidioque in latitudinem patere, non fere quisquam est, qui ignoret; et qui sit circuitus, et quantum campi claudat, colligere expeditum. At centeni et octogeni in quamque partem pedes, idem spatium extremitatis, sed multo amplius clausæ quatuor lineis areæ faciunt: id si computare quem piget, brevioribus numeris idem discat; nam deni in quadrum pedes, quadraginta per oram, intra centum erunt: at si quini deni per latera, quini in fronte sint, ex illo, quod amplectuntur, quartam deducent eodem circumductu. Si vero porrecti utrimque undeviceni singulis distent, non plures intus quadratos habebunt, quam per quot longitudo ducetur: quæ circumibit autem linea, ejusdem spatii erit, cujus ea, quæ centum continet: ita quidquid formæ quadrati detraxeris, amplitudini quoque peribit: ergo etiam id fieri potest, ut majore circuitu minor loci amplitudo claudatur. Hoc in planis: nam in collibus vallibusque etiam imperito patet plus soli esse, quam cœli. Quid? quod se eadem geometria tollit ad rationem usque mundi? in qua, quum siderum certos constitutosque cursus numeris docet, discimus nihil esse inordinatum atque fortuitum: quod ipsum nonnunquam pertinere ad oratorem potest. An vero, quum Pericles Athenienses solis obscuratione territos, redditis ejus rei causis, metu liberavit: aut, quum Sulpicius ille Gallus in exercitu L. Paulli de lunæ defectione disseruit, ne velut prodigio divinitus facto militum animi terrerentur, non videtur esse usus oratoris officio? Quod si Nicias in Sicilia scisset, non eodem confusus metu pul-

d'Athéniens qu'il y commandait, par le trouble où le jeta un pareil accident : il aurait fait comme Dion, qu'un phénomène de cette espèce n'arrêta pas, lorsqu'il vint renverser la tyrannie de Denys. Mais je veux bien admettre que la tactique soit étrangère à la question ; je ne parlerai pas non plus d'Archimède, qui suffit lui seul à traîner en longueur le siége de Syracuse : du moins m'accordera-t-on une chose qui établit pertinemment ma proposition, que ce n'est la plupart du temps qu'à l'aide des preuves linéaires que fournit cette science qu'on parvient à résoudre un grand nombre de questions qui seraient difficilement expliquées d'une autre manière, telles que la division, la section à l'infini, la puissance des progressions : de sorte que si, comme je le démontrerai dans le livre suivant, l'orateur doit être prêt à parler sur tout, on ne peut en aucune façon devenir orateur sans la géométrie.

CHAP. XI. Il faut aussi accorder quelque chose à l'art du comédien, pourvu qu'on s'en tienne à ce que l'orateur doit savoir pour bien prononcer ; car je ne veux pas que l'enfant que je forme pour cette noble fin s'habitue à imiter la voix faible et brisée des femmes ou la voix tremblante d'un vieillard, ni à contrefaire les allures d'un ivrogne ou d'un esclave bassement obséquieux, ni à exprimer l'amour, l'avarice, ou la crainte : tout cela n'est pas nécessaire à l'orateur et ne contribue qu'à gâter le cœur, surtout à l'âge où il est encore neuf, et prompt à recevoir l'impression du vice ; car la fréquente imitation passe jusque dans les mœurs. Il ne faut pas même qu'il emprunte aux comédiens tous leurs gestes et tous leurs mouvements. Quoique ces deux parties de l'action doivent être, jusqu'à un certain point, réglées dans l'orateur, il ne laissera pas de se tenir à une grande distance du comédien, et d'éviter l'exagération dans le regard, dans le geste et dans la démarche ; car si tout cela exige un certain art, il y en a encore un plus grand à savoir dissimuler l'art.

Quel est donc ici le devoir du maître ? d'abord, de corriger les vices de prononciation, et de faire énoncer les mots de manière que chaque lettre conserve le son qui lui est propre. Car il y en a dont la prononciation est difficile, parce qu'elles sont trop grêles ou trop pleines. Quelques-unes sont trop dures, et nous en éludons la prononciation en les changeant en d'autres dont le son est à peu près semblable, mais émoussé. Ainsi à la lettre ρ, qui donnait tant d'exercice à Démosthène, succéda λ ; et ces deux lettres ont chez nous la même affinité entre elles. Il en est de même du c et du t, que nous amollissons en g et en d. Le maître ne souffrira pas non plus que l'élève s'appuie avec complaisance sur la lettre s, ni qu'il parle du gosier ou grossisse sa voix dans la bouche, ni (ce qui est tout à fait contraire à la pureté du langage) qu'il farde la nature simple de la voix, en prenant ce ton emphatique que les Grecs appellent καταπεπλασμένον, du nom qu'on donne au son grave que rend la flûte, lorsqu'en bouchant les trous destinés aux tons aigus, on ne laisse libre que l'issue directe de l'instrument. Il aura soin aussi que les syllabes finales ne soient point tronquées ; que le débit se soutienne toujours également ; que, dans les exclamations, l'effort parte des poumons et non de la tête ; que le geste soit en harmonie avec la voix, et le visage avec le geste. Il recommandera à son élève de regarder en face en parlant, de ne point tordre ses lèvres, de ne point trop ouvrir la bouche, de ne point se tenir le visage en l'air ou les yeux fixés vers la terre, ni de laisser aller sa tête

---

cherrimum Atheniensium exercitum prodidisset : sicut Dion, quum ad destruendam Dionysii tyrannidem venit, non est tali casu deterritus. Sint extra, licet, usus bellici ; transeamusque, quod Archimedes unus obsidionem Syracusarum in longius traxit : illud utique jam proprium est ad efficiendum quod intendimus, plurimas quæstiones, quarum difficilior alia ratione explicatio est, ut ratione dividendi, de sectione in infinitum, de celeritate augendi, linearibus illis probationibus solvi solere ; ut, si est oratori, quod proximus demonstrabit liber, de omnibus rebus dicendum, nullo modo sine geometria esse possit orator.

CAP. XI. Dandum aliquid comœdo quoque, dum eatenus, qua pronunciandi scientiam futurus orator desiderat : non enim puerum, quem in hoc instituimus, aut femineæ vocis exilitate frangi volo ; aut seniliter tremere : nec vitia ebrietatis effingat ; nec servili vernilitate imbuatur ; nec amoris, avaritiæ, metus discat affectum ; quæ neque oratori sunt necessaria, et mentem, præcipue in ætate prima teneram adhuc et rudem, inficiunt : nam frequens imitatio transit in mores. Ne gestus quidem omnis ac motus a comœdis petendus est : quanquam enim utrumque eorum ad quemdam modum præstare debet orator ; plurimum tamen aberit a scenico, nec vultu, nec manu, nec excursionibus nimius : nam si qua in his ars est dicentium, ea prima est, ne ars esse videatur. Quod est igitur in his doctoris officium ? inprimis vitia, si qua sunt, oris, emendet ; ut expressa sint verba, ut suis quæque litteræ sonis enuncientur : quarumdam enim vel exilitate, vel pinguitudine nimia laboramus ; quasdam velut acriores parum efficimus et aliis, non dissimilibus sed quasi hebetioribus, permutamus. Quippe ρ litteræ, qua Demosthenes quoque laboravit, λ succedit, quarum vis est apud nos quoque : et quum c ac similiter g non valuerunt, in t ac d molliuntur. Ne illas quidem circa s litteram delicias hic magister feret ; nec verba in faucibus patietur audiri, nec oris inanitate resonare : nec, quod minime sermoni puro conveniat, simplicem vocis naturam pleniore quodam sono circumliniri, quod Græci καταπεπλασμένον dicunt : sic appellatur cantus tibiarum, quæ, præclusis, quibus clarescunt, foraminibus, recto modo exitu graviorem spiritum reddunt. Curabit etiam, ne extremæ syllabæ intercidant ; ut par sibi sermo sit ; ut quoties exclamandum erit, lateris conatus sit ille, non capitis ; ut gestus ad vocem, vultus ad gestum accommodetur. Observandum erit etiam, ut recta sit facies dicentis, ne labra distorqueantur, ne immodicus hiatus rictum distendat, ne supinus vultus, ne de-

de côté et d'autre. Car le front pèche en bien des manières : j'ai vu beaucoup d'orateurs qui, à chaque effort de voix, haussaient les sourcils, d'autres qui les fronçaient. J'en ai vu à qui l'un montait en haut, tandis que l'autre lui couvrait l'œil presque en entier. Tout cela est d'une conséquence infinie, comme nous le dirons bientôt; car rien de ce qui est contraire à la convenance ne saurait plaire. C'est encore au comédien à enseigner le ton qui convient à la narration, avec quelle autorité on persuade, avec quelle impétuosité éclate la colère, quel accent sied à la pitié. Pour bien faire, il choisira dans les comédies les passages qui ont le plus de rapport avec le ton des plaidoiries. Ces morceaux de choix, en même temps qu'ils sont très-utiles à la prononciation, sont très-propres à nourrir l'éloquence. Voilà pour l'âge où l'intelligence ne comporte pas encore un plus haut enseignement; car lorsque le temps sera venu de lire des discours, et que l'élève sera en état d'en apprécier les beautés, je veux qu'il soit assisté d'un maître vigilant et habile, qui, non content de le former à la lecture, le force à apprendre par cœur des passages choisis de ces discours, et à les réciter à haute voix, comme s'il avait véritablement à parler en public; en sorte qu'il exerce à la fois, par la prononciation, son organe et sa mémoire.

Je ne désapprouve pas même qu'ils prennent quelques leçons des maîtres de palestrique. Je n'entends pas parler de ces hommes dont une partie de la vie se consume dans l'huile, l'autre dans le vin, et qui abrutissent l'esprit à force de soigner le corps. Mon élève ne sera jamais trop éloigné de cette espèce de gens. Mais on donne le même nom à des maîtres particuliers, auprès desquels on apprend à régulariser ses gestes et ses mouvements, à bien développer ses bras, à donner de la grâce à ses mains, de la noblesse à son attitude, à marcher sans gaucherie, à ne point tenir la tête et les yeux dans une autre direction que le reste du corps. Peut-on nier que tout cela n'entre dans la prononciation, et que la prononciation ne soit une partie considérable de l'art oratoire? Il ne faut donc pas rougir d'apprendre ce que l'on doit pratiquer, d'autant moins que cette *chironomie*, qui est, *comme* l'indique son nom, la loi du geste, remonte aux temps héroïques, et a été approuvée par les plus grands hommes de la Grèce, et par Socrate lui-même; que Platon l'a mise au rang des qualités politiques, et que Chrysippe ne l'a point oubliée dans ses préceptes sur l'éducation des enfants. On sait que les Lacédémoniens avaient parmi leurs exercices une sorte de danse qu'ils jugeaient utile à l'homme de guerre. Les anciens Romains eux-mêmes ne rougissaient pas de s'y livrer : témoin cette danse consacrée par la religion et les prêtres, et qui s'est perpétuée jusqu'à nous; témoin ce que Cicéron met dans la bouche de Crassus, au troisième livre *de Oratore*, où il recommande à l'orateur une attitude mâle et forte, empruntée non à la scène et aux histrions, mais aux gens de guerre, et même à la palestrique, dont l'usage s'est maintenu jusqu'à nos jours sans que personne y ait trouvé à redire. Je ne veux pas cependant que ces exercices se prolongent au delà de l'enfance, ni même que l'enfant y donne beaucoup de temps, car je travaille à former un orateur et non un danseur; mais je veux seulement qu'il

---

jecti in terram oculi, inclinata utrolibet cervix. Nam frons pluribus generibus peccat. Vidi multos, quorum supercilia ad singulos vocis conatus allevarentur, aliorum constricta, aliorum etiam dissidentia, quum altero in verticem tenderent, altero pæne oculus ipse premeretur. Infinitum autem, ut mox dicemus, in his quoque rebus momentum est; et nihil potest placere, quod non decet. Debet etiam docere comœdus, quomodo narrandum, qua sit auctoritate suadendum, qua concitatione consurgat ira, qui flexus deceat miserationem. Quod ita optime faciet, si certos ex comœdiis elegerit locos, et ad hoc maxime idoneos, id est, actionibus similes. Iidem autem non ad pronunciandum modo utilissimi, verum ad augendam quoque eloquentiam maxime accommodati erunt. Et hæc, dum infirma ætas majora non capiet : cæterum, quum legere orationes oportebit, quum virtutes earum jam sentiet, tum mihi diligens aliquis ac peritus assistat; neque solum lectione formet, verum etiam ediscere electa ex his cogat, et ea dicere stantem clare et quemadmodum agere oportebit, ut protinus pronunciatione vocem et memoriam exerceat. Ne illos quidem reprehendendos putem, qui paulum etiam palæstricis vacaverint. Non de his loquor, quibus pars vitæ in oleo, pars in vino, consumitur, qui corporis cura mentem obruerunt; hos enim abesse ab eo, quem instituimus, quam longissime velim; sed nomen est idem iis, a quibus gestus motusque formantur; ut recta sint brachia, ne indoctæ rusticæve manus, ne status indecorus, ne qua in proferendis pedibus inscitia, ne caput oculique ab alia corporis inclinatione dissideant. Nam neque hoc esse in parte pronunciationis negaverit quisquam, neque ipsam pronunciationem ab oratione secernet : et certe, quod facere oportet, non indignandum est discere, quum præsertim hæc *chironomia*, quæ est, ut nomine ipso declaratur, *lex gestus*, et ab illis temporibus heroicis orta sit, et a summis Græciæ viris, et ab ipso etiam Socrate probata, a Platone quoque in parte civilium posita virtutum, et a Chrysippo in præceptis de liberorum educatione compositis non omissa. Nam Lacedæmonios quidem etiam saltationem quamdam, tamquam ad bella quoque utilem, habuisse inter exercitationes accepimus; neque id veteribus Romanis dedecori fuit : argumentum est, sacerdotum nomine ac religione durans ad hoc tempus saltatio, et illa in tertio Ciceronis de Oratore libro verba Crassi, quibus præcipit, ut orator utatur *laterum inclinatione forti ac virili*, *non a scena et histrionibus, sed ab armis, aut etiam a palæstra*, cujus etiam disciplinæ usus in nostram usque ætatem sine reprehensione descendit. A me tamen nec ultra puerilles annos retinebitur, nec in his ipsis diu; neque enim gestum orationis componi ad similitudinem saltationis volo, sed subesse aliquid ex hac

contracte par là une certaine facilité, qui plus tard mêle, sans qu'il y pense, une grâce secrète à tous ses mouvements.

Chap. XII. On demande si, en supposant que toutes ces connaissances soient nécessaires, elles peuvent s'enseigner et s'apprendre toutes en même temps. Quelques personnes le nient, sous prétexte que tant d'études différentes doivent confondre les idées et fatiguer l'esprit; que ni la volonté, ni le corps, ni même le temps, ne doit pouvoir y suffire; et que lors même qu'on le pourrait dans un âge plus avancé, ce n'est pas une raison pour surcharger ainsi l'enfance. Mais ces personnes ne réfléchissent pas assez sur la puissance de l'esprit humain, dont la nature est si active et si prompte, qui a tellement la faculté de partager, pour ainsi dire, ses regards de tous côtés, qu'il ne sait pas même se réduire à ne faire qu'une chose, et peut, au contraire, s'appliquer à plusieurs, non-seulement dans le même jour, mais dans le même moment. Les joueurs d'instruments ne sont-ils pas obligés de surveiller à la fois leur mémoire, le ton et les diverses inflexions de leur voix, tandis qu'attentifs aux sons des cordes, ils pincent les unes de la main droite, et de la gauche tirent, contiennent ou lâchent les autres? leurs pieds même ne sont pas oisifs, occupés qu'ils sont à battre la mesure : et tout cela simultanément. Que nous nous trouvions dans la nécessité imprévue de plaider sur-le-champ, n'avons-nous pas à dire une chose, à prévoir une autre? Invention des moyens, choix d'expressions, composition, geste, prononciation, physionomie, mouvements, tout cela veut être improvisé tout ensemble. Si, au premier signal, tant de facultés différentes sont, pour ainsi dire, à nos ordres, pourquoi ne pourrions-nous pas partager les heures de la journée entre plusieurs études? surtout si l'on considère que la variété ranime et répare les forces de l'esprit, et que rien n'est plus fatigant que la continuité d'un travail uniforme. Ainsi nous nous délassons en passant de la composition à la lecture, et nous prévenons encore l'ennui de la lecture par la variété des livres. Après avoir fait mille et mille choses, on n'en est pas moins, en quelque sorte, tout frais pour en commencer une nouvelle. Qui ne s'hébéterait pas, quelque agréable que soit un art, à écouter un même maître pendant tout un jour? Le changement est nécessaire à l'esprit pour le récréer, comme la diversité est nécessaire à l'estomac pour réveiller l'appétit.

Ou bien donc qu'on m'indique une autre manière d'apprendre. Faut-il n'étudier que la grammaire, puis la géométrie, et laisser de côté la grammaire? passer de là à la musique, et oublier ce qui l'a précédée? s'occuper du latin, comme s'il n'y avait pas de grec? en un mot, ne penser qu'à ce qu'on entreprend en dernier? Que ne conseillons-nous aussi aux agriculteurs de ne point cultiver à la fois leurs champs, leurs vignes, leurs oliviers, leurs vergers, et de ne point donner en même temps leurs soins à leurs prairies, à leurs bestiaux, à leurs jardins, à leurs ruches? Pourquoi nous-mêmes accordons-nous quelque chose aux affaires du barreau, au besoin de voir nos amis, à nos intérêts domestiques, au soin de notre corps, quelque chose même à nos plaisirs? Une seule de ces occupations nous fatiguerait, si nous n'y donnions quelque relâche : tant il est vrai qu'il est plus facile de faire plusieurs choses que de faire long-temps la même.

Il ne faut nullement appréhender que les enfants ne puissent supporter le travail des études.

---

exercitatione puerili, unde nos non id agentes furtim decor ille discentibus traditus prosequatur.

Cap. XII. Quæri solet, an, etiamsi discenda sint hæc, eodem tempore tamen tradi omnia et percipi possint. Negant enim quidam, quia confundatur animus, ac fatigetur tot disciplinis in diversum tendentibus, ad quas nec mens, nec corpus, nec dies ipse sufficiat : et, si maxime hæc patiatur ætas robustior, tamen puerilis annos onerari non oporteat. Sed non satis perspiciunt, quantum natura humani ingenii valeat; quæ ita est agilis et velox, sic in omnem partem, ut ita dixerim, spectat, ut ne possit quidem aliquid agere tantum unum, in plura vero, non eodem die modo, sed eodem temporis momento, vim suam impendat. An vero citharœdi non simul et memoriæ, et sono vocis, et pluribus flexibus, serviunt, quum interim alios nervos dextra percutiunt, alios læva trahunt, continent, præbent; ne pes quidem otiosus certam legem temporum servat? et hæc pariter omnia. Quid? nos agendi subita necessitate deprehensi, nonne alia dicimus, alia providemus, quum pariter inventio rerum, electio verborum, compositio, gestus, pronunciatio, vultus, motusque desiderentur? Quæ si, velut sub uno conatu, tam diversa parent simul, cur non pluribus curis horas partiamur? quum præsertim reficiat animos ac reparet varietas ipsa, contraque sit aliquanto difficilius in labore uno perseverare, ideo et stylus lectione requiescit, et ipsius lectionis tædium vicibus levatur. Quamlibet multa egerimus, quodam tamen modo recentes sumus ad id quod incipimus. Quis non obtundi possit, si per totum diem cujuscumque artis unum magistrum ferat? mutatione recreabitur, sicut in cibis, quorum diversitate reficitur stomachus, et pluribus, minore fastidio, alitur. Aut dicant isti mihi, quæ sit alia ratio discendi? Grammatico soli deserviamus? deinde geometræ tantum, omittamus interim quod didicimus? mox transeamus ad musicum, excidant priora? et, quum Latinis studebimus litteris, non respiciamus ad Græcas? et, ut semel finiam, nihil faciamus, nisi novissimum? Cur non idem suademus agricolis, ne arva simul et vineta, et oleas, et arbustum colant? ne pratis, et pecoribus, et hortis, et alvearibus accommodent curam? Cur ipsi aliquid forensibus negotiis, aliquid desideriis amicorum, aliquid rationibus domesticis, aliquid curæ corporis, nonnihil voluptatibus quotidie damus? quarum nos una res quælibet nihil intermittentes fatigaret : adeo facilius est multa facere, quam diu! Illud quidem minime verendum est, ne laborem studiorum pueri difficilius tolerent; neque

Il n'est pas d'âge où l'on se fatigue moins. Cela a l'air d'un paradoxe, mais l'expérience est là pour le démontrer. Il est certain que plus l'esprit est tendre, plus il a de facilité pour apprendre. Une preuve de ce que je dis, c'est qu'une fois que les enfants ont la langue déliée, en moins de deux ans ils parviennent d'eux-mêmes à bien parler et à savoir presque tous les mots. Que de temps, au contraire, ne faut-il pas aux esclaves récemment achetés, pour se familiariser avec la langue latine! Qu'on essaye d'apprendre à lire à un adulte, et l'on verra que ce n'est pas sans raison que les Grecs donnent l'épithète de παιδομαθεῖς (instruits dès l'enfance) à ceux qui excellent dans leur art. Il est même vrai de dire que l'enfance porte plus légèrement le travail qu'un âge plus avancé. De même qu'on les voit tomber à chaque instant, ramper sur leurs mains et leurs genoux, se relever un moment après pour jouer sans interruption, courir çà et là du matin au soir, et cela sans danger ni fatigue, parce qu'ils sont légers et ne pèsent pas sur eux-mêmes; de même leur esprit se fatigue moins que le nôtre, parce qu'ils se meuvent par un moindre effort, ne s'appliquent pas à l'étude par un mouvement qui vient d'eux-mêmes, et ne font que se prêter à l'action de la main qui les forme. Un autre avantage de cet âge, c'est de suivre avec simplicité les leçons du maître, sans regarder en arrière pour mesurer le chemin qu'ils ont fait. De plus, ils ne connaissent pas encore ce que c'est que le véritable travail ; et en effet, comme nous l'éprouvons tous les jours, il est moins pénible de remplir une tâche donnée que de produire de soi-même. On peut ajouter qu'on n'aura jamais plus de temps disponible, parce qu'à cet âge tout consiste à écouter, tandis que plus tard, lorsque l'élève sera en état d'écrire, de composer et de faire quelque chose de lui-même, il pourra bien n'avoir ni le loisir ni même la volonté de se mettre à ces études. Puis donc que le grammairien ne peut ni ne doit occuper la journée tout entière, de peur de rebuter son élève, à quelle étude donnera-t-on de préférence ces moments de loisir? car je ne prétends pas que l'élève doive se consumer sur ces arts, qu'il chante ou accompagne sur un instrument la voix d'un chanteur, ni qu'il descende aux opérations les plus subtiles de la géométrie. Je ne demande pas que sa prononciation soit celle d'un comédien, ni son maintien celui d'un danseur : encore ne serait-ce pas le temps qui manquerait, quand je demanderais la perfection; car l'âge où l'on apprend dure longtemps, et je ne suppose pas des esprits lourds. Enfin pourquoi Platon a-t-il excellé dans tous ces arts dont l'étude me paraît nécessaire à l'orateur? Non content des sciences qu'Athènes pouvait lui fournir, et de celles des pythagoriciens, auprès desquels il s'était rendu par mer en Italie, il alla encore trouver les prêtres de l'Égypte, et se fit initier à leurs mystères. Nous alléguons la difficulté pour excuser notre paresse. Nous n'aimons pas l'art pour lui-même; et si nous recherchons l'éloquence, ce n'est point parce qu'elle est la plus honorable et la plus belle chose du monde, mais pour en faire un vil usage, et nous ne cédons qu'à l'attrait d'un gain sordide. Eh bien ! que tant d'orateurs se fassent entendre au barreau sans le secours de ces connaissances, et ne songent qu'à s'enrichir ; mais on m'accordera aussi que le premier marchand venu s'enrichit davantage, et qu'un crieur public gagne encore plus avec sa voix, que tous ces ora-

---

enim ulla ætas minus fatigatur : mirum sit forsitan, sed experimentis deprehendas; nam et dociliora sunt ingenia, priusquam obduruerunt : id vel hoc argumento patet, quod intra biennium, quam verba recte formare potuerunt, quamvis nullo instante, omnia fere loquuntur : at novitiis nostris, per quot annos sermo Latinus repugnat? magis scias, si quem jam robustum instituere litteris cœperis, non sine causa dici παιδομαθεῖς eos, qui in sua quidque arte optime fecerint. Et patientior est laboris natura pueris, quam juvenibus : videlicet, ut corpora infantium nec casus, quo in terram toties deferuntur, tam graviter affligit, nec illa per manus et genua reptatio, nec post breve tempus continui lusus, et totius diei discursus, quia pondus illis abest, nec se ipsi gravant; sic animi quoque, credo, quia minore conatu moventur, nec suo nisu studiis insistunt, sed formandos se tantummodo præstant, non similiter fatigantur. Præterea, secundum aliam ætatis illius facilitatem, velut simplicius docentes sequuntur, nec quæ jam egerint, metiuntur. Abest illis etiam adhuc laboris judicium : porro, ut frequenter experti sumus, minus afficit sensus fatigatio, quam cogitatio. Sed ne temporis quidem unquam plus erit, quia his ætatibus omnis in audiendo profectus est. Quum ad stylum secedet, quum generabit ipse aliquid atque componet; tum inchoare hæc studia vel non vacabit, vel non libebit. Ergo quum grammaticus totum diem occupare non possit, nec debeat, ne discentis animum tædio avertat; quibus potius studiis hæc temporum velut subseciva donabimus? Nam nec ego consumi studentem in his artibus volo : nec moduletur, aut musicis modis cantica excipiat, nec utique ad minutissima geometriæ opera descendat. Non comœdum in pronunciando, nec saltatorem in gestu facio, quæ si omnia exigerem, suppeditaba tamen tempus; longa est enim, quæ discit, ætas, et ego non de tardis ingeniis loquor. Denique cur in his omnibus, quæ discenda oratori futuro puto, eminuit Plato? qui, non contentus disciplinis, quas præstare poterant Athenæ, non Pythagoreorum, ad quos in Italiam navigaverat, Ægypti quoque sacerdotes adiit, atque eorum arcana perdidicit. Difficultatis patrocinia præteximus segnitiæ; neque enim nobis operis amor est; nec, quia sit honesta, atque pulcherrima rerum eloquentia, petitur ipsa, sed ad vilem usum et sordidum lucrum accingimur. Dicant sine his in foro multi, et acquirant; dum sit locupletior aliquis sordidæ mercis negociator, et plus voci suæ debeat præco : ne velim quidem lectorem dari mihi, quid studia referant computaturum. Qui vero imaginem ipsam eloquentiæ divina quadam mente conceperit, quique illam, ut ait non ignobilis tragicus, reginam rerum

teurs. Pour moi, je ne voudrais pas même pour lecteur d'un homme qui calculerait ce que ses études peuvent lui rapporter. Mais celui qui se sera formé de l'éloquence une idée toute divine, celui qui, pour me servir de l'expression d'un illustre poëte tragique, l'aura toujours devant les yeux comme *la reine du monde*, celui qui ne cherchera pas sa récompense dans la bourse de ses clients, mais dans son âme et dans la contemplation de la science, récompense que ni le temps ni la fortune ne pourront lui enlever : celui-là se persuadera facilement qu'il vaut mieux employer à la géométrie et à la musique le temps que donnent les autres aux spectacles, aux exercices du champ de Mars, au jeu, aux conversations oiseuses, pour ne pas dire au sommeil et aux festins; et il y trouvera infiniment plus de charme que dans tous ces plaisirs grossiers. Car c'est un des bienfaits de la Providence d'avoir voulu que les choses les plus honnêtes fussent aussi les plus agréables. Mais cette douceur même m'a peut-être entraîné trop loin. Que ce que j'ai dit suffise donc pour les études qui conviennent à l'enfant, jusqu'à l'âge où il sera capable d'en entreprendre de plus importantes. Dans le livre suivant je vais ouvrir en quelque sorte une nouvelle carrière, et passer aux devoirs du rhéteur.

LIVRE II.

SOMMAIRE.

Chap. I. En quel temps l'enfant doit-être mis entre les mains du rhéteur. — II. Des mœurs et des devoirs du professeur. — III. Si l'on doit immédiatement prendre le meilleur maître. — IV. Par quels exercices doit commencer le rhéteur. — V. De la lecture des orateurs et des historiens sous le rhéteur. — VI. De la division. — VII. Des leçons de mémoire. — VIII. S'il faut enseigner chaque élève selon la nature de son esprit. — IX. Des devoirs des enfants envers leurs maîtres. — X. De l'utilité des déclamations, et de la manière de les traiter. — XI. Si la connaissance de la rhétorique est nécessaire. — XII. Pourquoi les hommes sans instruction passent pour avoir plus d'esprit que les autres. — XIII. Dans quelles bornes doit se renfermer l'art. — XIV. Étymologie du mot rhétorique, et division de cet ouvrage. — XV. Qu'est-ce que la rhétorique et quelle est sa fin. — XVI. Si la rhétorique sert à quelque chose. — XVII. Si la rhétorique est un art. — XVIII. Division générale des arts. A quelle classe appartient la rhétorique. — XIX. Qui de l'art ou de la nature contribue le plus à l'éloquence. — XX. Si la rhétorique est une vertu. — XXI. Quelle est la matière de la rhétorique.

Chap. I. C'est un usage qui a prévalu, et qui chaque jour s'accrédite davantage, de mettre les élèves entre les mains des rhéteurs latins toujours, et même des rhéteurs grecs quelquefois, plus tard qu'il ne le faut. Cet usage provient à la fois et de ce que nos rhéteurs ont délaissé leur rôle, et de ce que les grammairiens se sont approprié celui d'autrui. En effet, les premiers sont persuadés que leurs fonctions se réduisent à déclamer, et à enseigner l'art et le talent de la déclamation; encore se renferment-ils dans les matières délibératives et judiciaires, dédaignant le reste comme au-dessous de leur profession ; tandis que les seconds, non contents d'avoir recueilli ce qui était abandonné (de quoi l'on doit pourtant leur savoir gré), ont envahi jusqu'aux prosopopées et aux délibérations, qui sont peut-être ce qu'il y a de plus laborieux dans l'éloquence. Il est donc arrivé de là que ce qui faisait le commencement d'un art est devenu la fin d'un autre, et qu'un âge appelé à passer dans une classe plus élevée demeure arrêté dans une classe inférieure, pour y étudier la rhétorique sous des grammairiens. Ainsi, par

---

orationem ponet ante oculos, fructumque non ex stipe advocationum, sed ex animo suo, et contemplatione ac scientia petet, perpetuum illum, nec fortunæ subjectum; facile persuadebit sibi, ut tempora, quæ spectaculis, campo, tesseris, otiosis denique sermonibus, ne dicam somno, et conviviorum mora conterunt, geometræ potius ac musico impendat; quanto plus delectationis habiturus, quam ex illis ineruditis voluptatibus! dedit enim hoc Providentia hominibus munus, ut honesta magis juvarent. Sed nos hæc ipsa dulcedo longius duxit. Hactenus ergo de studiis, quibus antequam majora capiat, puer instituendus est; proximus liber velut novum sumet exordium, et ad rhetoris officia transibit.

LIBER II.

ARGUMENTUM.

Cap. I. Quando sit rhetori tradendus puer. — II. De moribus et officiis præceptoris. — III. An protinus præceptore optimo sit utendum. — IV. De primis apud rhetorem exercitationibus. — V. De lectione oratorum et historicorum apud rhetorem. — VI. De divisione. — VII. De ediscendo. — VIII. An secundum sui quisque ingenii docendus sit naturam. — IX. De officio discipulorum. — X. De utilitate et ratione declamandi. — XI. An artis hujus necessaria cognitio sit. — XII. Quare eruditi ingeniosiores vulgo habeantur. — XIII. Quis modus sit in arte. — XIV. Rhetorices etymon, et totius operis divisio. — XV. Quid sit rhetorice, et quis ejus finis. — XVI. An sit utilis rhetorice. — XVII. An rhetorice sit ars. — XVIII. Generalis artium divisio, et ex quibus sit rhetorice. — XIX. Utra plus conferat eloquentiæ, ars, an natura. — XX. An rhetorice virtus sit. — XXI. Quæ sit materia rhetorices.

Cap. I. Tenuit consuetudo, quæ quotidie magis invalescit, ut præceptoribus eloquentiæ, Latinis quidem semper, sed etiam Græcis interim, discipuli serius quam ratio postulat, traderentur : ejus rei duplex est causa; quod et rhetores, utique nostri, suas partes omiserunt, et grammatici alienas occupaverunt. Nam et illi declamare modo, et scientiam declamandi ac facultatem tradere, officii sui ducunt, idque intra deliberativas judicialesque materias, nam cætera, ut professione sua minora, despiciunt, et hi non satis credunt, excepisse, quæ relicta erant (quo nomine gratia quoque iis est habenda),sed ad prosopopœias usque, et ad suasorias, in quibus onus dicendi vel maximum est, irrumpunt. Hinc ergo accidit, ut, quæ alterius artis prima erant opera, facta sint alterius novissima : et ætas, altioribus jam disciplinis debita, in schola minore subsideat.

un abus tout à fait ridicule, on croit ne devoir envoyer un enfant chez le maître de déclamation que lorsqu'il sait déjà déclamer.

Assignons donc à chaque profession ses limites. Que la grammaire (γραμματική), qui est proprement *la science des lettres*, *litteratura*, apprenne de la pauvreté de son nom à connaître les bornes où les premiers grammairiens se renfermaient, et qu'elle n'a que trop dépassées. Faible, en effet, dans sa source, elle s'est accrue chez les poëtes et les historiens, et coule maintenant à pleins bords, depuis que, indépendamment de l'art de parler correctement, qui est déjà assez étendu par lui-même, elle a embrassé l'étude de la plupart des beaux-arts. Que, de son côté, la rhétorique, qui tire son nom de l'éloquence, ne décline pas ses devoirs, et ne s'applaudisse pas de voir faire par autrui ce qu'elle avait à faire; car, pour avoir laissé les autres travailler dans son domaine, elle s'en voit aujourd'hui presque dépossédée. Je ne veux pas nier que, parmi ceux qui professent la grammaire, il ne s'en trouve d'assez habiles pour enseigner les parties de la rhétorique dont j'ai parlé; mais alors ils feront les fonctions de rhéteurs, et non celles de grammairiens.

Or, je me propose de rechercher en quel temps un enfant est mûr pour l'étude de la rhétorique. En cela, ce n'est pas son âge qu'il faut considérer, mais ce qu'il sait : en un mot, et, pour trancher toute discussion sur ce point, il faut confier l'enfant au rhéteur dès qu'on le pourra faire. Mais cela même dépend de la question que nous avons examinée plus haut; car si les attributions du grammairien s'étendent jusqu'au genre délibératif, on peut se passer plus longtemps du rhéteur; mais si le rhéteur ne répudie pas les premiers devoirs de la profession, ses soins deviennent nécessaires dès que l'élève est en état de s'essayer aux narrations, et à de petites compositions du genre démonstratif. Ignorons-nous que les anciens rhéteurs regardaient, comme un exercice oratoire fort utile, de développer des *thèses*, des *lieux communs*, et autres questions abstraites qui roulent sur des sujets de controverse, vrais ou feints? C'est donc évidemment une honte d'avoir abandonné cette partie de la rhétorique, qui fut le premier et longtemps le seul objet de son enseignement. En effet, est-il un seul des exercices dont je viens de parler qui ne se rattache à tout ce qui est du ressort des rhéteurs, et particulièrement au genre judiciaire? n'a-t-on pas à narrer au barreau, et là peut-être plus qu'ailleurs? n'a-t-on pas souvent occasion dans les plaidoyers de louer et de blâmer? les lieux communs ne trouvent-ils pas leur place dans la substance même des causes, tant ceux qui sont dirigés contre les vices, comme on lit dans Cicéron, que ceux où l'on traite certaines questions en général, comme Q. Hortensius en a laissé des modèles : *Si l'on doit se déterminer sur des preuves légères, pour les témoins, contre les témoins?* Ce sont autant d'armes qu'il faut sans cesse tenir toutes prêtes pour s'en servir au besoin; et quiconque ne voit point en quoi elles importent au discours, peut croire aussi que ce n'est point commencer une statue que de fondre le métal qui doit en composer les parties. Au reste, qu'on n'aille pas mal interpréter ce qui, aux yeux de quelques-uns, paraîtra de la précipitation, comme si je voulais en met-

---

ac rhetoricen apud grammaticos exerceat. Ita, quod est maxime ridiculum, non ante ad declamandi magistrum mittendus videtur puer, quam declamare jam sciat. Nos suum cuique professioni modum demus. Et grammatice, quam in Latinum transferentes, *litteraturam* vocaverunt, fines suos norit, præsertim tantum ab hac appellationis suæ paupertate, intra quam primi illi constitere, provecta : nam tenuis a fonte, assumptis poetarum historicorumque viribus, pleno jam satis alveo fluit; quum præter rationem recte loquendi, non parum alioqui copiosam, prope omnium maximarum artium scientiam amplexa sit; et *rhetorice*, cui nomen vis eloquendi dedit, officia sua non detrectet, nec occupari gaudeat pertinentem ad se laborem, quæ, dum opere cedit, jam pæne possessione depulsa est. Nec infitiaor, ex iis aliquem, qui *grammaticen* profitentur, eousque scientiæ progredi posse, ut ad hæc quoque tradenda sufficiat; sed quum id aget, rhetoris officio fungetur, non suo. Nos porro quærimus, quando iis, quæ *rhetorice* præcipit, percipiendis puer maturus esse videatur : in quo quidem non id est æstimandum, cujus quisque sit ætatis, sed quantum in studiis jam effecerit : et, ne diutius disseram, quando sit rhetori tradendus, sic optime finiri credo, quum poterit. Sed hoc ipsum ex superiore pendet quæstione : nam si grammatices munus usque ad *suasorias* prorogatur, tardius rhetore opus est. Si rhetor prima operis sui officia non recusat, a narrationibus statim, et laudandi vituperandique opusculis, cura ejus desideratur. An ignoramus antiquis hoc fuisse ad augendam eloquentiam genus exercitationis, ut *theses* dicerent, et *communes locos*, et cætera citra complexum rerum personarumque, quibus veræ fictæque controversiæ continentur? Ex quo palam est, quam turpiter deserat eam partem rhetorices institutio, quam et primam habuit, et diu solam. Quid autem est ex iis, de quibus supra dixi, quod non tum in alia, quæ sunt rhetorum propria, tum certe in illud judiciale causæ genus incidat? An non in foro narrandum est? qua in parte nescio an sit vel plurimum. Non laus ac vituperatio certaminibus illis frequenter inseritur? Non communes loci, sive qui sunt in vitia directi, quales legimus a Cicerone compositos; sive quibus quæstiones generaliter tractantur, quales sunt editi a Quinto quoque Hortensio : ut, *Sitne parvis argumentis credendum*, et *pro testibus*, et *in testes*, in mediis litium medullis versantur? Arma sunt hæc quodammodo præparanda semper, ut iis, quum res poscet, utaris : quæ qui pertinere ad orationem non putabit, is ne statuam quidem inchoari credet, quum ejus membra fundentur. Neque hanc, ut aliqui putabunt, festinationem meam sic quisquam calumnietur, tanquam eum, qui sit rhetori tradendus, abducendum protinus a grammaticis putem. Dabun-

tant l'élève entre les mains du rhéteur, le retirer immédiatement de celles du grammairien. Celui-ci aura son temps aussi bien que l'autre : et qu'on ne craigne pas que l'enfant se trouve surchargé par les leçons de deux maîtres; car je n'augmente pas, je divise seulement le travail, qui était confondu sous un seul maître, et chacun d'eux deviendra plus utile en ne s'occupant que de sa partie. Cette division, encore observée par les rhéteurs grecs, a été négligée par les latins, avec une apparence d'excuse, à la vérité, en ce que d'autres leur ont succédé dans cette tâche.

CHAP. II. Lorsque l'enfant sera en état de comprendre les premiers préceptes de rhétorique, dont nous avons parlé, il faudra le mettre entre les mains des rhéteurs. Mais le premier soin sera de s'assurer de leurs mœurs. Si je me suis déterminé à traiter ici ce point plutôt qu'ailleurs, ce n'est pas que je croie qu'on ne doive pas apporter la même précaution dans le choix des autres maîtres, ainsi que je l'ai témoigné dans le livre précédent; mais parce que l'âge même des élèves m'oblige plus particulièrement à m'y arrêter. En effet, les enfants sont d'ordinaire adultes lorsqu'ils sont confiés au rhéteur, et l'âge de la puberté les trouve encore près d'eux. C'est pourquoi il faut surtout alors veiller à ce que leurs tendres années trouvent dans la pureté du maître une garantie contre tout outrage, et que dans l'âge des passions sa gravité les détourne de toute licence. Et ce n'est pas assez qu'il donne lui-même l'exemple d'une grande austérité, si, par la sévérité de la discipline, il ne contient aussi les mœurs de la jeunesse qui suit ses leçons.

Qu'il prenne donc, avant tout, à l'égard de ses élèves, les sentiments d'un père, et qu'il se regarde comme tenant la place de ceux qui lui ont confié leurs enfants; qu'il ne souffre aucun vice en lui ni dans autrui; que son austérité n'ait rien de triste, ni sa douceur rien de relâché : l'excès de l'une produit la haine; l'excès de l'autre, le mépris. Qu'il leur parle souvent de la vertu; car plus il avertira, moins il aura à punir. Inaccessible à la colère, il ne fermera les yeux sur rien de ce qui est à reprendre. Simple dans l'enseignement, laborieux, exact sans être fatigant, il répondra volontiers aux questions, et ira même au-devant de ceux qui ne lui en font pas. En louant les compositions de ses élèves, il ne sera ni avare ni prodigue de compliments, de peur de leur inspirer ou le dégoût du travail, ou trop de sécurité. En les reprenant de leurs fautes, il ne sera ni amer ni outrageant; car rien ne leur donne tant d'aversion pour l'étude que de s'entendre gronder, comme cela arrive quelquefois, avec l'accent de la haine. Que chaque jour il entremêle ses leçons de quelques bonnes paroles, qu'ils repassent dans leur cœur après les avoir entendues. Car, quoique la lecture fournisse assez de bons exemples, cependant *la voix vive*, comme on dit, est plus pénétrante, surtout celle d'un maître pour lequel des enfants bien élevés ne peuvent manquer d'avoir de l'attachement et du respect. On ne saurait dire combien nous sommes portés à imiter ceux pour qui nous éprouvons de la sympathie.

Il ne faut point du tout permettre aux enfants de se lever et d'éclater en applaudissements, comme cela arrive dans la plupart des écoles, pour témoigner leur approbation. Il faut même que, en écoutant, les plus avancés usent de retenue. Par là, l'élève dépend du jugement du maître, et regarde comme bien dit ce qui a son suffrage. Cette coutume vicieuse de s'entre-donner

---

tur illis tum quoque tempora sua; neque erit verendum, ne binis præceptoribus oneretur puer : non enim crescet, sed dividetur, qui sub uno miscebatur, labor : et erit sui quisque operis magister utilior : quod adhuc obtinent Græci, a Latinis omissum est, et fieri videtur excusate, quia sunt, qui labori isti successerint.

CAP. II. Ergo quum ad eas in studiis vires pervenerit puer, ut, quæ prima esse præcepta rhetorum diximus, mente consequi possit, tradendus ejus artis magistris erit, quorum inprimis inspici mores oportebit; quod ego non idcirco potissimum in hac parte tractare sum aggressus, quia non in cæteris quoque doctoribus idem hoc examinandum quam diligentissime putem, sicut testatus sum libro priore; sed quod magis necessariam ejus rei mentionem facit ætas ipsa discentium. Nam et adulti fere pueri ad hos præceptores transferuntur, et apud eos juvenes etiam facti perseverant, ideoque major adhibenda tum cura est, ut et teneriores annos ab injuria sanctitas docentis custodiat, et ferociores a licentia gravitas deterreat. Neque vero satis est summum præstare abstinentiam, nisi disciplinæ severitate convenientium quoque ad se mores astrinxerit. Sumat igitur ante omnia parentis erga discipulos suos animum, ac succedere se in eorum locum, a quibus sibi liberi tradantur, existimet : ipse nec habeat vitia, nec ferat. Non austeritas ejus tristis, non dissoluta sit comitas, ne inde odium, hinc contemptus oriatur. Plurimus ei de honesto ac bono sit sermo : nam quo sæpius monuerit, hoc rarius castigabit. Minime iracundus; nec tamen eorum, quæ emendanda erunt, dissimulator : simplex in docendo; patiens laboris; assiduus potius, quam immodicus. Interrogantibus libenter respondeat, non interrogantes percontetur ultro. In laudandis discipulorum dictionibus nec malignus, nec effusus; quia res altera tædium laboris, altera securitatem parit. In emendando quæ corrigenda erunt, non acerbus, minimeque contumeliosus; nam id quidem multos a proposito studendi fugat, quod quidam sic objurgant, quasi oderint. Ipse aliquid, immo multa, quotidie dicat, quæ secum audita referant. Licet enim satis exemplorum ad imitandum ex lectione suppeditet, tamen *viva illa*, ut dicitur, vox alit plenius, præcipueque ejus præceptoris, quem discipuli, si modo recte sunt instituti, et amant, et verentur : vix autem dici potest, quanto libentius imitemur eos, quibus favemus. Minime vero permittenda pueris, ut fit apud plerosque, assurgendi exultandique in laudando licentia; quin etiam juvenum modicum esse, quum au-

des louanges à tout propos, et qui passe aujourd'hui pour *politesse*, outre qu'elle est inconvenante et théâtrale, doit être bannie des écoles bien réglées, comme l'ennemie la plus dangereuse des études. En effet, à quoi bon se donner tant de soins et de peine, quand on est sûr d'être applaudi, quelque chose qu'on hasarde? Ceux qui écoutent, comme celui qui parle, doivent donc consulter les yeux du maître; ils acquerront par là un discernement juste; et en même temps que l'un apprendra à bien écrire, les autres apprendront à bien juger. Mais aujourd'hui, penchés comme des coureurs prêts à s'élancer dans l'arène, on les voit, à la chute de chaque période, non-seulement se lever, mais encore sortir de leurs places, et se récrier avec des transports inconvenants : espèce de pacte dont ils font dépendre tout le succès des déclamations. De là leur orgueil et leur présomption, jusque-là qu'enflés de ces suffrages tumultueux de leurs condisciples, si le maître ne les loue que médiocrement, ils ont mauvaise opinion de lui. Mais que lui-même aussi se contente d'être écouté avec attention et retenue; car ce n'est point au maître de parler au goût des élèves, mais aux élèves de parler au goût du maître. Toutefois, le maître doit s'appliquer à distinguer, autant que possible, en quoi et pourquoi il est applaudi; et quand il remarquera qu'ils discernent ce qui est bon, qu'il en ait de la joie, moins par rapport à lui que par rapport à eux.

Je n'aime pas que les petits soient assis pêle-mêle avec les grands; car bien qu'un maître, tel qu'il convient de le choisir pour la direction des mœurs et des études, soit capable de contenir les plus âgés, cependant l'âge faible doit être séparé de l'âge adulte : ce n'est pas assez de n'être pas coupable, il ne faut pas même être soupçonné. Je n'ai pas cru devoir m'appesantir sur cette observation; car, que le maître et l'école soient exempts des derniers désordres, je ne suppose pas même qu'il soit nécessaire de le recommander. J'avertirai seulement le père imprudent qui, dans le choix d'un maître, aurait fermé les yeux sur des vices manifestes, que, ce point négligé, tous nos conseils pour la bonne éducation de la jeunesse sont superflus pour lui.

Chap. III. Je ne crois pas devoir passer sous silence l'opinion de ceux qui, lors même que les enfants sont en état de suivre les leçons du rhéteur, pensent qu'il ne faut pas les mettre immédiatement entre les mains du plus habile, mais les retenir quelque temps sous des maîtres moins forts, comme si la médiocrité du professeur était plus propre aux commencements, soit parce qu'elle se fait comprendre plus facilement et offre plus de prise à l'imitation, soit parce qu'elle se plie de meilleure grâce à ce que les premiers éléments ont de désagréable. Je n'aurai pas, je crois, beaucoup de peine à démontrer combien il est préférable d'être imbu d'abord des meilleurs principes, et combien il est difficile dans la suite d'extirper les défauts qui ont une fois pris racine, d'autant que le maître qui succède au premier a deux fardeaux pour un, en ce qu'il faut qu'il commence par faire désapprendre ce qu'on a mal appris, tâche plus rude que celle d'enseigner pour la première fois. Aussi le célèbre joueur de flûte Timothée demandait, dit-on, à ceux qui venaient à lui après avoir reçu des leçons d'un autre, une fois plus qu'à ceux qui ne savaient rien.

---

dient, testimonium debet. Ita fiet, ut ex judicio præceptoris discipulus pendeat, atque id se dixisse recte, quod ab eo probabitur, credat. Illa vero vitiosissima, quæ jam *humanitas* vocatur, invicem qualiacunque laudandi, cum est indecora et theatralis, et severe institutis scholis aliena, tum studiorum perniciosissima hostis : supervacua enim videntur cura ac labor, parata, quidquid effuderint, laude. Vultum igitur præceptoris intueri, tam qui audiunt, debent, quam ipse qui dicit; ita enim probanda atque improbanda discernent : sic stylo facultas continget, auditione judicium. At nunc proni atque succincti ad omnem clausulam non exsurgunt modo, verum etiam excurrunt, et cum indecora exultatione conclamant : id maximum est, et ibi declamationis fortuna : hinc tumor et vana de se persuasio, usque adeo, ut illo condiscipulorum tumultu inflati, si parum a præceptore laudentur, ipsi de illo male sentiant. Sed se quoque præceptores intente ac modeste audiri velint; non enim judicio discipulorum dicere debet magister, sed discipuli magistri. Quin, si fieri potest, intendendus animus in hoc quoque, ut perspiciat quæ quisque, et quomodo laudet; et placere, quæ bene dicet, non suo magis quam eorum nomine delectetur, qui recte judicabunt. Pueros adolescentibus sedere permixtos, non placet mihi : nam etiamsi vir talis, qualem esse oportet studiis moribusque præpositum, modestam habere potest etiam juventutem; tamen vel infirmitas a robustioribus separanda est; et carendum non solum crimine turpitudinis, verum etiam suspicione. Hæc notanda breviter existimavi : nam ut absit ab ultimis vitiis ipse præceptor, ac schola, ne præcipiendum quidem credo : ac si quis est, qui flagitia manifesta in deligendo filii præceptore non vitet, jam hinc sciat, cætera quoque, quæ ad utilitatem juventutis componere conamur, esse sibi, hac parte omissa, supervacua.

Cap. III. Ne illorum quidem persuasio silentio transeunda est, qui, etiam quum idoneos rhetori pueros putaverunt, non tamen continuo tradendos eminentissimo credunt, sed apud minores aliquamdiu detinent, tamquam instituendis artibus magis sit apta mediocritas præceptoris, cum ad intellectum atque imitationem facilior, tum ad suscipiendas elementorum molestias minus superba. Qua in re mihi non arbitror diu laborandum, ut ostendam, quanto sit melius optimis imbui, quantaque in eluendis, quæ semel insederint, vitiis, difficultas consequatur; quum geminatum onus succedentes premat, et quidem dedocendi gravius ac prius, quam docendi. Propter quod Timotheum clarum in arte tibiarum, ferunt duplices ab iis, quos alius instituisset, solitum exigere

4.

Cependant il y a là de fait deux erreurs : d'abord, c'est à tort qu'on s'imagine que des maîtres médiocres suffisent pour un temps. Il est vrai qu'avec un bon estomac on digère tout; mais cette sécurité, quoique toujours blâmable, serait jusqu'à un certain point tolérable, si des maîtres de cette sorte enseignaient moins, mais n'enseignaient pas plus mal. La seconde erreur, et plus généralement répandue, c'est de croire que ceux qui ont acquis une grande supériorité dans l'art de la parole ne descendent pas aux petites choses, soit qu'ils ne daignent pas en prendre la peine, soit qu'ils ne le puissent pas du tout. Pour moi, celui qui ne voudrait pas prendre cette peine, je ne le compte pas au nombre des maîtres, et je soutiens même que, plus on est habile, plus on est capable d'enseigner les petites choses, pour peu qu'on le veuille : d'abord, parce que celui qui surpasse les autres en éloquence sait apparemment, mieux que personne les chemins qui conduisent à l'éloquence; ensuite, parce que la méthode est ce qu'il y a de plus important dans l'enseignement, et que plus un maître est éclairé, plus sa méthode est droite et facile; enfin, parce qu'on ne s'élève jamais si haut, qu'on perde de vue ce qui est en bas. Autant vaudrait dire que Phidias, qui a si admirablement représenté Jupiter, aurait moins bien réussi qu'un autre artiste dans l'exécution des ornements accessoires de sa statue ; ou qu'un orateur ne saura pas parler comme tout le monde; ou qu'un grand médecin ne saura pas guérir les petites maladies. Mais, dira-t-on, n'est-il pas un degré d'éloquence auquel ne peut atteindre la faible intelligence des enfants? Je l'accorde; mais je suppose ce maître aussi éclairé qu'éloquent; je suppose qu'il sait son métier, et qu'il voudra se mettre à la portée de son élève, comme le piéton le plus agile, s'il fait route avec un enfant, lui donne la main, modère son pas, et ne va pas si vite que son compagnon ne puisse le suivre. Ajoutez que les choses sont ordinairement beaucoup plus claires et plus intelligibles dans la bouche d'un maître habile. En effet, la première qualité de l'éloquence, c'est la clarté; et moins un homme a d'esprit, plus il fait d'efforts pour se guinder et s'enfler, comme on voit les gens de petite taille se dresser sur la pointe des pieds, et les plus faibles faire le plus de bravades. Car je suis persuadé que l'enflure, le faux brillant, la délicatesse affectée, et tous les défauts qui naissent de la prétention, accusent la faiblesse et non l'excès de la force; de même que la bouffissure est un signe de maladie et non de santé; de même encore qu'une fois qu'on s'est écarté du droit chemin, on n'arrive au but qu'après s'être arrêté en maint endroit. Concluons donc que moins un maître est habile, plus il est obscur.

Je n'ai pas oublié que, dans le livre précédent, en démontrant que l'éducation publique est préférable à l'éducation privée, j'ai dit que les enfants, au commencement de leurs études, imitaient plus volontiers leurs condisciples, parce que le modèle était plus proportionné à la faiblesse de leurs essais. Peut-être verra-t-on une contradiction entre cette opinion et celle que je défends ici. Mais on reconnaîtra que je ne me contredis nullement, et qu'au contraire ce que j'ai dit d'abord est un motif de plus pour choisir le meilleur maître. Car ses élèves, étant mieux enseignés, ou n'écriront rien qui ne puisse être imité avec fruit, ou seront aussitôt redressés, s'il leur échappe quelque faute ; tandis qu'un ignorant

---

mercedes, quam si rudes traderentur. Error tamen est in re duplex : unus, quod interim sufficere illos minores existimant, et bono sane stomacho contenti sunt; quæ, quamquam et ipsa reprehensione digna, securitas tamen esset utcunque tolerabilis, si ejusmodi præceptores minus docerent, non pejus : alter ille etiam frequentior, quod eos, qui ampliorem dicendi facultatem sunt consecuti, non putant ad minora descendere; idque interim fieri, quia fastidiant præstare hanc inferioribus curam, interim quia omnino non possint. Ego porro eum, qui nolit, in numero præcipientium non habeo; posse autem maxime, si velit, optimum quemque contendo : primum, quod eum, qui eloquentia cæteris præstet, illa quoque, per quæ ad eloquentiam pervenitur, diligentissime percepisse credibile est; deinde, quia plurimum in præcipiendo valet ratio, quæ doctissimo cuique planissima est; postremo, quia nemo sic in majoribus eminet, ut eum minora deficiant; nisi forte Jovem quidem Phidias optime fecit; illa autem, quæ in ornamentum operis ejus accedunt, alius melius elaborasset; aut orator loqui nesciet, aut leviores morbos curare non poterit medicus præstantissimus. Quid ergo? non est quædam eloquentia major, quam ut eam intellectu consequi puerilis infirmitas possit? Ego vero confiteor; sed hunc disertum præceptorem, prudentem quoque, et non ignarum docendi, esse oportebit, submittentem se ad mensuram discentis, ut velocissimus quisque, si forte iter cum parvulo faciat, det manum, et gradum suum minuat, nec procedat ultra, quam comes possit. Quid? si plerumque accidit, ut faciliora sint ad intelligendum et lucidiora multo, quæ a doctissimo quoque dicuntur? Nam et prima est eloquentiæ virtus, perspicuitas, et, quo quis ingenio minus valet, hoc se magis attollere et dilatare conatur; ut statura breves, in digitos eriguntur, et plura infirmi minantur. Nam tumidos, et corruptos, et tinnulos, et quocumque alio cacozeliæ genere peccantes, certum habeo, sed infirmitatis vitio laborare ; ut corpora non robore, sed valetudine inflantur ; et recto itinere lapsi plerumque devertunt. Erit ergo obscurior etiam, quo quisque deterior. Non excidit mihi, scripsisse me in libro priore, quum potiorem in scholis eruditionem esse, quam domi, dicerem, libentius se prima studia tenerosque profectus ad imitationem condiscipulorum, quæ facilior esset, erigere; quod a quibusdam sic accipi potest, tamquam hæc, quam nunc tueor, sententia priori diversa sit. Id a me procul aberit; namque ea causa vel maxima est, cur optimo cuique præceptori sit tradendus puer, quod apud eum discipuli quoque, melius instituti, aut dicent, quod inutile non sit imitari; aut, si quid erraverint, statim

approuvera peut-être jusqu'à des défauts, et par son approbation forcera celle de ses élèves. Cherchons donc un maître accompli en éloquence et en vertu, qui, à l'exemple du Phénix d'Homère, sache enseigner et à bien dire et à bien faire.

Chap. IV. Je vais parler maintenant des exercices par lesquels je suis d'avis que les rhéteurs commencent, ajournant pour quelque temps ce qui, dans l'acception ordinaire, compose proprement *la rhétorique*. Car rien ne me paraît plus méthodique que d'exercer d'abord les enfants sur des matières qui aient quelque rapport avec ce qu'ils ont appris sous les grammairiens : par exemple, sur des narrations. On en distingue de trois espèces, sans compter celle dont on fait usage au barreau : la *fable*, qui n'a rien de commun avec la vérité ni pour le fond ni pour la forme, et fait le sujet des tragédies et des poëmes ; l'*argument*, qui est fictif, mais vraisemblable, et fait le sujet des comédies ; l'*histoire*, ou exposition d'un fait. Nous avons laissé les deux premières aux grammairiens ; reste donc la narration historique, dont la nature est d'autant plus substantielle qu'elle est plus vraie, et qui, sous ce rapport, appartient plus particulièrement à la rhétorique. Je démontrerai quelle est la meilleure manière de narrer, lorsque je traiterai du genre judiciaire. J'avertirai seulement ici que la narration ne doit pas être d'un style qui n'ait, pour ainsi dire, ni suc ni nourriture (car à quoi servirait tant d'étude et de peine, si l'on croyait qu'il suffit de présenter les choses toutes nues et sans ornement?), mais qu'elle ne doit pas non plus s'égarer en de longs détours, se surcharger de descriptions parasites, et se laisser entraîner, comme cela n'arrive que trop souvent, à l'imitation du luxe poétique. Ce sont deux excès : toutefois, il vaut mieux pécher par abondance que par stérilité. Car on ne peut ni exiger ni attendre d'un enfant un style parfait; mais j'augurerai toujours bien d'une nature riche, qui a de nobles élans, et qui dans son ardeur se laisse emporter quelquefois au delà des bornes. Jamais je ne me plaindrai d'un peu de surabondance à cet âge ; je veux même qu'à l'exemple des nourrices le maître prenne soin de ne donner à ces âmes encore tendres que de doux aliments, et les laisse se rassasier de la partie la plus agréable, et, pour ainsi dire, du lait de la science. Il s'ensuivra momentanément un peu de plénitude, dont l'âge adulte viendra corriger l'excès. Cet embonpoint du premier âge est même le signe certain d'une forte constitution. Car les enfants, dont tous les membres se prononcent de bonne-heure, sont ordinairement menacés de rester maigres et faibles dans la suite. Permettons à cet âge d'oser beaucoup, d'inventer, et de se complaire dans ce qu'ils inventent, quand même leurs productions ne seraient ni assez châtiées ni assez sévères. On remédie aisément à la fécondité; la stérilité est un mal incurable. Je n'attendrai rien de la nature d'un enfant en qui le jugement devance l'esprit. Je veux avoir de la matière à discrétion, je veux qu'elle déborde dans la fusion : le temps la réduira de beaucoup, l'art la dégrossira sous sa lime, le maniement même en ôtera quelque chose, pourvu toutefois qu'elle offre assez de prise au marteau et au ciseau; or, il y aura du superflu, si nous avons soin de tirer d'abord une lame assez épaisse pour résister à une ciselure un peu profonde. Ceux qui ont lu Cicéron ne s'étonneront pas de l'opinion que j'exprime ici : *Je veux*, dit-il, *qu'un jeune homme donne l'essor à sa fécondité*. Évi-

---

corrigentur : at indoctus ille etiam probabit fortasse vitiosa, et placere audientibus judicio suo coget. Sit ergo, tam eloquentia quam moribus, præstantissimus, qui ad Phœnicis Homerici exemplum dicere ac facere doceat.

Cap. IV. Hinc jam, quas primas in docendo partes rhetorum putem, tradere incipiam, dilata parumper illa, quæ sola vulgo vocatur, *arte rhetorica ;* at mihi opportunus maxime videtur ingressus ab eo, cujus aliquid simile apud grammaticos puer didicerit. Et quia narrationum, excepta qua in causis utimur, tres accepimus species: *fabulam*, quæ versatur in tragœdiis atque carminibus, non a veritate modo, sed etiam a forma veritatis remotam; *argumentum*, quod falsum, sed verosimile, comœdiæ fingunt; *historiam*, in qua sit gestæ rei expositio; grammaticis autem poeticas dedimus : apud rhetorem initium sit historia, tanto robustior, quanto verior. Sed narrandi rationem quæ nobis optima ratio videatur, tum demonstrabimus, quum de judiciali parte dicemus. Interim admonere illud satis est, ut sit ea neque arida prorsus atque jejuna, (nam quid opus erat tantum studiis laboris impendere, si res nudas atque inornatas indicare satis videretur?) neque rursus sinuosa, et accessitis descriptionibus, in quas plerique imitatione poeticæ licentiæ ducuntur, lasciva. Vitium utrumque; pejus tamen illud, quod ex inopia, quam quod ex copia venit : nam in pueris oratio perfecta nec exigi, nec sperari potest; melior autem est indoles læta, generosique conatus, et vel plura justo concipiens interim spiritus. Nec unquam me in his discentis annis offendat, si quid superfuerit : quin ipsis doctoribus hoc esse curæ velim, ut teneras adhuc mentes more nutricum mollius alant, et satiari velut quodam jucundioris disciplinæ lacte patiantur : erit illud plenius interim corpus, quod mox adulta ætas astringat. Hinc spes roboris : maciem namque et infirmitatem in posterum minari solet protinus omnibus membris expressus infans. Audeat hæc ætas plura, et inveniat, et inventis gaudeat, sint licet illa non satis interim sicca et severa : facile remedium est ubertatis; sterilia nullo labore vincuntur. Illa mihi in pueris natura minimum spei dederit, in qua ingenium judicio præsumitur. Materiam esse primum volo vel abundantiorem atque ultra, quam oportet, fusam : multum inde decoquent anni, multum ratio limabit, aliquid velut usu ipso deteretur, sit modo unde excidi possit, et quod excuipi; erit autem, si non ab initio tenuem nimium laminam duxerimus, et quam cælatura altior rumpat. Quod me de his ætatibus sentire minus mirabitur, qui apud Ci-

tons donc soigneusement ces maîtres dont l'enseignement aride n'est pas moins à craindre pour les enfants qu'un terrain sec et brûlé pour les jeunes plantes. Sous la main de ces maîtres, ils deviennent tout d'abord rampants : courbés, pour ainsi dire, vers la terre, ils n'osent s'élever au-dessus du langage ordinaire. Leur santé, c'est la maigreur ; leur jugement, c'est la faiblesse : en ne cherchant qu'à éviter les défauts, ils tombent par là même dans un défaut, celui de n'avoir aucune qualité. Je craindrai même une maturité trop hâtive ; il ne faut pas que le vin ait toute sa force en sortant du pressoir, si l'on veut qu'il supporte les années et qu'il gagne en vieillissant.

Je crois devoir avertir aussi que rien n'abat l'esprit des enfants comme la sévérité de quelques maîtres dans la correction : qu'arrive-t-il ? ils se découragent, ils se chagrinent, et finissent par prendre l'étude en aversion ; et ce qu'il y a de plus funeste, comme ils craignent tout, ils prennent le parti de l'inaction. C'est une vérité connue des cultivateurs eux-mêmes : ils se gardent bien de porter la faux sur les jeunes branches, parce qu'elles semblent redouter le fer et ne pouvoir encore souffrir de blessures. Un maître doit donc se montrer plein d'aménité, surtout avec les enfants, et imiter les médecins qui adoucissent par la légèreté de leur main ce que les opérations ont naturellement de douloureux : il louera tel endroit, il laissera passer tel autre ; il fera des changements, en expliquant pourquoi ; il embellira en mettant du sien. Quelquefois il sera bon qu'il lise, à titre de matière, des sujets tout développés, que les enfants n'aient qu'à reproduire, et dont ils s'applaudissent comme de leur propre ouvrage, en attendant mieux. Mais si leur composition est tellement négligée qu'elle ne soit pas susceptible de correction, ce qu'on peut faire alors et ce dont je me suis toujours bien trouvé, c'est de reprendre la même matière, de la remanier, et de la leur faire travailler de nouveau, en leur disant qu'ils peuvent encore mieux faire. Car rien ne soutient plus l'étude que l'espérance. Au surplus, la méthode ne doit pas être la même pour tous les âges : la tâche et la correction doivent être proportionnées aux forces de chacun. J'avais coutume de dire aux enfants, lorsque leurs compositions péchaient par trop de hardiesse ou d'exubérance : *Quant à présent cela est bien, mais il viendra un temps où je ne permettrai plus ces libertés.* Ainsi ils jouissaient de leur esprit, sans danger pour leur jugement.

Je reviens à mon sujet. Je veux que les narrations soient travaillées avec le plus de soin possible ; car s'il est bon, à l'âge où ils s'essayent à parler, et pour délier leur langue, de faire répéter aux enfants ce qu'ils ont entendu ; si, pour cela, on a raison de leur faire reprendre une narration soit en remontant de la fin au commencement, soit en passant du milieu à ce qui précède ou à ce qui suit, mais quand ils sont encore au giron du maître, et seulement dans la vue de former immédiatement leur mémoire, à un âge où ils ne peuvent faire autre chose et où ils commencent à lier ensemble les idées et les mots ; d'un autre côté, lorsqu'ils seront en état d'écrire avec ordre et correction, il ne faut pas souffrir ce bavardage improvisé, qui n'attend pas la pensée, ni même le temps de se lever, et ne convient qu'à des charlatans. C'est pourtant ce qui enivre d'une sotte joie des parents ignorants, qui ne voient pas que leurs enfants contractent par là

---

coronam legerit, *Volo enim se efferat in adolescente fecunditas.* Quapropter imprimis evitandus, et in pueris præcipue, magister aridus ; non minus, quam teneris adhuc plantis siccum et sine humore ullo solum. Inde fiunt humiles statim, et velut terram spectantes, qui nihil supra quotidianum sermonem attollere audeant : macies illis pro sanitate, et judicii loco infirmitas est ; et dum satis putant vitio carere, in id ipsum incidunt vitium, quod virtutibus carent. Quare mihi ne maturitas quidem ipsa festinet, nec musta in lacu statim austera sint : sic et annos ferent, et vetustate proficient. Ne illud quidem quod admoneamus indignum est, ingenia puerorum nimia interim emendationis severitate deficere ; nam et desperant, et dolent, et novissime oderunt, et, quod maxime nocet, dum omnia timent, nihil conantur. Quod etiam rusticis notum est, qui frondibus teneris non putant adhibendam esse falcem, quia reformidare ferrum videntur, et cicatricem nondum pati posse. Jucundus ergo tum maxime debet esse præceptor, ut remedia, quæ alioqui natura sunt aspera, molli manu leniantur : laudare aliqua ; ferre quædam ; mutare etiam, reddita cur id fiat ratione ; illuminare, interponendo aliquid sui. Nonnunquam hoc quoque erit utile, totas ipsum dictare materias, quas et imitetur puer, et interim tamquam suas amet. At si tam negligens ei stylus fuerit, ut emendationem non recipiat, expertus sum prodesse, quoties eamdem materiam a me retractatam, scribere de integro juberem ; *posse enim eum adhuc melius* : quatenus nullo magis studia, quam spe, gaudent. Aliter autem alia ætas emendanda est, et pro modo virium et exigendum opus, et corrigendum. Solebam ego dicere pueris, aliquid ausis licentius aut lætius, *laudare illud me adhuc ; venturum tempus, quo idem non permitterem* : ita et ingenio gaudebant, et judicio non fallebantur. Sed ut eo revertar, unde sum egressus, narrationes stylo componi quanta maxima possit adhibita diligentia volo : nam, ut primo, quum sermo instituitur, dicere quæ audierint, utile est pueris ad loquendi facultatem ; ideoque et retro agere expositionem, et a media in utramque partem discurrere sane merito cogantur ; sed ad gremium præceptoris, et dum aliud non possunt, et dum res ac verba connectere incipiunt, ut protinus memoriam firment ; ita quum jam formam rectæ atque emendatæ orationis accipient, extemporalis garrulitas, nec exspectata cogitatio, et vix surgendi mora, circulatoriæ vere jactationis est. Hinc parentum imperitorum inane gaudium ; ipsis vero contemptus operis, et inverecunda frons, et consuetudo pessime dicendi, et malorum exercitatio, et, quæ magnos quoque profectus fre-

le mépris du travail, l'impudence, l'habitude d'un langage vicieux, l'exercice d'une malheureuse fécondité, et, ce qui a souvent fait avorter les progrès les plus heureux, une arrogante présomption. Chaque chose aura son temps, et l'art de l'improvisation ne sera pas oublié dans mon ouvrage. Mais quant à présent il suffit qu'un enfant, avec tout le soin et l'application dont on est capable à cet âge, parvienne à écrire passablement : qu'il s'en fasse une habitude, qui devienne en lui une seconde nature. Celui-là seulement arrivera au but que nous cherchons, ou du moins en approchera le plus, qui apprendra à bien dire avant que d'apprendre à dire vite.

Aux narrations se joint un travail qui n'est pas sans fruit, et qui consiste à les réfuter ou à les confirmer : ce que les Grecs appellent ἀνασκευή et κατασκευή. Ce travail peut se faire non-seulement sur les sujets fabuleux et poétiques, mais même sur des sujets historiques. Ainsi on examinera *s'il est croyable qu'un corbeau se soit placé sur la tête de Valérius pendant qu'il combattait, pour frapper du bec et des ailes le Gaulois son ennemi, au visage et aux yeux*. Il y a là une ample matière à discussion pour ou contre. Je citerai encore *le serpent dont on prétend qu'est né Scipion, la louve de Romulus, l'Égérie de Numa*. Je ne parle point des Grecs; car tout le monde sait que le plus souvent leurs histoires ne sont pas moins remplies de fables que la poésie. On élève aussi mainte question sur le temps et le lieu où l'on raconte qu'un fait s'est passé; quelquefois sur la personne même. Tite-Live est plein de ces questions douteuses, et les historiens ne sont pas toujours d'accord entre eux.

Ensuite l'enfant prendra peu à peu un plus noble essor : il s'essayera à louer les grands hommes et à flétrir les méchants : genre de travail qui a plus d'un avantage ; car, en même temps que la matière contribue, par son abondance et sa variété, à exercer l'esprit, l'âme se forme par la contemplation du bien et du mal. On acquiert par là la connaissance d'une foule de choses, et l'on se munit d'une provision d'exemples, pour s'en servir au besoin ; car les exemples sont des moyens très-puissants dans tous les genres de causes. De là vient encore une autre espèce d'exercice, celui de la *comparaison* : par exemple, *Lequel des deux est le plus vertueux ou le plus méchant?* Quoique la méthode soit la même, la matière se trouve doublée, en ce que l'on n'examine pas seulement la nature des vertus ou des vices de ceux que l'on compare, mais encore dans quelle mesure ils les avaient. Mais comme ce qui regarde la louange et le blâme forme le troisième genre d'éloquence, je traiterai en son lieu la manière de développer ce genre de composition.

Les lieux communs, (je parle de ceux où, sans acception des personnes, on déclame contre les vices en général, par exemple, contre *l'adultère, la passion du jeu, l'impudicité*), ces lieux communs, dis-je, sont de l'essence des causes judiciaires ; ajoutez-y des noms, ce sont de véritables *accusations*. Cependant on peut descendre du genre à l'espèce, si l'on suppose, par exemple, un adultère aveugle, un joueur ruiné, un libertin âgé. Quelquefois aussi on se sert des lieux communs pour la défense : on parle en faveur du luxe et de la débauche ; on va même jusqu'à défendre un parasite, un entremetteur ; mais, dans ce cas, c'est le vice et non l'homme dont on prend la défense.

Quant aux *thèses*, qui se tirent de la compa-

---

quenter perdidit, arrogans de se persuasio innascitur. Erit suum parandæ facilitati tempus, nec a nobis negligenter locus iste transibitur. Interim satis est, si puer omni cura et summo, quantum ætas illa capit, labore aliquid probabile scripserit : in hoc assuescat; hujus rei naturam sibi faciat : ille demum in id, quod quærimus, aut ei proximum, poterit evadere, qui ante discet recte dicere, quam cito. *Narrationibus* non inutiliter subjungitur opus destruendi confirmandique eas, quod ἀνασκευή et κατασκευή vocatur : id porro non tantum in fabulosis et carmine traditis fieri potest, verum etiam in ipsis annalium monumentis ; ut, si quæratur, *An sit credibile, super caput Valerii pugnantis sedisse corvum, qui os oculosque hostis Galli rostro atque alis everberaret?* sit in utramque partem ingens ad dicendum materia : ut *de serpente, quo Scipio traditur genitus;* et *lupa Romuli;* et *Egeria Numa*: Græcis historiis plerumque poeticæ similis est licentia. Sæpe etiam quæri solet de tempore, de loco, quo gesta res dicitur; nonnunquam de persona quoque, sicut Livius frequentissime dubitat, et alii ab aliis historici dissentiunt. Inde paulatim ad majora tendere incipiet, laudare claros viros, et vituperare improbos ; quod non simplicis utilitatis opus est : namque et ingenium exercetur multiplici variaque materia, et animus contemplatione recti pravique formatur ; et multa inde cognitio rerum venit, exemplisque, quæ sunt in omni genere causarum potissima, jam tum instruitur; quum res poscet, usurus. Hinc illa quoque exercitatio subit *comparationis, uter melior, uterve deterior?* quæ quamquam versatur in ratione simili, tamen, et duplicat materiam, et virtutum vitiorumque non tantum naturam, sed etiam modum tractat. Verum de ordine laudis, contraque, quoniam tertia hæc rhetorices pars est, præcipiemus suo tempore. *Communes loci* (de iis loquor, quibus, citra personas, in ipsa vitia moris est perorare, ut in *adulterum, aleatorem, petulantem*) ex mediis sunt judiciis, et, si reum adjicias, *accusationes;* quamquam hi quoque ab illo generali tractatu ad quasdam deduci species solent, ut, si ponatur *adulter cœcus, aleator pauper, petulans senex*. Habent autem nonnunquam etiam defensionem : nam et pro *luxuria*, et pro *amore* dicimus; et leno interim parasitusque defenditur, sic, ut non homini patrocinemur, sed crimini. *Theses* autem, quæ sumuntur ex rerum comparatione, ut *rusticane vita, anurbana potior ? jurisperiti, an*

raison des choses : par exemple, *Si la vie des champs est préférable à celle des villes; si la gloire du jurisconsulte l'emporte sur celle de l'homme de guerre?* elles sont merveilleusement propres, par leur éclat et leur abondance, à exercer le style, et sont d'un grand secours, soit dans les délibérations, soit même dans les discussions judiciaires. On en peut juger par la richesse d'élocution avec laquelle Cicéron traite cette dernière comparaison dans son discours pour Muréna. Celles qui suivent appartiennent presque exclusivement au genre délibératif : *Si*, par exemple, *il est avantageux de se marier, s'il faut briguer les charges publiques?* car il suffit d'y ajouter des noms, pour en faire de véritables délibérations. Je me souviens que mes maîtres avaient coutume de nous préparer aux causes conjecturales par des exercices qui n'étaient ni sans utilité ni sans agrément, comme de rechercher et d'établir *pourquoi les Lacédémoniens représentaient Vénus armée? Pourquoi on dépeignait Cupidon sous la figure d'un enfant ailé, avec des flèches et une torche?* et autres questions semblables, dans lesquelles nous tâchions de pénétrer ce qui fait ordinairement l'objet des controverses, c'est-à-dire l'intention : sorte de thèse qui peut être regardée comme une espèce de chrie. En effet, les lieux communs, tels que ceux où l'on examine *si l'on doit toujours s'en rapporter aux témoins, ou se décider sur des preuves légères*, appartiennent évidemment au genre judiciaire : et cela est si vrai que des orateurs distingués les travaillaient à loisir, et se les gravaient avec soin dans la mémoire, pour les avoir en quelque sorte sous la main, et en faire, au besoin, l'auxiliaire et l'ornement de leurs plaidoiries improvisées. En quoi, du reste (car je ne puis m'abstenir d'exprimer ici, en passant, ce que je pense de cet usage), ils me semblent faire un triste aveu de leur faiblesse. Comment, en effet, dans les causes judiciaires, qui ont des faces toujours diverses, toujours nouvelles, peut-on espérer de trouver ce qui convient à la circonstance, de répliquer à la partie adverse, de soutenir le choc des objections, d'interpeller un témoin, si, dans les choses les plus communes et les plus ordinaires, on ne peut exprimer les idées les plus vulgaires qu'à l'aide de lieux communs, préparés longtemps à l'avance? Ces lieux communs ne doivent-ils pas, à force d'être répétés, leur donner la nausée, comme des mets refroidis qu'on servirait jusqu'à satiété? ne doivent-ils pas rougir d'offrir si souvent à la mémoire des auditeurs ces misérables lambeaux, si usés, si connus, et semblables aux vieilleries d'un pauvre orgueilleux? Ajoutez à cela qu'il n'est peut-être pas de lieu commun, si commun qu'il soit, qui puisse s'adapter à une cause, à moins qu'il ne tienne par quelque lien à la question particulière dont il s'agit : autrement on n'y verra qu'un placage grossier, soit parce qu'il n'a aucun rapport avec le reste, soit parce que la plupart du temps ce n'est qu'un morceau emprunté et mal ajusté, dont l'orateur ne s'est servi que parce qu'il l'avait sous la main, et non parce que la cause le demandait. J'en dis autant de ceux qui, pour placer des pensées, vont chercher au loin des lieux communs et des mots, tandis que c'est du lieu même que la pensée doit naître. Tout cela, en effet, n'est beau et utile qu'autant qu'on le tire du sein de la cause. Hors de là, l'expression la plus heureuse, qui ne tend pas au gain de la cause, est toujours superflue, et quelquefois même nuisible. Mais ne prolongeons pas cette digression.

militaris viri laus major? mire sunt ad exercitationem dicendi speciosæ atque uberes, quæ vel ad suadendi officium, vel etiam ad judiciorum disceptationem juvant plurimum : nam posterior ex prædictis locus in causa Muræenæ copiosissime a Cicerone tractatur. Sunt et illæ pœne totæ ad deliberativum pertinentes genus, *ducendane uxor, petendine sint magistratus?* namque hæ, personis modo adjectis, suasoriæ erunt. Solebant præceptores mei, neque inutili, et nobis etiam jucundo genere exercitationis, præparare nos conjecturalibus causis, quum quærere quæ exsequi juberent, *Cur armata apud Lacedæmonios Venus?* et, *Quid ita crederetur Cupido puer, ac volucer, et sagittis ac face armatus?* et similia : in quibus scrutabamur voluntatem, cujus in controversiis frequens quæstio est, quod genus chriæ videri potest. Nam locos quidem, quales sunt de testibus, *semperne his credendum?* et de argumentis, *an habenda etiam parvis fides?* adeo manifestum est ad forenses actiones pertinere, ut quidam, nec ignobiles in officiis civilibus, scriptos eos, memoriæque diligentissime mandatos, in promptu habuerint, ut, quoties esset occasio, extemporales eorum dictiones his velut emblematis exornarentur. Quo quidem, neque enim ejus rei judicium differre sustineo, summam videbantur mihi infirmitatem de se confiteri : nam quid hi possint in causis, quarum varia ac nova semper est facies, proprium invenire? quomodo propositis ex parte diversa respondere? altercationibus velociter occurrere? testem rogare? qui etiam in iis, quæ sunt communia, et in plurimis causis tractantur, vulgatissimos sensus verbis, nisi tanto ante præparatis, prosequi nequeant. Necesse est, his, quum eadem judiciis pluribus dicunt, aut fastidium moveant velut frigidi et reposili cibi; aut pudorem deprehensa toties, audientium memoria, infelix supellex, quæ, sicut apud pauperes ambitiosos, pluribus et diversis officiis conteratur : cum eo quidem, quod vix ullus est tam communis locus, qui possit cohærere cum causa, nisi aliquo propriæ quæstionis vinculo copulatus; apparealque, eum non tam insertum, quam applicitum; vel quod dissimilis est cæteris, vel quod plerumque assumi etiam parum apte solet, non quia desideratur, sed quia paratus est; ut quidam sententiarum gratia verbosissimos locos arcessunt, quum ex locis debeat nasci sententia. Ita sunt autem peciosa hæc et utilia, si oriuntur ex causa : cæterum quanlibet pulchra locutio, nisi ad victoriam tendit, utique supervacua, sed interim etiam contraria est. Verum hactenus evagari satis fuerit.

L'*éloge ou la censure des lois* demande des forces plus grandes, et déjà même capables de suffire aux œuvres les plus élevées. Cet exercice appartient au genre délibératif ou au genre judiciaire, suivant la coutume et le droit des nations. Chez les Grecs, celui qui proposait la loi était cité devant le juge; chez les Romains, l'usage était de délibérer sur la loi nouvelle devant le peuple assemblé. Mais, dans l'un et l'autre mode, l'éloge ou la censure des lois se réduit à un petit nombre de considérations, qui la plupart du temps n'ont rien de douteux, d'autant qu'il n'y a que trois sortes de droit : le droit sacré, le droit public, et le droit privé. Cette division regarde particulièrement l'éloge de la loi, lorsque, pour la rendre recommandable, l'orateur, par une espèce de gradation, fait voir d'abord que c'est une loi, ensuite qu'elle est publique, et enfin que c'est une loi religieuse. A l'égard des raisons qui peuvent donner matière à controverse, elles sont communes à toutes : en effet, ou c'est le droit de celui qui propose la loi que l'on peut contester, comme il arriva à l'occasion de Clodius, que l'on accusait de n'avoir pas été créé tribun suivant les formes; ou ce sont les défauts de formalité dans l'établissement de la loi, lesquels sont de plusieurs sortes : si elle n'a pas été publiée pendant trois jours de marché, si elle est ou a été portée un jour défendu, ou sans qu'on ait eu égard aux oppositions, aux auspices, ou à quelque autre circonstance qui suspendait toute solennité légale; enfin, si elle est en contradiction avec quelque autre loi dont elle ne contient pas l'abrogation. Mais tout cela ne regarde pas les premiers exercices dont je parle, et où l'on fait abstraction des personnes, des temps et des motifs. Quant aux autres considérations, ce sont d'ordinaire les mêmes, que le sujet soit sérieux ou fictif. Car une loi pèche ou dans les mots ou dans les choses. Dans les mots, sont-ils assez explicites ou n'ont-ils rien d'équivoque? dans les choses, la loi est-elle d'accord avec elle-même? doit-elle avoir une application rétroactive ou particulière? Le plus communément on examine si elle est honnête ou utile. Je sais qu'en général on ne se borne pas à cette simple distinction. Mais pour moi, sous le terme d'honnête je comprends la justice, la piété, la religion, et autres vertus semblables. Toutefois l'idée de justice donne ordinairement lieu à plusieurs considérations. Car il s'agit, soit de la nature de l'action et de savoir si elle est digne de châtiment ou de récompense, soit de la mesure de la récompense ou du châtiment, qui peut être blâmée sous le rapport de la disproportion. L'utilité a tantôt sa raison dans la nature de la loi, tantôt dans les circonstances. Certaines lois donnent souvent lieu d'examiner s'il sera possible de les faire observer. Il ne faut pas même ignorer que les lois peuvent encore être blâmées, soit dans leur ensemble, soit dans certaines parties. Nous en avons, en effet, des exemples dans des discours célèbres. Je sais enfin qu'il y a des lois qui ne sont portées que pour un temps, comme celles qui confèrent des honneurs ou des commandements : telle était la loi Manilia, sur laquelle nous avons un discours de Cicéron. Mais ce n'est pas ici le lieu de donner des préceptes sur ces sortes de lois, en ce qu'elles n'ont rien de général, et ne présentent à la critique que la nature des choses particulières qui en font l'objet.

Voilà à peu près sur quoi les anciens s'exerçaient à l'éloquence, mais en suivant seulement les formes de la dialectique; car de parler dans les écoles, à l'imitation de ce qui se pratique au barreau et dans les délibérations publiques, c'est ce que les Grecs n'ont connu que vers le temps de

---

Legum laus et *vituperatio* jam majores, ac prope summis operibus suffecturas, vires desiderant; quæ quidem, suasoriis magis an controversiis accommodata sit exercitatio, consuetudine et jure civitatium differt : apud Græcos enim lator earum ad judicem vocabatur; Romanis pro concione suadere ac dissuadere moris fuit. Utroque autem modo pauca de his, et fere certa dicuntur : nam et genera sunt tria, *sacri, publici, privati* juris. Quæ divisio ad laudem magis spectat, si quis eam per gradus augeat, quod *lex,* quod *publica,* quod *ad religionem deum comparata* sit. Ea quidem, de quibus quæri solet, communia omnibus : aut enim de jure dubitari potest ejus, *qui rogat,* ut de *P. Clodii, qui non rite creatus tribunus arguebatur*; aut de ipsius rogationis, quod est varium, sive *non trino forte nundino promulgata,* sive *non idoneo die,* sive *contra intercessiones, vel auspicia, aliudve quid, quod legitimis obstet,* dicitur lata esse, vel *ferri*; sive *alicui manentium legum repugnare.* Sed hæc ad illas primas exercitationes non pertinent; nam sunt eæ citra complexum personarum, temporum, causarum. Reliqua eadem fere, vero fictoque hujusmodi certamine, tractantur : nam vitium aut *in verbis* est, aut *in rebus* : in verbis quæritur; An satis *significent?* an sit *in iis aliquid ambiguum?* In rebus; *An lex sibi ipsa consentiat? An in præteritum ferri debeat, an in singulos homines?* Maxime vero commune est quærere; *An sit honesta? an utilis?* nec ignoro, plures fieri a plerisque partes; sed nos *justum, pium, religiosum,* cæteraque his similia, *honesto* complectimur. *Justi* tamen species non simpliciter excuti solet : aut enim de re ipsa quæritur, ut *dignane pœna,* vel *præmio sit?* aut de modo præmii, pœnæve, *qui tam major,* quam *minor* culpari potest. Utilitas quoque interim *natura* discernitur, interim *tempore* : quædam *an obtineri possint,* ambigi solet. Ne illud quidem ignorare oportet, leges aliquando *totas,* aliquando *ex parte* reprehendi solere, quum exemplum rei utriusque nobis claris orationibus præbeatur : nec me fallit, eas quoque leges esse, quæ non in perpetuum rogentur, sed de honoribus aut imperiis, qualis *Manilia* fuit, de qua Ciceronis oratio est. Sed de his nihil hoc loco præcipi potest : constant enim propria rerum, de quibus agitur, non communi, qualitate. His fere veteres facultatem dicendi exercuerunt, assumpta tamen a dialecticis argumentandi ratione : nam fictas ad imitationem fori consiliorumque materias apud Græcos

Démétrius de Phalère. Mais, comme je l'ai déjà dit dans un autre ouvrage, je ne sais pas bien si Démétrius est l'inventeur de ce genre d'exercice; et ceux qui l'affirment avec le plus d'assurance ne sauraient en donner eux-mêmes une bonne preuve. Quant à l'époque où il a été introduit chez les Latins, ce fut, au rapport de Cicéron, vers les derniers temps de L. Crassus. Plotius fut le plus célèbre des rhéteurs qui le mirent alors en usage.

Chap. V. Je parlerai bientôt des règles de la déclamation : en attendant, puisque nous en sommes aux premiers éléments de la rhétorique, je ne crois pas devoir omettre un avertissement qui me paraît d'une grande importance pour le progrès des études. J'ai dit que l'explication des poëtes était une partie de l'enseignement de la grammaire. Je voudrais donc qu'à l'exemple du grammairien le rhéteur fît connaître à ses élèves les historiens, et surtout les orateurs, en les lisant avec eux. Pour moi, je n'observais cela qu'à l'égard d'un petit nombre, dont l'âge m'en faisait un devoir, et pour me conformer au désir de ceux des pères qui trouvaient cet exercice utile. Ce n'est pas, au reste, que je n'en sentisse dès lors les avantages, mais j'étais retenu par deux considérations : une autre manière d'enseigner depuis longtemps en usage faisait loi ; et mes élèves étaient déjà assez avancés pour se passer de ce travail et se modeler sur moi. Au surplus, parce que j'aurais tardé à m'éclairer, je ne rougirais pas de rectifier mon enseignement. Je sais d'ailleurs actuellement que cela se pratique chez les Grecs, mais, à proprement parler, par des maîtres auxiliaires, parce que le temps serait insuffisant, si les rhéteurs voulaient toujours préparer eux-mêmes la lecture de chaque élève. Il est bien certain que l'analyse préparatoire, qui a pour but d'apprendre aux enfants à lire facilement et distinctement le texte qu'ils ont sous les yeux, et même celle qui a pour but d'enseigner la valeur d'un mot peu usité qui se rencontre, est fort au-dessous de la profession d'un rhéteur; mais faire sentir les beautés, ou, s'il y a lieu, les défauts d'un passage, voilà sa véritable profession, voilà l'engagement que prend un maître d'éloquence ; engagement d'autant plus obligatoire qu'il ne s'agit plus de se conduire comme un pédagogue avec des enfants, et de leur lire tous les livres qu'il leur prendrait fantaisie d'entendre. Car il me paraît à la fois plus commode et surtout plus utile de désigner, à tour de rôle, un lecteur, que les autres écouteront en silence, afin de les accoutumer d'abord à bien prononcer. Puis, après avoir expliqué le sujet du discours, dont il aura ordonné la lecture, et avoir ainsi préparé les élèves à bien comprendre ses observations, il ne laissera rien passer de ce qui pourra être remarquable dans l'invention et dans l'élocution. Il fera voir comment, dans l'exorde, on se concilie le juge ; quelle clarté dans la narration, quelle brièveté, quel air de sincérité ; quel dessein quelquefois, et quelle finesse cachée (car ici l'art est tellement caché qu'il ne peut être senti que des maîtres de l'art); quelle habileté dans la division ; quelle argumentation subtile et serrée ; quelle puissance pour émouvoir, quelle douceur pour apaiser ; quelle âpreté dans les invectives, quelle urbanité dans la raillerie ; quelle force de pathétique pour se rendre maître des cœurs, pour pénétrer dans l'âme des juges, et la tourner au gré de ses paroles ! De là passant à l'élocution, il fera

---

dicere, circa Demetrium Phalerea institutum fere constat. An ab ipso id genus exercitationis sit inventum, ut alio quoque libro sum confessus, parum comperi : sed ne ii quidem, qui hoc fortissime affirmant, ullo satis idoneo auctore nituntur. Latinos vero dicendi præceptores extremis L. Crassi temporibus cœpisse, Cicero auctor est; quorum insignis maxime Plotius fuit.

Cap. V. Sed de ratione declamandi post paulo : interim, quia prima rhetorices rudimenta tractamus, non omittendum videtur id quoque, ut moneam, quantum sit collaturus ad profectum discentium rhetor, si, quemadmodum a grammaticis exigitur poetarum enarratio, ita ipse quoque historiæ, atque etiam magis orationum lectione susceptos a se discipulos instruxerit; quod nos in paucis, quorum id ætas exigebat, et parentes utile esse crediderant, servavimus. Cæterum sentientibus jam tum optima, duæ res impedimento fuerunt, quod et longa consuetudo aliter docendi fecerat legem ; et robusti fere juvenes, nec hunc laborem desiderantes, exemplum nostrum sequebantur: nec tamen, si quid novi vel sero invenissem, præcipere in posterum puderet. Nunc vero scio id fieri apud Græcos, sed magis per adjutores, quia non videntur tempora suffectura, si legentibus singulis præire semper ipsi velint. Et hercle prælectio, quæ in hoc adhibetur, ut facile atque distincte pueri scripta oculis sequantur ; etiam illa, quæ vim cujusque verbi, si quod minus usitatum incidat, docet, multum infra rhetoris officium existimanda est. At demonstrare virtutes, vel, si quando ita incidat, vitia, id professionis ejus atque promissi, quod se magistrum eloquentiæ pollicetur, maxime proprium est; eo quidem validius, quod non utique hunc laborem docentium postulo, ut ad gremium revocatis, cujus quisque eorum velit libri lectione, deserviant. Nam mihi cum facilius, tum etiam multo magis videtur utile, facto silentio, unum aliquem, quod ipsum imperari per vices optimum est, constituere lectorem, ut protinus pronunciationi quoque assuescant ; tum exposita causa, in quam scripta legetur oratio, nam sic clarius, quæ dicentur, intelligi poterunt, nihil otiosum pati, quodque in *inventione*, quodque in *elocutione* annotaudum erit ; quæ in *proœmio* conciliandi judicis ratio ; quæ *narrandi* lux, brevitas, fides ; quod aliquando consilium, et quam occulta calliditas ; namque ea sola in hoc ars est, quæ intelligi, nisi ab artifice, non possit : quanta deinceps in *dividendo* prudentia ; quam subtilis et crebra *argumentatio* ; quibus viribus inspiret, qua jucunditate permulceat ; quanta in *maledictis* asperitas, in *jocis* urbanitas ; ut denique dominetur in *affectibus*, atque in pectora irrum-

remarquer la propriété, l'élégance, la sublimité de chaque expression; en quelle occasion l'amplification est louable, en quelle autre il faut recourir à l'exténuation; l'éclat des métaphores; les figures de mots; ce que c'est qu'un style poli et régulier, qui pourtant ne laisse pas d'être mâle.

Je crois même qu'il n'est pas inutile de lire quelquefois devant les élèves certains discours d'un style corrompu et vicieux, auxquels pourtant le mauvais goût procure tant d'admirateurs, et de leur montrer tout ce qu'il y a d'impropre, d'obscur, d'enflé, de bas, de trivial, d'affété, d'efféminé dans ces compositions, qui non-seulement sont goûtées du plus grand nombre, mais, ce qui est pis encore, plaisent par cela même qu'elles sont dépravées; car un langage droit, naturel, est regardé comme quelque chose qui n'a pas de fond; mais ce qui est recherché, détourné, on l'admire comme exquis. Ainsi certaines personnes ont une prédilection pour les monstres, pour les corps contrefaits, et les préfèrent aux corps qui jouissent de tous les avantages de la conformation ordinaire; ainsi d'autres, séduits par l'apparence, trouvent plus de beauté dans un visage épilé et fardé, dans une chevelure frisée, ornée d'une aiguille, et peinte de couleurs étrangères, que dans la simple nature : comme si la beauté du corps pouvait jamais naître de la corruption de l'âme.

Un maître ne devra pas se borner à ces observations. Je veux encore qu'il interroge fréquemment ses élèves, et qu'il éprouve leur jugement. Par là, ils se tiendront toujours prêts à répondre, ils ne laisseront rien échapper de ce qu'on leur dira, et arriveront enfin au but qu'on se propose dans cet exercice, c'est-à-dire à inventer et à juger par eux-mêmes. Car que cherchons-nous en les enseignant, sinon à les mettre en état de se passer de maîtres? J'ose affirmer que ce genre de soin fera plus que tous les traités de tous les rhéteurs, qui sans doute sont d'un grand secours, mais qui ne renferment que des généralités, et ne peuvent prévoir les questions de toute espèce que chaque jour voit naître. Ainsi on a écrit sur l'art militaire, on en a donné des principes généraux; mais il sera bien plus utile de savoir comment, en quel lieu, en quelle conjoncture, un capitaine a fait preuve d'habileté ou d'impéritie; car, en tout, l'expérience vaut d'ordinaire mieux que les préceptes. Un maître prononce un discours de sa composition pour servir de modèle à ses élèves : est-ce que la lecture de Cicéron et de Démosthène ne leur sera pas plus profitable? Il relèvera publiquement les fautes qu'ils ont commises dans leurs déclamations : est-ce que la critique du discours d'un orateur ne sera pas plus efficace? elle sera même plus agréable; car on aime mieux voir reprendre les défauts d'autrui que les siens. J'aurais encore bien des choses à dire sur ce point; mais il n'est personne qui ne sente les avantages de ce procédé. Je souhaite seulement qu'on mette autant d'empressement qu'on éprouvera de satisfaction à le mettre en pratique.

Ce point obtenu, il ne reste plus qu'à savoir quels sont les auteurs que doivent lire les commençants : question à laquelle il n'est pas fort difficile de répondre. Les uns veulent que l'on commence par les écrivains d'un ordre inférieur, comme étant plus faciles à comprendre; les autres croient que le genre fleuri est plus propre à nour-

---

pat, animumque judicum similem iis, quæ dixit, efficiat. Tum in ratione *eloquendi*, quod verbum proprium, ornatum, sublime : ubi *amplificatio* laudanda, quæ virtus ei contraria; quid speciose *translatum*; quæ *figura* verborum; quæ levis et quadrata, sed virilis tamen compositio. Ne id quidem inutile, etiam corruptas aliquando et vitiosas orationes, quas tamen plerique judiciorum pravitate mirentur, legi palam pueris, ostendique in iis, quam multa impropria, obscura, tumida, humilia, sordida, lasciva, effeminata sint, quæ non laudantur modo a plerisque, sed, quod pejus est, propter hoc ipsum, quod sunt prava, laudantur : nam sermo rectus, et secundum naturam enunciatus, nihil habere ex ingenio videtur; illa vero, quæ utcunque deflexa sunt, tamquam exquisitiora miramur, non aliter quam distortis, et quocunque modo prodigiosis corporibus apud quosdam majus est pretium, quam iis, quæ nihil ex communis habitus bonis perdiderunt, atque etiam qui specie capiuntur, vulsis levatisque, et inustas comas acu comentibus, et non suo colore nitidis, plus esse formæ putant, quam possit tribuere incorrupta natura, ut pulchritudo corporis venire videatur ex malis moribus. Nec solum hæc ipse debebit docere præceptor, sed frequenter interrogare, et judicium discipulorum experiri. Sic audientibus securitas aberit, nec, quæ dicentur, superfluent aures, simulque ad id perducentur, quod ex hoc quæritur, ut inveniant ipsi, et intelligant. Nam quid aliud agimus docendo eos, quam ne semper docendi sint? Hoc diligentiæ genus ausim dicere plus collaturum discentibus, quam omnes omnium artes, quæ juvant sine dubio multum; sed, latiore quadam comprehensione, non per omnes quidem species rerum quotidie pæne nascentium ire qui possunt? Sicut de re militari quamquam sunt tradita quædam præcepta communia, magis tamen proderit scire, qua ducum quisque ratione, in quali loco, tempore, sit usus sapienter, aut contra : nam in omnibus fere minus valent præcepta, quam experimenta. An vero declamabit quidem præceptor, ut sit exemplo suis auditoribus, non plus contulerit lecti Cicero ac Demosthenes? Corrigetur palam, si quid in declamando discipulus erraverit : non potentius erit emendare orationem? quin immo etiam jucundius : aliena enim vitia quisque reprehendi mavult, quam sua. Nec deerant plura quæ dicerem ; sed neminem hæc utilitas fugit; atque utinam tam non pigeat facere istud, quam non displicebit. Quod si potuerit obtineri, non ita difficilis supererit quæstio, qui legendi sint incipientibus? Nam quidam illos minores, quia facilior eorum intellectus videbatur, probaverunt; alii floridius genus, ut ad alenda primarum ætatum inge-

rir l'esprit des premiers âges. Pour moi, je tiens qu'il faut lire, et d'abord, et toujours, les meilleurs écrivains, mais en choisissant toutefois ceux dont le style se distingue, en quelque sorte, par un caractère candide et ouvert. Ainsi je conseillerai pour le jeune âge plutôt Tite-Live que Salluste, quoique celui-ci ait plus d'autorité comme historien; mais, pour l'entendre, il faut déjà être avancé. Cicéron, ce me semble, est agréable, et, de plus, assez clair pour les commençants; ils peuvent le lire non-seulement avec fruit, mais encore avec goût; après Cicéron, ceux qui, comme le recommande Tite-Live, approcheront le plus de cet orateur.

Il y a deux genres de style dont on ne saurait trop garder les enfants. Ainsi, il ne faut pas qu'un maître, par une admiration aveugle pour l'antiquité, les laisse s'endurcir à la lecture des Gracques, de Caton, et d'autres écrivains semblables; car cette lecture ne peut que les rendre âpres et secs, en ce que, trop faibles pour atteindre à la force de leurs pensées, ils ne s'attacheront qu'à l'élocution, qui sans doute était bonne alors, mais ne convient plus à notre temps, et ce qu'il y a de pis, s'imagineront qu'ils ressemblent à ces grands hommes. Il n'est pas moins à craindre non plus que, épris des grâces affétées du style moderne, ils ne cèdent aux attraits d'un plaisir dépravé, et ne raffolent de ce genre d'écrire, plein de séductions, et d'autant plus agréable aux enfants qu'il a plus d'affinité avec leur âge. Mais lorsque le jugement est formé et hors de danger, on peut lire et les anciens et les modernes : les anciens, parce qu'en leur empruntant ce qu'ils ont de substantiel et de mâle, mais en prenant soin de le dégager de la rouille d'un siècle grossier, notre élégance brillera d'un plus vif éclat; les modernes, parce qu'on trouve en eux beaucoup de précieuses qualités. Car enfin la nature ne nous a pas faits de pire condition que les anciens : seulement le goût a changé, et nous nous sommes un peu trop laissé aller à notre penchant. Aussi n'est-ce pas tant par l'esprit que par la sévérité qu'ils nous sont supérieurs. On peut donc imiter beaucoup de choses dans les modernes, mais il faut prendre garde d'attirer le mauvais avec le bon. Qu'il y ait eu dans les temps voisins du nôtre, qu'il y ait même de nos jours des écrivains dignes d'être imités en tout, non-seulement je l'accorde, je le soutiens même. Mais quels sont-ils? C'est ce dont il n'appartient pas à tout le monde de décider. On peut s'égarer avec moins de danger dans l'imitation des anciens. Je conseille donc de ne pas lire sitôt les modernes, de peur de les imiter avant de savoir les apprécier.

Chap. VI. Les maîtres diffèrent encore dans leur manière d'enseigner, en ce que les uns, en donnant une matière d'amplification à leurs élèves, non contents de leur tracer la route en divisant cette matière en certains points, la développent de vive voix en y ajoutant des arguments et même des mouvements oratoires; les autres se bornent à tracer les premiers linéaments, et, après que l'élève a lu sa déclamation, ils traitent eux-mêmes les parties qu'il n'a point remplies, et retouchent même quelquefois certains endroits avec autant de soin que s'ils avaient à parler eux-mêmes. Ces deux manières sont bonnes, et je ne sépare pas l'une de l'autre. Cependant, s'il fallait opter, j'aimerais mieux enseigner d'abord à des enfants la route qu'ils doivent tenir, que d'attendre qu'ils se soient égarés, pour les y ramener : d'abord, parce que les corrections frappent seulement leurs oreilles, tandis que la division, qui leur est

---

nia magis accommodatum. Ego optimos quidem, et statim, et semper, sed tamen eorum candidissimum quemque, et maxime expositum, velim, ut Livium a pueris magis, quam Sallustium; et hic historiæ major est auctor, ad quem tamen intelligendum jam profecto opus sit. Cicero, ut mihi quidem videtur, et jucundus incipientibus quoque, et apertus est satis, nec prodesse tantum, sed etiam amari potest; tum, quemadmodum Livius præcipit, ut quisque erit Ciceroni similimus. Duo autem genera maxime cavenda pueris puto; unum, ne quis eos antiquitatis nimius admirator, in Gracchorum, Catonisque, et aliorum similium lectione durescere velit : fient enim horridi atque jejuni; nam neque vim eorum adhuc intellectu consequentur, et elocutione, quæ tum sine dubio erat optima, sed nostris temporibus aliena, contenti, quod est pessimum, similes sibi magnis viris videbuntur. Alterum, quod huic diversum est, ne recentis hujus lasciviæ flosculis capti, voluptate quadam prava deliniantur, ut prædulce illud genus, et puerilibus ingeniis hoc gratius, quo propius est, adament. Firmis autem judiciis, jamque extra periculum positis, suaserim et antiquos legere, ex quibus si assumatur solida ac virilis ingenii vis, deterso rudis seculi squalore, tum noster hic cultus clarius eni-

tescet; et novos, quibus et ipsis multa virtus adest. Neque enim nos tarditatis natura damnavit; sed dicendi mutavimus genus, et ultra nobis, quam oportebat, indulsimus : ita non tam ingenio illi nos superarunt, quam proposito. Multa ergo licebit eligere, sed curandum erit, ne iis, quibus permixta sunt, inquinentur. Quosdam vero etiam, quos totos imitari oporteat, et fuisse nuper, et nunc esse, quidni libenter non concesserim modo, verum etiam contenderim? Sed ii qui sint, non cujusque est pronunciare. Tutius circa priores vel erratur; ideoque hanc novorum distuli lectionem, ne imitatio judicium antecederet.

Cap. VI. Fuit etiam in hoc diversum præcipientium propositum, quod eorum quidam materias, quas discipulis ad dicendum dabant, non contenti divisione dirigere, latius dicendo prosequebantur, nec solum probationibus implebant, sed etiam affectibus. Alii, quum primas modo lineas duxissent, post declamationes, quid omisisset quisque, tractabant; quosdam vero locos non minore cura, quam quum ad dicendum ipsi surgerent, excolebant. Utile utrumque; et ideo neutrum ab altero separo : sed si facere tantum alterum necesse sit, plus proderit demonstrasse rectam protinus viam, quam revocare ab

dictée, passe dans le travail de la réflexion et de la composition; ensuite, parce qu'un maître est écouté plus volontiers lorsqu'il enseigne, que lorsqu'il reprend surtout dans un siècle comme le nôtre, où il se rencontre des esprits susceptibles qui se révoltent contre les avertissements, et y résistent tacitement; mais on n'en doit pas moins relever publiquement toutes les fautes. Car il faut tenir compte des autres élèves, qui prendraient pour bon ce que le maître aurait laissé passer. Au surplus, comme je l'ai dit, il faut combiner les deux manières, et les modifier suivant les cas. Ainsi, pour les commençants, la préparation de la matière sera proportionnée aux forces de chaque élève. Mais lorsqu'on verra qu'ils suivent assez fidèlement la route, qu'on aura pris soin de leur frayer, il suffira d'offrir à leurs pas quelques traces légères, pour les accoutumer à marcher d'eux-mêmes et sans aide. Quelquefois il sera bon de les livrer à leur propre force, de peur que l'habitude de ne rien faire sans l'assistance d'autrui ne les rende incapables de rien tenter et chercher par eux-mêmes. S'ils font preuve de jugement dans leurs compositions, la tâche du maître est presque entièrement remplie; s'ils s'égarent encore, il faudra leur donner de nouveau un guide. C'est à peu près ce que nous voyons faire aux oiseaux : ils distribuent à leurs petits, encore tendres et faibles, la nourriture qu'ils ont apportée dans leur bec; mais dès que ceux-ci paraissent plus forts, la mère leur apprend à sortir du nid et à voltiger autour de leur demeure, en volant elle-même devant eux; enfin, quand elle a suffisamment éprouvé leurs forces, elle les livre à la liberté du ciel et à leur propre audace.

CHAP. VII. Je désapprouve entièrement, pour l'âge dont nous parlons, l'usage où l'on est de faire apprendre par cœur aux enfants tout ce qu'ils composent, pour le réciter à jour fixe. Il est vrai que les pères tiennent beaucoup à cet usage, persuadés que leurs enfants ne travaillent utilement qu'autant qu'ils prononcent force déclamations; tandis que la principale condition du progrès, c'est l'application et le soin. Mais si je conviens sans difficulté que les enfants doivent s'exercer à la composition, et que cet exercice est d'une grande importance, d'un autre côté je suis d'avis qu'on ne leur fasse apprendre par cœur que des morceaux choisis des orateurs, des historiens, ou d'autres auteurs qui en vaillent la peine. On exerce sa mémoire d'une manière plus pénétrante sur les productions d'autrui que sur les siennes; et ceux qui auront pratiqué ce genre d'exercice, qui demande de la longanimité, apprendront sans peine et retiendront mieux ce qu'ils auront composé eux-mêmes; ils se familiariseront en même temps avec ce qui est parfait, leur mémoire leur fournira sans cesse d'excellents modèles, et l'éloquence, naturellement empreinte dans leur âme, se reproduira d'elle-même, et à leur insu, dans leur style. Les expressions choisies, les tours, les figures, tout cela naîtra sans effort sous leur plume, et s'épanchera comme d'une source cachée. Ajoutez à cela l'agrément de semer la conversation d'heureuses citations, et l'utilité dont elles sont au barreau, où ce qui n'a pas été préparé pour la cause a plus d'autorité et nous fait souvent plus d'honneur que nos propres pensées. Je consens néanmoins qu'on leur permette quelque-

errore jam lapsos. Primum, quia emendationem auribus modo accipiunt, divisionem vero ad cogitationem etiam et stylum perferunt; deinde, quod libentius præcipientem audiunt, quam reprehendentem. Si qui vero paulo sunt vivaciores, in his præsertim moribus, etiam irascuntur admonitioni, et taciti repugnant : nec ideo tamen minus vitia aperte coarguenda sunt. Habenda enim ratio cæterorum, qui recta esse, quæ præceptor non emendaverit, credent. Utraque autem ratio miscenda est, et ita tractanda, ut ipsæ res postulabunt. Namque incipientibus danda erit velut præformata materia secundum cujusque vires. At, quum satis composuisse se ad exemplum videbuntur, brevia quædam demonstranda vestigia, quæ persecuti, jam suis viribus sine adminiculo progredi possint. Nonnunquam credi sibi ipsos oportebit, ne mala consuetudine semper alienum laborem sequendi, nihil per se conari et quærere sciant. Quod si satis prudenter dicenda viderint, jam prope consummata fuerit præcipientis opera : si quid erraverint adhuc, erunt ad ducem reducendi. Cui rei simile quiddam facientes aves cernimus, quæ teneris infirmisque fetibus cibos ore suo collatos partiuntur : at, quum visi sunt adulti, paulum egredi nidis et circumvolare sedem illam, præcedentes ipsæ, docent, tum expertas vires libero cœlo, suæque ipsorum fiduciæ permittunt.

CAP. VII. Illud ex consuetudine mutandum prorsus existimo in his, de quibus nunc disserimus, ætatibus, ne omnia, quæ scripserint, ediscant, et certa, ut moris est, die dicant; quod quidem maxime patres exigunt, atque ita demum studere liberos suos, si quam frequentissime declamaverint, credunt, quum profectus præcipue diligentia constet. Nam ut scribere pueros, plurimumque esse in hoc opere, plane velim, sic ediscere electos ex orationibus vel historiis, aliove quo genere dignorum ea cura voluminum, locos, multo magis suadeam. Nam et exercebitur acrius memoria, aliena complectendo, quam sua; et, qui erunt in difficiliore hujus laboris genere versati, sine molestia, quæ ipsi composuerunt, jam familiarius animo suo affigent, et assuescent optimis, semperque habebunt intra se, quod imitentur; et jam non sentientes formam orationis illam, quam mente penitus acceperint, exprimunt. Abundabunt autem copia verborum optimorum, et compositione, ac figuris jam non quæsitis, sed sponte et ex reposito velut thesauro se offerentibus. Accedit his et jucunda in sermone bene a quoque dictorum relatio, et in causis utilis. Nam et plus auctoritatis afferunt ea, quæ non præsentis gratia litis sunt comparata, et laudem sæpe majorem, quam si nostra sint, conciliant. Aliquando tamen permittendum, quæ ipsi scripserint, dicere, ut laboris sui fructum etiam ex illa, quæ maxime pe-

fois de réciter ce qu'ils ont composé, pour ne pas les frustrer du bonheur de la louange. Mais cela ne devra être accordé qu'à ceux qui auront le mieux soigné leurs compositions, afin que ce soit effectivement une récompense, et qu'ils s'applaudissent de l'avoir méritée.

Chap. VIII. On regarde, et non sans raison, comme une qualité dans un maître, d'observer soigneusement dans ses élèves les différences de leurs esprits, et de connaître à quoi le naturel porte particulièrement chacun d'eux. Car il y a en cela une variété incroyable, et les formes des esprits sont presque aussi nombreuses que celles des corps. Sans sortir de notre sujet, nous pouvons en juger par les orateurs. Ils diffèrent tellement entre eux, qu'il n'y en a pas deux dont la manière soit semblable, quoique plusieurs se soient proposé pour modèles des orateurs de leur goût. En second lieu, c'est un principe généralement admis, que l'instruction doit tendre à développer les talents naturels et à seconder particulièrement les dispositions de chaque esprit. De même, dit-on, qu'un habile maître de palestrique, s'il entre dans un gymnase rempli d'enfants, après avoir éprouvé par toutes sortes d'exercices le corps et l'esprit de chacun, discernera le genre de combat auquel il doit être préparé ; ainsi un maître d'éloquence, après avoir observé avec sagacité les dispositions particulières de chaque enfant pour tel et tel genre de style, serré et châtié, énergique, grave, doux, âpre, brillant, agréable, doit s'accommoder au naturel de chacun, et le perfectionner dans le genre auquel il est propre : car la nature, secondée par la culture, double ses forces ; tandis qu'un esprit que l'on conduit par un chemin qu'elle n'a pas frayé réussit peu dans les choses auxquelles il est inhabile, et ne se développe qu'imparfaitement dans les choses pour lesquelles il semble né.

Comme on ne doit pas craindre d'émettre ce qu'on pense, même contre les opinions reçues, quand on s'appuie sur la raison, je dirai que cela ne me paraît vrai qu'en partie. Sans doute il est nécessaire de discerner les dispositions particulières des esprits, et même personne ne désapprouvera qu'on fasse pour chacun un choix d'études spéciales : ainsi, l'un sera plus propre à l'histoire, l'autre à la poésie, cet autre au droit, quelques-uns feront mieux de retourner à leurs champs. Un maître d'éloquence discernera tout cela, comme le maître de palestrique, qui destine l'un à la course, l'autre au pugilat, celui-ci à la lutte, ou à quelque autre combat en usage dans les jeux sacrés.

Mais celui qu'on destine au barreau ne doit pas s'attacher seulement à telle ou telle partie de son art, il faut qu'il les embrasse toutes, même celles qui lui répugneraient le plus ; car à quoi servirait l'instruction, si le naturel suffisait ? Si notre élève donne dans le mauvais goût et dans l'enflure, comme cela n'est que trop ordinaire, le laisserons-nous suivre son penchant ? s'il est, au contraire, d'un esprit sec et maigre, ne lui donnerons-nous ni nourriture ni vêtement ? car s'il est quelquefois nécessaire de retrancher, pourquoi ne serait-il pas permis d'ajouter ? Au reste, je ne prétends pas contrarier la nature. Je veux qu'on augmente ce qu'elle a de bon, loin de la laisser s'oblitérer ; mais je veux aussi qu'on cherche à suppléer à l'insuffisance naturelle. Isocrate, ce grand maître qui a si bien écrit et si bien enseigné, comme ses livres et ses disciples

---

titur, laude, plurimum capiant. Verum id quoque tum fieri oportebit, quum aliquid commodius elimaverint ; ut eo velut præmio studii sui donentur, ac se meruisse, ut dicerent, gaudeant.

Cap. VIII. Virtus præceptoris haberi solet, nec immerito, diligenter in iis, quos erudiendos susceperit, notare discrimina ingeniorum, et quo quemque natura maxime ferat, scire. Nam est in hoc incredibilis quædam varietas, nec pauciores animorum pæne, quam corporum, formæ. Quod intelligi etiam ex ipsis oratoribus potest, qui tantum inter se distant genere dicendi, ut nemo sit alteri similis ; quamvis plurimi esse ad eorum, quos probabant, imitationem composuerint. Utile deinde plerisque visum est ita quemque instituere, ut propria naturæ bona doctrina foverent, et in id potissimum ingenia, quo tenderent, adjuvarentur : ut si quis palæstræ peritus, quum in aliquod plenum pueris gymnasium venerit, expertus eorum omni modo corpus animumque, discernat, cui quisque certamini sit præparandus ; ita præceptorem eloquentiæ, quum sagaciter fuerit intuitus, enjus ingenium presso limatoque genere dicendi, cujus acri, gravi, dulci, aspero, nitido, urbano, maxime gaudeat ; ita se commodaturum singulis, ut in eo, quo quisque eminet, provehatur ; quod et adjuta cura natura magis evalescat ; et qui in diversa ducatur, nec in iis quibus minus aptus est, satis possit efficere, et ea, in quæ natus videtur, deserendo faciat infirmiora. Quod mihi (libera enim, vel contra receptas persuasiones, rationem sequenti sententia est) in parte verum videtur. Nam proprietates ingeniorum dispicere prorsus necessarium est : in his quoque certum studiorum facere delectum nemo dissuaserit : namque erit alius historiæ magis idoneus, alius compositus ad carmen, alius utilis studio juris, ut nonnulli rus fortasse mittendi. Sic discernet hæc dicendi magister, quo modo palæstricus ille cursorem faciet, aut pugilem, aut luctatorem, aliudve quid ex iis, quæ sunt sacrorum certaminum. Verum ei, qui foro destinabitur, non in unam partem aliquam, sed in omnia, quæ sunt ejus operis, etiam si qua difficiliora discenti videbuntur, elaborandum est ; nam et omnino supervacua erat doctrina, si natura sufficeret. An si quis ingenio corruptus ac tumidus, ut plerique sunt, inciderit, in hoc eum ire patiemur ? aridum atque jejunum non alemus, et quasi vestiemus ? Nam si quædam detrahere necessarium est, cur non sit adjicere concessum ? Neque ego contra naturam pugno. Non enim deterendum id bonum, si quod ingenium est, existimo ; sed augendum, addendumque quod cessat. An vero clarissimus ille præceptor Isocrates, quem non magis libri bene dixisse, quam discipuli

en font foi, quand il disait d'Éphore et de Théopompe que l'un avait besoin de frein et l'autre d'éperons, croyait-il qu'un maître dût favoriser la lenteur de celui-ci et seconder la fougue de celui-là? Ne témoignait-il pas, au contraire, qu'il fallait combiner ensemble ces deux naturels?

Cependant il faut s'accommoder à la faiblesse des esprits bornés, et les diriger seulement dans la voie que leur a tracée la nature. De cette manière, ils feront mieux tout ce qu'ils peuvent faire. Mais s'il se présente une matière plus riche, et dont on puisse tirer le présage d'un orateur futur, on ne doit négliger aucune des qualités oratoires. Il penchera nécessairement pour un genre plutôt que pour un autre, mais ce penchant ne sera pas exclusif, et la culture élèvera les parties faibles au niveau des autres. Ainsi, pour ne pas sortir de ma comparaison, un habile maître de gymnastique, qui se serait chargé de former un pancratiaste, n'enseignera pas seulement à son élève à frapper du poing ou du pied, à enlacer son adversaire de telle ou telle manière, mais il l'exercera à tout ce qui compose l'art de ce genre de combat. S'il ne trouve pas en lui les dispositions nécessaires pour quelqu'un de ces exercices, il se contentera de le former à celui auquel il est propre. Car il évite surtout deux inconvénients : le premier, d'exiger d'un élève ce qu'il ne peut pas faire; le second, de le détourner de ce qu'il fait le mieux, pour l'appliquer à une chose à laquelle il n'a point d'aptitude. Mais que ce maître ait affaire à un homme semblable à ce fameux Nicostrate que j'ai connu vieux dans ma jeunesse, il lui enseignera également toutes les parties de son art, et il le rendra invincible, comme cet athlète, à la lutte et au pugilat : deux sortes de combat où il remportait, dans le même jour, une double couronne.

Or, à combien plus forte raison un maître d'éloquence doit-il prendre ce soin, puisqu'il ne suffit pas à un orateur d'être ou serré ou subtil ou âpre, pas plus qu'il ne suffit à un maître de chant d'exceller ou dans les tons aigus, ou dans les tons moyens, ou dans les tons graves, ou dans quelque partie de ces tons? car il en est de l'art de l'éloquence comme d'une lyre, dont on ne joue parfaitement qu'autant qu'elle est d'accord dans tous les tons.

CHAP. IX. Je me suis longuement étendu sur les devoirs des maîtres; quant aux élèves, je n'ai qu'une chose à leur recommander en passant, c'est d'aimer ceux qui les enseignent non moins que la science elle-même, et de les regarder comme des pères, dont ils tiennent, non la vie du corps, mais celle de l'esprit. Cette piété influe beaucoup sur les études : ils écouteront volontiers leurs maîtres, ils croiront à leurs paroles, et n'auront point de plus grand désir que de s'y conformer; ils accourront sur les bancs des écoles pleins de joie et d'ardeur; ils seront sensibles à la louange, sans s'irriter contre les reproches. C'est par leur application qu'ils chercheront à se rendre chers; car si le devoir de ceux-ci est d'enseigner, le devoir des élèves est de se montrer dociles : le maître ne suffit pas sans l'élève, et réciproquement. Comme il faut le concours des deux sexes pour donner naissance à un homme; comme on sème en vain, si la semence n'est reçue dans un sillon préparé d'avance : de même l'éloquence ne peut éclore sans un parfait concours du maître et de l'élève.

CHAP. X. Quand l'élève aura été bien formé

---

bene docuisse testantur, quum de Ephoro atque Theopompo sic judicaret, ut *alteri frenis, alteri calcaribus opus esse* diceret; aut in illo lentiore tarditatem, aut in illo pæne præcipiti concitationem adjuvandam docendo existimavit? quum alterum alterius natura miscendum arbitraretur. Imbecillis tamen ingeniis sane sic obsequendum sit, ut tantum in id, quo vocat natura; ducantur : ita enim, quod solum possunt, melius efficient. Si vero liberalior materia contigerit, et in qua merito ad spem oratoris simus aggressi, nulla dicendi virtus omittenda est. Nam licet sit aliquam in partem pronior, ut necesse est, cæteris tamen non repugnabit, atque ea cura paria faciet iis, in quibus eminebat : sicut ille, ne ab eodem exemplo recedamus, exercendi corpora peritus, non, si docendum pancratiasten susceperit, pugno ferire, vel calce tantum, aut nexus modo, atque in his certos aliquos docebit, sed omnia, quæ sunt ejus certaminis. Erit qui ex his aliqua non possit? In id maxime quod poterit incumbet. Nam sunt hæc duo vitanda prorsus; unum, ne tentes quod effici non possit; alterum, ne ab eo, quod quis optime facit, in aliud, cui minus est idoneus, transferas. At si fuerit, qui docebitur, ille, quem adolescentes senem vidimus, Nicostratus, omnibus in eo docendi partibus similiter utetur, efficietque illum, qualis hic fuit, luctando pugnandoque (quorum utroque certamine iisdem diebus coronabatur) invictum. Et quanto id magis oratoris futuri magistro providendum erit? Non enim satis est dicere presse tantum, aut subtiliter, aut aspere; non magis, quam phonasco acutis tantum, aut mediis, aut gravibus sonis, aut horum etiam particulis excellere : nam sicut cithara, ita oratio perfecta non est, nisi ab imo ad summum omnibus intenta nervis consentiat.

CAP. IX. Plura de officiis docentium locutus, discipulos id unum interim moneo : ut præceptores suos non minus, quam ipsa studia ament; et parentes esse, non quidem corporum, sed mentium, credant. Multum hæc pietas confert studio; nam ita et libenter audient, et dictis credent, et esse similes concupiscent : in ipsos denique cœtus scholarum læti et alacres convenient : emendati non irascentur, laudati gaudebunt; ut sint carissimi, studio merebuntur. Nam ut illorum officium est docere, sic horum præbere se dociles; alioqui neutrum sine altero sufficiet : et sicut hominis ortus ex utroque gignentium confertur; et frustra sparseris semina, nisi illa præmollitus foverit sulcus, ita eloquentia coalescere nequit, nisi sociata tradentis accipientisque concordia.

CAP. X. In his primis operibus, quæ non ipsa parva sunt, sed majorum quasi membra atque partes, bene ins-

et suffisamment exercé aux premiers essais dont j'ai parlé plus haut, essais qui ne sont pas d'une faible importance, et qui doivent être regardés comme les membres et les parties d'une œuvre plus relevée, le temps viendra pour lui d'aborder les matières délibératives et judiciaires. Avant de traiter de ces matières, disons quelques mots sur la déclamation en général. C'est de tous les genres d'exercice le plus nouveau, et en même temps le plus utile. Car la déclamation renferme en soi la plupart des exercices dont nous avons parlé, et a de plus l'avantage de se rapprocher des formes de la tribune et du barreau. Aussi est-elle si fort en estime, que bien des gens la jugent suffisante pour former un orateur. En effet il n'est aucune des qualités d'un discours complet qui ne trouve place dans cet exercice oratoire. Il est vrai que les maîtres en ont abusé au point que la licence et l'impéritie des déclamateurs sont comptées parmi les causes principales de la corruption de l'éloquence. Mais ce qui est bon de sa nature a cela de propre, qu'il dépend de nous d'en faire un bon usage. Que les matières donc se rapprochent, autant que possible, de la pratique, et que les déclamations soient une image fidèle des plaidoiries judiciaires, puisqu'elles ont été instituées pour y préparer. Car *les magiciens, les pestes, les oracles, ces marâtres plus cruelles que celles des poëtes tragiques*, et autres imaginations plus vaines encore, tout cela n'a rien de commun avec les *cautions* et les *sentences du préteur*. Quoi donc! ne sera-t-il jamais permis à des jeunes gens de se donner carrière, de se complaire dans une matière, et de prendre, pour ainsi dire, du corps, en traitant des sujets extraordinaires, des sujets poétiques? Le mieux serait sans doute de les leur interdire ; mais qu'ils s'en tiennent du moins au grandiose et à l'exagéré, sans tomber dans l'extravagance, pour ne pas dire dans le ridicule : et s'il faut leur céder en ce point, laissons-les se gorger tout à leur aise, pourvu qu'ils sachent que, comme on met certains animaux à l'herbe pendant un certain temps, et qu'ensuite on leur tire du sang pour leur rendre le goût de la bonne nourriture avec la santé, de même il faudra remédier à leur embonpoint, et les purger des humeurs vicieuses qu'ils auront contractées, s'ils veulent être sains et robustes. Autrement cette vaine enflure se trahira aux premiers efforts qu'exigera un ouvrage sérieux.

Certainement, ceux qui ne voient aucun rapport entre les déclamations et les plaidoiries judiciaires, n'aperçoivent pas même le motif qui a fait instituer cet exercice oratoire. Car s'il ne prépare pas au barreau, ce n'est plus qu'une ostentation de théâtre ou une vocifération de furieux. Car à quoi bon se concilier, dans un exorde, l'esprit d'un juge qui n'existe pas? narrer un fait que tout le monde sait être faux ? administrer des preuves dans une cause sur laquelle personne ne doit prononcer? Encore, tout cela n'est-il qu'oiseux ; mais se passionner, chercher à exciter la colère ou la pitié, n'est-ce pas une moquerie qui n'a pas de nom, si ces simulacres de guerre ne servent de préludes à des dangers sérieux et à de véritables combats?

Il n'y aura donc point de différence entre un plaidoyer et une déclamation ? Non, si cet exercice doit être de quelque utilité. Il serait même à souhaiter que l'usage s'introduisît de particulariser les personnages en leur donnant des noms, d'imaginer des questions plus compliquées et plus surchargées d'incidents litigieux, d'employer plus hardiment les termes usuels, et d'y mêler de

---

tituto ac satis exercitato, jam fere tempus appetet aggrediendi suasorias judicialesque materias; quarum antequam viam ingrediar, pauca mihi de ipsa declamandi ratione dicenda sunt; quæ quidem , ut ex omnibus novissime inventa, ita multo est utilissima. Nam et cuncta illa, de quibus diximus, in se fere continet, et veritati proximam imaginem reddit, ideoque ita est celebrata, ut plerisque videretur ad formandam eloquentiam vel sola sufficere : neque enim virtus ulla perpetuæ duntaxat orationis reperiri potest, quæ non sit cum hac dicendi meditatione communis. Eo quidem res ista culpa docentium recidit, ut inter præcipuas, quæ corrumperent eloquentiam, causas licentia atque inscitia declamantium fuerit; sed eo, quod natura bonum est, bene uti licet. Sint ergo et ipsæ materiæ, quæ fingentur, quam simillimæ veritati ; et declamatio, in quantum maxime potest, imitetur eas actiones, in quarum exercitationem reperta est. Nam *magos*, et *pestilentiam*, et *responsa*, et *sæviores tragicis novercas*, aliaque magis adhuc fabulosa, frustra inter *sponsiones* et *interdicta* quæremus. Quid ergo? nunquam hæc supra fidem, et poetica, ut vere dixerim, themata, juvenibus pertractare permittemus, ut exspatientur, et gaudeant materia, et quasi in corpus eant? erat optimum ; sed certe sint grandia et tumida, non stulta etiam , et acrioribus oculis intuenti ridicula; ut, si jam cedendum est, impleat se declamator aliquando, dum sciat, ut quadrupedes, quum viridi pabulo distentæ sunt, sanguinis detractione curantur, et sic ad cibos viribus conservandis idoneos redeunt, ita sibi quoque tenuandas adipes, et quidquid humoris corrupti contraxerit, emittendum, si esse sanus ac robustus volet. Alioqui tumor ille inanis primo cujusque veri operis conatu deprehendetur : totum autem declamandi opus qui diversum omnino a forensibus causis existimant, id profecto ne rationem quidem, qua ista exercitatio inventa sit, pervident. Nam, si foro non præparat, aut scenicæ ostentationi, aut furiosæ vociferationi, similimum est : quid enim attinet judicem præparare, qui nullus est? narrare, quod omnes sciant falsum? probationes adhibere causæ, de qua nemo sit pronunciaturus? et hæc quidem otiosa tantum; affici vero, et ira vel luctu permovere, cujus est ludibrii, nisi quibusdam pugnæ similacris ad verum discrimen aciemque justam consuescimus? Nihil ergo inter forense genus dicendi, atque hoc declamatorium, intererit? si profectus gratia dicimus, nihil ; utinamque adjici ad consuetudinem posset, ut nominibus uteremur, et perplexæ magis, et longioris aliquando

temps en temps le sel de la raillerie : toutes choses dans lesquelles nous nous trouvons bien neufs au barreau, quoique exercés sur tout le reste dans les écoles.

S'il est vrai cependant que la déclamation ait aussi un but d'ostentation, nous devons hausser un peu notre ton pour le plaisir des auditeurs. Car ces pièces d'éloquence, qui, quoique fondées sur une vérité, ont principalement pour but de charmer les oreilles de la multitude, comme les panégyriques et tout ce qui appartient au genre démonstratif; ces pièces d'éloquence, dis-je, comportent plus d'ornement; et l'art, qui doit toujours rester caché dans les plaidoyers, doit se montrer ici dans tout son éclat pour remplir l'attente de l'auditoire. Ainsi la déclamation, étant d'un côté l'image du barreau et de la tribune, doit s'attacher à la vraisemblance; et de l'autre étant un ouvrage d'apparat, elle doit s'environner d'une certaine pompe. C'est ce que font les comédiens : ils ne prennent point tout à fait le ton de la conversation; car alors il n'y aurait plus d'art; ils ne s'éloignent pas trop non plus du naturel, car il n'y aurait plus d'imitation : mais ils relèvent la simplicité de l'entretien familier par un certain éclat théâtral.

Après tout, quoi que nous fassions, ces sujets fictifs auront toujours quelques inconvénients, surtout en ce qu'ils laissent à notre choix certaines circonstances arbitraires, comme *l'âge, la fortune, les enfants, les père et mère, l'importance d'une ville, ses lois, ses mœurs*, etc. Quelquefois même le déclamateur tire ses preuves de la fausseté de ces suppositions, comme nous le dirons en son lieu; car, quoique cet ouvrage ait principalement pour but l'institution de l'orateur, toutes les fois qu'il se présentera quelque chose qui ait du rapport avec ce qui se pratique dans les écoles, j'en dirai un mot en passant, pour ne rien laisser à désirer au lecteur.

Chap. XI. Il nous faut maintenant aborder cette partie de la rhétorique, par laquelle débutent d'ordinaire ceux qui ont laissé les précédentes aux grammairiens. Mais je me vois arrêté, dès le premier pas, par certaines gens qui s'imaginent que l'éloquence n'a pas besoin de tous ces préceptes, et qui, persuadées que l'instinct naturel, la prudence commune et les exercices des écoles leur suffisent, se rient des soins que nous prenons, à l'exemple de quelques professeurs renommés, dont l'un, interrogé sur ce que c'était qu'une figure et une pensée, répondit : « Je l'ignore; mais si cela importait à mon sujet, on le trouverait dans ma déclamation. » On demandait à un autre s'il était de l'école de Théodore ou d'Apollodore : *Je suis*, dit-il, *de la faction des parmulaires*. Il était certainement difficile d'éluder plus spirituellement l'aveu de son ignorance. Mais ces hommes qui ont passé pour des génies privilégiés, et à qui il est souvent échappé, pour ainsi dire, des exclamations éloquentes, ont beaucoup de pareils du côté de la négligence, mais peu du côté de l'esprit. Ceux-ci se vantent de parler de verve et de se servir de leurs propres forces. Qu'est-il besoin, disent-ils, de preuves et de disposition dans un sujet de pure invention? Ce qui attire un auditoire nombreux, ce sont des pensées grandioses, dont les plus hasardées sont toujours les meilleures. Aussi voyez-les à l'œuvre! comme ils n'ont aucune méthode, ils attendent souvent pendant plusieurs jours, les yeux attachés au plafond, que quelque

---

actus, controversiæ fingerentur, et verba in usu quotidiano posita minus timeremus, et jocos inserere moris esset; quæ nos, quamlibet per alia in scholis exercitati sumus, tirones in foro inveniunt. Si vero in ostentationem comparetur declamatio, sane paululum aliquid inclamare ad voluptatem audientium debemus. Nam et iis actionibus, quæ in aliqua sine dubio veritate versantur, sed sunt ad popularem aptatæ delectationem, quales legimus panegyricos, totumque hoc demonstrativum genus, permittitur adhibere plus cultus, omnemque artem, quæ latere plerumque in judiciis debet, non confiteri modo, sed ostentare etiam hominibus in hoc advocatis. Quare declamatio, quoniam est judiciorum consiliorumque imago, similis esse debet veritati : quoniam autem aliquid in se habet ἐπιδεικτικόν, nonnihil sibi nitoris assumere. Quod faciunt auctores comici; qui nec ita prorsus, ut nos vulgo loquimur, pronunciant, quod esset sine arte, nec procul tamen a natura recedunt, quo vitio periret imitatio; sed morem communis hujus sermonis decore quodam scenico exornant. Sic quoque aliqua nos incommoda ex iis, quas finxerimus, materiis consequentur, in eo præcipue, quod multa in his relinquuntur incerta, quæ sumimus ut videntur, *ætates, facultates, liberi, parentes, urbium ipsarum vires, jura, mores*, alia his similia. Quin aliquando etiam argumenta ex ipsis positionum vitiis ducimus; sed hæc suo quæque loco : quamvis enim omne propositum operis a nobis destinati eo spectet, ut orator instituatur; tamen, ne quid studiosi requirant, etiam si quid erit, quod ad scholas pertineat proprie, in transitu non omittemus.

Cap. XI. Jam hinc ergo nobis inchoanda est ea pars artis, ex qua capere initium solent, qui priora omiserunt : quamquam video quosdam in ipso statim limine obstaturos mihi, qui nihil egere hujusmodi præceptis eloquentiam putent; sed, natura sua, et vulgari modo, et scholarum exercitatione contenti, rideant etiam diligentiam nostram; exemplo magni quoque nominis professorum, quorum aliquis, ut opinor, interrogatus, quid esset σχῆμα et νόημα, nescire se quidem, sed, si ad rem pertineret, esse in sua declamatione respondit. Alius percontanti, *Theodoreus, an Apollodoreus esset? Ego*, inquit, *parmularius sum;* nec sane potuit urbanius ex confessione inscitiæ suæ elabi : porro hi, quia et beneficio ingenii præstantes sunt habiti, et multa etiam memoria digna exclamaverunt, plurimos habent similes negligentiæ suæ, paucissimos naturæ. Igitur impetu dicere se, et viribus uti, gloriantur; neque enim opus esse probatione aut dispositione in rebus fictis, sed (cujus rei gratia plenum sit auditorium) sententiis grandibus, quarum optima quæque a periculo petatur. Quin etiam in cogitando, nulla ratione adhibita, aut, tec-

grande pensée leur descende des nues; ou bien, s'animant par un sourd murmure, comme par le son d'un clairon, ils s'agitent et se démènent, non pour débiter mais pour chercher des mots.

Quelques-uns, avant d'être convenus avec eux-mêmes d'une proposition, arrêtent un exorde, auquel ils ont l'intention d'adapter quelques belles phrases; mais après l'avoir bien médité, bien modulé à haute voix, désespérant de trouver une transition, ils l'abandonnent, et passent à un autre, puis à un autre, aussi commun et aussi rebattu que le premier. Ceux qui paraissent avoir le plus de méthode s'attachent aux lieux communs, sans s'occuper, beaucoup plus que les autres, du fond du sujet; ils ne songent pas à défendre le corps de la question, et lancent, sans ordre et sans suite, tout ce qui leur tombe sous la main. De là vient que leurs discours, composés de pièces et de morceaux, ne peuvent jamais former un tout, et ressemblent à ces compilations où les enfants jettent pêle-mêle les morceaux qu'ils ont entendu louer dans les déclamations des autres. Cependant, pour parler leur langage, de leur tête, comme d'un nuage orageux, sortent quelquefois de grandes pensées et de belles choses. Celà est vrai, mais il en échappe aussi à des barbares, à des esclaves. Que si cela suffit, la rhétorique n'existe pas.

CHAP. XII. Il est vrai qu'en cela les détracteurs de la rhétorique se laissent abuser la plupart du temps par cette opinion vulgaire, que les hommes sans instruction sont ceux qui s'expriment avec le plus d'énergie : opinion qui provient principalement d'un défaut de jugement, lequel consiste à croire qu'il y a plus de vigueur là où il n'y a point d'art; qu'il y a, par exemple, plus de force à briser qu'à ouvrir, à rompre qu'à dénouer, à entraîner qu'à conduire. Ils appellent fort un gladiateur qui, sans savoir manier le glaive, se précipite tête baissée sur son adversaire; un lutteur dont tout l'art consiste dans un seul coup, suivi d'une chute pesante. Ils ne font pas attention que celui-ci succombe souvent sous le poids de ses propres forces, et que toute l'impétuosité du premier vient échouer contre un léger mouvement de main.

Il est vrai qu'en fait d'éloquence les ignorants sont nécessairement exposés à certaines méprises. Ainsi la division, qui est d'une si grande importance dans les plaidoyers, diminue l'apparence de la force; ce qui est brut paraît plus volumineux que ce qui est poli; et les choses semblent plus nombreuses lorsqu'elles sont éparses que lorsqu'elles sont en ordre. Ensuite, les qualités et les défauts se touchent de si près, que l'invective passe pour franchise, la témérité pour courage, la prolixité pour abondance. Un ignorant a moins de retenue, il invective à tort et à travers, au risque de compromettre son client, et bien souvent lui-même; et cela le met en réputation, parce que les hommes prennent naturellement plaisir à entendre ce qu'ils n'auraient pas voulu dire eux-mêmes. Ajoutez à cela qu'il est moins circonspect dans l'élocution, et se fait un jeu du péril : d'où il arrive qu'en courant sans cesse après ce qui est outré, il rencontre quelquefois ce qui est grand; mais cela est rare, et ne compense pas les défauts qu'il est beaucoup plus sûr de rencontrer.

Les ignorants semblent aussi avoir plus de fécondité parce qu'ils disent tout, au lieu qu'un homme habile ne dit que ce qu'il faut. Peu soucieux d'ailleurs de prouver ce qu'ils ont avancé, ils évitent la froideur des questions et des arguments, pour ménager la fausse délicatesse des juges devant qui ils parlent, et ne cherchent qu'à

---

tum intuentes, magnum aliquid, quod ultro se offerat, pluribus sæpe diebus exspectant; aut, murmure incerto, velut classico, instincti, concitatissimum corporis motum, non enuntiandis, sed quærendis verbis accommodant. Nonnulli certa sibi initia, priusquam sensum invenerint, destinant, quibus aliquid diserti subjungendum sit; eaque, diu secum ipsi clareque modulati, desperata connectendi facultate, deserunt; et ad alia deinceps, atque inde alia, non minus communia ac nota, devertunt. Qui plurimum videntur habere rationis, non in causas tamen laborem suum, sed in locos intendunt; atque in his non corpori prospiciunt, sed abrupta quædam, ut forte ad manum venere, jaculantur. Unde fit, ut dissoluta et ex diversis congesta oratio cohærere non possit, similisque commentariis puerorum sit, in quos ea, quæ, aliis declamantibus, laudata sunt, regerunt : magnas tamen sententias, et res bonas (ita enim gloriari solent) elidunt; nam et barbari et servi; et, si hoc sat est, nulla est ratio dicendi.

CAP. XII. Ne hoc quidem negaverim, sequi plerumque hanc opinionem, ut fortius dicere videantur indocti : primum vitio male judicantium, qui majorem habere vim credunt ea, quæ non habent artem; ut effringere quam aperire, rumpere quam solvere, trahere quam ducere, putant robustius. Nam et gladiator, qui armorum inscius in pugnam ruit; et luctator, qui totius corporis nisu in id, quod semel invasit, incumbit, fortior ab his vocatur; quum interim et hic frequenter suis viribus ipse prosternitur, et illum, vehementis impetus, excipit adversarii mollis articulus. Sed sunt in hac parte, quæ imperitos etiam naturaliter fallant; nam et *divisio*, quum plurimum valeat in causis, speciem virium minuit, et rudia politis majora, et sparsa compositis numerosiora, creduntur. Est præterea quarum virtutum vicinia vicinia, qua *maledicus* pro *libero*, *temerarius* pro *forti*, *effusus* pro *copioso* accipitur : maledicit autem ineruditus apertius et sæpius; vel cum periculo suscepti litigatoris, frequenter etiam suo. Affert et ista res opinionem, quia libentissime homines audiunt ea, quæ dicere ipsi noluissent : illud quoque alterum, quod est in elocutione ipsa periculum, minus vitat, conaturque perdite; unde evenit nonnunquam, ut aliquid grande inveniat, qui semper quærit aliquid immane est : verum et raro evenit, et certa vitia non pensat. Propter hoc quoque interdum videntur indocti copiam habere majorem, quod dicunt omnia; doctis est et electio, et modus : his accedit, quod a cura docendi quod intenderint, recedunt; itaque illud quæstionum et argumentorum

flatter l'oreille de ceux qui les écoutent par les raffinements d'une éloquence corrompue. Ces pensées recherchées, après lesquelles ils courent, ressortent d'autant plus que tout le reste est pauvre et rampant; et l'on peut dire de leurs pensées lumineuses que les ténèbres contribuent encore plus que l'*ombre*, dont Cicéron conseille le contraste, à en relever l'éclat. Qu'on les vante tant qu'on voudra comme des hommes spirituels, pourvu qu'on m'accorde qu'un homme éloquent, à qui l'on ne donnerait pas d'autre louange, s'en tiendrait offensé. Il faut avouer néanmoins que l'art ôte quelque chose à la nature, comme la lime au fer qu'elle polit, la pierre au ciseau qu'elle aiguise, et le temps au vin qu'il mûrit : mais ce sont les défauts qu'il enlève; et ce que les lettres ont poli n'a perdu en étendue que pour gagner en perfection.

Ces gens recherchent encore dans leur action la réputation d'orateurs véhéments. Sans cesse ils crient, ou plutôt ils beuglent en élevant la main : à les voir hors d'haleine, se jeter tantôt d'un côté, tantôt d'un autre, s'agiter, gesticuler, secouer la tête, on les prendrait pour des furieux. Ils claquent des mains, battent du pied la terre, se frappent la cuisse, la poitrine, le front : tout cela fait un effet merveilleux sur la multitude. Il n'en est pas ainsi de l'homme instruit : de même qu'il sait modérer, varier, disposer son discours, de même il sait conformer son action à la nature des choses qu'il dit; et s'il était une règle qu'on dût observer toujours et sans exception, il ne voudrait jamais être ni paraître que modéré. Mais ceux-là appellent force ce qui n'est à proprement parler que violence. Encore, si c'était seulement à quelques avocats qu'on eût à reprocher ce défaut! mais n'est-il pas déplorable de voir des maîtres, après quelque temps d'exercice, laisser là toute règle, pour se livrer à la fougue et à tous les écarts de leur esprit, et traiter ceux qui ont fait le plus d'honneur aux lettres d'hommes ineptes, secs, timides, languissants, selon que le terme leur vient à la bouche et leur paraît plus outrageant? Félicitons-les d'être devenus éloquents sans peine, sans règle, sans discipline. Pour moi, qui, dans la pensée de faire une retraite honorable, ai depuis plusieurs années renoncé à l'enseignement et au barreau, dans un temps où je pouvais encore laisser des regrets, je ne crois pas pouvoir mieux employer mon loisir qu'en méditant sur les principes de l'éloquence, et en composant ce traité, qui sera, je l'espère, utile aux jeunes gens d'un esprit bien fait, et aura été pour moi du moins une occupation pleine de charme.

CHAP. XIII. Personne sans doute n'exigera de moi qu'à l'exemple de la plupart de ceux qui écrivent des traités de rhétorique, je prescrive aux étudiants un certain nombre de lois, inflexibles et immuables : et d'abord l'*exorde*, et quel il doit être; ensuite la *narration*, et quelles sont ses règles; après la narration, la *proposition*, ou, selon d'autres, l'*excursion;* puis *l'ordre dans lequel doit venir chaque question*, et autres préceptes que quelques personnes observent à la lettre, comme s'il était défendu de procéder autrement. La rhétorique serait une chose facile et de peu d'importance, si elle se renfermait dans un aussi petit nombre de règles. Mais la plupart de ces règles sont subordonnées à la nature des causes, aux circonstances, à l'occasion, à la nécessité. Aussi la principale qualité d'un orateur est-elle cet esprit de discernement qui lui apprend à se mouvoir différemment, selon les vicissitudes des causes. Supposons, en effet,

apud corrupta judicia frigus evitant, nihilque aliud, quam quo vel pravis voluptatibus aures assistentium permulceant, quærunt. Sententiæ quoque ipsæ, quas solas petunt, magis eminent, quum omnia circa illas sordida et abjecta sunt; ut lumina, non *inter umbras* quemadmodum Cicero dicit, sed plane in tenebris, clariora sunt; itaque ingeniosi vocentur, ut libet, dum tamen constet, contumeliose sic laudari disertum. Nihilominus confitendum est etiam detrahere doctrinam aliquid, ut limam rudibus, et cotes hebetibus, et vino vetustatem; sed vitia detrahit, atque eo solo minus est, quod litteræ perpolierunt, quo melius. Verum hi pronunciatione quoque famam dicendi fortius quærunt : nam et clamant ubique, et omnia *levata*, ut ipsi vocant, *manu*, emugiunt, multo discursu, anhelitu, jactatione, gestu, motu capitis, furentes. Jam collidere manus, terræ pedem incutere, femur, pectus, frontem cædere, mire ad pullatum circulum facit; quum ille eruditus, ut in oratione multa submittere, variare, disponere, ita etiam in pronunciando suum cuique eorum, quæ dicet, colori accommodare actum sciat; et si quid sit perpetua observatione dignum, modestus et esse, et videri malit. At illi hanc *vim* appellant, quæ est potius *violentia;* quum interim non actores modo aliquos invenias, sed, quod est turpius, præceptores etiam, qui brevi dicendi exercitationem consecuti, omissa ratione, ut tulit impetus, passim tumultuentur, eosque, qui plus honoris litteris tribuerunt, et ineptos, et jejunos, et trepidos, et infirmos, ut quodque verbum contumeliosissimum occurrit, appellent. Verum illis quidem gratulemur, sine labore, sine ratione, sine disciplina disertis : nos, quando et præcipiendi munus jam pridem deprecati sumus et in foro quoque dicendi, quia honestissimum finem putabamus, desinere dum desideraremur; inquirendo scribendoque talia consolemur otium nostrum, quæ futura usui bonæ mentis juvenibus arbitramur, nobis certe sunt voluptati.

CAP. XIII. Nemo autem a me exigat id præceptorum genus, quod est a plerisque scriptoribus artium traditum, ut quasi quasdam leges, immutabili necessitate constrictas, studiosis dicendi feram : utique *proœmium*, et id quale; proxima huic *narratio*, quæ lex deinde narrandi; *propositio* post hanc, vel, ut quibusdam placuit, *excursio;* tum *certus ordo quæstionum*, cæteraque, quæ, velut si aliter facere fas non sit, quidam tamquam jussi sequuntur. Erat enim rhetorice res prorsus facilis ac parva, si uno et brevi præscripto contineretur; sed mutantur pleraque causis, temporibus, occasione, necessitate; atque

qu'on prescrive à un général, toutes les fois qu'il aura une armée à ranger en bataille, de placer en tête son avant-garde, d'étendre ses ailes à droite et à gauche, et de protéger celles-ci par la cavalerie. Cette tactique sera peut-être la meilleure, si rien ne s'y oppose : mais n'en devra-t-il pas changer, suivant la nature du terrain, s'il se rencontre une montagne, un fleuve, des collines, des bois, ou quelque autre obstacle? Il prendra aussi des mesures différentes, selon l'ennemi auquel il aura affaire, selon le danger où il se trouvera; il combattra tantôt de front, tantôt en pointe; ici, avec ses auxiliaires; là, avec ses légions. Quelquefois la feinte lui réussira, et il fera semblant de lâcher pied. De même, c'est la nature de la cause qui déterminera si l'exorde est nécessaire ou superflu; s'il doit être long ou court; si dans cet exorde l'orateur doit adresser la parole directement au juge, ou peut quelquefois la détourner de lui par l'emploi de quelque figure; si la narration doit être resserrée ou étendue, continue ou divisée; si elle doit être faite suivant l'ordre des faits, ou autrement. L'ordre des questions n'est pas plus invariable. Il peut arriver souvent que, dans la même affaire, une partie ait intérêt à commencer par telle question, et l'autre partie par telle autre. Les préceptes de l'éloquence, en effet, ne sont pas réglés par des lois ou des plébiscites; c'est le besoin qui les a faits ce qu'ils sont. Je ne nie pas que le plus souvent ils ne soient utiles : autrement, je n'écrirais pas. Mais si c'est cette même utilité qui nous conseille de nous en écarter, nous devons la préférer à l'autorité des maîtres.

Ce que je recommande et ne me lasserai pas de répéter, c'est que l'orateur ait toujours en vue deux choses : la *convenance* et l'*utilité*. Souvent l'utilité et quelquefois la convenance exigent qu'on déroge en quelque chose aux règles et aux préceptes. C'est ainsi que dans les statues et les peintures nous voyons varier l'air, le visage, les attitudes. Un corps tout droit manque de grâce : cette figure vue de face, ces bras pendants, ces pieds joints, tout cela forme un ensemble plein de roideur. Mais donnez à cette statue ou à ce portrait de la souplesse, et pour ainsi dire du mouvement, vous animerez cette matière. De là cette variété dans la forme des mains et dans les nuances du visage. Parmi tant de figures, il n'en est pas deux qui se ressemblent : les unes courent et se précipitent, les autres sont assises ou penchées; celles-ci sont nues, celles-là sont voilées; quelques-unes participent de ces diverses situations. Quoi de plus tourmenté, de plus péniblement travaillé, que le Discobole de Myron? Cependant quiconque critiquerait cet ouvrage, comme peu conforme aux règles, témoignerait qu'il n'a aucune intelligence de l'art, puisque c'est précisément dans la hardiesse et dans la difficulté vaincue que consiste le principal mérite de cette statue. Tels sont la grâce et le charme qui se retrouvent dans les figures de pensées et de mots : elles ont, en effet, je ne sais quoi de détourné, et plaisent par cela même qu'elles s'éloignent de la manière commune. Dans la peinture, tout le visage paraît : cependant Apelle a peint Antigone de profil, pour cacher la difformité de l'œil qu'il avait perdu. Ne faut-il pas, de même, dissimuler bien des choses dans un discours, soit parce qu'elles ne doivent pas être montrées, soit parce qu'on ne pourrait les exprimer dignement? C'est ce que fit Timanthe, qui

---

ideo res in oratore præcipua consilium est, quia varie, et ad rerum momenta, convertitur. Quid enim si præcipias imperatori, quoties aciem instruet, dirigat frontem, cornua utrinque promoveat, equites pro cornibus locet? Erit hæc quidem rectissima fortasse ratio, quoties licebit; sed mutabitur natura loci, si mons occurret, si flumen obstabit, si collibus, silvis, asperitate alia prohibebitur; mutabit hostium genus, mutabit præsentis conditio discriminis; nunc acie directa, nunc cuneis, nunc auxiliis, nunc legione pugnabitur; nonnunquam terga etiam dedisse simulata fuga proderit. Ita prooemium necessarium, an supervacuum; breve, an longius; ad judicem omni sermone directo, an aliquando averso per aliquam figuram, dicendum sit; constricta an latius fusa narratio; continua an divisa; recta an ordine permutato, causæ docebunt. Itemque de quæstionum ordine, quum in eadem controversia aliud alii parti prius quæri frequenter expediat; neque enim rogationibus plebisve scitis sancta sunt ista præcepta, sed hoc, quidquid est, utilitas excogitavit. Non negabo autem sic utile esse plerumque, alioqui nec scriberem; verum, si eadem illa nobis aliud suadebit utilitas, hanc, relictis magistrorum auctoritatibus, sequemur. Equidem id maxime

Præcipiam, ac repetens iterumque iterumque monebo : res duas in omni actu spectet orator, *quid deceat, quid expediat*. Expedit autem sæpe, mutare ex illo constituto traditoque ordine aliqua, et interim decet; ut in statuis atque picturis videmus variari habitus, vultus, status; nam recti quidem corporis vel minima gratia est; nempe enim adversa sit facies, et demissa brachia, et juncti pedes, et a summis ad ima rigens opus : flexus ille, et, si sic dixerim, motus, dat actum quemdam effictis; ideo, nec ad unum modum formatæ manus, et in vultu mille species. Cursum habent quædam et impetum, sedent alia, vel incumbunt; nuda hæc, illa velata sunt; quædam mixta ex utroque : quid tam distortum et elaboratum, quam est ille Discobolos Myronis? Si quis tamen, ut parum rectum, improbet opus, nonne ab intellectu artis abfuerit, in qua vel præcipue laudabilis est illa ipsa novitas ac difficultas? Quam quidem gratiam et delectationem afferunt figuræ, quæque in sensibus, quæque in verbis sunt; mutant enim aliquid a recto, atque hanc præ se virtutem ferunt, quod a consuetudine vulgari recesserunt. Habet in pictura speciem tota facies : Apelles tamen imaginem Antigoni latere tantum altero ostendit, ut amissi oculi deformitas lateret. Quid? non in oratione operienda quædam, sive ostendi non debent, sive exprimi pro dignitate non possunt? ut fecit Timanthes, opinor, Cythnius, in

était, je crois, de Cythnie, dans le tableau qui lui mérita le prix sur Colos de Téos. Ayant à représenter le sacrifice d'Iphigénie, il avait peint Calchas triste, Ulysse plus triste encore; il avait épuisé dans Ménélas tout ce que l'art peut donner à la douleur; et comme il ne savait comment exprimer l'affliction du père, il lui voila la tête, laissant au spectateur à juger avec son cœur de ce qui se passait sur le visage d'Agamemnon. Ne trouve-t-on pas quelque chose de semblable dans ce trait de Salluste : *Je crois qu'il vaut mieux ne point parler de Carthage, que d'en parler en peu de mots.* C'est pourquoi ma méthode a toujours été de m'assujettir le moins possible à ces préceptes que les Grecs appellent καθολικὰ, c'est-à-dire *universels* ou *absolus.* Car il s'en rencontre rarement d'une espèce telle, qu'on ne puisse ou les affaiblir en partie, ou les ruiner entièrement. Mais j'en parlerai plus amplement ailleurs. Cependant je ne veux pas que les jeunes gens se croient suffisamment instruits pour avoir étudié un de ces abrégés de rhétorique qui ont cours dans la plupart des écoles, ni qu'ils s'en reposent sur les arrêts des théoriciens. Un travail opiniâtre, une étude assidue, des exercices de toutes sortes, une longue expérience, une connaissance profonde des choses, une rare promptitude de jugement, voilà les conditions de l'éloquence. Sans doute les règles ont leur utilité, mais en tant qu'elles nous enseignent le droit chemin, et non une ornière, où l'on soit condamné à aller pas à pas, comme ceux qui marchent sur la corde. Ainsi nous abandonnons souvent la grande route pour un chemin de traverse, tandis que nous ferions le tour si des torrents avaient emporté les ponts; ou bien encore, nous sortirions par la fenêtre, si le feu avait déjà gagné la porte. Je traite une matière d'une étendue, d'une variété infinie; une matière toujours nouvelle, et sur laquelle on n'aura jamais tout dit. J'essayerai toutefois d'exposer ce que les maîtres ont enseigné de mieux, et ce qu'il m'aura semblé convenable d'y changer, d'y ajouter, ou d'en retrancher.

Chap. XIV. On a essayé de rendre en latin le mot grec ῥητορικὴ, *rhetorice*, et on l'a traduit tantôt par *oratoria*, tantôt par *oratrix*. Les auteurs de cette tentative ont cherché à enrichir notre langue, et il faut leur en savoir gré. Mais ces sortes de traductions ne nous réussissent pas toujours, non plus qu'aux Grecs eux-mêmes. Or, on n'a pas été plus heureux pour le mot grec dont nous parlons, que Flavius pour le mot οὐσία, qu'il a cru bien rendre par *essentia* et *entia.* La traduction que je critique n'est pas même exacte, car on dira bien *oratoria*, comme on dit *elocutoria; oratrix*, comme on dit *elocutrix:* mais le mot ῥητορικὴ, *rhetorice*, dans l'acception où nous le prenons ici, est de la même classe que notre mot *eloquentia*, et il n'est pas douteux qu'il ne soit employé en grec dans deux acceptions différentes, dans l'une adjectivement, *ars rhetorica*, comme on dit *navis piratica;* dans l'autre substantivement, comme *philosophia, amicitia.* Or, nous voulons ici exprimer le substantif, comme de γραμματικὴ nous avons fait *litteratura*, et non *litteratrix* ainsi qu'*oratrix*, ni *litteratoria* ainsi qu'*oratoria.* C'est ce qu'on n'a pas fait pour le mot *rhetorice.* Ne nous tourmentons donc pas à chercher un équivalent, puisqu'il est tant d'autres mots dont nous sommes obligés de nous servir avec la forme grec-

---

tabula, qua Coloten Teium vicit; nam quum in Iphigeniæ immolatione pinxisset tristem Calchantem, tristiorem Ulixem, addidisset Menelao, quem summum poterat ars efficere, mœrorem, consumptis affectibus, non reperiens, quo digne modo patris vultum posset exprimere, velavit ejus caput, et suo cuique animo dedit æstimandum. Nonne huic simile est illud Sallustianum, *nam de Carthagine tacere satius puto, quam parum dicere?* Propter quæ mihi semper moris fuit, quam minime alligare me ad præcepta, quæ καθολικὰ vocant, id est (ut dicamus quomodo possumus) *universalia*, vel *perpetualia :* raro enim reperitur hoc genus, ut non labefactari parte aliqua aut subrui possit; sed de his plenius suo quidque loco tractabimus. Interim nolo se juvenes satis instructos, si quem ex his, qui breves plerumque circumferuntur, artis libellum edidicerint, et velut decretis technicorum tutos, putent. Multo labore, assiduo studio, varia exercitatione, plurimis experimentis, altissima prudentia, præsentissimo consilio constat ars dicendi. Sed adjuvatur his quoque, si tamen rectam viam, non unam orbitam, monstrent; a qua declinare qui crediderit nefas, patiatur necesse est illam per funes ingredientium tarditatem; itaque et stratum militari labore iter sæpe deserimus, compendio ducti; et, si rectum limitem rupti torrentibus pontes inciderint, circumire co-gemur; et, si janua tenebitur incendio, per parietem exibimus. Late fusum opus est, et multiplex, et prope quotidie novum, et de quo nunquam dicta erunt omnia : quæ sunt tamen tradita, quid ex his optimum, et, si quid mutari, adjici, detrahi, melius videbitur, dicere experiar.

Cap. XIV. Rhetoricen in Latinum transferentes, tum oratoriam, tum oratricem nominaverunt. Quos equidem non fraudaverim debita laude, quod copiam Romani sermonis augere tentaverint; sed non omnia nos ducentes ex Græco sequuntur, sicut ne illos quidem, quoties suis utique verbis signare nostra voluerunt. Et hæc interpretatio non minus dura est, quam illa Flavii *essentia* atque *entia;* sed ne propria quidem : nam *oratoria* sic efferetur, ut *elocutoria; oratrix* ut *elocutrix;* illa autem, de qua loquimur, *rhetorice*, talis est, qualis *eloquentia*, nec dubie apud Græcos quoque duplicem intellectum habet : namque uno modo fit appositum, *ars rhetorica*, ut *navis piratica :* altero nomen rei, qualis est *philosophia, amicitia.* Nos ipsam nunc volumus significare substantiam, ut grammatice *litteratura* est, non *litteratrix*, quemadmodum *oratrix;* nec *litteratoria*, quemadmodum *oratoria :* verum in rhetorice non sic. Ne pugnemus igitur, quum præsertim plurimis alioqui Græcis sit utendum; nam certe si *physicos*, et *musicos*, et *geometras*

que; car si j'ai besoin des termes de *physicien*, de *musicien*, de *géomètre*, je ne ferai pas violence à ces mots pour les traduire gauchement en latin. Enfin, quand Cicéron lui-même a intitulé en grec les premiers livres qu'il a écrits sur la rhétorique, on peut sans témérité s'en rapporter à ce grand orateur pour le nom qu'il a donné à son art.

La rhétorique donc (car je ne crains plus qu'on me chicane sur ce terme) sera bien divisée, à mon sens, si nous y considérons trois choses : *l'art*, *l'artiste*, *l'œuvre*. L'art, c'est ce qui est enseigné, *la science de bien dire; l'artiste*, celui qui possède l'art, c'est-à-dire l'orateur, dont la fin est de *bien dire; l'œuvre*, ce que produit l'artiste, c'est-à-dire *un bon discours*. Ces trois choses se subdivisent à leur tour en plusieurs espèces, dont je parlerai en leur lieu. Je vais maintenant m'occuper de l'art.

CHAP. XV. Avant tout, qu'est-ce que la rhétorique? on la définit de bien des manières, mais cette variété de définitions tient surtout à ce que la rhétorique donne lieu à deux questions. Car on dispute ou *sur la qualité de la chose en elle-même, ou sur la compréhension des termes* qui la définissent. La divergence principale des opinions provient de ce que les uns croient que le titre d'orateur peut être donné à un méchant homme, tandis que les autres, à l'opinion desquels je me range, prétendent que ce titre et l'art dont nous parlons ne peuvent appartenir qu'à l'homme de bien.

Parmi ceux qui séparent l'éloquence de ce qu'il y a de plus important et de plus désirable dans la vie, les uns appellent la rhétorique une *force*, les autres une *science*, mais non pas une vertu ; ceux-ci une *routine*, ceux-là un *art*, mais qui n'a rien de commun avec la science et la vertu ; quelques-uns même, une *dépravation de l'art* (κακοτεχνία). Presque tous pensent que l'office de l'orateur consiste à *persuader*, ou à *parler de manière à persuader*, parce que, en effet, le premier venu peut atteindre ce but sans être homme de bien. On définit donc le plus souvent la rhétorique une *force de persuader*. Ce que j'appelle *force*, la plupart l'appellent *puissance*, quelques-uns *faculté*. Pour prévenir toute ambiguïté, j'entends par *force* ce que les Grecs entendent par δύναμις. Cette opinion tire son origine d'Isocrate, si toutefois le traité qui porte son nom est véritablement de lui. Quoiqu'il fût loin de vouloir flétrir la profession de l'orateur, il définit un peu légèrement la rhétorique, en disant qu'elle est *l'ouvrière de la persuasion*, πειθοῦς δημιουργός ; car je ne me permettrai pas le mot primitif dont se sert Ennius en parlant de M. Céthégus, qu'il appelle SUADÆ *medullam*. Platon fait dire à peu près la même chose à Gorgias, dans le dialogue qui porte le nom de ce rhéteur; mais c'est l'opinion de Gorgias, et non celle de Platon. Cicéron a écrit en maint endroit que l'office de l'orateur est de *parler de manière à persuader*; et dans ses livres de rhétorique, dont, à la vérité, il n'était pas content lui-même, il met la fin de l'éloquence dans la persuasion.

Mais l'argent, la faveur, l'autorité de celui qui parle, tout cela persuade aussi, jusqu'à la présence muette de la vertu, de l'infortune ou de la beauté. Lorsque Antoine, défendant M. Aquilius, déchira la robe de son client, et montra les blessures honorables qu'il avait reçues pour la pa-

---

dicam, nec vim afferam his nominibus indecora in Latinum sermonem mutatione; denique, quum M. Tullius etiam ipsis librorum, quos hac de re primum scripserat, titulis, Græco nomine utatur, profecto non est verendum, ne temere videamur oratori maximo de nomine artis suæ credidisse. Igitur *Rhetorice* (jam enim sine metu cavillationis utemur hac appellatione) sic, ut opinor, optime dividetur, ut de *arte*, de *artifice*, de *opere* dicamus. *Ars* erit, quæ disciplina percipi debet; ea est *bene dicendi scientia* : *artifex* est, qui perceperit hanc artem, id est, orator, cujus est summa *bene dicere* : *opus*, quod efficitur ab artifice, id est, *bona oratio*. Hæc omnia rursus diducuntur in species; sed illa sequentia suo loco : nunc quæ de prima parte tractanda sunt, ordiar.

CAP. XV. Ante omnia, quid sit *rhetorice*, quæ finitur quidem varie, sed quæstionem habet duplicem; aut enim *de qualitate ipsius rei*, aut *de comprehensione verborum* dissensio est. Prima ac præcipua opinionum circa hoc differentia, quod alii malos quoque viros posse oratores dici putant; alii (quorum nos sententiæ accedimus) nomen hoc, artemque, de qua loquimur, bonis demum tribui volunt. Eorum autem, qui dicendi facultatem a majore ac magis expetenda vitæ laude secernunt, quidam rhetoricen *vim* tantum, quidam *scientiam*, sed non virtutem, quidam *usum*, quidam *artem* quidem, sed a scientia et virtute dijunctam, quidam etiam *pravitatem* quamdam *artis*, id est, κακοτεχνίαν nominaverunt. Hi fere, aut *in persuadendo*, aut *in dicendo apposite ad persuadendum*, positum orandi munus sunt arbitrati; id enim fieri potest ab eo quoque, qui vir bonus non sit : est igitur frequentissimus *finis*, *rhetoricen esse vim persuadendi*; quod ego *vim* appello, plerique *potestatem*, nonnulli *facultatem* vocant : quæ res ne quid afferat ambiguitatis, vim dico τὴν δύναμιν. Hæc opinio originem ab Isocrate (si tamen re vera Ars, quæ circumfertur, ejus est) duxit, qui, quum longe sit a voluntate infamantium oratoris officia, finem artis temere comprehendit, dicens esse rhetoricen *persuadendi opificem*, id est, πειθοῦς δημιουργόν; neque enim mihi permiserim eadem uti declinatione qua Ennius M. Cethegum *Suadæ medullam* vocat. Apud Platonem quoque Gorgias in libro, qui nomine ejus inscriptus est, idem fere dicit; sed hanc Plato illius opinionem vult accipi, non suam. Cicero pluribus locis scripsit, oratoris officium esse, *dicere apposite ad persuadendum*. In rhetoricis etiam, quos sine dubio ipse non probat, finem facit *persuadere* : verum et pecunia persuadet, et gratia, et auctoritas dicentis, et dignitas, et postremo aspectus etiam ipse sine voce, quo vel recordatio meritorum cujusque, vel facies aliqua miserabilis, vel formæ pulchritudo, sententiam dictat. Nam et M'. Aquillium defendens

trie, il avait moins compté sur son éloquence que sur les yeux du peuple romain, qui ne put, dit-on, résister à ce spectacle, et renvoya Aquilius absous. Comment Servius Galba échappa-t-il à la sévérité des lois? par la pitié qu'il excita en paraissant dans la place publique entouré de ses enfants en bas âge, et tenant entre ses bras le fils de Gallus Sulpitius : c'est ce que nous attestent plusieurs historiens, et Caton lui-même dans son plaidoyer. Et Phryné, ce n'est pas à la plaidoirie d'Hypéride, tout admirable qu'elle etait, qu'elle dut son salut, mais à sa beauté, dont elle acheva le triomphe en découvrant son sein. Si tout cela persuade, la définition que nous avons citée n'est donc pas la bonne. C'est pourquoi ceux-là ont cru être plus exacts, qui, tout en partageant le même sentiment sur la rhétorique, l'ont définie une *force de persuader par la parole* : définition à laquelle Gorgias, dans le dialogue dont nous avons parlé plus haut, est, en quelque sorte, amené de force par Socrate. Théodecte ne s'en éloigne pas non plus, dans le traité de rhétorique qui porte son nom, mais qu'on croit être d'Aristote. Il y est dit que la fin de la rhétorique est *d'amener les hommes où l'on veut par la parole*. Mais cela n'est pas même encore assez compréhensif; car d'autres aussi persuadent par la parole et réussissent à imposer leur volonté; par exemple, les courtisanes, les flatteurs, les entremetteurs. L'orateur, au contraire, ne persuade pas toujours de sorte que quelquefois cette fin ne lui est pas assurée, et quelquefois lui est commune avec des gens qui ne sont rien moins que des orateurs. Apollodore s'éloigne peu de cette définition, en disant que le but principal, le but suprême de l'éloquence judiciaire, est de *persuader le juge, et de l'amener où l'on veut :* en quoi il assujettit tellement l'orateur à l'événement, que, s'il ne persuade pas, il n'est pas digne de son nom.

D'autres ont fait abstraction de l'événement, comme Aristote, qui dit : *La rhétorique est l'art de trouver tout ce qui peut persuader en parlant.* Mais cette définition, outre le défaut dont nous avons parlé plus haut, a encore celui de ne comprendre que l'invention, laquelle, sans l'élocution, ne constitue pas le discours.

A l'égard d'Hermagoras, qui dit que la fin de la rhétorique est de *parler d'une manière persuasive*, comme de tous ceux qui ne diffèrent de lui que par les mots, et prétendent que la rhétorique consiste à *dire tout ce qu'il faut pour persuader*, je leur ai suffisamment répondu, en prouvant que la persuasion n'appartient pas seulement à l'orateur.

Ces définitions ne s'arrêtent pas là. Les uns ont pensé que la rhétorique s'étendait *à tout;* d'autres, qu'elle devait être restreinte *aux matières civiles*. Laquelle de ces deux opinions est la plus vraie, c'est ce que j'examinerai en son lieu. Aristote semble étendre la rhétorique à tout, en disant qu'elle est l'art de *dire tout ce qui peut persuader en chaque chose*. Quoiqu'il n'ajoute pas *en chaque chose*, Patrocle, en n'exceptant rien, témoigne qu'il est du même avis. En effet, il la définit *l'art de trouver tout ce qui est de nature à persuader en parlant*. Or ces définitions aussi ne comprennent que l'invention. Théodore a évité cette faute, en la définissant *l'art de trouver et d'ex-*

Antonius, quum scissa veste cicatrices, quas is pro patria pectore adverso suscepisset, ostendit, non orationis habuit fiduciam, sed oculis populi Romani vim attulit, quem illo ipso aspectu maxime motum in hoc ut absolveret reum, creditum est. Servium quidem Galbam miseratione sola, qua non suos modo liberos parvulos in concionem produxerat, sed Galli etiam Sulpicii filium suis ipse manibus circumtulerat, elapsum esse, cum aliorum monumentis, tum Catonis oratione testatum est. Et Phrynen non Hyperidis actione, quamquam admirabili, sed conspectu corporis, quod illa, speciocissimum alioqui, diducta nudaverat tunica, putant periculo liberatam. Quæ si omnia persuadent, non est hic, de quo locuti sumus, idoneus finis : ideoque diligentiores sunt visi sibi, qui, quum de rhetorice idem sentirent, existimaverunt eam *vim dicendo persuadendi*, quem finem Gorgias in eodem, de quo supra diximus, libro, velut coactus a Socrate, facit, a quo non dissentit Theodectes; sive ipsius id opus est, quod de rhetorice nomine ejus inscribitur, sive, ut creditum est, Aristotelis, in quo est, finem esse rhetorices, *ducere homines dicendo in id quod actor velit*. Sed ne hoc quidem satis est comprehensum; persuadent enim dicendo, vel ducunt in id quod volunt, alii quoque, ut *meretrices, adulatores, corruptores :* at contra non persuadet semper orator; ut interim non sit proprius hic finis ejus, interim sit communis cum iis, qui ab oratore procul absunt. Atqui non multum ab hoc fine abest Apollodorus, dicens judicialis orationis primum et super omnia esse, *persuadere judici, et sententiam ejus ducere in id quod velit;* nam et ipse oratorem fortunæ subjicit, ut, si non persuaserit, nomen suum retinere non possit. Quidam recesserunt ab eventu, sicut Aristoteles, qui dicit : *rhetorice est vis inveniendi omnia in oratione persuasibilia ;* qui finis et illud vitium, de quo supra diximus, habet, et insuper, quod nihil nisi inventionem complectitur, quæ sine elocutione non est oratio. Hermagoræ, qui finem ejus esse ait *persuasibiliter dicere*, et aliis, qui eamdem sententiam non iisdem tamen verbis explicant ac finem esse demonstrant, *dicere, quæ oporteat omnia, ad persuadendum,* satis responsum est, quum *persuadere* non tantum oratoris esse convicimus. Addita sunt his alia varie; quidam enim *circa res omnes*, quidam *circa civiles* modo versari *rhetoricen* putaverunt, quorum verius utrum sit, in eo loco, qui hujus quæstionis proprius est, dicam. Omnia subjecisse oratori videtur Aristoteles, quum dixit, *vim esse dicendi, quid in quaque re possit esse persuasibile;* et Patrocles, qui non quidem adjicit, *in quaque re,* sed nihil excipiendo, idem ostendit ; *vim* enim vocat *inveniendi, quod sit in oratione persuasibile,* qui fines et ipsi solam complectuntur inventionem. Quod vitium fugiens Theodorus, vim putat *inveniendi et eloquendi cum ornatu credibilia, in omni oratione.* Sed, quum eodem modo dixerit, quo persuasibilia, etiam non

primer avec des ornements ce qui est vraisemblable dans un sujet quelconque. Mais outre qu'il n'est pas nécessaire d'être orateur pour trouver ce qui est vraisemblable, non plus que pour trouver ce qui est persuasif; en ajoutant *dans un sujet quelconque*, Théodore va plus loin que les précédents, et accorde le plus noble des titres à ceux mêmes qui persuaderaient le crime. Gorgias, dans Platon, se vante d'être maître en l'art de persuader devant les tribunaux et ailleurs, de savoir aussi traiter du juste et de l'injuste : à quoi Socrate répond qu'il lui accorde la faculté de *persuader*, mais non celle *d'enseigner*.

Pour ceux qui n'étendent pas la rhétorique à tout, ils ont été forcés de recourir à des définitions plus tourmentées et plus verbeuses. De ce nombre fut Ariston, disciple de Critolaüs le péripatéticien, dont voici la définition : *C'est la science de découvrir et d'exprimer ce qu'il faut dire sur des affaires civiles, dans un discours propre à persuader le vulgaire.* Comme péripatéticien, il appelle *science* ce que les stoïciens nomment *vertu*. Mais en disant *propre à persuader le vulgaire*, il fait réellement injure à l'art oratoire, qu'il regarde comme incapable de persuader les gens éclairés. Disons une fois pour toutes à tous ceux qui restreignent la rhétorique aux affaires civiles, qu'ils excluent beaucoup de parties qui sont du ressort de l'orateur, et notamment tout le genre démonstratif, qui est un des trois genres de l'éloquence. Théodore de Gadare s'est exprimé avec plus de réserve; il est du nombre de ceux qui veulent bien que ce soit un *art*, mais non pas une *vertu*. Voici en effet ce qu'il dit; je me sers des termes de ceux qui l'ont traduit du grec : « La rhétorique est l'*art d'inventer, de disposer et d'exprimer avec des ornements assortis, et dans la mesure convenable au sujet, tout ce qui peut servir à persuader en matière civile.* » Cornélius Celsus dit la même chose. C'est, selon lui, l'art de *parler d'une manière persuasive sur des questions douteuses en matière civile*. Je pourrais citer beaucoup d'autres définitions qui rentrent dans celle de Cornélius Celsus; entre autres, celle-ci : La rhétorique est l'*art de découvrir et d'exprimer avec une certaine persuasion ce qu'il faut dire sur les affaires civiles qu'on a à traiter, en y joignant une certaine action en rapport avec ce qu'on dit.* Il y en a mille autres qui ne sont que des répétitions ou des imitations, auxquelles nous répondrons également, lorsque nous aurons à traiter de l'objet de la rhétorique.

Selon quelques rhéteurs, ce n'est ni une *force*, ni une *science*, ni un *art*. Critolaüs l'appelle seulement une *routine*; car c'est ce que signifie le mot τριβή; Athénée l'appelle l'*art de tromper*. La plupart, au reste, pour n'avoir lu que quelques passages du *Gorgias* de Platon, extraits sans discernement par d'autres rhéteurs, et pour n'avoir point étudié ce dialogue en entier ni les autres ouvrages de ce philosophe, sont tombés dans une erreur très-grave, et ont cru qu'il regardait la rhétorique, non comme un *art*, mais comme *une certaine habileté à flatter et à plaire*; ou, ainsi qu'il le dit dans un autre endroit du même dialogue, comme *un simulacre d'une partie de la politique*, et la *quatrième espèce de flatterie*; parce qu'il assigne au corps *deux parties de la politique*, la *médecine* et la *gymnastique*; et deux à l'âme, *la connaissance des lois* et *la justice*; et qu'il oppose ensuite à chacun de ces arts autant d'arts factices : ainsi la *médecine* a sa menterie dans la *cuisine*; la gymnastique a la

---

orator inveniat, adjiciendo, *in omni oratione*, magis quam superiores concedit scelera quoque persuadentibus, pulcherrimæ rei nomen. Gorgias apud Platonem, persuadendi se artificem in judiciis et aliis cœtibus esse ait; de justis quoque et injustis tractare, cui Socrates *persuadendi*, non *docendi* concedit facultatem. Qui vero non omnia subjiciebant oratori, sollicitius ac verbosius, ut necesse erat, adhibuerunt discrimina; quorum fuit Ariston, Critolai peripatetici discipulus, cujus hic finis est, *scientia videndi et agendi in quæstionibus civilibus, per orationem popularis persuasionis*. Hic *scientiam*, quia peripateticus est, non, ut stoici, *virtutis* loco ponit; *popularem* autem comprehendendo *persuasionem*, etiam contumeliosus est adversus artem orandi, quam nihil putat doctis persuasuram. Illud de omnibus, qui circa civiles demum quæstiones oratorem judicant versari, dictum sit, excludi ab his plurima oratoris officia, illam certe *laudativam* totam, quæ est rhetorices pars tertia. Cautius Theodorus Gadareus, ut jam ad eos veniamus, qui *artem* quidem esse eam, sed *non virtutem*, putaverunt; ita enim dicit (ut ipsis eorum verbis utar, qui hæc ex Græco transtulerunt) *Ars inventrix, et judicatrix, et enunciatrix decente ornatu secundum mensionem ejus, quod in quoque potest sumi persuasibile, in materia civili*. Itemque Cornelius Celsus, qui finem rhetorices ait, *dicere persuasibiliter in dubia et civili materia*; quibus sunt non dissimiles, qui ab aliis traduntur; qualis est ille, *Vis videndi et eloquendi de rebus civilibus subjectis sibi, cum quadam persuasione et quodam corporis habitu et eorum, quæ dicet, pronunciatione*. Mille alia, sed aut eadem, aut ex eisdem composita, quibus item, quum de materia rhetorices dicendum erit, respondebimus. Quidam eam neque *vim*, neque *scientiam*, neque *artem* putaverunt; sed Critolaus *usum dicendi*, nam hoc τριβή significat; Athenæus *fallendi artem*. Plerique autem, dum pauca ex Gorgia Platonis, a prioribus imperite excerpta, legere contenti, neque hoc totum, neque alia ejus volumina evolvunt, in maximum errorem inciderunt; creduntque, eum in hac esse opinione, ut *rhetoricen non artem, sed peritiam quamdam gratiæ ac voluptatis* existimet : et, alio loco, *civilitatis particulæ simulacrum*, et *quartam partem adulationis*; quod duas partes civilitatis corpori assignet, *medicinam*, et quam interpretantur *exercitatricem*, duas animo, *legalem*, atque *justitiam*, *adulationem* autem *medicinæ*, vocet *coquorum* artificium; et *exerci-*

sienne dans l'artifice de ces marchands d'esclaves qui savent donner une apparence de santé et d'embonpoint à des corps qui n'ont ni l'un ni l'autre ; *la connaissance des lois*, dans *la chicane*, et *la justice*, dans *la rhétorique*. Tout cela est, à la vérité, écrit dans le *Gorgias*, et dit par Socrate, sous le personnage duquel Platon semble indiquer son propre sentiment. Mais parmi les dialogues de Platon, les uns ont été composés pour réfuter les sophistes, et sont appelés ἐλεγκτικοί ; les autres, pour enseigner, et sont appelés δογματικοί. Or Socrate, ou, si l'on veut, Platon, jugeait ainsi la rhétorique de son temps, puisqu'il dit en propres termes : *suivant votre manière à vous d'entendre la politique*. Mais il suppose une rhétorique conforme aux lois du vrai et du beau : aussi la dispute avec Gorgias finit-elle par ces mots : *N'est-ce pas une nécessité que l'orateur soit juste, et qu'étant juste il pratique la justice ?* à quoi Gorgias demeure sans réplique ; mais Polus, que l'ardeur de la jeunesse rend plus inconsidéré, s'empare de la parole, et c'est à lui que s'adresse ce que Socrate appelle *fantôme* et *flatterie*. Vient ensuite Calliclès, plus fougueux encore que Polus, et qui cependant est amené à cette conclusion : *que celui qui veut devenir bon orateur doit être juste, et savoir ce que c'est que la justice*. Il est donc évident que Platon ne regardait pas la rhétorique comme une mauvaise chose, mais qu'il ne reconnaissait pour véritable que celle qui repose sur le juste et le bon. Il s'en explique encore plus clairement dans le *Phédrus*, où il dit que cet art ne peut être parfait sans la science du juste ; et c'est l'opinion à laquelle je me range. Autrement, ce philosophe aurait-il composé l'apologie de Socrate et l'éloge de ceux qui étaient morts pour la patrie ? ce qui est certainement l'œuvre d'un orateur. Mais il s'élevait contre cette espèce d'hommes qui abusaient de l'éloquence ; suivant en cela l'exemple de son maître, qui regarda comme indigne de lui le discours que Lysias avait composé pour sa défense ; car c'était l'usage, alors surtout, de composer pour les accusés des plaidoyers qu'ils prononçaient eux-mêmes ; et de cette façon on éludait la loi qui défendait de plaider pour autrui. Platon regardait encore comme incapables de l'enseignement de la rhétorique ceux qui séparent cet art de la justice, et préfèrent la vraisemblance à la vérité. C'est ce qu'il dit dans un autre endroit du *Phédrus*. Cornélius Celsus pensait apparemment comme les rhéteurs que je viens de citer, lui qui dit que *l'orateur ne cherche que la vraisemblance* ; et un peu plus loin : *Ce n'est pas dans la bonne conscience, mais dans la victoire, qu'est la récompense de l'avocat*. Si cela était vrai, ce serait le comble de la scélératesse de mettre entre les mains des méchants des armes aussi funestes, et d'aider au crime par des préceptes. Mais je laisse aux auteurs de cette doctrine à en apprécier les conséquences. Pour moi, dont le dessein est de former un orateur parfait, et qui veux qu'avant tout il soit homme de bien, je retourne à ceux qui ont une plus haute idée de cette œuvre. Les uns ont cru que la rhétorique était la même chose que la *politique* : Cicéron, par exemple, l'appelle une partie de la *politique* ; or par *politique* il entend la *sagesse*. D'autres, comme Isocrate, en font une partie de la *philosophie*. La rhétorique, ainsi considérée dans sa substance, ne saurait recevoir une meilleure définition que celle-ci : *La rhétorique est la science de bien dire*. Car cette définition

---

tatricis, mangonum, qui colorem fuco, et verum robur inani sagina mentiantur ; *legalis, cavillatricem* ; *justitiæ, rhetoricen*. Quæ omnia sunt quidem scripta in hoc libro, dictaque a Socrate, cujus persona videtur Plato significare quid sentiat ; sed alii sunt ejus sermones ad coarguendos, qui contra disputant, compositi, quos ἐλεγκτικοὺς vocant, alii ad præcipiendum, qui δογματικοί appellantur. Socrates autem, seu Plato, eam quidem, quæ tum exercebatur, rhetoricen talem putavit ; nam et dicit his verbis τοῦτον τὸν τρόπον, ὃν ὑμεῖς πολιτεύεσθε· veram autem et honestam intelligit : itaque disputatio illa contra Gorgiam ita clauditur, οὐκοῦν ἀνάγκη τὸν ῥητορικὸν δίκαιον εἶναι, τὸν δὲ δίκαιον βούλεσθαι δίκαια πράσσειν. Ad quod ille quidem conticescit, sed sermonem suscipit Polus, juvenili calore inconsideratior, contra quem illa de simulacro et adulatione dicuntur. Tum Calliclés adhuc concitatior, qui tamen ad hanc perducitur clausulam, τὸν μέλλοντα ὀρθῶς ῥητορικὸν ἔσεσθαι, δίκαιον ἄρα δεῖ εἶναι καὶ ἐπιστήμονα τῶν δικαίων ; ut appareat, Platoni non rhetoricen videri malum, sed eam veram, nisi justo ac bono, non contingere. Adhuc autem in Phædro manifestius facit, hanc artem consummari citra justitiæ quoque scientiam non posse ; cui opinioni nos quoque accedimus : an aliter defensionem Socratis, et eorum, qui pro patria ceciderant, laudem scripsisset ? quæ certe sunt oratoris opera. Sed in illud hominum genus, quod facultate dicendi male utebatur, invectus est : nam et Socrates inhonestam sibi crediderat orationem, quam ei Lysias reo composuerat ; et tum maxime scribere litigatoribus, quæ illi pro se ipsi dicerent, erat moris ; atque ita juri, quo non licebat pro altero agere, fraus adhibebatur. Doctores quoque ejus artis parum idonei Platoni videbantur, qui *rhetoricen* a justitia separarent, et veris credibilia præferrent ; quod id quoque dicit in Phædro. Consensisse autem illis superioribus videri potest etiam Cornelius Celsus, cujus hæc verba sunt : *Orator simile tantum veri petit* ; deinde paulo post : *Non enim bona conscientia, sed victoria, litigantis est præmium* ; quæ si vera essent, pessimorum hominum foret, hæc tam perniciosa nocentissimis moribus dare instrumenta, et nequitiam præceptis adjuvare. Sed illi rationem opinionis suæ viderint ; nos autem ingressi formare perfectum oratorem, quem inprimis esse *virum bonum* volumus, ad eos, qui de hoc opere melius sentiunt, revertamur. *Rhetoricen* autem quidam eamdem *civilitatem* esse judicaverunt : Cicero *scientiæ civilis partem* vocat ; *civilis* autem *scientia* idem quod *sapientia* est : quidam etiam *philosophiæ*, quorum est Isocrates. Huic ejus substan-

embrasse toutes les qualités de l'éloquence et en même temps les mœurs de l'orateur, puisqu'il ne peut *bien dire* sans être homme de bien. C'est à quoi revient la définition de Chrysippe, tirée de Cléanthe, dont toute la différence consiste en ce qu'il se sert de *recte* au lieu de *bene*. Il en est encore plusieurs autres du même philosophe, mais elles appartiennent plutôt à d'autres questions. En définissant la rhétorique *l'art de persuader ce qu'il faut*, on rentrerait dans la même idée, à cela près que l'art serait subordonné à l'événement. Aréus la définit bien, en disant qu'elle consiste à parler *selon la vertu de l'oraison*. Ceux-là interdisent encore la rhétorique aux méchants, qui la regardent comme la science des devoirs civils, puisqu'ils considèrent la science comme une vertu; mais ils la renferment en des bornes trop étroites, en la restreignant aux questions civiles. Albutius, auteur et professeur célèbre, convient que la rhétorique est *la science de bien dire;* mais il pèche en ajoutant, *dans les matières civiles, et avec vraisemblance :* restrictions que nous avons déjà combattues. Il faut louer aussi l'intention de ceux qui l'ont définie *l'art de bien penser et de bien dire*.

Telles sont à peu près les définitions les plus célèbres et les plus controversées. Car de les discuter toutes, il n'est ni expédient ni même possible, d'autant plus que ceux qui ont écrit des traités de rhétorique semblent avoir pris à tâche de ne rien définir dans les mêmes termes que leurs devanciers : vaine ostentation, qui sera loin de moi. Peu jaloux de dire du nouveau, je me contenterai d'exposer ce qui aura le suffrage de ma raison, comme cette définition, par exemple : *la rhétorique est l'art de bien dire*, parce que, le mieux étant trouvé, chercher autre chose, c'est vouloir trouver pis. Cela posé, on voit clairement quelle est, pour la rhétorique, cette fin, ce terme où tendent tous les arts, et que les Grecs appellent τέλος. Car si elle n'est pas autre chose que *l'art de bien dire*, *bien dire* est le terme final qu'elle doit se proposer.

Chap. XVI. Vient ensuite cette question : Si la rhétorique sert à quelque chose? Certaines gens se déchaînent contre elle, et ne rougissent pas de s'armer des forces de l'éloquence contre l'éloquence. *C'est elle*, disent-ils, *qui soustrait le coupable au châtiment, et par ses artifices fait quelquefois succomber l'innocent; qui fait prévaloir les mauvais conseils; qui excite non-seulement les séditions et les troubles populaires, mais jusqu'à des guerres inexpiables; dont enfin le pouvoir n'est jamais plus efficace que lorsqu'elle protége le mensonge contre la vérité.*

Les poëtes comiques reprochent, en effet, à Socrate d'*enseigner comment on rend bonne une mauvaise cause;* et, de son côté, Platon dit que Tisias et Gorgias font profession d'enseigner la même chose. On ajoute à cela des exemples pris chez les Grecs et les Romains ; on énumère ceux qui, par un usage funeste de l'éloquence, ont non-seulement nui aux particuliers, mais ont encore troublé la paix ou causé la ruine des États. C'est pour cela qu'elle fut bannie de Sparte, et qu'à Athènes on la réduisit à l'impuissance, en interdisant l'emploi des passions dans les plaidoyers.

Avec ce raisonnement, il faut aussi proscrire les généraux, les magistrats, la médecine, et jusqu'à l'étude de la sagesse; car parmi les généraux

---

tiæ maxime convenit finitio, *rhetoricen esse bene dicendi scientiam*; nam et orationis omnes virtutes semel complectitur, et protinus mores etiam oratoris, quum bene dicere non possit, nisi vir bonus. Idem valet Chrysippi finis ille ductus a Cleanthe, *scientia recte dicendi;* sunt plures ejusdem, sed ad alias quæstiones magis pertinent : idem sentiret finis hoc modo comprehensus, *persuadere quod oporteat*, nisi quod artem ad exitum alligat. Bene Areus, *dicere secundum virtutem orationis*. Excludunt a rhetorice malos et illi, qui scientiam civilium officiorum eam putaverunt, si scientiam virtutem judicant; sed anguste, intraque civiles quæstiones, coercent. Albutius, non obscurus professor atque auctor, *scientiam bene dicendi* esse consentit; sed exceptionibus peccat, adjiciendo, *circa civiles quæstiones*, et *credibiliter*, quarum jam utrique responsum est. Probabilis et illi voluntatis, qui *recte sentire et dicere*, rhetorices putaverunt : hi sunt fere fines maxime illustres, et de quibus præcipue disputatur ; nam omnes quidem persequi, nec attinet, nec possum : quum pravum quoddam, ut arbitror, studium circa scriptores artium exstiterit, nihil eisdem verbis, quæ prior aliquis occupasset, finiendi; quæ ambitio procul aberit a me. Dicam enim non utique quæ invenero, sed quæ placebunt, sicut hoc, *rhetoricen esse bene dicendi scientiam :* quum, reperto quod est optimum, qui quærit aliud, pejus velit. His approbatis, simul manifestum est illud quoque, quem finem, vel quid summum et ultimum habeat rhetorice, quod τέλος dicitur, ad quod omnis ars tendit; nam si est ipsa bene dicendi scientia, finis ejus et summum est bene dicere.

Cap. XVI. Sequitur quæstio, *An utilis rhetorice?* nam quidam vehementer in eam invehi solent; et, quod sit indignissimum, in accusationem orationis utuntur orandi viribus : *Eloquentiam esse, quæ pœnis eripiat scelestos; cujus fraude damnentur interim boni ; consilia ducantur in pejus; nec seditiones modo turbæque populares, sed bella etiam inexpiabilia excitentur; cujus denique tum maximus sit usus, quum pro falsis contra veritatem valet.* Nam et Socrati objiciunt comici, *docere eum, quomodo pejorem causam meliorem faciat:* et, contra, Tisiam et Gorgiam similia, dicit, polliceri Plato. Et his adjiciunt exempla Græcorum Romanorumque, et enumerant, qui, perniciosa, non singulis tantum, sed rebus etiam publicis, usi eloquentia, turbaverint civitatium status, vel everterint; eoque et Lacedæmoniorum civitate expulsam; et Athenis quoque, ubi actor movere affectus vetabatur, velut recisam orandi potestatem. Quo quidem modo nec duces erunt utiles, nec magistratus, nec medicina, nec ipsa denique sapientia ; nam et dux Flami-

il s'est rencontré un Flaminius ; parmi les magistrats, des Gracques, un Saturninus, un Glaucia ; parmi les médecins, des empoisonneurs, et parmi les philosophes, des hommes qui abusent de ce nom, et se livrent quelquefois aux plus honteux désordres. Ne touchons point aux mets de nos tables, car ils ont souvent occasionné des maladies ; n'entrons jamais dans nos maisons, elles s'écroulent quelquefois sur ceux qui les habitent ; ne fabriquons plus d'épées pour nos soldats, des brigands pourraient s'en servir. Qui ne sait que le feu et l'eau, sans lesquels on ne peut vivre, et même jusqu'aux choses célestes, le soleil et la lune, les premiers des astres, ont quelquefois des influences nuisibles ?

Niera-t-on que, par la force de sa parole, l'aveugle Appius n'ait fait rejeter la paix honteuse proposée par Pyrrhus ? la divine éloquence de Cicéron ne parut-elle pas plus populaire que les lois agraires qu'il attaquait ? n'est-ce pas cette même éloquence qui brisa l'audace de Catilina, et mérita à un magistrat le plus grand des honneurs réservés aux généraux victorieux, des prières publiques décrétées en son nom ? N'est-ce pas par des harangues qu'on ranime souvent le courage abattu du soldat, et qu'en face du danger on lui persuade que la gloire est préférable à la vie. Que m'importent les Lacédémoniens et les Athéniens ? J'ai pour moi l'autorité du peuple romain, chez qui les orateurs ont toujours joui de la plus grande considération. Enfin, comment les fondateurs des villes auraient-ils pu, sans le secours de l'éloquence, rassembler en corps de peuple une multitude éparse et sauvage ? Comment les législateurs auraient-ils pu, sans la puissance de la parole, amener les hommes à se soumettre volontairement au joug des lois ? Les préceptes mêmes de la morale, quoique naturellement beaux, touchent plus vivement les âmes, lorsque l'éclat de l'éloquence vient en relever la beauté. Quoique les armes de l'éloquence servent également au bon et au méchant, il n'est pas juste de regarder comme mauvaise une chose dont il dépend de nous de faire un bon usage.

Au reste, laissons ces questions à ceux qui veulent que la fin de la rhétorique soit dans la persuasion. Mais si la rhétorique est *l'art de bien dire*, définition qui est la nôtre, et qui suppose que l'orateur doit être avant tout homme de bien, il faut bien convenir qu'elle a son utilité. Certainement si le Dieu souverain, père des choses et architecte du monde, nous a distingués en quelque chose des autres animaux mortels, c'est par la faculté de parler. Car il est certain qu'ils nous surpassent en grandeur, en force, en durée, en résistance, en vitesse. Ils se passent mieux que nous de secours étrangers. Sans autres leçons que celles de la nature, ils apprennent en moins de temps à marcher, à manger, à traverser les rivières à la nage. Presque tous naissent avec des vêtements contre le froid, avec des armes pour se défendre ; ils rencontrent leur nourriture presque sous leurs pas. Que n'en coûte-t-il pas à l'homme pour se procurer tout cela ? Aussi l'auteur de la nature a-t-il compensé cette infériorité en nous donnant la raison, et en nous associant par elle aux dieux immortels. Mais cette raison nous servirait peu, et ne se manifesterait guère en nous, si nous ne pouvions exprimer nos pensées par la parole. Car c'est plutôt cette faculté qui manque aux animaux, qu'une sorte d'intelligence et de réflexion : en effet, se bâtir

---

nius, et Gracchi, Saturnini, Glauciæ, magistratus, et in medicis venena, et in iis, qui philosophorum nomine male utuntur, gravissima nonnunquam flagitia deprehensa sunt. Cibos aspernemur, attulerunt sæpe valetudinis causas ; nunquam tecta subeamus, super habitantes aliquando procumbunt ; non fabricetur militi gladius, potest uti eodem ferro latro. Quis nescit ignes, aquas, sine quibus nulla sit vita, et, ne terrenis immorer, Solem Lunamque, præcipua siderum, aliquando etiam nocere ? Num igitur negabitur deformem Pyrrhi pacem cæcus ille Appius dicendi viribus diremisse ? aut non divina M. Tullii eloquentia et contra leges Agrarias popularis fuit, et Catilinæ fregit audaciam, et supplicationes, qui maximus honor victoribus bello ducibus datur, in toga meruit ? Nonne perterritos militum animos frequenter a metu revocat oratio, et tot pugnandi pericula ineuntibus, laudem vita potiorem esse persuadet ? neque vero me Lacedæmonii atque Athenienses magis moverint, quam populus Romanus, apud quem summa semper oratoribus dignitas fuit. Equidem nec urbium conditores reor aliter effecturos fuisse, ut vaga illa multitudo coiret in populos, nisi docta voce commota ; nec legum repertores sine summa vi orandi consecutos, ut se ipsi homines ad servitutem juris astringerent. Quin ipsa vitæ præcepta, etiamsi natura sunt honesta, plus tamen ad formandas mentes valent, quoties pulchritudinem rerum claritas orationis illuminat : quare, etiamsi in utramque partem valent arma facundiæ, non tamen est æquum id haberi malum, quo bene uti licet. Verum hæc apud eos fortasse quærantur, qui summam rhetorices ad persuadendi vim retulerunt. Si vero est *bene dicendi scientia*, quem nos finem sequimur, ut sit *orator* inprimis *vir bonus*, utilem certe eam esse confitendum est. Et hercle deus ille princeps, parens rerum, fabricatorque mundi, nullo magis hominem separavit a cæteris, quæ quidem mortalia essent, animalibus, quam dicendi facultate. Nam corpora quidem magnitudine, viribus, firmitate, patientia, velocitate præstantiora in illis mutis videmus ; eadem minus egere acquisitæ extrinsecus opis : nam et ingredi citius, et pasci, et tranare aquas, citra docentem, natura ipsa sciunt. Et pleraque contra frigus ex suo corpore vestiuntur, et arma iis ingenita quædam, et ex obvio fere victus, circa quæ omnia multis hominibus labor est ; rationem igitur nobis præcipuam dedit, ejusque nos socios esse cum diis immortalibus voluit. Sed ipsa ratio neque tam nos juvaret, neque tam esset in nobis manifesta, nisi, quæ concepissemus mente, promere etiam loquendo possemus, quod magis deesse cæteris animalibus, quam intellectum et cogitationem quamdam, videmus. Nam et moliri cubi-

des retraites, construire des nids, élever leurs petits, les faire éclore, amasser des provisions pour l'hiver, faire certains ouvrages que toute l'industrie humaine ne saurait imiter, tels que la cire et le miel, tout cela est peut-être en eux l'effet de quelque raisonnement. Mais parce que, tout en faisant cela, ils sont privés de la parole, nous disons que ce sont des êtres *muets et irraisonnables.* Enfin, voyons parmi nous ceux à qui la parole a été refusée : de quel faible secours est pour eux cet esprit céleste qui les anime! Si donc la parole est le plus beau présent des dieux, qu'y a-t-il que nous devions cultiver et exercer avec plus de soin? et en quoi pourrions-nous être plus jaloux de l'emporter sur l'homme, que par ce qui met l'homme au-dessus des autres animaux? ajoutez à cela qu'il n'est pas de travail qui nous paye plus largement de nos peines. Il ne faut que considérer de quel point est partie l'éloquence, à quelle hauteur elle est parvenue, et jusqu'où elle peut s'élever encore. Car, sans parler de ce qu'il y a d'utile et de doux pour l'homme de bien à pouvoir défendre ses amis, éclairer le sénat par ses conseils, entraîner le peuple, l'armée, au gré de sa volonté; n'est-ce pas quelque chose de beau en soi que de pouvoir, par des moyens communs à tous, l'intelligence et la parole, acquérir tant de supériorité et de gloire qu'on ne paraisse plus parler et discourir, mais, comme Aristophane l'a dit de Périclès, lancer des foudres et des éclairs?

CHAP. XVII. Je ne finirais pas, si je voulais me laisser aller au plaisir de m'étendre sur cette matière. Passons donc à cette autre question : *La rhétorique est-elle un art?* Tous ceux qui ont écrit sur l'éloquence en ont si peu douté, qu'ils ont intitulé leurs ouvrages : *De l'art de la rhétorique.* Cicéron dit que ce qu'on appelle rhétorique est une *éloquence artificielle;* et ce ne sont pas seulement les orateurs qui ont avancé cela (quand on admettrait qu'ils ont un peu flatté leur profession) : presque tous les philosophes, stoïciens et péripatéticiens, ont été de cet avis. J'avoue que, pour moi, j'ai hésité à traiter cette question. Quel est en effet l'homme, je ne dis pas ignorant, mais assez dénué de bon sens, qui en admettant qu'il y a un art de bâtir, de tisser, de fabriquer des vases de terre, puisse croire que la rhétorique, dont nous avons démontré l'excellence, se soit élevée si haut sans le secours de l'art? Aussi je suis persuadé que ceux qui ont soutenu le contraire se sont moins souciés de parler d'après leur sentiment, que d'exercer leur esprit par la difficulté du sujet, comme ce Polycrate qui composa l'éloge de Busiris et de Clytemnestre, bien qu'on lui attribue un discours qui fut prononcé contre Socrate : ce qui n'a rien de contradictoire.

Quelques-uns veulent que la rhétorique soit une faculté naturelle, sans nier cependant que l'exercice la développe. C'est l'avis d'Antoine dans les livres de Cicéron sur l'orateur. *La rhétorique,* dit-il, *est un fruit de l'observation, et non un art.* Mais le dessein de Cicéron n'est pas que cette assertion soit prise à la lettre; il a voulu seulement conserver à Antoine son propre caractère : on sait que cet orateur savait dissimuler l'art. Cependant Lysias semble avoir eu l'opinion que Cicéron attribue à Antoine. Or ceux qui veulent que la rhétorique soit une faculté naturelle s'appuient sur ce que les ignorants, les barbares, les esclaves, lorsqu'ils parlent pour eux-mêmes, débutent par une espèce d'exorde, narrent, prou-

---

lia, et nidos texere, et educare fœtus, et excludere, quin etiam reponere in hiemem alimenta, opera quædam nobis inimitabilia, qualia sunt cerarum et mellis, efficere, nonnullius fortasse rationis est; sed quia carent sermone, quæ id faciunt, *muta* atque *irrationalia* vocantur. Denique homines, quibus negata vox est, quantulum adjuvat animus ille cælestis? Quare si nihil a diis oratione melius accepimus, quid tam dignum cultu ac labore ducamus, aut in quo malimus præstare hominibus, quam quo ipsi homines cæteris animalibus præstant? Eo quidem magis, quod nulla in parte plenius labor gratiam refert : id adeo manifestum erit, si cogitaverimus, unde, et quousque jam provecta sit orandi facultas, et adhuc augeri potest. Nam ut omittam, defendere amicos, regere consiliis senatum, populum, exercitum in quæ velit ducere, quam sit utile, nonne pulchrum bono viro; nonne pulchrum vel hoc ipsum est, ex communi intellectu, verbisque, quibus utuntur omnes, tantum assequi laudis et gloriæ, ut non loqui et orare, sed, quod Pericli contigit, fulgurare ac tonare videaris?

CAP. XVII. Finis non erit, si exspatiari parte in hac, et indulgere voluptati velim; transeamus igitur ad eam quæstionem, quæ sequitur, an *rhetorice ars sit.* Quod quidem adeo ex iis, qui præcepta dicendi tradide-runt, nemo dubitavit, ut etiam ipsis librorum titulis testatum sit, scriptos eos *de arte rhetorica.* Cicero vero etiam, quæ *rhetorice* vocetur, esse *artificiosam eloquentiam* dicat; quod non oratores tantum vindicarunt, ut studiis aliquid suis præstitisse videantur; sed cum his philosophi, et stoici, et peripatetici plerique, consentiunt. Ac me dubitasse confiteor, an hanc partem quæstionis tractandam putarem : nam quis est adeo, non ab eruditione modo, sed a sensu remotus hominis, ut fabricandi quidem, et texendi, et e luto vasa ducendi *artem* putet; *rhetoricen* autem, maximum ac pulcherrimum, ut supra diximus, opus, in tam sublime fastigium existimet *sine arte* venisse? Equidem illos, qui contra disputarunt, non tam sensisse quod dicerent, quam exercere ingenia materiæ difficultate credo voluisse, sicut Polycratem, quum Busirim laudaret, et Clytæmnestram; quamquam is, quod his dissimile non esset, composuisse orationem, quæ est habita contra Socratem, dicitur. Quidam naturalem esse rhetoricen volunt, et tamen adjuvari exercitatione non diffitentur; ut in libris Ciceronis de Oratore dicit Antonius, *observationem* quamdam esse, *non artem.* Quod non ideo, ut pro vero accipiamus, est positum; sed ut Antonii persona servetur, qui dissimulator artis fuit : hanc autem opinionem habuisse Lysias videtur; cujus

vent, réfutent, et, ce qui peut tenir lieu de péroraison, finissent par des prières. On ajoute à cela des subtilités de mots : *rien*, dit-on, *de ce qui est né de l'art n'a pu exister avant l'art ;* or, les hommes ont su, de tout temps, parler pour eux et contre les autres, et ce n'est que fort tard, vers le temps de Tisias et de Corax, qu'on rencontre des maîtres d'éloquence : donc, l'éloquence existait avant l'art; donc, elle n'est point un art. De savoir à quelle époque remonte l'enseignement de la rhétorique, c'est ce dont je me mets peu en peine, quoique Homère fasse mention nonseulement de Phénix qui enseignait à la fois à bien dire et à bien faire, mais encore de plusieurs autres orateurs; quoique les trois genres d'éloquence se trouvent personnifiés dans les trois principaux chefs de la Grèce, et que le même poëte nous représente des jeunes gens qui disputent du prix de l'éloquence; quoiqu'enfin sur le bouclier d'Achille figurent la Chicane et les plaideurs. Il suffit de répondre que tout ce que l'art perfectionne a son principe dans la nature. Autrement il faudrait retrancher du nombre des arts la médecine, qui n'est que le résultat d'observations faites sur ce qui est salubre ou nuisible, et qui, suivant quelques-uns, consiste toute en expériences; car avant qu'elle fût réduite en art, quelqu'un s'était sans doute avisé de bander une blessure, et quelque autre aura calmé sa fièvre au moyen du repos et de la diète; non parce qu'il voyait la raison de ce régime, mais parce que son mal lui en faisait une nécessité. Nous n'appellerons plus art l'architecture, car les premiers hommes s'en sont passés pour bâtir des cabanes; ni la musique, car chez tous les peuples on chante et on danse avec une certaine mesure. Que si tout ce qu'on dit est de la rhétorique, j'avouerai

qu'elle existait avant l'art. Mais si l'on n'est pas orateur par cela seul qu'on parle, et s'il est vrai que dans les premiers temps les hommes ne parlaient point en orateurs, il faut bien que l'on convienne que l'art est ce qui forme un orateur, et qu'avant l'art il n'y en avait point. Par là je préviens cette objection : Tout ce qu'on fait sans l'avoir appris n'est point de l'art; or tous les hommes savent parler sans l'avoir appris. On cite, à l'appui de ce raisonnement, l'exemple de Démade le batelier, et d'Eschine le comédien, qui ont été des orateurs. Mais c'est à tort, car on ne peut être orateur sans avoir appris à l'être; et il serait plus exact de dire qu'ils ont appris tard, que de prétendre qu'ils n'ont jamais appris. Eschine, d'ailleurs, a dû être de bonne heure versé dans l'étude des lettres, puisque son père les enseignait. Quant à Démade, il n'est pas certain qu'il n'ait jamais étudié, et en second lieu l'exercice continuel de la parole a bien pu le faire ce qu'il est devenu; car l'exercice est un grand maître : mais il y a lieu de croire qu'avec le secours de l'art il serait allé encore plus loin. Et, en effet, il n'a pas osé publier ses discours, quoiqu'ils aient eu, comme on sait, beaucoup de succès dans sa bouche.

Aristote, dans son *Gryllus*, a exercé son esprit d'investigation et de subtilité ordinaire contre l'éloquence; mais le même écrivain a composé trois livres, intitulés *de l'art de la rhétorique*, et dans le premier non-seulement il reconnaît qu'elle est un art, mais encore il lui assigne une partie de la politique et de la dialectique. Critolaüs et Athénodore de Rhodes l'ont attaquée de toutes leurs forces. Agnon lui a ôté toute créance par le titre même de l'ouvrage, où il se déclare l'accusateur de la rhétorique. Pour

---

sententiæ talis defensio est, quod indocti, et barbari, et servi, pro se quum loquuntur, aliquid dicant *simile principio*, *narrent*, *probent*, *refutent*, et, quod vim habeat epilogi, *deprecentur*. Deinde adjiciunt illas verborum cavillationes : *nihil quod ex arte fiat, ante artem fuisse* : atqui dixisse homines pro se, et in alios semper; doctores artis, sero jam, et circa Tisiam et Coraca primum, repertos; orationem igitur ante artem fuisse, eoque artem non esse. Nos porro, quando cœperit hujus rei doctrina, non laboramus; quamquam apud Homerum, et præceptorem Phœnicen tum agendi, tum etiam loquendi, et oratores plures, et omne in tribus ducibus orationis genus, et certamina quoque proposita eloquentiæ inter juvenes, invenimus; quin in cælatura clypei Achillis et lites sunt et actores. Illud admonere satis est, *omnia*, *quæ ars consummaverit*, *a natura initia duxisse*. Aut tollatur *medicina*, quæ ex observatione salubrium, atque his contrariorum, reperta est, et, ut quibusdam placet, tota constat experimentis : nam et vulnus deligavit aliquis antequam hæc ars esset; et febrem quiete et abstinentia, non quia rationem videbat, sed quia id valetudo ipsa coegerat, mitigavit. Nec *fabrica* sit ars; casas enim primi illi sine arte fecerunt : nec *musica*; cantatur ac saltatur per omnes gentes aliquo

modo. Ita, si *rhetorice* vocari debet sermo quicunque, fuisse eam, antequam esset ars, confitebor; si vero non, quisquis loquitur, orator est, et tum non tamquam oratores loquebantur, necesse est, oratorem factum arte, nec ante artem fuisse, fateantur. Quo illud quoque excluditur, quod dicunt, non esse artis id, quod faciat, qui non didicerit : dicere autem homines et qui non didicerint. Ad cujus rei confirmationem afferunt, Demaden, remigem, et Æschinem, hypocriten, oratores fuisse : falso; nam neque orator esse, qui non didicit, potest, et hos sero potius, quam nunquam, didicisse quis dixerit; quamquam Æschines ab initio sit versatus in litteris, quas pater ejus etiam docebat; Demaden neque non didicisse certum sit, et continua dicendi exercitatio potuerit tantum, quantuscumque fuit, fecisse; nam id potentissimum discendi genus est; sed et præstantiorem, si didicisset, futurum fuisse dicere licet; neque enim orationes scribere est ausus, ut eum multum valuisse in dicendo sciamus. Aristoteles, ut solet, quærendi gratia, quædam subtilitatis suæ argumenta excogitavit in Gryllo : sed idem et *de arte rhetorica* tres libros scripsit, et in eorum primo non artem solum eam fatetur, sed ei particulam civilitatis, sicut dialectices, assignat. Multa Critolaus contra, multa Rho-

Épicure, ennemi né de toute discipline, cela ne m'étonne pas. Ces écrivains ont dit beaucoup de choses, qui se réduisent à un petit nombre de chefs. Je répondrai brièvement aux principaux, pour ne point étendre la question à l'infini. Le premier se tire de la *matière* de la rhétorique. *Tous les arts*, disent-ils, *ont une matière :* ce qui est vrai; *la rhétorique n'en a pas qui lui soit propre :* ce qui est faux, comme je le démontrerai plus loin. Le second est une calomnie : *aucun art*, disent-ils, *ne se concilie avec le faux, parce que tout art consiste essentiellement dans une perception, qui est toujours vraie; or la rhétorique se concilie avec le faux : donc, elle n'est point un art.* J'avoue que la rhétorique plaide quelquefois le faux au lieu du vrai; mais je n'accorde pas pour cela qu'elle prenne le faux pour le vrai; car autre chose est de se tromper soi-même, autre chose de tromper les autres. Ainsi, un général a souvent recours à la ruse : témoin Annibal, qui, se voyant enveloppé par Fabius, fit attacher des sarments aux cornes d'un grand nombre de bœufs, y fit mettre le feu, et, faisant ensuite chasser ces animaux vers les hauteurs qui étaient opposées à l'ennemi, donna ainsi à croire qu'il battait en retraite. Or, ce fut Fabius qu'il trompa; mais lui, il savait bien ce qu'il en était. Quand le Lacédémonien Théopompe changea de vêtements avec sa femme, et sortit de prison à la faveur de ce déguisement, l'erreur ne fut pas pour lui, mais pour ses gardiens. De même, lorsqu'un orateur plaide le faux au lieu du vrai, c'est avec connaissance de cause; ce n'est pas lui qu'il trompe, ce sont les autres. Cicéron se vante d'avoir, dans l'affaire de Cluentius, répandu des ténèbres sur l'esprit des juges : dira-t-on qu'il était aussi dans l'obscurité? Lorsqu'un peintre, par la puissance de son art, dispose si bien les objets que les uns semblent sortir de la toile, et les autres se perdre dans le lointain, ignore-t-il qu'ils sont tous sur une surface plane?

On dit encore : *Tous les arts se proposent une fin quelconque, vers laquelle ils tendent;* la rhétorique ne s'en propose aucune, ou n'atteint pas celle qu'elle a promise. Autre mensonge : nous avons fait voir que la rhétorique a une fin, et quelle est cette fin. L'orateur l'atteindra toujours, car toujours *il dira bien*. Cette objection peut être bonne contre ceux qui font consister la fin de la rhétorique dans la persuasion. Notre orateur, et l'art tel que nous l'avons défini, ne dépendent pas de l'événement. Sans doute l'orateur aspire à gagner sa cause; mais qu'il la gagne ou qu'il la perde, quand *il a bien dit*, il a satisfait à l'art. Un pilote veut arriver à bon port, mais son vaisseau est emporté par la tempête : en est-il moins un pilote? ne peut-il plus dire : *Pourvu que je tienne le gouvernail?* Un médecin cherche la guérison du malade; mais la violence du mal, l'intempérance du malade, ou quelque autre accident, rendent ses soins inutiles : a-t-il tout fait selon les règles? il a atteint la fin de la médecine. Ainsi l'orateur, quand *il a bien dit*, a atteint la fin de son art; car c'est dans l'*acte*, et non dans l'*effet*, que consiste l'art, comme je le démontrerai plus clairement tout à l'heure. Il est donc encore faux de dire *que les arts savent quand ils ont atteint leur fin, et que la rhétorique ne le sait pas*. Car il n'est personne qui ne sente s'*il dit bien*. On ac-

---

dius Athenodorus; Agnon quidem detraxit sibi inscriptione ipsa fidem, qua rhetorices accusationem professus est; nam de Epicuro, qui disciplinas omnes fugit, nihil miror. Hi complura dicunt, sed ex paucis locis ducta. Itaque potentissimis eorum breviter occurram, ne in infinitum quæstio evadat. Prima his argumentatio *ex materia* est. Omnes enim artes aiunt habere *materiam*, quod est verum; rhetorices *nullam* esse *propriam*, quod esse falsum in sequentibus probabo. Altera est calumnia, nullam artem falsis assentiri opinionibus, quia constitui sine perceptione non possit, quæ semper vera sit : *rhetoricen assentiri falsis;* non esse igitur artem. Ego, *rhetoricen* nonnunquam dicere falsa pro veris, confitebor; sed non ideo, in falsa quoque esse opinione, concedam; quia longe diversum est, ipsi quid videri, et, ut alii videatur, efficere; nam et imperator falsis utitur sæpe, ut Hannibal, quum inclusus a Fabio, sarmentis circa cornua boum deligatis incensisque, per noctem in adversos montes agens armenta, speciem hosti abeuntis exercitus dedit; sed illum fefellit; ipse, quid verum esset, non ignoravit : nec vero Theopompus Lacedæmonius, quum permutato cum uxore habitu e custodia, ut mulier, evasit, falsam de se opinionem habuit, sed custodibus præbuit : item orator, quum falso utitur pro vero, scit esse falsum, eoque se pro vero uti; non ergo falsam habet ipse opinionem, sed fallit alium : nec Cicero, quum se tenebras offudisse judicibus in causa Cluentii gloriatus est, nihil ipse vidit; et pictor, quum vi artis suæ efficit, ut quædam eminere in opere, quædam recessisse credamus, ipse ea plana esse non nescit. Aiunt etiam, *omnes artes habere finem aliquem propositum, ad quem tendant;* hunc modo nullum esse in rhetorice, modo non præstari eum, qui promittatur : mentiuntur; nos enim esse finem jam ostendimus, et quis esset, diximus. Præstabit hunc semper orator, semper enim bene dicet; firmum autem hoc, quod opponitur, adversus eos fortasse sit, qui persuadere finem putaverunt : noster orator, arsque a nobis finita, non sunt posita in eventu; tendit quidem ad victoriam, qui dicit; sed quum bene dixit, etiamsi non vincat, id, quod arte continetur, effecit. Nam et gubernator vult salva nave in portum pervenire; si tamen tempestate fuerit abreptus, non ideo minus erit gubernator, dicetque notum illud, *Dum clavum rectum teneam.* Et medicus sanitatem ægri petit; si tamen aut valetudinis vi, aut intemperantia ægri, aliove quo casu summa non contingit, dum ipse omnia secundum rationem fecerit, medicinæ fine non excidit; ita oratori bene dixisse finis est; nam est *ars* ea, ut post paulum clarius ostendemus, *in actu* posita, *non in effectu*. Ita falsum erit illud quoque quod dicitur, *Artes scire, quando sint finem consecutæ, rhetoricen nescire;* nam

cuse ainsi la rhétorique de faire ce que ne fait aucun art, c'est-à-dire de recourir à des moyens réprouvés par l'honnêteté : elle plaide le faux et excite les passions. Si c'est pour de bonnes raisons, ni l'un ni l'autre n'est honteux ; et par conséquent où est le mal ? car il est quelquefois permis, même au sage, de mentir ; et l'orateur est obligé d'exciter les passions, si c'est le seul moyen de ramener le juge à l'équité. En effet, ce sont des ignorants qui décident ; et souvent il est expédient de les tromper pour les empêcher de faillir. Qu'on me donne pour juges des sages, une assemblée civile ou militaire, ou toute autre réunion, composée de sages, dont l'âme soit inaccessible à la haine, à la faveur, à l'influence des préjugés et des faux témoignages, l'éloquence ne figurera là que comme une agréable superfluité. Mais si j'ai affaire à des volontés mobiles, si la vérité est circonvenue de mille obstacles, il faut bien recourir à l'artifice, et employer tous les moyens pour se faire jour ; car quiconque s'est écarté du droit chemin, n'y peut rentrer que par un second détour.

Mais ce qui donne surtout matière aux chicanes dont la rhétorique est l'objet, c'est que, dans la même cause, elle est l'auxiliaire de chaque partie. De là ces arguments : *Aucun art n'est contraire à lui-même : or, la rhétorique est contraire à elle-même ; aucun art ne détruit son propre ouvrage ; or la rhétorique détruit le sien.* On ajoute : *Ou la rhétorique enseigne ce qu'on doit dire, ou elle enseigne ce qu'on ne doit pas dire. Dans ce dernier cas, elle n'est point un art, en ce qu'elle enseigne ce qu'on ne doit pas dire ; et dans le premier, elle n'est non plus un art, en ce que, après avoir enseigné ce qu'on doit dire, elle enseigne aussi le contraire.* Il est évident que tous ces reproches s'adressent à la rhétorique, considérée indépendamment de l'homme de bien et de la vertu ; car là où la cause est injuste, il n'y a plus de rhétorique, et il faudrait un cas bien extraordinaire pour que cette cause fût défendue de part et d'autre par un orateur, c'est-à-dire un homme de bien. Cependant, comme il peut arriver qu'une cause juste au fond puisse diviser deux sages (puisque les philosophes vont jusqu'à croire qu'ils peuvent raisonnablement en venir aux mains), je vais répondre aux objections de mes adversaires, et cela de manière à démontrer qu'elles sont même sans force contre ceux qui ne jugent pas le titre d'orateur incompatible avec le vice. Je dis donc que la rhétorique n'est pas contraire à elle-même, Car une cause est opposée à une autre cause. Mais ce n'est point la rhétorique qui est opposée à elle-même ; et de ce que ceux qui ont étudié le même art combattent entre eux, il ne s'ensuit pas que cet art ne soit pas un art. Autrement la science des armes n'en sera point un, parce qu'on met souvent aux prises deux gladiateurs qui ont eu le même maître ; ni la marine, parce que, dans un combat naval, on voit manœuvrer pilote contre pilote ; ni la stratégie, parce qu'un capitaine se bat contre un autre capitaine. Il n'est pas vrai non plus que la rhétorique détruise son propre ouvrage. Un orateur ne détruit pas l'argument qu'il a posé, ni la rhétorique non plus. Soit qu'on mette la fin de cet art dans la persuasion, soit que nous supposions le cas où deux hommes de bien plaident l'un contre l'autre, c'est la vraisemblance que l'on cherche. Or, ce qui est plus vraisemblable n'est pas contraire à ce qui l'est moins. De même qu'entre deux choses blanches,

---

se quisque bene dicere intelligit : uti etiam vitiis rhetoricen, quod ars nulla faciat, criminantur, quia et falsum dicat, et affectus moveat. Quorum neutrum est turpe, quum ex bona ratione proficiscitur ; ideoque nec vitium ; nam et mendacium dicere, etiam sapienti aliquando concessum est ; et affectus, si aliter ad æquitatem perduci judex non poterit, necessario movebit orator. Imperiti enim judicant, et qui frequenter in hoc ipsum fallendi sunt, ne errent ; nam, si mihi sapientes judices dentur, sapientum conciones, atque omne concilium ; nihil invidia valeat, nihil gratia, nihil opinio præsumpta, falsique testes ; perquam sit exiguus eloquentiæ locus, et prope in sola delectatione ponatur. Sin et audientium mobiles animi, et tot malis obnoxia veritas, arte pugnandum est, et adhibenda quæ prosunt ; neque enim, qui recta via depulsus est, reduci ad eam, nisi alio flexu, potest. Plurima vero ex eo contra *rhetoricen* cavillatio est, quod ex utraque causæ parte dicatur. Inde hæc, *Nullam esse artem sibi contrariam;* rhetoricen esse contrariam sibi : *nullam artem destruere quod effecerit;* accidere hoc rhetorices operi : item, *Aut dicenda eam docere ; aut, non dicenda ;* itaque, vel per hoc non esse artem, quod non dicenda præcipiat ; vel per hoc, quum dicenda præceperit, etiam contraria his doceat. Quæ omnia apparet de ea rhetorice dici, quæ sit a bono viro atque ab ipsa virtute sejuncta ; alioqui ubi injusta causa est, ibi rhetorice non est ; adeo ut vix admirabili quodam casu possit accidere, ut ex utraque parte orator, id est, vir bonus dicat. Tamen, quoniam hoc quoque in rerum naturam cadit, ut duos sapientes aliquando justæ causæ in diversum trahant (quando etiam pugnaturos eos inter se, si ratio ita duxerit, credunt), respondebo propositis, atque ita quidem, ut appareat, hæc adversus eos quoque frustra excogitata, qui malis moribus nomen oratoris indulgent ; nam *rhetorice non est contraria sibi.* Causa enim cum causa, non illa secum ipsa, componitur ; nec, si pugnent inter se, qui didicerunt, idcirco ars, quæ utrique tradita est, non erit ; alioqui nec armorum, quia sæpe gladiatores, sub eodem magistro eruditi, inter se componuntur ; nec gubernandi, quia navalibus præliis gubernator est gubernatori adversus ; nec imperatoria, quia imperator cum imperatore contendit. Item non evertit opus rhetorice, quod efficit ; neque enim positum a se argumentum solvit orator, sed ne rhetorice quidem ; quia, apud eos, qui in persuadendo finem putant, aut si quis, ut dixi, casus duos inter se bonos viros composuerit, verisimilia quærentur ; non autem, si quid est altero credibilius, id ei contrarium est, quod fuit credibile. Nam ut candido candidius, et dulci dulcius non est adver-

ou entre deux choses douces, le plus et le moins font bien quelque différence, mais non pas une opposition ; de même ce qui est plus probable n'est pas contraire à ce qui l'est moins. Enfin la rhétorique n'enseigne jamais ce qu'il ne faut pas dire, ni le contraire de ce qu'il faut dire ; mais ce qu'il faut dire dans chaque cause. Cependant quoique, en principe, ce soit un devoir de défendre la vérité, ce devoir a ses exceptions ; et quelquefois le bien public exige qu'on défende le mensonge.

On trouve aussi dans le second livre de Cicéron (*de l'Orateur*) les objections suivantes : *L'art repose sur des principes de science certaine, tandis que la plaidoirie de l'orateur ne repose jamais que sur une opinion et non sur la certitude;* puis, *que ceux devant qui il parle ne savent pas si ce qu'il dit est vrai, et qu'il ne le sait pas toujours lui-même.* Que le juge sache ou ne sache pas si ce que dit l'orateur est vrai, cela ne fait rien à l'art. Je réponds à cet autre point : *L'art repose sur des principes de science certaine.* La rhétorique est l'art de bien dire : or l'orateur sait bien dire. Mais il ne sait pas si ce qu'il dit est vrai ? ni les physiciens non plus lorsqu'ils nous donnent le feu, ou l'eau, ou les quatre éléments, ou les atomes, pour principes de toutes choses ; ni ceux qui calculent la distance des astres, ou qui mesurent le ciel et la terre. Cependant ils donnent le nom d'art à ce qu'ils enseignent. Que si, grâce à la force des démonstrations sur lesquelles s'appuient leurs systèmes, ils passent pour savoir ce qui n'est chez eux qu'à l'état d'opinion, pourquoi n'en serait-il pas de même de l'orateur ? Mais il ne sait pas si ce qu'il dit est vrai. Le médecin sait-il si son malade a le mal de tête dont il se plaint ? il le traite néanmoins comme s'il en était sûr, et la médecine est un art. Il y a plus : la rhétorique ne se propose pas de dire toujours ce qui est vrai, mais toujours ce qui est vraisemblable. Or elle ne peut ignorer si ce qu'elle dit est vraisemblable. Les adversaires de la rhétorique objectent encore que souvent l'orateur défend dans une cause ce qu'il a combattu dans une autre. Mais ici c'est la faute de l'homme, et non celle de l'art.

Voilà les principales objections contre la rhétorique. Il en est d'autres encore, mais plus faibles, quoique puisées aux mêmes sources. J'achève de démontrer en peu de mots que la rhétorique est un art. En effet, si l'art, comme le prétend Cléanthe, est une méthode, peut-on douter que *bien dire* ne suppose une méthode? ou si l'on admet que l'art, comme on en convient presque généralement, consiste dans la perception et la pratique d'un ensemble de principes qui tendent à une fin utile, nous avons fait voir que rien de tout cela ne manque à la rhétorique. Ne se compose-t-elle pas, comme les autres arts, de la théorie et de la pratique ? Si la dialectique est un art, comme la plupart l'admettent, la rhétorique peut-elle ne pas être un art, puisqu'elle diffère de la dialectique plutôt par le genre que par l'espèce ? Enfin remarquons que là où l'un se passe des règles et l'autre s'y conforme, où celui qui a appris fait mieux que celui qui n'a pas appris, l'art existe. Or, en fait d'éloquence, non-seulement l'homme instruit l'emportera sur l'ignorant, mais encore l'homme instruit sera surpassé par un plus instruit. Autrement, nous n'aurions ni tant de préceptes ni de si excellents maîtres. C'est ce qui doit être reconnu de tout le monde, et de nous surtout qui ne séparons pas l'éloquence de la vertu.

---

sum, ita nec probabili probabilius ; nec præcipit unquam non dicenda, nec dicendis contraria, sed quæ in quaque causa dicenda sunt. Non semper autem, etiamsi frequentissime, tuenda veritas erit ; sed aliquando exigit communis utilitas, ut etiam falsa defendantur. Ponuntur hæ quoque in secundo Ciceronis de Oratore libro contradictiones, *Artem earum rerum esse, quæ sciantur ; oratoris omnem actionem opinione, non scientia contineri ; quia et apud eos dicat, qui nesciant, et ipse dicat aliquando, quod nesciat.* Ex his alterum, id est, an sciat judex, de quo dicatur, nihil ad oratoris artem ; alteri respondendum : « *Ars earum rerum est, quæ sciuntur.* » Rhetorice ars est bene dicendi, bene autem dicere scit orator. Sed nescit an verum sit, quod dicit ; ne hi quidem, qui ignem, aut aquam, aut quatuor elementa, aut corpora insecabilia esse, ex quibus res omnes initium duxerint, tradunt ; nec qui intervalla siderum, et mensuras solis ac terræ colligunt ; disciplinam tamen suam, *artem* vocant : quid si ratio efficit, ut hæc non opinari, sed, propter vim probationum, scire videantur ; eadem ratio idem præstare oratori potest ; sed an causa vera sit, nescit. Ne medicus quidem, an dolorem capitis habeat, qui hoc se pati dicet ; curabit tamen, tamquam id verum sit, et erit ars medicina. Quid? quod rhetorice non utique propositum habet semper vera dicendi, sed semper verisimilia ? scit autem esse verisimilia, quæ dicit. Adjiciunt his, qui contra sentiunt, quod sæpe, quæ in aliis litibus impugnarunt actores causarum, eadem in aliis defendant ; quod non artis, sed hominis, est vitium. Hæc sunt præcipua, quæ contra rhetoricen dicantur ; alia, et minora, et tamen ex his fontibus derivata. Confirmatur autem eam *esse artem* breviter ; nam sive (ut Cleanthes voluit) *ars est potestas via, id est ordine, efficiens;* esse certe viam atque ordinem in bene dicendo nemo dubitaverit ; sive ille ab omnibus fere probatus finis observatur, artem constare ex perceptionibus consentientibus et coexercitatis ad finem vitæ utilem ; jam ostendimus nihil non horum in rhetorice inesse. Quid ? quod et inspectione et exercitatione, ut artes cæteræ, constat ? Nec potest ars non esse, si ars sit dialectice, quod fere constat, quum ab ea, specie magis quam genere, differat ; sed nec illa omittenda sunt, qua in re alius se inartificialiter, alius artificialiter gerat, in ea esse artem ; et in eo, quod, qui didicerit, melius faciat, quam qui non didicerit, esse artem. Atqui non solum doctus indoctum, sed etiam doctior doctum in rhetorices opere superabit, neque essent ejus aliter tam multa præcepta, tamque magni,

CHAP. XVIII. Il y a plusieurs sortes d'arts. Les uns, purement spéculatifs, se bornent à la connaissance et à l'appréciation des choses : telle est l'*astrologie*, qui n'exige aucun acte, et se contente de l'intelligence de l'objet dont elle fait son étude : on appelle ces arts *théoriques*. Les autres consistent dans l'action ; ils s'y renferment entièrement, et rien ne survit à l'action : ce sont les arts *pratiques* : telle est la danse. D'autres enfin consistent dans l'exécution d'un ouvrage visible : ce sont les arts *effectifs* : telle est la peinture.

On serait tenté de ranger la rhétorique parmi les arts pratiques, car c'est par l'action qu'elle accomplit ce qu'elle a à faire ; et c'est ainsi qu'on en a généralement jugé. Il me semble cependant qu'elle tient beaucoup aussi des autres arts. Elle peut, par exemple, se borner à la spéculation ; car le silence même de l'orateur n'exclut pas la rhétorique ; et s'il vient à cesser de plaider, soit volontairement, soit par quelque empêchement, il ne cessera pas plus d'être orateur, qu'un médecin qui n'exerce plus ne cesse d'être médecin. Je ne sais même si l'étude ne porte pas des fruits plus précieux dans le silence de la retraite, et si le charme des lettres n'est pas plus pur, alors que, oisive et recueillie, elle jouit de la contemplation d'elle-même. La rhétorique tient aussi des arts effectifs par ses plaidoyers écrits, ou ses compositions historiques, qui, selon moi, doivent être regardées comme une sorte d'exercice oratoire. Si pourtant il faut décider la question, comme l'œuvre de la rhétorique consiste principalement dans l'action, je l'appellerai un art *pratique*, ou *administratif*; car ce nom signifie la même chose.

CHAP. XIX. Je sais qu'on demande encore qui de l'art ou de la nature contribue le plus à l'éloquence. Cette question, à la vérité, est indifférente à mon sujet, puisqu'il faut le concours de tous deux pour former un orateur parfait. Cependant je crois qu'il importe beaucoup de déterminer comment, dans les discussions qui s'élèvent sur ce point, la question doit être entendue. Car si l'on sépare entièrement l'art de la nature, nul doute que celle-ci ne puisse beaucoup sans la science, et que la science ne puisse rien toute seule. Que si l'un et l'autre concourent également, mais dans des proportions médiocres, je crois que la nature aura encore le dessus ; tandis que ceux qui posséderont ces deux avantages à un degré éminent devront, selon moi, plus à la science qu'à la nature. Ainsi le plus habile laboureur perdra son temps à cultiver un terrain stérile, tandis qu'une bonne terre produira, même sans culture, quelque chose d'utile ; mais un sol fertile et cultivé devra plus à la main du laboureur qu'à sa bonté native. Si Praxitèle se fût servi d'une pierre grossière pour sculpter une statue, j'aimerais mieux un bloc de marbre de Paros ; mais si ce même Praxitèle avait travaillé ce bloc, la main de l'artiste aurait plus fait que le marbre. En un mot, la nature est la matière de la science ; l'une donne la forme, l'autre la reçoit. L'art n'est rien sans la matière. La matière, même sans l'art, a son prix ; mais l'art parfait l'emporte sur la plus belle matière.

CHAP. XX. Voici une question plus importante : la rhétorique doit-elle être comptée au nombre de ces arts indifférents qui ne sont ni louables ni blâmables par eux-mêmes, mais qui sont

---

qui docerent : id quod cum omnibus confitendum est, tum nobis præcipue, qui rationem dicendi a bono viro non separamus.

CAP. XVIII. Quum sint autem artium aliæ positæ in inspectione, id est, cognitione et æstimatione rerum, qualis est *astrologia*, nullum exigens actum, sed ipso rei, cujus studium habet, intellectu contenta, quæ θεωρητική vocatur : aliæ in agendo, quarum in hoc finis est, et ipso actu perficitur, nihilque post actum operis relinquit, quæ πρακτική dicitur, qualis est *saltatio* : aliæ in effectu, quæ operis, quod oculis subjicitur, consummatione finem accipiunt, quam ποιητικήν appellamus, qualis est *pictura*; fere judicandum est, *rhetoricen* in actu consistere : hoc enim, quod est officii sui, perficit. Atque ita ab omnibus dictum est ; mihi autem videtur etiam ex illis cæteris artibus multum assumere ; nam et potest aliquando ipsa res per se inspectione esse contenta ; erit enim *rhetorice* in oratore etiam tacente ; et, si desierit agere, vel proposito, vel aliquo casu, impeditus, non magis desinet esse orator, quam medicus, qui curandi fecerit finem. Nam est aliquis, ac nescio an maximus etiam, ex secretis studiis fructus, ac tum pura voluptas litterarum, quum ab actu, id est, opere recesserunt et contemplatione sui fruuntur. Sed effectivæ quoque aliquid simile scriptis orationibus, vel historiis (quod ipsum opus in parte oratoria merito ponimus) consequetur. Si tamen una ex tribus artibus habenda sit, quia maximus ejus usus actu continetur, atque est in eo frequentissima ; dicatur *activa*, vel *administrativa* : nam et hoc ejusdem rei nomen est

CAP. XIX. Scio quæri etiam, *naturane* plus ad eloquentiam conferat, *an doctrina*. Quod ad propositum quidem nostri operis nihil pertinet ; neque enim consummatus orator, nisi ex utraque fieri potest ; plurimum tamen referre arbitror, quam esse in hoc loco quæstionem velimus. Nam si parti utrilibet omnino alteram detrahas, natura etiam sine doctrina multum valebit, doctrina nulla esse sine natura poterit ; sin ex pari coeant, in mediocribus quidem utrisque, majus adhuc naturæ credam esse momentum, consummatos autem plus doctrinæ debere, quam naturæ, putabo, sicut terræ, nullam fertilitatem habenti, nihil optimus agricola profuerit ; e terra uberi utile aliquid, etiam nullo colente, nascetur ; at in solo fecundo plus cultor, quam ipsa per se bonitas soli, efficiet. Et, si Praxiteles signum aliquod ex molari lapide conatus esset exsculpere, Parium marmor mallem rude ; at si illud idem artifex expolivisset, plus in manibus fuisset, quam in marmore. Denique natura materia doctrinæ est : hæc fingit, illa fingitur : nihil ars sine materia ; materiæ etiam sine arte pretium est : ars summa, materia optima melior.

CAP. XX. Illa quæstio est major, ex mediis artibus, quæ neque laudari per se, neque vituperari possunt, sed utiles aut secus, secundum mores utentium, fiunt, habenda

bons ou nuisibles selon les mœurs de ceux qui s'en servent? ou bien, comme le pensent beaucoup de philosophes, est-ce une vertu?

J'avoue que, loin de reconnaître de l'art dans la manière dont la plupart ont exercé ou exercent encore l'éloquence, j'y vois plutôt une privation d'art, ἀτεχνία : quel autre jugement pourrait-on porter sur tant de gens qui, sans règles, sans lettres, ne suivent que les inspirations de l'impudence et de la faim? ou c'est un art vicieux, κακοτεχνία, s'il est permis d'allier ces deux mots : combien d'hommes ont abusé, et abusent encore aujourd'hui, du talent de la parole pour la ruine des autres! ou c'est un simulacre de l'art, ματαιοτεχνία, qui, à la vérité, n'a rien de bon ni de mauvais, mais qui aussi n'a rien que de frivole, et ressemble au vain labeur de cet homme qui faisait passer, de suite et sans y manquer, par le trou d'une aiguille, de petits pois qu'il lançait d'assez loin, et à qui Alexandre, témoin de son adresse, fit donner, dit-on, un boisseau de ce légume, récompense tout-à-fait digne de l'œuvre. Il faut ranger dans la même catégorie ceux qui consument leur vie à composer laborieusement des déclamations, qui ne leur plaisent qu'autant qu'elles s'éloignent de la réalité. Mais l'art dont je m'applique ici à tracer les règles, selon le modèle idéal que j'en ai conçu; cet art, digne de l'homme de bien, la véritable rhétorique enfin, est une vertu.

Les philosophes ont recours à mille subtilités pour établir cette vérité. Nous avons aussi nos preuves, qui me semblent plus simples et plus propres à en faire ressortir l'évidence. Les philosophes disent : Si savoir ce qu'il faut faire et ce qu'il ne faut pas faire constitue cette partie de la vertu qu'on appelle *prudence*, il faut ranger sous la même vertu la science de ce qu'il faut dire et de ce qu'il ne faut pas dire. De plus, il y a des vertus dont nous portons le germe en nous antérieurement à toute éducation, comme la justice, par exemple, dont il existe quelque lueur chez les hommes les plus grossiers et les plus barbares. Or, il est manifeste que nous naissons doués de la faculté de parler pour nous-mêmes, sinon parfaitement, de manière du moins à révéler en nous le principe de cette faculté; et c'est ce que nous ne retrouvons pas dans les arts, séparés de la vertu. Puis donc qu'il y a deux genres d'oraison, l'une *continue* ou la *rhétorique*, l'autre *discontinue* ou la *dialectique*, et que Zénon les séparait si peu, qu'il comparait celle-ci à une main fermée, et celle-là à une main ouverte; si la dialectique, qui est l'arme de la dispute, est une vertu, à plus forte raison appellera-t-on du même nom la rhétorique, qui a infiniment plus d'éclat et d'essor.

Mais je veux tirer des œuvres mêmes de la rhétorique une preuve plus complète et plus claire de la même vérité, et je dirai : Comment un orateur s'acquittera-t-il d'un discours du genre démonstratif, s'il n'a une parfaite connaissance de ce qui est honnête et de ce qui ne l'est pas? comment traitera-t-il une délibération, s'il ne sait apercevoir ce qui est utile? comment plaidera-t-il, s'il ignore la justice? Que dis-je! l'éloquence n'exige-t-elle pas du courage, et n'a-t-elle pas souvent à braver les menaces d'un peuple séditieux, ou la dangereuse animadversion des hommes puissants; et quelquefois même à parler, comme dans l'affaire de Milon, au milieu d'une soldatesque armée? D'où je conclus que, si elle

---

sit rhetorice; an sit, ut compluribus etiam philosophorum placet, virtus. Equidem illud, quod in studiis docendi plerique exercuerunt et exercent, aut *nullam artem*, quæ ἀτεχνία nominatur, puto; multos enim video, sine ratione, sine litteris, qua vel impudentia vel fames duxit, ruentes; aut *malam* quasi *artem*, quam κακοτεχνίαν dicimus; nam et fuisse multos, et esse nonnullos existimo, qui facultatem dicendi ad hominum perniciem converterint. Ματαιοτεχνία quoque est quædam, id est, supervacua artis imitatio, quæ nihil sane nec boni nec mali habeat, sed vanum laborem, qualis illius fuit, qui grana ciceris, ex spatio distante missa, in acum continuo et sine frustratione inserebat : quem quum spectasset Alexander, donasse dicitur ejusdem leguminis modio; quod quidem præmium fuit illo opere dignissimum. His ego comparandos existimo, qui in declamationibus, quas esse veritati dissimillimas volunt, ætatem multo studio ac labore consumunt. Verum hæc, quam instituere conamur, et cujus imaginem animo concepimus, quæ bono viro convenit, quæque est vera rhetorice, virtus erit. Quod philosophi quidem multis et acutis conclusionibus colligunt; mihi vero etiam planiore hac, proprieque nostra probatione videtur esse perspicuum : ab illis hæc dicuntur : si consonare sibi in faciendis ac non faciendis, virtutis est, quæ pars ejus *prudentia* vocatur, eadem in dicendis ac non dicendis erit. Et, si virtutes sunt, ad quas nobis, etiam ante quam doceremur, initia quædam ac semina sunt concessa natura, ut ad justitiam, cujus rusticis quoque ac barbaris apparet aliqua imago ; nos certe sic esse ab initio formatos, ut possemus orare pro nobis, etiamsi non perfecte, tamen ut inesset quædam, ut dixi, semina ejus facultatis, manifestum est. Non eadem autem iis rebus artibus est, quæ a virtute sunt remotæ : itaque quum duo sint genera orationis, altera *perpetua*, quæ *rhetorice* dicitur, altera *concisa*, quæ *dialectice*; quas quidem Zeno adeo conjunxit, ut hanc compressæ in pugnum manus, illam explicitæ diceret similem : etiam disputatrix virtus erit; adeo de hac, quæ speciosior atque apertior tanto est, nihil dubitabitur. Sed plenius hoc idem atque apertius intueri ex ipsis operibus volo; nam quid orator *in laudando* faciet, nisi honestorum ac turpium peritus? aut *in suadendo*, nisi utilitate perspecta? aut *in judiciis*, si justitiæ sit ignarus? Quid? non fortitudinem postulat res eadem, quum sæpe contra turbulentas populi minas, sæpe cum periculosa potentium offensa, nonnunquam, ut in judicio Miloniano, inter circumfusa militum arma dicendum sit; ut, si virtus non est, ne perfecta quidem esse possit oratio. Quod si ea in quoque animalium est virtus, qua præstat

n'est une vertu, l'éloquence ne peut être parfaite.

Que si chaque animal est doué d'une vertu qui le distingue du reste ou de la plupart des animaux, et où il excelle, comme l'impétuosité dans le lion, la vitesse dans le cheval; s'il est certain que l'homme les surpasse tous par la raison et par la parole: pourquoi l'éloquence n'entrerait-elle pas pour une aussi grande part que la raison dans la vertu distinctive de l'homme? C'est ce que discute fort bien Crassus dans le traité de Cicéron sur l'orateur : L'*éloquence*, dit-il, *est une des plus excellentes vertus* : Cicéron lui-même, et de son aveu direct, l'appelle ainsi dans ses lettres à Brutus et dans beaucoup d'autres endroits. Mais, dira-t-on, un méchant homme ne fait-il pas quelquefois un discours, n'y dispose-t-il pas son exorde, sa narration, ses preuves, selon toutes les règles de l'art? Sans doute : mais de ce qu'un brigand se battra avec courage, s'ensuit-il que le courage ne soit plus une vertu? Parce qu'un méchant esclave endurera la torture sans pousser un gémissement, n'y aura-t-il plus de mérite à supporter la douleur? Beaucoup de gens font les mêmes choses, mais différemment. En voilà assez pour prouver que la rhétorique est une vertu : à l'égard de son utilité, nous en avons traité plus haut.

CHAP. XXI. L'*oraison*, suivant les uns, est la matière de la rhétorique : c'est ce que Platon fait dire à Gorgias. Si par oraison on entend un discours composé sur un sujet quelconque, l'oraison n'est pas la matière, mais l'œuvre de la rhétorique, comme une statue est l'œuvre du statuaire; car un discours est un produit de l'art, comme une statue. Mais si par oraison on entend les mots seulement, qu'est-ce qu'un mot sans substance? Suivant d'autres, la matière de la rhétorique consiste dans des *arguments propres à persuader;* mais ces arguments font partie de l'œuvre même, ils sont un des produits de l'art, et ont eux-mêmes besoin de matière. Ceux-ci lui donnent pour matière les *questions civiles;* en quoi ils se trompent, non sur la qualité de la matière, car ces questions sont bien un objet de la rhétorique, mais dans la restriction qu'ils y mettent, parce qu'elles ne sont pas son unique objet. Ceux-là, parce que la rhétorique est une vertu, lui donnent pour matière toute la vie de l'homme. Quelques-uns, parce que la vie entière n'est pas la matière de toutes les vertus, mais que la plupart n'occupent qu'une partie de la vie, comme la justice, le courage, la tempérance, dont la qualité est déterminée par des devoirs particuliers et une fin qui leur est propre; quelques-uns, dis-je, veulent que la rhétorique soit également renfermée dans de certaines limites, et ils lui assignent dans la morale ce qui regarde *les affaires*. Pour moi, je crois, et je ne manque pas d'autorités à cet égard, que la rhétorique a pour matière *toutes les choses sur lesquelles elle est appelée à parler.* Socrate, dans Platon, semble dire à Gorgias que la matière de la rhétorique n'est pas dans les mots, mais dans les choses; et dans le *Phédrus* il démontre nettement qu'elle ne préside pas seulement aux jugements et aux délibérations publiques, mais encore aux affaires domestiques et privées : d'où l'on peut induire que c'était aussi l'opinion de Platon. Cicéron, dans un endroit, dit que la matière de la rhétorique consiste dans les choses qui lui sont soumises, mais il pense que ces choses sont déterminées. Dans un autre endroit, il n'excepte rien, et s'exprime ainsi : *Cependant l'orateur semble engagé, par la puissance de son art et sa profession de bien dire, à entreprendre de parler*

---

cætera vel pleraque, ut in leone impetus, in equo velocitas; hominem porro ratione atque oratione excellere cæteris certum est; cur non tam in eloquentia, quam in ratione virtutem ejus esse credamus? recteque hoc apud Ciceronem disserit Crassus : *est enim eloquentia una quædam de summis virtutibus*. Et ipse Cicero in sua persona, cum ad Brutum in epistolis, tum aliis etiam locis, virtutem eam appellat. At procemium aliquando et narrationem dicit malus homo, et argumenta, sic, ut nihil sit in his requirendum; nam et latro pugnabit acriter, virtus tamen erit fortitudo; et tormenta sine gemitu feret malus servus, tolerantia tamen doloris laude sua non carebit. Multa fiunt eadem, sed aliter. Sufficiant igitur hæc, quia de utilitate supra tractavimus.

CAP. XXI. Materiam rhetorices quidam dixerunt esse *orationem*, qua in sententia ponitur apud Platonem Gorgias. Quæ si ita accipitur, ut sermo quacunque de re compositus dicatur *oratio*, non materia, sed opus est, ut statuarii, *statua*; nam et oratio efficitur arte, sicut statua : sin hoc appellatione verba ipsa significari putamus, nihil hæc sine rerum substantia faciunt. Quidam *argumenta persuasibilia;* quæ et ipsa in parte sunt operis, et arte fiunt, et materia : egent quidam *civiles quæstiones*, quorum opinio non qualitate, sed modo erravit; est enim hæc materia rhetorices, sed non sola : quidam, quia virtus sit rhetorica, *materiam ejus totam vitam* vocant; alii, quia non omnium virtutum materia sit tota vita, sed pleræque earum versentur in partibus (sicut *justitia, fortitudo, continentia*, propriis officiis et suo fine intelliguntur), rhetoricen quoque dicunt in una aliqua parte ponendam, eique locum in ethice *negotialem* assignant, id est, πραγματικόν. Ego, neque id sine auctoribus, materiam esse rhetorices judico, *omnes res, quæcunque ei ad dicendum subjectæ erunt;* nam Socrates apud Platonem dicere Gorgiæ videtur, *non in verbis esse materiam, sed in rebus*; et in Phædro palam, non in judiciis modo et concionibus, sed in rebus etiam privatis ac domesticis, rhetoricen esse, demonstrat : quo manifestum est hanc opinionem ipsius Platonis fuisse. Et Cicero quodam loco materiam rhetorices vocat res, quæ subjectæ sunt ei, sed certas demum putat esse subjectas. Alio vero, de omnibus rebus oratori dicendum arbitratur, his quidem verbis, *Quamquam vis oratoris professioque ipsa bene dicendi, hoc suscipere ac polliceri videatur,*

6.

sur quelque sujet qu'on lui propose, dans un style orné et abondant. Et ailleurs encore : *Comme l'orateur n'a pas, en effet, un champ moins vaste que la vie de l'homme, et que cette vie est sa matière, l'orateur doit tout chercher, tout entendre, tout lire, tout discuter, tout manier, tout remuer.* Suivant quelques-uns, la matière de la rhétorique, telle que nous l'avons définie, contient tout, ou plutôt ne contient rien qui appartienne en propre à la rhétorique : aussi l'appellent-ils un art vagabond, parce qu'elle parle indistinctement sur tout. Je n'ai presque rien à débattre avec eux, puisqu'ils reconnaissent que la rhétorique parle sur tout ; mais ils nient qu'elle ait une matière qui lui soit propre, parce que cette matière est multiple ; or, de ce qu'une chose est multiple, il ne s'ensuit pas qu'elle soit infinie ; et des arts moins considérables que le nôtre ont aussi une matière multiple. L'architecture ne s'étend-elle pas à tout ce qui entre dans la composition d'un édifice ? la gravure ne travaille-t-elle pas sur l'or, l'argent, l'airain, le fer ? la sculpture n'embrasse-t-elle pas, outre ces matières, le bois, l'ivoire, le marbre, le verre, les pierres précieuses ? Une chose peut donc être la matière de la rhétorique et celle d'un autre art en même temps. Car si je demande quelle est la matière du statuaire, on me répondra que c'est l'airain : que si je demande quelle est celle du fondeur, on me fera la même réponse ; et pourtant un vase est bien différent d'une statue. La médecine doit-elle cesser d'être un art, parce que l'huile et l'exercice lui sont communs avec la palestrique, et la connaissance des aliments avec la cuisine ?

Quant à cette objection, que c'est à la philosophie de disserter sur le bon, l'utile, le juste, elle n'a rien qui puisse nous arrêter. Car par philosophe on entend, sans doute, un homme de bien. Pourquoi donc m'étonnerais-je que l'orateur, que je ne distingue pas de l'homme de bien, se rencontrât avec lui ? J'ai suffisamment démontré dans le premier livre que c'étaient plutôt les philosophes qui, en s'emparant de la morale, s'étaient approprié une science qui appartenait en propre à la rhétorique, et avait été délaissée par les orateurs. Enfin, puisque la dialectique a pour matière toutes les choses qui lui sont soumises, et qu'elle n'est autre chose que l'oraison discontinue, pourquoi la rhétorique, qui est l'oraison continue, n'aurait-elle pas la même matière ?

On objecte encore : *Si l'orateur doit parler de tout, il faudra donc qu'il possède tous les arts.* Je pourrais apporter pour réponse les paroles de Cicéron, chez qui je lis : *Personne, à mon avis, ne peut être un orateur accompli, s'il n'est versé dans la connaissance de toutes les grandes choses et de tous les arts.* Mais il suffit que l'orateur ne soit pas étranger au sujet qu'il traite ; car il ne connaît pas tout, et doit pouvoir parler sur tout. Sur quoi donc parlera-t-il ? sur ce qu'il aura étudié. Ainsi, pour les arts, il étudiera, s'il y a lieu, ceux sur lesquels il aura à parler ; et lorsqu'il les aura étudiés, il en parlera. Quoi donc ! est-ce qu'un artisan ne parlera pas mieux de son métier, et un musicien de son art ? Mieux sans doute, si l'orateur n'a étudié ni l'un ni l'autre. Car un plaideur, quelque grossier, quelque illettré qu'il soit, parlera de son procès

---

ut omni de re, quæcumque sit proposita, ornate ab eo copioseque dicatur. Atque adhuc alibi, *Verum enim oratori, quæ sunt in hominum vita, quandoquidem in ea versatur orator, atque ea est ei subjecta materia, omnia quæsita, audita, lecta, disputata, tractata, agitata esse debent.* Hanc autem, quam nos *materiam* vocamus, id est, res subjectas, quidam modo infinitam, modo non propriam rhetorices esse dixerunt ; eamque artem *circumcurrentem* vocaverunt, quod in omni materia diceret. Cum quibus mihi minima pugna est ; nam de omni materia dicere eam fatentur : propriam habere materiam, quia multiplicem habeat, negant ; sed neque infinita est, etiamsi est multiplex ; et aliæ quoque artes minores habent multiplicem materiam, velut *architectonice* ; namque ea in omnibus, quæ sunt ædificiis utilia, versatur, et *cœlatura*, quæ auro, argento, ære, ferro opera efficit ; nam *sculptura* etiam lignum, ebur, marmor, vitrum, gemmas, præter ea quæ supra dixi, complectitur. Neque protinus non est materia rhetorices, si in eadem versatur et alius ; nam si quæram, quæ sit materia statuarii, dicetur *æs* ; si quæram, quæ sit excusoris, id est, ejus fabricæ, quam Græci χαλκευτικὴν vocant, similiter *æs* esse respondeant. Atqui plurimum a statuis differunt vasa. Nec medicina ideo non erit ars, quia unctio et exercitatio cum palæstrica, ciborum vero qualitas etiam cum coquorum ei sit arte communis. Quod vero de bono, utili, justo disserere, philosophiæ officium esse dicunt, non obstat ; nam, quum philosophum dicunt, hoc accipi volunt, virum bonum : cur igitur oratorem, quem a bono viro non separo, in eadem materia versari mirer ? quum præsertim primo libro jam ostenderim, philosophos omissam hanc ab oratoribus partem occupasse, quæ rhetorices propria semper fuisset, ut illi potius in nostra materia versentur. Denique quum sit *dialectices materia* de rebus subjectis disputare, sit autem dialectice oratio concisa, cur non eadem perpetuæ quoque materia videatur ? Solet a quibusdam et illud poni, *Omnium igitur artium peritus erit orator, si de omnibus ei dicendum est.* Possem hic Ciceronis respondere verbis, apud quem hoc invenio, *Mea quidem sententia nemo esse poterit omni laude cumulatus orator, nisi erit omnium rerum magnarum atque artium scientiam consecutus ;* sed mihi satis est ejus esse oratorem rei, de qua dicet, non inscium. Neque enim omnes causas novit, et debet posse de omnibus dicere ; de quibus ergo dicet ? de quibus didicit. Similiter de artibus quoque, de quibus dicendum erit, interim discet : et de quibus didicerit, dicet. Quid ergo ? non aut faber de fabrica melius, aut de musice musicus ? Si nesciat orator, quid sit, de quo quæritur, plane melius ; nam et litigator rusticus illiteratusque de causa sua melius, quam

plus pertinemment qu'un orateur, qui ne sait de quoi il est question. Mais que l'orateur s'instruise auprès de l'artisan, du musicien et du plaideur, il parlera mieux que ses maîtres. Cependant, dit-on, contestez quelque chose à cet artisan sur son métier, à ce musicien sur la musique, cet artisan ou ce musicien saura débattre la difficulté. Alors, sans être orateur, il fera ce que ferait un orateur, comme le premier venu qui mettrait un appareil sur une plaie ferait l'office de médecin sans être médecin.

Ces sortes de cas ne se présentent-ils pas dans un panégyrique, dans une délibération, dans un plaidoyer? Lorsqu'on délibéra si on creuserait un port à Ostie, des orateurs n'eurent-ils pas à donner leur avis? cependant c'était une question d'architecture. Ces taches livides, cette enflure sont-elles des indices de poison ou d'une maladie d'estomac? Quoique ce soit une question de médecine, l'orateur ne peut-il pas être appelé à la discuter? Tout ce qui regarde les mesures et les nombres, le renverrons-nous à la géométrie? Je suis persuadé qu'il n'est presque rien qui ne puisse, dans un cas ou dans un autre, tomber dans la compétence de l'orateur. Si ce cas ne se présente pas, c'est que la chose n'est pas de sa matière. Nous avons donc eu raison de dire que la rhétorique a pour matière toutes les choses sur lesquelles elle est appelée à parler. Et c'est ce que nous donnons à entendre tous les jours; car toutes les fois que nous sommes chargés de parler sur un sujet quelconque, nous manquons rarement d'annoncer, en commençant, que nous avons été appelés à traiter ce sujet.

Gorgias était si persuadé que l'orateur doit être prêt à parler sur tout, qu'il permettait à ses auditeurs de l'interroger sur quoi que ce fût. Hermagoras, en disant que la rhétorique a pour matière une cause et des questions, confirme notre définition. Si pourtant il en excepte les questions, nous ne sommes plus de son avis; si, au contraire, il ne les excepte pas, son autorité nous vient en aide, car il n'est rien qui ne se résolve en cause et en question. Aristote, en divisant l'oraison en trois genres, le *judiciaire*, le *délibératif* et le *démonstratif*, a presque tout soumis à l'orateur, car il n'est rien qui ne rentre dans un de ces trois genres.

Quelques auteurs, mais en très-petit nombre, ont aussi recherché quel est l'instrument de la rhétorique. J'appelle *instrument ce qui est indispensable pour donner la forme à la matière et pour mettre cette matière en œuvre.* Mais je crois que ce n'est pas à l'art que cet instrument est nécessaire, mais à l'artiste. Car l'art, sans l'action, peut avoir toute sa perfection; mais il n'en est pas de même de l'artiste : un graveur, par exemple, a besoin d'un burin ; un peintre, de pinceaux. Il sera donc temps de traiter cette question quand nous parlerons de l'orateur.

LIVRE III.

SOMMAIRE.

Chap. I. Des auteurs qui ont traité de la rhétorique. — II. De l'origine de la rhétorique. — III. Que la rhétorique a cinq parties. — IV. Qu'il y a trois genres de causes. — V. Des parties qui composent toute espèce de discours. — VI. Ce que c'est que l'état de la cause ; d'où il se tire ; c'est le défenseur ou le demandeur qui le détermine ; combien il y en a, et quels ils sont. — VII. Du genre démonstratif, lequel consiste dans la louange et le blâme. — VIII. Du genre délibératif et

---

orator, qui nescit quid in lite sit, dicet; sed accepta a musico, a fabro, sicut a litigatore, melius orator, quam ipse qui docuerit. Verum et *faber*, quum de *fabrica*, et *musicus*, quum de *musica*, si quid confirmationem desideraverit, dicet; non erit quidem orator, sed faciet illud quasi orator ; sicut quum vulnus imperitus deligabit, non erit medicus, sed faciet ut medicus. An hujusmodi res nec in laudem, nec in deliberationem, nec in judicium veniunt? Ergo quum de faciendo portu Ostiensi deliberatum est, non debuit dicere sententiam orator? atqui opus erat ratione architectorum. Livores et tumores in corpore, cruditatis an veneni signa sint, non tractat orator? at est id ex ratione medicinæ. Circa mensuras et numeros non versabitur? dicamus has geometriæ esse partes. Equidem omnia fere posse credo casu aliquo venire in officium oratoris : quod si non accidit, non erunt ei subjecta. Ita sic quoque recte diximus, *materiam rhetorices esse omnes res ad dicendum ei 'subjectas*; quod quidem probat etiam sermo communis; nam quum aliquid, de quo dicamus, accepimus, positam nobis esse materiam frequenter etiam præfatione testamur. Gorgias quidem adeo rhetori de omnibus putavit esse dicendum, ut se in auditoriis interrogari pateretur, qua quisque de re vellet. Hermagoras quoque, dicendo materiam esse in causa et in quæstionibus, omnes res subjectas erat complexus. Sed quæstiones si negat ad rhetoricen pertinere, dissentit a nobis; si autem ad rhetoricen pertinent, ab hoc quoque adjuvamur; nihil est enim, quod non in causam aut in quæstionem cadat. Aristoteles tres faciendo partes orationis, *judicialem, deliberativam, demonstrativam*, pæne et ipse oratori subjecit omnia; nihil enim non in hæc cadit. Quæsitum a paucissimis etiam de instrumento est : *Instrumentum* voco, *sine quo formari materia, et in id, quod velimus, effici opus non possit*. Verum hoc ego non artem credo egere, sed artificem ; neque enim scientia desiderat instrumentum, quæ potest esse consummata, etiamsi nihil faciat; ut ille opifex, ut cælator cœlum, et pictor penicilia : itaque hæc in eum locum, quo *de oratore* dicturi sumus, differamus.

LIBER III.

ARGUMENTUM.

Cap. I. De scriptoribus artis rhetoricæ. — II. Quod initium rhetorices. — III. Quinque esse partes rhetoricæ. — IV. Tria esse genera causarum. — V. Quibus contineatur omnis ratio dicendi. — VI. Quid sit status ; unde ducatur; reus an actor cum faciat; quot et qui sint. — VII. De de-

de la prosopopée. — IX. Des parties d'une cause judiciaire. — X. Des différents genres de causes judiciaires. — XI. Ce que c'est que question, moyen de défense, point à juger, point fondamental de la cause, et jusqu'à quel point tout cela est nécessaire.

CHAP. I. J'ai recherché dans le second livre ce que c'est que la rhétorique, et quelle est sa fin ; et j'ai démontré, autant que mes forces me l'ont permis, qu'elle est un art, qu'elle est utile, qu'elle est une vertu, et qu'elle a pour matière toutes les choses sur lesquelles l'orateur est appelé à parler. Je vais maintenant traiter de son origine, des parties dont elle se compose, et de la manière de trouver et de mettre en œuvre les éléments qui constituent sa matière, le tout dans la mesure d'étendue que comporte cet art. Car la plupart de ceux qui ont écrit des rhétoriques n'ont point embrassé l'art dans son entier, et même Apollodore s'est borné au genre judiciaire.

Je n'ignore pas que la partie de l'institution oratoire, qui fait l'objet de ce troisième livre, est celle que les personnes qui veulent la bien connaître désiraient plus particulièrement de me voir traiter : je sais que j'aborde une matière que rend très-épineuse l'excessive diversité des opinions que j'aurai à examiner, et qui, par la sécheresse presque nécessaire de sa forme, ne saurait avoir aucun attrait pour le lecteur. Dans les autres parties, j'ai cherché à revêtir de quelque ornement la nudité du sujet, non pour faire parade d'esprit, car j'aurais pu choisir pour cela un fond plus riche, mais pour attirer plus facilement les jeunes gens vers des connaissances qui me semblent indispensables à qui veut s'instruire, en les conviant, par le charme de la lecture, à étudier plus volontiers des choses dont l'enseignement nu et aride aurait peut-être rebuté leurs esprits et blessé la délicatesse de leurs oreilles. C'est dans cette pensée que Lucrèce a mis en vers les préceptes de la philosophie, ainsi qu'il le dit lui-même dans cette comparaison si connue : *De même qu'un médecin, pour tromper l'enfant auquel il présente un breuvage d'absinthe, humecte les bords de la coupe avec un peu de miel, etc.*

Mais, pour moi, je crains bien que ce livre ne contienne peu de miel et beaucoup d'absinthe, c'est-à-dire qu'il ne soit plus utile qu'agréable ; je crains surtout qu'il n'obtienne d'autant moins de faveur, que la plupart des préceptes, qu'il renferme ne sont pas les miens, mais ceux d'autrui. Il pourra même rencontrer des contradicteurs, car la plupart des auteurs, quoique tendant au même but, se sont frayé des routes différentes, et chacun d'eux y a fait entrer ses disciples. Or, ceux-ci regardent toujours comme le meilleur le chemin dans lequel ils se sont une fois engagés ; et l'on ne revient guère des préjugés de l'enfance, parce qu'il n'y a personne qui n'aime mieux avoir appris que d'apprendre.

Comme on le verra à mesure qu'on avancera dans cet ouvrage, il existe, parmi les auteurs, une divergence d'opinions infinie, qui provient de ce que les uns ont voulu perfectionner ce qui avait été seulement ébauché avant eux et y ajouter leurs découvertes, et de ce que les autres, pour avoir l'air d'y mettre du leur, ont fait des changements où il n'y avait rien à changer. Après ceux dont il est fait mention dans les poëtes, le premier qui ait, dit-on, agité quelques questions sur la rhétorique, est Empédocle ; et les premiers qui aient écrit des traités sur cet art, sont Corax

---

monstrativo, quod constat laude et vituperatione. — VIII. De suasoria, seu deliberativa et prosopopœia. — IX. De partibus causarum judicialium. — X. De generibus judicialium controversiarum. — XI. Quid sit quæstio, ratio, judicatio, continens, et quatenus necessaria.

CAP. I. Quoniam in libro secundo quæsitum est, quid esset *rhetorice*, et quis *finis* ejus, *artem* quoque eam esse, et *utilem*, et *virtutem*, ut vires nostræ tulerunt, ostendimus; *materiamque* ei res omnes, de quibus dicere oporteret, subjecimus; jam hinc, unde cœperit, quibus constet, quo quæque in ea modo invenienda atque tractanda sint, exsequar; intra quem modum plerique scriptores artium constituerunt, adeo ut Apollodorus contentus solis judicialibus fuerit. Nec sum ignarus, hoc a me præcipue, quod hic liber inchoat, opus studiosos ejus desiderasse, ut, inquisitione opinionum, quæ diversissimæ fuerunt, longe difficillimum, ita nescio an minimæ legentibus futurum voluptati, quippe quod prope nudam præceptorum traditionem desideret. In cæteris enim admiscere tentavimus aliquid nitoris, non jactandi ingenii gratia; namque in id eligi materia poterat uberior; sed ut hoc ipso alliceremus magis juventutem ad cognitionem eorum, quæ necessaria studiis arbitramur, si ducti jucunditate aliqua lectionis, libentius discerent ea, quorum ne jejuna atque arida traditio averteret animos, et aures præsertim tam delicatas raderet, verebamur : qua ratione se Lucretius dicit præcepta philosophiæ carmine esse complexum; namque hac, ut est notum, similitudine utitur :

Ac veluti pueris absinthia terra medentes
Quum dare conantur, prius oras pocula circum
Aspirant mellis dulci flavoque liquore,

et quæ sequuntur. Sed nos veremur, ne parum hic liber mellis, et absinthii multum, habere videatur, sitque salubrior studiis, quam dulcior; quin etiam hoc timeo, ne ex eo minorem gratiam ineat; quod pleraque non inventa per me, sed ab aliis tradita, continebit : habeat etiam quosdam, qui contra sentiant et adversentur, propterea quod plurimi auctores, quamvis eodem tenderent, diversas tamen vias munierunt, atque in suam quisque induxit sequentes. Illi autem probant qualecunque ingressi sunt iter, nec facile inculcatas pueris persuasiones mutaveris, quia nemo non didicisse mavult, quam discere. Est autem, ut procedente libro patebit, infinita dissensio auctorum, primo, ad ea, quæ rudia atque imperfecta adhuc erant, adjicientibus quod invenissent scriptoribus; mox, ut aliquid sui viderentur afferre, etiam recta mutantibus. Nam primus post eos, quos poetæ tradiderunt, movisse aliqua circa rhetoricen Empedocles dicitur. Artium autem scriptores antiquissimi, Corax et Tisias Siculi : quos insecutus est vir ejusdem insulæ Gorgias Leontinus, Empedoclis, ut tradi-

et Tisias, de Sicile, qui furent suivis de Gorgias de Léontium, leur compatriote. Ce dernier avait été, dit-on, disciple d'Empédocle, et, grâce à sa longue carrière, car il vécut cent neuf ans, il fleurit en même temps que beaucoup d'autres rhéteurs, depuis ceux que j'ai nommés et dont il avait été le rival, jusqu'à Socrate et par delà. De ce nombre furent Thrasymaque de Chalcédoine, Prodicus de Céos, et Protagoras d'Abdère, à qui, à ce qu'on rapporte, Évathle avait donné dix mille deniers pour apprendre de lui la rhétorique, dont il publia un traité; Hippias d'Élis; Alcidame d'Élée, que Platon appelle Palamède; Antiphon, qui écrivit le premier plaidoyer, qui composa même, après, un traité de rhétorique, et plaida fort bien, dit-on, dans une cause qui lui était personnelle; Polycrate, qui, comme nous l'avons déjà dit, fit une harangue contre Socrate, et Théodore de Byzance, un de ces hommes que Platon appelle λογοδαιδάλους, *artisans ingénieux de paroles*.

Parmi ces rhéteurs, ceux qui passent pour avoir les premiers traité des lieux communs sont Protagoras, Gorgias, Prodicus et Thrasymaque. Cicéron, dans son Brutus, prétend que jusqu'à Périclès on n'aperçoit dans aucun écrit le moindre ornement oratoire; il fait mention, à ce sujet, de quelques fragments attribués à ce grand homme. Pour moi, je n'y vois rien qui réponde à sa haute réputation d'éloquence; aussi ne suis-je point étonné que bien des gens pensent qu'il n'a rien écrit, et que ce qui court sous son nom n'est pas de lui.

A ces rhéteurs il en succéda une foule d'autres. Parmi les disciples de Gorgias, le plus célèbre fut Isocrate, quoique les auteurs ne s'accordent pas à lui donner Gorgias pour maître; mais je m'en tiens au témoignage d'Aristote. Il fut le point d'où la rhétorique commença à se partager en différentes routes. Les disciples d'Isocrate excellèrent dans tous les genres de science; et ce rhéteur étant devenu vieux (il vécut quatre-vingt-dix-huit ans accomplis), Aristote commença, dans des leçons qu'il donnait l'après-midi, à professer l'art oratoire; et parodiant, à ce qu'on rapporte, un vers connu de la tragédie de Philoctète, il disait souvent *qu'il était honteux de se taire, et de laisser parler Isocrate.*

Ils composèrent l'un et l'autre un traité de rhétorique, mais celui d'Aristote est plus développé. Théodecte était du même temps. J'ai déjà parlé de son ouvrage. Théophraste, disciple d'Aristote, a écrit aussi avec soin sur la rhétorique. Depuis, les philosophes se sont montrés plus ardents que les rhéteurs mêmes à traiter cette matière, et notamment les principaux d'entre les stoïciens et les péripatéticiens. Ensuite vint Hermagoras, qui se fraya un chemin tout particulier : plusieurs l'y suivirent, entre autres Athénée, qui paraît avoir le plus approché de lui. Enfin, après eux, on vit paraître Apollonius Molon, Aréus, Cécilius et Denys d'Halicarnasse, qui ont tous beaucoup écrit.

Mais il en est deux surtout qui ont brillé comme chefs d'école : ce sont Apollodore de Pergame, que César Auguste eut pour maître à Apollonie, et Théodore de Gadare, qui aima mieux se dire de Rhodes, et dont Tibère César, retiré dans cette île, suivit, dit-on, les leçons avec assiduité. Ces deux rhéteurs professaient des opinions différentes, d'où leurs disciples furent appelés *apollodoriens* et *théodoriens*, à la manière des philosophes, qui se partagent en certaines sectes. Quant à Apollodore, c'est plutôt par ses disciples que par lui-

---

tur, discipulus. Is beneficio longissimæ ætatis, nam centum et novem vixit annos, cum multis simul floruit; ideoque et illorum, de quibus supra dixi, fuit æmulus, et ultra Socratem usque duravit. Thrasymachus Chalcedonius cum hoc, et Prodicus Cius, et Abderites Protagoras, a quo decem millibus denariorum didicisse artem, quam edidit, Euathlus dicitur, et Hippias Eleus, et, quem Palamedem Plato appellat, Alcidamas Elæites. Antiphon quoque et orationem primus omnium scripsit, et nihilo minus artem et ipse composuit, et pro se dixisse optime est creditus : etiam Polycrates, a quo scriptam in Socratem diximus orationem, et Theodorus Byzantius, ex iis et ipse, quos Plato appellat λογοδαιδάλους. Horum primi communes locos tractasse dicuntur, Protagoras, Gorgias, Prodicus, et Thrasymachus. Cicero in Bruto negat ante Periclem scriptum quidquam, quod ornatum oratorium habeat : ejus aliqua ferri. Equidem non reperio quidquam tanta eloquentiæ fama dignum; ideoque minus miror esse, qui nihil ab eo scriptum putent; hæc autem, quæ feruntur, ab aliis esse composita. His successere multi; sed clarissimus Gorgiæ auditorum, Isocrates, quamquam de præceptore ejus inter auctores non convenit; nos autem Aristoteli credimus. Hinc velut diversæ secari cœperunt viæ : nam et Isocratis præstantissimi discipuli fuerunt in omni studiorum genere; eoque jam seniore, octavum enim et nonagesimum implevit annum, pomeridianis scholis Aristoteles præcipere artem oratoriam cœpit, noto quidem illo, ut traditur, versu ex Philocteta frequenter usus:

Αἰσχρὸν σιωπᾶν, καὶ Ἰσοκράτην ἐᾶν λέγειν.
Turpe esse tacere, et Isocratem pati dicere.

Ars est utriusque, sed plurihus eam libris Aristoteles complexus est; eodem tempore Theodectes fuit, de cujus opere supra dictum est. Theophrastus quoque Aristotelis discipulus de *rhetorice* diligenter scripsit; atque hinc vel studiosius philosophi, quam rhetores, præcipueque stoicorum ac peripateticorum principes. Fecit deinde velut proprium Hermagoras viam, quam plurimi sunt secuti, cui maxime par atque æmulus videtur Athenæus fuisse; multa post Apollonius Molon, multa Areus, multa Cæcilius et Halicarnasseus Dionysius. Præcipue tamen in se converterunt studia Apollodorus Pergamenus, qui præceptor Apolloniæ Cæsaris Augusti fuit, et Theodorus Gadareus, qui se dici maluit Rhodium; quem studiose audivisse, quum in eam insulam secessisset, dicitur Tiberius Cæsar. Hi diversas opiniones tradiderunt, appellatique inde *Apollodorei* et *Theodorei*, ad morem certas in philosophia sectas sequendi.

même que nous connaissons sa doctrine. C. Valgius nous l'a transmise en latin, et Atticus en grec : l'un et l'autre avec beaucoup d'exactitude. Pour lui, il n'a laissé qu'un traité de rhétorique, qu'il adresse à Matius ; le reste, il le désavoue dans sa lettre à Domitius. Théodore a plus écrit, et son disciple Hermagoras n'est pas si éloigné de notre temps que quelques personnes ne l'aient pu voir.

Pour ce qui est des Romains, le premier, que je sache, qui ait donné quelques règles d'éloquence est Caton le censeur. Après lui, M. Antoine ébaucha l'art dans un petit traité ; c'est le seul ouvrage que nous ayons de lui, encore est-il inachevé. Après eux viennent quelques auteurs moins célèbres, mais dont je ne laisserai pas au besoin de faire mention. Mais celui qui a donné à la fois l'exemple et le précepte, celui qui est parmi nous le modèle par excellence comme orateur et comme rhéteur, c'est Cicéron. Il conviendrait de se taire après un si grand maître, s'il ne nous apprenait lui-même que ses livres de rhétorique étaient pour ainsi dire échappés à sa jeunesse, et si, dans ses traités oratoires, il n'eût omis sciemment les préceptes qui regardent les parties moins relevées de l'art, et qu'on regrette généralement de n'y point trouver. Cornificius a beaucoup écrit sur le même sujet ; Stertinius et Gallion le père nous ont aussi laissé quelque chose ; mais Celsus et Lénas, antérieurs à Gallion, et de notre temps Virginius, Pline et Tutilius, ont plus approfondi la matière. Enfin nous avons encore aujourd'hui d'illustres auteurs qui, s'ils avaient tout embrassé, m'auraient dispensé d'écrire. Mais je m'abstiens de nommer les vivants, qui, du reste, n'y perdront rien ; car l'envie s'arrête en deçà du tombeau, mais la gloire passe au delà. Cependant le respect que j'ai pour tant de grands noms ne m'empêchera pas de dire quelquefois ma pensée ; car je ne suis pas du nombre de ceux qui s'attachent superstitieusement à une secte : j'ai voulu seulement mettre le lecteur en état de faire un choix, en rassemblant autour de chaque question les diverses opinions des autres, n'aspirant qu'au mérite de l'exactitude toutes les fois que la matière ne demande rien de plus.

CHAP. II. Quelle est l'origine de la rhétorique ? cette question ne doit pas nous arrêter longtemps. Qui doute en effet que ce ne soit de la nature même que les hommes ont reçu le langage ou du moins le principe du langage, au moment où ils parurent sur la terre ? qu'ensuite le besoin ne les ait portés à cultiver et accroître cette faculté, et qu'enfin la réflexion et l'exercice ne l'aient perfectionnée ? Je ne vois pas ce qui a pu porter à croire que le soin de bien parler ait commencé avec ceux que le danger de succomber à quelque accusation a forcés de mettre un peu d'art dans leur langage. Cette cause est noble sans doute, mais elle n'est pas la première ; car on ne se justifie pas sans avoir été accusé, à moins qu'on ne prétende aussi que le premier glaive fut forgé dans l'intention de se défendre, et non dans celle d'attaquer.

C'est donc la nature qui a donné naissance au langage, et c'est l'observation qui a donné naissance à l'art. En effet, de même que l'art de la médecine est le résultat des expériences faites sur ce qui est favorable ou contraire à la santé ; ainsi, l'art de l'éloquence est le résultat des observations faites sur ce qui était utile ou nuisible en parlant, et développées ensuite par la réflexion conformément à ces premières données. Le tout

---

Sed Apollodori præcepta magis ex discipulis cognoscas ; quorum diligentissimus in tradendo latine fuit C. Valgius, græce Atticus ; nam ipsius sola videtur ars edita ad Matium, quia cæteras missa ad Domitium epistola non agnoscit. Plura scripsit Theodorus, cujus auditorem Hermagoram sunt qui viderint. Romanorum primus, quantum ego quidem sciam, condidit aliqua in hac materia M. Cato ille censorius : post M. Antonius inchoavit ; nam hoc solum opus ejus, atque id ipsum imperfectum manet : secuti minus celebres, quorum memoriam, si quo loco res poscet, non omittam. Præcipuum vero lumen sicut eloquentiæ, ita præceptis quoque ejus, dedit unicum apud nos specimen orandi, docendique oratorias artes, M. Tullius : post quem tacere modestissimum foret, nisi et rhetoricos suos ipse adolescenti sibi elapsos diceret, et in oratoriis hæc minora, quæ plerique desiderant, sciens omisisset. Scripsit de eadem materia non pauca Cornificius, aliqua Stertinius, nonnihil pater Gallio ; accuratius vero priores Gallione Celsus et Lænas, et ætatis nostræ Virginius, Plinius, Tutilius. Sunt et hodie clari ejusdem operis auctores ; qui si omnia complexi forent, consuluissent labori meo ; sed parco nominibus viventium ; veniet eorum laudi suum tempus ; ad posteros enim virtus durabit, non perveniet invidia. Non tamen post tot ac tantos scriptores pigebit meam quibusdam locis posuisse sententiam ; neque enim me cujusdam sectæ, velut quadam superstitione imbutus, addixi ; et electuris quæ volent facienda copia fuit, sicut ipse plurium in unum confero inventa ; ubicunque ingenio non erit locus, curæ testimonium meruisse contentus.

CAP. II. Nec diu nos moretur quæstio : Quæ rhetorices origo sit ? nam cui dubium est, quin sermonem, ab ipsa rerum natura, geniti protinus homines acceperint (quod certe principium est ejus rei), huic studium et incrementum dederit *utilitas*, summam *ratio et exercitatio* ? Nec video, quare curam dicendi putent quidam inde cœpisse, quod ii, qui in discrimen aliquod vocabantur, accuratius loqui, defendendi sui gratia, instituerint ; hæc enim, ut honestior causa, ita non utique prior est ; quum præsertim *accusatio* præcedat *defensionem* ; nisi quis dicit, etiam gladium fabricatum ab eo prius, qui ferrum in tutelam sui, quam qui in perniciem alterius, compararit. Initium ergo dicendi dedit natura ; initium artis, observatio ; homines enim, sicut in medicina, quum viderent alia salubria, alia insalubria, ex observatione eorum effecerunt artem : ita, quum in dicendo alia utilia, alia inutilia deprehenderent, notarunt ea ad imitandum vitandumque, et quædam, secundum rationem eorum, adjecerunt ipsi quoque ; hæc confirmata sunt usu : tum, quæ sciebat quisque, docuit. Cicero qui-

a été éprouvé par l'usage ; puis, chacun a enseigné ce qu'il savait.

Cicéron attribue l'origine de l'éloquence aux fondateurs des villes et aux législateurs. Je conviens qu'ils ont eu besoin de beaucoup d'éloquence, mais je ne vois pas la raison de cette opinion. N'existe-t-il pas encore aujourd'hui des peuples qui n'ont ni demeure fixe, ni ville, ni lois, et qui ne laissent pas d'avoir parmi eux des hommes qui remplissent le rôle d'ambassadeurs, qui soutiennent et repoussent des griefs, qui enfin ne doutent pas que celui-ci ne parle mieux que celui-là ?

CHAP. III. Tout l'art oratoire, comme l'enseignent la plupart des grands maîtres, consiste en cinq parties : l'*invention*, la *disposition*, l'*élocution*, la *mémoire*, la *prononciation* ou *l'action :* car on dit l'un et l'autre. En effet, tout tissu d'oraison, qui sert à exprimer un jugement, contient nécessairement une pensée et des mots. S'il est court et se résout dans une phrase, cette pensée et ces mots suffiront peut-être ; mais s'il a plus d'étendue, il exigera davantage ; car alors il n'importe pas seulement de savoir ce que l'on doit dire et comment, mais encore en quel lieu : on a donc aussi besoin de la *disposition*. Maintenant comment dire tout ce qu'il faut sur un sujet, et dire chaque chose en son lieu, sans le secours de la *mémoire* ? aussi doit-elle former une quatrième partie : enfin, que la *prononciation* pèche, soit par le geste, soit par la voix, elle peut tout gâter, tout perdre : elle doit donc nécessairement former une cinquième partie.

Il n'y a pas lieu de s'arrêter à l'opinion de ceux qui, comme Albutius, n'admettent que les trois premières parties, sur le fondement que la *mémoire* et l'*action* sont un don de la nature et non un effet de l'art. Thrasymaque, il est vrai, est du même sentiment pour ce qui regarde l'*action*; mais je ferai voir que l'une et l'autre tiennent quelque chose de l'art, lorsque j'en exposerai les préceptes. D'autres, au contraire, ajoutent une sixième partie, en plaçant le *jugement* après l'invention, parce que, disent-ils, on invente d'abord, puis on juge. Je crois, pour moi, que qui n'a pas jugé n'a pas même inventé. Aussi ne dit-on pas d'un homme qui a employé des arguments contraires à sa cause, communs à l'intérêt des deux parties, ou destitués de sens, qu'il a inventé cela ; mais on dit qu'il n'a pas su l'éviter. Cicéron, à la vérité, dans ses livres de rhétorique, met aussi le jugement après l'invention ; mais il me semble que le jugement est tellement répandu dans les trois premières parties (car sans le jugement il ne peut y avoir ni disposition ni élocution), que je dirai même que la prononciation lui doit beaucoup. Je parle ainsi avec d'autant plus d'assurance, que, dans ses *Partitions oratoires*, le même auteur aboutit à la division que j'ai établie plus haut. Car après avoir divisé d'abord la rhétorique en deux parties, l'invention et l'élocution, il attribue à la première le soin de trouver les choses et de les disposer, et à la seconde les mots et la prononciation. Puis il constitue une cinquième partie, commune à toutes les autres, et qui en est comme la gardienne, la *mémoire*. Il dit encore dans l'*Orateur* que la rhétorique se compose de cinq parties ; et comme ces ouvrages ont été écrits en dernier, ils sont aussi de plus sûrs garants de ses opinions.

Ceux-là ne me paraissent pas moins céder au besoin de dire quelque chose de nouveau, qui, non contents de la disposition, y ajoutent l'*or-*

---

dem initium orandi conditoribus urbium ac legum latoribus dedit, in quibus fuisse vim dicendi necesse est. Cur tamen hanc primam originem putet, non video ; quum sint adhuc quaedam vagae et sine urbibus ac sine legibus gentes, et tamen, qui sunt in his nati, et legationibus fungantur, et accusent aliqua ac defendant, et denique alium alio melius loqui credant.

CAP. III. Omnis autem *orandi ratio*, ut plurimi maximique auctores tradiderunt, quinque partibus constat, *inventione, dispositione, elocutione, memoria, pronunciatione* sive *actione*; utroque enim modo dicitur. Omnis vero sermo, quo quidem voluntas aliqua enuncialur, habeat necesse est et *rem*, et *verba* : ac, si est brevis, et una conclusione finitus, nihil fortasse ultra desideret ; at oratio longior plura exigit ; non enim tantum refert, quid, et quo modo dicamus, sed etiam quo loco; opus ergo est et *dispositione* : sed neque omnia, quae res postulat, dicere, neque suo quaeque loco, poterimus, nisi adjuvante *memoria*; quapropter ea quoque pars quarta erit. Verum haec cuncta corrumpit ac propemodum perdit indecora, vel voce, vel gestu, *pronunciatio*; huic quoque igitur tribuendus est necessario quintus locus. Nec audiendi quidam, quorum est Albutius, qui tres modo primas esse partes voluit, quia *memoria* atque *actio* natura, non arte, contingant, quarum nos praecepta suo loco dabimus, licet Thrasymachus quoque idem *de actione* crediderit. His adjecerunt quidam sextam partem, ita ut inventioni *judicium* subnecterent, quia primum esset *invenire*, deinde *judicare*. Ego porro ne invenisse quidem credo eum, qui non judicavit ; neque enim contraria, communia, stulta *invenisse* dicitur quisquam, sed *non vitasse*. Et Cicero quidem in *Rhetoricis* judicium subjecit inventioni ; mihi autem adeo tribus primis partibus videtur esse permixtum, nam neque *dispositio* sine eo, neque *elocutio* fuerit, ut *pronunciationem* quoque vel plurimum ex eo mutuari putem. Quod hoc audacius dixerim, quod in *Partitionibus oratoriis* ad easdem, de quibus supra dictum est, quinque pervenit partes; nam quum dupliciter primum divisisset, in inventionem atque elocutionem; res ac dispositionem inventioni, verba et pronunciationem elocutioni dedit ; quintamque constituit, communem, ac velut custodem omnium, memoriam. Idem in *Oratore*, quinque rebus constare eloquentiam dicit ; in quibus ipsa scriptis certior ejus sententia est. Non minus mihi cupidi novitatis alicujus videntur fuisse, qui adjecerunt *ordinem*, quum dispositionem dixissent ; quasi aliud sit

dre : comme si la disposition était autre chose que l'arrangement du tout dans le meilleur ordre possible. Dion n'a reconnu que l'invention et la disposition; mais il fait l'une et l'autre doubles, en sorte qu'elles s'étendent et aux choses et aux mots : ainsi, selon lui, l'élocution est une partie de l'invention, et la prononciation une partie de la disposition : ce qui fait toujours quatre parties, auxquelles il faut en ajouter une cinquième, la mémoire.

Les partisans de Théodore admettent ordinairement une double invention, l'une pour les choses et l'autre pour les mots; du reste, ils ne changent rien aux trois autres parties. Hermagoras fait dépendre le jugement, la distribution, l'ordre, et tout ce qui concerne l'élocution, de ce qu'il appelle l'*économie,* mot tiré du grec, qui signifie le soin des affaires domestiques, et qui est employé ici abusivement, notre langue n'ayant pas de mot qui y réponde.

C'est encore l'objet d'une question, que de savoir le rang que doit occuper la mémoire. Les uns la placent après l'invention, les autres après la disposition. A mon avis, la quatrième place est celle qui lui convient le mieux. Car il ne suffit pas de retenir ce qu'on a inventé pour pouvoir le disposer, ni de se souvenir de ce qu'on a disposé pour pouvoir l'énoncer, il faut encore que la mémoire conserve les mots dont on s'est servi pour exprimer ses pensées; car c'est elle qui est dépositaire de tout ce qui est entré dans la composition du discours.

Plusieurs veulent que tout cela soit l'*œuvre* de l'orateur, et non les *parties* de la rhétorique. N'est-ce pas à lui, dit-on, qu'il appartient d'inventer, de disposer, d'exprimer, etc.? Avec ce raisonnement, il ne restera rien pour l'art; car il appartient aussi à l'orateur de bien dire; et cependant la rhétorique est la science de bien dire, ou, pour parler comme quelques-uns, l'orateur persuade, mais la rhétorique apprend à persuader. De même, l'orateur invente et dispose, mais la rhétorique apprend à inventer et à disposer.

Enfin, faut-il voir en cela ou les *parties* de la rhétorique, ou l'*œuvre* de la rhétorique, ou bien, comme le croit Athénée, ses *éléments,* en grec στοιχεῖα? c'est encore un point de controverse entre un grand nombre d'auteurs. Mais d'abord il n'est pas exact de dire que ce sont ses *éléments,* car on entend par éléments les premiers principes des choses. Ainsi l'eau, le feu, la matière, les atomes, sont les éléments du monde. On ne peut pas non plus appeler *œuvre* ce qui, loin d'être le résultat de quelque chose, sert, au contraire, à effectuer quelque chose. Ce sont donc les *parties* de l'art; car puisqu'elles composent la rhétorique, il est impossible que, un tout étant composé de parties, ce qui compose ce tout n'en soit pas les parties. Ceux qui ont mieux aimé leur donner le nom d'*œuvre* n'ont voulu, ce me semble, qu'éviter une répétition de mots, parce que déjà ils avaient divisé la rhétorique en trois parties, *démonstrative, délibérative,* et *judiciaire.* Mais ce sont des parties de la matière plutôt que de l'art; car la rhétorique est tout entière en chacune d'elles, puisque aucune ne peut se passer de l'invention, de la disposition, de l'élocution, de la mémoire, et de la prononciation: aussi quelques-uns ont-ils cru mieux dire en les appelant les trois genres de la rhétorique. Mais ceux qui ont dit les trois *genres de causes* ont parlé plus juste, et Cicéron les a suivis.

CHAP. IV. N'y a-t-il que trois genres de causes? y en a-t-il plus? on n'est pas d'accord sur ce point

---

dispositio, quam rerum ordine quam optimo collocatio. Dion inventionem modo et dispositionem tradidit, sed utramque duplicem, rerum, ac verborum, ut sit elocutio inventionis, pronunciatio dispositionis; his quinta pars, memoria, accedat. Theodorei fere inventionem duplicem, *rerum*; atque *elocutionis,* deinde tres cæteras partes. Hermagoras; judicium, partitionem, ordinem, quæque elocutionis sunt, subjicit *œconomiæ,* quæ, Græce appellata ex cura rerum domesticarum et hic per abusionem posita, nomine Latino caret : est et circa hoc quæstio, quod *memoriam* in ordine partium quidam *inventioni,* quidam *dispositioni* subjunxerunt : nobis quartus ejus locus maxime placet; non enim inventa tantum tenere, et disponamus, nec disposita ut eloquamur, sed etiam verbis formata memoriæ mandare debemus; hac enim omnia, quæcunque in orationem collata sunt, continentur. Fuerunt etiam in hac opinione non pauci, ut has non *rhetorices* partes esse existimarent, sed opera oratoris; ejus enim esse invenire, disponere, eloqui, et cætera. Quod si accipimus, nihil arti relinquemus : nam bene dicere est oratoris ; rhetorices tamen est bene dicendi scientia; vel, ut alii putant, artificis est persuadere; vis autem persuadendi, artis; ita *invenire* quidem et *disponere,* oratoris; *inventio* autem et *dispositio,* rhetorices propria videri potest. In eo plures dissenserunt, utrumne hæ *partes* essent rhetorices, an ejusdem *opera,* an, ut Athenæus credit, *elementa,* quæ vocant στοιχεῖα; sed neque *elementa* recte quis dixerit; alioqui tantum initia erunt, ut mundi vel humor, vel ignis, vel materia, vel corpora insecabilia; nec *operum* recte nomen accipiunt, quæ nec ab aliis perficiuntur, et aliud ipsa perficiunt. *Partes* igitur; nam quum sit ex his rhetorice, fieri non potest, ut, quum totum ex partibus constet, non sint partes totius, ex quibus constat. Videntur autem mihi, qui hæc *opera* dixerunt, eo quoque moti, quod in alia rursus divisione nollent in idem nomen incidere : partes enim rhetorices esse dicebant *laudativam, deliberativam, judicialem.* Quæ si partes sunt, materiæ sunt potius, quam artis. Namque in his singulis rhetorice tota est; quia et inventionem, et dispositionem, et elocutionem, et memoriam, et pronunciationem quæcunque earum desiderat; itaque quidam genera tria rhetorices dicere maluerunt; optime autem ii, quos secutus est Cicero, genera causarum.

CAP. IV. Sed, tria an plura sint, ambigitur; nec dubie

Il est certain que la plupart des écrivains les plus accrédités chez les anciens n'en comptent que trois, à l'exemple d'Aristote, qui seulement donne au genre délibératif un autre nom, celui de *concional*. Déjà cependant, comme on le voit chez quelques auteurs grecs, et dans les livres de Cicéron *de Oratore*, on éprouvait quelque tendance, et maintenant on est presque entraîné par l'autorité du plus grand écrivain de nos jours, à compter non-seulement plus de trois genres, mais à en admettre un nombre presque infini. En effet, si l'on établit un genre particulier pour la *louange* et le *blâme*, à quel genre appartiendront les causes où l'orateur se plaint, console, apaise, excite, intimide, confirme, enseigne, éclaircit des ambiguïtés de mots, raconte, adresse des prières ou des remercîments, félicite, gourmande, invective, déchire, mande, contremande, émet des vœux, opine, et tant d'autres choses encore? de sorte que moi, qui persiste dans le sentiment des anciens, je me vois réduit à demander grâce, ou du moins à me justifier, en examinant pourquoi ils ont si fort restreint une matière aussi étendue.

Ceux qui croient que les anciens sont dans l'erreur s'imaginent que ce qui les a trompés, c'est que de leur temps les orateurs ne sortaient guère de ces trois genres. On écrivait pour louer la vertu ou décrier le vice; l'oraison funèbre était à la mode, la tribune et le barreau absorbaient presque entièrement : l'éloquence en sorte que ceux qui, à cette époque, ont traitée la rhétorique, ont vu l'exclusion dans la fréquence.

Au contraire, ceux qui défendent les anciens distinguent trois sortes d'auditeurs : les uns, qui viennent pour le plaisir d'écouter; les autres, pour prendre conseil; les autres, pour juger. Pour moi, tout bien considéré, je crois qu'on pourrait se borner à distinguer deux sortes d'éloquence, l'éloquence *judiciaire* et l'éloquence *extrajudiciaire*. Le genre d'affaires, qui est du ressort du juge, est suffisamment déterminé par lui-même; celles qui ne sont point du ressort du juge regardent le passé ou l'avenir : le passé, nous le louons ou nous le blâmons; l'avenir, nous en délibérons. Je dirais encore que, quelque sujet qu'on traite, les choses dont on parle sont certaines ou douteuses. Si elles sont certaines, on les loue ou on les blâme, suivant la manière dont on est affecté. Si elles sont douteuses, ou nous sommes libres de nous en réserver la décision, ce qui est la matière des délibérations; ou nous nous soumettons au jugement d'autrui, c'est la matière des procès.

Anaximène ne reconnaissait que deux genres, le *judiciaire* et le *délibératif;* mais il subdivisait ces deux genres en sept espèces; *conseiller, dissuader; louer, blâmer; accuser, défendre;* et *faire des enquêtes,* ἐξεταστικόν. On voit que les deux premières espèces appartiennent au genre *délibératif,* les deux suivantes au *démonstratif,* et les trois dernières au *judiciaire*. Je ne dis rien de Protagoras, qui réduisait la rhétorique à ces quatre parties : *interroger, répondre, ordonner,* et *prier*. Platon, dans le *Sophiste,* ajoute au judiciaire et au délibératif un troisième genre qu'il appelle προσομιλητικόν, c'est-à-dire propre à la conversation : genre qui n'a aucun rapport avec celui du barreau, mais qui convient aux discussions privées, et qui a toute la force de la dialectique. Isocrate pense que la louange et le blâme entrent dans tous les genres. Pour moi, je crois

---

prope omnes, utique summæ apud antiquos auctoritatis, scriptores, Aristotelem secuti, qui nomine tantum alio *concionalem* pro deliberativa appellat, hac partitione contenti fuerunt. Verum et tum leviter est tentatum, cum apud Græcos quosdam, tum apud Ciceronem in libris de Oratore, et nunc maximo temporum nostrorum auctore prope impulsum, ut non modo plura hæc genera, sed etiam pæne innumerabilia videantur. Nam si *laudandi* ac *vituperandi* officium in parte tertia ponimus : in quo genere versari videbimur, quum *querimur, consolamur, mitigamus, concitamus, terremus, confirmamus, præcipimus, obscure dicta interpretamur, narramus, deprecamur, gratias agimus, gratulamur, objurgamus, maledicimus, describimus, mandamus, renunciamus, optamus, opinamur,* et plurima alia? ut mihi in illa vetere persuasione permanenti velut petenda sit venia, quærendumque, quo moti priores rem tam late fusam tam breviter astrinxerint? Quos qui errasse putant, hoc secutos arbitrantur, quod in his fere versari tum oratores videbant; nam et *laudes* ac *vituperationes* scribebantur, et ἐπιταφίους dicere erat moris, et plurimum in consiliis ac judiciis insumebatur operæ; ut scriptores artium pro solis comprehenderint frequentissima. Qui vero defendunt, tria faciunt genera auditorum : unum, quod ad delectationem conveniat; alterum, quod consilium accipiat; tertium, quod de causis judicet. Mihi cuncta rimanti et talis quædam ratio succurrit, quod omne oratoris officium, aut *in judiciis* est, aut *extra judicia*. Eorum, de quibus judicio quæritur, manifestum genus est : ea, quæ ad judicem non veniunt, aut præteritum habent tempus, aut futurum; præterita laudamus aut vituperamus, de futuris deliberamus. Item omnia de quibus dicendum est, aut certa sint necesse est, aut dubia; certa, ut cuique est animus, laudat aut culpat; ex dubiis partim nobis ipsis ad electionem sunt libera, de his deliberatur; partim aliorum sententiæ commissa, de his lite contenditur. Anaximenes *judicialem* et *concionalem* generales partes esse voluit; septem autem species : *hortandi, dehortandi; laudandi, vituperandi; accusandi, defendendi; exquirendi,* quod ἐξεταστικόν dicit : quarum duæ primæ *deliberativi;* duæ sequentes *demonstrativi;* tres ultimæ *judicialis* generis sunt partes. Protagoram transeo, qui *interrogandi, respondendi, mandandi, precandi,* quod εὐχωλὴν dixit, partes solas putat : Plato in Sophiste, *judiciali* et *concionali* tertiam adjecit προσομιλητικήν, quam sane permittamus nobis dicere *sermocinatricem,* quæ a forensi ratione disjungitur, et est accommodata privatis disputationibus; cujus vis eadem profecto est, quæ dialecticæ. Isocrates in omni genere inesse *laudem* ac *vituperationem* existimavit; nobis et tutissimum est auctores plures sequi, et ita videtur ratio

que le parti le plus sûr et en même temps le plus raisonnable est de suivre le plus grand nombre.

Il y a donc, comme je l'ai dit, un genre qui consiste à louer et à blâmer. Les uns l'appellent genre *laudatif*, nom tiré de la plus noble de ses deux fonctions; d'autres disent *démonstratif*. On croit que ces deux mots sont traduits du grec ἐγκωμιαστικόν et ἐπιδεικτικόν. Cependant il me semble que le mot ἐπιδεικτικόν implique l'idée d'ostentation plutôt que celle de *démonstration*, et qu'il diffère beaucoup du genre que les Grecs appellent ἐγκωμιαστικόν. Il le contient, à la vérité, mais il ne s'y renferme pas. Niera-t-on que les panégyriques chez les Grecs appartiennent au genre appelé ἐπιδεικτικὸς? Cependant ils ont la forme délibérative, et traitent le plus souvent des intérêts de la Grèce. Il faut donc conclure qu'il y a trois genres de causes, mais que, dans chacun de ces trois genres, une partie est employée à traiter des affaires, et une autre à faire parade d'éloquence. Mais peut-être que notre mot *démonstratif* n'est pas emprunté des Grecs, et qu'il vient seulement de ce que la louange et le blâme font voir chaque chose telle qu'elle est. Le second genre est le *délibératif*; le troisième, le *judiciaire*. Toutes les autres espèces rentrent dans ces trois genres, et l'on n'en trouvera aucune où l'on ait à louer ou blâmer, à conseiller ou dissuader, à accuser ou défendre. Pour ce qui est de bien disposer les esprits, de raconter, d'instruire, d'amplifier, d'atténuer, d'exciter les passions ou de les calmer, ce sont des parties communes à tous les genres. Je ne suis pas même de l'avis de ceux qui, par une simplification plus commode que vraie, font consister le genre laudatif dans les questions qui regardent l'*honnête*, le genre délibératif dans celles qui regardent l'*utile*, et le judiciaire dans celles qui ont pour objet le *juste*. Ces trois genres ne subsistent, au contraire, que par le secours mutuel qu'ils se prêtent. En effet, dans un éloge ne traite-t-on pas du *juste* et de l'*utile ?* dans une délibération, de l'*honnête ?* Enfin on trouvera difficilement une cause judiciaire où il n'entre quelque chose de tout cela.

Chap. V. Tout discours se compose de ce qui est signifié et de ce qui signifie, c'est-à-dire de *choses* et de *mots*. La faculté oratoire est consommée par la *nature*, l'*art*, et l'*exercice*. Quelques-uns y ajoutent l'*imitation;* mais pour moi je ne la sépare point de l'art. L'orateur a aussi trois devoirs à remplir : *instruire*, *toucher*, *plaire*. Cette division est plus claire que celle qui réduit toute l'éloquence à deux parties, les *choses* et les *passions;* car ces deux sortes d'éléments ne se rencontrent pas toujours dans le sujet qu'on traite; il y a des matières qui ne sont pas susceptibles de pathétique. Aussi, comme le pathétique ne trouve pas toujours place en tout, là où il se fait jour il produit beaucoup d'effet.

Les auteurs les plus éminents pensent qu'il y a dans la rhétorique des choses qui ont besoin de preuves, d'autres qui n'en ont pas besoin; et je suis de leur avis. Quelques-uns, au contraire, comme Celsus, prétendent que l'orateur ne doit parler que sur ce qui fait question; en quoi ils ont contre eux la plupart des rhéteurs, et la division même de l'éloquence en trois genres de causes, à moins que l'on ne veuille pas regarder comme une fonction de l'orateur de louer ce qui est incontestablement honnête, et de blâmer ce qui est incontestablement honteux.

On convient généralement que toute question

---

dictare. Est igitur, ut dixi, unum genus, quo laus ac vituperatio continetur, sed est appellatum a parte meliore *laudativum;* idem alii *demonstrativum* vocant : utrumque nomen ex græco creditur fluxisse, nam et ἐγκωμιαστικόν et ἐπιδεικτικόν dicunt. Sed mihi ἐπιδεικτικόν non tam *demonstrationis* vim habere, quam *ostentationis* videtur, et multum ab illo ἐγκωμιαστικῷ differre; nam ut continet laudativum in se genus, ita non intra hoc solum consistit. An quisquam negaverit panegyricos ἐπιδεικτικοὺς esse? Atqui formam suadendi habent, et plerumque de utilitatibus Græciæ loquuntur; ut causarum quidem genera tria sint, sed ea tum in *negotiis*, tum in *ostentatione* posita; nisi forte non ex græco mutuantes *demonstrativum* vocant, verum id sequuntur, quod laus ac vituperatio quale sit quidque demonstrat. Alterum est *deliberativum*, tertium *judiciale;* cæteræ species in hæc tria incident genera, nec invenietur ex his ulla, in qua non *laudare* aut *vituperare*, *suadere* aut *dissuadere*, *intendere* quid, vel *depellere* debeamus. Illa quoque sunt communia, *conciliare*, *narrare*, *docere*, *augere*, *minuere*, concitandis componendisve *affectibus animos* audientium *fingere*. Ne his quidem accesserim, qui laudativam materiam *honestorum*, deliberativam *utilium*, judicialem *justorum* quæstione contineri putant, releri magis ac rotunda usi distributione, quam vera; stant enim quodammodo mutuis auxiliis omnia; nam et in laude *justitia utilitasque* tractantur, et in consiliis *honestas* et raro judicialem inveneris causam, in cujus non parte aliquid eorum, quæ supra diximus, reperiatur.

Cap. V. Omnis autem oratio constat aut ex iis, quæ significantur, aut ex iis, quæ significant, id est, *rebus*, et *verbis;* facultas orandi consummatur *natura*, *arte*, *exercitatione*, cui quartam partem adjiciunt quidam *imitationis*, quam nos arti subjicimus. Tria sunt item, quæ præstare debeat orator, ut *doceat*, *moveat*, *delectet;* hæc enim clarior divisio, quam eorum, qui totum opus in *res* et in *affectus* partiuntur; non semper autem omnia in eam, quæ tractabitur, materiam cadent; erunt enim quædam remotæ ab affectibus, qui, ut non ubique habent locum, ita, quocumque irruperunt, plurimum valent. Præstantissimis auctoribus placet, alia in rhetorica esse, quæ probationem desiderent, alia quæ non desiderent; cum quibus ipse consentio : quidam vero, ut Celsus, de nulla re dicturum oratorem, nisi de qua quæratur, existimant; cui cum maxima pars scriptorum repugnat, tum etiam ipsa partitio, nisi forte laudare, quæ constet esse honesta, et vituperare, quæ ex confesso sint turpia, non est oratoris officium. Illud jam omnes fatentur, esse

est fondée sur *ce qui est écrit* ou *non écrit*. Dans ce qui est écrit, la question roule sur le *droit;* dans ce qui n'est pas écrit, c'est le *fait* qu'on apprécie. Le premier genre de question est *légal,* le second est *rationnel.* C'est ce qu'Hermagoras et ceux qui l'ont suivi ont voulu dire par les deux mots grecs (νομικὸν et λογικὸν) dont ils se servent; et c'est aussi la pensée de ceux qui font consister toutes les questions dans les *choses* et dans les *mots.*

On convient encore que les questions sont ou *indéfinies* ou *définies.* Les premières sont celles qui, faisant abstraction des personnes, des temps, des lieux, et autres circonstances semblables, sont traitées pour et contre : c'est ce que les Grecs nomment *thèse,* et Cicéron, *proposition;* d'autres, *questions civiles universelles;* d'autres, *questions philosophiques;* et Athénée, *partie de la cause.* Cicéron distingue ce genre en *spéculatif* et en *pratique. Ce monde est-il régi par une providence?* Voilà le genre spéculatif. *Doit-on prendre part à l'administration de la république?* Voilà le genre pratique. Il subdivise le premier genre de questions en trois autres : *si l'objet dont il s'agit existe, ce qu'il est, quel il est :* car tout cela peut être ignoré; et le second, en deux autres : *quels sont les moyens d'acquérir ce dont il est question, et comment on en doit user?*

Les questions *définies* sont celles qui se renferment dans la considération des *choses,* des *personnes,* des *temps,* et autres circonstances de même nature. Les Grecs leur donnent le nom d'*hypothèses* (ὑποθέσεις), et nous, celui de *causes.* Tout semble s'y réduire aux choses et aux personnes. La question *indéfinie* est plus vaste, puisque la question *définie* en découle. Rendons cela plus sensible par un exemple. *Doit-on se marier?* Voilà une question indéfinie. *Caton doit-il se marier?* Voilà une question définie, et qui par conséquent peut être la matière d'une délibération. Cependant les questions indéfinies, même sans aucune acception des personnes, ne laissent pas de se rapporter à quelque chose de particulier. Par exemple, cette question : *si l'on doit prendre part à l'administration de la république,* est purement spéculative; ainsi posée : *peut-on prendre part à l'administration de la république, lorsqu'elle est en proie à la tyrannie,* elle cesse d'être abstraite; car il y a là comme une personne cachée, qui rend la question double, et y mêle des considérations tacites de temps et de *qualité.* Mais ce n'est pas encore là proprement une *cause.* Au reste, les questions indéfinies sont aussi appelées questions *générales;* et, comme on ne saurait dire que c'est à tort qu'on les appelle ainsi, les questions définies seront par conséquent des questions *spéciales.*

Il faut remarquer que, dans toute question spéciale, il y en a une générale, qui en est comme l'antécédent. Je ne sais même si, dans les causes, la question qui naît au sujet de la *qualité* n'est pas une question générale. *Milon a tué Clodius, et il a eu raison, car celui-ci lui dressait des embûches :* n'est-ce pas faire cette question : *Est-il permis de tuer celui qui nous tend des embûches?* Que dirai-je de ce qui est purement conjectural? Quand on demande : *Si c'est la haine ou la cupidité qui a fait commettre tel crime; s'il faut croire à des aveux arrachés par la force des tourments; si l'on doit ajouter plus de foi aux témoins qu'aux preuves :* ne sont-ce pas autant de questions générales? Quant à celles qui ont pour objet la *définition,* il est certain qu'elles ne peuvent être qu'universelles.

Quelques-uns croient qu'on peut aussi quelquefois donner le nom de *thèses* à des questions limitées à des personnes et à des causes, en posant

---

quæstiones aut *in scripto,* aut *in non scripto;* in scripto sunt *de jure,* in non scripto *de re;* illud *legale,* hoc *rationale* genus Hermagoras atque eum secuti vocant, id est νομικὸν et λογικόν. Idem sentiunt, qui omnem quæstionem ponunt in *rebus,* et in *verbis.* Item convenit, quæstiones esse aut *infinitas,* aut *finitas : infinitæ* sunt, quæ remotis personis et temporibus et locis, cæterisque similibus, in utramque partem tractantur, quod Græci θέσιν dicunt; Cicero *propositum;* alii *quæstiones universales civiles;* alii *quæstiones philosopho convenientes;* Athenæus *partem causæ* appellat. Hoc genus Cicero *scientia* et *actione* distinguit, ut sit *scientiæ, An providentia mundus regatur?* actionis, *An accedendum ad rempublicam administrandam :* prius, trium generum, *an sit? quid sit? quale sit?* omnia enim hæc ignorari possunt; sequens duorum, *quo modo adipiscamur? quo modo utamur? Finitæ* autem sunt ex complexu *rerum, personarum, temporum,* cæterorumque : hæ ὑποθέσεις a Græcis dicuntur, *causæ* a nostris. In his omnis quæstio videtur circa res personasque consistere. Amplior est sem-per *infinita;* inde enim *finita* descendit; quod ut exemplo pateat, infinita est, *An uxor ducenda?* finita, *An Catoni ducenda?* ideoque esse *suasoria* potest; sed etiam remotæ a personis propriis, ad aliquid referri solent. Est enim simplex, *An respublica administranda?* refertur ad aliquid, *An in tyrannide administranda?* Sed hic quoque subest velut latens persona; tyrannis enim geminat quæstionem, subestque et temporis, et qualitatis tacita vis : nondum tamen hoc proprie dixeris *causam;* hæ autem, quas infinitas voco, et *generales* appellantur; quod si est verum, finitæ *speciales* erunt; in omni autem speciali utique inest generalis, ut quæ sit prior. Ac nescio, an in causis quoque, quidquid in quæstionem venit *qualitatis,* generale sit. *Milo Clodium occidit; jure occidit insidiatorem :* nonne hoc quæritur, *An si jus insidiatorem occidendi?* Quid in *conjecturis?* non illa generalia, *An causa sceleris odium? an cupiditas? An tormentis credendum? Testibus an argumentis major fides habenda? Nam finitione* quidem comprehendi nihil non in universum, certum erit. Quidam putant etiam eas

seulement la question d'une autre manière. Ainsi *Oreste est accusé*, voilà une cause ; mais de savoir *si Oreste a été justement absous ; si Caton a pu honnêtement livrer sa femme Marcia à Hortensius :* voilà une thèse. Ils distinguent la thèse de la cause, en ce que la première appartient à la spéculation, et l'autre à la pratique. Dans la thèse, on discute uniquement dans l'intérêt de la vérité abstraite; dans la cause, c'est une affaire qu'on plaide.

Cependant certains auteurs pensent qu'il est inutile à l'orateur de traiter les questions universelles. A quoi sert, disent-ils, de prouver qu'on *doit se marier*, ou qu'on *doit prendre part à l'administration de la république*, si l'auditeur trouve dans son âge ou dans sa santé un obstacle à l'un ou à l'autre? Mais on ne pourrait faire la même objection sur toutes les questions du même genre, comme celles-ci, par exemple : *La vertu est-elle le souverain bien? Le monde est-il régi par une providence?* Bien plus, dans les questions qui se rapportent à une personne, non-seulement il ne suffit pas de traiter la question générale, mais ce n'est qu'après l'avoir approfondie qu'on peut aborder la question spéciale. En effet, comment Caton délibérera-t-il *s'il doit se marier*, s'il n'est établi que *l'on doit se marier?* et comment examinera-t-on *s'il doit épouser Marcia*, avant d'avoir établi que Caton doit *se marier?*

On pourra néanmoins m'opposer l'autorité d'Hermagoras en faveur de l'opinion que je combats ici, si toutefois l'ouvrage qui porte son nom ne lui est pas faussement attribué, ou n'appartient pas à un auteur du même nom. Comment, en effet, pourrait-il être de celui qui a écrit tant de choses admirables sur la rhétorique, et qui, comme on peut l'induire des paroles de Cicéron dans son premier traité sur l'art oratoire, a divisé la matière de l'éloquence en *thèses* et en *causes?* A quoi même celui-ci a trouvé à redire, prétendant que tout ce qui s'appelle *thèse* ne regarde point l'orateur, et que ce genre de question appartient exclusivement aux philosophes. Mais Cicéron m'a épargné la pudeur de le contredire, et en condamnant lui-même l'ouvrage où il parle d'Hermagoras, et en recommandant dans son *Orateur*, dans les livres qu'il a intitulés *de l'Orateur*, et dans ses *Topiques*, d'écarter, dans la controverse, les considérations de personnes et de temps, *parce que le genre offre une matière plus étendue que l'espèce, et que ce qui a été prouvé pour le tout est nécessairement prouvé pour la partie.* Quant à l'état de la question, il est le même dans toute espèce de thèses que dans les causes. On ajoute à cela que les questions sont de deux sortes, absolues et relatives. *Doit-on se marier? Cet homme est-il courageux?* ces questions sont absolues. En voici de relatives : *Un vieillard doit-il se marier? Cet homme est-il plus courageux que cet autre?*

Apollodore, pour me servir de la traduction de son disciple Valgius, définit la cause : *une affaire dont toutes les parties se rapportent à un point litigieux*, ou *une affaire qui roule tout entière sur une contestation*. Ensuite il définit l'affaire : *un assemblage de personnes, de lieux, de temps, de causes, de moyens, d'incidents, de faits, de pièces, de propos, de choses écrites et non écrites.* J'entends ici par *cause* ce que les Grecs appellent *hypothèse;* et par *affaire*, ce qu'ils nomment *péristase*. Quelques-uns pour-

---

posse *theses* aliquando nominari, quae personis causisque contineantur, aliter tantummodo positas; ut causa sit, *quum Orestes accusatur :* thesis, *An Orestes recte sit absolutus?* cujus generis est, *an Cato recte Marciam Hortensio tradiderit?* hi thesin a causa sic distinguunt, ut illa sit *speculativæ* partis, hæc *activæ;* illic enim veritatis tantum gratia disputari, hic negotium agi. Quamquam inutiles quidam oratori putant universales quæstiones, quia nihil prosit, quod constet, *Ducendam esse uxorem*, vel *Administrandam rempublicam*, si quis vel ætate, vel valetudine impediatur; sed non omnibus ejusmodi quæstionibus sic occurri potest; ut illis, *Sitne virtus finis? Regaturne providentia mundus?* Quin etiam in iis, quæ ad personam referuntur, ut non est satis generalem tractasse quæstionem, ita perveniri ad speciem, nisi illa prius excussa, non potest; nam quomodo, *An sibi uxor ducenda sit*, deliberabit Cato, nisi constiterit *uxores esse ducendas?* an *ducere Marciam debeat* quæretur, nisi *Catoni ducenda uxor est?* Sunt tamen inscripti nomine Hermagoræ libri, qui confirmant illam opinionem, sive falsus est titulus, sive alius hic Hermagoras fuit; nam ejusdem esse quomodo possunt, qui de hac arte mirabiliter multa composuit, quum, sicut ex Ciceronis quoque rhetorico primo manifestum est, materiam rhetorices in *theses* et *causas* diviserit? quod reprehendit Cicero, ac thesin nihil ad oratorem pertinere contendit, totumque hoc genus quæstionis ad philosophos refert. Sed me liberavit respondendi verecundia, et quod ipse hos libros improbat, et quod in Oratore, atque iis, quos de oratore scripsit, libris, et Topicis, præcipit, ut a propriis personis atque temporibus avocemus controversiam : *quia latius dicere liceat de genere, quam de specie, et, quod in universo probatum sit, in parte probatum esse necesse sit.* Status autem in hoc omne genus materiæ iidem, qui in causas, cadunt. Ad hoc adjicitur, alias esse quæstiones in rebus ipsis, alias, quæ ad aliquid referantur : illud, *An uxor ducenda?* hoc, *An seni ducenda?* illud, *An fortis?* hoc, *An fortior?* et similia. Causam finit Apollodorus, ut interpretatione Valgii discipuli ejus utar, ita : *Causa est negotium omnibus suis partibus spectans ad quæstionem;* aut, *Causa est negotium, cujus finis est controversia.* Ipsum deinde negotium sic finit : *Negotium est congregatio personarum, locorum, temporum, causarum, modorum, casuum, factorum, instrumentorum, sermonum, scriptorum, et non scriptorum. Causam* nunc intelligimus ὑπόθεσιν, *negotium* περίστασιν. Sed ipsam causam quidam similiter finierunt, ut Apollodorus negotium. Isocrates cau-

tant prennent le mot de *cause* au même sens qu'Apollodore a pris le mot d'*affaire*. Isocrate dit que la cause est une *question civile et particulière*, ou *un point litigieux entre un certain nombre de personnes déterminées*. Cicéron enfin la définit : *une contestation limitée à des considérations de personnes, de lieux, de temps, d'actions et d'affaires déterminées : si ce n'est de tout cela ensemble, au moins de la plus grande partie*.

CHAP. VI. Toute cause se renferme dans un état quelconque. Avant donc que d'entreprendre de dire comment il faut manier chaque genre de cause, je crois devoir examiner ce qui est commun à tous ces genres, c'est-à-dire *ce que c'est que l'état de la cause, d'où il se tire, combien il y en a, et quels ils sont*. Quelques auteurs, il est vrai, ont pensé que cela ne regardait que les matières judiciaires; mais, quand j'aurai traité des trois genres, leur ignorance se montrera d'elle-même.

Ce que j'appelle *état*, d'autres l'appellent *constitution*, ou *ce qui ressort de la question*; Théodore, le *chef principal*, κεφάλαιον γ·νιχώτατον, auquel se rapporte tout. Ces différents noms signifient au fond la même chose, et le mot importe peu, pourvu que la chose soit claire. Les Grecs nomment l'*état* στάσιν. On croit qu'Hermagoras n'est pas le premier qui se soit servi de ce nom. Les uns l'attribuent à Naucrate, disciple d'Isocrate; les autres, à Zopire de Clazomène. Cependant, ce terme n'était pas inconnu à Eschine; car nous voyons que, dans son plaidoyer contre Ctésiphon, il prie les juges de ne pas permettre à Démosthène de sortir de son sujet, mais de le forcer à se renfermer dans l'*état de la cause*. Ce mot vient, dit-on, de ce que c'est là qu'a lieu le premier engagement de la cause, ou de ce que c'est là qu'elle se retranche. Voilà pour l'origine du mot : venons à la chose. Quelques-uns définissent l'*état le premier conflit de la cause*, ce qui me paraît bien pensé, mais insuffisamment exprimé. Car l'*état* n'est pas le *premier conflit* : Vous l'avez fait. — Je ne l'ai pas fait, mais ce qui naît du premier conflit, c'est-à-dire le genre de la question : Vous l'avez fait. — Je ne l'ai pas fait. — L'a-t-il fait? ou bien, Vous avez fait cela. — Je n'ai pas fait cela. — Qu'a-t-il fait? Dans le premier exemple, en effet, on voit que la question roule sur une *conjecture*; et dans le second, sur une *définition* : et c'est sur quoi les deux parties *insistent*. Dans l'un, l'état de la question sera *conjectural*; dans l'autre, il sera *définitif*. Si l'on disait : Le son est le choc de deux corps entre eux, on se tromperait, je pense; car le son n'est pas un choc, mais le résultat d'un choc. Toutefois cette définition ne tire pas à conséquence; car elle ne laisse pas de se faire entendre. Mais une fausse interprétation a fait tomber dans une erreur grossière ceux qui, pour avoir lu *premier conflit*, se sont imaginé que l'état de la cause naît toujours de la première question : ce qui est très-faux. En effet, il n'y a point de question qui n'ait son *état*, puisqu'il n'y en a point qui ne soit fondée sur une contestation entre le demandeur et le défendeur. Mais les unes font partie intégrante de la cause, et c'est sur elles qu'on doit prononcer; les autres sont extrinsèques, quoiqu'elles ne laissent pas d'être employées comme auxiliaires de la cause en général. C'est ce qui fait qu'il y a toujours plusieurs questions dans une même affaire. Et même

---

sam esse ait *quæstionem finitam civilem, aut rem controversam in personarum finitarum complexu*. Cicero his verbis : *Causa certis personis, locis, temporibus, actionibus, negotiis cernitur, aut in omnibus, aut in plerisque eorum*.

CAP. VI. Ergo, quum omnis causa contineatur aliquo statu, priusquam dicere aggredior, quo modo genus quodque causæ sit tractandum, id quod commune est omnibus, *Quid sit status, et unde ducatur, et quot, et qui sint*, intuendum puto; quamquam id nonnulli ad judiciales tantum pertinere materias putaverunt; quorum inscitia, quum omnia tria genera fuero executus, res ipsa deprehendet. Quod nos *statum*, id quidam *constitutionem* vocant, alii *quæstionem*, alii *quod ex quæstione appareat*. Theodorus *generale caput*, id est κεφάλαιον γενικώτατον, ad quod referantur omnia; quorum diversa appellatio, vis eadem est, nec interest discentium, quibus quidque nominibus appelletur, dum res ipsa manifesta sit. *Statum* Græci στάσιν vocant, quod nomen non primum ab Hermagora traditum putant, sed alii ab Naucrate Isocratis discipulo, alii a Zopyro Clazomenio; quamquam videtur Æschines quoque in oratione contra Ctesiphontem uti hoc verbo, quum a judicibus petit, ne Demostheni permittant evagari, sed cum dicere de ipso *causæ statu* cogant. Quæ appellatio dicitur ducta vel ex eo, quod ibi sit primus causæ congressus, vel quod in hoc causa consistat : et nominis quidem hæc origo; nunc quid sit : *Statum* quidam dixerunt *primam causarum conflictionem*, quos recte sensisse, parum elocutos puto. Non enim est status prima conflictio, *Fecisti, non feci*; sed quod ex prima conflictione nascitur, id est, genus quæstionis, *Fecisti, non feci, an fecerit? Hoc fecisti, non hoc feci, quid fecerit?* Quia ex his apparet, illud conjectura, hoc finitione quærendum; atque in eo pars utraque *insistit* : erit quæstio *conjecturalis*, vel *finitivi*, status. Quid si enim dicat quis, *Sonus est duorum inter se corporum conflictio?* Erret, ut opinor; non enim sonus est conflictio, sed ex conflictione : et hoc levius; intelligitur enim utcumque dictum. Inde vero ingens male interpretantibus innatus est error, qui, quia primam conflictionem legerant, crediderunt statum semper ex prima quæstione ducendum; quod est vitiosissimum. Nam quæstio nulla non habet utique statum, constat enim ex intentione, et depulsione; sed aliæ sunt propriæ causarum, de quibus ferenda sententia est; aliæ adductæ extrinsecus, aliquid tamen ad summam causæ conferentes, velut auxilia quædam; quo fit, ut in controversia una plures quæstiones esse dicantur. Harum porro plerumque levissima quæque primo loco fungitur;

le plus souvent ce sont les moins importantes qui occupent le premier rang; car c'est un artifice assez ordinaire de commencer par celles qui nous paraissent les plus faibles, soit pour les abandonner ensuite à la partie adverse par manière de concession, soit pour monter comme par degrés à des arguments plus puissants.

Dans une cause simple, quoiqu'il y ait diverses manières de la défendre, il ne peut jamais y avoir qu'un point à décider. C'est le point qui fixe particulièrement l'attention de l'orateur et du juge, que l'un se propose d'emporter et l'autre d'examiner; car c'est là qu'est *l'état de la cause*, c'est là qu'elle se trouve retranchée. Il peut y avoir du reste plusieurs questions. Éclaircissons cela par un exemple très-court : Lorsque l'accusé dit : *Quand je l'aurais fait, j'aurais bien fait*, alors il établit la cause sur la qualité; mais si de ce premier moyen de défense il passe à celui-ci : *mais je ne l'ai pas fait*, l'état sera de conjecture. Cependant, comme il y a plus de sûreté à n'avoir point fait ce dont on est accusé, le véritable état de la cause est, selon moi, dans ce que je dirais, s'il ne m'était permis d'insister que sur un seul point. On a donc eu raison de dire premier conflit *des causes*, et non *des questions*. Cicéron consacre la première partie de son plaidoyer pour Rabirius Postumus à établir que la loi n'ouvre pas d'action contre un chevalier romain; dans la seconde, il prouve que son client n'est nullement coupable de concussion. Où dirai-je qu'est l'état de la cause? Dans le dernier moyen, comme étant le plus puissant. De même, dans le plaidoyer pour Milon, le véritable conflit de la cause ne commence pas sur ces premières questions qu'il traite immédiatement après l'exorde, mais bien quand il déploie toutes ses forces pour démontrer que Clodius tendait des piéges à Milon,

et que ce dernier était en droit de le tuer. Ce que l'orateur doit donc considérer avant tout, même lorsqu'il a plusieurs moyens à faire valoir dans l'intérêt de sa cause, c'est le point principal sur lequel il veut éclairer le juge. Mais quoique ce soit la première chose à quoi il doive penser, il ne s'ensuit pas que ce soit toujours par là qu'il doive entrer en matière.

D'autres ont cru que l'état de la cause était dans ce que le défendeur commence par repousser : opinion que Cicéron exprime ainsi : *C'est*, dit-il, *l'endroit où le défendeur engage en quelque sorte le combat contre son agresseur*. Cette définition à son tour a fait naître une autre question. Est-ce toujours le défendeur qui détermine l'état de la cause? Cornélius Celsus est d'un sentiment tout à fait opposé, et soutient que c'est l'affirmative, et non la négative, qui détermine cet état. Par exemple, on vous accuse d'un meurtre, vous niez le fait : c'est l'accusation qui détermine l'état de la cause, parce que c'est à elle à prouver. Si, au contraire, confessant le fait, vous soutenez qu'il est légitime, c'est à vous de prouver; car vous attaquez à votre tour, et attirez par là sur votre terrain l'état de la cause. Je ne partage pas cette opinion. Je trouve qu'il est plus vrai de dire que, comme il n'y a pas de procès là où le défendeur ne répond rien, l'état de la cause est toujours déterminé par celui qui réplique. Cependant je crois que cela varie selon la nature des causes; car quelquefois le demandeur semble fixer l'état, comme dans les causes conjecturales, puisque alors c'est particulièrement le demandeur qui est obligé de recourir à ce genre de preuves. Aussi ceux qui veulent que l'état de la cause soit toujours déterminé par le défendeur, l'ont-ils appelé, relativement à celui-ci, un état *négatif*. Il en est de même des affaires qui se traitent par la voie du syllogisme, puisque

---

namque et illud frequens est, ut ea quibus minus confidimus, quum tractata sunt, omittamus; interim sponte nostra velut donantes, interim ad ea, quæ sunt potentiora, gradum ex his fecisse contenti. Simplex autem causa etiamsi varie defenditur, non potest habere plus uno, de quo pronuncietur; atque inde erit *status causæ*, quod et orator præcipue sibi obtinendum, et judex spectandum maxime intelligit; in hoc enim causa consistet. Cæterum quæstionum possunt esse diversi status, quod ut brevissimo pateat exemplo : quum dicit reus, *Etiamsi feci, recte feci*; qualitatis utitur statu : quum adjicit, *sed non feci*, conjecturam movet. Semper autem firmius est *non fecisse;* ideoque in eo statum esse judicabo, quod dicerem, si mihi plus, quam unum, dicere non liceret. Recte igitur est appellata *causarum* prima conflictio, non *quæstionum*. Nam et pro Rabirio Postumo Cicero prima parte orationis in hoc intendit, ut actionem competere in equitem Romanum neget; secunda, nullam ad eum pecuniam pervenisse confirmat. Statum tamen in eo dicam fuisse, quod est potentius. Nec in causa Milonis, circa primas quæstiones, quæ sunt ante proœmium positæ, judicabo conflixisse causam, sed ubi totis viribus *insidiator Clodius*, ideoque

jure interfectus, ostenditur. Et hoc est, quod ante omnia constituere in animo suo debeat orator, etiamsi pro causa plura dicturus est, quid maxime liquere judici velit : quod tamen, ut primum cogitandum, ita non utique primum dicendum erit. Alii statum crediderunt primam ejus, cum quo agetur, deprecationem : quam sententiam his verbis Cicero complectitur, *In quo primum insistit quasi ad repugnandum congressa defensio;* unde rursus alia quæstio, an eum semper is faciat, qui respondet : cui rei præcipue repugnat Cornelius Celsus, dicens, *non a depulsione sumi, sed ab eo, qui propositionem suam confirmet :* ut, si hominem occisum reus negat, status ab accusatore nascatur, quia is velit probare; si jure occisum reus dicit, translata probationis necessitate idem a reo fiat, et sit ejus intentio. Cui non accedo equidem ; nam est vero propius quod contra dicitur, nullam esse litem, si is, cum quo agitur, nihil respondeat, ideoque fieri statum a respondente. Mea tamen sententia varium id est, et accidit pro conditione causarum; quia et videri potest propositio aliquando statum facere, ut in conjecturalibus causis ; utitur enim conjectura magis qui agit; quo moti quidam, eumdem a reo *infitialem* esse dixerunt : et in syllogismo

toute l'argumentation est du côté du demandeur.

Mais dans l'un et l'autre cas, dira-t-on, celui qui nie met son adversaire dans la nécessité d'accepter la cause sur le terrain de la défense. Car, ou il soutient n'avoir pas fait ce dont on l'accuse, et le demandeur est forcé de recourir à la conjecture, ou il soutient que celui-ci n'a pas la loi pour lui, et il l'oblige alors à prouver le contraire par syllogisme. Soit : mais que s'ensuit-il? que l'état de la cause naît de la défense ; mais toujours est-il que cet état est déterminé, tantôt par le demandeur, tantôt par le défendeur. En effet, *Vous avez tué cet homme*, dit l'accusateur. Si l'accusé le nie, c'est lui qui détermine l'état de la cause. S'il l'avoue, au contraire, mais qu'il ajoute : *J'avais droit de le tuer, l'ayant surpris en adultère* (et en effet la loi l'y autorise dans ce cas), qu'arrivera-t-il? Si l'accusateur ne réplique rien, le procès est non avenu; mais s'il réplique : *Il n'était point dans le cas d'adultère*, l'accusation et la défense se confondent, et c'est alors l'accusateur qui détermine l'état de la cause. Ainsi cet état naît, à la vérité, de la défense, mais c'est l'accusateur, et non l'accusé, qui se défend. Je dis plus : dans une même question on peut être accusateur et accusé tout à la fois. La loi dit : *Quiconque a exercé la profession de comédien ne peut s'asseoir dans les quatorze premiers rangs.* Un homme qui avait joué la comédie devant le préteur dans un jardin, mais hors de la présence du public, vient s'asseoir dans les rangs interdits par la loi. On l'accuse pour ce fait : *Vous avez*, lui dit-on, *exercé le métier de comédien*. Il se défend : *Je ne l'ai point exercé*. Question : *Qu'est-ce qu'exercer le métier de comédien?* S'il est accusé en vertu de la loi sur les théâtres, c'est à lui de se défendre; mais s'il a été forcé de se lever, de sortir du cirque, et qu'il demande réparation de cet outrage, c'est à l'accusateur à se défendre à son tour. Cependant ce qu'enseigne le plus grand nombre des auteurs est ce qui arrive le plus souvent. Ceux-là ont échappé à toutes ces questions, qui ont dit que l'état de la cause était ce qui résultait d'abord du choc de l'attaque et de la défense. *Vous avez fait cela;* — *je ne l'ai pas fait*, ou *j'ai bien fait.* Voyons toutefois si c'est là, à proprement parler, l'état de la cause, ou seulement ce qui le renferme. Hermagoras appelle *état* ce qui fait connaître la chose sur laquelle l'orateur est appelé à parler, ce à quoi se rapportent les preuves des parties. Mon opinion a toujours été que, bien qu'il y ait souvent dans une cause différents états de questions, *l'état de la cause reposait sur le point le plus important, celui sur lequel roule principalement la contestation.* Que si on aime mieux l'appeler *question générale* ou *chef général*, je ne disputerai pas plus sur ce nom que sur tout autre qu'on voudra inventer, et qui fera entendre la même chose, quoique je sache qu'une foule d'auteurs ait écrit des volumes entiers sur cette matière. Quant à moi, je m'arrête au mot *état.*

Maintenant combien y a-t-il de sortes d'états, quels sont leurs noms, quels sont ceux qu'il faut considérer comme généraux ou particuliers? C'est sur quoi l'on n'est pas d'accord; et les auteurs qui ne s'entendent guère sur toute autre question, semblent avoir pris à tâche d'émettre, sur ce point, des préceptes différents. Et d'abord Aristote a établi dix éléments, d'où, selon lui, découlent toutes les questions possibles : *l'existence,* οὐσίαν, que Flavius appelle *essentiam*, et qu'on ne saurait rendre autrement en latin, mais qui, quel que soit le mot, implique cette demande : *la*

chose est-elle? la *qualité*, ce mot s'entend assez ; la *quantité* dont on a depuis distingué deux sortes, l'une pour les choses qui se mesurent, et l'autre pour celles qui se comptent ; la *relation*, d'où se tirent les questions de compétence et de comparaison ; puis, le *lieu* et le *temps ;* ensuite, *l'état actif ; l'état passif ; l'état extérieur*, comme d'*être armé* ou *vêtu de telle ou telle manière ;* enfin, la *manière d'être*, κεῖσθαι, comme *être assis, debout*, ou *couché.* Mais de tous ces éléments, les quatre premiers me paraissent appartenir à l'état de la cause, et les autres à certains lieux d'arguments.

D'autres auteurs en proposent neuf : la *personne*, ce qui comprend les questions sur l'âme, le corps, et tout ce qui est placé hors de nous : mais dans tout cela je ne vois que des moyens d'établir la conjecture et la qualité ; le *temps*, χρόνος, quand on demande *si celui-là est né esclave, qui est venu au monde pendant que sa mère était au pouvoir de ses créanciers ;* le *lieu*, *s'il est permis de tuer un tyran dans un temple ; si celui qui est resté caché dans sa maison est censé avoir subi son exil;* la conjecture, καιρόν, dans laquelle ils veulent voir une espèce du temps proprement dit : était-ce en hiver ou en été? c'est à cette catégorie qu'appartient cette accusation intentée contre *un homme qui se livrait à la débauche dans un temps de peste;* l'action, πρᾶξιν, *si l'on a commis un crime sciemment ou sans intention, par nécessité ou par hasard*, etc. ; le nombre, qui est une espèce de la quantité : *si Thrasybule a mérité trente récompenses pour avoir délivré sa patrie de trente tyrans;* la cause, ou le motif, ce qui est le fondement de la plupart des procès, toutes les fois que le fait n'est pas nié et qu'on le soutient fondé en justice ; la *manière*, τροπόν, lorsqu'on dit qu'une chose s'est faite autrement qu'il n'était permis de la faire : *si*, par exemple, *on a fait périr un adultère sous le fouet ou de faim;* l'*occasion des faits*, ἀφορμὰς ἔργων, et cela est trop clair pour avoir besoin d'explication ou d'exemples. Ces auteurs, aussi bien que les premiers, croient qu'il n'est point de question qui ne soit renfermée dans un de ces éléments. Quelques-uns en retranchent deux, le *nombre* et *l'occasion ;* et à ce que j'ai appelé *action* ils substituent le mot *choses*, ou *affaires*, πράγματα. Je me suis contenté de toucher en peu de mots ces diverses doctrines, pour ne point paraître les avoir omises. Du reste, il me semble qu'elles ne déterminent pas suffisamment les états de causes, et ne contiennent pas tous les lieux communs : et, en lisant avec attention ce que je dirai de ces deux objets, on verra qu'ils ont plus d'étendue que ces doctrines ne leur en donnent.

J'ai lu dans plusieurs livres que certains rhéteurs n'admettaient qu'un seul état pour toutes les causes, *l'état conjectural ;* mais ni dans ces livres ni ailleurs je n'ai pu découvrir leurs noms. On dit cependant qu'ils s'appuyaient sur cette raison, que la connaissance de toute chose était renfermée dans les signes. Mais ils pourraient, par la même raison, fonder l'état de toutes les causes sur la qualité ; car partout on peut demander quelle est la nature de l'affaire dont il s'agit. Or, d'un côté comme de l'autre, il ne peut y avoir que confusion. En effet, qu'on admette un seul état de cause, ou qu'on n'en admette pas du tout, c'est à peu près la même chose, puisque, dans les deux cas, on range toutes les causes sur la même ligne. Le mot *conjecture* vient de *conjectus*, c'est-à-dire une certaine direction de l'esprit vers la

---

apertus intellectus est ; *Quantitatem*, quæ dupliciter a posterioribus divisa est *Quam magnum*, et, *Quam multum sit? Ad aliquid*, unde ductæ *translatio* et *comparatio*. Post hæc *Ubi*, et *Quando*; deinde *Facere, Pati, Habere*, quod est quasi *armatum esse, vestitum esse;* novissime, Κεῖσθαι, quod est *Compositum esse quodam modo*, ut *sedere, stare, jacere ;* sed ex his omnibus prima quatuor ad status pertinere, cætera ad quosdam locos argumentorum videntur. Alii novem elementa posuerunt, *Personam*, in qua de animo, corpore, extra positis, quæratur; quod pertinere ad conjecturæ et qualitatis instrumenta video : *Tempus*, quod χρόνον vocant, ex quo quæstio, *An is quem, dum addicta est, mater peperit, servus sit natus? Locum*, unde controversia videtur, *An fas fuerit tyrannum in templo occidere? An exulaverit, qui domi latuit? Tempus* iterum, quod καιρόν appellant; hanc autem videri volunt speciem illius temporis ut æstatem, vel hiemem : huic subjicitur *ille in pestilentia commissator ; Actum*, id est, πρᾶξιν, quod ea referunt, *Sciens commiserit, an insciens? necessitate, an casu?* et talia: *Numerum*, qui cadit in speciem quantitatis, *An Thrasybulo triginta præmia debeantur, qui tot tyrannos sustulerit? Causam*, cui plurimæ subjacent lites, quoties factum non negatur, sed quia justa ratione sit factum, defenditur : Τρόπον, quum id, quod alio modo fieri licet, alio dicitur factum ; hinc est *adulter loris cæsus*, vel *fame necatus : occasionem factorum*, quod est apertius, quam ut vel interpretandum, vel exemplo sit demonstrandum; tamen ἀφορμὰς ἔργων vocant : hi quoque nullam quæstionem extra hæc putant. Quidam detrahunt duas partes, *numerum* et *occasionem ;* et pro illo, quem dixi, *actu*, subjiciunt *res*, id est πράγματα, quæ ne præterüisse viderer, satis habui attingere ; cæterum his nec status satis ostendi, nec omnes contineri locos credo ; quod apparebit diligentius legentibus, quæ de utraque re dicam : erunt enim plura multo, quam quæ his elementis comprehenduntur. Apud plures auctores legi, placuisse quibusdam, unum omnino *statum* esse, *conjecturalem ;* sed quibus placuerit, neque illi tradiderunt, neque ego usquam reperire potui ; rationem tamen hanc secuti dicuntur, quod res omnis signis colligeretur, quo modo licet, qualitatis quoque solum statum faciant, quia ubique, qualis sit cujusque rei natura, quæri potest ; sed utrocunque modo sequetur manifesta confusio. Neque interest, unum quis statum faciat, an nullum, si omnes causæ sunt conditionis ejusdem : *conjectura* dicta est a *conjectu*, id est directione quadam rationis ad veritatem,

vérité : d'où le nom de *conjectores* a été donné à ceux qui interprètent les songes et les présages. Cependant ce genre d'état a reçu différents noms, comme on le verra par la suite.

Quelques-uns ont reconnu deux états, qu'Archidème appelle, l'un *conjectural*, et l'autre *définitif*; mais il exclut la *qualité*, parce que, selon lui, les questions sur la qualité répondent à celles-ci : *Qu'est-ce que l'iniquité, l'injustice, la désobéissance?* ce qu'il appelle question *sur l'identité et la différence.* Il y a encore une autre opinion qui admet aussi deux états, mais l'un *négatif*, et l'autre *juridicial*. Le *négatif* est celui que nous nommons *conjectural*; mais les uns, ne considérant que le défendeur, le font absolument négatif; les autres le font partie négatif, partie conjectural, parce que si l'accusé se défend par la dénégation, l'accusateur prouve par la conjecture. L'état *juridicial* est celui que les Grecs appellent δικαιολογικὸς, *qui traite du droit;* mais de même qu'Archidème exclut la qualité, ceux-ci rejettent la définition, qu'ils regardent comme une dépendance de l'état juridicial; car ils prétendent que les questions juridiciales doivent être posées ainsi : *Telle action doit-elle être qualifiée de sacrilége, de vol ou de démence?* C'était aussi l'opinion de Pamphile; seulement il a divisé la qualité en plusieurs espèces.

Beaucoup d'écrivains postérieurs se sont bornés à changer les noms, et ont compris toutes les causes sous deux genres : *celles dont le fait est douteux*, sous le premier; *celles dont le fait est constant*, sous le second. Et cela, par la raison évidente qu'un fait est nécessairement ou certain ou incertain. S'il ne l'est pas, il y a conjecture; et s'il est certain, il relève des autres états. C'est en effet ce que veut dire Apollodore, en prétendant que la question repose ou sur des choses extérieures, qui donnent lieu à la conjecture, ou sur nos propres opinions. Il appelle le premier état *réel*, πραγματικον, et le second *intellectuel*, περὶ ἐννοίας. C'est aussi ce que veulent dire ceux qui ne distinguent que le *doute* et le *préjugé*, ἀπρόληπτον et προληπτικόν, entendant par préjugé ce qui est évident. C'est enfin ce que veut dire Théodore, qui réduit tout à deux questions: *Le fait existe-t-il?* et, *le fait étant certain, quelles en sont les circonstances?* Car on voit que toutes ces opinions sont les mêmes au fond, en ce qu'elles assignent *la conjecture* au premier genre, et les autres états au second. Mais il reste à savoir ce que c'est que ces autres états. Apollodore les réduit à deux : la *qualité* et le *nom*, c'est-à-dire la *définition;* selon Théodore, c'est l'*essence*, la *qualité*, la *quantité* et la *relation.* Il y en a qui veulent que la *question d'identité et de différence* appartienne, tantôt à la *qualité*, tantôt à la *définition.*

Posidonius rapporte aussi tout à deux chefs, les *mots* et les *choses*. Les mots donnent lieu à ces questions : *Ont-ils une signification, quelle est-elle, quelle en est l'étendue, et comment ont-ils cette signification?* A l'égard des choses, il s'agit ou de *l'existence*, et c'est l'objet de la *conjecture*, qu'il appelle *induction sensible;* ou de la *qualité;* ou de la *définition*, qu'il appelle *induction intellectuelle;* ou enfin de la *relation.* De cette division en est venue une autre, *des choses écrites, et des choses non écrites.* Celsus Cornélius a établi aussi deux états généraux : *Si une chose est, quelle elle est?* Dans le premier, il renferme la *définition*, parce que, soit qu'un homme accusé d'avoir dérobé de l'argent dans un temple nie le fait, soit qu'en l'avouant il prétende que cet argent appartenait à un particulier, il y a toujours lieu de rechercher s'il a commis un sacrilége. Quant à la *qualité*, il y distingue le *fait* et *ce qui est*

---

unde etiam somniorum atque ominum interpretes conjectores vocantur; appellatum tamen est hoc genus varie, sicut sequentibus apparebit. Fuerunt qui duos status facerent : Archidemus *conjecturalem*, et *finitivum*, exclusa qualitate, quia sic de ea quæri existimabat, *Quid esset iniquum? quid injustum? quid dicto audientem non esse?* quod vocat, *de eodem et alio*. Huic diversa sententia eorum fuit, qui duos quidem status esse voluerunt, sed unum *infitialem*, alterum *juridicialem : infitialis* est, quem nos dicimus *conjecturalem*, cui ab infitiando nomen alii in totum dederunt, alii in partem, quia accusatorem conjectura, reum infitiatione uti putaverunt. *Juridicialis* est, qui δικαιολογικὸς græce dicitur; sed quemadmodum ab Archidemo qualitas exclusa est, sic ab his repudiata finitio; nam subjiciunt eam juridiciali, quærendumque arbitrantur, *Justumne sit, sacrilegium appellari quod objiciatur, vel furtum, vel amentiam?* qua in opinione Pamphilus fuit; sed *qualitatem* in plura partitus est : plurimi deinceps, mutatis tantum nominibus, *in rem, de qua non constet, et in rem, de qua constet;* nam est verum, nec aliter fieri potest, quam ut aut certum sit factum esse quid, aut non sit : si non est certum, conjectura sit; si certum est, reliqui status. Nam idem dicit Apollodorus, quum quæstionem aut *in rebus* extra positis, quibus conjectura explicatur, aut in *nostris opinionibus* existimat positam, quorum illud πραγματικόν, hoc περὶ ἐννοίας vocat : idem qui ἀπρόληπτον et προληπτικόν dicunt, id est *dubium* et *præsumptum*, quo significatur de quo liquet. Idem Theodorus : qui de eo *An sit*, et de *accidentibus ei*, *quod esse constat*, id est περὶ οὐσίας καὶ συμβεβηκότων, existimat quæri; nam in his omnibus prius genus *conjecturam* habet, sequens reliqua ; sed hæc reliqua Apollodorus duo vult esse, *qualitatem*, et *de nomine*, id est finitivam : Theodorus, *quid, quale, quantum, ad aliquid.* Sunt qui *et de eodem et de alio*, modo *qualitatem* esse, modo *finitionem* velint. In duo et Posidonius dividit, *vocem*, et *res* : in voce quæri putat, *An significet, quid, quam multa, quo modo?* in rebus *conjecturam*, quod κατ' αἴσθησιν vocat, et *qualitatem*; et *finitionem*, cui nomen dat κατ' ἔννοιαν et *ad aliquid*, unde et illa divisio est, *alia esse scripta*, *alia inscripta.* Celsus Cornelius duos et ipse fecit status generales, *An sit? Quale sit?* Priori subjicit *finitionem*, quia æque quæratur, *An sit sacrilegus*, qui *nihil* se sustulisse de templo dicit, et

7.

écrit. Il attribue à *ce qui est écrit* quatre espèces de questions légales, dont il exclut la compétence : pour ce qui est de la *quantité* et de *l'intention*, il ne les sépare point de la conjecture.

Il y a encore une autre manière de diviser les états. Toute controverse, dit-on, roule sur l'*existence* ou sur la *qualité*. La qualité peut être considérée *en général* ou *en particulier*. L'existence est l'objet de la *conjecture;* car on peut demander de toute chose *si elle est*, *si elle a été*, *si elle sera*, quelquefois même dans quelle *intention* elle a été faite : opinion préférable à celle qui ne voit dans l'état conjectural qu'un état *de fait*, comme s'il ne s'agissait purement et simplement que du passé et du fait. Quant à la qualité considérée en général, elle fournit rarement des questions au barreau, où l'on ne s'avise guère d'examiner *si*, par exemple, *ce qui est loué de tout le monde doit être réputé honnête.* Considérée en particulier, la qualité donne lieu à des questions tirées, tantôt d'une dénomination commune à tout le genre, par exemple : *Si celui qui a dérobé dans un temple l'argent d'un particulier est coupable de sacrilége;* tantôt *d'une chose qualifiée,* quand le fait est certain, et qu'on ne doute pas de ce qu'il est ; à quoi se rattachent toutes les questions de l'*honnête*, du *juste* et de l'*utile*. On veut aussi que ces deux états renferment tous les autres, parce que la quantité se rapporte, tantôt à la conjecture : *Le soleil est-il plus grand que la terre?* tantôt à la qualité : *Quel degré de peine ou de récompense mérite cet homme?* La question de compétence est également une dépendance de la qualité, et renferme la définition. Quant aux états qui, ayant pour fondement la contradiction des lois, se traitent par voie de raisonnement, c'est-

à-dire par syllogisme, ou qui naissent de la lettre et de l'esprit, c'est à l'équité qu'on a recours la plupart du temps, excepté néanmoins que, dans ce dernier cas, il y a lieu quelquefois à la conjecture, s'il s'agit, par exemple, de rechercher *quelle a été l'intention du législateur.* L'ambiguité, en effet, ne peut être éclaircie que par la conjecture, puisque là où il est manifeste que les mots offrent un double sens, il n'est plus question que de pénétrer l'intention de celui qui a écrit ou parlé. Voilà le sentiment de ces auteurs.

Un grand nombre d'autres a reconnu trois états généraux, et Cicéron a adopté cette division dans son *Orateur,* où il dit que tous les sujets de controverse et de dispute sont renfermés dans ces trois chefs : *Si telle chose est, ce qu'elle est, quelle elle est :* ce qui s'entend suffisamment, et dispense de rappeler les noms de ces trois questions. C'est aussi le sentiment de Patrocle. M. Antoine reconnaît également trois états. *La matière de tout discours,* dit-il, *se réduit à un très-petit nombre de questions : telle action a été faite ou non ; on a eu droit, ou l'on n'a pas eu droit de la faire ; elle est bonne, ou elle est mauvaise.* Mais comme le mot *droit* est équivoque, et qu'il peut être pris également et pour ce qui est conforme à la loi et pour ce qui est conforme à l'équité, ceux qui ont suivi M. Antoine ont voulu distinguer plus clairement ces trois états, et ont en conséquence appelé le premier *conjectural,* le second *légal,* et le troisième *juridicial :* en quoi Virginius les approuve. Ensuite, divisant ces trois états en plusieurs espèces, ils ont rangé sous l'état légal la *définition*, et les autres états qui ont pour fondement *ce qui est écrit*, les *lois contraires* (ἀντινομίαν), la *lettre* et l'*esprit* (κατὰ ῥητὸν καὶ διά-

---

qui *privatam* pecuniam confitetur sustulisse; *qualitatem*, in *rem* et *scriptum* dividit : scripto, quatuor partes legales, exclusa translatione, *quantitatem* et *mentis quæstionem* conjecturæ subjicit. Est etiam alia in duos dividendi status ratio, quæ docet, aut de *substantia* controversiam esse, aut de *qualitate;* ipsam porro qualitatem aut in *summo genere* consistere, aut in *succedentibus :* de substantia est *conjectura*. Quæstio enim tractatur *rei, An facta sit? An fiat? An futura sit?* Interdum etiam *mentis;* idque melius, quam quod iis placuit, qui statum eumdem *facti* nominaverunt, tamquam de præterito tantum, et tantum de facto, quæreretur. Pars qualitatis, quæ est de summo genere raro in judicium venit : quale est, *Idne sit honestum, quod vulgo laudatur?* Succedentium autem aliæ de communi appellatione, ut, *Sitne sacrilegus, qui pecuniam privatam ex templo furatus est?* Aut de re denominata, ubi et factum esse certum est, nec dubitatur; quid sit, quod factum est, cui subjacent omnes de *honestis, justis, utilibus,* quæstiones. Illis etiam cæteri status contineri dicuntur, quia et quantitas modo ad conjecturam referatur, ut *Majorne sol, quam terra?* modo ad qualitatem, *Quanta pœna quempiam, quantove præmio, sit affici justum?* et translatio versetur circa qualitatem, et definitio pars sit translationis; quin et contra-

riæ leges, et ratiocinativus status, id est syllogismus, et plerumque scripti et voluntatis, æquo nitantur (nisi quod hic tertius aliquando conjecturam accipit, *Quid senserit legis constitutor?*), ambiguitatem vero semper conjectura explicari necesse sit; quia, quum sit manifestum, verborum intellectum esse duplicem, de sola quæritur voluntate. A plurimis tres sunt facti generales status, quibus et Cicero in Oratore utitur, et omnia, quæ aut in controversiam, aut in contentionem veniant, contineri putat, *Sitne? Quid sit? Quale sit?* quorum nomina apertiora sunt, quam ut dicenda sint : idem Patrocles sentit. Tres fecit et M. Antonius, his quidem verbis : *Paucæ res sunt, quibus ex rebus omnes orationes nascuntur, factum, non factum; jus, injuria; bonum, malum.* Sed quoniam, quod jure dicimur fecisse, non hunc solum intellectum habet, ut lege, sed illum quoque, ut juste fecisse videamur; secuti Antonium apertius voluerunt eosdem status distinguere; itaque dixerunt *conjecturalem, legalem, juridicialem,* qui et Virginio placent. Horum deinde fecerunt species, ita ut *legali* subjicerent *finitionem,* et alios, qui *ex scripto* dicuntur : *legum contrariarum,* quæ ἀντινομία dicitur ; et *scripti et sententiæ* vel *voluntatis,* id est κατὰ ῥητὸν καὶ διάνοιαν; et μετάληψιν, quam nos varie *translativam, transumptivam, transpositi-*

νοιαν), la *translation* ou *compétence* (μετάληψιν), le raisonnement (συλλογισμὸν), *l'ambiguïté* (ἀμφιβολίαν), et que j'énumère ici, parce que la plupart des rhéteurs les appellent *états*, quoique quelques-uns n'aient voulu y voir que des questions légales.

Athénée admet quatre états : le premier, προτρεπτικὴν στάσιν, ou παρορμητικὴν, qui consiste à *exhorter*, et appartient proprement au genre *délibératif*; le second, συντελικὴν, et par lequel il entend la question de fait ou de conjecture, ce qui résulte de la suite, plutôt que du nom dont il se sert pour désigner cet état; le troisième, ὑπαλλακτικὴν, ou l'état de définition, qui consiste dans une substitution de mots; enfin le quatrième, qu'il appelle du même nom que les autres rhéteurs, c'est-à-dire *l'état juridicial*; car, comme je l'ai dit, on varie beaucoup dans les dénominations. Il en est qui, par le mot ὑπαλλακτικὴν, entendent la *translation* ou *compétence*, à cause de l'idée de changement renfermée dans le mot grec. D'autres, comme Cécilius et Théon, ont reconnu aussi quatre états, mais différents : *si une chose est, ce qu'elle est, quelle elle est, sa quantité*. Aristote, dans sa Rhétorique, veut que toute espèce de matière consiste dans trois choses à constater : *la vérité, ce qu'il faut fuir ou éviter* (ce qui appartient au genre délibératif), *l'identité, et la différence;* mais sa division l'amène à cette conclusion, qu'on doit examiner *l'existence* du fait, sa *qualité*, sa *quantité*, sa *multiplicité*. Il a aussi en vue la définition dans un endroit où il dit qu'en certains cas on peut se défendre de cette manière : *J'ai pris, mais je n'ai pas volé; j'ai frappé, mais je n'ai pas commis d'outrage.* Cicéron, dans ses livres de rhétorique, avait aussi compté quatre états : le *fait*, le *nom*, le *genre*, et l'*action*. Par le *fait* il entendait la *conjecture*, par le nom la *définition*, par le genre la *qualité*, et par l'action le *droit*, auquel il rapportait la compétence. Mais dans un autre ouvrage il considère les questions légales comme des espèces de l'action.

Il y a des rhéteurs qui ont reconnu cinq états : la *conjecture*, la *définition*, la *qualité*, la *quantité*, la *relation*. Théodore, comme je l'ai dit, a aussi adopté ces principaux chefs : *Si une chose est, ce qu'elle est, sa quantité, sa relation*. Il pense que ce dernier chef consiste principalement dans la comparaison, parce que meilleur et pire, plus grand et moindre, sont des termes corrélatifs qui ne peuvent s'entendre l'un sans l'autre. Mais, ainsi que je l'ai déjà fait remarquer, l'état de relation renferme aussi toutes les questions qui regardent la compétence : *Si tel a droit d'intenter une action, s'il lui appartient de faire telle chose contre tel, en tel temps, de telle manière*. Car tout cela suppose nécessairement une relation avec quelque chose.

D'autres comptent six états : la *conjecture*, qu'ils appellent γένεσιν; la *qualité*; la *propriété*, ἰδιότητα, ce qui implique la définition; la *quantité*, ἀξίαν; la *comparaison*; et la *translation* pour laquelle on a même imaginé un mot nouveau, μετάστασις : je dis nouveau pour spécifier un état; car Hermagoras s'en sert pour désigner une espèce du genre juridicial. Il a plu à d'autres d'établir sept états, sans y faire entrer ni la translation, ni la quantité, ni la comparaison; mais, à leur place, ils substituent quatre états légaux, qu'ils ajoutent aux trois états rationnels. D'autres vont jusqu'à huit, en ajoutant aux sept

---

vam vocamus ; συλλογισμὸν, quem accipimus *ratiocinativum*, vel *collectivum*; *ambiguitatis*, quae ἀμφιβολία nominatur; quos posui, quia et ipsi a plerisque *status* appellantur, quum quibusdam *legales* potius *quaestiones* eas dici placuerit. Quatuor fecit Athenaeus, προτρεπτικὴν στάσιν, vel παρορμητικὴν, id est *exhortativum*, qui suasoriae est proprius; συντελικὴν, qua *conjecturam* significari, magis ex his, quae sequuntur, quam ex ipso nomine apparet; ὑπαλλακτικὴν, ea *finitio* est, mutatione enim nominis constat; *juridicialem*, eadem appellatione graeca, qua ceteri, usus, nam est, ut dixi, multa in nominibus differentia. Sunt qui ὑπαλλακτικὴν *translationem* esse existiment, secuti hanc mutationis significationem : fecerunt alii totidem status, sed alios, *An sit? Quid sit? Quale sit? Quantum sit?* ut Caecilius et Theon. Aristoteles in Rhetoricis etiam sic omne opus dividit, in *veritatem*, et *petenda ac fugienda*, quod est suasoriae, et *de eodem atque alio;* partiendo tamen ad hoc pervenit, ut *An sit? Quale, Quantum,* et *Quam multum sit?* quaerendum putet. Quodam tamen loco finitionis quoque vim intelligit, quo dicit, quaedam sic defendi, *Sustuli, sed non furtum feci; Percussi, sed non injuriam feci.* Posuerat et Cicero in libris rhetoricis, *facti, nominis, generis, actionis*; ut in facto *conjectura*, in nomine *fini-* *tio*, in genere *qualitas*, in actione *jus* intelligeretur : jurí subjicerat translationem; verum hic legales quoque quaestiones alio loco tractat ut species actionis. Fuerunt qui facerent quinque, *conjecturam, finitionem, quatitatem, quantitatem, ad aliquid* : Theodorus quoque, ut dixi, iisdem generalibus capitibus utitur, *An sit? Quid sit? Quale sit? Quantum sit? Ad aliquid* : hoc ultimum maxime in comparativo genere versari putat; quoniam melius ac pejus, majus et minus, nisi alio relata non intelliguntur. Sed in illas quoque translativas, ut supra significavi quaestiones incidunt, *An huic jus agendi sit? vel facere aliquid conveniat? An contra hunc? An hoc tempore? An sic?* omnia enim ista referri ad aliquid necesse est. Alii sex status putant , *conjecturatem*, quam γένεσιν vocant; et *qualitatem*; et *proprietatem*, id est, ἰδιότητα, quo verbo finitio ostenditur; et *quantitatem*, quam ἀξίαν dicunt; et *comparationem;* et *translationem*, cujus ad hoc novum nomen inventum est μετάστασις; novum, inquam, in statu, alioqui ab Hermagora inter species juridiciales usitatum. Aliis septem esse placuit; a quibus nec translatio, nec quantitas, nec comparatio recepta est; sed in horum trium locum subditae quatuor legales, adjectaeque tribus illis rationalibus; alii pervenerunt usque ad octo, *translatione* ad septem superiores adjecta.

premiers la translation. Dans le système de quelques-uns, il faut admettre une division, qui consiste à ne donner le nom *d'états* qu'aux états *rationnels*, tandis que les états *légaux* sont, comme je l'ai dit plus haut, appelés *questions :* dans ceux-ci il s'agit *de ce qui est écrit;* dans ceux-là, il s'agit *du fait.* D'autres ont fait tout le contraire : ils ont nommé états les questions légales, et questions les états rationnels. D'autres enfin ne reconnaissent que trois états rationnels : *si la chose est, ce qu'elle est, quelle elle est.* Hermagoras seul en compte quatre : la *conjecture*, la *propriété*, la *translation*, et la *qualité*, qu'il exprime par le mot d'accident, κατὰ συμβεβηκότα ; regardant, sans doute, le vice et la vertu comme des qualités accidentelles. Il subdivise ensuite la qualité en quatre espèces, attribuant la première au genre *délibératif*, quand on examine *ce qu'il faut rechercher ou fuir;* la seconde au genre démonstratif, quand il s'agit *de la personne;* la troisième aux affaires, πραγματικὴν, quand on discute des choses en abstraction et sans acception des personnes, comme dans ces questions : *Celui-là est-il libre, à qui on conteste sa liberté? Les richesses engendrent-elles l'orgueil? Telle action est-elle juste, est-elle bonne?* Enfin la quatrième aux questions de droit, laquelle ne diffère des autres qu'en ce qu'elle se rapporte à des personnes déterminées : *Un tel a-t-il eu droit ou raison de faire cela?* Je n'ignore pas que Cicéron, dans son premier livre de la *Rhétorique*, a donné une autre interprétation de la troisième espèce, en disant qu'*elle a pour objet les questions de droit qui se décident par l'usage et par l'équité, et dont l'examen est attribué chez nous aux jurisconsultes.* Mais j'ai déjà dit quel était le jugement que Cicéron lui-même portait de cet ouvrage, un des premiers fruits de sa jeunesse, et où il avait jeté tout ce qu'il avait appris de ses maîtres ; en sorte que, s'il s'y trouve quelque erreur, ce n'est point à lui qu'il faut l'imputer. Peut-être aussi s'est-il laissé préoccuper par les exemples tirés du droit, qu'Hermagoras cite en premier lieu, ou par le mot πραγματικοὺς, dont les Grecs se servent pour désigner les jurisconsultes. Quoi qu'il en soit, en substituant à sa *Rhétorique* son admirable traité de *l'Orateur*, il s'est mis à l'abri du reproche d'avoir donné de mauvais préceptes.

Je reviens à Hermagoras. Il est le premier de tous les rhéteurs qui ait fait de la *translation* un état distinct, quoiqu'au nom près, on en trouve quelques germes dans Aristote. Quant aux questions légales, il en reconnaît quatre : la question d'*écrit* et d'intention, qu'il appelle κατὰ ῥητὸν, καὶ ὑπεξαίρεσιν, c'est-à-dire *ce qui est dit, et l'exception* (le premier mot lui est commun avec tous les autres rhéteurs, le dernier est moins usité) ; la question de *raisonnement*, celle *d'ambiguïté*, et enfin celle *des lois contraires.* Albutius a adopté la même division, mais il en distrait la *translation*, qu'il comprend dans les questions de droit ; et parmi les questions légales il ne voit point de place pour celle de raisonnement. Ceux qui voudront faire une lecture approfondie des anciens y trouveront sans doute beaucoup de choses que je ne rapporte pas ; mais, pour moi, je crains de ne m'être déjà que trop étendu sur cette matière.

Quant à mon opinion personnelle, j'avouerai qu'elle diffère un peu de celle où j'étais autrefois ; et si je n'avais égard qu'à ma réputation, le plus sûr serait peut-être de ne rien changer à ce que j'ai non-seulement cru moi-même, mais encore

---

A quibusdam deinde divisa ratio est, ut *status, rationales* appellarent ; *quæstiones* (quemadmodum supra dixi), *legales;* in illis *de re*, in his *de scripto* quæreretur ; quidam in diversum hos status esse, illas quæstiones maluerunt. Sed alii rationales tres putaverunt, *An sit? Quale sit? Quale sit?* Hermagoras solus quatuor, conjecturam, proprietatem, translationem, qualitatem, quam per accidentia, id est κατὰ συμβεβηκότα, vocat, hac interpretatione, *An illi accidat viro bono esse, vel malo?* Hanc ita dividit, de appetendis et fugiendis, quæ est pars *deliberativa* ; *de persona*, ea ostenditur laudativa ; *negotialem*, quam πραγματικὴν vocat ; in qua de rebus ipsis quæritur, remoto personarum complexu, ut, *Sitne liber, qui est in assertione? An divitiæ superbiam pariant? An justum quid, an bonum sit? Juridicialem*, in qua fere eadem, sed certis destinatisque personis quærantur : *An ille juste hoc fecerit, vel bene?* Nec me fallit, in primo Ciceronis rhetorico aliam esse loci negotialis interpretationem, quum ita scriptum sit, *Negotialis est, in qua, quid juris ex civili more et æquitate sit, consideratur ; cui diligentiæ præesse apud nos jurisconsulti existimantur.* Sed quod ipsius de his libris judicium fuerit, supra dixi : sunt enim velut regestæ in hos commentarios, quos adolescens deduxerat, scholæ ; et si qua est in his culpa, tradentis est ; sive eum movit, quod Hermagoras prima in hoc loco posuit exempla ex quæstionibus juris ; sive, quod Græci πραγματικοὺς vocant juris interpretes. Sed Cicero quidem his pulcherrimos illos de oratore substituit, ideoque culpari, tamquam falsa præcipiat, non potest ; nos ad Hermagoram. *Translationem* hic primus omnium tradidit, quamquam semina ejus quædam citra nomen ipsum apud Aristotelem reperiuntur. Legales autem quæstiones has fecit, *scripti* et *voluntatis* (quam ipse vocat κατὰ ῥητὸν, καὶ ὑπεξαίρεσιν, id est, *dictum* et *exceptionem*, quorum prius ei cum omnibus commune est, posterius nomen minus usitatum), *ratiocinativum*, *ambiguitatis*, *legum contrariarum.* Albutius, eadem divisione usus, detrahit translationem, subjiciens eam juridiciali : in legalibus quoque quæstionibus nullum putat esse, qui dicatur *ratiocinativus.* Scio plura inveniri adhuc, in legere antiquos studiosius volent ; sed ne hæc quoque excesserint modum, vereor. Ipse me paulum in alia, quam prius habuerim, opinione nunc esse confiteor ; et fortasse tutissimum erat famæ modo studenti, nihil ex eo mutare,

fait adopter aux autres pendant tant d'années : mais ma conscience ne saurait se résoudre à user de dissimulation en aucune circonstance, et moins que jamais dans un ouvrage où je ne me propose que d'être utile à une jeunesse honnête. C'est ainsi qu'Hippocrate, si célèbre dans la médecine, pour ne pas exposer la postérité à faillir avec lui, n'a pas fait difficulté d'avouer qu'il s'était quelquefois trompé : en quoi il me paraît bien louable. Cicéron n'a-t-il pas condamné lui-même sans hésitation, dans des écrits postérieurs, quelques-uns de ses premiers ouvrages, comme son *Catulus* et son *Lucullus*, et ses livres de rhétorique, dont j'ai parlé tout à l'heure? A quoi servirait, en effet, de prolonger ses études et ses travaux, s'il n'était permis de revenir sur le passé et de trouver mieux? D'ailleurs, rien de ce que j'ai enseigné autrefois n'aura été inutile ; car je rattacherai mes nouveaux préceptes à mes premières ébauches, et personne n'aura lieu de se repentir d'avoir appris ce qu'il sait. Je ne me propose que de recueillir ce que j'ai déjà dit, pour le disposer dans un ordre plus clair. Ce que je veux surtout, c'est que chacun me rende le témoignage qu'aussitôt que j'ai acquis de nouvelles lumières, j'en ai fait part aux autres.

A l'exemple d'un grand nombre d'auteurs, je conservais trois états rationnels : la *conjecture*, la *qualité*, la *définition*, et un état *légal*. Tels étaient pour moi les états généraux. Ensuite, je divisais l'état légal en cinq espèces : la *lettre et l'esprit*, les *lois contraires*, l'*induction*, l'*ambiguïté*, la *translation*. Maintenant je reconnais que l'état légal peut être ôté du nombre des états généraux. Car il suffit de dire que les uns sont rationnels, et les autres légaux. Ainsi, ce que j'appelais état légal ne sera point un état, mais un genre de questions : autrement il faudrait dire aussi qu'il y a un état rationnel.

Je retranche également la *translation* des cinq espèces d'états légaux dont je viens de parler. A la vérité, j'avais souvent dit, ainsi que peuvent se le rappeler tous ceux qui ont suivi mes leçons, et même dans ces entretiens qu'on a publiés sans mon aveu on peut lire, qu'il se présente rarement une cause dont la *translation* fasse essentiellement l'état, et qui n'en ait pas un autre plus véritable : ce qui fait que la *translation* a été rejetée par quelques rhéteurs. Je sais qu'elle a lieu en beaucoup de cas, et surtout dans la plupart des causes où le demandeur échoue par vices de forme ; car voici, entre autres, les questions qui se présentent alors : *Un tel a-t-il qualité pour intenter une action contre quelqu'un? a-t-il droit d'actionner un tel, en vertu de telle loi, devant tel juge, en tel temps?* Mais cette translation fondée sur les personnes, le temps, le droit d'action, etc., suppose quelque autre raison préexistante. Ainsi, la question n'est pas dans la translation, mais dans les motifs de la translation. *Ce n'est pas devant le préteur que vous devez réclamer ce fidéicommis, mais devant les consuls, attendu que la somme excède la juridiction du préteur.* Il s'agit donc d'examiner si la somme est telle que le préteur n'en puisse connaître : c'est une question de fait. *Vous n'avez pas droit de plaider contre moi ; car vous n'avez pas pu être constitué procureur de mon adversaire.* La question à juger est donc celle-ci : *L'a-t-il pu? — Vous n'avez pas dû m'attaquer au possessoire, mais au pétitoire.* L'action possessoire est-elle fondée? C'est ce qu'il s'agit de décider. Dans tous ces exemples, comme on voit, on passe

---

quod multis annis non sensissem modo, verum etiam approbassem. Sed non sustineo esse conscius mihi dissimulati (in eo præsertim opere, quod ad bonorum juvenum aliquam utilitatem componimus) in ulla parte judicii mei : nam et Hippocrates, clarus arte medicinæ, videtur honestissime fecisse, quod quosdam errores suos, ne posteri errarent; confessus est : et M. Tullius non dubitavit aliquos suos libros jam editos aliis postea scriptis ipse damnare, sicut Catulum atque Lucullum, et hos ipsos, de quibus modo sum locutus, artis rhetoricæ. Etenim supervacuus foret in studiis longior labor, si nihil liceret melius invenire præteritis, neque tamen quidquam ex his, quæ tum præcepi, supervacuum fuit ; ad easdem enim particulas hæc quoque, quæ nunc præcipiam, revertentur : ita neminem didicisse pœniteat; colligere tantum eadem, ac disponere paulo significantius conor : omnibus autem satisfactum volo, non me hæc serius demonstrare aliis, quam mihi ipse persuaserim. Secundum plurimos auctores servabam tres rationales status, *conjecturam*, *qualitatem*, *finitionem*, unum *legalem*; hi mihi status generales erant : legalem in quinque species partiebar, *scripti et voluntatis*, *legum contrariarum*, *collectivum*, *ambiguitatis*, *translationis*. Nunc quartum ex generalibus intelligo posse removeri ; sufficit enim prima divisio, qua diximus alios rationales, alios legales esse : ita non erit status, sed quæstionum genus : alioqui et rationalis status esset. Ex iis etiam, quos speciales vocabam, removi *translationem* : frequenter quidem (sicut omnes, qui me secuti sunt, meminisse possunt) testatus, et in ipsis etiam illis sermonibus, me nolente, vulgatis, hoc tamen complexus, vix in ulla controversia translationis statum posse reperiri, ut non et alius in eadem recte dici videretur, ideoque a quibusdam eum exclusum. Neque ignoro multa transferri, quum in omnibus fere causis, in quibus cecidisse quis formula dicitur, hæ sint quæstiones, *An huic, an cum hoc, an hac lege, an apud hunc, an hoc tempore liceat agere?* et si qua sunt talia. Sed personæ, tempora, actiones, cæteraque propter aliquam causam transferuntur ; ita non est in translatione quæstio, sed in eo, propter quod transferuntur : *non debes apud prætorem petere fideicommissum, sed apud consules : major enim prætoria cognitione summa est :* quæritur, *An major summa sit?* facti controversia est. *Non licet tibi agere mecum : cognitor enim fieri non potuisti* : judicatio est, *An potuerit? Non debuisti interdicere, sed petere : An recte interdictum sit?* ambigitur, quæ omnia succedent legitimis quæstionibus. An non præscriptiones (etiam in quibus maxime videtur manifesta translatio) easdem omnes species

à des questions légales, qui sont le véritable état de chaque cause. Dans les cas de prescription, dans ceux même où le défaut d'action est manifeste, la question n'est-elle pas toujours de même espèce que la loi en vertu de laquelle on agit? En sorte que la contestation roule tantôt sur le nom, ou sur l'écrit et l'intention, ou sur l'induction. L'état naît de la question, et conséquemment la translation ne renferme pas la question sur laquelle, mais à l'occasion de laquelle on conteste. Un exemple démontrera cela plus clairement : *Vous avez tué un homme. — Je ne l'ai pas tué.* Question : *L'a-t-il tué ?* L'état est de conjecture. Mais il n'en est pas de même ici : *J'ai action contre vous. — Vous ne l'avez pas.* Car il faudrait que la question fût : *A-t-il action ?* et que l'état se prît de là : ce qui n'est pas. En effet, qu'il soit reçu ou non à intenter l'action, c'est la question finale, et non l'objet de la cause; c'est sur quoi le juge prononce, mais non la raison pour laquelle il prononce. Voici un exemple semblable : *Vous méritez d'être puni. — Je ne le mérite pas.* Le juge verra *s'il le mérite;* mais ni la question ni l'état ne sont là. Où sont-ils? le voici : *Vous méritez d'être puni, parce que vous êtes coupable d'homicide. — Je ne le suis pas. L'est-il ? — Il m'est dû des honneurs. — Il ne vous en est pas dû.* Y a-t-il là un état ? non, à ce que je crois. *Il m'est dû des honneurs, parce que j'ai tué un tyran. — Vous ne l'avez pas tué.* Question et état. De même, dans cet autre exemple : *Vous n'avez pas le droit d'intenter une action. — J'en ai le droit.* Il n'y a pas là d'état. Où est-il donc? Ici : *Vous n'avez pas droit d'intenter une action, parce que vous êtes noté d'infamie.* On examinera *s'il est noté d'infamie,* ou *s'il est permis à un homme noté d'infamie d'intenter une action :* il y aura là question et état. Il en est donc de ce genre de cause comme du genre de la comparaison et de la récrimination.

Mais, dira-t-on, ces propositions : *J'ai droit, — Vous n'avez pas droit,* ne sont-elles pas semblables à celles-ci : *Vous avez tué — J'ai eu raison de tuer.* Je ne le nie pas ; mais ces dernières propositions ne déterminent pas l'état ; et, à proprement parler, ce ne sont pas des propositions, car elles ne développent pas suffisamment la cause : il faut qu'elles soient accompagnées de leurs raisons. *Horace a commis un crime, il a tué sa sœur. — Il n'a pas commis un crime, car il a dû tuer une indigne femme, qui pleurait la mort d'un ennemi.* La question sera : *Était-ce un motif légitime pour la tuer ?* Et l'état sera de qualité. De même, dans ces questions de translation : *Vous n'avez pas le droit de déshériter, parce que la loi interdit toute action à un homme noté d'infamie. — J'ai ce droit, parce que déshériter n'est point exercer une action. — Qu'est-ce qu'exercer une action?* définition. *— Il ne vous est pas permis de déshériter :* syllogisme. Il en est ainsi de toutes les autres causes, que l'état soit rationnel ou légal.

Je n'ignore pas que certains auteurs ont compris la translation dans le genre rationnel, prétendant qu'elle peut être présentée de la manière suivante : *J'ai tué cet homme, mais par ordre de l'empereur. — J'ai livré les trésors du temple, mais j'y ai été forcé par le tyran. — Je ne suis pas retourné au camp, mais j'en ai été empêché par la mauvaise saison, par les torrents, ou par une maladie; c'est-à-dire, ce n'a pas été ma faute, mais celle de ces obstacles.* Je me trouve moins arrêté par l'opinion de ces auteurs. En effet, il ne s'agit point ici de l'exception déclinatoire, mais de la raison du fait, ce qui arrive dans presque toutes les défenses; ensuite,

---

habent, quas eæ leges, quibus agitur, ut aut de nomine, aut scripto et sententia, vel ratiocinatione, quæratur? Deinde status ex quæstione oritur; translatio non habet quæstionem, de qua contendit orator, sed propter quam contendit. Hoc apertius : *Occidisti hominem; Non occidi:* quæstio, *An occiderit?* status, conjectura : non est tale, *Habeo jus actionis; Non habes* : ut sit quæstio, *An habeat?* et inde status; accipiat enim actionem necne, ad eventum pertinet, non ad causam; et ad id, quod pronunciat judex, non id, propter quod pronunciat. Hoc illi simile est, *Puniendus es; Non sum :* videbit judex, *an puniendus sit?* sed non hic erit quæstio, nec hic status : ubi ergo? *Puniendus es, hominem occidisti : Non occidi : An occiderit? Honorandus sum; Non es :* num statum habet? non, ut puto : *Honorandus sum, quia tyrannum occidi; Non occidisti :* quæstio, et status; similiter, *Non recte agis; Recte ago,* non habet statum : ubi est ergo? *Non recte agis, ignominiosus :* quæritur, *An ignominiosus sit?* aut, *An agere ignominioso liceat?* et quæstiones et status : ergo translativum genus causæ est, ut comparativum, et mutuæ accusationis. At enim simile est illi, *Habeo jus; Non habes : Occidisti; Recte occidi :* non nego; sed nec res hæc statum facit; non enim sunt hæ propositiones (alioqui causa non explicabitur), sed cum suis rationibus. *Scelus commisit Horatius, sororem enim occidit. Non commisit; debuit enim occidere eam, quæ hostis morte mœrebat;* quæstio, *An hæc justa causa?* ita qualitas : ac similiter in translatione, *Non habes jus abdicandi, quia ignominioso non est actio. Habeo jus, quia abdicatio actio non est :* quæritur, *Quid sit actio?* finiemus : *Non licet abdicare,* syllogismus : item cætera per omnes et rationales et legales status. Nec ignoro fuisse quosdam, qui translationem in rationali quoque genere ponerent hoc modo, *Hominem occidi jussus ab imperatore : dona templi cogenti tyranno dedi : deserui, tempestatibus, fluminibus, valetudine impeditus,* id est, non per me stetit, sed per illa : a quibus etiam liberius dissentio. Non enim actio transfertur, sed causa facti, quod accidit pæne in omni defensione; deinde is , qui tali utitur patrocinio, non recedit a forma qualitatis; dicit enim, se culpa vacare; ut magis qualitatis duplex ratio facienda sit, altera, qua et factum defenditur; altera, qua tantum

celui qui emploie ce moyen ne sort pas de la forme de la qualité, puisqu'il soutient qu'il n'est pas coupable : en sorte qu'il faut plutôt distinguer deux espèces de qualités, l'une applicable au fait, et l'autre à l'accusé. Reconnaissons donc, avec ceux dont Cicéron a suivi l'autorité, que toute controverse ne renferme que trois questions : *Si une chose est, ce qu'elle est, quelle elle est ?* C'est ce que la nature elle-même nous enseigne; car il faut d'abord qu'il y ait un objet de controverse, puisqu'on ne peut apprécier ce qu'il est et quel il est, avant d'avoir établi qu'il existe : voilà donc la première question. Mais de ce que son existence est constatée, il ne s'ensuit pas qu'on sache immédiatement ce qu'il est; ce second point établi, reste la qualité. Et tout cela éclairci, il ne reste rien au delà.

C'est dans ces trois chefs que sont renfermées les questions générales et les questions particulières; et c'est toujours un de ces trois chefs que l'on discute dans quelque matière que ce soit, démonstrative, délibérative ou judiciaire. En second lieu, ces trois chefs comprennent aussi tous les procès sous le rapport rationnel et légal, puisqu'il n'est aucune contestation judiciaire qui ne puisse se résoudre en définition, qualité ou conjecture. Cette division serait suffisante; mais comme je me propose d'instruire des personnes encore peu versées dans cette matière, la division que j'ai d'abord adoptée, étant plus détaillée, leur sera plus commode; et si ce n'est pas la ligne la plus droite, c'est au moins un chemin plus facile et plus ouvert.

Qu'elles sachent donc, avant tout, qu'il y a dans toute cause quatre moyens que doit avoir particulièrement en vue le plaideur. Et pour commencer par le défenseur, le plus fort moyen de défense, *c'est de pouvoir nier ce qu'on lui impute;* ensuite, *de dire que ce qu'on lui impute n'est pas ce qu'il a fait;* en troisième lieu, et c'est ce qu'il y a de plus honorable, *de prouver qu'il a bien fait :* que si tout cela manque, il reste un quatrième mais unique moyen, qui est de chercher dans le droit quelque expédient pour échapper à une accusation qu'il ne peut nier ni combattre, en faisant voir que l'action n'a pas été intentée dans les formes. De là toutes ces questions qui regardent l'action ou la compétence. Il y a, en effet, des choses blâmables de leur nature, mais autorisées par le droit; telle est cette loi des Douze Tables, qui permettait aux créanciers de se partager le corps de leur débiteur, loi que les mœurs publiques ont répudiée. Au contraire, il y a des choses équitables en elles-mêmes, mais défendues par le droit, comme la liberté de tester.

Quant au demandeur, il doit s'en tenir à prouver *que le fait existe, que c'est précisément le fait incriminé, que ce fait est criminel, et que l'action est intentée dans les formes.* Ainsi, tout procès roule sur les mêmes espèces; seulement les parties changent quelquefois de rôles, comme dans les causes où il s'agit d'une récompense, car alors c'est au demandeur à prouver que l'acte est méritoire.

Ces quatre espèces de propositions et formes d'actions, dont je faisais autrefois quatre états généraux, se réduisent donc, ainsi que je l'ai fait voir, à deux genres, le *rationnel* et le *légal*. Le rationnel est le plus simple, et se borne à considérer la nature des choses; aussi lui suffit-il de recourir à la conjecture, à la définition et à la qualité. Le genre légal admet nécessairement plusieurs espèces, parce que les lois sont en grand nombre, et qu'elles présentent plus d'une face. Tantôt c'est sur la lettre de la loi, tantôt

---

reus. Credendum est igitur iis, quorum auctoritatem secutus est Cicero, tria esse, quæ in omni disputatione quærantur, *an sit, quid sit, quale sit?* quod ipsa nobis etiam natura præscribit; nam primum oportet subesse aliquid, de quo ambigitur : quod, quid sit, et quale sit, certe non potest æstimari, nisi prius esse constiterit; ideoque ea prima quæstio; sed non statim, quod esse manifestum est, etiam, quid sit, apparet. Hoc quoque constituto, novissima qualitas superest; nec his exploratis aliud est ultra. His infinitæ quæstiones, his finitæ continentur; horum aliqua in demonstrativa, deliberativa, judiciali materia utique tractantur. Hæc rursus judiciales causas et rationali parte et legali continent; neque enim ulla juris disceptatio, nisi finitione, qualitate, conjectura potest explicari. Sed instituentibus rudes, non erit inutilis latius primo fusa ratio, et, si non statim rectissima linea tensa, facilior tamen et apertior via. Discant igitur ante omnia, quadripertitam in omnibus causis esse rationem, quam primam intueri debeat, qui acturus est; nam, ut a defensore potissimum incipiam, longe fortissima tuendi se ratio est, *si, quod objicitur, negari potest;* proxima, *si non id, quod objicitur, factum esse dicitur;* tertia honestissima, *qua recte factum defenditur,* quibus si deficiamur, ultima quidem, sed jam sola superest salus, aliquo juris adjutorio elabendi ex crimine, quod neque negari, neque defendi potest; ut non videatur *jure actio intendi.* Hinc illæ quæstiones, sive actionis, sive translationis : sunt enim quædam non laudabilia natura, sed jure concessa; ut in XII tabulis debitoris corpus inter creditores dividi licuit; quam legem mos publicus repudiavit; et aliquid æquum, sed prohibitum jure, ut libertas testamentorum. Accusatori nihilo plura intuenda sunt, quam ut probet *factum esse, hoc esse factum, non recte factum, jure se intendere:* ita circa species easdem lis omnis versabitur, translatis tantum aliquando partibus : ut in causis, in quibus de præmio agitur, recte factum petitor probat. Hæc quatuor velut proposita formæque actionis, quæ tum generales status vocabam, in duo, ut ostendi, genera discedunt, *rationale,* et *legale;* rationale simplicius est, quia ipsius tantum naturæ contemplatione constat; itaque in eo satis est ostendisse *conjecturam, finitionem, qualitatem.* Legalium plures sint species necesse est, propterea quod

c'est sur l'intention du législateur, que nous nous appuyons ; tantôt, au défaut de loi positive, nous nous rejetons sur d'autres ; tantôt nous comparons deux lois entre elles, ou nous les interprétons diversement. Ainsi des trois états de conjecture, de définition et de qualité, naissent des simulacres d'états, tantôt simples, tantôt mixtes, mais ayant cependant une physionomie qui leur est propre, comme la question qui a pour objet la *lettre* et l'*intention*, et qui, sans aucun doute, se renferme dans la *qualité* ou la *conjecture;* celle qui se traite par *syllogisme*, et qui appartient principalement à la *qualité;* celle qui a pour objet la *contradiction des lois*, et qui se résout par la *conjecture* et la *qualité;* enfin celle qui a pour objet l'*ambiguïté*, ἀμφιϐολία, et qui se résout toujours par la *conjecture*. A l'égard de la *définition*, elle est commune aux deux genres, à celui qui a pour objet le fait, comme à celui qui a pour objet l'écrit.

Toutes ces questions rentrent, il est vrai, dans les trois états; mais comme elles ont, ainsi que je l'ai dit, quelque chose qui leur est propre, il n'est pas inutile de les faire remarquer aux étudiants; et on peut leur permettre de les appeler ou *états légaux*, ou *questions*, ou *sortes de chefs secondaires*, pourvu qu'ils sachent qu'il n'y a rien à y chercher de plus que ce qui est contenu dans les trois points que j'ai indiqués plus haut. A l'égard de la *quantité*, de la *multiplicité*, de la *relation*, et, comme quelques-uns le veulent, de la *comparaison*, il n'en est pas de même. Car ce ne sont pas des variétés du genre légal; mais elles doivent être rapportées uniquement au genre rationnel, et doivent par conséquent être rangées sous la conjecture ou la qualité, comme ces questions qui regardent l'*intention*, le *temps*, le *lieu*. Mais nous parlerons de chacune en particulier, lorsque nous traiterons des préceptes de la *division*.

On convient généralement que les causes simples n'ont qu'un seul état, mais que souvent, dans une seule cause, il peut se rencontrer plusieurs de ces questions secondaires, qui se rattachent à ce qui fait le point essentiel du procès. Je crois encore que l'on peut être quelquefois en doute sur l'état, dont il est le plus à propos de se servir, lorsqu'on oppose plusieurs moyens à une seule accusation ; et comme la meilleure couleur qu'on puisse donner à la narration est celle qu'on peut le mieux soutenir, ainsi je crois que de tous les états que peut comporter une cause, il faut particulièrement choisir celui que l'orateur sent qu'il défendra le mieux. C'est pour cela que Brutus voulant, à l'imitation de Cicéron, composer un plaidoyer pour Milon, sans autre dessein que d'exercer son éloquence, prit l'affaire tout autrement que Cicéron. Car celui-ci soutenait que Clodius avait été tué justement, mais pourtant sans dessein prémédité de la part de Milon, à qui il avait dressé des embûches; et, au contraire, Brutus faisait un titre de gloire à Milon d'avoir tué un mauvais citoyen.

A l'égard des causes complexes, on convient encore qu'elles peuvent avoir deux ou trois états : tantôt différents, comme lorsque de deux choses on nie l'une, et que l'on soutient l'autre juste ; tantôt du même genre, si, par exemple, on nie tout. Et cela arrive, quoiqu'il ne s'agisse que d'un seul point, mais pourvu qu'il soit contesté entre plusieurs personnes; soit qu'elles aient toutes le même droit, comme celui de parenté, soit que chacune en ait un différent, comme lorsque deux héritiers réclament une succession, l'un en vertu d'un testament, l'autre en qualité de plus proche parent. Or, toutes les fois qu'il y a plusieurs de-

---

multæ sunt leges, et varias habent formas : alia est cujus verbis nitimur; alia cujus voluntate; alias nobis, quum ipsi nullam habemus, adjungimus; alias inter se comparamus; alias in diversum interpretamur. Sic nascuntur hæc velut simulacra ex illis tribus, interim simplicia, interim et mixta, propriam tamen faciem ostendentia, ut *scripti et voluntatis*, quæ sine dubio aut *qualitate* aut *conjectura* continentur ; et *syllogismus*, qui est maxime *qualitatis*; et *leges contrariæ*, quæ iisdem, quibus *scriptum et voluntas*, constant; et ἀμφιϐολία, quæ semper *conjectura* explicatur. *Finitio* quoque utrique generi, quodque rerum, quodque scripti contemplatione constat, communis est; hæc omnia, etiamsi in illos tres status veniunt, tamen, quia, ut dixi, habent aliquid velut proprium, videntur demonstranda discentibus, et permittendum, a dicere vel *status legales*, vel *quæstiones*, vel *capita* quædam *minora;* dum sciant, nihil ne in his quidem præter tria, quæ prædiximus, quæri. At *Quantum?* et *Quam multum?* et *Ad aliquid*, et, ut nonnulli putaverunt, *comparativus*, non eamdem rationem habent; sunt enim hæc non ad varietatem juris, sed ad solum rationem referenda; ideoque semper in parte aut conjecturæ aut qualitatis ponenda sunt, ut, *Qua mente?* et *Quo tempore?* et *Quo loco?* Sed de singulis dicemus quæstionibus, quum tractare præcepta *Divisionis* cœperimus. Hoc inter omnes convenit, in causis simplicibus singulos status esse causarum; quæstionum autem, quæ, velut subjacentes, ad illud, quo judicium continetur, referuntur, sæpe in unam cadere plures posse : (etiam credo aliquando dubitari, quo statu sit utendum? quum adversus unam intentionem plura opponuntur ; et sicut in colore dicitur narrationis, eum esse optimam, quem actor optime tueatur; ita hic quoque posse dici, eum statum esse faciendum, in quo tuendo plurimum adhibere virium possit orator ; ideoque pro Milone, aliud Ciceroni agenti placuit, aliud Bruto, quum exercitationis gratia componeret orationem ; quum ille *jure tamquam insidiatorem occisum*, et tamen non Milonis consilio, *dixerit;* hic etiam *gloriatus sit occiso malo cive*). In conjunctis vero posse duos et tres inveniri, vel diversos, ut si quis aliud se non fecisse, aliud recte fecisse defendat; vel generis ejusdem, ut si quis duo crimina vel omnia neget. Quod accidit etiam, si de una re quæratur aliqua, sed eam plures petant; vel eodem jure, ut proximitatis; vel diverso, ut quum hic testa-

mandeurs, et que l'on oppose à l'un une chose, à l'autre une autre, il faut nécessairement qu'il y ait des états différents, comme dans ce sujet de controverse : *Que tout testament conforme aux lois ait son effet; que les pères, qui meurent sans tester, n'aient pour héritiers que leurs enfants; que tout enfant que son père a renoncé n'ait aucune part dans sa succession; que le bâtard né avant l'enfant légitime soit tenu pour légitime; né après, qu'il soit seulement citoyen; tout père peut donner son fils à titre d'adoption, et tout adopté peut rentrer dans sa famille si son père naturel meurt sans enfants.*

Cela posé, un père qui, de deux fils, avait renoncé l'un, et donné l'autre à titre d'adoption, vient à avoir un bâtard. Il rappelle à sa succession celui qu'il avait renoncé, l'institue son héritier et meurt : tous les trois plaident pour avoir son bien. Je fais observer que les Grecs appellent νόθος un enfant qui n'est pas légitime, et que n'ayant point en latin de mot correspondant, comme Caton le témoigne dans un de ses discours, nous sommes obligés de nous servir du mot grec. Mais revenons à notre sujet.

A celui qui est institué héritier, on oppose cette loi : Que tout enfant que son père a renoncé soit exclu de sa succession : ce qui fonde un état de cause, pris du texte de la loi et de l'intention du législateur; car on examine si cet enfant ne peut en aucune manière hériter de son père; s'il ne le peut pas, quand son père le rappelle, quand son père l'institue héritier.

On allègue au bâtard deux choses : qu'il est né après les enfants légitimes, et qu'il n'est point né avant aucun qui soit légitime : d'où naissent deux états de cause, l'un de raisonnement ou d'induction ; car voici la question qui se présente : Un enfant né d'une mère illégitime est-il, par rapport aux enfants légitimes, comme s'il n'était pas né? l'autre fondé sur la loi et sur l'intention ; car on convient que ce bâtard n'est pas né avant les enfants légitimes : mais il se défendra par l'esprit de la loi, en disant qu'un bâtard, suivant la loi, doit être censé légitime, lequel est né lorsqu'il n'y avait plus d'enfants légitimes dans la famille. Il combattra aussi les termes de la loi, et dira que le défaut de survenance d'enfant légitime après le bâtard ne saurait nuire à ce dernier; et voici comme il raisonnera : Supposez qu'il n'y ait pour tout enfant qu'un bâtard, quelle sera sa condition? Sera-t-il seulement citoyen? mais il n'est point né après les enfants légitimes. Aura-t-il la qualité de fils? mais il n'est point né avant que son père eût des enfants légitimes. Puis donc qu'on ne peut pas s'arrêter aux termes de la loi, il faut s'en tenir à l'esprit. Et l'on ne doit pas s'étonner qu'une seule loi donne lieu à deux états différents ; car cette loi est double, et par conséquent équivalente à deux lois.

Venons à celui qui a été adopté; car il veut rentrer dans la famille et partager aussi les biens. Premièrement, il aura affaire à l'héritier, qui lui dira : Je suis institué héritier, la succession m'appartient. C'est le même état de cause que dans la demande du fils renoncé par son père, où il s'agit de savoir si celui que son père a renoncé peut hériter. En second lieu, l'héritier et le bâtard lui diront : Notre père n'est point mort sans enfants; ainsi, aux termes de la loi, vous ne pouvez pas rentrer dans la famille. Mais, outre cela, chacun se renfermera dans la question qui lui est propre; car celui qui a été renoncé dira qu'il n'en est pas moins fils de son père, et se prévaudra de la loi même en vertu de laquelle on prétend l'exclure, puisqu'il aurait été superflu de l'exclure de la succession s'il eût été considéré comme étranger; et que comme, en qualité de fils, il aurait été héritier de son père si ce dernier fût mort sans

---

mento, ille proximitate nitetur : quoties autem aliud alii petitori opponitur, dissimiles esse status necesse est, ut in illa controversia : *Testamenta legibus facta rata sint; intestatorum parentum liberi hæredes sint; abdicatus ne quid de bonis patris capiat; nothus, ante legitimum natus, legitimus filius sit : post legitimum natus, tantum civis; in adoptionem dare liceat; in adoptionem dato redire in familiam liceat, si pater naturalis sine liberis decesserit.* Qui ex duobus legitimis alterum in adoptionem dederat, alterum abdicaverat, sustulit nothum; instituto hærede abdicato decessit ; omnes tres de bonis contendunt. Νόθον, qui non sit legitimus, Græci vocant: latinum rei nomen, ut Cato quoque in oratione quadam testatus est, non habemus, ideoque utimur peregrino; sed ad propositum. Hæredi scripto opponitur lex, *Abdicatus ne quid de bonis patris capiat* : fit status scripti et voluntatis, *An ullo modo capere possit? an ex voluntate patris? an hæres scriptus?* Notho duplex fit quæstio, quod *post legitimos natus sit, et quod non sit ante legitimum natus.* Prior syllogismum habet, *An pro non natis sint habendi,* qui a familia sunt alienati? Altera scripti et voluntatis; non enim esse hunc natum ante legitimum, convenit; sed voluntate legis se tuebitur, quam dicet talem fuisse, ut legitimus esset nothus tum natus, quum alius legitimus in domo non esset. Scriptum quoque legis excludet, dicens, *Non utique, si postea legitimus natus non sit, notho nocere* : utcunque hoc argumento, *Finge solum natum nothum, cujus conditionis erit? tantum civis? atqui non erit post legitimum natus : filius? atqui non erit ante legitimos natus; quare si verbis legis stari non potest, voluntate standum est.* Nec quemquam turbet, quod ex una lege duo status fiant : duplex est; ita vim duarum habet : redire in familiam volenti dicitur ab altero primum, *Ut tibi redire liceat; hæres sum.* Idem status, qui in petitione abdicati; quæritur enim, *An possit esse hæres abdicatus?* Adjicitur communiter a duobus, *Redire tibi in familiam non licet? non enim pater sine liberis decessit;* sed in hoc propria quisque eorum quæstione nitetur; alter enim dicet, abdicatum quoque inter liberos esse, et argumentum ducet ex ipsa, qua repellitur,

tester, la loi qu'on lui oppose pouvait bien le priver de la succession, mais non le dépouiller de sa qualité de fils. De là un état de définition : qu'est-ce qu'être fils? Le bâtard, de son côté, alléguera que leur père n'est pas mort sans enfants, et il le prouvera par les mêmes moyens dont il s'est servi pour soutenir sa demande, à moins qu'il n'aime mieux recourir à la définition : Les enfants non légitimes en sont-ils moins des enfants?

Voilà donc spécialement deux états dans une même controverse, l'un tiré du texte de la loi et de l'intention, l'autre de syllogisme, et de plus un état de définition ; ou plutôt on y trouve les trois seuls états véritables, l'état de conjecture dans l'examen du texte de la loi et de l'intention, l'état de qualité dans le syllogisme, et enfin l'état de définition, qui s'entend assez de lui-même.

Toute controverse renferme aussi une *cause*, un *point à juger*, et un *contenant*. En effet, il n'est point de controverse qui ne renferme un motif, auquel se rapporte le jugement et qui contient la substance même du procès. Mais comme tout cela varie suivant la nature des affaires, et a été ordinairement traité par ceux qui ont écrit sur les causes judiciaires, je remets à en parler quand je serai arrivé à cette partie de mon ouvrage. Quant à présent, comme j'ai divisé les causes en trois genres, je vais suivre l'ordre que je me suis prescrit.

Chap. VII. Je commencerai de préférence par le genre qui consiste dans la louange et le blâme. Il semble qu'Aristote et Théophraste qui l'a suivi en aient fait un genre oiseux, qui n'a d'autre but que de plaire à l'auditeur : c'est en effet tout ce que promet l'étymologie de son nom. Mais chez les Romains l'usage en a introduit l'emploi dans les affaires ; car les oraisons funèbres font partie de certaines fonctions publiques, et souvent les magistrats en sont chargés par un sénatus-consulte ; l'éloge ou le blâme d'un témoin n'est pas sans influence sur les jugements ; il est aussi permis aux accusés de produire des apologistes ; et ces mémoires publiés contre L. Pison, contre Clodius et Curion, et contre d'autres compétiteurs, n'ont pas laissé, quoique diffamatoires, de tenir lieu d'avis dans le sénat. Toutefois, je ne nie pas que certaines compositions de ce genre, telle que l'éloge des dieux, ou des héros que les premiers siècles ont produits, ne soient des discours de simple apparat : ce qui tranche la question que nous avons traitée plus haut, et démontre l'erreur de ceux qui croient que l'orateur n'a jamais à parler que sur des matières douteuses. Dira-t-on que l'éloge de Jupiter Capitolin, objet perpétuel d'une sainte émulation, soit une matière douteuse, ou ne soit pas traité oratoirement? D'ailleurs, si la louange, appliquée aux affaires, ne peut se passer de preuves, elle ne laisse pas d'en offrir quelque apparence, même dans les discours d'apparat. S'agit-il, par exemple, de parler de Romulus, fils de Mars, allaité par une louve? L'orateur prouvera son origine céleste, en disant qu'exposé au milieu des eaux, il ne put être submergé ; que toutes ses actions permettent de voir en lui le fils du dieu de la guerre ; qu'enfin ses contemporains n'ont élevé aucun doute sur son apothéose. On retrouve même quelquefois dans les compositions de ce genre une apparence de

---

lege; supervacuum enim fuisse prohiberi patris bonis abdicatum, si esset numero alienorum : nunc quia, filii jure, futurus fuerit intestati hæres, oppositam esse legem, quæ tamen non id efficiat, ne filius sit, sed ne hæres : status finitivus, *Quid sit filius?* Rursus nothus eisdem colligit argumentis, non sine liberis patrem decessisse, quibus in petitione usus est, ut probaret esse se filium ; nisi forte et hic finitionem movet, *An liberi sint etiam non legitimi?* Cadent igitur in unam controversiam, vel specialiter duo legitimi status, *scripti et voluntatis*, et *syllogismus*, et *præterea finitio*; vel tres illi, qui natura soli sunt, *conjectura* in *scripto et voluntate*, *qualitas* in *syllogismo*, et, quæ per se est aperta, *finitio* : *causa* quoque, et *judicatio* et *continens* est in omni genere causarum. Nihil enim dicitur, cui non insit ratio, et quo judicium referatur, et quod rem maxime contineat; sed quia magis hæc variantur in litibus, et fere tradita sunt ab iis, qui de judicialibus causis aliqua composuerunt, in illam partem differantur : nunc, quia in tria genera causas divisi, ordinem sequar.

Cap. VII. Ac potissimum incipiam ab ea, quæ constat *laude ac vituperatione* : quod genus videtur Aristoteles, atque eum secutus Theophrastus, a parte negotiali, hoc est πραγματικῇ, removisse, totamque ad solos auditores relegasse : et id ejus nominis, quod ab ostentatione ducitur, proprium est. Sed mos romanus etiam negotiis hoc munus inseruit ; nam et funebres laudationes pendent frequenter ex publico aliquo officio, atque ex senatus consulto magistratibus sæpe mandantur ; et laudare testem, vel contra, pertinet ad momentum judiciorum ; et ipsis etiam reis dare laudatores licet ; et edii in competitores, in *L. Pisonem*, in *Clodium* et *Curionem* libri, vituperatione continent, et tamen in senatu loco sunt habiti sententiæ. Neque infitias eo, quasdam esse ex hoc genere materias, ad solam compositas ostentationem, ut laudes deorum, virorumque, quos priora tempora tulerunt : quo solvitur quæstio supra tractata ; manifestumque est errare eos, qui nunquam oratorem dicturum, nisi de re dubia, putaverunt. An laudes Capitolini Jovis, perpetua sacri certaminis materia, vel dubiæ sunt, vel non oratorio genere tractantur? Ut desiderat autem laus, quæ negotiis adhibetur, probationem ; sic etiam illa, quæ ostentationi componitur, habet interim aliquam speciem probationis : ut qui Romulum Martis filium, educatumque a lupa dicat, in argumentum cœlestis ortus utatur his, quod abjectus in profluentem, non potuerit extingui ; quod omnia sic egerit, ut, genitum præside bellorum deo, incredibile non esset ; quod ipsum quoque cœlo receptum temporis ejus homines non dubitaverint. Quædam vero etiam in defensionis speciem cadent : ut si, in laude Herculis, permutatum cum regina Lydiæ habitum et imperata (ut

défense : ainsi, dans l'éloge d'Hercule, l'orateur peut excuser ce qu'on rapporte de ce héros, qu'il quitta sa massue pour prendre les vêtements d'Omphale et filer aux pieds de cette reine. Cependant le propre du genre laudatif est l'*amplification* et l'*ornement*. Il a principalement pour objet la louange des dieux et des hommes, et quelquefois même des animaux et des choses inanimées. En louant les dieux, on rend d'abord hommage, en général, à la majesté de leur nature; ensuite, à la puissance particulière de chacun d'eux, et aux inventions utiles qu'ils ont communiquées aux hommes. S'agit-il de leur puissance? Jupiter gouverne tout; Mars préside à la guerre; Neptune règne sur les eaux. S'agit-il de leurs inventions? Nous devons les arts à Minerve; les lettres, à Mercure; la médecine, à Apollon; les moissons, à Cérès; le vin, à Bacchus. Si l'antiquité nous a transmis quelque chose de mémorable sur eux, on le raconte. On fait valoir aussi leur origine, comme d'être enfants de Jupiter; leur ancienneté, comme d'être issus du Chaos; leur descendance : ainsi Apollon et Diane font honneur à Latone. On peut louer les uns d'être nés immortels; les autres, d'avoir mérité l'immortalité par leur vertu : genre de gloire qui, grâce à la piété de notre prince, a illustré le siècle où nous vivons.

L'éloge des hommes est plus varié. On y distingue les temps : celui qui les a précédés, celui où ils ont vécu, et, s'ils ne sont plus, celui qui a suivi leur mort. La patrie, les parents, les aïeux, voilà ce qui précède la naissance et donne lieu à une double considération : ou ils ont soutenu leur noblesse héréditaire, ou ils ont illustré un nom obscur par l'éclat de leurs actions. Il y aura lieu quelquefois de rappeler les prédictions et les augures qui avaient annoncé leur grandeur future; cet oracle, par exemple, qui avait déclaré que le fils qui naîtrait de Thétis serait plus grand que son père. Les louanges personnelles se tirent des qualités de l'âme et du corps, des avantages extérieurs. Mais comme les avantages du corps et tous ceux que nous tenons du hasard ont peu de valeur en eux-mêmes, ils peuvent être considérés sous différents points de vue. Ainsi on vantera quelquefois la beauté et la force, comme fait Homère à l'égard d'Agamemnon et d'Achille; mais quelquefois le contraste de la faiblesse contribue à redoubler l'admiration, comme lorsque ce poëte nous représente Tydée petit de corps, mais intrépide guerrier. Il en est de même de la fortune: si d'un côté elle donne du lustre au mérite, dans les rois, par exemple, et dans les princes, à qui elle offre plus d'occasions de bien faire; d'un autre côté, plus on est dénué de ces secours, plus la vertu brille par elle-même. En effet, tous les biens, qui sont hors de nous, et que le hasard dispense à son gré, recommandent l'homme, non par eux-mêmes, mais par le bon usage qu'il en fait. Car les richesses, le pouvoir, le crédit, étant des instruments puissants pour le bien et pour le mal, mettent nos mœurs à la plus sûre des épreuves, et nous rendent toujours ou meilleurs ou pires.

L'éloge de l'âme est toujours vrai; mais il n'y a pas non plus qu'une seule manière de le traiter. Tantôt il vaudra mieux suivre la progression de l'âge et l'ordre des actions, en louant le naturel dans les premières années, puis l'éducation, et enfin les fruits qu'elle aura portés, c'est-à-dire cet enchaînement de dits et de faits qui composent la vie de celui qu'on loue. Tantôt on prendra pour division un certain nombre de vertus, telles

---

traditur) pensa orator excuset; sed proprium laudis est, res *amplificare* et *ornare*; quæ materia præcipue quidem in deos et homines cadit; est tamen et aliorum animalium, et carentium anima. Verum in deis generaliter primum majestatem ipsius eorum naturæ venerabimur; deinde proprie vim cujusque, et inventa, quæ utile aliquid hominibus attulerunt. Vis ostenditur, ut in Jove, regendorum omnium; in Marte, belli; in Neptuno, maris; inventa, ut artium, in Minerva; Mercurio, litterarum; medicinæ, Apolline; Cerere, frugum; Libero, vini : tum, si qua ab iis acta vetustas tradidit, commemoranda; addunt etiam diis honorem parentes, ut si quis sit filius Jovis; addit antiquitas, ut iis, qui sunt ex Chao; progenies quoque, ut Apollo ac Diana Latonæ. Laudandum in quibusdam, quod geniti immortales; in quibusdam, quod immortalitatem virtute sunt consecuti : quod pietas principis nostri, præsentium quoque temporum decus fecit. Magis est varia laus hominum : nam primum dividitur *in tempora*, quodque ante eos fuit, quoque ipsi vixerunt; in iis autem, qui fato sunt functi, etiam quod est insecutum : ante hominem *patria* ac *parentes*, *majoresque* erupt, quorum duplex tractatus est; aut enim respondisse nobilitati, pulchrum erit, aut humilius genus illustrasse factis. Illa quoque interim ex eo, quod ante ipsum fuit, tempore trahentur, quæ responsis vel auguriis futuram claritatem promiserint; ut eum, qui ex Thetide natus esset, majorem patre suo futurum cecinisse dicuntur oracula. Ipsius vero laus hominis, ex animo et corpore et extra positis peti debet : et corporis quidem fortuitorumque cum levior, tum non uno modo tractanda est; nam et pulchritudinem interim roburque prosequimur honore verborum, ut Homerus in Agamemnone atque Achille. Interim confert admirationi multum etiam infirmitas, ut quum idem Tydea parvum, sed bellatorem, dicit fuisse. Fortuna vero, quum dignitatem affert, ut in regibus principibusque, namque est hæc materia ostendendæ virtutis uberior, tum quo minores opes fuerunt, eo majorem benefactis gloriam parit; sed omnia, quæ extra nos bona sunt, quæque hominibus forte obtigerunt, non ideo laudantur, quod habuerit quis ea, sed quod iis honeste sit usus. Nam divitiæ et potentia et gratia, quum plurimum virium dent in utramque partem, certissimum faciunt morum experimentum; aut enim meliores propter hæc, aut pejores sumus. Animi semper vera laus; sed non una per hoc opus via ducitur; namque alias ætatis gradus, gestarumque rerum ordinem sequi speciosius fuit, ut in

que le courage, la justice, la tempérance, et on assignera à chacune d'elles ce qui aura été fait sous son inspiration. Quelle est la meilleure de ces méthodes? C'est au sujet à nous l'apprendre. Qu'on se souvienne seulement que rien n'est plus agréable à l'auditeur que le récit de ce qu'un homme a fait seul, ou le premier, ou dont il n'a du moins partagé la gloire qu'avec un petit nombre; d'un trait inespéré ou inattendu, et surtout de quelque action où l'intérêt personnel a été sacrifié à l'intérêt d'autrui. Quant au temps qui suit la mort de l'homme, il n'est pas toujours à propos d'en parler, d'abord parce que l'on a quelquefois à louer des personnes encore vivantes; ensuite, parce qu'on a rarement occasion de rappeler des apothéoses ou des honneurs publics, comme des statues élevées aux frais de l'État. Je mets au rang de ces titres d'honneur les monuments de l'esprit, consacrés par le suffrage des siècles. Ainsi quelques hommes, comme Ménandre, ont obtenu plus de justice de la postérité que de leurs contemporains. La gloire des enfants rejaillit sur les pères, celle des villes sur leurs fondateurs; les lois rendent célèbres ceux qui les ont portées; les arts, ceux qui les ont inventés; enfin les institutions recommandent le nom de leurs auteurs : ainsi, le culte que nous rendons aux dieux honore la mémoire de Numa; et l'usage d'incliner les faisceaux devant le peuple a rendu chère celle de Publicola.

S'agit-il de blâmer? on suivra la même méthode, mais en sens contraire : une honteuse extraction a couvert d'opprobre un grand nombre d'hommes; chez d'autres, la noblesse n'a servi qu'à faire ressortir leurs vices et à rendre leurs personnes plus odieuses. De funestes prédictions ont précédé la naissance de quelques-uns : de Pâris, par exemple. Ceux-ci, comme Thersite et Irus, ont été des objets de mépris, à cause de leur difformité ou de leur misère; ceux-là, comme le lâche Nirée ou l'impudique Plisthène, flétris par les poëtes, ont été des objets de haine, pour s'être rendus indignes des dons que la nature leur avait départis. Aux vertus de l'âme, sont opposés autant de vices; et les uns comme les autres peuvent être présentés de deux manières. Il y a des hommes que l'infamie a suivis au delà du tombeau : témoins Mélius, dont la maison fut rasée, et Marcus Manlius, dont le prénom fut retiré à toute sa postérité. Il en est d'autres que nous haïssons jusque dans leurs pères et mères. Des fondateurs de villes ont encouru un opprobre éternel pour avoir rassemblé en corps de peuple une horde funeste aux autres peuples : tel est le premier auteur de la superstition judaïque. La haine qu'on porte aux Gracques a passé jusqu'à leurs lois. Enfin il est certains crimes dont la solidarité pèse sur toute la postérité : tel est cet attentat inouï commis par un Perse sur une femme de Samos. A l'égard des vivants, le jugement du public dépose de leurs mœurs; et leur bonne ou mauvaise réputation justifie l'éloge ou le blâme. Il importe cependant, suivant Aristote, de considérer le lieu où l'on parle; les mœurs et les croyances des auditeurs sont d'un grand poids dans la balance; car ils admettront sans peine les vertus, qu'ils aiment, dans celui qu'on loue, ou les vices, qu'ils haïssent, dans celui qu'on blâme. On aura donc soin de bien s'assurer, avant de parler, de l'état des esprits. On aura soin aussi d'y mêler toujours des louanges pour l'auditoire; car c'est le moyen

---

primis annis laudaretur indoles, tum disciplinæ, post hoc operum, id est, factorum dictorumque, contextus : alias in species virtutum dividere laudem, *fortitudinis, justitiæ, continentiæ*, cæterarumque, ac singulis assignare, quæ secundum quamque earum gesta erunt. Utra sit autem harum via utilior, cum materia deliberabimus; dum sciamus gratiora esse audientibus, quæ solus quis, aut primus, aut certe cum paucis fecisse dicetur : si quid præterea supra spem aut exspectationem, præcipue quod aliena potius causa, quam sua. Tempus, quod finem hominis insequitur, non semper tractare contingit; non solum, quod viventes aliquando laudamus, sed quod rara hæc occasio est, ut referri possint divini honores, et decreta, ut publice statuæ constitutæ. Inter quæ numeraverim ingeniorum monumenta, quæ seculis probarentur; nam quidam, sicut Menander, justiora posterorum, quam suæ ætatis, judicia sunt consecuti. Afferunt laudem liberi parentibus, urbes conditoribus, leges latoribus, artes inventoribus, nec non instituta quoque auctoribus, ut a Numa traditum deos colere, a Publicola, fasces populo summittere. Qui omnis etiam in vituperatione ordo constabit, tantum in diversum : nam et turpitudo generis opprobrio multis fuit; et quosdam claritas ipsa notiores circa vitia, et invisos magis fecit; et in quibusdam, ut in Paride traditum est, prædicta pernicies; et corporis ac fortunæ quibusdam mala contemptum, ut Thersitæ atque Iro; quibusdam bona vitiis corrupta odium attulerunt; ut Nirea imbellem, Plisthenem impudicum, a poetis accepimus. Et animi totidem vitia, quot virtutes sunt : nec minus, quam in laudibus, duplici ratione tractantur; et post mortem adjecta quibusdam ignominia est, ut Mælio, cujus domus solo æquata; Marcoque Manlio, cujus prænomen e familia in posterum exemptum est. Et parentes malorum odimus; et est conditoribus urbium infame, contraxisse aliquam perniciosam cæteris gentem, qualis est primus judaicæ superstitionis auctor; et Gracchorum leges invisæ; et si quod est exemplum deforme posteris traditum, quale libidinis vir Perses in muliere samia instituere ausus dicitur primus. Sed in viventibus quoque judicia hominum, velut argumenta sunt morum; et honos aut ignominia, veram esse laudem vel vituperationem, probat. Interesse tamen Aristoteles putat, ubi quidque laudetur, aut vituperetur; nam plurimum refert, qui sint audientium mores, quæ publice recepta persuasio; ut illa maxime, quæ probant, esse in eo, qui laudabitur, credant; aut in eo, contra quem dicemus, ea, quæ oderunt : ita non dubium erit judicium, quod orationem præcesserit. Ipsorum etiam permiscenda laus semper, nam id be-

d'être écouté favorablement : mais, autant que possible, ces louanges devront tourner en même temps à l'avantage du sujet. L'étude des lettres sera louée plus sobrement dans Sparte que dans Athènes; mais, en revanche, on y exaltera la patience et le courage. Certains peuples mettent leur honneur à vivre de brigandage; d'autres, à vivre selon les lois. L'éloge de la frugalité serait peut-être odieux aux Sybarites, et chez les anciens Romains c'eût été un crime capital de faire l'apologie du luxe. La même diversité se retrouve dans les particuliers : un juge penche aisément pour celui en qui il suppose des sentiments conformes aux siens.

Aristote donne un autre précepte, dont Cornélius Celsus s'est emparé, mais pour le pousser à l'excès : c'est de profiter de l'espèce d'affinité qui existe entre les vices et les vertus, en faisant passer, au moyen d'un léger détour des mots, un téméraire pour brave, un prodigue pour libéral, un avare pour économe, et réciproquement : ce que ne fera jamais l'orateur, c'est-à-dire l'homme de bien, à moins de quelque motif d'intérêt public.

L'éloge des villes se traite de la même manière que celui des hommes. Les fondateurs en sont comme les pères. L'antiquité communique à leurs noms une grande autorité : aussi voyons-nous des peuples se vanter d'être aussi anciens que la terre qu'ils habitent. Leur vie publique, comme la vie individuelle de chaque homme, est sujette à la louange et au blâme : quelques-unes se recommandent par des avantages particuliers, tels que leur position et leurs fortifications; leurs citoyens font leur orgueil, comme les enfants font l'orgueil des pères. Les ouvrages publics sont aussi un sujet d'éloge. On y peut considérer l'idée d'ornement, l'utilité, la beauté, l'auteur : l'idée d'ornement dans les temples, l'utilité dans les remparts, la beauté et l'auteur dans les uns et les autres. On loue encore les lieux : témoin cette description que Cicéron fait de la Sicile. On y considère la beauté et l'utilité : la beauté, dans la perspective de la mer, des plaines ou des prairies; l'utilité, dans la salubrité de la température et la fertilité du sol. On loue toutes les paroles, toutes les actions dignes de mémoire. Enfin, que ne loue-t-on pas? On a loué le sommeil et la mort; les médecins ont fait l'éloge de certains aliments. Si donc je n'accorde pas que le genre laudatif se renferme dans les considérations de l'honnête, je crois en même temps qu'il appartient plus spécialement à la qualité. Cependant les trois états peuvent s'y rencontrer tous, et Cicéron remarque que César en a fait usage dans son *Anti-Caton*. Enfin on peut dire que, considéré en général, le genre laudatif a quelque rapport avec le délibératif, parce que ordinairement ce que l'on conseille dans l'un, on le loue dans l'autre.

CHAP. VIII. Je m'étonne aussi que quelques auteurs aient restreint le genre délibératif à l'utile. S'il fallait le réduire à un seul objet, je m'attacherais plutôt au sentiment de Cicéron, qui lui donne la dignité principalement en partage. Je suis même persuadé que ces auteurs, conformément à la belle doctrine des stoïciens, ne distinguent pas l'utile de ce qui est honnête. Et en effet, la raison nous ferait un devoir de cette doctrine, si l'on avait toujours affaire à des sages; mais comme le plus souvent c'est devant des ignorants, et surtout devant le peuple, généralement composé d'esprits grossiers, qu'on a à délibérer, il faut bien faire des distinctions, et parler de manière à se

---

nevolos facit, quoties autem fieri poterit, cum materiæ utilitate jungenda. Minus Lacedæmone studia litterarum, quam Athenis, honoris merebuntur; plus patientia, fortitudo; rapto vivere quibusdam honestum „ aliis cura legum; frugalitas apud Sybaritas forsitan odio foret, veteribus Romanis summum luxuria crimen : eadem in singulis differentia : maxime favet judex, qui sibi dicentem assentiri putat. Idem præcipit illud quoque, quod mox Cornelius Celsus prope supra modum invasit, quia sit quædam virtutibus ac vitiis vicinitas, utendum proxima derivatione verborum, ut pro temerario fortem, pro prodigo liberalem, pro avaro parcum vocemus; quæ eadem etiam contra valent; quod quidem orator, id est vir bonus, nunquam faciet, nisi forte communi utilitate ducatur. Laudantur autem urbes similiter atque homines : nam pro parente est conditor ; et multum auctoritatis affert vetustas, ut iis, qui terra dicuntur orti ; et virtutes ac vitia circa res gestas, eadem quæ in singulis; illa propria, quæ ex loci positione ac munitione sunt: cives illis, ut hominibus liberi, decori. Est laus et operum, in quibus *honor*, *utilitas*, *pulchritudo*, *auctor* spectari solet: *honor*, ut in templis; *utilitas*, ut in muris; *pulchritudo* vel *auctor*, utrobique : est et locorum, qualis Siciliæ apud Ciceronem, in quibus similiter *speciem* et *utilitatem* intuemur : *speciem*, maritimis, planis, amœnis; *utilitatem*, salubribus, fertilibus : erit etiam dictorum honestorum factorumque laus generalis; erit et rerum omnis modi. Nam et somni et mortis scriptæ laudes, et quorumdam a medicis ciborum : itaque, ut non consensi hoc laudativum genus circa solam versari honesti quæstionem, sic qualitate maxime contineri puto; quamquam omnes tres status cadere in hoc opus possint, hisque usum C. Cæsarem in vituperando Catone notaverit Cicero; totum autem habet aliquid simile suasoriis, quia plerumque eadem illic suaderi, hic laudari solent.

CAP. VIII. Deliberativas quoque miror a quibusdam sola utilitate finitas; ac, si quid in his unum sequi oporteret, potior fuisset apud me Ciceronis sententia, qui hoc materiæ genus dignitate maxime contineri putat ; nec dubito, quin hi, qui sunt in illa priore sententia, secundum opinionem pulcherrimam, ne utile quidem, nisi quod honestum esset, existimarint. Et est hæc ratio verissima, si consilium contingat semper bonorum atque sapientum; verum apud imperitos, apud quos frequenter dicenda sententia est, populumque præcipue, qui ex pluribus constat indoctis, discernenda sunt hæc, et secun-

faire comprendre de tout le monde. Que de gens, tout en reconnaissant qu'une chose est honnête, ont de la peine à la regarder comme utile; et combien d'autres, séduits par une apparence d'utilité, approuvent des choses qu'ils savent être honteuses, telles que le traité de Numance, et les Fourches Caudines!

Je ne crois pas même que ce genre puisse être renfermé dans l'état de qualité, bien que cet état comprenne toutes les questions qui concernent l'honnête et l'utile; car souvent la conjecture et quelquefois la définition y trouvent place; quelquefois aussi on a occasion d'y traiter des questions légales, surtout dans les délibérations privées, quand on examine, par exemple, si telle chose est permise. Je laisse la conjecture, que je reprendrai ensuite pour en parler plus amplement, et je vais, pour le moment, m'occuper uniquement de la définition. Ne se rencontre-t-elle pas dans ce passage de Démosthène : *Est-ce un don ou une restitution que Philippe fait aux Athéniens, en leur livrant Halonèse?* Et dans cet endroit des *Philippiques* de Cicéron : *Qu'est-ce que le tumulte?* Enfin cet orateur n'agite-t-il pas une question légale, quand, au sujet de Servius Sulpicius, il met en délibération si l'on ne doit décerner des statues qu'à ceux qui ont péri par le fer dans leurs ambassades? Le genre délibératif embrasse donc le passé comme l'avenir. Quant à ses fonctions, elles consistent à conseiller et à dissuader.

Ce genre ne réclame pas un exorde en forme, comme le genre judiciaire, par la raison que tout homme qui demande un conseil est apparemment disposé à l'écouter. Cependant on ne peut aborder aucun sujet sans une espèce d'exorde; car il ne faut jamais entrer brusquement en matière, ni suivre sa fantaisie pour guide, parce qu'en toute chose il y a toujours un point par où l'on doit naturellement commencer. Dans le sénat, et surtout dans les assemblées du peuple, on tient la même conduite que devant les juges, c'est-à-dire que d'abord on tâche ordinairement de se concilier la bienveillance des auditeurs; et doit-on s'en étonner, puisque dans les panégyriques même, où l'on ne se propose que de louer, sans aucun but d'utilité, on ne laisse pas de rechercher la faveur des assistants? Aristote pense avec raison que, dans les délibérations, nous pouvons souvent tirer l'exorde tantôt de nous-mêmes, tantôt de la personne de notre contradicteur, faisant en cela une sorte d'emprunt aux formes judiciaires; quelquefois même de l'importance plus ou moins grande que paraît avoir l'objet dont on délibère. Dans le genre démonstratif, l'orateur est, selon lui, tout à fait libre, et peut tantôt amener son exorde de loin, comme dans le discours d'Isocrate à la louange d'Hélène; tantôt le prendre dans le voisinage du sujet, comme l'a fait le même Isocrate dans le *Panégyrique*, où il se plaint de ce *qu'on honore plus la beauté du corps que la beauté de l'âme*; et Gorgias, dans son *Olympique*, où il commence par louer ceux qui ont institué les jeux célèbres qui portent ce nom. C'est sans doute à leur exemple que Salluste, dans la *Guerre de Jugurtha* et la *Conjuration de Catilina*, entre en matière par des considérations qui n'ont rien de commun avec l'histoire. Mais revenons au genre délibératif. Si l'on n'y renonce pas à un exorde, il faut qu'il soit court, et qu'on puisse l'appeler plutôt un début, un commencement, qu'un exorde proprement dit.

La narration n'est jamais nécessaire dans les délibérations privées, au moins quant à l'objet dont

---

dum communes magis intellectus loquendum. Sunt enim multi, qui etiam, quæ credunt *honesta*, non tamen satis eadem *utilia* quoque existiment, et, quæ turpia esse dubitare non possunt, utilitatis specie ducti probent, ut *fœdus numantinum, jugumque caudinum*. Ne qualitatis quidem statu, in quo et honestorum et utilium quæstio est, complecti eas satis est; nam frequenter in his etiam conjecturæ locus est: nonnunquam tractatur aliqua finitio; aliquando etiam legales possunt incidere tractatus, in privata maxime consilia, si quando ambigitur, *An liceat*: de conjectura paulo post pluribus. Interim est definitio apud Demosthenem, *Deι Halonesum Philippus, an reddat?* apud Ciceronem in Philippicis, *Quid sit tumultus?* Quid? non illa similis judicialium quæstio, *De statua Servii Sulpicii*, an iis demum ponenda sit, qui in legatione ferro sunt interempti? Ergo pars deliberativa, quæ eadem suasoria dicitur, de tempore futuro consultans, quærit etiam de præterito: officiis constat duobus, *suadendi ac dissuadendi*. Proœmio, quale est in judicialibus, non utique eget, quia conciliatus ei quisque, quem consulit; initium tamen quodcunque debet habere aliquam proœmii speciem; neque enim abrupte, nec unde libuit, incipiendum, quia est aliquid in omni materia naturaliter primum. In senatu, et utique in concionibus eadem ratio, quæ apud judices, acquirendæ sibi plerumque eorum, apud quos dicendum sit, benevolentiæ; nec mirum, quum etiam in panegyricis petatur audientium favor, ubi emolumentum non in utilitate aliqua, sed in sola laude, consistit. Aristoteles quidem, nec sine causa, putat et a nostra, et ab ejus, qui dissentiet, persona, duci frequenter in consiliis exordium, quasi mutuantibus hoc nobis a judiciali genere; nonnunquam etiam, ut minor res majorve videatur; in demonstrativis vero proœmia esse maxime libera existimat. Nam et longe a materia duci, ut in Helenes laude Isocrates fecerit, et ex aliqua rei vicinia, ut idem in Panegyrico conqueritur *plus honoris corporum, quam animorum, virtutibus dari;* et Gorgias in Olympico laudans eos, qui primi tales instituerunt conventus: quos secutus videlicet Crispus Sallustius, in bello Jugurthino et Catilinario, nihil ad historiam pertinentibus principiis orsus est. Sed nunc ad suasoriam, in qua, etiam cum proœmio utemur, breviore tamen, et velut quodam capite tantum et initio, debebimus esse contenti; narrationem vero nunquam

on délibère; car celui qui demande conseil sait apparemment sur quoi. On peut cependant entrer dans le récit d'une foule de circonstances qui ont du rapport avec l'objet de la délibération; mais dans les délibérations publiques, une narration qui expose l'affaire avec ordre est souvent indispensable. Au reste, le genre délibératif exige plus que tout autre l'emploi des passions; car il faut souvent exciter ou apaiser la colère, inspirer la crainte, le désir, la haine, la bienveillance, éveiller quelquefois la pitié, soit qu'on ait à conseiller de porter secours à des assiégés, soit qu'on ait à déplorer la ruine d'une ville alliée.

Mais ce qui est d'un grand poids dans les délibérations, c'est l'autorité de l'orateur. Car celui-là doit être et passer pour supérieur en lumières et en vertu, qui veut que tous ajoutent foi à ses paroles en ce qui touche l'honnête et l'utile. Au barreau, il est admis qu'on peut suivre un peu son inclination; mais dans les délibérations, la vertu est, du consentement de tous, l'unique règle de conduite.

La plupart des rhéteurs grecs ont exclusivement renfermé ce genre dans les affaires publiques : Cicéron même s'en tient presque là. Il suppose qu'un orateur n'a guère à délibérer que de la paix, de la guerre, de la levée des troupes, des travaux publics et des subsides. C'est pour cela qu'il veut que l'orateur soit particulièrement instruit des forces et des mœurs d'un État, afin de conformer sa consultation à la nature des choses et à la disposition des esprits. Pour moi, je crois que ce genre comporte en soi plus de variété; car les délibérations sont susceptibles de bien des sortes de personnes et de choses. Il faut donc, soit en conseillant, soit en dissuadant, considérer d'abord trois objets : *ce dont on délibère, ceux qui consultent, ceux qui sont consultés.*

A l'égard de la chose dont on délibère, ou il est certain qu'elle est faisable, ou cela est incertain. S'il y a incertitude, c'est la seule question, ou au moins la plus importante; car il peut arriver souvent que l'on dise d'abord qu'une chose n'est pas à faire, quand même elle serait faisable; ensuite, qu'elle n'est pas faisable. Or, dans ce cas, l'état est de conjecture, comme dans ces questions : *Est-il possible de couper des isthmes, de dessécher les marais Pontins, de creuser un port à Ostie? Alexandre aurait-il trouvé des terres au delà de l'Océan?* Quelquefois même une chose faisable peut donner lieu à l'état de conjecture, quand on examine, par exemple, si les Romains se rendront maîtres de Carthage, si Annibal quittera l'Italie, dans le cas où Scipion porterait la guerre en Afrique; ou si les Samnites demeureront fidèles, dans le cas où les Romains déposeraient les armes. Enfin, il y a des choses qui peuvent se faire, et qui même, selon toute apparence, arriveront, mais dans un autre temps, dans un autre lieu, d'une autre façon.

Quand il n'y a pas lieu à conjecture, il se présente d'autres considérations. Et d'abord, la délibération porte, ou sur la chose en elle-même, ou sur l'appréciation des circonstances. Dans le premier cas, le sénat délibère, par exemple, *s'il y a lieu d'établir une solde pour les troupes*; voilà une matière simple. Dans le second cas, on délibère, ou sur les motifs de faire une chose, *si*, par exemple, *on livrera les Fabius aux Gaulois, qui, en cas de refus, déclareront la guerre aux Romains*; ou sur les motifs de ne pas faire une chose, comme César, par exemple, qui ne sait

---

exiget privata deliberatio, ejus duntaxat rei, de qua dicenda sententia est; quia nemo ignorat id, de quo consulit. Extrinsecus possunt pertinentia ad deliberationem multa narrari : in concionibus sæpe est etiam illa, quæ ordinem rei docet, necessaria. Affectus ut quæ maxime, postulat; nam et concitanda et lenienda frequenter est ira, et ad metum, cupiditatem, odium, conciliationem, impellendi animi; nonnunquam etiam movenda miseratio, sive, ut auxilium obsessis feratur, suadere oportebit, sive sociæ civitatis eversionem deflebimus. Valet autem in consiliis auctoritas plurimum; nam et prudentissimus esse haberique et optimus debet, qui sententiæ suæ de utilibus atque honestis credere omnes velit; in judiciis enim vulgo fas habetur indulgere aliquid studio suo; consilia, nemo est qui neget, secundum mores dari. Græcorum quidem plurimi omne hoc officium concionale esse judicaverunt, et in sola reipublicæ administratione posuerunt; quin et Cicero in hac maxime parte versatur, ideoque suasuris *de pace, bello, copiis, operibus, vectigalibus*, hæc duo præcipue nota esse voluit, *vires civitatis*, et *mores*; ut ex natura cum ipsarum rerum, tum audientium, ratio suadendi duceretur. Nobis major in re videtur varietas; nam et *consultantium* et *consiliorum* plurima sunt genera : quare in suadendo et dissuadendo tria primum spectanda erunt, *Quid sit, de quo deliberetur; Qui sint, qui deliberent; Qui sit, qui suadeat*. Rem, de qua deliberatur, aut certum est posse fieri, aut incertum : si incertum, hæc erit quæstio sola, aut potentissima; sæpe enim accidet, ut prius dicamus, ne, si possit quidem fieri, esse faciendum, deinde, fieri non posse. Quum autem de hoc quæritur, conjectura est, *An Isthmos intercidi, an siccari palus Pomplina, an portus fieri Ostiæ possit? An Alexander terras ultra Oceanum sit inventurus?* Sed in iis quoque, quæ constabit posse fieri, conjectura aliquando erit : ut si quæratur, *An utique futurum sit, ut Carthaginem superent Romani; ut redeat Hannibal, si Scipio exercitum in Africam transtulerit; ut servent fidem Samnites, si Romani arma deposuerint?* Quædam et fieri posse, et futura esse, credibile est; sed aut *alio tempore*, aut *alio loco*, aut *alio modo*. Ubi conjecturæ non erit locus, alia sunt intuenda : et primum, aut propter ipsam rem, de qua sententiæ rogantur, consultabitur; aut propter alias intervenientes extrinsecus causas : propter ipsam deliberant patres conscripti, *An stipendium militi constituant?* Hæc materia simplex erit. Accedunt causæ aut faciendi, ut deliberant patres conscripti, *An Fabios dedant Gallis bellum minitantibus?* aut non faciendi, ut deliberat C-

s'il doit persister à marcher en Germanie, parce que ses soldats font de tous côtés leurs testaments. Ces deux sujets de délibération sont complexes ; car, dans le premier, on insiste sur ce que les Gaulois nous déclareront la guerre ; mais on peut agiter encore cette autre question, si, indépendamment de la menace des Gaulois, on n'est point fondé à livrer des hommes qui, oubliant leur qualité d'ambassadeurs, ont engagé le combat contre le droit des gens, et massacré le roi auprès duquel on les avait députés. Dans le second, César ne délibérerait probablement pas sans la consternation de ses soldats ; et néanmoins il y aurait lieu d'examiner si, indépendamment de cette circonstance, il ferait bien de pénétrer en Germanie. Au surplus, dans ces sortes de délibération, il faut toujours commencer par la question que l'on aurait à examiner, toute circonstance à part.

Quelques rhéteurs assignent au genre délibératif trois parties : *l'honnête, l'utile, le nécessaire*. Je ne vois pas ce qui motive la troisième ; car, à quelque épreuve que l'on nous mette, nous pouvons bien être contraints à souffrir, jamais à faire : or c'est sur ce qu'on fera qu'on délibère. Que si l'on appelle nécessité l'extrémité où nous réduit la crainte d'un plus grand mal, cela ne sort pas de la question de l'*utile*. Par exemple, une ville est assiégée, et les habitants, trop peu nombreux pour résister et manquant d'eau et de nourriture, délibèrent s'ils se rendront. Si l'on dit : Il faut nécessairement se rendre, cette proposition n'est complète qu'autant qu'on ajoute : *parce qu'autrement il faudra périr*. Donc il n'y a pas nécessité, par cela même qu'on peut préférer la mort ; et de fait, ni les Sagontins, ni ces braves Opitergiens, qu'enveloppait la flotte ennemie, ne se sont point rendus. Ainsi, même dans ces rencontres, la question roule uniquement sur l'*utile*, ou tout au plus elle embrassera l'*utile* et l'*honnête*. Mais, dira-t-on, n'est-ce pas une nécessité de se marier à qui veut avoir des enfants ? Qui en doute ? Celui qui veut devenir père ne saurait ignorer qu'il doit nécessairement se marier. Il n'y a donc pas lieu à délibérer sur la nécessité non plus que sur l'impossibilité, car toute délibération suppose un doute : c'est pourquoi je préfère ceux qui au mot *nécessaire* ont substitué celui de *possible, possibile*, le seul qui rende, quoique d'une manière un peu dure, le mot grec δυνατόν.

Il est évident, sans que je le démontre, que ces trois parties ne se rencontrent pas toujours toutes à la fois dans une délibération. Cependant la plupart des rhéteurs en admettent un plus grand nombre, nous donnant pour parties des subdivisions de parties. Car ce qui est permis, ce qui est juste, ce que commande la piété, l'équité, la douceur (τὸ ἥμερον), et tout ce qu'on voudra y ajouter de semblable, tout cela peut se rapporter à l'honnête, comme l'espèce à son genre. De même, ce qui est facile, grand, agréable, sans danger, rentre dans la question de l'*utile*. Toutes ces espèces sont autant de lieux qui naissent de la contradiction des adversaires : cela est utile, oui, mais difficile, peu important, désagréable, dangereux. Quelques-uns néanmoins veulent que ce qui est purement agréable soit quelquefois l'unique objet des délibérations, lorsqu'il s'agit, par exemple, de savoir s'il y a lieu d'édifier un théâtre, d'instituer des spectacles. Mais quel est l'homme assez relâché et assez frivole pour réduire une délibération à une question de plaisir ? Le fond de la délibération doit toujours être dissimulé par des considérations d'un ordre plus relevé. Ainsi, dans

---

Cæsar, *An perseveret in Germaniam ire*, quum milites passim testamenta facerent? Hæ suasoriæ duplices sunt; nam et illic causa deliberandi est, quod bellum Galli minitentur; esse tamen quæstio potest, *Dedendine fuerint, etiam citra hanc denunciationem, qui contra fas, quum legati missi essent, prœlium inierint, regemque, ad quem mandata acceperant, trucidarint ?* Et hic nihil Cæsar sine dubio deliberaret, nisi propter hanc militum perturbationem; est tamen locus quærendi, *An, citra hunc quoque casum, penetrandum in Germaniam fuerit ?* Semper autem de eo prius loquemur, de quo deliberari, etiam detractis sequentibus, posset. Partes suadendi quidam putaverunt *honestum, utile, necessarium*; ego non invenio huic tertiæ locum; quantalibet enim vis ingruat, aliquid fortasse pati necesse sit, nihil facere ; de faciendo autem deliberatur. Quod si hanc vocant *necessitatem*, in quam homines graviorum metu coguntur, *utilitatis* erit quæstio : ut *si obsessi, et impares, et aqua ciboque defecti, de facienda ad hostem deditione deliberent*, et dicatur, *Necesse est*; nempe sequitur, ut hoc subjiciatur, *Alioqui pereundum est* : ita propter id ipsum non est necesse, quia perire potius licet; denique non fecerunt Saguntini, nec in rate Opitergina circumventi. Igitur in his quoque causis aut de *sola utilitate* ambigetur, aut quæstio inter *utile* atque *honestum* consistet; at enim, si quis liberos procreare velit, necesse habeat uxorem ducere; quis dubitat? sed ei, qui pater vult fieri, liqueat necesse est, uxorem esse ducendam. Itaque mihi ne consilium quidem videtur, ubi necessitas est; non magis quam ubi constat, quid fieri omnino non posse; omnis enim deliberatio de dubiis est : melius igitur, qui tertiam partem dixerunt δυνατόν, quod nostri *possibile* nominant; quæ, ut dura videatur appellatio, tamen sola est. Quas partes non omnes in omnem cadere suasoriam manifestius est, quam ut docendum sit: tamen apud plerosque earum numerus augetur, a quibus ponuntur ut partes, quæ species sunt partium; nam *fas, justum, pium, æquum, mansuetum* quoque (sic enim sunt interpretati τὸ ἥμερον) et si qua adhuc adjicere quis ejusdem generis velit, subjici possunt *honestati*. An autem *facile, magnum, jucundum, sine periculo ?* ad quæstionem pertinet *utilitatis*; qui loci oriuntur ex contradictione : *Est quidem utile, sed difficile, parvum, injucundum, periculosum*. Tamen quibusdam

l'institution des jeux, ce sont les dieux qu'on veut honorer; si l'on propose d'élever un théâtre, c'est pour procurer au travail un délassement utile, et prévenir, par une distribution commode des places, la confusion d'une foule tumultueuse; et l'on fera voir que la religion n'y est pas moins intéressée, en disant que ce théâtre sera une espèce de temple consacré au dieu en l'honneur duquel ces jeux ont été institués.

Il y a lieu souvent de sacrifier l'utile à l'honnête. Nous exhorterons, par exemple, ces Opitergiens à résister, quoiqu'ils n'aient pas d'autre alternative que de se rendre ou de périr. Dans d'autres circonstances, c'est le contraire : comme dans la seconde guerre punique, où nous serons d'avis d'enrôler les esclaves. Et même ici on se gardera d'admettre tout d'abord que ce parti soit déshonorant; car on peut dire que la nature a fait tous les hommes libres, qu'elle les a formés des mêmes éléments, et que peut-être les esclaves sont d'une antique et noble origine. Là où le danger est évident, on aura recours à d'autres raisons : par exemple, que, s'ils se rendent, ils périront peut-être d'une manière plus cruelle, soit que l'ennemi ne garde pas sa parole, soit que César demeure victorieux, ce qui est plus probable. Voilà comme avec des mots on parvient à faire cesser la lutte des idées les plus opposées; car l'*utile* n'est compté pour rien par ceux qui non-seulement placent l'honnête au-dessus de l'utile, mais veulent encore que ce qui n'est pas honnête ne soit pas même utile; tandis que d'autres traitent ce que nous appelons l'honnête, d'inanité, d'orgueil, de sottise, avec une apparence de vérité, qui n'est que dans les mots.

Non-seulement on compare ce qui est utile avec ce qui ne l'est pas, mais on compare encore entre elles deux choses utiles ou préjudiciables, afin de choisir le plus ou le moins dans l'une ou dans l'autre. La comparaison peut même s'étendre à un plus grand nombre d'objets; car il se rencontre quelquefois jusqu'à trois partis à examiner, comme lorsque Pompée délibéra s'il se rendrait chez les Parthes, ou en Afrique, ou en Égypte. Il est question, dans ce cas, de savoir, non pas si, entre deux partis, l'un vaut mieux que l'autre, mais lequel, entre trois, est le meilleur ou le plus dangereux. En effet, ce qui nous est avantageux de tout point ne peut donner matière à une délibération; car où il n'y a pas lieu à contradiction, quel peut être le motif de douter? Ainsi toute délibération n'est, à proprement parler, qu'une comparaison.

Il faut aussi considérer la fin et les moyens, pour savoir si l'avantage de la fin compense le désavantage du moyen. On envisage l'utilité par rapport au temps, au lieu, à la personne, à la manière d'agir, à la mesure. Il est expédient de faire cela, mais non pas à présent, non pas ici, ni à nous, ni contre tels, ni de cette manière, ni jusqu'à tel point. Mais ce qu'il faut principalement observer, tant à l'égard de nous-mêmes qu'à l'égard de ceux devant lesquels on délibère, c'est la convenance. Ainsi, quoique l'exemple soit ici d'un grand poids, parce que rien ne détermine tant les hommes à faire une chose que de leur montrer que d'autres l'ont faite avant eux, il importe cependant de voir quels exemples on cite et devant qui on les cite : tant les esprits sont divers! ce qui donne lieu à deux considérations princi-

---

videtur esse nonnumquam de jucunditate sola consultatio, ut si de ædificando theatro, instituendis ludis, deliberetur; sed neminem adeo solutum luxu puto, ut nihil in causa suadendi sequatur præter voluptatem. Præcedat enim semper aliquid necesse est, ut in ludis, honor deorum; in theatro, non inutilis laborum remissio, deformis et incommoda turbæ, si id non sit, conflictatio; et nihilo minus eadem illa religio, quum theatrum veluti quoddam illius sacri templum existimemus. Sæpe vero, et utilitatem despiciendam esse dicimus, ut honesta faciamus, ut quum illis Opiterginis damus consilium, ne se hostibus dedant, quamquam perituri sint, nisi fecerint; et utilia honestis præferimus, ut quum suademus, ut bello punico servi armentur. Sed tamen, neque hic plane concedendum est, esse id inhonestum, liberos enim natura omnes, et eisdem constare elementis, et fortasse antiquis etiam nobilibus ortos, dici potest; et illic, ubi manifestum periculum est, opponenda alia, ut crudelius etiam perituros affirmemus, si se dediderint, sive hostis non servaverit fidem, sive Cæsar vicerit, quod esse vero similius. Hæc autem, quæ tantum inter se pugnant, plerumque nominibus deflecti solent; nam et utilitas ipsa expugnatur ab iis, qui dicunt, non solum potiora esse honesta, quam utilia, sed ne utilia quidem esse, quæ non sint honesta; et contra, quod nos honestum, illi vanum,

ambitiosum, stolidum, verbis quam re probabilius vocant. Nec tantum inutilibus comparantur utilia, sed inter se quoque ipsa; ut si ex duobus eligamus, in altero quid sit magis, in altero quid sit minus : crescit hoc adhuc; nam interim triplices etiam suasoriæ incidunt; ut quum Pompeius deliberavit, *Parthos, an Africam, an Ægyptum peteret* : ita non tantum, utrum melius, sed quid sit optimum, quæritur; itemque contra. Nec unquam incidet in hoc genere materiæ dubitatio rei, quæ undique secundum nos sit; nam ubi contradictioni locus non est, quæ potest esse causa dubitandi? Ita fere omnis suasoriæ nihil est aliud, quam comparatio; videndumque, *quid consecuturi simus, et per quid?* ut æstimari possit, *plus in eo, quod petimus, sit commodi; an vero in eo, per quod petimus, incommodi?* Est utilitatis et in tempore quæstio, *Expedit, sed non nunc;* et in loco, *Non hic;* et in persona, *Non nobis, non contra hos;* et in genere agendi, *Non sic;* et in modo, *Non in tantum;* sed personam sæpius decoris gratia intuemur, quæ et in nobis, et in iis, qui deliberant, spectanda est. Itaque quamvis exempla plurimum in consiliis possint, quia facillime ad consentiendum homines ducuntur experimentis; refert tamen, quorum auctoritas, et quibus adhibeatur; diversi sunt enim deliberantium animi, duplex conditio. Nam consultant aut plures, aut singuli; sed in utrisque differentia :

.8.

pales. Ou c'est une assemblée qui délibère, ou c'est un particulier; et ces deux cas exigent encore des distinctions. Si c'est une assemblée, autre chose est de parler devant le sénat ou devant le peuple; devant les Romains ou les Fidénates; devant les Grecs ou devant des barbares. Si c'est un particulier, autre chose est de conseiller à Caton ou à Marius de briguer les charges publiques; autre chose encore de parler de l'art militaire devant le premier Scipion ou devant Fabius. Il faut aussi avoir égard au sexe, à la dignité, à l'âge, et surtout aux mœurs; car c'est là ce qui met le plus de différence entre un homme et un autre.

Rien n'est plus facile que d'exhorter au bien ceux qui aiment le bien. Mais en s'efforçant de convertir à la vertu des hommes corrompus, il faut prendre garde d'avoir l'air de leur reprocher leur conduite. On ne cherchera pas à les toucher par la vue du bien en lui-même, auquel leurs yeux sont fermés, mais par le désir de la gloire et de la renommée; ou si cette vaine ambition a peu d'effet sur eux, par les avantages qu'ils retireront d'une vie vertueuse; ou enfin, et c'est peut-être le plus sûr, par la considération des malheurs dont ils sont menacés, s'ils prennent un parti différent. Car, outre qu'il est aisé d'ébranler par la terreur ces esprits sans consistance, je ne sais si la crainte du mal n'a pas naturellement plus d'influence sur la plupart des hommes que l'espérance du bien, de même que la plupart comprennent plus facilement le vice que la vertu. Quelquefois on conseille à des gens de bien des actions peu honorables; ou, si l'on a affaire à des gens d'une vertu médiocre, on ne fera valoir que l'utilité du parti qu'on leur conseille. Je n'ignore pas ce que va penser le lecteur. Est-ce donc là ce que vous enseignez, dira-t-il, et croyez-vous cela permis? Je pourrais me retrancher derrière l'autorité de Cicéron, qui, dans une lettre à Brutus, après avoir énuméré plusieurs conseils honorables qu'il pouvait donner à César, ajoute : *Serais-je un homme de bien, si je lui donnais ces conseils? Nullement, car tout homme qui conseille autrui ne doit envisager que l'intérêt de celui qu'il conseille. Mais ces conseils sont dictés par l'honneur! D'accord; mais il n'est pas toujours bon de conseiller ce qui est honnête.* Toutefois, comme cette question a besoin d'être approfondie, et ne regarde pas seulement le sujet que je traite ici, je me réserve de l'examiner dans le douzième et dernier livre de cet ouvrage. Au reste, je ne prétends autoriser personne à rien faire de honteux; et, jusqu'à ce que je m'explique, ce que j'ai dit ne s'appliquera, si l'on veut, qu'aux exercices de l'école. Car il est bon de connaître les voies de l'iniquité, pour mieux défendre l'équité.

Cependant, même en conseillant à un homme de bien une action déshonnête, qu'on se souvienne de ne pas la lui présenter comme telle, et qu'on se garde d'imiter ces déclamateurs, qui exhortent Sextus Pompée à la piraterie, par cela même qu'elle est déshonnête et cruelle. Il faut, au contraire, colorer la difformité du vice, même auprès des méchants. Ainsi Catilina, dans Salluste, parle comme s'il se déterminait au plus grand des crimes, non par perversité, mais par indignation. Ainsi, dans Varius, Atrée s'écrie :

Je rends guerre pour guerre, et forfait pour forfait.

A combien plus forte raison doit-on recourir à cette espèce de détour avec ceux à qui l'honneur est cher? Si donc nous donnons à Cicéron le con-

seil d'implorer la clémence d'Antoine, de brûler même ses *Philippiques*, condition à laquelle celui-ci lui promet sa grâce, nous n'insisterons pas sur l'amour de la vie, car si cet amour trouve accès dans son âme, il parlera assez haut de lui-même sans le secours de notre éloquence; mais nous l'exhorterons à se conserver pour la république, et ce motif lui dissimulera la honte de sa faiblesse. Voulons-nous conseiller à César de s'emparer du pouvoir suprême? nous prouverons que la république ne peut désormais subsister qu'autant qu'elle obéira à un seul. Car quiconque délibère sur une action criminelle ne cherche qu'à sauver les apparences.

La personne de celui qui conseille importe beaucoup aussi. Si donc sa vie passée a été illustre, si l'éclat de sa naissance, son âge, sa condition, donnent lieu d'attendre beaucoup de lui, il faut prendre garde que ses paroles ne démentent l'idée qu'on a de lui. Des antécédents contraires demandent un ton plus humble; car ce qui passe pour *liberté* dans les uns, est appelé *licence* dans les autres. A ceux-ci *l'autorité* suffit; ceux-là sont à peine protégés par la *raison*.

C'est pour cela que les prosopopées me paraissent un genre très-difficile; car outre qu'elles doivent s'assujettir aux règles que je viens de tracer, il faut encore que les caractères y soient exactement observés. En effet, César, Cicéron et Caton, opinant dans une même affaire, parleront tous trois différemment. Mais c'est aussi un exercice des plus utiles, en ce qu'il nous forme à deux choses, et en ce qu'il est d'un grand secours pour les poëtes et ceux qui se destinent à écrire l'histoire. Je ne le crois pas moins nécessaire à l'orateur. Combien, en effet, de harangues composées par des orateurs grecs et romains, non pour eux, mais pour autrui, et dans lesquelles il leur a fallu s'accommoder à la condition et aux mœurs de ceux à l'usage de qui ils les avaient écrites? Cicéron écrivant pour Cn. Pompée, pour T. Ampius, et tant d'autres, pensait-il de même dans ces différentes occasions, et ne jouait-il qu'un seul personnage? ou plutôt, travaillant d'après l'idée qu'il s'était faite de la fortune, de la dignité et des actions de tous ceux auxquels il prêtait sa voix, ne les représentait-il pas au naturel? Ils n'auraient pas si bien parlé sans doute, mais c'étaient eux cependant qu'on croyait entendre. Car un discours ne pèche pas moins par défaut de convenance avec la personne que par défaut de convenance avec le sujet. Aussi admire-t-on l'air de vérité que Lysias savait donner à ce qu'il écrivait pour des ignorants.

Et c'est particulièrement aux déclamateurs à observer ces convenances. Il est très-peu de controverses où ils parlent comme des avocats; mais le plus souvent ils se mettent à la place des parties, et représentent tour à tour un fils, un père, un riche, un vieillard, un bourru, un débonnaire, un avare, un superstitieux, un poltron, un railleur. Je ne sais si un comédien joue plus de rôles sur le théâtre que nos déclamateurs dans les écoles. Ces différentes expressions de caractères peuvent être regardées comme autant de prosopopées. J'en fais mention ici, parce qu'à la personne près, ce sont de véritables délibérations. Encore même cette différence ne se rencontre pas toujours; car on feint quelquefois des matières de controverse tirées de l'histoire, et, pour donner plus de poids aux choses, on introduit de véritables acteurs qui parlent eux-mêmes.

Je n'ignore pas que dans les écoles on donne souvent à traiter, à titre d'exercice, des contro-

---

consilium, ut *Antonium roget*, vel etiam ut *Philippicas*, ita vitam pollicente eo, *exurat*, non cupiditatem lucis allegabimus; hæc enim si valet in animo ejus, tacentibus quoque nobis valet; sed, ut se reipublicæ servet, hortabimur. Hac illi opus sit occasione, ne eum talium precum pudeat; et C. Cæsari suadentes regnum, affirmabimus stare jam rempublicam, nisi uno regente, non posse; nam qui de re nefaria deliberat, id solum quærit, quo modo quam minimum peccare videatur. Multum refert etiam, quæ sit persona suadentis; quia, anteacta vita si illustris fuit, aut clarius genus, aut ætas, aut fortuna affert expectationem, providendum est, ne, quæ dicuntur, ab eo qui dicit, dissentiant; at his contraria summissiorem quemdam modum postulant; nam quæ in aliis *libertas* est, in aliis *licentia* vocatur; et quibusdam sufficit *auctoritas*; quosdam *ratio* ipsa ægre tuetur. Ideoque longe mihi difficillimæ videntur prosopopœiæ, in quibus ad reliquum suasoriæ laborem accedit etiam personæ difficultas; namque idem illud aliter *Cæsar*, aliter *Cicero*, aliter *Cato* suadere debebit : utilissima vero hæc exercitatio, vel quod duplicis est operis, vel quod poetis quoque aut historiarum futuris scriptoribus plurimum confert. Verum et oratoribus necessaria; nam sunt multæ a Græcis Latinisque compositæ orationes, quibus alii uterentur, ad quorum conditionem vitamque aptanda, quæ dicebantur, fuerunt : an eodem modo cogitavit, aut eamdem personam induit Cicero, quum scriberet Cn. Pompeio, et quum T. Ampio, cæterisve; ac non uniuscujusque eorum fortunam, dignitatem, res gestas intuitus, omnium, quibus vocem dabat, etiam imaginem expressit? ut melius quidem, sed tamen ipsi, dicere viderentur. Neque enim minus vitiosa est oratio, si ab homine, quam si a re, cui accommodari debuit, dissidet; ideoque Lysias optime videtur in iis, quæ scribebat indoctis, servasse veritatis fidem; enimvero præcipue declamatoribus considerandum est, quid cuique personæ conveniat, qui paucissimas controversias ita dicunt, ut advocati; plerumque filii, patres, divites, senes, asperi, lenes, avari, denique superstitiosi, timidi, derisores, fiunt : ut vix comœdiarum actoribus plures habitus in pronunciando concipiendi sint, quam his in dicendo. Quæ omnia videri possunt *prosopopœiæ*; quas ego suasoriis subjeci, quia nullo alio ab his, quam persona, distant; quamquam hæc aliquando etiam in controversiis ducitur, quæ ex historiis compositæ, certis agentium nominibus continentur. Neque ignoro, plerumque exercitationis gratia poni et poeticas et historicas; ut *Priami verba* apud Achillem, aut

verses poétiques et historiques, comme *Priam aux pieds d'Achille*, ou *Sylla se démettant de la dictature dans l'assemblée du peuple;* mais ni les unes ni les autres ne sont pas plus du genre judiciaire que des deux autres. Car prier, déclarer, rendre compte, et tout ce que j'ai déjà énuméré, entre également dans les trois genres de causes, sous des formes variées et suivant la nature du sujet. Très-souvent même, dans ces trois genres, nous mettons la parole dans la bouche de personnes que nous faisons, en quelque sorte, lever à notre place. C'est ainsi que, dans le plaidoyer de Cicéron pour Célius, l'aveugle Appius et Clodius adressent des reproches à Clodia sur ses amours, l'un avec amertume, l'autre avec douceur.

On a coutume aussi dans les écoles de donner des matières de délibération qui se rapprochent davantage des plaidoyers et sont un mélange des deux genres, comme lorsqu'on délibère en présence de César si l'on punira Théodote; car dans cette délibération on accuse et on défend, ce qui est le propre des causes judiciaires. Il s'y mêle aussi une question d'utilité : on demande *si le meurtre de Pompée a été avantageux à César; s'il n'est pas à craindre que Ptolémée ne lui déclare la guerre, dans le cas où Théodote serait mis à mort; si cette guerre ne serait pas fâcheuse dans l'état présent de ses affaires, ou dangereuse, ou au moins de longue durée.* Enfin la question de l'honnête y trouve place : *Convient-il à César de venger Pompée? n'est-il pas à craindre qu'il ne paraisse condamner lui-même son parti, en convenant que Pompée ne méritait pas une pareille fin?* Ce genre de délibérations peut se rencontrer dans la réalité.

La plupart des déclamateurs tombent, au sujet des délibérations, dans une erreur qui ne laisse pas de tirer à conséquence, en s'imaginant que le style en doit être tout à fait contraire à celui du genre judiciaire : ils entrent brusquement en matière, ils affectent une véhémence continuelle, une magnificence outrée dans les expressions; et, dans leurs cahiers, on voit qu'ils ont à dessein donné moins d'étendue aux matières du genre délibératif qu'à celles du genre judiciaire.

Pour moi, si je crois, par les raisons que j'ai données plus haut, que les délibérations peuvent se passer d'exorde, je ne vois pas, d'un autre côté, pourquoi l'on se livrerait, tout d'abord, à des exclamations furibondes. Un homme de bon sens, au contraire, qui est prié de dire son avis sur une affaire, ne se met pas à crier, mais tâche de gagner la confiance de celui qui le consulte par un début doux et modeste. A quoi bon cette violence emportée, incessante, dans la chose du monde qui demande le plus de modération et de méthode? Je sais que, dans les plaidoyers, l'orateur met plus de modération dans l'exorde, dans la narration, dans les preuves, que dans le reste; et c'est à peu près la seule chose qui distingue les matières judiciaires des matières délibératives : mais si le ton des délibérations doit être plus égal dans toutes les parties, l'orateur ne doit pas être pour cela plus tumultueux et plus désordonné.

Les déclamateurs ne doivent pas non plus trop rechercher la magnificence du style dans les délibérations. Il est vrai qu'ils la rencontrent plutôt qu'ils ne la cherchent. En effet, quand on est maître de choisir son sujet, on aime à mettre en scène de grands personnages, tels que des rois, des princes, le peuple, le sénat, et à discuter de grands intérêts : de sorte que, quand les mots

---

Sullæ dictaturam deponentis in concione ; sed hæc in partem cedent trium generum, in quæ causas divisimus ; nam et rogare, indicare, rationem reddere, et alia, de quibus supra dictum est, varie, atque ut res vult, in materia *judiciali, deliberativa, demonstrativa,* solemus. Frequentissime vero in his utimur ficta personarum, quas ipsi substituimus, oratione; ut, apud Ciceronem pro Cœlio, Clodiam, et cæcus Appius et Clodius frater, ille in castigationem, hic in hortationem amorum compositus, alloquitur. Solent in scholis fingi materiæ ad deliberandum similiores controversiis, et ex utroque genere commixtæ; ut quum apud C. Cæsarem consultatio de pœna Theodoti ponitur ; constat enim accusatione et defensione causæ, quod est judicialium proprium. Permixta autem est et utilitatis ratio, *An pro Cæsare fuerit occidi Pompeium? An timendum a rege bellum, si Theodotus sit occisus? An id minime opportunum hoc tempore, et periculosum et certe longum sit futurum?* Quæritur et de honesto, *Deceatne Cæsarem ultio Pompeii? An sit verendum, ne pejorem faciat suarum partium causam, si Pompeium indignum morte fateatur?* Quod genus accidere etiam veritati potest : non simplex autem circa suasorias error in plerisque declamatoribus fuit, qui dicendi genus in his diversum, atque in totum illi judiciali contrarium esse existimarunt ; nam et principia abrupta, et concitatam semper orationem, et in verbis *effusiorem,* ut ipsi vocant *cultum* affectare erunt, et earum breviores utique commentarios, quam judicialis materiæ, facere elaborarunt. Ego porro t procœmio video non utique opus esse suasoriis, propter quas dixi supra causas, ita cur initio furioso sit exclamandum, non intelligo ; quum proposita consultatione rogatus sententiam, si modo est sanus, non quiritet, sed quam maxime potest civili et humano ingressu mereri assensum deliberantis velit. Cur autem torrens, et utique æqualiter concitata sit in ea dicentis oratio, quum vel præcipue moderationem rationemque consilii desiderent? Neque ego negaverim, sæpius subsidere in controversiis impetum dicendi procœmio, narratione, argumentis; quæ si detrahas, id fere supererit, quo suasoriæ constant ; verum id quoque æqualius erit, non tumultuosius atque turbidius. Verborum autem magnificentia non validius et affectanda suasorias declamantibus, sed contingit magis; nam et personæ fere magnæ fingentibus placent, *regum, principum, populi, senatus,* et res ampliores : ita quum verba rebus apten-

sont en rapport avec les choses, le discours reflète l'éclat de la matière. Mais il n'en doit pas être de même des délibérations sérieuses. Aussi Théophraste veut-il que l'on évite toute espèce d'affectation dans le style du genre délibératif, d'accord en cela avec son maître, bien qu'il ne se fasse pas toujours scrupule de récuser son autorité. En effet, Aristote croit que, de tous les genres de causes, le plus propre à faire briller l'orateur, c'est le genre démonstratif, et après lui le genre judiciaire : le premier, parce qu'il n'a pour but que l'ostentation ; le second, parce qu'il ne peut se passer de l'art, ne fût-ce que pour tromper, si l'intérêt de la cause l'exige ; tandis que les délibérations n'exigent que de la droiture et du discernement. A l'égard du genre démonstratif, je suis de cet avis, et je ne connais aucun auteur qui n'y souscrive ; mais à l'égard des genres judiciaire et délibératif, je crois qu'il faut approprier sa manière de parler à son sujet. Il me semble que les *Philippiques* de Démosthène n'offrent pas de moindres beautés que ses plaidoyers. L'éloquence de Cicéron est également admirable, soit qu'il délibère dans le sénat et dans les assemblées du peuple, soit qu'il plaide devant les tribunaux. Ce même orateur dit pourtant, en parlant du genre délibératif : *Le style en doit être toujours simple et grave, et plus riche en pensées qu'en expressions.* On convient généralement que l'usage des exemples n'est jamais mieux placé que dans les délibérations, et c'est avec raison ; car le passé semble, la plupart du temps, répondre de l'avenir, et l'expérience est regardée comme une sorte de seconde raison.

Pour ce qui est de la brièveté ou de la longueur que doivent avoir les discours délibératifs, cela dépend, non du genre, mais de la mesure du sujet ; car si, dans les délibérations, la question est ordinairement simple, aussi dans les matières judiciaires est-elle souvent de peu d'importance.

On reconnaîtra la vérité de ce que je viens de dire, si, au lieu de se consumer sur les traités des rhéteurs, on s'applique à lire, je ne dis pas seulement les orateurs, mais les historiens ; car ces derniers, dans les harangues, dans les avis qu'ils mettent dans la bouche de leurs personnages, offrent de véritables modèles du genre délibératif. On verra que les exordes de ce dernier genre n'ont jamais rien de brusque ; on verra souvent un ton assez animé dans les discours du genre judiciaire ; partout un style adapté au sujet ; quelquefois des plaidoyers plus courts que des délibérations. On n'y trouvera pas les défauts où tombent certains déclamateurs, qu'on voit se déchaîner en invectives contre ceux qui sont d'un sentiment contraire au leur, et parler la plupart du temps comme s'ils étaient les adversaires de ceux qui les consultent : gens farouches, qui semblent plutôt gourmander que conseiller. Que les jeunes gens prennent ces réflexions pour eux, afin qu'ils ne s'exercent pas à parler d'une manière contraire à celle qu'exigera d'eux la réalité, et ne perdent pas leur temps à étudier ce qu'il leur faudra désapprendre. Aussi bien, lorsque, dans la suite, ils seront appelés comme conseils auprès de leurs amis, qu'ils auront à opiner dans le sénat, ou lorsque le prince leur fera l'honneur de les consulter, l'expérience leur apprendra ce qu'ils refusent peut-être de croire sur la foi des préceptes.

Chap. IX. Parlons maintenant du genre judiciaire, celui de tous qui est le plus varié dans ses formes, mais qui au fond se renferme dans deux devoirs, *attaquer* et *défendre*. La plupart des

---

tur, ipso materiæ nitore clarescunt. Alia veris consiliis ratio est ; ideoque Theophrastus quam maxime remotum ab omni affectatione in deliberativo genere voluit esse sermonem, secutus in hoc auctoritatem præceptoris sui ; quamquam dissentire ab eo non timide solet. Namque Aristoteles idoneam maxime ad scribendum *demonstrativam*, proximamque ab ea *judicialem* putavit : videlicet quoniam prior illa tota esset ostentationis ; hæc secunda egeret artis, vel ad fallendum, si ita poposcisset utilitas ; consilia fide prudentiaque constarent. Quibus in demonstrativa consentio ; nam et omnes alii scriptores idem tradiderunt ; in judiciis autem consiliisque secundum conditionem ipsius, quæ tractabitur, rei, accommodandam dicendi credo rationem. Nam et Philippicas Demosthenis iisdem, quibus habitas in judiciis orationes, video eminere virtutibus ; et Ciceronis sententiæ et conciones non minus clarum, quam est in accusationibus ac defensionibus, eloquentiæ lumen ostendunt. Dicit tamen idem de suasoria, hoc modo : *Tota autem oratio, simplex et gravis, et sententiis debet ornatior esse, quam verbis.* Usum exemplorum nulli materiæ magis convenire merito fere omnes consentiunt, quum plerumque videantur respondere futura præteritis, habeaturque experimentum velut quoddam rationis testimonium.

Brevitas quoque aut copia non genere materiæ, sed modo, constant ; nam ut in consiliis plerumque simplicior quæstio est, ita sæpe in causis minor ; quæ omnia vera esse sciet, si quis non orationes modo, sed historias etiam (namque in his conciones atque sententiæ plerumque suadendi ac dissuadendi funguntur officio) legere maluerit, quam in commentariis rhetorum consenescere. Inveniet enim, nec in consiliis abrupta initia, et concitatius sæpe in judiciis dictum, et verba aptata rebus in utroque genere, et breviores aliquando causarum orationes, quam sententiarum. Ne illa quidem in his vitia deprehendet, quibus quidam declamatores laborant, quod et contra sentientibus inhumane conviciantur, et ita plerumque dicunt, tamquam ab iis, qui deliberant, utique dissentiant ; ideoque objurgantibus similiores sunt, quam suadentibus. Hæc adolescentes sibi scripta sciant, ne aliter quam dicturi sunt, exerceri velint, ac in desuescendis morentur : cæterum, quum advocari cœperint in consilia amicorum, dicere sententiam in senatu, suadere, si quid consulet princeps ; quod præceptis fortasse non credunt, usu docebuntur.

Cap. IX. Nunc de judiciali genere, quod est præcipue multiplex, sed officiis constat duobus, *intentionis* ac *depulsionis*, cujus partes, ut plurimis auctoribus placuit,

auteurs lui donnent cinq parties : l'*exorde*, la *narration*, la *confirmation*, la *réfutation* et la *péroraison*. Quelques-uns ont ajouté la *partition*, la *proposition* et la *digression*; mais les deux premières rentrent dans la *confirmation*. Sans doute, avant de prouver, il faut proposer; mais, après avoir prouvé, il faut conclure : or, si l'on fait de la proposition une partie de la cause, pourquoi n'en ferait-on pas une de la conclusion? Quant à la partition, elle est une espèce de la *disposition*, qui est elle-même une partie de la rhétorique, et se mêle à l'essence de toutes les matières, comme l'*invention* et l'*élocution*. Il ne faut donc pas croire qu'elle fasse partie d'un discours comme d'un tout. Elle est purement et simplement une partie de chaque question en particulier; car il n'en est point où l'orateur ne puisse déterminer d'avance ce qu'il dira en premier, en second, en troisième lieu ; ce qui est le propre de la partition. N'est-il donc pas ridicule que la *question* soit une espèce de la confirmation, et qu'on appelle en même temps partie du discours la *partition*, qui n'est qu'une espèce de la question?

Reste la *digression*. Ou elle est *hors* de la cause, et par conséquent ne saurait en faire partie ; ou elle est *dans* la cause, et alors elle sert d'appui ou d'ornement aux parties qu'elle affecte. En effet, si tout ce qui est dans la cause devait être considéré comme des *parties* de la cause, pourquoi ne donnerait-on pas le même nom à l'*argument*, à la *similitude*, aux *lieux communs*, aux *passions*, aux *exemples*?

Cependant je ne suis pas de l'avis de ceux qui, comme Aristote, retranchent la *réfutation*, et la regardent comme une dépendance de la confirmation. En effet, l'une établit, l'autre détruit. Le même auteur innove aussi jusqu'à un certain point, en ce qu'il place après l'exorde, non la *narration*, mais la *proposition*, vraisemblablement parce qu'il regarde la *proposition* comme le genre, et la *narration* comme l'espèce, et qu'il croit qu'on peut quelquefois se passer de celle-ci, jamais et nulle part de celle-là.

Mais je ne prétends pas que la pensée de l'orateur s'asservisse à ces cinq parties que nous venons d'établir, dans l'ordre qu'il doit observer en parlant. Avant tout, il faut considérer *quel est le genre de la cause, quelle est la question, ce qui peut lui être avantageux, ce qui peut lui nuire*; ensuite, *ce qu'il importe de confirmer et de réfuter*; puis, *la manière de narrer*, car l'*exposition* prépare la confirmation, et ne peut être utile qu'autant que l'orateur sait d'avance ce qu'il peut prélever sur les preuves : enfin il faut considérer comment on se conciliera l'esprit du juge ; car ce n'est qu'après avoir étudié soigneusement et à fond toutes les parties de la cause, qu'on peut savoir dans quelles dispositions il faut mettre le juge, s'il faut le rendre sévère ou indulgent, passionné ou de sang-froid, intraitable ou facile. Ce n'est pas pour cela que j'approuve ceux qui veulent qu'on ne compose l'exorde qu'en dernier ; car de même qu'en toute chose, avant de parler ou d'écrire, il faut avoir bien médité sa matière et savoir ce qu'elle réclame, de même il faut débuter par ce qui se présente en premier. On ne commence pas un portrait ou une statue par les pieds; aucun art enfin ne trouve sa consommation dans ce qui fait son commencement. Et que sera-ce si l'on n'a pas eu, le temps de rédiger son discours par écrit? Ne se trouvera-

---

quinque sunt, *proœmium, narratio, probatio, refutatio, peroratio*. His adjecerunt quidam *partitionem, propositionem, excessum*, quarum priores duæ probationi succedunt. Nam proponere quidem, quæ sis probaturus, necesse est; sed et concludere : cur igitur, si illa pars causæ est, non et hæc sit? *Partitio* vero dispositionis est species, ipsa *dispositio* pars rhetorices, et per omnes materias totumque earum corpus æqualiter fusa, sicut *inventio* et *elocutio*. Ideoque eam non orationis totius partem unam esse credendum est, sed quæstionum etiam singularum; quæ namque est quæstio, in qua non promittere possit orator, quid primo, quid secundo, quid tertio sit loco dicturus? quod est proprium *partitionis*. Quam ergo ridiculum est, *quæstionem* quidem speciem esse probationis ; *partitionem* autem, quæ sit species quæstionis, partem totius orationis vocari? *Egressio* vero, vel, quod usitatius esse cœpit, *excessus*, sive est extra causam, non potest esse pars causæ; sive est in causa, adjutorium vel ornamentum partium est earum, ex quibus egreditur; nam si, quidquid in causa est, pars causæ vocabitur : cur non *argumentum, similitudo, locus communis, affectus, exempla*, partes vocentur? Tamen nec iis assentior, qui detrahunt *refutationem*, tamquam probationi subjectam, ut Aristoteles; hæc enim est, quæ constituat; illa, quæ destruat : hoc quoque idem aliquatenus novat, quod proœmio non *narrationem* subjungit, sed *propositionem*; verum id facit, quia *propositio* genus, *narratio* species videtur; et hac non semper, illa semper et ubique credit opus esse. Verum ex his, quas constitui, partibus non, ut quidque primum dicendum, ita primum cogitandum est; sed ante omnia intueri oportet, *Quod sit genus causæ? Quid in ea quæratur? Quæ prosint? Quæ noceant?* deinde, *Quid confirmandum sit, ac refellendum?* tum, *Quomodo narrandum? Expositio* enim probationum est præparatio, nec esse utilis potest, nisi prius constiterit, quid debeat de probatione promittere ; postremo intuendum, quemadmodum judex sit conciliandus ; neque enim, nisi totis causæ partibus diligenter inspectis, scire possumus, qualem nobis facere animum cognoscentis expediat, severum an mitem, concitatum an remissum, adversum gratiæ an obnoxium. Neque ideo tamen eos probaverim, qui scribendum quoque proœmium novissime putant; nam ut conferri materiam omnem, et, quid cuique sit opus, constare decet, antequam dicere aut scribere ordiamur : ita incipiendum ab iis, quæ prima sunt. Nam nec pingere quisquam aut fingere cœpit a pedibus; nec denique ars ulla consummatur ibi, unde ordiendum est : quid fiet alioqui, si spatium componendi oratio-

t-on pas en défaut, par suite de cette habitude d'interversion? Il faut donc méditer sa matière dans l'ordre que je viens de prescrire, et l'écrire dans l'ordre que nous observons en parlant.

CHAP. X. Toute cause où l'un se porte pour *demandeur*, et l'autre pour *défendeur*, roule sur un seul point litigieux ou sur plusieurs. Dans le premier cas, la cause est *simple;* dans le second, elle est *complexe*. Un vol, un adultère, donne lieu à une controverse essentiellement une. Quand la controverse a plusieurs chefs, ou ces chefs sont du même genre, comme en matière de concussion; ou ces chefs sont de genres différents, comme lorsqu'un homme est accusé à la fois de sacrilége et d'homicide : ce qui ne se présente plus dans les jugements publics, parce que le préteur est déterminé par une loi spéciale pour chaque chef; outre que le prince et le sénat connaissent encore d'une foule de causes qui étaient autrefois soumises à la décision du peuple. Dans les jugements privés, un même juge peut prononcer sur plusieurs chefs différents, par suite des différentes formules dans lesquelles on est obligé de se renfermer pour intenter une action : sur quoi il est à remarquer que le nombre des parties ne multiplie pas les espèces. Ainsi, qu'une personne intente procès à plusieurs, ou deux à une, ou plusieurs à plusieurs, pourvu que ce soit par les mêmes moyens et aux mêmes fins, l'affaire ne change point de nature. C'est ce qui arrive souvent dans les procès pour héritages, où la cause est toujours une malgré le nombre des parties, à moins que la qualité des personnes ne différencie les questions.

Il y a un troisième genre de cause, différent de ceux-ci, et qu'on appelle *comparatif*, parce qu'en effet une partie du plaidoyer est employée à comparer deux personnes ensemble. C'est, par exemple, lorsque, devant les centumvirs, après plusieurs questions, on arrive à celle-ci : *Lequel des deux est le plus digne de recueillir une succession?* Je dis devant les centumvirs, parce qu'il est rare qu'au barreau les jugements n'aient pas d'autre objet, et que cela n'arrive guère que dans les *divinations*, où il s'agit de constituer un accusateur, ou bien dans les contestations entre délateurs, quand on recherche : *Lequel des deux a mérité la récompense.*

Quelques-uns comptent un quatrième genre, l'*accusation mutuelle* ou récrimination, ἀντικατηγορία. D'autres veulent que ce genre rentre dans le troisième, aussi bien que celui où les parties sont réciproquement demanderesses, ce qui arrive très-souvent. Que si ce dernier genre doit s'appeler aussi ἀντικατηγορία, car il n'a pas chez nous de nom qui lui soit propre, il faut le subdiviser en deux espèces, celle où les parties s'intentent mutuellement la même accusation, et celle où elles s'intentent chacune une accusation différente. J'en dis autant des demandes qu'elles formeront.

Le genre de la cause une fois déterminé, l'orateur considérera si le fait articulé par l'accusateur est nié, ou si on prétend le justifier, ou si on veut décliner l'accusation, soit en donnant un autre nom au fait incriminé, soit en prétextant que l'action n'a pas été bien intentée. Car c'est de tout cela que se tire le véritable état de la cause.

CHAP. XI. Après toutes ces considérations, il faut, suivant Hermagoras, examiner ce que c'est que *question*, *moyen de défense*, *point à juger*, *point fondamental de la cause*, συνέχον.

Question, dans son sens le plus étendu, veut dire tout ce qui peut donner lieu à deux ou plusieurs opinions vraisemblables. Mais, dans les

---

nem stylo non fuerit? nonne nos hæc inversa consuetudo deceperit? Inspicienda igitur materia est, quo præcipimus ordine; scribenda, quo dicimus.

CAP. X. Cæterum causa omnis, in qua pars altera *agentis* est, altera *recusantis*, aut unius rei controversia constat, aut plurium : hæc *simplex* dicitur, illa *conjuncta*, una controversia est per se *furti*, per se *adulterii;* plures aut ejusdem generis, ut in *pecuniis repetundis;* aut diversi, ut si quis *sacrilegii* simul et *homicidii* accusetur : quod nunc in publicis judiciis non accidit, quoniam prætor certa lege sortitur; principum autem et senatus cognitionibus frequens est, et populi fuit. Privata quoque judicia sæpe unum judicem habere multis et diversis formulis solent. Nec aliæ species erunt, etiamsi unus a duobus duntaxat eandem rem, atque ex eadem causa petet; aut duo ab uno; aut plures a pluribus; quod accidere in hereditariis litibus interim scimus : quia, quamvis in multis personis, causa tamen una est, nisi si conditio personarum quæstiones variaverit. Diversum his tertium genus, quod dicitur *comparativum;* cujus rei tractatus in parte causæ frequens est : ut quum apud centumviros post alia quæritur et hoc, *Uter dignior hereditate sit?* Rarum est autem, ut in foro judicia propter id solum constituantur; sicut *divinationes*, quæ fiunt de accusatore constituendo, et nonnunquam inter delatores, *Uter præmium meruerit?* Adjecerunt quidam numero *mutuam accusationem*, quæ ἀντικατηγορία vocatur; aliis videlicet succedere hanc quoque comparativo generi existimantibus, cui similis erit petitionum invicem diversarum, quod accidit vel frequentissime. Id si et ipsum vocari debet ἀντικατηγορία (nam proprio caret nomine), duo erunt genera ejus : alterum, quo litigatores idem crimen invicem intentant : alterum, quo aliud atque aliud : cui et petitionum conditio par est. Quum apparuerit genus causæ, tum intuebimur, negeturne factum, quod intenditur? an defendatur? an alio nomine appelletur? an a genere actionis repellatur? unde sunt status.

CAP. XI. His inventis, intuendum deinceps Hermagoræ videtur, quid sit *quæstio*, *ratio*, *judicatio*, *continens*, id est συνέχον, vel, ut alii vocant, *firmamentum: quæstio* latius intelligitur omnis, de qua in utramque partem, vel in plures dici credibiliter potest. In judiciali autem mate-

matières judiciaires, ce mot a deux acceptions : l'une, quand nous disons que telle controverse renferme beaucoup de questions, sans égard à leur importance; l'autre, quand nous voulons désigner la question principale, sur laquelle roule toute la cause. C'est de celle-ci que je parle maintenant, comme étant celle d'où naît l'état de la cause : *Le fait est-il constant? quel est-il? est-il juste?* Voilà ce qu'Hermagoras, Apollodore, et beaucoup d'autres, appellent proprement *questions*, et que Théodore, ainsi que je l'ai dit, appelle *chefs généraux*, comme il appelle *chefs spéciaux* les questions d'un ordre secondaire, ou dépendantes des questions principales; et en effet, tout le monde convient qu'une question peut donner naissance à une autre question, une espèce à une autre espèce. Or, c'est à cette question, d'où naissent toutes les autres, que les rhéteurs donnent le nom de ζήτημα.

Par *moyen*, on entend tout ce qui sert à justifier un fait avéré. Et pourquoi ne me servirais-je pas d'un exemple dont se sont servis la plupart des auteurs? *Oreste a tué sa mère :* le fait est constant. Il soutient qu'*il l'a tuée justement :* l'état sera la qualité. Question : *L'a-t-il tuée justement?* Oui, parce que Clytemnestre avait tué *son mari, père d'Oreste :* c'est le moyen de défense, αἴτιον. Mais *un fils est-il en droit de tuer sa mère, fût-elle coupable?* voilà le point à juger, κρινόμενον. Quelques rhéteurs ont vu une différence entre αἴτιον et αἰτία, prétendant que l'un signifiait le motif de la mise en jugement, comme *le meurtre de Clytemnestre;* l'autre qui sert à justifier le fait, comme *le meurtre d'Agamemnon.* Mais on est si peu d'accord sur la signification de ces mots, que les uns entendent par αἰτία le motif de la mise en jugement, et par αἴτιον le moyen de défense, et que les autres entendent le contraire. Chez nous, les uns ont traduit ces mots par *initium*, commencement, *ratio*, raison, moyen; les autres leur ont donné un seul et même nom. Une cause peut naître aussi d'une autre cause, αἴτιον ἐξ αἰτίου, par exemple : *Clytemnestre a tué Agamemnon, parce que celui-ci avait immolé Iphigénie, leur fille, et parce qu'il ramenait de Troie une concubine.* Les mêmes auteurs, auxquels j'emprunte ces exemples, croient qu'à une seule question peuvent être opposés plusieurs moyens de défense, *si*, par exemple, *Oreste allègue une autre raison du meurtre de sa mère, disant qu'il y a été poussé par les oracles.* Or, disent-ils, autant de raisons du fait, autant de points à juger. Car celui-ci se présente aussitôt : *Oreste devait-il obéir aux oracles?* Pour moi, je crois même qu'une seule raison du fait peut faire naître plusieurs questions et plusieurs points à juger. Par exemple, un homme surprend sa femme en adultère, et la tue; le complice prend la fuite, mais le mari le rejoint sur la place publique et le tue aussi : la raison du fait est une : *Je l'ai surpris en adultère. — Mais vous était-il permis de le tuer en tel temps, en tel lieu?* questions et points à juger. Mais de même que, malgré le nombre des questions et des états de questions, il n'y a jamais qu'un seul état de cause auquel tout se rapporte, de même il n'y a jamais qu'un seul point proprement dit sur lequel on ait à prononcer.

Le point fondamental de la cause, συνέχον, qui, comme je l'ai dit, est appelé par les uns *continens*, contenant, et par les autres *firmamentum*, fondement, est défini, par Cicéron, *le plus solide argument du défendeur, et le point le plus*

---

ria dupliciter accipienda est; altero modo, quo dicimus multas quæstiones habere controversiam, quo etiam minores omnes complectimur; altero, quo significamus summam illam, in qua causa vertitur : de hac nunc loquor, ex qua nascitur status, *An factum sit? Quid factum sit? An recte factum sit?* Has Hermagoras, et Apollodorus, et alii plurimi scriptores proprie *quæstiones* vocant; Theodorus, ut dixi, *capita generalia*, sicut illas minores, aut ex illis pendentes, *specialia;* nam et quæstionem ex quæstione nasci, et speciem in species dividi convenit : hanc igitur quæstionem veluti principalem vocant ζήτημα. Ratio autem est, qua id, quod factum esse constat, defenditur : et cur non utamur eodem, quo sunt usi fere omnes, exemplo? *Orestes matrem occidit :* hoc constat. Dicit *se juste fecisse :* status erit qualitatis; quæstio, *An juste fecerit?* ratio, quod *Clytœmnestra maritum suum, patrem Orestis, occidit;* hoc αἴτιον dicitur; κρινόμενον autem *judicatio, An oportuerit vel nocentem matrem a filio occidi?* Quidam diviserunt αἴτιον et αἰτίαν, ut esset altera, propter quam *judicium constitutum est, ut occisa Clytæmnestra;* altera, qua *factum defenditur, ut occisus Agamemnon;* sed tanta est circa verba dissensio, ut alii αἰτίαν causam judicii, αἴτιον autem facti vocent, alii eadem in contrarium vertant. Latinorum quidam hæc *initium* et *rationem* vocaverunt; quidam utrumque eodem nomine appellant. Causa quoque ex causa, id est αἴτιον ἐξ αἰτίου, nasci videtur : quale est, *Occidit Agamemnonem Clytœmnestra, quia ille filiam communem immolaverat, et captivam pellicem adducebat.* Iidem putant, et sub una quæstione plures esse rationes : ut si *Orestes et alteram afferat matris necatœ causam, quod responsis sit impulsus;* quot autem causas faciendi, totidem judicationes; nam et hæc erit judicatio, *An responsis parere debuerit?* Sed et una causa plures habere quæstiones et judicationes, ut ego arbitror, potest; ut in eo, qui, quum adulteram deprehensam occidisset, adulterum, qui tum effugerat, postea in foro occidit; causa enim est una, *Adulter fuit :* quæstiones et judicationes, *An illo tempore, an illo loco licuerit occidere?* Sed sicut, quum sint plures quæstiones, omnesque suos status habeant, causæ tamen status unus sit, ad quem referuntur omnia; ita judicatio maxime propria, de qua pronuncietur. Συνέχον autem (quod, ut dixi, *continens* alii, *firmamentum* alii putant, Cicero *firmissimam argumentationem defensoris, et appositissimam ad judicationem*) quibusdam id videtur esse, post quod nihil quæritur; quibusdam id, quod ad judicationem firmissimum afferat. Causa facti

propre à déterminer le juge. Les uns veulent que ce soit le point au delà duquel il n'y a plus rien à chercher; selon d'autres, c'est ce qu'il y a de plus solide dans une cause.

Toutes les causes ne comportent pas toujours le moyen de défense fondé sur la raison du fait. Car, où le fait est nié, qu'importe la raison du fait? Mais on prétend que, lors même que la raison du fait est discutée, le point à juger ne repose pas sur la question; et Cicéron le dit positivement dans ses livres de rhétorique et dans ses partitions. En effet, selon lui, dans les causes dont l'état est conjectural, tout consistant à savoir si le fait a eu lieu ou n'a pas eu lieu, la question et le point à juger ne font qu'un, parce que la première question fait tout le procès. Mais dans les causes dont l'état est de qualité : *Oreste a tué sa mère; — il a bien fait, — il a mal fait; — a-t-il bien fait?* voilà la question, mais ce n'est point encore le point à juger. Où est-il donc? *Elle avait tué mon père; — mais vous ne deviez pas pour cela tuer votre mère; — le devait-il?* voilà le point à juger. Quant au point fondamental, il le place dans ce que pourrait dire Oreste pour se justifier : *Clytemnestre était animée de sentiments si indignes d'une épouse, d'une mère, du trône, du nom et de la race d'Agamemnon, que c'était un devoir pour ses propres enfants de la punir de ses crimes.* Voici d'autres exemples, qu'on cite encore : La loi dit : *Que celui qui a dissipé le bien qu'il avait hérité de son père, soit exclu de la tribune.* Mais l'accusé s'est ruiné à faire bâtir des édifices publics. La question sera : *Quiconque a dissipé son héritage doit-il être exclu?* et le point à juger : *Celui qui l'a dissipé de cette manière est-il dans le cas de la loi?* Un soldat de l'armée de Marius avait tué le tribun C. Lusius, qui voulait attenter à son honneur : *Était-il en droit de le tuer?* voilà la question. — *Oui, parce que ce tribun lui avait fait violence :* voilà le moyen de défense. — *Avait-il le droit de se faire justice à lui-même? un soldat peut-il jamais avoir le droit de tuer un tribun?* Voilà le point à juger. Selon d'autres rhéteurs, la question et le point à juger diffèrent tellement, qu'ils ont chacun un état à part. *Milon a-t-il tué Clodius justement?* C'est une question de qualité. — *Clodius avait-il dressé des embûches à Milon?* C'est un point à juger, qui appartient à la conjecture.

Ils ajoutent que la cause s'égare souvent dans des considérations étrangères à la question, et sur lesquelles il faut néanmoins que le juge prononce. Je ne suis pas de leur avis; car cette question : *Tous ceux qui ont dissipé l'héritage paternel doivent-ils être exclus de la tribune,* veut nécessairement avoir sa décision. La question n'est donc pas autre que le point à juger, mais il y a plusieurs questions et plusieurs points à juger. Je dis plus : dans l'affaire de Milon, la conjecture n'est même traitée que par rapport à la qualité, puisque, s'il est vrai que Clodius ait dressé des embûches à Milon, il s'ensuit que Milon a eu le droit de le tuer. Mais si l'orateur se jette dans quelque digression, et s'écarte de la question qui avait d'abord été posée, alors la question sera précisément où est le point à juger.

Cicéron lui-même se contredit un peu dans tout cela. Dans ses livres de rhétorique, il suit, comme je l'ai dit, Hermagoras; et dans ses *Topiques,* il dit que le point à juger, κρινόμενον, est la contestation qui naît de l'état de la cause; et, faisant allusion à un mot habituel de Trébatius, jurisconsulte de son temps, il appelle ce point-là, *ce dont il s'agit.* A l'égard de ce qui contient ce point à juger, il l'appelle *contenant, fondement de la défense, ce sans quoi la défense est nulle.* Au contraire, dans ses *Partitions oratoires,* il

---

non in omnes controversias cadit; nam quæ fuerit causa faciendi, ubi factum negatur? at ubi causa tractatur, negant eodem loco esse judicationem, quo quæstionem; idque et in Rhetoricis Cicero dicit et in Partitionibus dicit. Nam in conjectura est quæstio ex illo, *Factum, non factum, an factum sit?* Ibi ergo judicatio, ubi quæstio; quia in eadem re prima quæstio, et extrema disceptatio : at in qualitate, *Matrem Orestes occidit : recte, non recte. An recte occiderit?* quæstio, nec statim judicatio. Quando ergo? *Illa patrem meum occiderat; Sed non ideo tu matrem debuisti occidere; An debuerit?* hic judicatio. Firmamentum autem verbis ipsius ponam, *si velit Orestes dicere, ejusmodi animum matris suæ in patrem suum, in se ipsum ac sorores, in regnum, in famam generis ac familiæ, ut merito ab ea pœnas liberi sui potissimum petere debuerint.* Utuntur alii et talibus exemplis : *Qui bona paterna consumpserit, ne concionetur. In opera publica consumpsit :* quæstio, *An, quisquis consumpserit, prohibendus sit?* judicatio, *An qui sic?* Vel, ut in causa militis Arunci, qui C. Lusium tribunum, vim sibi inferentem, interfecit, quæstio, *An jure fecerit?* ratio,

quod vim afferebat : judicatio, *An indemnatum, an tribunum a milite occidi oportuerit?* Alterius etiam status quæstionem, alterius judicationem putant : quæstio qualitatis, *An recte Clodium Milo occiderit?* Judicatio conjecturalis, *An Clodius insidias fecerit?* Ponunt et illud, sæpe causam in aliquam rem dimitti, quæ non sit propria quæstionis, et de ea judicari : a quibus multum dissentio; nam et illa quæstio, *An omnes, qui paterna bona consumpserint, concione sint prohibendi?* habeat oportet suam judicationem; ergo non alia quæstio, alia judicatio erit, sed plures quæstiones et plures judicationes. Quid? non in causa Milonis ipsa conjectura refertur ad qualitatem? nam si est insidiatus Clodius, sequitur, ut recte sit occisus; quum vero in aliquam rem missa causa, et recessum est a quæstione, quæ erat constituta · hic quæstio, ubi judicatio est. Paulum in his secum etiam Cicero dissentit; nam in Rhetoricis, quemadmodum supra dixi, Hermagoram est secutus; in Topicis, ex statu effectam contentionem κρινόμενον existimat; idque Trebatio, qui juris erat consultus, alludens, *qua de re agitur* appellat : quibus id continent, *continentia, quasi firmamenta defensionis, quibus sublatis defensio*

appelle point fondamental ce qui est opposé au moyen de défense; il dit, en effet, que le *contenant* est ce qui est articulé en premier par l'accusateur; qu'ensuite vient le *moyen* de défense de l'accusé, et que c'est de la question qui naît du moyen de défense et du point fondamental, que résulte le *point à juger*. Je crois donc qu'il est plus vrai et plus court de dire, avec certains auteurs, que l'état de la cause, le point fondamental et le point à juger, ne sont qu'une même chose. Ils entendent par point fondamental ce qui constitue l'essence même du procès. Par là ils réunissent ces deux *raisons du fait*, dont j'ai parlé plus haut : celle du meurtre de Clytemnestre, dont on accuse Oreste, et celle du meurtre d'Agamemnon, dont Oreste accuse Clytemnestre. Ces mêmes auteurs pensent que l'état de la cause et le point à juger conspirent toujours au même but, et ils ne pourraient penser autrement sans se contredire.

Mais laissons ces subtilités à ceux qu'une vaine prétention rend esclaves des mots. Pour moi, je n'ai rapporté cette nomenclature que pour prouver le soin que j'ai mis dans les recherches qu'exigeait mon traité. Un maître, qui fuit toute affectation dans l'enseignement, ne voit pas la nécessité de morceler aussi minutieusement les préceptes. Ç'a été le défaut de beaucoup de rhéteurs, et notamment d'Hermagoras, écrivain rempli d'ailleurs de sagacité, et admirable dans beaucoup de parties, auquel on ne peut reprocher qu'un soin trop scrupuleux; reproche qui ne laisse pas de faire en même temps son éloge.

La méthode que je suis ici, plus courte que les autres et par là même plus claire, ne fatiguera point l'élève par de longs détours, et n'énervera pas le corps du discours, en le partageant en une infinité d'articles de nulle conséquence.

En effet, une fois que l'orateur aura reconnu le point litigieux de la cause, les prétentions et les moyens des deux parties (et c'est là ce qu'il doit surtout bien s'attacher à connaître), il saura implicitement tout ce qui compose les préceptes détaillés que nous avons rapportés. Est-il quelqu'un, à moins qu'il ne soit dépourvu de sens et tout à fait étranger aux débats judiciaires, qui ne sache ce qui fait l'objet d'un procès (c'est-à-dire la *cause* ou *le point fondamental*, selon les termes de l'art, quelle est la question qui divise les parties), et quel est le point sur lequel les juges ont à prononcer? Or ces trois choses reviennent à la même. Car qu'est-ce que la question? C'est ce qui est en litige. Sur quoi prononce-t-on? Sur la question. Mais nous n'avons pas toujours l'esprit fixé sur cela : entraînés par le désir de briller, de quelque manière que ce soit, ou par le plaisir de discourir, nous sortons de notre sujet. C'est que, hors de la cause, la matière est toujours plus abondante : le sujet a des bornes étroites; hors du sujet, le champ est libre et spacieux; ici, on dit tout ce qu'on veut; là, on dit seulement ce que veut le sujet. Ce qu'il faut donc recommander à l'orateur, ce n'est pas tant de découvrir la question, le point fondamental, car c'est chose aisée, que d'avoir toujours les yeux fixés sur son sujet; ou du moins, s'il s'en écarte, de ne point le perdre de vue, de peur qu'en courant après les applaudissements, ses armes ne lui échappent.

L'école de Théodore réduit tout, comme je l'ai dit, à des *chefs*. Par ce terme on entend plusieurs choses : premièrement, la question principale, ou l'état; secondement, les autres questions qui se rapportent à la question principale; troisièmement, la proposition accompagnée de ses preuves, dans le sens de cette formule, *le chef de l'affaire est*, et, comme dans Ménandre, κεφάλαιόν ἐστιν. En général, ce qui a besoin d'être

---

nulla sit. At in Partitionibus oratoriis *firmamentum*, quod opponitur defensioni; quia *continens*, quod primum sit, ab accusatore dicatur; *ratio*, a reo; ex rationis et firmamenti quæstione, *disceptatio* sit *judicationum* ; verius igitur et brevius, qui statum et continens et judicationem idem esse voluerunt : *continens* autem id esse, quo sublato lis esse non possit. Hoc mihi videntur utramque causam complexi, *et quod Orestes matrem, et quod Clytæmnestra Agamemnonem occiderit*. Iidem judicationem et statum consentire semper existimarunt; neque enim aliud eorum rationi conveniens fuisset. Verum hæc affectata subtilitas circa nomina rerum ambitiose laboret, a nobis in hoc assumpta solum, ne parum diligenter inquisisse de opere, quod aggressi sumus, videremur; simplicius autem instituenti non est necesse per tam minutas rerum particulas rationem docendi concidere; quo vitio multi quidem laboraruut, præcipue tamen Hermagoras, vir alioqui subtilis, et in plurimis admirandus, tantum diligentiæ nimium sollicitæ, ut ipsa ejus reprehensio laude aliqua non indigna sit. Hæc autem brevior, et vel ideo lucidior multo, via, neque discentem per ambages fatigabit, nec corpus orationis, in parva momenta diducendo, consumet; nam qui viderit, quid sit, quod in controversiam veniat? quid in eo, et per quæ, velit efficere pars diversa? quid nostra? quod inprimis est intuendum; nihil eorum ignorare, de quibus supra diximus, poterit. Nec est fere quisquam, modo non stultus, atque ab omni prorsus usu dicendi remotus, quin sciat, et quid litem faciat (quod ab illis *causa* vel *continens* dicitur), et quæ sit inter litigantes quæstio, et de quo judicari oporteat; quæ omnia idem sunt. Nam et de eo quæstio est, quod in controversiam venit; et de eo judicatur, de quo quæstio est. Sed non perpetuo intendimus in hæc animum, et, cupiditate laudis utcumque acquirendæ vel dicendi voluptate, evagamur : quando uberior semper extra causam materia est, quia in controversia pauca sunt, extra omnia; et hic dicitur de iis, quæ accepimus; illic, de quibus volumus. Nec tam hoc præcipiendum est, ut quæstionem, continens, judicationem inveniamus (nam id quidem facile est), quam ut intueamur semper, aut certe, si digressi fuerimus, saltem respiciamus, ne plausum affectantibus arma excidant. Theodori schola, ut dixi, omnia refert ad *capita*. Iis plura intelliguntur; uno modo summa quæstio, item ut status; altero cæteræ, quæ ad summam referuntur; tertio propositio cum affirmatione; ut

prouvé est un chef, mais tantôt plus important, tantôt moins.

J'ai rapporté, et peut-être avec trop de détails, ce qui est enseigné sur tout ceci par les maîtres qui ont écrit sur la rhétorique; j'ai fait connaître, en outre, les parties dont se compose une cause judiciaire: je vais maintenant les reprendre, en commençant par l'exorde. Ce sera la matière du livre suivant.

LIVRE IV.

SOMMAIRE.

Introduction. — Chap. I. De l'exorde. — II. De la narration. — III. De la digression ou de l'excursion. — IV. De la proposition. — V. De la partition.

J'avais achevé le troisième livre du traité que je vous ai dédié, mon cher Victorius, et j'en étais à peu près au quart de mon ouvrage, lorsqu'une circonstance extraordinaire est venue m'imposer un redoublement de zèle, et augmenter mon anxiété sur le jugement que les hommes porteront de moi. Jusqu'ici ce n'étaient guère que des conférences entre nous; et, lors même que mon *Institution* eût été peu goûtée du public, je me serais cru suffisamment récompensé de mes soins par le fruit que votre fils et le mien en eussent recueilli pour leur instruction; mais, chargé aujourd'hui par Domitien Auguste de l'éducation de ses petits-neveux, je serais indigne d'avoir attiré les regards des dieux, si je ne mesurais, sur cet honneur, l'étendue de ma tâche.

Quelle vigilance, en effet, ne dois-je pas apporter, et dans le soin de mes mœurs, pour mériter l'approbation du plus saint des censeurs; et dans le soin de mes études, pour justifier le choix d'un prince éminemment supérieur en éloquence comme dans tout le reste? Si les plus grands poëtes débutent, sans qu'on s'en étonne, par invoquer les Muses; si même dans le cours de leurs poëmes, et arrivés à certaines parties importantes, ils s'arrêtent pour renouveler leurs prières et leur invocation, j'ai lieu de croire qu'on me pardonnera de faire ici ce que je n'ai point fait au commencement de cet ouvrage, d'appeler tous les dieux à mon aide, et particulièrement celui qui, entre tous, veille sur les hommes et préside aux lettres. Je le prie donc de m'inspirer, de m'assister, de m'être propice, afin que je puisse répondre à la haute idée qu'il a donnée de moi, et, en un mot, me montrer tel qu'il m'a supposé.

Mais cette raison, quoiqu'il n'en faille point d'autre, n'est pas la seule qui me commande cet acte religieux : à mesure que j'avance, mon sujet croît en importance et en difficulté. En effet, j'ai à présent à expliquer l'ordonnance des causes judiciaires, dont les espèces sont si variées et la nature si multiple : quelles sont les règles et les qualités de l'*exorde;* celles de la *narration;* ce qui constitue la force des *preuves*, soit qu'il s'agisse de confirmer ce qu'on a avancé, ou de réfuter les allégations de la partie adverse; l'art qu'il faut déployer dans la *péroraison*, soit qu'il faille, dans un court résumé, reproduire la cause entière sous les yeux du juge, ou frapper le dernier coup en déchaînant les passions. Quelques rhéteurs, effrayés sans doute de l'ensemble d'une

---

dicimus, *Caput rei est* (apud Menandrum, κεφάλαιον ἐστιν) : in universum autem, quidquid probandum est, erit *caput;* sed id majus, aut minus. Et quoniam, quæ de his erant a scriptoribus artium tradita, verbosius etiam, quam necesse erat, exposuimus; præterea, quæ partes essent judicialium causarum, supra dictum est; proximus liber prooemia, id est exordia, concipiet.

LIBER IV.

ARGUMENTUM.

Prooemium. — Cap. I. De exordio. — II. De narratione. — III. De egressione, seu de excursione. — IV. De propositione. — V. De partitione.

Perfecto, Marcelle Victori, operis tibi dedicati tertio libro, et jam quarta fere laboris parte transacta, novæ insuper mihi diligentiæ causa, et altior sollicitudo, quale judicium hominum emererer, accessit; adhuc enim velut studia inter nos conferebamus; et, si parum nostra institutio probaretur a cæteris, contenti fore domestico usu videbamur, ut tui meique filii formare disciplinam satis putaremus : quum vero mihi Domitianus Augustus sororis suæ nepotum delegaverit curam, non satis honorem judiciorum cœlestium intelligam, nisi ex hoc quoque oneris magnitudinem metiar. Quis enim mihi aut mores excolendi sit modus, ut eos sin immerito probaverit sanctissimus censor? aut studia, ne fefellisse in his videar principem, ut in omnibus, ita in eloquentia quoque eminentissimum? Quod si nemo miratur poetas maximos sæpe fecisse, ut non solum initiis operum suorum Musas invocarent, sed provecti quoque longius, quum ad aliquem graviorem venissent locum, repeterent vota et velut nova precatione uterentur; mihi quoque profecto poterit ignosci, si, quod in initio, quo primum hanc materiam inchoavi, non feceram, nunc omnes in auxilium deos ipsumque inprimis, quo neque præsentius aliud, neque studiis magis proprium numen est, invocem ; ut. quantum nobis expectationis adjecit, tantum ingenii aspiret, dexterque ac volens assit, et me qualem esse crediderit, faciat. Cujus mihi religionis non hæc sola ratio, quæ maxima, est ; sed alioqui sic procedit ipsum opus, ut majora præteritis ac magis ardua sint, quæ ingredior; sequitur enim, ut *judicialium causarum*, quæ sunt maxime variæ ac multiplices, ordo explicetur : quod *prooemii* sit officium ; quæ *ratio narrandi*; quæ *probationum* sit *fides*, seu *proposita* confirmamus, seu *contra dicta* dissolvimus ; quanta vis in *perorando*, seu reficienda brevi repetitione rerum memoria est judicis, sive affectus, quod est longe potentissimum, commovendi. De quibus

pareille tâche, ont mieux aimé traiter séparément chaque partie, et nous ont même donné plusieurs volumes sur une seule. Pour moi, qui n'ai pas craint de les embrasser toutes, j'aperçois devant moi une carrière presque infinie, et je me sens comme accablé de la seule idée de mon entreprise; mais il faut persévérer, puisque j'ai commencé; et si les forces me manquent, au moins mon courage ne doit-il pas défaillir.

CHAP. I. Ce que nous appelons *début* ou *exorde*, les Grecs l'ont désigné avec plus de justesse, ce semble, par le nom de προοίμιον. Le mot latin signifie seulement *commencement*, tandis que le mot grec détermine plus clairement cette partie qui précède l'entrée du sujet. En effet, soit qu'à l'exemple des joueurs de lyre, qui ont appelé προοίμιον (nom composé du mot οἴμη, chant) les préludes qu'ils font, pour se concilier la faveur, avant d'en venir au combat sérieux, les orateurs aient donné le même nom à ce qu'ils disent, avant d'aborder la cause, pour se concilier la bienveillance des juges; soit que ce nom ait été formé du mot οἶμος, qui veut dire *voie*, et signifie l'avenue qui conduit au sujet : toujours est-il que l'exorde est ce qui sert à préparer le juge à écouter une cause qu'il ne connaît pas encore. Aussi est-ce un usage vicieux des écoles, de parler, dans l'exorde, comme si le juge était déjà au courant de l'affaire. Cet abus provient de ce que les déclamations sont toujours précédées d'un sommaire de la cause. Ce genre d'exorde peut aussi avoir lieu au barreau dans les secondes plaidoiries; mais quand une affaire se présente pour la première fois, cela est très-rare, à moins que le juge devant lequel on plaide ne sache d'ailleurs de quoi il s'agit.

L'exorde n'a pas d'autre but que de préparer l'esprit de celui qui nous écoute, comme on prépare une matière qu'on veut rendre plus maniable. On est généralement d'accord qu'on arrive à cette fin par trois moyens principaux : en rendant l'auditeur *bienveillant, attentif, docile;* non que nous devions négliger ces moyens dans aucune partie du plaidoyer, mais parce qu'ils nous sont surtout nécessaires en commençant, pour nous introduire dans l'esprit du juge, et, une fois admis, pénétrer plus avant.

La *bienveillance*, ou nous la tirons des personnes, ou nous la tenons de la cause. Quant aux personnes, il ne faut pas croire, avec la plupart des rhéteurs, qu'elles se bornent à celles du *demandeur*, de la *partie adverse* et du *juge.* Quelquefois l'exorde se tire de celle du défenseur. En effet, quoiqu'il doive parler peu de sa personne et avec retenue, il est d'une extrême conséquence qu'il donne de lui une bonne opinion, et qu'il soit réputé *homme de bien;* car alors on ne voit plus en lui le zèle d'un avocat, mais presque la foi d'un témoin. Qu'il ait donc soin de persuader qu'il obéit à quelque devoir de famille ou d'amitié, ou mieux encore, s'il est possible, à quelque motif d'intérêt public, ou à quelque haute considération d'ordre moral. A plus forte raison les plaideurs doivent-ils paraître n'avoir cédé, dans les actions qu'ils intentent, qu'à des raisons graves et honorables, ou à la nécessité. Mais s'il importe avant tout au défenseur, pour donner de l'autorité à ses paroles, d'éloigner de sa personne tout soupçon de s'être chargé d'une affaire dans des vues de cupidité, de haine ou d'ambition, c'est aussi une sorte de recommandation tacite

---

partibus singulis quidam separatim scribere maluerunt, velut onus totius corporis veriti, et sic quoque complures de unaquaque earum libros ediderunt; quas ego omnes ausus contexere, prope infinitum mihi laborem prospicio, et ipsa cogitatione suscepti muneris fatigor; sed durandum est, quia cœpimus; et, si viribus deficiemur, animo tamen perseverandum.

CAP. I. Quod *principium* latine vel *exordium* dicitur, majore quadam ratione Græci videntur προοίμιον nominasse; quia a nostris initium modo significatur; illi satis clare partem hanc esse ante ingressum rei, de qua dicendum sit, ostendunt. Nam, sive propterea, quod οἴμη, *cantus* est, et citharœdi pauca, illa, quæ, antequam legitimum certamen inchoent, emerendi favoris gratia canunt, *proœmium* cognominaverunt : oratores quoque ea, quæ, priusquam causam exordiantur, ad conciliandos sibi judicum animos præloquuntur, eadem appellatione signarunt : sive, quod οἶμον illam Græci *viam* appellant, id, quod ante ingressum rei ponitur, sic vocare est institutum; certe *proœmium* est, quod apud judicem, priusquam causam cognoverit, prosit; vitioseque in scholis facimus, quod exordio semper sic utimur, quasi causam judex jam noverit. Cujus rei licentia ex hoc est, quod ante declamationem illa velut imago litis exponitur; sed in foro quoque contingere istud proœmiorum genus secundis actionibus potest; primis quidem raro unquam, nisi forte apud eum, cui res aliunde jam nota sit, dicimus. Causa principii nulla est alia, quam ut auditorem, quo sit nobis in cæteris partibus accommodatior, præparemus : id fieri tribus maxime rebus, inter auctores plurimos constat, si *benevolum, attentum, docilem* fecerimus; non quia ista non per totam actionem sint custodienda, sed quia initiis præcipue necessaria, per quæ in animum judicis, ut procedere ultra possimus, admittimur. *Benevolentiam* aut a personis ducimus, aut a causis accipimus; sed *personarum* non est, ut plerique crediderunt, triplex tantum ratio, *ex litigatore, et adversario, et judice.* Nam exordium duci nonnunquam etiam ab actore causæ solet; quamquam enim pauciora de se ipso dicit et parcius, plurimum tamen ad omnia momenti est in hoc positum, si *vir bonus* creditur; sic enim continget, ut non studium advocati videatur afferre, sed pæne testis fidem : quare inprimis existimetur venisse ad agendum, ductus officio vel cognationis, vel amicitiæ; maximeque si fieri poterit, reipublicæ, aut alicujus certe non mediocris exempli; quod sine dubio multo magis ipsis litigatoribus faciendum est, ut ad agendum magna honesta ratione, aut etiam necessitate, accessisse videantur. Sed ut præcipua in hoc dicentis auctoritas, si omnis in subeundo negotio suspicio sordium, aut odiorum, aut ambitionis abfuerit : ita

pour lui de déclarer son insuffisance, et de se dire inférieur en talents à son adversaire, ainsi que le fait Messala dans la plupart de ses exordes. On s'intéresse naturellement aux faibles; et un juge consciencieux écoute volontiers un défenseur qu'il regarde comme incapable de surprendre sa religion. De là ce soin que mettaient les anciens à dissimuler l'éloquence, bien différent de cette jactance des orateurs de nos jours. Il faut éviter aussi tout ce qui sent l'*outrage*, la *malignité*, le *dédain*, l'*invective*, à l'égard d'un individu ou d'un ordre quelconque; mais particulièrement à l'égard d'un homme ou d'un ordre, qu'on ne peut offenser sans s'attirer l'animadversion des juges. Quant aux juges, on ne doit rien se permettre contre eux ni ouvertement ni indirectement; et c'est une recommandation que je croirais plus que superflue, si le contraire n'arrivait.

On peut encore tirer l'exorde de la personne du défenseur de la partie adverse, en parlant de lui, tantôt avec honneur, si l'on feint, par exemple, de craindre son éloquence et son crédit, dans le but de mettre le juge sur ses gardes; tantôt, mais très-rarement, avec mépris, comme le fit Asinius Pollion, qui, plaidant pour les héritiers d'Urbinia, opposait à la partie adverse, entre autres preuves de l'injustice de sa cause, le choix qu'elle avait fait de Labiénus pour défenseur. Cornélius Celsus nie que ce soient là des exordes, parce que tout cela est en dehors de la cause. Je pense, au contraire, et en cela j'ai pour moi l'autorité des plus grands orateurs, que tout ce qui appartient à la personne du défenseur appartient à la cause, puisqu'il est naturel que les juges soient plus disposés à croire ceux qu'ils écoutent plus volontiers.

La personne du demandeur peut donner lieu à des considérations diverses. Tantôt c'est sa dignité qu'on oppose, tantôt c'est sa faiblesse qu'on recommande; quelquefois on est dans le cas de rappeler des actions honorables : ce qui demande plus de réserve en parlant pour soi, qu'en parlant pour autrui. Le sexe, l'âge, la condition, font aussi beaucoup, si ce sont, par exemple, des femmes, des vieillards, des pupilles, qui allèguent les titres d'épouses, de pères, d'enfants; car le sentiment de la pitié suffit pour faire pencher le juge même le plus droit. Cependant il faut effleurer ces motifs dans l'exorde, et non les épuiser.

A l'égard de la personne de la partie adverse, elle donne lieu à des considérations qui sont à peu près de même nature, mais que l'on fait tourner contre elle, en les interprétant d'une manière toute contraire. En effet, l'envie suit la puissance; le mépris suit l'obscurité et l'abjection; la haine suit l'infamie et le crime : trois choses bien puissantes pour indisposer l'esprit des juges. Toutefois, il ne suffit pas d'en faire un emploi banal, ce qui est aisé, même à des ignorants; mais la plupart du temps il faut savoir les exagérer ou les affaiblir, selon le besoin : ceci est de l'art, cela est de la matière.

Pour se concilier le juge, il faut non-seulement le louer (ce qui demande une certaine mesure, et d'ailleurs est un devoir commun aux deux parties), mais encore faire tourner son éloge à l'avantage de la cause. Par exemple, si nos clients sont des *personnes de distinction*, nous en appellerons à sa dignité; si ce sont des *gens du peuple*, à sa justice; s'ils sont *malheureux*, à sa compassion; s'ils sont *lésés*, à sa sévérité; et ainsi du reste. Je voudrais aussi que l'on connût, si cela est possible, le caractère du juge; car, selon que

---

quædam in his quoque commendatio tacita, si nos infirmos et impares agentium contra ingeniis dixerimus, qualia sunt pleraque Messalæ proœmia. Est enim naturalis favor pro laborantibus; et judex religiosus libentissime patronum audit, quem justitiæ suæ minime timet : inde illa veterum circa occultandam eloquentiam simulatio, multum ab hac nostrorum temporum jactatione diversa. Vitandum etiam, ne *contumeliosi*, *maligni*, *superbi*, *maledici* in quemquam hominem ordinemve *videamur*, præcipue eorum, qui lædi, nisi adversa judicum voluntate, non possunt. Nam in judicem ne quid dicatur, non modo palam, sed quod omnino intelligi possit, stultum erat monere, nisi fieret : etiam partis adversæ patronus dabit exordio materiam; interim cum honore, si eloquentiam ejus ac gratiam nos timere fingendo, ut ea suspecta sint judici, fecerimus; interim per contumeliam; sed hoc perquam raro, ut Asinius pro Urbiniæ heredibus Labienum adversarii patronum inter argumenta malæ causæ posuit. Negat hæc esse proœmia Cornelius Celsus, quia sint extra litem; sed ego cum auctoritate summorum oratorum magis ducor, tum pertinere ad causam puto, quidquid ad dicentem pertinet; quum sit naturale, ut judices iis, quos libentius audiunt, etiam facilius credant. Ipsius autem litigatoris persona tractanda varie est; nam tum dignitas ejus allegatur, tum commendatur infirmitas : nonnumquam contingit relatio meritorum, de quibus verecundius dicendum erit sua, quam aliena, laudanti; multum agit sexus, ætas, conditio, in feminis, senibus, pupillis, liberos, parentes, conjuges allegantibus. Nam sola rectum quoque judicem inclinat miseratio; degustanda tamen hæc proœmio, non consumenda; adversarii vero persona prope iisdem omnibus, sed e contrario ductis, impugnari solet; nam potentes sequitur invidia, et humiles abjectosque contemptio, et turpes ac nocentes odium; quæ tria sunt ad alienandos judicum animos potentissima. Neque hæc dicere satis est, quod datur etiam imperitis; pleraque augenda, aut minuenda, ut expedict; hoc enim oratoris est, illud causæ. Judicem conciliabimus nobis, non tantum laudando eum (quod et fieri cum modo debet, et est tamen parti utrique commune), sed si laudem ejus ad utilitatem nostræ causæ conjunxerimus, ut allegemus *pro honestis* dignitatem illi suam, *pro humilibus* justitiam, *pro infelicibus* misericordiam, *pro læsis* severitatem, et similiter cætera. Mores quoque, si fieri potest, judicis velim nosse; nam prout *asperi*, *lenes*, *jucundi*, *graves*, *duri*, *remissi* erunt, aut assumere in causam naturas eorum, qua competent,

son humeur sera *violente* ou *douce*, *enjouée* ou *grave*, *sévère* ou *indulgente*, on s'en emparera au profit des causes qui y correspondront, ou on cherchera à la tempérer dans le cas contraire. Il arrive quelquefois que le juge est, ou notre *ennemi* personnel, ou l'*ami* de notre adversaire : c'est une circonstance qui doit être prise en considération par les deux parties, et plus particulièrement peut-être par celle pour qui le juge paraît incliner. Car il se rencontre des juges qui, par une sorte de vanité de conscience, prononcent contre leurs amis ou en faveur de leurs ennemis, aimant mieux commettre une injustice que de paraître injustes en jugeant selon la justice. Il y a même des cas où le juge est appelé à prononcer dans sa propre cause. Je vois, dans les livres des observations publiés par Septimius, que Cicéron eut à plaider dans une affaire de cette nature; et moi-même j'ai plaidé pour la reine Bérénice par devant elle. La méthode est la même que dans les circonstances dont j'ai parlé plus haut. Celui qui plaide contre, exagère la confiance de son client; et celui qui plaide pour, témoigne des craintes sur les scrupules de son juge. On a en outre à détruire ou à fortifier certaines préventions que le juge paraît avoir apportées de chez lui en faveur de l'une des deux parties. Quelquefois aussi il faut ou les rassurer, comme l'a fait Cicéron dans son plaidoyer pour Milon, lorsqu'il s'efforça de leur persuader que l'appareil militaire, déployé par Pompée, n'était pas dirigé contre eux; ou les intimider, comme l'a fait le même orateur en plaidant contre Verrès. Mais, des deux moyens en usage pour intimider les juges, le premier, assez ordinaire et qui n'a rien de blessant, c'est de leur faire craindre *que le peuple romain ne voie leur jugement de mauvais œil; que l'affaire ne soit évoquée devant un autre tribunal.* Le second, violent, mais rarement employé, c'est de les menacer d'une accusation pour cause de corruption; mais le plus sûr, à tous égards, est de n'y recourir que devant un tribunal nombreux, parce que cette menace retient les mauvais et réjouit les bons : et je ne le conseillerai jamais, devant un seul, qu'au défaut de toute autre ressource. Si la nécessité nous y oblige, ce n'est plus alors l'affaire de la rhétorique, non plus que d'appeler de son jugement, quoique l'appel soit souvent utile; non plus que de le prendre à partie avant qu'il n'ait prononcé, car on n'a pas besoin d'être orateur pour menacer ou dénoncer son juge.

A l'égard de la cause, si elle peut contribuer, par sa nature, à nous concilier les juges, nous lui emprunterons, de préférence aux personnes, les éléments de notre exorde, en nous inspirant de ce qu'elle présente de plus favorable. Virginius est ici dans l'erreur. Il enseigne que Théodore est d'avis que chaque question fournisse une pensée à l'exorde. Ce n'est pas ce que dit ce rhéteur. Il veut seulement que l'on y prépare le juge aux questions les plus importantes : précepte qui n'aurait rien de vicieux, si Théodore ne le généralisait; car toute action n'en comporte pas ou n'en réclame pas l'application. En effet, en se levant pour la première fois au nom du demandeur, lorsque le juge ne sait pas encore de quoi il s'agit, le moyen d'emprunter des pensées à des questions qui ne sont pas connues? n'est-il pas indispensable d'indiquer préalablement les choses? Admettons qu'on le fasse pour quelques-unes, ce que le plan exige quelquefois, est-ce une raison pour indiquer toutes celles qui ont de l'importance, c'est-à-dire la cause entière? Mais alors l'exorde contiendra la narration. Et si, comme il arrive souvent, la cause est un peu scabreuse,

---

aut mitigare, qua repugnabunt, oportebit. Accidit autem interim hoc quoque, ut aut nobis *inimicus*, aut adversario sit *amicus*, qui judicat; quæ res utrique parti tractanda est, ac nescio an ei magis, in quam videtur propensior, est enim nonnunquam pravis judicibus hic ambitus, adversus amicos, aut pro his, quibuscum simultates gerant, pronunciandi, faciendique injuste, ne fecisse videantur; fuerunt etiam quidam rerum suarum judices. Nam et in libris observationum, a Septimio editis, affuisse Ciceronem tali causæ invenio; et ego pro regina Berenice apud ipsam causam dixi : similis hic quoque superioribus ratio est; adversarius enim fiduciam partis suæ jactat, patronus timet cognoscentis verecundiam. Præterea detrahenda vel confirmanda opinio, si quam præcipue domo videbitur judex attulisse; metus etiam nonnunquam est amovendus, ut Cicero pro Milone, ne arma Pompeii contra se disposita putarent, laboravit : nonnunquam adhibendus, ut idem in Verrem facit. Sed adhibendi modus alter ille frequens est et favorabilis, *Ne male sentiat populus romanus, Ne judicia transferantur;* alter autem asper et rarus, quo minatur corruptis accusationem, et id quidem in consilio ampliore utcunque tutius; nam et mali inhibentur, et boni gaudent; apud singulos vero nunquam suaserim, nisi defecerint omnia. Quod si necessitas exigit, non erit jam ex arte oratoria, non magis quam appellare, etiamsi id quoque sæpe utile est; aut, antequam pronunciet, reum facere; nam et minari et deferre etiam non orator potest. Si causa conciliandi nobis judicis materiam dabit, ex hac potissimum aliqua in usum principii, quæ maxime favorabilia videbuntur, decerpi oportebit; quo in loco Virginius fallitur, qui Theodoro placere tradit, ut ex singulis quæstionibus singuli sensus in procemium conferantur. Nam ille non hoc dicit, sed ad potentissimas quæstiones judicem præparandum; in quo vitii nihil erat, nisi in universum id præciperet, quod nec omnis actio patitur, nec omnis causa desiderat; nam protinus a petitore primo loco, dum ignota judici lis est, quomodo ex quæstionibus ducemus sententias? nimirum res erunt indicandæ prius : demus, aliquas, nam id exigit ratio nonnunquam, etiamne potentissimas omnes, id est, totam causam? sic erit in procemio peracta narratio. Quid vero? si, ut frequenter accidit, paulo est durior causa; non benevolentia judicis petenda ex

ne cherchera-t-on pas ailleurs des titres à la bienveillance du juge, et se hasardera-t-on, avant de se l'être concilié, à présenter les choses dans leur âpre nudité? Si elles pouvaient toujours se traiter dès le début, on n'aurait pas besoin d'exorde. En résumé, il ne sera pas inutile d'anticiper quelquefois sur les questions, et de faire entrer dans l'exorde un aperçu de celles qui ne peuvent manquer de nous concilier le juge. Il n'est pas nécessaire d'énumérer les points favorables que peut présenter une cause, ils ressortiront assez de la nature de chaque affaire : aussi bien, la variété des causes est telle qu'il est impossible de les indiquer tous. Au reste, de même que c'est de la cause que nous apprendrons à trouver ces points favorables pour nous en prévaloir, c'est elle aussi qui nous fera connaître ceux qui nous sont contraires. C'est d'elle encore que naîtra quelquefois la pitié, si, par exemple, nous avons souffert ou si nous sommes menacés de souffrir quelque grave dommage. Car je ne partage pas l'opinion de ceux qui pensent que l'exorde diffère de l'épilogue, en ce que l'un n'a trait qu'au passé, et l'autre qu'à l'avenir. La véritable différence, selon moi, consiste en ce que, dans l'exorde, l'orateur doit être plus réservé, et se borner à sonder la compassion du juge; et que, dans l'épilogue, il faut déployer toutes les ressources du pathétique, recourir aux prosopopées, évoquer les morts, et les faire paraître entourés de ce qu'ils ont de plus cher au monde : ce qui est inusité dans l'exorde. Au reste, si dans l'exorde il y a lieu quelquefois d'éveiller la pitié en notre faveur, il n'est pas moins nécessaire en certains cas de la détourner de notre adversaire : car s'il est utile de faire voir combien notre sort sera déplorable, si nous succombons; il ne l'est pas moins de représenter quelle sera l'insolence de notre adversaire, s'il vient à triompher.

Indépendamment de la cause et des personnes, l'exorde se tire encore d'objets extérieurs, ou de circonstances qui s'y rattachent. Aux personnes se rapportent non-seulement leurs *femmes*, leurs *enfants*, mais encore leurs *proches*, leurs *amis*, quelquefois le *pays*, la *cité*, et enfin tout ce qui pourrait souffrir du malheur de celui que nous défendons. Les circonstances de la cause sont le *temps*, le *lieu*, la *forme*, *l'opinion*, circonstances dont Cicéron a tiré les exordes de ses plaidoyers pour Célius, pour le roi Déjotare, pour Milon, contre Verrès; enfin, pour ne pas les énumérer toutes, *l'éclat de l'affaire*, *l'attente du public*. Rien de tout cela n'est dans la cause, et cependant tout cela ne laisse pas d'avoir une liaison naturelle avec elle. Théophraste ajoute une autre sorte d'exorde, tirée du plaidoyer, comme, par exemple l'exorde de Démosthène, qui, en plaidant pour Ctésiphon, demande qu'il lui soit permis de suivre, dans son discours, la marche que bon lui semblera, et non celle que lui a tracée l'accusateur.

L'assurance a souvent l'air de la présomption. Ce qui concilie la faveur, ce sont les *souhaits*, les *déprécations*, les *prières*, l'*anxiété* : moyens qui sont en général communs aux deux parties, mais qu'il ne faut cependant pas négliger, ne fût-ce que pour empêcher l'adversaire de s'en emparer. Le juge, en effet, sera plus attentif, s'il peut croire qu'il s'agit d'une chose extraordinaire, grave, atroce, criante; surtout si on lui persuade qu'il y va de son intérêt ou de celui de la société. On mettra donc tout en usage pour exciter son attention : crainte, espérance, remontrances, prières; on aura même recours au mensonge, si l'on croit

---

aliis partibus erit, sed non ante conciliato ejus animo nuda quæstionum committetur asperitas? quæ si recte semper initio dicendi tractarentur, nihil procemio opus esset. Aliqua ergo nonnunquam, quæ erunt ad conciliandum nobis judicem potentissima, non inutiliter interim ex quæstionibus in exordio locabuntur : quæ sint porro in causis favorabilia, enumerare non est necesse, quoniam et manifesta erunt, cognita cujusque controversiæ conditione, et omnia colligi in tanta litium varietate non possunt. Ut autem hæc *invenire* et *augere*, ita quod lædit, aut omnino *repellere*, aut certe *minuere*, ex causa est : miseratio quoque aliquando ex eadem venit, sive quid passi sumus grave, sive passuri. Neque enim sum in hac opinione, qua quidam, ut eo distare procemium ab epilogo credam, quod in hoc præterita, in illo futura dicantur; sed quod in ingressu parcius et modestius prætentanda est judicis misericordia; in epilogo vero liceat totos effundere affectus, et fictam orationem induere personis, et defunctos excitare, et pignora eorum producere; quæ minus exordiis sunt usitata. Sed hæc, quæ supra dixi, non movere tantum, verum ex diverso amoliri quoque procemio opus est : ut autem nostrum miserabilem, si vincamur exitum; ita adversariorum superbum, si vicerint, utile est credi. Sed ex iis quoque, quæ non sunt personarum nec causarum, verum adjuncta personis et causis, duci procemia solent. Personis applicantur non *pignora* modo, de quibus supra dixi, sed *propinquitates*, *amicitiæ*; interim *regiones* etiam, *civitatesque*, et si quid aliud ejus, quem defendimus, casu lædi potest. Ad causam extra pertinet *Tempus*, unde principium pro Cœlio; *Locus*, unde pro Dejotaro; *Habitus*, unde pro Milone; *Opinio*, unde in Verrem : deinceps, ne omnia enumerentur, *Fama judiciorum*, *Exspectatio vulgi*; nihil enim horum in causa est, ad causam tamen pertinet. Adjicit Theophrastus ab oratione principium, quale videtur esse Demosthenis pro Ctesiphonte, ut sibi dicere suo potius arbitrio liceat rogantis, quam eo modo, quem accusator actione præscripserit. Fiducia ipsa solet opinione arrogantiæ laborare; faciunt favorem et illa pæne communia, non tamen omittenda, vel ideo, ne occupentur, *optare*, *abominari*, *rogare*, *sollicitum agere*; quia plerumque attentum quoque judicem facit, si res agi videtur nova, magna, atrox, pertinens ad exemplum; præcipue tamen, si judex aut sua vice, aut reipublicæ commovetur, cujus animus spe, metu, admonitione, precibus, vanitate

que cela puisse être utile. Un bon moyen encore de s'en faire écouter, c'est de lui faire espérer qu'on ne sera pas long, et qu'on ne sortira pas de la cause. Cette attention seule rendra le juge docile, surtout si l'on sait lui exposer l'ensemble de l'affaire dans un précis lumineux. C'est ce que font Homère et Virgile au commencement de leurs poëmes. Quant à la mesure de ce précis, il doit ressembler plutôt à une proposition qu'à une exposition, et indiquer, non comment chaque chose s'est passée, mais ce dont l'orateur parlera. Je ne crois pas qu'on puisse en trouver un meilleur exemple que dans le plaidoyer de Cicéron pour Cluentius : *J'ai remarqué, juges, que tout le discours de l'accusateur est divisé en deux parties : dans l'une il m'a paru mettre son appui et toute sa confiance dans la faveur attachée depuis longtemps au jugement rendu par Junius; dans l'autre, et seulement pour la forme, il se borne à toucher avec timidité et défiance la question d'empoisonnement, quoique, d'après la loi, ce soit la seule sur laquelle vous ayez à prononcer.* Cependant tout cela est plus facile en répliquant qu'en attaquant; car dans le premier cas il suffit d'avertir le juge; dans le second, il faut l'instruire.

Je ne crois pas, quoique ce soit l'opinion de quelques graves auteurs, qu'on puisse jamais se dispenser de rendre le juge attentif et docile : non que j'ignore la raison qu'ils en donnent, à savoir que, dans une mauvaise cause, il n'est pas à propos que le juge voie si clair; mais parce que cette obscurité vient moins de l'inattention du juge que de l'erreur où on le jette à dessein. En effet, notre adversaire a parlé, et peut-être a-t-il déjà persuadé : il nous faut donc changer l'opinion du juge; et comment y parviendrons-nous, si nous ne le rendons docile et attentif à notre réplique? J'accorde, au reste, qu'il faut quelquefois avoir l'air d'attacher peu d'importance à certaines choses, de les rabaisser, et même de les dédaigner, pour affaiblir l'attention que le juge prête à notre adversaire, comme Cicéron l'a fait dans la défense de Ligarius. A quoi tendait-il par cette agréable ironie, sinon à rendre César moins attentif, en lui présentant la cause comme n'ayant rien d'extraordinaire? Que se proposait-il encore dans son plaidoyer pour Célius, sinon d'ôter à l'affaire l'importance qu'on y attachait?

Au surplus, il est évident que l'application de ce que j'ai dit, relativement aux sources de l'exorde, varie selon la nature des causes. Or, la plupart des rhéteurs établissent cinq genres de causes : celles qui sont *nobles*, ἔνδοξον; celles qui sont *vulgaires*, ἄδοξον; celles qui sont douteuses ou *ambiguës*, ἀμφίδοξον; celles qui sont *paradoxales*, παράδοξον; celles qui sont *obscures*, δυσπαρακολούθητον. Il en est qui ont cru devoir ajouter à ce nombre les causes *honteuses*, que les uns rangent sous les causes *vulgaires*, les autres sous les causes *paradoxales*. On entend par *paradoxal* ce qui est contraire à l'opinion commune. On doit chercher à rendre le juge bienveillant dans les causes *douteuses*, docile dans les causes *obscures*, attentif dans les causes *vulgaires*. Les causes *nobles* se recommandent assez d'elles-mêmes; dans celles qui sont *paradoxales* et *honteuses*, il faut user de remèdes. Et c'est pour cela que quelques-uns divisent l'exorde en deux parties, le *début* et l'*insinuation*. Dans le début, on sollicite sans détour la bienveillance et l'attention; mais comme cela ne peut pas se faire dans

denique, si id profuturum credemus, agitandus est. Sunt et illa excitandis ad audiendum non inutilia, si nos neque diu moraturos, neque extra causam dicturos existiment; docilem sine dubio et haec ipsa præstat attentio; sed et illud, si breviter et dilucide summam rei, de qua cognoscere debeat, indicaverimus : quod Homerus atque Virgilius operum suorum principiis faciunt. Nam istius rei modus est, ut propositioni similior sit quam expositioni; nec quomodo quidque sit actum, sed de quibus dicturus sit orator, ostendat : nec video, quod hujus rei possit apud oratores reperiri melius exemplum, quam Ciceronis pro A. Cluentio. *Animadverti, judices, omnem accusatoris orationem in duas divisam esse partes : quarum altera mihi niti et magnopere confidere videbatur invidia jam inveterata judicii Juniani; altera tantummodo consuetudinis causa timide et diffidenter attingere rationem veneficii criminum, qua de re lege est hæc quæstio constituta.* Id tamen totum respondenti facilius est, quam proponenti; quia hic admonendus judex, illic docendus est. Nec me, quamquam magni auctores, in hoc duxerint, ut non semper facere attentum ac docilem judicem velim; non quia nesciam, id quod ab illis dicitur, esse pro mala causa, qualis ea sit non intelligi : verum quia istud non negligentia judicis contingit, sed errore.

Dixit enim adversarius, et fortasse persuasit; nobis opus est ejus diversa opinione; quæ mutari non potest, nisi illum fecerimus ad ea, quæ dicemus, docilem et attentum. Quid ergo? Imminuenda quædam et elevanda, et quasi contemnenda esse consentio, ad remittendam intentionem judicis, quam adversario præstat; ut fecit pro Ligario Cicero. Quid enim agebat aliud ironia illa, quam ut Cæsar minus se in rem, tamquam non novam, intenderet? Quid pro Cœlio, quam ut res exspectatione minor videretur? Verum ex iis, quæ proposui, aliud in alio genere causæ desiderari palam est. Genera porro causarum plurimi quinque fecerunt, *honestum, humile, dubium vel anceps, admirabile, obscurum*; id est, ἔνδοξον, ἄδοξον, ἀμφίδοξον, παράδοξον, δυσπαραχολούθητον. Sunt, quibus recte videatur adjici *turpe*, quod alii *humili*, alii *admirabili* subjiciunt. *Admirabile* autem vocant, quod est præter opinionem hominum constitutum. In *ancipiti* maxime benevolum judicem, in *obscuro* docilem, in *humili* attentum parare debemus; nam *honestum* quidem ad conciliationem satis per se valet; in *admirabili* et *turpi*, remediis opus est. Et eo quidam exordium in duas dividunt partes, *principium*, et *insinuationem*, ut sit in principiis recta benevolentiæ et attentionis postulatio; quæ quia esse in turpi causæ genere non possit,

les causes honteuses, il faut bien se glisser dans l'esprit du juge au moyen de l'insinuation, surtout si la cause se présente d'abord sous un jour peu avantageux, soit parce qu'elle est mauvaise, soit parce que le préjugé public lui est peu favorable; ou bien encore si elle a à surmonter l'odieux qui rejaillit de la présence d'un patron, d'un père, comme partie adverse; ou la compassion qu'inspire un vieillard, un aveugle, un enfant. Les mêmes rhéteurs s'étendent en longs préceptes sur les moyens de remédier à ces difficultés, et imaginent des matières qu'ils traitent selon les formes du barreau; mais comme il est impossible de prévoir toutes les espèces de causes qui appartiennent au genre judiciaire, ces matières, qui sont des causes fictives, ne peuvent renfermer que des généralités : autrement, on tomberait dans l'infini. C'est pourquoi on prendra conseil de la nature de chaque cause. Ce que je recommande en général, c'est de se retrancher dans la position la plus avantageuse. Si c'est la cause qui pèche, que la personne nous vienne en aide; si c'est, au contraire, la personne, recourons à la cause; si tout nous manque, cherchons ce qui peut nuire à l'adversaire; car, après le souhait d'être au mieux dans l'esprit du juge, il ne reste que celui d'y être le moins mal. Si nous ne pouvons nier les faits qu'on nous oppose, tâchons d'en atténuer l'importance ou d'en excuser l'intention. Disons qu'ils ne font rien à l'état de la question, ou que c'est une faute qui peut être expiée par le repentir, ou qu'elle a déjà été assez punie. Ce genre de défense est plus facile à l'avocat qu'à la partie, parce qu'il peut louer celui qu'il défend sans encourir le reproche d'arrogance, et quelquefois même le blâmer utilement. Ainsi il feindra, comme Cicéron l'a fait dans son plaidoyer pour Rabirius, d'être ébranlé par ce qu'on oppose à son client, et s'introduira de cette manière dans l'oreille du juge, auquel cette autorité que donne le respect de la vérité inspirera plus de confiance lorsqu'il en viendra à justifier ou à nier ces mêmes actes. C'est pour cela qu'on examine d'abord si l'on doit parler comme avocat ou comme partie, dans les cas où l'un ou l'autre se peut également; car si ce choix est libre dans les écoles, il est rare qu'on soit bien venu au barreau à défendre soi-même sa propre cause. Dans les écoles, en effet, les passions étant le fond des déclamations, il est naturel que les personnages parlent eux-mêmes; car les passions ne sont pas de ces choses qui se transmettent par procuration; et le mouvement que nous avons reçu ne se communique pas avec la même force que celui qui part de nous-mêmes. C'est par les mêmes raisons que l'insinuation est encore nécessaire lorsque l'adversaire s'est rendu maître de l'esprit des juges, ou lorsque leur attention est déjà fatiguée. On se tirera de la première difficulté en annonçant qu'on a aussi ses preuves, et en éludant celles de l'adversaire; et de la seconde, en promettant d'être court, et en recourant aux autres moyens que j'ai indiqués pour rendre le juge attentif. La plaisanterie, maniée délicatement et à propos, contribue aussi à réveiller l'esprit du juge, et son ennui se prête volontiers à tout ce qui peut le soulager. Quelquefois même il est bon d'aller au-devant de ce qu'on pourrait nous opposer, comme l'a fait Cicéron. *Je sais*, dit-il, *que certaines personnes s'étonnent que le même homme qui a défendu pendant tant d'années un si grand nombre d'accusés, qui ne s'est jamais porté pour accusateur contre personne, entreprenne aujourd'hui d'accuser Verrès.* Ensuite il fait voir qu'en définitive il n'a fait que prendre la défense des

---

insinuatio surrepat animis maxime ubi frons causæ non satis honesta est, vel quia res sit improba, vel quia hominibus parum probetur; aut si facie quoque ipsa premitur, vel invidiosa conistentis ex diverso patroni, aut patris, vel miserabili, senis, cæci, infantis. Et quidem quibus adversus hæc modis sit medendum, verbosius tradunt, materiasque ipsi sibi fingunt, et ad morem actionum persequuntur; sed hæ, quum oriantur ex causis, quarum species consequi omnes non possumus, nisi generaliter comprehendantur, in infinitum sunt extrahendæ. Quare singulis consilium ex propria ratione nascetur : illud in universum præceptum sit, ut ab iis, quæ lædunt, ad ea, quæ prosunt, refugiamus; si causa laborabimus, persona subveniat; si persona, causa; si nihil, quod nos adjuvet, erit, quæramus, quid adversarium lædat; nam ut optabile est, plus favoris mereri; sic proximum, odii minus. In iis, quæ negari non poterunt, elaborandum, ut aut minora, quam dictum est, aut alia mente facta, aut nihil ad præsentem quæstionem pertinere, aut emendari posse pœnitentia, aut satis jam punita, videantur; ideoque agera advocato, quam litigatori, facilius; quia et laudat sine arrogantiæ crimine, et aliquando utiliter etiam reprehendere potest. Nam se quoque moveri interim finget, ut pro Rabirio Postumo Cicero, dum aditum sibi ad aures faciat, et auctoritatem induat vera sentientis, quo magis credatur vel defendenti eadem, vel neganti; ideoque hoc primum intuemur, litigatoris an advocati persona sit utendum, quoties utrumque fieri potest; nam in schola liberum est, in foro rarum, ut sit idoneus suæ rei quisque defensor. Declamaturus autem maxime positas in affectibus causas propriis personis debet induere : his sunt enim, qui mandari non possunt; nec eadem vi perfertur alieni animi, qua sui, motus. His etiam de causis insinuatione videtur opus esse, si adversarii actio judicum animos occupavit, si dicendum apud fatigatos est; quorum alterum si utendum promittendo nostras probationes, et adversas eludendo, vitabimus; alterum et spe brevitatis; et iis, quibus attentum fieri judicem docuimus. Et urbanitas opportuna reficit animos, et undecumque petita judicis voluptas levat tædium : non inutilis etiam est ratio occupandi, quæ videntur obstare, ut Cicero dicit, *scire se mirari quosdam, quod is, qui per tot annos defenderit multos, læserit neminem, ad accusandum Verrem descenderit;* deinde ostendit, hanc ipsam sociorum defensionem; quod schema

9.

alliés. Cette figure s'appelle *prolepse*. Mais parce qu'elle peut être quelquefois employée avec succès, certains déclamateurs s'en servent presque à tous propos, comme s'il était interdit de commencer autrement qu'au rebours de l'ordre naturel.

Les partisans d'Apollodore nient que les moyens de bien disposer le juge se bornent aux trois dont j'ai parlé. Ils en comptent une infinité d'autres, tirés *des mœurs du juge, de l'opinion qu'on a des circonstances de la cause, de l'opinion qu'on a de la cause elle-même;* enfin, de tous les éléments dont toute controverse est composée : *des personnes, des faits, des dits, des motifs, des temps, des lieux, des occasions, etc.* Tout cela existe, je l'avoue, mais rentre dans nos trois moyens, comme l'espèce dans le genre; car, si j'ai mon juge *bienveillant, attentif* et *docile*, je ne vois pas ce qui me reste à désirer de plus, puisque la crainte même, qui paraît le plus en dehors de ces moyens, peut rendre le juge attentif, et le faire renoncer à sa bienveillance pour l'adversaire.

Comme il ne suffit pas d'exposer aux élèves les principes de l'exorde, et qu'il faut aussi leur en faciliter l'application, j'ajouterai que l'orateur doit considérer *la nature de la cause, devant qui il parle, pour qui, contre qui, le temps, le lieu, la conjoncture, le préjugé public, l'opinion présumable du juge* avant de nous entendre; enfin, *ce que nous cherchons* ou *ce que nous voulons éviter.* La raison lui indiquera d'elle-même ce qu'il doit dire dans son exorde. Mais aujourd'hui on croit que tout ce qu'on dit en commençant est un vrai commencement, et que la première pensée venue, surtout si c'est une pensée qui flatte, est un exorde. Sans doute il entre dans l'exorde beaucoup de choses tirées des autres parties du plaidoyer, ou qui lui sont communes avec elles; cependant il n'y a rien de mieux dit, quelque part que ce soit, que ce qui ne pourrait être aussi bien dit ailleurs.

Une grande faveur s'attache à l'exorde, dont la matière est tirée du plaidoyer de la partie adverse; et cela, parce qu'il n'a pas été composé à loisir, parce qu'il est né là et de la circonstance, outre que cette facilité donne une haute idée de notre esprit, et que l'air simple d'un discours sans recherche inspire la confiance : ce qui est tellement vrai, que, bien que le reste ait été écrit et travaillé avec soin, un discours dont le commencement n'a eu évidemment rien de préparé semble entièrement improvisé. Mais la plupart du temps rien ne sied mieux à l'exorde que la modération dans les pensées, dans le style, dans la voix et dans l'air du visage; à tel point que, dans la cause la moins douteuse, on ne doit pas laisser paraître trop d'assurance : car la sécurité du plaideur blesse d'ordinaire le juge; et comme celui-ci a par devers lui le sentiment de son autorité, il veut intérieurement qu'on y rende hommage. Prenons bien garde aussi de nous rendre suspects dans l'exorde; et pour cela évitons jusqu'à la moindre apparence d'étude en commençant, parce que autrement l'art semble entièrement dirigé contre le juge; mais cela même, c'est-à-dire le soin de dissimuler l'art, est le comble de l'art. C'est ce qu'enseignent, il est vrai, tous les rhéteurs, et avec raison; mais ce précepte ne laisse pas de subir l'influence des temps. Car aujourd'hui dans certaines affaires, et surtout dans les causes capitales, ou devant

---

πρόληψις dicitur. Id quum sit utile aliquando, nunc a declamatoribus quibusdam pæne semper assumitur, qui fas non putant, nisi a contrario, incipere. Negant Appollodorum secuti, tres esse, de quibus diximus, præparandi judicis partes; sed multas species enumerant, ut *ex moribus judicis, ex opinionibus ad causam extra pertinentibus, ex opinione de ipsa causa,* quæ sunt prope infinitæ; tum iis, ex quibus omnes controversiæ constant, *personis, factis, dictis, causis, temporibus, locis, occasionibus, cæteris.* Quas veras esse fateor, sed in hæc tria genera recidere; nam si *judicem benevolum, attentum, docilem* habeo, quid amplius debeam optare, non reperio; quum metus ipse, qui maxime videtur esse extra hæc, et attentum judicem faciat, et ab adverso favore deterreat. Verum quoniam non est satis demonstrare discentibus, quæ sint in ratione prœmii, sed dicendum etiam, quomodo perfici facillime possint, hoc adjicio, ut dicturus intueatur, *quid, apud quem, pro quo, contra quem, quo tempore, quo loco, quo rerum statu, qua vulgi fama dicendum sit? Quid judicem sentire credibile sit, antequam incipiamus?* tum, *quid aut desideremus, aut deprecemur?* Ipsa illum natura eo ducet, ut sciat, quid primum dicendum sit. At nunc omne, quod cœperit, prœmium putant, et, ut quidque succurrit, utique si aliqua sententia blandiatur, exordium; multa autem sine dubio ex aliis partibus sunt, aut aliis partibus causæ communia; nihil tamen in quaque melius dicitur, quam quod æque bene dici alibi non possit. Multum gratiæ exordio est, quod ab actione diversæ partis materiam trahit; hoc ipso, quod non compositum domi, sed ibi atque e re natum, et facilitate famam ingenii auget, et facie simplicis sumptique e proximo sermonis fidem quoque acquirit; adeo ut, etiamsi reliqua scripta atque elaborata sint, tamen plerumque videatur tota extemporalis oratio, cujus initium nihil præparatum habuisse manifestum est. Frequentissime vero prœmium decebit et sententiarum, et compositionis, et vocis, et vultus modestia; adeo ut in genere causæ etiam indubitabili, fiducia se ipsa nimium exercere non debeat; odit enim judex fere litigantis securitatem, quanique jus suum intelligat, tacitus reverentiam postulat. Nec minus diligenter, ne suspecti simus illa parte, vitandum : propter quod minime ostentari debet in principiis cura, quia videtur ars omnis dicentis contra judicem adhiberi; sed ipsum istud evitare, summæ artis est. Nam id sine dubio ab omnibus, et quidem optime, præceptum est; verum aliquatenus temporum conditione mutatur; quia jam quibusdam judiciis, maximeque capitalibus, aut apud centumviros, ipsi judices exigunt solli-

les centumvirs, les juges eux-mêmes exigent dans les plaidoyers toutes les délicatesses de l'art, et même se croiraient dédaignés, si l'on n'apportait le plus grand soin dans la manière de le prononcer : ils veulent non-seulement qu'on les instruise, mais aussi qu'on leur procure du plaisir. Il est difficile de garder en cela un juste milieu ; cependant on peut user d'un tempérament tel, que le soin paraisse sans trahir la finesse. Ce qui doit rester entier des anciens préceptes, c'est d'éviter dans l'exorde toute expression insolite, toute métaphore trop hardie, tout mot suranné ou poétique. Car nous ne sommes pas encore introduits, et l'attention toute fraîche des auditeurs est là qui nous observe : ce n'est qu'après nous être concilié les esprits, et les avoir déjà échauffés, que nous pourrons nous permettre plus de liberté, surtout quand nous serons entrés dans les lieux communs, dont l'abondance ordinaire empêche qu'un mot hasardé ne se remarque au milieu de l'éclat qui l'environne.

Le style de l'exorde ne doit pas ressembler à celui des arguments, des lieux communs, et de la narration ; il ne doit pas non plus être trop châtié, ni trop sentir la période ; mais le plus souvent il doit avoir un air simple, facile, et qui promet peu. Car un discours où l'art se cache, ἀνεπίφθαρτος, comme disent les Grecs, est ordinairement plus insinuant. Au surplus, cela dépend de la direction qu'il convient de donner à l'esprit du juge.

Se troubler, manquer de mémoire, ou demeurer court, produit là, plus qu'ailleurs, un fâcheux effet : un exorde vicieux ressemble à un visage balafré ; et il n'y a certainement qu'un mauvais pilote qui fasse naufrage en sortant du port. La mesure de l'exorde doit être proportionnée à la nature de la cause. Ainsi il sera plus court dans une cause simple, et plus étendu dans une cause compliquée, suspecte ou honteuse. S'il est ridicule d'avoir fait, pour ainsi dire, une loi de renfermer tous les exordes dans quatre pensées, il faut éviter néanmoins de leur donner une longueur démesurée, afin que la tête ne soit pas plus grosse que le reste du corps, et que la partie du discours destinée à préparer l'attention ne la fatigue pas.

Quelques rhéteurs rejettent tout à fait de l'exorde la figure par laquelle la parole est détournée du juge, et que les Grecs appellent ἀποστροφή : et en cela leur opinion n'est pas destituée de raison ; car il faut convenir que rien n'est plus naturel que de s'adresser de préférence à ceux dont on veut gagner la bienveillance. Quelquefois néanmoins il est nécessaire d'animer un peu l'exorde ; et l'apostrophe, en ce cas, rend la pensée plus vive et plus véhémente. Or, quelle loi, quel scrupule, peut nous interdire d'ajouter de la force à une pensée au moyen de cette figure ? D'ailleurs les maîtres de l'art l'interdisent, non comme contraire aux règles, mais comme inutile. Or, si cette utilité nous est démontrée, nous avons alors, pour faire, la même raison que pour ne pas faire. Démosthène n'apostrophe-t-il pas Eschine dans son exorde, et Cicéron n'adresse-t-il pas la parole à qui bon lui semble dans les exordes de plusieurs plaidoyers, et notamment dans celui de la défense de Ligarius, où il interpelle Tubéron ? Tout autre tour eût rendu cet exorde languissant. Il ne faut que se souvenir de ce beau passage : *Vous avez donc obtenu, ô Tubéron, ce qui met le comble aux vœux d'un accusateur !* etc. Supposons qu'il adresse la parole aux juges, et qu'il dise : *Tubéron a donc obtenu ce qui met le comble aux vœux d'un accusateur*, etc ; cette

---

citas et accuratas actiones, contemnique se, nisi in dicendo etiam diligentia appareat, credunt ; nec doceri tantum, sed etiam delectari volunt. Et est difficilis hujus rei moderatio ; quæ tamen ita temperari potest, ut videamur accurate, non callide, dicere. Illud ex præceptis veteribus manet, ne quod insolens verbum, ne audacius translatum, ne aut ab obsoleta vetustate, aut poetica licentia sumptum, in principio deprehendatur. Nondum enim recepti sumus, et custodit nos recens audientium intentio : magis conciliatis animis, et jam calentibus, hæc libertas feretur, maximeque quum in locis fuerimus ingressi, quorum naturalis ubertas licentiam verbi notari circumfuso nitore non patitur. Nec argumentis autem, nec locis, nec narrationi similis esse in proœmio debet oratio, neque tamen deducta semper, atque circumlata, sed sæpe simplici atque illaborata similis, nec verbis vultuque nimia promittens : dissimulata enim, et, ut Græci dicunt, ἀνεπίφθαρτος actio, melius sæpe surrepit ; sed hæc, prout formari animos judicum expediet. Turbari memoria, vel continuari verba facilitate destitui, nusquam turpius ; quum vitiosum proœmium possit videri cicatricosa facies ; et pessimus certe gubernator, qui navem, dum portum egreditur, impegit. Modus autem principii, pro causa ; nam brevius simplices, longius perplexæ suspectæque et infames desiderant. Ridendi vero, qui velut leges proœmiis omnibus dederunt, ut intra quatuor sensus terminarentur ; nec minus evitanda est immodica ejus longitudo, ne in caput excrevisse videatur, et, quo præparare debet, fatiget. Sermonem a persona judicis aversum, quæ ἀποστροφή dicitur, quidam in totum a proœmio summovent ; non nulla quidem in hanc persuasionem ratione ducti ; nam prorsus esse hoc magis secundum naturam confitendum est, ut eos alloquamur potissimum, quos conciliare nobis studemus. Interim tamen et hoc proœmio necessarius sensus aliquis, et is acrior fit atque vehementior ad personam directus alterius ; quod si accidat, quo jure, aut qua tanta superstitione prohibemur dare per hanc figuram sententiæ vires ? Neque enim istud scriptores Artium, quia non liceat, sed quia non putant utile, vetant. Ita, si vincet utilitas, propter eamdem causam facere debebimus, propter quam vetamur. Et Demosthenes autem ad Æschinem orationem in proœmio convertit ; et Marcus Tullius, cum pro aliis quibusdam, ad quos ei visum est, tum pro Ligario ad Tuberonem. Nam erat multo futura languidior, si esset aliter figurata ; quod facilius cognoscet, si quis illam totam partem vehementissimam, cujus hæc forma est, *Habes igitur, Tu-*

manière de parler n'est-elle pas infiniment plus plus froide et, pour ainsi dire, plus détournée? Dans la première, l'orateur presse, insiste; dans la seconde, il eût simplement indiqué la chose. Changez le même tour dans Démosthène, il en sera de même. Et Salluste n'apostrophe-t-il pas directement et tout d'abord Cicéron, dans un discours prononcé contre lui : *J'aurais peine à supporter vos invectives de sang-froid, Marcus Tullius?* De même que Cicéron lui-même l'avait fait contre Catilina : *Jusques à quand abuserez-vous de notre patience?* Mais doit-on s'étonner de l'emploi de l'apostrophe, lorsque nous voyons le même orateur, dans la défense de Scaurus, qui était accusé de brigue (je parle du plaidoyer qui s'est trouvé parmi ses écrits, car il l'a défendu deux fois); lorsque nous voyons, dis-je, cet orateur employer la *prosopopée*, en introduisant un personnage qui parle en faveur de son client; faire usage des *exemples*, dans la défense de Rabirius Postumus, et dans celle du même Scaurus, accusé de concussion? enfin commencer par la *division* dans la cause de Cluentius, comme je l'ai déjà fait remarquer tout à l'heure?

Cependant, parce que ces figures sont quelquefois bien placées, ce n'est pas une raison pour les employer à tort et à travers, mais c'en est une pour s'en servir, lorsque l'exception confirme la règle. J'en dis autant de la similitude pourvu qu'elle soit courte, de la métaphore et des autres tropes, que ces rhéteurs circonspects et méticuleux ne permettent pas davantage; à moins que cette admirable ironie du plaidoyer de Cicéron pour Ligarius, que j'ai citée un peu plus haut, n'ait le malheur de déplaire à quelqu'un. Mais il y a de vrais défauts, dont on doit convenir avec eux. Tantôt l'exorde est banal,

en ce qu'il peut s'adapter à plusieurs causes (cependant, quoiqu'il produise peu d'effet, on s'en sert quelquefois utilement, et de grands orateurs n'ont pas toujours cherché à l'éviter); tantôt il est *commun*, c'est-à-dire que l'adversaire peut également s'en servir; tantôt il est *commutable*, parce que l'adversaire peut le faire tourner à son avantage. Il y en a qui n'ont nulle liaison avec la cause; d'autres, que l'on va chercher ailleurs que dans le sujet, et qui sont comme transplantés; d'autres, qui sont trop longs, ou qui pèchent contre les règles. Au surplus, la plupart de ces défauts ne sont pas particuliers à l'exorde, et peuvent affecter toutes les parties du discours.

Voilà ce que j'avais à dire sur l'exorde, en tant, du moins, qu'il est nécessaire; car il ne l'est pas toujours. Si, par exemple, le juge est suffisamment préparé, ou si la cause n'a pas besoin de préparation, l'exorde est alors superflu. Aristote va même jusqu'à prétendre que l'exorde est absolument inutile auprès des bons juges. Quelquefois aussi on n'en peut faire usage lors même qu'on le voudrait, soit à cause des occupations du juge, soit lorsqu'on est pressé par le temps, soit enfin lorsqu'une puissance supérieure vous oblige d'entrer immédiatement dans votre sujet. Quelquefois, au contraire, l'esprit de l'exorde est transporté dans une autre partie; et c'est dans la narration ou dans la confirmation que nous prions les juges de nous accorder leur attention et leur bienveillance, moyen que Prodicus jugeait très-propre à les tirer de leur assoupissement. En voici un exemple : *Alors C. Varénus, celui qui fut tué par les esclaves d'Acharius (ceci, juges, mérite toute votre attention).* Si la cause est multiple, chaque chef aura son préambule, comme : *Écoutez maintenant*

---

bero, *quod est accusatori maxime optandum*, et cætera, convertat ad judicem; tum enim vere aversa videatur oratio, et languescat vis omnis, dicentibus nobis, *Habet igitur Tubero, quod est accusatori maxime optandum.* Illo enim modo pressit atque instilit; hoc tantum indicasset : quod idem in Demosthene, si flexum illi mutaveris, accidet. Quid? non Sallustius directo ad Ciceronem, in quem ipsum dicebat, usus est principio, et quidem protinus, *Graviter et iniquo animo maledicta tua paterer, Marce Tulli?* Sicut et Cicero fecerat in Catilinam, *Quousque tandem abutere patientia nostra?* Ac, ne quis apostrophen miretur, idem Cicero pro Scauro ambitus reo, quæ causa est in commentariis, (nam bis eumdem defendit,) *prosopopœia* loquentis pro reo utitur; pro Rabirio vero Postumo, eodemque Scauro reo repetundarum etiam *exemplis* ; pro Cluentio (ut modo ostendi) *partitione.* Non tamen hæc, quia possunt bene aliquando fieri, passim facienda sunt ; sed quoties præceptum vicerit ratio : quomodo et similitudine, dum brevi, et translatione, atque aliis tropis (quæ omnia canti illi ac diligentes prohibent) utemur interim; nisi si cui divina illa pro Ligario ironia, de qua paulo ante dixeram, displicet. Alia exordiorum vitia verius tradiderunt. Quod in plures causas

accommodari potest, *vulgare* dicitur, id, minus favorabile, aliquando tamen non inutiliter assumimus, magnis sæpe oratoribus non evitatum; quo et adversarius uti potest, *commune* appellatur; quod adversarius in suam utilitatem deflectere potest, *commutabile;* quod causæ non cohæret, *separatum;* quod aliunde trahitur, *translatum;* præterea quod *longum*, quod *contra præcepta* est; quorum pleraque non principii modo sunt vitia, sed totius orationis. Hæc de *prœmio*, quoties erit ejus usus : non semper autem est; nam et supervacuum aliquando est, si sit præparatus satis etiam sine hoc judex, aut si res præparatione non egeat : Aristoteles quidem in totum id necessarium apud bonos judices negat. Aliquando tamen uti, nec si velimus, eo licet, quum index occupatus, quum angusta sunt tempora, quum major potestas ipsa re cogit incipere. Contraque est interim prœmii vi etiam non exordio; nam judices, et in narratione nonnunquam, et in argumentis, ut attendant, et ut faveant, rogamus; quo Prodicus velut dormitantes eos excitari putabat. Quale est, *Tum C. Varenus, is qui a familia Anchariana occisus est.* (*Hoc, quæso, judices, diligenter attendite.*) Utique si multiplex causa est, sua quibusque partibus danda præfatio est : ut, *Audite nunc reliqua;* et,

ce qui me reste à dire. Je passe à présent à un autre point. Je pourrais citer aussi des exemples tirés de la confirmation; mais ils sont si communs, qu'il est inutile de le faire. Il ne faut que lire les plaidoyers de Cicéron pour Cluentius et pour Muréna; on verra comment il s'excuse, toutes les fois qu'il est forcé de dire quelque chose de désagréable à des personnes qu'il respecte, ou qu'il a intérêt à ménager.

Au reste, quand on fera un exorde, soit qu'on passe ensuite à la narration, soit qu'on en vienne immédiatement aux preuves, il faut faire en sorte que la fin se lie naturellement avec ce qui suit. Évitons toutefois cette froide et puérile affectation des écoles, où l'on cherche à déguiser la transition par quelque pensée brillante, qu'on applaudit comme un tour de force, à peu près comme fait Ovide dans ses *Métamorphoses*; avec cette différence pourtant, que le poëte, qui voulait donner l'apparence d'un tout à une foule de pièces diverses et incohérentes, a la nécessité pour excuse. Mais à l'égard de l'orateur, qu'est-il besoin qu'il dérobe sa marche aux juges et qu'il agisse mystérieusement avec eux, puisqu'au contraire il doit expressément les avertir de s'appliquer à bien observer l'ordre des faits? En effet, le commencement de la narration sera perdu pour eux, s'ils ne s'aperçoivent pas d'abord que l'exorde est fini. Sachons donc garder un juste milieu entre une transition trop brusque et une transition furtive. Cependant, si la narration doit être longue et embarrassée, il sera bon d'y préparer le juge, comme l'a souvent fait Cicéron, et particulièrement dans son plaidoyer pour Cluentius : *Je reprends l'affaire d'un peu haut, et je vous prie, juges, de ne pas le trouver mauvais; car, lorsque vous connaîtrez bien le principe, vous en comprendrez mieux les conséquences.* Voilà à peu près tout ce que j'ai pu recueillir sur l'exorde.

Chap. II. Le juge ainsi préparé par l'exorde, rien n'est plus naturel, et cela est ordinairement indispensable, de lui exposer le fait sur lequel il a à prononcer. C'est ce qu'on appelle la *narration*.

Je passerai en courant, et à dessein, sur les divisions trop subtiles de quelques rhéteurs qui distinguent plusieurs genres de narrations. Car, indépendamment de celle qui a pour objet l'*affaire* en litige, ils en admettent quantité d'autres. Une *de personne* : *Marcus Acilius Palicanus, d'une naissance obscure, habitant du Picenum, grand parleur plutôt qu'éloquent, etc.*; une *de lieu* : *Lampsaque est une ville sur l'Hellespont,* etc.; une *de temps* : *Au retour du printemps, quand la neige commence à fondre sur la cime blanche des montagnes*; une *de cause* : c'est celle dont les historiens font un usage si fréquent, lorsqu'ils exposent l'origine d'une guerre, d'une sédition, d'une peste. En outre, ils distinguent la narration *parfaite* et la narration *imparfaite*; mais qui ignore cette distinction? Ils ajoutent qu'il y a une narration qui regarde le *passé*, et c'est la plus ordinaire; une qui regarde le *présent*; telle est celle où Cicéron peint le mouvement que se donnent les amis de Chrysogonus, après l'avoir entendu nommer; enfin, une qui regarde l'*avenir*, et qu'il faut laisser aux devins. Quant à l'*hypotypose*, elle ne doit pas être considérée comme une narration. Mais occupons-nous de choses plus intéressantes.

Transeo nunc illuc. Sed in ipsis etiam probationibus multa funguntur procemii vice, ut facit Cicero pro Cluentio, dicturus contra censores; pro Murena, quum Servio se excusat. Verum id frequentius, quam ut exemplis confirmandum sit. Quoties autem procemio fuerimus usi, tum, sive ad expositionem transibimus, sive protinus ad probationem, id debebit in principio postremum esse, cui commodissime jungi initium consequentium poterit. Illa vero frigida et puerilis est in scholis affectatio, ut ipse transitus efficiat aliquam utique sententiam, et hujus velut præstigiæ plausum petat : ut Ovidius lascivire in Metamorphosesi solet, quem tamen excusare necessitas potest res diversissimas in speciem unius corporis colligentem. Oratori vero quid est necesse surripere hanc transgressionem, et judicem fallere, qui, ut ordini rerum animum intendat, etiam commonendus est? Peribit enim prima pars expositionis, si judex narrari nondum sciet. Quapropter, ut non abrupte cadere in narrationem, ita non obscure transcendere, est optimum. Si vero longior sequitur ac perplexa magis expositio, ad eam ipsam præparandus erit judex : ut Cicero sæpius, sed et hoc loco fecit, *Paulo longius exordium rei demonstrandæ repetam, quod, quæso, judices, ne moleste patiamini; principiis enim cognitis, multo facilius extrema intelligetis* : hæc fere sunt mihi de exordio comperta.

Cap. II. Maxime naturale est, et fieri frequentissime debet, ut, præparato per hæc, quæ supra dicta sunt, judice, res, de qua pronunciaturus est, indicetur. Ea est *narratio*; in qua sciens transcurram subtiles nimium divisiones quorumdam plura ejus genera facientium; non enim solam volunt esse illam *negotii*, de quo apud judices quæritur, expositionem, sed *personæ*, ut, *M. Acilius Palicanus, humili loco, Picens, loquax magis, quam facundus*; Loci, ut, *Oppidum est in Hellesponto Lampsacum*, judices; Temporis, ut,

Vere novo, gelidus canis quum montibus humor
Liquitur;

Causarum, quibus historici frequentissime utuntur, quum exponunt, unde bellum, seditio, pestilentia. Præter hæc, alias *perfectas*, alias *imperfectas* vocant : quod quis ignorat? Adjiciunt, expositionem et *præteritorum* esse temporum, quæ est frequentissima; et *præsentium*, qualis est Ciceronis de discursu amicorum, Chrysogonus postquam est nominatus; et *futurorum*, quæ solis dari vaticinantibus potest; nam ὑποτύπωσι; non est habenda narratio : sed nos potioribus vacemus. Plerique semper narrandum putaverunt; quod falsum esse, pluribus coarguitur; sunt enim ante omnia quædam tam breves causæ,

La plupart des rhéteurs pensent que la narration est toujours nécessaire. Cette opinion est mal fondée, et je puis le prouver par plusieurs raisons. D'abord, il y a des causes tellement simples, que la proposition y tient lieu de narration ; ce qui arrive quelquefois, lorsqu'on n'a rien à exposer de part ni d'autre, ou qu'on est d'accord sur le fait et que tout se réduit à une question de droit, comme dans ces sortes de causes qui sont du ressort des centumvirs : *Est-ce au fils ou au frère à hériter d'une femme qui meurt sans tester ? La puberté doit-elle se juger d'après l'âge ou d'après les signes extérieurs du corps ?* Secondement, la narration, quoique nécessaire en soi, devient superflue, lorsque le juge est d'avance instruit de tout, ou lorsque les faits ont été exposés d'une manière satisfaisante par celui qui a parlé en premier. Quelquefois même celui qui parle en premier, surtout si c'est au nom du demandeur, se dispense de faire une narration, soit parce que la proposition suffit, soit parce que cela est plus expédient. Il suffit, par exemple, de dire : *Je réclame telle créance, aux termes de telle stipulation ; je réclame tel legs, en vertu de telle disposition testamentaire ;* et de laisser à la partie adverse le soin d'exposer pourquoi cette somme ou ce legs n'est pas dû. Quelquefois encore il suffit à l'accusateur, et il est en même temps plus expédient, d'articuler le fait en ces mots : *Je dis qu' Horace a tué sa sœur ;* car, par cette seule proposition, le juge connaît toute l'accusation. Quant à la manière dont les faits se sont passés, et aux motifs, c'est plutôt à l'adversaire qu'il appartient d'en faire l'exposition. De son côté, l'accusé omettra la narration, lorsqu'il ne pourra nier ni excuser ce qu'on lui impute ; et il se retranchera dans la question de droit. Par exemple, un homme est accusé de sacrilége pour avoir volé, dans un temple, l'argent d'un particulier : en ce cas, un aveu marquera plus de pudeur qu'un récit, et on dira : *Nous ne nions pas que l'argent n'ait été dérobé dans un temple ; mais il n'y avait pas lieu à une action en sacrilége, attendu qu'il s'agit d'une chose privée, et non d'une chose sacrée : or, vous avez à juger s'il a été commis un sacrilége.* Mais si je crois qu'il y a lieu quelquefois, comme dans les exemples précédents, d'omettre la narration, je ne suis pas, pour cela, de l'avis de ceux qui prétendent que la narration n'existe pas dans les causes où l'accusé se borne à nier ce qu'on lui impute. C'est l'opinion de Cornélius Celsus, qui range au nombre des causes de cette nature la plupart de celles où il s'agit de meurtre, et toutes celles où il s'agit de brigues ou de concussion. Il n'y a narration, selon lui, que là où il y a exposition générale des faits incriminés, sur lesquels le juge doit prononcer. Cependant il reconnaît que Cicéron a fait une véritable narration dans la cause de Rabirius Postumus, quoique Cicéron niât que Rabirius eût touché aucune somme d'argent, ce qui était le point fondamental de la cause ; et dans cette narration, il ne dit rien du fait incriminé. Pour moi, et en cela je m'appuie sur de graves autorités, je crois que les causes judiciaires sont susceptibles de deux espèces de narrations : l'une intrinsèque ; l'autre extrinsèque. *Je n'ai pas tué cet homme :* évidemment, il n'y a pas là de narration ; mais il y en aura une, et quelquefois assez longue, à passer en revue, pour repousser les arguments de l'accusateur, la vie passée de l'accusé, les circonstances dont le concours a pu compromettre son innocence, ou celles qui rendent incroyable ce qu'on lui impute. Car l'accusateur ne dit pas seulement :

---

ut propositionem potius habeant, quam narrationem. Id accidit aliquando utrique parti, quum vel nulla expositio est, vel de re constat, de jure quæritur : ut apud centumviros, *Filius, an frater debeat esse intestatæ heres ? Pubertas annis, an habita corporis, æstimetur ?* Aut quum est quidem in re narrationi locus, sed ante aut judici nota sunt omnia, aut priore loco recte exposita. Accidit aliquando alteri, et sæpius ab actore ; vel quia satis est proponere, vel quia sic magis expedit. Satis est dixisse, *Certam creditam pecuniam peto ex stipulatione ; Legatum peto ex testamento.* Diversæ partis expositio est, cur ea non debeantur. Et satis est actori, et magis expedit, sic indicare, *Dico ab Horatio sororem suam interfectam ;* namque et cum propositione judex crimen omne cognoscit, et ordo et causa facti pro adversario magis est. Reus contra tunc narrationem subtrahet, quum id, quod objicitur, nec negari, nec excusari poterit, sed in sola juris quæstione consistet ; ut in eo, qui, quum pecuniam privatam, ex æde sacra surripuerit, sacrilegii reus est, confessio verecundior, quam expositio ; *Non negamus, pecuniam de templo esse sublatam ; calumniatur tamen accusator actione sacrilegii, quum privata fuerit, non sacra ; vos autem de hoc cognoscetis, An sacrilegium sit admissum.* Sed ut has aliquando non narrandi causas puto, sic ab aliis dissentio, qui non existimant esse narrationem, quum reus, quod objicitur, tantum negat ; in qua est opinione Cornelius Celsus, qui conditionis hujus esse arbitratur plerasque cædis causas, et omnes ambitus ac repetundarum. Non enim putat esse narrationes, nisi quæ summam criminis, de quo judicium est, contineant ; deinde fatetur ipse, pro Rabirio Postumo narrasse Ciceronem : atqui ille et negavit pervenisse ad Rabirium pecuniam, qua de re erat quæstio constituta ; et in hac narratione nihil de crimine exposuit. Ego autem, magnos alioqui secutus auctores, duas esse in judiciis narrationum species existimo ; alteram ipsius causæ, alteram rerum ad causam pertinentium, expositionem. *Non occidi hominem,* nulla narratio est : convenit ; sed erit aliqua, et interim etiam longa, contra argumenta ejus criminis, de anteacta vita, de causis, propter quas innocens in periculum deducatur, aliis, quibus incredibile id, quod objicitur, fiat. Neque enim accusator hoc tantum dicit, *Occi-*

Vous avez tué cet homme, mais il joint à cette accusation un récit qui tend à la prouver. Ainsi, dans les poëtes tragiques, lorsque Teucer accuse Ulysse d'avoir tué Ajax : *Je l'ai trouvé*, dit-il, *dans un lieu écarté, près du corps inanimé de son ennemi, tenant à la main un fer ensanglanté*. De son côté, Ulysse ne se contente pas de répondre qu'il n'a pas commis le crime; il proteste encore qu'il n'existait aucune inimitié entre Ajax et lui, qu'ils étaient seulement rivaux de gloire; il expose enfin comment il est venu en ce lieu, où il a vu Ajax gisant et sans vie, et a tiré le fer de sa blessure; et ce récit est accompagné de l'argumentation. Il y a lieu même à narration, dans le cas où, accusé de vous être trouvé dans le lieu où votre ennemi a été tué, vous vous bornez à nier le fait; car vous avez à établir où vous étiez. Par la même raison, les causes de brigues et de concussion sont susceptibles d'autant de narrations de cette espèce qu'il y a de chefs d'accusation. La défense sera, il est vrai, négative; mais elle s'établira sur une exposition contraire à celle de l'adversaire, pour combattre ses arguments, tantôt un à un, tantôt en masse. Un homme est accusé de brigue : pourquoi serait-il mal venu à exposer, dans une narration, quelle est sa naissance, quelle a été sa vie, quels sont enfin les services qui justifient son ambition? Il est accusé de concussion : se nuira-t-il en exposant sa vie passée, et les motifs qui ont pu soulever contre lui la province entière, ou l'accusateur, ou les témoins? Si tout cela n'est pas de la narration, ce n'en sera point une non plus que la première que fait Cicéron dans la défense de Cluentius, et qui commence par ces mots : *A Cluentius Habitus;* car il n'y parle que des causes qui lui ont attiré l'inimitié de sa mère, sans dire un mot du poison.

Passons aux narrations extrinsèques. Elles consistent tantôt à citer des exemples analogues à la cause : ainsi, dans l'affaire de Verrès, Cicéron cite un trait de cruauté de L. Domitius, qui fit mettre en croix un berger qui avouait avoir tué avec un épieu un sanglier qu'il lui avait offert; tantôt à discuter une accusation étrangère à la cause, comme l'a fait le même orateur dans son plaidoyer pour Rabirius Postumus : *Dès qu'on fut arrivé à Alexandrie, le roi proposa à Postumus, comme unique moyen de conserver son argent, de s'en charger à titre d'économe, et pour ainsi dire d'intendant royal;* à rendre l'accusé plus odieux, comme dans la description de *la marche de Verrès*. Quelquefois on introduit une narration purement imaginaire, soit pour exciter l'indignation des juges, comme l'a fait Cicéron au sujet de Chrysogonus, dont j'ai parlé tout à l'heure, dans son plaidoyer pour Roscius; soit pour les délasser par quelque plaisanterie, comme on peut le voir dans le plaidoyer pour Cluentius, au sujet des frères Cépasius; soit par digression et comme ornement, à l'exemple de Cicéron contre le même Verrès : *C'est dans ces lieux qu'autrefois Cérès chercha, dit-on, sa fille Proserpine.* Tout cela prouve que celui qui nie peut non-seulement narrer, mais narrer même sur le fait qu'il nie.

Il ne faut pas prendre à la lettre ce que j'ai avancé, que la narration est superflue, quand le juge a connaissance du fait. Cela ne doit s'entendre ainsi qu'autant que le juge a non-seulement connaissance du fait, mais qu'il l'envisage sous le point de vue favorable à notre cause. Car le but de la narration n'est pas tant d'instruire le

---

disti; sed, quibus id probet, narrat : ut in tragœdiis, quum Teucer Ulixem reum facit Ajacis occisi, dicens, *Inventum eum in solitudine, juxta exanime corpus inimici, cum gladio cruento;* non id modo Ulixes respondet, non esse a se id facinus admissum, sed sibi nullas cum Ajace inimicitias fuisse; de laude inter ipsos certatum; deinde subjungit, quomodo in eam solitudinem venerit, jacentem exanimem sit conspicatus, gladium e vulnere extraxerit; his subtexitur argumentatio. Sed ne illud quidem sine narratione est, dicente accusatore, *Fuisti in eo loco, in quo tuus inimicus occisus est* : *Non fui;* dicendum enim, ubi fuerit; quare ambitus quoque causæ et repetundarum hoc etiam plures hujusmodi narrationes habere poterunt, quo plura crimina; in quibus ipsa quidem neganda sunt, sed argumentis expositione contraria resistendum, interdum singulis, interdum universis. An reus ambitus male narrabit, quos parentes habuerit, quemadmodum ipse vixerit, quibus meritis fretus ad petitionem descenderit? Aut si quis repetundarum crimine insimulabitur, non et anteactam vitam, et quibus de causis provinciam universam, vel accusatorem, aut testem offenderit, non inutiliter exponet? Quæ si narratio non est, ne illa quidem Ciceronis pro Cluentio prima, cujus est initium, *A. Cluentius Habitus;* nihil enim hic de veneficio, sed de causis, quibus ei mater inimica sit, dicit. Illæ quoque sunt pertinentes ad causam, sed non ipsius causæ, narrationes : vel exempli gratia, ut in Verrem de M. Domitio, qui pastorem, quod is aprum, quem ipsi muneri obtulerat, exceptum esse a se venabulo confessus esset, in crucem sustulit; vel discutiendi alicujus extrinsecus criminis, ut pro Rabirio Postumo, *Nam ut ventum Alexandriam est, iudices, hæc una ratio a rege proposita Postumo est servandæ pecuniæ, si curationem et quasi dispensationem regiam suscepisset;* vel augendi, ut describitur *iter Verris.* Ficta interim narratio introduci solet, vel ad concitandos judices, ut pro Roscio circa Chrysogonum, cujus paulo ante habui mentionem; vel ad resolvendos aliqua urbanitate, ut pro Cluentio circa fratres Cepasios : interdum per digressionem decoris gratia, qualis rursus in Verrem de Proserpina, *In his quondam locis mater filiam quæsisse dicitur.* Quæ omnia eo pertinent, ut appareat, non utique non narrare eum, qui negat, sed illud ipsum narrare, quod negat. Ne hoc quidem simpliciter accipiendum, quod est a me positum, supervacuam esse narrationem rei, quam judex noverit; quod sic intelligi volo, si non modo, factum quid sit, sciet; sed ita factum etiam, ut nobis expedit, opinabitur. Neque enim narratio in hoc reperta est, ut tantum cognoscat judex, sed aliquanto ma-

juge que de lui faire partager notre manière de voir. Aussi, lors même que le juge aurait connaissance du fait, s'il est néanmoins nécessaire de l'affecter d'une certaine manière, nous ferons une narration, en ayant soin de la justifier par quelques mots préalables : *Nous savons qu'il connaît les faits en général*, mais nous le prions de ne pas trouver mauvais que nous les lui fassions connaître en détail. Tantôt nous prétexterons la présence d'un nouveau juge, pour revenir sur notre récit; tantôt ce sera pour rendre tous les assistants eux-mêmes juges de l'iniquité des allégations de la partie adverse; et, dans ces cas, il faudra varier l'exposition de plusieurs figures, pour épargner au juge l'ennui d'entendre le récit de choses déjà connues : *Vous vous souvenez : il est peut-être inutile de s'arrêter sur ce point; mais pourquoi fatiguer plus longtemps votre attention, puisque vous êtes parfaitement instruits de ce qui s'est passé? vous n'ignorez sans doute pas que..*, et autres formules semblables. Autrement, si la narration paraît toujours superflue, quand le juge connaît déjà la cause, la plaidoirie même peut quelquefois paraître inutile.

On agite souvent cette autre question : la narration doit-elle toujours suivre l'exorde? l'opinion de ceux qui sont pour l'affirmative ne semble pas dénuée de fondement; car, le but de l'exorde étant de rendre le juge bienveillant, attentif et docile, et les preuves ne pouvant faire impression sur son esprit qu'autant qu'il connaît les faits, il semble nécessaire de l'en instruire immédiatement après l'exorde. Mais la nature des causes veut quelquefois qu'on intervertisse cet ordre, à moins qu'on ne blâme Cicéron de ce que, dans le beau plaidoyer qu'il a écrit pour Milon et qu'il nous a laissé, il a traité préalablement trois questions avant d'en venir à la narration, et qu'on ne pense qu'il eût mieux fait d'exposer comment Clodius avait tendu des embûches à Milon, sans s'embarrasser si un accusé, qui avoue qu'il a tué un homme, ne peut être défendu; si Milon était déjà préjugé et condamné par le sénat; si enfin Pompée avait cédé à l'esprit de parti en investissant le tribunal de soldats armés, et se déclarait par là contre Milon. On pourra dire, à la vérité, que ces questions rentrent dans l'exorde, puisqu'elles tendent toutes à préparer le juge. Mais dans son plaidoyer pour Varénus, Cicéron n'aborde la narration qu'après avoir détruit les objections de l'adversaire. Cette manière de procéder sera bonne, toutes les fois qu'il s'agira non-seulement de repousser une accusation, mais de la faire retomber sur la partie adverse; de sorte qu'après s'être d'abord défendu, l'accusé se sert de la narration comme d'une transition pour accuser à son tour. Ainsi, en fait d'escrime, on s'attache d'abord plutôt à parer qu'à attaquer.

Il y a certaines causes, et ces causes ne sont pas rares, qui sont faciles à défendre en ce qui touche l'accusation dont le juge est saisi, mais sur lesquelles pèse l'infamie d'une vie désordonnée. Or, il faut d'abord écarter ces antécédents, pour disposer le juge à écouter favorablement la défense du fait particulier sur lequel il doit prononcer. Ainsi, qu'il s'agisse de défendre M. Célius; l'avocat ne fera-t-il pas très-bien d'aller au devant des bruits injurieux qui le représentaient comme un homme dissolu, effronté, impudique, avant d'aborder ceux qui avaient trait à l'empoisonnement? sur quoi roule uniquement tout le plaidoyer de Cicéron. Puis il racontera ce

---

gis, ut consentiat : quare, etiamsi non erit docendus, sed aliquo modo afficiendus, narrabimus cum præparatione quadam, *Scire quidem eum in summam quid acti sit, tamen rationem quoque facti cujusque cognoscere ne gravetur.* Interim propter aliquem in consilium adhibitum nos repetere illa simulemus; interim, ut rei, quæ ex adverso proponatur, iniquitatem omnes etiam circumstantes intelligant; in quo genere plurimis figuris erit varianda expositio, ad effugiendum tædium nota audientis, sicut : *Meministi; et, Fortasse supervacuum fuerit hic commorari; Sed quid ego diutius, quum tu optime noris? Illud quale sit, tu scias;* et his similia. Alioqui, si apud judicem, cui nota causa est, narratio semper videtur supervacua, potest videri non semper esse etiam ipsa actio necessaria. Alterum est, de quo frequentius quæritur. An sit utique narratio procemio subjicienda : quod qui opinantur, non possunt videri nulla ratione ducti; nam quum procemium idcirco comparatum sit, ut judex ad rem accipiendam fiat conciliator, docilior, intentior; et probatio, nisi causa prius cognita, non possit adhiberi; protinus judex notitia rerum instruendus videtur. Sed hoc quoque interim mutat conditio causarum; nisi forte Marcus Tullius in oratione pulcherrima, quam pro Milone scriptam reliquit, male distulisse narrationem videtur tribus præpositis quæstionibus; aut profuisset exponere, quomodo insidias Miloni fecisset Clodius, si reum, qui a se hominem occisum fateretur, defendi omnino fas non fuisset; aut si jam præjudicio senatus damnatus esset Milo; aut si Cn. Pompeius, qui propter aliquam gratiam judicium militibus armatis clauserat, tamquam adversus ei timeretur. Ergo hæ quoque quæstiones vim procemii obtinebant, quum omnes judicem præpararent. Sed pro Vareno quoque postea narravit, quum objecta diluit. Quod fiet utiliter, quoties crimen non repellendum tantum, sed etiam transferendum erit, ut, his prius defensis, velut initium sit alium culpandi narratio; ut in armorum ratione antiquior cavendi, quam ictum inferendi cura est. Erunt quædam causæ (neque id raro) crimine quidem, de quo cognitio est, faciles ad diluendum, sed multis anteactæ vitæ flagitiis et gravibus oneratæ; quæ prius amolienda sunt, ut propitius judex defensionem ipsius negotii, cujus propria quæstio est, audiat : ut, si defendendus sit M. Cœlius, nonne optime patronus occurrat prius *conviciis luxuriæ, petulantiæ, impudicitiæ,* quam *veneficii?* in quibus solis omnis Ciceronis versatur oratio; deinde tum narret *de bonis Pallæ, totamque de vi* explicet *causam,* quæ est ipsius actione

que son client a fait de bien, et entrera dans le fond de la cause en ce qui concerne le fait de violence, sur lequel Célius s'est défendu lui-même. Mais, au lieu de cela, nous suivons la coutume des écoles, où l'on détermine certains points fixes, qu'on appelle *thèmes*, hors desquels il n'y a rien à réfuter. C'est pour cela que la narration suit toujours immédiatement l'exorde. De là la liberté que se donnent nos déclamateurs de faire une narration, lors même qu'ils plaident en second ordre. En effet, lorsqu'ils parlent pour le demandeur, quoique en second ordre, ils font une narration, à cause de la priorité naturelle du demandeur, et réfutent en même temps les allégations de la partie adverse, comme parlant de fait après elle : ce que je ne blâme pas ; car la déclamation étant une préparation aux plaidoiries du barreau, pourquoi ne s'exercerait-on pas à plaider à la fois en premier et en second ordre ? Mais devenus avocats, et jusqu'alors étrangers à la pratique du barreau en ce qui concerne l'ordre des plaidoiries, ils suivent toujours leur manière, et continuent de parler en déclamateurs. Il arrive même aussi quelquefois, dans les exercices de l'école, que la proposition suffit sans narration. On accuse un mari jaloux de mauvais traitements envers sa femme ; on dénonce un cynique aux censeurs : qu'y a-t-il à narrer dans ces deux causes, puisque l'accusation est suffisamment déterminée par un seul mot, dans quelque partie que ce soit du plaidoyer ? Mais en voilà assez ; je passe à *la manière de narrer.*

La narration est l'exposition persuasive d'une chose faite ou prétendue faite ; ou, suivant la définition d'Apollodore, *un discours qui instruit l'auditeur de l'objet de la contestation.*

La plupart des rhéteurs, et particulièrement ceux qui suivent la doctrine d'Isocrate, veulent que la narration soit *lucide*, *brève* et *vraisemblable*. Peu importe qu'au lieu de *lucide* je dise *claire*, ou qu'au lieu de *vraisemblable* je me serve du mot *croyable*, ou de quelque autre mot équivalent. J'approuve cette division. Aristote cependant contredit Isocrate en un point : il se moque du précepte de la *brièveté*, comme si la narration devait être nécessairement longue ou courte, et qu'il n'y eût point de milieu. Les Théodoriens ne reconnaissent que la dernière qualité, se fondant sur ce que la brièveté et la clarté ne sont pas toujours opportunes. Je crois donc nécessaire de bien distinguer les différents genres de narration, pour faire voir ce qui convient à chaque circonstance.

La narration est ou toute à notre avantage, ou toute à l'avantage de notre adversaire ; ou elle est en partie favorable et en partie contraire à l'un et à l'autre. Si elle est toute à notre avantage, nous nous contenterons des trois qualités, qui tendent à mettre le juge en état de *comprendre*, de *retenir* et de *croire* ce qu'on lui dit. Et qu'on ne me blâme pas d'avancer que la narration, dans ce cas, quoique vraie, doit être vraisemblable ; car il y a beaucoup de choses vraies qui sont peu croyables, et beaucoup de choses fausses qui ne laissent pas d'être vraisemblables : aussi n'a-t-on pas moins de peine à faire croire au juge le vrai que le faux. Ces trois qualités il est vrai, sont de l'essence des autres parties ; car partout il faut éviter l'obscurité, partout il faut garder une certaine mesure, partout il faut que ce qu'on dit soit vraisemblable ; mais c'est surtout dans la partie qui a pour fin de mettre d'abord le juge au courant de l'affaire, qu'il faut observer ces règles ; car s'il arrive qu'il ne comprenne pas, ou qu'il oublie, ou qu'il ne croie

---

defensa? Sed nos ducit scholarum consuetudo, in quibus certa quædam ponuntur, quæ *themata* dicimus, præter quæ nihil est diluendum : ideoque *narratio* procemio semper subjungitur; inde libertas declamatoribus, ut etiam secundo partis suæ loco videantur. Nam quum pro petitore dicunt, et expositione, tamquam priores agant, uti solent; et contradictione, tamquam respondeant: idque fit recte; nam quum sit *declamatio forensium actionum meditatio*, cur non in utrumque protinus locum exerceat? Cujus rationis ignari, ex more, cui assuerunt, nihil in foro putant esse mutandum. Sed in scholasticis quoque nonnunquam evenit, ut pro narratione sit propositio; nam quid exponet, quæ zelotypum malæ tractationis accusat? aut qui Cynicum apud censores reum de moribus facit? quum totum crimen uno verbo in qualibet actionis parte posito satis indicetur. Sed hæc hactenus : nunc, quæ sit narrandi ratio, subjungam. *Narratio est rei factæ*, *aut ut factæ*, *utilis ad persuadendum expositio* ; vel, ut Apollodorus finit, *oratio docens auditorem, quid in controversia sit*. Eam plerique scriptores, maxime qui sunt ab Isocrate, volunt esse *lucidam, brevem,* *verisimilem;* neque enim refert, an pro *lucida* perspicuam, pro *verisimili* probabilem credibilemve dicamus. Eadem nobis placet divisio; quamquam et Aristoteles ab Isocrate parte in una dissenserit, præceptum brevitatis irridens, tamquam necesse sit, longam aut brevem esse expositionem, nec liceat ire per medium. Theodorei quoque solam relinquunt ultimam partem, quia nec breviter utique nec dilucide semper sit utile exponere. Quo diligentius distinguenda sunt singula, ut, quid quoque loco prosit, ostendam. Narratio est aut tota pro nobis, aut tota pro adversariis, aut mixta ex utrisque : si erit tota pro nobis, contenti simus his tribus partibus, per quas efficitur, quo judex facilius *intelligat*, *meminerit*, *credat*. Nec quisquam reprehensione dignum putet, quod proposuerim eam, quæ sit tota pro nobis, debere esse verisimilem, quum vera sit; sunt enim plurima vera quidem, sed parum credibilia, sicut falsa quoque frequenter verisimilia ; quare non minus laborandum est, ut judex, quæ vera dicimus, quam quæ fingimus, credat. Sunt quidem hæ, quas supra retuli, virtutes aliarum quoque partium ; nam et per totam actionem vitanda est obscuritas, et modus ubique custodien

pas ce que nous avons dit, nous nous fatiguerons en pure perte dans le reste.

La narration sera intelligible et lucide, si d'abord elle est faite en termes propres et significatifs, qui n'aient rien de bas, mais qui pourtant ne soient ni recherchés ni extraordinaires; ensuite, si l'on distingue nettement les choses, les personnes, les temps, les lieux, les motifs, en joignant à tout cela une prononciation convenable, de manière que le juge saisisse ce qu'on dit sans la moindre peine. Mais c'est un mérite dont la plupart des orateurs sont peu jaloux. Tout drapés, pour ainsi dire, dans l'attente des applaudissements d'une multitude subornée, ou que le hasard a rassemblée autour d'eux, ils ne peuvent souffrir ce silence judicieux d'un auditoire attentif, et ne se croient éloquents qu'autant qu'ils sont assourdis par le tumulte et les vociférations. Raconter simplement la chose, cela est bon dans la conversation, c'est le fait du premier venu d'entre les ignorants. Toutefois, ce qu'ils méprisent comme trop facile, on ne saurait dire s'ils ne le font pas, faute de le vouloir ou de le pouvoir. Car, de l'avis de ceux qui ont de l'expérience, rien n'est plus difficile que de dire ce qu'après nous avoir entendus chacun croit qu'il eût dit aussi bien que nous, par la raison que ce dont l'auditeur juge ainsi ne lui paraît pas beau, mais seulement vrai. Or, l'orateur ne parle jamais mieux que lorsqu'il paraît dire vrai. Mais aujourd'hui la narration est une espèce de carrière, où les orateurs se plaisent à donner mille inflexions à leur voix, à rejeter leur tête en arrière à se frapper les flancs, et à se jouer dans tous les genres de pensées, de mots et de composition. Puis, il résulte de là quelque chose de monstrueux : la plaidoirie plaît, et la cause n'est point comprise. Mais je passe, de peur de m'attirer moins de faveur en prescrivant le bien, que d'animadversion en reprenant le mal.

La narration sera courte, d'abord, si elle part de ce qu'il importe de faire connaître au juge; ensuite, si nous ne disons rien d'étranger à la cause; enfin, si nous retranchons tout ce qu'on peut retrancher sans rien ôter de ce qui est utile, soit pour la connaissance des faits, soit pour le bien de la cause; car il y a souvent une certaine brièveté partielle, qui ne laisse de faire un tout fort long : *J'arrivai sur le port, j'aperçus un navire, je demandai le prix du passage, je fis marché, je montai, on leva l'ancre, on mit à la voile, nous partîmes.* On ne saurait exprimer chaque circonstance plus brièvement; cependant il suffit de dire : *je m'embarquai;* et, toutes les fois que ce qui a suivi indique suffisamment ce qui a précédé, nous devons nous contenter de ce qui fait entendre le reste. Ainsi, quand je peux dire : *J'ai un fils jeune,* je n'ai pas besoin d'entrer dans ces circonlocutions : *Désirant avoir des enfants, je me suis marié; il m'est né un fils; je l'ai élevé, il est parvenu à l'adolescence, etc.* C'est pour cela que quelques rhéteurs grecs distinguent entre une narration précise, σύντομον, et une narration brève, en ce que la première n'a rien de superflu, et que la seconde peut n'avoir pas tout ce qui est nécessaire. Pour moi, je fais consister la brièveté, non à dire moins, mais à ne pas dire plus qu'il ne faut; car pour ce qui est des répétitions oiseuses de mots et des pléonasmes (ταυτολογίας, περισσολογίας), que cer-

---

dus, et credibilia esse oportet omnia, quæ dicuntur : maxime tamen hæc in ea parte custodienda sunt, quæ prima judicem docet; in qua si acciderit, ut aut non intelligat, aut non meminerit, aut non credat, frustra in reliquis laborabimus. Erit autem *narratio aperta* atque *dilucida,* si fuerit primum exposita verbis propriis et significantibus, et non sordidis quidem, non tamen exquisitis, et ab usu remotis; tum distincta rebus, personis, temporibus, locis, causis, ipsa etiam pronunciatione in hoc accommodata, ut judex, quæ dicuntur, quam facillime accipiat. Quæ quidem virtus negligitur a plurimis, qui ad clamorem dispositæ, vel etiam forte circumfusæ, multitudinis compositi, non ferunt illud intentionis silentium; nec sibi diserti videntur, nisi omnia tumultu ac vociferatione concusserint; rem indicare, sermonis quotidiani, et in quemcunque etiam indoctorum cadentis, existimant; quum interim, quod tamquam facile contemnunt, nescias, præstare minus velint, an possint. Neque enim aliud in eloquentia, cuncta experti, difficilius reperient, quam id, quod se dicturos fuisse omnes putant, postquam audierunt: quia non bona judicant esse illa, sed vera; tum autem optime dicit orator, quum videtur vera dicere. At nunc, velut campum nacti expositionis, hic potissimum et vocem flectunt, et cervicem reponunt, et brachium in latus jactant, totoque et rerum et verborum et compositionis genere lasciviunt; deinde, quod sit monstro simile, placet actio, causa non intelligitur : verum hæc omittamus, ne minus gratiæ, præcipiendo recta, quam offensæ, reprehendendo prava, mereamur. *Brevis* erit *narratio* ante omnia, si inde cœperimus exponere, unde ad judicem pertinet; deinde, si nihil extra causam dixerimus; tum etiam, si reciderimus omnia, quibus sublatis, nec cognitioni quidquam, nec utilitati, detrahatur. Solet enim esse quædam partium brevitas, quæ longam tamen efficit summam. *In portum veni, navim prospexi, quanti veheret interrogavi, de pretio convenit, conscendi, sublatæ sunt ancoræ, solvimus oram, profecti sumus;* nihil horum dici celerius potest; sed sufficit dicere : *E portu navigavi;* et, quoties exitus rei satis ostendit priora, debemus hoc esse contenti, quo reliqua intelliguntur. Quare, quum dicere liceat, *Est mihi filius juvenis,* omnia illa supervacua, *Cupidus ego liberorum uxorem duxi, natum sustuli, filium educavi, in adolescentiam perduxi :* ideoque Græcorum aliqui aliud circumcisam expositionem, id est σύντομον, aliud brevem putaverunt: quod illa supervacuis careret, hæc posset aliquid ex necessariis desiderare. Nos autem brevitatem in hoc ponimus, non ut minus, sed ne plus dicatur, quam oporteat; nam iterationes quidem, et ταυτολογίας, et περισσολογίας, quas in narratione vitandas quidam scriptores Artium tradiderunt,

tains auteurs de *Rhétoriques* recommandent d'éviter dans la narration, je ne m'y arrêterai pas : ce sont des défauts en eux-mêmes, et qu'il faut éviter, indépendamment de ce qu'ils pèchent contre la brièveté.

On ne doit pas moins se tenir en garde contre l'obscurité qui suit ceux qui veulent tout abréger; car encore vaut-il mieux dire trop que de ne pas dire assez : le superflu ennuie, mais on ne retranche pas sans danger le nécessaire. Aussi faut-il éviter même cette brièveté et cette concision que nous admirons dans Salluste. Ce qu'un lecteur a le loisir de peser avec attention, échappe à l'auditeur, et n'attend pas qu'on le répète, outre qu'un lecteur est ordinairement un homme éclairé, tandis que le juge des décuries est la plupart du temps un homme qui a quitté son champ pour venir prononcer sur ce qu'il aura compris. Partout, je crois, mais particulièrement dans la narration, il est nécessaire de tenir un juste milieu, et de dire *tout ce qu'il faut, et rien que ce qu'il faut*. Je n'entends pas par là qu'on ne doive dire que ce qu'il faut pour indiquer le fait : la brièveté n'exclut pas l'ornement; autrement, il n'y aurait plus d'art. Or le plaisir donne le change, et ce qui plaît semble toujours court, de même qu'un chemin agréable et doux, quoique plus long, fatigue moins qu'un autre plus court, mais rude et triste. Le soin de la brièveté ne me paraît pas non plus incompatible avec ce qui peut contribuer à rendre l'exposition vraisemblable. Car une exposition, réduite au strict nécessaire, ne serait pas tant une *narration* qu'une *confession*. Il est, d'ailleurs, des narrations qui, par la nature de la cause, sont nécessairement longues, et auxquelles il faut préparer l'attention du juge dans la dernière partie de l'exorde, ainsi que je l'ai recommandé. Ce que l'on doit faire ensuite, c'est d'obvier, par tous les moyens possibles, à la longueur, ou à l'ennui. On obvie à la longueur, en ajournant ce que l'on pourra, mais toutefois en faisant mention de ce que l'on ajourne : *Quelles ont été ses raisons pour commettre ce meurtre, quels furent ses complices, comment s'y prit-il pour disposer ses embûches, c'est ce que je dirai dans la confirmation*. Quelquefois on distrait de la suite du récit certains faits qu'on laisse de côté, comme Cicéron dans son plaidoyer pour Cécina : *Fulcinius meurt; car je passerai sous silence plusieurs circonstances qui ont accompagné cette mort, mais qui sont étrangères à la cause*. On remédie à l'ennui, en divisant son récit : *Je dirai ce qui s'est passé avant le commencement de la chose, ce qui s'est passé pendant qu'elle a eu lieu, ce qui s'est passé après*. De cette façon on aura l'air de faire plutôt trois petites narrations qu'une seule longue. Quelquefois il sera bon d'entrecouper le récit par quelque mot d'avertissement : *Vous avez entendu ce qui s'est passé avant; écoutez maintenant ce qui s'est passé après*. La fin d'un premier récit, en reposant le juge, le prépare à en écouter un nouveau. Si cependant, malgré tous ces artifices, le développement des faits nous mène un peu loin, il ne sera pas inutile de finir chaque partie par une sorte de récapitulation. C'est ce que fait Cicéron, même dans une narration de peu d'étendue : *Jusqu'ici, César, Ligarius est à l'abri de tout reproche; il est parti de chez lui, non-seulement sans qu'il y eût de guerre, mais même sans qu'il y en eût la moindre apparence*.

La narration sera vraisemblable, d'abord, si

---

transeo; sunt enim hæc vitia non tantum brevitatis gratia refugienda. Non minus autem cavenda erit, quæ nimium corripientes omnia sequitur, obscuritas; satiusque est aliquid narrationi superesse, quam deesse : nam supervacua cum tædio dicuntur, necessaria cum periculo subtrahuntur. Quare vitanda est etiam illa Sallustiana, quamquam in ipso virtutis locum obtinet, brevitas, et abruptum sermonis genus; quod otiosum fortasse lectorem minus fallit, audientem transvolat, nec, dum repetatur, exspectat; quum præsertim lector non fere sit, nisi eruditus; judicem rura plerumque in decurias mittant, de eo pronunciaturum, quod intellexerit; ut fortasse ubique, in narratione tamen præcipue, media hæc tenenda sit via dicendi, *quantum opus est, quantum satis est. Quantum opus est* autem non ita solum accipi volo, quantum ad indicandum sufficit; quia non inornata debet esse brevitas, alioqui sit indocta ; nam et fallit voluptas, et minus longa, quæ delectant, videntur; ut amœnum ac molle iter, etiamsi est spatii amplioris, minus fatigat, quam durum aridumque compendium. Neque enim mihi unquam tanta fuerit cura brevitatis, ut non ea, quæ credibilem faciunt expositionem, inseri velim. Simplex enim et undique præcisa, non tam *narratio* vocari potest, quam *confessio* : sunt porro multæ conditione ipsa rei longæ narrationes, quibus extrema (ut præcepi) prœmii parte ad intentionem præparandus est judex; deinde curandum, ut omni arte vel ex spatio ejus detrahamus aliquid, vel ex tædio. Ut minus longa sit, efficiemus, quæ poterimus, differendo, non tamen sine mentione eorum, quæ differemus : *Quas causas occidendi habuerit, quos assumpserit conscios, quemadmodum disposuerit insidias, probationis loco dicam*. Quædam vero ex ordine prætermittenda, quale est apud Ciceronem, *Moritur Fulcinius; multa enim, quæ sunt in re, quia remota sunt a causa, prætermittam*. At partitio tædium levat : *Dicam, quæ acta sint ante ipsum rei contractum; dicam quæ in re ipsa; dicam, quæ postea*. Ita tres potius modicæ narrationes videbuntur, quam una longa. Interim expediet expositiones brevi interfatione distinguere : *Audistis, quæ ante acta sunt; accipite nunc, quæ insequuntur*. Reficietur enim judex priorum fine, et velut ad novum rursus initium præparabitur. Si tamen, adhibitis quoque his artibus, in longum exierit ordo rerum, erit non inutilis in extrema parte commonitio; quod Cicero etiam in brevi narratione facit : *Adhuc, Cæsar, Q. Ligarius omni culpa caret : domo est egressus non modo nullum ad bellum, sed ne ad minimam quidem belli suspicionem*, etc. Credibilis autem erit narratio ante omnia, si prius consuluerimus nostrum animum, ne quid

l'on s'interroge soi-même, pour ne rien dire qui ne soit naturel; ensuite, si l'on donne aux faits des causes et des motifs, non pas à tous, mais à ceux qui font question; si l'on accorde le caractère des personnes avec les choses que l'on veut faire croire, en présentant, par exemple, celui qu'on accuse de larcin, comme un homme cupide; d'adultère, comme un débauché; d'homicide, comme un homme emporté; et réciproquement, si l'on est chargé de la défense. Enfin, que tout cela concorde avec les lieux, les temps et autres circonstances semblables.

La conduite du récit contribue encore à donner de la vraisemblance aux faits, comme dans les comédies et dans les mimes. En effet, certaines choses se suivent et s'enchaînent si naturellement, que, la première bien racontée, le juge devine celle qui suivra. Il sera bon même de jeter çà et là quelques germes de preuves, sans toutefois perdre de vue qu'on en est à narrer, et non à prouver. On pourra quelquefois confirmer ce qu'on aura avancé, pourvu que l'argument soit simple et court. Par exemple, s'il s'agit de poison, on dira : *Il était en parfaite santé, il boit, tout à coup il tombe, son corps enfle et devient livide.* C'est encore une sorte de préparation qui produit le même effet, *de représenter, d'un côté, l'accusé plein de force, armé, préoccupé, et, de l'autre, des êtres faibles, sans armes, sans défiance.* Enfin tout ce qu'on approfondira dans la confirmation, *le caractère de la personne, la nature de la cause, le lieu, le temps, les moyens, la conjoncture,* on peut effleurer tout cela dans la narration. Si ces considérations manquent, on avouera *que le crime est à peine croyable, mais qu'il n'en est pas moins vrai, et par cela même plus atroce;*

qu'on ne sait ni comment ni pourquoi il a été commis; qu'on s'en étonne, mais que néanmoins on le prouvera. Mais, de toutes les préparations, la meilleure est celle dont le dessein est caché. Ainsi, quoique Cicéron donne un ton infiniment avantageux à tout ce qu'il dit, dans la narration, pour insinuer que Clodius était l'agresseur, et non pas Milon, rien ne me paraît plus adroit que l'air de simplicité qui respire dans ces paroles : *Milon, étant resté ce jour-là au sénat jusqu'à la fin de la séance, revint chez lui, changea de chaussure et de vêtements, et y resta quelques instants, en attendant que sa femme fût prête.* Que Milon paraît tranquille, étranger à toute idée de préméditation! C'est l'impression que produisent non-seulement les faits que raconte cet admirable orateur pour peindre la lenteur du départ de Milon, mais encore les mots vulgaires et familiers dont il se sert, et où l'art est si bien caché. S'il eût parlé autrement, le seul bruit des mots eût éveillé l'attention du juge, et l'eût mis en garde contre lui. Ce passage paraît froid à la plupart des lecteurs; mais cela même prouve que, si on y est trompé en le lisant, à plus forte raison les juges ont dû s'y laisser prendre en l'écoutant. Voilà donc comment on rend un récit vraisemblable. Car pour ce qui est de ne rien dire de contradictoire et d'inconséquent dans la narration, celui qui aurait besoin d'une pareille recommandation peut se dispenser d'étudier le reste. Cependant certains rhéteurs s'applaudissent de ce précepte, comme d'une découverte merveilleuse.

A ces trois qualités de la narration, quelques-uns ajoutent la *magnificence* (μεγαλοπρέπειαν); mais outre que toutes les causes n'en sont pas susceptibles, (à quoi bon, en effet, un récit pom-

---

naturæ dicamus adversum; deinde si causas ac rationes factis præposuerimus, non omnibus, sed de quibus quæritur; si personas convenientes iis, quæ facta credi volemus, constituerimus, ut *furti reum, cupidum; adulterii, libidinosum; homicidii, temerarium;* vel contra, si defendemus; præterea loca et tempora et his similia. Est autem quidam et ductus rei credibilis, qualis in comœdiis etiam, et in mimis; aliqua enim naturaliter sequuntur et cohærent, ut, si bene priora narraveris, judex ipse, quod postea sis narraturus, exspectet. Ne illud quidem fuerit inutile, narrationem esse quædam probationum spargere; verum sic, ut narrationem esse meminerimus, non probationem. Nonnunquam etiam tamen argumento aliquo confirmabimus, quod proposuerimus, sed simplici et brevi; ut in veneficiis, *Sanus bibit, statim concidit, livor ac tumor confestim est insecutus.* Hoc faciunt et illæ præparationes, quum *reus dicitur robustus, armatus, sollicitus, contra infirmos, inermes, securos.* Omnia denique, quæ probatione tractaturi sumus, *personam, causam, locum, tempus, instrumentum, occasionem,* narratione delibabimus. Aliquando, si destituti fuerimus his, etiam fatebimur, *Vix esse credibile, sed verum, et hoc majus habendum scelus; nescire nos, quomodo factum sit, aut quare; mirari, sed probaturos.* Optimæ vero præ-

parationes erunt, quæ latuerint, ut a Cicerone sunt quidem utilissime prædicta omnia, per quæ *Miloni Clodius, non Clodio Milo insidiatus* esse videatur : plurimum tamen facit illa callidissima simplicitatis imitatio : *Milo autem, quum in senatu fuisset eo die, quoad senatus est dimissus, domum venit, calceos et vestimenta mutavit, paulisper, dum se uxor, ut fit, comparat, commoratus est.* Quam nihil præparato, nihil festinato fecisse videtur Milo! Quod non solum rebus ipsis vir eloquentissimus, quibus moras et lentum profectionis ordinem ducit, sed verbis etiam vulgaribus et quotidianis, et arte occulta consecutus est; quæ si aliter dicta essent, strepitu ipsum judicem ad custodiendum patronum excitassent. Frigida videntur ista plerisque; sed hoc manifestum est, quomodo judicem fefellerit, quod vix a lectore deprehenditur : hæc sunt, quæ credibilem faciant expositionem. Nam ne contraria aut sibi repugnantia in narratione dicamus, si cui præcipiendum est, is reliqua frustra docetur; etiamsi quidam scriptores Artium hoc quoque, tamquam occultum et a se prudenter erutum, tradunt. His tribus narrandi virtutibus adjiciunt quidam *magnificentiam*, quam μεγαλοπρέπειαν vocant, quæ neque in omnes causas cadit (nam quid, in plerisque judiciis privatis, de certa credita, locato et conducto, interdictis, habere loci potest su-

peux dans ces affaires civiles, qui sont du ressort du préteur, et où il ne s'agit que de créances, de loyers et de salaires?) elle n'est pas toujours utile, comme il est aisé de le voir par l'exemple que j'ai tiré de la Milonienne. Souvenons-nous d'ailleurs que, dans beaucoup de causes, on est forcé d'avouer les faits qu'on expose, d'en excuser l'intention, d'en rabaisser l'importance : toutes choses qui excluent la magnificence. Cette qualité n'est donc pas plus particulière à la narration que tant d'autres qualités de même nature, comme de parler de manière à exciter la pitié ou la haine, avec gravité, avec douceur, avec urbanité. Tout cela est bien à sa place, sans être proprement affecté et comme dévoué à la narration. J'en dis autant d'une autre qualité qu'indépendamment de la *magnificence* Théodecte assigne en propre à cette partie de plaidoyer, mais qui ne lui appartient ni plus ni moins qu'à toute autre : je veux dire l'*agrément*. Quelques-uns ajoutent l'*évidence*, ἐνάργεια. Je ne dissimulerai pas que Cicéron va encore plus loin; car, outre la *clarté*, la *brièveté* et la *vraisemblance*, il exige l'*évidence*, la *convenance*, et la *dignité*. Mais, dans toutes les parties du discours, on doit toujours observer la convenance, et mettre, partout où on le peut, de la dignité. Quant à l'*évidence*, elle est, sans doute, une qualité fort importante, lorsqu'il s'agit de rendre sensible un fait qui d'ailleurs est avéré; mais n'est-elle pas comprise dans la *clarté*? Encore se rencontre-t-il des rhéteurs qui rejettent la clarté comme une qualité quelquefois nuisible, parce que dans certaines causes, disent-ils, il est nécessaire d'obscurcir la vérité : précepte ridicule; car celui qui veut obscurcir la vérité met le faux à la place du vrai, et n'en doit par conséquent que plus travailler à rendre évident ce qu'il raconte.

Mais puisque le hasard, outre mon dessein particulier, m'a fait tomber sur le genre de narration le plus difficile, c'est-à-dire celui où le fait est contre nous, je m'y arrêterai. Quelques rhéteurs estiment que dans ce cas il faut omettre la narration. En vérité, rien n'est plus facile, si ce n'est de ne pas plaider du tout. Si cependant quelque juste raison vous oblige à vous charger d'une cause de cette espèce, quel art y aura-t-il à confesser, par votre silence, qu'elle est mauvaise? à moins que vous n'ayez affaire à un juge assez inepte pour vous donner raison sur un fait dont il saura que vous n'avez pas voulu lui donner connaissance. Je ne disconviens pas que, dans la narration, comme il est des choses qu'il est utile de nier, ou d'ajouter, ou de changer, il en est aussi qu'il est utile de taire; mais on ne doit les taire qu'autant que cela est nécessaire, et qu'on est libre de les dire ou de ne pas les dire : ce que l'on fait quelquefois aussi pour éviter d'être long, en disant, par exemple : *Il répondit ce qu'il crut devoir répondre*. Distinguons donc les genres de causes. En effet, dans celles où il n'est question que de la forme, quoique le fond soit contre nous, nous pouvons tout avouer : *Oui, il a volé dans un temple, mais c'était l'argent d'un particulier : donc il n'est pas sacrilége. — Oui, il a enlevé une jeune fille; mais il ne s'ensuit pas que le père ait la liberté d'opter. — Oui, ce jeune homme a été déshonoré, et, pour ne pas survivre à sa honte, il s'est pendu; mais le corrupteur ne doit point pour cela subir la peine capitale, comme auteur de cette mort; il payera seulement les dix mille*

---

pra modum, se tollens oratio?), neque semper est utilis, ut vel proximo exemplo Miloniano patet. Et meminerimus, multas esse causas, in quibus confitendum, excusandum, summittendum sit, quod exponimus; quibus omnibus aliena est illa magnificentiæ virtus; quare non magis proprium narrationis est *magnifice dicere*, quam *miserabiliter, invidiose, graviter, dulciter, urbane*; quæ, quum suo quæque loco sint laudabilia, non sunt huic parti proprie assignata, et velut dedita. Illa quoque, ut narrationi apta, ita cum cæteris partibus communis, est virtus, quam Theodectes huic uni proprie dedit; non enim magnificam modo vult esse, verum etiam *jucundam* expositionem. Sunt, qui adjiciant his *evidentiam*, quæ ἐνάργεια græce vocatur. Neque ego quemquam deceperim, ut dissimulem, Ciceroni quoque plures partes placere; nam, præterquam *planam et brevem et credibilem*, vult esse *evidentem, moratam, cum dignitate*. Sed in oratione, morata debent esse omnia, cum dignitate quæ poterunt. *Evidentia* in narratione, quantum ego intelligo, est quidem magna virtus, quum quid veri, non dicendum, sed quodammodo etiam ostendendum est; sed subjici perspicuitati potest : quam quidam etiam contrariam interim putaverunt, quia in quibusdam causis obscuranda veritas esset, quod est ridiculum. Nam, qui obscurare vult, narrat falsa pro veris; et in iis quæ narrat debet laborare, ut videantur quam evidentissima. Et quatenus etiam forte quadam pervenimus ad difficilius narrationum genus, jam de his loquamur, in quibus res contra nos erit; quo loco nonnulli prætereundam narrationem putaverunt; et sane nihil est facilius, nisi prorsus totam causam omnino non agere; sed si aliqua justa ratione hujusmodi susceperis litem, cujus artis est, malam esse causam, silentio confiteri? nisi forte tam hebes futurus es judex, ut secundum id pronunciet, quod sciet narrare te noluisse. Neque infitias eo, in narratione, ut aliqua neganda, aliqua adjicienda, aliqua mutanda, sic aliqua etiam tacenda : sed tacenda, quæ tacere oportebit, et liberum erit; quod fit nonnunquam brevitatis quoque gratia, quale illud est, *Respondit, quæ ei visum est*. Distinguamus igitur genera causarum; namque, in quibus non *de culpa* quæritur, sed *de actione*, etiamsi erunt contra nos themata, confiteri nobis licebit : *Pecuniam de templo sustulit, sed privatam; non ideo sacrilegus est. Virginem rapuit; non tamen optio patri dabitur. Ingenuum stupravit, et stupratus se suspendit; non tamen ideo stuprator capite, ut causa mortis, punietur; sed decem millia, quæ pœna stupratori constituta est, dabit.* Verum in his quoque confessionibus est aliquid, quod ex invidia,

sesterces, amende imposée aux corrupteurs. On peut même, en avouant le crime, atténuer l'odieux que l'exposition de la partie adverse a jeté sur le fait. Nos esclaves eux-mêmes ne savent-ils pas pallier leurs fautes? Tantôt nous affaiblirons la gravité de l'action, sans avoir l'air de narrer : *Il n'est point venu dans le temple, comme le prétend notre adversaire, dans l'intention d'y dérober, et n'y a pas épié le moment favorable : c'est l'occasion, c'est l'absence de tout gardien, qui l'a tenté; c'est la vue de l'or, si puissante sur le cœur des hommes, qui l'a vaincu. Mais qu'importe?* il a commis une faute, il a volé : à quoi sert d'excuser une action dont nous ne refusons pas de subir la peine? Tantôt, comme si nous étions les premiers à condamner notre client, nous lui adressons la parole : *Que voulez-vous que je dise? que vous avez été poussé par le vin, que c'est une méprise, favorisée par les ténèbres : tout cela est vrai peut-être; mais enfin vous avez déshonoré ce jeune homme, payez les dix mille sesterces.* Quelquefois on peut prémunir la narration au moyen d'une proposition dont on la fait précéder, comme dans cette cause si mauvaise au premier aspect. Trois fils avaient conjuré la mort de leur père. Après avoir tiré au sort, ils entrent la nuit, l'un après l'autre, un fer à la main, dans son appartement, pendant qu'il dormait : aucun d'eux n'ose le frapper. Le père se réveille, ils lui déclarent tout. Si néanmoins le père, qui leur a partagé sa succession, veut les défendre contre l'accusation de parricide, il pourra plaider ainsi : *On accuse de parricide des enfants dont le père est plein de vie et se présente lui-même pour les défendre ; cela suffit pour écarter l'application de la loi. Il est donc entièrement superflu de vous raconter comment la chose s'est passée, puisque la loi n'a rien à y voir; mais si vous exigez que je vous fasse l'aveu de ma faute, je vous dirai que je me suis conduit avec trop de dureté pour un père, et que j'ai retenu trop longtemps un bien que mes fils auraient mieux administré que moi.* Il ajoutera qu'*ils ont été entraînés par des jeunes gens dont les pères étaient plus indulgents; qu'ils n'étaient pas capables, ainsi que l'événement l'a démontré, de commettre une action si dénaturée. En effet, pourquoi cette précaution de s'y obliger par serment, s'ils n'y avaient point senti une extrême répugnance ? pourquoi tirer au sort, sinon parce que chacun d'eux refusait de se charger d'un tel crime ?* Ces raisons bonnes ou mauvaises pourront passer à la faveur du préambule, qui aura déjà préparé les esprits. Mais dans les causes où l'on examine *si le fait est*, ou *quel il est*, lors même que tout nous serait contraire, je ne vois pas comment on peut omettre la narration, sans que la cause en souffre. En effet, l'accusateur a narré, et il ne s'est pas contenté d'exposer comment les choses s'étaient passées; il a tout envenimé, tout exagéré; puis sont venues les preuves, et enfin la péroraison, qui a enflammé les juges et les a laissés pleins d'indignation. Il est naturel qu'ils veuillent nous entendre à notre tour; ils attendent que nous les instruisions. Si nous ne le faisons pas, il faut bien qu'ils s'en tiennent à ce qu'on leur a dit. Quoi donc! raconterons-nous les mêmes choses? si le fait est constant et qu'il ne s'agisse plus que de le qualifier, il faudra raconter les mêmes choses, mais non de la même manière. On donnera d'autres motifs, on les présentera sous un autre point de vue; on atténuera, on adoucira :

---

quam expositio adversarii fecit, detrahi possit, quum etiam servi nostri de peccatis suis mollius loquantur. Quædam enim quasi non narrantes mitigabimus : *Non quidem* (*ut adversarius dicit*) *consilium furti in templum attulit, nec diu captavit ejus rei tempus; sed occasione et absentia custodum corruptus, et pecunia, quæ nimium quam in animis hominum potest, victus est; sed quid refert ? peccavit, et fur est; nihil attinet id defendere, cujus pœnam non recusamus.* Interdum quasi damnemus ipsi : *Vis te diam vino impulsum? errore lapsum ? nocte deceptum? vera sunt ista fortasse; tu tamen ingenium stuprasti, solve decem millia.* Nonnunquam propositione præmuniri potest causa, et deinde exponi. Contraria sunt omnia tribus filiis, qui in mortem patris conjurarant; sortiti nocte singuli per ordinem cum ferro cubiculum intrarunt, patre dormiente; quum occidere eum nemo potuisset, excitato omnia indicarunt. Si tamen pater, qui divisit patrimonium et reos parricidii defendit, sic agat : *Quod contra legem sufficit, parricidium objicitur juvenibus, quorum pater vivit, atque etiam liberis suis adest : ordinem rei narrare quidem nihil necesse est, quum ad legem nihil pertineat; sed si confessionem meæ culpæ exigitis, fui pater durus ; et patrimonii, quod jam melius ab his administrari poterat, tenax custos ; deinde subjicitur, Stimulatos ab iis, quorum indulgentiores parentes erant; semper tamen eum habuisse animum, qui sit eventu deprehensus, ut occidere patrem non possent; neque enim jurejurando opus fuisse, si alioqui hoc mentis habuissent; nec sorte, nisi quod se quisque eximi voluerit.* Omnia hæc qualiacunque placidioribus animis accipientur, illa brevi primæ propositionis defensione mollita. At quum quæritur, *An factum sit ?* vel, *Quale factum sit ?* licet omnia contra nos sint, quomodo tamen evitare expositionem salva causæ ratione possumus ? Narravit accusator, neque ita, ut quæ essent acta, tantum indicaret ; sed adjecit invidiam, rem verbis exasperavit ; accesserunt probationes, peroratio incendit, et plenos iræ reliquit. Exspectat naturaliter judex, quid narretur a nobis. Si nihil exponimus, illa esse, quæ adversarius dixit, et talia, qualia dixit, credat necesse est : quid ergo? eadem exponemus? Si de qualitate agetur, cujus tum demum quæstio est, quum de re constat, eadem, sed non eodem modo : alias causas, aliam rationem dabo. Verbis elevare quædam licebit : *luxuria hilaritatis, avaritia parcimoniæ, negligentia simplicitatis* nomine lenietur;

la débauche passera pour gaieté, l'avarice pour économie, la négligence pour simplicité. On composera son visage, sa voix, son attitude; pour gagner leur bienveillance on excitera leur compassion. Un humble aveu peut quelquefois tirer des larmes. Je demanderais volontiers à ceux qui sont d'une opinion contraire, s'ils prétendent défendre, ou non, ce qu'ils ne veulent point narrer. Car s'ils ne veulent ni défendre ni narrer, ils renoncent à la cause entière; mais s'ils ont dessein de défendre, il me semble que la plupart du temps ils doivent exposer ce qu'ils se proposent de prouver. Pourquoi donc n'exposeraient-ils pas aussi ce qu'ils se proposent de réfuter, et ce qui évidemment ne peut l'être, si on ne l'indique? quelle différence y a-t-il entre la confirmation et la narration, si ce n'est que la narration est d'un bout à l'autre une préparation de la confirmation, et qu'à son tour la confirmation ne fait que vérifier la narration? Voyons donc seulement si cette exposition ne doit pas être un peu plus longue, un peu plus diffuse, à cause de la préparation et des arguments qu'il est bon quelquefois d'y mêler : je dis arguments, et non argumentation. Cette exposition gagnera beaucoup à être soutenue de temps en temps d'un ton affirmatif : nous dirons, par exemple, *que nous prouverons plus tard ce que nous avançons; que, dans une première exposition, il n'est pas possible de satisfaire à tout; qu'ils daignent attendre, suspendre leur jugement, et qu'ils seront contents.* Enfin il faut narrer tout ce qui peut être exposé autrement que l'adversaire ne l'a fait; ou bien, et par la même raison, il faut aussi retrancher l'exorde dans ces sortes de causes, puisqu'il ne sert, à proprement parler, qu'à préparer le juge à la connaissance du fait. Or, on convient que l'exorde n'est jamais si nécessaire que lorsqu'il s'agit de faire revenir le juge d'un préjugé qu'il a pu prendre contre nous.

A l'égard des causes *conjecturales*, c'est-à-dire de celles où le fait est douteux, la narration ne roule pas tant sur le point contesté que sur les circonstances qui servent à l'éclaircir. Comme, d'un côté, l'accusateur présente les faits sous un jour défavorable, et que, de l'autre, l'accusé doit les rétablir à son avantage, il s'ensuit que les deux narrations doivent être différemment traitées. Mais, dira-t-on, il y a certains arguments qui n'ont de force qu'autant qu'ils sont groupés, et qui, disséminés, n'ont aucune valeur. Je réponds que cela regarde la manière de narrer, non la question de savoir s'il faut narrer. Qui empêche, en effet, d'accumuler les arguments dans la narration, si cela est utile à la cause, et même d'en promettre d'autres encore? qui empêche de diviser la narration en plusieurs parties, de joindre les preuves à chacune d'elles, et de passer ainsi d'une partie à une autre? Car je ne suis pas de l'avis de ceux qui prétendent que les faits doivent toujours être racontés dans l'ordre où ils se sont passés; mais je pense qu'il faut adopter l'ordre qui convient le mieux au sujet qu'on traite, en recourant pour cela à plusieurs figures. Tantôt nous feindrons qu'une chose nous a échappé, pour avoir lieu de la dire plus à propos, en paraissant réparer une omission; tantôt nous interromprons notre récit, en assurant que nous en reprendrons le cours, et que la cause en acquerra plus de lucidité; tantôt, après avoir exposé le fait, nous en examinerons les motifs et les antécédents; car la défense n'est pas assujettie à une loi unique, à une règle invariable; il faut consulter la nature de l'affaire et les circonstances où l'on se trouve. Il en est comme d'une blessure, qu'il faut guérir sur-le-champ, ou sur laquelle

---

vultu denique, voce, habitu, vel favoris aliquid, vel miserationis merebor : solet nonnunquam movere lacrymas ipsa confessio ; atque ego libenter interrogem, Sint illa defensuri, quæ non narraverint, necne? Nam si neque defenderint, neque narraverint, tota causa prodetur; at si defensuri sunt, proponere certe plerumque id, quod confirmaturi sumus, oportet. Cur ergo non exponamus, quod et dilui potest, et, ut hoc contingat, utique indicandum est? Aut quid inter *probationem* et *narrationem* interest, nisi quod narratio est probationis continua propositio, rursus probatio narrationi congruens confirmatio? Videamus ergo, num expositio hæc longior demum esse debeat, et paulo verbosior præparatione, et quibusdam argumentis (argumentis dico, non *argumentatione*), cui tamen plurimum confert frequens affirmatio, *Effecturos nos, quod dicimus; non posse vim rerum ostendi prima expositione; exspectent, et opiniones suas differant, et bene sperent.* Denique narrandum est utique, quidquid aliter, quam adversarius exposuit, narrari potest, aut eo, etiam prœmia sunt in his causis supervacua; quæ quid magis agunt, quam ut cognitioni rerum accommodatiorem judicem faciant? Atqui constat, nusquam eorum esse majorem usum, quam ubi animus judicis ab aliqua contra nos insita opinione flectendus est. *Conjecturales* autem causæ, in quibus de facto quæritur, non tam sæpe rei, de qua judicium est, quam eorum, per quæ res colligenda est, expositionem habent; quæ, quum accusator suspiciose narret, reus levare suspicionem debeat, aliter ab hoc atque ab illo ad judicem perferri oportet. At enim quædam argumenta turba valent, diducta leviora sunt. Id quidem non eo pertinet, ut quæratur, *An narrandum?* sed, *Quomodo narrandum sit?* Nam et congerere plurima expositione quid prohibet, si id utile est causæ, et promittere? sed et dividere narrationem, et probationes subjungere partibus, atque ita transire ad sequentia? Nam ne iis quidem accedo, qui semper eo putant ordine, quo quid actum sit, esse narrandum; sed eo malo narrare, quo expedit, quod fieri plurimis figuris licet; nam et aliquando dissimulamus, quum quid utiliore loco reducimus; et interim nos reducturos reliquum ordinem testamur, quia sic futura sit causa lucidior; interim re exposita, subjungimus causas, quæ antecesserunt : neque enim est una lex defensionis cer-

on met un appareil, si la cure peut se différer. Je ne fais pas non plus un crime de narrer plusieurs fois, comme l'a fait Cicéron dans son plaidoyer pour Cluentius. Non-seulement je le crois permis, mais quelquefois même nécessaire, dans les causes de concussion, par exemple, et dans toutes celles qui sont complexes. Car ce serait une folie que de procéder contrairement à la nature de la cause par un respect trop superstitieux pour les règles. En effet, pourquoi la narration est-elle placée devant la preuve? n'est-ce pas pour que le juge sache de quoi il est question? Pourquoi donc, si chaque point a besoin d'être prouvé ou réfuté l'un après l'autre, ne ferait-on pas autant de narrations partielles? Pour moi, du moins, si mon expérience peut être comptée pour quelque chose, je sais que j'en usais ainsi au barreau toutes les fois que j'y voyais de l'utilité, et qu'en cela j'avais l'approbation des personnes éclairées et des juges. Je puis même dire sans vanité, comme sans crainte d'être démenti par ceux avec lesquels je plaidais de concert, que c'était ordinairement à moi qu'était confiée la narration. Je crois néanmoins que la plupart du temps le mieux est de suivre l'ordre des faits. Il serait quelquefois même ridicule de le changer, comme si l'on disait, par exemple, qu'une femme a enfanté, puis, qu'elle a conçu; qu'un testament a été ouvert, puis, qu'il a été signé. En ce cas, si l'on dit en premier ce qui devait l'être en dernier, le mieux est de ne pas retourner sur ses pas.

Il y a aussi des narrations qui sont fausses : on en reconnaît de deux sortes au barreau. Les unes s'appuient sur les moyens, qu'on appelle extrinsèques : ainsi Clodius soutenait, à l'aide de témoins subornés, qu'il se trouvait à Interamne la nuit même où, suivant l'accusation, il avait commis un inceste à Rome. Les autres ne se soutiennent que par l'esprit de l'orateur, et s'emploient, tantôt pour épargner seulement à la pudeur l'embarras d'une exposition trop nue, d'où sans doute est venu le nom de *couleur*, tantôt pour donner un tour favorable à la cause. Mais, que l'on ait recours à l'un ou à l'autre de ces deux genres de narrations, il faut avoir soin d'abord que ce que l'on invente soit possible; ensuite, que cela ne répugne ni à la personne, ni au lieu, ni au temps; que la manière dont on prétend que les choses se sont passées, et l'ordre dans lequel on les présente, n'aient rien d'invraisemblable; qu'on rattache, si on le peut, ce que l'on feint à quelque chose de vrai; car, lorsque tout est pris en dehors de la cause, le mensonge se trahit de lui-même. Il faut surtout éviter deux écueils, contre lesquels on échoue souvent, quand on invente : premièrement, de se contredire; car il est des choses qui se concilient avec certaines parties, mais qui ne cadrent pas avec le tout : secondement, d'en alléguer de contraires à ce qui est avéré. Dans les écoles mêmes, il ne faut pas chercher la *couleur* hors du sujet. Mais, soit dans les déclamations, soit au barreau, l'orateur ne doit pas un instant perdre de vue ce qu'il a controuvé; car rien n'échappe si aisément que le faux : et le proverbe est vrai, qui dit qu'un menteur doit avoir bonne mémoire. Sachons aussi que, lorsqu'il s'agit d'un fait qui nous est propre, il faut s'appliquer à faire converger l'exposition vers une conclusion unique; tandis que, s'il s'agit du fait d'autrui, on peut donner prise à plusieurs interprétations, pour éveiller la défiance. Cependant, dans certaines déclamations des écoles, où il n'est pas d'usage de répondre aux questions sur lesquelles on est interrogé, on a la liberté de

tumque praescriptum : pro re, pro tempore intuenda, quae prosint, atque ut erit vulnus, ita vel curandum protinus, vel, si curatio differri potest, interim deligandum. Nec saepius narrare duxerim nefas, quod Cicero pro Cluentio fecit; estque non concessum modo, sed aliquando etiam necessarium, ut in causis repetundarum, omnibusque, quae simplices non sunt; amentis est enim, superstitione praeceptorum contra rationem causae trahi. Narrationem ideo ante probationes ponere est institutum, ne judex, qua de re quaeratur, ignoret : cur igitur, si singula probanda, aut refellenda erunt, non singula etiam narrentur? Me certe, quantacunque nostris experimentis habenda est fides, fecisse hoc in foro, quoties aliqua ita desiderabat utilitas, probantibus et eruditis, et iis, qui judicabant, scio ; et, quod non arroganter dixerim, quia sunt plurimi, quibuscum egi, qui me refellere possint, si mentiar, fere ponendae a me causae officium exigebatur. Neque ideo tamen non saepius facere oportebit, ut rerum ordinem sequamur : quaedam vero etiam turpiter convertuntur; ut si *peperisse* narres, *deinde concepisse; apertum testamentum, deinde signatum ;* in quibus si id, quod posterius est, dixeris, de priore tacere optimum. Sunt quaedam et falsae expositiones, quarum in foro duplex genus est : alterum, quod instrumentis adjuvatur; ut Publius Clodius fiducia testium, qua nocte incestum Romae commiserat, Interamnae se fuisse dicebat ; alterum, quod est tuendum dicentis ingenio : id interim ad solam verecundiam pertinet, unde etiam mihi videtur dici *Color*, interim ad quaestionem. Sed utrumcunque erit, prima sit curarum, ut id, quod fingemus, fieri possit; deinde, ut et personae, et loco, et tempori congruat ; et credibilem rationem et ordinem habeat; si contingit, etiam verae alicui rei cohaereat; aut argumento, quod sit in causa, confirmetur : nam quae tota extra rem petita sunt, mentiendi licentiam produnt. Curandum praecipue, quod fingentibus frequenter accidit, ne qua inter se pugnent ; quaedam enim partibus blandiuntur, sed in summam non consentiunt : praeterea, ne iis, quae vera esse constabit, adversa sint. In schola etiam, ne color extra themata quaeratur; utrobique autem orator meminisse debebit actione tota, quid finxerit, quoniam solent excidere, quae falsa sunt; verumque est illud, quod vulgo dicitur, mendacem memorem esse oportere. Sciamus autem, si de nostro facto quaeratur, unum nobis aliquid esse dicendum ; si de alieno, mittere in plurimas suspiciones licere : est tamen quibusdam scholasticis controversiis, in quibus ponitur, aliquem non respondere ad quae interrogatur, libertas

faire l'énumération de tout ce qui aurait pu être répondu. Souvenons-nous surtout de ne rien feindre qui puisse être réfuté par un témoin. Mais que nos fictions n'aient pas à redouter d'autre témoignage que le nôtre; ou celui des morts, qui ne reviennent pas; ou celui de personnes qui ont le même intérêt que nous, et par conséquent ne nous démentiront pas; ou enfin celui de l'adversaire lui-même, dont les dénégations ne seront pas crues. A l'égard des moyens qu'on peut tirer des songes et autres superstitions semblables, ils ont perdu toute créance, à cause de la facilité qu'on a d'y recourir. Au reste, il ne suffit pas d'user, dans la narration, de certaines couleurs; il faut encore que ces couleurs se soutiennent dans toutes les parties du plaidoyer. Cet avis est d'autant plus important qu'on ne persuade certaines choses qu'à force d'affirmation et de persévérance. Un parasite, par exemple, voyant un jeune homme qui, trois fois renoncé par un riche personnage, avait été trois fois réintégré dans la maison de ce riche, s'avise de le réclamer comme son fils. Pour colorer sa demande, il allègue que sa pauvreté l'avait forcé à l'exposer; que, plus tard, il a joué le rôle de parasite pour avoir entrée dans la maison où était son fils; et qu'ainsi ce jeune homme, quoique innocent, a été trois fois renoncé avec raison, parce qu'en effet il n'était pas le fils du renonçant. Tout cela sans doute est spécieux; mais si, d'un bout à l'autre de la plaidoirie, il n'exprime l'amour paternel le plus tendre, et ne retrace, avec les couleurs les plus vives, la haine du riche pour le jeune homme, et le danger manifeste auquel celui-ci est exposé dans une maison étrangère, il ne pourra échapper au soupçon de subornation.

Il arrive quelquefois, dans les controverses des écoles, ce que je doute qu'on puisse voir au barreau, que les deux parties ont recours au même stratagème, mais en tirent différemment parti. *Une femme déclare à son mari que son beau-fils a voulu la séduire, et qu'il lui a donné rendez-vous à telle heure, en tel lieu. Le fils en dit autant de sa belle-mère, en indiquant seulement une heure et un lieu différent. Le mari trouve son fils à l'endroit qu'avait désigné sa femme; il trouve aussi sa femme à l'endroit désigné par son fils. Il la répudie; et, comme elle souffre cette répudiation sans rien dire, il déshérite son fils.* On ne peut rien alléguer en faveur du fils, qu'on ne puisse également alléguer en faveur de la belle-mère. Cependant on exposera d'abord ce qui est commun aux deux parties; mais ensuite on tirera des arguments particuliers de la comparaison de la belle-mère et du fils, de l'ordre qu'ils ont gardé en s'entr'accusant, et du silence de la femme répudiée. Il ne faut pas ignorer non plus qu'il y a certaines choses qu'on ne peut pas colorer, et qu'il faut seulement défendre. Telle est l'action de ce riche qui fit flageller la statue d'un pauvre, son ennemi, et qui est accusé pour fait d'outrages. Il est impossible de pallier l'intention d'un pareil acte, mais on peut le soustraire à la peine.

Venons maintenant à la troisième sorte de narration, celle qui est en partie pour nous et en partie contre. Faut-il confondre ces deux parties ou les séparer? C'est la nature de la cause qu'il faut consulter à cet égard. Si ce qui nous est contraire l'emporte, ce qui nous est favorable en sera comme accablé. Dans ce cas, le mieux sera donc de diviser, et, après avoir exposé et confirmé ce qui est à l'avantage de notre partie, d'user pour le reste de ces remèdes dont j'ai parlé. Si c'est, au contraire, la partie favorable qui l'emporte, on pourra confondre les deux

---

omnia enumerandi, quæ responderi potuissent. Fingenda vero meminerimus ea, quæ non cadant in testem; sunt autem quæ nostro dicuntur animo, cujus ipsi tantum conscii sumus : item quod a defunctis; nec hoc enim est, qui neget : itemque ab eo, cui idem expediet; is enim non negabit : ab adversario quoque; quia non est habiturus in negando fidem. Somniorum et superstitionum colores ipsa jam facilitate auctoritatem perdiderunt : non est autem satis in narratione uti coloribus, nisi per totam actionem consentiant; quum præsertim quorumdam probatio sola sit in *asseveratione* et *perseverantia* : ut ille parasitus, qui ter abdicatum a divite juvenem, et absolutum, tamquam suum filium asserit; habebit quidem colorem quo dicat, et paupertatem sibi causam exponendi fuisse, et ideo a se parasiti personam esse susceptam, quia in illa domo filium haberet; et ideo illum innocentem ter abdicatum, quia filius abdicantis non esset. Nisi tamen omnibus verbis et amorem patrium, atque hunc quidem ardentissimum ostenderit, et odium divitis, et metum pro juvene, quem periculose mansurum in illa domo, in qua tam invisus sit, sciat : suspicione subjecti petitoris non carebit. Evenit aliquando in scholasticis controversiis, quod in foro an possit accidere dubito, ut eodem colore utraque pars utatur, deinde eum pro se quæque defendat; ut in illa controversia : *Uxor marito dixit, appellatam se de stupro a privigno, et sibi constitutum tempus, et locum; eadem contra filius detulit de noverca, edito tantum alio tempore, ac loco : pater in eo, quem uxor prædixerat, filium invenit; in eo, quem filius, uxorem : illam repudiavit; qua tacente, filium abdicat.* Nihil dici potest pro juvene, quod non idem sit pro noverca. Ponentur tamen etiam communia; deinde ex personarum comparatione, et indicii ordine, et silentio repudiatæ, argumenta ducentur. Ne illud quidem ignorare oportet, quædam esse, quæ colorem non recipiant, sed tantum defendenda sint : qualis est ille dives, qui statuam pauperis inimici flagellis cecidit et reus est injuriarum; nam factum ejus modestum esse nemo dixerit : fortasse, ut sit tutum, obtinebit. Quod si pars expositionis pro nobis, pars contra nos erit; miscenda sit an separanda narratio, cum ipsa causæ conditione deliberandum est; nam si plura sunt, quæ nocent; quæ prosunt, obruentur : itaque tunc dividere optimum erit, et iis, quæ partem nostram adjuvabunt, expositis et confirmatis, adversus reliqua uti re-

10.

parties, afin que les choses qui nous sont défavorables, placées au centre, comme nos troupes auxiliaires, en soient moins à craindre. Cependant ni les unes ni les autres ne devront être exposées toutes nues; mais nous confirmerons en même temps par quelques raisonnements celles qui sont à notre avantage, et nous joindrons au récit de celles qui nous sont contraires les raisons qui peuvent les rendre invraisemblables. Car, sans cette distinction, il serait à craindre que le bien ne fût gâté par le mélange du mal.

Les rhéteurs veulent aussi que, dans les narrations, on ne se permette ni *digression* ni *apostrophe*, ni *prosopopée*, ni *argumentation*. Quelques-uns retranchent encore les *passions*. Ces préceptes doivent être ordinairement observés pour la plupart, et même on ne doit jamais s'en écarter, à moins qu'on n'y soit forcé par la nature de la cause. Ainsi, pour que la narration soit claire et brève, rien ne sera plus rarement motivé que la *digression*; et encore ne devra-t-elle être employée qu'autant qu'elle sera courte, et telle que nous paraissions avoir été jetés hors du droit chemin par la force de la passion, comme Cicéron, par exemple, en parlant des noces de Sassia : *O crime incroyable dans une femme, et dont elle seule a pu nous offrir l'exemple! ô libertinage effréné et indomptable! ô inconcevable audace! n'avoir été arrêtée ni par la crainte des dieux, ni par le jugement des hommes! que dis-je? avoir affronté cette nuit même ces torches nuptiales, le seuil de cette chambre, le lit de sa propre fille, ces murs témoins d'un autre mariage!* Quant à l'apostrophe, elle est quelquefois fort propre à exprimer une chose d'une manière plus courte et plus convaincante, et j'en pense ici ce que j'ai dit au sujet de l'exorde. J'en dis autant de la *prosopopée*, employée non-seulement par Servius Sulpicius dans la cause d'Aufidia : *Dois-je croire que vous dormez ou que vous êtes tombé en léthargie?* mais par Cicéron lui-même dans un de ses plaidoyers contre Verrès, au sujet des capitaines de vaisseaux. Car c'est dans la narration que se trouve cet entretien d'un licteur avec la mère d'un détenu : *Si vous voulez voir votre fils, vous donnerez tant*, etc. Et dans son plaidoyer pour Cluentius, le colloque entre Stalénus et Balbus ne contribue-t-il pas à rendre le récit plus rapide et plus vraisemblable? Or, pour qu'on ne croie pas qu'il a fait cela sans dessein, ce qu'on ne saurait présumer d'un pareil orateur, il recommande, dans ses *Partitions, de donner de la douceur à la narration, d'y ménager la surprise, l'attente, les effets imprévus, d'y introduire des dialogues, enfin toutes les passions*. Pour l'*argumentation*, nous ne l'emploierons jamais, comme je l'ai dit, dans la narration. Nous poserons bien quelquefois un argument, comme le fait Cicéron dans son plaidoyer pour Ligarius, lorsqu'il dit que son client avait administré sa province de telle sorte que la paix ne pouvait que lui être avantageuse. On pourra aussi, dans l'exposition, si la cause le demande, défendre les faits et en rendre raison en peu de mots; car un avocat ne doit pas narrer comme un témoin. *Q. Ligarius, député en Afrique, partit avec C. Considius* : voilà simplement le fait. Comment Cicéron le présente-t-il? *Ligarius*, dit-il, *lorsque la guerre n'était pas même l'objet d'un soupçon, ayant été député en Afrique, partit avec C. Considius*. Et ailleurs : *Non-*

---

mediis, de quibus supra dictum est. Si plura proderunt ; etiam conjungere licebit, ut, quæ obstant, in mediis velut auxiliis nostris posita, minus habeant virium; quæ tamen non erunt nuda ponenda, sed, ut et nostra aliqua argumentatione firmemus, et diversa cur credibilia non sint, adjiciamus; quia, nisi distinxerimus, verendum est, ne bona nostra permixtis malis inquinentur. Illa quoque de narratione præcipi solent : ne qua ex ea flat *excursio;* ne *avertatur* a judice *sermo;* ne *alienæ personæ* vocem demus; ne *argumentemur* : adjiciunt quidam etiam, ne utamur *affectibus,* quorum pleraque sunt frequentissime custodienda; immo nunquam, nisi ratio coegerit, mutanda. Ut sit expositio perspicua et brevis, nihil quidem tam raro poterit habere rationem, quam *excursio;* nec unquam debebit esse, nisi brevis, et talis, ut vi quadam videamur affectus velut recto itinere depulsi : qualis est Ciceronis circa nuptias Sassiæ, *O mulieris scelus incredibile, et præter hanc unam in omni vita inauditum! O libidinem effrenatam et indomitam! O audaciam singularem! non timuisse, si minus vim deorum hominumque famam, at illam ipsam noctem, facesque illas nuptiales? non limen cubiculi? non cubile filiæ? non parietes denique ipsos, superiorum testes nuptiarum? Sermo* vero *aversus* a judice et brevius indicat interim, et coarguit magis; qua de re idem, quod de proœmio dixeram, sentio, sicut de *prosopopœia* quoque; qua tamen non Servius modo Sulpicius utitur pro Aufidia, *Somnone te languidum, an gravi lethargo putem oppressum ?* sed M. quoque Tullius circa navarchos, nam ea quoque rei expositio est, *Ut adeas, tantum dabis,* et reliqua. Quid? pro Cluentio, Staleni Bulbique colloquium nonne ad celeritatem plurimum et ad fidem confert? Quæ ne fecisse inobservantia quadam videatur, quamquam hoc in illo credibile non est, in Partitionibus præcipit, ut habeat narratio *suavitatem, admirationes, exspectationes, exitus inopinatos, colloquia personarum, omnes affectus. Argumentabimur,* ut dixi, nunquam : argumentum ponemus aliquando; quod facit pro Ligario Cicero, quum dicit, sic eum provinciæ præfuisse, ut illi pacem esse expediret; inseremus expositioni et brevem, quum res poscet, defensionem, et rationem factorum. Neque enim narrandum est tamquam testi, sed tamquam patrono : rei ordo ver est talis est, *Q. Ligarius legatus in Africam cum C. Considio profectus est :* quid ergo Marcus Tullius? *Q. enim,* inquit, *Ligarius, quum esset nulla belli suspicio, legatus in Africam cum C. Considio profectus est.* Alibi, *Non modo nullum ad bellum, sed ne ad minimam quidem suspicionem belli.* Et

seulement il n'y avait pas de guerre, mais on ne la soupçonnait même pas. On aurait pu se contenter de dire : *Ligarius ne voulut jamais entrer dans aucune intrigue;* Cicéron ajoute : *Songeant à ses foyers, et impatient de revoir sa famille.* Ainsi, tout en exposant les faits, il en rendait raison et leur donnait par là de la vraisemblance et même, en touchant aux passions, il satisfit à toutes les conditions d'une bonne narration. Je m'étonne donc de voir certains rhéteurs blâmer l'emploi des passions dans la narration. S'ils entendent par là qu'il faut en user sobrement et ne point s'y abandonner comme dans l'épilogue, je suis de leur avis, car il faut éviter les longueurs. Du reste, je ne vois pas pourquoi, tout en instruisant le juge, je ne songerais pas à l'émouvoir; ni pourquoi je n'essayerais pas d'obtenir, si cela est possible, dès le commencement, ce que je dois lui demander à la fin : d'autant que je le trouverai plus facile et plus maniable, quand j'en viendrai aux preuves, si j'ai par avance éveillé son indignation ou sa pitié. Cicéron ne remue-t-il pas toutes les passions sans cesser d'être bref, lorsqu'il parle de ce citoyen romain que Verrès avait fait battre de verges, lorsqu'il représente la condition de la victime, le lieu du supplice, la nature de l'outrage, et surtout la grandeur d'âme de cet homme généreux, qui, sous le fouet, n'a recours ni aux gémissements ni aux prières, et ne fait entendre que cette exclamation : Je suis citoyen romain! par laquelle, en protestant de son droit, il rend Verrès encore plus odieux ? N'empreint-il pas l'exposition entière de l'horreur qu'inspire le sort cruel de Philodamus? ne remplit-il pas de larmes la scène du supplice, lorsqu'il fait voir, plutôt qu'il ne raconte, le père pleurant sur la mort de son fils, et le fils pleurant sur la mort de son père? peut-il y avoir péroraison plus touchante? n'est-ce pas, en effet, s'y prendre un peu tard, que d'attendre à la péroraison pour tâcher d'émouvoir par des choses qu'on aura froidement exposées dans la narration? Le juge, en se familiarisant avec les faits, est devenu insensible à ce qui ne l'a pas ému d'abord : tant il est difficile de changer la disposition dans laquelle l'esprit s'est une fois arrêté! Pour moi, car je ne dissimulerai pas mon sentiment, quoiqu'il soit plutôt fondé sur des exemples que sur des préceptes ; pour moi, dis-je, je pense que de toutes les parties du plaidoyer, la narration est celle qui a le plus besoin d'être ornée et embellie. Mais il importe beaucoup de considérer la nature des faits que l'on raconte. Ainsi, dans les causes de peu de conséquence, comme le sont la plupart des causes civiles, le vêtement doit être simple, et, pour ainsi dire, appliqué sur le corps. Si, dans les lieux communs, les expressions se précipitent et disparaissent au milieu du luxe qui les environne, elles doivent être ici soigneusement choisies. Pas une qui ne soit propre, et qui ne soit, comme le dit Zénon, *teinte de la pensée.* Le style, sans trahir l'art, doit être extrêmement agréable. Point de ces figures empruntées à la poésie, ou que l'autorité des anciens fait prévaloir contre la vérité du langage; car la diction doit être infiniment pure, mais de celles qui délassent l'esprit par la variété des formes, et préviennent l'ennui qui naît ordinairement de l'uniformité des désinences, des constructions, et des phrases. Car dans ces petits sujets, la narration n'a nulle autre parure à espérer; et, si elle ne se recommande par cet agrément, elle est condamnée à ramper. D'ailleurs le

---

quum esset indicaturo satis, Q. *Ligarius nullo se implicari negotio passus est,* adjecit, *Domum spectans, et ad suos redire cupiens.* Ita, quod exponebat, et ratione fecit credibile, et *affectus* quoque implevit. Quo magis miror eos, qui non putant utendum in narratione affectibus; qui si hoc dicunt, non diu, neque ut in epilogo, mecum sentiunt; effugiendæ sunt enim moræ : cæterum cur ego judicem nolim, dum eum doceo, etiam movere? Cur, quod in summa parte sum actionis petiturus, non in primo statim rerum ingressu, si fieri potest, consequar? quum præsertim etiam in probationibus faciliore sim animo ejus abusurus, occupato vel ira vel miseratione. An non Marcus Tullius circa verbera civis romani omnes brevissime movet affectus, non solum conditione ipsius, loco injuriæ, genere verberum, sed animi quoque commendatione? Summum enim virum ostendit, qui, *quum virgis cæderetur, non ingemuerit, non rogaverit; sed tantum civem se romanum esse,* cum invidia cædentis et fiducia juris clamaverit. Quid? Philodami casum nonne cum per totam expositionem incendit invidia, tum in supplicio ipso lacrimis implevit, quum flentes non tam narraret, quam ostenderet, *patrem de morte filii, filium de patris?* Quid ulli epilogi possunt magis habere miserabile? Serum est enim advocare iis rebus affectum in peroratione, quas securus narraveris : assuevit illis judex, jamque eas sine motu mentis accipit, quibus commotus novis non est : et difficile est nobis mutare habitum animi semel constitutum. Ego vero (neque enim dissimulabo judicium meum, quamquam id, quod sum dicturus, exemplis magis, quam præceptis ullis, continetur) narrationem, ut si ullam partem orationis, omni, qua potest, gratia et venere exornandam puto : sed plurimum refert, quæ sit natura ejus rei, quam exponimus. In parvis ergo, quales sunt fere privatæ, sit ille pressus, et velut applicitus rei cultus; in verbis summa diligentia, quæ in locis impetu feruntur, et circumjectæ orationis copia latent: hic expressa, et, ut vult Zeno, *sensu tincta esse* debebunt; compositio dissimulata quidem, sed tamen quam jucundissima; figuræ, non illæ poeticæ, et contra fidem loquendi auctoritate veterum receptæ (nam debet esse quam purissimus sermo), sed quæ varietate tædium effugiant, et mutationibus animum levent; ne in eumdem casum, similem compositionem, pares elocutionum tractus incidamus : caret enim cæteris lenociniis expositio, et, nisi commendetur hac venustate, jaceat necesse est. Nec in ulla parte intentior est judex; eoque nihil recte dictum perit: præterea, nescio

juge n'est nulle part plus attentif, et rien de ce qui est bien dit n'est perdu. Ensuite, je ne sais comment il est plus porté à croire ce qu'il a entendu volontiers, et le plaisir entraîne sa persuasion.

Mais lorsqu'il s'agira d'une cause importante, la narration devra respirer l'indignation ou la pitié, selon que les choses que nous aurons à exposer seront atroces ou déplorables. On se gardera toutefois d'épuiser ces grands mouvements, et l'on devra se borner à une esquisse qui laisse deviner ce que sera plus tard le tableau. Je ne dissuaderai pas néanmoins de laisser reprendre haleine, pour ainsi dire, à la colère du juge, en entrecoupant le récit par quelque pensée comme celle-ci : *Les esclaves de Milon firent ce que chacun de nous aurait voulu que ses esclaves fissent en pareille circonstance;* ou quelquefois par un trait un peu plus hardi : *on voit une belle-mère épouser son gendre, sans nuls auspices, sans assemblée de parents, et sous les plus funestes présages.* Que si l'on en usait ainsi à une époque où tous les orateurs se proposaient bien plutôt l'intérêt de la cause que l'ostentation, et où les juges conservaient encore quelque chose de l'austérité des premiers temps, à combien plus forte raison cela se doit-il pratiquer aujourd'hui, que le plaisir a fait irruption jusque dans les causes où il s'agit de la vie et de la fortune des citoyens? Je dirai ailleurs jusqu'à quel point on doit se conformer au goût de notre siècle. Je me borne à reconnaître ici qu'il faut lui faire quelques concessions.

Il est très-utile de joindre au récit des choses vraies des images vraisemblables, qui y fassent, pour ainsi dire, assister les auditeurs. Telle est cette peinture que Célius fait d'Antoine : *On le trouve plongé dans un profond sommeil, exhalant les vapeurs de son vin par d'horribles ronflements et des hoquets redoublés. Autour de lui sont ses nobles compagnes de chambrée, les unes couchées en travers sur tout le bord de son lit, les autres étendues çà et là sur le plancher. Tout à coup le bruit des ennemis se fait entendre. Demi-mortes de frayeur, ces femmes s'efforcent de réveiller Antoine en l'appelant par son nom, en le soulevant par la tête; l'une lui parle à l'oreille d'une voix tendre, l'autre le secoue rudement. Lui, reconnaissant par habitude la voix et les attouchements de ces courtisanes, étend les bras pour embrasser celles qui sont le plus près de lui; mais, trop tourmenté pour se rendormir, trop ivre pour se tenir éveillé, il est emporté dans cet état crapuleux entre les bras des centurions et de ses concubines.* On ne saurait inventer avec plus de vraisemblance, flétrir avec plus de force, peindre avec plus de vivacité.

Je ne dois pas omettre de dire que rien ne donne plus de créance à un récit que l'autorité du narrateur; et cette autorité, nous devons l'acquérir principalement, sans doute, par nos mœurs, mais aussi par notre manière de narrer. Plus elle sera grave et austère, plus elle donnera de poids à nos assertions. Il faut donc éviter, ici plus qu'ailleurs, toute apparence de ruse; car nulle part le juge n'est plus sur ses gardes. Rien n'y doit paraître feint ou étudié; il faut que tout semble émaner de la cause plutôt que de l'orateur. Mais notre vanité ne s'arrange pas de cela, et nous croyons que l'art n'est plus, s'il ne paraît pas; tandis qu'au contraire l'art cesse d'être, s'il paraît. Nous ne songeons qu'à la louange, et nous en faisons l'unique but de nos travaux : d'où il

---

quomodo etiam credit facilius, quæ audienti jucunda sunt, et voluptate ad fidem ducitur. Ubi vero major res erit, et atrocia invidiose, et tristia miserabiliter dicere decebit; non ut consumantur affectus, sed tamen velut primis lineis designentur; ut plane, qualis futura sit imago rei, statim appareat. Ne sententia quidem velut fatigatum intentione stomachum judicis reficere dissuaserim, maxime quidem breviter injecta, qualis est illa, *Fecerunt servi Milonis, quod suos quisque servos in re tali facere voluisset;* interim paulo liberiore, qualis est illa, *Nubit genero socrus, nullis auspicibus, nullis auctoribus, funestis ominibus omnium.* Quod quum sit factum iis quoque temporibus, quibus omnis ad utilitatem potius, quam ad ostentationem, componebatur oratio, et erant adhuc severiora judicia : quanto nunc faciendum magis, quum in ipsa capitis aut fortunarum pericula irrupit voluptas? Cui hominum desiderio quantum dari debeat, alio loco dicam; interim aliquid indulgendum esse confiteor. Multum confert adjecta veris credibilis rerum imago, quæ velut in rem præsentem perducere audientes videtur : qualis est illa M. Cœlii in Antonium descriptio, *Namque ipsum offendunt temulento sopore profligatum, totis præcordiis stertentem, ructuosos spiritus geminare, præclarasque contubernales ab omnibus spondis transversas incubare, et reliquas circumjacere passim : quæ tamen exanimatæ terrore, hostium adventu percepto, excitare Antonium conabantur, nomen inclamabant, frustra cervicibus tollebant, blandius alia ad aurem invocabat, vehementius etiam nonnulla feriebat, quarum quum omnium vocem tactumque noscitaret, proximæ cujusque collum amplexu petebat; neque dormire excitatus, neque vigilare ebrius poterat; sed semisomno sopore inter manus centurionum concubinarumque jactabatur.* Nihil his neque credibilius fingi, neque vehementius exprobrari, neque manifestius ostendi potest. Ne illud quidem præteribo, quantam afferat fidem expositioni narrantis auctoritas; quam mereri debemus ante omnia quidem vita, sed et ipso genere orationis; quod quo fuerit gravius, sanctius, hoc plus habeat necesse est in affirmando quoque ponderis. Effugienda igitur in hac præcipue parte omnis calliditatis suspicio (neque enim se usquam custodit magis judex) : nihil videatur fictum, nihil sollicitum; omnia potius a causa, quam ab oratore, profecta credantur. Sed hoc pati non possumus, et perire artem putamus, nisi appareat; quum desinat ars esse, si appareat : pendemus ex laude, atque hanc laboris nostri du-

arrive qu'en voulant briller aux yeux des assistants, nous nous trahissons aux yeux des juges.

Il y a encore une espèce de narration *reprise*, qu'on appelle ἐπιδιήγησις. Elle appartient plutôt aux déclamations de l'école qu'aux plaidoiries du barreau. C'est une seconde narration dans laquelle, après avoir satisfait à la brièveté dans la première, on expose les choses avec plus d'étendue et d'ornement, dans la vue d'exciter l'indignation ou la pitié. J'estime qu'il faut en user rarement, et surtout qu'il ne faut jamais reprendre la narration tout entière, dans l'ordre où elle a été faite d'abord, mais revenir seulement sur certaines parties. Au reste, quand on voudra se servir de ce moyen, on se contentera d'effleurer le fait dans la narration proprement dite, en promettant d'exposer plus au long, en son lieu, la manière dont il s'est passé.

Quelques rhéteurs conseillent de commencer toujours la narration par le portrait de la personne, en le flattant s'il s'agit de notre partie, et en le chargeant tout d'abord s'il s'agit de la partie adverse. Sans doute, c'est le cas le plus ordinaire, puisque ce sont des personnes qui sont en cause. Mais tantôt, si on le juge à propos, on peindra la personne avec ses accidents : *A. Cluentius Habitus, père de mon client, était né dans la ville municipale de Larinum, et il était l'homme le plus considérable, non-seulement de cette ville, mais de la contrée et des environs, en mérite, en réputation et en naissance;* tantôt on dira tout simplement : *Q. Ligarius étant parti, etc.*; souvent même on commencera par le fait, comme Cicéron plaidant pour Tullius : *M. Tullius possède, dans le territoire de Thurinum, une terre patrimoniale,* ou, comme Démosthène pour Ctésiphon : *La guerre s'étant allumée contre les Phocéens.* Où doit finir la narration? c'est un sujet de dispute avec ceux qui veulent qu'on la conduise jusqu'au point d'où naît la question : *Les choses s'étant ainsi passées, le préteur P. Dolabella défendit toute violence aux gens de guerre; l'arrêt portait en général et sans exception : Quiconque aura chassé quelqu'un du lieu où il était, sera tenu de l'y rétablir. Cécina a éprouvé cette violence; Ébutius dit l'avoir rétabli; l'un et l'autre ont donné caution : c'est sur cette caution que vous avez à juger.* Je crois, pour moi, que le demandeur peut toujours suivre cette méthode, mais que le défendeur ne le peut pas toujours.

CHAP. III. L'ordre naturel veut que la *confirmation* suive la narration; car on ne raconte un fait que pour le prouver. Mais, avant de traiter cette partie, je dois dire quelques mots de l'opinion de certains rhéteurs. C'est un usage, presque général aujourd'hui, de se jeter, aussitôt après la narration, dans un lieu commun, où l'orateur peut se donner carrière, et d'y faire une excursion brillante, aux applaudissements des assistants. Né de l'ostentation déclamatoire, cet usage a passé de l'école au barreau, depuis que les avocats se sont avisés de préférer, dans la plaidoirie, leur propre gloire à l'intérêt de leurs clients, craignant sans doute que le style âpre de l'argumentation, succédant au style précis et un peu maigre que demande ordinairement la narration, ne fasse trop attendre le plaisir et ne refroidisse le discours. Le défaut que je trouve en cela, c'est de ne point tenir compte de la différence des causes et de ce qu'elles réclament, comme si les digressions étaient toujours utiles ou nécessaires; c'est d'entasser ici des pensées, empruntées à d'autres parties, au risque ou de tomber dans des

---

cimus summam; ita, quæ circumstantibus ostentare volumus, judicibus prodimus. Est et quædam *repetita narratio*, quæ ἐπιδιήγησις dicitur, sane res *declamatoria* magis, quam *forensis;* ideo autem reperta, ut, quia narratio brevis esse debet, fusius et ornatius res posset exponi; quod fit vel invidiæ gratia, vel miserationis. Id esse raro faciendum judico, neque sic unquam, ut totus ordo repetatur : licet enim per partes idem consequi : cæterum, ut uti ἐπιδιηγήσει volet, narrationis loco rem stringat, et contentus indicare, *quid facti sit; quo sit modo factum*, plenius se loco suo expositurum esse promittat. Initium narrationis quidam utique faciendum a persona putant; eamque, si nostra sit, ornandam; si aliena, infamandam statim. Hoc sane frequentissimum est, quia personæ sunt, inter quas litigatur. Sed hæ quoque interim cum suis accidentibus ponendæ, quum et profuturum est, ut, *A. Cluentius Habitus fuit pater hujusce, judices, homo non solum municipii Larinatis, ex quo erat, sed regionis illius et vicinitatis, virtute, existimatione, nobilitate princeps :* interim sine his; ut, *Q. Ligarius quum esset;* frequenter vero et a re, sicut pro Tullio Cicero, *Fundum habet in agro Thurino M. Tullius paternum :* Demosthenes pro Ctesiphonte, Τοῦ γὰρ Φωκικοῦ συστάντος; πολέμου. De fine narrationis cum iis contentio est, qui perduci expositionem volunt eo, unde quæstio oritur : *His rebus ita gestis, P. Dolabella prætor interdixit, ut est consuetudo, de vi, hominibus armatis, sine ulla exceptione; tantum ut, unde dejecisset, restitueret; restituisse se dixit; sponsio facta est; hac de sponsione vobis judicandum est :* id a petitore semper fieri potest, a defensore non semper.

CAP. III. Ordine ipso narrationem sequitur *confirmatio* : probanda sunt enim, quæ propter hoc exposuimus; sed priusquam ingrediar hanc partem, pauca mihi de quorumdam opinione dicenda sunt. Plerisque moris est, prolato rerum ordine, protinus utique in aliquem lætum ac plausibilem locum, quam maxime possint favorabiliter, excurrere. Quod quidem natum ab ostentatione declamatoria, jam in forum venit, postquam agere causas non ad utilitatem litigatorum, sed ad patronorum jactationem repertum est; ne, si pressæ illi (qualis sæpius desideratur) narrationis gracilitati conjuncta argumentorum pugnacitas fuerit, dilatis diutius dicendi voluptatibus oratio refrigescat. In quo vitium illud est, quod, sine discrimine causarum atque utilitatis, hoc, tanquam semper expediat, aut etiam necesse sit, faciunt; eoque sumptas ex iis partibus,

redites, ou de ne pouvoir dire en son lieu ce qu'on a déjà dit ailleurs. J'avoue néanmoins que ce genre d'excursion peut venir avec opportunité non-seulement après la narration, mais encore après toutes les questions, et même après chaque question en particulier, lorsque le cas le demande ou du moins le permet; j'avoue que les digressions contribuent beaucoup à embellir et orner le discours, mais pourvu qu'il y ait cohésion et suite, et non pas si on les fait entrer de force, en séparant ce qui est naturellement joint. En effet, rien n'est plus conséquent que de passer immédiatement de la narration à la preuve, à moins que la digression ne puisse être regardée, ou comme la fin de l'une, ou comme le commencement de l'autre. Elle pourra donc avoir lieu quelquefois : par exemple, lorsque, la fin de l'exposition ayant laissé une impression d'horreur, nous donnons cours à notre indignation, comme on cède au besoin de respirer. Cependant on ne devra se permettre cette sortie qu'autant que le fait ne souffre aucun doute; autrement, avant que de l'exagérer, il faut s'attacher à le faire trouver vrai; car l'odieux du fait incriminé favorise l'accusé tant qu'il n'est pas prouvé, par la raison que, plus un crime est énorme, plus on a de peine à y croire. La digression peut encore avoir son utilité, si, par exemple, à l'occasion de services rendus à la partie adverse, et dont vous avez parlé dans la narration, vous vous élevez contre son ingratitude; ou si, après avoir exposé une longue suite d'accusations diverses, vous faites voir quelle responsabilité dangereuse vous assumez par là. Mais tout cela doit se faire en peu de mots; car, une fois que le juge est instruit des faits, il est impatient d'arriver à la preuve, et brûle de savoir à quoi se déterminer.

Il est à craindre, en outre, que l'esprit du juge, distrait par d'autres objets, et fatigué par des retards inutiles, ne perde de vue la narration.

Mais, de même que la digression n'est pas toujours nécessaire après la narration, elle est souvent aussi une préparation utile, quand elle est placée avant la question, surtout si, au premier aspect, cette question est peu favorable, si nous soutenons une loi rigoureuse, si nous requérons des peines contre notre adversaire. C'est le lieu d'une sorte de second exorde, pour préparer le juge à accueillir nos preuves, pour l'apaiser ou l'irriter; ce qui peut se faire avec d'autant plus de liberté et de véhémence, que la cause lui est déjà connue. C'est donc avec ces lénitifs que nous adoucirons ce qu'il y aura de trop âpre, et que nous disposerons l'oreille des juges à écouter plus volontiers ce que nous leur dirons dans la suite, de peur qu'ils ne se révoltent contre la rigueur de notre droit; car il n'est pas facile de persuader les gens malgré eux. Toutefois il est bon, en pareille circonstance, de connaître le caractère du juge, et de savoir à quoi, de la justice ou de l'équité, il est le plus attaché, parce que, selon cette différence, nous le ménagerons plus ou moins. Au reste, la même chose peut aussi servir de péroraison après comme avant la question.

Ce que nous appelons *digression*, les Grecs l'appellent παρέκϐασις. Il en est de plusieurs sortes, comme je l'ai dit, et qui peuvent être différemment répandues dans tout le cours du plaidoyer : par exemple, l'*éloge des hommes et des lieux*, les *descriptions de pays*, le *récit de choses vraies ou fabuleuses*. De ce genre sont, dans les plaidoyers de Cicéron contre Verrès, l'*éloge de la Sicile*, l'*enlèvement de Proserpine*; dans la défense de C. Cornélius, le *panégyrique si*

---

quarum alius erat locus, sententias in hanc congerunt, ut plurima aut iterum dicenda sint, aut quia alieno loco dicta sunt, dici suo non possint. Ego autem confiteor, hoc exspatiandi genus non modo narrationi, sed etiam quæstionibus, vel universis, vel interim singulis, opportune posse subjungi, quum res postulat, aut certe permittit; atque eo vel maxime illustrari ornarique orationem; sed, si cohæret et sequitur; non, si per vim cuneatur, et, quæ natura juncta erant, distrahit. Nihil enim tam est consequens, quam narrationi probatio : nisi si excursus ille vel quasi finis narrationis, vel quasi initium probationis est : erit ergo illi nonnunquam locus; ut, si expositio circa finem atrox fuerit, prosequamur eam, velut spiritu erumpente protinus indignatione. Quod tamen ita fieri oportebit, si res dubitationem non habebit; alioqui prius est, quod objicias, verum efficere, quam magnum; quia criminis invidia pro reo est, priusquam probatur; difficillima est enim gravissimi cujusque sceleris fides. Idem fieri non inutiliter potest, ut, si merita in adversarium aliqua exposueris, in ingratum inveharis; aut, si varietatem criminum narratione demonstraveris, quantum ob ea periculum intentetur, ostendas. Verum hæc breviter omnia ; judex enim, ordine audito, festinat ad probationem, et quamprimum certus esse sententiæ cupit; præterea cavendum est, ne ipsa expositio vanescat, aversis in aliud animis, et inani mora fatigatis. Sed ut non semper est necessaria post narrationem illa procursio, ita frequenter utilis ante quæstionem præparatio; utique, si prima specie minus erit favorabilis; si legem asperam tuebimur; aut pœnarias actiones inferemus : est hic locus velut sequentis exordii, ad conciliandum probationibus nostris judicem; mitigandum, concitandum; quod liberius hic et vehementius fieri potest, quia judici nota jam causa est. His igitur velut fomentis, si quid erit asperum, præmolliemus, quo facilius aures judicum, quæ post dicturi erimus, admittant; ne jus nostrum oderint; nihil enim facile persuadetur invitis. Quo loco tamen judicis quoque noscenda natura est, juri magis, an æquo, sit appositus? proinde enim magis aut minus erit hoc necessarium : cæterum res eadem et post quæstionem perorationis vice fungitur. Hanc partem παρέκϐασιν vocant Græci, Latini *egressum*, vel *egressionem* : sed hæ sunt plures, ut dixi, quæ per totam causam varios habent excursus; ut *laus hominum locorumque*, ut *descriptio regionum*, *expositio quarumdam rerum gestarum*, vel etiam *fabularum*. Quo ex genere est in orationibus contra Verrem compositis

populaire de Pompée, lorsque ce divin orateur, comme si le nom de Pompée eût suspendu le cours de sa plaidoirie, s'interrompt tout à coup pour passer à l'éloge de ce grand homme.

La digression est, selon moi, une *excursion, hors de l'ordre des choses, sur un point qui ne laisse pas d'être utile à la cause.* Aussi ne vois-je pas pourquoi on veut de préférence lui assigner sa place immédiatement après la narration, ni pourquoi on croit ne devoir lui donner ce nom qu'autant qu'elle est une suite de la narration; car le discours peut s'écarter du droit chemin de mille manières. En effet, tout ce qui se dit en dehors des cinq parties que nous avons établies, est digression. Ainsi, exciter l'indignation, la pitié, la haine, invectiver, excuser, flatter, répondre à des injures; tout ce qui n'est pas dans la question, comme amplifier, atténuer, émouvoir; et ces lieux communs sur le luxe, la cupidité, la religion, les devoirs, qui contribuent à donner tant d'agrément et d'éclat au discours, tout cela est digression, quoique l'orateur ne paraisse pas sortir du sujet, en ce que s'étendant sur une matière de même nature, il n'interrompt pas la liaison des pensées. Mais combien de choses y insère-t-on qui en sont entièrement détachées, et dont la fin est de délasser le juge, de l'avertir, de l'apaiser, de le prier, de le louer? Il y en a une infinité de cette espèce: les unes sont préparées à l'avance, les autres naissent de la circonstance ou de la nécessité, si, par exemple, pendant la plaidoirie, il arrive quelque chose d'extraordinaire, si l'orateur est interpellé, s'il survient quelque personnage, s'il s'élève du tumulte. C'est ainsi que, dans la cause de Milon, Cicéron fut forcé de sortir de son sujet, dès l'exorde, comme on le voit dans le petit plaidoyer qu'il prononça. Au reste, la digression peut être un peu plus longue, lorsqu'elle sert de préparation à la question, ou de complément et de recommandation à la preuve; mais, lorsqu'elle s'échappe du milieu de l'une ou de l'autre, il faut retourner le plus tôt possible au point d'où l'on s'est écarté.

Chap. IV. Il y en a qui placent la *proposition* après la narration, comme une partie du genre judiciaire. J'ai réfuté cette opinion. La *proposition* est, selon moi, le commencement de toute confirmation: elle précède ordinairement la question principale, quelquefois même chaque argument en particulier, et entre autres, ceux qu'on appelle *épichérèmes*. Je parle, pour le moment, de celle qui ouvre la question principale. Elle n'y est pas toujours nécessaire; car quelquefois le fond de la question est suffisamment clair sans proposition, surtout si la narration finit où commence la question. Aussi se borne-t-on, dans ce cas, à faire suivre la narration d'une petite récapitulation, comme cela se pratique pour les preuves: *L'affaire s'est passée, juges, comme je vous l'ai racontée; celui qui y avait tendu le piège y a péri, la violence a été vaincue par la violence, ou plutôt l'audace a été terrassée par le courage.* Mais la proposition est quelquefois très-utile, principalement lorsque le fait ne peut être défendu, et qu'il s'agit seulement de le qualifier. Par exemple, si vous plaidez pour un homme accusé d'avoir dérobé dans un temple l'argent d'un particulier, vous direz: *Il s'agit d'une accusation de sacrilége, c'est d'un sacrilége que

---

Siciliæ laus, Proserpinæ raptus; pro C. Cornelio popularis illa virtutum Cn. Pompeii commemoratio, in quam ille divinus orator, velut nomine ipso ducis cursus dicendi teneretur, abrupto, quem inchoaverat, sermone devertit acutum. Παρέκϐασις est (ut mea quidem fert opinio) *alicujus rei, sed ad utilitatem causæ pertinentis, extra ordinem excurrens tractatio:* quapropter non video, cur hunc ei potissimum locum assignent, qui rerum ordinem sequitur; non magis quam illud, cur hoc nomen ita demum proprium putent, si aliquid in digressu sit exponendum. quum tot modis a recto itinere declinet oratio. Nam quidquid dicitur præter illas quinque, quas fecimus, partes, egressio est, *indignatio, miseratio, invidia, convicium, excusatio, conciliatio, maledictorum refutatio,* similia his, quæ non sunt in quæstione, omnis *amplificatio, minutio, omne affectus genus:* atque ea maxime jucundam et ornatam faciunt orationem: *de luxuria, de avaritia, de religione, de officiis;* quæ quum sint argumentis subjecta similium rerum, quia cohærent, egredi non videntur. Sed plurima sunt, quæ rebus nihil secum cohærentibus inseruntur, quibus judex reficitur, admonetur, placatur, rogatur, laudatur: innumerabilia sunt hæc, quorum alia sic præparata afferimus; quædam ex occasione vel ex necessitate dicimus, si quid nobis agentibus novi accidit, interpellatio, interventus alicujus, tumultus. Unde Ciceroni quoque in proœmio, quum diceret pro Milone, digredi fuit necesse, ut ipsa oratiuncula, qua usus est, patet: poterit autem paulo longius exire, qui præparat aliquid ante quæstionem, et qui finitæ probationi velut commendationem adjicit; at, qui ex media erumpit, cito ad id redire debet, unde devertit.

Cap. IV. Sunt, qui narrationi *propositionem* subjungant, tamquam partem judicialis materiæ; cui opinioni respondimus: mihi autem *propositio* videtur omnis confirmationis initium; quod non modo in ostendenda quæstione principali, sed nonnunquam etiam in singulis argumentis poni solet, maximeque in his, quæ ἐπιχειρήματα vocantur; sed nunc de priore loquimur. Ea non semper uti necesse est; aliquando enim sine propositione aliqua quoque satis manifestum est, quid in quæstione versetur: utique, si narratio ibi finem habet, ubi initium quæstio; adeo, ut aliquando subjungatur expositioni, quæ solet in probationibus esse summa collectio: *hæc, sicut exposui, ita gesta sunt, judices; insidiator superatus, vi victa vis, vel potius oppressa virtute audacia est.* Sed nonnunquam valde utilis est; præcipue ubi res defendi non potest, de fine quæritur; ut, pro eo, qui pecuniam privatam de templo sustulit, *Sacrilegii agitur, de sacrilegio cognoscitis;* ut judex intelligat, id unum esse officii sui,

vous avez à connaître. Par là vous faites comprendre au juge que son devoir est uniquement d'examiner *si le fait incriminé est un sacrilége.* De même dans les causes obscures ou multiples, et cela pour rendre la cause non-seulement plus claire, mais encore plus entraînante ; et vous la rendrez telle, si vous faites précéder la question d'une proposition qui serve à l'établir d'une manière précise : *La loi porte en termes exprès, que tout étranger qui escaladera le mur de la ville sera puni de mort. Il est certain que vous êtes étranger, il ne l'est pas moins que vous avez escaladé le mur : que reste-t-il, sinon à vous punir?* En effet, cette proposition presse l'aveu de l'adversaire, et met, en quelque sorte, le juge en demeure de prononcer; elle fait plus que d'indiquer la question, elle lui vient en aide.

Les propositions sont tantôt *simples,* tantôt *doubles* ou *multiples* : ce qui résulte, tantôt de la jonction de plusieurs chefs d'accusation, comme *lorsque Socrate fut accusé de corrompre la jeunesse et d'introduire de nouvelles superstitions;* tantôt de la réduction de plusieurs chefs en un seul, comme *lorsqu'Eschine fut accusé de prévarication dans son ambassade, parce qu'il avait fait de faux rapports, parce qu'il avait agi en tout contrairement à son mandat, parce qu'il avait tardé à revenir, parce qu'il avait accepté des présents.* La défense comporte aussi quelquefois plusieurs propositions : *Vous êtes mal fondé à me demander cette somme; car premièrement vous n'aviez pas capacité pour recevoir procuration de celui au nom duquel vous plaidez, ni lui pour vous la donner; secondement, vous n'êtes pas héritier de celui à qui l'on prétend que j'ai emprunté ; enfin, je ne lui devais rien.* Je pourrais multiplier les exemples à l'infini, mais il suffit de ceux que je viens de donner. Si les propositions sont placées séparément en tête de chaque preuve, ce seront plusieurs propositions; si on les réunit, elles rentrent dans la division.

Quelquefois la proposition est, pour ainsi dire, toute nue, comme dans la plupart des causes conjecturales : *J'accuse un tel de meurtre, de larcin,* etc.; quelquefois elle est accompagnée de sa preuve : *C. Cornélius a violé la majesté de ses fonctions, en ce qu'étant tribun du peuple, il a lu lui-même, en pleine assemblée, le texte de la loi.* En outre, la proposition se fait, tantôt en notre nom : *J'accuse un tel d'adultère;* tantôt au nom de la partie adverse : *On m'accuse d'adultère;* ou enfin elle est commune aux deux parties : *La question entre mon adversaire et moi est celle-ci : Lequel de nous deux est le plus proche parent d'un tel mort ab intestat?* Quelquefois on joint ensemble les propositions des deux parties : *Mon adversaire dit que..., et moi je soutiens que...* Enfin, il y a une sorte de proposition que l'on peut appeler tacite, parce que, sans être une proposition formelle, elle en a néanmoins la force, comme lorsqu'après avoir exposé les faits on ajoute : *Voilà sur quoi vous avez à prononcer.* Ces mots avertissent le juge de redoubler d'attention, et le réveillent en quelque sorte, pour lui annoncer que, la narration étant finie, on va passer à la preuve, et pour lui demander, pour ainsi dire, une nouvelle audience.

CHAP. V. La *division* est l'énumération faite par ordre de nos propositions, ou de celles de notre adversaire, ou des unes et des autres à la fois. Quelques-uns pensent qu'il faut toujours en faire usage, parce qu'elle contribue à rendre la

---

quærere, *An id, quod objicitur, sacrilegium sit?* Item in causis obscuris, aut multiplicibus; nec semper propter hoc solum, ut sit causa lucidior, sed aliquando etiam, ut magis moveat : movet autem, si protinus subtexantur aliqua, quæ prosint. *Lex aperte scripta est, ut peregrinus, qui murum ascenderit, morte multetur; peregrinum te esse certum est; quin ascenderis murum, non quæritur: quid superest, nisi, ut te puniri oporteat?* Hæc enim propositio confessionem adversarii premit, et quodammodo judicandi moram tollit, nec indicat quæstionem, sed adjuvat. Sunt autem propositiones et *simplices,* et *duplices* vel *multiplices;* quod accidit non uno modo : nam et plura crimina junguntur, ut, *quum Socrates accusatus est, quod corrumperet juventutem, et novas superstitiones introduceret;* et singula ex pluribus colliguntur, ut, *quum legatio malè gesta objicitur Æschini, quod mentitus sit, quod nihil ex mandatis fecerit, quod moratus sit, quod munera acceperit.* Recusatio quoque plures interim propositiones habet : ut contra petitionem pecuniæ, *Male petis, procuratori enim tibi esse non licuit; sed neque illi, cujus nomine litigas, habere procuratorem; sed neque es heres ejus, a quo accepisse mutuum dicor; nec ipsi debui.* Multiplicari hæc, in quantum libet, possunt, sed rem ostendisse satis est : hæ si ponantur singulæ subjectis probationibus, plures sunt propositiones; si conjungantur, in partitionem cadunt. Est et nuda propositio, qualis fere in conjecturalibus, *Cædis ago, furtum objicio :* est ratione subjecta, ut, *Majestatem minuit C. Cornelius; nam codicem tribunus plebis ipse pro concione legit.* Præter hæc utimur propositione, aut nostra, ut, *Adulterium objicio;* aut adversarii, ut, *Adulterii mecum agitur;* aut communi, ut, *Inter me et adversarium quæstio est, uter sit intestato propior :* nonnunquam diversas quoque conjungimus, *Ego hoc dico, adversarius hoc.* Habet interim vim propositionis, etiamsi per se non est propositio, quum exposito rerum ordine subjicimus, *De his cognoscitis,* ut sit hæc commonitio judicis, quo se ad quæstionem acrius intendat, et, quodam velut tactu excitatus, finem esse narrationis, et initium probationis intelligat; et, nobis confirmationem ingredientibus, ipse quoque novum quodammodo audiendi sumat exordium.

CAP. V. *Partitio* est nostrarum aut adversarii propositionum, aut utrarumque ordine collata enumeratio. Hac quidem utendum semper putant, quod ea et fiat causa lucidior, et judex intentior ac docilior, si scierit, et de quo

cause plus claire, et parce que le juge est plus attentif et plus docile, quand il sait de quoi on parle et de quoi on parlera par la suite. Selon d'autres, au contraire, elle est dangereuse, en ce que l'orateur ne se souvient pas toujours de ce qu'il a promis de traiter, et qu'il peut rencontrer sur son chemin des choses qu'il n'avait pas prévues dans la division; mais cela ne peut arriver qu'à un homme tout à fait dépourvu d'esprit, ou qui s'avise de plaider sans avoir rien préparé ni médité à l'avance. Autrement, quoi de plus méthodique et de plus claire qu'une division bien faite? Elle est si conforme à la nature, que rien ne soutient plus la mémoire que de ne pas s'écarter de la route que l'on s'est proposé de tenir en parlant. C'est pourquoi je n'approuve pas ceux qui défendent d'étendre la division au delà de trois propositions. Il est vrai que, si elle est trop multiple, elle échappera à la mémoire du juge et troublera son attention; mais ce n'est pas une raison pour la restreindre à un nombre fixe et invariable de points, attendu que la cause peut en exiger davantage.

Il y a plutôt des raisons pour ne pas toujours user de la division. D'abord, un discours qui paraît ne rien avoir d'étudié fait ordinairement plus de plaisir à l'auditeur, tandis que la division sent toujours l'étude et le cabinet. De là vient que ces figures sont si bien reçues : *J'oubliais de vous dire... je ne songeais pas... vous m'avertissez fort à propos.* Au contraire, si vous annoncez vos preuves, vous privez le reste de votre discours du charme de la nouveauté. En second lieu, nous sommes obligés quelquefois de recourir à la ruse, et de circonvenir le juge pour lui dissimuler notre dessein; car il y a certaines propositions scabreuses, dont il est effrayé du plus loin qu'il les voit, à peu près comme un malade quand il aperçoit, dans les mains du chirurgien, le fer qui doit servir à l'opérer. Mais si vous entrez, pour ainsi dire, chez lui sans rien annoncer qui trouble sa sécurité et lui cause de la préoccupation, vous obtiendrez plus que si vous aviez commencé par lui promettre de le convaincre. Troisièmement, il faut éviter quelquefois non-seulement de distinguer les questions, mais même de les traiter; il faut troubler le juge par le moyen des passions, et le distraire de son attention. Car, si le devoir de l'orateur est d'instruire, le triomphe de l'éloquence est d'émouvoir; et rien n'est plus contraire à cet effet que le soin scrupuleux que l'on met à distinguer minutieusement les parties de son discours, dans le temps où il s'agit d'emporter le suffrage du juge. Ajoutez à cela que bien des choses sont faibles et sans portée par elles-mêmes, et n'ont de force que par le nombre. Il vaut donc mieux les réunir en masse, à l'exemple d'un général qui tente une irruption avec toutes ses troupes : moyen dont on doit toutefois se servir rarement, et seulement dans la nécessité, lorsque la raison nous force d'agir, en quelque sorte, contre la raison. Enfin, dans toute division, il y a un point plus important que les autres. Le juge l'a-t-il entendu ? A peine daigne-t-il écouter le reste. Lors donc qu'on a plusieurs choses à objecter ou à réfuter, la division est utile et agréable, en ce que l'auditeur voit l'ordre dans lequel nous traiterons chaque point; mais elle est superflue si l'accusation est une, quoique susceptible d'être combattue par plusieurs moyens. Je suppose qu'on fasse une division comme celle-ci : *Je dirai que l'accusé que je défends n'est pas capable d'un homicide; je dirai qu'il n'avait aucune raison de commettre*

---

dicimus, et de quo dicturi postea sumus. Rursus quidam periculosum id oratori arbitrantur duabus ex causis : quod nonnumquam et excidere soleant, quæ promisimus, et, si qua in partiendo præterierimus, occurrere; quod quidem nemini accidet, nisi qui plane vel nullo fuerit ingenio, vel ad agendum nihil cogitati præmeditatique detulerit. Alioqui quæ tam manifesta et lucida est ratio, quam rectæ partitionis? sequitur enim naturam ducem, adeo, ut memoriæ id maximum sit auxilium, via dicendi non decedere; quapropter ne illos quidem probaverim, qui partitionem vetant ultra tres propositiones extendere: quæ sine dubio, si nimium sit multiplex, fugiet memoriam judicis, et turbabit intentionem; hoc aut alio tamen numero velut lege non est alliganda, quum possit causa plures desiderare. Alia sunt magis, propter quæ partitione non semper sit utendum : primum, quia pleraque gratiora sunt, si invita subito, nec domo allata, sed inter dicendum ex re ipsa nata videantur; unde illa non injucunda schemata, *Pœne excidit mihi*; et, *Fugerat me*; et, *Recte ad mones*; propositis enim probationibus, omnis in reliquum gratia novitatis præcerpitur. Interim vero etiam fallendus est judex, et variis artibus subeundus, ut aliud agi, quam quod petimus, putet; nam est nonnumquam dura propositio, quam judex, si providet, non aliter præformidat, quam qui ferrum medici prius, quam curetur, aspexit : at si, re non ante proposita, securum, ne nulla denunciatione in se conversum, intrarit oratio, efficiet, quod promittenti non crederetur. Interim refugienda non modo distinctio quæstionum est, sed omnino tractatio : affectibus perturbandus, et ab intentione auferendus auditor; non enim solum oratoris est docere, sed plus eloquentia circa movendum valet; cui rei contraria est maxime tenuis illa et scrupulose in partes secta divisionis diligentia eo tempore, quo cognoscenti judicium conamur auferre. Quid ? quod interim, quæ per se levia sunt et infirma, turba valent? ideoque congerenda sunt potius, et velut eruptione pugnandum; quod tamen rarum esse debet, et ex necessitate demum, quum hoc ipsum, quod dissimile rationi est, coegerit ratio. Præter hæc in omni partitione est utique aliquid potentissimum, quod quum audivit judex, cætera tamquam supervacua gravari solet; itaque, si plura vel objicienda sunt, vel diluenda, et utilis et jucunda partitio est, ut quod quaque de re dicturi sumus, ordine appareat: at si unum crimen varia defendemus, supervacua; ut, si ita partiamur : *Dicam, non talem esse hunc, quem lucor, rerum, ut in eo credibile videri possit homicidium; dicam, occidendi causam huic non*

un meurtre; je dirai que, dans le temps où le meurtre a été commis, mon client était au delà des mers. Tout ce que vous prouverez, avant le troisième point, paraîtra nécessairement inutile; car le juge court au-devant du point principal : s'il est patient, il se contentera de murmurer intérieurement contre vous, comme si vous ne teniez pas ce que vous lui avez promis; et s'il n'a pas de temps à perdre, ou que sa dignité le mette au-dessus des ménagements, ou même qu'il soit d'un caractère peu accommodant, il vous gourmandera d'un ton pressant. C'est pourquoi on n'a pas manqué de critiquer cette division de Cicéron, dans son plaidoyer pour Cluentius : *Je me propose d'établir, premièrement, que personne n'a été cité en justice pour de plus grands crimes ni accablé par de plus graves témoignages qu'Oppianicus; secondement, que les jugements préliminaires ont été rendus par les mêmes juges, qui l'ont condamné définitivement; troisièmement, que, s'il a été fait des tentatives de corruption auprès des juges, ce n'a pas été de la part de Cluentius, mais contre Cluentius.* On objectait que, si le troisième point pouvait être prouvé, il était inutile de s'occuper des autres. En revanche, on ne saurait, sans injustice ou sans aveuglement, critiquer cette division de son plaidoyer pour Muréna : *Il me semble, juges, que toute l'accusation se réduit à trois chefs : par le premier, on l'attaque dans ses mœurs; par le second, dans sa candidature; par le troisième, on l'accuse de brigues.* De cette manière l'orateur présente clairement toute la cause, et on ne peut pas dire qu'un point soit rendu inutile par l'autre. Voici une autre sorte de division qu'on hésite généralement à approuver : *Si je l'ai tué, j'ai bien fait; mais je ne l'ai pas tué.* A quoi sert, dit-on, la première proposition, si la seconde est vraie? ne se nuisent-elles pas mutuellement? et les avancer toutes deux, n'est-ce pas s'ôter toute créance pour l'une et pour l'autre? Cette objection est fondée, si l'on suppose que la dernière proposition est indubitable. Mais si la plus sûre ne l'est pas tellement que nous n'ayons lieu de craindre pour elle, nous ne ferons pas mal de les discuter toutes deux. Ce qui ne touche pas un juge peut toucher l'autre. Tel croira le fait, qui nous excusera sur le droit; et tel nous condamnera sur le droit, qui peut-être ne croira pas le fait. Ainsi, à une main sûre un seul trait suffit; mais celle qui ne l'est pas a besoin d'en lancer plusieurs, pour que le hasard ait sa part. Cicéron s'y prend donc très-bien dans la défense de Milon, lorsqu'il démontre d'abord que Clodius a été l'agresseur, et ajoute subsidiairement que, quand même cela ne serait pas, il ne pouvait être que glorieux à Milon d'avoir eu le courage de tuer un aussi mauvais citoyen. Ce n'est pas que je blâme la division dont j'ai parlé plus haut, parce que certaines propositions, quoiqu'un peu dures en elles-mêmes, ont pour effet d'adoucir celles qui suivent; et ce n'est pas tout à fait sans raison qu'on dit communément qu'*il faut demander au delà de ce qui est juste, pour obtenir ce qui est juste.* Ce qui ne veut pas dire qu'on doit tout oser; car c'est un sage précepte que celui que nous donnent les Grecs, de *ne pas tenter l'impossible.* Mais toutes les fois qu'on se servira de deux moyens de défense, il faut faire en sorte que le premier dispose à croire le second : ainsi on peut nier, sans être suspect de mensonge, ce qu'on aurait pu avouer en toute sûreté. Cependant si nous nous apercevons que le juge désire une autre preuve que celle que nous traitons, ne

---

fuisse; dicam, hunc eo tempore, quo homo occisus est, trans mare fuisse; omnia, quæ ante id, quod ultimum est, exsequeris, inania videri necesse est. Festinat enim judex ad id, quod potentissimum est, et velut obligatum promisso patronum, si est patientior, tacitus appellat; si vel occupatus, vel in aliqua potestate, vel etiam si moribus incompositus, cum convicio efflagitat. Itaque non defuerunt, qui Ciceronis illam pro Cluentio partitionem improbarent, qua se dicturum esse promisit primum, *neminem majoribus criminibus, gravioribus testibus, in judicium vocatum, quam Oppianicum;* deinde, *præjudicia esse facta ab iis ipsis judicibus, a quibus condemnatus sit;* postremo *judicium pecunia tentatum non a Cluentio, sed contra Cluentium;* quia, si probari posset, quod est tertium, nihil necesse fuerit dicere priora. Rursus, nemo tam erit aut injustus, aut stultus, quin eum fateatur optime pro Murena esse partitum, *Intelligo, judices, tres totius accusationis partes fuisse, et earum unam in reprehensione vitæ, alteram in contentione dignitatis, tertiam in criminibus ambitus esse versatam :* nam sic et ostendit lucidissime causam, et nihil fecit altero supervacuum. De illo quoque genere defensionis plerique dubitant, *Si occidi, recte feci; sed non occidi;* quo enim prius pertinere, si sequens firmum sit? hæc invicem obstare, et utroque utentibus, in neutro haberi fidem ; quod sane in parte verum est, quum illo sequenti, si modo indubitabile est, sit solo utendum. At, si quid in eo, quod est fortius, timebimus, utraque probatione nitemur ; alius enim alio moveri solet; et, qui factum putavit, justum credere potest : qui tamquam justo non movebitur, factum fortasse non credet ; ut certa manus uno telo possit esse contenta, incertæ plura spargenda sunt, ut sit et fortunæ locus. Egregie vero Cicero pro Milone *insidiatorem* primo *Clodium ostendit;* tum addit ex abundanti, *etiamsi id non fuisset, talem tamen civem cum summa virtute interfectoris et gloria necari potuisse.* Neque illum tamen ordinem, de quo prius dixi, damnaverim; quia quædam, etiamsi ipsa sunt dura, in id tamen valent, ut ea molliant, quæ sequuntur; nec omnino sine ratione est, quod vulgo dicitur, *Iniquum petendum, ut æquum feras.* Quod tamen nemo sic accipiat, ut omnia credat audenda ; recte enim Græci præcipiunt, *Non tentanda, quæ effici omnino non possunt;* sed, quoties hac, de qua loquor, duplici defensione utemur, id laborandum est, ut in illam partem sequentem fides ex priore ducatur; potest enim videri, qui tuto etiam confessurus fuit, mentiendi causam in negando non habere. Et illud utique

manquons pas de lui promettre prompte et entière satisfaction, surtout si l'honneur est en cause; car il arrive souvent que, dans une cause peu honorable, on ait pour soi le droit. Dans ce cas, pour que les juges n'écoutent ni avec déplaisir ni avec défaveur, répétons-leur souvent que *nous démontrerons en temps et lieu que notre client est un homme probe et digne; qu'ils attendent un peu, et qu'ils nous permettent de procéder avec ordre.* Quelquefois nous feindrons de dire certaines choses contre le gré de notre client, comme l'a fait Cicéron dans son plaidoyer pour Cluentius, au sujet de la loi sur les devoirs des juges. Quelquefois nous nous arrêterons, comme s'il nous interpellait. Souvent nous lui adresserons la parole, et nous l'inviterons à s'en rapporter à notre prudence. Par là on s'insinuera dans l'esprit des juges, qui, s'attendant à la preuve que l'honneur est sauf, verront, avec moins de répugnance, le côté fâcheux de la cause. Ce point une fois emporté, ce qui regarde l'honneur passera plus aisément. Ainsi les deux parties s'aideront mutuellement; car le juge, rassuré sur le point d'honneur, sera plus attentif à la question de droit, et la preuve du droit le disposera à mieux penser du point d'honneur.

Mais, si la division n'est pas toujours nécessaire ni même utile, il est certain qu'employée à propos elle contribue beaucoup à la clarté et à l'agrément du discours. En effet, elle n'a pas seulement pour effet de rendre les choses plus claires, en les tirant, pour ainsi dire, de la foule, et en les mettant en présence du juge; elle délasse encore son attention au moyen des limites qu'elle assigne à chaque partie, à peu près comme la vue de ces pierres qui servent à marquer nos lieues

encourage le voyageur fatigué. Car on éprouve du plaisir à mesurer le chemin qu'on a fait, et rien n'anime plus à poursuivre ce qu'on a commencé, que de savoir ce qui reste à faire : on ne trouve jamais long ce dont on aperçoit le terme. C'est donc avec raison qu'on a tant loué Hortensius du soin qu'il apportait dans la division, bien que sa manière de compter les points de son discours sur ses doigts lui ait attiré quelques légères railleries de la part de Cicéron. C'est que, si l'excès déplaît dans le geste, on doit à plus forte raison éviter dans le discours les divisions trop minutieuses et, pour ainsi dire, articulées. En effet cette dissection, qui présente plutôt des morceaux que des membres, nuit beaucoup à l'autorité de l'orateur. Celui qui court après ce genre de gloire, en voulant faire preuve de subtilité et d'abondance, ne fait que se surcharger de superfluités, coupe ce qui est de soi un et indivisible, amoindrit les choses plutôt qu'il ne les multiplie, et, après avoir divisé son sujet en mille et mille petites parties, retombe dans l'obscurité, dont la division avait pour objet de le garantir.

La proposition, ou simple ou divisée, toutes les fois qu'on jugera à propos de l'employer, doit d'abord être intelligible et claire, car rien n'est plus choquant que d'être obscur dans la partie même qui est uniquement destinée à éclairer les autres; en second lieu, elle doit être brève et dégagée de tout mot superflu; car il s'agit, non d'expliquer ce que vous dites, mais d'indiquer ce que vous direz. Enfin il faut faire en sorte que rien n'y manque, et qu'il n'y ait rien de trop. Or elle pêche par excès, et ce sont les cas les plus fréquents, si l'on divise en espèces ce qu'il suffit de diviser en genres, ou si, après avoir posé

---

faciendum est, ut, quoties suspicabimur a judice aliam probationem desiderari, quam de qua loquimur, promittamus nos plene et statim de eo satis esse facturos; præcipueque, si de pudore agitur. Frequenter autem accidit ut causa parum verecunda, jure tuta sit; de quo ne inviti judices audiant et adversi, frequentius sunt admonendi, *secuturam defensionem probitatis ac dignitatis; exspectent paulum, et agi ordine sinant.* Quædam interim nos et invitis litigatoribus simulandum est dicere; quod Cicero pro Cluentio facit circa judiciariam legem; nonnunquam, quasi interpellemur ab iis, subsistere : sæpe avertenda ad ipsos oratio; hortandi, ut sinant nos uti nostro consilio. Ita surrepetur animo judicis, et, dum sperat probationem pudoris, asperioribus illis minus repugnabit. Quæ quum receperit, etiam verecundiæ defensioni facilior erit : sic utraque res invicem juvabit, eritque judex circa jus nostrum spe modestiæ attentior, circa modestiam juris probatione proclivior. Sed, ut non semper necessaria, aut utilis etiam partitio est, ita opportune adhibita plurimum orationi lucis et gratiæ confert : neque enim solum id efficit, ut clariora fiant, quæ dicuntur, rebus velut ex turba extractis, et in conspectu judicum positis; sed reficit quoque audientem certo singularum partium fine; non aliter, quam facientibus iter, multum detrahunt fatigationis notata inscriptis lapidibus spatia. Nam et exhausti laboris nosse mensuram voluptati est, et hortatur ad reliqua fortius exsequenda, scire quantum supersit; nihil enim longum videri necesse est, in quo, quid ultimum sit, certum est. Nec immerito multum ex diligentia partiendi tulit laudis Q. Hortensius; cujus tamen divisionem, in digitos diductam, nonnunquam Cicero leviter eludit; nam est suus et in gestu modus, et vitanda ut quæ maxime concisa nimium et velut articulosa partitio. Nam et auctoritati plurimum detrahunt minuta illa, nec jam membra, sed frusta; et hujus gloriæ cupidi, quo subtilius et copiosius divisisse videantur, et supervacua assumunt, et, quæ natura singularia sunt, secant; nec tam plura faciunt, quam minora : deinde quum fecerunt mille particulas, in eamdem incidunt obscuritatem, contra quam partitio inventa est. Et divisa et simplex propositio, quoties utiliter adhiberi potest, primum debet esse aperta atque lucida (nam quid sit turpius, quam id esse obscurum ipsum, quod in eum solum adhibetur usum, ne sint cætera obscura?), tum brevis, nec ullo supervacuo onerata verbo ; non enim, quid dicamus, sed, de quo dicturi sumus, ostendimus. Obtinendum etiam, ne quid in ea desit, ne quid supersit : superest autem sic fere, quum aut in species partimur, quod in genera partiri sit satis ; aut, genere posito, subjicitur species : ut si dicam de virtute, justitia,

le genre, on y adjoint l'espèce ; par exemple, *Je vais parler de la vertu, de la justice, de la tempérance*. Cette division est vicieuse, en ce que la justice et la tempérance sont des espèces de la vertu.

La division générale doit exposer les points sur lesquels on est d'accord et ceux sur lesquels on ne l'est pas ; dans les premiers, ce que l'adversaire avoue, ce que nous avouons nous-mêmes ; dans les seconds, quelles sont nos propositions, quelles sont celles de la partie adverse. Mais ce qu'il y a de plus vicieux, c'est de ne pas traiter les questions dans l'ordre où on les a d'abord posées.

LIVRE V.

SOMMAIRE.

Introduction. — Chap. I. De la division des preuves. — II. Des préjugés. — III. Des bruits publics et de la renommée. — IV. Des tortures. — V. Des pièces. — VI. Du serment. — VII. Des témoins. — VIII. De la preuve artificielle. — IX. Des signes. — X. Des arguments. — XI. Des exemples. — XII. De l'usage des arguments. — XIII. De la réfutation. — XIV. Ce que c'est que l'enthymème, et combien il y en a de sortes ; en quoi consiste l'épichérème, et de la manière de le réfuter.

De célèbres auteurs ont pensé que le devoir de l'orateur se bornait à instruire, puisqu'ils prétendaient que l'emploi des passions lui devait être interdit, et cela pour deux raisons : d'abord, parce que toute perturbation de l'âme est un mal ; ensuite, parce qu'il n'est pas permis de détourner un juge de la vérité par l'impulsion de la pitié, de la colère, et de tout autre sentiment semblable ; et que chercher à plaire à l'auditeur, lorsqu'il s'agit uniquement de vaincre, est un soin non-seulement superflu pour l'avocat, mais même indigne d'un homme. D'autres, et en plus grand nombre, sans vouloir, il est vrai, interdire ces moyens à l'orateur, ont pensé néanmoins que son propre et principal devoir était de confirmer ses propositions et de réfuter celles de son adversaire. Quoi qu'il en soit de ces deux opinions, car ce n'est point ici que je veux interposer la mienne, ce livre sera, dans l'une comme dans l'autre, jugé infailliblement très-nécessaire, puisqu'il est destiné tout entier à traiter de la preuve et de la réfutation : à quoi même se lie tout ce qui a été dit jusqu'ici sur les causes judiciaires ; car l'exorde et la narration n'ont pas d'autre objet que de préparer le juge, et il serait superflu de connaître les états de la cause, et de s'occuper des autres points dont j'ai parlé, si l'on n'arrivait à la preuve. Enfin, des cinq parties que j'ai assignées au plaidoyer, nulle autre n'est tellement nécessaire, qu'on ne puisse quelquefois l'omettre ; mais il n'est point de procès où l'on puisse se passer de la preuve. Je vais donc traiter cette importante partie, et, pour le faire avec ordre et méthode, je commencerai par les préceptes généraux ; puis, je passerai à ceux qui regardent chaque genre de causes en particulier.

CHAP. I. Aristote enseigne une division générale qui a été généralement adoptée, et qui consiste à distinguer deux sortes de *preuves :* celles que l'orateur trouve en dehors de la rhétorique, et celles qu'il tire lui-même de la cause, et qu'il engendre en quelque sorte. C'est pourquoi on a appelé les premières des *preuves inartificielles*, ἀτέχνους, et les secondes des *preuves artificielles*, ἐντέχνους. Du

---

continentia ; quum justitia atque continentia virtutis sint species. Partitio prima est, quid sit, de quo conveniat ; quid, de quo ambigatur ; in eo, quod convenit, quid adversarius fateatur, quid nos ; in eo, de quod ambigitur, quæ nostræ propositiones, quæ partis adversæ ; turpissimum vero, non eodem ordine exsequi, quo quidque proposueris.

LIBER V.

ARGUMENTUM.

PROLOGUS. — CAP. I. De probationum divisione. — II. De præjudiciis. — III. De rumore et fama. — IV. De tormentis. — V. De tabulis. — VI. De jurejurando. — VII. De testibus — VIII. De probatione artificiali. — IX. De signis. — X. De argumentis. — XI De exemplis. — XII. De usu argumentorum. — XIII. De refutatione. — XIV. Quid *enthymema*, et quotuplex : quibus constet *epicherema*, et quomodo refellatur.

Fuerunt, et clari quidem auctores, quibus solum videretur oratoris officium docere ; namque et affectus duplici ratione excludendos putabant : primum, quia vitium esset omnis animi perturbatio ; deinde, quia judicem a veritate depelli misericordia, vel ira, similibusque, non oporteret ; et voluptatem audientium petere, quum vincendi tantum gratia diceretur, non modo agenti supervacuum, sed vix etiam viro dignum, arbitrabantur. Plures vero, qui nec ab illis sine dubio partibus rationem orandi summoverent, hoc tamen proprium atque præcipuum crederent opus, sua confirmare, et, quæ ex adverso proponerentur, refutare. Utrumcunque est, neque enim hoc loco meam interpono sententiam, hic erit liber illorum opinione maxime necessarius, quo toto hæc sola tractantur, quibus sane et ea, quæ de judicialibus causis jam dicta sunt, serviunt. Nam neque *proœmii*, neque *narrationis* est alius usus, quam ut judicem præparent ; et status nosse, atque ea, de quibus supra scripsimus, intueri, supervacuum foret, nisi ad hanc perveniremus. Denique ex quinque, quas judiciali materiæ fecimus, partibus, quæcunque alia potest aliquando necessaria causæ non esse : lis nulla est, cui probatione opus non sit : ejus præcepta sic optime divisuri videmur, ut prius quæ in commune ad omnes quæstiones pertinent, ostendamus ; deinde, quæ in quoque causæ genere propria sunt, exsequamur.

CAP. I. Ac prima quidem illa partitio, ab Aristotele tradita, consensum fere omnium meruit, alias esse *probationes*, quas extra dicendi rationem acciperet orator ; alias, quas ex causa traheret ipse, et quodam modo gigneret ; ideoque illas ἀτέχνους, id est *inartificiales* ; has ἐντέχνους, id est *artificiales*, vocaverunt. Ex illo priore genere sunt

genre des premières sont les *préjugés*, les *bruits publics*, la *torture*, les *pièces*, le *serment*, les *témoins* : toutes choses qui constituent la majeure partie des discussions du barreau. Mais, si ces preuves par elles-mêmes ne tiennent rien de l'art, il n'en faut pas moins la plupart du temps employer toutes les forces de l'éloquence pour les soutenir ou pour les réfuter. Aussi a-t-on grandement tort de croire que ce genre de preuves n'a pas besoin de préceptes. Je n'ai pas toutefois l'intention d'embrasser tout ce qu'on peut dire pour soutenir ou combattre ces preuves ; car il n'entre pas dans mon dessein d'enseigner la manière de traiter les lieux communs ; je veux seulement indiquer une marche, une méthode : après quoi chacun se servira de ses propres forces pour la suivre, ou y suppléera par analogie, suivant la nature des causes. Car, s'il est impossible d'énumérer tous les exemples, que peuvent fournir les causes passées? que doit-on penser des causes futures?

Chap. II. Commençons par les *préjugés*. On les comprend tous sous trois genres : les premiers, qui seraient mieux appelés des *exemples*, sont fondés sur des choses qui ont déjà été jugées dans des causes pareilles, comme des testaments de pères, dont les enfants ont obtenu l'annulation, ou qui ont été maintenus contre les enfants ; les seconds sont fondés sur des jugements relatifs à la même cause, d'où est venu proprement le nom de *préjugés* : tels sont les jugements invoqués contre Oppianicus, et la condamnation de Milon par le sénat ; les troisièmes, sur une première sentence rendue dans la même affaire, et dont on appelle, lorsqu'il s'agit, par exemple, ou de déportation, d'affranchissement, ou d'une de ces causes qui relèvent de la double juridiction des centumvirs.

On confirme les préjugés, et par l'autorité de ceux qui ont déjà prononcé, et par la conformité des causes. Mais quand il s'agit de les détruire, il faut ordinairement éviter d'outrager les premiers juges, à moins qu'ils ne soient manifestement en faute. Car il est naturel qu'un juge confirme ce qu'un autre a jugé avant lui, et que, appelé à prononcer à son tour, il ne donne pas volontiers un exemple qui pourrait retomber sur lui-même. Il vaut donc mieux recourir, dans les deux premiers genres, à la différence qui peut exister entre les causes; car il est bien rare d'en rencontrer deux qui soient entièrement semblables. Que si néanmoins ces deux causes n'offraient aucune dissemblance, ou qu'il s'agit du troisième genre de préjugés, alors on se rejetterait sur les défauts de formalité, sur la faiblesse de ceux qui ont été condamnés, sur tout ce qui peut altérer la bonne foi des témoins, comme l'amitié, la haine, l'ignorance ; ou l'on chercherait quelque circonstance qui, depuis, a pu changer l'état de la cause. Si rien de tout cela ne peut s'alléguer, on peut dire que de tout temps on a rendu de mauvais jugements, qu'on a vu condamner Rutilius et absoudre un Clodius et un Catilina ; on peut aussi prier les juges d'examiner l'affaire en elle-même, plutôt que d'en juger sur la foi d'autrui. Quant aux sénatus-consultes, et aux décrets des princes ou des magistrats, je n'y vois point de remède, si ce n'est d'alléguer quelque point de dissemblance dans la cause, ou d'opposer quelque décret postérieur, rendu par les mêmes magistrats ou par des magistrats revêtus de la même autorité, qui déroge au premier. Si tout cela manque, il faut se résoudre à passer condamnation.

Chap. III. La *renommée* et les *bruits publics*

---

præjudicia, rumores, tormenta, tabulæ, jusjurandum, testes, in quibus pars maxima contentionum forensium consistit ; sed, ut ipsa per se carent arte, ita summis eloquentiæ viribus et allevanda sunt plerumque, et refellenda : quare mihi videntur magnopere damnandi, qui totum hoc genus a præceptis removerunt. Nec tamen in animo est, omnia, quæ aut pro his aut contra dici solent, complecti ; non enim communes locos tradere destinamus, quod esset operis infiniti, sed viam quamdam atque rationem ; quibus demonstratis, non modo in exsequendo suas quisque vires debet adhibere, sed etiam inveniendo similia, ut quæque conditio litium poscet ; neque enim de omnibus causis dicere quisquam potest saltem præteritis, ut taceam de futuris.

Cap. II. Jam *præjudiciorum* vis omnis tribus in generibus versatur : *Rebus*, quæ aliquando *ex paribus causis* sunt *judicatæ*, quæ *exempla* rectius dicuntur ; ut de rescissis patrum testamentis, vel *contra filios* confirmatis : *Judiciis ad ipsam causam* pertinentibus, unde etiam nomen ductum est ; qualia *in Oppianicum* facta dicuntur, et a senatu adversus *Milonem* : aut, quum de *eadem causa* pronunciatum est, ut *in reis deportatis*, et

assertione secunda, et *partibus centumviralium*, quæ in duas hastas divisæ sunt. Confirmantur præcipue duobus : *auctoritate* eorum, qui pronunciaverunt, et *similitudine* rerum, de quibus quæritur : refelluntur autem raro per contumeliam judicum, nisi forte manifesta in his culpa erit ; vult enim cognoscentium quisque firmam esse alterius sententiam, et ipse pronunciaturus ; nec libenter exemplum, quod in se fortasse recidat, facit. Confugiendum ergo est in duobus superioribus, si res feret, ad aliquam dissimilitudinem causæ ; vix autem ulla est per omnia alteri similis : si id non continget, aut eadem causa erit, actionum incusanda negligentia, aut infirmitate personarum querendum, contra quas erit judicatum ; aut de gratia, quæ testes corruperit, aut de invidia, aut de ignorantia : aut inveniendum, quod causæ postea accesserit. Quorum si nihil erit, licet tamen dicere multas judiciorum causas ad inique pronunciandum valere ; ideoque *damnatum Rutilium, absolutos Clodium atque Catilinam*; rogandi etiam judices, ut rem potius intueantur ipsam, quam jurijurando alieno suum donent. Adversus consulta autem senatus, et decreta principum vel magistratuum, remedium nullum est, nisi aut inventa quantu-

seront tantôt le consentement de toute une ville, une espèce de témoignage public; tantôt un bruit sans fondement certain, auquel la malignité a donné naissance, que la crédulité a grossi, et auquel l'homme le plus vertueux peut être exposé par l'artifice et le mensonge de ses ennemis. Les exemples ne manqueront pas de part et d'autre.

Chap. IV. Il en est de même de la *torture*, qui est un lieu commun très-souvent traité. Ceux-ci disent que la question est un moyen infaillible pour faire avouer la vérité; ceux-là, qu'elle produit souvent un effet tout contraire, en ce qu'il y a des hommes à qui la force de résister aux tourments permet de mentir, et d'autres que leur faiblesse y contraint. Je ne m'étendrai pas davantage sur ce genre de preuves : les plaidoyers anciens et modernes en offrent une foule d'exemples. Il y a cependant, dans chaque cause, certaines circonstances particulières qu'il sera bon de prendre en considération. S'il s'agit, par exemple, de donner la question, il importera d'examiner *quel est celui qui la demande ou qui s'offre, quel est celui qu'il demande ou qu'il offre, contre qui et pour quelle raison;* si la question a été déjà donnée, on examinera *quel juge y a présidé, quel est celui qui a été torturé, et comment il l'a été; si ce qu'il a dit est incroyable ou conséquent; s'il a persisté dans ses premières déclarations, ou si la douleur l'a forcé à se contredire; si c'est au commencement de la question, ou lorsque les tortures devenaient plus violentes* : circonstances qui, de part et d'autre, varient à l'infini comme les causes elles-mêmes.

Chap. V. Les *pièces* ont été et seront souvent une matière féconde en contestations, puisque nous voyons tous les jours que non-seulement on les récuse, mais que même on les argue de faux. Comme elles peuvent être attaquées, soit à cause de la mauvaise foi, soit à cause de l'ignorance de ceux qui les ont signées, le plus sûr et le plus facile est de ne supposer que l'ignorance, parce qu'il y a moins de personnes enveloppées dans l'accusation. Au reste, cela n'est pas susceptible de préceptes généraux, et dépend de la nature de la cause : si, par exemple, les faits contenus dans ces pièces sont incroyables, ou, ce qui arrive le plus souvent, qu'ils soient détruits par d'autres preuves de même espèce; si celui contre lequel l'acte a été signé, ou l'un des signataires, était absent, ou mort; si les dates ne concordent pas; si ce qui est articulé dans ces pièces est démenti par les événements antérieurs ou postérieurs. Souvent même l'inspection seule suffit pour en faire découvrir le faux.

Chap. VI. A l'égard du *serment*, le plaideur offre le sien, ou ne reçoit pas celui qui lui est offert; il l'exige de son adversaire, ou refuse de le prêter quand on l'exige de lui. Offrir son serment sans la condition que la partie adverse sera admise à prêter le sien, est d'ordinaire un signe de déloyauté. Au surplus, celui qui prête serment doit se recommander par une vie qui fasse présumer qu'il n'est pas capable de se parjurer; ou par l'autorité même de la religion, surtout quand il ne témoigne ni empressement ni répugnance à donner son serment; ou, en certains cas, par le peu d'importance du procès, de sorte qu'on ne puisse supposer qu'il ait voulu gratuitement encourir la malédiction céleste; ou enfin, si, pouvant gagner sa cause par d'autres moyens, il ajoute

---

lacunque causæ differentia, aut aliqua vel eorumdem, vel ejusdem potestatis hominum, posterior constitutio, quæ sit priori contraria; quæ si deerunt, lis non erit.

Cap. III. *Famam* atque *rumores* pars altera consensum civitatis, et velut publicum testimonium vocat; altera sermonem, sine ullo certo auctore dispersum, cui malignitas initium dederit; incrementum credulitas; quod nulli non, etiam innocentissimo, possit accidere fraude inimicorum, falsa vulgantium : exempla utrinque non deerunt.

Cap. IV. Sicut *in tormentis* quoque, qui est locus frequentissimus; quum pars altera quæstionem, vera fatendi necessitatem, vocet, altera sæpe etiam causam falsa dicendi, quod aliis patientia facile mendacium faciat, aliis infirmitas necessarium : quid attinet de his plura? Plenæ sunt orationes veterum ac novorum. Quædam tamen in hac parte erunt propria cujusque litis; nam, sive de habenda quæstione agetur, plurimum intererit, *quis*, et *quem postulet*, aut *offerat?* et *in quem*, et *ex qua causa?* sive jam erit habita, *quis ei præfuerit? quis*, et *quomodo sit tortus? incredibilia dixerit, an inter se constantia? perseveraverit in eo, quod cœperat, an aliquo dolore mutarit? prima parte quæstionis, an procedente cruciatu?* Quæ utrinque tam infinita sunt, quam ipsa rerum varietas.

Cap. V. Contra *tabulas* quoque sæpe dictum, sæpe dicendum est, quum eas non solum refelli, sed etiam accusari, sciamus esse usitatum. Quum sit autem in his aut *scelus* signatorum, aut *ignorantia;* tutius ac facilius id, quod secundo loco diximus, tractatur, quo pauciores rei fiunt. Sed hoc ipsum argumenta ex causa trahit, si forte aut incredibile est, id actum esse, quod tabulæ continent; aut, quod frequentius evenit, aliis probationibus æque inartificialibus solvitur; si aut is, in quem signatum est, aut aliquis signator dicitur abfuisse, vel prius esse defunctus; si tempora non congruant; si vel antecedentia vel insequentia tabulis repugnant. *Inspectio* ipsa sæpe etiam falsum deprehendit.

Cap. VI. *Jusjurandum* litigatores aut *offerunt* suum, aut *non recipiunt* oblatum : aut ab adversario *exigunt*, aut *recusant*, quum ab ipsis exigatur : *offerre* suum sine illa conditione, ut vel adversarius juret, fere improbum est. Qui tamen id faciet, aut vita se tuebitur, ut eum non sit credibile pejeraturum; aut ipsa vi religionis, in qua plus fidei consequetur, si id egerit, ut non cupide ad hoc descendere, sed ne hoc quidem recusare videatur; aut, si causa patietur, modo litis, propter quam devoturus se ipse non fuerit; aut præter alia causæ instrumenta adjicit ex abundanti hanc quoque conscientiæ suæ fiduciam. Qui

encore celui-là, comme le témoignage d'une bonne conscience.

Celui qui ne voudra pas recevoir le serment de son adversaire dira que le serment rend les conditions du combat trop inégales, que bien des gens ne craignent pas de se parjurer, puisqu'il s'est même rencontré des philosophes qui ont prétendu que les dieux ne s'occupaient pas des choses humaines; que d'ailleurs celui qui est prêt à jurer, sans qu'on lui défère le serment, semble vouloir prononcer lui-même dans sa propre cause, et montre par là que ce qu'il offre de faire est pour lui chose légère et facile. Mais celui qui défère le serment, outre qu'il paraît agir avec modération, puisqu'il fait son adversaire arbitre du procès, décharge d'un fardeau la conscience du juge, qui certainement aime mieux se reposer sur le serment d'autrui que sur le sien. C'est ce qui rend plus embarrassant le refus de prêter serment, à moins qu'il ne s'agisse d'une chose dont il est croyable que nous n'avons pas connaissance. Si cette excuse manque, il ne nous reste qu'une ressource, qui est de dire que notre adversaire cherche à nous rendre odieux, et que, ne pouvant gagner son procès, il veut au moins se réserver le droit de se plaindre ; qu'un homme sans honneur s'empresserait d'accepter cette condition, mais que, pour nous, nous aimons mieux prouver ce que nous avons avancé, que de donner occasion à qui que ce soit de nous soupçonner de parjure. Toutefois je me souviens que, dans ma jeunesse, lorsque nous commencions à fréquenter le barreau, nos anciens nous recommandaient de *ne jamais déférer le serment*, comme aussi de ne pas laisser à notre adversaire le choix du juge, ni de le prendre parmi ses conseils ; car si un conseil croit que l'honneur l'oblige à ne rien dire contre son client, à plus forte raison se croira-t-il engagé à ne rien faire qui puisse lui nuire.

CHAP. VII. Rien ne donne plus d'exercice aux avocats que les *dépositions des témoins*. Elles se font ou *par écrit* ou *de vive voix*. Les dépositions écrites donnent lieu à des débats moins compliqués. Il semble, en effet, qu'un témoin a dû avoir moins de peine à trahir la vérité en présence d'un petit nombre de signataires, et son absence laisse supposer qu'il se défie de lui-même. Si sa personne est à l'abri de tout soupçon, on peut décrier ceux qui ont appuyé son témoignage de leur signature. Ils suscitent d'ailleurs contre eux tous une réflexion tacite, en ce que personne ne témoigne jamais par écrit si ce n'est de son propre mouvement, et que quiconque le fait avoue par là qu'il ne veut pas de bien à celui contre lequel il dépose. Cependant un orateur habile ne se hâtera pas de dire immédiatement qu'un ami qui témoigne pour son ami, ou un ennemi contre son ennemi, ne peut parler selon la vérité si sa foi n'est point suspecte; mais on traitera ces deux points dans le courant des débats.

Mais, quand les témoins sont présents, le combat est plus rude, et, pour ainsi dire, double, soit qu'on les attaque, soit qu'on les défende, en ce qu'il se livre et par le plaidoyer et par l'interrogatoire. D'abord, dans le plaidoyer, on parle en général ou pour ou contre les témoins : ce qui est un lieu commun, où l'une des parties prétend qu'il n'y a pas de preuve plus solide que celle qui s'appuie sur la connaissance humaine, et l'autre, pour décréditer cette connaissance, énumère tout ce qui la rend sujette à faillir. Ensuite on descend au particulier, quoiqu'on ne laisse

---

non recipiet, et iniquam conditionem, et a multis contemni jurisjurandi metum dicet; quum etiam philosophi quidam sint reperti, qui deos agere rerum humanarum curam negarent : eum vero, qui nullo deferente jurare sit paratus, et ipsum velle de causa sua pronunciare, et, quam id, quod offert, leve ac facile credat', ostendere. At is , *qui defert*, alioqui agere modeste videtur, quum litis adversarium judicem faciat, et eum, cujus cognitio est, onere liberat, qui profecto alieno jurejurando stari, quam suo, mavult. Quo difficilior *recusatio* est, nisi forte res est ea, quam credibile sit notam ipsi non esse; quæ excusatio si deerit, hoc unum relinquetur, ut invidiam sibi quæri ab adversario dicat, atque id agi, ut in causa, in qua vincere non possit, queri possit : itaque hominem quidem malum occupaturum hanc conditionem fuisse, se autem probare malle, quæ affirmet, quam dubium cuiquam relinquere, an pejeraret. Sed nobis adolescentibus seniores in agendo facti præcipere solebant, *ne unquam jusjurandum deferremus*; sicut neque optio judicis adversario esset permittenda; nec ex advocatis partis adversæ judex eligendus; nam, si dicere contraria turpe advocato videretur, certe turpius habendum, facere, quod noceat.

CAP. VII. Maximus tamen patronis circa *testimonia* sudor est. Ea dicuntur aut per *tabulas*, aut *a præsentibus* : simplicior *contra tabulas* pugna; nam et minus obstitisse videtur pudor inter paucos signatores, et pro diffidentia premitur absentia; si reprehensionem non capit ipsa persona, infamare signatores licet. Tacita præterea quædam cogitatio refragatur his omnibus, quod nemo *per tabulas* dat testimonium, nisi sua voluntate; quo ipso non esse amicum ei se, contra quem dicit, fatetur; neque tamen protinus cesserit orator, quo minus et amicus pro amico, et inimicus contra inimicum possit verum, si integra sit ei fides, dicere; sed late locus uterque tractatur. Cum præsentibus vero ingens dimicatio est, ideoque velut duplici contra eos, proque iis acie configitur, *actionum*, et *interrogationum* : in *actionibus* primum generaliter *pro testibus*, atque in *testes* dici solet. Est hic communis locus, quum pars altera nullam firmiorem probationem esse contendit, quam quæ sit hominum scientia nixa; altera, ad detrahendam illis fidem, omnia, per quæ fieri soleant falsa testimonia, enumerat. Sequens ratio est, quum specialiter quidem, sed tamen multos pariter invadere patroni solent; nam et gentium simul

pas alors d'embrasser des multiplicités. Ainsi l'on a vu des orateurs déprécier le témoignage d'une nation entière, et des genres entiers de témoignages, comme les *ouï-dire*, ceux qui les invoquent n'étant pas des témoins, mais ne faisant que rapporter les propos de gens qui n'avaient pas fait serment de dire la vérité; ou bien encore comme les dépositions de ceux qui, dans les causes de concussions, affirment avoir compté de l'argent à l'accusé, lesquels doivent être considérés, non comme témoins, mais comme parties au procès. Quelquefois la plaidoirie est dirigée contre chaque témoin en particulier, genre d'attaque qui est tantôt mêlé à la défense, comme nous le voyons dans la plupart des plaidoyers, tantôt l'objet d'un discours à part, comme celui de Cicéron contre le témoin Vatinius. Discutons donc ce point à fond, puisque nous avons entrepris l'institution entière de l'orateur : autrement il suffirait de lire les deux livres composés sur ce sujet par Domitius Afer. Je l'ai cultivé, lui déjà vieux, dans ma jeunesse, et je connais ses préceptes, non-seulement pour les avoir lus, mais encore pour les avoir entendus en grande partie de sa bouche. Celui-ci enseigne avec beaucoup de raison que, dans le cas dont il est ici question, le premier devoir de l'orateur est de bien connaître ce qu'il y a de plus secret dans la cause : ce qui, du reste, est utile dans tous les cas, et sur quoi je donnerai des conseils en ce qui touche la manière de parvenir à cette connaissance, quand je serai arrivé à l'endroit destiné à cette partie; mais ce que recommande Domitius Afer est particulièrement ici nécessaire, en ce que cette connaissance fournit une ample matière aux interrogations, et nous met, pour ainsi dire, des armes dans les mains ; en ce qu'elle nous fait connaître, enfin, à quoi l'esprit du juge doit être préparé par la plaidoirie ; car on doit tendre d'un bout à l'autre du plaidoyer à inspirer de la confiance dans les témoins, ou à leur ôter toute créance, puisque chacun n'est touché de ce qu'on lui dit que suivant qu'il a été disposé à croire ou à ne pas croire.

Mais puisqu'il y a deux espèces de témoins, les uns *volontaires*, dont les deux parties se servent également, les autres *cités en justice par le juge*, et qui ne sont accordés qu'à l'accusateur, distinguons l'office de celui qui produit un témoin d'avec l'office de celui qui le réfute. Si vous produisez un témoin volontaire, vous pouvez savoir ce qu'il dira, et par conséquent il vous est plus facile d'établir votre plan d'interrogatoire; mais on a besoin, même dans ce cas, de finesse et d'attention, et il faut veiller à ce qu'il ne se montre ni timide, ni inconséquent, ni peu avisé; car les témoins sont sujets à se troubler et à tomber dans les piéges que leur tend l'avocat de la partie adverse, et, une fois enveloppés, ils nuisent plus qu'ils n'auraient été utiles s'ils fussent restés fermes et imperturbables. Il faut donc les tourner et retourner avant de les produire, et les éprouver par mille questions du genre de celles que pourrait leur faire l'adversaire. Ainsi préparés, ils ne seront pas exposés à se contredire ; ou s'ils viennent à chanceler, une question, faite à propos par celui qui les a produits, les remettra, pour ainsi dire, sur leurs pieds. Mais, de la part même de ceux qui paraissent le plus assurés, il y a des trahisons dont il faut savoir se garder; car ce sont souvent des témoins subornés par l'adversaire, et qui, après avoir promis de ne rien dire que de favorable, font tout le contraire, d'autant plus dangereux qu'avouant au lieu de réfuter, ils ont plus d'autorité. Il faut donc bien examiner quels motifs les portent à se déclarer contre

universarum elevata testimonia ab oratoribus scimus, et tota genera testimoniorum, ut *de auditionibus;* non enim ipsos esse testes, sed injuratorum afferre voces, ut in causis repetundarum, qui se reo numerasse pecunias jurant, litigatorum, non testium, habendos loco. Interim adversus singulos dirigitur actio, quod insectationis genus et permixtum defensioni legimus in orationibus plurimis, et separatim editum, sicut in *Vatinium testem* : totum igitur excutiamus locum, quando universam institutionem aggressi sumus. Sufficiebant alioqui libri duo a Domitio Afro in hanc rem compositi, quem adolescentulus senem colui ; ut non lecta mihi tantum ea, sed pleraque ex ipso sint cognita. Is verissime præcepit, primum esse in hac parte officium oratoris, ut totam causam familiariter norit; quod sine dubio ad omnia pertinet. Id quomodo contingat, explicabimus, quum ad destinatum huic parti locum venerimus; ea res suggeret materiam interrogationi, et veluti tela ad manum sumministrabit; eadem docebit, ad quæ judicis animus actione sit præparandus; debet enim vel fieri, vel detrahi testibus fides oratione perpetua ; quia sic quisque dictis movetur, ut est ad credendum vel non credendum ante formatus. Et, quoniam duo genera sunt testium, aut *voluntariorum*, aut *eorum, quibus judex in judiciis publicis lege denunciare solet;* quorum altero pars utraque utitur, alterum accusatoribus tantum concessum est; separemus officium dantis testes, et refellentis. Qui *voluntarium* producit, scire, quid is dicturus sit, potest ; ideoque faciliorem videtur in rogando habere rationem ; sed hæc quoque pars acumen ac vigilantiam poscit, providendumque, ne *timidus*, ne *inconstans*, ne *imprudens testis* sit; turbantur enim, et a patronis diversæ partis induuntur in laqueum, et plus deprehensi nocent, quam firmi et interriti profuissent; multum igitur domi ante versandi, variis percontationibus, quales haberi ab adversario possint, explorandi sunt : sic fit, ut aut constent sibi, aut, si quid titubaverint, opportuna rursus ejus, a quo producti sunt, interrogatione velut in gradum reponantur. In his quoque adhuc, qui constiterint sibi, vitandæ sunt insidiæ; nam frequenter subjici ab adversario solent, et, omnia profutura polliciti, diversa respondent, et auctoritatem habent non arguentium illa, sed confitentium. Explorandum igitur, quas

la partie adverse ; et il ne suffit point qu'ils aient été ses ennemis, il faut voir s'ils n'ont pas cessé de l'être, s'ils ne cherchent point à se réconcilier à vos dépens, s'ils ne se sont point laissé corrompre, et si le repentir ne les a point fait changer de dispositions. Si ces précautions sont nécessaires avec ceux qui s'engagent à dire des choses vraies et dont la vérité leur est connue, elles le sont encore plus avec ceux qui promettent de dire ce qui est faux. Car ils sont encore plus sujets au repentir, bien plus suspects dans leurs promesses ; ou s'ils tiennent parole, il est moins difficile à l'adversaire de les réfuter.

A l'égard des témoins cités en justice, ils sont ou favorables ou contraires à l'accusé. Et tantôt l'accusateur connaît leurs dispositions, tantôt il les ignore. Supposons d'abord qu'il les connaisse, quoique dans l'un et dans l'autre cas l'interrogatoire exige beaucoup d'art. En effet, s'il interroge un témoin disposé à nuire à l'accusé, il doit prendre garde que cette malveillance ne se trahisse : il évitera de l'interroger tout d'abord sur le point principal, mais il n'y arrivera que par des circuits, de manière à paraître lui avoir arraché ce qu'il avait le plus envie de dire. Il ne le pressera pas trop de questions : un témoin qui répond à tout se rend suspect ; il se contentera de lui demander ce qu'on peut raisonnablement tirer d'un seul témoin. Si, au contraire, le témoin est favorable à l'accusé, celui qui l'interroge doit chercher d'abord à lui extorquer ce qu'il ne voulait pas dire, et cela ne se peut faire qu'en prenant l'interrogatoire de loin. Le témoin fera des réponses, qu'il croira sans conséquence ; mais d'aveu en aveu il sera amené à ne pouvoir nier ce qu'il refusait de déclarer. De même que, dans un plaidoyer, nous semons d'abord çà et là plusieurs arguments qui, pris isolément, ont peu de force ; puis nous les rassemblons pour en former un faisceau de preuves, qui force la conviction ; de même il faut faire mainte question à un témoin de cette espèce sur des faits antérieurs ou postérieurs à la cause, sur le lieu, le temps, la personne, etc., de manière à le faire tomber dans quelque réponse, après laquelle il soit forcé d'avouer ce que nous voulons, ou de se contredire lui-même. Si on ne réussit pas à l'amener à cette fin, il est manifeste qu'il ne veut point parler ; et ce qui reste à faire, c'est de l'attirer en avant, pour voir s'il ne se laissera point surprendre dans quelque endroit éloigné de la cause, où on le retiendra longtemps, afin que, par son affectation à justifier l'accusé sur des points étrangers au fait, il se rende suspect au juge ; car il ne lui fera pas moins de tort par là que s'il eût déposé ce qu'il savait de vrai contre lui. Supposons maintenant que l'accusateur ne connaisse pas les dispositions du témoin. Alors il le sondera en l'interrogeant peu à peu, et, comme on dit, pied à pied, et le conduira par degrés à la réponse qu'on veut lui arracher. Mais, comme c'est quelquefois un artifice des témoins, de répondre d'abord au gré de celui qui les interroge pour pouvoir ensuite dire le contraire avec plus d'autorité, il est d'un orateur habile de laisser là un témoin suspect dans le temps où il est encore utile.

Pour les avocats de l'accusé, l'interrogatoire est en partie plus aisé, en partie plus difficile. Plus difficile, en ce qu'ils peuvent rarement savoir à l'avance ce que le témoin dira ; plus aisé, en ce qu'ils savent ce qu'il a dit, quand c'est à eux de l'interroger. C'est pourquoi, lorsqu'on

---

causas lædendi adversarium afferant ; nec id sat est, inimicos fuisse, sed an desierint, an per hoc ipsum reconciliari velint, ne corrupti sint, ne pœnitentia propositum mutaverint ; quod quum in iis quoque, qui ea, quæ dicturi videntur, re vera sciunt, necessarium est præcavere ; tum multo magis in iis, qui se dicturos, quæ falsa sunt, pollicentur. Nam et frequentior eorum pœnitentia est, et promissum suspectius ; et, si perseveraverint, responsio facilior. Eorum vero, quibus denunciatur, pars testium est, quæ reum lædere velit, pars, quæ nolit ; idque interim scit accusator, interim nescit : fingamus in præsentia scire ; in utroque tamen genere summis artibus interrogantis opus est. Nam, si habet testem cupidum lædendi, cavere debet hoc ipsum, ne cupiditas ejus appareat ; nec statim de eo, quod in judicium venit, rogare, sed aliquo circuitu ad id pervenire, ut illi, quod maxime dicere voluit, videatur expressum ; nec nimium instare interrogationi, ne ad omnia respondendo testis fidem suam minuat ; sed in tantum evocare eum, quantum sumere ex uno satis sit. At in eo, qui verum invitus dicturus est, prima felicitas interrogantis est, extorquere, quod is noluerit : hoc non alio modo fieri potest, quam longius interrogatione repetita ; respondebit enim, quæ nocere causæ non arbitrabitur ; ex pluribus deinde, quæ confessus erit, eo perducetur, ut quod dicere non vult, negare non possit. Nam, ut in oratione sparsa plerumque colligimus argumenta, quæ per se nihil reum aggravare videantur, congregatione deinde eorum factum convincimus ; ita hujusmodi testis multa de anteactis, multa de insecutis, loco, tempore, persona, cæteris est interrogandus, ut in aliquod responsum incidat, post quod illi vel fateri, quæ volumus, necesse sit, vel his, quæ jam dixerit, repugnare. Id si non contingit, reliquum erit, ut eum nolle dicere manifestum sit ; protrahendusque, ut in aliquo, quod vel extra causam sit, deprehendatur ; tenendus etiam diutius, ut, omnia ac plura, quam res desiderat, pro reo dicendo, suspectus judici fiat ; quo non minus nocebit, quam si vera in reum dixisset. At, si, quod secundo loco diximus, nesciet actor, quid propositi testis attulerit ; paulatim, et, ut dicitur, pedetentim interrogando experietur animum ejus, et ad id responsum, quod eliciendum erit, per gradus ducet. Sed, quia nonnunquam sunt hæ quoque testium artes, ut primo de voluntatem respondeant, quo majore fide diversa postea dicant, est oratoris, suspectum testem, dum prodest, dimittere. Patronorum in parte expeditior, in parte difficilior interrogatio est : difficilior hoc, quod raro unquam possunt ante judicium scire, quid testis dicturus sit ; expeditior,

11.

est en cela dans l'incertitude, il faut soigneusement s'enquérir à l'avance quel est celui qui charge l'accusé, quelle est la nature de son inimitié, quelle en est la cause, afin de pouvoir détruire, avant l'interrogation, tout ce qui a pu être inspiré par le désir de la vengeance, par la haine, l'amitié, ou l'argent. Si la partie adverse a peu de témoins, on s'en prévaudra; si elle en a beaucoup, on dira que c'est une coalition. Produit-elle des gens obscurs? on attaquera la bassesse de leur condition; des gens puissants? on attaquera leur crédit. Cependant, il vaudra mieux exposer les raisons que ces témoins peuvent avoir de nuire à l'accusé, raisons qui varient selon la nature des affaires et la qualité des personnes; car on sent qu'il n'est pas difficile à l'adversaire de répondre à des lieux communs par d'autres lieux communs. Il produit peu de témoins? c'est qu'il se contente de ceux qui savent le fait. Il prend des gens obscurs? il les prend comme ils sont, en cela triomphe sa bonne foi; et s'ils sont en grand nombre ou que ce soient des personnes de considération, la réponse est encore plus facile. Mais de même qu'on peut quelquefois faire l'éloge des témoins, à mesure qu'on lit leur déposition ou qu'on les appelle dans le cours de la plaidoirie, on peut aussi les décrier: ce qui était plus facile et plus ordinaire autrefois, lorsque la coutume était de ne les interroger qu'après que la cause avait été plaidée de part et d'autre. Quant à ce que l'on peut dire contre chacun d'eux en particulier, c'est de leur propre personne qu'il faut le tirer, et non d'ailleurs.

Reste la manière de procéder à l'interrogatoire. Le principal est de bien connaître le témoin; car on peut alors, s'il est timide, l'effrayer; si c'est un sot, le faire donner dans le piége; s'il est irascible, l'exciter; s'il est vaniteux, le flatter; s'il est prolixe, l'attirer hors de la cause. Mais si vous avez affaire à un homme avisé et qui sait se posséder, hâtez-vous de l'abandonner, en le traitant d'opiniâtre, en lui prêtant des intentions hostiles, ou, au lieu de l'interroger dans les formes, contentez-vous de le réfuter en deux mots; ou, si vous avez l'occasion de le décontenancer par un bon mot, ne la manquez pas; ou enfin, s'il vous offre quelque prise du côté de ses mœurs, détruisez son autorité en le décriant. Il y a des personnes honnêtes et réservées, contre lesquelles l'âpreté n'est jamais opportune; car tel se cabre contre des attaques violentes, que la modération rend traitable.

Tout interrogatoire ou se renferme dans la cause, ou s'étend au delà. Dans le premier cas, le défenseur de l'accusé prendra les choses d'un peu haut, ainsi que je l'ai recommandé pour l'accusation, et partira d'un point qui n'ait rien de suspect; il rapprochera les premières réponses des suivantes, amènera souvent le témoin à faire, malgré lui, une déclaration dont on pourra tirer avantage. Mais cela ne s'apprend pas dans les écoles, et dépend plutôt de la pénétration naturelle ou de l'expérience de l'orateur, que de tous les préceptes. Si pourtant on veut que j'en apporte un exemple, je proposerai particulièrement les *dialogues* de Platon et des autres philosophes qui ont imité la manière de Socrate, où les questions sont enchaînées avec tant d'art, que, même en satisfaisant à la plupart d'entre elles, l'interlocuteur est néanmoins amené à la conclusion où tendaient ces questions. Il peut arriver quelquefois qu'un témoin ne s'accorde pas avec lui-même, plus souvent encore qu'il ne s'accorde pas avec les autres témoins; mais si vous

---

quod, quum interrogandus est, sciunt, quid dixerit. Itaque quod in eo incertum est, cura et inquisitione opus est, quis reum premat? quas, et quibus ex causis inimicitias habeat? euque in oratione prædicenda atque amolienda sunt, sive odio conflatos testes, sive invidia, sive gratia, sive pecunia, videri volumus; et, si deficietur numero pars diversa, *paucitatem*; si abundabit, *conspirationem*; si humiles producet, *vilitatem*; si potentes, *gratiam* oportebit incessere. Plus tamen proderit causas, propter quas reum lædant, exponere, quæ sunt variæ, et pro conditione cujusque litis aut litigatoris; nam contra illa, quæ supra diximus, simili ratione responderi locis communibus solet; quia et in paucis atque humilibus accusator *simplicitate* gloriari potest, quod neminem præter eos, qui possint scire, quæsierit; et multos atque honestos commendare aliquanto est facilius. Verum interim et singulos, ut exornare, ita destruere contingit, aut recitatis in actione, aut nominatis testibus; quod iis temporibus, quibus testis non post finitas actiones rogabatur, et facilius et frequentius fuit; quid autem in quemque testium dicendum sit, sumi nisi ex ipsorum personis non potest. Reliquæ interrogandi sunt partes; qua in re primum est, *nosse testem*; nam timidus terreri, stultus decipi, iracundus concitari, ambitiosus inflari, longus protrahi potest; prudens vero et constans, vel tamquam inimicus et pervicax dimittendus statim, vel non interrogatione, sed brevi interlocutione patroni refutandus est; aut aliquo, si contingit, urbane dicto refrigerandus; aut, si quid in ejus vitam dici poterit, infamia criminum destruendus. Probos quosdam et verecundos non aspere incessere profuit; nam sæpe, qui adversus insectantem pugnassent, modestia mitigantur. Omnis autem interrogatio *aut in causa* est, *aut extra causam*: in causa, sicut accusatori præcepimus, patronus quoque altius, et unde nihil suspecti sit, repetita percontatione, priora sequentibus applicando, sæpe eo perducit homines, ut invitis, quod prosit, extorqueat. Ejus rei sine dubio neque disciplina in scholis, neque exercitatio traditur, et naturali magis acumine, aut usu contingit hæc virtus. Si quod tamen exemplum ad imitationem demonstrandum sit, solum est, quod *ex dialogis Socraticorum*, maximeque *Platonis*, duci potest; in quibus adeo scitæ sunt interrogationes, ut, quum plerisque bene respondeatur, res tamen ad id, quod volunt efficere, perveniat. Illud fortuna interim præstat, ut aliquid, quod inter se parum consentiat, a teste dicatur: interim, quod sæpius evenit,

savez l'interroger adroitement, vous obtiendrez par l'art ce qui autrement ne serait que l'effet du hasard.

Dans le second cas, c'est-à-dire quand l'interrogatoire sort de la cause, il y a pareillement bien des questions à faire : on interroge un témoin sur la conduite de ceux qui déposent avec lui, sur la sienne; si tel n'est pas décrié pour ses mœurs, ou de basse condition; s'il n'est pas lié avec l'accusateur; s'il n'existe pas des causes d'inimitié entre lui et l'accusé. Il est rare qu'un témoin, pressé par toutes ces questions, ne fasse pas quelque déclaration dont on puisse profiter, qu'il ne trahisse son infidélité ou sa malveillance. Mais surtout soyez circonspect dans votre manière d'interroger; car souvent un témoin relève les questions des avocats d'une manière spirituelle, qui d'ordinaire contribue beaucoup à lui concilier la faveur des juges. Ayez soin aussi de n'employer que les termes les plus usuels, afin que celui que vous questionnez, et qui le plus souvent est un ignorant, vous entende sans peine, ou qu'il ne puisse pas dire qu'il ne vous entend pas, ce qui est toujours un désappointement pour celui qui interroge.

Quant à ces moyens honteux de suborner un témoin et de le faire asseoir sur les bancs de la partie adverse, pour qu'en se levant de là il lui nuise davantage, soit en déposant contre lui, après avoir paru assis à ses côtés, soit en manifestant à dessein une joie indiscrète et intempérante de voir que son témoignage a semblé produire une impression favorable, dans le but de détruire par là l'autorité de ses propres paroles et de celles des autres témoins, dont les dépositions auraient pu être utiles : je n'en parle que pour recommander de s'en abstenir.

Souvent les informations et les témoins ne s'accordent pas : c'est encore matière à débats pour et contre. Les témoins se défendent par le serment, les informations par le consentement unanime de ceux qui les ont signées. Mêmes débats au sujet des témoins et des arguments. D'un côté, l'on dira que les témoins ont pour eux la connaissance des faits et la religion du serment, et que les arguments ne sont que des inductions de l'esprit; de l'autre, on dira que la faveur, la crainte, l'argent, la colère, la haine, l'amitié, l'ambition, font les témoins, tandis que les arguments se tirent de la nature des choses; qu'un juge, qui se détermine sur des arguments, s'en rapporte à lui-même, tandis que, en s'en rapportant à des témoins, il croit sur la foi d'autrui : ces questions sont communes à la plupart des causes; de tout temps elles ont été agitées, et elles le seront toujours.

Quelquefois on produit des témoins de part et d'autre; et alors il faut examiner : par rapport aux témoins, *lesquels sont les plus gens de bien;* par rapport à la cause, *lesquels ont dit les choses les plus vraisemblables;* par rapport aux parties, *laquelle avait le plus de crédit.*

A tout cela on peut ajouter ce qu'on appelle les *témoignages divins,* c'est-à-dire les *réponses,* les *oracles,* les *présages.* Il y a deux manières de les traiter : l'une *générale,* comme ce sujet éternel de dispute entre les stoïciens et la secte d'Épicure : *Ce monde est-il régi par une providence?* l'autre *spéciale,* et qui regarde certaines parties de la divination, selon qu'elles tombent dans la contestation. Car on ne procède pas de la même manière pour confirmer ou détruire l'autorité des *oracles,* ou celle des *aruspices,* des *augures,* des *devins,* des *mathématiciens,* parce que la nature de ces témoignages est différente. Entre autres preuves de cette espèce, il en est quelques-unes dont la discussion exige beaucoup d'habileté; ce sont ces paroles échappées dans

---

ut testis testi diversa dicat; acuta autem interrogatio ad hoc, quod casu fieri solet, etiam ratione perducet. *Extra causam* quoque multa, quæ prosint, rogari solent, de vita testium aliorum, de sua quisque, si turpitudo, si humilitas, si amicitia accusatoris, si inimicitiæ cum reo, in quibus aut dicant aliquid quod prosit, aut in mendacio vel cupiditate lædendi deprehendantur. Sed inprimis *interrogatio debet esse circumspecta,* quia multa contra patronos venuste testis sæpe respondet, eique præcipue vulgo favetur; tum verbis quam maxime ex medio sumptis, ut, qui rogatur, is autem sæpius imperitus, intelligat, aut ne intelligere se neget, quod interrogantis non leve frigus est. Illæ vero pessimæ artes, testem subornandi in subsellia adversarii mittere, ut inde excitatus plus noceat, vel dicendo contra reum, cum quo sederit; vel, quum adjuvisse testimonio videbitur, faciendo ex industria multa immodeste atque intemperanter, per quæ non a se tantum dictis detrahat fidem, sed cæteris quoque, qui profuerant, auferat auctoritatem : quorum mentionem habui, non ut fierent, sed ut vitarentur : sæpe inter se collidi solent, inde testatio, hinc testes; locus utrinque; hæc enim se pars jurejurando, illa consensu signantium tuetur. Sæpe inter testes et argumenta quæsitum est; inde, scientiam in testibus et religionem; ingenia esse in argumentis dicitur; hinc, testem gratia, metu, pecunia, ira, odio, amicitia, ambitu fieri; argumenta ex natura duci : in his judicem sibi; in illis alii credere. Communia hæc pluribus causis, multumque jactata sunt, semper tamen jactabuntur : aliquando utrinque sunt testes, et quæstio sequitur, ex ipsis, *Utri meliores viri?* ex causis, *Utri magis credibilia dixerint?* ex litigatoribus, *Utri gratia magis valuerint?* His adjicere si quis volet ea, quæ *divina testimonia* vocantur, *ex responsis, oraculis, ominibus:* duplicem sciat eorum esse tractatum, *generalem* alterum, in quo inter stoicos et Epicuri sectam secutos pugna perpetua est, *Regaturne providentia mundus? specialem* alterum, contra partem divinationis, peræque in quæstionem cadit. Aliter enim *oraculorum,* aliter *aruspicum, augurum, conjectorum, mathematicorum* fides confirmari, aut refelli potest, quum sit rerum ipsa-

l'état d'ivresse, de sommeil ou de démence; ou bien ces déclarations recueillies de la bouche des enfants, qui, dira l'un, ne savent pas feindre, et qui, dira l'autre, ne savent pas discerner.

Au reste, la preuve par témoins a tant d'autorité, que l'on peut tirer des arguments aussi puissants du défaut de témoins que des dépositions de ceux qui sont produits : *Vous avez payé : qui a remis l'argent? où a-t-il été compté ? d'où provenait-il? — Vous m'accusez d'empoisonnement : où ai-je acheté le poison? de qui? combien? de qui me suis-je servi ? en présence de qui?* Circonstances que Cicéron discute presque toutes dans son plaidoyer pour Cluentius, accusé d'empoisonnement. Voilà, dans le plus court résumé, ce qui regarde les preuves *inartificielles*.

CHAP. VIII. La seconde partie des preuves, qui est purement *artificielle*, et consiste entièrement dans l'emploi de moyens intellectuels, propres à persuader, est le plus souvent ou tout à fait négligée, ou très-légèrement effleurée par les orateurs, qui, évitant le sentier épineux et âpre des arguments, se reposent complaisamment dans des lieux plus agréables. Semblables à ces voyageurs dont nous parlent les poëtes, et qui séduits, chez les Lotophages, par le goût d'un certain fruit, ou charmés par le chant des Sirènes, ont préféré la volupté à la vie, ces orateurs, en poursuivant un vain fantôme de gloire, se laissent ravir la victoire, qui est pourtant le but unique qu'on se propose en parlant.

Or, cette éloquence accessoire, qui accompagne le cours de l'oraison, n'est destinée qu'à revêtir et orner les arguments, comme la chair couvre les nerfs du corps humain. Si, par exemple, il s'agit d'une action qu'a fait commettre la colère, ou la crainte, ou la cupidité, l'orateur pourra s'étendre un peu sur la nature de chacune de ces passions. Il peut encore entrer dans ces développements oratoires, si son sujet lui donne occasion de louer, de blâmer, d'exagérer, d'atténuer, de censurer, de dissuader, de se livrer à des plaintes, de consoler, d'exhorter. Tout cela, dira-t-on, n'est pas incompatible avec la certitude ou la vraisemblance. Non, sans doute, et je ne disconviens pas de l'utilité de ce qui plaît, encore moins de ce qui émeut; mais tout cela est encore plus puissant, lorsque le juge se croit bien instruit : à quoi on ne peut parvenir qu'à l'aide des deux sortes de preuves dont nous avons parlé.

Avant de distinguer les différentes espèces de preuves artificielles, je crois nécessaire d'indiquer ce qu'elles ont de commun. Premièrement, il n'y a point de question qui ne roule ou sur une *chose* ou sur une *personne*; secondement, on n'argumente jamais que sur les accidents des choses ou des personnes; troisièmement, les arguments se considèrent en eux-mêmes ou relativement à d'autres; quatrièmement, la confirmation ne peut résulter que des *conséquents* ou des *contraires*; cinquièmement, les *conséquents* ou les *contraires* ont nécessairement leur fondement ou dans le temps qui a précédé le fait, ou dans le temps qui l'a accompagné, ou dans le temps qui l'a suivi; sixièmement enfin, une chose ne peut se prouver que par une autre; et cette autre, il faut qu'elle soit ou plus grande, ou égale, ou moindre. Pour les *arguments*, ils naissent ou des *questions*, qui peuvent être envisagées en elles-mêmes et sans acception des personnes ni des choses, ou de la *cause* même, lorsqu'elle fournit quelque considération particulière et

---

rum ratio diversa; circa ejusmodi quoque instrumenta firmanda, vel destruenda, multum habet operis oratio ; si quæ sint voces per vinum, somnum, dementiam emissæ, vel excepta parvulorum indicia, quos pars altera nihil fingere, altera nihil judicare dictura est. Nec tantum præstari hoc genus potenter, sed etiam, ubi non est, desiderari solet : *Pecuniam dedisti : quis numeravit? ubi? unde? Venenum arguis : ubi emi? a quo? quanti? per quem dedi? quo conscio?* Quæ fere omnia pro Cluentio Cicero in crimine veneficii excutit : hæc *de inartificialibus*, quam brevissime potui.

CAP. VIII. Pars altera probationum, quæ est tota *in arte*, constatque rebus ad faciendam fidem appositis, plerumque aut omnino negligitur, aut levissime attingitur ab iis, qui argumenta, velut horrida et confragosa, vitantes, amœnioribus locis desident ; neque aliter quam qui traduntur a poetis gustu cujusdam apud Lotophagos graminis, et Sirenum cantu deliniti, voluptatem saluti prætulisse, dum laudis falsam imaginem persequuntur, ipsa, propter quam dicitur, victoria cedunt. Atqui cætera, quæ continuo magis orationis tractu decurrunt, in auxilium atque ornamentum argumentorum comparantur, nervisque illis, quibus causa continetur, adjiciunt superinducti corporis speciem; ut, si forte quid factum *ira*, vel *metu*, vel *cupiditate* dicatur, latius, quæ cujusque affectus natura sit, prosequamur : iisdem *laudamus, incusamus, augemus, minuimus, describimus, deterremus, querimur, consolamur, hortamur.* Sed horum esse opera in rebus, aut certis, aut de quibus tamquam certis loquimur, potest ; nec abnuerim esse aliquid in *delectatione*, multum vero in *commovendis affectibus*; sed hæc ipsa plus valent, quum se didicisse judex putat ; quod consequi nisi argumentatione, aliaque omni fide rerum, non possumus. Quorum priusquam partiamur species, indicandum reor, esse quædam in omni probationum genere communia; nam neque ulla quæstio est quæ non sit, aut *in re*, aut *in persona*; neque esse argumentorum loci possunt, nisi in iis, quæ *rebus*, aut *personis* accidunt; eaque aut per se inspici solent, aut ad aliud referri; nec ulla confirmatio, nisi aut *ex consequentibus*, aut *ex repugnantibus*; et hæc necesse est, aut *ex præterito tempore*, aut *ex conjuncto*, aut *ex sequenti* petere; nec ulla res probari nisi ex alia potest; eaque sit oportet, aut *major*, aut *par*, aut *minor*. *Argumenta* vero reperiantur, aut in *quæstionibus*, quæ etiam separatæ a complexu rerum personarumque spectari per se possint; aut *in ipsa causa*, quum in-

inhérente à l'affaire dont il s'agit. On peut dire aussi que toute preuve est, ou *nécessaire*, ou *vraisemblable*, ou *n'ayant rien qui répugne*. Enfin, toute preuve rentre dans une des quatre formes suivantes : telle chose n'est pas, parce que telle autre est : *il est jour, donc il n'est pas nuit*; telle chose est, parce que telle autre est aussi : *le soleil est sur l'horizon, donc il est jour*; telle chose est, parce que telle autre n'est pas : *il n'est pas nuit, donc il est jour*; enfin, telle chose n'est pas, parce que telle autre n'est pas non plus : *il n'est pas raisonnable, donc il n'est pas homme*. Ces généralités posées, je passe aux espèces.

CHAP. IX. Toute preuve artificielle consiste ou dans des *signes*, ou dans des *arguments*, ou dans des *exemples*. Je sais que la plupart des rhéteurs regardent les *signes* comme une partie des arguments. Pour moi, j'ai deux raisons pour les distinguer des arguments : la première, c'est que les signes appartiennent, ou peu s'en faut, aux preuves inartificielles : en effet, *un vêtement ensanglanté*, *des cris*, *des taches livides*, et autres choses semblables, sont des moyens extrinsèques, comme les *pièces*, les *bruits publics*, les *témoins*; ils ne sont point de l'invention de l'orateur, mais ils viennent à lui avec la cause; la seconde, c'est que les signes, s'ils sont indubitables, ne sont pas des arguments, puisque là où sont ces sortes de signes il n'y a plus de contestation, et qu'il n'y a lieu d'argumenter que sur des choses controversées; et s'ils sont douteux, ce ne sont pas non plus des arguments, ayant eux-mêmes besoin d'arguments. Or, ils se divisent d'abord en ces deux espèces, les uns étant, comme je viens de le dire, *nécessaires* ou certains; les autres, *non nécessaires* ou incertains. Les premiers, que les Grecs appellent τεκμήρια, ἄλυτα σημεῖα, sont ce qu'ils sont, et ne peuvent pas être autrement; et, en vérité, je ne sais s'ils comportent les préceptes de l'art. Car là où se rencontre un signe indestructible, ἄλυτον, il ne peut y avoir lieu à contestation : ce qui arrive lorsqu'il y a nécessité qu'une chose soit ou ait été, et réciproquement qu'une chose ne soit pas ou n'ait pas été. Cela reconnu dans une cause, il ne peut plus y avoir de contestation sur le fait. Ce genre de preuves embrasse tous les temps : *Une femme est accouchée, donc elle a eu commerce avec un homme* : voilà pour le passé; — *Un grand vent s'est élevé sur la mer, donc il y a des flots* : voilà pour le présent; — *Quiconque est blessé au cœur doit mourir* : voilà pour le futur. De même, *On ne peut recueillir où l'on n'a pas semé*; — *On ne peut pas être à Rome, si l'on est à Athènes*; — *Il est impossible qu'un homme ait été blessé d'un coup d'épée, s'il ne porte une cicatrice*. Certains signes sont réciproques : *Qui respire, vit; qui vit, respire*. D'autres ne le sont pas : car, *De ce que marcher, c'est se mouvoir, il ne s'ensuit pas que se mouvoir soit marcher*; — *Une femme peut ne pas enfanter et avoir eu commerce avec un homme*; — *Il a pu y avoir des flots sur la mer sans qu'il y eût du vent*; — *On peut mourir, sans avoir été blessé au cœur*. De même, *On peut avoir semé là où l'on n'a rien recueilli*; — *Celui qui n'était pas à Athènes peut n'avoir pas été à Rome*; — *On peut avoir une cicatrice, sans avoir été blessé d'un coup d'épée*.

Les signes de la seconde espèce, appelés par

---

venitur aliquid in ea, non ex communi ratione ductum, sed ejus judicii, de quo cognoscitur, proprium : *probationum* præterea omnium aliæ sunt *necessariæ*, aliæ *credibiles*, aliæ *non repugnantes*. Et adhuc, omnium probationum quadruplex ratio est; ut vel, quia est aliquid, aliud non sit, ut, *Dies est, nox non est*: vel, quia est aliquid, et aliud sit, *Sol est super terram, dies est* : vel, quia aliquid non est, aliud sit, *Nox non est, dies est* : vel, quia aliquid non est, nec aliud sit, *Non est rationalis, nec homo est* : his in universum prædictis partes subjiciam.

CAP. IX. Omnis igitur probatio artificialis constat, aut *signis*, aut *argumentis*, aut *exemplis*; nec ignoro plerisque videri *signa* partem argumentorum; quæ mihi separandi ratio hæc fuit prima, quod sunt pæne ex illis inartificialibus : *cruenta* enim *vestis*, et *clamor*, et *livor*, et talia, sunt *instrumenta*, qualia *tabulæ, rumores, testes*; nec inveniuntur ab oratore, sed ad eum cum ipsa causa deferuntur; altera, quod *signa*, sive indubitata sunt, non sunt argumenta; quia, ubi illa sunt, quæstio non est; argumento autem, nisi in re controversa, locus esse non potest; sive dubia, non sunt argumenta, sed ipsa argumentis egent. Dividuntur autem in has primas duas species, quod eorum alia sunt, ut dixi, quæ *necessaria* sunt, alia quæ *non necessaria*; priora illa sunt, quæ aliter habere se non possunt, quæ Græci vocant τεκμήρια, ἄλυτα σημεῖα, quæ mihi vix pertinere ad præcepta artis videntur; nam, ubi signum insolubile, ibi ne lis quidem est. Id autem accidit, quum quid aut necesse est fieri, factumve esse; aut omnino non potest fieri, vel esse factum; quod in causis positum, non est lis facti. Hoc genus per omnia tempora perpendi solet; nam et *coisse eam cum viro, quæ peperit* (quod est præteriti), et *fluctus esse, quum magna vis venti in mare incubuit* (quod conjuncti), et *eum mori, cujus cor est vulneratum* (quod futuri) necesse est; nec fieri potest, ut *ibi messis sit, ubi satum non est; ut quis Romæ sit, quum est Athenis; ut sit ferro vulneratus, qui sine cicatrice est*. Sed quædam et retrorsum idem valent, ut *vivere hominem, qui spirat; et spirare qui vivit*: quædam in contrarium non recurrunt; neque enim, *quia movetur, qui ingreditur, idcirco qui movetur ingreditur*. Quare potest et *coisse cum viro, quæ non peperit*, et *non esse ventus in mari, quum esset fluctus*, *neque utique cor ejus vulneratum esse, qui perit*; ac similiter *satum fuisse potest, ubi non fuit messis; nec fuisse Romæ, qui non fuit Athenis; nec fuisse ferro vulneratus, qui habet*

les Grecs εἰκότα, vraisemblables ou non nécessaires, ne suffisent pas seuls pour lever toute incertitude; mais joints à d'autres, ils ne laissent pas d'avoir beaucoup de poids.

On appelle *signe*, ou, suivant d'autres, *indice*, *vestige*, une chose qui sert à en faire entendre une autre : ainsi, *des traces de sang font supposer un meurtre*. Mais comme ce sang peut provenir d'un sacrifice ou d'un saignement de nez, un vêtement ensanglanté ne prouve pas toujours un homicide. Mais ce signe, quoique insuffisant par lui-même, devient un témoignage, quand il est appuyé de certaines circonstances : si, par exemple, *vous étiez ennemi de celui qui a été tué, si vous lui aviez fait des menaces, si vous étiez dans le même lieu que lui*, cette coïncidence fait paraître certain ce qui n'était que douteux. Parmi ces signes, il y en a que chaque partie peut interpréter à sa manière, comme *les taches livides*, *l'enflure*; car ils peuvent être attribués à l'intempérance aussi bien qu'au poison, de même qu'une blessure dans le sein peut être la suite d'un assassinat ou d'un suicide. Ces deux interprétations sont également bonnes, et tout dépend des circonstances.

Hermagoras met au rang des signes, mais des signes douteux, l'exemple suivant : *Atalante n'était pas vierge, parce qu'elle courait les bois avec les jeunes gens*. Si l'on admet cela pour un signe, je crains bien qu'il ne faille donner ce nom à toutes les inductions qu'on peut tirer d'un fait; et, à dire vrai, l'orateur les traite de la même manière. Car, lorsque les juges de l'Aréopage condamnèrent un enfant pour avoir arraché les yeux à des cailles, que jugèrent-ils, sinon que c'était le signe d'un naturel pervers, qui avec l'âge ne manquerait pas de devenir très-dangereux pour ses semblables? C'est ainsi que la popularité de Spurius Mélius et de Marcus Manlius fut regardée comme le signe d'une ambition qui les faisait aspirer à la royauté. Mais, encore une fois, ce raisonnement nous mènerait trop loin; car si c'est un signe d'adultère dans une femme, de se baigner avec des hommes, c'en sera un aussi de manger avec des jeunes gens, c'en sera un d'avoir un ami. Par la même raison on pourra dire qu'un corps épilé, une attitude brisée, une robe traînante, sont dans un homme les signes d'un caractère mou et efféminé, s'il est vrai que le signe étant, à proprement parler, ce qui, à l'occasion de la chose dont il s'agit, tombe sous les yeux, ces manières décèlent la dépravation des mœurs, comme des traces de sang décèlent un meurtre. Généralement encore on regarde comme des signes ces coïncidences, qu'on a eu souvent occasion de remarquer, et qu'on nomme pronostics. Ainsi Virgile dit : *Le vent rougit le disque d'or de Phébé.* — *La corneille sinistre appelle la pluie à pleine voix*. Je consens, pour moi, qu'on donne le nom de *signes* à ces pronostics, s'ils sont tirés de l'état du ciel. Car, si le vent rend la lune rouge, cette rougeur est signe de vent; si, comme l'induit le même poëte, l'air condensé ou raréfié influe sur le chant des oiseaux, le chant devra aussi être considéré comme un signe. Sur quoi il est à remarquer que de petites choses sont quelquefois les signes de grands événements. A l'égard des grandes choses, il n'est pas étonnant qu'elles en présagent de petites.

Chap. X. Je passe aux *arguments*. Je comprends sous cette dénomination toutes les formes

---

cicatricem. Alia sunt signa non necessaria, quæ εἰκότα Græci vocant; quæ, etiamsi ad tollendam dubitationem sola non sufficiunt, tamen adjuncta cæteris, plurimum valent. *Signum* vocant, ut dixi, σημεῖον, quamquam id quidam *indicium*, quidam *vestigium* nominaverunt, per quod alia res intelligitur, ut *per sanguinem cædes;* at, quia sanguis vel ex hostia respersisse vestem potest, vel e naribus profluxisse; non utique, qui vestem cruentam habuerit, homicidium fecerit. Sed ut per se non sufficit, ita cæteris adjunctum, testimonii loco ducitur, *si inimicus, si minatus ante, si eodem loco fuit*: quibus signum quum accessit, efficit, ut, quæ suspecta erant, certa videantur. Alioqui quæ quædam signa utrique parti communia, ut *livores*, *tumores*, nam veneni possunt esse, *veneficii et cruditatis*, et *vulnus in pectore*, sua manu, et aliena perisse dicentibus, in quo est; hæc perinde firma habentur, atque extrinsecus adjuventur. Eorum autem, quæ *signa* sunt quidem, sed *non necessaria*, genus Hermagoras putat, *non esse virginem Atalantam, quia cum juvenibus per silvas vagetur;* quod si receperimus, vereor, ne omnia, quæ ex facto ducuntur, signa faciamus; eadem tamen ratione, qua signa, tractantur. Nec mihi videntur areopagitæ, quum damnaverunt puerum coturnicum oculos eruentem, aliud judicasse, quam id signum esse perniciosissimæ mentis, multisque malo futuræ, si adolevisset; unde Spurii Mælii, Marcique Manlii popularitas, signum affectati regni est existimatum. Sed vereor, ne longe nimium nos ducat hæc via : nam, si est signum adulteræ, lavari cum viris; erit et convivere cum adolescentibus, deinde etiam familiariter alicujus amicitia uti : ut fortasse corpus vulsum, fractum, incessum, vestem muliebrem, dixerit mollis et parum viri signa; si cui, signum id proprie sit, quod ex eo, de quo quæritur, natum sub oculos venit, ut sanguis e cæde, ita illa ex impudicitia, fluere videantur. Ea quoque quæ, quia plerumque observata sunt, vulgo signa creduntur, ut prognostica,

... vento... rubet aurea Phœbe;

Et,

... cornix plena pluviam vocat improba voce;

si causas ex qualitate cœli trahunt, sane ita appellentur. Nam, si vento rubet Luna, signum venti est rubor; et si, ut idem poeta colligit, densatus et laxatus aer facit, ut sit inde *ille avium concentus*, idem sentiemus; sunt autem signa etiam parva magnorum, ut vel hæc ipsa cornix; nam, majora minorum esse, nemo miratur.

Cap. X. Nunc *de argumentis* : hoc enim nomine com-

de raisonnement que les Grecs appellent *enthymème*, *épichérème*, *démonstration*, et qui, au fond, tendent à peu près au même but, malgré la différence des noms.

L'enthymème, pour me servir du terme grec, que nous ne traduisons qu'imparfaitement par *commentum* et *commentatio*, a trois significations. On entend par là, premièrement, toute conception de l'esprit; mais nous ne le prenons pas ici dans ce sens; secondement, toute proposition accompagnée de son raisonnement; troisièmement, une certaine conclusion d'argument, tirée des conséquents ou des contraires, bien qu'on s'accorde peu sur cette dernière définition; car il y en a qui donnent le nom d'épichérème à la conclusion tirée des conséquents, et d'autres, en plus grand nombre, ne reconnaissent pour véritable enthymème que la conclusion tirée des contraires : à cause de quoi Cornificius l'appelle *argument des contraires*. On le nomme encore *syllogisme de rhétorique*, ou *syllogisme imparfait*, parce qu'il n'a ni autant de parties ni des parties aussi distinctes que le syllogisme philosophique, dont la forme n'est pas compatible avec le genre oratoire.

Quant à l'épichérème, Valgius l'appelle *agression*. Celsus pense que l'épichérème consiste, non dans la forme que nous lui donnons, mais dans la chose que nous attaquons, c'est-à-dire l'argument par lequel nous nous proposons de prouver quelque chose, bien que les mots ne le développent pas encore, mais pourvu qu'il soit conçu dans l'esprit. D'autres veulent que ce soit, non un argument mental ou ébauché, mais un argument parfait, et descendant jusqu'à la dernière espèce. Aussi, le plus ordinairement, est-ce le nom particulier qu'on donne à une proposition renfermée, au moins, dans trois parties. Quelques-uns ont appelé l'épichérème une *raison ;* Cicéron la définit un *raisonnement*, ce qui est mieux, bien qu'il semble avoir tiré ce nom du syllogisme; car il appelle l'état syllogistique un état de *raisonnement*, s'appuyant, à cet égard, d'exemples philosophiques ; et, comme il y a quelque affinité entre le syllogisme et l'épichérème, il est excusable d'avoir donné ce nom à l'épichérème.

La *démonstration*, ἀπόδειξις, est une *preuve évidente :* de là ce que les géomètres appellent des *démonstrations linéaires,* γραμμικαὶ ἀποδείξεις. Cécilius prétend que la démonstration ne diffère de l'épichérème que par la manière de conclure, et qu'elle est un épichérème imparfait, par la même raison qu'on dit que l'enthymème diffère du syllogisme, dont il fait cependant partie. Quelques auteurs croient que la démonstration est renfermée dans l'épichérème, et qu'elle est la partie qui en fait la preuve. Quoi qu'il en soit, du moins s'accorde-t-on à définir l'un et l'autre une manière de prouver des choses douteuses par des choses qui ne le sont pas : ce qui est commun à tout argument; car on ne peut pas prouver le certain par l'incertain. Les Grecs comprennent tous ces arguments sous le nom générique πίστις, qu'en suivant le sens propre nous pourrions appeler *fides*, mais que nous traduirons plus clairement par *probatio*.

Quant au mot *argument*, il a aussi plusieurs significations; car on appelle arguments les fables scéniques; et Pédianus expliquant le sujet des Oraisons de Cicéron : *L'argument*, dit-il, *est tel*. Cicéron lui-même écrit ainsi à Brutus : *Crai-*

---

plectimur omnia, quæ Græci ἐνθυμήματα, ἐπιχειρήματα, ἀποδείξεις vocant, quamquam apud illos est aliqua horum nominum differentia, etiamsi vis eodem fere tendit; nam *enthymema*, quod nos *commentum* sane, aut *commentationem* interpretemur, quia aliter non possumus, græco melius usuri, unum intellectum habet, quo omnia mente concepta significat; sed nunc de eo non loquimur; alterum, quo sententiam cum ratione; tertium, quo certam quamdam argumenti conclusionem, vel ex consequentibus, vel ex repugnantibus; quamquam de hoc parum convenit; sunt enim, quiillud prius *epichirema* dicant; pluresque invenies in ea opinione, ut id demum, quod pugna constat, *enthymema* accipi velint; et ideo illud Cornificius *contrarium* appellat. Hunc alii *rhetoricum syllogismum*, alii *imperfectum syllogismum* vocaverunt, quia nec distinctis, nec totidem partibus concluderetur; quod sane non utique ab oratore desideratur. *Epichirema* Valgius *aggressionem* vocat; Celsus autem judicat, non nostram administrationem, sed ipsam rem, quam aggredimur, id est argumentum, quo aliquid probaturi sumus, etiamsi nondum verbis explanatum, jam tamen mente conceptum, *epichirema* dici. Aliis videtur, non destinatam, vel inchoatam, sed perfectam probationem hoc nomen accipere, et ultimam speciem; ideoque propria ejus appellatio, et maxime in usu posita est, qua significatur certa quædam sententiæ comprehensio, quæ ex tribus minimum partibus constat. Quidam *epichirema rationem* appellarunt; Cicero melius, *ratiocinationem;* quamquam et ille nomen hoc duxisse magis a syllogismo videtur; nam et statum syllogisticum, *ratiocinativum* appellat, exemplisque utitur philosophorum ; et, quoniam est quædam *inter syllogismum* et *epichirema* vicinitas, potest videri hoc nomine recte abusus. Ἀπόδειξις est *evidens probatio*, ideoque apud geometras γραμμικαὶ ἀποδείξεις dicuntur. Hanc et ab *epichiremate* Cæcilius putat differre solo genere conclusionis, et esse *apodixin imperfectum epichirema*, eadem causa, qua diximus *enthymema syllogismo* distare; nam et *enthymema* syllogismi pars est : quidam inesse epichiremati apodixin putant, et esse partem ejus confirmantem. Utrumque autem, quamquam diversi auctores, eodem modo finiunt, ut sit ratio per ea, quæ certa sunt, incertis fidem non dubiam afferens; quæ natura est omnium argumentorum; neque enim certa incertis declarantur : hæc omnia generaliter πίστεις appellant; quod etiamsi propria interpretatione dicere *fidem* possumus, apertius tamen *probationem* interpretabimur : sed *argumentum* quoque plura significat. Nam et fabulæ ad actum scenarum compositæ, *argumenta* dicuntur; et orationum Ciceronis velut

gnant que par là nous ne fassions tomber quelque reproche sur notre cher Caton, quoique l'argument soit bien différent, etc. : ce qui fait voir que toute matière, dont on fait choix pour écrire, peut être ainsi appelée. Et cela ne doit pas surprendre, puisque c'est un mot usuel même parmi les artisans : aussi lisons-nous dans Virgile *un grand argument*; et un ouvrage un peu considérable est vulgairement appelé *argumentosum*. Mais il s'agit ici de ce qu'on entend par *preuve*, *indice*, *conviction*, *agression*, tous noms qu'il faut pourtant distinguer, si je ne me trompe. En effet, la preuve et la conviction ne s'établissent pas seulement par des arguments artificiels, mais aussi par des moyens inartificiels; et quant au signe qu'on appelle indice, j'ai déjà montré qu'il ne devait pas être mis au nombre des arguments.

Donc, puisque l'argument est une manière de prouver une chose par une autre, et de confirmer ce qui est douteux par ce qui ne l'est pas, il est indispensable qu'il y ait en toute cause un point qui n'ait pas besoin d'être prouvé; car s'il n'y avait rien de certain, ni qui parût tel, l'orateur serait dans l'impossibilité de prouver quoi que ce fût. Or nous tenons pour certain ce qui tombe sous les sens, comme ce que nous voyons, ce que nous entendons : tels sont les signes; ensuite, les choses sur lesquelles les hommes sont généralement d'accord, par exemple, qu'*il existe des dieux*, qu'*il faut honorer son père et sa mère*; puis, ce qui est établi par les lois, ou ce qui est passé en usage, non pas précisément chez tous les peuples, mais dans la cité, dans le pays où le procès a lieu; car, dans la jurisprudence, la coutume a force de loi en bien des rencontres; enfin, ce dont les deux parties conviennent, ce qui a déjà été prouvé, ce qui n'est point contesté par l'adversaire. Voici donc, par exemple, comme on peut argumenter : *Puisque le monde est régi par une providence, la république doit être gouvernée*; car, s'il est constant que le monde est gouverné par une providence, on induit avec raison de là que la république a également besoin de l'être. Mais pour bien manier les arguments, il faut que l'orateur ait étudié la vertu et la nature de chaque chose, et ses effets les plus ordinaires. De là naît ce qu'on appelle vraisemblance, εἰκότα, que je divise en trois degrés. Le premier, qui repose sur un fondement très-solide, parce qu'il est ordinairement vrai, par exemple, qu'*un père aime ses enfants*; le second, qui, pour ainsi dire, penche un peu vers l'incertitude, comme dans cet exemple : *Celui qui se porte bien aujourd'hui verra le jour de demain;* le troisième, qui n'a seulement rien qui répugne : *Un vol commis dans une maison a dû l'être par quelqu'un de la maison*. C'est pour cela qu'Aristote, dans le second livre de sa Rhétorique, a été si soigneux de rechercher ce qui affecte d'ordinaire et les personnes et les choses; quelle convenance ou quelle opposition la nature elle-même a mise entre telle et telle personne ou entre telle et telle chose; quelles sont, par exemple, les suites de la richesse, de l'ambition, de la superstition; quelles sont les inclinations des bons, des méchants, de l'homme de guerre, de l'homme des champs; par quel moyen on a coutume de

---

thema ipse exponens Pedianus, *Argumentum*, inquit, *tale est;* et ipse Cicero ad Brutum ita scribit, *Veritus fortasse, ne nos in Catonem nostrum transferremus illinc mali quid, etsi argumentum simile non erat;* quo apparet, omnem ad scribendum destinatam materiam ita appellari. Nec mirum quum id inter opifices quoque vulgatum sit; unde Virgilius, *Argumentum ingens;* vulgoque paulo numerosius opus dicitur *argumentosum :* sed nunc de eo dicendum *argumento* est, quod *probationem, indicium, fidem, aggressionem*, ejusdem rei nomina, facit; parum distincte, ut arbitror. Nam *probatio* et *fides* efficitur non tantum per haec, quae sunt rationis, sed etiam per inartificialia; *signum* autem, quod ille *indicium* vocat, ab argumentis jam separavi : ergo, quum sit *argumentum*, ratio probationem praestans, qua colligitur aliquid per aliud, et quae, quod est dubium, per id, quod dubium non est, confirmat; necesse est esse aliquid in causa, quod probatione non egeat. Alioqui nihil erit, quo probemus, nisi fuerit, quod aut sit verum, aut videatur, ex quo dubiis fides fiat; pro certis autem habemus primum, quae sensibus percipiuntur, ut, quae videmus, audimus; qualia sunt *signa*; deinde ea, in quae communi opinione consensum est. *Deos esse, Praestandam pietatem parentibus :* praeterea, quae legibus cauta sunt; quae persuasione, etiamsi non omnium hominum, ejus tamen civitatis aut gentis, in qua res agitur, in mores recepta sunt; ut pleraque in jure, non legibus, sed moribus constant : si quid inter utramque partem convenit; si quid probatum est; denique, cuicumque adversarius non contradicit; sic enim fiet argumentum, *Quum providentia mundus regatur ; administranda est respublica :* ut administranda respublica sit, si liquebit mundum providentia regi. Debet etiam nota esse recte argumenta tractaturo vis et natura omnium rerum, et quid quaeque earum plerumque efficiat ; hinc enim sunt , quae εἰκότα dicuntur. *Credibilium* autem genera sunt tria : unum firmissimum, quia fere accidit, ut, *Liberos a parentibus amari;* alterum velut propensius, *Eum, qui recte valeat, in crastinum perventurum;* tertium tantum non repugnans, *In domo furtum factum ab eo, qui domi fuit*. Ideoque Aristoteles in secundo de Arte Rhetorica libro diligentissime est exsecutus, quid cuique rei, et quid cuique homini soleat accidere; et quas res, quosque homines, quibus rebus, aut hominibus, vel conciliasset, vel alienasset ipsa natura : ut, *divitias quid sequatur, aut ambitum, aut superstitionem; quid boni probent, quid mali petant, quid milites, quid rustici; quo quaeque modo res vitari vel appeti soleat.* Verum hoc exsequi mitto; non enim longum tantum, sed etiam impossibile, aut potius infinitum est : praeterea positum in communi omnium intellectu; si

rechercher ou d'éviter ce que l'on regarde comme un bien ou comme un mal. Pour moi, je ne veux pas traiter à fond cette matière ; ce détail serait non-seulement trop long, mais même impossible, ou plutôt infini ; d'ailleurs cela est du domaine de l'intelligence commune : si pourtant on le désire, on peut consulter l'ouvrage que j'ai cité. Mais pour donner une idée générale de la vraisemblance, qui certainement constitue la majeure partie de l'argumentation, en voici encore quelques exemples, qui sont comme la source des autres : *Est-il croyable qu'un fils ait tué son père?* ou *qu'un père ait commis un inceste avec sa fille?* et contrairement, *l'empoisonnement n'est-il pas présumable dans une marâtre, l'adultère dans un débauché? Est-il croyable qu'un crime ait été commis à la vue de tout le monde, ou qu'on se soit décidé à porter un faux témoignage pour une faible somme?* En effet, chacune de ces données a, pour ainsi dire, son caractère propre, qui ordinairement ne se dément pas : je dis ordinairement, et non pas toujours; autrement, ce seraient choses indubitables, et non pas des arguments.

Examinons maintenant les lieux des arguments. Quoique certains rhéteurs regardent comme tels ceux dont j'ai parlé plus haut, j'appelle proprement *lieux*, non ce que l'on entend d'ordinaire par ce mot, c'est-à-dire ces hors-d'œuvre qui roulent sur le luxe, l'adultère, ou autres choses semblables, mais bien *les endroits où se tiennent cachés les arguments, et d'où il faut les tirer.* Car de même que toutes les terres ne produisent pas toutes sortes de fruits, et qu'on ne peut trouver certains oiseaux ou autres animaux que dans le pays où ils naissent et où ils habitent ; de même que, parmi les poissons, les uns se plaisent dans la haute mer, les autres près des rochers, et qu'ils diffèrent suivant les parages et suivant les côtes ; qu'ainsi on ne pêcherait pas dans notre mer l'esturgeon ou le sarget; de même aussi tous les arguments ne se trouvent pas partout, et il ne faut pas les chercher çà et là : autrement, on s'exposerait à errer longtemps, et, après s'être bien fatigué, on ne devrait qu'au hasard de rencontrer ce qu'on aurait cherché en aveugle. Mais si l'on connaît bien la source de chaque argument, arrivé au lieu où il est caché, d'un coup d'œil on le découvrira.

C'est surtout de la *personne* qu'il faut tirer les arguments, puisque, comme je l'ai dit, les questions ne peuvent concerner que les *personnes* ou les *choses*; tandis que les *motifs*, le *temps*, le *lieu*, l'*occasion*, l'*instrument*, le *mode* etc., sont seulement des accidents des choses. Quant aux personnes, je n'entrerai pas dans l'examen de leurs accidents, ainsi que la plupart l'ont fait : je me contenterai d'indiquer les lieux fertiles en arguments.

Or ces lieux sont *la naissance* : on est ordinairement porté à croire que les enfants ressemblent à leurs pères ou à leurs aïeux, et quelquefois leurs mœurs se ressentent en bien ou en mal du sang dont ils sont sortis; *la nation* : chacune a son caractère propre, et la même chose ne sera pas probable de la part d'un Romain, d'un Grec ou d'un barbare; *la patrie* : chaque cité a ses institutions, ses opinions particulières; *le sexe* : vous croirez plutôt au vol de la part d'un homme, à l'empoisonnement de la part d'une femme; *l'âge* : autre temps, autres soins; *l'éducation et les maîtres* : il importe comment et par qui on a été élevé; *l'extérieur :* la beauté marche rarement avec la sagesse, et la force laisse aisément soupçonner le libertinage et l'audace; et réciproquement ; *la fortune* : la même chose

---

quis tamen desideraverit, a quo peteret, ostendi. Omnia autem credibilia, in quibus pars maxima consistit argumentationis, ex hujusmodi fontibus fluunt, *An credibile sit, a filio patrem occisum, incestum cum filia commissum?* et contra, *veneficium in noverca, adulterium in luxurioso?* illa quoque, *An scelus palam factum? An falsum propter exiguam summam?* quia suos quidque horum velut mores habet, plerumque tamen, non semper; alioqui indubitata essent, non argumenta. Excutiamus nunc argumentorum locos; quamquam quibusdam hi quoque, de quibus supra dixi, videntur : *locos* appello, non, ut vulgo nunc intelliguntur, *in luxuriam*, et *adulterium*, et similia; sed *sedes argumentorum, in quibus latent, ex quibus sunt petenda.* Nam, ut in terra non omni generantur omnia, nec avem aut feram reperias, ubi quæque nasci aut morari soleat, ignarus; et piscium quoque genera alia planis gaudent, alia saxosis, regionibus etiam litoribusque discreta sunt, nec helopem nostro mari, nec scarum ducas; ita non omne argumentum undique venit; ideoque non passim quærendum est. Multus alioqui error, et exhausto labore, quod non ratione scrutabimur, non poterimus invenire nisi casu : at si scierimus, ubi quodque nascatur; quum ad locum ventum erit, facile, quod in eo est, pervidebimus. Inprimis igitur argumenta *a persona* ducenda sunt; quum sit, ut dixi, divisio, ut omnia in hæc duo partiamur, *res* atque *personas* : ut *causa, tempus, locus, occasio, instrumentum, modus*, et cætera, rerum sint accidentia; *personis* autem non, quidquid accidit, exsequendum mihi est, ut plerique fecerunt, sed, unde argumenta sumi possunt. Ea porro sunt, *Genus*, nam similes parentibus ac majoribus suis plerumque creduntur, et nonnumquam ad honeste turpiterque vivendum inde causæ sunt; *Natio*, nam et gentibus proprii mores sunt, nec idem in Barbaro, Romano, Græco, probabile est; *Patria*, quia similiter etiam civitatum leges, instituta, opiniones habent differentiam; *Sexus*, ut latrocinium facilius in viro, veneficium in femina credas; *Ætas*, quia aliud aliis annis magis convenit; *Educatio et disciplina*, quoniam refert, a quibus, et quo quisque modo sit institutus; *Habitus corporis*, ducitur enim frequenter in argumentum, species libidinis, robur petulantiæ; his contraria in diversum; *Fortuna*, neque enim idem

ne sera pas croyable de la part d'un riche ou d'un pauvre, de la part d'un homme qui a nombre de parents, d'amis, de clients, ou d'un homme privé de tout cela ; *la condition :* la différence est grande entre un homme illustre et un homme obscur, un magistrat et un particulier, un père et un fils, un citoyen et un étranger, une personne libre et un esclave, un homme marié et un célibataire, un père de famille entouré d'enfants, et un père qui a perdu les siens ; *le naturel :* la cupidité, l'irascibilité, la sensibilité, la cruauté, la sévérité, et autres inclinations semblables, déterminent souvent à croire ou à ne pas croire ; *le genre de vie,* selon qu'il est somptueux, ou frugal, ou sordide ; *les occupations :* un homme des champs, un avocat, un négociant, un homme de guerre, un marin, un médecin, pensent et agissent différemment. Il faut aussi examiner dans chacun, non-seulement ce qu'il est, mais ce qu'il affecte de *paraître*, riche ou éloquent, vertueux ou puissant. On prend en considération *les antécédents ;* car on juge ordinairement du présent par le passé. On ajoute à tout cela ces *mouvements soudains* qui s'emparent de l'âme, comme la colère, la peur. A l'égard des desseins, ils embrassent le passé, le présent, l'avenir ; et quoiqu'ils appartiennent aux personnes, je crois qu'il vaut mieux les rapporter à cette espèce d'arguments, qui se tire des motifs. J'en dis autant de ces *dispositions d'esprit*, à l'aide desquelles on examine si tel est ami ou ennemi de tel. Au nombre des lieux que fournit la *personne*, on met aussi le *nom*, qui en est sans doute un accident nécessaire, mais dont on tire rarement des arguments, si ce n'est lorsque ce nom a été donné pour quelque raison particulière, comme celui de *sage*, de *grand*, etc., ou lorsqu'il a inspiré quelque pensée à celui qui le porte, comme à Lentulus, par exemple, qui trempa dans la conjuration de Catilina, parce que les livres des Sibylles et les réponses des aruspices promettaient *la domination à trois Cornélius ;* et qu'après Sylla et Cinna il se croyait le troisième, s'appelant lui-même Cornélius. Nous voyons aussi, dans Euripide, que le frère de *Polynice* lui reproche son nom, comme un argument de son caractère ; mais cette allusion me paraît froide. Il faut avouer pourtant que le nom donne souvent matière à la raillerie, et nous en avons plus d'un exemple dans les discours de Cicéron contre Verrès. Voilà à peu près tous les arguments auxquels peuvent donner lieu les personnes. Car je ne puis pas tout dire ni sur ce point ni sur les autres, et je me contente d'indiquer la méthode : chacun y suppléera de lui-même.

Je passe maintenant aux *choses ;* et, comme les actions ont un rapport plus immédiat avec les personnes, c'est par elles que je dois commencer. Or, toute action donne lieu aux questions suivantes : *Pourquoi a-t-elle été faite? où? quand? comment? par quels moyens?* Les arguments se tirent donc premièrement *des motifs d'une action faite ou à faire.* La matière de ces motifs, que les Grecs appellent, les uns ὕλην, les autres δύναμιν, se divise en deux genres, dont chacun se subdivise en quatre espèces. En effet, *la raison de toute action* a ordinairement son principe dans le désir d'acquérir un bien, de l'augmenter, de le conserver, d'en jouir ; ou d'éviter un mal, de s'en délivrer, de le diminuer, de le supporter ; et ces motifs entrent pour une très-grande part dans toutes nos délibérations. Mais

---

credibile est in divite, ac paupere, propinquis, amicis, clientibus abundante, et his omnibus destituto; *Conditionis* etiam distantia est, nam clarus an obscurus, magistratus an privatus, pater an filius, civis an peregrinus, liber an servus, maritus an cœlebs, parens liberorum an orbis sit, plurimum distat; *Animi natura*, etenim avaritia, iracundia, misericordia, crudelitas, severitas, aliæque his similia afferunt frequenter fidem, aut detrahunt; sicut *Victus*, luxuriosus, an frugi, an sordidus, quæritur; *Studia* quoque, nam rusticus, forensis, negotiator, miles, navigator, medicus, aliud atque aliud efficiunt. Intuendum etiam, *quid affectet* quisque ; locuples videri an disertus, justus an potens? Spectantur *ante acta dictaque ;* ex præteritis enim æstimari solent præsentia : his adjiciunt quidam *Commotionem ;* hanc accipi volunt temporarium animi motum, sicut iram, pavorem : *Consilia* autem et præsentis et præteriti et futuri temporis ; quæ mihi, etiamsi personis accidunt, per se referenda tamen ad illam partem argumentorum videntur, quam *ex causis* ducimus; sicut *habitus* quidam animi, quo tractatur, amicus, an inimicus. Ponunt in persona et nomen; quod quidem ei accidere necesse est, sed in argumentum raro cadit; nisi quum aut ex causa datum est, ut *Sapiens*,

Magnus, *Plenus ;* aut et ipsum alicujus cogitationis attulit causam, ut Lentulo conjurationis, quod libris Sibyllinis aruspicumque responsis *dominatio dari tribus Corneliis* dicebatur, seque cum tertium esse credebat post Sullam Cinnamque, quia et ipse Cornelius erat. Nam et illud apud Euripidem frigidum sane, quod nomen *Polynicis*, ut argumentum morum, frater incessit; jocorum tamen ex eo frequens materia, qua Cicero in Verrem non semel usus est : hæc fere circa personas sunt, aut his similia ; neque enim complecti omnia vel hac in parte, vel in cæteris possumus, contenti, rationem plura quæsituris ostendere. Nunc ad res transeo, in quibus maxime sunt personis juncta, quæ agimus, ideoque prima tractanda : in omnibus porro, quæ fiunt, quæritur aut *Quare?* aut *Ubi?* aut *Quando?* aut *Quomodo?* aut *Per quæ* facta sunt. Ducuntur igitur argumenta *ex causis faciorum*, vel *futurorum :* quarum materiam, quam ὕλην alii, δύναμιν alii nominaverunt, in duo genera, sed quaternas utriusque dividunt species : nam fere versatur *ratio faciendi* circa bonorum adoptionem, incrementum, conservationem, usum; aut malorum evitationem, liberationem, imminutionem, tolerantiam, quæ et in deliberando plurimum valent. Sed has causas habent recta ; prava contra ex falsis opinionibus

ce sont les bonnes actions qui sont inspirées par ces motifs; les mauvaises, au contraire, viennent des fausses opinions; car leur origine est dans l'idée qu'on se fait du bien et du mal. De là les erreurs et les passions déréglées, telle que *la colère*, *la haine*, *l'envie*, *la cupidité*, *l'espérance*, *l'ambition*, *l'audace*, *la crainte*, etc. Quelquefois à ces passions se joignent des causes fortuites, telles que *l'ivresse*, *l'ignorance*, qui servent tantôt à excuser, tantôt à prouver le fait incriminé : par exemple, *Si vous avez tué quelqu'un en tendant des embûches à un autre*. Or, on examine les motifs d'une action, non-seulement pour soutenir l'accusation, mais aussi pour la repousser; comme lorsqu'on prétend qu'on a eu raison de faire telle action, c'est-à-dire qu'on a été mu par un motif honorable, ce qui a été amplement expliqué dans le troisième livre. Les questions de *définition* dépendent aussi quelquefois des motifs : par exemple, *Est-on tyrannicide pour avoir tué un tyran par qui on a été surpris en adultère?* — *Est-on sacrilége pour avoir enlevé des armes suspendues dans un temple, afin de chasser l'ennemi de la ville?*

Les arguments se tirent aussi du *lieu*. Car une action est plus ou moins probable, suivant que le fait s'est passé *sur une montagne ou dans une plaine, sur le bord de la mer ou au milieu, dans un endroit peuplé ou désert, proche ou éloigné, favorable ou contraire à tel dessein.* Cicéron a traité cette sorte de considérations avec beaucoup de force dans son plaidoyer pour Milon. La circonstance du lieu est si importante, qu'elle sert à décider, non-seulement la question conjecturale, mais quelquefois même la question de droit; si, par exemple, *c'est un lieu privé ou public, sacré ou profane, qui est à nous ou à autrui;* de même qu'à l'égard de la personne, on examine *si c'est un magistrat, un père, un étranger.* De là naissent, en effet, les questions suivantes : *Vous avez dérobé l'argent d'un particulier; mais comme c'était dans un temple, ce n'est pas un larcin, c'est un sacrilége.* — *Vous avez tué un adultère, ce que la loi permet; mais vous l'avez tué dans une maison de débauche, c'est un meurtre.* — *Vous avez outragé cet homme, mais cet homme était un magistrat : or, c'est un crime de lèse-majesté.* Ou bien, au contraire : *J'ai pu faire cela, parce que j'étais père, parce que j'étais magistrat.* Il faut donc remarquer que les arguments tirés du *lieu*, en même temps qu'ils servent à établir le fait, sont la matière des questions de droit. Quelquefois aussi le *lieu* sert à décider les questions de qualité; car les mêmes choses ne sont pas permises ou bienséantes partout. Il importe encore de considérer la ville où l'affaire se juge, parce que chaque pays a ses coutumes et ses lois. Souvent le lieu suffit pour rendre la cause recommandable ou odieuse. Ainsi, dans Ovide, Ajax s'écrie : *Quoi! c'est devant les vaisseaux que nous plaidons, et qu'Ulysse est mis en comparaison avec moi!* Ainsi on reprochait particulièrement à Milon d'avoir tué Clodius sur les tombeaux de ses ancêtres. Enfin la circonstance du lieu est de la même importance dans les délibérations, aussi bien que le *temps*, dont l'ordre veut que je parle maintenant.

Le *temps*, comme je l'ai déjà dit ailleurs, est pris dans deux acceptions, l'une générale, quand on dit : *maintenant, autrefois, sous Alexandre, pendant le siége de Troie;* en un mot,

---

veniunt; nam est bis initium ex iis, quæ credunt bona aut mala : inde errores exsistunt, et pessimi affectus; in quibus sunt *ira, odium, invidia, cupiditas, spes, ambitus, audacia, metus,* cætera generis ejusdem : accedunt aliquando fortuita, *ebrietas, ignorantia;* quæ interim ad veniam valent, interim ad probationem criminis, ut, *si quis, dum alii insidiatur, alium dicatur interemisse.* Causæ porro non ad convincendum modo, quod objicitur, sed ad defendendum quoque excuti solent, quum quis se recte fecisse, id est, honesta causa, contendit, qua de re latius in tertio libro dictum est. Finitionis quoque quæstiones ex causis interim pendent, *An tyrannicida, qui tyrannum, a quo deprehensus in adulterio fuerat, occidit? An sacrilegus, qui, ut hostes urbe expelleret, arma templo affixa detraxit?* Ducuntur argumenta et ex loco; spectatur enim ad fidem probationis, *Montanus an planus, maritimus an mediterraneus, consitus an incultus, frequens an desertus, propinquus an remotus, opportunus consiliis an adversus?* quam partem videmus vehementissime pro Milone tractasse Ciceronem. Et hæc quidem ac similia ad conjecturam frequentius pertinent; sed interim ad jus quoque, *Privatus an publicus, sacer an profanus, noster an alienus?* ut in persona, *magistratus, pater, peregrinus.* Hinc enim quæstiones oriuntur : *Privatam pecuniam sustulisti; verum, quia de templo, non furtum, sed sacrilegium est. Occidisti adulterum, quod lex permittit; sed, quia in lupanari, cædes est. Injuriam fecisti; sed, quia magistratui, majestatis actio est.* Vel contra, *Licuit, quia pater eram, quia magistratus.* Sed circa facti controversiam argumenta præstant, circa juris lites, materiam quæstionum; ad qualitatem quoque frequenter pertinet *locus;* neque enim idem ubique, aut licet, aut decorum est; quin etiam, in qua quidque civitate quæratur, interest; moribus enim et legibus distant. Ad commendationem quoque et invidiam valet; nam et Ajax apud Ovidium, *Agimus,* inquit, *Ante rates causam, et mecum confertur Ulixes?* Et Miloni inter cætera objectum est, *quod Clodius in monumentis ab eo majorum suorum esset occisus.* Ad suadendi momenta idem valet, sicut *tempus,* cujus tractatum subjungam; ejus autem, ut alio loco jam dixi, duplex significatio est : *Generaliter* enim et specialiter accipitur : prius illud est, *nunc, olim, sub Alexandro, quum apud Ilium pugnatum est;* denique *præteritum, instans, futurum.* Hoc sequens habet et *constituta* discrimina, *æstate, hieme, noctu, interdiu;* et *fortuita, in pestilentia,*

quand on parle indéfiniment du *passé*, du *présent*, ou de *l'avenir;* l'autre particulière, qui détermine certaines circonstances naturelles : *en été, en hiver, de nuit, de jour;* ou certaines circonstances fortuites : *pendant la peste, pendant la guerre, dans un repas.* Quelques-uns de nos rhéteurs ont cru suffisamment distinguer ces deux acceptions, en disant, pour l'une, *le temps*, et pour l'autre, *les temps.* Ces distinctions trouvent leur place dans les délibérations, dans le genre démonstratif, mais surtout dans le genre judiciaire. En effet, elles soulèvent les questions de droit, elles déterminent la qualité, et contribuent beaucoup à éclairer la conjecture. N'en tire-t-on pas quelquefois des preuves incontestables, lorsqu'on établit, comme dans l'exemple que j'ai donné, que le signataire d'un acte était mort avant sa date, ou bien qu'à l'époque où le crime a été commis, l'accusé était encore enfant, ou que même il n'était pas né? En outre, tous les arguments se tirent sans peine de ce qui a précédé le fait, de ce qui l'a accompagné, de ce qui l'a suivi : — de ce qui l'a précédé, *vous l'avez menacé de la mort, vous étes sorti de nuit, vous avez pris les devants*, outre que les motifs des actions se rattachent ordinairement au passé; — de ce qui l'a accompagné, sur quoi certains rhéteurs ont fait une distinction un peu trop subtile du temps *joint : un bruit s'est fait entendre;* et du temps *lié à l'action : des cris se sont élevés;* — enfin de ce qui l'a suivi, *vous vous étes caché, vous avez pris la fuite, son corps est devenu tout livide et enflé.* La raison de toute action et de toute parole se renferme dans ce cercle de considérations, mais sous un double rapport; car souvent une action présente se lie à la pensée d'une action future, et réciproquement. On objecte, par exemple, à un homme accusé de trafic de femmes esclaves, l'achat qu'il a fait d'une belle femme, qui avait été condamnée pour adultère; ou à un débauché accusé de parricide, d'avoir dit précédemment à son père : *Vous ne me ferez plus dorénavant de réprimandes.* Ce n'est pas à dire que le premier est un entremetteur, parce qu'il a acheté une femme; mais il l'a achetée, parce qu'il était entremetteur. De même, le débauché n'est pas parricide, parce qu'il a parlé ainsi à son père; mais il a parlé ainsi, parce qu'il avait l'intention de tuer son père. Quant aux événements *fortuits*, qui donnent également lieu aux arguments, ils appartiennent sans contredit au temps qui a suivi; mais d'ordinaire on les relève par quelque qualité particulière à la personne dont on parle : *Scipion était un plus grand capitaine qu'Annibal; il a vaincu Annibal. C'est un bon pilote, il n'a jamais fait naufrage. C'est un bon laboureur, il a fait une riche moisson.* Et contrairement : *il a toujours aimé le faste, il a dissipé son patrimoine. Il a toujours mené une vie honteuse, il est méprisé de tout le monde.* Il faut encore, surtout dans les causes conjecturales, considérer *les facilités*. Ainsi il est vraisemblable que le petit nombre a été tué par le grand, le faible par le fort, celui qui dormait par celui qui veillait, et celui qui ne s'attendait à rien par celui qui était sur ses gardes ; et réciproquement. Ce lieu est aussi d'une grande importance dans les délibérations; et, dans le genre judiciaire, il porte ordinairement sur deux points : *si on l'a voulu, si on l'a pu;* car l'espérance détermine la volonté. De là cette conjecture dans Cicéron : *C'est Clodius qui a tendu des embûches à Milon, et non Milon à Clodius : ce dernier était accompagné d'esclaves robustes, il*

---

in bello, in convivio. Latinorum quidam satis significari putaverunt, si illud *generale, tempus*; hoc *speciale, tempora* vocarent; quorum utrorumque ratio et in consiliis quidem, et in illo demonstrativo genere versatur; sed in judiciis frequentissima est. Nam et juris quæstiones facit, et qualitatem distinguit, et ad conjecturam plurimum confert; ut quum interim probationes inexpugnabiles afferat, quales sunt, si dicatur, ut supra posui, signator, qui ante diem tabularum decessit; aut commisisse aliquid, vel quum infans esset, vel quum omnino natus non esset : præter id, quod omnia facile argumenta aut ex iis, quæ *ante rem* facta sunt, aut ex *conjunctis* rei, aut *insequentibus* ducuntur : ex *antecedentibus*, *Mortem minatus es*, *noctu existi*, *proficiscentem antecessisti;* causæ quoque factorum præteriti sunt temporis. Secundum tempus subtilius quidam, quam necesse erat, diviserunt, ut esset *juncti*, *Sonus auditus est;* adhærentis, *Clamor sublatus est.* *Insequentis* sunt illa, *Latuisti, profugisti; livores et tumores apparuerunt*. Iisdem temporum gradibus defensor utetur ad detrahendam ei, quod objicitur, fidem. In his omnis factorum dictorumque ratio versatur, sed dupliciter; nam fiunt quædam, quia aliud postea futurum est; quædam, quia aliud antea factum est; ut, quum objicitur reo lenocinii, quod speciosam adulterii damnatam quamdam emerit, aut parricidii reo luxurioso, quod dixerit patri, *Non amplius me objurgabis;* nam et ille, non quia emit, leno est; sed, quia leno erat, emit; nec hic, quia sic erat locutus, occidit; sed, quia erat occisurus, sic locutus est. *Casus* autem, et ipse præstat argumentis locum, sine dubio est ex insequentibus; sed quadam proprietate distinguitur : ut, si dicam, *Melior dux Scipio, quam Annibal; vicit Annibalem. Bonus gubernator; nunquam fecit naufragium. Bonus agricola; magnos sustulit fructus.* Et contra, *Sumptuosus fuit; patrimonium exhausit. Turpiter vixit; omnibus invisus est.* Intuendæ sunt, præcipue in conjecturis, et *Facultates*. Credibilius est enim occisos a pluribus pauciores, a firmioribus imbecilliores, a vigilantibus dormientes, a præparatis inopinantes; quorum contraria in diversum valent. Hæc et in deliberando intuemur, et in judiciis ad duas res solemus referre. An voluerit quis? An potuerit? nam et voluntatem spes facit; hinc illa apud Ciceronem conjectura, *Insidiatus est Clodius Miloni, non Milo Clodio : ille cum servis robustis, hic cum mulierum*

était à cheval, rien n'embarrassait ses mouvements; Milon n'avait avec lui que des femmes, il était en voiture, enveloppé dans un manteau. Aux *facilités*, on peut joindre *l'instrument*; car il fait partie des facilités et des moyens d'exécution; mais quelquefois de l'instrument naissent les signes : telle serait *la pointe d'une épée trouvée dans le corps*. Enfin, on ajoute à tout cela le *mode*, τρόπον, c'est-à-dire *la manière dont une chose s'est passée* : autre source d'arguments, qui se rapportent, tantôt à la qualité et à la question de droit : par exemple, *si l'on soutenait qu'il n'était pas permis de faire mourir un adultère par le poison, mais par le fer*; tantôt à la conjecture, comme si je dis que *telle action a été faite innocemment, qu'ainsi elle l'a été à la vue de tout le monde;* que *telle autre a été faite dans une intention coupable, qu'ainsi on a eu recours à des piéges, à la nuit, à la solitude.*

Il est vrai que, dans toutes les choses que l'on considère en elles-mêmes, et indépendamment des personnes et de toutes les circonstances qui font la matière de la cause, il y a trois questions à examiner : *si une chose est, ce qu'elle est, quelle elle est;* mais comme certains lieux d'arguments sont communs à ces trois questions, il n'est pas facile d'assigner à chacune ses lieux propres, et je crois qu'il vaut mieux les y rapporter, suivant l'occurrence.

Les arguments se tirent donc de la *définition* ou de la *fin*, car on dit l'un et l'autre; et on procède de deux manières : ou l'on recherche simplement *si telle chose est une vertu*, ou l'on définit d'abord *la vertu*. Cette définition se fait tantôt en termes généraux : *la rhétorique est l'art de bien dire;* tantôt d'une manière détaillée : *la rhétorique est l'art de bien inventer, de bien disposer et de bien exprimer ce que l'on doit dire, et de le prononcer avec une mémoire sûre et de la dignité dans l'action.* En outre, on définit une chose par sa *nature*, comme dans l'exemple précédent, ou par l'*étymologie*, comme lorsqu'on dit, *assiduus* vient d'*asse dando; locuples, pecuniosus,* viennent de *locorum copia, pecorum copia.* Le *genre*, l'*espèce*, les *différences*, les *propriétés*, semblent appartenir particulièrement à la définition, et de toutes ces considérations naissent des arguments. Le *genre* ne prouve pas l'espèce, mais il sert beaucoup à l'exclure : ainsi, *de ce que c'est un arbre, il ne s'ensuit pas que ce soit un platane; mais, si ce n'est point un arbre, certainement ce n'est point un platane;* de même, ce qui n'est pas vertu ne saurait jamais être justice. Il faut donc descendre du genre à la dernière espèce. Par exemple, *l'homme est un animal :* cela ne suffit pas, car *animal* est le genre; *un animal mortel :* cela ne suffit pas encore, car *mortel* est bien une espèce, mais cette définition lui est commune avec les autres animaux; *un animal raisonnable :* la définition ne laisse plus rien à désirer. L'*espèce*, au contraire, confirme le genre, et ne l'exclut pas toujours; car *ce qui est justice est toujours vertu, et ce qui n'est pas justice peut néanmoins être vertu, comme le courage, la fermeté, la tempérance.* On ne peut donc jamais retrancher le genre de l'espèce, à moins de retrancher de ce genre toutes les espèces qui en dépendent, de cette manière : *ce qui n'est ni immortel, ni mortel, n'est point animal.* Après le genre et l'espèce, viennent les *propriétés* et les *différences.* Les premières confirment la définition, les secondes la détruisent. La propriété est un acci-

---

comitatu; ille in equo, hic in rheda; ille expeditus, hic penula irretitus. Facultati autem licet *Instrumentum* conjungere : sunt enim in parte facultatis et copiæ; sed ex instrumento aliquando etiam signa nascuntur, ut *spiculum in corpore inventum.* His adjicitur *Modus*, quem τρόπον dicunt, quo quæritur, *Quemadmodum quid sit factum?* idque tum ad qualitatem scriptumque pertinet, ut, *si negemus adulterum veneno licuisse occidere, sed ferro oportuisse;* tum ad conjecturam quoque, ut, *si dicam, bona mente factum, ideo palam; mala, ideo ex insidiis, noctu, in solitudine.* In rebus autem omnibus, de quarum vi aut natura quæritur, quasque etiam citra complexum personarum, cæterorumque, ex quibus fit causâ, per se intueri possumus, tria sine dubio rursus spectanda sunt, *An sit? Quid sit? Quale sit?* sed, quia sunt quidam loci argumentorum his omnibus communes, dividi hæc tria genera non possunt, ideoque locis potius, ut in quoque incurrent, subjicienda sunt. Ducuntur ergo argumenta *ex finitione*, seu *fine;* nam utroque modo traditur : ejus duplex ratio est; aut enim simpliciter quæritur, *sitne hoc virtus?* aut præcedente finitione, *Quid sit virtus.* Id aut universum verbis complectimur, ut, *Rhetorice est bene dicendi scientia;* aut per partes, ut, *Rhetorice est recte inveniendi, et disponendi, et eloquendi cum firma memoria, et cum dignitate actionis, scientia.* Præterea finimus aut *vi*, sicut superiora, aut ἐτυμολογίᾳ, ut si *assiduum* ab ære dando, et *locupletem* a locorum, pecuniosum a pecorum copia; finitioni subjecta maxime videntur *genus, species, differens, proprium.* Ex his omnibus argumenta ducuntur. *Genus* ad probandam speciem minimum valet, plurimum ad refellendam : itaque *non, quia est arbor, platanus est; at, quod non est arbor, utique platanus non est; nec, quod non est virtus, utique potest esse justitia.* Itaque a genere perveniendum est ad ultimam speciem : ut, *Homo est animal*, non est satis; id enim genus est : *mortale*, etiamsi est species, cum aliis tamen communis finitio; *rationale*, nihil supererit ad demonstrandum id quod velis. Contra, species firmam probationem habet generis, infirmam refutationem; nam, *quod justitia est, utique virtus est; quod non est justitia, potest esse virtus, si est fortitudo, constantia, continentia.* Nunquam itaque tolletur a specie genus, nisi omnes species, quæ sunt generi subjectæ, removeantur : hoc modo, *Quod neque immortale est, neque mortale, ani-*

dent qui n'appartient qu'à un seul sujet, comme à l'homme de *parler* et de *rire :* ou qui lui appartient, mais non pas exclusivement, comme au feu d'*échauffer*. Ensuite, une même chose peut avoir plusieurs propriétés, comme le feu de *luire* et de *brûler*. C'est pourquoi le défaut d'une propriété quelconque détruit la définition ; mais une propriété quelconque ne la confirme pas toujours. Or, on a très-souvent à examiner ce qui est le propre de chaque chose. Par exemple, si, en se fondant sur l'étymologie, on disait que *le propre d'un tyrannicide est de tuer un tyran*, cela serait faux ; car le bourreau auquel on l'aurait livré pour le tuer, ou celui qui l'aurait tué par mégarde ou contre son gré, ne mériterait pas ce nom. Mais tout ce qui n'est pas *propre* est *différent*. Ainsi, *autre chose est d'être esclave*, *autre chose est de servir :* différence qui, au sujet d'un homme insolvable, que la loi condamne à servir son créancier, donne lieu à cette question : *Un débiteur, qui recouvre sa liberté, appartient-il à la classe des affranchis, comme l'esclave, à qui son maître a rendu la liberté ?* Il se présente encore d'autres cas, dont je parlerai dans le septième livre. On appelle *différence* ce qui, après que le genre a été divisé en espèces, distingue l'espèce même. *Animal*, voilà le genre ; *mortel*, voilà l'espèce ; *terrestre* ou *bipède*, voilà la différence, car ce n'est pas encore la propriété ; mais déjà l'espèce diffère de l'*aquatique* ou du *quadrupède :* ce qui, du reste, ne regarde pas tant l'argument que l'exactitude de la définition. Cicéron sépare dans la *définition* le *genre* et l'*espèce*, ou la *forme*, comme il l'appelle, et les subordonne à la *relation*. Par exemple, *un testateur lègue à un ami toute son argenterie, et le légataire réclame également l'argent monnayé :* la demande est fondée sur le genre. *On nie que le legs fait par un mari à la mère de famille soit dû à la femme qui n'avait pas cette qualité :* la raison est tirée de l'espèce, parce qu'il y a deux sortes de mariages.

Le même auteur enseigne que la *division* est d'un grand secours pour bien définir, et qu'elle diffère de la *partition*, en ce que celle-ci divise un tout en parties, et que celle-là divise le genre en espèces. Or, dit-il, le nombre des parties est indéterminé, car on ne peut dire *de combien de parties se compose un État ;* tandis que le nombre des formes est déterminé : *combien*, par exemple, *il y a de sortes d'États ;* car on en connaît trois : le populaire, l'oligarchique, et le monarchique. Ce ne sont pas les exemples dont Cicéron s'est servi, parce que, s'adressant à Trébatius, il a mieux aimé prendre les siens dans le droit ; moi, j'en ai substitué d'autres qui m'ont paru plus à la portée de tout le monde. Les *propriétés* appartiennent aussi à la conjecture. Ainsi, le propre d'un homme vertueux étant de faire le bien, et le propre d'un homme colère étant de *s'emporter en paroles*, il est à croire que celui qui *fait le bien* est un homme vertueux, et que celui qui *s'emporte en paroles* est un homme irascible ; et contrairement, le propre d'un méchant étant de ne pas faire le bien, et le propre d'un homme doux étant de ne pas s'emporter en paroles, il est à croire que celui qui ne fait pas le bien est un méchant, et que celui qui ne s'emporte pas en paroles est un homme doux ; car on est aussi bien fondé à tirer des inductions de ce qui n'est pas que de ce qui est. La *division* sert de la même manière à prouver et à réfuter. S'il s'agit de prouver, il

---

mal non est. His adjiciunt *propria*, et *differentia*. Propriis confirmatur finitio, differentibus solvitur. *Proprium* autem est, aut quod soli accidit, ut homini *sermo*, *risus ;* aut quod utique accidit, sed non soli, ut igni *calefacere ;* et sunt ejusdem rei plura propria, ut ipsius ignis *lucere*, *calere*. Itaque, quodcunque proprium deerit, solvet finitionem ; non utique, quodcunque erit, confirmabit. Sæpissime autem, quid sit proprium cujusque, quæritur ; ut, si per ἐτυμολογίαν dicatur, *Tyrannicidæ proprium est tyrannum occidere*, negemus ; non enim, si traditum sibi eum carnifex occiderit, tyrannicida vocetur ; nec, si imprudens vel invitus. Quod autem proprium non erit, differens erit, ut, *Aliud est servum esse, aliud servire ;* qualis esse in addictis quæstio solet, *Qui servus est, si manumittatur, fit libertinus, non itidem addictus ;* et plura, de quibus alio loco. Illud quoque *differens* vocant, quum, genere in species diducto, species ipsa discernitur. *Animal*, genus ; *Mortale*, species ; *Terrenum* vel *Bipes*, differens ; nondum enim proprium est, sed jam differt a marino vel quadrupede ; quod non tam ad argumentum pertinet, quam ad diligentem finitionis comprehensionem. Cicero *genus et speciem*, quam eamdem *formam* vocat, *a finitione* diducit, et iis, quæ ad aliquid sunt, subjicit ; ut, *si is*, cui argentum omne legatum est, petat signatum quoque, utatur genere : at, *si quis, quum legatum sit ei, quæ viro materfamilias esset, neget deberi ei, quæ in manum non convenerit :* specie ; quoniam duæ formæ sint matrimoniorum. *Divisione* autem adjuvari finitionem docet, eamque differre a *partitione ;* quod hæc sit totius in partes, illa generis in formas ; partes incertas esse, ut, *Quibus constet respublica ;* formas certas, ut, *Quot sint species rerumpublicarum*, quas tres accepimus, quæ populi, quæ paucorum, quæ unius potestate regerentur. Et ille quidem non his exemplis utitur, quia scribens ad Trebatium, ex jure ea ducere maluit ; ego apertiora posui. *Propria* vero ad conjecturæ quoque pertinent partem, ut, quia proprium est boni *recte facere ;* iracundi *verbis excandescere*, esse credantur, aut contra ; nam ut quædam in quibusdam utique non sunt, et ratio ita, quamvis ex diverso, eadem est. *Divisio* et ad probandum simili via valet, et ad refellendum ; probationi interim satis est unum habere, hoc modo, *Ut sit civis, aut natus sit oportet, aut factus ;* utrumque tollendum est, *Nec natus, nec factus est*. Fit hoc et multiplex, idque est argumentorum genus ex remotione, quo modo efficitur totum falsum, modo id, quod relinquitur, verum : totum falsum est hoc

suffit quelquefois de s'attacher à une seule partie : vous voulez prouver, par exemple, qu'un homme est citoyen ; vous dites : *on est citoyen romain ou de naissance ou par grâce.* Mais si vous réfutez, il faut détruire les deux propositions : *il ne l'est ni de naissance ni par grâce.* Quelquefois la division peut avoir beaucoup plus de membres, et de la réfutation de chacun d'eux naît une manière d'argumenter qui sert à démontrer tantôt que le tout est faux, tantôt qu'il n'y a qu'une proposition de vraie. Le tout est faux de cette sorte : *vous dites que vous avez prêté de l'argent; ou vous en aviez, ou vous en aviez reçu de quelqu'un, ou vous en avez trouvé, ou vous en avez dérobé. Or vous n'en aviez pas chez vous, vous n'en avez reçu de personne*, etc.; *donc vous n'en avez pas prêté.* Dans l'exemple suivant, la dernière proposition reste vraie : *ou l'esclave que vous revendiquez est né chez vous, ou vous l'avez acheté, ou on vous l'a donné, ou il vous a été légué par testament, ou vous l'avez pris sur l'ennemi, ou il appartient à un autre.* On réfute successivement toutes ces propositions, hors la dernière ; et il reste vrai que cet esclave appartient à un autre. Ce genre d'argumentation a son écueil, et exige beaucoup d'attention ; car, si dans votre énumération vous omettez un seul point, non-seulement tout votre édifice tombe, mais vous vous exposez à la risée. Le plus sûr est de faire comme Cicéron dans son plaidoyer pour Cécinna, lorsqu'interrogeant son adversaire, *s'il ne s'agit pas de cela,* dit-il, *de quoi s'agit-il ?* car par là il écarte un détail dangereux ; ou bien d'avancer deux propositions contraires, dont il suffit que l'une demeure vraie, comme dans cet autre exemple tiré de Cicéron : *Il n'est personne d'assez injuste envers Cluentius pour ne pas m'accorder que, si les juges ont été corrompus, ils l'ont été ou par Habitus ou par Oppianicus. Si je démontre que ce n'est point par Habitus, il s'ensuit que c'est par Oppianicus ; si je fais voir que c'est par Oppianicus, je justifie Habitus.* L'argument est donc à peu près de même genre, lorsqu'on force l'adversaire à choisir entre deux propositions, quoique toutes deux soient également contre lui. C'est ce que fait Cicéron dans la défense d'Oppius : *Est-ce lorsqu'il voulait se jeter sur Cotta, ou lorsqu'il voulait se tuer lui-même, qu'on lui arracha son poignard ?* Et dans le plaidoyer pour Varénus : *Voulez-vous que Varénus ait pris ce chemin par hasard, ou à l'instigation de..?* on vous laisse l'option. Ensuite il tourne ces deux propositions contre l'accusateur. Quelquefois on émet deux propositions de telle manière que, quelle que soit celle que l'on choisisse, c'est toujours la même conséquence. Par exemple, *il faut philosopher, quoiqu'il n'y ait pas lieu à philosopher ;* et cet autre dilemme plus usité : *à quoi bon vous servir de figures, si l'on vous entend? à quoi bon, si l'on ne vous entend pas?* et cet autre encore : *celui qui peut supporter la douleur mentira au milieu des tortures, et celui qui ne le peut pas mentira aussi.*

De même qu'il y a trois temps, il y a aussi trois moments dans l'ordre des faits ; car tous ont un *commencement*, un *progrès* et une *fin* : on se querelle, on se bat, on se tue. Il y a donc là un lieu d'arguments qui se confirment réciproquement. En effet, le commencement nous fait juger de la fin : *Je ne puis espérer la robe prétexte, sous les auspices de l'indigence ;* et réciproquement : *Sylla s'est démis de la dictature ; donc il ne s'était pas armé dans des vues de domination.* De même, du progrès d'une chose on tire des conséquences pour son commence-

---

modo, *Pecuniam credidisse te dicis ; aut habuisti ipse, aut ab aliquo accepisti, aut invenisti, aut surripuisti. Si neque domi habuisti, neque ab aliquo accepisti, nec cætera, non credidisti.* Reliquum fit verum sic, *Hic servus, quem tibi vindicas, aut verna tuus est, aut emptus, aut donatus, aut testamento relictus, aut ex hoste captus, aut alienus;* deinde remotis prioribus, supererit *alienus*. Periculosum, et cum cura intuendum genus ; quia, si in proponendo unum quodlibet omiseris, cum risu quoque tota res solvitur. Tutius, quod Cicero pro Cecinna facit, quum interrogat, *si hæc actio non sit, quæ sit ?* simul enim removentur omnia ; vel, quum duo ponentur inter se contraria, quorum tenuisse utrumlibet sufficiat ; quale Ciceronis est, *Unum quidem certe, nemo erit tam iniquus Cluentio, qui mihi non concedat : si constet corruptum illud esse judicium, aut ab Habito, aut ab Oppianico esse corruptum ; si doceo non ab Habito, vinco ab Oppianico ; si ostendo ab Oppianico, purgo Habitum.* Fit etiam ex duobus, quorum necesse est alterum verum, eligendi adversario potestas, efficiturque, ut, utrum elegerit, noceat. Facit hoc Cicero pro Oppio, *Utrum, quum Cottam appetisset, aut quum ipse sese conaretur occidere, telum ei e manibus ereptum est ?* Et pro Vareno, *Optio vobis datur, utrum velitis casu illo itinere Varenum usum esse, an hujus persuasu et inductu.* Deinde utraque facit accusatori contraria : interim duo ita proponuntur, ut utrumlibet electum idem efficiat ; quale est, *Philosophandum est, etiamsi non est philosophandum ;* et illud vulgatum, *Quo schema, si intelligitur ? quo, si non intelligitur ?* Et, *Mentietur in tormentis, qui dolorem pati potest ; mentietur, qui non potest.* Ut sunt autem tria tempora, ita ordo rerum tribus momentis consertus est ; habent enim omnia *initium*, *incrementum*, *summam ;* ut, *jurgium, deinde cædes, et strages ;* est ergo hic quoque argumentorum locus invicem probantium ; nam ex initiis summa colligitur ; quale est, *Non possum togam prætextam sperare, quum exordium pullum videam ;* et contra, *Non dominationis causa Sullam arma sumpsisse,* argumentum est *dictatura deposita.* Similiter *ex incremento* in utramque partem ducitur ratio rei cum in conjectura, tum etiam in tractatu æquitatis, *An ad initium*

ment et pour sa fin, non-seulement en fait de conjecture, mais en matière de droit naturel : *La fin doit-elle se rapporter au commencement? c'est-à-dire, Le meurtre doit-il être imputé à celui qui a commencé la querelle?* Voici encore d'autres lieux d'où se tirent les arguments. Les semblables : *Si la continence est une vertu, l'abstinence en est également une. Si un tuteur doit donner caution, un procurateur le doit aussi :* ces arguments sont du genre de celui que les Grecs appellent ἐπαγωγή, et Cicéron, *induction*. — Les dissemblables : *De ce que la joie est un bien, il ne s'ensuit pas que la volupté en soit un. De ce qu'une chose est permise à une femme, il ne s'ensuit pas qu'elle le soit à un pupille.* — Les contraires : *La frugalité est un bien, car la débauche est un mal. Si la guerre est une source de maux, la paix en sera le remède. Si celui qui a nui par mégarde mérite indulgence, celui qui a été utile sans le savoir ne mérite pas de récompense.* — Les contradictoires : *Celui qui est sage n'est pas fou.* Les conséquents ou *les adjoints : Si la justice est un bien, il faut juger justement. Si la perfidie est un mal, on ne doit pas tromper :* et de même, en renversant la proposition. Les arguments suivants ne sont pas fort différents, et je n'hésite pas à les mettre au même rang, à cause de l'analogie qu'ils ont avec les précédents : *On n'a point perdu ce qu'on n'a jamais eu. On ne nuit pas sciemment à une personne qu'on aime. On chérit singulièrement celui qu'on institue son héritier.* Mais ces arguments étant indubitables, ils ont presque la force des signes que j'ai appelés nécessaires. Toutefois, quoique je paraisse confondre les premiers arguments avec les derniers, je me servirais volontiers de deux mots grecs, ἀκόλουθα et παρεπόμενα, pour marquer la différence délicate qui existe entre les uns et les autres. Ainsi, *la bonté est une suite naturelle de la sagesse, consequens,* ἀκόλουθον; au lieu que les autres choses dont j'ai parlé ne sont arrivées ou n'arriveront qu'après quelque intervalle de temps, *sequentia*, παρεπόμενα. Au reste, qu'on les appelle comme on voudra, je me mets peu en peine du nom, pourvu que le fond des choses soit entendu, et qu'on sache que, dans les premiers, la conséquence naît du temps, et que, dans les autres, elle naît de la nature de la chose. C'est pourquoi je n'hésite pas à assigner au même lieu certains arguments, où ce qui doit suivre est inféré de ce qui a précédé, et que quelques rhéteurs divisent en deux espèces. L'une d'action, comme dans l'oraison pour Oppius : *Ceux qu'il n'a pu faire venir malgré eux en province, comment a-t-il pu les retenir malgré eux?* L'autre de *temps*, comme dans cet endroit d'une des Verrines : *Si les édits du préteur n'ont force de loi que jusqu'aux calendes de janvier, pourquoi n'auraient-ils pas force de loi à partir de la même époque?* Ces deux exemples sont tels, que les propositions renversées ont la même force dans un sens différent; car il est conséquent que l'on ne puisse faire venir malgré eux des gens qu'on n'aura pu retenir malgré eux. J'hésite encore moins à ranger parmi les *conséquents* ces arguments qu'on tire de *propositions qui se confirment mutuellement*, quoique quelques rhéteurs en fassent un genre à part, sous le nom de ἐκ τῶν πρὸς ἄλληλα, et que Cicéron les appelle arguments tirés de *propositions fondées sur la même raison;* par exemple, *Si les Rhodiens ont pu honnêtement affermer leur douane, Hermocréon a pu honnêtement en être le fermier. Ce qu'il est honorable d'apprendre peut être enseigné sans honte.* A quoi je rapporte cette

---

summa referenda sit? id est, *An ei cœdes imputanda sit, a quo jurgium cœpit?* Est argumentorum locus ex *similibus*, *Si continentia virtus, utique et abstinentia; Si fidem debet tutor, et procurator*, hoc est ex eo genere, quod ἐπαγωγὴν Græci vocant, Cicero *inductionem; ex dissimilibus, Non, si lætitia bonum, et voluptas; Non quod mulieri, idem pupillo : ex contrariis, Frugalitas bonum, luxuria enim malum ; Si malorum causa bellum est, erit emendatio pax; si veniam meretur, qui imprudens nocuit, non meretur præmium, qui imprudens profuit : ex pugnantibus, Qui est sapiens, stultus non est : ex consequentibus*, sive adjunctis, *Si est bonum justitia, recte judicandum ; Si malum perfidia, non est fallendum;* idem retro. Nec sunt his dissimilia, ideoque huic loco subjicienda, quum et ipsa naturaliter congruunt : *Quod quis non habuit, non perdidit; Quem quis amat, sciens non lædit; Quem quis heredem suum esse voluit, carum habuit, habet, habebit;* sed, quum sint indubitata, vim habent pæne signorum immutabilium. Sed hæc *consequentia* dico, ἀκόλουθα; est enim *consequens sapientiæ bonitas*: illa se-quentia, παρεπόμενα, quæ postea facta sunt, aut futura, nec sum de nominibus anxius; vocet enim, ut voluerit quisque, dum vis rerum ipsa manifesta sit, appareatque, hoc temporis, illud esse naturæ. Itaque non dubito hæc quoque *consequentia* (quamvis ex prioribus dent argumentum ad ea, quæ sequuntur), quorum quidam duas species esse voluerunt : *Actionis*, ut pro Oppio, *Quos educere invitos in provinciam non potuit, eos invitos retinere qui potuit? Temporis*, in Verrem, *Si finem prætoris edicto afferunt kalendæ januarii, cur non initium quoque edicti nascatur a kalendis januarii?* Quod utrumque exemplum tale est, ut idem in diversum, si retro agas, valeat; consequens enim est, eos, qui inviti duci non potuerint, invitos non potuisse retineri. Illa quoque, quæ *ex rebus mutuam confirmationem præstantibus* ducunt (quæ proprii generis videri quidam volunt, et vocant ἐκ τῶν πρὸς ἄλληλα, Cicero *ex rebus sub eamdem rationem venientibus*) fortiter consequentibus junxerim : *Si portorium Rhodiis locare honestum est, et Hermocreonti conducere;* et, *Quod discere honestum, et docere.* Unde illa, non hac ratione dicta sed efficiens idem, Domitii Afri

belle pensée de Domitius Afer, laquelle, quoique exprimée d'une autre manière, a le même effet : *J'ai accusé, vous avez condamné.* Quand deux propositions sont corrélatives, la réciprocité implique un *conséquent* alternatif : par exemple, *Celui qui dit que le monde a eu un commencement déclare, par cela même, qu'il aura une fin, parce que tout ce qui commence finit.* Tels sont encore les arguments qui prouvent *l'effet* par la *cause* ou la *cause* par *l'effet*, bien que les rhéteurs leur donnent un nom particulier, *arguments tirés des causes.* Mais tantôt la conséquence est nécessaire, tantôt elle ne l'est pas, quoique le plus souvent elle ne laisse pas d'être vraie : ainsi, *un corps fait ombre à la lumière, et partout où il y a de l'ombre il y a nécessairement un corps.* Quelquefois, comme je l'ai dit, la conséquence n'est pas nécessaire, soit par rapport à la cause et à l'effet, soit par rapport à la cause ou à l'effet seulement : *Le soleil colore; mais tout ce qui est coloré ne l'est pas par le soleil. Un chemin rend poudreux, mais tout chemin ne fait pas de la poussière et l'on peut être poudreux sans que cela ait été causé par un chemin.* Autres exemples de l'un et l'autre cas : *Si la sagesse fait l'homme de bien, l'homme de bien est certainement sage;* et de même, *Se conduire honnêtement est d'un homme de bien, se conduire honteusement est d'un méchant homme; ceux qui se conduisent honnêtement sont réputés gens de bien, ceux qui se conduisent honteusement sont réputés méchants;* et cela est conséquent : mais *De ce que l'exercice rend d'ordinaire le corps robuste, il ne s'ensuit pas que quiconque est robuste ait pris de l'exercice, ni que quiconque a pris de l'exercice soit robuste.*

De même, *De ce que le courage fait mépriser la mort, il ne s'ensuit pas que quiconque a méprisé la mort doive être réputé courageux;* et *De ce que le soleil cause des maux de tête, il ne s'ensuit pas que le soleil soit nuisible aux hommes.* Cette sorte d'arguments convient surtout au genre délibératif. *La vertu donne la gloire, il faut donc la cultiver; mais la volupté traîne après elle l'infamie, il faut donc la fuir.* C'est avec raison qu'on recommande de ne point remonter à des causes trop éloignées, à l'exemple de Médée : *Plût aux dieux que jamais, dans la forêt du Pélion...!* Comme si les malheurs et les crimes de Médée venaient de ce qu'on avait abattu des sapins dans cette forêt; ou, à l'exemple de Philoctète parlant à Pâris : *Si vous aviez su commander à vos passions, je ne serais pas dans cet état misérable.* En partant de si loin, on peut aller où l'on veut. Il me semblerait ridicule d'ajouter à ces arguments celui qu'on appelle *conjugué*, n'était Cicéron qui en fait usage. Par exemple, *Ceux qui font une chose juste agissent justement. Chacun a le droit de faire paître son troupeau dans des pâturages communs :* à coup sûr, ces propositions n'ont pas besoin de preuves. Tous ces arguments qu'on tire, soit des causes, soit des efficients, sont appelés par quelques rhéteurs grecs ἐκϐάσεις, c'est-à-dire *issues;* et en effet ils ne traitent que de ce qui résulte de chaque chose.

On appelle arguments d'*apposition* ou de *comparaison* ceux qui prouvent le *grand* par le *petit*, le *petit* par le *grand*, l'*égal* par l'*égal.* La conjecture se confirme par la comparaison du *grand* au *petit* : *Qui commet un sacrilège peut bien commettre un vol;* du petit au grand : *Qui ment*

---

sententia est pulchra, *Ego accusavi, vos damnastis* : est invicem consequens et quod ex diversis idem ostendit : ut, *qui mundum nasci dicit, per hoc ipsum et deficere significet, quia deficit omne, quod nascitur.* Simillima est his argumentatio, qua colligi solent *ex iis, quæ faciunt, ea, quæ efficiuntur,* aut contra, quod genus *a causis* vocant; hæc interim *necessario* fiunt, interim plerumque, sed *non necessario;* nam *corpus in lumine utique umbram facit, et umbra, ubicunque est, ibi esse corpus ostendit.* Alia sunt, ut dixi, *non necessaria,* vel utrinque, vel ex altera parte : *sol colorat; non utique, qui est coloratus, a sole est : iter pulverulentum facit; sed neque omne iter pulverem movet, nec quisquis est pulverulentus, ex itinere est.* Quæ utique fiunt, talia sunt, *Si sapientia bonum virum facit, bonus vir est utique sapiens;* ideoque, *Boni est honeste facere, mali turpiter; et, qui honeste faciunt, boni; qui turpiter, mali judicantur;* recte : at *exercitatio plerumque robustum, corpus facit; sed non, quisquis est robustus, exercitatus; nec, quisquis exercitatus, robustus est* : *Nec, quia fortitudo præstat, ne mortem timeamus, quisquis mortem non timuerit, vir fortis erit existimandus* : *Nec, si capitis dolorem facit, inutilis hominibus sol est.* Et hæc ad hortativum maxime genus pertinent, *Virtus facit laudem, sequenda igitur; at voluptas infamiam, fugienda igitur.* Recte autem monemur causas non utique ab ultimo esse repetendas; ut Medea, *Utinam ne in nemore Pelio;* quasi vero id eam fecerit miseram, aut nocentem, quod illic ceciderit *abiegna ad terram trabes;* et Philocteta Paridi, *Si imperasses tibi, ego nunc non essem miser;* quo modo pervenire quolibet, retro causas legentibus, licet. His illud, adjicere ridiculum putarem, nisi eo Cicero uteretur, quod *conjugatum* vocant : ut, *Eos, qui rem justam faciant, juste facere,* quod certe non eget probatione, *Quod compascuum est, compascere licere.* Quidam hæc, quæ vel ex causis vel ex efficientibus diximus, alieno nomine vocant ἐκϐάσεις, id est *exitus;* nam nec hic aliud tractatur, quam quid ex quoque eveniat; *apposita* vel *comparativa* dicuntur, quæ majora ex minoribus, minora ex majoribus, paria ex paribus probant. Confirmatur *conjectura* ex majore, *Si quis sacrilegium facit, faciet et furtum;* ex minore, *Qui facile ac palam mentitur, pejerabit;* ex pari, *Qui ob rem judicandam pecuniam accepit, et ob dicendum falsum testimonium accipiet.* Juris confirmatio est ejusmodi : ex majore, *Si adulterum occidere licet, et loris*

12.

sans peine et publiquement pourra bien se parjurer; d'égal à égal : *Qui a reçu de l'argent pour juger injustement pourra bien en recevoir pour porter un faux témoignage.* Le droit se confirme de la même manière : *S'il est permis de tuer un adultère, à plus forte raison est-il permis de lui donner les étrivières.* — *S'il est permis de tuer un voleur de nuit, n'a-t-on pas le même droit contre un brigand armé?* — *Si la peine que la loi prononce contre celui qui tue son père est juste, elle l'est également contre celui qui tue sa mère.* Ces arguments sont surtout d'usage dans les causes où l'on procède par syllogisme. Ceux-ci appartiennent plus particulièrement à la définition ou à la qualité : *Si la force est avantageuse au corps, la santé ne l'est pas moins.* — *Si le vol est un crime, le sacrilège en est un plus grand encore.* — *Si l'abstinence est une vertu, la continence en est une aussi.* — *Si le monde est régi par une providence, la république a besoin d'être administrée.* — *Si une maison ne peut être bâtie sans le secours de l'art, que doit-on penser de la navigation et de la guerre?* Je ne diviserais pas en espèces ce genre d'arguments; cependant on le divise. Ainsi on argumente de la *pluralité* à l'*unité*, et de l'*unité* à la *pluralité* (à quoi se rapporte : *Ce qui est arrivé une fois peut arriver plusieurs*); de la *partie* au *tout*, du *genre* à l'*espèce*, du *contenant* au *contenu*, du *difficile* au *facile*, de ce qui est *éloigné* à ce qui est *proche*, et réciproquement. Mais l'argumentation est toujours la même; car on raisonne toujours du *grand* au *petit*, du *petit* au *grand*, et d'*égal* à *égal*. Si on voulait descendre à toutes les espèces, la subdivision deviendrait impossible; car la comparaison n'a point de fin, puisqu'il y a aussi des choses *plus douces, plus agréables, plus nécessaires,* *plus honnêtes, plus utiles;* mais je m'arrête, de peur de tomber moi-même dans la prolixité, que je veux éviter. Entre autres exemples que l'on en pourrait donner, et dont le nombre est infini, j'en toucherai seulement quelques-uns. DU GRAND AU PETIT, oraison pour Cécinna : *S'étonnera-t-on que ce qui a pu émouvoir une armée ait ému des avocats?* DU FACILE AU DIFFICILE, oraison contre Clodius et Curion : *Voyez s'il vous était facile d'obtenir ce que n'a pas obtenu celui qui, de votre aveu, devait l'emporter sur vous!* DU DIFFICILE AU FACILE : *Remarquez, je vous prie, Tubéron, que, si je ne fais pas difficulté d'avouer mon crime, il m'est bien plus facile d'avouer celui de Ligarius;* et, au même endroit : *Ligarius n'a-t-il pas tout sujet d'espérer, César, quand il voit que je suis bien reçu à vous demander grâce pour autrui?* DU PETIT AU GRAND, oraison pour Cécinna : *Quoi donc? de savoir qu'il y avait là des gens armés, c'est une preuve de violence pour vous; et de tomber entre leurs mains, ce n'en sera pas une pour nous?*

En résumé donc, les arguments se tirent des *personnes*, des *motifs*, des *lieux*, du *temps* (qui a précédé, qui a accompagné, qui a suivi), des *facilités*, auxquelles nous avons joint l'*instrument*, du *mode*, c'est-à-dire la manière dont une chose s'est faite, de la *définition*, du *genre*, de l'*espèce*, des *différences*, des *propriétés*, de la *réfutation des parties énumérées*, de la *division*, du *commencement*, du *progrès*, de la *fin*, des *semblables*, des *dissemblables*, des *contraires*, des *conséquents*, des *efficients*, des *effets*, des *issues*, des *conjugués*, et de la *comparaison*, que l'on divise en plusieurs espèces. Il me semble qu'il faut encore ajouter à tout cela qu'on argumente non-seulement sur des choses avouées,

---

cædere; ex minore, *Si furem nocturnum occidere licet, quid latronem?* ex pari, *Quæ pœna adversus interfectorem patris justa est, eadem ex eo adversus matris;* quorum omnium tractatus versatur in syllogismis. Illa magis finitionibus aut qualitatibus prosunt, *Si robur corporibus bonum non est, minus sanitas. Si furtum scelus, magis sacrilegium. Si abstinentia virtus, et continentia; Si mundus providentia regitur, administranda est respublica : Si domus ædificari sine ratione non potest, quid si agenda navalium cura, et armorum?* Ac mihi quidem sufficeret hoc genus, sed in species secatur; nam *ex pluribus ad unum*, et *ex uno ad plura* (unde est, *Quod semel, et sæpius*) et *ex parte ad totum*, et *ex genere ad speciem*, et *ex eo quod continet, ad id quod continetur*, aut *ex difficilioribus ad faciliora*, et *ex longe positis ad propiora*, et ad omnia, quæ contra hæc sunt; eadem ratione argumenta ducuntur. Sunt enim et hæc majora et minora, aut certe vim similem obtinent; quæ si persequamur, nullus erit ea concidendi modus; infinita est enim rerum comparatio, *jucundiora, gratiora, magis necessaria, honestiora, utiliora;* sed mittamus plura, ne in eam ipsam, quam vito, loquacitatem incidam. Exemplorum quoque ad hæc infinitus est numerus, sed paucissima attingam. Ex majore : pro Ceciana, *Quod exercitus armatos movet, id advocationem non videbitur movisse?* Ex faciliore, in Clodium et Curionem, *Ac vide an facile fieri tu potueris, quum is factus non sit, cui tu concessisti.* Ex difficiliore, *Vide quæso, Tubero, ut, qui de meo facto non dubitem, de Ligarii audeam, dicere;* et ibi, *An sperandi Ligario causa non sit, quum mihi apud te locus sit etiam pro altero deprecandi?* Ex minore, pro Cecinna, *Itane scire eos armatos sat est, ut vim factam probes; in manus eorum incidere non est satis?* Ergo, ut breviter contraham summam, ducuntur argumenta a *personis, causis, locis, tempore* (cujus tres partes diximus, *præcedens, conjunctum, insequens*), *facultatibus* (quibus *instrumentum* subjecimus), *modo* (id est, ut quidque sit factum), *finitione, genere, specie, differentibus, propriis, remotione, divisione, initio, incrementis, summa, similibus, dissimilibus, pugnantibus, consequentibus, efficientibus, effectis, eventis, jugatis, comparatione*, quæ in plures diducitur species. Illud adjiciendum videtur, duci argumenta, non a confessis tantum, sed etiam a fictione, quod

mais aussi sur des fictions, ou, comme disent les Grecs, sur des *hypothèses*; et, comme la fiction peut avoir autant d'espèces que la vérité, les lieux des arguments sont les mêmes pour l'une et pour l'autre. Car j'entends ici par feindre, émettre une proposition qui, si elle était vraie, ou résoudrait la question, ou aiderait à la résoudre; puis, montrer la conformité qui existe entre le point dont il s'agit et le point supposé. Pour me faire comprendre plus facilement des jeunes gens qui n'ont pas encore quitté les bancs, je me servirai d'exemples en usage dans les écoles. La loi porte: *Quiconque refusera des aliments à son père et à sa mère, qu'il soit mis aux fers.* Un homme en refuse, et ne veut pas néanmoins subir la peine. Que dira-t-il pour sa défense? il a recours à cette hypothèse: *Si j'étais soldat, si j'étais enfant, si j'étais absent pour le service de la république...?* — *Quiconque s'est distingué à la guerre par quelque action de bravoure, a, selon nos lois, la faculté de choisir une récompense; mais, s'il demande la tyrannie, ou la destruction des temples...?* Cette sorte d'arguments est d'une grande force contre la lettre de la loi. Cicéron s'en sert dans la défense de Cécinna, au sujet de l'édit qui commence par ces mots: *D'où vos esclaves, ou votre intendant, ou vous..., si c'était votre fermier seul qui m'eût chassé, etc.; cependant si vous n'avez pas d'autres esclaves que celui qui m'a chassé.* Ce n'est pas la seule hypothèse qu'on trouve dans le même plaidoyer. Les hypothèses ne sont pas moins utiles dans les questions de qualité: *Si Catilina pouvait juger de cette affaire avec ce conseil de scélérats qui l'a suivi, Catilina condamnerait L. Muréna.* Enfin, on en fait usage pour amplifier: *Si cela vous était arrivé à table, dans une de vos orgies et dans la fureur du vin..., etc.* — *Si la république pouvait parler.*

Tels sont à peu près tous les lieux d'où l'orateur tire ses preuves, et dont il est parlé dans les livres de rhétorique. D'un côté, les enseigner en général ne suffit pas, chaque lieu étant un fonds inépuisable d'arguments; d'un autre côté, la nature des choses ne permet pas d'en détailler toutes les espèces, et ceux qui l'ont tenté sont tombés dans le double inconvénient d'en dire trop et de ne pas tout dire. Aussi, la plupart des orateurs, une fois engagés dans ces filets inextricables, perdent toute liberté d'esprit; enchaînés par des règles inflexibles, et les yeux fixés sur le maître, ils cessent de suivre la nature, qui doit être en tout notre guide. En effet, comme il ne suffit pas de savoir que toutes les preuves se tirent des *personnes* ou des *choses*, puisque ces deux chefs se divisent en une infinité d'autres, de même il ne suffit pas de savoir que les arguments se tirent de ce qui précède, de ce qui accompagne et de ce qui suit, pour trouver immédiatement dans ces circonstances les arguments qui conviennent à chaque cause, d'autant plus que la plupart des preuves sont essentiellement inhérentes à la nature d'une cause, et n'ont rien de commun avec aucune autre, et que ces preuves, outre qu'elles sont les plus puissantes, sont celles qui se présentent le moins d'elles-mêmes, par la raison que ce qui est commun à toutes les causes, ce sont les préceptes qui nous l'apprennent, et que ce qui est propre à chacune, c'est à nous de le trouver. J'appellerai volontiers ce dernier genre, un genre d'arguments tirés de la *circonstance*; car on ne peut rendre autrement le mot grec περίστασις, ou arguments tirés de ce qui est propre à chaque chose. Ainsi, dans l'affaire de ce prêtre

---

Græci κατ' ὑπόθεσιν vocant; et quidem ex omnibus iisdem locis, quibus superiora, quia totidem species esse possunt fictæ, quot veræ. Nam *fingere* hoc loco est proponere aliquid, quod, si verum sit, aut solvat quæstionem, aut adjuvet; deinde id, de quo quæritur, facere illi simile; id quo facilius accipiant juvenes nondum scholam egressi, primo familiaribus magis ei ætati exemplis ostendam. Lex: *Qui parentes non aluerit, vinciatur;* non alit aliquis, et vincula nihilominus recusat: utitur fictione, *Si miles, si infans sit, si reipublicæ causa absit;* et illa contra optionem fortium, *Si tyrannidem petas, si templorum eversionem.* Plurimum ea res virium habet contra scriptum. Utitur his Cicero pro Cecinna, UNDE TU, AUT FAMILIA, AUT PROCURATOR TUUS: *Si me villicus tuus solus dejecisset; si vero ne habeas quidem servum præter eum, qui me dejecerit,* et alia in eodem libro plurima. Verum eadem fictio valet et ad qualitates, *Si Catilina cum suo concilio nefariorum hominum, quos secum eduxit, hac de re posset judicare,* condemnaret L. Murenam; et ad amplificationem, *Si hoc tibi inter cænam in illis immanibus poculis tuis accidisset;* sic et, *Si respublica vocem haberet.* Has fere sedes accepimus probationum in universum, quas neque generatim tradere sat est, quum ex qualibet earum innumerabilis argumentorum copia oriatur; neque per singulas species exsequi patitur natura rerum, quod qui sunt facere conati, duo pariter subierunt incommoda, ut et nimium dicerent, nec tamen totum. Unde plurimi, quum in hos inexplicabiles laqueos inciderunt, omnem, etiam quem ex ingenio suo poterant habere, conatum, velut adstricti certis legum vinculis, perdiderunt; et, magistrum respicientes, naturam ducem sequi desierunt. Nam, ut per se non sufficiat scire, omnes probationes *aut a personis, aut a rebus* peti, quia utrumque in plura dividitur; ita *ex antecedentibus, et junctis, et sequentibus* trahenda esse argumenta qui acceperit, num protinus in hoc sit instructus, ut, quid in quaque causa ducendum sit ex his, sciat? præsertim, quum plurimæ probationes in ipso causarum complexu reperiantur, ita ut sint cum alia lis nulla communes, eæque sint et potentissimæ, et minime obviæ, quia communia ex præceptis accepimus, propria invenienda sunt. Hoc genus argumentorum sane dicamus *ex circumstantia*, quia περίστασιν dicere aliter non possumus, vel ex iis, quæ cujusque causæ propria sunt; ut in illo adultero sacerdote, qui lege, qua unius servandi

adultère qui voulait se sauver en vertu de la loi qui lui permettait de sauver un criminel, l'argument propre à la cause est celui-ci : *En vous sauvant, vous sauvez plus d'un coupable, puisqu'il faudrait en même temps accorder la vie à la femme adultère*. En effet, cet argument se tire de la loi qui défend de faire mourir une femme adultère sans son complice. Autre exemple : la loi autorisait les banquiers à ne *payer* que la *moitié* de ce qu'ils devaient, et à exiger *tout ce qui leur était dû*. Un banquier redemande à un autre banquier tout ce que celui-ci lui doit. L'argument propre à la cause est celui ci : Il est expressément écrit dans la loi que les banquiers peuvent exiger tout ce qui leur est dû; et en effet ils n'avaient pas besoin de loi à l'égard des autres, puisqu'il n'est personne qui ne soit en droit d'exiger tout ce qui lui est dû, excepté des banquiers. Voilà comme il se présente des considérations nouvelles et singulières dans tous les genres de causes, mais principalement dans ces questions qui roulent sur la lettre d'un écrit, parce qu'il y a souvent ambiguïté dans les mots et plus encore dans les phrases. Et ces considérations varient nécessairement en raison de la complication des lois ou des écrits qu'on produit pour et contre, attendu qu'un fait met sur la voie d'un autre fait, ou un point de droit sur la voie d'un autre point de droit : *Je ne vous devais rien, vous ne m'avez jamais cité en justice; ce ne sont point les intérêts d'un prêt que vous avez reçus de moi, je n'ai fait que vous prêter ce que vous étiez venu me demander*. Une loi porte : *Quiconque n'aura point assisté son père accusé de trahison, qu'il soit déshérité*. Est-ce à dire que le fils qui n'a point assisté son père doive être déshérité? Non, *à moins que le père n'ait été renvoyé absous*. D'où induit-on cette conséquence? d'une autre loi qui veut que *Quiconque a été condamné pour trahison soit exilé avec son avocat*. Cicéron, dans l'oraison pour Cluentius, dit que Publius Popilius et Tibérius Gutta n'ont point été condamnés *pour avoir corrompu leurs juges, mais pour s'être rendus coupables de brigues*. Comment confirme-t-il cette assertion? En ajoutant que *leurs accusateurs, qui eux-mêmes avaient été condamnés pour brigues, furent réhabilités, en vertu de la loi, comme ayant prouvé leur accusation*.

Mais ce n'est pas tout que de prouver sa proposition; il ne faut pas moins prendre garde à ce que l'on propose. C'est en cela que consiste entièrement la vertu de l'invention, sinon la plus importante, au moins la première; car, de même que des traits sont inutiles à qui ne sait où il doit frapper, de même les arguments sont inutiles à qui n'en a pas prévu l'application : voilà ce que l'art n'enseigne pas. Aussi plusieurs orateurs, qui auront étudié les mêmes préceptes, se serviront, il est vrai, d'arguments du même genre, mais l'un saura mieux que l'autre en tirer parti en les multipliant. Prenons pour exemple une cause dont les questions sont d'un ordre tout à fait à part : *Après avoir ruiné la ville de Thèbes, Alexandre trouva un titre constatant que les Thébains avaient prêté cent talents aux Thessaliens; et, comme les Thessaliens l'avaient assisté dans le siège de Thèbes, il leur fit remise de ce titre. Plus tard, ayant été rétablis par Cassandre, les Thébains redemandent les cent talents aux Thessaliens*. La cause se plaide devant les amphictyons. *Il est constant que les Thébains ont prêté cent talents, et qu'ils n'en ont point été remboursés*. Tout le procès roule sur ce point,

---

potestatem habebat, se ipse servare voluit, proprium controversiæ est dicere, *Non unum nocentem servabas, quia, te dimisso, adulteram occidere non licebat*. Hoc enim argumentum lex facit, quæ prohibet adulteram sine adultero occidere. Et illa, in qua lex est, *ut argentarii dimidium ex eo, quod debebant, solverent; creditum suum totum exigerent*. Argentarius ab argentario solidum petit; proprium ex materia est argumentum creditoris, idcirco adjectum esse in lege, *ut argentarius totum exigeret*; adversus alios enim non opus fuisse lege, quum omnes præterquam ab argentariis totum exigendi jus haberent. Quum multa autem novantur in omni genere materiæ, tum præcipue in iis quæstionibus, quæ scripto constant, quia vocum et in singulis ambiguitas frequens et adhuc in conjunctis magis. Et hæc ipsa plurium legum aliorumve scriptorum, vel congruentium, vel repugnantium complexu varientur necesse est; quum res rei, aut jus juris quasi signum est. *Non debui tibi pecuniam, nunquam me appellasti; usuram non accepisti, ultro a me mutuatus es*. Lex est, *qui patri proditionis reo non affuerit, exheres sit*. Negat; *nisi si pater absolutus sit*. Quid signi? Lex altera, *Proditionis damnatus cum advocato exsulet*. Cicero pro Cluentio Publium Popilium et Tiberium Guttam dicit, *non judicii corrupti, sed ambitus esse damnatos*. Quid signi? *quod accusatores eorum, qui erant ipsi ambitus damnati, e lege sint post hanc victoriam restituti*. Nec minus in hoc curæ debet adhiberi, quid proponendum; quam, quomodo sit, quod proposueris, probandum : hic omnino vis inventionis, si non major, certe prior; nam ut tela supervacua sunt nescienti, quid petat; sic argumenta, nisi prævideris, cui rei adhibenda sint; hoc est, quod comprehendi arte non possit. Ideoque, quum plures eadem didicerint, generibus argumentorum similibus utentur; alius alio plura, quibus utatur, inveniet; sit exempli gratia proposita controversia, quæ communes minime cum aliis quæstiones habet : *quum Thebas evertisset Alexander, invenit tabulas, quibus, centum talenta mutua Thessalis dedisse Thebanos, continebatur; has, quia erat usus commilitio Thessalorum, donavit his ultro; postea restituti a Cassandro Thebani reposcunt Thessalos*. Apud Amphictyonas agitur. *Centum talenta et credidisse eos constat, et non recepisse*. Lis omnis ex eo, quod Alexander ea Thessalis donasse dicitur, pendet; constat illud quoque, *non esse*

qu'Alexandre en a fait don aux Thessaliens. Il est constant aussi qu'Alexandre ne leur a point donné d'argent. Il s'agit donc de savoir si ce qu'il a fait est la même chose que s'il leur eût donné de l'argent. A quoi me serviront les lieux d'arguments, si je ne considère préalablement que *la donation faite par Alexandre est nulle, qu'il n'a pu la faire, qu'il ne l'a point faite?* Et d'abord les Thébains invoquent le droit contre la force, moyen de défense à la fois facile, et très-propre à leur concilier la faveur des juges : mais de là naît aussi la question sévère et farouche du droit de la guerre; car les Thessaliens ne manqueront pas de la faire valoir, et de dire que c'est ce droit qui maintient les royaumes, les peuples, les limites des nations et des villes. Il faut donc leur opposer quelque raison qui établisse que le titre, qui fait l'objet de la cause, diffère de ce qui tombe ordinairement au pouvoir du vainqueur. Et ici la difficulté n'est pas tant dans la preuve que dans la proposition. Nous dirons donc avant tout que, *dans ce qui peut être du ressort de la justice, le droit de la guerre est sans valeur; que ce qui a été ravi par les armes ne peut être retenu que par les armes; qu'où les armes dominent, il n'y a point de juge, et qu'où le juge préside, les armes perdent leurs droits.* Voilà ce qu'il faut trouver avant d'en venir aux arguments, à celui-ci, par exemple : *Les prisonniers de guerre qui parviennent à s'échapper et à retourner dans leur patrie redeviennent libres, parce que tout ce qui a été conquis par les armes ne peut se conserver que par les armes.* La cause a encore cela de propre, c'est qu'elle se plaide devant les Amphictyons. Or, dans la même affaire, autre chose est de plaider devant les centumvirs, autre chose de plaider devant un juge privé.

Quant au second chef, on dira qu'un vainqueur ne peut transmettre un droit, parce que *le droit est inhérent à celui qui le possède, parce que le droit est incorporel, et partant insaisissable.* Il était plus difficile de trouver cette proposition que de la confirmer après l'avoir trouvée, et de l'appuyer d'arguments semblables à celui-ci : *Autre est la condition d'un héritier, autre la condition d'un vainqueur : au premier, passe le droit; au second, la chose seulement.* La cause fournit encore le moyen suivant : *Une créance publique n'a pu passer au vainqueur, attendu que le prêt fait par un peuple est dû à tous; et, ne restât-il qu'un seul individu, cet individu, quel qu'il soit, devient créancier de la somme entière :* or, tous les Thébains ne sont pas tombés entre les mains d'Alexandre. Cette proposition se soutient sans l'appui de preuves extrinsèques, et a en soi une force propre et indépendante des arguments.

A l'égard du troisième chef, on le défendra d'abord par des propositions plus vulgaires, en disant que *le droit ne réside pas dans les pièces,* proposition très-facile à confirmer, et en mettant en doute *si Alexandre a eu l'intention d'honorer les Thessaliens, ou de les tromper.* En second lieu (et ce moyen, tiré du fond de la cause, donnera lieu à une controverse, pour ainsi dire, nouvelle), on alléguera qu'*en admettant que les Thébains eussent perdu leur droit, ils l'ont recouvré par suite de leur rétablissement.* Ici on examinera quelle a été l'intention de Cassandre; mais ce qu'il importe surtout de ne pas perdre de vue, c'est que la cause se plaide devant les Amphictyons, et qu'en parlant au nom de l'équité, il y a tout à attendre des juges.

Au reste, je n'entends pas dire que la connaissance de ces lieux, d'où se tirent les arguments,

---

his ab Alexandro pecuniam datam : quæritur ergo, *an perinde sit, quod datum est, ac si pecuniam dederit?* Quid proderunt argumentorum loci, nisi hæc prius videro, *nihil eum egisse donando, non potuisse donare, non donasse?* Et prima quidem actio facilis ac favorabilis repetentium jure, quod vi sit ablatum ; sed hinc vehemens quæstio et aspera exoritur de jure belli, dicentibus Thessalis, hoc regna, populos, fines gentium atque urbium contineri. Inveniendum contra est, quo distet hæc causa a cæteris, quæ in potestatem victoris veniunt; nec circa probationem res hæret, sed circa propositionem. Dicamus imprimis, *In eo, quod in judicium deduci potest, nihil valere jus belli; nec armis erepta, nisi armis posse retineri : itaque, ubi illa valeant, non esse judicem; ubi judex sit, illa nihil valere.* Hoc inveniendum est, ut adhiberi possit argumentum, *Ideo captivos, si in patriam suam redierint, liberos esse, quia bello parta non nisi eadem vi possideantur.* Proprium est et illud causæ, quod Amphictyones judicant, ut alia apud centumviros, alia apud privatum judicem in iisdem quæstionibus ratio. Tum secundo gradu, non potuisse donari a

victore jus, *quia id demum sit ejus, quod teneat; jus, quod sit incorporale, apprehendi manu non posse.* Hoc reperire difficilius, quam, quum inveneris, argumentis adjuvare, *ut alia sit conditio heredis, alia victoris, quia ad illum jus, ad hunc res transeat.* Proprium deinde materiæ, *jus publici crediti transire ad victorem non potuisse, quia, quod populus crediderit, omnibus debeatur; et, quamdiu quilibet unus superfuerit, esse eum totius summæ creditorem; Thebanos autem non omnes in Alexandri manu fuisse.* Hoc non extrinsecus probatur, quæ vis est argumenti, sed ipsum per se valet; tertii loci pars prior magis vulgaris, *non in tabulis esse jus;* itaque multis argumentis defendi potest; mens quoque Alexandri duci debet in dubium, *honoraritne eos, an deceperit.* Illud jam rursus proprium materiæ, et velut novæ controversiæ, *quod restitutione recepisse jus, etiamsi quod amiscrint, Thebani videntur.* Hic et, quid Cassander velit, quæritur; sed vel potentissima apud Amphictyonas æqui tractatio est. Hæc non idcirco dico, quod inutiles horum locorum, ex quibus argumenta ducuntur, cognitionem putem, alioqui nec tradidissem; sed ne se,

soit inutile ; autrement, je me serais dispensé d'en parler : mais je veux seulement que ceux qui connaîtront ces lieux ne se croient pas tout d'abord, et sans autres conditions, des orateurs parfaits et consommés ; je veux qu'ils sachent que, s'ils n'ont étudié soigneusement les autres parties, dont je traiterai tout à l'heure, ils n'auront acquis qu'une science, pour ainsi dire, muette. Ce n'est point aux traités de rhétorique qu'on doit l'invention des arguments, ils ont tous été connus avant les règles : la rhétorique n'est qu'un recueil d'observations faites sur ce qui existait déjà ; et la preuve, c'est que les rhéteurs ne se servent que d'exemples, plus vieux que leurs traités, et empruntés aux orateurs, sans rien dire de nouveau, et qui n'ait été pratiqué avant eux. Les véritables auteurs de l'art sont donc les orateurs ; mais nous devons pourtant quelque reconnaissance à ceux qui nous ont aplani les difficultés ; car toutes les vérités que, grâce à leur génie, les orateurs ont découvertes une à une, les rhéteurs nous ont épargné la peine de les chercher, et les ont rassemblées sous nos yeux. Mais cela ne suffit pas plus, qu'il ne suffit, pour être athlète, d'avoir appris la gymnastique, si l'on n'y joint l'exercice, la continence, une forte nourriture, et si, par-dessus tout, la nature ne seconde tout cela ; comme aussi toutes ces conditions sont insuffisantes sans le secours de l'art.

Ceux qui se livrent à l'étude de l'éloquence doivent encore observer que chaque cause ne comporte pas tous les arguments dont j'ai parlé dans ce chapitre, et qu'il ne faut pas se faire une loi de passer en revue, les uns après les autres, tous les lieux que j'ai indiqués, en frappant, pour ainsi dire, à la porte, pour voir si, par hasard, ils ne répondraient pas au besoin de la question qu'il s'agit de prouver. Cela est bon quand on commence et qu'on manque encore d'expérience ; mais, hors de là, l'orateur se condamnerait à tâtonner autour de lui sans avancer, s'il se croyait obligé de s'arrêter autour de chaque argument, et d'en sonder la convenance et la propriété. Je ne sais même s'il ne vaudrait pas mieux les négliger tout à fait, à moins que, grâce à une grande promptitude d'esprit, due à la nature et à l'étude, on n'aperçoive d'un coup d'œil chacun de ceux qui conviennent à la cause. Ainsi, la voix gagne beaucoup à être accompagnée d'un instrument ; cependant, si la main est lente, si, avant de tirer un son, elle est obligée d'interroger chaque corde l'une après l'autre, la voix seule et sans accompagnement sera préférable. Il en est de même des règles de l'art oratoire : elles doivent être à l'éloquence ce que la lyre est à la voix, c'est-à-dire, l'accompagner et la soutenir. Mais ce n'est qu'à force d'exercice que, comme ces musiciens habiles qui, sans regarder l'instrument, et par la seule force de l'habitude, trouvent tous les tons qu'ils veulent, l'orateur parviendra à se reconnaître au milieu de cette foule d'arguments de toute espèce, qui même, loin de retarder sa marche, se présenteront d'eux-mêmes à lui, l'accompagneront, le suivront, comme les lettres et les syllabes sous la plume de celui qui écrit.

Ch. XI. Le troisième genre de preuves extrinsèques est appelé par les Grecs παράδειγμα, et ce nom leur sert à désigner à la fois tout ce qui est fondé et sur la comparaison des semblables, et sur l'autorité des faits historiques. La plupart de nos rhéteurs ont mieux aimé distinguer ces deux gen-

---

qui cognoverint ista, si cætera negligant, perfectos protinus atque consummatos putent ; et, nisi in cæteris, quæ mox præcipienda sunt, elaboraverint, mutam quamdam scientiam conseculos intelligant. Neque enim artibus editis factum est, ut argumenta inveniremus ; sed dicta sunt omnia, antequam præciperentur : mox ea scriptores observata et collecta ediderunt ; cujus rei probatio est, quod exemplis eorum veteribus utuntur, de arte oratoribus illa repetunt, ipsi nullum novum, et, quod non sit dictum, inveniunt. Artifices ergo illi, qui dixerunt ; sed habenda his quoque gratia est, per quos labor nobis est detractus ; nam, quæ priores beneficio ingenii singula invenerint, nobis et non sunt requirenda, et nota omnia ; sed non magis hoc sat est, quam palæstram didicisse, nisi corpus exercitatione, continentia, cibis, ante omnia natura juvatur, sicut contra ne illa quidem satis sine arte profuerint. Illud quoque studiosi eloquentiæ cogitent, neque omnibus in causis, quæ demonstravimus, cuncta posse reperiri ; neque, quum proposita fuerit materia dicendi, scrutanda singula, et velut ostiatim pulsanda, ut sciant, an ad probandum id, quod intendimus, forte respondeant ; nisi quum discunt, et adhuc usu carent. Infinitam enim faciat ipsa res dicendi tarditatem, si semper necesse sit, ut, tentantes unumquodque eorum, quod sit aptum atque conveniens, experiendo noscamus : nescio, an etiam impedimento futura sint, nisi et animi quædam ingenita natura, et studio exercitata velocitas, recta nos ad ea, quæ conveniunt causæ, ferant. Nam, ut cantus vocis plurimum juvat sociata nervorum concordia, si tamen tardior manus, nisi inspectis demensisque singulis, quibus quæque vox fidibus jungenda sit, dubitet, potius fuerit esse contentum eo, quod simplex canendi natura tulerit ; ita hujusmodi præceptis debet quidem aptata esse, et citharæ modo intenta ratio doctrinæ ; sed hoc exercitatione multa consequendum, ut, quemadmodum illorum artificum, etiamsi alio spectent, manus tamen ipsa consuetudine ad graves, acutos, mediosque horum sonos fertur, sic oratoris cogitationem nihil moretur hæc varietas argumentorum et copia, sed quasi offerat se, et occurrat ; et, ut litteræ syllabæque scribentium cogitationem non exigunt, sic rationes sponte quadam sequantur.

Cap. XI. Tertium genus ex iis, quæ extrinsecus adducuntur in causam, Græci vocant παράδειγμα ; quo nomine et generaliter usi sunt in omni similium appositione, et specialiter in iis, quæ rerum gestarum auctoritate nituntur, nostri fere *similitudinem* vocare maluerunt ; quod ab illis

res de comparaison, appelant le premier *similitude* (παραβολὴ), et le second, *exemple* : quoique, à vrai dire, l'exemple tienne de la similitude, et la similitude de l'exemple. Pour moi, afin d'être plus clair, je comprendrai les deux genres sous le nom d'*exemple*, παράδειγμα, et je ne crains pas qu'on m'accuse de me mettre en contradiction avec Cicéron, qui distingue l'*exemple* de la *comparaison*; car le même auteur divise toute argumentation en deux parties, l'*induction* et le *raisonnement*, comme font la plupart des rhéteurs grecs, qui divisent aussi toute argumentation en *paradigmes* et en *épichérèmes*, et qui ajoutent que le *paradigme* est l'*induction de la rhétorique*. En effet, la manière d'argumenter dont Socrate se servait ordinairement est proprement l'induction. Il interrogeait son interlocuteur sur plusieurs choses, dont celui-ci était obligé de convenir, et il finissait par tirer de toutes ces concessions une conséquence qui confirmait le point controversé. Cela ne peut se pratiquer dans l'oraison ; mais ce qui est là posé comme question est ici posé comme principe, puisque, dans un dialogue, ce qui est posé comme question est ordinairement suivi d'une réponse affirmative. Supposons, par exemple, la question suivante : *Quel est le fruit le plus noble ? N'est-ce pas celui qui est le meilleur ?* la conclusion ne sera pas contestée. — *Et, parmi les chevaux, quel est le plus noble ? N'est-ce pas celui qui est le meilleur ?* On l'accordera de même. Après mainte question analogue, on arrive à celle en vue de laquelle toutes les autres ont été faites : *Et, parmi les hommes, quel est le plus noble ? N'est-ce pas aussi celui qui est le meilleur ?* De quoi l'interlocuteur sera obligé de convenir. Ce procédé est très-bon quand on interroge des témoins ; mais dans un discours suivi la forme est moins dubitative, parce que l'orateur se répond à lui-même : *Quel est le fruit le plus noble ? celui, sans doute, qui est le meilleur. Quel est le cheval le plus noble ? certainement celui qui est le plus léger à la course. Ainsi de l'homme : c'est la vertu, et non l'éclat de la naissance, qui fait sa véritable noblesse.* Or, tous les exemples de ce genre sont nécessairement ou semblables, ou dissemblables, ou contraires. La similitude n'est quelquefois employée que pour servir d'ornement au discours : mais j'en parlerai en son lieu ; quant à présent, je m'occuperai seulement de celle qui sert de preuve.

Entre les preuves dont il est question dans ce chapitre, la plus efficace est celle que j'appelle proprement *exemple*, et que je définis : une citation d'un fait historique ou communément reçu, qui sert à confirmer ce que l'on a avancé. Aussi faut-il considérer si ce fait est entièrement semblable, ou s'il ne l'est qu'en partie, afin de l'emprunter tout entier, ou de n'en prendre que ce qui est utile. *Saturninus a été tué justement, comme les Gracques :* l'exemple est semblable. *Brutus fit mourir ses enfants, parce qu'ils avaient conspiré contre la patrie ; Manlius punit de mort le courage de son fils :* l'exemple est dissemblable. *Ces tableaux, ces statues que Marcellus rendait à des ennemis, Verrès les enlevait à des alliés :* l'exemple est contraire. Voilà pour le genre judiciaire. Dans le genre démonstratif, les exemples dont on se sert pour louer ou blâmer sont aussi de trois sortes. Dans le genre délibératif, qui regarde l'avenir, rien ne persuade tant que de citer des exemples semblables, comme si je dis que *Denis demande des gardes, non pour la sûreté de sa personne, mais*

παραβολὴ dicitur ; hoc alterum, *exemplum* ; quamquam et hoc, simile est ; et illud, exemplum. Nos, quo facilius propositum explicemus, utrumque παράδειγμα esse credamus, et ipsi appellemus *exemplum* : nec vereor, ne videar repugnare Ciceroni, quamquam *collationem* separat ab *exemplo* ; nam idem omnem argumentationem dividit in duas partes, *inductionem* et *ratiocinationem*, ut plerique Græcorum in παραδείγματα et ἐπιχειρήματα ; dieruntque παράδειγμα, ῥητορικὴν ἐπαγωγήν. Nam illa, qua plurimum est Socrates usus, hanc habuit viam ; quum plura interrogasset, quæ fateri adversario necesse esset, novissime id, de quo quærebatur, inferebat, cui simile concessisset, id est *inductio* ; hoc in oratione fieri non potest ; sed, quod illic interrogatur, hic fere sumitur. Illa interrogatio talis, *Quod est pomum generosissimum ? nonne, quod optimum ?* concedetur. *Quid equus ? qui generosissimus ? nonne, qui optimus ?* et plura in eundem modum ; deinde, cujus rei gratia rogatum est, *Quid homo ? nonne is generosissimus, qui optimus ?* fatendum erit. Hoc in testium interrogatione valet plurimum, in oratione perpetua dissimile est : etenim sibi ipse respondet orator : *Quod pomum generosissimum ? puto, quod optimum ; et equus ? qui velocissimus ; ita hominum, non qui claritate nascendi, sed qui virtute maxime excellet.* Omnia igitur ex hoc genere sumpta, necesse est aut similia esse, aut dissimilia, aut contraria : similitudo assumitur interim et ad orationis ornatum ; sed illa, quum res exiget, nunc ea, quæ ad probationem pertinent, exsequar. Potentissimum autem est inter ea, quæ sunt hujus generis, quod proprie vocamus *Exemplum*, id est rei gestæ, aut ut gestæ, utilis ad persuadendum id, quod intenderis, commemoratio ; intuendum igitur, totum simile sit, an ex parte ; ut aut omnia ex eo sumamus, aut quæ utilia erunt : simile est, *Jure occisus est Saturninus, sicut Gracchi.* Dissimile, *Brutus occidit liberos proditionem molientes ; Manlius virtutem filii morte mulctavit.* Contrarium, *Marcellus ornamenta Syracusanis hostibus restituit ; Verres eadem sociis abstulit.* Et probandorum et culpandorum ex his confirmatio eosdem gradus habet. Etiam in iis, quæ futura dicemus, utilis similium admonitio ; ut, si quis dicens, *Dionysium idcirco petere custodes salutis suæ, ut, eorum adjutus armis, tyrannidem occupet,* hoc referat exemplum, *eadem ratione Pisistratum ad dominationem per-*

pour s'en servir à mettre son peuple sous le joug de la tyrannie, et que j'allègue que Pisistrate, par le même moyen, usurpa la suprême puissance. Mais de même qu'il y a des exemples entièrement semblables, comme le dernier que je viens de citer, il y en a aussi d'autres à l'aide desquels on argumente du plus au moins, et du moins au plus; tels sont les suivants : *Si la profanation des mariages a causé la ruine de villes entières, quel châtiment ne mérite pas un adultère?* — *Des joueurs de flûte, qui s'étaient retirés de Rome, y furent rappelés par un décret du sénat; à combien plus forte raison doit-on rappeler de grands citoyens qui avaient bien mérité de la république, et que le malheur des temps avait forcés de s'exiler?* Les exemples inégaux sont très-utiles pour exhorter. Le courage est plus admirable dans une femme que dans un homme. Si donc on veut exhorter un homme à faire une action courageuse, l'exemple d'Horace ou de Torquatus sera moins puissant que celui de cette femme qui tua Pyrrhus de sa main ; et, pour se résoudre à mourir, il trouvera moins d'encouragement dans l'exemple de Caton et de Métellus Scipion, que dans celui de Lucrèce : ce qui appartient aux exemples à l'aide desquels on argumente du plus au moins.

Je vais donner une idée de chacun de ces différents exemples ; je les emprunterai à Cicéron, car où pourrais-je trouver un meilleur modèle ? Dans la défense de Muréna, il dit : *Ne m'est-il pas arrivé d'avoir pour compétiteurs deux patriciens, Catilina et Galba, connus l'un par son audace, l'autre par sa modération et sa vertu? et cependant je l'ai emporté en dignité sur Catilina, et en crédit sur Galba :* ici l'exemple est semblable. Dans la défense de Milon, je trouve deux exemples, l'un du plus au moins : *Nos ennemis prétendent que celui-là est indigne de voir la lumière, qui confesse avoir commis un meurtre : mais ces ignorants songent-ils bien dans quelle ville ils parlent? Dans Rome, où la première cause capitale qu'on ait vue est celle de ce courageux Horace, qui avait tué sa sœur, qui avouait le meurtre, et ne laissa pas néanmoins d'être absous dans l'assemblée du peuple, alors même que la liberté n'existait pas encore*; l'autre, du moins au plus : *J'ai tué, non un Spurius Mélius, qui, pour avoir dépensé tout son bien à faire des largesses au peuple, qu'il semblait vouloir corrompre, fut soupçonné d'aspirer à la royauté, etc.; mais un Clodius (car Milon ne craindrait pas de l'avouer, sachant qu'il a délivré par là sa patrie du plus grand des périls), mais un sacrilège, qui a porté l'adultère jusque sur les autels des dieux, etc.* L'exemple dissemblable a plusieurs sources. Il se tire du *genre*, du *mode*, du *temps*, du *lieu*, et autres circonstances à l'aide desquelles Cicéron détruit presque tous les préjugés qui semblaient s'élever contre Cluentius. Dans le même plaidoyer pour Cluentius, par un exemple des *contraires*, il blâme la conduite des censeurs, en louant Scipion l'Africain, qui, étant censeur lui-même, n'avait point dégradé un chevalier qui s'était parjuré dans les formes, quoiqu'il eût déclaré publiquement que ce chevalier s'était effectivement parjuré, promettant même de témoigner de ce fait, s'il était contesté; mais parce qu'il ne se présentait pas d'accusateur. Je ne rapporte pas ces derniers exemples dans les mêmes termes, pour éviter d'être long. Mais Virgile m'en fournit un du même genre, qui est très-court : *Cet Achille, dont tu te vantes faussement d'être fils, ne s'est point conduit ainsi envers Priam, son ennemi.* Quelquefois on raconte les faits tels

---

venisse. Sed, ut sunt exempla interim tota similia, ut hoc proximum ; sic interim ex majoribus ad minora, ex minoribus ad majora ducuntur. *Propter matrimonia violata urbes eversæ sunt ; quid fieri adultero par est? Tibicines, quum ab urbe discessissent, publice revocati sunt ; quanto magis principes civitatis viri, et bene de republica meriti, quam invidiæ cesserint, ab exsilio reducendi?* Ad exhortationem vero præcipue valent imparia : admirabilior in femina, quam in viro, virtus; quare, si ad fortiter faciendum accendatur aliquis, non tantum afferent momenti Horatius et Torquatus, quantum illa mulier, cujus manu Pyrrhus est interfectus; et ad moriendum non tam Cato et Scipio, quam Lucretia ; quod ipsum est ex majoribus ad minora. Singula igitur horum generum ex Cicerone, (nam unde potius?) exempla ponamus : simile est hoc pro Murena, *Etenim mihi ipsi accidit, ut cum duobus patriciis, altero improbissimo, altero modestissimo atque optimo viro, peterem; superavi tamen dignitate Catilinam, gratia Galbam.* Majus minoris, pro Milone, *Negant, intueri lucem esse fas ei, qui a se hominem occisum esse fateatur; in qua tandem urbe hoc homines stultissimi disputant? nempe in ea, quæ primum judicium de capite vidit M. Horatii fortissimi viri, qui, nondum libera civitate, tamen populi romani comitiis liberatus est, quum sua manu sororem esse interfectam fateretur :* minus majoris, *Occidi, non Spurium Mælium, qui annona levanda, jacturisque rei familiaris, quia nimis amplecti plebem videbatur, in suspicionem incidit regni affectandi, etc. Deinde, Sed eum, auderet enim dicere, quum patriam periculo liberasset, cujus nefandum adulterium in pulvinaribus, et totus in Clodium locus.* *Dissimile* plures causas habet ; fit enim genere, modo, tempore, loco, cæterisque, per quæ fere omnia Cicero præjudicia, quæ de Cluentio videbantur facta, subvertit; *contrario* vero exemplo censoriam notam, laudando censorem Africanum, qui eum, quem pejerasse conceptis verbis palam dixisset, testimonium etiam pollicitus, si quis contra diceret, nullo accusante, traducere equum passus esset; quæ, quia erant longiora, non suis verbis exposui. Breve autem apud Virgilium contrarii exemplum est,

At non ille, satum quo te mentiris, Achilles

qu'ils sont dans l'histoire, comme Cicéron, dans la défense de Milon : *Un tribun militaire de l'armée de Marius, et parent de ce général, voulait commettre un attentat infâme sur la personne d'un jeune soldat celui-ci : aimant mieux s'exposer au danger d'un jugement que de se laisser déshonorer, tua le tribun, qui lui faisait violence. Qu'arriva-t-il? Marius, ne considérant que l'honneur, renvoya le jeune homme impuni.* Tantôt on se contentera d'indiquer les faits, comme le même orateur dans le même plaidoyer : *S'il n'est pas permis de mettre à mort des scélérats, il faut condamner la conduite d'Hala Servilius, de P. Nasica, de L. Opimius, du sénat enfin, qui, sous mon consulat, ne les a pas épargnés.* On rapportera ces faits, selon qu'ils seront plus ou moins connus, ou selon que l'utilité ou la bienséance le demandera. On traitera de même les exemples tirés des poètes ; avec cette différence pourtant, qu'on les présentera d'une manière moins affirmative. Cicéron, qui est un grand maître en tout, nous montre encore la manière dont on doit s'en servir. On trouve un exemple de ce genre dans le même plaidoyer : *Aussi n'est-ce pas sans raison, juges, que de savants hommes nous racontent, dans d'ingénieuses fictions, qu'un fils ayant tué sa mère pour venger la mort de son père, et les hommes étant partagés sur ce fait, il fut absous non-seulement par une sentence divine, mais par la voix même de la déesse qui préside à la sagesse.* Ces fables qu'on appelle communément *Ésopéennes*, quoique Hésiode, plutôt qu'Ésope, me paraisse en être le premier inventeur, ont aussi quelque chose de très-persuasif, surtout auprès des personnes ignorantes et d'un esprit grossier, que leur simplicité porte à écouter volontiers des fictions, et qui, partant, se laissent entraîner sans peine à croire ce qui leur plaît. Ainsi Ménénius Agrippa réconcilia le peuple avec le sénat, par cette fable, que tout le monde sait, des membres du corps humain qui s'étaient révoltés contre l'estomac. Horace lui-même n'a pas dédaigné l'usage de ce genre fictif dans ses poésies : *Un renard rusé dit un jour à un lion malade, etc.* Ce que j'ai appelé *fable*, les Grecs l'appellent αἶνος, λόγος αἰσωπείος ou λιϐυκός; quelques-uns, parmi nous, ont proposé le mot *apologue;* mais ce mot n'est point communément reçu. Le proverbe, παροιμία, est un genre allégorique qui a beaucoup d'affinité avec la fable; seulement il est plus court, comme : *Ce n'est pas à nous, mais au bœuf, de porter le bât.*

Après l'*exemple*, l'espèce de *similitude* qui a le plus de force est celle qui se tire de choses presque pareilles, et qui n'est mêlée d'aucune métaphore. Telle est celle-ci : *Comme, dans les élections, ceux qui ont coutume de vendre leurs suffrages ne pardonnent pas volontiers à ceux qui ne daignent pas les acheter; de même ces juges iniques étaient venus avec un dessein formé de perdre l'accusé.* La *parabole*, παραϐολή, que Cicéron appelle *comparaison*, prend les choses de plus loin, et ne se borne pas seulement aux actions de la vie humaine qui ont entre elles de la ressemblance, comme dans le plaidoyer de Cicéron pour Muréna : *Si les gens de mer, au retour d'un voyage de long cours, et témoins du départ d'autres voyageurs, s'empressent de les*

Talis in hoste fuit Priamo.

Quædam autem ex iis, quæ gesta sunt, tota narrabimus; ut Cicero pro Milone, *Pudicitiam quum eriperet militi tribunus militaris in exercitu C. Marii, propinquus ejus imperatoris interfectus ab eo est, cui vim afferebat; facere enim probus adolescens periculose, quam perpeti turpiter maluit; atque hunc ille summus vir scelere solutum, periculo liberavit.* Quædam significare satis erit, ut idem, ac pro eodem; *Neque enim posset aut Hala ille Servilius, aut P. Nasica, aut L. Opimius, aut me consule senatus non nefarius haberi, si sceleratos interfici nefas esset.* Hæc ita dicentur, prout nota erunt, vel utilitas causæ aut decor postulabit. Eadem ratio est eorum, quæ ex poeticis fabulis ducuntur, nisi quod iis minus affirmationis adhibetur; cujus usus qualis esse deberet, idem optimus auctor ac magister eloquentiæ ostendit. Nam hujus quoque generis eadem in oratione reperietur exemplum : *Itaque hoc, judices, non sine causa etiam fictis fabulis doctissimi homines memoriæ prodiderunt, eum, qui patris ulciscendi causa matrem necavisset, variatis hominum sententiis, non solum divina, sed etiam sapientissimæ deæ, sententia liberatum.* Illæ quoque fabellæ, quæ, etiamsi originem non ab Æsopo acceperunt, nam videtur earum primus auctor Hesiodus, nomine tamen Æsopi maxime celebrantur, ducere animos solent, præcipue rusticorum, et imperitorum : qui et simplicius, quæ ficta sunt, audiunt, et capti voluptate facile iis, quibus delectantur, consentiunt : siquidem et Menenius Agrippa plebem cum patribus in gratiam traditur reduxisse nota illa de membris humanis adversus ventrem discordantibus fabula. Et Horatius ne in poemate quidem humilem generis hujus usum putavit, in illis versibus,

Quod dixit vulpes ægroto cauta leoni, etc.

Αἶνον Græci vocant, et αἰσωπείους, ut dixi, λόγους et λιϐυκούς, nostrorum quidam, non sane recepto in usum nomine, *apologationem*. Cui confine est παροιμίας genus illud, quod est velut fabella brevior, et per allegoriam accipitur, *Non nostrum*, inquit, *onus : bos clitellas.* Proximas exemplo vires habet *similitudo*, præcipue illa, quæ ducitur citra ullam translationum mixturam ex rebus pæne paribus. *Ut, qui accipere in Campo consueruni, iis candidatis, quorum nummos suppressos esse putant, inimicissimi solent esse : sic ejusmodi judices infesti tum reo venerant.* Nam παραϐολή, quam Cicero *collationem* vocat, longius res, quæ comparentur, repetere solet : neque hominum modo inter se opera similia spectantur, ut Cicero pro Murena facit, *Quod si e portu*

avertir des tempêtes, des pirates, et des écueils qu'ils ont à craindre, par suite de cette bienveillance naturelle que nous ressentons pour ceux qui vont à leur tour s'exposer aux mêmes dangers que nous; quels sentiments croyez-vous que moi, qui, après tant de tempêtes, aperçois enfin la terre, je doive éprouver pour un homme que je vois prêt à courir une mer aussi orageuse que l'est aujourd'hui notre république? Mais elle se tire encore des animaux, et même des choses inanimées.

Comme les choses ne se présentent pas de la même manière dans un plaidoyer et dans une comédie, l'orateur doit éviter de peindre trop au naturel les personnes ou les choses, comme fait Cassius: *Quel est cet homme qui fait des grimaces comme un vieillard dont les pieds sont enveloppés de laine?* ce que les Grecs appellent εἰκών, *image*. Il vaut mieux n'employer que les similitudes propres à confirmer la proposition. Vous voulez prouver qu'il faut cultiver son esprit? comparez l'esprit à la terre, qui, négligée, ne porte que des ronces et des épines, et, cultivée, donne des fleurs et des fruits. Vous voulez exhorter quelqu'un à prendre part à l'administration de la république? montrez que les abeilles et les fourmis, qui sont non-seulement des animaux, mais de si petits animaux, travaillent pour le bien public. De ce genre est cette comparaison de Cicéron: *Une ville sans lois ne peut pas plus se servir de ses membres, qu'un corps sans âme ne se sert des nerfs, du sang, et des autres parties qui le composent.* Mais ce n'est pas seulement au corps humain qu'il emprunte ses similitudes, il les tire aussi des *chevaux*, dans la défense de Cornélius; et même des *pierres*, dans le plaidoyer pour le poëte Archias. On ne va pas chercher les objets aussi loin dans les comparaisons du genre de celle-ci: *Une armée sans chef est comme un navire sans pilote.* Elle est tirée seulement des hommes, ainsi que je l'ai dit. Cependant les similitudes ont assez souvent des apparences trompeuses: aussi demandent-elles du discernement; car si *un navire neuf vaut mieux qu'un vieux*, on n'en doit pas conclure qu'*une amitié nouvelle est préférable à une amitié ancienne*. — Si *une femme est louable de partager son bien à plusieurs*, il ne s'ensuit pas qu'elle le soit de *partager sa beauté*. Dans ces exemples, les termes *ancienneté* et *partage* sont semblables: mais autre chose est de prodiguer son argent, autre chose de prodiguer son corps. Il faut donc examiner avec attention si la proposition qu'on induit est semblable; et même dans ces dialogues socratiques, dont j'ai fait mention un peu plus haut, il faut prendre garde de répondre inconsidérément aux questions, comme fit la femme de Xénophon, interrogée par la femme de Périclès, dans le dialogue d'Eschine le Socratique, intitulé *Aspasie*, Je me sers de la traduction de Cicéron: *Dites-moi, je vous prie, épouse de Xénophon, si votre voisine avait de l'or plus fin que le vôtre, lequel aimeriez-vous le mieux, du vôtre ou du sien? Le sien, répondit-elle. Si elle avait des vêtements et d'autres ornements de femme plus précieux que les vôtres, lesquels aimeriez-vous le mieux? Les siens, répondit-elle encore. Mais si son mari valait mieux que le vôtre, lequel aimeriez-vous le mieux, du vôtre ou du sien?* Ici la femme de Xénophon rougit, et avec raison; car elle avait mal répondu en disant qu'elle aimerait mieux l'or de sa voisine que le sien, cela sent trop la cupidité: mais si elle eût dit: *J'aimerais mieux que mon or fût tel que celui de ma voisine*

---

solventibus, ii qui jam in portum ex alto invehuntur, prædicere summo studio solent et tempestatum rationem, et prædonum, et locorum: quod natura fert, ut iis faveamus, qui eadem pericula, quibus nos perfuncti sumus, ingrediantur: quo tandem me animo esse oportet, prope jam ex magna jactatione terram videntem, in hunc, cui video maximas tempestates esse subeundas? sed et a mutis atque etiam inanimis interim hujusmodi ducitur. Et, quoniam similium alia facies in illa ratione, admonendum est, rarius esse in oratione illud genus, quod εἰκόνα Græci vocant, quo exprimitur rerum aut personarum imago: ut Cassius: *Quis istam faciem lanipedis senis torquens?* quam id, quo probabilius fit, quod intendimus: ut, si animum dicas excolendum, similitudine utaris terræ, quæ neglecta sentes ac dumos, culta fructus creat: aut, si ad curam reipublicæ horteris, ostendas, apes etiam formicasque, non modo muta, sed etiam parva animalia, in commune tamen laborare. Ex hoc genere dictum illud est Ciceronis, *Ut corpora nostra sine mente, ita civitas sine lege, suis partibus, ut nervis ac sanguine et membris, uti non potest.* Sed, ut hæc corporis humani pro Cluentio, ita pro Cornelio, equorum; pro Archia, saxorum quoque usus est similitudine. Illa, ut dixi, propiora, *ut remiges sine gubernatore, sic milites sine imperatore nihil valere.* Solent tamen fallere similitudinum species: ideoque adhibendum est his judicium: neque enim *ut navis utilior nova, quam vetus, sic amicitia*: vel, *ut laudanda, quæ pecuniam suam pluribus largitur, ita, quæ formam.* Verba sunt in his similia, *vetustatis* et *largitionis*: vis quidem longe diversa, *pecuniæ* et *pudicitiæ*. Itaque in hoc genere maxime quæritur, an simile sit, quod infertur: etiam in illis interrogationibus Socraticis, quarum paulo ante feci mentionem, cavendum, ne incauto respondeas: ut apud Æschinem Socraticum male respondit Aspasiæ Xenophontis uxor; quod Cicero his verbis transfert, *Dic mihi, quæso, Xenophontis uxor, si vicina tua melius habeat aurum, quam tu habes, utrumne illius, an tuum malis? Illius,* inquit. *Quid si vestem et cæterum ornatum muliebrem pretii majoris habeat, quam tu habes, tuumne, an illius malis? Illius vero,* respondit. *Age sis,* inquit, *si virum illa meliorem habeat, quam tu habes, utrumne tuum virum malis, an illius?* Hic mulier erubuit, merito; male enim res-

elle eût pu répondre sans rougir : *J'aimerais mieux que mon mari ressemblât à un autre meilleur que lui.* Je sais que certains rhéteurs, par un vain scrupule d'exactitude, sont entrés dans des divisions très-subtiles, et admettent un *moins semblable* : ainsi, disent-ils, *un singe ressemble à un homme*, et *une copie ébauchée à l'original*; un *plus semblable*, comme lorsqu'on dit : *un œuf ne ressemble pas plus à un œuf* : le *semblable dans les dissemblables*, par exemple, dans la *fourmi* et l'*éléphant*, car ils se ressemblent par le genre, puisqu'ils sont animaux ; le *dissemblable* dans les *semblables*, comme dans *les chevreaux comparés à leurs mères*; car ils diffèrent par l'âge. Ils distinguent encore plusieurs espèces de contraires : les *opposés*, comme le jour et la nuit ; les *nuisibles*, comme l'eau froide à un homme qui a la fièvre ; les *incompatibles*, comme le vrai et le faux ; les *disparates*, comme les corps droits et ceux qui ne le sont pas ; mais je ne vois pas en quoi cela importe beaucoup à notre sujet.

Une remarque plus utile à faire, c'est que, dans les questions de droit, les semblables, les contraires et les dissemblables fournissent un grand nombre d'arguments. Ainsi, par une raison tirée des semblables, Cicéron, dans ses Topiques, prouve que, *si on lègue à quelqu'un l'usufruit d'une maison, et qu'elle vienne à s'écrouler, l'héritier n'est point tenu de la rebâtir, parce que, si, au lieu d'une maison, c'eût été un esclave, et que cet esclave vînt à mourir, on ne serait pas tenu de le remplacer.* Par la raison des contraires, vous prouverez que *le consentement suffit, même sans contrat, pour rendre un mariage bon et valide, puisque le contrat serait sans valeur, si d'ailleurs le consentement n'eût pas été donné.* Par une raison tirée des dissemblables, Cicéron conclut ainsi dans la défense de Cécinna : *Si quelqu'un avait employé la violence pour me chasser de chez moi, j'aurais action contre lui ; s'il m'avait seulement empêché d'y entrer, je ne l'aurais pas.* Autre exemple tiré des dissemblables : *Si celui qui a légué toute son argenterie à quelqu'un peut paraître lui avoir aussi laissé son argent monnayé, il ne s'ensuit pas qu'il ait voulu lui léguer l'argent qui lui était dû.* Quelques-uns ont séparé l'*analogie* du genre des semblables : pour moi, je crois qu'elle en dépend; car *dix est à cent comme un est à dix* : or, cette proportion est une ressemblance, comme il y a proportion et ressemblance entre *ennemi de la république et mauvais citoyen*. Ces sortes d'arguments se poussent même encore plus loin ; par exemple, *s'il est honteux à une femme de s'abandonner à son esclave, il n'est pas moins honteux à un maître d'avoir commerce avec sa servante ; si la volupté est la fin des brutes, pourquoi ne serait-elle pas celle de l'homme ?* Mais aussi la réponse est aisée, et se tire de la dissemblance : ainsi, *autre chose est la pudeur des femmes, autre chose la pudeur des hommes ; et si la volupté est la fin des brutes, il ne s'ensuit pas qu'elle le soit d'un être raisonnable.* Même, par la raison des contraires, on dira : *parce que la volupté est la fin des bêtes, elle ne peut pas être celle de l'homme.*

A toutes les preuves extrinsèques dont j'ai parlé dans ce chapitre, on ajoute encore l'*autorité* : c'est ce que d'autres appellent *jugement*, du mot grec κρίσεις ; non dans le sens de sentence judiciaire, car alors ce serait un exemple ; mais pour désigner l'opinion d'une nation, d'un peu-

---

ponderat, *se malle alienum aurum, quam suum* ; nam est id improbum : at, si respondisset, *malle se aurum suum tale esse, quale illud esset*, potuisset pudice respondere, *malle se virum suum talem esse, qualis melior esset.* Scio quosdam inani diligentia per minutissimas ista partes secuisse, et esse aliquid minus simile, ut *simia homini*, et marmora deformata prima manu : aliquid plus, ut, illud, *Non ovum tam simile ovo* : et dissimilibus inesse simile, ut *formicæ* et *elephanto* genus, quia sunt animalia : et similibus dissimile, ut,

... *Canibus catulos, et matribus hædos*;

differunt enim ætate : contrariorum quoque aliter accipi opposita, ut *noctem luci* ; aliter noxia, ut *frigidam febri* ; aliter repugnantia, ut *verum falso* ; aliter disparata, ut *dura non duris* ; sed, quid hæc ad præsens propositum magnopere pertineant, non reperio. Illud est annotandum magis, argumenta duci ex jure simili : ut Cicero in Topicis, *Ei, cui domus usus fructus relictus sit, non restituturum heredem, si corruerit, quia non restituat servum, si is decesserit* : ex contrario, *Nihil obstat, quo minus justum matrimonium sit mente coeuntium*, etiamsi tabulæ signatæ non fuerint. *Nihil enim proderit signasse tabulas, si mentem matrimonii non fuisse constabit* : ex dissimili, quale est Ciceronis pro Cecinna, *Ut, si quis me exire domo coegisset armis, haberem actionem ; si quis introire prohibuisset, non haberem.* Dissimilia sic deprehenduntur, *Non, si, qui argentum omne legavit, videri potest signatam quoque pecuniam reliquisse ; ideo etiam, quod est in nominibus, dari voluisse creditur.* Ἀναλογίαν quidam a simili separaverunt ; nos eam subjectam huic generi putamus; nam, *ut unum ad decem, sic decem ad centum*, simile certe est : et, *ut hostis, sic malus civis*. Quamquam hæc ulterius quoque procedere solent. *Si turpis dominæ consuetudo cum servo, turpis domino cum ancilla ; Si mutis animalibus finis voluptas, idem homini.* Cui rei facillime occurrit ex dissimilibus argumentatio. *Non idem est dominum cum ancilla coisse, quod dominam cum servo* : *Nec, si mutis finis voluptas, rationalibus quoque* : quin immo ex contrario, *Quia mutis, ideo non rationalibus.* Adhibetur extrinsecus in causam et *auctoritas* : hæc secuti Græcos, a quibus κρίσεις dicuntur, *judicia* aut *judicationes* vocant, non, de quibus ex causa

ple, d'hommes renommés pour leur sagesse, de grands citoyens, d'illustres poëtes. Je n'exclus pas même les proverbes, car ils ne sont pas sans utilité. Ces opinions, ces proverbes sont, en quelque sorte, des témoignages publics, d'autant plus puissants qu'ils n'ont été dictés ni par la haine ni par la faveur, mais qu'ils ont pour fondement la vertu et la vérité. Si, par exemple, je veux parler des misères de la vie, ne ferai-je pas impression sur les esprits, en alléguant la pratique de ces nations *qui pleurent sur ceux qui naissent, et mêlent la joie aux funérailles?* Si je veux attendrir les juges, sera-t-il hors de propos de dire qu'*Athènes, cette ville si sage, regardait la pitié non-seulement comme un tendre sentiment de l'âme, mais comme une divinité?* Et ces maximes des sept sages ne sont-elles pas autant de règles de conduite? Qu'une femme convaincue d'adultère soit encore accusée d'empoisonnement, ne semble-t-elle pas condamnée d'avance par le jugement de Caton, qui a dit qu'*il n'y a point de femme adultère qui ne soit une empoisonneuse?* Aussi voyons-nous non-seulement que les orateurs sèment leurs discours de sentences des poëtes, mais que les philosophes même, eux qui méprisent si fort tout ce qui est étranger à leurs études, daignent emprunter quelquefois l'autorité d'un vers cité à propos. En veut-on un plus noble exemple que *ce fameux différend des Athéniens et des habitants de Mégare au sujet de Salamine, dont ils se disputaient la possession, et qui fut adjugée aux premiers sur un vers d'Homère, qui témoigne qu'Ajax joignit ses vaisseaux à ceux des Athéniens,* bien que le vers manque dans beaucoup d'exemplaires? Les sentences qui sont dans la bouche de tout le monde, sans que l'on sache qui en est l'auteur, sont également des témoignages publics; par exemple : *un ami vaut un trésor; la conscience vaut mille témoins*; et, dans Cicéron : *ceux qui se ressemblent s'assemblent, comme dit le vieux proverbe.* Et, en effet, ces sentences ne se perpétueraient pas dans la mémoire des hommes, si elles ne paraissaient vraies à tout le monde.

Quelques-uns ajoutent, ou, pour mieux dire, mettent au premier rang, l'autorité des dieux, fondée sur les oracles, comme celui qui déclara *Socrate le plus sage des hommes.* On en fait rarement usage; mais Cicéron n'a pas laissé de s'en servir dans son livre sur les réponses des aruspices, et dans une de ses harangues contre Catilina, où *il montre au peuple la statue de Jupiter, placée sur une colonne*; et dans son plaidoyer pour Ligarius, où il reconnaît que *la cause de César est la plus juste, puisque les dieux se sont déclarés pour lui.* Ces preuves, si le sujet les fournit, s'appellent des *témoignages divins;* et si elles sont tirées d'ailleurs, ce ne sont que des *arguments.* Il arrive quelquefois que l'on peut se prévaloir d'une parole ou d'une action qui sera échappée, soit au juge, soit à la partie adverse, soit à son défenseur, comme d'un témoignage qui nous est favorable : ce qui a donné lieu à quelques auteurs de mettre les exemples et les autorités au nombre des preuves inartificielles, par la raison que l'orateur ne les invente pas, mais qu'il les reçoit de la cause : distinction qui n'est pas sans conséquence; car les *témoins*, la *torture*, et autres preuves inartificielles, décident de la cause; tandis que les preuves artificielles ne peuvent rien par elles-mêmes, et ne

dicta sententia est, nam ea quidem in exemplorum locum cedunt; sed, si quid ita visum gentibus, populis, sapientibus viris, claris civibus, illustribus poetis, referri potest. Ne hæc quidem vulgo dicta, et recepta persuasione populari, sine usu fuerint : testimonia sunt enim quodam modo, vel potentiora etiam, quod non causis accommodata, sed liberis odio et gratia mentibus ideo tantum dicta factaque, quia aut honestissima, aut verissima videbantur. An vero me de incommodis vitæ disserentem non adjuvabit earum persuasio nationum, *quæ fletibus natos, lætitia defunctos prosequuntur?* Aut, si misericordiam commendabo judici, nihil proderit, quod prudentissima civitas Atheniensium, *non eam pro affectu, sed pro numine accepit?* Jam illa septem præcepta sapientum, nonne quasdam vitæ leges existimamus? Si causam venefici dicat adultera, non M. Catonis judicio damnata videatur, *qui nullam adulteram non eamdem esse veneficam dixit?* Jam sententiis quidem poetarum non orationes modo sunt refertæ, sed libri etiam philosophorum : qui quamquam inferiora omnia præceptis suis ac litteris credunt, repetere tamen auctoritatem a plurimis versibus non fastidierunt. Neque est ignobile exemplum, *Megareos ab Atheniensibus, quum de Salamine contenderent, victos Homeri versu,* qui tamen ipse non in omni editione reperitur, significans *Ajacem naves suas Atheniensibus junxisse.* Ea quoque, quæ vulgo recepta sunt, hoc ipso, quod incertum auctorem habent, velut omnium fiunt; quale est, *Ubi amici, ibi opes* : et, *Conscientia mille testes* : et apud Ciceronem, *Pares autem, ut est in vetere proverbio, cum paribus maxime congregantur;* neque enim durassent hæc in æternum, nisi vera omnibus viderentur. Ponitur a quibusdam, et quidem in parte prima, deorum auctoritas, quæ est ex responsis, ut, *Socratem esse sapientissimum* : id rarum est; tamen utitur eo Cicero in libro de Aruspicum Responsis, et in concione contra Catilinam, quum *signum Jovis columnæ impositum populo ostendit;* et pro Ligario, *quum causam C. Cæsaris meliorem, quia hoc dii judicaverint, confitetur.* Quæ quum propria causæ sunt, *divina testimonia* vocantur; quum aliunde arcessuntur, *argumenta.* Nonnunquam contingit judicis quoque, aut adversarii, aut ejus, qui ex diverso agit, dictum aliquod, aut factum assumere ad eorum, quæ intendimus, fidem : propter quod fuerunt, qui exempla et has auctoritates inartificialium probationum esse arbitrarentur, quod ea non inveniret orator, sed acciperet : plurimum autem refert. Nam *testis*, et *quæstio*, et his similia, de ipsa re, quæ in judicio est, pronunciant : extra petita, nisi ad aliquam præsentis dis-

deviennent utiles que par l'application que l'orateur en sait faire.

CHAP. XII. Voilà à peu près tout ce que j'ai su recueillir, soit de la lecture des maîtres, soit de l'expérience, sur les règles de la preuve. Je n'ai pas la présomption de croire que j'aie épuisé la matière ; j'exhorte, au contraire, à chercher encore après moi, et je conviens qu'on peut faire de nouvelles découvertes : mais aussi je crois que ce que l'on découvrira ajoutera peu aux règles que j'ai données. Maintenant je vais dire en peu de mots de quelle manière il faut s'en servir.

On pose ordinairement en principe que *tout argument doit avoir une certitude reconnue ; car l'incertain ne peut être prouvé par l'incertain.* Cependant on allègue quelquefois, pour prouver un fait, un autre fait qui lui-même a besoin de preuve. *C'est vous qui avez tué votre mari, car vous étiez adultère.* Ne faut-il pas d'abord prouver l'adultère, afin que ce crime, étant avéré, puisse devenir la preuve de l'autre? *La pointe de votre épée a été trouvée dans le corps de la victime.* L'accusé nie que ce soit la pointe de son épée : il faut donc prouver ce premier fait pour pouvoir s'en servir à prouver le second. Il importe beaucoup de remarquer que, de tous les arguments, les plus forts sont ceux qui deviennent certains après avoir paru douteux. *Vous avez commis ce meurtre, car votre vêtement était ensanglanté.* Si l'accusé convient que son vêtement était ensanglanté, la conséquence ne sera pas aussi grave que si d'abord il eût nié le fait, et qu'ensuite on l'en eût convaincu. En effet, s'il avoue que son vêtement était ensanglanté, il ne s'ensuit pas qu'il ait commis un meurtre. Mais s'il nie, il place irrévocablement la cause sur un point dont la décision entraînera nécessairement tout le reste. Car il n'est pas présumable qu'il eût pris le parti de nier faussement, s'il n'avait désespéré de pouvoir se défendre en avouant le fait.

Si nos preuves sont fortes, il faut les proposer séparément et insister sur chacune ; si elles sont faibles, il faut les grouper. Car, dans le premier cas, comme elles sont puissantes par elles-mêmes, il est bon de ne pas les mêler avec d'autres qui pourraient les obscurcir, afin qu'elles paraissent dans tout leur jour ; et, dans le second, comme elles sont faibles, elles se soutiennent par le secours mutuel qu'elles se prêtent. Si donc ces dernières preuves ne font pas d'effet par leur qualité, elles en feront par leur nombre, en concourant toutes à prouver une même chose. Par exemple, si l'on accuse un homme d'avoir assassiné un de ses proches, on dira : *Vous comptiez sur la succession, et sur une riche succession ; vous étiez pauvre, vous étiez harcelé par vos créanciers, vous aviez offensé celui dont vous espériez la succession, et vous saviez qu'il avait l'intention de faire un autre testament.* Ces preuves, prises séparément, ont peu de poids et n'ont rien de propre ; mais, jointes ensemble, elles ont l'effet, non de la foudre, mais de la grêle.

Il y a des arguments qu'il ne suffit pas de poser : il faut encore les développer. Vous dites que *la cupidité a été la cause de ce crime?* faites voir *quelle est la force de cette passion;* vous dites que c'est *la colère?* montrez *à quels excès elle porte d'ordinaire les hommes.* Par là votre argument acquerra une nouvelle force, et aura même beaucoup plus de grâce que s'il ne présentait que des membres nus et décharnés. Vous attribuez une action à la haine ? il importe beaucoup d'établir *si cette haine est causée par l'envie, par une offense,*

---

ceptationis utilitatem ingenio applicantur, nihil per se valent.

CAP. XII. Hæc fere de *probatione,* vel ab aliis tradita, vel usu percepta, in hoc tempus sciebam : nec mihi fiducia est, ut ea sola esse contendam ; quin immo hortor ad quærendum, et inveniri posse fateor : quæ tamen adjecta fuerint, non multum ab his abhorrebunt : nunc breviter, quemadmodum sit utendum his, subjungam. Traditum fere est, *Argumentum oportere esse confessum ; dubiis enim probari dubia qui possunt? Quædam tamen, quæ in alterius rei probationem ducimus, ipsa probanda sunt. Occidisti virum, eras enim adultera.* Prius de adulterio convincendum est, ut, quum id cœperit esse pro certo, fiat incerti argumentum. *Spiculum tuum in corpore occisi inventum est:* negat suum : ut probationi prosit, probandum est. Illud hoc loco monere inter necessaria est, nulla esse firmiora, quam quæ ex dubiis facta sunt certa. *Cædes a te commissa est, cruentam enim vestem habuisti :* non est tam grave argumentum, si fatetur, quam si convincitur ; nam si fatetur, multis ex causis potuit cruenta esse vestis; si negat, hic causæ cardinem ponit,

in quo si victus fuerit, etiam in sequentibus ruit : non enim videtur in negando mentiturus fuisse, nisi desperasset, id posse defendi, si confiteretur. Firmissimis argumentorum singulis instandum, infirmiora congreganda sunt : quia illa, per se fortia, non oportet circumstantibus obscurare, ut, qualia sunt, appareant : hæc, imbecilla natura, mutuo auxilio sustinentur. Itaque, si non possunt valere, quia magna sunt, valebunt, quia multa sunt, quæ ad ejusdem rei probationem omnia spectant : ut, si quis hereditatis gratia hominem occidisse dicatur : *Hereditatem sperabas, et magnam hereditatem ; et pauper eras, et tum maxime a creditoribus appellabaris : et offenderas eum, cujus eras heres, et mutaturum tabulas sciebas.* Singula levia sunt, et communia : universa vero nocent, etiamsi non ut fulmine, tamen ut grandine. Quædam argumenta ponere satis non est, adjuvanda sunt, ut : *cupiditas causa sceleris fuit; quæ sit vis ejus :* ira; *quantum efficiat in animis hominum talis affectio :* ita et firmiora erunt ipsa, et plus habebunt decoris, si non nudos ac velut carne spoliatos artus ostenderis. Multum etiam refert, si argumento nitemur odii, *utrum* hoc

par *l'ambition*; si elle est ancienne ou récente, si celui qui en est l'objet est un inférieur, un égal ou un supérieur, un étranger ou un parent. Chacune de ces circonstances se traite d'une manière particulière, et elles doivent toutes être interprétées à l'avantage de celui que l'on défend. Cependant il ne faut pas toujours accabler le juge de tous les arguments qui vous viennent à l'esprit. Cette argumentation est non-seulement fatigante, mais même suspecte; car un juge sera peu disposé à croire vos preuves fort bonnes, si vous paraissez vous-même vous en défier. Mais quand la chose est évidente, il est aussi ridicule de recourir à des arguments que d'allumer une lampe en plein jour.

Quelques rhéteurs recommandent en outre les preuves *pathétiques*, παθητικὰς, c'est-à-dire qui se tirent des passions; et la plus puissante, suivant Aristote, est celle qui naît de la personne même de l'orateur, *s'il est homme de bien*, ou du moins ce qui tient le second rang, mais à une grande distance, *s'il le paraît*. De là en effet cette noble défense de Scaurus : *Quintus Varius de Sucron accuse Emilius Scaurus d'avoir trahi la république romaine* : *Emilius Scaurus le nie*. Iphicrate, dit-on, se défendit de même dans une cause semblable. Ayant demandé à Aristophon, qui était son accusateur, *si pour de l'argent il trahirait la république*, et Aristophon ayant répondu que non : *Quoi!* dit-il, *ce que tu ne ferais pas, tu veux que je l'aie fait?* Mais il faut surtout considérer quel est celui devant qui on parle, afin de chercher ce qui est le plus propre à faire impression sur son esprit. C'est un précepte que j'ai donné à propos de l'exorde et du genre délibératif.

De même qu'on nie avec assurance, on affirme aussi du même ton : *Oui, j'ai fait cela.—Vous-même me l'avez dit. — O action indigne!* etc. Les affirmations sont nécessaires dans un plaidoyer et, quand elles ne s'y trouvent pas, la cause souffre. Cependant il ne faut pas les compter parmi les moyens les plus puissants, les deux parties pouvant également s'en servir. Les preuves de cette nature, qui sont accompagnées d'une raison plausible, sont plus solides. Ainsi, *un homme qui a été blessé, ou dont on a empoisonné le fils, peut alléguer qu'il n'est pas croyable qu'il en accuse un autre que le coupable, puisque, s'il s'en prenait à un innocent, ce serait disculper l'auteur du crime*. C'est sur un raisonnement de même espèce que s'appuient les pères qui sont obligés de plaider contre leurs enfants, ou quiconque entreprend un procès contre un parent ou un ami intime.

Faut-il placer les preuves les plus fortes au commencement, pour s'emparer tout d'abord de l'esprit du juge? Ou à la fin, pour que le juge, en se levant, en emporte l'impression toute récente? Ou partie au commencement, partie à la fin, avec les plus faibles au milieu, selon l'ordre de bataille que nous voyons dans Homère? Ou bien faut-il les présenter dans un ordre progressif, en commençant par les plus faibles? La disposition des preuves, selon moi, dépend de la nature de la cause; et je n'accorde à cette règle qu'une exception, c'est que la confirmation n'aille pas en déclinant des plus fortes aux plus faibles.

Voilà ce que j'avais à dire des arguments. Je me suis contenté d'indiquer, le plus clairement que j'ai pu, leurs genres et les lieux d'où on peut les tirer. Quelques auteurs ont été plus diffus, ayant pris plaisir à traiter les lieux communs et

---

ex invidia sit, an ex injuria, an ex ambitu? vetus, an novum? adversus inferiorem, parem, superiorem? alienum, propinquum? Suos habent omnia ista tractatus, et ad utilitatem partis ejus, quam tuemur, referenda sunt. Nec tamen omnibus semper, quæ invenerimus, argumentis onerandus est judex; quia et tædium afferunt, et fidem detrahunt : neque enim potest judex credere satis esse ea potentia, quæ non putamus ipsi sufficere, qui diximus; in rebus vero apertis argumentari tam sit stultum, quam in clarissimum solem mortale lumen inferre. His quidam probationes adjiciunt, quas παθητικὰς vocant, ductas ex affectibus : atque Aristoteles quidem potentissimum putat ex eo, qui dicit, si *sit vir bonus* : quod ut optimum est; ita longe quidem, sed sequitur tamen, *videri*. Inde enim illa nobilis Scauri defensio, *Q. Varius sucronensis ait Æmilium Scaurum rempublicam populi romani prodidisse*; *Æmilius Scaurus negat*. Cui simile quiddam fecisse Iphicrates dicitur, qui quum Aristophontem, quo accusante similis criminis reus erat, interrogasset, *An is accepta pecunia rempublicam proditurus esset?* isque id negasset; *Quod igitur*, inquit, *tu non fecisses, ego feci?* Intuendum autem et, qui sit, apud quem dicimus; et id, quod illi maxime probabile videatur, requirendum : qua de re locuti sumus et proœmii et suasoriæ præceptis. Altera ex affirmatione probatio est, *Ego hoc feci* : *tu mihi hoc dixisti* : et, *O facinus indignum!* et similia, quæ non debent quidem deesse orationi, et, si desunt, multum nocent : non tamen habenda sunt inter magna præsidia, quum hoc in eadem causa fieri ex utraque parte similiter possit. Illæ firmiores ex sua cujusque persona probationes, quæ credibilem rationem subjectam habent : ut *vulneratus, aut filio orbatus non fuerit alium accusaturus, quam nocentem; quando, si negotium innocenti facit, liberet eum noxa, qui admiserit*. Hinc et patres adversus liberos, et adversus suos quisque necessarios auctoritatem petunt. Quæsitum etiam, potentissima argumenta prima ponenda sint loco, ut occupent animos? an summo, ut inde dimittant? an partita primo summoque, ut Homerica dispositione in medio sint infirma? an a minimis crescant? Quæ, prout ratio causæ cujusque postulabit, ordinabuntur, uno, ut ego censeo, excepto, *ne a potentissimis ad levissima decrescat oratio*. Ego hæc breviter demonstrasse contentus, ita posui, ut locos ipsos et genera, quam possem apertissime, ostenderem : quidam exsecuti sunt verbosius, quibus placuit, proposita locorum communium

à enseigner la manière de les développer. Mais ce détail m'a paru inutile ; car on voit assez ce qu'il y a à dire *contre la haine, contre la cupidité, contre un témoin passionné, contre le crédit d'amis puissants*, et l'on ne finirait pas, si l'on voulait épuiser tous ces lieux. Autant vaudrait entreprendre d'énumérer toutes les questions, toutes les preuves et toutes les pensées qui peuvent entrer dans les causes présentes et futures.

Je ne me flatte pas d'avoir indiqué tous les lieux des arguments, mais je crois en avoir indiqué le plus grand nombre. Je m'y suis attaché avec d'autant plus de soin, que les déclamations, dont nous nous servions autrefois, comme de lances véritablement armées de fer, pour nous préparer aux combats du barreau, ne leur ressemblent plus aujourd'hui en rien : ne se proposant plus que de plaire à l'auditeur, elles manquent tout à fait de nerfs. Aussi peut-on comparer nos déclamateurs à ces marchands d'esclaves qui, pour procurer une beauté factice aux jeunes garçons dont ils font trafic, les dépouillent de leur virilité. Car, de même que la force des muscles et des bras, la barbe surtout, et les autres attributs de notre sexe, sont pour eux sans beauté, et que ce qui serait vigueur, s'ils laissaient faire au temps, leur paraît une rudesse qu'il faut adoucir ; ainsi nous dissimulons sous une molle délicatesse de langage la mâle vigueur, et, pour ainsi dire, la virilité de l'éloquence ; et, pourvu qu'un discours soit poli et brillant, nous nous mettons peu en peine de sa force. Mais pour moi, qui considère avant tout la nature, il n'est pas d'homme, ayant sa virilité, qui ne me paraisse plus beau que le plus bel eunuque. Je ne croirai jamais la Providence si ennemie de son propre ouvrage, qu'il faille mettre la débilité au rang des perfections de la nature humaine ; et l'on ne me persuadera pas qu'une main impie puisse faire quelque chose de beau d'un être qui serait regardé comme un monstre, s'il était né dans l'état où le fer l'a réduit. Que l'imposture d'un sexe équivoque serve donc à la débauche tant que l'on voudra, la dépravation des mœurs ne rendra jamais bon et honnête ce qu'un caprice extravagant a rendu cher et précieux. Que des auditeurs voluptueux et efféminés admirent cette éloquence lubrique ; pour moi, je ne donnerai pas même le nom d'éloquence à un langage entièrement dépouillé des nobles signes de la virilité, pour ne pas dire de la gravité et de la sainteté. En effet, ces sculpteurs et ces peintres fameux de l'antiquité, lorsqu'ils ont voulu représenter un beau corps d'homme, sont-ils jamais tombés dans la ridicule erreur de prendre pour modèle un *Bagoas* ou un *Mégabyse ?* Ils ont choisi le jeune *Doryphore*, également propre aux fatigues de la guerre et aux exercices de la lutte, ou quelque autre guerrier ou athlète, plein de vigueur. C'est dans ces hommes-là qu'ils ont reconnu et cherché la véritable beauté. Et moi, dont le dessein est de former un orateur, j'irais donner à l'éloquence un tambourin, au lieu de véritables armes ? Que les jeunes gens, pour qui j'écris, se rapprochent donc, autant que possible, de la réalité ; et, puisqu'ils se destinent aux combats du barreau, que, dès leur jeunesse, ils aient la victoire devant les yeux ; qu'ils apprennent à porter des coups mortels et à s'en défendre. Que les maîtres exigent surtout cette mâle vigueur de leurs élèves, et qu'ils les féllici-

---

materia, quo quæque res modo dici posset, ostendere; sed mihi supervacuum videbatur. Nam et fere apparet, quid *in invidiam,* quid *in avaritiam,* quid *in testem inimicum,* quid *in potentes amicos* dicendum sit : et de omnibus his omnia dicere infinitum est, tam hercule, quam si controversiarum, quæ sint, quæque futuræ sint, quæstiones, argumenta, sententias tradere velim. Ipsas autem argumentorum velut sedes non me quidem omnes ostendisse confido, plurimas tamen : quod eo diligentius faciendum fuit, quia declamationes, quibus ad pugnam forensem velut præpilatis exerceri solebamus, olim jam ab illa vera imagine orandi recesserunt, atque ad solam compositæ voluptatem, nervis carent; non alio medius fidius vitio dicentium, quam quo mancipiorum negotiatores formæ puerorum, virilitate excisa, lenocinantur. Nam, ut illi robur ac lacertos, barbamque ante omnia, et alia, quæ natura propria maribus dedit, parum existimant decora, quæque fortia, si liceret, forent, ut dura molliunt : ita nos habitum ipsum orationis virilem, et illam vim stricte robusteque dicendi, tenera quadam elocutionis cute operimus : et, dum levia sint ac nitida, quantum valeant, nihil interesse arbitramur. Sed mihi, naturam intuenti, nemo non vir spadone formosior erit;

nec tam aversa unquam videbitur ab opere suo providentia, ut debilitas inter optima inventa sit ; nec id ferro speciosum fieri putabo, quod, si nasceretur, monstrum erat : libidinem juvet ipsum effeminati sexus mendacium, nunquam tamen hoc contingct malis moribus regnum, ut, si qua pretiosa fecit, fecerit et bona. Quapropter eloquentiam, licet hanc, ut sentio enim, dicam, libidinosam resupina voluptate auditoria probent, nullam esse existimabo, quæ ne minimum quidem in se indicium masculi et incorrupti, ne dicam gravis et sancti viri, ostendet. An vero statuarum artifices, pictoresque clarissimi, quum corpora quam speciosissima fingendo pingendove efficere cuperent, nunquam in hunc inciderunt errorem, ut *Bagoam* aut *Megabyzum* aliquem in exemplum operis sumerent sibi, sed *Doryphoron* illum aptum vel militiæ, vel palæstræ ; aliorum quoque juvenum bellicosorum et athletarum corpora, decora vere existimaverunt : nos, qui oratorem studemus effingere, non arma, sed tympana, eloquentiæ demus ? Igitur et ille, quem instituimus, adolescens, quam maxime potest, componat se ad imitationem veritatis : iturusque frequenter forensium certaminum pugnam, jam in schola victoriam spectet, et ferire vitalia ac tueri sciat ; et præceptor id maxime exigat, in-

tent particulièrement des preuves qu'ils en auront données : car si les jeunes gens se laissent entraîner jusqu'au mal par l'amour des louanges, à plus forte raison aimeront-ils à se voir loués du bien. Mais aujourd'hui, ce qui est nécessaire est passé sous silence, et l'utile n'est plus compté comme un bien. C'est un abus que j'ai attaqué dans un autre ouvrage, et que je ne saurais assez combattre dans celui-ci. Mais je reviens à mon sujet et à l'ordre que je me suis prescrit.

CHAP. XIII. La réfutation peut s'entendre de deux manières : ou de la plaidoirie du défendeur en général, ou de la réponse réciproque aux objections qui se font de part et d'autre; et c'est proprement celle-ci qui occupe le quatrième rang dans un plaidoyer. Au surplus, pour le défendeur comme pour le demandeur, les règles sont les mêmes; et, dans la réfutation comme dans la confirmation, les arguments se tirent des mêmes sources : lieux, pensées, expressions, figures, tout relève du même principe. Seulement, la réfutation a d'ordinaire des mouvements plus doux. Cependant ce n'est pas sans raison qu'on a toujours cru, et Cicéron l'a reconnu en maint endroit, qu'il est plus difficile de *défendre* que d'*accuser*. D'abord, l'accusation est plus simple : il n'y a qu'une manière d'avancer une chose ou un fait, et, pour y répondre, il y en a mille; il suffit la plupart du temps à l'accusateur que ce qu'il avance soit vrai, tandis que l'accusé est obligé de nier le fait, de le justifier, de décliner la compétence, d'excuser l'intention, de prier ou d'attendrir les juges, de pallier les motifs, d'éluder l'accusation, de faire semblant de la mépriser, de railler. Ainsi, du côté de l'accusateur, l'action est directe, et, pour ainsi dire, criarde; la défense, au contraire, a besoin de prendre mille détours et de recourir à toute sorte d'artifices. En second lieu, l'accusateur arrive ordinairement tout préparé; l'accusé a souvent à répondre à des allégations imprévues. L'un se borne à produire des témoins ; l'autre est obligé de repousser l'accusation par des preuves tirées du fond de la cause. L'accusateur trouve une ample matière à discourir dans l'énormité des faits incriminés, lors même qu'ils sont faux : s'il s'agit, par exemple, de parricide, de sacrilége, de lèse-majesté, l'accusé n'a pour lui que la négative. C'est pourquoi des orateurs médiocres ont su quelquefois soutenir une accusation d'une manière satisfaisante; mais nul, à moins d'être très-éloquent, n'a pu se tirer convenablement d'une défense. Car, pour définir en un mot ma pensée, il est plus aisé d'accuser que de défendre, comme il est plus aisé de faire une blessure que de la guérir.

Or, pour défendre, il importe beaucoup de considérer et ce que l'accusateur a avancé, et en quels termes. On examinera donc d'abord si ce que l'on a à réfuter est propre ou étranger à la cause. Dans le premier cas, il faut ou nier le fait, ou le justifier, ou prouver que l'action est mal intentée. Dans tout procès, il n'y a guère que ces trois moyens de défense : car la *déprécation*, toute seule et sans défense, est tout à fait exceptionnelle, et ne peut avoir lieu que devant des juges qui sont au-dessus des lois. Encore même, dans ces causes qui ont été portées devant César ou les triumvirs, et dans lesquelles il s'agissait de défendre des personnes qui avaient embrassé un parti contraire au leur, la défense, tout en recourant aux prières, ne laissa pas d'y mêler des raisons auxiliaires; à moins qu'on ne prétende que Cicéron ne défendait pas

---

ventum præcipue probet : nam, ut ad pejora juvenes laude ducuntur, ita laudari in bonis gaudent. Nunc illud mali est, quod necessaria plerumque silentio transeunt, nec in dicendo videtur inter bona utilitas; sed hæc et in alio nobis tractata sunt opere, et in hoc sæpe repetenda : nunc ad ordinem inceptum.

CAP. XIII. Refutatio dupliciter accipi potest; nam et pars defensoris tota est posita in refutatione; et quæ dicta sunt ex diverso, debent utrinque dissolvi; et hæc est proprie, cui in causis quartus assignatur locus; sed utriusque similis conditio est; neque vero ex aliis locis ratio argumentorum in hac parte peti potest, quam in confirmatione : nec locorum, aut sententiarum, aut verborum, aut figurarum alia conditio est. Affectus plerumque hæc pars mitiores habet : non sine causa tamen difficilius semper est creditum, quod Cicero sæpe testatur, *defendere*, quam *accusare* : primum, quod est res illa simplicior; proponitur enim uno modo, dissolvitur varie : quum accusatori satis sit plerumque, verum esse id, quod objecerit; patronus, *neget*, *defendat*, *transferat*, *excuset*, *deprecetur*, *molliat*, *minuat*, *avertat*, *despiciat*, *derideat* : quare inde recta fere, atque, ut sic dixerim, clamosa est actio : hinc mille flexus et artes desiderantur. Tum accusator præmeditata pleraque domo affert; patronus etiam inopinatis frequenter occurrit : accusator dat testem; patronus ex re ipsa refellit : accusator criminum invidia, vel si falsa sint, materiam dicendi trahit, *de parricidio*, *sacrilegio*, *majestate*; quæ patrono tantum neganda sunt : ideoque accusationibus etiam mediocres in dicendo suffecerunt; bonus defensor nemo, nisi qui eloquentissimus, fuit : nam, ut, quod sentio, semel finiam, tanto est accusare, quam defendere, quanto facere, quam sanare vulnera, facilius. Plurimum autem refert, et *quid* protulerit adversarius, et *quomodo* : primum igitur intuendum est, id, cui responsuri sumus, proprium sit ejus judicii, an ad causam extra accessitum : nam, si est proprium, aut negandum, aut defendendum, aut transferendum : extra hæc in judiciis fere nihil est. *Deprecatio* quidem, quæ est sine ulla specie defensionis, rara admodum, et apud eos solos judices, qui nulla certa pronuntiandi forma tenentur : quamquam illæ quoque apud C. Cæsarem et triumviros pro diversarum partium hominibus actiones, etiamsi precibus utuntur, adhibent tamen patrocinia : nisi hoc non fortissime defendentis est, dicere, *Quid aliud egimus, Tubero, nisi ut, quod hic potest, nos possemus?* Quod si quando apud principem,

fortement Ligarius, en disant: *Avouons-le, Tubéron, que cherchions-nous autre chose que de pouvoir nous-mêmes ce que peut aujourd'hui César?* Que si on parle devant le prince, ou devant tout autre juge, qui soit libre dans ses jugements, et qu'on ait à dire, pour toute défense, que l'accusé a mérité la mort, mais que la justice n'exclut pas la clémence, d'abord ce n'est plus à l'accusateur, mais au juge, qu'on aura affaire; ensuite, la forme sera plutôt délibérative que judiciaire, en ce qu'on aura à conseiller de préférer le mérite de l'humanité au plaisir de la vengeance. A l'égard des causes qui se plaident devant des juges qui doivent prononcer selon la loi, il serait ridicule de donner des préceptes sur la manière de se défendre après avoir confessé le fait. Lors donc qu'un fait ne se peut nier, ou qu'on ne peut prouver que le juge est incompétent, il faut combattre l'accusation telle qu'elle est, ou renoncer à se défendre. J'ai déjà enseigné qu'on nie de deux manières: ou en soutenant que le fait est faux, ou en soutenant qu'il est différent. Or, tout fait qu'on ne peut justifier, ou dont on ne peut éluder le jugement, il faut le nier, non-seulement dans le cas où sa qualité est contestable, mais lors même qu'on n'aurait que la ressource de nier purement et simplement. On produit des témoins, il est vrai; mais que ne peut-on pas dire contre des témoins? Une signature? l'écriture peut avoir été contrefaite. Enfin, rien n'est pire que d'avouer. Que si le fait ne peut être nié ni justifié, il reste un dernier moyen, l'*incompétence*. Mais, dira-t-on, il y a des cas où ces trois moyens ne peuvent être employés. Par exemple, *une femme accouche après un an de veuvage; on l'accuse d'adultère*. Dans ce cas, il n'y a point de procès.

Aussi me paraît-il ridicule de faire un précepte du silence, comme d'un moyen propre à dissimuler ce qu'on ne peut justifier, puisque c'est sur quoi le juge doit prononcer.

Mais si ce que l'accusateur avance n'appartient pas essentiellement à la cause, et n'en est seulement qu'un accessoire, le mieux, ce me semble, sera de dire que cela est étranger à la question, qu'il n'y a pas lieu de s'y arrêter, et que la chose a moins d'importance que l'accusateur ne lui en donne. Cependant, l'avocat pourrait suivre le conseil que je blâmais tout à l'heure, et faire semblant, par son silence, de n'avoir pas pris garde à un grief de l'adversaire; parce qu'un bon avocat ne doit pas craindre d'encourir le reproche de négligence, quand il s'agit de sauver son client.

On verra aussi s'il est à propos de réfuter les arguments de l'accusateur tous à la fois ou l'un après l'autre. On les réfute en masse, lorsqu'ils sont si faibles qu'il suffit d'un seul coup pour les renverser tous, ou si épineux, qu'il n'est pas expédient de les attaquer séparément: car il faut alors ramasser toutes ses forces, et, pour ainsi dire, se précipiter tête baissée contre l'ennemi. Quelquefois, s'il est trop difficile de détruire les arguments de l'adversaire, nous les comparerons avec les nôtres, pourvu toutefois que cette comparaison doive tourner à notre avantage. On désunira ceux dont la force est dans le nombre, comme dans l'exemple que j'ai déjà donné: *Vous étiez son héritier, vous étiez pauvre, vous étiez harcelé par vos créanciers, vous l'aviez offensé, et vous saviez qu'il devait faire un autre testament.* Toutes ces circonstances, jointes ensemble, sont assez pressantes. Séparez-les, il en sera comme de la flamme qu'entretenait un grand

---

aliumve, cui, utrum velit, liceat, dicendum erit, dignum quidem morte eum, pro quo loquemur, clementi tamen servandum esse vel talem : primum omnium non erit res nobis cum adversario, sed cum judice; deinde forma deliberativæ magis materiæ, quam judicialis utemur : suadebimus enim, ut laudem humanitatis potius, quam voluptatem ultionis concupiscat. Apud judices quidem, secundum legem dicturos sententiam, de confessis præcipere ridiculum est : ergo, quæ neque negari, neque transferri possunt, utique defendenda sunt, qualiacumque sunt, aut causa cedendum : negandi duplicem ostendimus formam : aut non esse factum; aut non hoc esse, quod factum sit. Quæ neque defendi, neque transferri possunt, utique neganda : nec solum, si finitio potest esse pro nobis, sed etiam, si nuda infitiatio superest. Testes erunt? multa in eos dicere licet ; chirographum? de similitudine litterarum disseremus; utique nihil erit pejus, quam confessio. Ultima est *actionis controversia*, quum defendendi negandive non est locus, *translatio*. Atqui quædam sunt, quæ neque negari, neque defendi, neque transferri possunt. *Adulterii rea est, quæ, quum anno vidua fuisset, enixa est* : lis non erit. Quare illud stultissime præcipitur, quod defendi non possit, silentio dissimulandum, si quidem est id, de quo judex pronunciaturus est. At, si extra causam sit adductum, et tantum conjunctum, malim quidem dicere, nihil id ad quæstionem, nec esse in his morandum, et minus esse, quam adversarius dicit : tamen velut huic simulationi oblivionis ignoscam : debet enim bonus advocatus pro rei salute brevem negligentiæ reprehensionem non pertimescere. Videndum etiam, simul nobis plura aggredienda sint, an amolienda singula : plura simul invadimus, si aut tam infirma sunt, ut pariter impelli possint; aut tam molesta, ut pedem conferre cum singulis non expediat : tum enim toto corpore obnitendum, et, ut sic dixerim, directa fronte pugnandum est. Interim, si resolvere ex parte diversa dicta difficilius erit, nostra argumenta cum adversariorum argumentis conferemus : si modo, hæc ut valentiora videantur, effici poterit : quæ vero turba valebunt, diducenda erunt : ut, quod paulo ante dixi, *Heres eras, et pauper, et magna pecunia appellabaris a creditoribus, et offenderas, et mutaturum tabulas testamenti sciebas.* Urgent universa. At, si singula quæque dissolveris, jam illa flamma, quæ magna congerie convaluerat, diductis, quibus alebatur, concidet : ut, si vel maxima flumina in rivos diducantur, qualibet transi-

mas de combustibles, et qui s'évanouit dès qu'on les éparpille; ou comme d'un fleuve profond, qui devient guéable partout, si on le divise en plusieurs bras. On verra donc laquelle des deux manières est la plus avantageuse, et l'on y conformera la proposition, qui sera tantôt détaillée, tantôt générale; car il suffira quelquefois de rassembler en une seule proposition les inductions que l'adversaire aura tirées de plusieurs faits. Par exemple, s'il a énuméré une foule de motifs qui ont pu porter l'accusé à commettre le crime dont il s'agit : sans reprendre tous ces motifs, on dira purement et simplement qu'il n'y a pas lieu de s'y arrêter, parce qu'un homme a bien pu avoir plusieurs raisons de commettre un crime, et pourtant ne l'avoir pas commis. La plupart du temps néanmoins il est expédient à l'accusateur de grouper ses arguments, et à l'accusé de les réfuter l'un après l'autre.

Mais il faut encore examiner comment on doit réfuter ce qui a été dit par l'adversaire; car, si cela est visiblement faux, il suffit de nier. Ainsi, dans la défense de Cluentius, celui que l'accusateur avait dit être mort incontinent après avoir bu, Cicéron nie qu'il soit mort le même jour. Quant aux choses qui sont évidemment contradictoires, oiseuses, dépourvues de sens, comme il n'y a aucun art à les relever, je ne donnerai là-dessus ni préceptes ni exemples. J'en dis autant de ce genre de preuves qu'on nomme *obscur*, et qui consiste dans des faits si secrets, qu'il ne s'en trouve ni témoins ni indices. Il suffit alors que l'accusateur ne confirme pas ce qu'il a avancé. Il en est de même de tout ce qui sort de la question. Cependant il est quelquefois d'un orateur habile de discuter les allégations de l'accusateur de manière qu'elles paraissent ou contradictoires, ou étrangères à la cause, ou incroyables, ou superflues, ou même favorables à l'accusé. *On reproche à Oppius de s'être enrichi aux dépens des soldats :* la réfutation paraît difficile ; mais Cicéron fait voir que le reproche est contradictoire, en ce que les mêmes personnes accusaient Oppius d'avoir voulu corrompre l'armée par ses largesses. *L'accusateur de Cornélius s'engage à produire des témoins qui le convaincront d'avoir lu le texte de la loi :* Cicéron rend cela inutile, en disant que Cornélius en convient lui-même. *Q. Cécilius demande la commission d'accuser Verrès, parce qu'il avait été son questeur ;* et Cicéron, qui la demande aussi, tire de cette raison même un moyen pour l'obtenir. Hors de ces exemples, la manière de traiter les arguments est la même que pour la confirmation. On examine, par la *conjecture*, s'ils sont fondés ; par la *définition*, s'ils sont propres ; par la *qualité*, s'ils ne sont pas contraires à l'honnêteté, à l'équité, à la probité, à l'humanité, à la douceur, et aux autres vertus qui découlent de celles-ci. Et il faut observer si cela se rencontre non-seulement dans les propositions, mais encore dans toutes les parties de l'accusation : ainsi Labiénus est taxé de cruauté par Cicéron, en ce qu'il poursuit Rabirius dans toute la rigueur de la loi portée contre les ennemis de la république ; Tubéron, d'inhumanité, en ce qu'il profite de l'exil de Ligarius pour l'accuser, afin que César ne lui pardonne pas ; l'accusateur d'Oppius, de prétention outrageante, en ce que, sur une simple lettre de Cotta il se croit permis de dénoncer Oppius. On relèvera de même ce qui trahit la précipitation, la perfidie, l'animosité. Mais il faut s'emparer surtout de ce qui peut tirer à conséquence pour la société ou pour les juges. En voici des exemples, tirés de

tum præbent : itaque propositio quoque secundum hanc utilitatem accommodabitur, ut nunc singula ostendamus, nunc complectamur universa. Nam interim quod pluribus collegit adversarius, satis est semel proponere : ut si multas causas faciendi, quod arguit, reo dicet accusator fuisse : nos, non enumeratis singulis, semel hoc intuendum negemus, quia non, quisquis causam faciendi sceleris habuit, et fecerit. Sæpius tamen accusatori congerere argumenta, reo dissolvere expediet. Id autem, quod erit ab adversario dictum, quomodo refutari debeat, intuendum est : nam, si erit palam falsum, negare satis est : ut pro Cluentio Cicero, eum, quem dixerat accusator epoto poculo concidisse, negat eodem die mortuum. Palam etiam contraria, et supervacua, et stulta reprehendere, nullius est artis : ideoque nec rationes eorum, nec exempla tradere necesse est : id quoque (*obscurum* vocant), quod secreto, et sine teste aut argumento dicitur factum, satis natura sua infirmum est ; sufficit enim, quod adversarius non probat : item, si ad causam non pertinet. Est tamen oratoris interim efficere, ut quid aut contrarium esse, aut a causa diversum, aut incredibile, aut supervacuum, aut nostræ potius causæ videatur esse conjunctum : *Objicitur Oppio, quod de militum cibariis detraxerit :* asperum crimen : sed id contrarium ostendit Cicero, quia iidem accusatores objecerint Oppio, quod is voluerit exercitum largiendo corrumpere. *Testes in Cornelium accusator lecti a tribuno codicis pollicetur :* facit hoc Cicero supervacuum, quia ipse fateatur : *petit accusationem in Verrem Q. Cæcilius, quod fuerat quæstor ejus :* ipsum Cicero ut pro se videretur effecit. Cætera, quæ proponuntur, communis ratio habet : aut enim *conjectura* excutiuntur, an vera sint ; aut *finitione,* an propria, aut *qualitate,* an inhonesta, iniqua, improba, inhumana, crudelia, et cætera, quæ ei generi accidunt. Eaque non modo in propositionibus, sed in toto genere actionis, intuenda, an sit *crudelis ?* ut Labieni in Rabirium, lege perduellionis; *inhumana ?* ut Tuberonis Ligarium exsulem accusantis, atque id agentis, ne ei Cæsar ignoscat; *superba ?* ut in Oppium ex epistola Cottæ reum factum. Proinde *præcipites, insidiosæ, impotentes* deprehenduntur : ex quibus tamen fortissime invaseris, quod est in omnibus periculosum, ut dicit Cicero pro Tullio, *Quis hoc statuit unquam, aut cui concedi sine summo omnium periculo potest, ut eum jure po-*

Cicéron : *Quelle étrange maxime*, dit-il dans la défense de Tullius, *et où en serions-nous, si l'on admettait qu'il fût permis de tuer un homme, par cela seul qu'on craint d'en être tué?* Et, parlant pour Oppius, il s'attache à détourner les juges d'admettre *un genre d'action qui pourrait retomber sur l'ordre entier des chevaliers*. Il y a cependant certains arguments qu'il est bon de mépriser, ou comme frivoles, ou comme étrangers à la cause : c'est ce qu'a fait Cicéron dans plusieurs plaidoyers; et cet air de mépris s'étend quelquefois jusqu'à des arguments que nous serions fort en peine de réfuter sérieusement.

Cependant, comme la plupart de ces arguments sont tirés du lieu des *semblables*, il faut faire tous ses efforts pour y découvrir quelque dissemblance. Cela n'est pas difficile dans les questions de droit; car, si la question à juger ne ressemble jamais au cas prévu par la loi, il ne doit pas être difficile de trouver une différence entre deux questions auxquelles l'accusateur veut rapporter la loi. Quant aux *similitudes* tirées des bêtes ou des choses inanimées, il est aisé de les éluder. A l'égard des exemples tirés des faits, on les peut réfuter de plusieurs manières. S'ils sont anciens, on les traitera de fabuleux; s'ils sont indubitables, on se rejettera, au défaut de toute autre ressource, sur la disparité; car il est impossible que deux choses soient entièrement semblables. Veut-on justifier Nasica, qui a tué Gracchus, par l'exemple d'Ahala, qui tua Mélius? On dira *que Mélius affectait la royauté, et que Gracchus venait de porter des lois favorables au peuple; qu'Ahala était maître de la cavalerie, et que Nasica était un simple particulier*. Si toutes ces raisons manquent, on verra si l'on ne peut pas dire que le fait cité pour exemple est, à la vérité, autorisé d'un grand nom, mais qu'au fond il n'en est pas plus légitime. Même règle pour la réfutation des exemples tirés de la chose jugée.

J'ai enseigné en second lieu qu'il importe de considérer *en quels termes* l'accusateur a dit chaque chose. Si donc il s'est exprimé en termes modérés, nous répéterons ses propres paroles; si, au contraire, son langage a été âpre et violent, nous reprendrons ce qu'il a dit en termes plus doux, en ajoutant aussitôt quelque explication justificative, comme fit Cicéron dans la défense de Cornélius. Il ne dit pas, comme l'accusateur, Cornélius *a lu*, mais Cornélius *a touché à la tablette de la loi*. S'agit-il d'un *débauché?* dites : On vous a représenté mon client comme un homme *un peu trop adonné au plaisir*. Au lieu *d'avare*, dites *économe;* au lieu de *médisant*, dites *un homme un peu libre dans ses paroles*. Mais ce dont il faut bien se garder, c'est de rapporter les allégations de l'adversaire avec leurs preuves ou leur amplification, si ce n'est pour les éluder, comme dans cet exemple tiré de Cicéron : *Vous aurez été toujours à l'armée, vous n'aurez pas mis le pied dans la place publique depuis tant d'années, et, après cela, vous viendrez disputer les honneurs à des gens qui n'ont jamais quitté Rome et les affaires?* Quelquefois dans les répliques on reproduira l'accusation entière, comme fait Cicéron dans la défense de Scaurus au sujet de Bostaris; ou bien on joindra plusieurs propositions ensemble, telles que l'accusateur les a énoncées, comme dans la défense de Varénus : *Lorsque Varénus traversait avec Pompulénus des champs et des lieux solitaires, ils rencontrè-*

rent, dit-on, les esclaves d'Ancharius : Pompuléxus fut tué, et Varénus enchaîné, en attendant que son parent Lucius Varénus eût décidé de son sort. Il faut toujours employer ce dernier moyen, si l'ordre des faits paraît incroyable, et si une simple exposition suffit pour leur ôter toute vraisemblance. Quand les propositions se soutiennent par l'ensemble, il faut les réfuter séparément et en détail ; et c'est ordinairement le plus sûr. Quelquefois les répliques sont indépendantes les unes des autres, et il est inutile d'en donner des exemples.

Il y a des arguments qui sont *communs*, c'est-à-dire dont chaque partie peut également tirer avantage. Si l'accusateur s'en est servi, l'accusé s'en servira encore plus avantageusement, non-seulement parce qu'ils sont communs, mais parce qu'ils sont plus favorables à celui-ci ; car, je l'ai dit souvent et j'aime à le redire : quiconque emploie le premier un argument commun, se le rend contraire. En effet, un argument devient contraire, dès que la partie adverse peut s'en servir. *Non, il n'est pas vraisemblable que M. Cotta ait imaginé une action si noire. Or, est-il vraisemblable qu'Oppius s'y soit déterminé ?*

Il est d'un habile orateur de découvrir dans le plaidoyer de son adversaire ce qu'il y a de contradictoire, ou ce qui paraît l'être. Tantôt la contradiction ressort elle-même des faits : *Clodia prétend, d'un côté, avoir prêté des bijoux à Célius, ce qui est la marque d'une grande intimité ; et, de l'autre, que Célius a voulu l'empoisonner, ce qui suppose une haine mortelle ;* — *Tubéron fait un crime à Ligarius d'avoir été en Afrique, et il se plaint en même temps de ce que celui-ci lui en a fermé l'entrée.* Tantôt la contradiction se rencontre dans certaines paroles inconsidérées, qui échappent particulièrement à ceux qui, en courant après des pensées ingénieuses, et ne songeant qu'à montrer de l'esprit, ne font pas attention à la portée de ce qu'ils disent : préoccupés du lieu où ils se sont arrêtés, ils perdent de vue l'ensemble de la cause. Quoi de plus fâcheux, en apparence, pour Cluentius, que d'avoir été noté d'infamie par les censeurs? Quel préjugé contre lui, que la conduite d'Egnatius qui avait déshérité son fils, parce que ce fils, de concert avec Cluentius, avait corrompu les juges pour faire condamner Oppianicus? Cependant Cicéron fait voir que ces deux faits se contredisent : *Mais vous, Accius, considérez avec soin si le jugement des censeurs a plus de gravité que celui d'Égnatius. Si celui-ci vous paraît plus grave, vous regarderez comme légères les notes de censure portées contre les autres par les censeurs, puisqu'ils ont exclu du sénat ce même Égnatius que vous voulez faire passer pour un homme d'une autorité grave. Si vous préférez le jugement des censeurs, songez que ce même Égnatius, que son père a noté d'infamie en le déshéritant, a été conservé dans le sénat par ces mêmes censeurs, qui en même temps avaient exclu son père du sénat.*

Il ne faut pas beaucoup de clairvoyance pour remarquer certaines fautes grossières dans lesquelles peut tomber l'accusateur, comme de donner *un argument douteux pour un argument certain, un fait contesté pour un fait avoué ;* d'alléguer *une preuve commune pour une preuve particulière, une raison triviale, frivole, tardive, incroyable.* Car les orateurs, peu circonspects, tombent dans toutes ces fautes et dans bien d'autres, comme d'exagérer le fait incriminé, quand il s'agit de le prouver ; de disputer sur le fait, quand il s'agit d'en chercher l'auteur ; de tenter l'impossible ; de croire avoir poussé à

Pompulenum occisum esse, illico Varenum vinctum asservatum, dum hic ostenderet, quid de eo fieri vellet : quod est utique faciendum, si erit incredibilis rei ordo, et ipsa expositione fidem perditurus : interim per partes dissolvitur, quod contextu nocet : et plerumque id est tutius : quædam contradictiones natura sunt singulæ : id exemplis non eget. Communia bene apprehenduntur, non tantum, quia utriusque sunt partis; sed, quia plus prosunt respondenti : neque enim pigebit, quod sæpe monui, referre : commune qui prior dicit, contrarium facit. Est enim contrarium, quo adversarius bene uti potest : At enim non verisimile est, tantum scelus M. Cottam esse commentum : Quid? hoc verisimile est, tantum scelus Oppium esse conatum? Artificis autem est, invenire in actione adversarii, quæ inter semet ipsa pugnent, aut pugnare videantur : quæ aliquando ex rebus ipsis manifesta sunt : ut in causa Cæliana : Clodia aurum se Cœlio commodasse dicit, quod signum magnæ familiaritatis est ; venenum sibi paratum, quod summi odii argumentum est. Tubero Ligarium accusat, quod is in Africa fuerit ; et queritur, quod ab eo ipse in Africam non sit admissus. Aliquando vero præbet ejus rei occasionem minus considerata ex adverso dicentis oratio; quod accidit præcipue cupidis sententiarum, ut ducti occasione dicendi non respiciant, quid dixerint, dum locum præsentem, non totam causam, intuentur. Quid tam videri potest contra Cluentium, quam censoria nota? Quid tam contra eundem, quam filium ab Egnatio corrupti judicii, quo Cluentius Oppianicum circumvenisset, crimine exheredatum? At hæc Cicero pugnare invicem ostendit : Sed tu, Acci, considères, censeo, diligenter, utrum censorium judicium grave velis esse, an Egnatii ; si Egnatii, leve est, quod censores de cæteris subscripserunt : ipsum enim Egnatium, quem tu gravem esse vis, ex senatu ejecerunt : sin autem censorium, hunc Egnatium, quem pater censoria subscriptione exheredavit, censores in senatu, quum patrem ejicerent, retinuerunt. Ita magis vitiose dicuntur, quam acute reprehenduntur, argumentum dubium pro necessario, controversum pro confesso, commune pluribus pro proprio, vulgare, supervacuum, serius constitutum, contra fidem. Nam et illa accidunt parum cautis, ut crimen au-

tout ce qui n'est qu'ébauché; d'aimer mieux parler de la personne que de la cause; d'imputer aux choses les vices des hommes, *si*, par exemple, *on accusait le décemvirat, au lieu d'accuser Appius*; de contredire l'évidence; de s'exprimer d'une manière ambiguë; de perdre de vue le point capital de la question; de répondre à toute autre chose que l'objection qui leur est faite : ce qui n'est excusable que dans le cas où la cause est si mauvaise, qu'elle ne se peut défendre que par des moyens extrinsèques. Par exemple, *Verrès est accusé de péculat : on louera le courage et l'activité qu'il a déployés pour défendre la Sicile contre les pirates.*

J'étends les mêmes préceptes aux objections. Je ferai cependant remarquer que beaucoup d'orateurs tombent ici dans deux défauts opposés. Les uns, même au barreau, les laissent de côté comme quelque chose de fâcheux et de désagréable, et le plus souvent, contents de ce qu'ils ont apporté de chez eux, ils parlent comme s'ils n'avaient pas d'adversaire : défaut qui est encore plus ordinaire dans les écoles, où non-seulement on ne s'occupe pas des objections, mais même les sujets sont tellement faits à plaisir, qu'on ne peut rien répliquer en faveur de la partie adverse. Les autres, exacts jusqu'au scrupule, croient qu'il est nécessaire de répliquer à tout, à chaque mot, à la plus petite pensée; ce qui est infini et même inutile : car c'est réfuter la cause, et non l'orateur, en qui je m'attacherais plutôt à reconnaître toujours un homme éloquent, afin de pouvoir imputer à son esprit, et non à sa cause, ce qu'il aura dit de bon, et imputer à sa cause, et non à son esprit, ce qu'il aura dit de mauvais.

Quand Cicéron reproche à Rullus son obscurité, à Pison sa stupidité, à Antoine son ignorance crasse et sa sottise, il est excusable, en ce qu'il cède à la passion ou à de justes ressentiments; et ces sortes d'invectives contribuent à inspirer aux juges la haine dont on est animé. Mais à l'égard d'un avocat, il faut lui répondre autrement que par des injures, bien qu'il soit permis d'attaquer, je ne dis pas seulement son discours, mais sa conduite, sa figure, sa démarche, son air. Ainsi nous voyons Cicéron attaquer dans Quintius jusqu'à sa robe bordée de pourpre, qui descendait jusqu'à ses talons. On sait que Quintius avait cherché à soulever le peuple contre Cluentius par des harangues pleines de violence. Quelquefois, pour diminuer l'odieux de certains griefs, on les élude par quelque plaisanterie. Triarius faisait un crime à Scaurus d'avoir fait transporter par la ville des colonnes sur des chariots : *Et moi*, dit Cicéron, *qui possède des colonnes d'Albe, je les ai fait apporter sur des bâts.* A l'égard de l'accusateur, on permet plus volontiers contre lui l'invective, et en certaines occasions le zèle de la défense en fait une loi. Mais ce qu'il est permis et même d'usage de reprocher, sans blesser les convenances, au défenseur aussi bien qu'à la personne qu'il défend, c'est d'avoir à dessein passé sous silence, abrégé, obscurci ou ajourné quelque partie de la cause; c'est encore un sujet de blâme assez fréquent, de vouloir donner le change en défendant sa partie sur une chose dont elle n'est pas accusée. Ainsi Accius qui prévoyait que Cicéron ne défendrait Cluentius que par la loi qui le protégeait, et Eschine qui prévoyait, au contraire, que Démosthène ne parlerait point de la loi en vertu de laquelle

---

geant, quod probandum est; de facto disputent, quum de auctore quæratur; impossibilia aggrediantur; pro effectis relinquant vix dum inchoata; de homine dicere, quam de causa malint; hominum vitia rebus assignent, ut, *si quis decemviratum accuset, non Appium;* manifestis repugnent; dicant, quod aliter accipi possit; summam quæstionis non intueantur; non ad proposita respondeant : quod unum aliquando recipi potest, quum mala causa adhibitis extrinsecus remediis tuenda est, ut *quum peculatus reus Verres, fortiter et industrie tuitus contra piratas Siciliam dicitur.* Eadem adversus contradictiones nobis oppositas præcepta sunt : hoc tamen amplius, quod circa eas multi duobus vitiis diversis laborant : nam quidam etiam in foro tanquam rem molestam et odiosam prætereunt : et iis plerumque, quæ composita domo attulerunt, contenti, sine adversario dicunt : et scilicet multo magis in scholis, in quibus non solum contradictiones omittuntur, verum etiam materiæ ipsæ sic plerumque finguntur, ut nihil dici pro parte altera possit. Alii diligentia lapsi, verbis etiam vel sententiolis omnibus respondendum putant, quod est et infinitum, et supervacuum; non enim causa reprehenditur, sed actor : quem ego semper videri malim disertum, ut, si dixerit quod rei prosit, ingenii credatur laus esse, non causæ : si forte quod lædat, causæ, non ingenii culpa. Itaque illæ reprehensiones, aut obscuritatis, qualis *in Rullum* est; aut infantiæ in dicendo, qualis *in Pisonem;* aut inscitiæ rerum verborumque, et insulsitatis etiam, qualis *in Antonium* est, animo dantur, aut justis odiis : suntque utiles ad conciliandum iis, quos invisos facere volueris, odium. Alia respondendi patronis ratio; et aliquando tamen eorum non *oratio* modo, sed *vita* etiam, *vultus* denique, *incessus*, *habitus*, recte incusari solet : ut adversus Quintium Cicero, non hæc solum, *sed ipsam etiam prætextam demissam ad talos*, insectatus est : presserat enim turbulentis concionibus Cluentium Quintius. Nonnunquam elevandæ invidiæ gratia, quæ asperius dicta sunt, eluduntur; ut a Cicerone Triarius : nam, quum Scauri columnas per urbem plaustris vectas esse dixit, *Ego porro*, inquit, *qui albanas habeo columnas, clitellis eas apportavi.* Et magis hoc in accusatores concessum est, quibus conviciari aliquando patrocinii fides cogit. Illa vero adversus omnes et recepta et non inhumana conquestio, si callide quid tacuisse, breviasse, obscurasse, distulisse dicuntur : defensionis quoque permutatio reprehenditur sæpe, ut Accius adversus Cluen-

Il accusait Ctésiphon, ne manquent pas d'en avertir les juges et de s'en plaindre. Quant à nos déclamateurs, je leur donnerai un avis, dont ils ont surtout besoin : c'est de ne point faire de ces objections qui se réfutent sans peine, et de ne pas supposer qu'ils n'ont jamais affaire qu'à des sots. Or, pour avoir occasion de traiter des lieux communs, sur lesquels on ne tarit point, et de placer quelques-unes de ces pensées brillantes qui plaisent tant à la multitude, nous nous arrogeons le droit de parler de tout, et nous aurions besoin de nous souvenir quelquefois de ce bon mot : *Il n'a pas mal répondu, mais la question n'était pas fort embarrassante.* Cependant cette habitude est dangereuse, et sera funeste au barreau, où il faut répondre à l'adversaire, et non à soi-même. On demandait à Accius pourquoi il ne plaidait pas, lui qui mettait tant de force dans les dialogues de ses tragédies : *C'est*, répondit-il, *que mes personnages disent ce que je veux, et qu'au barreau mes adversaires diraient ce que je ne voudrais pas.* Il est donc ridicule que, dans des exercices qui doivent nous préparer au barreau, on songe à répondre avant de savoir ce que dira l'adversaire; et un bon maître doit applaudir à la pénétration de son élève, lorsqu'il découvre les raisons qui peuvent servir à son adversaire, comme lorsqu'il découvre celles qui sont pour lui. Cependant il y a une autre manière d'aller au-devant des objections, qu'on peut se permettre toujours dans les écoles, mais rarement au barreau. Et en effet, pour ce qui est du barreau, supposez que vous êtes demandeur et que vous avez à parler le premier, comment pourrez-vous contredire votre adversaire et déterminer le véritable état de la cause, puisqu'il n'a encore rien dit?

La plupart des orateurs tombent néanmoins dans cette faute, soit par suite de l'habitude qu'ils ont contractée dans les écoles, soit par la démangeaison de parler, et donnent par là occasion à l'adversaire de les railler fort agréablement : *Je n'ai point dit et je me garderai bien de dire une pareille sottise; je remercie mon adversaire de son avis officieux.* Très-souvent même (et cette argumentation est très-forte) il dira que *si l'adversaire a fait d'avance la réponse, c'est qu'il sentait bien que la difficulté était fondée, et qu'il n'a pu étouffer la voix de sa conscience.* On trouve un exemple de cette réplique adroite dans le plaidoyer de Cicéron pour Cluentius : *Vous prétendez savoir de bonne part que mon dessein est d'invoquer la loi en faveur de cette cause : eh quoi! serions-nous trahis sans le savoir? Quelqu'un de ceux que nous regardons comme nos amis aurait-il révélé notre secret à notre adversaire? Qui vous a donc si bien instruit? quel est ce perfide? à qui me suis-je ouvert? Personne, que je sache, n'est coupable : c'est la loi qui vous a tout appris.* Quelques-uns, non contents de se faire l'objection, la développent comme ferait l'adversaire lui-même. *Ils savent*, disent-ils, *que l'adversaire dira cela, et qu'il le prouvera par telle et telle raison.* De mon temps, Vibius Crispus, homme d'un esprit agréable et enjoué, se moqua fort plaisamment d'un orateur qui s'était ainsi mêlé de le faire parler : *Je ne parlerai pas de cela : à quoi bon dire deux fois la même chose?*

---

tium, Æschines adversus Ctesiphontem facit : quum ille Ciceronem lege usurum modo, hic minime de lege dicturum Demosthenem queritur : declamatores vero in primis sunt admonendi, ne contradictiones eas ponant, quibus facillime responderi possit; neu sibi stultum adversarium fingant : facimus autem, quod maxime uberes loci, popularesque sententiæ nascuntur, materiam dicendi nobis, quod volumus, ducentibus, ut non sit ille inutilis versus,

Non male respondit, male enim prior ille rogarat.

Fallet hæc nos in foro consuetudo, ubi adversario, non ipsi nobis respondebimus : aiunt Accium interrogatum, cur causas non ageret, quum apud eum in tragœdiis tanta vis esset optime respondendi, hanc reddidisse rationem; *quod illic ea dicerentur, quæ ipse vellet*, *in foro dicturi adversarii essent, quæ minime vellet.* Ridiculum est ergo in exercitationibus, quæ foro præparantur, prius cogitare, quid respondeat, quam, quid ex diverso dici possit : et bonus præceptor non minus laudare discipulum debet, si quid pro diversa, quam si quid pro sua parte acriter excogitavit. Rursus aliud in scholis permittendum semper, in foro raro : nam loco a petitore primo contradictione uti qui possumus, ubi vera res agitur, quum adversarius adhuc nihil dixerit? Incidunt tamen plerique in hoc vitium vel consuetudine declamatoria, vel etiam cupiditate dicendi : dantque de se respondentibus venustissimos lusus, quum modo, *se vero nihil dixisse*, *neque tam stulte dicturos*; modo, *bene admonitos ab adversario*, *et agere gratias*, *quod adjuti sint*, jocantur; frequentissime vero, id quod firmissimum est, *nunquam iis responsurum adversarium fuisse, quæ proposita non essent, nisi illa sciret vera esse, et ad fatendum conscientia esset impulsus*, ut pro Cluentio Cicero : *Nam hoc persæpe dixisti, tibi esse renunciari, me habere in animo causam hanc præsidio legis defendere : itane est? ab amicis imprudentes videlicet prodimur? et est nescio quis de iis, quos amicos nobis arbitramur, qui nostra consilia ad adversarium deferat? Quisnam hoc tibi renunciavit? quis tam improbus fuit? cui ego autem narravi? Nemo, ut opinor, in culpa est : nimirum tibi istud lex ipsa renunciavit.* At quidam, contradictione non contenti, totos etiam locos explicant, *Scire se hoc dicturos adversarios, et ita persecuturos*: quod factum venuste nostris temporibus elusit Vibius Crispus, vir ingenii jucundi et elegantis : *Ego vero*, inquit, *ista non dico; quid enim attinet illa bis dici?* Nonnunquam tamen aliquid simile contradictioni poni potest, si

Cependant on peut quelquefois aller au-devant des objections, si, en dehors des débats publics, et par suite d'une enquête, l'adversaire a discuté quelque moyen de défense dans la consultation; car alors c'est répondre à ce qu'il a avancé, et non à ce que nous avons imaginé. On le peut encore lorsque la cause est de telle espèce, que les objections que nous nous faisons sont les seules qui se puissent faire. Par exemple, une chose dérobée se retrouve dans une maison : il faut nécessairement que l'accusé dise que *cette chose a été apportée chez lui à son insu*, ou qu'*elle y avait été mise en dépôt*, ou bien qu'*on la lui avait donnée*. Ainsi on peut répondre à ces trois objections, sans attendre que l'adversaire les propose. Mais dans les déclamations des écoles, nous pouvons aller au-devant des objections et y répondre, afin de nous exercer tout à la fois à jouer les deux rôles, c'est-à-dire à parler en premier et en second pour le demandeur. Autrement on n'aurait jamais l'occasion de débattre les objections, puisqu'on n'a pas à qui répondre.

Il y a un autre défaut qu'il ne faut pas moins éviter dans la réfutation, c'est de paraître embarrassé de la difficulté qu'on a à combattre, et de s'escrimer à chaque pas pour se faire jour. Cette défense laborieuse inspire de la défiance au juge, et souvent des raisons qui, présentées hardiment, n'eussent laissé aucun doute dans son esprit, lui deviennent suspectes par les précautions mêmes dont on les accompagne; car il sera porté à croire qu'on ne s'assurait pas beaucoup en elles seules. Que l'orateur montre donc dans toutes ses paroles une confiance qui témoigne sans cesse de la bonté de sa cause. C'est en quoi Cicéron brille comme dans tout le reste. L'assurance qu'il affecte à l'air de la sécurité, et l'autorité qu'il donne à ses paroles est si puissante qu'elle tient lieu de preuve : on n'ose douter de ce qu'il avance.

Au reste, quiconque connaîtra bien le fort et le faible de l'accusation et de la défense discernera sans peine les objections au-devant desquelles il doit aller, ou les raisons sur lesquelles il doit insister. A l'égard de l'ordre qu'il faut tenir, il n'est nulle part ailleurs plus facile. Si nous sommes demandeurs, nous confirmerons d'abord nos preuves; ensuite, nous réfuterons celles qu'on nous objectera : si nous sommes défendeurs, nous commencerons par la réfutation. Mais d'une objection naît une autre objection, et cela indéfiniment. Ainsi, dans les luttes de gladiateurs, les attaques qu'on appelle de *seconde main* deviennent de *troisième main*, si la *première* a eu pour but d'attirer l'adversaire au combat; et même de *quatrième*, si on a provoqué deux fois, de manière qu'on ait eu à se défendre deux fois, comme on a attaqué deux fois : ce qui peut encore aller plus loin.

Dans le chapitre précédent, j'ai parlé d'une preuve qui n'est que l'expression du témoignage de la conscience, et qui consiste à affirmer simplement ou à nier, comme fit Scaurus, dont j'ai rapporté l'exemple. Cette sorte de preuve convient aussi à la réfutation. Je ne sais même si sa place naturelle n'est point lorsqu'il s'agit de nier. Mais ce que je recommande surtout aux deux parties, c'est de bien examiner le point capital du procès; car souvent on parle de part et d'autre sur beaucoup de choses, et en définitive le jugement ne porte que sur un très-petit nombre de points.

Telles sont les règles de la confirmation et de la réfutation. Mais ce n'est pas tout : il faut que la force et l'éclat de l'éloquence viennent en aide à nos preuves; car, quelque bonnes qu'elles soient

---

quid ab adversario testationibus comprehensum in advocationibus jactatum sit; respondebimus enim rei ab illis dictæ, non a nobis excogitatæ : aut, si id genus erit causæ, ut proponere possimus certa, extra quæ dici nihil possit : ut quum res furtiva in domo deprehensa sit, dicat necesse est reus, aut *se ignorante illatam*, aut *depositam apud se*, aut *donatam sibi*; quibus omnibus, etiamsi proposita non sint, responderi potest. At in scholis recte et contradictioni occurremus, ut in utrumque locum, id est, primum et secundum, simul exerceamur : quod nisi fecerimus, nunquam utemur contradictione : non enim erit, cui respondeamus. Est et illud vitium, nimium solliciti, et circa omnia momenta luctantis : suspectam enim facit judici causam, et frequenter, quæ statim dicta omnem dubitationem sustulissent, dilata ipsis præparationibus fidem perdunt, quia patronus et aliis crediderit opus fuisse : fiduciam igitur orator præ se ferat, semperque ita dicat, tamquam de causa optime sentiat. Quod (sicut omnia) in Cicerone præcipuum est : nam illa summa cura securitatis est similis, tantaque in oratione auctoritas, ut probationis locum obtineat, dubitare nobis non audentibus : porro, qui scierit, quid pars adversa, quid nostra habeat valentissimum, facile judicabit, quibus maxime rebus vel occurrendum sit, vel instandum. Ordo quidem in parte nulla minus affert laboris : nam, si agimus, nostra confirmanda sunt primum : tum, quæ nostris opponuntur, refutanda : si respondemus, prius incipiendum est a refutatione. Nascuntur autem ex his, quæ contradictioni opposuimus, aliæ contradictiones, euntque interim longius : ut gladiatorum manus, quæ secundæ vocantur, fiunt et tertiæ, si prima ad evocandum adversarii ictum prolata erat : et quartæ, si geminata captatio est, ut bis cavere, bis repetere oportuerit. Quæ ratio et ultra ducit : sed illam etiam, quam supra ostendi, simplicem ex affectibus atque ex affirmatione sola probationem recipit refutatio; qualis est illa Scauri, de qua supra dixi : quin nescio, an etiam frequentior, ubi quid negatur : videndum præcipue utrique parti, ubi sit rei summa : nam fere accidit, ut in causis multa dicantur, de paucis judicetur. In his probandi refutandique ratio est, sed adjuvanda viribus dicentis, et adornanda : quamlibet enim sint ad docendum, quod volumus, accommodata, tamen erunt infirma, nisi majore

en elles-mêmes, elles paraîtront toujours faibles, si l'orateur ne les anime et ne les vivifie. Et en effet, ces lieux communs *sur les témoins, sur les pièces, sur les arguments*, et autres preuves de cette espèce, contribuent beaucoup à entraîner les juges; comme aussi ces lieux particuliers dont on se sert pour louer ou blâmer une action, pour démontrer qu'elle est juste ou injuste, pour en exagérer ou en diminuer l'importance, pour la présenter sous des couleurs odieuses ou favorables. Or, de ces lieux, les uns sont fort utiles dans la comparaison d'un argument avec un autre, ou de plusieurs entre eux ; d'autres influent sur la décision de la cause entière ; ceux-ci servent à préparer le juge, ceux-la à l'affermir dans les dispositions où il est déjà : et tantôt c'est sur la cause entière, tantôt c'est sur quelques parties qu'il faut le préparer ou l'affermir, et cela suivant la convenance. C'est pourquoi j'admire que de célèbres rhéteurs, qui ont été comme les chefs de deux sectes différentes, aient agité sérieusement *s'il faut traiter ces lieux à la suite de chaque question*, comme le veut Théodore, ou *s'il faut instruire le juge avant de songer à l'émouvoir*, ainsi que le veut Apollodore; comme si on ne pouvait pas tenir le milieu dont je parle, et qu'on ne dût jamais prendre conseil de son sujet. Ceux qui nous donnent ces préceptes sont évidemment étrangers au barreau. Aussi leurs règles, fruit de la spéculation et du loisir, se trouvent elles en défaut au jour du combat. En effet, la plupart de ceux qui ont fait de la rhétorique un art si mystérieux nous ont assujettis à des lois fixes, non-seulement en ce qui regarde les lieux d'où on doit tirer les arguments, mais encore en ce qui regarde la forme qu'on doit leur donner.

J'en dirai d'abord quelques mots, après quoi j'exposerai hardiment ce que je pense, c'est-à-dire ce que je vois que les plus célèbres orateurs ont fait.

CHAP. XIV. On appelle *enthymème* non-seulement l'argument, c'est-à-dire la chose dont on se sert pour en prouver une autre, mais encore l'énonciation de l'argument; et, comme je l'ai déjà dit, cette énonciation est de deux sortes. Car tantôt l'enthymème se tire des *conséquents*, et consiste en une proposition immédiatement suivie de sa preuve, comme celui-ci, dans l'oraison pour Ligarius : *La cause était douteuse alors, parce que chaque parti pouvait se justifier jusqu'à un certain point ; mais aujourd'hui on ne peut douter que le parti le meilleur ne soit celui pour lequel les dieux se sont déclarés.* Ce raisonnement contient une proposition avec sa preuve, et n'a point de conclusion ; ainsi c'est un syllogisme imparfait. Tantôt il se tire des *contraires*, ce qui, selon certains rhéteurs, constitue seul l'enthymème, et a beaucoup plus de force. Tel est le suivant, emprunté à l'oraison pour Milon : *Vous êtes donc assemblés ici pour venger la mort d'un homme à qui vous ne rendriez pas la vie, s'il était en votre pouvoir de la lui rendre.* On peut quelquefois lui donner un plus grand nombre de parties, comme fait Cicéron dans le même plaidoyer : *Ainsi Milon, qui a épargné Clodius lorsque sa mort eût fait plaisir à tout le monde; qui n'a pas osé le tuer, lorsqu'il le pouvait impunément et avec justice, lorsque le lieu, le temps, tout lui était favorable; Milon aura indignement assassiné le même Clodius lorsque le lieu, le temps, tout lui était contraire, et qu'il ne le pouvait sans être blâmé de plu-*

---

quodam oratoris spiritu impleantur. Quare et illi communes loci *de testibus, de tabulis, de argumentis*, aliisque similibus, magnam vim animis judicum afferunt; et hi proprii, quibus factum quodque laudamus, aut contra, *justum* vel *injustum* docemus, *majus* aut *minus, asperius* aut *mitius* : ex his autem alii ad comparationem singulorum argumentorum faciunt, alii ad plurium, alii ad totius causæ inclinationem. Ex quibus sunt, qui præparent animum judicis; sunt, qui confirment : sed præparatio quoque, aut confirmatio aliquando totius causæ est, aliquando partium, et perinde, ut cuique conveniunt, subjicienda. Ideoque inter duos diversarum sectarum velut duces non mediocri contentione quæsitum, *Singulisne quæstionibus subjiciendi essent loci?* ut Theodoro placet. *An prius docendus judex, quam movendus?* ut præcipit Apollodorus : tanquam pertierit hæc ratio media, et nihil cum ipsius causæ utilitate sit deliberandum : hæc præcipiunt, qui ipsi non dicunt in foro : ut artes, a securis otiosisque compositæ, ipsa pugnæ necessitate turbentur. Namque omnes fere qui legem dicendi, quasi quædam mysteria, tradiderunt, certis non inveniendorum modo argumentorum locis, sed concludendorum quoque nos præceptis illigaverunt : de quibus brevissime prælocutus,

quid ipse sentiam, id est, quid clarissimos oratores fecisse videam, non tacebo.

CAP. XIV. Igitur *enthymema*, et argumentum ipsum, id est, rem, quæ probationi alterius adhibetur, appellant, et argumenti elocutionem : eam vero, ut dixi, duplicem : *ex consequentibus*, quod habet propositionem, conjunctamque ei protinus probationem; quale pro Ligario; *Causa tum dubia, quod erat aliquid in utraque parte, quod probari posset ; nunc melior ea judicanda est, quam etiam dii adjuverunt :* habet enim rationem et propositionem, non habet conclusionem; ita est ille imperfectus syllogismus. *Ex pugnantibus* vero, quod etiam solum *enthymema* quidam vocant, fortior multo probatio est. Tale est Ciceronis pro Milone : *Ejus igitur mortis sedetis ultores, cujus vitam si putetis per vos restitui posse, nolitis.* Quod quidem etiam aliquando multiplicari solet, ut est ab eodem, et pro eodem reo, factum : *Quem igitur cum omnium gratia, noluit, hunc voluit cum aliquorum querela? quem jure, quem loco, quem tempore, quem impune, non est ausus; hunc injuria, iniquo loco, alieno tempore, cum periculo capitis non dubitavit occidere?* Optimum autem videtur enthymematis genus, quum proposito dissimili vel contrario ratio

sieurs, sans s'exposer même à perdre la vie. Cependant l'enthymème qu'on regarde comme le meilleur est celui dont la preuve est jointe à une proposition dissemblable ou contraire, comme dans cet exemple; tiré de Démosthène : *Si d'autres avant vous ont violé les lois, il ne s'ensuit pas que vous, qui avez imité leur conduite, deviez échapper au châtiment. C'est au contraire, un motif, de plus pour vous condamner; car, comme vous n'auriez pas suivi leur exemple si quelqu'un d'eux eût été puni, de même votre condamnation empêchera un autre de vous imiter à l'avenir.*

Selon quelques rhéteurs, l'épichérème est composé de quatre, de cinq, et même de six parties. Cicéron en admet cinq : la *proposition*, ou majeure ; la *raison* de la majeure ; l'*assomption* ou mineure ; la *preuve* de la mineure ; enfin, la *complexion* ou conclusion. Mais comme la majeure n'a pas toujours besoin de sa raison, ni la mineure de sa preuve, et que la conclusion même n'est pas toujours nécessaire, Cicéron croit que l'épichérème peut quelquefois n'avoir que quatre, trois, ou deux parties. Pour moi, je tiens, avec un grand nombre d'auteurs, qu'il n'en a que trois au plus : car l'ordre naturel veut qu'il y ait une première proposition, qui determine ce dont il est question ; une seconde, qui serve à prouver la première ; et, au besoin, une troisième, qui soit la conséquence des deux premières. Ainsi, il y aura la *proposition*, ou la majeure ; l'*assomption*, ou mineure, et la *connexion*, ou conclusion : car la confirmation ou l'amplification des deux premières propositions peut rentrer dans les parties auxquelles elle se rapporte. Prenons dans Cicéron un épichérème de cinq parties : *Les choses auxquelles la sagesse préside sont mieux gouvernées que celles auxquelles elle ne préside pas. C'est ce qu'on appelle la première partie, laquelle doit être ensuite appuyée de diverses raisons, et amplifiée par l'élocution.* Pour moi, je crois que tout cela ne fait qu'une seule et même proposition. Autrement, si la raison fait une partie, comme il peut y avoir plusieurs raisons, il y aura donc aussi plusieurs parties. Cicéron passe ensuite à la mineure : *Or, rien n'est mieux gouverné que le monde.* Cette seconde proposition doit avoir sa preuve, qui tient le quatrième rang. J'en dis autant de la mineure que de la majeure. En cinquième lieu, on place la complexion ou conclusion, qui tantôt se borne à résumer ce qui résulte de toutes les parties, en ces termes : *Donc le monde est régi par la sagesse;* tantôt, après avoir réuni en peu de mots la majeure et la mineure, y ajoute ce qui se conclut de l'une et de l'autre, de la manière suivante : *Que si les choses auxquelles préside la sagesse sont mieux gouvernées que celles auxquelles elle ne préside pas, et si rien n'est mieux gouverné que ce monde, il s'ensuit que ce monde est gouverné par la sagesse.* J'admets cette troisième partie. Mais ces trois parties que je donne à l'épichérème n'ont pas toujours la même forme : tantôt la conclusion n'est pas autre chose que la majeure ; par exemple, *l'âme est immortelle, car ce qui se meut de soi-même est immortel : or, l'âme se meut d'elle-même; donc l'âme est immortelle.* Cette forme de raisonnement n'est pas restreinte aux arguments, pris séparément; elle s'étend à la cause entière, lorsque cette cause est simple, et aux questions. Et en effet, toute cause et toute question ont une première proposition : *Vous avez*

---

subjungitur : quale est Demosthenis , *Non enim, si quid unquam contra leges factum est, idque tu es imitatus, idcirco te convenit pœna liberari : quin e contrario damnari multo magis; nam ut, si quis eorum damnatus esset, tu hæc non scripsisses : ita, damnatus tu si fueris, non scribet alius.* Epichirematos et quatuor, et quinque, et sex etiam factæ sunt partes a quibusdam ; Cicero maxime quinque defendit, ut sit *propositio*, deinde *ratio* ejus, tum *assumptio*, et ejus *probatio*, quinta *complexio* : quia vero interim et propositio non egeat rationis, et assumptio probationis, nonnumquam etiam complexione opus non sit, et quadripertitam, et tripertitam, et bipertitam quoque fieri posse ratiocinationem. Mihi, et plurimis nihilominus auctoribus, tres summum videntur : nam ita se habent ista natura, ut sit, de quo quæratur, et per quod probetur; tertium adjici potest, velut ex consensu duorum antecedentium : ita erit prima *intentio*, secunda *assumptio*, tertia *connexio*; nam confirmatio : primæ ac secundæ partis el exornatio, eisdem cedere possunt, quibus subjiciuntur. Sumamus enim ex Cicerone quinque partium exemplum : *Melius gubernantur ea, quæ consilio reguntur, quam quæ sine consilio administrantur : hanc primam partem numerant : eam deinceps rationibus variis, et quam copiosissimis verbis approbari putant oportere.* Hoc ego totum cum sua ratione unam puto ; alioqui si ratio pars est, est autem varia ratio, plures partes esse dicantur. Assumptionem deinde ponit, *Nihil autem omnium rerum melius quam omnis mundus, administratur :* hujus assumptionis quarto in loco jam porro inducunt approbationem : de quo idem quod supra dico. Quinto inducunt loco complexionem, quæ aut id infert solum, quod ex omnibus partibus cogitur, hoc modo : *consilio igitur mundus administratur :* aut, unum in locum quum conduxit breviter propositionem et assumptionem, adjungit quid ex his conficiatur, ad hunc modum : *quod si melius gerantur, quæ consilio, quam quæ sine consilio administrantur; nihil autem omnium rerum melius, quam omnis mundus, administratur : consilio igitur mundus administratur.* Cui parti consentio : in tribus autem, quas fecimus, partibus, non est forma semper eadem, sed una, in qua idem concluditur, quod intenditur, *Anima immortalis est :* nam, quidquid ex se ipso movetur, immortale est: anima autem ex se ipsa movetur, immortalis igitur est anima : hoc fit non solum in singulis argumentis, sed in totis causis, quæ sunt simplices, et in quæstioni-

commis un sacrilége. — On peut avoir tué un homme sans être coupable de meurtre. Puis vient la *raison*, qui est ici plus développée que dans les arguments particuliers; et enfin la conclusion, qui confirme ce qui précède, soit par une énumération détaillée, soit par un court résumé. Dans cet épichérème, la proposition est douteuse, puisque c'est elle qui fait l'objet de la contestation. Tantôt la conclusion ne reproduit pas la majeure quant à la forme, mais elle a la même force quant au fond. *La mort n'est rien; car ce qui est dissous est privé de sentiment; or, ce qui est privé de sentiment n'est rien.* Enfin quelquefois la proposition n'est pas la même que la conclusion: *Les animaux sont plus parfaits que les choses inanimées; or, rien n'est si parfait que le monde; donc, le monde est un animal.* La proposition qui constitue ici la conclusion peut être présentée d'une manière dubitative. Par exemple, *le monde est un animal, car tous les animaux sont plus parfaits que les choses inanimées.* Au reste, cette proposition est tantôt évidente, comme dans le premier de ces deux exemples; tantôt elle a besoin de preuve, comme dans celui-ci: *Quiconque veut vivre heureux doit philosopher.* Car tout le monde n'en convient pas, et le reste ne peut être admis qu'autant que la première partie est confirmée. Quelquefois la mineure est évidente: *or, tous les hommes veulent être heureux*; quelquefois aussi elle a besoin de preuve: *ce qui est dissous est privé de sentiment.* Car il est possible que, nonobstant la dissolution du corps, l'âme soit immortelle, ou du moins subsiste pendant un certain temps. Ce que j'appelle *assomption* ou *mineure*, quelques-uns l'appellent *raison*.

L'épichérème ne diffère du syllogisme qu'en ce que le syllogisme a un plus grand nombre de formes, et tire ses conséquences du vrai, tandis que la plupart du temps l'épichérème ne les tire que du vraisemblable. Car si l'on pouvait toujours s'appuyer sur une proposition incontestable, à quoi servirait l'orateur? En effet, qu'est-il besoin d'éloquence pour dire: *Ces biens m'appartiennent, car je suis fils unique du défunt;* ou bien, *je suis unique héritier, en vertu du testament du défunt; donc ces biens m'appartiennent.* Mais lorsque la raison même fait question, il faut rendre certain ce qui doit servir à prouver l'incertain. Par exemple, si la partie adverse fait cette objection: *Vous n'êtes pas son fils, ou vous n'êtes pas légitime, ou vous n'êtes pas seul;* ou bien encore, *vous n'êtes pas héritier ou le testament n'est pas bon, ou vous n'avez pas capacité pour recueillir une succession, ou vous avez des cohéritiers*, il faut alors que le demandeur prouve son droit. Et comme cette preuve ne se peut faire sans beaucoup de paroles, la conclusion devient une partie indispensable de l'épichérème. En d'autres occasions, la proposition suffit avec sa raison, comme ici: *Les lois se taisent au milieu des armes, et elles n'ordonnent pas qu'on les attende, et qu'on s'expose à souffrir une mort injuste, avant d'en pouvoir demander la juste punition.* C'est pourquoi on a dit que cet enthymème, qui se tire des *conséquents*, est semblable à la *raison*. Quelquefois même on se contente d'une partie, et cette partie suffit, comme: *Les lois se taisent au milieu des armes.*

On peut même encore commencer par poser la raison, et ensuite on conclut; par exemple, *Si les Douze Tables permettent de tuer un voleur de nuit, de quelque manière que ce soit; si elles autorisent à tuer un voleur de jour, lorsqu'il fait résistance à main armée, comment peut-on prétendre qu'elle punit sans distinction tous ceux qui tuent?* Cicéron varie encore cet argument, et place derechef la raison en troisième lieu : *Comment peut-on prétendre, et surtout lorsqu'on voit qu'en certains cas les lois elles-mêmes nous mettent les armes à la main...?* Ailleurs, il suit l'ordre naturel : *Un brigand, qui nous tend des embûches, peut-il être tué injustement?* C'est la proposition. *Que signifient ces escortes, ces épées?* C'est la raison. *Certainement la loi ne les autoriserait pas s'il ne nous était jamais permis de nous en servir.* C'est la conclusion.

Voilà comme on emploie ce genre d'argument : voyons maintenant comment on le réfute. On peut l'attaquer de trois manières, c'est-à-dire par toutes les parties qui le composent : car c'est ou la proposition que l'on combat, ou la mineure, ou la conclusion, ou ce sont toutes les trois ensemble. Toutes ces parties se réduisent à trois, comme je viens de le dire. On commence par réfuter la majeure suivante : *Il est permis de tuer un homme qui nous tend des embûches;* car la première question qui se présente tout d'abord dans l'affaire de Milon est celle-ci : *L'impunité doit-elle être accordée à un homme qui confesse avoir commis un meurtre?* A l'égard de la mineure, on la combat par les moyens que j'ai indiqués au chapitre de la réfutation. Quant à la raison, elle est quelquefois vraie, quoique la proposition soit fausse; et quelquefois fausse, quoique la proposition soit vraie. *La vertu est un bien :* cette proposition est vraie; mais si l'on ajoutait : *car elle nous enrichit,* on donnerait une fausse raison d'une proposition vraie. On réfute la conclusion, soit en la niant lorsqu'elle ne résulte pas de ce qui précède, soit en disant qu'elle ne fait rien à la question. *Nous sommes en droit de tuer quiconque nous tend des embûches; car quiconque se conduit en ennemi, peut être repoussé comme ennemi. Donc Clodius, en se conduisant comme l'ennemi de Milon, a été tué justement par celui-ci.* Cette conclusion est fausse; car nous n'avons pas établi que Clodius eût dressé des embûches à Milon. *Nous pouvons tuer justement, comme ennemi, quiconque nous dresse des embûches.* Cette conclusion est vraie, mais elle ne fait rien à la question, car elle ne prouve pas que Clodius ait dressé des embûches à Milon. Il peut arriver que la conclusion soit fausse, quoique la proposition et la raison soient vraies; mais si la proposition et la raison sont fausses, la conclusion n'est jamais vraie.

L'enthymème est appelé par quelques-uns le syllogisme des orateurs, et par d'autres partie du syllogisme, parce que le syllogisme a toujours toutes ses parties, lesquelles conspirent à prouver une même chose, au lieu que l'enthymème se contente de faire entendre sa proposition. Voici, par exemple, un syllogisme : *La vertu est le seul bien véritable; car le seul bien véritable est ce dont on ne saurait abuser; or, nul ne saurait abuser de la vertu; donc la vertu est le seul bien véritable.* L'enthymème ne se compose que des conséquents : *la vertu est un bien, puisque nul ne saurait en abuser.* Voici un syllogisme négatif : *L'argent n'est point un bien, car une chose dont on peut abuser n'est point un bien; or, on peut abuser de l'argent; donc l'argent n'est point un bien.* L'enthymème se borne à opposer les contraires : *L'argent peut-il être un bien, puisqu'il n'y a personne qui n'en puisse abuser?* Voici un autre syllogisme dans les for-

---

defenderet, interfici impune voluerunt; quis est, qui, quoquo modo quis interfectus sit, puniendum putet? Variavit hic adhuc, et rursus rationem tertio loco posuit, *quum videat, aliquando gladium nobis ab ipsis porrigi legibus.* Prioris autem partis duxit ordinem, *Insidiatori vero et latroni quæ potest inferri injusta nex?* hæc intentio; *quid comitatus nostri, quid gladii volunt?* hæc ratio; *quos habere certe non liceret, si uti illis nullo pacto liceret;* hæc ex intentione et ratione connexio. Huic generi probationis tribus occurritur modis, id est, per omnes partes : aut enim expugnatur intentio, aut assumptio, aut conclusio, nonnunquam omnia : sed omnia hæc tria sunt : intentio expugnatur, *jure occidi eum, qui insidiatus sit:* nam prima statim pro Milone quæstio est, *an ei fas sit lucem intueri, qui a se hominem necatum esse fateatur.* Expugnatur assumptio omnibus iis, quæ de refutatione diximus : et ratio quidem nonnunquam est vera, quum ejus propositio vera non sit : interim veræ propositionis falsa ratio est : *Virtus bonum est,* verum est; si quis rationem subjiciat, *quod ea locupletes faciat,* veræ intentionis falsa sit ratio. Connexio aut vera negatur, quum aliud colligit, quam id, quod ex prioribus conficitur : aut nihil ad quæstionem dicitur pertinere : non est vera, sic, *Insidiator jure occiditur; nam, qui curavit, ut vim afferat ut hostis, debet etiam ut hostis repelli; recte igitur Clodius, ut hostis, occisus est :* non utique : nondum enim Clodium insidiatorem ostendimus : sed fit vera connexio, *Recte igitur insidiator, ut hostis, occiditur.* Nihil ad nos; nondum enim Clodius insidiator apparet. sed, ut potest vera esse intentio et ratio, et tamen falsa connexio : ita, si illa falsa sunt, nunquam sit vera connexio. *Enthymema* ab aliis oratorius syllogismus, ab aliis pars dicitur syllogismi, propterea quod syllogismus utique conclusionem et propositionem habet, et per omnes partes efficit, quod proposuit : enthymema tantum intenta intelligi contentum sit. Syllogismus talis, *Solum bonum virtus : nam id demum bonum est, quo nemo male uti*

mes : *Si l'argent monnayé doit être reputé argenterie, celui qui a légué toute son argenterie a légué aussi son argent monnayé : or, il a légué toute son argenterie; donc il a légué aussi son argent monnayé.* Mais un orateur se contente de dire : *Puisque le testateur a légué toute son argenterie, il a légué aussi son argent monnayé.*

Je crois avoir accompli la tâche imposée à un rhéteur; c'est à l'orateur à faire avec discernement l'application des règles que j'ai enseignées. Car, de même que je ne crois pas qu'il soit défendu d'employer quelquefois le syllogisme dans l'oraison, aussi je n'approuve pas qu'elle se compose uniquement ou qu'elle soit farcie d'épichérèmes et d'enthymèmes, entassés les uns sur les autres; car un discours de cette façon ressemblerait plus aux dialogues et aux disputes des dialecticiens, qu'à un plaidoyer judiciaire, qui est une chose toute différente. En effet, ces doctes, qui cherchent la vérité entre eux, approfondissent une question jusque dans ses plus petits détails, et ne s'arrêtent qu'à l'évidence. Aussi s'attribuent-ils l'art de trouver et de discerner le vrai : art qu'ils divisent en deux parties, auxquelles ils donnent les noms de *topique* et de *critique*. Mais nous autres orateurs, nous avons affaire à d'autres hommes, au goût desquels nous sommes obligés de nous conformer. Le plus souvent nous avons à parler à des ignorants, ou du moins à des gens qui ne connaissent que l'éloquence oratoire. Si nous ne savons les attirer par le plaisir, les entraîner par la force, et les remuer quelquefois par le moyen des passions, la justice et la vérité nous font défaut. L'éloquence veut être riche et brillante : or, elle n'aura ni l'un ni l'autre de ces attributs, si nous la hachons en

une infinité de propositions invariables et uniformes. Rampante, elle sera méprisée; servile, elle déplaira; elle causera la satiété par son abondance, et rebutera par son ampleur démesurée. Qu'elle prenne donc son cours, non par de petits sentiers, mais en plein champ, non comme ces eaux souterraines qui coulent dans d'étroits canaux, mais comme les larges fleuves qui remplissent les vallées, et se frayent, au besoin, un passage. Quoi de plus misérable que de s'assujettir aux règles, comme un enfant qui copie, sous les yeux de son maître, un modèle d'écriture, ou comme ces gens qui, suivant le proverbe grec, gardent religieusement le vêtement que leur mère leur a donné? Eh quoi! toujours une proposition et une conclusion, avec leurs conséquents et leurs contraires? L'orateur ne peut-il donc animer ces raisonnements, les amplifier, les varier, les déguiser sous mille figures, en sorte qu'ils paraissent amenés naturellement, et n'aient rien qui sente la main du maître et la contrainte de l'art? Quel orateur a jamais parlé ainsi? Démosthène lui-même n'offre que fort peu d'exemples de cette austérité, qui tient, pour ainsi dire, de la rigueur du droit. Cependant les Grecs, qui en cela seul font plus mal que nous, ont une prédilection pour cette dialectique, où les propositions s'enlacent et s'enchaînent dans une trame inextricable. Ils se plaisent à tirer des conséquences dans les raisonnements les moins douteux, à prouver ce qu'on ne leur conteste pas, et s'imaginent par là ressembler aux anciens. Mais demandez-leur quel est celui des anciens qu'ils prétendent imiter, ils seront fort embarrassés de vous répondre.

Je parlerai ailleurs des figures. Quant à pré-

---

potest : virtute nemo male uti potest : bonum est ergo virtus : Enthymema ex consequentibus, *Bonum est virtus, qua nemo male uti potest :* et contra, *Non est bonum pecunia : non enim bonum, quo quisquam male uti potest; pecunia potest quis male uti; non igitur bonum est pecunia.* Enthymema ex pugnantibus, *An bonum est pecunia, qua quisque male uti potest? Si pecunia, quæ est in argento signato, argentum est; qui argentum omne legavit, et pecuniam, quæ est in argento signato, legavit; argentum autem omne legavit; igitur et pecuniam, quæ est in argento, legavit;* habebit formam syllogismi : oratori satis est dicere, *Quum argentum legaverit omne, pecuniam quoque legavit, quæ est in argento.* Peregisse mihi videor sacra tradentium artes, sed consilio locus superest : namque ego, ut in oratione syllogismo quidem aliquando uti nefas non duco, ita constare totam, aut certe confertam esse aggressionum et enthymematum stipatione minime velim : dialogis enim et dialecticis disputationibus erit similior, quam nostri operis actionibus, quæ quidem inter se plurimum differunt. Namque illi homines docti, et inter doctos verum quærentes, minutius et scrupulosius scrutantur omnia, et ad liquidum confessumque perducunt : ut qui sibi et inveniendi et judicandi vindicent partes, quarum alteram τοπιχὴν, alteram κριτιχὴν vocant. Nobis ad aliorum judicia componenda est oratio, et sæpius apud omnino imperitos, atque aliarum certe ignaros litterarum loquendum est; quos nisi et delectatione allicimus, et viribus trahimus, et nonnunquam turbamus affectibus, ipsa, quæ justa ac vera sunt, tenere non possumus. Locuples et speciosa vult esse eloquentia : quorum nihil consequetur, si conclusionibus certis et crebris, et in unam prope formam cadentibus concisa, et contemptum ex humilitate, et odium ex quadam servitute, et ex copia satietatem, et ex amplitudine fastidium tulerit. Feratur ergo non semitis, sed campis : non ut fontes angustis fistulis colliguntur, sed ut latissimi amnes totis vallibus fluat, ac sibi viam, si quando non acceperit, faciat : nam quid illa miserius lege, velut præformatas infantibus litteras persequentium, et, ut Græci dicere solent, quem mater amictum dedit, sollicite custodientium? propositio ac conclusio, ex consequentibus et repugnantibus? Non inspiret? non augeat? non mille figuris variet ac verset? ut ea nasci, et ipsa provenire natura, non manu facta, et arte suspecta, magistrum fateri ubique videantur : quis unquam sic dixit Orator? nonne apud ipsum Demosthenem paucissima hujus juris vel artis reperiuntur? quæ apprehensa Græci magis, nam hoc solum pejus nobis faciunt, in ca-

sent, j'ajouterai seulement que je ne suis pas même de l'avis de ceux qui pensent que les arguments se doivent traiter dans un style pur, clair et précis, mais sans abondance ni ornement. Sans doute, la clarté et la précision sont nécessaires, et, même dans les petites choses, il faut n'employer que les termes les plus propres et les plus usuels. Mais si la cause est importante, je crois qu'on n'en doit exclure aucun ornement, pourvu que la clarté n'en souffre pas. Souvent une métaphore met les choses dans un plus beau jour; et cela est si vrai, que les jurisconsultes eux-mêmes, qui s'attachent surtout à la propriété des termes, ne font pas difficulté de définir le *rivage*, l'endroit *où le flot vient se jouer*. Plus un sujet est naturellement dépourvu de grâce, plus il faut s'étudier à l'embellir; l'argumentation est moins suspecte quand elle est dissimulée, et il n'y a pas loin du plaisir à la persuasion. Autrement, il faudra dire que Cicéron a eu tort de mêler à son argumentation ces figures hardies : *Les lois se taisent au milieu du bruit des armes.* — *Les lois elles-mêmes nous mettent quelquefois le fer à la main.* Cependant il faut user sagement de ces figures, en sorte qu'elles embellissent le discours sans l'embarrasser.

tenus ligant, et inexplicabili serie connectunt, et indubitata colligunt, et probant confessa, et se antiquis per hoc similes vocant : deinde interrogati nunquam respondebunt, quem imitentur : sed de figuris alio loco. Nunc illud adjiciendum, ne iis quidem consentire me, qui semper argumenta sermone puro et dilucido et distincto, cæterum minime læto ornatoque putant esse dicenda : namque ea distincta quidem ac perspicua debere esse confiteor : in rebus vero minoribus etiam sermone ac verbis quam maxime propriis, et ex usu. At, si major erit materia, nullum ornatum iis, qui modo non obscuret, subtrahendum puto : nam et sæpe plurimum lucis affert ipsa translatio, quum etiam jurisconsulti, quorum summus circa verborum proprietatem labor est, *littus* esse audeant dicere, qua fluctus *eludit;* quoque quid est natura magis asperum, hoc pluribus condiendum est voluptatibus, et minus suspecta argumentatio, dissimulatione, et multum ad fidem adjuvat audientis voluptas : nisi forte existimamus Ciceronem hæc male, ipsa argumentatione, dixisse, *silere leges inter arma,* et *gladium nobis interim ab ipsis porrigi legibus :* his tamen habendus modus, ut sint ornamento, non impedimento.

LIVRE VI.

ARGUMENT.

Avant-propos. — Chap. I. De la péroraison. — II. Des différentes sortes de sentiments, et comment on peut les exciter. — III. Du rire. — IV. De l'altercation. — V. Du jugement et du dessein.

Après avoir entrepris cet ouvrage plus par déférence pour vous, mon cher Victorius, que par toute autre raison, et toutefois dans la pensée d'être utile à une jeunesse studieuse, je m'étais vu plus tard comme engagé à redoubler de zèle et de persévérance, par le devoir que m'imposaient mes fonctions auprès des petits-neveux de Domitien Auguste. Enfin, à tant de motifs se joignait encore l'amour d'un fils, dont l'esprit extraordinaire méritait toute la sollicitude d'un père; et, regardant mon ouvrage comme la meilleure partie de mon héritage, j'espérais que, si les destinées me retiraient de ce monde avant mon fils, comme il était plus juste et désirable que cela fût, il ne laisserait pas d'avoir encore son père pour guide et pour maître. Mais tandis qu'occupé jour et nuit de mon dessein, je me hâtais dans la crainte d'être prévenu par la mort, la Fortune m'a frappé d'un coup si rude, que le fruit de mon travail m'intéresse désormais moins que personne. Ce fils, qui promettait tant, en qui j'avais placé toute l'espérance de ma vieillesse, ce fils m'a été ravi, et, avec lui, tout ce qui me consolait du passé. Que faire maintenant et à quoi destiner les restes d'une vie que les dieux réprouvent? En effet, lorsque je composai ce li-

LIBER VI.

ARGUMENTUM.

Proœmium, in quo de Fortuna sua queritur. — Cap. I. De conclusione, seu peroratione. — II. De divisione affectuum, et quomodo movendi sint — III. De risu. — IV. De altercatione. — V. De judicio et consilio.

Hæc, Marcelle Victori, ex tua voluntate maxime ingressus, tum si qua ex nobis ad juvenes bonos pervenire posset utilitas, novissime paræ etiam necessitate quadam officii delegati mihi, sedulo laborabam; respiciens tamen illam curam meæ voluptatis, qui filio, cujus eminens ingenium sollicitam quoque parentis diligentiam merebatur, hanc optimam partem relicturus hereditatis videbar, ut, si me, quod æquum et optabile fuit, fata intercepissent, præceptore tamen patre uteretur. At me fortuna id agentem diebus ac noctibus, festinantemque metu meæ mortalitatis, ita subito prostravit, ut laboris mei fructus ad neminem minus, quam ad me. pertineret : illum enim, de quo summa conceperam, et in quo spem unicam senectutis reponebam, repetito vulnere orbitatis amisi. Quid nunc agam? aut quem ultra esse usum mei, diis reprobantibus, credam? nam ita forte accidit, ut eum quoque librum, quem *de causis corruptæ eloquentiæ* emisi, jam scribere aggressus, ictu simili ferirer : tunc igitur optimum fuit, infaustum opus, et quidquid hoc est in me infelicium litterarum, super immaturum funus consumpturis viscera

vre, que j'ai déjà donné au public, *Des causes de la corruption de l'éloquence*, il m'arriva d'être frappé d'un coup tout semblable. Que n'ai-je alors jeté dans les flammes de ce bûcher, si prématurément allumé pour consumer mes entrailles, cet ouvrage entrepris sous de si funestes auspices, et le peu de malheureuse littérature que je puis avoir, au lieu de fatiguer par de nouveaux soins la durée impie d'une existence obstinée! Est-il un père, digne de ce nom, qui puisse me pardonner de trouver encore la force de m'appliquer à l'étude, et qui ne déteste ma triste fermeté, si je fais un autre usage de ma voix que pour accuser les dieux, qui m'ont fait survivre à tous les miens, et pour témoigner qu'aucune providence ne veille sur ce monde? Certainement j'en suis une preuve bien sensible, sinon par mon malheur, dans lequel je ne puis me plaindre que de ce que je vis encore, du moins par celui d'êtres innocents, condamnés à mourir si prématurément. Cette perte avait été précédée de celle de leur mère, qui n'avait pas encore dix-neuf ans accomplis lorsqu'elle finit ses jours : heureuse néanmoins, quoique moissonnée dans sa fleur, de n'avoir pas vu mourir les deux enfants qu'elle avait mis au monde. J'avoue qu'après ce premier malheur, quand il n'eût été suivi d'aucun autre, jamais rien ne pouvait plus me rendre heureux ; car je n'avais pas seulement à déplorer la perte irréparable d'une épouse, douée de toutes les qualités qui peuvent orner son sexe ; je perdais presque une fille, si je considère son extrême jeunesse, comparée surtout à mon âge. Cependant elle laissait après elle des enfants qui faisaient ma consolation ; et même en mourant avant moi, contrairement à l'ordre de la nature, ainsi qu'elle l'avait toujours souhaité, elle a échappé par sa fin précipitée à des angoisses bien cruelles. Le plus jeune de mes fils, qui sortait à peine de sa cinquième année, suivit de près sa mère ; et, en le perdant, je perdis une des deux lumières de ma vie. Je n'affecte pas une douleur fastueuse, et ne songe à rien moins qu'à exagérer la cause de mes larmes. Plût aux dieux que je pusse l'atténuer! Mais comment puis-je ne dissimuler et les grâces de son visage, et les charmes de sa conversation, et la vivacité de son esprit, et les signes qu'il donnait non-seulement d'une âme calme, mais encore d'une incroyable hauteur de sentiments? Quand il n'eût pas été mon fils, je l'aurais encore trouvé infiniment digne d'amour. Mais où je reconnais les jeux cruels et la trahison de la Fortune, c'est qu'il était plus caressant pour moi que pour tout autre, et me donnait la préférence sur ses nourrices, sur une aïeule qui prenait soin de lui, et sur toutes les personnes qui réussissent le mieux auprès des enfants. Je pardonne donc aux destins de m'avoir ravi peu auparavant sa digne et incomparable mère ; car, après tout, s'il faut me plaindre de mon sort, il faut encore plus la féliciter du sien. Il me restait encore mon cher Quintilien, qui était tout mon plaisir, toute mon espérance, et, à vrai dire, ma consolation ; car, entré déjà dans sa dixième année, ce n'étaient plus des fleurs qu'il montrait, comme son jeune frère, mais des fruits tout formés, que je ne pouvais manquer de recueillir. J'ai bien de l'expérience, mais je jure par mes malheurs, par le triste témoignage de ma conscience, par les mânes sacrés de mon cher fils, je jure que je n'ai jamais vu dans aucun enfant, je ne dis pas seulement de si heureuses dispositions pour les sciences, ni tant d'inclination pour l'étude, ses maîtres le savent! mais tant de vertu, de piété, de bonté, de générosité. Certainement le coup de foudre qui m'a frappé doit être un sujet de crainte pour tous les

mea flammis injicere, neque hanc impiam vivacitatem novis insuper curis fatigare. Quis enim mihi bonus parens ignoscat, si studere amplius possum? ac non oderit hanc animi mei firmitatem, si quis in me est alius usus vocis, quam ut incusem deos, superstes omnium meorum? nullam terras despicere providentiam tester? si non meo casu, cui tamen nihil objici, nisi quod vivam, potest; at illorum certe, quos utique immeritos mors acerba damnavit; erepta mihi prius eorumdem matre, quæ nondum expleto ætatis undevicesimo anno duos enixa filios, quamvis acerbissimis rapta fatis, felix decessit. Ego vel hoc uno malo sic eram afflictus, ut me jam nulla fortuna posset efficere felicem; nam cum omni virtute, quæ in feminas cadit, functa, insanabilem attulit marito dolorem; tum ætate ea puellari, præsertim meæ comparata, potest et ipsa numerari inter vulnera orbitatis. Liberis tamen superstitibus oblectabar; et, quod nefas erat, sed optabat ipsa, me salvo, maximos cruciatus præcipiti via effugit : mihi filius minor quintum egressus annum, prior alterum ex duobus eruit lumen. Non sum ambitiosus in malis, nec augere lacrymarum causas volo : utinamque esset ratio minuendi! sed dissimulare qui possum, quid ille gratiæ in vultu, quid jucunditatis in sermone, quos ingenii igniculos, quam substantiam placidæ, et, quam scio vix posse credi tantam, altæ mentis ostenderit? qualis amorem quicumque alienus infans mereretur. Illud vero insidiantis, quo me validius cruciaret, fortunæ fuit, ut ille mihi blandissimus, me suis nutricibus, me aviæ educanti, me omnibus, qui sollicitare illas ætates solent, anteferret : quapropter illi dolori, quem ex matre optima, atque omnem laudem supergressa, paucos ante menses ceperam, gratulor : minus enim est, quod flendum meo nomine, quam quod illius gaudendum est. Una post hæc Quintiliani mei spe ac voluptate nitebar, poterat sufficere solatio : non enim flosculos, sicut prior, sed jam decimum ætatis ingressus annum, certos ac deformatos fructus ostenderat. Juro per mala mea, per infelicem conscientiam, per illos manes, numina mei doloris, has me in illo vidisse virtutes ingenii, non modo ad percipiendas disciplinas, quo nihil præstantius cognovi, plurima expertus, studiique jam tum non coacti, sciunt præceptores, sed probitatis, pietatis, humanitatis, liberalitatis, ut prorsus posset hinc esse tanti fulminis metus, quod

pères, s'il est vrai, comme on l'a remarqué de tout temps, que tout ce qui est précoce est de peu de durée, et qu'il règne une secrète malignité qui se plaît à détruire nos plus belles espérances, pour empêcher, sans doute, que les choses humaines ne s'élèvent au-dessus de la mesure qui leur est prescrite. Il avait aussi tous les avantages que donne le hasard, un son de voix clair et charmant, une figure suave, une extrême facilité à bien prononcer les deux langues, comme s'il eût été également né pour l'une et pour l'autre. Mais ce n'étaient encore là que des espérances ; et je fais bien plus de cas de sa fermeté, de sa gravité, de la force avec laquelle il se roidissait contre les douleurs et les craintes. En effet, avec quel courage, avec quel étonnement des médecins, a-t-il supporté une maladie de huit mois ! Au moment suprême, c'était lui qui me consolait. Déjà défaillant, et quand il n'existait déjà plus pour moi, dans son délire il vivait encore pour les lettres. Objet de mes vaines espérances, ai-je donc pu voir tes yeux se noyer dans la mort, entendre ton dernier souffle, embrasser ton corps glacé et sans vie, recueillir ton âme fugitive, et survivre à ma douleur ? En vérité, je suis bien digne de ces tourments et de ces tristes pensées. Toi qu'un consul venait d'adopter, et que cette adoption réservait à tant d'honneurs, qu'un préteur, ton oncle maternel, se destinait pour gendre ; toi en qui tout le monde espérait voir refleurir l'éloquence des meilleurs siècles, je ne te verrai donc plus, et, père sans enfants, je suis condamné à vivre seulement pour souffrir ! Si ma vie est une offense à ta mémoire, tu seras assez vengé par l'effort qu'elle me coûtera ; car nous avons tort d'imputer nos maux à la Fortune : nul ne souffre qu'autant qu'il le veut. Mais enfin, puisque je vis, il me faut chercher quelque raison de vivre, et en croire les sages qui s'accordent à regarder les lettres comme l'unique consolation de l'adversité. Que si la douleur qui m'accable aujourd'hui se relâche un peu avec le temps, et qu'elle puisse compatir avec d'autres pensées, je crois qu'on me pardonnera sans peine d'avoir fait attendre la fin de cet ouvrage. En effet, s'étonnera-t-on qu'il ait été différé, lorsqu'on devrait bien plutôt s'étonner qu'il n'ait pas été tout à fait abandonné ? Et si le reste est moins achevé que ce que j'avais commencé sous des impressions moins douloureuses, qu'on l'impute aux rigueurs impérieuses de la Fortune, qui a dû affaiblir, si elle ne l'a éteint, le peu de talent que je pouvais avoir. Mais que ce soit plutôt un motif de me roidir contre son injustice, avec d'autant plus de fierté que, s'il est difficile de la supporter, il m'est du moins facile de la mépriser ; car, en mettant le comble à mes douleurs, elle m'a procuré une triste mais entière sécurité. Au reste, il me semble qu'on doit me savoir encore plus de gré de mon travail depuis qu'il n'est animé d'aucun intérêt particulier, et que, s'il a quelque utilité, cette utilité est toute pour autrui ; car tel est mon malheur, que, mes écrits comme mon patrimoine, tout ira à des étrangers, tout passera dans des mains étrangères.

Chap. I. Nous en étions restés à la *péroraison*, que quelques-uns appellent *couronnement*, d'autres *conclusion* du discours. Il y en a de deux sortes, l'une qui consiste dans les choses, l'autre qui consiste dans les passions. Celle qui consiste à reprendre et à résumer les choses est appelée par les Grecs ἀνακεφαλαίωσις, ce que quelques

---

observatum fere est, celerius occidere festinatam maturitatem : et esse nescio quam, quæ spes tantas decerpat, invidiam, ne videlicet ultra, quam homini datum est, nostra provehantur. Etiam illa fortuita aderant omnia, vocis jucunditas claritasque, oris suavitas, et in utracumque lingua, tanquam ad eam demum natus esset, expressa proprietas omnium litterarum : sed hæc spes adhuc, illa majora, constantia, gravitas, contra dolores etiam ac metus robur : nam quo ille animo, qua medicorum admiratione, mensium octo valetudinem tulit ! ut me in supremis consolatus est ? quam etiam deficiens, jamque non noster, ipsum illum alienatæ mentis errorem circa solas litteras habuit ? Tuosne ego, o meæ spes inanes, labentes oculos, tuum fugientem spiritum vidi, tuum corpus frigidum exsangue complexus, animam recipere, auramque communem haurire amplius potui ? dignus his cruciatibus, quos fero, dignus his cogitationibus. Tene consulari nuper adoptione ad omnium spes honorum patris admotum, te avunculo prætori generum destinatum, te omnium spe atticæ eloquentiæ candidatum, superstes parens tantum ad pœnas, amisi ? et, si non cupido lucis, certe patientia vindicet te reliqua mea ætate : nam frustra mala omnia ad crimen fortunæ relegamus. Nemo, nisi sua culpa, diu dolet ; sed vivimus, et aliqua vivendi ratio quærenda est, credendumque doctissimis hominibus, qui unicum adversorum solatium litteras putaverunt : si quando tamen ita resederit præsens impetus, ut aliqua tot luctibus alia cogitatio inseri possit, non injuste petierim moræ veniam ; quis enim dilata studia miretur, quæ potius non abrupta esse mirandum est ? Tum, si qua fuerint minus effecta iis, quæ levius adhuc afflicti cœperamus, imperitanti fortunæ remittantur : quæ, si quid mediocrium alioqui in nostro ingenio virium fuit, ut non exstinxerit, debilitavit tamen : sed vel propter hoc nos contumacius erigamus, quod illam ut perferre nobis difficile est, ita facile contemnere : nihil enim sibi adversus me reliquit, et, infelicem quidem sed certissimam tamen, attulit mihi ex his malis securitatem. Boni autem consulere nostrum laborem vel propter hoc æquum est, quod in nullum jam proprium usum perseveramus, sed omnis hæc cura ad alienas utilitates, si modo quid utile scribimus, spectat : nos miseri, sicut facultates patrimonii nostri, ita hoc opus aliis præparabamus, aliis relinquemus.

Cap. I. Peroratio sequebatur, quam *cumulum* quidam, *conclusionem* alii vocant : ejus duplex ratio est, posita aut in rebus, aut in affectibus : *rerum repetitio et congregatio*, quæ græce dicitur ἀνακεφαλαίωσις ; a quibusdam Latinorum *enumeratio*, et memoriam judicis reficit, et

Latins ont rendu par *énumération.* Son objet est de rafraîchir la mémoire du juge, de lui mettre en un moment la cause entière sous les yeux, et de faire valoir en masse ce qui, en détail, a pu ne produire qu'un effet médiocre. Dans cette sorte de péroraison, la répétition doit être aussi brève que possible; et, comme le marque le mot grec, il faut seulement reprendre les principaux *chefs.* En effet, si l'orateur s'arrête trop longtemps, ce ne sera plus une énumération, mais un second discours. Les choses que l'on jugera à propos d'énumérer devront être dites avec quelque poids, relevées par des pensées appropriées à l'esprit de la péroraison et surtout par des figures variées; car rien ne déplaît plus qu'une répétition pure et simple qui semble se défier de la mémoire des juges. Or, les figures qu'on peut employer sont innombrables. Cicéron est un excellent modèle en ce genre, lorsque, par exemple, s'adressant à Verrès, il lui dit : *Si votre père lui-même était votre juge, que dirait-il quand on lui prouverait que,* etc., et qu'ensuite il reprend tous les faits dont il avait parlé; ou lorsque, dans un autre endroit, *il invoque toutes les divinités dont Verrès avait enlevé les statues, et énumère tous les temples qu'il avait dépouillés pendant sa préture.* Tantôt l'orateur fera semblant de croire qu'il a oublié quelque chose, pour avoir occasion de revenir sur ce qu'il a dit ; tantôt, en énumérant chaque chef, il demandera à l'accusé ce qu'il a à répondre, ou à l'accusateur ce qu'il peut espérer encore. Mais, de tous les tours, le plus heureux est celui qui naît du plaidoyer de l'adversaire. Par exemple, *il a passé ce point sous silence ;* ou, *il a mieux aimé s'attacher à nous rendre odieux;* ou, *il a eu recours aux prières, et ce n'est pas sans raison, car il savait bien que*, etc. Mais je ne pousserai pas plus loin ces citations, de peur qu'on ne s'imagine que les formes de la péroraison se réduisent aux exemples que je rapporterais. La nature des causes, le plaidoyer de l'adversaire, et même des circonstances fortuites, peuvent fournir une infinité de formes ; et ce n'est pas assez de reprendre ce qu'on a dit, il faut quelquefois sommer l'adversaire de répondre à certaines allégations. Mais, dans ce dernier cas, je suppose qu'on aura le temps de répliquer, et qu'il est impossible de réfuter l'allégation ; car provoquer de la part de l'adversaire une réponse qui pourrait la détruire, ce ne serait plus le combattre, mais lui donner un avertissement qui tournerait contre son auteur. La plupart des rhéteurs athéniens, et presque tous les philosophes qui ont écrit sur l'art oratoire, n'ont reconnu que ce genre d'épilogue. A l'égard des rhéteurs, je crois que cela tient à ce qu'à Athènes un huissier imposait silence à tout orateur qui essayait d'émouvoir les passions. Pour les philosophes, je ne m'en étonne pas, puisqu'à leurs yeux tout mouvement passionné de l'âme est un vice, qu'il est immoral de détourner le juge de la vérité par le moyen des passions, et qu'il est indigne d'un homme de bien de tirer parti du mal. Ils doivent avouer cependant que l'emploi des passions est nécessaire, si la vérité, la justice, le bien public, ne peuvent triompher autrement. Et même il est généralement reconnu qu'on peut aussi dans les autres parties du plaidoyer, si la cause est multiple et chargée d'un grand nombre d'arguments, employer utilement la récapitulation ; comme aussi il est indubitable qu'elle est absolument superflue dans une foule d'affaires,

---

totam simul causam ponit ante oculos, et, etiamsi per singula minus moveat, turba valet. In hac, quæ repetimus, quam brevissime dicenda sunt, et, quod græco verbo patet, decurrendum per *capita :* nam, si morabimur, jam enumeratio, sed quasi altera fiet oratio : quæ autem enumeranda videntur, cum pondere aliquo dicenda sunt, et aptis excitanda sententiis, et figuris utique varianda : alioqui nihil est odiosius recta illa repetitione, velut memoriæ judicum diffidentis. Sunt autem innumerabiles; optimeque in Verrem Cicero, *Si pater ipse judicaret, quæ diceret, quum hæc probarentur?* et deinde subjecit enumerationem : aut, quum idem in eumdem, *Per invocationem deorum spoliata a prætore templa* dinumerat : licet et dubitare, num quid nos fugerit; et, quid responsuri sint adversarii his et his; aut, quam spem accusator habeat omnibus ita defensis. Illa vero jucundissima, si contingat aliquod ex adversario ducere argumentum, ut, si dicas, *Reliqui vero hanc partem causæ ;* aut, *Invidia premere maluit;* aut *Ad preces confugit;* *et merito, quum sciret hæc et hæc.* Sed non sunt singulæ species persequendæ, ne sola videantur, quæ forte nunc dixero; quum occasiones, et ex causis, et ex dictis adversariorum, et ex quibusdam fortuitis quoque oriantur; nec referenda modo nostra, sed postulandum etiam ab adversariis, ut ad quædam respondeant. Id autem, si actionis supererit locus, et ea proposuerimus, quæ refelli non possunt; nam provocare, quæ inde sint fortia, non arguentis est, sed monentis. Id unum epilogi genus visum est plerisque Atticorum, et philosophis fere omnibus, qui de arte oratoria scriptum aliquid reliquerunt : id sensisse Atticos credo, quia Athenis affectus movere etiam per præconem prohibebatur orator : philosophos minus miror, apud quos vitii loco est, affici ; nec boni mores videntur, sic a vero judicem averti, nec convenire bono viro vitiis uti : necessarios tamen affectus fatebuntur, si aliter obtineri vera, et justa, et in commune profutura non possint. Cæterum illud constitit inter omnes, etiam in aliis partibus actionis, si multiplex causa sit et pluribus argumentis defensa, utiliter ἀνακεφαλαίωσιν fieri solere; sicut nemo dubitaverit multas esse causas, in quibus nullo loco sit necessaria, si breves et simplices fuerint : hæc pars *perorationis* accusatori patronoque ex æquo communis est : affectibus quoque iisdem fere utuntur; sed rarius hic, ille sæpius ac magis : nam huic concitare judices, illi

à cause de leur simplicité et de leur peu d'étendue. La péroraison qui consiste dans les choses est commune aux deux parties.

Celle qui consiste dans les passions appartient aussi au demandeur comme au défendeur, mais celui-ci l'emploie plus souvent et avec plus de raison ; car c'est au demandeur d'irriter les juges, et au défendeur de les calmer. Cependant leurs rôles changent quelquefois : l'accusateur émeut la pitié en sa faveur, et l'accusé excite l'indignation en se plaignant avec véhémence de l'injuste persécution dont il est l'objet. Il faut donc traiter séparément ces différents intérêts, qui règnent dans la péroraison comme dans l'exorde, mais qui dans la péroraison comportent plus d'essor et de plénitude ; car, en commençant, ce n'est qu'avec retenue qu'on cherche à se rendre maître de l'esprit des juges, parce qu'il suffit d'y prendre pied, et qu'on a tout le temps de faire de plus grands progrès ; mais, dans la péroraison, il s'agit de mettre les juges dans la disposition où l'on veut qu'ils soient en prononçant. C'est la fin du discours, et il n'y a plus lieu de rien réserver pour un autre endroit. Il entre donc dans le rôle de chaque partie de se concilier le juge, de l'indisposer contre l'adversaire, de l'émouvoir et de l'apaiser. On pourrait recommander en général aux deux parties de bien se pénétrer de la cause et des moyens qu'elle présente, de considérer ce qu'elle renferme ou paraît renfermer de contraire ou de favorable, d'odieux ou de propre à éveiller la pitié, et de choisir ce qui ferait le plus d'impression sur elles-mêmes, si elles étaient appelées à prononcer. Cependant je ferai encore mieux de traiter chaque point en particulier.

J'ai déjà dit, dans les préceptes de l'exorde, ce qui concilie le juge à l'accusateur ; mais il y a des sentiments qu'on se contente d'effleurer dans l'exorde, et qu'on ne saurait trop fortement exprimer dans la péroraison, surtout si l'on plaide contre un homme violent, odieux, dangereux, si la condamnation ou l'absolution de l'accusé doit tourner à la gloire ou à la honte du juge. Ainsi Calvus, plaidant contre Vatinius, s'y prend admirablement quand il dit : *Vous savez tous que Vatinius est coupable de brigue, et personne n'ignore que vous le savez.* Cicéron ne manque pas de dire aux juges que *la condamnation de Verrès réhabilitera la justice dans l'opinion publique* : ce qui constitue un des moyens propres à capter la bienveillance des juges. Si, pour arriver au même but, il est nécessaire d'inspirer de la crainte, on le fera aussi avec plus de force que dans l'exorde. J'ai déjà dit ailleurs ce que je pense de ce moyen. Enfin, s'il faut exciter l'envie, la haine, la colère, c'est dans la péroraison plus qu'en toute autre partie qu'il faut se donner carrière. A l'égard de ces sentiments, le crédit de l'accusé contribue à éveiller l'envie ; sa turpitude attire la haine ; son irrévérence envers les juges, manifestée par son insolence, sa fierté, son assurance, excite leur colère ; et non-seulement ses actions ou ses paroles peuvent les indisposer contre lui, mais jusqu'à son air et sa contenance. Je rapporterai à ce sujet le trait d'un orateur qui accusa Cossutianus Capiton devant le prince, dans le temps que je commençais à fréquenter le barreau. Il plaidait en grec, mais voici le sens de ses paroles : *Tu rougis de craindre César.* Cependant le vrai moyen d'exciter la bienveillance des juges en faveur de l'accusateur, c'est de présenter le fait, dont il poursuit la vengeance, avec de telles couleurs, qu'il leur paraisse la chose du monde la plus horrible ou la plus digne de compassion. L'horreur s'accroît par l'énumération des circons-

---

flectere convenit : verum et accusator habet interim lacrimas ex miseratione ejus rei, quam ulciscitur ; et reus de indignitate calumniæ conspirationis vehementius interim queritur : dividere igitur hæc officia commodissimum, quæ plerumque sunt, ut dixi, procemio similia, sed liberiora, plenioraque. Inclinatio enim judicum ad nos petitur initio parcius, quum admitti satis est, et oratio tota superest ; in epilogo vero est, qualem animum judex in consilium ferat, et jam nihil amplius dicturi sumus, nec restat, quo servemus. Est igitur utrisque commune, conciliare sibi, avertere ab adversario judicem, concitare affectus, et componere : et brevissimum quidem hoc præceptum dari utrique parti potest, ut totas causæ vires orator ante oculos ponat : et, quum viderit, quid *invidiosum, favorabile, invisum, miserabile* aut sit in rebus, aut videri possit, ea dicat, quibus, si judex esset, ipse maxime moveretur. Sed certius est ire per singula : et quæ conciliant quidem accusatorem, in præceptis exordii jam diximus : quædam tamen, quæ illic ostendere satis est, in peroratione implenda sunt magis, si contra impotentem, invisum, perniciosum, suscepta causa est ; si judi- cibus ipsis aut gloriæ damnatio rei, aut deformitati futura absolutio. Nam egregie in Vatinium Calvus, *Factum*, inquit, *ambitum scitis omnes, et hoc vos scire omnes sciunt.* Cicero quidem in Verrem etiam *emendari posse infamiam judiciorum damnato reo* dicit ; quod est unum ex supra dictis : metus etiam, si est adhibendus, ut faciat idem, hunc habet locum fortiorem, quam in procemio : qua de re quid sentiam, alio jam libro exposui. Concitare quoque invidiam, odium, iram, liberius in peroratione contingit : quorum *invidiam* gratia, *odium* turpitudo, *iram* offensio judicis facit, si contumax, arrogans, securus sit : qui non ex facto modo, dictove aliquo, sed vultu, habitu, aspectu moveri solet : egregieque nobis adolescentibus dixisse accusator Cossutiani Capitonis videbatur, græce quidem, sed in hunc sensum, *Erubescis Cæsarem timere.* Summa tamen concitandi affectus accusatori in hoc est, ut id, quod objecit, aut quam atrocissimum, aut etiam, si fieri potest, quam maxime miserabile esse videatur : atrocitas crescit ex his, *Quid factum sit, a quo, in quem, quo animo, quo tempore, quo loco, quo modo?* quæ omnia infinitos anfrac-

tances. Qu'est-ce qui s'est fait? par qui? contre qui? dans quelle intention? en quel temps? en quel lieu? comment? Ces circonstances sont inépuisables pour qui sait les approfondir. Avons-nous à nous plaindre des voies de fait? nous parlerons d'abord de l'outrage; ensuite nous examinerons si celui qui l'a reçu est un vieillard, un enfant, un magistrat, un homme respectable ou qui a bien mérité de la république; si l'auteur de cet outrage est un homme vil et méprisé, si c'est un personnage puissant, ou de qui l'on devait le moins attendre un tel affront; si la chose s'est passée dans un jour solennel, dans un temps où la justice sévissait contre des attentats de cette nature, dans un temps de calamité publique, au théâtre, dans un temple, dans l'assemblée du peuple; si le fait ne peut être imputé à une méprise ou à un simple mouvement de colère, ou si c'est un mouvement de colère qui décèle une âme méchante, parce que l'offensé avait pris parti pour son père, parce qu'il s'était plaint d'une injustice antérieure, parce qu'il était le concurrent de l'agresseur; ou s'il semble que l'agresseur ait voulu faire encore pisqu'il n'a fait. La manière ne contribue pas moins à l'énormité de l'action; par exemple, si la violence a été grave, outrageante. C'est ainsi que Démosthène irritait les juges contre Midias, en leur représentant l'indignité de l'affront qu'il en avait reçu, et l'air de mépris dont cet insolent l'avait accompagné. Un homme a perdu la vie; mais est-ce par le fer, par le feu, par le poison? A-t-il succombé sous une ou plusieurs blessures? l'a-t-on tué sur-le-champ, ou l'a-t-on fait languir dans les tortures? Souvent aussi l'accusateur se sert de la pitié, soit en déplorant l'infortune de celui dont il plaide la cause, soit en déplorant le sort d'enfants maintenant orphelins, ou d'un père et d'une mère maintenant privés de leur fils. On cherchera à émouvoir les juges par les conséquences du crime. A quoi doivent s'attendre les opprimés, si la violence et l'injustice restent impunies?.Il faudra donc fuir la société, abandonner ses biens, et souffrir tout ce qu'il plaira à un ennemi d'entreprendre. Mais plus souvent encore on devra prémunir les juges contre la compassion que l'accusé voudrait leur inspirer en sa faveur, et on les exhortera à juger courageusement; et là on tâchera de s'emparer de ce qu'on sent que la partie adverse pourra ou dire ou faire. Par là on rendra le juge plus attentif à la garde de son serment, et, en ôtant à la réplique la grâce de la nouveauté, on lui ôtera de sa force. En quoi nous avons l'exemple de Servius Sulpitius, qui, plaidant contre Aufidia, prévint l'objection qu'on lui pouvait faire sur le danger auquel étaient exposés les signataires; et celui d'Eschine, qui prévint les juges sur le genre de défense que Démosthène avait l'intention d'employer. Quelquefois aussi on instruira les juges de ce qu'ils doivent répondre aux questions qui leur seraient faites : ce qui est une des sortes de récapitulations dont j'ai parlé. A l'égard de l'accusé, on le rend recommandable par sa dignité, par la mâle vigueur de son caractère, par les blessures qu'il a reçues à la guerre, par sa noblesse, par les services de ses ancêtres. Cicéron et Asinius, comme je l'ai dit un peu plus haut, ont fait valoir à l'envi ce genre de considérations, l'un pour Scaurus le père, l'autre pour Scaurus le fils. On tirera aussi avantage de la cause qui a mis l'accusé en péril : si c'est, par exemple, quelque action honorable qui lui a attiré l'inimitié de l'accusateur. Surtout on vantera sa bonté, son humanité, sa sensibilité; car il semble qu'on a droit d'attendre du juge les mêmes sentiments qu'on a toujours témoignés

---

tus habent. Pulsatum querimur; de re primum ipsa dicendum : tum, *si senex*, *si puer*, *si magistratus*, *si probus*, *si bene de republica meritus*; etiam, si percussus sit *a vili aliquo contemptoque*; vel ex contrario *a potente nimium*, vel ab eo, *quo minime oportuit;* et, si *die forte solemni*, *si iis temporibus*, *quum judicia ejus rei maxime exercerentur*, aut in sollicito *civitatis statu;* item *in theatro*, *in templo*, *in concione*, crescit invidia; et, si *non errore*, *nec ira*, vel etiam, si forte *ira*, sed *iniqua*, *quod patri affuisset*, *quod respondisset*, *quod honores contra peteret*; et, si *plus* etiam videri potest *voluisse*, quam fecit : plurimum tamen affert atrocitatis *modus*, *si graviter*, *si contumeliose*, ut Demosthenes *ex parte* percussi corporis, ex *vultu* ferientis, ex *habitu* invidiam Midiæ quærit. *Occisus est : utrum ferro*, *an igne*, *an veneno? uno vulnere*, *an pluribus? subito*, *an exspectatione tortus?* ad hanc partem maxime pertinet : utitur frequenter accusator et *miseratione*, quum aut ejus *casum*, quem ulciscitur, aut liberorum ac parentum solitudinem conqueritur. Etiam futuri temporis imagine judices movet, *quæ* maneant eos, *qui de vi et injuria questi sunt*, *nisi vindicentur : fugiendum de civitate*, *cedendum bonis*, *aut omnia*, *quæcunque inimicis animus fuerit*, *perferenda*. Sed sæpius id est accusatoris, avertere judicem a miseratione, qua reus sit usurus, atque ad fortiter judicandum concitare : cujus loci est etiam occupare, quæ dicturum facturumve adversarium putes : nam et cautiores ad custodiam suæ religionis judices facit, et gratiam responsuris aufert, quum ea, quæ prædicta sunt ab accusatore, jam, si pro reo petentur, non sint nova : ut Servius Sulpicius contra Aufidiam, *ne signatorum ab ipsis discrimen objiciatur sibi*, præmonet. Nec non ab Æschine, quali sit usurus Demosthenes actione, prædictum est : docendi quoque interim judices, quid rogantibus respondere debeant; quod est unum repetitionis genus. Periclitantem vero commendat *dignitas*, et *studia fortia*, et *susceptæ bello cicatrices*; et *nobilitas*, et *merita majorum* hoc, quod proxime dixi, Cicero atque Asinius certatim sunt usi; pro Scauro patre hic, ille pro filio. Commendat et causa periculi, si suscepisse inimicitias ob aliquod factum honestum videtur, præcipue *bonitas*, *hu-*

pour autrui. Enfin, dans la péroraison comme dans l'exorde, on intéressera les juges par la vue du bien public, de leur propre gloire, de l'exemple et de la postérité. Mais c'est la pitié qui doit avoir la meilleure part à la défense de l'accusé; c'est la pitié qui force le juge non-seulement à se laisser fléchir, mais encore à témoigner par ses larmes l'émotion de son cœur. Or, on y parviendra en représentant ce que l'accusé a souffert ou ce qu'il souffre actuellement, ou le sort qui l'attend, s'il est condamné; et ces considérations sont encore plus touchantes, si nous faisons envisager aux juges de quel degré d'élévation, dans quel abîme il va tomber. Enfin on se servira avec succès de l'âge, du sexe, des personnes à qui l'accusé tient par des liens chers et sacrés, je veux dire ses enfants, son père et sa mère, ses proches : toutes considérations qu'on peut traiter de mille manières. Quelquefois l'orateur se mettra lui-même au nombre de ces personnes, comme l'a fait Cicéron en plaidant pour Milon : *Malheureux que je suis! infortuné que tu es! quoi! Milon, tu as pu, par le moyen de ceux qui sont aujourd'hui tes juges, me rappeler dans ma patrie, et moi je ne pourrai t'y retenir par le même moyen?* surtout si, comme dans cet exemple, les prières sont déplacées dans la bouche de l'accusé. Qui pourrait, en effet, souffrir que Milon, pour détourner le péril qui menace sa tête, descende à des supplications, dans le temps qu'il confesse avoir tué un homme noble, et qu'il soutient l'avoir tué justement? C'est pourquoi Cicéron lui concilie la faveur par la considération même de sa grandeur d'âme, et se charge lui-même du rôle de suppliant. C'est particulièrement alors que les prosopopées sont utiles, je veux dire ces discours qu'on met dans la bouche d'autrui, tels qu'ils conviennent à l'avocat ou à sa partie. Les choses inanimées peuvent même toucher, soit que nous leur adressions la parole, soit que nous les fassions parler.

Mais ce qui contribue surtout à remuer les cœurs, c'est de mettre en scène les personnes elles-mêmes; car alors le juge ne croit pas entendre simplement un homme qui déplore le malheur d'autrui, mais il s'imagine ouïr la voix et les accents de ces malheureux, dont souvent la présence suffit pour arracher des larmes; et comme il serait encore plus attendri s'ils parlaient véritablement eux-mêmes, nous faisons nécessairement beaucoup d'impression sur lui quand ce que nous disons semble être dit par leur organe. C'est ainsi qu'au théâtre la voix et la prononciation de l'acteur produisent beaucoup plus d'effet sous le masque, qui représente les personnages que l'on met sur la scène. C'est pour cela que Cicéron, bien qu'il ne donne pas à Milon un ton de suppliant, et qu'il loue au contraire sa fermeté d'âme, ne laisse pas de lui prêter des paroles et des plaintes qui n'ont rien d'indigne d'un homme de cœur : *Vains travaux! espérances fallacieuses! inutiles projets!* Cependant la plainte ne doit jamais être longue; et ce n'est pas sans raison qu'on a dit que *rien ne sèche si vite qu'une larme.* En effet, s'il n'est point de douleur, si juste qu'elle soit, que le temps n'adoucisse, cette douleur factice que produira l'éloquence s'évanouira nécessairement en peu d'instants. Si nous nous y arrêtons trop longtemps, nos larmes fatigueront l'auditeur; il reprendra sa tranquillité, et la froide raison remplacera cette émotion involontaire. Ne laissons donc

---

manitas, *misericordia :* juste enim tunc petere ea quisque videtur a judice, quæ aliis ipse præstiterit : referenda pars hæc quoque ad *utilitatem reipublicæ, ad judicum gloriam, ad exemplum, ad memoriam posteritatis.* Plurimum tamen valet *miseratio,* quæ judicem flecti non tantum cogit, sed motum quoque animi sui lacrimis confiteri : hæc petetur aut ex iis, *quæ passus est reus,* aut ex iis, *quæ quum maxime patitur,* aut ex iis, *quæ damnatum manent :* quæ et ipsa duplicantur, quum dicimus, *ex qua illi fortuna, et in quam recidendum sit.* Affert in his momentum et *ætas,* et *sexus,* et *pignora; liberi,* dico, et *parentes,* et *propinqui :* quæ omnia tractari varie solent : nonnunquam etiam ipse patronus has partes subit, ut Cicero pro Milone, *O me miserum! o te infelicem! Revocare me tu in patriam, Milo, potuisti per hos; ego te in patria per eosdem retinere non polero?* Maximeque, si (ut tunc accidit) non conveniunt ei, qui accusatur, preces. Nam quis ferret Milonem pro capite suo supplicantem, qui a se virum nobilem interfectum, quid id fieri oportuisset, fateretur? Ergo et ille captavit ex ipsa præstantia animi favorem, et in locum lacrimarum ejus ipse successit : his præcipue locis utiles sunt *prosopopœiæ,* id est fictæ alienarum personarum orationes, quales litigatorem decent, vel patronum : mutæ tamen res movent, aut quum ipsis loquimur, aut quum ipsas loqui fingimus. Ex personis quoque trahitur affectus : non enim audire judex videtur aliena mala deflentes, sed sensum ac vocem auribus accipere miserorum, quorum etiam mutus aspectus lacrimas movet; quantoque essent miserabiliores, si ea dicerent ipsi, tanto sunt quadam portione ad afficiendum potentiora, quum velut ipsorum ore dicuntur : ut scenicis actoribus eadem vox, eademque pronunciatio plus ad movendos affectus sub persona valet. Itaque idem Cicero, quamquam preces non dat Miloni, eumque potius animi præstantia commendat, accommodavit ei tamen verba, convenientes etiam forti viro conquestiones : *O frustra,* inquit, *mei suscepti labores! O spes fallaces! O cogitationes inanes meæ!* Nunquam tamen debet esse longa miseratio; nec sine causa dictum est, *Nihil facilius, quam lacrimas, inarescere.* Nam, quum etiam veros dolores mitiget tempus, citius evanescat necesse est illa, quam dicendo effinximus, imago; in qua si moramur, lacrimis fatigatur auditor, et requiescit, et ab illo, quem ceperat, impetu ad rationem redit. Non patiamur igitur frigescere hoc opus, et affectum, quum ad summum perduxerimus, relinqua-

pas refroidir notre ouvrage ; et quand nous aurons poussé le sentiment de la pitié jusqu'où il doit aller, hâtons-nous de le quitter, et n'espérons pas que personne soit longtemps sensible aux maux d'autrui. Aussi, dans la péroraison plus qu'ailleurs, le pathétique doit-il aller toujours en augmentant, parce que tout ce qui n'ajoute pas à ce qui a déjà été dit semble le diminuer, et qu'une passion qui décroît est bientôt éteinte. Mais ce n'est pas seulement par la parole que l'on touche le cœur des juges, c'est aussi par les objets qu'on expose à leurs yeux : de là l'usage d'amener devant eux l'accusé dans l'état le plus propre à les attendrir, accompagné de ses enfants et des auteurs de ses jours ; tandis que de son côté l'accusateur leur montre un poignard teint de sang, des ossements tirés de la blessure, des vêtements ensanglantés, des plaies et des meurtrissures. Et d'ordinaire les spectateurs sont tellement frappés de ces objets, qu'ils croient voir le crime se commettre à leurs yeux. C'est ainsi que la vue de la robe sanglante de César alluma la fureur du peuple. Tout le monde savait qu'il avait été assassiné, son corps était déjà même sur le lit funèbre ; et cependant la vue de cette robe dégouttante de sang retraça si vivement l'image du crime dans l'esprit du peuple, qu'il crut assister au meurtre de César. Mais je n'approuve pas pour cela le puéril stratagème que j'ai vu pratiquer, et qui consiste à mettre au-dessus de la statue de Jupiter un tableau qui représente l'action dont on veut donner de l'horreur au juge. Ne faut-il pas qu'un orateur soit bien convaincu de son insuffisance, pour croire que cette peinture muette fera plus d'effet que ses paroles ? Mais un extérieur négligé et conforme au malheur où l'on est, et dans l'accusé et dans ceux qui l'accompagnent, je sais que cet artifice a été utile à plu-

sieurs, aussi bien que les prières que l'on faisait en leur faveur. C'est pourquoi il sera bon d'implorer la miséricorde des juges et de les conjurer au nom de tant de malheureux qui se trouveraient enveloppés dans la même disgrâce, de ces enfants, de cette épouse, de ce père et de cette mère qui leur tendent les bras. On peut aussi invoquer les dieux, et cela est ordinairement jugé comme le témoignage d'une bonne conscience. Je ne blâme pas même une posture suppliante, comme de se jeter aux pieds des juges et d'embrasser leurs genoux, pourvu que le caractère et la condition de l'accusé n'y répugnent pas ; car il y a des actions qu'il faut défendre avec le même courage qu'elles ont été faites. Mais aussi, en voulant conserver sa dignité, il faut prendre garde de ne pas affecter une assurance qui déplaise aux juges. Cicéron nous fournit un exemple mémorable de la manière dont on peut sauver un accusé, par la considération de son caractère et de sa dignité. Ayant entrepris la défense de L. Muréna, et voyant qu'il avait pour accusateurs des personnages puissants, il persuada aux juges que, dans le pressant danger dont la république était menacée, le seul moyen de la sauver était que les consuls désignés (et Muréna en était un) prissent possession du consulat la veille des calendes de janvier ; mais aujourd'hui que la sagesse du prince préside seule au gouvernement de l'État, et qu'il n'est point de cause dont l'issue puisse troubler le bonheur public, ce genre de défense est presque entièrement banni.

Je n'ai parlé jusqu'à présent que des causes criminelles, parce qu'elles sont principalement le théâtre des passions ; mais il y en a de moindre conséquence, qui ne laissent pas d'être susceptibles des deux sortes de péroraisons que j'ai trai-

---

mus ; nec speremus fore, ut aliena quisquam diu ploret : ideoque cum in aliis, tum maxime in hac parte debet crescere oratio, quia, quidquid non adjicit prioribus, etiam detrahere videtur, et facile deficit affectus, qui descendit. Non solum autem dicendo, sed etiam faciendo quædam, lacrimas movemus : unde et producere ipsos, qui periclitentur, squalidos atque deformes, et liberos eorum ac parentes, institutum, et ab accusatoribus cruentum gladium ostendi, et lecta e vulneribus ossa, et vestes sanguine perfusas videmus, et vulnera resolvi, ac verberata corpora nudari. Quarum rerum ingens plerumque vis est, velut in rem præsentem animos hominum ducentium : ut populum romanum egit in furorem prætexta C. Cæsaris prolata in foro cruenta : sciebatur interfectum eum, corpus denique ipsum impositum lecto erat : at vestis tamen illa sanguine madens ita repræsentavit imaginem sceleris, ut non occisus esse Cæsar, sed tum maxime occidi videretur. Sed non ideo probaverim, quod factum et lego, et ipse aliquando vidi, depictam in tabula sipariove imaginem rei, cujus atrocitate judex erat commovendus : quæ enim est actoris infantia, qui mutam illam effigiem magis, quam orationem, pro se putet locuturam ? At sor-

des, et squalorem, et propinquorum quoque similem habitum scio profuisse, et magnum ad salutem momentum preces attulisse. (Quare et obsecratio illa judicum *per carissima pignora*, utique si et reo sunt *liberi, conjux, parentes*, utilis erit ; et deorum etiam *invocatio* velut ex bona conscientia profecta videri solet.) Stratum denique jacere et genua complecti, nisi si tamen persona nos, et anteacta vita, et rei conditio prohibebit : quædam enim tam fortiter tuenda, quam facta sunt : verum sic habenda est auctoritatis ratio, ne sit invisa securitas. Fuit quondam inter hæc omnia potentissimum, quo L. Murenam Cicero accusantibus clarissimis viris eripuisse præcipue videtur, persuasitque, nihil esse ad præsentem rerum statum utilius, *quam pridie kalendas januarias ingredi consulatum* : quod genus nostris temporibus totum pæne sublatum est, quum omnia curæ tutelæque unius innixa periclitari nullo judicii exitu possint. De accusatoribus et reis sum locutus, quia in periculis maxime versatur affectus ; sed privatæ quoque causæ utrumque habent perorationis genus, et illud, quod est ex enumeratione probationum, et hoc, quod ex lacrimis ; si aut statu periclitari, aut opinione litigator videtur : nam in parvis quidem liti-

tées, si, par exemple, il s'agit de l'état ou de la réputation des parties; car, pour ce qui est de changer en scènes tragiques ces petits procès, c'est vouloir donner à un enfant le cothurne et le masque d'Hercule. Je crois devoir avertir aussi que le succès de la péroraison dépend beaucoup de la manière dont les parties, qu'on fait lever devant le juge, se conforment aux paroles de l'avocat; car une attitude empruntée, grossière, roide, indécente, laisse le juge froid; et l'avocat ne saurait assez les instruire. J'ai vu souvent des plaideurs faire tout au rebours de ce que disait leur avocat, ne montrer aucune émotion, rire à contre-temps, et prêter à rire par leurs gestes ou par leur air, surtout lorsque la plaidoirie est accompagnée de quelque chose de scénique. Il me souvient qu'un jour on plaidait la cause d'une jeune fille que l'on prétendait sœur d'un homme qui ne la voulait pas reconnaître. L'avocat fit passer la jeune fille sur les bancs de son prétendu frère, afin qu'elle se jetât dans ses bras au moment de la péroraison : mais lui, que j'avais averti de ce dessein, s'était retiré de l'audience; et le pauvre avocat, qui ne s'en était pas aperçu, homme d'ailleurs fort éloquent, fut si surpris de cette évasion, qu'il demeura court, et fut obligé d'aller reprendre la jeune fille, tout honteux du mauvais succès de son artifice. Un autre, parlant pour une femme qui avait perdu son mari, crut faire merveille en exposant le portrait de ce mari; mais on se moqua de lui et de son portrait : car ceux qui avaient ordre de le montrer ne sachant ce que c'était qu'une péroraison, toutes les fois que l'orateur tournait les yeux de leur côté, ne manquaient pas de présenter le portrait. Enfin quand on en vint à l'exposer au moment de la péroraison, il se trouva que ce portrait était la hideuse empreinte du cadavre d'un vieillard, et rendit inutile toute l'éloquence de l'avocat. On sait aussi ce qui arriva à Glycon, surnommé Spiridion. Il avait amené à l'audience un enfant, dans la pensée que ses larmes attendriraient les juges. Glycon venant à lui demander pourquoi il pleurait, l'enfant répondit : *C'est que mon précepteur me pince.* Mais rien ne fait mieux sentir les dangers du pathétique dans la péroraison, que le conte de Cicéron au sujet des Cépasius. Cependant ces contre-temps sont sans conséquence pour ceux qui savent faire face aux événements inattendus; mais un avocat qui est esclave de son papier demeure court, ou tombe dans des faussetés visibles. De là ces traits : *Voyez ce malheureux qui tombe à vos genoux. — N'aurez-vous pas pitié de ce père infortuné qui cherche un asile entre les bras de ses enfants? — Je l'entends qui me rappelle;* bien qu'il n'y ait rien de tout cela. Nous apportons ces défauts des écoles, où nous avons la liberté de feindre impunément et de supposer tout ce qu'il nous plaît; mais la réalité n'admet pas ces imaginations, et Cassius Sévérus fit une réponse fort heureuse à un jeune orateur qui, l'ayant apostrophé, lui demanda brusquement *pourquoi il le regardait de travers? Moi,* dit Cassius, *je n'y pensais seulement pas; mais cela était sans doute écrit sur votre cahier : eh bien, soit!* et en même temps il lui lança un regard terrible. J'ajouterai un avis qui me paraît fort important. Que personne n'entreprenne d'émouvoir la pitié sans avoir appelé à son aide toutes les forces de l'éloquence; car si ce sentiment est infiniment puissant quand il se rend maître du cœur, il languit quand il reste en chemin; et tout orateur médiocre fera mieux d'abandonner les juges à eux-mêmes : car l'air de son visage, le ton de sa voix, et même cette tristesse de l'accusé, que l'on fait lever, devien-

---

bus has tragœdias movere tale est, quale si personam Herculis et cothurnos aptare infantibus velis. Ne illud quidem indignum est admonitione, ingens in epilogis meo judicio verti discrimen, quomodo se dicenti, qui excitatur, accommodet : nam et *imperitia*, et *rusticitas*, et *rigor*, et *deformitas* afferunt interim frigus, diligenterque sunt hæc actori providenda. Et quidem repugnantes pos patrono, et nihil vultu commotos, et intempestive ridentes, et facto aliquo vel ipso vultu risum etiam moventes sæpe vidi, præcipue vero, quum aliqua velut scenice fiunt. Transtulit aliquando patronus puellam, quæ soror esse adversarii dicebatur (nam de hoc lis erat), in adversa subsellia, tanquam in gremio fratris relicturus : at is a nobis præmonitus discesserat : tum ille, alioqui vir facundus, inopinatæ rei casu obmutuit, et infantem suam frigidissime reportavit. Alius imaginem mariti pro rea proferre magni putavit; at ea sæpius risum fecit : nam et ii, quorum officii erat, ut traderent eam, ignari vel quid esset epilogus, quoties respexisset patronus, oferebant palam, et prolata novissime, deformitate ipsa (nam senis cadaveri infusa), præteritam quoque orationis gratiam perdidit. Nec ignotum, quid Glyconi, cui Spiridion fuit cognomen, acciderit : huic puer, quem in jus productum, quid fleret, interrogabat, *ex pædagogo se vellicari* respondit : sed nihil illa circa Cepasios Ciceronis fabula efficacius ad pericula epilogorum. Omnia tamen hæc tolerabilia, quibus actionem mutare facile est : at, qui a stilo non recedunt, aut conticescunt ad hos casus, aut frequentissime falsa dicunt : inde est enim, *Tendit ad genua vestra supplices manus*; et, *Hæret in complexu liberorum miser*; et *Revocat ecce me :* etiamsi nihil horum is, de quo dicitur, faciat. Ex scholis hæc vitia, in quibus omnia libere fingimus et impune, quia pro facto est, quidquid volumus : non admittit hoc idem veritas, egregieque Cassius dicenti adolescentulo : *Quid me torvo vultu intueris, Severe? Non me hercule*, inquit, *faciebam, sed sic scripsisti : ecce!* et, quam potuit, truculentissime eum aspexit. Illud præcipue monendum, ne quis nisi summis ingenii viribus ad movendas lacrimas aggredi audeat : nam, ut est longe vehementissimus hic, quum invaluit, affectus, ita, si nihil efficit, tepet; quem melius infirmus actor tacitis judicum cogitationibus reliquisset. Nam et vultus, et.

nent souvent un sujet de risée pour ceux qui n'en sont pas touchés. Que l'orateur mesure donc attentivement ses forces, et qu'il considère bien jusqu'où elles peuvent aller. Il n'y a point de milieu : ou l'on fera pleurer, ou l'on fera rire.

Mais le propre de la péroraison n'est pas seulement d'exciter la pitié, mais encore de la détruire, soit par un discours continu qui calme les juges et les ramène à la justice, soit par d'agréables railleries, comme celle-ci : *Donnez du pain à cet enfant, pour qu'il ne pleure plus;* et cette autre d'un avocat qui plaidait pour un homme fort gros : *Que ferai-je? car je ne saurais vous porter dans mes bras;* et cela pour se moquer de l'avocat de la partie adverse, qui était un enfant, et qu'il promenait dans ses bras autour des juges : mais ces plaisanteries ne doivent pas dégénérer en scènes de comédie. Aussi je ne puis approuver cet avocat (c'était pourtant un des plus grands orateurs de son temps) qui, à la vue de pauvres enfants qu'on avait amenés au moment de la péroraison, leur jeta une poignée d'osselets qu'ils se mirent à ramasser à l'envi; car cette ignorance même du péril où ils étaient pouvait sembler bien digne de compassion. Je ne puis approuver non plus cet autre qui, voyant que l'accusateur montrait aux juges une épée tout ensanglantée, comme une preuve du meurtre dont il demandait justice, prit la fuite d'un air effrayé et s'alla cacher dans la foule, et, la tête à moitié cachée par sa robe, revint en demandant si l'homme au glaive était encore là. Il fit rire, mais en même temps il se rendit ridicule. Quoi qu'il en soit, il faut faire justice de toutes ces scènes tragiques par les seules forces de l'oraison. En quoi on peut imiter Cicéron, qui entreprit si fortement Labiénus sur un portrait de Saturninus, qu'il donnait ainsi en spectacle; et qui, plaidant pour Varénus, se moqua si agréablement d'un jeune homme dont on débandait la plaie de temps en temps.

Enfin il y a des péroraisons qui n'ont rien que de doux, et dans lesquelles nous faisons preuve de ménagement pour nos adversaires, lorsque, par exemple, nous avons affaire à des personnes qui demandent du respect, ou que nous n'avons en vue que de donner des avertissements charitables, ou d'exhorter à la concorde. Passiénus traita parfaitement bien ce genre d'épilogue dans la cause de Domitia, sa femme, qui plaidait contre son frère Énobarbus pour quelque léger intérêt; car, après avoir beaucoup parlé des liens du sang qui les unissait et des biens de la fortune dont ils étaient abondamment pourvus tous deux : *Croyez-moi*, ajouta-t-il, *il ne vous manque rien moins à l'un et à l'autre que ce qui fait le sujet de votre différend.* Mais que l'on ne s'imagine pas, comme quelques rhéteurs, que l'exorde et la péroraison soient les seules parties où l'on doive mettre de la passion. Quoiqu'il en faille là plus qu'ailleurs, les autres parties en sont néanmoins susceptibles. Il en faut peu, à la vérité, à cause de la nécessité d'entrer dans la discussion des faits de la cause; et sans doute c'est dans la péroraison plus qu'ailleurs qu'il est permis d'ouvrir tous les trésors de l'éloquence; car si nous avons traité convenablement les autres parties, nous sommes déjà maîtres de l'esprit des juges. Tous les écueils, tous les détroits sont passés, et rien ne nous empêche plus de voguer à pleines voiles. Et comme l'amplification forme une bonne partie de la péroraison, nous pouvons alors employer les termes et les pensées les plus magnifiques. Enfin c'est là qu'il faut porter l'é-

---

vox, et ipsa illa excitati rei facies, ludibrio etiam plerumque sunt hominibus, quos non permoverunt : quare metiatur ao diligenter æstimet vires suas actor, et, quantum onus subiturus sit, intelligat : nihil habet ista res medium, sed aut lacrimas meretur, aut risum. Non autem commovere tantum miserationem, sed etiam discutere, epilogi est proprium; cum oratione continua, quæ motos lacrimis judices ad justitiam reducat, tum etiam quibusdam urbane dictis : quale est, *Date puero panem, ne ploret.* Et corpulento litigatori, cujus adversarius, item puer, circa judices erat ab advocato latus, *Quid faciam? ego te bajulare non possum* sed hæc tamen non debent esse mimica : ita neque illum probaverim, qui inter clarissimos sui temporis oratores fuit, qui, pueris in epilogum productis, talos jecit in medium, quos illi diripere cœperunt; namque hæc ipsa discriminis sui ignorantia potuit esse miserabilis. Neque illum, qui, quum esset cruentus gladius ab accusatore prolatus, quo is hominem probabat occisum, subito ex subselliis ut territus fugit, et, capite ex parte velato, quum ad agentem ex turba prospexisset, interrogavit, *an jam ille cum gladio recessisset?* Fecit enim risum, sed ridiculus fuit. Discutiendæ tamen oratione hujusmodi scenæ; egregieque Cicero, qui et contra imaginem Saturnini pro Rabirio graviter, et contra juvenem, cujus subinde vulnus in judicio resolvebatur, pro Vareno multa dixit urbane. Sunt et illi leniores epilogi, quibus adversario satisfacimus, si forte sit ejus persona talis, ut illi debeatur reverentia; aut, quum amice aliquid commonemus, et ad concordiam hortamur: quod est genus egregie tractatum a Passieno, quum Domitiæ uxoris suæ pecuniaria lite adversus fratrem ejus Ænobarbum ageret : nam, quum de necessitudine multa dixisset, de fortuna quoque, qua uterque abundabat, adjecit, *Nihil vobis minus deest, quam de quo contenditis.* Omnes autem hos affectus, etiamsi quibusdam videntur in procemio atque in epilogo sedem habere, in quibus sane sunt frequentissimi, tamen aliæ quoque partes recipiunt, sed breviores, ut quum ex iis plurima ad rem eruenda : at hic, si usquam, totos eloquentiæ aperire fontes licet. Nam ex his, si bene diximus reliqua, possidemus jam judicum animos : et, confragosis, atque asperis evecti, tuto pandere possumus vela : et, quum sit maxima pars epilogi amplificatio, verbis atque sententiis uti licet magnificis atque ornatis : tunc est commovendum theatrum, quum ventum est ad ipsum illud, quo veteres tragœdiæ comœdiæque clauduntur, *Plaudite.* In aliis autem parti-

motion à son comble, comme au théâtre quand on est arrivé au dénoûment, qui, dans les anciennes pièces, se terminait par ce mot : *Applaudissez*. Dans les autres parties du discours, l'orateur traitera chaque passion selon que le sujet comportera. Il n'exposera jamais une chose horrible ou pitoyable, sans exciter dans l'âme des juges un sentiment conforme; et quand il s'agira de la qualité d'une action, à chaque preuve il pourra mêler un sentiment. S'il plaide une cause compliquée, il sera dans la nécessité de faire plusieurs épilogues. C'est ainsi que Cicéron, dans l'accusation de Verrès, donne des larmes à Philodamus, aux capitaines de vaisseaux, aux citoyens romains, et à tant d'autres victimes de ce préteur. Il y en a qui appellent ces péroraisons des *épilogues partiels*. Pour moi, j'y vois plutôt des espèces que des parties; car les termes d'*épilogue* et de *péroraison* marquent assez qu'il s'agit de la fin du discours.

CHAP. II. Quoique la péroraison soit la consommation du plaidoyer et que les passions en soient le principal élément, quoique j'aie dit nécessairement quelque chose des passions, je n'ai pu cependant et je n'ai pas même dû circonscrire dans cette partie du discours un aussi vaste sujet. Il me reste donc à traiter ce qui concerne les passions en général; matière beaucoup plus difficile, et qui a pour objet l'art si important de toucher l'esprit des juges, de le manier, et, pour ainsi dire, de les métamorphoser comme il nous plaît. J'ai effleuré cette matière en traitant de la péroraison; mais le peu que j'en ai dit a plutôt servi à faire connaître ce qu'il fallait faire qu'à montrer la manière dont on pouvait l'exécuter. Il faut donc reprendre cette matière de plus haut,

et l'étudier jusque dans son principe; car, ainsi que je l'ai dit, les passions s'étendent à toutes les parties du plaidoyer. Leur nature est trop complexe pour pouvoir être traitée en passant, et on peut même dire qu'elles sont ce qu'il y a de plus important dans l'art oratoire. En effet, un esprit médiocre, avec le secours des préceptes et de l'expérience, suffit pour les autres parties, et peut même en tirer un avantage assez considérable. Certainement on voit et on a vu beaucoup d'orateurs assez habiles pour trouver des preuves et des raisons; je ne méprise pas leur mérite, mais je crois que ce mérite ne s'étend pas au delà de ce qui sert à instruire les juges et à faire que rien ne leur échappe; et, pour dire enfin ce que je pense de ces orateurs, je les proposerais pour modèles à ceux qui n'ambitionnent pas d'autre talent que celui de plaider une cause avec ordre et agrément. Pour ce qui est de se rendre maître des cœurs, de les tourner à son gré, d'arracher des larmes ou d'exciter la colère par des paroles, voilà ce qui est rare. Or, c'est par là que l'orateur domine, c'est ce qui imprime le mouvement à l'éloquence; car pour les arguments, ils naissent la plupart du temps du fond de la cause, et plus cette cause est juste, plus elle en contient; de sorte que quiconque a gagné sa cause par le moyen de ces arguments peut seulement dire qu'il n'a pas manqué d'avocat: mais lorsqu'il faut faire violence à l'esprit des juges et le détourner de la vérité, c'est là proprement que commence l'œuvre de l'orateur, c'est là ce que le plaideur ni ses notes ne peuvent lui apprendre. En effet, les preuves font, à la vérité, que les juges estiment notre cause la meilleure; mais les passions font qu'ils veulent qu'elle soit telle; et ce

---

bus tractandus affectus erit, ut quisque nascetur : nam neque exponi sine hoc res atroces et miserabiles debent : quum de qualitate alicujus rei quæstio est, probationibus uniuscujusque rei recte subjungitur. Ubi vero conjunctam ex pluribus causam agimus, etiam necesse erit uti pluribus quasi epilogis, ut in Verrem Cicero fecit : nam et *Philodamo*, et *navarchis*, et *cruciatis civibus romanis*, et aliis plurimis suas lacrimas dedit. Sunt, qui hos μερικοὺς ἐπιλόγους vocent, quo *partitam perorationem* significant : mihi non tam partes ejus, quam species videntur : siquidem et *epilogi* et *perorationis* nomina ipsa aperte satis ostendunt, hanc esse consummationem orationis.

CAP. II. Quamvis autem pars hæc judicialium causarum sit summa, præcipueque constet *affectibus*, et aliqua de his necessario dixerim, non tamen potui, ac ne debui quidem istum locum in unam speciem concludere : quare adhuc opus superest, cum ad obtinenda, quæ volumus, potentissimum, tum supra dictis multo difficilius, movendi judicum animos, atque in eum, quem volumus, habitum formandi, et velut transfigurandi. Qua de re pauca, quæ postulabat materia, sic attigi, ut magis, quid oporteret fieri, quam quo id modo consequi possemus, ostenderem :

nunc altius omnis rei repetenda ratio est : nam et per totam, ut diximus, causam locus est *affectibus*; et eorum non simplex natura, nec in transitu tractanda, quo nihil afferre majus vis orandi potest. Nam cætera forsitan tenuis quoque et angusta ingenii vena, si modo vel doctrina vel usu sit adjuta, generare, atque ad frugem aliquam perducere queat : certe sunt, semperque fuerunt non parum multi, qui satis perite, quæ essent probationibus utilia, reperirent : quos equidem non contemno, sed hactenus utiles credo, ne quid per eos judici sit ignotum; atque, ut dicam, quod sentio, dignos, a quibus causas diserti docerentur : qui vero judicum rapere, et in quem vellet habitum animi posset perducere, quo dicto flendum et irascendum esset, rarus fuit. Atqui hoc est, quod dominatur in judiciis; hæc eloquentiam regunt : namque argumenta plerumque nascuntur ex causa, et pro meliore parte plura sunt semper, ut, qui per hæc vicit, tantum non defuisse sibi advocatum sciat. Ubi vero animis judicum vis afferenda est, et ab ipsa veri contemplatione abducenda mens, ibi proprium oratoris opus est : hoc non *docet* litigator; hoc libellis non continetur : *probationes* enim efficiunt sane, ut causam nostram meliorem esse judices putent; *affectus* præstant, ut etiam velint; sed id, quod

qu'on veut, on le croit aisément ; car dès qu'ils commencent à entrer dans nos passions, à se laisser entraîner à la colère ou à la faveur, à la haine ou à la pitié, ils font de notre affaire la leur propre ; et, de même que les amants jugent mal de la beauté parce que l'amour les aveugle, de même un juge que la passion domine perd la faculté de discerner le vrai du faux ; le torrent l'emporte, et il se laisse aller. La prononciation du jugement constate l'effet des arguments et des dépositions ; mais le juge ému par l'orateur fait pressentir son jugement avant de se lever de son siége. Est-ce que l'arrêt n'est pas déjà prononcé, lorsqu'on voit couler ces larmes qu'arrachent la plupart des péroraisons ? Que l'orateur tourne donc tous ses efforts de ce côté, que ce soit là son œuvre, son travail, sans quoi tout le reste sera nu, maigre, faible et ingrat : tant il est vrai que les passions sont l'âme et la vie de l'éloquence !

Or, selon la tradition des anciens, il y a deux espèces de passions : l'une, désignée par les Grecs sous le nom de πάθος, que nous rendons exactement par *affection*, passion ; l'autre, qu'ils appellent ἦθος, que, faute de mieux, nous traduisons par *mœurs* ; et de là cette partie de la philosophie, appelée morale, ἠθική. Cependant, à considérer la chose en elle-même, il me semble que nous n'entendons pas tant les mœurs en général qu'une certaine propriété des mœurs ; car le mot de mœurs signifie tous les états de l'âme, et des écrivains plus circonspects ont mieux aimé exprimer par une périphrase ce que les Grecs entendaient par ἦθος et πάθος, que de le traduire littéralement. Ils ont donc mieux aimé désigner sous le nom de sentiments vifs, véhéments, ce que les Grecs appellent πάθος, et sous celui de sentiments doux et modérés ce qu'ils appellent ἦθος, dire que les uns sont faits pour commander, les autres pour persuader, ceux-là pour troubler les cœurs, ceux-ci pour les porter à la bienveillance. Quelques savants ajoutent que les premiers ne sont que passagers, et j'avoue que cela est ordinairement vrai ; mais je crois pourtant qu'il y a certains sujets qui veulent de la passion depuis le commencement jusqu'à la fin. Cependant les seconds ne demandent pas moins d'art et d'expérience, quoiqu'ils exigent moins de force et d'impétuosité. Ils embrassent même un plus grand nombre de causes, et, à certains égards, on peut même dire qu'ils les embrassent toutes ; car l'orateur ne peut rien traiter qui ne regarde l'honnête et l'utile, ce qu'il faut faire ou éviter. Or, tout cela se rapporte aux mœurs. Quelques rhéteurs ont cru que la *recommandation* et *l'excuse* étaient proprement le partage des mœurs. Je ne nie pas que ces deux objets soient de leur ressort, mais ils ne sont pas les seuls. Je dis plus, et j'ajoute que les passions et les mœurs sont quelquefois de même nature, sans autre différence que celle du plus et du moins, comme, par exemple, l'amour et l'amitié ; quelquefois aussi elles sont opposées. Ainsi, dans la péroraison, la passion émeut les juges, et les mœurs les adoucissent. Cependant il faut tâcher de développer l'idée de ce terme, d'autant plus que de lui-même il ne le fait pas concevoir assez nettement. Il me semble donc que ce que l'on entend par mœurs et ce qu'on aime à rencontrer dans l'orateur, c'est tout ce qui se recommande par un ca-

---

volunt, credunt quoque. Nam, quum *irasci*, *favere*, *odisse*, *misereri* cœperunt, agi jam rem suam existimant ; et, sicut amantes de forma judicare non possunt, quia sensum oculorum præcipitat animus, ita omnem veritatis inquirendæ rationem judex omittit occupatus affectibus, æstu fertur, et velut rapido flumini obsequitur. Ita argumenta ac testes quid egerint, pronunciatio ostendit ; commotos autem ab oratore judex, quid sentiat, sedens adhuc atque audiens confitebitur : an, quum ille, qui plerisque perorationibus petitur, fletus erumpit, non palam dicta sententia est ? Huc igitur incumbat orator, hoc opus ejus, hic labor est, sine quo cætera nuda, jejuna, infirma, ingrata sunt : adeo velut spiritus operis hujus atque animus est *in affectibus*. Horum autem, sicut antiquitus traditum accepimus, duæ sunt species : alteram Græci πάθος vocant, quam nos vertentes recte ac proprie *affectum* dicimus ; alteram ἦθος, cujus nomine, ut ego quidem sentio, caret sermo romanus ; *mores* appellantur : atque inde pars quoque illa philosophiæ ἠθική, *moralis* est dicta. Sed ipsam rei naturam spectanti mihi, non tam *mores* significari videntur, quam *morum quædam proprietas* ; nam ipsis quidem omnes habitus mentis continentur : cautiores voluntatem complecti, quam nomina interpretari, maluerunt : affectus igitur hos concitatos, illos mites atque compositos esse dixerunt ; in altero vehementer commotos, in altero lenes ; denique hos imperare, illos persuadere ; hos ad perturbationem, illos ad benevolentiam prævalere. Adjiciunt quidam peritorum, πάθος temporale esse : quod ut accidere frequentius fateor, ita nonnullas credo esse materias, quæ continuum desiderent affectum : nec tamen minus artis, aut usus, hi leniores habent, virium atque impetus non tantumdem exigunt : in causis vero etiam pluribus versantur, immo, secundum quemdam intellectum, in omnibus, nam, quum nisi ex illo et hoc loco nihil ab oratore tractetur, quidquid de *honestis*, *et utilibus*, denique *faciendis et non faciendis* dicitur, huc vocari potest : quidam *commendationem* atque *excusationem* propria hujus officii putaverunt : nec abnuo esse ista in hac parte ; sed non concedo, ut sola sint. Quin illud adhuc adjicio, πάθος atque ἦθος esse interim ex eadem natura, ita ut illud majus sit, hoc minus, ut *amor* πάθος, *caritas* ἦθος : interdum diversa inter se, sicut in epilogis ; namque πάθος *concitat*, ἦθος solet *mitigare* : proprie tamen mihi hujus nominis exprimenda natura est, quatenus appellatione ipsa non satis significari videtur. Ἦθος quod intelligimus, quodque a dicentibus desideramus, id erit, quod ante omnia *bonitate* commendabitur : non solum mite ac placidum, sed plerumque blandum et humanum, et audientibus amabile atque jucundum : in quo exprimendo summa virtus ea est, ut fluere omnia ex natura rerum

ractère éminent de bonté : et par bonté j'entends non-seulement ce qui est doux et calme, mais ce qui est bienveillant, humain, ce qui flatte et charme l'auditeur ; et la perfection consiste à l'exprimer de telle sorte, que tout semble émaner de la nature des choses et des personnes, que les mœurs de l'orateur se reflètent dans son discours comme dans un miroir. Or, ce caractère de bonté doit se retrouver surtout entre les personnes que des liens sacrés unissent entre elles, toutes les fois qu'il s'agit de torts à supporter ou à pardonner, de satisfactions ou de conseils à donner, et qu'il n'entre dans tout cela ni colère ni haine. Cependant, autre sera la conduite d'un père avec son fils, d'un tuteur avec son pupille, d'un mari avec sa femme ; autre sera celle d'un vieillard avec un jeune homme qui lui a manqué de respect, et d'une personne de distinction avec un inférieur qui l'a insulté ; car les premiers témoignent beaucoup de tendresse pour ceux même dont ils se plaignent, et ne les rendent odieux que par là ; les seconds ne sont pas obligés aux mêmes égards. Ceux-ci peuvent ressentir de la colère, ceux-là doivent être plutôt pénétrés d'un sentiment de douleur. Le caractère est encore de même nature, mais d'un mouvement plus doux, s'il s'agit de solliciter l'indulgence, de justifier les amours d'un jeune homme, ou même de railler légèrement le côté sérieux d'une passion. Toutefois la raillerie a bien d'autres sources ; mais ce qui lui est propre dans la partie que nous traitons ici, c'est de feindre une vertu, d'avoir l'air de faire des satisfactions, de recourir à des prières, sorte d'ironie qui laisse soupçonner un sentiment contraire à l'apparence. Les mœurs comportent aussi un caractère qui va même jusqu'à exciter la haine du juge, lequel consiste à affecter de la soumission envers ceux qui, nous devant du respect, s'élèvent contre nous, en ce que notre soumission est un reproche secret de leur arrogance ; car, en leur cédant, nous faisons assez voir combien ils sont impertinents et insupportables. Ces orateurs qui brûlent de se répandre en invectives, qui affectent la franchise, ne savent pas que le dédain a plus de force que les injures ; car le dédain que nous opposons aux mauvais procédés de notre adversaire le rend odieux, mais les injures que nous lui disons nous font haïr nous-mêmes. Le caractère qui naît des rapports de l'amitié tient presque le milieu entre les deux principaux que j'ai indiqués, exigeant de nous plus que le dernier et moins que le premier. On peut aussi fort bien entendre par mœurs ces peintures que les déclamateurs font quelquefois des hommes, lorsqu'ils les représentent grossiers, avares, timides, selon les sujets qu'ils traitent : car si l'on a raison d'appeler mœurs ce que les Grecs appellent ἤθη, il s'ensuit qu'en reproduisant les mœurs nous y conformons l'oraison. Enfin tout cela demande que l'orateur soit lui-même bon et bienveillant ; car s'il doit faire ressortir, autant que possible, ces vertus dans son client, à plus forte raison doit-il les avoir, ou faire croire qu'il les a. Par ce moyen il se rendra infiniment utile, et la bonne opinion qu'on aura de sa personne sera un préjugé pour sa cause. En effet, tout orateur qui en plaidant passe pour un méchant homme plaide mal. Il semblera nécessairement dire des choses contraires à la justice : autrement, il serait fidèle aux mœurs. C'est pourquoi, dans les causes qui ne comportent pas de grands mouvements, le langage doit être calme et doux ; il ne doit affecter rien de superbe, ou du moins rien d'ambitieux ou de trop élevé. Contentons-nous de mettre dans ce que nous disons de la propriété, de

hominumque videantur, quo mores dicentis ex oratione pelluceant, et quodammodo agnoscantur. Quod est sine dubio inter conjunctas maxime personas, quoties *ferimus*, *gnoscimus*, *satisficamus*, *monemus*, procul ab ira, procul ab odio : sed tamen alia patris adversus filium, tutoris adversus pupillum, mariti adversus uxorem moderatio est ; hi enim præferunt eorum ipsorum, a quibus læduntur, caritatem ; neque alio modo invisos eos faciunt, quam quod amare ipsi videntur ; alia, quum senex adolescentis, alia, quum vitium honestus inferioris fert, hic enim tamen concitari, illic maie affici debet. Sunt et illa ex eadem natura, sed motus adhuc minoris, *veniam petere*, *adolescentium defendere amores* : nonnunquam etiam lenis caloris alieni derisus ex hac forma venit, sed non his ex locis tantum : verum aliquanto magis propria sunt *virtutis simulatio satisfaciendi*, *rogandi*, εἰρωνεία quæ diversum ei, quod dicit, intellectum petit. Hinc etiam ille major ad conciliandum odium nasci affectus solet, quum hoc ipso, quod nos adversariis summittimus, intelligitur tacita impotentiæ exprobratio : namque eos graves et intolerabiles id ipsum demonstrat, quod cedimus : et ignorant cupidi maledicendi, aut affectatores libertatis, plus invidiam, quam convicium, posse : nam invidia adversarios, convicium nos invisos facit. Ille jam pæne medius affectus est, ex amoribus et ex desideriis amicorum et necessariorum : nam et hoc major est, et illo minor : non parum significantes etiam illa in scholis ἤθη dixerimus, quibus plerumque rusticos, superstitiosos, avaros, timidos, secundum conditionem propositorum effingimus. Nam si ἤθη mores sunt ; quum hos imitamur, ex his ducimus orationem. Denique hoc omne bonum et comem virum poscit : quas virtutes quum etiam in litigatore debeat orator, si fieri potest, approbare, utique ipse aut habeat, aut habere credatur : sic proderit plurimum causis, quibus ex sua bonitate faciet fidem : nam qui, dum dicit, malus videtur, utique male dicit : non enim videtur justa dicere, alioqui ἤθος videretur. Quare ipsum etiam dicendi genus in hoc placidum debet esse ac mite : nihil superbum, nihil elatum saltem ac sublime desideret : proprie, jucunde, credibiliter dicere, sat est : ideoque et medius ille orationis modus maxime convenit. Diversum est huic, quod πάθος dicitur, quodque nos *affectum* proprie vocamus ; et,

l'agrément et de la vraisemblance. Aussi le genre tempéré est celui de tous qui convient le mieux aux mœurs.

Il en est tout autrement de l'autre espèce de sentiments qu'on appelle *passions*. Marquons, en un mot, la différence des uns et des autres. Les mœurs sont une image de la comédie, et les passions sont une image de la tragédie ; la colère, la haine, la crainte, l'envie, la pitié, voilà sur quoi roulent presque entièrement les passions. Quant aux lieux d'où on peut tirer ces sentiments, tout le monde est en état de les découvrir, et d'ailleurs j'en ai parlé en traitant de l'exorde et de la péroraison. Je ferai seulement remarquer qu'il y a deux sortes de craintes, l'une qu'on éprouve, l'autre qu'on inspire, comme il y a deux sortes de haine, celle que l'on ressent et celle que l'on excite. Mais l'une naît de l'homme et l'autre naît de la chose; et, dans ce dernier cas, la difficulté est plus grande pour l'orateur; car il y a des choses qui sont atroces par elles-mêmes, le parricide, le meurtre, l'empoisonnement ; mais il y en a d'autres qu'il faut rendre telles; et, pour cela, tantôt nous comparerons nos maux avec ceux d'autrui, d'ailleurs fort grands, et nous ferons voir que les nôtres les surpassent. C'est ce que fait Virgile dans ce passage :

> Que je te porte envie, heureuse Polyxène !
> Tu péris, jeune encor, sous le fer inhumain ;
> Mais du moins tu péris sous les remparts de Troie !
> (DELILLE.)

Combien, en effet, Andromaque doit-elle être malheureuse, si, en comparaison de son sort, celui de Polyxène était heureux! Quelquefois nous exagérons l'injure qu'on nous a faite, en exagérant des injures beaucoup moins graves: *Quand vous n'auriez fait que le frapper, vous seriez inexcusable : vous avez fait plus, vous l'avez blessé*. Mais je traiterai plus amplement ce point, lorsque je parlerai de l'amplification. Pour le moment, je me contente d'avoir fait observer que le but de l'orateur dans l'emploi des passions n'est pas seulement de représenter les choses atroces ou pitoyables telles qu'elles sont, mais encore d'exagérer celles qui semblent ordinairement supportables, comme lorsque nous disons qu'une parole injurieuse est moins pardonnable qu'une voie de fait ; que l'infamie est un châtiment plus grand que la mort : car la force de l'éloquence ne consiste pas tant à pousser le juge dans des sentiments où la nature de la chose le conduit d'elle-même, qu'à créer, pour ainsi dire, des sentiments que la cause ne renferme pas, ou à augmenter ceux qu'elle renferme. C'est là proprement cette véhémence du discours, δείνωσις, qui sait grossir l'indignité, la cruauté, la noirceur des faits qu'on expose, et qui distingue particulièrement Démosthène. Si je croyais devoir m'en tenir simplement aux préceptes ordinaires, je pourrais passer outre, n'ayant rien omis de tout ce que j'ai pu lire ou apprendre de plus raisonnable sur cette matière ; mais je veux ouvrir le sanctuaire du lieu où nous sommes entrés, et montrer ce qu'il renferme de plus caché : connaissance que je dois, non aux maîtres, mais à mon expérience et à la raison naturelle.

Autant donc que j'en puis juger, le grand secret pour émouvoir les autres, c'est d'être ému soi-même ; car toujours en vain, et quelquefois même au risque d'être ridicules, imiterons-nous la tristesse, la colère et l'indignation, si nous y conformons seulement notre visage et nos paroles, sans que notre cœur y ait part. D'où vient que les personnes affligées s'écrient d'une manière si

---

ut proxime utriusque differentiam signem, illud comœdiæ, hoc tragœdiæ simile. Hæc pars circa *iram, odium, metum, invidiam, miserationem* fere tota versatur : quæ quibus ex locis ducenda sint, et manifestum omnibus, et a nobis in ratione proœmii atque epilogi dictum est. Et *metum* tamen duplicem intelligi volo, quem patimur, et quem facimus : et *invidiam*; namque altera invidum, altera invidiosum facit : hoc autem hominis, illud rei est ; in quo et plus habet operis oratio : nam quædam videntur gravia per se, *parricidium, cædes, veneficium* : quædam efficienda sunt. Id autem contingit, aut quum magnis alioqui malis gravius esse id, quod passi sumus, ostenditur ; quale est apud Virgilium :

> O felix una ante alias Priameia virgo,
> Hostilem ad tumulum Trojæ sub mœnibus altis
> Jussa mori !...

quam miser enim casus Andromachæ, si comparata ei felix Polyxena ! aut quum ita exaggeramus injuriam nostram, ut etiam, quæ multo minora sunt, intoleranda dicamus : *Si pulsasses, defendi non poteras : vulnerasti :* sed hæc diligentius, quum ad eam amplificationem venerimus, dicemus : interim notasse contentus sum, non id solum agere affectus, ut, quæ sunt, ostendantur acerba ac luctuosa, sed etiam ut, quæ toleranda haberi solent, gravia videantur : ut, quum in maledicto plus injuriæ, quam in manu ; in infamia plus pœnæ dicimus, quam in morte. Namque in hoc eloquentiæ vis est, ut judicem non in id tantum compellat, in quod ipsa rei natura ducetur : sed aut, qui non est, aut majorem, quam est, faciat affectum : hæc est illa, quæ δείνωσις vocatur : rebus indignis, asperis, invidiosis addens vim oratio : qua virtute præter alias plurimum Demosthenes valuit. Quod si tradita mihi sequi præcepta sufficeret, satis fecerrm huic parti, nihil eorum, quæ legi, vel didici, quod modo probabile fuit, omittendo : sed mihi in animo est, quæ latent penitus, ipsa hujus loci aperire penetralia ; quæ quidem non aliquo tradente, sed experimento meo, ac natura ipsa duce, accepi.

Summa enim, quantum ego quidem sentio, circa movendos affectus in hoc posita est, ut moveamur ipsi : nam et luctus, et iræ, et indignationis aliquando etiam ridicula fuerit imitatio, si verba vultumque tantum, non etiam animum, accommodaverimus : quid enim aliud est causæ, ut lugentes, utique in recenti dolore, disertissime quædam exclamare videantur, et ira nonnumquam indoctis quoque,

touchante, dans les premiers transports de la douleur, et que quelquefois les gens les plus grossiers s'expriment si éloquemment dans la colère? C'est qu'ils sont fortement émus, et qu'ils ressentent réellement ce qu'ils disent. Voulons-nous donc exprimer les passions avec vraisemblance? identifions-nous à ceux qui les ressentent véritablement, et que nos paroles partent d'une disposition d'esprit telle que nous voulons la communiquer aux juges. Pense-t-on, en effet, que ce juge puisse s'attrister d'une chose qu'il me verra lui raconter avec indifférence, ou qu'il se mette en fureur, lorsque moi, qui l'y excite et cherche à l'y contraindre, je n'éprouve rien de semblable; ou qu'il verse des larmes, quand je plaiderai devant lui avec des yeux secs? Cela est impossible : on n'est échauffé que par le feu ni mouillé que par l'eau, et nulle substance ne peut donner à une autre la couleur qu'elle n'a point elle-même. Il faut donc que ce qui doit faire impression sur les juges fasse d'abord impression sur nous, et que nous soyons touchés avant de songer à toucher les autres. Mais comment serons-nous affectés? car cette émotion n'est pas en notre pouvoir. C'est ce que je vais tâcher d'expliquer.

Les Grecs se servent ici d'un terme, φαντασία, que nous ne pouvons guère rendre que par celui de *vision, imagination*. Or, par le moyen de cette faculté, les images des objets absents frappent notre âme, comme si ces objets étaient présents et que nous les eussions sous les yeux. Quiconque concevra bien ces images réussira parfaitement à exciter les passions. Aussi dit-on quelquefois qu'un homme a beaucoup d'imagination, εὐφαντασίωτος, lorsqu'il représente vivement et au naturel un fait, l'accent ou l'action d'une personne; et pour acquérir cette faculté, il suffit de le vouloir; car si dans l'oisiveté de notre esprit, parmi les chimères dont il se repaît quelquefois, et qui sont comme des songes que nous faisons en veillant, ces mêmes images s'emparent si fortement de nous, que nous croyons voyager, naviguer, livrer des batailles, haranguer des peuples, avoir des richesses immenses et en disposer à notre gré, comme si tout cela était réel, pourquoi ne mettrions-nous pas à profit ce vagabondage de notre esprit? Si j'ai à parler d'un homme qui a été assassiné, ne pourrai-je pas me figurer tout ce qui a dû se passer dans cette conjoncture? Ne verrai-je pas l'assassin attaquer un homme à l'improviste, et celui-ci, saisi de frayeur, crier, supplier, fuir? Ne verrai-je point l'un frapper, et l'autre tomber sous le poignard? Ne verrai-je pas son sang qui coule, son visage pâlissant, sa bouche qui s'ouvre, en gémissant, pour rendre le dernier soupir? De là naîtra cette qualité que les Grecs appellent ἐνάργεια, et Cicéron, *illustration ou évidence*, laquelle ne semble pas tant dire une chose que la montrer; et l'auditeur ne sera pas moins ému que s'il était témoin de la chose même. N'est-ce pas elle qui a produit ces belles images dont Virgile est plein, quand il peint, par exemple, la douleur de la mère d'Euryale :

Elle tombe; l'aiguille échappe de ses doigts ; (Del.)

quand il décrit les restes inanimés de Pallas :

Son sein qui laisse voir une large blessure; (Del.)

et quand il représente le cheval de ce jeune guerrier,

Oubliant son orgueil, sa parure et ses armes,
Les crins pendants, et l'œil gonflé de grosses larmes.(Del.)

Le même poëte n'a-t-il pas conçu intérieurement l'image du moment suprême, lorsqu'il dit qu'Antor

eloquentiam faciat, quam quod illis inest vis mentis, et veritas ipsa morum? Quare in iis, quæ verisimilia esse volemus, simus ipsi similes eorum, qui vere patiuntur, affectibus : et a tali animo proficiscatur oratio, qualem facere judicem volet : an ille dolebit, qui audiet me, qui in hoc dicam, non dolentem? irascetur, si nihil ipse, qui in iram concitat se idque exigit, simile patietur? siccis agenti oculis lacrymas dabit? fieri non potest. Nec incendit, nisi ignis; nec madescimus, nisi humore : nec res ulla dat alteri colorem, quem non ipsa habet : primum est igitur, ut apud nos valeant ea, quæ valere apud judicem volumus; afficiamurque, antequam afficere conemur. At, quomodo fiet, ut afficiamur? neque enim sunt motus in nostram potestatem : tentabo etiam de hoc dicere : quas φαντασίας Græci vocant, nos sane *visiones* appellemus : per quas imagines rerum absentium ita repræsentantur animo, ut eas cernere oculis, ac præsentes habere videamur. Has quisquis bene conceperit, is erit in affectibus potentissimus : hunc quidam dicunt εὐφαντασίωτον, qui sibi res, voces, actus secundum verum optime finget : quod quidem nobis volentibus facile continget : an vero, inter otia animorum, et spes inanes, et velut somnia quædam vigilantium, ita nos hæ, de quibus loquor, imagines prosequuntur, ut peregrinari, navigare, præliari, populos alloqui, divitiarum, quas non habemus, usum videamur disponere, nec cogitare, sed facere : hoc animi vitium ad utilitatem non transferemus? At hominem occisum queror, non omnia, quæ in re præsenti accidisse credibile est, in oculis habebo? non percursor ille subitus erumpet? non expavescet circumventus? exclamabit? vel rogabit, vel fugiet? non ferientem, non concidentem videbo? non animo sanguis, et pallor, et gemitus, extremus denique exspirantis hiatus insidet? Insequetur ἐνάργεια, quæ a Cicerone *illustratio et evidentia* nominatur, quæ non tam dicere videtur, quam ostendere : et affectus non aliter, quam si rebus ipsis interfuimus, sequentur : an non ex his visionibus illa sunt,

Excussi manibus radii, revolutaque pensa?
... Levique patens in pectore vulnus?

equus ille in funere Pallantis,

... Positis insignibus?

Quid? non idem poeta penitus ultimi fati concepit imaginem, ut diceret,

Songe à sa chère Argos, soupire, et rend la vie? (DEL.)

S'il est besoin d'exciter la compassion, persuadons-nous que c'est à nous-mêmes que sont arrivés les maux dont nous parlons. Devenons, en quelque sorte, ceux dont nous plaignons le sort cruel, indigne, pitoyable. Ne plaidons pas leur cause comme la cause d'autrui, mais entrons pour un moment dans leur douleur. De cette sorte, ce que nous dirions pour nous si nous étions en pareil cas, nous le dirons pour eux-mêmes. J'ai vu souvent des histrions et des comédiens qui, en sortant de jouer un rôle triste et touchant, pleuraient encore après avoir déposé le masque. Si donc, en récitant les écrits d'un autre, la seule prononciation peut s'identifier à des passions factices, quel effet ne produirons-nous pas, nous qui devons penser comme nous parlons, et nous mettre à la place de ceux que nous défendons? Et non-seulement au barreau, mais même dans les écoles, je veux que l'on se passionne aussi, et que l'on regarde les sujets sur lesquels on s'exerce comme des réalités, d'autant plus que l'on y fait moins le personnage d'avocat que celui de plaideur; car on y parle comme un homme qui a perdu une personne chère, ou qui a fait naufrage, ou qui est en danger de perdre la vie. Or, à quoi sert de jouer ces rôles, si l'on n'en prend l'esprit? Voilà ce que je n'ai pas cru devoir cacher au lecteur, et dont l'effet est si puissant, que moi-même, tel que je suis ou que j'ai été (car je crois sans présomption m'être fait quelque réputation au barreau, que moi-même, dis-je, j'ai non-seulement versé des larmes, en plaidant, mais changé de visage et ressenti une douleur réelle.

CHAP. III. Je vais parler maintenant d'un talent d'une nature toute différente, lequel, en excitant le *rire* du juge, dissipe ces sentiments tristes que produit le pathétique, lui cause souvent d'utiles distractions, quelquefois même le ranime, et le relève de la satiété ou de la fatigue. S'il est un talent difficile, c'est celui-là : je n'en veux point d'autre preuve que l'exemple des deux plus grands orateurs qui aient existé, l'un chez les Grecs, l'autre chez les Romains; car on convient généralement qu'il a manqué à Démosthène, et que Cicéron en a abusé. Certainement on ne peut pas dire que Démosthène l'ait négligé. Ses bons mots, qui sont en très-petit nombre et qui ne répondent nullement à sa supériorité dans tout le reste, montrent clairement que ce genre d'esprit ne lui a pas déplu, mais que la nature le lui avait refusé. Quant à Cicéron, il a toujours passé pour être trop ami de la plaisanterie, non-seulement hors du barreau, mais même au barreau. Pour moi, soit que j'en juge bien, soit que je me laisse aveugler par mon admiration pour l'éloquence de ce grand orateur, je trouve en lui une raillerie fine et délicate qui me ravit. Ainsi, on cite une foule de traits piquants qui lui sont échappés dans la conversation; et nul orateur n'a été plus agréable dans l'altercation, dans l'interrogation des témoins. Ces plaisanteries mêmes qu'on lit dans ses Verrines, et que nous trouvons un peu froides, ne lui doivent pas être imputées. Il ne s'en est servi qu'après les autres, comme il le dit lui-même, et à titre de témoignage; en sorte que plus elles sont triviales, plus il est à croire qu'elles ne sont point de son invention, et que c'étaient des plaisanteries qui avaient cours dans le public. Mais je voudrais que celui qui nous a donné en trois livres le recueil de ses bons mots,

... Et dulces moriens reminiscitur Argos?

Ubi vero *miseratione* opus erit, nobis ea, de quibus queremur, accidisse credamus; atque id animo nostro persuadeamus : nos illi simus, quos gravia, indigna; tristia passos querermur : nec agamus rem, quasi alienam, sed assumamus parumper illum dolorem : ita dicemus, quæ in nostro simili casu dicturi essemus. Vidi ego sæpe histriones atque comœdos, quum ex aliquo graviore actu personam deposuissent, flentes adhuc egredi : quod si in alienis scriptis sola pronunciatio ita falsis accedit affectibus : quid nos faciemus, qui illa cogitare debemus, et moveri periclitantium vice possumus? Sed in schola quoque rebus ipsis affici convenit, easque veras sibi fingere, hoc magis, quod illic ut litigatores loquimur frequentius, quam ut advocati : orbum agimus, et naufragum, et periclitantem : quorum induere personas quid attinet, nisi affectus assumimus? Hæc dissimulanda mihi non fuerunt, quibus ipse, quantuscumque sum, aut fui, pervenisse me ad aliquod nomen ingenii credo : frequenter motus sum, ut me non lacrymæ solum deprehenderent, sed pallor, et veri similis dolor.

CAP. III. Huic diversa virtus, quæ *risum* judicis movendo et illos tristes solvit affectus, et animum ab intentione rerum frequenter avertit, et aliquando etiam reficit, et a satietate vel a fatigatione renovat : quanta sit autem in ea difficultas, vel duo maximi oratores, alter græcæ, alter latinæ eloquentiæ principes, docent. Nam plerique Demostheni facultatem defuisse hujus rei credunt, Ciceroni modum : nec videri potest noluisse Demosthenes, cujus pauca admodum dicta, nec sane cæteris ejus virtutibus respondentia, palam ostendunt, non displicuisse illi jocos, sed non contigisse. Noster vero, non solum extra judicia, sed in ipsis etiam orationibus, habitus est nimius risus affectator : mihi quidem, sive id recte judico, sive amore immodico præcipui in eloquentia viri labor, mira quædam in eo videtur fuisse urbanitas. Nam et in sermone quotidiano multa, et in altercationibus, et interrogandis testibus plura, quam quisquam, dixit facete, et ipsa illa, quæ sunt in Verrem dicta frigidius, aliis assignavit, et testimonii loco posuit : ut, quo sunt magis vulgaria, eo sit credibilius, illa ab oratore non ficta, sed passim esse jactata. Utinamque libertus ejus Tiro, aut alius quisquis fuit, qui tres hac de re libros edidit, parcius dictorum numero indulsissent; et plus judicii in eligendis, quam in congerendis studii adhibuissent! minus objectus calumniantibus

soit Tiron, son affranchi, soit un autre, se fût un peu moins laissé aller au plaisir de grossir le volume, et qu'il eût mis plus de discernement à les choisir que de zèle à les entasser. Il prêterait moins à la critique, qui, même encore dans l'état où se trouve ce recueil, doit le respecter, ainsi que tous les ouvrages de ce merveilleux génie, où il est plus aisé de retrancher que d'ajouter. Or, ce qui fait qu'il est si difficile de réussir en ce genre, c'est que tout mot qui tend à faire rire a d'ordinaire quelque chose de faux et par conséquent de peu digne, qu'il ressemble la plupart du temps à une grimace faite à dessein; qu'en outre il ne fait jamais honneur à celui qui en est le sujet, qu'il est toujours pris diversement de ceux qui l'entendent, parce que l'on n'en juge point par une règle certaine et invariable, mais par un certain sentiment de l'âme, dont il n'est guère possible de rendre raison; car je ne pense pas que personne ait encore bien expliqué ce que c'est que le rire, quoique plusieurs l'aient tenté. Nous voyons qu'il est provoqué, non-seulement par une parole ou par une action, mais aussi quelquefois par certains attouchements; que des causes toutes différentes l'excitent également : car ce n'est pas seulement des choses spirituelles ou agréables que nous rions, mais de celles que font dire ou faire la sottise, la colère, la crainte. Aussi est-il difficile de rendre raison de la cause qui produit le rire, parce qu'il touche de près à la moquerie. Cicéron a, en effet, judicieusement remarqué que ce qui fait rire a pour fondement quelque laideur ou quelque vice. Si nous savons le signaler dans autrui, c'est raillerie; si en voulant faire rire d'autrui nous faisons rire de nous-mêmes, c'est sottise. Or, bien que le rire paraisse avoir quelque chose de frivole et appartenir à un bouffon, à un bateleur, à un fou, plutôt qu'à un orateur, je ne sais pourtant s'il y a rien dont la force soit si impérieuse et à quoi il soit plus difficile de résister; car souvent il éclate malgré nous, et non-seulement il force le visage et la voix à l'exprimer, mais il ébranle tout le corps par la violence de ses mouvements. D'ailleurs il fait souvent changer de face aux affaires les plus sérieuses, en brisant tout à coup la colère et la haine. Témoin ces jeunes Tarentins qui, dans la chaleur du vin, s'étaient ouverts un peu trop librement sur Pyrrhus, et qui, ayant été mandés auprès de ce roi pour rendre compte de leurs paroles, qu'ils ne pouvaient nier ni excuser, se sauvèrent par une plaisanterie qui leur vint fort à propos à l'esprit; car l'un d'eux prenant la parole : *Vraiment*, dit-il, *si notre bouteille ne nous eût fait défaut, nous vous eussions tué.* Par cette plaisante justification, l'accusation se tourna en risée et s'évanouit. Je n'oserais pas dire que ce qui concerne la plaisanterie ne relève aucunement de l'art, puisqu'elle n'a pas laissé d'être un objet particulier d'étude, et que les Grecs et les Latins nous en ont donné des préceptes; mais j'ose assurer du moins qu'elle dépend surtout du naturel et de l'occasion. Quand je dis *du naturel*, ce n'est pas parce qu'il y a des personnes plus ingénieuses et plus propres que d'autres à faire rire, car cette faculté pourrait être secondée de l'art; mais je veux dire qu'il y en a qui, en raillant, ont je ne sais quoi de si naturel, et mettent tant de grâce dans leurs manières, que les mêmes choses seraient moins agréables si elles étaient dites par d'autres. A l'égard de *l'occasion*, elle est d'un si grand secours, que nous voyons non-seulement les gens les plus ignorants, mais même les plus grossiers, faire des reparties très-piquantes à quiconque se les attire; car ce genre d'esprit réussit toujours beaucoup mieux dans la réplique. La raison

---

foret : qui tamen nunc quoque, ut in omni ejus ingenio, facilius, quod rejici, quam quod adjici possit, invenient. Affert autem summam rei difficultatem, primum, quod ridiculum dictum plerumque falsum est, hoc semper humile; sæpe est industria depravatum; præterea nunquam honorificum : tum varia hominum judicia in eo, quod non ratione aliqua, sed motu animi quodam, nescio an enarrabili, judicatur. Neque enim ab ullo satis explicari puto, licet multi tentaverint, unde *risus*, qui non solum facto aliquo dictove, sed interdum quodam etiam corporis tactu, lacessitur : præterea non una ratione moveri solet : neque enim acute tantum ac venuste, sed stulte, iracunde, timide dicta aut facta ridentur : ideoque anceps ejus ratio est, quod a *derisu* non procul abest *risus*. Habet enim, ut Cicero dicit, *sedem in deformitate aliqua et turpitudine* : quæ quum in aliis demonstrantur, *urbanitas*; quum in ipsos dicentes recidunt, *stultitia* vocatur : quum videatur autem res levis, et quæ ab scurris, mimis, insipientibus denique sæpe moveatur; tamen habet vim nescio an imperiosissimam, et cui repugnari minime potest. Erumpit enim invitis sæpe : nec vultus modo ac vocis exprimit confessionem, sed totum corpus vi sua concutit : rerum autem sæpe, ut dixi, maximarum momenta vertit, ut quum odium iramque frequentissime frangat. Documento sunt juvenes Tarentini : qui multa de rege Pyrrho securius inter cœnam locuti, quum rationem facti reposcerentur, et neque negari res, neque defendi posset, risu sunt et opportuno joco elapsi : namque unus ex his, *Immo*, inquit, *nisi lagena defecisset, occidissemus te*; eaque urbanitate tota est invidia criminis dissoluta. Verum hoc, quidquid est, ut non ausim dicere carere omnino arte; quia nonnullam observationem habet, suntque ad id pertinentia, et a Græcis et a Latinis composita præcepta : ita plane affirmo, præcipue positum esse *in natura* et *in occasione*. Porro *natura* non tantum in hoc valet, ut acutior quis atque habilior sit ad inveniendum (nam id sane doctrina possit angeri), sed inest proprius quibusdam decor in habitu ac vultu, ut eadem illa minus, alio dicente, urbana esse videantur. *Occasioni* vero et in rebus est tanta vis, ut sæpe adjuti ea non indocti modo, sed etiam rustici salse dicant in eum, quisquis aliquid dixerit prior : sunt enim longe venustiora omnia in respondendo, quam

qui en rend encore la pratique fort difficile, c'est qu'il n'y a pour cela ni exercice ni enseignement. Il est vrai qu'à table et dans la conversation on rencontre beaucoup de gens qui savent lancer des plaisanteries ; mais cet art s'apprend dans le commerce du monde, tandis que la raillerie oratoire est rarement d'usage, qu'elle n'est pas l'objet d'un enseignement particulier, et qu'on renvoie à l'école du monde ceux qui veulent s'y exercer. Cependant rien n'empêcherait qu'aux écoles on n'inventât des sujets dans ce goût, et qu'on exerçât les jeunes gens, soit sur des causes qui pourraient être semées de traits vifs et piquants, soit sur des thèmes particuliers, dont la raillerie ferait le fond. Ces plaisanteries mêmes, consacrées par la licence de certains jours de fête, comme les Saturnales et les Bacchanales, auraient leur utilité, si on les assujettissait à certaines règles, ou si elles étaient mêlées de quelque chose de sérieux ; mais, au lieu de cela, c'est purement et simplement un passe-temps de la jeunesse.

Dans la matière que nous traitons, on se sert communément de plusieurs noms pour exprimer, ce semble, la même chose. Cependant si l'on prend ces noms isolément, on trouvera qu'ils ont chacun une signification particulière. Ainsi, par *urbanité* il me semble qu'on entend une certaine politesse qui, dans les termes, dans l'accent et dans l'air de celui qui parle, annonce un certain goût particulier de la ville, *urbis*, jointe à une secrète teinture d'érudition prise dans le commerce des gens de lettres ; quelque chose, en un mot, dont le contraire est la *rusticité*. Le mot d'*agrément*, *venustum*, suppose ce qui est dit avec grâce ; le mot *salsum*, ce qui a du *sel*, dans l'usage ordinaire, signifie risible. Je dis dans l'usage ordinaire, parce que s'il est vrai que tout mot plaisant doit avoir un certain sel, il ne s'ensuit pas que tout ce qui a du sel fasse rire. Aussi quand Cicéron dit que *tout ce qui a du sel est dans le goût attique*, cela ne signifie pas que, de tous les peuples, celui d'Athènes soit le plus porté à rire ; et lorsque Catulle, en parlant d'une femme, dit *qu'il n'y a pas en elle le moindre grain de sel*, il ne veut pas dire qu'on n'y trouve rien de risible. Je crois donc que le sel du discours est ce qui en fait l'assaisonnement naturel, ce qui est directement opposé à *insipide*, et se fait secrètement sentir à l'esprit, comme le sel matériel au palais ; en un mot, ce qui réveille l'auditeur et prévient l'ennui du discours. Et comme les viandes où le sel domine un peu, mais sans excès, ont par là même une pointe qui pique agréablement le goût, de même ce sel de l'esprit, qui assaisonne le discours d'un orateur, nous donne, pour ainsi dire, une soif de l'entendre. Je ne pense pas que notre *facetum* se renferme exclusivement dans les choses qui font rire. Horace n'aurait pas employé ce terme pour exprimer le caractère de la poésie de Virgile. Je crois donc qu'il signifie plutôt la grâce, et une certaine élégance achevée. Et Brutus s'en est servi dans ce sens, comme Cicéron le témoigne dans une de ses lettres, où il cite cette phrase : *Næ illi sunt pedes* faceti, etc. ; *j'aime son joli pied, sa démarche gracieuse*, ce qui s'accorde avec l'expression d'Horace. Le mot de *plaisanterie* comprend tout ce qui est opposé au sérieux. Feindre, intimider, promettre, tout cela est quelquefois plaisanterie. Celui de *dicacité* est un terme générique qui, selon son étymologie, embrasse toutes ces espèces : néanmoins, à proprement parler, il me semble que ce terme signifie une parole mordante, accompagnée d'un rire malin. C'est pourquoi on dit que Démosthène a eu *l'urbanité*

---

in provocando. Accedit difficultati, quod ejus rei nulla exercitatio est, nulli præceptores : utique in conviviis et sermonibus multi dicaces; sed quia in hoc usu quotidiano proficimus : oratoria urbanitas rara, nec ex partibus propria, sed ad hanc consuetudinem commendata. Nihil autem vetabat et componi materias in hoc idoneas, ut controversiæ permixtis salibus fingerentur; vel res proponi singulas ad juvenum talem exercitationem. Quin illæ ipsæ, quæ *Dicta* sunt, ac vocantur, quas certis diebus festæ licentiæ dicere solebamus, si paulum adhibita ratione fingerentur, aut aliquid in his serium quoque esset admixtum, plurimum poterant utilitatis afferre : quæ nunc juvenum, vel sibi ludentium exercitatio est. Pluribus autem nominibus in eadem re vulgo utimur : quæ tamen si diducas, suam quamdam propriam vim ostendent; nam et *urbanitas* dicitur, qua quidem significari video sermonem præferentem in verbis et sono et usu proprium quemdam gustum Urbis, et sumptam ex conversatione doctorum tacitam eruditionem ; denique, cui contraria sit *rusticitas*. *Venustum* esse, quod cum gratia quadam et venere dicatur, apparet : *salsum* in consuetudine pro ridiculo tantum accipimus ; natura non utique hoc est, quamquam et ridicula oporteat esse salsa : nam et Cicero, *omne, quod salsum sit*, ait *esse Atticorum*; non, quia sunt maxime ad risum compositi : et Catullus, quum dicit, *Nulla est in corpore mica salis*, non hoc dicit, nihil in corpore ejus esse ridiculum. *Salsum* igitur erit, quod non erit insulsum, velut quoddam simplex orationis condimentum, quod sentitur latente judicio, velut palato, excitatque et a tædio defendit orationem : sane tamen, ut illa, in cibis paulo liberalius aspersus, si tamen non sit immodicus, offert aliquid propriæ voluptatis : ita hi quoque in dicendo habent quiddam, quod nobis faciat audiendi sitim : *Facetum* quoque non tantum circa ridicula opinor consistere. Neque enim diceret Horatius, *facetum carminis genus natura concessum esse Virgilio* : decoris hanc magis, et excultæ cujusdam elegantiæ appellationem puto : ideoque in epistolis Cicero hæc Bruti refert verba, *Næ illi sunt pedes faceti, ac deliciis ingredienti molles* : quod convenit cum illo Horatiano, *molle atque facetum Virgilio*. Jocum vero accipimus, quod est contrarium serio : nam et fingere, et terrere, et promittere interim jocus est : *Dicacitas* sine dubio a dicendo, quod

en partage, mais nullement la *dicacité*. Mais il ne s'agit ici que de ce qui est propre à faire rire. Aussi les Grecs ont-ils, comme nous, intitulé cette partie *du rire*, περὶ γελοίου.

On enseigne que cette matière, comme celle de tout genre d'oraison, consiste d'abord en *choses* et en *mots*. Quant à la pratique, elle n'a rien de complexe; car le rire se tire ou *d'autrui*, ou *de nous*, ou *de choses intermédiaires*: d'autrui, en bien des manières: on blâme, on réfute, on rabaisse, on rétorque, on élude; de nous-mêmes, en parlant de nous d'une manière qui prête à rire, et, pour me servir des paroles de Cicéron, avec un certain air d'absurdité; car les mêmes choses qui seraient des sottises si elles nous échappaient à notre insu, se font recevoir agréablement si elles sont dites à dessein. Enfin le troisième genre consiste, comme le dit encore Cicéron, à tromper l'attente de l'auditeur, à détourner l'acception des mots, et à faire des allusions qui ne touchent ni nous ni les autres: voilà pourquoi je l'appelle genre intermédiaire. En second lieu, le rire naît ou des paroles ou des actions. Tantôt il naît d'une action mêlée de gravité: par exemple, le consul Isauricus ayant brisé, en s'asseyant, la chaise curule de M. Célius, alors préteur, celui-ci lui en présenta une soutenue par des courroies. Or, on savait que ce consul avait un jour reçu les étrivières de son père. Tantôt on fait rire aux dépens de la pudeur, comme dans l'aventure de la boîte donnée à Clodia par Célius; mais ce genre de plaisanterie est indigne d'un orateur et de tout homme grave. Ce que je dis des actions doit s'entendre aussi du visage et du geste, qui certainement contribuent à faire rire, mais surtout lorsqu'on n'a point l'air de vouloir produire cet effet; car rien n'est plus insipide que ce qu'on affecte de donner comme une chose piquante. Toutefois, bien que le sérieux donne plus de grâce à ce qu'on dit, et qu'une chose soit plus risible par cela même que celui qui la dit ne rit pas, il y a une manière d'y conformer ses yeux, son visage et son geste, laquelle est très-agréable lorsqu'on sait garder une certaine mesure. A l'égard des paroles, elles sont badines et enjouées, comme la plupart de celles de Galba; ou offensantes, comme certains traits qui échappaient à Junius Bassus; ou mordantes, à la manière de Cassius Sévérus; ou sans aigreur, comme celles de Domitius Afer. Le lieu où l'on est importe beaucoup. A table et dans la conversation, les propos licencieux ne plaisent qu'aux gens du commun; ceux qui marquent seulement de la gaieté et de la bonne humeur plaisent à tout le monde. Mais gardons-nous d'offenser jamais, et *d'aimer mieux perdre un ami qu'un bon mot*. Au barreau, je conseillerais plutôt une raillerie douce, non pourtant qu'il ne soit permis de se livrer à des personnalités dures et offensantes, puisque l'on peut accuser ouvertement une personne, et même demander légitimement sa tête; mais, au barreau comme ailleurs, il y a de l'inhumanité à insulter au malheur, soit parce que celui dont on se moque n'est pas coupable, soit parce que tel qui insulte est peut-être menacé d'un malheur semblable. Il faut donc considérer d'abord qui est celui qui parle, dans quelle cause, devant qui, contre qui, et ce qu'il dit. Quant à l'orateur, il ne lui sied jamais de faire rire par des contorsions et des grimaces, comme ferait un baladin. Les plaisanteries bouffonnes et de bas

---

est omni generi commune, ducta est : proprie tamen significat sermonem cum risu aliquos incessentem : ideo Demosthenem *urbanum* fuisse dicunt, *dicacem* negant. Proprium autem materiæ, de qua nunc loquimur, est *ridiculum* ; ideoque hæc tota disputatio a Græcis περὶ γελοίου inscribitur ; ejus prima divisio traditur eadem, quæ est omnis orationis, ut sit positum *in rebus*, aut *in verbis* : usus autem maxime simplex. Aut enim *ex aliis* risum petimus, aut *ex nobis*, aut *ex rebus* mediis · *aliena* aut *reprehendimus*, aut *refutamus*, aut *elevamus*, aut *repercutimus*, aut *eludimus; nostra, ridicule indicamus*, et, ut verbo Ciceronis utar, dicimus aliqua *subabsurda* : namque eadem, quæ, si imprudentibus excidant, *stulta* sunt ; si simulamus, *venusta* creduntur. Tertium est genus, ut idem dicit, in *decipiendis expectationibus*, dictis aliter accipiendis, cæterisque, quæ neutram personam contingunt, ideoque a me *media* dicuntur. Item *ridicula* aut facimus, aut dicimus : facto risus conciliatur, interim admixta gravitate; ut M. Cœlius prætor, quum sellam ejus curulem consul Isauricus fregisset, alteram posuit loris intentam ; dicebatur autem consul a patre flagris aliquando cæsus : interim sine respectu pudoris, ut in illa *pyxide Cœliana*, quod neque oratori, neque ulli viro gravi conveniat. Idem autem de vultu, gestuque ridiculo dictum sit : in quibus est quidem summa gratia, sed major, quum captare risum non videntur : nihil enim est his, quæ sicut *salsa* dicuntur, insulsius : quamquam autem gratiæ plurimum dictis severitas affert, fitque ridiculum id ipsum, quod, qui dicit, non ridet : est tamen interim et *aspectus* et *habitus oris* et *gestus* non inurbanus, quum iis modus contingit. Id porro, quod dicitur, aut est *lascivum* et *hilare*, qualia A. Galbæ pleraque ; aut *contumeliosum*, qualia nuper Junii Bassi ; aut *asperum*, qualia Cassii Severi ; aut *lene*, qualia Domitii Afri : refert, his ubi quis utatur ; nam in convictibus et quotidiano sermone *lasciva* humilibus, *hilaria* omnibus convenient. Lædere nunquam velimus, longeque absit propositum illud, *Potius amicum, quam dictum, perdendi* : in hac quidem pugna forensi malim mihi lenibus uti licere : quamquam et contumeliose et aspere dicere in adversarios permissum est : quum accusare etiam palam, et caput alterius juste petere concessum sit ; sed hic quoque tamen inhumana videri solet fortunæ insectatio : vel quia culpa caret, vel quia recidere etiam in ipsos, qui objecerunt, potest : primum itaque considerandum est, *et quis*, *et in qua causa*, *et apud quem*, *et in quem*, *et quid dicat*. Oratori ni-

comique ne conviennent pas non plus à son caractère. Pour l'obscénité, elle doit être non-seulement bannie des expressions, mais même du sens des expressions. Et même si quelquefois elle pouvait être reprochée à l'adversaire, on ne devrait pas le faire en plaisantant. En outre, de même que je veux que la plaisanterie soit toujours fine et délicate, aussi ne veux-je pas qu'on paraisse l'affecter. C'est pourquoi l'orateur se gardera bien d'être plaisant toutes les fois qu'il pourrait l'être, et il saura sacrifier un bon mot plutôt que d'affaiblir son autorité. Mais que, dans une cause où il s'agit d'exciter l'indignation ou la pitié, un orateur fasse le plaisant, soit qu'il accuse, soit qu'il défende, c'est ce qui révolte également. Il y a même des juges d'une humeur sombre, qui n'aiment pas la plaisanterie. Il arrive aussi quelquefois que nous croyons ne blesser que notre adversaire, et que par contre-coup nous blessons ou le juge, ou même notre client. Et pourtant on voit des gens qui ne perdraient pas une raillerie, quand même elle devrait retomber sur eux. Témoin Longus Sulpicius qui était fort laid, et qui, plaidant contre un homme à qui l'on contestait sa liberté, ne put s'empêcher de dire qu'il n'avait pas seulement la figure d'un homme libre; sur quoi Domitius Afer le regardant : *Cela est-il bien sérieux?* lui dit-il ; *et croyez-vous en vérité que quiconque a le malheur d'être laid ne puisse pas être libre ?* Il faut prendre garde encore que ce que nous disons en ce genre ne soit trop hardi, ou insolent, ou hors de place et de saison, ou ne paraisse préparé à l'avance et apporté tout fait; car de rire aux dépens des malheureux, j'ai déjà dit ce que j'en pensais. J'ajouterai qu'il y a des personnes si recommandables, si respectées, qu'on ne peut que se faire beaucoup de tort en se permettant contre elles le ton de la plaisanterie. Pour nos amis, je le répète, ils nous doivent être sacrés ; mais ce que la prudence exige, je ne dis pas de l'orateur proprement dit, mais de tout homme en général, c'est de ne jamais s'attaquer à des gens qu'il est dangereux d'offenser, de peur qu'il ne s'ensuive ou des inimitiés fâcheuses, ou une humiliante satisfaction. Évitons aussi ces railleries qui blessent toute une nation, tout un corps, ou qui choquent la condition ou la profession d'un grand nombre. Un homme de bien sait dire tout avec dignité et décence. Le titre de plaisant coûterait trop cher, si on ne pouvait l'acquérir qu'au prix de la probité.

De dire maintenant d'où se tirent les choses qui excitent le rire, et dans quels lieux il les faut chercher, c'est ce qui n'est pas si aisé. Si on voulait parcourir toutes les espèces, on n'en trouverait pas la fin, et on se donnerait bien de la peine en vain. En effet, les lieux d'où se tirent les ceux d'où sont en aussi grand nombre que *bons mots* nous tirons ce que nous appelons des *pensées*, et ils ne sont pas autres; car il y a pareillement lieu ici à l'invention et à l'élocution, et sous celle-ci je comprends les mots et les figures. Je dirai donc seulement, en général, que le rire naît, ou des défauts corporels de celui contre lequel nous parlons, ou des défauts de son esprit, desquels on juge par ses paroles et par ses actions; ou des choses qui sont en dehors de sa personne. Et en effet, tout blâme se renferme dans ces trois chefs, et ce blâme est sérieux ou plaisant, selon qu'il est manié d'une manière grave ou légère. Or, on attaque ces défauts, soit en attirant sur eux les regards, soit en les signalant dans un récit, soit en les flétris-

---

nimo convenit distortus vultus, gestusque; quæ in mimis rideri solent : *dicacitas* etiam scurrilis et scenica huic personæ alienissima est : *obscenitas* vero non a verbis tantum abesse debet, sed etiam a significatione : nam, si quando objici potest, non in joco exprobranda est. Oratorem præterea ut dicere urbane volo, ita videri affectare id, plane nolo. Quapropter ne dicet quidem salse, quoties poterit, et dictum potius aliquando perdet, quam minuet auctoritatem. Nec accusatorem autem atroci in causa, nec patronum in miserabili jocantem feret quisquam : sunt etiam judices quidam tristiores, quam ut risum libenter patiantur. Solet interim accidere, ut id, quod in adversarium dicimus, aut in judicem conveniat, aut in nostrum quoque litigatorem : quamquam aliqui reperiuntur, qui ne id quidem, quod in ipsos recidere possit, evitent : quod fecit Longus Sulpicius, qui, quum ipse fœdissimus esset, ait eum, contra quem judicio liberali aderat, *ne faciem quidem habere liberi hominis :* cui respondens Domitius Afer, *Ex tui*, inquit, *animi sententia, Longe ?* qui *malam faciem habet, liber non est ?* Vitandum etiam, ne *petulans*, ne *superbum*, ne *loco*, ne *tempore alienum*, ne *præparatum et domo allatum* videatur, quod dici- mus; nam adversus miseros, sicut supra dixeram, inhumanus est jocus : sed quidam ita sunt receptæ auctoritatis ac notæ verecundiæ, ut nocitura sit in eos dicendi petulantia : nam de amicis jam præceptum est. Illud non ad orandi fere consilium, sed ad hominis pertinet : lacessat hoc modo, quem lædere sit periculosum, ne aut inimicitiæ graves insequantur, aut turpis satisfactio : male etiam dicitur, quod in plures convenit : si aut nationes totæ incessantur, aut ordines, aut conditio, aut studia multorum. Ea, quæ dicit vir bonus, omnia salva dignitate ac verecundia dicet : nimium enim risus pretium est, si probitatis impendio constat : unde autem conciliétur risus, et quibus ex locis peti soleat, difficillimum dicere : nam, si species omnes persequi velimus, nec modum reperiemus, et frustra laborabimus. Neque enim minus numerosi sunt loci, ex quibus hæc *dicta*, quam illi, ex quibus eæ, quas *sententias* vocamus, ducuntur, neque alii : nam hic quoque est *inventio* et *elocutio*, atque ipsius elocutionis vis, alia in *verbis*, alia in *figuris*. Risus igitur oriuntur aut *ex corpore* ejus, in quem dicimus ; aut *ex animo*, qui factis ab eo dictisque colligitur ; aut *ex his*, *quæ sunt extra posita* : intra hæc enim is omnis vituperatio, quæ

sant par un bon mot; mais il est rare qu'on ait occasion de les exposer d'une manière sensible, comme fit C. Julius. Il avait affaire à Helvius Mancia, qui l'étourdissait de ses clameurs. A la fin lassé, *Si vous n'y prenez garde*, lui dit-il, *je ferai voir quel vous êtes*. Celui-ci l'en ayant défié, il montra du doigt la figure hideuse d'un Gaulois peinte sur un bouclier cimbre, qui servait d'enseigne à une boutique ; et cette figure ressemblait exactement à Helvius. Les récits ouvrent surtout un beau champ à l'éloquence et à la finesse de l'orateur. Tel est celui de Cicéron au sujet de Cépasius et de Fabricius dans l'oraison pour Cluentius, ou celui de M. Célius au sujet de l'émulation qui existait entre D. Lélius et son collègue, pour se rendre l'un et l'autre dans leur gouvernement; mais ces récits demandent beaucoup d'éloquence et de grâce, surtout dans ce que l'orateur y met du sien. Voici, par exemple, comme Cicéron assaisonne le récit de la fuite de Fabricius : *Quand ce grand orateur crut avoir épuisé toutes les ressources de l'éloquence en prononçant ces paroles solennelles :* REGARDEZ *la vieillesse de Fabricius! et qu'il eut répété à plusieurs reprises ce mot* REGARDEZ, *qui semblait si pathétique, il s'avisa de regarder en effet; mais Fabricius n'y était plus, et, tenant sa cause perdue, il s'était furtivement retiré de l'audience, etc.* Or, dans tout cela, il n'y avait qu'une chose de vraie, c'est que Fabricius avait quitté l'audience. De même le récit de Célius est agréable d'un bout à l'autre, mais surtout la fin : *Arrivé là, comment passa-t-il? fût-ce sur un vaisseau, ou sur une barque de pêcheur? C'est ce que personne ne pouvait dire : mais les Siciliens, qui sont d'humeur joviale et railleuse, disaient qu'il avait trouvé là un dauphin, qui l'avait porté sur son dos comme un autre Arion.* Cicéron pense que la plaisanterie que nous appelons *facétie* a sa place naturelle dans le récit, et que la *dicacité* consiste dans des traits qui semblent échapper. Domitius Afer s'entendait admirablement à faire ces sortes de récits; ses oraisons en sont pleines; mais il ne s'entendait pas moins bien à dire de bons mots, comme on le voit par le recueil de ceux que nous avons de lui. Il y a aussi une manière de railler qui ne consiste pas dans un simple trait de raillerie ou dans une courte plaisanterie, mais dans une action de quelque durée, du genre de celle que rapporte Cicéron au deuxième livre *de l'Orateur*, et ailleurs, au sujet de Crassus plaidant contre Brutus. Ce dernier, dans l'accusation de Cn. Plancus, qui avait L. Crassus pour avocat, avait commis deux lecteurs pour lire deux pièces, d'où il résultait que Crassus s'était contredit en conseillant sur l'affaire de la colonie narbonnaise tout le contraire de ce qu'il avait dit au sujet de la loi Servilia. Que fit Crassus? Il commit à son tour trois personnes pour lire trois dialogues de Brutus le père, où il était dit que l'un avait été composé à Priverne, l'autre à Albanum, et le troisième à Tibur. Sur quoi Crassus demandait ce qu'étaient devenues ces propriétés. Or, Brutus avait tout vendu, et il se trouvait déshonoré pour avoir aliéné son patrimoine. Il y a aussi des apologues et même certains traits historiques ou fabuleux qui se racontent avec beaucoup de grâce; mais les bons mots ont dans leur brièveté

---

si gravius posita sit, *severa est*; si levius, *ridicula :* hæc aut ostenduntur, aut narrantur, aut dicto notantur. Rarum est autem, ut oculis subjicere contingat, ut fecit C. Julius, qui quum Helvio Manciæ sæpius obstrepenti sibi diceret : *Jam ostendam, qualis sis :* isque plane instaret interrogatione, qualem tandem se ostensurus esset, digito demonstravit imaginem Galli in scuto cimbrico pictam, cui Mancia tum simillimus est visus : tabernæ autem erant circa forum, ac scutum illud signi gratia positum. Narrare, quæ salsa sint, in primis est subtile et oratorium : ut Cicero pro Cluentio narrat de *Cepasio atque Fabricio*, aut M. Cœlius *de illa D. Lælii collegæque ejus in provinciam festinantium contentione :* sed in his omnibus quum elegans et venusta exigitur tota expositio, tum id festivissimum est, quod adjicit orator. Nam et a Cicerone sic est Fabricii fuga illa condita : *itaque quum callidissime se putaret dicere, et quum illa verba gravissima ex intimo artificio depromsisset : Respicite C. Fabricii senectutem : quum hoc, respicite, ornandæ orationis causa sæpe dixisset, respexit ipse : at Fabricius a subselliis demisso capite discesserat,* et cætera, quæ adjecit; nam est notus locus; quum in re hoc solum esset, *Fabricium a judicio recessisse.* Et Cœlius quum omnia venustissime finxit, tum illud ultimum, *Hic subsecutus quomodo transierit, utrum rate an piscatorio navigio, nemo sciebat : Siculi quidem, ut sunt lascivi et dicaces, aiebant in delphino sedisse, et sic tanquam Ariona transvectum.* In narrando autem Cicero consistere *facetias* putat, *dicacitatem* in jaciendo : mire fuit in hoc genere venustus Afer Domitius, cujus orationibus complures hujusmodi narrationes insertæ reperiuntur : sed dictorum quoque ab eodem urbane sunt editi libri. Illud quoque genus est positum non in hac veluti jaculatione verborum et inclusa breviter urbanitate, sed in quodam longiore actu, quod de Crasso contra *Brutum* Cicero *in secundo de Oratore libro*, et aliis quibusdam locis narrat. Nam, quum Brutus in accusatione Cn. Planci ex duobus lectoribus ostendisset, contraria L. Crassum patronum ejus in oratione, quam de Colonia narbonensi habuerat, suasisse iis, quæ de lege Servilia dixerat; tres excitavit et ipse lectores, hisque patris ejus dialogos dedit legendos: quorum quum in *Privernati* unus, alter in *Albano*, tertius in *Tiburti* sermonem habitum complecteretur, requirebat, *Ubi essent eæ possessiones ?* omnes autem illas Brutus vendiderat : et, quum paterna emancuparet prædia, turpis habebatur : similis in apologis quoque et quibusdam interim etiam historiis exponendi gratia consequi solet. Sed acu-

je ne sais quoi de plus pénétrant et de plus vif. On s'en sert également, soit pour attaquer, soit pour répliquer; et les lois de cette double espèce de plaisanterie sont en partie les mêmes, car il ne se dit rien de la part de l'agresseur qui ne puisse se dire en répliquant. Cependant il y a des traits qui semblent plutôt appartenir à la repartie : ceux-ci sont un effet spontané de la colère, ceux-là naissent ordinairement dans l'altercation ou dans l'interrogation des témoins. J'ai déjà dit que les bons mots se tirent d'une infinité de lieux; mais je dois avertir de nouveau ici que ces lieux ne conviennent pas tous à l'orateur. Ainsi, quant à l'équivoque, je ne puis approuver ces mots ambigus dont l'obscurité captieuse tend un piége à l'esprit, comme dans les *Atellanes*; ni ces grossièretés ordinaires aux gens de la lie du peuple, qui d'une équivoque font une injure; ni même ces sortes de plaisanteries telles qu'il en a échappé quelquefois à Cicéron, mais dans la conversation, et non en plaidant, lorsque voyant, par exemple, un homme qui passait pour le fils d'un cuisinier, et qui demandait le suffrage d'un citoyen, lui dit : *Ego* QUOQUE (COQUE) *tibi favebo*. Ce n'est pas que je condamne tous les mots à double sens; mais rarement ils réussissent, à moins qu'ils ne soient soutenus par les choses mêmes. C'est pourquoi je ne reconnais plus Cicéron, lorsque, voulant se moquer d'Isauricus, le même dont j'ai parlé plus haut : *Je m'étonne*, dit-il, *que votre père, qui était l'homme du monde le plus égal, ait laissé un fils aussi inégal*. Mais voici une saillie de ce genre qui lui fait plus d'honneur. L'accusateur de Milon, pour prouver que celui-ci avait tendu des embûches à Clodius, lui objectait qu'il s'était retiré à Boville avant la neuvième heure, afin d'attendre que Clodius partît de sa maison de campagne; et comme il pressait Milon de déclarer à quelle heure Clodius avait été tué, *Tard*, répondit Cicéron. Ce mot seul suffirait pour démontrer que le genre de plaisanterie dont nous parlons n'est pas entièrement à rejeter. Au reste, un terme équivoque peut signifier non-seulement plusieurs choses, mais même des choses toutes contraires à celles qu'il semble signifier. Ainsi Néron disait d'un méchant esclave, *qu'il n'avait pas de serviteur à qui il se fiât davantage; qu'il n'avait rien de clos ni de scellé pour lui*.

Cette ambiguïté va même quelquefois jusqu'à l'énigme. Telle est la raillerie que fait Cicéron de la mère de Plétorius, accusateur de Fontéius. *Il dit qu'elle avait tenu école pendant sa vie, et qu'après sa mort elle avait eu des maîtres :* or, on disait que, de son vivant, sa maison était un rendez-vous de débauche; et, après sa mort, ses biens furent vendus à l'encan. Il faut pourtant avouer que *ludus*, *école*, est pris ici dans un sens métaphorique, et qu'il y a une équivoque dans le mot *magistri*, *maîtres*, parce qu'on appelait ainsi ceux qui présidaient aux ventes publiques. L'espèce de trope appelée métalepse peut aussi servir aux bons mots. C'est ainsi que Fabius Maximus, voulant reprocher à Auguste qu'il faisait de trop petits présents à ses amis, appelait *héminaires* (demi-setiers) les *congiaires* (libéralités) de ce prince; car congiaire étant un mot commun pour signifier les libéralités faites en public, et une certaine mesure contenant six setiers, Fabius employait le nom d'une petite mesure (héminaire, demi-setier) pour indiquer combien les présents d'Auguste étaient petits. Mais cela est aussi froid que les allusions que l'on fait aux noms, en ajoutant, supprimant ou changeant

tior est illa atque velocior in urbanitate *brevitas* : cujus quidem duplex forma est, *dicendi*, ac *respondendi*. Sed ratio communis in partem : nihil enim quod in lacessendo dici potest, non etiam in repercutiendo : at quædam propria sunt respondentium : illa etiam ira concitati afferre solent; hæc plerumque in altercatione, aut in rogandis testibus requiruntur : quum sint eorum loci plures, ex quibus dicta ridicula ducantur, repetendum est mihi, non omnes eos oratoribus convenire. Inprimis autem *ex amphibolia*, neque illa obscura, quæ atellanæ more captent, nec, qualia vulgo jactantur a vilissimo quoque, conversa in maledictum fere ambiguitate : ne illa quidem, quæ Ciceroni aliquando, sed non in agendo, exciderunt, ut dixit quum is candidatus, qui coci filius habebatur, coram eo suffragium ab alio peteret : *Ego quoque tibi favebo*. Non, quia excludenda sint omnino verba, duos sensus significantia; sed, quia raro belle respondeant, nisi quum prorsus rebus ipsis adjuvantur : quare non hoc modo, pæne et ipsum scurrile, Ciceronis est in eumdem, de quo supra dixi, Isauricum, *Miror, quid sit, quod pater tuus, homo constantissimus, te nobis varium reliquit;* sed illud ex eodem genere præclarum, quum objiceret Miloni accusator in argumentum factarum Clodio insidiarum, *quod Bovillas ante horam nonam devertisset, ut exspectaret, dum Claudius a villa sua exiret*, et identidem interrogaret, *quo tempore Clodius occisus esset ?* respondit, sero : quod vel solum sufficit, ut hoc genus non totum repudietur. Nec plura modo significari solent, sed etiam diversa : ut Nero de servo pessimo dixit, *Nulli plus apud se fidei haberi, nihil ei neque clusum neque signatum esse*. Pervenit res usque ad ænigma : quale est Ciceronis in Pletorium Fonteii accusatorem, *cujus matrem dixit, dum vixisset, ludum, postquam mortua esset, magistros habuisse* : dicebantur autem, dum vixit, infames feminæ convenire ad eam solitæ : post mortem bona ejus venibant : quamquam hic *ludus* per translationem dictus est, *magistri* per ambiguitatem. In metalepsin quoque cadit eadem ratio dictorum : ut Fabius Maximus, incusans Augusti congiariorum, quæ amicis dabantur, exiguitatem, *heminaria esse* dixit : nam *congiarium* commune liberalitatis atque mensuræ : ea mensura ducta in minutionem rerum. Et tam frigida, quam est nominum fictio, adjectis, detractis, mutatis litteris : ut *Acisculum*, quia esset pactus, *Pacisculum;* et *Placidum* nomine, quia is acerbus natura esset, *Acidum;* et *Tullium,* quum fur

quelques lettres pour leur faire signifier quelque chose. Ainsi je vois qu'un certain *Aeisculus* fut nommé *Pacisculus*, à cause d'un contrat qu'il avait fait; qu'un autre, nommé *Placidus*, fut appelé *Acidus*, parce qu'il avait l'humeur aigre; et que l'on disait *Tollius*, au lieu de Tullius, parce que ce Tollius était un voleur. Mais encore une fois ces plaisanteries sont mauvaises, si elles ne roulent plutôt sur les choses que sur les mots. Domitius Afer en savait bien faire la différence; car voyant un orateur, Mallius Sura, qui allait et venait en plaidant, se démenait, agitait ses bras, tantôt abaissait sa robe et tantôt la relevait, il dit assez plaisamment qu'il ne pouvait pas assurer si cet homme-là plaidait une affaire; mais qu'il voyait bien qu'il était fort affairé. En effet, ce terme d'affairé est plaisant par lui-même, lors même qu'il ne cacherait aucun rapport avec un autre mot. Une aspiration que l'on ôte ou que l'on ajoute à un nom, ou la réunion de deux mots, peut également donner lieu à une plaisanterie, souvent froide, mais qui quelquefois ne laisse pas de passer; et il en est de même de tous les sens que l'on tire des noms propres. Cicéron a dit sur Verrès beaucoup de choses qui n'avaient pas d'autre fondement; mais du moins il les rapporte comme venant d'autrui, quand il dit, par exemple, que le seul nom de Verrès devait faire juger que cet homme était *destiné à tout* BALAYER, *verrere*; — *qu'il avait donné plus de peine à Hercule que le sanglier d'Érymanthe, puisqu'il l'avait dépouillé;* — *qu'il ne pouvait y avoir qu'un mauvais sacrificateur qui eût épargné un si dangereux animal,* parce que Verrès (qui, au propre, signifie verrat) avait succédé à Sacerdos. Cependant le hasard fait quelquefois que ces allusions sont assez heureuses, comme ce que dit Cicéron dans l'oraison pour Cécina, en parlant contre un témoin qui se nommait Phormion : *Vous voyez que ce Phormion n'est ni moins noir ni moins présomptueux que celui de Térence.* Ces jeux d'esprit ont donc plus de sel et de grâce lorsqu'ils sont tirés de la nature des choses, si toutefois ils sont fondés sur une ressemblance avec quelque chose d'inférieur ou de moindre importance. Il paraît même que ce genre de plaisanterie était du goût des anciens; car Lentulus fut surnommé par eux *Spinther*, et Scipion *Sérapion;* mais ces comparaisons se tirent non-seulement des hommes, mais encore des animaux. Ainsi, dans ma jeunesse, un Junius Bassus, homme très-facétieux, était appelé *l'Âne blanc;* ainsi Sarmentus ou P. Blessus, parlant de Junius, qui était un petit homme noir, maigre et courbé, disait que c'était un *crochet de fer;* et ce genre de raillerie est fort à la mode aujourd'hui. Tantôt la similitude est toute simple, tantôt elle tient de la parabole. Par exemple, Auguste voyant un soldat qui lui présentait un placet en tremblant : *Pourquoi crains-tu? on dirait que tu présentes une pièce de monnaie à un éléphant.* Il y a des choses dont tout le plaisant consiste dans leur vraisemblance. Vatinius, accusé, s'essuyait le front avec un mouchoir blanc à l'audience; Calvus, qui plaidait contre lui, lui reprochait cela comme peu conforme à sa position : *Tout accusé que je suis,* lui dit Vatinius, *je mange aussi du pain blanc.* Le rapport d'une chose avec une autre donne lieu aussi à des applications, ou, si l'on veut, à des fictions fort ingénieuses. Par exemple, au triomphe de César, les villes qu'il avait prises étaient représentées en ivoire, et portées avec beaucoup de pompe; quelques jours après on accorda les honneurs du triomphe à Fabius Maximus, et les villes qu'il avait conquises n'étaient représentées qu'en bois. Chrysippe dit que c'étaient les *étuis* de celles de César. Un gla-

---

esset, *Tollium* dictos invenio. Sed hæc eadem genera commodius in rebus, quam in nominibus respondent : Afer enim venuste Mallium Suram, multum in agendo discursantem, salientem, manus jactantem, togam dejicientem et reponentem, *non agere* dixit, *sed satagere;* est enim dictum per se urbanum, *satagere,* etiamsi nulla subsit alterius verbi similitudo. Finnt et adjecta et detracta adspiratione, et binis conjunctis verbis similiter sæpius frigida, aliquando tamen recipienda; eademque conditio est in iis, quæ a nominibus trahuntur : multa ex hoc Cicero in Verrem, sed ut ab aliis dicta, modo, *futurum, ut omnia verreret,* quum diceretur ei *Verres* : modo, *Herculi, quem expilaverat, molestiorem apro Erymanthio fuisse :* modo, *malum sacerdotem, qui tam nequam verrem reliquisset :* quia sacerdoti Verres successerat. Præbet tamen aliquando occasionem quædam felicitas hoc quoque genere bene utendi : ut pro Cecinna Cicero in testem Sex. Clodium Phormionem, *Nec minus niger,* inquit, *nec minus confidens, quam est ille Terentianus Phormio.* Acriora igitur sunt et elegantiora, quæ trahuntur ex vi rerum : in his maxime valet similitudo, si tamen ad aliquid inferius leviusque referatur : quæ jam veteres illi jocabantur, qui Lentulum *Spintherem,* et Scipionem *Serapionem* esse dixerunt : sed ea non ab hominibus modo petitur, verum etiam ab animalibus : ut nobis pueris Junius Bassus, homo in primis dicax, *Asinus albus* vocabatur. Et Sarmentus, seu P. Blessus, *Junium, hominem nigrum, et macrum, et pandum, fibulam ferream* dixit : quod nunc risus petendi genus frequentissimum est. Adhibetur autem similitudo interim palam, interim inseri solet parabolæ : cujus est generis id Augusti, qui militi libellum timide porrigenti, *Noli,* inquit, *dubitare, tanquam assem elephanto des.* Sunt quædam veri similia : unde Vatinius dixit hoc dictum, quum reus, agente in eum Calvo, frontem candido sudario tergeret, idque ipsum accusator in invidiam vocaret : *Quamvis reus sum,* inquit, *et panem candidum edo.* Adhuc est subtilior illa ex simili translatio, quum, quod in alia re fieri solet, in aliam mutuamur : ea dicatur sane *fictio* : ut Chrysippus, quum in triumpha

diateur en poursuivait un autre, et ne le frappait pas : *Vous verrez*, dit Pédon, *qu'il veut le prendre vif.* La similitude se joint très-bien à l'équivoque, comme dans ce mot de Galba à un joueur de paume qui allait négligemment au-devant de la balle : *On te prendrait pour un candidat de César.* Le mot *petis*, voilà l'équivoque ; la sécurité, voilà la similitude. Je ne m'étendrai pas davantage sur cet article ; il suffit qu'on entende ce que je veux dire. On remarquera seulement que tous ces genres de plaisanterie sont souvent mêlés ensemble, et que le meilleur est celui qui est le plus composé. Les dissemblables se traitent de la même manière. Auguste, voyant un chevalier qui buvait au spectacle, lui envoya dire que, pour lui, *quand il voulait dîner, il rentrait chez lui : C'est*, répondit le chevalier, *qu'Auguste ne craint pas de perdre sa place.* Les contraires fournissent plus d'une espèce de bons mots. Auguste avait ignominieusement cassé un officier, et celui-ci tâchait de le fléchir en lui disant : *Que répondrai-je à mon père ? Vous lui répondrez*, reprit Auguste, *que j'ai eu le malheur de vous déplaire.* Un ami de Galba le priait de lui prêter son manteau : *Je ne puis*, lui dit Galba, *parce que je ne sortirai pas de ma chambre.* En effet, il y pleuvait de toutes parts. Une personne, que le respect m'empêche de nommer, fit un jour cette réponse : *Vous êtes plus libidineux qu'un eunuque.* Dans tous ces exemples, sans doute, l'auditeur est déçu par les contraires. Un autre exemple, tiré de la même source, quoique différent de tout ce qui précède, c'est ce que dit M. Vestinius, en apprenant la mort de quelqu'un : *Il va donc*, dit-il, *cesser de puer.* Je ne finirais pas, si je voulais recueillir tous les bons mots des anciens, et mon recueil deviendrait semblable à ceux que l'on en a faits. Comme ce n'est pas mon intention, je dirai seulement ici qu'il en est de même des autres lieux qui servent aux arguments. Ainsi Auguste employa la *définition*, lorsque, voyant deux pantomimes qui gesticulaient l'un après l'autre à l'envi, il dit que l'un ressemblait à un homme *qui veut danser*, et l'autre à un homme *qui l'interrompt.* Galba employa la *division*, lorsqu'il répondit à quelqu'un qui lui demandait son manteau : *S'il ne pleut pas, vous n'en avez que faire ; s'il pleut, je m'en servirai.* Enfin, genre, espèce, propriété, différence, conjugués, adjoints, conséquents, antécédents, contraires, cause, effet, comparaison du plus au moins, du moins au plus, d'égal à égal, tous ces lieux sont ouverts aux bons mots. J'en dis autant de tous les *tropes.* Est-ce que la raillerie n'emploie pas très-souvent l'*hyperbole ?* Par exemple, ce que dit Cicéron d'un homme qui était fort grand, qu'*en passant sous l'arc de triomphe de Fabius, il s'était heurté la tête à la voûte ;* et ce que disait Oppius de la famille Lentulus, où les enfants étaient constamment plus petits que leurs pères : *Cette famille mourra à force de naître.* Pour *l'ironie*, elle fait presque un genre de raillerie, lors même qu'elle est très-grave. C'est ainsi qu'Afer s'en est servi si heureusement contre Didius Gallus, qui, après avoir brigué un gouvernement avec beaucoup de chaleur, et l'ayant obtenu, se plaignait comme si on l'eût contraint de l'accepter : *Allons donc*, lui dit Afer, *faites quelque chose pour l'amour de la république.* Telle est encore celle dont usa Cicéron en apprenant la nouvelle peu certaine de la mort de Vatinius : *Je jouirai*, dit-il, *par provision.* Le même, pour faire entendre que Célius accusait mieux qu'il ne

---

Cæsaris chorea oppida essent translata, et post dies paucos Fabii Maximi lignea, *thecas esse oppidorum Cæsaris* dixit : et Pedo de mirmillone, qui retiarium consequebatur, nec feriebat, *Vivum*, inquit, *capere vult*. Jungitur amphiboliæ similitudo : ut A. Galba pilam negligenter petenti, *Sic*, inquit, *petis, tanquam Cæsaris candidatus ;* nam illud *petis* ambiguum est, securitas similis : quod hactenus ostendisse satis est. Cæterum frequentissima aliorum generum cum aliis mixtura est : eaque optima, quæ ex pluribus constat : eadem dissimilium ratio est : hinc eques romanus, ad quem in spectaculis bibentem quum misisset Augustus, qui ei diceret, *Ego si prandere volo, domum eo : Tu enim*, inquit, *non times, ne locus perdas*. Ex contrario non una species : neque enim eodem modo dixit Augustus præfecto, quem cum ignominia mittebat, subinde interponenti precibus, *Quid respondebo patri meo ? Dic, me tibi displicuisse :* quo Galba, penulam roganti, *Non possum commodare, domi maneo ;* quum cœnaculum ejus perplueret : tertium adhuc illud, siquidem, ut ne auctorem ponam, verecundia ipsius facit, *Libidinosior es, quam ullus spado :* sine dubio et opinio decipitur ; sed ex contrario : et hoc ex eodem loco est, sed nulli priorum simile, quod dixit M. Vestinius, quum ei nunciatum esset, *Aliquando desinet putere*. Onerabo librum exemplis, similemque iis, qui risus gratia componuntur, efficiam, si persequi voluero singula veterum : ex omnibus argumentorum locis eadem occasio est : nam et *finitione* usus est Augustus de pantomimis duobus, qui alternis gestibus contendebant, quum eorum alterum *saltatorem* dixit, alterum *interpellatorem :* et partitione Galba, quum penulam roganti respondit ; *Non pluit, non opus est tibi ; si pluit, ipse utar :* proinde *genere, specie, propriis, differentibus, jugatis, adjunctis, consequentibus, antecedentibus, repugnantibus, causis, effectis, comparatione parium, majorum, minorum, similis materia* præbetur. Sicut in *tropos* quoque omnes cadunt : an non plurima καθ' ὑπερβολὴν dicuntur ? quale refert Cicero de homine prælongo, *caput eum ad fornicem Fabium offendisse* et, quod P. Oppius, dixit de genere Lentulorum, quum assidue minores parentibus liberi essent, *nascendo interiturum*. Quid ironia ? nonne etiam, quæ severissime fit, joci prope genus est ? Qua urbane usus est Afer, cum Didio Gallo, qui provinciam ambitiosissime petierat, deinde, impetrata ea, tanquam coactus quereretur, *Age*, inquit, *aliquid et reipublicæ causa ela-*

défendait, avait coutume de dire, par *allégorie*, que Célius avait *la main droite fort bonne, et la gauche fort mauvaise.* Julius disait aussi, par *antonomase,* qu'*Accius Navius avait coupé du fer.*

La raillerie comporte aussi les figures de pensées, et même quelques rhéteurs distinguent les différentes sortes de bons mots par la différence de ces figures; car on interroge, on doute, on affirme, on menace, on souhaite, ou dit certaines choses, comme inspiré par la pitié ou la colère; et tout cela prend la couleur de la plaisanterie, quand la feinte y a part. Il est vrai que, sans le secours de ces figures, il est aisé de relever une sottise, car elle est ridicule par elle-même; mais d'en faire le sujet d'une raillerie ingénieuse, cela dépend du tour que nous y donnons : par exemple, Titius Maximus demanda sottement à Carpathius, qui sortait du théâtre, *s'il avait vu la pièce.* Carpathius rendit sa question encore plus sotte en répondant : *Non, j'ai joué à la paume dans l'orchestre.* La réfutation se traite aussi quelquefois en riant; car elle consiste à nier, à rétorquer, à défendre, à rabaisser; et tout cela est susceptible de raillerie. On nie plaisamment, comme le fit Manius Curius. Son accusateur l'avait représenté en maint endroit comme un joueur ruiné, tantôt nu et dans les fers, tantôt racheté par ses amis : *Je n'ai donc jamais gagné?* dit-il. On rétorque, tantôt ouvertement, par exemple, Vibius Curius se faisant beaucoup plus jeune qu'il n'était : *Je vois bien,* dit Cicéron, *que vous n'étiez pas né lorsque nous étions ensemble sur les bancs des écoles;* tantôt en feignant d'acquiescer à ce que dit la personne qu'on raille : Fabia disait qu'elle n'avait que trente ans : *Je le crois,* répondit Cicéron, *car je vous l'entends dire depuis vingt ans;* tantôt en substituant à ce qu'on nie quelque chose de plus mordant : Domitia, épouse de Passiénus, se plaignait de ce que Junius Bassus l'accusait d'avarice, jusqu'à dire *qu'elle vendait ses vieux souliers. Je n'ai jamais dit cela,* répondit Bassus; *j'ai seulement dit que vous avez coutume d'en acheter de vieux.* On se *défend* aussi par la plaisanterie. Auguste reprochait à un chevalier romain d'avoir mangé son patrimoine. *Je le croyais à moi,* répondit le chevalier. Il y a deux manières de rabaisser ce que dit quelqu'un : tantôt c'est pour diminuer les titres qu'une personne prétend avoir à l'indulgence, tantôt c'est pour confondre une vaine jactance. Par exemple, Pomponius se vantait à César d'avoir reçu une blessure au visage, en combattant pour lui dans une sédition que Sulpicius avait excitée : *Une autre fois,* lui dit César, *quand vous fuirez, ne regardez pas en arrière.* Ou bien c'est un reproche qu'on détruit d'un seul mot : on blâmait Cicéron sexagénaire d'épouser une vierge (c'était Publilia) : *Demain,* dit-il, *elle sera femme.* Quelques-uns appellent *conséquent* ce genre de plaisanterie, dans lequel il faut ranger cette autre repartie de Cicéron. Curion étant vieux, toutes les fois qu'il plaidait, commençait par s'excuser sur son grand âge; et Cicéron disait à ce sujet *que l'exorde devenait tous les jours plus facile pour Curion.* En effet, dans ce genre de plaisanterie, la réponse est véritablement une conséquence de ce qui a été posé. La plaisanterie dont je parle se tire encore de la *relation des causes* : par exemple, Vatinius, qui était goutteux, voulant faire croire qu'il commençait à se mieux porter, disait qu'il faisait déjà

deux mille pas en se promenant : *C'est que les jours sont plus longs*, reprit Cicéron. Des habitants de Tarragone vinrent dire à Auguste qu'un palmier avait crû sur son autel : *C'est la preuve*, répondit-il, *que vous y sacrifiez souvent*. Cassius Sévérus se servit de la *translation* comme moyen de plaisanterie. Le préteur s'en prenant à lui de ce que ses avocats avaient insulté L. Varus, épicurien et ami de César : *Je ne sais*, dit-il, *quels sont ceux qui se sont permis cette insulte; mais j'ai lieu de croire que ce sont des stoïciens*. On *rétorque* une raillerie de plusieurs manières, et la plus agréable est celle où l'on joue sur le même mot. Suellius disait à Trachalus : *Si cela est, vous allez en exil; mais si cela n'est pas*, dit Trachalus, *c'est vous qui y retournez*. On objectait à Cassius Sévérus que Proculéius lui avait interdit sa maison; il *éluda* cette objection en répondant : *A moi? mais est-ce que je vais jamais chez Proculéius?* On élude aussi une plaisanterie par une autre plaisanterie, et un mensonge par un autre mensonge. Les Gaulois avaient fait présent à Auguste d'un collier qui pesait cent livres. Dolabella lui dit en plaisantant, mais aussi pour voir quel serait le résultat de cette plaisanterie : *Mon général, accordez-moi les honneurs du collier.* — *J'aime mieux vous donner la couronne civique*, lui répondit Auguste. Quelqu'un disait en présence de Galba qu'en *Sicile il avait acheté pour cinq as une lamproie longue de cinq pieds. Cela n'est pas étonnant*, reprit Galba, *car elles sont si longues en ce pays-là, que les pêcheurs s'en servent en guise de cordages*. On peut feindre quelquefois de *confesser*, au lieu de nier; et cette manière a beaucoup de grâce. Afer plaidait contre un affranchi de Claude. Un homme de cette condition s'étant écrié des bancs de la partie adverse : *Hé quoi, toujours contre les affranchis de César?* — *Toujours*, reprit Afer; *et je n'en suis pas plus avancé*. C'est une manière qui revient à celle-ci, que de ne pas relever une parole injurieuse, lorsqu'elle est manifestement fausse : ce qui donne lieu à une agréable repartie. L'orateur Philippe disait à Catulus : *Qu'avez-vous à aboyer?* — *C'est que je vois un voleur*, reprit Catulus. De faire rire à ses dépens, c'est ce qui n'appartient qu'à un bouffon, et ce qu'on ne peut pardonner à un orateur. On le peut faire en autant de manières qu'il y en a de plaisanter sur autrui. Quoique ce genre de plaisanterie soit très-commun, je n'en dirai rien; mais un vice qui n'est pas moins indigne d'un honnête homme, encore qu'il fasse rire, c'est de dire des choses basses ou qui marquent de l'emportement, comme cela est arrivé, à ma connaissance, à quelqu'un qui, offensé de ce qu'un inférieur oubliait le respect qu'il lui devait : *Je te donnerai un soufflet*, lui dit-il, *et je t'assignerai en justice pour voir dire que tu as la tête dure;* car on ne sait si les auditeurs ont dû rire ou s'indigner. Il reste encore un genre de raillerie qui consiste à *surprendre*, en donnant aux paroles d'autrui un sens tout différent de celui qu'elles doivent avoir. Ces mots auxquels on ne s'attend pas sont très-plaisants, et l'on peut même s'en servir pour attaquer. Tel est celui dont Cicéron fournirait l'exemple quelque part : *C'est un homme à qui il ne manque rien que du bien et de la vertu;* ou cet autre de Domitius Afer : *C'est l'homme du monde le plus propre au barreau.* Cette plaisanterie consiste encore à aller au-devant de la pensée de quelqu'un, comme fit Cicéron au sujet de la mort de Vatinius, qu'on lui avait faussement annoncée. Il rencontra son

---

Dies enim, inquit, *longiores sunt :* et Augustus nunciantibus Tarraconensibus, palmam in ara ejus enatam, *Apparet*, inquit, *quam sæpe accendatis. Transtulit* crimen Cassius Severus : nam, quum objurgaretur a prætore, quod advocati ejus L. Varo Epicureo, Cæsaris amico, convicium fecissent, *Nescio*, inquit, *qui conviciati sint; et puto stoicos fuisse.* Repercutiendi multa sunt genera : venustissimum, quod etiam similitudine aliqua verbi adjuvatur : ut Trachalus dicenti Suellio, *Si hoc ita est, is in exsilium; Si non est ita, redis*, inquit. *Elusit* Cassius Severus objicienti quodam, quod ei domo sua Proculeius interdixisset, respondendo, *Numquid ergo illuc accedo?* Sic eluditur et ridiculum ridiculo; ut divus Augustus, quum ei Galli torquem aureum centum pondo dedissent, et Dolabella per jocum, tentans tamen joci sui eventum, dixisset : *Imperator, torque me dona; Malo*, inquit, *te civica donare:* mendacium quoque mendacio; ut Galba, dicente quodam, *victoriato se uno in Sicilia quinque pedes longam murenam emisse; Nihil*, inquit, *mirum; nam ibi tam longæ nascuntur, ut iis piscatores pro restibus utantur.* Contraria est negantis confessionis simulatio, sed ipsa quo- que multum habet urbanitatis : sic Afer, quum ageret contra libertum Claudii Cæsaris, et ex diverso quidam conditionis ejusdem, cujus erat litigator, exclamasset, *Præterea tu semper in libertos Cæsaris dicis? Nec mehercule*, inquit, *quidquam proficio;* cui vicinum est, *non negare*, quod objicitur, quum et id palam falsum est, et inde materia bene respondendi datur : ut Catulus dicenti Philippo, *Quid latras? Furem video*, inquit. *In se dicere*, non est fere nisi scurrarum, et in oratore utique minime probabile : quod fieri totidem modis, quot in alios, potest : ideoque hoc, quamvis frequens sit, transeo. Illud vero, etiamsi ridiculum est, indignum tamen homine tolerabili, quod aut turpiter, aut impotenter dicitur : quod fecisse quemdam scio, qui humiliori, libere adversus se loquenti, *Colaphum*, inquit, *tibi ducam, et formulam scribam, quod caput durum habeas :* hic enim dubium est, utrum ridere audientes, an indignari debuerint. Superest genus *decipiendi opinionem*, aut dicta aliter intelligendi, quæ sunt in omni hac materia vel venustissima; inopinatum et a lacessente poni solet : quale est, quod feret Cicero, *Quid huic abest, nisi res et virtus?* aut illud Afri, *Homo in agendis causis optime vestitus :* et

affranchi, et lui demanda : *Tout va-t-il bien ? — Fort bien*, dit l'affranchi. — *Il est donc mort ?* reprit Cicéron. Mais rien ne donne tant matière à la plaisanterie que la feinte et la dissimulation. Il semble d'abord que ce soit la même chose : il y a pourtant cette différence, que la feinte consiste à témoigner un sentiment ou une pensée qu'on n'a pas, et la dissimulation à faire semblant de ne pas comprendre le sentiment ou la pensée d'un autre. Ainsi Afer feignait, lorsqu'entendant invoquer à plusieurs reprises le témoignage de Celsina, qui était une femme en crédit, il fit semblant de croire qu'il s'agissait d'un homme, et demanda *qui était ce Celsina*. Un témoin qu'on appelait Sextus Annalis ayant chargé par sa déposition une personne que Cicéron défendait, comme l'accusateur pressait Cicéron de répondre, et lui disait : *Que pouvez-vous dire de Sextus Annalis ?* Cicéron fit semblant de croire qu'il s'agissait du sixième livre des annales d'Ennius, et récita ce vers : *Qui pourrait développer les causes de cette grande guerre ?* Cicéron dissimulait. Et à dire le vrai, c'est l'ambiguïté des mots qui donne lieu le plus souvent à ces quiproquo. Un homme consultait Cascellius, en lui disant : *Je veux partager mon vaisseau ;* — *Vous le perdrez*, lui dit-il. On détourne encore la pensée, en regardant les choses par le côté où elles n'ont rien que d'indifférent. Par exemple, quelqu'un, interrogé sur ce qu'il pensait d'un homme surpris en adultère, répondit qu'il *n'avait pas été alerte*. Une autre manière assez semblable est celle où on laisse deviner sa pensée, comme dans cet exemple que rapporte Cicéron : Un homme pleurait sa femme qui s'était pendue à un figuier : *Donnez-moi, je vous prie, une greffe de cet arbre*, lui dit quelqu'un, *pour en propager l'espèce ;* car on entend ce que cela veut dire. Et certainement tout l'art de la plaisanterie consiste à dire les choses dans un autre sens que celui qu'elles présentent naturellement à l'esprit : ce qui a lieu en corrompant la pensée d'autrui, ou la nôtre, ou bien en disant une chose qui ne peut pas être. En corrompant la pensée d'autrui, comme dans cette réponse de Juba à un passant qui se plaignait de ce que son cheval l'avait éclaboussé : *Est-ce que tu me prends pour un hippocentaure ?* Ou en corrompant la nôtre, comme dans ces paroles de Cassius à un soldat qui allait au combat sans épée : *Camarade, sers-toi vaillamment de ton poing ;* et dans ce mot de Galba, qui, dans un repas, s'étant aperçu qu'on servait des poissons à moitié mangés, qu'on avait servis le lendemain en les retournant : *Dépêchons*, dit-il, *car il y a sous la table des gens qui dînent avec nous*. Enfin, en disant une chose qui ne peut pas être, comme dans la réponse de Cicéron à cet orateur qui se donnait pour jeune et qui ne l'était pas ; car il était impossible qu'il ne fût pas né lorsqu'il était avec Cicéron sur les bancs des écoles. Il y a de la feinte et de l'ironie tout à la fois dans une réponse de César à un témoin, qui se plaignait de ce que l'accusé l'avait blessé dans une partie que l'on ne nomme point. Il était aisé de le tourner en ridicule sur ce que l'accusé avait particulièrement fait choix de cette partie du corps ; mais César aima mieux lui dire : *Tu avais un casque et une cuirasse : où voulais-tu qu'il te blessât ?* Cependant de toutes les feintes, la meilleure est celle qu'on oppose à une autre. Domitius Afer avait fait son testament depuis longtemps : un homme qui s'était lié d'amitié depuis peu avec lui, espérant gagner quelque chose à le lui faire changer, lui fit un conte, et lui demanda s'il devait con-

---

in occurrendo, ut Cicero, audita falsa Vatinii morte, quum Ovinium libertum ejus interrogasset, *Rectene omnia?* dicenti, *Recte; Mortuus est?* inquit. Plurimus autem circa simulationem et dissimulationem risus est, quae sunt vicina, et prope eadem; sed *simulatio* est, certam opinionem animi sui imitantis : *dissimulatio*, aliena se parum intelligere fingentis : simulavit Afer, quum, in causa subinde dicentibus, *Celsinam de re cognovisse;* quae erat potens femina : *Quis est*, inquit, *iste Celsinam* enim videri sibi virum finxit. Dissimulavit Cicero, quum Sex. Annalis testis reum laesisset, et instaret identidem accusator ei, *Dic, M. Tulli, numquid potes de Sexto Annali?* versus enim dicere coepit de libro Ennii annali sexto,

Quis potis ingentis causas evolvere belli.

Cui sine dubio frequentissimam dat occasionem ambiguitas : ut Cascellio, qui consultori dicenti, *Navem dividere volo*, *Perdes*, inquit : sed averti intellectus et aliter solet, quum ab asperioribus ad leniora deflectitur : ut, qui interrogatus, quid sentiret de eo, qui in adulterio deprehensus esset, *Tardum fuisse* respondit. Ei confine est, quod dicitur per suspicionem : quale illud apud Ciceronem, querenti, quod uxor sua e fico se suspendisset, *Rogo, des mihi surculum ex illa arbore, ut inseram :* intelligitur enim, quod non dicitur. Et hercle omnis salse dicendi ratio in eo est, ut aliter, quam est rectum verumque, dicatur; quod fit totum fingendis aut nostris aut alienis persuasionibus, aut dicendo, quod fieri non potest. Aliena finxit Juba, qui querenti, quod ab equo suo esset adspersus, *Quid? Tu*, inquit, *me hippocentaurum putas?* sua C. Cassius, qui militi sine gladio decurrenti, *Heus, commilito, pugno bene uteris*, inquit : et Galba de piscibus, qui, quum pridie ex parte adesi, et versati postera die appositi essent, *Festinemus, alii subcoenant*, inquit : tertium illud Ciceronis, ut dixi, adversus Curium; fieri enim certe non poterat, ut, quum declamaret, natus non esset. Est et illa ex ironia fictio, qua usus est C. Caesar : nam, quum testis diceret, a reo femina sua ferro petita, et esset facilis responsio, cur illam potissimum partem corporis vulnerare voluisset : *Quid enim faceret*, inquit, *quum tu galeam et loricam haberes?* Vel optima est simulatio contra simulantem, qualis illa Domitii Afri fuit : vetus habebat testamentum, et unus ex amicis recentioribus, sperans aliquid ex mutatione tabularum, fal-

seiller à un officier âgé, et qui avait déjà testé, de faire un nouveau testament : *N'en faites rien*, lui dit Afer, *votre conseil l'offenserait*. Mais, de toutes les plaisanteries, les plus agréables sont celles qui offensent le moins et qui sont les plus aisées à digérer, comme celle-ci, par exemple : Afer ayant plaidé pour un homme qui ne l'était pas seulement venu remercier, et qui un jour évitait ses regards au barreau, il lui fit dire par un de ses gens : *Rassurez-vous, je ne vous vois pas*. Son intendant ne lui rendait pas bon compte de l'argent qu'il lui avait donné pour la dépense de sa maison, et, de plus, il se plaignait de ce qu'il mangeait à peine du pain et ne buvait que de l'eau : *Pauvre moineau*, lui dit Afer, *rends toujours ce que tu dois*. C'est ce qu'on appelle parler à l'unisson. Une raillerie qui épargne son homme a aussi beaucoup d'agrément. Quelqu'un demandait à Afer son suffrage, et lui disait : *J'ai toujours été serviteur de votre maison*; Afer, au lieu de lui donner un démenti, comme il le pouvait, aima mieux répondre : *Je le crois, et cela est vrai*. Il y a quelquefois des occasions où l'on parle contre soi-même d'une manière qui fait rire et qui réussit, comme il y en a où ce qui ne serait pas bon à dire d'une personne absente se dit fort bien en sa présence. Par exemple, un soldat importunait Auguste pour une chose qu'il ne pouvait pas raisonnablement lui accorder, et Marcianus venait en même temps dans le dessein de lui faire une prière aussi déraisonnable; Auguste, qui s'en défiait, dit au soldat : *Camarade, je ne ferai pas plus ce que tu me demandes, que ce que va me demander Marcianus*. Des vers cités à propos ont encore beaucoup de grâce. Tantôt on les cite dans leur entier; chose si facile qu'Ovide a composé un livre contre les mauvais poëtes avec des quatrains tirés du poëme de Macer; et l'effet est encore plus agréable, si la citation est enveloppée de quelque ambiguïté, comme dans ce vers : *Si le fils de Laërte n'eût trouvé un navire pour s'échapper*, que Cicéron appliqua à Marcius, homme fin et artificieux, qui lui était suspect dans une cause. Tantôt on y change quelque mot : ainsi, au lieu de dire, *qui a reçu en partage la sagesse*, Cicéron disait : *qui a hérité de la sagesse*, en parlant d'un homme qui avait toujours été regardé comme sot tant qu'il avait été sans bien, et que l'on consultait de préférence aux autres depuis qu'une succession lui était échue. Tantôt on travestit certains vers connus de tout le monde; ce qu'on appelle *parodie*. Enfin les *proverbes*, quand on s'en sert à propos, ont aussi leur agrément. Un homme connu par sa méchanceté était tombé dans l'eau et priait un passant de l'en tirer : *A d'autres, mon ami! je te connais*, lui répondit le passant. Il y a un air d'érudition à prendre des traits de raillerie dans l'histoire ou dans la fable. Cicéron interrogeait un témoin dans l'affaire de Verrès; et comme ce témoin chargeait Verrès, *Je n'entends rien à ces énigmes*, dit Hortensius. — *A quoi sert donc le sphinx que vous avez chez vous*, reprit Cicéron? Or, Verrès lui avait donné un sphinx d'airain d'un fort grand prix. A l'égard de certaines réponses qui semblent avoir je ne sais quoi de niais, elles ne différent de celles qui sont véritablement niaises que parce qu'elles affectent de le paraître. Quelqu'un avait acheté un chandelier de table fort bas; et comme on s'en étonnait : *Il me servira*, dit-il, *pour dîner*. Mais, parmi ces réponses, celles qui semblent le plus dénuées de raison sont justement les plus piquantes. On demandait à un

---

sam fabulam intulerat, consulens eum, an primipilari seni jam testato rursus suaderet ordinare suprema judicia, *Noli*, inquit, *facere; offendis illum*. Jucundissima sunt autem ex his omnibus lenia, et, ut sic dixerim, boni stomachi : ut Afer idem ingrato litigatori, conspectum ejus in foro vitanti, per nomenclatorem missum ad eum, *Amas me*, inquit, *quod te non vidi?* Et dispensatori, qui, quum et reliqua non responderet, dicebat subinde, *Non comedi panem, et aquam bibo* : Passer, redde quod debes : quæ ὑπὸ τὸ ἦθος vocant. Est gratus jocus, qui minus exprobrat, potest, ut idem dicenti candidato, *Semper domum tuam colui* : quum posset palam negare, *Credo*, inquit, *et verum est* : interim de se dicere ridiculum est; et, quod in alium, si absentem diceretur, urbanum non erat, quoniam ipsi palam exprobratur, movet risum : quale Augusti est, quum ab eo miles nescio quid improbe peteret, veniret contra Marcianus, quem suspicabatur et ipsum aliquid injuste rogaturum : *Non magis*, inquit, *faciam, cummilito, quæ petis, quam quod Marcianus a me petiturus est*. Adjuvant urbanitatem et versus commode positi, seu toti, ut sunt, quod adeo facile est, ut Ovidius ex tetrastichon Macri carmine librum in malos poetas composuerit, quod fit gratius, si qua etiam ambiguitate conditur; ut Cicero in Marcium, hominem callidum et versutum, quum is in quadam causa suspectus esset, *Nisi qua Ulixes rate evasit Laertius* : seu verbis ex parte mutatis; ut in eum, qui, quum antea stultissimus esset, post acceptam hereditatem primus sententiam rogabatur, *Cujus hereditas est, quam vocant sapientiam*, pro illo, *facilitas est* : seu ficti notis versibus similes, quæ παρῳδία dicitur; et *proverbia* opportune aptata : ut homini nequam lapso, et, ut allevaretur, roganti, *Tollat te, qui non novit* : ex historia etiam ducere urbanitatem, eruditum; ut Cicero fecit, quum ei testem in judicio Verris roganti dixisset Hortensius, *Non intelligo hæc enigmata* : *Atqui debes*, inquit, *quum Sphingem domi habeas* : acceperat autem ille a Verre Sphingem æneam magnæ pecuniæ. *Subabsurda* illa constant stultis simili imitatione, et quæ, nisi fingantur, stulta sunt : ut, qui mirantibus, quod humile candelabrum emisset, *Pransorium erit*, inquit. sed illa *similia absurdis* sunt acria, quæ tanquam sine ratione dicta feruntur : ut servus Dolabellæ, quum interrogaretur, an dominus ejus auctionem proposuisset, *Domum*, inquit, *vendidit*. Deprehensi in-

esclave de Dolabella si son maître l'avait mis en vente : *Il a vendu sa maison*, répondit-il. Quelquefois on se tire d'embarras par un bon mot. Par exemple, dans une affaire où un témoin déposait avoir été blessé par l'accusé, l'avocat lui demanda s'il portait une cicatrice. Le témoin en ayant montré une fort grande qu'il portait dans une partie secrète, *L'accusé*, dit l'avocat, *aurait mieux fait de vous blesser au côté*. Quelquefois une parole injurieuse trouve heureusement sa place. L'accusateur d'Hispon lui reprochait d'avoir été deux fois accusé d'une manière grave : *Tu mens*, lui répondit Hispon. Un lieutenant général demandait à Fulvius, son allié, si le testament qu'il produisait était signé : *Oui, maître, et la signature n'est pas fausse*.

Voilà quelles sont les sources les plus ordinaires de la plaisanterie, autant que j'ai pu l'apprendre des maîtres ou de l'expérience ; mais je dois répéter qu'il y a autant de façons de dire une chose en riant, qu'il y en a de la dire sérieusement, et que les personnes, les lieux, le temps, le hasard enfin, en fournissent mille occasions. Aussi, loin d'épuiser la matière, je ne l'ai touchée qu'autant qu'il le fallait pour ne point paraître l'avoir laissée de côté. Et quant à l'utilité de la plaisanterie et à la manière de plaisanter, ce que j'en ai dit est conséquemment fort peu de chose, mais absolument nécessaire. Domitius Marsus, qui a traité à fond ce que nous appelons *urbanité*, ajoute beaucoup de choses qui non-seulement sont différentes de celles dont je viens de parler, mais qui conviendraient à quelque genre de discours que ce fût, même au plus sérieux ; car elles consistent uniquement dans une élégance et une sorte de beauté qui leur est particulière :

elles ont le caractère de *l'urbanité*, sans avoir rien de commun avec le rire. En effet, ce n'est pas du rire qu'il a écrit, mais de *l'urbanité*, genre qu'il attribue particulièrement à notre ville, et qu'il prétend n'avoir été connu des Romains que fort tard, depuis que, pour désigner *Rome*, on a dit simplement et par excellence *la ville*, *Urbs*. Et voici comme il la définit : *L'urbanité est une certaine qualité renfermée dans une proposition courte et précise, également propre à plaire et à émouvoir, et dont on se sert avec succès, soit en attaquant, soit en défendant, selon que le demande chaque personne et chaque chose*. A la brièveté près, c'est lui donner toutes les qualités qui conviennent à l'oraison ; car, de cette sorte, elle comprend les personnes et les choses. Or, la perfection de l'éloquence ne consiste qu'à dire ce qui convient aux personnes et aux choses ; mais je ne vois pas pourquoi il veut que la brièveté soit une condition de l'urbanité. Cependant il distingue, un peu plus loin, une autre sorte d'urbanité qui est particulière aux récits, et que, s'autorisant, dit-il, du sentiment de Caton, il définit dans les termes suivants : *Celui-là, dit-il, aura de l'urbanité, qui abondera en bons mots et en reparties fines, et qui, dans la conversation, dans les cercles, à table, et même dans les assemblées publiques, partout enfin, saura dire à propos des choses plaisantes. Et la matière du rire sera tout ce que l'orateur dira dans ce genre*. Si nous admettons cette définition, toute parole bien dite appartiendra au langage de l'urbanité. Après cela, il ne faut pas s'étonner si cet auteur distingue trois sortes de bons mots, les uns sérieux, les autres plaisants, les autres qui tiennent le milieu entre les deux, puisque cette division convient à tout ce

---

terim pudorem suum ridiculo aliquo explicant : ut, qui testem dicentem se a reo vulneratum, interrogaverat, *an cicatricem haberet?* quum ille ingentem in femine ostenlisset, *Latus*, inquit, *oportuit*. Contumeliis quoque uti belle datur : ut Hispo objicienti bis acerba crimina accusatori, *Mentiris*, inquit : et Fulvius propinquus legato interroganti, an in tabulis, quas proferebat, chirographus esset, *Et verus*, inquit, *domine*. Has aut accepi species, aut inveni frequentissimas, ex quibus ridicula ducerentur : sed repetam necesse est, infinitas esse, tam salse dicendi, quam severe ; quas præstat *persona, locus, tempus, casus* denique, qui est maxime varius. Itaque hæc, ne omisisse viderer, attigi : illa autem, quæ de usu ipso et modo jocandi complexus sum, adeo infirma, sed plane necessaria. His adjicit Domitius Marsus, qui *de urbanitate* diligentissime scripsit, quædam non ridicula, sed cuilibet severissimæ orationi convenientia, eleganter dicta, et proprio quodam lepore jucunda : quæ sunt quidem *urbana*, sed risum tamen non habent. Neque enim ei *de risu*, sed *de urbanitate* est opus institutum, quam propriam esse nostræ civitatis, et sero sic intelligi cœptam, postquam *Urbis* appellationem, etiamsi nomen proprium non adji

ceretur, *Romam* tamen accipi sit receptum. Eamque sic finit : *Urbanitas est virtus quædam in breve dictum coacta, et apta ad delectandos movendosque homines in omnem affectum, maxime idonea ad resistendum, vel lacessendum, prout quæque res ac persona desiderat* : cui si brevitatis exceptionem detraxeris, omnes orationis virtutes complexa sit : nam, si constat rebus et personis, quod in utrisque oporteat, dicere, perfectæ eloquentiæ est : cur autem *brevem* esse eam voluerit, nescio quidem. At quam, in eodem libro dicat fuisse et in multis, narrandi urbanitatem paulo post ita finit, Catonis, ut ait, opinionem secutus ; *Urbanus homo erit, cujus multa bene dicta responsaque erunt, et, qui in sermonibus, circulis, conviviis, item in concionibus, omni denique loco ridicule commodeque dicet. Risus erunt, quicunque hæc faciet orator*. Quas si recipimus finitiones, quidquid bene dicetur, et *urbane* dicti nomen accipiet : cæterum illi, qui hoc proposuerat, consentanea fuit illa divisio, ut dictorum urbanorum alia *seria*, alia *jocosa*, alia *media* faceret : nam est eadem omnium bene dictorum : verum mihi etiam jocosa quædam videntur posse non satis urbane referri. Nam meo quidem judicio illa est *urbanitas*,

qui est bien dit; mais je crois, pour moi, qu'il y a des plaisanteries que l'urbanité ne comporte pas; car, à mon sens, cette urbanité consiste à ne rien dire de choquant, de grossier, de fade, ni qui sente l'étranger, soit dans les pensées, soit dans les mots, soit dans la prononciation et le geste : de sorte qu'il la faut moins chercher dans un mot pris isolément que dans l'ensemble du discours, comme chez les Grecs l'atticisme est une certaine délicatesse, une certaine saveur particulière à la ville d'Athènes. Cependant, pour ne rien retrancher du jugement d'un aussi savant homme que Marsus, je dirai encore qu'il divise l'urbanité, appliquée aux choses sérieuses, en trois genres, l'un *honorable*, l'autre *injurieux*, et le troisième *intermédiaire*. Comme exemple du premier genre, il cite ce que Cicéron dit à César dans l'oraison pour Ligarius : *Vous, César, qui savez ne rien oublier, si ce n'est les injures*. Comme exemple du second, il rapporte ce que Cicéron écrivit à Atticus, au sujet de Pompée et de César : *J'ai bien qui fuir, mais je n'ai pas qui suivre*. Et enfin, comme exemple du troisième genre, qu'il appelle aussi *apophthegmatique*, il cite ces autres paroles de Cicéron : *Que la mort ne saurait être insupportable pour un homme de cœur, ni prématurée pour un personnage consulaire, ni malheureuse pour un sage*. Sans doute tout cela est parfaitement dit, mais je n'y vois pas le caractère de *l'urbanité* proprement dite. Que si, contre mon sentiment, on le cherche dans un bon mot, dans un trait détaché, plutôt que dans la couleur générale du discours, je crois qu'on serait mieux fondé à le reconnaître dans certains mots qui, sans exciter le rire, sont du genre de ceux qui l'excitent; tels sont les suivants. On disait d'Asinius Pollion, qui menait de front les affaires et les plaisirs, que c'était *l'homme de tous les instants*; et d'un avocat qui improvisait avec une extrême facilité, que *son esprit était en argent comptant*. Tel est encore ce mot de Pompée, que rapporte Marsus. Cicéron se défiait de son parti : *Passez dans celui de César*, lui dit Pompée, *et vous me craindrez*. Or, ce mot eût fait rire s'il eût été dit dans une circonstance moins grave, ou dans un autre esprit, ou enfin par un autre que Pompée. On peut ajouter à toutes ces citations ce que Cicéron écrivait à Cérellia, en lui rendant compte des motifs qui lui faisaient supporter si patiemment la domination de César : *Il faut pour cela ou l'âme de Caton, ou l'estomac de Cicéron*; car le mot d'*estomac* a ici quelque couleur de plaisanterie. Je n'ai pas dû dissimuler ce qui m'offusquait dans la définition de Marsus. Si mes réflexions ne sont pas justes, du moins je n'aurai point trompé mes lecteurs, puisqu'en leur mettant sous les yeux les raisons sur lesquelles se fonde l'opinion contraire, je les ai mis à même de la suivre, si elle leur paraît préférable à la mienne.

CH. IV. Il semble que je ne devrais donner les préceptes de *l'altercation* qu'après avoir traité entièrement tout ce qui concerne l'oraison continue; car, dans l'ordre des choses, l'altercation n'a lieu qu'en dernier. Cependant, comme elle consiste uniquement dans l'invention, qu'elle ne peut comporter la disposition, que les ornements de l'élocution lui sont peu nécessaires, et que la mémoire et la prononciation ne lui sont pas d'un grand secours, je crois qu'avant de passer à la seconde des cinq parties, il est bon de ne pas laisser en arrière un article qui dépend entièrement de la première partie. Les autres rhéteurs ont négligé

---

in qua nihil absonum, nihil agreste, nihil inconditum, nihil peregrinum, neque sensu, neque verbis, neque ore gestuve possit deprehendi, ut non tam sit in singulis dictis, quàm in toto colore dicendi : qualis apud Græcos ἀττικισμὸς ille redolens Athenarum proprium saporem. Ne tamen judicium Marsi, hominis eruditissimi, subtraham, seria partitur in tria genera, *honorificum, contumeliosum, medium*; et honorifici ponit exemplum Ciceronis quod est pro Ligario apud Cæsarem, *Qui nihil soles oblivisci, nisi injurias* : et contumeliosi, quod Attico scripsit de Pompeio et Cæsare, *Habeo, quem fugiam; quem sequar, non habeo*, et medii, quod ἀποφθεγματικὸν vocat, et est, quum ita dixit, *Neque gravem mortem accidere viro forti posse, neque immaturam consulari, neque miseram sapienti* : quæ omnia sunt optime dicta; sed, cur proprie nomen *urbanitatis* accipiant, non video : quod si non totus, ut mihi videtur, orationis color meretur, sed etiam singulis dictis tribuendum est, illa potius *urbana* esse dixerim, quæ sunt generis ejusdem, quo *ridicula* dicuntur, et tamen ridicula non sunt : ut de Pollione Asinio, seriis jocisque pariter accommodato, dictum est, *Esse eum omnium horarum;* et de actore facile dicente ex tempore, *Ingenium eum in numerato habere* : etiam Pompeii, quod refert Marsus, in Ciceronem, diffidentem partibus, *Transi ad Cæsarem, me timebis* : erat enim, si de re minore, aut alio animo, aut denique non ab ipso dictum fuisset, quod posset inter ridicula numerari. Etiam illud, quod Cicero Cerelliæ scripsit, reddens rationem, cur illa C. Cæsaris tempora tam patienter toleraret, *Hæc aut animo Catonis ferenda sunt, aut Ciceronis stomacho* : stomachus enim illa habeat aliquid joco simile : hæc, quæ movebant, dissimulanda mihi non fuerunt : in quibus ut erraverim, legentes tamen non decepi, indicata et diversa opinione, quam sequi magis probantibus liberum est.

CAP. IV. *Altercationis* præcepta poterant videri tunc inchoanda, quum omnia, quæ ad continuam orationem pertinent, peregissem : nam est usus ejus ordine ultimus : sed, quum sit posita in sola inventione, neque habere dispositionem possit, nec elocutionis ornamenta magnopere desideret, aut circa memoriam et pronunciationem laboret, prius quam secundam quinque partium, hanc, quæ tota ex prima pendet, tractaturus non alieno loco videor : quam scriptores alii fortasse ideo reliquerunt, quia satis

d'en parler, sans doute parce qu'ils croyaient que les préceptes qui regardent le reste impliquaient les règles de l'altercation. Elle consiste en effet ou dans l'attaque ou dans la défense, ce dont il a été suffisamment traité dans cet ouvrage. Or, tout ce qui sert à établir nos preuves dans une oraison continue ne saurait manquer d'avoir la même utilité dans ce dernier genre de plaidoirie, qui est court et discontinu. Les choses qui s'y disent ne sont pas d'une autre nature; mais elles s'y traitent d'une autre manière, c'est-à-dire en forme de dialogue; et je pense avoir suffisamment approfondi cette matière au chapitre des témoins. Cependant, quand je considère la tâche que je me suis imposée, et que l'orateur ne saurait être parfait sans la connaissance des règles de l'altercation, je crois devoir accorder un peu d'attention à l'examen d'un point qui dans certaines causes contribue beaucoup à assurer la victoire. Car si dans les causes dont la question roule sur la *qualité*, *Telle action est-elle juste ou non?* l'oraison continue domine; si elle suffit la plupart du temps pour éclaircir la question de *définition* ou de *compétence*, et presque toutes les affaires où l'on est d'accord sur le fait; si enfin la *conjecture* s'établit par le moyen des preuves artificielles; d'un autre côté, dans les causes très-nombreuses dont l'issue dépend uniquement des preuves inartificielles, ou du moins de preuves de l'une et de l'autre espèce, la contestation à laquelle donnent lieu les débats de ces preuves est d'ordinaire fort échauffée, et c'est là, plus que partout ailleurs, qu'il faut, comme on dit, mettre l'épée à poing. C'est alors en effet que l'orateur doit insister sur ses principaux moyens, tenir ce qu'il a promis dans le cours de la plaidoirie, et détruire les fausses allégations de son adversaire.

En un mot, le juge n'est nulle part plus attentif qu'en cet endroit. Et ce n'est pas sans raison que quelques-uns, même avec des talents médiocres, se sont acquis la réputation de bons avocats par leur supériorité dans l'altercation. Cependant plusieurs, contents d'avoir prêté leur fastueux ministère à leurs clients, désertent le barreau, escortés d'une foule de flatteurs, et laissent à des avocats sans expérience, souvent même à de petits praticiens, le soin de soutenir un combat qui doit décider de la cause. C'est pourquoi nous voyons qu'ordinairement dans les causes privées on fait choix d'un avocat pour la plaidoirie principale, et d'un autre pour le débat des preuves. Or, s'il faut partager ces emplois, du moins le dernier est-il le plus important; et j'ai honte de le dire, mais cela n'est que trop vrai, que ces praticiens sont plus utiles aux plaideurs que ces grands avocats. Cet abus, au reste, ne s'est pas encore introduit dans les jugements publics, où l'huissier appelle le principal avocat, comme les autres, pour la confirmation des preuves. Or, pour réussir dans l'altercation, il faut surtout un esprit prompt et mobile, un jugement ferme et toujours présent; car il ne s'agit pas de réfléchir, mais de parler sur-le-champ, et d'avoir pour ainsi dire la main toujours prête à parer le coup de l'adversaire. Aussi, bien qu'il importe beaucoup à toutes les parties de l'oraison que l'orateur connaisse parfaitement sa cause, on peut dire que c'est particulièrement dans l'altercation qu'il a besoin d'avoir une connaissance exacte des personnes, des pièces, des temps et des lieux : autrement on est souvent réduit à se taire, ou, ce qui est encore plus honteux, à se faire l'écho de ceux qui nous soufflent des réponses; d'où il arrive quelquefois que la sottise d'autrui nous donne lieu de rougir de notre crédulité.

---

cæteris præceptis in hanc quoque videbatur esse prospectum. Constat enim aut intentione, aut depulsione : de quibus satis traditum est; quia, quidquid in actione perpetua circa probationes utile est, idem in hac brevi atque concisa prosit, necesse est : neque alia dicuntur in altercatione, sed aliter, aut interrogando, aut respondendo : cujus rei fere omnis observatio in illo testium loco excussa nobis est. Tamen, quia latius hoc opus aggressi sumus, neque perfectus orator sine hac virtute dici potest, paululum impendendum huic quoque peculiaris operæ, quæ quidem in quibusdam causis ad victoriam vel plurimum valet. Nam, ut in *qualitate* generali, in qua, *Rectene factum quid, an contra sit*, quæritur, perpetua dominatur oratio; et quæstionem *finitionis*, *actionis*, plerumque satis explicat, et omnia pæne, in quibus de facto constat, aut *conjectura* artificiali ratione colligitur : ita in iis causis, quæ sunt frequentissimæ, quæ vel solis extra artem probationibus, vel mixtis continentur, asperrima in hac parte dimicatio est, nec alibi dixeris magis mucrone pugnari. Nam et firmissima quæque memoriæ judicis inculcanda sunt, et præstandum, quidquid in actione promisimus, et refellenda mendacia : nusquam

est denique, qui cognoscit, intentior : nec immerito quidam, quamquam in dicendo mediocres, hac tamen altercandi præstantia meruerunt nomen patronorum. At quidam litigatoribus suis illum modo ambitiosum declamandi sudorem præstitisse contenti, cum turba laudantium destituunt subsellia, pugnamque illam decretoriam imperitis ac sæpe pullatæ turbæ relinquunt. Itaque videas alios plerumque judiciis privatis *ad actiones* vocari, alios *ad probationem* : quæ si dividenda sunt officia, hoc certe magis necessarium est : pudendumque dictu, si plus litigantibus prosunt minores : in publicis certe judiciis vox illa præconis, præter patronos, ipsum, qui egerit, citat. Opus est igitur in primis ingenio veloci ac mobili, animo præsenti et acri : non enim cogitandum, sed dicendum statim est, et prope sub conatu adversarii manus exigenda : quare quum in omni parte hujusce officii plurimum facit, totas non diligenter modo, sed etiam familiariter nosse causas; tum *in altercatione* maxime necessarium est, omnium *personarum*, *instrumentorum*, *temporum*, *locorum habere notitiam* : alioqui et tacendum erit sæpe, et aliis subjicientibus, plerumque studio loquendi fatue modo accedendum : quo nonnunquam acci-

Mais ce n'est point en cela seul qu'on est exposé à broncher. Certains avocats cherchent ouvertement à faire tourner l'altercation en dispute violente. On les voit souvent s'emporter et se récrier, pour faire croire aux juges que nous voulons leur donner le change, et qu'il y a dans la cause un vice secret que nous tâchons de dissimuler. C'est pourquoi j'estime que le sang froid est indispensable à qui veut avoir l'avantage dans l'altercation; car nulle passion n'est plus ennemie de la raison que la colère, nulle autre ne nous jette si loin hors de notre sujet; le plus souvent elle nous fait dire des injures grossières et nous en attire de méritées; quelquefois même elle excite l'indignation des juges contre nous. La modération vaut mieux, et quelquefois même la patience; car il ne faut pas toujours se faire un devoir de réfuter toutes les objections; il y en a qu'il faut mépriser, d'autres qu'il faut réduire à leur juste valeur, d'autres dont il faut rire; et nulle part la bonne plaisanterie n'est plus de saison, pourvu toutefois que l'ordre ne soit point troublé, et que la pudeur soit respectée : car il faut opposer l'audace à la turbulence, et la fermeté à l'impudence. Il y a, en effet, des gens effrontés qui prennent plaisir à nous étourdir de leurs clameurs, à interrompre celui qui parle, et à remplir l'audience de tumulte et de confusion. De même que je ne conseille à personne de les imiter, je veux aussi qu'on sache leur faire tête, et réprimer leur insolence; et, au besoin, on s'adressera souvent aux juges, ou aux magistrats qui président, pour les prier d'interposer leur autorité, afin que chacun ait la liberté de parler à son tour. L'altercation n'est point l'affaire d'un caractère indolent et timoré; et, en maintes rencontres, ce que l'on prend pour de la bonté n'est, au fond, que de la faiblesse.

Une autre qualité qui est d'un grand secours dans l'altercation, c'est la finesse d'esprit, qui, à la vérité, ne vient pas de l'art, car la nature ne s'enseigne pas, mais qui peut être secondée par l'art. Or, l'art consiste principalement ici à avoir toujours devant les yeux le point dont il est question et le but qu'on veut atteindre. Grâce à cette attention, un orateur ne risquera pas de s'égarer en de vaines disputes, et ne perdra pas en injures un temps qu'il faut ménager pour la cause; et plus notre adversaire s'écartera de cette conduite, plus nous aurons lieu de nous en applaudir. Rarement sera-t-on pris au dépourvu, si l'on a médité à loisir les objections probables de la partie adverse, et les réponses qu'on y peut faire. Cependant, un artifice qu'on emploie quelquefois, c'est de négliger à dessein certaines preuves dans le cours de la plaidoirie, pour les produire tout à coup dans l'altercation : artifice semblable à ces sorties inattendues que font des assiégés ou des gens en embuscade. Mais cela n'est bon qu'autant que ces preuves sont de telle nature qu'on n'y peut répondre immédiatement, bien qu'avec un peu de temps cela fût possible; mais, pour celles qui sont véritablement bonnes et solides, on ne saurait trop tôt les aborder, afin de pouvoir les discuter longuement et longtemps. Je ne crois pas qu'il soit besoin de recommander à l'orateur de ne point faire de l'altercation une scène qui ne soit que tumulte et clameurs, comme font la plupart des gens sans instruction. Ces criailleries sont, à la vérité, incommodes à la partie adverse; mais elles sont encore plus insupportables au juge. C'est mal entendre aussi

---

cidit, ut in nostra credulitate aliena stultitia erubescamus. Neque tamen hoc ipsis monitoribus clarescit : quidam faciunt aperte, quod rixemur : videas enim plerosque ira percitos exclamantes, ut judex audiat, contrarium id esse, quod admoneatur, sciatque ille, qui pronunciaturus est in causa, malum, quod tacetur. Quare bonus altercator vitio iracundiæ careat : nullus enim rationi magis obstat affectus, et fert extra causam, et plerumque deformia convicia facere ac mereri cogit, et ipsos nonnunquam judices incitat : melior moderatio, ac nonnunquam etiam patientia : neque enim refutanda tantum, quæ e contrario dicuntur, sed contemnenda, elevanda, ridenda sunt; nec usquam plus loci reperit urbanitas : hoc, dum ordo est et pudor : contra turbantes audendum, et impudentiæ fortiter resistendum. Sunt enim quidam præduri in hoc oris, ut obstrepant ingenti clamore, et medios sermones intercipiant, et omnia tumultu confundant : quos ut non imitari, sic acriter propulsare oportebit : et ipsorum improbitas retundenda, et judices vel præsidentes magistratus appellandi frequenter, ut loquendi vices serventur : non est res animi jacentis, et mollis supra modum frontis, fallitque plerumque, quod probitas vocatur, quæ est imbecillitas. Valet autem in altercatione plurimum acumen, quod sine dubio ex arte non venit, natura enim non docetur, arte tamen adjuvatur. In qua præcipuum est, semper id in oculis habere, de quo quæritur, et quod volumus efficere; quia propositum tenentes in rixam non ibimus, nec causæ debita tempora conviciando conteremus; gaudebimusque, si hoc adversarius faciet. Omnia tempora fere parata sunt meditatis diligenter, quæ aut ex adverso dici, aut responderi a nobis possint : nonnunquam tamen solet hoc quoque esse artis genus, ut quædam in actione dissimulata, subito in altercando proferantur, et inopinatis eruptionibus, et ex insidiis citissimo facto simillimum : id autem tum faciendum, quum est aliquid, cui responderi non statim possit; potuerat autem, si tempus ad disponendum fuisset : nam, quod fideliter firmum est, a primis statim actionibus arripere optimum est, quo sæpius diutiusque dicatur. Illud vix saltem præcipiendum videtur, ne turbidus et clamosus tantum sit altercator, et quales fere sunt, qui litteras nesciunt : nam improbitas, licet adversario molesta sit, judici invisa est. Nocet etiam diu pugnare in iis, quæ obtinere non possis : nam, ubi vinci necesse est, expedit cedere; quia sive plura sunt, de quibus quæritur, facilior erit in cæteris fides : sive unum, mitior, solet pœna irrogari verecun-

ses intérêts, que de s'opiniâtrer sur un point qu'on ne peut emporter; car, là où l'on ne peut s'empêcher d'être vaincu, le mieux est de céder. En effet, s'il y a plusieurs points contestés, la bonne foi que nous montrerons en nous relâchant sur l'un d'eux, nous accréditera pour les autres; et s'il n'y en a qu'un seul et que nous l'abandonnions, notre réserve portera les juges à nous infliger une peine moins rigoureuse; car de défendre avec opiniâtreté une faute évidente, c'est y ajouter une autre faute. Au fort de l'altercation, il y a beaucoup de prudence et d'artifice à égarer l'adversaire en de longs détours, et à lui faire concevoir pendant quelque temps de fausses espérances. Ainsi, nous feindrons habilement de n'avoir pas certaines pièces; car il ne manquera pas de les demander avec importunité, et souvent il en fera dépendre le sort entier de la cause, croyant qu'elles nous manquent effectivement, et leur donnant par son insistance à les réclamer plus d'autorité qu'elles n'en ont. Il est bon aussi d'abandonner à la partie adverse certains points comme un appât, pour lui en faire négliger de plus importants. Tantôt on lui proposera deux partis, entre lesquels elle ne puisse faire qu'un mauvais choix: ce qui réussit beaucoup mieux dans l'altercation que dans le plaidoyer, parce que ici nous nous répondons à nous-mêmes, et que là nous tenons notre adversaire par sa propre confession. La finesse consiste surtout à voir quelles sont les choses qui font impression sur les juges, et quelles sont celles qu'ils ne goûtent pas. Nous le reconnaîtrons à l'air de leur visage, quelquefois même à un mot, à un geste qu'ils laisseront échapper. Alors ce sera à nous d'insister sur les raisons qu'ils approuvent, et d'abandonner adroitement celles qui ne leur plaisent pas. C'est ainsi qu'en usent les médecins: ils cessent ou continuent de donner leurs remèdes, selon qu'ils voient que la nature les refuse ou les agrée. Mais si nous avons trop de peine à nous tirer d'une question, ce qu'il nous reste à faire, c'est de tâcher de donner le change en passant à une autre question, et d'y attirer, s'il est possible, l'attention du juge: car, lorsque nous sommes dans l'impossibilité de répondre, qu'y a-t-il à faire, sinon de jeter notre adversaire dans le même embarras? Ce que j'ai dit au sujet des témoins peut s'appliquer en général à l'altercation. Toute la différence est dans les personnes: là, c'est un combat entre l'avocat et des témoins; ici, c'est une lutte d'avocat avec avocat. Mais il est bien plus aisé de s'exercer à l'altercation; car on peut, et cela est même très-utile, choisir, avec un compagnon d'études, un sujet de controverse, soit feint, soit réel, et soutenir alternativement le pour et le contre: ce qui est même possible dans une question simple. Enfin je ne veux pas même que l'orateur ignore l'ordre dans lequel il doit proposer chaque preuve. Cet ordre est le même que pour les arguments, dont les plus forts doivent être placés au commencement et à la fin, parce que les uns disposent les juges à nous croire, et que les autres les déterminent à prononcer en notre faveur.

CH. V. Après avoir traité, du mieux que je l'ai pu, ce qui concerne l'altercation, je n'aurais pas hésité à passer immédiatement à la *disposition*, dont l'ordre des choses m'appelle à parler; mais, attendu qu'il y a des écrivains qui font du *jugement* une dépendance de *l'invention*, j'aurais craint de paraître avoir négligé cet article, quoique, selon moi, le jugement se trouve si implicitement confondu dans toutes les parties de l'oraison,

diæ : nam culpam, præsertim deprehensam, pertinaciter tueri, culpa altera est. Dum stat acies, multi in re consilii atque artis est, ut errantem adversarium trahas, et ire quam longissime cogas, ut vana interim spe exsultet: ideo quædam bene dissimulantur instrumenta: instant enim, et sæpe discrimen omne committunt, quod deesse nobis putant, et faciunt probationibus nostris auctoritatem postulando. Expedit etiam dare aliquid adversario, quod pro se putet, quod apprehendens, majus aliquid cogatur dimittere: duas interim res proponere, quarum utramlibet male sit electurus; quod in altercatione fit potentius, quam in actione: quia in illa nobis ipsi respondemus, in hac adversarium, quasi confessum, tenemus. Est in primis acuti, videre, quo judex dicto moveatur, quid respuat; quod et vultu sæpissime, et aliquando etiam dicto aliquo factove ejus deprehenditur; et instare proficientibus, et ab iis, quæ non adjuvant, quam mollissime pedem oportet referre: faciunt hoc medici quoque, ut remedia perinde perseverent adhibere, vel desinant, ut illa recipi vel respui vident. Nonnunquam, si rem evolvere propositam facile non sit, inferenda est alia quæstio; atque in eam, si fieri potest, judex avocandus: quid enim, quum respondere non possis, agendum est, nisi ut aliud invenias, cui adversarius respondere non possit? In plerisque idem est, ut dixi, qui circa testes, locus, et personis modo distat, quod hic patronorum inter se certamen, illic pugna inter testem et patronum: exercitatio vero hujus rei longe facilior; nam est utilissimum, frequenter cum aliquo, qui sit studiorum eorumdem, sumere materiam vel veræ, vel etiam fictæ, controversiæ, et diversas partes, altercationis modo, tueri: quod idem etiam in simplici genere quæstionum fieri potest. Ne illud quidem ignorare advocatum volo, quo quæque ordine probatio sit apud judicem proferenda; cujus rei eadem in argumentis ratio est, ut potentissima prima et summa ponantur: illa enim ad credendum præparant judicem, hæc ad pronunciandum.

CAP. V. His pro nostra facultate tractatis, non dubitassem transire protinus ad *dispositionem*, quæ ordine ipso sequitur; nisi vererer, ne quoniam fuerunt, qui *judicium inventioni* subjungerent, prætérisse hunc locum quibusdam viderer, qui mea quidem opinione adeo partibus operis hujus omnibus connexus ac mixtus est, ut ne a sententiis quidem aut verbis saltem singulis possit se-

qu'il est inséparable des pensées et même de chaque mot, outre que cette qualité ne s'acquiert pas plus par l'art que le goût ou l'odorat. C'est pourquoi j'enseigne et je continuerai d'enseigner ce que, dans chaque chose, on doit faire ou éviter : j'enseignerai encore qu'il ne faut point tenter l'impossible, qu'il faut éviter les arguments qui nous sont contraires ou qui sont communs aux deux parties, les expressions communes ou obscures. Mais si cela est de mon devoir, toujours est-il que l'unique maître en cela est le sens commun, lequel ne s'enseigne pas.

À l'égard du *dessein*, je crois qu'il diffère peu du *jugement*, si ce n'est que celui-ci s'applique aux choses qui se manifestent d'elles-mêmes, et celui-là aux choses cachées, qui n'existent pas tout à fait encore, ou qui sont douteuses; que le jugement s'appuie le plus souvent sur des données certaines, tandis que le dessein tire de loin ses considérations, les pèse, les compare, renfermant en soi l'action d'inventer et celle de juger. Encore ne peut-on guère s'arrêter à ces notions générales; car le dessein se détermine d'après une chose qui souvent a lieu avant l'action. Et en effet, ce n'est pas sans un grand dessein que Cicéron aima mieux abréger sa plaidoirie contre Verrès, que de la prolonger jusqu'à l'année où Hortensius devait être consul. Or, c'est à juste titre que le dessein tient le premier rang parmi les conditions essentielles du plaidoyer. C'est le dessein qui règle ce qu'il faut dire, ce qu'il faut taire, ce qu'il faut ajourner; s'il est plus à propos de nier le fait que de le soutenir; en quel cas l'exorde est utile, et quel genre d'exorde; si la narration est nécessaire, et quel tour il faut lui donner; lequel des deux partis est le plus avantageux, le droit ou l'équité; quel est l'ordre qu'il convient d'adopter; enfin quelles couleurs il sied mieux d'employer, l'âpreté ou la douceur, ou même l'humilité. Mais j'ai déjà donné des préceptes sur tout cela, à mesure que l'occasion s'en est présentée, et je continuerai de le faire en temps et lieu. Cependant je vais rapporter quelques exemples qui, au défaut de l'art, feront mieux comprendre ce que je veux dire. On loue le dessein de Démosthène, en ce qu'ayant à conseiller la guerre aux Athéniens, à qui elle avait peu réussi jusque-là, il entreprit de leur démontrer qu'il n'avait encore rien fait qui fût conduit avec prudence. Par là il imputait l'événement à leur négligence, qu'ils pouvaient aisément corriger. Au contraire, s'il ne leur eût rien reproché, ils n'auraient pu raisonnablement concevoir de meilleures espérances pour l'avenir. Le même orateur, craignant d'encourir leur animadversion en accusant leur indifférence pour la liberté de la république, prit le parti de détourner le discours sur la gloire de leurs ancêtres, qui avaient déployé tant d'énergie. C'était leur dire des choses qu'ils ne pouvaient qu'écouter avec plaisir ; et il était naturel qu'approuvant une conduite si louable, ils fussent touchés de repentir d'en avoir tenu une tout opposée. Quant à Cicéron, son oraison pour Cluentius vaut seule une infinité d'exemples. En effet, en quoi l'admirerons-nous le plus? Sera-ce dans l'exposition qu'il fait pour détruire l'autorité d'une mère qui parlait contre son fils ? Sera-ce lorsqu'il tourne contre la partie adverse l'accusation d'avoir corrompu les juges, plutôt que de nier le fait, à cause de l'infamie notoire de ce jugement, comme il le dit lui-même? Sera-ce lorsque, dans une affaire aussi odieuse, il finit par s'autoriser de la loi, genre de défense qui eût révolté les juges, s'il l'eût employé tout d'abord et sans préparation ?

---

parari; nec magis arte traditur, quam gustus aut odor. Ideoque nos, quid in quaque re sequendum cavendumque sit, docemus ac deinceps docebimus, ut ad ea judicium dirigatur : præcipiam igitur, ne, quod effici non potest, aggrediamur, ut contraria vitemus et communia, ne quid in eloquendo corruptum obscurumque sit; referatur oportet ad sensus, qui non docentur. Nec multum a *judicio* credo distare *consilium*, nisi quod illud ostendentibus se rebus adhibetur, hoc latentibus, et aut omnino nondum repertis, aut dubiis : et *judicium* frequentissime certum est; *consilium* vero est ratio quædam alte petita, et plerumque plura perpendens et comparans, habensque in se et inventionem et judicationem. Sed ne hæc quidem præcepta in universum spectanda sunt; nam ex re sumitur, cui locus *ante actionem* est frequenter; nam Cicero summo consilio videtur in Verrem vel contrahere tempora dicendi maluisse, quam in eum annum, quo erat Q. Hortensius consul futurus, incidere. Et *in ipsis actionibus* primum ac potentissimum obtinet locum; nam, quid dicendum, quid tacendum, quid differendum sit, exigere consilii est; negare sit satius, an defendere? ubi procemio utendum, et quali? narrandumne, et quomodo? jure prius pugnandum, an æquo? qui sit ordo utilissimus? tum omnes colores aspere an leniter, an etiam summisse loqui expediat? Sed hæc quoque, ut quisque passus est locus, monuimus : idemque in reliqua parte faciemus; pauca tamen exempli gratia ponam : quibus manifestius appareat, quid sit, quod demonstrari posse præceptis non arbitror : laudatur consilium Demosthenis, quod, quum suaderet bellum Atheniensibus parum id prospere expertis, nihil adhuc factum esse ratione monstrat; poterat enim emendari negligentia : at, si nihil esset erratum, melioris in posterum spei non erat ratio. Idem, quum offensam vereretur, si objurgaret populi segnitiem in asserenda libertate reipublicæ, majorum laude uti maluit, qui eam fortissime administrassent; nam et faciles habuit aures, et natura sequebatur, ut meliora probantes pejorum pœniteret. Ciceronis quidem vel una pro Cluentio quamlibet multis exemplis suffecerit oratio : nam, quod in eo consilium maxime mirer? primamne expositionem, qua matri, cujus filium premebat auctoritas, abstulit fidem? an, quod idem corrupti judicii crimen transferre in adversarium maluit, quam negare, propter *inveteratam*, ut ipse dicit, *infamiam*? an, quod in re invidiosa legis auxilio novissime est usus? quo

Sera-ce enfin lorsqu'il proteste que, s'il s'en sert, c'est contre le gré de Cluentius? Que dirai-je de son oraison pour Milon? Le dessein n'en est-il pas admirable depuis le commencement jusqu'à la fin : lorsqu'il ne raconte le fait qu'après avoir détruit tous les préjugés qui s'élevaient contre Milon; lorsqu'il charge Clodius de tout l'odieux d'un assassinat prémédité, bien que vraiment leur combat n'eût été l'effet que d'une rencontre imprévue; lorsqu'il loue le meurtre de Clodius, tout en écartant dans Milon la volonté de le commettre; lorsqu'il évite de donner à son client le ton de la supplication, et prend sur son compte les prières qu'il adresse aux juges? Je ne finirais pas, si je voulais énumérer comment il détruit l'autorité du témoignage de Cotta, comment il se met à la place de Ligarius, comment il sauve Cornélius par la franchise d'un aveu. Je me contente donc de déclarer que, non-seulement dans l'art de parler, mais dans toutes les actions de la vie, rien n'est plus nécessaire que le dessein, et que, sans le dessein, tous les préceptes sont inutiles; que le jugement fait plus sans les préceptes, que les préceptes sans le jugement; qu'enfin c'est à lui qu'il appartient d'approprier le langage de l'orateur aux lieux, aux temps, aux personnes. Mais comme cette matière est fort étendue et qu'elle se rattache à l'élocution, elle y trouvera sa place quand je traiterai de l'art de parler avec convenance.

LIVRE VII.

ARGUMENT.

Préface. De l'utilité de la disposition. — Ch. I. Des règles de la disposition. — II. De la conjecture. — III. De la définition. — IV. De la qualité. — V. De la question d'action. — VI. De l'état qui naît de la lettre et de l'esprit. — VII. De l'antinomie. — VIII. Du syllogisme ou raisonnement. — IX. De l'ambiguité ou amphibologie. — X. De l'affinité des états et de leurs différences.

J'en ai dit assez, ce me semble, sur l'invention; car j'ai traité ce qui concerne la manière non-seulement d'instruire les juges, mais aussi de les toucher. Or, de même que, pour bâtir, il ne suffit pas d'entasser pierre sur pierre et de rassembler tout ce qui est nécessaire pour la construction d'un édifice, et qu'il faut encore que la main d'un architecte dispose et mette en ordre chaque chose, de même, dans un discours, quelle que soit l'abondance des matériaux, ils ne forment qu'un amas confus, si l'art ne les dispose et les lie entre eux pour en faire un tout régulier. Ce n'est donc pas sans raison qu'on a donné à la *disposition* le second rang parmi les cinq parties de l'oraison, puisque, sans elle, la première est comme non avenue. Une statue, dont toutes les parties sont fondues, n'est pas encore une statue, si ces parties ne forment une unité. Que, dans le corps de l'homme ou de quelque animal, on déplace un seul membre, on n'aura plus qu'un monstre; et même les muscles, si peu qu'ils soient dérangés, cessent entièrement de faire leurs fonctions. Enfin, une armée nombreuse, où se met la confusion, trouve sa faiblesse dans ce qui faisait sa force. Aussi je partage le sentiment de ceux qui croient que l'ordre est la condition de l'existence du monde, et que si cet ordre venait à être troublé, tout périrait. Ainsi, un discours privé de cette qualité sera condamné à se précipiter tumultueusement, à flotter comme un navire sans gouvernail; et l'orateur, ne sachant ni d'où

genere defensionis etiam offendisset nondum præmollitas judicum mentes : an, quod se ipsum invito Cluentio facere testatus est? Quid pro Milone? quod non ante narravit, quam præjudiciis omnibus reum liberaret? quod insidiarum invidiam in Clodium vertit? quamquam revera fuerat pugna fortuita, quod factum et laudavit, et tamen voluntatem Milonis removit? quod illi preces non dedit et in earum locum ipse successit? Infinitum est enumerare, ut Cottæ detraxerit auctoritatem; ut pro Ligario se opposuerit; Cornelium ipsa confessionis fiducia eripuerit. Illud dicere satis habeo, nihil esse non modo in orando, sed in omni vita, prius consilio; frustraque sine eo tradi cæteras artes; plusque vel sine doctrina prudentiam, quam sine prudentia facere doctrinam : aptare etiam orationem locis, temporibus, personis, est ejusdem virtutis : sed hic quia latius fusus est locus, mixtusque cum elocutione, tractatur, quum præcipere de apte dicendo cœperimus.

LIBER VII.

ARGUMENTUM.

Præfatio, de dispositionis utilitate. — Cap. I. De dispositione facienda. — II. De conjectura. — III. De finitione. — IV. De qualitate. — V. De actionis quæstione. — VI. De statu ex scripto et voluntate. — VII. De contrariis legibus. — VIII. De syllogismo seu ratiocinatione. — IX. De ambiguo seu amphibolia. — X. Quæ sit inter status cognatio, et quæ diversitas.

De inventione, ut arbitror, satis dictum est : neque enim ea demum, quæ ad docendum pertinent, exsecuti sumus, verum etiam motus animorum tractavimus : sed, ut opera exstruentibus satis non est, saxa atque materiam, et cætera ædificanti utilia congerere, nisi disponendis eis collocandisque artificum manus adhibeatur : sic in dicendo quamlibet abundans rerum copia cumulum tantum habeat atque congestum, nisi illas eadem *dispositio* in ordinem digestas atque inter se commissas devinxerit. Nec immerito secunda quinque partium posita est, quum sine ea prior nihil valeat : neque enim, quamquam fusis omnibus membris, statua sit, nisi collocentur : et, si quam in corporibus nostris aliorumve animalium partem permutes et transferas, licet habeat eadem omnia, prodigium sit tamen : et artus etiam leviter loco moti perdunt, quo viguerunt, usum; et turbati exercitus sibi ipsi sunt impedimento. Nec mihi videntur errare, qui ipsam rerum naturam stare ordine putant; quo confuso, peritura sint omnia : sic oratio, carens hac virtute, tumultuetur ne-

il vient ni où il va, tantôt reviendra sur ses pas, tantôt s'écartera de sa route, comme un voyageur errant la nuit dans des lieux inconnus, sans autre guide que le hasard.

Ce livre sera donc tout entier consacré à la *disposition*, laquelle, certes, n'eût pas manqué à tant d'orateurs, s'il était possible d'en donner des règles applicables à toute sorte de sujets ; mais comme les causes ont été, sont et seront toujours d'une variété infinie, et que, depuis tant de siècles, il ne s'en est pas encore rencontré une qui fût de tout point semblable à une autre, il faut que l'orateur compte surtout sur ses propres forces, sur son discernement, sur son attention, sur son jugement, et qu'il sache prendre conseil de lui-même. Je ne nie pourtant pas que cette matière comporte quelques préceptes ; aussi ne les omettrai-je pas.

Chap. I. J'ai fait voir, dans un des livres précédents, que la *division* est l'analyse d'un tout en plusieurs parties, et la *partition* une subdivision du genre en plusieurs espèces. Quant à la *disposition*, je la définis une distribution des choses et des parties, qui assigne à chacune le rang qui lui convient. Qu'on se souvienne cependant que la disposition doit varier souvent selon le besoin de la cause, et que la même question ne se doit pas toujours traiter la première de part et d'autre. Eschine et Démosthène, pour m'en tenir à un seul exemple, peuvent nous enseigner sur ce point, ayant suivi chacun un ordre différent dans l'affaire de Ctésiphon : car l'accusateur commença par traiter la question de droit, comme lui paraissant plus favorable ; et l'accusé commença par discuter tous les autres chefs ou presque tous, afin de préparer les juges à la question légale qu'il réservait pour la fin. En effet, le demandeur peut avoir intérêt à débuter par un point, et le défendeur par un autre. Autrement, il faudrait toujours plaider au gré du demandeur. Enfin dans les récriminations, où chaque partie est obligée tour à tour de se défendre avant que d'accuser son adversaire, c'est une nécessité que de part et d'autre la disposition soit tout à fait différente. J'exposerai donc ce que j'ai pu apprendre de l'art et de l'expérience ; et aussi bien je n'en ai jamais fait mystère. J'avais grand soin, étant avocat, de prendre une exacte connaissance de tout ce qui entrait dans un procès ; car aux écoles l'usage est de poser d'avance à celui qui déclame certains points fixes et en petit nombre, que les Grecs appellent *thèmes*, et Cicéron *propositions*. Quand j'avais placé, pour ainsi dire, sous mes yeux, tous les éléments de la cause, je ne songeais pas moins à mon adversaire qu'à moi-même. Et d'abord, ce qui n'est pas difficile, mais ce qu'il faut pourtant envisager avant tout, j'arrêtais ce que chaque partie prétendait prouver ; et ensuite, le moyen dont chacune prétendait se servir. Je considérais donc ce que le demandeur dirait en premier lieu. Ou c'était un point avoué, ou c'était un point contesté. S'il était avoué, la question ne pouvait être là. Ainsi, je passais à la réponse du défendeur, et je l'examinais de la même manière. Quelquefois ce qui en résultait était pareillement avoué ; mais du moment où l'on n'était pas d'accord, le débat commençait. *Vous avez tué cet homme ? — Oui, je l'ai tué* : on convient du fait, je passe outre ; l'accusé doit rendre raison du meurtre. *Il est permis*, dit-il, *de tuer un adultère avec sa complice* : il est constant que la loi le permet. Il faut donc aller plus loin, jusqu'à une troisième proposition qui soit contestée. *Ils n'étaient point adultères. — Ils l'é-*

resse est, et sine rectore fluitet, nec cohæreat sibi, multa, repetat, multa transeat, velut nocte in ignotis locis errans, nec initio nec fine proposito, casum potius, quam consilium, sequatur. Quapropter totus hic liber serviat *dispositioni*, quæ quidem, si certa aliqua via tradi in omnes materias ullo modo posset, non tam paucis contigisset : sed, quum infinitæ litium formæ fuerint, futuræque sint, et tot seculis nulla reperta sit causa, quæ esset tota alteri similis, sapiat oportet actor, et vigilet, et inveniat, et judicet, et consilium a se ipso petat : neque inutias eo, quædam esse, quæ demonstrari possint, eaque non omittam.

Cap. I. Sit igitur, ut supra significavi, *divisio*, rerum plurium in singulas : *partitio*, singularum in partes discretus ordo, et recta quædam locatio prioribus sequentia annectens : *dispositio*, utilis rerum ac partium in locos distributio. Sed meminerimus, ipsam *dispositionem* plerumque utilitate mutari, nec eamdem semper primam quæstionem ex utraque parte tractandam : cujus rei, ut cætera exempla prætereamus, Demosthenes quoque atque Æschines possunt esse documento, in judicio Ctesiphontis diversum secuti ordinem, quum accusator a jure, quo videbatur potentior, cœperit : patronus omnia, vel pene omnia, ante jus posuerit, quibus judicem quæstioni legum præpararet. Aliud enim alii docere prius expedit : alioqui semper petitoris arbitrio diceretur : denique in accusatione mutua, quum se uterque defendat, priusquam adversarium arguat, omnium rerum necesse est ordinem esse diversum : igitur, quid ipse sim secutus, quod partim præceptis, partim usurpatum ratione cognoveram, promam ; nec unquam dissimulavi. Erat mihi curæ in controversiis forensibus nosse omnia, quæ in causa versarentur : nam in schola certa sunt, et pauca, et ante declamationem exponuntur, quæ θέματα Græci vocant, Cicero *proposita* : quum hæc in conspectu quodammodo collocaveram, non minus pro adversa parte, quam pro mea, cogitabam. Et primum, quod non difficile dictu est, sed tamen ante omnia intuendum, constituebam, *quid* utraque pars vellet efficere ; tum, *per quid ;* hoc modo : cogitabam, quid primum *petitor* diceret ; id aut *confessum* erat, aut *controversum* : si confessum, non poterat ibi esse quæstio. Transibam ergo *ad responsum* partis alterius, idem intuebar ; nonnunquam etiam, quod inde obtinebatur, confessum erat : ubi primum cœperat non convenire, quæstio oriebatur : id tale est, *Occidisti hominem, Occidi* : convenit : transeo. Rationem reddere debet reus, *Quare occiderit ? Adulterum*, inquit, *cum adultera occidere licet* : legem

taient. Ce sera là la question ; et comme le fait est douteux, c'est une affaire de conjecture. Il peut encore arriver que cette troisième proposition ne soit pas contredite. *Ils étaient adultères, mais il ne vous était pas permis de les tuer, parce que vous étiez condamné à l'exil ou noté d'infamie.* Alors c'est une question de droit ; mais si l'on nie d'abord le fait et qu'à cette proposition, *Vous avez tué*, on réponde *Je n'ai pas tué*, aussitôt le conflit commence. C'est ainsi qu'il faut examiner où la controverse prend naissance, et ce qui fonde la première question. Tantôt l'accusation est simple : *Rabirius a tué Saturninus*; tantôt elle est complexe : *L.. Varénus a encouru la peine portée contre les assassins, puisqu'il est coupable d'avoir tué C. Varénus, blessé Cnéius, et tué encore Salarius* ; car, dans ce dernier exemple, ce sont trois propositions différentes. J'en dis autant des demandes civiles. Mais d'une accusation complexe peuvent naître plusieurs questions, plusieurs états, lorsque l'accusé prend le parti de nier un point, d'en justifier un autre, et d'en décliner un autre en prétendant que l'action est mal intentée. Dans ce cas l'accusateur doit examiner avec soin ce qu'il doit réfuter, et en quel lieu il doit le faire ; et, à son égard, je ne m'éloigne pas tout à fait de l'opinion de Celsus, qui lui-même a suivi Cicéron ; à cela près qu'il s'obstine trop à vouloir que l'on débute par quelque preuve solide, que l'on réserve pour la fin les plus puissantes, et qu'on place les plus faibles au milieu, par la raison qu'au commencement, il faut ébranler l'esprit des juges, et qu'à la fin il faut les entraîner. Mais quant à l'accusé, il doit le plus souvent commencer par ce qu'il y a de plus grave contre lui, de peur que le juge, préoccupé du point principal de l'accusation, n'écoute pas volontiers ce qui en précéderait la discussion. Cependant on peut adopter un autre ordre, quand les autres chefs de l'accusation sont évidemment faux, et que le chef principal est épineux. Par là on rendra tout d'abord l'accusateur suspect, et le chef principal perdra beaucoup de sa gravité. Toutefois il sera bon de justifier par quelques mots préliminaires cette distribution des moyens de défense, avec promesse de satisfaire en temps et lieu à l'attente des juges, afin qu'ils ne s'imaginent pas qu'on recule devant la difficulté. D'ordinaire, le premier soin doit être de purger de tout soupçon les antécédents de l'accusé, pour lui concilier le juge ; quoique Cicéron, dans la défense de Varénus, ait fait tout le contraire, ayant eu égard, non à ce qu'il convient de faire le plus souvent, mais à ce qu'il convenait de faire alors. Quand l'accusation est simple, il faut voir si nous y répondrons par une seule proposition ou par plusieurs. S'il ne s'en présente qu'une, sera-ce sur le fait ou sur la loi que nous élèverons la question ? Si c'est sur le fait, devons-nous le nier ou le justifier ? Si c'est sur la loi, sera-ce sur la lettre ou sur l'esprit que nous établirons la contestation ? Il nous sera facile de nous déterminer dans cette alternative, si nous considérons quelle est la loi sur laquelle repose le procès, c'est-à-dire le jugement : car dans les écoles on suppose plusieurs faits et plusieurs lois, dans l'unique but d'ourdir une trame et d'intéresser l'auditoire. Par exemple, *si un père, après avoir exposé son fils, vient à le reconnaître, il peut le reprendre en payant sa nourriture; mais si un fils désobéit à son père, celui-ci peut le déshériter. Un père, qui avait exposé*

---

esse certum est : tertium jam aliquid videndum est, in quo pugna consistat: *non fuerunt adulteri: Fuerunt,* quæstio; de facto ambigitur, conjectura est. Interim vero et tertium confessum est, *adulteros fuisse : sed tibi,* inquit accusator, *illos non licuit occidere : exsul eras,* aut *ignominiosus ; de jure quæritur : at, si protinus dicenti, Occidisti,* respondeatur, *Non occidi* ; statim pugna est : sic explorandum est, ubi controversia incipiat, et considerari debet, quæ primam quæstionem facit. Intentio simplex, *Occidit Saturninum Rabirius :* conjuncta, *Lege de sicariis commisit L. Varenus : nam C. Varenum occidendo, et Cn. vulnerando, et Salarium item occidendo, cadit* : nam sic diversæ propositiones erunt : quod idem de petitionibus dictum sit : verum ex conjuncta propositione plures esse quæstiones ac status possunt, si aliud negat reus, aliud defendit, aliud jure actionis excludit : in quo genere agenti est dispiciendum, quid quoque loco diluat. Quod pertinet ad actorem, non plane dissentio a Celso, qui, sine dubio Ciceronem secutus, instat tamen huic parti vehementius, ut putet, primo firmum aliquid esse ponendum, summo firmissimum, imbecilliora inesse medio : quia et initio movendus sit judex, et summo impellendus. At pro reo plerumque gravissimum quidque primum movendum est, ne illud spectans judex reliquorum defensioni sit adversior : interim tamen et hoc mutabitur, si leviora illa palam falsa erunt, gravissimi defensio difficilior : ut, detracta prius accusatoribus fide, aggrediamur ultimum, jam judicibus omnia vana esse credentibus : opus erit tamen præfatione, qua et ratio reddatur dilati criminis, et promittatur defensio : ne id, quod non statim diluemus, timere videamur. Anteactæ vitæ crimina plerumque prima purganda sunt, ut id, de quo laturus est sententiam judex, audire propitius incipiat : sed hoc quoque pro Vareno Cicero in ultimum distulit ; non, quid frequentissime, sed, quid tum expediret, intuitus. Quum simplex intentio erit, videndum est, unum aliquid respondeamus, an plura : si unum ; *in re* quæstionem instituamus, an *in scripto* : si *in re* ; negandum sit, quod objicitur, an tuendum : si *in scripto* ; in qua specie juris pugna sit, et in ea *de verbis*, an *de voluntate*, quæratur. Id ita consequemur, si intuiti fuerimus, quæ sit lex, quæ litem faciat, hoc est, qua judicium sit constitutum ; nam quædam in scholasticis ponuntur ad conjungendam modo actæ rei seriem : ut, *Pater, expositum qui agnoverit, solutis alimentis recipiat : minus dicto audientem filium liceat abdicare : qui expositum recepit, imperet*

16.

son *fils*, le reprend, et veut le forcer à épouser une riche parente; le fils s'y oppose, et veut épouser la fille du pauvre qui l'a nourri. La loi qui regarde l'exposition des enfants peut donner matière à de beaux mouvements oratoires, mais la loi de l'exhérédation est celle d'où dépend le jugement. Cependant il ne s'agit pas toujours d'une seule loi, mais de plusieurs, comme dans le cas d'*antinomie*. Cela bien considéré, on apercevra clairement sur quoi tombe la contestation. La défense est complexe, comme dans l'oraison de Cicéron pour Rabirius : *S'il l'eût tué, il aurait bien fait; mais il ne l'a pas tué*. Dans ce cas, il faut d'abord examiner tout ce qui peut être objecté, et ensuite l'ordre qu'il convient d'adopter; car ici je ne suis pas du même avis que pour les propositions et les arguments, au sujet desquels j'ai dit qu'on pouvait commencer par ce qu'il y a de plus grave et de plus fort. Lorsqu'on réfute, la force des questions doit aller en croissant, qu'elles soient du même genre ou de genre différent. Or, les questions de droit ont autant de fins diverses que la loi comporte d'interprétations; les questions de fait tendent toujours à une même fin; mais pour les unes comme pour les autres l'ordre est le même. Parlons d'abord de celles qui sont dissemblables. Ici, les moyens les plus faibles doivent être discutés les premiers. C'est pour cela qu'après avoir traité certaines questions, nous avons coutume d'en faire le sacrifice à la partie adverse; car nous ne pouvons passer à d'autres qu'en laissant là les premières ; mais il faut s'y prendre de façon que nous paraissions, non les condamner, mais seulement les abandonner, parce que nous pouvons gagner notre cause sans leur secours. *Un homme donne procuration à quelqu'un pour toucher les arrérages d'une rente dont il a hérité :* on peut d'abord faire cette question : *Le mandataire avait-il capacité pour recevoir procuration?* Supposons qu'après avoir traité cette question, nous l'abandonnions, que nous y soyons même forcés, nous passerons à cette autre question : *Celui qui est en cause avait-il le droit de passer procuration?* Accordons encore ce point, il s'en présente un troisième : *Le demandeur est-il véritablement héritier, et seul héritier?* Et quand nous abandonnerions encore tout cela, il reste enfin à examiner *s'il est dû des arrérages*. Au contraire, nul n'est assez dépourvu de sens pour se départir de ce que sa cause a de plus solide, et passer à des questions de moindre importance. Voici un exemple emprunté aux écoles. *Vous ne déshériterez pas celui que vous avez adopté* (c'est la loi); *mais le pussiez-vous, ce n'est point à l'égard d'un homme qui a si bien mérité de la patrie : quand vous le pourriez encore, ce ne sera point pour ne s'être pas soumis à toutes vos volontés; quand il aurait dû s'y soumettre, ce ne sera point pour s'être permis d'opter; et quand il se serait permis d'opter, ce ne sera point pour avoir opté telle chose plutôt que telle autre.* Voilà comme les questions de droit diffèrent entre elles, tandis que, dans les faits, plusieurs questions tendent toutes à la même fin. On peut même se relâcher de quelques-unes sans nuire à la question principale. Par exemple, un homme accusé de vol dira : *Prouvez que vous aviez cet argent, prouvez que vous l'avez perdu, prouvez qu'on vous l'a pris, prouvez enfin que c'est moi qui l'ai dérobé;* car on peut abandonner les trois premières questions, mais non pas la dernière. Ce que je faisais encore fort souvent en étudiant la

---

ei nuptias locupletis propinquæ ; ille ducere vult filiam pauperis educatoris. Lex de expositis ad affectum pertinet; judicium pendet ex lege abdicationis : nec tamen semper ex una lege quæstio est, ut in ἀντινομίᾳ : his spectatis apparebit, circa quæ pugna sit : conjuncta defensio est, qualis pro Rabirio : *Si occidisset*, *recte fecisset; sed non occidit*. Ubi vero multa contra unam propositionem dicimus, cogitandum est primum, quidquid dici potest; tum ex his, quo quidque loco dici expediat, ordinandum : in quo non idem sentio, quod de propositionibus paulo ante, quodque de argumentis probationum loco concessi, aliquando nos incipere a firmioribus. Nam vis quæstionum semper crescere debet, et ad potentissima ab infirmissimis pervenire, sive sunt ejusdem generis, sive diversi. Juris autem quæstiones solent esse nonnunquam ex aliis atque aliis conflictionibus; facti semper idem spectant; in utroque genere similis ordo est : sed prius de dissimilibus, ex quibus infirmissimum quidque primum tractari oportet : ideoque quasdam quæstiones exsecuti, donare solemus, et concedere; neque enim transire ad alias possumus, nisi omissis prioribus. Quod ipsum ita fieri oportet, non, ut damnasse eas videamur, sed omisisse, quia possimus etiam sine eis vincere. *Procurator alicujus pecuniam petit ex fænore hereditario :* potest incidere quæstio, *An huic esse procuratorem liceat?* Finge nos, postquam tractavimus, remittere, vel etiam convinci : quæretur, *An ei, cujus nomine litigatur, procuratorem habendi sit jus?* Discedamus hinc quoque : recipit materia quæstionem, *An ille, cujus nomine agitur, heres sit fœneratoris?* an ex asse heres? Hæc quoque concessa sint; quæretur, *An debeatur?* Contra, nemo tam demens fuerit, ut id, quod firmissimum duxerit se habere, remittat, et ad leviora transcendat : huic in schola simile est; *Non abdicabis adoptatum : ut hunc quoque; non virum fortem : ut et fortem; non, quicumque voluntati tuæ non paruerit : ut in alia omnia subjectus sit; non propter optionem; ut propter optionem; non propter talem optionem :* hæc juris quæstionum differentia est. In factis autem ad idem tendentia sunt plura : ex quibus aliqua citra summam quæstionem remitti solent; ut, si is, cum quo furti agitur, dicat, *Proba te habuisse, proba perdidisse, proba furto perdidisse, proba mea fraude :* priora enim remitti possunt; ultimum non potest. Solebam et hoc facere præci-

cause, c'était de parcourir toutes les questions, tantôt en remontant de la dernière espèce, qui d'ordinaire renferme la cause, jusqu'au genre; tantôt en descendant du genre à la dernière espèce; et cela même dans les discours du genre délibératif. Supposons, par exemple, que *Numa délibère s'il acceptera la royauté qui lui est offerte par les Romains. Faut-il accepter la royauté?* Voilà le genre. *Dans une ville étrangère?* Voilà une espèce. *Les Romains pourront ils s'accommoder d'un tel roi?* Voilà la dernière espèce. Il en est de même dans les controverses. Un homme qui a bien mérité de sa patrie demande pour récompense la femme d'autrui. *Peut-il demander la femme d'autrui?* C'est la dernière espèce. *Doit-il obtenir tout ce qu'il demande?* C'est la question générale, d'où naissent celles-ci: *Est-il en droit de demander le bien d'un particulier? de demander un mariage? de demander une femme mariée?*

Mais toutes ces questions ne se traitent pas dans le même ordre qu'elles se présentent à l'esprit; car le plus souvent ce qui se présente d'abord est précisément ce qu'il faut dire en dernier, comme ici: *Vous n'êtes pas en droit de demander la femme d'autrui.* C'est pourquoi, en voulant se presser, on gâte sa division. Ne nous arrêtons donc pas à ce qui nous vient d'abord à l'esprit; voyons au delà: *Cet homme est-il en droit de demander même une veuve?* Ce qui ne suffit pas: *De demander rien qui appartienne à un particulier?* Allons encore plus loin: *De demander rien d'injuste?* question qui rentre dans la première. Ainsi, après avoir examiné la proposition de notre adversaire, voyons, s'il est possible, quelle réponse il est naturel de faire d'abord. Quand nous prendrons la peine d'y penser, comme si l'affaire était en instance, et que nous fussions dans la nécessité de répondre immédiatement, nous trouverons sur-le-champ la réponse. Que si nous ne la trouvons pas, mettons cependant de côté ce qui nous est venu en premier à l'esprit; ensuite demandons-nous à nous-mêmes: N'y aurait-il pas quelque autre chose à répondre? Et nous nous demanderons cela deux ou trois fois, jusqu'à ce que nous ayons épuisé toutes les questions. De cette façon, nous les découvrirons toutes jusqu'aux plus petites, qui, bien traitées, disposeront le juge à nous être favorable dans la dernière et la plus importante. A ce sujet, on donne encore un précepte qui n'est pas fort différent du mien : c'est de commencer par les questions communes avant d'aborder les questions particulières. En effet, une question commune est d'ordinaire une question générale. Par exemple, *le tyran a été tué* : voilà une proposition commune. Mais, *le tyran a été tué, par qui? par une femme, par sa propre femme* : voilà des propositions particulières. Ma méthode était encore de détacher les points dont l'adversaire convenait avec moi, pourvu toutefois qu'ils fussent à mon avantage; et non-seulement je le pressais sur ces points dont il convenait, mais je les multipliais au moyen de la division, comme dans cette controverse: *Un général, qui avait eu son père pour compétiteur et l'avait emporté sur lui, est pris par les ennemis. On députe des officiers pour aller payer sa rançon. Ces députés rencontrent le père qui revenait de chez les ennemis, et qui, les voyant, leur dit: Vous venez trop tard. Les députés l'arrêtent, le fouillent, et lui trouvent une somme d'or cachée dans son sein; puis ils continuent leur chemin, et, en arrivant, ils trouvent leur général attaché à une croix, qui leur crie: Méfiez-vous du traître! Le père est accusé. De quoi convient-on!*

---

pue, ut vel ab ultima specie (nam ea fere est, quæ continet causam) retrorsum quæretem usque ad primam generalem quæstionem, vel a genere ad extremam speciem descenderem, etiam in suasoriis. Ut deliberat *Numa, an regnum offerentibus Romanis recipiat?* Primum id est genus, *An regnandum? an in civitate aliena? an Romæ? an laturi sint Romani talem regem?* Similiter in controversiis : optet enim vir fortis alienam uxorem : ultima species est , *An optare possit alienam uxorem?* Generale est, *An, quidquid optaverit, accipere debeat?* Inde, *An ex privato? an nuptias? an maritum habentis?* Sed hoc non, quemadmodum dicitur, ita et quæritur : primum enim occurrit fere, quod est ultimum dicendum, ut hoc, *Non debes alienam uxorem optare*; ideoque divisionem perdit festinatio : non oportet igitur offerentibus se contentum esse; quæratur aliquid, quod est ultra, si ne viduam quidem? adhuc plus, si nihil ex privato? ultimum retrorsum, quod idem a capite primum est, *si nihil iniquum?* Itaque propositione visa, quod est facillimum, cogitemus, si fieri potest, quid naturale sit primum responderi : id si , tamquam res agatur, et nobis ipsis respondendi necessitas sit, intueri volumus, occurrit. Si id non contigerit, seponamus id , quod primum se obtulerit, et ipsi nobiscum sic loquamur : *Quid si hoc non esset?* id iterum et tertium, et dum nihil sit reliqui : ita inferiora quoque scrutabimur, quæ tractata faciliorem nobis judicem in summa quæstione facient. Non dissimile huic est et illud præceptum, ut a communibus ad propria veniamus : fere enim communia generalia sunt. Commune, *Tyrannum occidit*: proprium, *Virum tamen tyrannum occidit, mulier occidit, uxor occidit.* Solebam et excerpere, quid mihi cum adversario conveniret, si modo id pro me erat; nec solum premere confessionem, sed partiendo multiplicare, ut in illa controversia, *Dux, qui competitorem patrem in suffragiis viceret, captus est; euntes ad redimendum eum legati, obvium habuerunt patrem, revertentem ab hostibus : is legatis dixit, Sero itis. Excusserunt illi patrem, et aurum in sinu ejus invenerunt; ipsi perseveraverunt ire, quo intenderant: invenerunt ducem cruci fixum, cujus vox fuit, Cavete proditorem: reus est pater. Quæ conveniunt? Proditio nobis prædicta est, et prædicta a duce.*

Qu'il y a eu trahison, que cette trahison a été révélée par le général mourant. Mais il s'agit de trouver le traître. On dira donc : *Vous avouez que vous êtes allé chez les ennemis, que vous y êtes allé secrètement, qu'ils vous ont renvoyé sain et sauf, que vous avez rapporté de l'or et que vous le teniez caché.* Car ce qu'a fait l'accusé est quelquefois ce qui donne le plus de poids à l'accusation; et, quand une fois l'esprit est frappé, l'oreille se ferme, pour ainsi dire, à la défense. En général, il me paraît que l'accusateur trouve son avantage à rassembler les faits, et que l'accusé trouve le sien à les séparer. Une chose qui me réussissait encore, c'était de faire, pour toute ma matière, ce que j'ai dit au sujet des arguments, c'est-à-dire que, après avoir exposé tout ce que l'adversaire pouvait alléguer en sa faveur, j'écartais chaque point l'un après l'autre, en sorte qu'il ne restât que celui que je voulais qui fût cru. Supposons qu'il s'agisse de prévarication : *Un accusé ne peut être absous que pour son innocence, ou par le crédit d'une personne puissante, ou parce qu'on a usé de violence envers les juges, ou parce qu'ils ont été corrompus, ou parce que les preuves étaient insuffisantes, ou parce qu'ils ont prévariqué. Or, vous convenez que cet homme était coupable, qu'aucune puissance n'est intervenue, qu'il n'y a eu ni violence, ni corruption, ni insuffisance de preuves : donc vous avez prévariqué.* Que si je ne pouvais réfuter tout ce qui était contre moi, j'en réfutais du moins la plus grande partie. Par exemple, *cet homme a été tué, mais où? Ce n'est point dans un lieu écarté, qui puisse faire soupçonner qu'il a été tué par des voleurs; on n'en voulait point à son argent, car on ne lui a rien pris; ce n'est point non plus dans l'espérance de recueillir sa succession, car il était pauvre. C'était donc par inimitié. Quel est son ennemi?*

Cette méthode, qui consiste à passer en revue tous les moyens de la cause, et à les exclure successivement pour s'en tenir au meilleur, est d'un grand secours, non-seulement pour la division, mais encore pour l'invention. *Milon est accusé d'avoir tué Clodius : ou il l'a tué, ou il ne l'a pas tué.* Le plus sûr serait de nier; mais s'il n'y a pas moyen de nier, il faut bien avouer le meurtre. *C'est donc ou justement ou injustement qu'il a été commis.* Justement, sans doute. Soit. *C'est donc ou par un mouvement de sa volonté ou par nécessité;* car l'ignorance ne peut se prétexter ici. Quant à *la volonté,* c'est une chose assez vague aux yeux de la plupart des hommes ; il faut donc se rejeter sur une interprétation, en disant, par exemple, *que la volonté de Milon n'a pu être déterminée que par l'intérêt de la république.* Si nous alléguons *la nécessité,* ç'a donc été une rencontre, et nullement un dessein prémédité? L'un des deux *tendait donc des piéges à l'autre? Lequel des deux?* Clodius assurément. Vous voyez comme l'ordre et la suite même des choses nous conduit à dire tout ce qu'il faut pour la justification de l'accusé. Allons encore plus loin. *Milon se voyant attaqué par Clodius, ou a voulu le tuer, ou ne l'a pas voulu.* Le plus sûr est de dire qu'il ne l'a pas voulu. Voilà pourquoi Cicéron dit : *Les gens de Milon firent sans l'ordre et à l'insu de leur maître, etc.* Mais, d'un autre côté, ces paroles marquent de la timidité, et soutiennent mal cette assurance avec laquelle nous disions d'abord que Milon avait tué justement Clodius. Voilà aussi pourquoi Cicéron ajoute : *Les gens de Milon firent ce que chacun de nous eût voulu que les siens fissent en pareille occasion.* Tout ceci est d'autant plus utile que souvent rien ne nous plaît de tout ce qui nous vient à l'esprit, et que cependant il faut dire quelque chose. Examinons donc la cause sous

---

quærimus proditorem; te isse ad hostes fateris, et isse clam, et ab his incolumem rediisse, aurum retulisse, et aurum occultum habuisse. Nam, quod fecit, id nonnumquam potentius fit in propositione : quæ si animos occupavit, prope aures ipsæ defensioni præcluduntur : in totum autem congregatio criminum accusantem adjuvat, separatio defendentem : solebam id, quod fieri et in argumentis dixi, in tota facere materia, ut propositis, extra quæ nihil esset, omnibus, deinde cæteris remotis, solum id superesset, quod credi volebam. Ut in prævaricationum criminibus, *Ut absolvatur reus, aut innocentia ipsius fit, aut interveniente aliqua potestate, aut vi, aut corrupto judicio, aut difficultate probationis, aut prævaricatione : nocentem fuisse confiteris, nulla potestas obstitit, nulla vis, corruptum judicium non quereris, nulla probandi difficultas fuit : quid superest, nisi ut prævaricatio fuerit?* Si omnia amoliri non poteram, tamen plura amoliebar : *Hominem occisum esse constat; non in solitudine, ut a latronibus suspicer : non prædæ gratia; quia inspoliatus est :*

non hereditatis spe; quia pauper fuit : odium igitur in causa : quis inimicus ? Quæ res autem faciliorem divisioni viam præstat, eadem inventioni quoque : excutere, quidquid dici potest, et velut rejectione facta ad optimum pervenire : *accusatur Milo, quod Clodium occiderit : aut fecit, aut non :* optimum erat negare : si non potest, *occidit ergo, aut jure, aut injuria :* utique *jure : aut voluntate igitur, aut necessitate;* nam ignorantia prætendi non potest. *Voluntas* anceps est; sed, quia ita homines putant, attingenda defensio, ut id *pro Republica* fuerit : *necessitate? subita igitur pugna, non præparata; alter igitur insidiatus est :* uter? *profecto Clodius :* videsne, ut ipsa rerum necessitas deducat ad defensionem? Adhuc, *Aut utique voluit occidere insidiatorem Clodium, aut non :* tutius, si noluit : *fecerunt ergo servi Milonis, neque jubente, neque sciente Milone :* at hæc tam timida defensio detrahit auctoritatem illi, qua recte dicebamus occisum. Adjicietur, *Quod suos quisque servos in tali re facere voluisset :* hoc eo utilius, quod sæpe nihil placet, et aliquid dicendum est : intueamur ergo

toutes ses faces. C'est un moyen sûr pour découvrir ou ce qu'il y a de mieux à dire, ou ce qu'il y a de moins mauvais. En quelques occasions, nous pourrons nous servir de la proposition même de notre adversaire, et j'ai déjà dit en son lieu qu'elle est quelquefois commune aux deux parties.

Je sais que des rhéteurs ont consacré bien des pages à rechercher comment on peut connaître laquelle des deux parties doit parler la première, mais assez inutilement, ce me semble; car au barreau cela est réglé ou par la rigueur impitoyable des formules, ou par la manière dont la demande est formée, ou enfin par le sort; mais cette question est absolument oiseuse pour les écoles, puisque, dans les mêmes déclamations, le demandeur et le défendeur peuvent également narrer et réfuter. Il est même une foule de controverses où il est impossible de déterminer à qui doit appartenir la priorité, comme dans celle-ci : *Un père qui avait trois enfants, l'un orateur, l'autre médecin, et le troisième philosophe, fait un testament par lequel, ayant partagé son bien en quatre parts, il en donne une à chacun de ses enfants, et la quatrième à celui des trois qui est le plus utile à la république. Ils plaident, et l'on demande qui des trois doit parler le premier?* Cela est incertain, quoique la proposition soit certaine; car il faudra toujours commencer par celui que nous représenterons. Voilà ce que l'on peut dire en général sur la manière de distribuer une cause ; mais comment parviendrons-nous à découvrir certaines questions plus occultes? Comme on parvient à trouver les pensées, les expressions, les figures, les couleurs : avec de l'esprit, du soin, de l'exercice. Cependant il n'arrivera presque jamais que rien de tout cela échappe à un orateur attentif, si, comme je l'ai dit, il prend la nature pour guide. Mais la plupart, affectant un vain

dehors d'éloquence, sont contents, pourvu qu'ils traitent quelques endroits brillants ou qui ne font rien à la preuve. D'autres croient avoir tout prévu en s'attachant à ce qui se présente à leurs regards. Pour rendre ce que je dis plus sensible, j'en donnerai un exemple emprunté aux déclamations de l'école, qui n'est ni fort nouveau, ni certainement fort difficile. *Quiconque n'aura pas assisté son père accusé de trahison, sera déshérité. Quiconque aura été condamné pour trahison, sera banni avec son avocat. Un père est accusé de trahison; l'un de ses fils, qui possède l'art de parler, le défend; l'autre, élevé à la campagne, ne se présente pas. Le père succombe, et est exilé avec son avocat. Le campagnard se distingue par quelque action d'éclat, et, pour récompense, obtient le rappel de son père et de son frère. Le père, après son retour, meurt sans tester. Celui de ses fils qui avait obtenu son rappel réclame sa part dans la succession; l'orateur réclame la succession entière.* Ces gens qui se piquent d'éloquence, et qui regardent en pitié la peine que nous nous donnons pour des causes qui se présentent si rarement, ne manqueront pas de se saisir de ce qu'il y a de plus favorable dans les caractères. Ils triompheront de parler pour un homme de la campagne contre un orateur, pour un homme de cœur contre un homme qui n'a jamais fait que traîner sa robe au barreau, pour un bienfaiteur contre un ingrat, pour un héritier qui se contente de sa part dans la succession de son père, contre un frère qui la veut ravir tout entière : toutes considérations qui naissent véritablement du sujet, et qui sont d'un grand poids, mais qui pourtant ne donnent pas gain de cause. Ces orateurs chercheront encore ces pensées hardies, outrées, obscures : car telle est l'éloquence aujourd'hui, que le bruit et les clameurs en font

omnia; ita apparebit aut id, quod optimum est, aut id, quod minime malum : propositione aliquando adversarii utendum, et esse nonnunquam communem eam, suo loco dictum est : multis millibus versuum scio apud quosdam esse quæsitum, quomodo inveniremus, utra pars deberet prior dicere? quod in foro vel atrocitate formularum, vel modo petitionum, vel novissime sorte dijudicatur. In schola quæri nihil attinet, quum in declamationibus iisdem narrare, et contractiones solvere, tam ab actore, quam a possessore concessum sit : sed in plurimis controversiis ne inveniri quidem potest, ut in illa, *Qui tres liberos habebat, oratorem, philosophum, medicum, testamento quatuor partes fecit, et singulas singulis dedit : unam ejus esse voluit, qui esset utilissimus civitati.* Contendunt : quis primus dicat, incertum est; propositio tamen certa : ab eo enim, cujus personam tuebimur, incipiendum erit : et hæc quidem de dividendo in universum præcipi possunt. At quomodo inveniemus etiam illas occultiores quæstiones? scilicet, quomodo sententias, verba, figuras, colores : ingenio, cura, exercitatione : non tamen fere unquam, nisi imprudentem fugerint, si, ut dixi, na-

turam sequi ducem velit. Sed plerique, eloquentiæ famam affectantes, contenti sunt locis speciosis modo, vel nihil ad probationem conferentibus : alii, nihil vitare, ea, quæ in oculos incurrunt, exquirendo, putant : quod quo facilius appareat, unam de schola controversiam, non illam sane difficilem aut novam, proponam in exemplum. *Qui reo proditionis patri non affuerit, exheres sit : proditionis damnatus cum advocato exsulet : reo proditionis patri disertus filius affuit, rusticus non affuit : damnatus abiit cum advocato in exsilium : rusticus quum fortiter fecisset, præmii nomine impetravit restitutionem patris et fratris : pater reversus intestatus decessit : petit rusticus partem bonorum, orator totum sibi vindicat.* Hic illi eloquentes, quibusque nos, circa lites raras sollicitiores, ridiculi videmur invadent personas favorabiles : actio *pro rustico contra disertum, pro forti contra imbellem, pro restitutore contra ingratum, pro eo, qui parte contentus sit, contra eum, qui fratri nihil dare ex paternis velit.* Quæ omnia sunt in materia, et multum juvant ; victoriam tamen non trahunt : in hac quærentur sententiæ, si fieri potue-

tout le succès. D'autres, qui, à la vérité, se proposent quelque chose de mieux, mais qui se contentent d'effleurer la surface des choses sans rien approfondir, verront ce qui saute aux yeux : ils diront, par exemple, *que cet homme de la campagne est excusable de n'avoir pas assisté son père, ne pouvant lui être d'aucun secours; qu'après tout, l'autre n'a rien à lui imputer, puisque l'accusé a été condamné; enfin, que celui qui a rétabli sa famille dans ses biens est plus digne de les recueillir qu'un avare, un impie, un ingrat, qui ne veut pas les partager avec un frère, auquel il doit tant.* Ils sentiront même qu'il y a une première question à faire sur la loi et sur l'intention du législateur, d'où en effet dépend tout le reste; mais un orateur qui prend pour guide la nature n'aura point de peine à découvrir que ce fils, qu'on veut exclure de la succession, doit dire en premier lieu : *Mon père est mort sans tester; il a laissé deux enfants, qui sont mon frère et moi. Par le droit des gens, je demande à partager son bien avec mon frère.* Est-il un homme assez inepte, assez ignorant, pour ne pas commencer ainsi, quand même il ne saurait pas ce que c'est qu'une proposition, et pour ne pas faire ressortir un peu l'équité de ce droit commun? Que reste-t-il après cela, si ce n'est de chercher ce que l'on peut répondre à une demande aussi raisonnable? Cette réponse se présente d'elle-même : *Il existe une loi qui déshérite celui qui, voyant son père accusé de trahison, ne le défend pas; et vous êtes dans ce cas.* Cette proposition conduit nécessairement à louer la loi que l'on allègue, et à blâmer celui qui l'a violée. Jusqu'ici il n'y a rien de contesté. Revenons au demandeur : à moins qu'il ne soit entièrement dépourvu de sens, il dira : *Si la loi alléguée a quelque valeur, il n'y a plus de procès, ni de matière à jugement. Or, il est constant que la loi existe et que le demandeur l'a violée.* Qu'objecter à cela? La qualité de paysan? mais la loi n'excepte personne. Voyons pourtant si elle ne présente pas quelque endroit faible. Consultons la nature, qui est, comme je ne me lasserai pas de le répéter, le guide le plus sûr. Que suggère-t-elle, quand la lettre d'une loi est contre nous, si ce n'est de recourir à l'intention du législateur? Voici donc une question générale à examiner : *Faut-il s'en tenir à la lettre ou à l'esprit?* Car en général les questions légales sont toujours diverses, toujours nouvelles, et la jurisprudence n'en tranche jamais la solution d'une manière définitive. Il faut donc voir ici s'il n'y a rien qui puisse donner atteinte à la rigueur de la loi. *Quiconque n'aura pas assisté son père sera déshérité.* Quoi! quiconque, sans exception! Les cas suivants s'offrent d'eux-mêmes : *Un fils en bas-âge, ou qui serait malade, ou en voyage, ou à l'armée, ou en ambassade, serait-il déshérité?* non certes. C'est déjà beaucoup qu'on puisse contrevenir à la loi sans encourir la peine portée par la loi. Faisons maintenant, pour me servir des termes de Cicéron dans l'oraison pour Muréna, ce que nous voyons faire aux joueurs de flûte de la comédie latine : quittons le paysan pour l'orateur. Celui-ci dira donc : *Quand je vous accorderais ces exceptions, toujours est-il que vous n'étiez ni en bas-âge, ni malade, ni en voyage, ni à l'armée, ni en ambassade. — Mais je suis un paysan,* dira le demandeur; car c'est la réponse la plus naturelle; mais l'autre lui objectera une raison péremptoire : *Si vous ne pouviez dé-*

---

rit, præcipites, vel obscuræ (nam ea nunc virtus est), et pulchre fuerit cum materia, tumultu et clamore transactum : illi vero, quibus propositum quidem melius, sed cura in proximo est, hæc velut innatantia videbunt, *Excusatum esse rusticum, quod non interfuerit judicio, nihil collaturus patri : sed ne disertum quidem habere, quod imputet reo, quum is damnatus sit : dignum esse hereditate restitutorem; avarum, impium, ingratum, qui dividere nolit cum fratre, coque sic merito* : quæstionem quoque illam primam scripti et voluntatis, qua non expugnata, non sit sequentibus locus. At, qui naturam sequetur, illa cogitabit profecto, primo, hoc dicturum rusticum, *Pater intestatus duos nos filios reliquit, partem jure gentium peto* : quis tam imperitus, quis tam procul a litteris, quin sic incipiat, etiamsi nescierit, quid sit propositio? Hanc communem omnium legem leviter adornabit, ut justam : nempe sequetur, ut quæramus, quid tam æquæ postulationi respondeatur? At id manifestum est : lex est, *quæ jubet exheredem esse eum, qui patri proditionis reo non affuerit; tu autem non affuisti* : hanc propositionem necessaria sequitur legis laudatio, et ejus, qui non affuerit, vituperatio. Adhuc versamur in confessis : redeat animus ad petitorem; numquid non hoc cogitet necesse est (nisi qui sit plane hebes) : *Si lex obstat, nulla lis est, inane judicium est : atqui et legem esse, et hoc, quod ea puniat, a rustico factum, extra dubitationem est?* Quid ergo dicimus? *Rusticus eram* : sed lex erat : omnes complectitur : nihil proderit. Quæramus ergo, num infirmari in aliqua parte lex possit : quid aliud (sæpius dicam) natura permittit, quam ut, quum verba contra sint, de voluntate quæratur? Generalis igitur quæstio, *Verbis, an voluntate sit standum?* Sed enim in commune de jure omni disputandum semper, nec unquam satis judicatum est : quærendum igitur in hac ipsa, qua consistimus, an aliquid inveniri possit, quod scripto adverserit? *Ergo, quisquis non affuerit, exheres erit? quisquis, sine exceptione?* Jam se illa vel ultro offerent argumenta, *Filius et infans, et æger non affuit, et qui aberat, et qui militabat, et qui in legatione erat* : jam multum acti est; posset aliquis non affuisse, et heres esse. Transeat nunc idem ille, qui cogitavit, ut ait Cicero, tibicinis latini modo ad disertum : *Ut ista concedam* : tu nec infans es, nec abfuisti, nec militasti : num aliud occurrit, quam illud, *Sed rusticus sum?* Contra, quod palam est, dicit, *Ut agere non potueris, assidere potuisti*; et verum

fendre votre père, vous pouviez du moins assister au jugement. Et cela est vrai. Le paysan est donc contraint de revenir à l'esprit de la loi. *La loi prétend seulement punir l'impiété; or, on ne peut m'en accuser.* Mais, répliquera le défendeur, *il faut bien que vous soyez coupable d'impiété, puisque vous avez été déshérité; quoique plus tard, par repentir ou par ostentation, vous ayez demandé pour récompense de vos services envers l'État le rappel de votre famille; en outre, mon père n'a été condamné que par votre faute; car votre absence lui a nui, et semblait prononcer contre lui.* L'autre répondra : *C'est bien plutôt vous qui êtes la cause de sa condamnation. Vous aviez offensé tant de gens et soulevé tant d'inimitiés contre notre maison.* A l'égard de ces dernières objections, elles sont purement conjecturales; de même qu'une autre raison dont le paysan peut colorer son absence, en disant que *tel était le dessein de leur père, qui ne voulait pas exposer toute sa famille au même danger.* Voilà ce que contient la première question, fondée sur le texte et l'esprit de la loi.

Poussons plus loin nos investigations, et voyons s'il n'y aurait pas encore quelque chose, et comment il faudrait s'y prendre. J'imite exactement ceux qui cherchent, afin d'apprendre à chercher; et, mettant de côté toute vanité d'écrivain, je ne me préoccupe que du soin d'être utile et de me faire comprendre. Toutes les questions que nous avons supposées jusqu'ici ne sont tirées que de la personne du demandeur. Pourquoi n'en chercherions nous pas dans la personne du père? *Quiconque voyant son père accusé de trahison ne l'aura pas assisté, sera déshérité.* Pourquoi ne pas examiner si la loi est commune à tous les pères? c'est ce que nous faisons dans ces controverses, où l'on poursuit la punition des enfants qui n'ont pas nourri leurs pères et mères dans le besoin. Alors on demande si une mère est en droit d'exiger ce secours d'un fils contre lequel elle a déposé en justice, et soutenu qu'il était né de son mariage avec un étranger; ou si un père peut former légitimement la même demande contre un fils qu'il a prostitué. Qu'y a-t-il donc à considérer dans le père dont il s'agit? Il a été condamné. *La loi ne regarderait-elle que les pères qui ont été absous?* Cette question paraît tout d'abord un peu dure. Ne désespérons pas pourtant. Il est à croire que telle a été l'intention du législateur, afin que les enfants ne manquassent pas de protéger l'innocence de leur père. Mais le campagnard rougirait d'alléguer cette raison, puisqu'il avoue que son père était innocent. Ne nous lassons pas de chercher. *Quiconque aura été condamné pour trahison sera exilé avec son avocat:* ceci place la contestation dans un nouveau jour; car on ne saurait se persuader que la loi ait voulu frapper de la même peine et celui qui a défendu son père, et celui qui ne l'a point défendu; d'ailleurs l'exil met hors de toute loi. Il n'est donc pas probable que la loi ait eu en vue l'avocat du condamné, puisque l'exil entraîne la perte des biens. Dans l'un et dans l'autre cas le campagnard met en doute la possibilité de défendre son père. De son côté, le défendeur se renfermera exclusivement dans les termes généraux de la loi. Il dira qu'*elle a prétendu punir tous ceux qui n'assisteraient pas leurs pères en pareil cas, de peur qu'ils n'en fussent détournés par la crainte de l'exil;* et il soutiendra que son père était innocent. Remarquons, en passant, qu'un seul état peut comporter deux questions générales : *Tout fils est-il obligé de défendre son père? Tout père est-il en droit d'exiger ce secours de son*

---

est : quare redeundum rustico ad animum legumlatoris : Impietatem punire voluit; ego autem impius non sum. Contra quæ disertus, Tu impie fecisti, inquit, quum exheredationem meruisti : licet te postea vel pœnitentia, vel ambitus, ad hoc genus optionis adduxerit; præterea, propter te damnatus est pater; videbaris enim de causa pronunciasse : ad hæc rusticus, Tu in causa damnationis fuisti : multos offenderas : inimicitias domui contraxeras : hæc conjecturalia : illud quoque, quod coloris loco rusticus dicit, Patris fuisse tale consilium, ne universam domum periculo subjiceret : hæc prima quæstione scripti et voluntatis continentur. Inteudamus ultra animum, videamusque, an aliquid inveniri præterea possit quo id modo fiat : sedulo imitor quærentem, ut quærere doceam, et, omisso speciosiore stili genere, ad utilitatem me summitto discentium : omnes adhuc quæstiones ex persona petitoris ipsius duximus : cur non aliquid circa patrem quærimus? dictum non est, Cui quis non affuerit, exheres erit. Cur non conamur et sic quærere, Num, cuicumque non affuerit? Facimus hoc sæpe in iis controversiis, in quibus petuntur in vincula, qui parentes suos non alunt, ut eam, quæ testimonium in filium peregrinitatis reum dixit, eumque, qui filium lenoni vendidit : in hoc, de quo loquimur, patre quid apprehendi potest? Damnatus est. Numquid igitur lex ad absolutos tantum patres pertinet? dura prima fronte quæstio : non desperemus : credibile est, hoc voluisse legumlatorem, ne auxilia liberorum innocentibus deessent : sed hoc dicere rustico verecundum est, quia innocentem fuisse patrem fatetur. Dat aliud argumentum controversiæ, Damnatus proditionis cum advocato exsulet : vix videtur posse fieri, ut pœna filio in eodem patre, et si affuerit, et si non affuerit, constituta sit : præterea lex ad exsules nulla pertinet : non ergo credibile est, de advocato damnati scriptum (an possint enim bona esse ulla exsulis?) : rusticus in utraque parte dubium facit. Disertus et verbis inhærebit, in quibus nulla exceptio est : et propter hoc ipsum pœnam esse constitutam eis, qui non affuerint, ne periculo exsilii deterreantur ab advocatione; et rusticum innocenti non affuisse dicet : illud protinus non indignum, quod annotetur, posse ex uno statu duas generales fieri quæstiones, An quisquis? an

fils? Jusqu'ici nous n'avons proprement considéré que deux personnes. Pour la troisième, qui est celle de l'adversaire, elle ne peut donner lieu à aucune question, puisque sa part héréditaire ne lui est pas contestée. Cependant n'en demeurons pas là ; car tout ce que nous avons dit dans l'espèce donnée pourrait se dire aussi bien dans le cas où le père n'aurait pas été rétabli : mais ne nous laissons pas non plus préoccuper par la première pensée qui se présente, *que le père a été rétabli par celui de ses fils qui habitait la campagne*. En cherchant bien, on verra qu'il y a encore quelque chose au delà ; car de même que l'espèce suit le genre, de même le genre précède l'espèce. Supposons donc que le père a été rétabli par un autre. Aussitôt naîtra cette question, qui se traite par syllogisme : *La restitution n'équivaut-elle pas à l'abolition du jugement, et n'a-t-elle pas pour effet de le rendre comme non avenu ?* C'est ici que le demandeur hasardera de dire que n'ayant mérité qu'une seule récompense il n'eût pas même pu obtenir le rappel de son père et de son frère tout à la fois, si son père, au moment de ce rappel, n'eût été censé n'avoir jamais été condamné : moyennant quoi la peine était remise à son avocat, de même que s'il ne l'eût jamais défendu. Ensuite on passera à cette objection, qui s'était présentée en premier lieu : *que le père a été rétabli par son fils le paysan.* Et là nous aurons recours à un autre raisonnement : *Si cet homme ayant rétabli son père ne doit pas être regardé comme son avocat, puisqu'il a obtenu ce que l'avocat demandait, et qu'on peut justement prendre pour semblable ce qui est effectivement plus que semblable.* Tout le reste est subordonné à l'équité : on examinera *lequel des deux est le plus équitable dans ses prétentions ?* ce qui comporte encore une division ; car cette question est admissible dans l'hypothèse où ils réclameraient l'un et l'autre la succession entière. Elle l'est à plus forte raison dans le cas présent, où l'un se contente de sa part, et l'autre réclame tout, à l'exclusion de son frère. Enfin, la mémoire du père sera d'une puissante considération auprès des juges, d'autant plus qu'il s'agit de partager son bien. On tâchera donc de pénétrer son intention, et la raison pour laquelle il est mort sans tester. Ce sera une question conjecturale, qui pourtant rentrera dans la qualité ; mais la qualité implique un autre état. Je dois avertir ici que d'ordinaire, à la fin d'une cause, l'orateur doit se rejeter sur l'équité, parce que les juges n'écoutent rien plus volontiers. Quelquefois néanmoins, dans l'intérêt de la cause il adoptera un autre ordre ; c'est-à-dire que, quand la rigueur du droit ne lui sera pas favorable, il préparera l'esprit des juges par des considérations sur l'équité. Voilà ce que j'avais à recommander en général. Entrons maintenant dans les détails des causes judiciaires. Il est impossible de descendre jusqu'à la dernière espèce, c'est-à-dire de prévoir les contestations de toute sorte qui peuvent s'élever tous les jours. Mais je puis du moins m'attacher à ce qu'elles ont de commun, et faire observer ce que réclame en général l'état de chaque cause ; et comme *l'existence du fait* est la question qui se présente d'abord dans l'ordre naturel, c'est aussi par ce qui regarde cette question que je commencerai.

Сн. II. Toute conjecture roule ou sur la *chose* ou sur l'*intention*, par rapport à trois temps, qui sont le *passé*, le *présent* et l'*avenir*. La chose donne lieu à des questions générales et à des questions particulières, c'est-à-dire à des questions qui se renferment dans certaines circonstances ou qui ne s'y renferment pas. L'*intention* ne comporte de

---

cuicumque? Hæc ex duabus personis quæsita sunt. E tertia autem, quæ est adversarii, nulla oriri quæstio potest : quia nulla fit ei de sua parte controversia : nondum tamen cura deficiat : ista enim omnia dici possent, etiam non restituto patre : nec statim eo tendamus, quod occurrit ultro, *a rustico restitutum* : qui id subtiliter quæret, aliquid spectabit ultra : nam, ut genus species sequitur, ita speciem genus præcedit. Fingamus ergo ab alio restitutum, ratiocinativa atque collectiva quæstio orietur, *An restitutio pro sublatione judicii stet, et perinde valeat, ac si judicium non fuisset?* Ubi tentabit rusticus dicere, *ne impetrare quidem aliter potuisse suorum restitutionem uno præmio, nisi patre perinde, ac si accusatus non esset, revocato : quæ res advocati quoque pœnam, tanquam is non affuisset, remiserit.* Tum venimus ad id, quod primum occurrebat, *a rustico esse restitutum patrem* : ubi rursus ratiocinamur, *An restitutor accipi debeat pro advocato, quando id præstiterit, quod advocatus petiit ; nec improbum sit pro simili accipi, quod plus est.* Reliqua jam æquitatis sunt, *utrius justius sit desiderium?* Id ipsum adhuc divitur, etiamsi uterque sibi totum vindicaret ; nunc utique, quum alter semissem, alter universa, fratre excluso : sed, his tractatis etiam, habet magnum momentum apud judices patris memoria, quum præsertim de bonis ejus quæratur : erit ergo conjectura, *Qua mente pater intestatus decesserit ?* Sed ea pertinet ad qualitatem, quæ alterius status instrumentum est. Plerumque autem in fine causarum *de æquitate* tractabitur, quia nihil libentius judices audiunt : aliquando tamen hunc ordinem mutabit utilitas ; ut, si in jure minus fiduciæ erit, æquitate judicem præparemus : nihil habui amplius, quod in universum præciperem. Nunc eamus per singulas causarum judicialium partes, quas ut persequi ad ultimam speciem, id est, ad singulas lites controversiasque non possum : ita de generalibus scribere licet, ut, quæ in quemque statum frequentissime incidant, tradam : et, quia natura prima quæstio est, *factumne sit, ab hoc ordiar.*

Cap. II. Conjectura omnis aut *de re*, aut *de animo est* : utriusque tria tempora, *præteritum, præsens, futurum : de re* et generales quæstiones sunt, et definitæ, id

question que là où il s'agit d'une personne ou d'un fait qui est constant. Quant à la *chose*, on examine ou *ce qui a été*, ou *ce qui est*, ou *ce qui sera* : par exemple, dans les questions générales, *si le monde a été formé par le concours des atomes? S'il est gouverné par une Providence? S'il aura une fin?* Dans les questions particulières, *Si Roscius a commis un parricide? Si Manlius affecte la royauté? S'il convient que Q. Cécilius accuse Verrès?* Dans les jugements, c'est le passé que l'on considère particulièrement; car on n'accuse un homme que d'un fait accompli; mais un fait actuel ou futur se conjecture et se prouve par des faits passés. On examine aussi ce qui a pu donner naissance à une chose, par exemple, *Si la peste a pour cause la colère des dieux*, ou *l'intempérie de l'air*, ou *la corruption des eaux*, ou *une exhalaison empoisonnée qui sort de la terre*; et ce qui a pu motiver une action : *Pourquoi cinquante rois se sont-ils ligués contre Troie? S'ils s'étaient engagés par serment à prendre les armes, ou s'ils ont cédé à l'exemple, ou si c'était dans l'intention de plaire aux Atrides?* Ces deux genres de questions ne sont pas fort différents. Quant aux choses *présentes*, si elles tombent sous les sens, et qu'elles n'aient pas besoin de preuves qui soient fondées sur des signes antérieurs, elles n'appartiennent pas à la conjecture : comme dans le cas où l'on supposerait, par exemple, que les Lacédémoniens s'enquièrent *si les Athéniens élèvent actuellement des murailles?* Mais il y a une sorte de conjecture qui semble être en dehors de notre sujet : c'est celle à laquelle peut donner lieu l'existence d'un homme qui n'est pas bien connu. Cette question a été soulevée contre les heritiers d'Urbinia, dans le doute où l'on était si celui qui réclamait ses biens en qualité de fils était véritablement Figulus ou Sosipater : car l'existence de cet homme est visible; on ne peut pas demander *s'il existe*, comme on demande, non *ce que c'est* que la région qui est au delà de l'Océan, ni *quelle elle est*, mais *s'il y en a une*. Toutefois, ce genre de procès dépend aussi du passé : *Le demandeur est-il bien Clusinius Figulus, né d'Urbinia?* Nous avons vu de nos jours plusieurs causes de cette nature, et moi-même j'en ai plaidé quelques-unes. La conjecture qui roule sur l'intention embrasse incontestablement tous les temps : le passé, *dans quel dessein Ligarius est-il allé en Afrique?* le présent, *dans quel esprit Pyrrhus demande-t-il la paix?* le futur, *si Ptolémée fait mourir Pompée, de quel œil César verra-t-il ce meurtre?* On résout aussi par voie de conjecture et de qualité les questions relatives à la mesure, à l'espèce et au nombre : par exemple, *le soleil est-il plus grand que la terre? La lune est-elle sphérique, plane ou conique? N'y a-t-il qu'un monde, ou y en a-t-il plusieurs?* Et cela non-seulement dans les choses naturelles, mais aussi dans les autres : par exemple, *laquelle des deux guerres a été la plus considérable, celle de Troie ou celle du Péloponnèse? Quel était le bouclier d'Achille? N'y a-t-il eu qu'un Hercule?* Mais dans les causes judiciaires où l'un accuse et l'autre défend, il y a une sorte de conjecture qui a pour objet la recherche et *du fait* et *de l'auteur du fait*. D'où il naît deux questions qui se traitent, tantôt conjointement, si on les nie toutes les deux, tantôt séparément, quand on examine si le fait *est* ou *n'est pas*; ou bien, le fait étant avéré, *quel en*

---

est, et quæ non continentur, et quæ continentur. *De animo quæri non potest, nisi ubi persona est*, et de facto constat : ergo, quum *de re agitur*, aut *quid factum sit*, in dubium venit, aut, *quid fiat*, aut, *quid sit futurum* : ut in generalibus, *An atomorum concursu mundus sit effectus? an providentia regatur? an sit aliquando casurus?* in definitis, *An parricidium commiserit Roscius? An regnum affectet Manlius? An recte Verrem sit accusaturus Q. Cœcilius?* In judiciis *præteritum tempus* maxime valet : nemo enim accusat, nisi quæ facta sunt : nam, et quæ fiant, et quæ futura sint, ex præteritis colliguntur : quæritur et, *Unde quid ortum?* ut *pestilentia, ira deum, an intemperie cœli, an corruptis aquis, an noxio terræ halitu?* Et, *Quæ causa facti?* ut, *Quare ad Trojam quinquaginta reges navigaverint, jurejurando adacti, an exemplo moti, an gratificantes Atridis?* quæ duo genera non multum inter se distant. Ea vero, quæ sunt *præsentis temporis*, si non argumentis, quæ necesse est præcessisse, sed oculis deprehendenda sunt, non egent conjectura : ut, si apud Lacedæmonios quæratur, *An Athenis muri fiant?* Sed et illud quod potest videri extra hæc positum, conjecturæ genus, quum de aliquo homine quæritur, *quis sit?* ut est quæsitum contra Urbiniæ heredes, *si is, qui tanquam filius petebat bona, Figulus esset, an Sosipater?* Nam et substantia ejus sub oculos venit, ut non possit quæri, *an sit?* quomodo an ultra Oceanum; nec, *quid sit?* nec, *quale sit?* sed, *quid sit?* Verum hoc quoque genus litis ex præterito pendet, *An hic sit ex Urbinia natus Clusinius Figulus?* Fuerunt autem tales nostris etiam temporibus controversiæ, atque aliquæ in meum quoque patrocinium inciderunt. Animi conjectura non dubie in omnia tempora cadit, *Qua mente Ligarius in Africa fuerit? Qua mente Pyrrhus fœdus petat? Quomodo laturus sit Cæsar, si Ptolomæus Pompeium occiderit?* Quæritur per conjecturam et qualitatem circa modum, speciem, numerum, *An sol major, quam terra? Luna globosa, an plana, an acuta? an unus mundus, an plures?* Itemque extra naturales quæstiones, *Majus bellum trojanum, an peloponnesium? Qualis clypeus Achillis? An unus Hercules?* In iis autem, quæ accusatione ac defensione constant, unum est genus, in quo quæritur *de facto*, et *de auctore* : quod interim conjunctam quæstionem habet, et utrumque pariter negatur : interim separatam, quum et, *factum sit, necne?* et, si de facto constet, *a quo factum sit?* ambigitur. Ipsum quoque factum aliquando simplicem quæstio-

est l'auteur. Le fait seul peut donner lieu à une question, tantôt simple, par exemple, *s'il y a eu mort d'homme?* tantôt double, *si cet homme est mort par le poison ou d'une indigestion?* Il y a une seconde espèce de conjecture qui roule uniquement sur *le fait*, lorsque, le fait étant avéré, on ne peut douter de l'auteur; et une troisième qui ne regarde que *la personne*, quand on est d'accord sur le fait et nullement sur l'auteur. Mais cette troisième espèce implique différentes questions; car, ou l'accusé nie purement et simplement le crime, ou il prétend qu'un autre l'a commis. Encore même peut-on rejeter un crime sur autrui de plusieurs manières: tantôt, c'est une accusation réciproque entre les parties, et ce que nous appelons récrimination; tantôt, on se disculpe aux dépens d'une personne qui n'est point en cause, et cette personne est quelquefois certaine et déterminée, quelquefois incertaine et vague. Si elle est certaine, ce peut être un étranger, ce peut être aussi celui-là même qui a péri et qui s'est volontairement donné la mort. Et dans tous ces cas, comme dans celui de récrimination, il se fait une comparaison des personnes, et des motifs, et des autres circonstances. C'est ainsi que Cicéron, dans la défense de Varénus, rejette le crime sur les Ancharius, et que dans celle de Scaurus, en parlant de la mort de Bostaris, il fait tomber le soupçon sur la mère de Bostaris. Il y a un autre genre de comparaison tout différent de celui-ci, où les deux parties s'attribuent la gloire d'une même action; et un autre encore où la contestation ne tombe pas sur deux personnes, mais sur deux choses, c'est-à-dire où l'on n'examine pas qui des deux a fait une chose, mais laquelle des deux choses a été faite. Quand on est d'accord sur le fait et sur l'auteur, la contestation peut rouler sur l'intention. Je vais maintenant reprendre chaque article en détail. Quand on nie tout à la fois le fait et l'auteur, on dit, par exemple : *Je n'ai point commis d'adultère, je n'ai point affecté la tyrannie*. Dans les causes de meurtre et d'empoisonnement, voici une division qui est assez ordinaire : *Le fait n'a point eu lieu, et, quand il aurait eu lieu, je n'en suis pas l'auteur.* Mais quand nous disons : *Prouvez que cet homme a été tué*, c'est à l'accusateur à prouver le meurtre, et l'accusé doit se taire, ou ne parler que pour jeter divers soupçons dans l'esprit du juge, parce que, s'il affirme telle ou telle chose, il faut qu'il le prouve, ou qu'il s'expose à perdre sa cause. En effet, tant que les choses demeurent à l'état de question, la vérité est aussi bien du côté de notre adversaire que du nôtre, et réciproquement; mais si nous succombons en voulant nous défendre sur quelque point, nous mettons notre cause en péril sur tous les autres. Mais lorsqu'il s'agit de savoir, par exemple, si un homme est mort d'indigestion ou empoisonné, parce que les signes sont équivoques, il n'y a plus de milieu, et il faut que chaque partie justifie ce qu'elle a avancé. Dans ce cas, on tire tantôt des arguments de la chose même, abstraction faite de la personne, et on examine *ce qui a précédé la mort de cet homme : sortait-il d'un repas? paraissait-il triste? s'était-il fatigué ou tenu dans le repos? avait-il veillé ou dormi?* L'âge fait beaucoup aussi, ainsi que la durée de sa maladie. Que s'il est mort subitement, ce genre de mort ouvrira de part et d'autre un champ plus vaste à la dispute. Tantôt on prouve la chose par des arguments tirés de la personne. Ainsi *il est vraisemblable que cet homme est mort empoi-*

---

nem habet, *an homo perierit?* aliquando duplicem, veneno, an cruditate perierit? Alterum est genus *de facto* tantum, quum, si id certum sit, non potest de auctore dubitari : tertium *de auctore* tantum, quum factum constat; sed, a quo sit factum, in controversiam venit. Et, quod tertio loco posui, non est simplex : aut enim reus fecisse tantummodo se negat, aut alium fecisse dicit : sed ne in alterum quidem transferendi criminis una forma est : interdum enim substituitur *mutua accusatio*, quam Græci ἀντικατηγορίαν vocant, nostrorum quidam *concertativam :* interdum in aliquam personam, quæ extra discrimen judicii est, transfertur, et alias certam, alias incertam : et, quum in certam, aut in extrariam, aut in ipsius, qui perit, voluntatem. In quibus similis, atque in ἀντικατηγορία, personarum, causarum, cæterorum comparatio est : ut Cicero, pro Vareno in familiam Anchariamam; pro Scauro circa mortem Bostaris, in matrem avertens crimen, facit. Est etiam illud huic contrarium comparationis genus, in quo uterque a se factum esse dicit: et illud, in quo non personæ inter se, sed ipsæ res colliduntur, id est, non, *uter fecerit?* sed, *utrum factum sit?* Quum de *facto* et de *auctore* constat, de *animo* quæri potest : nunc de singulis : quum pariter negatur, hoc modo: *Adulterium non commisi*; *Tyrannidem non affectavi*; in cædis ac veneficii causis frequens est illa divisio, *Non est factum; et, si est factum, ego non feci.* Sed, quum dicimus, *Proba hominem occisum*, accusatoris tantum partes sunt : a reo nihil dici contra, præter aliquas fortasse suspiciones, potest, quas spargere quam maxime varie oportebit : quia, si unum aliquid affirmaris, probandum est, aut causa periclitandum : nam, ut, quum inter id, quod ab adversario, et id, quod a nobis propositum est, quæritur, videtur alterum verum : ita everso, quo defendimur, reliquum est, quo premimur. At, quum quærimus de ambiguis signis *cruditatis* et *veneni*, nihil tertium est : ideoque utraque pars, quod proposuit, tueatur : interim autem *ex re quæritur, veneficium fuerit, an cruditas?* quum aliqua ex ipsa citra personam quoque argumenta ducuntur. Refert enim, *convivium præcesserit, an tristitia? labor an otium? vigilia, an quies? Ætas* quoque ejus, *qui periit*, discrimen facit : interest, *subito defecerit, an longiore valetudine consumptus sit?* Liberior adhuc in utramque partem disputatio, si tantum subita mors in quæstionem venit. Interim ex persona

sonné, parce qu'il est vraisemblable que l'accusé l'a empoisonné, et réciproquement; mais quand la question roule en même temps sur le fait et sur l'auteur, il est naturel que l'accusateur commence par prouver que le fait est, et qu'il prouve ensuite que l'accusé en est l'auteur. Si pourtant il trouve plus de preuves du côté de la personne, il pourra changer cet ordre. Quant à l'accusé, il commencera par nier le fait, parce que, s'il a gain de cause sur ce point, tout le reste est superflu, et que, s'il y succombe, il peut encore se défendre. Il y a, comme je l'ai dit, un second genre où il ne s'agit que du fait, lequel, étant prouvé, emporte la conviction de l'auteur. Or, ce genre tire pareillement ses preuves et de la personne et de la chose, mais seulement par rapport à la question de fait, comme dans la contestation suivante, dont l'exemple me paraît du nombre de ceux qui sont familiers aux étudiants : *Un fils déshérité étudie la médecine; son père tombe malade, et, tous les médecins désespérant de sa vie, on appelle son fils, qui promet de le guérir par un breuvage qu'il veut lui donner. Le père y consent; mais à peine a-t-il bu une partie de ce breuvage, qu'il s'écrie qu'il est empoisonné. Le fils boit le reste; son père meurt; on accuse le fils de parricide.* Ici point de doute sur celui qui a donné le breuvage; et si ce breuvage était empoisonné, point de doute sur l'auteur de l'empoisonnement. Cependant c'est par des arguments tirés de la personne qu'on prouvera s'il y a eu poison.

Il reste le troisième genre, où, le fait étant certain, la question roule sur l'auteur. Il est inutile d'en rapporter des exemples, parce qu'il y a une infinité de causes de cette nature, comme lorsqu'*il est évident qu'un homme a été tué, ou qu'un sacrilége a été commis*, et que l'accusé soutient qu'il est innocent. D'où naît la récrimination, lorsque les deux parties, en convenant du fait, s'en accusent mutuellement. Celsus prétend que cette espèce de cause ne saurait avoir lieu au barreau : ce qui, je crois, n'est ignoré de personne; car les juges ne s'assemblent pour juger que d'une seule accusation, et lorsqu'il y a récrimination, il faut que le tribunal choisisse entre les deux accusations. Apollodore dit aussi que la récrimination renferme deux causes; et en effet, selon le droit du barreau, ce sont deux procès. Cependant ce genre peut être du ressort du sénat ou du prince; et dans les jugements mêmes la forme de l'action est indifférente, puisqu'il est prononcé sur chacune des parties, quoique le jugement ne fasse mention que d'une seule. Or, en ce genre, on commence toujours par se défendre, premièrement parce qu'il est naturel que nous songions à notre propre sûreté avant de songer à perdre notre adversaire; secondement, parce que notre accusation aura plus d'autorité, si nous commençons par établir notre innocence; enfin, parce que la cause n'est double que par ce moyen; car celui qui dit, *Je ne l'ai pas tué*, peut fort bien dire ensuite: *C'est vous qui l'avez tué*; mais celui qui dit d'abord, *Vous l'avez tué*, se rejette inutilement sur cette proposition : *Je ne l'ai pas tué*. Du reste, ces sortes de plaidoyers consistent dans une comparaison; mais cette comparaison peut se faire de deux manières; car tantôt nous comparons notre cause entière avec la cause entière de notre adversaire, tantôt nous comparons argument avec argument. L'intérêt

---

probatio rei petitur, *ut propterea credibile sit, venenum fuisse, quia credibile est, ab hoc factum veneficium*; vel contra : quum vero de reo et de facto quæritur, naturalis ordo est, ut prius factum esse accusator probet, deinde a reo factum : si tamen plures in persona probationes habuerit, convertit hunc ordinem. Defensor autem prius negabit esse factum, quia, si in hac parte vicerit, reliqua non necesse habet dicere; victo superest, ut tueri se possit : illic quoque, ubi de facto tantum controversia est, quod si probetur, non possit de auctore dubitari, similiter argumenta et ex *persona*, et ex *re* ducuntur, sed in unam facti quæstionem : sicut in illa controversia (utendum est enim et his exemplis, quæ sunt discentibus magis familiaria), *Abdicatus medicinæ studuit; quum pater ejus ægrotaret, desperantibus de eo cœteris medicis, adhibitus, sanaturum se dixit, si is potionem a se datam bibisset : pater, accepta potionis epota parte, dixit, venenum sibi datum : filius, quod reliquum erat, exhausit : pater decessit : ille parricidii reus est.* Manifestum, quis potionem dederit; quæ si veneni fuit, nulla quæstio de *auctore* : tamen, *an venenum fuerit*, ex argumentis a persona ductis colligetur : superest tertium, in quo *factum* esse constat aliquid : *a quo sit factum*, quæritur : cujus rei supervacuum est ponere exemplum, quum plurima sint hujusmodi judicia, ut, *hominem occisum esse manifestum sit, vel sacrilegium commissum* : is autem, qui arguitur fecisse, neget : ex hoc nascitur ἀντικατηγορία : utique enim factum esse convenit, quod duo invicem objiciunt. In quo quidem genere causarum admonet Celsus, fieri id in foro non posse : quod neminem ignorare arbitror : de uno reo consilium cogitur etiam; et, si qui sunt, qui invicem accusent, alterum judicium præferre necesse est. Apollodorus quoque ἀντικατηγορίαν duas esse controversias dixit; et sunt revera secundum forense jus duæ lites : potest tamen hoc genus in cognitionem venire senatus, aut principis : sed in judicio quoque nihil interest actionum ; simul de utroque pronuncialur, etiamsi de uno fertur. Quo in genere semper prior debebit esse defensio : primum, quia natura potior est salus nostra, quam adversarii pernicies; deinde, quod plus habebimus in accusatione auctoritatis, si prius de innocentia nostra constiterit; postremo, quod ita demum duplex causa erit : nam, qui dicit, *Ego non occidi*, habet reliquam partem, ut dicat, *Tu occidisti*; at, qui dicit, *Tu occidisti*, supervacuum habet postea dicere, *Ego non occidi*. Hæ porro actiones constant *comparatione* : ipsa comparatio non una via ducitur : aut enim totam causam nostram cum tota adversarii causa componimus, aut sin-

de la cause peut seul déterminer laquelle des deux espèces de comparaisons est préférable. Par exemple, dans l'oraison pour Varénus, Cicéron, en répondant au premier chef d'accusation, compare chaque point séparément; car il trouve son avantage à s'élever contre le parallèle audacieux du personnage d'un étranger et de celui d'une mère. Je dirai donc en général que le mieux est de faire en sorte que chaque preuve en particulier l'emporte sur celle qui lui est opposée. Que si le détail nous est peu favorable, nous l'éviterons en comparant le tout ensemble; mais, soit que les parties s'accusent mutuellement, soit que l'accusé rejette le fait incriminé sur son adversaire sans se porter pour accusateur, comme dans la cause de Roscius, soit qu'on impute le fait à la volonté de celui-là même qui a péri, la comparaison des arguments des deux parties se traite de la même manière que dans le cas de récrimination. Quant à cette dernière manière de rejeter le fait incriminé sur autrui, on s'en sert souvent non-seulement aux écoles, mais encore au barreau; car, dans la cause de Névius d'Arpinum, il n'était question que de savoir *s'il avait précipité sa femme*, ou *si elle s'était précipitée elle-même*. C'est le premier plaidoyer que j'ai publié : encore même dois-je avouer que je cédai à une vaine gloriole de jeune homme. Pour tous les autres qui courent sous mon nom, ils sont tellement défigurés par la négligence des copistes qui en faisaient trafic, que je ne m'y reconnais pas moi-même. J'ai distingué deux autres genres de conjectures qui se traitent par voie de comparaison, mais qui n'ont rien de commun avec la récrimination, comme dans cette controverse, où il s'agit de récompenses : *Un tyran, soupçonnant que son médecin l'avait empoisonné, le fait appliquer à la question. Le médecin persistant à nier, le tyran en appelle un autre qui assure qu'il est empoisonné, mais qu'il lui donnera du contre-poison. Il lui donne en effet un breuvage. Le tyran le boit, et meurt aussitôt. Les deux médecins disputent à qui aura la récompense.* Or, on voit bien qu'ici, comme dans le cas où l'une des parties rejette le fait incriminé sur l'autre, il se fait une comparaison des *personnes*, des *motifs*, des *moyens*, des *temps*, des *instruments*, des *témoignages*. J'en dis autant de l'autre genre, bien qu'il diffère de la récrimination, et où, sans accuser personne, on examine seulement lequel est vrai de l'un ou de l'autre fait; car chacune des parties a son exposition, et la soutient, comme dans le procès d'Urbinia. Le demandeur disait que *Clusinius Figulus, fils d'Urbinia, voyant que l'armée dont il faisait partie était vaincue, avait pris la fuite; qu'après diverses aventures, après avoir même été retenu prisonnier par un roi, il avait enfin trouvé moyen de revenir en Italie et dans son pays natal, où les siens l'avaient reconnu.* Pollion soutenait au contraire qu'*il avait servi chez deux maîtres à Pisaure; que là il avait exercé la médecine; qu'ayant été mis en liberté, il s'était mêlé à une troupe d'esclaves, et que, demandant à servir sous eux, on l'avait acheté.* Tout ce procès ne roule-t-il pas sur la comparaison des deux causes et sur deux différentes conjectures? Au reste, que le procès soit criminel ou purement civil, c'est toujours même conduite. La conjecture se tire d'abord du *passé*. Dans le passé je comprends les *personnes*, les *motifs*, les *desseins*; car il faut qu'on ait *voulu* faire une chose, qu'on ait *pu* faire, qu'on l'ait *faite* :

---

gula argumenta cum singulis; quorum utrum sit faciendum, non potest, nisi ex ipsius litis utilitate, cognosci : ut Cicero singula pro Vareno comparat in primo crimine : est enim superior, quum persona alieni cum persona matris temere comparetur : quare optimum est, si fieri potuerit, ut singula vincantur a singulis : sed, si quando in partibus laborabimus, universitate pugnandum est. Sive invicem accusant; sive crimen reus citra accusationem in adversarium vertit, ut Roscius in accusatores suos, quamvis reos non fecisset; sive in ipsos, quos sua manu periisse dicemus, factum deflectitur : non aliter, quam in iis, quæ mutuam accusationem habeant, utriusque partis argumenta inter se comparatur. Id autem genus, de quo novissime dixi, non solum in scholis sæpe tractatur, sed etiam in foro; nam id est in causa Nævii Arpiniani solum quæsitum, *Præcipitata esset ab eo uxor, an se ipsa sua sponte jecisset?* cujus actionem equidem solam in hoc tempus emiseram, quod ipsum me fecisse ductum juvenili cupiditate gloriæ fateor; nam cæteræ, quæ sub nomine meo feruntur, negligentia excipientium in quæstum notariorum corruptæ, minimam partem mei habent. Est et alia duplex conjectura, huic ἀντικατηγορία diversa : de præmiis; ut in illa controversia, *Tyrannus suspicatus a medico suo datum sibi venenum, torsit eum; et, quum is dedisse se negaret, arcessit alterum medicum; ille datum ei venenum dixit, sed se antidotum daturum, et dedit ei potionem, qua epota tyrannus decessit;* de præmio duo medici contendunt; nam, ut illic factum in adversarium transferentium, ita hic sibi vindicantium *personæ, causæ, facultates, tempora, instrumenta, testimonia* comparantur. Illud quoque, etiamsi non est ἀντικατηγορία, simili tamen ratione tractatur, in quo citra accusationem quæritur, *utrum factum sit;* utraque enim pars suam expositionem habet, atque eam tuetur : ut in lite Urbiniana petitor dicit, *Clusinium Figulum filium Urbiniæ, acie victa, in qua steterat, fugisse : jactatumque casibus variis, retentum etiam a rege, tandem in Italiam ac patriam suam Marginos venisse, atque ibi agnosci* : Pollio contra, *servisse eum Pisauri dominis duobus, medicinam factitasse, manumissum alienæ se familiæ venali immiscuisse, ac rogantem, ut eis serviret, emptum.* Nonne tota lis constat duarum causarum comparatione, et conjectura duplici atque diversa? Quæ autem accusantium ac defendentium, eadem petentium et infitiantium ratio est. Ducitur conjectura primum *a præteritis;* in his sunt *personæ, causæ, consilia* : nam is

voilà l'ordre. C'est pourquoi il faut considérer avant tout ce qu'est l'individu dont il s'agit. Or, l'accusateur doit faire en sorte que ce qu'il impute à l'accusé ne soit pas seulement honteux, mais que cela se concilie de tous points avec le fait incriminé; car s'il traite d'*impudique* ou d'*adultère* un homme accusé de *meurtre*, certainement il le déshonore, mais il rend le fait moins croyable que s'il dépeignait cet homme *audacieux, emporté, cruel, téméraire*. Ce que l'accusé doit faire de son côté, c'est, ou de nier ces allégations, ou de les justifier, ou de les pallier, ou du moins de les séparer du fait sur lequel les juges ont à prononcer; car souvent ces allégations sont non-seulement d'une autre nature que le fait incriminé, mais même toutes contraires : comme si l'on disait qu'un homme accusé de larcin est *un prodigue* ou *un insouciant*; car il n'est pas probable qu'une personne qui fait si peu de cas de l'argent veuille en acquérir à quelque prix que ce soit. Si ces ressources manquent à l'accusé, il éludera les allégations de l'accusateur en disant que tout cela ne fait rien à l'affaire; que, de ce qu'un homme a commis une faute, il ne s'ensuit pas qu'il ait commis toutes sortes de crimes, et que l'accusateur ne s'est enhardi à lui en imputer un nouveau que parce qu'en accusant un homme déjà vulnérable, il a cru que la prévention suffirait pour l'accabler. Il y a certaines accusations contre lesquelles certains lieux d'arguments sont ouverts à l'accusé, et ces arguments se tirent la plupart du temps de la personne, tantôt en général : *Il n'est pas croyable qu'un père ait tué son fils, qu'un général d'armée ait livré sa patrie aux ennemis, etc.*; à quoi il est facile de répondre : *qu'il n'est pas de crime que des méchants ne puissent commettre*, ou bien *qu'il est monstrueux de défendre un crime par sa propre énormité;* tantôt en particulier, et cela se traite diversement; car si d'un côté la dignité d'une personne semble la mettre à l'abri du soupçon, de l'autre on en peut faire une sorte de preuve contre elle, en disant que c'est sur cela même qu'elle a fondé l'espérance de l'impunité. Il en est de même de la pauvreté, de l'obscurité, ou des richesses, dont chaque partie, suivant son plus ou moins d'habileté, peut également tirer avantage. Mais les bonnes mœurs et la pureté de la vie passée ne peuvent manquer d'être d'une grande recommandation. Si l'on ne reproche rien à l'accusé, son défenseur s'en prévaudra fortement. Cependant l'accusateur dira que, pour le fait dont il s'agit, il n'est besoin que de la connaissance qu'on en a; qu'*il y a commencement à tout*, et qu'il n'y a pas lieu de faire, pour ainsi dire, la dédicace d'un premier crime. Voilà ce qu'il répliquera; et dans son premier plaidoyer il saura faire en sorte de donner à croire que, s'il a ménagé l'accusé, c'est moins parce qu'il ne l'a pas voulu que parce qu'il ne l'a pas pu. C'est aussi pourquoi il vaut mieux laisser là tout le passé que d'invectiver à tort et à travers, parce que si l'on s'arrête à des choses légères, frivoles, ou manifestement fausses, on se discrédite pour tout le reste. En effet, celui qui s'abstient de tout blâme laisse croire qu'il a voulu éviter les invectives comme inutiles; au lieu que celui qui relève des bagatelles confesse par là qu'il a mieux aimé mentir, au risque de se compromettre, que de garder le silence que lui commandait la vérité. Il y a plusieurs autres considérations à faire sur les personnes; mais j'en ai parlé en traitant des arguments. La seconde preuve se tire des *motifs*. J'entends par-

---

ordo est, ut *facere voluerit, potuerit, fecerit;* ideoque intuendum ante omnia, qualis sit, de quo agitur. Accusatoris autem est efficere, ut, si quid objecerit, non solum turpe sit, sed etiam crimini, de quo est judicium, quam maxime conveniat; nam, si *reum cædis, impudicum* vel *adulterum* vocet, lædat quidem infamia : minus tamen hoc ad fidem valeat, quam si *audacem, petulantem, crudelem, temerarium* ostenderit. Patrono, si fieri potuerit, id agendum est, ut objecta, vel neget vel defendat, vel minuat; proximum est, ut a præsenti quæstione separet; sunt enim pleraque non solum dissimilia, sed etiam aliquando contraria : ut, si reus furti *prodigus* dicatur, aut *negligens;* neque enim videtur in eumdem et contemptus pecuniæ, et cupiditas cadere. Si deerunt hæc remedia, il illa declinandum est, non de hoc quæri, nec eum, qui aliquando peccaverit, utique commisisse omnia; et hanc fiduciam fuisse accusatoribus falsa objiciendi, quod læsum et vulneratum reum speravere hac invidia opprimi posse. Alia propositio est accusatoris, contra quam loci oriuntur; sæpe a persona prior ducit argumenta defensor, et interim *generaliter, Incredibile esse, a filio patrem occisum; ab imperatore proditam hostibus patriam;* facile respondetur, vel, *quod omnia scelera in malos cadant,* ideoque sæpe deprehensa sint; vel, *quod indignum sit, crimina ipsa atrocitate defendi.* Interim *proprie;* quod est varium; nam dignitas et tuetur reum, et nonnunquam ipsa in argumentum facti convertitur, tamquam inde fuerit spes impunitatis : perinde paupertas, humilitas, opes, ut cuique ingenio vis est, in diversum trahuntur. Probi vero mores, et anteactæ vitæ integritas, nunquam non plurimum profuerint; si nihil objicietur, patronus quidem in hoc vehementer incumbet : accusator autem ad præsentem quæstionem, de qua sola judicium sit, cognitionem alligabit, dicens, *neminem non aliquando cœpisse peccare,* nec per ἐγκαίνια ducendum scelus primum. Hæc in respondendo; sic autem præparabit actione prima judicum animos, ut noluisse potius objicere, quam non potuisse, credatur; eoque satius est, omni se anteactæ vitæ abstinere convicio, quam levibus, aut frivolis, aut manifestо falsis reum incessere, quia fides cæteris detrahitur : et, qui nihil objicit, omisisse credi potest maledicta, tamquam supervacua, qui vana congerit, confitetur vanum in anteactis argumentum, in quibus vinci, quam tacere, maluerit. Cætera, quæ *a personis* duci solent, in argumentorum locis exposuimus; proxima est *ex causis probatio :* in quibus hæc maxime spectantur, ira, odium,

ticulièrement la *colère*, la *haine*, la *crainte*, la *cupidité*, l'*espérance;* car toutes les passions rentrent dans celles-là. Si l'un de ces motifs peut être objecté à l'accusé, c'est à l'accusateur à établir qu'il n'est rien à quoi ces motifs ne puissent entraîner l'homme, et à exagérer en particulier ceux dont il tirera ses arguments. S'il ne peut en alléguer aucun, il dira ou qu'il peut y en avoir de cachés, ou que, le fait étant certain, il est inutile d'en chercher les motifs, ou enfin que le crime est d'autant plus odieux qu'il a été commis sans raison. Le défendeur, au contraire, insistera tant qu'il pourra sur ce point, qu'un crime sans motif n'est pas croyable. C'est ce que Cicéron a traité avec beaucoup d'énergie dans plusieurs de ses plaidoyers, mais surtout dans la défense de Varénus, qui avait tout contre lui, et qui, en effet, fut condamné. Si l'accusateur objecte une raison, le défendeur soutiendra qu'elle est ou fausse, ou sans importance, ou qu'elle repose sur des faits que l'accusé ignorait; car il s'en rencontre quelquefois de cette dernière espèce. Par exemple, *celui qui a été tué laissait par testament un legs à l'accusé*, ou *il se proposait de le poursuivre en justice.* Au défaut de ces ressources, on dira qu'il ne faut pas toujours avoir égard aux motifs. Est-il quelqu'un qui soit inaccessible à la *crainte*, à la *haine*, à l'*espérance*? Malgré ces imperfections de la nature humaine, on ne laisse pas d'être homme de bien. Surtout il n'omettra pas de dire que les mêmes motifs n'ont pas la même influence sur tous les hommes; car si la pauvreté a pu conseiller le vol à tel ou tel, il ne s'ensuit pas qu'elle fasse rien faire d'indigne à un Curius ou à un Fabricius. Faut-il commencer par parler des motifs ou de la personne? C'est encore une question. Les orateurs n'ont pas toujours suivi la même méthode à cet égard, et Cicéron même a souvent donné la préférence aux motifs. Pour moi, à moins que la nature du procès ne détermine plutôt à l'une qu'à l'autre, je crois qu'il est plus naturel de commencer par la personne. En effet, que je dise : *Le crime ne sera jamais croyable en qui que ce soit, ou il le faut croire dans la personne que j'accuse*, cette proposition est plus générale et établit une division plus juste. Cependant cela même peut varier par une raison d'utilité, comme la plupart des autres choses. Non-seulement il faut rechercher les motifs qui ont déterminé la volonté, mais aussi ceux qui l'ont égarée, comme l'ivresse, l'ignorance; car si les motifs de cette dernière espèce diminuent la culpabilité quand il s'agit de la qualité de l'action, d'un autre côté ils contribuent puissamment à l'établir, quand il n'est question que de conjecture.

Enfin, il n'y a peut-être pas une seule cause (j'entends une cause fondée sur un fait sérieux et positif) où les deux parties ne s'étendent sur la personne, tandis que souvent il est inutile de parler des motifs, comme dans les causes d'adultère et de vol, parce que ces crimes portent leurs motifs avec eux. Vient ensuite l'examen des desseins; et à cet égard le champ est vaste. Par exemple, on dira : *Est-il probable que l'accusé se soit flatté de pouvoir exécuter ce meurtre? A-t-il pu croire qu'il demeurerait ignoré, ou que si l'on venait à le découvrir, il resterait impuni? Espérait-il qu'il en serait quitte pour une peine légère, tardive, ou du moins sans proportion avec l'avantage qu'il devait retirer de son crime? Le plaisir de se venger compensait-il le châtiment du meurtre?* On examinera ensuite *s'il n'eût pas pu le commettre dans un autre temps, d'une autre manière, avec plus de fa-*

---

metus, cupiditas, spes : nam reliqua in horum species cadunt. Quorum si quid in reum conveniet, accusatoris est efficere, ad quidquid faciendum causæ valere videantur, easque, quas in argumentum sumet, augere. Si minus, illuc conferenda est oratio, aut aliquas fortasse latentes fuisse, aut nihil ad rem pertinere, cur fecerit, si fecit : aut etiam dignius esse odio scelus, quod non habuerit causam; patronus vero, quoties poterit, instabit huic loco, ut nihil credibile sit factum esse sine causa; quod Cicero vehementissime multis orationibus tractat : præcipue tamen *pro Vareno*, qui in omnibus aliis premebatur : nam et damnatus est. At, si proponitur, *cur factum sit*, aut falsam causam, aut levem, aut ignotam reo dicet : possunt esse aliquæ interim ignotæ : *An heredem habuerit, an accusaturus fuerit, eum a quo dicitur occisus?* si alia defecerint, non utique spectandas esse causas; nam quem posse reperiri, qui non *metuat, oderit, speret?* plurimos tamen hæc salva innocentia facere. Neque illud est omittendum, *non omnes causas in omnibus personis valere;* nam, ut alicui sit furandi causa paupertas, non erit idem in Curio Fabricioque momentum. *De causa prius, an de* persona dicendum sit, quæritur; varieque est ab oratoribus factum : a Cicerone etiam prælatæ frequenter causæ; sed mihi, si neutro litis conditio præponderet, secundum naturam videtur incipere *a persona;* nam hoc magis generale est, rectiorque divisio, *An in nullo crimine credibile, an in hoc.* Potest tamen id ipsum, sicut pleraque, vertere utilitas; nec tantum causæ voluntatis sunt quærendæ : sed interim et erroris, ut *ebrietas, ignorantia;* nam, hæc ut in qualitate crimen elevant, ita in conjectura premunt. Et persona quidem nescio an nunquam, utique in vero actu rei, possit incidere, de qua neutra pars dicat: de causis frequenter quæri nihil attinet, ut in *adulteriis*, ut in *furtis;* quia illas per se ipsa crimina secum habent. Post hæc intuenda videntur et consilia; quæ late patent, *An credibile sit, reum sperare, id a se scelus effici posse? an ignorari, quum fecisset? an, etiam si ignoratum non esset, absolvi, vel pœna levi transigi, vel tardiore, vel ex qua minus incommodi consecuturus, quam ex facto gaudii videretur? an etiam tanti putaverit, pœnam subire?* Post hæc, *An alio tempore, et aliter facere, vel facilius, vel securius potuerit?* ut dicit Cicero pro

cilité, *avec plus de sûreté*. C'est ce que fait Cicéron dans la défense de Milon, quand il énumère toutes les occasions où celui-ci aurait pu tuer Clodius impunément. En outre, *pourquoi l'agresseur a choisi de préférence tel lieu, tel temps, telle manière?* Ce qui est encore traité avec beaucoup de soin dans la même défense. Enfin, *si l'accusé n'avait aucun motif, a-t-il cédé à un transport aveugle?* Car on dit communément que le crime et la folie vont de compagnie; ou bien, *est-ce l'habitude du crime qui l'a entraîné?* Après avoir discuté ce premier point, *s'il l'a voulu*, on passera au second, *s'il l'a pu*. Ici, on considère le *lieu* et le *temps*. S'il s'agit d'un vol, l'endroit était-il clos ou fréquenté? Était-ce de jour? ce qui l'exposait à être vu; ou de nuit? ce qui rendait le vol plus difficile. On ne manquera pas de passer en revue les obstacles, les occasions; et, comme il est facile de se les représenter, je me dispenserai d'en donner des exemples. Ce second point est de telle nature, que s'il manque, c'est-à-dire *si l'accusé ne l'a pas pu*, il n'y a plus de procès; mais *s'il l'a pu*, suit naturellement cette question: *l'a-t-il fait?* Or, tout cela rentre dans la conjecture de l'intention; car elle nous fait juger *s'il a espéré de venir à bout de son entreprise*. Il faut donc envisager les moyens, ce que fait Cicéron quand il décrit l'équipage de Clodius et de Milon. La question *s'il l'a fait* commence au second temps, c'est-à-dire au temps *présent*, auquel se rapportent le *bruit*, les *cris*, les *gémissements;* et au temps *joint*, auquel se rapportent *l'action de se cacher*, la *crainte*, et autres circonstances de cette nature. A cela on ajoute les signes dont j'ai déjà parlé, et même les *propos* et les *actes* qui ont précédé et suivi; et ces propos et ces actes sont de nous

ou d'autrui. Les propos nous nuisent plus ou moins, selon qu'ils sont de nous, ou d'autrui : s'ils sont de nous, ils nuisent plus et servent moins; s'ils sont d'autrui, ils servent plus et nuisent moins. Quant aux actes, tantôt ce sont les nôtres qui sont plus favorables à notre cause, tantôt ce sont ceux d'autrui; si, par exemple, notre adversaire a fait quelque chose qui soit à notre avantage : mais ces actes nuisent toujours plus, venant de nous, que venant d'autrui. Il y a aussi cette différence à remarquer dans les propos, qu'ils sont clairs ou équivoques. Or, soit les nôtres, soit ceux d'autrui, s'ils sont équivoques, ils sont nécessairement moins nuisibles ou moins utiles. Cependant ils nous nuisent souvent, comme dans cette controverse : *On demandait à un fils où était son père : En quelque lieu qu'il soit*, répondit-il, *il boit* (*vivit, bibit*). Or, on le trouva mort dans un puits. Quand ils sont d'autrui et équivoques, ils ne peuvent jamais nuire, à moins que l'auteur n'en soit incertain ou mort : *On entendit la nuit une voix s'écrier : Prenez garde à la tyrannie! On demandait à un mourant qui l'avait empoisonné : Il ne vous est pas utile de le savoir*, répondit-il. En effet, qu'on puisse interroger ceux qui ont parlé ainsi, et toute ambiguïté cessera. Enfin nos paroles et nos actions ne peuvent se défendre que par l'intention, tandis que celles d'autrui se réfutent de bien des manières.

Ce que j'ai dit de la conjecture, semble ne regarder que le genre de causes où il s'agit de meurtre; et cependant on peut en faire plus ou moins l'application à tous les autres. Ainsi, dans les causes de vol, de dépôt, de prêt, les arguments se tirent des possibilités : *le dépositaire avait-il ce qu'il prétend avoir déposé?* des personnes : *est-il croyable que tel ait fait un dépôt*

Milone, enumerans plurimas occasiones, quibus ab eo Clodius impune occidi potuerit : præterea, cur potissimum *illo loco, illo tempore, illo modo sit aggressus* (qui et ipse diligentissime tractatur pro eodem locus): *an etiamsi nulla ratione ductus est, impetu raptus sit, et absque sententia* (nam vulgo dicitur, *Scelera non habere consilium*)? *an etiam consuetudine peccandi sit allectus? excussa prima parte, an voluerit?* sequitur, *an potuerit?* hic tractatur *locus, tempus*, ut furtum in loco cluso, frequenti; tempore vel diurno, quum testes plures; vel nocturno, quum major difficultas. Inspiciuntur utique difficultates, occasiones, quæ sunt plurimæ, ideoque exemplis non egent : hic sequens locus talis est, ut, *si fieri non potuit*, sublata lis sit; *si potuit*, sequatur quæstio, *an fecerit?* sed hæc etiam ad animi conjecturam pertinent : nam et ex his colligitur, *an speraverit?* ideo spectari debent et instrumenta, ut Clodii ac Milonis comitatus. Quæstio, *an fecerit*, incipit a secundo tempore, id est, præsenti, ac deinde conjuncto; quorum sunt *sonus, clamor, gemitus;* insequentis *latitatio, metus*, similia : his accedunt signa, de quibus tractatum est : *verba etiam et facta*, quæque antecesserunt, quæque insecuta sunt; hæc

aut nostra sunt, aut aliena. Sed verba nobis *magis nocent*, aut *minus :* magis nocent, et minus prosunt nostra, quam aliena; magis prosunt, et minus nocent aliena, quam nostra : facta autem interim magis prosunt nostra, interim aliena; ut, si quid, quod pro nobis sit, adversarius fecit : semper vero magis nocent nostra, quam aliena. Est et illa in verbis differentia, quod aut aperta sunt, aut dubia : seu nostra, seu aliena sunt, infirmiora in utrumque sint necesse est dubia : tamen nostra sæpe nobis nocent, ut in illa controversia : *Interrogatus filius, ubi esset pater, dixit, Ubicumque est, vivit; at ille in puteo mortuus est inventus*. Aliena, quæ sunt dubia, nunquam possunt nocere, nisi aut incerto auctore, aut mortuo : *nocte audita vox est, Cavete tyrannidem :* et, *Interrogatus, cujus veneno moreretur*, respondit, *Non expedit tibi scire :* nam, si est, qui possit interrogari, solvet ambiguitatem. Quum autem dicta factaque nostra defendi solo animo possint aliena varie refutantur : de uno quidem maxime genere conjecturalium controversiarum locuti videmur, et in omnes aliquid ex his cadit : nam *furti, depositi, creditæ pecuniæ*, et *a facultatibus* argumenta veniunt, *an fuerit, quod deponeretur?* et *a personis, an illum depo-*

17

à tel, ou qu'il lui ait prêté de l'argent? Le demandeur est-il un imposteur, ou l'accusé est-il un perfide, un voleur? Il y a plus : dans les accusations de vol, comme dans celles de meurtre, on recherche et le fait et l'auteur du fait. Dans celles de prêt et de dépôt, il y a aussi deux questions, mais qui se traitent toujours séparément : *l'argent a-t-il été donné? a-t-il été rendu?* Les causes d'*adultère* ont cela de particulier, que d'ordinaire elles compromettent la vie de deux personnes, et qu'il faut ou perdre ou sauver l'une et l'autre. Encore est-ce une question *s'il convient de les défendre toutes deux à la fois.* A cet égard, nous prendrons conseil de la cause; car si la défense de l'une peut être utile à celle de l'autre, nous les joindrons; si, au contraire, elles se nuisent, il faut les séparer. Ce n'est point inconsidérément que j'ai dit que l'adultère compromettait *le plus souvent* deux personnes, et non pas *toujours;* car une femme peut être accusée d'adultère, sans que son complice soit connu. *On a trouvé chez elle des présents, de l'argent; mais d'où venaient ces présents, cet argent? des lettres d'amour; mais à qui étaient-elles adressées?* Il en est de même dans les accusations de *faux :* on peut accuser plusieurs personnes ou une seule. Celui qui a écrit le corps de l'acte doit toujours garantir la signature; celui qui l'a signé ne peut pas toujours garantir l'écriture, car on peut l'avoir trompé; mais quiconque produit une pièce qu'il a fait écrire et signer pour lui, doit défendre et celui qui l'a écrite et celui qui l'a signée. On tire les arguments des mêmes lieux dans les causes où un homme est accusé *d'avoir trahi,* ou *d'avoir affecté la tyrannie.* Mais ce qui est en usage dans les écoles peut nuire beaucoup à ceux qui se destinent au barreau. Les écoliers s'imaginent que tout ce qui n'est pas exprimé dans la matière donnée par le maître est favorable à la cause qu'ils ont à défendre. Par exemple, vous accusez quelqu'un d'adultère : *où sont vos témoins? quel est le dénonciateur? quel prix en ai-je reçu? qui est le complice?* Vous m'accusez d'empoisonnement : *où ai-je acheté le poison? de qui? quand? combien? par qui l'ai-je fait donner?* Vous m'accusez d'avoir affecté la tyrannie : *où sont mes armes? où sont mes gardes?* J'avoue qu'on peut quelquefois employer ces moyens de défense en faveur de ceux pour qui on parle. Je m'en servirai même au barreau toutes les fois que je verrai mon adversaire dans l'impuissance de bien répondre à toutes ces interrogations. C'est la méthode que j'ai suivie autrefois dans mes plaidoyers, parce qu'au barreau on ne plaide guère de cause où l'on n'ait occasion de poser plusieurs de ces circonstances. C'est ainsi que quelques avocats dans leurs péroraisons donnent des enfants, des pères, des mères, des nourrices, à qui bon leur semble. Néanmoins je permettrais plutôt à un avocat d'exiger de ses adversaires le détail de plusieurs circonstances, que de les proposer et de les discuter lui-même. Quant à l'intention, la manière de la conjecturer ressort assez de la division que j'ai adoptée, *s'il l'a voulu, s'il l'a pu, s'il l'a fait;* car lorsqu'on examine cette question : *l'a-t-il voulu?* c'est comme si l'on examinait celle-ci : *dans quel esprit a-t-il agi?* c'est-à-dire, *a-t-il voulu mal faire?* L'ordre et la suite des choses contribuent encore à accréditer ou décréditer la conjecture, suivant que ces choses se concilient ou se repoussent. Cependant il faut toujours examiner le rapport et la liaison que toutes les parties ont les unes avec les autres.

Ch. III. Après la conjecture vient la *définition :*

---

suisse apud hunc, vel huic credidisse credibile sit? an petitorem calumniari, an reum infitiatorem esse, vel furem? Sed etiam in furti reo, sicut in cædis, quæritur de facto et de auctore : crediti et depositi duæ quæstiones, sed nunquam junctæ, *an datum sit? an redditum?* habent aliquid proprii *adulterii* causæ, quod plerumque duorum discrimen est, et de utriusque vita dicendum : quamquam et id quæritur, *an utrumque pariter defendi oporteat?* cujus rei consilium nascetur ex causa : nam, si adjuvabit pars altera, conjungam ; si nocebit, separabo. Ne quis autem mihi putet temere excidisse, quod plerumque duorum crimen esse adulterium, non semper, dixerim : potest accusari sola mulier incerti adulterii : *Munera domi inventa sunt; pecunia, cujus auctor non exstat; codicilli, dubium ad quem scripti.* In falso quoque ratio similis; aut enim plures in culpam vocantur, aut unus : et scriptor quidem semper tueri signatorem necesse habet, signator scriptorem non semper; nam et decipi potuit : is autem, qui hos adhibuisse, et cui id factum dicitur, et scriptorem et signatores defendet : iidem argumentorum loci in causis *proditionis,* et *affectatæ tyrannidis.* Verum illa scholarum consuetudo ituris in forum potest nocere, quod omnia, quæ in themate non sunt, pro nobis ducimus : adulterium *objicis; quis testis? quis index? quod pretium? quis conscius?* venenum; *ubi emi? a quo? quando? quanti? per quem dedi?* pro reo tyrannidis affectatæ; *ubi sunt arma? quos contraxi satellites?* Neque hæc nego esse dicenda, et ipsis utendum pro parte suscepta : nam et in foro, si quando adversarius probare non poterit, desiderabo; sed in foro tantam illam facilitatem olim desideravimus, ubi non fere causa agitur, ut non aliquid ex his, aut plura ponantur. Huic simile est, quod in epilogis quidam, quibus volunt, liberos, parentes, nutrices accommodant; nisi quod magis concesseris ea, quæ non sint posita, desiderare, quam dicere. De animo quomodo quæratur, satis dictum est, quum ita diviserimus, *an voluerit? an potuerit? an fecerit?* nam, qua via tractatur, *an voluerit,* eadem, *quo animo fecerit?* id enim est, *an male facere voluerit.* Ordo quoque rerum aut affert, aut detrahit *fidem;* nullo scilicet magis, res prout congruunt, aut repugnant : sed hæ nisi in ipso complexu causarum non deprehenduntur : quærendum tamen semper, quid cuique connectatur, et quid consentiat.

car si l'on ne peut répondre, *je n'ai rien fait*, l'excuse la plus prochaine est de dire, *je n'ai pas fait ce dont on m'accuse*. Voilà pourquoi on procède le plus souvent de la même manière que dans la conjecture ; seulement le genre de défense est différent, comme dans les causes de *vol*, de *dépôt*, d'*adultère*. Car de même que, dans le premier état, nous dirions : *je n'ai point commis ce vol, je n'ai point reçu ce dépôt, je n'ai point commis d'adultère*, ainsi nous disons dans l'état de définition : *ce n'est pas là un vol, ce n'est pas là un dépôt, ce n'est pas là un adultère*. Quelquefois de la qualité on descend à la définition, comme dans les actions de *démence*, de *mauvais traitements*, d'*offense envers l'État* ; et dans ces causes, si l'on ne peut soutenir que ce qui s'est fait est bien fait, il reste à dire que cela ne constitue ni *démence*, ni *mauvais traitements*, ni *offense envers l'État*. La définition est donc *l'énonciation propre, claire et précise de la chose en question*. Elle se compose particulièrement, comme je l'ai dit, du genre, de l'espèce, des différences et des propriétés. Ainsi, pour me servir d'un exemple familier, si on a à définir le cheval, *animal* sera le genre, *mortel* sera l'espèce, *irraisonnable* sera la différence ; car l'homme étant aussi un animal mortel, *hennissant* sera la propriété. La définition a lieu dans la plupart des causes ; car il y a des occasions où l'on convient du nom sans convenir de la chose à laquelle on doit l'appliquer ; et il en est d'autres où l'on convient de la chose sans convenir du nom. Quand le doute tombe sur la chose, tantôt c'est la conjecture qui en décide : par exemple, *qu'est-ce que Dieu ?* En effet, ceux qui nient *que Dieu soit un esprit répandu dans toutes les parties de l'univers*, ne disent pas pour cela qu'il soit faux d'appeler sa nature une nature divine. Témoin Épicure, qui attribue à Dieu une forme humaine, et le place dans ces espaces qui sont entre les mondes. Dans ces deux opinions, on emploie le même nom ; mais laquelle des deux natures convient à la chose définie, c'est ce qui est l'objet de la conjecture. Tantôt c'est la qualité qu'on examine. Par exemple, *qu'est-ce que la rhétorique ? Est-ce une force de persuader, ou la science de bien dire ?* genre de question qui est très-ordinaire dans les causes judiciaires. Car on demandera, par exemple, *si un homme surpris dans un lieu de débauche avec la femme d'un autre est adultère*. Alors, en effet, il ne s'agit pas du nom, mais de la qualité du fait, et de savoir si cet homme est coupable ; car il ne saurait être coupable que d'adultère. Un genre de définition tout différent, c'est quand la contestation roule sur un nom dont l'application dépend d'une loi. Celui-ci n'a lieu en matière judiciaire qu'à cause des termes qui donnent naissance au procès : par exemple, *si un homme qui se tue est homicide ? Si celui qui a porté un tyran à se tuer est tyrannicide ? Si les enchantements des magiciens sont un empoisonnement ?* Car ici ce n'est point la chose qui est contestée, et l'on sait bien qu'il y a de la différence entre tuer un homme et se tuer soi-même ; entre porter un tyran à se donner la mort, et le tuer réellement ; entre un enchantement et un breuvage empoisonné ; mais il s'agit de savoir si ces actions doivent être appelées du même nom. Cicéron dit, après plusieurs auteurs, que l'état de définition roule toujours sur l'identité et la *différence*, parce que celui qui nie que tel nom convienne à telle chose est obligé de dire quel autre nom y convient mieux. Quoique je

CAP. III. Sequitur conjecturam *finitio* : nam, qui non potest dicere nihil fecisse, proximum habebit, ut dicat, non id fecisse, quod objiciatur : itaque pluribus legibus iisdem, quibus conjectura, versatur, defensionis tantum genere mutato ; ut in *furtis, depositis, adulteriis* : nam, quemadmodum dicimus, *Non feci furtum, non accepi depositum, non commisi adulterium* : ita, *Non est hoc furtum, non est hoc depositum, non est hoc adulterium.* Interim a qualitate ad finitionem descenditur, ut in actionibus *dementiæ, malæ tractationis, reipublicæ læsæ* ; in quibus si recte facta esse, quæ objiciuntur, dici non potest, illud succurrit, *non est hoc dementem esse, male tractare, rempublicam lædere* : finitio igitur est *rei propositæ propria, et dilucida, et breviter comprehensa verbis enunciatio*. Constat maxime, sicut dictum, genere, specie, differentibus, propriis : ut, si finias equum (noto enim maxime utar exemplo), genus est *animal* ; species, *mortale* ; differentia, *irrationale* (nam et homo mortale erat) ; proprium, *hinniens*. Hæc adhibetur orationi pluribus causis : nam tum est certum de nomine, sed quæritur, quæ res ei subjicienda sit ; tum res est manifesta : et quod nomine constat, de re dubium est, interim conjectura est ; ut, si quæratur, *quid sit Deus ?* Nam, qui id neget, *Deum esse spiritum omnibus partibus immixtum*, non hoc dicat, falsam esse divinæ illius naturæ appellationem ? sicut Epicurus, qui humanam ei formam, locumque inter mundos dedit : nomine uterque uno utitur ; utrum sit in re, conjectat. Interim qualitas tractatur, ut *quid sit rhetorice, vis persuadendi, an bene dicendi scientia ?* quod genus est in judiciis frequentissimum : sic enim quæritur, *an deprehensus in lupanari cum aliena uxore adulter sit ?* quia non de appellatione, sed de vi facti ejus ambigitur, an omnino peccaverit ; nam, si peccaverit, non potest esse aliud, quam adulter. Diversum est genus, quum controversia consistit in nomine, quod pendet ex scripto, nec versatur in judiciis, nisi propter verba, quæ litem faciunt : *an, qui se interficit, homicida sit ? an, qui tyrannum in mortem compulit, tyrannicida ? an carmina magorum, veneficium ?* Res enim manifesta est, sciturque, non idem esse occidere se, quod alium ; non idem occidere tyrannum, quod compellere ad mortem ; non idem carmina, ac mortiferam potionem ; quæritur tamen, an eodem nomine appellanda sint. Quamquam autem dissentire vix audeo a Cicerone, qui, multos secutus auctores, dicit, *finitionem* esse de eodem, et de altero (semper enim neganti aliquid esse nomen, dicen-

17.

n'aime pas à m'écarter de son sentiment, il me semble néanmoins qu'on peut distinguer trois sortes de définitions. Car tantôt on pose la question ainsi : *L'adultère peut-il avoir lieu dans une maison de débauche?* Si nous soutenons la négative, on peut se dispenser de chercher une autre qualification, parce que nier ce point, c'est nier absolument le crime. Tantôt on pose la question ainsi : *est-ce là un larcin, ou un sacrilége?* Alors il ne suffit pas de dire que ce n'est point un sacrilége; il faut dire ce que c'est, et par conséquent définir ce que c'est que larcin ou que sacrilége. Enfin la question roule quelquefois sur des choses d'espèce différente, et l'on ne laisse pas d'agiter s'il faut les appeler de la même manière, bien qu'elles aient chacune un nom particulier, comme, par exemple, un *philtre*, un *poison*. Dans toutes ces sortes de procès, la question est , *si telle chose doit s'appeler aussi du même nom*, parce que le nom contesté dans l'affaire dont il s'agit est reçu et constant dans une autre. Par exemple, *c'est un sacrilége de voler une chose sacrée dans un temple. Mais est-ce un sacrilége de voler une chose privée? C'est un adultère d'avoir chez soi commerce avec la femme d'autrui. Mais est-ce un adultère dans une maison de prostitution? Tuer un tyran constitue le tyrannicide. Le porter à se tuer, est-ce le même crime?* C'est pourquoi le syllogisme, autre état dont je parlerai dans la suite, équivaut presque à la définition. Ici, la question est, si telle chose doit être appelée du même nom que telle autre; et dans le syllogisme, s'il ne faut pas raisonner de telle chose comme de telle autre.

Les définitions sont si diverses, selon quelques-uns, que cette diversité donne lieu de douter si une chose peut se définir dans des termes différents. Ainsi, les uns disent que *la rhétorique est la science de bien dire;* les autres, *la science de bien inventer et de bien exprimer ce qui tombe dans le discours;* les autres, *la science de dire ce que l'on doit dire.* Il faut donc examiner, encore qu'elles s'accordent pour le sens, comment il se fait qu'elles diffèrent par la compréhension; mais c'est une matière de controverse philosophique, et non de procès.

Quelquefois on a besoin de la définition pour des mots obscurs et que peu de gens entendent. Par exemple, que signifie *clarigatio*, *proletarius?* Quelquefois ce sont des mots connus qu'il faut définir, comme *penus*, *littus*. Cette variété fait que certains auteurs ont rapporté la définition à l'état conjectural, comme une espèce à son genre; d'autres, à l'état de qualité. Il s'en est même trouvé qui ont mieux aimé la rapporter aux questions légales. Mais ce genre de définitions a paru si subtil à quelques-uns, qu'ils l'ont renvoyé aux disputes des dialecticiens, et l'ont jugé inutile à l'orateur. En effet, bien que ces définitions aient tant de force dans les disputes philosophiques qu'elles tiennent comme enchaîné dans leurs liens celui qui doit répondre, et le réduisent à se taire, ou même à accorder tout le contraire de sa pensée, il s'en faut bien qu'elles soient de la même utilité au barreau. Car, ici, il s'agit de persuader un juge ; et quoique vous l'embarrassiez par la subtilité des termes, il vous contredit intérieurement, si vous ne lui rendez la chose sensible. Après tout, où est la nécessité pour l'orateur d'une si grande précision? Est-ce que si je ne dis : *l'homme est un animal mortel raisonnable*, je ne pourrai pas le distinguer des dieux et des bêtes, en exposant d'une manière plus étendue, plus oratoire, tant de propriétés

---

dum, quod sit potius); tamen eamdem tres habeo velut species. Nam interim convenit sic quærere, *an habendum sit adulterium in lupanari?* quum hoc negamus, non necesse est dicere, quid id vocetur, quia totum crimen infitiamur : interim quæritur, *hoc furtum, an sacrilegium?* non, quin sufficiat, non esse sacrilegium, sed, quia necesse sit dicere, quid sit aliud : quo in loco utrumque finiendum est. Interim quæritur in rebus specie diversis, an et hoc eodem modo sit appellandum, quum res utraque habeat suum nomen? ut *amatorium, venenum :* in omnibus autem hujus generis litibus quæritur, *an etiam hoc?* quia nomen, de quo ambigitur, utique in alia re certum est. *Sacrilegium est, rem sacram de templo surripere; num et privatam? Adulterium, cum aliena uxore domi coire; an et in lupanari? Tyrannicidium, occidere tyrannum; an etiam in mortem compellere?* Ideoque συλλογισμός, de quo postea dicam, velut infirmior est finitio, quia in hac quæritur, an idem sit hujus rei nomen, quod alterius? illo, an perinde habenda sit hæc, atque illa. Est et talis finitionum diversitas, ut quidam sentiunt, num idem diversis verbis comprehendatur : ut *rhetorice, bene dicendi scientia*, et eadem, *bene inve-*

niendi, et bene enunciandi et dicendi secundum virtutem orationis, et dicendi, quod sit officii : atque providendum, ut, si sensu non pugnant, comprehensione dissentiant : sed de his disputatur, non litigatur. Opus est aliquando finitione obscurioribus et ignotioribus verbis, ut, quid sit *clarigatio, proletarius :* erit et interim notis nomine verbis, ut, *quid sit penus, quid littus :* quæ varietas efficit, ut eam quidam conjecturæ, quidam qualitati, quidam legitimis quæstionibus subjecerint. Quibusdam ne placuit quidem omnino subtilis hæc, et ad morem dialecticorum formata conclusio, ut in disputationibus potius per argumenta verborum cavillatrix, quam in oratoris officii multum allatura momenti : licet enim valeat in sermone tantum, ut constrictum vinculis suis eum, qui responsurus est, vel tacere, vel etiam invitum id, quod sit contra, cogat fateri : non eadem est tamen ejus in causis utilitas. Persuadendum enim judici est, qui, etiamsi verbis devinctus est, tamen, nisi ipsi rei accesserit, tacitus dissentiet : agenti vero quæ tanta est hujus præcisæ comprehensionis necessitas? an si non dixero, *Homo est animal mortale rationale*, non potero, expositis tot corporis animique proprietatibus, latius oratione ducta,

du corps et de l'âme, qui le distinguent effectivement? Mais quand il faudrait s'en tenir à la justesse de la définition, ignore-t-on qu'une chose ne se définit pas toujours dans les mêmes termes, et qu'on peut mêler à cette justesse un peu de liberté et de variété, comme fait Cicéron dans ce passage : *Que faut-il entendre par publiquement? Tous ;* et comme tous les orateurs ont toujours fait. Rarement, certes, trouvera-t-on chez eux cette servitude des philosophes : car c'est une servitude que de s'assujettir ainsi à certains termes, et Marc-Antoine nous le défend expressément dans le traité de Cicéron intitulé *de l'Orateur.* Il y a même du danger à le faire, puisqu'il ne faut qu'un mot avancé mal à propos pour mettre toute la cause en péril. Il est donc plus sûr de tenir le milieu que Cicéron nous conseille, et qu'il a tenu lui-même dans l'oraison pour Cécina, c'est-à-dire d'expliquer la chose sans la faire dépendre de la précision hasardeuse des termes : *Non, juges, ne croyez pas qu'il n'y ait de violence que celle qu'on exerce sur nos corps, et qui va jusqu'à nous ôter la vie. Celle-là est encore plus grande, qui, par l'image d'une mort prochaine dont elle nous menace, porte le trouble et l'épouvante dans notre âme, et la jette, pour ainsi dire, hors d'elle-même.* On évite encore le même danger en mettant la preuve avant la définition, comme lorsque Cicéron, dans ses *Philippiques,* veut prouver qu'Antoine a tué Servius Sulpicius, et qu'il termine ainsi son raisonnement: *Car certainement c'est tuer un homme que d'être cause de sa mort.* J'avoue pourtant que ce précepte n'est bon à suivre qu'autant qu'il est utile à notre cause ; et il est certain qu'une définition bien juste, et renfermée dans peu de mots, a non-seulement beaucoup de grâce, mais même beaucoup de force, pourvu qu'elle soit inattaquable.

L'ordre invariable de la définition est celui-ci : *Qu'est-ce,* par exemple, *qu'un sacrilége? Le fait incriminé est-il un sacrilége?* Et d'ordinaire le plus difficile n'est pas d'appliquer la définition à la chose, mais de la confirmer. Quant au premier point, *Qu'est-ce qu'un sacrilége?* il y a un double soin à prendre : c'est de confirmer sa définition, et de détruire celle de la partie adverse. Voilà pourquoi dans les écoles, où la confirmation et la réfutation sont simultanées, il faut poser deux définitions contraires et aussi bonnes que possible ; mais, au barreau, il faut prendre garde que la définition ne soit obscure ou sans rapport avec la cause, qu'elle ne soit ambiguë, ou contradictoire, ou commune ; défauts où un avocat ne tombe jamais que par sa faute. Or, le moyen de bien définir, c'est de convenir auparavant avec soi-même de ce qu'on a dessein d'établir ; car alors les mots pourront concorder avec notre pensée. Pour rendre cela plus clair, je me servirai d'un exemple que j'ai déjà rapporté : *Un homme est accusé de sacrilége pour avoir volé dans un temple l'argent d'un particulier.* Le fait est avéré. Il s'agit seulement de savoir si ce fait est un sacrilége : voilà la question. L'accusateur le qualifie ainsi, parce que le vol a été commis *dans un temple.* L'accusé combat la qualification de sacrilége, parce qu'il n'a dérobé que *l'argent d'un particulier,* comme, du reste, il en fait l'aveu. Le premier définira donc le sacrilége *l'action de dérober quelque chose dans un lieu sacré ;* le second le définira, *l'action de voler quelque chose de sacré ;* et chacun combattra les

définitions de son adversaire. Il y a deux manières de détruire une définition, soit parce qu'elle est fausse, soit parce qu'elle est incomplète. Elle peut aussi pécher d'une troisième manière, si, par exemple, elle n'a aucun rapport avec la question; mais il faudrait supposer que l'auteur de la définition est un homme inepte. Elle est fausse, si on dit : *Le cheval est un animal raisonnable*, parce que le cheval est un animal, mais il n'est pas raisonnable. Elle est incomplète, si on dit : *Le cheval est un animal irraisonnable*, parce que ce qui est commun cesse d'être propre. Ici donc l'accusé dira que la définition de l'accusateur est fausse; mais l'accusateur n'en pourra dire autant de celle de l'accusé; car *c'est assurément un sacrilége que de dérober quelque chose de sacré*. Il dira donc qu'elle n'est pas complète, et qu'il faut ajouter, *ou dans un lieu sacré*. Mais, pour confirmer ou pour réfuter une définition, on a surtout recours aux *différences* et aux *propriétés*, quelquefois aussi à *l'étymologie*; et les raisons que l'on tire de ces lieux se soutiennent encore par des considérations fondées sur l'équité, ou sur l'intention, que l'orateur tâche de pénétrer à l'aide de la conjecture. *L'étymologie* est rarement d'usage. Je ne citerai que cet exemple, emprunté à Cicéron : Qu'est-ce que le *tumulte*? sinon *une perturbation telle, qu'elle fait naître une plus grande frayeur, timor, d'où est venu le nom tumultus.* A l'égard des *propriétés* et des *différences*, elles donnent lieu à des questions très-subtiles : ainsi on demande *si le débiteur que la loi oblige à servir son créancier jusqu'à ce qu'il soit quitte envers lui, est un esclave. Il n'y a d'esclave*, dira l'un, *que celui qui est de droit en servitude; celui-là est esclave*, dira l'autre, *qui est dans la servitude en vertu du droit qui le fait esclave*, ou, comme disaient les anciens, *en tant qu'il fait le service d'esclave*. Cette définition, quoiqu'elle diffère en quelque point, serait cependant vaine, si elle n'était appuyée sur les *propriétés* et les *différences*; car l'adversaire dira que le débiteur est esclave en tant qu'esclave, ou en vertu du droit qui le fait esclave. Il faut donc examiner les différences et les propriétés, dont j'ai touché quelque chose, en passant, dans le cinquième livre. Un *esclave*, à qui son maître rend la liberté, devient affranchi; un *débiteur*, qui recouvre la sienne, redevient homme libre; un esclave ne peut recouvrer la liberté sans le consentement de son maître, car il est en dehors de toute loi; un débiteur peut se racheter en vertu de la loi. Ce qui est propre à *un homme libre*, c'est ce qu'on ne peut avoir si l'on n'est libre, comme le prénom, le nom, le surnom, la tribu. Un débiteur, qui sert, ne laisse pas d'avoir tout cela. Ainsi, après avoir approfondi cette question : *Qu'est-ce qu'être esclave?* on a presque résolu celle-ci : *un débiteur, qui sert, est-il un esclave?* car nous avons soin de faire en sorte que la définition convienne à notre cause. Or, ce qui domine particulièrement dans une définition, c'est la qualité : par exemple, *L'amour est-il une démence?* C'est à la qualité que se rapportent les preuves que Cicéron dit être propres à la définition, et qui se tirent des *antécédents*, des *conséquents*, des *adjoints*, des *contraires*, des *causes*, des *effets*, des *semblables*, tous arguments dont j'ai expliqué la nature. Cicéron, dans son oraison pour Cécina, a traité sommairement une grande partie de ces preuves : *Pourquoi donc fuyaient-ils? Parce qu'ils craignaient. Que craignaient-ils? La violence apparemment. Pouvez-vous donc nier le principe, quand vous accordez la conséquence?* Il s'est aussi servi de

---

plena : nam illud tertium, nisi stultis, non accedit, ut nihil ad quæstionem pertineat. Falsa est, si dicas, *equus est animal rationale* : nam est equus animal, sed irrationale; quod autem commune cum alio est, desinet esse proprium : hic reus falsam dicit esse finitionem accusatoris : accusator autem non potest dicere falsam rei; nam est *sacrilegium, surripere aliquid sacri* : dicit parum plenam; adjiciendum enim, *aut ex sacro*. Maximus autem usus, in approbando refellendoque fine, *propriorum ac differentium*, nonnunquam etiam *etymologiæ* : quæ tamen omnia, sicut in cæteris, confirmat æquitas, nonnunquam etiam conjectura mentis. *Etymologia* maxime rara est : *quid enim est aliud* tumultus, *nisi perturbatio tanta, ut major timor oriatur? unde etiam nomen ductum est* tumultus. Circa propria ac *differentia* magna subtilitas : ut, quum quæritur, an addictus, *quem lex servire, donec solverit, jubet, servus sit?* altera pars finit ita, *Servus est, qui est jure in servitute* : altera, *qui in servitute est eo jure, quo servus*; aut, ut antiqui dixerunt, *qui servitutem servit* : quæ finitio, etiamsi distat aliquo, nisi tamen propriis et differentibus adjuvetur, inanis est. Dicet enim adversarius, servire eum servitutem, aut eo jure, quo servum : videamus ergo propria et differentia, quæ libro quinto leviter in transitu attigeram : *servus*, quum manumittitur, libertinus; *addictus*, recepta libertate, ingenuus; *servus* invito domino non consequetur; *ad servum* nulla lex pertinet; *addictus* legem habet : propria *liberi*, quæ nemo habet, nisi liber, prænomen, nomen, cognomen, tribum : habet hæc *addictus*. Excusso *quid sit?* prope peracta est quæstio, *an hoc sit?* Id enim agimus, ut sit causæ nostræ conveniens finitio : potentissima autem est in ea qualitas : *an amor insania?* Huc pertinebunt probationes, quas Cicero dicit proprias esse finitionis, *ex antecedentibus, consequentibus, adjunctis, repugnantibus, causis, effectis, similibus* : de quorum argumentorum natura dictum est. Breviter autem pro Cæcina Cicero *initia, causas, effecta, antecedentia, consequentia* complexus est : *quid igitur fugiebant? propter metum : quid metuebant? vim videlicet : potestis igitur principia negare, quum extrema concedatis?* sed similitudine quoque usus est, *quæ vis in bello appellatur, ea in otio non appellabitur?* Sed etiam

la similitude : *Quoi! ce qu'on appelle violence même en temps de guerre, ne s'appellera pas du même nom en temps de paix?* Enfin on tire des arguments des contraires, comme dans cette question : *Un philtre doit-il être regardé, ou non, comme poison?* parce qu'un poison n'est pas un philtre. Je reviens au genre dont j'ai déja parlé, je veux dire à certaines définitions qui ne sont pas complètes : et pour me rendre plus intelligible à mes jeunes élèves, car la jeunesse me paraîtra toujours mienne, je me servirai d'un exemple emprunté aux écoles : *Des jeunes gens qui faisaient habituellement société ensemble convinrent de souper à certain jour sur le rivage de la mer. Un d'eux ayant manqué au rendez-vous, les autres s'avisèrent de lui élever un tombeau avec une épitaphe. Le père, au retour d'un voyage d'outre-mer, aborde dans ce lieu même, lit le nom de son fils sur le tombeau, et se pend.* On accuse les jeunes gens de sa mort. L'accusateur dira : *L'auteur du fait par lequel un homme a péri est la cause de sa mort.* *Non*, diront les accusés, *mais celui qui sciemment a fait une chose qui devait être la cause inévitable de la mort d'un homme.* L'accusateur, abandonnant sa définition, se contentera de dire : *Vous avez causé la mort de cet homme, car c'est par suite de ce que vous avez fait qu'il a péri, puisque sans cela il vivrait encore.* Cela est vrai, dira l'accusé ; *mais de ce qu'on a fait une chose d'où résulte la mort d'un homme, il ne s'ensuit pas qu'on soit coupable de sa mort. Un accusateur, un témoin, un juge en matière criminelle,* en sont la preuve. *La faute ne vient donc pas toujours du principe. Vous conseillez à quelqu'un de faire un voyage maritime, vous invitez un ami qui est au delà des mers à venir vous voir, cette personne, cet ami périt dans un naufrage;* ou bien encore, *vous invitez un homme à dîner, il se donne une indigestion et meurt. Êtes-vous coupable de leur mort?* Certainement non. D'ailleurs, l'action de ces jeunes gens n'a pas seule causé la mort du père : la crédulité du vieillard, sa faiblesse contre la douleur, y sont aussi pour quelque chose. S'il eût été plus ferme ou plus sage, il vivrait encore. Enfin ces jeunes gens n'ont pas eu de mauvaise intention ; et ce tombeau fait à la hâte, et dans un lieu comme celui-là, aurait dû faire juger au père que ce n'était point un véritable tombeau. De quel droit punirait-on donc ces jeunes gens d'une action où tout est cause de la mort de cet homme, excepté leur intention? Quelquefois la définition est incontestable et incontestée, comme dans cet exemple : *La majesté*, dit Cicéron, *réside dans l'empire et dans toute la dignité du peuple romain.* Cependant il peut s'élever sur ce point une question, comme dans la cause de Cornélius : *A-t-il été porté atteinte à cette majesté?* Et cette question semble appartenir à l'état de définition. Néanmoins, comme la définition n'est pas contestée, le jugement roule sur la qualité, et doit être ramené à ce dernier état dont je vais parler maintenant, autant pour suivre l'ordre de mon traité, que par occasion.

CH. IV. La *qualité* peut être aussi considérée dans un sens transcendant ; et, comme telle, elle est complexe ; car tantôt on recherche quelle est la nature d'une chose et sa forme : *l'âme est-elle immortelle? Dieu a-t-il une figure humaine?* Tantôt on s'occupe de la grandeur et du nombre : *Quelle est la dimension du soleil? n'y a-t-il qu'un seul monde?* Toutes questions qui se résol-

---

ex contrario argumenta ducuntur, ut, si quæratur, an amatorium venenum sit, necne? quia venenum amatorium non sit : illud alterum genus quo sit manifestius adolescentibus meis, meos enim semper adolescentes putabo, hic quoque fictæ controversiæ utar exemplo. *Juvenes, qui convivere solebant, constituerunt, ut in littore cœnarent: unius, qui cœnæ defuerat, nomen tumulo, quem exstruxerant, inscripserunt: pater ejus, a transmarina peregrinatione quum ad littus idem appulisset, tecto nomine suspendit se.* Dicuntur hi causa mortis fuisse : hic finitio est accusatoris, *per quem factum est, ut quis perierit, causa mortis est :* rei est, *qui fecit quid sciens, per quod perire homini necesse esset :* remota finitione, accusatori sat est dicere, *causa mortis fuistis; per vos enim factum est, ut homo periret: quia, nisi vos illud fecissetis, viveret.* Contra, *non statim, per quem factum est, ut quis perirat, is damnari debet, ut accusator, testis, judex rei capitalis: nec, undecumque causa fluxit, ibi culpa est : ut, si cui quis profectionem suaserit, aut amicum arcessierit trans mare, et is naufragio perierit ; ad cœnam invitaverit, et is cruditate illic contracta decesserit.* Nec fuerit in causa mortis solum adolescentium factum, sed credulitas senis, in dolore ferundo infirmitas ; denique, si fortior fuisset, aut prudentior, viveret : nec mala mente fecerunt; et ille potuit vel ex loco tumuli, vel ex opere tumultuario suspicari, non esse monumentum : qui ergo puniri debent, in quibus omnia sunt homicidæ, præter malum? Est interim certa finitio, de qua inter utramque partem convenit : ut Cicero dicit, *Majestas est in imperio, atque in omni populi romani dignitate.* Quæritur tamen, an majestas minuta sit? ut in causa Cornelii quæsitum est : sed etiam similis videri potest finitivæ : tamen, quia de finitione non ambigitur, judicatio est qualitatis, atque ad eum potius statum reducenda, ad cujus forte quadam venimus mentionem, sed erat ordine proximus locus.

CAP. IV. Est autem qualitas alia de summo genere, atque ea quidem non simplex : nam, et qualis sit cujusque rei natura, et quæ forma, quæritur : *an immortalis animæ? an humana specie Deus?* et de magnitudine ac numero, *quantus sol? an unus mundus?* quæ omnia conjectura quidem colliguntur, quæstionem tamen habent in eo, *qualia sint?* Hæc et in suasoriis tractari solent, ut,

vent, à la vérité, par conjecture, mais qui néanmoins roulent sur la *qualité*. Le genre délibératif comporte aussi cette sorte de questions. César délibère *s'il portera la guerre en Bretagne :* c'est le cas d'examiner *quelle est la nature de l'Océan? si la Bretagne est une île :* ce qu'on ignorait alors; *quelle est son étendue, avec quelles forces il faut l'attaquer.* La qualité embrasse encore toutes les choses qu'il est à propos de faire ou de ne pas faire, de rechercher ou d'éviter. Il est vrai que ces choses se traitent particulièrement dans les délibérations, mais elles sont aussi très-souvent l'objet des contestations du barreau; avec cette seule différence que là il est question de l'avenir, et ici du passé. Tout ce qui appartient au genre démonstratif relève aussi de l'état de qualité. Les faits qui en font la matière n'étant pas contestés, on examine quels ils sont. Quant aux causes judiciaires, elles roulent toutes, ou sur une *récompense*, ou sur un *châtiment*, ou sur la *mesure* de l'une ou de l'autre : ce qui donne lieu à un premier genre de cause, ou *simple* ou *comparatif*. Dans le premier cas, il s'agit seulement de ce qui est juste; dans le second, de ce qui est plus juste ou de ce qui est le plus juste. Lorsque la cause a pour fin un châtiment, l'accusé doit *justifier* le fait incriminé, ou *l'atténuer*, ou *l'excuser*, ou, selon quelques-uns, *recourir aux supplications*. La meilleure manière de justifier le fait est de le soutenir honnête. *Un père renonce son fils, parce qu'il s'est enrôlé, ou parce qu'il a brigué les charges, ou parce qu'il s'est marié sans son consentement;* et le père soutient qu'il a eu raison de faire ce qu'il a fait. L'école d'Hermagoras donne à ce genre de défense un nom (κατ' ἀντίληψιν), qu'elle rapporte à un acte de l'esprit, et que je ne trouve pas littéralement traduit en latin. Quoi qu'il en soit, on l'appelle *défense absolue*. En effet, il n'est question que du fait en lui-même : est-il juste ou non? Tout ce qui est *juste* est fondé sur la *nature* ou sur une *institution humaine*. La *nature*, c'est ce qui est selon la dignité de chaque chose; telles sont la *piété*, la *bonne foi*, l'*austérité*, etc. Rendre la *pareille* est aussi, suivant quelques-uns, conforme à la nature. Mais cela veut être expliqué, car *la violence opposée à la violence*, ou *le talion*, n'a rien d'injuste envers celui qui a été l'agresseur; mais de ce que les traitements ont été les mêmes de part et d'autre, il ne s'ensuit pas que les premiers aient été justes. Car il faudrait pour cela qu'ils fussent justes de part et d'autre, que ce fût même condition, même loi : ce qui n'est pas. Je ne sais même si l'on peut appeler pareilles des choses qui sont dissemblables par quelque endroit. J'entends par *institution humaine* une *loi*, une *coutume*, un *jugement*, un *traité*. L'autre genre de défense est celui où, le fait étant insoutenable par lui-même, on a recours à des moyens extrinsèques. Les Grecs désignent ce genre sous le nom de κατ' ἀντίθεσιν, que nous ne traduisons pas non plus mot à mot, mais que nous appelons *assomptif*. En ce genre, le moyen le plus puissant consiste à justifier le fait par le motif, comme font Oreste, Horace, Milon : ce qui constitue une récrimination, parce que l'accusé se défend en accusant la victime : *Il a été tué, mais c'était un brigand. On l'a mutilé, mais c'était un ravisseur.* Il y a une autre manière d'insister sur les motifs, qui n'a rien de commun avec la précédente, et où le fait ne se défend ni par lui-même, comme dans le genre absolu, ni en récriminant, mais par quelque considération tirée du bien public, ou même de

---

si Cæsar deliberet, *an Britanniam impugnet, quæ sit Oceani natura? an Britannia insula?* nam tum ignorabatur; *quanta in ea terra? quo numero militum aggredienda?* in consilium ferendum sit : eidem qualitati succedunt facienda, ac non facienda; appetenda, vitanda : quæ in suasorias quidem maxime cadunt, sed in controversiis quoque sunt frequentia : hac sola differentia, quod illic de futuris, hic de factis agitur. Item demonstrativæ partis omnia sunt in hoc statu. factum esse constat; quale sit factum, quæritur : lis est omnis aut *de præmio*, aut *de pœna*, aut *de quantitate*: igitur primum genus causæ, aut *simplex*, aut *comparativum*: illic, quid æquum; hic, quid æquius, aut quid æquissimum sit, excutitur : quum de *pœna* judicium est, a parte ejus, qui causam dicit, aut *defensio est criminis*, aut *imminutio*, aut *excusatio*, aut, ut quidam putant, *deprecatio*; *defensio* longe potentissima est, qua ipsum factum, quod objicitur, dicimus honestum esse : *abdicatur utiquis, quod invito patre militarit, honores petierit, uxorem duxerit :* tuemur, quod fecimus : partem hanc vocant Hermagorei κατ' ἀντίληψιν, ad intellectum id nomen referentes : latine ad verbum translatam non invenio; *absoluta* appellatur : sed enim de re sola quæstio, justa sit ea, necne? *Justum* omne continetur *natura*, vel *constitutione: natura*, quod secundum cujusque rei dignitatem. Hic sunt *pietas, fides, continentia,* et talia : adjiciunt et id, quod sit *par* : verum id non temere intuendum est; nam et *vis contra vim*, et *talio* nihil habent adversus eum, qui prior fecit, injusti; et non, quoniam res pares sunt, etiam id est justum, quod antecessit : illa utrinque justa, eadem *lex*, eadem *conditio:* ac forsitan ne sint quidem paria, quæ ulla parte sunt dissimilia : *constitutio* est in *lege, more, judicato, pacto*. Alterum est defensionis genus, in quo factum per se improbabile assumptis extrinsecus auxiliis tuemur : id vocant κατ' ἀντίθεσιν: latine hoc quoque non ad verbum transferunt : *assumptiva* enim dicitur causa. In quo genere fortissimum est, si crimen causa facti tuemur, qualis est defensio Orestis, Horatii, Milonis : ἀντέγκλημα dicitur, quia omnis nostra defensio constat ejus accusatione, qui vindicatur : *occisus est, sed latro; exsectus, sed raptor.* Est et illa ex causis facti ducta defensio, priori contraria, in qua neque factum ipsum per se, ut in absoluta quæstione, defenditur; neque ex contrario facto; sed ex aliqua utilitate aut reipublicæ, aut hominum

l'avantage qui en est résulté pour la partie adverse ou pour nous-mêmes, pourvu, dans ce dernier cas, qu'il s'agisse d'une chose qu'il nous soit permis de faire dans notre intérêt particulier : ce qui n'est jamais efficace à l'égard d'un étranger qui nous poursuit en vertu de la loi, mais seulement dans des querelles de famille. Ainsi, dans ces sujets de déclamation où l'on feint un père qui abandonne ses enfants, un mari qui maltraite sa femme, un fils qui accuse son père, tous peuvent sans rougir alléguer l'intérêt personnel. Il faut toutefois remarquer que celui qui ne cherche qu'à éviter un mal a pour lui une plus noble justification que celui qui cherche son avantage. Ces sortes de controverses ne sont pas toujours imaginaires; car ce qu'on dit aux écoles pour un enfant abandonné, on le dit au barreau pour un enfant déshérité qui réclame son bien devant les centumvirs : là, c'est une femme maltraitée, ici, c'est une femme répudiée, dont la plainte donne lieu d'examiner qui du mari ou de la femme est cause du divorce; là, c'est un fils qui accuse son père de démence, ici, c'est un fils qui demande qu'on nomme un curateur à son père. C'est encore une défense tirée de l'utilité, si l'on soutient qu'il serait arrivé pis. Car, dans la comparaison de deux maux, le moindre devient un bien : comme si, par exemple, *Mancinus justifiait le traité de Numance, en disant que sans ce traité toute l'armée romaine eût péri.* C'est ce que les Grecs appellent ἀντίστασις, et que nous nommons genre de comparaison.

Voilà ce qui regarde la défense du fait. Que s'il ne peut se défendre ni par lui-même ni par des moyens extrinsèques, ce qui reste à faire, c'est de rejeter le fait incriminé sur autrui, si cela se peut. Aussi cette sorte de translation a-t-elle paru rentrer dans les autres états dont j'ai déjà parlé. Tantôt donc on rejette la faute sur une personne, comme si *T. Gracchus, accusé pour le traité de Numance (accusation qui le porta à se montrer si favorable au peuple pendant son tribunat), soutenait qu'il n'avait rien fait que par ordre de son général;* tantôt on se rejette sur la chose, comme si *un légataire, à qui le testateur aurait ordonné de faire quelque chose, s'en dispensait en disant que les lois s'y opposent.* C'est ce qu'on appelle μετάστασις. Si ces moyens manquent, il reste l'excuse ou d'ignorance ou de nécessité. L'*ignorance* : *Vous avez fait marquer au front un fugitif, qui plus tard est reconnu pour un homme libre; vous soutiendrez que vous ignoriez qu'il le fût.* La *nécessité* : *Un soldat qui ne s'est pas trouvé au jour fixé pour le départ, dira qu'il en a été empêché par des fleuves et des torrents, ou bien par une maladie.* Souvent on impute la faute au hasard; quelquefois nous disons qu'à la vérité *nous avons mal fait*, mais que *notre intention était bonne.* Il y a tant d'exemples de ces deux sortes d'excuses, qu'il est inutile d'en rapporter. Si rien de tout cela ne peut servir, on verra si la faute ne peut pas être *atténuée* : c'est ce que certains rhéteurs appellent *état de quantité.* Mais comme cette quantité, étant la mesure de la peine ou de la récompense, s'établit d'après la qualité du fait, je la range sous cet état, aussi bien que celle que les Grecs rapportent au *nombre* sous les noms de πηλικότης, quantité continue, et de ποσότης, quantité discrète, ce que nous confondons dans un seul et même mot. Le dernier moyen est la *supplication*, que la plupart des rhéteurs regardent comme inadmissible dans les

---

multorum, aut etiam ipsius adversarii, nonnunquam et nostra, si modo id erit, quod facere nostra causa fas sit : quod sub extrario accusatore, et legibus agente prodesse nunquam potest, in domesticis disceptationibus potest : nam et filiis pater in judicio abdicationis, et maritus uxori, si malæ tractationis accusabitur, et patri filius, si dementiæ causa erit, non inverecunde dicet, multum sua interfuisse : in quo tamen incommoda vitantis melior, quam commoda petentis, est causa. Quibus similia etiam in vera rerum quæstione tractantur : nam, quæ in scholis *abdicatorum*, hæc in foro *exheredatorum* a parentibus, et bona apud centumviros repetentium ratio est : quæ illic *malæ tractationis*, hic *rei uxoriæ*, quum quæritur, *utrius culpa divortium factum sit?* quæ illic *dementiæ*, hic *petendi curatoris.* Subjacet utilitati etiam illa defensio, et pejus aliquid futurum fuit : nam in comparatione malorum, boni locum obtinet levius; ut, si *Mancinus fœdus numantinum sic defendat, quod periturus, nisi id factum esset, fuerit exercitus romanus :* hoc genus ἀντίστασις græce nominatur, *comparativum* nostri vocant. Hæc circa defensionem facti : quæ si neque per se ipsam, neque adhibitis auxiliis dabitur, proximum est, in aliud *transferre crimen*, si possumus : ideoque etiam in hos, qui jam scripti sunt, status visa est cadere translatio; interdum ergo culpa in hominem relegatur : ut, *si Gracchus, reus fœderis numantini, cujus metu leges populares tulisse in tribunatu videtur, missum se ab imperatore suo diceret.* Interim derivatur in rem; ut, *si is, qui testamento quid jussus non fecerit, dicat, per leges id fieri non potuisse;* hoc μετάστασις dicunt : exclusis quoque his, *excusatio* superest : ea est aut ignorantiæ; ut, *si quis fugitivo stigmata scripserit, eoque ingenuo judicato, neget se liberum esse eum scisse;* aut necessitatis, ut, *quum miles ad commeatus diem non affuit, et dicit se fluminibus interclusum, aut valetudine.* Fortuna quoque sæpe substituitur culpæ : nonnunquam *male fecisse* nos, sed *bono animo* dicimus : utriusque rei multa et manifesta exempla sunt; ideirco non est eorum necessaria expositio : si omnia, quæ supra scripta sunt, deerunt, videndum, an *minui culpa possit;* hic ille, qui a quibusdam dicitur fieri, *status quantitatis.* Sed ea, quum sit aut *pœnæ* aut *honoris*, ex qualitate facti constituitur : eoque nobis sub hoc esse statu videtur, sicut ejus quoque, quæ *ad numerum* refertur a Græcis : nam et πηλικότητα, et ποσότητα dicunt; nos utrumque eadem appellatione complectimur. Ultima est *deprecatio* : quod genus causæ plerique negarunt in judicium unquam venire : quin Cicero quoque

controverses judiciaires; et Cicéron lui-même semble le témoigner aussi, lorsque, dans l'oraison pour Ligarius, il dit: *J'ai plaidé bien des causes, César, et même avec vous, tant que vos fonctions vous ont retenu au barreau, et certes je ne suis jamais descendu à ce ton suppliant: pardonnez, juges, c'est par méprise, il a failli; il ne savait pas, si jamais,* etc. Cependant au sénat, devant le peuple, devant le prince, partout enfin où la clémence peut exercer ses droits, la *supplication* est reçue. Elle tire partout son efficacité, tantôt *de la personne de l'accusé,* s'il a vécu jusque-là dans l'innocence, s'il a rendu des services, s'il y a lieu d'espérer qu'il se conduira mieux à l'avenir, et que même il se rendra utile; s'il paraît, en outre, avoir suffisamment expié sa faute, ou par les dommages qu'il a déjà essuyés, ou par le danger où il se trouve actuellement, ou par son repentir; tantôt *de considérations extérieures,* la noblesse de l'accusé, sa dignité, sa famille, ses amis. Toutefois, c'est sur le juge qu'il faut principalement compter, si le crime est tel que l'indulgence fasse plutôt honneur à sa clémence que honte à sa faiblesse. Mais la supplication peut aussi trouver sa place dans les affaires ordinaires, où, si elle ne remplit pas la cause, elle en fait néanmoins une grande partie; car c'est une division fréquente que celle-ci: *Quand il aurait fait cela, il faudrait encore lui pardonner;* et ce genre de défense a souvent réussi dans des causes douteuses, outre que les épilogues ne sont la plupart du temps que des supplications. Quelquefois même c'est sur cette base que l'accusé fonde toute sa défense. Par exemple, un père déshérite son fils par testament, et déclare expressément qu'il ne l'a traité ainsi que *parce qu'il aimait une courtisane.* Ici, en effet, tout consiste à savoir si le père a dû punir si rigoureusement une faute de cette nature, et si les centumvirs ne doivent pas se montrer plus indulgents. Mais même dans les causes où l'on poursuit un châtiment en vertu d'une loi, on emploie cette division: *A-t-il encouru la peine portée par la loi? Doit-elle lui être appliquée?* Toutefois, les rhéteurs, que je citais tout à l'heure, ont raison de dire que ce moyen de défense ne peut arracher un accusé à la rigueur des lois.

Lorsqu'il s'agit d'une *récompense,* il y a deux choses à examiner: *si celui qui la réclame en mérite une, et s'il la mérite aussi grande.* Il peut arriver que cette récompense soit disputée par deux personnes, ou même par un plus grand nombre. Alors on examine, ou *qui des deux,* ou *qui d'entre tous, en est le plus digne;* et ces questions se décident d'après le genre de mérite de chacun. Mais, pour en bien juger, il ne faut pas s'arrêter seulement à l'action que l'on fait valoir en elle-même ou par comparaison avec une autre, il faut aussi considérer *la personne. Un tyran a été tué, mais par qui? Est-ce par un jeune homme ou par un vieillard; par un homme ou par une femme; par un étranger ou par un parent?* Tout cela importe, ainsi que les considérations tirées du *lieu,* lesquelles sont d'une grande variété: par exemple, *Est-ce dans une ville habituée à la tyrannie, ou qui avait toujours été libre? Dans une forteresse, ou dans une maison?* Puis *comment* le tyran a-t-il été tué? *Par le fer, ou par le poison? En quel temps? Était-ce pendant la guerre, ou pendant la paix? Était-il sur le point de se démettre de la souveraine puissance, ou de commettre un nouvel attentat?* On tient compte aussi à une personne *des avantages qu'elle a bien voulu sacrifier, du danger et de la difficulté de l'entreprise.* Il en est de même d'une libéralité. Il im-

---

pro Q. Ligario idem testari videtur, quum dicit, *Causas, Cæsar, egi multas, et quidem tecum, dum te in foro tenuit ratio honorum tuorum: certe nunquam hoc modo, ignoscite, Judices, erravit, lapsus est, non putavit, si unquam posthac,* et cætera. In senatu vero, et apud populum, et apud principem, et ubicumque juris clementia est, habet locum *deprecatio*: in qua plurimum valet, *ex ipso,* qui reus est, hæc tria in vita præcedere, si innocens, si bene meritus, si spes in futurum innocenter victuri, et in aliquo usu futuri; præterea, si vel aliis incommodis, vel præsenti periculo, vel pœnitentia videatur satis pœnarum dedisse: *extra,* nobilitas, dignitas, propinqui, amici. In eo tamen, qui cognoscit, plurimum ponendum, si laus eum misericordis potius, quam reprehensio dissoluti, consecutura est: verum et in judiciis, etiamsi non toto genere causæ, tamen ex parte magna hic locus sæpe tractatur: nam et d. visio frequens est, etiamsi fecisset, ignoscendum fuisse; idque in causis dubiis sæpe prævaluit, et epilogi omnes in eandem fere materia versari solent. Sed nonnunquam etiam reus hic totius summam constituit, si exheredatum a se filium pater testatus fuerit elogio, propterea *quod is meretricem amaverit*: nam omnis hic quæstio, an huic delicto pater debuerit ignoscere, et centumviri tribuere debeant veniam; sed etiam in formulis, quum pœnariæ sunt actiones, ita causam partimur, *an commissa sit pœna? an exigi debeat?* id autem, quod illi viderunt, verum est, reum a judicibus hoc defensionis modo liberari non posse. *De præmiis* autem quæruntur duo: *an ullo sit dignus, qui petit? an tanto?* ex duobus, *uter dignior?* ex pluribus, *quis dignissimus?* quorum tractatus ex ipso meritorum genere ducuntur; et intuebimur non *rem* tantum, sive alleganda, sive comparanda erit; sed *personam* quoque; nam et multum interest, *tyrannum juvenis occiderit, an senex; vir, an femina; alienus, an conjunctus: et locum* multipliciter, *in civitate tyrannis assueta, an libera semper; in arce, an domi: et quomodo factum sit, ferro, an veneno: et quo tempore, bello, an pace; quum depositurus esset eam potestatem, an, quum aliquid novi sceleris ausurus*: habetur in meritis *gratia, periculum* quoque, et *difficultas*. Similiter, liberalitas *a quo profecta sit,* refert: nam in paupere gratior, quam

porte de savoir *de quelle main elle part*. Elle est plus méritoire dans un pauvre que dans un riche, dans celui qui donne que dans celui qui rend, dans un père qui a encore ses enfants que dans celui qui les a perdus. Il faudra ensuite examiner *quelle est la chose donnée*, *dans quelle circonstance* et *dans quelle vue*, c'est-à-dire, *dans l'espoir de quelque avantage futur*. Toutes les autres actions se pèsent de la même manière. Voilà pourquoi l'état de qualité réclame toutes les ressources de l'art oratoire, parce qu'il n'en est pas qui offre, de part et d'autre, un champ plus vaste à l'esprit, et où les passions soient plus puissantes. Il est vrai que l'état de conjecture est semblable à celui de qualité, en ce qu'il emploie aussi des preuves extrinsèques et tire ses arguments du fond de la matière; mais ces deux états différent en ce que, lorsqu'il s'agit de montrer ce qu'est une chose et quelle elle est, c'est là le propre de l'éloquence, c'est là qu'elle règne, qu'elle domine, qu'elle triomphe. Virginius rapporte à cet état de qualité les causes d'abdication, de démence, de mauvais traitements, d'orphelines qui demandent leur mariage avec un proche parent. La raison de Virginius est que d'ordinaire, dans ces sortes de causes, le jugement roule sur la qualité du fait, ce qui a donné lieu à quelques-uns de les appeler *matières morales*. Mais les lois sur lesquelles reposent ces causes comportent quelquefois aussi d'autres états; car, tantôt ceux qui prétendent n'avoir point fait ce dont on les accuse, ou l'avoir fait dans une bonne intention, s'appuient d'ordinaire sur la conjecture, et il y en a mille exemples; tantôt on définit ce que c'est que démence et mauvais traitements. En effet les questions de droit précèdent presque toujours la question légale, et l'on commence par établir les raisons pour lesquelles on a dérogé à la loi. Cependant, lorsqu'on ne pourra se défendre par le fait, on s'appuiera sur le droit, en examinant quels sont les cas où il n'est pas permis à un père d'abandonner son fils, à une femme de porter plainte contre son mari, à un fils d'accuser son père de démence. Il y a deux formes d'abdication : l'une pour les crimes consommés, comme le rapt et l'adultère; l'autre pour les crimes qui sont, pour ainsi dire, en suspens, et subordonnés à une condition, comme la désobéissance. La première est rigoureuse et irrévocable comme le fait qu'elle punit; la seconde tient de la bonté et de l'exhortation; car il est aisé de voir qu'au fond ce père aime mieux corriger son fils que de l'abandonner. Mais dans les deux cas, des enfants qui plaident contre leur père doivent paraître disposés à la soumission et à lui donner toute satisfaction. Je sais que ce que je dis ici ne sera pas du goût de ceux qui ne craignent pas d'offenser un père sous le couvert d'une figure; et je n'oserais pas dire que, dans certaines occasions, cela ne doit pas se faire, car souvent la matière y oblige; mais il faut du moins s'en dispenser, toutes les fois qu'on peut agir autrement. Au reste, je traiterai des figures dans un autre livre. Une femme qui porte plainte contre son mari doit se conduire à peu près de même; car la modération ne lui est pas moins nécessaire. A l'égard d'un fils qui accuse son père de démence, c'est pour une chose, ou déjà faite, ou à faire et possible, ou impossible. S'il s'agit d'une chose faite, l'accusateur a le champ libre; mais il doit s'attaquer plutôt à l'action qu'à la personne, et témoigner de la compassion pour l'état où son père est réduit. S'il s'agit d'une chose qui n'est pas encore faite,

---

in divite; dante beneficium, quam reddente; patre, quam orbo : item, *quam rem* dederit, et *quo tempore*, et *quo animo*, id est, *num in aliquam spem suam?* similiter alia : et ideo qualitas maxima oratoris recipit opera, quia in utranque partem plurimum est ingenio loci, nec usquam tantum affectus valent. Nam conjectura extrinsecus quoque adductas frequenter probationes habet, et argumenta ex materia sumit : quale quidque videatur, eloquentiæ est opus : hic regnat, hic imperat, hic sola vincit : huic parti subjungit Virginius causas abdicationis, dementiæ, malæ tractationis, orbarum nuptias indicentium : nam et fere sic accidit; inventique sunt, qui has materias *officiorum* vocarent. Sed aliis quoque nonnumquam leges hæ recipiunt status : nam et conjectura est aliquando in plerisque horum, quum se vel non fecisse, vel bona mente fecisse contendunt : cujus generis exempla sunt multa : et quid sit dementia, ac mala tractatio, finitur; nam juris quæstiones plerumque leges præcurrere solent, et, ex quibus causis non fiat, statutum. Quod tamen facto defendi non poterit, jure nitetur : et quot, et quibus causis ab carem non liceat; et in qua crimina malæ tractationis actio non detur; et cui accusare dementiæ non permittatur. Abdicationum formæ sunt duæ : altera criminis perfecti, ut, *si abdicetur raptor, adulter :* altera velut pendentis, et adhuc in conditione positi; quales sunt, *in quibus abdicatur filius, quia non pareat patri* : illa semper asperam abdicantis actionem habet (immutabile est enim, quod factum est); hæc ex parte blandam, et suadenti similem; mavult enim pater corrigere quam abdicare : at pro filiis in utroque genere summissam, et ad satisfaciendum compositam. A quo dissensuros scio, qui libenter patres figura lædunt : quod non ausim dicere nunquam esse faciendum (potest enim materia incidere, quæ hoc exigat); certe vitandum est, quoties aliter agi potest : sed *de figuris* alio libro tractabimus. Non dissimiles autem abdicationum actionibus sunt malæ tractationis actiones : nam et ipsæ habent eandem in accusationibus moderationem : *dementiæ* quoque *judicia* aut propter id, quod factum est, aut propter id, quod adhuc fieri, vel non fieri potest, instituuntur. Et actor in eo, quod factum est, liberum habet impetum, sic tamen, ut, factum accuset; ipsius patris, tanquam valetudine lapsi, misereatur; in eo vero, cujus libera mutatio est, diu roget et suadeat, et novissime dementiam rationi queratur obstare, non mores : quos quanto magis in præteritum

le fils aura recours aux prières, aux exhortations, et dira enfin qu'il ne craint que la faiblesse de son esprit, non ses mœurs, dont il fera l'éloge ; car plus il louera sa conduite passée, mieux il prouvera le changement que la maladie a causé en lui. Pour l'accusé, autant que le comportera la cause, il devra se montrer modéré dans sa défense, parce que d'ordinaire la colère et l'emportement ont de l'analogie avec la démence. Au reste, toutes ces causes ont cela de commun, que l'accusé ne se défend pas toujours par le fait, et qu'il est bien reçu à demander qu'on lui pardonne, qu'on l'excuse ; par la raison que, dans les brouilleries domestiques, il suffit quelquefois, pour être absous, de n'avoir failli qu'une fois, ou par mégarde, ou d'une manière moins grave que ne le suppose l'accusation.

Mais il y a bien d'autres sortes de causes qui relèvent de l'état de qualité : celles, par exemple, où il s'agit d'un *outrage*, d'une *injure ;* car quoique l'accusé prenne quelquefois le parti de nier, le jugement ne laisse pas de rouler sur le fait et l'intention ; celles où il s'agit du choix d'un accusateur, et qu'on appelle *divinations*. Ici je ferai remarquer que Cicéron, qui accusa Verrès à la sollicitation de nos alliés, divisa ainsi son discours : *Dans ces sortes de choix, il faut considérer deux choses : quel est l'accusateur que ceux qu'on prétend venger souhaitent le plus, et quel est celui que l'accusé souhaite le moins.* Voici pourtant une autre division qui est très-fréquente : *Lequel des deux a de plus fortes raisons pour se porter comme accusateur ; lequel des deux apportera dans l'accusation le plus d'activité ou de force ; lequel des deux s'en acquittera le plus fidèlement.* A ces controverses, il faut encore ajouter celle de *tutelle*. On a coutume d'y discuter si un tuteur est comptable d'autre chose que du bien qu'il a géré, *s'il suffit de la droiture de ses intentions*, et s'il n'est pas responsable de ses spéculations et des événements. Au même genre appartient le compte de *mandat ;* car la loi nous donne action contre un mandataire. Outre ce que je viens de dire, les déclamateurs feignent dans leurs écoles qu'il y a des actions intentées pour certains délits dont il n'est fait aucune mention expresse dans les lois. Dans ces controverses, on peut faire une de ces questions : *Est-il bien vrai qu'il ne soit fait aucune mention de ce délit dans les lois ? Le fait dont il s'agit est-il un véritable délit commis par malice et dans le dessein de nuire ?* Il est rare de les proposer toutes deux à la fois. Chez les Grecs, il y avait action en justice contre un homme qui s'était mal acquitté de sa députation. Et dans ces causes on examinait, par manière de question de droit, *si un député doit jamais sortir de son mandat ; jusques à quand dure ce mandat ;* car il y en a de deux sortes. Ainsi Hejus déposa contre Verrès après avoir été envoyé pour contremander sa préture. On accuse aussi quelquefois une personne d'avoir agi contre les intérêts de la république. De là naissent plusieurs questions de droit, plus subtiles les unes que les autres : *ce que c'est que léser la république ; si cet homme l'a lésée en effet, ou ne lui a été qu'inutile ; si elle a été lésée par lui, ou seulement à cause de lui.* Cependant le fait y est pour beaucoup. On peut aussi accuser une personne d'ingratitude, et voici alors ce qui se présente à examiner : *Est-il vrai que cette personne ait reçu un bienfait ?* ce qu'il faut rarement nier, parce que celui qui nie un bienfait qu'il a reçu est déjà un ingrat ; *quelle est l'étendue de ce bienfait ? si elle en a rendu un autre ; si, pour ne s'être pas acquittée de ce qu'elle devait, elle doit être tout d'abord taxée d'ingratitude ; si elle a eu occasion de témoigner sa reconnais-

---

laudaverit, tanto facilius probabit morbo esse mutatos. Reus, quoties causa patietur, debebit esse in defensione moderatus, quia fere ira et concitatio furori sunt simil a : omnibus his commune est, quod rei non semper defensione facti, sed excusatione ac venia frequenter utuntur : est enim domestica disceptatio, in qua et semel peccasse, et per errorem, et levius, quam objiciatur, absolutioni non-nunquam sufficit. Sed alia quoque multa controversiarum genera in qualitatem cadunt : *injuriarum ;* quamquam enim reus aliquando fecisse negat, plerumque tamen hæc actio facto atque animo continetur. De accusatore constituendo, quæ judicia *divinationes* vocantur : in quo genere Cicero quidem, qui mandantibus sociis Verrem accusabat, hac usus est divisione : spectandum, a quo maxime agi velint hi, quorum de ultione quæritur : a quo minime velit is, qui accusatur. Frequentissimæ tamen hæ sunt quæstiones, *uter majores causas habeat, uter plus industriæ aut virium sit allaturus ad accusandum, uter id fide meliore facturus.* Tutelæ præterea : in quo judicio solet quæri, an alia de re, quam de calculis, cognosci oportet : *an fides præstari debeat tantum*, non etiam consilium et eventus : cui simile est *male gestæ procurationis* : in foro negotiorum gestorum : nam et *mandati* actio est. Præter hæc linguntur in scholis et *inscripti maleficii*, in quibus aut hoc quæritur, *an inscriptum sit ?* aut hoc, *an maleficium sit ?* raro utrumque : *male gestæ legationis* apud Græcos et veris causis frequens : ubi juris loco quæri solet, *an omnino aliter agere, quam mandatum sit, liceat ?* et *quousque sit legatus ?* quoniam alii in renunciando sunt : ut in Hejo, qui testimonium in Verrem dixerat post perlatam legationem. Plurimum tamen est in eo, *quale sit factum : reipublicæ læsæ :* hinc moventur quidem mille juris cavillationes : *quid sit rempublicam lædere ?* et, *læserit, an non profuerit ?* et, *ab ipso, an propter ipsum læsa sit ?* in facto tamen plurimum inest : *ingrati quoque ;* in quo genere quæritur, *an is, cum quo agitur, acceperit beneficium ?* quod raro negandum est ; ingratus est enim, qui negat. *Quantum acceperit ? an reddiderit ? an protinus, qui non reddidit, ingratus sit ? an potuerit reddere ? an id,*

sance; si elle a dû faire ce qu'on exigeait d'elle; enfin, quelle est la disposition de son esprit? Les espèces qui suivent sont plus simples : celles où il s'agit d'une *répudiation injuste*, lesquelles ont cela de particulier que, de la part de l'accusatrice, c'est une défense, et, de la part de l'accusé, une accusation; celles encore où un homme rend compte au sénat des raisons qui le portent à mourir, d'où naît cette question de droit : *Si une personne qui a pris la résolution de mourir, pour se soustraire à la poursuite des lois, en doit être empêchée?* Toutes les autres questions qui s'y traitent appartiennent à la qualité. Enfin, pour exercer l'esprit des jeunes gens, on peut feindre des testaments où il ne soit question que de la volonté du testateur, comme le testament que j'ai rapporté plus haut, par lequel un père ayant laissé le quart de son bien à celui de ses trois fils qui en serait jugé le plus digne, tous trois le disputent : l'un est philosophe, l'autre médecin, et le troisième orateur. Pareille contestation arrive lorsqu'une orpheline est recherchée en mariage par des parents du même degré, et que chacun d'eux veut avoir la préférence. Mais je n'ai pas dessein de faire ici mention de toutes les espèces; car je pourrais encore en imaginer d'autres; mais les questions qu'elles impliqueraient n'auraient rien de général et d'absolu, parce qu'elles changent avec les sujets qu'on traite. Ce que j'admire, c'est que Flavus, qui est à mes yeux d'une grande autorité, et avec raison, ait resserré toute cette matière en des bornes si étroites, en nous donnant une méthode qui fût seulement à l'usage des écoles.

La quantité, comme je l'ai dit, relève aussi de cet état, non pas toujours, mais le plus souvent. J'applique le mot de quantité à toutes les choses qui se peuvent ou mesurer ou nombrer. Mais la mesure d'une action, soit bonne, soit mauvaise, se détermine quelquefois par l'estimation du fait, comme lorsqu'on examine *la grandeur d'une faute ou d'un bienfait*; et quelquefois par un point de droit, quand on recherche *en vertu de quelle loi il faut punir ou récompenser quelqu'un* : par exemple, *si celui qui a déshonoré un jeune homme en doit être quitte pour une certaine somme d'argent, ou si, parce que ce jeune homme s'est pendu de désespoir, celui qui a attenté à son honneur doit perdre la vie comme étant cause de sa mort*. Et, pour le dire en passant, ceux-là se trompent fort qui plaident ici comme si la question roulait entre deux lois; car il ne s'agit pas du tout de l'amende, et on ne la réclame seulement pas; mais tout consiste à savoir si l'accusé est cause de la mort. L'espèce relève aussi de la conjecture, lorsqu'on examine *s'il y a lieu de condamner un homme à un exil perpétuel, ou seulement à un exil de cinq ans*. La question est de savoir *s'il a commis sciemment un meurtre. Thrasybule mérite-t-il trente récompenses pour avoir délivré Athènes de trente tyrans?* C'est une question qui est tirée du nombre et qui se décide par le droit. Il en est de même *lorsque deux voleurs ont dérobé une somme d'argent, et que l'on agite si chacun d'eux doit rendre le quadruple ou seulement le double*. Mais ici on estime aussi le fait, et le droit lui-même dépend de la qualité.

Cʜ. V. Quiconque ne pourra nier le fait, ni le justifier, ni prouver que ce qu'il a fait soit autre chose, doit se renfermer dans la rigueur de son droit : d'où naît ordinairement la question d'action; et cette question n'est pas toujours la même, comme quelques-uns l'ont cru. Car tantôt elle précède le

---

quod exigebatur, debuerit? quo animo sit? simpliciores illæ, *injusti repudii*, sub qua lege controversiæ illud proprium habent, quod a parte accusantis defensio est, et defendentis accusatio. Præterea, quum quis rationem mortis in senatu reddit, ubi una quæstio est juris, *an is demum prohibendus sit, qui mori vult, ut se legum actionibus subtrahat;* cætera qualitatis : finguntur et *testamenta*, in quibus de sola quæratur, ut in controversia, quam supra exposui, in qua de parte patrimonii quarta, quam pater dignissimo ex filiis reliquerat, contendunt philosophus, medicus, orator : quod idem accidit, si orbæ nuptias indicant pares gradu, et si inter propinquos de idoneo quæratur. Sed nec omnes mihi persequi materias in animo est (fingi enim adhuc possunt), nec communes sunt earum quæstiones, quia positionibus mutantur : hoc tantum admiror, Flavum, cujus apud me merito summa est auctoritas, quum artem scholæ tantum componeret, tam anguste materiam qualitatis terminasse. Quantitas quoque, ut dixi, plerumque, etiamsi non semper, plerumque tamen eidem subjacet, seu modi est, seu numeri : sed modus aliquando constat æstimatione facti, *quanta sit culpa, quantumve beneficium?* aliquando jure, quum id in controversiam venit, *qua quis lege puniendus, vel honorandus sit? Stuprator decem millia dare debeat, quæ pœna huic crimini constituta est, an, quia stupratus se suspendit, capite puniri, tanquam causa mortis?* quo in genere falluntur, qui ita dicunt, tanquam inter duas leges quæratur : nam in decem millibus nulla controversia est, quæ nec petuntur. Judicium redditur, *an reus causa sit mortis?* in conjecturam quoque eadem species cadit, quum *perpetuo, an quinquennali, sit exilio multandus?* in controversiam venerit; *num prudens cædem commiserit?* quæritur : illa quoque, quæ ex numero ducitur, pendet ex jure : *An Thrasybulo triginta præmia debeantur?* et, quum duo *fures pecuniam abstulerunt, separatim quadruplum quisque, an duplum debeat?* sed hic quoque factum æstimatur, et tamen jus ipsum pendet ex qualitate.

Cᴀᴘ. V. Qui neque fecisse se negabit, neque aliud esse, quod fecerit, dicet, neque factum defendet, necesse est, in suo jure consistat : in quo plerumque *actionis* est *quæstio* : quæ non semper eadem est, ut quidam putaverunt : nam et judicium antecedit, qualia sunt præturæ curiosa consilia, quum de jure accusatoris ambigitur; et

jugement de la cause, comme lorsque le préteur examine provisoirement et avec la plus scrupuleuse exactitude si un homme est en droit de se porter pour accusateur ; et tantôt elle a lieu dans le jugement même. Quoi qu'il en soit, cette contestation a deux faces, en ce qu'elle tombe ou sur l'action qui est intentée, quand on la combat directement, ou sur la prescription, quand on veut seulement l'éluder. Quelques auteurs ont fait de la prescription un état particulier, comme si elle n'était pas renfermée dans toutes les mêmes questions que les autres lois. Lorsque le procès dépend de la prescription, il n'est pas nécessaire d'entrer dans le fond de l'affaire. Un père veut déshériter son fils ; mais ce père est noté d'infamie. Le fils dit : Vous n'avez pas action contre moi ; il y a exception. *Le père peut-il agir en justice, ou peut-il déshériter son fils?* c'est le seul point à juger. Cependant toutes les fois que nous le pourrons, il faudra faire en sorte que le juge ait une bonne opinion du fond de la cause, parce qu'il en sera plus porté à nous écouter sur la rigueur de notre droit. Ainsi, dans les causes où le préteur ordonne une caution, et où nous plaidons pour être maintenus dans la possession d'un bien, quoiqu'il s'agisse uniquement du possessoire et non du pétitoire, il sera bon néanmoins d'établir que non-seulement nous avons possédé ce bien, mais aussi que nous l'avons possédé justement. Mais la question tombe encore plus souvent sur l'action même, quand on la combat directement. *Celui qui aura sauvé sa patrie par sa valeur choisira telle récompense qu'il lui plaira.* Telle est la loi. Je nie qu'il faille lui accorder tout ce qu'il demandera. Il est vrai que la loi n'excepte rien ; mais j'opposerai aux termes de la loi l'intention du législateur par forme d'exception. Dans les deux cas, l'état est le même. Or toute loi est faite, ou pour accorder, ou pour ôter, ou pour punir, ou pour commander, ou pour défendre, ou pour permettre. Elle devient litigieuse, ou pour elle-même, ou à cause d'une autre cause qui semble la contrarier. Alors la question tombe ou sur les termes de la loi, ou sur l'intention du législateur. Quant aux termes, ils sont, ou clairs, ou obscurs, ou ambigus. Ce que je dis des lois, je l'entends des testaments, des obligations, des contrats ; en un mot, de tout écrit, de toute convention verbale ; et comme cette matière comporte quatre questions ou états, je vais les passer en revue l'une après l'autre.

Ch. VI. L'interprétation de la lettre et de l'esprit est un sujet ordinaire de controverse entre les jurisconsultes, et un des points de droit les plus considérables. Ainsi, il ne faut pas s'étonner qu'elle soit si fréquente aux écoles, où l'on feint même à dessein des matières sur ce sujet. Or ce genre de questions se divise en deux espèces. La première est celle où la question roule et sur la lettre et sur l'esprit ; ce qui arrive toutes les fois qu'il y a quelque obscurité dans la loi, et que chacune des parties soutient son interprétation, ou combat celle de son adversaire, comme ici : *Tout voleur rendra le quadruple de ce qu'il aura dérobé. Deux voleurs dérobent conjointement une somme d'argent. On demande à chacun le quadruple. Les voleurs offrent d'en payer chacun le double.* Le demandeur prétend que le quadruple est ce qu'il demande, et les défendeurs soutiennent que le quadruple se trouve dans ce qu'ils offrent. L'intention du législateur est aussi débattue de part et d'autre, et chacune des parties l'interprète en sa faveur. La même chose arrive lorsque la loi est claire en un sens, et douteuse dans l'autre. Par exemple, *Tout homme né d'une courtisane sera exclu de la tribune. Une femme, qui avait eu un fils de son mari, se mit à faire le métier de courtisane.* On

in ipsis frequentissime judiciis versatur : est enim duplex ejus disceptationis conditio, quod aut *intentio*, aut *præscriptio* habet controversiam : ac fuerunt, qui præscriptionis statum facerent, tanquam ea non iisdem omnibus, quibus cæteræ leges, quæstionibus contineretur. Quum ex præscriptione lis pendet, de ipsa re quæri non est necesse. ignominioso filius præscribit : de eo solo judicatio est, *an liceat?* quoties tamen poterimus, efficiendum est, ut de re quoque bene sentiat : sic enim juri nostro libentius indulgebit : ut in sponsionibus, quæ ex interdictis fiunt, etiamsi non proprietatis est quæstio, sed tantum possessionis : tamen non solum possedisse nos, sed etiam nostrum possedisse, docere oportebit. Sed frequentius etiam quæritur *de intentione : vir fortis optet, quod volet :* nego illi dandum, quidquid optaverit : non habeo præscriptionem, sed tamen voluntate contra verba, præscriptionis modo, utor : in utroque autem genere status idem fit. Porro *lex* omnis aut *tribuit*, aut *adimit*, aut *punit*, aut *jubet*, aut *vetat*, aut *permittit :* litem habet aut *propter se* ipsam, aut *propter alteram;* quæstionem aut *in scripto*, aut *in voluntate :* in scripto aut *apertum* est, aut *obscurum*, aut *ambiguum.* Quod de legibus dico, idem accipi volo de testamentis, pactis, stipulationibus, omni denique scripto : idem de voce : et, quoniam quatuor ejus generis quæstiones, vel status facimus, singulos percurram.

Cap. VI. *Scripti et voluntatis* frequentissima inter consultos quæstio est, et pars magna controversi juris hinc pendet : quo minus id in scholis accidere mirum est, ubi etiam ex industria fingitur : ejus genus unum est, in quo et de *scripto* et de *voluntate* quæritur. Id tum accidit, quum est in lege aliqua obscuritas, et in ea aut uterque suam interpretationem confirmat, adversarii subvertit : ut hic, *Fur quadruplum solvat : duo surripuerunt pariter decem millia ; petuntur ab utroque quadragena ; illi postulant, ut vicena conferant :* nam et actor dicit, hoc esse quadruplum quod petat, et rei hoc, quod offerant : voluntas quoque utrinque defenditur. Aut, quum de altero intellectu certum est, de altero dubium : *ex meretrice natus ne concionetur : quæ filium habebat*,

veut exclure son fils de la tribune. Il est certain que la loi s'entend de celui qui est né dans le temps que sa mère faisait le métier de courtisane; mais on demande si elle ne doit pas s'entendre aussi de l'autre enfant, parce qu'après tout la mère est une courtisane et qu'il est né d'elle. Il en est de même de cette maxime de droit : *On aura deux fois action pour la même chose.* Car on peut douter si cela doit s'entendre ou de la chose ou de l'action. Toutes ces questions se tirent, comme l'on voit, de l'obscurité de la loi. Mais il y en a d'autres, et c'est la seconde espèce, qui se tirent de l'évidence de la loi. C'est pourquoi quelques rhéteurs, qui n'ont pris garde qu'à cette espèce, ont appelé l'état dont je parle un état fondé sur l'évidence des termes et sur l'intention du législateur. Ici l'une des parties insiste sur la lettre, et l'autre sur l'esprit. Or il y a trois moyens de combattre la lettre. Le premier consiste à faire voir qu'une loi ne peut pas toujours s'observer, et que cette impossibilité ressort de la loi elle-même. Par exemple, *les enfants qui ne nourriront pas leur père ou leur mère seront mis aux fers.* Mettra-t-on aux fers un enfant en bas âge? Voilà déjà une exception, et celle-là donne lieu de passer à d'autres, et à cette division : *Est-ce de tout enfant, est-ce de la personne dont il s'agit, que la loi doit s'entendre?* C'est pour cette raison que quelques-uns proposent certaines controverses, où l'on ne peut faire contre la loi aucune objection qui soit tirée de la loi même, en sorte qu'on ne peut chercher les difficultés que dans la nature du fait dont il est question. Par exemple, *tout étranger qui aura monté sur les murs de la ville sera puni de mort.* Les ennemis escaladent les remparts; un étranger y monte aussi et les en chasse. On demande sa mort. La loi est-elle générale ou particulière? Cette double question ne peut être ici séparée, parce qu'on ne peut rien alléguer de plus fort que ce qui est contenu dans l'espèce présente. Voici donc la seule objection à faire : Est-il bien vrai qu'on ne puisse jamais transgresser cette loi? Quoi! pas même pour empêcher une ville de tomber au pouvoir des ennemis? Ainsi à la rigueur de la loi on opposera l'intention du législateur et l'équité. Il peut néanmoins arriver que, par des raisons tirées d'autres lois, on montre qu'il n'est pas possible de s'en tenir aux termes de la loi présente, comme l'a fait Cicéron dans son oraison pour Cécina. Le troisième moyen est de trouver dans les propres termes de la loi quelque chose qui établisse que ce n'est pas là l'intention du législateur, comme dans cette controverse : *Quiconque sera surpris de nuit avec un fer à la main sera mis en prison. Un magistrat rencontre la nuit un homme qui porte un anneau de fer, et l'envoie en prison.* La loi dit : *quiconque sera surpris.* Or, ce terme, qui se prend toujours en mauvaise part, marque assez que la loi suppose un fer qui soit une arme offensive. Mais de même que celui qui se prévaut de l'intention doit infirmer les termes autant qu'il le peut, de même celui qui défend les termes essayera aussi de s'étayer sur l'intention du législateur. Il arrive aussi dans les testaments que la volonté du testateur soit manifeste, quoiqu'il n'y ait rien d'écrit. C'est ce que l'on a vu dans la cause de Curius, où l'on sait la contestation qui s'éleva entre L. Crassus et Scévola. *Le testateur, dans la pensée qu'il laissait sa femme enceinte, disposait de tout son bien en faveur de l'enfant posthume qui devait naître, et lui substituait un héritier, en cas qu'il vînt à mourir pendant la tutelle. La veuve ne s'étant pas trouvée grosse, les pa-*

---

prostare cœpit : prohibetur adolescens concione : nam de ejus filio, quæ ante partum meretrix fuit, certum est; an eadem hujus causa sit, dubium est : quia ex hac natus, et hæc meretrix est. Solet et illud quæri, quo referatur, quod scriptum est, *Bis de eadem re sit actio :* id est, hoc *bis* ad actorem, an ad actionem? hæc ex jure obscuro: alterum genus est ex manifesto : quod qui solum viderunt, hunc *statum plani et voluntatis* appellarunt : in hoc altera pars scripto nititur, altera voluntate. Sed contra scriptum tribus generibus occurritur : unum est, in quo semper id servari non posse ex ipso patet : *liberi parentes alant, aut vinciantur :* non enim alligabitur infans : hinc erit ad alia transitus, et divisio, *num quis-quis non aluerit? num hic?* Propter hoc proponunt quidam tale genus controversiarum, in quo nullum argumentum est, quod ex lege ipsa peti possit, sed de eo tantum, de quo lis est, quærendum sit : *peregrinus, si murum ascenderit, capite puniatur : quum hostes murum ascendissent, peregrinus eos depulit : petitur ad supplicium.* Non erunt hic separatæ quæstiones, *an quisquis? an hic?* quia nullum potest afferri argumentum contra scriptum vehementius eo, quod in lite est : sed hoc tantum, *an ne servandæ quidem civitatis causa?* ergo et æquitate et voluntate pugnandum : fieri tamen potest, ut ex aliis legibus exempla ducamus, per quæ appareat, semper stari scripto non posse : ut Cicero *pro Cœcina* fecit. Tertium, quum in ipsis verbis legis reperimus aliquid, per quod probemus, aliud legumlatorem voluisse, ut in hac controversia : *Qui nocte cum ferro deprehensus fuerit, alligetur : cum annulo ferreo inventum magistratus alligavit :* hic quia est verbum in lege *deprehensus,* satis etiam significatum videtur, non contineri lege, nisi noxium ferrum : sed ut, qui voluntate nititur, scriptum, quoties poterit, infirmare debebit : ita, qui scriptum tuebitur, adjuvare se etiam voluntate tentabit : in testamentis et illa accidunt, ut voluntas manifesta sit, scriptum nihil sit : ut in judicio Curiano, in quo nota L. Crassi et Scævolæ fuit contentio: *substitutus heres erat, si postumus ante tutelæ suæ annos decessisset : non est natus :* propinqui bona sibi vindicabant : quis dubitaret, quin ea voluntas fuisset testantis, ut is non nato filio heres esset, qui mortuo? sed non scripserat. Id

rents du testateur réclamèrent sa succession. Qui doute que, dans le second cas comme dans le premier, l'intention du testateur ne fût que son bien passât à l'héritier substitué? Cependant le testament n'en disait rien. Nous avons vu récemment tout le contraire, une chose expressément portée par le testament, et, selon toutes les apparences, contraire à la volonté du testateur. *Un homme avait légué cinq mille sesterces, et depuis, en corrigeant son testament, au lieu de sesterces, il avait mis livres pesant d'argent, et il avait laissé cinq mille.* Il parut néanmoins qu'il n'avait voulu léguer *que cinq livres pesant*, parce que *cinq mille* faisait une somme énorme et incroyable en fait d'argent pesant. Au reste, sous cet état sont comprises ces questions générales : *Faut-il s'en tenir à la lettre ou à l'esprit? Quelle a été l'intention de l'auteur de l'écrit?* Question qui relèvent ou de la conjecture ou de la qualité, desquelles il a été, je crois, assez parlé.

Ch. VII. J'ai maintenant à parler *des lois contraires*, parce que tous les rhéteurs conviennent que, dans cette contrariété, *la lettre et l'esprit* donnent lieu à deux états; et cela, avec raison; car lorsqu'une loi en contrarie une autre, il est de nécessité que les deux parties combattent la lettre et disputent sur l'intention du législateur : ce qui, dans les deux cas, donne lieu à cette question : *Laquelle des deux lois faut-il suivre au préjudice de l'autre?* Or, tout le monde comprend que jamais une loi n'est positivement contraire à une autre; car s'il en était ainsi, l'une abrogerait l'autre. D'où il suit que ces lois ne se contredisent que par accident. Ce sont donc ou deux lois pareilles que l'on oppose l'une à l'autre, comme, par exemple, s'il s'agissait d'un homme qui eût tué un tyran et d'un autre qui eût sauvé sa patrie par quelque acte de courage; car tous deux auraient la liberté d'opter pour telle récompense qu'ils voudraient. Supposons qu'ils optent pour la même, il y aura lieu alors à comparer leurs services, la conjoncture, et la nature de la récompense. Ou c'est la même loi que l'on oppose à elle-même, comme si nous supposons deux hommes de courage, qui ont bien mérité de la patrie; ou deux personnes qui ont tué un tyran; ou deux filles qui ont été enlevées, et qui demandent, l'une la mort d'un ravisseur, l'autre qu'il soit obligé de l'épouser. Et en ce cas, la question ne peut tomber que sur le temps, laquelle des deux a été enlevée la première; ou sur la qualité de leurs prétentions, laquelle des deux est la plus juste.

Quelquefois aussi le conflit a lieu entre des lois différentes ou des lois semblables. Les premières sont litigieuses par elles-mêmes, comme dans cette controverse : *Un gouverneur ne doit jamais sortir de sa citadelle. — Tout homme qui aura bien mérité de la patrie par son courage choisira telle récompense qu'il lui plaira.* Supposons que ce soit le même homme, et que pour récompense il demande à sortir de sa citadelle. D'un côté, on peut douter absolument si ce brave doit en effet obtenir tout ce qu'il demande; et de l'autre, ce gouverneur peut faire aussi plusieurs objections contre la loi : *si*, par exemple, *le feu prend à la citadelle; s'il faut faire une sortie contre les ennemis?* À l'égard des secondes, on ne peut leur opposer que la concurrence d'une autre loi semblable. *Le portrait de celui qui aura tué un tyran sera exposé dans le gymnase. Le portrait d'une femme n'y sera jamais exposé.* Je suppose que c'est une femme qui a tué le tyran. Il est clair qu'on ne peut jamais ôter le portrait de l'un ni exposer le portrait de l'autre pour aucune autre raison.

---

quoque, quod huic contrarium est, accidit nuper, ut esset scriptum, quod appareret scriptorem noluisse : *Qui sestertium nunum quinque millia legaverat, quum emendaret sublatis sestertiis numis, argenti pondo posuit, quinque millia manserunt :* apparuit tamen, *quinque pondo* dari voluisse: quia ille in argento legato modus et inauditus erat, et incredibilis. Sub hoc etiam statu generales sunt quæstiones, *scripto, an voluntate standum sit? quæ fuerit scribentis voluntas?* tractatus omnes qualitatis aut conjecturæ, de quibus satis dictum arbitror.

Cap. VII. Proximum est *de legibus contrariis* dicere, quia inter omnes artium scriptores constitit, in *Antinomia* duos esse *scripti* et *voluntatis* status; neque immerito : quia, quum lex legi obstet, et utrinque contra scriptum dicitur, et quæstio est de voluntate : in utraque id ambigitur, *an utique illa lege sit utendum?* Omnibus autem manifestum est, nunquam esse legem legi contrariam, jure ipso; quia, si diversum jus esset, alterum altero abrogaretur; sed eas casu collidi, et eventu : colliduntur autem aut *pares inter se*; ut, si optio tyrannicidæ et viri fortis comparentur, utrique data, quod velit, petendi potestate; hic *meritorum, temporis, præmii* collatio est : aut *secum ipsæ*, ut duorum fortium, duorum tyrannicidarum, duarum raptarum : in quibus non potest esse alia quæstio, quam temporis, *utra prior sit* : aut qualitatis, *utra justior sit petitio*. Diversæ quoque leges confligunt, aut similes : *diversæ*, quibus etiam citra adversam legem contradici possit, ut in hac controversia, *Magistratus ab arce ne discedat, Vir fortis optato, quæ volet*, vel alia nulla obstante quæri potest, *an, quidquid optarit, accipere debeat?* et in magistratu multa dicentur, quibus scriptum expugnatur, *Si incendium in arce fuerit, si in hostes decurrendum.* Similes, contra quas nihil opponi potest, nisi lex altera : *Tyrannicidæ imago in gymnasio ponatur* : contra, *Mulieris imago in gymnasio ne ponatur : Mulier tyrannum occidit :* nam neque mulieris imago ullo alio casu poni potest, neque tyrannicidæ ullo alio casu summoveri. *Impares* sunt, quum alteri multa opponi possunt, alteri nihil, nisi quod in lite est, ut, quum *vir fortis impunitatem desertoris petit :* nam contra legem viri fortis, ut supra ostendi,

Deux lois sont sans parité, quand on peut alléguer plusieurs raisons contre l'une, et que l'autre n'est attaquable que par ce qui fait le sujet du procès ; par exemple, *si le brave dont j'ai parlé demandait la grâce d'un déserteur.* Car j'ai déjà fait voir qu'il y a bien des choses à dire contre la loi qui accorde à cet homme le choix d'une récompense; au lieu que la loi qui frappe un déserteur ne peut recevoir d'atteinte que dans le cas d'option. De plus, le point de droit que renferment ces lois est, ou reconnu de part et d'autre, ou douteux. S'il est reconnu, on examine d'ordinaire *laquelle des deux lois est la plus forte; si elle regarde les dieux ou les hommes, la république ou les particuliers ; si elle récompense ou si elle punit; si elle touche à de grands ou à de petits intérêts; si elle est faite pour permettre, ou pour défendre, ou pour commander.* On a coutume d'examiner encore *laquelle des deux est la plus ancienne, ou, ce qui est plus puissant, laquelle des deux sera le moins blessée,* comme dans l'exemple précédent. Car si l'on fait grâce au déserteur, la loi est anéantie ; et si on ne lui fait pas grâce, le brave ne laisse pas de pouvoir opter pour une autre récompense. Cependant il importe beaucoup d'examiner *ce qui est le plus conforme à la convenance et à l'équité.* Sur ce dernier point, je ne puis donner aucun précepte, parce que tout dépend de la matière. Si le point de droit est douteux, il sera contesté, ou par l'une des parties, ou par toutes les deux réciproquement, comme dans cette controverse : *Tout père a droit de prise de corps sur son fils; tout patron a le même droit sur son affranchi; les affranchis appartiennent à l'héritier.* Un homme (A) institue pour son héritier le fils (B) de son affranchi (C). Après la mort du testateur (A), le père (C) et le fils (B) demandent réciproquement l'un contre l'autre le droit de prise de corps; et même le fils (B), devenu patron de son père (C), dit qu'il ne peut pas faire valoir en cela le privilége de la puissance paternelle, puisqu'en qualité d'affranchi (C) il lui est soumis comme à son nouveau patron (B).

Enfin il y a des lois mixtes, que l'on oppose à elles-mêmes, comme si elles en formaient deux. Telle est celle-ci : *Tout bâtard qui naît avant un enfant légitime sera tenu pour légitime. S'il naît après lui, il aura seulement la qualité de citoyen.* Ce que j'ai dit des lois doit s'appliquer aux sénatus-consultes; car soit qu'ils se combattent eux-mêmes, soit qu'ils combattent les lois, ils n'ont point d'autre état que celui dont nous parlons.

CHAP. VIII. L'état fondé sur le *syllogisme* a quelque ressemblance avec celui qui est fondé sur la lettre et l'esprit, en ce que l'une des parties s'y appuie toujours sur la lettre ; mais il y a cette différence, que là il est beaucoup parlé contre la lettre, et qu'ici on prétend quelque chose de plus que la lettre ne dit ; que là, celui qui défend la lettre veut qu'on observe la rigueur des termes, et qu'ici tout ce qu'on demande, c'est qu'on ne fasse pas autre chose que ce que prescrit la lettre. Ce même état a aussi quelque rapport avec celui de définition ; car si la définition est faible, elle tourne souvent en syllogisme. Supposons, par exemple, cette loi : *Toute empoisonneuse sera punie de mort. Une femme se voyant délaissée de son mari, lui donne un philtre, et ensuite le délaisse à son tour. Ses parents la conjurent en vain de retourner chez son mari. Le mari se pend; la femme est accusée d'empoisonnement.* Le plus fort moyen de l'accusateur est sans doute de dire que ce philtre est un poison : voilà une définition. Si on ne l'admet pas, il aura recours au syllogisme, et, sans s'arrêter à la définition, il prouvera que *cette femme est aussi coupable que si elle eût em-*

---

multa dicuntur : adversus desertores scripta non potest, nisi optione, subverti : item, *confessum* est ex utraque parte jus, aut *dubium* : si *confessum* est, hæc fere quæruntur : *Utra lex potentior ? ad deos pertineat, an ad homines ? ad rempublicam, an ad privatos ? de honore, an de pœna ? de magnis rebus, an de parvis ? permittat, an vetet, an imperet ?* Solet tractari et, *utra sit antiquior : sed vel potentissimum, utra minus perdat ?* ut in desertore, et viro forti, quod illo non occiso lex tota tollatur ; occiso, sit reliqua viro forti alia optio : plurimum tamen est in hoc, *Utrum fieri sit melius, atque æquius ?* de quo nihil præcipi, nisi proposita materia, potest. Si *dubium* ; aut alteri, aut invicem utrique de jure fit controversia, ut in re tali, *Patri in filium, patrono in libertum manus injectio sit : liberti heredem sequantur :* liberti *filium quidam fecit heredem, invicem petitur manus injectio :* et patronus negat jus patris illi fuisse, quia ipse in manu patroni fuerit. Duplices leges, sicut duæ, colliduntur : ut, *Nothus ante legitimum natus, legitimus sit ; post legitimum, tantum* civis : quod de legibus, idem de senatusconsultis dictum : quæ si aut inter se pugnent, aut obstent legibus, non tamen aliud sit ejus status nomen.

CAP. VIII. *Syllogismus* habet aliquid simile scripto et voluntati, quia semper pars in eo altera scripto nititur : sed hoc interest, quod illic dicitur contra scriptum, hic supra scriptum; illic, qui verba defendit, hoc agit, ut fiat utique, quod scriptum est; hic, ne aliud, quam scriptum est : ejus nonnulla etiam cum *finitione* conjunctio : nam sæpe, si *finitio* infirma est, in *syllogismum* delabitur. Sit enim lex, *Venefica capite puniatur : sæpe secubanti amatorium dedit : repudiavit : per propinquos rogata, ut rediret, non est reversa : suspendit se maritus : mulier veneficii rea est :* fortissima est actio dicentis amatorium venenum esse : id est *finitio*; quæ si parum valebit, fiet *syllogismus*, ad quem, velut remissa priore contentione, veniemus : *an perinde puniri debeat, ac si virum veneno necasset ?* Ergo hic status ducet ex eo, quod scriptum est, id, quod incertum est : quod quoniam ratione colligitur, *ratiocinativus* dicitur

poisonné son mari. Ainsi cet état tire l'incertain du certain, et, comme il est fondé sur le raisonnement, on l'appelle état de syllogisme. Or, voici à peu près toutes les espèces qu'il comporte : *Ce qu'on a eu droit de faire une fois, peut-on le faire plusieurs ?* Une femme condamnée pour inceste, après avoir été précipitée du haut d'un rocher, est trouvée en vie : on veut lui faire subir une seconde fois le même supplice. *Ce que la loi accorde pour une fois, l'accorde-t-elle pour deux ?* Un homme qui a tué deux tyrans a la fois demande deux récompenses. *Ce que l'on a pu faire auparavant, peut-on le faire après ?* Une fille, qui avait été enlevée, voyant que le ravisseur a pris la fuite, se marie. Celui-ci étant revenu, elle demande qu'il lui soit permis d'opter ou de l'épouser ou de le faire mourir. *Ce qui est défendu à l'égard du tout, l'est-il à l'égard de la partie ?* La loi défend de recevoir une charrue à titre de gage ; un homme reçoit le soc. *Ce qui est défendu à l'égard de la partie, l'est-il à l'égard du tout ?* Il est défendu de faire venir des laines de Tarente ; une personne en fait venir des moutons. Ici donc l'une des parties s'appuie sur la lettre, mais l'autre prétend que le législateur ne s'est pas suffisamment expliqué, et peut dire : *Cette femme est coupable d'inceste ; je demande qu'elle soit précipitée : c'est la loi. Cette fille a été enlevée : elle a la liberté d'opter. Ces moutons portent de la laine ;* et ainsi du reste. Mais comme on peut répondre qu'il n'est point écrit que cette femme doive être précipitée deux fois, ni que cette fille soit toujours maîtresse d'opter, ni qu'un homme qui a tué deux tyrans puisse demander deux récompenses ; qu'il n'est fait mention ni de soc de charrue, ni de moutons, il s'ensuit qu'on induit l'incertain du certain. Pour ce qui est de tirer de ce qui est écrit ce qui n'est pas écrit, cela est plus embarrassant. Par exemple, *quiconque aura tué son père sera mis dans un sac et jeté dans la rivière.* Or, je suppose un fils qui a tué sa mère. *Il n'est permis à personne d'arracher par force quelqu'un de sa maison pour l'amener en justice.* Or, je suppose un homme qu'on arrache d'une tente. Dans ces controverses, on traite deux questions : la première, *si, toutes les fois qu'il n'existe pas de loi particulière sur un fait, on doit recourir à un fait semblable, qui se trouve décidé par une loi;* la seconde, *si le fait dont il s'agit est véritablement semblable à celui que l'on prend pour règle, et qui est décidé par la loi.* Or, qui dit semblable dit ou plus grand, ou moindre, ou égal. Dans le premier cas, on examinera *si le fait a été suffisamment prévu par la loi, et si, quoiqu'il n'ait pas été prévu, il faut pourtant y appliquer la loi.* Dans les deux autres cas, on s'appuiera sur l'esprit et surtout sur l'équité, laquelle est toujours d'une grande efficacité.

CH. IX. L'*amphibologie* a des espèces sans nombre, jusque-là que, selon certains philosophes, il n'y a pas un mot qui ne signifie plusieurs choses : cependant elle se réduit à un petit nombre de genres. Elle naît, ou d'un mot pris isolément, ou de plusieurs mots pris ensemble. Un mot seul peut induire en erreur, quand il sert de dénomination à plusieurs personnes ou à plusieurs choses, ce que les Grecs appellent ὁμωνυμία, comme *Gallus;* car on ne sait s'il faut entendre, ou un oiseau, ou une nation, ou un nom propre, ou un défaut de corps. De même *Ajax* peut s'entendre ou du fils d'Oïlée ou du fils de Télamon ; de même *cerno.* Cette ambiguïté est causée de bien des manières et donne lieu à une infinité de procès, particulièrement en ce qui regarde les testaments, lorsque plusieurs personnes portant

---

in has autem fere species venit, *An quod semel jus est, idem et sæpius? incesti damnata, et præcipitata de saxo, vixit: repetitur. An quod in uno, et in pluribus? qui duos uno tempore tyrannos occidit, duo præmia petit. An quod ante, et postea? raptor profugit, rapta nupsit, reverso illo petit optionem. An quod in toto, idem in parte? aratrum accipere pignori non licet, vomerem accepit. An quod in parte, idem in toto? lanas evehere Tarento non licet, oves vexit.* In his syllogismis scripto alter nititur, alter non satis cautum esse dicit : *postulo ut præcipitetur incesta, lex est; et rapta optionem petit, et in ove lanæ sunt :* similiter alia. Sed, quia responderi potest, *Non est scriptum, ut bis præcipitetur damnata, ut quandoque rapta optet, ut tyrannicida duo præmia accipiat, nihil de vomere cautum, nihil de ovibus :* ex eo, quod manifestum, colligitur quod dubium est : majoris ingenii est ex scripto ducere, quod scriptum non est : *qui patrem occiderit, culeo insuatur; matrem occidit; ex domo in jus educere ne liceat; ex tabernaculo eduxit.*

In hoc genere hæc quæruntur : *An, quoties propria lex non est, simili sit utendum? an id, de quo agitur, ei, de quo scriptum est, simile sit?* Simile autem et majus est, et par, et minus : in illo priore, *an satis lege cautum sit? an et, si parum cautum est, hac sit utendum?* In utroque de voluntate legumlatoris : sed *de æquo* tractatus potentissimi.

CAP. IX. *Amphiboliæ* species sunt innumerabiles, adeo, ut philosophorum quibusdam nullum videatur esse verbum, quod non pluria significet : genera admodum pauca. Aut enim vocibus accidit singulis, aut conjunctis ; singula afferunt errorem, quum pluribus rebus aut hominibus eadem appellatio est (ὁμωνυμία dicitur), ut *Gallus;* avem enim, an gentem, an nomen, an fortunam corporis significet, incertum est : et *Ajax,* Telamonis, an Oilei filius : verba quoque quædam diversos intellectus habent, ut *cerno.* Quæ ambiguitas plurimis modis accidit ; unde fere lites, præcipue ex testamentis, quum de libertate, aut etiam de hereditate contendunt ii, quibus idem nomen est ; aut, quid sit legatum, quæritur. Alterum est,

le même nom se disputent la liberté ou la succession, ou bien lorsque, le testateur s'étant expliqué en termes équivoques, on demande en quoi consiste le legs. Un seul mot peut encore nous tromper, lorsque pris en entier il signifie une chose, et que, partagé, il en signifie une autre, comme *ingenua, armamentum, Corvinum*: subtilités ridicules, dont les Grecs ne laissent pas de tirer des sujets de controverse. De là cette argutie connue qu'on appelle αὐλητρίς, lorsqu'on demande *si une flûte qui tombe trois fois, ou une joueuse de flûte qui tombe, doit être vendue*. Il en est de même lorsqu'un mot composé peut être entendu comme deux mots séparés : *Un homme en mourant ordonne que son corps soit mis dans un lieu secret ou non secret (inocculto, in occulto), et, selon la coutume, lègue sur sa succession une certaine quantité de terre pour servir à sa tombe*. Un procès s'élève sur la question de savoir s'il faut lire *inocculto* en un seul mot, ou *in occulto* en deux mots. C'est ainsi que, chez les Grecs, on prend pour thèse un testament au sujet duquel on discute s'il faut lire πανταλέοντι en un seul mot, ou παντα λέοντι en deux mots. Dans la contexture du discours, l'ambiguïté est encore plus fréquente : ce qui arrive, tantôt par rapport aux cas, comme dans ce vers de l'oracle d'Apollon, rapporté par Ennius :

Aio te, Æacida, Romanos vincere posse.

Est-ce Pyrrhus qui vaincra les Romains, ou sont-ce les Romains qui vaincront Pyrrhus? Tantôt parce qu'un mot est mal placé, et qu'on ne sait à quoi il se rapporte, surtout s'il est au milieu, comme lorsque Virgile nous peint Troïle traîné par ses chevaux : *Lora tenens tamen*. Est-ce parce qu'il tient les rênes qu'il est entraîné, ou est-il entraîné, quoiqu'il tienne les rênes? on peut hésiter entre ces deux sens. Autre question tirée d'un testament ainsi conçu : *poni statuam auream hastam tenentem : auream* se rapporte-t-il à *hastam* ou à *statuam*? Tantôt parce que l'inflexion de la voix ou la ponctuation ne marque pas le rapport des mots, comme dans ce vers :

Quinquaginta ubi erant centum inde occidit Achilles.

Souvent aussi il est incertain auquel de deux antécédents un mot se rapporte, comme ici : *Que mon héritier soit tenu de donner à ma femme, sur ma vaisselle d'argent, le poids de cent livres, en tels objets qu'il* LUI *plaira*. De ces dernières sortes d'ambiguïtés, la première se corrige en changeant les cas, la seconde en séparant ou en transposant les mots, et la troisième en ajoutant quelque autre mot. Ainsi l'équivoque causée par deux accusatifs cessera par l'emploi de l'ablatif, si l'on dit : *A Lachete percussum audivi Demeam*, au lieu de *Lachetem percussisse Demeam*, quoique l'ablatif soit par lui-même amphibologique, comme je l'ai dit dans le premier livre. Ainsi, dans cette phrase de Virgile, *cœlo decurrit aperto*, on ne sait si le poëte veut dire, *per apertum cœlum*, ou, *cum esset apertum*. On détache les mots par la ponctuation ou au moyen d'une pause. Enfin il est aisé d'éclaircir le sens en ajoutant quelque mot, de cette sorte : *en tels objets qu'il lui plaira de choisir*, A LUI OU A ELLE. Quelquefois l'amphibologie naît d'un mot superflu, et cesse par le retranchement de ce mot. Ainsi, dans cette phrase: *Nos flentes illos deprehendimus*, il suffit d'ôter *illos*. Mais quand l'ambiguïté vient d'un mot que l'on ne sait à quoi rapporter, il faut y remédier par plusieurs mots; encore même souvent tombe-t-on dans le défaut qu'on voulait éviter; par exemple, *Que mon héritier soit tenu de lui donner tous ses biens*: car à quoi se rapporte *ses?* Cicéron lui-même,

---

in quo alia integro verbo significatio est, alia diviso : ut *ingenua*, et *armamentum*, et *Corvinum*, ineptæ sane cavillationis, ex qua tamen Græci controversias ducunt : inde αὐλητρὶς illa vulgata, quum quæritur, *Utrum aula, quæter ceciderit, an tibicina, si ceciderit, debeat publicari*. Tertia est ex compositis, ut si quis corpus suum inocculto loco poni jubeat, circaque monumentum multum agri ab heredibus in tutelam cinerum, ut solent, leget, sit litis occasio *inocculum*. Sic apud Græcos contendit Λέων et Πανταλέων, quum scriptura dubia est, bona omnia Λέοντι, an bona Πανταλέοντι relicta sint : in conjunctis plus ambiguitatis : fit autem *per casus*; ut,

Aio te, Æacida, Romanos vincere posse.

Per collocationem, ubi dubium est, quid quo referri oporteat : ac frequentissime, quum id, quod medium est, utrinque possit trahi, ut de Troïlo Virgilius, *Lora tenens tamen*.... Hic, utrum, quod teneat tamen lora, an, quamvis teneat, tamen trahatur, quæri potest. Unde controversia illa, testamento quidam jussit *poni statuam auream hastam tenentem* : quæritur, statua hastam tenens aurea esse debeat, an hasta esse aurea in statua alterius materiæ? Fit per *flexum* idem magis,

Quinquaginta ubi erant centum inde occidit Achilles.

Sæpe, utri duorum antecedentium sermo subjunctus sit, in dubio est : unde et controversia, *Heres meus uxori meæ dare damnas esto argenti, quod elegerit, pondo centum* : uter eligat, quæritur : verum id quod ex his primum est, *mutatione casuum*, sequens *divisione verborum* aut *translatione* emendatur, tertium *adjectione*. Accusativi geminatione facta amphibolia solvitur ablativo : ut illud, *Lachetem audivi percussisse Demeam*, fiat, *a Lachete percussum Demeam* : sed ablativo ipsi, ut in primo diximus, inest naturalis amphibolia : *cælo decurrit aperto*: utrum per apertum cœlum, an quum apertum esset. *Divisio respiratione et mora constat : statuam*, deinde, *auream hastam*: vel *statuam auream*, deinde, *hastam* : adjectio talis est, *argentum, quod elegerit, ipse*, ut heres intelligatur : vel *ipsa*, ut uxor : adjectione facta amphibolia, qualis sit, *Nos flentes illos deprehendimus, detractione* solvetur. Pluribus verbis emendan-

dans son *Brutus*, a commis cette faute, en parlant de C. Fannius, *qui n'avait pas*, dit-il, *beaucoup d'amitié pour son beau-père, parce qu'il ne l'avait pas fait entrer dans le collége des augures, et qu'il avait mieux aimé que Q. Scévola, qui était moins âgé, y entrât que lui*. Ce *lui*, en effet, peut également se rapporter et à Fannius et à son beau-père. Une syllabe dont on laisse la quantité douteuse suffit encore pour mettre l'esprit en suspens, comme dans *Cato*, dont la seconde syllabe, étant brève au nominatif, signifie une chose, et longue au datif ou à l'ablatif en signifie une autre. Il y a encore plusieurs autres espèces qu'il n'est pas nécessaire d'examiner; car peu importe d'où naît l'ambiguïté et comment on y remédie : il suffit qu'elle présente toujours deux sens à l'esprit. Quant à la parole ou à l'écrit qui contient l'amphibologie, les deux parties y trouvent également matière à disputer. C'est donc en vain que l'on nous recommande de tâcher d'interpréter le mot en notre faveur; car si cette interprétation peut se faire naturellement, il n'y a plus d'amphibologie. Voici, au reste, toutes les questions qui concernent cette matière : on examine quelquefois *lequel des deux sens est le plus naturel*. — On examine toujours *lequel est le plus conforme à l'équité, et si celui qui a parlé ou écrit a voulu dire ceci ou cela*. Or, la manière de traiter ces questions, soit pour, soit contre, a été suffisamment enseignée aux chapitres de la conjecture et de la qualité.

Сн. X. La plupart des états ont une certaine affinité entre eux; car, dans la définition, il s'agit de savoir comment un nom peut s'entendre; dans le syllogisme, qui a le plus de rapport avec la définition, on examine quelle a été l'intention de l'auteur de l'écrit; et dans l'antinomie, il est évident qu'il implique deux autres états, l'un *de la lettre* et l'autre *de l'esprit*. De plus, la définition est en quelque sorte la même chose que l'état légal nommé *amphibologie*, puisque le nom à définir peut présenter deux sens. *La lettre* et *l'esprit* renferment aussi une question de nom, et il en est de même de l'antinomie. C'est pourquoi quelques rhéteurs ont dit que tous ces états avaient pour objet *la lettre* et *l'esprit;* et d'autres ont cru que la lettre et l'esprit contenaient aussi un autre état légal appelé amphibologie. Cependant ces états sont distincts; car autre chose est une loi obscure, autre chose une loi ambiguë. Voici donc en quoi ils diffèrent. La *définition* consiste en une question générale qui roule sur la nature du nom, et qui pourrait subsister indépendamment des circonstances particulières de la cause. *La lettre* et *l'esprit* ont pour objet un mot douteux qui est dans la loi. Le *syllogisme* roule sur un mot qui n'est pas dans la loi, l'*amphibologie* partage l'esprit, et l'*antinomie* fait naître deux contestations directement opposées l'une à l'autre. Ce n'est donc pas sans raison que cette distinction a été introduite par de très-habiles rhéteurs, et que plusieurs personnes fort éclairées l'admettent encore aujourd'hui. Maintenant, quant à la forme et à la disposition qu'il faut donner à chaque état, j'ai dit là-dessus, sinon tout ce qu'il y avait à dire, du moins une partie. Le reste ne peut s'enseigner que dans l'occasion, et dépend absolument de la matière

---

dum, ubi est id, quod, quo referatur, dubium est, et ipsum est ambiguum : *heres meus dare illi damnas esto omnia sua* : id quod genus incidit Cicero loquens de C. Fannio : *Is soceri instituto, quem, quia cooptatus in augurum collegium non erat, non admodum diligebat : præsertim quum ille Q. Scævolam sibi minorem natu generum prætulisset* : nam id *sibi* et ad socerum referri, et ad Fannium potest. Productio quoque scripto, et correptio in dubio relicta, causa est ambiguitatis : ut in hoc, *Cato* : aliud enim ostendit brevis secunda syllaba casu nominativo, aliud eadem syllaba producta casu dativo aut ablativo : plurimæ præterea sunt aliæ species, quas persequi nihil necesse est. Nec refert, quomodo sit facta amphibolia, aut quo resolvatur : duas enim res significari manifestum est; et, quod ad scriptum vocemve pertinet, in utramque par est partem; ideoque frustra præcipitur, ut in hoc statu vocem ipsam ad nostram partem couemur vertere; nam, si id fieri potest, amphibolia non est. Amphiboliæ autem omnis in his erit quæstio, aliquando, *Uter sit secundum naturam magis sermo? semper, utrum sit æquius? utrum is, qui scripsit ac dixit, sic voluerit?* Quarum in utramque partem satis ex his, quæ de conjectura et qualitate diximus, præceptum est.

Cap. X. Est autem quædam inter hos status cognatio : nam et in *finitione*, quæ sit voluntas nominis, quæritur; et in *syllogismo*, qui secundus a finitione status est, spectatur, quid voluerit scriptor; et ex contrariis legibus duos esse *scripti* et *voluntatis* status apparet : rursus et *finitio* quodammodo est *amphibolia*, quum in duas partes diducatur intellectus nominis. *Scriptum* et *voluntas* habet in verbis vocis quæstionem, quod idem in *antinomia* petitur : ideoque omnia hæc quidam *scriptum* et *voluntatem* esse dixerunt : alii in scripto et voluntate amphiboliam esse, quæ facit quæstionem; sed distincta sunt : aliud est enim obscurum jus, aliud ambiguum. Igitur *finitio* in natura ipsa nominis quæstionem habet generalem, et quæ esse etiam citra complexum causæ possit : *scriptum* et *voluntas* de eo disputat verbo, quod est in lege; *syllogismus* de eo, quod non est : *amphiboliæ* lis in diversum trahit; *legum contrariarum* ex diverso pugna est. Neque immerito et recepta est a doctissimis hæc differentia, et apud plurimos ac prudentissimos durat; et de hoc quidem genere disceptationis, etiamsi non omnia, tradi tamen aliqua potuerunt. Sunt alia, quæ, nisi proposita, de qua dicendum est, materia, viam docendi non præbeant : non enim causa universa in quæstiones ac locos diducenda est; sed hæ ipsæ partes habent rursus ordinem suum : nam et in procemio primum est aliquid, et secundum, ac deinceps : *et quæstio* omnis ac

que l'on traite ; car ce n'est pas assez de partager la cause entière en questions et en lieux : ces parties doivent aussi avoir un certain ordre. Par exemple, dans l'exorde, il y a une chose qu'il faut dire la première, une autre qu'il faut dire la seconde, et ainsi du reste; enfin, toute question, tout lieu a sa disposition particulière, comme les thèses générales. Je suppose qu'un orateur emploie cette division : *Quiconque a sauvé sa patrie par sa valeur est-il maître de choisir telle récompense qu'il voudra? Peut il prétendre à un bien appartenant à un particulier ? Peut-il demander une femme en mariage, et une femme mariée, et nommément telle femme?* Or, croira-t-on cet orateur fort instruit dans l'art de diviser un discours, si, lorsqu'il s'agira de traiter la première question, il dit pêle-mêle tout ce qui se présentera à son esprit; s'il ignore qu'il doit examiner à quoi il faut s'en tenir, de la lettre ou de l'esprit; s'il ne sait donner à cette subdivision un certain commencement, et s'il ne sait lier ce commencement à ce qui doit suivre immédiatement, et construire son discours de telle sorte que chaque partie ait toute la régularité et l'harmonie qu'elle doit avoir, de la même manière que la main est une partie du corps humain, que les doigts sont une partie de la main, etc. Or, voilà ce qu'un rhéteur ne peut jamais rendre sensible, à moins qu'il n'ait devant les yeux une espèce fixe et déterminée. Et que sert de s'en proposer, je ne dis pas une et deux, mais cent mille, dans une matière dont l'étendue est sans bornes? C'est donc au maître de montrer tous les jours, tantôt dans un genre, tantôt dans un autre, quel est l'ordre et l'enchaînement des choses, afin que l'élève s'y accoutume peu à peu, et travaille par analogie : car on ne peut pas enseigner tout ce que l'art peut faire.

Quel est le peintre, en effet, qui ait appris à peindre tout ce qui est dans le monde? Mais comme il a appris la manière d'imiter, il l'appliquera aux objets qu'il n'a pas encore peints. Quel est le sculpteur à qui il n'est pas arrivé de faire un vase tel qu'il n'en avait jamais vu de semblable? Il y a donc des choses qui s'apprennent, quoiqu'elles ne s'enseignent pas. Car un médecin dira bien ce qu'il faut faire en chaque espèce de maladie, et ce que l'on peut, en général, conjecturer de certains signes; mais de se connaître parfaitement au pouls, aux différents degrés de chaleur, à la respiration, au teint, et à tant d'autres symptômes qui sont particuliers à chaque malade, c'est l'effet de sa sagacité naturelle. C'est pourquoi il faut que nous tirions plusieurs connaissances de notre propre fonds, que nous sachions prendre conseil de la cause, et que nous songions que les hommes ont inventé l'art avant de l'enseigner; car la bonne disposition et la véritable économie d'une cause est celle que nous suggère l'étude de la cause même. C'est alors que nous pouvons juger si l'exorde est nécessaire ou superflu; s'il faut se servir d'une exposition continue ou partagée en plusieurs points: s'il faut y suivre l'ordre des choses, ou, à la manière d'Homère, commencer par le milieu ou la fin ; et en quelles circonstances on peut s'en passer entièrement; s'il est plus utile de débuter par nos propres propositions ou par celles de notre adversaire; par nos preuves les plus fortes, ou par les plus faibles; quand la cause demande que l'on traite certaines questions dans l'exorde; quand ces questions ont besoin de préparation; quelles sont les choses que l'on peut dire tout d'abord aux juges, et quelles sont celles qu'il faut leur ménager ; s'il est plus à propos de réfuter chaque preuve de l'adver-

---

locus habet suam dispositionem, ut theses etiam simplices. Nisi forte satis erit dividendi peritus, qui controversiam in hæc diduxerit, *an omne præmium viro forti dandum sit, an ex privato, an nuptiæ, an ea, quæ nupta sit, an hæc?* deinde, quum fuerit de prima quæstione dicendum, passim, et ut quidque in mentem veniet, miscuerit? non primum in ea scierit esse tractandum, *verbis legum standum sit, an voluntate?* hujus ipsius particulæ aliquod initium fecerit? deinde, proxima subnectens, struxerit orationem, ut pars hominis est manus, ejus digiti, illorum quoque articuli? est hoc, quod scriptor demonstrare non possit, nisi certa, definitaque materia. Sed quid una faciet, aut altera? quin immo centum ac mille, in re infinita? Præceptoris est, in alio atque alio genere quotidie ostendere, quis ordo sit rerum, et quæ copulatio; ut paulatim fiat usus, et ad similia transitus : tradi enim omnia, quæ ars efficit, non possunt. Nam quis pictor omnia, quæ in rerum natura sunt, adumbrare didicit? sed percepta semel imitandi ratione, assimulabit, quidquid acceperit : quis non faber vasculum aliquod, quale nunquam viderat, fecit? quædam vero non docentium sunt, sed discentium. Nam medicus, quid in quoque valetudinis genere faciendum sit, quid quibusque signis providendum, docebit; vim sentiendi pulsus venarum, caloris motus, spiritus meatum, coloris distantiam, quæ sua cujusque sunt, ingenium dabit : quare plurima petamus a nobis, et cum causis delibereamus, cogitemusque, homines ante invenisse artem, quam docuisse. Illa enim potentissima est quæque vere dicitur œconomica totius causæ *dispositio*, quæ non constitui, nisi velut in re præsente, potest : ubi assumendum procemium, ubi omittendum? ubi utendum expositione continua, ubi partita? ubi ab initiis incipiendum, ubi more Homerico e mediis, vel ultimis? ubi omnino non exponendum? quando a nostris, quando ab adversariorum propositionibus incipiamus? quando a firmissimis probationibus, quando a levioribus? qua in causa præponendæ procemiis quæstiones? qua præparatione præmuniendæ? quid judicis animus accipere possit statim dictum, quo paulatim deducendus? singulis, an universis opponenda refutatio? reservandi perorationi, an per totam actionem diffundendi affectus? de jure prius, an de æquitate dicendum? anteacta crimina,

saire en détail ou en masse; s'il vaut mieux réserver les grands mouvements pour la péroraison, ou les répandre dans toutes les parties du plaidoyer; si nous devons insister d'abord sur la rigueur du droit ou sur l'équité; s'il est plus convenable de rappeler d'abord le passé, soit pour nous en justifier, soit pour le reprocher à la partie adverse, ou de nous renfermer dans l'accusation; et, lorsque la cause est multiple, quel ordre il faut adopter, quels témoignages, quelles pièces il faut invoquer dans le cours de la plaidoirie, ou ajourner. C'est ainsi qu'un capitaine sait ordonner son armée pour faire face à tous les événements, emploie une partie de ses troupes à protéger des places ou à garder des villes, une autre à escorter les convois, une autre à garder les défilés, enfin les distribue par terre et par mer selon le besoin; mais nul orateur n'exécutera tout cela dans un discours, sans la *nature*, la *doctrine* et *l'étude*. Que personne donc ne s'attende à devenir éloquent à peu de frais, et seulement par le travail d'autrui. Que chacun se persuade, au contraire, qu'il lui faut veiller, pâlir, et ne jamais se lasser; qu'il doit se créer une force, une méthode à lui, qu'il trouve toujours en lui et non en cherchant au dehors; que cette force et cette méthode paraissent un don de la nature et non un effet de l'art; car l'art, s'il en est un, peut bien nous montrer la route en peu de temps, mais il a fait assez pour nous s'il a ouvert devant nous les trésors de l'éloquence : c'est à nous de savoir nous en servir.

Voilà ce que j'avais à dire de la disposition générale. Il y en a une autre qui regarde les parties; car ces parties elles-mêmes ont une première pensée, et une seconde, et une troisième, qui doivent être non-seulement placées dans un certain ordre, mais encore jointes ensemble, et si bien liées entre elles qu'on n'en aperçoive pas même la jointure, en sorte qu'elles forment un corps et non des membres. C'est à quoi nous réussirons en ayant soin d'observer si chaque chose est à sa place, et en arrangeant si bien nos mots que, loin de s'entre-choquer, ils semblent s'embrasser. De cette sorte, on ne verra pas des choses de nature différente, et tirées de lieux encore plus différents, s'étonner d'être ensemble et lutter entre elles; mais toutes se trouveront unies par une espèce de parenté qui en sera le lien commun, et notre discours ne paraîtra pas seulement bien distribué, mais continu et comme d'une seule pièce. Mais je m'engage un peu trop avant, entraîné par l'affinité des matières; et je passe insensiblement de la disposition à l'élocution, qui doit être la matière du livre suivant.

LIVRE VIII.

SOMMAIRE.

Introduction. — Chap. I. Ce qu'il faut considérer dans l'élocution. — II. De la clarté. — III. De l'ornement. — IV. De l'amplification. — V. Des genres de pensées. — VI. Des tropes.

Les cinq livres précédents contiennent à peu près tout ce qui regarde l'*invention* et la *disposition*. Mais si la connaissance approfondie des règles de ces deux parties de la rhétorique est nécessaire à ceux qui veulent posséder l'art en son entier, d'un autre côté un enseignement plus court et plus simple convient mieux aux commençants; car d'ordinaire, ou ils se laissent rebuter par la difficulté de suivre une méthode aussi multiple et aussi compliquée, ou, à cet âge

---

an de quibus judicium est, prius objicere vel diluere conveniat? Si multiplices causæ erunt, quis ordo faciendus, quæ testimonia, tabulæve, cujusque generis in actione recitandæ, quæ reservandæ? Hæc est velut imperatoria virtus copias suas partientis ad casus præliorum, retinentis partes propter castella tuenda, custodiendasve urbes, petendos commeatus, obsidenda itinera, mari denique ac terra dividentis. Sed hæc in oratione præstabit, cui omnia affuerint, *natura, doctrina, studium* : quare nemo exspectet, ut alieno tantum labore sit disertus : vigilandum ducat, iterum enitendum, pallendum : est facienda sua cuique vis, sua ratio; non respiciendum ad hæc, sed in promptu habenda; nec tanquam tradita, sed tanquam innata. Nam viam demonstrare velociter ars potest, si qua est : verum ars satis præstat, si copias eloquentiæ ponit in medio; nostrum est uti eis scire. Reliqua partium est demum dispositio; et in his ipsis primus aliquis sensus, et secundus, et tertius; qui non modo, ut sint ordine collocati, laborandum est, sed ut inter se juncti, atque ita cohærentes, ne commissura pelluceat; corpus sit, non membra. Quod ita continget, si et, quid in quoque conveniat viderimus, et ut verba verbis applicemus, non pugnantia, sed quæ invicem complectantur : ita non res diversæ distantibus ex locis quasi invicem ignotæ collidentur, sed aliqua societate cum prioribus ac sequentibus se copulaque tenebunt; ac videbitur non solum composita oratio, sed etiam continua : verum longius fortasse progredior fallente transitu, et a dispositione ad elocutionis præcepta labor, quod proximus liber inchoabit.

LIBER VIII.

ARGUMENTUM.

Prooemium. — Cap. I. Quæ in elocutione spectanda. — II. De perspicuitate. — III. De ornatu. — IV. De amplificatione. — V. De generibus sententiarum. — VI. De tropis.

His fere, quæ in proximos quinque libros collata sunt, ratio *inveniendi*, atque inventa *disponendi*, continetur : quam ut per omnes numeros penitus cognoscere, ad summam scientiæ necessarium est, ita incipientibus brevius ac simplicius tradi magis convenit : aut enim difficultate institutionis tam numerosæ atque perplexæ deterreri solent : aut eo tempore, quo præcipue alenda ingenia, atque indulgentia quadam enutrienda sunt, asperiorum tractatu

qui a le plus besoin de nourriture, et surtout d'une nourriture délicate, ils se dessèchent sur d'âpres matières ; ou bien encore, s'ils font tant que de les apprendre, mais sans chercher davantage, ils se croient tout d'abord des orateurs ; ou enfin, esclaves de certaines règles fixes, ils n'osent rien tenter par eux-mêmes ; et plusieurs estiment que c'est la raison qui fait que ceux qui ont le plus approfondi la rhétorique n'ont été rien moins qu'éloquents. Cependant les commençants ont besoin qu'on les mette dans le chemin ; mais ce chemin doit être facile à suivre et à montrer. Un maître habile, tel que je le suppose, saura donc faire un choix, et se bornera pour le moment aux préceptes qui lui paraîtront les meilleurs, ajournant la discussion des autres ; car les élèves suivent le maître sans demander où il les conduit. Quand ils seront en état de réfléchir, il leur en apprendra davantage. Il suffit d'abord qu'ils croient qu'il n'y a point d'autre route que celle qu'on leur fait suivre, en attendant qu'ils puissent reconnaître par eux-mêmes que c'est la meilleure. Au reste, ce n'est pas la doctrine qu'il faut accuser, mais bien les rhéteurs, qui, par leur dissidence et leur opiniâtreté, l'ont obscurcie et embarrassée. Aussi, dans tout ce qui regarde l'art oratoire, il est plus difficile de choisir ce que l'on doit enseigner que d'enseigner ce qu'on a choisi ; et particulièrement, dans ce qui concerne l'invention et la disposition, tout se réduit à un très-petit nombre de principes, au delà desquels l'élève qui aura su les franchir, trouvera une route où il n'aura plus qu'à courir. Jusqu'à présent, en effet, mon laborieux traité a eu pour fin d'établir : *Que la rhétorique est la science de bien dire, qu'elle est utile, qu'elle est un art, et même une vertu ; — qu'elle a pour matière toutes les choses sur lesquelles elle est appelée à parler ; que ces choses peuvent être comprises sous trois genres, le démonstratif, le délibératif et le judiciaire ; — que toute oraison se compose de choses et de mots ; — que dans les choses il faut considérer l'invention, dans les mots l'élocution, dans les choses et dans les mots la disposition et la composition ; et qu'une fois en possession du tout, il faut le confier comme un dépôt à la mémoire, et le recommander à l'action ; — que le devoir de l'orateur est d'instruire, de toucher et de plaire ; — que les moyens d'instruire sont la narration et l'argumentation ; les moyens de toucher, les passions, lesquelles doivent régner dans toute l'oraison, mais surtout au commencement et à la fin ; — que, pour ce qui est de plaire, quoique l'orateur doive rechercher cette fin dans les choses et dans les mots, sa place proprement dite est dans l'élocution ; — que, parmi les questions, les unes sont indéfinies, les autres définies, c'est-à-dire limitées à des considérations de personnes, de lieux et de temps ; — que toute chose comporte trois questions : si elle est, ce qu'elle est, quelle elle est.* A cela nous avons ajouté que le *genre démonstratif* consiste dans la *louange* ou le *blâme* ; que, pour le bien traiter, il faut considérer et ce qu'a fait la personne dont on parle, et ce qui s'est passé après sa mort ; que par conséquent l'*utile* et l'*honnête* sont la matière des discours de ce genre ; — que, dans le *genre délibératif,* indépendamment de l'honnête et de l'utile, il faut examiner par conjecture *si la chose est possible*, et si, dans le cas de possibilité, *il est probable qu'elle réussisse.* J'ai dit que c'est là surtout qu'il faut considérer *qui est celui qui parle, devant qui il*

---

rerum alteruntur : aut, si hæc sola didicerint, satis se ad eloquentiam instructos arbitrantur : aut, quasi ad certas quasdam dicendi leges alligati, conatum omnem reformidant : unde existimant accidisse ut, qui diligentissimi artium scriptores exstiterunt, ab eloquentia longissime fuerint : via tamen opus est incipientibus, sed ea plana, et quum ad ingrediendum, tum ad demonstrandum expedita : eligat itaque peritus ille præceptor ex omnibus optima, et tradat ea demum in præsentia quæ placent, remota refutandi cætera mora : sequuntur enim discipuli, quo duxeris : mox cum robore discendi crescet etiam eruditio. Idem primo solum iter credant esse, in quod inducentur, mox illud cogniturl etiam optimum : sunt autem neque obscura, neque ad percipiendum difficilia, quæ scriptores diversis opinionibus pertinaciter tuendis involverunt : itaque in toto artis hujusce tractatu difficilius est judicare, quid doceas, quam quum judicaris, docere ; præcipueque in duabus his partibus perquam sunt pauca, circa quæ si is, qui instituetur, non repugnaverit, pronum ad cætera habiturus est cursum. Nempe enim plurimum in hoc laboris exhausimus, ut ostenderemus rhetoricen *bene dicendi scientiam, et utilem, et artem, et virtutem esse;* materiam ejus *res omnes*, de quibus dicendum esset ; tum et eas in tribus fere generibus, *demonstrativo, deliberativo, judicialique* reperiri : orationem porro omnem constare *rebus, et verbis :* in rebus intuendam *inventionem ;* in verbis *elocutionem,* in utraque *collocationem :* quæ *memoria* complecteretur, *actio* commendaret. Oratoris officium, *docendi, movendi, delectandi* partibus contineri ; ex quibus ad docendum, *expositio* et *argumentatio ;* ad movendum, *affectus* pertinerent : quos per omnem quidem causam, sed maxime tamen in ingressu ac fine dominari : nam *delectationem,* quamvis in utroque sit eorum, magis tamen proprias *in elocutione* partes habere. *Quæstiones* alias *infinitas,* alias *finitas,* quæ personis, locis, temporibus continerentur ; in omni porro materia tria esse quærenda, *an sit? quid sit? quale sit?* His adjiciebamus, *demonstrativam* laude ac vituperatione constare ; in ea, quæ ab ipso, de quo diceremus, quæ post eum acta essent, intuendum ; hoc opus tractatu *honestorum utiliumque* constare : *suasoriis* accedere tertiam partem ex conjectura, *possetne fieri?* et, *an esset futurum?* de quo deliberaretur : hic præcipue diximus spectandum, *quis, apud quem, quid?* diceret ; judicia-

parle, et sur quoi il parle. Ensuite, passant au *genre judiciaire,* j'ai fait remarquer que les causes roulent, ou sur un seul chef, ou sur plusieurs ; que, dans quelques-unes, il suffit à l'accusateur *de se porter comme demandeur,* et à l'accusé *de se porter comme défendeur;* que *l'accusé* peut nier le fait de deux manières, ou en contestant son *existence,* ou en contestant sa *nature;* qu'il peut aussi *le soutenir juste* ou *le rejeter sur autrui;* que la *question* tombe ou sur un fait ou sur un écrit ; que, *dans un fait,* on considère sa probabilité, sa nature, sa qualité, et, *dans un écrit,* la lettre ou l'esprit : ce qui renferme une discussion exacte des causes ou hypothèses oratoires, aussi bien que des actions, c'est-à-dire des procès civils ou criminels, et où l'on examine aussi les quatre états de questions légales, dont le premier se nomme état de la lettre et de l'esprit ; le second syllogisme ; le troisième amphibologie ; et le quatrième antinomie. J'ai dit que, dans toute cause judiciaire, il y a cinq parties : l'*exorde,* qui sert à préparer le juge ; la *narration,* qui expose la cause ; la *confirmation,* qui sert à l'établir ; la *réfutation,* qui sert à la détruire ; la *péroraison,* qui a pour fin de rafraîchir la mémoire du juge ou d'émouvoir les passions. J'ai joint à cela un traité des lieux d'où se tirent les arguments et les passions, et des moyens par lesquels on peut irriter le juge, ou l'apaiser, ou le délasser. Enfin j'ai donné les règles de la division. Mais ceux qui liront cet ouvrage dans le dessein de s'instruire sont avertis de ne pas oublier que c'est la nature qui a tracé primitivement la route ; que c'est elle que nous devons prendre pour guide en mille occasions : en sorte que les règles que j'ai prescrites jusqu'à présent se doivent moins regarder comme une invention des rhéteurs que comme le résultat de leurs observations.

Ce qui suit demande plus de travail et de soin, car je vais maintenant traiter de l'*élocution,* qui, de l'aveu de tous les orateurs, est la partie la plus difficile de la rhétorique. En effet, lorsque Marc-Antoine, dont j'ai déjà parlé, prétendait qu'*il avait vu beaucoup d'hommes diserts, mais pas un qui fût éloquent,* il entendait sans doute qu'il suffit *pour être disert* de dire ce qu'il faut ; mais que, *pour être éloquent,* il faut déployer toutes les richesses du style. Or, si cette qualité ne s'est rencontrée dans aucun orateur jusqu'à lui, ni même en lui ou en L. Crassus, il est certain qu'elle ne leur a manqué à tous que parce qu'elle est très-difficile à acquérir. Enfin Cicéron déclare que de savoir *inventer* les choses et les *disposer,* c'est le fait de tout homme sensé ; mais que de savoir les *exprimer,* c'est le propre de l'orateur. Aussi s'est-il particulièrement appliqué à cette partie de l'art ; et le nom d'*éloquence* dont il se sert fait assez voir qu'il a eu raison ; car *s'exprimer, eloqui,* c'est produire au dehors sa pensée et la communiquer aux auditeurs : sans quoi tout ce qui précède l'élocution est inutile, et semblable à une épée qui ne sort pas du fourreau.

Voilà donc surtout ce qui s'enseigne ; voilà ce que nul ne peut acquérir sans l'art ; voilà quel doit être l'objet de nos études ; voilà le but de nos exercices, de notre imitation ; voilà ce qui peut occuper toute la vie ; voilà enfin ce qui fait qu'un orateur l'emporte sur un autre orateur, un style sur un autre style : car il ne faut pas croire que les Asiatiques, ou toute autre espèce d'orateurs dont le style est corrompu, n'aient rien entendu à l'invention ou à la dispo-

---

tium causarum alias in singulis, alias in pluribus controversiis consistere ; et in quibusdam sufficere modo *intentionem,* modo *depulsionem;* porro depulsionem omnem infitiatione duplici, *factumne, et an hoc factum esset?* præterea *defensione* ac *translatione* constare : quæstionem aut ex facto, aut ex scripto esse ; *ex facto,* de rerum fide, proprietate, qualitate ; *ex scripto,* de verborum vi, aut voluntate ; in quibus vis tum causarum, tum actionum incipi soleat, quæque aut scripti et voluntatis, aut ratiocinativæ, aut ambiguitatis, aut legum contrariarum specie contineatur. In omni porro causa judiciali quinque esse partes, quarum *exordio* conciliari audientem, *narratione* causam proponi, *confirmatione* roborari, *refutatione* dissolvi, *peroratione* aut memoriam refici, aut animos moveri. His argumentandi et afficiendi locos, et quibus generibus concitari, placari, resolvi judices oporteret, adjecimus : accessit ratio divisionis : credere modo qui discet, velit certam quamdam viam esse, in qua multa etiam sine doctrina præstare debeat per se ipsa natura, ut hæc, de quibus dixi, non tam inventa a præceptoribus, quam, quum fierent, observata esse videantur. Plus exigunt laboris et curæ, quæ sequuntur : hinc enim jam *elocutionis* rationem tractabimus, partem operis, ut inter omnes oratores convenit, difficillimam : nam et M. Antonius, cujus supra habuimus mentionem, quum ait *a se disertos visos esse multos, eloquentem autem neminem, diserto* satis putat dicere quæ oporteat ; ornate autem dicere, proprium esse *eloquentissimi.* Quæ virtus si usque ad eum in nullo reperta est, ac ne in ipso quidem, aut L. Crasso ; certum est et his et prioribus eam desideratam, quia difficillima fuit : et Marcus Tullius *inventionem* quidem ac *dispositionem* prudentis hominis putat, *eloquentiam* oratoris. Ideoque præcipue circa præcepta partis hujus laboravit : quod eum merito fecisse, etiam ipso rei de qua loquimur nomine, palam declaratur : *eloqui* enim hoc est, omnia quæ mente conceperis, promere, atque ad audientes perferre ; sine quo supervacua sunt priora, et similia gladio condito, atque intra vaginam suam hærenti. Hoc itaque maxime docetur ; hoc nullus nisi arte assequi potest ; huic studium adhibendum ; hoc exercitatio petit, hoc imitatio ; hic omnis ætas consumitur ; hoc maxime orator oratore præstantior : hoc genera ipsa dicendi aliis alia potiora. Neque enim Asiani, aut quocumque alio genere corrupti, res non viderunt, aut eas non collocaverunt ; neque, quos *aridos* vocamus, stulti, aut in causis cæci fuerunt ; sed his judicium in eloquendo ac modus, illis vi

sition des choses ; ni que ceux que nous appelons *arides* aient été dépourvus de sens et de raison sous ce rapport ; mais les premiers n'ont eu ni goût ni mesure dans leur style, et les seconds ont manqué de force : preuve évidente que c'est dans le style que réside le défaut ou le mérite de l'éloquence. Il ne s'ensuit pas néanmoins qu'il faille penser uniquement aux mots ; et je me hâte de prévenir ceux qui voudraient m'arrêter, pour ainsi dire, au passage, et abuser de ce que je viens de confesser. Je ne laisserai tirer aucune conséquence de mes paroles à ces gens qui, sans se mettre en peine des choses, lesquelles sont pourtant les véritables nerfs du discours, se consument sur des mots, et cela pour donner de la grâce à leur style : ce qui est sans doute un grand mérite, mais quand cela vient naturellement, et non quand on l'affecte. Les corps sains, dont le sang est pur et que l'exercice a fortifiés, tirent leur beauté de la même source que leur vigueur. Ils joignent l'éclat à la mâle expression de la force, tandis que des corps épilés et fardés nous déplaisent par cette affectation même de beauté factice ou féminine. *Une parure noble et décente donne de la dignité à l'homme,* dit un vers grec ; mais l'afféterie d'une toilette qui ne convient qu'aux femmes ne couvre pas le corps, et laisse voir l'âme à nu. De même cette élocution transparente, et semblable au voile des courtisanes, donne un air efféminé aux choses qui en sont revêtues. Je veux donc qu'on accorde du soin aux mots, mais de la sollicitude aux choses ; car le plus souvent les expressions tiennent aux choses mêmes, et se découvrent à nous par leur propre éclat. Cependant nous les cherchons, comme si elles se cachaient toujours et qu'elles voulussent se dérober à nos yeux. Persuadés qu'elles ne sont jamais auprès des choses dont nous avons à parler, nous faisons beaucoup de chemin loin du sujet, et, après les avoir découvertes, nous leur faisons violence pour les entraîner. La beauté de l'éloquence veut des ornements plus mâles, et, lorsqu'elle est saine et vigoureuse, il ne lui faut pas tant de frisure et de façon ; mais il arrive la plupart du temps que c'est ce soin même qui corrompt le style, parce que les meilleures expressions sont celles qui ne sentent pas la recherche, mais qui ont l'air simple et naturel de la vérité. En effet, celles qui accusent une affectation ambitieuse réussissent rarement à plaire, et encore moins à convaincre, parce qu'elles obscurcissent les pensées comme l'ivraie étouffe le bon grain. Plus amoureux des mots que des choses, ce qui pourrait se dire tout simplement, nous l'enveloppons de longues circonlocutions ; ce qu'il suffit d'avoir dit une fois, nous le répétons ; ce qui n'a besoin que d'un mot, nous le surchargeons d'un amas d'autres mots ; et la plupart du temps nous aimons mieux faire entendre plus que nous ne disons, ou même ce que nous ne disons pas, que d'émettre ouvertement notre pensée. Il y a plus : le mot propre déplaît aujourd'hui, rien ne nous paraissant beau de ce qu'un autre eût dit comme nous. Les poëtes les moins naturels, les plus guindés, sont ceux de qui nous empruntons des figures ou des métaphores, ne croyant être spirituels qu'autant qu'il faut de l'esprit pour nous comprendre. Cependant Cicéron enseigne assez nettement que *le plus grand défaut du style est de s'éloigner de la manière commune de penser et de parler.* Mais Cicéron n'était qu'un barbare, un ignorant, en comparaison de nous, qui n'aimons rien de ce que la

---

res defuerunt; ut appareat in hoc et vitium et virtutem esse dicendi. Non ideo tamen sola est agenda cura verborum; occurram enim necesse est, et, velut in vestibulo protinus apprehensuris hanc confessionem meam, resistam iis, qui, omissa rerum (quæ nervi sunt in causis) diligentia, quodam inani circa voces studio senescunt · idque faciunt gratia decoris; quod est in dicendo, mea quidem opinione, pulcherrimum, sed quum sequitur, non quum affectatur. Corpora sana, et integri sanguinis, et exercitatione firmata, ex iisdem his speciem accipiunt, ex quibus vires : namque et colorata, et astricta, et lacertis expressa sunt; sed eadem si quis vulsa atque fucata muliebriter comat, fœdissima sunt ipso formæ labore; et *cultus concessus atque magnificus addit hominibus,* ut græco versu testatum est, *auctoritatem :* at mulieribus et luxuriosus, non corpus exornat, sed detegit mentem : similiter illa translucida et versicolor quorumdam elocutio res ipsas effeminat, quæ illo verborum habitu vestiun tur : curam ergo verborum, rerum volo esse sollicitudinem. Nam plerumque optima rebus cohærent, et cernuntur suo lumine; at nos quærimus illa, tanquam lateant semper, seque subducant : ita nunquam putamus circa id esse, de quo dicerdum est; sed ex aliis locis petimus, et inventis vim afferimus. Majore animo aggredienda eloquentia est; quæ, si toto corpore valet, ungues polire, et capillum reponere, non existimabit ad curam suam pertinere ; sed evenit plerumque, ut in hac diligentia deterior etiam fiat oratio. Primum, quia sunt optima minime accessita, et simplicibus atque ab ipsa veritate profectis similia : nam illa, quæ curam fatentur, et ficta atque composita videri etiam volunt, nec gratiam consequuntur, et fidem amittunt, propter id quod sensus obumbrant, et velut læto gramine sata strangulant. Nam et, quod recte dici potest, circumimus amore verborum ; et, quod satis dictum est, repetimus ; et quod uno verbo patet, pluribus oneramus ; et pleraque significare melius putamus, quam dicere. Quid? quod nihil jam proprium placet, dum parum creditur disertum, quod et alius dixisset? A corruptissimo quoque poetarum figuras seu translationes mutuamur; tum demum ingeniosi scilicet, si ad intelligendos nos opus sit ingenio : atqui satis aperte Cicero præceperat, *in dicendo vitium vel maximum esse, a vulgari genere orationis, atque a consuetudine communis sensus abhorrere.* Sed ille durus, atque ineruditus : nos melius, quibus sordent omnia, quæ natura dicta-

nature nous montre du doigt, qui cherchons, non l'ornement, mais le raffinement, comme si les mots, sans cohésion avec les choses, pouvaient avoir quelque valeur. Or, si pour faire qu'ils soient propres, clairs, élégants et bien placés, il faut un travail de toute la vie, avouons que nous avons étudié en pure perte. Voilà cependant ce que font la plupart des orateurs. Que de peines autour de chaque mot, et pour le trouver, et pour le peser, et pour le mesurer, après l'avoir enfin trouvé! Et quand ils en tireraient cet avantage de ne se servir jamais que des plus belles expressions, je les trouverais encore fort à plaindre dans leur résultat. Qu'est-ce en effet qu'un art qui comprime tout essor, éteint tout enthousiasme, à force de défiance? C'est un orateur bien misérable et, pour ainsi dire, bien pauvre, que celui qui ne peut se résoudre à perdre un seul mot; mais ce mot si cher n'échappera même pas à celui qui connaîtra le vrai principe du style, qui, par la lecture assidue des modèles, aura fait une ample provision de mots, qui aura étudié l'art de les arranger, qui enfin, par un continuel exercice, se sera si bien approprié ces richesses qu'il les ait toujours sous la main et devant les yeux. Celui-là verra chaque chose se présenter avec son mot; mais pour cela il faut avoir longtemps étudié, et s'être fait un certain fonds, qui soit comme en réserve pour ne jamais manquer au besoin; car cette anxiété qui cherche, juge, compare, c'est en apprenant qu'elle est de saison, et non en parlant. Autrement, semblables à ces gens qui, faute de s'être amassé du bien, se trouvent réduits aux expédients, ces orateurs se trouvent embarrassés faute d'études préliminaires. Si, au contraire, nous avons eu la prévoyance de nous faire un fonds pour la nécessité, nous le trouverons en temps et lieu ; et les mots, sans attendre que nous les cherchions, s'offriront d'eux-mêmes avec les choses, auxquelles ils sont ce que l'ombre est au corps. Encore ce soin même de l'expression doit-il avoir des bornes; car si nos mots sont latins, significatifs, élégants et bien placés, que nous faut-il davantage ? Cependant il y a des orateurs qui ne sauraient mettre fin à l'injuste critique qu'ils exercent contre eux-mêmes, et qui pèsent jusqu'aux syllabes; qui, même après avoir trouvé les meilleures expressions, cherchent encore s'il n'y en aurait pas quelque autre qui fût plus antique, plus détournée, plus imprévue. Ils ne voient pas que la pensée reste, pour ainsi dire, dans un coin, là où l'admiration est toute pour l'expression.

Je conclus donc qu'il faut apporter le plus grand soin à l'expression, pourvu toutefois qu'on se souvienne qu'il ne faut rien faire pour l'amour des mots, puisque les mots ne sont faits que pour les choses. Or, ceux-là sont les meilleurs qui expriment le mieux notre pensée et qui produisent sur l'esprit des juges l'effet que nous souhaitons. Notre diction ne peut alors manquer de causer de l'admiration et du plaisir; mais cette admiration ne sera point celle que causent les monstres, les prodiges ; ce plaisir ne sera point celui que causent le raffinement et la corruption, mais un plaisir qui peut compatir avec la dignité.

CHAP. I. Ce que les Grecs appellent φράσις, nous l'appelons *élocution*. On la considère dans les mots, ou *pris isolément*, ou *joints ensemble*. Dans les premiers, il faut examiner s'ils sont *latins, clairs, élégants, et appropriés* à ce que

---

vit, qui non ornamenta quærimus, sed lenocinia ; quasi vero sit ulla verborum, nisi rei cohærentium, virtus; quæ ut propria sint, et dilucida, et ornata, et apte collocentur, si tota vita laborandum est, omnis studiorum fructus amissus est. At que plerosque videas hærentes circa singula, et dum inveniunt, et dum inventa ponderant, ac dimetiuntur; quod si idcirco fieret, ut semper optimis uterentur, abominanda tamen hæc infelicitas erat, quæ et cursum dicendi refrenat, et calorem cogitationis exstinguit mora et diffidentia. Miser enim et, ut sic dicam, pauper orator est, qui nullum verbum æquo animo perdere potest; sed ne perdet quidem qui rationem eloquendi primum cognoverit, tum lectione multa et idonea copiosam sibi verborum suppellectilem comparaverit, et huic adhibuerit artem collocandi : deinde hæc omnia exercitatione plurima roborarit, ut semper in promptu sint, et ante oculos. Namque hoc qui fecerit, ei res cum nominibus suis occurrent; sed opus est studio præcedente, et acquisita facultate, et quasi reposita ; namque ista quærendi, judicandi, comparandi anxietas, dum discimus adhibenda est, non dum dicimus : alioqui, sicut qui patrimonium non pararunt, subinde quærunt : ita in oratione, qui non satis laboraverunt. Si præparata vis dicendi fuerit, erunt in officio, sic ut non ad requisita respondere, sed ut semper sensibus inhærere videantur, atque ut umbra corpus sequi. Tamen in hac ipsa cura est aliquid satis ; nam quum latina, significantia, ornata, quum apte sunt collocata, quid amplius laboremus? Quibusdam tamen nullus finis calumniandi se, et cum singulis pene syllabis commorandi ; qui, etiam quum optima sunt reperta, quærunt aliquid, quod sit magis antiquum, remotum, inopinatum ; nec intelligunt jacere sensum in oratione, in qua verba laudantur. Sit igitur cura elocutionis quam maxima, dum sciamus tamen, nihil verborum causa esse faciendum, quum verba ipsa rerum gratia sint reperta ; quorum ea sunt maxime probabilia, quæ sensum animi nostri optime promunt, atque in animis judicum, quod volumus, efficiunt. Ea debent præstare sine dubio et admirabilem et jucundam orationem : verum *admirabilem* non sic, quomodo prodigia miramur ; et *jucundam*, non deformi voluptate, sed cum laude ad dignitatem conjuncta.

CAP. I. Igitur, quam Græci φράσιν vocant, latine dicimus *elocutionem ;* eam spectamus verbis aut *singulis*, aut *conjunctis :* in *singulis* intuendum est, ut sint *latina, perspicua, ornata*, ad id, quod efficere volumus, accommodata ; in *conjunctis*, ut *emendata*, ut *collocata*,

nous voulons exprimer; dans les seconds, s'ils sont *corrects, bien placés* et *figurés.* Pour ce qui est de la manière de parler correctement en latin, j'ai traité cette matière dans le premier livre, au chapitre de la *grammaire.* Mais là mes préceptes se sont bornés aux vices du langage; ici, il n'est pas hors de propos de recommander que les mots ne sentent en rien *la province* ou *l'étranger;* car on voit beaucoup de gens qui, sans ignorer les règles du langage, s'expriment néanmoins d'une manière précieuse plutôt que latine : témoin cette vieille femme d'Athènes qui, en entendant un seul mot un peu affecté de Théophraste, homme d'ailleurs fort éloquent, dit : *Voilà un étranger!* Et quelqu'un lui ayant demandé à quoi elle avait remarqué cela : *C'est,* dit-elle, *qu'il parle d'une manière trop attique.* Pollion, au contraire, trouvait dans Tite-Live, cet écrivain d'une si rare éloquence, une certaine *patavinité.* Que tous nos mots donc, s'il est possible, et que notre accent même révèle un vrai Romain, né à Rome.

CHAP. II. La *clarté* dans les mots naît principalement de la propriété; mais la *propriété* n'a pas qu'une seule acception; car, premièrement, on entend par là le vrai nom de chaque chose, mais l'on ne s'en sert pas toujours, parce qu'on doit éviter ceux qui sont obscènes, ou dégoûtants, ou bas. Les mots bas sont ceux qui répugnent à la dignité des choses ou des personnes. Mais, en voulant éviter ce défaut, quelques personnes tombent dans un autre : c'est de n'oser se servir des termes consacrés par l'usage, lors même que leur sujet l'exige : comme un certain orateur qui, en plaidant, disait *l'herbe d'Ibérie;* ce qu'il eût probablement compris tout seul, si Cassius Severus, pour se moquer de sa puérilité, n'eût averti que c'était du *jonc* qu'il voulait parler. Je ne vois pas non plus pourquoi un célèbre orateur a cru que cette périphrase, *des poissons conservés dans la saumure,* était plus élégante que le terme qu'il évitait. Or, cette propriété qui consiste à se servir du nom propre est une qualité purement négative, mais le contraire est un défaut. C'est ce que nous appelons terme impropre, en grec ἄκυρος : telle est cette expression de Virgile, *espérer une si grande douleur,* et cette autre d'une oraison de Dolabella, que j'ai trouvée corrigée par Cicéron, *porter la mort;* et quelques autres qui sont aujourd'hui louées de certaines personnes, comme *decernere, verba ceciderunt.* Cependant tout ce qui n'est pas propre n'est pas toujours pour cela impropre, parce que, entre autres raisons, il y a beaucoup de choses en grec et en latin qui n'ont point de nom propre; car lancer un dard, c'est proprement *darder;* mais pour celui qui jette une balle ou un pieu, il n'y a point de terme propre qui exprime son action; et, quoiqu'on dise fort bien *lapider,* il n'y a point de mot particulier pour exprimer l'action de jeter une motte de terre ou une tuile; de là vient que le trope appelé κατάχρησις, en latin *abusio,* est nécessaire. La *métaphore,* qui est un des plus beaux ornements du discours, applique certains mots à des choses auxquelles ils ne conviennent pas. C'est pourquoi la propriété dont il s'agit ici se rapporte, non au mot, mais à la signification; et ce n'est pas à l'oreille, mais à l'esprit, qu'il appartient d'en juger.

En second lieu on appelle propre un mot qui appartient à plusieurs choses, mais particulièrement à l'une d'elles, parce que toutes les autres ont

---

ut *figurata.* Sed ea , quæ de ratione latine atque emendate loquendi fuerunt dicenda, *in libro primo,* quum *de grammatice* loqueremur, exsecuti sumus : verum illic tantum, ne vitiosa essent, præcepimus; hic non alienum est admonere, ut sint quam minime *peregrina,* et *externa;* multos enim, quibus loquendi ratio non desit, invenias, quos curiose potius loqui dixeris, quam latine; quomodo et illa attica anus Theophrastum, hominem alioqui disertissimum, annotata unius affectatione verbi, hospitem dixit; nec alio se id deprehendisse interrogata respondit, quam quod *nimium attice* loqueretur. Et in Tito Livio, miræ facundiæ viro, putat inesse Pollio Asinius quamdam *patavinitatem;* quare, si fieri potest, et verba omnia, et vox, hujus alumnum urbis oleant, ut oratio romana plane videatur, non civitate donata.

CAP. II. *Perspicuitas* in verbis præcipuam habet proprietatem; sed *proprietas* ipsa non simpliciter accipitur : primus enim intellectus est sua cujusque rei appellatio, qua non semper utemur. Nam et obscœna vitabimus, et sordida, et humilia; sunt autem humilia infra dignitatem rerum, aut ordinis : in quo vitio cavendo non mediocriter errare quidam solent, qui omnia, quæ sunt in usu, etiamsi causæ necessitas postulet, reformident : ut ille, qui in actione *ibericas herbas,* se solo nequidquam intelligente, dicebat, nisi irridens hanc vanitatem Cassius Severus, *spartum* eum dicere velle indicasset. Nec video, quare clarus orator *duratos muria pisces* nitidius esse crediderit, quam ipsum id, quod vitabat : in hac autem proprietatis specie, quæ nominibus ipsis cujusque rei utitur, nulla virtus est; atque ei contrarium est vitium : id quod nos *improprium,* ἄκυρον apud Græcos vocatur : quale est, ... *tantum sperare dolorem :* aut, quod in oratione Dolabellæ emendatum a Cicerone annotavi, *mortem ferre :* aut, qualia nunc laudantur a quibusdam, quorum est, *decernere, verba ceciderunt :* non tamen, quidquid non erit proprium, protinus et improprii vitio laborabit; quia primum omnium multa sunt et græce et latine non denominata. Nam et, qui jaculum emittit, *jaculari* dicitur; qui pilum aut sudem, appellatione privatim sibi assignata caret : et ut, *lapidare* quid sit, manifestum est, ita glebarum testarumque jactus non habet nomen : unde *abusio,* quæ κατάχρησις dicitur, necessaria. *Translatio* quoque, in qua vel maximus est orationis ornatus, verba non suis rebus accommodat; quare proprietas non ad nomen, sed ad vim significandi refertur; nec auditu, sed intellectu perpendenda est : secundo modo dicitur proprium inter

tiré leur dénomination de celle-là. Par exemple, le mot *vertex* signifie proprement une eau qui tournoie, et tout ce qui se meut en forme de tourbillon. Puis, par métaphore, on a appelé ainsi le sommet de la tête, à cause des cheveux qui flottent à l'entour; puis, parce que l'on a donné ce nom au sommet de la tête, on l'a donné aussi à la partie la plus élevée d'une montagne. Le mot *vertex* convient bien à toutes ces choses, mais proprement il signifie un tourbillon. Les noms de certains poissons ont la même origine, comme ceux que nous nommons *soleæ* et *turdi*. Troisièmement, un mot est propre quand, pouvant convenir à plusieurs choses, il est néanmoins comme affecté à quelqu'une en particulier : tel est le mot *nænia* pour désigner proprement un chant funèbre, et le mot *augurale*, qui se dit de la tente d'un général. J'en dis autant des mots qui sont communs à plusieurs choses de même nature, mais qui s'entendent particulièrement d'une seule, comme le mot *urbs, la ville*, pour dire Rome; celui de *venales* pour désigner des esclaves qui n'ont pas encore servi un an; celui de *Corinthia* pour dire airain de Corinthe, quoiqu'il y ait plusieurs autres villes, plusieurs autres choses vénales, et de l'argent et de l'or de Corinthe aussi bien que de l'airain : mais en tout cela il n'y a rien dont l'orateur puisse se faire un mérite. Mais une sorte de propriété qui le regarde davantage et dont je fais un grand cas, c'est celle de certaines expressions significatives, comme celle-ci de Caton : *César conçut, en homme sobre, le dessein de renverser la république*; comme *deductum carmen*, de Virgile; *acrem tibiam*, *Hannibalemque dirum*, d'Horace. Quelques-uns rapportent à cette espèce de propriété l'apposition ou l'épithète, comme *dulce mustum*, et *cum dentibus albis*. Mais c'est une espèce particulière dont je parlerai ailleurs. Les mots qui sont heureusement transportés sont aussi appelés propres. Quelquefois enfin un mot, qui sert à caractériser une personne, est regardé comme propre : tel est celui de *temporiseur*, qui fut donné à Fabius.

Comme il s'agit ici de la clarté dans les mots, il semble que ce serait le lieu de parler de ces mots qui signifient plus qu'ils ne disent; car ils aident à l'intelligence. Cependant j'aime mieux ranger l'emphase parmi les ornements de discours, parce qu'elle ne sert pas tant à faire comprendre, qu'à donner à entendre plus qu'on ne dit.

D'un autre côté, l'obscurité naît aussi des mots qui s'éloignent de l'usage ordinaire : si, par exemple, quelqu'un feuilletait les annales des pontifes, les vieux traités et les écrits surannés des plus anciens auteurs, à dessein d'y ramasser des expressions que personne ne pût entendre; car il y a des gens qui affectent en cela un air d'érudition, voulant passer pour être les seuls qui sachent certaines choses. On est trompé aussi à certains mots qui sont particuliers à certains pays ou à certains arts, comme le vent *atabulus*, le vaisseau nommé *saccaria*, et *in malaco sanum*. Il ne faut pas s'en servir devant des juges qui en ignorent le sens, ou du moins il faut avoir soin de leur en donner l'explication, ainsi que de ceux qu'on appelle *homonymes*, comme *taurus*; car à moins qu'il ne soit expliqué, on ne sait s'il signifie un animal, ou une montagne, ou une constellation, ou le nom d'un homme, ou une racine d'arbre. Toutefois l'obscurité est plus grande dans une longue suite de mots, c'est-à-dire dans la contexture du discours, et cette

---

plura, quæ sunt ejusdem nominis, id, unde cætera ducta sunt; ut *vertex* est contorta in se aqua, vel quidquid aliud similiter vertitur : inde propter flexum capillorum, pars summa capitis; ex hoc, id quod in montibus eminentissimum : recte dixeris hæc omnia *vertices*; proprie tamen, unde initium est : sic *soleæ* et *turdi* pisces. Et tertius est huic diversus modus, quum res communis pluribus in uno aliquo habet nomen eximium; ut carmen funebre proprie *nænia*, et tabernaculum ducis *augurale* : item, quod commune est et aliis nomen, intellectu alicui rei peculiariter tribuitur; ut *urbem*, Romam accipimus, et *venales*, novitios, et *Corinthia*, æra; quum sint urbes aliæ quoque, et venalia multa, et tam aurum et argentum, quam æs *corinthium*; sed ne in his quidem virtus oratoris inspicitur. At illud jam non mediocriter probandum, quod hoc etiam laudari modo solet, ut proprie dictum, id est, quo nihil inveniri possit significantius, ut Cato dixit, *C. Cæsarem ad evertendam rempublicam sobrium accessisse;* ut Virgilius *deductum carmen*, et Horatius *acrem tibiam*, *Hannibalemque dirum*. In quo modo illud quoque est a quibusdam traditum proprii genus ex appositis, epitheta dicuntur, ut, *dulce mustum*, et *cum dentibus albis*; de quo genere alio loco dicendum est : etiam, quæ bene translata sunt, *propria* dici solent. Interim autem, quæ sunt in quoque præcipua, *proprii* locum accipiunt, ut Fabius inter plures imperatorias virtutes *Cunctator* est appellatus. Possunt videri verba, quæ plus significant, quam eloquuntur, in parte ponenda perspicuitatis; intellectum enim adjuvant : ego tamen libentius em phasim retulerim ad ornatum orationis; quia non, ut intelligatur, efficit, sed ut plus intelligatur. Obscuritas fit etiam verbis ab usu remotis; ut, si commentarios quis pontificum, et vetustissima fœdera, et exoletos scrutatus auctores, id ipsum petat ex his, quæ inde contraxerit, quod non intelligantur : hinc enim aliqui famam eruditionis affectant, ut quædam soli scire videantur. Fallunt etiam verba vel regionibus quibusdam magis familiaria, vel artium propria; ut *atabulus* ventus, et *navis saccaria*, et *in malaco sanum*; quæ vel vitanda apud judicem ignarum significationum earum, vel interpretanda sunt; sicut in his, quæ *homonyma* vocantur : ut *taurus* animal sit, an mons, an signum in cœlo, an nomen hominis, an radix arboris, nisi distinctum non intelligitur. Plus tamen est obscuritatis in contextu et continuatione sermonis, et plures modi : quare nec sit tam longus, ut eum prosequi non possit intentio; nec trajectione tam tardus, ut in hyper-

obscurité a plusieurs causes. Prenons donc garde que nos phrases ne soient d'une telle longueur, qu'une attention raisonnable ne puisse les suivre ; ni tellement traversées par des membres de phrases intermédiaires, que, comme dans l'hyperbate, on ne puisse les comprendre que lorsqu'on est tout à la fin. Un défaut qui est encore pire, c'est le mélange de mots enchevêtrés les uns dans les autres, comme dans ce vers :

<small>Saxa vocant Itali, mediis quæ in fluctibus, aras.</small>

La parenthèse, dont les orateurs et les historiens se servent fréquemment pour intercaler une pensée au milieu d'une période, embarrasse ordinairement le sens, à moins qu'elle ne soit courte. Ainsi, Virgile, après avoir dit dans sa description du jeune cheval : *Il ne craint pas les vains bruits,* entremêle une pensée de cinq vers, et revient à la première en se servant d'un autre tour : *Puis, si le bruit des armes se fait entendre au loin, il ne peut rester en place.* Surtout il faut éviter l'ambiguïté, je ne dis pas seulement celle dont j'ai parlé plus haut, et qui laisse l'esprit dans l'incertitude, comme, par exemple, *Chremetem audivi percussisse Demeam* ; mais encore celle qui, bien qu'elle ne puisse troubler le sens, tombe néanmoins, quant aux mots, dans le défaut de l'autre, comme dans cette phrase : *visum a se hominem librum scribentem* ; car, bien qu'il soit clair que c'est l'homme qui écrit le livre, l'arrangement est mauvais, et aussi ambigu qu'il peut l'être. Quelques-uns pèchent aussi par une malheureuse abondance de termes inutiles. Dans la crainte de parler comme tout le monde, et séduits par une vaine apparence de beauté, ils tournent avec une merveilleuse prolixité autour de ce qu'ils ne veulent pas exprimer. Ensuite, joignant ce tissu de mots à un autre, et celui-ci à un troisième, ils donnent à leurs périodes une étendue telle qu'il n'est pas d'haleine qui puisse y suffire. Il s'en trouve même qui prennent à tâche d'être obscurs, et ce défaut n'est pas nouveau ; car je lis dans Tite-Live que, de son temps, il y avait un maître qui recommandait à ses élèves d'*obscurcir* ce qu'ils disaient, usant pour cela du mot grec σκότισον : d'où est venu sans doute cet éloge nonpareil : *A la bonne heure, je n'y comprends rien moi-même.* D'autres, amoureux de la brièveté jusqu'à l'excès, retranchent jusqu'aux mots nécessaires, et, pourvu qu'ils s'entendent eux-mêmes, ne se mettent nullement en peine d'être entendus de l'auditoire. Pour moi, je ne vois que des paroles oiseuses dans un discours où l'auditeur ne comprend quelque chose qu'à la clarté de son propre esprit. D'autres enfin, en corrompant les mots, trouvent moyen de faire servir les figures à obscurcir le discours. Mais le genre d'obscurité le plus détestable est ce que les Grecs appellent ἀδιανόητον. Cette obscurité consiste dans l'emploi de mots qui, sous un sens clair, en cachent un autre : ainsi, *conductus est cœcus secus viam stare ;* ou bien cette sorte de figure par laquelle on peint dans les écoles un homme déchirant ses membres avec ses dents, *supra se cubasse, se coucher sur soi.* Ces tours de force passent pour des traits hardis d'éloquence ; et plusieurs ont la manie de croire avoir atteint le terme de l'élégance, lorsque, pour être entendus, ils ont besoin d'un interprète ; et il y a même une certaine classe d'auditeurs qui prend plaisir à les écouter ; car, s'imaginant avoir compris, ils sont charmés de

---

<small>baton finis ejus differatur : quibus adhuc pejor est mixtura verborum, qualis in illo versu,

Saxa vocant Itali, mediis quæ in fluctibus, aras.

Etiam interjectione, qua et oratores et historici frequenter utuntur, ut medio sermone aliquem inserant sensum, impediri solet intellectus, nisi, quod interponitur, breve est ; nam Virgilius illo loco quo pullum equinum describit, quum dixisset,

Nec vanos horret strepitus....

compluribus insertis alia figura quinto demum versu redit,

... Tum, si qua sonum procul arma dedere,
Stare loco nescit...

Vitanda imprimis ambiguitas, non hæc solum, de cujus genere supra dictum est, quæ incertum intellectum facit ; ut, *Chremetem audivi percussisse Demeam :* sed illa quoque, quæ, etiamsi turbare non potest sensum, in idem tamen verborum vitium incidit : ut, si quis dicat, *visum a se hominem librum scribentem :* nam, etiamsi librum ab homine scribi patet, male tamen composuerit, feceritque ambiguum, quantum in ipso fuit. Est etiam in quibusdam turba inanium verborum, qui, dum communem loquendi morem reformidant, ducti specie nitoris, circumeunt omnia copiosa loquacitate, quæ dicere nolunt : ipsam deinde illam seriem cum alia simili jungentes, miscentesque, ultra quam ullus spiritus durare possit, extendunt. In hoc malum a quibusdam etiam laboratur : neque id novum vitium est, quum jam apud Titum Livium inveniam fuisse præceptorem aliquem, qui discipulos *obscurare,* quæ dicerent, juberet græco verbo utens, σκότισον : unde illa scilicet egregia laudatio, *Tanto melior : ne ego quidem intellexi.* Alii brevitatem æmulati, necessaria quoque orationi subtrahunt verba, et, velut satis sit scire ipsos, quæ dicere velint, quantum ad alios pertineat, nihil putant : at ego otiosum sermonem dixerim, quem auditor suo ingenio intelligit : quidam, emutatis in perversum dictis, de figuris idem vitium consequuntur. Pessima vero sunt ἀδιανόητα, hoc est, quæ verbis aperta occultos sensus habent : ut, *Conductus est cœcus secus viam stare :* et, qui suos artus morsu lacerasset, fingitur in scholis *supra se cubasse.* Ingeniosa hæc et fortia, et ex ancipiti diserta creduntur, pervasitque jam multos ista persuasio, ut id jam demum eleganter atque exquisite dictum putent, quod interpretandum sit ; sed auditoribus etiam nonnullis grata sunt hæc, quæ quum intellexerunt, acumine suo delectantur, et gaudent, non quasi audiverint, sed quasi invenerint. Nobis prima sit virtus *perspi-*</small>

leur pénétration, et s'applaudissent non d'avoir entendu, mais d'avoir deviné.

Quant à nous, recherchons avant tout la *clarté*, la propriété des termes, la continuité sans interruption ni longueur ; rien de moins, rien de trop : c'est le moyen d'être approuvé des hommes éclairés et d'être compris des ignorants. Voilà pour la clarté dans les mots. Pour ce qui est de la clarté dans les choses, nous en avons parlé au chapitre de la narration. Et l'on peut dire en général qu'il en est de même pour tout ; car si les choses que nous disons n'ont ni plus ni moins d'étendue qu'il n'en faut, et ne sont ni désordonnées ni confuses, elles seront si claires, si nettes, que l'auditeur le moins attentif les comprendra. En effet, il faut compter qu'un juge n'est pas toujours assez attentif pour pouvoir éclaircir en lui notre obscurité, et porter de lui-même la lumière dans les ténèbres d'un plaidoyer ; mais qu'au contraire il est souvent distrait par une foule de pensées qui l'empêchent de comprendre nos paroles, à moins que leur clarté n'illumine son esprit inappliqué, comme le soleil illumine nos yeux, quoiqu'ils ne soient pas fixés sur lui. Ce n'est donc pas assez de faire en sorte qu'il puisse nous comprendre, il faut même qu'il ne puisse aucunement ne pas nous comprendre. C'est pour cela que souvent nous répétons ce que nous croyons qu'il n'a pas bien compris d'abord : *C'est ma faute, je ne me suis pas bien expliqué ; je vais donc m'exprimer en termes plus clairs et plus intelligibles :* tout orateur étant bien reçu à répéter ce qu'il feint n'avoir pas bien dit la première fois.

Ch. III. Je vais maintenant parler de l'*ornement*, qui, plus que toute autre partie du discours, invite l'orateur à se donner carrière ; car il n'y a pas grand mérite à parler correctement et clairement, et l'absence de vices ne suppose pas une grande perfection. L'invention peut se rencontrer avec l'ignorance, et la disposition avec une science médiocre. L'art même que comporte la disposition se cache le plus souvent, pour mériter ce nom. D'ailleurs, tout cela se doit rapporter uniquement au bien de la cause. C'est donc par la parure et l'ornement que l'orateur se recommande véritablement comme tel. Dans les autres parties il cherche l'approbation des doctes ; dans celle-ci, la faveur populaire. Les armes avec lesquelles Cicéron combattit dans la cause de Cornélius étaient non-seulement fortes et de bonne trempe, mais aussi brillantes ; et s'il se fût contenté d'instruire les juges, de parler purement, nettement, et en homme qui va simplement au fait, il n'aurait pas vu le peuple romain témoigner son admiration non-seulement par des acclamations, mais encore par des applaudissements. Ce furent donc la sublimité, la magnificence, l'éclat et l'autorité de son éloquence, qui arrachèrent ce bruyant témoignage ; et certainement son plaidoyer n'eût point été suivi de ces transports extraordinaires, s'il n'avait eu rien que d'ordinaire, rien que de commun. Je suis même persuadé que les auditeurs ne se rendirent pas compte de ce qu'ils faisaient, et qu'en applaudissant ils cédèrent à un mouvement involontaire, sans se souvenir du lieu où ils étaient, et semblables à des gens que le plaisir jette hors d'eux-mêmes. Mais cette beauté dont je parle contribue même beaucoup au succès de la cause ; car on écoute et on croit plus volontiers ce qui plaît ; très-souvent le plaisir suffit pour captiver,

---

cuitas, propria verba, rectus ordo, non in longum dilata conclusio ; nihil neque desit, neque superfluat : ita sermo et doctis probabilis, et planus imperitis erit. Hæc eloquendi observatio : nam rerum perspicuitas quo modo præstanda sit, diximus in præceptis narrationis. Similis autem ratio est in omnibus ; nam, si neque pauciora, quam oportet, neque plura, neque inordinata aut indistincta dixerimus, erunt dilucida, et negligenter quoque audientibus aperta ; quia id ipsum in consilio est habendum, non semper tam esse acrem judicis intentionem, ut obscuritatem apud se ipse discutiat, et tenebris orationis inferat quoddam intelligentiæ suæ lumen ; sed multis eum frequenter cogitationibus avocari ; nisi tam clara fuerint, quæ dicemus, ut in animum ejus oratio, ut sol in oculos, etiamsi in eam non intendatur, occurrat. Quare non ut intelligere possit, sed, ne omnino possit non intelligere, curandum : propter quod etiam repetimus sæpe, quæ non satis percepisse eos, qui cognoscunt, putamus : *Quæ causa utique nostra culpa dicta obscuritas est ; qua causa ad planiora et communia magis verba descendimus :* quum id ipsum optime fiat, quod nos aliquando non optime fecisse simulamus.

Cap. III. Venio nunc ad *ornatum*, in quo sine dubio plus, quam in cæteris dicendi partibus, sibi indulget orator : nam emendate quidem ac lucide dicentium tenue præmium est, magisque vitiis carere, quam ut aliquam magnam virtutem adeptus esse videaris. *Inventio* cum imperitis sæpe communis : *dispositio* modicæ doctrinæ credi potest, et si quæ sunt artes altiores, plerumque occultantur, ut artes sint : denique omnia hæc ad utilitatem causarum solam referenda sunt. Cultu vero atque ornatu se quoque commendat ipse, qui dicit, et in cæteris judicium doctorum, in hoc vero etiam popularem laudem petit. Nec fortibus modo, sed etiam fulgentibus armis præliatus in causa est Cicero Cornelii : qui non assecutus esset, docendo judicem tantum, et utiliter demum, ac latine, perspicueque dicendo, ut populus romanus admirationem suam non acclamatione tantum, sed etiam plausu confiteretur : sublimitas profecto, et magnificentia, et nitor, et auctoritas expressit illum fragorem ; nec tam insolita laus esset prosecuta dicentem, si usitata, et cæteris similis fuisset oratio ; atque ego illos credo, qui aderant, nec sensisse, quid facerent, nec sponte judicioque plausisse ; sed velut mente captos, et, quo essent in loco, ignaros erupisse in hunc voluptatis affectum. Sed ne causæ quidem parum conferat idem hic orationis ornatus : nam, qui libenter audiunt, et magis attendunt, et facilius credunt, plerumque ipsa delectatione capiuntur, nonnunquam admiratione au-

ou l'admiration pour entraîner. C'est ainsi que l'éclat du fer effraye les yeux ; et ce n'est pas seulement par son bruit que le tonnerre nous épouvante, mais aussi par l'éclair qui le précède. Cicéron a donc raison quand il dit, dans une lettre à Brutus : *L'éloquence qui ne cause pas d'admiration est nulle à mes yeux.* C'est à cet effet qu'Aristote veut aussi qu'on tende principalement ; mais, je le répète, que cette parure soit mâle, noble et chaste. Je veux une éloquence ennemie du fard et de toute afféterie féminine, qui brille pourtant, mais de santé et de force. Cela est si vrai, que, dans cette partie où la nuance qui distingue les qualités des défauts est si délicate, ceux même qui tombent dans les défauts leur donnent les noms des qualités elles-mêmes. Que nul de ces écrivains corrompus ne s'avise donc de dire que je suis ennemi de ceux qui parlent élégamment. Je ne nie pas que ce soit une qualité, mais je ne la leur accorde pas. Un champ où l'on me montrera des lis, des violettes, des anémones, des eaux jaillissantes, le croirai-je donc plus orné que si j'y voyais une riche moisson ou des vignes chargées de raisins? Veut-on que je préfère un platane stérile et des myrtes artistement taillés, à un orme entrelacé de pampres, ou à des oliviers pliant sous leurs fruits? Que les riches fassent leurs délices de ces fleurs et de ces arbres, j'y consens : que deviendraient-ils pourtant, s'ils n'avaient pas autre chose? Mais n'est-il pas permis d'orner un verger? qui en doute? Aussi planterai-je mes arbres avec ordre, et à une certaine distance les uns des autres. Quoi de plus agréable qu'un quinconce, qui, de quelque côté qu'on le regarde, est droit et aligné? Et cela même sert à répartir également entre tous le suc de la terre. J'émonderai mes oliviers, et, en recevant une forme plus belle et plus arrondie, ils porteront aussi plus de fruits. Un cheval qui n'a point trop de flanc a certainement plus de grâce ; mais il est en même temps plus rapide. Un athlète que l'exercice a développé, et dont les muscles sont bien prononcés, est beau à voir ; mais il est aussi plus propre au combat. La vraie beauté n'est jamais séparée de l'utilité ; et il ne faut qu'un discernement médiocre pour reconnaître cette vérité. Mais ce qui est plus digne de remarque, c'est que l'ornement, tel que je l'entends, doit varier selon la nature du sujet. Et, pour commencer par notre division accoutumée, la même beauté ne convient pas aux trois genres d'éloquence, *démonstratif*, *délibératif*, et *judiciaire*. L'ostentation du premier n'a d'autre but que le plaisir de l'auditeur. C'est pourquoi l'orateur y déploie toutes les richesses de l'art, il en étale toute la pompe, n'étant pas obligé de cacher sa marche, et n'ayant pas en vue le gain d'une cause, mais sa propre gloire et sa réputation. Aussi tout ce qu'il y a de plus populaire dans les pensées, de plus brillant dans les mots, de plus séduisant dans les images, de plus magnifique dans les métaphores, de plus châtié dans la composition, il l'exposera comme un marchand, et le donnera presque à toucher. C'est que, dans ce genre, le succès ne regarde que l'orateur. Mais lorsqu'il s'agit d'un procès et d'un combat sérieux, le soin de sa réputation ne doit venir qu'après tous les autres. Il ne doit jamais non plus, lorsqu'il s'agit de grands intérêts, se montrer trop préoccupé des mots : non qu'il doive mépriser toute espèce d'ornements ; mais il faut que sa parure soit, en quelque sorte, plus appliquée au

---

feruntur; nam et ferrum affert oculis terroris aliquid, et fulmina ipsa non tam nos confunderent, si vis eorum tantum, non etiam ipse fulgor timeretur; recteque Cicero his ipsis ad Brutum verbis quædam in epistola scribit, *Nam eloquentiam, quæ admirationem non habet, nullam judico.* Aristoteles quoque eamdem petendam maxime putat : sed hic ornatus, repetam enim, virilis, et fortis, et sanctus sit ; nec effeminatam levitatem, et fuco ementitum colorem amet, sanguine et viribus niteat. Hoc autem adeo verum est, ut, quum in hac maxime parte sint vicina virtutibus vitia, etiam, qui vitiis utuntur, virtutis tamen his nomen imponant ; quare nemo ex corruptis dicat, me inimicum esse culte dicentibus : non nego hanc esse virtutem, sed illis eam non tribuo. An ego fundum cultiorem putem, in quo mihi quis ostenderit lilia et violas, et anemonas, fontes surgentes, quam ubi plena messis, aut graves fructu vites erunt? sterilem platanum, tonsasque myrtos, quam maritam ulmum, et uberes oleas præoptaverim ? Habeant illa divites : licet : quid essent, si aliud nihil haberent? Nullusne ergo etiam fructiferis adhibendus est decor? quis negat? nam et in ordinem certaque intervalla redigam meas arbores : quid illo quincunce speciosius, qui , in quamcumque partem spectaveris, rectus est? sed protinus in id quoque prodest, ut terræ succum æqualiter trahant. Surgentia in altum cacumina oleæ ferro coercebo ; in orbem se formosius fundet, et protinus fructum ramis pluribus feret. Decentior equus , cujus astricta ilia ; sed idem velocior : pulcher aspectu sit athleta, cujus lacertos exercitatio expressit ; idem certamini paratior. Nunquam vera species ab utilitate dividitur ; sed hoc quidem discernere modici judicii est : illud observatione dignius , quod hic ipse honestus ornatus pro materiæ genere decet variatus : atque, ut a prima divisione ordiar, non idem *demonstrativis*, et *deliberativis*, et *judicialibus* causis conveniet : namque illud genus, ostentationi compositum, solum petit audientium voluptatem ; ideoque omnes dicendi artes aperit, ornatumque orationis exponit ; ut quod non insidietur, nec ad victoriam, sed ad solum finem laudis et gloriæ tendat. Quare, quidquid erit sententiis populare, verbis nitidum , figuris jucundum, translationibus magnificum, compositione elaboratum, velut institor quidam eloquentiæ, intuendum, et pene pertractandum dabit ; nam eventus ad ipsum, non ad causam refertur. At, ubi res agitur, et vera dimicatio est, ultimus sit famæ locus : præterea non debet quisquam, ubi maxima rerum momenta versantur, de verbis esse sollicitus ; neque hoc eo pertinet,

corps, plus sévère, par là moins accusée, et surtout appropriée à la matière. Une délibération dans le sénat demande quelque chose de plus élevé; l'assemblée du peuple, quelque chose de plus véhément; au barreau, les causes publiques ou capitales veulent un genre d'éloquence plus grave et plus exact; mais dans un conseil privé, et dans des procès de peu d'importance, comme c'est l'ordinaire, un langage pur, simple et naturel, est tout ce qu'il faut. Qui ne rougirait de réclamer une modique somme d'argent en périodes sonores, ou de se passionner en parlant d'une gouttière, ou de suer sang et eau en plaidant un cas rédhibitoire contre un marchand d'esclaves? Mais je reviens à mon sujet; et parce que l'ornement, ainsi que la clarté, dépend des mots pris séparément ou des mots joints ensemble, examinons ce qu'ils demandent les uns et les autres.

En premier lieu, quoiqu'on enseigne avec raison que les mots propres contribuent plus à la clarté, et les métaphoriques à l'ornement, sachons néanmoins que ce qui est impropre ne saurait être orné. Mais comme plusieurs mots signifient très-souvent la même chose, ce que les Grecs appellent συνωνυμία, il faut savoir les choisir, ces mots étant plus beaux, plus nobles, plus brillants, plus agréables, plus harmonieux les uns que les autres; car, de même que les lettres qui ont un son plus clair communiquent cette qualité aux syllabes qu'elles composent, de même les mots qui sont composés de ces syllabes en deviennent plus harmonieux; et plus les syllabes ont de force et de fond, plus elles remplissent l'oreille. Et ce que fait l'enchaînement des syllabes, l'enchaînement des mots le fait aussi; en sorte que tel mot sonne bien avec l'un, qui sonnerait mal avec un autre. L'emploi des mots varie néanmoins selon les matières: des termes durs et âpres conviendront mieux à des choses atroces; mais en général, lorsque les mots sont pris isolément, on peut dire que les plus sonores ou les plus doux sont les meilleurs. Les expressions honnêtes sont toujours préférables à celles qui choquent la bienséance, et jamais un terme grossier ne doit entrer dans un discours poli. A l'égard des mots nobles et relevés, c'est le sujet qui décide de leur choix; car le même mot qui est magnifique dans un endroit est enflé dans un autre; et tel autre qui paraît bas dans un sujet élevé serait convenable dans un sujet moins sublime; et de même qu'un mot trop bas est choquant, et fait, pour ainsi dire, tache dans un discours brillant, de même un terme pompeux et brillant fait disparate dans un entretien familier, et devient mauvais, parce qu'il forme une boursouflure sur un corps uni. Il est des expressions dont l'élégance se fait mieux sentir qu'il n'est aisé d'en raisonner. Ainsi Virgile, en employant le nom de la femelle pour celui du mâle:

...Cæsa jungebant fœdera porca,

a exprimé élégamment une chose qui, autrement, aurait paru ignoble. Il en est d'autres dont la raison est manifeste. Ainsi on s'est moqué, et avec raison, d'un poëte contemporain qui avait dit platement:

Les souris ont mangé la robe de Camille;

tandis qu'au contraire on admire cet hémistiche de Virgile : *Souvent un petit rat*, etc.; car cette épithète, qui est si propre, nous dispose à ne rien attendre de plus que le monosyllabe qui suit; le singulier sied mieux aussi, et cette manière inusitée de finir un vers en achève la grâce. Il ne faut donc pas s'étonner si Horace a imité Virgile:

---

ut in his nullus sit ornatus, sed uti pressior et severior, eo minus confessus, præcipue ad materiam accommodatus : nam et suadendo sublimius aliquid senatus, concitatius populus, et in judiciis publicæ capitalesque causæ poscunt accuratius dicendi genus : at privatum consilium, causasque paucorum, ut frequenter accidit, calculorum, purus sermo, et dissimilis curæ magis decuerit : an non pudeat certam creditam periodis postulare? aut circa stillicidia affici? aut in mancipii redhibitione sudare? sed ad propositum. Et, quoniam orationis tam ornatus, quam perspicuitas, aut in singulis verbis est, aut in pluribus positus, quid separata, quid conjuncta exigant, considerenus : quamquam rectissime traditum est, perspicuitatem propriis, ornatum translatis verbis magis egere, sciamus inornatum esse, quod sit improprium. Sed, quum idem frequentissime plura significent, quod συνωνυμία vocatur, jam sunt aliis alia honestiora, sublimiora, nitidiora, jucundiora, vocaliora : nam, ut syllabæ e litteris melius sonantibus clariores sunt, ita verba e syllabis magis vocalia; et, quo plus quodque spiritus habet, auditu pulchrius; et, quod facit syllabarum, idem verborum quoque inter se copulatio, ut aliud alii junctum melius sonet. Diversus tamen usus : nam rebus atrocibus verba etiam ipso auditu aspera magis convenient : in universum quidem optima simplicium credantur, quæ aut maxime exclamant, aut sono sunt jucundissima : et honesta quidem turpibus potiora semper, nec sordidis unquam in oratione erudita locus. Clara illa atque sublimia plerumque materiæ modo cernenda sunt : quod alibi magnificum, tumidum alibi; et, quæ humilia circa res magnas, apta circa minores videntur; et sicut in oratione nitida notabile humilius verbum, et velut macula : ita a sermone tenui sublime nitidumque discordat, fitque corruptum, quia in plano tumet. Quædam non tam ratione, quam sensu judicantur, ut illud,

...Cæsa jungebant fœdera porca,

fecit elegans, fictio nominis : quod si fuisset *porco*, vile erat : in quibusdam ratio manifesta est. Risimus, et merito, nuper poetam, qui dixerat,

Prætextam in cista mures rosere Camilli.

At Virgilii miramur illud,

... Sæpe exiguus mus.

Nam epitheton *exiguus* aptum proprium effecit, ne plus exspectaremus, et casus singularis magis decuit, et clau-

.... Nascetur ridiculus mus.

En effet, loin de rehausser toujours notre style, il faut quelquefois l'abaisser, pour lui donner de la force. Quand Cicéron dit à Pison : *Vous, dont on voit aujourd'hui toute la famille traînée dans un tombereau*, pense-t-on que cette expression déshonore son discours? Ne semble-t-il pas plutôt avoir, par ce terme, rendu plus méprisable l'homme qu'il voulait perdre? Et ailleurs n'a-t-il pas dit : *Vous donnez de la tête comme un bélier?* De là naissent quelquefois certains jeux de mots, que les sots entendent toujours avec plaisir : tels sont les suivants, qu'on trouve dans Cicéron : *Pusio, qui cum majore sorore cubitabat*; et, *Cn. Flavius, qui creva les yeux à des corneilles*; et, dans son plaidoyer pour Milon, *Holà, Ruscion!* et, dans celui pour Varénus, *Erutius Antoniaster*. Cependant les déclamations y sont encore plus sujettes; et je me souviens que, dans mon enfance, on applaudissait à ces plaisanteries, telles que : *Donnez du pain à votre père*; et, au sujet du même homme, *Vous nourrissez même un chien*. Ces plaisanteries ont néanmoins leurs dangers, surtout dans les écoles, et y sont la plupart du temps un sujet de risée, et, plus que jamais, aujourd'hui, que les déclamateurs, en haine du naturel et du vrai, ont, par un dégoût ridicule, condamné une foule de mots et proscrit une bonne partie de la langue.

J'ai dit que les mots sont *propres, nouveaux,* ou *métaphoriques*. L'ancienneté donne de la dignité aux mots propres. En effet, les mots dont l'usage n'est pas commun à tout le monde rendent le style plus grave et plus majestueux; et Virgile, qui avait un tact si délicat, en a fait un emploi merveilleux. Les mots *olli, quianam, mis, pone,* jettent un vif éclat, et répandent ce vernis d'antiquité, inimitable à l'art, et qui nous plaît jusque dans les tableaux; mais il en faut user sobrement, et ne pas aller les chercher dans les ténèbres d'une antiquité trop reculée. *Satis est* assez vieux : à quoi bon *oppido*, dont on se servait il n'y a pas longtemps? Je crains bien qu'aujourd'hui il ne soit pas supportable. Pour *antigerio*, dont la signification est la même, il ne plaira qu'à un orateur prétentieux. Qu'a-t-on besoin d'*ærumnæ*, comme si *labor* ne suffisait pas? *Reor* est horrible; *autumno* peut encore passer; mais *prolem ducendam* sent le vieux tragique, et *universam ejus prosapiam* est insipide. Enfin presque toute la langue a changé; cependant il y a certains mots auxquels leur antiquité donne quelque grâce; d'autres sont même quelquefois nécessaires, comme *nuncupare* et *fari*; il y en a enfin un grand nombre que l'on peut hasarder çà et là, mais pourvu qu'il n'y paraisse pas d'affectation : défaut que Virgile a si admirablement blâmé dans l'épigramme suivante :

> Corinthiorum amator iste verborum,
> Thucydides Britannus, atticæ febres,
> Tau Gallicum, min, al, spinæ male illi sit.
> Ita omnia ista verba miscuit fratri.

Il s'agit ici de ce Cimber dont Cicéron a flétri le fratricide par ce mot, *Germanum Cimber occidit*; et Salluste n'est pas plus épargné dans une autre épigramme que tout le monde connaît : *Et toi, Crispus, historien de la guerre de Jugurtha, qui as dérobé tant de mots au vieux Caton.* Cette affectation est choquante, en ce qu'elle est

---

sula ipsa unius syllabæ, non usitata, addidit gratiam : imitatus est itaque utrumque Horatius,

...Nascetur ridiculus mus.

Nec augenda semper oratio, sed summittenda nonnunquam est : vim rebus aliquando verborum ipsa humilitas affert : an, quum dicit in Pisonem Cicero, *Quum tibi tota cognatio sarraco advehatur*, incidisse videtur in sordidum nomen, non eo contemptum hominis, quem destructum volebat, auxisse? et alibi, *Caput opponis, cum eo coniscans*. Unde interim grati idiotai joci : qualis est illa apud M. Tullium, *Pusio, qui cum majore sorore cubitabat*; et, *Cn. Flavius, qui cornicum oculos confixit*; et pro Milone illud, *Heus tu Ruscio?* et pro Vareno, *Erutius Antoniaster*. Id tamen in declamationibus est notabilius, laudarique me puero solebat, *Da patri panem*; et in eodem, *Etiam canem pascis.* Res quidem præcipue in scholis anceps, sed frequenter causa risus, nunc utique, quum hæc exercitatio, procul a veritate sejuncta, laboret incredibili verborum fastidio, ac sibi magnam partem sermonis absciderit. Quum sint autem verba *propria, ficta, translata,* propriis dignitatem dat antiquitas : namque et sanctiorem et magis admirabilem faciunt orationem, quibus non quilibet fuerit usurus : eoque ornamento acerrimi judicii P. Virgilius unice est usus. *Olli* enim, et *quianam*, et *mis*, et *pone,* pellucent illam, quæ etiam in picturis est gratissima, vetustatis inimitabilem arti auctoritatem : sed utendum modo, nec ex ultimis tenebris repetenda; *satis* est vetus : quid necesse est, quæso, dicere, *oppido*? quo sunt usi paululum tempore nostro superiores : vereor, ut jam nos ferat quisquam : certe *antigerio*, cujus eadem significatio est, nemo, nisi ambitiosus, utetur. *Ærumnas* quid opus est? tanquam parum sit, si dicatur *labor*; horridum, *reor*; tolerabile, *autumno*; tragicum, *prolem ducendam*; universam ejus prosapiam, insulsum. Quid multa? totus prope mutatus est sermo. Quædam tamen adhuc vetera vetustate ipsa gratius nitent, quædam etiam necessario interim sumuntur, *nuncupare,* et *fari*; multa alia etiam audentius inseri possunt; sed ita demum, si non appareat affectatio; in quam mirifice Virgilius,

> Corinthiorum amator iste verborum,
> Thucydides Britannus, atticæ febres,
> Tau Gallicum, min, al, spinæ male illi sit.
> Ita omnia ista verba miscuit fratri.

Cimber hic fuit, a quo fratrem necatum hoc Ciceronis dicto notatum est, *Germanum Cimber occidit*; nec minus nota Sallustius epigrammate incessitur,

> Et verba antiqui multum furate Catonis,
> Crispe, Jugurthinæ conditor historiæ.

Odiosa cura, nam et cuilibet facilis, et hoc pessima, quod

facile au premier venu ; et elle est d'autant plus vicieuse que celui qui l'aime ne songera pas à approprier les mots aux choses, mais sera obligé d'aller chercher au loin des choses auxquelles les mots puissent convenir.

Créer des mots, c'est, comme je l'ai dit dans le premier livre, une licence qui est plus permise aux Grecs qu'à nous. Ils ont osé même exprimer certains sons et certaines affections de l'âme par des noms conformes à leur nature, avec la même autorité que les premiers humains. Mais nous, lorsque nous avons voulu oser un peu en ce genre, soit en composant un mot de plusieurs, soit en le faisant dériver de quelque autre, rarement avons-nous réussi ; et je me rappelle que, lorsque j'étais encore très-jeune, Pomponius et Sénèque discutaient dans des préfaces si *gradus eliminat*, qu'on lit dans une tragédie, était bien dit. Nos pères cependant n'ont pas reculé devant *expectorat*; et certainement *exanimat* est du même aloi. Quant aux dérivés, Cicéron nous en donne un exemple dans *beatitas* et *beatitudo*, qui lui paraissent durs, à la vérité, mais que l'usage, selon lui, peut adoucir. Non-seulement certains noms sont dérivés des verbes, mais certains verbes dérivent aussi des noms propres, comme *Sullaturit*, de Cicéron, et *Fimbriatus* et *Figulatus*, dont Asinius est l'auteur. Plusieurs mots nouveaux ont été formés du grec, et par Sergius Flavius pour la plupart ; mais quelques-uns paraissent très-durs, comme *ens* et *essentia*. Je ne vois pourtant pas ce qui nous les fait tant mépriser, à moins que nous ne voulions être injustes envers nous-mêmes, et que nous ne nous complaisions dans notre pauvreté. Il s'en est trouvé néanmoins qui ont résisté à la première impression ; car les mots qui nous paraissent anciens aujourd'hui ont été nouveaux autrefois. Quelques-uns même sont en usage depuis fort peu de temps, et c'est Messala qui le premier a dit *reatus*, comme Auguste a inventé *munerarium*. *Piratica, musica, fabrica,* sont des mots dont mes maîtres regardaient encore l'emploi comme douteux ; et *favor, urbanus,* étaient pour Cicéron des mots nouveaux, comme on peut le voir dans une de ses lettres à Brutus, et dans une autre à Appius Pulcher. Il pense aussi que ce fut Térence qui se servit le premier du mot *obsequium*. Cécilius attribue à Sisenna le mot *albenti cœlo*; et Hortensius paraît avoir dit le premier *cervix* ; car les anciens n'employaient ce mot qu'au pluriel. Il faut donc oser ; car je ne suis pas de l'opinion de Celsus, qui interdit à l'orateur le droit de fabriquer des mots. En effet, parmi les mots, les uns sont, comme dit Cicéron, *primordiaux*, c'est-à-dire *dictés par la nature*, les autres sont *de seconde institution*, c'est-à-dire formés des premiers ; mais bien qu'il ne nous soit pas permis de changer les dénominations que les premiers hommes, tout grossiers qu'ils étaient, ont données aux choses, le droit de les dériver, de les détourner, de les composer, dont jouissaient encore leurs enfants, depuis quand a-t-il dû cesser ? Et d'ailleurs si nos créations paraissent un peu hasardées, nous avons la ressource des correctifs, comme *pour ainsi dire, s'il est permis de m'exprimer ainsi, en quelque sorte, passez-moi cette expression* : ressource également bonne dans l'emploi des métaphores un peu trop hardies. Et cette précaution sera la preuve que notre goût n'est pas en défaut. C'est ce que les Grecs appellent si élégam-

---

rei studiosus non verba rebus aptabit, sed res extrinsecus arcesset, quibus hæc verba conveniant. Fingere, ut primo libro dixi, Græcis magis concessum est, qui sonis etiam quibusdam et affectibus non dubitaverunt nomina aptare, non alia libertate, quam qua illi primi homines rebus appellationes dederunt. Nostri autem, in jungendo, aut in derivando paulum aliquid ausi, vix in hoc satis recipiuntur : nam memini juvenis admodum inter Pomponium ac Senecam etiam præfationibus esse tractatum, an *gradus eliminat*, in tragœdia, dici oportuisset; at veteres ne *expectorat* quidem timuerunt ; et sane ejusdem notæ est, *exanimat*. At in tractu et declinatione talia sunt, qualia apud Ciceronem *beatitas* et *beatitudo*; quæ dura quidem sentit esse, verumtamen usu putat posse molliri ; nec a verbis modo, sed a nominibus quoque, derivata sunt quædam, ut a Cicerone *Sullaturit*, et ab Asinio *Fimbriatum* et *Figulatum*. Multa ex græco formata nova ac plurima a Sergio Flavio, quorum dura quædam admodum videntur, ut *ens*, et *essentia* : quæ cur tantopere aspernemur, nihil video, nisi quod iniqui judices adversus nos sumus, ideoque paupertate sermonis laboramus. Quædam tamen perdurant : nam et, quæ vetera nunc sunt, fuerunt olim nova, et quædam in usu perquam recentia, ut Messala primus *reatum*, *munerarium*

Augustus primus, dixerunt; *piraticam* quoque, ut *musicam fabricam*, dici adhuc dubitabant mei præceptores; *favorem*, et *urbanum*, Cicero nova credit; nam et in epistola ad Brutum, *Eum*, inquit, *amorem, et eum, ut hoc verbo utar, favorem in consilium advocabo* : et ad Appium Pulchrum, *Te hominem non solum sapientem, verum etiam, ut nunc loquimur, urbanum* : idem putat a Terentio primum dictum esse *obsequium* : Cæcilius a Sisenna, *albenti cœlo* : *cervicem* videtur Hortensius primus dixisse; nam veteres pluraliter appellant; audendum itaque : neque enim accedo Celso, qui ab oratore verba fingi vetat : nam, quum sint eorum alia, ut dicit Cicero, *nativa*, id est, *quæ significata sunt primo sensu*; alia *reperta*, quæ ex his facta sunt, ut jam nobis ponere alia, quam quæ illi rudes homines primique fecerunt, fas non sit ; at *derivare, flectere, conjungere*, quod natis postea concessum est, quando desiit licere ? Et, si quid periculosius finxisse videbimur, quibusdam remediis præmuniendum est, *Ut ita dicam; Si licet dicere; Quodam modo; Permittite mihi sic uti* : quod idem etiam in iis, quæ licentius translata erunt, proderit, quæ non tuto dici possunt ; in quo non falli judicium nostrum, sollicitudine ipsa manifestum erit : qua de re græcum illud elegantissimum est, quo præcipitur, προσεπιπλήσσειν τῇ ὑπερβολῇ.

ment demander grâce pour l'hyperbole : προεπιπλήσσειν τῇ ὑπερβολῇ. Quant aux termes métaphoriques, ils ne peuvent être bons que dans la contexture du discours. J'ai donc assez parlé des mots pris isolément, lesquels, comme je l'ai fait voir ailleurs, n'ont par eux-mêmes aucune qualité. Toutefois on ne peut pas dire qu'ils soient dépourvus d'élégance, à moins qu'ils ne soient au-dessous de la chose qu'ils expriment. J'excepte toujours les mots obscènes, sans vouloir entrer en discussion avec ceux qui pensent qu'il n'y a aucune raison de les éviter, soit parce qu'il n'y a, selon eux, aucun mot honteux de sa nature, soit parce que, si la chose est honteuse en elle-même, de quelque nom qu'on l'appelle, elle ne laisse pas de se faire comprendre. Pour moi, sans alléguer d'autre raison que le respect de la pudeur romaine, je ne défendrai l'honnêteté que par mon silence, ainsi que je l'ai déjà fait en pareille occasion.

Hâtons-nous donc de passer aux mots joints ensemble, c'est-à-dire au discours. L'ornement qu'il comporte veut que l'on considère deux choses : le genre du style que le sujet réclame, et la manière de le réaliser. D'abord il faut bien distinguer ce qui a besoin d'être amplifié ou diminué, si nous voulons parler avec feu ou avec modération ; dans quelles circonstances le style doit être fleuri ou austère, abondant ou concis, âpre ou doux, magnifique ou simple, grave ou enjoué : en second lieu, quel genre de métaphores, de figures, de pensées, quel tempérament, enfin quel arrangement il est nécessaire d'employer pour produire l'effet désiré.

Mais avant de parler de ce qui contribue à orner le discours, je dirai un mot des défauts contraires à cette fin ; car *le commencement de la vertu est d'être exempt de vices*. D'abord, n'espérons pas qu'un discours puisse être beau sans la convenance. Or, par *convenance*, Cicéron entend ce qui n'est ni plus ni moins qu'il ne faut : non que le discours ne doive être paré et poli, car cela est une partie de l'ornement, mais parce que tout ce qui tombe dans l'excès est toujours vicieux. C'est pourquoi il veut que les mots aient du poids, et que les pensées soient graves, ou du moins appropriées aux opinions et aux mœurs des hommes. Cela sauf, il permet du reste de recourir à tout ce qui peut embellir le style, comme *les termes choisis*, *les métaphores*, *les hyperboles*, *les épithètes*, *les répétitions*, *les synonymes*, enfin *les mots qui imitent les actions ou les choses*. Mais puisque j'ai entrepris de parler d'abord des défauts, c'en est un que celui qu'on appelle κακέμφατον, soit que, par l'usage mauvais qu'on en a fait, les mots ont pris une acception obscène, comme *ductare exercitus*, *patrare bellum*, expressions chastes et antiques dans Salluste, et qui aujourd'hui font rire les mauvais plaisants : ce qui n'est pas, selon moi, la faute des écrivains, mais celle des lecteurs. Ne laissons pas néanmoins de les éviter, puisque les mœurs ont corrompu les mots, et qu'il faut céder au torrent. On tombe dans le même défaut en joignant deux mots qui, par leur jonction, forment une consonnance sale ou obscène ; si, par exemple, en disant *cum hominibus notis loqui*, le mot *hominibus* n'est pas placé au milieu. Car la dernière lettre de la première syllabe, qui ne peut se prononcer sans un rapprochement des lèvres, ou nous force de faire une pause inconvenante, ou, si nous l'unissons à celle qui suit ;

Translata probari, nisi in contextu sermonis, non possunt : itaque de singulis verbis satis dictum, quæ, ut alio loco ostendi, per se nullam virtutem habent ; sed ne inornata sunt quidem, nisi quum sunt infra rei, de qua loquendum est, dignitatem, excepto, si obscena nudis nominibus enuncientur. Quod viderint, qui non putant esse vitanda, quia nec sit vox ulla natura turpis, et, si qua est rei deformitas, alia quoque appellatione quacumque ad intellectum eumdem nihilominus perveniat : ego romani pudoris more contentus, ut jam respondi talibus, verecundiam silentio vindicabo. Jam hinc igitur ad rationem sermonis conjuncti transeamus : cujus ornatus in hæc duo prima dividitur, quam concipiamus elocutionem, quo modo efferamus : nam primum est, ut liqueat, augere quid velimus, an minuere ; concitate dicere, an moderate ; læte, an severe ; abundanter, an presse ; aspere, an leniter ; magnifice, an subtiliter ; graviter, an urbane. Tum, quo translationis genere, quibus figuris, qualibus sententiis, quomodo, qua postremo collocatione id, quod intendimus, efficere possimus. Cæterum dicturus, quibus ornetur oratio, prius ea, quæ sunt huic contraria laudi, attingam ; nam *prima virtus est, vitio carere*. Igitur ante omnia ne speremus ornatam orationem fore, quæ probabilis non erit : *probabile* autem Cicero id genus dicit, quod non plus minusve est, quam decet ; non, quia comi expolirique non debeat (nam et hæc ornatus pars est) ; sed, quia vitium est ubique, quod nimium est. Itaque vult esse *auctoritatem in verbis, sententias vel graves, vel aptas opinionibus hominum ac moribus* : his enim salvis licet assumere ea, quibus illustrem fieri orationem putat, *delecta, translata, superlata, ad nomen adjuncta, duplicia, et idem significantia, ab ipsa actione atque ab imitatione rerum non abhorrentia*. Sed, quoniam vitia prius demonstrare aggressi sumus, vel hoc vitium sit, quod κακέμφατον vocatur : *sive mala consuetudine in obscenum intellectum sermo detortus est*, ut *ductare exercitus*, et *patrare bellum*, apud Sallustium dicta sancte et antique, ridentibus, si diis placet ; quam culpam non scribentium quidem judico, sed legentium : tamen vitanda, quatenus verba honesta moribus perdidimus, et vincentibus etiam vitiis cedendum est : *sive junctura deformiter sonat*, ut, si *cum hominibus notis loqui* nos dicimus, nisi hoc ipsum *hominibus* medium sit, in præfanda videmur incidere ; quia ultima prioris syllabæ littera, quæ exprimi, nisi labris coeuntibus, non potest, aut intersistere nos indecentissime cogit, aut continuata

se perd dans la nature de celle-ci. Il y a d'autres jonctions qui produisent à peu près le même effet ; mais je n'en parlerai pas, ne voulant pas m'arrêter trop longtemps sur un défaut que je dis qu'il faut éviter. Je passe à un autre point. Ce que fait l'union de deux mots ou de deux syllabes, la division le fait aussi ; c'est-à-dire qu'elle peut également blesser la pudeur, si, par exemple, on se servait d'*intercapedinis* au nominatif. Et ce n'est pas seulement le mot en lui-même qui est exposé à cet inconvénient, mais très-souvent aussi c'est dans la pensée qu'on va chercher l'obscénité, comme dans cet endroit d'Ovide : *Quæque latent meliora putat;* enfin, les mots les plus purs sont quelquefois le sujet d'obscènes allusions, à tel point que Celsus met au nombre de ces mots ce passage de Virgile : *Incipiunt agitata tumescere;* mais, ou Celsus se trompe, ou l'on ne peut rien dire en sûreté. Après l'obscénité vient la bassesse des termes, ταπείνωσις, quand, par exemple, ils ne répondent pas à l'importance ou à la dignité des choses, comme, *une verrue de pierre sur le sommet d'une montagne*. Un défaut tout contraire, mais qui provient de la même erreur de jugement, c'est de parler des petites choses en termes trop relevés, si ce n'est à dessein de faire rire. Ainsi, je ne dirai pas qu'un parricide est un *homme de rien*, ni qu'un homme qui aime une courtisane est un *scélérat*. Dans le premier cas, ce serait trop peu ; dans le second, ce serait trop. Il y a donc une certaine diction qui est *lourde, grossière, maigre, triste, désagréable, ignoble* : tous défauts qui se font mieux sentir par leurs contraires ; car il en est une autre qui est *vive, élégante, riche, enjouée, agréable, noble*. Évitons aussi un certain défaut, μείωσις, qui fait que la phrase n'est pas assez pleine, parce qu'en effet il y manque quelque chose. C'est néanmoins le défaut d'une diction obscure plutôt que d'une diction négligée ; mais quelquefois, et sciemment, on ne s'exprime qu'à demi, et alors c'est une figure, de même que la répétition d'un mot ou de plusieurs, appelée par les Grecs ταυτολογία. Quoique des auteurs de premier ordre se soient mis peu en peine de l'éviter, la répétition ne laisse pas d'être quelquefois un défaut ; et Cicéron lui-même y tombe souvent, n'ayant pas daigné s'assujettir à un si petit détail, comme lorsqu'il dit : *Non seulement donc, juges, ce jugement n'a rien qui ressemble à un jugement*. Quelquefois encore cette répétition, à laquelle on donne aussi le nom d'ἐπανάληψις, a de la grâce, et on la range parmi les figures ; j'en donnerai des exemples en son lieu, c'est-à-dire lorsque je parlerai des qualités de l'ornement. Un défaut plus considérable encore, c'est l'uniformité, ὁμοιολογία, qui accuse surtout l'absence de l'art, et qui, par la froideur des pensées et des figures, par la lenteur et la monotonie des phrases, n'est pas moins insupportable à l'oreille qu'à l'esprit. Évitons aussi la prolixité, μακρολογία, comme dans ce passage de Tite-Live : *Les ambassadeurs, n'ayant pu obtenir la paix, s'en retournèrent chez eux, d'où ils étaient venus*. La périphrase, qui a quelque affinité avec ce défaut, est une qualité. Le *pléonasme* est aussi un défaut, quand il surcharge l'oraison de mots superflus, si, par exemple, on disait : *Je l'ai vu, moi, de mes yeux;* car il suffit de dire : *J'ai vu*. Cicéron reprit un jour agréablement ce défaut dans Hirtius, qui, en déclamant contre Pansa, avait dit d'une mère, *qu'elle*

---

cum insequente, in naturam ejus corrumpitur. Aliæ conjunctiones aliquid simile faciunt, quas persequi longum est, in eo vitio, quod vitandum dicimus, commorantes ; sed *divisio* quoque affert eamdem injuriam pudori, ut, si *intercapedinis* nominativo casu quis utatur. Nec scripto modo id accidit, sed etiam sensu plerique obscene intelligere, nisi caveris, cupiunt, (ut apud Ovidium, *Quæque latent meliora putat;*) et ex verbis, quæ longissime ab obscenitate absunt, occasionem turpidinis rapere : siquidem Celsus κακέμφατον apud Virgilium putat,

Incipiunt agitata tumescere,

quod si recipias, nihil loqui tutum est. Deformitati proximum est *humilitatis vitium*, ταπείνωσιν vocant qua rei magnitudo vel dignitas minuitur, ut, *Saxea est verruca in summo montis vertice:* cui natura contrarium, sed errore par est, parvis dare excedentia modum nomina, nisi quum ex industria risus inde captatur : itaque nec parricidam, *nequam* dixeris hominem ; nec deditum forte meretrici, *nefarium:* quod alterum parum, alterum nimium est. Proinde quædam *hebes, sordida, jejuna tristis, ingrata, vilis* oratio est : quæ vitia facillime fiunt manifesta contrariis virtutibus ; nam primum *acuto*, secundum *nitido*, tertium *copioso*, deinceps *hilari, ju-*

eundo, accurato diversum est. Vitanda et μείωσις, quum sermoni deest aliquid, quo minus plenus sit : quamquam id obscuræ potius, quam inornatæ orationis vitium est ; sed hoc quoque quum a prudentibus fit, schema dici solet, sicut ταυτολογία, id est, ejusdem verbi aut sermonis iteratio. Hæc enim, quamquam non magnopere summis auctoribus vitata, interim vitium videri potest : in quod sæpe incidit etiam Cicero, securus tam parvæ observationis ; sicut hoc loco, *Non solum igitur illud judicium judicii simile, Judices, non fuit*. Interim mutato nomine ἐπανάληψις dicitur, atque est et ipsum inter schemata ; quorum exempla illo loco reddam, quo virtutes erunt. Pejor hac ὁμοιολογία est, quæ nulla varietatis gratia levat tædium, atque est tota coloris unius, qua maxime deprehenditur carens arte oratoria : eaque et sententiis, et figuris, et compositione longa, non animis solum, sed etiam auribus est ingratissima. Vitanda μακρολογία, id est, longior, quam oportet, sermo, ut apud Livium, *Legati, non impetrata pace, retro domum, unde venerant, abierunt;* sed huic vicina periphrasis virtus habetur. Est et πλεονασμὸς vitium, quum supervacuis verbis oratio oneratur, *Ego oculis meis vidi:* sat est enim, *vidi*. Emendavit hoc etiam urbane in Hirtio Cicero, qui, quum

avait porté son fils pendant dix mois dans son sein. — Apparemment, reprit Cicéron, que les autres mères portent leurs enfants dans leur poche. Quelquefois cependant le pléonasme, du genre de l'exemple que j'ai donné en premier lieu, peut être heureusement employé comme donnant plus d'affirmation à la pensée : *Je l'ai entendu de mes propres oreilles.* Ce qui en fait le défaut, c'est la redondance et la superfluité, et non l'addition du mot en elle-même. Il y a aussi ce que les Grecs appellent περιεργία, c'est-à-dire *une ambitieuse et inutile recherche* : elle est à l'exactitude ce que la superstition est à la religion. En un mot, toute expression qui ne contribue ni à la clarté ni à l'ornement peut être regardée comme vicieuse. La *prétention*, κακόζηλον, est partout un défaut. Elle comprend l'enflure, la maigreur, la douceur fade, la diffusion, la recherche, la précipitation. Enfin, on appelle de ce nom tout ce qui est au delà du bien, tout ce qui marque plus d'esprit que de jugement et de goût. De tous les défauts de l'éloquence, c'est le pire; car on évite plus ou moins les autres, mais celui-là on le cherche. Or, il est tout entier dans l'élocution. Les choses que nous disons peuvent être dépourvues de sens, communes, contradictoires, superflues : voilà en quoi elles pèchent d'ordinaire. Mais la corruption du style consiste particulièrement dans l'impropriété ou la redondance des termes, dans l'obscurité des phrases, dans une composition lâche et brisée, dans une recherche puérile de mots semblables ou ambigus. Il faut remarquer que tout ce qui est affecté est faux, bien que ce qui est faux ne soit pas affecté. C'est dire les choses autrement qu'elles ne sont,

ou en parler autrement qu'il ne faut, ou plus qu'il ne faut. Enfin il y a autant de manières de corrompre le style que de l'orner. C'est un point que j'ai amplement traité dans un autre ouvrage, qui jusqu'à présent ne m'a pas non plus échappé dans celui-ci, et qui trouvera sa place encore plus d'une fois; car, en parlant de l'ornement, je parlerai de temps en temps des défauts qu'il faut éviter, et leur affinité avec les qualités suffira pour m'en faire souvenir. On peut encore mettre au nombre des défauts contraires à l'ornement *ce qui pèche contre la disposition et l'économie*, ἀνοικονόμητον; *ce qui est mal figuré*, ἀσχήματον; *ce qui est mal composé*, κακοσύνθετον. Mais j'ai déjà parlé de la disposition; quant aux *figures* et à la *composition*, nous en traiterons ailleurs. Les Grecs appellent κοινισμός un style mélangé de plusieurs dialectes, comme de l'attique avec le dorien, etc. Le même défaut chez nous serait de mêler confusément des expressions sublimes, ou vieilles, ou vulgaires, avec des expressions basses, ou neuves, ou poétiques, et de composer un tout d'éléments divers; ce qui ferait un monstre semblable à celui que décrit Horace au commencement de son Art poétique : *Un peintre qui s'aviserait d'ajuster une tête d'homme sur un cou de cheval.*

Un style est orné, lorsqu'il n'a pas que la clarté et la convenance. La première condition est de concevoir vivement les choses; la seconde, de les exprimer comme on les conçoit; la troisième, de répandre sur le tout un certain éclat qui est, à proprement parler, l'ornement. Aussi faut-il ranger parmi les moyens d'orner le discours cette qualité que les Grecs appellent ἐνάργεια, dont j'ai parlé dans les préceptes de la narration; car

---

in Pausam declamans, *filium a matre decem mensibus in utero latum esse* dixisset, *Quid? aliæ*, inquit, *in penula solent ferre?* nonnunquam tamen illud genus, cujus exemplum priore loco posui, affirmationis gratia adhibetur,

...Vocemque his auribus hausi.

At vitium erit, quoties otiosum fuerit, et supererit; non, quum adjicietur : est etiam quæ περιεργία vocatur, *supervacua*, ut sic dixerim, *operositas*, ut a diligenti *curiosus*, et a religione *superstitio* distat : atque, ut semel finiam, vel verbum omne, quod neque intellectum adjuvat, neque ornatum, *vitiosum* dici potest. Κακόζηλον, id est, *mala affectatio*, per omne dicendi genus peccat : nam et *tumida*, et *exilia*, et *prædulcia*, et *abundantia*, et *arcessita*, et *exsultantia*, sub idem nomen cadunt : denique κακόζηλον vocatur, quidquid est ultra virtutem, quoties ingenium judicio caret, et specie boni fallitur : omnium in eloquentia vitiorum pessimum : nam cætera parum vitantur, hoc petitur : est autem totum in elocutione : nam *rerum vitia* sunt, *stultum*, *commune*, *contrarium*, *supervacuum* : *corrupta oratio* in verbis maxime *impropriis*, *redundantibus*, *comprehensione obscura*, *compositione fracta*, *vocum similium*, aut *ambiguarum puerili captatione* consistit. Est autem omne

κακόζηλον utique falsum, etiamsi non omne falsum κακόζηλον· et dicitur aliter, quam se natura habet, et quam oportet, et quam sat est : totidem autem generibus corrumpitur oratio, quot ornatur : sed de hac parte et in alio nobis opere plenius dictum est, et in hoc sæpe tractatur, et adhuc spargetur omnibus locis : loquentes enim de ornatu, subinde, quæ sint vitanda, similia virtutibus vitia dicemus. Sunt inornata et hæc : *Quod male dispositum est*, id ἀνοικονόμητον· *quod male figuratum*, id ἀσχήματον· *quod male collocatum*, id κακοσύνθετον vocant : sed de dispositione diximus; de *figuris* et *compositione* dicemus. Κοινισμός quoque appellatur quædam mixta ex varia ratione linguarum oratio, ut, si atticis dorica, ionica, æolica etiam dicta confundas. Cui simile vitium est apud nos, si quis sublimia humilibus, vetera novis, poetica vulgaribus misceat : id enim tale est monstrum, quale Horatius in prima parte libri de Arte poetica fingit,

Humano capiti cervicem pictor equinam
Jungere si velit..

et cætera ex diversis naturis subjiciat. *Ornatum* est, quod perspicuo ac probabili plus est : ejus primi sunt gradus in eo, quod velis, exprimendo, concipiendoque : tertius, qui hæc nitidiora facial; quod proprie dixeris *cultum* : itaque ἐνάργειαν, cujus in præceptis narrationis

l'*évidence*, ou, selon une autre expression, la *représentation*, est plus que la *clarté* ; celle-ci se laisse voir, celle-là se montre elle-même. C'est une grande qualité, que de savoir énoncer clairement les choses dont nous parlons, et de les mettre en quelque sorte sous les yeux ; car nos paroles font peu d'effet, et n'ont point cet empire absolu qu'elles doivent avoir, lorsqu'elles ne frappent que les oreilles, et lorsqu'un juge croit simplement entendre un récit, et ne voit pas des yeux de l'esprit le fait dont il s'agit. Mais comme cette qualité se divise en plusieurs espèces, que même quelques rhéteurs, par une affectation de suffisance, prennent à tâche de multiplier encore, je toucherai seulement les principales. La première consiste à présenter l'image des choses comme dans un tableau. Rappelons-nous, par exemple, ce passage où Virgile décrit le combat de deux athlètes, leurs mouvements, leurs postures, nous croirons être spectateurs. Cicéron excelle dans cette partie comme dans tout le reste. Quand on lit ce qu'il dit de Verrès : *On voyait sur le rivage un préteur romain vêtu et chaussé à la grecque, en manteau de pourpre, en robe traînante, appuyé nonchalamment sur une courtisane*, est-il quelqu'un qui ait l'imagination assez froide pour ne pas se représenter, je ne dis pas seulement l'air, le vêtement et la contenance de Verrès, mais même d'autres détails que l'orateur n'a point indiqués? Pour moi, je crois voir et le visage et les yeux et les honteuses caresses de ces deux personnages, et le secret dégoût et la rougeur timide des spectateurs. La seconde espèce est celle qui, au moyen d'une énumération de parties, trace aux yeux l'image d'une scène. Telle est, dans Cicéron, la description d'un repas de débauche (car à lui seul il suffit pour fournir des exemples de tous les genres d'ornement) : *Il me semblait voir les uns entrer, les autres sortir ; ceux-ci chanceler sous les vapeurs du vin, ceux-là, encore fatigués de l'orgie de la veille, bâiller d'une manière ignoble : le sol, humide de vin et fangeux, était jonché de couronnes fanées et d'arêtes de poissons*. Qu'eût-on vu de plus en entrant dans la salle? C'est ainsi qu'on arrache des larmes par la peinture des malheurs d'une ville prise d'assaut. Sans doute celui qui se borne à dire que *la ville a été prise*, embrasse dans ce seul mot toutes les horreurs que comporte un pareil sort ; mais il ne remue pas les entrailles, et a l'air d'annoncer purement et simplement une nouvelle : mais développez tout ce qui est renfermé dans ce mot, alors on verra les flammes qui dévorent les maisons et les temples, alors on entendra le fracas des toits qui s'abîment, et une immense clameur formée de mille clameurs ; on verra les uns fuir à l'aventure, les autres étreindre leurs parents dans un dernier embrassement ; d'un côté, des enfants et des femmes qui gémissent, et de l'autre, des vieillards qui maudissent le sort qui a prolongé leur vie jusqu'à ce jour ; puis, le pillage des choses profanes et sacrées, les soldats courant en tout sens pour emporter ou pour chercher leur proie, chacun des voleurs poussant devant soi des troupeaux de prisonniers chargés de chaînes, des mères s'efforçant de retenir leurs enfants, enfin les vainqueurs eux-mêmes se battant

---

feci mentionem, quia plus est *evidentia*, vel, ut alii dicunt, *repræsentatio*, quam *perspicuitas*, et illud patet, hoc ac quodammodo ostendit, inter ornamenta ponamus. Magna virtus est, res, de quibus loquimur, clare, atque ut cerni videantur, enunciare : non enim satis efficit, neque, ut debet, plane dominatur oratio, si usque ad aures valet, atque ea sibi judex, de quibus cognoscit, narrari credit, non exprimi, et oculis mentis ostendi. Sed, quoniam pluribus modis accipi solet, non equidem in omnes eam particulas secabo, quarum ambitiose a quibusdam numerus augetur, sed maxime necessarias attingam : est igitur unum genus, quo tota rerum imago quodammodo verbis depingitur.

Constitit in digitos extemplo arrectus uterque, et cætera, quæ nobis illam pugilum congredientium faciem ita ostendunt, ut non clarior futura fuerit spectantibus. Plurimum in hoc genere, sicut in cæteris, eminet Cicero : an quisquam tam procul a concipiendis imaginibus rerum abest, ut non quum illa in Verrem legit, *Stetit soleatus prætor populi romani cum pallio purpureo, tunicaque talari, muliercula nixus, in littore*, non solum ipsum os intueri videatur, et habitum, sed quædam etiam ex iis, quæ dicta non sunt, sibi ipse adstruat? Ego certe mihi cernere videor et vultum, et oculos, et deformes utriusque blanditias, et eorum, qui aderant, tacitam aversationem, ac timidam verecundiam. Interim ex pluribus efficitur illa, quam conamur exprimere, facies, ut est apud eumdem (namque ad omnium ornandi virtutum exemplum vel unus sufficit) in descriptione convivii luxuriosi, *Videbar videre alios intrantes, alios vero exeuntes, quosdam ex vino vacillantes, quosdam hesterna ex potatione oscitantes : humus erat immunda, lutulenta vino, coronis languidulis, et spinis cooperta piscium*. Quid plus videret, qui intrasset? Sic urbium captarum crescit miseratio : sine dubio enim, qui dicit *expugnatam* esse civitatem, complectitur omnia, quæcunque talis fortuna recipit ; sed in affectus minus penetrat, brevis hic velut nuncius. At, si aperias hæc, quæ verbo uno inclusa erant, apparebunt et fusæ per domus ac templa flammæ, et ruentium tectorum fragor, et ex diversis clamoribus unus quidam sonus, aliorum fuga incerta, alii in extremo complexu suorum cohærentes, et fantium feminarumque ploratus, et male in illum usque diem servati fato senes : tum illa profanorum sacrorumque direptio, efferentium prædas repetentiumque discursus, et acti ante suum quisque prædonem catenati, et conata retinere infantem suum mater, et, sicubi majus lucrum est, pugna inter victores : licet enim hæc omnia, ut dixi, complectatur *eversio*, minus est tamen totum dicere, quam omnia. Consequemur autem, ut manifesta

entre eux à la moindre apparence d'un plus riche butin. Tout cela, comme je l'ai dit, est renfermé dans l'idée d'une ville prise d'assaut; mais on dit moins en disant le tout en gros qu'en énumérant les parties. Or, nous parviendrons à rendre ces circonstances sensibles, si elles sont vraisemblables; et même on peut supposer plusieurs faits qui, sans s'être réellement passés, se passent quelquefois. Les accidents contribuent aussi à représenter les choses au naturel : *Un frisson me saisit, et tout mon sang se glace d'horreur.* — *Les mères tremblantes pressèrent leurs enfants contre leur sein.* Ce talent, qui, selon moi, est de premier ordre, ne laisse pas d'être aisé à acquérir : observons la nature et suivons-la; car toute espèce d'éloquence roule sur les choses de la vie; chacun rapporte à soi ce qu'il entend, et l'esprit reçoit toujours volontiers ce qu'il reconnaît. Mais, pour répandre de la lumière sur les choses dont on parle, les similitudes ont été surtout bien imaginées. Les unes servent à prouver, et sont rangées pour cela au nombre des arguments; les autres, dont je parle ici, sont plutôt destinées à donner une image des choses : *Ensuite, comme des loups ravissants au sein d'épaisses ténèbres.* — *Semblable à l'oiseau qui voltige sur les rivages, et rase à fleur d'eau les écueils où abonde le poisson.* Mais il y a ici une précaution bien importante à garder : c'est que les objets que nous empruntons pour nous servir de similitudes ne soient ni obscurs ni inconnus; car ce qu'on emploie pour éclaircir une chose doit avoir plus de clarté que la chose qu'on veut éclaircir. Aussi laissons aux poëtes les comparaisons du genre de celle-ci : *Tel Apollon, lorsqu'il abandonne la froide Lycie et les bords du Xanthe, ou qu'il va visiter Délos, son île natale.* Un orateur ne serait pas reçu de même à représenter une chose claire par une autre qui le serait moins. Cependant ce genre de similitude, dont j'ai parlé à l'article des arguments, contribue aussi à l'ornement du style, en lui donnant un certain air de noblesse, d'enjouement, de grâce, et même de merveilleux. En effet, plus elle est tirée de loin, plus elle paraît neuve et cause de surprise. En voici quelques-unes qui pourront sembler des lieux communs, et seulement propres à persuader : *Comme la terre par la culture, de même l'esprit par l'étude s'améliore et se féconde.* — *Comme les médecins retranchent les membres viciés par la maladie, de même nous devons retrancher les citoyens infâmes et corrupteurs, nous fussent-ils unis par les liens du sang.* En voici une d'un genre plus élevé, que j'emprunte au plaidoyer pour Archias : *L'écho des rochers et des déserts répond à la voix du poëte; souvent même les bêtes féroces sont émues par ses accents et s'arrêtent,* etc. Mais quelques orateurs ont corrompu ce genre par un abus de déclamation : ils empruntent de fausses images, ou ils ne savent pas les appliquer à leur sujet. On peut voir des exemples de ce double défaut dans ces vers que j'entendais chanter partout dans ma jeunesse : *Les grands fleuves sont navigables à leur source; un arbre généreux naît avec du fruit.* Dans toute espèce de paraboles, ou la similitude précède et la chose suit, ou bien la chose précède et la similitude suit : mais quelquefois la similitude est indépendante et isolée; quelquefois, ce qui est beaucoup

---

sint, si fuerint verisimilia; et licebit etiam falso affingere, quidquid fieri solet : contingit eadem claritas etiam ex accidentibus,
.... Mihi frigidus horror
Membra quatit, gelidusque coit formidine sanguis;
et,
... Trepidæ matres pressere ad pectora natos.
Atque hujus summæ, judicio quidem meo, virtutis facillima est via : naturam intueamur, hanc sequamur : omnis eloquentia circa opera vitæ est; ad se refert quisque, quæ audit; et id facilime accipient animi, quod agnoscunt. Præclare vero ad inferendam rebus lucem repertæ sunt *similitudines*; quarum aliæ sunt, quæ probationis gratia inter argumenta ponuntur, aliæ ad exprimendam rerum imaginem compositæ, quod est hujus loci proprium :
.... Inde lupi ceu
Raptores, atra in nebula;
et,
... Avi similis, quæ circum littora, circum
Piscosos scopulos humilis volat æquora juxta.
Quo in genere id est præcipue custodiendum, ne id, quod similitudinis gratia asciviimus, aut obscurum sit, aut ignotum : debet enim, quod illustrandæ alterius rei gratia assumitur, ipsum esse clarius eo, quod illuminat : quare poëtis permittamus sane ejusmodi exempla :

Qualis, ubi hibernam Lyciam Xanthique fluenta
Deserit, aut Delon maternam invisit Apollo.

Non idem oratorem decebit, ut occultis aperta demonstret : sed illud quoque, de quo in argumentis diximus, similitudinis genus ornat orationem, facitque eam sublimem, floridam, jucundam, mirabilem : nam, quo quæque longius petita est, hoc plus affert novitatis, atque inexspectata magis est. Illa vulgaria videri possunt, et utilia tantum ad conciliandam fidem : ut *terram cultu, sic animum disciplinis meliorem uberioremque fieri* : et, ut *medici abalienata morbis membra præcidant, ita turpes ac perniciosos, etiamsi nobis sanguine cohæreant, amputandos* : jam sublimius illud pro Archia, *Saxa atque solitudines voci respondent, bestiæ sæpe immanes cantu flectuntur atque consistunt,* et cætera. Quod quidem genus a quibusdam declamatoria maxime licentia corruptum est; nam et falsis utuntur : nec illa iis, quibus tandem similia videri volunt, applicant : quorum genus in iis est, quæ me juvene ubique cantari solebant, *Magnorum fluminum navigabiles fontes sunt* : et, *Generosioris arboris statim planta cum fructu est.* In omni autem parabole aut præcedit similitudo, res sequitur; aut præcedit res, et similitudo sequitur : sed interim libera et separata est; interim, quod longe optimum est, cum re, cujus est imago, connectitur, collatione invicem respon-

mieux, elle est jointe à la chose dont elle est l'image par une espèce de correspondance qu'on appelle en grec ἀνταπόδοσις.

La similitude précède dans l'exemple que j'ai déjà rapporté : *Semblables à des loups*, etc. Elle suit dans le Ier livre des Géorgiques, lorsqu'après avoir longuement déploré les guerres civiles et étrangères, le poëte ajoute : *Ainsi, quand la barrière s'ouvre, les chars se précipitent dans la carrière; en vain le conducteur retient les rênes, il est emporté par les chevaux, qui n'obéissent plus au frein.* Mais cette similitude est sans réciprocité. Or, cette réciprocité met, pour ainsi dire, sous les yeux les deux objets qu'elle compare, et les fait envisager en même temps. J'en trouve plusieurs beaux exemples dans Virgile; mais il vaut mieux en emprunter aux orateurs. Cicéron dit dans l'oraison pour Muréna : *Comme on dit que, parmi les artistes grecs, ceux-là jouent de la flûte qui n'ont pu jouer de la lyre, de même, parmi nous, ceux qui n'ont pu devenir orateurs se font jurisconsultes.* Voici un autre exemple tiré du même plaidoyer; il est presque animé d'un souffle poétique, mais il a sa réciprocité, ce qui convient mieux à l'ornement : *De même que les tempêtes sont souvent excitées par quelque constellation, souvent aussi tout à coup, sans qu'on en puisse rendre raison, et par une cause occulte, les orages des assemblées populaires naissent quelquefois d'une maligne influence que tout le monde connaît; quelquefois aussi la cause en est si cachée, qu'ils semblent un effet du hasard.* Il y a d'autres similitudes qui sont fort courtes, comme celle-ci : *Errants dans les forêts à la manière des bêtes;* et celle de Cicéron au sujet de Clodius : *Il se sauva tout nu de ce jugement, comme d'un incendie.* Chacun peut en imaginer de semblables, et la conversation même peut en fournir des exemples. A cette dernière espèce se rapporte une autre beauté qui consiste non-seulement à peindre les choses, mais à la peindre avec des traits vifs et courts. Et certainement on a raison de louer la brièveté à laquelle il ne manque rien. Cependant celle qui ne dit précisément que ce qu'il faut, que les Grecs appellent βραχυλογία, et dont je parlerai au chapitre des figures, est moins estimable; mais il y en a une plus belle, c'est celle qui dit beaucoup en peu de mots : Tel est ce mot de Salluste : *Mithridate, homme d'une stature colossale, armé de même.* Une imitation maladroite aboutirait à l'obscurité. Une autre beauté qui a beaucoup d'affinité avec celle-ci, mais qui est d'un plus grand effet, c'est l'*emphase*, laquelle donne à entendre plus que les mots n'expriment. Il y en a deux espèces : l'une qui donne à entendre plus qu'elle ne dit; l'autre, même ce qu'elle ne dit pas. Homère nous offre un exemple de la première, lorsqu'il fait dire à Ménélas que les Grecs *descendirent* dans le cheval de bois; car d'un mot il nous donne une idée de sa grandeur. Le même Virgile nous donne une idée de sa profondeur, quand il représente les Grecs *se laissant glisser le long d'une corde;* et quand il dit du Cyclope, *qu'il se coucha en travers de son antre*, ne semble-t-il pas prendre cette caverne pour mesure du corps de ce monstre? La seconde espèce consiste à supprimer entièrement une phrase, ou à la tronquer. Il y a suppression dans cet endroit du plaidoyer de Ci-

---

dente, quod facit *redditio contraria*, quæ ἀνταπόδοσις dicitur. *Præcedit* similitudo illa, cujus modo feci mentionem,
. . . . Inde lupi ceu
Raptores atra in nebula...
Sequitur in primo Georgicon, post longam de bellis civilibus atque externis conquestionem,

Ut, quum carceribus sese effudere quadrigæ,
Addunt in spatia; et frustra retinacula tendens
Fertur equis auriga, neque audit currus habenas.

Sed hæc sunt sine antapodosi. *Redditio* autem illa rem utramque, quam comparat, velut subjicit oculis, et pariter ostendit : cujus præclara apud Virgilium multa reperio exempla; sed oratoriis potius utendum est : dicit Cicero pro Murena, *Ut aiunt in græcis artificibus eos aulœdos esse, qui citharœdi fieri non potuerint : sic nos videmus, qui oratores evadere non potuerint, eos ad juris studium divertere.* Illud pro eodem, jam pene poetico spiritu, sed tamen cum sua redditione, quod est ad ornatum accommodatius : *Nam ut tempestates sæpe certo aliquo cœli signo commoventur, sæpe improviso, nulla ex certa ratione, obscura aliqua ex causa concitantur : sic in hac comitiorum tempestate populari sæpe intelligas, quo signo commota sit; sæpe ita obscura est, ut sine causa excita videatur.* Sunt et illæ breves, *Vagi per sylvas ritu ferarum :* et illud Ciceronis in Clodium, *Quo ex judicio, velut ex incendio, nudus effugit :* quibus similia possunt cuicunque, etiam ex quotidiano sermone, succurrere : huic subjacet virtus non solum aperte ponendi rem ante oculos, sed circumcise atque velociter. Ac merito laudatur brevitas integra : sed ea minus præstat, quoties nihil dicit, nisi quod necesse est (βραχυλογίαν vocant), quæ reddetur inter schemata) : est vero pulcherrima, quum plura paucis complectitur, quale Sallustii est, *Mithridates corpore ingenti, perinde armatus :* hoc male imitantes sequitur obscuritas. Vicina prædictæ, sed amplior virtus est ἔμφασις, altiorem præbens intellectum, quam quem verba per se ipsa declarant; ejus duæ sunt species : altera, quæ plus significat, quam dicit : altera, quæ etiam id, quod non dicit. Prior est et apud Homerum, quum Menelaus Graios in equum *descendisse* ait; nam verbo uno magnitudinem ejus ostendit : et apud Virgilium,

Demissum lapsi per funem...

nam sic quoque altitudo demonstrata est : idem Cyclopa quum *jacuisse* dixit *per antrum*, prodigiosum illud corpus spatio loci mensus est. *Sequens* posita est in voce aut omnino suppressa, aut etiam abscisa : *Supprimitur* vox, ut fecit pro Ligario Cicero : *Quod si in hac tanta fortu-*

céron pour Ligarius : *Si, au degré de puissance où vous êtes parvenu, votre clémence, César, n'était pas telle qu'elle n'appartînt qu'à vous, à vous, dis-je, et je m'entends.* En effet, il supprime une pensée, qu'on ne laisse pas de deviner, c'est-à-dire qu'il ne manquait pas de gens qui le poussaient à la cruauté. On tronque la phrase par réticence, ἀποσιώπησις; mais, comme c'est une figure, j'en parlerai en son lieu. L'emphase se rencontre jusque dans les mots les plus vulgaires : *Il faut être homme;* — *C'est un homme;* — *Il faut vivre :* tant la nature se confond souvent avec l'art! Cependant ce n'est pas assez pour l'éloquence de représenter les choses d'une manière vive et sensible, il y a encore une foule de moyens divers qui peuvent contribuer à embellir le style; car cette simplicité, que les Grecs nomment ἀφέλεια, ne laisse pas d'avoir sa beauté; elle plaît comme cette parure sans recherche que nous aimons tant dans les femmes. Le soin qu'on met à choisir le mot juste, significatif, donne encore au style un air de propreté délicate qui n'est pas sans attraits. Puis, il y a une *abondance* qui est riche, et une autre qui est toute riante de fleurs. Il y a même plusieurs genres de forces. En effet, tout ce qui est suffisamment *effectué* dans son espèce, a de la force. Cependant cette qualité consiste principalement à *exagérer l'indignité* d'une action, δείνωσις; dans les autres circonstances, c'est un certain caractère de *profondeur;* ou la faculté de concevoir une vive image des choses, φαντασία; celle de mener son œuvre à fin, ἐξεργασία; celle enfin d'insister et de combler la mesure, ἐπεξεργασία. Il faut y joindre l'énergie, ἐνέργεια, qualité qui a beaucoup d'affinité avec les précédentes, ainsi que l'indique son étymologie, et qui consiste à faire que tous les mots portent coup. C'est même je ne sais quelle *amertume*, qui a d'ordinaire quelque chose d'injurieux, comme ce trait de Cassius: *Que feras-tu lorsque j'envahirai ton propre domaine, lorsque je te ferai voir que tu ne sais pas médire?* C'est enfin quelque chose d'*âcre* et de pénétrant, comme ces paroles de Crassus: *Moi, je le traiterai en consul, quand, toi, tu ne crois pas devoir me traiter en sénateur!* Au reste, toute la force de l'éloquence consiste dans l'art d'*augmenter* ou de *diminuer*. Il y a autant de moyens pour l'un que pour l'autre; je toucherai les principaux, et par ceux-là on pourra juger des autres. Or, ces moyens résident dans les *choses* et dans les *mots*. A l'égard des choses, comme j'ai déjà traité de leur invention et de leur disposition, je vais maintenant indiquer comment l'élocution peut contribuer à les relever ou les rabaisser.

CHAP. IV. La première manière d'*amplifier* ou de *diminuer* consiste dans le *nom* même *de la chose*, lorsqu'on dit, par exemple, d'un homme *blessé*, qu'il a été *tué*; d'un *méchant*, que c'est un *scélérat*; et, au contraire, d'un homme qui a *frappé*, qu'il n'a fait que *toucher*; ou de celui qui a *blessé*, qu'il n'a fait que *frapper*. Cicéron, dans son oraison pour M. Célius, nous donne, au même endroit, un exemple de cette double manière : *Faudra-t-il donc traiter un homme d'adultère, parce qu'il aura salué un peu familièrement une veuve qui ne garde aucune mesure, une coquette éhontée, une femme riche qui dissipe follement son bien, enfin une libertine qui vit en vraie courtisane?* D'un côté, il appelle cette coquette une courtisane, et, de l'autre, il représente celui qui avait eu avec elle un long commerce de galanterie, comme n'ayant fait que la saluer un peu librement. L'effet augmente

---

na bonitas tanta non esset, quam tu per te, per te, inquam, obtines; intelligo, quid loquar : tacuit enim illud, quod nihilominus accipimus, non deesse homines, qui ad crudelitatem eum impellant : Absciditur per ἀποσιώπησιν; quæ, quoniam est figura, reddetur suo loco. Est in vulgaribus quoque verbis emphasis : *Virum esse oportet;* et , *Homo est ille;* et *Vivendum est :* adeo similis est arti plerumque natura : non tamen satis eloquentiæ est, ea, de quibus dicat, clare atque evidenter ostendere : sed sunt multi ac varii excolendæ orationis modi. Nam ipsa illa ἀφέλεια simplex et inaffectata habet quemdam *purum*, qualis etiam in feminis amatur, *ornatum*, et sunt quædam velut e tenui diligentia circa proprietatem significationemque munditiæ : alia *copia* locuples, alia floribus læta. *Virium* non unum genus : nam, quidquid in suo genere satis *effectum est*, valet : præcipua tamen ejus opera δείνωσις in *exaggeranda indignitate;* et in cæteris *altitudo* quædam ; φαντασία in *concipiendis visionibus :* ἐξεργασία in *efficiendo* velut opere proposito; cui adjicitur ἐπεξεργασία, *repetitio probationis* ejusdem, et cumulus ex abundanti ; ἐνέργεια confinis his (est enim ab *agendo* dicta), et cujus propria virtus, non esse, quæ dicuntur, otiosa : est *amarum* quiddam, quod fere in contumelia est positum, quale Cassii, *Quid facies, quum in bona tua invasero? hoc est, quum te docuero nescire maledicere?* et acre, ut illud Crassi, *Ego te consulem putem, quum tu me non putes senatorem?* Sed vis oratoris omnis in *augendo minuendoque* consistit : utrique parti totidem modi, ex quibus præcipuos attingemus : reliqui similes erunt. Sunt autem positi in *rebus*, et *verbis:* sed, quæ sit rerum inventio ac ratio, tractavimus : nunc, quid *elocutio* attollat, aut deprimat, dicendum.

CAP. IV. Prima est igitur *amplificandi*, vel *minuendi* species in ipso *rei nomine :* ut, quum eum, qui sit *cæsus*, *occisum;* eum, qui sit *improbus*, *latronem;* contraque eum qui *pulsavit*, *attigisse;* qui *vulneravit*, *læsisse* dicimus : utriusque pariter exemplum est pro M. Cœlio, *Si vidua libere, proterva petulanter, dives effuse, libidinosa meretricio more viveret, adulterum ego putarem, si quis hanc paulo liberius salutasset?* Nam et impudicam, meretricem vocavit; et eum, cui longior cum illa fuerat usus, *liberius salutasse:* hoc genus increscit, ac fit manifestius, si ampliora verba cum ipsis nominibus, pro quibus ea posituri sumus, conferantur : ut Cicero in Verrem, *Non enim furem, sed raptorem; non adulterum, sed expugnatorem pudici-*

et devient plus sensible, lorsqu'aux mots qui diraient simplement les choses, nous en opposons d'autres qui les caractérisent avec plus d'énergie, comme dans ce passage d'une des Verrines : *J'accuse, non un voleur, mais un ravisseur; non un adultère, mais un ennemi de toute pudeur; non un sacrilége, mais un impie qui se joue de tout ce qu'il y a de plus saint et de plus sacré; non un assassin, mais le plus cruel bourreau des citoyens et des alliés.* En effet, la première manière multiplie les choses; celle-ci fait plus, elle les grossit. Cependant je vois que l'amplification s'obtient par quatre moyens, l'*accroissement*, la *comparaison*, le *raisonnement*, l'*accumulation*. L'*accroissement* est un moyen très-efficace, qui consiste à donner de la gravité aux choses qu'on dit d'abord, quoique moins importantes que celles qu'on dira ensuite. Il y a un ou plusieurs degrés, par lesquels on s'élève non-seulement au dernier point d'exagération, mais quelquefois même, en quelque sorte, au delà. Un seul exemple de Cicéron me suffira : *C'est un attentat de jeter dans les fers un citoyen romain; c'est un crime de le frapper de verges; c'est presque un parricide de le mettre à mort : que dirai-je de l'action de le mettre en croix?* car supposons que ce citoyen romain n'eût été que *battu de verges*, Cicéron eût toujours rendu la cruauté de Verrès plus grande d'un degré, en disant qu'un moindre châtiment serait déjà un *attentat*; et si ce citoyen eût été *simplement mis à mort*, l'accusation se serait élevée de plusieurs degrés; mais comme, après avoir dit que *c'était presque un parricide de le mettre simplement à mort*, il a atteint le dernier degré, il ajoute : *Que dirai-je de l'action de le mettre en croix?* Ainsi, après avoir porté le crime du préteur jus-

qu'au comble, il devait nécessairement manquer d'expressions pour aller plus loin. Il y a encore une autre manière d'ajouter au superlatif, comme dans ce passage de Virgile : *Nul n'égalait Lausus en beauté, excepté le Laurentin Turnus.* En effet, après avoir dit : *Nul ne l'égalait en beauté*, il semble qu'il ne reste plus rien à dire; cependant le poëte trouve moyen d'aller au delà. Il y a même une troisième espèce d'accroissement, mais qui ne s'obtient pas par degrés, parce que le terme de l'excès n'est pas relatif, mais absolu : *Vous avez tué votre mère : que dirai je de plus? Vous avez tué votre mère;* car c'est aussi une manière d'accroître les choses que de les présenter tout d'abord telles qu'on ne puisse y rien ajouter. C'est encore une sorte de gradation qui est, à la vérité, moins sensible, mais peut-être par là même plus efficace, lorsque nous disons sans distinction, sans pause et tout d'une haleine, plusieurs choses qui enchérissent les unes sur les autres. Tel est ce passage où Cicéron reproche à Antoine d'avoir vomi devant tout le monde : *Que dis je? dans l'assemblée du peuple romain! en traitant des affaires de l'État! un maître de cavalerie!* Chaque mot va, comme on le voit, en augmentant. C'est une chose dégoûtante de soi, que de vomir pour avoir bu avec excès, ne fût-ce pas en public, ne fût-ce pas en présence du peuple, ce peuple ne fût-il pas le peuple romain; c'est une honte, quand on ne remplirait aucune fonction, quand cette fonction ne serait pas publique, quand même on ne serait pas maître de cavalerie. Un autre aurait distingué ces différents degrés : Cicéron ne s'arrête pas; c'est en courant qu'il arrive au sommet; il l'atteint sans lenteur ni effort, et pour ainsi dire d'un bond. Mais, si ce genre d'amplification s'élève toujours

---

tiæ; non sacrilegum, sed hostem sacrorum religionumque; non sicarium, sed crudelissimum carnificem civium sociorumque, in vestrum judicium adduximus. Illo enim modo, ut sit multum, hoc etiam, plus ut sit, efficitur : quatuor tamen maxime generibus video constare amplificationem, *incremento, comparatione, ratiocinatione, congerie : incrementum* est potentissimum, quum magna videntur, etiam quæ inferiora sunt : id aut uno gradu fit, aut pluribus : per id venitur non modo ad summum, sed interim quodammodo supra summum. Omnibus his sufficit vel unum Ciceronis exemplum , *Facinus est vincire civem romanum, scelus verberare, prope parricidium necare : quid dicam in crucem tollere?* nam et, si tantum *verberatus* esset, uno gradu increverat, ponendo etiam id *esse facinus*, quod erat inferius; et, si tantum *occisus* esset, per plures gradus ascenderat : quum vero dixerit, *prope parricidium necare*, supra quod nihil est; adjecit, *quid dicam in crucem tollere?* ita, quum id, quod maximum est, occupasset, necesse erat in eo, quod ultra est, verba deficere. Fit et aliter supra summum adjectio, ut apud Virgilium de Lauso,

.... Quo pulchrior alter
Non fuit, excepto Laurentis corpore Turni.

Summum est enim, *quo pulchrior alter non fuit;* huic deinde aliquid superpositum. Tertius quoque est modus, ad quem non per gradus itur, et non est plus, maximum, sed quo nihil majus est : *Matrem tuam cecidisti : quid dicam amplius? Matrem tuam cecidisti;* nam et hoc augendi genus est, tantum aliquid efficere, ut non possit augeri. Crescit oratio minus aperte, sed nescio an hoc ipso efficacius, quum citra distinctionem intextu et cursu semper aliquid priore majus insequitur : ut de vomitu in Antonium Cicero, *In cœtu vero populi romani, negotium publicum gerens, magister equitum :* singula incrementum habent : per se deforme, vel non in cœtu, *vomere;* in cœtu, etiam non *populi;* populi, etiam non *romani,* vel, si nullum *negotium* ageret; vel, si non *publicum;* vel, si non *magister equitum.* Sed alius divideret hæc, et circa singulos gradus moraretur : hic in sublime etiam currit, et ad summum non pervenit nisu, sed impetu : verum, ut hæc amplificatio in superiora tendit, ita, quæ fit per *comparationem*, incrementum ex minoribus petit :

sans s'arrêter en chemin, celle qui a lieu par *comparaison*, au contraire, tire son accroissement de la considération des circonstances secondaires; car, en exhaussant ce qui est dessous, on élève nécessairement ce qui est dessus. En voici un exemple, emprunté au même orateur et pris dans le même endroit : *Si cela vous fût arrivé à table, dans une de ces orgies qui vous sont si familières, qui n'en rougirait pour vous? Mais dans l'assemblée du peuple romain?* etc. Je citerai encore ces paroles de Cicéron à Catilina : *Si mes esclaves me craignaient comme vous craignent vos concitoyens, je déserterais ma maison.* Quelquefois, en paraissant apporter un exemple de même nature, on le fera servir à rendre encore plus grave le fait qu'on veut exagérer. C'est ce que fait Cicéron dans l'oraison pour Cluentius. Après avoir exposé qu'une femme de Milet, gagnée par des héritiers substitués, s'était fait avorter, il s'écrie : *Combien le crime d'Oppianicus n'est-il pas plus digne de supplice, quoique dans la même espèce? Car, après tout, la femme de Milet, en déchirant ses entrailles, n'a tourné sa cruauté que contre elle-même, tandis qu'Oppianicus est arrivé à la même fin en exerçant sa violence et ses tortures, non sur lui, mais sur autrui.* Et que l'on ne pense pas que ce que je dis ici soit la même chose que ce que j'ai dit au chapitre des arguments, en parlant d'un lieu que j'ai appelé *du moins au plus;* car là il s'agissait de prouver, ici il s'agit seulement d'amplifier; et le but de Cicéron, dans la comparaison qu'il fait au sujet d'Oppianicus, n'est pas de prouver qu'il a commis un crime, mais de faire voir que son crime est plus grand. Cependant la différence n'exclut pas entièrement l'affinité. C'est pourquoi je me servirai encore ici de l'exemple dont je me suis servi alors, mais dans une autre vue ; car je veux montrer que, pour amplifier, on ne compare pas seulement un tout avec un autre tout, mais aussi les parties entre elles : *Quoi donc! P. Scipion, ce personnage illustre, ce grand pontife, n'étant que simple particulier, aura tué de sa main Tibérius Gracchus, qui menaçait de quelque changement la constitution de la république; et nous consuls, nous souffrirons que Catilina aspire à dévaster l'univers par le meurtre et l'incendie!* Voilà Catilina comparé à Gracchus, la république à l'univers, un léger changement au meurtre et à l'incendie, un particulier à des consuls : tous lieux qui peuvent fournir une ample matière à développement, pour peu que l'on veuille les approfondir. J'ai parlé d'un troisième genre d'amplification, qui se traite, comme je l'ai dit, par voie de raisonnement.

Voyons d'abord si je me suis servi d'un terme suffisamment propre. Ce n'est pas que je me préoccupe du mot, pourvu que la chose paraisse claire à ceux qui voudront s'instruire ; mais je m'en suis servi, parce que ce genre d'amplification se place dans un endroit et produit son effet dans un autre, parce que l'on exagère une chose pour donner une plus forte idée d'une autre, et qu'on arrive ainsi par le raisonnement à la chose qui est l'objet principal de l'amplification. Par exemple, Cicéron voulant reprocher à Antoine son ivrognerie et ses vomissements, *Quoi! lui dit-il, avec ce gosier, avec cet estomac, avec cette encolure de gladiateur!* Quel rapport, dira-t-on, ce gosier et cet estomac ont-ils avec l'ivresse? Rien de tout cela n'est oiseux; car on peut induire de là que cet ivrogne devait avoir bu prodigieusement aux noces d'Hippias, puis-

---

augendo enim, quod est infra, necesse est extollat id, quod supra positum est : ut idem, atque in eodem loco, *Si hoc tibi inter cœnam, et in illis immanibus poculis tuis accidisset, quis non turpe duceret?* in cœtu vero populi romani : et in Catilinam : *Servi mehercle mei si me isto pacto metuerent, ut te metuunt omnes cives tui, domum meam relinquendam putarem.* Interim proposito velut simili exemplo, efficiendum est, ut sit majus id, quod a nobis exaggerandum est : ut idem pro Cluentio, quum exposuisset Milesiam quamdam a secundis heredibus pro abortu pecuniam accepisse, *Quanto est,* inquit, *Oppianicus in eadem injuria majore supplicio dignus? Siquidem illa, quum suo corpori vim attulisset, se ipsa cruciavit : hic autem idem illud effecit per alieni corporis vim atque cruciatum.* Nec putet quisquam hoc, quamquam sit simile, illi ex argumentis loco, quo majora ex minoribus colliguntur, idem esse : illic enim *probatio* petitur, hic *amplificatio* : sicut in Oppianico non id agitur in illa comparatione, ut ille male fecerit, sed, ut pejus : est tamen quamquam diversarum rerum quædam vicinia : repetam igitur hic quoque idem, quo sum illic usus, exemplum, sed non in eumdem usum. Nam hoc mihi ostendendum est, augendi gratia non *tota* modo *totis,* sed etiam *partes partibus comparari;* sicut hoc loco, *An vero vir amplissimus P. Scipio, pontifex maximus, Gracchum, mediocriter labefactantem statum reipublicæ, privatus interfecit : Catilinam, orbem terrarum cæde atque incendio vastare cupientem, nos consules perferemus?* Hic et Catilina Graccho, et status reipublicæ orbi terrarum, et mediocris labefactatio cædi, et incendiis, et vastationi, et privatus consulibus comparatur : quæ si quis dilatare velit, plenos singula locos habent. Quas dixi *per ratiocinationem* fieri amplificationes, viderimus, an satis proprio verbo significaverim : nec sum in hoc sollicitus, dum res ipsa volentibus discere appareat : hoc sum tamen secutus, quod hæc *amplificatio* alibi posita est, alibi valet; ut aliud crescat, aliud augetur; inde ad id, quod extolli volumus, ratione ducitur. Objecturus Antonio Cicero merum et vomitum, *Tu,* inquit, *istis faucibus, istis lateribus, ista gladiatoria totius corporis firmitate :* quid fauces et latera ad ebrietatem? Minime sunt otiosa : nam respicientes ad hæc possumus æstimare, quantum ille vini in Hippiæ nuptiis exhauserit, quod ferre et concoquere non posset

que, avec ce tempérament de gladiateur, il n'avait pu venir à bout de digérer et de supporter ce qu'il avait bu. Si donc une chose s'induit d'une autre chose, le terme de *raisonnement* n'est ni impropre ni inusité, d'autant que, par la même raison, nous avons distingué un état de cause, qui porte le même nom. Tantôt donc cette sorte d'amplification se tire de ce qui a suivi : il fallait qu'Antoine eût fait un furieux excès, puisque ce fut, non par une indisposition fortuite, ni pour se délivrer d'un léger mal de cœur, mais par nécessité, qu'il vomit devant tout le peuple assemblé; puisque ce n'était pas des aliments récents qu'il rendait, mais le reflux d'une orgie de la veille. Tantôt elle se tire de ce qui a précédé : ainsi, lorsqu'Éole, à la prière de Junon, *frappe de son trident le flanc de la montagne, et que les vents s'échappent, en bataillons impétueux, par l'issue qui leur est ouverte,* on prévoit quelle terrible tempête va s'élever. N'est-ce pas encore une amplification par voie de raisonnement, lorsqu'après avoir exposé des actes atroces et les avoir dépeints sous les couleurs les plus noires, nous venons à les atténuer, dans la vue de rendre plus odieuses les choses que nous avons à dire ensuite? C'est ce qu'a fait Cicéron dans un de ses plaidoyers contre Verrès : *Ce sont là des peccadilles pour un tel accusé. Après tout, un capitaine de vaisseau, d'une cité illustre, s'est racheté du supplice des verges moyennant une somme d'argent : de la part de Verrès, c'est de la bonté. Un autre, pour ne pas avoir la tête tranchée, donne aussi de l'argent : rien de plus ordinaire.* En effet, l'orateur a compté que les juges feraient ce raisonnement, qu'il faut que le crime dont on va parler soit bien inouï, puis-

que tous les autres sont des bagatelles en comparaison de celui-là. Je rapporte encore au même genre l'éloge qu'on fait d'une chose dans la vue d'en rehausser une autre. En vantant les exploits d'Annibal, on fait admirer davantage le mérite de Scipion, en exaltant le courage des Gaulois et des Germains, on accroît d'autant plus la gloire de César. J'y rapporte aussi une amplification où il ne semble pas que ce que l'on dit regarde une certaine chose, bien qu'on ne le dise qu'en vue de cette chose. Les chefs des Troyens ne croient pas qu'il soit indigne des Troyens ni des Grecs de souffrir tant de maux, et pendant si longtemps, pour la beauté d'Hélène. Quelle idée doit-on se faire de cette beauté? Car ce n'est point Pâris, son ravisseur, qui dit cela, ni quelque jeune insensé, ni quelqu'un du peuple : ce sont des vieillards, des hommes recommandables par leur sagesse, et qui composent le conseil de Priam. Que dis-je? le roi lui-même, épuisé par une guerre de dix années, déjà privé de tant de fils, à la veille de la catastrophe qui doit mettre le comble à ses douleurs, lui qui ne devrait avoir que de la haine, que de l'horreur pour cette beauté fatale, source de tant de larmes ; le roi lui-même entend ces paroles, et, appelant Hélène du nom de fille, la fait asseoir auprès de lui, la justifie, et ne veut pas voir en elle la cause de ses malheurs. Ainsi, lorsque Platon, dans son Banquet, raconte qu'Alcibiade avouait sa bonne volonté pour Socrate, je pense que Platon a voulu bien moins accuser les mœurs d'Alcibiade que donner une haute idée de la chasteté de Socrate, qui résista aux avances du plus beau jeune homme de la Grèce. C'est ainsi que les poëtes nous donnent à juger de la taille de quelques héros de l'ancien

illa corporis gladiatoria firmitate : ergo, si ex alio colligitur aliud, nec improprium, nec inusitatum nomen est *ratiocinationis*, ut quod ex eadem causa inter status quoque habemus. Sic et ex *insequentibus* amplificatio ducitur : siquidem tanta vis fuit vini erumpentis, ut non casum afferret, aut voluntatem, sed necessitatem, ubi minime deceret, vomendi : et cibus non recens, ut accidere interim solet, redderetur, sed qui usque in posterum diem redundaret : idem hoc præstant, quæ antecesserunt : nam, quum Æolus a Junone rogatus,

. . . . . Cavum conversa cuspide montem
Impulit in latus, ac venti, velut agmine facto,
Qua data porta, ruunt...

apparet, quanta sit futura tempestas. Quid? quum res atrocissimas, nec improprium, in summam ipsi exstulimus invidiam, elevamus consulto, quo graviora videantur, quæ secutura sunt : ut a Cicerone factum est, quum illa diceret, *Levia sunt hæc in hoc reo; metum virgarum navarchus nobilissimæ civitatis pretio redemit; humanum est : alius, ne securi feriretur, pecuniam dedit; usitatum est.* Nonne usus est ratiocinatione, qua colligerent audientes, quantum illud esset, quod inferebatur, cui comparata hæc, viderentur humana atque usitata? Sic quoque solet ex alio

aliud augeri : ut, quum Hannibalis bellicis laudibus ampliatur virtus Scipionis ; et fortitudinem Gallorum Germanorumque miramur, quo sit major C. Cæsaris gloria. Illud quoque est *ex relatione ad aliquid*, quod non ejus rei gratia dictum videtur, amplificationis genus : non putant indignum trojani principes, Graios Trojanosque propter Helenæ speciem tot mala, tanto temporis spatio sustinere : quænam igitur illa forma credenda est? non enim hoc dicit Paris, qui rapuit ; non aliquis juvenis, aut unus e vulgo ; sed senes, et prudentissimi, et Priamo assidentes. Verum et ipse rex, decennii bello exhaustus, amissis tot liberis, imminente summo discrimine, cui faciem illam, ex qua tot lacrymarum origo fluxisset, invisam atque abominandam esse oportebat, et audit hæc, et cum filiam appellans juxta se locat, et excusat etiam, atque sibi esse malorum causam negat. Nec mihi videtur in Symposio Plato, quum Alcibiadem confitentem de se, quid a Socrate pati voluerit, narrat, ut illum culparet, hæc tradidisse : sed ut Socratis invictam continentiam ostenderet, quæ corrumpi speciosissimis hominis tam obvia voluntate non posset. Quin *ex instrumento* quoque heroum illorum magnitudo æstimanda nobis datur : huc pertinet *clypeus Ajacis*, et *Pelias Achillis* : qua virtute egregie est usus

temps par la dimension de leurs armes. Ce qu'ils nous disent du *bouclier d'Ajax* et de la *lance d'Achille* n'a point d'autre sens. Virgile s'est admirablement servi de cet artifice dans le portrait de Polyphème. Quelle idée, en effet, devons-nous avoir d'un géant qui *marche appuyé sur un tronc de pin, en guise de bâton?* Et *cette énorme cuirasse que deux hommes pouvaient à peine porter sur leurs épaules,* que doit-elle nous faire penser de ce Démoléon, qui, sous le poids de cette armure,

Poursuivait en courant les Troyens éperdus?

Et Cicéron aurait-il pu imaginer quelque chose de plus fort sur le luxe d'Antoine, que le fait qu'il raconte? *On voyait, dans les cellules de ses esclaves, les lits dressés avec les couvertures de pourpre de Cn. Pompée.* Des couvertures de pourpre! de Pompée! dans des cellules d'esclaves! On ne peut rien dire de plus. Mais qu'était-ce donc de l'appartement du maître? L'imagination est forcée de franchir les bornes du possible. Ce genre d'amplification ressemble assez à ce qu'on appelle *emphase*; mais il y a cette différence, que l'emphase roule sur le mot, tandis que l'amplification dont je parle roule sur la chose, et l'emporte d'autant plus sur l'emphase, que les choses ont plus de force que les mots. On peut enfin mettre au nombre de ces genres l'*accumulation*, laquelle consiste à entasser des mots et des pensées, qui au fond signifient la même chose; car encore que ni ces pensées ni ces mots ne présentent pas de gradation, ils ne laissent pas de s'élever par leur amas : *Dites-nous, Tubéron, que faisait votre épée dans les champs de Pharsale? qui cherchait-elle? A qui en voulait votre appareil guerrier? Quelle était votre intention?* etc. ; ce qui ressemble à cette figure que les Grecs appellent συναθροισμός : mais dans cette figure ce sont plusieurs choses diverses qu'on entasse les unes sur les autres, tandis qu'ici c'est la même chose que l'on multiplie. Toutefois rien n'empêche qu'on ne s'élève aussi par des mots qui soient de plus en plus significatifs : *On voyait à ses côtés le geôlier de la prison, le bourreau du préteur, la mort et la terreur des alliés et des citoyens romains, le licteur Sextius.*

Quand il s'agit d'exténuer les choses, le procédé est à peu près le même; car il y a autant de degrés pour descendre que pour monter. Aussi je me contenterai d'un seul exemple, emprunté au passage où Cicéron parle du discours de Rullus : *Quelques personnes, qui se trouvaient tout près de l'orateur, ont soupçonné qu'il avait voulu dire je ne sais quoi touchant la loi agraire.* Ou Cicéron a voulu dire qu'on n'avait pas compris Rullus, et alors c'est une *exténuation*; ou il a voulu faire allusion à son obscurité, et dans ce cas c'est une *amplification.* Je sais que l'*hyperbole* peut aussi passer, aux yeux de quelques rhéteurs, pour une espèce d'amplification; et, en effet, elle est fort propre, soit a exagérer, soit à exténuer les choses; mais comme elle excède le nom d'amplification, je la renvoie à l'article des tropes, dont il serait temps de parler maintenant, si ce n'était un genre d'élocution tout particulier, où les mots sont employés, non dans leur sens propre, mais dans leur sens figuré. Il faut donc que j'accorde quelque chose au goût du public, qui ne me pardonnerait pas de passer sous silence un genre de beauté que la plupart regardent aujourd'hui comme le principal, pour ne pas dire comme le seul ornement du style.

Chap. V. *Sententia*, chez les anciens Latins,

---

in Cyclope Virgilius : nam quod illud corpus mente concipiam, cujus

Trunca manum pinus regit?...

Quid? quum *vix loricam duo multiplicem connixi humeris ferunt,* quantus Demoleos, qui, indutus ea,

. . . . . . : Cursu palantes Troas agebat?

Quid? M. Tullius de M. Antonii luxuria tantum fingere saltem potuisset, quantum ostendit dicendo, *Conchyliatis Cn. Pompeii peristromatis servorum in cellis stratos lectos videres? Conchyliata peristromata,* et *Cn. Pompeii,* terunt servi et *in cellis,* nihil dici potest ultra; et necesse est tamen infinito plus in domino cogitare. Est hoc simile illi, quod ἔμφασις dicitur; sed illa ex verbo, hoc ex re conjecturam facit; tantoque plus valet, quanto res ipsa verbis est firmior : potest ascribi amplificationi *congeries* quoque verborum, ac sententiarum idem significantium : nam, etiamsi non per gradus ascendant, tamen velut acervo quodam allevantur : *Quid enim tuus ille, Tubero, destrictus in acie pharsalica gladius agebat? cujus latus ille mucro petebat? qui sensus erat armorum tuorum? quæ tua mens? oculi? manus?*

ardor animi? quid cupiebas? quid optabas? Simile est hoc figuræ, quam συναθροισμόν vocant : sed illic plurium rerum est congeries, hic unius multiplicatio : hæc etiam crescere solet verbis omnibus altius atque altius insurgentibus : *Aderat janitor carceris, carnifex prætoris, mors terrorque sociorum, et civium romanorum, lictor Sextius.* Eadem fere est ratio *minuendi* : nam totidem sunt ascendentibus, quot descendentibus, gradus : ideoque uno ero exemplo contentus ejus loci, quo Cicero de oratione Rulli hæc dicit : *Pauci tamen, qui proximi astiterant, nescio quid illum de lege agraria voluisse dicere, suspicabantur;* quod si ad intellectum referas, *minutio* est; si ad obscuritatem, *incrementum.* Scio posse videri quibusdam speciem amplificationis *hyperbolen* quoque; nam et hæc in utramque partem valet; sed, quia excedit hoc nomen, in tropos differenda est : quos continuo subjungerem, nisi esset a cæteris separata ratio dicendi, quæ constat non propriis, sed translatis : demus ergo breviter hoc desiderio jam pene publico, ne omittamus eum, quem plerique præcipuum ac pene solum putant orationis ornatum.

Cap. V. *Sententiam* veteres, quod animo sensissent,

signifiait ce que l'on sent dans l'âme. Outre qu'il est pris le plus souvent dans cette acception par les orateurs, nous voyons encore les restes de cette première signification dans le commerce ordinaire de la vie ; car si nous voulons affirmer une chose avec serment ou féliciter quelqu'un, nous employons ce mot pour témoigner que nous parlons *selon ce que nous avons dans l'âme, selon ce que nous sentons.* Cependant le mot *sensa* était aussi employé assez communément dans la même acception ; car, pour le mot *sensus*, je crois qu'il ne s'entendait que du corps; mais l'usage a changé. Les conceptions de l'esprit sont présentement désignées sous le nom de *sensus*, et nous avons donné celui de *sententia* à ces pensées brillantes que l'on place principalement à la fin d'une période. Autrefois on en était peu curieux, mais aujourd'hui on les prodigue outre mesure. Je crois donc devoir dire quelques mots de leurs différentes espèces, et de l'usage qu'on en peut faire.

Les plus connues de l'antiquité sont celles que nous appelons proprement *sentences*, et que les Grecs appellent γνῶμαι. Quoique le nom de *sententia* soit générique, il convient particulièrement à celles-ci, parce qu'elles peuvent être regardées comme autant de conseils, ou, pour mieux dire, comme autant d'arrêts en fait de mœurs. J'entends donc par *sentence* une pensée morale qui, même hors du sujet auquel on l'applique, est universellement vraie et louable. Tantôt elle se rapporte seulement à une chose, comme celle-ci : *Rien ne gagne tant les cœurs que la bonté*; tantôt à une personne, comme cette autre de Domitius Afer : *Un prince qui veut tout savoir doit s'attendre à beaucoup pardonner.* Les uns ont dit que la sentence était une partie de l'*enthymème*; les autres, qu'elle était le commencement ou la conclusion de l'*épichérème :* ce qui est vrai quelquefois, mais non pas toujours. Ce qui est plus vrai, c'est qu'elle est tantôt simple, comme celles que je viens de citer, tantôt accompagnée de sa raison, comme celle-ci : *Dans toute contestation, le plus puissant, encore qu'il soit l'offensé, paraît toujours l'offenseur, par cela seul qu'il est le plus puissant;* tantôt double : *La complaisance nous fait des amis, et la vérité ne nous attire que des ennemis.* Il y en a même qui ont distingué jusqu'à dix genres de sentences, en ce qu'on peut les énoncer par *interrogation*, par *comparaison*, par *négation*, par *similitude*, par *admiration*, etc. ; mais, à ce compte, il en faudrait admettre un nombre indéfini ; car toutes les figures peuvent servir à les exprimer. Un genre des plus remarquables est celui qui naît de la *différence : Ce n'est point la mort qui est un mal, mais les approches de la mort.* Quelquefois on énonce une sentence d'une manière simple et directe : *L'avare manque autant de ce qu'il a que de ce qu'il n'a pas;* et quelquefois par figure, ce qui lui donne une plus grande force, comme dans ce vers de Virgile :

Est-ce un si grand malheur que de cesser de vivre?

(Racine.)

On sent que cette forme a bien plus d'énergie que celle-ci : *La mort n'est point un malheur.* Il en est de même, lorsqu'une pensée vague et générale devient propre et particulière par l'application qu'on en fait. Ainsi, au lieu de dire en général : *Il est facile de nuire et difficile d'être utile*, Médée s'exprime plus vivement dans Ovide : *J'ai pu le sauver, et tu me demandes si je pourrai le perdre ?* Cicéron applique ces sortes de pensées à la personne, en disant : *Ce qu'il y a de plus grand, César, dans votre fortune, c'est de pouvoir sauver les malheureux :* ce

---

vocaverunt : id quum est apud oratores frequentissimum, tum etiam in usu quotidiano quasdam reliquias habet : nam et juraturi *ex animi nostri sententia*, et gratulantes *ex sententia* dicimus : non raro tamen et sic locuti sunt, ut *sensa* sua dicerent; nam *sensus* corporis videbantur. Sed consuetudo jam tenuit, ut mente concepta *sensus* vocaremus; lumina autem, præcipueque in clausulis posita, *sententias :* quæ minus crebra apud antiquos, nostris temporibus modo carent : ideoque mihi et de generibus earum, et de usu arbitror pauca dicenda. Antiquissimæ sunt, quæ propriæ, quamvis omnibus idem nomen sit, *sententiæ* vocantur, quas Græci γνῶμας appellant : utrumque autem nomen ex eo acceperunt, quod similes sunt consiliis aut decretis : est autem hæc vox universalis, quæ etiam citra complexum causæ possit esse laudabilis, interim ad rem tantum relata; ut, *Nihil est tam populare, quam bonitas :* interim ad personam; quale est Afri Domitii, *Princeps, qui vult omnia scire, necesse habet multa ignoscere.* Hunc quidam partem *enthymematis*, quidam initium, aut clausulam *epichirematis* esse dixerunt : et est aliquando, non tamen semper : illud verius, esse eam aliquando *simplicem*, ut ea, quæ supra dixi : aliquando ratione subjecta, *Nam in omni certamine, qui opulentior est, etiamsi accipit injuriam, tamen, quia plus potest, facere videtur :* nonnunquam duplicem, *obsequium amicos, veritas odium parit.* Sunt etiam qui decem genera fecerint, sed eo modo, quo fieri vel plura possunt, per *interrogationem*, per *comparationem*, *infitiationem*, *similitudinem*, *admirationem*, et cætera hujus modi : per omnes enim figuras tractari potest. Illud notabile *ex diversis*, *mors misera non est, aditus ad mortem est miser.* Ac rectæ quidem sunt tales, *Tam deest avaro, quod habet, quam quod non habet :* sed majorem vim accipiunt emutatione figuræ, ut,

Usque adeone mori miserum est?...

Acrius enim hoc, quam per se, *Mors misera non est :* et *translatione* a communi ad proprium: nam, quum sit rectum, *Nocere facile est, prodesse difficile :* vehementius apud Ovidium Medea dicit,

Servare potui, perdere an possim, rogas ?

qu'il y a de plus admirable dans votre nature, c'est de le vouloir. Ainsi, il attribue à César ce qui semblait appartenir aux choses. Mais, en ce genre, ce dont il faut se garder, comme dans tout le reste, c'est que les sentences ne soient ni trop fréquentes ni visiblement fausses, comme c'est le défaut de ceux qui croient pouvoir les employer indifféremment partout, comme étant universelles, καθολικά, et qui regardent comme indubitable tout ce qui paraît favoriser leur cause; c'est enfin qu'elles ne soient pas employées à tort et à travers, ni déplacées dans la bouche de celui qui parle; car il faut que l'importance des choses soit soutenue de l'autorité de la personne. Ne serait-il pas insupportable de voir un enfant, un adolescent, ou même un homme de rien, prendre le ton de juge ou de maître? Toute conception de l'esprit est aussi un *enthymème*. Cependant le nom d'enthymème convient, à proprement parler, à une sentence fondée sur les contraires, en ce qu'elle paraît briller entre toutes les autres, comme Homère est le poëte, et Rome la ville par excellence. C'est ce qui a été suffisamment expliqué à l'article des arguments. Toutefois, elle ne sert pas uniquement à prouver, et elle n'est quelquefois qu'un pur ornement : *Quoi! César, ce sont ceux-là même dont l'impunité fait l'éloge de votre clémence, qui vous exciteront à la cruauté?* Car Cicéron dit cela, non pour ajouter une nouvelle raison à celles qu'il a déjà fait valoir, mais parce qu'il avait déjà fait voir d'ailleurs combien cette conduite était injuste; et c'est une réflexion qu'il jette à la fin de son discours par manière d'épiphonème, non pas tant comme une preuve que comme un dernier coup porté à son adversaire; car l'épiphonème est une réflexion ajoutée à un récit ou à une preuve pour témoigner le sentiment que nous en avons, comme dans ce vers de Virgile :

.... Tant dut coûter de peine
Le long enfantement de la grandeur romaine!

et dans ces paroles de Cicéron : *C'est ainsi que ce vertueux jeune homme aima mieux faire une action périlleuse, que d'en souffrir une qui le couvrît de honte.* Il y a aussi ce que les rhéteurs modernes appellent νόημα. Ce mot est générique, mais il a plu néanmoins à nos beaux esprits de l'attribuer particulièrement aux choses que l'on donne à entendre sans les dire. Telle est cette réponse d'une sœur à son frère qu'elle avait racheté plusieurs fois de l'engagement qu'il avait pris avec des gladiateurs, et qui la poursuivait en justice en vertu de la loi du talion, parce qu'elle lui avait coupé le pouce pendant qu'il dormait : *Va, tu mériterais bien de conserver ta main tout entière,* c'est-à-dire de faire toute la vie le métier de gladiateur. Il me faut aussi parler de ce qu'on appelle *clausula.* Si par là on entend ce qu'on appelle ordinairement *conclusion,* elle est bonne et même nécessaire en certains endroits, comme celle-ci : *C'est pourquoi, Tubéron, il faut que vous commenciez par convenir du fait qui vous est personnel, avant que de rien reprocher à Ligarius.* Mais ce n'est pas ce qu'on entend, on veut aujourd'hui que toute pensée qui termine une période frappe l'attention. Un orateur ne peut sans honte et presque sans crime s'arrêter pour reprendre haleine, s'il n'a en même temps donné lieu à l'auditeur de se récrier d'admiration. De là ces petites pensées, ces faux brillants, qu'on va chercher bien loin hors du sujet; car enfin il n'est pas possible de trouver autant d'heureuses pensées qu'il se rencontre de points d'arrêt dans le discours. Ce qu'il y a de plus à la

---

Vertit ad personam Cicero, *Nihil habet, Cæsar, nec fortuna tua majus, quam ut possis; nec natura melius, quam ut velis servare quam plurimos* : ita, quæ erant rerum, propria fecit hominis : in hoc genere custodiendum est, id quod ubique, ne *crebræ* sint, ne *palam falsæ*, quales frequenter ab iis dicuntur, qui hæc καθολικά vocant, et, quidquid pro causa videtur, quasi indubitatum pronunciant, ne *passim* et *a quocumque* dicantur. Magis enim decent eos, in quibus est auctoritas, ut rei pondus etiam persona confirmet : quis enim ferat puerum, aut adolescentulum, aut etiam ignobilem, si judicet in dicendo, et quodammodo præcipiat? *Enthymema* quoque est omne, quod mente concipimus : proprie tamen dicitur, quæ est sententia ex contrariis, propterea quod eminere inter cæteras videtur, ut Homerus *poeta, urbs* Roma : de hoc in argumentis satis dictum est. Non semper autem ad probationem adhibetur, sed aliquando ad ornatum, *Quorum igitur impunitas, Cæsar, luæ clementiæ laus est, eorum te ipsorum ad crudelitatem acuet oratio?* non, quia sit ratio dissimilis, sed, quia jam per alia, ut id injustum appareret, effectum erat. Et addita in clausula est epiphonematis modo non tam probatio, quam extrema quasi insultatio : est enim epiphonema rei narratæ, vel probatæ summa acclamatio,

Tantæ molis erat romanam condere gentem!

Facere enim probus adolescens periculose, quam perpeti turpiter maluit. Est et, quod appellatur a novis νόημα; qua voce omnis intellectus accipi potest : sed hoc nomine donarunt ea, quæ non dicunt, verum intelligi volunt, ut in eum, quem sæpius a ludo redemerat soror, agentem cum ea talionis, quod ei pollicem dormienti recidisset, *Eras dignus, ut haberes integram manum* : sic enim auditur, *ut depugnares.* Vocatur aliquid et *clausula* : quæ, si est, quod *conclusionem* dicimus, et recta et quibusdam in partibus necessaria est : *Quare prius de vestro facto fateamini necesse est, quam Ligarii culpam ullam reprehendatis :* sed nunc aliud volunt, ut omnis sensus in fine sermonis feriat aurem. Turpe autem ac prope nefas ducunt, respirare ullo loco, qui acclamationem non petierit : inde minuti corruptique sensiculi, et extra rem petiti : neque enim possunt tam multæ bonæ sententiæ esse, quam necesse est multæ sint clausulæ. Jam hæc magis nova sententiarum genera : *Ex*

mode en ce genre, ce sont les traits imprévus, comme ce mot de Vibius Crispus à un homme qui se promenait en pleine audience avec une cuirasse sur le dos, sous prétexte qu'il avait peur : *Qui t'a permis de craindre de la sorte?* et ce compliment d'Africanus à Néron sur la mort de sa mère : *Votre province des Gaules vous supplie, César, de supporter courageusement votre bonheur.* D'autres consistent dans une allusion indirecte. Domitius Afer plaidait pour Cloantilla, que Claude avait renvoyée de l'accusation portée contre elle pour avoir donné la sépulture à son mari, trouvé mort parmi les rebelles. Dans la péroraison, il apostropha les enfants de Cloantilla : *Ne laissez pas cependant d'ensevelir votre mère.* D'autres consistent dans une pensée étrangère, c'est-à-dire transportée d'un lieu dans un autre. L'amant de Spatale l'avait instituée son héritière, et était mort à dix-huit ans; Crispus, qui plaidait pour Spatale, dit en parlant de son amant : *Voyez l'esprit de divination de ce jeune homme, qui n'a rien voulu se refuser!* Quelquefois le redoublement d'un mot fait presque tout le prix de ces pensées, comme dans cet écrit dont Sénèque était l'auteur, et que Néron envoya au sénat après le meurtre de sa mère, voulant qu'on crût qu'il avait couru de grands dangers : *Ma vie*, dit-on, *est en sûreté : je ne puis encore ni le croire ni m'en réjouir.* Mais la pensée vaut encore mieux, quand elle naît d'une opposition : *J'ai bien qui fuir, je n'ai pas qui suivre.* — *Le malheureux! il ne pouvait ni parler ni se taire.* Elle est plus belle encore, lorsqu'elle est éclairée par une comparaison, comme dans ce passage d'un plaidoyer de Trachalus contre Spatale : *O saintes lois, gardiennes de la pudeur, avez-vous donc voulu qu'on pût donner le quart de ses biens à une concubine, et qu'une épouse ne pût prétendre qu'au dixième!* Au reste, ce genre peut enfanter le bon et le mauvais. Voici, entre autres, une pensée que le bon goût réprouvera toujours : *Pères conscrits, car il est bon que je commence ainsi pour vous faire souvenir des pères.* Celle-ci est encore plus mauvaise, parce qu'elle est plus fausse et tirée de plus loin : *J'ai combattu jusqu'au doigt :* mot qu'un avocat mit dans la bouche d'un gladiateur à qui sa sœur, ainsi que je l'ai déjà rapporté, avait coupé le pouce pour le forcer de renoncer à son métier. Mais je ne sache rien de plus détestable en ce genre que certaines pensées qui sont fondées sur une équivoque, jointe à une fausse similitude. Par exemple, je me souviens que, dans ma jeunesse, un célèbre avocat, à l'occasion d'une blessure que son client avait reçue à la tête, donna à tenir à la mère les esquilles qu'on avait retirées de la plaie, en lui disant : *Mère infortunée! vous n'avez pas encore porté votre fils sur le bûcher, et déjà vous avez recueilli ses os.* Bien plus, la plupart de nos orateurs se complaisent dans de petites conceptions qui séduisent au premier coup d'œil par une apparence ingénieuse, et qui, examinées de près, ne sont que ridicules. Par exemple, dans une déclamation des écoles, on suppose qu'un homme ruiné par la stérilité de ses champs, et qui, après ce premier malheur, a fait naufrage, s'est pendu de désespoir; et à ce sujet on dit : *Celui dont la terre ni la mer ne veulent pas, que lui reste-t-il à faire, sinon de chercher un asile dans les airs?* Voici d'autres traits du même genre : un furieux dévorait ses membres; son père lui donna du poison, en lui disant : *Qui peut manger ceci doit boire cela.* Un débauché paraissait avoir pris la résolution de se tuer :

---

inopinato : ut dixit Vibius Crispus in eum, qui, quum loricatus in foro ambularet, prætendebat id se metu facere, *Quis tibi sic timere permisit?* et insigniter Africanus apud Neronem de morte matris, *Rogant te, Cæsar, Galliæ tuæ, ut felicitatem tuam fortiter feras.* Sunt et *alio relata*, ut Afer Domitius, quum Cloantillam defenderet, cui objectum crimen, quod virum, qui inter rebellantes fuerat, sepelisset, remiserat Claudius, in epilogo filios ejus alloquens, *Matrem tamen*, inquit, *pueri sepelitote*. Et aliunde petita, id est, in alium locum ex alio *translata* : ut pro Spatale Crispus, quam qui heredem amator instituerat, decessit, quum haberet annos duodeviginti, *O hominem divinum, qui sibi indulsit!* Facit quasdam sententias sola *geminatio* : qualis est Senecæ in eo scripto, quod Nero ad senatum misit occisa matre, quum se periclitatum videri vellet, *Salvum me esse adhuc nec credo, nec gaudeo* : melior, quum ex contrariis valet, *Habeo, quem fugiam; quem sequar, non habeo* : quid, quod miser, quum loqui non posset, tacere non poterat? Ea vero fit pulcherrima, quum aliqua comparatione clarescit : Trachalus contra Spartalen, *Placet hoc ergo, o leges, diligentissimæ pu-* doris custodes, decimas uxoribus dari, quartas meretricibus? sed horum quidem generum et bonæ dici possunt, et malæ. Illæ semper vitiosæ. *A verbo, Patres conscripti; sic enim incipiendum est mihi, ut meminertitis patrum* : pejus adhuc, quo magis falsum est, et longius petitum, contra eamdem sororem gladiatoris cujus modo feci mentionem, *Ad digitum pugnavi.* Est etiam generis ejusdem, nescio an vitiosissimum, quoties verborum ambiguitas cum rerum falsa quadam similitudine jungitur : clarum auctorem juvenis audivi, quum lecta in capite cujusdam ossa sententiæ gratia tenenda matri dedisset, *Infelicissima femina, nondum extulisti filium, et jam ossa legisti.* Ad hoc plerique minimis etiam inventiunculis gaudent, quæ excussæ risum habent, inventæ facie ingenii blandiuntur : de eo, qui naufragus, et ante agrorum sterilitate vexatus, in scholis fingitur se suspendisse, *Quem nec terra recipit, nec mare, pendeat.* Huic simile in illo, de quo supra dixi, cui pater sua membra laceranti venenum dedit, *Qui hæc edit, debet hoc bibere* : et in luxuriosum, qui ἀποκαρτέρησιν simulasse dicitur, *Necte laqueum, habes, quod faucibus tuis irascaris : sume venenum, decet luxuriosum bi-*

Tresse une corde, lui dit-on, tu dois en vouloir à ton gosier; avale du poison, un ivrogne doit mourir en buvant. Tantôt ces pensées sont vides, comme celle-ci : un déclamateur exhorte les généraux d'Alexandre à ensevelir le conquérant dans l'incendie de Babylone, et il s'écrie : *Quoi! nous ferions les funérailles d'Alexandre, et quelqu'un y assisterait tranquillement de sa fenêtre!* Comme si c'était là ce qu'il y eût de plus déplorable dans cette conjoncture. Tantôt elles sont outrées, comme ce que j'ai entendu dire à quelqu'un, en parlant des Germains : *Tête placée je ne sais où.* Un autre, en parlant d'un brave soldat, disait : *La guerre rebondit sur son bouclier.* Je ne finirais pas, si je voulais rapporter tous les genres de pensées que le mauvais goût de notre siècle a enfantés. Passons à une observation plus importante.

Il existe deux opinions différentes : l'une qui ne fait cas que des pensées, l'autre qui les condamne absolument. Pour moi, je ne partage entièrement ni l'une ni l'autre; car, en premier lieu, il est certain que les pensées s'entre-nuisent, quand elles sont semées trop près les unes des autres, comme il arrive des grains et des fruits des arbres, qui ne peuvent parvenir à un juste développement lorsqu'ils manquent d'espace pour croître à l'aise. C'est ainsi que, sans ombres, la peinture n'a point de relief; et c'est pour cela que les peintres, après avoir représenté plusieurs sujets dans un seul et même tableau, les distinguent, les détachent, afin que les ombres ne tombent pas sur les corps. Cette accumulation de pensées a encore pour effet de rendre le style trop haché, parce que toute pensée renferme un sens complet, après lequel commence nécessairement un autre sens, d'où résulte ordinairement une composition décousue, plutôt faite de pièces et de morceaux que de membres proprement dits, sans liaison ni structure. Ces pensées ressemblent à ces corps ronds et polis qui, quoi qu'on fasse, ne peuvent s'unir ensemble. La couleur même du style, quelque brillante qu'elle soit, ne laisse pas d'être étrangement bigarrée. C'est ainsi qu'un nœud, une bande de pourpre mise à sa place, rehausse la beauté d'une tunique, tandis qu'un vêtement bariolé de diverses couleurs sera toujours ridicule. Aussi, malgré leur éclat et leur consistance apparente, ces pensées me font moins l'effet de la flamme, que de ces étincelles qui s'échappent du milieu d'une fumée épaisse. On ne les remarque pas même dans un style où tout éblouit; elles y sont absorbées, comme les étoiles dans la lumière du soleil. Que si quelques-unes font tant que de s'élever par petits bonds, le style ressemble alors à un terrain inégal et plein de gravier, qui ne présente ni l'aspect sublime des montagnes ni la grâce des prairies. Ajoutez à cela qu'en courant seulement après les pensées, on s'expose nécessairement à en rencontrer beaucoup de frivoles, de froides, d'insignifiantes; car comment choisir là où on ne peut compter? Aussi voit-on que ces orateurs prétentieux vont jusqu'à donner un air de pensée à leur division, et même à leurs arguments, en affectant dans leur prononciation une espèce de chute qui surprend. *Vous avez tué votre femme, et vous étiez vous-même adultère! N'eussiez-vous fait que la répudier, vous ne seriez pas même excusable :* voilà pour la division. *Voulez-vous savoir si ce philtre était du poison? Le malheureux vivrait encore, s'il ne l'eût pas pris :* voilà pour l'argument. Ce n'est pas que la plupart abondent en pensées, mais ils disent tout d'un ton sententieux.

D'autres orateurs sont d'un caractère tout dif-

---

bendo mori. Alia vana : ut suadentis purpuratis, ut Alexandrum Babylonis incendio sepeliant, *Alexandrum sepelio, hoc quisquam spectabit e tecto?* quasi vero id sit in re tota indignissimum : alia nimia; ut de Germanis dicentem quemdam audivi, *Caput nescio ubi impositum*; et de viro forti, *Bella umbone propellit.* Sed finis non erit, si singulas corruptorum persequar formas: illud potius, quod est magis necessarium : duæ sunt diversæ opiniones; aliorum sententias solas pene spectantium, aliorum omnino damnantium : quorum mihi neutrum admodum placet. Densitas earum obstat invicem; ut in satis omnibus fructibusque arborum nihil ad justam magnitudinem adolescere potest, quod loco, in quem crescat, caret; nec pictura, in qua nihil circumlitum est, eminet : ideoque artifices, etiam quum plura in unam tabulam opera contulerunt, spatiis distinguunt, ne umbræ in corpora cadant. Facit res eadem concisam quoque orationem : subsistit enim omnis sententia, ideoque post eam utique aliud est initium : unde soluta fere oratio, et e singulis, non membris, sed frustis collata, structura caret, quum illa rotunda et undique circumcisa insistere invicem nequeant. Præter hoc etiam color ipse dicendi quamlibet claris, multis tamen ac variis velut maculis conspergitur : porro, ut afferent lumen clavus et purpuræ, in loco insertæ, ita certe neminem deceat intertexta pluribus notis vestis. Quare, licet hæc enitere, et aliquatenus exstare videantur, tamen lumina illa non flammæ, sed scintillis inter fumum emicantibus similia dixeris ; quæ ne apparent quidem, ubi tota lucet oratio ; ut in sole sidera ipsa desinunt cerni : et, quæ crebris parvisque conatibus se attollunt, inæqualia tantum, et velut confragosa, nec admirationem consequuntur eminentium, et planorum gratiam perdunt. Hoc quoque accedit, quod solas captanti sententias multas dicere necesse est leves, frigidas, ineptas; non enim potest esse delectus, ubi numero laboratur : itaque videas et *divisionem* pro sententia poni, et argumentum, si tamen in clausula et calce pronuncietur : *Occidisti uxorem ipse adulter; non ferrem te, etiamsi repudiasses,* divisio est; *Vis scire, venenum esse amatorium? viveret homo, nisi illud bibisset,* argumentum est : nec multas plerique sententias dicunt, sed omnia tanquam sententias. Huic quibusdam contrarium studium, qui fu-

férent. Ils fuient, ils redoutent ce genre d'agrément, comme une amorce dangereuse, et n'aiment que ce qui est uni, bas et commun. Aussi rampent-ils toujours, dans la crainte de tomber quelquefois. Qu'y a-t-il pourtant de si répréhensible dans une bonne pensée? N'est-elle pas utile à la cause? ne touche-t-elle pas le juge? ne recommande-t-elle pas l'orateur? C'est, dit-on, un genre qui n'était pas en usage chez les anciens. Mais à quelle antiquité veut-on nous faire remonter? Si c'est à la plus reculée, Démosthène a eu beaucoup de belles pensées que personne n'avait eues avant lui. Comment goûter Cicéron, si l'on ne trouve rien à changer dans Caton et les Gracques? Et avant ceux-ci le langage n'était-il pas plus simple encore? Pour moi, je regarde ces traits lumineux du style comme les yeux de l'éloquence; mais je ne veux pas que le corps soit tout couvert d'yeux, au détriment des autres membres; et si j'étais réduit à la nécessité de choisir, je préférerais la rudesse des anciens à la licence des modernes : mais on peut tenir un milieu. Ainsi, dans la manière de vivre et de se vêtir, il règne aujourd'hui une élégance qui s'accorde avec la vertu. Ajoutons donc au bien, s'il est possible ; mais avant tout tâchons d'éviter le mal, de peur qu'en voulant être plus parfaits que nos ancêtres, nous ne soyons que différents.

Je vais maintenant traiter de ce qui se rattachait naturellement au quatrième chapitre, c'est-à-dire des *tropes*, que nos plus célèbres auteurs appellent *motus, changements, déplacements*. Cette partie est ordinairement du domaine des grammairiens, et il semble que j'aurais dû m'en occuper en parlant des devoirs de ces derniers; mais comme elle m'a paru plus intéressante à étudier sous le rapport de l'ornement du style, je l'ai ajournée à dessein, pour lui donner une place plus considérable dans ce traité.

Ch. VI. *Le trope est un changement par lequel on transporte un mot ou une phrase de sa signification propre en une autre qui lui donne plus de force.* Quels sont les différents genres de tropes; quelles sont leurs espèces; quel en est le nombre, et comment sont-ils subordonnés entre eux, voilà sur quoi et les grammairiens et les philosophes ont des disputes interminables. Pour moi, sans m'arrêter à ces subtilités où l'art n'a rien à gagner, je parlerai seulement des tropes les plus nécessaires et les plus usités. Encore me contenterai-je de faire remarquer, à l'égard de ceux-ci, que les uns s'emploient pour ajouter à la *signification*, les autres pour l'*ornement* du style; qu'il y en a pour les mots *propres* et pour les mots *figurés*; et qu'ils changent non-seulement *la forme des mots*, mais aussi celle *des pensées* et *de la composition*. C'est pourquoi il me semble que c'est une erreur de croire que le trope consiste uniquement à mettre un mot à la place d'un autre. Du reste, je n'ignore pas que le trope, qui ajoute à la signification, contribue aussi d'ordinaire à l'ornement; mais cela n'est pas réciproque, c'est-à-dire qu'il y en a qui ne peuvent jamais servir que d'ornement. Commençons donc par celui qui est le plus usité et incomparablement le plus beau; je veux parler de la *translation*, que les Grecs appellent μεταφορά. La métaphore nous est si naturelle, que les gens ignorants en font eux-mêmes un fréquent usage sans le savoir. Elle a tant d'agrément et d'éclat, que, dans le style le plus brillant, elle resplendit d'une lumière qu'elle ne tient que d'elle-même. Elle ne risque jamais de paraître commune, basse ou froide, pourvu qu'elle soit bien ame-

giunt ac reformidant omnem hanc in dicendo voluptatem, nihil probantes, nisi planum, et humile, et sine conatu : ita, dum timent, ne aliquando cadant, semper jacent : quod enim tantum in sententia bona crimen est? non causæ prodest? non judicem movet? non dicentem commendat? Est quoddam genus, quo veteres non utebantur : ad quam usque nos vocatis vetustatem? nam, si ad illam extremam, multa Demosthenes, quæ ante eum nemo : quomodo potest probare Ciceronem, qui nihil putet ex Catone Gracchisque mutandum? sed ante hos simplicior adhuc ratio loquendi fuit. Ego vero hæc lumina orationis, velut oculos quosdam esse eloquentiæ credo; sed neque oculos esse toto corpore velim, ne cætera membra officium suum perdant : et, si necesse sit, veterem illum horrorem dicendi malim, quam istam novam licentiam : sed patet media quædam via, sicut in cultu victuque accessit aliquis citra reprehensionem nitor : quare, sicut possumus, adjiciamus virtutibus : prius tamen sit, vitiis carere, ne, dum volumus esse meliores veteribus, simus tantum dissimiles. Reddam nunc, quam proximam partem dixeram esse *de tropis*, quos *motus* clarissimi nostrorum auctores vocant. Horum tradere præcepta et grammatici solent : sed a me, quum de illorum officio loquerer, dilata hæc pars est, quia de ornatu orationis gravior videbatur locus, et majori operi reservandus.

Cap. VI. *Tropus est verbi, vel sermonis a propria significatione in aliam cum virtute mutatio* : circa quem inexplicabilis et grammaticis inter ipsos, et philosophis, pugna est, quæ sint genera, quæ species, qui numerus, qui cuique subjiciatur. Nos omissis, quæ nihil ad instituendum oratorem pertinent, cavillationibus, necessarios maxime atque in usum receptos exsequemur : hoc modo in his annotasse contenti, quosdam gratia *significationis*, quosdam *decoris* assumi, et esse alios in verbis *propriis*, alios in *translatis*; vertique formas non verborum modo, sed et *sensuum*, et *compositionis*. Quare mihi videntur errasse, qui non alios crediderunt tropos, quam in quibus verbum pro verbo poneretur : neque illud ignoro, in iisdem fere, qui significandi gratia adhibentur, esse et ornatum : sed non idem accidet contra, eruntque quidam tantum ad speciem accommodati. Incipiamus igitur ab eo, qui quum frequentissimus est, tum longe pulcherrimus, *translatione* dico, quæ μεταφορά græce vocatur : quæ quidem quum ita est ab ipsa nobis concessa natura, ut indocti quoque ac non sentientes ea frequenter utantur; tum ita jucunda atque nitida,

née. Elle enrichit la langue en lui prêtant ce qui lui manque, et, grâce au merveilleux secret de ce trope, chaque chose semble avoir son nom. Ainsi donc on transporte un nom ou un verbe du lieu où il est propre dans un autre, soit parce que le mot propre manque, soit parce que le mot métaphorique convient mieux. On en use ainsi, ou par nécessité, ou pour ajouter à la signification, ou, comme je l'ai dit, pour donner plus de beauté au style. Lorsqu'elle ne produit pas un de ces trois effets, elle est odieuse. C'est par nécessité que les gens de la campagne appellent *gemma* le bourgeon de la vigne; car comment pourraient-ils s'exprimer autrement? Ils disent encore que *les blés ont soif*, que *les fruits souffrent*. C'est par nécessité que nous disons qu'un homme est *dur*, qu'il est *âpre*, parce que ces affections de l'âme n'ont point de terme qui leur soit propre. Mais quand nous disons qu'un homme est *enflammé de colère, brûlant de désir, tombé dans l'erreur*, c'est pour être plus expressifs; car ces termes empruntés ont plus de force que les mots propres. On ne se propose que l'ornement dans ces métaphores : *lumière du discours, éclat de la naissance, orages des assemblées populaires, foudres d'éloquence*. Cicéron dit que Clodius a été *une source, une moisson de gloire* pour Milon. La métaphore aide aussi à dissimuler ce qu'on ne pourrait dire sans blesser la pudeur, comme dans ce passage de Virgile :

Des routes de l'amour l'embonpoint inutile
Aux germes créateurs ouvre un champ moins fertile.
(DELILLE.)

En général, la métaphore est une similitude abrégée; elle n'en diffère qu'en ce que, dans celle-ci, on compare la chose qu'on veut peindre avec l'image qui la représente, et que, dans celle-là, l'image est substituée à la chose même. Il s'est battu *comme un lion*, voilà une comparaison; *c'est un lion*, voilà une métaphore. Il me semble qu'on peut distinguer quatre sortes de métaphores : la première, lorsqu'en parlant de choses animées, on substitue un mot à un autre, comme celui de *gubernator*, pilote, à celui d'*agitator*, cocher; ou quand Tite-Live dit de Caton, qu'il *aboyait* après Scipion. La seconde, lorsque cette substitution s'applique à des choses inanimées : *Il lâche les rênes à la flotte*. La troisième, lorsqu'à des choses animées on en substitue d'autres qui ne le sont pas : *C'est par le fer, et non par le destin, qu'est tombé le* REMPART *des Grecs*; ou, contrairement, comme dans ce vers de Virgile, où *vertex*, qui proprement veut dire *tourbillon*, est employé métaphoriquement au lieu de *cacumen*, sommet :

..... Sedet inscius alto
Accipiens sonitum saxi de VERTICE pastor.

La quatrième enfin, lorsque par une image hardie et périlleuse, d'où naît particulièrement le sublime, on donne une arme et des sens à des choses privées de vie; telle est cette métaphore :

L'Araxe s'indignant sous un pont qui l'outrage.

Tel est encore ce passage de Cicéron : *Dites-nous, Tubéron, que faisait votre épée nue dans les champs de Pharsale? Qui cherchait-elle?* etc. Quelquefois la métaphore est double; ainsi Virgile a dit : *Armer un fer de poison*; car ar-

---

ut in oratione, quamlibet clara, proprio tamen lumine eluceat. Neque enim vulgaris esse, neque humilis, nec insuavis, recte modo ascita, potest : copiam quoque sermonis auget permittendo mutuari, quæ non habet : quodque difficillimum est, præstat, ne ulli rei nomen deesse videatur : transfertur ergo nomen aut verbum ex eo loco, in quo proprium est, in eum, in quo aut proprium deest, aut translatum proprio melius est. Id facimus, aut quia *necesse* est, aut quia *significantius* est, aut, ut dixi, quia *decentius;* ubi nihil horum præstabit, quod transferetur, improprium erit : *necessitate* rustici *gemmam* in vitibus; quid enim dicerent aliud? et *sitire segetes*, et *fructus laborare ;* necessitate nos *durum hominem*, aut *asperum ;* non enim proprium erat, quod daremus his affectibus, nomen. Jam, *incensum ira;* et *inflammatum cupiditate ;* et *lapsum errore, significandi* gratia : nihil enim horum suis verbis, quam his accessitis, magis proprium erat : illa ad *ornatum, lumen orationis, et generis claritatem, et concionum procellas, et eloquentiæ fulmina ;* ut Cicero pro Milone, *Clodium fontem gloriæ ejus vocat*, et alio loco, *segetem ac materiem*. Quædam etiam parum speciosa dictu, per hanc explicantur,

Hoc faciunt, nimio ne luxu obtusior usus
Sit genitali arvo, et sulcos oblimet inertes.

In totum autem metaphora brevior est similitudo : eoque distat, quod illa comparatur rei, quam volumus exprimere, hæc pro ipsa re dicitur. *Comparatio* est, quum dico fecisse quid hominem, *ut leonem;* translatio, quum dico de homine, *leo est ;* hujus vis omnis quadruplex maxime videtur; quum in rebus animalibus aliud pro alio ponitur; ut de agitatore,

...Gubernator magna contorsit equum vi :

et, ut Livius, Scipionem a Catone *allatrari* solitum refert. Inanima pro aliis generis ejusdem sumuntur, ut, *Classique immittit habenas :* aut pro rebus animalibus inanima, *Ferro non fato mœrus Argivum occidit ;* aut contra,

.... Sedet inscius alto
Accipiens sonitum saxi de vertice pastor.

Præcipueque ex his oritur sublimitas, quæ audaci et proxime periculum translatione tolluntur, quum rebus sensu carentibus actum quemdam et animos damus; qualis est,

.... Pontem indignatus Araxes.

Et illa Ciceronis, *Quid enim tuus ille, Tubero, destrictus in acie pharsalica gladius agebat? Cujus latus ille mucro petebat? qui sensus erat armorum tuorum?* Duplicatur interim hæc virtus apud Virgilium,

.... Ferrumque armare veneno.

Nam et *veneno armare*, et *ferrum armare*, translatio

mer de poison est une métaphore, et *armer un fer* en est une autre. Ces quatre principaux genres se divisent en plusieurs espèces; car les êtres raisonnables peuvent comporter la même substitution; elle peut également avoir lieu à l'égard des êtres irraisonnables; et, entre choses semblables, on peut substituer le tout à la partie, ou la partie au tout. Mais je ne parle plus à des enfants; et, le genre une fois connu, il est facile d'en déduire les espèces. Cependant, si ce trope employé avec sobriété et à propos éclaire le style, d'un autre côté, sa fréquence le rend obscur et fatigant. S'il se prolonge, il dégénère en *allégorie* et en *énigmes*. Remarquons aussi qu'il y a certaines métaphores qui sont vastes, comme celle-ci, dont j'ai déjà parlé : *Une verrue de pierre*; d'autres qui réveillent des images dégoûtantes. Car si, pour flétrir une certaine classe de gens corrompus, Cicéron a dit, sans blesser la noblesse, qu'ils étaient *la sentine de la république*, il ne s'ensuit pas qu'on puisse approuver cette expression d'un ancien orateur : *Vous avez percé les abcès de la république*. Il faut donc prendre garde, comme le démontre fort bien Cicéron, de se servir d'images indécentes, comme : *La république a été châtiée par la mort de* Scipion l'Africain. *Glaucias, cet excrément du sénat :* ce sont ses propres exemples. Il ne veut pas non plus que la métaphore soit outrée, ni qu'elle soit trop faible, comme il arrive encore plus souvent, ni fondée sur une fausse similitude : tous vices dont on ne découvrira que trop d'exemples, quand on saura que ce sont des vices. La surabondance de métaphores est également un défaut, surtout quand elles sont de la même espèce. Il en est qui sont dures, c'est-à-dire tirées d'une similitude éloignée, comme : *Les neiges de la tête*, et *Jupiter a craché la neige sur les Alpes*. Or, ceux-là raisonnent fort mal, qui s'imaginent que la prose peut s'arranger de toutes les licences permises aux poëtes, dont l'unique but est de plaire, et que la nécessité de la mesure force souvent à se servir d'expressions extraordinaires. Homère ne m'autorisera donc pas à dire, en plaidant, *le pasteur des peuples*, pour désigner un roi; ni Virgile ne m'autorisera pas non plus à dire que *les oiseaux rament avec leurs ailes*, quoique ce poëte se soit admirablement servi de cette métaphore en parlant des abeilles et de Dédale; car la métaphore est faite pour remplir une place vacante; ou, si elle entre dans le domaine d'autrui, elle doit avoir plus de valeur que le mot qu'elle dépossède.

Ce que je viens de dire de la métaphore s'applique peut-être encore plus rigoureusement à la *synecdoche*. Car la métaphore a été imaginée pour émouvoir, pour mieux caractériser les choses, et pour les rendre plus sensibles; mais le propre de la synecdoche est de varier le style en donnant à entendre le pluriel par le singulier, le tout par la partie, le genre par l'espèce, ce qui suit par ce qui précède, et *vice versa* : toutes choses qui sont plus permises aux poëtes qu'aux orateurs. En effet, on peut bien dire en prose le *glaive* pour l'épée, le *toit* pour la maison; mais on ne dira pas la *poupe* pour le vaisseau, ni le *sapin* pour des tablettes; et, en second lieu, de ce qu'on dit le *fer* pour l'épée, il ne s'ensuit pas qu'on puisse dire *quadrupes* pour *equus*, cheval. Du reste, quant à l'emploi du singulier pour le pluriel, et réciproquement, les prosateurs ont pleine liberté. Tite-Live dit souvent : *Le Romain demeure vainqueur*, pour dire les Romains; et Cicéron, au contraire, écrivit à Brutus : *Nous*

---

est. Secantur hæc in plures; ut a rationali ad rationale, et idem de irrationalibus; et hæc invicem, quibus similis ratio est, et a toto, et a partibus : sed jam non pueris præcipimus, ut, accepto genere, species intelligere non possint. Ut modicus autem atque opportunus ejus usus illustrat orationem; ita frequens et obscurat, et tædio complet : continuus vero in *allegoriam* et *œnigmata* exit : sunt etiam quædam et humiles translationes, ut id, de quo modo dixi, *Saxea est verruca*, et sordidæ: non enim, si Cicero recte *Sentinam reipublicæ* dixit, fœditatem hominum significans, idcirco probem illud quoque veteris oratoris, *Persecuisti reipublicæ vomicas* : optimeque Cicero demonstrat cavendum, ne sit deformis translatio; qualis est (nam ipsis ejus utar exemplis), *Castratam morte Africani rempublicam*, et *Stercus curiæ Glauciam;* ne nimio major, aut, quod sæpius accidit, minor; ne dissimilis : quorum exempla nimium frequenter deprehendet, qui scierit hæc vitia esse : sed copia quoque modum egressa vitiosa est; præcipue in eadem specie. Sunt et duræ, id est, a longinqua similitudine ductæ : ut, *Capitis nives*, et,

Juppiter hibernas cana nive conspuit Alpes

In ille vero plurimum erroris, quod ea, quæ poetis, qui et omnia ad voluptatem referunt, et plurima vertere etiam ipsa metri necessitate coguntur, permissa sunt, convenire quidam etiam prosæ putant. At ego in agendo nec *pastorem populi*, auctore Homero, dixerim; nec *volucres pennis remigare*, licet Virgilius in apibus ac Dædalo speciosissime sit usus. Metaphora enim aut vacantem occupare locum debet, aut, si in alienum venit, plus valere eo, quod expellit : quod aliquanto pene etiam magis de *synecdoche* dicam. Nam *translatio* permovendis animis plerumque, et signandis rebus, ac sub oculos subjiciendis reperta est : hæc variare sermonem potest, ut ex uno plures intelligamus, parte totum, specie genus, præcedentibus sequentia, vel omnia hæc contra; liberior poetis, quam oratoribus. Nam prosa, ut *mucronem* pro gladio, et *tectum* pro domo recipiet, ita non *puppim* pro navi, nec *abietem* pro tabellis; et rursus, ut pro gladio *ferrum*, ita non pro equo *quadrupedem :* maxime autem in orando valebit numerorum illa libertas : nam et Livius sæpe sic dicit, *Romanus prælio victor*, quum Romanos vicisse significat : et contra, Cicero ad Brutum, *Populo*, inquit, *imposuimus, et oratores visi sumus*, quum de se tantum loque-

avons imposé au peuple, et l'on a trouvé que nous étions orateurs, quoiqu'il ne parle que de lui. Cette manière de s'exprimer n'est pas restreinte au genre oratoire, elle est même d'usage dans la conversation. C'est encore suivant certains rhéteurs une *synecdoche*, lorsque, dans la contexture de la phrase, il y a quelque chose de sous-entendu et que l'esprit supplée; car alors un mot se devine à l'aide d'un autre : ce qui se range quelquefois parmi les défauts sous le nom d'*ellipse* : *Les Arcadiens d'accourir aux portes.* Pour moi, cette forme de style me paraît plutôt appartenir aux figures, et par conséquent j'en parlerai en son lieu. Une chose peut aussi nous en faire entendre une autre : *Regarde les bœufs dételés ramener la charrue suspendue à leur joug*, c'est-à-dire la nuit approche. Mais cela ne convient à l'orateur que dans l'argumentation, quand il donne une chose pour signe d'une autre : ce qui n'a rien de commun avec l'élocution.

La *métonymie* n'est pas fort différente. Ce trope, qui n'est que la substitution d'un nom à un autre, est aussi, comme le remarque Cicéron, appelé *hypallage* par les rhéteurs. Elle consiste à désigner l'effet par la cause, l'invention par l'inventeur, la chose possédée pour le possesseur. Ainsi Virgile a dit : *Cérès corrompue par les eaux*; et Horace : *Neptune sur la terre protége les flottes contre les aquilons.* Si, dans le dernier exemple, on employait le mot propre au lieu de *Neptune*, l'exactitude toucherait de près à l'obscurité. Or, il importe d'examiner jusqu'à quel point ce trope est à la discrétion de l'orateur, car si, d'un côté, on dit communément *Vulcain* pour le feu, s'il n'est pas sans élégance d'employer *Mars* pour la guerre, et même si la décence

exige qu'on se serve du mot de *Vénus* pour désigner les plaisirs de l'amour, d'un autre côté, je doute que la sévérité du barreau permette de désigner le pain et le vin sous le nom de *Cérès* et de *Bacchus*. Le contenant est aussi pris quelquefois pour le contenu; et l'on dit communément : *Une ville bien policée, vider une coupe, un siècle heureux*; mais, dans l'espèce suivante, où le contenu est au contraire pris pour le contenant, il n'y a guère qu'un poëte qui puisse dire : *Déjà, près de moi, Ucalégon est en feu*, à moins qu'on n'objecte que, dans un passage de Virgile, la métonymie veut, par le possesseur, nous faire entendre la chose possédée, comme lorsqu'on dit *qu'un homme est dévoré*, pour dire que son patrimoine est au pillage. Or, les métonymies de cette dernière espèce sont innombrables. Ainsi nous disons : *Soixante mille hommes furent taillés en pièces auprès de Cannes par Annibal*; nous lisons dans un poëte tragique qu'*Égialée défit une armée*; on dit encore *Virgile* pour *les poésies de Virgile*; *des vivres sont venus*, c'est-à-dire ont été apportés; *un sacrilége*, au lieu de celui qui l'a commis; *la science des armes*, au lieu de *la science de l'art des armes.* Une autre espèce de métonymie assez fréquente chez les poëtes et les orateurs est celle qui caractérise la cause par l'effet qu'elle produit. Horace a dit : *La* PALE *mort frappe également à la cabane du pauvre et au palais des rois*; et Virgile : *Là sont les* PALES *maladies et la* TRISTE *vieillesse.* Les orateurs disent : la colère *aveugle*, la jeunesse *folâtre*, l'inerte oisiveté. Ce trope a bien aussi quelque affinité avec la synecdoche; car, lorsque je dis *vultus hominis*, les visages de l'homme, pour *vultus*, le visage,

---

retur. Quod genus non orationes modo ornat, sed etiam quotidiani sermonis usus recipit : quidam συνεκδοχὴν vocant, et quum id in contextu sermonis quod tacetur, accipimus : verbum enim ex verbo intelligi, quod inter vitia *ellipsis* vocatur.

Arcades ad portas ruere......

Mihi hanc figuram esse magis placet; illic ergo reddetur : aliud etiam intelligitur ex alio,

Aspice, aratra jugo referunt suspensa juvenci ;

unde apparet noctem appropinquare : id nescio an oratori conveniat, nisi in argumentando, quum rei signum est : sed hoc ab elocutionis ratione distat. Nec procul ab hoc genere discedit μετωνυμία, *quæ est nominis pro nomine positio;* cujus vis est, pro eo quod dicitur, causam, propter quam dicitur, ponere : sed, ut ait Cicero, ὑπαλλαγὴν rhetores dicunt : hæc inventa ab inventore, et subjecta ab obtinentibus significat : ut, *Cererem corruptam undis :* et,

...... Receptus

Terra Neptunus classes Aquilonibus arcet :

quod fit retro durius. Refert autem in quantum dictus tropus oratorem sequatur : nam ut *Vulcanum* pro igne vulgo audimus, et, *vario Marte pugnatum*, eruditus est sermo,

et *Venerem*, quam coitum, dixisse magis decet; ita *Liberum* et *Cererem* pro vino et pane licentius, quam ut fori severitas ferat : sicut ex eo, quod continetur, usus recipit *bene moratas urbes, et poculum epotum, et seculum felix.* At id, quod contra est, raro audeat quis, nisi poeta :

.... Jam proximus ardet Ucalegon.

Nisi forte hoc potius est, a possessore, quod possidetur; ut *hominem devorari*, cujus patrimonium consumatur : quomodo fiunt innumerabiles species. Hujus enim sunt generis, quum *ab Annibale cæsa apud Cannas sexaginta millia* dicimus : et apud tragicos *ab Ægialeo :* et *carmina Virgilium*, venisse *commeatus*, qui afferantur : *Sacrilegium deprehensum*, non sacrilegum : *armorum scientiam habere*, non artis. Illud quoque et poetis et oratoribus frequens, quo id, quod efficit, ex eo, quod efficitur, ostendimus : nam et carminum auctores,

Pallida mors æquo pulsat pede pauperum tabernas.

et,

Pallentesque habitant morbi, tristisque senectus ;

et orator *præcipitem iram, hilarem adolescentiam, segne otium* dicet. Est etiam huic tropo quædam cum

je change le singulier en pluriel; et ce n'est pas que je veuille faire travailler l'esprit du lecteur, car la proposition est trop évidente, mais je modifie seulement le mot : de même, quand je dis *des lambris d'or* pour *des lambris dorés*, je m'écarte seulement un peu de la vérité, ce qui est d'or ne s'entendant ici que de la surface. Mais insensiblement je tombe dans un détail qui serait même au-dessous d'une moindre entreprise que la mienne.

L'*antonomase* est un trope qui remplace un nom par quelque chose d'équivalent. Elle est très-familière aux poëtes, qui s'en servent diversement. Tantôt c'est une épithète patronymique qui tient lieu du nom, comme *Tydides*, *Pelides*, le fils de Tydée ou de Pélée; tantôt, un attribut qui caractérise la personne, comme, *le père des dieux et le roi des hommes*; tantôt, un acte qui désigne celui de qui on parle :

Les armes qu'en partant le cruel a laissées.

Quelquefois même on rencontre ce trope dans la prose. On ne dira pas, il est vrai, *Tydides* et *Pelides*, mais on dira bien *l'impie*, en parlant d'un parricide; *le destructeur de Carthage et de Numance* pour Scipion, et *le prince de l'éloquence romaine* pour Cicéron. Cicéron lui-même a usé de cette liberté dans son oraison pour Muréna : *Vous ne faites pas beaucoup de fautes, disait un sage précepteur à un jeune héros*, etc. : il ne nomme ni l'un ni l'autre, et cependant on sait de qui il veut parler.

L'*onomatopée*, c'est-à-dire formation d'un nom, très-accréditée chez les Grecs, nous est à peine permise. La plupart de nos onomatopées remontent à l'origine de la langue, comme *mugitus*, *sibilus*, *murmur*, dont le son exprime la nature des choses auxquelles les noms ont été donnés. Mais à présent, comme si le fonds en était épuisé, nous n'osons plus rien créer, tandis que beaucoup d'anciens mots meurent tous les jours. A peine nous est-il permis de faire des dérivés, παραγόμενα, c'est-à-dire de composer un mot d'autres mots déjà consacrés, comme *sullaturit* et *proscripturit*; *laureati postes*, au lieu de *lauro coronati*, est une création du même genre: mais si ces mots ont réussi, il n'en est pas de même de *vio* pour *eo*. Quant aux mots tirés du grec, comme *obelisco*, *coludumo*, le mélange des deux langues est trop dur, quoique *septemtriones* nous paraisse supportable. C'est ce qui rend d'autant plus nécessaire l'emploi de l'*abusion*, nom qui rend fort exactement celui de πατάχρησις. Ce trope consiste à exprimer une chose qui n'a pas de terme propre, par le terme d'une chose analogue. Ainsi Virgile dit que *les Grecs, par l'inspiration de Pallas, construisirent un énorme cheval*. On lit dans les anciens tragiques : *Le lion (leo) va enfanter*; et cependant *leo*, c'est le mâle. Il y a mille exemples de ces sortes de catachrèses. C'est ainsi qu'*acetabulum* se dit de toutes sortes de vases, quel que soit leur usage, et que *pyxis* se dit de toutes les boîtes, quelle qu'en soit la matière; c'est ainsi que nous appelons *parricide* non-seulement le meurtrier de son père, mais aussi celui qui a tué sa mère ou son frère. Et que l'on ne confonde pas ce trope avec la métaphore; car la catachrèse donne un nom aux choses qui n'en ont pas, tandis que la métaphore donne aux

---

synecdoche vicinia : nam, quum dico *vultus hominis* pro vultu, dico, pluraliter, quod singulare est; sed non id ago, ut unum ex multis intelligatur (nam id est manifestum), sed nomen immuto : et, quum aurata tecta, *aurea*, pusillum a vero discedo, quia non est nisi pars auratura : quæ singula exsequi, minutioris est curæ, etiam non oratorem instituentibus. *Antonomasia*, quæ aliquid pro nomine ponit, poetis quoque modo frequentissima, et per *epitheton*, quia detracto eo, cui apponitur, valet pro nomine, *Tydides*, *Pelides* : et ex his, quæ in quocumque sunt *præcipua*,

........Divum pater, atque hominum rex :

et ex factis, quibus persona signatur,

.... Thalamo quæ fixa reliquit
impius.

Oratoribus etiamsi rarus ejus rei, nonnullus tamen usus est : nam, ut *Tydiden* et *Peliden* non dixerint, ita dixerunt *impium* pro parricida : *eversorem quoque Carthaginis* et *Numantiæ* pro Scipione, et *romanæ eloquentiæ principem* pro Cicerone potuisse non dubitent : ipse certe usus est hac libertate : *Non multa peccas, inquit, ille fortissimo viro senior magister;* neutrum enim nomen est positum, et utrumque intelligitur. Ὀνοματοποιία quidem, id est, *fictio nominis*, Græcis inter maximas habita virtutes, nobis vix permittitur; et sunt plurima ita posita ab iis, qui sermonem primi fecerunt, aptantes affectibus vocem : nam *mugitus*, et *sibilus*, et *murmur* inde venerunt. Deinde, tanquam consummata sint omnia, nihil generare audemus ipsi, quum multa quotidie ab antiquis ficta moriantur : vix illa, quæ παραγόμενα vocant, quæ ex vocibus fiunt in usum receptis quocumque modo declinantur, nobis permittimus, qualia sunt *Sullaturit*, et *proscripturit*; atque *laureati postes*, pro illo, *lauro coronati*, ex eadem fictione sunt. Sed hoc feliciter, *evaluit* : at contra *vio* pro *eo*, infelicius : in Græcis *obelisco*, *coludumo*, etc., dure etiam jungere vetamur, qui toleranter videre *septemtriones* videmur. Eo magis necessaria κατάχρησις, quam recte dicimus *abusionem*, quæ non habentibus nomen suum accommodat, quod in proximo est : sic,

.... Equum divina Palladis arte
Ædificant....

et apud tragicos, *Et jam leo pariet*, at pater est. Mille sunt hæc, et *acetabula*, quidquid habet, et *pyxides*, cujuscumque materiæ sunt; et *parricida*, matris quoque, aut fratris interfector : discernendumque est hoc totum a translatione genus, quia *abusio* est, ubi nomen defuit; *translatio*, ubi aliud fuit : nam poetæ solent abusive etiam in his rebus, quibus nomina sua sunt, vicinis potius uti; quod rarum in prosa est. Illa quoque quidam κατάχρήσει volunt esse, quum pro temeritate *virtus*, aut pro luxuria

choses un nom autre que celui qu'elles ont. Les poëtes, en effet, ont coutume de donner abusivement, même aux choses qui ont un nom, un autre nom dont la signification est approchante; mais cela est rare en prose. Quelques rhéteurs veulent qu'il y ait aussi catachrèse, quand nous transformons la témérité en *valeur* et la dissipation en *libéralité* : mais la catachrèse n'a rien de commun avec cet artifice; car ici ce n'est pas un mot que l'on met à la place d'un autre, mais une chose que l'on substitue à une autre. Il n'est personne, en effet, qui confonde la dissipation avec la libéralité; seulement ce que l'un nomme dissipation, l'autre l'appelle libéralité, quoique chacun sache bien que ce sont deux choses différentes.

En fait de tropes qui en modifient la signification, reste la *métalepse* ou *transomption*, qui sert comme de chemin pour passer d'une idée à une autre. Du reste, il est très-peu usité et surtout fort impropre. Les Grecs cependant en font un usage fréquent : ainsi ils disent le *centaure* pour Chiron, et νήσους θοὰς ὀξείας, *des îles errantes et pointues, pour des vaisseaux*. Mais chez nous qui pourrait supporter le *porc* pour Verrès, et le *docte* pour Lélius? La métalepse consiste donc dans un terme intermédiaire, qui ne signifie rien par lui-même, mais qui sert de degré pour passer d'un autre terme. Nous affectons ce trope, afin qu'il soit dit que nous l'avons, plutôt que par nécessité. Aussi l'exemple que l'on en donne le plus souvent se réduit-il à *cano, canto, dico*, où *canto* est considéré comme intermédiaire entre *cano* et *dico*. Je ne m'arrêterai pas plus longtemps sur ce trope, qui est absolument inusité, si ce n'est, comme je l'ai dit, quand il s'agit d'exprimer une chose qui participe de deux autres.

Pour les autres tropes, ce sont de simples ornements, qui n'ajoutent rien à la signification des mots ni à la force du style. Telle est *l'épithète*, que j'appelle opposition, nom qui me paraît très-exact, et que quelques rhéteurs appellent *suite*. Les poëtes s'en servent et plus souvent et plus librement que les orateurs ; car il leur suffit qu'une épithète convienne au mot auquel ils s'appliquent, comme *dents blanches, vin humide*. Mais en prose toute épithète qui ne produit aucun effet est une redondance. Or, l'épithète produit un effet, lorsque, sans elle, la chose dont on parle est moins caractérisée. Par exemple, *O crime abominable! ô passion infâme!* Ce trope s'embellit surtout par la métaphore : *Une cupidité effrénée, des constructions folles*. Souvent même il s'y mêle d'autres tropes, comme dans Virgile : *La hideuse pauvreté, la triste vieillesse*. Telle est cependant la nature des épithètes, que, sans elles, le style paraît nu et négligé, et que leur multitude le surcharge. En effet, lorsqu'elles sont prodiguées outre mesure, le style devient diffus et embarrassé, de sorte que le plaidoyer ressemble à une armée où l'on compterait autant de valets que de soldats, et où par conséquent le nombre est double, et non les forces. Cependant on joint assez souvent jusqu'à plusieurs épithètes à un seul mot, comme :

Conjugio Anchisa Veneris dignate superbo.

Mais, même de cette manière, deux mots joints à un seul n'ont pas beaucoup de grâce, je ne dis pas en prose, mais en vers. Je ne dissimulerai pas que quelques rhéteurs retranchent absolument l'épithète du nombre des tropes, parce qu'elle ne change rien ; car ce qui est mis par apposition, si on le sépare du mot propre, signifiera toujours quelque chose par lui-même, et devien-

---

liberalitas dicitur : a quibus hæc quidem dissonantia sunt, quod in his non verbum pro verbo ponitur, sed res pro re : neque enim putat quisquam *luxuriam* et *liberitatem* idem significare : verum id, quod fit, alius *luxuriam* esse dicit, alius *liberalitatem*: quamvis neutri dubium sit, hæc esse diversa. Superest ex his quæ aliter significant, μετάληψις, id est, *transumptio, quæ ex alio in aliud velut viam præstat* : tropus et rarissimus, et maxime improprius, Græcis tamen frequentior, qui Centaurum Chirona, et νήσους θοὰς ὀξείας dicunt : nos quis ferat, si Verrem, *suem* : aut Lælium, *doctum* nominemus? Est enim hæc in metalepsi natura, ut inter id, quod transfertur, sit medius quidam gradus, nihil ipse significans, sed præbens transitum : quem tropum magis affectamus, ut habere videamur, quam ullo in loco desideramus : nam ejus frequentissimum exemplum est, *cano, canto, dico*: ita *cano, dico* : interest medium illud *canto*. Nec diutius in eo morandum : nihil enim usus admodum video, nisi, ut dixi, in mediis : cætera jam non significandi gratia, sed ad ornandam modo, non augendam orationem assumuntur. Ornat enim ἐπίθετον, quod recte dicimus *appositum* ; a nonnullis *sequens* dicitur : eo poetæ et frequentius et li-

berius utuntur; namque illis satis est convenire verbo, cui apponitur; itaque et *dentes albos* et *humida vina* in iis non reprehendemus : apud oratorem, nisi aliquid efficitur, redundat : tum autem efficitur, si sine illo, quod dicitur, minus est : qualia sunt, *O scelus abominandum! o deformem libidinem!* Exornatur autem res tota maxime translationibus, *Cupiditas effrenata, et insanæ substructiones;* et solet fieri aliis adjunctis epitheton tropus, ut apud Virgilium, *Turpis egestas, et tristis senectus* ; verumtamen talis est ratio hujusce virtutis, ut sine appositis nuda sit et velut incompta oratio; oneretur tamen multis. Nam fit longa et impedita, ut in quæstionibus eam judices similem agmini totidem lixas habenti, quot milites quoque, in quo et numerus est duplex, nec duplum virium; quamquam non singula modo, sed etiam plura verba apponi solent : ut,

Conjugio Anchisa Veneris dignate superbo.

Sed hoc quoque modo duo verba, uni apposita, ne versum quidem decuerint : sunt autem, quibus non videatur hic omino tropus, quia nihil vertat : necesse est semper, ut id, quod est appositum, si a proprio diviseris, per se

dra une *antonomase*. Si vous dites, par exemple, *le destructeur de Numance et de Carthage*, c'est une antonomase; si vous ajoutez *Scipion*, ce n'est plus qu'une apposition. Donc l'épithète ne peut pas, en tant qu'épithète, n'être pas jointe à un mot propre.

Quant à l'*allégorie*, elle consiste à présenter un sens différent de celui des paroles, ou même un sens qui leur est contraire. Horace nous fournit un exemple de la première sorte d'allégorie :

Vaisseau chéri, que vas-tu faire?
Sur les mers te lancer encore! etc.

Dans l'ode qui commence ainsi, le *vaisseau*, c'est la république; les *tempêtes*, ce sont les guerres civiles; le *port*, c'est la paix et la concorde. Tel est encore ce passage de Lucrèce : *Je me fraye un chemin inconnu jusqu'à présent aux Muses;* et celui-ci de Virgile :

Mais ma seconde course a duré trop longtemps,
Et je dételle enfin mes coursiers haletants.

Quelquefois l'allégorie a lieu sans métaphore, comme dans cet endroit des Bucoliques : *N'avais-je pas ouï dire que, depuis le penchant de cette colline jusqu'à cette fontaine ombragée d'un vieux hêtre, Ménalque, votre maître, avait, grâce à ses chansons, conservé tout son héritage?* Ici, en effet, tout est exprimé en termes propres et naturels, hors le nom; car le berger Ménalque n'est autre que Virgile. Les prosateurs font souvent usage de ce genre d'allégorie, mais elle est rarement entière, et la plupart du temps elle est entremêlée de termes positifs. Elle est entière dans cet exemple, emprunté à Cicéron : *Je m'é-* tonne *et m'afflige de voir porter l'inimitié jusqu'à faire sombrer le navire sur lequel on navigue soi-même.* L'allégorie mixte est très-fréquente : *Pour les autres tempêtes, j'ai toujours pensé que Milon n'avait à les craindre que dans le sein tumultueux des assemblées populaires.* Si l'orateur n'eût ajouté, *dans le sein des assemblées*, l'allégorie eût été entière; mais ces mots la rendent mixte. Dans les allégories de ce genre, la beauté naît des termes métaphoriques, et la clarté, des termes propres. Mais rien n'embellit le style comme de joindre ensemble l'allégorie, la similitude et la métaphore : *Quel détroit, quel euripe offre, à votre avis, autant de mouvements, autant d'agitations, de changements et de fluctuations, que nous voyons de bouleversements et d'orages dans l'assemblée du peuple? Il ne faut souvent qu'un jour, qu'une nuit d'intervalle, pour donner une face toute nouvelle aux affaires : un bruit, un souffle change tout à coup la disposition des esprits.* Seulement, il faut avoir soin d'être conséquent, et ne pas faire comme beaucoup de gens, qui, après avoir commencé par une tempête, finissent par un incendie ou une ruine; ce qui est extrêmement vicieux. Au reste, l'allégorie est à la portée de tout le monde, et se rencontre très-souvent dans la conversation. C'est de là qu'ont passé au barreau ces locutions, familières aux avocats : *En venir aux mains, serrer son adversaire à la gorge, lui tirer du sang*, etc. Quoique triviales, elles ne choquent pas : tant ce qui est nouveau, figuré, inattendu, a de charme dans le langage!

---

significet et faciat *antonomasiam* : nam, si dicas, *Ille, qui Numantiam et Carthaginem evertit*, antonomasia est; si adjeceris, *Scipio*, appositum. Non potest ergo non esse junctum : at ἀλληγορία, quam *inversionem* interpretantur, aliud verbis, aliud sensu ostendit, etiam interim contrarium : prius, ut,

O navis, referent in mare te novi
Fluctus : o quid agis? fortiter occupa
Portum.

totusque ille Horatii locus, quo *navem* pro republica, *fluctuum tempestates* pro bellis civilibus, *portum* pro pace atque concordia dicit. Tale Lucretii,

Avia Pieridum peragro loca.........

et Virgilii,

Sed nos immensum spatio confecimus æquor :
Et jam tempus equum fumantia solvere colla.

Sine translatione vero in Bucolicis,

Certe equidem audieram, qua se subducere colles
Incipiunt, mollique jugum demittere clivo,
Usque ad aquam, et veteris jam fracta cacumina fagi,
Omnia carminibus vestrum servasse Menalcam.

Hoc enim loco, præter nomen, cætera propriis decisa sunt verbis : verum non *pastor Menalcas*, sed *Virgilius* est intelligendus : habet usum talis allegoriæ frequenter oratio, sed raro totius : plerumque apertis permixta est : tota apud Ciceronem talis est : *Hoc miror enim, querorque, quemquam hominem ita pessumdare alterum verbis velle, ut etiam navem perforet, in qua ipse naviget.* Illud commixtum frequentissimum : *Equidem cœteras tempestates et procellas in illis duntaxat fluctibus concionum semper Miloni putavi esse subeundas :* nisi adjecisset *duntaxat fluctibus concionum*, esset allegoria; nunc cam miscuit : quia in genere et species ex accessitis verbis venit, et intellectus ex propriis. Illud vero longe speciosissimum genus orationis, in quo trium permixta est gratia, similitudinis, allegoriæ, translationis : *Quod fretum, quem euripum, tot motus, tantas, tam varias habere creditis agitationes, commutationes, fluctus, quantas perturbationes, et quantos æstus ratio comitiorum? Dies intermissus unus, aut nox interposita sæpe et perturbat omnia;* et *totam opinionem parva nonnunquam commutat aura rumoris.* Nam id quoque inprimis est custodiendum, ut, quo ex genere cœperis translationis, hoc desinas : multi autem, quum initium a tempestate sumpserunt, incendio, aut ruina finiunt : quæ est inconsequentia rerum fœdissima. Cæterum allegoria parvis quoque ingeniis, et quotidiano sermoni frequentissime servit : nam illa in agendis causis jam detrita, *Pedem conferre*, et *jugulum petere*, et *sanguinem mittere*, inde sunt; nec offendunt tamen; est enim grata in eloquendo novitas, et mutatio; et magis inopinata delectant : ideoque jam in his amissimus modum, et gratiam rei nimia captatione consumpsimus. Est in *exemplis* allegoria, si non prædicta ratione ponantur :

Mais l'excès a suivi de près le plaisir, et l'affectation a tout gâté. Les *exemples* tiennent aussi de l'allégorie, si on les rapporte sans aucune explication; car ce mot des Grecs : *Denys à Corinthe*, n'est pas le seul que l'on puisse imaginer en ce genre. Quand une allégorie de cette espèce est plus obscure, on l'appelle *énigme*; mais c'est, à mon sens, un défaut, puisque la clarté est une qualité : cependant les poëtes ne laissent pas de s'en servir. Ainsi nous lisons dans Virgile : *Dis-moi, et je te tiendrai pour un Apollon, où le ciel n'a que trois coudées d'étendue*. Quelquefois même les prosateurs se permettent cette allégorie. Ainsi Célius dit que Clodia est *une Clytemnestre des rues, qui est à table une femme de Cos, et au lit une femme de Nole*. On pourrait encore citer plusieurs traits de ce genre, qu'il faut aujourd'hui deviner, et qui, du temps de leurs auteurs, présentaient moins d'obscurité. Ce sont néanmoins des *énigmes*, puisqu'on ne peut les comprendre qu'autant qu'on est mis sur la voie. La seconde sorte d'allégorie, qui fait entendre le contraire de ce qu'elle dit, est l'ironie; et, pour la saisir, il faut considérer le ton de celui qui parle, la personne à qui celui-ci s'adresse, et la chose dont il parle; car si les paroles ne s'accordent pas avec l'une ou l'autre de ces circonstances, il est clair que ces paroles cachent un sens autre que celui qu'elles présentent naturellement. Et ce n'est pas le seul trope où il importe d'examiner ce qui se dit et de qui, parce qu'il est vrai, comme je l'ai fait observer ailleurs, qu'on peut blâmer sous forme d'éloge, et réciproquement. Exemple du premier genre : *C. Verrès, ce préteur si plein d'urbanité, ce magistrat si intègre et si exact, n'avait point sur son registre l'acte de remplacement des juges par le sort*. Exemple du second : *On a trouvé que nous étions orateurs, et nous avons imposé au peuple*. Quelquefois c'est en accompagnant nos paroles d'un certain rire, que nous donnons à entendre tout le contraire de ce que nous disons : *Oui, Clodius, croyez-m'en, c'est la pureté de vos mœurs qui vous a disculpé, c'est votre pudeur qui vous a protégé, c'est votre vie passée qui vous a sauvé*.

Outre cela, l'allégorie sert à voiler des choses tristes, ou à faire entendre une chose par une autre toute contraire, pour ménager les esprits, ou à laisser deviner dans la suite du discours ce que l'on n'a pas voulu hasarder d'abord : toutes choses dont j'ai déjà parlé. C'est ce que les Grecs appellent *sarcasme, astéisme, antiphrase, parabole*, etc. Cependant quelques rhéteurs prétendent que ce sont des tropes, et non des espèces de l'allégorie; et ils en donnent une raison assez forte : c'est que l'allégorie a quelque chose d'obscur, tandis que, dans toutes ces manières de parler, le sens est clair et intelligible. Ils ajoutent à cela que le genre est une abstraction qui n'a rien de propre en elle-même ; ainsi l'arbre a pour espèces le *pin*, *l'olivier*, le *cyprès*; mais, considéré en général, il n'a rien de propre. Or, l'allégorie a sa propriété; ce qui ne pourrait être, si elle n'était elle-même une espèce. Mais, espèce ou genre, peu importe quant à l'usage. Enfin, on peut mettre au même rang une certaine moquerie apparente et dissimulée tout ensemble, que les Grecs appellent μυκτηρισμός.

Lorsqu'on développe en plusieurs mots ce qu'on pourrait dire en un seul, ou du moins avec plus de brièveté, c'est une *périphrase*, c'est-à-dire un *circuit d'élocution*. La bienséance en fait quelquefois une nécessité : telle est cette expression de Salluste : *Pour des besoins naturels*.

---

nam, ut *Dionysium Corinthi esse*, quo Græci omnes utuntur, ita plurima similia dici possunt : hæc allegoria, quæ est obscurior, *œnigma* dicitur : vitium meo quidem judicio (si quidem dicere dilucide, virtus), quo tamen et poetæ utuntur,

Dic, quibus in terris, et eris mihi magnus Apollo,
Tris pateat cœli spatium non amplius ulnas ?

et oratores nonnunquam : ut Cœlius, *quadrantariam Clytæmnestram, et in triclinio coam, in cubiculo nolam* : namque et nunc quædam solvuntur, et tum erant notiora, quum dicerentur : et *œnigmata* sunt tamen, nec ea, nisi quis interpretetur, intelligas. In eo vero genere, quo contraria ostenduntur, *ironia* est : *illusionem* vocant : quæ aut pronunciatione intelligitur, aut persona, aut rei natura : nam, si qua earum verbis dissentit, apparet diversam esse orationi voluntatem. Quamquam in plurimis id tropis accidit, ut intersit, quid de quo dicatur : quia, quod dicitur alibi, verum est, et laudis simulatione detrahere, et vituperationis laudare, concessum esse : quale est, *Quod C. Verres, prætor urbanus, homo sanctus et diligens, subsortitionem ejus in eo codice non haberet*: et contra, *Oratores visi sumus, et populo imposuimus*. Aliquando cum risu quodam contraria dicuntur iis, quæ intelligi volunt : quemadmodum in Clodium, *Integritas tua te purgavit, mihi crede, pudor eripuit, vita anteacta servavit*. Præter hæc usus est allegoriæ, ut tristia dicamus melioribus verbis, aut bonæ rei gratia quædam contrariis significemus, aliud textu : quæ et enumeravimus : hæc, si quis profecto ignorat, quibus Græci nominibus appellent, σαρκασμὸν, ἀστεϊσμὸν, ἀντίφρασιν, παροιμίαν dici sciat. Sunt etiam, qui hæc non species allegoriæ, sed ipsa tropos dicunt : acri quidem ratione, quod illa obscurior sit, in his omnibus aperte appareat, quid velimus : cui accedit hoc quoque, quod genus, quum dividitur in species, nihil habet proprium ; ut *arbor pinus, et olea, et cupressus*, et ipsius per se nulla proprietas : *allegoria* vero habet aliquid proprium : quod quo modo fieri possit, nisi ipsa species est ? sed ad utendum nihil refert. Adjicitur his μυκτηρισμός, dissimulatus quidam, sed non latens derisus : pluribus autem verbis quum id, quod uno, aut paucioribus certe dici potest, explicatur, περίφρασιν vocant, *circuitum eloquendi*, qui nonnunquam necessitatem habet, quoties dicta deformia operit : ut Sallustius, *Ad requisita na-*

Quelquefois aussi ce n'est qu'un ornement, dont les poëtes font un usage très-fréquent; par exemple, *c'était l'heure où le premier sommeil, ce sommeil si doux, vient, par la bonté des dieux, suspendre les fatigues des hommes.* La périphrase n'est pas rare non plus chez les orateurs, mais elle y est plus serrée. En effet, la périphrase consiste à développer, pour l'ornement du style, ce qu'on pourrait dire en moins de mots sans nuire à la clarté. Toutefois le nom latin *circumlocutio*, que nous lui avons donné, ne me paraît pas fort propre à désigner une beauté de style. Au reste, quand ce trope embellit le style, c'est une périphrase, et quand il n'atteint pas ce but, c'est une *périssologie;* car tout ce qui n'est pas utile est nuisible.

C'est avec raison qu'on met au nombre des beautés l'*hyperbate,* c'est-à-dire *transposition des mots;* car l'harmonie et la grâce du discours en font souvent une loi. Autrement la phrase sera le plus souvent raboteuse, dure, lâche et comme béante, si l'on s'attache à ranger les mots dans leur ordre rigoureux, et à les accoler les uns aux autres, à mesure qu'ils se présentent, sans s'inquiéter s'ils s'ajustent bien ensemble. Il en est donc qu'il faut mettre après, d'autres avant, comme on fait des pierres brutes dans les constructions, en plaçant chacune à l'endroit qui lui est propre; car nous ne sommes pas maîtres de tailler les mots ni de les polir, pour les bien lier ensemble; nous sommes forcés de les employer tels qu'ils sont, et de leur choisir une bonne place; et le seul moyen de rendre le style nombreux, c'est de savoir intervertir à propos l'ordre des mots. Et c'est sans doute parce qu'il avait éprouvé combien cette disposition savante contribue à la beauté du style, que Platon, ainsi qu'on en peut juger par plusieurs exemplaires de son plus bel ouvrage, paraît avoir longtemps combiné l'arrangement des quatre premiers mots.

Lorsque la transposition n'affecte que deux mots, on l'appelle *anastrophe*, ou renversement : tels sont *mecum, secum*, ou, chez les orateurs et les historiens, *quibus de rebus*. Mais ce qui constitue proprement l'*hyperbate*, c'est de déranger un mot et de le transporter un peu loin de sa place naturelle, pour donner plus d'élégance à la phrase, comme dans cette période : *Animadverti, judices, omnem accusatoris orationem in duas divisam esse partes.* Si l'orateur eût dit *in duas partes esse divisam*, c'eût été exact, mais dur et sans grâce. Les poëtes ne se bornent pas à transposer les mots, ils les coupent :

...Hyperboreo septem subjecta trioni.

La prose ne souffrirait pas cette licence. Cependant c'est en cela, c'est-à-dire dans la division ou transposition des mots, que le trope existe, puisque l'intelligence a besoin de réunir deux idées. Autrement, quand la signification reste la même et que la construction seule est dérangée, c'est plutôt une *figure de mots*. Telles sont ces longues hyperbates, auxquelles beaucoup d'orateurs ont recours pour varier la narration. J'ai parlé ailleurs des défauts que produit la confusion.

L'*hyperbole* est une beauté d'un genre plus hardi, que, par cette raison, j'ai réservée pour la fin. C'est proprement une exagération outrée et qui va au delà du vrai, mais du reste également propre à augmenter et à diminuer. Elle a lieu de plusieurs manières. Tantôt nous ajoutons à la vérité du fait ou de la chose : *Il vomit, il remplit son sein et tout le tribunal de morceaux à peine digérés.*

---

turæ. Interim ornatum petit solum, qui est apud poetas frequentissimus :

Tempus erat, quo prima quies mortalibus ægris
Incipit, et dono divum gratissima serpit.

Et apud oratores non rarus, semper tamen astrictior : quidquid enim significari brevius potest, et cum ornatu latius ostenditur, περίφρασις; est : cui nomen latine datum est, non sane orationis aptum virtuti, *circumlocutio* : verum hæc ut, quum decorem habet, *periphrasis*; ita, quum in vitium incidit, περισσολογία dicitur : obstat enim, quidquid non adjuvat. *Hyperbaton* quoque, id est, *verbi transgressionem*, quoniam frequenter ratio comparationis et decor poscit, non immerito inter virtutes habemus : fit enim frequentissime aspera, et dura, et dissoluta, et hians oratio, si ad necessitatem ordinis sui verba redigantur, et, ut quodque oritur, ita proximis, etiam si vinciri non potest, alligetur. Differenda igitur quædam, et præsumenda, atque, ut in structuris lapidum impolitorum, loco, quo convenit, quodque ponendum : non enim recidere ea, nec polire possumus, quo coagmentata se magis jungant, sed utendum iis, qualia sunt, eligendæque sedes. Nec aliud potest sermonem facere numerosum, quam opportuna ordinis mutatio : neque alio ceris Platonis inventa sunt quatuor illa verba, quibus in illo pulcherrimo operum *in Piræum se descendisse* significat, plurimis modis scripta, quod eum quoque maxime facere experiretur. Verum id quum duobus verbis fit, ἀναστροφή dicitur, reversio quædam; qualia sunt vulgo, *Mecum, secum*: apud oratores et historicos, *Quibus de rebus* : at, quum decoris gratia contrahitur longius verbum, proprie *hyperbati* tenet nomen : ut, *Animadverti, judices, omnem accusatoris orationem in duas divisam esse partes :* nam, *in duas partes divisam esse*, rectum erat, sed durum et incomptum. Poetæ quidem etiam verborum divisionem faciunt, et transgressionem,

...Hyperboreo septem subjecta trioni.

Quod oratio nequaquam recipiet : at id quidem est, propter quod quum dicitur, tropos fit, quia componendus est e duobus intellectus. Alioqui, ubi nihil ex significatione mutatum est, et structura sola variatur, *figura* potius *verborum* dici potest : sicut multi narrationem longis mutant hyperbatis : ex confusis quæ vitia accidunt, suo loco diximus : *hyperbolen* audacioris ornatus summo loco posui : est hæc *decens veri superjectio* : virtus ejus

.........Deux rochers orgueilleux
S'élèvent à l'entour, et menacent les cieux.

Tantôt nous agrandissons les choses par similitude :

De loin vous croiriez voir, sur les eaux écumantes,
Voguer, s'entre-choquer les Cyclades flottantes.

Tantôt c'est par comparaison :

Plus léger que les vents, que l'aile de la foudre.

Tantôt c'est à l'aide de certains signes :

Elle eût, des jeunes blés rasant les verts tapis,
Sans plier leur sommet, volé sur leurs épis.
(DELILLE.)

Ou enfin par métaphore, comme ce mot *volé* dans ce dernier vers. Quelquefois l'hyperbole s'accroît par l'addition d'une autre hyperbole. Cicéron dit, en parlant d'Antoine : *Quelle Charybde fut jamais aussi vorace? Que dis-je, Charybde? Si ce monstre a existé, il était le seul. Non, je ne sais si l'Océan pourrait engloutir en si peu de temps tant de biens divers, dispersés et placés à des distances éloignées.* Mais une des plus belles hyperboles que j'aie remarquées, c'est celle dont se sert Pindare, le prince des poëtes lyriques, au livre des *hymnes*. Voulant peindre l'impétuosité avec laquelle Hercule vint fondre sur les Méropes, qui habitaient, dit-on, l'île de Cos, il ne la compare ni au feu, ni aux vents, ni à la mer, mais à la foudre, comme si la foudre seule pouvait donner une idée de la rapidité du héros. C'est à l'exemple de Pindare que Cicéron a dit, en parlant de Verrès : *On revoyait dans la Sicile, après de longues années, non un Denys, non un Phalaris (car on sait combien de cruels tyrans ont autrefois désolé cette île), mais un monstre d'une nouvelle espèce, composé de cette ancienne férocité qui avait régné dans les mêmes lieux. Je ne crois pas, en effet, que jamais Scylla ni Charybde aient été aussi funestes aux navigateurs, que Verrès l'a été dans ce même détroit.* Il y a autant d'hyperboles pour exténuer que pour exagérer. Telle est celle dont Virgile se sert pour peindre la maigreur d'un troupeau : *Leurs os se tiennent à peine.* Telle est encore cette épigramme où Cicéron se moque de l'étymologie que Varron donnait au mot *fundus*. Mais, jusque dans l'hyperbole, il faut garder une certaine mesure; car encore que ce trope dépasse les bornes du croyable, il ne doit pas néanmoins être excessif; et il n'est pas de chemin plus glissant pour ceux qu'entraîne le mauvais goût. J'aurais quelque regret à signaler tous les défauts qui naissent de cet excès, d'autant qu'ils ne sont que trop connus et trop visibles. Qu'il me suffise de faire remarquer que si l'hyperbole ment, elle ne ment pas pour tromper, et que dès lors il faut considérer jusqu'à quel point la bienséance nous permet de surfaire une chose, quand nous savons qu'on ne manquera pas d'en rabattre beaucoup. Très-souvent l'hyperbole touche à la plaisanterie; si cette plaisanterie est bien placée, c'est *urbanité*; si elle est déplacée, c'est *sottise*. Or, pourquoi l'hyperbole est-elle commune aux doctes et aux ignorants? C'est que nous sommes tous naturellement portés à exagérer ou à exténuer les choses, et que personne ne se contente de la réalité; mais on nous le pardonne, parce que nous n'affirmons pas. En un mot, l'hyperbole est une beauté, lors-

---

ex diverso par augendi atque minuendi. Fit pluribus modis : aut enim plus facto dicimus, *Vomens, frustis esculentis gremium suum et totum tribunal implevit.*

.... Geminique minantur
In cœlum scopuli.

Aut res per similitudinem attollimus :

.... Credas innare revulsas
Cycladas.

Aut per comparationem : ut,

.... Fulminis ocior alis.

Aut signis quasi quibusdam :

Illa vel intactæ segetis per summa volaret
Gramina, nec teneras cursu læsisset aristas.

Vel translatione, ut ipsum illud *volaret* : crescit interim hyperbole, alia insuper addita; ut Cicero in Antonium dicit, *Quæ Charybdis tam vorax? Charybdin dico? quæ, si fuit, fuit animal unum: Oceanus, medius fidius, vix videtur tot res, tam dissipatas, tam distantibus in locis positas, tam cito absorbere potuisse.* Exquisitam vero figuram hujus rei deprehendisse apud principem lyricorum Pindarum videor in libro, quem inscripsit ὕμνους; is namque *Herculis impetum adversus Meropas*, qui in insula Co dicuntur habitasse, non igni, nec ventis, nec mari, sed *fulmini* dicit similem *fuisse* : ut illa minora, hoc par esset. Quod imitatus Cicero, illa composuit in Verrem, *Versabatur in Sicilia longo intervallo non Dionysius ille, nec Phalaris (tulit enim illa quondam insula multos et crudeles tyrannos), sed quoddam novum monstrum ex vetere illa immanitate, quæ in iisdem versata locis dicitur: non enim Charybdin tam infestam neque Scyllam navibus, quam istum in eodem freto fuisse arbitror.* Nec pauciora sunt genera minuendi, *Vix ossibus hærent* : et quod Cicero in quodam joculari libello,

Fundum Varro vocat, quem possim mittere funda :
Ni tamen excideris, qua cava funda patet.

Sed hujus quoque rei servetur mensura quædam : quamvis est enim omnis *hyperbole* ultra fidem, non tamen esse debet ultra modum : nec alia via magis in κακοζηλίαν itur. Piget referre plurima hinc orta vitia, quum præsertim minime sint ignota et obscura : monere satis est, mentiri *hyperbolen*, nec ita, ut mendacio fallere velit : quo magis intuendum est, quousque deceat extollere, quod nobis non creditur : pervenit hæc res frequentissime ad risum : qui si aptus est, *urbanitatis*, sin aliter, *stultitiæ* nomen assequitur. Est autem in usu vulgo quoque et inter eruditos, et apud rusticos : videlicet quod a natura est omnibus *augendi res*, vel *minuendi* cupiditas insita, nec quisquam vero contentus est; sed ignoscitur, quia non affirmamus. Tum est *hyperbole* virtus, quum res

que la chose dont nous avons à parler est elle-même extraordinaire; car on est autorisé à dire plus, faute de pouvoir dire assez; et il vaut mieux aller au delà que de rester en deçà. Mais en voilà assez sur cet article, d'autant que je l'ai déjà traité plus amplement dans mon livre *des causes de la corruption de l'éloquence*.

LIVRE IX.

CHAP. I. En quoi les figures diffèrent des tropes. — II. Des figures de pensées. — III. Des figures de mots. — IV. De la composition.

CHAP. I. Après avoir parlé des *tropes* dans le livre précédent, l'ordre veut que je passe aux figures, σχήματα, lesquelles se lient naturellement à cette matière. La plupart même des rhéteurs ont pensé que les figures n'étaient que des tropes, en ce que, soit que les tropes tirent leur nom de la manière dont ils sont formés, soit qu'ils le tirent du changement qu'ils opèrent dans le style, d'où on les a appelés aussi *mouvements*, il faut convenir que ces deux propriétés résident également dans les figures. Leur fin est la même, puisqu'elles donnent ou plus de force ou plus de grâce aux choses. On trouve aussi des auteurs, entre autres C. Artorius Proculus, qui donnent aux tropes le nom de *figures*. A dire vrai, leur ressemblance est telle, qu'il n'est pas aisé de les distinguer. Car si d'un côté il y a certaines espèces de tropes et de figures qui diffèrent visiblement, quoique ces formes aient cela de commun, qu'elles s'éloignent également du langage simple et direct par un détour qui donne au style plus de beauté, d'un autre côté, il en est quelques-unes dont la différence est très-peu sensible, comme l'*ironie*, qu'on retrouve et parmi les figures de pensées et parmi les *tropes*; comme encore la *périphrase*, l'*hyperbate* et l'*onomatopée*, où des auteurs distingués ont vu plutôt des *figures* de mots que des *tropes*. Il est donc essentiel de bien marquer leur différence.

Le TROPE est une façon de parler que l'on détourne de sa signification naturelle et principale pour lui en donner une autre, dans la vue d'embellir le style; ou, comme la définissent la plupart des grammairiens, *une diction que l'on transporte du lieu où elle est propre, dans un lieu où elle n'est pas propre. La* FIGURE, comme son nom même l'indique, *est une certaine forme de style, éloignée de cette manière commune qui se présente d'abord à l'esprit*. Ainsi, dans les tropes, ce sont des mots que l'on met à la place d'autres mots, comme dans la *métaphore*, la *métonymie*, l'*antonomase*, la *métalepse*, la *synecdoche*, la *catachrèse*, l'*allégorie*, et le plus souvent dans l'*hyperbole*; je dis *le plus souvent*, parce que l'hyperbole a lieu et dans les choses et dans les mots. L'*onomatopée* consiste à forger un nom : c'est donc aussi un nom que l'on met à la place d'un autre, dont on se serait servi, si l'on n'eût pas imaginé celui-là. La *périphrase*, quoiqu'elle renferme ordinairement le mot même qui y donne lieu, ne laisse pas de se servir de plusieurs mots, au lieu d'un seul. L'*épithète* fait ordinairement une partie de l'*antonomase*, et devient trope par cette union. L'*hyper-*

---

ipsa, de qua loquendum est, naturalem modum excessit : conceditur enim amplius dicere, quia dici, quantum est, non potest : meliusque ultra, quam citra, stat oratio : sed de hoc satis, quia eumdem locum plenius in eo libro, quo *causas corruptæ eloquentiæ* reddebamus, tractavimus.

LIBER IX.

CAP. I. Quo differant figuræ a tropis. — II. De figuris sententiarum. — III. De figuris verborum. — IV. De compositione.

CAP. I. Quum sit proximo libro *de tropis* dictum, sequitur pertinens ad figuras, quæ σχήματα græce vocantur, locus, ipsa rei natura conjunctus superiori : nam plerique has *tropos* esse existimaverunt, quia sive ex hoc duxerint nomen, quod sint formati quodam modo; sive ex eo, quod vertant orationem, unde et *motus* dicuntur; fatendum erit esse utrumque eorum etiam in figuris : usus quoque est idem : nam et vim rebus adjiciunt, et gratiam præstant; nec desunt, qui tropis *figurarum* nomen imponant; quorum est C. Artorius Proculus. Quin adeo similitudo manifesta est, ut eam discernere non sit in promptu : nam, quo modo quædam in his species plane distant, manente tamen generali illa societate, quod utraque res a recta et simplici ratione cum aliqua dicendi virtute deflectitur; ita quædam perquam tenui limite dividuntur : ut quum *ironia* tam inter figuras sententiæ, quam inter *tropos* reperiatur : περίφρασιν autem, et ὑπερβατὸν, et ὀνοματοποιΐαν, clari quoque auctores *figuras* verborum potius, quam *tropos*, dixerint. Quo magis signanda est utriusque rei differentia : est igitur *tropus*, *sermo a naturali et principali significatione translatus ad aliam, ornandæ orationis gratia* : vel, ut plerique grammatici finiunt, *dictio ab eo loco, in quo propria est, translata in eum, in quo propria non est* : *figura*, sicut nomine ipso patet, *est conformatio quædam orationis, remota a communi et primum se offerente ratione*. Quare in tropis ponuntur verba alia pro aliis, ut in μεταφορᾷ, μετωνυμίᾳ, ἀντονομασίᾳ, μεταλήψει, συνεκδοχῇ, καταχρήσει, ἀλληγορίᾳ, plerumque ὑπερβολῇ; namque et rebus fit, et verbis; ὀνοματοποιΐα fictio est nominis : ergo hoc quoque pro aliis ponitur, quibus usuri fuimus, si illud non fingeremus : περίφρασις; etiamsi frequenter et id ipsum, in cujus locum assumitur, nomen complecti solet, utitur tamen pluribus pro uno : ἐπίθετον, quoniam plerumque *antonomasiæ* pars est, conjunctione ejus fit *tropus* : in *hyperbato* commutatio est ordinis; ideoque multi tropis hoc genus eximunt; transfert tamen verbum, aut partem ejus a suo loco in alienum. Horum

bate n'est qu'une interversion, et c'est pour cela que beaucoup de rhéteurs la retranchent du nombre des tropes. Cependant elle ne laisse pas de transporter un mot, ou partie d'un mot, de sa véritable place dans une autre. Rien de tout cela dans les figures ; car une figure comporte et le mot propre et l'ordre naturel. Je dirai en son lieu comment il se fait que l'ironie soit tantôt trope, tantôt figure ; car j'avoue que l'on emploie indifféremment ces deux dénominations, et je sais aussi que cette question de nom est une source intarissable de chicanes et de subtilités ; mais elle ne fait rien au but que je me propose, et peu m'importe le nom qu'on donne à ces deux formes de style, pourvu qu'on sache en quoi consiste leur beauté. D'ailleurs les noms ne changent point l'essence des choses ; et comme les personnes, en changeant de nom, ne laissent pas d'être ce qu'elles étaient, ainsi les ornements dont je parle, qu'on les appelle *tropes* ou *figures*, produiront toujours les mêmes effets, parce que leur utilité ne consiste pas dans leur nom, mais dans leur effet. Ainsi il est indifférent de dire *etat conjectural*, ou *négatif*, ou *de fait*, ou *d'existence*, pourvu qu'on sache qu'il s'agit toujours de la même question. Le mieux donc en ceci est de suivre l'usage, et de s'attacher uniquement à bien comprendre la chose, de quelque nom qu'on l'appelle. Remarquons cependant que les mêmes pensées comportent souvent l'union du trope et de la figure ; car le style est aussi bien figuré par des mots métaphoriques que par des mots propres.

Or, ce n'est pas un petit sujet de discussion entre les auteurs, que de définir la valeur du mot *figure*, combien il y en a de genres, en combien d'espèces ces genres se divisent, et quelles sont ces espèces. Examinons donc d'abord ce qu'on doit entendre par *figure*. Ce mot, en effet, a une double acception : ou c'est la forme, quelle qu'elle soit, d'une pensée, comme les corps, quels qu'ils soient, ont une certaine forme extérieure ; ou bien, et c'est là proprement ce qu'on appelle *figure*, une manière de penser ou de parler qui s'écarte à dessein de la manière ordinaire et directe, à peu près comme le corps à ses différentes postures, tantôt assis, tantôt penché, tantôt la tête en arrière, etc. Voilà pourquoi, quand un orateur emploie toujours ou trop souvent les mêmes cas, les mêmes temps, les mêmes nombres, ou les mêmes pieds, on lui recommande de varier ses figures, pour éviter la monotonie. Or, parler ainsi, c'est dire que tout langage a sa figure, comme on dit que *cursitare* et *lectitare* sont la même figure, c'est-à-dire une déviation du même genre. Il faut donc convenir que dans le premier sens, c'est-à-dire dans le sens absolu, il n'est rien qui ne soit figuré ; et si on s'en tient là, ce n'est pas à tort qu'Apollodore a cru, au rapport de Cécilius, que les règles qui concernent cette matière sont infinies. Mais si nous regardons les figures comme des attitudes, et, pour ainsi dire, comme les gestes de l'âme, le nom de *figure* convient seulement à ce qui, par un tour poétique ou oratoire, s'éloigne de la manière simple et directe de parler. Et alors il sera vrai de dire qu'il y a un style dépourvu de figures, ἀσχημάτιστον, ce qui n'est pas un petit défaut, et un style figuré, ἐσχηματισμένον. Mais Zoïle donne à cela même des bornes trop étroites, en ne voulant reconnaître pour figures que celles où, en disant une chose, on en fait entendre une

---

nihil in figuras cadit : nam et propriis verbis, et ordine collocatis figura fieri potest : quomodo autem *ironia* alia sit tropi, alia schematos, suo loco reddam : nomen enim fateor esse commune, et scio quam multiplicem habeant, quamque scrupulosam disputationem ; sed ea non pertinet ad praesens meum propositum ; nihil enim refert, quomodo appelletur utrumlibet eorum, si, quid orationi prosit, apparet : nec mutatur vocabulis vis rerum. Et, sicut homines, si aliud acceperunt, quam quod habuerant, nomen, iidem sunt tamen ; ita haec, de quibus loquimur, sive *tropi*, sive *figurae* dicentur, idem efficient : non enim nominibus prosunt, sed effectibus : ut, *statum conjecturalem*, an *infitialem*, an *facti*, an *de substantia* nominemus, nihil interest, dum idem quaeri sciamus. Optimum ergo in his sequi maxime recepta, et rem ipsam, quocunque appellabitur modo, intelligere : illud tamen notandum, coire frequenter in easdem sententias et τρόπον et *figuram* : tam enim translatis verbis, quam propriis, figuratur oratio. Est autem non mediocris inter auctores dissensio, et quae vis nominis ejus, et quot genera, et quae, quam multaeque sint species : quare primum intuendum est, quid accipere debeamus *figuram* : nam duobus modis dicitur : uno, qualiscumque *forma sententiae* ; sicut in corporibus, quibus, quoquo modo sunt composita, utique habitus est aliquis : altero, quo proprie *schema* dicitur, in sensu, vel sermone aliqua a vulgari et simplici specie cum ratione mutatio ; sicut nos *sedemus*, *incumbimus*, *respicimus* : itaque, quum in eosdem casus, aut tempora, aut numeros, aut etiam pedes continuo quis, aut certe nimium frequenter incurrit, praecipere solemus *variandas figuras* esse vitandae similitudinis gratia. In quo ita loquimur, tanquam omnis sermo habeat figuram : itemque *eadem figura* dici *cursitare*, qua *lectitare*, id est, eadem ratione declinari : quare illo intellectu priore et communi nihil non figuratum est : quo si contenti sumus, non immerito Apollodorus, si tradenti Caecilio credimus, incomprehensibilia partis hujus praecepta existimarit. Sed, si habitus quidam, et quasi gestus sic appellandi sunt, id demum hoc loco accipi *schema* oportebit, quod sit a simplici atque in promptu posito dicendi modo poetice, vel oratorie mutatum : sic enim verum erit, aliam esse orationem ἀσχημάτιστον, id est, carentem figuris, quod vitium non inter minima est ; aliam ἐσχηματισμένην, id est, *figuratam*. Id ipsum tamen anguste Zoilus terminavit, qui id solum putaverit *schema*, quo aliud simulatur dici, quam dicitur : quod sane vulgo quoque sic accipi scio : unde et *figuratae controversiae* quaedam, de qui-

autre. Sans doute, le mot *figure* se prend communément aussi dans cette acception : de là ces controverses que l'on nomme figurées, et dont je vais bientôt parler ; mais, pour moi, j'entends par figure *une forme de style où il entre un peu d'art, et qui par là cesse d'être commune.*

Quelques rhéteurs n'admettent qu'un seul genre de figures, encore qu'ils ne laissent pas d'avoir sur cela même des opinions différentes. Les uns, parce que le changement qui affecte les mots affecte aussi la pensée, veulent que toutes les figures soient dans les mots ; les autres, parce que les mots doivent se rapporter aux choses, veulent, au contraire, qu'elles soient toutes dans les pensées : mais c'est évidemment une pure chicane de part et d'autre. En effet, comme une même chose peut s'exprimer de plusieurs manières, et que le sens reste le même indépendamment de l'expression, il s'ensuit qu'une figure de pensée peut comporter plusieurs figures de mots ; car la figure de pensée consiste dans la conception de l'esprit, et la figure de mot dans l'énonciation ; mais très-souvent elles se trouvent réunies, comme ici : *Jamjam, Dolabella, neque me tui, neque tuorum liberum.* Car cette phrase contient une figure de pensée dans l'apostrophe faite à Dolabella, et des figures de mots dans *jamjam et liberum.* Et, en effet, la plupart des rhéteurs s'accordent, si je ne me trompe, à reconnaître deux sortes de figures : l'une de *pensée*, διανοίας, *mentis, sensus, sententiarum*; l'autre, de *mot*, λέξεως, *dictionis, elocutionis, sermonis, orationis*; car ils se servent de tous ces noms, dont la différence, au fond, importe peu. Cependant Cornélius Celsus ajoute aux figures de mots et de pensées les *figures de couleurs*, et en cela certainement il s'est laissé trop entraîner à l'amour de la nouveauté ; car qui peut croire qu'un homme, si habile d'ailleurs, ait ignoré que les couleurs et les pensées sont des sens ? Il est donc certain que les figures, comme tout ce qui s'appelle oraison, ne peuvent résider que dans le sens ou dans les mots. Et comme il est dans l'ordre naturel de concevoir une pensée avant que de l'énoncer, je traiterai en premier lieu des figures qui se rapportent à l'esprit : figures dont l'utilité est si grande, si multiple, qu'il n'est pas une seule partie de l'oraison où elle ne se fasse manifestement sentir ; car, encore que dans quelques endroits d'un plaidoyer, comme dans la preuve, il ne semble pas fort nécessaire de recourir aux figures, elles contribuent néanmoins à rendre croyable ce que nous disons, en se glissant dans l'esprit du juge par l'endroit où il n'est point sur ses gardes. En effet, comme au combat des armes il est aisé non-seulement de parer, mais même de repousser les coups directs, parce qu'on les voit venir, et qu'au contraire il est difficile d'éviter les feintes et les coups détournés ; qu'enfin l'art consiste à menacer un endroit pour en frapper plus sûrement un autre ; de même un orateur qui manque d'astuce ne combat que par son poids et son impétuosité, tandis qu'à l'aide de la feinte, il varie ses attaques, se porte tantôt à droite, tantôt à gauche, attire d'un côté les forces de son ennemi pour le surprendre de l'autre, et le met en défaut par un simple signe. Les figures sont aussi d'une grande efficacité pour émouvoir les passions ; car si l'air, le regard, le geste de l'orateur, font tant d'impression sur les cœurs, quelle puissance n'aura pas l'air même du discours, si nous savons le composer selon le dessein que nous voulons accomplir ? Cependant elles ont encore plus d'insinuation que de force,

---

bus paulo post dicam, vocantur : ergo figura sit *arte aliqua novata forma dicendi.* Genus ejus unum quidam putaverunt, in hoc ipso diversas opiniones secuti : nam hi, quia verborum mutatio sensus quoque verteret, omnes figuras in verbis esse dixerunt : illi, quia verba rebus accommodarentur, omnes in sensibus : quarum utraque manifesta cavillatio est. Nam, et eadem dici solent aliter atque aliter; manetque sensus elocutione mutata : et figura sententiæ plures habere verborum figuras potest : illa est enim posita in concipienda cogitatione, hæc in enuncianda ; sed frequentissime coeunt : ut in hoc, *Jamjam, Dolabella, neque me tui, neque tuorum liberum :* nam oratio a judice aversa, in sententia : *jamjam* et *liberum*, in verbis sunt schemata. Inter plurimos enim, quod sciam, consensum est, duas ejus esse partes, διανοίας, id est, *mentis*, vel *sensus*, vel *sententiarum* ; nam his omnibus modis dictum est : et λέξεως, id est, *verborum*, vel *dictionis*, vel *elocutionis*, vel *sermonis*, vel *orationis*; nam et variatur, et nihil refert. Cornelius tamen Celsus adjicit verbis et sententiis *figuras colorum*, nimia profecto novitatis cupiditate ductus : nam quis ignorasse eruditum alioqui virum credat, colores et sententias sensus esse ? quare, sicut omnem orationem, ita figuras quoque versari necesse est in sensu, et in verbis. Ut vero natura prius est, concipere animo res, quam enunciare ; ita de iis figuris ante est loquendum, quæ ad mentem pertinent : quarum quidem utilitas quum magna, tum multiplex, in nullo non orationis opere vel clarissime lucet : nam, etsi minime videtur pertinere ad *probationem*, qua figura quidque dicatur, facit tamen credibilia, quæ dicimus, et in animos judicum, qua non observatur, irrepit. Namque, ut in armorum certamine adversos ictus, et rectas ac simplices manus quum videre, tum etiam cavere ac propulsare facile est ; aversæ tectæque minus sunt observabiles ; et aliud ostendisse, quam petas, artis est : sic oratio, quæ astu caret, pondere modo et impulsu præliatur ; simulanti, variantique conatus, in latera atque in terga incurrere datur, et arma avocare, et velut nutu fallere. Jam vero affectus nihil magis ducit : nam si frons, oculi, manus multum ad motum animorum valent, quanto plus orationis ipsius vultus ad id, quod efficere tendimus, compositus ? plurimum tamen ad commendationem facit, sive in conciliandis agentis moribus, sive ad promerendum actioni favo-

soit pour donner une bonne opinion des mœurs de l'orateur, soit pour prévenir les juges en faveur de sa cause, soit pour ranimer l'attention par la variété, soit enfin pour indiquer certaines choses avec plus de bienséance, ou d'une manière qui tire moins à conséquence. Mais avant d'enseigner l'emploi des figures, je dois déclarer que le nombre n'en est pas aussi grand que quelques rhéteurs le font; car je ne me préoccupe nullement de tous ces noms qui coûtent si peu aux Grecs. Premièrement donc, je ne partage pas l'opinion de ceux qui comptent autant de *figures* que d'*affections* de l'âme : non qu'une affection ne soit une certaine qualité de l'âme, mais parce que toute figure proprement dite, et comme on doit l'entendre, n'est point une simple expression de quelque chose que ce soit. Ainsi, témoigner de la colère, du déplaisir, de la pitié, de la crainte, de la confiance, du mépris, ce n'est point là user de figures, non plus que d'exhorter, de menacer, de prier, d'excuser. Ce qui trompe ceux qui n'y regardent pas de fort près, c'est qu'ils voient dans tout cela des figures; et même ils en allèguent des exemples tirés de nos orateurs, ce qui n'est pas fort difficile, puisqu'il n'y a pas de partie dans l'oraison qui ne puisse comporter quelque figure. Mais autre chose est d'admettre une figure, autre chose d'être une figure par soi-même; car je ne crains pas de répéter si souvent le même mot, pour bien faire entendre la chose. On pourra donc me faire voir une apparence de figure dans le langage d'un orateur qui témoigne de la colère, de la pitié, ou qui descend à des prières; mais il ne s'ensuit pas que supplier, qu'être ému de colère ou de pitié, soit une figure. Cicéron a compris sous le nom de figure tout ce qui contribue à l'ornement du style; et en cela, ce me semble, il tient un certain milieu, ne croyant pas, d'un côté, que tout soit figuré, et, de l'autre, n'admettant pas seulement pour figures les formes qui sortent de la manière commune, mais regardant, en général, comme figuré tout ce qui rehausse l'éclat du style et fait impression sur l'auditeur. Il a traité cette matière dans deux ouvrages, et je rapporterai mot pour mot les deux passages qui concernent les figures, pour ne pas priver le lecteur du jugement d'un auteur si considérable. Voici comme il parle dans son traité, intitulé *de l'Orateur* (liv. III, 52, 53, 54) : *Tout le fait de l'orateur, pour la composition des phrases, consiste d'abord à donner à l'élocution la douceur et l'harmonie, ensuite à l'embellir en y répandant çà et là les ornements des figures, soit de mots, soit de pensées. La commoration, par laquelle on insiste sur quelques détails; l'hypotypose, qui les décrit, les développe et les met, pour ainsi dire, sous les yeux de l'auditeur, sont d'un grand secours pour exposer les faits : elles les présentent avec plus de clarté, elles les agrandissent, elles en donnent la plus haute idée possible à ceux qui nous écoutent. A ces développements sont opposées la précision, la signification, qui dit moins qu'elle ne donne à entendre; l'abréviation, concise avec netteté; l'atténuation; la raillerie, qui en est voisine, et qui rentre dans les matières dont César nous a entretenus. Vient ensuite la digression, qui, après avoir distrait quelque temps l'esprit du sujet, demande qu'on l'y ramène adroitement; la proposition, qui annonce ce qu'on va dire; la séjonction, qui abandonne un point pour passer à un*

---

rem, sive ad levandum varietate fastidium, sive ad quædam vel decentius indicanda, vel tutius. Sed antequam, quæ cuique rei figura conveniat, ostendo, dicendum est, nequaquam eas esse tam multas, quam sint a quibusdam constitutæ; neque enim me movent nomina illa, quæ fingere utique Græcis promptissimum est. Ante omnia igitur illi, qui totidem *figuras* putant, quot *affectus*, repudiandi; non quia *affectus* non sit quædam qualitas mentis; sed quia *figura*, quam non communiter, sed proprie nominamus, non sit simplex rei cujuscumque enunciatio : quapropter in dicendo *irasci*, *dolere*, *misereri*, *timere*, *confidere*, *contemnere*, non sunt figuræ : non magis, quam *suadere*, *minari*, *rogare*, *excusare*. Sed fallit parum intuentes, quod inveniunt in omnibus his locis figuras, et earum exempla ex orationibus excerpunt : neque enim pars ulla dicendi est, quæ non recipere eas possit; sed aliud est admittere *figuram*, aliud *figuram* esse; neque enim verebor explicandæ rei gratia frequentiorem ejusdem nominis repetitionem. Quare dabunt mihi aliquam in *irascente*, *deprecante*, *miserante* figuram, scio : sed non ideo *irasci*, *misereri*, *deprecari*, figura erit : Cicero quidem omnia orationis lumina in hunc locum congerit, mediam quamdam, ut arbitror, secutus viam; ut neque omnis sermo *schema* judicaretur, neque ea sola, quæ haberent aliquam remotam ab usu communi fictionem : sed quæ essent clarissima, et ad movendum auditorem valerent plurimum : quem duobus ab eo libris tractatum locum ad litteram subjeci, ne fraudarem legentes judicio maximi auctoris. In tertio de *Oratore* ita scriptum est : *In perpetua autem oratione, quum et conjunctionis lenitatem, et numerorum, quam dixi, rationem tenuerimus, tum est quasi luminibus distinguenda et frequentanda omnis oratio sententiarum atque verborum. Nam et commoratio una in re permultum movet, et illustris explanatio, rerumque, quasi gerantur, sub aspectum pene subjectio : quæ et in exponenda re plurimum valet, et ad illustrandum id, quod exponitur, et ad amplificandum; ut iis, qui audient, illud, quod augebimus, quantum efficere oratio poterit, tantum esse videatur : et hunc contraria sæpe percursio est : et ad plus intelligendum, quam dixeris*, significatio · *et distincte concisa brevitas*, et extenuatio : *et huic adjuncta illusio, a præceptis Cæsaris non abhorrens : et ab re digressio; in qua quum fuerit delectatio, tum reditus ad rem aptus et concinnus esse debebit*: propositioque, *quid sis dic-*

autre; le retour au sujet et la répétition; la conclusion; l'hyperbole, qui exagère ou diminue la vérité; l'interrogation et la question, qui s'en rapproche; l'exposition de son sentiment; l'ironie, qui exprime une chose pour en faire entendre une autre, cette figure qui pénètre si sûrement dans les esprits, et qui produit un effet si agréable lorsqu'on y joint, non la véhémence, mais un ton de familiarité; la dubitation, la distribution, la correction, soit pour modifier ce qu'on a dit ou ce qu'on va dire, soit pour repousser un reproche; la prémunition, soit que nous préparions les esprits à recevoir nos arguments, soit que nous rejetions sur un adversaire l'imputation dirigée contre nous; la communication, qui est une espèce de délibération avec ceux à qui on s'adresse; l'éthopée, ou imitation des mœurs, soit que l'on mette en scène les personnages, soit qu'on ne les fasse pas paraître : cette figure est un des plus riches ornements du discours; elle est surtout propre à disposer favorablement les esprits, souvent même à les émouvoir; la prosopopée, qui répand le plus d'éclat sur l'amplification oratoire; la description; l'action d'induire en erreur ou d'exciter l'hilarité; l'antéoccupation; ensuite ces deux figures dont l'effet est si grand, la similitude et l'exemple; la division, l'apostrophe, l'antithèse, la réticence, la recommandation; la liberté du langage, qui quelquefois s'emporte au delà des bornes, et sert à l'amplification; la colère, l'invective, la promesse, la déprécation, l'obsécration; une légère déviation du sujet, différente de la digression, dont j'ai déjà parlé; la justification, la conciliation, la dépréciation, l'optation, l'imprécation. Telles sont les figures de pensées dont on peut orner le discours. Quant aux figures de mots, on peut les comparer à l'escrime, qui sert non-seulement pour se mettre en garde et pour attaquer, mais encore pour manier son arme avec grâce. Ainsi, la répétition donne tantôt de la force, tantôt de l'agrément au style; il en est de même des altérations qu'on fait subir aux mots, de leur redoublement, soit au commencement, soit à la fin de la phrase, de la complexion, de l'adjonction, de la progression, de l'intention particulière attachée à un mot qu'on ramène souvent, de ces chutes et de ces terminaisons semblables, de ces membres qui se correspondent, ou se répètent symétriquement. Il y a encore la gradation, la conversion, l'hyperbate employée avec goût, les contraires, la dissolution, la déclinaison, la répréhension, l'exclamation, l'imminution, l'usage d'un mot à différents cas; l'énumération de parties, qui reprend tout en détail; la preuve confirmative, jointe à la proposition générale ou à chacune de ses parties; la permission, une autre dubitation, la surprise, la dinumération; une autre correction, la distinction, la continuation, l'interruption, l'image, la subjection, la paronomase, la disjonction, l'ordre, la relation, la digression, la circonscription. Telles sont à peu près les figures de pensées et de mots qui contribuent à l'ornement du style : on en pourrait citer bien davantage. La plupart

---

turus : et ab eo, quod est dictum, sejunctio : et reditus ad propositum : et iteratio : et rationis apta conclusio : tum augendi : minuendive causa veritatis superlatio, atque trajectio : et rogatio, atque huic finitima quasi percunctatio : expositioque sententiæ suæ : tum illa, quæ maxime quasi irrepit in hominum mentes, alia dicentis ac significantis dissimulatio; quæ est perjucunda, quum in oratione, non contentione, sed sermone tractatur : deinde dubitatio, tum distributio, tum correctio, vel ante, vel postquam dixeris, vel quum aliquid a te ipso rejicias : præmunitio etiam est ad id, quod aggrediare : et rejectio in alium : communicatio, quæ est quasi cum iis ipsis, apud quos dicas, deliberatio : morum ac vitæ imitatio; vel in personis, vel sine illis, magnum quoddam ornamentum orationis, et aptum ad animos conciliandos vel maxime, sæpe autem etiam ad commovendos : personarum ficta inductio, vel gravissimum lumen augendi : descriptio, erroris inductio, ad hilaritatem impulsio, anteoccupatio : tum duo illa, quæ maxime movent, similitudo, et exemplum : digestio, interpellatio, contentio, reticentia, commendatio. Vox quædam libera, atque etiam effrenatior, augendi causa : iracundia, objurgatio, promissio, deprecatio, obsecratio, declinatio brevis a proposito, non ut superior illa digressio, purgatio, conciliatio, læsio, optatio, atque exsecratio. His fere luminibus illustrant orationem sententiæ : orationis autem ipsius, tanquam armorum, est vel ad usum comminatio et quasi petitio, vel ad venustatem ipsa tractatio : nam et geminatio verborum habet interdum vim, leporem alias : et paululum immutatum verbum atque deflexum : et ejusdem verbi crebra tum a primo repetitio, tum in extremum conversio, et in eadem verba impetus, et concursio, et adjunctio, et progressio : et ejusdem verbi crebrius positi quædam distinctio, et revocatio verbi : et illa, quæ similiter desinunt, aut quæ cadunt similiter, aut quæ paribus paria referuntur, aut quæ sunt inter se similia. Est etiam gradatio quædam, et conversio, et verborum concinna transgressio, et contrarium, et dissolutum, et declinatio, et reprehensio, et exclamatio, et imminutio : et quod in multis casibus ponitur, et quod de singulis rebus propositis ductum refertur ad singula, et ad propositum subjecta ratio, et item in distributis supposita ratio : et permissio, et rursus alia dubitatio, et improvisum quiddam : et dinumeratio, et alia correctio, et dissipatio, et continuatum, et interruptum, et imago, et sibi ipsi responsio, et immutatio, et disjunctio, et ordo, et relatio, et digressio, et circumscriptio. Hæc enim sunt fere, atque horum similia, vel plura etiam esse possunt, quæ sententiis orationem verborumque conformationibus illuminent. Eadem sunt in Oratore plurima, non omnia tamen, et

des figures qu'énumère ici Cicéron se trouvent répétées dans son traité intitulé *l'Orateur*; non pas toutes néanmoins, mais il les présente d'une manière plus distincte, parce que, après avoir parlé des figures de mots et de pensées, il ajoute un troisième article concernant les autres beautés du style, comme il le dit lui-même. *Les figures qui naissent de la combinaison des mots servent aussi à embellir le discours. On peut les comparer à ces décorations qui ornent le théâtre ou la place publique les jours de fêtes; elles ne sont pas les seuls ornements du spectacle, mais elles brillent entre toutes les autres. Les figures de mots font le même effet dans le discours, et l'attention devient naturellement plus vive lorsque les termes sont répétés et redoublés à propos, soit avec un léger changement, soit au commencement ou à la fin de la phrase, ou dans ces deux endroits, ou au milieu, soit avec un sens différent, à la fin, de celui qu'ils avaient au commencement; lorsque plusieurs membres de phrase ont la même chute ou la même désinence, ou que l'orateur oppose les contraires, procède par gradation, supprime les particules conjonctives, s'impose silence à lui-même, se reprend comme d'une erreur; exprime, par des exclamations, l'admiration ou la plainte; change plusieurs fois le cas d'un même nom, etc. Mais les figures de pensées ont un tout autre éclat; et comme Démosthène en fait un fréquent usage, quelques-uns croient que c'est une des plus grandes beautés de son éloquence. En effet, il a peu d'endroits qui ne soient relevés par quelqu'une de ces figures; et même l'art de la parole n'est guère que celui de revêtir toutes ses pensées, ou du moins la plupart, d'une forme vive et brillante. Est-il besoin, Brutus, pour un lecteur tel que vous, de nommer les figures de pensées, ou d'en citer des exemples? Il suffit de les indiquer. Je crois donc voir cet orateur que nous cherchons présenter une seule et même chose sous différents aspects, et amplifier une même pensée pour y fixer l'attention; atténuer certains objets; railler avec art; s'écarter du sujet par une digression; annoncer ce qu'il va dire; conclure après chaque point; revenir sur ses pas, et reprendre en peu de mots ce qu'il a dit; donner une nouvelle force à ses preuves en les résumant; presser l'adversaire par de vives interrogations; se répondre à lui-même, comme s'il était interrogé; dire une chose et en faire entendre une autre; paraître incertain sur le choix de ses pensées et de ses paroles; établir des divisions; omettre et négliger certaines choses; prévenir les esprits en sa faveur; rejeter les fautes qu'on lui impute sur son adversaire; entrer comme en délibération avec les juges, et même avec sa partie; décrire les mœurs des personnes, et raconter leurs entretiens; faire parler les choses inanimées; détourner les esprits de la question; exciter souvent la gaieté et le rire; aller au-devant des objections; offrir des comparaisons et des exemples; distribuer une idée en plusieurs points qu'il parcourt successivement; arrêter l'adversaire qui veut l'interrompre; déclarer qu'il ne dit pas tout; avertir les juges d'être sur leurs gardes; parler avec une noble har-*

« paulo magis distincta : quia post orationis et sententiarum figuras tertium quemdam subjecit locum, ad alias, ut ipse ait, quasi virtutes dicendi pertinentem. « Et reliqua, ex collocatione verborum quæ sumuntur quasi lumina, magnum afferunt ornatum orationi : sunt enim similia illis, quæ in amplo ornatu scenæ, aut fori appellantur *insignia*, non quod sola ornent, sed quod excellant. Eadem ratio est horum, quæ sunt *orationis lumina*, et quodam modo *insignia* : quum aut duplicantur iteranturque verba, aut breviter commutata ponuntur; aut ab eodem verbo ducitur sæpius oratio, aut in idem conjicitur, aut utrumque; aut adjungitur idem iteratum, aut idem ad extremum refertur; aut continenter unum verbum non in eadem sententia ponitur; aut quum similiter vel cadunt verba, vel desinunt; aut multis modis contrariis relata contraria; aut quum gradatim sursum versus reditur; aut quum demptis conjunctionibus dissolute plura dicuntur; aut quum aliquid prætereuntes, cur id faciamus, ostendimus; aut quum corrigimus nosmet ipsos, quasi reprehendentes; aut si est aliqua exclamatio vel admirationis, vel conquestionis; aut quum ejusdem nominis casus sæpius commutantur. Sententiarum ornamenta majora sunt : quibus quia frequentissime Demosthenes utitur, sunt qui putent, idcirco ejus eloquentiam maxime esse laudabilem : enimvero nullus fere ab eo locus sine quadam conformatione sententiæ dicitur ; nec aliud quidquam est dicere, nisi omnes, aut certe plerasque aliqua specie illuminare sententias. Quas quum tu optime, Brute, teneas, quid attinet nominibus uti, aut exemplis? tantummodo notetur locus : sic igitur dicet ille, quem expetimus, ut verset sæpe multis modis eamdem et unam rem, et hæreat in eadem commoreturque sententia. Sæpe etiam ut extenuet aliquid; sæpe ut irrideat; ut declinet a proposito, deflectatque sententiam; ut proponat, quid dicturus sit ; ut, quum transegerit jam aliquid, definiat; ut se ipse revocet; ut, quod dixit, iteret; ut argumentum ratione concludat; ut interrogando urgeat; ut rursus quasi ad interrogata sibi ipse respondeat; ut contra ac dicat, accipi et sentiri velit; ut addubitet, quid potius, aut quo modo dicat; ut dividat in partes; ut aliquid relinquat, ac negligat; ut ante præmuniat; ut in eo ipso, in quo reprehendatur, culpam in adversarium conferat; ut sæpe cum iis, qui audiunt, nonnunquam etiam cum adversario quasi deliberet; ut hominum mores sermonesque describat; ut muta quædam loquentia inducat; ut ab eo, quod agitur, avertat animos; ut sæpe in hilaritatem, risumve convertat; ut ante occupet, quod videat opponi; ut comparet similitudines; ut utatur exemplis : ut aliud alii tribuens dispertiat; ut interpellatorem coerceat; ut aliquid reticere se dicat; ut denunciet, quid caveat; ut liberius quid audeat; ut

diesse; s'abandonner quelquefois à la colère, aux reproches; prier, supplier; guérir les blessures; se détourner un peu de son but; faire des vœux, des imprécations; s'entretenir familièrement avec ceux qui l'écoutent. Il n'oublie point non plus les autres perfections du discours; il est vif et serré, s'il le faut; il peint à l'imagination; il exagère; il laisse plus à entendre qu'il ne dit; il s'égaye; il trace des portraits et des caractères. Voilà le vaste champ ouvert à l'éloquence, qui tire souvent des figures de pensées sa grandeur et son éclat.

CH. II. Quiconque voudra donc prendre ce qu'on appelle *figure* dans une signification un peu étendue, il a qui suivre; et je n'oserais pas affirmer qu'on pût dire quelque chose de mieux. Cependant je prie qu'on lise cette citation au point de vue de ma doctrine; car, pour moi, je me propose de traiter seulement des figures de pensées qui s'éloignent de la manière commune de s'exprimer, et je vois que beaucoup d'hommes très-doctes ont restreint leurs préceptes à cette espèce de figures. Du reste, ces beautés d'une autre espèce, qu'énumère Cicéron, sont des qualités tellement inhérentes au style, que l'on ne saurait se faire une idée d'un discours où elles ne se trouveraient pas. Car comment peut-on instruire le juge sans le mettre au courant du fait, sans émettre sa proposition, sans promettre ses preuves, sans définir ce qui est controversé, sans séparer les points de la discussion, sans exposer son sentiment, sans conclure, sans prémunir l'esprit du juge contre certaines objections, sans recourir à des similitudes et à des exemples, sans plan, sans distribution, sans interrompre l'adversaire ou s'opposer à ce qu'il interrompe, sans discuter, sans se justifier, sans blesser même la partie adverse? Que deviendrait l'éloquence sans l'amplification et l'exténuation? l'amplification, qui donne à entendre plus qu'on ne dit, qui va au delà de la réalité; l'exténuation, qui consiste à adoucir, à pallier. Où seront les mouvements pathétiques, sans la hardiesse, l'indignation, les reproches, les vœux, les imprécations? Où seront les sentiments doux et modérés, si l'on ne sait ni s'accréditer auprès du juge, ni se le concilier, ni le dérider au besoin? Enfin, comment peut-on espérer de plaire, ou au moins donner une idée même médiocre de sa capacité, si, pour mieux faire entendre les choses, on ne sait pas les répéter ou s'y arrêter avec insistance; si l'on ignore l'art de faire une digression et de rentrer dans le sujet; si l'on ne sait aussi éloigner de soi l'odieux d'une cause pour le rejeter sur autrui, ni enfin juger ce qu'il faut abandonner, ce qu'il faut mépriser. Voilà ce qui donne du mouvement et de l'action à un plaidoyer : ôtez cela, ce n'est plus qu'un corps sans âme. Mais il ne suffit pas encore que toutes ces qualités s'y trouvent, il faut qu'elles soient disposées et variées de telle sorte qu'elles charment l'oreille, comme les sons d'un instrument qui est parfaitement d'accord. Or, le plus souvent tout cela est rendu d'une manière directe, sans déguisement, sans artifice. Quelquefois aussi cela, comme je l'ai dit, est *figuré*; et un exemple, que je n'irai pas chercher fort loin, fera comprendre ce que j'entends ici par *figure*. Quoi de plus commun que d'*interroger* ou de *questionner*? Car nous nous servons indifféremment de ces deux termes, bien que l'un semble marquer un

« irascatur etiam ; ut objurget aliquando; ut deprecetur;
« ut supplicet; ut medeatur; ut a proposito declinet ali-
« quantulum; ut optet; ut exsecretur; ut fiat iis, apud
« quos dicet, familiaris : atque alias etiam dicendi quasi
« virtutes sequatur; brevitatem, si res petet : sæpe etiam
« rem dicendo subjiciet oculis, sæpe supra feret, quam
« fieri possit; significatio sæpe erit major, quam oratio;
« sæpe hilaritas, sæpe vitæ naturarumque imitatio : hoc
« in genere (nam quasi silvam vides) omnis eluceat opor-
« tet eloquentiæ magnitudo. »
CAP. II. Ergo cui latius complecti conformationes verborum ac sententiarum placuerit, habet, quod sequatur; nec affirmare ausim, quidquam esse melius; sed hæc ad propositi mei rationem legat : nam mihi de his sententiarum figuris dicere in animo est, quæ ab illo simplici modo indicandi recedunt : quod idem multis doctissimis viris video placuisse. Omnia tamen illa, etiam quæ sunt alterius modi lumina, adeo sunt virtutes orationis, ut sine iis nulla intelligi fere possit oratio : nam quomodo judex doceri potest, si desit illustris *explanatio*, *propositio*, *promissio*, *finitio*, *sejunctio*, *expositio sententiæ suæ*, *rationis apta conclusio*, *præmunitio*, *similitudo*, *exemplum*, *digestio*, *distributio*, *interpellatio*, *interpellantis coercitio*, *contentio*, *purgatio*, *læsio*? Quid vero agit omnino eloquentia, detractis amplificandi minuendique rationibus? quarum prior desiderat illam *plus quam dixeris significationem*, id est, ἔμφασιν, et *superlationem veritatis*, et *trajectionem*: hæc altera *extenuationem*, *deprecationemque*: qui affectus erunt vel concitati detracta *voce libera*, *effrenatiore iracundia*, *objurgatione*, *optatione*, *exsecratione*? vel illi mitiores, nisi adjuvantur *commendatione*, *conciliatione*, *ad hilaritatem impulsione*? Quæ delectatio, aut quod mediocriter saltem docti hominis indicium, nisi alia *repetitione*, alia *commoratione* infigere; *digredi* a re, et *redire ad propositum* suum scierit, *removere a se*, *in alium trajicere*; quæ relinquenda, quæ contemnenda sint, judicare? Motus est in his orationis atque actus; quibus detractis jacet, et velut agitante corpus spiritu caret. Quæ quum adesse debent, tum disponenda atque varianda sunt, ut auditorem, quod in fidibus fieri videmus, omni sono mulceant: verum ea plerumque recta sunt, nec se fingunt, et confitentur: admittunt autem, ut dixi, *figuras*; quod vel ex proxima doceri potest. Quid enim tam commune, quam *interrogare*, vel *percunctari*? nam utroque utimur indifferenter, quamquam alterum noscendi, alterum arguendi gratia videtur adhiberi : at ea res, utrocumque dicitur modo, etiam multiplex habet schema. Incipiamus enim ab iis, quibus acrior

simple désir de connaître, et l'autre le dessein de presser celui à qui l'on parle. Quoi qu'il en soit, la chose en elle-même, quel que soit le nom qu'on lui donne, peut être figurée diversement.

Commençons donc par les figures qui rendent la preuve plus vive et plus véhémente, car j'ai donné le premier rang à la preuve. L'interrogation simple est celle-ci : *Mais vous, qui êtes-vous? d'où venez-vous?* Elle est figurée, toutes les fois qu'on se propose, non de s'informer purement et simplement d'une chose, mais de presser celui qu'on interroge : *Dites-nous, Tubéron, que faisait votre épée dans les champs de Pharsale?* et, *Jusques à quand, Catilina, abuseras-tu de notre patience?... Ne sens-tu pas que tes complots sont découverts?* etc. Combien cette forme est plus vive que s'il eût dit : *Il y a longtemps que tu abuses de notre patience; tes complots sont découverts.* On interroge aussi sur une chose qui ne peut être niée : *Est-il vrai que C. Fidiculanius Falcula ait été accusé juridiquement?* ou dont il n'est pas facile de rendre raison ; et alors nous recourons d'ordinaire à ces façons de parler : *Est-il possible? Comment se peut-il?* Quelquefois nous interrogeons, pour rendre odieux celui à qui nous adressons la parole, comme Médée, dans Sénèque : *Dans quelle contrée m'ordonnez-vous donc d'aller?* ou pour exciter la compassion, comme Sinon, dans Virgile :

..... O désespoir!
Quelles mers, quels pays voudront me recevoir?
(DELILLE.)

ou pour insister, et ôter à la partie adverse tout moyen de dissimuler, comme a fait Asinius dans un de ses plaidoyers : *Entendez-vous? ce n'est pas, dis-je, le testament d'un homme qui ait manqué à ses devoirs, que j'attaque; c'est celui d'un fou, d'un furieux.* La forme interrogative, comme on le voit, est infiniment variée : elle marque tantôt l'indignation :

Qui voudra désormais encenser nos autels?   (DEL.)

Tantôt l'étonnement :

Que ne peut sur les cœurs l'ardente soif de l'or?
(DELILLE.)

Tantôt elle sert à rendre le commandement plus absolu :

Il fuit! et mes sujets ne s'arment point encore?
Ils ne poursuivent pas un traître que j'abhorre?
(DELILLE.)

Quelquefois nous nous interrogeons nous-mêmes, comme dans Térence : *Que faire?* etc. La réponse n'est pas non plus sans figure, lorsqu'elle est faite indirectement ; et cela à dessein, soit pour aggraver l'accusation, comme cette réponse d'un témoin interrogé s'il était vrai que l'accusé lui eût donné des coups de bâton : *Et pourtant je ne l'avais point offensé*; soit pour éluder une accusation, ce qui est encore plus fréquent; par exemple : *Est-il vrai que vous avez tué cet homme? DITES CE BRIGAND ; que vous avez envahi ce bien? DITES MON BIEN.* Quelquefois la justification précède l'aveu, comme chez ces deux bergers dans les Bucoliques de Virgile. L'un dit :

T'ai-je pas vu, dis-moi, détourner méchamment
Un chevreau par Damon réclamé vainement?

L'autre réplique :

Un prix si bien gagné, sans crime se peut prendre.

Ce genre de réponse a beaucoup d'affinité avec la *dissimulation*, qui n'a d'autre but que de faire rire, et dont par conséquent il a été parlé en son lieu ; car si ces réponses se faisaient

---

ac vehementior fit probatio, quod primo loco posuimus.
Simplex est sic rogare,
  Sed vos qui tandem? quibus aut venistis ab oris?
Figuratum autem, quoties non sciscitandi gratia assumitur, sed instandi : *Quid enim tuus ille, Tubero, destrictus in acie pharsalica gladius agebat?* et, *Quousque tandem abutere, Catilina, patientia nostra?* et, *Patere tua consilia non sentis?* et totus denique hic locus. Quanto enim magis ardet, quam si diceretur, *Diu abuteris patientia nostra* : et, *Patent tua consilia.* Interrogamus etiam, quod negari non possit : *Dixitne tandem causam C. Fidiculanius Falcula?* aut ubi respondendi difficilis est ratio, ut vulgo uti solemus, *Quo modo? qui fieri potest?* aut invidiæ gratia, ut Medea apud Senecam, *Quas peti terras jubes?* aut miserationis, ut Sinon apud Virgilium,
  Heu! quæ me tellus, inquit, quæ me æquora possunt
  Accipere?
aut instandi, et auferendæ dissimulationis, ut Asinius, *Audisne? furiosum, inquam, non inofficiosum testamentum reprehendimus.* Totum hoc plenum est varietatis; nam et indignationi convenit,

.... Et quisquam numen Junonis adoret?

Et admirationi : *Quid non mortalia pectora cogis, Auri sacra fames?....* Est interim acrius imperandi genus, *Non arma expedient, totaque ex urbe sequentur?* Et ipsi nosmet rogamus : quale est illud Terentianum, *Quid igitur faciam?* Est aliqua etiam in respondendo figura, quum aliud interroganti, et aliud, quia sic utilius sit, occurritur ; tum augendi criminis gratia, ut testis in reum rogatus, *An ab reo fustibus vapulasset? Et innocens,* inquit ; tum declinandi, quod est frequentissimum : *Quæro, an occideris hominem?* respondetur, *Latronem : An fundum occupaveris?* respondetur, *Meum.* Ut confessionem præcedat defensio, ut apud Virgilium in Bucolicis dicenti,

  Non ego te vidi Damœta, pessime, caprum
  Excipere insidiis?....

occurritur, *An mihi cantando victus non redderet ille?* Cui est confinis *dissimulatio*, non alibi quam in risu posita, ideoque tractata suo loco : nam serio si fiat, pro confessione est : cæterum *et interrogandi se ipsum, et respondendi sibi*, solent esse non ingratæ vices, ut Cicero

21.

sérieusement, ce seraient des aveux. Le dialogue que l'on fait avec soi-même n'est pas non plus sans grâce. Cicéron nous en fournit un exemple dans son oraison pour Ligarius : *Devant qui est-ce que je parle ainsi? Devant celui qui, ayant une pleine connaissance de ce que je viens de dire, n'a pas laissé de me rendre à la république, avant même que de m'avoir vu.* Il feint aussi une autre sorte d'interrogation dans l'oraison pour Célius : *On me dira : Est-ce là votre morale? est-ce ainsi que vous enseignez la jeunesse?* etc. A quoi il répond : *Pour moi, je crois que si un homme a eu un tel courage, un tel caractère, une telle force d'âme,* etc. Différemment encore on interroge une personne, et on répond pour elle immédiatement : *Direz-vous que vous n'aviez pas de maison? mais vous en aviez une ; que vous étiez en argent comptant? mais vous étiez dans le dénûment.* C'est ce que quelques rhéteurs appellent une *suggestion*. On interroge aussi par comparaison : *Qui des deux motiverait plus aisément son avis?* et enfin de mainte autre manière, tantôt plus brièvement, tantôt avec plus d'étendue, soit sur une seule chose, soit sur plusieurs. Mais passons aux autres figures.

La *présomption*, πρόληψις, est d'un secours merveilleux dans les plaidoyers. C'est une figure par le moyen de laquelle nous allons au-devant d'une objection. Elle est d'usage dans toutes les parties du discours, mais elle convient principalement à l'exorde; et quoiqu'il n'y en ait qu'un seul genre, elle se subdivise cependant en plusieurs espèces différentes. Tantôt c'est une *prémunition*, comme dans l'oraison de Cicéron contre Q. Cécilius, où cet orateur prévient la surprise où l'on aurait pu être *de ce qu'il descendait au rôle d'accusateur, lui qui jusque-là n'avait accepté que celui de la défense*. Tantôt c'est une manière de *confession*, comme dans l'oraison pour Rabirius Postumus, où le même Cicéron avoue qu'à ses yeux mêmes Rabirius est blâmable *d'avoir prêté de l'argent au roi Ptolémée*. Tantôt c'est une *prédiction* : *Car je le dirai, non pour aggraver l'accusation,* etc. Tantôt, une *correction* : *Pardonnez-moi si j'ai repris l'affaire d'un peu haut.* Le plus souvent, c'est une *préparation*, laquelle consiste à rendre compte avec quelques détails des motifs de ce que nous voulons faire ou de ce que nous avons fait. La force et la propriété d'un mot se confirment quelquefois par la *présomption : Quoique ce fût moins une peine proprement dite qu'une prohibition de crime;* ou par *l'amendement* : *Citoyens, citoyens, dis-je, si toutefois il m'est permis de les appeler de ce nom.* La *dubitation* donne aussi un certain air de bonne foi à l'orateur, quand il feint de ne savoir par où commencer ni par où finir, ni ce qu'il doit dire ni ce qu'il doit taire. Les exemples abondent, mais un seul me suffira : *Pour moi, je ne sais de quel côté me tourner. Nierai-je que les juges aient eu l'infamie de se laisser corrompre?* etc. Et cette figure embrasse le passé même; car on peut feindre aussi d'avoir été en doute. La *communication* n'est pas fort différente. Par cette figure, nous consultons notre adversaire lui-même, comme Domitius Afer, plaidant pour Cloantilla : *Dans son trouble, elle ne sait ni ce qui est permis à son sexe, ni ce qui convient à une épouse. Peut-être que le hasard vous a rassemblés ici pour la tirer de peine. Vous, son frère, et vous, les amis de son père, que lui conseillez-vous?* ou nous faisons semblant de délibérer avec les juges, ce qui est le plus ordinaire : *Qu'en pensez-vous? Je vous le demande*

---

pro Ligario, *Apud quem igitur hoc dico? nempe apud eum, qui, quum hoc sciret, tamen me antequam vidit, reipublicæ reddidit.* Aliter pro Cœlio ficta interrogatione: *Dicet aliquis, hæc igitur est tua disciplina? sic tu instituis adolescentes;* et totus locus. Deinde, *Ego, si quis, judices, hoc robore animi, atque hac indole virtutis ac continentiæ fuit,* et cætera : cui diversum est, quum alium rogaveris, non expectare responsum, et statim subjicere : *Domus tibi deerat? at habebas. Pecunia superabat; at egebas.* Quod schema quidam per *suggestionem* vocant. Fit et comparatione : *Uter igitur facilius suæ sententiæ rationem reddet?* et aliis modis tum brevius, tum latius, tum de una re, tum de pluribus : mire vero in causis valet *præsumptio*, quæ πρόληψις dicitur, quum id, quod objici potest, occupamus : id namque in aliis partibus parum est, et præcipue proœmio convenit. Sed quamquam generis unius, diversas tamen species habet: est enim quædam *præmunitio*, qualis Ciceronis contra Qu. Cæcilium, *Quod ad accusandum descendat, qui semper defenderit :* quædam *confessio*, ut pro Rabirio Postumo, quem sua quoque sententia reprehendendum fatetur, *quod pecuniam regi crediderit :* quædam *prædictio*, ut, *Dicam enim non augendi criminis gratia :* quædam *emendatio*, ut, *Rogo ignoscatis mihi, si longius sum evectus :* frequentissima *præparatio*, quum pluribus verbis, vel quæ facturi quid simus, vel quare fecerimus, dici solet. Verborum quoque vis ac proprietas confirmatur vel *præsumptione*, *Quamquam illa non pœna, sed prohibitio sceleris fuit :* aut *reprehensione*, *Cives, cives, inquam, si hoc eos nomine appellari fas est.* Affert aliquam fidem veritati et *dubitatio*, quum simulamus quærere nos, unde incipiendum, ubi desinendum, quid potissimum dicendum, an omnino dicendum sit? cujusmodi exemplis plena sunt omnia ; sed unum interim sufficit, *Equidem, quod ad me attinet, quo me vertam, nescio. Negem fuisse infamiam judicii corrupti,* etc. Hoc etiam in præteritum valet; nam et dubitasse nos fingimus : a quo schemate non procul abest illa, quæ dicitur *communicatio*, quum aut ipsos adversarios consulimus, ut Domitius Afer pro Cloantilla, *Nescit trepida, quid liceat feminæ, quid conjugem deceat : forte vos in illa sollicitudine obvios casus miseræ mulieri obtulit : tu, frater, vos, paterni amici, quod consilium datis?* Aut cum judicibus quasi deliberamus, quod est frequentissi-

à vous-mêmes, que fallait-il faire? ou bien, comme Caton : *Dites-moi, je vous prie, si vous aviez été à sa place, quelle autre conduite eussiez-vous tenue?* Et ailleurs : *Songez qu'il s'agit de l'intérêt commun, et que vous êtes préposés à cette affaire.* Mais quelquefois nous joignons à la communication quelque chose d'inattendu, et cela même est une figure. Par exemple, Cicéron, plaidant contre Verrès, s'écrie : *Que pensez-vous après cela qu'ait fait cet homme? peut-être quelque vol, quelque rapine?* Il les laisse ainsi longtemps incertains ; puis il ajoute un crime incomparablement plus atroce. C'est ce que Celsus appelle une *sustentation*. Or, il y en a de deux sortes ; car souvent, au contraire, après avoir fait attendre des choses très-graves, nous désappointons l'attention par le récit d'une chose peu importante, ou qui n'a rien de criminel ; et comme cela se fait seulement par le moyen de la communication, il a plu à quelques-uns d'appeler cette surprise παράδοξον. Mais alors je n'y vois nulle figure, pas même quand nous parlons d'une chose qui, selon nous, est arrivée contre notre attente, comme dans cet exemple de Pollion : *Je n'aurais jamais cru, juges, que, Scaurus étant accusé, je me trouverais obligé de demander que le crédit n'eût aucune influence sur votre jugement.* Le principe de ce qu'on appelle la *permission* est à peu près le même que celui de la communication. Elle consiste à laisser les juges, et quelquefois même les adversaires, maîtres de croire ce qu'ils voudront. En voici un exemple dans ces paroles de Calvus à Vatinius : *Frottez-vous le front, et dites que vous étiez plus digne de la préture que Caton.* Quant aux figures qui sont propres à produire de grands mouvements, elles consistent principalement dans la feinte ; car nous y feignons d'être en colère, ou d'avoir de la joie, de la crainte, de l'admiration, de la douleur, de l'indignation, ou d'autres sentiments pareils. De là ces traits : *Enfin me voilà délivré ; je respire ; cela va bien. — Quelle est ma folie! O temps! ô mœurs! — O malheureux que je suis! Car lors même que mes larmes sont taries, la douleur déchire encore mon cœur. —O terre, entr'ouvre-toi!* Quelques rhéteurs néanmoins nomment ce dernier trait une *exclamation*, et le rangent parmi les figures de mots.

Toutes les fois que ces expressions sont dictées par un sentiment vrai, on ne peut pas dire qu'elles soient figurées au sens que nous l'entendons ici. Mais, étant l'effet de la feinte et de l'art, il est hors de doute qu'on les peut regarder alors comme des figures. J'en dis autant de cette liberté de langage que Cornificius appelle *licence*, et les Grecs παῤῥησία. Car qu'y a-t-il de moins figuré que la franchise? Mais souvent une flatterie délicate est cachée sous ces apparences. Car, par exemple, lorsque Cicéron, plaidant pour Ligarius, dit : *La guerre étant entreprise, César, et déjà presque achevée, sans que personne m'y obligeât, et de mon propre mouvement, je partis pour aller prendre les armes contre vous ;* par là, non-seulement il excuse Ligarius en se montrant plus coupable que lui, mais il ne pouvait jamais mieux louer la clémence du vainqueur. Et quand il dit : *De bonne foi, Tubéron, quel autre dessein avions-nous en prenant les armes contre César, que de pouvoir nous-mêmes ce que peut aujourd'hui César?* il prend un tour admirable pour rendre la cause de l'un et de l'autre également bonne ;

---

mum, *Quid suadetis?* et, *Vos interrogo, quid tandem fieri oportuit?* ut Cato : *Cedo, si vos in eo loco essetis, quid aliud fecissetis?* et alibi, *communem rem agi putatote, ac vos huic rei præpositos esse.* Sed nonnunquam communicantes aliquid inexspectatum subjungimus, quod et per se schema est : ut in Verrem Cicero, *Quid deinde? quid censetis? furtum fortasse, aut prædam aliquam?* Deinde, quum diu suspendisset judicum animos, subjecit, quod multo esset improbius : hoc Celsus *sustentationem* vocat. Est autem duplex nam contra frequenter, quum exspectationem gravissimorum fecimus, ad aliquid, quod sit leve, aut nullo modo criminosum, descendimus ; sed, quia non tantum per communicationem fieri solet, παράδοξον alii nominarunt, id est, *inopinatum.* Illis non accedo, qui schema esse existimant, etiam si quid nobis ipsis dicamus inexspectatum accidisse : ut Pollio, *Nunquam fore credidi, judices, ut reo Scauro, ne quid in ejus judicio gratia valeret, precarer.* Pene idem fons est illius, quam *permissionem* vocant, qui communicationis : quum aliqua ipsis judicibus relinquimus æstimanda, aliqua nonnunquam adversariis quoque, ut Calvus Vatinio, *Perfrica frontem, et dic te digniorem, qui prætor fieres, quam Catonem.* Quæ vero sunt augendis affectibus accommodatæ figuræ, constant maxime simulatione : namque et irasci nos, et gaudere, et timere, et admirari, et dolere, et indignari, et optare, quæque sunt similia his, fingimus : unde sunt illa, *Liberatus sum ; respiravi ;* et, *Bene habet ;* et, *Quæ amentia est hæc? O tempora, o mores!* et, *Miserum me! consumptis enim lacrymis, infixus tamen pectori hæret dolor ;* et,

.... *Magnæ nunc hiscite terræ.*

Quod *exclamationem* quidam vocant, ponuntque inter figuras orationis : hæc quoties vera sunt, non sunt in ea forma, de qua nunc loquimur ; sed assimulata, et arte composita, procul dubio *schemata* sunt existimanda : quod idem dictum sit de oratione libera, quam Cornificius *licentiam* vocat, Græci παῤῥησίαν : quid enim minus figuratum, quam vera libertas? Sed frequenter sub hac facie latet adulatio : nam Cicero quum dicit pro Ligario, *Suscepto bello, Cæsar, gesto jam etiam ex parte magna, nulla vi coactus, consilio ac voluntate mea ad ea arma profectus sum, quæ serant sumpta contra te,* non solum ad utilitatem Ligarii respicit, sed magis laudare victoris clementiam non potest. In illa vero sententia, *Quid autem aliud egimus, Tubero, nisi ut, quod hic potest, nos possemus?* admirabiliter utriusque partis facit bonam causam ; sed hoc eum demereri cujus mala fuerat. Illa

mais en même temps il flatte, il gagne César, dont au fond la cause était mauvaise. Une figure plus hardie, et qui, selon Cicéron, demande beaucoup plus de force, c'est cette fiction qui fait intervenir les personnes, et qu'on nomme *prosopopée*. Elle est singulièrement propre à varier et animer le discours ; car, à l'aide de cette figure, tantôt nous exposons au grand jour les pensées de notre adversaire, comme s'il s'entretenait avec lui-même ; et nous ne rencontrons l'incrédulité qu'autant que nous lui prêtons des paroles invraisemblables ; tantôt, en restant fidèles à la vraisemblance, nous reproduisons, ou nos propres conversations, ou celles des autres entre eux ; tantôt enfin, pour donner plus de poids aux reproches, aux plaintes, à la louange, à la compassion, nous faisons parler des personnes en qui ces sentiments paraissent naturels. On va même encore plus loin : on fait intervenir les dieux, on évoque les morts ; on donne une voix aux villes et aux peuples. Quelques-uns néanmoins n'accordent le nom de *prosopopée* qu'aux figures où, donnant un corps animé à certains êtres moraux, nous les faisons parler. Quant à ces conversations feintes dont j'ai parlé, ils aiment mieux les appeler dialogues, διαλόγον, ce que quelques rhéteurs latins nomment *sermocinatio*. Pour moi, j'ai compris l'un et l'autre sous le même nom, suivant l'usage actuellement établi ; car on ne peut supposer un discours, qu'on ne l'attribue à quelqu'un. Mais si nous faisons parler une ville ou tout un pays, qui, à vrai dire, n'a point de voix, il y a une manière d'adoucir cette figure, et Cicéron nous en donne un exemple : *Car si la patrie, qui m'est infiniment plus chère que ma propre vie, si l'Italie entière, si toute la république pouvait parler et me dire : Cicéron, quel est ton dessein?* etc. L'exemple qui suit est plus hardi : *Écoutez, Catilina, écoutez la voix de la patrie, qui semble vous adresser ses plaintes et vous dire tout bas : Depuis plusieurs années, il ne s'est pas commis un crime dont vous n'ayez été l'auteur*, etc. Nous feignons aussi quelquefois avec succès d'avoir devant les yeux une image des choses, des personnes ou des voix, et nous faisons semblant d'être surpris que la partie adverse ou que les juges n'en soient pas frappés comme nous : *Il me semble. — Ne vous semble-t-il pas?* Mais ces fictions demandent une grande force d'éloquence ; car les choses outrées et incroyables n'ont point un effet médiocre : il faut nécessairement ou qu'elles fassent une forte impression sur les esprits, parce qu'elles vont au delà du vrai, ou qu'elles soient regardées comme des puérilités, parce qu'elles sont fausses. Au reste, de même qu'on fait parler une personne, on la fait aussi écrire. Nous en avons un exemple dans l'oraison d'Asinius pour Liburnia, où il feint cette clause de testament : *A l'égard de ma mère, qui m'a toujours uniquement aimé et que j'ai chérie de même, qui semble n'avoir vécu que pour moi, et qui m'a donné la vie deux fois en un même jour, etc., je la déshérite* : ce qui de soi est une figure, et l'est doublement lorsqu'on emploie cette fiction par opposition à un autre écrit tout contraire, comme dans cette espèce. Car on lisait de l'autre part cette autre clause : *Pour reconnaître les obligations que j'ai à P. Novanius Gallion, et en considération de l'amitié qu'il m'a témoignée, je l'institue mon héritier*. Cela devient alors une espèce de *parodie*, terme qui signifie proprement un air fait à l'imitation d'un autre air, mais que nous appliquons abusivement aux vers et à la prose. Une fiction qui est encore assez fréquente, c'est de donner un corps et une

---

adhuc audaciora, et majorum, ut Cicero existimat, laterum, fictiones personarum, quæ προσωποποιται dicuntur: mire namque quum variant orationem, tum excitant. His et adversariorum cogitationes, velut secum loquentium protrahimus : quæ tamen ita demum a fide non abhorreant, si ea locutos finxerimus, quæ cogitasse eos non sit absurdum : et nostros cum aliis sermones, et aliorum inter se credibiliter introducimus ; et *suadendo*, *objurgando*, *querendo*, *laudando*, *miserando*, personas idoneas damus. Quin deducere deos in hoc genere dicendi, et inferos excitare, concessum est ; urbes etiam populique vocem accipiunt : ac sunt quidam, qui has demum προσωποποιίας dicant, in quibus et corpora et verba fingimus ; sermones hominum assimulatos dicere διαλόγους malunt, quod Latinorum quidam dixerunt, *sermocinationem*. Ego, jam recepto more, utrumque eodem modo appellavi : nam certe sermo fingi non potest, ut non personæ sermo fingatur : sed in his, quæ natura non permittit, hoc modo mollior fit figura : *Etenim si mecum patria, quæ mihi vita mea multo est carior, si cuncta Italia, si omnis respublica sic loquatur : M. Tulli, quid agis?* Illud audacius genus : *Quæ tecum, Catilina, sic agit, et quodammodo tacita loquitur : Nullum jam aliquot annis facinus exstitit, nisi per te*. Commode etiam aut nobis aliquas ante oculos esse rerum, personarum, vocum imagines fingimus, aut eadem adversariis, aut judicibus non accidere miramur : qualia sunt, *Videtur mihi*, et, *Nonne videtur tibi?* Sed magna quædam vis eloquentiæ desideratur : falsa enim et incredibilia natura necesse est aut magis moveant, quia supra vera sunt, aut pro vanis accipiantur, quia vera non sunt. Ut dicta autem quædam, ita scripta quoque fingi solent : quod facit Asinius pro Liburnia, *Mater mea, quæ mihi tum carissima, tum dulcissima fuit, quæque mihi vixit, bisque eodem die vitam dedit*, et reliqua ; deinde, *exheres esto* : hæc quum per se figura est, tum duplicatur, quoties, sicut in hac causa, ad imitationem alterius scripturæ componitur : nam contra recitabatur testamentum, *P. Novanius Gallio, cui ego omnia meritissimo volo et debeo, pro ejus animi in me summa voluntate*, et adjectis deinceps aliis, *heres esto* : incipit esse quodammodo παρῳδή· quod nomen ductum a canticis ad aliorum simi-

figure à des choses qui n'en ont point : à la Renommée, par exemple, comme l'a fait Virgile; à la Volupté et à la Vertu, comme Prodicus dans Xénophon; à la Vie et à la Mort, dont Ennius décrit le combat dans une satire. Quelquefois on fait parler une personne sans la désigner : *Quelqu'un dira peut-être*, etc.; et quelquefois on rapporte seulement des paroles, sans les attribuer à personne :

Là campait le Dolope et le cruel Achille. (DELILLE.)

ce qui se fait par un mélange de figures, lorsque à la prosopopée on joint une figure de mot, je veux dire l'ellipse; car le poëte ne dit point qui tenait ce discours. Remarquons qu'assez souvent la prosopopée se change en une sorte de narration. De là ces récits indirects qu'on trouve dans les historiens, comme celui qui se lit dans Tite-Live au début de son premier livre : *Que les villes même, comme toutes les choses du monde, ont de faibles commencements; mais qu'avec le temps celles que leur vertu et les dieux assistent se rendent très-puissantes et acquièrent un grand nom.* L'apostrophe est encore une figure fort vive, soit que l'orateur, oubliant les juges pour un moment, interpelle tout à coup la partie adverse : *Dites-moi, Tubéron, que faisait votre épée dans les champs de Pharsale?* etc.; soit que, par manière d'invocation, il adresse la parole ou à d'illustres morts, ou à des choses inanimées : *O vous, sacrés tombeaux des Albains!* etc.; soit qu'il implore le secours des lois pour rendre encore plus odieux celui qui les a violées : *Saintes lois des Porcius et des Sempronius!* Mais, suivant l'étymologie du mot apostrophe, on peut comprendre aussi sous ce genre tout ce qui sert à détourner l'auditeur de la proposition :

Je n'ai point conjuré contre Troie, en Aulide.

Ce qui se fait de plusieurs manières et au moyen de diverses figures; car tantôt nous feignons ou de nous être attendus à autre chose, ou d'avoir appréhendé quelque chose de pire; tantôt nous supposons que le juge, étant peu instruit du fait, a pu le croire plus grave qu'il n'est. Tel est l'exorde de l'oraison pour Célius. Quant à cette figure qui, comme le dit Cicéron, met la chose sous les yeux, on a coutume de s'en servir, lorsque, au lieu d'indiquer simplement un fait, on le représente exactement comme il s'est passé, non en gros, mais en détail. C'est un article que j'ai traité dans le livre précédent, l'ayant compris sous l'*évidence* ou *illustration*, qui est, en effet, le nom que Celsus donne à cette figure. D'autres l'appellent *hypotypose*, et la définissent une image des choses si bien retracée par la parole, que l'auditeur croit plutôt la voir que l'entendre : *Respirant le crime et la fureur, il vint au barreau; ses yeux étincelaient, la cruauté était peinte sur son visage.* Non-seulement on représente les choses qui sont ou qui ont été, mais aussi celles qui seront ou qui auraient été. Cicéron nous en fournit un exemple admirable dans son oraison pour Milon, quand il dépeint ce que qu'eût fait Clodius, s'il se fût emparé de la préture. Mais ces transpositions de temps, qu'on appelle proprement *métastases* et qui ont quelquefois lieu dans l'hypotypose, étaient employées par les anciens avec certaines précautions oratoires : *Imaginez-vous voir*, etc.; ou bien : *Ce que vous n'avez pu voir par vos yeux, vous pouvez du moins vous le représenter en esprit.* Aujourd'hui nos orateurs, et encore plus nos déclamateurs, outrent leurs images : témoin Sénèque dans cette controverse, où il

Non ego cum Danais Trojanam exscindere gentem
Aulide juravi....

litudinem modulatis, abusive etiam in versificationis ac sermonum imitatione servatur. Sed formas quoque fingimus sæpe, ut *Famam* Virgilius, ut *Voluptatem ac Virtutem* (quemadmodum a Xenophonte traditur) Prodicus, ut *Mortem ac Vitam*, quas contendentes in satura tradit Ennius. Est et incertæ personæ ficta oratio : *Hic aliquis*; et, *Dicat aliquis* : est et jactus sine persona sermo, *Hic Dolopum manus, hic sævus tendebat Achilles*: quod fit mixtura figurarum, quum προσωποποιΐα accedit illa, quæ est orationis per detractionem; detractum est enim, quis diceret? Vertitur interim προσωποποιΐα in speciem narrandi : unde apud historicos reperiuntur obliquæ allocutiones : ut in T. Livii primo statim, *Urbes quoque, ut cætera, ex infimo nasci : deinde, quas sua virtus ac dii juvent, magnas opes sibi magnumque nomen facere.* Aversus quoque a judice sermo, qui dicitur ἀποστροφή, mire movet, sive adversarios invadimus, *Quid enim tuus ille, Tubero, in acie pharsalica?* sive ad invocationem aliquam convertimur, *Vos enim jam ego, Albani tumuli atque luci*; sive ad invidiosam implorationem, *O leges Porciæ legesque Semproniæ!* Sed illa quoque vocatur *aversio*, quæ a proposita quæstione abducit audientem,

quod fit et multis et variis figuris, quum aut aliud exspectasse nos, aut majus aliquid timuisse simulamus, aut plus videri posse ignorantibus : quale est proœmium pro Cœlio. Illa vero, ut ait Cicero, *sub oculos subjectio* tum fieri solet, quum res non gesta indicatur, sed, ut sit gesta, ostenditur; nec universa, sed per partes; quem locum proximo libro subjecimus *evidentiæ*; et Celsus hoc nomen isti figuræ dedit; ab aliis ὑποτύπωσις dicitur, proposita quædam forma rerum ita expressa verbis, ut cerni potius videatur, quam audiri : *Ipse, inflammatus scelere ac furore, in forum venit : ardebant oculi : toto ex ore crudelitas eminebat.* Nec solum, quæ facta sint, aut fiant, sed etiam quæ futura sint aut futura fuerint, imaginamur : mire tractat hoc Cicero pro Milone, quæ facturus fuerit Clodius, si præturam invasisset : sed hæc quidem translatio temporum, quæ proprie μετάστασις dicitur, in διατυπώσει verecundior apud priores fuit : præponebant enim talia, *Credite vos intueri* : ut Cicero, *Hæc, quæ non vidistis oculis, animis cernere potestis*. Novi vero, et præcipue declamatores, audacius, nec mehercule sine motu quodam imaginantur : ut et

feint qu'un père qui avait deux fils d'une première femme, averti par l'un d'eux, surprend l'autre en adultère avec sa belle-mère, et se venge en ôtant la vie aux deux coupables. Il fait dire à ce père : *Conduis-moi, je te suis. Prends cette main tremblante, et mène-moi où tu voudras.* Le fils, ayant conduit son père jusque dans la chambre qui servait de rendez-vous, lui dit : *Hé bien! mon père, ce que vous ne vouliez pas croire, le voyez-vous de vos propres yeux? Je ne vois rien,* répondit le père. *Je suis dans les ténèbres; un nuage épais m'environne et me dérobe la clarté du jour.* Voilà une image, mais qui a quelque chose de trop palpable; car il semble que c'est un spectacle, et non un récit. Quelques-uns donnent encore à l'hypotypose le soin de décrire les lieux d'une manière qui les représente au naturel ; et d'autres aiment mieux faire de cette description une figure particulière, qu'ils nomment *topographie*. Venons à l'ironie. Je sais des écrivains qui, pour exprimer ce terme en notre langue, l'ont rendu par celui de *dissimulation*. Pour moi, qui ne trouve pas celui-ci fort propre à bien marquer toute la force de cette figure, je m'en tiendrai au terme grec, comme pour la plupart des autres figures. L'ironie donc, considérée comme figure, ne diffère pas beaucoup, quant au genre, de l'ironie considérée comme trope; car, en l'une et en l'autre, il faut toujours entendre le contraire de ce qu'on y dit. Mais si on les examine de près, on n'aura pas de peine à voir que ce sont des espèces différentes. Premièrement, le trope se laisse pénétrer plus aisément, et, bien qu'il présente un sens et en renferme un autre, ce dernier sens est moins déguisé; car tous les accessoires sont ordinairement en dehors de la figure, comme dans ces paroles de Cicéron à Catilina : *Métellus n'ayant point voulu de vous, le parti que vous prîtes fut de vous retirer chez votre ami M. Marcellus, cet homme excellent.* Car toute l'ironie consiste dans ces mots : *cet homme excellent*. D'où il suit, en second lieu, que le trope est aussi plus court.

Dans la figure, au contraire, on feint tout à fait de penser ce qu'on ne pense pas, mais d'une manière qui est plutôt apparente que véritablement accusée : là ce sont des mots pour d'autres mots, ici c'est un sens qu'on cache sous des mots qui en expriment matériellement un autre. Quelquefois la cause entière est fondée sur cette figure; que dis-je? la vie entière d'un homme peut n'être qu'une ironie continuelle, comme parut l'être celle de Socrate. Aussi l'appelait-on *l'ironique,* parce qu'il contrefaisait l'ignorant, et faisait semblant d'admirer les autres comme des sages. En un mot, de même qu'une *métaphore* prolongée devient une *allégorie,* de même une succession d'ironies qui, prises isolément, formeraient autant de tropes, constitue la figure de l'ironie. Cette figure a cependant certains genres qui n'ont rien de commun avec ce trope : *l'antiphrase,* par exemple, qui est une figure de pensée, lorsqu'en prétendant que nous ne dirons pas une chose, nous ne laissons pas de la dire : *Je n'agirai pas avec vous dans la rigueur du droit, et je n'insisterai pas sur un point que l'on m'accorderait peut-être. — Parlerai-je de ses décrets, de ses rapines, des successions qu'il s'est fait abandonner, de celles dont il s'est emparé? — Je passe sous silence cette première injure qui regarde la débauche. — Je ne lirai pas même ces dépositions faites au sujet des* 700,000 *sesterces. — Je pourrais dire,* etc. Ces genres d'ironie peuvent passer par toutes les questions, comme on le voit dans Cicéron : *Si je traitais ce point en homme qui veut détruire une accusation, j'en dirais bien davantage.* Il y a en-

---

Seneca ista in controversia, cujus summa est, quod pater filium et novercam, inducente altero filio, in adulterio deprehensos occidit : *Duc, sequor : accipe hanc senilem manum, et quocumque vis imprime* : et post paulo, *Aspice,* inquit, *quod diu non credidisti : ego vero non video, nox oboritur, et crassa caligo.* Habet hæc figura manifestius aliquid : non enim narrari res, sed agi videtur. Locorum quoque dilucida et significans descriptio eidem virtuti assignatur a quibusdam ; alii τοπογραφίαν dicunt. Εἰρωνείαν, inveni, qui *dissimulationem* vocarent : quo nomine quia parum totius hujus figuræ vires videntur ostendi, nimirum sicut in plerisque, erimus græca appellatione contenti : igitur εἰρωνεία, quæ est *schema,* ab illa, quæ est tropus, genere ipso nihil admodum distat : in utroque enim *contrarium est, quod dicitur,* intelligendum est : species vero prudentius intuenti diversas esse facile est deprehendere. Primum, quod tropus apertior est; et, quamquam aliud dicit ac sentit, non aliud tamen simulat : nam et omnia circa fere recta sunt, ut illud in Catilinam; *A quo repudiatus, ad sodalem tuum, virum optimum M. Marcellum demigrasti :* in duobus demum verbis est ironia, ergo etiam brevior est tropus. At in figura totius voluntatis fictio est, apparens magis, quam confessa : ut illic verba sint verbis diversa, hic sensus sermonis voci, et tota interim causæ conformatio, quum etiam ipsa universa ironiam habere videatur; qualis est visa Socratis : nam ideo dictus εἴρων, agens imperitum, et admirator aliorum tamquam sapientium ; ut, quemadmodum ἀλληγορίαν facit continua μεταφορά, sic hoc schema faciat troporum ille contextus. Quædam vero genera hujus figuræ nullam cum tropis habent societatem : ut illa statim prima, quæ dicitur a negando, quam nonnulli ἀντίφρασιν vocant; *Non agam tecum jure summo ; non dicam quod forsitan obtinerem : et, Quid ego istius decreta, quid rapinas, quid hereditatum possessiones datas, quid ereptas proferam?* et, *Mitto illam primum libidinis injuriam :* et, *Ne illa quidem testimonia recito, quæ dicta sunt de sestertiorum septingentis millibus :* et, *Possum dicere.* Quibus generibus per totas interim quæstiones decurrimus, ut Cicero, *Hoc ego si sic agerem, tamquam*

core ironie, quand nous faisons semblant d'ordonner ou de permettre une chose :

Cours, à travers les mers, chercher ton Italie.
(DELILLE.)

ou lorsque nous concédons à nos adversaires une qualité que nous serions bien fâchés qu'on leur reconnût : ce qui devient encore plus amer quand c'est nous qui possédons cette qualité, et non pas eux :

Eh bien! parlez, tonnez, insultez à ma peur,
Vous, Drancès, dont nos camps admirent la valeur!
(DELILLE.)

ou bien, au contraire, lorsque nous prenons sur notre compte des reproches que nous ne méritons pas, et qui même retombent sur notre adversaire :

C'est donc moi que l'on vit, par d'indignes secours,
Dans Sparte protéger d'adultères amours.
(DELILLE.)

Cette manière de faire entendre le contraire de ce qu'on dit a lieu pour les choses comme pour les personnes. Tel est l'exorde tout entier de l'oraison pour Ligarius, et ces exclamations qui ne tendent qu'à rabaisser la chose dont on parle : *Oh! oui vraiment! Justes dieux! — Sans doute, les dieux s'inquiètent beaucoup de cela!* Et tout ce passage de l'oraison pour Oppius : *O l'admirable tendresse! ô la rare bienveillance!* A ce genre de déguisement on en peut ajouter certains autres qui sont assez semblables entre eux : par exemple, lorsqu'on fait un aveu qui ne peut porter aucun préjudice, comme celui-ci : *Vous avez, Tubéron, ce qu'il y a de plus souhaitable pour un accusateur, un accusé qui confesse tout*; lorsque l'on a l'air de passer à la partie adverse quelque chose d'inique, par suite de la confiance qu'on a dans la bonté de sa cause : *Un capitaine de vaisseau, d'une cité illustre, s'est racheté, à prix d'argent, du supplice des verges : humanité du juge;* et dans l'oraison pour Cluentius : *Que l'envie règne dans les assemblées du peuple, mais qu'elle soit bannie des tribunaux;* enfin, quand on convient, comme dans ce même plaidoyer, qu'*il y a eu corruption des juges.* Cette dernière figure ressort encore mieux, lorsque notre concession doit tourner à notre avantage; ce qui ne peut arriver que par la faute de notre adversaire. La louange est aussi quelquefois ironique. Par exemple, Cicéron dit à Verrès, au sujet d'Apollonius de Drépanum : *Si vous lui avez enlevé quelque chose, je m'en réjouis avec vous : c'est peut-être ce que vous avez fait de mieux dans votre vie.* Quelquefois encore nous exagérons une accusation qu'il nous serait facile de détruire ou de nier; et cela se voit si souvent, qu'il n'est pas besoin d'en donner des exemples. Souvent même c'est à force d'exagérer une chose que nous la rendons invraisemblable. C'est ainsi que, dans l'oraison pour Roscius, Cicéron ajoute encore par ses paroles à l'énormité du parricide. La figure que Cicéron appelle *réticence*, Celsus *obticence*, et quelques-uns *interruption*, en grec ἀποσιώπησις, manifeste tantôt la colère :

Je devrais... Mais il faut calmer les flots émus ;
(DELILLE.)

tantôt l'inquiétude et une sorte de scrupule : *Croyez-vous qu'il eût osé faire mention de cette loi dont Clodius se vante d'être l'auteur, si Milon eût été, je ne dis pas consul, mais seulement vivant?* car pour nous tous... je n'ose

---

mihi crimen esset diluendum, hæc pluribus dicerem. εἰρωνεία est et, quum similes imperantibus, vel permittentibus sumus,

I, sequere Italiam ventis...

Et, quum ea, quæ nolumus videri in adversariis esse, concedimus eis : id acrius fit, quum eadem in nobis sunt, et in adversariis non sunt :

.... Meque timoris
Argue tu, Drance, quando tot cædis acervos
Teucrorum tua dextra dedit.

Quod idem contra valet, quum aut ea, quæ a nobis absunt, aut etiam, quæ in adversarios recidunt, quasi fatemur :

Me duce Dardanius Spartam expugnavit adulter.

Nec in personis tantum, sed et in rebus versatur hæc contraria dicendi, quam quæ intelligi velis, ratio, ut totum pro Quincto Ligario prooemium, et illæ elevationes, *Videlicet, O dii boni!*

Scilicet is superis labor est.

Et ille pro Oppio locus, *O amorem mirum! o benevolentiam singularem!* Non procul absunt ab hac simulatione res inter se similes, *Confessio nihil nocitura*, qualis est, *Habes igitur, Tubero, quod est accusatori maxime optandum, confitentem reum :* et *Concessio*, quum aliquid etiam ini-

quum videmur causæ fiducia pati, *Metum virgarum navarchus nobilissimæ civitatis pretio redemit ; humanum :* et pro Cluentio de invidia, *Dominetur in concionibus, jaceat in judiciis :* tertia *Consensio*, ut pro eodem, *iudicium esse corruptum.* Hæc evidentior figura est, quum alicui rei assentimur, quæ est futura pro nobis ; verum id accidere sine adversarii vitio non potest : quædam etiam velut laudamus, ut Cicero in Verrem circa crimen Apollonii Drepanitani, *Gaudeo etiam, si quid ab eo abstulisti : et abs te nihil rectius factum esse dico.* Interim augemus crimina, quæ ex facili aut diluere possimus, aut negare', quod est frequentius, quam ut exemplum desideret : interim hoc ipso fidem detrahimus illis, quod dicit tam gravia : ut pro Roscio Cicero, quum immanitatem parricidii, quamquam per se manifestam, tamen etiam vi orationis exaggerat. Ἀποσιώπησις, quam idem Cicero *reticentiam*, Celsus *obticentiam*, nonnulli *interruptionem* appellant, et ipsa ostendit aliquid affectus, vel iræ, ut,

Quos ego.. Sed motos præstat componere fluctus :

vel sollicitudinis, et quasi religionis, *An hujus ille legis, quam Clodius a se inventam gloriatur, mentionem facere ausus esset vivo Milone, non dicam consule? de nostrum enim omnium... non audeo totum dicere :* cui

tout dire. Dans l'exorde de Démosthène pour Ctésiphon, on voit un pareil exemple de réticence. Quelquefois cette figure sert de transition : *Or Cominius... cependant pardonnez-moi*, etc. : et il y a même la *digression*, si toutefois la digression peut être comptée parmi les figures; car d'autres la regardent comme une des parties de la cause. En effet, tout le plaidoyer se résout dans l'éloge de Pompée, ce qui aurait pu se faire sans recourir à la *réticence*. Quant à ces petites digressions, comme les appelle Cicéron, elles se font de plusieurs manières; deux exemples suffiront : *Alors C. Varénus, celui-là même qui fut tué par les gens d'Ancharius (écoutez bien ceci, je vous prie)...* et, dans l'oraison pour Milon : *Il me regarda avec ces yeux qu'on lui connaissait, quand il menaçait tout le monde de tout*. Il y a aussi une autre sorte d'interruption, qui n'est pas précisément une réticence, puisqu'elle ne laisse pas le discours inachevé, mais qui cependant le coupe avant la fin naturelle : *Mais je presse trop ce jeune homme; il paraît se troubler*; ou bien : *Que vous dirai-je de plus? Vous l'avez entendu vous-mêmes.*

L'imitation des mœurs d'autrui, ἠθοποιΐα, ou, suivant d'autres, μίμησις, est une figure qui convient aux sentiments doux, car elle consiste presque uniquement à éluder; mais elle comprend également les actions et les paroles. A l'égard des actions, elle a beaucoup d'analogie avec l'*hypotypose*; à l'égard des paroles, en voici un exemple tiré de Térence : *Je ne savais où vous vouliez en venir. Elle a été amenée toute petite ici, ma mère l'a élevée comme son enfant; on l'appelait ma sœur; je veux l'emmener pour la rendre à sa famille*. Nous nous servons aussi de cette figure en racontant ce que nous avons dit et ce que nous avons fait nous-mêmes; avec cette différence que le plus souvent c'est plutôt pour affirmer que pour éluder : *Je disais qu'ils avaient pour accusateur Q. Cécilius*. Je mets au même rang certaines formes de style qui, par leur nature et leur variété, donnent de l'agrément au discours et préviennent en notre faveur, en ce qu'elles n'ont rien d'étudié, et nous rendent moins suspects au juge par leur air de simplicité : par exemple, quand nous feignons de nous repentir de ce que nous avons dit, comme dans l'oraison pour Célius : *Mais à quoi ai-je songé en introduisant un personnage si grave?* ou d'avoir dit une chose par mégarde, ou de chercher ce que nous dirons : *Que reste-t-il encore? — N'ai-je rien oublié?* ou de dire une chose par occasion, comme Cicéron : *Il me reste à vous exposer un grief de cette nature. — Ce fait m'en rappelle un autre*. Et cela même donne lieu à des transitions fort belles, quoique, par elle-même, la transition ne soit pas une figure. Cicéron, après avoir raconté que Pison, siégeant sur son tribunal, avait ordonné à un orfévre de lui fabriquer un anneau d'or, ajoute, comme si ce fait lui en rappelait un autre : *Mais l'anneau de Pison me fait souvenir d'une chose qui m'était entièrement échappée. A combien d'honnêtes gens croyez-vous que cet homme ait escroqué des anneaux d'or?* Quelquefois on affecte l'ignorance : *De qui disait-on qu'étaient ces statues? De qui? Vous faites bien de m'en avertir : c'est de Polyclète*. On arrive par là à plus d'une fin; car bien souvent on atteint un

---

simile est in proœmio pro Ctesiphonte Demosthenis : vel alio transeundi gratia, *Cominius autem... tametsi ignoscite mihi, judices :* in quo est et illa, si tamen inter schemata numerari debet, quum aliis etiam pars causæ videatur, *digressio :* abit enim causa in laudes Cn. Pompeii : idque fieri etiam sine ἀποσιωπήσει potuit. Nam brevior illa, ut ait Cicero, a re digressio plurimis fit modis : sed hæc exempli gratia sufficient : *Tum C. Varenus, is qui a familia Anchariana occisus est : hoc, quæso, judices, diligenter attendite :* et pro Milone, *Et aspexit me illis quidem oculis, quibus tum solebat, quum omnibus omnia minabatur*. Est alia non quidem reticentia, quæ sit imperfecti sermonis, sed tamen præcisa, velut ante legitimam finem, oratio : ut illud, *Nimis urgeo, commoveri videtur adolescens :* et, *Quid plura? ipsum adolescentem dicere audistis*. Imitatio morum alienorum, quæ ἠθοποιΐα, vel, ut alii maluut, μίμησις dicitur, jam inter leniores affectus numerari potest : est enim posita fere in eludendo; sed versatur et in *factis* et in *dictis :* in factis, quod est ὑποτυπώσει vicinum : in dictis, quale est apud Terentium,

At ego nesciebam, quorsum tu ires. Parvula
Hinc est abrepta, eduxit mater pro sua,
Soror dicta est : cupio abducere, ut reddam suis.

Sed nostrorum quoque dictorum factorumque similis imitatio est per *relationem*, nisi quod frequentius asseverat, quam eludit : *Dicebam habere eos actorem Q. Cæcilium :* sunt et illa jucunda, et ad commendationem, quum varietate, tum etiam ipsa natura, plurimum prosunt, quæ simplicem quamdam, et non præparatam ostendendo orationem, minus nos suspectos judici faciunt. Hinc est quasi *pænitentia dicti :* ut pro Cœlio, *Sed quid ego ita gravem personam introduxi?* et quibus utimur vulgo, *Imprudens incidi :* vel quum quærere nos, quid dicamus, fingimus, *Quid reliquum est?* et, *Num quid omisi?* et quum ibidem invenire, ut ait Cicero, *Unum etiam mihi reliquum hujusmodi crimen est :* et, *Aliud ex alio succurrit mihi*. Unde etiam venusti transitus fiunt; non, quia transitus ipse sit schema : ut Cicero, narrato Pisonis exemplo, qui annulum sibi cudi ab aurifice in tribunali suo jusserat, velut hoc in memoriam inductus adjecit, *Hic modo me commonuit Pisonis annulus, quod totum effluxerat. Quam multis istum putatis hominibus honestis de digitis annulos aureos abstulisse?* est quum aliqua velut ignoramus, *Sed earum rerum artificem, quem? quemnam? recte admones, Polycletum esse dicebant*. Quod quidem non in hoc tantum valet : quibusdam enim dum aliud agere videmur, aliud efficimus : sicut hic Cicero, con-

but, sans paraître se le proposer. C'est ce que fait ici Cicéron en affectant peu de connaissance dans les arts, afin qu'on ne lui attribue pas la fureur qu'il reproche à Verrès pour les statues et les tableaux. Ainsi, quand Démosthène jure par les mânes des citoyens tués à Marathon et à Salamine, il se propose d'affaiblir le fâcheux souvenir de la défaite de Chéronée. Un moyen de donner encore de l'agrément au discours, c'est de laisser là pour un moment certaines choses dont on a fait mention, en les confiant à la mémoire du juge; puis, d'y revenir à l'aide de quelques figures qui dissimulent l'interruption; car, par elle-même, l'itération n'est point une figure. On reprend donc ces différentes choses séparément, ou du moins on s'attache à quelques-unes en particulier. De cette façon, on varie la figure du plaidoyer; et, de même que les yeux sont captivés par la diversité, l'air de la nouveauté récrée et soutient l'esprit. Il y a aussi une sorte d'*emphase*, que l'on peut mettre au nombre des figures de pensées, lorsque les mots cachent un sens qu'ils n'expriment pas ouvertement. Ainsi Didon s'écrie dans Virgile :

...... Que n'ai-je pu, dans un chaste veuvage,
Conserver de mon cœur la rudesse sauvage!
(DELILLE.)

Quoiqu'elle se plaigne du mariage, on voit bien qu'au fond elle regarde la solitude comme le fait d'une bête sauvage, plutôt que d'un homme ou d'une femme. En voici un autre exemple tiré d'Ovide, mais dont le sens est encore plus caché. Zmyrna trahit l'amour qu'elle a pour son père, en disant à sa nourrice :

Auprès d'un tel époux que ma mère est heureuse!

C'est à ce genre que se rapporte ou ressemble la figure qui est le plus à la mode aujourd'hui; car il est temps d'y arriver et de satisfaire l'impatience du lecteur. Il s'agit de ces pensées que nous voulons qu'on devine sans le secours des mots. Je n'entends pas par là le contraire de ce qu'on dit, comme dans l'ironie, mais quelque chose de caché et d'énigmatique, que l'on abandonne à la pénétration de l'auditeur. Voilà, comme je l'ai déjà indiqué, ce que nos déclamateurs décorent presque exclusivement du nom de figure; et de là ces controverses appelées *figurées*. On s'en sert dans l'un de ces trois cas : lorsqu'il n'y a pas sûreté à s'expliquer ouvertement, ou lorsque la bienséance s'y oppose, ou à titre de beauté oratoire, et pour remédier par la nouveauté et la variété à la monotonie du langage direct. Le premier cas se présente souvent dans les écoles, où l'on feint tantôt des tyrans qui se démettent de la souveraine puissance à certaines conditions; tantôt un décret du sénat portant amnistie après des guerres civiles : et comme alors c'est un crime capital de revenir sur le passé, on imite aux écoles les précautions du barreau. Mais l'emploi de la figure n'est pas le même pour l'orateur et le déclamateur; car celui-ci peut se permettre de dire ouvertement tout ce qu'il veut contre le tyran, pourvu que ses paroles soient susceptibles d'une interprétation favorable; il s'agit seulement pour lui d'éviter l'écueil et non l'offense; et, s'il y parvient par l'ambiguïté de sa pensée, tout le monde applaudit à son adresse. Dans les causes réelles, le silence n'a point encore été jusqu'à présent une nécessité; mais l'orateur se trouve exposé à une précaution qui y ressemble, et qui est même beaucoup plus embarrassante, quand, par exemple, il ne peut gagner son procès sans bles-

---

sequitur, ne, quum morbum in signis atque tabulis objiciat Verri, ipse quoque earum rerum studiosus esse credatur : et Demosthenes jurando per interfectos in Marathone et Salamine id agit, ut minore invidia cladis apud Chæroneam acceptæ laboret. Faciunt illa quoque jucundam orationem, aliqua mentione habita *differre* et deponere apud memoriam judicis, et *reposcere* quæ deposueris, et *separare* quædam schemate aliquo (non enim est ipsa per se iteratio schema), et *excipere* aliqua, et dare actioni varios velut vultus : gaudet enim res varietate : et sicut oculi diversarum aspectu rerum magis detinentur; ita semper animis præstat, in quod se velut novum intendant. Est *emphasis* etiam inter figuras, quum ex aliquo dicto latens aliquid eruitur, ut apud Virgilium,

Non licuit thalami expertem sine crimine vitam
Degere more feræ?....

Quamquam enim de matrimonio queritur Dido, tamen huc erumpit ejus affectus, ut sine thalamis vitam non hominum putet, sed ferarum : aliud apud Ovidium genus, apud quem Zmyrna nutrici amorem patris sic confitetur,

...... O, dixit, felicem conjuge matrem!

Huic vel confinis, vel eadem est, qua nunc utimur plurimum : jam enim ad id genus, quod et frequentissimum est, et exspectari maxime credo, veniendum est : in quo per quamdam suspicionem, quod non dicimus, accipi volumus : non utique contrarium, ut in εἰρωνεία, sed aliud latens, et auditori quasi inveniendum : quod, ut supra ostendi, jam fere solum *schema* a nostris vocatur, et unde controversiæ *figuratæ* dicuntur. Ejus triplex usus est : unus, si dicere palam parum tutum est; alter, si non decet; tertius, qui venustatis modo gratia adhibetur, et ipsa novitate ac varietate magis, quam si relatio sit recta, delectat : ex his, quod est primum, frequens in scholis est : nam et pactiones deponentium imperium tyrannorum, et post civile bellum senatus consulta finguntur, et capitale est objicere anteacta : ut, quod in foro non expedit, illic nec liceat : sed schematum conditio non eadem est; quamlibet enim apertum, quod modo et aliter intelligi possit, in illos tyrannos bene dixeris, quia periculum tantum, non etiam offensa vitatur. Quod si ambiguitate sententiæ possit eludi, nemo non illi furto favet : vera negotia nunquam adhuc habuerunt hanc silentii necessitatem; sed aliam huic similem, verum multo ad agendum difficiliorem, quum personæ potentes obstant, sine quarum reprehensione teneri causa non possit. Ideoque parcius et

ser des personnages puissants. Aussi faut-il plus de mesure et de circonspection, parce qu'une offense, quelle qu'elle soit, est toujours une offense ; et si la figure se trahit, elle cesse par cela même d'être une figure. Voilà pourquoi quelques rhéteurs rejettent entièrement ce genre d'artifice, soit qu'il se fasse entendre, soit qu'il ne se fasse pas entendre. On peut néanmoins garder un certain milieu. Et d'abord il faut avant tout que la figure ne soit pas palpable; et elle ne le sera pas, si l'on évite les expressions équivoques et à double sens, comme celles-ci, par exemple, au sujet d'une bru soupçonnée d'avoir eu des liaisons avec son beau-père : *J'ai pris pour épouse une femme qui ne déplaisait pas à mon père;* ou ces rapprochements de mots dont l'ambiguïté est encore plus inconsidérée, comme dans cette controverse où un père, accusé d'avoir déshonoré sa fille, ose lui demander qui l'a séduite : *Qui vous a fait violence, ma fille? — Vous, mon père, l'ignorez-vous?* Il faut que ce soient les choses mêmes qui éveillent le soupçon du juge. Du reste, bornons-nous à employer le ressort des passions, les pauses, les hésitations. Trompé par cet artifice, qui est très-efficace, le juge cherche de lui-même ce je ne sais quoi qu'il n'aurait pas cru si on le lui eût dit; et, croyant l'avoir deviné par l'effet de sa propre pénétration, il s'y attache avec une foi invincible. Mais quelque finesse que nous mettions à ces figures, il ne faut pas les prodiguer; car elles se trahissent par leur multiplicité, et nous discréditent, sans sauver l'intention d'offenser. Notre circonspection semble alors moins un effet de la pudeur que de la défiance. En un mot, le juge ne se laisse prendre aux figures que là où il ne croit pas en voir. J'ai eu autrefois à remplir des rôles de cette nature, et j'ai plaidé, ce qui est plus rare, une cause qui ne pouvait se gagner que par cet artifice. Je défendais une femme accusée d'avoir supposé un testament de son mari. On disait que les héritiers institués par ce testament avaient remis une obligation au mari au moment où il expirait; et le fait était vrai. En effet, les lois s'opposant à ce que cette femme fût instituée héritière, on avait eu recours à cet expédient pour lui faire passer les biens au moyen d'un fidéicommis. Il était facile de la justifier relativement à la supposition de testament, en déclarant ce qui avait eu lieu ; mais alors l'héritage était perdu pour elle. Il me fallut donc plaider de telle sorte que les juges comprissent le fait sans que les dénonciateurs pussent abuser de mes paroles, et j'atteignis ce double but. Je me serais abstenu de me citer pour exemple, dans la crainte d'être taxé de vanité, si je n'eusse tenu à faire voir que les plaidoyers comportent aussi ces figures. Ajoutez qu'il y a des choses dont la preuve est difficile; et, dans ce cas, il vaut mieux les insinuer malicieusement; car alors la figure dont on se sert est comme un trait lancé dans les ténèbres, et qu'on a d'autant plus de peine à arracher qu'on ne le voit pas. Que si, au contraire, vous dites ouvertement la même chose, on vous contredit, et vous êtes forcé de prouver. Si c'est la bienséance qui nous arrête à cause du caractère de la personne, ce qui est le second cas dont j'ai parlé, la précaution est encore plus de saison ; car la pudeur est pour l'honnête homme un frein plus puissant que la crainte.

Il faut que le juge croie que nous taisons ce que nous savons, et que nous nous faisons violence pour contenir la vérité prête à nous échapper; car ceux même que nous accusons, ou les juges, ou les assistants, détesteront-ils moins notre médisance, toute figurée qu'elle est, s'ils sont persuadés qu'au fond elle est sérieuse et ré-

---

circumspectius faciendum est, quia nihil interest, quomodo offendas : et aperta figura perdit hoc ipsum, quod figura est; ideoque a quibusdam tota res repudiatur, sive intelligatur, sive non intelligatur : sed licet modum adhibere : inprimis, ne sint manifestæ : non erunt autem, si non ex verbis dubiis et quasi duplicibus petentur : ut in suspecta nuru, *Duxi uxorem, quæ patri placuit*: aut, quod est multo ineptius, compositionibus ambiguis ; ut in illa controversia, in qua infamis amore filiæ virginis pater raptam eam interrogat, a quo vitiata sit, *Quis te*, inquit, *rapuit? tu, pater, nescis?* Res ipsæ perducant judicem ad suspicionem, et amoliamur cætera, ut hoc solum supersit; in quo multum etiam affectus juvant, et interrupta silentio dictio, et cunctationes; sic enim fiet, ut judex quærat illud nescio quid ipse, quod fortasse non crederet, si audiret : et ei, quod a se inventum existimat, credat. Sed ne si optimæ quidem sint, esse debent frequentes : nam densitate ipsa figuræ aperiuntur, nec offensæ minus habent, sed auctoritatis ; nec pudor videtur, quod non palam objicias, sed diffidentia : in summa, sic maxime judex credit figuris, si nos putat nolle dicere. Equidem et in personas incidi tales, et in rem quoque, quod est magis rarum, quæ obtineri, nisi hac arte, non posset. Ream tuebar, quæ subjecisse dicebatur mariti testamentum, et dicebantur chirographum marito exspiranti heredes dedisse : et verum erat : nam, quia per leges institui uxor non poterat heres, id fuerat actum, ut ad eam bona per hoc tacitum fideicommissum pervenirent : et caput quidem tueri facile erat, si hoc diceremus palam : sed peribat hereditas : ita ergo fuit nobis agendum, ut judices illud intelligerent factum, delatores non possent apprehendere ut dictum : et contigit utrumque : quod non inseruissem, veritatis opinionem jactantiæ, nisi probare voluissem in foro quoque esse his figuris locum. Quædam etiam, quæ probare non possis, figura potius spargenda sunt : haeret enim nonnunquam telum illud occultum, et hoc ipso, quod non apparet, eximi non potest; si idem dicas palam, et defenditur, et probandum est. Quum autem obstat nobis *personæ reverentia*, quod secundum posuimus genus, tanto cautius dicendum est, quanto validius honos inhibet pudor, quam metus : hic vero tegere nos judex, quod sciamus, et verba vi quadam veritatis erumpentia credat coercere :

fléchie? Qu'importe la manière dont nous parlons, si la chose et l'intention se devinent? Que gagnons-nous enfin par nos paroles, si ce n'est de mettre en évidence que nous faisons ce que nous savons bien que nous ne devrions pas faire? Or, c'était là le défaut dominant des écoles, dans le temps que je commençais à professer la rhétorique : on prenait plaisir à traiter ces controverses, dont la difficulté faisait tout l'attrait, quoiqu'elles soient beaucoup plus faciles. En effet, le langage simple et direct a besoin, pour se faire goûter, de toutes les forces du génie; au lieu que les faux-fuyants et les circuits sont la ressource de la médiocrité. Ainsi celui qui ne sait pas bien courir échappe par un détour à celui qui le poursuit. Ajoutez à cela que ce langage figuré touche de près à la plaisanterie, et que ceux qui l'affectent comptent sur la complicité de l'auditeur, qui, charmé d'entendre à demi-mot, s'applaudit de sa pénétration, et trouve dans ce qu'un autre dit une part pour sa vanité. De là cet abus du genre figuré, non-seulement lorsque le respect dû à la personne interdisait le langage direct, auquel cas il faut plutôt user de ménagement que de figures, mais lors même que ces figures étaient inutiles, ou renfermaient une ironie criminelle. Par exemple, un père a tué secrètement son fils, qui avait eu un commerce incestueux avec sa mère; celle-ci le cite en justice pour mauvais traitements. Le père accusé lance des mots équivoques contre sa femme. Quelle indignité de la part de cet homme, d'avoir gardé une pareille femme! et, l'ayant gardée, quoi de plus contraire à ses intérêts, étant accusé parce qu'il paraît avoir soupçonné sa femme d'un grand crime, que de confirmer, par le ton de sa défense, le soupçon qu'il devrait lui-même s'attacher à détruire! Si ces déclamateurs se mettaient un instant à la place des juges, ils sentiraient combien un plaidoyer de cette sorte est insupportable, surtout lorsque ce sont des enfants mêmes qui répandent sur leurs parents d'odieuses insinuations.

Puisque nous sommes tombés sur cette matière, arrêtons-nous-y un peu en faveur des écoles; car, après tout, c'est là que l'orateur se forme, et l'avocat ne sera que ce qu'aura été le déclamateur. Parlons donc de ces controverses où ce ne sont plus des figures déplacées qu'on emploie, mais le plus souvent des figures évidemment contraires à l'esprit de la cause. *Quiconque aura affecté la tyrannie sera mis à la torture, pour faire connaître ses complices. L'accusateur pourra opter pour telle récompense qu'il lui plaira. Un fils, qui avait accusé son père, opte pour qu'il ne soit pas torturé; le père s'y oppose.* Il n'est pas de déclamateur qui, représentant le père, n'insinue par des figures que le fils craint d'être nommé parmi les complices. Quoi de plus inepte? car, si les juges devinent les insinuations du père, ou ils ne feront pas mettre le père à la torture, connaissant le but qu'il se propose, ou ils n'auront aucune foi dans ses déclarations, s'il est torturé. Mais, dira-t-on, il est à croire que tel est le dessein du père; soit : qu'il dissimule donc pour réussir. Mais, disent nos déclamateurs, *à quoi nous servira d'avoir pénétré sa pensée, si nous ne la faisons pas connaître?* La réponse est aisée. S'il s'agissait d'une cause sérieuse, trahiriez-vous un tel dessein? Qui vous assure d'ailleurs que ce soit le véritable? L'accusé ne peut-il pas avoir d'autres raisons pour s'opposer à l'option de son fils? Ne serait-ce pas par respect pour la loi, ou parce qu'il ne veut rien devoir à son accusateur? ou enfin, et c'est là sur-

---

nam quanto minus aut ipsi, in quos dicimus, aut judices, aut assistentes oderint hanc maledicendi lasciviam, si velle nos credant? Aut quid interest, quomodo dicatur, quum et res et animus intelligitur? Quid dicendo denique proficimus, nisi ut palam sit, facere nos, quod ipsi sciamus non esse faciendum? atqui præcipue prima, quibus præcipere cœperam, tempora hoc vitio laborarunt : dicebant enim libenter tales controversias, quæ difficultatis gratia placent, quum sint multo faciliores. Nam rectum genus approbari nisi maximis viribus non potest : hæc deverticula et anfractus suffugia sunt infirmitatis : ut qui cursu parum valent, flexu eludant : quum hæc, quæ affectatur, ratio sententiarum non procul a ratione jocandi abhorreat : adjuvat etiam, quod auditor gaudet intelligere, et favet ingenio suo, et alio dicente se laudat. Itaque non solum, si persona obstaret rectæ orationi (quo in genere sæpius modo quam figuris opus est), decurrebant ad schemata, sed faciebant illis locum etiam, ubi inutiles ac nefariæ essent : ut si pater, qui infamem in matrem filium secreto occidisset, reus malæ tractationis, jacularetur in uxorem obliquis sententiis. Nam quid impurius, quam retinuisse talem? quid porro tam contrarium, quam eum, qui accusetur, quia summum nefas suspicatus de uxore videatur, confirmare id ipsa defensione, quod diluendum est? at, si judicum sumerent animum, scirent, quam ejusmodi actionem laturi non fuissent : multoque etiam minus, quum in parentes abominanda crimina spargerentur. Et quatenus huc incidimus, paulo plus scholis demus : nam et in his educatur orator : et in eo, quomodo declametur, positum est etiam, quomodo agatur : dicendum ergo de iis quoque, in quibus non asperas figuras, sed palam contrarias causæ plerique fecerunt : *Tyrannidis affectatæ damnatus torqueatur, ut conscios indicet : accusator ejus optet, quod volet. Patrem qui damnavit optat, ne is torqueatur; pater ei contradicit.* Nemo se tenuit agens pro patre, quin figuras in filium faceret, tanquam illum conscium in tormentis nominaturus : quo quid stultius? nam quum hoc judices intellexerint, aut non torquebitur, quum ideo torqueri velit : aut torto non credetur. At credibile est hoc eum velle : fortasse : dissimulet ergo, ut efficiat : *Sed nobis* (declamatoribus dico) *quid proderit hoc intellexisse, nisi dixerimus?* Ergo si vere agcretur, similiter consilium illud latens prodidissemus? quid si neque utique verum est, et habere alias hic damnatus contradicendi causas potest, vel quod legem conservandam putet, vel quod nolit accusatori debere benefi-

tout à quoi je m'attacherais, ne serait-ce pas pour soutenir son innocence au milieu des tortures? Vous n'avez donc pas même, en plaidant ainsi, cette excuse ordinaire : *J'ai plaidé sa cause comme il l'a voulu;* car il n'est pas certain que celui que vous défendez l'ait voulu ; et, quand il l'eût voulu, est-ce une raison de partager sa sottise? Je tiens, pour moi, que très-souvent il ne faut pas avoir égard à la volonté du plaideur. Une erreur assez fréquente encore dans ce genre de controverse, c'est de supposer que certains personnages, tout en disant une chose, en pensent une autre, surtout quand il est question d'une personne qui demande qu'il lui soit permis de mourir, comme dans le thème suivant : *Un homme qui avait fait preuve de bravoure en mainte occasion demande son congé en vertu de la loi, parce qu'il est quinquagénaire. Son fils s'opposant à sa demande, il est forcé de se rendre à l'armée, et déserte. Le fils fait une action d'éclat, et, usant du droit de choisir telle récompense qu'il voudra, opte pour que son père ait la vie sauve : le père refuse sa grâce.* Ce n'est pas, disent nos déclamateurs, que celui-ci veuille mourir; il ne veut que rendre son fils odieux. Pour moi, je les admire de vouloir juger de la disposition de cet homme par la leur, et de ne prendre conseil que de leur propre crainte, sans considérer que nous avons mille exemples de gens qui se sont dévoués volontairement à la mort, sans considérer par combien de motifs peut y être déterminé un homme qui de brave est devenu déserteur. Mais il est inutile de chercher dans une seule controverse toutes les preuves qui tendent à faire voir combien ce langage est contraire à l'esprit de la cause. J'aime mieux dire en général que l'orateur ne doit jamais prévariquer, et que je ne vois pas de procès là où les deux parties sont d'accord. Je ne conçois pas non plus qu'un homme soit assez insensé, s'il tient à la vie, pour demander maladroitement la mort, au lieu de ne la pas demander du tout. Cependant je ne nie pas qu'il y ait des controverses figurées de ce genre. En voici une : *On était sur le point de condamner un homme accusé de parricide pour avoir tué son frère. Le père, appelé en témoignage, déclare que le meurtre avait été commis par son ordre. Le fils étant absous, le père ne laisse pas de le déshériter.* En effet, dans cette espèce, le père ne pardonne pas entièrement à son fils. D'un autre côté, il ne peut pas rétracter ouvertement son premier témoignage. Si son ressentiment ne va pas au delà de l'abdication, il ne laisse pas néanmoins de punir son fils en le déshéritant. D'ailleurs la figure, dans la personne du père, fait plus d'impression qu'il ne faut; et, dans la personne du fils, elle en fait moins. Un orateur ne dit jamais rien de contraire à ce qu'il veut, mais il peut vouloir quelque chose de mieux que ce qu'il dit. Par exemple, *ce fils déshérité qui prie son père de recevoir un autre fils exposé, que lui déshérité avait élevé, sauf à lui rembourser les frais de nourriture ;* ce fils déshérité, dis-je, aimerait peut-être mieux être rétabli dans ses droits : on ne peut pas dire cependant qu'il ne veut pas ce qu'il demande.

Il y a encore une manière d'insinuer adroitement ce que l'on veut obtenir du juge, c'est de demander justice suivant toute la rigueur des lois, en laissant néanmoins entrevoir quelque espérance d'adoucissement; mais cette espérance ne se trahit pas ouvertement, dans la crainte de paraître transiger : on la laisse deviner par un soupçon probable. Cela se voit dans plusieurs controverses figurées; en voici une espèce :

---

cium, vel, quod ego maxime sequerer, ut innocentem se in tormentis pertendat? Quare ne illud quidem semper succurret sic dicentibus, *Patrocinium hoc voluit, qui controversiam finxit :* fortasse enim noluit : sed esto, voluerit : continuone, si ille stulte cogitavit, nobis quoque stulte dicendum est? at ego in causis agendis frequenter non puto intuendum, quid litigator velit. Est et ille in hoc genere frequens error, ut putent aliud quosdam dicere, aliud velle : præcipue quum in themate est, aliquem, ut sibi mori liceat, postulare : ut in illa controversia : *Qui aliquando fortiter fecerat, et alio bello petierat, ut militia vacaret ex lege, quod quinquagenarius esset, adversante filio ire in aciem coactus, deseruit. Filius, qui fortiter eodem prælio fecerat, incolumitatem ejus optat :* contradicit pater. Non enim, inquiunt, *mori vult, sed invidiam filio facere.* Equidem rideo, quod illi sic timent, tanquam ipsi morituri, et in consilium suos metus ferunt, obliti tot exemplorum circa voluntariam mortem, causarum quoque, quas habet factus ex viro forti desertor. Sed in una controversia sequi contrarium supervacuum est : ego in universum neque oratoris puto esse unquam prævaricari, neque litem intelligo, in qua pars utraque idem velit; neque tam stultum quemquam, qui, si vivere vult, mortem potius male petat, quam omnino non petat. Non tamen nego esse controversias hujusmodi figuratas : ut est illa, *Reus parricidii, quod fratrem occidisset, damnatum iri videbatur : pater pro testimonio dixit, eum se jubente fecisse : absolutum abdicat :* nam neque in totum filio parcit, nec, quod priore judicio affirmavit, mutare palam potest, et ut non durat ultra pœnam abdicationis, ita abdicat tamen : et alioqui figura in patre plus facit, quam licet, in filio minus. Ut autem nemo contra id, quod vult, dicit, ita potest melius aliquid velle, quam dicit : quo modo ille *abdicatus, qui a patre, ut filium expositum et ab eo educatum solutis alimentis recipiat, postulat,* revocari fortasse mavult : non tamen, quod petit, non vult. Est latens et illa significatio, qua, quum jus asperius petitur a judice, fit tamen spes aliqua clementiæ, non palam, ne paciscamur, sed per quamdam credibilem suspicionem; ut in multis controversiis, sed in hac quoque : *Raptor, nisi intra trigesimum diem, et raptæ patrem et suum exo-*

Tout ravisseur qui, dans l'espace de trente jours, n'aura pas apaisé le père de la personne enlevée, et son propre père, sera puni de mort. Un ravisseur qui avait obtenu son pardon du père de la personne enlevée, ne pouvant l'obtenir de son propre père, l'accuse de démence. Dans l'espèce, si le père se laisse fléchir, il n'y a plus de procès; si, au contraire, il ne laisse aucun espoir, sans passer pour être en démence, il passera du moins pour cruel, et s'aliénera le juge. Aussi le rhéteur Latron se tira-t-il adroitement de cette fausse position, en faisant dire au fils : *Eh quoi! mon père, vous me ferez donc mourir?* et au père : *Oui, si je le puis.* Gallion père, suivant son caractère doux et modéré, mettait dans la bouche du père un langage moins dur: *Allons, ferme, mon cœur, point de faiblesse! tu fus hier plus fort.* Je rapporte à cette espèce ces figures qui sont si familières aux Grecs, et dont ils se servent pour adoucir l'idée de certaines choses. Ainsi Thémistocle voulant déterminer les Athéniens à *abandonner* leur ville, leur dit de la *déposer entre les mains des dieux*. Et cet autre, étant d'avis que, pour subvenir aux frais de la guerre, on fît fondre des statues de la Victoire, qui étaient d'or massif, corrigea ce que la proposition pouvait avoir d'odieux, en disant qu'*il fallait profiter de la victoire*. Tout ce qui s'appelle allégorie est à peu près semblable, et consiste de même à dire une chose et à en faire entendre une autre. Voyons maintenant comment on doit répondre à ces figures. Quelques rhéteurs pensent qu'il faut les dévoiler et les mettre à nu ; et, en effet, c'est ce qu'il faut faire la plupart du temps; car on ne saurait se défendre autrement, surtout lorsque ces figures ont pour objet le point même dont il est question. Mais quand ce ne sont que des traits de médisance, c'est quelquefois un témoignage de bonne conscience que de les laisser passer. Que si ces traits sont si fréquents qu'il soit impossible de faire semblant de ne pas les apercevoir, il faut alors sommer l'adversaire de s'expliquer ouvertement, s'il l'ose, ou du moins de renoncer à exiger que ce qu'il n'ose dire, les juges non-seulement le comprennent, mais même qu'ils le croient. La dissimulation est aussi quelquefois très utile. Nous en avons un exemple connu de tout le monde. Un avocat avait dit à la partie adverse : *Jurez-en par les cendres de votre patron*; la partie répondit qu'elle était prête à le faire, et le juge accepta son offre, nonobstant les clameurs de l'avocat, qui représentaient que c'était vouloir abolir entièrement l'usage des figures. Concluons donc qu'il ne faut pas recourir inconsidérément aux figures. Il y a une troisième espèce, dont on se sert uniquement pour donner plus de grâce au style. Et Cicéron pense avec raison qu'elle ne tombe jamais sur le point contesté entre les parties. Tel est ce trait qu'il emploie lui-même contre Clodius : *Comme il avait une connaissance particulière de tous nos sacrifices, il ne doutait pas qu'il ne pût aisément apaiser les dieux.* L'ironie s'y trouve jointe ordinairement ; mais le secret de l'art consiste à faire entendre une chose par une autre. Par exemple, un tyran s'était démis de la souveraine autorité, à condition que le passé serait oublié. Son compétiteur lui dit : *Il m'est défendu de parler contre vous; mais vous, parlez contre moi, vous le pouvez : il n'y a pas deux jours que j'avais formé le dessein de vous tuer.* On fait aussi un fréquent usage du serment, bien que cette espèce de figure ne doive guère être imitée. Par exemple, un avocat, plaidant pour un enfant déshérité, lui fait faire ce serment : *Puissé-je*

---

raverit, pereat : qui *exorato raptæ patre suum non exorat, agit cum eo dementiæ*. Nam si promittat hic pater, lis tollitur : si nullam spem faciat, ut non demens, crudelis certe videatur, erga se judicem avertat : Latro igitur optime, *Occides ergo? si potero* : remissius, et pro suo ingenio, pater Gallio, *Dura, anime, dura : here fortior fuisti.* Confinia sunt his celebrata apud Græcos schemata, per quæ res asperas mollius significant : nam Themistocles suasisse existimatur Atheniensibus, *ut urbem apud deos deponerent*, quia durum erat dicere, *ut relinquerent*: et, qui Victorias aureas in usum belli conflari volebat, ita declinavit, *victoriis utendum esse* : totum autem allegoriæ simile est, aliud dicere, aliud intelligi velle. Quæsitum etiam est, quomodo responderi contra figuras oporteret; et quidam, semper ex diverso aperiendas putaverunt, sicut latentia vitia rescinduntur : idque sane frequentissime faciendum est : aliter enim dilui objecta non possunt, utique quum quæstio in eo consistit, quod figuræ petunt : at quum maledicta sunt tantum, et non intelligere interim bonæ conscientiæ est. Atque etiam si fuerint crebriores figuræ, quam ut dissimulari possint, postulandum est, nescio quid illud, quod adversarii obliquis sententiis significare voluerint, si fiducia sit, objiciant palam; aut certe non exigant, ut, quod ipsi non audent dicere, id judices non modo intelligant, sed etiam credant. Utilis etiam aliquando dissimulatio est, ut in eo (nota enim fabula est), qui, quum esset contra eum dictum, *Jura per patroni tui cineres*, paratum se esse respondit ; et judex conditione usus est, clamante multum advocato schemata de rerum natura tolli : ut protinus etiam præceptum sit, ejusmodi figuris utendum temere non esse. Tertium est genus , in quo sola melius dicendi petitur occasio; Ideoque id Cicero non putat esse positum in contentione : tale est illud, quo idem utitur in Clodium, *Quibus iste, qui omnia sacrificia nosset, facile ab se deos placari posse arbitrabatur.* Ironia quoque in hoc genere materiæ frequentissima est : sed eruditissimum longe, si per aliam rem alia intelligetur : ut adversus tyrannum, qui sub pacto abolitionis dominationem deposuerat, agit competitor, *Mihi in te dicere non licet, tu in me dic, et potes : Nuper te volui occidere.* Frequens illud est, nec magnopere cap-

ainsi mourir, en laissant mon fils héritier. Or, en général, il sied peu à un homme grave de jurer, à moins qu'il n'y soit forcé ; et Sénèque dit fort bien que *c'est le fait des témoins, non des avocats*. En effet, celui-là ne mérite pas d'être cru, qui se sert du serment comme d'une beauté oratoire, à moins que ce ne soit comme Démosthène, dans la circonstance solennelle que j'ai rapportée. La plus frivole de toutes les figures est celle qui joue sur un mot, bien qu'on en trouve un exemple dans l'oraison de Cicéron pour Célius. Il dit, au sujet de Clodia : *Præsertim quam omnes amicam omnium, potius quam cujusquam inimicam putaverunt.* Je ne crois pas que la *comparaison* doive être rangée parmi les figures, attendu qu'elle est tantôt un genre de preuve, tantôt même un genre de cause. D'ailleurs la forme n'a rien de figuré, comme on en peut juger par cet exemple tiré de l'oraison pour Muréna, que j'ai déjà cité : *Vigilas tu de nocte*, etc. Peut-être est-elle plutôt une figure de mot qu'une figure de pensée ; car la seule différence qu'on puisse remarquer, c'est que ce sont seulement les parties qu'on oppose aux parties. Cependant Celsus, et un autre auteur qui connaît bien la matière, Visellius, la rangent parmi les figures de pensées. Rutilius Lupus l'attribue aux deux classes, et l'appelle *antithèse*. Le même Rutilius, qui a suivi Gorgias, non celui de Léontium, mais un autre rhéteur de son temps, dont les quatre livres lui ont servi à composer le sien, et Celsus après Rutilius, non contents de toutes ces figures de pensées, énumérées par Cicéron, en ajoutent une foule d'autres, comme la *consommation*, que Rutilius appelle διαλλαγὴ, laquelle consiste à réunir plusieurs arguments pour prouver une même chose ; le *conséquent*, ἐπακολούθησις, dont j'ai parlé à l'article des arguments ; la *collection*, συλλογισμὸς ; les *menaces*, κατάπληξις ; l'*exhortation*, παραινετικόν. Pour moi, je ne vois rien dans tout cela qui s'éloigne du langage direct, à moins qu'on n'y joigne quelqu'une des figures dont j'ai parlé. Celsus enchérit encore sur les rhéteurs que je viens de citer. Par exemple, *exclure, affirmer, refuser, animer le juge, citer des proverbes, des vers, employer la raillerie, l'invocation, rendre odieux son adversaire, aggraver l'accusation* (δείνωσις), *flatter, pardonner, avertir, donner satisfaction, prier, reprendre*, ce sont autant de figures, au jugement de ce rhéteur. Il en dit autant de la *partition*, de la *proposition*, de la *division*, et de l'*affinité de deux choses*, qui fait que des choses, qui paraissent différentes, peuvent néanmoins entraîner la même conclusion, si, par exemple, on veut faire passer pour empoisonneur non-seulement celui qui ôte la vie en donnant un breuvage, mais encore celui qui fait perdre l'esprit. Ceci fait partie de l'état oratoire appelé définition. Rutilius, ou plutôt Gorgias, prétend que c'est user de figures que de représenter vivement la nécessité d'une chose (ἀναγκαῖον), faire ressouvenir l'auditeur de ce qu'il savait déjà (ἀνάμνησις), répondre à une objection qu'on se fait à soi-même (ἀνθυποφορὰ), réfuter ce que dit l'adversaire (ἀντίρρησις), amplifier (παραύξησις). Il y ajoute ce qu'il appelle προέκθεσις, c'est-à-dire ce qu'il fallait faire, et ensuite ce qui s'est fait ; la contrariété, ἐναντιότης, qui fournit les enthymèmes appelés κατ' αἰτίασιν ; enfin la *métalepse*, dont Hermagoras fait un état particulier de question oratoire. Dans le petit nombre de figures qu'admet Visellius, il donne place à l'enthymème, qu'il appelle com-

---

tandum, quod petitur a jurejurando : ut pro exheredato, *Ita mihi contingat herede filio mori* : nam et in totum jurare, nisi ubi necesse est, gravi viro parum convenit : et est a Seneca dictum eleganter, *non patronorum hoc esse, sed testium* : nec meretur fidem, qui sententiolæ gratia jurat ; nisi si potest tam bene, quam Demosthenes, ut supra dixi. Levissimum autem longe genus ex verbo, etiamsi est apud Ciceronem in Clodiam, *Præsertim quam omnes amicam omnium, potius quam cujusquam inimicam putaverunt*. Comparationem equidem video figuram non esse, quum sit interim probationis, interim etiam causæ genus : et sit talis ejus forma, qualis est pro Murena, *Vigilas tu de nocte, ut tuis consultoribus respondeas* ; *ille, ut, quo contendit, mature cum exercitu perveniat : te gallorum, illum buccinarum cantus exsuscitat*, et cætera : nescio an orationis potius quam sententiæ sit : id enim solum mutatur, quod non universa universis, sed singula singulis opponuntur ; et Celsus tamen, et non negligens auctor Visellius in hac eam parte posuerunt ; Rutilius quidem Lupus in utroque genere, idque ἀντίθετον vocat. Præter illa vero, quæ Cicero inter lumina posuit sententiarum, multa alia et idem Rutilius, Gorgiam secutus, non illum Leontinum, sed alium sui temporis, cujus quatuor libros in unum suum transtulit ; et Celsus, videlicet Rutilio accedens, posuerunt *schemata* ; *consummationem*, quam Græcus διαλλαγὴν vocat, quum plura argumenta ad unum effectum deducuntur, *consequens*, ille ἐπακολούθησιν, de quo nos in argumentis diximus ; *collectionem*, qui apud illum est συλλογισμός· *minas*, idem κατάπληξιν ; *exhortationem*, παραινετικόν· quorum nihil non rectum est, nisi quum aliquam ex his, de quibus locuti sumus, figuram accipit. Præter hæc Celsus, *excludere, asseverare, detractare, excitare judicem, proverbiis uti, et versibus, et joco, et invidia, et invocatione, intendere crimen, quod est* δείνωσις, *adulari, ignoscere, fastidire, admonere, satisfacere, precari, corripere*, figuras putat ; *partitionem* quoque, et *propositionem*, et *divisionem*, et *rerum duarum cognationem*, quod est, ut idem valeant, quæ videntur esse diversa ; ut non is demum sit veneficus, qui vitam abstulit data potione, sed etiam qui mentem ; quod est in parte finitionis. Rutilius, sive Gorgias, ἀναγκαῖον, ἀνάμνησιν, ἀνθυποφορὰν, ἀντίρρησιν, παραύξησιν, προέκθεσιν, quod est dicere, quid fieri oportuerit, deinde quid factum sit : ἐναντιότητα, unde sint enthymemata κατ' αἰτίασιν ; μετάληψιν etiam, quo statu Hermagoras utitur.

mentum, invention de l'esprit, et à l'épichérème, qu'il nomme raison ou raisonnement. Celsus approuve en quelque sorte ce système, puisqu'il doute si ce qu'il appelle *conséquent* n'est pas l'épichérème des Grecs. Visellius ajoute encore la *sentence*. Je trouve même des auteurs qui veulent mettre au rang des figures ce qu'on appelle en grec διασκευαὶ, ἀπαγορεύσεις; ἀπαγορεύσεις, παραδιηγήσεις; mais comme ce sont plutôt des ornements que des figures, il se peut faire que quelques-unes m'aient échappé, ou que l'on en introduise de nouvelles dans la suite. Je les avouerai même volontiers pour telles, dès qu'elles seront de la nature de celles que j'ai remarquées.

CH. III. Quant aux *figures de mots*, elles ont toujours varié, et suivent le temps et l'usage : aussi, en comparant le vieux langage à celui d'aujourd'hui, on trouvera que presque toutes nos locutions actuelles sont figurées : par exemple, nous disons *huic rei invidere*, tandis que tous les anciens, et particulièrement Cicéron, disaient *hanc rem*; *incumbere illi*, au lieu de *in illum*; *plenum vino*, au lieu de *vini*; *huic*, au lieu de *hunc adulari*, etc. : trop heureux si le mal ne prend pas la place du bien! Quoi qu'il en soit, il y a deux genres de *figures de mots* : les unes sont proprement des manières de parler, les autres consistent principalement dans la composition; et quoique les unes et les autres conviennent également à l'art oratoire, on peut néanmoins appeler les premières des figures de *grammaire*, et les secondes des figures de *rhétorique*. Les premières naissent des mêmes sources que les vices d'oraison; car toute figure serait un vice, si elle échappait par mégarde et sans dessein. Mais d'ordinaire l'autorité, le temps, l'usage, souvent même quelque raison particulière, la justifie.

C'est pourquoi, bien que ces locutions s'écartent du langage simple et direct, elles deviennent des beautés, si elles s'appuient sur l'un de ces motifs. Elles sont de plus très-utiles, en ce qu'elles préviennent l'ennui qui naît de l'uniformité, et relèvent le style, qui autrement n'aurait rien que de vulgaire et de commun. Employées avec sobriété et à propos, elles servent d'assaisonnement au style, qu'elles rendent plus agréable; mais aussi, prodiguées outre mesure, elles perdent jusqu'à la grâce de la variété. Cependant, parmi ces figures, il y en a qui sont tellement usuelles qu'à peine gardent-elles le nom de figures : aussi, quelque multipliées qu'elles soient, l'oreille n'en est pas frappée, à cause de l'habitude. Pour celles qui sont moins connues, moins usitées, et par conséquent plus nobles, comme elles réveillent l'attention par leur nouveauté, aussi, trop multipliées, elles engendrent la satiété, outre que l'on voit manifestement qu'elles ne se sont pas présentées d'elles-mêmes à l'orateur, mais qu'il est allé les chercher bien loin, pour les attirer de force et les entasser dans son discours.

Ces figures ont donc lieu, tantôt dans les noms, par rapport au genre, lorsque, par exemple, avec un substantif féminin on met un adjectif masculin, comme fait quelquefois Virgile : *oculis capti talpæ*, *timidi damæ*. Cependant cette figure a sa raison en ce que les deux sexes ont la même dénomination, et que, par exemple, *talpa* ou *dama* s'entend aussi bien du mâle que de la femelle. Tantôt dans les verbes, lorsque la forme passive est substituée à la forme active, comme dans *fabricatus est gladium*, et *inimicum punitus est* : ce qui n'a rien d'extraordinaire; car combien de verbes expriment d'une manière passive ce qui est actif, et réci-

---

Visellius, quamquam paucissimas faciat figuras, ἐνθύμημα tamen, quod *commentum* vocat, et *rationem*, appellans ἐπιχείρημα, inter eas habet; quod quidem recipit quodammodo et Celsus : nam, *consequens* an epichirema sit, dubitat : Visellius adjicit et *sententiam*; invenio, qui aggregent his διασκευαὶ, ἀπαγορεύσεις, παραδιηγήσεις· sed ut hæc non sunt schemata; sic alia vel sint forsitan, ac nos fugerint, vel etiam nova fieri adhuc possint, ejusdem tamen naturæ, cujus sunt ea, de quibus dictum est.

CAP. III. Verborum vero figuræ et mutatæ sunt semper, et, utcumque valuit consuetudo, mutantur : itaque si antiquum sermonem nostro comparemus, pene jam, quidquid loquimur, figura est : ut, *hac re invidere*, non, ut omnes veteres, et Cicero præcipue, *hanc rem* : et *incumbere illi*, non *in illum* : et, *plenum vino*, non *vini* : et, *huic*, non *hunc adulari*, jam dicitur, et mille alia : utinamque non pejora vincant. Verum schemata λέξεως duorum sunt generum : alterum loquendi rationem vocant, alterum maxime collocatione exquisitum est : quorum tametsi utrumque convenit orationi, tamen possis illud *grammaticum*, hoc *rhetoricum* magis dicere : prius fit iisdem generibus, quibus vitia : esset enim orationis *schema* vitium, si non peteretur, sed accideret. Verum auctoritate, vetustate, consuetudine plerumque defenditur, sæpe etiam ratione quadam; ideoque, quum sit a simplici rectoque loquendi genere deflexa, virtus est, si habet probabile aliquid, quod sequatur. Una tamen in re maxime utilis, ut quotidiani ac semper eodem modo formati sermonis fastidium levet, et nos a vulgari dicendi genere defendat. Qua si quis parce, et quum res poscet, utetur, velut asperso quodam condimento jucundior erit : atqui nimium affectaverit, ipsam illam gratiam varietatis amittet : quamquam sunt quædam figuræ ita receptæ, ut pene jam hoc ipsum nomen effugerint; quæ etiamsi fuerint crebriores, consuetas aures minus ferient. Nam secretæ, et extra vulgarem usum positæ, ideoque magis nobiles, ut novitate excitant, ita copia satiant : nec se obvias fuisse dicenti, sed conquisitas, et ex omnibus latebris extractas congestasque declarant. Fiunt ergo et circa genus figuræ in nominibus : ut modo *oculis capti talpæ*, et *timidi damæ* dicuntur a Virgilio : sed subest ratio, quia sexus uterque altero significatur : tamque mares esse *talpas damasque* quam feminas, certum est : et in verbis, ut, *fabricatus est gladium*, et, *inimicum punitus est*. Quod mirum minus est, quod in natura verborum est, et, quæ facimus, patiendi modo sæpe dicere; ut *arbitror*, *suspicor* : et contra faciendi,

proquement, comme *arbitror, suspicor, vapulo!* Aussi emploie-t-on souvent les uns pour les autres, et même plusieurs ont-ils les deux formes avec la même signification, comme *luxuriatur, luxuriat; fluctuatur, fluctuat; assentior, assentio.* Tantôt aussi dans le nombre, soit lorsqu'à un singulier on joint un pluriel, comme ici : *gladio pugnacissima gens Romani* (*gens*, nation, étant un mot collectif) ; soit, au contraire, lorsqu'à un pluriel on joint un singulier, comme dans ce passage de Virgile :

Qui non risere parentes,
Nec deus hunc mensa, dea nec dignata cubili est;

c'est-à-dire *parmi ceux qui* n'ont pas souri à leurs parents, n'est pas *celui* qu'un dieu ou une déesse, etc. Tantôt enfin en se servant d'un infinitif comme d'un nom ; ainsi nous lisons dans la satire de Perse :

. . . . Et nostrum istud vivere triste
Aspexi. . . . . .

où par *vivere* il faut entendre *vita.* On met encore l'infinitif pour le participe :

. . . . . Magnum dat ferre talentum :

ferre au lieu de *ferendum* ; ou le participe pour l'infinitif, *volo datum.* Quelquefois aussi on ne saurait dire à quel défaut ressemble une figure, comme dans cet exemple : *Virtus est vitium fugere, fuir le vice est vertu* ; car, ou ce sont les parties de l'oraison qui sont changées, *fugere* au lieu de *fuga* ; ou ce sont les cas, *virtus* au lieu de *virtutis.* Il y a néanmoins quelque chose de plus hardi encore : c'est lorsqu'on emploie deux figures à la fois, comme ici : *Sthenelus sciens pugnæ,* au lieu de *scitus Sthenelus pugnandi* ; on met aussi un temps pour un autre : *Timarchides negat esse ei periculum a securi....* Ici le présent est substitué au futur. Il en est de même du mode : *Hoc Ithacus velit* : le subjonctif est mis ici pour l'indicatif. En un mot, il y a autant de genres de figures qu'il y a de genres de solécismes. Celle dont je viens de parler est appelée par les Grecs ἑτέρωσις, et a beaucoup d'affinité avec celle qu'ils nomment ἐξαλλαγή, dont voici un exemple tiré de Salluste : *Neque ea res falsum me habuit.* Le même auteur a dit : *duci probare.* Dans ces figures, outre la nouveauté, c'est la brièveté qu'on recherche ordinairement ; à tel point qu'on n'a pas craint de dire *non pæniturum,* pour *non acturum pænitentiam* ; *visuros,* pour *ad videndum missos.* Ces locutions, qui étaient des figures sous la plume de l'écrivain qui s'en est servi le premier, doivent-elles aujourd'hui garder le même nom ? C'est ce qui peut faire question ; car elles ont passé dans l'usage commun. L'usage devient une autorité suffisante pour les introduire dans le langage ordinaire, comme *rebus agentibus,* que Pollion blâme dans Labiénus, et *contumeliam fecit,* que Cicéron, comme on sait, condamne ; car on disait alors *affici contumelia.* Ces figures passent encore à la faveur de l'antiquité, pour laquelle Virgile était singulièrement passionné.

Vel quum se pavidum contra mea jurgia jactat :
Progeniem sed enim trojano a sanguine duci
Audierat....

Ce n'est que dans les anciens tragiques et comiques qu'on trouve ces façons de parler ; c'est de là qu'est venu notre *enimvero,* qui est resté en

---

quæ patimur, ut *vapulo :* ideoque frequens permutatio est, et pleraque utroque modo efferuntur, *luxuriatur, luxuriat; fluctuatur, fluctuat; assentior, assentio.* Est figura et in numero, vel quum singulari pluralis subjungitur, *Gladio pugnacissima gens Romani; gens* enim ex multis : vel ex diverso,

. . . . Qui non risere parentes,
Nec deus hunc mensa, dea nec dignata cubili est.

Ex illis enim, *qui* non risere, hic quem non dignata. In Satura,

. . . . .Et nostrum istud vivere triste
Aspexi. . . . .

quum infinito verbo sit usus pro appellatione : *nostram* enim *vitam* vult intelligi : utimur et verbo pro participio,

. . . . Magnum dat ferre talentum,

tanquam *ferendum :* et participio pro verbo, *Volo datum.* Interim etiam dubitari potest, cui vitio simile sit schema, ut in hoc,

Virtus est vitium fugere. . . . .

aut enim partes orationis mutat, ex illo, *Virtus est fuga vitiorum* ; aut casus, ex illo, *Virtutis est vitium fugere :* multo tamen hoc utroque excitatius : junguntur interim schemata, *Sthenelus sciens pugnæ* : est enim *scitus Sthenelus pugnandi.* Transferuntur et tempora, *Timarchides negat esse et periculum a securi* (præsens enim pro præterito positum est), et status,

Hoc Ithacus velit. . . . .

et, ne morer, per omnia genera, per quæ fit *solœcismus.* Hæc quoque est, quam ἑτέρωσιν vocant : cui non dissimilis ἐξαλλαγὴ dicitur : ut apud Sallustium, *Neque ea res falsum me habuit :* et, *Duci probare* : ex quibus fere præter novitatem brevitas etiam peti solet : unde eousque processum est, ut *non pæniturum,* pro non acturo pœnitentiam : et *visuros,* ad videndum missos idem auctor dixerit. Quæ ille quidem fecerit *schemata,* an idem vocari possint, videndum, quia recepta sint : nam receptis etiam vulgo auctore contenti sumus : ut nunc evaluit *rebus agentibus,* quod Pollio in Labieno damnat : et, *contumeliam fecit,* quod a Cicerone reprehendi notum est : *affici enim contumelia* dicebant. Alla commendatio vetustatis, cujus amator unice Virgilius fuit,

Vel quum se pavidum contra mea jurgia jactat :
Progeniem sed enim trojano a sanguine duci
Audierat. . . . . .

Quorum similia apud veteres tragicos comicosque sunt plurima ; illud et in consuetudine remansit, *Enimvero-* His amplius apud eumdem :

usage. Je trouve quelque chose de plus hardi dans le même poëte :

Nam quis te juvenum confidentissime. . . . .

car *quis* devrait être le commencement du vers; et ces vers du septième livre de l'Énéide :

Tam magis illa tremens, et tristibus effera flammis,
Quam magis effuso crudescunt sanguine pugnæ,

ne sont qu'une inversion de ces mots en prose : *Quam magis ærumna urget, tam magis ad malefaciendum viget.* Les anciens sont pleins de ces locutions. Témoin le *quid* igitur *faciam* de Térence, qui commence l'*Eunuque*; *Allusit* tandem *leno*; et ce vers de Catulle, dans un épithalame :

. . . Dum innupta manet, num cara suis est,

où le premier *dum* signifie *pendant que*, et le second *jusque-là*. Salluste a emprunté aux Grecs plusieurs tournures, comme celle-ci : *Vulgus amat fieri.* Horace surtout aimait les hellénismes : *Nec ciceris, nec longæ invidit avenæ.* Virgile également : *Tyrrhenum navigat œquor.* On en trouve des exemples même dans les actes publics, comme *saucius pectus.* Un mot ajouté ou supprimé suffit aussi pour faire une figure. Ajouté, il peut paraître superflu, mais il n'est pas sans grâce :

Nam neque Parnassi vobis juga, nam neque Pindi.

A la rigueur, on pouvait se passer du second *nam*. Il en est de même de ce vers d'Horace :

. . . . : Fabriciumque,
Hunc, et intonsis Curium capillis.

Les suppressions que l'on fait dans le tissu de l'oraison sont tantôt *vice*, tantôt *figure*, comme :

Accede ad ignem : jam calesces plus satis, c'est-à-dire *plus quam satis est.* Ici il n'y a qu'un seul mot d'omis; mais il y a un second genre de retranchement, auquel on ne peut suppléer qu'à l'aide de plusieurs mots. On se sert communément aussi du comparatif pour le positif, comme si quelqu'un disait de lui-même, *esse infirmiorem*, pour *infirmum*. On oppose encore deux comparatifs l'un à l'autre : *Si te, Catilina, comprehendi, si interfici jussero, credo, erit verendum mihi, ne non hoc potius omnes boni* serius *a me, quam quisquam* crudelius *factum esse dicat.* Voici quelques autres figures qui, à la vérité, n'ont aucune affinité avec le solécisme, mais qui pourtant consistent dans l'interversion du nombre, et qu'à cause de cela on range ordinairement parmi les tropes : quand, par exemple, on se sert du pluriel en ne parlant que d'une personne, et réciproquement :

Sed nos immensum spatiis confecimus æquor :
Haud secus ac patriis acer Romanus in armis.

Dans l'exemple suivant l'espèce est différente, mais le genre est commun :

Neve tibi ad solem vergant vineta cadentem :
Ne mihi tum molles sub divo carpere somnos,
Neu dorso nemoris libeat jacuisse per herbas.

Car ces préceptes que Virgile donne dans ses Géorgiques sont généraux. Tantôt nous parlons de nous-mêmes, comme si nous parlions d'un tiers : *Servius dit cela, Cicéron le nie*; tantôt nous parlons en notre propre nom, au lieu de faire parler un tiers, et nous faisons parler une personne au lieu d'une autre. Nous en avons des exemples dans l'oraison de Cicéron pour Cécina ;

Nam quis te juvenum confidentissime. . . .

quo sermonis initium fit : et,

Tam magis illa tremens, et tristibus effera flammis,
Quam magis effuso crudescunt sanguine pugnæ.

Quod est versum ex illo, *Quam magis ærumna urget, tam magis ad malefaciendum viget.* Pleni talibus antiqui : sicut initio Eunuchi Terentius, *Quid igitur faciam?* inquit : *Allusit tandem leno* : Catullus in Epithalamio,

. . . . Dum innupta manet, dum cara suis est,

quum prius *dum* significet *quoad*, sequens *usque eo.* Ex græco vero translata vel Sallustii plurima, quale est, *Vulgus amat fieri* : vel Horatii (nam is maxime probat hoc) :

. . . . Nec ciceris, nec longæ invidit avenæ.

vel Virgilii,

. . . . .Tyrrhenum navigat æquor.

Et jam vulgatum actis quoque, *Saucius pectus.* Ex eadem parte figurarum *additio* et *abjectio* est; illaque prior videri potest supervacua, sed non sine gratia est :

Nam neque Parnassi vobis juga, nam neque Pindi.

Potest enim deesse alterum *nam* : et apud Horatium illud,

. . . . Fabriciumque,
Hunc, et intonsis Curium capillis.

Et detractiones, quæ in complexu sermonis, aut *vitium* habent, aut *figuram*, ut, *Accede ad ignem : jam calesces plus satis : plus enim quam satis est.* Nam de altera, quæ *detractione*, pluribus adjiciendum est : utimur vulgo et comparativis pro absolutis, ut se quis *infirmiorem* esse dicet : duo inter se comparativa committimus, *Si te, Catilina, comprehendi, si interfici jussero, credo, erit verendum mihi, ne non hoc potius omnes boni serius a me, quam quisquam crudelius factum esse dicat.* Sunt et illa non similia solœcismo quidem, sed tamen numerum mutantia, quæ et tropis assignari solent, ut de uno pluraliter dicamus,

Sed nos immensum spatiis confecimus æquor :

et de pluribus singulariter,

Haud secus ac patriis acer Romanus in armis.

Specie diversa, sed genere eadem et hæc sunt,

Neve tibi ad solem vergant vineta cadentem :
Ne mihi tum molles sub divo carpere somnos,
Neu dorso nemoris libeat jacuisse per herbas :

non enim nescio cui alii prius, nec postea sibi uni, sed omnibus præcipit : et de nobis loquimur tanquam de aliis, *Dicit Servius. Negat Tullius* : et nostra persona utimur pro aliena, et alios pro aliis fingimus : utriusque rei exemplum pro Cæcina : Pisonem, adversæ partis advocatum, alloquens Cicero dicit, *Restituisse te dixti, Nego me ex edicto prætoris restitutum esse* : verum enim il-

car cet orateur, s'adressant à Pison, avocat de la partie adverse, s'exprime ainsi : *Vous avez avancé que vous m'aviez remis en possession, et moi je nie que j'aie été remis en possession selon les termes de l'édit du préteur*. Car, dans la vérité, c'est Ébutius (l'adversaire de Cécina) qui avait dit : *Je vous ai remis en possession;* et c'est Cécina qui avait répliqué : *Je nie*, etc. Observons de plus qu'il y a encore une figure grammaticale dans le verbe *dixti*, où l'on a retranché une syllabe. On peut comprendre aussi dans le même genre l'*interposition*, παρένθεσιν, laquelle consiste dans une intercalation : *Ego quum te (mecum enim sœpissime loquitur) patriæ reddidissem*. On y ajoute l'*hyperbate*, qu'on ne veut pas ranger parmi les tropes ; secondement, une autre figure qui tient de celle qu'on appelle *apostrophe*, et qui ne change que la forme de l'expression, comme dans ce passage où, après avoir nommé les Décius, les Marius, les Camille, les Scipions, Virgile dit :

> Et toi, divin César, qui les effaces tous.

Ce qu'il fait d'une manière plus vive encore, lorsqu'il dit, en parlant de Polydore :

> Fas omne abrumpit, Polydorum obtruncat, et auro
> Vi potitur. QUID NON MORTALIA PECTORA COGIS,
> AURI SACRA FAMES?...

Ceux qui multiplient les dénominations pour de si petites différences, ont appelé cette figure μετάβασις, qui peut se faire d'une autre manière : *Que dis-je? où suis-je?* Virgile a réuni la parenthèse et l'apostrophe dans l'exemple suivant :

> Haud procul inde citæ Metium in diversa quadrigæ
> Distulerant (at tu dictis, Albane, maneres),

Raptabatque viri mendacis viscera Tullus.

Toutes ces figures et autres semblables, qui peuvent se faire par le moyen d'un mot, ou changé, ou ajouté, ou retranché, ou transposé, ont cela de propre qu'en faisant diversion à l'uniformité du discours, elles réveillent et raniment l'auditeur. Leur ressemblance avec les défauts qu'elles éludent leur donne même une certaine grâce. C'est ainsi qu'un peu d'acidité relève quelquefois le goût des aliments. Ces figures auront le même effet si elles ne sont pas prodiguées outre mesure, ou si, étant de même espèce, elles ne sont ni trop près les unes des autres, ni trop multipliées. La rareté, comme la variété, prévient la satiété. Les figures qui ont un effet plus marqué sont celles qui n'affectent pas seulement l'élocution, mais qui communiquent aux pensées mêmes et de la grâce et de la force. De ce nombre est, en premier lieu, celle qui a lieu par addition, et qui comprend plusieurs genres. Ainsi, on redouble un mot, tantôt pour amplifier : *J'ai tué, oui j'ai tué, non un Sp. Mélius*, etc.; où l'on voit que le premier *j'ai tué* indique seulement le fait, et que le second l'affirme; tantôt pour exprimer un sentiment de compassion : *Ah Corydon, Corydon!* quelquefois pour exténuer, par manière d'ironie. Ce redoublement a encore plus de force, lorsqu'il est entrecoupé de quelques mots : *Bona, miserum me! (consumptis enim lacrymis tamen infixus animo hæret dolor) bona, inquam*, etc. Pour presser, pour insister, nous répétons le même mot, tantôt au commencement d'une phrase : *Nihilne te nocturnum præsidium palatii, nihil urbis vigiliæ, nihil,*

---

lud *restituisse* Æbutius dixit; Cæcina, *nego me ex edicto prætoris restitutum esse :* et ipsum *dixti*, excussa syllaba, figura in verbo. Illa quoque ex eodem genere possunt videri : unum quod *interpositionem*, vel *interclusionem* dicimus, Græci παρένθεσιν vocant, dum continuationi sermonis medius aliquis sensus intervenit, *Ego quum te (mecum enim sæpissime loquitur) patriæ reddidissem :* cui adjiciunt *hyperbaton*, quod inter tropos esse noluerunt : alterum, quod est ejus figuræ sententiarum, quæ ἀποστροφή dicitur, simile, sed non sensum mutat, verum formam eloquendi :

> .... Decios, Marios, magnosque Camillos,
> Scipiadas duros bello, et te, maxime Cæsar.

Acutius, adhuc in Polydoro :

> Fas omne abrumpit, Polydorum obtruncat, et auro
> Vi potitur. Quid non mortalia pectora cogis,
> Auri sacra fames?...

Ii qui tam parva momenta nominibus discreverunt, μετάβασιν vocant, quam et aliter fieri putant :

> Quid loquor? aut ubi sum?...

Conjunxit autem παρένθεσιν et ἀποστροφὴν Virgilius illo loco,

> Haud procul inde citæ Metium in diversa quadrigæ
> Distulerant (at tu dictis, Albane, maneres),

Raptabatque viri mendacis viscera Tullus.

Hæc *schemata*, aut his similia, quæ erunt *per mutationem, adjectionem, detractionem, ordinem*, et convertunt in se auditorem, nec languere patiuntur subinde aliqua notabili figura excitatum : et habent quamdam ex illa vitii similitudine gratiam, ut in cibis interim acor ipse jucundus est, quod contingit, si neque supra modum multæ fuerint, nec ejusdem generis aut junctæ, aut frequentes : quia satietatem, ut varietas earum, ita raritas effugit. Illud acrius genus, quod non tantum in ratione positum est loquendi, sed ipsis sensibus quum gratiam, tum etiam vires accommodat : e quibus primum sit, quod fit *per adjectionem* : plura sunt genera : nam et verba geminantur, vel amplificandi gratia : ut *Occidi, occidi, non Sp. Mælium;* alterum est enim, quod indicat, alterum, quod affirmat; vel miserandi, ut,

> Ah Corydon, Corydon...

Quæ eadem figura nonnunquam *per ironiam* ad elevandum convertitur; similis geminationis post aliquam interjectionem repetitio est, sed paulo etiam vehementior, *Bona, miserum me! (consumptis enim lacrymis tamen infixus animo hæret dolor) bona, inquam, Cn. Pompeii acerbissimæ voci subjecta præconis ; vivis, et vivis non ad deponendam, sed ad confirmandam audaciam*. Et ab

etc. ; tantôt à la fin : *Qui les a demandés? Appius;
qui les a produits? Appius.* Cependant ce dernier exemple appartient à un autre genre de figures, où la répétition a lieu et au commencement et à la fin, comme ici : *Qui sont ceux qui ont si souvent rompu les traités? Les Carthaginois. Qui sont ceux qui ont fait une guerre inhumaine en Italie? Les Carthaginois. Qui sont ceux qui ont ravagé ce pays? Les Carthaginois. Qui sont ceux qui demandent qu'on les ménage? Les Carthaginois.* Dans les antithèses ou comparaisons, les premiers mots de chaque membre se répondent ordinairement les uns aux autres ; et c'est ce qui m'a fait dire un peu plus haut que c'était plutôt une figure de mot que de pensée. *Vous vous levez avant le jour pour répondre à des plaideurs ; lui, pour arriver avec ses troupes au rendez-vous qu'il a marqué : vous êtes éveillé par le chant du coq ; lui, par le son du clairon : vous savez préparer un plaidoyer ; lui, ranger une armée en bataille : vous veillez à la sûreté de vos clients ; lui, à la sûreté de nos villes et de nos champs.* Non content de cette beauté, Cicéron change le tour de la figure, et poursuit ainsi : *Il sait nous mettre à couvert des incursions de l'ennemi ; vous, nous défendre de l'inclémence des saisons : il est expert dans l'art d'étendre nos frontières ; vous, dans l'art de fixer les limites d'un champ.* Tantôt c'est le milieu qui répond au commencement, comme ici :

Te nemus Anguitiæ, vitrea TE Fucinus unda ;

tantôt c'est la fin qui répond au milieu : *Hæc navis onusta* PRÆDA *Siciliensi, quum ipsa quoque esset ex* PRÆDA. Point de doute qu'on ne puisse aussi répéter les mots qui sont au milieu. Quelquefois, c'est la fin qui répond au commencement : MULTI *et graves dolores inventi parentibus, et propinquis* MULTI. Mais à la répétition se joint aussi une espèce de division, lorsqu'après avoir fait mention de deux personnes ou de deux choses, on revient sur-le-champ à chacune d'elles.

Iphitus et Pelias mecum, quorum Iphitus ævo
Jam gravior, Pelias et vulnere tardus Ulixi.

C'est ce que les Grecs nomment ἐπάνοδος, et nous *regressio* ; soit que les mots qu'on répète aient le même sens, soit qu'ils en aient un différent : *Principum dignitas erat pæne par, non par fortasse eorum, qui sequebantur.* Dans cette répétition, on change quelquefois les cas et les genres. *Magnus est labor dicendi, magna res est.* Rutilius en fournit un exemple plus étendu ; mais je me contenterai d'indiquer ici le commencement de chaque partie de la période : *Pater hic tuus? Patrem hunc appellas? patri tu filius es?* Par le changement de cas, on obtient quelquefois la figure qu'on nomme *polyptote.* Elle peut se faire aussi de plusieurs autres manières, comme dans l'oraison pour Cluentius : *Quod autem tempus veneni dandi? Illo die? In illa frequentia? Per quem porro datum? Unde sumptum? Quæ porro interceptio poculi? Cur non de integro autem datum?* Cécilius appelle *métabole* tous ces changements réunis, dont voici un exemple tiré de l'oraison pour Cluentius : *Illum tabulas publicas. Larini censorias corrupisse, decuriones universi judicaverunt : cum illo*

---

iisdem verbis plura acriter et instanter incipiunt, *Nihilne te nocturnum præsidium palatii, nihil urbis vigiliæ, nihil timor populi, nihil consensus bonorum omnium, nihil hic munitissimus habendi senatus locus, nihil horum ora vultusque moverunt?* et in iisdem desinunt, *Quis eos postulavit? Appius ; quis produxit? Appius :* quamquam hoc exemplum ad aliud quoque schema pertinet, cujus et initia inter se et fines iidem sunt, *quis et quis, Appius et Appius :* quale est, *Qui sunt, qui fœdera sæpe ruperunt? Carthaginienses ; qui sunt, qui crudelissime bellum gesserunt? Carthaginienses ; qui sunt, qui Italiam deformarunt? Carthaginienses ; qui sunt, qui sibi ignosci postulant? Carthaginienses.* Etiam in contrapositis, vel comparativis solet respondere primorum verborum alterna repetitio, quod modo hujus esse loci potius dixi : *Vigilas tu de nocte, ut tuis consultoribus respondeas; ille, ut eo, quo intendit, mature cum exercitu perveniat : te gallorum, illum buccinarum cantus exsuscitat : tu actionem instituis ; ille aciem instruit : tu caves, ne consultores tui ; ille, ne urbes, aut castra capiantur.* Sed hac gratia non fuit contentus orator, vertit in contrarium eamdem figuram : *Ille tenet et scit, ut hostium copiæ, tu, ut aquæ pluviæ arceantur : ille exercitatur in propagandis finibus, tu in regendis.* Possunt media quoque respondere vel primis ; ut,

Te nemus Anguitiæ, vitrea te Fucinus unda :

vel ultimis, *Hæc navis onusta præda Siciliensi, quum ipsa quoque esset ex præda :* nec quisquam dubitabit idem fieri posse iteratis utrinque mediis : respondent primis et ultima, *Multi et graves dolores inventi parentibus, et propinquis multi.* Est et illud repetendi genus, quod semel proposita iterat et dividit,

Iphitus et Pelias mecum, quorum Iphitus ævo
Jam gravior, Pelias et vulnere tardus Ulixi.

ἐπάνοδος dicitur græce, nostri *regressionem* vocant. Nec solum in eodem sensu, sed etiam in diverso eadem verba contra : *Principum dignitas erat pæne par, non par fortasse corum, qui sequebantur :* interim variatur casibus hæc et generibus iteratio, *Magnus est labor dicendi, magna res est :* et apud Rutilium longa περίοδος : sed hæc initia sententiarum sunt, *Pater hic tuus? patrem hunc appellas? patri tu filius es?* Fit casibus modo hoc schema, quod πολύπτωτον vocant ; constat et aliis etiam modis ; ut pro Cluentio, *Quod autem tempus veneni dandi? illo die? in illa frequentia? per quem porro datum? unde sumptum? quæ porro interceptio poculi? cur non de integro autem datum?* Hanc rerum conjunctam diversitatem Cæcilius μεταβολὴν vocat : qualis est pro Cluentio locus in Oppianicum, *Illum tabulas publicas Larini censorias corrupisse, decuriones universi judicaverunt : cum illo nemo rationem, nemo rem ullam con-*

nemo rationem, nemo rem ullam contrahebat: nemo illum ex tam multis cognatis et affinibus tutorem unquam liberis suis scripsit, et tout ce qui suit. Les différents objets sont ici comme réunis ; ils sont séparés dans l'exemple suivant, ce que Cicéron, ce me semble, appelle *dissipata* :

Ilic segetes, illic veniunt felicius uvæ,
Arborei fœtus alibi ;

et la suite. Voici encore un exemple de Cicéron, où l'on peut remarquer un mélange de figures fort agréable, et où, après un long intervalle, le dernier mot correspond au premier, et le milieu au commencement ainsi qu'à la fin. *Votre ouvrage éclate ici, non le mien; ouvrage que l'on ne peut assez louer : mais, comme je l'ai dit, ce n'est pas le mien, c'est le vôtre.* On appelle πλοκή cette répétition multipliée, et qui est, comme je l'ai dit, un mélange de plusieurs figures. En voici un exemple dans une lettre à Brutus : *Ego quum in gratiam redierim cum Appio Claudio, et redierim per Cn. Pompeium, et ego ergo quum redierim.* Elle a lieu aussi lorsque les mots répétés sont à des temps et à des cas différents, comme dans Perse :

. . . . Usque adeone
Scire tuum nihil est, nisi te scire hoc sciat alter ?

Et dans Cicéron : *Neque enim poterat indicio et his damnatis, qui indicabantur.* Il peut même arriver que le sens total qui commençait la phrase se trouve répété à la fois : *Venit ex Asia, hoc ipsum quam bonum ? Tribunus plebis venit ex Asia.* Dans la même période, le dernier mot correspond au premier; ce qui n'empêche pas d'ajouter encore : *Verumtamen venit.* Les mots peuvent aussi se répéter dans le même ordre : *Quid Cleomenes facere potuit? Non enim possum quemquam insimulare falso; quid, inquam, Cleomenes magnopere facere potuit ?* Souvent le même mot qui a fini le sens est employé à commencer le sens qui suit, et cela est surtout ordinaire en poésie :

Pierides, vos hæc facietis maxima GALLO,
GALLO, cujus amor tantum mihi crescit in horas.

Mais on en trouve aussi des exemples dans les orateurs : *Et cependant il vit! bien plus, il a l'audace de venir au sénat.* Quelquefois, ainsi que je l'ai déjà dit à l'occasion de la répétition des mêmes mots, les différentes parties d'une phrase, ou commencent par des mots différents, mais qui ont la même consonnance : DEDIDERIM *periculis omnibus*, OBTULERIM *insidiis*, OBJECERIM *invidiæ* ; ou finissent de même, comme ce qui suit : *Vos enim* STATUISTIS, *vos sententiam* DIXISTIS, *vos* JUDICASTIS. C'est ce que les uns appellent *synonymie*, et les autres, *disjonction*, avec quelque raison, quoique ces mots soient bien différents, puisque cette figure consiste à séparer des mots qui signifient la même chose. Quelquefois on en joint trois ou quatre qui signifient la même chose : *Exécutez votre dessein, sortez enfin de la ville; les portes vous sont ouvertes, partez.* Et dans un autre endroit : *Abiit, excessit, erupit, evasit.* Cécilius voit ici un pléonasme, comme dans cet exemple : *J'ai vu moi-même, de mes yeux vu;* car, dit-il, le mot *j'ai vu* renferme tous les autres. Il est vrai qu'un mot superflu est vicieux, ainsi que je

---

trahebat : nemo illum ex tam multis cognatis et affinibus tutorem unquam liberis suis scripsit, et deinceps adhuc multa. Ut hæc in unum congerantur, ita contra illa dispersa sunt, quæ a Cicerone *dissipata* dici puto,

Hic segetes, illic veniunt felicius uvæ,
Arborei fœtus alibi,

et deinceps. Illa vero apud Ciceronem mira figurarum mixtura deprehenditur, in qua et primo verbo longo post intervallo redditum est ultimum, et media primis, et mediis ultima congruunt : *Vestrum jam hic factum deprehenditur, Patres conscripti, non meum : ac pulcherrimum quidem factum : verum, ut dixi, non meum, sed vestrum.* Hanc frequentiorem repetitionem πλοκήν vocant, quæ fit ex permixtis figuris, ut supra dixi, utque se habet epistola ad Brutum, *Ego quum in gratiam redierim cum Appio Claudio, et redierim per Cn. Pompeium; et ego ergo quum redierim.* Et in iisdem sententiis crebrioribus mutata declinationibus iteratione verborum: ut apud Persium,

. . . . Usque adeone
Scire tuum nihil est, nisi te scire hoc sciat alter?

Et apud Ciceronem, *Neque enim poterat indicio et his damnatis, qui indicabantur.* Sed sensus quoque toti, quemadmodum cœperunt, desinent : *Venit ex Asia, hoc ipsum quam bonum? Trib. pleb. venit ex Asia :* in eadem tamen periodo et verbum ultimum primo refertur, tertium jam sermone adjectum est, *Verumtamen venit :* interim sententia quidem repetitur, sed eodem verborum ordine, *Quid Cleomenes facere potuit? Non enim possum quemquam insimulare falso; quid, inquam, Cleomenes magnopere facere potuit ?* Prioris sententiæ verbum ultimum, ac sequentis primum frequenter est idem : quo quidem schemate utuntur poetæ sæpius,

Pierides, vos hæc facietis maxima Gallo,
Gallo, cujus amor tantum mihi crescit in horas.

Sed ne oratores quidem raro : *Ilic tamen vivit : vivit?* immo vero etiam in senatum venit. Aliquando, sicut in geminatione verborum diximus, initia quoque et clausulæ sententiarum aliis, sed non alio tendentibus verbis, inter se consonant : initia hoc modo, *Dediderim periculis omnibus, obtulerim insidiis, objecerim invidiæ :* rursus clausulæ : ibidem statim, *Vos enim statuistis, vos sententiam dixistis, vos judicastis :* hoc alii συνωνυμίαν, alii *disjunctionem* vocant, utrumque, etiamsi est diversum, *recte* : nam est nominum idem significantium separatio : congregantur quoque verba idem significantia, *Quæ quum ita sint, Catilina, perge quo cœpisti : egredere aliquando ex urbe : patent portæ : proficiscere.* Et in eumdem alio libro, *Abiit, excessit, erupit, evasit :* hoc Cæcilio πλεονασμός videtur, id est, abundans super necessitatem oratio : sicut illa, *Vidi oculos ante ipse meos;* in illo enim *vidi* inest *ipse;* verum id , ut alio quoque loco

l'ai déjà dit; mais lorsqu'il rend la pensée plus vive, il devient une beauté, comme ici : *J'ai vu moi-même, de mes yeux vu.* Chaque parole renferme un sentiment. Je ne vois donc pas pourquoi Cécilius traite cela de pléonasme ; car tout redoublement, toute répétition, enfin toute addition, serait de même un pléonasme. On n'accumule pas seulement les mots, mais encore les pensées, qui tantôt reviennent à la même, comme dans cet exemple : *Le trouble de son âme, l'aveuglement du crime, les torches ardentes des Furies, voilà ce qui l'a entraîné dans l'abîme*; et tantôt sont différentes : *C'est cette femme, c'est la farouche cruauté du tyran, c'est l'amour de son père, la colère, la témérité, la démence, qui l'ont conduit là*; et dans Ovide : *Mais la puissance redoutable des Néréides; mais Ammon, dont le front est armé de cornes; mais cette bête féroce qui sortait du sein de la mer pour se nourrir de mes entrailles*, etc. Quelques-uns appellent cela une complication de figures. Pour moi, je ne vois là qu'une seule figure, c'est-à-dire un amas de mots, dont les uns signifient presque la même chose, les autres des choses différentes, ce qu'on appelle *diallage*, comme dans ce passage de Cicéron : *Je demande à mes ennemis si ce n'est pas par moi que ces complots ont été suivis, découverts, manifestés, étouffés, détruits, anéantis.* En effet, ces mots *suivis, découverts, manifestés*, renferment des idées différentes; et ceux-ci, *étouffés, détruits, anéantis*, sont synonymes, mais n'ont rien de commun avec les premiers. Cependant on peut dire que ce dernier exemple, et l'un de ceux que j'ai cités avant, contiennent encore une figure, qui consiste à retrancher toutes les liaisons, et qui par là devient fort pressante; car on imprime chaque chose dans l'esprit de l'auditeur,

et l'objet se multiplie en quelque sorte. Aussi use-t-on de cette figure non-seulement dans les mots pris un à un, mais aussi dans les membres périodiques qui ont chacun leur sens particulier. C'est ce qu'a fait Cicéron dans son oraison contre Métellus : *A mesure que l'on m'indiquait ses complices, je les faisais venir, on les arrêtait, on les amenait au sénat*, etc. : ce qui rentre dans ce genre de figure, appelé *brachylogie*. Par une figure toute contraire, qu'on appelle *polysyndète*, l'autre se nomme asyndète, ou affecte de répéter la conjonction :

. . . . Tectumque, laremque,
Armaque, Amyclæumque canem, Cressamque pharetram.

Dans l'exemple suivant, la conjonction varie :

Arma virumque. . . . .
Multum ille et terris. . . . .
Multa quoque. . . . .

On varie aussi les adverbes et les pronoms :

Hic illum vidi juvenem. . . . .
Bis senos cui nostra dies. . . . . . .
Hic mihi responsum primus dedit ille petenti.

Mais ces deux figures (*l'asyndète* et la *polysyndète*) ne sont autre chose qu'un amas de mots ou de phrases qu'on entasse; avec cette seule différence que quelquefois on y ajoute des liaisons ou particules conjonctives, et quelquefois on les retranche. Cependant ceux qui ont écrit sur la rhétorique ont donné à toutes ces figures des noms particuliers, qui sont différents suivant le génie des auteurs qui les ont inventés. Ces deux figures, quoique opposées, partent du même principe et concourent à la même fin, en ce qu'elles rendent le style plus pressant, plus vif, et sont comme autant de mouvements qui naissent par intervalle de la violence de la passion avec laquelle on parle. La gradation, κλῖμαξ, est encore une figure qui tient de la répétition, puisqu'en

---

dixi, quum supervacua oneratur adjectione, vitium est : quum auget manifestam sententiam, sicut hic, virtus : *Vidi, ipse, ante oculos*, totidem sunt affectus. Cur tamen hæc proprie nomine tali notarit, non video : nam et geminatio, et repetitio, et qualiscunque adjectio, πλεονασμὸς videri potest : nec verba modo, sed sensus quoque idem facientes, acervantur : *Perturbatio istum mentis, et quædam scelerum offusa caligo, et ardentes Furiarum faces excitarunt.* Congeruntur et diversa : *Mulier, tyranni sæva crudelitas, patris amor, ira præceps, temeritas, dementia*, et apud Ovidium,

Sed grave Nereidum numen, sed corniger Ammon,
Sed quæ visceribus veniebat bellua ponti
Exsaturanda meis.

Inveni, qui et hoc πλοκὴν vocaret : *Quæro ab inimicis, sintne hæc investigata, comperta, patefacta, sublata, delata, exstincta per me?* cui non assentior, quum sint unius figuræ et mixtæ quoque, et idem et diversum significantia, quod et ipsum διαλλαγὴν vocant; *Investigata, comperta, patefacta*, aliud ostendunt; *sublata, delata, exstincta*, sunt inter se similia, sed non etiam prioribus.

Et hoc autem exemplum, et superius, aliam quoque efficiunt figuram, quæ, quia conjunctionibus caret, *dissolutio* vocatur; apta, quum quid instantius dicimus : nam et singula inculcantur, et quasi plura fiunt : ideoque utimur hac figura non in singulis modo verbis, sed sententiis etiam : ut Cicero dicit contra concionem Metelli, *Qui indicabantur, eos vocari, custodiri, ad senatum adduci jussi; in senatu sunt positi* : et totus hic locus; hoc genus βραχυλογίαν vocant, quæ potest esse *copulata dissolutio* : contrarium id est schema, quod conjunctionibus abundat. Illud ἀσύνδετον, hoc πολυσύνδετον, dicitur : hoc est vel iisdem sæpius repetitis, ut,

. . . . . Tectumque, laremque,
Armaque, Amyclæumque canem, Cressamque pharetram :
vel diversis, *Arma virumque*, . . . *Multum ille et terris*. . .
Multa quoque. Adverbia quoque et prænomina variantur,
Hic illum vidi juvenem, . . . *Bis senos cui nostra dies*, . . .
Hic mihi responsum primus dedit ille petenti : sed utrumque *coacervatio*, et tantum juncta, aut dissoluta. Omnibus scriptores sua nomina dederunt, sed varia, et ut cuique fingenti placuit : fons quidem unus, quia acriora

effet ou y répète plusieurs choses, et que l'on ne passe à ce qui suit qu'en reprenant une partie de ce qui a précédé; mais l'art s'y fait un peu trop sentir. C'est pourquoi il n'en faut user que rarement. En voici un exemple très-connu, tiré du grec . *Je n'ai point dit cela, je ne l'ai pas même écrit : non-seulement je ne l'ai point écrit, mais je ne suis pas même allé en ambassade; et, loin d'aller en ambassade, je n'ai rien persuadé aux Thébains.* Donnons cependant un exemple latin de la gradation : *L'activité de Scipion lui donna le mérite; le mérite lui donna la gloire, et la gloire, des émules.* Et dans Calvus : *La loi contre les concussions n'est pas plus morte que celle de lèse-majesté; celle de lèse-majesté, que la loi Plautia; la loi Plautia, que la loi contre les brigues; la loi contre les brigues, que toutes les autres lois.* Il y en a des exemples dans les poëtes, comme dans Homère, lorsqu'il fait remonter le sceptre d'Agamemnon jusqu'à Jupiter même; et dans un de nos poëtes tragiques : *Tantale, dit-on, descend de Jupiter; Pélops, de Tantale; et Pélops a donné la naissance à Atrée, de qui je suis descendu.* Les autres figures naissent, au contraire, du *retranchement* d'un mot, et tirent particulièrement leur grâce de la brièveté et de la nouveauté. La *synecdoche* est une des principales : j'avais commencé d'en parler dans le chapitre des tropes; mais j'ai mieux aimé la ranger parmi les figures. Or, ce n'est autre chose qu'un mot supprimé, qui se fait aisément entendre par la suite du discours, comme ces mots de Célius contre Antoine : *Stupere gaudio Græcus*; car aussitôt on comprend que *cœpi* est sous-entendu.

Autre exemple tiré d'une lettre de Cicéron à Brutus : *Sermo nullus scilicet, nisi de te : quid enim potius? Tum Flavius : Cras, inquit, tabellarii, et ego ibidem has inter cœnam exaravi.* A quoi, ce me semble, il faut rapporter certains tours que l'on prend pour ne pas blesser la pudeur, et où l'on dérobe des mots qu'elle ne souffre pas : tel est ce passage de Virgile :

Novimus et qui te, transversa tuentibus hircis,
Et quo, sed faciles nymphæ ris re, sacello.

C'est ce que quelques-uns nomment *aposiopèse*, ou réticence; mais, selon moi, ils se trompent; car, dans la réticence, on ne voit pas tout d'un coup ce qui manque, et on ne le peut même suppléer qu'à l'aide de plusieurs mots; au lieu qu'ici il n'y a qu'un mot de supprimé, qui s'aperçoit incontinent. Si on peut appeler cela une *aposiopèse*, on donnera donc ce nom à toute phrase où il y aura quelque chose de retranché. Pour moi, je n'appelle pas même toujours ainsi tout ce qui laisse quelque chose à deviner, comme ce qu'on lit dans les lettres de Cicéron : *Data Lupercalibus, quo die Antonius Cæsari...* Il est évident qu'il faut sous-entendre *diadema imposuit.* La seconde figure du même ordre, et dont j'ai déjà parlé, consiste à retrancher les conjonctions. La troisième est celle qu'on appelle συνεζευγμένον, parce que, en effet, un même mot lie ensemble plusieurs pensées, dont chacune exigerait ce mot, si elle était isolée. Cela peut se faire, ou en mettant le verbe devant : par exemple, *la pudeur a été obligée de céder à l'effronterie, la modestie à l'audace, la raison à la fureur;* ou en le mettant à la fin de la phrase dont il est comme la conclusion, : *Neque enim is es, Catilina, ut te aut pudor unquam a turpitudine, aut metus a*

---

facit et instantiora, quæ dicimus, et vim quamdam præ se ferentia, velut sæpius erumpentis affectus. *Gradatio,* quæ dicitur κλίμαξ, apertiorem habet artem, et magis affectatam, ideoque esse rarior debet. Est autem ipsa quoque adjectionis ; repetit enim, quæ dicta sunt : et, priusquam ad aliud descendat, in prioribus resistit : ejus exemplum ex græco notissimo transferatur, *Non enim dixi quidem, sed non scripsi · nec scripsi quidem, sed non obii legationem : nec obii quidem, sed non persuasi Thebanis.* Sit tamen tradita et latina : *Africano virtutem industria, virtus gloriam, gloria æmulos comparavit :* et Calvi, *Non ergo magis pecuniarum repetundarum, quam majestatis, neque majestatis magis, quam Plautiæ legis; neque Plautiæ legis magis, quam ambitus; neque ambitus magis, quam omnium legum judicia perierunt.* Invenitur apud poetas quoque, ut apud Homerum de sceptro, quod a Jove ad Agamemnonem usque deducit : et apud nostrum etiam tragicum,

Jove propagatus est, ut perhibent, Tantalus,
Ex Tantalo ortus Pelops, ex Pelope autem satus
Atreus, qui nostrum porro propagat genus.

At quæ *per detractionem* fiunt figuræ, brevitatis novitatisque maxime gratiam petunt : quarum una est ea, quam libro proximo in figuras ex συνεκδοχῇ distuli, quum sub-

tractum verbum aliquod satis ex cæteris intelligitur : ut Cælius in Antonium, *Stupere gaudio Græcus :* simul enim auditur, *cæpit :* Cicero ad Brutum, *Sermo nullus scilicet, nisi de te : quid enim potius? Tum Flavius,* Cras, inquit, tabellarii, *et ego ibidem has inter cœnam exaravi.* Cui similia sunt illa, meo quidem judicio, in quibus verba decenter pudoris gratia subtrahuntur,

Novimus et qui te, transversa tuentibus hircis,
Et quo, sed faciles nymphæ ris re, sacello.

Hanc quidam *aposiopesin* putant, frustra : nam, illa quid taceat, incertum est, aut certe longiore sermone explicandum; hic unum verbum, et manifestum quidem, desideratur : quæ si *aposiopesis* est, nihil non, in quo deest aliquid, idem appellabitur. Ego ne illud quidem *aposiopesin* semper voco, in quo res quæcunque relinquitur intelligenda, ut ea, quæ in epistolis Cicero, *Data Lupercalibus, quo die Antonius Cæsari :* non enim obticuit, aut lusit, quia nihil hic aliud intelligi poterat, quam hoc, *diadema imposuit.* Altera est *per detractionem* figura, de qua modo dictum, cui conjunctiones eximuntur; tertia, quæ dicitur συνεζευγμένον, in qua unum ad verbum plures sententiæ referuntur, quarum unaquæque desideraret illud, si sola poneretur : id accidit, aut præposito verbo, ad quod reliqua respiciant : *Vicit pudorem libido, timorem*

periculo, aut ratio a furore revocaverit. Quelquefois enfin le verbe peut être placé au milieu, et suffire également à ce qui précède et à ce qui suit. C'est par une extension de la même figure que nous disons *filios* en parlant de nos enfants, de quelque sexe qu'ils soient. On met aussi les singuliers pour les pluriels, et réciproquement. Encore cette façon de parler est-elle si commune, que je ne sais si elle peut être regardée comme une figure. Mais c'en est une que de donner à un même verbe deux régimes différents, comme ici : *Aussitôt je leur ordonne de prendre les armes, et qu'ils aient à combattre cette nouvelle espèce d'ennemis.* Car, quoique le mot *bellum,* qui est dans la seconde partie, soit accompagné d'un participe, le même mot *edico* régit les deux parties. Cette sorte de jonction, qui n'a point pour but de supprimer quelque mot, tout en embrassant deux choses différentes, se nomme συνοικείωσις : *L'avare manque autant de ce qu'il a que de ce qu'il n'a pas.* On veut qu'elle soit différente de la distinction, nommée παραδιαστολή, et qui consiste à distinguer des choses qui ont de la ressemblance entre elles, comme lorsqu'on donne le nom de *prudent* à un homme astucieux, de *vaillant* à un téméraire, d'*économe* à un avare : ce qui me paraît néanmoins dépendre uniquement de la définition, et n'avoir par conséquent rien de figuré. La figure qui lui est opposée consiste à passer, à raison de la proximité, à des choses différentes, comme semblables : par exemple, *Je tâche d'être bref, et je deviens obscur,* et ce qui suit. Enfin, il y a une troisième espèce de figures, qui, par la ressemblance, la parité ou l'opposition des mots,

frappe l'oreille de l'auditeur et attire son attention. Telle est la *paronomase,* en latin *annominatio,* laquelle a lieu de plusieurs manières. Car tantôt le mot répété se met seulement à un autre cas, comme dans ce passage du plaidoyer de Domitius Afer pour Cloantilla : *Mulier omnium rerum imperita, in omnibus rebus infelix;* tantôt on le rend plus significatif par l'adjonction d'un autre mot : *Quando homo, hostis homo.* Je me suis servi ailleurs de ces exemples ; mais, du reste, la répétition est facile, quand elle ne porte que sur un seul mot. Le contraire de la paronomase est d'opposer un mot à lui-même, comme pour l'arguer de faux : par exemple, *quæ lex privatis hominibus esse lex non videbatur.* Une figure qui a beaucoup d'affinité avec la précédente, c'est l'*antanaclase.* Proculéius reprochant à son fils d'*attendre* sa mort : *Je ne l'attends nullement,* lui dit son fils ; *Et moi,* dit le père, *je veux que tu l'attendes.* Tantôt les mots sont différents ; mais ils ont une certaine ressemblance que l'esprit accepte volontiers, si, par exemple, on employait *supplicium* au lieu de *supplicatio.* Quelquefois on se sert des mêmes mots, mais dans un sens différent ; quelquefois leur signification change avec la quantité de quelqu'une des syllabes qui le composent ; mais tout cela est froid, même en plaisantant, et j'admire qu'on ait réduit ces futilités en préceptes. Aussi, j'en donne des exemples plutôt pour engager à les fuir qu'à les imiter : *Amari jucundum est, si curetur, ne quid insit amari;* — *Avium dulcedo ad avium ducit;* et dans Ovide.

Cur ego non dicam, Furia, te furiam?

Cornificius appelle cela *traduction,* c'est-à-dire

---

audacia, rationem amentia; aut illato, quo plura cluduntur : *Neque enim is es, Catilina, ut te aut pudor unquam a turpitudine, aut metus a periculo, aut ratio a furore revocaverit.* Medium quoque potest esse, quod et prioribus et sequentibus sufficiat : jungit autem et diversos sexus, ut quum marem feminamque *filios* dicimus; et singularia pluralibus miscet. Sed hæc adeo sunt vulgaria, ut sibi artem figurarum asserere non possint; illud plane figura est, qua diversa sermonis forma conjungitur :

..........Sociis tunc arma capessant
Edico, et dira bellum cum gente gerendum ;

quamvis enim pars *bello* posterior participio insistat, utique convenit illud *edico.* Non utique detractionis gratia factam conjunctionem συνοικείωσιν vocant, quæ duas res diversas colligat : *Tam deest avaro, quod habet, quam quod non habet.* Huic diversam volunt esse distinctionem, cui dant nomen παραδιαστολήν; qua similia discernuntur : *Quum te pro astuto sapientem appelles, pro confidente fortem, pro illiberali diligentem :* quod totum pendet ex finitione, ideoque, an figura sit, dubito : cui contraria est ea, quæ ex vicinia transit ad diversa ut similia,..... *Brevis esse laboro, Obscurus fio,* et quæ sequuntur. Tertium est genus figurarum, quod aut similitudine aliqua vocum, aut paribus, aut contrariis convertit

in se aures, et excitat; hinc est παρονομασία, quæ dicitur annominatio : ea non uno modo fieri solet, sed ex vicinia quadam prædicti nominis ducta, casibus declinatur; ut Domitius Afer pro Cloantilla, *Mulier omnium rerum imperita, in omnibus rebus infelix :* et quum verbo idem verbum plus significanter subjungitur, *Quando homo, hostis homo;* quibus exemplis sum in aliud usus : sed uno facilis est geminatio : παρονομασία ei contrarium est, quod eodem verbo quasi falsum arguitur, *Quæ lex privatis hominibus esse lex non videbatur.* Cui confinis est ἀντανάκλασις, ejusdem verbi contraria significatio : quum Proculeius quereretur de filio, quod is mortem suam *exspectaret,* et ille dixisset, *se vero non exspectare : Immo,* inquit, *rogo exspectes :* non ex eodem, sed ex diverso, vicinum accipitur, quum *supplicio* afficiendum dicas, quem *supplicatione* dignum judicaris. Aliter quoque voces aut eædem diversa in significatione ponuntur, aut productione tantum, vel correptione mutatæ : quod etiam in jocis frigidum, equidem tradi inter præcepta miror ; eorumque exempla vitandi potius, quam imitandi gratia, pono : *Amari jucundum est, si curetur, ne quid insit amari; Avium dulcedo ad avium ducit;* et apud Ovidium ludentem.

Cur ego non dicam, Furia, te furiam?

Cornificius hanc *traductionem* vocat, videlicet alterius

passage d'un sens à un autre. Cette façon de parler a quelque grâce, quand elle consiste à distinguer la propriété d'une chose : *Hanc reipublicæ pestem paulisper reprimi, non in perpetuum comprimi posse*; ou dans le changement de la préposition qui compose le mot, lequel devient brusquement contraire à lui-même: *Non emissus ex urbe, sed immissus in urbem esse videatur*. Mais quand la figure se trouve jointe à un beau sens, alors le sens et la figure s'embellissent mutuellement : *Emit morte immortalitatem*. Voici qui n'est que frivole : *Non Pisonum, sed pistorum*. — *Ex oratore orator*. Mais voici qui est détestable : *Ne patres conscripti videantur circumscripti*; — *Raro evenit, sed vehementer venit*. Il peut arriver pourtant qu'une pensée forte et vive reçoive quelque grâce du contraste de deux mots, sans s'altérer par cette opposition. Pourquoi la modestie m'empêcherait-elle de citer un exemple domestique? Un certain homme s'était vanté de mourir dans son ambassade plutôt que de ne pas terminer l'affaire dont il était chargé; et cependant le mauvais succès de sa négociation fit qu'il revint au bout de quelques jours. Mon père lui dit : *Non exigo, ut immoriaris legationi, immorare*. Ce peu de mots, soutenu par le sens, fut trouvé d'autant plus agréable qu'il n'était point recherché, outre que son adversaire lui-même lui avait fourni une des deux expressions dont il se servait. Les anciens rhéteurs étaient fort amoureux de ces mots, pareils quant à la forme, et différents quant au sens. Gorgias les prodiguait outre mesure; Isocrate en fut aussi trop épris dans sa jeunesse. Il paraît même que Cicéron y prenait plaisir. Mais pour lui, outre qu'il ne s'est pas abandonné aveuglément à un goût qui, après tout, ne pèche que par l'excès, il a su relever ces faibles beautés et en remplir le vide par la solidité des pensées. En effet, ce qui est de soi une froide et vaine affectation devient comme naturel, sitôt que la force de la pensée soutient l'inconsistance du mot. La ressemblance peut être de quatre espèces. Premièrement, les mots sont semblables ou presque semblables:... *Puppesque tuæ, pubesque tuorum*. — *Sic in hac calamitosa fama, quasi in aliqua perniciosissima flamma*. — *Non enim tam spes laudanda, quam res est*; ou ils se ressemblent par la désinence : *Non verbis, sed armis* : ce qui donne de la grâce aux pensées, lorsqu'elles sont belles d'ailleurs, comme celle-ci : *Quantum possis, in eo semper experire, ut prosis*. C'est ce que plusieurs nomment πάρισον, quoique Cléostelée donne ce nom à la réunion de plusieurs membres à peu près égaux. Secondement, ce sont deux ou plusieurs membres dont le sens est différent, mais qui ont la même terminaison, ὁμοιοτέλευτον, c'est-à-dire fin semblable de deux ou plusieurs pensées : *Non modo ad salutem ejus exstinguendam, sed etiam gloriam per tales viros infringendam*. On peut y joindre, à la différence de terminaison près, ce qu'on appelle τρίκωλα, comme : *Vicit pudorem libido, timorem audacia, rationem amentia* : ce qui peut aller jusqu'à quatre incises et même davantage. Quelquefois chaque membre est d'un seul mot : *Hecuba, hoc dolet, pudet, piget*; et : *Abiit, excessit, erupit, evasit*. Troisièmement, c'est une répétition des mêmes cas : ce qu'on appelle ὁμοιόπτωτον, ressemblance qui est bien différente

intellectus ad alterum : sed elegantius, quod est positum in distinguenda rei proprietate : *Hanc reipublicæ pestem paulisper reprimi, non in perpetuum comprimi posse*; et quæ præpositionibus in contrarium mutantur, *Non emissus ex urbe, sed immissus in urbem esse videatur*; melius atque acrius, quod quum figura jucundum est, tum etiam sensu valet, *Emit morte immortalitatem*. Illa leviora, *Non Pisonum, sed pistorum*; et, *Ex oratore arator*; pessimum vero, *Ne patres conscripti videantur circumscripti*; *Raro evenit, sed vehementer venit* : sic contingit, ut aliquis sensus vehemens et acer venustatem aliquam, non eodem ex verbo non dissonam, accipiat. Et cur me prohibeat pudor uti domestico exemplo ? Pater meus contra eum, qui se legationi immoriturum dixerat, deinde vix paucis diebus insumptis, re infecta redierat, *Non exigo, ut immoriaris legationi, immorare*; nam et valet sensus ipse, et in verbis tantum distantibus jucunde consonat vox, præsertim non captata, sed velut oblata; quum altero suo sit usus, alterum ab adversario acceperit. Magnæ veteribus curæ fuit gratiam dicendi e paribus contrariis acquirere : Gorgias in hoc immodicus; copiosus, ætate prima utique, Isocrates fuit; delectatus est his etiam M. Tullius, verum et modum adhibuit non ingratæ, nisi copia redundet, voluptati, et rem, alioqui levem, sententiarum pondere implevit : nam per se frigida et inanis affectatio, quum in acres incidit sensus, innata videtur esse, non arcessita. Similium fere quadruplex ratio est : nam est primum, quoties verbum verbo simile, aut non dissimile valde quæritur; ut,

...... *Puppesque tuæ, pubesque tuorum*;

et, *Sic in hac calamitosa fama, quasi in aliqua perniciosissima flamma*; et, *Non enim tam spes laudanda, quam res est*; aut certe par est extremis syllabis consonans, *Non verbis, sed armis*. Et hoc quoque, quoties in sententias acres incidit, pulchrum est : *Quantum possis, in eo semper experire, ut prosis* : hoc est πάρισον, ut plerisque placuit : Cleostelcus πάρισον existimat, quod sit e membris non dissimilibus. Secundum, ut clausula similiter cadat, vel iisdem in ultimam partem collatis, ὁμοιοτέλευτον, similem duarum sententiarum, vel plurium finem : *Non modo ad salutem ejus exstinguendam, sed etiam gloriam per tales viros infringendam*; ex quibus fere fiunt, non tamen ut semper ultimis consonent, quæ τρίκωλα dicunt : *Vicit pudorem libido, timorem audacia, rationem amentia* : sed in quaternas quoque ac plures hæc ratio ire sententias potest : fit etiam singulis verbis : *Hecuba, hoc dolet, pudet, piget*; et, *Abiit, excessit, erupit, evasit*. Tertium est, quod in eosdem casus cadit, ὁμοιόπτωτον dicitur : sed neque,

de celle qu'on nomme ὁμοιοτέλευτον. Dans l'une, il n'y a de semblable que les cas; dans l'autre, que les désinences : celle-ci ne peut se trouver qu'à la fin de la période ; celle-là peut se trouver au commencement, au milieu et à la fin, et correspondre à un autre mot, en quelque lieu qu'il soit placé, pourvu qu'il soit au même cas. Il n'est pas même nécessaire qu'il y ait le même nombre de syllabes, comme dans cet exemple de Domitius Afer : *Amisso nuper infelicis aulæ, si non præsidio inter pericula, tamen solatio inter adversa.* Dans ce genre de figures, les plus parfaites sont celles où le commencement correspond à la fin, comme ici : *præsidio, solatio*; et où les mots, presque semblables, sont aux mêmes cas et ont la même désinence. Quatrièmement enfin, c'est une période dont les membres sont parfaitement égaux : ce qu'on appelle ἰσόκωλον : *Si, quantum in agro locisque desertis audacia potest, tantum in foro atque in judiciis impudentia valeret.* Voilà deux membres égaux avec une répétition de cas semblables. Autre exemple : *Non minus nunc in causa cederet Aulus Cæcina Sexti Æbutii impudentiæ, quam tum in vi facienda cessit audaciæ* : membres égaux, mêmes cas, mêmes terminaisons. Cette figure plaît aussi, lorsqu'on répète un mot en changeant les temps ou les cas : *Non minus cederet, quam cessit.* Voici encore un exemple où ce qu'on appelle ὁμοιοτέλευτον se trouve joint à la *paronomase : Neminem alteri posse dare in matrimonium, nisi penes quem sit patrimonium.* Il y a aussi plusieurs sortes d'antithèses (en latin *contrapositum, contentio*). Tantôt on oppose un mot à un autre, comme dans l'exemple que j'ai déjà cité : *Vicit pudorem libido, timorem audacia*; ou deux mots à deux autres mots : *non nostri ingenii, vestri auxilii est.* Tantôt c'est une pensée qu'on oppose à une autre : *Dominetur in concionibus, jaceat in judiciis.* On peut y joindre l'espèce d'antithèse appelée *distinction* : *Odit populus romanus privatam luxuriam, publicam magnificentiam diligit* ; et celle qui consiste à placer à la fin un mot qui a la même désinence, mais qui renferme un sens différent : *Quod in tempore mali fuit, nihil obsit quin, quod in causa boni fuit, prosit.* Quelquefois le terme opposé ne vient pas immédiatement après son corrélatif, comme ici : *Ce n'est pas une loi écrite, mais une loi née avec nous*; mais, comme dit Cicéron, l'antithèse est multiple, et divisée en deux parties collectives, comme dans la suite de ce que je viens de citer : *Quam non didicimus, accepimus, legimus, verum ex natura ipsa arripuimus, hausimus, expressimus.* Enfin, l'opposition n'est pas toujours présentée sous la forme de l'antithèse, comme on en peut juger par ces paroles de Rutilius : *Nous sommes les premiers à qui les dieux immortels aient donné les biens de la terre, et ce que nous avions reçu seuls, nous en avons fait part au monde entier.* L'antithèse a lieu encore au moyen de cette figure qu'on appelle *antimétabole*, et qui consiste dans une répétition de mots, que l'on met tour à tour au même cas ou au même temps: *Je ne vis pas pour manger, mais je mange pour vivre.* Quelquefois cette conversion se fait de telle sorte que, bien qu'il y ait changement de cas, la désinence reste la même, comme dans cette phrase de Cicéron : *Ut et sine invidia culpa plectatur, et sine culpa invidia ponatur.* Elle se

---

quod finem habet similem, est ὁμοιόπτωτον : et utique in eumdem venit finem ὁμοιοτέλευτον; quia ὁμοιόπτωτον est tantum casu simile, etiamsi dissimilia sint, quæ declinentur ; nec tantum in fine deprehenditur, sed respondet vel primis inter se, vel mediis, vel extremis ; vel etiam permutatis his, ut media primis, et summa mediis accommodentur, et quocunque modo accommodari potest. Neque enim semper paribus syllabis constat ; ut est apud Afrum, *Amisso nuper infelicis aulæ, si non præsidio inter pericula, tamen solatio inter adversa* : ejus fere videntur optima, in quibus initia sententiarum et fines consentiunt ; ut hic, *præsidio, solatio*; et ut pæne similia sint verbis, et paribus cadant, et eodem modo desinant. Etiam ut sit, quod est quartum, membris æqua libus, quod ἰσόκωλον dicitur : *Si, quantum in agro locisque desertis audacia potest, tantum in foro atque judiciis impudentia valeret* : ἰσόκωλον est, et ὁμοιόπτωτον habet. *Non minus nunc in causa cederet Aulus Cæcina Sexti Æbutii impudentiæ, quam tum in vi facienda cessit audaciæ*; ἰσόκωλον, ὁμοιόπτωτον, ὁμοιοτέλευτον: accedit et ex illa figura gratia, qua nomina dixi mutatis casibus repeti, *Non minus cederet, quam cessit* : adhuc ὁμοιοτέλευτον et παρονομασία est, *Neminem alteri posse dare in matrimonium, nisi penes quem sit patrimonium. Contrapositum* autem, vel, ut quidam vocant, *contentio* (ἀντίθετον dicitur) non uno fit modo : nam et, si singula singulis opponuntur, ut in eo, quod modo dixi, *Vicit pudorem libido, timorem audacia*; et bina binis, *Non nostri ingenii, vestri auxilii est*; et sententiæ sententiis, *Dominetur in concionibus, jaceat in judiciis.* Cui commodissime subjungitur et ea species, quam *distinctionem* diximus, *Odit populus romanus privatam luxuriam, publicam magnificentiam diligit* : et, quæ sunt, simili casu, dissimili sententia, in ultimo locata, ut, *Quod in tempore mali fuit, nihil obsit, quin, quod in causa boni fuit, prosit.* Nec semper contrapositum subjungitur, ut in hoc, *Est igitur, judices, non scripta, sed nata lex* : verum, sicut Cicero dicit, de singulis rebus propositis refertur ad singula, ut in eo, quod sequitur, *Quam non didicimus, accepimus, legimus, verum ex natura ipsa arripuimus, hausimus, expressimus.* Nec semper, quod adversum est, contraponitur ; quale est apud Rutilium, *Nobis primis dii immortales fruges dederunt*; *nos, quod soli accepimus, in omnes terras distribuimus.* Fit etiam assumpta illa figura, qua verba declinata repetuntur, quod ἀντιμεταβολή dicitur, *Non, ut edam, vivo; sed, ut vivam, edo*; et quod apud Ciceronem conversum ita est, ut, quum mutationem casus habeat, etiam similiter desinat, *Ut sine invidia culpa plectatur, et sine culpa invi-*

termine aussi fort bien par une répétition du même mot, comme dans ce passage du même orateur sur Roscius : *C'est un si grand acteur, qu'il semble qu'il n'appartienne qu'à lui de monter sur un théâtre; c'est un si honnête homme, qu'il semble le dernier qui dût y monter.* L'opposition des noms n'est pas non plus sans grâce. *Si Antoine est consul, Brutus est l'ennemi de la patrie; si Brutus est le sauveur de la république, Antoine en est l'ennemi.* Je me suis étendu sur les figures plus qu'il n'était nécessaire; et cependant il y a des rhéteurs qui regardent comme des figures ces façons de parler : *Ce que je dis est incroyable, et cependant vrai* (ils appellent cela ἀνθυποφορά); *quelqu'un a souffert cela une fois, moi deux fois et trois fois* (c'est ce qu'ils nomment διέξοδος); *je me suis éloigné de mon sujet, mais j'y reviens* (c'est ce qu'ils appellent ἄφοδος).

Parmi les figures de mots, il en est quelques-unes qui diffèrent peu des figures de pensées, comme la *dubitation*, qui appartient à l'une ou à l'autre de ces deux classes de figures, suivant qu'elle tombe sur la chose ou sur le mot, comme : *Dois-je nommer cela méchanceté ou folie?* Il en est de même de la *correction*, qui peut, comme la dubitation, tomber sur une chose ou sur un mot. Quelques-uns ont cru que cette double nature se rencontrait même dans la prosopopée, et que la figure tombait sur les mots dans cette proposition : *La cupidité est la mère de la cruauté*; dans cette apostrophe de Salluste à Cicéron : *O Romule Arpinas!* et dans ce qu'on lit chez Ménandre, *OEdipus Thriasius.* Tout cela a été traité dans le plus grand détail par des rhéteurs, qui ne se sont pas contentés d'effleurer cette matière comme une simple partie de l'art, mais qui

lui ont consacré des ouvrages spéciaux, tels que Cécilius, Denys d'Halicarnasse, Rutilius, Cornificius, Visellius, et beaucoup d'autres, sans compter les vivants, qui ne seront pas moins célèbres un jour. J'avoue, au reste, qu'on peut trouver un plus grand nombre de figures de mots, mais je n'accorde pas qu'on en puisse trouver qui vaillent mieux que celles qui sont enseignées par les grands écrivains; et, pour commencer par Cicéron, il en a rapporté beaucoup dans le troisième livre de son traité *De Oratore*, qu'il semble avoir condamnées lui-même en ne les mentionnant pas dans son *Orateur,* qu'il a écrit depuis. En effet, les unes sont plutôt des figures de pensées que des figures de mots, comme celles qu'on nomme *imminutio, improvisum, imago, sibi ipsi responsio, digressio, permissio, contrarium,* qui est, je crois, ce qu'on appelle ἐναντιότης, *sumpta ex adverso probatio.* Les autres ne sont nullement des figures, comme ce qu'on nomme *ordo, dinumeratio, circumscriptio*; soit qu'on entende par ce dernier mot une sentence courte, soit qu'on entende la définition, que Cornificius et Rutilius rangent parmi les figures de diction. Quant à la *transposition élégante des mots,* c'est-à-dire à l'*hyperbate,* que Cécilius regarde aussi comme une figure, je l'ai placée parmi les tropes. Pour la figure appelée *mutatio,* en admettant que ce soit ce que Rutilius nomme ἀλλοίωσις, son objet est de faire voir la différence des hommes, des choses, des actions : or, si elle a quelque étendue, ce n'est plus une figure; si elle est courte, elle revient à l'antithèse. Que si cette appellation signifie *hypallage,* j'en ai suffisamment parlé. Mais qu'est-ce que la figure *ad propositum subjecta ratio?*

---

dia ponatur : quod et eodem cluditur verbo; ut quod dicit de Roscio, *Etenim, quum artifex ejusmodi sit, ut solus dignus videatur esse, qui scenam introeat; tum vir ejusmodi sit, ut solus videatur dignus, qui eo non accedat;* est et in nominibus ex diverso collocatis sua gratia, *Si consul Antonius, Brutus hostis; si conservator reipublicæ Brutus, hostis Antonius.* Olim plura de figuris, quam necesse erat; et adhuc erit, qui putet esse figuram, *Incredibile est, quod dico, sed verum;* ἀνθυποφοράν vocant; et , *Aliquis hoc semel tulit, ego bis, ego ter,* διέξοδον et, *Longius evectus sum, sed redeo ad propositum,* ἄφοδον. Quædam verborum figuræ paulum figuris sententiarum declinantur, ut *dubitatio :* nam quum est in re, priori parti assignanda est; quum in verbo, sequenti : *Sive me malitiam, sive stultitiam dicere oportet :* item correctionis eadem ratio est : nam quod illic dubitat, hic emendat. Etiam in personæ fictione accidere quidam idem putaverunt, ut in verbis esset hæc figura, *Crudelitatis mater est avaritia;* et apud Sallustium in Ciceronem, *O Romule Arpinas;* qualis est et apud Menandrum, *OEdipus Thriasius :* hæc omnia copiosius sunt executi, qui non ut partem operis transcurrerunt, sed proprie libros huic operi dedicaverunt, sicut Cœci-

lius, Dionysius, Rutilius, Cornificius, Visellius, aliique non pauci; sed non minor erit eorum, qui vivunt, gloria. Ut fateor autem verborum quoque figuras posse plures reperiri a quibusdam, ita iis, quæ ab auctoribus claris traduntur, meliores, non assentior : nam inprimis M. Tullius multas in tertio De Oratore libro posuit, quas in Oratore, postea scripto, transeundo videtur ipse damnasse : quarum pars est, quæ sententiarum potius, quam verborum sit, ut *imminutio, improvisum, imago, sibi ipsi responsio, digressio, permissio, contrarium* (hoc enim puto, quod dicitur ἐναντιότης), *sumpta ex adverso probatio.* Quædam omnino non sunt figuræ, sicut *ordo, dinumeratio, circumscriptio;* sive hoc nomine significatur comprehensa breviter sententia, sive finitio : nam et hoc Cornificius atque Rutilius schema λέξεως putant; verborum autem *concinna transgressio,* id est *hyperbaton,* quod Cæcilius quoque putat *schema,* a nobis est inter tropos posita. Et *mutatio,* et si ea est, quam Rutilius ἀλλοίωσιν vocat, dissimilitudinem ostendit hominum, rerum, factorum; quæ si latius fiat, figura non est; si angustius, in ἀντίθετον cadet; si vero hæc appellatio significet ὑπαλλαγήν, satis de ea dictum est. Quod vero schema est *ad propositum subjecta ratio?* utrum, quod Rutilius αἰτιο-

Est-ce ce que Rutilius appelle αἰτιολογία? Du moins est-il permis de ne pas regarder comme une figure un raisonnement déduit de plusieurs propositions, bien que ce soit ce qu'il traite en premier lieu sous le nom de προσαπόδοσις. Il est certain que la prosapodose exige plusieurs propositions, puisqu'elle consiste, soit à réfuter immédiatement, l'une après l'autre, chaque proposition, comme dans ce passage d'Antoine : *Je ne le crains pas comme accusateur, parce que je suis innocent; je ne le redoute pas comme compétiteur, parce que je suis Antoine; je n'attends rien de lui comme consul, parce qu'il est Cicéron;* soit à émettre deux ou trois propositions de suite, et à y répondre dans le même ordre, comme ce que dit Brutus au sujet de la dictature de Pompée : *Il vaut mieux ne commander à personne, que d'obéir à quelqu'un. Dans la première condition, on peut vivre honorablement; dans la seconde, la vie n'est supportable en aucune manière.* Souvent aussi on déduit plusieurs raisons d'une seule proposition, comme dans ces vers de Virgile :

> Soit que les sels heureux d'une cendre fertile
> Deviennent pour la terre un aliment utile;
> Soit que le feu l'épure, et chasse le venin
> Des funestes vapeurs qui dorment dans son sein;
> Soit qu'en la dilatant par sa chaleur active;
> Soit qu'enfin, etc.. (DELILLE.)

Je n'entends pas bien ce qu'il veut dire par *relation* : si c'est, ou l'*hypallage*, ou l'*épanode*, ou l'*antimétabole*, j'ai déjà parlé de toutes ces figures. Quoi qu'il en soit, Cicéron, dans son *Orateur*, ne revient ni sur ces dernières figures, ni sur les précédentes. Dans ce même traité, il ne met, parmi les figures de mots, que l'*exclama-*

tion, qui, selon moi, est plutôt une figure de pensée, parce qu'elle est l'expression d'un sentiment ; et en cela je suis d'accord avec tous les autres rhéteurs. Cécilius ajoute à ces figures la *périphrase*, dont j'ai déjà parlé, et Cornificius l'*interrogation*, le *raisonnement*, la *subjection*, la *transition*, l'*occultation*, puis la *sentence*, le *membre*, l'*article*, l'*interprétation*, la *conclusion*; mais les premières sont des figures de pensées, et les dernières ne sont nullement des figures. J'en dis autant de tout ce que Rutilius ajoute à la nomenclature des autres rhéteurs, sous les dénominations suivantes : παρομολογία, ἀναγκαῖον, ἠθοποιία, δικαιολογία, πρόληψις, χαρακτηρισμὸς, βραχυλογία, παρασιώπησις, παρρησία. Quant à ces auteurs qui ont poussé presque sans fin cette recherche de noms, et qui ont mis jusqu'aux arguments parmi les figures, je les passerai sous silence. Et même pour ce qui regarde les véritables figures, j'ajouterai, en peu de mots, qu'autant elles contribuent à orner le style quand elles sont placées à propos, autant elles sont froides quand on les prodigue outre mesure. On voit cependant des orateurs qui, sans se mettre en peine du fond des choses et de la solidité des pensées, s'imaginent avoir atteint la perfection de l'éloquence par l'accouplement monstrueux de mots vides de sens. Aussi entassent-ils figures sur figures, ne s'apercevant pas qu'il est aussi ridicule d'associer des mots sans substance que de chercher une forme sans corps. Je dirai plus : il faut être sobre, même du bien. En effet, les divers mouvements du visage, et surtout des yeux, ajoutent beaucoup à l'effet des paroles de l'orateur : cependant si tous ses traits, son front, ses yeux,

---

λογίαν vocat? nam de illo dubitari possit, an *schema* sit distributis subjecta ratio, quod apud eumdem primo loco positum est. Προσαπόδοσιν dicit, quæ ut maxime servetur, sane in pluribus propositis; quia aut singulis statim ratio subjiciatur, ut est apud C. Antonium, *Sed neque accusatorem eum metuo, qui sum innocens, neque competitorem vereor, qui sum Antonius; neque consulam spero, qui est Cicero :* aut positis duobus, vel tribus, eodem ordine singulis continua reddatur; quale apud Brutum de dictatura Cn. Pompeii, *Præstat enim nemini imperare, quam alicui servire : sine illo enim vivere honeste licet, cum hoc vivendi nulla conditio est.* Sed et uni rei multiplex ratio subjungitur, ut apud Virgilium,

> Sive inde occultas vires, et pabula terræ
> Pinguia concipiunt, sive illis omne per ignem
> Excoquitur vitium...........
> Seu plures calor ille vias.........
> Seu durat magis........

et totus locus. *Relationem* quid accipi velit, non liquet mihi : num si ὑπαλλαγὴν, aut ἐπάνοδον, aut ἀντιμεταβολὴν dicit, de omnibus locuti sumus : sed quidquid id est, neque hoc, neque superiora in Oratore repetit : sola est in eo libro posita pariter inter figuras verborum *exclamatio,* quam sententiæ potius puto : affectus enim est; et

cæteris omnibus consentio. Adjicit his Cæcilius περίφρασιν, de qua dixi; Cornificius *interrogationem, ratiocinationem, subjectionem, transitionem, occultationem;* præterea *sententiam, membrum, articulum, interpretationem, conclusionem :* quorum priora alterius generis sunt schemata; sequentia schemata omnino non sunt. Idem Rutilius præter ea, quæ apud alios quoque sunt, παρομολογίαν, ἀναγκαῖον, ἠθοποιίαν, δικαιολογίαν, πρόληψιν, χαρακτηρισμὸν, βραχυλογίαν, παρασιώπησιν, παρρησίαν : de quibus idem dico : nam eos quidem auctores, qui nullum prope finem fecerunt exquirendis nominibus, præteribo; qui etiam, quæ sunt argumentorum, figuris adscripserunt. Ego illud de iis etiam, quæ vere sunt, adjiciam breviter, sicut ornent orationem opportune positæ, ita ineptissimas esse, quum immodice petantur : sunt, qui neglecto rerum pondere, et viribus sententiarum, si vel inania verba in hos modos depravarunt, summos se judicent artifices, ideoque non desinant eas nectere : quas sine substantia sectari tam est ridiculum, quam quærere habitum gestumque sine corpore. Sed ne eæ quidem, quæ recte fiunt, densandæ sunt nimis : nam et vultus mutatio, oculorumque conjectus, multum in actu valet : sed si quis ducere os exquisitis modis, et frontis ac luminum inconstantia trepidare non desinat, rideatur; et oratio habet

étaient dans une agitation perpétuelle, on se moquerait de lui. L'oraison a de même son attitude naturelle : sachons éviter et cette immobilité qui tient de la stupeur, et cette mobilité qui tient de la grimace. Mais sachons surtout observer les convenances que nous imposent le *lieu*, la *personne*, le *temps*; car la plupart des figures sont destinées à plaire. Or, dans un sujet où il s'agit d'exciter l'indignation, la haine, la pitié, qui pourrait supporter le langage d'un orateur qui mêlerait aux accents de la colère, aux gémissements et aux prières, l'afféterie des antithèses et tous les faux brillants d'un style artificiel? car le soin qu'on donne aux mots rend la passion suspecte, et partout où l'art se montre, la vérité disparaît.

Ch. IV. De toutes les parties de l'art oratoire, la *composition* est peut-être celle que Cicéron a travaillée avec le plus de soin ; et je n'aurais pas osé la traiter après lui, si quelques-uns de ses contemporains, dans sa correspondance avec lui, n'eussent osé le critiquer sur cette matière, et si, depuis, plusieurs n'eussent écrit sur le même sujet. C'est pourquoi je m'en tiendrai la plupart du temps à ce qu'enseigne Cicéron ; et, dans ce qui est indubitable, je serai fort court. Peut-être m'arrivera-t-il quelquefois de n'être pas tout à fait du même avis ; mais je proposerai le mien, sans prétendre y assujettir personne.

Je sais qu'il y a des gens qui condamnent absolument le soin de la composition, prétendant qu'un langage inculte, et tel qu'il se présente, a quelque chose de plus naturel, et même de plus mâle. Si ces personnes ne reconnaissent pour *naturel* que ce qui est le produit brut de la nature, l'art oratoire est une pure inanité; car les premiers hommes ont parlé sans connaître les règles et les soins qu'il comporte. Ils n'ont su ni *préparer* les esprits par un exorde, ni *instruire* par une exposition, ni *prouver* par des arguments, ni *émouvoir* par les passions. Ce n'est donc pas seulement la composition qui leur a manqué, mais tout ce qui est de l'art. Si en ceci ils n'avaient rien à gagner à la culture, ils ont eu tort de quitter leurs cabanes pour des maisons, leurs peaux de bêtes pour des vêtements, leurs montagnes et leurs forêts pour des villes. Qu'on me cite un art qui soit né soudainement. Qu'y a-t-il au contraire que la parure n'embellisse? Pourquoi tailler la vigne et la fouir? pourquoi défricher les champs? car les ronces sont aussi des fruits naturels de la terre. Pourquoi apprivoiser les animaux ? ne naissent-ils pas indomptés? Disons plutôt que rien n'est plus naturel que ce que la nature permet de développer en elle sans la contrarier. Or, peut-on dire qu'un style où tout marche au hasard soit plus fort qu'un style où tout se lie et s'enchaîne harmonieusement? Car si, dans la poésie, l'emploi de petits pieds, semblables à ceux des vers sotadéens, énerve la pensée; si, de même, la prose perd sa force sous la plume de quelques écrivains prétentieux, il ne faut pas croire que ce soit l'effet de la composition. Au reste, comme un fleuve, entraîné par la pente d'un lit large et uni, est plus impétueux que s'il avait à lutter et à se briser sans cesse contre des rochers, de même un style qui, au moyen d'un certain enchaînement, coule dans toute sa plénitude, vaut mieux qu'un style heurté et continuellement interrompu. Pourquoi donc s'imaginer que la force et la beauté sont incompatibles, quand on voit au contraire que rien ne va fort loin sans

---

rectam quamdam velut faciem ; quæ ut stupere immobili rigore non debebit, ita sæpius in ea, quam natura dedit, specie continenda est. Sciendum vero inprimis, quid quisque in orando postulet *locus*, quid *persona*, quid *tempus* : major enim pars harum figurarum posita est in delectatione: ubi vero atrocitate, invidia, miseratione pugnandum est, quis ferat contrapositis?, et pariter cadentibus, et consimilibus irascentem, flentem, rogantem? quum in his rebus cura verborum deroget affectibus fidem; et ubicunque ars ostentatur, veritas abesse videatur.

Cap. IV. De *compositione* non equidem post Marcum Tullium scribere auderem (cui nescio an nulla pars operis hujus sit magis elaborata), nisi et ejusdem ætatis homines, scriptis ad ipsum etiam litteris, reprehendere id collocandi genus ausi fuissent, et post eum plures multa ad eamdem rem pertinentia memoriæ tradidissent. Itaque accedam in plerisque Ciceroni, atque in iis ero, quæ indubitata sunt, brevior; in quibusdam paulum fortasse dissentiam : nam etiam quum judicium meum ostendero, suum tamen legentibus relinquam. Neque ignoro quosdam esse, qui curam omnem *compositionis* excludant, atque illum horridum sermonem, ut forte fluxerit, modo magis *naturalem*, modo etiam magis *virilem* esse contendant : qui si id demum *naturale* esse dicunt, quod a natura primum ortum est, et quale ante cultum fuit, tota hæc ars orandi subvertitur. Neque enim locuti sunt ad hanc regulam et diligentiam primi homines, nec proœmiis *præparare*, *docere* expositione, argumentis *probare*, affectibus *commovere* scierunt : ergo his omnibus, non sola compositione caruerunt : quorum si fieri nihil melius licebat, ne domibus quidem casas, aut vestibus pellium tegmina, aut urbibus montes ac silvas mutari oportuit. Quæ porro ars statim fuit? quid non cultu nitescit? cur vites coercemus manu? cur eas fodimus? rubos arvis excidimus? terra et hos generat. Mansuefacimus animalia? indomita nascuntur : verum id est maxime naturale, quod fieri natura optime patitur. Fortius vero quod incompositum potest esse, quam vinctum, et bene collocatum? neque, si parvi pedes vim detrahunt rebus, ut in *Sotadeorum* et *Galliamborum*, et quorumdam in oratione simili pæne licentia lascivientium, compositionis est judicandum. Cæterum quanto vehementior fluminum cursus est prono alveo, ac nullas moras objiciente, quam inter obstantia saxa fractis aquis ac reluctantibus ; tanto, quæ connexa est, et totis viribus fluit, fragosa atque interrupta melior oratio:

le secours de l'art, et que l'art est toujours accompagné de la beauté? Est-ce qu'un javelot habilement lancé ne fend pas l'air avec plus de grâce? Plus la main de l'archer est sûre, plus son attitude est belle. Enfin, au combat des armes et dans tous les exercices gymnastiques, celui-là sait le mieux se défendre ou attaquer, à qui l'art a appris à combiner ses mouvements et à observer certaines mesures. Je tiens donc, pour moi, que la composition est aux pensées ce que l'arc et la corde sont à la flèche. Aussi les doctes sont-ils persuadés qu'elle est d'une merveilleuse efficacité non-seulement pour plaire, mais encore pour émouvoir : d'abord, parce qu'il est impossible qu'une chose entre dans le cœur, lorsqu'elle n'a pu s'introduire dans l'oreille, qui en est comme le vestibule ; en second lieu, parce que le sentiment de l'harmonie nous est naturel. Autrement, comment pourrait-on expliquer l'effet que produisent sur nous les instruments de musique, qui ne rendent pourtant que des sons vagues et inarticulés? Ainsi, dans les combats sacrés, le mode n'est pas le même pour exciter les esprits et pour les calmer ; pour faire entendre des accents belliqueux, ou pour accompagner la voix suppliante du gladiateur agenouillé ; enfin, la trompette ne sonne pas la charge comme elle sonne la retraite. Les pythagoriciens avaient coutume, à leur réveil, de prendre la lyre pour s'animer aux travaux du jour ; et, avant de se coucher, de calmer par le même moyen l'activité tumultueuse de leurs pensées. Que si l'harmonie de la musique est si puissante, combien plus celle de la parole? Si la convenance des mots importe à une pensée, la composition n'importe pas moins aux mots, soit dans le tissu de la phrase, soit à la fin d'une période ; car quelquefois la pensée et l'expression n'ont rien que de commun et de médiocre, et c'est la composition seule qui les relève. Enfin, essayez de déranger et d'intervertir l'ordre des mots dans une phrase qui vous aura frappé par sa force, sa douceur ou son éclat, cette force, cette grâce, cette beauté disparaîtra. Cicéron, dans son *Orateur*, en a fait l'épreuve sur lui-même. Changez, dit-il, quelque chose à la période suivante : *Neque me divitiæ movent, quibus omnes Africanos et Lælios multi venalitii mercatoresque superarunt;* changez de même les périodes qui viennent après, et il en sera des membres de ces périodes comme de traits à demi rompus ou décochés de travers. Le même orateur a corrigé, au contraire, certains passages des Gracques, qui lui paraissaient durs et négligés : ce qui sied bien à Cicéron ; mais, pour nous, contentons-nous de nous corriger nous-mêmes, en resserrant ce que nos ébauches peuvent avoir de lâche et de traînant. Car à quoi bon chercher des exemples étrangers, quand on peut recourir à sa propre expérience? Il me suffit donc de faire remarquer que plus la pensée et l'expression sont belles, plus le style déplaira si la composition est mauvaise, parce que l'éclat des expressions ne contribue alors qu'à faire ressortir la négligence de la composition. C'est pourquoi, si je n'hésite pas à reconnaître que la perfection de cette qualité du style a été un des derniers efforts de l'art, je crois en même temps que les anciens n'ont pas laissé de s'en occuper, à proportion des progrès de l'art ; et l'autorité de Cicéron ne me persuadera pas

---

cur ergo vires ipsas specie solvi putent, quando res nec ulla sine arte satis valeat, et comitetur semper artem decor? An non eam, quæ emissa optime est, hastam speciosissime contortam ferri videmus? et arcu dirigentium tela, quo certior manus, hoc est habitus ipse formosior? Jam in certamine armorum, atque in omni palæstra, quid satis recte cavetur ac petitur, cui non artifex motus, et certi quidam pedes adsint? Quare mihi compositione velut amentis quibusdam, nervisque intendi et concitari sententiæ videntur : ideo eruditissimo cuique persuasum est valere eam quam plurimum, non ad delectationem modo, sed ad motum quoque animorum : primum, quia nihil intrare potest in affectus, quod in aure, velut quodam vestibulo, statim offendit ; deinde, quod natura ducimur ad modos ; neque enim aliter eveniret, ut illi quoque organorum soni, quamquam verba non exprimunt, in alios tamen atque alios motus ducerent auditorem. In certaminibus sacris non eadem ratione concitant animos ac remittunt ; non eosdem modos adhibent, quum bellicum est canendum, et quum posito genu supplicandum est ; nec idem signorum concentus est procedente ad prælium exercitu, idem receptui carmen. Pythagoreis certe moris fuit, et, quum evigilassent, animos ad lyram excitare, quo essent ad agendum erectiores; et, quum somnum peterent, ad eamdem prius lenire mentes, ut, si quid fuisset turbidiorum cogitationum, componerent. Quod si numeris ac modis inest quædam tacita vis, in oratione est vehementissima ; quantumque interest, sensus idem quibus verbis efferatur, tantum, verba eadem qua compositione vel in textu jungantur, vel in fine claudantur ; nam quædam et sententiis parva, et elocutione modica, virtus hæc sola commendat. Denique quod cuique visum erit vehemens, dulciter, speciose dictum, solvat et turbet ; abierit omnis vis, jucunditas, decor : solvit quædam sua in Oratore Cicero, *Neque me divitiæ movent, quibus omnes Africanos et Lælios multi venalitii mercatoresque superarunt*, et insequentes deinceps periodos : quas si ad illum modum turbes, velut fracta, aut transversa tela projeceris. Idem corrigit, quæ a Graccho composita durius putat : illum decet ; nos hac sumus probatione contenti, quod in scribendo, quæ se nobis solutiora obtulerunt, componimus : quid enim attinet eorum exempla quærere, quæ sibi quisque experiri potest? illud notasse satis habeo, quo pulchriora et sensu et elocutione dissolveris, hoc orationem magis deformem fore ; quia negligentia collocationis ipsa verborum luce deprehenditur. Itaque ut confitear pæne ultimam oratoribus artem *compositionis*, quæ perfecta sit, contigisse ; ita illis quoque priscis habitam inter curas, in quantum adhuc profecerant, puto : neque enim mihi, quamlibet magnus auctor, Cicero per-

que Lysias, Hérodote, Thucydide, l'aient regardée comme une chose indifférente. Peut-être cela tient-il à ce qu'ils n'ont pas écrit dans le même genre de littérature que Démosthène et Platon, qui eux-mêmes diffèrent entre eux. Lysias, en effet, dont le style ressemble à une trame fine et déliée, devait-il s'exposer à le corrompre par un nombre trop plein, et à perdre par là cette admirable simplicité qui le distingue? Il n'eût pas même atteint le but qu'il se proposait ; car il écrivait pour autrui, et ne prononçait pas lui-même ses plaidoyers, qui par conséquent ne devaient point laisser paraître l'art; et ce déguisement même est un des secrets de la composition. Quant à Thucydide, comme le style de l'histoire doit être rapide et continu, ces repos dont la voix de l'orateur et l'esprit de l'auditeur ont également besoin, cet artifice d'élocution qu'exige la fin ou le commencement d'une période, tout cela ne convenait pas à son genre. Du reste, on rencontre dans ses harangues de ces désinences étudiées et de ces oppositions de mots dont j'ai parlé. Pour Hérodote, outre que son style me paraît fort coulant, le dialecte dont il s'est servi a par lui-même une certaine grâce, qui semble ne pouvoir venir que d'un rhythme caché.

Mais je parlerai bientôt de la diversité des genres; maintenant il est question des règles de la composition. Distinguons d'abord deux styles : l'un *lié* et fortement ourdi, l'autre *délié*, tel que celui de la conversation et de la correspondance épistolaire, à moins qu'on n'y traite des questions d'un ordre relevé, des questions de philosophie, de politique, ou autres d'un semblable intérêt. Je ne veux pas dire que le style délié n'ait aussi ses pieds et une mesure peut-être plus difficile à observer ; car le style épistolaire et le style de la conversation ne souffrent pas de trop fréquents hiatus, ni le défaut absolu de quantité. Je veux dire seulement que, à proprement parler, ce style ne coule pas, que les mots n'y sont point enchaînés et ne s'entraînent pas mutuellement, comme dans un discours; en un mot, qu'il est plutôt relâché que dépourvu de liaison. La même simplicité convient aussi quelquefois aux petites causes; les nombres n'en sont point bannis, mais ils sont différents, et ils agissent sans se montrer. Pour ce qui est du style *lié*, il a trois formes, qui se nomment *incises*, κόμματα ; *membres*, κῶλα ; *périodes*, περίοδοι, en latin *ambitus, circumductum, continuatio, conclusio*. Or, dans toute composition trois choses sont nécessaires, l'*ordre*, la *liaison*, le *nombre*. Parlons donc d'abord de l'*ordre*. Il faut le considérer par rapport aux mots pris isolément, ἀσύνδετα, et par rapport aux mots joints ensemble. Dans le premier cas, il faut éviter la dégradation, et ne pas dire, par exemple, un *sacrilège*, un *voleur*, ou bien un *brigand*, un *audacieux* ; car les pensées doivent toujours aller en croissant et en s'élevant. C'est ce que Cicéron observe admirablement bien, lorsqu'il dit : *Vous, avec cet énorme gosier, avec ces larges poumons, avec cette encolure de gladiateur*. Ces mots, en effet, enchérissent les uns sur les autres ; au lieu que, s'il eût commencé par dire, *avec cette encolure de gladiateur*, il eût eu mauvaise grâce à parler ensuite de son gosier et de ses poumons. L'ordre naturel veut aussi qu'on dise, *les hommes et les femmes, le jour et la nuit, l'orient et l'occident*, plutôt que, *les femmes et les hommes, etc.* Il y a certains mots qu'on rend superflus en

---

suaserit, Lysiam, Herodotum, Thucydidem, parum studiosos ejus fuisse. Genus fortasse sint secuti non idem, quod Demosthenes, aut Plato, quamquam et ii ipsi inter se dissimiles fuerunt : nam neque illud in Lysia dicendi textum tenue atque rarum lætioribus numeris corrumpendum erat : perdidisset enim gratiam, quæ in eo maxima est, simplicis atque inaffectati coloris; perdidisset fidem quoque; nam scribebat aliis, non ipse dicebat, ut oportuerit esse illa rudibus et incompositis similia : quod ipsum *compositio* est. Et historiæ, quæ currere debet ac ferri, minus convenissent insistentes clausulæ, et debita actionibus respiratio, et cludendi inchoandique sententias ratio : in concionibus quidem etiam similiter cadentia quædam, et contraposita deprehendas : in Herodoto vero quum omnia, ut ego quidem sentio, leniter fluunt, tum ipsa διάλεκτος habet eam jucunditatem, ut latentes etiam numeros complexa videatur. Sed de propositorum diversitate post paulum; nunc, quæ prius iis, qui recte componere volent, discenda sint : est igitur ante omnia *oratio* alia *vincta*, atque *contexta* ; *soluta* alia, qualis in sermone et epistolis, nisi quum aliquid supra naturam suam tractant, ut *de philosophia, de republica*, similibus. Quod non eo dico, quia non illud quoque solutum habeat suos quosdam, et forsitan difficiliores etiam pedes; neque enim aut hiare semper vocalibus, aut destitui temporibus volunt sermo atque epistola ; sed non fluunt, nec cohærent, nec verba verbis trahunt; ut potius laxiora in his vincula, quam nulla sint. Nonnunquam in causis quoque minoribus decet eadem simplicitas, quæ nonnullis, sed aliis utitur numeris, dissimulatque eos, et tantum communit occultius. At illa connexa series tres habet formas, *incisa*, quæ κόμματα dicuntur, *membra*, quæ κῶλα, περίοδον, quæ est vel *ambitus*, vel *circumductum*, vel *continuatio*, vel *conclusio* : in omni porro compositione tria sunt genera necessaria, *ordo, junctura, numerus* : primum igitur de *ordine*. Ejus observatio in verbis est singulis et contextis : singula sunt, quæ ἀσύνδετα diximus : in his cavendum, ne decrescat oratio, et fortiori subjungatur aliquid infirmius, ut *sacrilego fur*, aut *latroni petulans* : augeri enim debent sententiæ, et insurgere, ut optime Cicero, *Tu*, inquit, *istis faucibus, istis lateribus, ista gladiatoria totius corporis firmitate :* aliud enim majus alio supervenit ; at si cœpisset a toto corpore, non bene ad latera faucesque descenderet : est et alius naturalis ordo, ut *viros ac feminas, diem ac noctem, ortum et occasum* dicas potius, quam retror-

les déplaçant. Par exemple, on dit fort bien *fratres gemini*; mais si l'on commence par *gemini*, il est inutile d'ajouter *fratres*. Cependant je n'approuve pas le scrupule de ceux qui veulent que le nom marche toujours avant le verbe, le verbe avant l'adverbe, le nom avant l'adjectif et le pronom; car souvent le contraire a beaucoup de grâce. C'est un pur scrupule aussi que de s'attacher rigoureusement à l'ordre des temps, non qu'ordinairement ce ne soit le mieux; mais quelquefois ce qui est antérieur est plus important, et doit par conséquent être placé après ce qui est postérieur, mais moins important. Clore le sens par le verbe, est ce qu'il y a de mieux, si la composition le permet; car toute la force du discours est dans les verbes; mais si l'harmonie en souffre, cette considération doit l'emporter sur l'autre, comme on peut le voir dans les plus grands orateurs des deux langues. Car il y a certainement *hyperbate*, toutes les fois que le verbe ne termine pas la phrase; mais l'hyperbate est un trope ou une figure, et partant une beauté. Après tout, les mots ne sont point assujettis à la mesure des pieds, comme dans les vers. Aussi rien n'empêche qu'on ne les transporte d'un lieu en un autre, où ils cadrent mieux; de même que, dans un édifice, les pierres les plus irrégulières et les plus grosses ne laissent pas de trouver leur place. Cependant le style le plus heureux est celui où l'ordre, la liaison et le nombre se trouvent réunis. Mais il y a quelquefois des transpositions qui sont d'une longueur excessive, comme je l'ai dit dans les livres précédents, et dont la composition est même vicieuse, comme dans ces phrases de Mécène, qui trahissent la recherche et l'afféterie : *Sole et aurora rubent plurima. Inter sacra movit aqua fraxinos. Ne exsequias quidem unus inter miserrimos viderem meas*. Cette dernière est d'autant plus mauvaise, que Mécène joue sur un sujet triste en lui-même. Souvent néanmoins un mot produit un grand effet à la fin d'une période, qui échapperait à l'attention de l'auditeur s'il était placé au milieu, et, pour ainsi dire, caché dans la foule; tandis que là il fixe l'attention et se grave dans l'esprit, comme on peut le voir dans ce passage de Cicéron : *Ut tibi necesse esset in conspectu populi romani vomere postridie*. Transposez ce mot *postridie*; il n'aura plus la même force. En effet, ce mot ressort à la fin de la période comme la pointe d'une épée; car Cicéron, après avoir parlé de la dégoûtante nécessité de vomir, qui semble le terme de la crapule, aiguise le trait, en y ajoutant la honte de n'avoir pu digérer en vingt-quatre heures les viandes dont il s'était gorgé. Domitius Afer avait coutume de clore le sens par un mot transposé, à dessein de donner seulement plus de rudesse à sa composition, notamment dans ses exordes. Ainsi il dit dans son plaidoyer pour Cloantilla : *Gratias agam continuo*; et dans celui qu'il fit pour Lélia : *Eis utrisque apud te judicem periclitatur Lælia*. Il était tellement ennemi de ces modulations douces et délicates qui flattent l'oreille, que, loin de les chercher, il en entravait le cours, lorsqu'elles se présentaient d'elles-mêmes. Il n'est personne qui ne sache aussi qu'un mauvais arrangement fait naître l'amphibologie. Voilà, en peu de mots, ce que j'ai cru devoir dire sur l'ordre, sans lequel un discours, fût-il d'ailleurs bien lié et bien

---

sum. Quædam ordine permutato fiunt supervacua, ut *fratres gemini*; nam si præcesserint *gemini, fratres* addere non est necesse. Illa nimia quorumdam fuit observatio, ut *vocabula verbis, verba* rursus *adverbiis, nomina appositis* et *pronominibus* essent priora; nam fit contra quoque frequenter non indecore. Nec non et illud nimiæ superstitionis, uti quæque sint tempore, ea facere etiam ordine priora; non quin frequenter sit hoc melius, sed quia interim plus valent ante gesta, ideoque levioribus superponenda sunt. Verbo sensum cludere, multo, si compositio patiatur, optimum est; in verbis enim sermonis vis : sed si id asperum erit, cedet hæc ratio numeris, ut fit apud summos græcos latinosque oratores frequentissime : sine dubio enim omne, quod non cludet, *hyperbaton* est : ipsum hoc inter tropos, vel figuras, quæ sunt virtutis, receptum est. Non enim ad pedes verba dimensa sunt : ideoque ex loco transferuntur in locum, ut jungantur, quo congruent maxime; sicut in structura saxorum rudium etiam ipsa enormitas invenit, cui applicari, et in quo possit insistere : felicissimus tamen sermo est, cui et rectus ordo, et apta junctura, et quum his numerus opportune cadens contigit. Quædam vero transgressiones et longæ sunt nimis, ut superioribus diximus libris, et interim etiam compositione vitiosæ, quæ in hoc ipsum petuntur, ut exsultent atque lasciviant, quales illæ Mæcenatis, *Sole et aurora rubent plurima. Inter sacra movit aqua fraxinos. Ne exsequias quidem unus inter miserrimos viderem meas* : quod inter hæc pessimum est, quia in re tristi ludit compositio. Sæpe tamen est vehemens aliquis sensus in verbo; quod si in media parte sententiæ latet, transire intentionem, et obscurari circumjacentibus solet; in clausula positum assignatur auditori, et infigitur, quale illud est Ciceronis, *Ut tibi necesse esset in conspectu populi romani vomere postridie*. Transfer hoc ultimum, minus valebit : nam totius ductus hic est quasi mucro, ut per se fœdæ vomendi necessitati, jam nihil ultra exspectantibus, hanc quoque adjiceret deformitatem, ut cibus teneri non posset *postridie*. Solebat Afer Domitius trajicere in clausulas verba tantum asperandæ compositionis gratia, et maxime in procœmiis, ut pro Cloantilla, *Gratias agam continuo*; et pro Lælia, *Eis utrisque apud te judicem periclitatur Lælia* : adeo refugit teneram delicatamque modulandi voluptatem, ut currentibus per se numeris, quod eos inhiberet, objiceret. Amphiboliam quoque fieri vitiosa locatione verborum, nemo est, qui nesciat : hæc arbitror, in brevi, de ordine fuisse dicenda; qui si vitiosus est, licet et vincta sit, et apte cadens oratio, tamen merito incomposita dicatur. Junctura sequitur; est in *verbis, incisis, membris, periodis*; omnia namque istæ et virtutes et vitia in complexu

cadencé, sera toujours regardé, avec raison, comme un discours mal fait. Vient ensuite la *liaison*. Elle s'étend aux *mots*, aux *incises*, aux *membres*, aux *périodes*; car toutes ces parties ont leurs beautés et leurs défauts, par rapport à la manière dont on les joint ensemble. D'abord, pour procéder méthodiquement, il y a de ces liaisons choquantes qui sautent aux yeux des plus ignorants, lorsque, par exemple, deux mots, qui se suivent, sont tels, que la dernière syllabe de l'un et la première de l'autre forment un mot obscène ou grossier. En second lieu, lorsque des voyelles se rencontrent, il en résulte un hiatus qui interrompt tout à coup le cours de l'oraison, et le rend, pour ainsi dire, laborieux. Rien n'est encore plus dur à l'oreille que deux voyelles longues de suite, lorsque ce sont les mêmes; et surtout de ces voyelles dont le son se tire du creux du gosier, ou que l'on ne peut articuler sans ouvrir largement la bouche. La lettre E est plus pleine; la lettre I est plus grêle. Aussi la rencontre de ces deux voyelles passe-t-elle presque inaperçue. Une brève après une longue, ou une longue après une brève, n'est pas non plus fort désagréable. Le concours de deux brèves choque encore moins. En un mot, ce concours de deux voyelles sera plus ou moins rude, selon que la prononciation de ces voyelles sera plus ou moins différente. Cependant, quel qu'il soit, il ne faut pas s'en faire un monstre; et je ne sais ce qu'il y a de pis, à cet égard, ou de la négligence, ou du scrupule; car la crainte de tomber dans ce défaut entrave nécessairement l'élan de l'orateur, et détourne son esprit d'objets plus importants. C'est pourquoi, s'il y a de la négligence à n'en tenir aucun compte, d'un autre côté il y a de la petitesse à s'en effrayer continuellement; et ce n'est pas sans raison que l'on

reproche aux disciples d'Isocrate, et particulièrement à Théopompe, d'avoir été trop scrupuleux sur ce point. Démosthène et Cicéron s'en sont mis médiocrement en peine. Et en effet, la *synalèphe*, qui confond deux voyelles en une, rend quelquefois l'oraison plus douce que si chaque mot demeurait en son entier. Quelquefois même l'hiatus n'est pas sans grâce, et donne un certain air de grandeur à ce que nous disons, comme ici : *Pulchra oratione acta omnino jactare*; outre que les syllabes longues par elles-mêmes, et, pour ainsi dire, plus nourries que les brèves, gagnent encore quelque chose à ce repos qu'on met entre deux voyelles.

Voici, du reste, comme Cicéron lui-même s'en explique : *Cette espèce d'hiatus*, dit-il, *que produit la rencontre de deux voyelles, a je ne sais quoi de négligé qui ne déplaît pas, en ce que cet abandon dénote un orateur plus occupé des choses que des mots*. Les consonnes, et surtout celles qui sont un peu dures, sont aussi sujettes à se heurter dans la liaison des mots; par exemple, l'*s* finale immédiatement suivie d'un *x*; et le sifflement est plus désagréable encore, si ce sont deux mêmes consonnes qui se rencontrent, comme *ars studiorum*. C'est pour cela que Servius, comme je l'ai dit, retranchait l'*s* toutes les fois qu'elle finissait un mot, et qu'elle était suivie d'une autre consonne. Lauranius l'en blâme, et Messala le défend. Car on ne croit pas que Lucilius ait laissé l'*s* finale dans *serenus fuit* et *dignus locoque* : Cicéron témoigne aussi dans son *Orateur* que plusieurs des anciens en usaient de même. De là *belligerare, po' meridiem*, et cette expression de Caton le Censeur, *dice hanc*, pour *diem hanc*, en adoucissant *M* en *E* : façon de parler que certaines personnes ne manquent pas de corriger

---

habent. Atque ut ordinem sequar, primum sunt quæ imperitis quoque ad reprehensionem notabilia videntur, id est, quæ, commissis inter se verbis duobus, ex ultima prioris ac prima sequentis syllaba, deforme aliquod nomen efficiunt; tum vocalium concursus; qui quum accidit, hiat, et intersistit, et quasi laborat oratio : pessime longæ, quæ easdem inter se litteras committunt, sonabunt; præcipuus tamen erit hiatus earum, quæ cavo, aut patulo maxime ore efferuntur. *E* planior littera est, *I* augustior est; ideoque obscurius in his vitium : minus peccabit, qui longis breves subjiciet, et adhuc, qui præponet longæ brevem : minima est in duabus brevibus offensio; atque quum aliæ subjunguntur aliis, perinde asperiores erunt, prout oris habitu simili, aut diverso pronunciabuntur. Non tamen id, ut crimen ingens, expavescendum est; ac nescio negligentia in hoc, an sollicitudo sit pejor : inhibeat etiam necesse est hic metus impetum dicendi, et a potioribus avertat : quare ut negligentiæ est pars hoc pati, ita humilitatis ubique perhorrescere; nimiosque non immerito in hac cura putant omnes Isocratem secutos, præcipueque Theopompum. At Demosthenes et Cicero modice respexerunt ad hanc partem : nam et coeuntes litteræ, quæ συνα-

λοιφαί dicuntur, etiam leniorem faciunt orationem, quam si omnia verba suo fine cludantur; et nonnunquam hiulca etiam decent, faciuntque ampliora quædam, ut, *Pulchra oratione acta omnino jactare*; tum longæ per se, et velut opimæ syllabæ aliquid etiam medii temporis inter vocales, quasi intersistatur, assumunt. Qua de re utar Ciceronis potissimum verbis : *Habet*, inquit, *ille tanquam hiatus et concursus vocalium molle quiddam, et quod indicet non ingratam negligentiam de re hominis magis, quam de verbis, laborantis* : cæterum consonantes quoque, earumque præcipue, quæ sunt asperiores, in commissura verborum rixantur et *S* ultima cum *X* proxima, quarum tristior etiam, si binæ collidantur, stridor est, ut *Ars studiorum*. Quæ fuit causa et Servio, ut dixi, subtrahendæ *S* litteræ, quoties illins esset, aliaque consonans susciperetur : quod reprehendit Lauranius, Messala defendit : nam neque Lucilium putant uti eadem ultima, quum dicit, *Serenus fuit*, et *dignus locoque*, et Cicero in Oratore plures antiquorum tradit sic locutos. Inde *belligerare, po' meridiem*, et illa Censorii Catonis, *Dice hanc*, æque *M* littera in *E* mollita : quæ in veteribus libris reperta mutare imperiti solent, et,

dans les vieux livres; mais, en voulant reprendre l'ignorance des copistes, ils trahissent la leur. Cette même lettre M, à la fin d'un mot, s'unit tellement avec la syllabe qui commence le mot suivant, qu'elle semble s'identifier avec elle; et, quoiqu'on l'écrive, à peine la prononce-t-on, comme *multum ille*, et *quantum erat*; en sorte qu'elle rend presque le son d'une nouvelle lettre, car on ne la supprime pas, mais elle est, pour ainsi dire, éteinte, et ne sert plus que de note entre deux voyelles, pour empêcher qu'elles ne se confondent. Il faut prendre garde aussi que les dernières syllabes d'un mot ne soient les mêmes que les premières du mot suivant. On ne s'étonnera pas de me voir faire cette recommandation, puisqu'il est échappé à Cicéron de dire dans une lettre : *res mihi invisæ visæ sunt, Brute;* et d'écrire ce vers :

O fortunatam natam me consule Romam !

Plusieurs monosyllabes de suite ne feront pas non plus un bon effet, parce que ces petites chutes multipliées rendent nécessairement la composition sautillante. Par la même raison, il faut éviter la continuité des mots composés d'un petit nombre de syllabes; et, par la raison contraire, celle des mots composés d'un grand nombre de syllabes, parce qu'ils rendent la diction traînante. Ce sont encore des défauts que je dois signaler ici, que de joindre ensemble des mots qui ont même cadence, même désinence et même déclinaison; de mettre des verbes, des noms, ou autres parties de l'oraison, à la suite les uns des autres, sans les entremêler; car, sans la variété, les beautés même finissent par lasser. A l'égard des membres et des incises, la liaison n'est pas seulement assujettie aux mêmes règles que pour les mots, mais, indépendamment de l'harmonie qui en-chaîne ce qui finit à ce qui commence, il est encore très-essentiel, pour la composition, de savoir ce qu'on doit mettre avant ou après. Car ici, par exemple : *Vomens frustis esculentis gremium suum et totum tribunal implevit*, la gradation est observée; au contraire, dans le passage suivant (je me sers souvent des mêmes exemples à propos de choses diverses, pour les rendre plus familiers) : *Saxa atque solitudines voci respondent; bestiæ sæpe immanes cantu flectuntur, atque consistunt*, si l'ordre était changé, la gradation serait plus juste; car il est plus difficile d'émouvoir des pierres que des bêtes féroces : mais cette gradation devait être sacrifiée à la beauté de la composition. Passons maintenant aux nombres. Tout ce qui s'appelle *structure*, *mesure* et *enchaînement de mots*, consiste dans les nombres (par nombres j'entends les *rhythmes*), ou dans les *mètres*, c'est-à-dire dans une certaine dimension. Or, bien que les rhythmes et les mètres soient composés de pieds, ils diffèrent néanmoins sous bien des rapports. Les *rhythmes*, ou nombres, consistent dans un certain espace de temps; et les mètres, outre cet espace de temps, consistent encore dans un certain ordre : de sorte que les uns semblent appartenir plutôt à la quantité, et les autres à la qualité. Le *rhythme* est composé de parties, qui sont, ou égales, ou en proportion sesquialtère, ou doubles. Égales, comme le *dactyle;* car le dactyle contient une syllabe longue égale à deux brèves. Ce n'est pas que d'autres pieds n'aient aussi la même propriété; mais celui-ci est en possession d'être cité pour exemple. Les enfants eux-mêmes savent qu'une syllabe longue a deux temps, et qu'une brève n'en a qu'un. En proportion sesquialtère, comme le *péon*, qui est composé d'une longue et de trois

---

dum librariorum insectari volunt inscientiam, suam confitentur. Atqui eadem illa littera, quoties ultima est, et vocalem verbi sequentis ita contingit, ut in eam transire possit, etiamsi scribitur, tamen parum exprimitur, ut, *Multum ille*, et, *Quantum erat;* adeo ut pæne cujusdam novæ litteræ sonum reddat; neque enim eximitur, sed obscuratur, et tantum aliqua inter duas vocales velut nota est, ne ipsæ coeant. Videndum etiam, ne syllabæ verbi prioris ultimæ sint primæ sequentis : id ne quis præcipi miretur, Ciceroni in epistolis excidit, *Res mihi invisæ visæ sunt, Brute;* et in carmine,

O fortunatam natam me consule Romam!

Etiam monosyllaba, si plura sunt, male continuabuntur, quia necesse est, compositio multis clausulis concisa subsultet; ideoque etiam brevium verborum ac nominum vitanda continuatio, et ex diverso quoque longorum; afferunt enim quamdam dicendi tarditatem. Illa quoque vitia sunt ejusdem loci, si cadentia similiter et similiter desinentia, et eodem modo declinata, jungantur. Ne verba quidem verbis, aut nomina nominibus, similiaque his, contindari decet, quum virtutes etiam ipsæ tædium pariant, nisi gratia varietatis adjutæ. Membrorum, incisorumque junctura non ea modo est observanda, quæ verborum, quamquam et in his extrema ac prima *coeunt;* sed plurimum refert *compositionis*, quæ quibus anteponas; nam et *vomens frustis esculentis gremium suum et totum tribunal implevit;* et contra (nam frequentius utar iisdem diversarum quoque rerum exemplis, quo sint magis familiaria), *Saxa atque solitudines voci respondent; bestiæ sæpe immanes cantu flectuntur, atque consistunt;* magis insurgebat, si verteretur; nam plus est *saxa*, quam *bestias, commoveri;* vicit tamen compositionis decor. Sed transeamus ad numeros : omnis *structura*, ac *dimensio*, et *copulatio vocum* constat aut numeris (numeros ῥυθμοὺς accipi volo), aut μέτροις, id est, dimensione quadam; quod etiamsi constat utrumque pedibus, habet tamen non simplicem differentiam : nam *rhythmi*, id est, numeri, spatio temporum constant; *metra* etiam ordine; ideoque alterum esse quantitatis videtur, alterum qualitatis. Ῥυθμὸς est aut par, ut *dactylus;* unam enim syllabam parem brevibus habet : est quidem vis eadem et aliis pedibus, sed nomen illud tenet (*longam* esse duorum temporum, *brevem* unius, etiam pueri sciunt); aut sescuplex, ut *pæon*, quum sit ex

23.

brèves; ou son contraire, qui est formé de trois brèves et d'une longue; ou tout autre pied, où trois temps sont à deux dans le même rapport. Doubles, comme l'*iambe*, qui est d'une brève et d'une longue, et réciproquement. Tout cela forme autant de pieds métriques, mais avec cette différence, qu'il importe peu pour le rhythme que le dactyle commence ou finisse par deux brèves, par la raison que le rhythme ne mesure que le temps, c'est-à-dire l'intervalle d'un *levé* à un *frappé*. Il n'en est pas de même du mètre; car on ne peut employer indifféremment un *anapeste* ou un *spondée* pour un dactyle, et le péon ne peut non plus commencer ou finir indifféremment par des brèves. Et non-seulement le vers ne comporte pas un pied pour un autre, mais il ne comporte pas même un dactyle ou un spondée pour un autre dactyle ou pour un autre spondée. Ainsi, que l'on change l'ordre des cinq dactyles qui se succèdent dans ce vers :

Panditur interea domus omnipotentis Olympi,

le vers n'existera plus. Je remarque encore trois différences. D'abord, les rhythmes ont un espace libre, et les mètres n'en ont qu'un circonscrit, ceux-ci étant toujours renfermés dans un cercle déterminé, tandis que ceux-là courent sur la même mesure, depuis le commencement jusqu'à la *métabole*, c'est-à-dire jusqu'à ce qu'on passe à un autre genre de rhythme. Ensuite, le mètre n'est que dans les mots, et le rhythme s'applique aussi au mouvement du corps. Enfin, les rhythmes admettent plus facilement des temps superflus, quoique cela arrive aussi dans les mètres. Cependant la licence est d'autant plus grande dans les rhythmes, qu'on y mesure les temps par la pensée, qu'on y marque les intervalles en battant la mesure avec le pied ou avec les doigts, et que, au moyen de certaines notes, on suppute combien tel intervalle contient de brèves : d'où sont venues ces mesures qu'on appelle τετράσημοι, à quatre temps, πεντάσημοι, à cinq temps, et d'autres plus longues encore; car le mot grec σημεῖον veut dire un temps. Dans la prose, la mesure est plus déterminée, et doit être plus sensible pour tout le monde. Elle réside donc dans les pieds; et les pieds métriques se présentent si naturellement dans la prose, que souvent, sans le vouloir, il échappe des vers de toute espèce. Et même il ne s'écrit rien en prose, qu'on ne puisse, à la rigueur, réduire en petits vers, ou en fragments de vers. Il s'est même rencontré des grammairiens assez vétilleux pour observer curieusement la mesure de tous les pieds qui entrent dans un ouvrage de prose, comme s'il s'agissait de vers lyriques. Il est vrai que Cicéron répète sans cesse que la beauté de la composition consiste entièrement dans les *nombres* : aussi lui en a-t-on fait un reproche, parce que ce serait assujettir la prose aux rhythmes; car, comme il l'établit lui-même, les nombres sont les *rhythmes*; et, après lui, Virgile a dit :

.....Numeros memini, si verba tenerem :

Et Horace :

........Numerisque fertur
Lege solutis.

On attaque donc, entre autres, ce passage de Cicéron, où il dit que *Démosthène n'aurait pas été si foudroyant, si son éloquence n'eût été soutenue par les nombres*. Or, si par les nombres il a entendu les *rhythmes*, je ne suis pas de son avis, puisque les *rhythmes*, ainsi que je l'ai dit,

---

longa et tribus brevibus; quique ei contrarius, ex tribus brevibus et longa ; vel alio quoquo modo, ut tempora tria ad duo relata sescuplum faciant ; aut duplex, ut *iambus* (nam est ex brevi et longa) ; quique est ei contrarius. Sunt hi et metrici pedes ; sed hoc interest, quod *rhythmo* indifferens est, *dactylus*ne ille priores habeat breves, an sequentes : tempus enim solum metitur, ut a sublatione ad positionem idem spatii sit : proinde alia dimensio est versuum; pro *dactylo* poni non poterit *anapæstus*, aut *spondeus* ; nec *pæon* eadem ratione brevibus incipiet ac desinet. Neque solum alium pro alio pedem metrorum ratio non recipit, sed ne dactylum quidem, aut forte spondeum alterum pro altero : itaque si quinque continuos dactylos, ut fit in illo,

Panditur interea domus omnipotentis Olympi,

confundas, solveris versum. Sunt et illa discrimina, quod *rhythmis* libera spatia, *metris* finita sunt ; et his certæ clausulæ, illi, quomodo cœperant, currunt usque ad μεταβολὴν, id est, transitum in aliud genus rhythmi ; et quod *metrum* in verbis modo, *rhythmus* etiam in corporis motu est. Inania quoque tempora *rhythmi* facilius accipient, quamquam hæc et in metris accidunt : major tamen illic licentia est, ubi tempora etiam animo metiun- tur, et pedum et digitorum ictu intervalla signant, quibusdam notis, atque æstimant, quot breves illud spatium habeat : inde τετράσημοι, πεντάσημοι, deinceps longiores fiunt percussiones ; nam σημεῖον tempus est unum. In compositione orationis certior, et magis omnibus aperta servari debet dimensio ; est igitur in pedibus; et metrici quidem pedes adeo reperiuntur in oratione, ut in ea frequenter non sentientibus nobis omnium generum excidant versus; et contra nihil, quod prosa scriptum, non redigi possit in quædam versiculorum genera, vel in membra. Sed in adeo molestos incidimus grammaticos, quam fuerunt, qui lyricorum quædam carmina in varias mensuras coegerunt : at Cicero frequentissime dicit, totum hoc constare *numeris*, ideoque reprehenditur a quibusdam, tamquam orationem ad *rhythmos* alliget : nam sunt numeri *rhythmi*, ut et ipse constituit, et secuti eum Virgilius, quum dicit,

.... Numeros memini, si verba tenerem :

et Horatius,

.... Numerisque fertur
Lege solutis.

Invadunt ergo hanc inter cæteras vocem, *Neque enim Demosthenis fulmina tantopere vibratura* dicit, nisi

n'ont point de terme fixe, ni de variété dans leur tissu, mais qu'ils parcourent sans interruption l'intervalle d'un *levé* à un *frappé*, ce qui n'a pas lieu dans la prose, laquelle ne se mesure pas par un battement du pied ou des doigts. Cicéron lui-même le sent fort bien, puisqu'il déclare souvent qu'il ne cherche que ce qui est nombreux, ne voulant pas, d'un côté, que la composition soit lourde et grossière, ἄρρυθμον, ni, de l'autre, qu'elle soit poétique, εὔρυθμον. C'est ainsi qu'on exerce un jeune homme à la lutte, sans prétendre pour cela en faire un lutteur. Mais enfin il faut bien donner un nom à cette combinaison qui résulte des pieds; et quelle autre lui convient mieux que celui de *nombre*, et de nombre oratoire, comme nous appelons l'enthymème, syllogisme de la rhétorique? Pour moi, afin de me mettre à l'abri de la chicane que n'a pu éviter Cicéron lui-même, je demande que, partout où j'ai employé et où j'emploierai le mot *nombre* pour désigner la beauté de la composition, on entende *nombre oratoire*.

Or, l'art de la composition consiste à bien combiner l'arrangement des mots. Je suppose que le choix, l'examen, la distinction même en est déjà faite; car il vaut mieux unir des mots dont l'association est un peu dure, que des mots inutiles. Cependant il sera permis de choisir certains mots, pourvu que ce soit parmi ceux qui auront même signification et même force; d'en ajouter, à condition qu'ils ne seront pas oiseux; d'en supprimer, mais s'ils ne sont pas nécessaires. Il sera permis enfin de varier les cas et les nombres par le moyen des figures : variété qui d'ordinaire embellit la composition, même indépendamment du nombre et de l'harmonie. Si la raison est pour un mot et l'usage pour un autre, on pourra choisir celui qu'on voudra, *vitavisse* ou *vitasse*, *deprehendere* ou *deprendere*. Je ne dénie pas même à la composition la faculté de contracter deux syllabes en une, et je lui abandonne tout ce qui ne saurait nuire ni au sens ni à l'élocution. Toutefois son principal soin est de bien juger à quelle place un mot cadre le mieux; mais ce soin, pour atteindre la perfection, ne doit avoir en vue que la composition. Au reste, l'emploi des pieds est beaucoup plus difficile en prose qu'en vers : premièrement, parce que le vers est toujours renfermé dans un petit nombre de mots, tandis que la prose a souvent de longues périodes; ensuite, parce que le vers, toujours semblable à lui-même, n'a qu'une sorte de marche, au lieu que, dans la prose, la composition; si elle n'est variée, choque par son uniformité, et accuse de l'affectation. En effet, les nombres sont répandus dans toutes ses parties, dans tout son tissu, puisque nous ne pouvons nous exprimer qu'à l'aide de mots, composés de syllabes brèves et longues, dont l'assemblage forme des pieds. Mais c'est surtout à la fin des périodes que les nombres sont nécessaires et qu'ils se font remarquer : d'abord, parce que tout sens a une conclusion, et, par conséquent, un intervalle naturel qui le sépare du sens qui suit; ensuite, parce que l'oreille, entraînée par le cours des paroles qui se succèdent les unes aux autres, comme des flots, ne juge bien des sons qui l'ont frappée qu'au moment où cette continuité s'arrête et lui donne le temps de la réflexion. Que ce qui doit servir à reposer l'esprit et à le délasser n'ait donc rien de dur ni d'abrupte; car

---

numeris contorta ferrentur; in quo si hoc sentit, *rhythmis contorta,* dissentio; nam *rhythmi,* ut dixi, neque finem habent certum, nec ullam in contextu varietatem, sed, qua cœperunt sublatione ac positione, ad finem usque decurrunt; oratio non descendet ad strepitum digitorum. Idque Cicero optime videt, ac testatur frequenter, se, quod numerosum sit, quærere; ut magis non ἄρρυθμον, quod esset inscitum atque agreste, quam ἔυρυθμον, quod poeticam est, esse compositionem velit; sicut etiam quos palæstritas esse nolumus, tamen esse nolumus eos, qui dicuntur ἀπάλαιστοι. Verum ea, quæ efficitur e pedibus, æqua conclusio, nomen aliquod desiderat : quid sit igitur potius, quam *numerus,* et oratorius numerus, ut enthymema rhetoricus syllogismus? Ego certe, ne in calumniam cadam, qua ne M. quidem Tullius caruit, posco hoc mihi, ut, quum pro composito dixero *numerum,* et ubicunque jam dixi, *oratorium* dicere intelligar. Collocatio autem verba jam probata, et electa, et velut assignata sibi debet connectere; nam vel dure inter se commissa potiora sunt inutilibus : tamen et eligere quædam, dum ex iis, quæ idem significent, atque idem valeant, permiserim; et adjicere, dum non otiosa; et detrahere, dum non necessaria; sed et figuris mutare et casus et numeros, quorum varietas, frequenter gratia compositionis ascita, etiam suo nomine solet esse jucunda. Etiam ubi aliud ratio, aliud consuetudo poscet, utrum volet, sumat compositio, *Vitavisse,* vel *vitasse, Deprehendere,* vel *deprendere* : coitus etiam syllabarum non negabo, et quidquid sententiis, aut eloquentiæ non nocebit. Præcipuum tamen in hoc opus est, scire quod quoque loco verborum maxime quadret; atque is optime componet, qui hoc solum componendi gratia facit. Ratio vero pedum in oratione est multo, quam in versu, difficilior : primum, quod *versus* paucis continetur; *oratio* longiores habet sæpe circuitus : deinde quod *versus* semper similis sibi est, et una ratione decurrit; *orationis* compositio, nisi varia est, offendit similitudine, et affectatione deprehenditur : et in omni quidem corpore, totoque, ut ita dixerim, tractu, numerus insertus est; neque enim loqui possumus, nisi e syllabis brevibus ac longis, ex quibus pedes fiunt : magis tamen et desideratur in clausulis, et apparet; primum, quia sensus omnis habet suum finem, poscitque naturale intervallum, quo a sequentis initio dividatur; deinde, quod aures, continuam vocem secutæ, ductæque velut prono decurrentis orationis flumine, tum magis judicant, quum ille impetus stetit, et intuendi tempus dedit. Non igitur durum sit, neque abruptum, quo animi velut respirant ac reficiuntur : hæc

c'est là que l'orateur s'arrête et s'assied, c'est là que l'auditeur l'attend, c'est là que les applaudissements font explosion.

Les commencements des périodes réclament à peu près le même soin; car l'auditeur y donne aussi toute son attention. Mais ils offrent moins de difficulté, parce qu'ils n'ont pas une liaison étroite avec ce qui précède, et ne lui empruntent qu'une sorte d'exorde pour arriver à une fin quelconque. Cependant cette fin ne doit pas être trop négligée; et elle perdrait tout son prix, si on y arrivait par une pente roide, et comme en tombant. De là vient qu'on admire la composition de Démosthène dans la phrase suivante : Πρῶτον μὲν, ὦ ἄνδρες Ἀθηναῖοι, τοῖς θεοῖς εὔχομαι πᾶσι καὶ πάσαις; et dans cette autre phrase du même orateur, qui plaît à tout le monde, excepté, je crois, à Brutus : κἂν μήπω βάλλῃ, μηδὲ τοξεύῃ; tandis qu'on blâme dans Cicéron : *Familiaris cœperat esse balneatori*, et, *non nimium dura archipiratæ*. Cependant *balneatori* et *archipiratæ* finissent exactement comme πᾶσι καὶ πάσαις et μηδὲ τοξεύῃ. D'où vient donc cette différence? C'est que, dans Démosthène, le commencement est plus soigné; c'est aussi que, dans Cicéron, chaque mot renferme deux pieds, ce qui est languissant, même en vers, non-seulement quand le vers finit par un mot de cinq syllabes, comme *Fortissima Tyndaridarum*, mais par un mot de quatre, comme *Apennino, armamentis, Orione*. Évitons donc de clore une phrase par ces sortes de mots de plusieurs syllabes. Dans le milieu des périodes, ce n'est pas assez que tout y soit bien lié, il faut aussi prendre garde que, par des mots trop longs, le discours ne devienne lent et paresseux; ou, ce qui est un défaut très-commun aujourd'hui, que, par des mots trop courts, il ne sautille, et ne produise à l'oreille l'effet de ces cliquettes qui servent de jouet aux enfants. Car si, dans les périodes, le commencement et la fin sont ce qu'il y a de plus important, parce qu'ils marquent où le sens commence et où il s'achève, le milieu a aussi ses repos, repos légers et fugitifs comme l'empreinte du pied d'un homme qui court, mais qui, tout en courant, laisse derrière lui la trace de ses pas. Ce n'est donc pas assez de commencer et de finir convenablement chaque membre, chaque incise, il faut encore soigner ces repos intermédiaires qui, bien qu'imperceptibles dans le cours d'une période, où tout est continu et d'une haleine, servent de degrés à la prononciation. Qui doute, par exemple, qu'il y ait un sens unique dans la phrase suivante, et qu'on doive la prononcer sans interruption : *Animadverti, judices, omnem accusatoris orationem in duas divisam esse partes?* Cependant on sent que les deux premiers mots, les trois qui suivent, les deux qui viennent après, et enfin les trois derniers, ont une certaine harmonie qui soutient la respiration. Toutes ces particules s'évaluent comme en musique, et, selon qu'elles sont graves ou aiguës, lentes ou rapides, rampantes ou vives, la composition qui en résulte est sévère ou efféminée, soutenue ou relâchée. Il y a quelquefois des fins de phrases qui sont boiteuses et pendantes si on les isole, mais qu'on parvient à soutenir en les rattachant aux membres suivants, de sorte que le défaut disparaît dans la continuité : *Non vult populus romanus obsoletis criminibus accusari Verrem :* cela est dur, si l'on en demeure là; mais unissez ce qui précède à ce qui suit, encore que ces parties diffèrent par le sens : *Nova*

---

est sedes orationis, hoc auditor exspectat, hic laus omnis declamat. Proximam clausulis diligentiam postulant initia; nam et in hæc intentus auditor est : sed eorum facilior ratio est; non enim cohærent, sed ita præcedentibus serviunt, ut exordium sumant cum clausula qualibet; sit tamen composita ipsa; gratiam perdet, si ad eam rupta via venerimus : quo fit, ut quum Demosthenis severa videatur compositio, πρῶτον μὲν, ὦ ἄνδρες Ἀθηναῖοι, τοῖς θεοῖς εὔχομαι πᾶσι καὶ πάσαις : et illa, quæ ab uno, quod sciam, Bruto minus probatur, cæteris placet, κἂν μήπω βάλλῃ, μηδὲ τοξεύῃ : Ciceronem carpant in his, *Familiaris cœperat esse balneatori*, et, *non nimium dura archipiratæ*; nam *balneatori* et *archipiratæ* idem finis est, qui πᾶσι καὶ πάσαις, et qui μηδὲ τοξεύῃ : sed priora sunt severiora : est in eo quoque nonnihil, quod hic singulis verbis bini pedes continentur, quod etiam in carminibus est permolle; nec solum ubi quinta syllabæ nectuntur, ut in his, *Fortissima Tyndaridarum*; sed etiam ubi quaternæ, quum versus cluditur *Apennino*, et *armamentis*, et *Orione*. Quare hoc quoque vitandum est, ne plurium syllabarum his verbis utamur in fine : mediis quoque non ea modo cura sit, ut inter se cohæreant, sed ne pigra, ne longa sint; ne, quod nunc maxime vitium est, brevium contextu resultent, ac sonum reddant pæne puerilium crepitaculorum. Nam ut initia clausulæque plurimum momenti habent, quoties incipit sensus, aut desinit; sic in mediis quoque sunt quidam conatus, qui leviter insistunt, ut currentium pes, etiamsi non moratur, tamen vestigium facit : itaque non modo membra atque incisa bene incipere atque cludi decet, sed etiam in iis, quæ non dubie contexta sunt, nec respiratione utuntur, illi vel occulti gradus. Quis enim dubitet, unum sensum in hoc et unum spiritum esse, *Animadverti, judices, omnem accusatoris orationem in duas divisam esse partes?* tamen et duo prima verba, et tria proxima, et deinceps duo rursus, ac tria, suos quasi numeros habent, spiritum sustinentes, sicut apud *rhythmicos* æstimantur. Hæ particulæ, prout sunt *graves*, *acres*, *lentæ*, *celeres*, *remissæ*, *exsultantes*; proinde id, quod ex illis conficitur, aut *severum*, aut *luxuriosum*, aut *quadratum*, aut *solutum* erit. Quædam etiam clausulæ sunt claudæ atque pendentes, si relinquantur : sed sequentibus suscipi ac sustineri solent; eoque facto, vitium, quod erat in fine, continuatio emendat : *Non vult populus romanus obsoletis criminibus accusari Verrem :* durum, si desinas; sed quum est continuatum iis, quæ sequuntur, quamquam natura ipsa divisa sint, *Nova postulat, inaudita desiderat*, salvus est cursus. *Ut adeas, tantum dabis*, male cluderet; nam

postulat, inaudita desiderat, et alors l'oraison chemine, et rien ne choque. *Ut adeas, tantum dabis,* cela serait une chute désagréable, car c'est la fin d'un trimètre. L'orateur continue : *ut cibum vestitumque introferre liceat, tantum;* il y a encore là quelque chose de précipité, mais qui se trouve affermi et soutenu par cette conclusion : *nemo recusabat.* Un vers entier, ou même une portion de vers, est d'un effet très-désagréable en prose, surtout si c'est la fin d'un vers qui termine une période, ou la première partie d'un vers qui la commence. Le contraire quelquefois n'est pas sans grâce, et une période finit fort bien avec le commencement d'un vers, pourvu que ce soit en peu de syllabes, et surtout si c'est un vers ïambique à six et à huit pieds. Ces mots, *in Africa fuisse,* sont le commencement d'un ïambe à six pieds, et finissent la première phrase de l'oraison pour Ligarius. Ceux-ci, *esse videatur,* dont on fait abus aujourd'hui, commencent un ïambe à huit pieds. On trouve aussi, dans Démosthène, πᾶσι καὶ πάσαις· καὶ πᾶσιν ὑμῖν· ὅσην εὔνοιαν. Je pourrais citer presque tout l'exorde. Une phrase peut aussi très-bien commencer avec une fin de vers : *Etsi vereor, judices;* et, *animadverti, judices;* mais elle commence mal avec un commencement de vers. Ainsi Tite-Live débute par le premier hémistiche d'un vers hexamètre : *facturusne operæ pretium sim;* car c'est ainsi qu'il a écrit, et cela vaut mieux encore que la manière dont on l'a corrigé. Une fin de vers termine également mal une phrase; et l'on blâme avec raison Cicéron d'avoir dit : *Quo me vertam, nescio,* ce qui est la fin d'un trimètre. Je dis trimètre, parce qu'on donne communément ce nom au vers ïambique de six pieds, ce vers, en effet, ne se mesurant que par trois battements. Ce qui est pis, c'est de clore une phrase avec la fin d'un hexamètre, comme l'a fait Brutus dans une de ses lettres : *Neque illi malunt habere tutores, aut defensores, quanquam sciunt placuisse Catoni.* Les vers ïambiques se font moins sentir, parce qu'ils se rapprochent davantage de la prose. Aussi échappe-t-il des vers entiers de cette espèce; on en rencontre très-souvent dans Brutus, qui était très-soigneux de la composition, assez souvent dans Asinius, quelquefois même dans Cicéron, comme on en peut juger par ce début de son oraison contre Lucius Pison : *Pro dii immortales, quis hic illuxit dies?* Il ne faut pas éviter avec moins de soin ce qui est trop nombreux, ἔνρυθμον, comme ce commencement de la guerre de Jugurtha, dans Salluste : *Falso queritur de natura sua;* car la prose, malgré ses liens, doit paraître libre. Platon lui-même, tout soigneux qu'il est de la composition, n'a pu éviter, dès les premières lignes de son *Timée,* les défauts que je viens de signaler; car on trouve d'abord un commencement de vers hexamètre, puis un vers anacréontique, et, si l'on veut, un trimètre, et cette sorte de vers de deux pieds et demi, que les Grecs appellent πενθημιμερὶς; et tout cela en très-peu de mots. Il est aussi échappé à Thucydide une phrase du genre de rhythme le plus mou qu'il y ait : ὑπὲρ ἥμισυ Κᾶρες ἐφάνησαν.

Mais puisque j'ai fait voir que la prose se compose de pieds, disons aussi quelque chose de ces pieds; et, comme on varie sur leurs noms, établissons bien ceux qui conviennent à chacun. Or, je crois ne pouvoir mieux faire que de prendre Cicéron pour guide, d'autant qu'il a suivi les meilleurs auteurs grecs, si ce n'est qu'il ne va pas, ce me semble, au delà du pied de trois syllabes, quoiqu'il fasse usage du *péon* et du *dochmius,* dont le premier a quatre syllabes, et le second cinq.

---

et trimetri versus pars ultima est: excipit, *ut cibum vestitumque introferre liceat, tantum;* præceps adhuc, firmatur ac sustinetur ultimo, *nemo recusabat.* Versum in oratione fieri, multo fœdissimum est, totum; sed etiam in parte, deforme; utique si pars posterior in clausula deprehendatur, aut rursus prior in ingressu : nam quod est contra, sæpe etiam decet, quia et cludit interim optime prima pars versus, dum intra paucas syllabas, præcipue senarii atque octonarii : *In Africa fuisse,* initium senarii est, et primum pro Quint. Ligario caput cludit : *Esse videatur,* jam nimis frequens, octonarium inchoat : talia sunt Demosthenis, πᾶσι καὶ πάσαις· καὶ πᾶσιν ὑμῖν· ὅσην εὔνοιαν, et totum pæne principium. Et ultima versuum initio conveniunt orationi, *Etsi vereor, judices;* et, *Animadverti, judices;* sed initia initiis non conveniunt : T. Livius hexametri exordio cœpit, *Facturusne operæ pretium sim;* nam ita edidit, estque melius, quam quo modo emendatur : nec clausulæ clausulis ; ut Cicero, *Quo me vertam, nescio,* qui trimetri finis est : trimetrum et promiscuo dicere liceat; sex enim pedes, tres percussiones habent : pejus cludit finis hexametri; ut Brutus in epistolis, *Neque illi malunt habere tutores, aut defensores, quamquam sciunt placuisse Catoni.* Illi minus sunt notabiles, quia hoc genus sermoni proximum est : itaque et versus hi fere excidunt, quos Brutus ipso componendi ductus studio sæpissime facit, non raro Asinius, sed etiam Cicero nonnunquam, ut in principio statim orationis in Lucium Pisonem, *Pro dii immortales, quis hic illuxit dies?* Non minore autem cura vitandum est, quidquid ἔνρυθμον, quale est apud Sallustium, *Falso queritur de natura sua:* quamvis enim vincta sit, tamen soluta videri debet oratio; atqui Plato, diligentissimus compositionis, in Timæo, prima statim parte, vitare ista non potuit : nam et initium hexametri statim invenias, et Anacreontion protinus colon efficias, et si velis trimetron, et quod duobus pedibus et parte, πενθημιμερὶς a Græcis dicitur; et hæc omnia in tribus verbis; ut Thucydidis ὑπὲρ ἥμισυ Κᾶρες ἐφάνησαν, ex mollissimo rhythmorum genere excidat. Sed quia orationem omnem constare pedibus dixi, aliqua de his quoque; quorum nomina quoniam varia traduntur, constituendum est, quo quemque appellemus : et quidem Ciceronem sequar (nam is eminentissimos

Il ne dissimule pas néanmoins qu'aux yeux de quelques-uns ces sortes de pieds sont plutôt des *nombres* que des pieds, et avec raison; car tout ce qui excède trois syllabes a plus d'un pied. Il y a donc quatre sortes de pieds à deux syllabes, et huit à trois. Les premiers sont : le *spondée*, de deux longues; le *pyrrhique*, appelé aussi le *pariambe*, de deux brèves; l'*iambe*, d'une brève et d'une longue; son contraire, le *chorée*, que d'autres nomment *trochée*, d'une longue et d'une brève. Les seconds sont : le *dactyle*, d'une longue et de deux brèves; l'*anapeste*, ou dactyle renversé, de deux brèves et d'une longue; l'*amphimacre*, plus souvent appelé *crétique*, formé d'une brève entre deux longues; l'*amphibraque*, d'une longue entre deux brèves; le *bacchius*, c'est-à-dire une brève suivie de deux longues; le *palimbacchius*, ou une brève précédée de deux longues; le *trochée*, nommé *tribraque* par ceux qui donnent au chorée le nom de trochée, ou trois brèves; enfin le *molosse*, composé de trois longues. Il n'est aucun de ces pieds qui n'entre dans la prose; mais plus la mesure en est pleine par rapport aux temps, et stable par rapport aux syllabes longues, plus ils donnent de poids à la diction. Les syllabes brèves, au contraire, lui donnent de la vitesse et du mouvement. Cela, du reste, dépend du lieu; car la lenteur où il est besoin de vitesse, et la vitesse où il est besoin de lenteur, sont également blâmables. Peut-être est-il bon aussi de remarquer qu'il y a des syllabes plus longues ou plus brèves que d'autres; car, bien qu'elles soient censées toutes n'avoir ni plus de deux temps, ni moins d'un, et que, par cette raison, dans les vers, les syllabes longues ou brèves soient toutes égales entre elles, on y sent néanmoins une différence en plus ou en moins. Aussi, par suite du privilège propre à la poésie, les vers admettent-ils certaines syllabes, qu'on appelle communes. En effet, dans la réalité, une syllabe peut être aussi bien brève ou longue, lorsqu'elle est seule, que lorsqu'elle est précédée d'une ou de plusieurs consonnes; et, dans la mesure des pieds, une syllabe brève devient longue, quoique suivie d'une autre brève précédée de deux consonnes, comme dans ce vers :

Agrestem tenui musam meditaris avena.

La syllabe *gre*, quoique brève, ne laisse pas de rendre long l'*a* qui la précède. Par conséquent elle lui communique de son temps. Or, comment le pourrait-elle, si elle n'avait pas plus de durée que la syllabe la plus brève, ce qu'elle serait elle-même sans les consonnes qui la suivent? or, elle prête un temps à la syllabe qui la précède, et en emprunte un à celle qui la suit. Voilà comme deux syllabes brèves de leur nature deviennent longues par position. Je suis étonné que des hommes très-doctes recherchent certains pieds et en rejettent certains autres, comme s'il en était un seul qui n'entrât pas nécessairement dans la prose. Qu'Éphorus garde donc sa prédilection pour le *pééon*, inventé par Thrasymaque, et goûté d'Aristote, ainsi que pour le *dactyle*, parce que ces deux pieds offrent un heureux tempérament de brèves et de longues : permis à lui de fuir le *spondée* et le *trochée*, le premier comme trop lent, le second comme trop rapide;

Græcorum est secutus), excepto quod pes mihi tris syllabas non videtur excedere; quamquam ille *pæone dochmioque*, quorum prior in quatuor, secuudus in quinque excurrit, utatur. Nec tamen ipse dissimulat quibusdam *numeros* videri, non *pedes*; neque immerito; quidquid enim supra tris syllabas, id est ex pluribus pedibus : ergo quum consent quatuor pedes binis, octo ternis; *spondeum* longis duabus; *pyrrhichium*, quem alii *pariambum* vocant, brevibus; *iambum* brevi longaque; huic contrarium e longa et brevi, *choreum*, non ut alii *trochæum*, nominemus. Ex his vero, qui ternas syllabas habent, *dactylum* longa duabusque brevibus; huic temporibus parem, sed retroactum, appellari constat *anapæston*; mediae inter longas brevis faciet *amphimacrum*; sed frequentius ejus nomen est *creticus*; longa inter breves, *amphibrachys*; duabus longis brevem sequentibus, *bacchius*; totidem longis brevem præcedentibus, *palimbacchius* erit; tres breves *trochæum*, quem *tribrachyn* dici volunt, qui choreo *trochæi* nomen imponunt; totidem longæ *molosson* efficiunt. Horum pedum nullus non in orationem venit, sed quo quique sunt temporibus pleniores, longisque syllabis magis stabiles, hoc graviorem faciunt orationem; breves celerem ac mobilem : utrumque locis utile; nam et illud, ubi opus est velocitate, tardum et segne, et hoc, ubi pondus exigitur, præceps ac resultans, merito damnetur. Sit in hoc quoque aliquid fortasse momenti, quod et longis longiores, et brevibus sunt breviores syllabæ; ut, quamvis neque plus duobus temporibus, neque uno minus habere videantur (ideoque in metris omnes breves longæque inter se obsessæ sunt pares), lateat tamen nescio quid, quod supersit, aut desit; nam versuum propria conditio est, ideoque in his quædam etiam communes. Veritas vero, quia patitur æque brevem esse vel longam vocalem, quum est sola, quam quum eam consonantes una, pluresve præcedunt; certe in dimensione pedum syllaba, quæ est brevis, insequente vebrevi alia, quæ tamen duas primas consonantes habeat, fit longa; ut,

Agrestem tenui musam meditaris avena.

A brevis, gre brevis, faciet tamen longam priorem; dat igitur illi aliquid ex suo tempore; quo modo, nisi habet plus, quam quæ brevissima, qualis ipsa esset detractis consonantibus? nunc unum tempus accommodat priori, et unum accipit a sequente : ita duæ natura breves, positione sunt temporum quatuor. Miror autem in hac opinione doctissimos homines fuisse, ut alios pedes ita eligerent, aliosque damnarent, quasi ullus esset, quem non sit necesse in oratione deprehendi : licet igitur *pæona* sequatur Ephorus, inventum a Thrasymacho, probatum ab Aristotele, *dactylumque*, ut temperatiores brevibus ac longis; fugiat *spondeum* et *trochæum*, alterius

qu'Aristote trouve l'*héroïque*, ou *dactyle*, plus approprié aux grands sujets, et l'*iambe*, aux choses de la vie humaine ; qu'il condamne le *trochée* comme trop précipité, et lui donne pour cela le nom d'une danse désordonnée ; que Théodecte et Théophraste, et, après eux, Denys d'Halicarnasse, en disent autant : ils auront beau faire, ils seront forcés malgré eux de donner entrée à ces pieds, et il ne leur sera pas toujours possible de s'en tenir seulement à l'*héroïque*, ou au *péon*, qu'ils aiment tant, parce qu'il fait rarement un vers. Cependant, comme il n'est pas possible d'allonger les mots ou de les raccourcir, et qu'il n'appartient qu'à la musique de faire à son gré leurs syllabes longues ou brèves, il s'ensuit que ce n'est pas le choix de ces mots, mais la manière de les arranger et de les combiner, qui donne à un écrivain la liberté de se servir de certains pieds plus souvent que d'autres. En effet, les pieds dépendent pour la plupart de l'enchaînement ou de la séparation des mots ; d'où il arrive qu'avec les mêmes mots on obtient plusieurs sortes de vers. Je me souviens, à ce sujet, qu'un poète assez distingué fit un jour ce vers en badinant :

Astra tenet cœlum, mare classes, area messem.

Si vous le retournez, vous aurez un *sotadéen*, lequel, à son tour, devient un trimètre dans le vers suivant retourné :

Caput exeruit mobile pinus repetita.

Il faut donc avoir soin d'entremêler les pieds de telle sorte, que ceux qui plaisent soient en plus grand nombre, et que les mauvais passent inaperçus dans la foule des bons ; car on ne peut pas changer la nature des lettres et des syllabes, et l'essentiel est de les assortir entre elles le mieux possible. Les syllabes longues, comme je l'ai dit, ont plus d'autorité, plus de poids ; les brèves, plus de rapidité. Les dernières, mêlées de certaines longues, semblent courir ; si elles se suivent sans interruption, elles semblent bondir. Quand on s'élève d'une brève à une longue, le mètre a plus de force ; quand on s'abaisse d'une longue à une brève, il a plus de douceur. On commence fort bien par des longues, quelquefois bien aussi par des brèves, comme *novum crimen*, ou, ce qui est encore plus doux, comme *animadverti, judices*, d'autant que ce commencement du plaidoyer pour Cluentius tient de la division, laquelle demande un peu de vivacité. Les longues, étant plus soutenues, sont aussi très-propres à clore un membre de phrase : ce qui n'exclut pas l'emploi des brèves, quoique la dernière syllabe soit regardée comme indifférente. Car je n'ignore pas qu'à la fin d'un membre de phrase, une brève peut compter pour une longue, par la raison que le temps qui lui manque se trouve en quelque sorte suppléé par ce qui suit. Cependant, si je consulte mon oreille, je sens qu'il est très-différent qu'une syllabe finale soit vraiment longue, ou censée telle. Car cette fin, par exemple : *dicere incipientem timere*, remplit moins l'oreille que celle-ci : *ausus est confiteri*. Or, s'il est indifférent que la dernière syllabe soit longue ou brève, ce sera un pied dans l'un et dans l'autre exemple ; et pourtant je ne sais comment il se fait que, dans le dernier, la finale a l'air de s'asseoir, tandis que, dans le premier, elle a l'air de rester debout. C'est sans doute cette considération qui a fait donner trois temps à la finale quand elle est longue, afin qu'elle ait aussi cette portion de temps que la finale brève reçoit de la syllabe longue qui la suit immédiatement. On ne doit pas seulement prendre garde au pied qui termine un membre de phrase, mais encore à celui qui le précède. Cette observation ne doit pas toutefois remonter au delà de trois

---

tarditate, alterius celeritate damnata; *herous*, qui est idem *dactylus*, Aristoteli amplior, *iambus* humanior videatur, *trochœum* ut nimis currentem damnet, eique *cordacis* nomen imponat; eademque dicant Theodoctes ac Theophrastus, similia post eos Halicarnassens Dionysius; irrumpent etiam ad invitos, nec semper illis *heroo*, aut *pœone* suo, quem, quia versum raro facit, maxime laudant, uti licebit : ut sint tamen aliis alii crebriores, non *verba* facient, quæ neque augeri, nec minui, nec sicuti modulatione produci, aut corripi possint; sed *transmutatio* et *collocatio*. Plerique enim ex commissuris eorum, vel divisione fiunt pedes; quo fit, ut iisdem verbis alii atque alii versus fiant; ut memini quemdam non ignobilem poetam ita lusisse,

Astra tenet cælum, mare classes, area messem.

Hic retrorsum sit *sotadeus* : itemque *sotadeo* adjuret retro trimetros,

Caput exeruit mobile pinus repetita.

Miscendi ergo sunt, curandumque, ut sint plures, qui placent, et circumfusi bonis deteriores lateant : nec vero in litteris syllabisque natura mutatur, sed refert, quæ cum quaque optime coeat : plurimum igitur auctoritatis, ut dixi, et ponderis habent *longæ*, celeritatis *breves* : quæ, si miscentur quibusdam longis, currunt; si continuantur, exsultant. Acres, quæ ex brevibus ad longas insurgunt; *leniores*, quæ a longis in breves descendunt : optime incipitur a longis, recte aliquando a brevibus; ut, *Novum crimen* : lenius, ut, *Animadverti, judices* : sed pro Cluentio recte etiam, quod initium ejus partitioni simile est, quæ celeritate gaudet. Clausula quoque e longis firmissima est; sed eludent etiam breves, quamvis habeatur indifferens ultima : neque enim ego ignoro in fine pro longa accipi brevem, quod videtur aliquid vacanti tempori ex eo, quod insequitur, accedere : aures tamen consulens meas, intelligo multum referre, verene longa sit, quæ cludit, an pro longa : neque enim tam plenum est, *Dicere incipientem timere*, quam illud, *Ausus est confiteri*. Atqui si nihil refert, brevis, an longa sit ultima, idem pes erit; verum nescio quo modo sedebit hoc, illud subsistet : quo moti quidam longæ ultimæ tria tempora dederunt, ut illud tempus, quod brevis ex longa accipit,

pieds; mais si ces pieds ne sont pas de trois syllabes, elle est nécessaire, sans dégénérer néanmoins en calcul de prosodie; si ces pieds sont de trois syllabes, on se contentera d'observer les deux derniers : autrement ce serait un simple pied, et nullement un nombre. Cependant le *dichorée* peut suffire, s'il est vrai qu'on puisse ne voir qu'un pied dans la réunion de deux chorées. J'en dis autant du *péon*, qui est formé d'un chorée et d'un pyrrhique, et qu'on regarde comme plus propre pour le commencement que pour la fin; ou de son contraire, qui est de trois brèves et d'une longue, et qu'on assigne particulièrement à la fin. Ce sont à peu près les seuls dont fassent mention ceux qui ont traité de la prosodie. Tous les autres pieds, quel que soit le nombre de temps dont ils se composent, par rapport à la proportion, ils les appellent *péons*. Il y a encore le *dochmius*, qui, formé d'un bacchius et d'un ïambe, ou d'un ïambe et d'un crétique, termine un membre de phrase d'une manière ferme et sévère. Le *spondée*, dont Démosthène a beaucoup fait usage, est toujours lent par lui-même. Précédé d'un *crétique*, il est d'un très-bon effet, comme ici : *De qua ego nihil dicam, nisi depellendi criminis causa*. Mais, comme je l'ai dit plus haut, il y a une grande différence entre deux pieds qui sont contenus dans un seul mot, et deux pieds qui sont d'un mot chacun. Ainsi, *criminis causa*, tombe avec force; *archipiratœ*, avec mollesse. Ce sera encore plus mou, si le spondée est précédé d'un tribraque, comme dans *facilitates, temeritates*. Cela vient de ce qu'il y a dans l'intervalle même des mots un temps caché, comme dans le spondée qui partage le pentamètre. Car le vers n'y serait pas, si ce spondée ne se formait de la fin d'un mot et du commencement d'un autre. On peut faire précéder le spondée d'un *anapeste*, quoique cela fasse moins bien : *muliere non solum nobili, verum etiam nota*. Ainsi que l'anapeste et le crétique, l'ïambe, qui se trouve dans l'un et l'autre, mais qui a une syllabe de moins, marchera fort bien aussi devant le spondée, car une brève précédera trois longues. Le spondée, suivi d'un ïambe, sera aussi d'un bon effet, *Iisdem in armis fui*. J'en dis autant d'un spondée et d'un bacchius placés avant un ïambe, car alors le dernier pied sera un dochmius : *In armis iisdem fui*. Il résulte de ce que je viens de dire que le molosse ne fait pas mal non plus à la fin, pourvu qu'il soit précédé d'une brève appartenant à un pied quelconque : *Illud scimus, ubicumque sunt, esse pro nobis*. Le spondée est moins grave, précédé d'un pyrrhique, comme *Judicii Juniani*; mais c'est bien pis quand il l'est d'un péon, comme ici : *Brute, dubitavi*, à moins qu'on ne veuille y voir un dactyle et un bacchius. On finit mal par deux spondées, ce qui, même en vers, se fait trop remarquer, à moins que ces deux spondées ne se composent, en quelque sorte, de trois membres : *Cur de perfugis nostris copias comparatis contra nos?* Car il y a là une syllabe, puis deux, puis une. Un dactyle ne fera pas non plus un bon effet devant le spondée, par la raison qu'un membre de phrase ne doit pas finir comme un vers. Le bacchius peut aussi se trouver à la fin, et se redouble même fort bien : *Venenum timeres*; il aime encore à être précédé d'un chorée et d'un spondée. Son contraire, ou le palimbacchius, termine également bien, à moins qu'on ne veuille que la dernière syllabe soit longue, et on peut très-bien le faire précéder d'un molosse : *Civis romanus*

---

huic quoque accederet : nec solum refert, quis claudat, sed quis antecedat. Retrorsum autem neque plus tribus (iique si non ternas syllabas habebunt, repetendi erunt; absit tamen poetica observatio), neque minus duobus; alioqui pes erit, non *numerus*; potest tamen vel unus esse *dichoreus*, si unus est, qui constat e duobus choreis : itemque *pæon*, qui est ex choreo et pyrrhichio, quem aptum initiis putant; vel contra, qui est e tribus brevibus et longa, cui clausulam assignant : de quibus fere duobus scriptores hujus artis loquuntur; alii omnes, quotcumque sint temporum, quæ ad rationem pertineant, *pœonas* appellant. Est et *dochmius*, qui fit ex bacchio et iambo, vel iambo et cretico, stabilis in clausulis, et severus : *spondeus* quoque, quo plurimum est Demosthenes usus, moram semper per se habet : optime præcedet eum *creticus*, ut in hoc, *De qua ego nihil dicam, nisi depellendi criminis causa* : illud est, quod supra dixi, multum referre, unone verbo sint duo pedes comprehensi, an uterque liber : sic enim fit forte, *Criminis causa*; molle, *Archipiratæ*; mollius, si tribrachys præcedat, *facilitates, temeritates*. Est enim quoddam in ipsa divisione verborum latens tempus, ut in pentametri medio spondeo, qui nisi alterius verbi fine, alterius initio constat, versum non efficit : potest, etiamsi minus bene, præponi anapæstus, *Muliere non solum nobili, verum etiam nota*. Tum anapæstus et creticus, iambus quoque, qui est in utroque, sed illis minor : præcedet enim tres longas brevis; et spondeus iambo recte præponitur, *Iisdem in armis fui* : tum spondeus et bacchius, sic enim fiet ultimus dochmius, *In armis iisdem fui*. Ex iis, quæ supra probavi, apparet, molossum quoque clausulæ convenire, dum habeat ex quocumque pede ante se brevem, *Illud scimus, ubicumque sunt, esse pro nobis*. Minus gravis erit spondeus, præcedente pyrrhichio, ut, *Judicii Juniani*; et adhuc pejus priore pæone, ut, *Brute, dubitavi*; nisi potius hoc esse volumus dactylum et bacchium : duo spondei non fere jungi patiuntur; quæ in versu quoque notabilis clausula est, nisi quum id fieri potest ex tribus quasi membris, *Cur de perfugis nostris copias comparat is contra nos?* una syllaba, duabus, una. Ne dactylus quidem spondeo bene præponitur, quia finem versus damnamus in fine orationis : bacchius et claudit, et sibi jungitur, *Venenum timeres*; vel choreum, et spondeum ante amat, ut, *Venenum timeres*; contrarius quoque qui est, cludet, nisi si ultimam longam esse volumus; optimeque habebit ante se molosson, *Civis romanus sum*; aut bacchium, *Quod hic potest, nos possemus*. Sed verius erit claudere choreum præcedente spon-

sum, ou d'un bacchius : *Quod hic potest, nos possemus*. Mais il est plus vrai de dire que ces membres de phrases se terminent par un chorée précédé d'un spondée; car le rhythme est principalement dans ces mots : *nos possemus*, et, *romanus sum*. Le dichorée dont les Asiatiques sont si prodigues, et qui n'est autre chose que deux chorées joints ensemble, termine aussi fort bien. En voici un exemple, rapporté par Cicéron : *Patris dictum sapiens temeritas filii comprobavit*. Le chorée comporte également devant lui le pyrrhique : *Omnes prope cives virtute, gloria, dignitate superabat*. Un dactyle ne déplaira pas non plus à la fin, si pourtant nous n'aimons mieux en faire un crétique, la finale étant longue ou brève à volonté : *Muliercula nixus in littore*. Le dernier pied recevra volontiers devant lui un crétique ou un ïambe, mais il s'accommodera mal d'un spondée, et encore moins d'un chorée. On peut encore finir par un amphibraque : *Q. Ligarium in Africa fuisse*, à moins qu'on n'aime mieux en faire un bacchius. Le trochée ne fera pas très-bien, si la dernière est brève, comme il faut nécessairement qu'elle le soit : autrement, comment finirait-on par le dichorée, qui plaît au plus grand nombre? Si on fait la dernière syllabe longue, le trochée deviendra un anapeste; si la syllabe qui le précède est longue, le même trochée deviendra un péon : *Si potero*; — *Dixit hoc Cicero*; — *Obstat invidia*. Aussi a-t-on assigné le péon au commencement. Le pyrrhique précédé d'un chorée pourra être placé à la fin, car alors c'est un péon. Mais, en général, tous les pieds qui finissent par des brèves sont moins soutenus, et ne conviennent guère que lorsque le style a besoin de courir, et ne connaît aucune pause. Le crétique est fort bon pour commencer : *Quod precatus a diis immortalibus sum*; et pour clore un membre de phrase : *In conspectu populi romani vomere postridie*. Ces exemples font voir que le crétique va bien, ou après l'anapeste, ou après le péon, je veux dire celui qui est assigné à la fin. Le redoublement d'un crétique n'est pas sans grâce : *servare quam plurimos* : ce qui vaut mieux que si le crétique était précédé d'un chorée : *non turpe duceret?* où je suppose que la finale est censée longue. Mais supposons qu'il y ait, *non turpe duceres*, il y a toujours ce vide dont j'ai parlé; car nous faisons une légère pause entre le dernier mot et l'avant-dernier, de sorte que la dernière syllabe de *turpe* s'en trouve allongée : autrement la phrase aurait quelque chose de précipité, et ressemblerait à la fin d'un trimètre: *Quis non turpe duceret?* Il en est de même de ces mots : *ore excipere liceret* : si on les prononce tout d'une haleine, on en fait un vers plein d'afféterie, tandis que, si on les partage en trois temps, ils acquièrent beaucoup de poids. Dans l'énumération que je viens de faire, mon dessein n'est pas d'interdire l'usage des autres pieds, mais seulement de montrer l'effet que produisent d'ordinaire ceux dont j'ai parlé, et de dire ce qui pour le moment me semblait le plus raisonnable. Car deux anapestes, par exemple, terminent aussi fort bien; et parce qu'ils constituent la fin d'un vers pentamètre, le rhythme qu'ils composent en porte le nom : *nam ubi libido dominatur, innocentiæ leve præsidium est;* car, au moyen de la synalèphe, les deux dernières syllabes ne sonnent que pour une. Un anapeste, précédé d'un spondée ou d'un bacchius, sera encore d'un meilleur effet, comme dans ce que je viens de citer, en le changeant ainsi : *leve innocentiæ præsidium est*. Je ne craindrai pas de contredire ici de grands auteurs, en avouant que le péon ne me

---

deo : nam hic potius est numerus, *nos possemus*, et *romanus sum* : claudet et dichoreus, id est, pes sibi ipse jungetur, quo Asiani sunt usi plurimum ; cujus exemplum Cicero ponit, *Patris dictum sapiens temeritas filii comprobavit*. Accipiet ante se choreus et pyrrhichium, *Omnes prope cives virtute, gloria, dignitate superabat;* cludet et dactylus, nisi eum observatio ultimæ creticum facit, ut , *Muliercula nixus in littore;* habebit ante hene creticum et iambum, spondeum male, pejus choreum. Cludit amphibrachus, *Q. Ligarium in Africa fuisse;* si non eum malumus esse bacchium : non optimus et trochæus, si ultima est brevis, quod certe sit necesse est; alioqui quomodo claudet, qui placet plerisque, dichoreus? illa observatione ex trochæo fit anapæstus: idem trochæus præcedente longa fit pæon, quale est, *Si potero*, et', *Dixit hoc Cicero; Obstat invidia;* sed hunc initiis dederunt : cludet et pyrrhichius choreo præcedente; nam sic pæon est : sed omnes ii, qui in breves excidunt, minus erunt stabiles; nec alibi fere satis apti, quam ubi cursus orationis exigitur, et clausulis non intersistitur. Creticus et initiis optimus, *Quod precatus a diis immortalibus sum;* et clausulis, *In conspectu populi romani vomere postridie* : apparet vero, quam bene eum præcedant, vel anapæstus, vel ille, qui videtur fini aptior, pæon : sicut et se ipse sequitur, *Servare quam plurimos;* sic melius, quam choreo præcedente , *Non turpe duceret?* si ultima brevis pro longa fit : sed fingamus sic, *Non turpe duceres* : sed hic est illud inane, quod dixi; paululum enim moræ damus inter ultimum ac proximum verbum, et *turpe* illud intervallo quodam producimus : alioqui sit exsultantissimum, et trimetri finis, *Quis non turpe duceret?* sicut illud, *Ore excipere liceret,* si jungas, lascivi carminis est; sed interpunctis quibusdam et tribus quasi initiis, fit plenum auctoritatis. Nec ego , quum præcedentes pedes posui, legem dedi, ne alii essent; sed quid fere accideret, quod in præsentia videretur optimum, ostendi : et quidem optime est sibi junctus anapæstus, ut qui sit pentametri finis, vel rhythmus qui nomen ab eo traxit, *Nam ubi libido dominatur, innocentiæ leve præsidium est;* nam synalœphe facit, ut duæ ultimæ syllabæ pro una sonent. Melior fiet præcedente spondeo , vel bacchio ; ut si mutes idem , *leve innocentiæ præsidium est:*

séduit pas avec ses trois brèves et une longue ; car ce n'est qu'un anapeste avec une brève de plus : *facilitas, agilitas.* Je ne vois pas la raison de leur prédilection pour ce pied, si ce n'est peut-être qu'ils ont eu en vue le langage ordinaire plutôt que le style oratoire. En effet, le péon aime à être précédé de brèves, c'est-à-dire d'un pyrrhique ou d'un chorée : *mea facilitas, nostra facilitas.* Que si vous mettez un spondée devant, vous ne laisserez pas d'avoir la fin d'un trimètre, puisque déjà le péon n'est pas autre chose par lui-même. Quant à l'autre péon, son contraire, on en fait cas, et avec raison, pour le commencement d'un membre de phrase, parce que, des quatre syllabes dont il est composé, la première est stable, et que les trois autres sont courantes. Je crois pourtant qu'il y a d'autres pieds qui valent encore mieux que celui-ci. En traitant cette matière, mon intention n'est pas que l'orateur, dont l'élocution doit ressembler à une eau qui coule, se consume à mesurer des pieds et à peser des syllabes ; car c'est le fait d'un écrivain misérable, et qui ne s'occupe que de minuties. Celui qui se livrera tout entier à un pareil soin perdra de vue nécessairement des objets plus importants ; et, négligeant le fond des choses et la solide beauté, il ne fera, comme dit Lucilius, que de la marqueterie, et ses phrases ressembleront à un ouvrage de mosaïque. N'est-ce pas le moyen d'éteindre toute ardeur, d'arrêter tout essor ? Ainsi un cheval, monté par un écuyer timide, trotte au lieu de courir. Comme si d'ailleurs la composition ne renfermait pas naturellement les éléments du rhythme! car il en est de la prose comme des vers. Qui doute qu'ébauchée et confuse à son origine, la poésie et ses règles ne soient nées du sentiment de la mesure et de l'observation des intervalles égaux dont l'oreille était frappée ? Il suffit donc de l'habitude d'écrire pour nous familiariser avec les nombres et les pieds que comporte la prose. Il ne faut pas tant considérer les pieds en particulier, que l'ensemble de la composition. Le poëte ne s'arrête pas à examiner s'il y a cinq ou six parties dans un vers, il l'embrasse dans toute sa compréhension ; car les vers sont nés avant l'art de la versification : c'est ce qui a fait dire à Ennius :

.... Fauni vatesque canebant.

Ce que la *versification* est dans la poésie, la *composition* l'est dans la prose. Son meilleur juge, c'est l'oreille. Que la composition soit pleine, l'oreille est remplie ; qu'elle soit défectueuse, l'oreille attend quelque chose ; qu'elle soit dure et heurtée, elle la blesse ; douce et coulante, elle la flatte ; véhémente, elle réveille son attention ; ferme, elle la soulage ; boiteuse, elle lui fait peine ; redondante et trop chargée, elle la rebute. Voilà pourquoi les savants apprécient la composition par les règles de l'art, et les ignorants par le plaisir. Il est pourtant des choses que l'art ne peut enseigner. Par exemple, si la répétition du même cas choque l'oreille, il faut passer à un autre : voilà un précepte excellent ; mais qui peut enseigner de quel cas il faut alors se servir ? La variété des figures ranime la composition languissante : rien n'est plus vrai ; mais quelle espèce de figures devra-t-on employer ? des figures de mots ou des figures de pensées ? C'est ce qu'on ne peut enseigner. Il faut donc prendre conseil de l'occasion et des circonstances. Ces intervalles mêmes qui font une partie si importante de la composition, qui peut en déterminer l'étendue, si ce n'est l'oreille ? Pourquoi,

---

non me capit, ut a magnis viris dissentiam, pæon, qui est ex tribus brevibus et longa ; nam est et ipse una plus brevi anapæstos, *facilitas* et *agilitas* : quod quid ita placuerit iis, non video, nisi quod illum fere probaverint, quibus loquendi magis, quam orandi studium fuit : nam et ante se brevibus gaudet pyrrhichio, vel choreo, *mea facilitas, nostra facilitas*; ac, præcedente spondeo, tamen plane finis est trimetri, quum sit per se quoque : ei contrarius principiis merito laudatur : nam et primam stabilem, et tres celeres habet : tamen hoc quoque meliores alios puto. Totus vero hic locus non ideo tractatur a nobis, ut oratio, quæ ferri debet ac fluere, dimetiendis pedibus ac perpendendis syllabis consenescat ; nam id quum miseri, tum in minimis occupati est : neque enim, qui se totum in hac cura consumpserit, potioribus vacabit ; si quidem relicto rerum pondere ac nitore contempto, *tesserulas*, ut ait Lucilius, struet, et *vermiculate* inter se *lexis* committet : nonne ergo refrigeretur sic calor, et impetus pereat, ut equorum cursum delicati minutis passibus frangunt ? Quasi numeri non fuerint in compositione deprehensi : sicut poema nemo dubitaverit imperito quodam initio fusum, et aurium mensura, et similiter decurrentium spatiorum observatione esse generatum, mox in eo repertos pedes : satis igitur in hoc nos componet multa scribendi exercitatio, ut ex tempore etiam similia fundamus. Neque vero tam sint intuendi pedes, quam universa comprehensio : ut versum facientes totum illum decursum, non sex, vel quinque partes, ex quibus constat versus, aspiciunt : ante enim carmen ortum est, quam observatio carminis : ideoque illud

.... Fauni vatesque canebant.

Ergo quem in poemate locum habet *versificatio*, eum in oratione *compositio* : optime autem de illa judicant aures, quæ plena sentiunt, et parum expleta desiderant, et fragosis offenduntur, et levibus mulcentur, et contortis excitantur, et stabilia probant, clauda deprehendunt, redundantia ac nimia fastidiunt : ideoque docti rationem componendi intelligunt, etiam indocti voluptatem. Quædam vero tradi arte non possunt : mutandus est casus, si durius is, quo cœperamus, feratur : non in quem trauseamus ex quo, præcipi potest ? figura laboranti compositioni variata sæpe succurrit : quæ quum orationis, tum etiam sententiæ ? num præscriptum ejus rei ullum est ? occasionibus utendum, et cum re præsenti deliberandum. Enimvero

avec peu de mots, certaines périodes sont-elles bien remplies, et même trop, tandis que d'autres, avec beaucoup, ont quelque chose d'écourté? Pourquoi sent-on du vide dans quelques-unes, encore que le sens ne laisse rien à désirer? *Neminem vestrum ignorare arbitror, judices, hunc per hosce dies sermonem vulgi, atque hanc opinionem populi romani fuisse.* Pourquoi *hosce* plutôt que *hos*? car ce dernier mot n'avait rien de rude; je n'en pourrais peut-être pas donner la raison, mais je sens que *hosce* vaut mieux. Pourquoi Cicéron ne s'est-il pas contenté de dire : *sermonem vulgi fuisse?* La composition le souffrait. Pourquoi? je l'ignore; mais si je consulte mon oreille, l'esprit n'aurait pas été pleinement satisfait sans la répétition de cette idée. C'est donc au sentiment qu'il faut s'en référer. Peut-être ne se rendra-t-on pas toujours compte de ce qui fait qu'une composition est sévère ou nombreuse; et, en cela, la nature nous guidera mieux que l'art : mais qu'on soit bien persuadé qu'au fond l'art se mêle à la nature.

Ce qui est tout à fait du ressort de l'orateur, c'est de savoir quel genre de composition convient à son sujet; et, pour cela, il doit considérer et ce qui concerne les pieds et ce qui concerne le rhythme. J'ai déjà dit qu'il y avait des *incises*, des *membres*, des *périodes*. L'incise, suivant la plupart des rhéteurs, est la partie d'un membre; pour moi, je dirai que c'est un sens renfermé dans un nombre incomplet. Tels sont ces exemples, rapportés par Cicéron : *Domus tibi deerat? at habebas : pecunia superabat? at egebas.* L'incise consiste quelquefois dans un seul mot : *Diximus, testes dare volumus :* l'incise est *diximus.* Le membre est un sens renfermé dans des nombres, mais qui, détaché du corps entier, n'a aucun effet par lui-même. Voici un membre parfait : *O callidos homines!* mais, séparé du reste, il n'a aucune valeur, de même que la main, le pied, la tête, séparés du corps. Il en est de même de cette exclamation : *O rem excogitatam!* Quand donc ces membres commencent-ils à faire un corps? lorsqu'on arrive à la conclusion : *Quem, quæso, nostrum fefellit, id vos ita esse facturos?* C'est, selon Cicéron, la période la plus courte. Les incises et les membres sont donc en quelque sorte mêlés confusément, et demandent nécessairement une conclusion. Cicéron donne plusieurs noms à la période : il l'appelle *cercle, circuit, compréhension, continuation, circonscription.* Il y en a de deux sortes : la première, simple, quand un seul et même sens se développe dans un cercle un peu étendu; la seconde, composée de membres et d'incises qui ont plusieurs sens : *Aderat janitor carceris, et carnifex prætoris,* etc. La période a au moins deux membres. Le terme moyen paraît être de quatre, mais souvent elle en admet davantage. Cicéron lui donne pour mesure, ou quatre vers de six pieds, ou la durée de la respiration. Les conditions de la période sont de renfermer un sens complet, d'être claire et intelligible, de pouvoir être retenue par la mémoire. Un membre de phrase trop long la rend traînante; trop court, il la laisse sans consistance. Partout où il faudra se montrer vif, pressant, opiniâtre, les membres et les incises sont nécessaires. Cette convenance est très-importante; et la composition doit tellement se conformer aux

---

spatia ipsa, quæ in hac quidem parte plurimum valent, quod possunt, nisi aurium, habere judicium? cur alia paucioribus verbis satis plena, vel nimium, alia pluribus brevia et abscisa sunt? cur in circumductionibus, etiam quum sensus finitus est, aliquid tamen loci vacare videatur? *Neminem vestrum ignorare arbitror, judices, hunc per hosce dies sermonem vulgi, atque hanc opinionem populi romani fuisse :* cur *hosce* potius, quam *hos?* neque enim erat asperum : rationem fortasse non reddam, sentiam esse melius : cur non satis sit, *sermonem vulgi fuisse?* compositio enim patiebatur : ignorabo; sed ut audio hoc, animus accipit plenum sine hac geminatione non esse. Ad sensum igitur referenda sunt : nequeas satis forte, quid severum, quid jucundum sit, intelligere : facias quidem natura duce melius, quam arte; sed naturæ ipsi ars inerit. Illud prorsus oratoris, scire ubi quoque genere compositionis sit utendum : ea duplex observatio; altera, quæ ad pedes refertur; altera, quæ ad comprehensiones, quæ efficiuntur ex pedibus. Ac de his prius : diximus igitur esse *incisa, membra, circuitus : incisum,* quantum mea fert opinio, erit sensus non expleto numero conclusus; plerisque pars membri : tale est enim, quo Cicero utitur, *Domus tibi deerat? at habebas : pecunia superabat? at egebas :* fiunt autem etiam singulis verbis incisa, *Diximus, testes dare volumus :* incisum est, *diximus. Membrum* autem est sensus numeris conclusus, sed a toto corpore abruptus, et per se nihil efficiens : id enim, *O callidos homines,* perfectum est; sed, remotum a ceteris, vim non habet; ut per se manus, et pes, et caput : et, *O rem excogitatam :* quando ergo incipit corpus esse? quum venit extrema conclusio, *Quem, quæso, nostrum fefellit, id vos ita esse facturos?* quam Cicero brevissimam putat : itaque fere incisa et membra mixta sunt, et conclusionem utique desiderant. *Periodo* plurima nomina dat Cicero, *ambitum, circuitum, comprehensionem, continuationem, circumscriptionem :* genera ejus duo sunt; alterum simplex, quum sensus unus longiore ambitu circumducitur; alterum, quod constat membris et incisis, quæ plures sensus habent : *Aderat janitor carceris, et carnifex prætoris,* reliqua. Habet *periodus* membra minimum duo : medius numerus videtur quatuor; sed recipit frequenter et plura : modus ei a Cicerone aut quatuor senariis versibus, aut ipsius spiritus modo terminatus, præstare debet, ut sensum concludat; sit aperta, ut intelligi possit; non immodica, ut memoria contineri : membrum longius justo, tardum; brevius, instabile est. Ubicunque acriter erit, instanter, pugnaciter dicendum, membratim cæsim-

choses, que l'âpreté du sujet doit passer jusque dans l'arrangement des mots, et communiquer à l'auditeur l'impression pénible de celui qui parle. Les membres conviennent d'ordinaire à la narration, ou, si nous usons de périodes, elles doivent y avoir des intervalles plus longs et, pour ainsi dire, des liens plus lâches, excepté dans les narrations où l'on se propose de plaire et non d'instruire, comme celle de l'enlèvement de Proserpine, dans une des oraisons contre Verrès; car une composition douce et coulante sied bien à ces sortes de récits. La période est bien placée dans les exordes de ces grandes causes où il faut éveiller la sollicitude, l'intérêt, la pitié; dans les lieux communs, et dans tous les genres d'amplifications. Seulement, elle doit être sévère, si l'on se porte accusateur; plus abandonnée à elle-même dans le panégyrique. Elle est aussi très-appropriée aux épilogues. Mais où elle doit étaler toute sa pompe, c'est lorsque le juge, instruit et persuadé, se livre à l'orateur, et ne se souvient plus que du plaisir. L'histoire n'exige pas tant un rhythme achevé qu'un certain enchaînement et une certaine contexture qui en lie tous les membres; car elle coule sans cesse, et, pour ainsi dire, elle glisse. On en peut comparer les parties à des hommes qui, pour assurer leurs pas, se tiennent par la main : ils soutiennent et sont soutenus. Tout ce qui est du genre démonstratif demande plus d'abandon et de liberté dans le rhythme. Quant aux genres judiciaire et délibératif, la composition doit être aussi variée que la matière.

C'est ici le lieu de passer à la seconde des deux observations dont j'ai parlé plus haut, c'est-à-dire aux pieds. Qui doute, en effet, qu'il est des choses qui doivent être exprimées avec douceur, d'autres avec force, celles-ci avec élévation, avec chaleur, celles-là avec pompe, avec simplicité; que les syllabes longues conviennent particulièrement à tout ce qui est grave, élevé, pompeux? que ce qui est doux demande des voyelles lentes, et que ce qui est sublime et pompeux demande en outre des voyelles sonores? et qu'au contraire, les arguments, les partitions, les plaisanteries, et tout ce qui se rapproche de la conversation, s'arrangent mieux des brèves? La composition de l'exorde sera donc variée selon la nature des sentiments que nous voudrons y exprimer; car je ne partage pas l'opinion de Celsus, qui assigne une seule forme déterminée à cette partie, et nous donne comme un modèle achevé de composition celle d'un exorde d'Asinius : *Si, Cæsar, ex omnibus mortalibus, qui sunt ac fuerunt, posset huic causæ disceptator legi, non quisquam te potius optandus nobis fuit* : non que cela ne soit bien composé, mais parce que tous les exordes ne doivent pas être assujettis à une forme invariable. En effet, il y a plus d'une manière de préparer l'esprit du juge. Nous voulons tantôt éveiller la pitié, tantôt nous montrer modérés ou violents, graves ou insinuants; tantôt solliciter l'indulgence du juge, tantôt l'exciter à faire son devoir. Or, si tout cela est de nature différente, la composition doit être aussi différente. Est-ce que Cicéron, par exemple, a employé le même rhythme dans ses exordes pour Milon, pour Cluentius, pour Ligarius? La narration veut d'ordinaire des pieds plus lents, et, pour ainsi dire, plus modérés; il faut surtout

---

que dicemus : nam hoc in oratione plurimum valet; adeoque rebus accommodanda compositio, ut asperis asperos etiam numeros adhiberi oporteat, et cum dicente æque audientem inhorrescere. Membratim plerumque narrabimus, aut ipsas periodos majoribus intervallis, et velut laxioribus nodis resolvemus; exceptis quæ non docendi gratia, sed ornandi narrantur, ut in Verrem *Proserpinæ raptus*; hæc enim lenis et fluens contextus decet. Periodos apta procemiis majorum causarum, ubi sollicitudine, commendatione, miseratione res eget : item communibus locis, et in omni amplificatione : sed poscitur tum austera, si accuses; tum fusa, si laudes : multum et in epilogis pollet. Totum autem hoc adhibendum est, quod sit amplius compositionis genus, quum judex non solum rem tenet, sed etiam captus est oratione, et se credit actori, et voluptate jam ducitur. Historia non tam finitos numeros, quam orbem quemdam contextumque desiderat : namque omnia ejus membra connexa sunt, quoniam lubrica est, ac fluit; ut homines, qui manibus invicem apprehensis gradum firmant, continent et continentur. *Demonstrativum* genus omne fusiores habet liberioresque numeros; *judiciale* et *concionale*, ut materia varium est, sic etiam ipsa collocatione verborum : ubi jam nobis pars ex duabus, quas modo fecimus, secunda tractanda est : nam quis dubitat alia lenius, alia concitatius, alia sublimius, alia pugnacius, alia ornatius, alia gracilius esse dicenda? Gravibus, sublimibus, ornatis longas magis syllabas convenire? ita ut lenia spatium, sublimia et ornata claritatem quoque vocalium poscant; his contraria magis gaudere brevibus, argumenta, partitiones, jocos, et quidquid est sermoni magis simile. Itaque componemus procemium varie, atque ut sensus ejus postulabit; neque enim accesserim Celso, qui unam quamdam huic parti formam dedit, et optimam compositionem esse procemii, ut apud Asinium, dixit, *Si, Cæsar, ex omnibus mortalibus, qui sunt ac fuerunt, posset huic causæ disceptator legi, non quisquam te potius optandus nobis fuit* : non quia negem hoc bene esse compositum, sed quia legem hanc esse componendi in omnibus principiis recusem : nam judicis animus varie præparatur; tum miserabiles esse volumus, tum modesti, tum acres, tum graves, tum blandi, tum flectere, tum ad diligentiam hortari : hæc ut sunt diversa natura, ita dissimilem componendi quoque rationem desiderant : an similibus Cicero usus est numeris in exordio pro *Milone*, pro *Cluentio*, pro *Ligario*? Narratio fere tardiores, atque, ut sic dixerim, modestiores desiderat pedes, et omnibus maxime mixtos : nam et verbis, et sæpius pressa est, ita interim insurgit; sed

que ces pieds soient mélangés; car la précision, la simplicité étant son caractère naturel, c'est par les mots qu'elle peut quelquefois s'élever; outre que son but est d'instruire et de graver les choses dans l'esprit, ce qui n'est pas l'ouvrage de la précipitation. En général, la narration me semble réclamer des membres un peu longs et des périodes courtes. Quant à l'argumentation, sa véhémence et sa rapidité demandent des pieds analogues : j'en excepte toutefois les trochées, qui lui communiquent de la vitesse, à la vérité, mais nulle force. Cependant, tout en entremêlant les longues et les brèves, on aura soin de ne pas employer plus de longues que de brèves. Les parties de l'oraison où le ton s'élève veulent des voyelles pleines et sonnantes; elles aiment l'amplitude du dactyle, et même du péon, qui, bien qu'il ait plus de brèves que de longues, ne laisse pas d'être suffisamment soutenu. Au contraire, ce qui est âpre comporte le mouvement impétueux de l'iambe, non-seulement parce que ses pieds n'ont que deux syllabes, et par conséquent un battement plus fréquent, ce qui est l'opposé de la douceur, mais encore parce qu'ils s'accroissent dans leur course, partant toujours d'une brève pour s'appuyer et s'élever sur une longue : en quoi il vaut mieux que le chorée, qui descend d'une longue sur une brève. Ce qui est humble, comme dans l'épilogue, exige aussi des syllabes lentes, mais moins sonores. Celsus veut qu'il y ait encore une espèce de composition qu'il appelle supérieure. Si je savais ce que c'est, je ne l'enseignerais pas davantage; car cette composition ne peut manquer d'être lente et languissante. Or, on ne saurait trop éviter une composition qui ne tire point sa raison des mots et des pensées mêmes. Enfin, et pour n'avoir plus à y revenir, la composition doit être combinée dans l'esprit de l'action. N'est-il pas vrai qu'à l'exception de ces causes où, comme accusateurs, il nous faut irriter le juge et soulever son indignation contre l'accusé, nous prenons le plus souvent un ton humble? Ne sommes-nous pas abondants et expressifs dans la narration, vifs et animés dans l'argumentation, ce qui paraît même à notre action; ondoyants et diffus dans les lieux communs et dans les descriptions; abattus et brisés, la plupart du temps, dans les épilogues? Les mouvements du corps n'ont-ils pas aussi, en quelque sorte, leurs temps; et, pour la danse comme pour le chant, la musique n'a-t-elle pas des nombres, que rend sensibles le battement de la mesure? Que dis-je? la voix et le geste se conforment à la nature des sentiments que nous voulons exprimer. Comment s'étonner, après cela, qu'il en soit de même des pieds dans l'oraison? Il est naturel que ce qui est grand marche avec dignité, que ce qui est doux suive, que ce qui est animé coure, et que ce qui est tendre coule. Aussi, quand le sujet le réclame, affectons-nous même de l'enflure, en nous servant particulièrement, pour cela, des spondées et des iambes:

En impero Argis, sceptra mihi liquit Pelops;

tandis que le vers comique suivant, qui est aussi de six pieds, et qu'on appelle *trochaïque*, court, au contraire, au moyen des chorées (que d'autres nomment trochées) et des pyrrhiques; mais ce qu'il gagne par là en vitesse, il le perd en gravité :

Quid igitur faciam? non eam, ne nunc quidem?

---

docere et infigere animis res semper cupit, quod minime festinantium opus est; ac mihi videtur tota narratio constare longioribus membris, brevioribus periodis. Argumenta acria et citata pedibus quoque ad hanc naturam accommodatis utentur, non tamen ita ut trochæis, quæ celeria quidem, sed sine viribus sunt; verum quamvis sint brevibus longisque mixta, non tamen plures longas, quam breves habentia. Illa sublimia spatiosas clarasque voces habent, amant amplitudinem *dactyli* quoque, ac *pæonis*, etiamsi majore ex parte syllabis brevibus, temporibus tamen satis pleni : aspera contra *iambis* maxime concitantur; non solum quod sunt e duabus modo syllabis, eoque frequentiorem quasi pulsum habent, quæ res lenitati contraria est; sed etiam quod omnibus pedibus insurgunt, et a brevibus in longas nituntur et crescunt; ideoque meliores *choreis*, qui ab longis in breves cadunt. Summissa, qualia in epilogis, lentas et ipsa, sed minus exclamantes exigunt. Vult esse Celsus aliquam et superiorem compositionem, quam equidem si scirem, non docerem; sed sit, necesse est, tarda et supina : verum nisi ex verbis atque sententiis per sese id quæritur, satis odiosa esse non poterit. Denique, ut semel finiam, sic fere componendum, quomodo pronunciandum, erit : an non in procemiis plerumque summissi (nisi quum in accusatione concitandus est judex, aut aliqua indignatione compellendus), in narratione pleni atque expressi, in argumentis citati, atque ipso etiam motu celeres sumus? ut in locis ac descriptionibus fusi ac fluentes, in epilogis plerumque dejecti et infracti? Atqui corporis quoque motui sua quædam tempora, et signa pedum non minus saltationi, quam modulationibus adhibet musica ratio numerorum. Quid? non vox et gestus accommodatur naturæ ipsarum, de quibus dicimus, rerum? Quo minus id mirum in pedibus orationis, quum debeant sublimia ingredi, lenia duci, acria currere, delicata fluere. Itaque ubi necesse est, affectamus etiam tumorem, qui spondeis atque iambis maxime continetur,

En impero Argis, sceptra mihi liquit Pelops.

At ille comicus æque senarius, quem *trochaïcum* vocant, pluribus choreis, qui trochæi ab aliis dicuntur, pyrrhichiisque decurrit : sed quantum accipit celeritatis, tantum gravitatis amittit,

Quid igitur faciam? non eam, ne nunc quidem?

Aspera vero et maledica, ut dixi, etiam in carmine, iambis grassantur,

Tout ce qui est mordant et satirique, ainsi que je l'ai dit, marche par ïambes, même en vers.

Quis hoc potest videre, quis potest pati,
Nisi impudicus, et vorax, et aleo?

En général, si l'alternative était inévitable, j'aimerais mieux que la composition fût dure et âpre qu'efféminée et molle, comme celle de la plupart de nos orateurs. Car nous l'énervons chaque jour, par l'affectation d'un rhythme qui couvient mieux à une danse qu'à la gravité de l'oraison. Ajoutons qu'une composition, si parfaite qu'elle soit, ne saurait comporter l'uniformité, ni procéder toujours avec les mêmes pieds : car ce serait assujettir l'oraison à une espèce de versification, que d'astreindre la composition à une loi unique et invariable. Outre l'affectation, qui serait visible, et qu'on ne saurait dissimuler avec trop de soin, la monotonie produirait l'ennui et la satiété. Ce qui n'est que doux ne saurait plaire longtemps; et un orateur qui se montre préoccupé d'un si petit soin perd toute autorité, et fait peu d'impression sur l'esprit de ceux qui l'écoutent : car il ne faut pas espérer qu'un juge s'indigne ou s'apitoye sur le sort d'un homme à qui son propre intérêt laisse autant de loisir. Voilà pourquoi il faut quelquefois rompre à dessein le tissu de la composition, et dissimuler par un air de négligence ce qui a été le plus péniblement élaboré. Ne soyons pas non plus esclaves de la composition jusqu'à recourir à des hyperbates démesurément longues, de peur que l'art ne se laisse apercevoir. Enfin ne sacrifions jamais un mot à l'euphonie, quand ce mot est juste et expressif; car il n'en est pas de si épineux qu'on ne puisse lui trouver sa place, si ce n'est pas plutôt la paresse que l'intérêt de la composition qui nous porte à l'éviter. Cependant je ne m'étonne pas que les Latins se soient montrés plus soigneux de la composition que les Attiques, bien que notre langue ait moins de variété et de grâce que la leur. Je ne ferai pas non plus un reproche à Cicéron de s'être, en ce point, un peu écarté de Démosthène; mais j'expliquerai dans mon dernier livre la différence qui existe entre la langue latine et la langue grecque. Il est temps de mettre fin à celui-ci, qui passe déjà les bornes que je m'étais prescrites.

En résumé, la *composition* doit être *noble, agréable, variée.* Elle a trois parties : *l'ordre,* la *liaison,* et le *nombre.* Ses *procédés* consistent à ajouter, retrancher, changer. L'*usage* qu'on en fait doit être conforme à la nature du sujet. Elle exige un grand *soin,* mais ce soin doit céder à celui de la pensée et de l'expression; et il faut s'attacher surtout à le dissimuler avec tant d'art que les nombres semblent couler d'eux-mêmes, et n'avoir coûté ni recherche ni contrainte.

LIVRE X.

Ch. I. De l'abondance des mots. — II. De l'imitation. — III. Comment il faut s'exercer à écrire. — IV. De la manière de corriger. — V. Sur quoi l'on doit principalement s'exercer à écrire. — VI. De la méditation. — VII. Comment s'acquiert et se conserve la faculté d'improviser.

Chap. I. Si les préceptes de rhétorique que nous avons donnés jusqu'ici sont nécessaires en théorie, d'un autre côté ils sont insuffisants

---

Quis hoc potest videre, quis potest pati,
Nisi impudicus, et vorax, et aleo?

In universum autem, si sit necesse, duram potius atque asperam compositionem malim esse, quam effeminatam et enervem, qualis apud multos; et quotidie magis lascivimus syntonorum modis saltitantes; ac ne tam bona quidem ulla erit, ut debeat esse continua, et in eosdem semper pedes ire. Nam et versificandi genus est unam legem omnibus sermonibus dare; et id quum manifesta affectatio est (cujus rei maxime cavenda suspicio est), tum etiam tædium ex similitudine ac satietatem creat; quoque est dulcius, magis perit; amittitque et fidem, et affectus, motusque omnes, qui est in hac cura deprehensus; nec potest ei credere, aut propter eum dolere et irasci judex, cui putat hoc vacare. Ideoque interim quædam quasi solvenda de industria sunt, illa quidem maximi laboris ne laborata videantur : sed neque longioribus, quam oportet, hyperbatis compositioni serviamus, ne, quæ ejus rei gratia fecerimus, propter eam fecisse videamur; et certe nullum aptum atque idoneum verbum permutemus gratia lenitatis. Neque enim ullum erit tam difficile, quod non commode inseri possit; nisi quod in evitandis ejusmodi verbis non decorem compositionis quærimus, sed facilitatem : non tamen mirabor Latinos magis indulsisse compositioni, quam Atticos, quamvis minus in verbis habeant varietatis et gratiæ. Nec vitium dixerim, si Cicero a Demosthene paulum in hac parte descivit : sed quæ sit differentia nostri græcique sermonis, explicabit summus liber. *Compositio* (nam finem imponere egresso destinatum modum voluminis festino) debet esse *honesta, jucunda, varia;* ejus tres partes, *ordo, conjunctio, numerus; ratio,* in adjectione, detractione, mutatione; *usus* pro natura rerum, quas dicimus; *cura* magna, ut sentiendi atque eloquendi prior sit; dissimulatio curæ præcipua, ut numeri sponte fluxisse, non arcessiti et coacti esse videantur.

LIBER X.

Cap. I. De copia verborum. — II. De imitatione. — III. Quomodo scribendum. — IV. Quomodo emendandum. — V. Quæ maxime scribenda. — VI. De cogitatione. — VII. Quomodo extemporalis facultas paretur et contineatur.

Cap. I. Sed hæc eloquendi præcepta, sicut cogitationi sunt necessaria, ita non satis ad vim dicendi valent, nisi illis firma quædam facilitas, quæ apud Græcos ἕξις nomi-

dans la pratique, s'il ne s'y joint cette facilité ferme que les Grecs appellent ἕξις. Est-ce en écrivant, ou en lisant, ou en parlant, que s'acquiert cette habitude ? C'est une question qu'on fait tous les jours, et qui mériterait d'être approfondie, s'il était vrai qu'on pût se contenter d'une seule de ces conditions. Mais elles sont tellement inséparables, que, une seule étant négligée, le soin donné aux autres serait peine perdue. Notre éloquence, en effet, n'aura jamais ni solidité ni vigueur, si nous ne la fécondons à force d'écrire; et cet exercice à son tour, sans la lecture et l'étude des modèles, ne sera qu'un vain labeur. Enfin, sût-on comment chaque chose doit se dire, si l'on n'a cette facilité de parler qui n'est jamais en défaut, on sera comme l'avare couché sur son trésor. Or, de ce qu'un précepte doit précéder tous les autres, il ne s'ensuit pas que ce précepte soit la garantie immédiate de l'éloquence. Car l'office de l'orateur étant de *parler*, c'est de parler qu'il s'agit avant tout, et il est évident que c'est aussi par là que l'art oratoire a commencé; que l'*imitation* n'est venue qu'ensuite, et que c'est en dernier lieu qu'on s'est occupé des règles du style. Mais comme on n'arrive au sommet qu'après avoir passé par les degrés inférieurs, aussi, à mesure qu'on s'élève, les premiers objets s'amoindrissent en s'éloignant. Or, au point où je suis arrivé, je n'ai plus à m'occuper de la théorie de l'art oratoire; car je l'ai suffisamment développée, autant du moins que je l'ai pu. Mais de même qu'un maître de palestrique, après avoir enseigné à un jeune athlète la théorie de son art, lui apprend encore par quel genre d'exercice il doit se préparer aux combats; de même, supposant que notre orateur sait inventer et disposer les choses, choisir et placer les mots, je veux maintenant lui enseigner les moyens de mettre en pratique ce qu'il sait de la manière la plus parfaite et la plus facile.

Il est hors de doute que l'orateur a besoin pour cela d'un certain fonds, auquel il puisse recourir au besoin. Ce fonds consiste dans une certaine *abondance d'idées et de mots*. Quant aux idées, elles sont propres et particulières à chaque sujet, ou du moins communes à un petit nombre. Au contraire, il faut faire provision de mots pour toutes sortes de sujets. Si chaque idée avait son mot correspondant, nous serions moins embarrassés; car les mots se présenteraient tout d'abord avec les idées; mais, les uns étant plus propres que les autres, ou plus élégants, ou plus significatifs, ou plus sonores, il faut non-seulement les connaître tous, mais les avoir, pour ainsi dire, sous la main et sous les yeux, afin de pouvoir, au besoin, choisir incontinent les meilleurs. Je sais que certains orateurs ont coutume de faire provision de synonymes, pour être sûrs d'avoir toujours un mot à leur disposition, ou pour éviter la répétition du même mot, lorsque, à peu de distance, il est nécessaire de répéter la même chose : travail puéril, misérable, et d'ailleurs peu utile; car c'est rassembler une foule de mots, pour user indifféremment du premier venu. Mais l'*abondance* dont je parle doit toujours être accompagnée de *discernement*; elle a pour fin la véritable éloquence, et non cette loquacité de charlatan, qui n'est bonne qu'à imposer à la multitude. Or, cette fécondité s'acquiert en lisant les meilleurs écrivains et en écoutant les meilleurs orateurs; car on apprendra par là non-seulement à connaître les noms des choses, mais aussi à les placer de la manière la plus convenable. En effet, presque tous les

---

natur, accesserit; ad quam *scribendo* plus, an *legendo*, an *dicendo* conferatur, solere quæri scio : quod esset diligenti nobis examinandum cura, si qualibet earum rerum possemus una esse contenti. Verum ita sunt inter se connexa et indiscreta omnia, ut, si quid ex his defuerit, frustra sit in cæteris laboratum : nam neque solida atque robusta fuerit unquam eloquentia, nisi multo stilo vires acceperit; et citra lectionis exemplum labor ille, carens rectore, fluit : qui autem scierit, quo quæque sint modo dicenda, nisi tamen in procinctu, paratamque ad omnes casus habuerit eloquentiam, velut clausis thesauris incubabit. Non autem ut quidque præcipue necessarium est, sic ad efficiendum oratorem maximi protinus erit momenti : nam certe quum sit in eloquendo positum oratoris officium, *dicere* ante omnia est : atque hinc initium ejus artis fuisse manifestum est; proximam deinde *imitationem*, novissimam *scribendi* quoque *diligentiam*. Sed ut perveniri ad summa, nisi ex principiis non potest, ita procedente jam opere minima incipiunt esse, quæ prima sunt : verum nos non, quomodo instituendus orator, hoc loco dicimus; nam id quidem aut satis, aut certe uti potuimus, dictum est; sed athleta, qui omnes jam perdidicerit a præceptore numeros, quo genere exercitationis ad certamina præparandus sit : igitur eum, qui res invenire et disponere sciet, verba quoque et eligendi et collocandi rationem perceperit, instruamus qua ratione, quod didicit, facere quam optime, quam facillime possit. Num ergo dubium est, quin ei velut opes sint quædam parandæ, quibus uti, ubicumque desideratum erit, possit? Eæ constant *copia rerum ac verborum* : sed res propriæ sunt cujusque causæ, aut paucis communes; verba in universa paranda : quæ si in rebus singulis essent singula, minorem curam postularent; nam cuncta sese cum ipsis protinus rebus offerrent : sed quum sint aliis alia aut magis propria, aut magis ornata, aut plus efficientia, aut melius sonantia, debent esse non solum nota omnia, sed in promptu, atque, ut ita dicam, in conspectu, ut, quum se judicio dicentis ostenderint, facilis ex his optimorum sit electio. Et quæ idem significarent solitos scio ediscere, quo facilius et occurreret unum ex pluribus et, quum essent usi aliquo, si breve intra spatium rursus desideraretur, effugiendæ repetitionis gratia sumerent aliud, quo idem intelligi posset : quod quum est puerile et cujusdam infelicis operæ, tum etiam utile parum; turbam enim modo con

mots peuvent trouver place dans l'oraison, à l'exception d'un petit nombre qui sont peu honnêtes : encore même ceux-ci sont-ils goûtés souvent dans les poëtes ïambiques et les poëtes de la vieille comédie; mais, pour moi, je n'ai en vue pour le moment que l'orateur. Il n'est donc presque aucun mot, hormis ceux dont je viens de parler, qui ne puisse fort bien trouver sa place quelque part : car nous avons besoin quelquefois de termes bas et vulgaires; et même tels, qui paraîtraient grossiers dans un endroit qui demande de l'éclat, deviennent propres lorsqu'ils sont placés à propos. De savoir s'en servir avec discernement, et de connaître non-seulement leur signification, mais encore leur forme et leur mesure, et enfin leur convenance, c'est ce qu'on ne peut obtenir qu'à force de lire et d'écouter, puisque c'est par l'oreille que nous commençons à apprendre toute la langue. C'est pour cela que des enfants que des princes avaient eu la curiosité de faire élever dans la solitude par des nourrices muettes, bien qu'on prétende qu'ils aient proféré quelques mots, ont été privés néanmoins de la faculté de parler. Or, il y a des mots qui sont de telle nature qu'ils expriment la même chose; de sorte que, quant à la signification, il est absolument indifférent de se servir de l'un ou de l'autre, comme *ensis* et *gladius*. Il y en a d'autres qui, bien qu'ils soient les noms propres de choses différentes, ont métaphoriquement le même sens, comme *ferrum* et *mucro*. C'est aussi par catachrèse que nous appelons *sicaires* ceux qui ont commis un meurtre avec une arme quelconque. Nous exprimons encore certaines choses par une circonlocution;

telle est cette périphrase : *et pressi copia lactis*, pour dire du *fromage*; et nous en figurons d'autres en changeant l'expression : *je sais, je n'ignore pas, il ne m'échappe pas, qui ne sait? personne ne doute*, etc. On peut quelquefois profiter de l'affinité des mots; ainsi, *je comprends*, *je sens*, *je vois*, ont souvent la même signification que *je sais*. Cette abondance, cette richesse, nous sera donnée par la lecture, qui nous mettra en état de choisir non-seulement un mot entre plusieurs, mais encore le mot juste; car ils n'ont pas toujours même réciprocité de valeur. Par exemple, si, en parlant de l'entendement, on dit fort bien *je vois*, il ne s'ensuit pas que, en parlant des yeux du corps, on puisse dire *je comprends*; et si *mucro* donne à entendre *gladius*, il ne s'ensuit pas que *gladius* donne à entendre *mucro*. Mais, quoique l'abondance des mots s'acquière par là, il ne faut pas lire ou écouter seulement pour les mots : car l'exemple ne vient pas seulement en aide aux mots; il est le complément indispensable de la théorie entière, surtout lorsqu'on est en état de sentir et de juger sans le secours d'un maître, et de se servir de ses propres forces; car ce que le maître enseigne, l'orateur le fait voir.

Or, l'*audition* et la *lecture* ont des avantages différents. Quand nous écoutons, c'est la chose même, la chose vivante, et non pas seulement sa forme et son expression, qui nous saisit. Tout vit, tout se meut, et nous assistons, en quelque sorte, à la naissance d'une chose dont nous attendons la fin avec intérêt et sollicitude. Non-seulement l'issue du jugement, mais le danger

---

gregat, ex qua sine discrimine occupet proximum quodque. Nobis autem copia cum judicio paranda est, vim orandi, non circulatoriam volubilitatem spectantibus : id autem consequemur *optima legendo atque audiendo* : non enim solum nomina ipsa rerum cognoscemus hac cura, sed cui quodque loco sit aptissimum. Omnibus enim fere verbis, præter pauca, quæ sunt parum verecunda, in oratione locus est : nam scriptores quidem iamborum veterisque comœdiæ etiam in illis sæpe laudantur; sed nobis nostrum opus interim tueri sat est. Omnia verba, exceptis de quibus dixi, sunt alicubi optima : nam et humilibus interim et vulgaribus opus, et quæ nitidiore in parte videntur sordida, ubi res poscit, proprie dicuntur. Hæc ut sciamus, atque eorum non significationem modo, sed formas etiam mensurasque norimus, et, ubicunque erunt posita, an conveniant, nisi multa lectione atque auditione assequi nullo modo possumus, quum omnem sermonem auribus primum accipiamus : propter quod infantes a mutis nutricibus jussu regum in solitudine educati, etiamsi verba quædam emisisse traduntur, tamen loquendi facultate caruerunt. Sunt autem alia hujus naturæ, ut idem pluribus vocibus declarent, ita ut nihil significationis, quo potius utaris, intersit, ut *ensis* et *gladius*; alia, quæ etiamsi propria rerum aliquarum sint nomina, τροπικῶς quasi tamen ad eundem intellectum feruntur, ut *ferrum* et *mucro*. Nam per abusionem *sicarios* etiam omnes vocamus,

qui cædem telo quocunque commiserint : alia circuitu verborum plurium ostendimus; quale est, *Et pressi copia lactis* : plurima vero mutatione figuramus, Scio, Non ignoro, et, Non me fugit, et, Non me præterit, et, Quis nescit? et, Nemini dubium est : sed etiam ex proximo mutuari licet; nam et *intelligo*, et *sentio*, et *video*, sæpe idem valent, quod *scio*. Quorum nobis ubertatem ac divitias dabit lectio, ut non solum quomodo occurrent, sed etiam quomodo optimum, utamur : non semper enim hæc inter se idem faciunt; nec sicut de intellectu animi recte dixerim, *video*, ita de visu oculorum, *intelligo*; nec ut *mucro* gladium, sic *mucronem* gladius ostendit. Sed ut copia verborum sic paratur, ita non verborum tantum gratia legendum, vel audiendum est : nam omnium, quæcunque docemus, hoc sunt exempla potentiora etiam ipsis, quæ traduntur artibus, quum eo, qui discit, perductus est, ut intelligere ea sine demonstrante, et sequi jam suis viribus possit; quia, quæ doctor præcepit, orator ostendit. Alia vero audientes, alia legentes magis adjuvant : excitat, qui dicit, spiritu ipso, nec imagine et ambitu rerum, sed rebus incendit : vivunt omnia enim, et moventur, excipimusque nova illa, velut nascentia, cum favore ac sollicitudine : nec fortuna modo judicii, sed etiam ipsorum, qui orant, periculo afficimur. Præter hæc, vox et actio decora, commoda, ut quisque locus postulabit, pronuntiandi, vel potentissima in dicendo, ratio, et, ut

même des parties, nous inquiète. Enfin, la voix, l'action, la prononciation, moyens si puissants lorsqu'ils réunissent la noblesse et la convenance, tout, en un mot, enseigne à la fois. Dans la lecture, le jugement est plus sûr; et l'on n'est pas exposé, comme lorsqu'on écoute, à se laisser entraîner par une certaine prévention pour celui qui parle, ou par les acclamations louangeuses des auditeurs. On a honte, en effet, d'être d'un sentiment contraire à celui des autres, et une certaine pudeur secrète nous empêche de nous croire plus éclairés qu'eux, quoique ce qui est mauvais plaise à la majorité, ou que des gens gagés pour applaudir louent même ce qui ne leur plaît pas; comme, au contraire, il arrive aussi que le mauvais goût de l'auditeur ne sent pas les choses les mieux dites. En outre, la lecture est libre, et n'est pas obligée de courir avec l'orateur. On peut revenir à chaque instant sur ses pas, soit pour examiner un passage plus attentivement, soit pour le mieux retenir; et c'est ce qu'il faut faire. De même qu'on mâche longtemps les aliments pour les digérer plus aisément, de même ce que nous lisons, loin d'entrer tout cru dans notre esprit, ne doit être transmis à la mémoire et à l'imitation qu'après avoir été broyé et trituré. Je veux que, durant un long temps, on ne lise que les meilleurs auteurs, ceux qu'on peut aimer avec pleine confiance; mais qu'on les lise avec soin, et presque jusqu'à n'être point content que l'on n'en ait transcrit des extraits. Ce n'est pas même seulement au détail que je veux qu'on s'attache; mais, après avoir bien lu un livre, il faut le reprendre en entier, surtout s'il s'agit d'un plaidoyer, où parfois l'art est caché à dessein. Car souvent l'orateur prépare sa voie, dissimule sa marche, tend çà et là des embûches, et dit au commencement des choses qui ne doivent produire leur effet qu'à la fin. Aussi nous plaisent-elles peu à la place où elles sont, parce que nous ignorons encore pourquoi elles y sont; et c'est pour cela qu'après avoir tout lu il faut tout relire. Mais rien n'est plus utile que de s'instruire des causes dont on a les plaidoyers entre les mains, et de lire, toutes les fois qu'on le pourra, ceux qui ont été prononcés pour et contre; par exemple, les oraisons de Démosthène et d'Eschine, dans l'affaire de la Couronne; de Servius Sulpicius et de Messala, dont l'un plaida pour Aufidia, et l'autre contre; de Pollion et de Cassius, dans la cause d'Aspréuas; et quantité d'autres. Quand les plaidoyers ne seraient pas d'égale force, il serait bon quelquefois de les lire pour étudier la question, comme l'oraison de Tubéron contre Ligarius, que Cicéron défendait, et celles d'Hortensius pour Verrès, contre le même Cicéron. Il ne sera pas non plus inutile d'examiner comment deux orateurs ont traité la même cause. En effet, Calidius plaida aussi pour le rétablissement de la maison de Cicéron; et Brutus, par manière d'exercice, composa une oraison pour Milon. Cornélius Celsus prétend qu'il la prononça; mais il se trompe. Pollion et Messala ont aussi défendu les mêmes personnes; et dans mon enfance on parlait avec éloge des oraisons de Domitius Afer, de Crispus Passiénus et de Décimus Lélius, pour Volusénus Catulus. Cependant, en lisant ces grands orateurs, qu'on ne se persuade pas tout d'abord que tout ce qu'ils ont dit est parfait; car ils bronchent quelquefois, ils plient sous le faix, ou ils se laissent trop aller à la pente de leur génie; ils n'ont pas toujours l'esprit également tendu, ils se lassent; et Démosthène, selon Cicéron, ainsi qu'Ho-

---

semel dicam, pariter omnia, docent : in lectione certius judicium, quod audienti frequenter aut suus cuique favor, aut ille laudantium clamor extorquet : pudet enim dissentire, et velut tacita quadam verecundia. inhibemur plus nobis credere, quum interim et vitiosa pluribus placeant, et a corrogatis laudentur etiam quæ non placent. Sed e contrario quoque accidit, ut optime dictis gratiam prava judicia non referant. Lectio libera est, nec actionis impetu transcurrit; sed repetere sæpius licet, sive dubites, sive memoriæ affigere velis : repetamus autem et tractemus; et ut cibos mansos ac prope liquefactos demittimus, quo facilius digerantur, ita lectio non cruda, sed multa iteratione mollita et velut confecta, memoriæ imitationique tradatur. Ac diu non nisi optimus quisque, et qui credentem sibi minime fallat, legendus est, sed diligenter, ac pæne ad scribendi sollicitudinem; nec per singula modo scrutanda omnia, sed perlectus liber utique ex integro resumendus, præcipue oratio, cujus virtutes frequenter ex industria quoque occultantur : sæpe enim præparat, dissimulat, insidiatur orator, eaque in prima parte actionis dicit, quæ sunt in summa profutura; itaque suo loco minus placent, adhuc nobis, quare dicta sint, ignorantibus; ideoque erunt cognitis omnibus repetenda. Illud vero utilissimum, nosse eas causas, quarum orationes in manus sumpserimus; et quoties continget, utrinque habitas legere actiones; ut Demosthenis atque Æschinis inter se contrarias; et Servii Sulpicii atque Messalæ, quorum alter pro Aufidia, contra dixit alter; et Pollionis et Cassii reo Asprenate, aliasque plurimas. Quin etiam, si minus pares videbuntur, aliquo tamen ad cognoscendam litium quæstionem recte requirentur; ut contra Ciceronis orationes, Tuberonis in Ligarium, et Hortensii pro Verre : quin etiam, easdem causas ut quisque egerit, utile erit scire : nam de domo Ciceronis dixit Calidius; et pro Milone orationem Brutus exercitationis gratia scripsit, etiamsi egisse eum Cornelius Celsus falso existimat. Et Pollio et Messala defenderunt eosdem, et nobis pueris insignes pro Voluseno Catulo, Domitii Afri, Crispi Passieni, Decimi Lælii orationes ferebantur : neque id statim legenti persuasum sit, omnia, quæ magni auctores dixerint, utique esse perfecta : nam et labuntur aliquando, et oneri cedunt, et indulgent ingeniorum suorum voluptati; nec semper intendunt animum; nonnunquam fatigantur, quum Ciceroni dormitare interim Demosthenes, Horatio vero etiam Homerus ipse videatur. Summ.

mère lui-même, selon Horace, sommeille quelquefois. Ce sont de grands hommes, mais ce sont des hommes pourtant. Or, il arrive que ceux qui se font une loi de les suivre aveuglément en tout s'exposent à les imiter dans ce qu'ils ont de mauvais (ce qui est plus aisé), et de croire les avoir égalés, quand ils n'ont pris que leurs défauts. Ce n'est toutefois qu'avec réserve et circonspection qu'il faut prononcer sur ces grands hommes, de peur de s'exposer, comme tant de gens, à condamner ce qu'on n'entend pas; et si l'alternative était inévitable, j'aimerais encore mieux un lecteur à qui tout plaît en eux, qu'un autre à qui beaucoup de choses déplaisent.

Théophraste dit que la lecture des poëtes est infiniment utile à l'orateur, et beaucoup d'autres rhéteurs partagent son opinion, et avec raison. C'est en effet dans les poëtes qu'il faut chercher le feu des pensées, la sublimité des expressions, la force et la variété des sentiments, la justesse des caractères; c'est surtout dans la douceur de leur commerce que l'esprit de l'orateur, desséché par l'âpreté des débats judiciaires, se retrempe et se renouvelle. C'est pourquoi Cicéron est d'avis qu'on se délasse dans la lecture des poëtes. Souvenons-nous pourtant que l'orateur ne doit pas imiter les poëtes en tout, particulièrement dans la hardiesse des expressions et la licence des figures; que la poésie est née pour l'ostentation; qu'elle est uniquement faite pour plaire, et que, pour atteindre ce but, elle imagine non-seulement des choses fausses, mais même quelquefois des choses incroyables; qu'en outre elle jouit d'un certain privilége, légitimé par la servitude de la mesure, laquelle l'empêche souvent de se servir du mot propre, et la force de s'écarter du droit chemin pour prendre certains détours, de changer certains mots, et même de les allonger ou de les raccourcir, de les transposer, ou de les diviser. Souvenons-nous qu'au contraire nous autres orateurs nous sommes comme des soldats sous les armes en présence de l'ennemi, que nous combattons pour des intérêts sérieux, et que nous ne devons avoir en vue que la victoire. Je ne veux pas pour cela que nos armes soient sales et rouillées; mais je veux qu'elles aient un éclat terrible, qui, comme celui du fer, frappe en même temps l'âme et les yeux; non tel que celui de l'or et de l'argent, éclat voluptueux, et plus dangereux qu'utile. On peut aussi trouver dans l'histoire un aliment doux et abondant, pourvu qu'on sache que l'orateur doit éviter la plupart des qualités de l'historien : car l'histoire a beaucoup d'affinité avec la poésie, et n'en diffère qu'en ce qu'elle n'est pas assujettie à la mesure. Elle se propose de narrer, et non de prouver. Ce n'est point un débat actuel, un combat présent qu'elle engage, c'est un récit qu'elle transmet à la mémoire de la postérité, avec la gloire et le génie de l'écrivain. C'est pourquoi elle prévient, par la hardiesse des expressions et des figures, l'ennui inséparable des longues narrations. Ainsi, comme je l'ai déjà dit, ni la brièveté de Salluste, qui est ce qu'il y a de plus parfait pour une oreille attentive et délicate, ne nous réussira auprès d'un juge préoccupé de mille pensées et souvent illettré; ni l'*abondance lactée* de Tite-Live n'instruira suffisamment celui qui cherche moins la beauté d'une exposition que la vérité. Ajoutez que Cicéron n'a pas cru que Thucydide même et Xénophon fussent utiles à l'orateur, quoique, de son aveu, le pre-

enim sunt, homines tamen : acciditque his, qui, quidquid apud illos reperietur, dicendi legem putant, ut deteriora imitentur (id enim est facilius), ac se abunde similes putent, si vitia magnorum consequantur. Modeste tamen et circumspecto judicio de tantis viris pronunciandum est, ne, quod plerisque accidit, damnent quæ non intelligunt : ac si necesse est in alteram errare partem, omnia eorum legentibus placere, quam multa displicere, maluerim. Plurimum dicit oratori conferre Theophrastus lectionem poetarum; multique ejus judicium sequuntur; neque immerito : namque ab his in hos spiritus, et in verbis sublimitas, et in affectibus motus omnis, et in personis decor petitur, praecipueque velut attrita quotidiano actu forensi ingenia optime rerum talium blanditia reparantur : ideoque in hac lectione Cicero requiescendum putat. Meminerimus tamen, non per omnia poetas esse oratori sequendos, nec libertate verborum, nec licentia figurarum; genus ostentationi comparatum, et præter id, quod solam petit voluptatem, et eam, fingendo non falsa modo, sed etiam quædam incredibilia, sectatur, patrocinio quoque aliquo juvari; quod alligata ad certam pedum necessitatem non semper uti propriis possit, sed depulsa recta via, necessario ad eloquendi quædam deverticula confugiat; nec mutare quædam modo verba, sed extendere, corripere, convertere, dividere cogatur : nos vero armatos stare in acie, et summis de rebus decernere, et ad victoriam niti. Neque ego arma squalere situ ac rubigine velim, sed fulgorem inesse, qui terreat, qualis est ferri, quo mens simul visusque præstringitur; non qualis auri argentique, imbellis, et potius habenti periculosus. Historia quoque apte orationem quodam uberi jucundoque succo potest; verum et ipsa sic est legenda, ut sciamus plerasque ejus virtutes oratori esse vitandas : est enim proxima poetis, et quodammodo carmen solutum; et scribitur ad narrandum, non ad probandum; totumque opus non ad actum rei, pugnamque præsentem, sed ad memoriam posteritatis, et ingenii famam componitur; ideoque et verbis remotioribus, et liberioribus figuris narrandi tædium evitat. Itaque, ut dixi, neque illa *Sallustiana brevitas*, qua nihil apud aures vacuas atque eruditas potest esse perfectius, apud occupatum variis cogitationibus judicem, et sæpius ineruditum, captanda nobis est; neque illa *Livii lactea ubertas* satis docebit eum, qui non speciem expositionis, sed fidem quærit. Adde, quod M. Tullius ne Thucydidem quidem, aut Xenophontem utiles oratori putat, quamquam illum *bellicum canere*, hujus *ore Musas esse locutas* existimet : licet tamen nobis in digres-

mier ait l'accent belliqueux, et que les Muses aient parlé par la bouche de l'autre. Cependant il nous est permis, dans les digressions, d'emprunter quelquefois le brillant de l'histoire, pourvu que nous nous souvenions que, sur le terrain de la question, il faut déployer, non les muscles d'un athlète, mais le bras d'un soldat ; et que ce vêtement de gaze dont se parait Démétrius de Phalère convient peu à la poussière de la lice judiciaire. Il y a encore un autre parti à tirer de l'histoire, et qui est certainement le plus considérable, mais il ne regarde pas le point que nous traitons : il s'agit de la connaissance des faits et des exemples, connaissance particulièrement nécessaire à l'orateur, qui ne doit pas seulement tirer ses témoignages des parties, mais les puiser dans l'étude approfondie de l'antiquité, ceux-là étant d'autant plus puissants, que seuls ils ne sont pas suspects de haine ou de faveur.

Pour ce qui est des philosophes, nous ne pouvons nous dispenser de les lire, depuis que les orateurs, par suite d'un autre défaut, ont délaissé la plus noble partie de leurs fonctions. Car ce sont aujourd'hui les philosophes qui sont en possession de discourir et d'argumenter sur le juste, sur l'honnête, sur l'utile, sur les choses divines; et la manière de Socrate est très-bonne pour former l'orateur, par la subtilité des altercations et des questions. Mais cette lecture ne demande pas moins de discernement que les autres, et, traitât-on les mêmes matières, il ne faut pas oublier qu'il n'en est pas d'un procès comme d'une discussion philosophique, du barreau comme d'une école, des préceptes d'un philosophe comme des dangers d'un orateur.

Après avoir fait voir tous les avantages de la lecture, je laisserais, ce semble, quelque chose à désirer, si je ne disais aussi quels sont les auteurs qu'il faut lire, et en quoi chacun de ces auteurs a principalement excellé. Mais il n'est pas possible de les passer tous en revue. Combien de pages Cicéron n'a-t-il pas employées, dans son Brutus, pour ne parler seulement que des orateurs latins, sans même y comprendre ses contemporains, à l'exception de César et de Marcellus? Or, quand verrais-je la fin de ma revue, s'il me fallait faire mention et de ceux qu'a omis Cicéron et des autres qui les ont suivis ; enfin de tous les orateurs grecs, et des philosophes et des poëtes ? Le plus sûr est donc d'imiter la brièveté de Tite-Live, qui, dans une lettre à son fils, se borne à lui recommander la lecture de Démosthène et de Cicéron, et, après eux, celle des autres orateurs, mais à proportion qu'ils se rapprochent plus de ces deux grands modèles. Cependant, pour ne pas dissimuler ce que je pense en général, je dirai que, parmi les écrivains qui ont résisté au temps, il y en a peu, ou plutôt presque point, qui ne puissent être de quelque utilité à ceux qui les lisent avec discernement, puisque Cicéron avoue qu'il a retiré beaucoup de fruit de la lecture même des vieux auteurs, en qui l'on trouve, il est vrai, de l'esprit, mais nul art. J'en dis à peu près autant des modernes. Combien peu, en effet, en trouverait-on d'assez dépourvus de tout mérite pour n'avoir pu, dans une partie si minime qu'elle soit, espérer raisonnablement un regard de la postérité? S'il en est un, nous nous en apercevrons dès les premières lignes, et nous aurons bientôt jeté le livre, loin de perdre notre temps à pousser plus loin l'expérience. Mais, pour avoir quelque chose de bon et d'utile, il ne s'ensuit pas qu'un auteur soit di-

---

sionibus uti vel historico nunnunquam nitore, dum in his de quibus erit quæstio, meminerimus non athletarum toris, sed militum lacertis opus esse; nec versicolorem illam, qua Demetrius Phalereus dicebatur uti, vestem bene ad forensem pulverem facere. Est et alius ex historiis usus, et is quidem maximus, sed non ad præsentem pertinens locum, ex cognitione rerum exemplorumque, quibus inprimis instructus esse debet orator, ne omnia testimonia exspectet a litigatore; sed pleraque ex vetustate diligenter sibi cognita sumat, hoc potentiora, quod ea sola criminibus odii et gratiæ vacant. A philosophorum vero lectione ut essent multa nobis petenda, vitio factum est alio oratorum, qui quidem illis optima sui operis parte cesserunt : nam et de justis, honestis, utilibus, iisque quæ sint istis contraria, et de rebus divinis maxime dicunt, et argumentantur acriter; et altercationibus atque interrogationibus oratorem futurum optime Socratici præparant. Sed his quoque adhibendum est simile judicium, ut etiam quum in rebus versemur iisdem, non tamen eamdem esse conditionem sciamus litium ac disputationum, fori et auditorii, præceptorum et periculorum. Credo exacturos plerosque, quum tantum esse utilitatis in legendo judicemus,

ut id quoque adjungamus operi, qui sint, quæ in quoque auctore præcipua virtus : sed persequi singulos, infiniti fuerit operis. Quippe quum in Bruto M. Tullius tot millibus versuum de romanis tantum oratoribus loquatur, et tamen de omnibus ætatis suæ, quibuscum vivebat, exceptis Cæsare atque Marcello, sileutium egerit, quis erit modus, si et illos, et qui postea fuerunt, et Græcos omnes, et philosophos? Fuit igitur brevitas illa tutissima, quæ apud Livium in epistola ad filium scripta, legendos Demosthenem atque Ciceronem; tum ita, ut quisque esset Demostheni et Ciceroni simillimus. Non est tamen dissimulanda nostri quoque judicii summa : paucos et vix ullum ex his, qui vetustatem pertulerunt, existimo posse reperiri, quin judicium adhibentibus allaturus sit utilitatis aliquid, quum se Cicero ab illis quoque vetustissimis auctoribus, ingeniosis quidem, sed arte carentibus, plurimum fateatur adjutum. Nec multo aliud de novis sentio : quotus enim quisque inveniri tam demens potest, qui ne minima quidem alicujus certe fiducia partis memoriam posteritatis speraverit? qui si quis est, intra primos statim versus deprehendetur, et citius nos dimittet, quam ut ejus nobis magno temporis detrimento constet experimentum. Sed non quidquid ad

rectement propre à nous donner cette facilité d'é-locution, φράσις, dont il est ici question.

Or, avant que de parler de chaque auteur en particulier, il est bon de dire quelques mots en général sur la diversité des opinions : car les uns croient que les anciens seuls méritent d'être lus ; que l'éloquence naturelle, et ce caractère mâle qui sied si bien à la dignité de l'homme, ne se rencontrent que chez les anciens. Les autres n'aiment que cette délicatesse efféminée, cette afféterie, et tous ces petits moyens qu'on met en œuvre pour plaire à une multitude ignorante. Parmi ceux même qui font profession de n'estimer que le langage direct, les uns ne reconnaissent pour bon et véritablement attique que ce qui est concis et léger, et qui ne s'élève en rien au-dessus du langage familier ; les autres veulent de l'élévation, du feu, de l'enthousiasme ; ceux-là sont en assez grand nombre, qui goûtent un style doux, brillant et châtié. Je traiterai plus au long de ces divers sentiments, lorsqu'il sera question d'examiner le genre de style qui est le plus convenable à l'orateur. En attendant, je dirai sommairement quelles lectures doivent rechercher ceux qui veulent apprendre à parler avec facilité, et quels avantages ils en peuvent retirer ; et, pour cela, je parlerai d'un petit nombre d'auteurs choisis, qui ont excellé entre tous. Il sera aisé ensuite au lecteur studieux de juger des autres par ceux-là : ce que je dis pour éviter le reproche d'avoir omis par hasard quelque auteur qu'il affectionne, car j'avoue que ceux que je nommerai ne sont pas les seuls qu'on doive lire ; mais il ne s'agit ici que des genres de lecture qui, selon moi, conviennent particulièrement à quiconque veut devenir orateur. A l'exemple d'Aratus, qui, dans ses *Phénomènes*, croit devoir *commencer par Jupiter*, je ne saurais mieux faire ici que de commencer par *Homère*. De même que, selon ce poëte, les fleuves et les fontaines prennent leur source dans l'Océan, on peut dire aussi de lui qu'il est le père et le modèle de tous les genres d'éloquence. Non, jamais personne ne le surpassera en sublimité dans les grandes choses, en propriété dans les petites. Tour à tour fleuri et serré, tour à tour agréable et grave, également admirable par son abondance et sa concision, il possède au plus haut degré toutes les qualités non-seulement du poëte, mais de l'orateur. Car, sans parler de tant d'endroits où il loue, où il exhorte, où il console, est-ce que la députation d'Agamemnon à Achille, dans le neuvième chant, et la dispute de ces deux héros, dans le premier, et le conseil tenu entre les principaux chefs, dans le second, ne nous révèlent pas tous les secrets de l'art dans le genre judiciaire et le genre délibératif ? A l'égard des mœurs et des passions, quel est l'homme assez ignorant pour ne pas reconnaître que cet auteur les a maniées comme il l'a voulu, et en maître ? Que si nous considérons le début de ses deux poëmes, n'a-t-il pas dans l'un et dans l'autre, et en quelques vers, je ne dis pas observé, mais établi la loi de l'exorde ? En effet, il rend le lecteur bienveillant par l'invocation des déesses qui passent pour présider à la poésie ; il le rend attentif par l'importance de la matière, et docile par l'exposé sommaire du sujet. Où trouvera-t-on une narration plus brève que celle de la mort de Patrocle ; une description plus vive que celle du combat des Curètes et des Étoliens ? Pour ce qui est des similitudes, des amplifications, des exem-

---

aliquam partem scientiæ pertinet, protinus ad faciendam etiam φράσιν, de qua loquimur, accommodatum. Verum antequam de singulis loquar, pauca in universum de varietate opinionum dicenda sunt : nam quidam solos veteres legendos putant, neque in ullis aliis esse naturalem eloquentiam, et robur viris dignum, arbitrantur ; alios recens hæc lascivia, deliciæque, et omnia ad voluptatem multitudinis imperitæ composita, delectant ; ipsorum etiam, qui rectum dicendi genus sequi volunt, alii pressa demum et tenuia, et quæ minimum ab usu quotidiano recedant, sana et vere attica putant ; quosdam elatior ingenii vis, et magis concitata, et alti spiritus plena capit ; sunt etiam lenis, et nitidi, et compositi generis non pauci amatores : de qua differentia disseram diligentius, quum de genere dicendi quærendum erit : interim summatim, quid et a qua lectione petere possint, qui confirmare facultatem dicendi volunt, attingam : paucos enim, qui sunt eminentissimi, excerpere in animo est : facile est autem studiosis, qui sint his simillimi, judicare ; ne quisquam queratur omissos forte aliquos, quos ipse valde probet : fateor enim plures legendos esse, quam qui a me nominabuntur : sed nunc genera ipsa lectionum, quæ præcipue convenire intendentibus, ut oratores fiant, existimem, persequor. Igitur, ut Aratus *ab Jove incipiendum* putat, ita nos rite cœpturi ab *Homero* videmur : hic enim, quemadmodum *ex oceano* dicit ipse *amnium vim fontiumque cursus initium capere*, omnibus eloquentiæ partibus exemplum et ortum dedit : hunc nemo in magnis rebus sublimitate, in parvis proprietate superaverit : idem lætus ac pressus, jucundus et gravis, tum copia, tum brevitate mirabilis ; nec poetica modo, sed oratoria virtute eminentissimus : nam ut de laudibus, exhortationibus, consolationibus taceam, nonne vel nonus liber, quo missa ad Achillem legatio continetur, vel in primo inter duces illa contentio, vel dictæ in secundo sententiæ, omnes litium ac consiliorum explicant artes ? Affectus quidem, vel illos mites, vel hos concitatos, nemo erit tam indoctus, qui non in sua potestate hunc auctorem habuisse fateatur : age vero, non utriusque operis ingressus in paucissimis versibus legem prooemiorum, non dico servavit, sed constituit ? nam benevolum auditorem invocatione dearum, quas præsidere vatibus creditum est, et intentum proposita rerum magnitudine, et docilem summa celeriter comprehensa facit. Narrare vero quis brevius, quam qui mortem nuntiat Patrocli ; quis significantius potest, quam qui Curetum Ætolorumque prœlium exponit ? jam similitudines, ampli-

ples, des digressions, des signes, des arguments, et de tout ce qui entre dans la confirmation et la réfutation, tout cela abonde tellement dans Homère, que la plupart des rhéteurs ont appuyé leurs préceptes de l'autorité de ce poëte. Mais quel épilogue égalera jamais la prière de Priam redemandant à Achille le corps de son fils? Enfin, si l'on regarde les mots, les pensées, les figures, la disposition de l'ouvrage entier, n'a-t-il pas dépassé les bornes de l'esprit humain? Jusque-là qu'il faut être un grand homme, je ne dis pas pour rivaliser avec lui ce qui est impossible, mais pour se faire une idée pleine et entière de son génie. Cet auteur a donc laissé tous les autres bien loin derrière lui, dans tous les genres d'éloquence, et notamment les poëtes épiques; car c'est dans l'épopée qu'il tire le plus de gloire de la comparaison. *Hésiode* s'élève rarement; son poëme n'est, en grande partie, qu'une nomenclature : cependant ses préceptes sont entremêlés d'utiles sentences; le poli de son élocution et de sa composition n'est pas sans mérite. On lui donne la palme dans le genre tempéré. *Antimaque*, au contraire, a de la force et de la gravité; le genre de son éloquence n'est rien moins que vulgaire, et vaut son prix ; mais, quoique la plupart des grammairiens s'accordent à lui donner le second rang après Homère, on chercherait en vain dans cet auteur le sentiment, la grâce, la disposition; il manque tout à fait d'art : ce qui montre bien qu'autre chose est d'être voisin de quelqu'un, autre chose d'être le premier après lui. On prétend que *Panyasis* tient de ces deux poëtes, mais qu'il n'égale ni l'un ni l'autre pour le style; que cependant il surpasse Hésiode par le choix du sujet, et Antimaque par la disposition.

Apollonius de Rhodes n'est pas compris par les grammairiens au nombre des auteurs dont ils nous ont donné la liste, parce qu'Aristarque et Aristophane, qui étaient en possession de juger les poëtes, n'ont fait mention d'aucun écrivain de leur temps. Cet Apollonius est auteur d'un ouvrage qui n'est point à dédaigner, à cause d'une certaine médiocrité qui se soutient. *Aratus* a traité une matière inanimée, qui ne comporte ni variété, ni sentiments, ni personnages qui parlent. Cependant il n'est point resté au-dessous de son œuvre, et a prouvé qu'il n'avait pas présumé de ses forces. *Théocrite* est admirable dans son genre ; mais sa muse, toute champêtre et toute pastorale, aime peu la ville, encore moins le barreau. Il me semble qu'on m'interrompt de tous côtés pour me nommer une infinité d'autres poëtes. *Pisandre* n'a-t-il pas dignement chanté les travaux d'Hercule? Est-ce sans raison que Macer et Virgile ont imité *Nicandre*? Ne direz-vous rien d'*Euphorion*? Si Virgile ne l'eût pas goûté, eût-il cité le poëte de Chalcis avec honneur dans ses Bucoliques? Est-ce sans intention qu'Horace nomme *Tyrtée* après Homère? Je réponds qu'il n'est personne à qui ces poëtes soient tellement inconnus qu'il ne puisse, à l'aide d'un catalogue de bibliothèque, transcrire au moins leurs noms dans un ouvrage. Ainsi, ce n'est pas parce que ces poëtes ne me sont pas connus que je les passe sous silence ; ce n'est pas non plus parce que j'en désapprouve la lecture, puisque j'ai dit que tous avaient leur utilité; mais ils auront leur tour, quand notre éloquence aura acquis la force et le point de perfection qui lui est nécessaire. C'est ainsi que souvent, dans un repas somptueux, après nous être rassasiés des meil-

---

ficationes, exempla, digressus, signa rerum et argumenta, cæteraque quæ probandi ac refutandi sunt, ita multa, ut etiam, qui de artibus scripserunt, plurimi harum rerum testimonium ab hoc poeta petant. Nam epilogus quidem quis unquam poterit illis Priami rogantis Achillem precibus æquari? quid? in verbis, sententiis, figuris, dispositione totius operis, nonne humani ingenii modum excedit? ut magni sit viri, virtutes ejus non æmulatione, quod fieri non potest, sed intellectu sequi. Verum hic omnes sine dubio, et in omni genere eloquentiæ procul ab se reliquit; epicos tamen præcipue, videlicet quia clarissima in materia simili comparatio est. Raro assurgit *Hesiodus*, magnaque pars ejus in nominibus est occupata; tamen utiles circa præcepta sententiæ, levitasque verborum et compositionis probabilis; daturque ei palma in illo medio genere dicendi. Contra in *Antimacho* vis et gravitas, et minime vulgare eloquendi genus habet laudem: sed quamvis ei secundas fere grammaticorum consensus deferat, et affectibus, et jucunditate, et dispositione, et omnino arte deficitur, ut plane manifesto appareat, quanto sit aliud proximum esse, aliud secundum. *Panyasin* ex utroque mixtum putant in eloquendo, neutriusque æquare virtutes; alterum tamen ab eo materia, alterum disponendi ratione superari. *Apollonius* in ordinem a grammaticis datum non venit, quia Aristarchus atque Aristophanes, poetarum judices, neminem sui temporis in numerum redegerunt; non tamen contemnendum edidit opus æquali quadam mediocritate. *Arati* materia motu caret, ut in qua nulla varietas, nullus affectus, nulla persona, nulla cujusquam sit oratio ; sufficit tamen operi, cui se parem credidit. Admirabilis in suo genere *Theocritus*; sed musa illa rustica et pastoralis non forum modo, verum ipsam etiam urbem reformidat. Audire videor undique congerentes nomina plurimorum poetarum : quid ? Herculis acta non bene *Pisandros*? quid? *Nicandrum* frustra secuti *Macer* atque *Virgilius*? quid? *Euphorionem* transibimus? quem nisi probasset Virgilius, idem nunquam certe conditorum chalcidico versu carminum fecisset in Bucolicis mentionem : quid? Horatius frustra *Tyrtæum* Homero subjungit? Nec sane quisquam est tam procul a cognitione eorum remotus, ut non indicem certe ex bibliotheca sumptum transferre in libros suos possit : nec ignoro igitur quos transeo, nec utique damno, ut jam dixerim esse in omnibus utilitatis aliquid ; sed ad illos jam perfectis constitutisque viribus revertemur : quod in cœnis grandibus sæpe facimus, ut, quum optimis satiati sumus, varietas tamen nobis ex vi-

leurs mets, nous cherchons dans des mets plus communs le plaisir de la diversité. Alors nous pourrons aussi jeter les yeux sur l'élégie, dans laquelle *Callimaque* passe pour avoir excellé, et, après lui, *Philétas*, du consentement de la plupart des savants. Mais, tant que nous travaillons à acquérir cette facilité qui, comme je l'ai dit, soit sûre d'elle-même, c'est avec les meilleurs auteurs qu'il faut nous familiariser; et ce n'est pas en lisant beaucoup de livres, mais en lisant beaucoup les bons, que nous parviendrons à former notre esprit et à colorer notre style. C'est pourquoi, des trois poètes iambiques dont les noms sont consacrés par le suffrage d'Aristarque, *Archiloque* est celui dont la lecture peut contribuer principalement à donner cette facilité dont je parle. Il y a en lui une grande vigueur d'élocution, des pensées fortes, de ces traits qui sont courts, mais vifs et perçants; il est plein de sang et de nerfs : en sorte que, au jugement de quelques-uns, s'il est au-dessous de qui que ce soit, c'est la faute de sa matière, et non de son génie. Parmi les neuf poètes lyriques, *Pindare* l'emporte infiniment sur tous les autres par l'enthousiasme, la magnificence des pensées, la beauté des figures; par une merveilleuse abondance d'idées et de mots, et par le caractère de son éloquence, qu'on ne saurait mieux comparer qu'à un torrent : ce qui a fait dire avec raison à Horace qu'il est inimitable. *Stésichore* tient le second rang. L'élévation de son génie se manifeste jusque dans le choix de ses sujets. Ce sont toujours des guerres fameuses ou des capitaines illustres qu'il chante, et sa lyre se soutient à la hauteur de l'épopée. Il fait agir et parler ses personnages avec toute la dignité qui leur appartient; et, s'il eût su garder un juste tempérament, nul autre, ce me semble, n'eût approché plus près d'Homère. Mais il est redondant, diffus; vice blâmable, à la vérité, mais vice d'abondance. *Alcée* mérite bien l'archet d'or que lui donne Horace, lorsque, animé d'un noble courroux, il se déchaîne contre les tyrans. Aussi est-il très-utile pour les mœurs. Son style est concis, magnifique, exact, et rappelle souvent celui d'Homère; mais il s'abaisse jusqu'à badiner avec les jeux et les amours, et y réussit moins que dans les grands sujets. *Simonide* est mince, mais il se recommande par une certaine propriété et un certain agrément. Cependant il excelle particulièrement à attendrir l'âme par la pitié; de sorte que quelques-uns, sous ce rapport, le préfèrent à tous ceux qui ont écrit dans le même genre. L'ancienne comédie conserve presque seule ces grâces naïves du langage attique et d'une liberté éloquente. Quoiqu'elle s'attache particulièrement à faire la guerre aux vices, elle ne laisse pas de déployer beaucoup de force dans les autres parties; car elle a de l'élévation, de l'élégance et de la beauté; et, après Homère, qu'il faut toujours mettre hors de ligne, comme son Achille, peut-être n'y a-t-il rien qui ait plus d'analogie avec les orateurs, ou qui soit plus propre à en former. Elle compte plusieurs auteurs; mais *Aristophane*, *Eupolis* et *Cratinus* sont les principaux. *Eschyle* peut être regardé comme le père de la tragédie. Il est sublime, grave, quelquefois grandiose jusqu'à l'excès; mais il a peu connu l'art du théâtre, et pèche souvent contre les règles : aussi dans la suite les Athéniens ont-ils établi un concours pour la correction de ses pièces, ce qui a valu des couronnes à plusieurs poètes. *Sophocle* et *Euripide* ont porté infiniment plus loin l'art de la tragédie. Lequel des

---

lioribus grata sit : tunc et elegiam vacabit in manus sumere, cujus princeps habetur *Callimachus*; secundas confessione plurimorum *Philetas* occupavit. Sed dum assequimur illam firmam, ut dixi, facilitatem, optimis assuescendum est; et multa magis quam multorum lectione formanda mens, et ducendus color : itaque ex tribus receptis Aristarchi judicio scriptoribus iamborum, ad ἕξιν maxime pertinebit unus *Archilochus*. Summa in hoc vis elocutionis, quum validæ, tum breves vibrantesque sententiæ, plurimum sanguinis atque nervorum, adeo ut videatur quibusdam, quod quoquam minor est, materiæ esse, non ingenii vitium. Novem vero lyricorum longe *Pindarus* princeps, spiritus magnificentia, sententiis, figuris, beatissima rerum verborumque copia, velut quodam eloquentiæ flumine; propter quæ Horatius eum merito credidit nemini imitabilem. *Stesichorum*, quam sit ingenio validus, materiæ quoque ostendunt, maxima bella et clarissimos canentem duces, et epici carminis onera lyra sustinentem : reddit enim personis in agendo simul loquendoque debitam dignitatem; ac, si tenuisset modum, videtur æmulari proximus Homerum potuisse; sed redundat, atque effunditur; quod ut est reprehendendum, ita copiæ vitium est. Alcæus in parte operis *aureo plectro* merito donatur, qua tyrannos insectatus multum etiam moribus confert; in eloquendo quoque brevis et magnificus, et diligens, et plerumque Homero similis; sed in lusus et amores descendit, majoribus tamen aptior. *Simonides*, tenuis alioqui, sermone proprio et jucunditate quadam commendari potest; præcipua tamen ejus in commovenda miseratione virtus, ut quidam in hac eum parte omnibus ejus operis auctoribus præferant. Antiqua comœdia quum sinceram illam sermonis attici gratiam prope sola retinet, tum facundissimæ libertatis, etsi est insectandis vitiis præcipua, plurimum tamen virium etiam in ceteris partibus habet : nam et grandis, et elegans, et venusta; et nescio an nulla, post Homerum tamen, quem, ut Achillem, semper excipi par est, aut similior sit oratoribus, aut ad oratores faciendos aptior. Plures ejus auctores; *Aristophanes* tamen, et *Eupolis*, *Cratinus*que præcipui. Tragœdias primum in lucem *Æschylus* protulit, sublimis et gravis, et grandiloquus sæpe usque ad vitium, sed rudis in plerisque et incompositus : propter quod correctas ejus fabulas in certamen deferre posterioribus poetis Athenienses permisere, suntque eo modo multi coronati. Sed longe clarius illustra-

deux, malgré la différence de leur caractère, l'emporte sur l'autre, c'est une question souvent débattue, et que je laisse indécise, parce qu'elle ne fait rien à mon sujet. Il est néanmoins incontestable qu'Euripide est beaucoup plus utile que Sophocle à ceux qui se destinent au barreau : car, outre que son style (et c'est précisément ce que blâment ceux à qui la gravité, le cothurne et le ton de Sophocle semblent avoir quelque chose de plus élevé), outre que son style, dis-je, se rapproche plus du genre oratoire, il est plein de sentences; et dans ce qui fait l'objet des préceptes de la philosophie, il est presque égal aux philosophes. Enfin, soit qu'il fasse parler ou répliquer ses personnages, je le trouve comparable aux orateurs les plus diserts, et il me semble surtout exceller dans l'art d'exciter toutes les passions, et particulièrement la pitié. Aussi Ménandre l'a-t-il singulièrement admiré, comme il le témoigne souvent, et même imité, quoique dans un genre différent; Ménandre, qui, lu avec soin, peut, selon moi, procurer lui seul tout le fruit que se proposent mes préceptes : tant il a bien représenté la vie humaine sous toutes ses faces; tant il a de fécondité dans l'invention et de facilité dans l'élocution; tant il montre d'art dans la peinture des choses, des personnes et des passions. Je tiens certainement pour fort judicieux ceux qui attribuent à Ménandre les oraisons que nous avons sous le nom de Charisius; mais il me paraît bien plus orateur dans ses comédies, à moins qu'on ne trouve que *les Arbitres*, *l'Héritière*, *les Locriens*, ne sont pas une image fidèle de ce qui se passe au barreau, ou que *le Psophodée*, *le Nomothète*, *l'Hypoboli-*

mée, ne sont pas des morceaux achevés d'éloquence. Cependant je crois que c'est particulièrement aux déclamateurs que la lecture de Ménandre peut être utile, parce que leurs sujets les obligent à jouer un plus grand nombre de rôles, à faire le personnage d'un père, d'un fils, d'un soldat, d'un villageois, d'un riche, d'un pauvre, d'un furieux, d'un suppliant, d'un homme doux ou brutal : et, dans tous ces caractères, Ménandre observe admirablement la convenance. On peut dire qu'il a tellement surpassé tous ceux qui ont écrit dans le même genre, qu'il les a, pour ainsi dire, éclipsés par l'éclat de son nom. Il y a pourtant quelques autres auteurs comiques dont la lecture peut être utile quand on les lit avec indulgence : de ce nombre est *Philémon*, qui mérite le second rang avec autant de justice qu'il a été injustement préféré à Ménandre par le mauvais goût de son siècle.

Je passe aux historiens. Plusieurs ont brillé dans ce genre, mais tout le monde convient qu'il en est deux qui ont laissé loin derrière eux tous les autres, et qui, par des qualités différentes, ont acquis une gloire presque égale : l'un serré, concis, pressé, c'est *Thucydide*; l'autre doux, clair, abondant, c'est *Hérodote*. Le premier peint mieux les passions violentes, le second les sentiments modérés; Thucydide brille dans les harangues, Hérodote dans les entretiens familiers; celui-ci plaît, celui-là subjugue. *Théopompe*, qui vient après eux dans l'ordre des temps, leur est inférieur; mais il tient plus de l'orateur, en ayant longtemps rempli les fonctions, avant que d'être sollicité à écrire l'histoire. *Philiste* mérite aussi qu'on le distingue de la foule des autres,

---

verunt hoc opus Sophocles atque *Euripides*; quorum in dispari dicendi via uter sit poeta melior, inter plurimos quæritur : idque ego sane, quoniam ad præsentem materiam nihil pertinet, injudicatum relinquo : illud quidem nemo non fateatur necesse est, iis, qui se ad agendum comparant, utiliorem longe fore Euripidem : namque is et in sermone (quod ipsum reprehendunt, quibus gravitas et cothurnus et sonus Sophoclis videtur esse sublimior) magis accedit oratorio generi; et sententiis densus, et in iis, quæ a sapientibus tradita sunt, pæne ipsis par, et dicendo ac respondendo cuilibet eorum, qui fuerunt in foro diserti, comparandus; in affectibus vero quum omnibus mirus, tum in iis, qui miseratione constant, facile præcipuus. Hunc et admiratus maxime est, ut sæpe testatur, et secutus, quamquam in opere diverso, *Menander*; qui vel unus, meo quidem judicio, diligenter lectus, ad cuncta, quæ præcipimus, efficienda sufficiat; ita omnem vitæ imaginem expressit; tanta in eo inveniendi copia, et eloquendi facultas; ita est omnibus rebus, personis, affectibus accommodatus. Nec nihil profecto viderunt, qui orationes, quæ *Charisii* nomine eduntur, a Menandro scriptas putant : sed mihi longe magis orator probari in opere suo videtur, nisi forte aut illa mala judicia, quæ Epitrepontes, Epicleros, Locri habent, aut meditationes in

Psophodee, Nomothete, Hypobolimæo non omnibus oratoris numeris sunt absolutæ. Ego tamen plus adhuc quiddam collaturum eum declamatoribus puto, quoniam his necesse est, secundum conditionem controversiarum plures subire personas, patrum, filiorum, militum, rusticorum, divitum, pauperum, irascentium, deprecantium, mitium, asperorum : in quibus omnibus mire custoditur ab hoc poeta decor. Atque ille quidem omnibus ejusdem operis auctoribus abstulit nomen, et fulgore quodam suæ claritatis tenebras obduxit : habent tamen alii quoque comici, si cum venia legantur, quædam, quæ possis decerpere; et præcipue *Philemon*, qui ut pravis sui temporis judiciis Menandro sæpe prælatus est, ita consensu tamen omnium meruit credi secundus. Historiam multi scripsere præclare; sed nemo dubitat longe duos cæteris præferendos, quorum diversa virtus laudem pæne est parem consecuta : densus, et brevis, et semper instans sibi *Thucydides*; dulcis, et candidus, et fusus *Herodotus*; ille concitatis, hic remissis affectibus melior; ille concionibus, hic sermonibus; ille vi, hic voluptate. *Theopompus* his proximus, ut in historia prædictis minor, ita oratori magis similis; ut qui, antequam est ad hoc opus sollicitatus, diu fuerit orator. *Philistus* quoque meretur, qui turbæ quamvis bonorum post eos auctorum eximatur, imitator

quelque bons qu'ils puissent être après ces trois. Il a imité Thucydide : beaucoup plus faible que lui, il est jusqu'à un certain point plus clair. *Éphore*, au jugement d'Isocrate, aurait besoin d'éperons. On vante l'esprit de *Clitarque*, mais il est sans autorité comme historien. Longtemps après vint *Timagène*, qui, au défaut de tout autre mérite, aurait celui d'avoir été le restaurateur de l'histoire. Je n'ai pas oublié *Xénophon*, mais sa place est parmi les philosophes. Vient ensuite une foule d'orateurs; car il y en a eu à Athènes jusqu'à dix à la fois dans le même siècle, à la tête desquels il faut, sans contredit, placer *Démosthène*, qui peut être regardé comme la loi même de l'éloquence, tant il est vigoureux, serré, nerveux, précis; tant il sait garder un juste tempérament, pour ne rien dire de trop ou de trop peu. *Eschine* est plus plein, plus abondant, et d'autant plus grand, en apparence, qu'il est moins ramassé; mais il a plus de chair que de muscles. Le caractère d'*Hypéride* est la douceur mêlée de finesse; mais son style est plus approprié aux petites causes, pour ne pas dire plus utile. *Lysias*, plus ancien qu'eux, est simple et élégant. S'il suffisait à l'orateur d'instruire, on ne saurait rien trouver de plus parfait. Chez lui, rien d'inutile, rien de recherché; cependant il ressemble plutôt à une source d'eau vive qu'à un grand fleuve. *Isocrate*, dans un autre genre d'éloquence, est brillant et paré; plus propre à former un lutteur qu'à combattre lui-même. Il a ambitionné toutes les beautés du style, et il a eu raison; car il ne se proposait pas de parler devant les tribunaux, mais devant l'auditoire d'une école. Il a l'invention facile, l'amour du beau et de l'honnête; il est si soigné dans la composition, que ce soin lui est reproché comme un défaut. Je ne prétends pas que ce soient là les seules qualités des écrivains dont j'ai parlé, mais ce sont les principales. Je ne prétends pas non plus que ceux que j'ai omis n'aient pas leur mérite; j'avouerai même que *Démétrius de Phalère*, quoiqu'il passe pour avoir le premier fait fléchir l'éloquence, a eu beaucoup d'esprit et de faconde, et qu'il est digne de mémoire, ne fût-ce que pour l'honneur d'être à peu près le dernier des Attiques qu'on puisse appeler orateur. Du reste, Cicéron le préfère à tous dans le genre tempéré. A l'égard des philosophes, dans la lecture desquels Cicéron reconnaît lui-même qu'il a puisé la meilleure partie de son éloquence, qui ne met *Platon* au-dessus de tous les autres, soit à cause de la vigueur de sa dialectique, soit à cause de son éloquence homérique et vraiment divine? Il s'élève, en effet, beaucoup au-dessus de la prose, et même de cette poésie que les Grecs appellent *pédestre*; à tel point qu'il me paraît moins écrire sous l'influence d'un génie purement humain, que sous l'inspiration d'une divinité qui l'agite. Que dirai-je de cette douceur de Xénophon, si simple, si éloignée de toute affectation, mais que nulle affectation ne saurait atteindre? On dirait que les Grâces elles-mêmes ont pétri son langage; et, pour lui appliquer le témoignage que la comédie ancienne rendit à Périclès, ses lèvres étaient comme le siège de la déesse de la persuasion. Que dirai-je de l'élégance des autres écrivains de l'école de Socrate? d'un *Aristote*, en qui je ne saurais dire ce qu'on doit admirer davantage, ou de sa science, ou de la multitude de ses écrits, ou de la suavité de son style, ou de la pénétration de son esprit, ou de la variété des

---

Thucydidis, et ut multo infirmior, ita aliquatenus lucidior. *Ephorus*, ut Isocrati visum, calcaribus eget. *Clitarchi* probatur ingenium, fides infamatur. Longo post intervallo temporis natus *Timagenes* hoc est vel ipso probabilis, quod intermissam historias scribendi industriam nova laude reparavit. *Xenophon* non excidit mihi, sed inter philosophos reddendus est. Sequitur oratorum ingens manus, ut cum decem simul Athenis ætas una tulerit : quorum longe princeps *Demosthenes*, ac pœne lex orandi fuit; tanta vis in eo, tam densa omnia, ita quibusdam nervis intenta sunt, tam nihil otiosum, is dicendi modus, ut nec quod desit in eo, nec quod redundet invenias. Plenior *Æschines*, et magis fusus, et grandiori similis, quo minus strictus est; carnis tamen plus habet, minus lacertorum. Dulcis inprimis et acutus *Hyperides*; sed minoribus causis, ut non dixerim utilior, magis par. His ætate *Lysias* major, subtilis atque elegans, et quo nihil, si oratori satis esset docere, quæras perfectius : nihil enim est inane, nihil arcessitum; puro tamen fonti, quam magno flumini propior. *Isocrates* in diverso genere dicendi nitidus et comptus, et palæstræ, quam pugnæ magis accommodatus, omnes dicendi veneres sectatus est; nec immerito : auditoriis enim se, non judiciis compararat; in inventione facilis, honesti studiosus; in compositione adeo diligens, ut cura ejus reprehendatur. Neque ego in his, de quibus locutus sum, has solas virtutes, sed has præcipuas puto; nec cæteros parum fuisse magnos : quin etiam *Phalerea* illum *Demetrium*, quamquam is primus inclinasse eloquentiam dicitur, multum ingenii habuisse et facundiæ fateor, vel ob hoc memoria dignum, quod ultimus est fere ex Atticis, qui dici possit orator; quem tamen in illo medio genere dicendi præfert omnibus Cicero. Philosophorum, ex quibus plurimum se traxisse eloquentiæ M. Tullius confitetur, quis dubitet *Platonem* esse præcipuum, sive acumine disserendi, sive eloquendi facultate divina quadam et Homerica? multum enim supra prosam orationem, et quam pedestrem Græci vocant, surgit; ut mihi non hominis ingenio, sed quodam delphico videatur oraculo instinctus. Quid ego commemorem *Xenophontis* illam jucunditatem inaffectatam, sed quam nulla consequi affectatio possit? ut ipsæ sermonem finxisse Gratiæ videantur, et, quod de Pericle veteris comœdiæ testimonium est, in hunc transferri justissime possit, in labris ejus sedisse quamdam persuadendi deam. Quid reliquorum *Socraticorum* elegantiam? quid *Aristotelem?* quem dubito scientia rerum, an scriptorum copia, an eloquendi suavitate,

sujets qu'il a traités; et d'un *Théophraste*, dont le style a quelque chose de si beau, de si divin, qu'on dit qu'il en a tiré son nom. Les anciens stoïciens faisaient moins de cas de l'éloquence; mais, outre qu'ils ont toujours enseigné la vertu, ils ont su joindre à la beauté de leur doctrine la force du raisonnement et la solidité des preuves. Toutefois, ils se sont montrés plutôt profonds dialecticiens qu'orateurs magnifiques, genre de mérite que sans doute ils n'ambitionnaient pas.

Voilà pour les Grecs. Je suivrai le même ordre pour les auteurs latins ; et de même que, en parlant des Grecs, j'ai commencé par Homère, de même, en parlant des Latins, je ne saurais mieux commencer que par *Virgile*, qui, de tous les poëtes épiques des deux langues, est sans contredit celui qui a le plus approché d'Homère : car je rapporterai ici les mêmes paroles que j'ai entendues dans ma jeunesse de la bouche de Domitius Afer. Je lui demandais quel était le poëte qui, à son avis, approchait le plus d'Homère : *Virgile est le second,* me dit-il, *mais il est plus près du premier que du troisième.* Et, à dire vrai, si nous sommes obligés de céder la palme au génie céleste et surhumain d'Homère, Virgile est plus soigné et plus exact, par cela même qu'il eut à travailler davantage ; et ce que nous perdons du côté de la hauteur, peut-être le regagnons-nous du côté de l'égalité. Tous les autres laissent entre eux et lui une vaste carrière : car *Macer* et *Lucrèce* sont, il est vrai, dignes d'être lus, mais ils ne sauraient donner la phrase, c'est-à-dire le corps de l'éloquence. Chacun d'eux a traité élégamment sa matière ; mais l'un n'a rien d'élevé, et l'autre est âpre et dur.

Dans les écrits qui lui ont valu quelque re-nommée, *Varron d'Atace,* quoique traducteur, n'est point à mépriser ; mais il est peu capable d'enrichir l'élocution du lecteur. Révérons *Ennius*, comme les grands chênes de ces vieilles forêts qu'une sainte horreur, plutôt que leur beauté recommande à notre vénération. Nous avons dans le même genre d'autres poëtes plus rapprochés de nous, et aussi plus propres à procurer le fruit que nous recherchons. Sans doute *Ovide* folâtre jusque dans ses poésies héroïques, il est trop amoureux de son esprit ; mais il est louable dans certaines parties. Pour *Cornélius Sévérus,* quoiqu'il soit plutôt un bon versificateur qu'un bon poëte, si néanmoins, comme on l'a dit, il eût écrit toute la guerre de Sicile de la force du premier livre, il aurait droit à la seconde place ; mais sa mort prématurée ne lui a pas laissé le temps de se perfectionner. Cependant les ouvrages de sa jeunesse révèlent un beau génie, et un goût admirable pour son âge. Nous avons beaucoup perdu naguère dans la personne de *Valérius Flaccus.* On peut admirer dans *Saléius Bassus* les prémices d'un talent poétique et plein de force, mais dont la mort prévint aussi la maturité. *Rabirius* et *Pédon* ne sont pas indignes d'être lus dans des moments de loisir. *Lucain* est ardent, impétueux, étincelant de pensées, et, pour dire ce que je pense, orateur plutôt que poëte.

Je me serais dispensé de nommer tous ces écrivains, si le gouvernement de l'univers n'eût détourné Auguste le Germanique des études qu'il avait commencées, et si les dieux n'eussent jugé que c'était peu pour ce prince d'être le premier des poëtes. Et pourtant, quoi de plus sublime, quoi de plus docte, quoi de plus beau, quoi de plus achevé, que ces poésies écloses, loin de la cour, dans les loisirs d'une jeunesse studieuse !

---

an inventionum acumine, an varietate operum, clariorem putem : nam in *Theophrasto,* tam est loquendi nitor ille divinus, ut ex eo nomen quoque traxisse dicatur. Minus indulsere eloquentiæ *stoici* veteres : sed quum honesta suaserunt, tum in colligendo probandoque, quæ instituerant, plurimum valuerunt; rebus tamen acuti magis, quam, id quod sane non affectant, oratione magnifici. Idem nobis per romanos quoque auctores ordo ducendus est : itaque ut apud illos Homerus, sic apud nos *Virgilius* auspicatissimum dederit exordium, omnium ejus generis poetarum, græcorum nostrorumque, haud dubie proximus. Utor enim verbis iisdem, quæ ex Afro Domitio juvenis excepi ; qui mihi interroganti, quem Homero crederet maxime accedere, *Secundus,* inquit, *est Virgilius, propior tamen primo, quam tertio :* et hercule ut illi naturæ cælesti atque immortali cesserimus, ita curæ et diligentiæ vel ideo in hoc plus est, quod ei fuit magis laborandum ; et quantum eminentibus vincimur, forlasse æqualitate pensamus. Cæteri omnes longe sequentur : nam *Macer* et *Lucretius* legendi quidem, sed non ut phrasin, id est, corpus eloquentiæ faciant ; elegantes in sua quisque materia, sed alter humilis, alter difficilis.

Atacinus Varro in iis, per quæ nomen est assecutus, interpres operis alieni, non spernendus quidem, verum ad augendam facultatem dicendi parum locuples. *Ennium,* sicut sacros vetustate lucos, adoremus, in quibus grandia et antiqua robora jam non tantam habent speciem, quantam religionem : propiores alii, atque ad hoc, de quo loquimur, magis utiles : lascivus quidem in heroicis quoque *Ovidius,* et nimium amator ingenii sui ; laudandus tamen partibus. *Cornelius* autem *Severus,* etiamsi versificator quam poeta melior, si tamen, ut est dictum, ad exemplar primi libri bellum siculum perscripsisset, vindicaret sibi jure secundum locum : sed eum consummari mors immatura non passa est : puerilia tamen ejus opera et maximam indolem ostendunt et admirabilem, præcipue in ætate illa, recti generis voluntatem. Multum in *Valerio Flacco,* nuper amisimus. Vehemens et poeticum ingenium *Saleii Bassi* fuit, nec ipsum senectute maturum, *Rabirius* ac *Pedo* non indigni cognitione, si vacet. *Lucanus* ardens, et concitatus, et sententiis clarissimus, et, ut dicam quod sentio, magis oratoribus quam poetis annumerandus. Hos nominavimus, quia Germanicum Augustum ab institutis studiis deflexit cura

Qui pouvait mieux chanter la guerre, que celui qui la fait avec tant de succès? A qui les déesses qui président aux arts eussent-elles été plus propices? Sur qui Minerve eût-elle épanché plus volontiers ses dons, que sur un prince de son sang? Les races futures raconteront plus dignement ces merveilles de notre âge; car maintenant la gloire du poëte est absorbée dans la splendeur de mille autres qualités. Qu'il me soit permis cependant, ô César, à moi, voué au culte des lettres, de ne pas taire un don comme celui-là, et de m'écrier du moins avec Virgile :

Le lierre sur son front s'entremêle au laurier.

Dans l'élégie, nous le disputons aussi aux Grecs; et, dans ce genre, *Tibulle* me semble le plus pur et le plus élégant. Il en est qui lui préfèrent *Properce*. *Ovide* est plus fardé que ces deux poëtes, comme *Gallus* est plus dur. La satire est tout à fait nôtre; et *Lucilius*, qui le premier s'y est fait un grand nom, a encore aujourd'hui des partisans si passionnés, qu'ils ne font pas difficulté de le préférer non-seulement à tous les satiriques, mais même à tous les poëtes. Pour moi, je suis aussi éloigné de leur sentiment que de celui d'Horace, qui se borne à dire qu'*il y a quelquefois du bon dans ce torrent limoneux*; car je trouve en lui une érudition admirable, et un franc-parler qui lui donne du mordant et beaucoup de sel. *Horace* est beaucoup plus châtié et plus pur, et excelle principalement dans la peinture des mœurs. *Perse* s'est acquis beaucoup de vraie gloire par une seule satire. Nous avons aujourd'hui de célèbres écrivains qui travaillent dans le même genre, et dont on citera un jour les noms avec éloge. Il y a une autre espèce de satire, et plus ancienne, dont *Térentius Varron*, le plus savant des Romains, nous a laissé un modèle, qui consiste dans un mélange de vers et de prose. Cet auteur, qui avait une profonde connaissance de la langue latine et de toutes les antiquités grecques et romaines, a composé plusieurs autres ouvrages pleins d'érudition, mais dont la lecture est plus utile sous le rapport de la science que sous celui de l'éloquence. L'ïambe n'a jamais été chez nous une forme particulière de poésie ; quelques poëtes l'ont seulement mêlé à d'autres vers, et même d'une manière assez mordante, comme *Catulle*, *Bibaculus*, *Horace*, quoique ce dernier y joigne d'ordinaire l'épode. Quant aux poëtes lyriques, *Horace* est presque le seul digne d'être lu. Il s'élève quelquefois; il est plein de charme et de grâce, varié dans ses figures, et d'une audace très-heureuse dans ses expressions : si l'on veut lui adjoindre quelqu'un, ce ne peut être que *Césius Bassius*, que nous avons connu naguère, mais qui est bien inférieur aux lyriques actuels. Nos tragiques anciens les plus célèbres sont *Accius* et *Pacuvius*. Ils se recommandent par la gravité des pensées, par le poids des paroles, et par la dignité des caractères. Du reste, ils n'ont ni cet éclat ni ce fini qui est le complément de l'art; mais la faute en est moins à eux, ce semble, qu'au temps où ils vivaient. On accorde plus de force à *Accius*, et ceux qui ambitionnent la réputation d'érudits veulent que Pacuvius soit plus docte. Le *Thyeste* de *Varius* est comparable à ce que les Grecs ont de mieux; et la *Médée* d'*Ovide* montre ce que ce poëte aurait pu faire, s'il eût mieux aimé mettre un frein à son esprit que d'y donner l'essor. De tous ceux que j'ai vus,

terrarum, parumque diis visum est, esse eum maximum poetarum : quid tamen his ipsis ejus operibus, in quæ, donato imperio, juvenis secesserat, sublimius, doctius, omnibus denique numeris præstantius? quis enim caneret bella melius, quam qui sic gerit? quem præsidentes studiis deæ propius audirent? cui magis suas artes aperiret familiare numen Minerva? dicent hæc plenius futura secula : nunc enim cæterarum fulgore virtutum laus ista præstringitur; tu tamen sacra litterarum colentes feras, Cæsar, si non tacitum hoc præterimus, et Virgiliano certe versu testamur,

Inter victrices hederam tibi serpere lauros.

Elegia quoque Græcos provocamus, cujus mihi tersus atque elegans maxime videtur auctor *Tibullus* : sunt qui *Propertium* malint : *Ovidius* utroque lascivior; sicut durior *Gallus*. Satira quidem tota nostra est , in qua primus insignem laudem adeptus *Lucilius* quosdam ita deditos sibi adhuc habet amatores, ut eum non ejusdem modo operis auctoribus, sed omnibus poetis præferre non dubitent. Ego quantum ab illis, tantum ab Horatio dissentio, qui *Lucilium fluere lutulentum*, et *esse aliquid, quod tollere possis*, putat : nam eruditio in eo mira, et libertas, atque inde acerbitas, et abunde salis. Multo est tersior ac purus magis *Horatius*, et ad notandos hominum mores præcipuus : multum et veræ gloriæ, quamvis uno libro, *Persius* meruit : sunt clari hodieque, et qui olim nominabuntur. Alterum illud etiam prius satiræ genus, sed non sola carminum varietate mixtum condidit *Terentius Varro*, vir Romanorum eruditissimus : plurimos hic libros et doctissimos composuit, peritissimus linguæ latinæ, et omnis antiquitatis, et rerum græcarum, nostrarumque, plus tamen scientiæ collaturus, quam eloquentiæ. Iambus non sane a Romanis celebratus est, ut proprium opus; quibusdam interpositus; cujus acerbitas in *Catullo*, *Bibaculo*, *Horatio*; quamquam illi epodos intervenire reperiatur. At lyricorum idem *Horatius* fere solus legi dignus : nam et insurgit aliquando, et plenus est jucunditatis et gratiæ, et variis figuris et verbis felicissime audax. Si quemdam adjicere velis, is erit *Cæsius Bassus*, quem nuper vidimus; sed eum longe præcedunt ingenia viventium. Tragœdiæ scriptores veterum *Accius* atque *Pacuvius* clarissimi gravitate sententiarum, verborum pondere, auctoritate personarum; cæterum nitor, et summa in excolendis operibus manus, magis videri potest temporibus, quam ipsis defuisse : virium tamen Accio plus tribuitur; Pacuvium videri doctiorem, qui esse docti affectant, volunt. Jam *Varii Thyestes* cuilibet græcarum comparari potest : *Ovidii Medea* videtur mihi ostendere, quantum ille vir præstare potuerit, si ingenio suo temperare, quam indulgere, maluisset : eorum quos

Pomponius Secundus est sans contredit celui qui a le mieux réussi dans la tragédie. Les vieillards de mon temps ne le trouvaient pas assez tragique; mais ils avouaient que, pour l'érudition et l'éclat, il était supérieur à tous les autres. La comédie est notre endroit le plus faible, quoique Varron dise que, au jugement d'Élius Stilon, *les Muses auraient parlé le langage de Plaute, si elles eussent voulu parler latin*; malgré l'admiration des anciens pour *Cécilius*; enfin, malgré la réputation de *Térence*, dont les pièces furent attribuées à Scipion l'Africain. A vrai dire, les comédies de Térence se distinguent par une rare élégance, et auraient encore plus de grâce, si elles n'avaient été écrites qu'en vers trimètres. Malgré tout cela, à peine avons-nous l'ombre de la comédie grecque, tant notre langue me paraît peu susceptible de cette grâce qui n'a été donnée qu'aux seuls Attiques, et que les Grecs eux-mêmes n'ont pu retrouver dans un autre dialecte! *Afranius* excelle dans la comédie purement latine, *togata* : heureux s'il n'eût point souillé ses pièces d'infâmes amours, qui ne trahissent que trop ses mœurs! Pour l'histoire, nous ne le cédons nullement aux Grecs. Ainsi, je ne craindrai pas d'opposer *Salluste* à Thucydide; et je ne crois pas faire injure à Hérodote en lui comparant *Tite-Live*, qui n'est pas moins admirable par la clarté, la grâce, la netteté de sa narration, que par l'éloquence de ses harangues, où il ne dit jamais rien qui ne soit parfaitement en harmonie avec les choses et les personnes. Pour ce qui est des passions, surtout de celles dont les mouvements sont plus doux, je crois m'exprimer avec la plus extrême réserve, en disant qu'aucun historien n'a mieux réussi à les peindre. Aussi peut-on dire qu'il supplée par des qualités différentes la céleste rapidité de Salluste; car ces deux écrivains sont plutôt égaux que semblables, selon l'heureuse expression de *Servilius Nonianus*, que j'ai connu, et qui était lui-même un historien très-distingué, sentencieux, mais plus diffus que ne le comporte l'autorité de l'histoire. *Bassius Aufidius*, qui le précéda de peu, s'y est mieux conformé dans son *Histoire de la guerre contre les Germains* : historien recommandable entre tous sous le rapport des qualités générales, mais qui, dans certaines parties, est resté au-dessous de lui-même. Nous possédons encore, pour la gloire et l'ornement de notre siècle, un historien digne de vivre dans la postérité, et dont le nom, qu'on devine aisément, sera cité un jour avec honneur. Il a des partisans, sans avoir d'imitateurs; de sorte que, même en se décidant à des suppressions, sa franchise n'a pas laissé de lui nuire. Du reste, dans ses ouvrages ainsi tronqués, on trouve les inspirations d'une âme élevée, et des pensées hardies. Je pourrais encore nommer d'autres bons écrivains; mais je me suis proposé de prendre la fleur de chaque genre, et non de faire une revue de bibliothèques. Mais c'est surtout à nos orateurs que l'éloquence latine doit la gloire de marcher de pair avec celle des Grecs; car il n'est personne, parmi les Grecs, à qui je n'oppose hardiment *Cicéron*. Je n'ignore pas quelle querelle je m'attire gratuitement sur les bras, en le comparant à *Démosthène* dans un temps comme celui-ci, puisque cette comparaison n'entre pas dans mon sujet, et que d'ailleurs je recommande de lire avant tout Démosthène, ou plutôt de l'apprendre par cœur. Mais je ne laisserai pas de témoigner que, selon moi, ces deux orateurs se ressemblent dans la plupart de leurs qualités :

---

viderim, longe princeps *Pomponius Secundus*, quem senes parum tragicum putabant, eruditione ac nitore præstare confitebantur. In comœdia maxime claudicamus; licet Varro *Musas*, Ælii Stilonis sententia, *Plautino dicat sermone locuturas fuisse, si latine loqui vellent*; licet *Cœcilium* veteres laudibus ferant; licet *Terentii* scripta ad Scipionem Africanum referantur : quæ tamen sunt in hoc genere elegantissima, et plus adhuc habitura gratiæ, si intra versus trimetros stetissent. Vix levem consequimur umbram, adeo ut mihi sermo iste romanus non recipere videatur illam solis concessam Atticis venerem, quando eam ne Græci quidem in alio genere linguæ obtinuerint. Togatis excellit *Afranius*, utinamque non inquinasset argumenta puerorum fœdis amoribus, mores suos fassus. At non historia cesserim Græcis, nec opponere Thucydidi *Sallustium* verear; neque indignetur sibi Herodotus æquari *T. Livium*, quum in narrando miræ jucunditatis, clarissimique candoris, tum in concionibus, supra quam enarrari potest, eloquentem; ita quæ dicuntur omnia, quum rebus, tum personis, accommodata sunt; affectus quidem, præcipue eos, qui sunt dulciores, ut parcissime dicam, nemo historicorum commendavit magis : ideoque immortalem illam Sallustii velocitatem diversis virtutibus consecutus est : nam mihi egregie dixisse videtur *Servilius Nonianus*, pares eos magis, quam similes; qui et ipse a nobis auditus est, elati vir ingenii, et sententiis creber; sed minus pressus, quam historiæ auctoritas postulat. Quam, paulum ætate præcedens eum *Bassius Aufidius*, egregie, utique in libris belli germanici, præstitit, genere ipso probabilis in omnibus, sed in quibusdam suis ipse viribus minor. Superest adhuc, et exornat ætatis nostræ gloriam, vir seculorum memoria dignus, qui olim nominabitur, nunc intelligitur : habet amatores, nec imitatores; ut libertas, quamquam circumcisis quæ dixisset, ei nocuerit : sed elatum abunde spiritum, et audaces sententias deprehendas etiam in iis, quæ manent : sunt et alii scriptores boni; sed nos genera degustamus, non bibliothecas excutimus. Oratores vero vel præcipue latinam eloquentiam parem facere græcæ possint : nam *Ciceronem* cuicunque eorum fortiter opposuerim : nec ignoro, quantam mihi concitem pugnam, quum præsertim non sit id propositi, ut eum *Demostheni* comparem hoc tempore; neque enim attinet, quum Demosthenem inprimis legendum, vel ediscendum potius

même dessein, même méthode dans la division, la préparation et les preuves, en un mot, dans tout ce qui tient à l'invention. Quant au style, il y a quelque différence : l'un est plus précis, l'autre plus abondant ; l'un serre de plus près son adversaire, l'autre se met plus au large pour le combattre ; dans l'un, c'est toujours la pointe de l'épée qu'il faut craindre ; dans l'autre, c'est souvent aussi le poids des armes ; il n'y a rien à retrancher dans l'un, rien à ajouter dans l'autre ; dans l'un, le travail se fait plus sentir, et dans l'autre, la nature. Nous l'emportons certainement pour la plaisanterie et le pathétique, deux ressorts puissants de l'éloquence. Les péroraisons, dira-t-on, étaient interdites par les lois d'Athènes ; mais, d'un autre côté, la nature de la langue latine comporte moins les beautés attiques de Démosthène. On a des lettres de l'un et de l'autre, et, de Cicéron seulement, des dialogues ; mais, à cet égard, nulle comparaison possible ou probable. Cependant il faut céder en ce point, que Démosthène est venu le premier, et qu'il a fait Cicéron, en grande partie, tout ce qu'il est ; car il me semble que celui-ci, en s'attachant tout entier à imiter les Grecs, s'est approprié et la force de Démosthène, et l'abondance de Platon, et la douceur d'Isocrate. Toutefois, ce n'est pas seulement par l'étude qu'il est parvenu à emprunter à chacun d'eux ce qu'il avait de meilleur ; la plupart des qualités qui le distinguent, ou, pour mieux dire, toutes, il les a trouvées en lui-même, dans la merveilleuse fécondité de son divin génie ; car son éloquence, pour me servir d'une comparaison de Pindare, n'est point comme *un réservoir d'eaux pluviales ; c'est un torrent qui s'échappe d'une source vive et profonde.* On dirait que le ciel l'a donné à la terre pour montrer en lui jusqu'où peut aller la puissance de la parole. Qui, mieux que lui, possède l'art d'instruire et d'émouvoir ? En qui a-t-on jamais trouvé plus de grâce ? Ce qu'il vous arrache, vous croyez le lui accorder. Il entraîne le juge, et celui-ci a plutôt l'air de le suivre que de céder à une force irrésistible. Il dit tout avec tant d'autorité, qu'on rougirait d'avoir un autre avis que le sien : ce n'est pas un avocat qui plaide, c'est un témoin qui dépose, c'est un juge qui prononce. Et toutes ces choses, dont une seule coûterait à tout autre des soins infinis, coulent, chez lui, sans effort ; et cette éloquence, qui est ce qu'on peut entendre de plus beau, a tous les dehors de la plus heureuse facilité. Aussi est-ce à juste titre que ses contemporains l'ont proclamé *roi du barreau*, et que, dans la postérité, son nom est devenu synonyme de l'éloquence. Ayons-le donc sans cesse devant les yeux, proposons-le-nous pour modèle ; et que celui-là sache qu'il a profité, à qui Cicéron ne plaît pas médiocrement. Il y a dans *Asinius Pollion* beaucoup d'invention, et une si grande exactitude, qu'elle a paru excessive à quelques-uns ; il ne manque ni de dessein ni de chaleur, mais il est si loin de Cicéron pour le brillant et la grâce, qu'il semble l'avoir précédé d'un siècle. *Messala* est brillant et poli, et son style reflète, en quelque sorte, l'éclat de sa naissance ; mais il a peu de force. Pour *César*, s'il se fût entièrement adonné au barreau, on n'opposerait pas d'autre nom à Cicéron. Il a tant d'énergie, tant de pénétration, tant de feu, qu'il semble avoir parlé comme il faisait la guerre : et tout cela est encore relevé en lui par une

---

putem. Quorum ego virtutes plerasque arbitror similes consilium, ordinem dividendi, præparandi, probandi rationem, denique, quæ sunt inventionis. In eloquendo est aliqua diversitas : densior ille, hic copiosior ; ille concludit astrictius, hic latius ; pugnat ille acumine semper, hic frequenter et pondere ; illi nihil detrahi potest, huic nihil adjici ; curæ plus in illo, in hoc naturæ. Salibus certe, et commiseratione, qui duo plurimum affectus valent, vincimus : et fortasse epilogos illi mos civitatis abstulerit ; sed et nobis illa, quæ Attici mirantur, diversa latini sermonis ratio minus permiserit : in epistolis quidem, quamquam sunt utriusque, dialogisve, quibus nihil ille, nulla contentio est. Cedendum vero in hoc quidem, quod ille et prior fuit, et ex magna parte Ciceronem, quantus est, fecit : nam mihi videtur M. Tullius, quum se totum ad imitationem Græcorum contulisset, effinxisse vim Demosthenis, copiam Platonis, jucunditatem Isocratis : nec vero quod in quoque optimum fuit, studio consecutus est tantum, sed plurimas, vel potius omnes ex se ipso virtutes extulit immortalis ingenii beatissima ubertate : non enim *pluvias*, ut ait Pindarus, *aquas colligit ; sed vivo gurgite exundat,* dono quodam providentiæ genitus, in quo totas vires suas eloquentia experiretur : nam quis docere diligentius, movere vehementius potest ? cui tanta unquam jucunditas affuit ? ipsa illa, quæ extorquet, impetrare eum credas, et, quum transversum vi sua judicem ferat, tamen ille non rapi videatur, sed sequi. Jam in omnibus, quæ dicit, tanta auctoritas inest, ut dissentire pudeat ; nec advocati studium, sed testis, aut judicis afferat fidem ; quum interim hæc omnia, quæ vix singula quisquam intentissima cura consequi posset, fluunt illaborata, et illa, qua nihil pulchrius auditu est, oratio præ se fert tamen felicissimam facilitatem. Quare non immerito ab hominibus ætatis suæ *regnare in judiciis* dictus est ; apud posteros vero id consecutus', ut Cicero jam non hominis nomen, sed eloquentiæ habeatur : hunc *igitur* spectemus ; hoc propositum nobis sit exemplum ; ille se profecisse sciat, cui Cicero valde placebit. Multa in *Asinio Pollione* invento, summa diligentia, adeo ut quibusdam etiam nimia videatur ; et consilii et animi satis ; a nitore et jucunditate Ciceronis ita longe abest, ut videri possit seculo prior. At *Messala* nitidus et candidus, et quodammodo præferens in dicendo nobilitatem suam ; viribus minor. C. *Cæsar* si foro tantum vacasset, non alius ex nostris contra Ciceronem nominaretur ; tanta in eo vis est, id acumen, ea concitatio, ut illum eodem animo dixisse, quo bellavit, appareat ; exornat tamen hæc omnia mira sermonis, cujus proprie studiosus fuit, elegantia. Multum

merveilleuse élégance de langage, qualité dont il était particulièrement soigneux. *Célius* a beaucoup d'esprit, et une manière d'accuser pleine d'urbanité. C'était un homme digne d'avoir un meilleur cœur et une vie plus longue. J'ai trouvé des Grecs qui préféraient *Calvus* à tous les autres orateurs; j'en ai vu qui, sur la foi de Cicéron, croyaient que, par trop de sévérité envers lui-même, il avait ruiné ses forces : mais, selon moi, son style est noble, grave, et, quoique réservé d'ordinaire, ne manque pas de véhémence dans l'occasion. Il a écrit dans le goût attique, et la mort, qui l'a trop tôt ravi, lui a fait ce tort, qu'il eût pu ajouter à son talent, auquel, à vrai dire, il n'y avait rien à retrancher. *Servius Sulpicius* est digne de la grande renommée que lui ont valu ses trois oraisons. *Cassius Sévérus* est un bon modèle en bien des endroits, pourvu qu'on le lise avec discernement. Il mériterait d'être compté parmi les orateurs de premier ordre, si, à ses autres qualités oratoires, il eût joint le coloris et la gravité. Car il a beaucoup d'esprit, et sait mêler une rare urbanité à ce que la raillerie a de plus acerbe ; mais il donne trop à la passion, et pas assez à la prudence : en outre, comme ses sarcasmes sont amers, cette amertume dégénère souvent en ridicule. Il y a une foule d'autres orateurs diserts, qu'il serait trop long d'énumérer ici. De tous ceux que j'ai connus, les plus remarquables, sans contredit, sont *Domitius Afer* et *Julius Africanus*. Le premier est à préférer pour l'art et les qualités générales du style : je n'hésite pas à le mettre sur la ligne des anciens. Le second a plus de feu, mais il est trop recherché dans le choix des mots; sa composition est quelquefois trop prolixe, et il prodigue outre mesure les métaphores. Naguère encore nous comptions quelques beaux génies. L'élévation, sans obscurité, caractérisait *Trachalus*, et l'idée de la perfection semblait dominer sa nature ; mais il gagnait surtout à être entendu. Je n'ai jamais connu dans personne un accent aussi heureux ; sa prononciation et sa grâce eussent été applaudies sur un théâtre ; enfin il y avait en lui surabondance de tous les avantages extérieurs. *Vibius Crispus* était harmonieux, agréable, et né pour plaire, meilleur néanmoins pour les causes privées que pour les causes publiques. *Julius Secundus* serait certainement passé à la postérité avec un nom illustre, s'il eût vécu plus longtemps ; car il eût ajouté à ses autres qualités, comme il le faisait déjà, ce que son talent laissait à désirer ; c'est-à-dire qu'il aurait déployé plus de vigueur, et qu'il se serait montré moins occupé des mots que des choses. Au surplus, quoique enlevé prématurément, il peut revendiquer encore une belle place, tant il a non-seulement d'éloquence, mais de grâce à exprimer tout ce qu'il veut ; tant son style est pur, doux et brillant ; tant son élocution a de propriété, même dans les mots qu'il tire de loin, et de clarté dans ses hardiesses.

Ceux qui écriront après moi auront une ample et digne matière à louer les orateurs justement renommés qui honorent aujourd'hui le barreau : car nous en avons de vieux, dont le talent consommé rivalise avec celui des anciens ; et nous en avons de jeunes, qui, pleins d'activité, marchent à la perfection sur les pas de leurs aînés.

Il me reste à parler des philosophes latins. Dans ce genre, les lettres romaines n'ont produit jusqu'à ce jour que fort peu d'écrivains éloquents. Là, comme partout, *Cicéron* s'est montré le digne

---

ingenii in *Cælio*, et præcipue in accusando multa urbanitas, dignusque vir, cui et mens melior, et vita longior contigisset. Inveni qui *Calvum* præferrent omnibus, inveni qui Ciceroni crederent, eum nimia contra se calumnia verum sanguinem perdidisse : sed est et sancta et gravis oratio, et custodita, et frequenter vehemens quoque : imitator autem est Atticorum, fecitque illi properata mors injuriam, si quid adjecturus sibi, non si quid detracturus fuit. Et *Servius Sulpicius* insignem non immerito famam tribus orationibus meruit. Multa, si cum judicio legatur, dabit imitatione digna *Cassius Severus*; qui, si cæteris virtutibus colorem et gravitatem orationis adjecisset, ponendus inter præcipuos foret : nam et ingenii plurimum est in eo, et acerbitas mira, et urbanitas ejus summa; sed plus stomacho, quam consilio dedit : præterea ut amari sales, ita frequenter amaritudo ipsa ridicula est. Sunt alii multi diserti, quos persequi longum est : eorum, quos viderim, *Domitius Afer*, et *Julius Africanus*, longe præstantissimi : arte ille, et toto genere dicendi præferendus, et quem in numero veterum locare non timeas; hic concitatior, sed in cura verborum nimius, et compositione nonnunquam longior, et translationibus parum modicus. Erant clara et nuper ingenia : nam et *Trachalus* plerumque sublimis, et satis apertus fuit, et quem velle optima crederes; auditus tamen major; nam et vocis, quantam in nullo cognovi, felicitas, et pronunciatio vel scenis suffectura, et decor, omnia denique ei, quæ sunt extra, superfuerunt : et *Vibius Crispus*, compositus, et jucundus, et delectationi natus; privatis tamen causis quam publicis melior. *Julio Secundo* si longior contigisset ætas, clarissimum profecto nomen oratoris apud posteros foret : adjecisset enim, atque adjiciebat cæteris virtutibus suis, quod desiderari potest : id est autem, ut esset multo magis pugnax, et sæpius ad curam rerum ab elocutione respiceret : cæterum interceptus quoque magnum sibi vindicat locum : ea est facundia, tanta in explicando, quod velit, gratia; tam candidum et lene et speciosum dicendi genus; tanta verborum, etiam quæ assumpta sunt, proprietas, tanta in quibusdam ex periculo petitis significantia. Habebunt, qui post nos de oratoribus scribent, magnam eos, qui nunc vigent, materiam vere laudandi : sunt enim summa hodie, quibus illustratur forum, ingenia : namque et consummati jam patroni veteribus æmulantur, et eos juvenum ad optima tendentium

émule de Platon. Une haute éloquence, même de beaucoup supérieure à celle de ses oraisons, brille dans les traités philosophiques de *Brutus*; il soutient le poids de sa matière, et l'on sent qu'il pense ce qu'il dit. *Cornélius Celsus*, de l'école philosophique des *Sextius*, a laissé un grand nombre d'écrits qui ne manquent ni d'élégance ni de brillant. Le stoïcien *Plancus* est utile pour l'érudition. L'épicurien *Catius* est un auteur assez léger de fonds, mais qui pourtant n'est pas dépourvu d'agrément.

En passant en revue les auteurs qui se sont distingués dans chaque genre d'éloquence, j'ai cru devoir réserver *Sénèque* pour le dernier, à cause de l'opinion accréditée à tort sur mon compte au sujet de cet écrivain; car on s'est imaginé que je le condamnais et que même je le haïssais. On a raisonné ainsi en voyant les efforts que je faisais pour empêcher la corruption entière de l'éloquence, et la ramener à un goût plus sévère. Ce qui a pu accroître la prévention publique, c'est que, Sénèque étant presque le seul auteur que la jeunesse eût entre les mains, sans prétendre l'exclure tout à fait, je ne souffrais pas qu'on le préférât à d'autres écrivains qui valent mieux, et contre lesquels il ne cessait de se déchaîner, parce que, sentant intérieurement combien sa manière était différente, il espérait peu que son style pût plaire à ceux qui goûteraient le leur. Cependant ses partisans l'aimaient plus qu'ils ne l'imitaient, et ils déclinaient aussi loin de leur modèle que celui-ci s'était écarté des anciens. Car il serait à souhaiter qu'ils lui eussent ressemblé, ou du moins qu'ils l'eussent suivi de près; mais ils n'aimaient en lui que ses défauts, et chacun s'appliquait à reproduire ceux qu'il pouvait; puis, se vantant de parler comme

Sénèque, ils n'aboutissaient qu'à le déshonorer. Car il a d'ailleurs de belles qualités, et en grand nombre : un esprit facile et abondant, beaucoup d'étude, et un grand fonds d'érudition, mêlé néanmoins d'erreurs, par la faute de ceux qu'il chargeait de faire ses recherches. Il est peu de matières qu'il n'ait traitées; nous avons de lui des oraisons, des poésies, des lettres, des dialogues. Comme philosophe, il est peu exact, mais antagoniste hautement déclaré du vice. Il est plein de pensées éclatantes, et, par rapport aux mœurs, sa lecture ne peut qu'être utile; mais, pour son style, il est en général corrompu, et d'autant plus dangereux qu'il abonde en défauts aimables. On voudrait qu'il eût écrit avec son esprit, mais avec le goût d'un autre : car, s'il eût dédaigné certains faux brillants, s'il eût été moins ambitieux, s'il n'eût pas tant aimé tout ce qu'il produisait, s'il n'eût pas pris plaisir à morceler et amoindrir ses pensées, le suffrage des savants, bien plus que l'engouement de la jeunesse, ferait aujourd'hui son éloge. Toutefois, tel qu'il est, il ne faudra pas laisser de le lire, quand on aura le goût déjà sûr et suffisamment formé par un genre de lecture plus sévère, ne fût-ce que parce qu'il peut juger lui-même ses partisans et ses détracteurs. Car, ainsi que je l'ai dit, il y a en lui beaucoup à louer, beaucoup même à admirer, pourvu qu'on sache choisir : ce qu'il eût été à désirer qu'il fît lui-même; car ce beau génie était digne de vouloir faire mieux, lui qui a fait tout ce qu'il a voulu.

CH. II. C'est dans ces auteurs et dans tous ceux qui méritent d'être lus qu'il faut puiser et l'abondance des mots, et la variété des figures, et l'art de la composition. On s'appliquera aussi à s'appro-

---

imitatur ac sequitur industria. Supersunt, qui de philosophia scripserint, quo in genere paucissimos adhuc eloquentes litteræ romanæ tulerunt : idem igitur *M. Tullius*, qui ubique, etiam in hoc opere Platonis æmulus exstitit : egregius vero, multoque, quam in orationibus, præstantior *Brutus*, suffecit ponderi rerum; scias eum sentire, quæ dicit. Scripsit non parum multa *Cornelius Celsus*, *Sextios* secutus, non sine cultu ac nitore : *Plancus* in stoicis rerum cognitione utilis : in epicureis levis quidem, sed non injucundus tamen auctor est *Catius*. Ex industria *Senecam* in omni genere eloquentiæ distuli, propter vulgatam falso de me opinionem, quia damnare eum, et invisum quoque habere sum creditus : quod accidit mihi, dum corruptum et omnibus vitiis fractum dicendi genus revocare ad severiora judicia contendo. Tum autem solus hic fere in manibus adolescentium fuit : quem non equidem omnino conabar excutere, sed potioribus præferri non sinebam, quos ille non destiterat incessere, quum diversi sibi conscius generis, placere se in dicendo posse, quibus illi placerent, diffideret : amabant autem eum magis quam imitabantur, tantumque ab eo defluebant, quantum ille ab antiquis descenderat. Foret enim optandum pares, aut saltem proximos, illi viro fieri : sed placebat propter sola vitia, et ad ea se quisque dirigebat effingenda, quæ pote-

rat; deinde quum se jactaret eodem modo dicere, Senecam infamabat. Cujus et multæ alioqui, et magnæ virtutes fuerunt : ingenium facile et copiosum, plurimum studii, multa rerum cognitio; in qua tamen aliquando ab his, quibus inquirenda quædam mandabat, deceptus est : tractavit etiam omnem fere studiorum materiam; nam et orationes ejus, et poemata, et epistolæ, et dialogi feruntur : in philosophia parum diligens, egregius tamen vitiorum insectator fuit : multæ in eo claræque sententiæ, multa etiam morum gratia legenda; sed in eloquendo corrupta pleraque, atque eo perniciosissima, quod abundant dulcibus vitiis. Velles eum suo ingenio dixisse, alieno judicio; nam si aliqua contempsisset, si parum non concupisset, si non omnia sua amasset, si rerum pondera minutissimis sententiis non fregisset, consensu potius eruditorum, quam puerorum amore comprobaretur. Verum sic quoque jam robustis, et severiore genere satis firmatis legendus, vel ideo, quod exercere potest utrinque judicium : multa enim, ut dixi, probanda in eo, multa etiam admiranda sunt : eligere modo curæ sit, quod utinam ipse fecisset; digna enim fuit illa natura, quæ meliora vellet, quæ, quod voluit, effecit.

CAP. II. Ex his cæterisque lectione dignis auctoribus et verborum sumenda copia est, et varietas figurarum,

prier toutes les qualités; car il est indubitable que l'art consiste en grande partie dans *l'imitation*. En effet, si l'invention a précédé l'imitation, et mérite en soi le premier rang, d'un autre côté l'imitation de ce qui a été bien inventé ne laisse pas d'avoir son utilité. Toute la conduite de la vie consiste à vouloir faire ce que nous approuvons dans autrui. C'est ainsi que l'enfant, pour s'habituer à écrire, suit les caractères qu'on lui a tracés; que les musiciens se forment sur la voix du maître; les peintres, sur les ouvrages de leurs devanciers; les agriculteurs, sur les traditions de l'expérience. Enfin, nous voyons que toute étude se propose, en commençant, un modèle à imiter. Et véritablement c'est une nécessité que nous soyons semblables à ceux qui ont bien fait, ou dissemblables. La ressemblance est rarement le fruit de la nature, elle est souvent celui de l'imitation. Mais cette ressource de l'imitation, qui nous facilite l'exécution de toutes choses, et qui manquait aux premiers hommes, tourne contre nous-mêmes, si nous ne savons en user avec circonspection et discernement.

Premièrement donc, l'imitation toute seule ne suffit pas, ne fût-ce que parce qu'il est d'un esprit paresseux de s'en tenir à ce que les autres ont inventé. En effet, que serait-il arrivé dans ces temps où l'on ne pouvait se proposer aucun modèle, si les hommes avaient cru ne devoir rien faire, rien imaginer au-delà de ce qu'ils connaissaient? On serait resté stationnaire. Pourquoi donc nous serait-il fatalement interdit de découvrir ce qui ne l'aurait pas été avant nous? Quoi! les premiers hommes, tout grossiers qu'ils étaient, et sans autre guide que l'instinct, auront fait tant de découvertes; et nous, qui savons que ce n'est qu'en cherchant qu'ils ont trouvé, cela ne nous déterminera pas à chercher aussi! Sans le secours d'aucun maître, ils nous ont transmis une foule d'arts et de sciences; et nous, pour qui cet héritage devrait être la source de nouvelles richesses, nous ne posséderons rien que nous ne devions à autrui, semblables à ces peintres qui ne s'étudient qu'à calquer leurs modèles! C'est encore une honte de n'aspirer qu'à égaler ce que l'on imite : car, je le répète où en serait-on, si chacun n'eût fait que suivre son guide? Nous n'aurions rien en poésie au-dessus de *Livius Andronicus*; rien en histoire au-dessus des *Annales des pontifes*; on naviguerait encore sur des radeaux, et la peinture se réduirait à tracer les contours de l'ombre des corps. Passez en revue tous les arts, vous n'en trouverez pas un qui soit demeuré tel qu'il a été inventé, et qui n'ait fait aucun progrès. Il faudra donc dire que notre siècle, seul entre tous les autres, est condamné à l'impuissance et à la stérilité; car rien ne s'accroît par la seule imitation. Que s'il est impossible de rien ajouter à ce qui a été avant nous, le moyen d'espérer de voir jamais cet orateur parfait dont nous avons l'idée, puisque, de tous les orateurs que nous connaissons, quelque grands qu'ils aient été, on ne saurait en citer un seul en qui il n'y ait quelque chose à désirer ou à reprendre? Je dirai plus : en admettant même qu'on n'aspire point à la perfection, une noble rivalité vaut mieux qu'une imitation servile; car quiconque a l'ambition d'aller plus loin qu'un autre peut du moins, s'il ne le devance, marcher de pair avec lui : ce qui est impossible, s'il se borne à se traîner sur ses traces. En effet, il faut nécessairement que celui qui suit reste toujours derrière. Ajoutez que d'ordinaire il est plus aisé de

et componendi ratio; tum ad exemplum virtutum omnium mens dirigenda : neque enim dubitari potest, quin artis pars magna contineatur *imitatione* : nam ut invenire primum fuit, estque præcipuum; sic ea, quæ bene inventa sunt, utile sequi. Atque omnis vitæ ratio sic constat, ut, quæ probamus in aliis, facere ipsi velimus; sic litterarum ductus, ut scribendi fiat usus, pueri sequuntur; sic musici vocem docentium, pictores opera priorum, rustici probatam experimento culturam in exemplum intuentur : omnis denique disciplinæ initia ad propositum sibi præscriptum formari videmus. Et hercule necesse est, aut similes, aut dissimiles bonis simus : similem raro natura præstat, frequenter imitatio : sed hoc ipsum, quod tanto faciliorem nobis rationem omnium facit, quam fuit iis, qui nihil, quod sequerentur, habuerunt, nisi caute et cum judicio apprehenditur, nocet. Ante omnia igitur imitatio per se ipsa non sufficit, vel quia pigri est ingenii contentum esse iis quæ ab aliis inventa : quid enim futurum erat temporibus illis, quæ sine exemplo fuerunt, si homines nihil nisi quod jam cognovissent, faciendum sibi, aut cogitandum putassent? nempe nihil fuisset inventum. Cur igitur nefas est reperiri aliquid a nobis, quod ante non fuerit? an illi rudes sola mentis natura ducti sunt in hoc, ut tam multa generarent, nos ad quærendum non eo ipso concitemur, quod certe scimus invenisse eos, qui quæsierunt? Et quum illi, qui nullum cujusquam rei habuerunt magistrum, plurima in posteros tradiderint, nobis usus aliarum rerum ad eruendas alias non proderit, sed nihil habebimus, nisi beneficii alieni? quemadmodum quidam pictores in id solum student, ut describere tabulas mensuris ac lineis sciant. Turpe etiam illud est, contentum esse id consequi, quod imiteris : nam rursus quid erat futurum, si nemo plus effecisset eo, quem sequebatur? nihil in poetis supra *Livium Andronicum*; nihil in historiis supra *Pontificum annales* haberemus; ratibus adhuc navigaretur; non esset pictura, nisi quæ lineas modo extremas umbræ, quam corpora in sole fecissent, circumscriberet. Ac si omnia percenseas, nulla sit ars, qualis inventa est, nec intra initium stetit; nisi forte nostra potissimum tempora damnamus hujus infelicitatis, ut nunc demum crescat nihil : nihil autem crescit sola imitatione. Quod si prioribus adjicere fas non est, quomodo sperare possumus illum oratorem perfectum? quum in his, quos maximos adhuc novimus, nemo sit inventus, in quo nihil aut desideretur, aut reprehendatur. Sed etiam qui summa non appetunt, contendere potius, quam sequi debent : nam qui agit, ut prior sit, forsitan etiam, si non transierit, æquabit; eum vero nemo potest æquare, cujus vestigiis

faire plus, que de faire de même : car la ressemblance est si difficile à obtenir, que la nature elle-même n'y a pas réussi; que les choses les plus simples, et qui paraissent les plus semblables entre elles, ne laissent pas d'avoir quelque différence qui les distingue. En outre, toute copie est toujours moindre que l'original; elle est ce que l'ombre est au corps, le portrait à la figure qu'il représente, et le jeu des comédiens aux sentiments réels qu'ils veulent exprimer. Il en est de même de l'éloquence oratoire. Les orateurs qu'on prend pour modèles reçoivent leur mouvement de la nature, et d'une force réelle qui les anime intérieurement; l'imitation, au contraire, est servile et fictive, et n'a jamais rien de propre. Voilà pourquoi les déclamations ont moins de sang et de nerfs, pour ainsi dire, que les oraisons, parce que le sujet des unes est réel, et que celui des autres est fictif. Ajoutez enfin que les qualités les plus importantes d'un orateur ne sont pas susceptibles d'imitation, je veux dire l'*esprit*, l'*invention*, la *force*, la *facilité*, en un mot tout ce que l'art n'enseigne pas. Cependant bien des gens, pour s'être approprié certaines expressions, certaines formes de composition, s'imaginent avoir complètement reproduit leur modèle : ils ne voient pas que la langue change avec le temps, que les mots meurent et renaissent au gré de l'usage, qui en est presque l'unique règle; car les mots ne sont ni bons ni mauvais, n'étant par eux-mêmes que des sons; mais ils deviennent bons ou mauvais, selon qu'ils sont bien ou mal placés. Et quant à la composition, ils ne songent pas qu'elle doit être en harmonie avec la nature des choses, et qu'elle tire de la variété son principal agrément.

Il faut donc examiner avec l'attention la plus judicieuse tout ce qui regarde cette partie des études : d'abord, qui sont ceux qu'on se propose d'imiter; car bien des gens prennent pour modèles de fort mauvais originaux, et même leur prédilection s'attache aux plus détestables; en second lieu, ce qu'on a l'intention d'imiter dans ceux-là même qu'on aura choisis; car les meilleurs auteurs ont leurs défauts, et certains endroits dont le mérite est débattu entre les savants. Et plût au ciel que l'imitation de ce qui est bon nous portât à faire mieux, comme l'imitation de ce qui est mauvais nous porte à faire pis! Mais que ceux du moins qui ont assez de jugement pour éviter le mal ne s'en tiennent pas, en imitant les qualités, à une vaine apparence, qui n'en est, pour ainsi dire, que l'épiderme, ou qui ressemble, pour mieux dire, aux simulacres d'Épicure. C'est ce qui arrive à ceux qui, n'examinant rien à fond, ne s'arrêtent qu'à la surface de l'éloquence. Comme cette imitation leur réussit sans peine, ils attrapent bien la ressemblance des mots et des nombres, mais ils ne reproduisent ni la force de l'élocution ni celle de l'invention. Le plus souvent, au contraire, ils glissent dans le défaut voisin de la qualité : ils remplacent l'élévation par l'enflure, la concision par la maigreur, l'audace par la témérité, la richesse par un faux luxe, l'harmonie par le désordre, la simplicité par la négligence. Aussi, dès qu'ils sont parvenus à revêtir quelque pensée froide et vide d'une forme dure et barbare, ils croient égaler les anciens; dépourvus d'ornements et de pensées, ils s'imaginent écrire dans le goût attique; concis jusqu'à l'obscurité, ils surpassent Thucydide et

---

sibi utique insistendum putat : necesse est enim, semper sit posterior, qui sequitur; adde quod plerumque facilius est plus facere, quam idem : tantam enim difficultatem habet similitudo, ut ne ipsa quidem natura in hoc ita evaluerit, ut non res simplicissimæ, quæque pares maxime videantur, utique discrimine aliquo discernantur : adde quod quidquid alteri simile est, necesse est minus sit eo, quod imitatur, ut umbra corpore, et imago facie, et actus histrionum veris affectibus. Quod in orationibus quoque evenit : namque eis, quæ in exemplum assumimus, subest natura, et vera vis; contra omnis imitatio ficta est, et ad alienum propositum accommodatur. Quo fit, ut minus sanguinis ac virium declamationes habeant, quam orationes; quia in illis vera, in his assimulata materia est; adde quod ea, quæ in oratore maxima sunt, imitabilia non sunt, *ingenium*, *inventio*, *vis*, *facilitas*, et quidquid arte non traditur. Ideo plerique, quum verba ex orationibus excerpserunt, aut aliquos compositionis certos pedes, mire a se, quæ legerunt, effingi arbitrantur : quum et verba intercidant invalescantque temporibus, ut quorum certissima sit regula in consuetudine, eaque non sua natura sint bona, aut mala (nam per se sont tantum sunt), sed prout opportune proprieque, aut secus collocata sunt; et compositio quum rebus accommodata sit, tum ipsa varietate

gratissima. Quapropter ennotissimo judicio circa hanc partem studiorum examinanda sunt omnia : primum, quos imitemur; nam sunt plurimi, qui similitudinem pessimi cujusque et corruptissimi concupierunt; tum in ipsis, quos elegerimus, quid sit, ad quod nos efficiendum comparemus; nam in magnis quoque auctoribus incidunt aliqua vitiosa, et a doctis inter ipsos etiam mutuo reprehensa; atque utinam tam bona imitantes dicerent melius, quam mala mala dicunt! nec vero saltem iis, quibus ad evitanda vitia judicii satis fuit, sufficiat imaginem virtutis effingere, et solam, ut sic dixerim, cutem, vel potius illas Epicuri figuras, quas e summis corporibus dicit effluere. Hoc autem his accidit, qui non introspectis penitus virtutibus, ad primum se velut aspectum orationis aptarunt; et quum iis felicissime cessit imitatio, verbis atque numeris sunt non multum differentes, vim dicendi atque inventionis non assequuntur, sed plerumque declinant in pejus, et proxima virtutibus vitia comprehendunt, fiuntque pro *grandibus tumidi*, *pressis exiles*, *fortibus temerarii*, *lætis corrupti*, *compositis exsultantes*, *simplicibus negligentes*. Ideoque qui horride atque incomposite quamlibet illud frigidum et inane extulerunt, antiquis se pares credunt; qui carent cultu atque sententiis, Atticis scilicet; qui præcisis conclusionibus obscuri, Sallustium

Salluste; secs et maigres, ils ressemblent à Pollion; oiseux et languissants, s'ils ont embarrassé une pensée dans une longue périphrase, ils assurent que Cicéron n'aurait pas mieux dit. J'en ai connu qui croyaient avoir parfaitement reproduit la manière de ce divin orateur, lorsqu'ils avaient pu clore une période par un *esse videatur*. Il faut donc commencer par bien connaître le modèle que l'on se propose d'imiter, et par savoir en quoi il mérite d'être imité; ensuite, on mesurera ses forces; car il y a des choses qui sont imitables, mais que notre insuffisance naturelle ou le genre de notre esprit nous interdit d'imiter. Un esprit fin et délié ne doit pas s'opiniâtrer sur un sujet qui demande de la force et de la véhémence; un esprit fort, mais fougueux, perdra sa vigueur en courant après la délicatesse, sans jamais rencontrer l'élégance qu'il ambitionne; car rien n'a si mauvaise grâce que de manier avec rudesse ce qui est tendre. Cependant j'ai dit, dans le second livre, qu'un maître doit non-seulement cultiver les dispositions naturelles d'un enfant, mais venir en aide à ce qu'il y a de bon en lui, et, autant que possible, ajouter, corriger, modifier : c'est qu'autre chose est de diriger et de former l'esprit d'autrui, autre chose, et chose plus difficile, de façonner son propre esprit. Toutefois, le maître, quel que soit son désir de perfectionner son élève dans tout ce qu'il a de bon, n'entreprendra pas de forcer en lui la nature. Un autre défaut à éviter, et dans lequel tombent bien des gens, c'est d'imiter en prose les poëtes et les historiens, et en poésie les orateurs ou les déclamateurs. Chaque genre d'éloquence a sa loi, sa convenance : la comédie ne se guinde pas sur le cothurne, et la tragédie ne chausse point le brodequin. Chaque genre a cependant quelque chose du commun, et c'est ce point commun qu'il faut imiter. Et même ceux qui prennent pour modèle un écrivain de même genre ne laissent pas de s'égarer dans leur imitation. Si, par exemple, la rudesse d'un orateur leur a plu, ils la transportent jusque dans un sujet qui demande de la douceur et du poli. Au contraire, ils appliqueront, par une imitation maladroite, la finesse et l'agrément à un sujet grave et épineux, et ne réussiront par là qu'à affaiblir les pensées. Ils ne voient pas qu'il faut traiter différemment non-seulement l'ensemble d'une cause, mais encore ses parties; qu'une chose doit être exprimée avec douceur, une autre avec rudesse; celle-ci avec feu, celle-là avec modération ; qu'il faut parler tantôt pour instruire, tantôt pour émouvoir; qu'en tout cela les procédés sont différents et distincts. Aussi ne conseillerai-je pas même de s'attacher uniquement à un modèle, pour ne suivre que lui en tout. Démosthène est sans doute le plus parfait de tous les orateurs grecs; d'autres cependant peuvent avoir mieux dit quelque chose en quelque rencontre : et parce qu'il est le plus digne d'être imité, est-il donc le seul qu'on doive imiter? Quoi donc? ne suffirait-il pas de parler toujours comme Cicéron? Certainement je me contenterais de cette ressemblance, si je pouvais y atteindre en tout; mais où serait le danger de chercher quelquefois à imiter en sus la véhémence de César, la rudesse de Célius, l'exactitude de Pollion, le goût de Calvus? Car,

---

atque Thucydidem superant; tristes ac jejuni Pollionem æmulantur; otiosi et supini, si quid modo longius circumduxerunt, jurant ita Ciceronem locuturum fuisse. Noveram quosdam, qui se pulchre expressisse genus illud cœlestis hujus in dicendo viri sibi viderentur, si in clausula posuissent *esse videatur*. Ergo primum est, ut, quod imitaturus est quisque, intelligat, et quare bonum sit, sciat, tum in suscipiendo onere consulat suas vires : nam quædam sunt imitabilia, quibus aut infirmitas naturæ non sufficiat, aut diversitas repugnet; ne, cui tenue ingenium erit, sola velit fortia et abrupta; cui forte quidem, sed indomitum, amore subtilitatis et vim suam perdat, et elegantiam, quam cupit, non assequatur; nihil est enim tam indecens, quam quum mollia dure fiunt. Atque ego illi præceptori, quem instituebam in libro secundo, credidi non ea sola docenda esse, ad quæ quemque discipulorum natura compositum videret; et adjuvare debet, quæ in quoque eorum invenit bona, et, quantum fieri potest, adjicere, quæ desunt, et emendare quædam et mutare; rector enim est quisque, alienorum ingeniorum atque formator; difficilius est naturam suam fingere. Sed ne ille quidem doctor, quamquam omnia, quæ recta sunt, velit esse in suis auditoribus quam plenissima, in eo tamen, cui naturam obstare viderit, laborabit; id quoque vitandum, in quo magna pars errat, ne in oratione poetas nobis et historicos, in illis operibus oratores, aut declamatores imitandos putemus. Sua cuique proposita lex, suus cuique decor est : nam comœdia non cothurnis assurgit, nec contra tragœdia socculo ingreditur : habet tamen omnis eloquentia aliquid commune; imitemur, quod commune est. Etiam hoc solet incommodi accidere eis, qui se uni alicui generi dediderunt, ut si asperitas iis placuit alicujus, hanc etiam in leni ac remisso causarum genere non exuant; si tenuitas ac jucunditas, in asperis gravibusque causis ponderi rerum parum respondeant; quum sit diversa non causarum modo inter ipsas conditio, sed in singulis etiam causis partium; sintque alia leniter, alia aspere, alia concitate, alia remisse, alia docendi, alia movendi gratia dicenda; quorum omnium dissimilis atque divisa inter se ratio est. Itaque ne hoc quidem suaserim, uni se alicui proprie, quem per omnia sequatur, addicere: omnium perfectissimus Græcorum *Demosthenes*: aliquid tamen aliquo in loco melius alii; plurima ille : sed non qui maxime imitandus, et solus imitandus est. Quid ergo? non est satis omnia sic dicere, quomodo *M. Tullius* dixit? Mihi quidem satis esset, si omnia consequi possem : quid tamen noceret, vim *Cæsaris*, asperitatem *Cælii*, diligentiam *Pollionis*, judicium *Calvi*, quibusdam in locis assumere? Nam præter id, quod prudentis est, quod in quoque optimum est, si possit, suum facere; tum, in tanta rei difficultate, unum intuentes vix aliqua pars sequitur : ideoque quum totum exprimere, quem elegeris, pæne sit homini incon-

25.

outre que la prudence nous conseille de nous approprier, si cela est possible, ce qu'il y a de mieux dans chacun, l'imitation est en soi une chose si difficile, que celui qui s'attache à un seul modèle en rend à peine quelque partie. Aussi, puisqu'il n'est pas donné à l'homme de reproduire entièrement son modèle, jetons les yeux sur plusieurs, pour prendre aux uns et aux autres quelque chose de bon, et en faire usage en lieu convenable.

Au reste (car je ne me lasserai pas de le répéter), que l'imitation ne tombe pas seulement sur les mots. Il faut élever son esprit plus haut, et considérer l'art avec lequel ces grands auteurs ont observé ce qui regarde la convenance par rapport aux choses et aux personnes, le dessein, la disposition; comme ce qu'ils semblent n'avoir dit que pour plaire tend néanmoins au gain de la cause; ce qu'ils se sont proposé dans l'exorde; comment et de combien de manières ils s'y sont pris pour narrer; avec quelle vigueur ils ont traité la confirmation et la réfutation; avec quelle adresse ils ont manié tous les genres de passions; ce qu'ils ont, dans l'intérêt de la cause, accordé au soin de plaire à la multitude, récompense brillante et honorable quand elle vient trouver l'orateur, et non quand celui-ci court au-devant d'elle. Celui qui, à ces emprunts, joindra des qualités personnelles, pour suppléer à ce qui manque à son modèle, et retrancher ce qu'il a de trop, celui-là sera l'orateur parfait que nous cherchons. Or, s'il était réservé à un siècle de le voir, quel autre pourrait, plus raisonnablement que le nôtre, ambitionner cette gloire, environnés que nous sommes de bien plus de modèles que n'en ont eu ceux qui sont encore aujourd'hui nos maîtres? Car, pour eux, ils auront toujours la gloire d'avoir surpassé leurs devanciers, et d'avoir servi de guides à leurs descendants

Ch. III. La lecture et l'imitation sont des moyens extrinsèques; quant à ceux que nous devons chercher en nous-mêmes, si le *style* est un exercice laborieux, il est aussi l'exercice le plus utile. Et ce n'est pas sans raison que Cicéron a dit que le *style est le meilleur artisan, le meilleur maître d'éloquence :* parole qu'il met dans la bouche de L. Crassus, pour appuyer son jugement de l'autorité de cet orateur.

Il faut donc écrire avec tout le soin possible, et beaucoup écrire; car de même que plus on creuse profondément la terre, plus elle féconde et développe les semences qui lui sont confiées; de même l'esprit, lorsqu'on ne se borne pas à une culture superficielle, répand ses fruits avec plus d'abondance et les conserve mieux. Sans la conscience de ce travail préparatoire, notre improvisation n'aboutira qu'à une vaine loquacité, et à des mots nés, pour ainsi dire, sur le bout des lèvres. Là est la racine, le fondement, le trésor de cette éloquence qui ne fait jamais défaut. Avant tout, créons-nous des forces qui soient à l'épreuve du combat, et que l'usage n'épuise pas : car la nature elle-même n'a pas voulu que rien de grand pût se faire en peu de temps, et elle a attaché de la difficulté à tout ce qui est beau. C'est même une des lois de la génération, que les animaux qui surpassent les autres en grandeur soient aussi ceux qui restent le plus longtemps dans les entrailles maternelles.

Mais comme on a coutume d'examiner ici deux choses, et *comment* on doit s'exercer à écrire, et *sur quoi*, je vais suivre cet ordre. Dans les commencements, que le style ne soit pas trop précipité, qu'il soit même lent, pourvu qu'il soit exact; qu'on cherche ce qu'il y a de mieux, et qu'on ne se contente pas de ce qui se présente d'abord à l'esprit. On soumettra à un examen

---

cessum, plurium bona ponamus ante oculos, ut aliud ex alio hæreat, et, quod cuique loco conveniat, aptemus. Imitatio autem (nam sæpius idem dicam) non sit tantum in verbis : illuc intendenda mens, quantum fuerit illis viris decoris in rebus atque personis, quod consilium, quæ dispositio, quam omnia etiam, quæ delectationi videantur data, ad victoriam spectent; quid agatur procœmio, quæ ratio et quam varia narrandi, quæ vis probandi ac refellendi, quanta in affectibus omnis generis movendis scientia, quamque laus ipsa popularis utilitatis gratia assumpta, quæ tum est pulcherrima, quum sequitur, non quum arcessitur : hæc si perviderimus, tum vere imitabimur. Qui vero etiam propria his bona adjecerit, ut suppleat, quæ deerant, circumcidat, si quid redundabit, is erit, quem quærimus, perfectus orator; quem nunc consummari potissimum oporteat, quum tanto plura exempla bene dicendi supersint, quam illis, qui adhuc summi sunt, contigerunt : nam erit hæc quoque laus eorum, ut priores superasse, posteros docuisse dicantur.

Cap. III. Et hæc quidem auxilia extrinsecus adhibentur; in iis autem, quæ nobis ipsis paranda sunt, ut laboris, sic utilitatis etiam longe plurimum affert stilus : nec immerito M. Tullius hunc *optimum effectorem ac magistrum dicendi* vocavit : cui sententiæ personam L. Crassi in disputationibus, quæ sunt de oratore, assignando, judicium suum cum illius auctoritate conjunxit. Scribendum ergo quam diligentissime, et quam plurimum : nam ut terra altius effossa generandis alendisque seminibus fecundior fit; sic profectus non a summo petitus, studiorum fructus et fundit uberius, et fidelius continet : nam, sine hac quidem conscientia, ipsa illa ex tempore dicendi facultas inanem modo loquacitatem dabit, et verba in labris nascentia. Illic radices, illic fundamenta sunt; illic opes velut sanctiore quodam ærario reconditæ, unde ad subitos quoque casus, quum res exiget, proferantur. Vires faciamus ante omnia, quæ sufficiant labori certamium, et usu non exhauriantur. Nihil enim rerum ipsa natura voluit magnum effingi cito, præposuitque pulcherrimo cuique operi difficultatem; quæ nascendi quoque hanc fecerit legem, ut majora animalia

judicieux ce qu'on aura inventé, et on disposera ensuite ce qu'on aura laissé comme bon. Car il y a un choix à faire, non-seulement dans les choses, mais aussi dans les mots; et chaque chose, chaque mot doit être pesé attentivement. Ensuite on passera à la composition, on tournera et retournera les nombres, et on ne laissera pas les mots se placer indifféremment comme ils se présentent. Et, pour procéder méthodiquement, il faudra relire souvent les dernières lignes qu'on aura écrites : car, outre que par là ce qui précède se lie mieux à ce qui suit, la chaleur de la pensée, qu'a dû nécessairement refroidir l'action d'écrire, se renouvelle et reprend, pour ainsi dire, son élan. C'est ainsi que nous voyons les sauteurs reculer de plusieurs pas, et revenir en courant à l'endroit d'où ils doivent s'élancer; c'est ainsi que, pour darder un javelot, nous ramenons le bras à nous, et que, pour décocher un trait, nous tirons la corde de l'arc en arrière. Quelquefois pourtant, si nous avons le vent en poupe, déployons toutes nos voiles, mais gardons-nous d'une imprudente sécurité, car toutes nos pensées nous plaisent dans le moment de leur production; autrement, nous ne les écririons pas : mais il faut revenir sur son premier jugement, et remanier ce premier jet d'une facilité suspecte. C'est ainsi, dit-on, que composait Salluste, et la peine qu'il se donnait se fait même sentir au lecteur. Varus nous apprend aussi que Virgile ne faisait que très-peu de vers dans un jour. Il est vrai que la condition de l'orateur est autre : aussi je n'exige cette lenteur et cette sollicitude que dans les commencements; car ce que nous devons nous imposer d'abord comme une loi, ce que nous devons d'abord obtenir, c'est d'écrire le mieux possible; l'habitude nous donnera la vitesse; peu à peu les idées se présenteront avec moins d'effort, les mots suivront les idées, la composition accompagnera les mots; tout enfin, comme dans une maison bien réglée, sera à son poste. Voilà le point essentiel. On ne parvient pas à écrire bien en écrivant vite, mais on parvient à écrire vite en écrivant bien. Mais c'est particulièrement lorsqu'on aura acquis cette facilité qu'il faudra savoir faire halte, afin de s'orienter, et mettre un frein à son impétuosité, comme à celle d'un cheval fougueux : cela même, loin de nous retarder, ranimera nos forces. Car je ne prétends pas que, après être parvenu à une certaine maturité de style, on se condamne encore au supplice de chicaner sans cesse contre soi-même. Qui pourrait suffire à tous les devoirs de la vie civile, s'il fallait vieillir sur chacune des parties d'un plaidoyer? Cependant on voit des gens qui jamais ne sont contents d'eux-mêmes, qui veulent toujours tout changer, tout dire autrement qu'ils ne l'ont d'abord conçu; il en est d'autres qui sont, pour ainsi dire, méfiants et ingrats envers eux-mêmes, et qui prennent pour exactitude le tourment qu'ils se donnent. Je ne saurais dire lesquels me paraissent le plus condamnables, de ceux qui trouvent bien tout ce qu'ils font, ou de ceux qui trouvent tout mal : car il arrive souvent à des jeunes gens, nés avec d'heureuses dispositions, de se consumer sur leur travail, et de se condamner au silence en voulant trop bien dire. Cela me rappelle ce que me conta un jour Julius Secundus, qui a été mon contemporain, et, comme on sait, mon

---

diutius visceribus parentis continerentur. Sed quum fit duplex quæstio, *quomodo*, et *quæ* maxime scribi oporteat, jam hinc ordinem sequar. Sit primo vel tardus, dum diligens, stilus; quæramus optima, nec protinus offerentibus se gaudeamus; adhibeatur judicium inventis, dispositio probatis; delectus enim rerum verborumque agendus est, et pondera singulorum examinanda; post subeat ratio collocandi, versenturque omni modo numeri; non, ut quodque se proferet verbum, occupet locum. Quæ quidem ut diligentius exsequamur, repetenda sæpius erunt scriptorum proxima : nam præter id, quod sic melius junguntur prioribus sequentia, calor quoque ille cogitationis, qui scribendi mora refrixit, recipit ex integro vires, et velut repetito spatio sumit impetum; quod in certamine saliendi fieri videmus, ut conatum longius petant, et ad illud aliud, quo contenditur, spatium cursu ferantur; utque in jaculando brachia reducimus, et, expulsuri tela, nervos retro tendimus. Interim tamen, si feret flatus, danda sunt vela, dum nos indulgentia illa non fallat : omnia enim nostra, dum nascuntur, placent; alioqui nec scriberentur : sed redeamus ad judicium, et retractemus suspectam facilitatem. Sic scripsisse Sallustium accepimus; et sane manifestus est etiam ex opere ipso labor; Virgilium quoque paucissimos die composuisse versus, auctor est Varus. Oratoris quidem alia conditio est : itaque hanc moram et sollicitudinem initiis impero .. am primum hoc constituendum, hoc obtinendum est, ut quam optime scribamus; celeritatem dabit consuetudo; paulatim res facilius se ostendent, verba respondebunt, compositio prosequetur; cuncta denique, ut in familia bene instituta, in officio erunt : summa hæc est rei. Cito scribendo non fit, ut bene scribatur; bene scribendo fit, ut cito : sed tum maxime, quum facultas illa contigerit, resistamus, ut provideamus, et ferocientes equos frenis quibusdam coerceamus; quod non tam moram faciet, quam novos impetus dabit : neque enim rursus eos, qui robur aliquod in stilo fecerint, ad infelicem calumniandi se pœnam alligandos puto. Nam quomodo sufficere officiis civilibus possit, qui singulis actionum partibus insenescat? Sunt autem, quibus nihil sit satis; omnia mutare, omnia aliter dicere, quam occurrit, velint : increduli quidam, et de ingenio suo pessime meriti, qui diligentiam putant, facere sibi scribendi difficultatem. Nec promptum est dicere, utros peccare validius putem, quibus omnia sua placent, an quibus nihil : accidit enim ingeniosis adolescentibus frequenter, ut labore consumantur, et in silentium usque descendant nimia bene dicendi cupiditate : qua de re memini narrasse mihi Julium Secundum illum, æqualem meum, atque a me, ut notum est, familiariter amatum, miræ facundiæ virum, infinitæ

ami intime; homme d'une rare éloquence, quoique exact jusqu'au scrupule. Il avait pour oncle Julius Florus, le premier pour l'éloquence dans les Gaules (car il n'exerça que dans cette province), comparable, du reste, aux orateurs les plus diserts, et digne d'être le parent de Secundus. Dans le temps que celui-ci était encore aux écoles, son oncle, le voyant tout mélancolique, lui demanda d'où venait son air soucieux. Le jeune homme lui avoua que, depuis trois jours, il se tourmentait pour trouver un exorde à la matière qu'on lui avait donnée à traiter, sans en pouvoir venir à bout : ce qui non-seulement le chagrinait pour le présent, mais le désespérait pour l'avenir. Alors Florus lui souriant : *Hé quoi*, dit-il, *voulez-vous mieux faire que vous ne pouvez?* Tout se réduit donc à ce précepte : Il faut tâcher d'écrire le mieux qu'on peut, mais écrire pourtant comme on peut; car ce qui fait qu'on avance, c'est l'étude, et non le dépit. Or, pour pouvoir écrire beaucoup et vite, non-seulement l'*exercice* est nécessaire, mais aussi la *méthode*. Si donc, au lieu de regarder nonchalamment en l'air, et d'exciter notre imagination par une espèce de bourdonnement, comme des rêveurs qui attendent le passage d'une idée, nous examinons d'abord ce que demande notre sujet, ce que réclament les personnes et les circonstances, quelles sont les dispositions du juge, et qu'ensuite nous nous mettions à écrire dans un état d'esprit purement humain, la nature elle-même nous suggérera ce que nous devons dire en commençant, et ainsi de suite : car la plupart des choses que nous devons dire sont déterminées et nous frapperont les yeux, si nous ne les fermons pas. Voilà pourquoi les ignorants et les paysans eux-mêmes ne cherchent pas longtemps par où commencer. Il serait vraiment honteux que l'art ne contribuât qu'à nous embarrasser. Aussi ne nous figurons pas que ce qui est caché soit toujours le meilleur. Autrement, si nous ne voyons jamais de bon à dire que ce que nous n'avons pas trouvé, il ne nous reste qu'un parti à prendre, celui de nous taire. Ceux-là tombent dans un défaut contraire, qui traversent rapidement la matière d'un bout à l'autre, et, s'abandonnant au feu et à l'impétuosité du premier moment, écrivent d'improvisation tout ce qui leur vient à l'esprit (ce qu'on appelle *silva*); puis, revenant sur leurs pas, corrigent ce qu'ils ont jeté sur le papier. Mais ce sont les mots qu'ils polissent, ce sont les périodes qu'ils arrondissent; quant aux choses, elles demeurent aussi superficielles que la précipitation les avait fait naître. Or, il vaut mieux travailler tout d'abord avec soin, et, dès le commencement, conduire son œuvre de manière à n'avoir plus qu'à la ciseler, et non à la refondre tout entière.

Quelquefois cependant on pourra s'abandonner à l'inspiration, parce que d'ordinaire la chaleur fait plus alors que la réflexion et le soin. Si je blâme ceux qui écrivent avec négligence, c'est faire entendre assez ce que je pense de ces sybarites qui ne prennent pas même la peine d'écrire, et qui dictent; car du moins les premiers, malgré leur précipitation, ne laissent pas de donner un moment à la réflexion, parce que leur main ne court pas aussi vite que leur pensée : mais celui à qui vous dictez vous presse, vous harcèle; et comme on rougirait, ou d'hésiter, ou de demeurer court, ou de se reprendre, dans la crainte d'avoir un témoin de sa faiblesse, il arrive que,

---

tamen curæ, quid esset sibi a patruo suo dictum. Is fuit Julius Florus, in eloquentia Galliarum, quoniam ibi demum exercuit eam, princeps, alioqui inter paucos disertus, et dignus illa propinquitate : is quum Secundum, scholæ adhuc operatum, tristem forte vidisset, interrogavit, quæ causa frontis tam adductæ? nec dissimulavit adolescens, tertium jam diem esse, quod omni labore materiæ ad scribendum destinatæ non inveniret exordium; quo sibi non præsens tantum dolor, sed etiam desperatio fieret : tum Florus arridens, *Numquid tu*, inquit, *melius dicere vis*, *quam potes?* Ita se res habet : curandum est, ut quam optime dicamus; dicendum tamen pro facultate : ad profectum enim opus est studio, non indignatione : ut possimus autem scribere etiam plura celerius, non *exercitatio* modo præstabit, in qua sine dubio multum est, sed etiam *ratio*; si non resupini, spectantesque tectum, et cogitationem murmure agitantes, exspectaverimus, quid obveniat, sed quid res poscat, quid personam deceat, quod sit tempus, qui judicis animus, intuiti, humano quodam modo ad scribendum accesserimus : sic nobis et initia, et quod sequitur, natura ipsa præscribit. Certa sunt enim pleraque, et, nisi conniveamus, in oculos incurrunt : ideoque nec indocti, nec rustici diu quærunt, unde incipiant; quo pudendum est magis, si difficultatem facit doctrina : non ergo semper putemus optimum esse, quod latet; immutescimus alioqui, si nihil dicendum videatur, nisi quod non invenimus. Diversum est huic eorum vitium, qui primo decurrere per materiam stilo quam velocissime volunt, et sequentes calorem atque impetum, ex tempore scribunt; hanc *silvam* vocant : repetunt deinde, et componunt, quæ effuderant : sed verba emendantur et numeri, manet in rebus temere congestis, quæ fuit, levitas. Protinus ergo adhibere curam rectius erit, atque ab initio sic opus ducere, ut cælandum, non ex integro fabricandum sit : aliquando tamen affectus sequimur, in quibus fere plus calor, quam diligentia, valet : satis apparet ex eo, quod hanc scribentium negligentiam damno, quid de illis dictandi deliciis sentiam : nam in stilo quidem quamlibet properato dat aliquam cogitationi moram non consequens celeritatem ejus manus; ille, cui dictamus, urget, atque interim pudet etiam dubitare, aut resistere, aut mutare, quasi conscium infirmitatis nostræ timentes. Quo fit, ut non rudia tantum, et fortuita, sed impropria interim, dum sola est connectendi sermonis cupiditas, effluant : quæ nec scribentium curam, nec dicentium impetum conse-

préoccupé de la liaison des idées, vous laissez échapper beaucoup de choses qui sont non-seulement brutes et fortuites, mais quelquefois même impropres : d'où il résulte un travail qui n'a ni le fini d'une composition écrite, ni la chaleur d'une improvisation. Que si le secrétaire écrit lentement, ou relit mal, il devient comme une pierre d'achoppement qui arrête notre essor et distrait notre attention par ce retard, auquel se joint quelquefois la mauvaise humeur. Ajoutez à cela que notre conception est d'ordinaire accompagnée de certains mouvements extérieurs qui même servent d'aiguillons à la pensée, comme de gesticuler, de faire des grimaces, de se tourner de côté et d'autre, et quelquefois de se battre les flancs, et autres démonstrations auxquelles Perse fait allusion lorsqu'il dit, en parlant d'un style négligé : *L'auteur n'a point brisé son pupitre, ni rongé ses ongles.* Or, toutes ces démonstrations sont risibles, à moins d'être seul. Enfin, et pour finir par la considération la plus puissante, la solitude et la dictée sont incompatibles. Or, nul doute que le secret, le silence absolu, ne soient des conditions indispensables pour bien composer. Toutefois, il ne faut pas s'en rapporter sans examen à ceux qui nous conseillent les bois et les forêts, sous prétexte que rien n'est plus propre à élever l'âme et à l'inspirer, que le libre espace du ciel et la beauté de la nature. Pour moi, j'estime que ces retraites sont plus propices au plaisir qu'à l'étude; car l'agrément qu'elles ont par elles-mêmes nous distrait nécessairement de notre travail. Il est impossible que l'esprit s'applique sérieusement et tout entier à plusieurs choses à la fois, et, du moment que nous levons les yeux, nous oublions ce que nous étions venus chercher.

Le riant aspect des bois, le murmure des eaux, le souffle de la brise qui se joue dans les rameaux des arbres, le gazouillement des oiseaux, le lointain de l'horizon, tout cela nous attire et nous captive; de sorte que le charme de ces retraites me semble plutôt fait pour relâcher l'esprit que pour le tendre. Démosthène faisait mieux, qui s'enfermait dans un lieu d'où il ne pouvait rien entendre, rien voir qui pût lui donner des distractions. Aussi, lorsque nous veillons, qu'une chambre fermée, silencieuse, et éclairée d'une seule lumière, nous tienne, pour ainsi dire, cachés. Mais si tous les genres d'études demandent une bonne santé, et, ce qui y contribue le plus, la frugalité, ces deux conditions sont surtout nécessaires à l'élucubration, puisque nous consacrons au travail le plus vif le temps que la nature elle-même a destiné au repos et à la réparation de nos forces. Toutefois, il ne faut prendre que sur le superflu du sommeil, jamais sur le nécessaire : car la fatigue nuit à l'application, et le jour suffit à qui a du loisir. La multitude des affaires peut seule obliger à travailler la nuit.

Du reste, il n'est point de genre de solitude préférable aux veilles, quand nous y entrons frais et dispos. Mais si le silence, la retraite, l'entière liberté d'esprit, sont des avantages très-désirables, d'un autre côté ils ne sont pas toujours en notre pouvoir. Il ne faut donc pas, au moindre bruit, jeter ses tablettes et déplorer le temps comme perdu; il faut, au contraire, résister à ces importunités, et se faire une habitude de vaincre tous les obstacles par l'application. Or, si nous nous saisissons fortement de notre objet, rien de ce qui frappera nos yeux et nos oreilles n'arrivera jusqu'à notre âme. Le hasard même ne fait

---

quantur : at idem ille, qui excipit, si tardior in scribendo, aut inertior in legendo, velut offensator fuerit, inhibetur cursus, atque omnis, quæ erat, concepta mentis intentio mora et interdum iracundia excutitur. Tum illa, quæ altiorem animi motum sequuntur, quæque ipsa animum quodammodo concitant, quorum est jactare manum, torquere vultum, simul vertere latus et interim objurgare, quæque Persius notat, quum leviter dicendi genus significat,

Nec pluteum, *inquit,* cædit, nec demorsos sapit ungues; etiam ridicula sunt, nisi quum soli sumus. Denique, ut semel, quod est potentissimum, dicam, secretum in dictando perit; atqui liberum arbitrii locum, et quam altissimum silentium scribentibus maxime convenire nemo dubitaverit : non tamen protinus audiendi, qui credunt aptissima in hoc nemora silvasque, quod illa cæli libertas, locorum amœnitas, sublimem animum, et beatiorem spiritum parent. Mihi certe jucundus hic magis, quam studiorum hortator, videtur esse secessus; namque illa, quæ ipsa delectant, necesse est avocent ab intentione operis destinati; neque enim se bona fide in multa simul intendere animus totum potest, et, quocunque respexit, desinit intueri, quod propositum erat. Quare silvarum amœnitas, et præterlabentia flumina, et inspirantes ramis arborum auræ, volucrumque cantus, et ipsa late circumspiciendi libertas, ad se trahunt; ut mihi remittere potius voluptas ista videatur cogitationem, quam *intendere.* Demosthenes melius, qui se in locum, ex quo nulla exaudiri vox, et ex quo nihil prospici posset, recondebat, ne aliud agere mentem cogerent oculi : ideoque lucubrantes, silentium noctis, et clausum cubiculum, et lumen unum velut tectos maxime teneat. Sed quum in omni studiorum genere, tum in hoc præcipue bona valetudo, quæque eam maxime præstat, frugalitas necessaria est; quum tempora ab ipsa rerum natura ad quietem refectionemque nobis data, in acerrimum laborem convertimus; cui tamen non plus irrogandum est, quam quod somno supererit, haud deerit : obstat enim diligentiæ scribendi etiam fatigatio; et abunde, si vacet, lucis spatia sufficiunt; occupatos in noctem necessitas agit : est tamen lucubratio, quoties ad eam integri ac refecti venimus, optimum secreti genus. Sed silentium et secessus, et undique liber animus, ut sunt maxime optanda, ita non semper possunt contingere; ideoque non statim, si quid obstrepet, abjiciendi codices erunt, et deplorandus dies; verum incommodis repugnandum, et hic faciendus usus, ut omnia, quæ impediant, vincat intentio : quam si tota mente in opus ipsum direxeris, nihil eorum, quæ oculis vel auribus incursant,

il pas souvent qu'en rêvant profondément à une chose, nous ne voyons pas les personnes qui viennent à nous, et que nous prenons un chemin pour un autre? Pourquoi ne parviendrions-nous pas à nous créer cette solitude intérieure, si nous le voulions? Ne cherchons pas de prétexte à notre paresse; car si nous croyons ne devoir nous mettre au travail que bien dispos de corps et d'esprit, nous ne manquerons jamais d'excuses envers nous-mêmes. Mais, au milieu du monde, en voyage, à table, il faut que l'âme se fasse une véritable solitude. Autrement, que sera-ce lorsque, en plein barreau, au milieu des débats judiciaires, des querelles, des clameurs fortuites, il nous faudra prendre sur-le-champ la parole et prononcer un discours suivi; que sera-ce, dis-je, si nous ne pouvons retrouver que dans la solitude la suite des idées que nous avons confiées à nos tablettes? C'est pour cela que ce même Démosthène, ce grand partisan de la retraite, allait souvent déclamer sur le rivage de la mer, à l'heure où les flots s'y brisaient avec le plus de fracas, afin de s'accoutumer à braver les frémissements de la multitude. Rien n'est à négliger de ce qui regarde les études; aussi recommanderai-je d'écrire de préférence sur des tablettes en cire, parce qu'on efface plus aisément, à moins que la faiblesse de la vue ne force à recourir à l'usage du parchemin, qui, à la vérité, soulage les yeux, mais qui aussi, à cause de la nécessité de tremper souvent sa plume dans l'encre, retarde la main et entrave l'essor de la pensée. Dans les deux cas, il faut avoir soin de laisser assez d'espace pour pouvoir ajouter ce que l'on veut; car, si l'on est à l'étroit, cela rend quelquefois paresseux pour corriger, ou du moins ce qui a été écrit d'abord se confond avec ce qu'on ajoute. Je ne veux pas non plus que les tablettes soient démesurément grandes. J'ai connu un jeune homme, fort laborieux d'ailleurs, qui prononçait des discours dont l'excessive longueur semblait accuser peu de préparation, et cela parce qu'il les mesurait par le nombre des lignes; et ce défaut, dont il ne pouvait, malgré des remontrances réitérées, parvenir à se défaire, disparut du moment qu'il eut changé de tablettes. Il faut aussi réserver une marge pour certaines idées qui se présentent hors de leur rang, c'est-à-dire qui sortent d'un lieu autre que celui où nous sommes; car il survient quelquefois, comme à la traverse, d'excellentes pensées, qui ne peuvent trouver immédiatement leur place, et qu'il n'est pas sûr d'ajourner, parce qu'elles sont sujettes à échapper; ou, si nous nous y arrêtions, elles nuiraient à d'autres pensées : le mieux donc est de les mettre en dépôt.

CHAP. IV. Suit la *correction*, une des plus utiles parties des études; car ce n'est pas sans raison qu'on a dit que le *style* n'agit pas moins en effaçant. Or, corriger, c'est *ajouter, retrancher, changer*. Quand il ne s'agit que d'ajouter ou de retrancher, c'est chose assez facile et assez simple; mais lorsqu'il faut resserrer ce qui est enflé, relever ce qui est rampant, réduire ce qui est surabondant, digérer ce qui est désordonné, lier ce qui est lâche, ralentir ce qui est précipité, voilà ce qui coûte doublement; car il nous faut condamner ce qui nous avait plu, et trouver ce qui nous avait échappé. Il n'est pas douteux que la meilleure méthode ne soit de laisser reposer pendant quelque temps ce qu'on a écrit, pour le revoir en-

---

ad animum perveniet. An vero frequenter etiam fortuita hoc cogitatio præstat, ut obvios non videamus, et itinere decurremus; non consequemur idem, si et voluerimus? Non est indulgendum causis desidiæ : nam si non nisi refecti, non nisi hilares, non nisi omnibus aliis curis vacantes, studendum existimaverimus, semper erit, propter quod nobis ignoscamus. Quare in turba, itinere, conviviis etiam faciat sibi cogitatio ipsa secretum : quid alioqui fiet, quum in medio foro, tot circumstantibus judiciis, jurgiis, fortuitis etiam clamoribus, erit subito continua oratione dicendum, si particulas, quas ceris mandamus, nisi in solitudine reperire non possumus? Propter quæ idem ille tantus amator secreti Demosthenes, in littore, in quod se maximo cum sono fluctus illideret, meditans, consuescebat concionum fremitus non expavescere. Illa quoque minora (sed nihil in studiis parvum est) non sunt transeunda, scribi optime ceris, in quibus facillima est ratio delendi; nisi forte visus infirmior membranarum potius usum exiget : quæ ut juvant aciem, ita crebra relatione, quoad intinguntur calami, morantur manum, et cogitationis impetum frangunt. Relinquendæ autem in utrolibet genere contra erunt vacuæ tabellæ, in quibus libera adjicienti sit excursio : nam si non sit, pigritiam emendandi angustiæ faciunt; aut certe novorum interpositionem priora confundant : ne latas quidem ultra modum esse ceras velim, expertus juvenem studiosum alioqui prælongos habuisse sermones, quia illos numero versuum metiebatur, idque vitium, quod frequenti admonitione corrigi non potuerat, mutatis codicibus esse sublatum. Debet vacare etiam locus, in quo notentur, quæ scribentibus solent extra ordinem, id est, ex aliis, quam qui sunt in manibus loci, occurrere : irrumpent enim optimi nonnunquam sensus, quos neque inserere oportet, neque differre tutum est; quia interim elabuntur, interim memoriæ sui intentos, ab alia inventione declinant; ideoque optime sunt in *deposito*.

Cap. IV. Sequitur *emendatio*, pars studiorum longe utilissima : neque enim sine causa creditum est stilum non minus agere, quum delet : hujus autem operis est, *adjicere, detrahere, mutare* : sed facilius in iis simpliciusque judicium, quæ replenda, vel dejicienda sunt; premere vero tumentia, humilia extollere, luxuriantia astringere, inordinata digerere, soluta componere, exsultantia coercere, duplicis operæ : nam et damnanda sunt, quæ placuerant; et invenienda, quæ fugerant : nec dubium est optimum esse emendandi genus, si scripta in aliquod tempus reponantur, ut ea post intervallum, velut nova atque aliena, redeamus, ne nobis scripta nostra, tamquam recentes fetus, blandiantur. Sed neque hoc contingere semper potest, præsertim oratori, cui sæ-

suite comme un ouvrage tout nouveau et composé par un autre, et ne pas se laisser abuser par cette tendresse qu'ont tous les pères pour l'enfant qui vient de leur naître. Mais cela n'est pas toujours possible, surtout pour l'orateur, qui est souvent pressé par le temps. Ensuite, la correction doit avoir une fin; car il y a des gens qui ne sont jamais contents de ce qu'ils ont écrit, qui y reviennent continuellement; qui, comme si rien ne pouvait être bon de ce qui s'est d'abord présenté à leur esprit, croient que tout ce qui est autre est meilleur, et trouvent toujours quelque chose à corriger, chaque fois que leur écrit leur tombe sous la main; semblables à ces médecins qui taillent jusque dans les chairs les plus vives et les plus saines. Aussi arrive-t-il que leurs écrits sont, pour ainsi dire, sillonnés de cicatrices, pâles, et exténués par les remèdes. Souffrons donc que ce que nous avons écrit parvienne enfin à nous plaire, ou du moins à nous paraître suffisamment travaillé, de sorte que la lime ne fasse que polir l'ouvrage, sans l'user. Le temps que nous donnons à la correction doit avoir aussi ses bornes. Que Cinna ait mis, dit-on, neuf ans à composer sa *Zmyrna*, qu'Isocrate en ait mis dix et même quinze à écrire son *Panégyrique*, cela ne tire pas à conséquence pour l'orateur, dont l'assistance sera nulle, si elle est aussi lente.

CHAP. V. J'ai maintenant à parler des *matières dont on doit principalement faire choix pour écrire*. Ce serait tomber dans des redites, que d'expliquer ici quelles doivent être ces matières, la première, la seconde, et ainsi de suite; car j'ai traité dans le premier livre et dans le second de l'ordre à observer dans les études des différents âges. Mais ce dont il s'agit ici, c'est de ce qui contribue le plus à procurer l'abondance et la facilité. Traduire du grec en latin était, au jugement de nos anciens orateurs, l'exercice le plus utile. C'est celui auquel L. Crassus dit, dans le traité de Cicéron intitulé *de Oratore*, qu'il s'est souvent livré; c'est celui que Cicéron recommande expressément en son propre nom. On sait même qu'il publia une traduction de divers ouvrages de Platon et de Xénophon. C'était l'avis de Messala, qui traduisit aussi un grand nombre de plaidoyers grecs, entre autres celui d'Hypéride pour Phryné, où il réussit avec tant de bonheur, que la version le disputait à l'original pour la délicatesse de style, qualité que le génie de notre langue a tant de peine à attraper. Et la raison de cet exercice est évidente; car les auteurs grecs sont pleins de choses, et ils ont mis beaucoup d'art dans l'éloquence. En les traduisant, on est maître de se servir des meilleurs termes, car le traducteur les prend dans sa langue; et quant aux figures, que l'on doit regarder comme le principal ornement de l'oraison, on est dans la nécessité d'en imaginer un grand nombre et d'un genre tout différent, parce que le génie des deux langues est rarement le même. Mais l'exercice qui consiste à convertir du latin en d'autres termes est aussi fort utile. Je crois qu'à l'égard des vers personne n'en doute, et l'on dit que Sulpicius ne s'exerçait pas autrement. En effet, l'enthousiasme de la poésie peut passer dans la prose, et l'audace du poète n'ôte pas au prosateur la faculté d'employer les mêmes mots avec propriété. On peut même, en conservant la substance des choses, les revêtir de la force oratoire, suppléer ce que le poëte a omis, resserrer ce qu'il a trop étendu; car je veux que cette paraphrase soit, non une pure interprétation, mais une imitation libre, ou plutôt un combat d'émulation autour des mêmes pensées. Aussi je ne partage pas l'opinion de ceux qui blâment cette dernière sorte d'exercice, sous prétexte que, le mieux étant déjà trouvé, on ne peut

---

pius scribere ad praesentes usus necesse est; et emendatio finem habeat : sunt enim qui ad omnia scripta, tamquam vitiosa, redeant, et quasi nihil fas sit rectum esse, quod primum est, melius existiment, quidquid est aliud, idque faciant, quoties librum in manus resumpserunt, similes medicis etiam integra secantibus : accidit itaque, ut cicatricosa sint, et exsanguia, et cura pejora. Sit ergo aliquando, quod placeat, aut certe quod sufficiat; ut opus poliat lima, non exterat : temporis quoque esse debet modus; nam quod Cinnae Zmyrnam novem annis accepimus scriptam, et Panegyricum Isocratis, qui parcissime, decem annis dicunt elaboratum, ad oratorem nihil pertinet; cujus nullum erit, si tam tardum fuerit, auxilium.

CAP. V. Proximum est, ut dicamus, *quae praecipue scribenda* sint: hoc exuberantia quidem est operis, ut explicemus, quae sint materiae; quae prima, aut secunda, aut deinceps tractanda sint; nam id factum est etiam primo libro, quo puerorum, et secundo, quo robustiorum studiis ordinem dedimus; sed, de quo nunc agitur, unde copia ad facilitas maxime veniat. Vertere graeca in latinum veteres nostri oratores optimum judicabant : id se L. Crassus in illis Ciceronis de Oratore libris dicit factitasse : id Cicero sua ipse persona frequentissime praecipit : quin etiam libros Platonis atque Xenophontis edidit hoc genere translatos : id Messalae placuit; multaeque sunt ab eo scriptae ad hunc modum orationes; adeo ut etiam cum illa Hyperidis pro Phryne difficillima Romanis subtilitate contenderet. Et manifesta est exercitationis hujusce ratio : nam et rerum copia graeci auctores abundant, et plurimum artis in eloquentiam intulerunt; et hos transferentibus, verbis uti optimis licet : omnibus enim utimur nostris : figuras vero, quibus maxime ornatur oratio, multas ac varias excogitandi etiam necessitas quaedam est; quia plerumque a graecis romana dissentiunt. Sed et illa ex latinis conversio multum et ipsa contulerit : ac de carminibus quidem neminem credo dubitare, quo solo genere exercitationis dicitur usus esse Sulpicius, nam et sublimis spiritus attollere orationem potest; et verba, poetica libertate audaciora, non praesumunt eadem proprie dicendi facultatem : sed et ipsis sententiis adjicere licet oratorium robur,

que dire moins bien. Il ne faut pas toujours désespérer de rencontrer mieux ; car la nature n'a pas fait l'éloquence si stérile et si pauvre, que la même chose ne puisse être bien dite qu'une seule fois. Quoi! un histrion pourra varier son jeu dans le même rôle, et l'orateur, moins fécond, n'aura rien à dire sur une matière, parce qu'elle aura été traitée avant lui? Mais j'accorde qu'on ne puisse dire ni mieux ni aussi bien : cela n'exclut pas la proximité. Est-ce que nous-mêmes nous ne parlons pas deux fois et même plus souvent de la même chose, et cette chose n'est-elle pas quelquefois la matière d'une longue série de pensées ? Pourquoi donc, si nous pouvons lutter avec nous-mêmes, ne le pourrions-nous pas avec autrui? S'il n'y avait qu'une seule manière de bien dire, on pourrait en conclure que nos devanciers nous ont fermé le chemin ; mais il est plus d'une manière de bien dire, et mille chemins conduisent au même but. La brièveté a sa beauté, l'abondance a aussi la sienne ; ainsi de la métaphore et de la propriété, ainsi du langage direct et du langage figuré. Enfin, la difficulté ne peut que rendre cet exercice extrêmement utile, outre que, par ce moyen, on acquiert une connaissance plus approfondie des bons auteurs : car alors on ne lit pas superficiellement leurs écrits ; mais on pèse, on approfondit tout, et l'impossibilité même de les imiter nous fait sentir encore mieux leur excellence. Nous ferons bien de nous exercer ainsi, non-seulement sur les écrits d'autrui, mais encore sur les nôtres, en choisissant, à dessein, certaines pensées, pour les remanier de plusieurs façons et leur donner le tour le plus nombreux possible : c'est ainsi qu'on façonne le même morceau de cire en différentes figures. Je crois même que les matières les plus simples sont aussi les plus propres à former en nous le talent dont je parle ; car la multiplicité des personnes, des motifs, des temps, des lieux, des dits, des faits, nous permet de dissimuler notre faiblesse, et il est bien rare que, au milieu de tant de choses qui s'offrent en foule, nous ne sachions tirer parti de quelqu'une. Mais où paraît le mérite de l'orateur, c'est à savoir étendre ce qui est naturellement resserré, donner de l'importance à ce qui en a peu, jeter de la variété sur ce qui est monotone, répandre de l'agrément sur les choses les plus communes, parler bien et longtemps sur un sujet qui semble ne comporter que quelques mots. Pour cela, les questions générales, qu'on appelle thèses, sont d'un grand secours, et Cicéron, alors même qu'il était revêtu des premières charges de la république, ne dédaignait pas d'en faire son exercice. Il y en a un autre, qui n'est pas fort différent, et qui consiste à réfuter ou à confirmer des sentences ; car ces sentences étant des espèces de préceptes et de décisions, les questions que l'on fait sur le fond des choses qui en sont la matière peuvent aussi tomber sur le jugement qu'on en a porté. On pourra aussi, à l'exemple de plusieurs orateurs, s'exercer sur des lieux communs.

En effet, quiconque aura traité avec abondance ces propositions où tout est direct et sans détours, n'en aura que plus de fécondité dans les sujets qui comportent de nombreuses excursions, et ne sera jamais au dépourvu dans aucune cause ; car toute cause se résout en questions générales. Qu'importe, en effet, *que Cornélius, tribun du peuple, soit accusé pour avoir lu le projet de loi* ; ou qu'on recherche, en général, *si un magistrat a commis un crime de lèse-majesté pour avoir lu lui-même la loi qu'il propo-*

---

et omissa supplere, effusa substringere. Neque ego paraphrasim esse interpretationem tantum volo, sed circa eosdem sensus certamen atque æmulationem : ideoque ab illis dissentio, qui vertere orationes latinas vetant, quia, optimis occupatis, quidquid aliter dixerimus, necesse sit esse deterius : nam neque semper est desperandum, aliquid illis, quæ dicta sunt, melius posse reperiri ; neque adeo jejunam ac pauperem natura eloquentiam fecit, ut una de re bene dici, nisi semel, non possit. Nisi forte histrionum multa circa voces easdem variare gestus potest, orandi minor vis, ut dicatur aliquid, post quod in eadem materia nihil dicendum sit : sed esto, neque melius, quod invenimus, esse, neque par ; est certe proximus locus. An vero ipsi non bis ac sæpius de eadem re dicimus, et quidem continuas nonnunquam sententias? nisi forte contendere nobiscum possumus, cum aliis non possumus : nam si uno genere bene diceretur, fas erat existimari præclusam nobis a prioribus viam : nunc vero innumerabiles sunt modi, plurimæque eodem viæ ducunt. Sua brevitati gratia , sua copiæ ; alia translatis virtus, alia propriis : hoc oratio recta, illud figura declinata commendat : ipsa denique utilissima est exercitationi difficultas. Quid? quod auctores maximi sic diligentius cognoscuntur? non enim scripta lectione secura transcurrimus ; sed tractamus singula, et necessario introspicimus, et, quantum virtutis habeant, vel hoc ipso cognoscimus, quod imitari non possumus. Nec aliena tantum transferre, sed etiam nostra pluribus modis tractare proderit, ut ex industria sumamus sententias quasdam, easque versemus quam numerosissime, velut eadem cera aliæ atque aliæ formæ duci solent. Plurimum autem parari facultatis existimo ex simplicissima quaque materia : nam in illa multiplici *personarum, causarum, temporum, locorum, dictorum, factorum* diversitate facile delitescet infirmitas, tot se undique rebus, ex quibus aliquam apprehendas, offerentibus. Illud virtutis indicium est, fundere, quæ natura contracta sunt, augere parva, varietatem similibus, voluptatem expositis dare, et bene dicere multa de paucis : in hoc optime facient infinitæ quæstiones, quas vocari θέσεις diximus, quibus Cicero jam princeps in republica exerceri solebat. His confinis est destructio et confirmatio sententiarum : nam quum sit sententia decretum quoddam atque præceptum, quod de re, idem de judicio rei quæri potest : tum loci communes, quos etiam scriptos ab oratoribus scimus : nam qui hæc recta

sail? Qu'importe qu'on ait à juger si *Milon a tué Clodius justement*, ou *s'il nous est permis de tuer un homme qui nous tend des embûches, ou un citoyen dangereux, quand même il n'en voudrait pas à notre vie? Si Caton a pu honnêtement donner Marcia à Hortensius*, ou *si une pareille action est digne d'un homme de bien?* Le jugement tombe sur les personnes; et la question, sur les choses. A l'égard des déclamations de l'école, si l'on s'y propose l'imitation d'un plaidoyer réel, elles sont très-utiles non-seulement aux jeunes orateurs, en ce qu'elles exercent à la fois à l'invention et à la disposition, mais même à des orateurs consommés, et qui sont déjà célèbres au barreau. Ces déclamations sont comme une nourriture succulente qui donne de l'embonpoint et de l'éclat à l'éloquence, la rafraîchit, et renouvelle sa séve, épuisée par la sécheresse des débats judiciaires. Aussi suis-je d'avis que l'on s'essaye de temps en temps au style abondant de l'histoire, et à la vive allure des dialogues. On peut même, sans inconvénient, se permettre quelques délassements poétiques, à l'exemple des athlètes, qui interrompent en certains temps leur régime, leurs exercices ordinaires, pour se traiter plus délicatement et prendre un peu de relâche. Et je suis persuadé que Cicéron n'a porté si haut l'éloquence, que parce qu'il savait recourir à cette heureuse diversion. Car, si nous n'avons jamais d'autres matières que des procès, il est impossible que notre esprit ne se rouille, ne perde sa flexibilité, et ne s'émousse comme un glaive, à force de ferrailler. Mais si ces déclamations, en faisant, pour ainsi dire, rentrer l'éloquence dans le fourreau, la renouvellent, et la reposent des fatigues du barreau, d'un autre côté il ne faut pas retenir les jeunes gens trop longtemps dans ce monde imaginaire, au milieu de ces simulacres de controverses; de peur que, lorsque le temps est venu de sortir de cette ombre, où ils ont, pour ainsi dire, vieilli, les dangers réels ne produisent sur eux l'effet du grand jour. C'est ce qui est arrivé à plusieurs, et même, dit-on, à Porcius Latron, le premier professeur célèbre qu'il y ait eu à Rome. Il s'était fait une grande réputation dans son école; cependant, un jour qu'il voulut plaider au barreau, il se trouva si déconcerté, qu'il demanda instamment qu'on transportât l'audience dans un palais voisin. L'aspect du ciel lui parut si nouveau, que l'on eût dit que toute son éloquence était renfermée sous un toit, entre quatre murailles. Je veux donc qu'un jeune homme, après avoir bien appris tout ce qui regarde l'invention et l'élocution (ce qui ne demande pas un temps infini, si les maîtres savent et veulent enseigner), et après avoir acquis un peu d'habitude et de facilité; je veux, dis-je, que, à la manière des anciens, il fasse choix d'un orateur pour s'attacher à lui et en faire son modèle; qu'il fréquente assidûment le barreau, et assiste souvent à ces combats auxquels il se destine; qu'ensuite il traite lui-même pour et contre les mêmes causes qu'il aura entendu plaider, ou d'autres, si l'on veut, pourvu que ce soient des causes réelles; en un mot, qu'il fasse ce que nous voyons faire aux gladiateurs, c'est-à-dire qu'il s'exerce avec des armes sérieuses. C'est ainsi, comme je l'ai déjà dit, que Brutus prit pour sujet d'exercice la cause de Milon; et cela

---

tantum, et in nullos flexus recedentia copiose tractaverit, utique in illis plures excursus recipientibus magis abundabit, eritque in omnes causas paratus : omnes enim generalibus quæstionibus constant : nam quid interest, *Cornelius tribunus plebis quod codicem legerit*, reus sit; an quæramus, *Violeturne majestas, si magistratus rogationem suam populo ipse recitaverit? Milo Clodium rectene occiderit*, veniat in judicium; an, *Oporteatne insidiatorem interfici, vel perniciosum reipublicæ civem, etiamsi non insidietur? Cato Marciam honestene tradiderit Hortensio;* an, *Conveniatne res talis bono viro?* de personis judicatur, sed de rebus contenditur. Declamationes vero, quales in scholis rhetorum dicuntur, si modo sunt ad veritatem accommodatæ, et orationibus similes, non tantum dum adolescit profectus, sunt utilissimæ, quæ inventionem et dispositionem pariter exercent; sed etiam quum est consummatus, ac jam in foro clarus : alitur enim atque enitescit, velut pabulo lætiore, facundia, et assidua contentionum asperitate fatigata renovatur. Quapropter historiæ nonnumquam ubertas in aliqua exercendi stili parte ponenda, et dialogorum libertate gestiendum : ne carmine quidem ludere contrarium fuerit; sicut athletæ, remissa quibusdam temporibus ciborum atque exercitationum certa necessitate, otio et jucundioribus epulis reficiuntur. Ideoque mihi videtur M. Tullius tantum intulisse eloquentiæ lumen, quod in hos quoque studiorum secessus excurrit : nam si nobis sola materia fuerit ex litibus, necesse est, deteratur fulgor, et durescat articulus, et ipse ille mucro ingenii quotidiana pugna retundatur. Sed quemadmodum forensibus certaminibus exercitatos, et quasi militantes reficit ac reparat hæc velut sagina dicendi; sic adolescentes non debent nimium in falsa rerum imagine detineri, et inanibus simulacris, usque adeo, ut difficile ab his digressos sit assuefacere, ne ab illa, in qua prope consenuerint, umbra, vera discrimina, velut quemdam solem, reformident. Quod accidisse etiam Porcio Latroni, qui primus clari nominis professor fuit, traditur : ut quum ei, summam in scholis opinionem obtinenti, causa in foro esset oranda, impense petierit, uti subsellia in basilicam transferrentur : ita illi cælum novum fuit, ut omnis ejus eloquentia contineri tecto ac parietibus videretur. Quare juvenis, qui rationem inveniendi eloquendique a præceptoribus diligenter acceperit (quod non est infiniti operis, si docere sciant et velint), exercitationem quoque modicam fuerit consecutus, oratorem sibi aliquem (quod apud majores fieri solebat) deligat, quem sequatur, quem imitetur; judiciis intersit quam plurimis, et sit certaminis, cui destinatur, frequens spectator. Tum causas vel easdem, quas agi audierit, stilo et ipse componat, vel etiam alias, veras modo, et utrinque tractet, et, quod in gladiatoriis

vaut mieux que de répondre à d'anciens plaidoyers, comme Cestius, qui entreprit de réfuter l'oraison de Cicéron pour le même Milon, quoiqu'elle ne fût pas suffisante pour le mettre au fait de ce qu'il y avait à dire en faveur de Clodius. Or, pour qu'un jeune homme devienne en peu de temps apte à ces exercices, il faut que le maître exige de lui que, dans ses déclamations, il se tienne le plus près possible de la réalité, et qu'il traite ses matières avec toute l'étendue qu'elles comportent, au lieu de se contenter, comme aujourd'hui, d'en prendre ce qu'elles ont de facile et de spécieux. Il y a à cela plusieurs obstacles, comme je l'ai dit dans le second livre : d'abord, et le plus souvent, le trop grand nombre d'écoliers, ensuite l'audition des déclamations à jours fixes, et un peu aussi l'erreur des parents, qui jugent des progrès de leurs enfants plutôt sur le nombre que sur le mérite de ces déclamations. Mais, comme je l'ai dit aussi dans le premier livre, un bon maître ne se surchargera pas d'un trop grand nombre d'élèves, et saura mettre un frein à leur verbiage, en sorte qu'ils s'en tiennent précisément à leur sujet, et n'y fassent pas entrer toute sorte de choses, comme ils n'y sont que trop enclins. D'ailleurs, ou il accordera plus de temps à la nécessité de les entendre, ou il leur permettra de diviser leurs déclamations en plusieurs parties, pour les prononcer en plusieurs fois; car une seule matière bien traitée leur sera plus profitable, que plusieurs qu'ils n'auraient fait qu'ébaucher et, pour ainsi dire, effleurer. Autrement rien n'est à sa place, et les règles, qui déterminent l'ordre des choses, ne sont nullement observées, à cause de l'empressement des jeunes gens à entasser toutes les fleurs du sujet sur le point qui doit leur faire honneur : d'où il arrive que, pour ne rien perdre, ils confondent tout sans ordre ni distinction.

Chap. VI. Rien n'a plus d'affinité avec le *style* que la *méditation*. Elle tire beaucoup de force du style, et tient le milieu entre cet exercice et l'improvisation ; et peut-être n'est-il rien qui soit d'un usage plus fréquent; car on ne peut pas toujours écrire, ni partout, tandis que la méditation est presque de tous les temps et de tous les lieux. En très-peu d'heures, elle embrasse les causes les plus vastes; dans les moments d'insomnie, les ténèbres ne la rendent que plus active ; au milieu des occupations du jour, elle sait trouver du loisir et ne demeure jamais oisive. Non-seulement elle ordonne intérieurement les choses, ce qui est déjà beaucoup, mais elle accouple les mots, et ourdit si bien tout le tissu du discours, qu'il ne reste plus qu'à l'écrire. Car même, pour l'ordinaire, la mémoire est d'autant plus fidèle, qu'elle n'est point relâchée par la sécurité qui suit toujours le dépôt qu'on a fait au papier. Mais on ne parvient pas à cette faculté tout d'un coup, ni en peu de temps. Il faut d'abord, à force d'écrire, acquérir une certaine forme, qui nous accompagne même dans la méditation. Il faut ensuite accoutumer peu à peu notre esprit à embrasser un petit nombre de choses que nous puissions rendre avec fidélité, puis un plus grand nombre, mais par degrés et avec tant de ménagement, que ce travail ne se fasse pas sentir. Il faut enfin se fortifier et s'entretenir par beaucoup d'exercice dans cette aptitude, à laquelle, à dire vrai, la mémoire a beaucoup de part. C'est pourquoi je ne recommande ici qu'une partie de ce que j'aurais à dire, réservant le reste pour un autre endroit. Disons, cependant, qu'un orateur dont la nature ne répugne pas à ce tra-

---

fieri videmus, decretoriis exerceatur, ut fecisse Brutum diximus pro Milone : melius hoc, quam rescribere veteribus orationibus, ut fecit Cestius contra Ciceronis actionem habitam pro eodem, quum alteram partem satis nosse non posset ex sola defensione. Citius autem idoneus erit juvenis, quem præceptor coegerit in declamando quam simillimum esse veritati, et per totas ire materias; quarum nunc facillima, ut maxime favorabilia decerpunt: obstant huic, quod secundo loco posui, fere turba discipulorum, et consuetudo classium certis diebus audiendarum; nonnihil etiam persuasio patrum, numerantium potius declamationes, quam æstimantium. Sed, quod dixi primo, ut arbitror, libro, nec ille se bonus præceptor majore numero, quam sustinere possit, onerabit; et inanem loquacitatem recidet, ut omnia, quæ sunt in controversia, non, ut quidem voluut, quæ in rerum natura, dicantur; et vel longiore potius dierum spatio laxabit dicendi necessitatem, vel materias dividere permittet. Una enim diligenter effecta plus proderit, quam plures inchoatæ et quasi degustatæ : propter quod accidit, ut nec suo loco quidque ponatur; nec illa, quæ prima sunt, servent suam legem, juvenibus flosculos omnium partium in ea, quæ sunt dicturi, congerentibus : quo fit, ut timentes, ne sequentia perdant, priora confundant.

Cap. VI. Proxima stilo *cogitatio* est, quæ et ipsa vires ab hoc accipit, et est inter scribendi laborem, extemporalemque fortunam media quædam, et nescio an usus frequentissimi : nam scribere nec ubique, nec semper possumus ; cogitationi temporis ac loci plurimum est : hæc paucis admodum horis magnas etiam causas complectitur : hæc, quoties intermissus est somnus, ipsis noctis tenebris adjuvatur : hæc inter medios rerum actus aliquid invenit vacui, nec otium patitur. Neque vero rerum ordinem modo, quod ipsum satis erat, intra se ipsa disponit, sed verba etiam copulat, totamque ita contexit orationem, ut ei nihil præter manum desit : nam memoriæ quoque plerumque inhæret fidelius, quod nulla scribendi securitate laxatur. Sed ne ad hanc quidem vim cogitandi perveniri potest aut subito, aut cito : nam primum facienda multo stilo forma est, quæ nos etiam cogitantes sequatur ; tum assumendus usus paulatim, ut pauca primum complectamur animo, quæ reddi fideliter possint; mox per incrementa tam modica, ut onerari se labor ille non sentiat, augenda vis, et exercitatione multa continenda est,

vail intérieur peut, à force d'application, parvenir à énoncer ce qu'il n'aura fait que concevoir dans son esprit d'une manière aussi sûre et aussi fidèle que ce qu'il aurait écrit et appris par cœur. Cicéron du moins rapporte que Métrodore et Empyle, parmi les Grecs, et Hortensius, parmi nous, récitaient mot pour mot, en plaidant, ce qu'ils avaient médité. Si cependant, au milieu de notre plaidoirie, quelque éclair d'improvisation vient luire à notre imagination, nous aurions tort de demeurer superstitieusement attachés à nos premières pensées; car elles ne doivent pas nous être si chères que nous ne donnions aussi quelque chose à la fortune, puisque souvent même, en récitant un plaidoyer écrit, nous ne laissons pas d'y introduire des idées nées du moment. Nous devons donc pratiquer ce genre d'exercice de telle sorte que nous puissions le quitter et y revenir comme il nous plaît. Car si, d'un côté, notre premier soin doit être d'apporter à l'audience des matériaux tout prêts et sur lesquels nous puissions faire fond, de l'autre ce serait une folie que de rejeter les avances de l'occasion. Ainsi la *méditation* doit avoir pour but de nous mettre à couvert de la surprise, non d'ôter à la fortune le pouvoir de nous venir en aide. Or, c'est à la mémoire à faire que ce que nous avons conçu se répande avec une pleine liberté, au lieu d'être pour nous un sujet d'anxiété et d'hésitation, comme si nous n'avions de ressource qu'en elle. Autrement j'aimerais mieux la témérité de l'improvisation, qu'une méditation qui se produit avec tant d'incohérence. Car rien n'est pire que de chercher ainsi à reculons : en courant après des idées qui échappent, on s'éloigne de celles qui se présentent, et on redemande plus à sa mémoire qu'à son sujet. Or, puisqu'on peut recourir à l'une et à l'autre, il vaut mieux recourir au sujet, par la raison qu'on a toujours trouvé moins qu'on ne peut trouver.

CHAP. VII. Le plus grand fruit que l'orateur puisse recueillir de ses études, et que je regarde comme la plus ample récompense de ses longs travaux, c'est la *faculté d'improviser*. Que s'il ne parvient pas à l'acquérir, il fera bien, selon moi, de renoncer au barreau, et d'appliquer à un autre objet la seule faculté dont il soit maître, celle d'écrire; car il me semble répugner à la loyauté d'un homme de bien de promettre une assistance publique, qui vienne à manquer au plus fort du danger. Autant vaudrait montrer le port à un navire qui n'y pourrait aborder qu'à la faveur d'une brise légère. En effet, il se présente, à chaque instant, des circonstances imprévues, qui forcent à plaider immédiatement, soit devant les magistrats, soit dans les affaires appelées avant terme. Qu'une de ces circonstances survienne dans la cause, je ne dis pas d'un citoyen innocent, mais de quelqu'un de nos amis ou de nos parents, demeurerons-nous muets? et tandis que le client, dont la perte est imminente si l'on ne vient à son secours, implore une voix tutélaire, demanderons nous du temps, de la solitude et du silence, pour élaborer nos phrases à loisir, les bien graver dans notre mémoire, préparer notre voix et nos poumons? Quelle raison peut jamais justifier l'orateur de n'être pas prêt à tout événement? Qu'arrivera-t-il lorsqu'il faudra répliquer à l'adversaire? car souvent les attaques, auxquelles

---

quæ quidem maxima ex parte memoria constat : ideoque aliqua mihi in illum locum differenda sunt. Eo tamen pervenit, ut is, cui non refragetur ingenium, acri studio adjutus tantum consequatur, ut ei tam quæ cogitarit, quam quæ scripserit atque edidicerit, in dicendo fidem servent: Cicero certe Græcorum Metrodorum Scepsium et Empylum Rhodium, nostrorumque Hortensium tradidit, quæ cogitaverant, ad verbum in agendo retulisse. Sed si forte aliquis inter dicendum effulserit extemporalis color, non superstitiose cogitatis demum est inhærendum: neque enim tantum habent curæ, ut non sit dandus et fortunæ locus, quum sæpe etiam scriptis ea, quæ subito nata sunt, inserantur : ideoque totum hoc exercitationis genus ita instituendum est, ut et digredi ex eo, et regredi in id facile possimus. Nam ut primum est domo afferre paratam dicendi copiam, et certam; ita refutare temporis munera longe stultissimum est : quare *cogitatio* in hoc præparetur, ut nos fortuna decipere non possit, adjuvare possit : id autem fiet memoriæ viribus, ut illa, quæ complexi animo sumus, fluant secura, non sollicitos et respicientes, et una spe suspensos recordationis, non sinant providere; alioqui vel extemporalem temeritatem malo, quam male cohærentem cogitationem. Pejus enim quæritur retrorsus, quia dum illa desideramus, ab aliis avertimur; et ex memoria potius repetimus, quam ex materia : plura sunt autem, si utrumque quærendum est, quæ inveniri possunt, quam quæ inventa sunt.

CAP. VII. Maximus vero studiorum fructus est, et velut præmium quoddam amplissimum longi laboris, *ex tempore dicendi facultas;* quam qui non erit consecutus, mea quidem sententia civilibus officiis renunciabit, et solam scribendi facultatem potius ad alia opera convertet : vix enim bonæ fidei viro convenit auxilium in publicum polliceri, quod in præsentissimis quibusque periculis desit; ut monstrare portum, ad quem navis accedere, nisi lenibus ventis vecta, non possit : siquidem innumerabiles accidunt subitæ necessitates, vel apud magistratus, vel repræsentatis judiciis continuo agendi : quarum si qua, non dico cuicumque innocentium civium, sed amicorum ac propinquorum alicui evenerit, stabitne mutus, et salutarem petentibus vocem, statim, si non succurratur, perituris, moras et secessum et silentium quæret, dum illa verba fabricentur, et memoriæ insidant, et vox ac latus præparetur? Quæ vero patitur hoc ratio, ut quisquam sit orator imparatus ad casus? quid, quum adversario respondendum erit, fiet? nam sæpe ea, quæ opinati sumus, et contra quæ scripsimus, fallunt, ac tota subito causa mutatur; atque ut gubernatori ad incursus tempestatum, sic agenti ad varietatem causarum ratio mutanda est. Quid porro multus stilus, et assidua lectio, et longa studiorum

nous nous attendions et que nous avions d'avance repoussées par écrit, font défaut, et toute la cause a changé de face en un instant. De même que le pilote doit savoir opposer de nouvelles manœuvres aux assauts de la tempête, de même l'orateur doit varier ses moyens selon les vicissitudes des causes. A quoi sert, en effet, de tant écrire, de tant lire, de consumer tant d'années dans l'étude, si la difficulté demeure la même qu'elle était en commençant? Celui-là bien certainement s'est fatigué en pure perte, qui est condamné à se fatiguer toujours autant. Toutefois, je ne dis pas cela pour amener l'orateur à préférer l'improvisation, mais à s'en rendre capable : or, voici le plus sûr moyen d'y parvenir. Connaissons bien d'abord la marche à suivre en parlant; car on court en vain, si l'on ne sait ni où l'on doit aller, ni par où. Ce n'est pas assez de ne pas ignorer quelles sont les parties d'une cause judiciaire, ni de bien ranger les questions dans leur ordre, quoique ce soit là l'essentiel; mais il faut encore savoir ce qui, à chaque endroit, doit être mis au premier rang, au second, et ainsi de suite. Car il y a un enchaînement naturel qui fait qu'on ne peut rien intervertir ni rien omettre sans tomber dans la confusion. Or, une fois que l'orateur sera entré dans la bonne route, il n'aura d'abord qu'à se laisser guider, comme par la main, par l'ordre des choses : ce qui suffit aux hommes les moins exercés pour donner sans efforts de la suite à leurs récits. Ensuite, il saura trouver chaque chose en son lieu, sans promener ses regards autour de lui, sans se laisser distraire par des pensées qui viennent s'offrir de côté et d'autre, sans déplacer à chaque instant son discours, comme ces gens qui sautent çà et là, et ne s'arrêtent nulle part. Enfin il aura un plan et un but, ce qu'on ne peut obtenir qu'au moyen de la division. Quand il aura traité de son mieux toutes les parties de la tâche qu'il s'était imposée, il sentira qu'il est arrivé au terme. Voilà les ressources de l'art. Mais c'est à l'étude à nous familiariser, en suivant les préceptes que j'ai déjà donnés, avec le meilleur langage. Ce n'est qu'en écrivant beaucoup et en écrivant bien que l'orateur se forme à parler, au point de donner à des paroles improvisées la couleur d'une composition écrite; ce n'est enfin qu'en écrivant beaucoup qu'on parvient à parler beaucoup; car c'est surtout par l'habitude et l'exercice qu'on acquiert la facilité : pour peu qu'on s'arrête, non-seulement l'imagination perd de sa promptitude, mais cela va même jusqu'à l'engourdissement. En effet, quoiqu'on ait besoin d'une certaine vivacité d'esprit naturelle pour combiner, dans le moment même où l'on parle, ce qu'on dira ultérieurement, et pour que toujours une pensée, conçue d'avance et toute prête, vienne comme à la rencontre de notre parole, il n'est guère possible que la nature ou l'art fasse que l'esprit se multiplie au point de suffire tout à la fois à l'invention, à la disposition, à l'élocution, à l'ordre des choses et des mots, à ce qu'on dit actuellement, à ce qu'on dira immédiatement après, à ce qu'il faut voir encore au delà, sans compter l'attention à donner à la voix, à la prononciation, au geste. Car il faut un regard qui, en même temps qu'il se porte au loin en avant, suive et fasse marcher tout; il faut qu'à mesure qu'on laisse de l'espace derrière soi, l'horizon se' déploie dans la même proportion : de manière que, jusqu'à ce qu'on soit arrivé au terme, le regard n'avance pas moins que le pas, si l'on ne veut s'arrêter ou broncher à chaque pas, et n'émettre, comme ceux qui sanglotent, que des sons brefs et entrecoupés.

Il y a donc une certaine faculté où la réflexion

ætas facit, si manet eadem, quæ fuit incipientibus, difficultas? Periisse profecto confitendum est præteritum laborem, cui semper idem laborandum est : neque ego hoc ago, ut ex tempore dicere malit, sed ut possit : id autem maxime hoc modo consequemur. Nota sit primum dicendi via; neque enim prius contingere cursus potest, quam scierimus, quo sit et qua perveniendum : nec satis est, non ignorare, quæ sunt causarum judicialium partes, aut quæstionum ordinem recte disponere, quamquam ista sint præcipua; sed quid quoque loco primum sit ac secundum, et deinceps : quæ ita sunt natura copulata, ut mutari, aut intervelli sine confusione non possint. Quisquis autem via dicet, ducetur ante omnia rerum ipsa serie, velut duce; propter quod homines etiam modice exercitati, facillime tenorem in narrationibus servant : deinde, quid quoque loco quærant, scient, nec circumspectabunt; nec offerentibus se aliunde sensibus turbabuntur, nec confundent ex diversis orationem, velut salientes huc illuc, nec usquam insistentes : postremo habebunt modum et finem, qui esse citra divisionem nullus potest : expletis pro facultate omnibus, quæ proposuerint, pervenisse se ad ultimum sentient. Et hæc quidem *ex arte*, illa vero *ex studio*, ut copiam sermonis optimi, quemadmodum præceptum est, comparemus; multo ac fideli stilo sic formetur oratio, ut scriptorum colorem, etiam quæ subito effusa sunt, reddant; ut quum multa scripserimus, etiam multa dicamus : nam *consuetudo* et *exercitatio* facilitatem maxime parit, quæ si paululum intermissa fuerit, non velocitas illa modo tardatur, sed ipsum os quoque concurrit : quamquam enim opus est naturali quadam mobilitate animi, ut, dum proxima dicimus, struere ulteriora possimus, semperque nostram vocem provisa et formata cogitatio excipiat; vix tamen aut natura, aut ratio in tam multiplex officium diducere animum queat, ut inventioni, dispositioni, elocutioni, ordini rerum verborumque, tum iis, quæ dicit, quæ subjuncturus est, quæ ultra spectanda sunt, adhibita vocis, pronuntiationis, gestus observatione, una sufficiat. Longe enim præcedat oportet intentio, ac præ se res agat; quantumque dicendo consumitur, tantum ex ultimo prorogetur : ut donec perveniamus ad finem, non minus prospectu procedamus, quam gradu, si non intersistentes offensantesque brevia illa atque concisa singultantium modo

n'a point de part, que les Grecs appellent ἄλογον τριβήν, et qui fait que la main court en écrivant, que les yeux en lisant embrassent plusieurs lignes entières, avec leurs détours et leurs interruptions, et ont aperçu ce qui suit avant que la voix n'ait articulé ce qui précède. C'est à cette faculté qu'il faut rapporter ces tours que nous voyons faire sur le théâtre aux joueurs de gobelets et aux escamoteurs, et dont le prestige est tel, qu'on croirait que les objets qu'ils jettent en l'air vont et viennent à leur commandement. Mais cette faculté ne deviendra utile qu'autant que l'art, dont nous avons parlé, en aura précédé l'exercice, de manière que ce qui de soi est purement instinctif repose cependant sur l'art; car je n'appelle pas parler, si on ne le fait avec ordre, avec grâce, avec abondance : à mon avis, ce n'est que du bruit; et jamais je n'admirerai la structure d'un de ces discours fortuits, que je retrouve, avec plus de verve encore, jusque dans la bouche des femmes du peuple, quand elles se querellent : quoiqu'il arrive souvent que la chaleur de l'esprit et l'enthousiasme improvisent des résultats auxquels ne saurait atteindre le travail le plus soigné. Aussi les anciens orateurs y voyaient-ils, au rapport de Cicéron, une inspiration divine. Mais il est facile de rendre raison de cela. Les sentiments, quand l'âme est fortement émue, et les images, quand l'impression en est récente, se suivent et se succèdent, par l'effet de la continuité du mouvement qui les entraîne; tandis que ces mêmes sentiments, ces mêmes images se refroidissent d'ordinaire pendant qu'on écrit, et, une fois arrêtés dans leur cours, disparaissent et ne se retrouvent pas. Outre cela, si, par un soin trop scrupuleux des mots, nous chicanons, à chaque instant, contre nous-mêmes, la pensée n'a ni force ni entraînement; et, quand on réussirait à trouver les meilleures expressions, l'élocution trahirait les efforts discontinus d'un travail pénible. Efforçons-nous donc de concevoir, comme je l'ai déjà dit, une vive image des choses, et de nous identifier avec tout ce que nous avons à dire, avec les personnes, les questions, les espérances, les craintes; car c'est le cœur, c'est la force du sentiment qui rend éloquent. Voilà pourquoi les gens les plus illettrés trouvent des mots pour s'exprimer, dès qu'ils sont émus. Ce n'est pas tout : il faut que notre esprit se porte, non sur un seul objet, mais sur plusieurs de suite et à la fois : comme, lorsque nous portons les yeux directement sur un chemin qui s'étend devant nous, nous voyons à la fois ce qui est sur la même ligne et aux alentours, non-seulement ce qui est à l'extrémité, mais la ligne entière d'un bout jusqu'à l'autre. La honte de demeurer court et l'attente des applaudissements sont encore autant d'aiguillons pour l'orateur. Il peut paraître étonnant que, pour écrire, on cherche le silence et la solitude, tandis que, pour improviser, plus on a d'auditeurs, plus on est stimulé, comme le soldat qu'enflamme le groupe agité des étendards. C'est que la nécessité de parler force l'esprit le plus rétif à aller en avant, et que le désir de plaire vient encore seconder cette impulsion. Tant il est vrai qu'en tout on se propose toujours une récompense, puisque l'éloquence, qui a tant de charmes par elle-même, trouve son plus puissant mobile dans la gloire et la renommée du moment.

On ne doit pas toutefois présumer assez de son esprit pour croire qu'on obtiendra tout d'un coup cette facilité. Ce que j'ai dit de la méditation,

---

ejecturi sumus. Est igitur usus quidam irrationalis, quem Græci ἄλογον τριβήν vocant, qua manus in scribendo decurrit, qua oculi totos simul in lectione versus, flexusque eorum et transitus intuentur, et ante sequentia vident, quam priora dixerunt. Quo constant miracula illa in scenis pilariorum ac ventilatorum, ut ea, quæ emiserint, ultro venire in manus credas, et qua jubentur decurrere. Sed hic usus ita proderit, si ea, de qua locuti sumus, ars antecesserit, ut ipsum illud, quod in se rationem non habet, in ratione versetur : nam mihi ne dicere quidem videtur, nisi qui disposite, ornate, copiose dicit, sed tumultuari; nec fortuiti sermonis contextum mirabor unquam, quem jurgantibus etiam mulierculis superfluere video : cum eo quod, si calor ac spiritus tulit, frequenter accidit, ut successum extemporalem consequi cura non possit. Deum tunc affuisse, quum id evenisset, veteres oratores, ut Cicero ait, dictitabant : sed ratio manifesta est : nam bene concepti affectus et recentes rerum imagines continuo impetu feruntur, quæ nonnunquam mora stili refrigescunt, et dilatæ non revertuntur: utique vero quum infelix illa verborum cavillatio accessit, et cursus ad singula vestigia restitit, non potest ferri contorta vis, sed, ut optime vo- cum singularum cedat electio, non continua, sed composita est. Quare capiendæ sunt illæ, de quibus dixi, rerum imagines, quas vocari φαντασίας indicavimus, omniaque, de quibus dicturi erimus, *personæ*, *quæstiones*, *spes*, *metus*, habenda in oculis, in affectus recipienda : pectus est enim, quod disertos facit, et vis mentis; ideoque imperitis quoque, si modo sunt aliquo affectu concitati, verba non desunt. Tum intendendus animus, non in aliquam rem unam, sed in plures simul continuas; ut, si per aliquam rectam viam mittamus oculos, simul omnia, quæ sunt in ea circaque, intuemur, non ultimum tantum videmus, sed usque ad ultimum. Ad dicendum etiam pudor stimulos habet et dicendorum exspectata laus; mirumque videri potest, quod, quum stilus secreto gaudeat, atque omnes arbitros reformidet, extemporalis actio auditorum frequentia, ut miles congestu signorum, excitatur : namque et difficiliorem cogitationem exprimit et expellit dicendi necessitas, et secundos impetus auget placendi cupido : adeo præmium omnia spectant, et eloquentia quoque, quamquam plurimum habeat in se voluptatis, maxime tamen præsenti fructu laudis opinionisque ducatur. Nec quisquam tantum fidat ingenio, ut id sibi speret incipienti

je le dis aussi de l'improvisation : d'abord humble et timide, elle ne doit s'élever que par degrés vers la perfection, laquelle ne s'acquiert et ne se maintient que par la pratique. Du reste, elle doit parvenir à ce point, que la méditation n'ait qu'un seul avantage sur elle, celui de la sûreté : ce qui n'est pas impossible, puisque plusieurs ont acquis cette facilité non-seulement en prose, mais en vers, comme Antipater Sidonius et Licinius Archias : du moins Cicéron le dit, et je pourrais même, au défaut de son témoignage, citer certains exemples modernes. Au surplus, si je parle de ce don singulier, ce n'est pas tant pour le cas que j'en fais, car il n'est ni utile ni nécessaire, que pour encourager ceux qui se destinent au barreau. Je ne veux pas non plus qu'on se fie sur sa facilité, au point de ne pas prendre au moins un peu de temps pour réfléchir à ce qu'on va dire ; car le temps ne manque nulle part, et les juges en accordent toujours. Aussi bien, est-il permis de supposer qu'on puisse plaider une cause qu'on ne connaît pas? On voit néanmoins certains déclamateurs qui ont la misérable gloriole de vouloir parler, sans préparation, sur la simple donnée d'un sujet quelconque ; il en est même qui poussent la frivolité et le charlatanisme jusqu'à demander par quel mot on veut qu'ils commencent. Mais, s'ils outragent l'éloquence, l'éloquence se rit d'eux à son tour ; et ceux qui veulent passer pour habiles aux yeux des sots, passent pour des sots aux yeux des habiles. Que si cependant on se trouve dans la nécessité de plaider sur-le-champ, on aura besoin alors d'une grande vivacité d'esprit ; il faudra donner toute son attention aux choses, et se relâcher pour un moment sur le soin des mots, s'il n'est pas possible de s'occuper des uns et des autres. De plus, on aura recours à une prononciation plus lente, qui laisse le temps à la réflexion, mais en ayant soin de dissimuler cette lenteur de telle sorte qu'on paraisse délibérer, et non hésiter. Voilà ce qu'il faut faire, lorsque le vent nous force à quitter le port avant que le navire ne soit entièrement appareillé ; ensuite, chemin faisant, on déploie les voiles, on dispose les cordages, et l'on n'a plus qu'à souhaiter d'avoir le vent en poupe. Cela ne vaut-il pas mieux que de se laisser entraîner à un torrent de vaines paroles, comme un pilote qui abandonnerait son vaisseau aux hasards de la tempête? Mais il ne faut pas moins d'application pour conserver cette faculté que pour l'acquérir ; car il n'en est pas de ce talent comme d'un art, qui, une fois appris, n'échappe pas. L'habitude même d'écrire, si on l'interrompt, perd très-peu de sa célérité ; tandis que le talent de l'improvisation, qui consiste à être toujours prêt à tout, et à avoir toujours, pour ainsi dire, le pied levé, ne se conserve que par l'exercice. La meilleure manière de pratiquer cet exercice, c'est de parler tous les jours devant plusieurs auditeurs, de ceux surtout dont nous avons à cœur d'obtenir l'approbation et l'estime ; car il est rare qu'on se respecte assez soi-même. Toutefois vaut-il mieux s'exercer à parler sans témoins, que de ne pas le faire du tout. Il y a encore une autre manière de s'exercer à l'improvisation, qui peut se pratiquer en tout temps et en tout lieu, quand on a l'esprit libre : c'est de choisir un sujet de plaidoyer, et de le développer mentalement dans toute son étendue. Cette mé-

---

statim posse contingere ; sed, sicut in cogitatione præcipimus, ita facilitatem extemporalem a parvis initiis paulatim perducemus ad summam ; quæ neque perfici, neque contineri, nisi usu, potest. Cæterum pervenire eo debet, ut cogitatio non utique melior sit ea, sed tutior ; quum hanc felicitatem non prosa modo multi sint consecuti, sed etiam carmine, ut Antipater Sidonius, et Licinius Archias : credendum enim Ciceroni est ; non quia nostris quoque temporibus non et fecerint quidam hoc, et faciant ; quod tamen non ipsum tam probabile puto (neque enim habet aut usum res, aut necessitatem), quam exhortandis in hanc spem, qui foro præparantur, utile exemplum. Neque vero tantam esse unquam fiduciam facilitatis velim, ut non breve saltem tempus, quod nusquam fere deerit, ad ea, quæ dicturi simus, dispicienda sumamus ; quod quidem in judiciis ad foro datur semper : neque enim quisquam est, qui causam, quam non didicerit, agat. Declamatores quosdam perversa ducit ambitio, ut exposita controversia protinus dicere velint ; quin etiam, quod est inprimis frivolum ac scenicum, verbum petant, quo incipiant : sed tam contumeliosos in se ridet invicem eloquentia ; et qui stultis videri eruditi volunt, stulti eruditis judicantur. Si qua tamen fortuna tam subitam fecerit agendi necessitatem, mobiliore quodam opus erit ingenio, et vis omnis intendenda rebus, et in præsentia remittendum aliquid ex cura verborum, si consequi utrumque non dabitur : tum et tardior pronunciatio moras habet, et suspensa ac velut dubitans oratio ; ut tamen deliberare, non hæsitare, videamur. Hoc, dum egredimur e portu, si nos nondum aptatis satis armamentis aget ventus ; deinde paulatim simul euntes aptabimus vela, et disponemus rudentes, et impleri sinus optabimus : id potius, quam se inani verborum torrenti dare, quasi tempestatibus, quo volent, auferendum. Sed non minore studio continetur hæc facultas, quam paratur : ars enim semel percepta non labitur : stilus quoque intermissione paululum admodum de celeritate deperdit : promptum hoc, et in expedito positum, exercitatione sola continetur. Hac uti sic optimum est, ut quotidie dicamus audientibus pluribus, maxime de quorum simus judicio atque opinione solliciti ; rarum est enim, ut satis se quisque vereatur : vel soli tamen dicamus potius, quam omnino non dicamus. Est illa exercitatio cogitandi, totasque materias vel silentio (dum tamen quasi dicat intra se ipsum) persequendi, quæ nullo non et tempore et loco, quando non aliud agimus, explicari potest ; et est in parte utilior, quam hæc proxima : diligentius enim componitur, quam illa, in qua contextum dicendi intermittere veremur : rursus in alia plus prior confert, vocis firmitatem, oris facilitatem, motum corporis, qui et ipse, ut dixi, excitat oratorem, et jactatione ma-

thode est en partie plus utile, en ce que la composition est plus soignée que lorsqu'on ne songe qu'à ne pas interrompre le fil du discours ; mais, d'un autre côté, la première a l'avantage de fortifier la voix, de faciliter la prononciation, et d'imprimer au corps un mouvement qui, comme je l'ai dit, tient l'orateur en haleine, et l'échauffe par l'agitation des bras et le frappement du pied : c'est ainsi, dit-on, que le lion s'anime en se battant les flancs avec sa queue.

Enfin, il faut étudier en tout temps et en tout lieu ; car il est rare qu'il se rencontre un jour où l'on soit tellement occupé, qu'on ne puisse lui dérober quelques instants, comme faisait Brutus, au rapport de Cicéron, pour lire, écrire, ou parler. C. Carbon avait coutume, même dans sa tente, de s'exercer ainsi à parler. Je ne dois pas même omettre une recommandation qu'approuve Cicéron : c'est de n'avoir jamais un langage négligé, et, même dans la conversation, de donner à tout ce qu'on dit le degré de perfection qu'il comporte. Mais il ne faut jamais tant écrire que lorsqu'on est souvent exposé à parler sur-le-champ. C'est en effet le moyen de donner du poids à ses paroles, et de forcer cette éloquence légère à enfoncer plus avant, au lieu de surnager. Ainsi les vignerons coupent les racines supérieures de la vigne, de peur que le cep ne s'attache à la surface du sol, et pour que les racines inférieures soient à la fois plus profondes et plus fortes. Je ne sais même si ces deux exercices pratiqués avec soin ne se prêtent pas un mutuel secours, en sorte qu'à force d'écrire on parle mieux, et qu'à force de parler on écrit plus facilement. Écrivons donc toutes les fois que nous le pourrons ; et, si nous ne le pouvons pas, méditons. Si enfin ni l'un ni l'autre n'est en notre pouvoir, il faut du moins faire en sorte que l'orateur ne paraisse pas pris au dépourvu, ni le client abandonné. Or, ce que font d'ordinaire ceux qui sont chargés de beaucoup d'affaires, c'est de n'écrire que les choses les plus essentielles, et particulièrement les commencements de chaque point ; pour le reste, ils se contentent de la méditation ; et quant aux choses qu'ils n'ont pas pu prévoir, ils les abandonnent au hasard. C'est ainsi qu'en usait Cicéron, à en juger par ses commentaires. Mais il en existe d'autres qui ont peut-être été trouvés et publiés tels que les auteurs les avaient composés pour être prononcés ; et de ce nombre sont ceux de Servius Sulpicius, dont nous avons aussi trois oraisons. Ceux-là, en effet, sont si achevés, qu'ils me semblent avoir été écrits en vue de la postérité. A l'égard de Cicéron, il les avait composés seulement pour son usage ; et c'est à Tiron, son affranchi, qui les a recueillis, que nous en devons la publication. En disant que Cicéron ne les avait écrits que pour son usage particulier, je n'en parle pas ainsi par manière d'excuse, comme si j'en faisais peu de cas : c'est plutôt afin qu'on les trouve encore plus admirables. En fait de précautions de ce genre, on peut, et j'approuve entièrement ce moyen, consigner de petites notes sur des tablettes, et même tenir ces tablettes à la main, pour y jeter les yeux de temps en temps. Mais je ne puis approuver ce que recommande Lénas, de réduire ce qu'on a composé en sommaires, c'est-à-dire en notes distribuées par articles ; car la sécurité qu'inspire ce travail fait qu'on se pénètre moins de son sujet, et les lacunes de la mémoire passent dans le discours et le défigurent. Je ne crois pas qu'il soit bon d'écrire ce qu'on veut dire de mémoire ; car il arrive alors que la pensée se reporte vers ce qu'on a écrit, au lieu de se replier sur elle-même, et

---

nus, pedis supplosione, sicut cauda leones facere dicuntur, hortatur. Studendum vero semper, et ubique : neque enim fere tam est ullus dies occupatus, ut nihil lucrativæ, ut Cicero Brutum facere tradit, operæ ad scribendum, aut legendum, aut dicendum rapi aliquo momento temporis possit : siquidem C. Carbo etiam in tabernaculo solebat hac uti exercitatione dicendi. Ne id quidem tacendum, quod eidem Ciceroni placet, nullum nostrum usquam negligentem esse sermonem : quidquid loquemur ubicumque, sit pro sua scilicet portione perfectum : scribendum certe nunquam est magis, quam quum multa dicemus ex tempore : ita enim servabitur pondus, et innatans illa verborum facilitas in altum reducetur, sicut rustici proximas vitis radices amputant, quæ illam in summum solum ducant, ut inferiores penitus descendendo firmentur. Ac nescio an utrumque, quum cura et studio fecerimus, invicem prosit, ut scribendo dicamus diligentius, dicendo scribamus facilius. Scribendum ergo, quoties licebit ; si id non dabitur, cogitandum ; ab utroque exclusi, debent tamen anniti, ut neque deprehensus orator, neque litigator destitutus esse videatur. Plerumque autem multa agentibus accidit, ut maxime necessaria, et utique initia scribant, cætera, quæ domo afferunt, cogitatione complectantur, subitis ex tempore occurrant : quod fecisse M. Tullium commentariis ipsius apparet : sed feruntur aliorum quoque, et inventi forte, ut eos dicturus quisque composuerat, et in libros digesti ; ut causarum quæ sunt actæ a Ser. Sulpicio, cujus tres orationes exstant ; sed ii, de quibus loquor, commentarii ita sunt exacti, ut ab ipso mihi in memoriam posteritatis videantur esse compositi. Nam Ciceronis ad præsens modo tempus aptatos libertus Tiro contraxit ; quos non ideo excuso, quia non probem, sed ut sint magis admirabiles. In hoc genere prorsus recipio hanc brevem annotationem, libellosque, qui vel manu teneantur, et ad quos interim respicere fas sit. Illud, quod Lænas præcipit, displicet mihi, quæ scripserimus, in summas, sive commentarios et capita, conferre ; facit enim discendi negligentiam hæc ipsa fiducia, et lacerat ac deformat orationem : ego autem ne scribendum quidem puto, quod simus memoria persecuturi : nam id quoque accidit, ut revocet nos cogitatio ad illa elaborata, nec sinat præsentem fortunam experiri. Sic anceps inter utrumque

qu'elle perd son audace et son élan. Ainsi l'orateur, d'un côté n'ayant pas son écrit sous les yeux, et de l'autre ne faisant pas d'efforts pour y suppléer, demeure dans la plus fâcheuse perplexité. Mais j'ai destiné dans le livre suivant un chapitre à la mémoire; je n'y passe pas immédiatement, parce que j'ai quelque chose à dire auparavant.

LIVRE XI.

ARGUMENT.

Ch. I. Préface. Des convenances oratoires — II. de la mémoire. — III. De la prononciation.

Ch. I. Après avoir acquis, comme je l'ai enseigné dans le livre qui précède, la faculté d'écrire, de méditer, et d'improviser même, lorsque l'occasion le demande, le premier soin est d'apprendre à *parler avec convenance*. Cicéron démontre que cette qualité est la quatrième de l'élocution; et, selon moi, c'est la plus nécessaire; car les ornements de l'oraison étant variés et multiples, et convenant les uns à un genre, les autres à un autre, il est évident que, s'ils ne sont pas appropriés aux personnes et aux choses, non-seulement ils n'embelliront pas l'oraison, mais ils contribueront même à en détruire l'effet, et l'énerveront au lieu de lui donner de la force. A quoi sert que les mots soient corrects, expressifs, brillants, figurés même et nombreux, s'ils ne sont pas en harmonie avec les choses que nous voulons persuader au juge? si, par exemple, notre style est sublime dans les petites causes, humble et mince dans les grandes; si nous donnons à la tristesse l'accent de la joie; si nous substituons la douceur à la rudesse, la menace à la prière, la modération à l'emportement, la violence farouche à la politesse? C'est ainsi que des robes traînantes, des colliers, des perles, rehaussent la beauté des femmes, et enlaidissent les hommes; et que l'habit triomphal, qui est ce qu'on peut imaginer de plus auguste, enlaidirait les femmes.

Cicéron touche légèrement ce point dans le troisième livre de son traité *de Oratore,* quoiqu'il semble n'avoir rien omis en disant que *le même genre de style ne convient ni à toute sorte de causes, ni à toute sorte d'auditeurs, ni à toutes les personnes, ni à tous les temps;* et, dans son livre intitulé *Orator,* il exprime la même pensée, presque en aussi peu de mots. C'est que, dans le premier traité, L. Crassus, s'adressant à des personnages aussi instruits qu'éloquents, ne croit pas devoir appuyer sur ce qu'ils savent aussi bien que lui; et que, dans le second, Cicéron parlant à Brutus témoigne que, sur ce point, il ne peut rien dire que celui-ci ne connaisse, et qu'en conséquence il ne fera qu'effleurer la matière, quoiqu'elle soit vaste, et qu'elle ait été traitée fort au long par les philosophes. Pour moi, qui fais profession d'enseigner, et qui m'adresse non-seulement à ceux qui savent, mais encore à ceux qui apprennent, on me permettra de n'être pas aussi succinct.

Appliquons-nous donc à bien connaître, avant tout, ce qu'il faut faire pour *plaire* au juge,

animus æstuat, quum et scripta perdidit, et non quærit nova. Sed de memoria destinatus est libro proximo locus, nec huic parti subjungendus, quia sunt alia prius nobis dicenda.

LIBER UNDECIMUS.

ARGUMENTUM.

Cap. I. Præfatio, et de apte dicendo. — II. De memoria. — III De pronunciatione.

Cap. I. Parata, sicut superiore libro continetur, facultate scribendi, cogitandique, et ex tempore etiam, quum res poscit, orandi, proxima est cura, ut *dicamus apte;* quam virtutem quartam elocutionis Cicero demonstrat, quæque est, meo quidem judicio, maxime necessaria : nam quum sit ornatus orationis varius et multiplex, conveniatque aliis alii, nisi fuerit accommodatus rebus atque personis, non modo non illustrabit eam, sed etiam destruet, et vim rerum in contrarium vertet : quid enim prodest, esse verba et latina, et significantia, et nitida, figuris etiam numerisque elaborata, nisi cum iis, in quæ judicem duci formarique volumus, consentiant? si genus sublime dicendi parvis in causis, parvum limatumque grandibus, lætum tristibus, lene asperis, minax supplicibus, summissum concitatis, trux atque violentum adhibeamus? ut monilibus, et margaritis, ac veste longa, quæ sunt ornamenta feminarum, deformentur viri; nec habitus triumphalis, quo nihil excogitari potest augustius, feminas deceat. Hunc locum Cicero breviter in tertio de Oratore libro perstringit; neque tamen videri potest quidquam omisisse, dicendo, *non omni causæ, neque auditori, neque personæ, neque tempori congruere orationis unum genus :* nec fere pluribus in Oratore eadem : sed illic L. Crassus, quum apud summos oratores, hominesque eruditissimos dicat, satis habet, partem hanc velut notare inter agnoscentes; et hic Cicero alloquens Brutum testatur esse hæc ei nota; ideoque brevius a se dici, quam sit fusus locus, tracteturque a philosophis latius. Nos institutionem professi, non solum scientibus ista, sed etiam discentibus tradimus; ideoque paulo pluribus verbis debet haberi venia. Quare notum sit ante omnia, quid *conciliando, docendo, movendo* judici conveniat; quid quaque parte orationis petamus : ita neque vetera, aut translata, aut ficta verba in *incipiendo, narrando, argumentando* tractabimus, neque decurrentes contextu nitore circuitus, ubi dividenda erit causa, et in partes suas digerenda, neque humile atque quotidianum sermonis genus, et compositione ipsa dissolutum, epilogis dabimus, nec jocis lacrimas, ubi opus erit miseratione, siccabimus. Nam ornatus omnis non tam sua, quam rei, cui adhibetur,

pour *l'instruire*, pour *l'émouvoir*, et ce que nous nous proposons dans chaque partie de l'oraison. Avec cette précaution, nous ne serons pas exposés à employer dans l'exorde, dans la narration, dans l'argumentation, des mots surannés, ou métaphoriques, ou trop nouveaux ; ni à arrondir d'élégantes périodes dans la division et dans la partition ; nous saurons que la péroraison n'admet ni un langage bas et familier, ni une composition relâchée ; et nous nous garderons bien, quand il s'agira d'attendrir le juge, de sécher ses larmes par des plaisanteries. Car les ornements sont tels, moins par eux-mêmes que par l'application qu'on en fait ; et il n'importe pas plus que ce qu'on dit soit bien dit, qu'il n'importe que ce qu'on dit soit à sa place. Mais l'art de *parler avec convenance* ne tient pas moins à l'*invention* qu'à l'*élocution*; car si les mots ont tant d'importance, combien plus les choses ? Or, ce qu'il faut observer à l'égard des choses, je n'ai pas manqué de l'expliquer en son lieu.

Ce que je ne saurais enseigner avec trop de soin, c'est que celui-là seul parle avec convenance, qui consulte non-seulement l'*utilité*, mais encore le *devoir*. Je n'ignore pas que ces deux motifs sont le plus souvent confondus ; car il est rare que ce qui est conforme au devoir ne soit pas utile, et rien ne contribue plus à nous concilier ou à nous aliéner le juge, que l'opinion bonne ou mauvaise qu'il a de notre vertu. Quelquefois cependant ces deux principes sont incompatibles ; mais alors il faut préférer le devoir à l'intérêt. Qui ne sait, par exemple, que Socrate avait tout à espérer de ses juges, s'il eût voulu recourir à la défense ordinaire de tous les accusés, et se concilier le tribunal par un plaidoyer humble et soumis ; si, enfin, il eût pris la peine de se débattre ? Mais ce genre de défense était indigne de lui, et il plaida sa cause en homme qui se jugeait passible des plus grands honneurs ; il aima mieux, ce sage par excellence, perdre ce qui lui restait à vivre, pour conserver ce qu'il avait vécu. Voyant qu'il n'avait rien à attendre du jugement de ses contemporains, il s'en remit à celui de la postérité, et, au prix de quelques jours d'une vieillesse déjà avancée, il acheta une vie immortelle. Aussi, quoique Lysias, qui passait alors pour le plus habile orateur, lui eût apporté une défense écrite, il ne voulut pas s'en servir, non qu'il ne la trouvât bonne, mais parce qu'elle lui parut peu conforme à son caractère : ce qui prouve, pour m'en tenir à ce seul exemple, que la fin de l'orateur est de bien dire, et non de persuader, puisqu'il est quelquefois honteux de persuader. Cette conduite nuisit à l'accusé ; mais, ce qui est plus important, elle fut utile à l'homme. Aussi est-ce pour me conformer aux habitudes du langage plutôt qu'à l'exacte vérité, que, par une sorte de division, je distingue l'utilité du devoir, à moins qu'on ne trouve que le premier des Scipions entendit mal ses intérêts quand il se résigna à s'expatrier, plutôt que de contester de son innocence avec un obscur tribun du peuple ; ou que P. Rutilius ne savait pas ce qui lui était le plus expédient, soit lorsqu'il se défendit presque à la manière de Socrate, soit quand il aima mieux rester en exil que de déférer à l'invitation de Sylla qui le rappelait. C'est que, aux yeux de ces grands hommes, ce que les âmes abjectes regardent comme utile n'est digne que de mépris, si on le compare avec la vertu : aussi sont-ils devenus l'éternel objet de l'admiration des siècles. Sachons, à leur exemple, porter plus haut nos pensées, et ne traitons pas d'inutile ce que nous estimons louable. Au reste, cette distinction, quelle qu'elle soit, a très-rarement lieu ; et, comme je l'ai dit, dans presque toute espèce de

---

cônditione constat ; nec plus refert, quid dicas, quam quo loco : sed totum hoc, *apte dicere*, non *elocutionis* tantum genere constat, sed est cum *inventione* commune : nam si tantum habent etiam verba momentum, quanto res ipsæ majus ? quarum quæ esset observatio, suis locis subinde subjecimus. Illud est diligentius docendum, eum demum dicere apte, qui, non solum *quid expediat*, sed etiam *quid deceat*, inspexerit ; nec me fugit plerumque hæc esse conjuncta ; nam quod decet, fere prodest ; neque alio magis animi judicum conciliari, aut, si res in contrarium tulit, alienari solent. Aliquando tamen et hæc dissentiunt : quoties autem pugnabunt, ipsam utilitatem vincet quod decet : nam quis nescit, nihil magis profuturum ad absolutionem Socrati fuisse, quam si esset usus illo judiciali genere defensionis, et oratione summissa conciliasset judicum animos sibi, crimenque ipsum sollicite redarguisset ? Verum id cum minime decebat ; ideoque sic egit, ut qui pœnam suam honoribus summis esset æstimaturus : maluit enim vir sapientissimus, quod superesset ex vita, sibi perire, quam quod præterisset ; et quando ab hominibus sui temporis parum intelligebatur, posterorum se judiciis reservavit, brevi detrimento jam ultimæ senectutis ævum seculorum omnium consecutus. Itaque quamvis Lysias, qui tum in dicendo præstantissimus habebatur, defensionem illi scriptam obtulisset, uti ea noluit, quum bonam quidem, sed parum sibi convenientem, judicasset. Quo vel solo patet, non persuadendi, sed bene dicendi finem in oratore servandum, quum interim persuadere deforme sit : non fuit hoc utile absolutioni ; sed, quod est majus, homini fuit. Et nos secundum communem potius loquendi consuetudinem, quam ipsam veritatis regulam, divisione hac utimur, ut ab eo, quod deceat, utilitatem separemus : nisi forte prior ille Africanus, qui patria cedere, quam cum tribuno plebis humillimo contendere de innocentia sua maluit, inutiliter sibi videtur consuluisse ; aut P. Rutilius, vel quum illo pæne Socratico genere defensionis est usus, vel quum, revocante eum P. Sulla, manere in exsilio maluit, quid sibi maxime conduceret, nesciebat. Hi vero parva illa, quæ abjectissimus quisque animus utilia credit, si cum virtute conferantur, despicienda judicaverunt ;

26.

cause, l'intérêt et le devoir sont inséparables.

Or, il est des choses que tout le monde peut honnêtement faire et dire en tout temps et partout, comme il en est que personne ne peut faire et dire sans honte, en aucun lieu ni en aucun temps ; mais il en est d'autres, et en très-grand nombre, qui, moins importantes, tiennent le milieu, pour ainsi dire, entre le bien et le mal, et dont la nature est telle, que les uns peuvent se les permettre, et que les autres ne le peuvent pas; ou que, selon la personne, le temps, le lieu, le motif, on doit plus ou moins excuser, plus ou moins blâmer. Et comme, en plaidant, nous parlons ou pour autrui ou pour nous-mêmes, il faut avoir égard à cette distinction, pourvu que nous sachions que, dans l'un et l'autre cas, il est une infinité de choses que la bienséance nous interdit.

Et d'abord il ne sied jamais à personne de se glorifier, mais un orateur surtout a mauvaise grâce à vanter son éloquence. Le dégoût, et très-souvent l'aversion, sont le prix de cette jactance; car nous avons naturellement une certaine fierté, qui nous rend impatients de toute supériorité : aussi élevons-nous volontiers les petits ou ceux qui se font tels, parce qu'en les élevant nous avons l'air d'être plus grands qu'eux, et que, dès qu'on ne sent plus la présence d'un rival, le cœur s'ouvre à la bienveillance. Ceux, au contraire, qui s'élèvent outre mesure, semblent vouloir nous rabaisser avec mépris, et moins songer à se faire grands qu'à nous faire petits. De là l'envie dans les inférieurs, car l'envie est le vice ordinaire de ceux qui ne veulent rien céder, quoique incapables de rien disputer; les hommes supérieurs rient de cette jactance, et les bons la désapprouvent. Ajoutez à cela que la plupart du temps la vanité est dupe d'elle-même ; mais, eût-on même un véritable mérite, la conscience de ce mérite ne doit-elle pas suffire ? Cicéron n'a pas été peu blâmé sur ce point, quoique, dans ses oraisons, il ait plutôt vanté ses actions que son éloquence ; et il faut convenir qu'à l'égard de ses actions, il a eu quelque raison de le faire, soit pour défendre ceux qui l'avaient aidé à étouffer la conjuration de Catilina, soit pour se défendre lui-même contre l'envie, dont pourtant il ne put triompher, puisqu'on l'envoya en exil pour le punir d'avoir sauvé la patrie : de sorte qu'on peut croire qu'en parlant si souvent de son consulat, il cédait moins à un sentiment de vanité qu'au besoin de se défendre. Quant à l'éloquence, en même temps qu'il rendait sous ce rapport pleine justice à ses adversaires, jamais, en plaidant, il ne parla de la sienne avec trop de jactance : témoin ce passage : « *S'il y a en moi quelque talent, et je sens combien j'en ai peu...* » et cet autre : « *Plus j'ai senti mon insuffisance, plus j'ai cherché à y suppléer par mon application.* » Bien plus, quand il disputa à Q. Cécilius l'accusation de Verrès, quoiqu'il fût important de faire voir qui des deux était le plus capable de porter la parole contre ce préteur, il s'attacha plutôt à déprécier l'éloquence de Cécilius qu'à exalter la sienne, disant « *qu'à la vérité, il n'avait pas non plus les qualités requises, mais qu'il avait tout fait pour les acquérir.* » Ce n'est donc que dans ses lettres, et dans les épanchements de l'amitié, qu'il dit librement ce qu'il pense de son éloquence, quelquefois dans ses dialogues, et là même encore,

---

ideoque perpetua seculorum admiratione celebrantur : neque nos simus tam humiles, ut quæ laudamus, inutilia credamus : sed hoc qualecunque discrimen raro admodum evenit : cæterum idem fere, ut dixi, in omni genere causarum et prodcrit et decebit : est autem, quod omnes et semper et ubique deceat, *facere ac dicere honeste;* contraque neminem unquam ullo in loco, *turpiter.* Minora vero, quæque sunt ex mediis, plerumque sunt talia, ut aliis sint contemnenda, aliis non sint, aut *pro persona, tempore, loco, causa* magis ac minus vel excusata debeant videri, vel reprehendenda. Quum dicamus autem de rebus antalienis, aut nostris, dividenda ratio est eorum, dum sciamus pleraque neutro loco convenire: inprimis igitur omnis sui vitiosa jactatio est, eloquentiæ tamen in oratore præcipue; affertque audientibus non fastidium modo, sed plerumque etiam odium. Habet enim mens nostra natura sublime quiddam et erectum, et impatiens superioris; ideoque abjectos, aut summittentes se, libenter allevamus, quia hoc facere tamquam majores videmur, et, quoties discessit æmulatio, succedit humanitas : at qui se supra modum extollit, premere ac despicere creditur, nec tam se majorem, quam minores cæteros facere. Inde invident humiliores (nam hoc vitium est eorum, qui nec cedere volunt, nec possunt contendere), rident superiores, improbant boni : **plerumque vero deprehendas arrogantium falsam** de se opinionem; sed in veris quoque sufficit conscientia. Reprehensus est in hac parte non mediocriter Cicero, quamquam is quidem rerum a se gestarum major quam eloquentiæ fuit in orationibus utique jactator : et plerumque illud quoque non sine aliqua ratione fecit; aut enim tuebatur eos, quibus erat adjutoribus usus in opprimenda conjuratione, aut respondebat invidiæ; cui tamen non fuit par, servatæ patriæ pœnam passus exilium : ut illorum, quæ egerat in consulatu, frequens commemoratio possit videri non gloriæ magis, quam defensioni, data. Eloquentiam quidem quum plenissimam diversæ partis advocatis concederet, sibi nunquam in agendo immodice arrogavit : illius sunt enim , *Si judices, ingenii mei , quod sentio quam sit exiguum :* et, *Quo ingenio minus possum, subsidium mihi diligentia comparavi.* Quin etiam contra Q. Cæcilium de accusatore in Verrem constituendo, quamvis multum esset in hoc quoque momenti, uter ad agendum magis idoneus veniret, dicendi facultatem magis illi detraxit, quam arrogavit sibi : *seque non consecutum, sed omnia fecisse, ut posset eam consequi,* dixit. In epistolis aliquando familiariter apud amicos, nonnunquam in dialogis, aliena tamen persona, verum de eloquentia sua dicit : et aperte tamen gloriari, nescio an sit magis tolerabile vel ipsa vitii hujus simplicitate, quam illa in jactatione perversa, si abundans opibus pauperem se, nobilis

sous le nom d'un autre. Je ne sais, au reste, si cette jactance n'est pas plus supportable dans sa naïveté, que la modestie hypocrite de ces gens qui se disent pauvres, quand ils regorgent de biens ; obscurs, avec un rang illustre ; sans crédit, quand on sait qu'ils peuvent tout ; tout à fait novices, avec une grande réputation de savoir et d'éloquence : car c'est un jeu de la vanité et des plus ambitieux, que de se rapetisser ainsi.

Laissons donc aux autres le soin de nous louer ; car, pour nous, comme dit Démosthène, nous devons rougir, même lorsque ce sont les autres qui nous louent. Ce n'est pas qu'un orateur ne puisse quelquefois parler de ce qu'il a fait, comme il est arrivé à Démosthène, plaidant pour Ctésiphon ; encore sut-il y mettre tant de délicatesse, qu'il parut céder à la nécessité, et qu'il en fit retomber tout l'odieux sur Eschine. Cicéron parle souvent aussi de ses succès contre la conjuration de Catilina ; mais c'est pour les attribuer, tantôt à la fermeté du sénat, tantôt à la providence des dieux. Il est vrai qu'en répondant à ses ennemis et à ses détracteurs, il ne se montre pas toujours aussi modeste ; mais c'est qu'alors il avait à justifier les actes qu'on lui reprochait. Il serait à souhaiter qu'il se fût tenu plus en garde contre la vanité, et qu'il n'eût pas donné prise à la malignité par ces vers :

Cedant arma togæ, concedat laurea linguæ...
O fortunam natam me consule Romam!

et par cette fiction de *Jupiter qui lui ouvre l'Olympe*, et cette autre de *Minerve qui lui enseigna elle-même les arts*. C'est une petite satisfaction d'amour-propre qu'il crut pouvoir se permettre, à l'exemple de quelques Grecs. Mais s'il sied mal à un orateur de se targuer de son éloquence, il lui est permis quelquefois de témoigner une noble confiance en lui-même. Qui blâmerait, par exemple, ce passage des Philippiques : « *Que croirai-je ? que je suis méprisé ? Mais je ne vois ni dans ma vie, ni dans la considération dont je jouis, ni dans ce que j'ai fait, ni dans la médiocrité de mon esprit, rien qui puisse m'attirer le mépris d'Antoine ;* » et ce que le même orateur dit peu après et même plus ouvertement : « *A-t-il eu la prétention de lutter d'éloquence avec moi ? Certes, je l'en remercie ; car quelle matière plus abondante et quel plus beau champ pouvais-je souhaiter, que d'avoir à parler et pour moi-même et contre Antoine ?* » Il y a aussi de l'arrogance à avancer qu'on s'est porté juge de sa cause, qu'elle est bonne, et qu'autrement on ne s'en serait pas chargé. Les juges écoutent avec défaveur un avocat qui empiète ainsi sur leur ministère ; et nul orateur ne doit se flatter de trouver dans ses adversaires le respect religieux des disciples de Pythagore, que ce seul mot réduisait au silence : « *Le maître l'a dit.* » Au reste, ce défaut est plus ou moins choquant, suivant le caractère des personnes qui parlent ; car on le pardonne quelquefois à l'âge, à la dignité, à l'autorité. Mais en qui ces considérations peuvent-elles jamais être d'un assez grand poids pour que ce ton affirmatif puisse se passer d'adoucissement ? Il en est de même de toutes les circonstances où l'orateur tire ses preuves de sa propre personne. Aurait-on été fondé à taxer Cicéron d'orgueil, s'il eût objecté que la qualité de fils de chevalier romain ne pouvait être la matière d'un grief sérieux dans une cause où il défendait celui à qui on reprochait cette qualité ? Non, sans doute, et pourtant Cicéron aima mieux tirer de là l'occasion de se rendre agréable

---

obscurum, et potens infirmum, et disertus imperitum plane et infantem vocet : ambitiosum gloriandi genus est, etiam deridere. Ab aliis ergo laudemur : nam ipsos, ut Demosthenes ait, *erubescere, etiam quum ab aliis laudabimur, decet* : neque hoc dico, non aliquando de rebus a se gestis oratori esse dicendum, sicut eidem Demostheni pro Ctesiphonte : quod tamen ita emendavit, ut necessitatem id faciendi ostenderet, invidiamque omnem in eum regereret, qui hoc se coegisset. Et M. Tullius sæpe dicit de oppressa conjuratione Catilinæ ; sed modo id virtuti senatus, modo providentiæ deorum immortalium assignat ; plerumque contra inimicos atque obtrectatores plus vindicat sibi ; erant enim tuenda, quum objicerentur. In carminibus utinam pepercisset, quæ non desierunt carpere maligni,

Cedant arma togæ, concedat laurea linguæ...
Et,
O fortunam natam me consule Romam.
Et, *Jovem illum, a quo in concilium deorum advocatur* : et, *Minervam, quæ artes eum docuit* : quæ sibi ille, secutus quædam Græcorum exempla, permiserat. Verum eloquentiæ ut indecora jactatio, ita nonnunquam concedenda fiducia est : nam quis reprehendat hæc ? *Quid putem ? contemptumne me ? Non video nec in vita, nec in gratia, nec in rebus gestis, nec in hac mea mediocritate ingenii, quid despicere possit Antonius*. Et paulo post apertius : *An decertare mecum voluit contentione dicendi ? hoc quidem beneficium est. Quid enim plenius, quid uberius, quam mihi, et pro me, et contra Antonium dicere ?* Arrogantes et illi, qui se judicasse de causa, nec aliter affuturos fuisse proponunt : nam et inviti judices audiunt præsumentem partes suas ; nec hoc oratori contingere inter adversarios, quod Pythagoræ inter discipulos, potest, *Ipse dixit* : sed istud magis minusve vitiosum est pro personis dicentium : defenditur enim in aliqua tenus *ætate, dignitate, auctoritate*, quæ tamen vix in ullo tanta fuerint, ut non hoc affirmationis genus temperandum sit aliqua moderatione, sicut omnia, in quibus patronus argumentum ex se ipso petet : fuisset tumidius, si accipiendum criminis loco negasset Cicero, equitis romani esse filium, se defendente ? At ille fecit hoc etiam favorabile, conjungendo cum judicibus dignitatem suam : *Equitis autem romani esse filium, criminis loco poni ab accusatoribus neque vobis judicantibus oportuit.*

aux juges : *En vérité, les accusateurs n'auraient pas dû chercher le sujet d'un reproche dans la qualité de fils de chevalier romain, nous ayant, vous, pour juges, et moi, pour adversaire.*

Il ne sied à personne de prendre en plaidant un ton hautain, tumultueux, emporté; mais cela est encore plus répréhensible chez ceux que l'âge, la dignité, l'expérience, doivent rendre plus circonspects. Il est cependant des gens d'une humeur tellement querelleuse, que rien ne peut les retenir, ni le respect qu'on doit aux juges, ni les usages et les bienséances du barreau ; et ces avocats sans tenue ne font que trop voir par là qu'ils ne prennent rien en considération, soit en se chargeant d'une cause, soit en la plaidant. Car d'ordinaire notre langage trahit nos mœurs, et découvre le fond de notre âme ; et rien n'est plus sensé que cette maxime des Grecs : *Chacun parle comme il vit.* Voici des défauts encore plus avilissants, l'adulation basse, la bouffonnerie affectée, le mépris de toute pudeur et de toute modestie dans les mots et les pensées, l'oubli de sa propre dignité en toutes choses : défauts où tombent d'ordinaire ceux qui s'étudient trop à flatter ou à faire rire.

Le même genre d'éloquence ne sied pas non plus à tout le monde. Une élocution riche, fière, hardie, soigneusement parée, convient moins à un vieillard qu'une élocution serrée, douce, précise, et conforme à celle dont Cicéron a voulu donner l'idée, en disant que son éloquence commençait à *blanchir.* C'est ainsi que des vêtements où brillent la pourpre et l'écarlate ne sont plus de mise à cet âge. Un peu de surabondance et de témérité ne déplaît pas dans les jeunes gens; et, au contraire, une élocution sèche, circonspecte, châtiée, accuse une affectation de sévérité, qui est d'ordinaire mal accueillie, puisque le sérieux des personnes avancées en âge est même regardé comme une chose qui n'est pas de saison dans la jeunesse. Une éloquence simple est celle qui convient aux hommes de guerre. Quant à ces gens, comme on en voit quelques-uns, qui font profession de philosophie, il leur siérait mal de rechercher la plupart des ornements oratoires, et particulièrement ceux qui ont leur principe dans ces mouvements de l'âme, qui, à leurs yeux, sont autant de vices. Leur sublime ministère exclut de même l'élégance du style et l'harmonie de la composition. Ainsi, n'attendez d'eux ni ces traits d'une éloquence gracieuse et fleurie, comme celui-ci, qu'on trouve dans Cicéron : *Les rochers et les déserts répondent à la voix du poëte;* ni même des traits d'une éloquence plus mâle, comme cette apostrophe du même orateur : *Tombeaux et bois sacrés des Albains, et vous, autels aussi anciens et aussi sacrés que les autels de la patrie, vous que sa fureur a renversés, c'est vous que j'implore et que j'atteste.* Tout cela est indigne de leur barbe et de leur austérité. Mais l'homme d'État, le citoyen, qui, méprisant d'oiseuses disputes, se consacre à l'administration des affaires publiques, pour lesquelles ces prétendus philosophes ont une si dédaigneuse répugnance, le vrai sage enfin, n'hésitera pas à employer ce que veut la fin de l'éloquence, bien résolu toutefois à ne jamais rien persuader que d'honnête. Le prince a ses priviléges; il y a aussi un genre d'éloquence en quelque sorte à part pour les généraux et les triomphateurs. Ainsi Pompée était suffisamment disert dans le récit de ses exploits, et Caton d'Utique a été un sénateur éloquent. Souvent

---

neque defendentibus nobis. Impudens, tumultuosa, iracunda actio, omnibus indecora; sed ut quisque ætate, dignitate, usu præcedit, magis in ea reprehendendus : videas autem rixatores quosdam neque judicum reverentia, neque agendi more ac modo, contineri; quo ab ipso mentis habitu manifestum sit, tam in suscipiendis, quam in agendis causis nihil pensi habere. Profert enim mores plerumque oratio, et animi secreta detegit; nec sine causa Græci prodiderunt, *Ut vivat, quemque etiam dicere.* Humiliora illa vitia : summissa adulatio, affectata scurrilitas, in rebus ac verbis parum modestis ac pudicis vilis pudor, in omni negotio neglecta auctoritas; quæ fere accidunt iis, qui nimium aut blandi esse, aut ridiculi volunt. Ipsum etiam eloquentiæ genus alios aliud decet : nam neque tam plenum, et erectum, et audax, et præcultum senibus convenerit, quam pressum, et mite, et limatum, et quale intelligi vult Cicero, quum dicit, orationem suam cœpisse *canescere*; sicut vestibus quoque non purpura coccoque fulgentibus illa ætas satis apta sit. In juvenibus etiam uberiora paulo, et pæne periclitantia feruntur; at in iisdem siccum, et sollicitum, et contractum dicendi propositum, plerumque affectationem ipsa severitatis invisum est; quando etiam morum senilis auctoritas immatura adolescentibus creditur : simpliciora militares decent : philosophiam ex professo, ut quidam faciunt, ostentantibus, parum decori sunt plerique orationis ornatus, maximeque ex affectibus, quos illi vitia dicunt; verba quoque exquisitiora, et compositio numerosa tali proposito diversa; non enim sola illa lætiora, qualia a Cicerone dicuntur, *Saxa atque solitudines voci respondent;* sed etiam illa, quamquam plena sanguinis, *Vos enim jam, Albani tumuli atque luci, vos, inquam, imploro atque testor, vosque, Albanorum obrutæ aræ, sacrorum populi romani sociæ et æquales,* non conveniant barbæ illi atque tristitiæ. At vir civilis, vereque sapiens, qui se non otiosis disputationibus, sed administrationi reipublicæ dediderit, a qua longissime isti, qui philosophi vocantur, recesserunt, omnia, quæ ad efficiendum orationem, quod proposuerit, valent, libenter adhibebit; quum prius, quod honestum sit, efficere in animo suo constituerit. Est quod principes deceat, aliis non concesseris : imperatorum ac triumphalium separata est aliqua ex parte ratio eloquentiæ, sicut Pompeius, abunde disertus rerum suarum narrator; et hic, qui bello

le même langage aura une acception différente, suivant le caractère des personnes : dans l'une ce sera franchise; dans l'autre, folie ou orgueil. Les reproches que Thersite fait à Agamemnon ne sont que ridicules; mettez-les dans la bouche de Diomède, ou de quelqu'un de ses pareils, ce seront les accents d'une courageuse indépendance. *Tu veux que je voie en toi un consul*, dit L. Crassus à Philippe, *quand tu ne veux pas voir en moi un sénateur!* voilà le langage d'une noble franchise ; cependant il ne conviendrait pas à tout le monde. Un certain poëte a dit de César : *Peu m'importe, César, que tu sois blanc ou noir*; c'est de la démence : si César en eût dit autant du poëte, le mot n'eût été qu'arrogant.

C'est surtout dans la tragédie et la comédie qu'il importe d'observer la convenance, à cause du grand nombre et de la variété des personnages. La même fidélité était jadis un des devoirs de ceux qui composaient des plaidoyers que les accusés prononçaient eux-mêmes; elle n'est pas moins nécessaire à nos déclamateurs, qui ne parlent pas toujours comme avocats, mais le plus souvent comme parties. Et même, jusque dans les causes où nous ne sommes qu'avocats, nous devons observer soigneusement les lois de la convenance; car nous introduisons souvent des personnages que nous faisons parler, ou, plutôt, par la bouche de qui nous parlons, et nous devons par conséquent nous identifier à leur caractère comme à leur langage. En effet, nous ne ferons point parler P. Clodius comme Appius l'aveugle, ni un père de la comédie de Cécilius comme un père de la comédie de Térence. Quelle dureté dans cette réponse du licteur de Verrès : *Pour le voir, c'est tant!* Quelle force dans l'exclamation de cet infortuné qui, sous les coups de fouet, ne fait entendre que ces mots : *Je suis citoyen romain!* Voyez comme le même orateur, jusque dans la péroraison, prête à Milon un langage digne du citoyen généreux qui, pour l'amour de la république, a tant de fois réprimé l'audace d'un séditieux, et qui, par son courage, a triomphé de ses embûches! Enfin, non-seulement il y a autant de variété dans ces prosopopées que dans la cause même; mais il y en a d'autant plus que nous faisons agir et parler des enfants, des femmes, des peuples, et même des choses inanimées : or, tout cela réclame des convenances. Il en faut aussi à l'égard de ceux pour qui nous plaidons, et notre langage doit être différent, selon que notre client est un homme considéré ou obscur, décrié ou honoré, suivant aussi la différence des principes de conduite et des antécédents. Quant à l'orateur, rien ne le recommande plus que la bonté, la douceur, la modération, la bienveillance. Il peut aussi se rendre agréable par des moyens différents, mais également dignes d'un homme de bien, en témoignant de la haine pour les méchants, de la compassion pour les malheurs publics, du zèle pour la répression des crimes et des injustices; en un mot, par tout ce qui est honnête, comme je l'ai dit au commencement.

Il importe non-seulement de considérer *qui vous êtes* et *pour qui vous plaidez*, mais encore *devant qui*; car la fortune et le pouvoir exigent des distinctions : on ne doit pas parler de la même manière devant le prince ou un magistrat, devant un sénateur ou un simple particulier; et les jugements publics demandent un autre ton qu'une contestation devant arbitres. En effet, autant, dans une affaire capitale, il sied à un avocat de s'armer de sollicitude et de précaution, et de mettre en jeu, pour ainsi dire, toutes les ma-

---

civili se interfecit, Cato eloquens senator fuit. Idem dictum sæpe in alio liberum, in alio furiosum, in alio superbum est : verba adversus Agamemnonem a Thersite habita rideantur; da illa Diomedi, aliive cui pari, magnum animum ferre præ se videbuntur. *Ego te consulem putem,* inquit L. Crassus Philippo, *quum tu me non putes senatorem?* vox honestissimæ libertatis; non tamen ferres quemcunque dicentem. Negat se magni facere aliquis poetarum, *utrum Cæsar ater, an albus homo sit;* insania : verte, ut idem Cæsar de illo dixerit, arrogantia est. Major in personis observatio est apud tragicos comicosque : multis enim utuntur, et variis : eadem et eorum, qui orationes aliis scribebant, fuit ratio; et declamantium est : non enim semper ut advocati, sed plerumque ut litigatores dicimus. Verum etiam in his causis, quibus advocamur, eadem differentia diligenter est custodienda : utimur enim fictione personarum, et velut ore alieno loquimur; dandique sunt iis, quibus vocem accommodamus, sui mores : aliter enim P. Clodius, aliter Appius Cæcus, aliter Cæcilianus ille, aliter Terentianus pater fingitur. Quid asperius lictore Verris? *Ut adeas, tantum dabis.* Quid fortius illo, cujus inter ipsa verberum supplicia una vox audiebatur, *Civis romanus sum?* Quam dignæ Milonis in peroratione ipsa voces eo viro, qui pro republica seditiosum civem toties compescuisset, quique insidias virtute superasset? Denique non modo quot in causa, totidem in prosopopœia sunt varietates; sed hoc etiam plures, quod in his puerorum, feminarum, populorum, mutarum etiam rerum assimulamus affectus, quibus omnibus debetur suus decor. Eadem in iis, pro quibus agemus, observanda sunt : aliter enim pro alio sæpe dicendum est, ut quisque *honestus, humilis, invidiosus, favorabilis erit*, adjecta propositorum quoque et anteactæ vitæ differentia : jucundissima vero in oratore *humanitas, facilitas, moderatio, benevolentia:* sed illa quoque diversa bonum virum decent, malos odisse, publica vice commoveri, ultum ire scelera et injurias; et omnia, ut initio dixi, honesta. Nec tantum, *quis* et *pro quo*, sed etiam *apud quem* dicas, interest : facit enim res et fortuna discrimen et potestas; nec eadem apud principem, magistratum, senatorem, privatum, tantum liberum, ratio est; nec eodem sono publica judicia, et arbitrorum disceptationes aguntur. Nam ut oratorem pro capite sollicitudo deceat et cura, et omnes ad an-

chines que la rhétorique fournit pour l'amplification, autant cet appareil est vain dans des causes et devant des juges de peu d'importance; et l'on se moquerait avec raison d'un homme qui ayant à parler, assis, devant un arbitre, sur une affaire de rien, s'écrierait comme Cicéron : *Non-seulement je sens mon âme se troubler, mais je sens aussi tout mon corps frémir d'horreur.* Qui ne sait que la gravité du sénat demande un genre d'éloquence, et que la légèreté du peuple en demande un autre? Et cela ne doit pas étonner, puisque chaque juge en particulier réclame un langage différent, suivant que ce juge sera grave ou frivole, que ce sera un savant, un homme de guerre, ou un campagnard; puisqu'on est quelquefois forcé d'abaisser ou de réduire son langage, pour se mettre à la portée du juge, qui, sans cela, ne pourrait comprendre ou embrasser ce qu'on lui dit. Il faut également tenir compte du temps et du lieu. A l'égard du temps, il est tantôt propice, tantôt fâcheux; tantôt libre, tantôt limité; et l'orateur doit s'accommoder à tout cela. A l'égard du lieu, il importe beaucoup de considérer si c'est un lieu public ou privé, fréquenté ou solitaire, si c'est dans une ville étrangère ou dans la nôtre, dans un camp ou au barreau; et toutes ces différences veulent une forme et une mesure particulière d'éloquence. Il en est de cela comme des autres actions de la vie, qui ne se font pas indifféremment de la même manière au forum, au sénat, au champ de Mars, au théâtre, et chez soi; et il est une infinité de choses qui, quoique irrépréhensibles de leur nature, quelquefois même nécessaires, passent pour des choses honteuses ailleurs que là où l'usage les autorise.

J'ai déjà dit que les matières du genre démonstratif, où l'on ne se propose que de plaire, comportent beaucoup plus d'éclat et de parure que les matières délibératives et judiciaires, où tout est actif et contentieux. J'ajouterai qu'il est des causes dont la nature est telle, que certaines beautés oratoires du premier ordre y seraient déplacées. Qui pourrait supporter qu'un accusé en danger de perdre la vie, et ayant à se défendre devant son vainqueur et son prince, s'amusât à prodiguer les métaphores, les mots nouveaux ou surannés, les tournures recherchées, les périodes nombreuses, les pensées brillantes, et toutes les fleurs des lieux communs? L'accusé ne s'exposerait-il pas par là à perdre aux yeux de son juge cet air d'anxiété si nécessaire à l'homme qui est en péril, et à éloigner de lui cette faveur que l'innocence elle-même doit rechercher, celle de la pitié? Qui pourrait être touché du sort d'un homme qu'il verrait, dans une situation aussi critique, aveuglé par une vaine complaisance pour lui-même, faire un fastueux étalage de son éloquence? Ne serait-on pas plutôt indigné de le voir, lui accusé, courir après les mots, s'inquiéter de l'idée qu'on aura de son esprit, et trouver le temps de faire de belles phrases? C'est ce que M. Célius me paraît avoir admirablement fait entendre, et en peu de mots, dans le plaidoyer qu'il prononça pour lui-même, accusé de voies de fait : *De peur,* dit-il, *qu'aucun de vous, ni aucun de mes accusateurs, ne trouve quelque chose d'offensant dans l'air de mon visage, ou de violent dans mes paroles, ou, ce qui serait trop encore, de peu mesuré dans mes gestes, etc.* Il y a même certains plaidoyers qui consistent entière-

---

plificandam orationem quasi machinæ; ita in parvis rebus judicibusque vana sint eadem, rideaturque merito, qui apud disceptatorem de re levissima sedens dicturus, utatur illa Ciceronis confessione, *non modo se animo commoveri, sed etiam corpore ipso perhorrescere.* Quis vero nesciat, quanto aliud dicendi genus poscat gravitas senatoria, aliud aura popularis? quum etiam singulis judicibus, non idem apud graves viros, quod leviores; non idem apud eruditum, quod militarem, ac rusticum deceat; sitque nonnunquam summittenda et contrahenda oratio, ne judex eam vel intelligere, vel capere non possit. Tempus quoque ac locus egent observatione propria : nam et tempus tum triste, tum lætum, tum liberum, tum angustum est, atque ad hæc omnia componendus orator; et loco publico, privatone, celebri, an secreto, aliena civitate, an tua, in castris denique, an foro dicas, interest plurimum, ac suam quidque formam, et proprium quemdam modum eloquentiæ poscit; quum etiam in cæteris actibus vitæ non idem in foro, curia, campo, theatro, domi, facere conveniat; et pleraque, quæ natura non sunt reprehendenda, atque interim sunt necessaria, alibi quam mos permiserit, turpia habeantur. Illud jam diximus, quanto plus nitoris et cultus demonstrativæ materiæ, ut ad delectationem audientium compositæ, quam quæ sunt in actu et contentione, suasoriæ judicialesque permittant : hoc adhuc adjiciendum, aliquas etiam, quæ sunt egregiæ dicendi virtutes, quo minus deceant, effici conditione causarum. An quisquam tulerit reum in discrimine capitis, præcipue qui apud victorem et principem pro se ipse dicat, frequenti translatione, fictis, aut repetitis ex vetustate verbis, compositione, quæ sit maxime a vulgari usu remota, decurrentibus periodis, quam lætissimis locis sententiisque dicentem? Non perdant hæc omnia necessarium periclitanti sollicitudinis colorem, petendumque etiam innocentibus misericordiæ auxilium? Commoveaturne quisquam ejus fortuna, quem tumidum, ac sui jactantem, et ambitiosum institorem eloquentiæ in ancipiti sorte videat? Non immo oderit reum verba aucupantem, et anxium de fama ingenii, et cui esse diserto vacet? Quod mire M. Cœlius in defensione causæ, qua reus de vi fuit, comprehendisse videtur mihi, *Ne cui vestrum, atque etiam omnium, qui ad rem agendam adsunt, meus aut vultus molestior, aut vox immoderatior aliqua, aut denique, quod nimium est, jactantior gestus fuisse videatur.* Atqui sunt quædam actiones in satisfactione, deprecatione, confessione positæ : sen-

ment en satisfaction, déprécation, ou confession. Or, est-ce avec de petits traits d'esprit qu'on fera pleurer le juge? Est-ce avec des épiphonèmes et des enthymèmes qu'on le fléchira? Est-ce que tout ce qu'on ajoutera au pur langage des sentiments n'en détruira pas toute la force; et la sécurité de l'accusé ne fera-t-elle pas tomber la pitié du juge? Supposons qu'un père ait à demander justice du meurtre de son fils, ou d'un outrage plus insupportable encore que la mort? Ce père cherchera-t-il à donner à son récit cette grâce de l'exposition qui naît de la pureté et de la clarté du langage, content de présenter les choses, comme elles se sont passées, d'une manière brève et significative? distinguera-t-il ses preuves en les comptant sur ses doigts? s'étudiera-t-il à distribuer avec netteté ses propositions et ses divisions, et parlera-t-il sans passion, sans chaleur, comme cela se fait le plus souvent dans cette partie du plaidoyer? Où était, pendant ce temps, sa douleur? Où étaient ses larmes? D'où lui est venu, pour prendre leur place, cette tranquille observation des règles? Son plaidoyer ne sera-t-il pas plutôt d'un bout jusqu'à l'autre un long gémissement et son visage ne sera-t-il pas toujours empreint de la même tristesse, s'il veut faire passer sa douleur jusque dans l'âme des juges? car, s'il s'en relâche un instant, il tentera vainement de les y ramener. Ces convenances veulent être observées particulièrement dans les déclamations; car rien de ce qui regarde l'instruction de la jeunesse ne saurait me paraître étranger à mon sujet. Et, en effet, dans les fictions de l'école, les sentiments des personnages sont beaucoup plus variés, et ce n'est pas comme avocats, mais comme parties, que nous les éprouvons : outre qu'il est d'usage de supposer, par exemple, un malheureux qui demande au sénat la permission de se donner la mort, soit à la suite de quelque grande infortune, soit pour expier quelque crime. Or, dans un sujet de cette nature, il est contraire à la convenance non-seulement de chanter, quoique ce défaut soit accrédité, ou de parler d'un ton folâtre, mais même d'argumenter, à moins qu'on ne mêle le sentiment au raisonnement, et encore de telle sorte que ce soit le sentiment qui domine : car quiconque peut, en plaidant, suspendre sa douleur, a bien l'air de pouvoir s'en débarrasser tout à fait. Je ne sais même si la convenance, dont je parle, ne doit pas être encore plus scrupuleusement observée à l'égard de ceux contre lesquels on parle. Certainement ce qui doit être notre premier soin dans toute accusation, c'est d'éviter de paraître avoir saisi avec empressement l'occasion de se porter accusateur. Aussi, cette parole de Cassius Sévérus ne me déplaît-elle pas médiocrement : *Grands dieux, je vis, et je vous en rends grâces, puisqu'il m'a été donné de voir Asprenas accusé !* Ne semble-t-il pas que s'il l'a pris à partie, c'est moins par des motifs fondés sur la justice ou la nécessité, que pour le plaisir de se porter son accusateur? Indépendamment de cette loi de convenance, qui est générale, certaines causes exigent une modération particulière. Ainsi, un fils qui demandera l'interdiction de son père devra gémir sur son état de maladie ; et réciproquement un père qui citera son fils en justice, quelque graves reproches qu'il ait d'ailleurs à lui faire, ne laissera pas de protester qu'il n'a cédé qu'à une douloureuse nécessité : non pas en peu de mots, mais en donnant à toutes ses paroles un accent de douleur qui semble partir du fond du cœur. Ainsi, un tuteur mis en cause par

---

tentiolisne flendum erit? epiphonemata, aut enthymemata exorabunt? non quidquid meris adjicietur affectibus, omnes eorum diluet vires, et miserationem securitate laxabit? Age, si de morte filii sui, vel injuria, quæ morte sit gravior, dicendum patri fuerit, aut in narrando gratiam illam expositionis, quæ contingit ex sermone puro atque dilucido, quæret, breviter ac significanter ordinem rei protulisse contentus, aut argumenta diducet in digitos, et propositionum ac partitionum captabit leporem, et, ut plerumque in hoc genere moris est, intentione omni remissa loquetur? Quo fugerit interim dolor ille? ubi lacrimæ substiterint? unde se in medium tam secura observatio artium miserit? Non ab exordio usque ad ultimam vocem continuus quidam gemitus, et idem tristitiæ vultus servabitur, si quidem volet dolorem suum etiam in audientes transfundere? quem si usquam remiserit, in animum judicantium non reducet. Quod præcipue declamantibus (neque enim me pœnitet ad hoc quoque opus meum, et curam susceptorum semel adolescentium respicere) custodiendum est, quo plures in schola finguntur affectus, quos, non ut advocati, sed ut passi, subimus : quum etiam hoc genus simulari litium soleat, quum jus mortis a senatu quidam vel ob aliquam magnam infelicitatem, vel etiam pœnitentiam petunt, in quibus non solum cantare, quod vitium pervasit, aut lascivire, sed ne argumentari quidem nisi mixtis, et quidem ita, ut ipsa probatione magis emineant, affectibus decet : nam qui intermittere in agendo dolorem potest, videtur posse etiam deponere. Nescio tamen an hujus, de quo loquimur, decoris custodia maxime circa eos, contra quos dicimus, examinanda sit : nam sine dubio in omnibus statim accusationibus hoc agendum est, ne ad eas libenter descendisse videamur : ideoque mihi illud Cassii Severi non mediocriter displicet, *Dii boni, vivo : et, quo me vivere juvet, Asprenatem reum video :* non enim justa ex causa, vel necessaria videri potest postulasse eum, sed quadam accusandi voluptate. Præter hoc tamen, quod est commune, propriam moderationem quædam causæ desiderant : quapropter et qui curationem bonorum patris postulabit, doleat ejus valetudine ; et quamlibet gravia filio pater objecturus, miserrimam sibi ostendat esse hanc ipsam necessitatem ; nec hoc paucis modo verbis, sed toto colore actionis, ut id enim non dicere modo, sed etiam vere dicere appareat. Nec causanti pu-

son pupille ne s'emportera jamais contre lui, jusqu'à ne laisser apercevoir aucune trace de tendresse dans ses récriminations, ni aucun respect pour la mémoire sacrée du père. J'ai dit, je crois, dans le septième livre, comment un fils doit plaider contre son père qui le renonce, un mari contre sa femme qui l'accuse de mauvais traitements; le quatrième livre, où j'expose les règles de l'exorde, indique même dans quelles circonstances il convient que ces personnes plaident leur cause elles-mêmes, ou se servent du ministère d'un avocat.

Que les mots soient susceptibles de convenance ou d'inconvenance, c'est ce dont personne ne doute. Il ne me reste donc plus, sur cet article, qu'à enseigner un point, qui est d'une extrême difficulté : c'est par quels moyens on peut, sans blesser les bienséances, dire certaines choses qui sont fâcheuses de leur nature, et qu'on aimerait mieux taire, si l'on en avait le choix. Quoi de plus odieux, au premier aspect, et qui répugne plus à entendre, qu'un fils plaidant lui-même, ou par la bouche d'un avocat, contre sa mère? Et pourtant c'est quelquefois une nécessité, comme on en peut juger par la cause de Cluentius Habitus; mais on ne s'y prend pas toujours de la même manière que Cicéron contre Sassia : non qu'il ne s'en soit pas très-bien tiré, mais parce qu'il importe de considérer en quoi et comment on offense une mère. Quant à Sassia, comme elle en voulait ouvertement aux jours de son fils, elle méritait qu'on lui résistât fortement. Il y avait néanmoins deux points à ménager, et où Cicéron a fait preuve d'un tact admirable : c'était, premièrement, de ne pas oublier le respect qu'un fils doit à sa mère; ensuite, de dé-

montrer avec l'exactitude la plus minutieuse, en reprenant l'affaire d'un peu haut, que ce qu'il allait dire contre Sassia était non-seulement dicté par le droit de la défense, mais indispensable à la cause. Il commença donc par cette exposition, quoiqu'elle fût étrangère à la question qui faisait le fond du procès, tant il était persuadé que, dans une cause aussi délicate, il devait donner ses premiers soins à ce que demande la convenance! Ainsi il détourna du fils l'odieux que ce nom de mère pouvait jeter sur lui, pour le faire retomber sur la mère elle-même. Cependant une mère peut quelquefois être en procès avec son fils pour des intérêts moins importants, ou accompagnés de sentiments moins hostiles. Alors le fils devra prendre un ton plus doux et plus soumis; car, en se montrant prêt à donner satisfaction, il diminuera l'odieux dont sa qualité le rendait l'objet, ou même il le renverra à la partie adverse; et si tout manifeste en lui le sentiment d'une douleur profonde, il fera croire à son innocence, et la pitié succédera aisément au premier mouvement d'une prévention fâcheuse. Il sera aussi très-convenable de rejeter l'accusation sur d'autres, et d'insinuer que la mère obéit à quelque instigation étrangère, en protestant qu'on endurera tout, qu'on ne se permettra aucune parole amère : en sorte que, n'eût-on même aucun sujet de plainte, on ne laissera pas d'avoir en apparence le mérite de la modération. Et même, en supposant que le fils ait quelque grief à reprocher à sa mère, le devoir de l'avocat est de faire croire que, s'il en parle, c'est contre le gré de son client, et seulement pour ne pas trahir son ministère : de cette manière, l'un et l'autre pourront s'attirer des louanges. Ce que je

---

pillo sic tutor irascatur unquam, ut non remaneant amoris vestigia, et sacra quædam patris ejus memoria. Jam quomodo contra abdicantem patrem, querentem uxorem, agi causam oporteret, in libro, ut arbitror, septimo dixi. Quando etiam ipsos loqui, quando advocati voce uti deceat, quartus liber, in quo prooemii præcepta sunt, continet. Esse in verbis quod deceat, aut turpe sit, nemini dubium est : unum jam igitur huic loco, quod est sane summæ difficultatis, adjiciendum videtur, quibus modis ea, quæ sunt natura parum speciosa, quæque non dicere, si utrumlibet esset liberum, maluissemus, non tamen sint indecora dicentibus. Quid asperiorem habere frontem potest, aut quid aures hominum magis respuunt, quam quum est filio, filiive advocatis in matrem perorandum? Aliquando tamen necesse est, ut in causa Cluentii Habiti : sed non semper illa via, qua contra Sassiam Cicero usus est; non quia non ille optime, sed quia plurimum refert, qua in re et quo modo lædat. Itaque illa, quum filii caput palam impugnaret, fortiter fuit repellenda : duo tamen, quæ sola supererant, divine Cicero servavit : primum, ne obliviscerertur reverentiæ, quæ parentibus debetur; deinde ut, repetitis altius causis, diligentissime ostenderet, quam id, quod erat in matrem dicturus, non

oporteret modo fieri, sed etiam necesse esset : primaque hæc expositio fuit, quamquam ad præsentem quæstionem nihil pertinebat; adeo in causa difficili atque perplexa nihil prius intuendum credidit, quam quid deceret : fecit itaque nomen parentis non filio invidiosum, sed ipsi, in quam dicebatur. Potest tamen aliquando mater et in re leviore, aut minus infesta contra filium stare ; tum lenior atque summissior decebit oratio : nam et satisfaciendo, aut nostram minuemus invidiam, aut etiam in diversum eam transferemus ; et si graviter dolere filium palam fuerit, credetur abesse ab eo culpam, fietque ultro miserabilis. Avertere quoque in alios crimen decet, ut fraude aliquorum concita credatur; et omnia nos passuros, nihil aspere dicturos, testandum; ut etiamsi non possumus conviciari, nolle videamur : etiam, si quid objiciendum erit, officium est patroni, ut id filio invito, sed fide cogente, facere credatur; ita poterit uterque laudari. Quod de matre dixi, de utroque parente accipiendum est : nam inter patres etiam filiosque, quum intervenisset emancipatio, litigantas scio. In aliis quoque propinquitatibus custodiendum est, ut inviti, et necessaria, et parce judicemur dixisse ; magis autem, aut minus, ut cuique personæ debetur reverentia : eadem pro libertis adversus

dis de la mère doit s'entendre également du père ; car je sais qu'après l'émancipation il y a souvent eu des procès entre des pères et leurs enfants. A l'égard des autres parents, ce qu'il faut avoir soin d'observer, c'est de paraître ne jamais rien dire qu'à regret, que par nécessité, et qu'avec modération ; et cette réserve sera proportionnée au degré de parenté. Un affranchi aura les mêmes égards pour son patron ; et, pour tout dire en un mot, ne plaidons jamais contre ces personnes de la manière dont nous serions fâchés qu'elles plaidassent contre nous.

Nous devons aussi quelquefois, par déférence pour le rang de notre adversaire, nous justifier de notre hardiesse, de peur qu'on ne la taxe d'impertinence, ou qu'on n'y voie un air de fastueuse bravade. C'est pourquoi Cicéron, ayant des choses très-fortes à dire contre Cotta, et ne pouvant même défendre autrement la cause de P. Oppius, s'excuse néanmoins, dans un long préambule, sur la rigueur de ses devoirs. Quant aux inférieurs même, surtout si ce sont des jeunes gens, il sied bien quelquefois de les ménager, ou de frapper et guérir en même temps. Cicéron nous a donné l'exemple de cette modération dans son plaidoyer pour Célius contre Atratinus, où il semble moins le traiter comme un ennemi, que l'avertir charitablement comme un fils : c'est qu'Atratinus était un jeune homme qui avait de la naissance, et qu'un ressentiment assez juste avait porté à accuser Célius. Au reste, quand nous n'avons en vue que les juges ou les assistants dans le soin que nous prenons d'observer les convenances, c'est chose assez facile ; mais l'embarras est plus grand quand nous appréhendons d'offenser personnellement nos adversaires. Cicéron, plaidant pour Muréna, eut à lutter contre cette difficulté, dans les personnes de M. Caton et de Servius Sulpicius.

Cependant, avec quelle délicatesse, en accordant à celui-ci toutes les qualités, il lui dénie l'art de réussir dans la demande du consulat ! Sur quel autre point, en effet, un homme de la naissance de Sulpicius, et d'un aussi grand mérite comme jurisconsulte, pouvait-il souffrir avec moins de regret de s'avouer vaincu ? Avec quelle dignité il rend compte des motifs qui l'ont déterminé à se charger de la défense de Muréna, lorsqu'il dit que, s'il a favorisé les prétentions de Sulpicius contre l'élévation de Muréna, ce n'est pas une raison pour s'associer à une accusation capitale contre lui ! Mais c'est surtout à l'égard de Caton qu'il faut admirer sa dextérité. Après avoir professé la plus haute admiration pour son caractère, il rejette, non sur lui, mais sur la secte des stoïciens, ce qu'il avait contracté d'un peu dur en certaines choses. On dirait qu'il s'agit moins entre eux d'une contestation judiciaire, que d'une discussion philosophique. La règle et le précepte le plus sûr, c'est donc, comme toujours, l'exemple de Cicéron. Voulez-vous dénier un avantage à quelqu'un, sans lui déplaire ? accordez-lui tous les autres : dites seulement qu'il est moins habile en cela que dans le reste ; et même, si cela se peut, expliquez pourquoi, en disant, par exemple, qu'il est trop opiniâtre, ou trop confiant, ou trop irascible, ou trop sujet à se laisser influencer par autrui. En un mot, le remède commun à toutes ces sortes de causes, c'est de faire paraître, dans tout le cours du plaidoyer, des sentiments d'honnêteté et même de bonté ; d'établir qu'on a de justes motifs pour parler ainsi, et que non-seulement on agit dans un esprit de modération, mais qu'on ne cède qu'à la nécessité. L'embarras contraire, mais dont on se tire plus aisément, c'est d'avoir à louer certaines actions dans des hommes d'ailleurs déshonorés, ou que nous haïssons ; car, pour la chose en elle-même, elle doit

patronos observantia ; et ut semel plura complectar, nunquam decebit sic adversus tales agere personas, quomodo contra nos agi ab hominibus conditionis ejusdem iniquo animo tulissemus. Præstatur hoc aliquando etiam dignitatibus, ut libertatis nostræ ratio reddatur, ne quis nos aut petulantes in lædendis eis, aut etiam ambitiosos putet : itaque Cicero, quamquam erat in Cottam gravissime dicturus, neque aliter agi P. Oppii causa poterat, longa tamen præfatione excusavit officii sui necessitatem : aliquando etiam inferioribus, præcipueque adolescentulis, parcere, aut mederi decet : utilur hac moderatione Cicero pro Cœlio contra Atratinum, ut eum non inimice corripere, sed pæne patrie monere videatur : nam et nobilis et juvenis ; et non injusto dolore venerat ad accusandum. Sed in his quidem, in quibus vel judici, vel etiam astantibus ratio nostræ moderationis probari debet, minor est labor ; illic plus difficultatis, ubi ipsos, contra quos dicimus, veremur offendere. Duæ simul hujusmodi personæ Ciceroni pro Murena dicenti obstiterunt, M. Catonis Serviique Sulpicii : quam decenter tamen Sulpicio,

quum omnes concessisset virtutes, scientiam petendi consulatus ademit ! Quid enim aliud esset, quo se victum homo nobilis et juris antistes magis ferret ? Ut vero rationem defensionis suæ reddidit, quum se studuisse petitioni Sulpicii contra honorem Murenæ, non idem debere actioni contra caput, diceret ! Quam molli autem articulo tractavit Catonem ! cujus naturam summe admiratus, non ipsius vitio, sed stoicæ sectæ, quibusdam in rebus factam duriorem videri volebat : ut inter eos non forensem contentionem, sed studiosam disputationem crederes incidisse. Hæc est profecto ratio, et, certissimum præceptorum genus, illius viri observatio, ut, quum aliquid detrahere salva gratia velis, concedas alia omnia : in hoc solo vel minus peritum, quam in cæteris, adjecta, si poterit fieri, etiam causa, cur id ita sit, vel paulo pertinaciorem, vel credulum, vel iratum, vel impulsum ab aliis. Hoc illis commune remedium est, si in tota actione æqualiter appareat non honor modo, sed etiam caritas : præterea causa sit nobis justa sic dicendi ; neque id moderate tantum faciamus, sed etiam

être louée dans quelque personne que ce soit. Cicéron a plaidé pour Gabinius et P. Vatinius, qui avaient été ses plus mortels ennemis, et contre lesquels il avait même écrit des plaidoyers; mais il s'est justifié de cette contradiction en déclarant qu'il s'inquiétait moins de l'opinion que de sa conscience. Sa position était plus embarrassante dans l'affaire de Cluentius, où il se trouvait dans la nécessité d'accuser Scamandre, qu'il avait jadis défendu. Mais il éluda cette difficulté avec beaucoup d'art, en s'excusant sur les instances de ceux qui lui avaient amené Scamandre, et sur sa grande jeunesse; car il se serait bien plus décrédité en donnant à croire qu'il fût homme à se charger inconsidérément de la défense d'un coupable, surtout dans une cause aussi suspecte. La cause que nous défendons peut aussi être telle que le juge y soit intéressé directement ou indirectement. Dans ce cas, si la persuasion est une victoire difficile, on a du moins le champ libre pour parler : car nous ferons semblant de nous reposer avec sécurité sur la justice du juge; nous le piquerons d'honneur, en lui faisant entendre que son intégrité et sa religion éclateront d'autant plus, qu'il aura moins cédé à son ressentiment ou à son intérêt. Nous agirons de même, si, après en avoir appelé à un autre tribunal, nous sommes renvoyés devant les mêmes juges, en ajoutant le prétexte de la nécessité si la cause le comporte, ou en nous excusant sur une erreur, ou sur un soupçon. Le plus sûr alors est de confesser sa faute, d'en témoigner du repentir, d'en offrir satisfaction, et de mettre tout en œuvre pour amener le juge à se faire scrupule d'écouter sa passion.

Il arrive aussi quelquefois qu'un juge se trouve saisi pour la seconde fois d'une cause sur laquelle il avait déjà prononcé. Alors nous aurons recours d'abord à un moyen, qui est d'une application commune à toutes les causes de cette espèce : nous dirons que, si nous avions à parler devant un autre juge, nous n'entrerions pas dans la discussion de la première sentence, parce qu'il n'appartient qu'à celui qui l'a rendue, de la réformer. Ensuite nous dirons, autant que nous le permettra la cause, qu'on ignorait certaines choses qu'on a sues depuis, ou que des témoins manquaient, ou que les premiers avocats n'ont pas rempli toute leur tâche; mais nous n'appuierons sur ce dernier point qu'avec une extrême timidité, et au défaut d'autre motif. Que si même nous avons à plaider devant de nouveaux juges, soit pour le second jugement à rendre sur la liberté d'une personne, soit dans les appels d'une section des centumvirs à une autre, il sera toujours plus convenable de respecter, autant que possible, l'honneur des premiers juges. C'est ce que j'ai amplement expliqué dans le cinquième livre, au chapitre des preuves. Il peut arriver enfin que nous ayons à blâmer dans autrui ce que nous avons fait nous-mêmes. Ainsi Tubéron reproche à Ligarius d'avoir été en Afrique; ainsi des gens condamnés pour brigue en accusent d'autres du même crime, dans l'espérance de se voir réhabilités; ainsi, dans les déclamations des écoles, un père est accusé de débauche par un fils débauché. Je ne vois guère comment on peut se tirer de ces contradictions avec bienséance, à moins de découvrir quelque différence résultant de la personne, de l'âge, du temps, du motif,

---

necessario. Diversum ab hoc, sed facilius, quum hominum aut alioqui turpium, aut nobis invisorum quædam facta laudanda sunt : decet enim rem ipsam probare in qualicunque persona. Dixit Cicero pro Gabinio et P. Vatinio, inimicissimis antea sibi hominibus, et in quos orationes etiam scripserat : verum causa justa fit fatendo, non se de ingenii fama, sed de fide esse sollicitum. Difficilior ei ratio in judicio Cluentiano fuit, quum Scamandrum necesse haberet dicere nocentem, cujus egerat causam : verum illud elegantissime, quum eorum, a quibus ad se perductus esset, precibus, tum etiam adolescentia sua excusat; detracturus alioqui plus auctoritatis, si, in causa præsertim suspecta, se eum esse, qui temere nocentes reos susciperet, fateretur. Apud judicem vero quod aut propter alienum commodum in causa, quam susceperimus, aut suum, ut persuadendi ardua ratio, ita dicendi expeditissima : fiducia enim justitiæ ejus nostræ causæ nihil nos timere simulabimus : ipse erit gloria inflandus, quanto minus vel offensæ, vel utilitati suæ indulserit. Hoc et apud eos, a quibus appellatum erit, si forte ad eosdem remittemur; adjicienda ratio vel necessitatis alicujus, si id causæ cedit, vel erroris, vel suspicionis : tutissimum ergo pœnitentiæ confessio, et satisfactio culpæ; perducendusque omni modo judex ad iræ pudorem. Ac-

cidit etiam nonnunquam eadem causa, de qua pronunciarit, cognoscatque iterum : tum illud quidem commune, apud alium nos judicem disputaturos de illius sententia non fuisse; neque enim emendari ab alio, quam ipso, fas esse : cæterum ex causa, ut quæque permittet, aut ignorata quædam, aut defuisse testes, aut (quod timidissime, et si nihil aliud plane fuerit, dicendum est) patronos non suffecisse, succurret. Etiam si apud alios judices agetur, ut in secunda assertione, aut in centumviralibus judiciis duplicibus, parte victa, decentius erit, quoties contigerit, servare judicum pudorem : de qua re latius probationum loco dictum est. Potest evenire, ut in aliis reprehendenda sint, quæ ipsi fecerimus; ut objicit Tubero Ligario, *quod in Africa fuerit.* Et ambitus quidam damnati, recuperandæ dignitatis gratia reos ejusdem criminis detulerunt; ut in scholis luxuriantem patrem luxuriosus ipse juvenis accusat : id quomodo decenter fieri possit, equidem non invenio, nisi aliquid reperiatur, quod intersit, *persona, ætas, tempus, causa, locus, animus.* Tubero juvenem se patri hæsisse, illum a senatu missum non ad bellum, sed ad frumentum coemendum ait, ut primum licuerit, a partibus recessisse; Ligarium et perseverasse, et non pro Cn. Pompeio, inter quem et Cæsarem dignitatis fuerit contentio, quum salvam uterque rempublicam vellet, sed pro Juba atque

du lieu, de l'intention. Ainsi Tubéron dit qu'il avait passé sa jeunesse auprès de son père, qui avait été envoyé en Afrique par le sénat, non pour prendre part à la guerre, mais pour acheter du blé, et qui, dès qu'il l'avait pu, s'était retiré des partis; que Ligarius, au contraire, était resté; qu'une contestation de dignité s'étant élevée entre César et Pompée, sans que ni l'un ni l'autre eussent aucun mauvais dessein contre la république, Ligarius, qui pouvait sans crime embrasser la cause de Pompée, avait mieux aimé s'attacher à Juba et aux Africains, ennemis irréconciliables du peuple romain. Du reste, rien n'est plus facile que d'attaquer dans autrui une faute qu'on a commise soi-même, quand on commence par s'avouer coupable; mais c'est le fait d'un délateur, et non d'un avocat. Que si nous n'avons aucune excuse à alléguer, le repentir seul peut donner quelque couleur à notre conduite; car, jusqu'à un certain point, c'est faire preuve d'amendement que de prendre en haine ses erreurs. Certaines personnes, en effet, peuvent trouver des raisons d'excuse dans la nature même de l'action. Ainsi, un père déshérite son fils né d'une courtisane, parce que ce fils a lui-même épousé une courtisane. C'est un sujet de déclamation, mais qui peut se rencontrer dans la réalité. Ce père pourra donc, sans inconséquence, faire valoir plusieurs raisons : que c'est un désir naturel à tous les pères de vouloir que leurs enfants soient plus honnêtes qu'eux, ce qui est si vrai, qu'une prostituée même, s'il lui naît une fille, veut que cette fille soit élevée dans des sentiments de pudeur; que, pour lui (car il peut faire cet aveu), sa condition était moins distinguée; qu'il n'avait pas un père pour le rappeler à son devoir; que son fils aurait dû d'autant moins se permettre cette union, que c'était renouveler l'opprobre de sa famille, et reprocher tout à la fois à son père le mariage qu'il avait fait, et à sa mère la nécessité de son premier état; qu'enfin il léguait, en quelque sorte, à ses descendants l'exemple de l'infamie. Il pourra même faire croire aisément qu'il y a dans cette courtisane quelque flétrissure particulière, qu'un père ne saurait supporter dans l'épouse de son fils. Je vois encore d'autres motifs, mais je ne prétends pas faire une déclamation; je veux seulement montrer qu'un orateur peut quelquefois se défendre avec succès sur un mauvais terrain.

Mais où l'embarras est tout à fait pénible, c'est lorsqu'il s'agit d'un de ces outrages qui révoltent la nature, et qu'on ne peut exprimer sans rougir; je ne dis pas seulement si c'est la victime qui se plaint elle-même, car que peut-elle avoir de mieux à faire qu'à gémir, à verser des larmes, à détester sa vie, et à laisser au juge le soin de deviner sa douleur? mais l'avocat lui-même doit se pénétrer des mêmes sentiments, parce que des outrages de cette nature causent plus de honte à ceux qui les ont soufferts qu'à ceux qui les ont osés.

Dans la plupart des causes où l'orateur prend le parti de la rigueur, il doit donner d'autres couleurs à sa sévérité, comme l'a fait Cicéron au sujet des fils des proscrits. Quoi de plus cruel, en effet, que d'interdire les charges de la république à des hommes issus de pères et d'aïeux illustres? C'est ce que confesse ce grand maître dans l'art de manier les esprits; mais il proteste que le sort de l'État est tellement lié aux lois de Sylla, que sans elles il ne saurait subsister. Aussi parvint-il à faire croire qu'il agissait dans l'intérêt de ceux contre lesquels il parlait.

J'ai déjà fait observer, en traitant de la raillerie, combien il est vil d'insulter au malheur; et j'ai en même temps recommandé de ne se permettre aucune sortie contre des ordres, ou des

---

Afris inimicissimis populo romano stetisse. Cæterum vel facillimum est, ibi alienam culpam incusare, ubi fateris tuam : verum id jam indicis est, non actoris. Quod si nulla contingit excusatio, sola colorem habet pœnitentia : potest enim videri satis emendatus, qui in odium eorum, in quibus erraverat, ipse conversus est. Sunt enim quidam, qui hoc natura ipsa rei non indecens faciant; ut quum pater ex meretrice natum, quod duxerit meretricem in matrimonium, abdicat : scholastica materia, sed non, quæ non possit accidere : hic igitur multa non deformiter dicet; vel quod omnium sit votum parentum, ut honestiores, quam sint ipsi, liberos habeant (nam et filia nata, meretrix eam mater pudicam esse voluisset), vel quod humilior ipse fuerit (licet enim hoc dicere), vel quod non habuerit patrem, qui moneret; quin eo minus id faciendum filio fuisse, ne renovaret domus pudorem et exprobraret patri nuptias, matri prioris vitæ necessitatem; ne denique legem quamdam suis quoque subinde liberis daret : credibilis erit etiam propria quædam in illa meretrice turpitudo, quam nunc hic pater ferre non possit : alia præetereo; neque enim nunc declamamus, sed ostendimus nonnunquam posse dicentem ipsis incommodis bene uti. Illic major æstus, ubi quis pudenda queritur, ut stuprum, præcipue in maribus, aut os profanatum : non dico, si loquatur ipse; nam quid aliud ei, quam gemitus ac fletus, et exsecratio vitæ conveniat? ut judex intelligat potius dolorem illum, quam audiat : sed patrono quoque per similes affectus eundum erit, quia hoc injuriæ genus verecundius inest passis, quam ausis. Mollienda est in plerisque alio colore asperitas orationis, ut Cicero de proscriptorum liberis fecit : quid enim crudelius, *quam homines, honestis parentibus ac majoribus natos, a republica summoveri?* Itaque durum id esse summus ille tractandorum animorum artifex confitetur; sed ita legibus Sullæ cohærere statum civitatis affirmat, ut his solutis stare ipsa non possit : assecutus itaque est, ut aliquid eorum quoque causa videretur facere, contra quos diceret. Illud etiam in jocis monui, quam turpis esset fortunæ insectatio; et ne in totos ordines, aut gentes, aut populos, petulantia incurreret :

nations, ou des peuples entiers. Cependant le devoir de notre ministère nous oblige quelquefois à parler de certaines classes d'hommes, comme les affranchis, les gens de guerre, les publicains, ou autres. Il y a à cela un remède général, c'est de montrer qu'on ne prend pas plaisir à manier ce qui blesse; de ne point attaquer tout indistinctement, mais seulement ce qui est attaquable, et de balancer le blâme par la louange. Dites que les hommes de guerre sont avides, mais ajoutez que cela n'est pas étonnant, parce qu'ils ne se croient jamais assez payés de leurs dangers et de leur sang. Dites qu'ils sont querelleurs, mais dites aussi qu'ils sont plus accoutumés à la guerre qu'à la paix. S'agit-il de décréditer les affranchis? rien n'empêche de rendre témoignage à l'activité qui les a tirés de l'esclavage. A l'égard des nations étrangères, Cicéron a traité ce point tantôt d'une manière, tantôt d'une autre. Ainsi, dans une cause où il voulait décréditer la foi de quelques témoins grecs, il commence par accorder aux Grecs le domaine de la science et des lettres, et par faire ouvertement profession d'aimer cette nation; il affecte, au contraire, du mépris pour les Sardes, et traite les Allobroges comme des ennemis; et, eu égard à la circonstance, il ne disait rien qui ne fût à sa place, rien contre la bienséance. On adoucit encore par la modération dans les termes ce que les choses ont de trop âpre. Par exemple, si un homme est dur, dites qu'il est trop sévère; s'il est injuste, qu'il se trompe de bonne foi; s'il est opiniâtre, qu'il tient trop à ses principes : en un mot, faites comme si vous vouliez vaincre vos adversaires par le raisonnement : ce qui est une manière très-courtoise de combattre.

Disons en outre que tout ce qui est excessif pèche contre la convenance, et qu'ainsi ce qui est convenable en soi perd son prix, si l'on n'y met un certain tempérament; mais c'est un point qu'il est plus facile de sentir que d'exprimer, et dont l'observation dépend plus d'un certain tact que de tous les préceptes. Pour déterminer le point de justesse au delà duquel un seul mot est de trop, nous n'avons ni mesure ni poids, parce qu'il en est de cela comme des aliments, dont les uns rassasient plus que les autres.

Je crois devoir ajouter aussi, en peu de mots, que, dans l'éloquence, les qualités les plus différentes ont non-seulement leurs partisans, mais souvent même sont goûtées des mêmes personnes. Cicéron, par exemple, a écrit quelque part que *le signe de la perfection est de paraître facile à imiter, et de ne pouvoir l'être*; et il dit ailleurs qu'*il s'est étudié à parler, non comme le premier venu espérerait de pouvoir le faire, mais comme personne, au contraire, n'oserait l'espérer*. Il peut paraître contradictoire d'approuver ces deux sortes de langage, et cependant rien n'est plus conséquent : la différence n'est que dans le sujet. Car cette simplicité, et, pour ainsi dire, cette sécurité d'un langage naturel, convient merveilleusement aux petites causes, tandis que la magnificence d'un style pompeux sied mieux aux grandes. Cicéron excelle dans les deux genres. Le premier paraît facile aux ignorants; mais, au jugement des connaisseurs, ni l'un ni l'autre ne l'est.

CHAP. II. La mémoire, suivant quelques-uns, est un pur don de la nature, et nul doute que la nature n'y soit pour beaucoup; mais la mémoire,

---

sed interim fides patrocinii cogit quædam de universo genere aliquorum hominum dicere, vel libertinorum, vel militum, vel publicanorum, vel similiter aliorum; in quibus omnibus commune remedium est, ut ea, quæ lædunt, non libenter tractare videaris; nec in omnia impetum facias, sed in id, quod expugnandum est; et reprehendens, alia laude compenses : sic cupidos milites dicas, sed non mirum, quod periculorum ac sanguinis majora sibi deberi præmia putent; eosdem petulantes, sed hoc fieri, quod bellis magis, quam paci, assueverint : libertinis detrahenda est auctoritas; licet iis testimonium reddere industriæ, per quam exierint de servitute. Quod ad nationes exteras pertinet, Cicero varie : detracturus *Græcis* testibus fidem, doctrinam iis concedit ac litteras, seque ejus gentis amatorem esse profitetur; *Sardos* contemnit; *Allobrogas* ut hostes insectatur : quorum nihil tunc, quum diceretur, parum aptum, aut remotum cura decoris fuit. Verborum etiam moderatione detrahi solet, si qua est rei invidia, si *asperum* dicas *nimium severum*, *injustum persuasione labi*, *pertinacem* ultra modum *tenacem esse propositi* : plerumque velut ipsos concris ratione vincere, quod est mollissimum. Indecorum est super hæc omne nimium; ideoque etiam quod

natura rei satis aptum est, nisi modo quoque temperatur, gratiam perdit : cujus rei observatio judicio magis quodam sentiri, quam præceptis tradi potest. Quantum satis sit, et quantum recipiant aures. Non habet hæc res mensuram et quasi pondus, quia ut in cibis, alia aliis magis complent. Adjiciendum etiam breviter videtur, quod fere dicendi virtutes diversissimæ non solum suos amatores habeant, sed ab eisdem sæpe laudentur : nam Cicero quodam loco scribit, *id videri optimum, quod quum te facile credideris consequi imitatione, non possis* : alio vero, *non id egisse, ut ita diceret, quomodo se quilibet posse confideret, sed quomodo nemo*. Quod potest pugnare inter se videri : verum utrumque, ac merito, laudatur : causarum enim modo distat; quia simplicitas illa, et velut securitas inaffectatæ orationis, mire tenues causas decet; majoribus illud admirabile dicendi genus magis convenit : in utroque eminet Cicero : ex quibus alterum imperiti se posse confidunt credent; neutrum, qui intelligunt.

CAP. II. *Memoriam* quidam naturæ modo esse munus existimaverunt, estque in ea non dubie plurimum, sed ipsa excolendo, sicut alia omnia, augetur; et totus, de quo diximus adhuc, inanis est labor, nisi cæteræ partes

comme toute autre chose, s'accroît par la culture. Or, toutes les études dont nous avons parlé jusqu'ici seraient vaines, si les autres parties de la rhétorique ne vivaient et ne se mouvaient en elle; car toute science repose sur la mémoire, et l'on perdrait son temps a être enseigné, si l'on ne pouvait retenir ce que l'on entend. C'est elle qui tient sans cesse à nos ordres cette armée d'exemples, de lois, de réponses, de dits et de faits, que l'orateur doit toujours avoir en abondance, et, pour ainsi dire, sous la main. Aussi est-ce à juste titre qu'elle est appelée *le trésor de l'éloquence.*

Mais comme un plaidoyer se compose d'une infinité d'éléments, il ne suffit pas que la mémoire soit fidèle, il faut encore qu'elle soit prompte à saisir; il ne suffit pas de retenir l'ensemble de ce qu'on a écrit, en le lisant à plusieurs reprises, il faut encore, dans ce qu'on n'a que médité, retrouver les mêmes idées, les mêmes mots, le même arrangement; il faut se souvenir de ce qui a été dit par la partie adverse, pour le réfuter, non pas toujours dans le même ordre, mais dans le lieu le plus convenable. Le dirai-je? le talent de l'improvisation n'est pas autre chose qu'une grande mémoire. En effet, pendant que nous parlons, nous avons à prévoir ce que nous dirons ensuite; et, comme la pensée se porte toujours au delà du moment présent, tout ce qu'elle rencontre en chemin, elle le donne en dépôt à la mémoire; et celle-ci fait l'office d'une main intermédiaire, qui transmet à l'élocution ce qu'elle a reçu de l'invention.

Je ne crois pas devoir m'arrêter à examiner la cause efficiente de la mémoire, quoique l'opinion la plus commune soit que les choses extérieures s'impriment dans l'âme comme un cachet sur la cire; et je ne pourrai jamais admettre que la mémoire contracte, comme le corps, une lenteur ou une force qui constitue une qualité habituelle. Je veux plutôt admirer sa nature par rapport à l'âme. Quoi de plus inexplicable? Des idées, qu'un long intervalle de temps semblait avoir séparées de nous, reparaissent tout à coup, et se représentent non-seulement quand nous les rappelons, mais quelquefois aussi d'elles-mêmes; non-seulement quand nous sommes éveillés, mais même quand nous dormons. Que dis-je? Les animaux, quoique privés d'intelligence, ne laissent pas de se souvenir, de se reconnaître, et de regagner, après une longue excursion, leur habitation accoutumée. Bizarrerie surprenante! ce que nous venons de faire nous échappe, et de vieilles impressions restent; nous oublions des choses d'hier, et nous nous souvenons des actes de notre enfance; certaines idées se cachent quand nous les cherchons, et se présentent à nous quand nous y pensons le moins; enfin, la mémoire meurt et la mémoire renaît. Cependant on ne saurait pas tout ce dont cette faculté est capable, tout ce qu'il y a de divin en elle, si l'éloquence ne l'eût fait paraître dans tout son jour. Car elle maintient l'ordre non-seulement dans les idées, mais encore dans les mots; et les mots dont elle tient le fil se succèdent presque sans fin, à tel point que, dans les plus longs plaidoyers, la patience de l'auditeur se lasse plus tôt que la mémoire ne manque à l'orateur : ce qui prouve qu'il y entre de l'art, et que la nature peut être secondée par la méthode, puisque nous voyons que, avec de la science et de la pratique, on fait ce que, sans science ni pratique, on ne peut pas faire. Cependant je lis dans Platon que l'écriture nuit à la mémoire, sans doute parce que, après avoir confié nos idées au

---

hoc velut spiritu continentur : nam et omnis disciplina memoria constat, frustraque docemur, si, quidquid audimus, præterfluat; et exemplorum, legum, responsorum, dictorum denique factorumque velut quasdam copias, quibus abundare, quasque in promptu semper habere debet orator, eadem illa vis repræsentat : neque immerito *thesaurus* hic *eloquentiæ* dicitur. Sed non firme tantum continere, verum etiam cito percipere multa acturos oportet, nec quæ scripseris modo iterata lectione complecti, sed in cogitatis quoque rerum ac verborum contextum sequi; et, quæ sint ab adversa parte dicta, meminisse; nec utique ea, quo dicta sunt ordine, refutare, sed opportunis locis ponere. Quid? extemporalis oratio nec alio mihi videtur mentis vigore constare : nam dum alia dicimus, quæ dicturi sumus, intuenda sunt; ita quum semper cogitatio ultra id; quod est, longius quærit, quidquid interim reperit, quodammodo apud memoriam deponit; quod illa, quasi media quædam manus, acceptum ab inventione tradit elocutioni. Non arbitror autem mihi in hoc immorandum, quid sit, quod memoriam faciat; quamquam plerique imprimi quædam vestigia animo, velut in ceris annulorum signa serventur, existimant : neque ero tam credulus, ut quasi habitu tardiorem firmioremque memoriam fieri putem. Ejus autem, quod ad animum pertinet, magis admirari naturam, subito res vetustas, tanto ex intervallo repetitas, reddere se et offerre; nec tantum requirentibus, sed etiam sponte interim; nec vigilantibus, sed etiam quiete compositis : eo magis quod illa quoque animalia, quæ carere intellectu videntur, meminerunt et agnoscunt, et quamlibet longo itinere deducta ad assuetas sibi sedes revertuntur. Quid? non hæc varietas mira est, excidere proxima, vetera inhærere? hesternorum immemores, acta pueritiæ recordari? Quid? quod quædam requisita se occultant, et eadem forte succurrunt? nec manet semper memoria, sed aliquando etiam redit? Nesciretur tamen, quanta vis esset ejus, quanta divinitas illa, nisi hoc lumen orandi extulisset. Non enim rerum modo, sed etiam verborum ordinem præstat; nec ea pauca contexit, sed durat prope in infinitum, et in longissimis actionibus prius audiendi patientia, quam memoriæ fides deficit. Quod et ipsum argumentum est, subesse artem aliquam, juvarique rationem naturam; quum iidem docti facere illud, indocti et inexercitati non possimus; quamquam invenio apud Platonem, obstare memoriæ usum litterarum; videlicet quod

papier, nous cessons, pour ainsi dire, de les surveiller, et qu'elles profitent de notre sécurité pour s'échapper. Il est certain que le plus sûr moyen de se souvenir d'une chose, c'est d'y avoir l'esprit fortement appliqué, et de ne jamais la perdre de vue. Aussi ce que nous écrivons plusieurs fois de suite, pour l'apprendre, s'imprime dans notre mémoire par la seule habitude d'y penser.

Simonide passe pour avoir montré le premier l'art de la mémoire; et voici ce qu'on raconte de lui. Il avait, moyennant une somme convenue, composé, en l'honneur d'un athlète qui avait remporté le prix du pugilat, une de ces pièces de vers qu'il est d'usage de faire pour les vainqueurs. Quand l'ode fut terminée, on refusa de lui payer la totalité de la somme, parce que, suivant la coutume des poëtes, il s'était étendu, par forme de digression, sur les louanges de Castor et Pollux, à qui par conséquent on le renvoyait pour le surplus. Ceux-ci s'acquittèrent de leur dette, s'il faut en croire ce qu'on rapporte; car un grand repas s'étant donné pour célébrer cette victoire, Simonide fut du nombre des conviés; et, pendant qu'il était à table, on vint lui dire que deux jeunes cavaliers le demandaient, et désiraient ardemment de lui parler. Simonide sortit, et ne trouva personne; mais l'issue fit voir qu'il n'avait pas eu affaire à des ingrats; car à peine avait-il franchi le seuil de la porte, que la salle s'écroula sur les convives, et les mutila si horriblement de la tête aux pieds, que, lorsqu'il fut question de leur donner la sépulture, leurs parents ne purent les reconnaître. Alors, dit-on, Simonide, s'étant souvenu de l'ordre dans lequel chacun des convives était placé, rendit leurs corps à leurs familles. Les grammairiens ne s'accordent pas sur le nom du vainqueur chanté par Simonide, si c'était Glaucon Carystius, ou Léocrate, ou Agatharque, ou Scopas; ils ne s'accordent pas davantage sur le lieu, si c'était à Pharsale, comme Simonide lui-même semble le faire entendre quelque part, et comme l'ont rapporté Apollodore, Ératosthène, Euphorion, et Euripyle de Larisse; ou bien à Cranon, comme le dit Apollas Callimaque, dont l'opinion, pour avoir été adoptée par Cicéron, est aujourd'hui la plus accréditée. Ce qu'on tient pour certain, c'est qu'un noble Thessalien, nommé Scopas, périt dans ce festin. On ajoute que le fils de sa sœur y périt aussi, avec la plupart des descendants d'un autre Scopas plus ancien. Du reste, tout ce récit sur les Tyndarides m'a bien l'air d'une fable, d'autant que Simonide n'en fait nulle part la moindre mention; et, certes, il n'aurait pas gardé le silence sur un événement aussi glorieux pour lui.

Quoi qu'il en soit, le fait semble avoir donné lieu de remarquer que la mémoire pouvait être aidée par le souvenir des localités, et c'est ce que chacun peut vérifier d'après sa propre expérience. En effet, lorsque, après un certain laps de temps, nous nous retrouvons dans un lieu que nous avions quitté, non-seulement nous le reconnaissons, mais nous nous ressouvenons de ce que nous y avons fait: les personnes que nous y avons vues, et quelquefois les pensées qui nous occupaient alors se représentent à nous. Ainsi, pour la mémoire comme pour la plupart des choses, l'art est né de l'expérience. Or, voici comme on le pratique.

On choisit un lieu extrêmement spacieux et diversifié, une grande maison, par exemple, distribuée en plusieurs appartements. On se grave avec soin dans l'esprit tout ce qu'elle contient de remarquable, afin que la pensée en puisse

---

illa, quæ scriptis reposuimus, velut custodire desinimus, et ipsa securitate dimittimus. Nec dubium est, quin plurimum in hac parte valeat mentis intentio, et velut acies luminum a prospectu rerum, quas intuetur, non aversa: unde accidit, ut quæ per plures dies scribimus ediscendi causa, cogitatione ipsa contineat. Artem autem memoriæ primus ostendisse dicitur Simonides; cujus vulgata fabula est, quum pugili coronato carmen, quale componi victoribus solet, mercede pacta scripsisset, abnegatam ei pecuniæ partem, quod more poetis frequentissimo digressus in laudes Castoris ac Pollucis exierat : quapropter partem ab iis petere, quorum facta celebrasset, jubebatur; et persolverunt, ut traditum est : nam quum esset grande convivium in honorem ejusdem victoriæ, atque adhibitus ei cœnæ Simonides, nuncio est excitus, quod eum duo juvenes, equis advecti, desiderare majorem in modum dicebantur : et illos quidem non invenit, fuisse tamen gratos erga se deos exitu comperit. Nam vix eo limen egresso, triclinium illud supra convivas corruit, atque ita confudit, ut non ora modo oppressorum, sed membra etiam omnia requirentes ad sepulturam propinqui nulla nota possent discernere. Tum Simonides dicitur memor ordine, quo quisque discubuerat, corpora suis reddidisse. Est autem magna inter auctores dissensio, Glaucone Carystio, an Leocrati, an Agatharcho, an Scopæ scriptum sit id carmen; et Pharsali fuerit hæc domus, ut ipse quodam loco significare Simonides videtur, atque Apollodorus et Eratosthenes et Euphorion et Larissæus Eurypylus tradiderunt; an Cranone, ut Apollas Callimachus, quem secutus Cicero hanc famam latius fudit. Scopam nobilem Thessalum periisse in eo convivio constat, adjicitur sororis filius; putant et ortos plerosque ab alio Scopa, qui major ætate fuerit. Quamquam mihi totum de Tyndaridis fabulosum videtur; neque omnino hujus rei meminit usquam poeta ipse, profecto non taciturus de tanta sua gloria. Ex hoc Simonidis facto notatum videtur, juvari memoriam signatis animo sedibus, idque credere suo quisque experimento : nam quum in loca aliqua post tempus reversi sumus, non ipsa agnoscimus tantum, sed etiam, quæ in his fecerimus, reminiscimur, personæque subeunt, nonnunquam tacitæ quoque cogitationes in mentem revertuntur : nata est igitur, ut in plerisque, ars ab experimento. Loca discunt quam maxime spatiosa, multa varietate signata, domum forte magnam, et in multos di-

parcourir toutes les parties sans hésitation ni délai. En cela, l'essentiel est de ne point broncher devant les objets; car des souvenirs, destinés à venir en aide à d'autres souvenirs, doivent être plus que sûrs. Ensuite, pour se rappeler ce qu'on a écrit ou simplement médité, on se sert de quelque signe, emprunté ou à la matière qu'on a à traiter, s'il s'agit, par exemple, de navigation ou de guerre, ou bien à quelque mot; car un mot suffit pour redresser la mémoire, aussitôt qu'elle vient à broncher. S'agit-il de navigation, le signe de reconnaissance sera une ancre; de guerre, ce sera une arme quelconque. Puis, on procède ainsi : on assigne la première pensée au vestibule, la seconde à la salle d'entrée, et ainsi du reste, en parcourant les croisées, les chambres, les cabinets, jusqu'aux statues et autres objets semblables. Cela fait, quand il s'agit d'appliquer ce procédé à la mémoire, on passe en revue chaque lieu à partir du premier, en redemandant à chaque image l'idée qui lui a été confiée : en sorte que, si nombreuses que soient les choses dont on ait à se souvenir, elles se donnent la main et forment une espèce de chœur, qui prévient la confusion dans laquelle on est exposé à tomber en se bornant à apprendre de mémoire. Ce que j'ai dit d'une maison peut également s'appliquer à des monuments publics, à une longue promenade (en faisant, par exemple, le tour d'une ville), ou à des tableaux. On peut même se créer des lieux imaginaires. On a donc besoin de lieux réels ou fictifs, ainsi que d'images ou simulacres, qui sont toujours arbitraires. Les images sont des signes qui servent à marquer ce que nous voulons retenir, en sorte, comme le dit Cicéron, que *les lieux peuvent se comparer à la cire, et les simulacres aux lettres*. Mais je ferai mieux de rapporter ses propres expressions : *Il faut faire choix*, dit-il, *de lieux multiples, remarquables, bien développés, peu distants les uns des autres; et d'images qui expriment quelque action, qui soient vives, caractéristiques, telles enfin qu'elles viennent au-devant de l'esprit, et le frappent incontinent*. Aussi ai-je lieu de m'étonner que Métrodore ait trouvé trois cent soixante lieux dans les douze signes du zodiaque : je ne vois là que la vanité et la jactance d'un homme qui, en se glorifiant de sa mémoire, voulait en faire honneur à son art, plutôt qu'à la nature.

Pour dire maintenant ce que je pense de cette méthode, j'avouerai qu'elle peut être bonne quelquefois, si l'on veut, par exemple, répéter une grande quantité de noms dans l'ordre où on les a entendus; car alors nous plaçons tous ces noms dans les lieux que nous avons observés, le mot *table*, par exemple, dans le vestibule, le mot *coussin* dans la salle d'entrée, et ainsi des autres; puis, repassant par le même chemin, nous les reprenons où nous les avions placés. C'est sans doute à l'aide de cette méthode que certaines personnes sont parvenues, comme on dit que le fit Hortensius, à énumérer de mémoire, après une vente publique, tous les objets vendus, avec les noms des acheteurs et le prix de chaque article, aussi fidèlement que l'huissier l'eût pu faire avec son registre. Mais ce procédé sera moins efficace, quand il s'agira d'apprendre tout un plaidoyer; car les pensées n'ont pas, comme les choses, des images propres : les images des pensées sont purement arbitraires, bien que, jusqu'à un certain

---

ductam recessus : in ea quidquid notabile est, animo diligenter affigitur, ut sine cunctatione ac mora partes ejus omnes cogitatio possit percurrere : et primus hic labor est, non hærere in occursu : plus enim quam firma debet esse memoria, quæ aliam memoriam adjuvet : tum quæ scripserunt vel cogitatione complectuntur, et aliquo signo, quo moneantur, notant; quod esse vel ex re tota potest, ut de navigatione, militia; vel ex verbo aliquo : nam etiam excidentes, unius admonitione verbi in memoriam reponuntur : sit autem signum navigationis, ut ancora; militiæ, ut aliquid ex armis. Hæc ita digerunt : primum sensum vestibulo quasi assignant, secundum atrio, tum impluvia circumeunt, nec cubiculis modo, aut exedris, sed statuis etiam similibusque per ordinem committunt : hoc facto, quum est repetenda memoria, incipiunt ab initio loca hæc recensere, et, quod cuique crediderunt, reposcunt, ut eorum imagine admoneantur; ita quamlibet multa sint, quorum meminisse oportet, fiunt singula connexa quodam choro, ne errent conjungentes prioribus sequentia solo ediscendi labore. Quod de domo dixi, et in operibus publicis, et in itinere longo, ut urbium ambitu, et picturis, fieri potest : etiam fingere sibi has imagines licet : opus est ergo locis, quæ vel finguntur, vel sumuntur; imaginibus, vel simulacris, quæ utique fingenda sunt : imagines notæ sunt, quibus ea, quæ ediscenda sunt, notamus : ut, quomodo Cicero dicit, *locis pro cera, simulacris pro litteris utamur*. Illud quoque ad verbum ponere, optimum fuerit : *Locis est utendum multis, illustribus, explicatis, modicis intervallis; imaginibus autem agentibus, acribus, insignitis, quæ occurrere, celeriterque percutere animum possint*. Quo magis miror, quomodo Metrodorus in XII signis, per quæ sol meat, trecenos et sexagenos invenerit locos : vanitas nimirum fuit atque jactatio circa memoriam suam potius arte, quam natura gloriantis. Equidem hæc ad quædam prodesse non negaverim, ut si rerum nomina multa, per ordinem audita, reddenda sint : namque in iis, quæ didicerunt, locis ponunt res illas, *mensam*, ut hoc utar, *in vestibulo*, et *pulvinum in atrio*, et sic cætera; deinde relegentes invenient, ubi posuerint. Et forsitan hoc sunt adjuti, qui, auctione dimissa, quid cuique vendidissent, testibus argentariorum tabulis reddiderunt : quod præstitisse Hortensium dicunt. Minus idem proderit in ediscendis, quæ orationis perpetuæ erunt : nam et sensus non eamdem imaginem quam res habent : quum alterum fingendum sit; et horum tamen utcunque commonet locus : sed sermonis alicujus habiti verborum contextus quomodo comprehendetur? Mitto, quod quædam nullis simulacris significari possunt, ut certe conjunctiones : habeamus enim sane, ut qui notis scribunt, certas imagines omnium, et

point, les lieux ne laissent pas d'aider à retrouver les pensées. Mais comment pourra-t-on, avec ce même procédé, retenir la contexture des mots d'un plaidoyer qu'on a entendu prononcer? Je ne m'arrêterai pas à faire remarquer qu'il y a des mots, et de ce nombre sont certainement les conjonctions, qui ne peuvent être figurés par aucune image. Car eussions-nous, comme les *notaires*, des images déterminées pour chaque mot; eussions-nous des lieux à l'infini, pour y placer autant de mots qu'il y en a dans les cinq livres du second plaidoyer contre Verrès; eussions-nous enfin la faculté de nous souvenir de tout ce que nous aurions, pour ainsi dire, mis en dépôt dans chaque lieu, le débit ne serait-il pas nécessairement entravé par le double effort de la mémoire? Comment, en effet, le tout pourra-t-il marcher sans désordre, s'il nous faut, à chaque mot, nous reporter à chaque image et à chaque lieu? Laissons donc cette méthode à Charmadas et à Métrodore, qui, selon Cicéron, l'ont mise en pratique, et tenons-nous-en à des préceptes plus simples.

Si nous voulons confier à notre mémoire un plaidoyer un peu long, il sera bon de l'apprendre par parties; car rien ne paralyse plus cette faculté que de la surcharger. Les parties ne doivent pas non plus être trop petites : autrement, par un effet contraire, elles partageraient et morcèleraient la mémoire. Je ne prescrirai pas de mesure déterminée; mais, autant que possible, on embrassera le développement complet de chaque proposition, à moins que cette proposition ne soit si longue, qu'il faille encore la diviser. Il sera bon encore de diviser ces morceaux en certains points fixes, où l'on s'arrêtera pour retourner sur ses pas, afin que les mots (car c'est là ce qui coûte le plus, et, après les mots, les différentes propositions) se succèdent et s'enchaînent dans la mémoire comme dans le discours. Quant à ce que nous aurons trop de peine à retenir, rien n'empêche d'y associer quelque marque dont le souvenir serve à avertir et à réveiller, pour ainsi dire, la mémoire. Il est même rare qu'un homme ait la mémoire assez ingrate pour ne pas reconnaître le signe qu'il a affecté à tel ou tel endroit. Cependant, si sa pesanteur va jusque-là, c'est même une raison d'y remédier par ce moyen, afin que les marques aiguillonnent la mémoire. Il n'y aura donc pas d'inconvénient à user du procédé mnémonique dont j'ai parlé, qui consiste à attacher des signes à des pensées qui pourraient nous échapper : celui d'une *ancre*, comme je l'ai déjà dit, si l'on a à parler de navigation; d'un *javelot*, si l'on a à parler de guerre. Les signes sont, en effet, d'un grand secours, et une idée en réveille une autre. C'est ainsi qu'un anneau que nous changeons de doigt, ou auquel nous attachons un fil, nous remet en mémoire le motif qui nous l'a fait faire. Un moyen de rendre la mémoire encore plus sûre, c'est de soutenir une idée par une autre. Ainsi, pour les noms, avons-nous à retenir celui de *Fabius*, associons-y le souvenir de ce temporiseur, qu'on ne saurait oublier, ou de quelqu'un de nos amis qui s'appelle de même. Cela est plus aisé encore à l'égard de certains noms, tels que *Aper*, *Ursus*, *Naso*, ou *Crispus* : il suffit de se rappeler les choses auxquelles ils font allusion. L'origine est quelquefois aussi un moyen de retenir les dérivés, comme *Cicéron*, *Verrius*, *Aurélius*. Mais rien ne facilite tant la mémoire, que d'apprendre sur les tablettes mêmes où l'on a écrit, car, tout en récitant, il semble qu'on lise : on suit, pour ainsi dire, la mémoire à la trace; on a, en quelque sorte, sous les yeux,

---

loca scilicet infinita, per quæ verba, quot sunt in quinque contra Verrem secundæ actionis libris, explicentur, ut meminerimus etiam omnium quasi depositorum ; nonne impediri quidem eorum, quæ dicit, decursum necesse est duplici memoriæ cura? Nam quomodo poterunt copulata fluere, si propter singula verba ad singulas formas respiciendum erit? Quare et Charmadas et Scepsius, de quo modo dixi, Metrodorus, quos Cicero dicit usos hac exercitatione, sibi habeant sua; nos simpliciora tradamus. Si longior complectenda memoria fuerit oratio, proderit per partes ediscere; laborat enim maxime onere; et hæ partes non sint perexiguæ; alioqui rursus multæ erunt, et eam distinguent atque concident: nec utique certum imperaverim modum, sed maxime ut quisque finietur locus; ni forte tam numerosus, ut ipse quoque dividi debeat. Dandi sunt certi quidam termini, ut contextum verborum, qui est difficillimus, contineat crebra meditatio, partes deinceps ipsas repetitus ordo conjungat. Non est inutile iis, quæ difficilius hæreant, aliquas apponere notas, quarum recordatio commoneat et quasi excitet memoriam. Nemo etiam fere tam infelix, ut, quod cuique loco signum destinaverit, nesciat : ut, si erit tardus ad hoc, eo quoque adhuc remedio utatur, ut ipsæ excitent notæ : hoc enim est ex illa arte non inutile, attendere signa ad eos, qui excidunt, sensus; *ancoram*, ut supra posui, si de nave dicendum esset; *spiculum*, si de prœlio. Multum enim signa faciunt, et ex alia memoria venit alia ; ut quum translatus annulus, vel alligatus commoneat nos, cur id fecerimus. Hæc magis adhuc astringunt, qui memoriam ab aliquo simili transferunt ad id, quod continendum est; ut in nominibus, si *Fabius* forte sit tenendus, referamus ad illum *Cunctatorem*, qui excidere non potest, aut ad aliquem amicum, qui idem vocetur : quod est facilius in *Apris*, et in *Ursis*, et *Nasone*, aut *Crispo*, ut id memoriæ affigatur, unde sunt nomina. Origo quoque aliquando declinatorum tenendi magis causa est, ut in *Cicerone*, *Verrio*, *Aurelio*, si debent inseri. Illud neminem non juvabit, iisdem, quibus scripserit, ceris ediscere : sequitur enim vestigiis quibusdam memoriam, et velut oculis intuetur non paginas modo, sed versus prope ipsos, qui tum dicit, similis legenti : jam vero si litura, aut adjectio aliqua atque mutatio interveniat, signa sunt quædam, quæ

non-seulement les pages, mais presque les lignes. Bien plus, s'il y a eu quelque rature, quelque addition ou changement, ce sont autant de signes qui nous empêchent de nous égarer. Ce moyen a beaucoup d'analogie avec le procédé dont j'ai parlé en commençant; et, si mon expérience ne m'a pas trompé, je le crois plus simple et plus efficace. Apprendre mentalement est un exercice qu'on n'a pas oublié, et qui serait fort bon, si l'esprit, qui est alors, pour ainsi dire, oisif, n'était par là sujet à de fréquentes distractions. Or, on ne saurait remédier à cet inconvénient que par la voix, qui, en tenant l'esprit attentif, aide la mémoire par la double impression de la parole et de l'ouïe; mais il faut que la voix soit basse, ou plutôt que ce ne soit qu'un murmure. Pour ce qui est d'apprendre pendant qu'un autre lit, si, d'un côté, on apprend moins vite, parce que la vue est un sens plus vif que l'ouïe, de l'autre, on a cet avantage, qu'après avoir entendu lire une ou deux fois, on peut aussitôt éprouver sa mémoire, et lutter avec le lecteur: ce qui est, d'ailleurs, une épreuve bonne à faire de temps en temps; car, lorsque la lecture qu'on nous fait est continue, les choses qu'on sait le moins passent comme celles qu'on sait le mieux; tandis que, au moyen de l'épreuve dont je parle, outre que l'esprit s'applique davantage, on ne perd pas son temps à écouter ce qu'on sait déjà. De cette manière, on repasse seulement les endroits qui avaient échappé, afin que, à force d'y revenir, on se les imprime bien dans la mémoire; et même d'ordinaire ce sont ceux-là que nous retenons le mieux, par la raison qu'ils nous avaient échappé. Au surplus, pour apprendre par cœur comme pour écrire, il faut une bonne santé, un estomac libre, et un esprit dégagé de toute préoccupation.

Mais ce qui est un moyen très-efficace pour retenir ce qu'on a écrit, et un moyen presque unique pour retenir ce qu'on a médité, excepté l'exercice, qui est le plus puissant de tous, c'est la *division* et la *composition*. Quiconque, en effet, aura bien divisé son discours, ne courra jamais le risque d'intervertir l'ordre des choses. Il y a, en effet, pour tout homme doué de jugement et de goût, un ordre déterminé à observer non-seulement dans la distribution des questions, mais dans la manière de les traiter, qui assigne à chacune d'elles son rang, le premier, le second, et ainsi de suite; et toutes les questions sont tellement liées les unes aux autres, qu'on ne peut rien en retrancher ni rien y ajouter, sans qu'on ne s'en aperçoive aussitôt. Scévola, après avoir perdu une partie de dames où il avait joué le premier, repassa, en allant à la campagne, toute la disposition du jeu, et, s'étant souvenu du coup qui l'avait fait perdre, revint auprès de son adversaire, qui demeura d'accord que tout s'était passé comme il le disait. Comment l'ordre aura-t-il moins d'effet dans un discours, dont notre volonté aura distribué toutes les parties, quand il peut tant dans une chose où la volonté d'autrui se mêle à la nôtre? L'enchaînement d'une bonne composition guidera aussi la mémoire; car, de même qu'on apprend plus facilement les vers que la prose, de même on apprend mieux la prose lorsqu'elle est bien liée, que lorsqu'elle est lâche et négligée. C'est ce qui explique comment on parvient même à redire mot pour mot ce qui la première fois semblait avoir été improvisé; et ma mémoire, qui n'est que médiocre, y réussissait, lorsque l'arrivée de quelque personnage qui méritait cet honneur me forçait à recommencer une partie de ma déclama-

---

intuentes deerrare non possumus. Hæc ratio, ut est illi, de qua primum locutus sum, arti non dissimilis, ita, si quid me experimenta docuerunt, et expeditior et potentior. Ediscere tacite (nam id quoque est quæsitum) erat optimum, si non subirent velut otiosum animum plerumque aliæ cogitationes, propter quas excitandus est voce, ut duplici motu juvetur memoria, dicendi et audiendi: sed hæc vox sit modica, et magis murmur. Qui autem legente alio ediscit, in parte tardatur, quod acrior est oculorum, quam aurium sensus; in parte juvari potest, quod, quum semel, aut bis audierit, continuo illi memoriam suam experiri licet, et cum legente contendere: nam et alioqui id maxime faciendum est, ut nos subinde tentemus; quia continua lectio, et quæ magis et quæ minus hærent, æqualiter transit. In experiendo, tenesne, et major intentio est, et nihil supervacui temporis perit, quo etiam, quæ tenemus, repeti solent; ita sola, quæ exciderunt, retractantur, ut crebra iteratione firmentur; quamquam solent hoc ipso maxime hærere, quod exciderunt. Illud ediscendo scribendoque commune est, utrique plurimum conferre bonam valetudinem, digestum cibum, animum cogitationibus aliis liberum. Verum et in iis, quæ scripsimus, complec-

tendis multum valent, et in iis, quæ cogitamus, continendis prope solæ (excepta, quæ potentissima est, exercitatione) *divisio* et *compositio*: nam qui recte diviserit, nunquam poterit in rerum ordine errare. Certa sunt enim non solum in digerendis quæstionibus, sed etiam in exsequendis, si modo recte dicimus, prima ac secunda, et deinceps; cohæretque omnis rerum copulatio, ut ei nihil neque subtrahi sine manifesto intellectu, neque inseri possit. At vero Scævola in lusu duodecim scriptorum, quum prior calculum promovisset, essetque victus, dum rus tendit, repetito totius certaminis ordine, quo dato errasset recordatus, rediit ad eum, quicum luserat, isque ita factum esse confessus est: minus idem ordo valebit in oratione, præsertim totus nostro arbitrio constitutus, quum tantum ille valeat alternus? Etiam quæ bene composita erunt, memoriam serie sua ducent: nam sicut facilius versus ediscimus, quam prosam orationem; ita prosæ vincta, quam dissoluta. Sic contingit, ut etiam quæ ex tempore videbantur effusa, ad verbum repetita reddantur; quod meæ quoque memoriæ mediocritatem sequebatur, si quando interventus aliquorum, qui hunc honorem mererentur, iterare declamationis partem coegisset; nec est mendacio

27.

tion. Je n'en impose pas sur ce fait : plusieurs l'ont vu, et sont encore là pour l'attester.

Cependant, si l'on me demande en quoi consiste véritablement l'art de la mémoire, je répondrai que c'est dans *l'exercice* et *le travail*. Apprendre beaucoup, méditer beaucoup, et, si on le peut, tous les jours, voilà ce qu'il y a de plus efficace. Rien ne s'accroît autant par la culture, rien ne diminue autant par la négligence. On ne saurait donc, comme je l'ai recommandé, faire apprendre de trop bonne heure aux enfants tout ce qu'ils pourront retenir; et, à quelque âge que ce soit, quiconque voudra cultiver sa mémoire doit se résoudre à dévorer d'abord l'ennui de repasser sans cesse ce qu'il a écrit, ce qu'il a lu, et de remâcher, pour ainsi dire, les mêmes aliments. On peut rendre néanmoins cette tâche plus légère, en ayant soin, dans le commencement, d'apprendre peu, et des choses qui ne rebutent pas; ensuite, on ajoutera chaque jour une ligne, et peu à peu, sans que le surcroît se fasse sentir, on arrivera à des résultats incroyables. On s'exercera d'abord sur les poëtes, puis sur les orateurs, enfin sur des écrivains dont la composition est moins nombreuse et moins oratoire, tels que les jurisconsultes; car ce qui sert d'exercice doit être plus difficile, afin que la chose en vue de laquelle on s'exerce devienne plus aisée. C'est ainsi que les athlètes s'exercent avec de lourds gantelets de plomb, quoique, dans la lice, ils luttent les mains vides et nues. Je ne veux pas omettre une remarque confirmée tous les jours par l'expérience : c'est que, chez les esprits un peu lents, la mémoire est infidèle aux idées récentes. Il est étonnant, et je ne saurais guère en donner la raison, combien une nuit d'intervalle contribue à l'affermir,

soit parce qu'elle suspend ce travail, qui se nuisait à lui-même par ses propres efforts, soit parce que la réminiscence, qui est la partie la plus solide de la mémoire, digère, pour ainsi dire, ou mûrit ce qu'elle a reçu; de sorte que les idées, qui d'abord ne pouvaient se reproduire, se représentent dans leur ordre le lendemain, et que le temps, qui est d'ordinaire une cause d'oubli, ne fait alors que consolider la mémoire. Au contraire, ceux qui apprennent très-vite oublient de même ; et l'on dirait que leur mémoire, bornant sa tâche au moment présent, et se croyant quitte envers eux, prend son congé et se retire. Après tout, il n'est pas surprenant que ce qu'on a été longtemps à faire entrer dans son esprit, y demeure plus profondément imprimé.

Cette différence entre les esprits a donné lieu à une question : Un orateur doit-il apprendre mot pour mot son plaidoyer, ou s'en tenir seulement à la substance et à l'ordre des choses? Or, c'est une question qu'il n'est guère possible de résoudre d'une manière générale : car, si ma mémoire y suffit, et si le temps ne me manque pas, je ne veux pas que la moindre syllabe m'échappe : autrement, à quoi servirait d'écrire? Ce qu'il faut donc gagner sur soi dès l'enfance, et faire tourner en habitude à force d'exercice, c'est de ne rien accorder à sa paresse. Aussi est-ce un grand défaut que d'avoir derrière soi un souffleur, ou de jeter les yeux sur son papier : cela autorise la négligence, en ce qu'il est naturel de croire qu'on est toujours maître de ce qu'on ne craint pas de voir échapper. Mais qu'arrive-t-il? Le mouvement de la plaidoirie s'interrompt, l'orateur s'arrête ou sautille, ou, pour mieux dire, a l'air d'étudier une pièce d'éloquence; et les choses les mieux écrites perdent toute leur grâce, par cela seul

---

locus, salvis qui interfuerunt. Si quis tamen unam maximamque a me artem memoriæ quærat, *exercitatio* est et *labor*; multa ediscere, multa cogitare, et, si fieri potest, quotidie, potentissimum est : nihil æque vel augetur cura, vel negligentia intercidit. Quare et pueri statim, ut præcepi, quam plurima ediscant, et, quæcunque ætas operam juvandæ studio memoriæ dabit, devoret initio tædium illud et scripta et lecta sæpius revolvendi, et quasi eumdem cibum remandendi : quod ipsum hoc fieri potest levius, si pauca primum, et quæ odium non afferant, cœperimus ediscere; tum quotidie adjicere singulos versus, quorum accessio labori sensum incrementi non afferat, in summam ad infinitum usque pervenіat; et poetica prius, tum oratorum, novissime etiam solutiora numeris, et magis ab usu dicendi remota, qualia sunt jurisconsultorum. Difficiliora enim debent esse, quæ exercent, quo sit levius ipsum illud, in quod exercent; ut athletæ ponderibus plumbeis assuefaciunt manus, quibus vacuis et nudis in certamine utendum est : non omittam etiam, quod quotidianis experimentis deprehenditur, minime fidelem esse paulo cardioribus ingeniis recentem memoriam. Mirum dictu est, nec in promptu ratio, quantum nox interposita afferat firmitatis, sive requiescit labor ille, cujus sibi ipsa fatigatio obstabat, sive concoquitur, seu maturatur, quæ firmissima ejus pars est, recordatio; quæ statim referri non poterant, contexuntur postera die, confirmatque memoriam idem illud tempus, quod esse in causa solet oblivionis. Etiam illa prævelox fere cito effluit, et, velut præsenti officio functa nihil in posterum debeat, tamquam dimissa discedit : nec est mirum, magis hærere animo, quæ diutius affixa sint. Ex hac ingeniorum diversitate nata dubitatio est, *ad verbum sit ediscendum dicturis*, *an vim modo rerum atque ordinem complecti satis sit*; de quo sine dubio non potest in universum pronunciari. Nam si memoria suffragatur, tempus non defuit, nulla me velim syllaba effugiat; alioqui etiam scribere sit supervacuum : idque præcipue a pueris obtinendum, atque in hanc consuetudinem memoria exercitatione redigenda, ne nobis discamus ignoscere : ideoque et admoneri, et ad libellum respicere vitiosum, quod libertatem negligentiæ facit, nec quisquam se parum tenere judicat, quod, ne sibi excidat, non timet. Inde interruptus actionis impetus, et resistens ac salebrosa oratio, et qui dicit ediscenti similis, etiam omnem bene scriptorum gratiam perdit vel hoc ipso,

qu'on voit qu'elles sont écrites. Au contraire, la fidélité de la mémoire fait croire à la vivacité de notre esprit : nos paroles ne semblent pas préparées, mais improvisées ; ce qui sert singulièrement et l'orateur et la cause, car le juge admire davantage et craint moins ce qui ne lui paraît pas avoir été médité pour le surprendre. Cela est si vrai, qu'une des principales attentions qu'il faut avoir en plaidant, c'est de dissimuler quelquefois dans la prononciation la contexture des périodes les mieux ourdies, et de faire semblant de réfléchir et d'hésiter sur ce que l'on sait le mieux. Quelle est, d'après cela, la meilleure des deux méthodes? la comparaison ne laisse aucun doute.

Cependant, si la mémoire est naturellement trop dure, ou si le temps manque, il est même nuisible de s'attacher aux mots, puisque l'oubli d'un seul exposerait à hésiter désagréablement, ou même à rester court. Il est beaucoup plus sûr de se bien pénétrer des choses, et de se laisser le champ libre pour la manière de les énoncer ; car ce n'est qu'à regret qu'on se détermine à perdre un mot de son choix, et l'on n'en trouve pas toujours un autre pendant qu'on cherche celui qu'on avait écrit. Mais cela même ne peut guère remédier au défaut de mémoire, à moins qu'on n'ait acquis quelque habitude de l'improvisation. Pour ceux qui n'ont ni l'une ni l'autre de ces deux ressources, je leur conseille de renoncer tout à fait au barreau, et, s'ils ont quelque talent pour les lettres, de l'employer plutôt à écrire. Mais cette incapacité absolue ne peut être que fort rare.

Au reste, veut-on des exemples de ce que peut la mémoire quand la nature et l'art concourent à sa perfection : je citerai Thémistocle, qui, en moins d'un an, apprit parfaitement la langue des Perses ; Mithridate, qui possédait, dit-on, vingt-deux langues, c'est-à-dire celles de toutes les nations soumises à son empire ; Crassus, ce riche Romain, qui, étant préteur en Asie, se familiarisa si bien avec les cinq dialectes de la langue grecque, qu'il prononçait sur les plaintes portées à son tribunal dans l'idiome même du plaignant ; Cyrus, qui, à ce qu'on rapporte, savait les noms de tous ses soldats. On dit même que Théodecte, après avoir entendu une seule fois autant de vers qu'on voulait lui en réciter, les redisait sur-le-champ. On m'a assuré qu'il y avait encore aujourd'hui de ces sortes de prodiges, mais il ne m'a pas été donné d'en être le témoin ; cependant on fera bien d'y croire, ne serait-ce que par la raison qu'en croyant on espère.

CHAP. III. *Prononciation* et *action*, ces deux mots sont assez généralement pris l'un pour l'autre ; mais le premier semble tirer son nom de la voix, et le second, du geste. En effet, Cicéron, en parlant de l'action, l'appelle tantôt *le langage*, tantôt *l'éloquence du corps*. Cependant il lui donne deux parties, qui sont les mêmes que celles de la prononciation, c'est-à-dire la *voix* et le *mouvement*. On peut donc se servir indifféremment de l'une ou l'autre appellation. Quant à la chose en elle-même, elle est d'une merveilleuse efficacité dans l'oraison ; car ce qui se passe en nous importe moins que la manière dont nous le produisons au dehors, parce que chacun n'est ému que comme il entend. Aussi, de toutes les preuves que l'orateur tire de sa conviction plus ou moins intime, il n'en est pas une, quelque forte qu'elle soit, qui ne paraisse faible, si elle n'est soutenue d'un certain ton affirmatif. Le

---

quod scripsisse se confitetur : memoria autem facit etiam prompti ingenii famam, ut illa, quæ dicimus, non domo attulisse, sed ibi protinus sumpsisse videamur : quod et oratori et ipsi causæ plurimum confert : nam et magis miratur, et minus timet judex, quæ non putat adversus se præparata : itaque in actionibus inter præcipua servandum est, ut quædam etiam, quæ optime vinximus, velut soluta enunciemus, et cogitantibus nonnunquam et dubitantibus similes quærere videamur, quæ attulimus. Ergo quid sit optimum, neminem fugit. Si vero aut memoria natura durior erit, aut non suffragabitur tempus, etiam inutile erit ad omnia se verba alligare, quum oblivio unius eorum cujuslibet, aut deformem hæsitationem, aut etiam silentium inducat ; tutiusque multo, comprehensis animo rebus ipsis, libertatem sibi eloquendi relinquere. Nam et invitus perdit quisque id, quod elegerat, verbum ; nec facile reponit aliud, dum id, quod scripserat, quærit ; sed nec hoc quidem infirmæ memoriæ remedium est, nisi in iis, qui sibi facultatem aliquam dicendi ex tempore paraverunt : quod si cui utrumque defuerit, huic omittere omnino totum actionum laborem, ac, si quid in litteris valet, ad scribendum potius suadebo convertere : sed hæc rara infelicitas erit. Cæterum quantum natura studioque valeat memoria, vel Themistocles testis, quem unum intra annum optime locutum esse persice constat ; vel Mithridates, cui duas et viginti linguas, quot nationibus imperabat, traditur notas fuisse ; vel Crassus ille dives, qui, quum Asiæ præesset, quinque græci sermonis differentias sic tenuit, ut, qua quisque apud eum lingua postulasset, eadem jus sibi redditum ferret ; vel Cyrus, quem omnium militum tenuisse creditum est nomina. Quin semel auditos quamlibet multos versus protinus dicitur reddidisse Theodectes : dicebantur etiam nunc esse, qui facerent, sed mihi nunquam, ut ipse interessem, contigit ; habenda tamen fides est vel in hoc, ut, qui crediderit, et speret.

CAP. III. *Pronunciatio* a plerisque *actio* dicitur, sed prius nomen a voce, sequens a gestu videtur accipere ; namque *actionem* Cicero alias *quasi sermonem*, alias *eloquentiam quamdam corporis* dicit : idem tamen duas ejus partes facit, quæ sunt eædem pronunciationis, *vocem* atque *motum* : quapropter utraque appellatione indifferenter uti licet. Habet autem res ipsa miram quamdam in orationibus vim ac potestatem ; neque tam refert, qualia sint, quæ intra nosmet ipsos composuimus, quam quomodo efferantur : nam ita quisque, ut audit, movetur : quare neque probatio ulla, quæ aliquo modo venit ab oratore, tam firma est, ut non perdat vires suas, nisi adjuvatur asseveratione dicentis : affectus omnis languescat

feu des sentiments les plus vifs languit et s'éteint, s'il n'est alimenté par la *voix*, par le *visage*, par le *corps* entier de celui qui parle. Encore avec cela serons-nous bienheureux, si ce feu se communique aux juges ! Tant s'en faut que nous ayons lieu d'espérer de les émouvoir, si nous nous montrons nonchalants et froids ! Craignons plutôt que notre apathie ne finisse par les gagner. Nous avons une preuve de la puissance de la prononciation dans le jeu des comédiens, qui ajoutent tant de grâce aux pièces des meilleurs poëtes, que nous trouvons infiniment plus de plaisir à les entendre qu'à les lire, et que même ils nous intéressent à des pièces détestables, auxquelles nous ne daignerions pas accorder une place dans nos bibliothèques, et qui ne laissent pas d'avoir beaucoup de succès au théâtre. Que si, dans de pures fictions, l'illusion produite par la prononciation est telle, que nous nous passionnons jusqu'aux larmes ou à la colère, quelle force ne doit pas lui prêter la réalité ? Pour moi, je ne crains pas d'affirmer qu'un discours médiocre, mais soutenu par le prestige de l'action, fera plus d'effet que le plus beau discours, qui en sera dénué. Ainsi, on demandait à Démosthène *quelle était la première partie de la rhétorique : C'est*, répondit-il, *l'action;* et comme on lui demandait encore quelle était la seconde, puis la troisième, il répondit toujours : *L'action*, jusqu'à ce qu'on eût cessé de le questionner : donnant, ce semble, à entendre que, selon lui, ce n'était pas seulement la partie la plus considérable, mais que c'était tout. Aussi, ayant pris pour maître le comédien Andronicus, il profita si bien de ses leçons, qu'Eschine, voyant l'admiration des Rhodiens pour l'oraison que cet orateur avait prononcée dans l'affaire de la couronne, eut raison de leur dire : *Que serait-ce, si vous l'aviez entendu lui-même ?* Cicéron croit également que *c'est l'action qui domine particulièrement dans l'orateur.* C'est par l'action, selon lui, que Cn. Lentulus se fit tant de réputation, plutôt que par l'éloquence proprement dite; que C. Gracchus, en déplorant la mort de son frère, arracha des larmes à tout le peuple romain; qu'Antoine et Crassus obtinrent de si grands succès, mais surtout Hortensius. Et ce qui me le persuade à l'égard d'Hortensius, c'est que ses plaidoyers écrits sont au-dessous de sa haute réputation, bien qu'on l'ait regardé longtemps comme le premier des orateurs de son siècle; qu'ensuite il ait été le rival de Cicéron ; et qu'enfin, jusqu'à sa mort, il ait du moins occupé le second rang. Il faut donc que, dans sa prononciation, il ait eu quelque charme, que nous ne retrouvons pas en le lisant. Et, en effet, puisque les mots ont une force considérable par eux-mêmes, puisque la voix a pareillement une vertu particulière qu'elle communique aux idées, puisqu'enfin le geste et le mouvement du corps ont une certaine signification, il doit nécessairement résulter du concours de toutes les qualités oratoires quelque chose de parfait.

Cependant il y a des gens qui pensent qu'une action toute brute, et telle que la produit l'impétuosité instinctive de l'âme, est plus puissante, et la seule digne de l'homme. Mais ces gens sont d'ordinaire les mêmes qui voudraient bannir de l'éloquence tout soin, tout art, toute politesse, et condamnent tout ce qui s'acquiert par l'étude, comme affecté et peu naturel; ou ce sont ceux qui, par la grossièreté du langage et de la prononciation elle-même, s'étudient à ressembler aux anciens, ainsi que le faisait Cotta, au rap-

---

necesse est, nisi *voce, vultu*, totius prope *habitu corporis*, inardescat. Nam quum hæc omnia fecerimus, felices tamen, si nostrum illum ignem judex conceperit; nedum eum supini securique moveamus, ac non ipse nostra oscitatione solvatur. Documento sunt vel scenici actores, qui et optimis poetarum tantum adjiciunt gratiæ, ut nos infinito magis eadem illa audita, quam lecta, delectent; et vilissimis etiam quibusdam impetrant aures, ut, quibus nullus est in bibliothecis locus, sit etiam frequens in theatris. Quod si in rebus, quas fictas esse scimus et inanes, tantum pronunciatio potest, ut iram, lacrimas, sollicitudinem afferat, quanto plus valeat necesse est, ubi et credimus? Equidem vel mediocrem orationem, commendatam viribus actionis, affirmaverim plus habituram esse momenti, quam optimam eadem illa destitutam. Siquidem et Demosthenes, *quid esset in toto dicendi opere primum*, interrogatus, *pronunciationi palmam dedit*, eidemque *secundum ac tertium locum*, donec ab eo quæri desineret; ut eam videri posset non præcipuam, sed solam judicasse : ideoque ipse tam diligenter apud Andronicum hypocriten studuit, ut admirantibus ejus orationem Rhodiis non immerito Æschines dixisse videatur, *quid si ipsum audissetis?* Et M. Cicero *unam in dicendo actionem dominari* putat. Hac Cn. Lentulum plus opinionis consecutum, quam eloquentia, tradit; eadem C. Gracchum in deflenda fratris nece totius populi romani lacrimas concitasse; et Antonium et Crassum multum valuisse, plurimum vero Q. Hortensium : cujus rei fides est, quod ejus scripta tantum intra famam sunt, qua diu princeps oratorum, aliquando æmulus Ciceronis existimatus est, novissime, quoad vixit, secundus; ut appareat, placuisse aliquid eo dicente, quod legentes non invenimus. Et hercule quum valeant multum verba per se, et vox propriam vim adjiciat rebus, et gestus motusque significet aliquid, profecto perfectum quiddam fieri, quum omnia coierunt, necesse est. Sunt tamen qui rudem illam, et qualem impetus cujusque animi tulit, actionem judicent fortiorem, et solam viris dignam : sed non alii fere, quam qui etiam in dicendo curam et artem et nitorem, et quidquid studio paratur, ut affectata et parum naturalia solent improbare; vel qui verborum atque ipsius etiam soni rusticitate, ut L. Cottam dicit Cicero fecisse, imitationem antiquitatis affectant. Verum illi persuasione sua fruantur, qui hominibus, ut sint oratores, satis putant nasci : nostro labori

port de Cicéron. Mais laissons-les dans cette heureuse persuasion, qu'il suffit de naître pour être orateur ; et que, de leur côté, ils excusent la peine que je prends, moi qui suis convaincu que la perfection ne se rencontre que là où la nature est secondée par l'art. Je conviens volontiers que le premier rôle appartient à la nature. Car certainement il est impossible de bien prononcer, si l'on manque de mémoire pour retenir ce qu'on a écrit, ou de facilité et de présence d'esprit pour trouver sur-le-champ ce qu'on doit dire; si enfin l'on est arrêté par des vices d'organe incorrigibles. Le corps peut aussi être disgracié à tel point, que l'art ne puisse remédier à la nature. Une belle prononciation est même incompatible avec une petite voix ; car si la voix est bonne et ferme, on la manie comme on veut, tandis que, si elle est mauvaise ou faible, il est bien des choses qu'on ne peut faire, comme d'élever le ton, ou de faire des exclamations ; et il en est d'autres auxquelles on est forcé de recourir, comme de s'interrompre, de dévier, de soulager son gosier écorché et ses poumons languissants par un fausset désagréable. Mais je suppose ici un orateur qui est en état de profiter de mes préceptes.

Or, l'action étant composée, comme je l'ai dit, de deux parties, qui sont *la voix* et *le geste*, et dont l'une frappe les yeux, l'autre les oreilles, deux sens par lesquels toutes les affections passent pour entrer dans l'âme, il est naturel de parler d'abord de la *voix*, d'autant que le geste doit s'y conformer. A l'égard de la voix, il y a deux choses à observer : sa *nature* et son *usage*. Sa nature se juge par sa *quantité* et sa *qualité*. Sa quantité est chose assez simple ; car on peut dire, en général, de la voix, qu'elle est grande ou pe-

tite, mais entre ces deux extrémités il y a plusieurs espèces intermédiaires, et plusieurs degrés ascendants ou descendants : sa *qualité* est plus variée ; car la voix est claire ou voilée, pleine ou grêle, douce ou âpre, étroite ou large, dure ou flexible, sonore ou obtuse. Enfin la respiration est longue ou courte. Il n'entre pas nécessairement dans mon sujet de rechercher les causes de ces variétés, si cela tient aux différences de la partie du corps qui reçoit l'air, ou de celle qui lui sert de passage, comme le tuyau d'un instrument de musique ; si la qualité de la voix est naturelle ou factice, si elle tire plus de force de la poitrine et des poumons, que de la tête. En effet, le concours de ces trois parties du corps est nécessaire, de même que, indépendamment de la bouche, le nez, d'où s'échappe le superflu de la voix, doit également prêter au son une issue libre et douce.

L'*usage* de la voix est encore plus divers. Car, outre les trois divisions du son en *aigu*, en *grave*, en *moyen*, on a besoin de modes tantôt forts ou doux, tantôt élevés ou bas, comme aussi de mesures tantôt lentes, tantôt rapides. Mais ces différences renferment encore d'autres différences intermédiaires ; et même que le visage, quoique composé d'un très-petit nombre de traits, se diversifie à l'infini, de même la voix, quoique sa variété ne comporte qu'un petit nombre d'espèces qui aient un nom, ne laisse pas d'être propre en chaque personne, et d'avoir une différence aussi saisissable pour l'oreille que l'est celle des visages pour les yeux. Or, les qualités de la voix, comme de toute autre chose, se perfectionnent par le soin, et se détériorent faute de culture. Mais ce soin n'est pas le même pour l'orateur que pour le musicien : toutefois, il y a plusieurs conditions qui sont communes à l'un et à l'autre,

---

dent veniam, qui nihil credimus esse perfectum, nisi ubi natura cura juvetur. In hoc igitur non contumaciter consentio, primas partes esse naturæ : nam certe bene pronunciare non poterit, cui aut scriptis memoria, aut in iis, quæ subito dicenda erunt, facilitas prompta defuerit; nec si inemendabilia oris incommoda obstabunt : corporis etiam potest esse aliqua tanta deformitas, ut nulla arte vincatur. Sed ne vox quidem exilis actionem habere optimam potest : bona enim firmaque ut volumus uti licet; mala, vel imbecilla et inhibet multa, ut insurgere et exclamare; et aliqua cogit, ut intermittere et deflectere, et rasas fauces ac latus fatigatum deformi cantico reficere : sed nos de eo nunc loquamur, cui non frustra præcipitur. Quum sit autem omnis actio, ut dixi, in duas divisa partes, *vocem gestumque*, quorum alter oculos, altera aures movet, per quos duos sensus omnis ad animum penetrat affectus, prius est *de voce* dicere, cui etiam *gestus* accommodatur. In ea prima observatio est, *qualem habeas*; secunda, *quomodo utaris*. Natura vocis spectatur *quantitate* et *qualitate* : *quantitas* simplicior ; in summa enim *grandis*, aut *exigua* est; sed inter has extremitates mediæ sunt species, et ab ima ad summam, ac retro,

multi sunt gradus : *qualitas* magis varia est; nam est et *candida*, et *fusca*, et *plena*, et *exilis*, et *levis*, et *aspera*, et *contracta*, et *fusa*, et *dura*, et *flexibilis*, et *clara*, et *obtusa*; *spiritus* etiam *longior*, *breviorque*. Nec causas, cur quidque eorum accidat, persequi, proposito operi necessarium est; eorumne sit differentia, in quibus aura illa concipitur, an eorum, per quæ velut organa meat; an ipsi propria natura, an prout movetur; lateris, pectorisve firmitas, an capitis etiam plus adjuvet : nam opus sit omnibus, sicut non oris modo suavitate, sed narium quoque, per quas, quod superest vocis, egeritur : dulcis esse tamen debet, non exprobrans sonus. *Utendi* voce multiplex ratio : nam præter illam differentiam, quæ est tripertita, *acutæ*, *gravis*, *flexæ*; tum *intentis*, tum *remissis*, tum *elatis*, tum *inferioribus modis*, opus est, *spatiis* quoque *lentioribus*, aut *citatioribus*. Sed his ipsis media interjacent multa; et, ut facies, quamquam ex paucissimis constat, infinitam habet differentiam ; ita *vox*, etsi paucas, quæ nominari possint, continet species, *propria* cuique est; et non hæc minus auribus, quam oculis illa dignoscitur. Augentur autem sicut omnium, ita vocis quoque bona, cura ; ne-

comme, en premier lieu, la force du corps, de sorte que la voix de l'orateur n'ait pas l'accent grêle des eunuques, des femmes, ou des malades. Or, la promenade, les frictions, la continence, et la frugalité, contribuent beaucoup à développer cette force. Il faut aussi que le gosier soit intègre, c'est-à-dire tendre et lisse, sans quoi la voix est brisée ou couverte, âpre ou saccadée; car, ainsi que le même souffle fait rendre à une flûte des sons différents, selon que les trous sont ouverts ou bouchés, ou que l'instrument est sale ou fêlé, de même le gosier communique ses défauts à la voix : enflé, il l'étrangle; obtus, il l'obscurcit; inégal, il l'écorche; déchiré, il ressemble à un instrument cassé. L'air est aussi coupé par tout ce qui s'oppose à son passage, comme un filet d'eau qui vient à heurter un petit caillou : bien que l'eau reprenne son cours un peu au delà, elle laisse un vide immédiatement après l'obstacle qu'elle a rencontré. Trop d'humidité embarrasse la voix, comme trop de sécheresse l'exténue. Or, il est inutile de dire que la fatigue lui est contraire, et qu'elle agit sur elle comme sur le corps, qui ne s'en ressent pas seulement dans le moment présent, mais encore dans la suite. Mais si l'exercice est également nécessaire au musicien et à l'orateur, attendu que l'exercice développe et fortifie tout, le procédé n'est pas le même. Car il n'est pas possible à un homme public de trouver assez de loisir pour se promener à heures fixes, pour préparer sa voix en la faisant passer par tous les tons, ou la remettre, pour ainsi dire, dans le fourreau après le combat, obligé souvent de vaquer à plusieurs audiences. Il ne doit pas non plus observer le même régime pour la nourriture, parce qu'il n'a pas tant besoin d'une voix délicate et tendre, que d'une voix forte et durable. En effet, pour le musicien, tous les tons, même les plus hauts, sont adoucis par le chant, tandis que l'orateur est le plus souvent forcé de parler avec violence, avec feu; de passer les nuits dans les veilles, d'avaler la fumée de sa lampe, et d'endurer tout le jour des vêtements trempés de sueur. N'accoutumons donc pas notre voix à des délicatesses qui la puissent amollir, et ne la laissons pas s'imprégner d'une habitude qui ne peut se concilier avec tous les tons de la prononciation oratoire. Exerçons notre voix, mais conformément à l'usage que nous devons en faire; qu'elle ne s'affaiblisse pas dans l'oisiveté du silence, mais qu'elle s'affermisse par la pratique, qui, avec le temps, rend tout facile.

Or, le mieux est de s'exercer à la prononciation en récitant des morceaux qu'on aura appris par cœur ; car, en improvisant, l'attention qu'on donne à la conception des choses empêche de s'occuper de la voix ; et ces morceaux devront être extrêmement variés, c'est-à-dire prêter tour à tour à la clameur, à la dispute, au ton familier de la conversation, et à toutes les inflexions propres à nous exercer sur tout à la fois. Ce genre d'exercice suffit : autrement, on s'exposerait, à force de soins, à rendre sa voix incapable de soutenir une forte épreuve. Il en serait de l'orateur comme de ces athlètes accoutumés aux exercices du gymnase : en dépit de leur bonne mine et de la force qu'ils déploient dans leurs luttes, s'il leur fallait faire des marches militaires, porter des fardeaux, veiller sous les armes, vous les verriez bientôt défaillir, et redemander leurs frictions et leurs sueurs à nu. On ne me

gligentia minuuntur : sed cura non eadem oratoribus, quæ phonascis, convenit : tamen multa sunt utrisque communia, *firmitas corporis*, ne ad spadonum et mulierum et ægrorum exilitatem vox nostra tenuetur; quod ambulatio, unctio, veneris abstinentia, facilis ciborum digestio, id est, frugalitas, præstat. Præterea ut sint *fauces integræ*, id est, molles ac leves, quarum vitio et *frangitur, et obscuratur, et exasperatur*, et *scinditur* vox : nam ut tibiæ, eodem spiritu accepto, alium clausis, alium apertis foraminibus, alium non satis purgatæ, alium quassæ sonum reddunt ; ita fauces *tumentes strangulant* vocem, *obtusæ obscurant, rasæ exasperant, convulsæ* fractis sunt organis similes. *Finditur* etiam *spiritus* objectu aliquo, sicut lapillo tenues aquæ, quarum fluxus etiamsi ultra paulum coit, aliquid tamen cavi relinquit post id ipsum, quod offenderat : humor quoque vocem aut nimius impedit, aut consumptus destituit : nam fatigatio, ut corpora, non ad præsens modo tempus, sed etiam in futurum afficit. Sed ut communiter et phonascis et oratoribus necessaria exercitatio, qua omnia convalescunt, ita curæ non idem genus est : nam neque certa tempora ad spatiandum dari possunt toti civilibus officiis occupato, nec præparare ab imis sonis vocem ad summos, nec semper a contentione condere licet, quum pluribus judiciis sæpe dicendum sit. Ne ciborum quidem est eadem observatio : non enim tam molli teneraque voce, quam forti ac durabili opus est; quum illi omnes, etiam altissimos sonos, leniant cantu oris, nobis pleraque aspere sint concitateque dicenda, et vigilandæ noctes, et fuligo lucubrationum bibenda, et in sudata veste durandum. Quare vocem deliciis non mollianus, nec imbuatur ea consuetudine, quæ duratura non sit ; sed exercitatio ejus talis sit, qualis usus ; nec silentio subsidat, sed firmetur consuetudine, qua difficultas omnis levatur. Ediscere autem, quo exercearis, erit optimum : nam ex tempore dicentes avocat a cura vocis ille, qui ex rebus ipsis concipitur, affectus ; et ediscere quam maxime varia, quæ et clamorem, et disputationem, et sermonem, et flexus habeant, ut simul in omnia paremur. Hoc satis est : alioqui nitida illa et curata vox insolitum laborem recusabit, ut assueta gymnasiis et oleo corpora, quamlibet sint in suis certaminibus speciosa atque robusta, si militare iter, fascemque et vigilias imperes, deficiant, et quærant unctores suos, nudumque sudorem. Illa quidem in hoc opere præcipi quis ferat, vitandos soles atque ventos, et nubila etiam ac siccitates ? Ita si dicendum in sole, aut ventoso, humido, calido die fuerit, reos desceremus? Nam crudum quidem, aut saturum, aut ebrium, aut ejecto modo vo-

pardonnerait pas de recommander, dans un ouvrage comme celui-ci, d'éviter le soleil, le vent, le brouillard, la sécheresse ; car si nous avons à plaider au soleil, par un temps venteux, humide ou chaud, abandonnerons-nous notre client ? Quant à ce que conseillent certaines personnes, de ne point parler en public en sortant de table, ou quand on s'est gorgé de viandes, ou en état d'ivresse, ou après avoir vomi, cela ne peut arriver qu'à un homme qui n'est pas maître de sa raison. Mais ce n'est pas à tort qu'on recommande généralement de ménager beaucoup la voix des élèves dans le temps où ils passent de l'enfance à l'adolescence, parce qu'alors ils l'ont naturellement embarrassée : ce qui provient, selon moi, non de la chaleur, comme quelques-uns l'ont cru (car il est un âge où le sang est encore plus chaud), mais plutôt de l'humidité. Ce qui, en effet, caractérise cet âge, c'est la dilatation. Les narines même et la poitrine se gonflent ; tout semble, pour ainsi dire, germer, et, par conséquent aussi, tout est plus tendre et plus frêle.

Pour revenir à mon sujet, quand la voix sera entièrement développée, la meilleure manière de l'exercer est, selon moi, celle qui a le plus de conformité avec la plaidoirie, je veux dire de déclamer tous les jours, comme on le ferait au barreau. Par là, non-seulement la voix et les poumons se fortifient, mais le corps s'accoutume à mettre ses mouvements en harmonie avec les paroles. Or, les règles de la prononciation sont les mêmes que celles de l'oraison. De même que celle-ci doit être correcte, claire, ornée, convenable, celle-là de même sera correcte, c'est-à-dire exempte de défauts, si l'accent est facile, net, agréable, urbain, c'est-à-dire où l'on ne remarque rien de rustique ni d'étranger ; et ce n'est pas sans raison qu'on dit de l'accent qu'il est *barbare* ou *grec ;* car l'homme se reconnaît à l'accent, comme une pièce de monnaie à son timbre. De là naîtra ce qu'Ennius loue dans Céthégus, lorsqu'il dit de lui qu'il avait un *parler charmant,* bien différent de celui que Cicéron blâme dans quelques orateurs, qui *aboient*, dit-il, au lieu de *plaider*. Car l'accent est susceptible de plusieurs sortes de défauts, ainsi que je l'ai dit quelque part dans mon premier livre, où je traite de ce qui regarde la prononciation des enfants, ayant jugé qu'il était plus à propos de faire mention de ces défauts à l'âge où il est possible d'y remédier. Il faut aussi que, avant tout, la voix elle-même soit *saine,* c'est-à-dire qu'elle n'ait aucun des défauts dont j'ai parlé tout à l'heure ; ensuite, qu'elle ne soit ni *sourde,* ni *grossière,* ni *effrayante,* ni *dure,* ni *roide,* ni *vague,* ni *grasse ;* qu'elle ne soit ni *grêle,* ni *vide,* ni *aigre,* ni *menue,* ni *molle,* ni *efféminée ;* enfin, que la respiration ne soit ni *courte,* ni peu *durable,* ni *difficile à reprendre.* La prononciation sera claire, si d'abord on a soin d'articuler entièrement les mots, au lieu d'en manger une partie, ou, comme font la plupart des orateurs, d'en laisser tomber quelques syllabes : ils appuient sur les premières et glissent sur les finales. Mais s'il est nécessaire de bien articuler les mots, rien n'est plus désagréable et plus choquant que de faire sonner toutes les lettres, comme si on les comptait ; car très-souvent, lorsque deux voyelles se rencontrent, la première s'élide, et quelquefois une consonne se perd dans la voyelle qui la suit. J'ai donné des exemples de ces deux cas : *multum ille et terris...* On évite aussi le concours de certaines lettres un peu dures : de là *pellexit, collegit,* et d'autres mots, dont j'ai parlé ailleurs. Aussi louc-

---

mitu, quæ cavenda quidam monent, declamare neminem, qui sit mentis compos, puto. Illud non sine causa est ab omnibus præceptum, ut parcatur maxime voci in illo a pueritia in adolescentiam transitu, quia naturaliter impeditur, non, ut arbitror, propter calorem, quod quidam putaverunt; nam est major alias; sed propter humorem potius ; nam hoc ætas illa turgescit. Itaque nares etiam ac pectus, eo tempore tument, atque omnia velut germinant, eoque sunt tenera et injuriæ obnoxia. Sed, ut ad propositum redeam, jam confirmatæ constitutæque vocis genus exercitationis optimum duco, quod est operi simillimum, dicere quotidie, sicut agimus : namque hoc modo non vox tantum confirmatur et latus, sed etiam corporis decens et accommodatus orationi motus componitur. Non alia est autem ratio pronunciationis, quam ipsius orationis : nam ut illa emendata, dilucida, ornata, apta esse debet ; ita hæc quoque emendata erit, id est, vitio carebit, si fuerit os facile, explanatum, jucundum, urbanum, id est, in quo nulla neque rusticitas neque peregrinitas resonet ; non enim sine causa dicitur *barbarum, Græcumve* : nam sonis homines, ut æra tinnitu, dignoscimus : ita fiet illud, quod Ennius probat, quum dicit *suaviloquenti ore Cethegum fuisse;* non quod Cicero in his reprehendit, quos ait *latrare, non agere :* sunt enim multa vitia, de quibus dixi, quum in quadam primi libri parte puerorum ora formarem, opportunius ratus, in ea ætate facere illorum mentionem, in qua emendari possunt. Itemque si ipsa *vox* primum fuerit, ut sic dicam, *sana,* id est, nullum eorum, de quibus modo retuli, patietur incommodum ; deinde non *surda, rudis, immanis, dura, rigida, vana, præpinguis, aut tenuis, inanis, acerba, pusilla, mollis, effeminata ; spiritus,* nec *brevis,* nec parum *durabilis,* nec *in receptu difficilis. Dilucida* vero erit pronunciatio, primum, si verba tota *exierint,* quorum pars *devorari,* pars *destitui* solet, plerisque extremas syllabas non perferentibus, dum priorum sono indulgent ; ut est autem necessaria verborum explanatio, ita omnes imputare et velut annumerare litteras, molestum, et odiosum : nam et vocales frequentissime coeunt, et consonantium quædam insequente vocali dissimulatur ; utriusque exemplum posuimus,

t-on Catulus de la douceur avec laquelle il prononçait les lettres. Secondement, il faut que l'oraison soit *distincte*, c'est-à-dire que celui qui parle commence et s'arrête où il faut. Il est nécessaire aussi d'observer quand il faut soutenir et, pour ainsi dire, *suspendre* la période (ce que les Grecs appellent ὑποδιαστολή ou ὑποστιγμή), et quand il faut la *déposer*. Prenons pour exemple les premiers vers de l'Énéide : *Arma virumque cano*; ici il y a suspension, parce que ce membre de phrase se lie au suivant, *Trojæ qui primus ab oris*; et ici encore nouvelle suspension : car, bien que ce ne soit pas la même chose de venir d'un lieu et d'aller dans un lieu, ce n'est pourtant pas le cas de *distinguer*, parce que l'une et l'autre action est renfermée dans un même mot qui se trouve plus loin, *venit. Italiam*, troisième suspension, à cause de cette interjection , *fato profugus*, qui fait une solution de continuité entre *Italiam* et *Lavinaque*. Par la même raison, il faudra une quatrième suspension après *fato profugus*, avant d'arriver à ces derniers mots qui terminent le sens , *Lavinaque venit littora*. Cependant, ce repos, destiné à distinguer ce qui précède de ce qui suit, doit être tantôt plus court, tantôt plus long, suivant qu'il marque la fin d'une période ou la fin d'une pensée. Ainsi, après avoir observé la distinction qu'exige, après lui, le mot *littora*, je reprendrai haleine aussitôt; mais, quand je serai parvenu à ces mots, *atque altæ mœnia Romæ*, je ferai halte, et me reposerai, non pas, à proprement parler, pour continuer, mais pour retourner sur mes pas et faire une nouvelle course. Quelquefois on s'arrête sans reprendre haleine, même dans des périodes, comme celle-ci : *In cœtu vero populi romani, negotium publicum gerens, magister equitum*, etc. Cette période a plusieurs membres, puisqu'elle renferme plusieurs pensées différentes ; mais comme ces membres sont les parties d'un seul et même tout, il ne faut en marquer les intervalles que par des pauses fort courtes, qui n'interrompent pas le tissu de la période. Quelquefois, au contraire, il faut reprendre haleine, mais sans que cela s'aperçoive et comme à la dérobée : autrement, cette pause maladroitement dissimulée causerait autant d'obscurité qu'une distinction faite mal à propos. On regardera peut-être cette partie de l'art du débit comme un détail peu important : sans elle, cependant, toutes les autres qualités oratoires seraient nulles.

La prononciation est *ornée*, lorsqu'elle est secondée d'une *voix facile, ample, heureuse, flexible, ferme, douce, durable, claire, pure, qui fend l'air et s'arrête dans l'oreille*, c'est-à-dire appropriée à l'ouïe, non pas tant à cause de son volume qu'à cause de sa propriété; qui, en outre, est maniable, susceptible au besoin de tous les sons et de tous les tons, et semblable à un instrument complet. Mais ce n'est pas tout : il faut aussi de forts poumons, et une respiration longue et infatigable. Un ton extrêmement grave ou un ton extrêmement aigu peut convenir au chant, jamais à la prononciation oratoire, parce que le premier, peu clair et trop plein, ne peut imprimer aucun mouvement à l'esprit ; et le second, trop menu et trop clair, et par conséquent peu naturel, ne peut comporter les inflexions de la prononciation, ni se soutenir longtemps. Car

---

Multum ille et terris..............
Vitatur etiam duriorum inter se congressus, unde *pellexit*, et *collegit*, et quæ alio loco dicta sunt : ideoque laudatur in Catulo *suavis appellatio litterarum*. Secundum est, ut *sit oratio distincta*, id est, ut, qui dicit, et incipiat ubi oportet, et desinat. Observandum etiam, quo loco sustinendus et quasi suspendendus sermo sit (quod Græci ὑποδιαστολήν, vel ὑποστιγμήν vocant), quo deponendus. Suspenditur, *Arma virumque cano*, quia illud ad sequentia pertinet, ut sit, *virum, Trojæ qui primus ab oris :* et hic iterum; nam etiamsi aliud est, unde venit, quam quo venit, non distinguendum tamen, quia utrumque eodem modo verbo continetur, *venit.* Tertio *Italiam*, quia interjectio est, *fato profugus*, et continuum sermonem qui faciebat, *Italiam Lavinaque*, dividit; ob eamdemque causam, quarto *profugus*, deinde, *Lavinaque venit littora*, ubi jam erit distinctio, quia inde alius incipit sensus : sed in ipsis etiam distinctionibus tempus alias brevius, alias longius dabimus ; interest enim, sermonem finiant, an sensum : itaque illam distinctionem, *littora*, protinus altero spiritus initio insequar : quum illuc venero, *atque altæ mœnia Romæ*, deponam, et morabor, et novum rursus exordium faciam. Sunt aliquando et sine respiratione quædam moræ etiam in periodis, ut in illa, *In cœtu vero populi romani, negotium publicum gerens, magister equitum*, etc. Multa membra habet ; sensus enim sunt alii atque alii ; et sicut una circumductio est, ita paulum morandum in his intervallis, non interrumpendus est contextus : sed e contrario spiritum interim recipere sine intellectu moræ necesse est; quo loco quasi surripiendus est, alioqui si inscite recipiatur, non minus afferat obscuritatis, quam vitiosa distinctio : virtus autem distinguendi fortasse sit parva, sine qua tamen esse nulla alia in agendo potest. *Ornata* est pronunciatio, cui suffragatur *vox facilis, magna, beala, flexibilis, firma, dulcis, durabilis, clara, pura, secans aera et auribus sedens :* est enim quædam ad auditum accommodata, non magnitudine, sed proprietate, ad hoc velut tractabilis, utique habens omnes in se, qui desiderantur, sonos intentionesque, et *toto*, ut aiunt, *organo* instructa ; cui aderit lateris firmitas, spiritus quum spatio pertinax, tum labori non facile cessurus. Neque gravissimus autem in musica sonus, nec acutissimus orationibus convenit : nam et hic parum clarus, nimiumque plenus, nullum afferre animis motum potest; et ille prætenuis, et immodicæ claritatis, quum est ultra verum, tum neque pronunciatione flecti, neque diutius ferre intentionem potest. Nam vox, ut nervi, quo remissior, hoc

il en est de la voix comme des cordes d'un instrument : plus elle est relâchée, plus le son en est grave et plein ; au contraire, plus elle est tendue, plus le son en est mince et aigu. Ainsi, trop basse, elle n'a point de force ; trop haute, elle risque de se rompre. Les tons moyens sont donc préférables, sauf à les animer ou à les modérer selon le besoin. En effet, pour bien prononcer, la première condition est l'*égalité*. Autrement, on ne fera que sautiller : les intervalles, les longues et les brèves, les tons graves et aigus, bas et élevés, tout sera confondu, et, par le défaut d'accord dans des choses qui sont comme les pieds du discours, la prononciation aura l'air de boiter. La seconde condition est la *variété*, et là est toute la prononciation. Qu'on ne croie pas que l'égalité et la variété soient incompatibles ; car à ces deux qualités correspondent deux défauts, l'inégalité et l'uniformité. Or, outre qu'elle embellit la prononciation et récrée l'oreille, la variété délasse encore celui qui parle, par le changement même de sa peine. Ainsi, nous sommes tantôt debout, tantôt assis, tantôt couchés, et tantôt nous marchons, la même attitude devenant insupportable à la longue. Mais ce qui est extrêmement important, c'est, comme je le dirai tout à l'heure, de conformer notre voix à la nature des choses dont nous parlons, et à l'état présent de notre esprit, pour qu'elle soit en harmonie avec nos paroles. Évitons donc la monotonie qui consiste à parler tout d'une haleine et toujours sur le même ton ; et non-seulement gardons-nous de tout dire en criant, ce qui est d'un insensé ; ou d'un ton de conversation, ce qui manque de mouvement ; ou à voix basse, ce qui ôte toute portée aux plus véhémentes intonations ; mais sachons aussi varier les mêmes parties, les mêmes sentiments, par certaines inflexions délicates, selon que le demande, ou la dignité des paroles, ou la nature des pensées ; suivant que nous sommes à la fin ou au commencement d'une période, ou que nous passons d'un membre à un autre. Imitons ces anciens peintres, qui, bien qu'ils n'employassent qu'une seule couleur, savaient donner plus de relief à certaines parties, à d'autres moins : sans quoi ils n'auraient même pu rendre sensibles les distinctions des membres. Rappelons-nous le commencement de la célèbre oraison de Cicéron pour Milon. Ne voit-on pas que, presque à chaque incise, il faut, pour ainsi dire, changer de visage, tout en présentant la même face ? *Quoique j'appréhende qu'il ne soit honteux de témoigner de la crainte en prenant la parole pour défendre un homme de cœur, etc.* Toute cette proposition a quelque chose de contraint et de soumis, parce que c'est un exorde, et l'exorde d'un homme embarrassé ; cependant Cicéron a dû nécessairement prendre un ton plus plein et plus élevé pour prononcer ces mots : *pour défendre un homme de cœur*, que pour prononcer ceux-ci : *Quoique j'appréhende qu'il ne soit honteux de témoigner de la crainte.* Après avoir repris haleine pour continuer, il a dû s'enhardir, et par un certain effort naturel, qui fait qu'on se rassure à mesure qu'on avance, et par le sentiment de la magnanimité de Milon, qu'il s'encourage à imiter, en disant : *Quoiqu'il soit inconvenant, lorsque Milon tremble plus pour la république que pour lui-même......* ajoutant, du ton d'un homme qui se fait une espèce de reproche : *de ne pouvoir apporter à sa défense une grandeur d'âme égale à la sienne...* puis, abordant ce qu'il y avait d'odieux dans les formes du jugement : *cependant l'appareil inoui*

---

gravior et plenior ; quo tensior, hoc tenuis et acuta magis est : sic ima vim non habet, summa rumpi periclitatur : mediis ergo utendum sonis ; hique cum augenda intentione excitandi, cum summittenda sunt temperandi. Nam prima est observatio recte pronunciandi, *æqualitas*, ne sermo subsultet inæqualitatem spatiis ac sonis, miscens longa brevibus, gravia acutis, elata summissis, et inæqualitate horum omnium, sicut pedum, claudicet. Secunda *varietas*, quod solum est pronunciatio : ac ne quis pugnare inter se putet æqualitatem et varietatem ; quum illi virtuti contrarium vitium sit inæqualitas, huic, qui dicitur μονοειδής, quasi quidam unus aspectus : ars porro variandi quum gratiam præbet, ac renovat aures, tum dicentem ipsa laboris mutatione reficit ; ut standi, ambulandi, sedendi, jacendi vices sunt, nihilque eorum pati unum diu possumus. Illud vero maximum (sed id paulo post tractabimus), quod secundum rationem rerum, de quibus dicimus, animorumque habitus, conformanda vox est, ne ab oratione discordet : vitemus igitur illam, quæ græce μονοτονία vocatur, una quædam spiritus ac soni intentio : non solum ne dicamus omnia clamose, quod insanum est ; aut intra loquendi modum, quod motu caret, aut summisso murmure, quo etiam debilitatur omnis intentio : sed ut in iisdem partibus iisdemque affectibus sint tamen quædam non ita magnæ vocis declinationes, prout aut verborum dignitas, aut sententiarum natura, aut depositio, aut inceptio, aut transitus postulabit : ut qui singulis pinxerunt coloribus, alia tamen eminentiora, alia reductiora fecerunt, sine quo ne membris quidem suas lineas dedissent. Proponamus enim nobis illud Ciceronis in oratione nobilissima pro Milone principium, nonne ad singulas pæne distinctiones, quamvis in eadem facie, tamen quasi vultus mutandus est ? *Etsi vereor, judices, ne turpe sit, pro fortissimo viro dicere incipientem timere.* Etiamsi toto proposito contractum atque summissius, quia et exordium est, et solliciti exordium, tamen fuerit, necesse est, aliquid plenius et erectius, quum dicit, *pro fortissimo viro*, quam quum, *Etsi vereor*, et, *turpe sit*, et, *timere*. Jam secunda respiratio increscat oportet, et naturali quodam conatu, quo minus pavide dicimus, quæ sequuntur, et quod magnitudo animi Milonis ostenditur, minimeque deceat, quum T. Annius ipse magis reipublicæ de salute, quam de sua perturbetur ; deinde quasi objurgatio sui est, *me ad ejus causam parem*

de ce tribunal nouveau effraye mes yeux... et, puisant dans ce grief un nouveau motif d'assurance, il a dû achever sa phrase sans balbutier : *qui, de quelque côté qu'ils se tournent, ne retrouvent plus les usages du barreau, ni les formes accoutumées de la justice.* Enfin, on sent que l'orateur a le champ libre, et peut donner un plein essor à sa voix dans ces mots qui terminent la période : *car je ne vois plus votre tribunal environné de son assistance ordinaire.*

J'ai voulu faire voir par cette citation que non-seulement dans les membres d'une cause, mais encore dans ses articulations, la prononciation doit être variée : sans quoi tout présente une surface unie et de même couleur. Mais ne forçons pas notre voix; car, outre que souvent ainsi on l'étouffe, l'effort la rend moins claire, et quelquefois, comme si elle était étranglée, elle s'échappe en un son que les Grecs appellent du même nom que le chant des jeunes coqs. Ne confondons pas non plus ce que nous disons par une trop grande *volubilité*, qui détruit toute distinction, ne laisse pas à l'auditeur le temps d'être affecté, et quelquefois même laisse inachevée la prononciation des mots. Gardons-nous aussi d'une autre extrémité, je veux dire d'une excessive lenteur, qui trahit la difficulté que nous éprouvons à trouver ce que nous voulons dire, engourdit l'auditeur, et, ce qui est à prendre en considération, fait que, pendant ce temps-là, l'eau s'écoule et l'audience finit. Que la prononciation soit donc prompte, sans précipitation; modérée, sans lenteur. Quant à la respiration, qu'elle ne soit ni trop fréquente, ce qui rend le discours saccadé; ni traînée en longueur, jusqu'à défaillir; car le son de cette respiration poussée à bout est désagréable; et lorsque l'orateur veut reprendre son haleine, semblable à un plongeur qui sort de l'eau, il la reprend difficilement, longuement et à contre-temps, parce qu'il le fait, non par un mouvement de sa volonté, mais par nécessité. C'est pourquoi, lorsqu'on a une période un peu longue à prononcer, il faut recueillir son haleine; et cela sans trop s'arrêter, ni avec bruit, ni trop manifestement. Dans les autres endroits, on pourra très-bien respirer. Il faut néanmoins s'exercer à avoir une respiration aussi longue que possible. Pour y parvenir, Démosthène avait coutume de réciter tout d'une haleine, et en montant, le plus de vers qu'il pouvait. Le même orateur, pour parvenir à prononcer librement et correctement toute sorte de mots, s'exerçait à parler chez lui en roulant de petits cailloux dans sa bouche. Quelquefois la respiration est suffisamment longue, pleine et claire, mais peu ferme; et par conséquent tremblante, comme ces corps qui ont, en apparence, tout ce qui constitue la force et la santé, mais que les muscles ne soutiennent pas : imperfection que les Grecs appellent βράγχον. Il y en a qui, au lieu de reprendre naturellement leur haleine, aspirent l'air entre les intervalles des dents avec un sifflement désagréable; d'autres qui, sans cesse haletants et poussant de profonds soupirs, gémissent comme des bêtes de somme qui succombent sous le faix : ce qu'ils affectent même, pour paraître accablés sous l'abondance de leurs idées, et comme si leur gosier ne pouvait suffire au torrent de leur éloquence. Chez d'autres, la bouche embarrassée lutte, pour ainsi dire, avec les mots. Pour ce qui est de tousser, de cracher à chaque instant, de tirer du fond de ses poumons des flots de pituite, d'inonder les voisins de salive, et de chasser l'air, comme une fumée, par les narines; ce

---

animi magnitudinem afferre non posse; tum invidiosiora, *Tamen hæc novi judicii nova forma terret oculos :* illa vero jam pæne apertis, ut aiunt, tibiis, *qui, quocunque inciderunt, consuetudinem fori, et pristinum morem judiciorum requirunt :* nam sequens latum etiam atque fusum est, *non enim corona consessus vester cinctus est, ut solebat.* Quod notavi, ut appareret, non solum in membris causæ, sed etiam in articulis esse aliquam pronunciandi varietatem, sine qua nihil neque majus neque minus est : vox autem ultra vires urgenda non est; nam et *suffocatur* sæpe, et majore nisu minus clara est, et interim *elisa* in illum sonum erumpit, cui Græci nomen a gallorum immaturo cantu dederunt. Nec *volubilitate* nimia confundenda, quæ dicimus; qua et distinctio perit, et affectus; et nonnunquam etiam verba aliqua sui parte fraudantur. Cui contrarium est vitium nimiæ tarditatis : nam et difficultatem inveniendi fatetur, et segnitia solvit animos, et, in quo est aliquid, temporibus præfinitis aquam perdit : promptum sit os, *non præceps*; moderatum, non lentum. Spiritus quoque nec crebro receptus concidat sententiam; nec eo usque trahatur, donec deficiat : nam et deformis est consumpti illius sonus, et respiratio sub aqua diu pressi similis, et receptus longior, et non opportunus, ut qui fiat, non ubi volumus, sed ubi necesse est : quare longiorem dicturis periodum colligendus est spiritus; ita tamen, ut id neque diu, neque cum sono faciamus, neque omnino ut manifestum sit; reliquis partibus optime inter juncturas sermonis revocabitur. Exercendus autem est, ut sit quam longissimus; quod Demosthenes ut efficeret, scandens in adversum continuabat quam posset plurimos versus : idem, quo facilius verba ore libero exprimeret, calculos lingua volvens dicere domi solebat. Est interim et longus, et plenus, et clarus satis spiritus, non tamen firmæ intentionis, ideoque tremulus; ut corpora, quæ aspectu integra, nervis parum sustinentur : id βράγχον Græci vocant. Sunt qui spiritum cum stridore per raritatem dentium non recipiunt, sed resorbent : sunt qui crebro anhelitu, et introrsum etiam clare sonante, imitentur jumenta onere et jugo laborantia. Quod affectant quoque, tamquam inventionis copia urgeantur, majorque vis eloquentiæ ingruat, quam ore emitti faucibus possit. Est aliis concursus oris, et cum verbis suis colluctatio. Jam tussire, et exspuere crebro, et ab imo pulmone pituitam trochleis

ne sont pas, à la vérité, des défauts de la voix, mais comme c'est à cause de la voix qu'ils se produisent, j'ai pu en parler ici plutôt qu'ailleurs. Mais, de tous ces défauts, il n'en est aucun que je ne supporte plus patiemment que celui qui règne aujourd'hui au barreau et dans les écoles, je veux dire la manie de chanter. Je ne sais ce qu'on doit y blâmer le plus, de son mauvais effet ou de son inconvenance. Car quoi de plus indigne d'un orateur que cette modulation théâtrale, et quelquefois semblable au chant folâtre des ivrognes ou de convives en débauche? Quoi de plus contraire au but qu'on se propose, lorsqu'il s'agit d'exciter la douleur, la colère, l'indignation, la pitié, non-seulement que de s'éloigner de ces sentiments, auxquels il faut amener les juges, mais que de braver la sainteté du barreau jusqu'à y jouer aux dés? Car Cicéron dit que *les rhéteurs de Lycie et de Carie allaient presque jusqu'à chanter dans les épilogues :* pour nous, nous ne nous en tenons pas même à un chant un peu sévère. Qui a jamais chanté, je le demande, en se défendant, je ne dis pas contre une accusation d'homicide, de sacrilège, ou de parricide, mais contre une simple demande en reddition de compte? S'il faut absolument passer condamnation sur cet usage, rien ne s'oppose à ce qu'on s'accompagne avec la lyre ou la flûte, ou plutôt avec des cymbales, dont le bruit a encore plus de conformité avec ce ridicule abus. Cependant nous nous y laissons entraîner volontiers, parce qu'il n'est personne qui ne goûte ce qu'il chante, et qu'il est plus aisé de chanter que de prononcer comme il faut. Ensuite il y a certaines gens qui, dans les loisirs de leurs vices, et cherchant partout le plaisir, ne viennent que pour entendre des sons qui flattent leurs oreilles. Mais, va-t-on m'objecter, est-ce que Cicéron ne dit pas qu'*il y a dans la prononciation une sorte de chant obscur?* et ce chant n'a-t-il pas une certaine cause naturelle?

Je ferai voir tout à l'heure quand et jusqu'à quel point on peut se permettre cette inflexion, cette sorte de chant, si l'on veut, mais de chant obscur, ce que la plupart ne veulent pas comprendre : car il est temps d'expliquer ce que c'est qu'une *prononciation convenable.* C'est certainement celle qui est appropriée aux choses dont on parle. Or, rien ne contribue tant à cet accord que le mouvement de l'âme, et la voix résonne selon qu'elle est frappée. Mais comme il y a deux sortes de sentiments, les uns vrais, les autres feints et imités, les vrais éclatent naturellement, comme la douleur, la colère, l'indignation mais leur expression manque d'art, et a besoin par conséquent de règles et de direction. Les autres, au contraire, sont le produit de l'art, et non de la nature : aussi, pour les bien exprimer, il faut se les rendre, pour ainsi dire, personnels, par la puissance de la sensibilité et de l'imagination. Alors la voix, comme interprète de nos sentiments, fera passer dans l'âme des juges l'émotion qu'elle aura prise dans la nôtre; car la voix est l'image de l'âme, et en subit toutes les variations. Dans la joie, elle est pleine et pure, et s'épanche avec une sorte de gaîté légère; dans la lutte, elle s'élève, déploie toutes ses forces, et a, pour ainsi dire, toutes ses cordes tendues; dans la colère, elle est farouche, âpre, contrainte et entrecoupée, car l'haleine ne peut être longue lorsqu'elle se répand outre mesure. S'agit-il de jeter de l'odieux sur quel-

---

adducere, et oris humore proximos spargere, et majorem partem spiritus in loquendo per nares effundere, etiamsi non utique vocis sunt vitia; quia tamen propter vocem accidunt, potissimum huic loco subjiciantur. Sed quodcunque ex his vitium magis tulerim, quam, quo nunc maxime laboratur in causis omnibus scholisque, cantandi; quod inutilius sit, an fœdius, nescio : quid enim minus oratori convenit, quam modulatio scenica, etnonnunquam ebriorum, aut comissantium licentiæ similis? Quid vero movendis affectibus contrarium magis, quam, quum dolendum, irascendum, indignandum, commiserandum sit, non solum ab his affectibus, in quos inducendus est judex, recedere, sed ipsam fori sanctitatem ludorum talarium licentia solvere? Nam Cicero *illos ex Lycia et Caria rhetoras pœne cantare in epilogis* dixit : nos etiam cantandi severiorem paulo modum excessimus. Quisquamne, non dico de homicidio, sacrilegio, parricidio, sed de calculis certe atque rationibus, quisquam denique, ut semel finiam, in lite cantat? Quod si omnino recipiendum est, nihil causæ est, cur non illam vocis modulationem fidibus ac tibiis, immo hercule, quod est huic deformitati propius, cymbalis adjuvemus. Facimus tamen hoc libenter : nam nec cuiquam sunt injucunda, quæ cantant ipsi, et laboris in hoc, quam in agendo, minus est. Sunt et quidam, qui secundum alia vitæ vitia, etiam hac ubique audiendi, quod aures mulceat, voluptate ducantur. Quid ergo? non et Cicero dicit esse *aliquem in oratione cantum obscuriorem?* et hoc quodam naturali initio venit? Ostendam non multo post, ubi et quatenus recipiendus sit hic flexus, et cantus quidem, sed, quod plerique intelligere nolunt, obscurior. Jam enim tempus est dicendi, quæ sit *apta pronunciatio;* quæ certe ea est, quæ iis, de quibus dicimus, accommodatur: quod quidem maxima ex parte præstant ipsi motus animorum, sonatque vox, ut feritur; sed quum sint alii veri affectus, alii ficti et imitati, veri naturaliter erumpunt, ut dolentium, irascentium, indignantium; sed carent arte; ideoque sunt disciplina et ratione formandi. Contra qui effinguntur imitatione, artem habent; sed hi carent natura; ideoque in iis primum est bene affici, et concipere imagines rerum, et tamquam veris moveri: sic velut media vox, quem habitum a nostris acceperit, hunc judicium animis dabit : est enim mentis index, ac totidem, quot illa, mutationes habet. Itaque lætis in rebus *plena* et *simplex* et ipsa quodammodo *hilaris* fluit; in certamine *erecta* totis viribus, et velut omnibus nervis intenditur; *atrox* in ira, et *aspera* ac *densa,* et respirationis crebra : neque enim potest esse longus spiritus, quum immoderate effunditur :

qu'un, elle est un peu lente, car ce n'est guère que dans les inférieurs que la haine se rencontre. Mais veut-on flatter, descendre à des aveux, donner satisfaction, prier, elle est douce et soumise ; veut-on conseiller, avertir, promettre, consoler, elle est grave ; la crainte et la pudeur la contractent. S'agit-il d'exhorter, elle est véhémente ; de disputer, elle est roulante ; de témoigner de la pitié, elle est, pour ainsi dire, penchée, plaintive, et même un peu obscure à dessein. Mais dans les digressions elle est coulante, claire et assurée ; dans les récits et les discours familiers, elle est droite, et tient le milieu entre le ton grave et l'aigu. Elle s'élève ou s'abaisse avec l'âme tumultueuse ou calme, tantôt plus haut, tantôt plus bas, selon le degré de passion qu'elle doit exprimer.

J'ajournerai un peu mes préceptes sur le ton que réclame chaque partie de l'oraison, parce que j'ai auparavant à parler du geste, qui lui-même agit de concert avec la voix, et obéit à l'âme conjointement avec elle.

Pour comprendre l'importance du *geste* dans l'orateur, il suffit de considérer tout ce qu'il peut exprimer sans le secours de la parole : car non-seulement la main, mais un signe de tête, manifestent notre volonté, et tiennent lieu de langage chez les muets. Souvent la danse se fait entendre et touche, sans être accompagnée de la voix ; à la démarche d'une personne, à l'air de son visage, on voit ce qu'elle a dans l'âme ; enfin les animaux, tout privés qu'ils sont de la parole, expriment la colère, la joie, le désir de plaire, par les yeux et certains mouvements du corps. Au reste, doit-on s'étonner que des signes qui, après tout, sont animés, fassent tant d'impression sur l'âme, puisque la peinture, œuvre muette et immuable, agit si puissamment sur nous, qu'elle semble quelquefois plus expressive que la parole ? Au contraire, si le geste et le visage ne s'accordent pas avec ce que nous disons, si nous parlons gaiement d'une chose triste, si nous disons oui de l'air dont on dit non, nous ôtons à nos paroles non-seulement toute autorité, mais encore toute créance.

Le geste et le mouvement contribuent aussi à la grâce : aussi Démosthène avait-il coutume de composer son action devant un grand miroir, tant il était persuadé que, bien que le miroir réfléchisse les objets à gauche, il ne devait s'en rapporter qu'à ses yeux pour l'effet qu'il voulait produire ! Or, la tête tient le premier rang dans l'action, comme dans les parties du corps, soit pour ajouter à la grâce, soit pour ajouter à la signification. La grâce exige d'abord qu'elle soit droite et dans son aplomb naturel : car, baissée, elle donne un air d'abjection ; renversée en arrière, d'arrogance ; penchée, d'indolence ; roide et immobile, elle accuse une certaine férocité. En second lieu, c'est de l'action même qu'elle doit recevoir des mouvements, en sorte que, d'accord avec le geste, elle suive la direction des mains et l'oscillation du corps : car la tête se tourne toujours du côté du geste, excepté quand il s'agit d'exprimer la réprobation, le refus, ou l'horreur. Ainsi, en même temps que nous écartons de la main un objet odieux, nous détournons la tête avec aversion, comme en prononçant ce vers :

Détournez, justes dieux, ce malheur loin de nous!

ou celui ci :

Je ne me juge pas digne d'un tel honneur.

---

paulum in invidia facienda *lentior*, quia non fere ad hanc nisi inferiores confugiunt : at in blandiendo, fatendo, satisfaciendo, rogando, *lenis* et *summissa :* suadentium, et monentium, et pollicentium, et consolantium *gravis :* in metu et verecundia *contracta*, adhortationibus *fortis*, disputationibus *teres*, miseratione *flexa* et *flebilis*, et consulto quasi obscurior : at in egressionibus *fusa*, et securæ claritatis, in expositione ac sermonibus *recta*, et inter acutum sonum et gravem media : *attollitur* autem concitatis affectibus, compositis *descendit*, pro utriusque rei modo altius, vel inferius. Quid autem quisque in dicendo postulet locus, paulum differam, ut de gestu prius dicam ; qui et ipse voci consentit, et animo cum ea simul paret. Is quantum habeat in oratore momenti, satis vel ex eo patet, quod pleraque, etiam citra verba, significat. Quippe non manus solum, sed nutus etiam declarant nostram voluntatem, et in mutis pro sermone sunt, et saltatio frequenter sine voce intelligitur atque afficit, et ex vultu ingressuque perspicitur habitus animorum ; et animalium quoque sermone carentium ira, lætitia, adulatio et oculis et quibusdam aliis corporis signis deprehenditur. Nec mirum, si ista, quæ tamen in aliquo posita sunt motu, tantum in animis valent ; quum pictura, tacens opus, et habitus semper ejusdem, sic in intimos penetret affectus, ut ipsam vim dicendi nonnunquam superare videatur : contra si gestus ac vultus ab oratione dissentiant, tristia dicamus hilares, affirmemus aliqua renuentes ; non auctoritas modo verbis, sed etiam fides desit. Decor quoque a gestu atque a motu venit : ideoque Demosthenes grande quoddam intuens speculum, componere actionem solebat ; adeo, quamvis fulgor ille sinistras imagines reddat, suis demum oculis credidit, quod efficeret. Præcipuum vero in actione, sicut in corpore ipso, caput est, quum ad illum, de quo dixi, decorem, tum etiam ad significationem. Decoris illa sunt, ut sit primo rectum, et secundum naturam : nam et dejecto humilitas, et supino arrogantia, et in latus inclinato languor, et præduro ac rigente barbaria quædam mentis ostenditur : tum accipiat aptos ex ipsa actione motus, ut cum gestu concordet, et manibus ac lateribus obsequatur : aspectus enim semper eodem vertitur, quo gestus, exceptis quæ aut damnare, aut non concedere, aut a nobis removere oportebit ; ut idem illud vultu videamur aversari, manu repellere :

. . . . Dii talem avertite pestem!
. . . . . . Haud equidem tali me dignor honore.

Significat vero plurimis modis : nam præter annuendi, re-

La tête exprime une infinité de choses : car, outre les mouvements qui lui sont ordinaires pour acquiescer, refuser ou affirmer, elle en a encore de connus et de communs à tous les hommes pour témoigner de la pudeur, de l'hésitation, de la surprise, ou de l'indignation. Cependant les maîtres de l'art scénique estiment eux-mêmes que c'est un défaut de ne gesticuler qu'avec la tête. C'en est un aussi de la remuer trop souvent : à plus forte raison n'appartient-il qu'à un fanatique de faire tournoyer en l'air sa tête et sa chevelure.

Ce qui domine principalement dans la tête, c'est le visage. Il implore, il menace, il flatte; il exprime la tristesse ou la joie, la fierté ou la soumission. C'est sur le visage que se fixent tous les regards, que se porte toute l'attention, avant même que l'orateur n'ait ouvert la bouche; c'est le visage qui décide quelquefois de l'amour ou de la haine. Enfin, le visage fait entendre une foule de choses, et souvent en dit plus que tous les discours. C'est pour cela qu'au théâtre les acteurs composent, pour ainsi dire, jusqu'à leurs masques, et y font lire, dans la tragédie, la tristesse d'Érope, la rage de Médée, la stupeur d'Ajax, la frénésie d'Hercule. Et, dans la comédie, outre que le masque annonce distinctement un esclave, un entremetteur, un parasite, un paysan, un soldat, une courtisane, une servante, un vieillard sévère ou indulgent, un jeune homme de bonnes mœurs ou libertin, une matrone, une jeune fille, on donne encore au père, qui remplit le principal personnage, un masque où l'un des sourcils, fièrement relevé, semble s'armer de colère, tandis que l'autre, reposant paisiblement sur l'œil, annonce la douceur; et l'acteur a soin de montrer le côté du masque qui convient à la situation. Mais ce qu'il y a de plus expressif dans le visage, ce sont les yeux; c'est surtout dans les yeux que l'âme se reflète, à tel point que, même sans qu'ils remuent, la joie les fait briller, et la tristesse les couvre d'une sorte de nuage. La nature leur a aussi donné les larmes, dont la source est dans l'âme, et qui s'échappent avec impétuosité dans la douleur, ou coulent doucement dans la joie. Mais que dirai-je des expressions variées que leur donne le mouvement? Tour à tour animés, calmes, fiers, farouches, doux, terribles, ils parlent tous les langages, au gré de l'orateur et de la cause. Toutefois, n'affectons jamais de regarder avec des yeux effarés et démesurément ouverts, ou abattus et mornes, ou stupides, ou agaçants et mobiles, ou langoureux et comme voilés d'une teinte de volupté, ou obliques et amoureux, ou qui demandent ou promettent quelque chose. Car, pour ce qui est de les tenir couverts ou fermés en parlant, ce ne peut être que le fait d'un homme entièrement dépourvu d'expérience ou de sens. Les paupières et les joues ont aussi une certaine part dans cette éloquence du corps, et particulièrement les sourcils, puisqu'ils dessinent jusqu'à un certain point la forme des yeux, et règnent, pour ainsi dire, sur le front, qu'ils contractent, élèvent ou abaissent, à leur gré. Je ne vois rien qui agisse plus sur cette partie du visage, si ce n'est le sang, qui reçoit son mouvement des affections de l'âme. Ainsi, lorsque la honte maîtrise le front, le sang s'y porte, et le couvre de rougeur; dans la crainte, au contraire, il s'enfuit, et laisse, en se retirant, la pâleur sur la peau glacée; enfin, lorsqu'il est répandu dans un juste tempérament, il produit cette sérénité qui tient le milieu entre la rougeur et la pâleur.

nuendi, confirmandique motus, sunt et verecundiæ, et dubitationis, et admirationis, et indignationis noti et communes omnibus. Solo tamen eo facere gestum scenici quoque doctores vitiosum putaverunt : etiam frequens ejus nutus non caret vitio; adeo jactare id, et comas excutientem rotare, fanaticum est. Dominatur autem maxime vultus : hoc supplices, hoc minaces, hoc blandi, hoc tristes, hoc hilares, hoc erecti, hoc summissi sumus; hoc pendent homines, hunc intuentur, hunc spectant, etiam antequam dicimus; hoc quosdam amamus, hoc odimus; hoc plurima intelligimus, hic est sæpe pro omnibus verbis. Itaque in iis, quæ ad scenam componuntur, fabulis artifices pronunciandi a personis quoque affectus mutuantur : ut sit *Aerope* in tragœdia *tristis*, *atrox Medea*, *attonitus Ajax*, *truculentus Hercules*. In comœdiis vero præter aliam observationem, qua servi, lenones, parasiti, rustici, milites, meretriculæ, ancillæ, senes austeri ac mites, juvenes severi ac luxuriosi, matronæ, puellæ, inter se discernuntur; pater ille, cujus præcipuæ partes sunt, quia interim concitatus, interim lenis est, altero erecto, altero composito est supercilio : atque id ostendere maxime latus actoribus moris est, quod cum iis, quas agunt, partibus congruat. Sed in ipso vultu plurimum valent oculi, per quos maxime animus eminet, ut citra motum quoque et hilaritate enitescant, et tristitiæ quoddam nubilum ducant : quin etiam lacrimas his natura mentis indices dedit; quæ aut erumpunt dolore, aut lætitia manant : motu vero intenti, remissi, superbi, torvi, mites, asperi fiunt : quæ, ut actus poposcerit, fingentur. Rigidi vero et extenti, aut languidi et torpentes, aut stupentes, aut lascivi et mobiles, aut natantes et quadam voluptate suffusi, aut limi et, ut sic dicam, venerei, aut poscentes aliquid, pollicentesve, nunquam esse debebunt : nam opertos, compressosve eos in dicendo quis, nisi plane rudis, aut stultus, habeat? Et ad hæc omnia exprimenda in palpebris etiam et genis est quoddam deserviens iis ministerium. Multum et superciliis agitur : nam et oculos formant aliquatenus, et fronti imperant : his contrahitur, attollitur, demittitur; ut una res in ea plus valeat, sanguis ille, qui mentis habitu movetur, et, quum infirmam verecundia cutem accepit, effunditur in ruborem; quum metu refugit, abit omnis et pallore frigescit; temperatus medium quoddam serenum efficit. Vitium in superciliis, si aut immota sunt omnino, aut nimium mobi-

Pour en revenir aux sourcils, c'est un défaut quand ils sont tout à fait immobiles, ou quand on les fait trop jouer, ou quand leurs mouvements se contrarient, comme je le disais tout à l'heure à propos d'un masque de théâtre, ou quand ces mouvements ne s'accordent pas avec ce qu'on dit; car ils annoncent la colère, quand ils se contractent; la tristesse, quand ils se séparent; la joie, quand ils se relâchent; l'acquiescement ou le refus, quand ils se haussent ou se baissent. Je ne vois guère ce que les narines et les lèvres pourraient exprimer avec grâce, quoiqu'elles réussissent à marquer la dérision, le mépris et le dégoût; car se plisser les narines, comme dit Horace, les gonfler, les mouvoir, y porter sans cesse les doigts, les secouer brusquement, pour en chasser l'air, les dilater à chaque instant, ou les retrousser avec le creux de la main, tout cela est inconvenant, puisque même on blâme, et avec raison, l'action de se moucher souvent. C'est aussi un défaut d'avancer les lèvres, de les fendre, de les serrer, de les dilater jusqu'à montrer les dents, de les élargir presque jusqu'aux oreilles, de les replier dédaigneusement, de les laisser pendre, et de ne donner passage à la voix que d'un côté; surtout, de les lécher et de les mordre. Enfin, leur mouvement doit même avoir peu de part à la prononciation; car on doit parler de la bouche plutôt que des lèvres. Le cou doit être droit, mais sans être roide ni renversé. Qu'il ne soit pas non plus ramassé ni tendu, car ce sont deux défauts qui, quoique différents, sont également choquants : s'il est tendu, il en résulte un état pénible qui amoindrit et fatigue la voix; si le menton s'affaisse sur la poitrine, la pression du gosier rend la voix moins claire et plus grosse. Il sied rarement de hausser ou de serrer les épaules : cette posture racourcit le cou, et donne au geste quelque chose de bas, de servile, et même de faux : aussi, est-elle affectée particulièrement à l'adulation, à l'étonnement et à la crainte. Avancer modérément le bras en conservant les épaules dans leur état naturel, et en déployant la main et les doigts, est un geste très-convenable dans les endroits où l'oraison est continue et rapide; mais, dans ceux où elle a de l'éclat et de l'abondance, comme ici : *Les rochers et les déserts répondent à la voix du poëte,* le bras doit s'étendre à droite et à gauche, en sorte que les paroles et le geste se développent en même temps.

Quant aux mains, sans lesquelles l'action serait faible et tronquée, le nombre des mouvements dont elles sont susceptibles est incalculable, et égale presque celui des mots; car si les autres parties du corps aident, comme auxiliaires, à l'action de parler, les mains font plus, elles parlent, ou peu s'en faut. Elles demandent, elles promettent, elles appellent, elles congédient, elles menacent, elles supplient; elles expriment l'horreur, la crainte, la joie, la tristesse, l'hésitation, l'aveu, le repentir, la mesure, l'abondance, le nombre, le temps. N'ont-elles pas le pouvoir d'exciter, de calmer, de supplier, d'approuver, d'admirer, de témoigner de la pudeur? Ne tiennent-elles pas lieu d'adverbes et de pronoms pour désigner les lieux et les personnes? en sorte que, au milieu de cette prodigieuse diversité de langues qui distinguent les peuples et les nations, elles me paraissent former une espèce de langage commun à tous les hommes. En tout ceci la main, en accompagnant la parole, agit

---

lia, aut inæqualitate, ut modo de persona comica dixeram, dissident, aut contra id, quod dicimus, finguntur : *ira* enim contractis, *tristitia* deductis, *hilaritas* remissis ostenditur : annuendi quoque et renuendi ratione demittuntur, aut allevantur. Naribus labrisque non fere quidquam decenter ostendimus, tametsi derisus iis, contemptus, fastidium significari solet : nam et *corrugare nares,* ut Horatius ait, et inflare, et movere, et digito inquietare, et pulso subito spiritu excutere, et diducere sæpius, et plana manu resupinare, indecorum est; quum emunctio etiam frequentior non sine causa reprehendatur. Labra et porriguntur male, et scinduntur, et astringuntur, et diducuntur, et dentes nudant, et in latus ac pæne ad aurem trahuntur, et velut quodam fastidio replicantur, et pendent, et vocem tantum altera parte dimittunt : lambere quoque ea et mordere, deforme est; quum etiam in efficiendis verbis modicus eorum esse debeat motus : ore enim magis, quam labris, loquendum est. Cervicem rectam oportet esse, non rigidam, aut supinam : collum diversa quidem, sed pari deformitate et contrahitur et tenditur : si tenso subest et labor, tenuaturque vox ac fatigatur : affixum pectori mentum minus claram, et quasi latiorem presso gutture facit. Humerorum raro decens allevatio atque contractio est : breviatur enim cervix, et gestum quemdam humilem atque servilem, et quasi fraudulentum facit, quum se in habitum adulationis, admirationis, metus fingunt. Brachii moderata projectio remissis humeris, atque explicantibus se in proferenda manu digitis, continuos et decurrentes locos maxime decet : at quum speciosius quid uberiusque dicandum est, ut illud, *Saxa atque solitudines voci respondent,* exspatiatur in latus, et ipsa quodammodo se cum gestu fundit oratio. Manus vero, sine quibus trunca esset actio ac debilis, vix dici potest, quot motus habeant, quum pæne ipsam verborum copiam persequantur : nam cæteræ partes loquentem adjuvant, hæ, prope est ut dicam, ipsæ loquuntur. His poscimus, pollicemur, vocamus, dimittimus, minamur, supplicamus, abominamur, timemus; gaudium, tristitiam, dubitationem, confessionem, pœnitentiam, modum, copiam, numerum, tempus, ostendimus. Non concitant? inhibent? supplicant? probant? admirantur? verecundantur? Non in demonstrandis locis ac personis adverbiorum atque pronominum obtinent vicem? ut in tanta per omnes gentes nationesque linguæ diversitate hic mihi omnium hominum communis sermo videatur. Et hi quidem, de quibus sum locutus, cum ipsis vo-

naturellement; mais elle a aussi d'autres gestes, par lesquels elle fait entendre les choses en les imitant. Ainsi, pour exprimer que telle personne est malade, elle contrefait le médecin qui lui tâte le pouls; ou, pour exprimer que telle autre sait la musique, elle compose ses doigts à la manière de ceux qui jouent de la lyre. Mais l'orateur ne saurait trop fuir ce genre d'imitation, qui ne convient qu'à un baladin, et c'est au sens bien plus qu'aux paroles qu'il doit conformer son geste; ce que font même les acteurs qui mettent quelque gravité dans leur jeu. Si donc je permets à un orateur de tourner la main vers soi quand il parle de lui-même, ou de la diriger vers celui qu'il veut désigner, et autres gestes semblables; d'un autre côté, je ne puis souffrir qu'il copie certaines attitudes, et qu'il mette en action tout ce qu'il dit. Et ce n'est pas seulement à l'égard des mains qu'il faut observer ces convenances, c'est à l'égard de toute espèce de geste, et de la voix. Ainsi, dans cette période que j'ai déjà citée : *On voyait un préteur du peuple romain, chaussé à la grecque, etc.*, on ne singera pas la posture de Verrès penché sur le sein d'une courtisane; et dans cette autre : *Un citoyen romain était battu de verges sur la place publique de Messine*, on n'imitera pas les mouvements convulsifs d'un corps déchiré par le fouet, ni les gémissements que la douleur arrache au patient. Je désapprouve même tout à fait qu'un acteur, même dans le rôle d'un jeune homme, si néanmoins, dans l'exposition, il a à rapporter le discours d'un vieillard, comme dans le prologue de l'*Hydria*, ou d'une femme, comme dans le *Géorgus*, affecte une voix tremblante ou efféminée : tant il est vrai qu'il y a une certaine imitation vicieuse, que doivent s'interdire ceux même dont tout l'art consiste dans l'imitation! Pour en revenir à la main, un geste très-commun, c'est d'avoir le doigt du milieu plié contre le pouce, et les trois autres déployés. Ce geste sied bien dans les exordes, lorsqu'il se balance doucement, et sans mesurer trop d'intervalle, tandis que la tête et les épaules suivent d'une manière presque insensible le mouvement de la main. Dans la narration, il doit être plus déterminé et en même temps un peu plus développé. Enfin, il doit être vif et pressant dans les reproches et l'argumentation, qui demandent plus d'essor et de liberté. Mais ce même geste devient vicieux quand il se porte de côté et va chercher l'épaule gauche; et ce qui est pis encore, c'est de faire comme quelques orateurs qui présentent le bras transversalement et prononcent du coude. Quelquefois ce sont les deux doigts du milieu qu'on avance sous le pouce, et ce geste est encore plus pressant que l'autre : aussi, ne convient-il ni à l'exorde ni à la narration. Mais lorsque les trois derniers doigts sont fermés sous le pouce, le premier, celui dont, au rapport de Cicéron, Crassus se servait si bien, s'allonge ordinairement; et, dans cet état, il sert à réprimander ou à indiquer, d'où lui est venu son nom (*index*). Si la main est élevée et regarde l'épaule, un peu incliné, il affirme; tourné vers la terre et comme penché en avant, il presse, insiste; quelquefois il signifie un nombre. Ce même doigt, quand on pose légèrement sur son extrémité le doigt du milieu et le pouce, en courbant un peu les deux derniers, mais le plus petit moins que l'autre, ce même doigt, dis-je, est propre à la discussion. Cependant l'argumentation paraît plus vive quand on

---

cibus naturaliter exeunt gestus : alii sunt, qui res imitatione significant; ut si ægrum, tentantis venas medici similitudine, aut citharœdum, formatis ad modum percutientis nervos manibus, ostendas, quod est genus quam longissime in actione fugiendum. Abesse enim plurimum a saltatore debet orator, ut sit gestus ad sensum magis, quam ad verba, accommodatus; quod etiam histrionibus paulo gravioribus facere moris fuit : ergo ut ad se manum referre, quum de se ipso loquatur, in eum, quem demonstret, intendere, et aliqua his similia permiserim; ita non, effingere status quosdam, et quidquid dicet ostendere. Neque id in manibus solum, sed in omni gestu ac voce servandum est : non enim aut in illa periodo, *Stetit soleatus prætor populi romani*, inclinatio incumbentis in mulierculam Verris effingenda est; aut in illa, *Cædebatur in medio foro Messanæ*, motus laterum, qualis esse ad verbera solet, torquendus; aut vox, qualis dolore exprimitur, eruenda. Quum mihi comœdi quoque pessime facere videantur, qui, etiamsi juvenem agant, quum tamen in expositione aut senis sermo, ut in *Hydriæ prologo*, aut mulieris, ut in *Georgo*, incidit, tremula, vel effeminata voce pronuncient : adeo in illis quoque est aliqua vitiosa imitatio, quorum ars omnis constat imitatione. Est autem gestus ille maxime communis, quo medius digitus in pollicem contrahitur explicitis tribus, et principiis utilis cum leni in utramque partem motu modice prolatus, simul capite atque humeris sensim ad id, quo manus feratur, obsecundantibus; et in narrando certus, sed tum paulo productior; et in exprobrando et coarguendo acer atque instans : longius enim partibus his et liberius exseritur. Vitiose vero idem sinistrum quasi humerum petens in latus agi solet; quamquam adhuc pejus aliqui transversum brachium proferunt, et cubito pronunciant. Duo quoque medii sub pollicem veniunt; et est hic adhuc priore gestus instantior, principio et narrationi non accommodatus. At quum tres contracti pollice premuntur; tum digitus ille, quo usum optime Crassum Cicero dicit, explicari solet : is in exprobrando et indicando, unde et ei nomen est, valet; et allevata ac spectante humerum manu paulum inclinatus affirmat; versus in terram et quasi pronus urget; aliquando pro numero est. Idem summo articulo utrinque leviter apprehenso, duobus modice curvatis, minus tamen minimo, aptus ad disputandum est : acrius tamen argumentari videntur, qui medium articulum potius tenent; tanto contractioribus ultimis digitis, quanto priores descenderunt. Est et ille ve-

tient plutôt l'index par le milieu, en contractant les derniers d'autant plus que les premiers descendent plus bas. Un autre geste qui convient particulièrement à un langage modeste, c'est celui où, les quatre premiers doigts faiblement rapprochés par l'extrémité, la main se place non loin de la bouche ou de la poitrine, pour descendre ensuite et s'éloigner à quelque distance, en se déployant. C'est ainsi, ce me semble, que Démosthène dut commencer cet exorde si timide, si humble, de son plaidoyer pour Ctésiphon, et que Cicéron dut composer sa main quand il prononça ces mots : *s'il y a en moi quelque talent, etc.* La main semble même proférer les paroles, lorsque, par un mouvement un peu plus libre et plus développé, l'orateur la rapproche de lui, les doigts pendants et regardant la terre, et qu'il la déploie en la relevant vers la bouche. Tantôt on présente les deux premiers doigts en les écartant, mais sans insérer le pouce dans l'intervalle, et les deux derniers doigts penchent en dedans, sans que les premiers soient allongés ; tantôt les deux derniers pressent le creux de la main vers la racine du pouce, et celui-ci s'unit aux premiers vers le milieu ; tantôt le quatrième est courbé obliquement ; tantôt enfin les quatre sont relâchés plutôt que tendus, et le pouce est incliné en dedans ; et, dans cet état, la main se balance avec assez de grâce, en se portant, les doigts en haut, vers le côté gauche, et, les doigts en bas, vers le côté droit, soit pour indiquer ce qui est à droite ou à gauche, soit pour distinguer les choses dont on parle. Quelquefois les mains un peu renversées, à la manière des personnes qui font quelque vœu, se meuvent avec les épaules sans trop s'écarter l'une de l'autre ; et ce geste convient surtout à un langage réservé, et presque timide. Pour exprimer l'admiration, la main, faiblement renversée, et formant une espèce de cercle avec les doigts, se déploie et se replie alternativement. L'interrogation a plusieurs gestes ; mais le plus ordinaire, c'est de tourner la main vers celui qu'on interroge, de quelque manière qu'elle soit composée. Rapprocher l'index du pouce, et en appuyer l'extrémité sur le milieu du côté droit de l'ongle du pouce, en relâchant les autres doigts, est un geste qui convient bien pour approuver, pour narrer, pour distinguer. Il est fort en usage aujourd'hui chez les Grecs; avec cette différence qu'ils ferment les trois derniers doigts, et qu'ils font ce geste des deux mains, toutes les fois qu'ils veulent figurer aux yeux le cercle de leurs enthymèmes. La main prend un mouvement doux et saccadé pour promettre et pour agréer ; il est plus vif lorsqu'on exhorte, et quelquefois lorsqu'on loue. Il y a un geste fort commun, et qui tient plus à la nature qu'à l'art : c'est de fermer et d'ouvrir la main alternativement et avec vitesse, quand on parle avec véhémence. Lorsque la main, faisant un creux avec les doigts, gesticule légèrement au-dessus de l'épaule, elle a l'air d'encourager ; mais il ne faut pas qu'elle s'agite avec tremblement, quoique ce geste, emprunté aux écoles étrangères, semble autorisé par l'usage : cela n'est bon qu'à la scène. Je ne sais pourquoi certaines gens n'aiment pas que l'orateur rapproche la main de sa poitrine, en réunissant les doigts par leurs extrémités ; car nous faisons naturellement ce geste pour exprimer un léger étonnement, ou même cette sorte de terreur et de déprécation qui accompagne une indignation subite. On peut même, et cela n'est pas sans grâce, sous l'impression du repentir ou de la colère, serrer sa main contre son cœur, en

---

recundæ orationi aptissimus, quo quatuor primis leviter in summum coeuntibus digitis, non procul ab ore, aut pectore refertur ad nos manus, et deinde prona ac paululum prolata laxatur. Hoc modo cœpisse Demosthenem credo in illo pro Ctesiphonte timido summissoque principio ; sic formatam Ciceronis manum, quum diceret, *Si quid est in me ingenii, judices, quod sentio quam sit exiguum*. Eadem aliquatenus liberius deorsum spectantibus digitis colligitur in nos, et fusius paulo in diversum resolvitur, ut quodammodo sermonem ipsum proferre videatur. Binos interim digitos distinguimus, sed non inserto pollice, paulum tamen inferioribus intra spectantibus, sed ne illis quidem tensis, qui supra sunt. Interim extremi palmam circa ima pollicis premunt, ipse prioribus ad medios articulos jungitur; interim quartus oblique reponitur ; interim quatuor remissis magis quam tensis, pollice intus inclinato, habilem demonstrando in latus, aut distinguendis, quæ dicimus, manum facimus, quum supina in sinistrum latus, prona in alterum fertur. Sunt et illi breves gestus, quum manus leviter pandata, qualis voventium est, parvis intervallis, et subassentientibus humeris movetur, maxime apta parce et quasi timide loquentibus.

Est admirationi conveniens ille gestus, quo manus modice supinata, ac per singulos a minimo collecta digitos, redeunte flexu simul explicatur atque convertitur. Nec uno modo interrogantes gestum componimus ; plerumque tamen vertentes manum, utcunque composita est. Pollici proximus digitus, mediumque, qua dexter est, unguem pollicis summo suo jungens, remissis cæteris, est et approbantibus, et narrantibus, et distinguentibus decorus. Cui non dissimilis, sed compressis; tribus digitis, quo nunc Græci plurimum utuntur, etiam utraque manu, quoties enthymemata sua gestu velut corrotundant. Cæsim manus lenior promittit et assentatur, citatior hortatur, interim laudat. Est et ille urgentis orationem gestus vulgaris magis, quam ex arte, qui contrahit alterno celerique motu et explicat manum. Est et illa cava et rara, et supra humeri altitudinem elata cum quodam motu velut hortatrix manus. A peregrinis scholis tamen prope recepta tremula, scenica est. Digitos, quum summi coierunt, ad nos referre, cur quibusdam displicuerit, nescio : nam id et leviter admirantes, et interim subita indignatione, velut pavescentes, et deprecantes, facimus. Quin compressam etiam manum in pœnitentia, vel ira pectori admovemus,

joignant à ce geste quelques mots prononcés entre les dents, comme ceux-ci : *A quoi me résoudre? que faire?* Pour ce qui est de désigner quelqu'un avec le pouce renversé, c'est un geste plus usité que bienséant.

En résumé, on compte six gestes, auxquels on peut en ajouter un septième, c'est-à-dire celui qui revient en cercle sur lui-même. Ce dernier est le seul qui soit vicieux ; des six autres, cinq s'emploient fort bien pour indiquer ce qui est devant nous, à droite, à gauche, en haut, en bas ; quant au sixième, c'est-à-dire à celui qu'on pourrait faire pour désigner ce qui est par derrière, il n'a jamais lieu, ou l'on se borne à faire semblant de repousser quelque chose en arrière.

Quant au mouvement de la main, il commence fort bien à gauche pour finir à droite, mais il doit s'arrêter sans frapper l'air. Cependant, en marquant la fin d'une phrase, la main tombe quelquefois pour se relever aussitôt, et quelquefois elle rebondit, dans les mouvements saccadés qui accompagnent la négation ou l'étonnement. Ici, les anciens maîtres de la prononciation ajoutent fort sagement que le mouvement de la main doit commencer et finir avec le sens. Autrement, en effet, ou le geste précéderait la voix, ou continuerait après : ce qui serait également choquant. Mais ces mêmes auteurs ont trop raffiné, en proscrivant de mettre trois mots d'intervalle entre chaque geste ; car cela ne s'observe pas, ni ne peut s'observer. Toutefois, ils ont eu raison, s'ils ont voulu seulement, comme je le pense, qu'il y eût une certaine mesure de lenteur ou de vitesse, soit pour que la main ne restât pas trop longtemps oisive, soit pour que l'action ne fût pas une suite non interrompue de mouvements rapides ; ce qui est le défaut de beaucoup d'orateurs. Mais voici un défaut où l'on tombe plus souvent, par suite d'une erreur dont la raison est assez spécieuse. Il y a dans la prose une secrète cadence, je dirais presque une sorte de pieds, selon lesquels beaucoup de gens règlent la chute de leurs mouvements. Ainsi, dans la période suivante : *Novum crimen, C. Cæsar, et ante hanc diem non auditum, propinquus meus ad te Q. Tubero detulit*, ils ont un premier battement pour *novum crimen ;* un autre pour *C. Cæsar*, un troisième pour *et ante hanc diem*, un quatrième pour *non auditum*, un cinquième pour *propinquus meus*, etc. Or, il arrive de là que les jeunes gens, quand ils écrivent, composant intérieurement leurs gestes par anticipation, subordonnent l'arrangement des mots à la chute de la main : d'où résulte cet autre inconvénient, que le geste, qui doit finir à droite, finit souvent à gauche. Le mieux donc, puisque toute période est composée de certains membres assez courts, après lesquels on peut, au besoin, reprendre haleine, c'est d'y proportionner son geste. Ainsi, ces mots : *Novum crimen, C. Cæsar*, ont jusqu'à un certain point un sens fini, puisqu'ils sont suivis d'une conjonction ; ensuite ceux-ci : *et ante hanc diem non auditum*, présentent un sens suffisamment développé. Voilà ce qui doit régler le geste, surtout en commençant, et lorsque l'action est encore calme et réservée. Mais, à mesure qu'elle s'échauffera en suivant la marche toujours croissante du discours, le geste deviendra plus fréquent : ici, la prononciation sera rapide ; là, elle sera lente : rapide, pour franchir, accumuler, abonder, courir au but ; lente, pour insister, inculquer, imprimer. La lenteur convient plus au pathétique : ainsi Roscius était plus vif, Ésope plus grave, parce que le premier jouait dans le comique, et le second dans le tragique. Il faut observer la même règle pour les mouvements du corps. Sur le théâtre, les fils de famille, les vieillards, les

---

ubi vox vel inter dentes expressa non dedecet, *Quid nunc agam? Quid facias?* Averso pollice demonstrare aliquem, receptum magis puto, quam oratori decorum. Sed quum omnis motus sex partes habeat, septimus sit ille, qui in se redit, orbis, vitiosa est una circumversio : reliqui, ante nos, et dextra lævaque, et sursum et deorsum aliquid ostendunt : in posteriora gestus non dirigitur : interim tamen velut rejici solet. Optime autem manus a sinistra parte incipit, in dextra deponitur ; sed ut poni, non ut ferire videatur ; quamquam et in fine interim cadit, ut cito tamen redeat ; et nonnunquam resilit vel negantibus nobis, vel admirantibus. Hic veteres artifices illud recte adjecerunt, *ut manus cum sensu et inciperet, et deponeretur :* alioqui enim aut ante vocem erit gestus, aut post vocem : quod est utrumque deforme. In illo lapsi nimia subtilitate sunt, quod intervallum motus tria verba esse voluerunt ; quod neque observatur, neque fieri potest : sed illi quasi mensuram tarditatis celeritatisque aliquam esse voluerunt ; neque immerito, ne aut diu otiosa esset manus, aut, quod multi faciunt, actio- nem continuo motu conciderent. Aliud est, quod et fit frequentius et magis fallit : sunt quædam latentes sermonis percussiones, et quasi aliqui pedes, ad quos plurimorum gestus cadit, ut sit unus motus, *Novum crimen;* alter, *C. Cæsar;* tertius, *et ante hanc diem;* quartus, *non auditum;* deinde, *propinquus meus;* et, *ad te;* et, *Quintus Tubero;* et, *detulit*. Unde id quoque fluit vitium, ut juvenes, quum scribunt, gestum præmodulata cogitatione sic componant, quomodo casura manus est : inde et illud vitium, ut gestus, qui in fine dexter esse debet, in sinistrum frequenter desinat. Melius illud, quum sint in sermone omni brevia quædam membra, ad quæ, si necesse sit, recipere spiritum liceat, ad hæc gestum disponere : ut puta, *Novum crimen, C. Cæsar*, habet per se finem quemdam suum, quia sequitur conjunctio ; deinde, *et ante hanc diem non auditum*, satis circum scriptum est : ad hæc accommodanda manus est, idque dum erit prima et composita actio. At ubi eam calor concitaverit, etiam gestus cum ipsa orationis celeritate crebrescet : aliis locis citata, aliis pressa conveniet pronuncia-

28.

gens de guerre, les matrones, ont une démarche grave; tandis que les esclaves, les servantes, les parasites, les pêcheurs, ont peu de tenue. Les maîtres de l'art défendent d'élever la main plus haut que les yeux, et de la descendre plus bas que la poitrine : à plus forte raison est-ce un défaut de la ramener du sommet de la tête, ou de l'abaisser jusqu'à l'extrémité du ventre. Si on l'avance vers l'épaule gauche, il faut qu'elle demeure en deçà : au delà, le mouvement serait vicieux. Mais lorsque, en signe d'aversion, nous chassons, pour ainsi dire, notre main du côté gauche, il faut exhausser l'épaule du même côté, pour qu'elle suive l'inclinaison de la tête, qui se porte du côté droit. La main gauche n'est jamais gracieuse; mais souvent elle agit de concert avec la main droite, soit qu'on déduise ses arguments sur ses doigts, soit qu'on rejette ses deux mains vers la gauche, dans un mouvement d'horreur, soit qu'on les porte en avant, ou qu'on les étende, l'une du côté droit, l'autre du côté gauche, pour offrir satisfaction ou pour supplier. Le geste auquel concourent les deux mains a aussi sa diversité : tantôt on les abaisse, tantôt on les élève pour adorer, tantôt on les tend devant soi pour indiquer ou pour invoquer, comme dans cette apostrophe : *Vous, tombeaux et bois sacrés des Albains!* et dans cette exclamation de Gracchus : *Malheureux! où me réfugier? Sera-ce au Capitole? il fume encore du sang de mon frère. Sera-ce dans ma maison?....* Or, en pareil cas, le concours des deux mains produit plus d'effet. Dans les choses de peu d'importance, et dans tout ce qui demande de la tristesse ou de la douceur, le mouvement des mains a peu d'expansion; dans les grands sujets, ou quand il s'agit d'exprimer la joie ou l'indignation, c'est le contraire.

J'ai à parler maintenant des défauts où tombent même des avocats exercés. Car, pour les gestes d'un homme qui demande à boire, ou qui menace du fouet, ou qui plie le pouce pour indiquer le nombre 500, quoique quelques écrivains en aient fait mention, je ne les ai jamais rencontrés chez les avocats même les plus grossiers. Mais de déployer le bras jusqu'à laisser voir l'aisselle, ou de l'étendre horizontalement dans toute sa longueur, ou de n'oser détacher la main de son sein, ou de l'élever jusqu'au plancher, ou de l'agiter comme un fléau, en gesticulant par delà l'épaule gauche avec tant de violence qu'il n'y ait pas de sûreté à se tenir derrière, ou de la ramener à gauche par un mouvement circulaire, ou de heurter les voisins en la jetant çà et là, ou d'éventer leurs coudes en les secouant de chaque côté, c'est, je le sais, ce qui arrive souvent. Chez certains orateurs la main est paresseuse, ou va et vient avec anxiété, ou bien a toujours l'air de couper quelque chose. On en voit qui, en tenant leurs doigts crochus, la jettent de haut en bas, ou, la retournant en sens contraire, la lancent par-dessus leur tête. Quelques-uns affectent la pose que les statuaires donnent ordinairement au pacificateur, qu'ils représentent la tête inclinée sur l'épaule droite, le bras étendu à la hauteur de l'oreille, la main déployée, et le pouce en dehors. C'est dans cette attitude que se complaisent ceux qui se vantent de parler *haut*

---

tio : illa transcurrimus, congerimus, abundamus, festinamus; hac instamus, inculcamus, infigimus : plus autem affectus habent lentiora; ideoque Roscius citatior, Æsopus gravior fuit, quod ille comœdias, hic tragœdias egit. Eadem motus quoque observatio est : itaque in fabulis, juvenum, senum, militum, matronarum gravior ingressus est; servi, ancillæ, parasiti, piscatores citatius moventur : tolli autem manum artifices supra oculos, demitti infra pectus vetant; adeo a capite eam petere, aut ad imum ventrem deducere, vitiosum habetur. In sinistrum intra humerum promoveatur; ultra non decet. Sed quum aversantes in lævam partem velut propellemus manum, sinister humerus proferendus, ut cum capite ad dextram ferente consentiat. Manus sinistra nunquam sola gestum recte facit; dextræ se frequenter accommodat, sive in digitos argumenta digerimus, sive aversis in sinistrum palmis abominamur, sive objicimus adversas, sive in latus utramque distendimus, sive satisfacientes, aut supplicantes. Diversi autem sunt hi gestus, sive summittimus, sive adorantes attollimus, sive aliqua demonstratione, aut invocatione protendimus, *Vos Albani tumuli atque luci* : aut Gracchanum illud, *Quo me miser conferam? in Capitolium, ad fratris sanguinem? an domum?* Plus enim affectus in his junctæ exhibent manus; in rebus parvis, tristibus, mitibus breves; magnis, lætis, atrocibus exsertiores. Vitia quoque earum subjicienda sunt, quæ quidem accidere etiam exercitatis actoribus solent. Nam gestum poculum poscentis, aut verbera minantis, aut numerum quingentorum flexo pollice efficientis, quæ sunt a quibusdam scriptoribus notata, ne in rusticis quidem vidi. At ut brachio exserto introspiciatur latus, ut manum alius ultra sinum proferre non audeat, alius, in quantum patet longitudo, protendat, aut ad tectum erigat, aut repetito ultra lævum humerum gestu ita in tergum flagellet, ut consistere post eum parum tutum sit, aut sinistrum ducat orbem, aut temere sparsa manu in proximos offendat, aut cubitum utrumque in diversum latus ventilet, sæpe scio evenire. Solet esse et pigra, et trepida, et secanti similis : etiam uncis digitis, aut capite dejiciatur, aut eadem manu supinata in superiora jactetur. Fit et ille habitus, qui esse in statuis pacificator solet, qui, inclinato in humerum dextrum capite, brachio ab aure protenso, manum infesto pollice extendit : qui quidem maxime placet iis, qui se dicere *sublata manu* jactant. Adjicias licet eos, qui sententias vibrantes digitis jaculantur, aut manu sublata denunciant, aut, quod per se interim recipiendum est, quoties aliquid ipsis placuit, in ungues eriguntur : sed vitiosum id faciunt, aut digito, quantum plurimum possunt, erecto, aut etiam duobus, aut utraque manu ad modum aliquid portantium composita. His accedunt vitia non naturæ, sed trepidationis, cum ore concurrente rixari ; si memoria fefellerit,

la main. On peut ajouter ceux qui dardent, pour ainsi dire, leurs pensées, en brandissant leurs doigts, ou qui lèvent la main d'un air de menace, ou qui, toutes les fois qu'ils sont contents d'eux-mêmes, se dressent sur leurs pieds; ce qui, à la vérité, est permis quelquefois, mais ce qu'ils rendent vicieux, en élevant, autant qu'ils le peuvent, un doigt et même deux, ou en arrangeant leurs mains comme s'ils avaient quelque chose à porter. Outre ces défauts, il y en a d'autres qui tiennent plutôt à la précipitation qu'à la nature, comme de se fâcher contre soi-même à l'occasion d'un mot qu'on a de la peine à prononcer; de tousser quand la mémoire vient à manquer, ou que la pensée ne fournit plus rien, comme si l'on avait quelque empêchement dans la gorge; de s'essuyer le nez en le retroussant; de se promener avant d'avoir achevé ce que l'on avait commencé; de s'arrêter tout à coup, et de mendier des applaudissements par son silence. Je ne finirais pas, si je voulais énumérer tous ces défauts; car chacun a les siens.

Il faut observer de ne point trop avancer la poitrine ni le ventre, parce que cette attitude courbe la partie postérieure du corps, et que toute posture où l'on se renverse est indécente. Les flancs doivent aussi s'accorder avec le geste; car le mouvement du corps entier entre pour quelque chose dans l'action; et même, au jugement de Cicéron, il est plus expressif que les mains elles-mêmes. Voici ce qu'il dit à ce sujet dans son Orateur : *Que l'orateur s'abstienne de remuer les doigts, et de s'en servir pour marquer la cadence; que son action vienne plutôt de l'ébranlement général du corps, et d'une certaine flexibilité des reins qui n'ait rien que de mâle.* Se frapper la cuisse est un geste dont on croit que Cléon a le premier donné l'exemple à Athènes; il est usité, il sied à l'indignation, et sert à réveiller les auditeurs. Cicéron trouve que ce geste manquait à Calidius : *Jamais*, dit-il, *il ne se frappait le front ni la cuisse.* Pour le front, s'il est permis de contredire Cicéron, je ne suis pas de son avis', puisque l'action de battre des mains ou de se frapper la poitrine ne convient guère qu'aux comédiens. Rarement aussi sied-il d'approcher la main de l'estomac en faisant le creux avec les doigts réunis par leurs extrémités, lorsqu'on se parle à soi-même, pour s'encourager, se faire quelque reproche, ou plaindre son malheur; et, s'il y a lieu de le faire, on pourra même entr'ouvrir sa robe.

A l'égard des pieds, il faut observer deux choses : comment on les pose et comment on les meut. Se tenir debout et immobile avec le pied droit en avant, ou avancer à la fois la main droite et le pied droit, sont des attitudes vicieuses. Il est quelquefois permis de s'appuyer sur le pied droit, mais pourvu que la poitrine ne suive pas l'inclinaison du reste du corps : encore cette posture est-elle plutôt celle d'un comédien que d'un orateur. Si l'on s'appuie sur le pied gauche, il faut éviter de lever le pied droit, ou de le tenir sur la pointe. Écarter trop les jambes, quand on se tient debout, est une posture indécente, qui même, pour peu qu'on s'agite, a quelque chose d'obscène. L'orateur peut se porter en avant, mais il ne doit le faire qu'à propos, à peu de distance, avec lenteur, et rarement. Il peut aussi faire quelques pas, comme s'il se promenait, en attendant que l'auditeur ait mis fin à ses applaudissements, quoique Cicéron recommande que les allées et venues soient rares et surtout fort courtes. Pour ce qui est de courir çà et là, et de faire l'homme affairé, comme Domitius Afer le disait de Mallius Sura, cela est tout à fait ridicule. Aussi Flavus Virginius demandait-il plaisamment, en parlant d'un rhéteur, son antagoniste, *combien il avait déclamé de milles.* Je sais qu'on recommande encore de ne

ant cogitatio non suffragetur, quasi faucibus aliquid obstiterit, insonare; in adversum tergere nares; obambulare sermone imperfecto; resistere subito, et laudem silentio poscere: quæ omnia persequi prope infinitum est: sua enim cuique sunt vitia. Pectus ac venter ne projiciantur, observandum: pandant enim posteriora; et est odiosa omnis supinitas. Latera cum gestu consentiant : facit enim aliquid et totius corporis motus, adeo ut Cicero plus illo agi quam manibus ipsis putet; ita enim dicit in Oratore, *Nullæ argutiæ digitorum, non ad numerum articulus cadens, trunco magis toto se ipse moderans, et virili laterum flexione.* Femur ferire, quod Athenis primus fecisse creditur Cleon, et usitatum est, et indignantes decet, et excitat auditorem; idque in Calidio Cicero desiderat, *Non frons*, inquit, *percussa, non femur*: quamquam, si licet, de fronte dissentio; nam etiam complodere manus scenicum est, et pectus cædere. Illud quoque raro decebit, cava manu summis digitis pectus appetere, si quando nosmet ipsos alloquimur, cohortantes, objurgantes, miserantes : quod si quando fiet, togam quoque inde removeri non dedecebit. In pedibus observantur status et incessus: prolato dextro stare, et eamdem manum ac pedem proferre, deforme est : in dextrum incumbere interim datur, sed æquo pectore; qui tamen comicus magis, quam oratorius gestus est : male etiam in sinistrum pedem insistentium dexter aut attollitur, aut summis digitis suspenditur : varicare supra modum, et in stando deforme est, et, accedente motu, prope obscenum. Procursio opportuna brevis, moderata, rara : conveniet etiam ambulatio quædam, propter immodicas laudationum moras; quamquam Cicero *rarum incessum*, neque ita longum probat : discursare vero, et, quod Domitius Afer de Sura Mallio dixit, *satagere*, ineptissimum : urbaneque Flavus Virginius interrogavit de quodam suo antisophiste, *quot millia passuum declamasset?* Præcipi et illud scio, ne ambulantes avertamur a judicibus, sed sint obliqui pedes

pas tourner le dos aux juges en marchant, mais d'avoir toujours les pieds et les yeux tournés vers le tribunal. Cela n'est pas praticable dans les causes privées; mais comme le lieu est peu spacieux, si on tourne le dos au juge, ce n'est que pour quelques moments. On peut, d'ailleurs, éviter cet inconvénient en se reculant tout doucement, et non en sautant en arrière, comme font quelques orateurs, ce qui est tout à fait ridicule. Le frappement du pied peut n'être pas déplacé, ainsi que le remarque Cicéron, au commencement ou à la fin d'une discussion; mais s'il est trop fréquent, il devient ridicule, et n'attire plus l'attention du juge. On a encore mauvaise grâce à se balancer en se tenant tantôt sur un pied, tantôt sur l'autre. Mais on ne saurait trop fuir cette action molle, telle qu'était, au rapport de Cicéron, celle de Titius, qui a donné son nom à un genre de danse. Il y a aussi une certaine oscillation, qui n'est pas moins blâmable, surtout lorsqu'elle est fréquente et rapide. C'était le défaut de Curion le père, dont Julius se moqua, en demandant *qui était cet homme qui parlait dans un bateau.* Sicinius le railla aussi fort agréablement. Curion s'étant beaucoup dandiné, selon son habitude, auprès de son collègue Octave, qui était enveloppé de linges et couvert d'emplâtres, à cause de son état de maladie, Sicinius s'approcha de ce dernier, et lui dit : *Vous ne pourrez jamais reconnaître assez le service que vous a rendu votre collègue; sans lui, vous auriez été aujourd'hui mangé des mouches.* Évitez aussi l'habitude de hausser les épaules à tout moment. Démosthène avait ce défaut, et, pour s'en corriger, dit-on, il parlait debout dans une sorte de tribune fort étroite, d'où pendait une pique au-dessus de son épaule, afin que si, dans la cha-leur du débit, ce mouvement venait à lui échapper, la piqûre du fer lui servît d'avertissement. Si jamais il peut être nécessaire de marcher en parlant, ce n'est que dans les causes publiques, à cause du grand nombre de juges, et lorsque nous voulons nous faire bien comprendre de chacun d'eux en particulier. Mais je ne puis souffrir ce que je vois faire à quelques orateurs, qui, après avoir rejeté leur robe sur l'épaule et en avoir relevé les plis jusqu'aux reins avec la main droite, se promènent et devisent en gesticulant de la main gauche. Cela est certainement peu modeste, puisqu'il est même inconvenant de relever sa robe du côté gauche, lorsqu'on avance un peu la main droite. C'est ici le lieu de faire remarquer que rien n'est plus contraire au bon ton, pendant ces pauses qu'on est obligé de faire pour laisser passer les applaudissements, que de parler à l'oreille de quelqu'un, ou de plaisanter avec ses confrères, ou de jeter un coup d'œil à ses secrétaires, comme pour leur recommander la sportule. Il est permis de se pencher vers le juge lorsqu'il s'agit de l'instruire, surtout si ce dont on parle est un peu obscur; mais il est injurieux de se coucher sur l'avocat de la partie adverse; et c'est le fait d'un homme mou, que de se laisser tomber dans les bras de ses clients et de se faire soutenir par eux, à moins qu'on ne succombe véritablement de fatigue, comme de se faire souffler ou de lire, pour soulager sa mémoire. Qu'arrive-t-il, en effet, de tout cela? La plaidoirie languit, les sentiments se refroidissent, et le juge est porté à croire qu'on a peu de respect pour lui. C'est manquer de réserve, que de passer dans les bancs de la partie adverse, et justifier la plaisanterie de Cassius Sévérus, qui, voyant son adversaire venir à lui, demanda qu'on mît une

---

ad consilium nobis respicientibus : id fieri judiciis privatis non potest : verum et breviora sunt spatia, nec aversi diu sumus : interim tamen recedere sensim datur : quidam et resiliunt, quod est plane ridiculum. Pedis supplosio, ut loco est opportuna, ut ait Cicero, *in contentionibus aut incipiendis, aut finiendis;* ita crebra et inepti est hominis, et desinit judicem in se convertere. Est et illa indecora in dextrum ac lævum latus vacillatio alternis pedibus insistentium. Longissime fugienda mollis actio, qualem in Titio Cicero dicit fuisse, unde etiam saltationis quoddam genus *Titius* sit appellatum. Reprehendenda et illa frequens et concitata in utramque partem nutatio, quam in Curione patre irrisit et Julius, quærens, *quis in lintre loqueretur?* et Sicinius; nam quum, assidente collega, qui erat propter valetudinem deligatus et plurimis medicamentis delibutus, multum se Curio ex more jactasset, *Nunquam,* inquit, *Octavi, collegæ tuo gratiam referes, qui nisi fuisset, hodie te istic muscæ comedissent.* Jactantur et humeri : quod vitium Demosthenes ita dicitur emendasse, ut, quum in angusto quodam pulpito stans diceret, hasta humero dependens imineret, ut, si calore dicendi vitare id excidisset, offensatione illa commoneretur. Ambulantem loqui ita demum oportet, si in causis publicis, in quibus multi sunt judices, quod dicimus, quasi singulis inculcare peculiariter velimus. Illud vero non ferendum, quod quidam, rejecta in humerum toga, quum dextra sinum usque ad lumbos reduxerunt, sinistra gestum facientes spatiantur et fabulantur; quum etiam lævam restringere prolata longius dextra sit odiosum. Unde moneor, ut ne id quidem transeam, ineptissime fieri, quum inter moras laudationum aut in aurem alicujus loquuntur, aut cum sodalibus jocantur, aut nonnunquam ad librarios suos ita respiciunt, ut sportulam dictare videantur. Inclinari ad judicem, quum doceas, utique si id, de quo loquaris, sit obscurius, licet; incumbere advocato adversis subselliis sedenti, contumeliosum; reclinari etiam ad suos, et manibus sustineri, nisi plane justa fatigatione, delicatum; sicut palam moneri, excidentis, aut legere : namque in his omnibus et vis illa dicendi solvitur, et frigescit affectus, et judex parum sibi præstari reverentiæ credit. Transire in diversa subsellia, parum verecundum est : nam et Cassius Severus urbane adversus hoc facientem lineas poposcit : et si aliquando concitate itur, nunquam non frigide reditur. Multa ex his, quæ præcipimus, mutari necesse est ab iis, qui dicunt apud tribunalia : nam et vultus

barre entre eux deux. D'ailleurs, si cette excursion se fait avec chaleur, le retour est toujours froid.

Au reste, parmi les préceptes que je viens de donner, il y en a plusieurs qui souffrent quelque modification, quand on plaide devant les tribunaux supérieurs : car le siége du juge étant plus élevé, l'orateur est alors forcé de porter ses regards et ses bras plus haut. Cette différence n'est pas la seule ; mais chacun peut suppléer à ce que je passe sous silence. J'en dis autant pour les avocats qui plaident assis, ce qui a lieu d'ordinaire dans les petites causes. L'action y comporte moins de mouvement, et se trouve même nécessitée à certains défauts. En effet, comme l'orateur est assis à la gauche du juge, il est obligé d'avancer le pied droit, et de diriger beaucoup de ses gestes vers la gauche.

Je vois la plupart des avocats se lever à la chute de chaque période; quelques-uns même se promener ensuite pendant quelques moments. Cela est-il bienséant ? je les en fais juges : toujours est-il que ce n'est pas plaider assis. Pour ce qui est de boire et de manger en plaidant, c'est une liberté qu'on prenait autrefois assez communément, et qu'aujourd'hui on prend encore quelquefois ; mais je l'interdis absolument à mon orateur. Si l'on ne peut supporter sans cela la fatigue d'un plaidoyer, ce n'est pas un si grand malheur que de ne pas plaider, et cela vaudrait beaucoup mieux que de respecter si peu sa profession et son auditoire.

Quant à l'habillement, il n'y en a pas de particulier pour l'orateur ; mais comme il se remarque davantage en lui, sa parure, comme celle de toutes les personnes de distinction, doit être éclatante et mâle tout ensemble ; car la recherche et la négligence sont également répréhensibles dans la toge, dans la chaussure, et dans les cheveux.

Ce qui regarde le vêtement de dessus n'est pas sans importance, et le temps y a apporté des changements. Les anciens ne connaissaient point les plis : la mode en est venue plus tard, et ces plis furent d'abord très-courts. Aussi, les orateurs de ce temps-là, qui tenaient leurs bras cachés sous leur tunique, à la manière des Grecs, devaient avoir nécessairement un geste différent du nôtre dans les exordes ; mais il s'agit des vêtements actuels. L'orateur qui n'a pas le droit de porter le laticlave doit se ceindre de telle sorte, que la tunique descende par devant un peu au-dessous des genoux, et par derrière jusqu'au milieu des jarrets ; plus bas, cela ne convient qu'aux femmes, et, plus haut, qu'aux centurions. Les bandes de pourpre doivent descendre perpendiculairement. C'est un soin peu important ; mais pourtant, si on ne le prend pas, c'est une négligence qui se fait quelquefois remarquer. Comme on ne met pas de ceinture par-dessus le laticlave, il doit descendre un peu plus bas que l'angusticlave. La toge doit être arrondie et bien taillée : autrement, elle grimacera de tous côtés. Elle doit par devant se terminer à mi-jambe, et par-derrière s'arrêter un peu moins bas, dans la proportion de la ceinture. Un pli fait très-bien un peu au-dessus du bas de la toge, mais jamais au-dessous. Cette espèce de plissure, qui prend par-dessous l'épaule droite et va gagner l'épaule gauche, en forme de baudrier, ne doit être ni trop serrée ni trop lâche. Le pan de robe, qui se met ensuite sur le bras, doit flotter au-dessous, et, de cette façon, il aura plus de grâce et tiendra mieux. Il faut aussi retrousser un peu la tunique, afin qu'elle n'embarrasse pas les bras dans l'action ; puis on jettera un pli sur l'épaule, en le relevant par l'extrémité, ce qui n'est pas sans grâce. Mais il faut éviter de se couvrir entièrement l'épaule et le cou : autre-

---

erectior, ut eum, apud quem dicitur, spectet; et gestus, ut ad eumdem tendens, elatior sit, necesse est; et alia, quæ occurrere, etiam me tacente, omnibus possunt : itemque iis, qui sedentes agent : nam et fere fit hoc in rebus minoribus; et iidem impetus actionis esse non possunt, et quædam vitia fiunt necessaria : nam et dexter pes a læva judicis sedenti proferendus est, et ex altera parte multi gestus necesse est in sinistrum eant, ut ad judicem spectent. Equidem plerosque et ad singulas sententiarum clausulas video assurgentes, et nonnullos subinde aliquid etiam spatiantes; quod an deceat, ipsi viderint; quum id faciunt, non sedentes agunt. Bibere, aut etiam esse inter agendum, quod multis moris fuit, et est quibusdam, ab oratore meo procul absit : nam si quis aliter dicendi onera perferre non possit, non ita miserum est non agere, potiusque multo, quam et operis et hominum contemptum fateri. Cultus non est proprius oratoris aliquis, sed magis in oratore conspicitur : quare sit, ut omnibus honestis debet esse, splendidus et virilis : nam et toga, et calceus, et capillus, tam nimia cura, quam negligentia, sunt reprehendenda. Est aliquid in amictu ;

quod ipsum aliquatenus temporum conditione mutatum est : nam veteribus nulli sinus; perquam breves post illos fuerunt. Itaque etiam gestu necesse est usos esse in principiis eos alio, quorum brachium, sicut Græcorum, veste continebatur : sed nos de præsentibus loquimur. Cui laticlavi jus non erit, ita cingatur, ut tunicæ prioribus oris infra genua paulum, posterioribus ad medios poplites usque perveniant; nam infra mulierum est, supra centurionum. Ut purpuræ recte descendant, levis cura est; notatur interim negligentia. Latum habentium clavum modus est, ut sit paulum cinctis summissior. Ipsam togam rotundam esse, et apte cæsam velim : aliter enim multis modis fiet enormis. Pars ejus prior mediis cruribus optime terminatur, posterior eadem portione altius qua cinctura. Sinus decentissimus, si aliquanto supra imum togam fuerit, nunquam certe sit inferior. Ille, qui sub humero dextro ad sinistrum oblique ducitur, velut balteus, nec strangulet, nec fluat. Pars togæ, quæ postea imponitur, sit inferior; nam ita et sedet melius, et continetur. Subducenda etiam pars aliqua tunicæ, ne ad lacertum in actu redeat : tum sinus injiciendus humero, cujus extremam

ment nos vêtements paraîtraient trop étroits, et nous feraient perdre cette dignité que donne une large poitrine. Le bras droit ne doit être levé que juste ce qu'il faut pour former un angle droit, et les deux bouts de la robe doivent pendre de chaque côté du bras dans une égale longueur. Je ne veux pas que l'orateur surcharge ses mains de bagues, ni surtout que ces bagues passent le milieu du doigt. La meilleure attitude pour la main, c'est d'avoir le pouce levé et les doigts un peu pliés, à moins qu'elle ne tienne des tablettes; ce qu'il ne faut pas affecter, car c'est avouer qu'on se défie de sa mémoire, et c'est d'ailleurs un empêchement pour beaucoup de gestes. Les anciens laissaient tomber leur toge jusque sur leurs pieds, à l'exemple des Grecs; et ceux qui ont écrit sur le geste dans ce temps-là, comme Plotius et Nigidius, en ont fait un précepte. Aussi je m'étonne qu'un aussi savant homme que Pline, et dans un ouvrage où il a poussé l'esprit d'investigation presque jusqu'à l'excès, ait avancé, comme une chose certaine, que Cicéron laissait traîner sa robe pour cacher ses varices, d'autant plus que cet usage se retrouve dans les statues de personnages postérieurs à Cicéron. A l'égard des capuchons, des bandelettes dont on s'enveloppe les jambes, et de toutes autres délicatesses pareilles, il n'y a qu'une mauvaise santé qui les puisse rendre excusables. Mais ce soin dans la manière de se draper n'est bon qu'en commençant; car, à mesure qu'on avance, il n'y faut pas regarder de si près; et, dès les premiers mots de la narration, on peut laisser la robe tomber, comme d'elle-même, de dessus l'épaule. Enfin, quand on est arrivé aux arguments et aux lieux communs, il sied bien de relever sa robe sur l'épaule gauche, d'abattre même les plis qui ne se dérouleraient pas d'eux-mêmes; et il est aussi permis de se dégager de tout ce qui entoure, du côté gauche, le cou et la partie supérieure de la poitrine. En effet, tout s'échauffe, et, de même que la voix devient plus véhémente et plus variée, il est bon que le vêtement participe aussi de cette image de combat. Si donc il n'appartient qu'à un furieux de s'envelopper la main gauche avec sa robe, ou de s'en faire une ceinture; s'il y a trop d'abandon et de délicatesse à rejeter le pan de sa robe par-dessus l'épaule droite; s'il est enfin quelques autres défauts encore plus contraires à la bienséance, rien n'empêche cependant qu'on ne retrousse une partie de sa robe sous le bras gauche. Cette attitude a quelque chose de résolu et de dégagé, qui convient à la chaleur et à la vivacité de l'action. Mais quand le plaidoyer touche à sa fin, secondé par d'heureux présages, alors des vêtements en désordre, une robe qui semble se détacher du corps et tomber de tous côtés, la sueur même et l'accablement, tout sied à l'orateur. Comment donc a-t-il pu venir à l'esprit de Pline de lui recommander d'avoir soin, en s'essuyant le front, de ne pas déranger sa chevelure? Il est vrai que peu après, reprenant une gravité digne de lui, il lui défend sévèrement de s'occuper de sa coiffure. Pour moi, je crois que des cheveux mal en ordre ont quelque chose de passionné, et qu'en cela, la distraction n'est rien moins que nuisible à l'orateur. Il n'en est pas de même quand on commence à parler, ou qu'on est encore peu avancé; car alors si la robe vient à tomber, ne pas la relever est véritablement de la négligence, ou de la paresse, ou de la maladresse.

Telles sont les beautés, tels sont les défauts

---

oram rejecisse non dedecet. Operiri autem humerum cum toto jugulo non oportet, alioqui amictus fiet angustus, et dignitatem, quæ est in latitudine pectoris, perdet. Sinistrum brachium eo usque allevandum est, ut quasi normalem illum angulum faciat : super quod ora ex toga duplex æqualiter sedeat. Manus non impleatur annulis, præcipue medios articulos non transeuntibus : cujus erit habitus optimus, allevato pollice, et digitis leviter inflexis, nisi si libellum tenebit; quod non utique captandum est : videtur enim fateri memoriæ diffidentiam, et ad multos gestus est impedimento. Togam veteres ad calceos usque demittebant, ut Græci pallium; idque ut fiat, qui de gestu scripserunt circa tempora illa, Plotius Nigidiusque præcipiunt. Quo magis miror Plinii Secundi docti hominis, et in hoc utique libro pæne etiam nimium curiosi, persuasionem, qui solitum id facere Ciceronem velandorum varicum gratia tradit; quum hoc amictus genus in statuis eorum quoque, qui post Ciceronem fuerunt, appareat. Palliolum, sicut fascias, quibus crura vestiuntur, et focalia, et aurium ligamenta, sola excusare potest valetudo. Sed hæc amictus observatio, dum incipimus; procedente vero actu, jam pæne ab initio narrationis, sinus ab humero recte velut sponte delabitur; et quum ad argumenta ac locos ventum est, rejicere a sinistro togam, dejicere etiam, si hæreat, sinum conveniet. Læva a faucibus ac summo pectore abducere licet : ardent enim jam omnia; et ut vox vehementior ac magis varia est, sic amictus quoque habet actum quemdam velut præliantem. Itaque ut lævam involvere toga et incingi pæne furiosum est; sinum vero in dextrum humerum ab imo rejicere solutum ac delicatum; fiuntque adhuc pejus aliqua; ita cur laxiorem sinum sinistro brachio non subjiciamus? habet enim acre quiddam atque expeditum, et calori concitationique non inhabile. Quum vero magna pars sit exhausta orationis, utique afflante fortuna, pæne omnia decent, sudor ipse et fatigatio, et negligentior amictus, et soluta ac velut labens undique toga. Quo magis miror hanc quoque succurrisse Plinio curam, ut ita sudario frontem siccari juberet, ne comæ turbarentur, quas componi post paulum, sicuti dignum erat, graviter et severe vetuit. Mihi vero illæ quoque turbatæ præ se ferre aliquid affectus, et ipsa oblivione curæ hujus commendari videntur. At si incipientibus, aut paulum progressis decidat toga, non reponere eam, prorsus negligentis, aut pigri, aut quomodo debeat amiciri nescientis est. Hæc sunt vel illustramenta pronuntiationis, vel vitia; quibus propositis, multa cogi-

de la prononciation. Après s'être mis tout cela devant les yeux, l'orateur aura à considérer les personnes et les choses. Il examinera d'abord qui il est, par-devant qui et en présence de qui il doit parler. En effet, comme il y a un langage, il y a aussi une action proportionnée à ceux qui parlent et à ceux devant qui on parle. Aussi, le même ton, les mêmes gestes et la même démarche ne conviendront pas également devant le prince, devant le sénat, devant le peuple, et devant un magistrat, dans une cause privée et dans une cause publique, dans une simple requête, et dans une accusation en forme. Avec un peu d'attention, il est aisé de saisir ces différences. Ensuite, l'orateur examinera le sujet qu'il traite et le but qu'il se propose. A l'égard du sujet, il donne lieu à quatre considérations. La première a pour objet la nature de la cause ; car elle est triste ou gaie, périlleuse ou rassurante, importante, ou de peu de conséquence ; mais on ne doit jamais se préoccuper des détails d'une cause, jusqu'à en oublier l'esprit général. La seconde regarde les différentes parties de la cause, comme l'exorde, la narration, l'argumentation, l'épilogue. La troisième a trait aux pensées, dans l'expression desquelles tout doit varier, suivant la nature des choses et des sentiments. La quatrième doit s'attacher aux mots ; car si l'on pèche par excès, en voulant les exprimer tous par une action conforme à l'idée qu'ils renferment, on ôte aussi à quelques-uns toute leur force, si l'on n'en représente pas le sens. Ainsi dans les éloges (j'excepte les oraisons funèbres), dans les remercîments, dans les exhortations, et autres sujets de même espèce, l'action doit être riche, magnifique, élevée. Dans les oraisons funèbres, dans les consolations, dans la plupart des causes criminelles, elle doit être triste et humble. Il faut de la gravité devant le sénat, de la dignité devant le peuple, et un juste milieu dans les affaires privées. Quant aux parties de la cause, et aux pensées et aux mots, leur nature multiple demande une plus ample explication. Or, l'orateur doit se proposer trois choses dans la prononciation : de se concilier les juges, de les persuader, de les émouvoir, et (ce qui est naturellement inséparable de ces trois fins) de leur plaire. Il se les concilie d'ordinaire, soit par ses qualités morales, lesquelles, je ne sais comment, se décèlent jusque dans sa voix et dans ses gestes, soit par l'aménité du langage. Il les persuade par un certain ton affirmatif, qui produit souvent plus d'effet que les preuves mêmes. *Si cela était vrai*, dit Cicéron à Calidius, *le diriez-vous sur ce ton?* et ailleurs : *Tant s'en faut que nous fussions enflammés par vos paroles, qu'à peine pouvions-nous nous défendre du sommeil.* Que l'orateur sache donc montrer de l'assurance et de la fermeté, surtout s'il a d'ailleurs quelque autorité. Enfin, il les touchera, s'il sait bien exprimer les passions, soit par la force du sentiment, soit par l'imitation.

Aussitôt donc que le juge, dans les causes privées, ou que l'huissier, dans les causes publiques, nous aura avertis de prendre la parole, levons-nous avec calme ; puis, afin de nous présenter dans un état décent, et de nous ménager en même tems quelques minutes de réflexion, arrêtons-nous un peu à rajuster notre robe, ou même, s'il est nécessaire, à la remettre entièrement, mais seulement dans les jugements ordinaires ; car devant le prince, ou les magistrats, ou les tribunaux du premier ordre, cela n'est pas permis. Et même, lorsque nous nous serons tournés vers le juge, et que le préteur nous aura accordé la parole, au lieu de s'en emparer

---

tare debet orator : primum, *quis, apud quos, quibus præsentibus* sit acturus: nam ut dicere alia aliis, et apud alios magis concessum est; sic etiam facere : neque eadem in voce, gestu, incessu, apud principem, senatum, populum, magistratus, privato, publico judicio, postulatione, actione similiter decent : quam differentiam subjicere sibi quisque, qui animum intenderit, potest : tum qua de re dicat, et efficere quid velit; rei quadruplex observatio est : *una* in tota causa; sunt enim tristes, hilares, sollicitæ, securæ, grandes, pusillæ; ut vix unquam ita sollicitari partibus earum debeamus, ut non et summæ meminerimus : *altera*, quæ est in differentia partium, ut in proœmio, narratione, argumentatione, epilogo: *tertia* in sententiis ipsis, in quibus secundum res et affectus variantur omnia : *quarta* in verbis, quorum ut est vitiosa, si efficere omnia velimus, imitatio; ita quibusdam nisi sua natura redditur, vis omnis aufertur. Igitur in laudationibus, nisi si funebres erunt, gratiarum actione, exhortatione, similibus, læta et magnifica et sublimis est actio : funebres conciones, consolationes, plerumque causæ reorum, tristes atque summissæ : in senatu conservanda auctoritas, apud populum dignitas, in privatis modus. De partibus causæ, et sententiis verbisque, quæ sunt multiplicia, pluribus dicendum. Tria autem præstare debet pronunciatio : *conciliet, persuadeat, moveat*; quibus natura cohæret, etiam *delectet*. Conciliatio fere aut commendatione morum, qui nescio quomodo ex voce etiam atque actione pellucent, aut orationis suavitate constat : *persuadendi* vis affirmatione, quæ interim plus ipsis probationibus valet. *An ista*, inquit Calidio Cicero, *si vera essent, sic a te dicerentur?* et, *Tantum abest, ut inflammares nostros animos : somnum isto loco vix tenebamus :* fiducia igitur appareat, et constantia, utique si auctoritas subest. *Movendi* autem ratio aut in repræsentandis est, aut imitandis affectibus : ergo quum judex in privatis, aut præco in publicis dicere de causa jusserit, leniter est consurgendum; tum in componenda toga, vel, si necesse erit, etiam ex integro injicienda, duntaxat in judiciis (apud principem enim et magistratus ac tribunalia non licebit) paulum commorandum, ut et amictus sit decentior, et protinus aliquid spatii ad cogitandum. Etiam quum ad judicem nos converterimus, et consultus prætor

brusquement, recueillons-nous un instant; car rien n'est plus agréable à l'auditeur que ces préparatifs de l'orateur, qui donnent d'ailleurs au juge lui-même le temps de se composer. C'est ce qu'Homère nous enseigne, quand il dit d'Ulysse, qu'*il resta longtemps debout, les yeux fixés en terre, et tenant son sceptre immobile, avant de donner cours au torrent de son éloquence*. Il est encore certains actes que les comédiens appellent délais, et au moyen desquels on peut temporiser sans blesser les convenances, comme de se frotter la tête, de regarder ses mains, de faire craquer ses doigts, de feindre un grand effort, de marquer son anxiété par des soupirs, et autres semblables, selon qu'ils conviendront à chaque orateur; et cela, jusqu'à ce que le juge veuille bien nous prêter attention. Il faut se tenir droit, les pieds sur la même ligne et un peu écartés, ou, si l'on veut, le pied gauche quelque peu en avant; les genoux d'aplomb, mais sans contrainte; les épaules rassises; l'air sérieux, sans être morne, ni stupéfait, ni languissant; les bras un peu détachés des flancs; la main gauche dans la position que je lui ai déjà assignée; la droite se déployant, au moment de commencer, à quelque distance du sein, avec un geste plein de retenue, et comme attendant l'ordre de commencer. Car on ne saurait trop éviter certains défauts, comme d'avoir les yeux attachés au plafond, de se frotter le visage avec la main, et de le renfrogner; de le roidir pour se donner un air d'assurance, ou de froncer les sourcils pour lui imprimer quelque chose de farouche; de rejeter ses cheveux en arrière, pour inspirer l'horreur et l'effroi; de paraître étudier ce qu'on va dire, en agitant continuellement les doigts et en remuant les lèvres, défaut très-commun chez les Grecs; de cracher avec bruit; d'allonger une jambe; de tenir une partie de sa robe avec la main gauche; d'être tantôt en deux, tantôt roide, ou renversé, ou courbé; de hausser les épaules jusqu'à l'occiput, comme des athlètes prêts à lutter.

Dans l'exorde, la prononciation doit être ordinairement calme; car rien n'est plus propre que la réserve à nous concilier les juges : je dis ordinairement, car il y a plusieurs sortes d'exordes, ainsi que nous l'avons vu. Toutefois, un son de voix tempéré, un geste qui n'a rien d'outré, la robe arrêtée sur l'épaule, un mouvement doux dans le balancement du corps de droite à gauche, le regard fixé sur le même point, voilà ce qui convient la plupart du temps à l'exorde. La narration demande que la main se porte plus en avant, que la robe soit tombante, le geste distinct. La voix doit y être seulement un peu plus vive que dans la conversation, et le ton presque toujours simple, comme dans ces récits : *Q. Ligarius, lorsqu'il n'y avait pas encore en Afrique la moindre apparence de guerre*, etc.; — *A. Cluentius, qui passait pour le père de celui qui est devant vous*, etc. Mais c'est autre chose quand le récit comporte de l'indignation, comme ici : *On voit une belle-mère épouser son gendre*; ou de la pitié : *La place publique de Laodicée devient le théâtre d'un spectacle dont l'horreur a ému toute la province d'Asie*. Dans la preuve, l'action doit être très-variée; car, bien que pour proposer, diviser, interroger, aller au-devant d'une contradiction (ce qui est emprunter une proposition à la partie adverse), on ne s'éloigne guère du ton de la conversation, cependant, même dans cette partie du discours, on mêle quelquefois à la prononciation un air de raillerie,

permiserit dicere, non protinus est erumpendum, sed danda brevis cogitationi mora : mire enim auditurum dicturi cura delectat, et judex se ipse componit. Hoc præcipit Homerus Ulixis exemplo, *quem stetisse oculis in terram defixis, immotoque sceptro, priusquam illam eloquentiæ procellam effunderet*, dicit. In hac cunctatione sunt quædam non indecentes, ut appellant scenici, moræ, caput mulcere, manum intueri, infringere articulos, simulare conatum, suspiratione sollicitudinem fateri, aut quod quemque magis decet; eaque diutius, si judex nondum intendet animum. Status sit rectus, æqui et diducti paulum pedes, vel procedens minimo momento sinister; genua recta, sic tamen, ut non extendantur; humeri remissi, vultus severus, non mœstus, nec stupens, nec languidus; brachia a latere modice remota; manus sinistra, qualem supra demonstravi; dextra, quum jam incipiendum erit, paulum prolata ultra sinum gestu quam modestissimo, velut exspectans quando incipiendum sit. Vitiosa enim sunt illa, intueri lacunaria, perfricare faciem, et quasi improbam facere; tendere confidentia vultum, aut, quo sit magis torvus, superciliis astringere; capillos a fronte contra naturam retroagere, ut sit horror ille terribilis; tum, id quod Græci frequentissime faciunt, crebro digitorum labiorumque motu commentari, clare exscreare, pedem alterum longe proferre, partem togæ sinistra tenere, stare diductum, vel rigidum, vel supinum, vel incurvum, vel humeris, ut luctaturi solent, ad occipitium ductis. Proœmio frequentissime lenis convenit pronunciatio : nihil enim est ad conciliandum gratius verecundia; non tamen semper : neque enim uno modo dicuntur exordia, ut docui. Plerumque tamen et vox temperata, et gestus modestus, et sedens humero toga, et laterum lenis in utramque partem motus, eodem spectantibus oculis, decebit. Narratio magis prolatam manum, amictum recidentem, gestum distinctum, vocem sermoni proximam, et tantum acriorem, sonum simplicem frequentissime postulabit, in his duntaxat, *Q. enim Ligarius, quum esset in Africa nulla belli suspicio*, et, *A. Cluentius habitus pater hujusce*. Aliud in eadem poscent affectus, vel concitati, *Nubit genero socrus*; vel flebiles, *Constituitur in foro Laodiceæ spectaculum acerbum et miserum toti Asiæ provinciæ*. Maxime varia et multiplex actio est probationum : nam et proponere, partiri, interrogare, sermoni sunt proxima, et contradictionem sumere : nam ea quoque diversa propositio est : sed hanc tamen aliquando irridentes, aliquando imitantes pronun-

et quelquefois on y contrefait la partie adverse. Quant à l'argumentation, comme elle est presque toujours vive, animée, pressante, elle veut un geste qui réponde aux paroles, c'est-à-dire fort et rapide; car il est des points sur lesquels il faut particulièrement insister, et où le mot serre de près le mot. La plupart des digressions n'ont besoin que d'un ton coulant, doux et relâché, comme *l'enlèvement de Proserpine, la description de la Sicile, l'éloge de Pompée*; et l'on ne doit pas s'étonner que ce qui est en dehors de la question demande moins de contention. L'imitation des manières de la partie adverse est quelquefois supportable, quand elle accompagne le blâme de sa conduite, comme ici : *Il me semblait voir les uns entrer, les autres sortir, ceux-là chanceler sous les vapeurs du vin*, etc. On sent que, dans cette description, une gesticulation conforme à la voix n'a rien de choquant, pourvu qu'elle se renferme dans un mouvement gracieux des bras de droite à gauche, auquel les flancs n'aient point de part. Quand il s'agit d'enflammer le juge, la prononciation comporte plusieurs degrés. Le ton le plus haut et le plus aigu est celui dont Cicéron a dû prononcer ces mots : *La guerre étant entreprise, César, et même en grande partie achevée*, etc.; car il avait dit auparavant : *J'élèverai la voix autant que je le pourrai, pour être entendu de tout le peuple romain*. Un ton un peu plus bas, et qui a déjà quelque chose d'agréable, convenait aux paroles suivantes : *Dites-nous, Tubéron, que faisait votre épée dans les champs de Pharsale?* Il en fallait un plus plein, plus lent, et par conséquent plus doux, dans ce passage : *Mais dans une assemblée du peuple romain*, etc. Ici, en effet, tout doit être allongé; il faut traîner les syllabes, et ouvrir le gosier. Cependant la phrase suivante demande un ton encore plus plein, et doit couler à plein canal : *Vous, tombeaux et bois sacrés des Albains!* Pour celle-ci : *Les rochers et les déserts repondent à la voix du poète*, elle invite à prendre un ton qui tient un peu du chant, et s'y abandonne insensiblement. Ce sont ces diverses inflexions de voix que Démosthène et Eschine se reprochent mutuellement, et qu'il ne faut pas pour cela condamner; car, en se les reprochant, ils nous apprennent par là qu'ils en faisaient usage l'un et l'autre. Et, en effet, ce ne fut sans doute pas sur un ton simple que le premier jura par les mânes des guerriers morts à Marathon, à Platée et à Salamine; ni que le second déplora le malheur de Thèbes. Enfin, il y a un ton tout différent de ceux-ci, et qui est presque en dehors de l'organe : c'est un ton aigre outre mesure, et même presque contraire à la nature de la voix humaine, auquel les Grecs ont donné un nom qui désigne *l'amertume* : *Que ne faites-vous taire ces gens, qui accusent votre folie, et témoignent combien vos complices sont peu nombreux?* mais ce n'est que dans les premiers mots que se fait sentir cette aigreur dont je parle. Quant à l'épilogue, s'il se borne à la récapitulation des faits, il demande une certaine continuité de sons coupés; si l'on s'y propose d'exciter les juges, on prendra un des tons que j'ai indiqués plus haut; mais s'il s'agit de les apaiser, le ton sera soumis et doux; ou, si l'on veut émouvoir leur pitié, il faudra recourir alors à ces inflexions tendres et plaintives qui sont si propres à amollir les cœurs, et en même temps si naturelles; car, jusque dans les funérailles, les veuves et les orphelins expriment leur douleur par des cris qui ont quelque chose de musical. C'est aussi là que cette voix sombre, telle que l'avait

---

ciamus. Argumentatio plerumque agilior, et acrior, et instantior, consentientem orationi postulat etiam gestum, id est, fortem celeritatem : instandum quibusdam in partibus, et densanda oratio : egressiones fere et lenes, et dulces, et remissæ, *raptus Proserpinæ, Siciliæ descriptio, Cn. Pompeii laus* : neque enim mirum, minus habere contentionis ea, quæ sunt extra quæstionem. Mollior nonnunquam cum reprehensione diversæ partis imitatio, *Videbar videre alios intrantes, alios autem exeuntes, quosdam ex vino vacillantes* : ubi non dissidens a voce permittitur gestus quoque, in utramque partem tenera quædam, sed intra manus tamen, et sine motu laterum, translatio. Accendendi judicis plures sunt gradus : summus ille, et quo nullus est in oratore acutior : *Suscepto bello, Cæsar, gesto jam etiam ex parte magna prædixit enim, Quantum potero voce contendam, ut populus hoc romanus exaudiat.* Paulum inferior, et habens aliquid jam jucunditatis, *Quid enim tuus ille, Tubero, in acie Pharsalica gladius agebat?* Plenius adhuc et lentius, ideoque dulcius, *In cœtu vero populi romani negotium publicum gerens* : producenda omnia, trahendæque tum vocales, aperiendæque sunt fauces : pleniore tamen hæc canali fluunt, *Vos, Albani tumuli atque luci*. Jam cantici quiddam habent, sensimque resupina sunt, *Saxa atque solitudines voci respondent*. Tales sunt illæ inclinationes vocis, quas invicem Demosthenes atque Æschines exprobrant, non ideo improbandæ; quum enim uterque alteri objiciat, palam est utrumque fecisse : nam neque ille per Marathonis et Platæarum et Salaminis propugnatores recto sono juravit, nec ille Thebas sermone deflevit. Est his diversa vox, et pæne extra organum, cui Græci nomen *amaritudinis* dederunt, super modum ac pæne naturam vocis humanæ acerba : *Quin compescitis vocem istam, indicem stultitiæ, testem paucitatis?* Sed id, quod excedere modum dixi, in illa parte prima est, *Quin compescitis*. Epilogus, si enumerationem rerum habet, desiderat quamdam concisorum continuationem; si ad concitandos judices est accommodatus, aliquid ex iis, quæ supra dixi; si placandos, inclinatam quamdam lenitatem; si misericordia commovendos, flexum vocis, et flebilem suavitatem, qua præcipue franguntur animi, quæque est maxime naturalis :

Antoine, au rapport de Cicéron, est d'un si merveilleux effet, puisqu'elle a naturellement et par elle-même ce qu'elle imite. Mais il y a deux sortes de pitié : l'une mêlée d'indignation, comme je l'ai dit tout à l'heure au sujet de la condamnation de Philodamus ; l'autre, plus humble, et suppliante. C'est pourquoi, bien qu'il y ait une sorte de chant obscur dans la prononciation de ces paroles : *Mais dans l'assemblée du peuple romain*, car Cicéron ne les a pas prononcées du ton d'un homme qui se dispute ; et de celles-ci : *Et vous, tombeaux des Albains*, car ce n'est ni par exclamation ni par forme d'invocation que cela est dit ; cependant il a dû prendre une inflexion infiniment plus molle et plus traînante dans les passages suivants : *Malheureux que je suis ! — Que répondrai-je à mes enfants ? — Vous avez pu, Milon, me rendre à ma patrie, etc.*; et lorsque, obligé d'adjuger les biens de Rabirius à vil prix, il s'écrie : *O que le ministère de ma voix est aujourd'hui triste et rigoureux !* Il est aussi d'un très-bon effet, dans la péroraison, de confesser que l'on succombe sous le poids de la douleur et de la fatigue, à l'exemple de Cicéron dans son plaidoyer pour Milon : *Mais il est temps de finir ; car je sens que les larmes étouffent ma voix* ; et ici la prononciation doit être conforme aux paroles. Il semble encore entrer dans les devoirs de la péroraison de ranimer les accusés, de prendre leurs enfants entre ses bras, d'introduire devant le tribunal leur famille désolée, de déchirer ses vêtements, etc. ; mais j'ai traité de tout cela en son lieu. Et comme la prononciation est susceptible de la même variété dans toutes les autres parties de l'oraison, il est évident qu'elle doit être, comme je l'ai démontré, conforme aux pensées. Il faut aussi qu'elle s'accorde avec les mots, comme je l'ai dit en dernier, non pas toujours, mais quelquefois. Par exemple, ces mots : *l'infortuné*, *le pauvre malheureux*, ne demandent-ils pas une prononciation humble et contrainte ; tandis que des mots différents, comme *courageux*, *véhément*, *brigand*, demandent une prononciation forte et animée ? En effet, cette concordance donne aux choses plus d'énergie et de propriété : autrement, la voix ferait entendre une chose, et la pensée une autre. Enfin, un même mot, suivant l'intonation qu'on lui donne, sert à indiquer, à affirmer, à censurer, à nier, à interroger, à exprimer l'étonnement, l'indignation, le sarcasme, le mépris. Par exemple, le monosyllabe *tu* se prononce d'une manière toute différente dans ces passages de Virgile : *Tu mihi quodcunque hoc regni* ; — *Cantando tu illum ?* — *Tune ille Æneas ?* — *Meque timoris argue tu, Drance*. Mais, pour ne pas m'arrêter ici plus longtemps, j'invite le lecteur à faire passer le mot *tu*, ou tout autre, par toutes les affections de l'âme, et il reconnaîtra la vérité de ce que je dis.

Je n'ai plus qu'une remarque à ajouter ici : c'est que, bien que la grâce soit la principale qualité de l'action, souvent ce qui convient aux uns ne convient point aux autres. Il y a dans la grâce un je ne sais quoi dont il n'est guère possible de rendre raison ; et, s'il est vrai de dire que le grand secret soit de mettre de la grâce dans tout ce qu'on fait, aussi est-il vrai que cette grâce ne saurait exister sans l'art, et que l'art néanmoins ne suffit pas pour la procurer. C'est pour cela que, chez quelques-uns, certaines qualités ne plaisent pas, et que, chez d'autres, tout plaît, jusqu'à leurs défauts. Nous avons vu les deux plus grands acteurs dans le genre co-

---

nam etiam orbos viduasque videas in ipsis funeribus canoro quodam modo proclamantes. Hic etiam fusca illa vox, qualem Cicero fuisse in Antonio dicit, mire faciet; habet enim in se, quod imitamur : duplex est tamen miseratio; altera cum invidia, qualis modo dicta de damnatione Philodami; altera cum deprecatione demissior. Quare, etiamsi est in illis quoque cantus obscurior, *In cœtu vero populi romani;* non enim hæc rixantis modo dixit; et, *Vos, Albani tumuli;* neque enim, quasi inclamaret, aut testaretur, locutus est; tamen infinito magis illa flexa et circumducta sunt, *Me miserum, me infelicem!* et, *Quid respondebo liberis meis?* et, *Revocare tu me in patriam potuisti*, *Milo, per hos; ego te in eadem patria per eosdem retinere non potero?* Et quum bona C. Rabirii uno sestertio addicit, *O meum miserum acerbumque præconium!* Illa quoque mire facit in peroratione velut deficientis dolore et fatigatione confessio; ut pro eodem Milone, *Sed finis sit : neque enim præ lacrimis jam loqui possum :* quæ similem verbis habere debent etiam pronuntiationem. Possunt videri alia quoque hujus partis atque officii, *reos excitare, pueros attollere, propinquos producere, vestes laniare;* sed suo loco dicta sunt : et quia in partibus causæ talis est varietas, satis apparet, accommodandam sententiis ipsis pronuntiationem, sicut ostendimus; sed verbis quoque, quod novissime dixeram, non semper, sed aliquando. An non hæc, *misellus* et *pauperculus*, summissa atque contracta; *fortis* et *vehemens* et *latro*, erecta et concitata voce dicendum est? Accedit enim vis et proprietas rebus tali astipulatione; quæ nisi adsit, aliud vox, aliud animus ostendat. Quid? quod eadem verba mutata pronunciatione indicant, affirmant, exprobrant, negant, mirantur, indignantur, interrogant, irrident, elevant? Aliter enim dicitur, *Tu mihi quodcunque hoc regni*; et, *Cantando tu illum?* et *Tune ille Æneas?* et, *Meque timoris argue tu, Drance* : et, ne morer, intra se quisque vel hoc, vel aliud, quod volet, per omnes affectus verset; verum esse, quod dicimus, sciet. Unum jam his adjiciendum est, quum præcipue in actione spectetur decor, sæpe aliud alios decere : est enim latens quædam in hoc ratio, et inenarrabilis; et ut vere hoc dictum est, *caput esse, decere quod facias;* ita id neque sine arte esse, neque totum arte tradi potest. In quibusdam virtutes non habent gratiam, in quibusdam vitia ipsa delectant. Maximos actores comœdiarum,

mique, Démétrius et Stratoclès, plaire par des qualités très-différentes. Que le premier représentât à merveille les dieux, les amants, les bons pères, les esclaves fidèles, les matrones, et les vieilles prudes ; que l'autre ne jouât pas moins bien les vieillards bilieux, les esclaves rusés, les parasites, les entremetteurs, et tous les rôles qui demandent plus de mouvement, je ne m'en étonne pas : leur naturel était différent ; la voix même de Démétrius était plus agréable, et celle de Stratoclès plus mordante. Ce qui est encore plus digne d'attention, c'est qu'ils avaient certaines manières propres à chacun d'eux, et tout à fait incommunicables. Ainsi, agiter ses mains en l'air, prolonger des exclamations d'un ton doux pour plaire aux spectateurs, entrer en scène avec une robe où le vent semblait s'engouffrer, gesticuler souvent du côté droit, tout cela ne pouvait convenir qu'à Démétrius, en qui ce jeu était secondé par sa taille et sa bonne mine. L'autre allait et venait sans cesse ; il riait quelquefois à contre-sens, non par ignorance de son rôle, mais pour accorder quelque chose au goût du peuple ; il portait la tête enfoncée dans ses épaules, et une seule de toutes ces choses, qu'on applaudissait en lui, aurait été sifflée dans un autre. Chacun doit donc s'attacher à se connaître, et prendre conseil, pour composer son action, non-seulement des préceptes communs de l'art, mais encore de son naturel. Cependant il n'est pas absolument impossible que le même homme comporte tous les genres, ou du moins un grand nombre.

Je terminerai cet article comme j'ai terminé tous les autres, en recommandant de garder une juste mesure, attendu qu'il ne s'agit pas ici d'un comédien, mais d'un orateur. On ne s'attachera donc pas, dans le geste, à exprimer tout minutieusement, de même qu'en parlant on n'affectera pas de marquer scrupuleusement ce qui est désagréable, toutes les pauses, tous les intervalles, et toutes les modifications de l'âme, comme si, par exemple, on avait à dire sur la scène : *Que faire? n'y point aller, quand c'est elle-même qui m'en prie? mais plutôt, si je prenais une bonne fois le parti de ne plus souffrir désormais les caprices injurieux de pareilles femmes?* Car ici l'acteur, pour exprimer son hésitation, doit s'arrêter presque à chaque mot, et varier les inflexions de voix, les gestes, les signes de tête. Un discours oratoire veut un autre goût et moins d'assaisonnement ; c'est qu'il consiste dans l'action, et non dans l'imitation. Aussi n'a-t-on pas tort de blâmer la prononciation d'un orateur dont le visage est toujours en mouvement, dont les gestes fatiguent par leur continuité, et dont la voix change si souvent de ton, qu'elle semble sautiller. C'est ce que nos anciens, et Lénas Popilius après eux, ont appelé une *action affairée*, mot que je les approuve d'avoir emprunté aux Grecs. Cicéron a donc raison, comme en tout, de donner sur ce point les préceptes que j'ai cités plus haut, et qu'on lit dans son traité intitulé *De l'orateur :* préceptes qu'il a reproduits dans son dialogue intitulé *Brutus,* en parlant de Marc-Antoine. Cependant on exige aujourd'hui une action un peu plus chargée de mouvements, et il est certaines parties où cela n'est pas déplacé. Toutefois, il faut savoir se renfermer dans de justes bornes, et prendre garde qu'en affectant les grâces du comédien, on ne perde l'autorité que doit avoir la parole d'un homme probe et grave.

Demetrium et Stratoclea, placere diversis virtutibus vidimus : sed illud minus mirum, quod alter deos, et juvenes, et bonos patres, servosque, et matronas, et graves anus optime, alter acres senes, callidos servos, parasitos, lenones, et omnia agitatiora melius : fuit enim natura diversa ; nam vox quoque Demetrii jucundior, illius acrior erat. Annotandæ magis proprietates, quæ transferri non poterant, manus jactare, et dulces exclamationes theatri causa producere, et ingrediendo ventum concipere veste, et nonnunquam dextro latere facere gestus ; quod neminem alium præter Demetrium deceat ; namque in hoc omnia statura et mira specie adjuvabatur : illum cursus, et agilitas, et vel parum conveniens personæ risus (quem non ignarus rationis populo dabat), et contracta etiam cervicula : quidquid minus mirum, nec alter fecisset, fœdissimum videretur : quare norit se quisque, nec tantum ex communibus præceptis, sed etiam ex natura sua capiat consilium formandæ actionis : neque illud tamen est nefas, ut aliquem vel omnia, vel plurima deceant. Hujus quoque loci clausula sit eadem, necesse est, quæ cæterorum est, regnare maxime modum : non enim comœdum esse, sed oratorem volo ; quare neque in gestu persequemur omnes argutias, nec in loquendo distinctionibus, temporibus, affectionibus moleste utemur ; ut si sit in scena dicendum,

Quid igitur faciam ? non eam, ne nunc quidem,
Quum arcessor ultro ? an potius ita me comparem,
Non perpeti meretricum contumelias ?

Hic enim dubitationis moras, vocis flexus, varias manus, diversos nutus actor adhibebit : aliud oratio sapit, nec vult nimium esse condita : actione enim constat, non imitatione. Quare non immerito reprehenditur pronunciatio et vultuosa, et gesticulationibus molesta, et vocis mutationibus resultans ; nec inutiliter ex Græcis veteres transtulerunt, quod ab iis sumptum Lænas Popilius posuit, esse *hanc inotiosam actionem.* Optime igitur idem, qui omnia, Cicero præceperat, quæ supra ex Oratore posui : quibus similia in Bruto de M. Antonio dicit. Sed jam recepta est actio paulo agitatior, et exigitur, et quibusdam partibus convenit ; ita tamen temperanda, ne, dum actoris captamus elegantiam, perdamus viri boni et gravis auctoritatem.

LIVRE XII.

ARGUMENT.

AVANT-PROPOS. — CHAP. I. Qu'on ne peut être orateur, si l'on n'est homme de bien. — II. Que l'étude de la philosophie est indispensable à l'orateur. — III. Que la connaissance du droit civil est indispensable à l'orateur. — IV. Que la connaissance de l'histoire est indispensable à l'orateur. — V. Quels sont les instruments de l'orateur. — VI. Dans quel temps l'orateur doit commencer à plaider. — VII. Ce que l'orateur doit observer dans les causes qu'il entreprend. — VIII. Ce que l'orateur doit observer dans les causes qu'il étudie. — IX. Ce que l'orateur doit observer en plaidant. — X. Du genre d'éloquence qui convient à l'orateur. — XI. Des occupations de l'orateur dans sa retraite.

Me voici arrivé à la partie sans contredit la plus grave de mon traité. Si j'avais pu, dans l'origine, me faire seulement une idée du fardeau dont je me sens aujourd'hui accablé, j'aurais plus à temps consulté mes forces. Mais je me suis vu d'abord lié par la honte de ne pas tenir ma promesse; ensuite, quoique le travail et la peine s'accrussent presque à chaque pas, pour ne point perdre le fruit de ce que j'avais déjà fait, je me suis armé de toutes les forces de ma volonté pour ne point lâcher pied. C'est pour cela que maintenant encore, quoique ce fardeau me pèse plus que jamais, comme j'entrevois le terme, je suis résolu à succomber plutôt qu'à désespérer. Ce qui m'a d'ailleurs abusé, c'est la nature assez humble des préceptes que j'eus à donner en commençant; puis, abandonnant, pour ainsi dire, ma voile au souffle de la brise, et m'étant engagé plus avant, sans cesser néanmoins d'enseigner des choses connues et déjà traitées par la plupart des rhéteurs, je ne me croyais pas encore éloigné du rivage, et je me voyais entouré de navigateurs qui voguaient sur la foi des mêmes vents. Arrivé insensiblement dans cette région de l'éloquence où se sont arrêtées les découvertes de l'art, et que très-peu de rhéteurs ont explorée, je ne rencontrai plus que quelques rares voyageurs qui eussent osé se hasarder aussi loin du port. Mais à présent que l'orateur, dont j'avais entrepris l'éducation, a pris congé des rhéteurs, qui n'ont plus rien à lui apprendre, pour se livrer à son propre essor, ou pour chercher de plus puissants secours dans le sanctuaire même de la sagesse, je commence à reconnaître jusqu'où je me suis laissé emporter en pleine mer; car *je ne vois plus de tous côtés que le ciel et l'eau.* Un seul navigateur m'apparaît dans ce vaste océan, c'est Cicéron; mais lui-même, quoique monté sur un vaisseau de haut bord et si bien équipé, je le vois qui replie ses voiles, cesse de ramer, et se contente de traiter du genre d'éloquence qui convient à l'orateur parfait. Ma témérité osera davantage : je vais tâcher, en outre, de lui donner des mœurs et lui tracer des devoirs. Ainsi, quoique incapable d'atteindre le grand homme qui me précède, mon sujet me mènera plus loin que lui. Cependant l'ambition de bien faire est toujours louable, et l'on peut oser bien sûrement, quand l'entreprise porte avec soi son excuse.

CHAP. I. Je définis donc l'orateur, comme l'a défini Caton, *un homme de bien, habile dans l'art de parler;* mais surtout *un homme de bien,* qualité qu'il pose en premier, et qui, de sa nature, est en effet préférable à la seconde, et plus impor-

LIBER XII.

ARGUMENTUM.

PROOEMIUM. — CAP. I. Non posse oratorem esse, nisi virum bonum. — II. Cognoscenda esse oratori quibus mores formentur. — III. Necessariam juris civilis oratori esse scientiam. — IV. Necessariam oratori cognitionem historiarum. — V. Quæ sint oratori instrumenta. — VI. Quod sit incipiendi causas agere tempus. — VII. Quæ in suscipiendis causis oratori observanda sint. — VIII. Quæ in discendis causis oratori observanda sint. — IX. Quæ servanda in agendis causis oratori sint. — X. De genere dicendi. — XI. Quæ post finem studia.

Ventum est ad partem operis destinati longe gravissimam : cujus equidem onus si tantum opinione prima concipere potuissem, quanto me premi ferens sentio, maturius consuluissem vires meas : sed initio pudor omittendi, quæ promiseram, tenuit; mox, quamquam per singulas prope partes labor cresceret, ne perderem, quæ jam effecta erant, per omnes difficultates animo me sustentavi. Quare nunc quoque, licet major quam unquam moles premat, tamen prospicienti finem mihi constitutum est vel deficere potius, quam desperare. Fefellit autem, quod initium a parvis ceperamus : mox velut aura sollicitante provecti longius, dum tamen nota illa, et plerisque artium scriptoribus tractata præcipimus; nec adhuc a littore procul videbamur, et multos circa velut iisdem se ventis credere ausos habebamus. Jam quum eloquendi rationem novissime repertam, paucissimisque tentatam ingressi sumus, rarus, qui tam procul a portu recessisset, reperiebatur. Postquam vero nobis ille, quem instituebamus, orator, a dicendi magistris dimissus, aut suo jam impetu fertur, aut majora sibi auxilia ex ipsis sapientiæ penetralibus petit, quam in altum simus ablati, sentire cœpimus : nunc *cœlum undique et undique pontus.* Unum modo in illa immensa vastitate cernere videmur M. Tullium, qui tamen ipse, quamvis tanta atque ita instructa nave hoc mare ingressus, contrahit vela, inhibetque remos, et de ipso demum genere dicendi, quo sit usurus perfectus orator, satis habet dicere. At nostra temeritas etiam mores ei conabitur dare, et assignabit officia : ita nec antecedentem consequi possumus, et longius eundum est, ut res feret : et probabilis tamen cupiditas honestorum, et velut tutioris audentiæ est tentare, quibus paratior venia est.

CAP. I. Sit ergo nobis *orator,* quem constituimus, is, qui a M. Catone finitur, *vir bonus, dicendi peritus;* verum, id quod et ille posuit prius, et ipsa natura potius ac majus est, utique *vir bonus.* Id non eo tantum, quod,

tante. Et cela doit être ainsi ; car si le talent de la parole peut devenir l'instrument de la méchanceté, rien n'est plus pernicieux que l'éloquence aux intérêts publics et privés : et moi-même qui, pour ma part, ai contribué de tous mes efforts à perfectionner cette faculté, je me serais rendu coupable du plus grand des crimes envers la société, en forgeant des armes pour des brigands et non pour des soldats. Que dis-je, moi? la nature elle-même, qui, par le don de la parole, a visiblement affecté de favoriser l'espèce humaine et de la distinguer du reste des animaux, la nature elle-même eût été plutôt une marâtre qu'une mère, si cette faculté n'eût été qu'une invention destinée à seconder le crime, à opprimer l'innocence, et à faire la guerre à la vérité. N'eût-il pas mieux valu naître muets et privés de toute intelligence, que de convertir ces présents de la Providence en un moyen de destruction mutuelle? Mais je vais plus loin, et je prétends non-seulement que l'orateur *doit être homme de bien*, mais qu'on ne peut pas même devenir orateur, si l'on n'est homme de bien. Et en effet, accorderons-nous de l'intelligence à ceux qui, maîtres de choisir entre le chemin de la vertu et celui du vice, se déterminent pour le dernier? accorderons-nous de la prudence à ceux qui, faute de prévoir les suites de leurs actions, s'exposent eux-mêmes à tomber dans les mains terribles de la justice humaine, qui rarement laissent échapper le coupable, ou à subir les tourments toujours inévitables d'une mauvaise conscience? Que si, comme l'enseignent les sages et comme on l'a toujours cru communément, nul n'est *méchant* sans être en même temps *insensé*, certainement un insensé ne deviendra jamais orateur. Ajoutez que l'âme ne peut vaquer à la plus sublime des études, si elle n'est affranchie de tout vice : premièrement, parce que le même cœur ne peut comporter l'alliance du bien et du mal, et qu'il n'est pas plus possible à un même esprit d'associer dans sa pensée ce qu'il y a de meilleur et ce qu'il y a de pire, qu'il n'est possible à un même homme d'être à la fois bon et méchant ; secondement, parce que l'âme, appliquée à un si grand objet, doit renoncer à tous les autres soins, même aux plus innocents ; car ce n'est qu'autant qu'elle sera libre, tout entière à elle-même, sans distraction, sans préoccupation aucune, qu'elle pourra pleinement contempler son œuvre. Si le soin de nos champs, si nos affaires domestiques, si la chasse et les spectacles nuisent déjà beaucoup à nos études, puisque le temps qu'on donne à une chose est perdu pour une autre, que sera-ce si nous sommes en proie à l'ambition, à la cupidité, à la haine, ces passions tyranniques qui troublent notre sommeil et jusqu'à nos songes? Car rien n'est plus occupé, ni susceptible de plus de formes, ni travaillé et déchiré de plus d'affections diverses, que l'âme du méchant. Médite-t-il le mal? l'espérance, et tous les soucis qui accompagnent les apprêts de son crime, le tiraillent en tout sens. L'a-t-il commis? la crainte, le remords, l'attente de tous les châtiments, le torturent sans relâche. Or, quelle place peut-il rester, dans une âme ainsi troublée, pour les lettres ou toute autre étude aussi pure? la même, sans doute, que laisserait aux fleurs et aux fruits une terre couverte de ronces et d'épines. Ce n'est pas tout : la frugalité est nécessaire pour supporter les fatigues de l'étude : que peut-on attendre de la débauche et de la dissolution? l'amour de la gloire est le plus puissant aiguillon de ceux qui cultivent les lettres : le méchant s'intéresse-t-il à la gloire? Qui ne sait

---

si vis illa dicendi malitiam instruxerit, nihil sit publicis privatisque rebus perniciosius eloquentia, nosque ipsi, qui pro virili parte conferre aliquid ad facultatem dicendi conati sumus, pessime mereamur de rebus humanis, si latroni comparamus hæc arma, non militi. Quid de nobis loquor? Rerum ipsa natura in eo, quod præcipue indulsisse homini videtur, quoque nos a cæteris animalibus separasse, non parens, sed noverca fuerit, si facultatem dicendi, sociam scelerum, adversam innocentiæ, hostem veritatis invenit : mutos enim nasci, et egere omni ratione, satius fuisset, quam providentiæ munera in mutuam perniciem convertere. Longius tendit hoc judicium meum : neque enim tantum id dico, eum, qui mihi sit orator, *virum bonum esse oportere;* sed ne futurum quidem oratorem, nisi virum bonum : nam certe neque intelligentiam concesseris iis, qui, proposita honestorum ac turpium via, pejorem sequi malent, neque prudentiam, quum in gravissimas frequenter legum, semper vero malæ conscientiæ, pœnas a semet ipsis improviso rerum exitu induantur. Quod si neminem *malum* esse, *nisi stultum* eumdem, non modo sapientibus dicitur, sed vulgo quoque semper est creditum, certe non fiet unquam stultus orator. Adde quod ne studio quidem operis pulcherrimi vacare mens, nisi omnibus vitiis libera, potest : primum quod in eodem pectore nullum est honestorum turpiumque consortium, et cogitare optima simul ac deterrima non magis est unius animi, quam ejusdem hominis bonum esse ac malum : tum illa quoque ex causa, quod mentem tantæ rei intentam, vacare omnibus aliis, etiam culpa carentibus, curis oportet : ita demum enim libera, ac tota, nulla distringente atque alio ducente causa, spectabit id solum, ad quod accingitur. Quod si agrorum nimia cura, et sollicitor rei familiaris diligentia, et venandi voluptas, et dati spectaculis dies, multum studiis auferunt (huic enim rei perit tempus, quodcunque alteri datur); quid putamus facturas cupiditatem, avaritiam, invidiam? quarum impotentissimæ cogitationes somnos etiam et illa per quietem visa perturbant. Nihil est enim tam occupatum, tam multiforme, tot ac tam variis affectibus concisum atque laceratum, quam mala mens : nam et quum insidiatur, spe, curis, labore distringitur; et jam, quum sceleris compos fuit, sollicitudine, pœnitentia, pœnarum omnium expectatione torquetur. Quis inter hæc litteris, aut ulli bonæ arti locus? non hercle magis, quam frugibus in terra

aussi que l'éloquence oratoire consiste en grande partie à disserter sur l'équité et le bien? Or, comment un homme méchant et injuste parlera-t-il de ces choses avec la dignité convenable? Enfin, pour trancher la plus grande partie de la question, supposons (ce qui ne saurait jamais être) que deux hommes, l'un très-méchant, l'autre très-vertueux, aient autant d'esprit, d'étude et de savoir l'un que l'autre : qui des deux sera réputé le meilleur orateur? sans contredit, celui qui est le meilleur comme homme. Donc, on ne peut être à la fois un méchant homme et un parfait orateur; car une chose n'est point parfaite, à laquelle on en peut opposer une meilleure. Mais, pour que je ne paraisse pas, à la manière de l'école de Socrate, m'assurer de la réponse par la question, je suppose quelqu'un d'assez entêté contre la vérité pour oser soutenir qu'à partage égal d'esprit, d'étude et de savoir, un méchant homme ne sera pas moins bon orateur qu'un homme de bien : je vais convaincre cette personne de son aveuglement. Certes, il est indubitable que le but que se propose tout orateur est de persuader aux juges que ce qu'il avance est vrai et honnête. Or, lequel y parviendra le plus aisément, de l'homme de bien ou du méchant? sans contredit l'homme de bien; car tout ce qu'il dira sera le plus souvent vrai et honnête. Bien plus, si, pour satisfaire à certains devoirs (ce qui peut arriver, comme je le démontrerai tout à l'heure), il entreprend de présenter comme vrai ce qui ne l'est pas, on l'écoutera nécessairement avec plus de confiance. Le méchant, au contraire, qui compte pour rien l'opinion bonne ou mauvaise qu'on a de lui, et n'a pas même l'idée du bien, ne prend pas d'ordinaire la peine de dissimuler. Ainsi, il avance hardiment des propositions inconsidérées, il affirme sans scrupule. Il résulte de là que, dans les choses qu'il lui est absolument impossible d'établir, il révolte les juges par son opiniâtreté, sans que sa peine aboutisse à rien. Car dans les causes qu'il plaide, comme dans les autres actions de sa vie, le méchant a des espérances que rien ne désappointe. Enfin, il arrive souvent qu'on ne le croit pas, même lorsqu'il dit la vérité, et que le choix d'un pareil avocat suffit pour décréditer une cause.

Je vais maintenant répondre aux objections qu'il me semble voir s'élever de concert contre moi. *Quoi donc! est-ce que Démosthène n'était point orateur?* Cependant il passe pour avoir été un malhonnête homme. *Et Cicéron?* Pourtant beaucoup de gens ont blâmé ses mœurs. Que faire? Je sens que ma réponse va faire jeter les hauts cris, et demande des précautions oratoires. Je dirai donc d'abord que Démosthène ne me paraît pas tellement répréhensible dans ses mœurs, qu'il me faille ajouter foi à tout ce que ses ennemis ont accumulé contre lui, surtout si je considère les nobles conseils qu'il donnait aux Athéniens, et sa fin mémorable. Quant à Cicéron, je ne vois pas non plus qu'il ait jamais cessé d'être animé des sentiments d'un excellent citoyen. J'en ai pour preuves; son glorieux consulat, sa rare intégrité dans l'administration d'une province, son refus de faire partie du gouvernement des Vingt; enfin sa conduite dans les guerres civiles, qui, de son temps, ont ébranlé les fondements de la république, et au milieu desquelles ni l'espérance ni la crainte ne lui firent déserter le meilleur parti, c'est-à-dire le parti de la république. Il avait, dit-on, l'âme faible; mais il a fort bien répondu

---

sentibus ac rubis occupata. Age, non ad perferendos studiorum labores necessaria frugalitas? quid igitur ex libidine ac luxuria spei? Non præcipue acuit ad cupiditatem litterarum amor laudis? num igitur malis esse laudem curæ putamus? Jam hoc quis non videt, maximam partem orationis in tractatu æqui boniqne consistere? dicetne de his secundum debitam rerum dignitatem malus atque iniquus? Denique, ut maximam partem quæstionis eximam, demus, id quod nullo modo fieri potest, idem ingenii, studii, doctrinæ, pessimo atque optimo viro; uter melior dicetur orator? nimirum qui homo quoque melior. No igitur unquam malus idem homo, et perfectus orator : non enim perfectum est quidquam, quo melius est aliud. Sed, ne more Socraticorum nobismet ipsi responsum finxisse videamur, sit aliquis adeo contra veritatem obstinatus, ut audeat dicere, eodem ingenio, studio, doctrina præditum nihilo deteriorem futurum oratorem malum virum, quam bonum. Convincamus huius quoque amentiam : nam certe nemo dubitabit, omnem orationem id agere, ut judici, quæ proposita fuerint, vera et honesta videantur : utrum igitur hoc facilius bonus vir persuadebit, an malus? Bonus quidem dicet sæpius vera atque honesta. Sed etiam si quando aliquo ductus officio (quod accidere, ut mox docebimus, potest) falso hæc affirmare conabitur, majore cum fide necesse est audiatur : at malis hominibus ex contemptu opinionis et ignorantia recti, nonnunquam excidit ipsa simulatio : inde immodeste proponunt, sine pudore affirmant. Sequitur in iis, quæ certum est effici non posse, deformis pertinacia, et irritus labor : nam sicut in vita, in causis quoque, spes improbas habent. Frequenter autem accidit, ut his etiam vera dicentibus fides desit, videaturque talis advocatus malæ causæ argumentum. Nunc de iis dicendum est, quæ mihi quasi conspiratione quadam vulgi reclamari videntur : *Orator ergo Demosthenes non fuit?* atqui malum virum accepimus. *Non Cicero?* atqui hujus quoque mores multi reprehenderunt. Quid agam? magna responsi invidia subeunda est, mitigandæ sunt prius aures. Mihi enim nec *Demosthenes* tam gravi morum dignus videtur invidia, ut omnia, quæ in eum ab inimicis congesta sunt, credam; quum pulcherrima ejus in republica consilia et finem vitæ clarum legam. Nec *Marco Tullio* defuisse video in ulla parte civis optimi voluntatem. Testimonio est actus nobilissime consulatus; integerrime provincia administrata; et repudiatus vigintiviratus; et civilibus bellis, quæ in ætatem ejus gravissima inciderunt, neque spe neque metu decli-

à ce reproche, en disant qu'*il était timide, non quand il s'agissait d'accepter le danger, mais quand il s'agissait de le prévenir;* ce qu'il a confirmé par la résignation sublime avec laquelle il a accepté la mort même. Que si la vertu parfaite a manqué à ces deux personnages, et qu'on me demande s'ils ont été des orateurs, je répondrai comme les stoïciens, quand on leur demande si Zénon, Cléanthe, Chrysippe, ont été des sages : que ce furent de grands hommes, des hommes dignes de vénération; mais que, toutefois, ils n'ont pas atteint à cette perfection dont la nature de l'homme est capable. Ainsi Pythagore ne voulut pas prendre le nom de sage, comme ses devanciers, mais seulement celui d'*ami de la sagesse.* Quant à moi cependant, pour me conformer au langage commun, j'ai souvent dit et je répéterai que Cicéron est un *parfait orateur,* comme nous disons de nos amis, que ce sont des *hommes de bien,* des *hommes très-éclairés,* quoique ces titres n'appartiennent qu'au vrai sage; mais quand il s'agira de parler proprement et selon la loi même de la vérité, je chercherai cet orateur, que Cicéron cherchait lui-même. Car, bien que j'avoue qu'il ait atteint le faîte de l'éloquence, et quoique je ne voie guère ce que l'on pourrait ajouter en lui (peut-être même trouverai-je plus aisément ce que, selon moi, il eût lui-même retranché encore : car la plupart des savants ont porté de lui ce jugement, qu'il eut beaucoup de qualités et quelques défauts; et lui-même témoigne qu'il avait beaucoup réprimé de l'exubérance de sa jeunesse), cependant, puisqu'il ne s'est pas arrogé le titre de sage, lui qui ne se mésestimait nullement; puisqu'il eût pu devenir encore plus éloquent s'il eût vécu davantage, et dans des temps plus calmes et plus favorables à l'étude, je puis croire, sans être soupçonné de rien vouloir ôter à son mérite, qu'il lui a manqué ce point de perfection, auquel nul n'a encore atteint, et dont, toutefois, personne n'a plus approché que lui. Si je pensais autrement de ce grand homme, moins préoccupé de la crainte de le déprécier, je pourrais soutenir mon opinion avec plus d'avantage. Quoi ! Marc-Antoine a déclaré, ce qui est bien plus fort, qu'il n'avait jamais vu un homme éloquent; Cicéron lui-même cherchait encore cet introuvable orateur, et s'est contenté de l'imaginer, de s'en faire une idée; et moi, je n'oserais pas dire que, dans l'immensité des siècles à venir, il peut se rencontrer quelque chose de plus parfait que ce qui a été? Je n'irai pas plus loin, et je ne dirai rien de ceux qui, même sous le rapport de l'éloquence, ont sévèrement jugé Démosthène et Cicéron, quoique Démosthène ne soit pas encore parfait aux yeux de Cicéron, qui l'accuse de dormir quelquefois, non plus que Cicéron aux yeux de Brutus et de Calvus, qui du moins ont blâmé sa composition en parlant à lui-même, et des deux Pollion, qui, dans plusieurs endroits de leurs ouvrages, ont critiqué en lui, même avec aigreur, certains défauts de style.

Mais je reprends ma thèse, et veux bien accorder que, en dépit de la nature, il se soit rencontré un homme à la fois méchant et fort disert : je ne lui en dénierai pas moins le titre d'orateur, de même que je refuserai le nom de braves à tous ceux qui sont prêts à faire un coup de main, parce que l'idée du courage implique celle de vertu. Ne faut-il pas, à celui qui est appelé à défendre une cause, une fidélité qui soit à l'épreuve de la cupidité, de la faveur, de la

---

natus animus, quo minus optimis se partibus, id est, reipublicæ, jungeret. Parum fortis videtur quibusdam : quibus optime respondit ipse, *non se timidum in suscipiendis, sed in providendis periculis;* quod probavit morte quoque ipsa, quam præstantissimo suscepit animo. Quod si defuit his viris summa virtus; sic, quærentibus, an oratores fuerint, respondebo, quomodo stoici, si interrogentur, an sapiens Zeno, an Cleanthes, an Chrysippus, respondeant, magnos quidem illos ac venerabiles, non tamen id, quod natura hominis summum habet, consecutos. Nam et Pythagoras, non *sapientem se,* ut qui ante eum fuerunt, sed *studiosum sapientiæ* vocari voluit : ego tamen secundum communem loquendi consuetudinem sæpe dixi, dicamque, *perfectum oratorem* esse Ciceronem; ut amicos et *bonos viros,* et *prudentissimos* dicimus vulgo, quorum nihil nisi perfecte sapienti datur : sed quum proprie, et ad legem ipsam veritatis loquendum erit, eum quæram oratorem, quem et ille quærebat. Quamquam enim stetisse ipsum in fastigio eloquentiæ fateor, ac vix, quid adjici potuerit, invenio, fortasse inventurus, quod adhuc abscisurum putem fuisse (nam fere sic docti judicaverunt, *plurimum in eo vir-* *tutum, nonnihil fuisse vitiorum;* et ipse se multa ex juvenili abundantia coercuisse testatur) : tamen quando nec sapientis sibi nomen, minime sui contemptor, asseruit; et melius dicere, certe data longiore vita, et tempore ad componendum securiore, potuisset; non maligne crediderim, defuisse ei summam illam, ad quam nemo propius accessit. Et licebat, si aliter sentirem, fortius id liberiusque defendere. An vero M. Antonius *neminem a se visum eloquentem,* quod tanto minus erat, professus est; ipse etiam M. Tullius *quærit adhuc eum,* et tantum imaginatur ac fingit; ego non audeam dicere, aliquid in hac, quæ superest, æternitate inveniri posse eo, quod fuerit, perfectius? Transeo illos, qui Ciceroni ac Demostheni ne in eloquentia quidem satis tribuunt; quamquam neque ipsi Ciceroni Demosthenes videatur satis esse perfectus, quem *dormitare* interim dicit; nec Cicero Bruto Calvoque, qui certe compositionem illius etiam apud ipsum reprehendunt; nec Asinio utrique, qui vitia orationis ejus etiam inimice pluribus locis insequuntur. Concedamus sane, quod minime natura patitur, repertum esse aliquem malum virum, summe disertum; nihilo tamen minus oratorem eum negabo : nam nec omnibus, qui fuerint

crainte? et donnera-t-on le nom sacré d'orateur à un traître, à un transfuge, à un prévaricateur? Que si un avocat médiocre ne peut se passer de ce qu'on appelle vulgairement *probité*, pourquoi cet orateur qui n'a jamais existé, mais qui peut exister, serait-il dispensé d'être aussi parfait dans ses mœurs que dans son éloquence? Car ce n'est pas ici un homme de barreau que je prétends former, ni un marchand de paroles, ni même, pour adoucir l'expression, un de ces avocats qui savent assez bien se tirer de la défense d'un procès, et qu'on appelle communément *diseurs de causes*; mais un homme qui joint à la nature d'un esprit supérieur une connaissance profonde de tout ce que l'art et la science ont de beau, un véritable présent fait à la terre, et inconnu jusque-là aux générations de tous les âges; un homme unique, accompli de tout point, sachant également et bien penser et bien dire. Il suffira de la moindre partie de cet orateur pour protéger l'innocence, pour réprimer l'audace du crime, ou pour défendre la vérité contre le mensonge dans les questions pécuniaires. Là comme ailleurs, n'en doutons pas, il se montrera supérieur; mais c'est dans les grandes occasions qu'il brillera de tout son éclat, lorsqu'il lui faudra, par exemple, éclairer les délibérations du sénat, ou ramener dans une meilleure voie un peuple égaré. Virgile ne semble-t-il pas avoir tracé le portrait d'un pareil orateur dans ce personnage qu'il nous représente apaisant une populace mutinée, qui lance déjà les brandons et les pierres:

Mais qu'à leurs yeux émus il se présente un sage,

Son aspect imposant soudain calme l'orage:
On se tait, on l'écoute....

Voilà d'abord l'*homme de bien*; vient ensuite l'*homme éloquent*:

........Et ses discours vainqueurs
Gouvernent les esprits et subjuguent les cœurs. (DEL.)

Transportons le même orateur sur un champ de bataille, et supposons qu'il lui faille haranguer une armée en face de l'ennemi: ne tirera-t-il pas son éloquence du sein même de la sagesse? Comment, en effet, dissiper, chez des hommes qui sont sur le point d'en venir aux mains, tant de craintes qui les assaillent à la fois, celles de la fatigue, de la douleur, de la mort même, si, au lieu de ces tristes images, on ne leur présente l'amour de la patrie, le devoir, et la gloire? Or, en pareil cas, celui-là certainement persuadera mieux les autres, qui se sera d'abord persuadé lui-même, car la dissimulation, en dépit de ses efforts, finit toujours par se trahir; et, quelque facilité qu'on ait à s'exprimer, on chancelle, on hésite, quand la bouche n'est pas d'accord avec le cœur. Or, il est de toute nécessité que le méchant parle autrement qu'il ne pense. Au contraire, l'homme de bien ne sera jamais au dépourvu, soit pour discourir sur les choses honnêtes, soit pour trouver les meilleurs moyens; car il sera en même temps un homme éclairé. Il est vrai que les bonnes choses sont quelquefois destituées des agréments de l'art; mais leur nature y supplée suffisamment, et ce qui est honnête est toujours bien dit. Attachons-nous donc dès la jeunesse, que dis-je? à tout âge, car il n'est jamais trop tard pour commencer à bien faire,

---

manu prompti, viri fortis nomen concesserim, quia sine virtute intelligi non potest fortitudo. An ei, qui ad defendendas causas advocatur, non est opus fide, quam nec cupiditas corrumpat, nec gratia avertat, nec metus frangat? sed proditorem, transfugam, prævaricatorem donabimus oratoris illo sacro nomine? Quod si mediocribus etiam patronis convenit hæc, quod vulgo dicitur, *bonitas*; cur non orator ille, qui nondum fuit, sed potest esse, tam sit moribus, quam dicendi virtute perfectus? Non enim forensem quamdam instituimus operam, nec mercenariam vocem, nec, ut asperioribus verbis parcamus, non inutilem sane litium advocatum, quem denique *causidicum* vulgo vocant; sed virum, quum ingenii natura præstantem, tum vero tot pulcherrimas artes penitus mente complexum, datum tandem rebus humanis, qualem nulla antea vetustas cognoverit, singularem, perfectumque undique, optima sentientem, optimeque dicentem. In hoc quota pars erit, quod aut innocentes tuebitur, aut improborum scelera compescet, aut in pecuniariis quæstionibus veritati contra calumniam aderit? Summus ille quidem in his quoque operibus fuerit, sed majoribus clarius elucebit, quum regenda senatus consilia, et popularis error ad meliora ducendus. An non talem quemdam videtur finxisse Virgilius, quem in seditione vulgi, jam faces et saxa jaculantis, moderatorem dedit?

Tum pietate gravem ac meritis si forte virum quem

Conspexere, silent, arrectisque auribus astant.

Habemus igitur ante omnia *virum bonum*, post hæc adjiciet *dicendi peritum*,

Ille regit dictis animos, et pectora mulcet.

Quid? non in bellis quoque idem ille vir, quem instituimus, si sit ad prælium miles cohortandus, ex mediis sapientiæ præceptis orationem trahet? nam quomodo pugnam ineuntibus, tot simul metus laboris, dolorum, postremo mortis ipsius exciderint, nisi in eorum locum pietas, et fortitudo, et honesti præsens imago successerit? Quæ certe melius persuadebit aliis, qui prius persuaserit sibi: prodit enim se, quamlibet custodiatur, simulatio; nec unquam tanta fuerit loquendi facultas, ut non titubet atque hæreat, quoties ab animo verba dissentiunt: vir autem malus aliud dicat necesse est quam sentit. Bonos nunquam honestus sermo deficiet, nunquam rerum optimarum (nam iidem etiam prudentes erunt) inventio: quæ etiamsi lenociniis destituta sit, satis tamen natura sua ornatur; nec quidquam non diserte, quod honeste, dicitur. Quare juventus, immo omnis ætas (neque enim rectæ voluntati serum est tempus ullum), totis mentibus huc tendamus, in hoc laboremus; forsan et consummare contingat: nam si natura non prohibet et esse virum bonum et esse dicendi peritum, cur non aliquis etiam unus utrumque consequi possit? cur autem non se quis-

attachons-nous à acquérir cette perfection ; travaillons-y de tous nos efforts, et peut-être y parviendrons-nous. Car si la nature ne s'oppose pas à ce qu'on soit vertueux et à ce qu'on soit éloquent, pourquoi ne se trouverait-il pas quelqu'un qui pût devenir l'un et l'autre? Et pourquoi désespérerait-on de devenir ce quelqu'un? Que si nos forces naturelles étaient insuffisantes pour cela, au moins serions-nous meilleurs à proportion du progrès que nous aurions fait dans la vertu et dans l'éloquence. Mais, surtout, ôtons-nous bien de l'esprit que le plus beau privilége de l'homme, l'éloquence, puisse s'allier avec la corruption du cœur. Le talent de la parole, quand il échoit aux méchants, doit même être regardé comme un mal, puisqu'il les rend encore plus méchants. Comme il se rencontrera toujours des gens qui aiment mieux être éloquents que vertueux, je crois les entendre dire : A quoi bon, en ce cas, tant d'art dans l'éloquence? pourquoi nous avez-vous parlé vous-même des couleurs de la rhétorique, de la manière de défendre des causes difficiles, des causes même où le fait est avoué? Cela ne prouve-t-il pas que l'éloquence sert quelquefois à combattre la vérité? Car un homme de bien ne plaide que de bonnes causes, et celles-là se défendent assez par elles-mêmes sans le secours de la science. Je commencerai par justifier la rhétorique et moi-même, et je prouverai ensuite qu'un homme de bien peut quelquefois, sans trahir son devoir, défendre des coupables. Je répondrai donc qu'il n'est pas inutile de rechercher comment on soutient le mensonge et même l'injustice, ne fût-ce que pour apprendre par là à les démasquer et à les combattre plus aisément. C'est ainsi qu'on emploie plus judicieusement les remèdes, quand on connaît ceux qui sont nuisibles. De ce que les académiciens soutiennent alternativement le pour et le contre, il ne s'ensuit pas que, hors de l'école, ils mettent en pratique leur seconde thèse ; et ce Carnéade qui, dit-on, étant à Rome, disputa contre la justice, en présence de Caton le Censeur, avec autant de force qu'il l'avait fait la veille en la défendant, n'était pas pour cela un homme injuste. En effet, la laideur du vice rehausse par le contraste la beauté de la vertu, et l'équité gagne à être mise en opposition avec l'iniquité ; enfin, il est une infinité de choses qui se prouvent par leurs contraires. L'orateur doit donc connaître les desseins de son adversaire, comme un capitaine doit connaître ceux de l'ennemi. Quant à ce que j'ai dit, et qui paraît le scabreux au premier aspect, qu'un homme de bien peut quelquefois, dans la défense d'une cause, chercher à dérober au juge la connaissance de la vérité, il n'est pas impossible de rendre raison de cette inconséquence. Que si l'on s'étonne de me voir avancer une pareille proposition (bien que je ne fasse qu'émettre une opinion qui a été celle des hommes que l'antiquité a reconnus et vénérés comme les maîtres de la sagesse), que l'on veuille bien considérer que la plupart du temps la beauté ou la honte d'une action n'est pas tant dans l'action même que dans le motif. En effet, si c'est souvent un acte de vertu, que de tuer un homme ; quelquefois même d'héroïsme, que de sacrifier ses propres enfants ; s'il est permis de faire certaines choses qui répugnent encore plus à dire, quand l'intérêt public le commande, il ne s'agit plus de considérer absolument la nature de la cause qu'un homme de bien défend, mais aussi pourquoi et dans quelle intention il la défend. Et d'abord personne ne peut me contester ce dont conviennent les plus rigides stoïciens, qu'un homme de bien peut être dans le cas de mentir, même pour une cause assez légère. Par exemple, pour décider

---

que speret fore illum aliquem? Ad quod si vires ingenii non suffecerint, tamen ad quem usque modum processerimus, meliores erimus ex utroque. Hoc certe prorsus eximatur animo, rerum pulcherrimam eloquentiam cum vitiis mentis posse misceri. Facultas dicendi, si in malos incidit, et ipsa judicanda est malum : pejores enim illos facit, quibus contigit. Videor mihi audire quosdam (neque enim deerunt unquam, qui diserti esse, quam boni, malint), illa dicentes : Quid ergo tantum est artis in eloquentia? qur tu de coloribus, et difficilium causarum defensione, nonnihil etiam de confessione locutus es, nisi aliquando vis ac facultas dicendi expugnat ipsam veritatem? Bonus enim vir non agit nisi bonas causas, eas porro etiam sine doctrina satis per se tuetur veritas ipsa. Quibus ego, quum de meo primum opere respondero, etiam pro boni viri officio, si quando eum ad defensionem nocentium ratio duxerit, satisfaciam : tractare enim, quomodo aut pro falsis, et etiam pro injustis aliquando dicatur, non est inutile, vel propter hoc solum, ut ea facilius et deprehendamus, et refellamus ; quemadmodum remedia melius adhibebit, cui nota, quæ nocent, fuerint. Neque enim academici, quum in utramque disseruerunt partem, non secundum alteram vivent ; nec Carneades ille, qui Romæ audiente Censorio Catone non minoribus viribus contra justitiam dicitur disseruisse, quam pridie pro justitia dixerat, injustus ipse vir fuit. Verum et *virtus* quid sit, adversa ei *malitia* detegit, et *æquitas* fit ex *iniqui* contemplatione manifestior, et plurima contrariis probantur : debent ergo oratori sic esse adversariorum nota consilia, ut hostium imperatori. Verum et illud, quod prima propositione durum videtur, potest afferre ratio, ut *vir bonus* in defensione causæ velit auferre aliquando judici veritatem. Quod si quis a me proponi mirabitur, (quanquam non est hæc mea propria sententia, sed eorum, quos gravissimos sapientiæ magistros ætas vetus credidit) sic judicet, pleraque esse, quæ non tam factis, quam causis eorum, vel honesta fiant, vel turpia. Nam si *hominem occidere*, sæpe virtus, *liberos necare*, nonnunquam pulcherrimum est ; asperiora quædam adhuc dictu, si communis utilitas exegerit,

29.

un enfant malade à boire un breuvage amer, on lui fait mille petits mensonges, on le séduit par mille promesses, qu'on n'a pas l'intention de tenir. A plus forte raison doit-il être permis de mentir, dans la vue d'empêcher un scélérat de commettre un meurtre, ou de tromper un ennemi pour le salut de la patrie : en sorte que ce qui est quelquefois répréhensible, même dans un esclave, est quelquefois louable, même dans un sage. Cela posé, je vois qu'il peut se présenter bien des circonstances où l'orateur peut entreprendre la défense de telle cause, dont il ne se chargerait pas sans des motifs honorables. Je ne mets pas au nombre de ces motifs les liens du sang ou de l'amitié, car je raisonne ici plus sévèrement ; quoiqu'à vrai dire, quand il s'agit d'un père, d'un frère, ou d'un ami, ce ne soit pas un léger motif d'hésitation que d'avoir sous les yeux, d'un côté les droits de la justice, et de l'autre ceux de la tendresse. Mais confirmons cela par des exemples qui ne laissent aucun doute. Quelqu'un est accusé pour avoir attenté à la vie d'un tyran. L'orateur, tel que je l'ai défini, laissera-il périr cet homme? ou s'il entreprend sa défense, n'emploiera-t-il pas de fausses couleurs, comme tous ceux qui plaident une mauvaise cause? Supposons même une action qui, quoique bonne en elle-même, ne laissera pas d'être condamnée par le juge, si l'on ne parvient à le convaincre que cette action n'a pas eu lieu : l'orateur hésitera-t-il à user de ce moyen pour sauver, je ne dis pas seulement un innocent, mais un citoyen recommandable? Supposons encore une action, juste de sa nature, mais inutile à la république, à cause de la conjoncture des temps : n'aura t-il pas recours à une éloquence bonne en soi, mais qui, dans sa forme, n'aura rien qui la distingue de la chicane? Allons plus loin. Il est incontestable que s'il y avait lieu d'espérer qu'un criminel pût se corriger, ce qui est, de l'aveu de tous, quelquefois possible, il ne soit plus avantageux à la société de lui faire grâce que de le punir. Si donc il est démontré à l'orateur que tel homme, justement accusé, changera de vie, ne fera-t-il pas tous ses efforts pour le sauver ? Supposons enfin qu'un général habile, et sans lequel la république ne peut espérer de vaincre, soit sous le poids d'une accusation manifestement fondée, l'intérêt commun ne lui suscitera-t-il pas un défenseur? Fabricius, du moins, donna ouvertement son suffrage pour le consulat à Cornélius Rufinus, qui était un mauvais citoyen, et de plus son ennemi particulier ; mais la guerre était imminente, et il savait que Rufinus était un bon capitaine : aussi, quelques personnes s'étonnant de sa conduite, *J'aime mieux*, dit-il, *être pillé par un concitoyen, que vendu par l'ennemi*. Si donc Fabricius eût été orateur, pense-t-on qu'il n'eût pas défendu ce même Rufinus, quoique manifestement coupable de péculat? Je pourrais multiplier de semblables exemples, mais le premier venu de ceux que j'ai cités doit suffire ; car mon dessein n'est pas d'encourager mon orateur à plaider souvent de pareilles causes : j'ai voulu faire voir que, nonobstant ces exceptions, cette définition reste vraie, que *l'orateur est un homme de bien, habile dans l'art de parler*. Il n'est pas moins nécessaire d'enseigner et d'apprendre comment se traitent aussi les choses qui sont difficiles à prouver; car souvent les meilleures causes elles-mêmes ressemblent aux mauvaises, et un innocent,

---

facere conceditur; ne hoc quidem nudum est intuendum, qualem causam vir bonus, sed etiam quare, et qua mente, defendat. Ac primum concedant mihi omnes oportet, quod stoicorum quoque asperrimi confitentur, facturum aliquando virum bonum, ut mendacium dicat, et quidem nonnunquam levioribus causis : ut in pueris ægrotantibus, utilitatis eorum gratia multa fingimus, multa non facturi promittimus : nedum si ab homine occidendo grassator avertendus sit, aut hostis pro salute patriæ fallendus; ut hoc, quod alias in servis quoque reprehendendum est, sit alias in ipso sapiente laudandum. Id si constiterit, multa jam video posse evenire, propter quæ orator bene suscipiat tale causæ genus, quale, remota ratione honesta, non recepisset. Nec hoc dico, quia severiores sequi placet leges, pro patre, fratre, amico periclitantibus; tametsi non mediocris hæsitatio est, hinc *justitiæ* proposita imagine, inde *pietatis*. Nihil dubii relinquamus ; sit aliquis insidiatus tyranno, atque ob id reus; utrumne salvum eum nolet is, qui a nobis finitur, orator ? an, si tuendum susceperit, non tam falsis defendet, quam qui apud judices malam causam tuetur? Quid si quædam bene facta damnaturus est judex, nisi ea non esse facta convicerimus; non vel hoc modo servabit orator non innocentem modo, sed etiam laudabilem civem? Quid si quædam justa natura, sed conditione temporum inutilia civitati sciemus; nonne utemur arte dicendi, bona quidem, sed malis artibus simili? Ad hoc nemo dubitabit, quin, si nocentes mutari in bonam mentem aliquo modo possint, sicut posse interdum conceditur, salvos esse magis e republica sit, quam puniri : si liqueat igitur oratori, futurum bonum virum, cui vera objicientur, non id aget, ut salvus sit? Da nunc, ut crimine manifesto prematur dux bonus, et sine quo vincere hostem civitas non possit; nonne ei communis utilitas oratorem advocabit? Certe Fabricius Cornelium Rufinum, et alioqui malum civem, et sibi inimicum, tamen, quia utilem sciebat ducem, imminente bello palam consulem suffragio suo fecit; idque admirantibus quibusdam respondit, *A cive se spoliari malle, quam ab hoste venire*. Ita, si fuisset orator, non defendisset eumdem Rufinum vel manifesti peculatus reum? Multa dici possunt similia, sed vel unum ex iis quodlibet sufficit : non enim hoc agimus, ut istud illi, quem formamus, viro sæpe sit faciendum ; sed ut, si talis coegerit ratio, si tamen vera finitio, *oratorem esse virum bonum, dicendi peritum*. Præcipere vero ac discere quomodo etiam probationibus difficilia tractentur, necessarium est : nam frequenter etiam optimæ causæ similes sunt malis, et innocens reus multis verisimilibus premitur : quo fit,

mis en accusation, peut avoir contre lui toutes les apparences. D'où il suit qu'il faut le défendre par les mêmes procédés que s'il était coupable. Enfin, que de choses communes aux bonnes et aux mauvaises causes! les témoins, les lettres, les soupçons, les préjugés. Or, ce qui est vraisemblable se prouve et se réfute de la même manière que ce qui est vrai. C'est pourquoi l'orateur donnera à son plaidoyer le tour qu'exigeront les circonstances, en conservant la pureté d'intention, qui caractérise l'homme de bien.

Ch. II. Donc, puisque l'orateur est essentiellement *homme de bien*, et qu'un homme de bien ne peut se concevoir sans la vertu; puisque la vertu, quoiqu'elle doive quelques-uns de ses mouvements à la nature, a besoin d'être perfectionnée par la science, le premier soin de l'orateur doit être de cultiver ses mœurs par l'étude, et d'approfondir la connaissance de l'honnête et du juste, sans laquelle nul ne peut être ni vertueux ni éloquent: à moins qu'on ne se range à l'opinion de ceux qui pensent que la nature seule fait les mœurs, et que les préceptes n'y ajoutent rien, c'est-à-dire que nous avons besoin de maîtres pour les arts manuels, même les plus vils; tandis que la vertu, cet attribut qui nous rapproche le plus des dieux immortels, vient à nous sans que nous prenions la peine de la chercher, et seulement parce que nous sommes nés. Ainsi, on sera abstinent, sans savoir ce que c'est qu'abstinence; courageux, sans s'être affranchi par la raison de la crainte de la douleur et de la mort, et des terreurs de la superstition; juste, sans avoir jamais examiné ce que c'est que l'équité et le souverain bien, sans avoir jamais raisonné, dans quelque savant entretien, sur les lois que la nature a imposées à tous les hommes, ni sur celles qui sont particulières à certains peuples, à certaines nations. Oh! que c'est faire peu de cas de toutes ces questions, que de les juger si faciles! Mais je laisse ce point, qui ne saurait être douteux, si l'on a seulement la moindre teinture des lettres; et je passe à cette seconde proposition: qu'on ne peut pas même être suffisamment habile dans l'art de parler, si l'on n'a approfondi les secrets de la nature, ni formé ses mœurs par les préceptes de la réflexion. Car ce n'est pas en vain que L. Crassus, dans le troisième livre du traité *De oratore*, soutient que tout ce qui regarde l'équité, la justice, la vérité, le bien, et leurs contraires, est proprement du domaine de l'orateur, et que les philosophes, toutes les fois qu'ils ont recours à l'éloquence pour défendre ces principes, se servent des armes de la rhétorique, et non des leurs. Le même Crassus avoue cependant que maintenant c'est à la philosophie qu'il faut emprunter ces armes, sans doute parce qu'il lui semble qu'elle en est plus particulièrement en possession. C'est aussi ce qui a fait dire à Cicéron, dans plusieurs de ses ouvrages et de ses lettres, que l'éloquence coule des sources les plus profondes de la sagesse, et que c'est pour cela que, pendant quelque temps, ce furent les mêmes maîtres qui enseignaient à bien vivre et à bien parler. C'est pourquoi mes conseils n'ont point ici pour but de faire de l'orateur un philosophe, puisqu'il n'y a pas de genre de vie plus éloigné des devoirs du citoyen et de toutes les fonctions de l'orateur. Qui, en effet, parmi les philosophes, a jamais fréquenté le barreau, ou s'est fait quelque réputation dans les assemblées? Quel est celui qui a jamais pris part à l'administration des affaires publiques, quoique la politique ait été l'objet principal des préceptes de

---

ut eadem actionis ratione defendendus sit, qua, si nocens esset. Jam immumerabilia sunt bonis causis malisque communia, *testes, litteræ, suspiciones, opiniones* : non aliter autem verisimilia, quam vera, et confirmantur et refelluntur : quapropter, ut res feret, flectetur oratio, manente honesta voluntate.

Cap. II. Quando igitur orator est *vir bonus*, is autem citra virtutem intelligi non potest; virtus, etiamsi quosdam impetus ex natura sumit, tamen perficienda doctrina est : *mores* ante omnia oratori studiis erunt excolendi, atque omnis honesti justique disciplina pertractanda, sine qua nemo nec vir bonus esse, nec dicendi peritus potest. Nisi forte accedimus iis, qui natura constare mores, et nihil adjuvari disciplina putant : scilicet, ut ea quæ manu fiunt, atque eorum etiam contemptissima, confiteantur egere doctoribus; virtutem vero, qua nihil homini, quo ad deos immortales propius accederet, datum est, obviam et illaboratam, tantum quia nati simus, habeamus. Abstinens erit, qui id ipsum, quid sit abstinentia, ignoret? et fortis, qui metus doloris, mortis, superstitionis, nulla ratione purgaverit? et justus, qui æqui bonique tractatum, qui leges, quæ natura sunt omnibus datæ, quæque propriæ populis et gentibus constitutæ, nunquam eruditiore aliquo sermone tractarit? O quam istud parvum putant, quibus tam facile videtur! Sed hoc transeo, de quo neminem, qui litteras vel primis, ut aiunt, labris degustarit, dubitaturum puto. Ad illud sequens prævertar, ne dicendi quidem satis peritum fore, qui non et naturæ vim omnem penitus perspexerit, et mores præceptis ac ratione formarit. Neque enim frustra in tertio de Oratore libro L. Crassus cuncta, quæ *de æquo, justo, vero, bono*, deque iis, quæ sunt contra posita, dicantur, propria esse oratoris affirmat; ac philosophos, quum ea dicendi viribus tuentur, uti rhetorum armis, non suis. Idem tamen confitetur, ea jam esse a philosophia petenda, videlicet quia magis hæc illi videtur in possessione eorumdem fuisse. Hinc etiam illud est, quod Cicero pluribus et libris et epistolis testatur, dicendi facultatem ex intimis sapientiæ fontibus fluere; ideoque aliquamdiu præceptores eosdem fuisse morum atque dicendi : quapropter hæc exhortatio mea non eo pertinet, ut esse oratorem philosophum velim, quando non alia vitæ secta longius a civilibus officiis, atque ab omni munere oratoris recessit. Nam quis philosophorum aut in judiciis frequens, aut clarus in concioni-

la plupart d'entre eux? Or, moi, je veux que mon orateur soit une sorte de sage Romain, qui se montre véritablement homme d'État, non par des disputes ennemies du grand jour, mais par la pratique des affaires et par des actions. Mais puisque l'étude de la sagesse, délaissée par ceux qui se sont adonnés à l'étude de l'éloquence, a fui le théâtre de son activité et la publicité du barreau, pour se retirer d'abord dans les portiques et dans les gymnases, et de là dans l'ombre des écoles, il faut bien que l'orateur, qui ne trouve pas chez les maîtres d'éloquence ce qu'il lui est indispensable de connaître, aille le chercher chez ceux qui en ont conservé le dépôt, et lise à fond les auteurs qui traitent de la vertu, afin que sa vie soit intimement unie à la science des choses divines et humaines. Et combien ces choses ne paraîtraient-elles pas plus importantes et plus belles, si elles étaient enseignées par ceux qui sauraient en même temps parler le mieux? Puisse-t-il arriver un temps où cet orateur parfait, tel que je le souhaite, revendique une étude que les uns ont rendue odieuse par le nom superbe qu'ils lui ont donné, les autres par les vices dont ils ont souillé ses fruits, et, l'arrachant publiquement des mains qui l'ont usurpée, la réunisse à l'éloquence, pour en être inséparable à jamais.

Or, la philosophie étant divisée en trois parties, la *physique,* la *morale* et la *logique,* en est-il une, je le demande, qui ne soit liée naturellement aux études de l'orateur? Car, pour commencer par la dernière, laquelle est toute dans les mots, cela ne peut être douteux pour personne, puisqu'on ne peut nier qu'il n'appartienne à l'orateur de connaître les propriétés de chaque mot, d'éclaircir ce qui est équivoque, de démêler ce qui est embrouillé, de discerner le faux du vrai, de prouver et de réfuter : quoique, à vrai dire, les plaidoyers n'admettent pas une argumentation aussi minutieuse et aussi concise que les disputes philosophiques, par la raison que l'orateur doit non-seulement instruire, mais émouvoir et plaire; ce qui demande de l'entraînement, de la force et de la grâce. C'est ainsi qu'un fleuve, qui roule de grosses eaux dans un lit large et profond, coule avec plus d'impétuosité qu'un faible ruisseau, qui lutte incessamment contre de petits cailloux. Et de même que les maîtres de gymnastique enseignent à leurs élèves certains artifices qu'ils appellent *nombres,* non dans le dessein que ceux-ci les mettent tous en usage dans la lutte, où il s'agit, avant tout, d'avoir de l'aplomb, de la fermeté et de l'ardeur, mais afin qu'ayant à leur disposition une foule de ressources, ils aient recours, tantôt à un mouvement, tantôt à un autre, suivant l'occasion; de même, cette partie qu'on nomme dialectique, ou, si l'on veut, *contentieuse,* est souvent utile pour définir et circonscrire les choses, pour en marquer les différences, pour éclaircir par des distinctions ce qui est ambigu, pour diviser, enlacer, envelopper; mais, d'un autre côté, si elle domine exclusivement dans un plaidoyer, elle empêchera l'éloquence de se développer d'une manière plus efficace, et consumera, par sa subtilité même, les forces de l'orateur, en les proportionnant à son exiguïté. Aussi voit-on certains orateurs, d'une adresse admirable dans la controverse, qui, une fois hors de leurs défilés, sont incapables de se défendre sur un terrain

---

bus fuit? Quis denique in ipsa, quam maxime plerique præcipiunt, reipublicæ administratione versatus est? Atqui ego illum, quem instituo, romanum quemdam velim esse sapientem, qui non secretis disputationibus, sed rerum experimentis atque operibus, vere civilem virum exhibeat. Sed quia deserta ab his, qui se ad eloquentiam contulerunt, studia sapientiæ, non jam in actu suo atque in hac fori luce versantur, sed in porticus et in gymnasia primum, mox in conventus scholarum recesserunt; id quod est oratori necessarium, nec a dicendi præceptoribus traditur, ab iis petere nimirum necesse est, apud quos remansit, evolvendis penitus auctoribus, qui de *virtute* præcipiunt; ut oratoris vita cum scientia divinarum rerum sit humanarumque conjuncta. Quæ ipsa quanto majores ac pulchriores viderentur, si illas ii docerent, qui etiam eloqui præstantissime possent? utinamque sit tempus unquam, quo perfectus aliquis, qualem optamus, orator hanc artem superbo nomine et vitiis quorumdam bona ejus corrumpentium invisam, vindicet sibi, ac, velut rebus repetitis, in corpus eloquentiæ adducat. Quæ quidem quum sit in tres divisa partes, *naturalem, moralem, rationalem;* qua tandem non est cum oratoris opere conjuncta? Nam ut ordinem retro agamus, de ultima illa, quæ tota versatur in verbis; nemo dubitaverit, si et proprietates vocis cujusque nosse, et ambigua aperire, et perplexa discernere, et de falsis judicare, et colligere ac resolvere, quæ velis, oratorum est. Quamquam ea non tam est minute atque concise in actionibus utendum, quam in disputationibus; quia non docere modo, sed movere etiam ac delectare audientes debet orator; ad quod impetu quoque ac viribus et decore est opus : ut vis amnium major est altis ripis, multoque gurgitis tractu fluentium, quam tenuis aquæ, et objectu lapillorum resultantis, et ut palæstrici doctores illos, quos *numeros* vocant, non idcirco discentibus tradunt, ut iis omnibus, quos didicerunt, in ipso luctandi certamine utantur (plus enim pondere et firmitate et spiritu agitur), sed ut sit copia illa, ex qua unum, aut alterum, cujus se occasio dederit, efficiant; ita hæc pars dialectica, sive illam dicere malumus *disputatricem,* ut est utilis sæpe et finitionibus et comprehensionibus, et separandis, quæ sunt differentia, et resolvenda ambiguitate distinguendo, dividendo, illiciendo, implicando; ita si totum sibi vindicaverit in foro certamen, obstabit melioribus, et sectas ad tenuitatem suam vires ipsa subtilitate consumet. Itaque reperias quosdam in disputando mire callidos, quum ab illa cavillatione discesserint, non magis sufficere in aliquo graviore actu, quam parva quædam animalia, quæ in angustiis mobilia, campo deprehenduntur. Jam quidem pars illa *moralis,* quæ dicitur *ethice,* certe tota

plus étendu; semblables à ces petits animaux qui échappent, par leur mobilité, dans un espace étroit, et qu'on attrape aisément en plaine.

Quant à la *morale*, rien n'est certainement plus approprié à l'orateur; car, comme je l'ai dit dans les livres précédents, au milieu de cette prodigieuse variété de causes qui roulent tour à tour sur les états de conjecture, de définition, de légalité, de translation, de syllogisme, d'antinomie et d'amphibologie, il n'en est peut-être pas une où l'on n'ait à traiter en quelque point de l'équité et du bien en général. Qui ne sait d'ailleurs que la plupart des causes roulent entièrement sur la qualité? Et, dans les délibérations, est-il un moyen de persuasion en dehors de la question de l'honnête? Que dirai-je enfin du genre démonstratif, qui consiste uniquement dans la louange et le blâme? n'est-ce pas d'un bout à l'autre un traité sur la vertu et le vice? l'orateur n'a-t-il pas à y parler sans cesse de la justice, du courage, de l'abstinence, de la tempérance, de la piété? Or, l'homme de bien, pour qui ces vertus ne seront pas de vains noms que l'oreille aura fait passer sur la langue, mais qui, ayant médité profondément sur leur nature, ne les aura pas moins dans le cœur que dans la bouche, cet homme de bien les concevra sans effort, et ne fera qu'exprimer ce qu'il pense. J'ai déjà dit ailleurs qu'une question générale a plus d'étendue qu'une question spéciale, parce que la partie est contenue dans le tout, et non le tout dans la partie. Or, il est incontestable que les questions générales sont particulièrement du ressort de la morale. Il est aussi beaucoup de choses qui veulent être définies d'une manière propre et précise, d'où naît l'état de cause qu'on nomme définitif; et, dans ce cas, n'est-ce pas aux moralistes qu'il faut recourir? Enfin, toute question de droit roule, ou sur la propriété des mots, ou sur l'équité, ou sur l'interprétation conjecturale de l'intention : ce qui tient en partie à la logique, en partie à la morale. Donc, tout discours vraiment oratoire comporte naturellement toutes les questions qui font la matière de ces deux parties de la philosophie; car, pour cette loquacité, vide de ces connaissances philosophiques, elle est nécessairement condamnée à errer au hasard et sans guides, ou à n'en faire que de faux.

Quant à la *physique*, outre qu'elle ouvre à l'orateur un champ d'autant plus vaste qu'il faut plus d'enthousiasme pour parler des choses divines que pour parler des choses humaines, elle renferme encore toute la morale, sans laquelle, comme je l'ai démontré, nulle oraison ne peut exister. En effet, si le monde est régi par une providence, l'administration de l'État doit être le partage des gens de bien; si notre âme a une origine céleste, nous devons tendre à la vertu, et ne pas être esclaves de ce qui flatte la nature terrestre du corps. Or, l'orateur n'aura-t-il pas souvent à traiter ces grandes questions? n'aura-t-il pas non plus à disserter sur les augures, les oracles, et sur tout ce qui touche à la religion; matières qui ont si souvent donné lieu à de graves délibérations dans le sénat, puisque l'orateur, tel que je l'ai défini, doit être en même temps un homme d'État? Comment enfin concevoir l'éloquence dans un homme qui ignorerait ce qui fait le plus d'honneur à l'intelligence humaine? Quand ce que je dis ne serait pas évident par soi-même, on ne pourrait néanmoins refuser de le croire, sur l'au-

---

oratori est accommodata : nam in tanta causarum, sicut superioribus libris diximus, varietate, quum alia conjectura quærantur, alia finitionibus concludantur, alia jure summoveantur, vel transferantur, alia colligantur, vel ipsa inter se concurrant, vel in diversum ambiguitate ducantur; nulla fere dici potest, cujus non aliqua in parte tractatus æqui ac boni reperiatur : plerasque vero esse quis nescit, quæ totæ in sola qualitate consistant? In consiliis vero quæ ratio suadendi est ab honesti quæstione seposita? Quid illa etiam pars tertia, quæ *laudandi* ac *vituperandi* officiis continetur? Nempe in tractatu recti pravique versatur. An de *justitia, fortitudine, abstinentia, temperantia, pietate* non plurima dicet orator? Sed ille vir bonus, qui hæc non vocibus tantum sibi nota atque nominibus aurium tenus in usum linguæ perceperit, sed qui virtutes ipsas mente complexus ita sentiat, nec in cogitando laborabit, sed, quod sciet, vere dicet. Quum sit omnis generalis quæstio speciali potentior, quia universo pars continetur, non utique accedit parti, quod universum est; profecto nemo dubitabit, generales quæstiones in illo maxime studiorum more versatas. Jam vero quum sint multa propriis brevibusque comprehensionibus finienda, unde etiam status causarum dicitur *finitivus*; nonne ad id quoque instrui ab iis, qui plus in hoc studii dederunt, oportet? Quid? non quæstio juris omnis, aut verborum proprietate, aut æqui disputatione, aut voluntatis conjectura continetur? quorum pars ad rationalem, pars ad moralem tractatum redundat. Ergo natura permixta est omnibus istis oratio, quæ quidem oratio est vere : nam ignara quidem hujusce doctrinæ loquacitas erret, necesse est, ut quæ vel nullos, vel falsos duces habeat. Pars vero *naturalis*, quum est ad exercitationem dicendi tanto cæteris uberior, quanto majore spiritu de divinis rebus, quam humanis loquendum est, tum illam etiam moralem, sine qua nulla esse, ut docuimus, oratio potest, totam complectitur. Nam si regitur providentia mundus, administranda certe bonis viris erit respublica : si divina nostris animis origo, tendendum ad virtutem; nec voluptatibus terreni corporis serviendum. An hæc non frequenter tractabit orator? An de *auguriis, responsis, religione* denique omni, de quibus maxima sæpe in senatu consilia versata sunt, non erit ei disserendum, si quidem, ut nobis placet, futurus est vir civilis idem? Quæ denique intelligi saltem potest eloquentia hominis optima nescientis? Hæc si ratione manifesta non essent, exemplis tamen crederemus : siquidem et Periclem, cujus eloquentiæ, etiamsi nulla ad nos monumenta venerunt, vim tamen quamdam incredibilem quum historici, tum

torité des exemples. Or, il est constant que Périclès, dont les historiens, dont les anciens poëtes comiques, genre d'auteurs peu suspect de flatterie, s'accordent à dire que l'éloquence était d'une puissance incroyable, quoiqu'il n'en soit parvenu aucun monument jusqu'à nous, il est constant que Périclès avait été disciple du physicien Anaxagore; que Démosthène, le prince des orateurs grecs, avait suivi les leçons de Platon. Quant à Cicéron, il témoigne souvent lui-même qu'il doit bien moins aux écoles des rhéteurs qu'aux jardins de l'Académie; et certainement sa fécondité naturelle ne se fût pas épanchée avec autant d'abondance, s'il eût renfermé son génie dans l'enceinte du barreau, et qu'il ne lui eût donné d'autres bornes que celles de la nature même.

Mais de là naît cette autre question : Quelle est la secte la plus propre à enrichir l'éloquence? A vrai dire, le débat ne peut porter sur un grand nombre; car, premièrement, *Épicure* nous éconduit lui-même, en recommandant de fuir à pleines voiles toute espèce de doctrine; et *Aristippe*, qui place le souverain bien dans les plaisirs des sens, ne nous exhorte certainement pas à braver les fatigues de l'étude. Quant à *Pyrrhon*, quel rôle peut-il jouer ici, lui qui n'est pas bien sûr qu'il y ait des juges à qui il s'adresse, ni un accusé qu'il défend, ni un sénat où l'on délibère? Quelques-uns croient l'*Académie* très-utile, parce que la coutume de discuter le pour et le contre a beaucoup d'analogie avec les exercices du barreau; et ils allèguent, à l'appui de leur opinion, que cette école peut revendiquer la gloire d'avoir produit les hommes les plus éloquents. Les *péripatéticiens* se targuent aussi d'un certain zèle pour l'éloquence; et, en effet, ce sont eux qui ont, en grande partie, imaginé de soutenir des thèses par forme d'exercice. A l'égard des *stoïciens*, si, d'un côté, ils sont forcés d'avouer que l'abondance et le poli de l'éloquence ont manqué à la plupart de leurs maîtres, de l'autre ils prétendent qu'on ne saurait prouver avec plus de force ni conclure avec plus de subtilité.

Mais laissons ces querelles de rivalité aux philosophes, qui, dans leur esprit d'exclusion, et comme s'ils étaient engagés par serment, ou même enchaînés par une sorte de vœu superstitieux, croiraient commettre un parjure ou un sacrilége, en se départant du système qu'ils ont une fois adopté. Quant à l'orateur, il n'a besoin de jurer par le nom d'aucun maître. C'est une œuvre bien autrement élevée, bien autrement noble, qu'il se propose, ou, pour mieux dire, qu'il brigue, lui qui tend à la double perfection des mœurs et de l'éloquence. Aussi, pour bien dire, il prendra pour modèles les hommes les plus éloquents; et, pour bien vivre, il choisira les plus beaux préceptes et le chemin qui mène le plus directement à la vertu; il s'exercera sur toute sorte de sujets, mais de préférence sur ceux qui sont de leur nature les plus importants et les plus nobles. Or, est-il une matière plus grave et plus abondante pour l'éloquence que d'avoir à parler de la vertu, de la chose publique, de la providence, de l'origine des âmes, de l'amitié? Quoi de plus propre à élever le cœur et le style, que ces grandes questions : En quoi consistent les vrais biens, et cette vraie liberté qui nous affranchit de la crainte, et des passions, et des préjugés du vulgaire, et qui rend notre âme toute céleste? Mais l'orateur ne doit pas se renfermer dans ces hautes spéculations; il doit surtout s'appliquer à connaître et à méditer sans cesse les paroles et les

---

etiam, liberrimum hominum genus, comici veteres tradunt, Anaxagoræ physici constat auditorem fuisse; et Demosthenem, principem omnium Græciæ oratorum, dedisse operam Platoni. Nam M. Tullius, non tantum se debere scholis rhetorum, quantum Academiæ spatiis, frequenter ipse testatur : neque se tanta in eo unquam fudisset ubertas, si ingenium suum consepto fori, non ipsius rerum naturæ finibus terminasset. Verum ex hoc alia mihi quæstio exoritur, quæ secta conferre plurimum eloquentiæ possit; quamquam ea non inter multas potest esse contentio : nam inprimis nos *Epicurus* a se ipse dimittit, qui fugere omnem disciplinam navigatione quam velocissima jubet : neque vero *Aristippus*, summum in voluptate corporis bonum ponens, ad hunc nos laborem hortatur. *Pyrrhon* quidem quas in hoc opere habere partes potest? cui judices esse, apud quos verba faciat, et reum, pro quo loquatur, et senatum, in quo sit dicenda sententia, non liquebit. *Academiam* quidam utilissimam credunt, quod mos in utramque partem disserendi ad exercitationem forensium causarum proxime accedat : adjiciunt loco probationis, quod ea præstantissimos in eloquentia viros ediderit. *Peripatetici* studio quoque se quodam oratorio jactant : nam theses dicere exercitationis gratia fere est ab iis institutum. *Stoïci*, sicut copiam nitoremque eloquentiæ fere præceptoribus suis defuisse concedant necesse est, ita nullos aut probare acrius, aut concludere subtilius contendunt. Sed hæc inter ipsos, qui velut sacramento rogati, vel etiam superstitione constricti, nefas ducunt a suscepta semel persuasione discedere : oratori vero nihil est necesse in cujusquam jurare leges. Majus enim est opus atque præstantius, ad quod ipse tendit, et cujus est velut candidatus, si quidem est futurus quum vitæ, tum etiam eloquentiæ laude perfectus : quare in exemplum dicendi facundissimum quemque proponet sibi ad imitandum : moribus vero formandis quam honestissima præcepta, rectissimamque ad virtutem viam deliget : exercitatione quidem utetur omni, sed tamen erit plurimus in maximis quibusque ac natura pulcherrimis. Nam quæ potest materia reperiri ad graviter copioseque dicendum magis abundans, quam *de virtute*, *de republica*, *de providentia*, *de origine animorum*, *de amicitia? Hæc* sunt, quibus mens pariter atque oratio insurgant : *quæ vere bona, quid mitiget metus, coerceat cupiditates, eximat nos opinionibus vulgi, animumque cœlestem*. Neque ea solum, quæ talibus disciplinis contineantur, sed magis etiam, quæ sunt antiquitus dicta

actions mémorables de l'antiquité. Et certes il n'en trouvera nulle part en plus grand nombre, ni de plus dignes d'admiration, que dans nos fastes nationaux. A quelle autre école apprendra-t-il mieux ce que c'est que le courage, la justice, la bonne foi, la continence, la frugalité, le mépris de la douleur et de la mort, qu'à celle des Fabricius, des Curius, des Régulus, des Décius, des Mutius, et de tant d'autres? Car autant les Grecs sont puissants en préceptes, autant, ce qui est bien plus important, les Romains le sont en exemples. Seulement, l'orateur ne verra pas dans ces exemples l'avertissement de n'agir que dans la vue d'un intérêt domestique et circonscrit, lui qui, persuadé qu'il ne suffit pas d'envisager le temps qui nous touche et la vie présente, regarde la mémoire de tous les siècles à venir comme la véritable carrière de la vertu et de la gloire. C'est à cette source que je veux qu'il puise l'amour de la justice, et cette indépendance qu'il doit montrer, soit au barreau, soit au sénat; car le titre d'orateur parfait n'appartiendra jamais qu'à celui qui saura et osera parler le langage de la vertu.

Chap. III. *La connaissance du droit civil* est également indispensable à notre orateur, ainsi que celle des coutumes et de la religion du pays, à l'administration duquel il est appelé à prendre part. En effet, quel avis pourra-t-il donner dans les délibérations publiques ou privées, s'il ignore tant de choses, qui sont le principal fondement d'un État? Et comment pourra-t-il prendre sans fraude le titre de défenseur, s'il est dans la nécessité d'emprunter à autrui les armes les plus nécessaires pour la défense d'une cause? Assez semblable à ceux qui récitent des vers qu'ils n'ont pas faits, et réduit, en quelque sorte, au rôle d'interprète, il demandera au juge de croire ce qu'il ne dit lui-même que sur la foi d'autrui, et, tout en promettant assistance aux plaideurs, il aura lui-même besoin d'être assisté. Admettons qu'il puisse quelquefois se tirer d'affaire, si, avant de se présenter devant le juge, il a pris soin de s'instruire du point de droit auprès d'un jurisconsulte, comme il s'instruit des faits auprès de son client : mais que fera-t-il dans ces questions qui naissent souvent à l'improviste au milieu des débats? Ne le verra-t-on pas promener honteusement ses regards autour de lui, et interroger ces avocats du second ordre qui sont sur les bancs? Pourra-t-il saisir avec assez d'exactitude ce qui n'aura que le temps d'arriver à son oreille? Pourra-t-il l'affirmer avec conviction, ou l'énoncer avec assurance pour ses clients? Je suppose encore qu'il s'en tire dans le cours du plaidoyer; mais que sera-ce dans l'altercation, où il faut répondre à tout sur-le-champ, et où l'on n'a pas le loisir de consulter ses voisins? Qu'arrivera-t-il, si cet habile et indispensable jurisconsulte ne se trouve pas auprès de lui, ou si son souffleur, peu compétent lui-même, lui donne quelque fausse notion? car ce qu'il y a de plus fâcheux pour l'ignorant, c'est de croire que celui-là sait, qui se mêle officieusement de le redresser. Certes, je n'ignore pas nos usages, et je n'ai point oublié qu'il existe au barreau des hommes préposés à une espèce d'arsenal pour fournir des armes aux combattants; je sais aussi qu'il en était de même chez les Grecs, d'où est venu le nom de *praticiens* donné à ces sortes d'auxiliaires : mais je parle d'un orateur qui doit à son client non-seulement le bruit de sa voix, mais encore tout ce qui peut contribuer au gain de sa cause. Je veux donc qu'il ne soit pas plus inutile dans les contestations préliminaires qui ont lieu, à heure fixe, devant le préteur, qu'inhabile à

---

ac facta præclare, et nosse, et animo semper agitare conveniet. Quæ profecto nusquam plura majoraque, quam in nostræ civitatis monumentis reperientur. An fortitudinem, justitiam, fidem, continentiam, frugalitatem, contemptum doloris ac mortis, melius alii docebunt, quam Fabricii, Curii, Reguli, Decii, Mutii, aliique innumerabiles? Quantum enim Græci præceptis valent, tantum Romani, quod est majus, exemplis. Tantumque non cognatis id e rebus admoneri sciet, qui non modo proximum tempus, lucemque præsentem intueri satis credat, sed omnem posteritatis memoriam, spatium vitæ honestæ, et curriculum laudis existimet : hinc mihi ille justitiæ haustus bibat, hinc sumptam libertatem in causis atque consiliis præstet : neque erit perfectus orator, nisi qui honeste dicere et sciet, et audebit.

Cap. III. *Juris* quoque *civilis* necessaria huic viro *scientia* est, et morum ac religionum ejus reipublicæ, quam capesset : nam qualis esse suasor in consiliis publicis privatisve poterit, tot rerum, quibus præcipue civitas continetur, ignarus? Quo autem modo patronum se causarum non falso dixerit, qui, quod in causis potentissimum, sit ab altero petiturus? pæne non dissimilis iis, qui poetarum scripta pronunciant. Nam quodammodo mandata perferet, et ea, quæ sibi a judice credi postulaturus est, aliena fide dicet; et ipse litigantium auxiliator egebit auxilio. Quod ut fieri nonnunquam minore incommodo possit, quum domi præcepta et composita, et sicut cætera, quæ in causa sunt, in discendo cognita ad judicum perferet : quid fiet in iis quæstionibus, quæ subito inter ipsas actiones nasci solent? non deformiter respectet, et inter subsellia minores advocatos interroget? Potest autem satis diligenter accipere, quæ tum audiet, quum ei dicenda sunt? aut fortiter affirmare, aut ingenue pro suis dicere? possit in actionibus : quid fiet in altercatione, ubi occurrendum continuo, nec libera ad discendum mora est? Quid, si forte peritus juris ille non aderit? Quid, si quis non satis in ea re doctus, falsum aliquid subjecerit? Hoc enim est maximum ignorantiæ malum, quod credit eum scire, qui moneat. Neque ego sum nostri moris ignarus, oblitusve eorum, qui velut ad areolas sedent, et tela agentibus subministrant; neque idem Græcos quoque nescio factitasse, unde nomen his *pragmaticorum* datum

dresser des formules de témoignages. Qui peut mieux que lui, en effet, préparer tout ce qu'il souhaite de trouver dans une cause lorsqu'il la plaidera? à moins qu'on ne veuille accorder toutes les qualités d'un bon général à un homme qui, sur le champ de bataille, ferait preuve d'énergie, de courage et de tactique, mais qui, du reste, ne saurait ni faire des recrues, ni réunir ses troupes, ni les ranger en bataille, ni pourvoir aux approvisionnements, ni prendre ses positions; car, avant de faire la guerre, il faut savoir la préparer. Or, il en est exactement de même de l'avocat, s'il se repose sur autrui d'une foule de choses qui sont au nombre des conditions de la victoire; et je l'excuse d'autant moins, que ces choses, d'ailleurs indispensables, ne sont pas aussi difficiles qu'elles peuvent le paraître, vues de loin. En effet, tout point de droit est *certain* ou *douteux* : certain, il résulte d'une loi écrite, ou de la coutume; douteux, il faut le peser suivant la règle de l'équité. Le droit écrit, ou fondé sur la coutume du pays, ne présente aucune difficulté : il s'agit là de connaître, et non d'inventer. Quant aux points douteux, dont l'explication est du ressort de la jurisprudence, ils consistent, ou dans l'interprétation des mots, ou dans la distinction du juste et de l'injuste : or, de connaître la force de chaque mot, c'est, ou ce qui est commun à tous les hommes éclairés, ou ce qui appartient proprement à l'orateur; et quant à l'équité, tout homme de bien la porte dans son cœur. Or, si mon orateur est, avant tout, comme je l'ai défini, un homme vertueux et éclairé, une fois qu'il se sera déterminé pour l'opinion la plus conforme à la vérité, il se mettra peu en peine de différer d'avis avec quelques jurisconsultes, d'autant plus que ceux-ci ont permission de n'être pas toujours d'accord entre eux. Que s'il veut connaître ce que chacun d'eux a pensé sur la même matière, il n'aura besoin que de les lire, et c'est ce qu'il y a de moins pénible dans les études. Enfin, s'il est vrai que la plupart de ceux qui se sont adonnés à l'étude du droit ne l'ont fait qu'après s'être reconnus incapables de plaider, quelle facilité ne doit pas trouver l'orateur à apprendre ce que savent des hommes qui, de leur propre aveu, ne peuvent devenir orateurs? Ainsi Caton joignait à une éloquence supérieure une profonde connaissance du droit; on n'a jamais refusé à Scévola et à Servius Sulpicius le talent de la parole ; et Cicéron, outre qu'en plaidant il ne fut jamais pris au dépourvu sur le droit, avait même ébauché un traité sur cette science : ce qui démontre qu'un orateur peut non-seulement l'apprendre, mais encore l'enseigner. Qu'on se garde bien, au reste, de blâmer ce que je recommande touchant l'étude de la philosophie et du droit, sous prétexte qu'on en a vu plusieurs qui, dégoûtés du travail qu'exige l'éloquence, se sont arrêtés en route pour se reposer dans une œuvre moins laborieuse. Les uns, en effet, contents d'étudier les édits des préteurs ou les formules du droit civil, ont mieux aimé, comme dit Cicéron, être de simples praticiens, qui, en paraissant s'attacher à ce qu'il y a de plus utile, ne cherchaient que ce qu'il y avait de plus aisé; les autres, superbes dans leur paresse, après avoir essayé de l'éloquence, ont tout à coup composé leur front et laissé croître leur barbe, et, comme pour faire diversion au souvenir des rhé-

est : sed loquor de oratore, qui non clamorem modo suum causis, sed omnia, quæ profutura sunt, debet. Itaque cum nec inutilem, si ad horam forte constiterit, neque in testationibus faciendis esse imperitum velim : quis enim potius præparabit ea, quæ, quum aget, esse in causa velit? Nisi forte imperatorem quis idoneum credit in præliis quidem strenuum et fortem, et omnium, quæ pugna poscit, artificem; sed neque delectus agere, nec copias contrahere atque instruere, nec prospicere commeatus, nec locum capere castris scientem : prius est enim certe parare bella, quam gerere. Atqui simillimus huic sit advocatus, si plura, quæ ad vincendum valent, aliis reliquerit; quum præsertim hoc, quod est maxime necessarium, nec tam sit arduum, quam procul intuentibus fortasse videatur : namque omne jus, quod est *certum*, aut *scripto*, aut *moribus* constat; *dubium* æquitatis regula examinandum est. Quæ scripta sunt, aut posita in more civitatis, nullam habent difficultatem; cognitionis sunt enim, non inventionis : at quæ consultorum responsis explicantur, aut in verborum interpretatione sunt posita, aut in recti pravique discrimine : vim cujusque vocis intelligere, aut commune prudentium est, aut proprium oratoris ; æquitas optimo cuique notissima. Nos porro et bonum virum et prudentem inprimis oratorem putamus, qui quum se ad id, quod est optimum natura, direxerit, non magnopere commovebitur, si quis ab eo consultus dissentiet; quum ipsis illis diversas inter se opiniones tueri concessum sit : sed etiam si nosse quid quisque senserit volet, lectionis opus est; qua nihil est in studiis minus laboriosum. Quod si plerique, desperata facultate agendi, ad discendum jus declinaverunt; quam id scire facile est oratori, quod discunt, qui sua quoque confessione oratores esse non possunt? Verum et M. Cato quum in dicendo præstantissimus, tum juris idem fuit peritissimus; et Scævolæ Servioque Sulpicio concessa est etiam facundiæ virtus; et M. Tullius non modo inter agendum nunquam est destitutus scientia juris, sed etiam componere aliqua de eo cœperat; ut appareat, posse oratorem non discendo tantum juri vacare, sed etiam docendo. Verum ea, quæ de moribus excolendis studioque juris præcipimus, ne quis eo credat reprehendenda, quod multos cognovimus, qui tædio laboris, quem ferre tendentibus ad eloquentiam necesse est, confugerint ad hæc deverticula desidiæ : quorum alii se ad album ac rubricas transtulerunt, et formularii, vel, ut Cicero ait, *leguleii quidam* esse maluerunt, tamquam utiliora eligentes ea, quorum solum facilitatem sequebantur; alii pigritiæ arrogantioris, qui subito fronte conficta, immissaque barba, veluti despexissent oratoria præcepta, paulum aliquid sederunt in scholis philosophantium, ut deinde in publico

teurs, sont allés s'asseoir quelque temps dans les écoles des soi-disant philosophes; et cela, pour s'attirer de la considération par un air de mépris pour le reste du genre humain, et par une gravité étudiée dont ces hommes dissolus savaient se dédommager dans leur intérieur. C'est que la philosophie peut se contrefaire, mais jamais l'éloquence.

Ch. IV. L'orateur doit aussi abonder en *exemples*, tant anciens que modernes; et ce n'est pas assez qu'il connaisse ce qui est consigné dans l'histoire, transmis, pour ainsi dire, de main en main par la tradition orale, et ce qui se passe de son temps; il ne lui est pas permis de négliger les fictions des poëtes célèbres. Car si les exemples tirés de l'histoire proprement dite tiennent lieu de témoignages et ont même quelquefois la force de choses jugées, les autres ont, grâce à leur antiquité, une sorte de sanction morale, ou sont du moins reçus comme des préceptes que de grands hommes nous ont donnés sous le voile de l'allégorie. Que l'orateur abonde donc en exemples. De là vient, en effet, que les vieillards ont plus d'autorité, parce qu'ils passent pour connaître et avoir vu plus de choses : ce que témoigne souvent Homère; mais on peut se procurer cette autorité sans attendre la vieillesse, puisque la science de l'histoire a cela de propre, que, sous le rapport de l'expérience, on semble avoir vécu dans les siècles passés.

Ch. V. Je vais maintenant parler de ces instruments ou moyens que, dans l'exorde de mon premier livre, je me suis engagé à faire connaître : instruments non de l'*art*, comme quelques-uns l'ont cru, mais de l'*orateur* lui-même. Ce sont des armes qu'il doit toujours avoir en main, et savoir manier habilement, pour seconder les autres moyens que l'art et la nature lui ont fournis, tels qu'une abondance facile de mots et de figures, l'invention, la disposition, une mémoire sûre, et la grâce de l'action. Or, de tous les instruments ou moyens dont je veux parler ici, le plus puissant, c'est cette *force d'âme* qui ne se laisse pas abattre par la crainte, ni intimider par les clameurs, ni dominer par l'autorité des auditeurs au delà du juste respect qui leur est dû. Car si, d'un côté, rien n'est plus détestable que les défauts opposés, la présomption, la témérité, l'opiniâtreté, l'arrogance; de l'autre, sans la fermeté, l'assurance et le courage, il ne faut rien attendre de l'art, ni de l'étude, ni de l'expérience, qui deviennent alors aussi inutiles que des armes entre les mains d'un homme timide et faible. C'est à regret, sans doute, que je le dis, parce qu'on pourrait mal interpréter ma pensée : la pudeur, qui est un défaut, mais un défaut aimable et qui donne aisément naissance aux vertus, la pudeur peut être nuisible, et a souvent été cause que des hommes, pleins d'esprit et de savoir, ont laissé leurs talents s'éteindre dans l'obscurité. Qu'au surplus, celui qui me lira sans savoir encore distinguer la valeur de chaque mot comprenne bien que ce n'est pas la probité que je condamne ici, mais la retenue, espèce de crainte qui nous détourne de notre devoir, qui fait que nous nous troublons, que nous nous repentons de ce que nous avons entrepris, et que nous nous taisons tout à coup. Or, comment ne pas ranger au nombre des défauts une affection de l'âme qui nous rend honteux de bien faire? Ce n'est pas que je veuille, d'un autre côté, que l'orateur se lève pour parler, sans témoigner aucune inquiétude, sans changer de couleur, sans avoir le sentiment

---

tristes, domi dissoluti, captarent auctoritatem contemptu cæterorum : philosophia enim simulari potest, eloquentia non potest.

Cap. IV. Inprimis vero abundare debet orator *exemplorum copia*, quum veterum, tum etiam novorum; adeo ut non ea modo, quæ conscripta sunt historiis, aut sermonibus velut per manus tradita, quæque quotidie aguntur, debeat nosse; verum ne ea quidem, quæ sunt a clarioribus poetis ficta, negligere. Nam illa quidem priora, aut testimoniorum, aut etiam judicatorum obtinent locum; sed hæc quoque aut vetustatis fide tuta sunt, aut ab hominibus magnis præceptorum loco ficta creduntur. Sciat ergo quam plurima : unde etiam senibus auctoritas major est, quod plura nosse et vidisse creduntur; quod Homerus frequentissime testatur : sed non est exspectanda ultima ætas, quum studia præstent, ut, quantum ad cognitionem pertinet rerum, etiam præteritis seculis vixisse videamur.

Cap. V. Hæc sunt, quæ me redditurum promiseram, instrumenta, non artis, ut quidam putaverunt, sed ipsius *oratoris*. Hæc arma habere ad manum, horum scientia debet esse succinctus, accedente verborum figurarumque facili copia, et inventionis ratione, et disponendi usu, et memoriæ firmitate, et actionis gratia : sed plurimum ex his valet *animi præstantia*, quam nec metus frangat, nec acclamatio terreat, nec audientium auctoritas ultra debitam reverentiam tardet : nam ut abominanda sunt contraria his vitia confidentiæ, temeritatis, improbitatis, arrogantiæ; ita citra constantiam, fiduciam, fortitudinem, nihil ars, nihil studium, nihil profectus ipse profuerit; ut si des arma timidis et imbellibus. Invitus mehercule dico, quoniam et aliter accipi potest, ipsam verecundiam, vitium quidem, sed amabile, et quæ virtutes facillime generet, esse inter adversa, multisque in causa fuisse, ut bona ingenii studiique in lucem non prolata, situ quodam secreti consumerentur. Sciat autem, si quis hæc forte minus acute distinguendi vim cujusque verbi leget, non probitatem a me reprehendi, sed verecundiam, quæ est timor quidam, reducens animum ab iis, quæ facienda sunt; unde confusio, et cœpti pœnitentia, et subitum silentium. Quis porro dubitet vitiis ascribere affectum, propter quem facere honeste pudet? Neque ego rursus nolo eum, qui sit dicturus, et sollicitum surgere, et colorem mutare, et periculum intelligere; quæ si non accidant, etiam simulanda erunt : sed intellectus hic sit operis, non metus; moveamurque, non contidamus. Optima est au-

du danger, car tout cela est bon à feindre, quand même on ne l'éprouverait pas; mais il faut que l'émotion soit l'effet de la connaissance et non de la crainte de ce qu'on entreprend; qu'on soit ému, mais non consterné. Or, le meilleur remède à la timidité dont je parle, c'est la *confiance*; et le front le moins aguerri est soutenu par le témoignage d'une bonne conscience. Il est aussi, comme je l'ai dit au commencement de cet ouvrage, des instruments naturels, que l'art néanmoins peut seconder, tels que la *voix*, les *poumons*, et la *grâce*; et ces avantages sont si considérables, que souvent ils suffisent pour faire à certains orateurs une réputation de talent. Notre époque a produit des orateurs plus diserts que Trachalus : cependant, quand il parlait, il semblait effacer tous ses contemporains, tant il captivait ses auditeurs par l'élévation de sa taille, la vivacité de ses yeux, la majesté de son front, la noblesse de son geste, et la beauté de sa voix, qui était, je ne dis pas approchante du ton de la tragédie, comme le désire Cicéron, mais supérieure à celle de tous les acteurs tragiques que j'aie jamais entendus. Je me souviens du moins que, plaidant un jour devant le premier des quatre tribunaux qui s'assemblent, suivant l'usage, dans la basilique Julia, au milieu des clameurs dont retentissait toute la salle, il se fit entendre et comprendre; et même, ce qui fut tout à fait humiliant pour les avocats qui plaidaient devant les trois autres tribunaux, il fut applaudi par tous les quatre à la fois. Mais c'est un vœu que je fais, et une aussi heureuse nature est bien rare. Si on ne l'a pas, qu'on soit du moins capable de se faire entendre de ceux qui on parle. Voilà ce que doit être l'orateur, voilà ce qu'il doit savoir.

CHAP. VI. A l'égard du temps où l'on peut commencer à plaider, nul doute qu'il ne se doive régler sur les forces de chacun : aussi ne déterminerai-je point d'âge. Il est constant, en effet, que Démosthène, à peine sorti de l'enfance, plaida contre ses tuteurs; que Calvus, César, Pollion, n'avaient pas encore l'âge requis pour la questure, que déjà ils s'étaient chargés de causes fort importantes. Quelques-uns même, dit-on, parurent au barreau encore revêtus de la robe prétexte; et César Auguste, âgé de douze ans, prononça devant les rostres l'éloge de son aïeule. Il me semble néanmoins qu'il faut garder un certain milieu, et ne pas se hâter d'exposer au grand jour un front novice, ni produire prématurément ce qui n'a encore que de la crudité : car cette témérité précoce fait naître le mépris du travail; elle dépose dans un jeune cœur le germe de l'effronterie, et, ce qui est partout très-funeste, l'assurance devance les forces. D'un autre côté, il ne faut pas reculer son début jusque dans la vieillesse; car chaque jour on devient plus timide, chaque jour on s'exagère la difficulté du premier pas; et, pendant qu'on délibère si l'on commencera, il est déjà tard pour commencer. Il ne faut donc pas craindre de produire le fruit de ces études lorsqu'il est vert et encore tendre, et qu'on peut compter sur l'indulgence, sur l'intérêt qu'on prend naturellement à la jeunesse, et que l'audace ne messied pas; lorsque l'âge supplée ce qui manque à l'œuvre, et que les saillies échappées à la jeunesse passent pour les indices d'un heureux naturel, comme ce passage entier du plaidoyer de Cicéron pour Sextus Roscius : *Quoi de plus commun que l'air pour les vivants, la terre pour les morts, la mer pour les naufragés, le rivage pour ceux qu'elle rejette de son sein?* Il avait vingt-six ans lorsqu'il prononça ces paroles aux grandes acclamations de ses auditeurs; mais, dans un âge plus avancé, il avoua que les années avaient calmé

---

tem emendatio verecundiæ *fiducia*; et quamlibet imbecilla frons magna conscientia sustinetur. Sunt et naturalia, ut supra dixi, quæ tamen et cura juvantur, instrumenta, *vox*, *latus*, *decor* : quæ quidem tantum valent, ut frequenter famam ingenii faciant. Habuit oratores ætas nostra copiosiores : sed quum diceret, eminere inter æquales *Trachalus* videbatur : ea corporis sublimitas erat, is ardor oculorum, frontis auctoritas, gestus præstantia, vox quidem non, ut Cicero desiderat, pæne tragœdorum, sed super omnes quos ego quidem audierim tragœdos. Certe quum in basilica Julia diceret primo tribunali, quatuor autem judicia, ut moris est, cogerentur, atque omnia clamoribus fremerent; et auditum eum, et intellectum, et, quod agentibus cæteris contumeliosissimum fuit, laudatum quoque ex quatuor tribunalibus memini. Sed hoc votum est et rara felicitas : quæ si non adsit, sane sufficiat ab iis quibus quis dicit audiri. Talis esse debet orator et hæc scire.

CAP. VI. Agendi autem initium sine dubio secundum vires cujusque sumendum est : neque ego annos definiam, quum *Demosthenem* puerum admodum actiones pupillares habuisse manifestum sit; *Calvus*, *Cæsar*, *Pollio*, multum ante quæstoriam omnes ætatem gravissima judicia susceperint; prætextatos egisse quosdam sit traditum; *Cæsar Augustus* duodecim natus annos aviam pro rostris laudaverit. Modus mihi videtur quidam tenendus, ut neque præpropere destringatur immatura frons, et quicquid est illud adhuc acerbum proferatur : nam inde et contemptus operis innascitur, et fundamenta jaciuntur impudentiæ, et, quod est ubique perniciosissimum, prævenit vires fiducia. Nec rursus differendum est tirocinium in senectutem : nam quotidie metus crescit, majusque fit semper, quod ausuri sumus; et, dum deliberamus, quando incipiendum sit, incipere jam serum est : quare fructum studiorum viridem et adhuc dulcem promi decet, dum et veniæ spes est, et paratus favor, et audere non dedecet; et, si quid desit operi, supplet ætas; et, si qua sunt dicta juveniliter, pro indole accipiuntur : ut totus ille Ciceronis pro Sexto Roscio locus, *Quod enim tam commune, quam spiritus vivis, terra,*

l'effervescence de sa jeunesse et clarifié ses idées. A vrai dire, quel que soit le fruit qu'on retire des études du cabinet, il y a des progrès qui sont attachés à la fréquentation du barreau : autre est le jour, autre est l'aspect du danger réel ; et, prise séparément, la pratique fait plus sans la théorie, que la théorie sans la pratique. Aussi, lorsqu'il se présente au barreau de ces gens qui ont vieilli dans les écoles, les voit-on, tout déconcertés par la nouveauté du spectacle, chercher autour d'eux quelque chose qui leur rappelle leurs exercices ordinaires. C'est que, là, le juge garde le silence, tandis que l'adversaire nous étourdit par ses cris ; c'est que rien de hasardé ne tombe sans être relevé, et que, si l'on avance une proposition, il faut la prouver ; c'est que souvent ce plaidoyer si long, si péniblement élaboré, l'œuvre de tant de jours et de tant de nuits, n'est pas à moitié prononcé, que l'eau cessant de couler nous avertit tout à coup de finir ; c'est que, dans certaines causes, il faut laisser là l'emphase et les grands mots, et parler purement et simplement : ce que ne savent point du tout ces gens si diserts. Aussi en rencontre-t-on quelques-uns qui se croient trop éloquents pour plaider. Au reste, le jeune orateur qui vient essayer au barreau ses forces naissantes ne devra se charger d'abord que de causes extrêmement faciles et favorables, à l'exemple du lionceau, qui ne se repaît d'abord que d'une proie un peu tendre. Je ne veux pas non plus qu'après avoir ainsi commencé, il continue sans interruption, ni que son esprit, qui a encore besoin de nourriture, s'arrête dans son développement ; mais je veux qu'après avoir appris ce que c'est que combat, et quelles sont les armes dont il a le plus besoin, il retourne à l'étude, pour devenir, en quelque sorte, un nouveau lutteur. Par là il se débarrassera, dans l'âge où l'on ose plus aisément, de la timidité qui accompagne toujours les premiers coups d'essai ; et, en même temps, cette facilité d'oser n'ira pas jusqu'au mépris de tout travail. Telle fut la méthode de Cicéron. Il s'était déjà fait un grand nom parmi les avocats de son temps quand il passa en Asie, où, entre autres maîtres d'éloquence et de philosophie, il s'attacha particulièrement à Apollonius Molon, de Rhodes, dont il avait déjà suivi les leçons à Rome, et se donna à lui comme à refondre et à perfectionner. C'est ainsi qu'on arrive à de beaux résultats, quand les préceptes et l'expérience se donnent la main.

Ch. VII. Lorsque l'orateur se sera suffisamment préparé à toute espèce de combat, son premier soin aura pour objet le choix des causes dont il doit se charger. Assurément, en sa qualité d'homme de bien, il préférera toujours le rôle de défenseur à celui d'accusateur. Cependant, il ne devra pas avoir le nom d'accusateur tellement en horreur, que nulle considération d'intérêt public ou privé ne puisse le déterminer à citer quelqu'un en justice pour rendre compte de ses actions ; car les lois elles-mêmes seraient impuissantes, si leur glaive ne passait dans les mains d'un orateur éloquent ; et s'il n'était pas permis de réclamer le châtiment des crimes, peu s'en faudrait que les crimes eux-mêmes ne fussent permis. En un mot, n'est-ce pas condamner les bons, que d'accorder toute licence aux méchants ? L'orateur ne souffrira donc pas que les plaintes de nos alliés, ni la mort d'un ami ou d'un parent, ni les conspirations tramées contre l'État, demeurent sans vengeance, jaloux, non de faire punir des coupables, mais de réprimer les vices et de corriger les mœurs ; car ceux que la raison ne

---

mortuis, mare fluctuantibus, littus ejectis? Quæ quum sex et viginti natus annos, summis audientium clamoribus dixerit, defervisse tempore, et annis liquata jam senior idem fatetur. Et hercule quantumlibet secreta studia contulerint, est tamen proprius quidam fori profectus, alia lux, alia veri discriminis facies ; plusque, si separes, usus sine doctrina quam citra usum doctrina valet. Ideoque nonnulli senes in schola facti stupent novitate, quum in judicia venerunt, et omnia suis exercitationibus similia desiderant : at illic et judex tacet, et adversarius obstrepit, et nihil temere dictum perit ; et, si quid tibi sumas, probandum est ; et laboratam congestamque dierum ac noctium studio actionem aqua deficit ; et omisso magna semper flandi tumore in quibusdam causis loquendum est ; quod illi diserti minime sciunt. Itaque nonnullos reperias, qui sibi eloquentiores videantur, quam ut causas agant. Cæterum illum, quem juvenem tenerisque adhuc viribus nitentem in forum deduximus, et incipere a quam maxime facili ac favorabili causa velim, ferarum ut catuli molliore præda saginantur ; et non utique ab hoc initio continuare operam, et ingenio adhuc alendo callum inducere ; sed jam scientem, quid sit pugna, et in quam rem studendum sit, refici atque renovari. Sic et tirocinii metum, dum facilius est audere, transierit, nec audendi facilitatem usque ad contemptum operis adduxerit. Usus est hac ratione M. Tullius ; et quum jam clarum meruisset inter patronos, qui tum erant, nomen, in Asiam navigavit, seque et aliis sine dubio eloquentiæ ac sapientiæ magistris, sed præcipue tamen Apollonio Moloni, quem Romæ quoque audierat, Rhodi rursus formandum ac velut recoquendum dedit. Tum dignum operæ pretium venit, quum inter se congruunt præcepta et experimenta.

Cap. VII. Quum satis in omni certamine virium fecerit, prima ei cura in suscipiendis causis erit ; in quibus defendere quidem reos profecto quam facere vir bonus malet : non tamen ita nomen ipsum accusatoris horrebit, ut nullo neque publico neque privato duci possit officio, ut aliquem ad reddendam rationem vitæ vocet : nam et leges ipsæ nihil valeant, nisi actoris idonea voce munitæ ; et si pœnas scelerum expetere fas non est, prope est, ut scelera ipsa permissa sint ; et licentiam malis dari, certe contra bonos est. Quare neque sociorum querelas, nec amici, vel propinqui necem, nec erupturas in rempublicam con-

peut ramener au bien ne sont contenus que par la crainte. C'est pourquoi si vivre d'accusations et déférer des coupables à la justice dans la seule vue d'une récompense, est une espèce de brigandage, d'un autre côté c'est s'assimiler aux défenseurs de la patrie, que d'exterminer de son sein le citoyen qui en est le fléau. Aussi, les personnages les plus éminents de la république n'ont-ils pas décliné cette partie des devoirs civils; et même, en accusant de mauvais citoyens, des jeunes gens appartenant à d'illustres familles ont vu regarder ces accusations comme des gages de patriotisme, parce qu'on supposait qu'ils n'avaient pu être encouragés à haïr les méchants, et à s'exposer à de mortelles inimitiés, que par le témoignage d'une bonne conscience. Telle a été la conduite non-seulement d'Hortensius, des Lucullus, de Sulpicius, de Cicéron, de César, et de plusieurs autres, mais encore des deux Caton, dont l'un fut appelé *sage*, et l'autre l'a été certainement, ou je ne sais qui le sera jamais.

L'orateur ne défendra pas non plus tout le monde sans distinction, car son éloquence doit être un port de salut pour les innocents, et non un refuge de pirates; et ce qui le décidera à entreprendre la défense de quelqu'un sera principalement la nature de la cause. Toutefois, comme un seul homme ne peut suffire à tous ceux dont la cause a quelque apparence de droit (et c'est assurément la bonne part des plaideurs), rien n'empêche qu'il n'ait quelque égard aux recommandations et à la qualité de ces plaideurs, c'est-à-dire qu'il ne cède à l'influence de la vertu; car un homme de bien ne peut avoir pour amis intimes que des gens de bien. Mais il devra se mettre en garde contre deux sortes de vanité: l'une, de n'accorder son ministère qu'aux grands contre les petits; l'autre, où il entre peut-être plus d'orgueil, de ne plaider que pour les petits contre les grands; car ce n'est pas le rang qui fait que les causes sont justes ou injustes. S'il s'est chargé d'une cause qui, au premier aspect, lui avait paru la meilleure, et qu'ensuite, dans les débats, il en reconnaisse l'iniquité, qu'il ne rougisse pas de l'abandonner, après avoir dit la vérité à son client. En effet, si mon expérience ne me trompe pas, le plus grand service à rendre à un plaideur, c'est de ne pas flatter en lui de vaines espérances; aussi bien, le plaideur ne mérite pas qu'un avocat se donne de la peine pour lui, des l'instant qu'il méprise ses conseils; et d'ailleurs il ne convient pas au véritable orateur de défendre ce qu'il sait être injuste, bien qu'en plaidant quelquefois le faux, il ne laisse pas d'agir honnêtement, s'il obéit à quelqu'un des motifs dont j'ai parlé.

L'orateur doit-il toujours plaider gratuitement? c'est une question qu'il y aurait de l'irréflexion à vouloir résoudre à la première vue. Sans doute il serait infiniment plus honorable, plus digne des arts libéraux et du caractère que nous exigeons de l'orateur, de ne pas vendre son ministère ni rabaisser l'autorité d'un si grand bienfait: d'autant plus que la plupart des choses peuvent sembler viles par cela seul qu'on y met un prix. Un aveugle, comme on dit, verrait cela. Ainsi, tout orateur qui aura de quoi se suffire (et il n'en faut pas tant) ne pourra se faire payer, sans témoigner par là de la bassesse d'une âme sordide. Mais si son patrimoine exige un supplément qui lui procure le nécessaire, il

---

pirationes inultas patietur orator, non pœnæ nocentium cupidus, sed emendandi vitia, corrigendique mores: nam qui ratione traduci ad meliora non possunt, solo metu continentur. Itaque ut accusatoriam vitam vivere et ad deferendos reos præmio duci, proximum latrocinio est; ita pestem intestinam propulsare, cum propugnatoribus patriæ comparandum: ideoque principes in republica viri non detrectaverunt hanc officii partem; creditique sunt etiam clari juvenes obsidem reipublicæ dare malorum civium accusationem, quia nec odisse improbos, nec simultates provocare, nisi ex fiducia bonæ mentis videbantur: idque quum ab Hortensio, Lucullis, Sulpicio, Cicerone, Cæsare, plurimis aliis, tum ab utroque Catone factum est; quorum alter appellatus *sapiens*, alter nisi creditur fuisse, vix scio, cui reliquerit hujus nominis locum. Neque defendet omnes orator, idemque portum illum eloquentiæ suæ salutarem non etiam piratis patefaciet, ducetumque in advocationem maxime causa. Quoniam tamen omnes, qui non improbe litigabunt, quorum certe bona pars est, sustinere non potest unus, aliquid et commendantium personis dabit, et ipsorum, qui judicio decernent, ut optimi cujusque voluntate moveatur; namque hos et amicissimos habebit vir bonus. Summovendum vero est utrumque ambitus genus, vel potentibus contra humiles venditandi operam suam, vel illud tiam jactantius, minores utique contra dignitatem attollendi: non enim fortuna causas vel justas, vel improbas facit: neque vero pudor obstet, quo minus susceptam, quum melior videretur, litem, cognita inter disceptandum iniquitate, dimittat, quum prius litigatori dixerit verum: nam et in hoc magnum, si æqui judices sumus, beneficium est, ut non fallamus vana spe litigantem: neque est dignus opera patroni, qui non utitur consilio; et certe non convenit ei, quem oratorem esse volumus, injusta tueri scientem: nam si ex illis, quas supra diximus, causis falsum tuebitur, erit tamen honestum, quod ipse faciet. Gratisne ei semper agendum sit, tractari potest: quod ex prima statim fronte dijudicare, imprudentium est: nam quis ignorat, quin id longe sit honestissimum, ac liberalibus disciplinis et illo quem exigimus animo dignissimum, non vendere operam, nec elevare tanti beneficii auctoritatem? quum pleraque hoc ipso possint videri vilia, quod pretium habent. Cæcis hoc, ut aiunt, satis clarum est; nec quisquam, qui sufficientia sibi (modica autem hæc sunt) possidebit, hunc quæstum sine crimine sordium fecerit: at si res familiaris amplius aliquid ad usus necessarios exiget, secundum omnium sapientium leges patietur sibi gratiam referri; quum et Socrati collatum sit ad victum; et Zeno,

pourra, suivant les lois de tous les sages, souffrir qu'on reconnaisse ses soins, puisque les disciples de Socrate se cotisaient pour lui fournir de quoi vivre, et que Zénon, Cléanthe, Chrysippe, acceptaient des récompenses de leurs disciples. Est-il, en effet, un bien plus justement acquis que celui qui nous vient d'un travail aussi honorable, et des mains de gens à qui on a rendu un aussi grand service, et qui certainement en seraient indignes, si, à leur tour, ils ne savaient le reconnaître? Un salaire est donc, en ce cas, non-seulement juste, mais nécessaire, puisque l'orateur, étant forcé par la nature de sa profession de donner tout son temps aux affaires d'autrui, se trouve dans l'impossibilité de subvenir à ses besoins par un autre travail. Mais ici même il y a une mesure à garder, et il importe beaucoup de considérer *de qui* l'on reçoit, *combien* et *jusques à quand* il est permis de continuer à recevoir. Loin de nous cet usage, plus digne d'un pirate que d'un orateur, et qui doit répugner à un homme tant soit peu honnête, de rançonner un plaideur à proportion du danger qu'il court! d'autant plus qu'en ne défendant que des gens de bien et de bonnes causes, on n'a pas lieu de craindre d'avoir affaire à des ingrats; et s'il s'en rencontre un, mieux vaut que la honte soit de son côté. L'orateur donc ne voudra rien gagner au delà de ce qui lui suffit; et, fût-il pauvre, il ne recevra rien à titre de salaire, mais à titre d'échange, et sachant fort bien qu'il a donné plus qu'il ne reçoit; car enfin, de ce qu'un bienfait de cette nature ne saurait se vendre, il ne s'ensuit pas qu'il doive être perdu. Enfin, quant à la reconnaissance, elle est plus particulièrement imposée à celui qui est en reste.

CH. VIII. Vient ensuite la manière d'*étudier la cause*, ce qui est le fondement de l'oraison;

car il n'est point d'homme, si pauvre d'esprit qu'on le suppose, qui, après avoir soigneusement étudié une affaire, ne soit au moins capable d'instruire le juge. C'est pourtant un soin que prennent très-peu de gens. Car, sans parler de ces avocats insoucians, à qui le fond du procès importe peu, pourvu qu'ils trouvent l'occasion de crier, soit en s'attaquant aux personnes sur des choses étrangères à la cause, soit en se rabattant sur des lieux communs, il en est chez qui cette négligence a pour cause une vanité prétentieuse. Les uns, sous prétexte qu'ils sont surchargés d'occupations, et qu'ils ont toujours à faire quelque autre chose de plus pressé, font venir le plaideur chez eux la veille ou le matin du jour de l'audience, et se glorifient même quelquefois de n'avoir été instruits que sur les bancs; d'autres, pour faire parade de leur esprit et de leur pénétration, affirment effrontément qu'ils possèdent et comprennent l'affaire, avant presque de l'avoir entendue; puis, après avoir débité, aux acclamations de l'auditoire, force belles paroles qui n'intéressent ni le juge ni le plaideur, ils sortent et traversent la place publique, trempés d'une sueur triomphante, et escortés de leurs admirateurs. Je ne puis supporter non plus la délicatesse de ceux qui chargent leurs amis du soin d'étudier un procès, quoiqu'il y ait à cela moins d'inconvénient, si ces amis l'étudient bien et les en instruisent bien. Mais qui peut mieux l'étudier que celui qui doit la plaider? Et comment espérer que ce fidéicommissaire, cette espèce d'interprète qui fait l'office d'une main tierce, se fatigue de gaieté de cœur à étudier une cause qu'il ne doit pas plaider, quand celui qui doit la plaider n'en fait pas plus de cas? Mais ce qui est une très-mauvaise coutume, c'est de se contenter de ces mémoires, composés, ou par le plaideur, qui, en recourant à un

Cleanthes, Chrysippus mercedes a discipulis acceptaverint. Neque enim video, quæ justior acquirendi ratio, quam ex honestissimo labore, et ab iis, de quibus optime meruerint, quique si nihil invicem præstent, indigni fuerint defensione : quod quidem non justum modo, sed necessarium etiam est, quum hæc ipsa opera, tempusque omne alienis negotiis datum, facultatem aliter acquirendi recidant. Sed tum quoque tenendus est modus; ac plurimum refert, et *a quo* accipiat, et *quantum*, et *quousque*. Paciscendi quidem ille piraticus mos, et ponentium periculis pretia procul abominanda negotiatio etiam mediocriter improbis aberit; quum præsertim bonos homines bonasque causas tuenti non sit metuendus ingratus; quod si futurus, malo tamen ille peccet. Nihil ergo acquirere volet orator ultra quam satis erit; ac ne pauper quidem tamquam mercedem accipiet, sed mutua benevolentia utetur, quum sciat se tanto plus præstitisse : non enim, quia venire hoc beneficium non oportet, perire oportet : denique ut gratus sit, ad eum magis pertinet, qui debet.

CAP. VIII. Proxima *discendæ causæ* ratio, quod est orationis fundamentum : neque enim quisquam tam ingenio tenui reperietur, qui, quum omnia, quæ sunt in causa, diligenter cognoverit, ad docendum certe judicem non sufficiat. Sed ejus rei paucissimis cura est : nam ut taceam de negligentibus, quorum nihil refert, ubi litium cardo vertatur, dum sint, quæ vel extra causam ex personis, aut communi tractatu locorum occasionem clamandi largiantur; aliquos et ambitio pervertit, qui partim tamquam occupati, semperque aliud habentes, quod ante agendum sit, pridie ad se venire litigatorem, aut eodem matutino jubent, nonnunquam etiam inter ipsa subsellia didicisse se gloriantur; partim jactantia ingenii, ut res cito accepisse videantur, tenere se et intelligere prius pæne quam audiant mentiti, quum multa et diserte, summisque clamoribus, quæ neque ad judicem neque ad litigatorem pertineant, decantaverunt, bene sudantes beneque comitati per forum reducuntur. Ne illas quidem tulerim delicias eorum, qui doceri amicos suos jubent; quamquam minus mali est, si illi saltem recte discant, recteque doceant. Sed quis discet tam bene, quam patronus? Quomodo autem sequester ille, et media litium manus, et quidam interpres, impendet æquo animo laborem

défenseur, accuse par là son insuffisance, ou par un de ces avocats qui, en même temps qu'ils se confessent hors d'état de plaider, font pourtant ce qu'il y a de plus difficile quand on plaide; car celui qui peut juger ce qu'il faut ou dire, ou dissimuler, ou éluder, ou modifier, ou feindre, pourquoi ne serait-il pas orateur, puisqu'il a l'art, ce qui est plus difficile, de faire un orateur? Or, le ministère de ces avocats serait moins nuisible, s'ils se bornaient à rédiger les faits comme ils se sont passés; mais ils se mêlent d'y ajouter ce qu'on appelle le dessein, des couleurs, et quelquefois des choses pires que la vérité, qu'ils veulent dissimuler. Cependant la plupart des orateurs se feraient scrupule de rien changer à ces mémoires, et ils les respectent religieusement comme des thèmes de déclamation. Qu'arrive-t-il? Ils se trouvent pris en défaut; et, pour n'avoir pas voulu s'instruire de la cause avec leurs clients, ils sont réduits à l'apprendre de la bouche de leurs adversaires.

Donnons donc, avant tout, pleine liberté aux plaideurs, et pour le *temps* et pour le *lieu;* et exhortons-les nous-mêmes à nous exposer dans un récit improvisé leur affaire aussi verbeusement et d'aussi haut qu'ils le voudront; car il y a moins d'inconvénient à écouter ce qui est superflu, qu'à ignorer ce qui est nécessaire; et souvent l'orateur trouvera et le mal et le remède dans des choses que le plaideur regardait comme indifférentes. Un avocat ne doit pas non plus se fier à sa mémoire, jusqu'à négliger de prendre des notes sur ce que son client lui aura dit. Ce n'est pas assez de l'avoir entendu une fois, il faut le forcer à redire une seconde fois, et même plus, ce qu'il a déjà dit, non-seulement parce qu'il a pu lui échapper quelque chose dans un premier récit, surtout si c'est un homme sans expérience des affaires, comme il s'en rencontre beaucoup, mais encore pour s'assurer s'il est d'accord avec lui-même; car la plupart des plaideurs mentent; et, comme s'ils avaient à plaider devant leur avocat, ils lui parlent comme ils parleraient à leur juge. C'est pourquoi il ne faut jamais trop les croire : il faut, au contraire, les retourner dans tous les sens, les dérouter, et les faire sortir, en quelque sorte, de leur retraite. De même que les médecins ont non-seulement à guérir les maux apparents, mais encore à découvrir des maux cachés que souvent les malades eux-mêmes dissimulent, il faut de même que l'avocat sache voir plus de choses qu'on ne lui en montre. Ainsi, après avoir écouté avec toute la patience désirable, il lui faudra passer à un autre personnage; et, jouant le rôle de la partie adverse, il fera à son client toutes les objections qu'on peut imaginer contre, et que comporte la nature d'une pareille altercation; il le pressera de questions, il le harcellera à outrance; car c'est en cherchant partout, qu'on parvient quelquefois à découvrir la vérité où l'on s'y attendait le moins. En un mot, pour bien étudier une cause, la première condition est l'incrédulité; car un plaideur répond de tout : à l'entendre, il aura pour lui la voix du peuple entier, il produira des dépositions écrites et scellées, son adversaire lui-même n'osera pas lui contester tel et tel point : ce qui est une raison de plus pour examiner toutes les pièces du procès. Mais il ne suffit pas d'y jeter un coup d'œil, il faut les lire avec attention : très-souvent ces pièces ne contiennent rien de ce qu'on promettait, ou elles disent moins, ou il s'y trouve mêlé quelque chose de nuisible,

in alienas actiones, quum dicturis tanti suæ non sint? Pessimæ vero consuetudinis, libellis esse contentum, quos componit aut litigator, qui confugit ad patronum, quia liti ipse non sufficit; aut aliquis ex eo genere advocatorum, qui se non posse agere confitentur, deinde faciunt id quod est in agendo difficillimum : nam qui judicare, quid *dicendum*, quid *dissimulandum*, quid *declinandum*, *mutandumve*, *fingendum* etiam sit, potest, cur non sit orator, quando, quod difficilius est, oratorem facit? Hi porro non tantum nocerent, si omnia scriberent, uti gesta sunt : nunc consilium et colores adjiciunt, et aliqua pejora veris : quæ plerique quum acceperunt, mutare nefas habent, et velut themata in scholis posita custodiunt : deinde deprehenduntur, et causam, quam discere ex suis litigatoribus noluerunt, ex adversariis discunt. Liberum igitur demus ante omnia iis, quorum negotium erit, *tempus* ac *locum;* exhortemurque ultro, ut omnia quamlibet verbose et unde volent repetita ex tempore exponant : non enim tam obest audire supervacua, quam ignorare necessaria. Frequenter autem et vulnus et remedium in iis orator inveniet, quæ litigatori in neutram partem habere momentum videbantur. Nec tanta sit acturo memoriæ fiducia, ut subscribere audita pigeat : nec semel audisse sit satis; cogendus eadem iterum ac sæpius dicere litigator, non solum quia effugere aliqua prima expositione potuerunt, præsertim hominem (quod sæpe evenit) imperitum; sed etiam, ut sciamus, an eadem dicat. Plurimi enim mentiuntur, et, tamquam non doceant causam, sed agant, non ut cum patrono, sed ut cum judice loquuntur. Quapropter nunquam satis credendum est, sed agitandus omnibus modis, et turbandus, et evocandus : nam ut medicis non apparentia modo vitia curanda sunt, sed etiam invenienda, quæ latent, sæpe ipsis ea, qui sanandi sunt, occulentibus; ita advocatus plura, quam ostenduntur, aspiciat : nam quum satis in audiendo patientiæ impenderit, in aliam rursus ei personam transeundum est; agendusque adversarius, proponendum quicquid omnino excogitari contra potest, quicquid recipit in ejusmodi disceptatione natura; interrogandus quam infestissime, ac premendus; nam, dum omnia quærimus, aliquando ad verum, ubi etiam exspectavimus, pervenimus : in summa, optimus est in discendo patronus incredulus; promittit enim litigator omnia, testem populum, paratissimas consignationes, ipsum denique adversarium quædam non negaturum; ideoque opus est intueri omne litis instrumentum : quod videre non est satis, perlegendum erit; nam frequentissime aut non sunt omnino, quæ promittebantur, aut minus continent, aut cum alio aliquo

ou elles disent trop et se décréditeraient par leur exagération. Enfin, vous en trouverez souvent le lien rompu, ou lesceau, soit altéré, soit entier, mais contrefait. Or, faute d'avoir examiné les pièces d'avance, on est fort embarrassé à l'audience par ces découvertes imprévues; et il est plus nuisible de ne pas satisfaire à ce qu'on a promis, que de ne rien promettre du tout. On découvrira aussi une foule de détails que les clients regardaient comme sans importance pour la cause, en se donnant la peine de creuser toutes les sources d'où, comme je l'ai dit en son lieu, les arguments se tirent. Autant il convient peu de les chercher çà et là quand on plaide, et de les sonder une à une, pour les raisons que j'ai données, autant il est indispensable, en étudiant la cause, de scruter tout ce qui a rapport aux personnes, aux temps, aux lieux, aux mœurs, aux pièces, et à toutes ces circonstances d'où naissent les preuves qu'on appelle artificielles, et qui nous font connaître aussi quels sont les témoins à redouter et comment on doit combattre leurs dépositions; car il importe beaucoup de savoir si l'accusé est en butte à l'envie, à la haine, ou au mépris. L'envie s'attaque d'ordinaire aux supérieurs, la haine aux égaux, et le mépris aux inférieurs.

Après avoir ainsi étudié la cause à fond, et s'être mis devant les yeux tout ce qui peut lui être favorable ou contraire, il reste à l'orateur à revêtir un troisième personnage, celui de juge. Qu'il se figure donc que c'est devant lui que la cause se plaide, et qu'il se persuade que ce qui le toucherait, s'il avait à prononcer sur la même affaire, est aussi ce qui ne peut manquer de faire impression sur quelque juge que ce soit. De cette sorte, l'issue trompera rarement son attente, ou ce sera la faute du juge.

CHAP. IX. A l'égard de ce qu'il convient d'observer en plaidant, j'en ai traité dans presque tout le cours de cet ouvrage. Cependant mon sujet exige que je touche ici quelques considérations sur le même point, mais qui ne regardent pas tant l'art de parler que les devoirs de celui qui plaide.

Avant tout, que l'impatient désir de briller ne lui fasse pas oublier, comme à la plupart des orateurs, l'intérêt de la cause. A la guerre, un capitaine n'a pas toujours à conduire son armée par de belles plaines; il lui faut le plus souvent gravir d'âpres collines, prendre d'assaut des villes situées sur un roc escarpé, ou défendues par de puissants remparts. Ainsi l'orateur pourra, dans l'occasion, se complaire à errer parmi les fleurs, et, s'il combat en rase campagne, déployer fastueusement toutes ses forces : mais s'il lui faut pénétrer dans les détours du droit, et dans les retraites où se cache la vérité, il ne s'amusera pas alors à cavalcader, ni à décocher des pensées vives et brillantes; mais, préparant son attaque par des travaux occultes, il creusera des souterrains, disposera des embuscades, et aura recours à tous les moyens qui peuvent dérober sa marche à l'ennemi. Pendant que tout cela se fait, nul n'applaudit à l'orateur, mais le résultat le dédommage amplement, et tout vient à point à qui sait attendre. Car une fois que cette éloquence, toute d'apparat, a fait explosion au milieu des applaudissements de ses vains admirateurs, le vrai mérite se relève plus éclatant que jamais : les juges laissent voir qui a su les toucher, le sentiment des doctes prévaut, et l'on reconnaît que la véritable louange est celle qui se fait entendre après que l'orateur s'est tu. Aussi était-ce l'usage, chez les anciens,

nocituro permixta sunt, aut nimia sunt et fidem hoc ipso detractura, quod non habent modum. Denique linum ruptum, aut turbata cera, aut sine agnitore signa frequenter invenies : quæ, nisi domi excusseris, in foro inopinata decipient; plusque nocebunt destituta, quam non promissa nocuissent. Multa etiam, quæ litigator nihil ad causam pertinere crediderit, patronus eruet, modo per omnes, quos tradidimus, argumentorum locos eat. Quos ut circumspectare in agendo, et attentare singulos minime convenit, propter quas diximus causas; ita in discendo rimari necessarium est, quæ *personæ*, quæ *tempora*, quæ *loca*, *instituta*, *instrumenta*, cæteraque, ex quibus non tantum illud, quod est artificiale probationis genus, colligi possit, sed qui metuendi testes, quomodo sunt refellendi : nam plurimum refert, invidia reus, an odio, an contemptu laboret; quorum fere pars prima superiores, proxima pares, tertia humiliores premit. Sic causam perscrutatus, propositis ante oculos omnibus, quæ prosint, noceantve, tertium deinceps personam induat judicis, fingatque apud se agi causam, et, quod ipsum movisset de eadem re pronunciaturum, id potentissimum, apud quemcunque agetur, existimet. Sic eum raro fallet eventus, aut culpa judicis erit.

QUINTILIEN.

CAP. IX. Quæ sint in agendo servanda, toto fere opere exsecuti sumus : pauca tamen propria hujus loci, quæ non tam dicendi arte, quam officiis agentis continentur, attingam. Ante omnia, ne, quod plerisque accidit, ab utilitate eum causæ præsentis cupido laudis abducat. Nam ut gerentibus bella non semper exercitus per plana et amœna ducendus est, sed adeundi plerumque asperi colles, expugnandæ civitates quamlibet præcisis impositæ rupibus, aut operum mole difficiles; ita oratio gaudebit quidem occasione lætius decurrendi, et æquo congressa campo totas vires populariter explicabit : at si juris anfractus, aut eruendæ veritatis latebras adire cogetur, non obequitabit, nec illis vibrantibus concitatisque sententiis velut missilibus utetur; sed operibus, et cuniculis, et insidiis, et occultis artibus rem geret. Quæ omnia non, dum fiunt, laudantur, sed quum facta sunt : unde etiam minus cupidis opinionis plus fructus venit : nam quum illa dicendi vitiosa jactatio inter plausores suos detonuit, resurgit veræ virtutis fortior fama; nec judices, a quo sint moti, dissimulant; et doctis creditur; nec est orationis vera laus, nisi quum finita est. Veteribus quidem etiam dissimulare eloquentiam fuit moris; idque M. Antonius præcipit, quo plus dicentibus fidei, minusque suspectæ

30

de dissimuler l'éloquence, et Marc-Antoine en fait un précepte, fondé sur ce que l'orateur trouve par là plus de créance, et que le juge se met moins en garde contre ses piéges; mais l'éloquence, telle qu'elle était alors, pouvait se dissimuler : elle n'avait pas encore cet éclat qui lui fait percer tous les voiles. Il faut donc au moins dissimuler nos ruses, nos desseins, et tous ces artifices qui manquent leur effet, s'ils se laissent apercevoir : jusque-là l'éloquence peut se cacher; mais le choix des mots, la gravité des pensées, la beauté des figures, ou manquent tout à fait, ou se laissent apercevoir. Or, c'est précisément parce que ces qualités ne peuvent rester cachées, qu'il ne faut pas les montrer; et s'il faut opter entre l'intérêt de la cause qui ne comporte pas cet éclat, et l'intérêt de l'orateur, qui a sa vanité à satisfaire, je veux qu'on loue plutôt la cause que l'avocat. D'ailleurs, l'issue le justifiera, et fera voir qu'il a très-bien plaidé une très-bonne cause, en ce qu'il sera démontré que nul ne plaide plus mal que celui qui plaît dans une cause qui déplaît, puisque ce qui plaît est nécessairement emprunté et hors de la cause.

L'orateur ne dédaignera pas non plus de plaider de petites causes, sous prétexte qu'elles sont au-dessous de lui, ou qu'une matière peu libérale pourrait le déconsidérer. Le devoir de notre profession suffit pour nous justifier; ensuite, nous devons souhaiter que nos amis n'aient jamais que des procès de cette nature; enfin, on a toujours assez bien parlé, quand on a satisfait à son sujet. Cependant il se rencontre des avocats qui, lorsqu'ils ont à plaider de ces sortes d'affaires, vont chercher hors du sujet de quoi en plâtrer la maigreur, et, au défaut d'autres ressources, en remplissent les vides par des invectives, à tort ou à raison, peu importe, pourvu qu'ils y trouvent l'occasion de briller, et de se faire interrompre par des acclamations. Pour moi, cette manière de plaider me paraît tellement indigne de l'orateur parfait, que je ne crois pas même qu'il veuille se permettre des personnalités offensantes, lors même qu'elles seraient fondées, à moins que la cause n'en fasse une nécessité; car c'est assurément une éloquence *canine*, comme dit Appius, que celle d'un avocat qui fait profession de médire pour autrui. Aussi bien ceux qui exercent ce métier doivent faire provision de patience pour supporter les représailles; car souvent on leur rend la pareille, ou, pour le moins, le plaideur porte la peine due à l'insolence de son défenseur. Mais le châtiment n'est pas proportionné au degré de ce vice, qui est tel, qu'il n'y a que l'occasion qui mette de la différence entre un médisant et un malfaiteur. C'est un plaisir bas, méchant, et que tout auditeur bien né ne peut que réprouver, mais qui est souvent réclamé par des plaideurs, plus jaloux de se venger que de se défendre. Or, en cela, comme en bien d'autres choses, il faut se garder de faire leur volonté. Quel est l'homme, pour peu qu'un sang libre coule dans ses veines, qui consente à s'armer de l'injure au gré d'autrui? Il en est cependant qui prennent plaisir à attaquer même l'avocat de la partie adverse. Or, à moins que celui-ci ne se le soit attiré, rien n'est plus contraire aux égards qu'on se doit entre gens de la même profession. Ajoutez que cela est non-seulement inutile à celui qui plaide, puisque l'offensé est en droit de lui rendre la pareille, mais encore nuisible à la cause, parce que, d'un adversaire, il se fera nécessairement un ennemi, qui, quelle que soit sa faiblesse, saura lui faire payer son insolence avec

---

advocatorum insidiæ forent : sed illa dissimulari, quæ tum erat, potuit; nondum enim tantum dicendi lumen accesserat, ut etiam per obstantia erumperet : quare artes quidem et consilia lateant, et quicquid, si deprehenditur, perit : hactenus eloquentia secretum habet. Verborum quidem delectus, gravitas sententiarum, figurarum elegantia, aut non sunt, aut apparent : sed propter hoc ipsum ostendenda non sunt, quod apparent; ac si unum sit ex duobus eligendum, causa potius laudetur, quam patronus : finem tamen hunc præstabit orator, ut videatur optimam causam optime egisse : illud certum erit, neminem pejus agere, quam qui displicente causa placet; necesse est enim, extra causam sit, quod placet. Nec illo fastidio laborabit orator non agendi causas minores, tamquam infra eum sint, aut detractura sit opinioni minus liberalis materia : nam et suscipiendi ratio justissima est officium, et optandum etiam, ut amici quam minimas lites habeant; et abunde dixit bene, quisquis rei satisfecit. At quidam etiam si forte susceperunt negotia paulo ad dicendum tenuiora, extrinsecus adductis ea rebus circumliniunt, ac, si defecerint alia, conviciis implent vacua causarum; si contingit, veris; si minus, fictis : modo sit materia ingenii, mereaturque clamorem dum dicitur : *quod ego adeo longe puto ab oratore perfecto, ut eum ne vera quidem objecturum, nisi id causa exigit, credam. Ea est enim prorsus *canina*, ut ait Appius, *eloquentia*, cognituram male dicendi subire : quod facientibus etiam male audiendi præsumenda patientia est : nam et in ipsos fit impetus frequenter, qui egerunt, et certe petulantiam patroni litigator luit : sed hæc minora sunt ipso illo vitio animi; quod maledicus a malefico non distat, nisi occasione. Turpis voluptas et inhumana et nulli audientium bono grata a litigatoribus quidem frequenter exigitur, qui ultionem malunt, quam defensionem : sed neque alia multa ad arbitrium eorum facienda sunt : hoc quidem quis hominum liberi modo sanguinis sustineat, petulans esse ad alterius arbitrium? Atqui etiam in advocatos partis adversæ libenter nonnulli invehuntur : quod, nisi si forte meruerunt, et inhumanum est respectu communium officiorum, et quum ipsi, qui dicit, inutile (nam idem juris responsuris datur), tum causæ contrarium, quia plane adversarii, fiunt et inimici, et quantulumcumque eis

asure. Mais ce qu'il y a de plus fâcheux, c'est que cette modération, qui donne tant d'autorité et de crédit à l'orateur, est entièrement perdue, dès qu'il oublie sa dignité pour vociférer comme un furieux, et qu'il pense moins à éclairer la religion du juge qu'à satisfaire l'animosité du plaideur. Il y a même une sorte de franchise qui glisse quelquefois dans une témérité dangereuse et pour la cause et pour l'orateur; et ce n'est pas sans raison que Périclès souhaitait qu'il ne lui échappât jamais le moindre mot qui pût choquer les Athéniens. Or, ce qu'il disait de ce peuple, je le dis de tous ceux qui peuvent nuire également; car le même mot, qui ne paraît que fort quand on le dit, devient impertinent quand il a blessé.

Maintenant, comme chaque orateur a sa manière de procéder, laquelle diffère presque toujours de celle des autres, et que le travail de l'un passe pour pesanteur d'esprit, tandis que la facilité de l'autre passe pour présomption, il ne me paraît pas hors de propos d'indiquer ici le milieu dans lequel l'orateur doit rester. Je veux qu'il prépare son plaidoyer avec tout le soin possible; car c'est être non-seulement négligent, mais malhonnête homme, mais perfide et traître, quand on s'est chargé d'une cause, que de ne pas la plaider aussi bien qu'on aurait pu le faire. Il ne doit donc pas même en entreprendre au delà du nombre auquel il sent qu'il peut seulement suffire. Il écrira, autant que sa cause le permettra, ce qu'il doit dire, et même, comme dit Démosthène, il le gravera, si cela est possible : ce qui néanmoins n'est praticable que dans les causes privées qui se plaident en une seule fois, et dans les causes publiques, où le juge ajourne les secondes plaidoiries. Mais lorsqu'il faut répondre sur-le-champ, on ne peut pas avoir tout préparé; et même ceux qui n'ont pas toute la présence d'esprit désirable se trouvent embarrassés par ce qu'ils ont écrit, si l'adversaire leur fait des objections auxquelles ils ne s'attendaient pas : car ce n'est qu'à regret qu'ils renoncent à ce qu'ils ont préparé, et, tant que dure la plaidoirie, ils cherchent, ils épient s'ils ne pourraient pas détacher quelque chose de leur discours écrit, pour l'insérer dans ce qu'ils ont à improviser; et quand ils le font, ces deux parties ne s'ajustent pas, et leur mélange se trahit, non-seulement par le défaut de cohésion, comme dans un ouvrage dont les pièces sont mal jointes, mais encore par la bigarrure du style. Ainsi, ils n'ont ni l'entraînement de l'improvisation, ni l'ordre d'un travail préparé, mais tous deux se nuisent réciproquement. En effet, ce qui est écrit arrête l'esprit, au lieu de le suivre. Il faut donc, dans ces sortes de plaidoiries, *se tenir,* comme disent les gens de la campagne, *sur tout pied.* Or, comme tout plaidoyer consiste à avancer des propositions et à réfuter celles de l'adversaire, nous pouvons écrire les premières, et même la réfutation de ce que nous sommes certains qu'on nous répondra, car il y a des réponses qu'on peut prévoir avec certitude. Pour le reste, il est une préparation qu'on peut apporter à l'audience, c'est d'avoir bien étudié la cause; il en est une autre qu'on peut y prendre, c'est d'écouter attentivement ce que dit l'adversaire. On peut, d'ailleurs, méditer à l'avance sur un grand nombre de cas probables, et se tenir prêt à tout événement. Cela même est plus sûr que d'écrire, en ce qu'il est plus facile d'abandonner une pen-

---

virium est, contumelia augetur. Super omnia perit illa, quæ plurimum oratori et auctoritatis et fidei affert, modestia, si a viro bono in rabulam latratoremque convertitur, compositus non ad animum judicis, sed ad stomachum litigatoris. Frequenter etiam species libertatis deducere ad temeritatem solet, non causis modo, sed ipsis quoque, qui dixerunt, periculosam : nec immerito Pericles solebat optare, ne quod sibi verbum in mentem veniret, quo populus offenderetur : sed quod ille de populo, id ego de omnibus sentio, qui tantamdem possunt nocere : nam quæ fortia, dum dicuntur, videbantur, stulta, quum læserunt, vocantur. Nunc quia varium fere propositum agentium fuit, et quorumdam cura tarditatis, quorumdam facilitas temeritatis crimine laboravit; quem credam fore in hoc oratoris modum, tradere non alienum videtur. Afferet ad dicendum curæ semper quantum plurimum poterit : neque enim hoc solum negligentis, sed mali, et in suscepta causa perfidi ac proditoris est, pejus agere, quam possit : ideoque ne suscipiendæ quidem sunt causæ plures, quam quibus suffecturum se sciat. Dicet scripta quam res patietur plurima, et, ut Demosthenes ait, si contingat, et sculpta. Sed hoc aut primæ actiones, aut quæ in publicis judiciis post interjectos dies dantur, permiserint : at quum protinus respondendum est, omnia parari non possunt; adeo ut paulo minus promptis etiam noceat scripsisse, si alia ex diverso, quam opinati fuerint, occurrerint. Inviti enim recedunt a præparatis, et tota actione respiciunt requiruntque, num aliquid ex illis intervelli, atque ex tempore dicendis inseri possit : quod si fiat, nec cohæret, nec commissuris modo, ut in opere male juncto, hiantibus, sed ipsa coloris inæqualitate detegitur. Ita nec liber est impetus, nec cura contexta; et utrumque alteri obstat : illa enim, quæ scripta sunt, retinent animum, non sequuntur : itaque in his actionibus *omni,* ut agricolæ dicunt, *pede standum est.* Nam quum in propositione ac refutatione causa consistat, quæ nostræ partis sunt, scripta esse possunt : quæ etiam responsu rum adversarium certum est (est enim aliquando certum), pari cura refelluntur. Ad alia unum paratum afferre possumus, ut causam bene noverimus; alterum ibi sumere, ut dicentem adversarium diligenter audiamus. Licet tamen præcogitare plura, et animum ad omnes casus componere; idque est tutius stilo, quo facilius et omittitur cogitatio, et transfertur. Sed sive in respondendo fuerit subito dicendum, sive quæ alia exegerit ratio, nunquam oppresum se ac deprehensum credet orator, cui disciplina et studium et exercitatio dederit vires etiam facilitatis; quemque armatum semper, ac velut in procinctu stantem,

sée ou de la transporter ailleurs. Mais, soit que la nécessité de répondre sur-le-champ, ou que quelque autre raison l'oblige à improviser, jamais l'orateur ne se croira dans l'impossibilité de sortir d'embarras, quand l'art, l'étude et l'exercice lui auront donné cette force, d'où naît la facilité. Toujours armé, toujours prêt au combat, les paroles ne lui manqueront pas plus à l'audience que dans les conversations journalières et domestiques. Jamais, dans la crainte de demeurer court, il ne se soustraira à son devoir, pourvu qu'il ait le temps de s'instruire de sa cause ; car, pour le reste, il le saura toujours.

CHAP. X. Il me reste à parler du *genre d'éloquence* qui convient à l'orateur parfait : c'est, d'après l'ordre de ma première division, le troisième point que je me suis engagé à traiter ; car j'ai promis de parler d'abord de *l'art*, puis de *l'artiste*, et enfin de *l'œuvre*. Or, comme l'oraison est l'œuvre de la rhétorique et de l'orateur, et qu'elle est susceptible de plusieurs formes, ainsi que je le ferai voir, l'art et l'artiste ont part à toutes ces formes. Cependant elles diffèrent beaucoup entre elles, non-seulement par l'espèce, comme une statue diffère d'une autre statue, un tableau d'un autre tableau, un plaidoyer d'un autre plaidoyer, mais encore par le genre même, comme les statues toscanes diffèrent des statues grecques, comme l'éloquence asiatique de l'éloquence attique. De plus, ces divers genres ont leurs partisans comme leurs auteurs. C'est ce qui explique pourquoi dans l'éloquence, et peut-être même dans tous les autres arts, la perfection est encore à attendre ; et cela, non-seulement parce que l'un excelle dans une qualité, et l'autre dans une autre, mais aussi parce que la même forme ne plaît pas également à tout le monde, soit à cause des temps et des lieux, soit à cause du goût et des principes de chacun.

Les premiers peintres célèbres, dont les ouvrages ne se recommandent pas seulement par leur antiquité, sont, dit-on, *Polygnote* et *Aglaophon*. Quoiqu'ils n'employassent qu'une seule couleur, leur peinture a encore aujourd'hui des amateurs si zélés, qu'ils préfèrent ces ébauches presque grossières, et où l'on ne peut guère qu'entrevoir les germes de l'art, aux productions des plus grands maîtres qui les ont suivis, mais sans autre raison, selon moi, que la prétention de passer pour habiles connaisseurs. Après ces deux peintres, et à une distance assez rapprochée, vinrent *Zeuxis* et *Parrhasius*, qui vécurent tous deux vers le temps de la guerre du Péloponnèse, car on trouve dans Xénophon un dialogue entre Socrate et Parrhasius : ils firent faire un grand pas à l'art. On dit que le premier inventa le mélange des lumières et des ombres, et que le second excellait dans l'art de dessiner nettement les contours. Zeuxis, en effet, donnait plus particulièrement ses soins aux membres du corps, croyant en cela s'occuper de ce qu'il y a de plus important et de plus noble, et s'attachant, dit-on, à suivre Homère, chez qui les formes robustes caractérisent la beauté, même dans les femmes. Parrhasius, au contraire, était si exact dans le dessin, qu'on l'appelle encore aujourd'hui le *législateur* des peintres, parce que ceux qui sont venus après lui se sont fait une loi de représenter les dieux et les héros d'après ses traditions. Mais ce fut vers le temps de Philippe, et jusqu'aux successeurs d'Alexandre, que la peinture jeta le plus vif éclat, mais par des talents divers. Ainsi *Protogène* brilla par le fini, *Pamphile* et *Mélanthe* par la connaissance des règles, *Antiphile* par la facilité, *Théon* de Samos par la force imitative de la conception, *Apelle* par l'esprit, et surtout par cette grâce dont il se glorifiait lui-même ; mais *Euphranor*

---

non magis unquam in causis oratio, quam in rebus quotidianis ac domesticis sermo deficiet; nec se unquam propter hoc oneri subtrahet; modo sit causæ discendæ tempus : nam cætera semper sciet.

CAP. X. Superest, ut dicam *de genere orationis* : hic erat propositus a nobis in divisione prima locus tertius; nam ita promiseram, me de *arte*, de *artifice*, de *opere* dicturum : quum sit autem rhetorices atque oratoris opus *oratio*, pluresque ejus formæ, sicut ostendam ; in omnibus his et *ars* est et *artifex* : plurimum tamen invicem differunt, nec solum specie, ut signum signo, et tabula tabulæ, et actio actioni, sed genere ipso, ut græcis Tuscanicæ statuæ, ut Asianus eloquens Attico. Suos autem hæc operum genera, quæ dico, ut auctores, sic etiam amatores habent; atque ideo nondum est perfectus orator, ac nescio an ars ulla, non solum quia aliud in alio magis eminet, sed quod non una omnibus forma placuit, partim conditione vel temporum, vel locorum, partim judicio cujusque atque proposito. Primi, quorum quidem opera non vetustatis modo gratia visenda sunt, clari pictores fuisse dicuntur *Polygnotus* atque *Aglaophon*, quorum simplex color tam sui studiosos adhuc habet, ut illa prope rudia, ac velut futuræ mox artis primordia maximis, qui post eos exstiterunt, auctoribus præferant, proprio quodam intelligendi, ut mea opinio fert, ambitu. Post *Zeuxis* atque *Parrhasius* non multum ætate distantes, circa peloponnesia ambo tempora (nam cum Parrhasio sermo Socratis apud Xenophontem invenitur), plurimum arti addiderunt. Quorum prior luminum umbrarumque invenisse rationem, secundus examinasse subtilius lineas traditur : nam Zeuxis plus membris corporis dedit, id amplius atque augustius ratus, atque, ut existimant, Homerum secutus, cui validissima quæque forma etiam in feminis placet; ille vero ita circumscripsit omnia, ut eum *legum latorem* vocent, quia deorum atque heroum effigies, quales ab eo sunt traditæ, cæteri, tamquam ita necesse sit, sequantur. Floruit autem circa Philippum, et usque ad successores Alexandri pictura præcipue, sed diversis virtutibus : nam cura *Protogenes*; ratione *Pamphilus* ac *Melanthius*; facilitate *Antiphilus*; con-

l'emportait sur tous les autres, en ce qu'il possédait ces différentes qualités dans un degré aussi éminent que les meilleurs maîtres, et qu'il était aussi excellent statuaire qu'excellent peintre.

La même différence se remarque dans la sculpture. Les statues de *Callon* et d'*Hégésias* sont d'un style dur, et approchent de la manière toscane. Celles de *Calamis* ont déjà moins de roideur, et l'on trouve dans *Myron* un air encore plus aisé que dans Calamis. *Polyclète* surpasse tous les statuaires par l'exactitude et la grâce, au jugement de la plupart des connaisseurs, qui, tout en lui décernant la palme, estiment que, s'il n'y a rien à retrancher en lui, il y aurait néanmoins à ajouter, et que la plénitude de la force lui manque. En effet, s'il a embelli la forme humaine jusqu'à l'idéal, il est resté au-dessous de la majesté divine ; on dit même que la gravité de l'âge mûr effrayait son talent, qui n'osa guère exprimer que la tendre jeunesse. Mais ce qui manqua à Polyclète, *Phidias* et *Alcamène* l'eurent en partage. Toutefois, Phidias passe pour avoir été plus habile à représenter les dieux que les hommes. Il est inimitable dans l'art de travailler l'ivoire, quand il n'aurait fait que sa *Minerve* à Athènes, et son *Jupiter Olympien* en Élide, dont la beauté semble avoir ajouté à la religion des peuples : tant la majesté de l'œuvre égalait l'idée du dieu ! On assure que *Lysippe* et *Praxitèle* ont le mieux reproduit la réalité ; car on reproche à *Démétrius* d'avoir porté en cela l'exactitude jusqu'à l'excès, et d'avoir plus recherché la ressemblance que la beauté.

Il en fut de même de l'éloquence : si l'on en considère les espèces, on trouvera dans les esprits presque autant de formes diverses que dans les corps. Mais, indépendamment de ses espèces, elle a aussi ses genres. Le premier qui se présente dans l'ordre du temps se ressent de la barbarie d'un âge grossier, mais ne laisse pas de porter l'empreinte d'une grande vigueur d'esprit. Tel est, par exemple, le genre de *Lélius*, de *Scipion l'Africain*, du vieux *Caton*, et des *Gracques*, que l'on peut appeler les *Polygnotes* et les *Callons* de l'éloquence. Vient ensuite un genre moyen, représenté par *L. Crassus* et *Q. Hortensius*. Enfin on vit fleurir, à des époques assez rapprochées, une foule d'orateurs, dans chacun desquels on remarque un caractère particulier. Ainsi, on admire la force de *César*, la nature heureuse de *Célius*, la délicatesse de *Calidius*, l'exactitude de *Pollion*, la dignité de *Messala*, l'austérité de *Calvus*, la gravité de *Brutus*, la finesse perçante de *Sulpicius*, et le mordant de *Cassius*; et, parmi les orateurs de nos jours, l'abondance de *Sénèque*, l'énergie d'*Africanus*, la maturité d'*Afer*, l'agrément de *Crispus*, l'organe de *Trachalus*, l'élégance de *Secundus*. Mais nous avons en *Cicéron*, non pas seulement un *Euphranor* éminemment doué de plusieurs espèces de qualités, mais un homme universel, qui possède au plus haut degré toutes les qualités qui distinguent chacun des autres. Cependant ses contemporains ont osé toucher à son génie : ils lui ont reproché de l'enflure, un style asiatique et redondant ; ils trouvaient qu'il se répétait trop, que parfois ses plaisanteries étaient froides, que sa composition était lâche, désordonnée, et (loin de nous cette pensée !) presque efféminée. Ce fut bien pis quand il eut

---

cipiendis visionibus, quas φαντασίας vocant, *Theon Samius*; ingenio et gratia, quam in se ipse maxime jactat, *Apelles* est præstantissimus. *Euphranorem* admirandum facit, quod et cæteris optimis studiis inter præcipuos, et pingendi fingendique idem mirus artifex fuit. Similis in statuis differentia : nam duriora, et Tuscanicis proxima *Callon* atque *Hegesias*, jam minus rigida *Calamis*, molliora adhuc supra dictis *Myron* fecit. Diligentia ac decor in *Polycleto* supra cæteros, cui quanquam a plerisque tribuitur palma, tamen, ne nihil detrahatur, deesse pondus putant : nam ut humanæ formæ decorem addiderit supra verum, ita non explevisse deorum auctoritatem videtur; quin ætatem quoque graviorem dicitur refugisse, nihil ausus ultra leves genas. At quæ *Polycleto* defuerunt, *Phidiæ* atque *Alcameni* dantur : *Phidias* tamen diis quam hominibus efficiendis melior artifex creditur, in ebore vero longe citra æmulum, vel si nihil nisi *Minervam Athenis*, aut *Olympium* in Elide *Jovem*, fecisset; cujus pulchritudo adjecisse aliquid etiam receptæ religioni videtur; adeo majestas operis deum æquavit! Ad veritatem *Lysippum* ac *Praxitelem* accessisse optime affirmant : nam *Demetrius* tamquam nimius in ea reprehenditur, et fuit similitudinis quam pulchritudinis amantior. In oratione vero si species intueri velis, totidem pæne reperias ingeniorum quot corporum formas :

sed fuere quædam genera dicendi conditione temporum horridiora, alioqui magnam jam ingenii vim præ se ferentia : hinc sint *Lælii*, *Africani*, *Catones* etiam *Gracchique*, quos tu licet *Polygnotos*, vel *Callonas* appelles. Mediam illam formam teneant *L. Crassus*, *Q. Hortensius*. Tum deinde effloresceat non multum inter se dissentium tempore oratorum ingens proventus : hic vim *Cæsaris*, iudolem *Cælii*, subtilitatem *Calidii*, diligentiam *Pollionis*, dignitatem *Messalæ*, sanctitatem *Calvi*, gravitatem *Bruti*, acumen *Sulpicii*, acerbitatem *Cassii*, reperiemus. In iis etiam, quos ipsi vidimus, copiam *Senecæ*, vires *Africani*, maturitatem *Afri*, jucunditatem *Crispi*, sonum *Trachali*, elegantiam *Secundi*. At *M. Tullium*, non illum habemus *Euphranorem* circa plurium artium species præstantem, sed in omnibus, quæ in quoque laudantur, eminentissimum : quem tamen et suorum homines temporum incessere audebant, ut tumidiorem, et Asianum, et redundantem, et in repetitionibus nimium, et in salibus aliquando frigidum, et in compositione fractum, exsultantem, ac pæne, quod procul absit, viro molliorem : postea vero quam triumvirali proscriptione consumptus est, passim qui oderant, qui invidebant, qui æmulabantur, adulatores etiam præsentis potentiæ, non responsurum invaserunt : ille tamen, qui jejunus a quibusdam atque aridus habetur, non aliter

succombé sous le fer des triumvirs : tout ce qu'il avait d'ennemis, d'envieux et de rivaux, et ceux qui trouvaient, en se déclarant contre lui, une occasion de flatter la puissance du jour, se déchaînèrent à l'envi contre ce grand homme, qui n'était plus là pour leur répondre. Singulière contradiction ! ce même orateur que certaines gens trouvent sec et maigre, tout le mal que ses ennemis eux-mêmes ont pu dire de lui, c'est qu'il prodiguait trop les fleurs et l'esprit. Ces deux reproches sont également mal fondés ; mais, s'il ne s'agit que de mentir, le sujet du premier reproche offre une occasion plus belle. Du reste, les plus acharnés de ses détracteurs furent ceux qui avaient la prétention d'imiter le style attique. Ils formaient une espèce de secte initiée à de certains mystères, et le traitaient comme un barbare, un profane, peu zélé pour les principes de leur doctrine. Aujourd'hui même encore, des écrivains secs, décharnés, sans substance, et qui décorent leur maigreur du nom de santé, bien qu'on ne puisse imaginer deux choses plus incompatibles, ces écrivains, dis-je, importunés de l'éclat de son éloquence, qui produit sur eux le même effet que le soleil sur des yeux débiles, se cachent à l'ombre d'un grand nom. Mais comme Cicéron leur a répondu fort au long, et dans plusieurs endroits de ses ouvrages, je crois qu'en traitant après lui la même matière, je ferai bien d'être court.

Ce n'est pas d'aujourd'hui que l'on distingue deux sortes de style, l'*attique* et l'*asiatique* : l'un serré et plein, l'autre enflé et vide ; l'un n'ayant rien de superflu, l'autre manquant surtout de goût et de mesure. Quelques grammairiens, au nombre desquels je trouve *Santra*, attribuent cette différence à ce que, la langue grecque ne s'étant introduite que peu à peu dans les villes de l'Asie qui avoisinaient la Grèce, leurs habitants aspirèrent à la gloire de l'éloquence avant que de posséder suffisamment cette langue, de sorte que, faute de pouvoir exprimer un grand nombre de leurs pensées par le mot propre, ils furent forcés de recourir à des circonlocutions, et en contractèrent si bien l'habitude, qu'elle leur est restée. Pour moi, j'attribuerai plutôt cette différence au génie même des orateurs et des auditeurs : ainsi les Athéniens, peuple délié et fin, ne pouvaient supporter rien d'enflé ni de surabondant, tandis que les Asiatiques, naturellement vaniteux et pleins de jactance, ont porté leur caractère jusque dans l'éloquence. Les inventeurs de cette division y ont ajouté un troisième genre, le *rhodien*, qu'ils regardent comme un genre intermédiaire et mixte. Il n'est, en effet, ni aussi serré que l'attique, ni aussi abondant que l'asiatique ; en sorte qu'il semble tenir quelque chose et du pays où il est né, et de son auteur. En effet, *Eschine*, qui avait choisi Rhodes pour le lieu de son exil, y transporta la littérature d'Athènes ; et cette littérature, semblable à une plante qui dégénère en changeant de climat, s'imprégna d'un goût étranger. Ainsi les Rhodiens ont une certaine langueur, une certaine mollesse, qui ne manque pourtant pas de consistance ; on ne peut pas comparer leur style à l'eau d'une source limpide, il ne ressemble pas non plus à un torrent limoneux : il offre plutôt l'image d'un lac paisible.

On ne peut donc douter que le genre attique ne soit incomparablement le meilleur. Mais si les écrivains attiques ont des qualités communes, c'est-à-dire un jugement solide et un goût exquis, leur style se partage en plusieurs espèces C'est pourquoi j'estime que ceux-là se trompent fort, qui ne reconnaissent pour attiques que les orateurs qui ont un style délié, clair, expressif ;

---

ab ipsis inimicis male audire, quam nimiis floribus et ingenii affluentia, potuit : falsum utrumque, sed tamen illa mentiendi propior occasio. Præcipue vero presserunt eum, qui videri Atticorum imitatores concupierant : hæc manus, quasi quibusdam sacris initiata, ut alienigenam parum studiosum devinctumque illis legibus insequebatur ; unde nunc quoque aridi, et exsucci, et exsangues : li sunt enim, qui suæ imbecillitati sanitatis appellationem, quæ est maxime contraria, obtendunt ; qui quia clariorem vim eloquentiæ, velut solem, ferre non possunt, umbra magni nominis delitescunt : quibus quia multa, et pluribus locis Cicero ipse respondit, tutior mihi de hoc disserendi brevitas erit. Et antiqua quidem illa divisio inter *Atticos* atque *Asianos* fuit ; quum hi pressi et integri, contra inflati illi et inanes haberentur ; in his nihil superflueret, illis judicium maxime ac modus deesset. Quod quidam, quorum et *Santra* est, hoc putant accidisse, quod, paulatim sermone græco in proximas Asiæ civitates influente, nondum satis periti loquendi facundiam concupierint ; ideoque ea, quæ proprie signari poterant, circuitu cœperint enunciare, ac deinde perseverarint. Mihi autem orationis differentiam fecisse et dicentium et audientium naturæ videntur : quod Attici, limati quidam et emuncti, nihil inane, aut redundans ferebant ; Asiana gens, tumidior alioqui atque jactantior, vaniore etiam dicendi gloria inflata est. Tertium mox, qui hæc dividebant, adjecerunt *genus rhodium* : quod velut medium esse atque ex utroque mixtum volunt : neque enim attice pressi, neque asiane sunt abundantes ; ut aliquid habere videantur gentis, aliquid auctoris. *Æschines* enim, qui hunc exsilio delegerat locum, intulit eo studia Athenarum ; quæ, velut sata quædam cælo terraque degenerant, saporem illum atticum peregrino miscuerunt : lenti ergo quidam ac remissi, non sine pondere tamen, neque fontibus puris, neque torrentibus turbidis, sed lenibus stagnis similes habentur. Nemo igitur dubitaverit, longe esse optimum genus Atticorum : in quo ut est aliquid inter ipsos commune, id est, judicium ac re tersumque ; ita ingeniorum plurimæ formæ. Quapropter mihi falli multum videntur, qui solos esse Atticos credunt

qui se contentent, pour ainsi dire, d'une certaine frugalité d'éloquence, et ne sortent jamais la main de dessous le manteau. Car si cela est, qui sera *attique?* *Lysias?* soit : d'autant que ses partisans le vénèrent comme la mesure du style attique. Aussi bien, si j'admets Lysias, n'est-ce pas déclarer que je suis prêt à remonter jusqu'à *Coccus* et *Andocide?* Cependant je leur demanderai si *Isocrate* a écrit dans le goût attique; car aucun orateur ne ressemble moins à Lysias. Ils diront que non; mais c'est pourtant de son école que sont sortis les plus grands orateurs de la Grèce. Cherchons quelque chose de plus semblable. Hypéride est-il attique? Oui, certes : cependant il a encore plus que Lysias sacrifié aux grâces. J'en omets beaucoup d'autres, *Lycurgue*, *Aristogiton*, et leurs devanciers, *Isée*, *Antiphon*, qui tous, comme les hommes proprement dits, sont semblables quant au genre, et différents quant à l'espèce. Mais que dirai-je d'*Eschine*, dont j'ai fait mention tout à l'heure? N'est-il pas plus large, plus hardi, plus élevé que ceux que je viens de nommer? Et Démosthène, combien n'est-il pas supérieur à tous ces orateurs grêles et circonspects, pour la force, la sublimité, l'impétuosité, l'élégance et l'harmonie? Ne sait-il pas s'élever avec son sujet, animer son style par des figures, et le semer de brillantes métaphores? Ne sait-il pas donner une voix à tout, par la puissance de la prosopopée? Et quand il jure par les mânes des défenseurs de la république, morts à Marathon et à Salamine, ne révèle-t-il pas un élève de Platon? Et ce *Platon* lui-même, l'appellerons-nous un Asiatique, lui qu'on prendrait le plus souvent pour la pythonisse inspirée? Que dirai-je enfin de *Périclès?* Me fera-t-on voir la beauté maigre de Lysias dans cet orateur, dont les poëtes comiques, tout en le décriant, comparaient l'éloquence aux éclairs et au tonnerre? Pourquoi donc n'accorder le goût attique qu'à ceux dont le style ressemble à un filet d'eau ruisselant sur un lit de petits cailloux? Pourquoi dire que c'est là seulement qu'on respire l'odeur du thym? Je crois, en vérité, que si ces gens rencontraient dans l'Attique un terrain plus fertile et plus riche que le reste, ils diraient que ce terrain n'est pas attique, sous prétexte qu'il rend plus qu'il n'a reçu, et déroge à cette fidélité du sol athénien, sur laquelle Ménandre s'est égayé. Quoi donc! s'il s'élevait un orateur qui joignît aux grandes qualités de Démosthène celles qui semblent lui avoir manqué, soit parce que la nature les lui avait refusées, soit parce que les lois d'Athènes les lui interdisaient, et que cet orateur remuât plus fortement les cœurs, j'entendrais dire : *Démosthène ne parlait pas ainsi?* Et s'il réussissait à charmer les oreilles par une composition plus nombreuse que la sienne, ce qui ne me semble guère possible, mais enfin, si cela se voyait, on dirait que cette composition n'est pas attique? Ah! que ces partisans de l'atticisme veuillent bien se faire une idée plus juste de ce nom, et se persuader que *parler attiquement, c'est parler parfaitement*. Encore si c'étaient des Grecs que je visse s'obstiner ainsi dans cette opinion, je le supporterais plus volontiers; mais les conditions de l'éloquence latine ne sont pas les mêmes. Si, en effet, sous le rapport de l'invention, de la disposition, du dessein, et des autres qualités de ce genre, elle me paraît semblable à l'éloquence grecque, et en quelque sorte sa fille, je trouve que, sous le rapport de l'élocution, elle peut à peine prétendre à l'imiter. Et

---

tenues, et lucidos, et significantes, et quadam eloquentiæ frugalitate contentos, ac semper manum intra pallium continentes : nam quis erit hic Atticus? Sit *Lysias* : hunc enim amplectuntur amatores istius nominis modum : non igitur jam usque ad *Coccum* et *Andocidem* remittemur? Interrogare tamen velim, an *Isocrates* attice dixerit; nihil enim tam est *Lysiæ* diversum : negabunt; at ejus schola principes oratorum dedit. Quæratur similius aliquid. *Hyperides* Atticus? Certe. At plus indulsit voluptati. Transeo plurimos, *Lycurgum*, *Aristogitona*, et his priores, *Isæum*, *Antiphontem* : quos, ut homines, inter se genere similes, differentes dixeris specie. Quid ille, cujus modo fecimus mentionem, *Æschines?* nonne his latior, et audentior, et excelsior? Quid denique *Demosthenes?* non cunctos illos tenues et circumspectos, vi, sublimitate, impetu, cultu, compositione superavit? non insurgit locis? non figuris gaudet? non translationibus nitet? non oratione licta dat tacentibus vocem? non illud jusjurandum per cæsos in Marathone ac Salamine propugnatores reipublicæ, satis manifesto docet, præceptorem ejus *Platonem* fuisse? quem ipsum num asianum appellabimus, plerumque instinctis divino spiritu vatibus comparandum? Quid *Periclea?* similemne credimus *Lysiacæ* gracilitati, quem fulminibus et cælesti fragori comparant comici, dum illi conviciantur? Quid est igitur, cur in iis demum, qui tenui venula per calculos fluunt, atticum saporem putent? ibi demum thymum redolere dicant? Quos ego existimo, si quod in his finibus uberius invenerint solum, fertilioremve segetem, negaturos atticam esse, quod plus, quam acceperit, seminis reddat; quia hanc ejus terræ fidem Menander eludit. Ita nunc si quis ad eas Demosthenis virtutes, quas ille summus orator habuit, tamen quæ defuisse ei, sive ipsius natura, seu lege civitatis videntur, adjecerit, ut affectus concitatius moveat, audiam dicentem, *Non fecit hoc Demosthenes?* et si quid exierit numeris aptius; fortasse non possit; sed tamen si quid exierit, non erit atticum? Melius de hoc nomine sentiant, credantque *attice dicere esse optime dicere*. Atque in hac tamen opinione perseverantes Græcos magis tulerim : *latina* mihi *facundia*, ut inventione, dispositione, consilio, cæteris hujus generis artibus similis græcæ, ac prorsus discipula ejus videtur; ita circa rationem cloquendi vix habere imitationis locum : namque est ipsis statim sonis durior; quando et jucundissimas ex Græcis litteras non habemus, vocalem alteram, alteram consonantem, quibus nullæ apud eos dulcius

d'abord la langue latine est plus dure. Ainsi, nous manquons de deux lettres très-agréables (υ et φ) que possèdent les Grecs, l'une voyelle et l'autre consonne. Il n'en est pas de plus douce chez les Grecs, auxquels nous les empruntons toutes les fois que nous nous servons de leurs propres mots; et quand cela nous arrive, une grâce indéfinissable se répand aussitôt sur notre langage. Écrivez, par exemple, *Ephyris* et *Zephyris* avec nos lettres, ces deux mots produiront quelque chose de sourd et de barbare, et, au lieu de ces aimables lettres, vous en aurez de tristes et de rudes, que les Grecs ne connaissent pas. En effet, la lettre *f*, qui est la sixième de notre alphabet, appartient à peine à la voix humaine, ou plutôt n'appartient à aucune voix, puisqu'elle est le produit du sifflement de l'air entre les dents; outre que, suivie immédiatement d'une voyelle, elle se casse en quelque sorte, et que si elle heurte une consonne, comme dans *frangit*, elle la brise et en devient elle-même encore plus rude. Quant au digamma éolien, quoique nous en ayons rejeté la forme, nous en conservons la force, pour ainsi dire, malgré nous, lorsque nous prononçons certains mots, tels que *servus* et *cervus*. Nous avons encore la lettre *q*, qui rend les syllabes dures, utile seulement pour unir les voyelles qui la suivent, comme quand nous écrivons *equos* et *equum*, mais ailleurs superflue; et encore même ces deux voyelles rendent un son tout à fait inconnu aux Grecs, et qu'on ne peut, par conséquent, représenter avec leurs caractères. Ajoutez que la plupart de nos mots se terminent par une lettre, pour ainsi dire, mugissante, par la lettre *m*. Au lieu de cette lettre, qui n'existe pas chez les Grecs en tant que finale, ils ont le ν, qui, comme désinence, sonne agréablement, et qui, chez nous, termine très-rarement un mot. Que dirai-je, enfin, de ces syllabes qui, dans notre langue, s'appuient sur les lettres *b* et *d* d'une manière si rude, que la plupart, sinon des plus anciens, mais des anciens, ont essayé de les adoucir, non-seulement en disant *aversa* pour *abversa*, mais en ajoutant un *s* à la préposition *ab*, quoique la lettre *s* soit dissonante par elle-même? Notre accentuation même est moins douce, tant à cause d'une certaine roideur qu'à cause de son uniformité. En effet, dans nos mots, la dernière syllabe n'est jamais relevée par un accent aigu, ni tempérée par un accent circonflexe; mais ils finissent toujours par une ou deux syllabes graves. Aussi la langue grecque l'emporte tellement sur la nôtre en agrément, que, toutes les fois que nos poëtes ont voulu donner de la douceur à leurs vers, ils les ont embellis de mots grecs. Mais ce qui est beaucoup plus considérable, c'est que pour une infinité de choses nous manquons de noms propres, ce qui nous oblige à recourir à des métaphores et à des périphrases; et qu'à l'égard des choses même qui ont une dénomination, l'extrême pauvreté de notre langue fait que nous sommes forcés très-souvent de répéter le même mot, tandis que les Grecs abondent non-seulement en mots, mais en idiomes tout différents les uns des autres.

Ainsi, quiconque exigera de nous la grâce du langage attique, qu'il nous donne même douceur, même richesse d'élocution. Que si ces avantages nous ont été refusés, tâchons d'accommoder nos pensées à notre langue telle qu'elle est, et de ne pas allier des idées d'une extrême délicatesse à des mots trop forts, pour ne pas dire trop épais, de peur que ces deux qualités ne s'entre-détruisent par leur mélange. En effet, moins on est secondé par la langue, plus il faut faire d'efforts du côté de l'invention. Sachons tirer

---

spirant; quas mutuari solemus, quoties illorum nominibus utimur. Quod quum contingit, nescio quomodo hilarior protinus renidet oratio, ut in *Ephyris* et *Zephyris* : quæ si nostris litteris scribantur, surdum quiddam et barbarum efficient, et velut in locum earum succedent tristes et horridæ, quibus Græcia caret. Nam et illa, quæ est sexta nostrarum, pæne non humana voce, vel omnino non voce potius, inter discrimina dentium efflanda est : quæ, etiam quum vocalem proxima accipit quassa quodammodo, utique quoties aliquam consonantem frangit, ut in hoc ipso *frangit*, multo fit horridior. Æolicæ quoque litteræ, qua *servum cervumque* dicimus, etiamsi forma a nobis repudiata est, vis tamen nos ipsa persequitur. Duras et illa syllabas facit, quæ ad conjungendas demum subjectas sibi vocales est utilis, alias supervacua; ut *equos* hac et *equum* scribimus; quum etiam ipsæ hæ vocales duæ efficiant sonum, qualis apud Græcos nullus est, ideoque scribi illorum litteris non potest. Quid? quod pleraque nos illa, quasi mugiente, littera cludimus *m*, qua nullum græce verbum cadit : at illi *ny*, jucundam,
et in fine præcipue quasi tinnientem illius loco ponunt, quæ est apud nos rarissima in clausulis. Quid? quod syllabæ nostræ in *b* litteram et *d* innituntur adeo aspere, ut plerique non antiquissimorum quidem, sed tamen veterum, mollire tentaverint, non solum *aversa* pro *abversis* dicendo, sed et in præpositione *b* litteræ absonam et ipsam *s* subjiciendo. Sed accentus quoque, quum rigore quodam, tum similitudine ipsa, minus suaves habemus; quia ultima syllaba nec acuta unquam excitatur, nec flexa circumducitur, sed in gravem, vel duas graves cadit semper : itaque tanto est sermo græcus latino jucundior, ut nostri poetæ, quoties dulce carmen esse voluerint, illorum id nominibus exornent. His illa potentiora, quod res plurimæ carent appellationibus, ut eas necesse sit transferre, aut circumire; etiam in iis, quæ denominata sunt, summa paupertas in eadem nos frequentissime revolvit : at illis non verborum modo, sed linguarum etiam inter se differentium copia est. Quare qui a Latinis exiget illam gratiam sermonis attici, det mihi in eloquendo eamdem jucunditatem, et parem copiam

des entrailles de notre sujet des pensées sublimes et variées ; sachons remuer toutes les affections des cœurs, et répandre sur notre style l'éclat des métaphores. Nous ne pouvons avoir la délicatesse des Grecs : soyons plus forts; nous ne saurions rivaliser avec eux pour la légèreté : compensons cette qualité par le poids ; ils sont plus maîtres que nous de s'exprimer avec propriété : surpassons-les par l'abondance. Chez les Grecs, le plus frêle esquif sait trouver un port : nous autres Latins, voguons sur de plus gros vaisseaux, qu'un vent plus fort enfle nos voiles; cependant ne tenons pas toujours la haute mer, car il est bon quelquefois de côtoyer le rivage. Les Grecs abordent facilement à travers les bas-fonds : moi, sans prendre trop le large, je saurai trouver un lieu où ma barque ne puisse s'engraver. Si les Grecs réussissent mieux dans les sujets qui demandent un style léger et précis, ce en quoi seulement ils l'emportent sur nous, et ce qui fait que nous ne pouvons leur disputer le prix dans la comédie, ce n'est pas une raison pour renoncer entièrement à ce genre de style; mais faisons tous nos efforts pour nous en tirer le mieux que nous pourrons. Or, nous pouvons les égaler pour la mesure et pour le goût. Quant à la grâce de l'expression, puisqu'elle n'est point dans le fond de notre langue, suppléons-y par des secours étrangers. Est-ce que Cicéron n'a pas, dans les causes privées, la finesse, la douceur, la clarté et la mesure désirables? ces qualités ne brillent-elles pas dans M. Calidius? Scipion, Lélius, Caton, n'ont-ils pas été, pour ainsi dire, les Attiques des Romains, sous le rapport de l'élocution? Or, pourquoi ne se contenterait-on pas d'arriver à un point au delà duquel il n'y a rien de mieux?

On va plus loin : il en est qui prétendent qu'il n'y a d'éloquence naturelle que celle qui se rapproche le plus du langage dont nous usons tous les jours avec nos amis, nos femmes, nos enfants, nos esclaves, et dans lequel nous nous contentons d'exprimer nos volontés et nos sentiments, sans rien emprunter à l'art ni à l'étude; que tout ce qu'on y ajoute n'est qu'affectation et vaine jactance; que tout cela est contraire à la vérité et n'a été inventé que pour briller avec des mots, qui, par leur nature, n'ont pas d'autre emploi que de servir la pensée. Ainsi, selon eux, la constitution des athlètes, quoique rendue plus vigoureuse par l'exercice et un régime particulier de nourriture, n'est pas naturelle, et leur beauté excède la loi de la forme humaine. Car à quoi bon, disent-ils, recourir à des circonlocutions et à des métaphores pour manifester sa pensée, c'est-à-dire employer plus de mots qu'il n'en faut, ou des mots figurés, puisque chaque chose a sa dénomination propre? Ils prétendent enfin que les hommes ont, au commencement, parlé le pur langage de la nature; que peu à peu ils ont imité celui des poëtes, quoique avec plus de retenue, mais abusés par la même erreur, et regardant comme des qualités ce qui est faux et impropre.

Il y a quelque chose de vrai dans cette opinion : aussi ne faut-il pas trop s'éloigner, comme le font certaines personnes, du langage propre et commun. Si pourtant, comme je l'ai dit au chapitre de la

---

quod si negatum est, sententias aptabimus iis vocibus, quas habemus, nec rerum nimiam tenuitatem, ut non dicam pinguioribus, fortioribus certe verbis miscebimus, ne virtus utraque pereat ipsa confusione. Nam quo minus adjuvat sermo, rerum inventione pugnandum est : sensus sublimes variique eruantur : permovendi omnes affectus erunt; oratio translationum nitore illuminanda : non possumus esse tam graciles; simus fortiores : subtilitate vincimur; valeamus pondere : proprietas penes illos est certior; copia vincamus. Ingenia Græcorum, etiam minora, suos portus habent; nos plerumque majoribus velis moveamur, validior spiritus nostros sinus tendat : non tamen alto semper feremur; nam et littora interim sequenda sunt : illis facilis per quælibet vada accessus; ego aliquid, non multo tamen, altius, in quo mea cymba non sidat, inveniam. Neque enim, si tenuiora hæc ac pressiora Græci melius, in eoque vincimur solo, et ideo in comœdiis nos contendimus, prorsus tamen omittenda pars hæc orationis; sed exigenda ut optime possumus : possumus autem rerum et modo et judicio esse similes; verborum gratia, quam in ipsis non habemus, extrinsecus condienda est. Annon in privatis et acutus, et non asper, et non indistinctus, et non supra modum elatus M. Tullius? non in M. Calidio insignis hæc virtus? non Scipio, Lælius, Cato in eloquendo velut Attici Romanorum fuerunt? Qui porro non satis est, quo nihil esse melius potest? Ad hoc quidam nullam esse naturalem putant eloquentiam, nisi quæ sit quotidiano sermoni simillima, quo cum amicis, conjugibus, liberis, servis loquamur, contento promere animi voluntatem, nihilque accessiti et elaborati requirente ; quidquid huc sit adjectum, id esse affectationis, et ambitiosæ in loquendo jactantiæ, remotum a veritate fictumque, ipsorum gratia verborum, quibus solum natura sit officium attributum, servire sensibus : sicut athletarum corpora etiamsi validiora fiant exercitatione, et lege quadam ciborum, non tamen esse naturalia, atque ab illa specie, quæ sit concessa hominibus, abhorrere. Quid enim, inquiunt, attinet circuitu res ostendere et translationibus, id est, aut pluribus, aut alienis verbis, quum sua cuique sint assignata nomina? Denique antiquissimum quemque maxime secundum naturam dixisse contendunt; mox poetis similiores exstitisse, etiamsi parcius, simili tamen ratione, falsa et impropria virtutes ducentes. Qua in disputatione nonnihil veri est, ideoque non tam procul, quam fit a quibusdam, recedendum a propriis atque communibus. Si quis tamen, ut in loco dixi compositionis, ad necessaria, quibus nihil minus est, aliquid melius adjecerit, non erit hac calumnia reprehendendus : nam mihi aliam quamdam videtur habere naturam sermo vulgaris, aliam viri eloquentis oratio ; cui si res modo indicare satis esset, nihil ultra verborum proprietatem elaboraret, sed quum debeat de-

composition, un orateur ajoutait quelque chose de mieux au nécessaire, qui est en soi ce qu'il y a de moins, ce serait à tort qu'on lui reprocherait de sortir du vrai. Car, à mon avis, autre est la nature d'un entretien familier, autre celle d'un discours oratoire. Sans doute, si l'orateur n'avait qu'à indiquer les choses, il n'aurait rien à chercher de plus que la propriété des mots; mais comme il doit encore plaire, toucher, et entraîner en divers sens la volonté de l'auditeur, pourquoi n'emploierait-il pas les secours que lui offre cette même nature? car cela est aussi naturel que de fortifier son corps et sa santé par l'exercice. N'est-ce pas ce qui fait que, dans tous les pays, il y a des hommes qui passent pour plus éloquents que d'autres, et plus agréables dans leur langage? Autrement tous seraient sur la même ligne, et le même langage conviendrait à tous tandis que, au contraire, on est obligé, en parlant, d'avoir égard à la différence des personnes. C'est par cette raison que je ne suis pas tout à fait opposé à ceux qui veulent qu'on fasse des concessions aux temps et aux oreilles qui exigent quelque chose de plus brillant et de plus soigné. Ainsi je ne pense pas que le style des écrivains antérieurs à Caton et aux Gracques, ni même de ces derniers, doive servir de règle à l'orateur; et je vois que c'est ce qu'a fait Cicéron, qui, bien qu'il rapportât tout à l'utile, savait y mêler l'agréable, et qui, en faisant cela, disait qu'il ne laissait pas de plaider le fond de la cause : et, en effet, il oubliait moins que jamais l'affaire de son client, car il se rendait utile par cela seul qu'il plaisait. Je ne vois pas ce qu'on pourrait ajouter à l'agrément de son éloquence, si ce n'est que, pour flatter le goût de notre siècle, nous prodiguions un peu plus les pensées brillantes; et cela peut se faire sans compromettre la cause ni affaiblir l'autorité de l'orateur, lorsque ces pensées ne sont point trop multipliées, trop continues, et ne se nuisent pas les unes aux autres. Voilà ce que j'accorde; mais qu'on n'exige rien au delà. Je consens, dans le siècle où nous sommes, que la robe de l'orateur ne soit pas d'une étoffe grossière; mais je ne la veux pas de soie; que ses cheveux ne soient pas longs et négligés, mais qu'ils ne soient pas non plus frisés par étages et tombant en anneaux : d'autant que, pour tout homme qui ne s'habille pas dans la pensée du luxe et de la débauche, le vêtement le plus décent est aussi le plus beau. Au reste, à l'égard de ce qu'on appelle communément des *pensées*, ce qui était inconnu aux anciens et particulièrement aux Grecs; à l'égard des *pensées*, dis-je, et en cela je m'appuie sur l'autorité de Cicéron, qui en a fait usage, pourvu qu'elles roulent sur des choses, et non sur des mots, qu'elles ne soient point trop fréquentes, et qu'elles tendent au gain de la cause, qui peut douter de leur utilité? Elles frappent l'esprit, elles l'ébranlent souvent d'un seul coup, elles s'y fixent profondément à cause de leur brièveté même, et persuadent par le plaisir. Cependant certaines personnes tolèrent ces traits vifs et lumineux dans la bouche de l'orateur, mais non sur le papier. Aussi est-ce un point que je ne veux pas laisser passer sans examen, en ce que, selon plusieurs savants, autre chose est de parler, autre chose d'écrire; que c'est pour cela que des hommes très-renommés pour l'oraison parlée n'ont laissé, après être descendus de la tribune, aucun monument écrit à la postérité, comme *Périclès*, comme *Démade*, tandis que d'autres qui étaient très-éloquents la plume à la main, comme *Isocrate*, n'étaient plus les mêmes quand il s'agissait de parler en public. Ces savants ajoutent qu'en parlant, la chaleur entraînante de l'o-

---

lectare, movere, in plurimas animum audientis species impellere, utetur his quoque adjutoriis, quæ sunt ab eadem nobis concessa natura. Nam et lacertos exercitatione constringere, et augere vires, et colorem trahere, naturale est; ideoque in omnibus gentibus alius alio facundior habetur, et in loquendo dulcis magis : quod si non eveniret, omnes pares essent, et idem omnes deceret: at loquuntur, et servant personarum discrimen : ita quo quisque plus efficit dicendo, hoc magis secundum naturam eloquentiæ dicit. Quapropter ne illis quidem nimium repugno, qui dandum putant nonnihil etiam temporibus atque auribus nitidius aliquid atque effectius postulantibus : itaque non solum ad priores Catone Gracchisque, sed ne ad hos quidem ipsos oratorem alligandum puto : atque id fecisse M. Tullium video, ut quum omnia utilitati, tum partem quamdam delectationi daret; quum et ipsam se rem agere diceret, ageret autem maxime litigatoris : nam hoc ipso proderat, quod placebat. Ad cujus voluptatem nihil equidem quod addi possit invenio, nisi ut sensus nos quidem dicamus plures : neque enim fieri potest salva tractatione causæ et dicendi auctoritate, si non crebra hæc lumina et continua fuerint et invicem offecerint. Sed me hactenus cedentem nemo insequatur ultra : do tempori, ne hirta toga sit; non serica : ne intonsum caput; non in gradus atque annulos comptum : cum eo quod, si non ad luxuriam ac libidinem referas, eadem speciosiora quoque sint, quæ honestiora. Cæterum hoc, quod vulgo *sententias* vocamus, quod veteribus, præcipueque Græcis in usu non fuit (apud Ciceronem enim invenio), dum rem contineant, et copia non redundent, et ad victoriam spectent, quis utile neget? Feriunt animum, et uno ictu frequenter impellunt, et ipsa brevitate magis hærent, et delectatione persuadent. At sunt qui hæc excitatiora lumina, etiamsi dicere permittant, a componendis tamen orationibus excludenda arbitrentur. Quocirca mihi ne hic quidem locus intactus est omittendus, quod plures eruditorum aliam esse dicendi rationem, aliam scribendi putaverunt; ideoque in agendo clarissimos quosdam nihil posteritati mansurisque mox litteris reliquisse, ut *Periclem*, ut *Demaden* : rursus alios ad componendum optimos, actionibus idoneos non fuisse, ut *Isocratem* : præterea in agendo plus impetum

rateur, et des pensées un peu hasardées, mais brillantes, produisent la plupart du temps plus d'effet, parce qu'on n'a que des ignorants à émouvoir et à persuader; au lieu que ce qui est consacré dans des livres et publié comme modèle doit être châtié et poli, et composé selon la loi et la règle; parce qu'un livre est destiné à passer dans les mains des doctes, et que ce sont les artistes eux-mêmes qui doivent juger de l'art. Bien plus, ces maîtres subtils, qui ont su faire partager leur opinion à bon nombre de gens aussi subtils qu'eux, enseignent qu'il convient mieux d'employer l'*exemple* quand on parle, et l'*enthymème* quand on écrit. Pour moi, j'estime que *bien parler* et *bien écrire* sont une seule et même chose, et que l'oraison écrite n'est que le monument de l'oraison parlée. Elle doit donc, ce me semble, avoir toutes les qualités de l'oraison parlée, et même ses défauts; car je sais qu'il en est qui plaisent aux ignorants. En quoi différeront ces deux sortes d'oraison? le voici. Donnez-moi un tribunal composé de sages, et je retrancherai une foule de choses non-seulement des oraisons de Cicéron, mais même de celles de Démosthène, qui est beaucoup plus précis; car alors il ne s'agira plus d'émouvoir les passions, ni de flatter les oreilles : auprès de tels juges, les exordes même seront superflus, suivant Aristote. En effet, leur sagesse ne se laissera pas séduire à ces artifices oratoires; avec eux, il suffira d'exposer le fait en termes propres et significatifs, et de bien réunir les preuves. Mais comme on a pour juges le peuple ou des gens du peuple, et que ceux qui doivent prononcer sont le plus souvent des hommes fort peu éclairés, quelquefois même de simples paysans, il faut bien alors employer tous les moyens que nous croyons propres à nous faire atteindre le but que nous nous proposons, et cela non-seulement en parlant, mais encore en écrivant, afin d'enseigner par là comment il faut parler. Est-ce que Démosthène, ou Cicéron, aurait mal parlé s'il eût parlé comme il a écrit? et connaissons-nous ces excellents orateurs autrement que par leurs écrits? Ont-ils donc mieux parlé, ou plus mal? Car si c'est plus mal, ils auraient dû parler comme ils ont écrit; si c'est mieux, ils auraient dû écrire comme ils ont parlé. Quoi donc! l'orateur parlera-t-il toujours comme il écrit? Oui, toujours, s'il le peut. Que s'il en est empêché par la brièveté du temps que lui accorde le juge, il retranchera beaucoup de ce qu'il aurait pu dire, mais l'oraison qu'il publiera contiendra tout : seulement, ce qu'il aura dit pour se conformer à la nature des juges, il le dérobera aux regards de la postérité, de peur qu'on ne l'attribue à sa manière de voir, et non à la circonstance. En effet, il importe beaucoup aussi de considérer quel langage exige la disposition du juge, et c'est souvent sur l'expression de son visage que l'orateur doit se régler, ainsi que l'enseigne Cicéron. Il faut donc abonder dans ce qui paraît lui plaire, et passer à côté de ce qui lui déplairait; il faut même faire choix du genre de langage qui semble le plus propre à lui faciliter l'intelligence des choses; et cela ne doit pas étonner, puisque, pour se faire comprendre des témoins, on dénature quelquefois les mots. On demandait à un paysan, appelé en témoignage, s'il connaissait *Amphion* : sur sa réponse négative, l'avocat, en homme habile, lui ayant prononcé de nouveau ce nom sans aspiration, et en faisant brève la seconde syllabe, le

---

posse plerumque, et petitas vel paulo licentius voluptates; commovendos enim esse ducendosque animos imperitorum : at quod libris dedicatur, et in exemplum editur, tersum ac limatum, et ad legem ac regulam compositum esse oportere; quia veniat in manus doctorum, et judices artis habeat artifices. Quin illi subtiles, ut similes ac multos persuaserunt magistri, παράδειγμα dicendo, ἐνθύμημα scribendo esse aptius, tradiderunt. Mihi unum atque idem videtur *bene dicere*, ac *bene scribere*; neque aliud esse oratio scripta, quam monumentum actionis habitæ. Itaque nullas non, ut opinor, debet habere virtutes dico, non vitia : nam imperitis placere aliquando quæ vitiosa sunt, scio. Quo different igitur? Quod si mihi des consilium judicum sapientum, perquam multa recidam ex orationibus non Ciceronis modo, sed etiam ejus, qui est strictior multo, Demosthenis : neque enim affectus omnino movendi erunt, nec aures delectatione mulcendæ, quum etiam procemia supervacua esse apud tales Aristoteles existimet; non enim trahentur his illi sapientes : proprie et significanter rem indicare, probationes colligere, satis est. Quum vero judex detur aut populus, aut ex populo, laturique sententiam indocti sæpius, atque interim rustici, omnia, quæ ad obtinendum quod intendimus prodesse credemus, adhibenda sunt; eaque et quum dicenda, promenda, et quum scribimus, ut doceamus quomodo dici oporteat. An *Demosthenes* male sic egisset ut scripsit, aut *Cicero?* aut eos præstantissimos oratores alio quam scriptis cognoscimus? Melius egerunt igitur, an pejus : nam si pejus, sic potius oportuit dici, ut scripserunt; si melius, sic oportuit scribi, ut dixerunt. Quid ergo? Semper sic aget orator, ut scribet? Si licebit, semper. Quod si impediant brevitate tempora a judice data, multum ex eo quod potuit dici, recidetur; editio habebit omnia : quæ autem secundum naturam judicantium dicta sunt, non ita posteris tradentur, ne videantur propositi fuisse, non temporis. Nam id quoque plurimum refert, quomodo audire judex velit; atque ejus vultus sæpe ipse rector est dicentis, ut Cicero præcipit : ideoque instandum iis, quæ placere intellexeris, resiliendum ab iis, quæ non recipientur. Sermo ipse, qui facile judicem doceat, optandus : nec id mirum sit, quum etiam testium personis aliqua mutentur. Prudenter enim, qui quum interrogasset rusticum testem, *an Amphionem nosset*, negante eo, detraxit aspirationem, breviavitque secundam ejus nominis syllabam, et ille eum sic optime norat. Hujusmodi casus efficiunt, ut aliquando dicatur aliter quam scribitur;

paysan déclara le connaître parfaitement. Dans ces sortes de cas, on parle quelquefois autrement qu'on n'écrit, puisqu'on n'est pas libre de parler comme on doit écrire.

Il existe une seconde division qui a aussi trois parties, et qui paraît également propre à bien distinguer les différents genres d'éloquence. Le premier est le genre *délicat* (en grec, ἰσχνόν); le second, le genre *grand* et *robuste* (ἁδρὸν); le troisième, le genre *mixte*, ou, selon d'autres, fleuri (ἀνθηρὸν). Du reste, cette division répond à peu près à celle des devoirs de l'orateur, puisque le premier semble destiné à *instruire*, le second à *émouvoir*, le troisième, quel que soit le nom qu'on lui donne, à *plaire*, ou, ce qui est à peu près de la même nature, à *concilier*, la finesse étant propre à instruire; la douceur, à concilier; la gravité, à émouvoir. Ainsi, le premier genre conviendra particulièrement à la narration et à la preuve, bien qu'il ait assez de plénitude par lui-même pour soutenir seul une oraison entière. Le genre mixte sera plus abondant en métaphores et plus orné de figures; il offrira de riantes digressions, une composition heureusement assortie au sujet, des pensées gracieuses ; mais il coulera tranquillement, comme une rivière limpide que de vertes forêts ombragent des deux côtés. Quant au troisième genre, semblable à un fleuve grossi par les orages, qui, dans son cours impétueux, roule d'énormes pierres, *s'indigne contre les ponts*, et ne connaît de rives que celles qu'il se fait lui-même, il entraînera le juge malgré sa résistance, et le forcera de le suivre partout où il lui plaira de l'emporter. C'est alors que l'orateur réveille jusqu'aux morts, et évoque, par exemple, Appius l'Aveugle; c'est alors que la patrie elle-même fait entendre une voix plaintive, et, au milieu du sénat, interpelle un **Cicéron** contre un Catilina; c'est alors que l'orateur déploie la pompe des amplifications et la hardiesse des hyperboles : *Quelle Charybde égala jamais sa voracité? Non, l'Océan lui-même, etc.* Car ces traits sont connus de tous les amis de l'éloquence; c'est alors qu'il fait descendre les dieux du ciel pour combattre et parler avec lui : *Vous, tombeaux! vous, bois sacrés des Albains! etc.;* c'est alors qu'il souffle la colère, qu'il inspire la pitié, qu'il s'écrie : *Il vous vit, il implora votre secours, il pleura*; et que le juge, ému jusqu'au fond du cœur, s'abandonne tout entier à l'orateur, sans lui demander de quoi il s'agit.

Si donc il faut nécessairement choisir un de ces trois genres, qui doute que ce dernier ne soit préférable, étant d'ailleurs le plus puissant, et le mieux approprié aux grandes causes? Ainsi Homère donne à Ménélas une éloquence dont le caractère est *une agréable brièveté*, *la propriété* ou justesse des mots, et *la précision* : ces qualités sont celles du premier genre. Il dit que *les paroles de Nestor découlent de sa bouche, plus douces que le miel* : que peut-on imaginer de plus délectable? Mais quand il veut nous montrer, dans Ulysse, la perfection de l'éloquence, il y ajoute *la grandeur*, et compare ses paroles, pour l'abondance et l'impétuosité, à *la neige tombant à gros flocons dans la saison d'hiver; et alors nul mortel n'oserait contester avec lui, et les hommes le considèrent comme un dieu.* C'est cette force et cette rapidité qu'Eupolis admire dans Périclès, et qu'Aristophane compare aux éclairs et au tonnerre; c'est là ce qui caractérise véritablement le talent de la parole. Mais l'éloquence n'est pas rigoureusement renfermée dans ces trois formes; car, de même

---

quum dicere, quomodo scribendum est, non licet. Altera est divisio, quæ in tres partes et ipsa discedit, qua discerni posse etiam recte dicendi genera inter se videntur : namque unum *subtile*, quod ἰσχνὸν vocant; alterum *grande* atque *robustum*, quod ἁδρὸν constituunt; tertium alii *medium* ex duobus, alii *floridum* (namque id ἀνθηρὸν appellant) addiderunt. Quorum tamen ea fere ratio est, ut primum *docendi*, secundum *movendi*, tertium illud utrocumque nomine *delectandi*, sive aliud *interconciliandi* præstare videatur officium; in docendo autem *acumen*, in conciliando *lenitas*, in movendo *gravitas* videatur : itaque illo subtili præcipue ratio narrandi probandique consistet; sed quod etiam detractis cæteris virtutibus, suo genere plenum. Medius hic modus et translationibus crebrior et figuris erit jucundior, egressionibus amœnus, compositione aptus, sententiis dulcis, lenior tamen, ut amnis lucidus quidam et virentibus utrinque silvis inumbratus. At ille, qui saxa devolvat et *pontem indignetur* et ripas sibi faciat, multus et torrens judicem vel nitentem contra feret, cogetque ire qua rapit. Hic orator et defunctos excitabit, ut *Appium Cæcum :* apud hunc et patria ipsa exclamabit, aliquandoque Ciceronem in oratione *contra Catilinam* in senatu alloquetur. Hic et amplificationibus extollet orationem, et in superlationem quoque erigetur : *Quæ Charybdis tam vorax? et Oceanus medius fidius ipse.* Nota sunt enim jam studiosis hæc lumina : hic deos ipsos in congressum prope suum sermonemque deducet : *Vos enim Albani tumuli atque luci : vos, inquam, Albanorum obrutæ aræ, sacrorum populi romani sociæ et æquales.* Hic iram, hic misericordiam inspirabit; hic dicet, *Te vidit, et appellavit, et flevit :* et per omnes affectus tractatus hic itaque illuc sequetur, nec doceri desiderabit. Quare si ex tribus his generibus necessario sit eligendum unum, quis dubitet hoc præferre omnibus, et validissimum alioqui, et maximis quibusque causis accommodatissimum? Nam et Homerus *brevem* quidem cum *jucunditate*, et *proprium*, id enim est *non deerrare verbis*, et *carentem supervacuis eloquentiam* Menelao dedit, quæ sunt virtutes generis illius primi; et *ex ore Nestoris dixit dulciorem melle profluere sermonem*, qua certe delectatione nihil fingi majus potest : sed summam aggressus in Ulixe facundiam, *magnitudinem* illi junxit; cui *orationem nivibus hibernis*, et copia verborum, atque impetu *pa-*

qu'entre le genre délicat et le genre fort il y a un troisième genre qui tient le milieu, de même chacun de ces deux genres se subdivise en plusieurs espèces, qui participent plus ou moins de sa nature. En effet, le premier n'est pas tellement invariable qu'on ne puisse trouver quelque chose de plus nourri ou de plus maigre, comme on peut trouver quelque chose de plus modéré et de plus véhément que le genre véhément proprement dit. Enfin le genre tempéré peut être plus fort ou plus délicat. C'est ainsi qu'on découvre des nuances presque innombrables, qui diffèrent réellement entre elles par quelque chose; de même que l'on reconnaît en général quatre vents qui soufflent des quatre points cardinaux du monde, quoiqu'il y en ait plusieurs espèces, pour ainsi dire, intermédiaires, et affectées à certaines contrées et à certains fleuves. On retrouve dans la musique la même gradation ascendante ou descendante : ainsi les musiciens, qui ont donné cinq cordes, et partant cinq sons fondamentaux à la lyre, en remplissant les intervalles d'un grand nombre d'autres sons intermédiaires, qui ont aussi leurs intervalles et leurs nuances; de sorte que l'échelle musicale, quoique composée seulement de cinq principaux sons, a une infinité de degrés.

L'éloquence a donc aussi plusieurs formes, plusieurs espèces : mais ce serait une ineptie que de vouloir chercher celle que l'orateur doit adopter, puisqu'il n'en est aucune qui n'ait son usage, pourvu qu'elle soit bonne; puisque tout ce qu'on appelle communément genre d'éloquence est du ressort de l'orateur. Il les emploiera toutes, suivant que l'exigera le besoin non-seulement de la cause, mais des parties de la cause. Car, de même qu'il ne plaidera pas de la même manière pour un accusé dont on demande la tête, pour une succession litigieuse, pour des jugements provisionnels, pour des consignations, pour un prêt; de même qu'il observera des distinctions en parlant devant le sénat, dans l'assemblée du peuple, ou dans des délibérations particulières, et qu'il prendra en considération la différence des personnes, des lieux et des temps; ainsi, dans le même plaidoyer, il s'y prendra d'une manière pour concilier les esprits, et d'une autre pour les irriter; il ne tirera pas des mêmes sources la colère et la pitié; il aura tel langage pour instruire, et tel autre pour émouvoir; il ne donnera pas la même couleur à l'exorde, à la narration, aux arguments, aux digressions, à la péroraison. L'élocution du même orateur offrira tour à tour la gravité, la sévérité, la vivacité, la véhémence, l'emportement, l'abondance, l'amertume, la politesse, la modération, la finesse, la flatterie, le calme, la douceur, la brièveté, l'urbanité : il sera partout sinon semblable, du moins égal à lui-même. C'est ainsi qu'il atteindra la fin principale de l'éloquence, c'est-à-dire qu'il parlera utilement et efficacement pour son but, et qu'il obtiendra à la fois les suffrages et des hommes éclairés et du vulgaire. En effet, pour ce qui est de ce genre vicieux et corrompu qui se complaît dans les licences et le dérèglement du langage, ou folâtre autour de pensées puériles, ou s'enfle outre mesure, ou s'égare dans des lieux déserts, à la manière des bacchantes, ou se pare de petites fleurs qui s'évanouissent au moindre souffle, ou prend le bord escarpé des abîmes pour le faîte de la

---

rem tribuit : cum hoc igitur *nemo mortalium contendet;* hunc ut deum homines intuebuntur. Hanc vim et celeritatem in Pericle miratur Eupolis; hanc fulminibus Aristophanes comparat; hæc est vere dicendi facultas. Sed neque his tribus quasi formis inclusa eloquentia est : nam ut inter gracile validumque tertium aliquid constitutum est, ita horum intervalla sunt, atque inter hæc ipsa mixtum quiddam ex duobus medium est eorum : nam et *subtili* plenius aliquid atque subtilius, et *vehementi* remissius atque vehementius invenitur; ut illud *lene* aut ascendit ad fortiora, aut ad tenuiora summittitur : ac sic prope innumerabiles species reperiuntur, quæ utique aliquo momento inter se differant; sicut quatuor ventos generaliter a totidem mundi cardinibus accepimus flare, quum interim plurimi medii eorum, varie etiam regionum ac fluminum proprii, deprehenduntur. Eademque musicis ratio est, qui quum in cithara quinque constituerunt sonos, plurima deinde varietate complent spatia illa nervorum, atque his quos interposuerunt, inserunt alios, ut pauci illi transitus multos gradus habeant. Plures igitur etiam eloquentiæ facies; sed stultissimum quærere, ad quam se recturus sit orator, quum omnis species, quæ modo recta est, habeat usum, atque id ipsum omne sit oratoris, quod vulgo *genus dicendi* vocant : utetur enim, ut res exiget, omnibus, nec pro causa modo, sed pro partibus causæ. Nam ut non eodem modo pro reo capitis, et in certamine hereditatis, et de interdictis ac sponsionibus, et de certa credita dicet; sententiarum in senatu, et concionum, et privatorum consiliorum servabit discrimina; multa ex differentia *personarum, locorum, temporumque* mutabit; ita in eadem oratione aliter conciliabit, non ex iisdem partibus iram et misericordiam petet; alias ad docendum, alias ad movendum adhibebit artes : non unus color proœmii, narrationis, argumentorum, egressionis, perorationis servabitur : dicet idem graviter, severe, acriter, vehementer, concitate, copiose, amare, comiter, remisse, subtiliter, blande, leniter, dulciter, breviter, urbane; non ubique similis, sed ubique par sibi. Sic fiet quum id, propter quod maxime repertus est usus orationis, ut dicat utiliter et ad efficiendum quod intendit potenter; tum laudem quoque, nec doctorum modo, sed etiam vulgi consequetur. Falluntur enim plurimum, qui vitiosum et corruptum dicendi genus, quod aut verborum licentia exsultat, aut puerilibus sententiolis lascivit, aut immodico tumore turgescit, aut inanibus locis bacchatur, aut casuris, si leviter excutiantur, flosculis nitet, aut præcipitia pro sublimibus habet, aut specie libertatis insanit, magis existimant populare atque plausibile. Quod quidem placere multis nec infitior, nec miror : est enim jucunda auri ac favorabilis qualiscunque eloquentia, et

grandeur, et les extravagances d'une imagination folle pour le noble essor de la liberté, on se trompe fort, si l'on croit que ce genre est le plus propre à nous attirer la faveur et les applaudissements de la multitude. Qu'il plaise à beaucoup de gens, je ne le nie ni ne m'en étonne; car l'éloquence, quelle qu'elle soit, flatte et captive l'oreille, et toute voix a un charme naturel qui attire l'âme : les groupes qui se forment sur nos places publiques et dans nos rues n'ont pas d'autre cause. Il ne faut donc pas s'étonner qu'il y ait une foule toujours prête à entourer un avocat quelconque. Or, qu'un trait un peu recherché vienne à frapper les oreilles de ces auditeurs ignorants, ce trait, quel qu'il soit, mais qu'ils n'auraient pas trouvé, excite leur admiration; et ils n'ont pas tort d'admirer, car, après tout, ce n'est pas si aisé. Mais ces beautés s'évanouissent et meurent, dès qu'on leur oppose d'autres beautés plus vraies, de même, comme dit Ovide, qu'*une laine, teinte avec de l'algue marine, paraît belle loin de l'éclat de la pourpre : mais rapprochez-la seulement d'une laine teinte en couleur de feu, elle sera écrasée par la comparaison*. Or, si vous soumettez cette éloquence fardée à un jugement un peu sévère, comme on soumet une fausse couleur à l'action du soufre, ce qui vous avait ébloui perdra bientôt son lustre mensonger, et n'offrira plus à vos regards désenchantés qu'une pâleur hideuse. Laissons donc cette éloquence briller en l'absence du soleil, comme ces insectes qui luisent dans les ténèbres et paraissent de feu. En un mot, ce qui est mauvais trouve, il est vrai, bon nombre d'admirateurs ; mais personne ne blâme ce qui est bon.

L'orateur maniera tous les genres de style dont j'ai parlé, non-seulement très-bien, mais encore avec la plus grande facilité. En effet, qu'aurait de si merveilleux le talent de la parole, si l'orateur était condamné, jusqu'à la fin de sa carrière, à se consumer en malheureux efforts, à maigrir, à sécher, pour retourner péniblement des mots, pour les peser et les ajuster? Brillant, sublime et fécond, mon orateur commandera en maître à ces flots d'éloquence qui viendront de toutes parts rouler à ses pieds. Car on a cessé de gravir, quand on est parvenu au sommet : la peine est pour ceux qui commencent à monter ; mais plus on avance, plus la pente s'adoucit et plus le sol devient riant. Que si, encouragé par cet attrait, vous avez assez de constance pour achever votre ascension, alors vous verrez les fruits naître sous vos pas, et s'offrir, pour ainsi dire, d'eux-mêmes. Seulement, ayez soin de les cueillir tous les jours, sous peine de les voir se dessécher. Toutefois, l'abondance elle-même a ses bornes, car, sans mesure, rien n'est louable ni salutaire. L'élégance doit être mâle, et l'invention veut être réglée par le jugement. Ainsi, notre éloquence sera noble, sans être fastueuse; sublime, sans être aventureuse: audacieuse, sans être téméraire ; austère, sans être triste; grave, sans être lourde ; riche, sans luxe ; agréable, sans afféterie ; magnifique, sans enflure ; et ainsi des autres qualités. Tenir le milieu est ordinairement le plus sûr, parce que les deux extrémités sont vicieuses.

CHAP. XI. Après avoir mis en pratique toutes ces qualités, au barreau, dans les conseils, dans les assemblées publiques, au sénat, enfin dans toutes les fonctions qui sont d'un bon citoyen, l'orateur songera à faire une fin digne d'un homme de bien, et du plus saint des ministères : non que jamais on doive se lasser d'être utile, ni qu'un homme, doué de toutes les vertus et de tous les talents, puisse prolonger trop longtemps la plus noble des professions ; mais parce qu'il sied aussi de prévenir le moment où l'on ferait moins bien qu'on ne faisait. L'art oratoire,

---

ducit animos naturali voluptate vox omnis; neque aliunde illi per fora atque aggerem circuli : quo minus mirum est, quod nulli non agentium parata vulgi corona est. Ubi vero quid exquisitius dictum accidit auribus imperitorum, qualecunque id, quod modo se ipsi posse desperent, habet admirationem; neque immerito; nam ne illud quidem facile est : sed evanescunt hæc atque emoriuntur comparatione meliorum, *ut lana tincta fuco citra purpuras placet; at si contuleris etiam lacernæ, conspectu melioris obruatur*, ut Ovidius ait. Si vero judicium his corruptis acrius adhibeas, ut fucinis sulfura, jam illum, quo fefellerant, exuant mentitum colorem, et quadam vix enarrabili fœditate pallescant. Luceat igitur hæc citra solem, ut quædam exigua animalia igniculi videntur in tenebris. Denique mala multi probant, nemo improbat bona. Neque vero omnia ista, de quibus locuti sumus, orator optime tantum, sed etiam facillime faciet ; neque enim vis summa dicendi est admiratione digna, si infelix usque ad ultimum sollicitudo persequitur, ac oratorem macerat et coquit, ægre verba vertentem, et perpendendis coagmen- tandisque eis intabescentem. Nitidus ille et sublimis et locuples circumfluentibus undique eloquentiæ copiis imperat : desinit enim in adversa niti, qui pervenit in summum; scandenti circa ima labor est : cæterum quantum processeris, mollior clivus ac lætius solum. Et si hæc quoque jam lenius supina perseverantibus studiis evaseris, inde fructus illaborati offerunt sese, et omnia sponte proveniunt; quæ tamen quotidie nisi decerpantur, arescunt : sed et copia habet modum ; sine quo nihil nec laudabile, nec salutare est ; et nitor ille cultum virilem, et inventio judicium. Sic erunt *magna*, non *nimia*; *sublimia*, non *abrupta*; *fortia*, non *temeraria*; *severa*, non *tristia*; *gravia*, non *tarda*; *læta*, non *luxuriosa*; *jucunda*, non *dissoluta*; *grandia*, non *tumida*. Similis in cæteris ratio est, ac tutissima fere per medium via, quia utriusque ultimum vitium est.

CAP. XI. His dicendi virtutibus usus orator in judiciis, consiliis, concionibus, senatu, in omni denique officio boni civis, finem quoque dignum et optimo viro et opere sanctissimo faciet; non quia prodesse unquam satis sit,

en effet, ne consiste pas seulement dans la science, laquelle s'accroît avec les années, mais encore dans la voix, dans les poumons, dans la vigueur du corps; mais quand ces facultés extérieures viennent à succomber ou à chanceler sous le poids de l'âge ou des infirmités, il est à craindre que le grand orateur ne laisse quelque chose à désirer; que, fatigué, il ne soit exposé à demeurer court; qu'il ne s'aperçoive qu'il se fait peu entendre; qu'enfin il ne se cherche lui-même et ne se retrouve plus. J'ai vu le plus grand, sans contredit, de tous les orateurs que j'aie jamais connus, *Domitius Afer*; je l'ai vu, dis-je, dans un âge très-avancé, déchoir chaque jour de l'autorité qu'il s'était si justement acquise; jusque-là que quand il plaidait, lui qui, de l'aveu de tout le monde, avait été jadis le prince du barreau, les uns avaient l'indignité de rire, les autres rougissaient; ce qui donna occasion de dire qu'*il aimait mieux succomber que de cesser*. Cependant ces disgrâces d'Afer étaient les moins fâcheuses qu'on puisse éprouver. Avant donc de tomber dans ces piéges de l'âge, l'orateur doit sonner la retraite, et regagner le port tandis que son vaisseau est encore entier. Et qu'on ne s'imagine pas qu'après cela les fruits de ses études soient moins considérables; car ou il écrira pour la postérité l'histoire de son temps, ou, comme L. Crassus se proposait de le faire, au rapport de Cicéron, il donnera des consultations sur le droit, ou il composera quelque traité de rhétorique; ou enfin il prêtera l'appui d'un digne organe aux plus beaux préceptes de la morale. Sa maison, suivant l'usage des anciens, sera le rendez-vous des jeunes gens, amis de la vertu et du savoir, qui viendront le consulter comme un oracle, sur les vrais principes de l'art de bien dire. Il sera pour eux comme le père de l'éloquence, et, ainsi qu'un vieux pilote, il les entretiendra des rivages et des ports qu'il a visités; il leur enseignera quels sont les signes précurseurs de la tempête, et quelles sont les manœuvres à pratiquer, selon que les vents sont favorables ou contraires; et, en cela, le sentiment naturel de la bienveillance sera encore réchauffé par l'amour de son ancienne profession. Personne, en effet, n'aime à voir déchoir ce en quoi il a excellé. Quoi de plus honorable, d'ailleurs, que d'enseigner ce qu'on sait le mieux? C'est ainsi que Cicéron donna des leçons à Célius, qui lui avait été amené par son père; c'est ainsi qu'il servait, en quelque sorte, de précepteur à Pansa, à Hirtius, à Dolabella, en les exerçant chaque jour, soit en parlant devant eux, soit en les écoutant. Je ne sais même si, de tous les temps de la vie, le plus heureux pour un orateur n'est pas celui où, retiré, et, pour ainsi dire, consacré, à l'abri de l'envie, loin de tout débat, il voit sa réputation en sûreté, jouit, de son vivant, de ce respect qu'on n'accorde ordinairement qu'aux morts, et assiste, en quelque sorte, au jugement de la postérité. Pour moi, j'ai la conscience d'avoir, autant que me l'a permis ma faiblesse, et en toute sincérité, fait part, à tous ceux qui daigneront me lire, de tout ce que je savais avant de commencer ce traité, et de tout ce que j'ai pu apprendre en le composant. Or, il suffit à un honnête homme d'avoir enseigné ce qu'il savait.

Je crains cependant qu'on ne m'accuse, ou de demander presque l'impossible, en voulant que l'orateur soit à la fois homme de bien et habile

---

et illa mente atque illa facultate prædito non conveniat operis pulcherrimi quam longissimum tempus; sed quia decet hoc quoque prospicere, ne quid pejus, quam fecerit, faciat. Neque enim scientia modo constat orator, quæ augetur annis, sed voce, latere, firmitate; quibus fractis, aut imminutis ætate, seu valetudine, cavendum est, ne quid in oratore summo desideretur, ne intersistat fatigatus, ne quæ dicet, parum audiri sentiat, ne se quærat priorem. Vidi ego longe omnium, quos mihi cognoscere contigit, summum oratorem, *Domitium Afrum* valde senem, quotidie aliquid ex ea, quam meruerat, auctoritate perdentem : quum agente illo, quem principem fuisse quondam fori non erat dubium, alii, quod indignum videatur, riderent, alii erubescerent; quæ occasio fuit dicendi, *malle eum deficere, quam desinere :* neque erant illa qualiacunque mala, sed minora. Quare antequam in has ætatis veniat insidias, receptui canet, et in portum integra nave perveniet; neque enim minores eum, quum id fecerit, studiorum fructus prosequentur : aut ille monumenta rerum posteris, aut, ut L. Crassus in libris Ciceronis destinat, jura quærentibus tradet, aut eloquentiæ componet artem, aut pulcherrimis vitæ præceptis dignum os dabit. Frequentabunt vero ejus domum optimi juvenes more veterum, et veram dicendi viam velut ex oraculo petent. Hos ille formabit quasi eloquentiæ parens, et ut vetus gubernator littora et portus, et quæ tempestatum signa, quid secundis flatibus, quid adversis ratis poscat, docebit, non humanitatis solum communi ductus officio, sed amore quodam operis. Nemo enim minui velit id, in quo maximus fuit. Quid porro est honestius, quam docere quod optime scias? Sic ad se Cœlium deductum a patre Cicero profitetur; sic Pansam, Hirtium, Dolabellam in morem præceptoris exercuit quotidie dicens audiensque. Ac nescio an eum tunc beatissimum credi oporteat fore, quum jam secretus et consecratus, liber invidia, procul contentionibus, famam in tuto collocarit, et sentiet vivus eam, quæ post fata præstari magis solet, venerationem, et quid apud posteros futurus sit, videbit. Conscius sum mihi, quantum mediocritate valui, quæque antea scierim, quæque operis hujusce gratia potuerim inquirere, candide me atque simpliciter in notitiam eorum, si qui forte cognoscere voluissent, protulisse : atque id viro bono satis est, docuisse quod sciret. Vereor tamen, ne aut magna nimium videar exigere, qui eumdem virum bonum esse, et dicendi peritum velim; aut multa, qui tot artibus in pueritia discendis, morum quoque præcepta, et scientiam

dans l'art de parler, ou d'exiger de lui trop à la fois, en voulant qu'à tant d'autres arts qu'il lui faut apprendre dans son enfance, il joigne l'étude de la philosophie et la connaissance du droit civil, sans compter les préceptes qui regardent l'éloquence. Je crains enfin qu'après avoir regardé tout cela comme indispensable pour former l'orateur parfait, on n'y voie plus qu'un obstacle insurmontable, et qu'on ne désespère avant d'avoir essayé. Mais d'abord, que l'on veuille bien considérer la force de l'esprit de l'homme, et jusqu'où s'étend la puissance de sa volonté, puisque des sciences moins importantes sans doute, mais plus difficiles, nous ont appris à traverser les mers, à connaître le cours et l'harmonie des astres, et à mesurer, ou peu s'en faut, l'univers. Qu'ils envisagent ensuite la grandeur de l'objet qu'ils se proposent, et que les plus rudes fatigues ne sont rien en comparaison du prix réservé aux vainqueurs. Quand ils seront bien pénétrés de ces idées, ils ne tarderont pas à se ranger à cette opinion, que le chemin qui conduit à l'éloquence n'est point impraticable, ou du moins aussi rude qu'on se l'imagine. Ainsi, pour être homme de bien, ce qui constitue la première et la plus importante qualité de l'orateur, il s'agit de le vouloir. Quiconque aura sincèrement cette volonté s'initiera facilement aux préceptes qui enseignent la vertu; et ceux de ces préceptes qui sont les plus essentiels ne sont ni tellement compliqués, ni tellement nombreux, qu'on ne puisse, avec de l'application, les connaître en très-peu d'années. Ce qui rend nos travaux si longs, c'est notre répugnance; croyons à la vertu, et nous aurons bientôt appris à mener une vie honnête et heureuse. En effet, la nature nous a faits pour le bien; et il est si facile à ceux qui le veulent, de le connaître, qu'en vérité il y a plutôt lieu de s'étonner qu'il y ait autant de méchants. De même que l'eau convient aux poissons, la terre aux animaux qui l'habitent, et l'air qui nous environne aux oiseaux, de même il devrait certainement nous être plus facile de vivre selon la nature que de contrarier ses lois. A l'égard des autres connaissances, quand nous retrancherions de notre vie les années de la vieillesse, pour n'y comprendre que celles de la jeunesse, il nous resterait encore bien assez de temps pour les acquérir; car tout s'abrége avec de l'ordre, de la méthode, et de la mesure. Mais le mal vient d'abord des maîtres, qui détiennent volontiers les élèves dont ils se sont emparés, tantôt par cupidité, pour prolonger un misérable salaire, tantôt par vanité, pour faire croire que ce qu'ils enseignent est très-difficile, tantôt par impéritie ou par négligence. Ensuite la faute en est à nous, qui croyons qu'il vaut mieux nous arrêter à ce que nous savons, que d'étudier ce que nous ne savons pas encore. Car, pour dire un mot de ce qui regarde le plus directement nos études, à quoi bon consumer un si grand nombre d'années, comme font tant de gens (je m'abstiens de parler de ceux qui y sacrifient presque toute leur vie), à déclamer dans les écoles, et à se donner tant de peine pour de pures fictions, tandis qu'il leur suffirait de se faire, dans un court espace de temps, une idée exacte des luttes véritables du barreau, et des lois de l'éloquence? Ce n'est pas que je veuille qu'on cesse jamais de s'exercer à parler, mais je ne veux pas qu'on vieillisse dans une seule espèce d'exercice. Nous aurions pu connaître le monde, nous instruire à fond de tout ce qui regarde la conduite de la vie, faire notre apprentissage au barreau, et nous sommes encore sur les bancs!

---

juris civilis, præter ea quæ de eloquentia tradebantur, adjecerim : quique hæc operi nostro necessaria esse crediderint, velut moram rei perhorrescant, et desperent ante experimentum. Qui primum renuncient sibi, quanta sit humani ingenii vis, quam potens efficiendi quæ velit; quum maria transire, siderum cursus numerosque cognoscere, mundum ipsum pæne dimetiri, minores sed difficiliores artes potuerint : tum cogitent, quantam rem petant, quamque nullus sit hoc proposito præmio labor recusandus. Quod si mente conceperint, huic quoque parti facilius accedent, ut ipsum iter neque impervium, neque saltem durum putent : nam id, quod prius, quodque majus est, ut boni viri simus, voluntate maxime constat : quam qui vera fide induerit, facile easdem, quæ virtutem docent, artes accipiet. Neque enim aut tam perplexa, aut tam numerosa sunt quæ premunt, ut non paucorum admodum annorum intentione discantur : longam enim facit operam, quod repugnamus; brevis est institutio vitæ honestæ beatæque, si credas : natura enim nos ad mentem optimam genuit; adeoque discere meliora volentibus promptum est, ut vere intuenti mirum sit illud magis, malos esse tam multos. Nam ut aqua piscibus, ut sicca terrenis, circumfusus nobis spiritus volucribus convenit; ita certe facilius esse oportebat, secundum naturam, quam contra eam vivere. Cætera vero, etiamsi ætatem nostram non spatio senectutis, sed tempore adolescentiæ metiamur, abunde multos ad discendum annos habent : omnia enim breviora reddet ordo, et ratio, et modus. Sed culpa est in præceptoribus prima, qui libenter detinent quos occupaverunt, partim cupiditate diutius exigendi mercedulas, partim ambitione, quo difficilius sit quod pollicentur, partim etiam inscientia tradendi, vel negligentia; proxima in nobis, qui morari in eo quod novimus, quam discere quæ nondum scimus, melius putamus. Nam ut de nostris potissimum studiis dicam, quid attinet tam multis annis, quam in more est plurimorum (ut de his, a quibus magna in hoc ætatis absumitur, taceam) declamitare in schola, et tantum laboris in rebus falsis consumere, quum satis sit modico tempore imaginem veri discriminis, et dicendi leges comperisse? Quod non dico, quia sit unquam omittenda dicendi exercitatio, sed quia non sit in una ejus specie consenescendum. Cognoscere, et præcepta vivendi perdiscere, et in foro nos experiri potuimus, dum scholastici sumus. Discendi ratio talis, ut non multos annos

Les conditions de l'étude ne sont pas telles, qu'il faille tant d'années pour apprendre. En effet, de tous les arts dont j'ai fait mention, il n'en est pas un seul dont les règles ne soient ordinairement renfermées en peu de livres : tant il est vrai qu'il n'est pas besoin d'un temps et de leçons infinies! le reste dépend de l'habitude, qui donne bientôt des forces. Enfin, l'expérience augmente chaque jour la somme de nos connaissances. Il est vrai qu'il faut s'aider par la lecture de bien des livres, si l'on veut trouver des exemples, pour les faits, dans les historiens, et, pour le style, dans les orateurs. Il est indispensable aussi de lire les différentes opinions des philosophes et des jurisconsultes, et mille autres choses. Mais tout cela se peut, et le temps n'est court que parce que nous le faisons tel. Combien peu, en effet, en accordons-nous à l'étude! De vains devoirs de civilité, des conversations oiseuses, les spectacles, les plaisirs de la table, voilà les occupations qui se partagent nos heures. Ajoutez à cela les jeux de toute espèce, et le soin ridicule de la toilette. Enfin, que les voyages, les parties de campagne, les calculs soucieux de l'intérêt, le vin, et tous les genres de volupté, qui convient sans cesse les passions et troublent les facultés de l'âme, nous en emportent encore : les instants qui nous resteront ne seront pas même propres au travail. Mais si toutes ces heures étaient consacrées à l'étude, la vie serait assez longue et le temps plus que suffisant pour apprendre, même en ne tenant compte que des jours; et les nuits, qui, pour la plupart, durent plus que notre sommeil, viendraient encore à notre aide. Mais, aujourd'hui, nous calculons, non par les années d'étude, mais par les années de vie.

De ce que des géomètres, des grammairiens et d'autres savants ont consumé toute leur vie, quelque longue qu'elle ait été, dans l'étude d'un seul art, il ne s'ensuit pas qu'il faille, en quelque sorte, plusieurs vies pour apprendre plusieurs choses différentes; car ces savants n'ont pas étudié jusque dans leur vieillesse, mais ils se sont contentés de la connaissance de l'art spécial auquel ils s'étaient voués, et ils ont épuisé tant d'années, non à pas à méditer sans cesse sur cet art, mais à le pratiquer et à en jouir. Au reste, sans parler d'*Homère*, chez lequel on trouve des préceptes ou du moins des vestiges non douteux de tous les arts; sans parler d'*Hippias d'Élée*, qui non-seulement tenait son rang parmi les savants, mais ne portait jamais que des vêtements, des anneaux et des chaussures confectionnés de sa propre main, et s'arrangea toujours de manière à pouvoir se passer en toute chose du secours d'autrui, ne sait-on pas que *Gorgias*, dans un âge très-avancé, invitait ses auditeurs à l'interroger sur tout ce qu'ils voulaient? Quelle science digne des lettres a manqué à *Platon?* Que de siècles d'étude ne semble-t-il pas avoir fallu à Aristote, non-seulement pour embrasser la science de tout ce qui a rapport à la philosophie et à l'éloquence, mais pour faire tant de recherches sur l'histoire naturelle des animaux et des plantes? car ils avaient eu à inventer ce que nous n'avons plus qu'à apprendre, à connaître. L'antiquité nous a pourvus de tant de maîtres et de tant de modèles, qu'il semble qu'on ne pouvait naître dans un siècle plus fortuné que le nôtre, puisque tous les âges précédents ont concouru à son instruction. Voyez un *Caton le Censeur*, qui, tout ensemble orateur, historien, jurisconsulte et savant agronome, au milieu de tant d'expéditions militaires,

---

poscat : quælibet enim ex iis artibus, quarum habui mentionem, in paucos libros contrahi solet; adeo infinito spatio ac traditione opus non est. Reliqua est, quæ vires cito facit, consuetudo. Rerum cognitio quotidie crescit ; et tamen quam multorum ad eam librorum necessaria lectio est, quibus aut rerum exempla ab historicis, aut dicendi ab oratoribus petuntur. Philosophorum quoque consultorumque opiniones, sicuti alia, velimus legere necessarium est. Quæ quidem possumus omnia : sed breve nobis tempus nos facimus. Quantulum enim studiis impartimur? Alias horas vanus salutandi labor, alias datum fabulis otium, alias spectacula, alias convivia trahunt. Adjice tot genera ludendi, et insanam corporis curam; trahat inde peregrinatio, rura, calculorum anxiæ sollicitudines, multæ causæ libidinum, vel vinum, et flagitiosus omni genere voluptatum animus : ne ea quidem tempora idonea, quæ supersunt. Quæ si omnia studiis impenderentur, jam nobis longa ætas et abunde satis ad discendum spatia viderentur, si diurna tantum computantibus tempora; et noctes, quarum bona pars omni somno longior est, adjuvarent : nunc computamus annos, non quibus studuimus, sed quibus viximus. Nec vero, si geometræ et grammatici cæterarumque artium professores omnem suam vitam, quamlibet longa fuerit, in singulis artibus consumpserunt, sequitur, ut plures quasdam vitas ad plura discenda desideremus : neque illi didicerunt hæc usque in senectutem, sed ea sola didicisse contenti fuerunt, ac tot annos in utendo, non in percipiendo exhauserunt. Cæterum, ut de *Homero* taceam, in quo nullius non artis aut præcepta, aut certe non dubia vestigia reperiuntur; ut *Eleum Hippiam* transeam, qui non liberalium modo disciplinarum præ se scientiam tulit, sed vestem, et annulum, crepidasque, quæ omnia manu sua fecerat, in usu habuit, atque ita se præparavit, ne cujus alterius ope egeret ullius rei ; *Gorgias* quoque summæ senectutis quærere auditores, de quo quisque vellet, jubebat. Quæ tandem ars digna litteris *Platoni* defuit? Quot seculis *Aristoteles* didicit, ut non solum quæ ad philosophos atque oratores pertinent, scientia complecteretur, sed animalium satorumque naturas omnes perquireret? Illis enim hæc invenienda fuerunt, nobis cognoscenda sunt. Tot nos præceptoribus, tot exemplis instruxit antiquitas, ut possit videri nulla sorte nascendi ætas felicior, quam nostra, cui docendæ priores elaboraverunt. *M. Censorius Cato*, idem orator, idem

au milieu des longues et violentes agitations de sa vie publique, dans un siècle grossier, trouva encore assez de loisir, sur le déclin de l'âge, pour étudier la langue grecque, comme pour servir de témoignage que l'homme peut vieillir et apprendre toujours, quand il le veut bien! Sur quoi *Varron* n'a-t-il pas écrit? Quel instrument, quel moyen a manqué à *Cicéron* pour l'éloquence? Enfin que dirai-je de plus, quand un *Cornélius Celsus*, homme d'ailleurs d'un esprit médiocre, a non-seulement écrit sur tous les arts dont j'ai parlé, mais encore laissé des traités sur la stratégie, l'agriculture et la médecine? digne sans doute, ne fût-ce que pour l'avoir entrepris, qu'on croie de lui qu'il possédait toutes ces sciences.

Mais, dira-t-on, atteindre à la consommation d'une aussi grande œuvre est chose trop difficile, et personne n'y est parvenu. Et d'abord il suffit, pour nous encourager à l'étude, qu'il ne soit pas dans l'ordre de la nature que ce qui ne s'est pas fait encore ne puisse jamais se faire, puisque, au contraire, nous voyons qu'il y a eu un temps où tout ce que nous trouvons grand, admirable, s'est fait pour la première fois. En effet, c'est à Démosthène et à Cicéron que l'éloquence doit sa sublimité, comme la poésie doit la sienne à Homère et à Virgile : enfin tout ce qui est beau et admiré n'a pas toujours été. Mais quand même on désespérerait d'atteindre à la perfection (et pourquoi désespérerait-on, si l'on ne manque ni d'esprit, ni de santé, ni de talent, ni de maîtres?), encore est-il beau, comme dit Cicéron, de *s'asseoir au second ou au troisième rang*. Si l'on ne peut obtenir la gloire d'Achille dans les combats, est-ce une raison de mépriser celle d'Ajax ou de Diomède? et si l'on n'est pas un Homère, on peut bien se contenter d'être un Tyrtée. Je dis plus : avec le préjugé qu'il n'est pas possible de mieux faire que celui qui a bien fait, celui-là même qui a bien fait n'aurait jamais été. Ainsi, Virgile n'aurait point remporté le prix sur Lucrèce et Macer, ni Cicéron sur Crassus et Hortensius, et toute rivalité serait interdite aux âges futurs.

Mais j'admets qu'il n'y ait point d'espoir de surpasser les grands maîtres, n'est-ce pas encore un honneur assez grand de les suivre de près? Pollion et Messala, qui commencèrent à plaider dans le temps que Cicéron était déjà le roi du barreau, ont-ils été peu considérés de leurs contemporains, et ont-ils transmis un nom sans gloire à la postérité? D'ailleurs, on aurait rendu aux hommes un funeste service en perfectionnant les arts, si cette perfection se montrait une fois, pour ne jamais reparaître. Ajoutez à tout cela que le talent de la parole, même médiocre, porte avec lui de grands fruits, et qu'à l'apprécier seulement par le profit qu'on en retire, peu s'en faut qu'il ne marche de pair avec la parfaite éloquence; et il ne me serait pas difficile de prouver, par des exemples anciens ou modernes, que jamais profession n'a procuré plus de richesses, d'honneurs, de protections, ni de gloire présente et future, que celle d'orateur; mais je croirais avilir les lettres, si, à l'exemple de ceux qui disent eux-mêmes qu'ils recherchent la vertu, non pour la vertu, mais pour le plaisir qu'elle suit, je conseillais de demander cette récompense secondaire à une œuvre aussi belle, dont la pratique, dont la jouissance suffit pour nous payer avec usure de nos études. Que la majesté seule de l'éloquence remplisse notre cœur : car l'éloquence est le plus

---

historiæ conditor, idem juris, idem rerum rusticarum peritissimus, inter tot operas militiæ, tantas domi contentiones, rudi seculo, litteras græcas ætate jam declinata didicit, ut esset hominibus documento, ea quoque percipi posse, quæ senes concupissent. Quam multa, immo pæne omnia tradidit *Varro?* Quod instrumentum dicendi *M. Tullio* defuit? Quid plura? quum etiam *Cornelius Celsus*, mediocri vir ingenio, non solum de his omnibus conscripserit artibus, sed amplius rei militaris, et rusticæ etiam, et medicinæ præcepta reliquerit? dignus vel ipso proposito, ut eum scisse omnia illa credamus. At perficere tantum opus, arduum; et nemo perfecit. Ante omnia sufficit ad exhortationem studiorum, non cadere in rerum naturam, ut quidquid non est factum, ne fieri quidem possit; tum omnia, quæ magna sunt atque admirabilia, tempus aliquod, quo primum efficerentur, habuisse. Quantum enim poesis ab Homero et Virgilio, tantum fastigium accepit eloquentia a Demosthene atque Cicerone; denique quidquid est optimum, ante non fuerat. Verum etiamsi quis summa desperet, (quod cur faciat, cui ingenium, valetudo, facultas, præceptores non deerunt?) tamen est, ut Cicero ait, pulchrum *in secundis tertiisque consistere.* Neque enim si quis Achillis gloriam in bellicis consequi non potest, Ajacis aut Diomedis laudem aspernabitur; neque qui Homeri non, Tyrtæi. Quin immo si hanc cogitationem homines habuissent, ut nemo se meliorem fore eo, qui optimus fuisset, arbitraretur, hi ipsi, qui sunt optimi, non fuissent; neque post Lucretium ac Macrum Virgilius, nec post Crassum et Hortensium Cicero, sed nec alii postea vicerint. Verum ut transeund spes non sit, magna tamen est dignitas subsequendi. An Pollio et Messala, qui, jam Cicerone arcem tenente eloquentiæ, agere cœperunt, parum in vita dignitatis habuerunt, parum ad posteros gloriæ tradiderunt? Alioqui pessime de rebus humanis perductæ in summum artes mererentur, si, quod optimum fuisset, defuisset. Adde quod magnos modica quoque eloquentia parit fructus; ac, si quis hæc studia utilitate sola metiatur, pæne illi perfectæ par est : neque erat difficile, vel veteribus, vel novis exemplis palam facere, non aliunde majores opes, honores, amicitias, laudem præsentem, futuram, hominibus contigisse; si tamen dignum litteris esset, ab opere pulcherrimo, cujus tractatus atque ipsa possessio plenissimam studiis gratiam refert, hanc minorem exigere mercedem, more eorum, qui a se non virtutes, sed voluptatem, quæ fit ex virtutibus, peti dicunt. Ipsam igitur orandi majestatem, qua nihil dii immortales melius homini dederunt, et qua remota muta sunt omnia, et luce præsenti

beau présent que les dieux immortels aient fait à l'homme ; sans elle, tout est muet ; sans elle, tout est ténèbres et silence pendant la vie et après la mort. Aussi ne nous lassons pas de tendre à la perfection : c'est le moyen de parvenir au sommet, ou, au moins, d'en laisser beaucoup au-dessous de soi.

Voilà, mon cher Victorius, en quoi j'ai cru pouvoir contribuer, pour ma part, aux progrès de l'art oratoire. J'ose espérer que la jeunesse studieuse en retirera, sinon grande utilité, du moins, ce que j'ai eu particulièrement en vue, bonne volonté.

ac memoria posteritatis carent, toto animo petamus, nitamurque semper ad optima ; quod facientes, aut evademus in summum, aut certe multos infra nos videbimus.

Hæc erant, Marcelle Victori, quibus præcepta dicendi pro virili parte adjuvari posse per nos videbantur : quorum cognitio studiosis juvenibus si non magnam utilitatem afferet, at certe, quod magis petimus, bonam voluntatem.

NOTES
DE L'INSTITUTION ORATOIRE.

LIVRE PREMIER.

Nostris vero temporibus sub hoc nomine maxima in plerisque vitia latuerunt. « Malgré Caton, la philosophie grecque avait trouvé des partisans et des admirateurs à Rome. Les quatre principales sectes philosophiques (les pythagoriciens, les épicuriens, les stoïciens et les platoniciens) étaient répandues et enseignaient leurs doctrines dans tout l'empire. Mais on vit peu de Romains philosophes de profession : aucun n'inventa de système et ne fit école. Ce fut le Grec Athénodore qu'Auguste choisit pour précepteur de Tibère. Ce dernier prince avait autour de lui, à Caprée, des rhéteurs, des sophistes et des astrologues grecs. Sous Néron, des stoïciens grecs paraissaient avoir formé une sorte de parti politique ; leurs déclamations fougueuses, leurs maximes outrées d'indépendance, devaient déplaire au tyran ; il prit en aversion tous les philosophes, et les bannit de Rome ; mais le sage Vespasien jugea nécessaire de suivre son exemple, Domitien en fit autant. A cette époque déjà l'astrologie et la magie s'unissaient à la philosophie ; les systèmes orientaux, sortis de l'école d'Alexandrie, et les mystères mithriaques, entrèrent dans toutes les sectes, et mêlèrent aux spéculations philosophiques d'absurdes superstitions. Nerva, stoïcien, ami d'Apollonius de Thyane, protégea les sophistes, qui eurent depuis ce temps une grande influence à la cour des princes jusqu'au triomphe du christianisme. Cette puissance extraordinaire d'une science dégénérée ne put la préserver de sa chute, et contribua à la décadence même des autres sciences et de la littérature. En effet, malgré la réforme qu'opéra Plotin en fondant l'école éclectique, la théurgie fut encore le principal objet des études philosophiques chez les païens, et presque tous les philosophes furent magiciens. Les autres songeaient plus à briller qu'à instruire dans leurs déclamations ; Thémistius lui-même dissertait en rhéteur sur la morale. » *(Précis de l'histoire des empereurs romains pendant les quatre premiers siècles, de M. Dumont.)*

Quintilien n'est pas le seul écrivain qui se soit élevé contre les philosophes ; et Juvénal, qui n'est pas suspect de flatterie, ne les a pas épargnés. On lit dans la deuxième satire de ce poète :

Fronti nulla fides : quis enim non vicus abundat Tristibus obscœnis ?

Cependant le ton amer avec lequel Quintilien parle ici et en d'autres endroits des mœurs des philosophes de son temps, trahit évidemment l'intention de plaire à Domitien.

Qualis est apud P. Varronem. Il s'agit ici de P. Terentius Varron, natif d'Atace, petite ville de la Gaule Narbonnaise, et contemporain du savant M. Terentius Varron. Il avait, entre autres ouvrages, traduit les *Argonautes* d'Apollonius de Rhodes. Quintilien le nomme avec éloge dans son dixième livre.

Sicut Antonius Gnipho. Ce fut Marseille qui donna à Rome ses premiers maîtres de littérature. *L. Plotius Gnipho*, qui enseigna d'abord dans la maison de Jules César encore enfant, et *Valerius Caton, la sirène latine*, ouvrirent à Rome des écoles publiques de grammaire, de rhétorique et de poésie. Cicéron, préteur, assistait aux leçons de Gniphon, et regrettait d'avoir pris naissance trop tôt pour pouvoir être son disciple.

IV. *Quod manifestum est etiam ex columna rostrata, quæ est C. Duellio in foro posita.* La première guerre punique fut signalée par la première bataille navale, livrée par les Romains, et gagnée par le consul Duillius, l'an 261 av. J.-C. Une colonne rostrale fut élevée pour perpétuer le souvenir de cette victoire. Cette colonne, détruite par le temps, fut remplacée, sous le règne de Claude, par celle qu'on voit encore aujourd'hui à Rome dans une des salles du Vatican. Le piédestal qui soutenait la première colonne soutient encore la seconde. L'inscription qu'il porte a été en grande partie respectée par le temps ; et c'est, dans l'ordre chronologique, le septième monument que nous possédions de l'ancienne langue des Romains.

Non quia Ceratinæ aut Crocodilinæ possint facere Sapientem. Les cératines et les crocodilines étaient des paralogismes, dont on attribue l'invention à Eubulide, disciple et successeur d'Euclide de Mégare, et qui sont arrivés jusqu'à nous, *tempore, ut fluvio, leviora ad nos devehente, graviora mergente.* Les cératines étaient ainsi appelées du mot κέρατα, *cornes*, qui figure dans l'exemple suivant : *Ce que vous n'avez pas perdu, vous l'avez ; or, vous n'avez pas perdu de cornes, donc vous*

aves des cornes. Les crocodilines tiraient également leur nom du crocodile, qui figure dans cet autre exemple : *Un crocodile ayant promis à une femme de lui rendre son fils si elle disait la vérité : — Tu ne le rendras pas, dit-elle.*

An vero, quum Pericles Athenienses solis obscuratione territos, redditis ejus rei causis, metu liberavit. Plutarque, dans la vie de Périclès, raconte ainsi le fait auquel Quintilien fait allusion : les vaisseaux étant prêts à mettre à la voile, et Périclès étant déjà sur sa galère, il survint une éclipse de soleil, qui, par l'obscurité qu'elle répandit, jeta l'effroi dans tous les cœurs, comme le présage de quelque grand désastre. Périclès, voyant le pilote effrayé et déconcerté, lui jeta son manteau sur les yeux ; et, lui ayant ainsi dérobé la vue, il lui demanda s'il pensait qu'il y eût dans cette action rien de terrible, ou qui fût d'un mauvais augure. « Eh bien, dit Périclès, quelle différence y a-t-il entre cette éclipse et l'autre, si ce n'est que c'est quelque chose de plus grand que mon manteau qui cause cette obscurité ? » On sait que Périclès avait été disciple du philosophe Anaxagore.

LIVRE SECOND.

Propter quod Timothœum clarus in arte tibiarum. Il a existé deux musiciens de ce nom : l'un, de Milet, qui vivait du temps d'Euripide, et que les Lacédémoniens chassèrent de leur ville, parce qu'il avait ajouté des cordes à la lyre; l'autre, de Thèbes, mais joueur de flûte, qui, au rapport de Suidas, produisait un tel effet sur Alexandre, que ce prince, en l'entendant, courait involontairement aux armes. C'est probablement de celui-ci que Quintilien a voulu parler.

Sit ergo..... qui ad Phœnicis Homerici exemplum dicere ac facere doceat. Quintilien fait ici allusion au discours que Phénix adresse à Achille pour le déterminer à se réconcilier avec Agamemnon, et où il lui dit, entre autres choses, que Pélée l'avait placé auprès de lui pour lui apprendre à bien dire et à bien faire :

διδασκέμεναι τάδε πάντα,
Μύθων τε ῥητῆρ' ἔμεναι, πρηκτῆρά τε ἔργων.
(Il., IX, 443).

Theodorus an Apollodoreus esset? Ego, inquit, parmularius sum. On appelait *parmularius* le gladiateur qui combattait avec un bouclier, *cum parma.* Ces gladiateurs et leurs adversaires avaient dans le public des partisans, qui se divisaient en *factions.* Ainsi celui qui tenait pour le gladiateur au bouclier s'appelait lui-même *parmularius.* Quant à Théodore et Apollodore, c'étaient, comme on le verra au 3e livre, deux célèbres rhéteurs et chefs de secte. Maintenant, en quoi consiste le sel de cette réponse : *Ego parmularius sum ; moi, je suis de la faction des boucliers ?* C'est ce qu'il n'est pas facile de saisir. Spalding prétend que le déclamateur, à qui l'on demande s'il est de l'école de Théodore ou de celle d'Apollodore, feint de croire qu'il s'agit de deux factions de gladiateurs.

Quid tam distortum.... quam Discobolos Myronis ? Ce Discobole représentait un athlète lançant le disque. Discobole vient de deux mots grecs, δίσκος, disque ou palet, et βάλλω, je lance. Voy. Pline, Hist. Natur., liv. xxxiv, ch. 8.

Nam et M. Aquilium defendens Antonius. Marc-Antoine, aïeul du triumvir, occupa les emplois les plus élevés de la république ; il fut consul, 99 ans avant J. C. Il s'appliqua principalement à l'éloquence du barreau, mais il n'écrivait jamais ses discours. Il périt pendant la guerre civile de Marius et de Sylla.

Et Phrynen non Hyperidis actione. Phryné était accusée d'avoir profané les mystères d'Éleusis. En y réfléchissant un peu, on concevra difficilement le succès d'un aussi singulier moyen. Athénée suppose que les juges crurent voir en Phryné une prêtresse et une suivante de Vénus. Au reste, cet attendrissement de l'Aréopage a quelque analogie avec celui que ressentirent les vieillards d'Homère en voyant passer la belle Hélène.

Num igitur negabitur deformem Pyrrhi pacem Cœcus ille Appius dicendi viribus diremisse? Voici comme Cicéron, dans son traité *de la Vieillesse,* présente et éclaircit ce fait : « Appius Claudius était vieux, et de plus aveugle. Cependant lorsque l'opinion du sénat inclinait à faire la paix et à traiter avec Pyrrhus, il n'hésita point à dire ce qu'Ennius exprime ainsi :

Qu'entends-je ? quelle erreur, quelle fatalité
A fait devant un roi plier votre fierté ?

Le reste est de la même énergie. Vous connaissez le poëme ; le discours même d'Appius nous est resté : il le prononça dix-sept ans après son second consulat, qu'un intervalle de dix ans séparait du premier, avant lequel il avait été censeur : d'où l'on voit qu'il était très-âgé du temps de la guerre de Pyrrhus. » Ce discours d'Appius était, du temps même de Cicéron, le plus ancien monument de l'éloquence romaine.

VIII. *Nec vero Theopompus Lacedœmonius.* La femme de Théopompe, roi de Sparte, ayant appris que ce prince était prisonnier de guerre des Arcadiens, se présenta volontairement chez les ennemis. Ceux-ci, touchés de ce trait de tendresse conjugale, lui permirent de pénétrer dans la prison. A peine y fut-elle, qu'ayant pris les vêtements de son mari et lui ayant donné les siens, elle le fit évader, et resta à sa place au pouvoir des Arcadiens.

LIVRE TROISIÈME.

Nam primus post eos... Empedocles dicitur. L'éloquence se développa dans Athènes avec un éclat auquel ne purent atteindre les autres peuples de la Grèce ; mais si elle s'y perfectionna, elle n'y prit pas naissance ; elle y fut, comme la poésie, comme la comédie, un fruit étranger : elle vint de la Sicile, ainsi qu'en était venue la philosophie.

Empédocle était d'une des principales familles d'Agrigente. Il vivait encore lorsque cette ville fut prise par les Carthaginois l'an 403 avant J. C. Timée s'élevait fortement contre le conte qu'on faisait qu'Empédocle s'était précipité dans l'Etna.

Artium autem scriptores antiquissimi, Corax et Tisias. Corax, Sicilien, et disciple d'Empédocle, est regardé comme le créateur de l'art oratoire. Cicéron dit, d'après Aristote, que les jugements ayant été rétablis en Sicile, après l'expulsion des tyrans, on y vit naître l'éloquence du barreau, dont les règles furent tracées par Corax et Tisias, qui vivaient par conséquent vers l'an 473 avant J. C.

Quos insecutus est vir ejusdem insulæ Gorgias Leontinus. Gorgias naquit à Leontinum, en Sicile, environ 485 ans avant J. C. Disciple d'Empédocle et de Tisias, il fut surnommé le prince des sophistes, dans un temps où cette dénomination désignait le sage emploi et non l'abus du raisonnement et de l'éloquence. La grande réputation dont il a joui à Athènes, où il était venu se fixer, doit mettre en garde contre le jugement rigoureux que Platon a porté de ce rhéteur.

Thrasymachus Chalcedonius cum hoc, et Prodicus Cius, et Abderites Protagoras. Prodicus, né dans l'île de Céos, florissait environ 400 ans avant J. C. Comme Gorgias, il enseigna à Athènes et acquit une grande célé-

brité. Xénophon nous a conservé une espèce d'apologue de Prodicus, qui est un des morceaux les plus précieux de l'antiquité : c'est Hercule entre le vice et la vertu, figurés par deux femmes qui tâchent, à l'envi, de l'attirer. Il finit comme Socrate, condamné, comme lui, à boire la ciguë, et pour la même cause.

Protagoras, d'Abdère, fut le maître de Prodicus, et acquit autant de richesses que de réputation. Il périt sur mer, dans une tempête, à l'âge de soixante-dix ans, dont il en avait passé quarante, dit Platon, à empoisonner les âmes; mais il faut toujours se souvenir que Socrate fut souvent attaqué et insulté par les sophistes, et que Platon continuait la guerre commencée par son maître. Il avait composé divers traités sur la rhétorique, la physique et la politique.

Antiphon quoque. Antiphon, né dans l'Attique 473 ans avant J. C., enseigna la rhétorique dans une école qu'il ouvrit à Athènes, et où se forma Thucydide, qui, dans son *Histoire*, parle de lui comme d'un orateur recommandable.

Et Theodorus Byzantius. Ce Théodore avait composé un traité de rhétorique, dont Platon fait peu de cas.

Fecit deinde velut propriam Hermagoras viam, quam.... Athenæus fuisse. Il y a eu deux rhéteurs du nom d'Hermagoras : l'un, dont Cicéron a emprunté les préceptes dans son livre *de l'Invention;* l'autre, qui vivait sous Auguste, avec le rhéteur Cécilius, de Sicile.

Athénée était un philosophe péripatéticien, qui vivait du temps d'Auguste, et qu'il ne faut pas confondre avec l'auteur des *Déipnosophistes,* célèbre grammairien grec sous Marc-Aurèle.

Multa post Apollonius Molon,.... et Halicarnasseus Dionysius. Apollonius Molon, né dans la Carie, eut la gloire de donner des leçons à Cicéron et à César.

Denys d'Halicarnasse, historien et rhéteur, vint à Rome peu de temps après les guerres civiles. Il nous reste de lui, outre ses *Antiquités romaines,* un traité *De l'arrangement des mots,* et une *Rhétorique.*

Præcipue tamen... Apollodorus Pergamenus,... et Theodorus Gadareus. Suétone dit, dans la *vie d'Auguste,* ch. XXIX, que ce prince avait un goût très-vif pour les lettres grecques, et qu'il y excellait, grâce aux leçons d'Apollodore de Pergame.

Théodore de Gadare, au rapport du même écrivain, enseigna la rhétorique à Tibère.

An Cato recte Marciam Hortensio tradiderit? Q. Hortensius, dit le commentateur Spalding, poussait si loin le fanatisme de son admiration pour Caton, que n'ayant pu obtenir qu'il lui accordât sa fille Porcia, en la faisant divorcer d'avec Bibulus, à qui elle était mariée, il osa prier Caton de lui livrer sa femme Marcia, fille de Philippe, disant qu'il n'était pas permis que le sang presque divin de Caton fût le partage d'une seule maison, et que cette maison serait réduite à rien par les fréquents enfantements de Marcia; tandis qu'en devenant son épouse elle communiquerait à sa race quelque chose de la vertu catonienne. Caton ne s'effaroucha pas de cette monstrueuse proposition; et, après avoir consulté Philippe, son beau-père, et avoir obtenu son consentement, il donna sa femme Marcia à Hortensius, quoiqu'il l'aimât tendrement et qu'il la laissât enceinte. Celle-ci, après la mort d'Hortensius, retourna à Caton.

Ut Mœlio, cujus domus solo æquata; Marcoque Manlio. Spurius Mélius, chevalier romain, très-riche, et non moins ambitieux, voulut profiter de la famine qui désolait Rome (l'an 439 avant J. C.), pour usurper l'autorité royale. Il fut tué sur la place publique par Servilius Ahala, général de la cavalerie; et le dictateur Cincinnatus loua de cette action Servilius Ahala, comme ayant délivré sa patrie d'un tyran.

Marcus Manlius, surnommé Capitolinus pour avoir chassé les Gaulois du Capitole, échoua également dans ses projets ambitieux, et fut condamné à être précipité de la roche Tarpéienne, l'an 384 avant J. C.

Qualis est primus judaicæ superstitionis auctor. C'est très-certainement de Moïse que Quintilien a voulu parler, et non du Christ, comme l'ont cru quelques savants. Il ne pouvait ignorer que l'origine de la nation juive remontait bien au delà de l'âge du Christ. La guerre de Judée et la ruine de Jérusalem avaient dû la rendre assez célèbre. Pour déterminer dans quel esprit Quintilien parle ainsi de Moïse, il faudrait pouvoir vérifier l'état de connaissance, pour ainsi dire, où se trouvaient alors à Rome les livres juifs et la loi mosaïque. Or, cela rentre dans l'histoire des idées, qui n'est pas aussi facile à constater que celle des faits ; et ce qu'on peut avancer de moins hasardé, c'est que Quintilien, comme Tacite, méprisait ce qu'il ne connaissait pas, ou, pour mieux dire, ce qu'il ne comprenait pas.

LIVRE QUATRIÈME.

Quum vero mihi Domitianus Augustus sororis suæ nepotum delegaverit curam. C'étaient les deux fils de Flavius Clemens et de Domitilla, petite-fille de Vespasien, laquelle était fille d'une autre Domitilla, sœur de Domitien, dont le mari n'est pas connu. Domitien, leur oncle, avait manifesté le projet de les adopter; mais on ignore entièrement quel fut leur sort. Flavius Clemens, qui avait, ainsi que sa femme Domitilla, embrassé le christianisme, fut enveloppé dans la persécution générale contre les chrétiens. Domitilla mourut en exil.

Ut in eo, qui, quum pecuniam privatam ex æde sacra surripuerit. Les riches déposaient autrefois leur argent dans les temples, sous la foi de ceux à qui était confiée la garde de ces mêmes temples. Le trésor public, à Rome, était dans un édifice consacré à Saturne. Les jurisconsultes, par la suite, décidèrent que le vol de l'argent, ainsi déposé, ne constituait pas un sacrilège, mais que ceux qui s'en rendaient coupables étaient passibles d'une peine plus forte que de simples voleurs.

Non aliter, quam facientibus iter, multum detrahunt fatigationis notata inscriptis lapidibus spatia. Les Romains faisaient dresser, à chaque mille pas, une colonne de pierre où était marquée la distance de la ville de Rome : par exemple, *ad tertium ab urbe lapidem consedit* (Tite-Live), il s'arrêta à trois milles de Rome. C'est pourquoi on appelait *colonne milliaire,* la colonne de marbre au milieu du marché.

LIVRE CINQUIÈME.

Assertione secunda. Quiconque se croyait injustement retenu en servitude faisait choix d'un protecteur, *assertor,* qui se chargeait de lui faire recouvrer sa liberté; car il était censé ne pouvoir plaider lui-même sa cause ; c'était ce qu'on appelait *causa liberalis.* Si le protecteur échouait dans la première action, il était admis à plaider la même cause une seconde et une troisième fois.

II. *Et partibus centumviralium, quæ in duas hastas divisæ sunt.* Les centumvirs étaient des juges qui connaissaient des causes civiles les plus importantes ; ils s'assemblaient dans un lieu appelé *Basilica,* et leur siège était surmonté d'une pique. Comme ils se divisaient, suivant la nature des causes, en deux ou quatre sections, de là

est venue cette locution : *In duas, in quatuor hastas divisi.* Leurs jugements étaient sans appel.

Tibicines, quum ab urbe discessissent, publice revocati sunt. Voici comme Tite-Live raconte ce fait : « Les joueurs de flûte, mécontents de ce que les derniers censeurs leur avaient interdit de manger dans le temple de Jupiter, privilége dont ils avaient toujours joui jusque-là, se retirèrent en masse à Tibur : de sorte qu'il ne se trouva plus personne pour préluder au chant dans les sacrifices. Le sénat, voyant la religion intéressée dans cette affaire, envoya des députés à Tibur, avec mission de faire tous leurs efforts pour ramener les fugitifs.

Et ad moriendum non tam Cato et Scipio, quam Lucretia. Il s'agit ici de Publius Cornelius Scipio Nasica, adopté par Quintus Cecilius Metellus Pius, et connu sous le nom de Métellus Scipion. Il avait pris parti contre César, et, à l'exemple de Caton, il aima mieux se donner la mort que de se rendre au vainqueur. Les vents contraires l'ayant obligé de relâcher à Hippone, il fut enveloppé dans ce port par la flotte de Sitius, partisan de César. Se voyant sur le point d'être fait prisonnier, il se perce de son épée. Les ennemis, qui s'étaient emparés de son vaisseau, demandent : *où est le général ?* Scipion, faisant un dernier effort, élève sa voix mourante, et dit : *Le général est en sûreté.* Puis il expire.

LIVRE SIXIÈME.

Depictam in tabula sipariove imaginem rei. Il était d'usage de suspendre au forum, et devant le tribunal même, un voile appelé *siparium*, à cause de son analogie avec le rideau du théâtre, derrière lequel se tenaient les juges, et qui servait de barrière à la foule, toujours prête à faire irruption dans l'enceinte. Le voile, ainsi que les accessoires qui servaient dans les jugements, se louait aux plaideurs, pour en tirer le parti qui leur convenait : ainsi, sur ce rideau, ils faisaient peindre ce qu'ils croyaient de nature à intéresser dans la cause qui allait se plaider.

Et Catullus, quum dicit, nulla est in corpore mica salis. Cette citation est empruntée à une épigramme de Catulle, qui mérite d'être rapportée :

Quintia formosa est multis : mihi candida, longa,
Recta est. Hoc ego : sic singula confiteor.
Totum illud, formosa, nego. Nam nulla venustas,
Nulla in tam magno est corpore mica salis.
Lesbia formosa est : quæ quum pulcherrima tota est,
Tum omnibus una omnes surripuit veneres.

LIVRE HUITIÈME.

Cn. Flavius qui cornicum oculos confixit. Properce dit que les yeux des corneilles étaient employés dans les opérations magiques, et que la sorcière se proposait, en arrachant avec ses ongles les yeux à une corneille, d'aveugler un mari sur les adultères de sa femme :

Posset ut intentos astu cæcare maritos,
Cornicum emeritas eruit ungue genas. (l. IV, 5, 15.)

De là ce proverbe, *crever les yeux à une corneille*, pour dire tromper le plus fin.

Ad digitum pugnari. Cette locution ne se retrouve que dans une ancienne épigramme attribuée à Martial : ce qui suffit, sans doute, pour la maintenir, mais non pas pour l'expliquer; car Martial ne nous fait pas plus connaître que Quintilien ce qu'on entendait par *pugnare ad digitum*. Quelques commentateurs ont pensé que cela signifiait combattre jusqu'à ce que l'un ou l'autre des gladiateurs s'avouât vaincu, en élevant le doigt, *exerto digito*.

Dionysium Corinthi esse. Philippe, roi de Macédoine, menaçait les Lacédémoniens d'une guerre. Ceux-ci lui firent pour toute réponse : *Denys à Corinthe.* C'était assez lui rappeler l'inconstance de la fortune; car Denys, tyran de Syracuse, chassé de son royaume, avait été réduit à enseigner la musique et les lettres à Corinthe.

LIVRE DIXIÈME.

Igitur ut Aratus ab Jove incipiendum putat. Dans son poëme des *Phénomènes*, Aratus débute ainsi : Ἐκ Διὸς ἀρχώμεσθα.

Suivant Hérodote, Homère florissait 884 ans avant J. C., et, selon les marbres de Paros, 907. Sept villes, Smyrne, Chio, Colophon, Salamine, Rhodes, Argos et Athènes, se disputaient l'honneur de l'avoir vu naître. Quant à l'histoire de sa vie, c'est un tissu de fables plus invraisemblables les unes que les autres. Cependant, malgré tant d'incertitude et d'obscurité sur la personne d'Homère, son existence n'avait pas été mise en doute chez les anciens; et, chez les modernes même, longtemps on n'avait pas songé à la contester. Ce n'est que dans les deux derniers siècles qu'on s'en est avisé. Selon l'opinion de plusieurs savants, les poëmes attribués à Homère ne seraient qu'un assemblage des différentes poésies épiques qui, à partir du dixième jusqu'à la moitié à peu près du huitième siècle avant notre ère, éclorent, grandirent et se perfectionnèrent dans l'Ionie. Ces poésies éparses et confuses auraient été recueillies et mises en ordre par des chantres ambulants, qui de là prirent le nom de rhapsodes. Mais cette supposition ne résiste pas à l'examen. Fénelon a dit que les caractères de l'alphabet jetés ou rassemblés au hasard n'auraient jamais pu produire un poëme aussi parfait que l'Iliade : on peut dire avec autant de raison que des morceaux de poésie, divers et incohérents, eussent été aussi impuissants à la créer. Il faudrait donc contester la puissante unité qui règne dans les poëmes d'Homère. Or, on ne saurait méconnaître cette unité, à moins d'être aveuglé par l'esprit de système. Ce paradoxe nous remet en mémoire les vers de M. de Lamartine sur ce grand poète :

Homère ! à ce grand nom, du Pinde à l'Hellespont,
Les airs, les cieux, les flots, la terre, tout répond.
Monument d'un autre âge et d'une autre nature,
Homme, l'homme n'a plus de nom qui te mesure !
Son incrédule orgueil s'est lassé d'admirer;
Et, dans son impuissance à te rien comparer,
Il te confond de loin avec ces fables même,
Nuages du passé qui couvrent ton poëme.
Cependant tu fus homme : on le sent à tes pleurs !
Un dieu n'eût pas si bien fait gémir nos douleurs.
Il faut que l'immortel qui touche ainsi notre âme
Ait sucé la pitié dans le lait d'une femme.
Mais dans ces premiers jours où, d'un limon moins vieux,
La nature enfantait des monstres ou des dieux,
Le ciel l'avait créé, dans sa magnificence,
Comme un autre océan, profond, sans rive, immense,
Sympathique miroir qui, dans son sein flottant,
Sans altérer l'azur de son flot inconstant,
Réfléchit tour à tour les grâces de ses rives,
Les bergers poursuivant les nymphes fugitives,
L'astre qui dort au ciel, le mal brisé qui fuit, etc.

Avant Quintilien, Horace avait fait un éloge non moins remarquable d'Homère dans sa seconde épître :

Trojani belli scriptorem, maxime Lolli,
Dum tu declamas Romæ, Præneste relegi,
Qui, quid sit pulchrum, quid turpe, quid utile, quid non,
Plenius ac melius Chrysippo et Crantore dicit.

Enfin le Dante a égalé tous ces panégyristes en mettant dans la bouche de Virgile ce seul vers :

Quegli e Omero, poeta sovrano.

Hic enim, quemadmodum ex Oceano. Voici les deux vers d'Homère, traduits par Quintilien :

Ἐξ οὗπερ πάντες ποταμοὶ καὶ πᾶσα θάλασσα,
Καὶ πᾶσαι κρῆναι καὶ φρείατα μακρὰ νάουσιν.
(Il. XXI, 196.)

Raro assurgit Hesiodus. Hésiode, contemporain d'Homère, quitta la ville de Cumes, où il était né, pour venir s'établir à Ascra, petit bourg aux environs de l'Hélicon. On a de lui deux poëmes didactiques : le premier, intitulé *les Travaux et les Jours*, a fourni à Virgile l'idée de ses Géorgiques ; le second, la *Théogonie*, ou généalogie des dieux. On lui attribue encore un morceau descriptif, le *bouclier d'Hercule*.

Le sujet des poëmes d'Hésiode a été parfaitement décrit dans ces vers de Manilius :

*Hesiodus memorat divos divumque parentes,
Et Chaos enixum terras, orbemque sub illo
Infantem; primum, titubantia sidera, corpus;
Titanasque senes, Jovis et cunabula magni,
Et sub fratre viri nomen, sine fratre, parentis,
Atque iterum patrio nascentem corpore Bacchum,
Omniaque immensum volitantia numina mundo.
Quin etiam ruris cultus legesque rogavit
Militiamque soli, quos colles Bacchus amaret,
Quos fecunda Ceres campos, quod Pallas utrumque,
Atque arbusta vagis essent quod adultera pomis,
Sylvarumque deos, sacrataque numina, nymphas,
Pacis opus magnos naturæ condit in usus.*
(Astronom., liv. II.)

Contra in Antimacho. L'auteur anonyme de la *description des Olympiades* le fait contemporain de Lysandre, et même de Platon, qui, très-jeune encore, assista, dit-on, à la lecture de sa *Thébaïde*. Ce poëme, et la *Lydienne*, élégie louée par Ovide, ne sont pas parvenus jusqu'à nous.

Panyasin ex utroque mixtum. Ce poëte, oncle de l'historien Hérodote, était de Samos ou d'Halicarnasse. Il avait composé une *Herculéide* en quatorze livres.

Apollonius in ordinem a grammaticis datum. Apollonius, né à Alexandrie, 194 ans avant J. C., était appelé le Rhodien, parce qu'il avait enseigné les lettres à Rhodes. Il s'est occupé d'abord de grammaire et d'antiquités, et composa ensuite un poëme épique sous le titre d'*Argonautiques*, lequel est parvenu jusqu'à nous. Il est en quatre chants, et a pour sujet la conquête de la toison d'or.

Aristarque, critique célèbre, qui a mérité que son nom désignât, dans tous les siècles, un censeur sévère, mais juste et éclairé, était né dans la Samothrace, 160 ans avant J. C., et se fixa à Alexandrie. Ptolémée Philopator lui confia l'éducation de ses enfants.

Aristophane, grammairien, né à Byzance, vers l'an 200 avant J. C., vint à Alexandrie, où ceux qui se livraient à la grammaire et à la critique trouvaient le plus de ressources.

Arati materia motu caret. Aratus, né à Soles en Cilicie, vers l'an 277 avant J. C., vécut presque constamment à la cour d'Antiochus Gonatas, roi de Macédoine, qui l'estimait beaucoup. Il composa un poëme sur l'astronomie, intitulé *les Phénomènes*. Ce poëme nous a été conservé. Cicéron, Ovide, Claude et Germanicus, le traduisirent en vers latins.

Admirabili in suo genere Theocritus. Théocrite, né à Syracuse, florissait sous Ptolémée II Philadelphe, vers l'an 270 avant J. C. Il nous reste de ce poëte trente idylles et vingt et une épigrammes.

Herculis acta non bene Pisandros? Quid Nicandrum... Quid Euphorionem? Il ne reste rien de ces poëtes grecs, qui appartiennent à une époque de décadence.

« Les poésies d'Euphorion, de Callimaque et de Lycophron sont, dit saint Clément d'Alexandrie, un sujet d'exercice pour les grammairiens. »

Horatius frustra Tyrtæum subjungit? Tyrtée, poëte et guerrier, né dans l'Attique vers le VIIe siècle avant J. C. Il reste de lui quelques fragments, conservés par l'orateur Lycurgue, et par Stobée.

Cujus princeps habetur Callimachus; secundas... Philotas occupavit. Callimaque, né à Cyrène, ouvrit une école de belles-lettres à Alexandrie, sous le règne de Ptolémée Philadelphe. Il fut le maître d'Apollonius de Rhodes. Il ne nous reste de ses nombreux ouvrages que trente et une épigrammes, une élégie et quelques hymnes.

Philétas de Cos, contemporain de Callimaque, avait été précepteur du même Ptolémée. Il ne reste de lui que des fragments.

Ad ἕξιν maxime pertinebit unus Archilochus. Archiloque, de Paros, vivait dans le septième siècle avant J. C., et fut l'inventeur du vers ïambique :

Archilochum proprio rabies armavit iambo.
(HORACE, Art poét.)

Novem vero lyricorum longe Pindarus princeps. Pindare naquit à Thèbes, en Béotie, vers l'an 521 avant J. C. Il composa un grand nombre d'ouvrages. Il ne nous reste qu'une partie de ses odes, divisées en quatre sections : olympiques, pythiques, néméennes et isthmiques.

Stesichorum quum sit ingenio validus. Stésichore, d'Himère en Sicile, florissait vers l'an 570 avant J. C. Ses poésies formaient vingt-six livres : il n'en reste que de bien faibles débris.

Alcæus in parte operis aureo plectro donatur. Alcée était de Mytilène, ville de Lesbos, et contemporain de Sapho. Ils florissaient, l'un et l'autre, vers l'an 600 avant J. C. Il ne nous reste d'Alcée que quelques fragments, conservés par Athénée et Suidas.

Simonides, tenuis alioqui. Simonide, de Cos, vivait dans le sixième siècle avant J. C. Il avait composé un grand nombre d'élégies, dont nous ne possédons que quelques fragments.

Aristophanes tamen, et Eupolis, Cratinusque præcipui. Aristophane était né à Athènes, où il mourut l'an 386 avant J. C. Des cinquante-quatre comédies qu'il avait composées, onze seulement nous sont parvenues.

Eupolis et Cratinus vécurent dans le même temps. On n'a que quelques fragments de ces deux poëtes, qui, ainsi qu'Aristophane, appartenaient à l'*ancienne comédie*.

Tragœdias primum in lucem Æschylus protulit. Eschyle naquit à Éleusis l'an 525 avant J. C., et mourut à Géla, en Sicile, l'an 456. Il avait composé quatre-vingts tragédies, dont il ne nous reste que sept. En voici les titres : Prométhée enchaîné, les Sept Chefs devant Thèbes, les Perses, Agamemnon, les Choéphores, les Euménides, les Suppliantes.

Sed longe clarius illustraverunt hoc opus Sophocles atque Euripides. Sophocle naquit à Colone, près d'Athènes, vers l'an 493 avant J. C., et mourut à l'âge de quatre-vingt-douze ans. Des soixante-dix tragédies qu'il composa, il n'en est parvenu que sept jusqu'à nous : Ajax furieux, Électre, Œdipe roi, Antigone, les Trachiniennes, Philoctète, Œdipe à|Colone.

Euripide naquit à Salamine 480 ans avant J. C., et mourut à l'âge de soixante dix-huit ans. De cent vingt tragédies, il ne nous en reste que dix-huit, dont les principales sont : Hécube, Iphigénie en Aulide, les Troyennes, et Oreste.

Et secutus, quamquam in opere diverso, Menander. Ménandre, né à Athènes l'an 342 avant J. C., composa un très grand nombre de comédies, dont il ne reste que des fragments. Ce poëte appartient à la *comédie nouvelle*.

Et præcipue Philemon. Philémon, contemporain

de Ménandre, était né en Cilicie, selon Strabon, et en Sicile, selon Suidas. Le temps n'a pas plus épargné ses comédies que celles de Ménandre.

Densus, et brevis, et semper instans sibi Thucydides. Thucydide, né dans l'Attique l'an 471 avant J. C., a écrit l'histoire de la guerre du Péloponnèse jusqu'à la vingt et unième année inclusivement.

Dulcis, et candidus, et fusus Herodotus. Hérodote naquit à Halicarnasse l'an 484 avant J. C. Il composa en neuf livres une histoire des guerres médiques, depuis Cyrus jusqu'à la bataille de Mycale. Il la lut aux jeux Olympiques et aux fêtes des Panathénées; et elle excita un si grand enthousiasme, que les Grecs donnèrent à chacun des livres le nom d'une Muse. Elle est écrite en dialecte ionique. La forme épique dont il s'est servi fait que son histoire embrasse presque tous les temps et tous les peuples.

Theopompus his proximus. Théopompe, historien et orateur, de l'île de Chio, vécut du temps d'Alexandre. Il ne reste rien de lui.

Philistus quoque meretur. Philiste naquit à Syracuse l'an 481 avant J. C. Il ne reste de cet historien qu'un seul fragment conservé par saint Clément d'Alexandrie.

Ephorus, ut Isocrati visum, calcaribus eget. Éphore naquit à Cumes, vers l'an 363 avant J. C. D'après le conseil d'Isocrate, il renonça au barreau pour écrire l'histoire.

Clitarchi probatur ingenium. Cet historien suivit Alexandre dans ses expéditions. On pense que Diodore de Sicile et Quinte-Curce en ont fait beaucoup d'usage.

Quorum longe princeps Demosthenes. Démosthène naquit à Athènes l'an 385 avant J. C., et mourut à soixante-trois ans, dans l'île de Calaurie, où il s'était réfugié, et s'empoisonna pour ne pas tomber vivant entre les mains d'Antipater. On peut ranger les discours de cet orateur, qui sont parvenus jusqu'à nous, en trois catégories : 1° *genre démonstratif*, deux discours; 2° genre *délibératif*, dix-sept discours; 3° *genre judiciaire*, quarante-deux discours.

Plenior Æschines, et magis fusus. Eschine, rival de Démosthène, était de deux ans plus âgé que lui. Nous ne possédons que trois harangues de cet orateur, un discours contre Timarque, une apologie de sa conduite pendant son ambassade en Macédoine, et enfin le discours contre Ctésiphon. Vaincu par Démosthène, et condamné à l'exil, il se retira à Rhodes, où il donna des leçons de rhétorique. De là il passa à Samos, où il mourut à l'âge de soixante-quinze ans.

Dulcis imprimis et acutus Hyperides. Hypéride était contemporain de Démosthène et d'Eschine, et avait été disciple de Platon et d'Isocrate. Il fit une fin tragique, comme Démosthène : il aima mieux s'arracher la langue que de trahir les secrets de sa patrie, et fut mis à mort par ordre d'Antipater, 322 ans avant J. C. Il ne nous reste de lui qu'une seule harangue.

His ætate Lysias major. Lysias, né à Athènes 459 ans, mort 378 ans avant J.-C., composa un très-grand nombre de harangues, dont trente-quatre sont parvenues jusqu'à nous.

Isocrates in diverso genere dicendi nitidus et comptus. Isocrate, né vers l'an 439 avant J. C., mourut à l'âge de quatre-vingt-dix ans, composa un grand nombre de discours, qui sont presque tous venus jusqu'à nous. Ils comprennent : 1° quatre discours de morale; 2° des éloges, parmi lesquels on remarque le panégyrique d'Athènes; 3° cinq harangues délibératives; 4° huit plaidoyers.

Quin etiam Phalerea illum Demetrium. Démétrius de Phalère, né 317 ans avant J. C., avait composé des discours et des histoires qui ne nous sont point parvenus. Il gouverna Athènes pendant dix ans. Chassé de cette ville par Démétrius Poliorcète, il alla mourir à la cour de Ptolémée Philadelphe, l'an 284 avant J. C.

Quis dubitet Platonem esse præcipuum? Platon, né à Athènes 430 ans avant J. C., se livra d'abord à la poésie; mais ayant connu Socrate, il fut tellement charmé des entretiens de ce sage, qu'il se consacra entièrement à la philosophie. Après la mort de Socrate, il se rendit à Mégare, où il assista pendant quelque temps aux discussions philosophiques proposées par Euclide; de là il alla dans la Grande-Grèce, auprès d'Archytas, de Philolaüs et de Timée; il vit aussi Cyrène, et passa en Égypte. De retour à Athènes, il ouvrit une école dans un jardin situé hors des murs de la ville, qu'on nommait Académie.

Quid ego commemorem Xenophontis illam jucunditatem inaffectatam? Xénophon, né dans un bourg de l'Attique, 445 ans avant J. C., fut surnommé l'*Abeille attique*. Ses principaux ouvrages sont : l'*Histoire grecque*, en sept livres : c'est la continuation de l'histoire de Thucydide jusqu'à la bataille de Mantinée; l'*expédition de Cyrus le jeune et la retraite des dix mille*; la *Cyropédie*, en huit livres; l'*Apologie de Socrate*. Il mourut à Corinthe, âgé de quatre-vingt-dix ans.

Quid Aristotelem? Aristote, fondateur de l'école péripatéticienne, naquit à Stagyre, petite ville de la Macédoine, l'an 384 avant J. C., et mourut à Chalcis l'an 312. Nicomaque, père d'Aristote, était médecin d'Amyntas, père de Philippe. Aristote fut élevé à la cour d'Amyntas, et y reçut l'éducation la plus soignée. Il suivit pendant vingt ans les leçons de Platon.

Nam in Theophrasto. Théophraste, contemporain et disciple d'Aristote, naquit à Érésos, une des villes maritimes de l'île de Lesbos, l'an 371 avant J. C. Il mourut à Athènes dans un âge fort avancé : saint Jérôme dit qu'il vécut cent sept ans. Tyrtame était le premier nom de Théophraste, qui dut à son divin langage celui sous lequel il est connu.

Sic apud nos Virgilius auspicatissimum dederit exordium. Virgile naquit à Andes, petit bourg près de Mantoue, l'an 70 avant J. C., et mourut à Brindes à l'âge de cinquante-un ans. Ses restes furent transportés à Naples, où l'on érigea, sur le chemin de Pouzzoles, un tombeau, dont on montre encore aujourd'hui la place. Il avait composé lui-même son épitaphe :

Mantua me genuit, Calabri rapuere; tenet nunc
Parthenope: cecini pascua, rura, duces.

Nam Macer et Lucretius legendi quidem. Æmilius Macer, poëte de Vérone, contemporain de Virgile, avait écrit en vers latins sur les propriétés des plantes vénéneuses.

Lucrèce (Titus Lucretius Carus), né l'an 95 avant J. C., était d'une famille noble. On sait peu de chose de sa vie. Son poëme *de rerum Natura* est une exposition en vers de la doctrine d'Épicure. Il se tua, dit la Chronique d'Eusèbe, à l'âge de quarante-quatre ans.

Atacinus Varro in iis. Voyez, sur cet écrivain, la note 2 du 1er livre.

Ennium, sicut sacros vetustate lucos, adoremus. Ennius, né à Rudies, en Calabre, 239 avant J. C., fut l'ami de Caton l'Ancien et de Scipion l'Africain. Il composa les annales de la république romaine en vers héroïques, et un poëme épique sur Scipion l'Africain; il traduisit la *Médée* et l'*Hécube* d'Euripide, et introduisit le premier à Rome le genre satirique. Ce poëte mourut à l'âge de soixante-dix-neuf ans. Scipion, au lit de mort, ordonna que son corps fût enseveli à côté de celui du poëte qui avait été son ami.

Lascivus quidem in Heroicis quoque Ovidius. Ovide, né à Sulmone l'an 43 avant J. C., mourut à Tomes, à l'extrémité du Pont-Euxin, où Auguste l'avait relégué.

Cornelius autem Severus. Cornélius Sévérus, contemporain d'Ovide, avait commencé un poëme sur la guerre de Sicile, et mourut avant de l'avoir terminé. On a de lui un poëme sur l'Etna.

Multum in Valerio Flacco nuper amisimus. Valérius Flaccus, mort, comme on le voit, sous Domitien, est auteur d'un poëme sur *l'expédition des Argonautes*, sujet déjà traité par Apollonius de Rhodes. Ce poëme est inachevé.

Vehemens et poeticum ingenium Saleii Bassi fuit. Ce poëte vivait sous Domitien. Un des interlocuteurs du dialogue *de Oratoribus* l'appelle *optimum virum et absolutissimum poetam.*

Rabirius et Pedo non indigni cognitione. Rabirius vivait du temps d'Auguste, et avait composé un poëme sur la victoire d'Actium.

Pédon, contemporain de Rabirius, avait écrit des élégies, des épigrammes, et un poëme intitulé *la Théséide.* Il ne reste de lui que deux élégies, l'une sur la mort de Drusus, et l'autre sur celle de Mécène.

Lucanus ardens et concitatus. Lucain, auteur de la *Pharsale*, naquit à Cordoue l'an 38 de J. C., sous le règne de Caligula. Son père, Annæus Mela, chevalier romain, était frère du philosophe Sénèque. Il fut élevé à la cour de Néron, sous les yeux de son oncle. Accusé d'avoir pris part à la conspiration de Pison, et condamné à périr, il se fit ouvrir les veines dans un bain chaud, où il expira à l'âge de vingt-sept ans.

Elegia quoque Græcos provocamus, cujus... Tibullus. Tibulle, né 43 avant J. C., mourut fort jeune. On a de lui quatre livres d'élégies.

Sunt qui Propertium malint. Properce naquit en Ombrie, vers l'an 52 avant J.C. Quoique fils d'un proscrit, il obtint les bonnes grâces d'Auguste. Il a, comme Tibulle, laissé quatre livres d'élégies.

Sicut durior Gallus. Cornélius Gallus, ami de Virgile, qui lui a dédié sa dixième églogue, naquit à Fréjus, et se tua à l'âge de quarante-trois ans, pour se soustraire à la peine portée contre lui pour crime de trahison. Il ne nous reste que quelques fragments de ses élégies.

Satira quidem tota nostra est, in qua... Lucilius. Lucile, chevalier romain, naquit à Aurunca 148 ans avant J. C., et mourut à Naples, âgé de quarante-six ans. Il avait composé trente livres de satires, qu'on admirait encore beaucoup au siècle d'Auguste.

Multo est tersior ac purus magis Horatius. Horace naquit à Vénuse, dans l'Apulie, deux ans avant la conjuration de Catilina. Son père, fils d'un affranchi, et collecteur d'impôts, n'était pas riche, mais il n'épargna rien pour son éducation. Il le conduisit lui-même à Rome, lui donna pour maître un certain Orbilius de Bénévent, alors fameux, et l'envoya ensuite à Athènes pour étudier la philosophie et se perfectionner le goût. Horace y était encore lors de la malheureuse campagne de Brutus et de Cassius. Il courut se ranger sous leurs drapeaux, et y devint tribun militaire à l'âge de vingt-trois ans. Après la bataille de Philippes, il revint à Rome, où il acheta une petite charge dans le trésor, et se mit en même temps à cultiver la poésie. Virgile le présenta à Mécène, qui l'admit dans son intimité et le fit connaître à Auguste. Il mourut à cinquante-neuf ans, peu de temps après Mécène, et fut inhumé à ses côtés.

Multum et veræ gloriæ, quamvis uno libro, Persius meruit. Perse, né dans la Ligurie, l'an 34 de notre ère, mourut à l'âge de vingt-huit ans. Il paraît, d'après le passage de Quintilien, *quamvis uno libro*, que ses six satires n'en formaient originairement qu'une seule, et que cette division ne lui appartient pas.

Alterum illud... Terentius Varro. Cet écrivain, surnommé *le plus savant des Romains*, avait écrit, dit saint Augustin, cinq cents volumes, dont il ne nous reste aujourd'hui que des portions assez considérables d'un traité *de Re rustica*, et d'un autre *de Lingua latina.* Il créa avec succès, sous le nom de satire Ménippée, un genre mixte, mêlé de vers de différentes mesures, même de prose et de vers, tel que le traitèrent après lui Sénèque et Julien, et chez nous les auteurs de notre célèbre Ménippée.

Cujus acerbitas in Catullo, Bibaculo. Catulle, né à Vérone, 86 ans avant J. C., appartient à l'aurore du siècle d'Auguste. Il composa des odes, des épigrammes, et même des morceaux épiques. Il mourut fort jeune.

Furius Bibaculus était contemporain de Catulle. Il reste quelques fragments de ce poëte.

Is erit Cæsius Bassus. Cesius Bassus, poëte lyrique, était ami de Perse, qui lui dédia sa sixième satire :

Admovit jam bruma foco te, Basse, Sabino.

Tragediæ scriptores veterum Accius atque Pacuvius. Accius, né à Rome vers l'an 70 avant J. C., traduisit plusieurs tragédies de Sophocle, et eut aussi le mérite de s'essayer dans un sujet national.

Pacuvius était neveu d'Ennius. Il naquit à Brindes vers l'an 221, avant J. C. Ses tragédies étaient une imitation du théâtre grec.

Jam Varii Thyestes. Varius, ami de Virgile et d'Horace, et chargé par Auguste de revoir l'Énéide, n'a transmis à la postérité qu'un nom célèbre dans la tragédie et dans l'épopée.

Longe princeps Pomponius Secundus. Pomponius Secundus était contemporain et ami de Pline le naturaliste, qui avait écrit sa vie en deux livres.

In comœdia maxime claudicamus, licet... Plautino sermone... licet Cæcilium... licet Terentii. Plaute naquit à Sarsine, village d'Ombrie, vers l'an 227 avant J. C., et mourut l'an 184. Sur cent trente pièces que l'on attribuait à Plaute, Varron n'en reconnaissait que vingt et une comme authentiques, et il nous en est parvenu vingt.

Cecilius Statius, né dans la Gaule Cisalpine, était contemporain d'Ennius et de Térence.

Térence, né en Afrique vers l'an 192 avant J. C., huit ans après la mort de Plaute, fut enlevé par des pirates, et vendu comme esclave au sénateur romain Terentius Lucanus, qui lui rendit la liberté et lui donna son nom. Il vécut dans l'intimité de Lélius et de Scipion, qui, dit-on, l'aidèrent dans la composition de ses pièces. Il nous reste six de ses comédies.

Togatis excellit Afranius. Afranius était contemporain de Térence. Ce fut par opposition aux pièces de ses prédécesseurs, qui étaient composées à l'imitation des Grecs, et que, pour cette raison, on appelait *palliatæ*, que les siennes et toutes celles qui, depuis, s'attachèrent exclusivement au costume romain, reçurent le nom de *togatæ.*

Nec opponere Thucydidi Sallustium verear. Salluste, historien de la conjuration de Catilina et de la guerre de Jugurtha, naquit à Amiterne, ville du pays des Sabins, l'an 85 avant l'ère chrétienne. Il avait écrit aussi une *histoire de Rome* depuis Sylla jusqu'à Catilina. Ses ouvrages et sa vie forment le contraste le plus complet.

Neque indignetur sibi Herodotus æquari T. Livium. Tite-Live, né à Padoue, 59 ans avant J. C., avait composé une *histoire romaine*, qui commençait à la fondation de Rome et finissait à la mort de Drusus. Elle contenait 140 livres, dont les grammairiens ont formé quatorze

décades. Il ne nous en reste que 35 livres, dont quelques-uns même ne sont pas entiers.

Nam mihi egregie dixisse videtur Servilius Nonianus. Servilius Nonianus était, au rapport de Tacite, un homme aussi distingué par ses mœurs que par son esprit, et qui s'était fait un nom comme historien, après avoir joui longtemps d'une grande célébrité au barreau. Perse, dit Suétone, l'honorait comme un père.

Quam paulo ætate præcedens eum Bassius Aufidius. Pline le jeune, dans la nomenclature des œuvres de son oncle, parle d'une continuation de l'histoire d'Aufidius Bassus.

Nam Ciceronem cuicumque eorum fortiter opposuerim. Cicéron naquit à Arpinum, patrie de Marius, la même année que Pompée, le 3 janvier 647 de la fondation de Rome, et mourut près de Caïète, à l'âge de soixante-trois ans, de la main d'un satellite d'Antoine.

Multa in Asinio Pollione inventio. Asinius Pollion, après avoir d'abord embrassé le parti de Pompée, s'était attaché à la fortune de César, et, après la bataille de Pharsale, à celle d'Antoine, qui lui donna le commandement des légions stationnées dans les environs de Mantoue. Ce fut là qu'il devint le protecteur de Virgile, encore inconnu, et qui, depuis, lui a dédié sa quatrième églogue. Il vécut dans l'intimité d'Auguste. Ce fut lui qui établit le premier à Rome une bibliothèque, ouverte à tout le monde. Asinius Pollion était orateur, historien et poëte.

At Messala nitidus et candidus. Messala, lieutenant de Brutus, se rendit aux triumvirs avec le reste des légions qui avaient combattu à Philippes. On estimait beaucoup son éloquence et les grâces de son esprit.

C. vero Cæsar si foro tantum vacasset. Jules César naquit 100 ans avant J. C., et mourut assassiné à l'âge de cinquante-sept ans.

Multum ingenii in Cœlio. Il s'agit ici de Marcus Cœlius Rufus, défendu par Cicéron dans l'oraison *pro M. Cœlio.*

Inveni qui Calvum. Calvus était un orateur célèbre, du temps de Cicéron.

Et Servius Sulpicius insignem... meruit. Servius Sulpicius était contemporain de Cicéron et d'Hortensius.

Multa, si cum judicio legatur,... Cassius Severus. Cassius Sévérus était un orateur du siècle d'Auguste.

Eorum, quos viderim, Domitius Afer, et Julius Africanus. Domitius Afer, né à Nimes, vers l'an 15 avant J. C. est souvent cité par Quintilien, qui avait étudié sous lui la rhétorique.

Julius Africanus était probablement, selon Spalding, fils de celui du même nom qui périt sous Tibère, au rapport de Tacite (*Ann.,* liv. VI, ch. 7.)

Nam et Trachalus plerumque sublimis. Trachalus était un peu antérieur à Quintilien, qui vante surtout la beauté de son organe.

Et Vibius Crispus, compositus et jucundus. C'est à Vibius Crispus qu'on attribue cette réponse à quelqu'un qui demandait s'il n'y avait personne avec Domitien : « Personne, pas même une mouche. »

Julio Secundo si longior contigisset ætas. Julius Secundus, ami de Quintilien, figure comme interlocuteur dans le dialogue *de Oratoribus.*

Egregius vero... Brutus. Brutus était stoïcien, et avait composé plusieurs traités sur la doctrine du Portique.

Scripsit non parum multa Cornelius Celsus. Celse, médecin du temps de Tibère, avait écrit sur la médecine, l'agriculture, la rhétorique et l'art militaire. Il ne nous reste que son ouvrage sur la médecine.

Plancus in stoicis... in epicureis... Catius. Les savants ne sont pas d'accord sur l'identité de ce Plancus, philosophe stoïcien, dont parle ici Quintilien.

Catius, contemporain de Cicéron, avait écrit un traité *sur la nature des choses et sur le souverain bien.*

Ex industria Senecam. Sénèque naquit à Cordoue, en Espagne, l'an 2 ou 3 de notre ère, et mourut à l'âge de soixante-trois ans.

Nihil in poetis supra Livium Andronicum. Livius Andronicus est le plus ancien poëte des Romains. Il composa, à l'imitation des Grecs, des poëmes épiques, des tragédies et des comédies. Ses premiers essais datent de l'an 240 avant J.-C.

LIVRE ONZIEME.

Ejus autem, quod ad animum pertinet, magis admirer naturam. Saint Augustin a également fait, dans ses Confessions, une brillante description de la *mémoire*, et renonce, comme Quintilien, à expliquer la nature de cette merveilleuse faculté. « J'arrive, *dit-il (liv.* x, *ch.* VIII), à ces larges campagnes et à ces vastes palais de ma mémoire, où sont renfermés les trésors de ce nombre infini d'images qui sont entrées par les portes de mes sens. C'est là que nous conservons aussi toutes nos pensées, en y ajoutant, ou diminuant, ou changeant quelque chose de ce que nous avons connu par les sens, et généralement tout ce qui y a été mis comme en dépôt et en réserve, et que l'oubli n'a point encore effacé et enseveli. C'est là où je demande que l'on me tire de ce trésor ce que je désire; et soudain quelques-unes de ces espèces en sortent, et se présentent à moi : d'autres se font chercher plus longtemps et diffèrent davantage à venir, comme si on les tirait avec peine du fond de quelques replis cachés : d'autres sortent en foule; et, bien que ce ne soit pas celles que je cherche ni que je demande, elles se produisent d'elles-mêmes, et semblent dire : N'est-ce pas nous que vous cherchez? Mais je les repousse comme de la main de mon esprit et les éloigne de ma mémoire, jusqu'à ce que la chose que je désire se découvre, et sorte du lieu où elle était cachée, pour se présenter à moi. Il y en a d'autres qui, sans interrompre leur suite, viennent avec facilité dans le même ordre que je les demande; et les premières faisant place aux autres se retirent pour revenir toutes les fois que je le voudrai : ce qui arrive lorsque je récite par cœur quelque chose. Dans ce même trésor de ma mémoire, je conserve distinctement et sans aucune confusion toutes les espèces qui, selon leurs divers genres, y sont entrées, chacune par la porte qui leur est propre, comme la lumière, toutes les couleurs et toutes les figures des corps par les yeux, tous les sons par les oreilles, toutes les odeurs par le nez, toutes les saveurs par la bouche.... Qui serait celui qui pourrait dire de quelle sorte toutes ces images et toutes ces espèces ont été formées, encore que l'on remarque assez par quel sens elles ont été apportées, et données en garde à la mémoire? Car, lorsque je suis dans l'obscurité et dans le silence, je retire, si je veux, des couleurs de ma mémoire, et distingue le noir d'avec le blanc, et ainsi toutes les autres couleurs qu'il me plaît, sans que les sons se jettent à la traverse, ni me viennent troubler lorsque je considère ce que j'ai appris par la vue; et néanmoins ces sons sont aussi dans ma mémoire, et comme cachés dans d'autres replis, puisque, si je veux qu'ils se présentent à moi, ils le font aussitôt..... Que cette puissance de ma mémoire est grande! ses plis et replis s'étendent à l'infini : et qui est capable de les pénétrer jusqu'au fond? Néanmoins c'est une faculté de mon âme et qui appartient à ma nature. Je ne puis donc pas connaître ce que je suis; et ainsi il paraît que notre esprit n'a pas assez d'étendue pour se comprendre soi-même. » (Traduction d'Arnauld d'Andilly.)

Est aliquid in amictu. Le principal habillement des Romains se nommait *toga*, toge, robe, comme le manteau, chez les Grecs, se nommait *pallium.* La toge était tellement propre aux Romains, qu'ils sont très souvent désignés par le seul mot *togati* :

Romanos rerum dominos gentemque togatam (VIRG.)

La couleur en était ordinairement blanche, *albus*, différente de cette couleur qu'ils appelaient *candidus*, blanchi avec de la craie. Lorsqu'ils se mettaient sur les rangs pour briguer quelque charge, ils blanchissaient leur toge avec de la craie : de là est venu le mot *candidatus.* Perse (sat. v) appelle l'ambition des Romains *cretata ambitio.* Ils mettaient en outre sous leur robe une tunique de laine blanche : c'était un vêtement de dessous, tant pour les hommes que pour les femmes. Les tuniques des hommes étaient fort courtes : on pourrait les comparer à nos vestes.

Le *laticlave* était le vêtement des sénateurs. Ce vêtement était ainsi appelé, à cause de la bande couleur de pourpre, taillée en forme de clou, *clavus*, dont il était orné. Comme cette bande était moins large pour les chevaliers, leur vêtement était appelé angusticlave, *angusticlavus.*

LIVRE DOUZIÈME.

Juris quoque civilis necessaria huic viro scientia est. « Dans cette partie seulement les Romains n'eurent point de modèles. Leur jurisprudence naquit de la constitution même fondée par Romulus. Les patriciens, obligés, par l'institution du patronage, d'expliquer la loi à leurs clients et de les défendre dans leurs procès, furent les premiers jurisconsultes; ils gardèrent cette prérogative quelque temps encore après que les fastes et les formules de plaidoiries eurent été publiés par *Flavius* et par *Ælius Catus.* Enfin T. *Coruncanius*, premier grand pontife plébéien, ayant donné ses consultations à tous les citoyens indistinctement, son exemple fut suivi, et les consultations publiques (*responsa prudentum*) s'ajoutèrent, sous le titre de *jus receptum*, aux anciennes coutumes, aux plébiscites, aux sénatus-consultes, aux édits des préteurs et des édiles, qui composaient alors les deux parties du droit (*jus scriptum*, *jus non scriptum*.) La législation se compliquant, ainsi que les intérêts publics et particuliers, par l'accroissement de la république, le droit devint une véritable science, et le principal moyen de réputation et d'influence politique. Auguste, pour se rendre maître des lois, s'empara des consultations, et donna à un nombre déterminé de jurisconsultes le privilége de répondre en son nom avec autorité décisive. Les autres furent toujours consultés en particulier; leurs travaux eurent une grande importance, et leurs écrits furent la règle des tribunaux. L'ardeur de l'étude fit naître alors plusieurs sectes, dont les principales furent celle d'*Antistius Labeo Nerva* (les *Proculéiens* ou *Pégasiens*) et celle d'*Atéius Capito* (les *Sabiniens* ou *Cassiens*). La science se perfectionna jusqu'au temps d'Adrien. Sous ce prince, les sectes disparurent, les jurisconsultes recouvrèrent leur indépendance, la première école pour l'enseignement du droit fut fondée à Rome, et le premier code, l'*Édit perpétuel*, fut publié. Septime reprit, comme Auguste, le privilége des consultations; à cette époque de despotisme, les sénatus-consultes furent entièrement remplacés par les constitutions impériales (*rescripta*, *mandata*, *decreta*, *edicta*). La multitude toujours croissante de ces ordonnances interprétatives embarrassa de plus en plus la législation; l'étude du droit devint tout à la fois plus indispensable, plus difficile et moins profitable. On ne s'occupa plus des principes mêmes de la législation : ce fut assez de parcourir l'immensité des lois et des écrits de jurisprudence. Toutes les provinces eurent des écoles de droit; mais la plus fameuse, celle de Béryte, fondée par Alexandre Sévère, ne fut bientôt plus qu'une école de candidats aux charges. Modestinus, sous Gordien, ferma la liste des jurisconsultes célèbres; ses successeurs ne firent autre chose qu'enseigner publiquement; et les seuls travaux dignes de remarque après cette époque, les codes *Grégorien* et *Hermogénien*, ne furent que des recueils de constitutions impériales ». (*Précis de l'histoire des empereurs romains pendant les quatre premiers siècles*, de M. Dumont).

Primi,... clari pictores fuisse dicuntur Polygnotus atque Aglaophon. Polygnote, de Thasos, florissait vers l'an 416 avant J. C. Il fut chargé par les Athéniens de décorer le Pœcile, de concert avec Micon, peintre contemporain. Il embellit de ses ouvrages plusieurs autres édifices de la même ville ; il représenta, entre autres, dans le temple de Minerve, Ulysse venant d'immoler les prétendants ; et, dans celui de Castor et de Pollux, ces demi-dieux à pied et à cheval, ainsi que leur union avec Ilaïre et Phébé, filles de Leucippe. Les Athéniens lui accordèrent le droit de bourgeoisie, et le conseil des amphyctions lui décerna le droit d'hospitalité gratuite dans toutes les villes de la Grèce. Mais c'était à Delphes, dans le portique appelé le Lesché, que se trouvaient les chefs-d'œuvre de Polygnote ; il les avait exécutés sur les murs mêmes de l'édifice : on y voyait les scènes les plus terribles qui suivirent la prise de Troie : Hélène entourée de Troyens blessés qui semblaient lui reprocher leurs maux, et de Grecs qui admiraient sa beauté ; Cassandre environnée de ses farouches vainqueurs ; Priam gisant dans la poussière, etc.

Aglaophon, de Thasos, fut le père et le maître de Polygnote, suivant Athénée. Ce fut Aglaophon qui peignit Alcibiade et la courtisane Némée, assise sur ses genoux. Plutarque attribue ce tableau à Aristophon.

Post Zeuxis atque Parrhasius. Zeuxis naquit à Héraclée, dans la Grande-Grèce. Pline le place à la 4ᵉ année de la 95ᵉ olympiade, sans dire si cette année est celle de sa naissance, de son âge moyen, ou de sa mort. Bayle remarque que Zeuxis donnait ses tableaux en présent, quand Archélaüs Iᵉʳ, roi de Macédoine, approchait du terme de sa carrière, et que par conséquent il devait être lui-même, à cette époque, riche et avancé en âge : or, Archélaüs mourut vers l'an 400 avant J. C. Sa renommée fut immense, et les anciens ne parlaient qu'avec enthousiasme de sa figure d'*Hélène.* Il peignait, dit Suidas, inspiré par un esprit divin.

Parrhasius, né à Éphèse, contemporain et rival de Zeuxis, florissait vers l'an 420 avant J. C. Son tableau allégorique représentant le *peuple d'Athènes* lui acquit une grande célébrité. Entre autres ouvrages de ce peintre, on parle du *portrait d'un grand prêtre de Cybèle*, dont l'exécution était tellement parfaite, que Tibère l'avait fait placer dans sa propre chambre, afin de pouvoir l'admirer à toute heure.

Nam cura Protogenes... Protogène a fleuri vers l'an 336 avant J. C. Il était né à Caune, ville de Carie, soumise aux Rhodiens. Les anciens admirèrent comme son chef-d'œuvre le tableau qui représentait Ialysus, personnage dont on a fait un dieu, un héros, un fleuve, une ville même, enfin un chasseur. On rapporte que Démétrius Poliorcète, qui, dans le siége de Rhodes, préparait à brûler un faubourg qui lui fermait les approches de la place, ayant été instruit que le tableau du *Ialysus* décorait un des édifices destinés à être livrés aux flammes, aima mieux renoncer à son entreprise, que de se faire reprocher une perte si déplorable pour les arts.

Ce tableau fut enlevé à la Grèce et placé à Rome dans le temple de la Paix, où il périt dans un incendie.

Ratione Pamphilus ac Melanthius... Pamphile, né en Macédoine, sous le règne de Philippe; eut Eupompe pour maître, et Apelle pour disciple. Il avait une si grande idée de son art, qu'il ne croyait pas qu'on y pût être habile sans l'étude des belles-lettres et de la géométrie.

Mélanthe fut contemporain et condisciple d'Apelle. Aristrate, tyran de Sicyone, s'était fait peindre par Mélanthe, sur un char de victoire. Lorsque Aratus eut rendu la liberté à Sicyone, on détruisit les images des tyrans, mais le *Triomphe d'Aristrate* fut épargné.

Facilitate Antiphilus... Antiphile, né en Égypte, était contemporain d'Apelle. Un de ses plus beaux ouvrages représentait un enfant occupé à souffler le feu: on croyait voir la lumière s'accroître et se répandre dans la pièce où il se trouvait. Il avait inventé une figure grotesque, qu'il avait nommée *Gryllus*, nom qui resta depuis à ces espèces de caricatures. Jaloux d'Apelle, qui était venu à la cour de Ptolémée, il l'accusa d'être complice d'une conjuration tramée contre le roi d'Égypte; mais l'innocence d'Apelle ayant été reconnue, Antiphile fut jeté dans les fers pour le reste de ses jours.

Ingenio et gratia... Apelles est præstantissimus. Apelle naquit à Cos, et reçut le droit de cité à Éphèse. Il florissait vers l'an 332 avant J. C. Ses nombreux chefs-d'œuvre décorèrent les villes de la Grèce, de l'Archipel, de l'Asie et de l'Égypte. On le nommait le prince des peintres, et, depuis, la peinture fut appelée par excellence *l'art d'Apelle*. Alexandre le combla de ses faveurs, et ne voulut être peint que par lui. Après la mort de ce prince, il se rendit à Alexandrie, à la cour de Ptolémée. Faussement accusé par Antiphile, il vit ses jours menacés, et fut chargé de fers; mais un des coupables le justifia. De retour dans sa patrie, il peignit, en mémoire de cet événement, son fameux *tableau de la Calomnie*. On lui attribue plusieurs mots devenus proverbes, tels que: *Ne, sutor, ultra crepidam; — nulla dies sine linea.*

Euphranorem admirandum facit. Euphranor, peintre et sculpteur, florissait vers l'an 364 avant J. C. On le surnomma l'Isthmien, en raison de la situation de Corinthe, sa patrie. Cependant Pline le range parmi les peintres athéniens; d'où l'on peut induire qu'il exerça ses talents à Athènes. Il était, comme le dit Quintilien, admirable dans tous les genres, et ses sculptures ont autant contribué à sa célébrité que ses ouvrages en peinture.

Nam duriora, et Tuscaniscis proxima Callon atque Hegesias, jam minus rigida Calamis, molliora adhuc supra dictis Myron fecit. Callon, de l'île d'Égine, vivait 432 ans avant J. C. Il avait sculpté en bois, dans la citadelle de Corinthe, une *statue de Minerve Sténiades*. On voyait aussi dans la ville d'Amyclée la *statue de Proserpine* avec un trépied en bronze, de la main de Callon. Pline et Pausanias comptent, parmi les sculpteurs contemporains, Agélade, Phragmon, Gorgias, Lacon, Myron, Pythagoras, Scopas, Perelius, et Mœnechme.

Hégias, ou Hégésias, fut contemporain de Phidias et d'Alcamène. Ses statues les plus estimées étaient une *Minerve* et un *Pyrrhus*; ensuite deux figures de Castor et Pollux, qui furent transportées à Rome, et placées, suivant le témoignage de Pline, devant le temple de Jupiter Tonnant, à peu près à la même place où l'on a retrouvé les deux statues colossales qui se voient aujourd'hui au Capitole.

Calamis florissait à Athènes vers l'an 420 avant notre ère. Il excellait surtout à représenter des chevaux, comme le témoigne Properce dans le vers suivant:

Exactis Calamis se mihi jactat equis.

Il ne réussissait pas moins dans les statues humaines. Ses sculptures étaient en grand nombre et très-recherchées. Entre autres grands ouvrages, il avait exécuté un colosse qu'on voyait dans une petite île de la côte d'Illyrie, où s'était établie une colonie de Milésiens. Lucullus enleva ce monument, et le consacra dans le Capitole. On avait aussi placé dans les jardins de Servilius à Rome un *Apollon*, apporté d'Athènes, et du même sculpteur. Il était encore excellent ciseleur: Pline cite deux vases précieux, ouvrages de cet artiste, et que Germanicus avait possédés.

Myron, que Pline fait contemporain de Callon, est un des plus célèbres statuaires de l'antiquité. Le *Discobole* était un de ses chefs-d'œuvre. Verrès avait enlevé du temple d'Esculape, à Agrigente, un *Apollon* en bronze d'une grande beauté, et sur la cuisse duquel le nom de Myron se trouvait incrusté en lettres d'argent; il avait également dérobé, à Mamerte, un Hercule du même métal et du même artiste. Myron avait aussi fait cet *Apollon* qu'Antoine enleva aux Éphésiens, et qu'Auguste leur rendit, sur la foi d'un songe. Pline et Pausanias citent encore un grand nombre d'ouvrages de Myron : il paraît néanmoins qu'il mourut dans la pauvreté.

Diligentia ac decor in Polycleto. Polyclète, statuaire et architecte, connu chez les modernes sous la dénomination de *Polyclète de Sicyone*, et auteur de la statue colossale de *Junon*, en ivoire et en or, consacrée dans le temple de cette déesse, près la ville d'Argos, a joui, chez les anciens, d'une célébrité égale à celle de Phidias et de Praxitèle. Cette dénomination de Polyclète de Sicyone tire son origine de ce mot de Pline, *Polycletus Sycionius, Ageladœ discipulus.* Il paraît néanmoins qu'il était d'Argos, ainsi qu'un second Polyclète avec lequel on l'a souvent confondu. Platon, qui était son contemporain, l'appelle, dans son dialogue intitulé *Protagoras*, Polyclète l'Argien. La *Junon* d'Argos était assise sur un trône d'or, dans une attitude majestueuse : la tête, la poitrine, les bras et les pieds étaient en ivoire; les draperies en or : elle était coiffée d'une couronne, sur laquelle le sculpteur avait représenté les Heures et les Grâces. D'une main elle tenait son sceptre, de l'autre elle portait une grenade; au sommet du sceptre était posé un coucou : le manteau était orné de guirlandes formées de branches de vigne; ses pieds reposaient sur une peau de lion. Mais, de tous les ouvrages de Polyclète, aucun ne contribua autant à sa réputation que celui qui fut appelé le *Canon*, ou la règle de l'art. Winckelmann présume que la figure appelé le *Canon* était le *Doryphore*. Polyclète fut encore un très-habile architecte. Les anciens ne citent que deux édifices construits sur ses dessins, mais c'est avec de grands éloges. Un des deux était un bâtiment circulaire, en marbre blanc, appelé le *Tholus*, élevé à Épidaure, près du temple d'Esculape. L'autre était un théâtre situé dans l'enceinte même de ce temple, et constamment regardé comme un modèle de goût.

At quæ Polycleto defuerunt, Phidiæ atque Alcameni dantur. Phidias naquit à Athènes. Deux faits sont constants dans l'histoire chronologique de sa vie : le premier, c'est que la statue de *Minerve*, qu'il éleva dans le Parthénon, fut terminée la seconde année de la 85ᵉ olympiade, 438 ans avant J.-C., et qu'il se représenta lui-même, dans les bas-reliefs qui ornaient le bouclier de la déesse, sous les traits d'un vieillard chauve; le second, c'est qu'il représenta, dans les bas-reliefs du trône de *Jupiter*, à Olympie, le jeune Pantarcès attachant sur son front la couronne qu'il avait remportée aux jeux Olympiques la première année de la 86ᵉ olympiade. La statue de Minerve dans le Parthénon d'Athènes, et celle de Jupiter, à Olympie, sont les plus célèbres de ses ouvrages.

Alcamène, élève de Phidias, était né, comme son maître, à Athènes. Il décora sa ville natale de plusieurs chefs-d'œuvre, parmi lesquels on citait la statue de *Vénus Aphrodite*. L'un des plus beaux ouvrages de cet artiste

fut le fronton postérieur du temple de Jupiter Olympien, dont Pausanias a laissé la description.

Ad veritatem Lysippum ac Praxitelem accessisse optime affirmant. Lysippe, de Sicyone, fut compris dans cet édit célèbre par lequel Alexandre confiait au seul Apelle le droit de peindre son image; au seul Pyrgotèle, celui de la graver sur les pierres précieuses; et au seul Lysippe, celui de l'exécuter en bronze. Pline, Pausanias, Strabon, Vitruve, font une longue énumération de ses ouvrages. On lui a attribué, mais sans preuve, ces fameux chevaux de Venise qui décorèrent pendant quelques années l'arc de triomphe de la place du Carrousel. Lysippe prenait l'avis d'Apelle sur ses statues, et Apelle le consultait sur ses tableaux.

Praxitèle, né, selon l'opinion la plus commune, à Athènes, florissait vers l'an 330 avant J. C. Il n'est personne, disait Varron, quelque peu d'instruction qu'il ait reçue, qui ne connaisse Praxitèle. La *Vénus* de Cnide fut le chef d'œuvre de ce sculpteur, et l'objet de l'admiration de toute l'antiquité. « De toutes les extrémités de la terre, dit Pline, on navigue vers Cnide, pour y voir la statue de Vénus. » Cette statue était nue, et Praxitèle avait pris pour modèle la fameuse Phryné, sa maîtresse, d'après laquelle aussi Apelle avait peint sa *Vénus Anadyomène.*

Nam Demetrius tanquam nimius in ea reprehenditur. Démétrius était d'Alopée, et a vécu vers l'an 348 avant J. C. L'ouvrage le plus remarquable de ce sculpteur était une statue de *Minerve*, qu'on nommait *la musicienne*, parce que les têtes de serpent qui environnaient sa gorge rendaient un son semblable à celui d'un instrument, quand on les frappait.

Quare qui a Latinis exiget illam gratiam sermonis attici, det mihi in eloquendo eandem jucunditatem. On aurait tort d'induire de l'éloge que Quintilien fait ici de la langue grecque, qu'il la regardait comme véritablement supérieure à la langue latine. C'est ainsi que nous disons que la langue italienne est plus propre au chant que la langue française, sans avouer par là notre infériorité. On peut, au surplus, opposer à Quintilien l'autorité de Cicéron : « J'ai toujours cru, dit-il, et je m'en suis souvent expliqué, que non-seulement notre langue n'est point pauvre, mais qu'elle est même plus riche que la langue grecque. Car a-t-on jamais vu, pour ne pas citer mon propre exemple, nos bons orateurs et nos bons poètes manquer de termes pour exprimer leurs idées ou donner des grâces à leur langage? » *Sed ita sentio, et sæpe disserui, latinam linguam non modo non inopem, ut vulgo putarent, sed locupletiorem etiam esse, quam græcam. Quando enim nobis, vel dicam aut oratoribus bonis, aut poetis, ullus orationis vel copiosæ, vel elegantis ornatus defuit?* (*Traité des vrais biens et des vrais maux*, liv. I, 3) La plupart des hellénistes modernes, dont les plus savants n'ont jamais pu parvenir qu'à distinguer le sens des auteurs grecs, prétendent que la langue grecque est la plus harmonieuse que les hommes aient jamais parlée. Mais, de bonne foi, peut-on dire qu'Homère, Pindare, Thucydide, produisent le même effet sur nous que Virgile, Horace, Tacite? Dans Virgile, par exemple, il y a des pensées qui sont aussi lumineuses pour notre esprit français, sous tous les rapports, que les plus beaux vers de Racine. Goûtons-nous aussi pleinement les beautés d'Homère et de Sophocle? Quoi qu'il en soit, on lira sans doute avec plaisir un passage de M. de Maistre, qui, bien que tiré du traité *du Pape*, n'est pas déplacé dans cette note : « Rien n'égale la dignité de la langue latine. Elle fut parlée par le peuple-roi, qui lui imprima ce caractère de grandeur unique dans l'histoire du langage humain, et que les langues même les plus parfaites n'ont jamais pu saisir. Le terme de *majesté* appartient aux Latins : la Grèce l'ignore, et c'est par la majesté seule qu'elle demeura au-dessous de Rome.

dans les lettres comme dans les camps. Née pour commander, cette langue commande encore dans les livres de ceux qui la parlèrent. C'est la langue des conquérants romains et celle des missionnaires de l'Église romaine. Ces hommes ne diffèrent que par le but et le résultat de leur action. Pour les premiers, il s'agissait d'asservir, d'humilier, de ravager le genre humain; les seconds venaient l'éclairer, le rassainir et le sauver : mais toujours il s'agissait de vaincre et de conquérir; et de part et d'autre c'est la même puissance :

.... *Super et Garamantas et Indos*
Proferet imperium.

« Trajan, qui fut le dernier effort de la puissance romaine, ne put cependant porter sa langue que jusqu'à l'Euphrate. Le pontife romain l'a fait entendre aux Indes, à la Chine et au Japon. C'est la langue de la civilisation. Mêlée à celle de nos pères les barbares, elle sut raffiner, assouplir, et, pour ainsi dire, *spiritualiser* ces idiomes grossiers, qui sont devenus ce que nous voyons. Armés de cette langue, les envoyés du pontife romain allèrent eux-mêmes chercher ces peuples qui ne venaient plus à eux. Ceux-ci l'entendirent parler le jour de leur baptême, et depuis ils ne l'ont plus oubliée. Qu'on jette les yeux sur une mappemonde, qu'on trace la ligne où *cette langue universelle s'est tue* : là sont les bornes de la civilisation et de la fraternité européennes; au delà vous ne trouverez que la parenté humaine, qui se trouve heureusement partout. Le signe européen, c'est la langue latine. Les médailles, les monnaies, les trophées, les tombeaux, les annales primitives, les lois, les canons, tous les monuments parlent latin : faut-il donc les effacer ou ne plus les entendre? Le dernier siècle, qui s'acharna sur tout ce qu'il y a de sacré et de vénérable, ne manqua pas de déclarer la guerre au latin. Les Français, qui donnent le ton, oublièrent presque entièrement cette langue; ils se sont oubliés eux-mêmes jusqu'à la faire disparaître de leur monnaie, et ne paraissent pas encore s'apercevoir de ce délit commis à la fois contre le bon sens européen, contre le goût et contre la religion. Les Anglais même, quoique sagement obstinés dans leurs usages, commencent aussi à imiter la France : ce qui leur arrive plus souvent qu'on ne le croit et qu'ils ne le croient eux-mêmes, si je ne me trompe. Contemplez les piédestaux de leurs statues modernes : vous n'y trouverez plus le goût sévère qui grava les épitaphes de Newton et de Christophe Wren. Au lieu de ce noble laconisme, vous lirez des histoires en langue vulgaire. Le marbre, condamné à bavarder, pleure la langue dont il tenait ce beau style qui avait un nom entre tous les autres styles, et qui, de la pierre où il s'était établi, s'élançait dans la mémoire de tous les hommes. Après avoir été l'instrument de la civilisation, il ne manquait plus au latin qu'un genre de gloire, qu'il s'acquit en devenant, lorsqu'il en fut temps, la langue de la science. Les génies créateurs l'adoptèrent pour communiquer au monde leurs grandes pensées. Copernic, Kepler, Descartes, Newton, et cent autres très-importants encore, quoique moins célèbres, ont écrit en latin. Une foule innombrable d'historiens, de publicistes, de théologiens, de médecins, d'antiquaires, etc., inondèrent l'Europe d'ouvrages latins de tous les genres. De charmants poètes, des littérateurs du premier ordre, rendirent à la langue de Rome ses formes antiques, et la reportèrent à un degré de perfection qui ne cesse d'étonner les hommes faits pour comparer les nouveaux écrivains à leurs modèles. Toutes les autres langues, quoique cultivées et comprises, se taisent cependant dans les monuments antiques, et très-probablement pour toujours. »

Ideoque in agendo... ut Periclem, ut Demadem. Toute l'antiquité a célébré l'éloquence de Périclès, mais

nous ne possédons aucun des discours de cet illustre Athénien : les trois harangues que lui fait prononcer Thucydide n'appartiennent, selon toute apparence, qu'à cet historien. La première est une exhortation à la guerre contre les Lacédémoniens et les autres peuples du Péloponnèse; la seconde est l'éloge funèbre des guerriers morts dans la première campagne; elle a été la renommée, et a été souvent traduite. La troisième est une apologie de sa conduite. Quintilien a précédemment parlé d'un recueil d'oraisons de Périclès, où il ne trouvait rien qui fût digne des éloges que lui décerne Cicéron. Aussi pensait-il, avec d'autres, que Périclès n'avait pas laissé de discours écrits. Quelques-uns, au contraire, ont soutenu, d'après un texte de Suidas, qu'il ne prononçait que des discours écrits. Bayle rejette cette opinion. Au reste, ce qui est indubitable, c'est que Périclès dut à son éloquence l'autorité presque monarchique dont il a joui pendant quarante ans au sein d'un État populaire.

Démade, célèbre démagogue athénien, fut d'abord matelot ou marchand de poissons. Des talents naturels l'ayant porté à la tribune, il acquit beaucoup de crédit sur le peuple d'Athènes. Contemporain de Démosthène et de Phocion, il joua un rôle politique, qui ne fut pas toujours honorable. Une lettre de Démade à Perdiccas, par laquelle il l'exhortait à se mettre à la tête des affaires, en disant que le sort de la Grèce ne tenait plus qu'à un fil pourri, c'est-à-dire Antipater, tomba entre les mains de Cassandre, qui, ayant fait arrêter Démade et son fils, fit égorger d'abord celui-ci en présence du père, qu'il fit mourir ensuite l'an 202 avant J. C.

Nam et Homerus.... Menelao dedit. Voici le passage d'Homère dont parle Quintilien, et qu'il se plaît à rappeler en plusieurs endroits; c'est Anténor qui répond à Hélène, sur la tour :

Ἀλλ᾽ ὅτε δὴ μύθους καὶ μήδεα πᾶσιν ὕφαινον,
Ἤτοι μὲν Μενέλαος ἐπιτροχάδην ἀγόρευεν,
Παῦρα μέν, ἀλλὰ μάλα λιγέως ἐπεὶ οὐ πολύμυθος
Οὐδ᾽ ἀφαμαρτοεπής, ἦ καὶ γένει ὕστερος ἦεν.
Ἀλλ᾽ ὅτε δὴ πολύμητις ἀναΐξειεν Ὀδυσσεύς,
Στάσκεν, ὑπαὶ δὲ ἴδεσκε, κατὰ χθονὸς ὄμματα πήξας,
Σκῆπτρον δ᾽ οὔτ᾽ ὀπίσω, οὔτε προπρηνὲς ἐνώμα,
Ἀλλ᾽ ἀστεμφὲς ἔχεσκεν ἀΐδρεϊ φωτὶ ἐοικώς·
Φαίης κε ζάκοτόν τέ τιν᾽ ἔμμεναι ἄφρονά τ᾽ αὔτως·
Ἀλλ᾽ ὅτε δὴ ῥ᾽ ὄπα τε μεγάλην ἐκ στήθεος ἵει
Καὶ ἔπεα νιφάδεσσιν ἐοικότα χειμερίῃσιν,
Οὐκ ἂν ἔπειτ᾽ Ὀδυσῆΐ γ᾽ ἐρίσσειε βροτὸς ἄλλος·
Οὐ τότε γ᾽ ὧδ᾽ Ὀδυσῆος ἀγασσάμεθ᾽ εἶδος ἰδόντες.

(Iliade, III, 212-24.)

« Lorsqu'ils haranguaient dans les conseils, Ménélas parlait d'une manière succincte, mais pleine de force; il n'abondait point en paroles et ne s'écartait pas du sujet, quoiqu'il fût le plus jeune. Mais quand le prudent Ulysse se levait à son tour, d'abord, comme un homme novice et sans art, il demeurait les yeux baissés et attachés à la terre, et tenant son sceptre immobile. On eût dit un homme stupide, ou qu'agite intérieurement une sombre colère. Mais lorsque sa grande voix s'échappait de sa poitrine, et que ses paroles sortaient de sa bouche, aussi abondantes que les flocons de neige qui tombent dans la saison d'hiver, alors personne n'eût osé se mesurer avec Ulysse, et, oubliant son extérieur, nous l'admirions tous en silence. »

Quæ tandem ars digna litteris Platoni defuit? « La nature, dit M. de Gérando, avait réuni dans Platon ses dons les plus heureux et en même temps les plus divers, comme si elle s'était complu à former en lui le plus beau génie qu'elle ait présenté à l'humanité. Il possédait au plus haut degré les facultés qui président aux arts d'imagination : ce genre d'inspiration qui puise dans la région de l'idéal le type de ses productions, ce talent d'imitation qui fait revivre les objets après les avoir observés, cette vivacité de sentiment qui les revêt de couleurs brillantes, surtout ce goût d'harmonie, cette fidélité aux proportions, ce tact exquis des convenances, qui distribue les détails dans le plus parfait accord; mais il possédait en même temps cette faculté d'abstraire, qui est le privilège des penseurs... Quand on a bien saisi le caractère de cet esprit extraordinaire, on devine d'avance la doctrine à laquelle il a dû donner le jour. La poésie, dès l'origine, avait dominé la philosophie; en lui elles semblent s'être mariées et confondues. Il a porté au plus haut point de perfection la poétique de cette science, si on peut s'exprimer de la sorte : il a été l'Homère de la philosophie. C'est le titre que lui donne Cicéron. »

Quot seculis Aristoteles didicit, etc., naturas omnes perquireret? Aristote, en effet, parcourut le cercle entier des connaissances humaines : logique, métaphysique, morale, rhétorique, poésie, politique, physique, histoire naturelle, économie politique, histoire. Toutefois il ne jouit pas dans l'antiquité, et de son vivant surtout, de cette gloire qui, plus tard, fit de son nom un culte et une superstition : soit parce que, fidèle aux habitudes des premiers philosophes, il ne donnait pas en public toute sa doctrine; car ses leçons se divisaient en deux classes : les unes, celles où tout le monde était admis, portaient sur les connaissances les plus usuelles de la vie commune; les autres étaient secrètes, et exclusivement destinées à ses élèves : d'où plus tard les ouvrages d'Aristote ont été divisés en *exotériques* et *acroamatiques*; soit que l'imagination des Grecs se prêtât moins aux déductions rigoureuses, aux étroites classifications du philosophe de Stagire. Une autre circonstance étouffa longtemps la renommée et l'influence d'Aristote. Après sa mort, ses écrits exotériques restèrent cent quatre-vingt-dix ans cachés dans une cave. Ils ne furent transportés à Athènes, d'où Sylla les envoya à Rome, qu'à l'époque de Mithridate.

M. Censorius Cato, idem orator. Caton le censeur avait composé un grand nombre d'ouvrages sur des matières différentes. Son traité *de Re rustica* est le seul qui soit parvenu jusqu'à nous. Les autres étaient des discours et plaidoyers prononcés pendant le cours de sa longue vie et recueillis dans sa vieillesse : les *origines* ou histoires et annales du peuple romain, dont il nous reste quelques fragments ; un livre sur l'art militaire ; un livre sur l'éducation des enfants ; des préceptes sur les mœurs, en prose et en vers; des apophthegmes; un traité de médecine; des lettres citées par Pline, Festus et Priscianus.

Quantum enim poesis ab Homero et Virgilio, tantum fastigium accepit eloquentia a Demosthene atque Cicerone. Il est si rare de rencontrer quelque chose qui ne se ressente pas de l'éloge banal qui pèse sur ces quatre grands noms, que le lecteur nous saura gré d'y faire diversion par une critique d'un ordre plus élevé, empruntée à M. de Lamennais (*Esquisse d'une philosophie*, liv. 8 et 9.)

« L'épopée homérique marque l'époque où l'homme, ayant acquis une pleine conscience de soi, se sentit libre au sein de l'univers; et en même temps elle représente ses modes d'activité, la religion, les lois, les coutumes, les mœurs, la civilisation enfin, telle qu'elle se développa chez les Grecs sous l'influence dorienne. Récemment descendus de leurs âpres montagnes, tout près encore de l'état grossier, à moitié sauvage, de leurs rudes ancêtres, ils offrent un mélange singulièrement poétique de barbarie et d'héroïsme, de passions farouches et de tendresse naïve, d'idées morales, imparfaites, confuses, et des sentiments les plus délicats, des instincts les plus généreux. Leurs yeux, où tout à l'heure étincelait la colère, se mouillent des sain-

les larmes de la pitié. Les liens de la famille et ceux de la sympathie ont formé parmi eux la trame première, indestructible de la société. Le père, la mère, l'époux, l'épouse, l'enfant, le frère, l'ami, tout a son modèle d'une vérité, d'une beauté presque inimitable, dans cette poésie simple et magnifique, qui tantôt vous émeut par la vive peinture des tristesses et des joies, des craintes et des espérances, des biens si fragiles, des maux si nombreux, des infortunes si amères de la vie et de ses soudaines catastrophes ; tantôt vous égare au milieu des doux enchantements de la nature, dans les bois suspendus aux flancs des coteaux, le long d'un ruisseau qui serpente à travers de riantes plaines, ou d'un torrent qui tombe des rochers, en de frais vallons, en des champs couverts de jaunes épis qui plient et se relèvent sous les nuages mobiles chassés par les vents, et sur les rivages de la mer bruyante. Le charme de la langue sonore, accentuée, sa merveilleuse richesse, l'infinie variété de ses nuances, ajoute à ces prestiges un prestige nouveau. Tour à tour rapide, majestueuse, sombre, heurtée, gracieuse, suave, l'harmonie du vers peint à l'oreille ce qu'expriment les mots, soit que le père des dieux ébranle l'Olympe d'un mouvement de ses sourcils, soit que le souffle du temps détache de leur tige les générations humaines, comme des feuilles d'automne.

« Rome, après Lucrèce, n'a produit que deux poëtes vraiment dignes de ce nom, Virgile et Horace. Au temps où ils vécurent, presque toutes les sources de la poésie primitive étaient desséchées. Ils furent poëtes de la seule manière dont on puisse l'être lorsque la foi s'est éteinte et que les mœurs ont perdu leur simplicité naïve, par le sentiment de la nature et de l'humanité, joint dans l'un à la tendresse du cœur, dans l'autre à la finesse pénétrante et à l'exquise délicatesse de la pensée. Le tumulte des cités, leur bruit vide les importunait également. Alors il s'élevait en eux des regrets d'une tristesse singulière, d'impétueux désirs, pareils à ceux que l'instinct éveille dans l'oiseau de passage, quand vient la saison du départ. Rêvant la paix et les loisirs de sa petite maison de Sabine, le poëte de Tibur demandait à la campagne, à ses ombrages, et son silence, pour y boire l'oubli d'une vie agitée :

O rus, quando ego te aspiciam ? quandoque licebit
Nunc veterum libris, nunc somno et inertibus horis,
Ducere sollicitæ jucunda oblivia vitæ ?

Le cygne de Mantoue, fatigué de son vol, aspirait à se reposer dans les fraîches vallées arrosées par des fleuves limpides, sur les pentes de l'Hémus et du Taygète, cher aux jeunes filles de la Laconie ; aux bords du Sperchius, sous l'épais feuillage des forêts :

Rura mihi et rigui placeant in vallibus amnes ;
Flumina amem sylvasque inglorius. O ubi campi,
Sperchiusque, et virginibus bacchata Lacænis
Taygeta ! O qui me gelidis in vallibus Hæmi
Sistat, et ingenti ramorum protegat umbra !

Et ce n'est pas seulement dans ses poëmes champêtres que se chantre harmonieux de la nature révèle l'amour qu'elle lui inspirait : à chaque instant il se manifeste dans son épopée même ; et avec la peinture si vraie des passions les plus vives, des plus purs sentiments, des plus douces sympathies qui puissent unir les hommes, il en fait le charme principal.

« Démosthène semble avoir posé, dans la Grèce encore libre, les bornes de l'art. Ce n'est pas que d'autres n'aient eu des qualités qui lui manquaient ; les plus éminentes il les possédait toutes, et toutes à un degré qu'on n'a point égalé. Quel que soit son sujet, il l'agrandit naturellement et sans effort. A mesure qu'il se dessine, vous y voyez l'empreinte d'une puissance extraordinaire : on dirait le torse d'Hercule. Dans tous les membres de ce corps on sent couler une vie énergique. Ses muscles tendus se gonflent et palpitent ; un souffle plus qu'humain bruit profondément dans sa large poitrine. Le colosse se meut, lève le bras, et, avant même qu'il ait frappé, nul ne doute un instant que la victoire puisse être indécise. Ce qui domine dans Démosthène, c'est une logique sévère, une dialectique vigoureuse, serrée, un étroit enchaînement, d'où résulte un tout compacte et indissoluble. Ne cherchez point en lui la souplesse élégante, la grâce flexible et molle, l'insinuation craintive, la ruse qui s'enveloppe et fuit pour revenir : il va droit à son but, renversant, brisant de son seul poids tous les obstacles. Sa diction est nerveuse, concise, et cependant périodique. Pas une phrase oiseuse dans le discours ; pas un mot oiseux dans la phrase. Il force la conviction, il entraîne à sa suite l'auditeur maîtrisé, et, s'il hésite, ouvrant une soudaine issue à la tempête qu'il retenait en soi, il l'emporte comme les vents emportent une feuille sèche.

« L'éloquence ne fut guère à Rome, quand le goût des lettres y pénétra, qu'une imitation de celle des Grecs. Mais, en Grèce même, l'art oratoire avait dégénéré, comme tous les autres arts. Réduit par les rhéteurs à des formes matérielles, il manquait de vie interne, de spontanéité, de ce qui sort de l'âme par un soudain et naturel mouvement. Ce n'était plus qu'un arrangement artificiel de phrases, un assemblage de lieux communs disposés selon des règles fondées en partie sur l'observation, mais qui tendaient à substituer à l'inspiration créatrice de simples procédés techniques. On put dès lors ouvrir des écoles où l'éloquence était enseignée comme on enseigne la géométrie, la grammaire, le dessin, la danse. Vers les derniers temps de la république, les jeunes Romains allaient en foule recueillir les leçons des maîtres célèbres, pour se préparer aux fonctions publiques, liées presque toutes à l'exercice de la parole. La grandeur des questions traitées dans le sénat ou en présence du peuple, et les passions qu'elles suscitèrent, empêchèrent, malgré les rhéteurs et leurs stériles préceptes, la véritable éloquence de se perdre, aussi longtemps que la liberté subsista. Cependant on ne laisse pas d'apercevoir dans les monuments de cet âge, et dans Cicéron même, des traces de l'art factice chez les Grecs à une époque de décadence. Jamais ce grand orateur ne s'oublie lui-même, ne s'efface ; jamais il n'est pleinement absorbé par son sujet. Il ne veut pas seulement entraîner, convaincre, il veut encore plaire et briller. Même lorsqu'il se passionne, lorsque les flots de sa parole débordent et se précipitent avec le plus d'impétuosité, on y sent quelque chose d'arrangé pour l'effet. Moins nerveux qu'élégant, et toujours maître de soi, il ne s'abandonne qu'avec réserve dans la mesure qu'il a résolue. Ne cherchez en lui ni la mâle simplicité de Démosthène, ni sa logique rapide, ni son énergie concentrée. Il lui faut plus d'espace, plus d'intermédiaires, plus de préparations. Sa période se développe avec majesté, mais souvent aussi avec une abondance trop verbeuse. Son discours a de l'ampleur et de l'éclat ; on aimerait que le tissu en fût plus serré. Toutefois, quoique l'on puisse désirer en lui, Cicéron a le génie de l'éloquence. Il persuade, touche, émeut ; il a des accents pathétiques, il sait exciter la pitié, soulever l'indignation. Admiré de ses contemporains, leur jugement unanime, confirmé par celui de la postérité, le place au premier rang des orateurs romains, et assure à son nom une gloire immortelle. »

Hæc erant, Marcelle Victori, quibus præcepta dicendi pro virili parte adjuvari posse per nos videbantur. Nous avons cru rendre hommage à un devancier, en terminant ces notes par l'extrait suivant de l'excellente préface de l'abbé Gédoyn, auteur de la première bonne traduction de Quintilien. « L'éloquence romaine, après avoir été portée à la plus haute perfection par plusieurs grands orateurs, mais surtout par Hortensius et par Cicéron, éprouva bientôt le sort de toutes les choses humaines, qui

ne demeurent pas longtemps au même état, et qui ne sont jamais plus près de leur déclin que lorsqu'elles semblent avoir atteint le point d'accroissement et de grandeur qui leur était réservé. Cependant Messala et Pollion la soutinrent encore quelque temps. Mais après eux on la vit pencher de plus en plus vers sa ruine; si bien que, depuis ce temps-là jusques à Quintilien qui en fut le restaurateur, à peine peut-on compter deux ou trois orateurs qui se soient fait quelque nom. Plusieurs auteurs ont recherché la cause d'une si prompte décadence; et Quintilien lui-même composa un livre, qu'il intitula *Des causes de la corruption de l'éloquence*, où, en découvrant le mal, il tâchait d'y apporter le remède. Cet ouvrage n'est point venu jusqu'à nous, celui qui porte un titre semblable, et dont nous avons un très-beau fragment, n'étant, selon toutes les apparences, ni de Quintilien, ni de Tacite. Pour moi, quand je porte mon esprit sur les hommes de ce temps-là, particulièrement sur ceux dont l'exemple devait entraîner les autres, il me semble que je trouve dans leur propre caractère la raison du changement qui se fit à l'éloquence. On changea de goût, on changea aussi de manière; car l'un suit toujours de l'autre. C'est une chose qui se dit communément, qu'il ne faut point disputer des goûts : sans doute parce que cela est inutile, tout homme trouvant son goût bon, et ne l'ayant même que parce qu'il le trouve bon. Cependant on convient qu'il y a un bon et un mauvais goût. Si donc le goût qui régnait du temps de Cicéron et de Virgile était bon, il faut conclure que celui qui régna ensuite était mauvais, puisqu'il était non-seulement différent, mais même contraire. Or, je ne sais si celui qui contribua le plus à changer le goût de son siècle ne fut point Ovide. C'était le plus bel esprit de son temps et le plus galant. Jamais poëte n'a fait des vers avec une facilité si heureuse. Tous les sujets qu'il traitait, quelque stériles, quelque bizarres même qu'ils fussent, devenaient riches, gracieux et fleuris entre ses mains. Mais comme il avait infiniment d'esprit, il en mettait partout jusques à l'excès. Se plaignait-il de ses malheurs? il songeait bien plus à être ingénieux, qu'à s'attirer de la compassion. Écrivait-il des lettres amoureuses? c'étaient pensées sur pensées, de l'esprit à chaque mot : par conséquent peu de sentiment, peu de passion. Jusque-là on n'avait guère connu que la belle et noble simplicité. Le genre d'écrire d'Ovide commença à se faire goûter. Un défaut revêtu de tant de grâces se prend aisément pour vertu. On l'imita donc. Mais ceux qui l'imitèrent n'ayant pas l'esprit d'Ovide, et voulant montrer en avoir en dépit de la nature, gâtèrent tout par une affectation ridicule, qui est de tous les vices le plus insupportable aux personnes qui ont du goût. Voilà donc l'éloquence déjà corrompue par l'affectation; car, quoique je parle d'un poëte, c'est toujours l'éloquence sous une forme différente. D'un autre côté, Mécénas, favori d'Auguste, si célèbre par la protection généreuse qu'il accordait aux gens de lettres, et homme de lettres lui-même, ne laissa pas de nuire à l'éloquence. Il était de ces voluptueux qui raffinent sur le plaisir et qui le cherchent en tout. Son style, par une suite assez naturelle, se ressentait de la mollesse de son âme. Il recherchait dans l'arrangement des mots, et dans sa composition, une certaine cadence molle, et je ne sais quels nombres qui flattaient agréablement l'oreille, mais qui n'avaient nul soutien. On dit même qu'il affectait ce badinage jusque dans les choses les plus sérieuses et les plus tristes. Nous en avons une preuve dans quelques-unes de ses paroles, que Quintilien nous a conservées, comme celles-ci : *ne exsequias quidem unus inter miserrimos viderem meas*. Sur quoi ce rhéteur dit : *quod inter hæc pessimum est, quia in re tristi ludit compositio*. Tel était le goût de Mécénas. Un ministre, un favori n'a guère de vices qui ne soient contagieux. Souvent même on les érige en vertus, pour les imiter plus librement. Pollion et Messala, Virgile, Varius et Horace, se sauvèrent de la contagion. Mais il est à croire que ceux qui n'avaient pas la même supériorité de génie voulurent plaire à leur protecteur, du moins par la conformité de leur style avec le sien. Voilà comme la mollesse et l'afféterie infectèrent peu à peu l'éloquence.

« Tibère, successeur d'Auguste, fut, comme on sait, un prince fort concerté, artificieux, cruel, de ces politiques qui ne font rien sans dessein, et qui ne veulent point être pénétrés. Avec un tel maître, les Romains eurent besoin d'une dissimulation profonde. Ils s'accoutumèrent à déguiser leurs pensées, à dire une chose pour en faire entendre une autre, au hasard de n'être pas entendus. Cet art devint encore plus nécessaire sous les empereurs suivants, Caligula, Claude, Néron; la plainte ouverte était un crime qui ne demeurait point impuni. Cependant on voulait se plaindre; et qu'y a-t-il de plus naturel aux malheureux? Qu'arriva-t-il? On parla, pour ainsi dire, par énigmes. Les discours figurés furent goûtés, et devinrent à la mode; j'entends ces discours où l'on dit une chose, sans que l'on puisse vous accuser de l'avoir dite. Ces ambiguïtés passèrent bientôt de la conversation dans les écrits. Ainsi l'obscurité si contraire au beau style, à l'éloquence, y fut introduite par le besoin que l'on en eut, et gardée par l'habitude qui s'en contracta : témoin les ténèbres de Perse, les obscures allégories de Pétrone, et la profondeur de Tacite, qui est un excellent historien, mais qu'il faut souvent deviner. Quoique l'éloquence fût déjà si différente de ce qu'elle était peu auparavant, les Romains conservaient toujours de l'amour et de l'inclination pour un si bel art. On en tenait des écoles publiques à Rome. On peut dire même qu'il n'y eut jamais tant de maîtres qui fissent profession de l'enseigner. Ces maîtres étaient ce que l'on appelait des déclamateurs; et les discours d'éclat qu'ils faisaient de temps en temps s'appelaient des déclamations. Ce furent eux qui achevèrent de corrompre et de perdre l'éloquence. Car, aux vices déjà établis, ils en ajoutèrent deux autres, l'enflure et les pointes : au lieu d'exercer les jeunes gens sur des sujets raisonnables, qui eussent pu les préparer aux fonctions du barreau, ils ne leur en proposaient que d'extraordinaires et de bizarres, qui n'avaient rien d'intéressant, rien d'utile. C'étaient tantôt des réponses d'oracles, qui auraient à peine trouvé croyance dans les temps fabuleux, tantôt des lois imaginaires, sur lesquelles ils bâtissaient des matières de controverse, qui ne pouvaient jamais avoir d'application, parce que le fondement en était chimérique. Nos déclamateurs traitaient ces sujets avec toute l'emphase ou tous les raffinements imaginables. Il ne faut que voir le portrait que nous fait Pétrone d'un de ces déclamateurs, ou jeter les yeux sur les dix-neuf déclamations que l'on attribue communément à Quintilien, et qui sont si peu de lui que, dans ses livres de l'Institution de l'orateur, il se déchaîne sans cesse contre l'esprit et le style de ces misérables pièces. Malgré cela, ces déclamations imposaient à la multitude, et surprenaient son admiration par des expressions hardies, par des exagérations outrées, par une vaine pompe, enfin par une prononciation bruyante et fastueuse; car la présomption fut toujours compagne de l'ignorance. Le mal se communiqua bientôt aux écrivains et aux orateurs. La jeunesse romaine, formée par de si mauvais maîtres, porta les manières de l'école au barreau, et les retint par la force de l'habitude et des préjugés. Ce fut alors que le mauvais goût s'empara de presque tous les esprits, et qu'il régna avec une pleine et entière liberté. Un discours naturel et judicieux trouva peu d'approbateurs. On voulait des jeux de mots, des pointes d'esprit, de ces obscurités mystérieuses qui laissent à l'auditeur tout le plaisir de la pénétration; ou bien on voulait un discours qui fût bril-

tant d'un bout à l'autre; on croyait chercher le grand et le merveilleux, mais on ne songeait pas que cette grandeur était, dit Quintilien, plutôt bouffissure que santé, plutôt enflure qu'embonpoint. De là naquirent la Pharsale de Lucain, et les Épigrammes de Martial. Non que ces deux écrivains soient à mépriser; mais l'un est toujours monté, pour ainsi dire, sur des échasses; et tout faiseur d'épigrammes, je dis faiseur de profession, lors même qu'il plaît, ne saurait guère manquer de déplaire en même temps par l'affectation qui est inséparablement attachée à cette sorte d'ouvrage.

« Je crois avoir touché les causes les plus naturelles et les plus probables de la corruption du goût chez les Romains. On en pourrait ajouter beaucoup d'autres; mais il y en a une surtout que je ne dois pas oublier, c'est l'admiration aveugle que l'on eut pour un écrivain de ce temps-là, qui ne la méritait pas. Rien n'est si séduisant et si dangereux que l'esprit dans un écrivain qui n'a point de goût : les traits de lumière dont brillent ses écrits frappent tout le monde, et le défaut de goût n'est remarqué que d'un petit nombre de gens sensés, qui ont puisé leurs idées et leur goût dans les plus pures sources. Sénèque, devenu l'unique objet de l'estime publique par une espèce d'illusion dont il se voit des exemples presque en chaque siècle, est une preuve singulière de l'empire que les qualités spécieuses prennent sur la plupart des hommes. Cet auteur parut aux Romains comme un nouvel astre qui venait les éclairer : aussitôt tout fut effacé devant lui. Ce caractère moral et sentencieux, qu'il affectait, était apparemment un caractère qu'ils n'avaient point encore vu, et qui eut pour eux le charme de la nouveauté. Ils ouvrirent les yeux à ses perfections, car il en avait de grandes, et ils les fermèrent à ses défauts, qui, pour avoir une sorte d'agrément et de douceur, n'en étaient pas moins des défauts : *dulcibus abundabat vitiis*, dit Quintilien lui-même. En effet, avec beaucoup d'esprit, il n'avait nul goût, nulle idée de la véritable éloquence; son style était un style décousu, où l'on ne trouvait ni nombre ni harmonie, rien de périodique, rien de soutenu. Cependant Sénèque était entre les mains de tout le monde; on ne lisait, on n'admirait, on n'imitait plus que Sénèque. Jamais auteur n'a joui d'une plus grande réputation : pour s'en assurer la possession, il s'avisa de décrier les anciens, et de traiter d'écrivains médiocres ces grands hommes, que Rome s'était vue presque égale à Athènes. Il ne cessait de se déchaîner contre ces grands modèles, dit Quintilien, parce qu'il se doutait bien que sa manière d'écrire, qui était si différente de la leur, ne pouvait jamais plaire tant que la leur plairait.

« Telle était l'éloquence romaine, lorsque Quintilien forma le dessein de lui rendre son premier lustre. Il combattit le mauvais goût de son siècle, prit la défense des anciens, soutint hardiment qu'il était dangereux de vouloir avoir plus d'esprit que Démosthène et que Cicéron, qu'Homère, que Virgile, et qu'Horace : que ces vains ornements dont on était si amoureux faisaient une éloquence fardée, qui n'avait plus rien de naturel; que l'affectation, l'obscurité, l'afféterie et l'enflure étaient incompatibles avec le beau style. Lui-même il retraça aux yeux des Romains l'image d'une éloquence mâle, noble et solide, qui songe moins à plaire qu'à se rendre utile. Il le fit refleurir au barreau par ses propres plaidoyers, qui en étaient les modèles achevés. Le vrai mérite a des lois qui se font reconnaître tôt ou tard. Quintilien fut écouté à son tour. On l'applaudit, on l'admira, on revint au bon sens, à l'amour du naturel et du vrai. Le public désabusé, en perdant plus de la moitié de l'estime qu'il avait pour Sénèque, retint justement celle qu'il méritait, et qu'il a eue depuis dans la postérité. Les Romains surent tant de gré à Quintilien d'avoir fait revivre l'éloquence et le goût du siècle d'Auguste, qu'ils l'engagèrent à enseigner un art qu'il possédait si parfaitement, et lui assignèrent des appointements sur le trésor public, honneur qu'ils n'avaient encore fait à personne. Les fonctions du barreau étaient beaucoup plus brillantes et plus nobles. Quintilien, en bon citoyen, les quitta sans peine, pour prendre un emploi où il ne doutait pas qu'il ne fût beaucoup plus utile au public. Il s'appliqua donc à former la jeunesse romaine, et s'y prit de manière que l'on vit bientôt sortir de son école plusieurs grands hommes qui firent beaucoup d'honneur et à lui et à leur siècle. Il est quelquefois dangereux de servir si bien le public. On ne cesse pas quand on veut; il faut se sacrifier. Quintilien exerça son emploi vingt ans, mais avec tant de réputation et de succès, que la plupart des écrivains de ce temps-là et des siècles suivants, Romains ou autres, Pline, Martial, Juvénal, Ausone et saint Jérôme, Apollinaris Sidonius, Cassiodore, ont parlé de lui comme du plus grand rhéteur et de l'homme le plus éloquent que l'on eût vu depuis Cicéron. Devenu vieux, ne soupirant qu'après le repos, il lui fut enfin permis de se retirer. Mais son repos ne fut point oisif.

« Ce fut dans sa retraite qu'à la sollicitation de ses amis il se mit à composer les douze livres de *l'Institution de l'Orateur*, pour servir éternellement de règle à ceux qui s'adonneraient à l'éloquence, et de préservatif contre le mauvais goût, source de tous les vices qui font l'empoisonnement, et qui entraînent enfin sa ruine. Cet ouvrage fut interrompu par des malheurs domestiques, qu'il déplore dans l'avant-propos de son sixième livre, et par l'honneur que lui fit l'empereur Domitien de le donner pour précepteur à deux princes ses neveux, qui lui tenaient lieu d'enfants. Ce sont ces douze livres de l'Institution de l'Orateur qui vont paraître en notre langue pour la première fois; car l'ouvrage de l'abbé de Pure est à compter pour rien : c'est ce qu'on en peut dire de mieux. Une traduction parfaite est quelque chose de si difficile et de si rare, que je suis bien éloigné de croire que la mienne porte ce caractère; mais si j'étais parvenu à la rendre au moins passable, je croirais avoir beaucoup fait. Car l'original, quoique généralement estimé, quoique chéri particulièrement de nos magistrats les plus éclairés et des personnes de goût, quoique regardé comme l'ouvrage le plus propre à rendre un homme supérieur aux autres par les talents de l'esprit et de la parole, est néanmoins fort peu lu : ce qui vient sans doute du peu de connaissance que l'on en donne aux jeunes gens dans les collèges. D'ailleurs nous naissons tous avec un secret orgueil qui nous porte à croire dans la suite que, pour réussir en fait d'ouvrages d'esprit et d'éloquence, il n'est pas besoin de tant de préceptes, qu'il ne faut que du génie, du naturel et de l'application. C'est surtout la manière de penser aujourd'hui. On se révolte contre les règles : le seul nom de précepte blesse notre amour-propre; on ne songe pas que ces règles, soit de poétique, soit d'éloquence, ne tirent pas leur autorité de ceux qui nous les donnent, mais de ceux qui les ont pratiquées avec succès; que ce sont de pures observations sur ce qui a bien ou mal réussi aux célèbres écrivains des siècles passés; et, pour tout dire en un mot, que ce n'est autre chose que le fruit de l'expérience; qu'ainsi vouloir faire un beau poème qui soit contre les règles de la poétique d'Aristote ou d'Horace, c'est vouloir réussir en marchant par une route directement opposée à celle qu'ont tenue les plus grands poètes : ce qui n'est pas possible; car on arrive bien au même terme par des chemins différents, mais non pas par des chemins tout contraires. Cependant, si l'on y prend garde, on trouvera que ces excellents traités de poétique et d'éloquence que nous ont laissés les grands maîtres de l'antiquité, Cicéron, Denys d'Halicarnasse, Quintilien, Longin, Aristote et Horace, ne sont pas lus

aujourd'hui par ceux qui se donnent pour orateurs ou pour poëtes, mais par un petit nombre de savants qui ne se mêlent ni de parler en public, ni de poésies. C'est aussi, selon moi, ce qui fait la différence de la plupart des écrivains de nos jours d'avec ceux dont nous ne pouvons assez regretter la perte : je veux dire les Corneille, les Molière, les Racine, les Patru, les Pellisson, les Despréaux : tant d'autres grands hommes que l'on a vus fleurir presque en même temps, et qui faisaient leurs délices de la lecture de ces mêmes anciens dont on veut nous dégoûter aujourd'hui ; car véritablement l'esprit est de tous les temps : mais on peut se tromper au choix de la nourriture qu'on lui donne ; le goût change, et l'amour des sciences se perd. Maintenant nous présumons trop de nos forces, et, pour ne pas rougir de notre ignorance, nous prenons le parti de condamner ce que nous avons négligé d'apprendre. Pour revenir à Quintilien, présentement qu'il est traduit en langue vulgaire, il y a lieu de croire qu'on le lira, et que le grand sens et la beauté de l'original feront passer la traduction, toute médiocre qu'elle est ; mais il ne faut pas compter que dans un ouvrage comme celui-ci tout soit également beau ou utile. Il y a des choses qui se traitent seulement pour une plus grande exactitude : celles-là rebutent souvent un lecteur quand il les voit dans l'éloignement, et détachées du rapport qu'elles ont au temps où l'auteur écrivait. Si à présent, comme autrefois, l'éloquence était un moyen sûr pour parvenir à de grandes fortunes, aux dignités, aux honneurs, un écrivain qui nous en donnerait des préceptes ne pourrait jamais être trop exact. Il faut donc se prêter à la considération des temps et des lieux. Quintilien ne manque guère l'occasion de combattre plusieurs abus qui régnaient parmi les déclamateurs : cela l'oblige quelquefois à entrer dans des détails qui nous paraissent bizarres. Mais ces détails n'en étaient pas moins nécessaires. Il dit beaucoup de choses qui regardent uniquement la langue latine, et dont il n'y a tout au plus qu'une partie qui se puisse appliquer à la nôtre. C'est qu'il écrivait pour les Romains, et non pas pour nous.

« Par cette raison, un savant homme qui m'a communiqué ses lumières avec autant de politesse que de bonté n'a pas fait difficulté de retrancher divers endroits de Quintilien dans l'édition abrégée qu'il en a donnée au public. Il a cru que cet auteur, qui est si propre à former l'esprit et les mœurs de la jeunesse, en serait mieux goûté, s'il était débarrassé de ce qu'il y a d'épineux. Pour moi, je n'ai pas dû prendre la même liberté. Mais, bien loin d'être amoureux de tout ce qui se trouve dans l'Institution de l'Orateur, j'avoue que, si j'avais osé, j'aurais supprimé plusieurs choses. Cependant, comme l'auteur écrit avec beaucoup d'art, il lui arrive rarement de traiter des matières épineuses ou subtiles sans dédommager bientôt son lecteur, soit par quelque trait de la plus vive éloquence, soit par des chapitres entiers, où l'agréable et l'utile sont mêlés avec un égal tempérament. Car, sans m'éloigner du dessein que j'ai pris dans cette préface, d'éviter tout éloge fastueux et de ne parler de Quintilien qu'historiquement, je crois pouvoir dire que peu d'écrivains ont su comme lui le secret de plaire et d'instruire en même temps. »

PLINE LE JEUNE.

NOTICE
SUR PLINE LE JEUNE.

Pline le jeune naquit à Côme, ville d'Italie, dont les citoyens jouissaient des mêmes priviléges que ceux qui étaient nés à Rome. On ne sait pas trop quels emplois avait exercés C. Cécilius, son père; mais on ne peut douter que son rang et sa fortune ne fussent considérables, puisqu'il avait épousé la sœur de Pline le naturaliste, homme très-riche, et qui avait passé par de grandes charges; qu'il fit élever Pline le jeune comme on élevait la plus illustre noblesse romaine de ce temps-là, et qu'il lui laissa de grands biens.

Quoique l'éloquence et la vertu commençassent à être négligées dans un État où elles ne conduisaient plus aux honneurs, cependant ce qui restait de vrais Romains avait peine à s'en détacher. On ne s'était point alors avisé qu'il fût honteux à un homme de condition de trop savoir; une profession ouverte de vice et de débauche n'anoblissait encore personne. On se souvenait que le premier des Césars n'avait pas été moins savant que brave. Enfin, si le mérite n'avait pas le crédit d'élever, du moins on n'était point parvenu jusqu'à le mépriser. La servitude et la flatterie, qui traînent toujours à leur suite l'ignorance et les plus honteux dérèglements, se répandaient déjà; mais, arrêtées de temps en temps par quelques héros, comme par de puissantes digues, elles n'inondèrent tout à fait l'empire que sous les règnes suivants.

Il ne faut donc pas s'étonner des soins extraordinaires que l'on eut de cultiver l'esprit de Pline par la connaissance de toute sorte de sciences, et de former ses mœurs par les leçons de la plus saine philosophie.

Il y apporta des dispositions heureuses; et il y fit bientôt un si grand progrès, qu'à l'âge de quatorze ans il composa une tragédie grecque.

Dès que le temps de s'appliquer aux études les plus sérieuses fut venu, on le mit entre les mains de Quintilien. C'était le premier professeur d'éloquence de son siècle. Son génie n'avait pas moins de force que de finesse. Son goût était exquis, son érudition profonde; mais surtout il possédait souverainement cet heureux talent de communiquer ses idées les plus déliées, par des images et par des expressions qui étaient également à la portée des différentes personnes à qui il devait se faire entendre.

Aussi, sans craindre de passer pour vain ni pour téméraire, il osa bien entreprendre un ouvrage sur lequel il ne semblait pas qu'Aristote et Cicéron eussent rien laissé à désirer. Il traça des règles pour l'orateur, qu'il prend soin de former dès le berceau, et le fit avec tant de succès, que son livre est regardé comme l'un des plus précieux trésors que nous tenions de l'antiquité.

Ce fut sous ce grand maître que Pline le jeune apprit l'art de parler, de persuader et de plaire. Ce fut à ses préceptes qu'il dut ce fameux Panégyrique, que tous les siècles ont regardé comme un chef-d'œuvre.

Il crut pourtant devoir entendre aussi Nicète de Smyrne, le plus célèbre rhéteur qui fût alors à Rome. Ensuite on l'envoya en Syrie, où il servit pendant quelques années, à la tête d'une légion. Là, tout le temps que son devoir lui laissait, il le donnait aux leçons et aux entretiens d'Euphrate. Ce philosophe, aussi recommandable par l'étendue de ses lumières que par la pureté de ses mœurs, crut dès lors voir dans Pline tout ce qu'il fut dans la suite. Il en fit des pronostics si avantageux qu'ils ne pouvaient manquer d'être suspects de flatterie, si Pline n'eût pris de bonne heure le soin de les justifier. Pline le naturaliste, son oncle, qui n'avait point d'enfants, fut charmé de trouver dans son neveu toutes les qualités qu'il aurait pu désirer dans un fils, si le ciel lui en eût donné un au gré de ses désirs. Il l'adopta.

Une faveur si glorieuse n'éblouit point Pline le jeune. Il en connut tout le prix; mais aussi il en sentit tout le poids. Persuadé que les grands noms déshonorent ceux qui les traînent, il n'oublia rien des plus tendres devoirs que la reconnaissance et le respect demandaient de lui pour son bienfaiteur; il ne négligea rien aussi de ce qui lui parut propre à se rendre digne du bienfait. A la vue de cette haute réputation qu'avait acquise celui dont il prenait le nom; à la vue de tout ce qu'il avait fait pour y arriver, de tout ce qu'il faisait chaque jour pour s'y maintenir, il ne cessait de se reprocher sa paresse et sa langueur, au milieu du travail le plus pénible et le plus assidu. Pline le naturaliste ne semblait pas seulement être devenu son père; c'était son maître, son modèle, son guide. Pline le jeune le suivait partout; il recueillait ses moindres discours, il étudiait toutes ses actions.

C'est ainsi qu'à son retour de Syrie, il s'occupait à Rome dans ses premières années, lorsque son oncle, alors âgé de cinquante-six ans, fut obligé d'aller du côté de Naples, pour y commander la flotte que les Romains avaient à Misène. Pline le jeune l'y accompagna, et le perdit par la plus tragique de toutes les aventures.

Un nuage extraordinaire que l'on découvrait de Misène fit juger à Pline le naturaliste que le mont Vésuve, plus embrasé qu'à l'ordinaire, causait aux environs quelque désordre. Il voulut s'en éclair-

cur de plus près, soit pour y remédier, s'il avait deviné juste, soit pour satisfaire sa curiosité, si ce n'était qu'un jeu de la nature. Il monte sur une frégate; il tire vers le lieu d'où le nuage venait, et reconnaît bientôt que le plus affreux débordement de feu dont jamais on eût entendu parler jetait partout l'épouvante et la consternation. Loin de se retirer, il ne songea qu'à rassurer les autres par son exemple, et à s'instruire plus exactement lui-même par ses propres yeux. Mais dans ce dessein, s'étant trop avancé, la fumée le suffoqua.

Cette horrible désolation ne se fit pas moins sentir à Misène, où Pline le jeune était demeuré; et il n'y montra pas moins de courage. Il n'avait alors que dix-huit ans. A cet âge, il est aussi naturel d'aimer la vie que de s'alarmer dans le danger. Cependant, au fort du tremblement de terre, il poussa la constance jusqu'à lire tranquillement Tite-Live, comme si, dans une pareille conjoncture, il n'avait eu rien de plus à craindre que de perdre du temps. Mais ce qui fut encore plus glorieux pour lui, c'est que ni les prières, ni les larmes de sa mère, ne le purent obliger de la quitter; et qu'il aima mieux se livrer à toutes les horreurs d'une mort qui paraissait inévitable, que d'aller chercher un asile où il ne voyait pas sa mère en état de le suivre.

Enfin les flammes s'arrêtèrent, les noires vapeurs commencèrent à se dissiper, le seul tremblement de terre continua, mais beaucoup moins violent; et Pline, que le péril avait obligé de se sauver dans la campagne avec sa mère, rentra dans Misène.

Il y attendait avec impatience des nouvelles de son oncle. Dès qu'il en eut appris le triste sort, et qu'il eut donné à sa douleur et à de justes devoirs tout ce qu'ils lui demandaient, il retourna à Rome.

Cette perte le toucha plus qu'on ne peut dire : mais il n'en fut point accablé. Destitué d'un tel appui, il ne songea plus qu'à s'en faire un qui ne pût jamais lui manquer. Des inclinations naturellement douces, et un amour excessif pour les lettres, semblaient l'engager à la retraite et au repos; la vertu et la gloire l'emportèrent. Il croyait que la vie n'est point à nous, que nous la devons à la patrie; que, nés dans une société dont nous voulons partager les douceurs et les avantages, nous sommes obligés d'y contribuer comme les autres; que nous ne pouvons sans injustice rejeter sur eux tous les travaux d'où dépendent la sûreté et la tranquillité publique, et garder pour nous tout le plaisir d'en jouir. Il croyait honteux de se reposer avant que d'avoir travaillé; il regardait le repos comme une récompense qu'il fallait avoir méritée, et où la nature défendait de prétendre avant le temps qu'elle a prescrit.

Plein de ces idées, il se tourna tout entier du côté des affaires publiques, et plaida sa première cause à dix-neuf ans. Il continua depuis avec une approbation aussi universelle que rare, dans une ville où l'on ne manquait ni de concurrents ni d'envieux.

Comme il avait naturellement du feu, de l'élévation et de l'agrément dans l'esprit, et que la première règle qu'il tenait de son excellent maître, c'était de suivre son propre génie, et de s'y accommoder; la symétrie exacte, les pensées brillantes, les tours hardis, régnèrent partout, et peut-être un peu trop, dans ses ouvrages. Ce n'est pas qu'il allât à grands frais les chercher loin de son sujet; mais la facilité qu'il avait à les trouver lui faisait croire qu'ils en sortaient, pendant que ceux à qui un génie différent les cachait les regardaient comme des ornements affectés, étrangers, et qui coûtent beaucoup. Aussi la raison n'y perdit jamais rien. Elle en fut plus belle, plus à la mode du siècle où il vivait, mais non pas moins forte. Il eut plus d'une fois la satisfaction de se voir l'entrée du barreau fermée par la foule des auditeurs, qui l'attendait quand il devait parler : il fallait qu'il passât au travers du tribunal des juges pour arriver à sa place. Il parlait quelquefois sept heures, et il en était seul fatigué. Comme il ne s'écartait jamais de son sujet, comme ce qu'il disait était toujours juste et nouveau, qu'il savait intéresser l'esprit et le cœur tout à la fois, le temps coulait rapidement; la chaleur la plus violente devenait supportable, et toutes les incommodités inséparables d'un nombreux auditoire s'évanouissaient, tant qu'on avait le plaisir de l'entendre. Souvent les juges, au milieu de son action, oubliant ce qu'ils devaient à leur caractère, et comme transportés hors d'eux, se levaient de leurs sièges, et mêlaient leurs applaudissements à ceux du public. C'est ce qui fait dire à Quintilien [1], le plus grand admirateur que Cicéron ait eu, qu'il voyait de ses orateurs comparables aux anciens, et propres à former de dignes successeurs.

L'éloquence alors vénale ouvrait une voie sûre aux richesses. Plusieurs y allèrent par cette route, avec tant d'ardeur que, pour la modérer, il fallut renouveler les anciens décrets du sénat faits sur ce sujet, et fixer le prix d'un travail qui n'en devrait point avoir.

Ce nouveau décret fut honorable pour Pline. Jamais il n'avait plaidé que pour l'intérêt public, pour ses amis, ou pour ceux à qui leur mauvaise fortune n'en avait point laissé; et il s'était toujours si religieusement abstenu d'en recevoir les plus légers présents, que ceux qui aimaient à rire disaient, quand le décret parut, les uns, qu'il était devin [2], et qu'il avait prévu le décret; les autres, qu'on avait voulu arrêter le cours de ses rapines.

Les occasions où il se signala davantage furent contre Bœbius Massa, gouverneur de la Bétique, accusé de concussion, et contre qui le sénat le chargea de plaider, du vivant même de Domitien, dont l'accusé avait plus d'une fois servi la cruauté; contre Cécilius Classicus, gouverneur de la même province, et contre Marius Priscus, gouverneur d'Afrique. Il plaida contre ce dernier non-seulement en plein sénat, comme les deux autres, mais même en présence de l'empereur Trajan, et parla

---

[1] Habebunt, qui post nos de oratoribus scribent, magnam eos qui nunc vigent materiam vere laudandi. Sunt enim summa hodie quibus illustratur forum ingenia; namque et consummati jam patroni veteribus æmulantur, et eos juvenum ad optima tendentium imitatur ac sequitur industria. *Quint. Lib. Instit., Orat.* X.

[2] Allusion à la dignité d'augure, dont il était revêtu.

cinq heures de suite. Ce prince en fut si charmé qu'il ne put s'empêcher de le marquer publiquement, par l'inquiétude où il parut qu'un si grand effort n'altérât la santé de Pline. Cette inquiétude alla si loin, qu'il avertit lui-même plusieurs fois un affranchi qui était derrière Pline de lui dire de ménager ses forces, témoignant ainsi combien le discours lui était agréable et l'orateur précieux.

Pline eut même la satisfaction que donne le succès. Ceux qu'il accusa furent condamnés. Mais rien ne lui fit tant d'honneur que ce qu'il entreprit pour venger Helvidius, son ami. C'était le fils de cet illustre Helvidius, le Caton de son siècle, à qui des vertus austères, et une liberté romaine, coûtèrent la vie sous l'empire de Vespasien. Domitien, fils de cet empereur, et l'un des plus cruels princes qui aient jamais été, ne se trouva guère moins importuné de l'innocence des mœurs d'Helvidius le jeune, que Vespasien l'avait été de la haute estime que l'ancien Helvidius s'était acquise. Le jeune Helvidius fut donc condamné à la mort sur la dénonciation de Certus, et l'on exila toute sa famille.

Quelque temps après, Domitien fut tué. Nerva, son successeur, rappela tous ceux qui avaient été injustement bannis. Sous ce nouveau prince, que le mérite seul avait élevé, la haine publique éclata contre les délateurs, dont les calomnies avaient rempli de deuil les plus illustres familles. Ils furent vivement poursuivis par les parents de ceux qu'ils avaient fait périr, et livrés à la sévérité des lois.

Certus seul échappait. Soutenu par de grandes alliances et par de puissants amis, élevé lui-même à la place de préfet du trésor public, et consul désigné pour l'année suivante, il pouvait en sûreté braver le ressentiment de la femme d'Helvidius, et de deux autres femmes que des raisons d'alliance engageaient dans la même querelle. Ces femmes, chargées seules d'une si juste vengeance, au retour d'un exil, étaient trop timides pour rien entreprendre, et trop faibles pour rien exécuter.

Mais l'amitié de Pline pour Helvidius, et son horreur pour l'infamie de Certus, y suppléa. Il ne fut point retenu par toutes les considérations qui pouvaient rendre le succès douteux. L'entreprise était périlleuse pour un jeune homme que sa réputation et sa fortune naissantes engageaient à ne se point faire d'ennemis. Cependant il ne voulut pas même s'appuyer sur la colère commune; il en laissa éteindre le premier feu, et crut que le sacrifice qu'il voulait faire à la mémoire de son ami lui serait beaucoup plus glorieux s'il n'était fait qu'à lui, et par les mains de la seule justice, au milieu du sénat tranquille.

Ce dessein ne fut communiqué à personne, pas même à Corellius, l'un des hommes de son siècle le plus sage, et sans l'avis de qui Pline n'entreprenait rien d'important. Les seules personnes intéressées furent de la confidence.

Il en arriva ce que Pline avait prévu. Dès qu'il eut demandé au sénat la permission d'accuser Certus, qu'il ne fit que désigner, il souleva tout le monde. Les partisans de Certus s'écrièrent, et voulurent que la proposition fût rejetée. Les amis de Pline furent effrayés du péril où il s'exposait. Le consul lui-même parut contraire, et remit à l'entendre quand son tour d'opiner sur d'autres affaires serait venu. Pendant que les autres qui devaient parler avant lui disaient leur avis, il n'y eût rien que l'on ne mît en usage pour l'obliger à se désister de cette poursuite. Mais tout fut inutile, jusque-là qu'un de ses amis lui ayant remontré que, par cette conduite, il se rendrait redoutable aux empereurs à venir, il eut la fermeté de lui répondre : *Tant mieux, pourvu que ce soit aux méchants empereurs.* Enfin, son tour de parler vint ; et il parla avec tant de véhémence, que si la clémence du nouvel empereur sauva la peine à Certus, sa justice du moins nota l'indignité de ce scélérat, par l'exclusion du consulat où il avait été nommé.

On ne peut dire combien cette action augmenta l'estime que l'on avait déjà pour Pline : il n'y eut plus personne à Rome qui ne voulût être ou paraître de ses amis. Les uns aimaient sa fermeté, les autres la craignaient ; tous se sentaient intérieurement forcés de l'admirer. Mais il ne borna pas là les témoignages de son amitié pour Helvidius. Après l'avoir vengé, il s'efforça de l'immortaliser par trois livres, où il n'oublia rien de ce qui pouvait rendre un ami recommandable, et qu'il intitula : *De la vengeance d'Helvidius.* Son éloquence n'éclata pas seulement à poursuivre le crime, mais aussi à défendre l'innocence. Il plaida pour Julius Bassus, homme qui était célèbre par ses disgrâces, et qu'au retour du gouvernement de Bithynie les peuples de cette province avaient accusé. Et il sut si bien mettre en jour l'esprit de la loi, que, malgré la rigueur de ses termes, il le fit absoudre.

Il défendit avec un pareil succès Varenus, successeur de Julius Bassus dans ce gouvernement, et qui depuis avait été chargé d'une semblable accusation. Toutes ces causes furent plaidées dans le sénat ; mais Pline ne se fit pas moins admirer dans les autres tribunaux, et principalement devant les centumvirs. Quoiqu'il ne nous reste aucun de ces plaidoyers, il est aisé pourtant d'en faire un jugement certain, en le réglant sur le Panégyrique de Trajan. Un auteur célèbre, qui vivait dans un temps où l'on conservait encore et ces plaidoyers et le souvenir de leur succès, nous en donne en un mot l'idée la plus haute. Il écrit à un de ses amis que Pline remporta plus de gloire de son plaidoyer pour Accia Variola, qu'il n'avait fait du Panégyrique de l'empereur Trajan [1] ; c'est en dire assez pour n'y pouvoir rien ajouter.

Ce fut par ces degrés que bientôt Pline monta jusqu'aux premières charges de l'État : il y porta partout les vertus qui l'y avaient élevé.

Dès le temps de Domitien, il avait été préteur. Ce prince farouche, qui regardait comme une censure délicate l'innocence des mœurs, et comme une révolte déclarée tous les discours qui tendaient à rendre le vice odieux, chassa de Rome et de l'Italie

---

[1] Sidonius Apollinaris, liv. *VI*, lett. à *Rusticus*.

tous les philosophes. Il n'était pas sûr de les assister dans leur retraite. Pline le devait faire beaucoup moins qu'un autre. Sa place l'exposait au grand jour ; et ses moindres démarches étaient importantes sous un empereur qui ne cherchait que des prétextes pour condamner, et qui souvent s'en passait. Toute la ville était remplie de dénonciateurs. Trois des amis de Pline venaient de périr, Sénécion, Rusticus et Helvidius. Quatre avaient été bannis, Mauricus, Gratilla, Arria, Fannia. Cependant la générosité de Pline pour les philosophes exilés lui ferme les yeux sur le danger. Il ne se contente pas de les favoriser sous main; il va trouver Artémidore, l'un des plus célèbres d'entre eux, jusque dans une maison qu'il avait aux portes de la ville : pendant que de riches et puissants amis veulent ignorer le besoin que ce philosophe avait de grosses sommes pour acquitter des dettes honorables, Pline emprunte ces sommes et les lui donne

Il ne faut pas douter qu'une vertu si peu timide, dans une cour aussi corrompue, ne lui eût été funeste ; mais la mort imprévue de Domitien mit en sûreté ce qui restait de gens de bien à Rome. Pline était trop redoutable aux délateurs pour leur échapper : on trouva une accusation toute prête contre lui parmi les papiers de Domitien ; et Pline n'évita le coup que par celui qui tomba sur ce prince.

Aussi les révolutions étaient si étranges et si fréquentes en ces temps-là, que l'on voyait subitement l'empire passer des mains les plus pures dans les plus infâmes. La même vertu qui avait conduit aux honneurs poussait tout à coup dans le précipice. Pline l'éprouva plus qu'un autre ; et c'est ce qui lui fit dire *que les belles-lettres l'avaient élevé; que les belles-lettres l'avaient abaissé; et qu'enfin les belles-lettres l'avaient relevé*.

Il ne s'acquitta pas moins dignement des autres charges sous de meilleurs règnes. Il fut tribun du peuple, préfet du trésor public, consul, gouverneur de Bithynie et de Pont, commissaire de la voie Émilienne, et enfin augure, espèce de dignité sacerdotale qui ne se perdait qu'avec la vie.

C'était depuis longtemps la coutume que le consul, à l'entrée de son consulat, après avoir remercié le prince, proposât au sénat de lui décerner quelque nouvel honneur. Moins les empereurs de ce temps-là en étaient dignes, plus ils en étaient avides. Pline crut que ces honneurs, tant de fois profanés par la flatterie, étaient au-dessous de Trajan. Persuadé que cet empereur pouvait confier le soin de sa gloire à ses actions, et que rien n'était plus propre à la rehausser que de faire voir qu'elle se pouvait passer des titres où les autres avaient mis toute la leur, il ne lui en décerna point. Mais Trajan n'y perdit rien. La harangue où Pline les lui refuse a duré plus que le marbre et que le bronze où tant d'inscriptions pompeuses avaient été gravées. Elle charme encore aujourd'hui ; et en la lisant, on a peine à démêler qui l'on doit admirer le plus, ou du prince qui a pu mériter de tels éloges, ou de l'orateur qui sut les donner.

Après son consulat, il fut fait gouverneur de Bithynie. C'était une des plus grandes provinces de l'empire, et composée de deux puissants royaumes, dont l'un avait été conquis sur Pharnace, fils de Mithridate, fameux par les guerres qu'il soutint depuis si longtemps contre les Romains ; l'autre leur avait été donné par Attale, fils de Prusias, l'un de ses rois, et qui se disait l'affranchi de la république Pline ne prit pas moins de soin d'embellir les villes de cette province que d'en soulager les peuples. Il fit élever un magnifique théâtre à Nicée, des aqueducs à Nicomédie, et à Sinope, colonie romaine. Il bâtit des bains publics à Pruse, et joignit par un grand canal le lac de Nicomédie à la mer.

Mais pendant qu'il s'appliquait tant aux embellissements extérieurs, il ne négligeait pas le dedans. Il liquida les dettes des villes ; il en modéra les dépenses par de sages règlements, et mit un si bon ordre à la police, que rien ne manquait à la sûreté et à la commodité publique. Il maintint les juges dans le devoir par ses exemples, et les peuples dans la tranquillité par ses jugements. Il ne songea point à s'en attirer le respect par le faste de ses équipages, par la difficulté de son accès, par son dédain à écouter, par sa dureté à répondre ; mais une simplicité majestueuse, un accès toujours libre, toujours ouvert, une affabilité qui consolait des refus nécessaires, une modération qui ne se démentit jamais, lui concilièrent tous les cœurs. Enfin, il prit pour lui les conseils que, dans une de ses lettres, il donne à son ami Maxime, envoyé pour gouverner l'Achaïe, et pour en réformer les désordres

Si quelquefois une affaire plus difficile ou plus importante semblait demander les lumières et la décision du souverain, il la lui renvoyait. Mais alors, en homme qui cherchait sincèrement la justice, et non pas la confirmation de son avis, il ne se contentait pas d'en faire un simple rapport. Dans la défiance où il était que, malgré sa droiture, ce rapport ne tînt toujours de la première impression qu'il avait prise, et ne tendît à la communiquer, il envoyait les mémoires mêmes des parties, et leurs titres, afin que le prince, libre de toute prévention étrangère, et pleinement instruit, pût juger comme s'il les avait entendues.

Revenu à Rome, il reprit les affaires et ses emplois. Juge, quand les lois l'y engageaient ; avocat, quand l'intérêt public, le besoin de ses amis ou l'honneur le demandaient : souvent appelé au conseil du prince, assidu au sénat, il remplit toujours fidèlement toute la mesure des devoirs que la patrie a droit d'exiger d'un bon citoyen.

Tant de vertus lui acquirent la bienveillance de Trajan. Il était sûr d'en obtenir toutes les grâces qu'il lui demandait, et il n'en demanda que pour les autres. Un homme qui ne connaissait rien de plus précieux que de faire du bien n'était point gêné par cette basse politique de la plupart des courtisans, qui craignent d'user leur crédit dès qu'il le faut employer pour autrui. Jamais plus éloquent, jamais plus vif que dans ces occasions ; s'il fallait solliciter un gouvernement, une charge, une grâce pour quelqu'un de ses amis, on eût dit que du succès de

la sollicitation dépendait toute sa fortune. Les seules faveurs qu'il se réserva de demander pour lui, ce fut de pouvoir offrir lui-même, en qualité d'augure, des sacrifices pour un prince qu'il aimait sincèrement, et de jouir du droit de ceux qui ont trois enfants, après deux mariages qui ne lui en avaient point donné.

On ne sait rien de sa première femme, si ce n'est qu'elle venait de mourir lorsqu'il entreprit de venger la mémoire d'Helvidius.

Sa seconde femme s'appelait Calpurnie. Comme elle était fort jeune quand il l'épousa, et qu'elle avait beaucoup d'esprit, il n'eut pas de peine à lui inspirer le goût des belles-lettres. Elle en fit toute sa passion ; mais elle la concilia toujours si bien avec l'attachement qu'elle avait pour son mari, que l'on ne pouvait dire si elle aimait Pline pour les belles-lettres, ou les belles-lettres pour Pline.

S'il plaidait quelque cause importante, et que, gênée par la bienséance, elle ne pût l'entendre, elle chargeait toujours plusieurs personnes de venir lui apprendre les premières nouvelles du succès ; et l'agitation où la mettait cette attente ne cessait que par leur retour. S'il lisait quelque harangue ou quelque autre pièce dans une assemblée d'amis, elle ne manquait jamais de se ménager quelque place, d'où elle pût, derrière un rideau, ou voilée, recueillir elle-même les applaudissements qu'il s'attirait. Elle tenait continuellement en ses mains les ouvrages qu'il avait composés ; et, sans le secours d'autre maître que de son amour, elle composait sur sa lyre des airs pour les vers qu'il avait faits.

Une femme de ce caractère méritait bien d'être aimée. Elle le fut ; mais avec des sentiments si tendres, que lorsqu'on les retrouve dans les lettres que Pline lui écrivait, on n'y sent guère moins le mérite et les charmes de celle qui fait penser de la sorte que l'esprit et la douceur de celui qui sait si délicatement s'exprimer.

Il ne manquait à ce mariage, pour le rendre parfaitement heureux, que des enfants. Pline se croyait à la veille de jouir d'un bien qu'il désirait si fort, lorsque sa femme se blessa. Il se consola par les espérances qu'il fondait sur cet accident même. Les suites en furent pourtant plus tristes qu'il ne l'avait appréhendé. Elle guérit, à la vérité, et vécut assez longtemps ; mais elle ne lui laissa point de postérité.

Il eut pour amis tout ce qu'il y avait de grands hommes dans son siècle. Entre ceux que leurs rares vertus distinguaient, Virginius Rufus, qui refusa l'empire ; Corellius, que l'on regardait comme un prodige de sagesse et de probité ; Helvidius, dont nous avons déjà parlé ; Rusticus Arulenus et Sénécion, que Domitien fit mourir. Entre ceux que les belles-lettres ont rendus illustres, Quintilien, qui avait été son maître ; Corneille Tacite et Suétone, célèbres, l'un par ses Annales, l'autre par ses Vies des empereurs, Frontinus, Ariston, Neratius, fameux jurisconsultes ; Silius Italicus et Martial, poëtes.

Son amitié fut aussi douce que solide. Il n'avait rien qui ne fût à ses amis. Biens, crédit, talents, tout leur était prodigué, souvent sans qu'ils eussent la peine de le demander, quelquefois sans qu'ils le sussent. On eût dit qu'au milieu des affaires qui l'assiégeaient, et des études où il se plongeait, il n'avait d'attention qu'aux avantages de ceux qu'il aimait. Toujours éclairé sur leurs bonnes qualités qu'il vantait sans cesse, il ne sentait point leurs défauts ; et s'il les voyait, ce n'était que pour les trouver infiniment moindres que les siens. Ce n'est pas qu'il ait jamais trahi ses sentiments, ou qu'il ait négligé de remettre dans la voie ceux qui s'égaraient ; mais, sincère, sans chagrin quand il fallait reprendre, il était complaisant sans mollesse quand il fallait supporter. Il distinguait un faible d'un vice, une saillie d'humeur d'une expression du cœur ; et n'exigeait point des autres qu'ils missent dans le commerce une perfection qu'il croyait ne pouvoir y porter. Comme il ne s'attachait qu'au mérite, il n'aimait pas les personnes selon le degré de leur noblesse et de leur élévation. Si en public il suivait sur cela les bienséances, en particulier son inclination et leurs vertus réglaient seules les rangs. Enfin, la mort et l'adversité, qu'on voit rompre ordinairement tous les nœuds qui lient les hommes, serraient plus étroitement ceux de son amitié. Elle se tournait en religion dès que ses amis étaient morts ou malheureux. Aussi personne n'eut jamais plus de respect pour la volonté des morts : elle était pour lui une loi supérieure à toutes les autres. S'il s'y trouvait de l'obscurité, c'était toujours contre lui, et de la manière qui convenait le plus à leurs desseins et à leur réputation, qu'elle était expliquée. Si les formes la condamnaient, sa fidélité les faisait taire et la confirmait.

Il n'y eut pas jusqu'à ses affranchis, et à ses esclaves, qui n'éprouvassent sa douceur et sa modération. Loin des sentiments de la plupart des maîtres, qui regardent leurs domestiques avec plus de mépris que s'ils étaient, non pas d'une condition mais d'une espèce différente de la leur, il ne voyait en eux que des hommes d'autant plus dignes de bonté, qu'ils étaient plus malheureux. Il vivait au milieu d'eux avec la noble familiarité d'un père qui se communique à ses enfants, et qui cherche bien moins à s'en faire craindre qu'à s'en faire aimer. Il croyait que le nom de père de famille, que les lois donnent aux maîtres, l'avertissait sans cesse de ses devoirs, et que ces devoirs devaient s'étendre également sur tous ceux qui composaient la famille. Toujours prêt à les excuser, s'ils avaient manqué ; toujours prêt à leur pardonner, dès qu'ils se repentaient, il ne croyait point, parce que les domestiques sont plus mal élevés et plus faibles, que les maîtres eussent droit d'en attendre plus de lumières et de sagesse qu'ils n'en ont eux-mêmes. Leurs maux le touchaient ; tous leurs besoins le trouvaient attentif ; leur perte l'affligeait. Enfin, il traitait à table ses affranchis comme il se traitait lui-même ; et, pour s'excuser à ceux qui lui en faisaient la guerre, il disait, avec son enjouement ordinaire, *que ses affranchis ne buvaient pas du même vin que lui, mais qu'il buvait du même vin que ses affranchis.*

Dans une fortune médiocre pour un homme de sa condition, il trouva le secret d'être excessivement libéral, non pas en prenant sur les uns ce qu'il donnait aux autres, mais en prenant sur lui tout ce que la modestie et la frugalité lui conseillaient de se refuser. Ainsi voyant Calvine, qu'il avait en partie dotée de son bien, sur le point de renoncer à la succession de Calvinus, son père, dans la crainte que les biens qu'il laissait ne fussent pas suffisants pour payer les sommes dues à Pline, il lui écrivit de ne pas faire cet affront à la mémoire de son ami; et, pour la déterminer, lui envoya une quittance générale.

Dans une autre occasion, il donna trois cent mille sesterces à Romanus, pour le mettre en état d'entrer dans l'ordre des chevaliers romains, sans lui demander autre chose, sinon d'user de cette dignité en homme qui se souvenait qu'il ne la pouvait déshonorer sans déshonorer Pline lui-même. Il acheta une ferme cent mille sesterces, pour y établir sa nourrice. Il fit présent de cinquante mille sesterces à la fille de Quintilien, lorsqu'elle se maria; et la lettre polie dont il accompagna son présent, pour ménager la peine que cela pouvait faire à un homme de ce caractère, valut infiniment mieux que le don même.

Mais où sa générosité éclata davantage, ce fut dans un marché qu'il fit avec Corellia. C'était la sœur de Corellius Rufus, qui, après avoir été pendant sa vie l'oracle de Pline, était encore après sa mort l'objet de sa vénération. Elle eut envie d'avoir quelques terres aux environs de Côme. Pline lui offrit à choisir entre plusieurs qu'il y avait, à l'exception de ce qu'il tenait de son père ou de sa mère. Dans cette conjoncture, il recueillit une succession dont les principales terres étaient en ce pays-là : il mande à son affranchi de les vendre à Corellia pour le prix qu'elle voudrait. Elle s'informe de leur valeur; on lui dit qu'elles valent sept cent mille sesterces; elle les offre à l'affranchi : il lui en passe la vente, et reçoit l'argent. Peu de temps après, Corellia, mieux instruite du juste prix de ce qu'elle avait acheté de Pline, apprend que ces terres valent neuf cent mille sesterces. Elle le presse avec les dernières instances de recevoir un supplément de cette somme qu'elle lui envoie; mais Pline le refuse, et lui écrit qu'il la supplie de ne pas considérer seulement ce qui est digne d'elle, mais aussi ce qui est digne de lui; et de souffrir que l'extrême soumission qu'il a toujours eue pour ses moindres ordres se démente en cette occasion, par la même raison qui lui sert de principe dans toutes les autres.

Les particuliers ne furent pas les seuls qui se ressentirent de sa libéralité; le public y eut sa part. Il fit établir des écoles à Côme, sa patrie, et contribua du tiers à fonder les appointements des maîtres, mais avec tant de désintéressement qu'il en laissa le choix au suffrage des parents. Il ne borna pas là son bienfait : il y fonda une bibliothèque, avec des pensions annuelles pour un certain nombre de jeunes gens de famille à qui leur mauvaise fortune avait refusé les secours nécessaires pour étudier. Mais surtout il eut grand soin de marquer sa reconnaissance aux dieux, qu'il regardait comme les auteurs de tous les biens dont il jouissait. Il leur éleva des autels, et leur bâtit un temple dans une de ses terres [1].

Ce respect pour les dieux de ses pères ne le rendit ni cruel ni injuste envers les chrétiens. Né dans le sein du paganisme, il les regardait comme des malheureux séduits par les charmes d'une fausse et vaine superstition, et les plaignait. Pendant que ses plus chers amis, Corneille Tacite et Suétone, en parlaient comme d'une secte impie et détestable, comme d'une peste publique, et qu'ils les traitaient ainsi dans leurs histoires; pendant que l'esprit de la cour où il vivait était de les poursuivre et de les exterminer partout, la droiture de son cœur corrigea les égarements de son esprit. Il osa bien, non-seulement apporter le feu de la persécution, sous un empereur qui, tout païen qu'il était, avait des principes d'équité naturelle. Il ordonna que l'on ne recherchât point les chrétiens, et que l'on se contentât de les punir lorsqu'ils seraient dénoncés, et qu'ils persévéreraient.

Ceux qui ne peuvent s'empêcher de canoniser la vertu partout où ils la trouvent, auraient cru commettre un crime s'ils eussent laissé échapper une si belle occasion de faire de Pline un chrétien, et même un martyr, en le confondant avec un Secundus qu'ils trouvent dans la légende. Mais ceux dont le zèle se règle selon la lumière assurent qu'il ne fut ni l'un ni l'autre, et qu'un événement de cette importance n'eût jamais échappé à la vigilance et à l'attention des auteurs chrétiens de ce siècle-là et des suivants. Non-seulement ces auteurs n'en font aucune mention, mais ils parlent d'une manière qui ne permet pas seulement de le soupçonner.

Aussi ne peut-on douter que la gloire ne fût l'âme des vertus de Pline. Pour elle, les plus durs travaux lui paraissaient pleins de charmes; par elle, le sommeil lui devenait comme inutile. Veilles, repos, divertissements, études, il y rapportait tout : il excitait sans cesse ses amis; il reprochait aux gens de son siècle que, depuis que l'on s'abstenait des actions louables, on méprisait la louange. Il avait pour maxime, que la seule ambition convenable à un honnête homme c'était ou de faire des choses dignes d'être écrites, ou d'écrire des choses dignes d'être lues. Il ne dissimulait point que l'approbation des bons juges du mérite le touchait : il ne cachait point la passion qu'il avait de plaire à la postérité; il lui faisait publiquement sa cour dans ses écrits : il avouait qu'il serait bien aise

---

[1] Près de Tifernum Tiburinum.

d'obtenir une place dans l'histoire. En un mot, il allait à visage découvert à l'immortalité.

Cet amour de la réputation l'a fait accuser de vanité. Si c'est avec raison, chacun en jugera. Ce qu'il y a de certain, c'est qu'il ne courut à la gloire que sur les pas de la vertu. S'il chercha le plus grand jour, il n'y porta qu'une conscience pure et nette : s'il brigua les louanges, il prit soin de les mériter.

On lui reproche de parler souvent de lui ; mais on ne peut au moins lui reprocher de ne parler que de lui. Loin d'avoir fondé sa réputation sur le mépris des autres, jamais homme ne prit plus de plaisir à vanter le mérite d'autrui ; il en saisissait les moindres occasions, et il le publiait avec une abondance de paroles que l'esprit ne fournit point, et qui ne peut couler que du cœur. Il ne mit pas la délicatesse du goût à ne trouver rien de bon. Sa colère s'allumait quand il rencontrait des gens de ce caractère, à la lecture des pièces où il était invité. Comme l'admiration lui paraissait un bien commun, et dont le fonds était inépuisable, il ne croyait pas que l'on prît rien du sien quand on distribuait aux autres la part qui leur en était due ; et ils avaient toujours sujet d'être contents du partage qu'il leur en faisait. Sans craindre d'être devancé, il animait généreusement ceux qui couraient la même carrière. Personne ne soutenait plus que lui les jeunes avocats de son temps dans l'exercice de leur ministère ; personne n'encourageait davantage les auteurs, et ne revoyait leurs écrits avec une envie plus sincère de les porter à la dernière perfection. En un mot, amoureux de la gloire, jamais il n'en fut jaloux ; et il traita ses rivaux en frères, et non pas en ennemis.

Son inclination et son attachement à l'étude passent ce qu'on pourrait en dire. Il y employait tout ce qui lui restait de temps, après que les devoirs publics étaient remplis. Dès que les affaires le permettaient, il fuyait à la campagne, non pour se délasser, mais pour composer, pour étudier plus librement et sans interruption. Là, comme il était maître de lui, rien n'était plus rangé, plus ordonné que sa vie. Il ne s'occupait que du soin de la prolonger, soit par le bon usage qu'il en faisait, soit en travaillant à des ouvrages qui pussent le faire vivre d'une manière plus noble et plus glorieuse dans les siècles à venir. S'il se promenait, c'était avec un livre, ou avec des personnes dont les conversations valaient des livres. S'il était à table, on lisait pendant le repas, ou bien l'on récitait des vers. Le temps même de la chasse n'était pas exempt de méditations et de réflexions solides. Enfin, toutes ses heures étaient remplies, tous ses moments mis à profit.

Il vantait fort le plaisir de ne rien faire, et jamais homme ne le goûta moins. Le changement de travail était son unique repos. Tantôt il composait des plaidoyers et des harangues, tantôt il écrivait quelque morceau d'histoire : quelquefois il traduisait ; souvent il s'amusait à faire des vers. Il aimait à lire devant des gens de lettres assemblés ce qu'il avait composé, moins pour y recevoir des applaudissements que pour en rendre ses ouvrages dignes.

Quoiqu'il en ait fait un très-grand nombre, il ne nous reste que ses Lettres et son Panégyrique de l'empereur Trajan. On ne peut trop regretter ceux que l'on n'a plus, si l'on en juge par ceux que l'on a.

On ne connaît ni le temps ni les particularités de la mort de Pline. Tout ce qu'on peut assurer, c'est que les hommes de ce caractère vivent toujours trop peu, et que ce qu'on sait de sa vie suffit à quiconque ne cherche sincèrement qu'à bien régler la sienne.

LES LETTRES
DE PLINE LE JEUNE.

LIVRE PREMIER.

LETTRE I.

PLINE A SEPTICIUS CLARUS.

Vous m'avez souvent pressé de rassembler et de donner au public les lettres que je pouvais avoir écrites avec un peu d'application. Je vous en présente un recueil. Je ne me suis point arrêté aux dates, car je ne prétends pas faire une histoire; mais je les ai placées dans le même ordre qu'elles se sont trouvées sous ma main. Je souhaite que nous ne nous repentions, ni vous de votre conseil, ni moi de ma déférence : j'en serai plus attentif et à rechercher celles qui m'ont échappé, et à conserver celles qu'à l'avenir j'aurai occasion d'écrire. Adieu.

LETTRE II.

PLINE A ARRIEN.

Comme je prévois que vous ne reviendrez pas sitôt, je vous envoie l'ouvrage que mes dernières lettres vous avaient annoncé. Lisez-le, je vous en supplie; et surtout n'épargnez pas la rature, selon votre louable coutume. J'en ai d'autant plus besoin, que je me suis imaginé n'avoir encore rien écrit avec tant d'envie d'atteindre aux grands modèles; car j'ai eu dessein d'imiter tout à la fois Démosthène, dont vous avez toujours fait vos délices, et Calvus, dont je fais depuis peu les miennes. Quand je dis imiter, je parle des figures du discours. Je sais qu'il n'appartient qu'aux favoris des dieux de parvenir à ce degré de force qui se fait admirer dans ces hommes incomparables. Mais (je crains bien de passer ici pour fanfaron) mon sujet favorisait mon dessein; il était partout susceptible de véhémence et de mouvements. Il n'en fallait pas moins pour réveiller une paresse tournée en habitude, si tant est que cette paresse puisse être réveillée. Je ne me suis pas cependant si fort entêté de l'austérité de mes modèles, que je ne me sois quelquefois amusé à cueillir des fleurs à la façon de Cicéron, quand j'en ai vu qui ne m'éloignaient pas trop de mon chemin. Je souhaitais d'avoir de la force; mais je ne voulais pas manquer de grâce. Vous croyez que par là je demande quartier à votre critique : au contraire, pour vous faire voir que je ne cherche qu'à l'irriter davantage, sachez que nos amis et moi nous nous sommes à tel point infatués de cet ouvrage, que nous ferons la folie de le publier, pour peu que vous l'approuviez. Il faut bien mettre au jour quelque chose; et si cela est, donnons la préférence à ce qui est tout fait. Vous reconnaissez là votre paresseux. Quant aux motifs qui me por-

---

C. PLINII CÆCILII
SECUNDI
EPISTOLARUM
LIBER PRIMUS.

I.
C. PLINIUS SECUNDUS SEPTICIO SUO S.

Frequenter hortatus es, ut epistolas, si quas paulo accuratius scripsissem, colligerem publicaremque. Collegi, non servato temporis ordine; neque enim historiam componebam, sed ut quæque in manus venerat. Superest, ut nec te consilii, nec me pœniteat obsequii. Ita enim fiet, ut eas, quæ adhuc neglectæ jacent, requiram : et si quas addidero, non supprimam. Vale.

II.
C. PLINIUS ARRIANO SUO S.

Quia tardiorem adventum tuum prospicio, librum, quem prioribus epistolis promiseram, exhibeo. Hunc, rogo, ex consuetudine tua et legas et emendes : eo magis, quod nihil ante peræque eodem ζήλῳ scripsisse videor. Tentavi enim imitari Demosthenem, semper tuum, Calvum, nuper meum, figuris duntaxat orationis : nam vim tantorum virorum pauci, quos æquus amavit, adsequi possunt. Nec materia ipsa huic (vereor ne improbe dicam) æmulationi repugnavit : erat enim prope tota in contentione dicendi, quod me longæ desidiæ indormientem excitavit, si modo is sum ego, qui excitari possim. Non tamen omnino Marci nostri τὰς ληκύθους fugimus, quoties paulum itinere decedere non intempestivis amœnitatibus admonebamur : acres enim esse, non tristes, volebamus. Nec est quod putes, me sub hac exceptione veniam postulare. Immo, quo magis intendam limam tuam, confitebor et ipsum me et contubernales ab editione non abhorrere, si modo tu fortasse errori nostro album calculum adjeceris. Est enim plane aliquid edendum, atque utinam hoc potissimum, quod paratum est! (audis desidiæ votum,) edendum autem ex pluribus caussis : maxime quod libelli, quos emisimus, dicuntur in manibus esse, quamvis jam gratiam novitatis exuerint; nisi tamen auribus nostris bi-

tent à publier cet ouvrage, j'en ai plusieurs. Le principal, c'est que les libraires nous jurent que ceux de mes écrits qui ont paru sont encore recherchés, quoiqu'ils aient perdu la grâce de la nouveauté. Peut-être les libraires nous en font-ils accroire; mais puissent-ils toujours nous tromper, si leurs flatteries nous donnent plus de goût pour nos études! Adieu.

LETTRE III.

PLINE A CANINIUS.

Que fait-on à Côme, cette ville délicieuse, que nous aimons tant l'un et l'autre? Cette belle maison que vous avez dans le faubourg est-elle toujours aussi riante? Cette galerie où l'on trouve toujours le printemps n'a-t-elle rien perdu de ses charmes? Vos platanes conservent-ils la fraîcheur de leur ombrage? Le canal qui se plie et replie en tant de façons différentes a-t-il toujours sa bordure aussi verte, et ses eaux aussi pures? Ne m'apprendrez-vous rien de ce vaste bassin, qui semble fait exprès pour les recevoir? Quelles nouvelles de cette longue allée, dont le terrain est ferme sans être rude? de ce bain délicieux où le grand soleil donne à toutes les heures du jour? En quel état sont ces salles où vous tenez table ouverte, et celles qui ne sont destinées qu'à vos amis particuliers? Nos appartements de jour et de nuit, ces lieux charmants vous possèdent-ils tour à tour? ou le soin de faire valoir vos revenus vous met-il à l'ordinaire dans un mouvement continuel? Vous êtes le plus heureux des hommes, si vous jouissez de tant de biens; mais vous n'êtes qu'un homme vulgaire, si vous n'en jouissez pas. Que ne renvoyez-vous ces basses occupations à des gens qui en soient plus dignes que vous, et qu'attendez-vous pour vous donner tout entier à l'étude des belles-lettres, dans ce paisible séjour? C'est la seule occupation, c'est la seule oisiveté honnête pour vous. Rapportez là votre travail, votre repos, vos veilles, votre sommeil même. Travaillez à vous assurer une sorte de bien que le temps ne puisse vous ôter. Tous les autres, dans la suite des siècles, changeront mille et mille fois de maître; mais les ouvrages de votre esprit ne cesseront jamais d'être à vous. Je sais à qui je parle; je connais la grandeur de votre courage, l'étendue de votre génie. Tâchez seulement d'avoir meilleure opinion de vous; faites-vous justice, et les autres vous la feront. Adieu.

LETTRE IV.

PLINE A POMPÉIA.

Je n'ai plus besoin de vos lettres pour connaître les commodités et l'agréable abondance qu'offrent vos maisons d'Otricoli, d'Arsuli, de Pérouse et de Narni, où l'on trouve un bain si commode. La seule lettre que je vous écrivis il y a déjà quelque temps, quoique fort courte, suffit pour faire voir que j'en suis parfaitement instruit. Mais ce qui m'en plaît davantage, c'est d'y éprouver que mon bien n'est pas plus à moi que le vôtre. J'y vois pourtant une différence : vos gens me servent mieux chez vous que les miens ne me servent chez moi. Peut-être aurez-vous même fortune dans les maisons qui m'appartiennent, si vous me faites l'honneur d'y aller. Courez-en le risque, je vous en supplie. Vous me ferez deux plaisirs à la fois. L'un, d'user de mon bien comme j'use du vôtre ; l'autre, de réveiller un peu l'assoupissement de mes valets, qui m'attendent toujours avec une espèce de tranquillité qui ressemble fort à la négligence. C'est le sort des maîtres trop indulgents : on s'accoutume aisément à n'en avoir pas grand'peur. Les nouveaux objets raniment le zèle des domestiques. Ils aiment mieux obtenir l'approbation de leurs maîtres par le suf-

---

biopolæ blandiuntur. Sed sane blandiantur, dum per hoc mendacium nobis studia nostra commendent. Vale.

III.

C. PLINIUS CANINIO RUFO SUO S.

Quid agit Comum, tuæ meæque deliciæ? quid suburbanum amœnissimum? quid illa porticus, verna semper? quid πλατανῶν opacissimus? quid Euripus viridis et gemmeus? quid subjectus et serviens lacus? quid illa mollis, et tamen solida, gestatio? quid balineum illud, quod plurimus sol implet et circumit? quid triclinia illa popularia? quid illa paucorum? quid cubicula diurna nocturnaque? Possidentne te, et per vices partiuntur? An, ut solebas, intentione rei familiaris obeundæ, crebris excursionibus avocaris? Si te possident, felix beatusque es : sin minus, unus ex multis. Quin tu (tempus est enim) humiles et sordidas curas aliis mandes, et ipse te in alto isto pinguique secessu studiis adseris? Hoc sit negotium tuum, hoc otium: hic labor, hæc quies : in his vigilia, in his etiam somnus reponatur. Effinge aliquid et excude, quod sit perpetuo tuum : nam reliqua rerum tuarum post te alium atque alium dominum sortientur : hoc numquam tuum desinet esse, si semel cœperit. Scio, quem animum, quod horter ingenium. Tu modo enitere, ut tibi ipse sis tanti, quanti videberis aliis, si tibi fueris. Vale.

IV.

C. PLINIUS POMPEIÆ CELERINÆ SOCRUI S.

Quantum copiarum in Ocriculano, in Narniensi, in Carsulano, in Perusino tuo! In Narniensi vero etiam balineum! Ex epistolis meis (nam jam tuis opus non est) una illa brevis et vetus sufficit. Non, mehercule, tam mea sunt, quæ mea sunt, quam quæ tua : hoc tamen differunt, quod sollicitius et intentius tui me, quam mei excipiunt. Idem fortasse eveniet tibi, si quando in nostra diverteris. Quod velim facias : primum, ut perinde nostris rebus, ac nos tuis, perfruaris : deinde, ut mei expergiscantur aliquando, qui me secure ac prope negligenter exspectant : nam mitium dominorum apud servos ipsa consuetudine metus exolescit : novitatibus excitantur

LETTRE V.

PLINE A VOCONIUS.

Vîtes-vous jamais d'homme plus lâche et plus rampant que Régulus, depuis la mort de Domitien? Vous savez que sous son empire, Régulus, quoiqu'il sauvât mieux les apparences, ne fut pas plus honnête homme qu'il l'avait été à la cour de Néron. Il s'est avisé de craindre que je n'eusse du ressentiment contre lui. Il n'a pas grand tort. Non content d'avoir fomenté la persécution faite à Rusticus Arulenus, il avait triomphé de sa mort, jusqu'à réciter en public et à répandre un livre injurieux, où il le traite de *singe des stoïciens*, et d'*homme qui porte les stigmates de Vitellius*. Vous reconnaissez l'éloquence de Régulus. Il déchire avec tant d'emportement Herennius Senecion, que Metius Carus, son rival dans le noble métier de délateur, n'a pu s'empêcher de lui dire : *Quel droit avez-vous sur mes morts? Me voit-on remuer les cendres de Crassus ou de Camerinus?* C'étaient des personnes illustres que, du temps de Néron, Régulus avait accusées. Il lut en public son dernier livre. Il ne m'invita point, persuadé que je n'avais rien oublié de toutes ses indignités. Il se souvenait d'ailleurs qu'il m'avait mis moi-même en un terrible danger devant les centumvirs. Je parlais, à la recommandation de Rusticus Arulenus, pour Arionille, femme de Timon, et j'avais contre moi Régulus. Je fondais en partie mon droit et mes espérances sur une sentence de Metius Modestus, très-homme de bien, mais que Domitien avait alors exilé. Ce fût un prétexte à Régulus de me faire cette demande : *Pline, que pensez-vous de Modestus?* Vous voyez quel péril je courais, si j'eusse rendu un fidèle témoignage à la vérité; et de quel opprobre je me couvrais, si je l'eusse trahie. Je ne puis dire autre chose, sinon que les dieux m'inspirèrent dans cette occasion. *Je répondrai*, lui dis-je, *à votre question, quand les centumvirs auront à la juger.* Il ne se rendit point. *Je vous demande*, poursuit-il, *quel jugement vous faites de Metius Modestus?* Je lui répliquai que l'on ne demandait témoignage que contre des accusés, et jamais contre un homme condamné. Eh bien! continua-t-il, *je ne vous demande plus ce que vous pensez de Modestus; mais quelle opinion avez-vous de son attachement pour le prince?* Vous voulez, dis-je, *savoir ce que j'en pense; mais moi, je crois qu'il n'est pas même permis de mettre en question ce qui est une fois jugé.* Là, mon homme demeura muet. Vous ne pouvez vous imaginer quels éloges et quels applaudissements suivirent cette réponse, qui, sans blesser ma réputation par aucune flatterie utile peut-être, mais honteuse, me tira d'un piége si artificieusement tendu. Aujourd'hui Régulus, troublé par les justes reproches de sa conscience, s'adresse à Cecilius Celer, et ensuite à Fabius Justus, et les presse de vouloir bien faire sa paix avec moi. Il ne s'en tient pas là. Il court chez Spurinna; et, comme il est le plus rampant de tous les hommes lorsqu'il craint, il le supplie, avec les dernières bassesses, de me venir voir le lendemain matin, mais de grand matin (car je ne puis plus vivre, dit-il, dans l'inquiétude où je suis), et d'obtenir de moi, à quelque prix que ce soit, d'étouffer mon ressentiment. J'étais à peine éveillé, qu'un valet me vint prier, de la part de

---

probarice dominis per alios magis quam per ipsos laborant. Vale.

V.

C. PLINIUS VOCONIO ROMANO SUO S.

Vidistine quemquam Marco Regulo timidiorem humilioremque post Domitiani mortem? sub quo non minora flagitia commiserat, quam sub Nerone, sed tectiora. Cœpit vereri, ne sibi irascerer : nec fallebatur; irascebar. Rustici Aruleni periculum foverat, exsultaverat morte : adeo ut librum recitaret publicaretque, in quo Rusticum insectatur, atque etiam *Stoicorum simiam* appellat. Adjicit *Vitelliana cicatrice stigmosum.* Agnoscis eloquentiam Reguli : lacerat Herennium Senecionem, tam intemperanter quidem, ut dixerit ei Metius Carus, *Quid tibi cum meis mortuis? numquid ego aut Crasso, aut Camerino molestus sum?* quos ille sub Nerone accusaverat. Hæc me Regulus dolenter tulisse credebat, ideoque etiam, quum recitaret librum, non adhibuerat. Præterea reminiscebatur, quam capitaliter ipsum me apud centumviros lacessisset. Aderam Arionillæ, Timonis uxori, rogatu Aruleni Rustici. Regulus contra. Nitebamur nos in parte caussæ sententia Metii Modesti, optimi viri : is tunc in exsilio erat, a Domitiano relegatus. Ecce tibi Regulus, *Quæro*, inquit, *Secunde, quid de Modesto sentias.* Vides, quod periculum, si respondissem, *bene* : quod flagitium, si, *male*. Non possum dicere aliud tunc mihi, quam deos adfuisse. *Respondebo*, inquam, *quid sentiam, si de hoc centumviri judicaturi sunt.* Rursus ille, *Quæro, quid de Modesto sentias.* Iterum ego, *Solebant testes in reos, non in damnatos, interrogari.* Tertio ille, *Non jam quid de Modesto, sed quid de pietate Modesti sentias.* Quæris, inquam, *quid sentiam? At ego ne interrogare quidem fas puto, de quo pronuntiatum est.* Conticuit : me laus et gratulatio sequuta est; quod nec famam meam aliquo responso, utili fortasse, inhonesto tamen, læserim; nec me laqueis tam insidiosæ interrogationis involveram. Nunc ergo conscientia exterritus apprehendit Cæcilium Celerem; mox Fabium Justum rogat, ut me sibi reconcilient. Nec contentus, pervenit ad Spurinnam. Huic suppliciter (ut est, quum timet, abjectissimus), *Rogo*, inquit, *mane videas Plinium domi : sed plane mane; neque enim diutius ferre sollicitudinem possum; et quoquo modo efficias, ne mihi irascatur.* Evigilaveram. Nuntius a Spurinna : *Venio ad te. Immo ego ad te.* Coimus in

Spurinna, de l'attendre. Je lui réponds que je vais le trouver. Et comme nous allions l'un audevant de l'autre, nous nous rencontrons sous la galerie de Livie. Il m'expose le sujet de sa mission : il joint ses prières à celles de Régulus; toutefois avec la réserve d'un honnête homme sollicitant pour un personnage qui lui ressemble si peu. *Vous verrez vous-même*, lui dis-je, *ce qu'il faut répondre à Régulus. Voici la situation où je me trouve. J'attends Mauricus* (car il n'était pas encore revenu de son exil); *je ferai tout ce qu'il voudra. Il me siérait mal de me déterminer sans lui. C'est à lui à me guider; c'est à moi à le suivre.* Régulus, peu de jours après, me vint trouver dans la salle du préteur. Là, après m'avoir suivi quelque temps, il me tire à l'écart. *Je crains*, dit-il, *que vous ne soyez choqué de ce que je dis dans la chambre des centumvirs.* Je plaidais contre vous et contre Satrius Rufus. Ce mot m'échappa : *Satrius, et cet orateur qui, dégoûté de l'éloquence de notre siècle, se pique d'imiter Cicéron.* Je lui répondis que son aveu seul m'ouvrait l'esprit; que jusqu'alors je n'y avais pas entendu malice, et qu'il avait été très-aisé de donner à ses paroles un sens fort obligeant. *J'ai en effet*, poursuivis-je, *une grande passion d'imiter Cicéron, et j'estime fort peu l'éloquence de notre temps. Je trouve ridicule, s'il faut se choisir des modèles, de ne pas prendre les plus excellents. Mais vous*, lui dis-je, *qui vous souvenez si bien de ce qui se passa dans cette cause, comment avez-vous oublié les questions que vous eûtes la bonté de me faire dans une autre, où vous me pressâtes tant de dire ce que je pensais de l'attachement de Metius Modestus pour le prince ?* La pâleur ordinaire de l'homme augmenta de plus de deux nuances. Il me dit enfin d'une voix tremblante : *Ce n'était pas à vous que j'en voulais, mais à Metius Modestus.* Remarquez, je vous prie, le caractère cruel de cet homme, qui ne feignait pas d'avouer qu'il avait voulu accabler un malheureux exilé. La raison qu'il me donna pour justifier cet indigne procédé vous divertira. *On a lu*, dit-il, *à Domitien, une lettre où Modestus me traite du plus méchant de tous les hommes;* comme si Modestus avait eu grand tort! Notre conversation n'alla guère plus loin ; car je voulais me réserver la liberté entière d'agir comme il me plairait quand Mauricus serait de retour. Ce n'est pas que j'ignore qu'il est assez difficile de perdre Régulus. Il est riche, il est intrigant; bien des gens le considèrent; beaucoup d'autres, en plus grand nombre, le craignent; et la crainte souvent a plus de pouvoir que l'amitié. Mais, après tout, il n'est rien que de violentes secousses ne puissent abattre. La fortune n'est pas plus fidèle aux scélérats qu'ils le sont aux autres. Mais, je vous le répète encore, j'attends Mauricus. C'est un homme de poids, d'expérience, et que ses malheurs passés éclairent sur l'avenir. Je ne puis manquer de trouver dans ses conseils des raisons, ou pour agir, ou pour demeurer en repos. J'ai cru devoir ce récit à l'amitié qui nous unit. Elle ne me permet pas de vous laisser ignorer mes démarches, mes discours ni même mes desseins. Adieu.

LETTRE VI.

PLINE A CORNEILLE TACITE.

Vous allez rire, et je vous le permets : riez-en tant qu'il vous plaira. Ce Pline que vous connaissez a pris trois sangliers, mais très-grands.

---

porticum Liviæ, quum alter ad alterum tenderemus. Exponit Reguli mandata; addit preces suas, ut decebat optimum virum pro dissimillimo, parce. Cui ego : *Dispicies ipse, quid renuntiandum Regulo putes : te decipi a me non oportet.* Exspecto *Mauricum* (nondum enim ab exsilio venerat), *ideo nihil alterutram in partem respondere tibi possum, facturus quidquid ille decreverit. Illum enim esse hujus consilii ducem, me comitem, decet.* Paucos post dies ipse Regulus convenit in prætoris officio : illuc me persequutus secretum petit. Ait, *timere se, ne animo meo penitus hæreret, quod in centumvirali judicio aliquando dixisset,* quum responderet mihi et Satrio Rufo : *Satrius Rufus, et cui est cum Cicerone æmulatio, et contentus non est eloquentia seculi nostri.* Respondi, *nunc me intelligere maligne dictum, quia ipse confiteretur : ceterum potuisse honorificum existimari. Est enim*, inquam, *mihi cum Cicerone æmulatio, nec sum contentus eloquentia seculi nostri : nam stultissimum credo, ad imitandum non optima quæque proponere. Sed tu, qui hujus judicii meministi, cur illius oblitus es, in quo me interrogasti, quid de Metii Modesti pietate sentirem ?* Expalluit notabiliter, quamvis palleat semper : et hæsitabundus inquit, *Interrogavi, non ut tibi nocerem, sed ut Modesto.* Vide hominis crudelitatem, qui se non dissimulet exsuli nocere voluisse. Subjunxit egregiam caussam : *Scripsit,* inquit, *in epistola quadam, quæ apud Domitianum recitata est, Regulus omnium bipedum nequissimus;* quod quidem Modestus verissime scripserat. Hic fere nobis sermonis terminus : neque enim volui progredi longius, ut mihi omnia libera servarem, dum Mauricus venit. Nec me prætérit, esse Regulum δυσκαθαίρετον. Est enim locuples, factiosus; curatur a multis, timetur a pluribus, quod plerumque fortius amore est. Potest tamen fieri, ut hæc concussa labantur : nam gratia malorum tam infida est, quam ipsi. Verum, ut idem sæpius dicam, exspecto Mauricum. Vir est gravis, prudens, multis experimentis eruditus, et qui futura possit ex præteritis providere. Mihi et tentandi aliquid et quiescendi illo auctore ratio constabit. Hæc tibi scripsi, quia æquum erat, te pro amore mutuo non solum omnia mea facta dictaque, verum etiam consilia cognoscere. Vale.

VI.

C. PLINIUS CORNELIO TACITO SUO S.

Ridebis, et licet rideas. Ego ille, quem nosti, apros

Quoi! lui-même? dites-vous. Lui-même. N'allez pourtant pas croire qu'il en ait coûté beaucoup à ma paresse. J'étais assis près des toiles; je n'avais a côté de moi ni épieu ni dard, mais des tablettes ; je rêvais, j'écrivais, et je me préparais la consolation de remporter mes feuilles pleines, si je m'en retournais les mains vides. Ne méprisez pas cette manière d'étudier. Vous ne sauriez croire combien le mouvement de corps donne de vivacité à l'esprit; sans compter que l'ombre des forêts, la solitude, et ce profond silence qu'exige la chasse, sont très-propres à faire naître d'heureuses pensées. Ainsi, croyez-moi, quand vous irez chasser, portez votre pannetière et votre bouteille, mais n'oubliez pas vos tablettes. Vous éprouverez que Minerve se plaît autant sur les montagnes que Diane. Adieu.

LETTRE VII.

PLINE A OCTAVIUS RUFUS.

Savez-vous que vous m'élevez bien haut, quand vous m'accordez autant de pouvoir qu'Homère en attribue à Jupiter?

Le père accorda l'un, mais il refusa l'autre.

En effet, je puis, comme Jupiter, accueillir l'un de vos vœux, et rejeter l'autre. S'il m'est permis, pour vous obéir, de refuser mon ministère à l'Andalousie contre un particulier qu'elle accuse, ne dois-je pas avoir aussi la liberté de ne point me charger de la défense de cet homme? Après avoir prodigué mes veilles, après avoir hasardé ma fortune en faveur de cette province opprimée, que penseriez-vous de la fidélité scrupuleuse dont je fais profession, et de cette uniformité de conduite que vous aimez si fort en moi, si je me démentais jusqu'à me déclarer contre mes anciens clients? Je prendrai donc un milieu dans la prière que vous me faites. De deux grâces que vous me demandez, je vous accorde celle qui peut en même temps remplir une partie de vos désirs et toute l'opinion que vous avez de moi. Car, afin que vous ne vous y trompiez pas, je n'ai pas tant à me régler sur ce que veut aujourd'hui un homme de votre caractère, que sur ce qu'il voudra toujours. J'espère me rendre à Rome vers le quinzième d'octobre. J'y réitérerai à Gallus en personne la promesse que je vous fais, et je lui engagerai ma parole et la vôtre. Vous pouvez par avance lui répondre de moi.

Il dit, et d'un clin d'œil fait signe qu'il exauce.

Et pourquoi ne citerais-je pas aussi les vers d'Homère, puisque vous ne voulez pas que je puisse citer les vôtres? Dans la passion que j'ai de les voir, les pauvres peuples d'Andalousie ne seraient pas trop en sûreté, si l'on tentait à ce prix de me corrompre; et je ne voudrais pas jurer que je ne plaidasse contre eux. J'oubliais le meilleur : j'ai reçu vos dattes; et quelles dattes ! Elles sont si bonnes, qu'il faudrait être bien hardi pour entreprendre de régler les rangs entre elles, les figues et les morilles que vous m'aviez auparavant envoyées. Adieu.

LETTRE VIII.

PLINE A POMPÉIUS SATURNINUS.

Votre lettre ne pouvait m'être rendue plus à propos. Elle me demande quelque ouvrage de ma façon, justement dans le temps que je me

---

tres, et quidem pulcherrimos, cepi. Ipse? inquis. Ipse : non tamen ut omnino ab inertia mea et quiete discederem. Ad retia sedebam. Erant in proximo, non venabulum aut lancea, sed stilus et pugillares. Meditabar aliquid enotabamque, ut, si manus vacuas, plenas tamen ceras reportarem. Non est, quod contemnas hoc studendi genus. Mirum est, ut animus agitatione motuque corporis excitetur. Jam undique silvæ et solitudo, ipsumque illud silentium, quod venationi datur, magna cogitationis incitamenta sunt. Proinde quum venabere, licebit, auctore me, ut panarium et lagunculam, sic etiam pugillares feras. Experieris non Dianam magis montibus, quam Minervam inerrare. Vale.

VII.

C. PLINIUS OCTAVIO RUFO SUO S.

Vide, in quo me fastigio collocaris, quum mihi idem potestatis, idemque regni dederis, quod Homerus Jovi Optimo Maximo;

Τῷ δ' ἕτερον μὲν ἔδωκε πατήρ, ἕτερον δ' ἀνένευσεν.

Nam ego quoque simili nutu ac renutu respondere voto tuo possum. Etenim sicut fas est mihi, præsertim te exigente, excusare Bæticis contra unum hominem advocationem : ita nec fidei nostræ, nec constantiæ, quam diligis, convenit adesse contra provinciam, quam tot officiis, tot laboribus, tot etiam periculis meis aliquando devinxerim. Tenebo ergo hoc temperamentum, ut ex duobus, quorum alterum petis, eligam id potius, in quo non solum studio tuo, verum etiam judicio satisfaciam. Neque enim tanto opere mihi considerandum est, quid vir optimus in præsentia velis, quam quid semper sis probaturus. Me circa Idus Octobres spero Romæ futurum, eademque hæc præsentem quoque tua meaque fide Gallo confirmaturum : cui tamen nunc jam licet spondeas de animo meo :

Ἦ, καὶ κυανέῃσιν ἐπ' ὀφρύσι νεῦσε Κρονίων.

Cur enim non usquequaque Homericis versibus agam tecum? quatenus tu me tuis agere non pateris : quorum tanta cupiditate ardeo, ut videar mihi hac sola mercede posse corrumpi, ut vel contra Bæticos adsim. Pæne prætereii, quod minime prætereundum fuit, accepisse me caryotas optimas, quæ nunc ficis et boletis certandum habent. Vale.

VIII.

C. PLINIUS POMPEIO SATURNINO SUO S.

Peropportune mihi redditæ sunt litteræ tuæ, quibus flagitabas, ut tibi aliquid ex scriptis meis mitterem, quum ego id ipsum destinassem. Addidisti ergo calcaria sponte currenti, pariterque et tibi veniam recusandi laboris, et

disposais à vous prier d'en recevoir un. C'est me presser de me satisfaire. Je n'ai donc plus à craindre ni les excuses de votre paresse, ni les scrupules de ma discrétion. J'aurais aussi mauvaise grâce de me croire importun, que vous de me traiter de fâcheux, quand je ne fais que répondre à votre impatience. Cependant vous ne devez rien attendre de nouveau d'un paresseux. Vous avez déjà vu le discours dont j'accompagnai la fondation que j'ai faite d'une bibliothèque en faveur de mes compatriotes. Ne pourrais-je point obtenir qu'il repasse encore une fois sous votre lime? Votre critique, la première fois, ne s'attacha qu'au dessein. J'en voudrais aujourd'hui une qui ne fît pas de quartier, même aux syllabes. Encore, après cet examen, il nous sera permis de donner notre ouvrage, ou de le garder. Peut-être même que cette exacte revue aidera beaucoup à nous déterminer; car en retouchant souvent cette pièce, ou nous la trouverons indigne, ou nous la rendrons digne de paraître. Ce n'est pas qu'à vous parler sincèrement, ce qui me fait balancer ne tombe pas tant sur la composition que sur le sujet. N'y entre-t-il point un peu trop de vanité? Quelque simple que soit mon style, il sera difficile que, contraint à parler de la libéralité de mes aïeux et de la mienne, je paraisse assez modeste. Le pas est glissant, lors même que la plus juste nécessité nous y engage. Si les louanges que nous donnons aux autres ne dégoûtent déjà que trop, comment se promettre d'assaisonner assez délicatement notre propre éloge? La vertu, qui toute seule fait des envieux, nous en attire bien davantage quand la gloire la suit. Vous exposez à la malignité les plus belles actions, à mesure que vous les tirez de l'obscurité. Plein de ces pensées, je me demande souvent si j'ai composé mon discours pour le public, ou seulement pour moi. La preuve que j'ai travaillé pour moi, c'est que les accompagnements les plus nécessaires à une action d'éclat ne conservent, après l'action, ni leur prix ni leur mérite. Sans aller plus loin chercher des exemples, peut-on douter qu'il ne fût très-important d'expliquer les motifs de mon dessein? J'y trouvais tout à la fois trois avantages. Je me remplissais l'esprit de sages réflexions. Plus je les repassais en moi-même, plus j'en découvrais les beautés; et je me précautionnais contre le repentir, qui ne manque guère de suivre les libéralités précipitées. Par-là je m'aguerrissais au mépris des richesses; car, pendant que la nature attache tous les hommes à des biens vils et périssables, l'amour d'une libéralité bien entendue me dégageait de ces honteux liens. Délibérer dans ces occasions, c'est assurer au bienfait toute sa gloire. L'aveugle penchant d'un heureux naturel, les saillies de l'humeur, n'y peuvent plus avoir de part. Une dernière considération me déterminait encore. Je ne proposais point des spectacles ou des combats de gladiateurs, mais des pensions qui assurassent à de jeunes gens d'honnête famille les secours que la fortune leur refusait. S'il faut parler quand on propose des plaisirs qui charment les yeux ou les oreilles, ce ne doit être que pour en modérer les transports. Faut-il engager quelqu'un à se livrer aux fatigues et aux dégoûts que traîne à sa suite l'éducation des jeunes gens; on n'a pas trop et des charmes de l'intérêt et de tous les agréments de l'éloquence. Les médecins essayent par leurs

---

mihi exigendi verecundiam sustulisti: nam nec me timide uti decet eo, quod oblatum est, nec te gravari, quod depoposcisti. Non est tamen, quod ab homine desidioso aliquid novi operis exspectes. Petiturus sum enim, ut rursus vaces sermoni, quem apud municipes meos habui, bibliothecam dedicaturus. Memini quidem, te jam quædam adnotasse, sed generaliter: ideo nunc rogo, ut non tantum universitati ejus attendas, verum etiam particula, qua soles lima, persequaris. Erit enim et post emendationem liberum nobis vel publicare vel continere. Quin immo fortasse hanc ipsam cunctationem nostram in alterutram sententiam emendationis ratio deducet, quæ ant indignum editione, dum sæpius retractat, inveniet: aut dignum, dum id ipsum experitur, efficiet. Quamquam hujus cunctationis meæ caussæ non tam in scriptis, quam in ipso materiæ genere consistunt. Est enim paulo gloriosius et elatius. Onerabit hoc modestiam nostram, etiamsi stilus ipse fuerit pressus demississusque, propterea quod cogimur cum de munificentia parentum nostrorum, tum de nostra disputare. Anceps hic et lubricus locus est, etiam quum illi necessitas lenocinatur. Etenim si alienæ quoque laudes parum æquis auribus accipi solent; quam difficile est obtinere, ne molesta videatur oratio de se, aut de suis disserentis? nam cum ipsi honestati, tum aliquanto magis gloriæ ejus prædicationique invidemus: atque ea demum recte facta minus detorquemus et carpimus, quæ in obscuritate et silentio reponuntur. Qua ex caussa sæpe ipse mecum, nobisne tantum, quidquid illud est, composuisse, an et aliis debeamus? Ut nobis, admonet istud, quod pleraque, quæ sunt agendæ rei necessaria, eadem peracta nec utilitatem parem nec gratiam retinent. Ac. ne longius exempla repetamus, quid utilius fuit, quam munificentiæ rationem etiam stilo prosequi. Per hoc enim assequebamur, primum ut honestis cogitationibus immoraremur; deinde ut pulchritudinem illarum longiore tractatu perviderimus; postremo, ut subitæ largitionis comitem pœnitentiam caveremus. Nascebatur ex his exercitatio quædam contemnendæ pecuniæ; nam quum homines ad custodiam ejus natura restrinxerit, nos contra multum ac diu pensitatus amor liberalitatis communibus avaritiæ vinculis eximebat: tantoque laudabilior munificentia nostra fore videbatur, quod ad illam non impetu quodam, sed consilio trahebamur. Accedebat his caussis, quod non ludos, aut gladiatores, sed annuos sumptus in alimenta ingenuorum pollicebamur. Oculorum porro et aurium voluptates adeo non egent commendatione, ut non tam incitari debeant oratione, quam reprimi: ut vero aliquis libenter educationis tædium laboremque suscipiat, non præmiis modo, verum etiam exquisitis adhortationibus impetrandum est: nam si medici salubres, sed voluptate carentes

discours de répandre sur des aliments insipides, mais salutaires, la saveur qui leur manque : et quand nous ferons à nos citoyens un présent aussi utile que peu agréable, négligerons-nous de lui donner tout l'assaisonnement qu'il peut emprunter de la parole? On garderait à contre-temps un silence modeste, quand il faut faire approuver à ceux qui n'ont plus d'enfants une institution qui n'est faite qu'en faveur de ceux qui en ont, et obtenir de ceux qui n'en ont point encore qu'ils attendent avec patience le temps de participer à ce bienfait. Mais comme alors, en rendant compte de mes intentions, j'étais plus occupé de l'utilité publique que de ma gloire particulière, je crains aujourd'hui, en publiant ma harangue, de paraître plus occupé de ma gloire particulière que de l'utilité publique. Je n'ai pas oublié qu'une grande âme est plus touchée du témoignage de la conscience que des témoignages éclatants de la renommée. Ce n'est pas à nos actions à courir après la gloire, c'est à la gloire à les suivre. Et s'il arrive que, par un sort bizarre, elle nous échappe, il ne faut pas croire que ce qui l'a méritée perde rien de son prix. Il est difficile de vanter le bien qu'on a fait, sans donner lieu de juger que l'on ne s'en vante pas parce qu'on l'a fait, mais qu'on l'a fait pour s'en vanter. Notre action, que l'on admire quand d'autres en parlent, est méprisée dès que nous en parlons. Les hommes sont ainsi faits : ils décrient comme vaine l'action qu'ils ne peuvent décrier comme mauvaise. Quel parti prendre? Ne faisons-nous rien qui mérite que l'on parle de nous, on nous le reproche. Avons-nous mérité que l'on en parle, on ne nous pardonne pas d'en parler nous-mêmes. Ce qui m'embarrasse le plus, c'est que je n'ai pas harangué en public, mais dans l'assemblée des décurions. Je crains donc que moi, qui, lorsque je haranguais dans une salle particulière, croyais à peine ma modestie en sûreté contre les applaudissements du peuple, qui pouvais les devoir à ma libéralité, je ne semble aujourd'hui mendier l'approbation de ceux même qui n'ont d'autre intérêt à mon action que celui de l'exemple qu'elle donne. Vous voilà instruit de tous mes doutes ; décidez. Je ne veux pour raison que votre avis. Adieu.

LETTRE IX.

PLINE A MINUTIUS FUNDANUS.

C'est une chose étonnante de voir comme le temps se passe à Rome. Prenez chaque journée à part, il n'y en a point qui ne soit remplie : rassemblez-les toutes, vous êtes surpris de les trouver si vides. Demandez à quelqu'un : Qu'avez-vous fait aujourd'hui? J'ai assisté, vous dira-t-il, à la cérémonie de la robe virile qu'un tel a donnée à son fils. J'ai été prié à des fiançailles ou à des noces. L'on m'a demandé pour la signature d'un testament. Celui-ci m'a chargé de sa cause; celui-là m'a fait appeler à une consultation. Chacune de ces choses, le jour qu'on l'a faite, a paru nécessaire : toutes ensemble, quand vous venez à songer qu'elles ont pris tout votre temps, paraissent inutiles, et le paraissent bien davantage quand on les repasse dans une agréable solitude. Alors vous ne pouvez vous empêcher de vous dire : A quelles bagatelles ai-je perdu mon temps! C'est ce que je répète sans cesse dans ma maison de Laurentin, soit que je lise, soit que j'écrive, soit qu'à mes études je mêle les exercices du corps, dont la bonne disposition influe

---

cibos, blandioribus alloquiis prosequuntur; quanto magis decuit publice consulentem, utilissimum munus, sed non perinde populare, comitate orationis inducere? præsertim quum enitendum haberemus, ut, quod parentibus datur, et orbis probaretur; honoremque paucorum ceteri pâtienter et exspectarent, et mererentur. Sed ut tunc communibus magis commodis quam privatæ jactantiæ studebamus, quum intentionem affectumque muneris nostri vellemus intelligi ; ita nunc in ratione edendi veremur, ne forte non aliorum utilitatibus, sed propriæ laudi servisse videamur. Præterea meminimus, quanto majore animo honestatis fructus in conscientia, quam in fama, reponatur. Sequi enim gloria, non appeti, debet; nec, si casu aliquo non sequatur, idcirco quod gloriam non meruit, minus pulchrum est. Ii vero, qui benefacta sua verbis adornant, non ideo prædicare, quia fecerint, sed ut prædicarent, fecisse creduntur. Sic, quod magnifice referente alio fuisset, ipso qui gesserat recensente, vanescit. Homines enim quum rem destruere non possunt, jactationem ejus incessunt. Ita si silenda feceris, factum ipsum; si laudanda, quod non sileas ipse, culpatur. Me vero peculiaris quædam impedit ratio. Etenim hunc ipsum sermonem non apud populum, sed apud decuriones habui; nec in propatulo, sed in curia. Vereor ergo, ut sit satis congruens, quum in dicendo assentationem vulgi acclamationemque defugerim, nunc eadem illa editione sectari : quumque plebem ipsam, cui consulebatur, limine curiæ parietibus discreverim, ne quam in speciem ambitionis inciderem ; nunc eos etiam, ad quos ex munere nostro nihil pertinet præter exemplum, velut obvia ostentatione conquirere. Habes cunctationis meæ caussas : obsequar tamen consilio tuo, cujus mihi auctoritas pro ratione sufficit. Vale.

IX.

C. PLINIUS MINUTIO FUNDANO SUO S.

Mirum est, quam singulis diebus in urbe ratio aut constet aut constare videatur, pluribus cunctisque non constet; nam, si quem interroges, *Hodie quid egisti?* respondeat, *Officio togæ virilis interfui; sponsalia, aut nuptias frequentavi; ille me ad signandum testamentum, ille in advocationem, ille in consilium rogavit.* Hæc quo die feceris, necessaria; eadem, si quotidie fecisse te reputes, inania videntur, multo magis quum secesseris. Tunc enim subit recordatio, *Quot dies quam frigidis rebus absumsi?* Quod evenit mihi, postquam in Laurentino meo aut lego aliquid, aut scribo, aut etiam corpori vaco, cujus fulturis

tant sur les opérations de l'esprit. Je n'entends, je ne dis rien, que je me repente d'avoir dit. Personne devant moi n'ose dire du mal de qui que ce soit. Je ne trouve à redire à personne, sinon à moi-même, quand ce que je compose n'est pas à mon gré. Sans désirs, sans crainte, à couvert des bruits fâcheux, rien ne m'inquiète. Je ne m'entretiens qu'avec moi et avec mes livres. O l'agréable, ô l'innocente vie! Que cette oisiveté est aimable! qu'elle est honnête! qu'elle est préférable même aux plus illustres emplois! Mer, rivage, dont je fais mon vrai cabinet, que vous m'inspirez de nobles, d'heureuses pensées! Voulez-vous m'en croire, mon cher Fundanus, fuyez les embarras de la ville; rompez cet enchaînement de soins frivoles qui vous y attachent; adonnez-vous à l'étude ou au repos; et songez que ce qu'a dit si spirituellement et si plaisamment notre ami Attilius, n'est que trop vrai : *Il vaut infiniment mieux ne rien faire, que de faire des riens.* Adieu.

LETTRE X.

PLINE A ATRIUS CLEMENS.

Si jamais les belles-lettres ont été florissantes à Rome, c'est assurément aujourd'hui. Il ne tiendrait qu'à moi de vous en citer plusieurs exemples. Vous en serez quitte pour un seul. Je ne vous parlerai que du philosophe Euphrate. Je commençai à le connaître en Syrie, dans ma jeunesse et dans mes premières campagnes. Les entrées que j'avais chez lui me donnèrent lieu de l'étudier à fond. Je pris soin de m'en faire aimer; et il n'en fallait pas beaucoup prendre. Il est accessible, prévenant, et soutient bien par sa conduite les leçons d'affabilité qu'il donne. Que je serais content si j'avais pu remplir l'espérance qu'il avait conçue de moi, comme il a surpassé celle qu'on avait déjà de lui! Peut-être qu'aujourd'hui je n'admire davantage ses vertus que parce que je les connais mieux, quoiqu'à vrai dire, je ne les connaisse pas encore assez. Il n'appartient qu'aux maîtres de bien juger des finesses d'un art, et il faut avoir fait de grands progrès dans la sagesse pour sentir tout le mérite d'un sage. Mais, autant que je puis m'y connaître, tant de rares qualités brillent dans Euphrate, qu'elles frappent les moins clairvoyants. Il est subtil, solide et fleuri dans la dispute; et quand elle lui plaît, personne n'atteint mieux au sublime de Platon, et n'en fait mieux revivre le vaste génie. On voit régner dans ses discours la richesse des expressions, la variété des tours, et surtout une douce violence qui emporte les plus opiniâtres. Son extérieur ne dément point le reste : il est de belle taille; il a le visage agréable, les cheveux longs, et une très-longue barbe toute blanche. Vous ne pouvez vous imaginer combien ces dehors, tout indifférents qu'ils paraissent, lui attirent de vénération. Ses habits sont propres sans affectation; son air est sérieux sans être chagrin; son abord inspire le respect sans imprimer la crainte. Son extrême politesse égale la pureté de ses mœurs. Il fait la guerre aux vices et non pas aux hommes. Il ramène ceux qui s'égarent, et ne leur insulte point. On est si charmé de l'entendre, qu'après même qu'il vous a persuadé, vous voudriez qu'il eût à vous persuader encore. Trois enfants composent sa famille. Il a deux fils, et il n'oublie rien pour leur éducation. Julien, son beau-père, tient le premier rang dans sa province. C'est un homme recommandable par mille en-

---

animus sustinetur. Nihil audio, quod audisse, nihil dico, quod dixisse pœniteat : nemo apud me quemquam sinistris sermonibus carpit; neminem ipse reprehendo, nisi unum me, quum parum commode scribo : nulla spe, nullo timore sollicitor, nullis rumoribus inquietor. Mecum tantum, et cum libellis loquor. Rectam sinceramque vitam! dulce otium, honestumque, ac pæne omni negotio pulchrius! O mare, o littus, verum secretumque μουσεῖον! quam multa invenitis, quam multa dictatis! Proinde tu quoque strepitum istum inanemque discursum, et multum ineptos labores, ut primum fuerit occasio, relinque; teque studiis, vel otio trade. Satius est enim, ut Attilius noster eruditissime simul et facetissime dixit, otiosum esse, quam nihil agere. Vale.

X.

C. PLINIUS ATRIO CLEMENTI SUO S.

Si quando urbs nostra liberalibus studiis floruit, nunc maxime floret : multa claraque exempla sunt : sufficerit unum, Euphrates philosophus. Hunc ego in Syria, quum adolescentulus militarem, penitus et domi inspexi, amarique ab eo laboravi, etsi non erat laborandum. Est enim obvius et expositus, plenusque humanitate, quam præcipit. Atque utinam sic ipse, quam spem tunc ille de me concepit, impleverim, ut ille multum virtutibus suis addidit! Aut ego nunc illas magis miror, quia magis intelligo : quamquam ne nunc quidem satis intelligo. Ut enim de pictore, sculptore, fictore, nisi artifex, judicare; ita, nisi sapiens, non potest perspicere sapientem. Quantum mihi tamen cernere datur, multa in Euphrate sic eminent et elucent, ut mediocriter quoque doctos advertant et afficiant. Disputat subtiliter, graviter, ornate : frequenter etiam Platonicam illam sublimitatem et latitudinem effingit. Sermo est copiosus et varius : dulcis inprimis, et qui repugnantes quoque ducat et impellat. Ad hoc, proceritas corporis, decora facies, demissus capillus, ingens et cana barba : quæ licet fortuita et inania putentur, illi tamen plurimum venerationis acquirunt. Nullus horror in cultu, nulla tristitia, multum severitatis : reverearis occursum, non reformides. Vitæ sanctitas summa, comitas par. Insectatur vitia, non homines : nec castigat errantes, sed emendat. Sequaris monentem attentus; et pendens : et persuadere quoque ducat et impellat. Jam vero liberi tres, duo mares, quos diligentissime instituit. Socer Pompeius Julianus, cum cetera vita, tum vel hoc

33.

droits, et principalement par la préférence que, dans le choix d'un gendre, il a donnée à la seule vertu sur la naissance et sur la fortune. Mais il faut que je n'aime guère mon repos, quand je m'étends si fort sur les louanges d'un ami qui est comme perdu pour moi. Ai-je donc peur de ne point sentir assez ma perte? Malheureuse victime d'un emploi qui, tout important qu'il est, me paraît encore plus fâcheux, je passe ma vie à écouter, à juger des plaideurs, à répondre des requêtes, à faire des réglements, à écrire un grand nombre de lettres, mais où les belles-lettres n'ont guère de part. Je m'en plains quelquefois fort sérieusement à Euphrate; c'est tout ce que je puis. Il essaye de me consoler. Il m'assure que la plus noble fonction de la philosophie, c'est de consacrer ses travaux aux intérêts publics; c'est de faire régner la justice et la paix parmi les hommes; et que c'est là mettre en œuvre les maximes des philosophes. Je vous l'avoue, c'est le seul point où son éloquence ne me persuade pas. Je suis encore à comprendre que de semblables occupations puissent valoir le plaisir de l'écouter continuellement, et de l'étudier. Voulez-vous que je vous parle en ami? Vous qui en avez le temps, revenez promptement à Rome; et dès que vous y serez, hâtez-vous d'aller vous polir et vous perfectionner à son école. Vous voyez que je ne ressemble pas à la plupart des hommes, qui envient aux autres les avantages qu'ils ne peuvent avoir. Au contraire, je crois jouir des biens que je n'ai pas, quand je sais que mes amis en jouissent. Adieu.

LETTRE XI.

PLINE A FABIUS JUSTUS.

Depuis longtemps je n'ai reçu de vos nouvelles. Vous n'avez rien à m'écrire, dites-vous : eh bien! écrivez-le-moi, que vous n'avez rien à m'écrire. Du moins écrivez-moi ce que vos ancêtres avaient coutume de mettre au commencement de leurs lettres : *Si vous vous portez bien, j'en suis bien aise; quant à moi, je me porte fort bien.* Je vous quitte du reste; car cela dit tout. Vous croyez que je badine : non, je parle très-sérieusement. Mandez-moi comment vous passez votre temps; je souffre trop à ne le pas savoir. Adieu.

LETTRE XII.

PLINE A CALESTRIUS TIRON

J'ai fait une cruelle perte, si c'est assez dire pour exprimer le malheur qui nous enlève un si grand homme. Corellius Rufus est mort; et, ce qui m'accable davantage, il n'est mort que parce qu'il l'a voulu. Ce genre de mort, que l'on ne peut reprocher ni à l'ordre de la nature ni aux caprices de la fortune, me semble le plus affligeant de tous. Lorsque le cours d'une maladie emporte nos amis, ils nous laissent au moins un sujet de consolation, dans cette inévitable nécessité qui menace tous les hommes. Mais ceux qui se livrent eux-mêmes à la mort ne nous laissent que l'éternel regret de penser qu'ils auraient pu vivre longtemps. Une souveraine raison, qui tient lieu de destin aux sages, a déterminé Corellius Rufus. Mille avantages concouraient à lui faire aimer la vie : le témoignage d'une bonne

---

uno magnus et clarus, quod, ipse provinciæ princeps, inter altissimas conditiones, generum, non honoribus principem, sed sapientia, elegit. Quamquam quid ego plura de viro, quo mihi frui non licet? An ut magis angar, quod non licet? Nam distringor officio, ut maximo, sic molestissimo. Sedeo pro tribunali, subnoto libellos, conficio tabulas : scribo plurimas, sed illitteratissimas litteras. Soleo nonnunquam (nam id ipsum quando contingit!) de his occupationibus apud Euphratem queri. Ille me consolatur; adfirmat etiam esse hanc philosophiæ, et quidem pulcherrimam partem, agere negotium publicum, cognoscere, judicare, promere et exercere justitiam; quæque ipsi doceant, in usu habere. Mihi tamen hoc unum non persuadet, satius esse ista facere, quam cum illo dies totos audiendo discendoque consumere. Quo magis te, cui vacat, hortor quum in urbem proxime veneris (venias autem ob hoc maturius), illi te expoliendum limandumque permittas. Neque enim ego, ut multi, invideo aliis bono, quo ipse careo; sed contra sensum quemdam voluptatemque percipio, si ea, quæ mihi denegantur, amicis video supcresse. Vale.

XI.

C. PLINIUS FABIO JUSTO SUO S.

Olim nullas mihi epistolas mittis. *Nihil est*, inquis, *quod scribam.* At hoc ipsum scribe, nihil esse, quod scribas : vel solum illud, unde incipere priores solebant, *si vales, bene est; ego valeo.* Hoc mihi sufficit; est enim maximum. Ludere me putas? Serio peto. Fac sciam, quid agas : quod sine sollicitudine summa nescire non possum. Vale.

XII.

C. PLINIUS CALESTRIO TIRONI SUO S.

Jacturam gravissimam feci, si jactura dicenda est tanti viri amissio. Decessit Corellius Rufus, et quidem sponte, quod dolorem meum exulcerat : est enim luctuosissimum genus mortis, quæ non ex natura, nec fatalis videtur : nam utcumque in illis, qui morbo finiuntur, magnum ex ipsa necessitate solatium est; in iis vero, quos accessita mors aufert, hic insanabilis dolor est, quod creduntur potuisse diu vivere. Corellium quidem summa ratio, quæ sapientibus pro necessitate est, ad hoc consilium compulit, quamquam plurimas vivendi caussas habentem, opti-

conscience, une haute réputation, un crédit des mieux établis, une femme, une fille, un petit-fils, des sœurs très-aimables ; et, ce qui est encore plus précieux, de véritables amis. Mais ses maux duraient depuis si longtemps, et étaient devenus si insupportables, que les raisons de mourir l'emportèrent sur tant d'avantages qu'il trouvait à vivre. A trente-trois ans, il fut attaqué de la goutte. Je lui ai ouï dire plusieurs fois qu'il l'avait héritée de son père ; car les maux, comme les biens, nous viennent souvent par succession. Tant qu'il fut jeune, il trouva des remèdes dans le régime et dans la continence : plus avancé en âge et plus accablé, il se soutint par sa vertu et par son courage. Un jour que les douleurs les plus aiguës n'attaquaient plus les pieds seuls comme auparavant, mais se répandaient sur tout le corps, j'allai le voir à sa maison près de Rome : c'était du temps de Domitien. Dès que je parus, les valets de Corellius se retirèrent. Il avait établi cet ordre chez lui, que quand un ami de confiance entrait dans sa chambre, tout en sortait, jusqu'à sa femme, quoique d'ailleurs très-capable d'un secret. Après avoir jeté les yeux de tous côtés : *Savez-vous bien*, dit-il, *pourquoi je me suis obstiné à vivre si longtemps, malgré des maux insupportables ? C'est pour survivre au moins un jour à ce brigand ; et j'en aurais eu le plaisir, si mes forces n'eussent pas démenti mon courage.* Ses vœux furent pourtant exaucés. Il eut la satisfaction d'expirer libre et tranquille, et de n'avoir plus à rompre que les autres liens en grand nombre, mais beaucoup plus faibles, qui l'attachaient à la vie. Ses douleurs redoublèrent ; il essaya de les adoucir par la diète. Elles continuèrent : il se lassa d'être si longtemps leur jouet. Il y avait déjà quatre jours qu'il n'avait pris de nourriture, quand Hispulla, sa femme, envoya notre ami commun C. Geminius m'apporter la triste nouvelle que Corellius avait résolu de mourir ; que les larmes de sa femme, les supplications de sa fille ne gagnaient rien sur lui, et que j'étais le seul qui pût le rappeler à la vie. J'y cours : j'arrivais, lorsque Julius Atticus, de nouveau dépêché vers moi par Hispulla, me rencontre, et m'annonce que l'on avait perdu toute espérance, même celle que l'on avait en moi, tant Corellius paraissait affermi dans sa résolution. Ce qui désespérait, c'était la réponse qu'il avait faite à son médecin, qui le pressait de prendre des aliments : *J'ai prononcé l'arrêt*, dit-il. Parole qui me remplit tout à la fois d'admiration et de douleur. Je ne cesse de penser quel homme, quel ami j'ai perdu. Il avait passé soixante et sept ans, terme assez long, même pour les plus robustes. Il est délivré de toutes les douleurs d'une maladie continuelle. Il a eu le bonheur de laisser florissantes et sa famille et la république, qui lui était plus chère encore que sa famille. Je me le dis, je le sais, je le sens ; cependant je le regrette comme s'il m'eût été ravi dans la fleur de son âge, et dans la plus brillante santé. Mais (dussiez-vous m'accuser de faiblesse) je le regrette particulièrement pour l'amour de moi. Ah ! mon cher, j'ai perdu le témoin, le guide, le juge de ma conduite. Vous ferai-je un aveu que j'ai déjà fait à notre ami Calvisius, dans les premiers transports de ma douleur ? Je crains bien qu'après cette perte la vie n'ait plus autant d'attraits pour moi. Vous voyez quel besoin j'ai que vous me consoliez. Il ne s'agit pas de me représenter

---

mam conscientiam, optimam famam, maximam auctoritatem ; præterea filiam, uxorem, nepotem, sorores, interque tot pignora, veros amicos. Sed tam longa, tam iniqua valetudine conflictabatur, ut hæc tanta pretia vivendi mortis rationibus vincerentur. Tertio et tricesimo anno (ut ipsum prædicantem audiebam) pedum dolore correptus est. Patrius hic illi : nam plerumque morbi quoque per successiones quasdam, ut alia, traduntur. Hunc abstinentia, sanctitate, quoad viridis ætas, vicit et fregit ; novissime cum senectute ingravescentem viribus animi sustinebat. Quum quidem incredibiles cruciatus et indignissima tormenta pateretur (jam enim dolor non pedibus solis, ut prius, insidebat, sed omnia membra pervagabatur), veni ad eum Domitiani temporibus, in suburbano jacentem. Servie cubiculo recesserunt : habebat enim hoc moris, quoties intrasset fidelior amicus. Quin etiam uxor, quamquam omnis secreti capacissima, digrediebatur. Circumtulit oculos, et, *Cur*, inquit, *me putas hos tantos dolores tamdiu sustinere ? ut scilicet isti latroni, vel uno die, supersim. Dedisses huic animo par corpus ; fecisset quod optabat.* Adfuit tamen deus voto, cujus ille compos, ut jam securus liberque moriturus, multa illa vitæ, sed minora, retinacula abrupit. Increverat valetudo, quam temperantia mitigare tentavit ; perseverantem constantia fugit. Jam dies alter, tertius, quartus : abstinebat cibo. Misit ad me uxor ejus Hispulla communem amicum C. Geminium cum tristissimo nuntio, *destinasse Corellium mori, nec aut suis, aut filiæ precibus flecti ; solum superesse me, a quo revocari posset ad vitam.* Cucurri : perveneram in proximum, quum mihi ab eadem Hispulla Julius Atticus nuntiat, nihil jam ne me quidem impetraturum : tam obstinate magis ac magis induruisse. Dixerat sane medico admoventi cibum, Κέκρικα, quæ vox quantum admirationis in animo meo, tantum desiderii reliquit. Cogito, quo amico, quo viro caream. Implevit quidem annum septimum et sexagesimum, quæ ætas etiam robustissimis satis longa est : scio. Evasit perpetuam valetudinem : scio. Decessit superstitibus suis, florente republica, quæ illi omnibus suis carior erat : et hoc scio. Ego tamen, tanquam et juvenis, et fortissimi, morte doleo : doleo autem (licet me imbecillum putes) meo nomine. Amisi enim, amisi vitæ meæ testem, rectorem, magistrum. In summa, dicam quod recenti dolore contubernali meo Calvisio dixi : *Vereor, ne negligentius vivam.* Proinde adhibe solatia mihi : non hæc, *senex erat, infirmus erat* (hæc enim novi) : sed nova aliqua, sed magna, quæ audierim nunquam, lege-

que Corellius était vieux, qu'il était infirme. Il me faut d'autres consolations; il me faut de ces raisons que je n'aie point encore trouvées, ni dans le commerce du monde, ni dans les livres. Tout ce que j'ai entendu dire, tout ce que j'ai lu, me revient assez dans l'esprit. Mais mon affliction n'est pas d'une nature à se rendre aux réflexions communes. Adieu.

LETTRE XIII.

PLINE A SOSIUS SÉNÉCION.

Cette année, nous avons des poëtes à foison. Il n'y a pas un seul jour du mois d'avril qui n'ait eu son poëme, et son poëte pour le déclamer. Je suis charmé que l'on cultive les sciences, et qu'elles excitent cette noble émulation, malgré le peu d'empressement qu'ont nos Romains d'aller entendre les pièces nouvelles. La plupart, assis dans les places publiques, s'amusent à écouter des sornettes, et se font informer de temps en temps si l'auteur est entré, si la préface est expédiée, s'il est bien avancé dans la lecture de sa pièce. Alors vous les voyez venir gravement, et d'un pas qui visiblement se ressent de la violence qu'ils se font. Encore n'attendent-ils pas la fin pour s'en aller : l'un se dérobe adroitement; l'autre, moins honteux, sort sans façon et la tête levée. Qu'est devenu le temps que nos pères nous ont tant vanté? Nous nous souvenons de leur avoir ouï dire qu'un jour que l'empereur Claude se promenait dans son palais, il entendit un grand bruit. Il en demanda la cause. On lui dit que Nonianus lisait publiquement un de ses ouvrages. Ce prince quitte tout, et par sa présence vient surprendre agréablement l'assemblée. Aujourd'hui l'homme le plus fainéant, bien averti, convié, prié, supplié, dédaigne de venir; ou s'il vient, ce n'est que pour se plaindre d'avoir perdu un jour, parce qu'il ne l'a pas perdu. Je vous l'avoue, cette nonchalance et ce dédain de la part des auditeurs rehaussent beaucoup dans mon idée le courage des auteurs qu'ils ne dégoûtent pas de l'étude. Pour moi, je n'ai manqué presque personne; et, à dire vrai, la plupart étaient mes amis : car c'est tout un, ou peu s'en faut, d'aimer les belles-lettres et d'aimer Pline. Voilà ce qui m'a retenu ici plus longtemps que je ne voulais. Enfin, je suis libre. Je puis revoir ma retraite, et y composer, sans dessein d'avoir à mon tour de quoi entretenir le public. Gardons-nous bien de faire croire à nos déclamateurs que je ne leur ai pas donné, mais seulement prêté mon attention : car dans ce genre d'obligation, comme dans tous les autres, le bienfait cesse dès qu'on le redemande. Adieu.

LETTRE XIV.

PLINE A JUNIUS MAURICUS.

Vous me priez de chercher un parti pour la fille de votre frère. C'est avec raison que vous me donnez cette commission plutôt qu'à tout autre. Vous savez jusqu'où je portais mon attachement et ma vénération pour ce grand homme. Par quels sages conseils n'a-t-il point soutenu ma jeunesse? Par quelles avances de louanges ne m'a-t-il pas engagé à en mériter? Vous ne pouviez donc me charger d'une commission plus importante, et qui me fît tout à la fois et plus de plaisir et plus d'honneur, que celle de choisir un homme digne de faire revivre Rusticus Arulenus dans ses descendants. Ce choix m'embarrasserait fort, si Minutius Acilianus n'était tout propre pour cette alliance, et comme fait exprès.

rim nunquam : nam quæ audivi, quæ legi, sponte succurrunt, sed tanto dolore superantur. Vale.

XIII.

C. PLINIUS SOSIO SENECIONI SUO S.

Magnum proventum poetarum annus hic attulit. Toto mense aprili nullus fere dies, quo non recitaret aliquis. Juvat me, quod vigent studia, proferunt se ingenia hominum et ostentant : tametsi ad audiendum pigre coitur. Plerique in stationibus sedent, tempusque audiendi fabulis conterunt, ac subinde sibi nuntiari jubent, an jam recitator intraverit, an dixerit præfationem, an ex magna parte evolverit librum : tum demum, ac tunc quoque lente cunctanterque, veniunt : nec tamen permanent, sed ante finem recedunt, alii dissimulanter et furtim, alii simpliciter et libere. At hercule memoria parentum Claudium Cæsarem ferunt, quum in palatio spatiaretur, audissetque clamorem, caussam requisisse; quumque dictum esset, recitare Nonianum, subitum recitanti inopinatumque venisse. Nunc otiosissimus quisque multo ante rogatus, et identidem admonitus, aut non venit, aut, si venit, queritur se diem, quia non perdiderit, perdidisse. Sed tanto magis laudandi probandique sunt, quos a scribendi recitandique studio hæc auditorum vel desidia vel superbia non retardat. Equidem prope nemini defui. Erant sane amici : neque enim quisquam est fere, qui studia, ut non simul et nos amet. His ex caussis longius, quam destinaveram, tempus in urbe consumpsi. Possum jam repetere secessum, et scribere aliquid, quod non recitem; ne videar, quorum recitationibus adfui, non auditor fuisse, sed creditor : nam ut in ceteris rebus, ita in audiendi officio perit gratia, si reposcatur. Vale.

XIV.

C. PLINIUS JUNIO MAURICO SUO S.

Petis, ut fratris tui filiæ prospiciam maritum : quod merito mihi potissimum injungis. Scis enim, quantopere summum illum virum suspexerim dilexerimque; quibus ille adolescentiam meam exhortationibus foverit, quibus etiam laudibus, ut laudandus viderer, effecerit. Nihil est, quod a te mandari mihi aut majus, aut gratius, nihil, quod honestius a me suscipi possit, quam ut eligam juvenem, ex quo nasci nepotes Aruleno Rustico deceat. Qui quidem diu quærendus fuisset, nisi paratus et quasi provisus esset Minucius Acilianus : qui me ut juvenis juvenem

C'est un jeune homme qui m'aime comme l'on aime les gens de son âge (car je n'ai que quelques années plus que lui), et qui n'a guère moins de respect pour moi que pour un barbon. Il me demande et je lui montre les routes de la science et de la vertu, que vous m'avez autrefois enseignées. Il est né à Bresse, ville de ce canton d'Italie, où l'on conserve encore des restes de la modestie, de la frugalité, de la franchise de nos ancêtres. Minutius Macrinus, son père, n'eut d'autre rang que celui de premier des chevaliers, parce qu'il refusa de monter plus haut. Vespasien lui offrit une place parmi ceux qui avaient exercé la préture; mais il eut la constance de préférer une honnête oisiveté aux illustres embarras que peut-être notre seule ambition pare du nom de grandes charges. Serrana Procula, aïeule maternelle de ce jeune homme, est née à Padoue. Le naturel austère des Padouans ne vous est pas inconnu; ils la proposent eux-mêmes comme un modèle. Il a un oncle que l'on nomme. P. Acilius. C'est un homme d'une sagesse, d'une prudence, d'une intégrité singulière. En un mot, vous ne trouverez dans toute cette famille rien qui ne vous plaise autant que dans la vôtre. Revenons à Minutius Acilianus. Modeste autant qu'on le peut être, il n'en a ni moins de courage, ni moins de capacité. Il a passé avec approbation par les charges de questeur, de tribun, de préteur; et, par avance, il vous a épargné la peine de les briguer pour lui. Sa physionomie est heureuse, ses couleurs vives. Il est parfaitement bien fait. Il a l'air noble, et toute la majesté d'un sénateur. Loin de croire qu'il faille négliger ces avantages, je suis au contraire persuadé qu'il faut les chercher, comme la récompense que l'on doit aux mœurs innocentes d'une jeune personne. Je ne sais si je dois ajouter que le père est fort riche. Quand je me représente le caractère de ceux qui veulent un gendre de ma main, je n'ose parler de ses biens; mais ils ne me semblent pas à mépriser quand je consulte l'usage établi, et même nos lois, qui mesurent les hommes principalement par leurs revenus. Et franchement on ne peut jeter les yeux sur les suites du mariage sans mettre les biens au nombre des choses nécessaires pour sa félicité. Vous croyez peut-être que mon cœur a conduit mon pinceau, dans le portrait que j'ai fait d'Acilianus. Ne vous fiez jamais à moi, s'il ne vous tient plus que je ne vous ai promis. Je vous avoue que je l'aime comme il le mérite, c'est-à-dire de tout mon cœur. Mais, selon moi, le meilleur office que puisse rendre un ami, c'est de ne pas donner à celui qu'il aime plus de louanges qu'il n'en peut porter. Adieu.

LETTRE XV.

PLINE A SEPTICIUS CLARUS.

Vraiment, vous l'entendez. Vous me mettez en dépense pour vous donner à souper, et vous me mauquez! Il y a bonne justice à Rome. Vous me le payerez jusqu'à la dernière obole; et cela va plus loin que vous ne pensez. J'avais préparé à chacun sa laitue, trois escargots, deux œufs, un gâteau, du vin miellé, et de la neige; car je vous compterai jusqu'à la neige, et avec plus de raison encore que le reste, puisqu'elle ne sert jamais plus d'une fois. Nous avions des olives d'Andalousie, des courges, des échalotes, et mille autres mets aussi délicats. Vous auriez eu à choisir d'un comédien, d'un lecteur, ou d'un musicien; ou même (admirez ma profusion) vous les

(est enim minor paucullis annis) familiarissime diligit, revereretur ut senem : nam ita a me formari et institui cœpit, ut ego a vobis solebam. Patria est ei Brixia ex illa nostra Italia, quæ multum adhuc verecundiæ, frugalitatis, atque etiam rusticitatis antiquæ retinet ac servat. Pater Minucius Macrinus, equestris ordinis princeps, quia nihil altius voluit : adlectus a divo Vespasiano inter prætorios, honestam quietem huic nostræ, ambitioni dicam, an dignitati? constantissime prætulit. Habet aviam maternam Serranam Proculam, e municipio Patavino. Nosti loci mores. Serrana tamen Patavinis quoque severitatis exemplum est. Contigit et avunculus ei P. Acilius, gravitate, prudentia, fide prope singulari. In summa, nihil erit in domo tota, quod non tibi, tanquam in tua, placeat. Aciliano vero ipsi plurimum vigoris et industriæ, quamquam in maxima verecundia. Quæsturam, tribunatum, præturam honestissime percurrit, ac jam pro se tibi necessitatem ambiendi remisit. Est illi facies liberalis, multo sanguine, multo rubore suffusa; est ingenua totius corporis pulchritudo, et quidam senatorius decor. Quæ ego nequaquam arbitror negligenda : debet enim hoc castitati puellarum quasi præmium dari. Nescio, an adjiciam, esse patri ejus amplas facultates; nam quum imaginor vos, quibus quærimus generum, silendum de facultatibus puto : quum publicos mores atque etiam leges civitatis intueor, quæ vel in primis census hominum spectandos arbitrantur, ne id quidem prætereundum videtur. Et sane de posteris, et his pluribus, cogitanti, hic quoque in conditionibus deligendis ponendus est calculus. Tu fortasse me putes indulsisse amori meo, supraque ista, quam res patitur, sustulisse. At ego fide mea spondeo, futurum, ut omnia longe ampliora, quam a me prædicantur, invenias. Diligo quidem adolescentem ardentissime, sicut meretur : sed hoc ipsum amantis est, non onerare eum laudibus. Vale.

XV.

C. PLINIUS SEPTICIO CLARO SUO S.

Heus tu, promittis ad cœnam, nec venis! Dicitur jus, ad assem impendium reddes, nec id modicum. Paratæ erant lactucæ singulæ, cochleæ ternæ, ova bina, alica cum mulso et nive (nam hanc quoque computabis, immo hanc in primis, quæ perit in ferculo), olivæ Bæticæ, cucurbitæ, bulbi, alia mille non minus lauta. Audisses comœdum, vel lectorem, vel lyristen, vel, quæ mea liberali-

auriez eus tous ensemble. Mais vous avez mieux aimé, chez je ne sais qui, des huitres, des viandes exquises, des poissons rares, et des danseuses espagnoles. Je saurai vous en punir; je ne vous dis pas comment. Vous m'avez bien mortifié; vous vous êtes fait à vous-même plus de tort que vous ne pensez : au moins, vous ne m'en pouviez assurément faire davantage, ni en vérité à vous non plus. Que nous eussions badiné, plaisanté, moralisé! Vous trouverez ailleurs des repas plus magnifiques; mais n'en cherchez point où règnent davantage la joie, la propreté, la liberté. Faites-en l'épreuve; et après cela si vous ne quittez toute autre table pour la mienne, je consens que vous quittiez la mienne pour toute autre. Adieu.

LETTRE XVI.

PLINE A BRUCIUS.

Je chérissais déjà Pompée Saturnin : je parle de notre ami. Je vantais son esprit, même avant que j'en connusse bien la fécondité, le tour, l'étendue. Aujourd'hui j'en suis tout rempli. Il me suit partout; il m'occupe tout entier. Je l'ai ouï plaider avec autant de vivacité que de force; et je ne l'ai trouvé ni moins juste ni moins fleuri dans ses répliques imprévues que dans ses discours étudiés. Son style est soutenu partout de réflexions solides; sa composition est belle et majestueuse; ses expressions harmonieuses, et marquées au coin de l'antiquité. Toutes ces beautés, qui vous transportent quand la déclamation les anime, vous charment encore lorsque vous les retrouvez sans vie sur le papier. Vous serez de mon avis, dès que vous aurez jeté les yeux sur ses pièces d'éloquence. Vous n'hésiterez pas à les comparer aux plus belles que les anciens nous ont laissées; et vous avouerez qu'il égale ses modèles. Mais vous serez encore plus content de lui, si vous lisez ses histoires. Ses narrations vous paraîtront tout à la fois serrées, claires, coulantes, lumineuses, et même sublimes. Il n'a pas moins de force dans ses harangues que dans ses plaidoyers; mais il y est plus concis, plus ramassé, plus pressant. Ce n'est pas tout : il fait des vers qui valent ceux de Catulle ou de Calvus, que j'aime tant. Quel agrément, quelle douceur, quel sel, quelle tendresse! Il en mêle quelquefois exprès de plus lâches, de plus négligés, de plus durs; et cela, Catulle ou Calvus ne le font pas mieux. Ces jours passés, il me lut des lettres qu'il disait être de sa femme. Je crus lire Plaute ou Térence en prose. Pour moi, soit qu'il soit l'auteur de ces lettres, ce qu'il ne veut pas reconnaître; soit que sa femme, à qui il les donne, les ait écrites, je le trouve également estimable d'avoir su les composer lui-même, ou d'en avoir si bien appris l'art à sa femme, qui n'était encore qu'une enfant lorsqu'il l'épousa. Je ne le quitte donc plus. Je le lis à toute heure, avant que de prendre la plume, quand je la quitte, quand je me délasse; et je crois en vérité le lire toujours pour la première fois. Croyez-moi, faites-en autant; et n'allez pas vous en dégoûter, parce qu'il est votre contemporain. Quoi! s'il avait vécu parmi des gens que nous n'eussions jamais vus, nous courrions après ses livres, nous rechercherions jusqu'à ses portraits; et quand nous l'avons au milieu de nous, nous n'aurons que du dégoût pour son mérite, à cause de la facilité que nous avons d'en jouir? Les hommes, selon moi, ne font rien de plus indigne, rien de plus injuste, que de refuser leur admiration à un homme, parce qu'il n'est pas mort; parce qu'il leur est permis non-seulement de le louer, mais

tas, omnes. At tu apud nescio quem, ostrea, vulvas, echinos, Gaditanas, maluisti. Dabis pœnas, non dico quas : dure fecisti : invidisti, nescio an tibi, certe mihi; sed tamen et tibi. Quantum nos lusissemus, risissemus, studuissemus! Potes apparatius cœnare apud multos : nusquam hilarius, simplicius, incautius. In summa, experire : et nisi postea te aliis potius excusaveris, mihi semper excusa. Vale.

XVI

C. PLINIUS BRUCIO SUO S.

Amabam Pompeium Saturninum, hunc dico nostrum, laudabamque ejus ingenium, etiam antequam scirem, quam varium, quam flexibile, quam multiplex esset : nunc vero totum me tenet, habet, possidet. Audivi caussas agentem acriter et ardenter, nec minus polite et ornate; sive meditata, sive subita proferret. Adsunt aptæ crebræque sententiæ, gravis et decora constructio, sonantia verba et antiqua. Omnia hæc mire placent, quum impetu quodam et flumine prævehuntur : placent, si retractentur. Senties quod ego, quum orationes ejus in manus sumpseris; quas facile cuilibet veterum, quorum est æmulus, comparabis. Idem tamen in historia magis satisfaciet vel brevitate, vel luce, vel suavitate, vel splendore etiam et sublimitate narrandi : nam in concionibus eadem, quæ in orationibus, vis est : pressior tamen, et circumscriptior, et adductior. Præterea facit versus, quales Catullus aut Calvus. Quantum illis leporis, dulcedinis, amaritudinis, amoris! Inserit sane, sed data opera, mollibus lenibusque duriusculos quosdam : et hoc, quasi Catullus, aut Calvus. Legit mihi nuper epistolas, quas uxoris esse dicebat. Plautum, vel Terentium metro solutum legi credidi; quæ sive uxoris sunt, ut adfirmat, sive ipsius, ut negat, pari gloria dignus est, qui aut illa componat, aut uxorem, quam virginem accepit, tam doctam politamque reddiderit. Est ergo mecum per diem totum : eundem antequam scribam, eundem quum scripsi, eundem etiam quum remittor, non tanquam eundem, lego. Quod te quoque ut facias, et hortor, et moneo. Neque enim debet operibus ejus obesse, quod vivit. An, si inter eos, quos nunquam vidimus, floruisset, non solum libros ejus, verum etiam imagines conquireremus, ejusdem nunc honor præsentis et gratia, quasi satietate, languescet? At hoc pravum malignumque est, non admirari hominem admiratione

de le voir, de l'entendre, de l'entretenir, de l'embrasser, de l'aimer. Adieu.

LETTRE XVII.

PLINE A CORNÉLIUS TITIANUS.

Il reste encore de l'honneur et de la probité parmi les hommes ; il s'en trouve dont l'amitié survit à leurs amis. Titinius Capiton vient d'obtenir de l'empereur la permission d'élever une statue dans la place publique à Lucius Silanus. Qu'il est glorieux d'employer à cet usage sa faveur, et d'essayer son crédit à illustrer la vertu des autres ! Véritablement Capiton est dans l'habitude d'honorer les grands hommes. Il est étonnant de voir avec quelle affection, avec quel respect il conserve dans sa maison, ne pouvant pas les voir ailleurs, les portraits des Brutus, des Cassius, des Caton. Il ne s'en tient pas là : il est peu de personnes distinguées que ses excellentes poésies ne célèbrent. Croyez-moi, l'on n'aime point tant le mérite d'autrui sans en avoir beaucoup. On a fait justice à Silanus ; mais lorsque Capiton lui assure l'immortalité, il se la donne à lui-même. Il n'est pas, selon moi, plus glorieux de mériter une statue dans Rome, que de la faire dresser à celui qui la mérite. Adieu.

LETTRE XVIII.

PLINE A SUÉTONE.

Vous m'écrivez qu'un songe vous effraye ; que vous craignez qu'un accident fâcheux ne traverse le succès de votre plaidoyer. Vous me priez de faire remettre pour quelques jours la cause, ou du moins de la faire renvoyer à un autre jour qu'à celui qui était marqué. Cela n'est pas aisé : j'y ferai pourtant de mon mieux ; car

Le songe assez souvent est un avis des dieux.

Mais il n'est pas indifférent de savoir si ordinairement vos songes disent vrai. Pour moi, quand je me rappelle un songe que je fis, sur le point de plaider la cause de Julius Pastor, j'augure bien de celui qui vous fait tant de peur. Je rêvai que ma belle-mère à mes genoux me conjurait, avec les dernières instances, de ne point plaider ce jour-là. J'étais fort jeune ; il me fallait parler en quatre différents tribunaux. J'avais contre moi tout ce qui était de plus accrédité dans Rome, sans excepter ceux que le prince honorait de sa faveur. Il n'y avait pas une de ces circonstances qui, jointe à mon songe, ne dût me détourner de mon entreprise. Je plaidai pourtant, rassuré par cette réflexion, que

Défendre sa patrie est un très-bon augure.

Ma parole que j'avais engagée me tenait lieu de patrie, et même, s'il est possible, de quelque chose de plus cher encore. Je m'en trouvai fort bien. C'est cette action qui la première me fit connaître, qui la première fit parler de moi dans le monde. Voyez donc si cet exemple ne vous engagera point à mieux augurer de votre songe, ou si vous trouverez plus de sûreté dans ce conseil des sages : *Ne faites rien avec répugnance*. Mandez-le moi. J'imaginerai quelque honnête prétexte ; je plaiderai pour vous faire obtenir de ne plaider que quand il vous plaira. Après tout, vous êtes dans une situation différente de celle où je me trouvais. L'audience des centumvirs ne

---

dignissimum, quia videre, adloqui, audire, complecti, nec laudare tantum, verum etiam amare contingit. Vale.

XVII.

C. PLINIUS CORNELIO TITIANO SUO S.

Est adhuc curæ hominibus fides et officium : sunt qui defunctorum quoque amicos agant. Titinius Capito ab imperatore nostro impetravit, ut sibi liceret statuam L. Syllani in foro ponere. Pulchrum et magna laude dignum, amicitia principis in hoc uti, quantumque gratia valeas, aliorum honoribus experiri ! Est omnino Capitoni in usu claros viros colere : mirum est, qua religione, quo studio, imagines Brutorum, Cassiorum, Catonum, domi, ubi potest, habeat. Idem clarissimi cujusque vitam egregiis carminibus exornat. Scit ipsum pluribus virtutibus abundare, qui alienas sic amat. Redditus est L. Syllano debitus honor, cujus immortalitati Capito prospexit pariter et suæ. Neque enim magis decorum et insigne est, statuam in foro populi romani habere, quam ponere. Vale.

XVIII.

C. PLINIUS SUETONIO TRANQUILLO SUO S.

Scribis te perterritum somnio vereri ne quid adversi in actione patiaris : rogas, ut dilationem petam, et paucullos dies, certe proximum excusem. Difficile est : sed experiar :

Καὶ γάρ τ' ὄναρ ἐκ Διός ἐστιν.

Refert tamen, eventura soleas, an contraria somniare. Mihi reputanti somnium meum, istud, quod times tu, egregiam actionem portendere videtur. Susceperam caussam Julii Pastoris, quum mihi quiescenti visa est socrus mea advoluta genibus, ne agerem obsecrare. Et eram acturus adolescentulus adhuc ; eram in quadruplici judicio, eram contra potentissimos civitatis, atque etiam Cæsaris amicos : quæ singula excutere mentem mihi post tam triste somnium poterant. Egi tamen, λογισάμενος illud,

Εἷς οἰωνὸς ἄριστος, ἀμύνασθαι περὶ πάτρης.

Nam mihi patria, et si quid carius patria, fides videbatur. Prospere cessit : atque adeo illa actio mihi aures hominum, illa januam famæ patefecit. Proinde dispice, an tu quoque sub hoc exemplo somnium istud in bonum vertas : aut si tutius putas illud cautissimi cujusque præceptum : *Quod dubitas, ne feceris*; id ipsum rescribe. Ego aliquam stropham inveniam : agamque caussam tuam, ut ipsam agere, quum tu voles, possis. Est enim sane alia ratio tua, alia mea fuit : nam judicium centumvirale dif-

souffre point de remise. Celle où vous devez parler ne se remet pas aisément; mais enfin elle se peut remettre. Adieu.

LETTRE XIX.

PLINE A ROMANUS.

Nés dans un même lieu, instruits en même école, nous n'avons depuis notre enfance presque habité que la même maison. Votre père était lié d'une étroite amitié avec ma mère, avec mon oncle, avec moi, autant que le pouvait permettre la différence de nos âges. Que de raisons à la fois pour m'intéresser dans votre élévation, et pour y concourir ! Il est certain que vous avez cent mille sesterces de revenu, puisque vous êtes décurion dans votre province. Je veux achever ce qui vous manque pour monter jusqu'à l'ordre des chevaliers : et pour cela j'ai trois cent mille sesterces à votre service. Je vous prie de tout mon cœur de les accepter. Retranchez les protestations de votre reconnaissance : notre ancienne amitié m'en répond assez. Je ne veux pas même vous avertir de ce que je devrais vous recommander, si je n'étais persuadé que vous vous y porterez assez de votre propre mouvement. Gouvernez-vous, dans ce nouvel emploi, avec une retenue qui prouve que vous le tenez de moi. On ne peut remplir avec trop d'exactitude les devoirs de son rang, lorsqu'il faut justifier le choix de l'ami qui nous y élève. Adieu.

LETTRE XX.

PLINE A CORNEILLE TACITE.

Je dispute souvent avec un fort savant et fort habile homme qui, dans l'éloquence du barreau, n'estime rien tant que la brièveté. J'avoue qu'elle n'est pas à négliger, quand la cause le permet ; mais quand la cause a besoin d'être plus développée, je soutiens que ne pas dire ce qu'il peut être dangereux d'omettre, ne tracer que légèrement ce qu'il faut imprimer, ne dire qu'à demi ce qui ne peut être trop rebattu, c'est une véritable prévarication. Il arrive assez souvent que l'abondance des paroles ajoute une nouvelle force et comme un nouveau poids aux idées qu'elles forment. Nos pensées entrent dans l'esprit des autres, comme le fer entre dans un corps solide ; un seul coup ne suffit pas, il faut redoubler. Quand je presse par ces raisonnements notre partisan du style laconique, il s'arme d'exemples. Il m'attaque avec les harangues de Lysias qu'il vante entre les orateurs grecs ; avec celles des Gracques et de Caton, qu'il vante entre les nôtres. La plupart véritablement ne pourraient être plus serrées ni plus concises. Moi, à Lysias, j'oppose Eschine, Hypéride, Démosthène, et une infinité d'autres. Aux Gracques et à Caton, j'oppose Pollion, Célius, César, et surtout Cicéron, de qui, selon l'opinion commune, la plus longue harangue est la plus belle. Il en est d'un bon livre comme de toute autre chose bonne en soi : plus il est grand, meilleur il est. Ne voyez-vous pas que les statues, les gravures, les tableaux, la figure même des hommes, des animaux, des arbres, reçoivent principalement leur prix de leur grandeur, pourvu qu'elle soit régulière? Les harangues ont le même sort. La grandeur d'un volume lui donne je ne sais quelle autorité et je ne sais quelle beauté. Comme j'ai affaire à un homme subtil, on ne sait par où le prendre. Il échappe à tous ces raisonnements, et à plusieurs

autres de même espèce, par un détour assez ingénieux. Il prétend que les harangues mêmes que je lui oppose étaient plus courtes lorsqu'elles ont été prononcées. Je ne puis être de ce sentiment : je me fonde sur un bon nombre de harangues de divers orateurs ; par exemple, sur celles de Cicéron pour Muréna, pour Varénus. L'orateur y traite quelque chef d'accusation si superficiellement, qu'il semble ne faire qu'y dénoncer les crimes, sans dessein d'en établir la preuve. De là on doit juger qu'en prononçant, il s'était étendu sur bien des choses qu'il a supprimées en écrivant. Il dit lui-même que, selon l'ancien usage, qui, dans une cause, ne donnait qu'un avocat à chaque client, il plaida seul pour Cluentius, et pendant quatre audiences pour Cornélius. Par là il fait assez entendre que ce qu'il avait été obligé d'étendre bien davantage en plaidant plusieurs jours, il l'avait depuis, en l'écrivant, à force de retrancher et de corriger, réduit dans un seul discours, long à la vérité, mais unique. Mais il y a bien de la différence entre la licence que l'action permet, et la justesse que la composition exige. C'est l'opinion de bien des gens, je le sais. La mienne (peut-être que je me trompe), c'est qu'il se peut bien faire que ce qui a paru bon quand il a été déclamé, se trouve mauvais quand il est lu ; mais qu'il n'est pas possible que ce qui est bon quand on le lit paraisse mauvais quand on le déclame. Car enfin la harangue sur le papier est l'original et le modèle du discours qui doit être prononcé. De là vient que celles que nous avons se trouvent toutes pleines de ces figures qui ont l'air si peu médité : je dis les harangues mêmes que l'on sait n'avoir jamais été récitées. C'est ainsi que, dans une des harangues contre Verrès, nous lisons : *Un ouvrier.... comment s'appelait-il ? Vous m'aidez fort à propos ; c'est Polyclète.* On ne peut donc en disconvenir : pour plaider parfaitement, il faut parfaitement écrire, et n'être point resserré dans un espace de temps trop court. Que si l'on vous y renferme, ce n'est plus la faute de l'avocat, c'est celle du juge. Les lois s'expliquent en ma faveur : elles ne sont point avares du temps pour l'orateur. Ce n'est point la brièveté, mais l'attention à ne rien omettre, qu'elles lui recommandent : et comment s'acquitter de ce devoir, si l'on se pique d'être court ? C'est tout ce qu'on pourrait faire dans les causes d'une très-petite importance. J'ajoute ce que je tiens d'un long usage, le plus sûr de tous les maîtres : j'ai souvent rempli les fonctions d'avocat et de juge ; on m'a consulté souvent, et j'ai toujours éprouvé que celui-ci était frappé d'une raison, et celui-là d'une autre ; que ce qui paraît un rien avait quelquefois de grandes suites. Les dispositions de l'esprit, les affections du cœur sont si différentes dans les hommes, qu'il est ordinaire de les voir de différents avis sur une question que l'on vient d'agiter devant eux ; et s'il leur arrive de s'accorder, c'est presque toujours par de différents motifs. D'ailleurs, on s'entête de ce qu'on a soi-même pensé ; et lorsque la raison qu'on a perdue est proposée par un autre, on y attache irrévocablement la décision. Il faut donc donner à chacun quelque chose qui soit de sa portée et de son goût. Un jour que Régulus et moi défendions le même client, il me dit : *Vous vous imaginez qu'il faut tout relever, tout faire valoir dans une cause ; moi, je prends d'abord mon ennemi à la gorge, je l'étrangle.* Il presse effectivement l'endroit qu'il saisit ; mais il se trompe souvent dans le choix qu'il fait. Ne pourrait-il point arriver, lui répondis-je, que vous prissiez quelquefois le genou, la jambe, ou même le talon, pour la gorge ? Moi, qui ne suis pas si sûr de saisir la gorge, je saisis tout ce qui se présente, de

---

orationes, et Ciceronis pro Murena, pro Vareno : in quibus brevis et nuda quasi subscriptio quorumdam criminum solis titulis indicatur. Ex his apparet, illum permulta dixisse; quum ederet, omisisse. Idem pro Cluentio ait, *se totam caussam veteri instituto solum perorasse*, et pro Cornelio *quatriduo egisse* : ne dubitare possimus, quæ per plures dies, ut necesse erat, latius dixerit, postea recisa ac purgata, in unum librum, grandem quidem, unum tamen, coarctasse. At aliud est actio bona, aliud oratio. Scio nonnullis ita videri, sed ego (forsitan fallor) persuasum habeo, posse fieri, ut fit actio bona, quæ non fit bona oratio : non posse bonam actionem esse quæ fit bona oratio. Est enim oratio actionis exemplar, et quasi ἀρχέτυπον. Ideo in optima quaque mille figuras extemporales invenimus : in his etiam, quas tantum editas scimus ; ut in Verrem, *Artificem quem ? quemnam ? recte admones. Polycletum esse dicebant.* Sequitur ergo, ut actio fit absolutissima, quæ maxime orationis similitudinem expresserit, si modo justum et debitum tempus accipiat : quod si negetur, nulla oratoris, maxima judicis culpa est. Adsunt huic opinioni meæ leges, quæ longissima tempora largiuntur, nec brevitatem dicentibus, sed copiam, hoc est, diligentiam suadent : quam præstare, nisi in angustissimis caussis, non potest brevitas. Adjiciam, quod me docuit usus, magister egregius; frequenter egi, frequenter judicavi, frequenter in consilio fui. Aliud alios movet; ac plerumque parvæ res maximas trahunt. Varia sunt hominum judicia, variæ voluntates : inde qui eamdem caussam simul audierunt, sæpe diversum, interdum idem, sed ex diversis animi motibus sentiunt. Præterea suæ quisquis inventioni favet, et quasi fortissimum amplectitur, quum ab alio dictum est, quod ipse prævidit. Omnibus ergo dandum est aliquid, quod teneant, quod agnoscant. Dixit aliquando mihi Regulus, quum simul adessemus : *Tu omnia quæ sunt in caussa, putas exsequenda : ego jugulum statim video, hunc premo.* (Premit sane quod eligit, sed in eligendo frequenter errat.) Respondi : *Posse fieri, ut genu esset, aut tibia, aut talus, ubi ille jugulum putaret. At ego*, inquam, *qui jugulum perspicere non possum, omnia*

peur de m'y tromper. Je mets tout en œuvre: je fais valoir ma cause comme on fait valoir une ferme. On n'en cultive pas seulement les vignes : on y prend soin des moindres arbrisseaux, on en laboure les terres. Dans ces terres, on ne se contente pas de semer du froment; on y sème de l'orge, des fèves, et de toute sorte d'autres légumes. Je jette aussi à pleines mains dans ma cause des faits, des raisonnements de toute espèce, pour en recueillir ce qui pourra venir à bien. Il n'y a pas plus de fond à faire sur la certitude des jugements, que sur la constance des saisons et sur la fertilité des terres. Je me souviens toujours qu'Eupolis, dans une de ses comédies, donne cette louange à Périclès :

La déesse des orateurs
Sur ses lèvres fait sa demeure ;
Et par lui laisse dans les cœurs
L'aiguillon, dont un autre à peine les effleure.

Mais, sans cette heureuse abondance qui me charme, Périclès eût-il exercé cet empire souverain sur les cœurs, soit par la rapidité, soit par la brièveté de son discours (car il ne faut pas les confondre), ou par toutes les deux ensemble? Plaire et convaincre, s'insinuer dans les esprits et s'en rendre maître, ce n'est pas l'ouvrage d'une parole et d'un moment. Mais comment y laisser l'aiguillon, si l'on pique sans enfoncer? Un autre poëte comique, lorsqu'il parle du même orateur, dit :

Il tonnait, foudroyait, et renversait la Grèce.

Quand il faut mêler le feu des éclairs aux éclats du tonnerre, ébranler, renverser, détruire, il n'appartient pas à un discours concis et serré de faire comparaison avec un discours soutenu,
majestueux et sublime. Il y a pourtant une juste mesure, je l'avoue. Mais, à votre avis, celui qui ne la remplit pas est-il plus estimable que celui qui la passe? Vaut-il mieux ne pas dire assez que de trop dire? On reproche tous les jours à cet orateur d'être stérile et languissant; on reproche à cet autre d'être fertile et vif à l'excès. On dit de celui-ci qu'il s'emporte au delà de son sujet; on dit de celui-là qu'il n'y peut atteindre. Tous deux pèchent également; mais l'un a trop de force, et l'autre en manque. Si cette fécondité ne marque pas tant de justesse, elle marque en récompense beaucoup plus d'étendue dans l'esprit. Quand je parle ainsi, je n'approuve pas ce discoureur sans fin que peint Homère, mais plutôt celui dont les paroles se précipitent en abondance,

Telle qu'en plein hiver on voit tomber la neige.

Ce n'est pas que je n'aie tout le goût imaginable pour l'autre,

Qui, concis dans son style, est énergique et vif.

Mais vous en remettez-vous à mon choix? Je me déclarerai pour cette profusion de paroles qui tombent comme la neige en hiver; je veux dire, pour cette éloquence impétueuse, abondante, étendue. En un mot, c'est elle qui me paraît toute céleste et presque divine. Mais, dites-vous, un discours moins long plaît davantage à la plupart des auditeurs : dites aux paresseux, dont il serait ridicule de prendre pour règle la délicatesse et l'indolence. Si vous les consultez, non-seulement vous parlerez peu, mais vous ne parlerez point. Voilà mon sentiment, que j'offre d'abandonner pour le vôtre. Toute la faveur que

---

pertento, *omnia experior* παντα *denique* λίθον κινῶ. Utque in agricultura non vineas tantum, verum etiam arbusta, nec arbusta tantum, verum etiam campos, curo et exerceo; utique in ipsis campis non far aut siliginem solam, sed hordeum, fabam; cæteraque legumina sero : sic in actione plura quasi semina latius spargo, ut quæ provenerint colligam. Neque enim minus imperspicua, incerta, fallaciæque sunt judicum ingenia, quam tempestatum terrarumque. Nec me præterit summum oratorem Periclem sic a comico Eupolide laudari :

. . . . πρὸς δέ γ' αὐτοῦ τῷ τάχει
Πειθώ τις ἐπεκάθητο τοῖσι χείλεσιν.
Οὕτως ἐκήλει, καὶ μόνος τῶν ῥητόρων
Τὸ κέντρον ἐγκατέλιπε τοῖς ἀκροωμένοις.

Verum huic ipsi Pericli nec illa πειθώ, nec illud ἐκήλει brevitate, vel velocitate, vel utraque (differunt enim), facultate summa contigisset : nam delectare, persuadere, copiam dicendi spatiumque desiderant : relinquere vero aculeum in audientium animis is demum potest, qui non pungit, sed infigit. Adde quæ æque de eodem Pericle comicus alter :

Ἤστραπτ', ἐβρόντα, ξυνεκύκα τὴν Ἑλλάδα.

Non enim amputata oratio et abscissa, sed lata, et ma-
gnifica, et excelsa tonat, fulgurat, omnia denique perturbat ac miscet. Optimus tamen modus est. Quis negat? Sed non minus non servat modum, qui infra rem, quam qui supra; qui astrictius, quam qui effusius dicit. Itaque audis frequenter, ut illud, *immodice et redundanter*, ita hoc, *jejune et infirme*. Alius excessisse materiam, alius dicitur non implesse. Æque uterque, sed ille imbecillitate, hic viribus peccat : quod certe etsi non limatioris, majoris tamen ingenii vitium est. Nec vero, quum hæc dico, illum Homericum ἀμετροεπῆ probo, sed hunc,

Καὶ ἔπεα νιφάδεσσιν ἐοικότα χειμερίοισιν ;

non quia non et ille mihi valdissime placet,

Παῦρα μέν, ἀλλὰ μάλα λιγέως ;

si tamen detur electio, illam orationem similem nivibus hibernis, id est, crebram, assiduam et largam, postremo divinam et cælestem, volo. At est gratior multis actio brevis. Est; sed inertibus, quorum delicias desidiamque, quasi judicium, respicere ridiculum est. Nam si hos in consilio habeas, non solum satius est breviter dicere, sed omnino non dicere. Hæc est adhuc sententia mea, quam mutabo, si dissenseris tu; sed plane, cur dissentias explices rogo. Quamvis enim cedere auctoritati tuæ debeam,

je vous demande, si vous me condamnez, c'est de m'en expliquer les raisons. Ce n'est pas que je ne sache quelle soumission je dois à votre autorité; mais, dans une occasion de cette importance, il est encore plus sûr de déférer à la raison. Quand même je ne me serais point trompé, ne laissez pas de me l'écrire, en aussi peu de mots qu'il vous plaira. Cela me fortifiera toujours dans mon opinion. Que si je suis dans l'erreur, prenez la peine de m'en convaincre, et de n'y pas épargner le papier. N'est-ce point vous corrompre, que de vous en quitter pour une petite lettre, si vous m'êtes favorable; et d'en exiger de vous une longue, si vous m'êtes contraire? Adieu.

LETTRE XXI.

PLINE A PATERNUS.

Je ne me fie pas moins à vos yeux qu'à votre discernement. Non que je vous croie fort habile (car il ne faut pas vous donner de vanité), mais je crois que vous l'êtes autant que moi : c'est encore beaucoup dire. Raillerie à part, les esclaves que vous m'avez fait acheter me paraissent d'assez bonne mine. Il ne reste qu'à savoir s'ils sont de bonnes mœurs; et c'est de quoi il vaut mieux se rapporter à leur réputation qu'à leur physionomie. Adieu.

LETTRE XXII.

PLINE A CATILIUS SÉVÉRUS.

Un accident fâcheux me retient depuis longtemps à Rome. La longue et opiniâtre maladie de Titus Ariston, pour qui je n'ai pas moins d'admiration que de tendresse, me jette dans un trouble étrange. Rien ne surpasse sa sagesse, son intégrité, son savoir; et je m'imagine voir expirer avec lui les sciences, les arts et les belles-lettres. Également versé dans le droit public et dans le droit particulier, il a toujours en main les maximes, les exemples, l'histoire de l'antiquité la plus éloignée. Voulez-vous apprendre quelque chose que vous ignoriez? à coup sûr, adressez-vous à lui. C'est pour moi un trésor, où je trouve toujours tout ce qui me manque. Quelle sincérité dans ses discours ! De quel poids ne sont-ils pas? Que de modestie dans sa lenteur à se déterminer! Cet homme, qui du premier coup d'œil découvre la vérité que vous cherchez, ne laisse pas d'hésiter fort souvent, combattu par les raisons opposées, que son vaste génie va reprendre jusque dans leur principe. Il voit, il examine, il décide. Vous vanterai-je la frugalité de sa table, la simplicité de ses habits ? Je vous l'avoue, je n'entre jamais dans sa chambre, je ne jette jamais les yeux sur son lit, que je ne croie revoir les mœurs de nos pères. Il rehausse cette simplicité par une grandeur d'âme qui n'accorde rien à l'ostentation, qui donne tout au secret témoignage de la conscience, et n'attache point la récompense d'une bonne action aux louanges qu'elle s'attire, mais à la seule satisfaction intérieure qui la suit. En un mot, il n'est pas aisé de trouver, même entre ceux qui, par la sévérité de leur extérieur, affichent le goût de la philosophie, quelqu'un digne de lui être comparé. Vous ne le voyez point courir d'école en école, pour nourrir, par de longues disputes, l'oisiveté des autres et la sienne. Les affaires, le barreau, l'occupent tout entier. Il plaide pour l'un ; il donne des conseils à l'autre : et, malgré tant de soins, il pratique si bien

rectius tamen arbitror in tanta re, ratione quam auctoritate superari. Proinde, si non errare videor, id ipsum, quam voles brevi epistola, sed tamen scribe; confirmaveris enim judicium meum : si erravero, longissimam para. Num corrupi te, qui tibi, si mihi accederes, brevis epistolæ necessitatem; si dissentires, longissimæ imposui? Vale.

XXI.

C. PLINIUS PLINIO PATERNO SUO S.

Ut animi tui judicio, sic oculorum plurimum tribuo : non quia multum (ne tibi placeas), sed quia tantum, quantum ego, sapis : quamquam hoc quoque multum est. Omissis jocis, credo decentes esse servos, qui sunt empti mihi ex consilio tuo. Superest, ut frugi sint : quod de venalibus, melius auribus, quam oculis, judicatur. Vale.

XXII.

C. PLINIUS CATILIO SEVERO SUO S.

Diu jam in urbe hæreo, et quidem attonitus. Perturbat me longa et pertinax valetudo Titi Aristonis, quem singulariter amo et miror et diligo. Nihil est enim illo gravius, sanctius, doctius : ut mihi non unus homo, sed litteræ ipsæ omnesque bonæ artes in uno homine summum periculum adire videantur. Quam peritus ille et privati juris et publici! Quantum rerum, quantum exemplorum, quantum antiquitatis tenet! Nihil est quod discere velis, quod ille docere non possit : mihi certe, quoties aliquid abditum quæro, ille thesaurus est. Jam quanta sermonibus ejus fides! quanta auctoritas! quam pressa et decora cunctatio! Quid est, quod non statim sciat? Et tamen, plerumque, hæsitat, dubitat, diversitate rationum : quas acri, magnoque judicio ab origine caussisque primis repetit, discernit, expendit. Ad hæc quam parcus in victu! quam modicus in cultu! Soleo ipsum cubiculum ejus, ipsumque lectum, ut imaginem quamdam priscæ frugalitatis, adspicere. Ornat hæc magnitudo animi, quæ nihil ad ostentationem, omnia ad conscientiam refert : recteque facti, non ex populi sermone mercedem, sed ex facto petit. In summam non facile quemquam ex istis, qui sapientiæ studium habitu corporis præferunt, huic viro comparabis. Non quidem gymnasia sectatur aut porticus, nec disputationibus longis aliorum otium suumque delectat : sed in toga negotiisque versatur : multos advocatione, plures consilio, juvat. Nemini tamen istorum castitate, pietate, justitia, fortitudine, etiam primo loco cesserit. Mirareris, si interesses, qua patientia hanc ipsam valetudinem toleret, ut dolori resistat, ut sitim differat, ut incredibilem febrium ardorem immotus opertusque transmittat. Nuper me pau-

les leçons de la philosophie, qu'aucun de ceux qui en font profession publique ne lui peut disputer la gloire de la modestie, de la bonté, de la justice, de la magnanimité. Vous serez surpris de voir avec quelle patience il supporte la maladie, comment il lutte contre la douleur, comment il résiste à la soif, avec quelle tranquillité il souffre les plus cruelles ardeurs de la fièvre. Ces jours passés, il nous fit appeler, quelques-uns de ses plus intimes amis et moi. Il nous pria de consulter sérieusement ses médecins, et nous dit qu'il voulait prendre son parti : quitter au plus tôt une vie douloureuse, si la maladie était incurable; attendre patiemment la guérison, si elle pouvait venir avec le temps : qu'il ne se défendait point d'être sensible aux prières de sa femme, aux larmes de sa fille, et à l'inquiétude de ses amis; qu'il voulait bien ne pas trahir leurs espérances par une mort volontaire, pourvu qu'elles ne fussent pas une illusion de leur tendresse. Voilà ce que je crois aussi difficile dans l'exécution que grand dans le dessein. Vous trouverez assez de gens qui ont la force de courir sans réflexion et en aveugles à la mort; mais il n'appartient qu'aux âmes héroïques de peser la mort et la vie, et de se déterminer entre l'une ou l'autre, selon qu'une sérieuse raison fait pencher la balance. Les médecins nous font tout espérer. Il reste qu'une divinité secourable favorise leurs soins, et me délivre de cette mortelle inquiétude. Aussitôt l'on me verra voler à ma maison de Laurentin, avec impatience de reprendre mon portefeuille et mes livres, et de me plonger dans une savante oisiveté. En l'état où je suis, tout occupé de mon ami tant que je le vois, inquiet dès que je le perds de vue, il ne m'est pas possible ni de lire ni d'écrire. Vous voilà informé de mes alarmes, de mes vœux, de mes desseins. Apprenez-moi à votre tour, mais d'un style moins triste, ce que vous avez fait, ce que vous faites, et ce que vous vous proposez de faire. Ce ne sera pas un petit soulagement à ma peine, de savoir que vous n'avez rien qui vous en fasse. Adieu.

LETTRE XXIII.

PLINE A POMPÉE FALCON.

Vous me demandez s'il vous convient de plaider pendant que vous êtes tribun. Pour se bien déterminer, il est bon de savoir quelle idée vous vous faites de cette dignité. Ne la regardez-vous que comme un fantôme d'honneur, comme un vain titre? ou la croyez-vous une puissance sacrée, une autorité respectable à tout le monde, même à celui qui en est revêtu? Pour moi, tant que j'ai exercé cette charge, je me suis trompé peut-être par l'opinion d'être devenu un homme d'importance; mais, comme si cette opinion eût été vraie, je ne me suis chargé d'aucune cause. Je me faisais sur cela plus d'une peine. Je croyais qu'il était contre la bienséance que le magistrat, à qui la première place est due en tout lieu, devant qui tout le monde devait être debout, se tînt lui-même debout, pendant que tout le monde serait assis; que lui, qui a droit d'imposer silence à qui il lui plaît, fût obligé de se taire quand il plaît à l'horloge; que lui, qu'il n'est pas permis d'interrompre, fût exposé à s'entendre dire des injures, traité de lâche s'il les souffre, de superbe s'il s'en venge. J'y voyais un autre embarras. Que faire, si l'une des parties venait réclamer ma protection? Aurais-je usé de mon pouvoir? Serais-je demeuré muet, sans action? Et, comme si je me fusse dégradé moi-même, me serais-je réduit à la condition d'un simple particulier? J'ai donc mieux aimé être le tribun de tous nos citoyens, que l'avocat de quelques-uns. Pour vous, je vous le répète, tout dépend de savoir ce que vous pensez du rang que vous tenez, quel rôle vous avez résolu de choisir, et de ne pas oublier qu'un homme sage le doit prendre tel

---

cosque mecum, quos maxime diligit, advocavit : rogavitque, ut medicos consuleremus de summa valetudinis, ut, si esset insuperabilis, sponte exiret e vita : sin tantum difficilis et longa, resisteret manerctque. Dandum enim precibus uxoris, dandum filiae lacrymis, dandum etiam nobis amicis, ne spes nostras, si modo non essent inanes, voluntaria morte desereret. Id ego arduum in primis, et præcipua laude dignum puto. Nam impetu quodam et instinctu procurrere ad mortem, commune cum multis : deliberare vero et caussas ejus expendere, utque suaserit ratio, vitæ mortisque consilium suscipere vel ponere, ingentis est animi. Et medici quidem secunda nobis pollicentur : superest, ut promissis deus annuat, tandemque me hac sollicitudine exsolvat, qua liberatus, Laurentinum meum, hoc est, libellos et pugillares, studiosumque otium repetam. Nunc enim nihil legere, nihil scribere aut assidenti vacat, aut anxio libet. Habes, quid timeam, quid optem, quid etiam in posterum destinem : tu quid egeris, quid agas, quid velis agere, invicem nobis, sed laetioribus epistolis, scribe. Erit confusioni meæ non mediocre solatium, si tu nihil quereris. Vale.

XXIII.

C. PLINIUS POMPEIO FALCONI SUO S.

Consulis, an existimem te in tribunatu caussas agere decere. Plurimum refert quid esse tribunatum putes; inanem umbram, et sine honore nomen, an potestatem sacrosanctam, et quam in ordinem cogi ut a nullo, ita ne a se quidem deceat. Ipse quum tribunus essem, erraverim fortasse, qui me esse aliquid putavi, sed tanquam essem, abstinui caussis agendis : primum quod deforme arbitrabar, cui loco cedere omnes oporteret, hunc omnibus sedentibus stare ; et, qui jubere posset tacere quemcunque, huic silentium clepsydra indici ; et, quem interfari nefas esset, hunc etiam convicia audire; et, si inulta pateretur, inertem, si ulcisceretur, insolentem videri. Erat hic quoque æstus ante oculos, si forte me appellasset, vel ille cui adessem, vel ille quem contra, intercederem, auxi-

qu'il le puisse soutenir jusqu'au bout. Adieu.

LETTRE XXIV.

PLINE A BÉBIUS HISPANUS.

Suétone, qui loge avec moi, a dessein d'acheter une petite terre qu'un de vos amis veut vendre. Faites en sorte qu'elle ne soit vendue que ce qu'elle vaut. C'est à ce prix qu'elle lui plaira. Un mauvais marché ne peut être que désagréable, mais principalement par le reproche continuel qu'il semble nous faire de notre imprudence. Cette acquisition (si d'ailleurs elle n'est pas trop chère) tente mon ami par plus d'un endroit : son peu de distance de Rome; la commodité des chemins; la médiocrité des bâtiments; les dépendances, plus capables d'amuser que d'occuper. En un mot, il ne faut à ces messieurs les savants, absorbés comme lui dans l'étude, que le terrain nécessaire pour délasser leur esprit et réjouir leurs yeux : il ne leur faut qu'une allée pour se promener, qu'une vigne dont ils puissent connaître tous les ceps, que des arbres dont ils sachent le nombre. Je vous mande tout ce détail, pour vous apprendre quelle obligation il m'aura, et toutes celles que lui et moi vous aurons, s'il achète, à des conditions dont il n'ait jamais lieu de se repentir, une petite maison telle que je viens de la dépeindre. Adieu.

LIVRE SECOND.

LETTRE I.

PLINE A VOCONIUS ROMANUS.

La pompe funèbre de Virginius Rufus, également distingué par son mérite et par sa fortune, vient de donner aux Romains un spectacle des plus beaux et des plus mémorables qu'ils aient eus depuis longtemps. Il a joui trente années de sa gloire; il a eu le plaisir de lire des poëmes et des histoires à sa louange, et de se voir revivre avant que de mourir. Trois fois consul, il se vit élevé au plus haut rang où pouvait monter un particulier qui n'avait pas voulu être souverain. Suspect ou même odieux par ses vertus aux empereurs, il s'était sauvé de leur jalousie et de leur haine; et mourant, il a eu la satisfaction de laisser la république entre les mains du meilleur de tous les princes, et qui d'ailleurs l'honorait d'une amitié particulière. Il semble que les destins eussent réservé un si grand empereur pour faire les honneurs des funérailles d'un si grand homme. Il a vécu quatre-vingt-trois ans, toujours heureux, toujours admiré. Sa santé fut parfaite; et il n'eut d'autre incommodité qu'un tremblement de mains, sans aucune douleur. Il est vrai que sa mort a été longue et douloureuse; mais cela même n'a fait que rehausser sa gloire. Comme il exerçait sa voix pour se préparer à remercier publiquement l'empereur du consulat où il l'avait élevé, un livre assez grand, qu'il tenait, échappe par

lium ferrem, an quiescerem sileremque, et quasi ejurato magistratu privatum ipse me facerem. His rationibus motus, malui me tribunum omnibus exhibere, quam paucis advocatum. Sed tu, iterum dicam, plurimum interest, quid esse tribunatum putes; quam personam tibi imponas, quæ sapienti viro ita aptanda est, ut perferatur. Vale.

XXIV.

C. PLINIUS BEBIO HISPANO SUO S.

Tranquillus, contubernalis meus, vult emere agellum, quem venditare amicus tuus dicitur. Rogo cures, quanti æquum est, emat : ita enim delectabit emisse. Nam mala emptio semper ingrata est, eo maxime, quod exprobrare stultitiam domino videtur. In hoc autem agello, si modo arriserit pretium, Tranquilli mei stomachum multa sollicitant, vicinitas urbis, opportunitas viæ, mediocritas villæ, modus ruris, qui avocet magis, quam distringat. Scholasticis porro dominis, ut hic est, sufficit abunde tantum soli, ut relevare caput, reficere oculos, reptare per limitem, unamque semitam terere, omnesque viticulas suas nosse, et numerare arbusculas possint. Hæc tibi exposui, quo magis scires, quantum ille esset mihi, quantum ego tibi debiturus, si prædiolum istud, quod commendatur his dotibus, tam salubriter emerit, ut pœnitentiæ locum non relinquat. Vale.

LIBER SECUNDUS.

I.

C. PLINIUS ROMANO SUO S.

Post aliquot annos insigne, atque etiam memorabile populi romani oculis spectaculum exhibuit publicum funus Verginii Rufi, maximi et clarissimi civis, perinde felicis. Triginta annis gloriæ suæ supervixit. Legit scripta de se carmina, legit historias, et posteritati suæ interfuit. Perfunctus est tertio consulatu, ut summum fastigium privati hominis impleret, quum principis noluisset. Cæsares, quibus suspectus, atque etiam invisus virtutibus fuerat, evasit : reliquit incolumem optimum atque amicissimum, tanquam ad hunc ipsum honorem publici funeris reservatus. Annum tertium et octogesimum excessit in altissima tranquillitate, pari veneratione. Usus est firma valetudine : nisi quod solebant ei manus tremere, citra dolorem tamen : aditus tantum mortis durior longiorque, sed hic ipse laudabilis. Nam quum vocem præpararet, acturus in consulatu principi gratias, liber, quem forte acceperat grandiorem, et seni et stanti ipso pondere elapsus est. Hunc dum consequitur colligitque, per læve et lubricum pavimentum, fallente vestigio, cecidit, coxamque fregit, quæ parum apte collocata, reluctante ætate, male coiit. Hujus viri exsequiæ magnum ornamentum principi, magnum sæculo, magnum etiam foro et rostris attulerunt. Laudatus est a Cornelio Tacito : nam hic supremus felicitati ejus cumulus accessit, laudator eloquentissimus. Et ille quidem plenus annis abiit, plenus honoribus, illis etiam quos re-

son propre poids à un homme de cet âge, et qui était debout. Il veut le retenir, et se presse de le ramasser ; le plancher était glissant, le pied lui manque : il tombe, et se rompt une cuisse. Elle fut si mal remise, que les os ne purent reprendre, la vieillesse s'opposant aux efforts de la nature. Les obsèques de ce grand homme répandent un nouvel éclat sur l'empereur, sur notre siècle, sur le barreau même. Corneille Tacite, consul, a prononcé son éloge. La fortune, toujours fidèle à Virginius, gardait pour dernière grâce un tel orateur à de telles vertus. Quoiqu'il soit mort chargé d'années, comblé d'honneurs, même de ceux qu'il a refusés, nous n'en devons pas moins regretter ce modèle des anciennes mœurs. Mais personne ne le doit plus que moi, qui ne l'aimais, qui ne l'admirais pas moins dans le commerce familier que dans les emplois publics. Nous étions originaires du même pays ; nous étions nés dans des villes voisines l'une de l'autre ; nos terres se touchaient. Il m'avait été laissé pour tuteur, et avait eu pour moi la tendresse d'un père. Je n'ai point obtenu de charge qu'il ne l'ait briguée publiquement pour moi, et qu'il n'ait accouru du fond de sa retraite pour m'appuyer de sa présence et de son crédit, quoique depuis longtemps il eût renoncé à ces sortes de devoirs. Enfin, le jour que les prêtres ont coutume de nommer ceux qu'ils croient les plus dignes du sacerdoce, jamais il ne manqua de me donner son suffrage. Cette vive affection ne se démentit point pendant sa dernière maladie. Dans la crainte d'être élu l'un des cinq commissaires que le sénat a chargés du soin de retrancher les dépenses publiques, il me choisit à l'âge où vous me voyez pour le remplacer, de préférence à tant d'amis et vieux et consulaires. Mais de quelles paroles obligeantes n'accompagne-t-il point cette faveur ? *Quand j'aurais un fils*, dit-il, *je vous préférerais encore à lui*. Jugez si j'ai raison de verser dans votre sein des larmes que je donne à sa mort, et de les verser comme si je n'avais pas dû m'y attendre : quoiqu'il ne soit peut-être pas trop permis de la pleurer, ou d'appeler mort le passage qu'il a fait d'une vie courte à une vie qui ne finira jamais. Car enfin il vit, et ne cessera plus de vivre ; jamais si présent à l'esprit des hommes, jamais plus mêlé dans leurs discours, que depuis qu'il ne paraît plus à leurs yeux. J'avais mille autres choses à vous mander ; mais mon esprit ne peut se détacher de Virginius : je ne puis penser qu'à Virginius ; son idée me revient sans cesse. Je crois l'entendre, l'entretenir, l'embrasser. Nous avons et nous aurons peut-être encore des citoyens qui sauront atteindre à ses vertus ; mais je ne crois pas qu'aucun arrive jamais au comble de sa gloire. Adieu.

LETTRE II.

PLINE A PAULIN.

Je suis en colère, et tout de bon. Je n'ai pas encore trop bien démêlé si c'est avec raison. Tout ce qu'il y a de certain, c'est que je suis fort en colère. Vous savez que l'amitié est quelquefois injuste, souvent emportée, toujours querelleuse. Mon chagrin est très-grand ; peut-être n'est-il pas trop juste : mais je ne me fâche ni plus ni moins que s'il était aussi juste que grand. Quoi ! si longtemps sans me donner de vos nouvelles ! Je ne sache plus qu'un moyen de m'apaiser, c'est de m'écrire à l'avenir fort souvent et de très-longues lettres. Je ne reçois que cette seule excuse. Je traiterai toutes les autres de chansons ; je ne me payerai pas de toutes ces défaites. *Je n'étais point à Rome, j'étais accablé d'affaires*. Car pour l'excuse, *j'étais malade*, aux dieux ne plaise que vous puissiez vous en servir ! Moi, je me

---

cusavit : nobis tamen quærendus ac desiderandus est, ut exemplar ævi prioris : mihi vero præcipue, qui illum non solum publice, sed etiam privatim, quantum admirabar, tantum diligebam ; primum quod utrique eadem regio, municipia finitima, agri etiam possessionesque conjunctæ : præterea quod ille tutor mihi relictus, affectum parentis exhibuit. Sic candidatum me suffragio ornavit : sic ad omnes honores meos ex secessibus adcucurrit, quum jam pridem ejusmodi officiis renuntiasset : sic illo die, quo sacerdotes solent nominare quos dignissimos sacerdotio judicant, me semper nominabat. Quin etiam in hac novissima valetudine veritus, ne forte inter quinqueviros crearetur, qui minuendis publicis sumptibus judicio senatus constituebantur, quum illi tot amici senes consularesque superessent, me hujus ætatis, per quem excusaretur, elegit, his quidem verbis, *etiamsi filium haberem, tibi mandarem*. Quibus ex caussis necesse est, tanquam immaturam mortem ejus in sinu tuo defleam : si tamen fas est aut flere, aut omnino mortem vocare, qua tanti viri mortalitas magis finita quam vita est. Vivit enim, vivetque semper, atque etiam latius in memoria hominum et sermone versabitur, postquam ab oculis recessit. Volui tibi multa alia scribere, sed totus animus in hac una contemplatione defixus est. Verginium cogito, Verginium jam vanis imaginibus, recentibus tamen, audio, alloquor, teneo : cui fortasse cives aliquos virtutibus pares et habemus, et habebimus : gloria neminem. Vale.

II.

C. PLINIUS PAULLINO SUO S.

Irascor : nec liquet mihi, an debeam ; sed irascor. Scis, quam sit amor iniquus interdum, impotens sæpe, μικραίτιος semper. Hæc tamen caussa magna est, nescio an justa : sed ego tanquam non minus justa quam magna sit, graviter irascor, quod a te tamdiu litteræ nullæ. Exorare me potes uno modo, si nunc saltem plurimas et longissimas miseris. Hæc mihi sola excusatio vera, cæteræ falsæ videbuntur. Non sum auditurus, *non eram Romæ*, vel *occupatior eram*. Illud enim nec dii sinant, ut, *infirmior*.

partage ici entre l'étude et la paresse, enfants de l'oisiveté.

LETTRE III.

PLINE A NEPOS.

La renommée publiait des merveilles d'Iséus avant qu'il parût; et la renommée n'en disait pas encore assez. Rien n'égale la facilité, la variété, la richesse de ses expressions. Jamais il ne se prépare, et il parle toujours en homme préparé. Il se sert de la langue grecque; bien mieux, de l'attique. Ses exordes sont polis, déliés, insinuants, quelquefois nobles et majestueux. Il demande plusieurs sujets de problèmes. Il en laisse le choix aux auditeurs, et prend le parti qu'il leur plaît. Il se lève, il se compose, il commence; tout se trouve sous sa main. Ses pensées sont profondes; les paroles (mais quelles paroles!) les plus propres et les plus choisies semblent courir et voler au-devant de ses pensées. Il paraît, dans ses discours les moins étudiés, qu'il a lu beaucoup, et beaucoup composé. Il entre avec dignité dans son sujet; il narre avec clarté; il presse vivement; il récapitule avec force, et sème partout des fleurs. En un mot, il instruit, il plaît, il remue à ce point qu'on ne saurait dire dans quoi il réussit le mieux. Il ramène sans cesse de courtes réflexions, et des raisonnements si justes et si serrés, que, même la plume à la main, on aurait peine à leur donner plus d'agrément et plus d'énergie. Sa mémoire est un prodige. Il reprend dès le commencement un discours fait sur-le-champ, et n'y manque pas d'un mot. L'étude et l'exercice lui ont acquis ce merveilleux talent. Car ce qu'il fait, ce qu'il entend, ce qu'il dit, tout se rapporte là. Il passe soixante ans, et il s'exerce encore dans les écoles. C'est chez des hommes de son caractère que l'on trouve de la bonté, de la franchise, de la droiture dans toute sa pureté. Nous autres qui passons notre vie dans les contestations réelles et sérieuses, et dans le tumulte du barreau, nous apprenons, même contre notre intention, plus de chicane que nous ne voulons. Les écoles au contraire, où tout n'est que fiction, que fables, ne nous offrent aussi que des sujets où l'imagination se joue, où l'esprit s'amuse innocemment, surtout lorsque l'on est déjà sur l'âge : car quel plaisir plus innocent pour la vieillesse, que ce qui fait le plus doux amusement d'une jeunesse réglée? Je ne crois donc pas seulement Iséus le plus éloquent, mais encore le plus heureux homme du monde; et je vous crois le plus insensible, si vous ne mourez d'envie de le connaître. Quand d'autres affaires, quand l'impatience de me voir ne vous appelleraient pas ici, vous y devriez voler pour l'entendre. N'avez-vous jamais lu qu'un citoyen de Cadix, charmé de la réputation et de la gloire de Tite-Live, vint des extrémités du monde pour le voir, le vit, et s'en retourna? Il faut être sans goût, sans littérature, sans émulation (peu s'en faut que je ne dise sans honneur), pour n'être pas piqué de cette curiosité, la plus agréable, la plus belle, la plus digne d'un honnête homme. Vous me direz peut-être, Je lis ici des ouvrages où l'on ne trouve pas moins d'éloquence. Je le veux; mais vous les lirez toujours quand il vous plaira : vous ne pourrez pas toujours entendre ce grand homme. Ignorez-vous d'ailleurs que la prononciation fait bien d'autres impressions, et bien plus profondes? Quelque vivacité qu'il y ait dans ce que vous lisez, ne comptez point qu'il pénètre aussi avant que les traits que l'orateur enfonce par le geste, par la voix, et par tous les autres accompagnements de la déclamation, si vous n'êtes

---

Ipse ad villam partim studiis, partim desidia fruor : quorum utrumque ex otio nascitur. Vale.

III.

C. PLINIUS NEPOTI SUO S.

Magna Isæum fama præcesserat : major inventus est. Summa est facultas, copia, ubertas : dicit semper ex tempore, sed tanquam diu scripserit. Sermo græcus, immo atticus : præfationes tersæ, graciles, dulces; graves interdum et erectæ. Poscit controversias plures, electionem auditoribus permittit, sæpe etiam partes : surgit, amicitur, incipit. Statim omnia ac pæne pariter ad manum : sensus reconditi occursant, verba, sed qualia? quæsita et exculta. Multa lectio in subitis; multa scriptio elucet. Prooemiatur apte, narrat aperte, pugnat acriter, colligit fortiter, ornat excelse : postremo docet, delectat, afficit : quid maxime, dubites. Crebra νοήματα, syllogismi circumscripti et effecti : quod stylo quoque assequi magnum est. Incredibilis memoria; repetit altius quæ dixit ex tempore, ne verbo quidem labitur. Ad tantam ἕξιν studio et exercitatione pervenit : nam diebus et noctibus nihil aliud agit, nihil audit, nihil loquitur. Annum sexagesimum excessit, et adhuc scholasticus tantum est : quo genere hominum nihil aut sincerius, aut melius. Nos enim qui in foro verisque litibus terimur, multum malitiæ quamvis nolimus, addiscimus. Schola et auditorium, ut ficta caussa, ita res inermis, innoxia est : nec minus felix, senibus præsertim. Nam quid in senectute felicius, quam quod dulcissimum est in juventa? Quare ego Isæum non disertissimum tantum, verum etiam beatissimum judico, quem tu nisi cognoscere concupiscis, saxeus ferreusque es. Proinde, si non ob alia, nosque ipsos, at certe ut hunc audias, veni. Nunquamne legisti Gaditanum quemdam Titi Livii nomine gloriaque commotum ad visendum eum ab ultimo terrarum orbe venisse, statimque ut viderat, abiisse? Ἀφιλόκαλον, illitteratum, iners, ac pæne etiam torpe est, non putare tanti cognitionem, qua nulla est jucundior, nulla pulchrior, nulla denique humanior. Dices : *Habeo hic quos legam, non minus disertos.* Etiam : sed legendi semper occasio est, audiendi non semper. Præterea multo magis, ut vulgo dicitur, viva vox afficit. Nam licet acriora sint, quæ legas,

homme à traiter de fable ce que l'on raconte d'Eschine. Un jour qu'il lisait à Rhodes la harangue que Démosthène avait faite contre lui, les auditeurs charmés applaudissaient. *Que serait-ce donc*, s'écria-t-il, *si vous aviez entendu cette bête féroce elle-même?* Cependant Eschine, selon Démosthène, avait la déclamation très-véhémente; et ce même Eschine avouait que Démosthène avait infiniment mieux prononcé que lui. Où tendent tous ces raisonnements? A vous obliger d'entendre Iséus, quand ce ne serait que pour dire que vous l'avez entendu. Adieu.

LETTRE IV.

PLINE A CALVINE.

Si votre père avait laissé plusieurs créanciers, ou même un seul à qui il dût plus qu'à moi, vous auriez raison de délibérer si vous accepteriez une succession onéreuse, je ne dis pas à une femme seulement, je dis même à un homme. Mais aujourd'hui j'ai satisfait tous les plus incommodes, ou pour mieux dire les plus pressés. Les liens qui nous unissent m'en faisaient un devoir. Je suis resté seul et le dernier. J'avais déjà contribué cent mille sesterces pour votre dot, outre la somme que votre père promit en quelque façon sur mon bien (car c'était moi proprement qui la devais payer). Ainsi ma conduite passée vous répond de moi. Vous pouvez hardiment épargner à votre père la honte de n'avoir point d'héritier. Mais, pour donner à mes avis toute la vertu que les effets donnent aux paroles, je vous envoie une quittance générale de tout ce que me doit la succession. N'appréhendez point qu'une telle donation me soit à charge; qu'elle ne vous fasse point de peine. Il est vrai, j'ai un bien médiocre: mon rang exige de la dépense; et mon revenu, par la nature de mes terres, est aussi casuel que modique. Ce qui me manque de ce côté-là, je le retrouve dans la frugalité, la source la plus assurée de mes libéralités. Je sais bien pourtant qu'il ne faut pas y puiser jusqu'à la tarir; mais je garde cette précaution pour d'autres que vous. Je suis sûr qu'avec une amie de votre caractère, à quelque excès que je porte mes bienfaits, la raison les justifiera toujours. Adieu.

LETTRE V.

PLINE A LUPERCUS.

Je vous envoie une pièce que vous m'avez demandée plus d'une fois, et que je vous ai souvent promise. Vous n'en recevrez pourtant aujourd'hui qu'une partie; l'autre est encore sous la lime. Cependant j'ai cru que je ne ferais pas mal de mettre sous la vôtre ce qui me paraissait déjà de plus achevé. Lisez, je vous prie, avec la même application que j'ai composé. Il n'est encore sorti de mes mains rien qui ait dû m'intéresser davantage. On n'avait à juger dans mes autres discours que de mon zèle et de ma fidélité à remplir mon ministère: ici l'on jugera de l'amour que j'ai pour la patrie. Je ne pouvais manquer d'être long, emporté par le plaisir d'en relever jusqu'aux moindres avantages, de la justifier des plus petits reproches, et de mettre sa gloire dans tout son jour. Coupez pourtant, taillez à votre gré: car toutes les fois que je fais réflexion sur le dégoût et sur la délicatesse de nos lecteurs, je conçois qu'il est très-prudent de donner à un livre jusqu'au mérite du petit volume. Cependant

---

altius tamen in animo sedent, quæ pronuntiatio, vultus, habitus, gestus etiam dicentis attigit. Nisi vero falsum putamus illud Æschinis? qui, quum legisset Rhodiis orationem Demosthenis, admirantibus cunctis, adjecisse fertur: Τί δέ, εἰ αὐτοῦ τοῦ θηρίου [τὰ αὐτοῦ ῥήματα βοῶντος] ἀκηκόειτε; et erat Æschines, si Demostheni credimus, μεγαλοφωνότατος. Fatebatur tamen longe melius eadem illa pronuntiasse ipsum qui pepererat. Quæ omnia huc tendunt, ut audias Isæum: vel ideo tantum, ut audieris. Vale.

IV.

C. PLINIUS CALVINÆ S.

Si pluribus pater tuus, vel unicuilibet alii, quam mihi debuisset, fuisset fortasse dubitandum, an adires hæreditatem etiam viro gravem: quum vero ego adductus affinitatis officio, dimissis omnibus, qui, non dico molestiores, sed diligentiores erant, creditor solus exstiterim; quumque vivente eo nubenti tibi in dotem centum millia contulerim, præter eam summam quam pater tuus quasi de meo dixit (erat enim solvenda de meo) magnum habes facilitatis meæ pignus: cujus fiducia debes famam defuncti pudoremque suscipere; ad quod ne te verbis magis quam rebus horter, quidquid mihi pater tuus debuit, acceptum tibi ferri jubeo. Nec est, quod verearis, ne sit mihi ista onerosa donatio. Sunt quidem omnino nobis modicæ facultates, dignitas sumptuosa, reditus propter conditionem agellorum, nescio minor, an incertior: sed quod cessat ex reditu, frugalitate suppletur: ex qua, velut e fonte, liberalitas nostra decurrit. Quæ tamen ita temperanda est, ne nimia profusione inarescat: sed temperanda in aliis; in te vero facile ratio constabit, etiamsi modum excesserit. Vale.

V.

C. PLINIUS LUPERCO SUO S.

Actionem et a te frequenter efflagitatam, et a me sæpe promissam exhibui tibi, non tamen totam: adhuc enim pars ejus perpolitur. Interim, quæ absolutiora mihi videbantur, non fuit alienum judicio tuo tradi. His tu, rogo, intentionem scribentis accommodes. Nihil enim adhuc inter manus habui, cui majorem sollicitudinem præstare deberem: nam in cæteris actionibus existimationi hominum diligentia tantum et fides nostra; in hac etiam pietas subjicietur. Inde et liber crevit, dum ornare patriam, et am-

je ne m'abandonne pas si fort à votre sévérité, que je ne lui demande quartier pour les jeux d'esprit qui ont pu m'échapper. Il faut bien donner quelque chose au goût des jeunes gens, surtout lorsque le sujet n'y répugne pas. Dans ces sortes d'ouvrages, il est permis de prêter aux descriptions des lieux qui reviennent souvent, non-seulement les ornements de l'histoire, mais peut-être encore les embellissements de la poésie. Que si quelqu'un croit que je me suis sur cela plus égayé que ne le permettait le sérieux de mon sujet, les autres endroits de mon discours demanderont grâce à ce censeur chagrin. J'ai, par la variété de mon style, tâché de satisfaire les différentes inclinations des lecteurs. Ainsi, dans la crainte que l'endroit qui plaît à l'un ne déplaise à l'autre, je me flatte de l'espérance que cette variété même sauvera le corps entier de l'ouvrage. Quand nous sommes à table, nous ne touchons pas à tous les mets : nous louons pourtant tout le repas; et ce qui n'est pas de notre goût ne fait point de tort à ce qui en est. Non que je prétende avoir atteint au degré de perfection dont je parle : je veux seulement vous faire entendre que j'y visais. Peut-être même n'aurai-je pas perdu ma peine, si vous prenez celle de retoucher ce que je vous envoie, et ce que je vous enverrai bientôt. Vous direz qu'il ne vous est pas possible de vous déterminer sans voir toute la pièce. Je l'avoue. Cependant vous vous familiariserez toujours avec ces morceaux, et vous y trouverez quelque endroit qui peut souffrir une critique détachée. Que l'on vous présente une tête, ou quelque autre partie d'une statue, vous ne pourrez pas dire si les proportions sont bien gardées ; vous ne laisserez pas de juger si cette partie est parfaite. Et par quel autre motif va-t-on lire de maison en maison les commencements d'un ouvrage, sinon parce que l'on est persuadé qu'ils peuvent avoir leur beauté, indépendamment du reste? Je m'aperçois que le plaisir de vous entretenir m'a mené loin. Je finis. Il sied trop mal à un homme qui blâme même les longues harangues, de faire de longues lettres. Adieu.

LETTRE VI.

PLINE A AVITUS.

Il faudrait reprendre trop loin une histoire d'ailleurs inutile, pour vous dire comment, malgré mon humeur réservée, je me suis trouvé à souper chez un homme, selon lui, magnifique et économe; selon moi, somptueux et mesquin tout à la fois. On servait pour lui et pour un petit nombre de conviés des mets excellents : l'on ne servait pour les autres que des viandes communes et de mauvais ragoûts. Il y avait trois sortes de vins dans de petites bouteilles différentes ; non pas pour en laisser le choix, mais pour l'ôter. Le premier était pour la bouche du maître de la maison, et pour nous qui étions aux premières places. Le second, pour les amis du second rang (car il aime par étage). Le dernier, pour ses affranchis et pour les nôtres. Quelqu'un qui se trouva près de moi me demanda si j'approuvais l'ordonnance de ce repas. Je lui répondis que non. Et comment donc en usez-vous? dit-il. Je fais servir également tout le monde; car j'assemble mes amis pour les régaler, non pour les offenser par des distinctions injurieuses. La différence du service ne distingue point ceux que ma table égale. Quoi! reprit-il, traitez-vous de même les affranchis? Pourquoi non? Dans ce moment je ne

---

plificare gaudemus, pariterque et defensioni ejus servimus, et gloriæ. Tu tamen hæc ipsa, quantum ratio exegerit, reseca. Quoties enim ad fastidium legentium, deliciasque respicio, intelligo nobis commendationem ex ipsa mediocritate libri petendam. Idem tamen, qui a te hanc austeritatem exigo, cogor id, quod diversum est postulare, in plerisque frontem remittas. Sunt enim quædam adolescentium auribus danda, præsertim si materia non refragetur : nam descriptiones locorum, quæ in hoc libro frequentiores erunt, non historice tantum, sed prope poetice prosequi fas est. Quod tamen si quis exstiterit, qui putet nos lautius fecisse, quam orationis severitas exigat: hujus (ut ita dixerim) tristitiam reliquæ partes actionis exorare debebunt. Adnixi certe sumus, ut quamlibet diversa genera lectorum, per plures dicendi species teneremus. Ac sicut veremur, ne quibusdam pars aliqua secundum suam cujusque naturam non probetur : ita videmur posse confidere, ut universitatem omnibus varietas ipsa commendet. Nam cum in ratione conviviorum, quamvis a plerisque cibis singuli temperemus, totam tamen cœnam laudare omnes solemus : nec ea, quæ stomachus noster recusat, adimunt gratiam illis, a quibus capitur. Atque hæc ego sic accipi volo, non tanquam assecutum me esse credam, sed tanquam assequi laboraverim : fortasse non frustra, si modo tu curam tuam admoveris, interim istis, mox iis, quæ sequuntur. Dices te non posse satis diligenter id facere, nisi prius totam actionem cognoveris. Fateor : in præsentia tamen et ista tibi familiariora fient, et quædam ex his talia erunt, ut per partes emendari possint. Etenim si avulsum statuæ caput, aut membrum aliquod inspiceres, non tu quidem ex illo posses congruentiam æqualitatemque deprehendere, posses tamen judicare, an id ipsum satis elegans esset. Nec alia ex caussa principia librorum circumferuntur, quam quia existimatur pars aliqua etiam sine cæteris esse perfecta. Longius me provexit dulcedo quædam tecum loquendi : sed jam finem faciam, ne modum, quem etiam orationi adhibendum puto, in epistola excedam. Vale.

VI.

C. PLINIUS AVITO SUO S.

Longum est altius repetere, nec refert, quemadmodum acciderit, ut homo minime familiaris cœnarem apud quemdam, ut sibi videbatur, lautum et diligentem; ut mihi,

vois point en eux d'affranchis, je n'y vois plus que des convives. Cela vous coûte beaucoup? ajouta-t-il. Point du tout. Quel secret avez-vous donc? Quel secret? C'est que mes affranchis ne boivent pas le même vin que moi, et que je bois le même vin que mes affranchis. Refusez à l'excessive délicatesse ce qu'elle vous demande, et il ne vous coûtera plus rien de traiter les autres comme vous. Il ne faut prendre que sur ce raffinement de bonne chère, et lui ôter ce qu'il a de trop. Une économie réglée par notre tempérance aura toujours meilleure grâce que celle qui sera fondée sur le mépris que nous faisons des autres. A quoi tend ce discours? A instruire un jeune homme bien né comme vous, à le préserver d'une sorte de profusion énorme, et d'autant plus dangereuse qu'elle se pare des dehors de l'économie. L'amitié que je vous ai vouée exige de moi que, toutes les fois qu'en mon chemin je rencontre quelque chose de semblable, je m'en serve pour vous avertir de ce qu'il faut éviter. N'oubliez donc jamais que l'on ne peut avoir trop d'horreur de ce monstrueux mélange d'avarice et de prodigalité; et que si un seul de ces vices suffit pour ternir la réputation de quelqu'un, celui qui les rassemble se déshonore infiniment davantage. Adieu.

LETTRE VII.

PLINE A MACRIN.

Hier le sénat, sur la proposition qu'en fit l'empereur, ordonna qu'il serait élevé une statue triomphale à Vestricius Spurinna; non pas comme à tant d'autres qui ne se sont jamais trouvés à une bataille, qui n'ont jamais vu de camp, et qui n'ont jamais entendu la trompette qu'au milieu des spectacles; mais comme à ceux pour qui leurs travaux, leurs exploits et leur sang la demandent. Spurinna, à la tête d'une armée, a rétabli le roi des Bructères dans ses États; et, ce qui est de toutes les victoires la plus glorieuse, il n'a fait que paraître, pour dompter, par la terreur de ses armes, une nation très-belliqueuse. Mais au même temps que l'on a récompensé le héros, on a pris soin de consoler le père. Spurinna, en son absence, a perdu son fils Cottius, à qui l'on a aussi décerné une statue; distinction rarement accordée à un homme de cet âge. Les services du père l'avaient bien mérité : outre qu'une si grande plaie demandait un tel appareil. L'heureux naturel de Cottius faisait déjà voir tant de vertus, que l'on ne pouvait prendre trop de soin d'immortaliser en quelque sorte une vie si précieuse, mais si courte. La pureté de ses mœurs, soutenue d'un extérieur grave, imprimait tant de respect, qu'il ne l'eût point cédé aux vieillards, à qui ce nouvel honneur l'a justement égalé. Cet honneur, si je ne me trompe, ne se bornera pas à la consolation

---

sordidum simul et sumptuosum : nam sibi et paucis optima quædam; cæteris vilia et minuta ponebat. Vinum etiam parvulis lagunculis in tria genera descripserat, non ut potestas eligendi, sed ne jus esset recusandi; et aliud sibi et nobis, aliud minoribus amicis (nam gradatim amicos habet), aliud suis nostrisque libertis. Animadvertit, qui mihi proximus recumbebat, et an probarem interrogavit. Negavi. *Tu ergo,* inquit, *quam consuetudinem sequeris? Eadem omnibus pono. Ad cœnam enim, non ad notam, invito : cunctisque rebus exæquo, quos mensa et toro æquavi. Etiamne libertos? Etiam : convictores enim tunc, non libertos, puto.* Et ille : *Magno tibi constat. Minime. Qui fieri potest? Potest : quia scilicet liberti mei non idem, quod ego, bibunt, sed idem ego quod liberti.* Et, hercule, si gulæ temperes, non est onerosum, quod utaris ipse, communicare cum pluribus. Illa ergo reprimenda, illa quasi in ordinem redigenda est, si sumptibus parcas, quibus aliquanto rectius tua continentia, quam aliena contumelia, consulas. Quorsum hæc? Ne tibi optimæ indolis juveni quorumdam in mensa luxuria specie frugalitatis imponat. Convenit autem amori in te meo, quoties tale aliquid inciderit, sub exemplo præmonere, quid debeas fugere. Igitur memento, nihil magis esse vitandum, quam istam luxuriæ et sordium novam societatem : quæ quum sint turpissima discreta ac separata, turpius junguntur. Vale.

VII.

C. PLINIUS MACRINO SUO S.

Heri a senatu Vestricio Spurinnæ, principe auctore, triumphalis statua decreta est : non ita, ut multis, qui nunquam in acie steterunt, nunquam castra viderunt, nunquam denique tubarum sonum, nisi in spectaculis, audierunt : verum ut illis, qui decus istud sudore et sanguine et factis assequebantur : nam Spurinna Bructerum regem vi et armis induxit in regnum : ostentatoque bello, ferocissimam gentem (quod est pulcherrimum victoriæ genus) terrore perdomuit. Et hoc quidem virtutis præmium; illud solatium doloris accepit, quod filio ejus Cottio, quem amisit absens, habitus est honor statuæ. Rarum id in juvene : sed pater hoc quoque merebatur, cujus gravissimo vulneri magno aliquo fomento medendum fuit. Præterea Cottius ipse tam clarum specimen indolis dederat, ut vita ejus brevis et angusta debuerit hac veluti immortalitate proferri : nam tanta ei sanctitas, gravitas, auctoritas etiam, ut posset senes illos provocare virtute, quibus nunc honore adæquatus est. Quo quidem honore, quantum ego interpretor, non modo defuncti memoriæ, et dolori patris, verum etiam exemplo prospectum est. Acuent ad bonas artes juventutem adolescentibus quoque (digni sint modo) tanta præmia constituta : acuent principes viros ad liberos suscipiendos et gaudia ex superstitibus, et ex amissis tam gloriosa solatia. His ex caussis, statua Cottii publice lætor, nec privatim minus. Amavi consummatissimum juvenem tam ardenter, quam nunc im-

du père et à la gloire du fils ; il va faire naître une nouvelle émulation dans tous les cœurs. Les jeunes gens, animés par l'espérance du même prix, vont se distinguer à l'envi dans l'exercice des vertus. Les gens de qualité s'empresseront d'élever des enfants, ou pour revivre en eux, s'ils les conservent, ou pour être si glorieusement consolés, s'ils les perdent. Voilà ce qui m'engage à me réjouir avec le public, et plus encore avec moi-même, de la statue dressée à Cottius. J'aimais ce jeune homme si accompli ; et je l'aimais avec une ardeur qui n'a rien d'égal que le regret que je sens de sa perte. Je puis donc me promettre beaucoup de satisfaction à jeter les yeux de temps en temps sur sa statue, à la regarder, à la considérer avec attention, à m'arrêter devant elle, à passer auprès d'elle. Si les portraits des morts qui nous ont été chers adoucissent notre douleur lors même que nous ne les voyons que dans notre maison, quel charme pour nous de les rencontrer dans les places publiques ! Non-seulement ils nous remettent devant les yeux leur air et leurs traits, mais ils nous rappellent toutes leurs vertus et toute leur gloire. Adieu.

LETTRE VIII.

PLINE A CANINIUS.

Est-ce l'étude, est-ce la pêche, est-ce la chasse, ou les trois ensemble, qui vous amusent? car on peut prendre ces trois sortes de plaisirs dans notre charmante maison près du lac de Côme. Le lac vous fournit du poisson ; les bois qui l'environnent sont pleins de bêtes fauves ; et la profonde tranquillité du lieu invite à l'étude. Mais soit que toutes ces choses ensemble ou quelque autre vous occupent, je n'oserais dire que je vous porte envie. Je souffre pourtant avec beaucoup de peine qu'il ne me soit pas permis, aussi bien qu'à vous, de goûter ces innocents plaisirs, après lesquels je soupire avec la même ardeur que le malade soupire après les bains, après le vin, après les eaux. Ne m'arrivera-t-il donc jamais de rompre les nœuds qui m'attachent, puisque je ne puis les délier? Non, je n'ose m'en flatter. Chaque jour, nouveaux embarras viennent se joindre aux anciens. Une affaire n'est pas encore finie, qu'une autre commence. La chaîne que forment mes occupations ne fait que s'allonger et s'appesantir. Adieu.

LETTRE IX.

PLINE A APOLLINAIRE.

Les démarches que fait mon ami Sextus Érucius pour obtenir la charge de tribun me donnent une véritable inquiétude. Je ressens pour cet autre moi-même des agitations qu'en pareille occasion je n'ai point senties pour moi. D'ailleurs, il me semble que mon honneur, mon crédit et ma dignité sont compromis. J'ai obtenu de l'empereur, pour Sextus, une place dans le sénat, et la charge de questeur. Il doit à mes sollicitations la permission de demander celle de tribun. Si le sénat la lui refuse, j'ai peur que je ne paraisse avoir surpris le prince. Je ne dois donc rien oublier pour faire en sorte que le jugement public confirme l'opinion que, sur ma parole, l'empereur en a bien voulu concevoir. Quand une raison si pressante me manquerait, je n'aurais guère moins d'ardeur pour l'élévation de Sextus. C'est un jeune homme plein de probité, de sagesse, de savoir, et de qui l'on ne peut dire trop de bien, ainsi que de toute sa maison. Son père, Érucius Clarus, s'est acquis une grande réputation. Il n'a pas moins de droiture que d'éloquence. Il excelle dans la profession d'avocat, dont il s'acquitte avec autant de modestie et de probité que de courage. Caïus Septicius, son oncle, est la vérité, la franchise, la candeur, la

---

patienter requiro. Erit ergo pergratum mihi hanc effigiem ejus subinde intueri, subinde respicere, sub hac consistere, præter hanc commeare. Etenim si defunctorum imagines domi positæ dolorem nostrum levant, quanto magis eæ, quibus in celeberrimo loco non modo species et vultus illorum, sed honor etiam et gloria refertur? Vale.

VIII.

C. PLINIUS CANINIO SUO S.

Studes? an piscaris? an venaris? an simul omnia? Possunt enim omnia simul fieri ad Larium nostrum : nam lacus piscem, feras silvæ, quibus lacus cingitur, studia altissimus iste secessus, affatim suggerunt. Sed sive omnia simul, sive aliquid facias, non possum dicere, invideo : angor tamen, non et mihi licere, quæ sic concupisco, ut ægri vinum, balinea, fontes. Nunquamne hos arctissimos laqueos, si solvere negatur, abrumpam? Nunquam, puto : nam veteribus negotiis nova accrescunt, nec tamen priora peraguntur : tot nexibus, tot quasi catenis majus in dies occupationum agmen extenditur. Vale.

IX.

C. PLINIUS APOLLINARI SUO S.

Anxium me et inquietum habet petitio Sexti Erucii mei. Afficior cura, et quam pro me sollicitudinem non adii, quasi pro me altero patior : et alioquin meus pudor, mea existimatio, mea dignitas in discrimen adducitur. Ego Sexto latum clavum a Cæsare nostro, ego quæsturam impetravi : meo suffragio pervenit ad jus tribunatus petendi, quem nisi obtinet in senatu, vereor ne decepisse Cæsarem videar. Proinde adnitendum est mihi, ut talem eum judicent omnes, qualem esse princeps mihi credidit. Quæ caussa ut studium meum non incitaret, adjutum tamen cuperem juvenem probissimum, gravissimum, eruditissimum, omni denique laude dignissimum, et quidem cum tota domo. Nam pater ejus, Erucius Clarus, vir sanctus, antiquus, disertus,

fidélité même. Ils m'aiment tous comme à l'envi, et tous également. Voici une occasion où je puis, en payant un seul, m'acquitter envers tous. J'emploie donc tous mes amis. Je supplie, je brigue, je vais de maison en maison, je cours dans toutes les places publiques; et je n'oublie rien pour voir jusqu'où peuvent aller mon crédit et la considération que l'on a pour moi. Partagez, s'il vous plaît, les soins et les mouvements que je me donne; je vous le rendrai au premier ordre, que même je préviendrai. Je sais combien de gens vous chérissent, vous honorent, vous font la cour. Laissez entrevoir seulement vos intentions; nous ne manquerons pas de personnes empressées à les seconder. Adieu.

LETTRE X.

PLINE A OCTAVE.

N'êtes-vous pas bien nonchalant, ou plutôt bien dur (peu s'en faut que je ne dise cruel), de tenir toujours dans l'obscurité de si excellentes poésies? Combien de temps encore avez-vous résolu d'être l'ennemi de votre gloire et de notre plaisir? Laissez, laissez vos ouvrages parcourir en liberté toutes les contrées où se parle la langue latine. : ne les resserrez pas dans des bornes plus étroites que celles de l'empire romain. L'idée qu'ils nous ont donnée n'est-elle pas assez grande, et notre curiosité assez vive, pour vous obliger à ne nous pas faire languir davantage? Quelques-uns de vos vers, échappés malgré vous, ont déjà paru. Si vous ne prenez soin de les rappeler et de les rassembler, ces vagabonds sans aveu trouveront maître. Songez que nous sommes mortels, et qu'ils peuvent seuls vous assurer l'immortalité. Tous les autres ouvrages des hommes ne résistent point au temps, et périssent comme eux. Vous m'allez dire, à votre ordinaire : C'est l'affaire de mes amis. Je souhaite de tout mon cœur que vous ayez des amis assez fidèles, assez savants, assez laborieux pour vouloir se charger de cette entreprise, et pour la pouvoir soutenir. Mais croyez-vous qu'il y ait beaucoup de sagesse à se promettre des autres ce que l'on se refuse à soi-même? Ne parlons plus de publier : ce sera quand il vous plaira. Essayez du moins d'en avoir envie : récitez-les, et donnez-vous enfin la satisfaction que je goûte par avance pour vous depuis si longtemps. Je me représente déjà cette foule d'auditeurs, ces transports d'admiration, ces applaudissements, ce silence même, qui, lorsque je plaide, ou que je lis mes pièces, n'a guère moins de charmes pour moi que les applaudissements, quand il est causé par la seule attention, et par l'impatience d'entendre la suite. Ne dérobez plus à vos veilles, par ce long retardement, une récompense et si grande et si sûre. A différer plus longtemps, vous ne gagnerez rien que le nom d'indolent, de paresseux, et peut-être de timide. Adieu.

LETTRE XI.

PLINE A ARRIEN.

Vous avez coutume de montrer de la joie lorsqu'il se passe dans le sénat quelque chose digne de cette auguste compagnie. L'amour du repos, qui vous éloigne des affaires, ne bannit pas de votre cœur la passion que vous avez pour la gloire

atque in agendis caussis exercitatus, quas summa fide, pari constantia, nec verecundia minore defendit. Habet avunculum C. Septicium, quo nihil verius, nihil simplicius, nihil candidius, nihil fidelius novi. Omnes me certatim, et tamen æqualiter amant : omnibus nunc ego in uno referre gratiam possum. Itaque prenso amicos, supplico, ambio, domos stationesque circumeo : quantumque vel auctoritate, vel gratia valeam, precibus experior. Te quoque obsecro, ut aliquam operis mei partem suscipere tanti putes. Reddam vicem, si reposces : reddam et si non reposces. Diligeris, coleris, frequentaris : ostende modo, velle te; nec deerunt, qui, quod tu velis, cupiant. Vale.

X.

C. PLINIUS OCTAVIO SUO S.

Hominem te patientem, vel potius durum, ac pæne crudelem, qui tam insignes libros tamdiu teneas! Quousque et tibi et nobis invidebis : tibi, maxima laude; nobis, voluptate? Sine per ora hominum ferantur, iisdemque quibus lingua romana spatiis pervagantur. Magna etiam longaque exspectatio est : quam frustrari adhuc et differre non debes. Enotuerunt quidam tui versus, et invito te, claustra tua fregerunt. Hos nisi retrahis in corpus, quandoque, ut errones, aliquem, cujus dicantur, invenient.

Habe ante oculos mortalitatem : a qua asserere te hoc monimento potes : nam cætera, fragilia et caduca, non minus quam ipsi homines occidunt desinuntque. Dices, ut soles, *Amici mei viderint*. Opto equidem amicos tam fideles, tam eruditos, tam laboriosos, ut tantum curæ intentionisque suscipere et possint et velint : sed dispice ne sit parum providum, sperare ex aliis, quod tibi ipse non præstes. Et de editione quidem interim, ut voles : recita saltem, quo magis libeat emittere : utque tandem percipias gaudium, quod ego olim pro te non temere præsumo. Imaginor enim, qui concursus, quæ admiratio te, qui clamor, quod etiam silentium maneat. Quo ego, quum dico vel recito, non minus quam clamore delector; sit modo silentium acre et intentum et cupidum ulteriora audiendi. Hoc fructu tanto, tam parato, desine studia tua infinita ista cunctatione fraudare : quæ quum modum excedit, verendum est, ne inertiæ et desidiæ, vel etiam timiditatis, nomen accipiat. Vale.

XI.

C. PLINIUS ARRIANO SUO S.

Solet esse gaudio tibi, si quid actum est in senatu dignum ordine illo. Quamvis enim quietis amore secesseris, insidet tamen animo tuo majestatis publicæ cura. Accipe ergo, quod per hos dies actum est, personæ claritate fa-

de l'empire. Apprenez donc ce qui vient d'arriver. C'est un événement fameux par le rang de la personne, salutaire par la sévérité de l'exemple, mémorable à jamais par son importance. Marius Priscus, proconsul d'Afrique, accusé par les Africains, se retranche à demander des juges ordinaires, sans proposer aucune défense. Corneille Tacite et moi, chargés par ordre du sénat de la cause de ces peuples, nous crûmes qu'il était de notre devoir de remontrer que les crimes dont il s'agissait étaient d'une énormité qui ne permettait pas de civiliser l'affaire. On n'accusait pas Priscus de moins que d'avoir vendu la condamnation et même la vie des innocents. Caïus Fronto supplia la compagnie de vouloir bien que toute l'accusation fût renfermée dans le péculat; et cet homme, très-savant dans l'art de tirer des larmes, fit jouer tous les ressorts de la pitié. Grande contestation, grandes clameurs de part et d'autre! Selon les uns, la loi assujettit le sénat à juger lui-même : selon les autres, elle lui laisse la liberté d'en user comme il croit convenir à la qualité des crimes. Enfin, Julius Férox, consul désigné, homme droit et intègre, ouvre un troisième avis. Il veut que, par provision, l'on donne des juges à Priscus sur le péculat; et qu'avant que de prononcer sur l'accusation capitale, ceux à qui il avait vendu le sang des innocents soient appelés. Non-seulement cet avis l'emporta, mais il n'y en eut presque plus d'autres après tant de disputes; et l'on éprouva que si les premiers mouvements de la prévention et de la pitié sont vifs et impétueux, la sagesse et la raison peu à peu les apaisent. De là vient que personne n'a le courage de proposer seul ce qu'il osait soutenir par des cris confus avec la multitude. La vérité, que l'on ne pouvait découvrir tant que l'on était enveloppé dans la foule, se manifeste tout à coup dès que l'on s'en tire. Enfin, Vitellius Honoratus, et Flavius Martianus, complices assignés, comparurent. Le premier était accusé d'avoir acheté trois cent mille sesterces le bannissement d'un chevalier romain, et la mort de sept de ses amis. Le second en avait donné sept cent mille, pour faire souffrir divers tourments à un autre chevalier romain. Ce chevalier avait été d'abord condamné au fouet, de là envoyé aux mines, et à la fin étranglé en prison. Mais une mort favorable a dérobé Honoratus à la justice du sénat. On amena donc Martianus sans Priscus. Tutius Céréalis, homme consulaire, demanda que, suivant le privilége des sénateurs, Priscus en fût averti : soit qu'il cherchât à lui attirer par là ou plus de compassion, ou plus de haine; soit qu'il crût (ce qui me paraît plus vraisemblable) que, selon les règles de la justice, dans un crime commun, la défense ou la condamnation doivent être communes. L'affaire fut renvoyée à la première assemblée du sénat, qui fut des plus augustes. Le prince y présidait, il était consul. Nous entrions dans le mois de janvier, celui de tous qui rassemble à Rome le plus de monde, et particulièrement de sénateurs. D'ailleurs l'importance de la cause, le bruit qu'elle avait fait, et que tant de remises avaient redoublé, la curiosité naturelle à tous les hommes de voir de près les grands et rares événements, avaient de toutes parts attiré le monde. Imaginez-vous quels sujets d'inquiétude et de crainte pour nous, qui devions porter la parole en une telle assemblée, et en présence de l'empereur! J'ai plus d'une fois parlé dans le sénat;

mosum, severitate exempli salubre, rei magnitudine æternum. Marius Priscus, accusantibus Afris, quibus proconsul præfuit, omissa defensione, judices petiit. Ego et Cornelius Tacitus adesse provincialibus jussi, existimavimus fidei nostræ convenire, notum senatui facere, excessisse Priscum immanitate et sævitia crimina, quibus dari judices possent : quum ob innocentes condemnandos, interficiendos etiam, pecunias accepisset. Respondit Fronto Caius, deprecatusque est, ne quid ultra repetundarum legem quæreretur, omniaque actionis suæ vela vir movendarum lacrymarum peritissimus, quodam velut vento miserationis implevit. Magna contentio, magni utrinque clamores : aliis cognitionem senatus lege conclusam, aliis liberam solutamque dicentibus : quantumque admisisset reus, tantum vindicandum. Novissime consul designatus Julius Ferox, vir rectus et sanctus, Mario quidem judices interim censuit dandos : evocandos autem, quibus diceretur innocentium pœnas vendidisse. Quæ sententia non prævaluit modo, sed omnino post tantas dissensiones fuit sola frequens : adnotatumque experimentis, quod favor et misericordia acres et vehementes primos impetus habent, paulatim, consilio et ratione quasi restincta, considunt : unde evenit ut, quod multi clamore permixto tuentur, nemo, tacentibus cæteris, dicere velit : patescit enim, quum separaris a turba, contemplatio rerum, quæ turba teguntur. Venerunt, qui adesse erant jussi, Vitellius Honoratus, et Flavius Martianus, ex quibus Honoratus trecentis millibus exsilium equitis romani, septemque amicorum ejus ultimam pœnam; Martianus unius equitis romani septingentis millibus plura supplicia arguebatur emisse : erat enim fustibus cæsus, damnatus in metallum, strangulatus in carcere. Sed Honoratum cognitioni senatus mors opportuna subtraxit : Martianus inductus est absente Prisco. Itaque Tuccius Cerealis consularis jure senatorio postulavit, ut Priscus certior fieret : sive quia miserabiliorem, sive quia invidiosiorem fore arbitrabatur, si præsens fuisset; sive (quod maxime credo) quia æquissimum erat communem crimen ab utroque defendi; et si dilui non potuisset, in utroque puniri. Dilata res est in proximum senatum; cujus ipse conspectus augustissimus fuit. Princeps præsidebat, erat enim consul : ad hoc Januarius mensis quum cætera, tum præcipue senatorum frequentia celeberrimus : præterea caussæ amplitudo, auctaque dilatione exspectatio et fama, insitumque mortalibus studium magna et inusitata noscendi, omnes undique excieverat. Imaginare, quæ solli-

j'ose dire même que je ne suis nulle part aussi favorablement écouté. Cependant tout m'étonnait, comme si tout m'eût été inconnu. La difficulté de la cause ne m'embarrassait guère moins que le reste. Je regardais dans la personne de Priscus tantôt un consulaire, tantôt un septemvir, quelquefois un homme déchu de ces deux dignités. J'avais un véritable chagrin d'accuser un malheureux déjà condamné pour le péculat. Si l'énormité de son crime parlait contre lui, la pitié, qui suit ordinairement une première condamnation, parlait en sa faveur. Enfin je me rassurai, je commençai mon discours, et je reçus autant d'applaudissements que j'avais eu de crainte. Je parlai près de cinq heures (car on me donna près d'une heure et demie au delà des trois et demie qui m'avaient été d'abord accordées). Tout ce qui me paraissait contraire et fâcheux quand j'avais à le dire, me devint favorable quand je le dis. Les bontés, les soins de l'empereur pour moi (je n'oserais dire ses inquiétudes), allèrent si loin, qu'il me fit avertir plusieurs fois, par un affranchi que j'avais derrière moi, de ménager mes forces, et de ne pas oublier la faiblesse de ma complexion. Claudius Marcellinus défendit Martien. Le sénat se sépara, pour se rassembler le lendemain; car il n'y avait pas assez de temps pour achever un nouveau plaidoyer avant la nuit. Le jour d'après, Salvius Liberalis parla pour Marius. Cet orateur a l'esprit délié. Il est habile, très-véhément, et tout à la fois très-fleuri. Ce jour-là il déploya tous ses talents. Corneille Tacite répondit avec beaucoup d'éloquence, et fit éclater ce grand, ce sublime qui règne dans ses discours. Catius Fronto fit une très-belle réplique pour Marius; et, s'accommodant à son sujet, il songea plus à fléchir les juges qu'à justifier l'accusé. La nuit survint au moment où il finissait. Le jour suivant fut réservé à l'examen des preuves. C'était en vérité quelque chose de fort beau, de fort digne de l'ancienne Rome, que de voir le sénat, trois jours de suite assemblé, trois jours de suite occupé, ne se séparer qu'à la nuit. Cornutus Tertullus, consul désigné, homme d'un rare mérite, et très-zélé pour la vérité, opina le premier. Il fut d'avis de condamner Marius à porter au trésor public les sept cent mille sesterces qu'il avait reçus, et de le bannir de Rome et d'Italie. Il alla plus loin contre Martien, et fut d'avis de le bannir même d'Afrique. Il conclut par proposer au sénat de déclarer que nous avions, Tacite et moi, fidèlement et dignement rempli et notre attente et notre ministère. Les consuls désignés, et tous les consulaires qui parlèrent ensuite, se rangèrent à cet avis, jusqu'à ce que Pompéius Colléga en ouvrit un autre. Le sien fut de condamner Marius à porter au trésor public les sept cent mille sesterces, d'en demeurer à la condamnation qu'il avait déjà subie pour le péculat, et d'envoyer en exil Martien pour cinq ans. Chaque opinion eut grand nombre de partisans; et il y avait bien de l'apparence que la dernière, qui était la plus douce, l'emporterait; car plusieurs qui avaient suivi Cornutus semblaient le quitter pour celui qui venait d'opiner après eux. Enfin, lorsqu'on vint à recueillir les voix, tous ceux qui se trouvèrent autour des consuls commencèrent à se déclarer pour Cornutus

citudo nobis, qui metus, quibus super tanta re, in illo cœtu, præsente Cæsare, dicendum erat. Equidem in senatu non semel egi : quin imo nusquam audiri benignius soleo : tunc me tamen, ut nova omnia novo metu permovebant. Obversabatur præter illa, quæ supra dixi, caussæ difficultas : stabat modo consularis, modo septemvir epulonum, jam neutrum. Erat igitur perquam onerosum, accusare damnatum : quem, ut premebat atrocitas criminis, ita quasi peractæ damnationis miseratio tuebatur. Utcumque tamen animum, cogitationemque collegi : cœpi dicere non minore audientium assensu, quam sollicitudine mea : dixi horis pæne quinque : nam x clepsydris, quas spatiosissimas acceperam, sunt additæ quatuor. Adeo illa ipsa, quæ dura et adversa dicturo videbantur, secunda dicenti fuerunt! Cæsar quidem mihi tantum studium, tantam etiam curam (nimium est enim dicere sollicitudinem) præstitit, ut libertum meum post me stantem sæpius admoneret, voci laterique consulerem : cœpi dicere vehementius putaret intendi, quam gracilitas mea perpeti posset. Respondit mihi pro Martiano Claudius Marcellinus : missus deinde senatus, et revocatus in posterum. Neque enim jam inchoari poterat actio, nisi ut noctis interventu scinderetur. Postero die, dixit pro Mario Salvius Liberalis, vir subtilis, dispositus, acer, disertus : in illa vero caussa omnes artes suas protulit. Respondit Cornelius Tacitus eloquentissime, et, quod eximium ora-tioni ejus inest, σεμνῶς. Dixit pro Mario rursus Fronto Catius insigniter : utque jam locus ille poscebat, plus in precibus temporis, quam in defensione consumpsit : hujus actionem vespera inclusit : non tamen sic, ut abrumperet; itaque in tertium diem probationes exierunt. Jam hoc ipsum pulchrum, et antiquum, senatum nocte dimitti, triduo vocari, triduo contineri. Cornutus Tertullus cos. designatus, vir egregius, et pro veritate firmissimus, censuit septingenta millia, quæ acceperat Marius, ærario inferenda : Mario urbe Italiaque interdicendum; Martiano hoc amplius, Africa. In fine sententiæ adjecit : Quod ego et Tacitus injuncta advocatione diligenter fortiterque functi essemus, arbitrari senatum, ita nos fecisse, ut dignum mandatis partibus fuerit. Assenserunt consules designati, omnes etiam consulares usque ad Pompeium Collegam : ille et septingenta millia quæ acceperat Marius, ærario inferenda, et Martianum in quinquennium relegandum : Marium repetundarum pœnæ, quam jam passus esset, censuit relinquendum. Erant in utraque sententia multi, fortasse etiam plures in hac vel solutiore, vel molliore : nam quidam ex illis quoque, qui Cornuto videbantur assensi, hunc, qui post ipsos censuerat, sequebantur. Sed quum fieret discessio, qui sellis consulum adstiterant, in Cornuti sententiam ire cœperunt. Tum illi, qui se Collegæ annumerari patiebantur, in diversum transierunt · Collega

Alors tout changea de face. Ceux qui donnaient lieu de croire qu'ils étaient de l'avis de Colléga repassèrent tout à coup de l'autre côté, en sorte que Colléga se trouva presque seul. Il exhala son chagrin en reproches amers contre ceux qui l'avaient engagé dans ce parti, principalement contre Régulus, qui n'avait pas le courage de suivre un avis dont il était l'auteur. Vous connaissez le caractère de Régulus : c'est un esprit si léger, qu'en un moment il passe de l'audace à la crainte. Voilà quel fut le dénoûment de cette grande affaire. Il en reste toutefois un chef qui n'est pas de petite importance : c'est ce qui regarde Hostilius Firminus, lieutenant de Marius Priscus, qui, se trouvant fort impliqué dans cette accusation, a eu de terribles assauts à soutenir. Il est chargé par les registres de Martien, et par la harangue qu'il fit dans l'assemblée des habitants de Leptis, d'avoir rendu d'infâmes offices à Martianus, et reçu dix mille sesterces comme parfumeur de Marius, qualité qui convenait parfaitement à un homme qui est toujours si peigné, si rasé, si parfumé. Cornutus fut d'avis de renvoyer à la première séance ce chef, qui regardait Hostilius ; car alors, soit hasard, soit remords, il était absent. Vous voilà bien informé de ce qui se passe ici. Informez-moi à votre tour de ce que vous faites à votre campagne. Rendez-moi un compte exact de vos arbres, de vos vignes, de vos blés, de vos troupeaux ; et songez que si je ne reçois de vous une très-longue lettre, vous n'en aurez plus de moi que de très-courtes. Adieu.

LETTRE XII.

PLINE A ARRIEN.

Je ne sais si nous avons bien jugé ce dernier chef qui nous restait de l'affaire de Priscus, comme je vous l'avais mandé ; mais enfin nous l'avons jugé. Firminus comparut au sénat, et se défendit en homme qui se voyait déjà vaincu. Les avis se partagèrent entre les consuls désignés. Cornutus opinait à le chasser du sénat ; Acutius Nerva, seulement à lui donner l'exclusion dans la distribution des gouvernements. Cette opinion prévalut comme la plus douce, quoiqu'elle soit en effet plus rigoureuse que l'autre. Car enfin qu'y a-t-il de plus cruel que de se voir livré aux soins et aux travaux attachés à la dignité du sénateur, sans espérance de jouir jamais des honneurs qui en sont la récompense ? Qu'y a-t-il de plus affreux à un homme flétri d'une telle tache, que de n'avoir pas la liberté de se cacher au fond d'une solitude, mais d'être obligé de s'exposer aux yeux de cette illustre compagnie ? Que peut-on d'ailleurs imaginer de plus bizarre et de plus indigne, que de voir assis dans le sénat un homme que le sénat a noté ? de voir un homme condamné prendre place parmi ses juges ? un homme exclu du proconsulat pour avoir prévariqué dans sa lieutenance, juger lui-même les proconsuls ? enfin, un concussionnaire déclaré prononcer sur les concussions ? Mais ces réflexions n'ont pas touché le plus grand nombre ; car on ne pèse pas les voix, on les compte ; et il ne faut pas s'attendre à rien de mieux dans ces sortes d'assemblées, où il ne se trouve point de plus grand désordre que l'égalité du pou-

---

cum paucis relictus. Multum postea de impulsoribus suis, præcipue de Regulo, questus est, qui se in sententia, quam ipse dictaverat, deseruisset. Est alioqui Regulo tam mobile ingenium, ut plurimum audeat, ut plurimum timeat. Hic finis cognitionis amplissimæ. Superest tamen λειτούργιον non leve, Hostilius Firminus, legatus Marii Prisci, qui permistus caussæ, graviter vehementerque vexatus est. Nam et rationibus Martiani, et sermone, quem ille habuerat in ordine Leptitanorum, operam suam Prisco ad turpissimum ministerium commodasse, stipulatusque de Martiano quinquaginta millia denarium probabatur : ipse præterea accepisse sestertium decem millia, fœdissimo quidem titulo, nomine unguentarii, qui titulus a vita hominis compti semper et pumicati non abhorrebat. Placuit, censente Cornuto, referri de eo proximo senatu : tunc enim, casu incertum, an conscientia, abfuerat. Habes res urbanas : invicem rusticas scribe : quid arbusculæ tuæ, quid vineæ, quid segetes agant, quid oves delicatissimæ? In summa, nisi æque longam epistolam reddes, non est quod postea, nisi brevissimam, exspectes. Vale.

XII.

C. PLINIUS ARRIANO SUO S.

Λειτούργιον illud, quod superesse Marii Prisci caussæ proxime scripseram, nescio an satis circumcisum, tamen et adrasum est. Firminus inductus in senatum, respondit crimini noto. Secutæ sunt diversæ sententiæ consulum designatorum : Cornutus Tertullus censuit ordine movendum ; Acutius Nerva, in sortitione provinciæ rationem ejus non habendam : quæ sententia, tamquam mitior, vicit ; quum sit alioqui durior tristiorque. Quid enim miserius, quam exsectum et exemptum honoribus senatoriis, labore et molestia non carere ? Quid gravius, quam tanta ignominia affectum, non in solitudine latere, sed in hac altissima specula conspiciendum se monstrandumque præbere ? Præterea, quid publice minus aut congruens, aut decorum ? notatum a senatu in senatu sedere ? ipsisque illis, a quibus sit notatus, æquari ? submotum a proconsulatu, quia se in legatione turpiter gesserat, de proconsulibus judicare ? damnatumque sordium, vel damnare alios, vel absolvere ? Sed hoc pluribus visum est. Numerantur enim sententiæ, non ponderantur : nec aliud in publico consilio potest fieri ; in quo nihil est tam inæquale, quam æqualitas ipsa : nam quum sit impar pru-

voir. Chacun a la même autorité; tous n'ont pas les mêmes lumières. Je me suis acquitté de ce que je vous avais promis par ma dernière lettre : sa date me fait croire que vous l'avez reçue, car je l'ai confiée à un courrier qui aura fait diligence, s'il n'a point rencontré d'obstacle sur son chemin. C'est à vous aujourd'hui à payer et ma première et ma seconde lettre, par d'autres aussi remplies que le pays où vous êtes vous le peut permettre. Adieu.

LETTRE XIII.

PLINE A PRISCUS.

Nous avons un plaisir égal, vous à me faire des grâces, moi à les recevoir de vous. Deux motifs me déterminent donc à vous en demander une, que je souhaite avec passion. Vous êtes à la tête d'une puissante armée. Ce poste est une source de faveurs; et le temps qu'il y a que vous l'occupez vous a permis assez d'en combler vos amis. Honorez, je vous prie, les miens d'un regard favorable; je veux dire quelques-uns des miens. Vous seriez charmé, je le sais, de les obliger tous; mais je veux demander avec discrétion : je ne parlerai que d'un ou de deux, ou plutôt je ne vous parlerai que d'un. C'est Voconius Romanus. Son père était d'une grande distinction dans l'ordre des chevaliers, et son beau-père, ou plutôt son second père (car sa tendresse pour son beau-fils lui a mérité ce nom), y acquit encore plus de considération. Sa mère était de l'une des meilleures maisons de l'Espagne de deçà l'Èbre. Vous savez quelle est la réputation de cette province, quelle sévérité de mœurs y règne. Pour lui, la dernière charge par où il a passé a été le sacerdoce. Notre amitié a commencé avec nos études.

Nous n'avions qu'une même maison, à la ville et à la campagne. Il entrait dans mes affaires comme dans mes plaisirs. Et où trouver aussi une affection plus sûre, et tout à la fois une compagnie plus agréable? On ne peut exprimer le charme de sa conversation, la douceur de sa physionomie. Il a l'esprit élevé, délicat, doux, aisé, très-propre pour le barreau. Vous ne lirez point ses lettres sans croire que les Muses elles-mêmes les ont dictées. Je l'aime plus encore que je ne vous le dis, et je ne l'aime pas pourtant plus qu'il ne m'aime. J'étais tout jeune aussi bien que lui, et déjà pour le servir je cherchais avec empressement les occasions que notre âge me pouvait permettre. Je viens de lui obtenir le privilége que donne le nombre de trois enfants. Quoique l'empereur se soit fait une loi de ne le donner que très-rarement, et avec beaucoup de circonspection, il a bien voulu me l'accorder aussi agréablement que s'il l'avait donné par choix. Je ne puis mieux soutenir mes premiers bienfaits que par de nouveaux, principalement avec un homme qui les reçoit d'une manière qui seule pourrait suffire pour en mériter d'autres. Je vous ai dit quel est Romanus, ce que j'en sais, combien je l'aime. Faites-lui, je vous prie, toutes les grâces que je puis attendre de votre inclination bienfaisante, et de la situation où vous êtes. Je vous recommande surtout de l'aimer. Quelque bien que vous lui fassiez, je n'en vois point de plus précieux pour lui que votre amitié. Dans le dessein de vous apprendre combien il en est digne, je vous ai peint au naturel ses inclinations, son esprit, ses mœurs, et toute sa conduite. Je redoublerais encore ici mes recommandations, si je ne savais que vous n'aimez pas à vous faire prier longtemps, et que je ne vous ai déjà que trop prié dans toute cette

---

dentia, par omnium jus est. Implevi promissum, priorisque epistolæ fidem exsolvi, quam ex spatio temporis jam recepisse te colligo : nam et festinanti et diligenti tabellario dedi : nisi quid impedimenti in via passus est. Tuæ nunc partes, ut primum illam, deinde hanc remuneraris litteris, quales istinc redire uberrimæ possunt. Vale.

XIII.

C. PLINIUS PRISCO SUO S.

Et tu occasiones obligandi me avidissime amplecteris, et ego nemini libentius debeo. Duabus ergo de caussis a te potissimum petere constitui, quod impetratum maxime cupio. Regis exercitum amplissimum; hinc tibi beneficiorum larga materia, longum præterea tempus, quo amicos tuos exornare potuisti. Convertere ad nostros, nec hos multos. Malles tu quidem multos, sed meæ verecundiæ sufficit unus aut alter, ac potius unus : is erit Voconius Romanus. Pater ei in equestri gradu clarus, clarior vitricus, imo pater alius : nam huic quoque nomini pietate successit : mater e primis citerioris Hispaniæ. Scis, quod judicium provinciæ illius, quanta sit gravitas. Flamen proxi- me fuit. Hunc ego, quum simul studeremus, arcte familiariterque dilexi : ille meus in urbe, ille in secessu contubernalis : cum hoc seria, cum hoc jocos miscui. Quid enim aut illo fidelius amico, aut sodale jucundius? Mira in sermone, mira etiam in ore ipso vultuque suavitas; ad hoc ingenium excelsum, subtile, dulce, facile, eruditum in caussis agendis. Epistolas quidem scribit, ut Musas ipsas latine loqui credas. Amatur a me plurimum, nec tamen vincitur. Equidem juvenis statim juveni, quantum potui per ætatem, avidissime contuli, et nuper ab optimo principe trium liberorum ei jus impetravi; quod quanquam parce, et cum delectu daret, mihi tamen, tanquam eligeret, indulsit. Hæc beneficia mea tueri nullo modo melius, quam ut augeam, possum; præsertim quum ipse illa tam grate interpretetur, ut, dum priora accipit, posteriora mereatur. Habes, qualis, quam probatus, carusque sit nobis. Quem rogo, pro ingenio, pro fortuna tua exornes. In primis ama hominem : nam licet tribuas ei quantum amplissimum potes, nihil tamen amplius potes amicitia tua : cujus esse eum, usque in intimam familiaritatem, capacem quo magis scires, breviter tibi studia, mores, omnem denique vitam ejus expressi.

lettre : car c'est prier, et prier très-efficacement, que faire sentir la justice de ses prières. Adieu.

LETTRE XIV.

PLINE A MAXIME.

Vous l'avez deviné; je commence à me lasser des causes que je plaide devant les centumvirs. La peine passe le plaisir. La plupart sont peu importantes. Rarement s'en présente-t-il une qui, par la qualité des personnes ou par la grandeur du sujet, attire l'attention. D'ailleurs, il s'y trouve un très-petit nombre de dignes concurrents. Le reste n'est qu'un amas de gens dont l'audace fait tout le mérite, ou d'écoliers sans talents et sans nom. Ils ne viennent là que pour déclamer; mais avec si peu de respect et de retenue, que, selon moi, notre ami Attilius a fort bien dit que *les enfants commencent au barreau par plaider devant les centumvirs, comme au collége par lire Homère;* car dans l'un et dans l'autre, on commence par ce qu'il y a de plus difficile. Mais avant que je parusse dans le monde, les personnes déjà avancées en âge plaidaient ces sortes de causes, et les jeunes gens, même les plus qualifiés, n'étaient point admis à parler devant les centumvirs si quelque homme consulaire ne les présentait, tant on avait alors de vénération pour de si nobles exercices. Aujourd'hui toutes les barrières de la discrétion et de la pudeur, rompues, laissent le champ ouvert à tout le monde. Ils n'attendent plus qu'on les présente, ils s'y jettent d'eux-mêmes. A leur suite marchent des auditeurs d'un semblable caractère, et que l'on achète à beaux deniers comptants. On fait sans honte son marché avec eux; ils s'assemblent dans le palais, et on en fait une salle à manger, où l'orateur régale et défraye; on les voit à ce prix courir d'une cause à l'autre. De là on les a nommés en grec, assez plaisamment, *gens gagés pour applaudir*; en latin, *louangeurs pour un repas.* Cette indignité, caractérisée dans les deux langues, s'établit de plus en plus. Hier j'en fus témoin : deux de mes domestiques à peine sortis de l'enfance, et chargés du soin d'annoncer ceux qui m'abordent, allèrent, bon gré, mal gré, pour une somme très-modique, entonner des louanges; tant il en coûte pour être excellent orateur. A ce prix, il n'y a point de chaises et de bancs que vous ne remplissiez, point de lieux où vous ne mettiez les auditeurs en presse, point d'applaudissements que vous n'excitiez, quand il plaît à celui qui règle ce beau concert d'en faire le signal : il faut bien un signal, pour des gens qui n'entendent pas, et qui même n'écoutent point; car la plupart ne s'amusent pas à écouter, et ce sont ceux qui louent le plus haut. S'il vous arrive jamais de passer près du palais, et que vous soyez curieux de savoir comment parle chacun de nos avocats, sans vous donner la peine d'entrer et de prêter votre attention, il vous sera facile de le deviner. Voici une règle sûre : celui qui reçoit le plus d'applaudissements est celui qui en mérite le moins. Largius Licinius amena le premier cette mode; mais il se contentait de rassembler lui-même ses auditeurs. Je l'ai ouï dire à Quintilien mon maître. J'accompagnais, disait-il, Domitius Afer, qui plaidait devant les centumvirs avec gravité et d'un ton fort lent; c'était sa manière. Il entendit dans une chambre voisine un bruit extraordinaire. Surpris, il se tut. Le silence succède; il reprend où il en est demeuré. Le bruit recommence, il s'arrête encore une fois. On se tait; il continue à parler, il est encore interrompu. En-

---

Extenderem preces, nisi et tu rogari diu nolles, et ego tota hac epistola fecissem. Rogat enim, et quidem efficacissime, qui reddit caussas rogandi. Vale.

XIV.

C. PLINIUS MAXIMO SUO S.

Verum opinaris : distringor centumviralibus caussis, quæ me exercent magis, quam delectant; sunt enim pleræque parvæ et exiles. Raro incidit vel personarum claritate, vel negotii magnitudine insignis. Ad hoc, perpauci, cum quibus juvet dicere : cæteri audaces, atque etiam magna ex parte adolescentuli obscuri ad declamandum huc transeunt, tam irreverenter et temere, ut mihi Attilius noster expresse dixisse videatur, sic in foro pueros a centumviralibus caussis auspicari, ut ab Homero in scholis : nam hic quoque, ut illic, primum cœpit esse, quod maximum est. At hercule, ante memoriam meam, (ita majores natu solent dicere) ne nobilissimis quidem adolescentibus locus erat, nisi aliquo consulari producente : tanta veneratione pulcherrimum opus colebatur! Nunc, refractis pudoris et reverentiæ claustris, omnia patent omnibus; nec inducuntur, sed irrumpunt. Sequuntur auditores actoribus similes, conducti et redempti : manceps convenitur in media basilica, ubi tam palam sportulæ, quam in triclinio dantur : ex judicio in judicium pari mercede transitur. Inde jam non inurbane σοφοκλεῖς vocantur : iisdem latinum nomen impositum est, laudicœni. Et tamen crescit in dies fœditas utraque lingua notata. Heri duo nomenclatores mei (habent sane ætatem eorum, qui nuper togas sumpserint), ternis denariis ad laudandum trahebantur : tanti constat, ut sis disertissimus. Hoc pretio quamlibet numerosa subsellia implentur : hoc ingens corona colligitur : hoc infiniti clamores commoventur, quum μεσόχορος dedit signum. Opus est enim signo quod non intelligentes, nam audientes quidem : nam plerique non audiunt, nec ulli magis laudant. Si quando transibis per basilicam, et voles scire, quomodo quisque dicat, nihil est, quod tribunal ascendas; nihil, quod præbeas aurem; facilis divinatio : scito, eum pessime dicere, qui laudabitur maxime. Primus hunc audiendi morem induxit Largius Licinius : hactenus tamen, ut auditores corrogaret; ita certe ex Quintiliano, præceptore meo, audisse memini. Narrabat ille : « Adsectabar Domitium « Afrum, quum apud centumviros diceret graviter et

fin, fatigué de ces clameurs, il demande qui est-ce donc qui plaide. On lui répond que c'est Licinius. *Messieurs*, dit-il, *c'est fait de l'éloquence.* C'est aujourd'hui que cet art, qui ne commençait qu'à se perdre lorsqu'Afer le croyait déjà perdu, est entièrement éteint et anéanti. J'ai honte de vous dire avec quelles acclamations flatteuses sont reçus les plus mauvais discours, et les plus mollement prononcés. En vérité, il ne manque à cette sorte de symphonie que des battements de mains, ou plutôt que des cymbales et des tambours. Pour des hurlements (un autre mot serait trop doux), nous en avons de reste; et le barreau retentit de ces acclamations, indignes du théâtre même. Mon âge pourtant, et l'intérêt de mes amis, m'arrêtent encore. Je crains que l'on ne me soupçonne de ne pas tant fuir ces infamies que le travail. Cependant je commence à me montrer au barreau plus rarement qu'à l'ordinaire; ce qui me conduit insensiblement à disparaître. Adieu.

LETTRE XV.

PLINE A VALÉRIEN.

La terre que vous avez acquise depuis longtemps dans le pays des Marses vous plaît-elle toujours? Comment vous trouvez-vous de cette acquisition nouvelle? La possession ne lui a-t-elle rien fait perdre de ses charmes? Il est rare qu'elle laisse aux choses toutes les grâces que leur prêtaient nos désirs. Pour moi, je n'ai pas trop à me louer des terres que j'ai héritées de ma mère : elles ne laissent pas de me faire plaisir, parce qu'elles viennent de ma mère; et d'ailleurs, une longue habitude m'a endurci. C'est ordinairement où se terminent les plaintes qui reviennent trop souvent. A la fin, on a honte de se plaindre. Adieu.

LETTRE XVI.

PLINE A ANNIEN.

Je reconnais votre attention ordinaire à mes intérêts, quand vous me mandez que les codicilles d'Acilien, qui m'a institué son héritier en partie, doivent être regardés comme nuls, parce que son testament ne les confirme pas. Je n'ignore pas ce point de droit, connu du jurisconsulte le plus médiocre; mais je me suis fait une loi particulière : c'est de ne trouver jamais aucun défaut dans la volonté des morts, quoi qu'en puissent dire les formalités. Les codicilles dont il s'agit sont certainement écrits de la main d'Acilien. C'en est assez pour oublier avec lui qu'ils doivent être confirmés par son testament, et pour les exécuter comme s'il en avait fait la cérémonie, surtout ici, où je ne vois rien à craindre de la chicane des délateurs : car, je vous l'avouerai, j'hésiterais davantage, si j'avais lieu d'appréhender qu'une confiscation ne détournât, vers le trésor public, des libéralités que je veux faire aux légataires. Mais, comme il est permis à un héritier de disposer à son gré des biens d'une succession, je ne vois rien qui puisse traverser l'exécution de ma loi particulière, que les lois publiques ne désapprouvent pas. Adieu.

LETTRE XVII.

PLINE A GALLUS.

Vous êtes surpris que je me plaise tant à ma

« lente (hoc enim illi actionis genus erat), audiit ex proximo
« immodicum insolitumque clamorem : admiratus reti-
« cuit : ubi silentium factum est, repetiit quod abrupe-
« rat : iterum clamor; iterum reticuit : et post silentium,
« cœpit idem tertio. Novissime, quis diceret, quæsivit :
« responsum est, Licinius. Tum intermissa caussa : *Cen-
« tumviri,* inquit, *hoc artificium periit.* » Quod alioqui perire incipiebat, quum periisse Afro videretur; nunc
vero prope funditus exstinctum et eversum est. Pudet
referre, quæ, quam fracta pronuntiatione dicantur; quibus, quam teneris clamoribus excipiantur. Plausus tantum, ac potius sola cymbala, et tympana illis canticis
desunt : ululatus quidem (neque enim alio vocabulo potest exprimi theatris quoque indecora laudatio) large supersunt. Nos tamen adhuc et utilitas amicorum, et ratio
ætatis moratur ac retinet. Veremur enim, ne forte non
has indignitates reliquisse, sed laborem refugisse videamur. Sumus tamen solito rariores : quod initium est gradatim desinendi. Vale.

XV.

C. PLINIUS VALERIANO SUO S.

Quo modo te veteres Marsi tui? quo modo emtio nova?
Placent agri, postquam tui facti sunt? Rarum id quidem!
Nihil enim æque gratum est adeptis, quam concupiscen-
tibus. Me prædia materna parum commode tractant : de-
lectant tamen, ut materna : alioqui longa patientia obcallui.
Habent hunc finem assiduæ querelæ, quod queri pudet.
Vale.

XVI.

C. PLINIUS ANNIANO SUO S.

Tu quidem pro cætera tua diligentia admones me, codicillos Aciliani, qui me ex parte instituit heredem, pro
non scriptis habendos, quia non sint confirmati testamento:
quod jus ne mihi quidem ignotum est, quum sit iis etiam
notum, qui nihil aliud sciunt. Sed ego propriam quamdam
legem mihi dixi, ut defunctorum voluntates, etiamsi jure
deficerent, quasi perfectas tuerer. Constat autem, codicillos istos Aciliani manu scriptos. Licet ergo non sint
confirmati testamento, a me tamen, ut confirmati, obser-
vabuntur; præsertim quum delatori locus non sit. Nam si
verendum esset, ne, quod ego dedissem, populus eriperet, cunctatior fortasse et cautior esse deberem : quum
vero liceat heredi donare, quod in hereditate subsedit;
nihil est, quod obstet illi meæ legi, cui publicæ leges non
repugnant. Vale.

XVII.

C. PLINIUS GALLO SUO S.

Miraris, cur me Laurentinum, vel, si ita mavis, Lau-

terre de Laurentin, ou, si vous voulez, de Laurens. Vous reviendrez sans peine de votre étonnement quand vous connaîtrez ce charmant séjour, les avantages de sa situation, l'étendue de nos rivages. Le Laurentin n'est qu'à dix-sept milles de Rome : si bien qu'on y peut aller après avoir achevé toutes ses affaires, et sans rien prendre sur sa journée. Deux grands chemins y mènent, celui de Laurente et celui d'Ostie. Si vous prenez le premier, il faut le quitter à quatorze milles; si vous prenez le second, il faut le quitter à onze. Tous deux tombent dans un autre, où les sables rendent le voyage assez fâcheux, et assez long pour les voitures; mais à cheval, il est plus doux et plus court. La vue est de tous côtés fort diversifiée : tantôt la route se resserre entre des bois, tantôt elle s'ouvre et s'étend dans de vastes prairies. Là, vous voyez des troupeaux de moutons, de bœufs, de chevaux, qui s'engraissent dans les pâturages, et profitent du printemps dès qu'il a chassé l'hiver de leurs montagnes. La maison est d'une grande commodité, et n'est pas d'un grand entretien : l'entrée est propre, sans être magnifique. On trouve d'abord une galerie de figure ronde, qui enferme une petite cour assez riante, et qui offre une agréable retraite contre le mauvais temps; car elle vous met à l'abri par des vitres qui la ferment de toutes parts, et beaucoup plus par un toit avancé qui la couvre. De cette galerie, vous passez dans une grande cour fort gaie, et dans une assez belle salle à manger qui s'avance sur la mer, dont les vagues viennent mourir au pied du mur, pour peu que le vent du midi souffle : tout est portes à deux battants, ou fenêtres, dans cette salle, et les fenêtres y sont aussi hautes que les portes : ainsi à droite, à gauche, en face, vous découvrez comme trois mers en une seule; à l'opposite, l'œil retrouve la grande cour, la galerie, la petite cour, encore une fois la galerie, et enfin l'entrée, d'où l'on voit des bois et des montagnes en éloignement. A la gauche de cette salle à manger est une grande chambre moins avancée vers la mer; et de là on entre dans une plus petite qui a deux fenêtres, dont l'une reçoit les premiers rayons du soleil, l'autre en retient les derniers : celle-ci voit aussi la mer, dont la vue est plus éloignée, et n'en est que plus douce. L'angle que l'avance de la salle à manger forme avec le mur de la chambre semble fait pour recueillir, pour arrêter, pour réunir toute l'ardeur du soleil; c'est l'asile de mes gens contre l'hiver, c'est où ils font leurs exercices : là, on ne connaît d'autres vents que ceux qui, par quelques nuages, troublent la sérénité du ciel; mais il faut que ces vents s'élèvent, pour chasser mes domestiques de cet asile. Tout auprès il y a une chambre ronde, et percée de manière que le soleil y donne à toutes les heures du jour : on a ménagé dans le mur une armoire en façon de bibliothèque, où j'ai soin d'avoir de ces livres qu'on ne peut trop lire et relire. De là, vous passez dans des chambres à coucher séparées de la bibliothèque par un passage suspendu, et garni de tuyaux qui répandent et distribuent la chaleur de tous côtés. Le reste de cette aile est occupé par des affranchis ou par des valets; et cependant la plupart des appartements en sont tenus si proprement, qu'on y peut fort bien loger des maîtres. A l'autre aile, est une chambre fort bien

rens meum tantopere delectet. Desines mirari, quum cognoveris gratiam villæ, opportunitatem loci, littoris spatium. Decem et septem millibus passuum ab urbe secessit : ut peractis, quæ agenda fuerint, salvo jam et composito die, possis ibi manere. Aditur non una via : nam et Laurentina et Ostiensis eodem ferunt, sed Laurentina a quartodecimo lapide, Ostiensis ab undecimo relinquenda est. Utrinque excipit iter aliqua ex parte arenosum, junctis paullo gravius et longius, equo breve et molle. Varia hinc atque inde facies; nam modo occurrentibus silvis via coarctatur, modo latissimis pratis diffunditur et patescit : multi greges ovium, multa ibi equorum boumque armenta : quæ montibus hieme depulsa, herbis et tepore verno nitescunt. Villa usibus capax, non sumptuosa tutela. Cujus in prima parte atrium frugi, nec tamen sordidum : deinde porticus in D litteræ similitudine circumactæ : quibus parvula, sed festiva, area includitur. Egregium hæ adversum tempestates receptaculum : nam specularibus, ac multo magis imminentibus tectis muniuntur. Est contra medias cavædium hilare : mox triclinium satis pulchrum, quod in littus excurrit? ac si quando Africo mare impulsum est, fractis jam et novissimis fluctibus leviter adluitur. Undique valvas, aut fenestras non minores valvis habet : atque ita a lateribus et a fronte quasi tria maria prospectat : a tergo cavædium, porticum, aream; porticum rursus, mox atrium, silvas, et longinquos respicit montes. Hujus læva retractius paullo cubiculum est amplum : deinde aliud minus, quod altera fenestra admittit orientem, occidentem altera retinet; hæc et subjacens mare longius quidem, sed securius intuetur. Hujus cubiculi et triclinii illius objectu includitur angulus, qui purissimum solem continet et accendit : hoc hibernaculum, hoc etiam gymnasium meorum est. Ibi omnes silent venti, exceptis qui nubilum inducunt, et serenum aute, quam usum loci, eripiunt. Adnectitur angulo cubiculum in apsida curvatum, quod ambitum solis fenestris omnibus sequitur. Parieti ejus in bibliothecæ speciem armarium insertum est, quod non legendos libros, sed lectitandos capit. Adhæret dormitorio membrum, transitu interjacente, qui, suspensus et tabulatus, conceptum vaporem salubri temperamento huc illucque digerit et ministrat. Reliqua pars lateris hujus servorum libertorumque usibus detinetur, plerisque tam mundis, ut accipere hospites possint. Ex alio latere cubiculum est politissimum; deinde vel cubiculum grande, vel modica cœnatio, quæ plurimo sole, plurimo mari lucet. Post hanc cubiculum cum procœtone, altitudine æstivum, munimentis hibernum : est enim subductum omnibus ventis. Huic cubiculo aliud, et procœton, communi pariete junguntur. Inde balinei cella frigidaria spatiosa et effusa, cujus in contrariis parietibus

entendue; ensuite une grande chambre, ou une petite salle à manger, que le soleil et la mer à l'envi semblent égayer : vous passez après cela dans une chambre accompagnée de son antichambre, aussi fraîche en été par son exhaussement, que chaude en hiver par les abris qui la mettent à couvert de tous les vents : à côté, on trouve une autre chambre avec son antichambre; de là, on entre dans la salle des bains, où est un réservoir d'eau froide. Cette salle est grande et spacieuse : des deux murs opposés sortent en rond deux baignoires, si profondes et si larges que l'on pourrait au besoin y nager à son aise ; auprès de là est une étuve pour se parfumer, et ensuite le fourneau nécessaire au service du bain. De plain-pied, vous trouvez encore deux salles, dont les meubles sont plus galants que magnifiques; et un autre bain tempéré, d'où l'on voit la mer en se baignant. Assez près de là est un jeu de paume, percé de manière que le soleil, dans la saison où il est le plus chaud, n'y entre que sur le déclin du jour, et lorsqu'il a perdu sa force. D'un côté s'élève une tour, au bas de laquelle sont deux cabinets, deux autres au-dessus, et une terrasse où l'on peut manger, et dont la vue se promène au loin, et fort agréablement, tantôt sur la mer ou sur le rivage, tantôt sur les maisons de plaisance des environs. De l'autre côté est une autre tour : on y trouve une chambre percée au levant et au couchant : derrière est un garde-meuble fort spacieux, et puis un grenier; au-dessous de ce grenier est une salle à manger, où le bruit de la mer agitée vient de si loin, qu'on ne l'entend presque plus quand il y arrive : cette salle donne sur le jardin, et sur l'allée qui règne tout autour. Cette allée est bordée des deux côtés de buis, ou de romarin au défaut de buis; car dans les lieux où le bâtiment couvre le buis, il conserve toute sa verdure;

mais au grand air et en plein vent, l'eau de la mer le dessèche, quoiqu'elle n'y rejaillisse que de fort loin. Entre l'allée et le jardin est une espèce de palissade d'une vigne fort touffue, et dont le bois est si tendre, que l'on pourrait marcher dessus nu-pieds sans se blesser. Le jardin est plein de figuiers et de mûriers, auxquels le terrain est aussi favorable que contraire à tous les autres arbres. Une salle à manger près de là jouit de cet aspect, qui n'est guère moins agréable que celui de la mer, dont elle est plus éloignée : derrière cette salle il y a deux appartements, dont les fenêtres regardent l'entrée de la maison, et un potager fort fertile. De là vous trouvez une galerie voûtée, qu'à sa grandeur on pourrait prendre pour un ouvrage public. Elle a grand nombre de croisées sur la mer et de demi-croisées sur le jardin, et quelques ouvertures en petit nombre dans le haut de la voûte : quand le temps est calme et serein, on les ouvre toutes ; si le vent donne d'un côté, on ouvre les fenêtres de l'autre. Devant cette galerie est un parterre parfumé de violettes. La réverbération du soleil, que la galerie renvoie, échauffe le terrain, et en même temps le met à couvert du nord ; ainsi, d'un côté la chaleur se conserve, et de l'autre le frais. Enfin, cette galerie vous défend aussi du sud ; de sorte que de différents côtés elle vous offre un abri contre les vents différents. L'agrément que l'on trouve l'hiver en cet endroit augmente en été. Avant midi, vous pouvez vous promener à l'ombre de la galerie dans le parterre; après midi, dans les allées, ou dans les autres lieux du jardin qui sont le plus à la portée de cette ombre. On la voit croître ou décroître, selon que les jours deviennent plus longs ou plus courts. La galerie elle-même n'a point de soleil lorsqu'il est le plus ardent, c'est-à-dire quand il donne à plomb sur la voûte.

duo baptisteria, velut ejecta, sinuantur, abunde capacia, si innare in proximo cogites. Adjacet unctorium, hypocauston; adjacet propnigeon balinei : mox duæ cellæ, magis elegantes, quam sumptuosæ. Cohæret calida piscina mirifice, ex qua natantes mare adspiciunt. Nec procul sphæristerium, quod calidissimo soli, inclinato jam die, occurrit. Hinc turris erigitur, sub qua diætæ duæ; totidem in ipsa. Præterea cœnatio, quæ latissimum mare, longissimum littus, amœnissimas villas prospicit. Est et alia turris in hac cubiculum, in quo sol nascitur conditurque : lata post apotheca et horreum. Sub hoc triclinium, quod turbati maris non nisi fragorem et sonum patitur, eumque jam languidum ac desinentem ; hortum et gestationem videt, qua hortus includitur. Gestatio buxo, aut rore marino, ubi deficit buxus, ambitur : nam buxus, qua parte defenditur tectis, abunde viret ; aperto cœlo apertoque vento, et, quamquam longinqua, aspergine maris, inarescit. Adjacet gestationi interiore circuitu vinea tenera et umbrosa, nudisque etiam pedibus mollis et cedens. Hortum morus et ficus frequens vestit : quarum arborum

illa vel maxime ferax est terra, malignior cæteris. Hac non deteriore, quam maris facie, cœnatio remota a mari fruitur. Cingitur diætis duabus a tergo, quarum fenestris subjacet vestibulum villæ, et hortus alius, pinguior et rusticus. Hinc cryptoporticus, prope publici operis, extenditur. Utrinque fenestræ, a mari plures, ab horto singulæ, et alternis pauciores. Hæ, quum serenus dies et immotus, omnes: quum hinc, vel inde ventus inquietus, qua venti quiescunt, sine injuria patent. Ante cryptoporticum xystus violis odoratus. Teporem solis infusi repercussu cryptoporticus auget, quæ ut tenet solem, sic aquilonem inhibet submovetque : quantumque caloris ante, tantum retro frigoris. Similiter Africum sistit, atque ita diversissimos ventos, alium alio a latere, frangit et finit. Hæc jucunditas ejus hieme, major æstate : nam ante meridiem xystum, post meridiem gestationes hortique proximam partem umbra sua temperat : quæ, ut dies crevit decrevitque, modo brevior, modo longior hac vel illac cadit. Ipsa vero cryptoporticus tunc maxime caret sole, quum ardentissimus culmini ejus insistit. Ad hoc patentibus fe-

L'on y trouve encore cette commodité, qu'elle est percée de manière que les fenêtres, lorsqu'on les veut ouvrir, laissent aux zéphyrs un passage assez libre pour empêcher que l'air trop renfermé ne se corrompe. Au bout du parterre et de la galerie est, dans le jardin, un appartement détaché, que j'appelle mes délices, je dis mes vraies délices : je l'ai moi-même bâti. Là, j'ai un salon, qui est une espèce de poêle solaire qui d'un côté regarde le parterre, de l'autre la mer, et de tous les deux reçoit le soleil : son entrée répond à une chambre voisine, et une de ses fenêtres donne sur la galerie. J'ai pratiqué du côté de la mer un enfoncement qui fait un effet fort agréable : on y peut placer un lit et deux chaises; et, par le moyen d'une cloison vitrée que l'on approche ou que l'on recule, ou de rideaux que l'on ouvre ou que l'on ferme, on joint cet enfoncement à la chambre, ou, si l'on veut, on l'en sépare ; les pieds du lit sont tournés vers la mer, le chevet vers les maisons. A côté sont des forêts. Trois différentes fenêtres vous présentent ces trois différentes vues, et tout à la fois les confondent. De là, on entre dans une chambre à coucher, où la voix des valets, le bruit de la mer, le fracas des orages, les éclairs, ni le jour même, ne peuvent pénétrer, à moins que l'on n'ouvre les fenêtres. La raison de cette tranquillité si profonde, c'est qu'entre le mur de la chambre et celui du jardin, il y a un espace vide qui rompt le bruit. A cette chambre tient une petite étuve, dont la fenêtre fort étroite retient ou dissipe la chaleur, selon le besoin. Plus loin, on trouve une antichambre et une chambre, où le soleil entre au moment qu'il se lève, et où il donne encore après midi, mais de côté. Quand je suis retiré dans cet appartement, je m'imagine être à cent lieues de chez moi. Il me fait surtout un singulier plaisir dans le temps des Saturnales. J'y jouis du silence et du calme, pendant que tout le reste de la maison retentit des cris de joie que la licence de ces fêtes excite parmi les domestiques. Ainsi mes études ne troublent point les plaisirs de mes gens; ni leurs plaisirs, mes études. Ce qui manque à tant de commodités, à tant d'agréments, ce sont des eaux courantes : à leur défaut, nous avons des puits, ou plutôt des fontaines ; car ils sont très-peu profonds. Le terrain est admirable. En quelque endroit que vous fouilliez, vous avez de l'eau, mais de l'eau pure, claire et fort douce, quoique près de la mer. Les forêts d'alentour vous donnent plus de bois que vous n'en voulez. Ostie vous fournit abondamment toutes les autres choses nécessaires à la vie. Le village même peut suffire aux besoins d'un homme frugal. Il n'y a qu'une seule maison de campagne entre la mienne et le village : on y trouve jusqu'à trois bains publics. Imaginez-vous combien cela est commode, soit que vous arriviez lorsqu'on ne vous attend pas, soit que le peu de séjour que vous avez résolu de faire dans votre maison ne vous donne pas le temps de préparer vos propres bains! Tout le rivage est bordé de maisons, les unes contiguës, les autres séparées, qui, par leur beauté différente, forment le plus agréable aspect du monde, et semblent offrir plus d'une ville à vos yeux. Vous pouvez également jouir de cette vue, soit que vous vous promeniez sur terre ou sur mer. La mer y est quelquefois tranquille, le plus souvent fort agitée. On y pêche beaucoup de poisson, mais ce n'est pas du plus délicat. On y prend pourtant des soles excellentes, et des can-

nestris favonios accipit transmittitque : nec unquam aere pigro et manente ingravescit. In capite xysti deinceps cryptoporticus, horti diæta est, amores mei, re vera amores : ipse posui. In hac heliocaminus quidem, alia xystum, alia mare, utraque solem, cubiculum autem valvis, cryptoporticum fenestra prospicit. Qua mare contra parietem medium, zotheca perquam eleganter recedit : quæ specularibus et velis obductis reductisque modo adjicitur cubiculo, modo aufertur. Lectum et duas cathedras capit : a pedibus mare, a tergo villæ, a capite silvæ : tot facies locorum totidem fenestris et distinguit et miscet. Junctum est cubiculum noctis et somni : non illud voces servulorum, non maris murmur, non tempestatum motus, non fulgurum lumen, ac ne diem quidem sentit, nisi fenestris apertis. Tam alti abditique secreti illa ratio, quod interjacens andron parietem cubiculi hortique distinguit, atque ita omnem sonum media inanitate consumit. Applicitum est cubiculo hypocauston perexiguum, quod angusta fenestra suppositum calorem, ut ratio exigit, aut effundit, aut retinet. Procœton inde et cubiculum porrigitur in solem : quem orientem statim exceptum ultra meridiem, obliquum quidem, sed tamen servat. In hanc ego diætam quum me recipio, abesse mihi etiam a villa mea videor, magnamque ejus voluptatem, præcipue Saturnalibus, capio, quum reliqua pars tecti, licentia dierum, festisque clamoribus personat : nam nec ipse meorum lusibus, nec illi studiis meis obstrepunt. Hæc utilitas, hæc amœnitas deficitur aqua salienti, sed puteos, ac potius fontes habet : sunt enim in summo. Et omnino littoris illius mira natura : quocumque loco moveris humum, obvius et paratus humor occurrit, isque sincerus, ac ne leviter quidem tanta maris vicinitate salsus. Suggerunt affatim ligna proximæ silvæ : cæteras copias Ostiensis colonia ministrat. Frugi quidem homini sufficit etiam vicus, quem una villa discernit : in hoc balinea meritoria tria : magna commoditas, si forte balineum, domi vel subitus adventus, vel brevior mora, calefacere dissuadeat. Littus ornant varietate gratissima nunc continua, nunc intermissa tecta villarum, quæ præstant multarum urbium faciem, sive mari, sive ipso litore utare : quod nonnunquam longa tranquillitas mollit; sæpius frequens et contrarius fluctus indurat. Mare non sane pretiosis piscibus abundat : soleas tamen et squillas optimas suggerit. Villa vero nostra etiam mediterraneas copias præstat, lac in primis : nam illuc e pascuis pecora conveniunt, si quando aquam umbramve sectantur. Justisne de caussis cum tibi videor incolere, inhabitare, diligere secessum? quem tu, nimis urbanus es, nisi concupiscis : atque utinam concupiscas! ut tot tantisque dotibus

cres assez bons. La terre ne vous est pas moins libérale de ses biens. Surtout nous avons du lait en abondance au Laurentin; car les troupeaux aiment à s'y retirer quand la chaleur les chasse du pâturage, et les oblige de chercher de l'ombrage ou de l'eau. N'ai-je pas raison de tant chérir cette retraite, d'en faire mes délices, d'y demeurer si longtemps? En vérité, vous aimez trop la ville, si vous n'avez envie de passer avec moi quelques jours en un lieu si agréable. Puissiez-vous y venir, pour ajouter à tous les charmes de ma maison ceux qu'elle emprunterait de votre présence! Adieu.

LETTRE XVIII.

PLINE A MAURICUS.

Quelle commission plus agréable pourriez-vous me donner, que celle de chercher un précepteur pour vos neveux? Je vous suis redevable du plaisir de revoir des lieux où l'on a pris soin de former ma jeunesse, et où il me semble que je reprends en quelque sorte mes plus belles années. Je recommence à m'asseoir, comme j'avais coutume de faire, entre les jeunes gens, et je m'aperçois de la considération que mon inclination pour les belles-lettres me donne auprès d'eux. Le dernier jour, j'arrivai pendant qu'ils disputaient ensemble dans une assemblée nombreuse, et en présence de plusieurs sénateurs. J'entrai : ils se turent. Je ne vous rapporterais pas ce détail, s'il ne leur faisait plus d'honneur qu'à moi, et s'il ne vous promettait une heureuse éducation pour vos neveux. Ce qui me reste, c'est d'entendre tous les professeurs, et de vous mander mon sentiment. Je ferai si bien, autant qu'une lettre le pourra permettre, que vous serez en état d'en juger comme si vous les aviez entendus vous-même. Je vous dois ce soin, je le dois à la mémoire de votre frère, et surtout dans une occasion de cette importance : car que pouvez-vous avoir plus à cœur que de rendre ses enfants (je dirais les vôtres, si ce n'est que vous aimez ceux-ci davantage); de rendre, dis-je, ses enfants dignes d'un tel père et d'un tel oncle? J'aurais de mon propre mouvement rempli ce devoir, quand même vous ne l'eussiez pas exigé. Je sais que la préférence donnée à un précepteur ne manquera pas de me brouiller avec tous les autres ; mais, pour l'intérêt de vos neveux, il n'est point d'inimitiés si fortes que je ne doive affronter avec autant de courage qu'un père le ferait pour ses propres enfants. Adieu.

LETTRE XIX.

PLINE A CÉRÉALIS.

Vous me pressez de lire mon plaidoyer dans une assemblée d'amis : je ne m'y sens pas trop disposé ; mais vous le voulez, je le ferai. Je sais que dans la lecture les harangues perdent leur feu, leur force ; en un mot, qu'elles cessent presque d'être harangues. Rien ne les fait ordinairement tant valoir, rien ne les anime tant, que la présence des juges, le concours des avocats, l'attente du succès, la réputation du demandeur, et l'inclination secrète qui divise les auditeurs et les attache à différents partis. Le geste même de l'orateur, sa démarche, sa prononciation, enfin un air vif répandu dans toute sa personne, et qui exprime les mouvements de son âme, tout frappe, tout impose. On s'en aperçoit dans ceux qui déclament assis. Quoiqu'ils conservent d'ailleurs tous les autres avantages, cette seule posture semble rendre toute leur action plus faible

villulæ nostræ maxima commendatio ex tuo contubernio accedat. Vale.

XVIII.

C. PLINIUS MAURICO SUO S.

Quid a te jucundius mihi potuit injungi, quam ut præceptorem fratris tui liberis quærerem? nam beneficio tuo in scholam redeo : illam dulcissimam ætatem quasi resumo. Sedeo inter juvenes, ut solebam : atque etiam experior, quantum apud illos auctoritatis ex studiis habeam : nam proxime frequenti auditorio inter se coram multis ordinis nostri clare loquebantur : intravi, conticuerunt. Quod non referrem, nisi ad illorum magis laudem, quam ad meam, pertineret : ac nisi sperare te vellem, posse fratris tui filios probe discere. Quod superest, quum omnes, qui profitentur, audiero, quid de quoque sentiam, scribam : efficiamque, quantum tamen epistola consequi potero, ut ipse omnes audisse videaris. Debeo enim tibi, debeo memoriæ fratris tui hanc fidem, hoc studium, præsertim super tanta re : nam quid magis interest vestra, quam liberi (dicerem tui, nisi nunc illos magis amares) digni illo patre, te patruo reperiantur? Quam curam mihi, etiam si non mandasses, vindicassem. Nec ignoro suscipiendas offensas in eligendo præceptore : sed oportet me non modo offensas, verum etiam simultates pro fratris tui filiis tam æquo animo subire, quam parentes pro suis. Vale.

XIX.

C. PLINIUS CEREALI SUO S.

Hortaris, ut orationem amicis pluribus recitem. Faciam, quia hortaris : quamvis vehementer addubitem. Neque enim me præterit, actiones, quæ recitantur, impetum omnem caloremque, ac prope nomen suum perdere, ut quas soleant commendare simul et accendere judicum consessus, celebritas advocatorum, exspectatio eventus, fama non unius actoris, deductumque in partes audientium studium : ad hoc dicentis gestus, incessus, discursus etiam, omnibusque motibus animi consentaneus vigor corporis. Unde accidit, ut hi, qui sedentes agunt, quamvis illis maxima ex parte supersint eadem illa, quæ stantibus, tamen hoc, quod sedent, quasi debilitentur et deprimantur. Recitantium vero præcipua pronuntiationis adjumenta, oculi, manus præpediuntur : quo minus mi-

et plus languissante. Ceux qui lisent ont bien plus à perdre. Comme ils ne peuvent presque se servir ni de l'œil ni de la main, si propres à soutenir le déclamateur, il ne faut pas s'étonner que l'attention languisse, lorsqu'aucun agrément extérieur ne la pique, ne la réveille. Outre ces désavantages, j'avais celui de traiter un sujet rempli de subtilités et de chicanes. Il est naturel à l'orateur de croire que le sujet qui lui a donné du dégoût et de la peine, en doit donner aussi à ses auditeurs. Où en trouver d'assez équitables pour préférer un discours grave et serré, à un discours coulant et harmonieux ? C'est une discorde honteuse, mais très-réelle pourtant, que celle des juges et des auditeurs, qui demandent des choses toutes différentes. Un auditeur raisonnable devrait se mettre à la place du juge, et n'être touché que de ce qui le toucherait lui-même, s'il avait à prononcer. Cependant, malgré tant d'obstacles, la nouveauté pourra peut-être faire passer ma pièce. J'entends nouveauté par rapport à nous ; car les Grecs avaient un genre d'éloquence qui, bien opposé à celui dont je vous parle, revient en quelque sorte au même. Quand ils réfutaient une loi comme contraire à une plus ancienne qui n'était point révoquée, ils déterminaient ordinairement le sens contesté, en comparant ces lois avec d'autres qui pouvaient y avoir du rapport. Moi, au contraire, ayant à défendre la disposition que je prétendais trouver dans la loi du péculat, je l'ai soutenue par d'autres lois qui l'expliquaient plus clairement. Le vulgaire aura peine à goûter un ouvrage de cette nature, mais il n'en doit avoir que plus de grâce pour les savants. Si vous persistez toujours à vouloir que je lise ma pièce, je la lirai indistinctement devant toutes les personnes habiles. Mais, encore une fois, examinez bien sérieusement si je dois m'engager à cette lecture : comptez, pesez tout ce que je viens de vous dire, et n'écoutez, pour vous déterminer, que la raison. Vous seul aurez besoin d'apologie. Je trouverai la mienne dans ma complaisance. Adieu.

LETTRE XX.

PLINE A CALVISIUS.

Que me donnerez-vous ? et je vous conterai une histoire qui vaut son pesant d'or. Je vous en dirai même plus d'une, car la dernière m'en rappelle d'autres : il n'importe par où commencer. Véranie, veuve de Pison (celui qui fut adopté par Galba), était à l'extrémité. Régulus la vient voir. Quelle effronterie à un homme qui avait toujours été l'ennemi déclaré du mari, et l'horreur de la femme ! Encore passe pour la visite : mais il prend la place la plus proche d'elle, ose s'asseoir près de son lit, lui demande le jour, l'heure de sa naissance. Elle lui dit l'un et l'autre. Aussitôt il compose son visage, fixe ses yeux, remue les lèvres, compte par ses doigts sans rien compter ; et tout ce vain mystère ne va qu'à tenir l'esprit de cette pauvre malade suspendu par une longue attente. *Vous êtes*, dit-il, *dans votre année climatérique ; mais vous guérirez. Pour plus grande certitude, je vais consulter un sacrificateur, dont je me suis souvent fort bien trouvé.* Il part ; il fait un sacrifice, revient, jure que les entrailles des victimes sont d'accord avec ce qu'il a promis de la part des astres. Cette femme, crédule comme on l'est d'ordinaire dans le péril, fait un codicille, et laisse un legs à Régulus. Peu à peu le mal redouble, et, dans les derniers soupirs, elle s'écrie : *Le scélérat, le perfide, qui renchérit même sur le parjure, et affirme des impostures*

---

rum est, si auditorum intentio languescit, nullis extrinsecus, aut blandimentis capta, aut aculeis excitata. His accedit, quod oratio, de qua loquor, pugnax et contentiosa est. Porro ita natura comparatum est, ut ea, quæ scripsimus cum labore, cum labore etiam audiri putemus. Et sane quotusquisque tam rectus auditor, quem non potius dulcia hæc et sonantia, quam austera et pressa, delectent? Est quidem omnino turpis ista discordia; est tamen : quod plerumque evenit, ut aliud auditores, aliud judices exigant : quum alioqui præcipue auditor iis adfici debeat, quibus idem si foret judex, maxime permoveretur. Potest tamen fieri, ut quamquam in his difficultatibus libro isti novitas lenocinetur : novitas apud nostros; apud Græcos enim est quiddam, quamvis ex diverso, non tamen omnino dissimile. Nam, ut illis erat moris, leges, quas ut contrarias prioribus legibus arguebant, aliarum collatione convincere; ita nobis, inesse repetundarum legi, quod postularemus, quum hac ipsa lege, tum aliis colligendum fuit. Quod nequaquam blandum auribus imperitorum, tanto majorem apud doctos habere gratiam debet, quanto minorem apud indoctos habet. Nos autem, si placuerit recitare, adhibituri sumus eruditissimum quemque. Sed plane adhuc, an sit recitandum, examina tecum, omnesque, quos ego movi, in utraque parte calculos pone, idque elige, in quo vicerit ratio. A te enim ratio exigetur, nos excusabit obsequium. Vale.

XX.

C. PLINIUS CALVISIO SUO S.

Assem para, et accipe auream fabulam · fabulas immo; nam me priorum nova admonuit : nec refert, a qua potissimum incipiam. Verania Pisonis graviter jacebat : hujus dico Pisonis, quem Galba adoptavit. Ad hanc Regulus venit. Primum impudentiam hominis, qui venerit ad ægram cujus marito inimicissimus, ipsi invisissimus fuerat. Esto, si venit tantum : at ille etiam proximus toro sedit : quo die, qua hora nata esset, interrogavit. Ubi audivit, componit vultum, intendit oculos, movet labra, agitat digitos, computat, nihil, nisi ut diu miseram exspectatione suspendat. *Habes*, inquit, *climactericum tempus, sed evades. Quod ut tibi magis liqueat, aruspicem consu-*

par les jours de son fils! Ce crime est familier à Régulus. Il expose sans scrupule à la colère des dieux, qu'il trompe tous les jours, la tête de son malheureux fils, et le donne pour garant d'un si grand nombre de faux serments. Velléius Blésus, ce riche consulaire, voulait, pendant sa dernière maladie, changer quelque chose à son testament. Régulus, qui se promettait quelque avantage de ce changement, parce qu'il avait pris des mesures pour s'insinuer dans l'esprit du malade, s'adresse aux médecins, les prie, les conjure de prolonger, à quelque prix que ce soit, la vie de son ami. Le testament est à peine scellé, que Régulus change de personnage et de ton. *Eh! messieurs,* dit-il aux médecins, *combien de temps voulez-vous encore tourmenter un malheureux? Pourquoi envier une douce mort à qui vous ne pouvez conserver la vie?* Blésus meurt; et, comme s'il eût tout entendu, il ne laisse rien à Régulus. C'est bien assez de deux contes: m'en demandez-vous un troisième, suivant le précepte de l'école? Il est tout prêt. Aurélie, femme d'un rare mérite, se pare de ses plus riches habits, sur le point de signer son testament. Régulus, invité à la signature, arrive; et aussitôt, sans autre détour: *Je vous prie,* lui dit-il, *de me léguer ces habits.* Aurélie, de croire qu'il plaisante; lui, de la presser fort sérieusement : enfin, il fait si bien, qu'il la contraint d'ouvrir son testament, et de lui faire un legs de l'habit qu'elle portait. Il ne se contenta pas de la voir écrire, il voulut encore lire ce qu'elle avait écrit. Il est vrai qu'Aurélie est réchappée; mais ce n'est pas la faute de Régulus : il avait bien compté qu'elle mourrait. Un homme de ce caractère ne laisse pas de recueillir des successions et de recevoir des legs, comme s'il le méritait. Cela doit-il surprendre dans une ville où le crime et l'impudence sont en possession de disputer ou même de ravir à l'honneur et à la vertu leurs récompenses? Voyez Régulus. C'était un gueux : il est devenu si riche, à force de lâchetés et de crimes, qu'il m'a dit : *Je sacrifiais un jour aux dieux, pour savoir si je parviendrais jamais à jouir de soixante millions de sesterces; doubles entrailles trouvées dans la victime m'en promirent six vingt millions.* Il les aura, n'en doutez point, s'il continue à dicter ainsi des testaments; espèce de fausseté, de toutes les faussetés, à mon avis, la plus punissable. Adieu.

LIVRE TROISIÈME.

LETTRE PREMIÈRE.

PLINE A CALVISIUS.

Je ne crois pas avoir jamais mieux passé le temps, que j'ai fait dernièrement auprès de Spurinna. J'en suis si charmé, que si j'ai à vieillir, je ne sache personne à qui je voulusse davantage ressembler dans ma vieillesse. Rien n'est mieux entendu que son genre de vie. Le cours réglé des astres ne me fait pas plus de plaisir que l'arrangement dans la vie des hommes, et surtout dans celle des vieillards. Comme il y a une espèce d'agitation et je ne sais quel désordre qui ne sied pas mal aux jeunes gens, rien aussi ne convient mieux que l'ordre et la tranquillité aux gens avancés en âge. Pour eux, l'ambition est honteuse et le travail hors de saison. Spu-

---

lam, quem sum frequenter expertus. Nec mora : sacrificium facit, adfirmat exta cum siderum significatione congruere. Illa, ut in periculo, credula, poscit codicillos : legatum Regulo scribit : mox ingravescit : clamat moriens, *O hominem nequam, perfidum, ac plus etiam quam perjurum!* qui sibi per salutem filii pejerasset. Facit hoc Regulus non minus scelerate quam frequenter, quod iram deorum, quos ipse quotidie fallit, in caput infelicis pueri detestatur. Velleius Blæsus, ille locuples consularis, novissima valetudine conflictabatur : cupiebat mutare testamentum. Regulus, qui speraret aliquid ex novis tabulis, quia nuper captare eum cœperat, medicos hortari, rogare, quoquo modo spiritum homini prorogarent. Postquam signatum est testamentum, mutat personam, vertit allocutionem, iisdemque medicis, *Quousque miserum cruciatis? quid invidetis bonam mortem, cui dare vitam non potestis?* Moritur Blæsus : et tanquam omnia audisset, Regulo ne tantulum quidem. Sufficiunt duæ fabulæ. An scholastica lege tertiam poscis? Est unde fiat. Aurelia, ornata femina, signatura testamentum, sumserat pulcherrimas tunicas. Regulus quum venisset ad signandum, *Rogo,* inquit, *has mihi leges.* Aurelia ludere hominem putabat; ille serio instabat. Nec multa : coegit mulierem aperire tabulas, ac sibi tunicas, quas erat induta, legare : observavit scribentem, inspexit an scripsisset. Et Aure- lia quidem vivit : ille tamen istud tanquam morituram coegit. Et hic hereditates, hic legata, quasi mereatur, accipit! Ἀλλὰ τί διατείνομαι in ea civitate, in qua jampridem non minora præmia, immo majora, nequitia et improbitas, quam pudor et virtus habent? Adspice Regulum, qui ex paupere et tenui ad tantas opes per flagitia processit, ut ipse mihi dixerit, quum consuleret, quam cito sestertium sexcenties impleturus esset, invenisse sese exta duplicia, quibus portendi, millies et ducenties habiturum. Et habebit, si modo, ut cœpit, aliena testamenta, quod est improbissimum genus falsi, ipsis, quorum sunt illa, dictaverit. Vale.

LIBER TERTIUS.

I.

C. PLINIUS CALVISIO SUO S.

Nescio, an ullum jucundius tempus exegerim, quam quo nuper apud Spurinnam fui; adeo quidem, ut neminem magis in senectute (si modo senescere datum est) æmulari velim : nihil est enim illo vitæ genere distinctius. Me autem ut certus siderum cursus, ita vita hominum disposita delectat, senum præsertim : nam juvenes adhuc

rinna suit religieusement cette règle. Il renferme même comme dans un cercle les petits devoirs qu'il s'impose; petits, si la régularité qui les rappelle chaque jour ne leur donnait du prix. Le matin, il se recueille quelque temps dans son lit; à huit heures, il s'habille, il fait une lieue à pied; et, pendant cette promenade, il n'exerce pas moins son esprit que son corps. S'il est en compagnie, on s'entretient des meilleures choses; s'il est seul, on lit : on lit même quand il y a compagnie, et qu'elle aime la lecture. Ensuite il se repose, et reprend un livre, ou une conversation, qui vaut mieux qu'un livre. Peu après, il monte dans une chaise avec sa femme, qui est d'un rare mérite, ou avec quelqu'un de ses amis, comme, par exemple, ces derniers jours avec moi. Quels charmes ne trouve-t-on point lorsqu'un si grand homme épanche son cœur! Quelle profonde connaissance de l'antiquité! Vous ne pouvez vous imaginer combien d'actions héroïques vous repassent sous les yeux ; combien de héros vous entretiennent; combien de sages maximes il débite, sans effaroucher par des airs dogmatiques, que sa modestie a grand soin d'éviter. Quand on a fait plus de deux lieues, il met pied à terre, et marche environ un quart de lieue. Après cela, il prend quelque repos, ou retourne travailler dans son cabinet; car il fait très-bien des vers lyriques, en grec et en latin. Ses poésies ont une douceur, une grâce, une gaieté qui surprennent, et la probité de l'auteur en rehausse le prix. Dès qu'un esclave annonce l'heure du bain (c'est ordinairement à deux heures en hiver, à trois en été), il se déshabille et se promène au soleil, s'il ne fait point de vent. De là, il va jouer à la paume, longtemps et violemment; car il oppose encore ce genre d'exercice à la pesanteur de la vieillesse. Après le bain, il se met dans son lit, et diffère un peu le repas. Il s'amuse par une lecture divertissante. Pendant ce temps-là, ses amis ont, selon leur goût, la liberté de se divertir, ou aux mêmes choses, ou à des choses différentes. On sert avec autant de propreté que de frugalité, dans de la vaisselle d'argent propre et antique. Il a même un buffet d'airain de Corinthe, qui le réjouit sans l'attacher. Souvent le repas est entremêlé de comédie, pour ajouter à la bonne chère les assaisonnements de l'étude. La nuit, même en été, le trouve encore à table ; et personne ne s'aperçoit d'y avoir trop demeuré, tant le repas se passe agréablement. Par là il s'est conservé, à soixante et dix-sept ans passés, la vue et l'ouïe saines et entières, le corps dans toute sa force, et sans avoir rien de la vieillesse que la seule prudence. J'ambitionne cette vie, je la goûte déjà par avance, bien résolu de l'embrasser dès que l'âge m'aura permis de sonner la retraite. Cependant mille travaux m'accablent; mais l'exemple de Spurinna me guide tout à la fois et me soutient. Tant que la bienséance l'a voulu, il a rempli tous les devoirs publics. Il a passé par les charges, il a gouverné les provinces, et il a mérité, par les fatigues qu'il a soutenues, le repos dont il jouit. Je me propose donc et la même course et le même but. C'est la parole que je vous donne aujourd'hui. Si vous voyez que jamais je m'emporte plus loin, citez-moi devant les juges, en vertu de cette lettre, et faites-moi condamner au repos, quand je n'aurai plus à craindre le reproche d'oisiveté. Adieu.

---

confusa quædam et quasi turbata non indecent; senibus placida omnia et ordinata conveniunt, quibus industria sera, turpis ambitio est. Hanc regulam Spurinna constantissime servat; quin etiam parva hæc (parva, si non quotidie fiant) ordine quodam, et velut orbe circumagit. Mane lectulo continetur : hora secunda calceos poscit : ambulat millia passuum tria. Nec minus animum quam corpus exercet. Si adsunt amici, honestissimi sermones explicantur : si non, liber legitur : interdum etiam præsentibus amicis, si tamen illi non gravantur. Deinde considit, et liber rursus, aut sermo libro potior : mox vehiculum adscendit : adsumit uxorem singularis exempli, vel aliquem amicorum, ut me proxime. Quam pulchrum illud, quam dulce secretum! quantum ibi antiquitatis! quæ facta, quos viros audias, quibus præceptis imbuare! quamvis ille hoc temperamentum modestiæ suæ indixerit, ne præcipere videatur. Peractis septem millibus passuum, iterum ambulat mille, iterum resedit, vel se cubiculo ac stilo reddit. Scribit enim, et quidem utraque lingua, lyrica doctissime. Mira illis dulcedo, mira suavitas, mira hilaritas : cujus gratiam cumulat sanctitas scribentis. Ubi hora balinei nuntiata est (est autem hieme nona, æstate octava), in sole, si caret vento, ambulat nudus. Deinde movetur pila vehementer et diu : nam hoc quoque exercitationis genere pugnat cum senectute. Lotus accubat, et paullisper cibum differt : interim audit legentem remissius aliquid et dulcius. Per hoc omne tempus liberum est amicis vel eadem agere, vel alia, si malint. Apponitur cœna non minus nitida quam frugi, in argento puro et antiquo. Sunt in usu et Corinthia, quibus delectatur, nec adficitur. Frequenter comœdis cœna distinguitur, ut voluptates quoque studiis condiantur. Sumit aliquid de nocte, et æstate. Nemini hoc longum est ; tanta comitate convivium trahitur. Inde illi post septimum et septuagesimum annum aurium oculorumque vigor integer; inde agile et vividum corpus, solaque ex senectute prudentia. Hanc ego vitam voto et cogitatione præsumo, ingressurus avidissime, ut primum ratio ætatis receptui canere permiserit. Interim mille laboribus conteror, quorum mihi et solatium et exemplum est idem Spurinna : nam ille quoque, quoad honestum fuit, obiit officia, gessit magistratus, provincias rexit : multoque labore hoc otium meruit. Igitur eundem mihi cursum, eundem terminum statuo : idque jam nunc apud te subsigno : ut, si me longius evehi videris, in jus voces ad hanc epistolam meam, et quiescere jubeas, quum inertiæ crimen effugero. Vale.

LETTRE II.

PLINE A MAXIME.

Je crois être en droit de vous demander pour mes amis ce que je vous offrirais pour les vôtres, si j'étais à votre place. Arianus Maturius tient le premier rang parmi les Altinates. Quand je parle de rangs, je ne les règle pas sur les biens de la fortune dont il est comblé, mais sur la pureté des mœurs, sur la justice, sur l'intégrité, sur la prudence. Ses conseils dirigent mes affaires, et son goût mes études. Il a toute la droiture, toute la sincérité, toute l'intelligence qui se peut désirer. Il m'aime (je ne puis dire rien de plus) autant que vous m'aimez vous-même. Comme il ne connaît point l'ambition, il s'est tenu dans l'ordre des chevaliers, quoique aisément il eût pu monter aux plus grandes dignités. Je voudrais pourtant lui donner un plus grand relief. J'ai une forte passion de l'élever à quelque grade sans qu'il y pense, sans qu'il le sache, et peut-être même sans qu'il y consente; mais j'en veux un qui lui fasse beaucoup d'honneur et peu d'embarras. C'est une faveur que je vous demande pour lui, à la première occasion qui s'en présentera. Lui et moi en aurons une parfaite reconnaissance : car quoiqu'il ne souhaite point ces sortes de grâces, il les reçoit comme s'il les avait fort souhaitées. Adieu.

LETTRE III.

PLINE A CORELLIA.

Je ne pourrais pas dire si j'ai eu ou plus de tendresse ou plus de vénération pour votre père, homme d'un mérite et d'une probité rares. Ce que je sens, c'est que, par rapport à sa mémoire et par rapport à vous-même, je vous chéris uniquement. Jugez de là si je puis manquer de contribuer, non-seulement par des vœux, mais par tous mes efforts, à faire que votre fils ressemble à son aïeul. J'aime mieux qu'il se forme sur le maternel, quoique d'ailleurs je n'ignore pas que l'aïeul paternel s'était acquis beaucoup de considération, et que votre mari et son frère se sont fait un grand nom. Le secret pour mettre votre fils en état de marcher dignement sur leurs traces, c'est de lui donner un bon guide, qui sache lui montrer les routes de la science et de l'honneur; mais il importe de bien choisir ce guide. Jusqu'ici l'enfance de votre fils l'a tenu auprès de vous, et sous la conduite de ses précepteurs. Là, rien de ce qu'il a appris n'a pu donner d'atteintes à son innocence, ou n'a pu lui en donner que de légères. Aujourd'hui qu'il faut l'envoyer aux écoles publiques, on doit prendre un professeur en éloquence qui soit distingué par sa régularité, et surtout par sa modestie et par sa vertu : car, entre les autres avantages que cet enfant a reçus de la nature et de la fortune, il est d'une beauté singulière; et c'est ce qui engage encore plus, dans un âge si tendre, à ne lui pas donner un précepteur seulement, mais un gouverneur en quelque sorte, et un défenseur. Je ne vois personne plus propre à cet emploi que Julius Genitor. Je l'aime; et l'amitié que je lui porte ne séduit point mon jugement, à qui elle doit sa naissance. C'est un homme grave et irréprochable : peut-être un peu

II.

C. PLINIUS MAXIMO SUO S.

Quod ipse amicis tuis obtulissem, si mihi eadem materia suppeteret; id nunc jure videor a te meis petiturus. Arrianus Maturius Altinatium est princeps; quum dico princeps, non de facultatibus loquor, quæ illi large supersunt : sed de castitate, justitia, gravitate, prudentia. Hujus ego consilio, in negotiis; judicio, in studiis utor : nam plurimum fide, plurimum veritate, plurimum intelligentia præstat. Amat me (nihil possum ardentius dicere), ut tu : caret ambitu; ideo se in equestri gradu tenuit, quum facile posset adscendere altissimum : mihi tamen ornandus excolendusque est. Itaque magni æstimo, dignitati ejus aliquid adstruere, inopinantis, nescientis, imo etiam fortasse nolentis : adstruere autem, quod sit splendidum, nec molestum. Cujus generis, quæ prima occasio tibi, conferas in eum, rogo; habebis me, habebis ipsum gratissimum debitorem. Quamvis enim ista non appetat, tam grate tamen excipit, quam si concupiscat. Vale.

III.

C. PLINIUS CORELLIÆ HISPULLÆ S.

Quum patrem tuum, gravissimum et sanctissimum virum, suspexerim magis an amaverim, dubitem, teque in memoriam ejus, et in honorem tuum, unice diligam, cupiam necesse est, atque etiam, quantum in me fuerit, enitar, ut filius tuus avo similis exsistat; equidem malo, materno, quamquam illi paternus etiam clarus spectatusque contigerit : pater quoque et patruus illustri laude conspicui. Quibus omnibus ita demum similis adolescet, si imbutus honestis artibus fuerit, quas plurimum refert a quo potissimum accipiat. Adhuc illum pueritiæ ratio intra contubernium tuum tenuit, præceptores domi habuit, ubi est vel erroribus modica, vel etiam nulla materia. Jam studia ejus extra limen proferenda sunt, jam circumspiciendus rhetor Latinus, cujus scholæ severitas, pudor, in primis castitas, constet. Adest enim adolescenti nostro, cum ceteris naturæ fortunæque dotibus, eximia corporis pulchritudo : cui in hoc lubrico ætatis non præceptor modo, sed custos etiam rectorque quærendus est. Videor ego demonstrare tibi posse Julium Genitorem. Amatur a me : judicio tamen meo non obstat caritas hominis, quæ ex judicio nata est. Vir est emendatus et gravis : paullo etiam horridior et durior, ut in hac licentia temporum. Quantum eloquentia valeat, pluribus credere potes; nam dicendi facultas aperta et exposita statim cernitur. Vita hominum altos recessus magnasque latebras habet; cujus pro Genitore me sponsorem accipe. Nihil ex hoc viro filius tuus audiet, nisi profuturum : nihil discet, quod nescisse rectius fuerit. Nec minus sæpe ab illo, quam a te meque

trop sévère et trop dur, si l'on s'en rapporte à la licence de ces derniers temps. Comme tout le monde le peut entendre, et que l'éloquence se manifeste d'elle-même, vous pouvez vous informer à tout le monde de son éloquence. Il n'en est pas de même des qualités de l'âme : elle a des abîmes où il n'est presque pas possible de pénétrer, et de ce côté-là je vous suis caution de Genitor. Votre fils ne lui entendra rien dire dont il ne puisse faire son profit; il n'apprendra rien de lui qu'il eût été plus à propos d'ignorer. Il n'aura pas moins de soin que vous et moi de lui remettre sans cesse devant les yeux les portraits de ses ancêtres, et de lui faire sentir tout le poids du fardeau que leurs grands noms lui imposent. N'hésitez donc pas à le mettre entre les mains d'un précepteur qui le formera d'abord aux bonnes mœurs, et ensuite à l'éloquence, où l'on ne fait jamais de grands progrès sans les bonnes mœurs. Adieu.

LETTRE IV.

PLINE A MACRINUS.

Quoique ceux de mes amis qui se sont trouvés ici, et le public même, semblent avoir approuvé ma conduite dans la conjoncture dont je vais vous parler, je serai pourtant fort aise de savoir encore ce que vous en pensez. Comme j'eusse souhaité de régler par votre avis les démarches que j'avais à faire, je ne désire pas avec moins de passion d'apprendre votre jugement sur les démarches que j'ai faites. J'étais allé en Toscane, après avoir obtenu mon congé, sans lequel ma charge de préfet du trésor ne me permettait pas de quitter Rome. Je me disposais à faire commencer, dans cette province, quelque ouvrage public à mes dépens, lorsque des députés d'Andalousie vinrent supplier le sénat de vouloir bien m'ordonner d'être leur avocat dans l'accusation qu'ils venaient intenter contre Cécilius Classicus, leur dernier gouverneur. Mes collègues, par un excès de bonté et d'amitié pour moi, représentèrent les engagements de nos charges, et n'oublièrent rien pour me faire dispenser. Sur leurs remontrances, le sénat fit un décret qui m'est infiniment honorable, *que l'on me donnerait pour avocat à ces peuples, s'ils pouvaient m'obtenir de moi-même.* Après mon retour, les députés, de nouveau introduits dans le sénat, lui réitérèrent en ma présence leurs supplications, et me conjurèrent, par cette générosité dont ils avaient ressenti les effets contre Bébius Massa, de ne pas leur refuser la protection qu'ils avaient droit d'attendre de moi comme mes anciens clients. Aussitôt cette espèce d'applaudissement qui précède ordinairement les décrets s'excite dans le sénat. Alors je me lève. *Messieurs*, dis-je, *je cesse de croire que mes excuses fussent iustes.* Le motif et la simplicité de cette réponse la firent bien recevoir. Ce qui m'y détermina, ce ne fut pas seulement l'intention visible du sénat (ce qui pourtant est la plus forte de toutes les considérations), mais encore plusieurs autres raisons qui, quoique moins importantes, n'étaient pas à négliger. Quand je repassais dans mon esprit la générosité qui avait porté nos ancêtres à poursuivre volontairement la réparation des injures particulières faites à ceux avec qui ils vivaient dans cette liaison que nous appelons d'hospitalité, j'avais honte de manquer aux droits d'une alliance publique. D'ailleurs, lorsque je pensais à quels périls m'avait exposé la défense des peuples d'Andalousie, dans la cause que je plaidai pour eux, je ne pouvais me résoudre à perdre, par le refus d'un second service, le mérite du premier, qui m'avait tant coûté. Car enfin, telle est la disposition du cœur humain : vous détruisez vos premiers bienfaits, si vous ne prenez soin de les soutenir par de seconds. Obligez cent fois, refusez une, on ne se souviendra que du refus. La mort de Classicus m'invitait

admonebitur, quibus imaginibus oneretur, quæ nomina et quanta sustineat. Proinde, faventibus diis, trade eum præceptori, a quo mores primum, mox eloquentiam discat, quæ male sine moribus discitur. Vale.

IV.

C. PLINIUS MACRINO SUO S.

Quamvis et amici, quos præsentes habebam, et sermones hominum factum meum comprobasse videantur, magni tamen æstimo scire, quid sentias tu : nam cujus integra re consilium exquirere optassem, hujus etiam peracta judicium nosse, mire concupisco. Quum publicum opus mea pecunia inchoaturus in Tuscos excurrissem, accepto, ut præfectus ærarii, commeatu, legati provinciæ Bæticæ, quæsturi de proconsulatu Cæcilii Classici, advocatum me a senatu petierunt. Collegæ optimi, meique amantissimi, de communis officii necessitatibus prælo- quuti, excusare me et eximere tentarunt. Factum est senatus consultum perquam honorificum, ut darer provincialibus patronus, si ab ipso me impetrassent. Legati rursus inducti, iterum me jam præsentem postulaverunt advocatum; implorantes fidem meam, quam essent contra Massam Bæbium experti; allegantes patrocinii fœdus. Sequuta est clarissima senatus adsensio, quæ solet decreta præcurrere. Tum ego, *Desino,* inquam, *patres conscripti, putare, me justas excusationis caussas adtulisse.* Placuit et modestia sermonis et ratio. Compulit autem me ad hoc consilium non solum consensus senatus, quamquam hic maxime, verum etiam alii quidam minores, sed tamen numeri. Veniebat in mentem, priores nostros, etiam singulorum hospitum injurias accusationibus voluntariis executos : quo deformius arbitrabar publici hospitii jura negligere. Præterea, quum recordarer, quanta pro iisdem Bæticis priore advocatione etiam pericula subiissem, conservandum veteris officii meritum

encore à me charger de cette cause, et en éloignait ce qui la rendait plus désagréable, le danger où l'on expose un sénateur. Je trouvais donc que cette accusation m'assurait autant de reconnaissance que si Classicus eût vécu, et ne me laissait nul ressentiment à craindre. Enfin, je comptais qu'après avoir plaidé deux fois pour cette province, il me serait plus aisé de m'excuser, si elle me voulait charger dans la suite une troisième fois, contre quelqu'un qu'il ne me convînt pas d'accuser; car tout devoir a ses bornes. Notre complaisance, dans une occasion, prépare une excuse à la liberté de nos refus dans une autre. Je vous ai informé des plus secrets motifs de ma conduite, c'est à vous d'en juger. Si vous la condamnez, votre sincérité ne me fera guère moins de plaisir que votre approbation, si vous me la donnez. Adieu.

LETTRE V.

PLINE A MACER.

Vous me faites un grand plaisir de lire avec tant de passion les ouvrages de mon oncle, et de vouloir les connaître tous et les avoir tous. Je ne me contenterai pas de vous les indiquer ; je vous marquerai encore dans quel ordre ils ont été faits. C'est une connaissance qui n'est pas sans agréments pour les gens de lettres. Lorsqu'il commandait une brigade de cavalerie, il a composé un livre de l'art de lancer le javelot à cheval; et, dans ce livre, l'esprit et l'exactitude se font également remarquer. Deux autres, de la vie de Pomponius Secundus. Il en avait été singulièrement aimé, et il crut devoir cette marque de reconnaissance à la mémoire de son ami. Il nous en a laissé vingt autres des guerres d'Allemagne, où il a renfermé toutes celles que nous avons eues avec les peuples de ce pays. Un songe lui fit entreprendre cet ouvrage. Lorsqu'il servait dans cette province, il crut voir en songe Drusus Néron, qui, après avoir fait de grandes conquêtes, y était mort. Ce prince le conjurait de ne le pas laisser enseveli dans l'oubli. Nous avons encore de lui trois livres, intitulés l'Homme de lettres, que leur grosseur obligea mon oncle de partager en six volumes. Il prend l'orateur au berceau, et ne le quitte point qu'il ne l'ait conduit à la plus haute perfection. Huit livres sur les façons de parler douteuses. Il fit cet ouvrage pendant les dernières années de l'empire de Néron, où la tyrannie rendait dangereux tout genre d'étude plus libre et plus élevé. Trente et un, pour servir de suite à l'histoire qu'Aufidius Bassus a écrite. Trente-sept, de l'histoire naturelle. Cet ouvrage est d'une étendue, d'une érudition infinie, et presque aussi varié que la nature elle-même. Vous êtes surpris comment un homme dont le temps était si rempli a pu écrire tant de volumes, et y traiter tant de différents sujets, la plupart si épineux et si difficiles. Vous serez bien plus étonné quand vous saurez qu'il a plaidé pendant quelque temps, et qu'il n'avait que cinquante-six ans quand il est mort. On sait qu'il en a passé la moitié dans les embarras que les plus importants emplois et la bienveillance des princes lui ont attirés. Mais c'était une pénétra-

novo videbatur. Est enim ita comparatum, ut antiquiora beneficia subvertas, nisi illa posterioribus cumules : nam quamlibet sæpe obligati, si quid unum neges, hoc solum meminerunt, quod negatum est. Ducebar etiam, quod decesserat Classicus, amotumque erat, quod in ejusmodi caussis solet esse tristissimum, periculum senatoris. Videbam ergo, advocationi meæ non minorem gratiam, quam si viveret ille, propositam; invidiam nullam. In summa, computabam, si munere hoc jam tertio fungerer, faciliorem mihi excusationem fore, si quis incidisset, quem non deberem accusare : nam quum est omnium officiorum finis aliquis, tum optime libertati venia obsequio præparatur. Audisti consilii mei motus, superest alterutra ex parte judicium tuum : in quo mihi æque jucunda erit simplicitas dissentientis, quam comprobantis auctoritas. Vale.

V.

C. PLINIUS MACRO SUO S.

Pergratum est mihi, quod tam diligenter libros avunculi mei lectitas, ut habere omnes velis, quærasque, qui sint omnes. Fungar indicis partibus, atque etiam, quo sint ordine scripti, notum tibi faciam : est enim hæc quoque studiosis non injucunda cognitio. DE JACULATIONE EQUESTRI UNUS. Hunc, quum præfectus alæ militaret, pari ingenio curaque composuit. DE VITA POMPONII SECUNDI DUO; a quo singulariter amatus, hoc memoriæ amici quasi debitum munus exsolvit. BELLORUM GERMANIÆ VIGINTI, quibus omnia quæ cum Germanis gessimus bella collegit. Inchoavit, quum in Germania militaret, somnio monitus : adstitit enim quiescenti Drusi Neronis effigies, qui Germaniæ latissime victor ibi periit : commendabat memoriam sui, orabatque, ut se ab injuria oblivionis adsereret. STUDIOSI TRES, in sex volumina propter amplitudinem divisi; quibus oratorem ab incunabulis instituit et perficit. DUBII SERMONIS OCTO : scripsit sub Nerone, novissimis annis, quum omne studiorum genus paulo liberius et erectius periculosum servitus fecisset. A FINE AUFIDII BASSI TRIGINTA UNUS. NATURÆ HISTORIARUM TRIGINTA SEPTEM, opus diffusum, eruditum, nec minus varium quam ipsa natura. Miraris, quod tot volumina, multaque in his tam scrupulosa, homo occupatus absolverit? Magis miraberis, si scieris, illum aliquamdiu caussas actitasse; decessisse anno sexto et quinquagesimo : medium tempus distentum impeditumque qua officiis maximis, qua amicitia principum egisse. Sed erat acre ingenium, incredibile studium, summa vigilantia. Lucubrare Vulcanalibus incipiebat, non auspicandi caussa, sed studendi, statim a nocte multa : hieme vero, hora septima, vel quum tardissime, octava, sæpe sexta. Erat sane somni paratissimi, nonnunquam etiam inter ipsa studia instantis et deserentis. Ante lucem ibat ad Vespasianum imperatorem : nam ille quoque noctibus utebatur : inde ad delegatum sibi officium. Re-

tion, une application, une vigilance incroyables. Il commençait ses veilles aux fêtes de Vulcain, non pas pour chercher dans le ciel des présages, mais pour étudier. Il se mettait à l'étude en été, dès que la nuit était tout à fait venue; en hiver, à une heure du matin, au plus tard à deux, souvent à minuit. Il n'était pas possible de moins donner au sommeil, qui quelquefois le prenait et le quittait sur les livres. Avant le jour il se rendait chez l'empereur Vespasien, qui faisait aussi un bon usage des nuits. De là, il allait s'acquitter de ce qui lui avait été ordonné. Ses affaires faites, il retournait chez lui; et ce qui lui restait de temps, c'était encore pour l'étude. Après le repas (toujours très-simple et très-léger, suivant la coutume de nos pères), s'il se trouvait quelques moments de loisir, en été, il se couchait au soleil. On lui lisait quelque livre, il en faisait ses remarques et ses extraits; car jamais il n'a rien lu sans extraire: aussi avait-il coutume de dire qu'il n'y a si mauvais livre où l'on ne puisse apprendre quelque chose. Après s'être retiré du soleil, il se mettait le plus souvent dans le bain d'eau froide. Il mangeait un morceau, et dormait très-peu de temps. Ensuite, et comme si un nouveau jour eût recommencé, il reprenait l'étude jusqu'au temps du souper. Pendant qu'il soupait, nouvelle lecture, nouveaux extraits, mais en courant. Je me souviens qu'un jour, le lecteur ayant mal prononcé quelques mots, un de ceux qui étaient à table l'obligea de recommencer. *Quoi! ne l'avez-vous pas entendu?* dit mon oncle. *Pardonnez-moi*, reprit son ami. *Et pourquoi donc*, reprit-il, *le faire répéter? Votre interruption nous coûte plus de dix lignes*. Voyez si ce n'était pas être bon ménager du temps. L'été, il sortait de table avant que le jour nous eût quittés; en hiver, entre sept et huit: et tout cela, il le faisait au milieu du tumulte de Rome, malgré toutes les occupations que l'on y trouve, et le faisait comme si quelque loi l'y eût forcé. A la campagne, le seul temps du bain était exempt d'étude; je veux dire le temps qu'il était dans l'eau; car, pendant qu'il se faisait frotter et essuyer, il ne manquait point ou de lire ou de dicter. Dans ses voyages, c'était sa seule application. Comme si alors il eût été plus dégagé de tous les autres soins, il avait toujours à ses côtés son livre, ses tablettes et son copiste. Il lui faisait prendre ses gants en hiver, afin que la rigueur même de la saison ne pût dérober un moment à l'étude. C'était par cette raison qu'à Rome il n'allait jamais qu'en chaise. Je me souviens qu'un jour il me reprit de m'être promené. *Vous pouviez,* dit-il, *mettre ces heures à profit*. Car il comptait pour perdu tout le temps que l'on n'employait pas aux sciences. C'est par cette prodigieuse assiduité qu'il a su achever tant de volumes, et qu'il m'a laissé cent soixante tomes remplis de ses remarques, écrites sur la page et sur le revers en très-petits caractères, ce qui les multiplie beaucoup. Il me contait qu'il n'avait tenu qu'à lui, pendant qu'il était procureur de César en Espagne, de les vendre à Largius Lucinius quatre cent mille sesterces; et alors ces mémoires n'étaient pas tout à fait en si grand nombre. Quand vous songez à cette immense lecture, à ces ouvrages infinis qu'il a composés, ne croiriez-vous pas qu'il n'a jamais été ni dans les charges, ni dans la faveur des princes? Mais quand on vous dit tout le temps qu'il a ménagé pour les belles-lettres, ne commencez-vous pas à croire qu'il n'a pas encore assez lu et assez écrit? Car, d'un côté, quels obstacles les charges et la cour ne forment-elles point aux études? et, de l'autre, que ne peut point une si constante application? C'est donc avec raison que je me moque de ceux qui m'appellent studieux, moi qui, en comparaison de lui, suis un franc fainéant. Cependant je donne

versus domum, quod reliquum erat temporis, studiis reddebat. Post cibum sæpe (quem interdiu levem et facilem veterum more sumebat) æstate, si quid otii, jacebat in sole: liber legebatur: adnotabat excerpebatque. Nihil enim legit, quod non excerperet. Dicere etiam solebat, nullum esse librum tam malum, ut non aliqua parte prodesset. Post solem plerumque frigida lavabatur. Deinde gustabat, dormiebatque minimum. Mox, quasi alio die, studebat in cœnæ tempus. Super hanc liber legebatur, adnotabatur, et quidem cursim. Memini quemdam ex amicis, quum lector quædam perperam pronuntiasset, revocasse et repeti coegisse: huic avunculum meum dixisse: *Intellexeras nempe?* quum ille adnuisset, *Cur ergo revocabas? decem amplius versus hac tua interpellatione perdidimus*. Tanta erat parcimonia temporis! Surgebat æstate a cœna, luce; hieme, intra primam noctis; et tanquam aliqua lege cogente. Hæc inter medios labores urbisque fremitum. In secessu solum balinei tempus studiis eximebatur. Quum dico balinei, de interioribus loquor: nam dum destringitur tergiturque, audiebat aliquid, aut dictabat. In itinere, quasi solutus cæteris curis, huic uni vacabat. Ad latus notarius cum libro et pugillaribus, cujus manus hieme manicis muniebantur, ut ne cæli quidem asperitas ullum studiis tempus eriperet: qua ex caussa Romæ quoque sella vehebatur. Repeto, me correptum ab eo, cur ambularem. *Poteras*, inquit, *has horas non perdere:* nam perire omne tempus arbitrabatur, quod studiis non impertiretur. Hac intentione tot ista volumina peregit; electorumque commentarios centum sexaginta mihi reliquit, opisthographos quidem et minutissime scriptos: qua ratione multiplicatur hic numerus. Referebat ipse, potuisse se, quum procuraret in Hispania, vendere hos commentarios Largio Licinio quadringentis millibus nummum: et tunc aliquanto pauciores erant. Nonne videtur tibi, recordanti quantum legerit, quantum scripserit, nec in officiis ullis, nec in amicitia principum fuisse? rursus, quum audis, quid studiis laboris impenderit, nec scripsisse satis, nec legisse? Quid est enim, quod

à l'étude tout ce que les devoirs, et publics et particuliers, me laissent de temps. Eh! qui, parmi ceux même qui consacrent toute leur vie aux belles-lettres, pourra soutenir cette comparaison, et ne pas rougir, comme si le sommeil et la mollesse partageaient ses jours? Je m'aperçois que mon sujet m'a emporté plus loin que je ne m'étais proposé. Je voulais seulement vous apprendre ce que vous désiriez savoir, quels ouvrages mon oncle a composés. Je m'assure pourtant que ce que je vous ai mandé ne vous fera guère moins de plaisir que leur lecture. Non-seulement cela peut piquer encore davantage votre curiosité, mais vous piquer vous-même d'une noble envie de faire quelque chose de semblable. Adieu.

LETTRE VI.

PLINE A SÉVÈRE.

Ces jours passés, j'ai acheté, des deniers d'une succession qui m'est échue, une figure d'airain de Corinthe, petite à la vérité, mais belle et bien travaillée, au moins suivant mes lumières, qui ne vont pas loin en aucune chose, moins encore dans celle-ci. Je crois pourtant en avoir assez pour juger de l'excellence de cette statue. Comme elle est nue, elle ne cache point ses défauts, et nous étale toutes ses beautés. C'est un vieillard debout. Les os, les muscles, les nerfs, les veines, les rides même, vous paraissent comme dans un homme vivant. Ses cheveux sont clairs et plats, son front large, le visage étroit, le cou maigre, les bras abattus, les mamelles pendantes, le ventre enfoncé; le dos exprime parfaitement la vieillesse; et la couleur de l'airain ne permet pas de douter que la figure ne soit fort ancienne. Enfin, tout y est assez achevé pour arrêter les yeux des maîtres, et pour charmer ceux des ignorants. C'est ce qui m'a engagé à l'acheter, tout médiocre connaisseur que je suis; non dans le dessein d'en parer ma maison, car je ne me suis point encore avisé de lui donner de ces sortes d'embellissements, mais pour orner quelque lieu remarquable dans notre patrie, comme dans le temple de Jupiter. Le présent me parait digne d'un temple, digne d'une divinité. Faites donc faire à ma statue un piédestal, de tel marbre qu'il vous plaira; et prenez sur vous ce soin avec la même vivacité que vous montrez dans les moindres choses dont je vous charge. On y lira mon nom et mes qualités, si vous croyez que mes qualités y doivent aussi avoir place. Moi, j'aurai soin de vous envoyer mon vieillard, par la première commodité qui se présentera, ou (ce que vous aimerez beaucoup mieux) je vous le porterai moi-même; car je me propose, pour peu que les devoirs de ma charge me le permettent, de faire une course jusque chez vous. Je vois déjà la joie se répandre sur votre visage à cette nouvelle; mais vous allez vous refrogner. Je n'y serai que très-peu de jours. Les mêmes raisons qui retardent mon départ aujourd'hui me défendent une longue absence. Adieu.

LETTRE VII.

PLINE A CANINIUS.

Le bruit vient de se répandre ici que Silius Italicus a fini ses jours, par une abstinence volontaire, dans sa terre près de Naples. Un abcès

---

non aut illæ occupationes impedire, aut hæc instantia non possit efficere? Itaque soleo ridere, quum me quidam studiosum vocant, qui, si comparer illi, sum desidiosissimus. Ego autem tantum, quem partim publica, partim amicorum officia distringunt? Quis ex istis, qui tota vita litteris adsident, collatus illi, non quasi somno et inertiæ deditus erubescat? Extendi epistolam, quamvis hoc solum, quod requirebas, scribere destinassem, quos libros reliquisset. Confido tamen, hæc quoque tibi non minus grata, quam ipsos libros, futura: quæ te non tantum ad legendos eos, verum etiam ad simile aliquid elaborandum, possunt æmulationis stimulis excitare. Vale.

VI.
C. PLINIUS SEVERO SUO S.

Ex hereditate, quæ mihi obvenit, emi proxime Corinthium signum, modicum quidem, sed festivum et expressum, quantum ego sapio, qui fortasse in omni re, in hac certe perquam exiguum sapio : hoc tamen signum ego quoque intelligo. Est enim nudum, nec aut vitia, si qua sunt, celat, aut laudes parum ostentat. Effingit senem stantem : ossa, musculi, nervi, venæ, rugæ etiam ut spirantis apparent : rari et cedentes capilli, lata frons, contracta facies, exile collum : pendent lacerti, papillæ jacent, recessit venter. A tergo quoque eadem ætas, ut a tergo. Æs ipsum, quantum verus color indicat, vetus et antiquum. Talia denique omnia, ut possint artificum oculos tenere, delectare imperitorum. Quod me, quamquam tirunculum, sollicitavit ad emendum. Emi autem, non ut haberem domi (neque enim ullum adhuc Corinthium domi habeo), verum ut in patria nostra celebri loco ponerem; ac potissimum in Jovis templo. Videtur enim dignum templo, dignum deo donum. Tu ergo, ut soles omnia, quæ a me tibi injunguntur, suscipe hanc curam, et jam nunc jube basim fieri, ex quo voles marmore, quæ nomen meum honoresque capiat, si hos quoque putabis addendos. Ego signum ipsum, ut primum invenero aliquem, qui non gravetur, mittam tibi : vel ipse, quod mavis, adferam mecum. Destino enim, si tamen officii ratio permiserit, excurrere isto. Gaudes, quod me venturum esse polliceor : sed contrahes frontem, quum adjecero, ad paucos dies. Neque enim diutius abesse me sinunt eadem hæc, quæ nondum exire patiuntur. Vale.

VII.
C. PLINIUS CANINIO SUO S.

Modo nuntiatus est Silius Italicus in Neapolitano suo inedia vitam finisse. Caussa mortis, valetudo. Erat illi na-

incurable qui lui était survenu l'a dégoûté de la vie, et l'a fait courir à la mort avec une constance inébranlable. Jamais la moindre disgrâce ne troubla son bonheur, si ce n'est la perte de son second fils ; mais l'aîné, qui valait beaucoup mieux, et qu'il a laissé consulaire et plein de santé, l'en a bien dédommagé. Sa réputation avait reçu quelque atteinte du temps de Néron. Il fut soupçonné de s'être rendu volontairement délateur ; mais il avait usé sagement et en honnête homme de la faveur de Vitellius. Il acquit beaucoup de gloire dans le gouvernement d'Asie ; et, par une honorable retraite, il avait effacé la tache de ses premières intrigues. Il a su tenir son rang parmi les plus grands de Rome, sans se faire valoir et sans se faire envier. On le visitait, on le respectait ; et quoiqu'il gardât souvent le lit et toujours la chambre, où sa fortune ne pouvait attirer personne, la bonne compagnie ne le quittait point. Quand il ne composait pas, il passait les jours dans de savantes conversations. Il faisait des vers où il y avait plus d'art que de génie, et il les lisait quelquefois pour sonder le goût du public. Enfin, il prit conseil de sa vieillesse, et sortit de Rome pour se retirer dans la Pouille, d'où rien n'a pu depuis l'arracher, non pas même l'avénement du nouveau prince à l'empire. Que cette liberté fait d'honneur à Trajan, qui l'a bien voulu donner, et à Silius, qui l'a osé prendre ! Tout ce qui paraissait beau le tentait ; jusque-là que son empressement pour l'avoir lui attirait des reproches. Il achetait en un même pays plusieurs maisons, et la passion qu'il prenait pour la dernière le dégoûtait des autres. Il se plaisait à rassembler dans chacune grand nombre de livres, de statues, de portraits, qu'il n'aimait pas seulement, mais dont il était enchanté. Le portrait de Virgile l'emportait sur tous les autres. Il fêtait la naissance de ce poëte avec beaucoup plus de solennité que la sienne propre ; principalement à Naples, où il n'approchait de son tombeau qu'avec le même respect qu'il eût approché d'un temple. Il a vécu dans cette tranquillité soixante et quinze ans, avec un corps délicat, plutôt qu'infirme. Comme il fut le dernier consul que fît Néron, il mourut aussi le dernier de tous ceux que ce prince avait honorés de cette dignité. Il paraît même remarquable que cet homme, qui se trouva consul quand Néron fut tué, ait survécu à tous les autres qui avaient été élevés au consulat par cet empereur. Je ne puis y penser sans être vivement touché de la misère humaine : car que peut-on imaginer de si court et de si borné, qui ne le soit moins que la vie même la plus longue ? Ne vous semble-t-il pas qu'il n'y ait qu'un jour que Néron régnait ? Cependant, de tous ceux qui ont exercé le consulat sous lui, il n'en reste pas un seul. Mais pourquoi s'en étonner ? Lucius Pison, le père de celui que Valérius Festus assassina si cruellement en Afrique, avait coutume de nous dire qu'il ne voyait plus aucun de ceux dont il avait pris l'avis dans le sénat, étant consul. Les jours comptés à cette multitude infinie d'hommes répandus sur la terre sont en si petit nombre, que je n'excuse pas seulement, mais que je loue même les larmes de ce prince dont parle l'histoire. Vous savez ce que l'on dit de Xerxès. Après avoir attentivement regardé cette prodigieuse armée qu'il commandait, il ne put s'empêcher de pleurer le sort de tant de milliers d'hommes, qui devait sitôt finir. Combien cette réflexion doit-elle être puissante pour nous engager à faire un bon usage de ce peu de moments qui nous échappent

tus insanabilis clavus, cujus tædio ad mortem irrevocabili constantia decucurrit : usque ad supremum diem beatus et felix, nisi quod minorem e liberis duobus amisit, sed majorem melioremque, florentem, atque etiam consularem reliquit. Læserat famam suam sub Nerone ; credebatur sponte accusasse : sed in Vitellii amicitia sapienter se et comiter gesserat : ex proconsulatu Asiæ gloriam reportaverat : maculam veteris industriæ laudabili otio abluerat. Fuit inter principes civitatis sine potentia, sine invidia. Salutabatur, colebatur, multumque in lectulo jacens, cubiculo semper non ex fortuna frequenti, doctissimis sermonibus dies transigebat. Quum a scribendo vacaret, scribebat carmina majore cura quam ingenio, nonnumquam judicia hominum recitationibus experiebatur. Novissime, ita suadentibus annis, ab urbe secessit, seque in Campania tenuit : ac ne adventu quidem novi principis inde commotus est. Magna Cæsaris laus, sub quo hoc liberum fuit : magna illius, qui hac libertate ausus uti. Erat φιλόκαλος usque ad emacitatis reprehensionem. Plures iisdem in locis villas possidebat ; adamatisque novis, priores negligebat. Multum ubique librorum, multum statuarum, multum imaginum, quas non habebat modo, verum etiam venerabatur : Virgilii ante omnes, cujus natalem religiosius, quam suum, celebrabat ; Neapoli maxime, ubi monimentum ejus adire, ut templum, solebat. In hac tranquillitate annum quintum et septuagesimum excessit, delicato magis corpore, quam infirmo : utque novissimus a Nerone factus est consul, ita postremus ex omnibus, quos Nero consules fecerat, decessit. Illud etiam notabile : ultimus ex Neronianis consularibus obiit, quo consule Nero periit : quod me recordantem, fragilitatis humanæ miseratio subit. Quid enim tam circumcisum, tam breve, quam hominis vita longissima ? an non videtur tibi Nero modo fuisse, quum interim ex iis, qui sub illo gesserant consulatum, nemo jam superest ? Quamquam quid hoc miror ? nuper Lucius Piso, pater Pisonis illius, qui a Valerio Festo per summum facinus in Africa occisus est, dicere solebat, *neminem se videre in senatu, quem consul ipse sententiam rogavisset.* Tam angustis terminis tantæ multitudinis vivacitas ipsa concluditur, ut mihi non venia solum dignæ, verum etiam laude videantur illæ regiæ lacrymæ : nam ferunt, Xerxem, quum immensum exercitum oculis obisset, illacrymasse, quod tot millibus tam brevis immineret occasus. Sed tanto magis hoc, quidquid est temporis, futilis et caduci, si non datur factis (nam horum materia in aliena manu), certe studiis profe-

si vite! Si nous ne pouvons les employer à des actions d'éclat, que la fortune ne laisse pas toujours à notre portée, donnons-les au moins entièrement à l'étude. S'il n'est pas en notre pouvoir de vivre, laissons au moins des ouvrages qui ne permettent pas d'oublier jamais que nous avons vécu. Je sais bien que vous n'avez pas besoin d'être excité : mon amitié pourtant m'avertit de vous animer dans votre course, comme vous m'animez vous-même dans la mienne. O la noble ardeur que celle de deux amis qui, par de mutuelles exhortations, allument de plus en plus en eux l'amour de l'immortalité! Adieu.

LETTRE VIII.
PLINE A TRANQUILLE.

Votre air de cérémonie avec moi ne se dément point, quand vous me priez, avec tant de circonspection, de vouloir bien faire passer à Césennius Silvanus, votre proche parent, la charge de colonel que j'ai obtenue pour vous de Nératius Marcellus. Je n'aurai pas moins de plaisir à vous mettre en état de donner à quelqu'un cette place, qu'à vous la voir remplir vous-même. Je ne crois point qu'il soit raisonnable d'envier à ceux que l'on veut élever aux honneurs, le titre de bienfaiteur, qui seul vaut mieux que tous les honneurs ensemble. Je sais même qu'il est aussi glorieux de répandre les grâces que de les mériter. Vous aurez à la fois cette double gloire, si vous honorez un autre d'une dignité où votre mérite vous avait appelé. Ne croyez pas que je m'oublie dans cette occasion : je sens que la considération qu'on a pour moi va croître infiniment dans le monde. On y connaîtra que mes amis peuvent non-seulement exercer la charge de tribun, mais même la donner. Je vous obéis donc avec plaisir dans une chose si juste. Heureusement votre nom n'a point encore été porté sur le rôle public. Ainsi nous avons la liberté de mettre à la place celui de Silvanus. Puisse-t-il être aussi sensible à cette grâce qu'il reçoit de vous, que vous l'êtes à ce petit service que je vous rends! Adieu.

LETTRE IX.
PLINE A MINUCIANUS.

Je puis enfin vous faire ici le détail de tous les travaux que m'a coûté la cause que j'ai plaidée pour la province d'Andalousie. Cette cause a duré plusieurs audiences, avec des succès fort différents. Pourquoi ces succès différents, pourquoi plusieurs audiences? me demanderez-vous. Je vais vous le dire. Classicus, âme basse, et qui allait au crime à découvert, avait gouverné cette province avec autant de cruauté que d'avarice, la même année que sous Marius Priscus l'Afrique éprouvait semblable sort. Priscus était originaire d'Andalousie, et Classicus d'Afrique : de là ce bon mot des Andalousiens (car il échappe quelquefois de bons mots à la douleur) : *L'Afrique nous rend ce que nous lui avons prêté*. Il y eut pourtant cette différence entre ces deux hommes, qu'une seule ville poursuivit criminellement Priscus, et que plusieurs particuliers se rendirent ses parties; au lieu que toute l'Andalousie en corps fondit sur Classicus. Il prévint les suites de ce procès par une mort qu'il dut ou à sa bonne fortune ou à son courage : car sa mort, qui d'ailleurs a été honteuse, ne laisse pas d'être équivoque. Si d'un côté il paraît fort vraisemblable qu'en perdant l'espérance de se justifier, il ait voulu perdre

---

ramus : et quatenus nobis denegatur diu vivere, relinquamus aliquid, quo nos vixisse testemur. Scio te stimulis non egere ; me tamen tui caritas evocat, ut currentem quoque instigem, sicut tu soles me. Ἀγαθὴ δ' ἔρις, quum invicem se mutuis exhortationibus amici ad amorem immortalitatis exacuunt. Vale.

VIII.
C. PLINIUS TRANQUILLO SUO S.

Facis pro cætera reverentia, quam mihi præstas, quod tam sollicite petis, ut tribunatum, quem a Neratio Marcello, clarissimo viro, impetravi tibi, in Cæsennium Silvanum, propinquum tuum, transferam. Mihi autem sicut jucundissimum, ipsum te tribunum, ita non minus gratum, alium per te videre. Neque enim esse congruens arbitror, quem augere honoribus cupias, huic pietatis titulos invidere, qui sunt omnibus honoribus pulchriores. Video etiam, quum sit egregium et mereri beneficia et dare, utramque te laudem simul adsequuturum, si, quod ipse meruisti, aliis tribuas. Præterea intelligo, mihi quoque gloriæ fore, si ex hoc tuo facto non fuerit ignotum, amicos meos non gerere tantum tribunatus posse, verum etiam dare. Quare ego vero honestissimæ voluntati tuæ pareo : neque enim adhuc nomen in numeros relatum est; ideoque liberum est nobis Silvanum in locum tuum subdere : cui cupio tam gratum esse munus tuum, quam tibi meum est. Vale.

IX.
C. PLINIUS MINUCIANO SUO S.

Possum jam perscribere tibi, quantum in publica provinciæ Bæticæ caussa laboris exhauserim : nam fuit multiplex, actaque est sæpius cum magna varietate. Unde varietas? unde plures actiones? Cæcilius Classicus, homo fœdus et aperte malus, proconsulatum in ea non minus violenter quam sordide gesserat, eodem anno, quo in Africa Marius Priscus. Erat autem Priscus ex Bætica, ex Africa Classicus : inde dictum Bæticorum (ut plerumque dolor etiam venustos facit) non illepidum ferebatur : *Dedi malum et accepi*. Sed Marium una civitas publice, multique privati reum peregerunt; in Classicum tota provincia incubuit. Ille accusationem vel fortuita, vel voluntaria morte prævertit; nam fuit mors ejus infamis, ambigua tamen : ut enim credibile videbatur, voluisse exire de vita, quum defendi non posset; ita mirum, pudorem damnationis morte fugisse, quem non puduisset damnanda com-

la vie, il n'est pas concevable, de l'autre, qu'un scélérat qui n'a pas eu honte de commettre les actions les plus condamnables ait eu le cœur d'affronter la mort, pour se dérober à la honte de la condamnation. L'Andalousie cependant demandait que, tout mort qu'il était, son procès fût instruit. Les lois le voulaient ainsi. L'usage semblait s'y opposer. Enfin, après une longue interruption, les lois ont, dans cette occasion, repris leur première force. Les peuples de cette province allaient encore plus loin. Ils prétendaient que Classicus n'était pas le seul coupable. Ils accusaient nommément les ministres, les complices de ses crimes, et demandaient justice contre eux. Je parlais pour l'Andalousie, et j'étais secondé par Lucéius Albius. C'est un homme qui n'étale pas moins de richesses que de fleurs dans ses discours, et pour qui cette société de ministère a redoublé mon ancienne amitié pour lui. Il semble que les rivaux de gloire, surtout parmi les gens de lettres, soient fort disposés à la discorde. Nous n'avons pas eu pourtant la moindre dispute. Chacun, sans écouter l'amour-propre, marchait d'un pas égal où l'appelait le bien de la cause. Son étendue et l'utilité de nos clients nous firent dès le commencement reconnaître qu'il ne fallait pas que chacun de nous renfermât tant d'actions différentes dans un seul discours. Nous craignions que le jour, que la voix, que les forces ne nous manquassent, si nous rassemblions, comme en un seul corps d'accusation, tant de crimes et tant de criminels. Tous ces noms, tous ces faits différents pouvaient d'ailleurs non-seulement épuiser l'attention des juges, mais même confondre leurs idées. Nous appréhendions encore que le crédit particulier de chacun des accusés, si on les réunissait dans un même jugement, ne devînt commun à tous par ce mélange. Enfin nous voulions éviter que, dans la confusion, le plus puissant ne se sauvât aux dépens du plus faible, et qu'un indigne sacrifice ne dérobât à la justice les plus nobles victimes : car jamais la faveur et la brigue n'agissent plus sûrement que lorsqu'elles peuvent se couvrir du masque de la sévérité. Nous voulions imiter Sertorius, qui commanda au plus fort de ses soldats d'arracher tout à la fois la queue d'un cheval, et au plus faible, de ne l'arracher que poil à poil. Vous savez le reste. Nous jugions de même qu'il ne nous était pas possible de triompher d'un si gros escadron d'accusés, si nous ne les détachions les uns des autres. La première chose que nous crûmes devoir bien établir, c'est que Classicus était coupable. C'était une préparation naturelle et nécessaire à l'accusation de ses officiers et de ses complices, qui ne pouvaient jamais être criminels s'il était innocent. Nous en choisîmes deux d'entre eux pour lui joindre, Bébius Probus et Fabius Hispanus, l'un et l'autre considérables par leur crédit, Hispanus même par son éloquence. Classicus nous fit peu de peine. Il avait laissé parmi ses papiers un mémoire écrit de sa main, où l'on trouvait au juste ce que lui avait valu chacune de ses concussions. Nous avions même une lettre de lui fort vaine et fort impertinente, qu'il écrivit à une de ses maîtresses à Rome, en ces termes : *Réjouissons-nous ; je reviens auprès de toi libre de toute affaire. J'ai amassé quatre millions de sesterces, du prix d'une partie des domaines d'Andalousie.* Probus et Hispanus nous embarrassèrent davantage. Avant que d'entrer dans la preuve de leurs crimes, je crus qu'il était nécessaire de faire voir que l'exécution de l'ordre d'un gouverneur, en une chose manifestement injuste, était un crime. Autrement, c'était perdre son temps que de prouver qu'ils avaient été les exécuteurs des ordres de Classicus : car ils ne niaient pas les faits dont ils étaient chargés ; mais ils s'excusaient sur l'obéis-

mittere. Nihilominus Bætica etiam in defuncti accusatione perstabat : provisum hoc legibus, intermissum tamen, et post longam intercapedinem tunc reductum. Addiderunt Bætici, quod simul socios ministrosque Classici detulerunt ; nominatimque in eos inquisitionem postulaverunt. Aderam Bæticis ; mecumque Lucéius Albinus, vir in dicendo copiosus, ornatus : quem ego quum olim mutuo diligerem, ex hac officii societate amare ardentius cœpi. Habet quidem gloria, in studiis præsertim, quiddam ἀκοινώνητον : nobis tamen nullum certamen, nulla contentio, quum uterque pari jugo non pro se, sed pro caussa niteretur. Cujus et magnitudo et utilitas visa est postulare, ne tantum oneris singulis actionibus subiremus. Verebamur, ne nos dies, ne vox, ne latera deficerent, si tot crimina, tot reos uno velut fasce complecteremur ; deinde, ne judicum intentio multis nominibus multisque caussis non lassaretur modo, verumetiam confunderetur ; mox, ne gratia singulorum collata atque permista, pro singulis quoque vires omnium acciperet ; postremo, ne potentissimi, vilissimo quoque quasi piaculari dato, alienis pœnis elaberentur. Etenim tum maxime favor et ambitio dominatur, quum sub aliqua specie severitatis delitescere potest. Erat in consilio Sertorianum illud exemplum, qui robustissimum et infirmissimum militem jussit caudam equi... reliqua nosti : nam nos quoque tam numerosum agmen reorum ita demum videbamus posse superari, si per singulos carperetur. Placuit in primis ipsum Classicum ostendere nocentem : hic aptissimus ad socios ejus et ministros transitus erat, quia socii ministrique probari, nisi illo nocente, non poterant : ex quibus duos statim Classico junximus ; Bæbium Probum, et Fabium Hispanum : utrumque gratia, Hispanum etiam facundia validum. Et circa Classicum quidem brevis et expeditus labor : sua manu reliquerat scriptum, quid ex quaque re, quid ex quaque caussa accepisset : miserat etiam epistolas Romam ad amiculam quandam, jactantes et gloriosas, his quidem verbis : *Io io, liber ad te venio : jam sestertium quadragies redegi, parte vendita Bæticorum.* Circa Hispanum et Probum multum sudoris : horum antequam crimina ingrederer, necessarium credidi elaborare, ut constaret, ministerium

sance qui les y avait forcés, et qui demandait leur grâce. Ils prétendaient la mériter d'autant plus justement qu'ils étaient des gens de province accoutumés à trembler au moindre commandement du gouverneur. Claudius Restitutus, qui me répliqua, publie hautement que, malgré le long exercice et cette vivacité naturelle qui lui tient la repartie toujours prête, il ne fut jamais plus troublé, jamais plus déconcerté que lorsqu'il se vit arracher les seules armes où il avait mis toute sa confiance. Voici quel fut l'événement. Le sénat ordonna que les biens dont Classicus jouissait avant qu'il prît possession de son gouvernement seraient séparés de ceux qu'il avait acquis depuis. Les premiers furent adjugés à sa fille; les autres furent abandonnés aux peuples d'Andalousie. On alla plus loin : on ordonna que les créanciers qu'il avait payés rendraient ce qu'ils avaient reçu ; et l'on exila pour cinq ans Hispanus et Probus : tant ce qui d'abord ne paraissait presque pas criminel parut atroce dans la suite. Peu de jours après, nous plaidâmes contre Clavius Fuscus, gendre de Classicus, et contre Stillonius Priscus, qui avait commandé une cohorte sous lui. Le succès fut différent. Priscus fut banni de l'Italie pour deux ans; Fuscus fut renvoyé absous. Dans la troisième audience, il nous sembla plus convenable de rassembler grand nombre de complices. Il était dangereux qu'en faisant traîner plus longtemps cette affaire, le dégoût et l'ennui ne refroidissent l'attention des juges, et ne lassassent leur sévérité. Il ne nous restait d'ailleurs que des criminels d'une moindre importance, et que nous avions tout exprès réservés pour les derniers. J'en excepte pourtant la femme de Classicus. L'on avait contre elle assez d'indices pour la soupçonner, mais non assez de preuves pour la convaincre. A l'égard de sa fille, aussi accusée, les soupçons même manquaient. Lors donc qu'à la fin de cette audience j'eus à parler d'elle, n'ayant plus à craindre, comme je l'aurais eu au commencement, d'ôter à l'accusation quelque chose de son poids, je crus qu'il était de la justice de ne point opprimer l'innocence. Je ne me contentai pas de le penser, je le dis librement, et de plus d'une manière. Tantôt je demandais aux députés s'ils m'avaient instruit de quelque fait qu'ils se pussent promettre de prouver contre elle; tantôt je m'adressais au sénat, et le suppliais de me dire s'il croyait qu'au cas que j'eusse quelque sorte d'éloquence, il me fût permis d'en abuser pour perdre une personne qui était innocente, et pour lui plonger le poignard dans le sein. Enfin, je conclus par ces paroles : *Quelqu'un dira : Vous vous érigez donc en juge? Non; mais je n'oublie pas que je suis un avocat tiré du nombre des juges*. Telle a été la fin de cette grande cause. Les uns ont été absous; la plupart condamnés, et bannis ou à temps ou à perpétuité. Le décret du sénat loue en termes fort honorables notre fidélité, notre application, notre fermeté ; et cela seul pouvait dignement récompenser de si grands travaux. Vous comprenez aisément à quel point m'ont fatigué tant de plaidoiries différentes, tant d'opiniâtres disputes, tant de témoins à interroger, à raffermir, à réfuter. Représentez-vous quel embarras, quel chagrin, de se montrer toujours inexorable aux sollicitations secrètes, et de résister en face aux protecteurs déclarés d'un si grand nombre de coupables! En voici un exemple. Quelques-uns des juges mêmes, au gré de qui je pressais trop

---

crimen esse : quod nisi effecissem, frustra ministros probassem. Neque enim ita defendebantur, ut negarent, sed ut necessitati veniam precarentur : esse enim se provinciales, et ad omne proconsulum imperium metu cogi. Solet dicere Claudius Restitutus, qui mihi respondit, vir exercitatus et vigilans, et quamlibet subitis paratus, *nunquam sibi tantum caliginis, tantum perturbationis offusum, quam quum ea præropta et extorta defensioni suæ cerneret, in quibus omnem fiduciam reponebat*. Consilii nostri exitus fuit : *Bona Classici, quæ habuisset ante provinciam*, placuit senatui *a reliquis separari; illa filiæ, hæc spoliatis relinqui* : additum est, *ut pecuniæ, quas creditoribus solverat, revocarentur*. Hispanus et Probus in quinquennium relegati : adeo grave visum est, quo initio dubitabatur, an omnino crimen esset ! Post paucos dies Clavium Fuscum, Classici generum, et Stillonium Priscum, qui tribunus cohortis sub Classico fuerat, accusavimus, dispari eventu. Prisco in biennium Italia interdictum : absolutus est Fuscus. Actione tertia commodissimum putavimus plures congregare, ne, si longius esset extracta cognitio, satietate et tædio quodam justitia cognoscentium severitasque languesceret : alioqui supererant minores rei, data opera hunc in locum reservati; excepta tamen Classici uxore, quæ sicut implicita suspicionibus, ita non satis convinci probationibus visa est : nam Classici filia (quæ et ipsa inter reos erat), ne suspicionibus quidem hærebat. Itaque quum ad nomen ejus in extrema actione venissem (neque enim, ut initio, sic etiam in fine verendum erat, ne per hoc totius accusationis auctoritas minueretur), honestissimum credidi, non premere immerentem : idque ipsum dixi et libere et varie; nam modo legatos interrogabam, *docuissentne me aliquid, quod re probari posse confiderent?* modo consilium a senatu petebam, *putaretne debere me, si quam haberem in dicendo facultatem, in jugulum innocentis, quasi telum aliquod, intendere?* postremo totum locum hoc fine conclusi, *Dicet aliquis, Judicas ergo? Ego vero non judico: memini tamen me advocatum ex judicibus datum*. Hic numerosissimæ caussæ terminus fuit, quibusdam absolutis; pluribus damnatis, atque etiam relegatis, aliis in tempus, aliis in perpetuum. Eodem senatusconsulto industria, fides, constantia nostra plenissimo testimonio comprobata est : dignum solumque par pretium tanti laboris. Concipere animo potes, quam simus fatigati, quibus toties agendum, toties altercandum, tam multi testes interrogandi, sublevandi, refutandi. Jam illa quam ardua, quam molesta, tot reorum amicis secreto rogantibus negare, adversantibus palam obsistere? Referam unum aliquod ex iis, quæ dixi.

un accusé des plus accrédités, ne purent s'empêcher de s'écrier hautement, et de m'interrompre. *Eh! laissez-moi continuer,* leur dis-je, *cet homme n'en sera pas moins innocent, quand j'aurai tout dit.* Imaginez-vous par là quelles contradictions il m'a fallu essuyer, quelles inimitiés je me suis attirées. Il est vrai qu'elles ne dureront pas; car l'intégrité, qui dans le moment blesse ceux à qui elle résiste, devient bientôt l'objet de leur admiration et de leurs louanges. Je ne pouvais pas vous exposer plus clairement toute cette affaire. Vous allez me dire : Elle n'en valait pas la peine; je me serais bien passé d'une si longue lettre. Cessez donc de me demander de temps en temps ce que l'on fait à Rome; et souvenez-vous qu'une lettre ne peut être longue, lorsqu'elle comprend l'instruction et le détail d'un grand procès, les chefs d'accusation, le nombre et la qualité des accusés, la diversité des condamnations. Il me semble qu'il n'était pas possible de vous le mander, ni en moins de mots, ni plus exactement. Je me vante à tort d'exactitude : il me revient un peu tard une circonstance qui m'était échappée. Je vais la mettre ici, quoique hors de sa place. Homère, et tant d'habiles gens après lui, n'en usent-ils pas de même? et, après tout, cela n'a-t-il pas son agrément? Moi, je n'y entends pas finesse. L'un des témoins, ou chagrin de se voir cité malgré lui, ou corrompu par quelqu'un des complices qui voulait déconcerter les accusateurs, accusa Norbanus Licinianus, l'un des députés et des commissaires, de prévariquer en ce qui regardait Casta, femme de Classicus. Les lois veulent que l'on juge l'accusation principale, avant que d'entrer en connaissance de la prévarication; parce que rien n'est plus propre à faire bien juger de la prévarication, que la manière dont l'accusation paraît avoir été instruite. Cependant, ni la disposition des lois, ni la qualité de député, ni la fonction de commissaire, ne purent garantir Norbanus, tant on avait de haine et d'indignation contre cet homme. C'était un scélérat, qui, du temps de Domitien, avait usé de sa faveur comme la plupart des autres, et que la province avait choisi pour commissaire, en vue, non de sa droiture et de son intégrité, mais de son inimitié déclarée contre Classicus, par qui il avait été banni. Norbanus demanda un jour au moins pour préparer sa défense. On n'eut pas plus d'égard à cette seconde remontrance qu'à la première. Il fallut répondre dans le moment : il le fit. Son caractère fourbe et méchant ne me permet pas de décider si ce fut avec audace ou avec fermeté; mais il est certain que ce fut avec toute la présence d'esprit imaginable. On le chargea de beaucoup de faits particuliers, qui lui firent plus de tort que la prévarication. Pomponius Rufus et Libo Frugi, tous deux consulaires, déposèrent contre lui que, du temps de Domitien, il avait plaidé pour les accusateurs de Salvius Libéralis. Norbanus fut condamné et relégué. Ainsi, lorsque j'accusai Casta, j'appuyai principalement sur le jugement de prévarication prononcé contre son accusateur. Mais j'appuyai inutilement : car il arriva une chose toute nouvelle, et qui paraît renfermer contradiction. Les mêmes juges qui avaient déclaré l'accusateur convaincu de prévarication prononcèrent l'absolution de l'accusée. Vous êtes curieux de savoir quel parti nous prîmes dans cette conjoncture. Ce fut de remontrer au sénat que nous tenions de Norbanus seul toutes nos instructions, et de soutenir

---

Quum mihi quidam e judicibus ipsis pro reo gratiosissimo reclamarent, *Non minus,* inquam, *hic innocens erit, si ego omnia dixero.* Conjectabis ex hoc, quantas contentiones, quantas etiam offensas subierimus, dumtaxat ad breve tempus : nam fides in præsentia eos, quibus resistit, offendit; deinde ab illis ipsis suspicitur laudaturque. Non potui magis te in rem præsentem perducere. Dices, *Non fuit tanti : quid enim mihi cum tam longa epistola?* Nolito ergo identidem quærere, quid Romæ geratur. Et tamen memento esse non epistolam longam, quæ tot dies, tot cognitiones, tot denique reos caussasque complexa sit. Quæ omnia videor mihi non minus breviter, quam diligenter, persequutus : temere dixi *diligenter* : succurrit quod præterieram, et quidem sero; sed, quamquam præpostere, reddetur. Facit hoc Homerus, multique illius exemplo : est alioqui perdecorum : a me tamen non ideo fiet. Ex testibus quidam, sive iratus, quod evocatus esset invitus, sive subornatus ab aliquo reorum, ut accusationem exarmaret, Norbanum Licinianum, legatum et inquisitorem, reum postulavit, tanquam in caussa Castæ (uxor hæc Classici), prævaricaretur. Est lege cautum, ut reus ante peragatur, tunc de prævaricatore quæratur, quia optime ex accusatione ipsa accusatoris fides æstimatur. Norbano tamen non ordo legis, non legati nomen, non inquisitionis officium præsidio fuit : tanta conflagravit invidia homo alioqui flagitiosus, et Domitiani temporibus usus, ut multi : electusque tunc a provincia ad inquirendum, non tanquam bonus et fidelis, sed tanquam Classici inimicus. Erat ab illo relegatus. Dari sibi diem ad diluenda crimina postulavit : neutrum impetravit; coactus est statim respondere; respondit : malum pravumque ingenium hominis facit, ut dubitem, confidenter an constanter, certe paratissime. Objecta sunt multa, quæ magis, quam prævaricatio, nocuerunt. Quin etiam duo consulares, Pomponius Rufus et Libo Frugi, læserunt eum testimonio, tanquam apud judicem, sub Domitiano, Salvii Liberalis accusatoribus adfuisset. Damnatus, et in insulam relegatus est. Itaque quum Castam accusarem, nihil magis pressi, quam quod accusator ejus prævaricationis crimine corruisset. Pressi tamen frustra : accidit enim res contraria et nova, ut, accusatore prævaricationis damnato, rea absolveretur. Quæris, quid nos, dum hæc aguntur? Indicavimus senatui, ex Norbano didicisse nos publicam caussam, rursusque debere ex integro discere, si ille prævaricator probaretur : atque ita, dum ille peragitur reus, sedimus : postea Norbanus omnibus diebus cognitionis

que, s'il était jugé prévaricateur, il fallait nous donner le temps de chercher et de rassembler de nouveaux mémoires. Après cela, pendant toute l'instruction de son procès, nous demeurâmes spectateurs. Pour lui, il continua d'être présent à tout, et montra jusqu'à la fin, ou la même fermeté, ou la même audace. J'examine si je n'omets rien encore. Oui : j'allais oublier que le dernier jour Salvius Libéralis parla fortement contre tous les autres députés, comme s'ils avaient trahi la province, et qu'ils eussent épargné plusieurs personnes qu'ils avaient ordre d'accuser. Son esprit, son feu, son éloquence, firent grande peur aux pauvres gens. Persuadé de leur vertu et de leur reconnaissance, je les défendis. Ils publient que je les ai sauvés d'une terrible tempête. Ce sera ici la fin de ma lettre. Je n'y ajouterai pas une syllabe, quand même je m'apercevrais que j'y ai oublié quelque chose. Adieu.

LETTRE X.

PLINE A SPURINNA ET A COCCIA.

Si, les derniers jours que je passai chez vous, je ne vous dis point que j'avais composé un ouvrage à la louange de votre fils, deux raisons m'en ont empêché. L'une, que je ne l'avais pas composé pour vous le dire, mais pour satisfaire à ma tendresse, et pour soulager ma douleur; l'autre, que les mêmes personnes qui vous avaient parlé de mon ouvrage, et qui en avaient ouï la lecture (comme vous-même, Spurinna, me l'avez dit), avaient dû, ce me semble, vous en apprendre le sujet. Je craignais d'ailleurs de prendre mal mon temps, si dans des jours destinés à la joie j'eusse rappelé de si tristes idées. J'ai même encore un peu hésité aujourd'hui si je me contenterais de vous envoyer la pièce que j'ai prononcée, et que vous exigez de moi; ou si je n'y ajouterais point d'autres écrits, que je réserve pour un recueil séparé : car il ne suffit pas à un cœur aussi touché que le mien de renfermer dans un petit livre la mémoire d'une personne si chère et si précieuse; il faut donner plus d'étendue à sa gloire. Elle l'aura, si divers ouvrages la répandent et la publient. Mais, dans le doute si je vous enverrais tout ce que j'ai composé sur ce sujet, ou si j'en retiendrais une partie, j'ai trouvé qu'il convenait mieux à ma franchise et à notre amitié de vous envoyer tout, principalement après la promesse que vous me faites d'en garder le secret entre nous deux, jusqu'à ce que l'envie me prenne de publier ces ouvrages. Il ne me reste plus qu'à vous demander une grâce : c'est de vouloir bien me dire, avec la même franchise, ce que je dois ajouter, changer, supprimer. Je sais bien que dans la douleur il est difficile de conserver un esprit assez libre pour cela; mais, tout difficile qu'il est, usez-en avec moi comme avec un sculpteur, avec un peintre, qui travaillerait à la statue, au portrait de votre fils. Vous l'avertiriez qu'il n'a pas bien exprimé un trait, qu'il doit retoucher l'autre : ayez pour moi la même attention. Soutenez, conduisez ma plume. Elle travaille, si l'on vous en croit, à une image que le temps ne doit jamais effacer. Plus cette image sera naturelle, ressemblante, parfaite, plus elle sera durable. Adieu.

LETTRE XI.

PLINE A JULIUS GÉNITOR.

C'est le caractère de notre ami Artémidore, d'exagérer toujours les services qu'on lui rend.

---

interfuit; eandemque usque ad extremum vel constantiam, vel audaciam pertulit. Interrogo ipse me, an aliquid omiserim rursus, et rursus pæne omisi. Summo die Salvius Liberalis reliquos legatos graviter increpuit, tanquam non omnes, quos mandasset provincia, reos peregissent, atque, ut est vehemens et disertus, in discrimen adduxit. Protexi viros optimos, eosdemque gratissimos : mihi certe debere se prædicant, quod illum turbinem evaserint. Hic erit epistolæ finis, revera finis : litteram non addam ; etiam si adhuc aliquid præterisse me sensero. Vale.

X.

C. PLINIUS SPURINNÆ SUO ET COCCIÆ S.

Composuisse me quædam de filio vestro, non dixi vobis, quum proxime apud vos fui : primum, quia non ideo scripseram, ut dicerem, sed ut meo amori, meo dolori satisfacerem; deinde, quia te, Spurinna, quum audisses recitasse me, (ut mihi ipse dixisti) quid recitassem, simul audisse credebam. Præterea veritus sum, ne vos festis diebus confunderem, si in memoriam gravissimi luctus reduxissem. Nunc quoque paullisper hæsitavi, id solum, quod recitavi, mitterem exigentibus vobis, an adjicerem, quæ in aliud volumen cogito reservare. Neque enim adfectibus meis uno libello carissimam mihi et sanctissimam memoriam prosequi satis est : cujus famæ latius consuletur, si dispensata et digesta fuerit. Verum hæsitanti mihi, omnia, quæ jam composui, vobis exhiberem, an adhuc aliqua differrem; simplicius et amicius mihi visum est, omnia, præcipue quum adfirmetis, intra vos futura, donec placeat emittere. Quod superest, rogo, ut pari simplicitate, si qua existimatis addenda, commutanda, omittenda, indicetis. Mihi difficile est huc usque intendere animum in dolore; difficile et vobis. Sed tamen ut sculptorem, ut pictorem, qui filii vestri imaginem faceret, admoneretis, quid exprimere, quid emendare deberet; ita me quoque formate, regite, qui non fragilem et caducam, sed immortalem, ut vos putatis, effigiem conor efficere : quæ hoc diuturnior erit, quo verior, melior, absolutior fuerit. Vale.

XI.

C. PLINIUS JULIO GENITORI SUO S.

Est omnino Artemidori nostri tam benigna natura, ut officia amicorum in majus extollat: inde etiam meum me-

Il est vrai qu'il a reçu de moi celui dont il vous a parlé; mais il est encore plus vrai qu'il l'estime beaucoup plus qu'il ne vaut. Les philosophes avaient été chassés de Rome. J'allai le trouver dans une maison qu'il avait aux portes de la ville, et j'y allai dans une conjoncture où ma visite était plus remarquable et plus dangereuse : j'étais préteur. Il ne pouvait qu'avec une grosse somme acquitter les dettes qu'il avait contractées pour des sujets très-louables. Quelques-uns de ses amis, les plus puissants et les plus riches, ne voulurent pas s'apercevoir de son embarras. Moi, j'empruntai la somme, et je lui en fis don. J'avais lieu pourtant de trembler alors pour moi-même. On venait de faire mourir, ou d'envoyer en exil sept de mes amis. Les morts étaient Sénécion, Rusticus, Helvidius; les exilés, Mauricus, Gratilla, Arria, Fannia. La foudre tombée autour de moi tant de fois, qu'elle m'avait comme brûlé, semblait me présager évidemment un semblable sort. Mais il s'en faut bien que je croie avoir pour cela mérité toute la gloire qu'il me donne : je n'ai fait qu'éviter l'infamie. J'ai eu, autant que la différence de nos âges le pouvait permettre, une amitié pleine de tendresse et d'admiration pour Caïus Musonius, son beau-père. Artémidore lui-même était de mes plus intimes amis, dès le temps que j'étais tribun dans l'armée de Syrie. C'est la première marque que j'aie donnée d'un naturel heureux, de montrer du goût pour un sage, ou du moins pour un homme qui ressemble si fort à ceux que l'on honore de ce nom : car en vérité, entre tous ceux que l'on appelle philosophes, vous en trouverez difficilement un ou deux aussi sincères, aussi vrais que lui. Je ne vous parle point de son courage à supporter la rigueur des saisons : je ne vous dis point qu'il est infatigable dans les plus rudes travaux; que les plaisirs de la table lui sont inconnus, et qu'il donne aussi peu de licence à ses désirs qu'à ses yeux. Ces qualités pourraient briller dans un autre : chez lui, elles sont obscurcies par ses autres vertus. Il leur doit la préférence que Musonius lui donna sur des rivaux de tous états, lorsqu'il le choisit pour gendre. Je ne puis faire ces réflexions sans être sensible au plaisir d'apprendre qu'il me vante si fort, et principalement auprès de vous. Je finis cependant par où j'ai commencé. J'appréhende bien qu'il ne sorte des bornes où son inclination bienfaisante ne lui permet guère de se contenir. C'est son défaut, beau à la vérité, mais défaut important, et le seul que je connaisse à cet homme si sage d'ailleurs : il voit toujours dans ses amis plus de mérite qu'ils n'en ont. Adieu.

LETTRE XII.

PLINE A CATILIUS.

J'irai souper chez vous, mais je veux faire mon marché. Je prétends que le repas soit court et frugal. Seulement beaucoup de morale enjouée; et de cela même point d'excès. Demain avant le jour, différents devoirs éveilleront des gens que Caton même ne rencontra pas impunément. César, à ce propos, le blâme d'une manière qui le loue. Il dépeint dans un si grand embarras ceux qui rencontrèrent Caton ivre, qu'ils rougirent aussitôt qu'ils lui eurent découvert le visage. *On eût dit,* ajoute-t-il, *que Caton venait de les prendre sur le fait, et non pas qu'ils venaient d'y prendre Caton.* Quelle plus haute idée peut-on donner de l'autorité que Ca-

---

ritum, ut vera, ita supra meritum prædicatione circumfert. Equidem, quum essent philosophi ab urbe submoti, fui apud illum in suburbano : et quo notabilius hoc periculosiusque esset, fui prætor. Pecuniam etiam, qua tunc illi ampliore opus erat, ut æs alienum exsolveret contractum ex pulcherrimis caussis, mussantibus magnis quibusdam et locupletibus amicis, mutuatus ipse, gratuitam dedi. Atque hæc feci, quum, septem amicis meis aut occisis, aut relegatis (occisis, Senecione, Rustico, Helvidio; relegatis, Maurico, Gratilla, Arria, Fannia), tot circa me jactis fulminibus quasi ambustus, mihi quoque impendere idem exitium, certis quibusdam notis augurarer. Non ideo tamen eximiam gloriam meruisse me, ut ille prædicat, credo : sed tantum effugisse flagitium. Nam et C. Musonium, socerum ejus (quantum licitum est per ætatem), cum admiratione dilexi, et Artemidorum ipsum jam tum, quum in Syria tribunus militarem, arcta familiaritate complexus sum : idque primum non nullius indolis dedi specimen, quod virum aut sapientem, aut proximum similimumque sapienti, intelligere sum visus. Nam ex omnibus, qui nunc se philosophos vocant, vix unum, aut alterum invenies tanta sinceritate, tanta veritate. Mitto, qua patientia corporis hiemes juxta et æstates ferat, ut nullis laboribus cedat, ut nihil in cibo, aut potu voluptatibus tribuat, ut oculos animumque contineat. Sunt hæc magna, sed in alio : in hoc vero minima, si cæteris virtutibus comparentur, quibus meruit, ut a C. Musonio ex omnibus omnium ordinum adsectatoribus gener assumeretur. Quæ mihi recordanti est quidem jucundum, quod me quum apud alios, tum apud te, tantis laudibus cumulet : vereor tamen, ne modum excedat, quem benignitas ejus (illuc enim, unde cœpi, revertor) non solet tenere. Nam in hoc uno interdum, vir alioqui prudentissimus, honesto quidem, sed tamen errore versatur, quod pluris amicos suos, quam sunt, arbitratur. Vale.

XII.

C. PLINIUS CATILIO SUO S.

Veniam ad cœnam : sed jam nunc paciscor, sit expedita, sit parca : Socraticis tantum sermonibus abundet : in his quoque modum. Erunt officia antelucana, in quæ incidere impune ne Catoni quidem licuit, quem tamen C. Cæsar ita reprehendit, ut laudet. Scribit enim, eos, quibus obvius fuerat, quum caput ebrii retexissent, erubuisse : deinde adjicit, *putares non ab illis Cato-*

ton avait acquise, que de le représenter si respectable, tout enseveli qu'il était dans le vin? Ce n'est donc pas assez de régler l'ordre et la dépense de notre repas, si nous n'en fixons la durée : car, après tout, nous ne sommes pas arrivés à ce degré de réputation où la médisance, dans la bouche même de nos ennemis, soit notre éloge. Adieu.

LETTRE XIII.
PLINE A ROMANUS.

Je vous ai envoyé, comme vous le désirez, le remercîment que j'ai fait à l'empereur au commencement de mon consulat : vous l'auriez reçu, quand même vous ne me l'eussiez pas demandé. Ne faites pas moins d'attention, je vous prie, sur la difficulté que sur la beauté du sujet. Dans la plupart des ouvrages, la seule nouveauté suffit pour réveiller le lecteur : ici, le sujet, tant de fois rebattu, semble épuisé. Il arrive de là que chacun, indifférent sur tout le reste, ne s'attache qu'aux tours et à l'expression, qui, dans un examen ainsi détaché, se soutiennent difficilement. Et plût à Dieu que l'on s'arrêtât du moins au plan, aux liaisons, aux figures du discours! Car enfin, les plus grossiers peuvent quelquefois inventer heureusement, et s'exprimer en termes pompeux; mais ordonner avec art, répandre une agréable variété, placer à propos les figures, c'est ce qui n'appartient qu'aux plus délicats. Il ne faut pas même affecter toujours des pensées sublimes et brillantes. Comme, dans un tableau, rien ne fait tant paraître la lumière que le mélange des ombres; aussi, dans une harangue, rien ne fait tant valoir le merveilleux que le contraste du simple. Mais j'oublie

que je parle à un maître. Je ne dois l'avertir que de ne me pas épargner. C'est par la sévérité de votre critique sur les endroits faibles, que je jugerai de la sincérité de votre approbation pour tout le reste. Adieu.

LETTRE XIV.
PLINE A ACILIUS.

Les esclaves de Largius Macédo, qui a été préteur, viennent d'exercer sur lui les dernières cruautés. L'aventure est des plus tragiques, et telle, qu'une simple lettre ne suffit pas pour en faire sentir toute l'horreur. Il était maître dur, inhumain, et qui se souvenait peu, ou plutôt ne se souvenait que trop que son père avait été lui-même dans l'esclavage. Il prenait le bain dans sa maison de Formies, lorsque tout à coup ses esclaves l'environnent. L'un le prend à la gorge, l'autre le frappe au visage; celui-ci lui donne mille coups dans le ventre et dans l'estomac, celui-là dans des endroits que la pudeur ne permet pas de nommer; et lorsqu'ils crurent l'avoir tué, ils le jetèrent sur un plancher fort chaud, pour voir s'il ne vivrait point encore. Lui, soit qu'en effet il eût perdu le sentiment, soit qu'il feignît de ne rien sentir, demeure étendu et immobile, et les confirme dans la pensée qu'il était mort. Aussitôt ils l'emportèrent, comme si la chaleur du bain l'eût fait évanouir. Ceux de ses esclaves qui n'étaient point complices, et ses concubines, accourent avec de grands cris et avec de grands gémissements. Largius, réveillé par le bruit, et ranimé par la fraîcheur du lieu, entr'ouvre les yeux, et par un petit mouvement donne quelques signes de vie : il le pouvait alors sans danger. Les esclaves prennent la fuite.

---

nem, sed illos a Catone deprehensos. Potuitne plus auctoritatis tribui Catoni, quam si ebrius quoque tam venerabilis erat? Nostræ tamen cœnæ ut apparatus et impendii, sic temporis modus constet. Neque enim ii sumus, quos vituperare ne inimici quidem possint, nisi ut simul laudent. Vale.

XIII.
C. PLINIUS ROMANO SUO S.

Librum, quo nuper optimo principi consul gratias egi, misi exigenti tibi : missurus, etsi non exegisses. In hoc consideres velim, ut pulchritudinem materiæ, ita difficultatem. In cæteris enim lectorem novitas ipsa intentum habet : in hoc, nota, vulgata, dicta sunt omnia; quo fit, ut quasi otiosus securusque lector tantum elocutioni vacet, in qua satisfacere difficilius est, quum sola æstimatur. Atque utinam ordo saltem, et transitus, et figuræ simul spectarentur! nam invenire præclare, enuntiare magnifice, interdum etiam barbari solent : disponere apte, figurare varie, nisi eruditis, negatum est. Nec vero affectanda sunt semper elata et excelsa : nam, ut in pictura lumen non alia res magis quam umbra commendat, ita orationem tam submittere, quam attollere decet. Sed

quid ego hæc doctissimo viro? quin potius illud : adnota quæ putaveris corrigenda. Ita enim magis credam, cætera tibi placere, si quædam displicuisse cognovero. Vale.

XIV.
C. PLINIUS ACILIO SUO S.

Rem atrocem, nec tantum epistola dignam, Largius Macedo, vir prætorius, a servis suis passus est : superbus alioqui dominus et sævus, et qui, servisse patrem suum, parum, immo minimum meminisset. Lavabatur in villa formiana : repente eum servi circumsistunt : alius fauces invadit, alius os verberat, alius pectus, et ventrem, atque etiam (fœdum dictu) verenda contundit : et quum exanimem putarent, abjiciunt in fervens pavimentum, ut experirentur, an viveret. Ille, sive quia non sentiebat, sive quia non sentire simulabat, immobilis et extentus fidem peractæ mortis implevit. Tum demum, quasi æstu solutus, effertur : excipiunt servi fideliores : concubinæ cum ululatu et clamore concurrunt. Ita et vocibus excitatus, et recreatus loci frigore, sublatis oculis agitatoque corpore, vivere se (et jam tutum erat) confitetur. Diffugiunt servi : quorum magna pars comprehensa est, cæteri requiruntur : ipse paucis diebus ægre refocillatus,

On arrête les uns, on court après les autres. Le maître, avec beaucoup de peine, n'a survécu que peu de jours. Avant que de mourir, il a eu la consolation de se voir vengé, comme l'on venge les morts. Voyez, je vous prie, à quel danger, à quelle insolence et à quel outrage nous sommes exposés. Il ne faut pas que personne se croie en sûreté, parce qu'il est doux et humain ; car les esclaves n'égorgent point leurs maîtres par raison, mais par fureur. C'en est assez sur ce sujet. N'y a-t-il plus rien de nouveau ? Rien. Je ne manquerais pas de vous l'écrire. J'ai du papier de reste ; j'ai du loisir ; il est fête. J'ajouterai pourtant ce qui me revient fort à propos du même Macédo. Un jour qu'il se baignait à Rome dans un bain public, il lui arriva une aventure remarquable et de très-mauvais augure, comme la suite l'a fait voir. Un chevalier romain, poussé doucement par un esclave de Macédo, et averti de faire place, se tourna brusquement, et porta un si rude coup, non à l'esclave, mais au maître, qu'il pensa le renverser. Ainsi le bain a été funeste à Macédo, comme par degrés : la première fois, il y reçut un affront ; la seconde fois, il y perdit la vie. Adieu.

LETTRE XV.

PLINE A PROCULUS.

Vous me priez de lire vos ouvrages dans ma retraite, et de vous dire s'ils sont dignes d'être publiés. Vous m'en pressez ; vous autorisez vos prières par des exemples ; vous me conjurez même de prendre sur mes études une partie du loisir que je leur destine, et de la donner aux vôtres. Enfin, vous me citez Cicéron, qui se faisait un plaisir de favoriser et d'animer les poëtes. Vous me faites tort ; il ne faut ni me prier, ni me presser. Je suis adorateur de la poésie, et j'ai pour vous une tendresse que rien n'égale. Ne doutez donc pas que je ne fasse, avec autant d'exactitude que de joie, ce que vous désirez. Je pourrais déjà vous mander que rien n'est plus beau, et ne mérite mieux de paraître ; du moins autant que j'en puis juger par les endroits que vous m'avez fait voir, si pourtant votre prononciation ne m'a point imposé ; car vous lisez d'un ton fort imposteur. Mais j'ai assez bonne opinion de moi, pour croire que le charme de l'harmonie ne va point jusqu'à m'ôter le jugement : elle peut bien le surprendre, mais non pas le corrompre ni l'altérer. Je crois donc déjà pouvoir hasarder mon avis sur le corps de l'ouvrage. La lecture m'apprendra ce que je dois penser de chaque partie. Adieu.

LETTRE XVI.

PLINE A NÉPOS.

J'avais toujours cru qu'entre les actions et les paroles des hommes et des femmes illustres, quelques-unes avaient plus de célébrité que de véritable grandeur, d'autres plus de grandeur que de célébrité. L'entretien que j'eus hier avec Fannia m'a confirmé dans cette opinion. C'est la petite-fille de cette célèbre Arria qui, par son exemple, apprit à son mari à mourir sans regret. Fannia me contait plusieurs autres traits d'Arria, non moins héroïques, quoique moins connus. Vous aurez, je m'imagine, autant de plaisir à les lire que j'en ai eu à les entendre.

---

non sine ultionis solatio decessit, ita vivus vindicatus, ut occisi solent. Vides, quot periculis, quot contumeliis, quot ludibriis, simus obnoxii : nec est, quod quisquam possit esse securus, quia sit remissus et mitis : non enim judicio domini, sed scelere perimuntur. Verum hæc hactenus. Quid præterea novi ? Quid ? Nihil, alioqui subjungerem : nam et charta adhuc superest, et dies feriatus patitur plura contexi. Addam, quod opportune de eodem Macedone succurrit. Quum in publico Romæ lavaretur, notabilis atque etiam, ut exitus docuit, ominosa res accidit. Eques romanus a servo ejus, ut transitum daret, manu leviter admonitus, convertit se, nec servum, a quo erat tactus, sed ipsum Macedonem tam graviter palma percussit, ut pæne concideret. Ita balneum illi, quasi per gradus quosdam, primum contumeliæ locus, deinde exitii fuit. Vale.

XV.
C. PLINIUS PROCULO SUO S.

Petis, ut libellos tuos in secessu legam, examinemque, an editione sint digni : adhibes preces : adlegas exemplum : rogas etiam, ut aliquid subsecivi temporis studiis meis subtraham, impertiam tuis : adjicis, M. Tullium mira benignitate poetarum ingenia fovisse. Sed ego nec rogandus sum, nec hortandus. Nam et poeticen ipsam religiosissime veneror, et te validissime diligo. Faciam ergo, quod desideras, tam diligenter, quam libenter. Videor autem jam nunc posse rescribere, esse opus pulchrum, nec supprimendum, quantum æstimare licuit ex iis, quæ me præsente recitasti : si modo mihi non imposuit recitatio tua. Legis enim suavissime et peritissime. Confido tamen, me non sic auribus duci, ut omnes aculei judicii mei illarum delinimentis refringantur. Hebetentur fortasse, et paululum retundantur ; evelli quidem extorquerique non possunt. Igitur non temere jam nunc de universitate pronuntio : de partibus experiar legendo. Vale.

XVI.
C. PLINIUS NEPOTI SUO S.

Adnotasse videor, facta dictaque virorum feminarumque illustrium alia clariora esse, alia majora. Confirmata est opinio mea hesterno Fanniæ sermone. Neptis hæc Arriæ illius, quæ marito et solatium mortis et exemplum fuit. Multa referebat aviæ suæ non minora hoc, sed obscuriora : quæ tibi existimo tam mirabilia legenti fore, quam mihi audienti fuerunt. Ægrotabat Cæcina Pætus, maritus ejus ; ægrotabat et filius, uterque mortifere, ut videbatur : filius decessit, eximia pulchritudine, pari verecundia, et

Son mari et son fils étaient en même temps attaqués d'une maladie qui paraissait mortelle. Le fils mourut. C'était un jeune homme d'une beauté, d'une modestie qui charmaient, et plus cher encore à son père et à sa mère par de rares vertus, que par le nom de fils. Arria donna de si bons ordres pour les obsèques, que le père n'en sut rien. Toutes les fois même qu'elle entrait dans la chambre de son mari, elle lui faisait entendre que leur fils se portait mieux. Souvent, pressée de dire comment il était, elle répondait qu'il n'avait pas mal dormi, qu'il avait mangé avec assez d'appétit. Enfin, lorsqu'elle sentait qu'elle ne pouvait plus retenir ses larmes, elle sortait; elle s'abandonnait à sa douleur; et, après l'avoir soulagée, elle rentrait les yeux secs, le visage serein, comme si elle eût laissé son deuil à la porte. Rien n'est plus beau, je l'avoue, que ce qu'elle fit en mourant. Quoi de plus glorieux que de prendre un poignard, que de l'enfoncer dans son sein, que de l'en tirer tout sanglant, et de la même main le présenter à son mari, avec ces paroles divines : *Mon cher Pétus, cela ne fait pas de mal!* Mais, après tout, la gloire et l'immortalité, présentes dans ce moment à ses yeux, la soutenaient. Combien faut-il plus de forces et de courage, lorsque, dénuée d'un si puissant secours, elle fait rentrer ses pleurs, disparaître son désespoir, et se montre encore mère alors qu'elle n'a plus de fils? Scribonien avait soulevé l'Illyrie contre l'empereur Claude. Scribonien est défait et tué; Pétus, qui s'était attaché à lui, est pris et mené à Rome. On l'embarque. Arria conjure les soldats qui l'escortent de la recevoir dans leur bord. *Vous ne pouvez,* leur dit-elle, *refuser à un homme consulaire quelques esclaves qui lui servent à manger, qui l'habillent, qui le chaussent. Seule, je lui rendrai tous ces services.* Les soldats furent inexorables : Arria loue une barque de pêcheurs, et, dans un si petit bâtiment, se met à la suite d'un gros vaisseau. Arrivée à Rome, elle rencontre dans le palais de l'empereur la femme de Scribonien, qui révélait les complices, et qui voulut lui parler. *Que je t'écoute,* lui dit-elle, *toi qui as vu tuer ton mari entre tes bras, et qui vis encore!* Vous pouvez juger de là que ce ne fut pas sans réflexion, et par une aveugle impétuosité, qu'elle choisit une si glorieuse mort. Un jour Thraséas, son gendre, qui la conjurait de quitter la résolution où elle était de mourir, lui dit : Vous voulez donc, si l'on me force à quitter la vie, que votre fille la quitte avec moi? elle lui répondit, sans s'émouvoir : *Oui, je le veux, quand elle aura vécu avec vous aussi longtemps et dans une aussi parfaite union que j'ai vécu avec Pétus.* Ce discours avait redoublé l'inquiétude et l'attention de toute sa famille. On l'observait de beaucoup plus près. Elle s'en aperçut. *Vous perdrez votre temps,* dit-elle. *Vous pouvez bien faire que je meure d'une mort plus douloureuse, mais il n'est pas en votre pouvoir de m'empêcher de mourir.* A peine a-t-elle achevé ces paroles, qu'elle se lève précipitamment de sa chaise, va se heurter la tête avec violence contre le mur, et tombe comme morte. Revenue à elle-même, *Je vous avais bien promis,* dit-elle, *que je saurais m'ouvrir les passages les plus difficiles à la mort, si vous me fermiez ceux qui sont aisés.* Ces traits ne vous paraissent-ils point plus héroïques encore que celui-ci, naturellement préparé par les autres: *Mon cher Pétus, cela ne fait pas de mal?* Cependant toute la terre parle de cette action; celles qui l'ont préparée sont inconnues. Concluez donc avec moi qu'entre les actions des hommes illustres, les

parentibus non minus ob alia carus, quam quod filius erat. Huic illa ita funus paravit, ita duxit exsequias, ut ignoraret maritus : quinimmo, quoties cubiculum ejus intraret, vivere filium, atque etiam commodiorem esse simulabat; ac persæpe interroganti, quid ageret puer, respondebat, *Bene quievit, libenter cibum sumpsit.* Deinde quum diu cohibitæ lacrymæ vincerent prorumperentque, egrediebatur. Tum se dolori dabat. Satiata, siccis oculis, composito vultu redibat, tanquam orbitatem foris reliquisset. Præclarum quidem illud ejusdem, ferrum stringere, perfodere pectus, extrahere pugionem, porrigere marito, addere vocem immortalem ac pæne divinam, PÆTE, NON DOLET. Sed tamen ista facienti dicentique gloria et æternitas ante oculos erant : quo majus est sine præmio æternitatis, sine præmio gloriæ abdere lacrymas, operire luctum, amissoque filio, matrem adhuc agere. Scribonianus arma in Illyrico contra Claudium moverat : fuerat Pætus in partibus, et occiso Scriboniano, Romam trahebatur. Erat adscensurus navem : Arria milites orabat, ut simul imponeretur. « Nempe enim, inquit, daturi estis consulari viro servulos aliquos, quorum e manu cibum capiat, a quibus vestiatur, a quibus calcietur : omnia vel sola præstabo. » Non impetravit. Conduxit piscatoriam naviculam, ingensque navigium minimo sequuta est. Eadem apud Claudium uxori Scriboniani, quum illa profiteretur indicium : « Ego, inquit, te audiam, cujus in gremio Scribonianus occisus est, et vivis! » Ex quo manifestum est, ei consilium pulcherrimæ mortis non subitum fuisse. Quin etiam quum Thrasea, gener ejus, deprecaretur, ne mori pergeret, interque alia dixisset : « Tu vis ergo filiam tuam, si mihi pereundum fuerit, mori mecum? » respondit : « Si tam diu tantaque concordia vixerit tecum, quam ego cum Pæto, volo. » Auxerat hoc responso curam suorum : attentius custodiebatur : sensit; et : « Nihil agitis, inquit; potestis enim efficere, ut male moriar; ne moriar, non potestis. » Dum hæc dicit, exsiluit cathedra, adversoque parieti caput fingenti impetu impegit, et corruit. Refocillata, « Dixeram, inquit, vobis, inventuram me, quamlibet duram, ad mortem viam, si vos facilem negassetis. » Videnturne hæc tibi majora illo, *Pæte, non dolet,* ad quod per hæc perventum est? quum interim illud quidem ingens fama, hæc nulla circumfert. Unde

unes ont plus d'éclat, les autres plus de grandeur. Adieu.

LETTRE XVII.
PLINE A SERVIEN.

A quoi tient-il donc que je ne reçoive de vos nouvelles? Tout va-t-il bien? ou quelque chose irait-il mal? Êtes-vous accablé d'affaires? ou jouissez-vous d'un doux loisir? Les commodités pour écrire sont-elles rares? ou vous manquent-elles? Tirez-moi de cette inquiétude que je ne puis plus supporter, et n'épargnez pas un courrier exprès. J'offre d'en faire la dépense. Je le payerai bien, s'il m'apprend ce que je désire. Pour moi, je me porte bien, si c'est se bien porter que de vivre dans une cruelle incertitude, que d'attendre de moment à autre des nouvelles qui ne viennent point, que de craindre, pour ce que j'ai de plus cher, tous les malheurs attachés à la condition humaine. Adieu.

LETTRE XVIII.
PLINE A SÉVÈRE.

Les devoirs du consulat m'ont engagé à remercier le prince au nom de la république. Après m'en être acquitté dans le sénat d'une manière convenable au lieu, au temps, à la coutume, j'ai cru qu'en bon citoyen, je devais jeter sur le papier les choses que j'avais dites, et leur y donner plus d'étendue. Ma première vue a été de faire aimer encore davantage à l'empereur ses vertus, par les charmes d'une louange naïve. J'ai voulu en même temps tracer à ses successeurs, par son exemple mieux que par aucun précepte, la route de la solide gloire. S'il y a beaucoup d'honneur à former les princes par de nobles leçons, il y a bien autant d'embarras dans cette entreprise, et peut-être encore plus de présomption. Mais laisser à la postérité l'éloge d'un prince accompli, montrer comme d'un phare, aux empereurs qui viendront après lui, une lumière qui les guide, c'est tout à la fois être aussi utile et plus modeste. Ce qui m'a fait le plus de plaisir, c'est que, dans le dessein de lire cet ouvrage à mes amis, je ne les invitai point par des billets de cérémonie, selon l'usage; je les fis seulement avertir que je leur lirais ma pièce un certain jour, s'ils avaient du loisir de reste pour venir l'entendre. Vous savez qu'à Rome jamais on ne trouve de loisir pour ces sortes de choses : cependant ils y sont tous accourus deux jours de suite, et par le plus mauvais temps du monde. Non contents de cela, lorsque, par discrétion, je voulus cesser, ils exigèrent absolument de moi que le lendemain je leur donnasse la lecture du reste. A qui dois-je croire que cet honneur a été rendu? Est-ce à ma personne? est-ce à l'amour des lettres? J'incline bien plus à penser que c'est au dessein de rallumer l'amour des lettres, presque éteint. Mais songez, je vous prie, quel est le sujet qui semble avoir si fort piqué leur curiosité. Comment se peut-il que ce qui, sous d'autres empereurs, nous ennuyait dans le sénat même, lorsque la politique ne nous y demandait qu'un moment d'attention, se fasse lire et écouter avec empressement pendant trois jours? Ce n'est point qu'il entre aujourd'hui plus d'éloquence, c'est qu'il entre plus de liberté dans ces discours. Rien ne sera donc plus glorieux pour notre auguste empereur que lorsqu'on verra ces sortes de harangues, aussi odieuses que fausses sous d'autres règnes, devenues sous le sien aussi aimables que sincères. Quant à moi, je n'ai pas été moins charmé du goût de mes au-

---

colligitur, quod initio dixi, alia esse clariora, alia majora. Vale.

XVII.
C. PLINIUS SERVIANO SUO S.

Rectene omnia? quod jampridem epistolæ tuæ cessant. An omnia recte; sed occupatus es tu? An tu non occupatus; sed occasio scribendi vel rara, vel nulla? Exime hunc mihi scrupulum, cui par esse non possum. Exime autem vel data opera tabellario misso : ego viaticum, ego etiam præmium dabo : nuntiet mihi modo, quod opto. Ipse valeo, si valere est, suspensum et anxium vivere, exspectantem in horas, timentemque pro capite amicissimo, quidquid accidere homini potest. Vale.

XVIII.
C. PLINIUS SEVERO SUO S.

Officium consulatus injunxit mihi, ut reipublicæ nomine principi gratias agerem. Quod ego in senatu quum ad rationem et loci et temporis ex more fecissem; bono civi convenientissimum credidi, eadem illa spatiosius et uberius volumine amplecti : primum, ut imperatori nostro virtutes suæ veris laudibus commendarentur : deinde, ut futuri principes non quasi a magistro, sed tamen sub exemplo præmonerentur, qua potissimum via possent ad eandem gloriam niti. Nam præcipere, qualis esse debeat princeps, pulchrum quidem, sed onerosum, ac prope superbum est : laudare vero optimum principem, ac per hoc posteris, velut e specula lumen, quod sequantur, ostendere, idem utilitatis habet, arrogantiæ nihil. Cepi autem non mediocrem voluptatem, quod, hunc librum quum amicis recitare voluissem, non per codicillos, non per libellos, sed *si commodum esset, et si valde vacaret*, admoniti (nunquam porro, aut valde raro, vacat Romæ, aut commodum est, audire recitantem) fœdissimis insuper tempestatibus per biduum convenerunt : quumque modestia mea finem recitationi facere voluisset, ut adjicerem tertium diem, exegerunt. Mihi hunc honorem habitum putem, an studiis? Studiis malo, quo prope exstincta refoventur. At cui materiæ hanc sedulitatem præstiterunt? Nempe quam in senatu quoque, ubi perpeti necesse erat, gravari tamen vel puncto temporis solebamus, eandem nunc et qui recitare, et qui audire

diteurs que de leur empressement. Je me suis aperçu que les endroits les moins fleuris plaisaient du moins autant que les autres. Il est vrai que je n'ai lu qu'à peu de personnes cet ouvrage, fait pour tout le monde. Je ne puis m'empêcher cependant d'être flatté de ces suffrages particuliers. Il me semble qu'ils me répondent de ceux du public. Je veux espérer que comme la flatterie, qui régnait jusque sur les théâtres, avait fait de très-mauvais musiciens il n'y a pas longtemps, la liberté, qui règne aujourd'hui partout, en peut faire d'excellents. Tous ceux qui n'écrivent que pour plaire se régleront toujours sur le goût général. J'ai cru qu'il m'était permis de traiter mon sujet avec un peu d'étendue et de liberté. J'ose dire même que ce qu'il y a de sérieux et de serré dans mon ouvrage paraîtra recherché et amené avec art, plutôt que ce qu'il y a de vif et d'égayé. Je ne souhaite pas cependant avec moins d'ardeur que ce jour vienne (et fût-il déjà venu!) où le style mâle et nerveux bannira pour jamais le style mou et efféminé qui s'est établi par nous. Voilà ce que j'ai dit et ce que j'ai fait pendant trois jours. Je ne veux pas que votre absence vous dérobe rien des plaisirs que votre amitié pour moi et votre inclination pour les belles-lettres vous eussent donné, si vous aviez été présent. Adieu.

LETTRE XIX.

PLINE A CALVISIUS.

J'ai, selon ma coutume, recours à vous, comme au chef de mon conseil. Une terre voisine des miennes, et qui s'y trouve en quelque sorte enclavée, est à vendre. Plus d'une raison m'invite à l'acheter, plus d'une raison m'en détourne. L'agrément d'unir cette terre à celle que je possède, première amorce. Seconde tentation, le plaisir et tout à la fois la commodité d'aller de l'une à l'autre tout d'une traite, et sans être obligé à double dépense; de les régir par un même intendant, et presque par les mêmes fermiers; d'embellir l'une, et de me contenter d'entretenir l'autre. Je compte encore que je m'épargne de nouveaux meubles, des portiers, des jardiniers, d'autres semblables gens, et des équipages de chasse. Il n'est pas indifférent d'avoir à faire cette dépense en deux lieux ou en un seul. D'un autre côté, voici ce qui me tient en balance. Je crains qu'il n'y ait quelque imprudence à mettre tant de biens sous un même climat, à les exposer aux mêmes accidents. Il me parait plus sûr de se précautionner contre les caprices de la fortune, par la différente situation de nos terres. Ne vous semble-t-il pas même qu'il est agréable de changer quelquefois de terrain et d'air, et que le voyage d'une maison à l'autre a ses charmes? Mais venons au principal sujet de nos délibérations. Le terroir est gras, fertile, arrosé : on y trouve des terres labourables, des vignes, et des bois dont la coupe est d'un revenu modique à la vérité, mais certain. Malgré tous ces avantages, cette terre est en désordre par l'indigence de ceux qui la devaient cultiver. Son dernier maî-

triduo velint, inveniuntur : non quia eloquentius, quam prius, sed quia liberius, ideoque etiam libentius scribitur. Accedet ergo hoc quoque laudibus principis nostri, quod res antea tam invisa quam falsa, nunc ut vera, ita amabilis facta est. Sed ego quum studium audientium, tum judicium mire probavi. Animadverti enim severissima quæque vel maxime satisfacere. Memini quidem, me non multis recitasse, quod omnibus scripsi : nihilominus tamen, tanquam sit eadem omnium futura sententia, hac severitate aurium lætor. Ac sicut olim theatra male musicos canere docuerunt, ita nunc in spem adducor, posse fieri, ut eadem theatra bene canere musicos doceant. Omnes enim, qui placendi caussa scribunt, qualia placere viderint, scribent. Ac mihi quidem confido in hoc genere materiæ lætioris stili consulere rationem, quum ea potius, quæ pressius et adstrictius, quam illa, quæ hilarius et quasi exsultantius scripsi, possint videri arcessita et inducta : non ideo tamen segnius precor, ut quandoque veniat dies (utinamque jam veneril!) quo austeris istis severisque dulcia hæc blandaque vel justa possessione decedant. Habes acta mea tridui : quibus cognitis volui tantum te voluptatis absentem et studiorum nomine et meo capere, quantum præsens percipere potuisses. Vale.

XIX.

C. PLINIUS CALVISIO RUFO SUO S.

Adsumo te in consilium rei familiaris, ut soleo. Prædia agris meis vicina, atque etiam inserta, venalia sunt. In his me multa solicitant; aliqua nec minora deterrent. Solicitat primum ipsa pulchritudo jungendi : deinde, quod non minus utile quam voluptuosum, posse utraque eadem opera, eodem viatico invisere, sub eodem procuratore, ac pæne iisdem actoribus habere, unam villam colere et ornare, alteram tantum tueri. Inest huic computationi sumptus supellectilis, sumptus atriensium, topiariorum, fabrorum, atque etiam venatorii instrumenti : quæ plurimum refert, unum in locum conferas, an in diversa dispergas. Contra vereor, ne sit incautum, rem tam magnam iisdem tempestatibus, iisdem casibus subdere. Tutius videtur, incerta fortunæ possessionum varietatibus experiri. Habet etiam multum jucunditatis soli cælique mutatio, ipsaque illa peregrinatio intersita. Jam, quod deliberationis nostræ caput est, agri sunt fertiles, pingues, aquosi : constant campis, vineis, silvis, quæ materiam et ex ea reditum sicut modicum, ita statum præstant. Sed hæc felicitas terræ imbecillis cultoribus fatigatur : nam possessor prior sæpius vendidit pignora : et dum reliqua colonorum minuit ad tempus, vires in posterum exhausit, quarum defectione rursus reliqua creverunt. Sunt ergo instruendi complures frugi mancipes : nam nec ipse usquam vinctos habeo, nec ibi quisquam. Superest, ut scias, quanti videantur posse emi; sestertio tricies : non quia non aliquando quinquagies fuerint, verum et hac penuria colonorum et communi temporis iniquitate, ut reditus agrorum, sic etiam pretium retro abiit. Quæris, an hoc ipsum tricies facile colligere possimus?

tre a vendu plus d'une fois tout ce qui servait à la faire valoir ; et, pendant que par cette vente il diminue dans le temps présent les arrérages dont les fermiers étaient redevables, il leur ôte tous les moyens de se rétablir à l'avenir, et les surcharge de nouvelles dettes. Il faut donc faire provision de plusieurs bons fermiers. Parmi mes esclaves je n'en ai point de propres à cela, et il n'en reste aucun dans la maison dont il s'agit. Pour vous instruire du prix, il est de trois millions de sesterces. Il a été autrefois jusqu'à cinq; mais la diminution du revenu, causée, soit faute de bons fermiers, soit par la misère des temps, a produit, par une suite naturelle, la diminution du fonds. Vous me demandez si j'ai trois millions de sesterces bien comptés. Il est vrai que la plus grande partie de mon bien est en terres. J'ai pourtant quelque argent qui roule dans le commerce; et d'ailleurs, je ne me ferais pas une peine d'emprunter. J'ai toujours une ressource prête dans la bourse de ma belle-mère, où je prends aussi librement que dans la mienne. Ainsi, que cela ne vous arrête point, si le reste vous plaît. Apportez-y, je vous en supplie, toute votre attention ; car vous êtes le premier homme du monde en toutes choses, mais surtout en économie. Adieu.

XX.

PLINE A MAXIME.

Vous vous souvenez sans doute d'avoir lu souvent quels troubles excita la loi qui règle l'élection des magistrats par scrutin; quels applaudissements, quels reproches elle attira d'abord à son auteur. Cependant elle vient de passer tout d'une voix dans le sénat. Le jour de l'élection, chacun a demandé le scrutin. En vérité, la coutume de donner tout haut son suffrage avait banni de nos assemblées toute bienséance. On ne savait plus ni parler à son rang, ni se taire à propos, ni se tenir en place. On n'entendait de tous côtés que de grandes clameurs. Chacun courait de toute part avec ceux dont il portait les intérêts. Différentes troupes, tumultuairement répandues au milieu du sénat, n'y laissaient plus voir qu'une confusion indécente ; tant nous nous étions éloignés des mœurs de nos pères, chez qui l'ordre, la modestie, la tranquillité, répondaient si bien à la majesté du lieu, et au respect qu'il exige. Nous avons des vieillards qui m'ont souvent raconté que les magistrats étaient élus de cette manière. Celui qui se présentait pour une charge était appelé à haute voix. Il se faisait un profond silence. Le candidat prenait la parole; il rendait compte de sa conduite, et citait pour témoins et pour garants, ou celui sous les ordres de qui il avait porté les armes, ou celui dont il avait été questeur, ou, s'il le pouvait, l'un et l'autre ensemble. Il nommait quelques-uns de ses protecteurs. Ceux-ci parlaient en sa faveur avec autorité et en peu de mots ; et cela valait mille fois davantage que toutes les sollicitations imaginables. Les concurrents avaient la liberté de relever les défauts de la naissance, de l'âge, des mœurs de leurs compétiteurs. Le sénat donnait audience avec une gravité austère ; et, de la sorte, le mérite presque toujours l'emportait sur le crédit. Ces louables coutumes, corrompues par la chaleur des brigues, nous ont forcés de chercher un remède dans les suffrages secrets ; et certainement il a eu son effet, parce qu'il était nouveau et imprévu. Mais je crains que, dans la suite, le remède même ne nous attire d'autres maux, et qu'à la faveur du scrutin, l'injustice et l'insolence ne fassent leur coup plus sûrement. Combien se trouve-t-il de personnes sur qui la probité garde autant d'empire en secret qu'en public? Bien des gens craignent le déshonneur ; très-peu, leur conscience. Mais je m'alarme trop tôt sur l'avenir. Cependant, grâces

---

Sum quidem prope totus in prædiis, aliquid tamen fœnore; nec molestum erit mutuari. Accipiam a socru, cujus arca non secus ac mea utor. Proinde hoc te non moveat, si cætera non refragantur, quæ velim quam diligentissime examines : nam quum in omnibus rebus, tum in disponendis facultatibus plurimum tibi et usus et providentiæ superest. Vale.

XX.

C PLINIUS MAXIMO SUO S.

Meministine, te sæpe legisse, quantas contentiones excitarit lex tabellaria, quantumque ipsi latori, vel gloriæ, vel reprehensionis adtulerit? At nunc in senatu sine ulla dissensione hoc quidem, ut optimum, placuit. Omnes comitiorum die tabellas postulaverunt. Excesseramus sane manifestis illis apertisque suffragiis licentiam concionum. Non tempus loquendi, non tacendi modestia, non denique sedendi dignitas custodiebatur. Magni undique dissonique clamores : procurrebant omnes cum suis candidatis : multa agmina in medio; multique circuli et indecora confusio : adeo desciveramus a consuetudine parentum, apud quos omnia disposita, moderata, tranquilla, majestatem loci, pudoremque retinebant! Supersunt senes, ex quibus audire soleo hunc ordinem comitiorum. Citato nomine candidati, silentium summum. Dicebat ipse pro se, vitam suam explicabat, testes et laudatores dabat, vel eum, sub quo militaverat, vel eum, cui quæstor fuerat, vel utrumque, si poterat : addebat quosdam ex suffragatoribus : illi graviter et paucis loquebantur : plus hoc, quam preces, proderat. Nonnunquam candidatus aut natales competitoris, aut annos, aut etiam mores arguebat : audiebat senatus gravitate censoria ; ita sæpius digni, quam gratiosi, prævalebant. Quæ nunc immodico favore corrupta, ad tacita suffragia, quasi ad remedium, decurrerunt; quod interim plane remedium fuit : erat enim novum et subitum. Sed vereor, ne procedente tempore ex ipso remedio

au scrutin, nous avons pour magistrats les plus dignes de l'être. Il est arrivé dans cette élection, comme dans cette espèce de procès où la nomination des juges ne précède le jugement que du temps qu'il faut pour entendre les parties : nous avons été pris au dépourvu, et nous avons été justes. Quand je vous mande tout ce détail, c'est premièrement pour vous apprendre des nouvelles, et encore pour mêler la république dans nos entretiens. Nous devons d'autant plus profiter des occasions qui s'offrent d'en parler, qu'elles sont beaucoup plus rares pour nous qu'elles ne l'étaient pour les anciens. Franchement, je suis dégoûté de ces ennuyeuses phrases qui reviennent sans cesse : *A quoi passez-vous le temps? Vous portez-vous bien?* Donnons à notre tour un peu plus de liberté à nos lettres. Tirons-les de cette indigne bassesse, et ne les renfermons pas toutes dans nos affaires domestiques. Il est vrai que l'empire se conduit aujourd'hui par les mouvements d'un seul homme qui prend sur lui tous les soins, tous les travaux dont il soulage les autres. Il veut bien cependant quelquefois, par un salutaire tempérament, nous y associer. Il découle jusqu'à nous des ruisseaux de cette source de toute-puissance; et non-seulement nous pouvons puiser dans ces ruisseaux, mais faire en sorte, par nos lettres, que nos amis y puisent à leur tour. Adieu.

LETTRE XXI.

PLINE A PRISCUS.

J'apprends que Martial est mort, et j'en ai beaucoup de chagrin. C'était un esprit agréable, délié, piquant, et qui savait parfaitement mêler le sel et l'amertume dans ses écrits, sans qu'il en coûtât rien à la probité. A son départ de Rome, je lui donnai de quoi l'aider à faire son voyage. Je devais ce petit secours à notre amitié, je le devais aux vers qu'il a faits pour moi. L'ancien usage était d'accorder des récompenses utiles ou honorables à ceux qui avaient écrit à la gloire des villes ou de quelques particuliers. Aujourd'hui la mode en est passée, avec tant d'autres qui n'avaient guère moins de grandeur et de noblesse. Depuis que nous cessons de faire des actions louables, nous méprisons la louange. Vous êtes curieux de savoir quels étaient donc les vers que je crus dignes de ma reconnaissance. Je vous renverrais à son livre même, si je me souvenais de quelques-uns. S'ils vous plaisent, vous chercherez les autres dans le recueil. Le poète adresse la parole à sa Muse; il lui recommande d'aller à ma maison des Esquilies, et de m'aborder avec respect. Voici comment :

> Garde-toi bien, dans ton ivresse,
> Muse, d'aller à contre-temps
> Troubler les emplois importants
> Ou du soir au matin l'occupe sa sagesse :
> Respecte les moments qu'il donne à des discours
> Qui font les charmes de nos jours,
> Et que tout l'avenir, admirant notre Pline,
> Osera comparer aux oracles d'Arpine.
> Prends l'heure que les doux propos,
> Enfants des verres et des pots,
> Ouvrent tout l'esprit à la joie;
> Qu'il se détend, qu'il se déploie ;
> Qu'on traite les sages de sots :
> Et qu'alors, en humeur de rire,
> Les plus Catons te puissent lire.

Ne croyez-vous pas que celui qui a écrit de moi dans ces termes, ait bien mérité de recevoir

---

vitia nascantur. Est enim periculum, ne tacitis suffragiis impudentia irrepat : nam quotocuique eadem honestatis cura secreto, quæ palam? Multi famam, conscientiam pauci verentur. Sed nimis cito de futuris : interim beneficio tabellarum habebimus magistratus, qui maxime fieri debuerunt : nam ut in recuperatoriis judiciis, sic nos in his comitiis, quasi repente apprehensi, sinceri judices fuimus. Hæc tibi scripsi, primum ut aliquid novi scriberem, deinde ut nonnunquam de republica loquerer, cujus materiæ nobis quanto rarior, quam veteribus, occasio, tanto minus omittenda est. Et hercule, quousque illa vulgaria? *Eho, quid agis? Ecquid commode vales?* Habeant nostræ quoque litteræ aliquid non humile, nec sordidum, nec privatis rebus inclusum. Sunt quidem cuncta sub unius arbitrio, qui pro utilitate communi solus omnium curas laboresque suscepit : quidam tamen salubri quodam temperamento ad nos quoque velut rivi ex illo benignissimo fonte decurrunt, quos et haurire ipsi, et absentibus amicis quasi ministrare epistolis possumus. Vale.

XXI.

C. PLINIUS PRISCO SUO S.

Audio Valerium Martialem decessisse, et moleste fero. Erat homo ingeniosus, acutus, acer, et qui plurimum in scribendo et salis haberet et fellis, nec candoris minus. Prosequutus eram viatico secedentem; dederam hoc amicitiæ, dederam etiam versiculis, quos de me composuit. Fuit moris antiqui, eos, qui vel singulorum laudes, vel urbium scripserant, aut honoribus, aut pecunia ornare : nostris vero temporibus, ut alia speciosa et egregia, ita hoc in primis exolevit : nam postquam desiimus facere laudanda, laudari quoque ineptum putamus. Quæris, qui sint versiculi, quibus gratiam retulerim? Remitterem te ad ipsum volumen, nisi quosdam tenerem : tu, si placuerint hi, cæteros in libro requires. Adloquitur Musam, mandat, ut domum meam Esquiliis quærat, adeat reverenter :

> Sed, ne tempore non tuo disertam
> Pulses ebria januam, videto.
> Totos dat tetricæ dies Minervæ,
> Dum centum studet auribus virorum,
> Hoc quod secula posterique possint
> Arpinis quoque comparare chartis.
> Seras tutior ibis ad lucernas :
> Hæc hora est tua, quum furit Lyæus,
> Quum regnat rosa, quum madent capilli :
> Tunc me vel rigidi legant Catones.

Meritone eum, qui hæc de me scripsit, et tunc dimisi amicissime, et nunc, ut amicissimum, defunctum esse

des marques de mon affection à son départ, et de ma douleur à sa mort? Tout ce qu'il avait de meilleur, il me l'a donné; prêt à me donner davantage, s'il avait pu : quoiqu'à juger sainement, le don le plus précieux qu'on puisse faire, c'est le don de la gloire et de l'immortalité. Mais peut-être que les poésies de Martial ne seront pas immortelles. Peut-être; mais au moins les a-t-il travaillées dans la pensée qu'elles le seraient. Adieu.

LIVRE QUATRIÈME.

LETTRE PREMIÈRE.

PLINE A FABATUS.

Vous souhaitez depuis longtemps de nous voir ensemble, votre petite-fille et moi. Rien ne peut nous faire plus de plaisir à l'un et à l'autre. Nous ne le désirons pas avec moins de passion que vous, et nous préparons tout pour notre départ. Nous hâterons notre marche, autant que les chemins le permettront : nous ne nous détournerons qu'une fois; mais le détour ne sera pas long. Nous passerons par la Toscane, non pour voir l'état de nos biens en ce pays (car cela se peut remettre à notre retour), mais pour nous acquitter d'un devoir indispensable. Près de mes terres est un bourg que l'on appelle Tiferne, sur le Tibre. Je sortais à peine de l'enfance, que ses habitants me choisirent pour leur avocat. Plus leur affection est aveugle, plus elle est vive. Ils fêtent mon arrivée, ils s'affligent de mon départ; ils font des réjouissances publiques toutes les fois que l'on m'élève à quelque nouvel honneur. Pour leur marquer ma reconnaissance (car il est honteux de se laisser vaincre en amitié), j'ai fait bâtir en ce lieu un temple à mes dépens. Comme il est achevé, il semble que l'on ne puisse, sans irréligion, en différer la dédicace. Nous y séjournerons donc le jour destiné à cette cérémonie, que j'ai résolu d'accompagner d'un grand repas. Peut-être demeurerons-nous encore le jour suivant; mais cela même redoublera notre diligence sur la route. Je souhaite seulement de vous trouver, aussi bien que votre chère fille, pleins de santé. Je ne dis pas pleins de joie; car cela ne vous peut manquer, si nous arrivons heureusement. Adieu.

LETTRE II.

PLINE A CLÉMENS.

Régulus vient de perdre son fils; c'est la seule disgrâce qu'il pouvait n'avoir pas méritée, parce que je doute qu'il la sente. C'était un enfant d'un esprit pénétrant, mais équivoque, et qui pouvait se promettre d'avancer dans le chemin de la vertu, s'il eût pris soin de ne pas suivre les traces de son père. Régulus l'émancipa, pour lui faire recueillir la succession de sa mère. Après l'avoir acheté par ce bienfait (au moins c'est ainsi que le caractère de l'homme en faisait parler), il briguait les bonnes grâces de son fils par une affectation d'indulgence aussi rare que honteuse dans un père. Cela vous paraît incroyable : mais représentez-vous Régulus. Cependant il le pleure immodérément. Cet enfant avait de petits chevaux de main, et plusieurs attelages, des chiens de toutes tailles, des rossignols, des perroquets et des merles. Régulus a tout fait égorger sur le bûcher; et ce n'était pas douleur, mais comédie. On court chez lui de tous les endroits

---

doleo? Dedit enim mihi, quantum maxime potuit, daturus amplius, si potuisset. Tametsi quid homini potest dari majus, quam gloria, et laus, et æternitas? At non erunt æterna, quæ scripsit. Non erunt fortasse : ille tamen scripsit, tanquam essent futura. Vale.

LIBER QUARTUS.

I.

C. PLINIUS FABATO PROSOCERO SUO S.

Cupis post longum tempus neptem tuam meque una videre. Gratum est utrique nostrum, quod cupis; mutuo me hercule : nam invicem nos incredibili quodam desiderio vestri tenemur, quod non ultra differemus. Atque adeo jam sarcinulas adligamus, festinaturi, quantum itineris ratio permiserit. Erit una, sed brevis, mora : deflectemus in Tuscos, non ut agros remque familiarem oculis subjiciamus (id enim postponi potest), sed ut fungamur necessario officio. Oppidum est prædiis nostris vicinum; nomen Tifernum Tiberinum; quod me pæne adhuc puerum patronum cooptavit, tanto majore studio, quanto minore judicio. Adventus meos celebrat, profectionibus angitur, honoribus gaudet. In hoc ego, ut referrem gratiam (nam vinci in amore turpissimum est), templum pecunia mea exstruxi : cujus dedicationem, quum sit paratum, differre longius, irreligiosum est. Erimus ergo ibi dedicationis die, quem epulo celebrare constitui. Subsistemus fortasse et sequenti; sed tanto magis viam ipsam corripiemus. Contingat modo te filiamque tuam fortes invenire! nam hilares certum est, si nos incolumes receperitis. Vale.

II.

C. PLINIUS CLEMENTI SUO S.

Regulus filium amisit : hoc uno malo indignus, quod nescio an malum putet. Erat puer acris ingenii, sed ambigui : qui tamen posset recta sectari, si patrem non referret. Hunc Regulus emancipavit, ut heres matris exsisteret. Mancipatum (ita vulgo ex moribus hominis loquebantur) fœda et insolita parentibus indulgentiæ simulatione captabat : incredibile est; sed Regulum cogita. Amissum tamen luget insane. Habebat puer mannulos multos, et vinctos, et solutos : habebat canes majores minoresque : habebat luscinias, psittacos, merulas : omnes Regulus circa ro-

de la ville : tout le monde le hait, tout le monde le déteste, et chacun s'empresse de lui rendre visite, comme s'il était l'admiration et les délices du genre humain; et, pour vous dire en un mot tout ce que je pense, chacun à l'envi, en faisant sa cour à Régulus, l'imite. Il s'est retiré dans ses jardins au delà du Tibre. Là, il remplit de grandes galeries une vaste étendue de terrain, et borde tout le rivage de statues. Il est le premier homme du monde pour loger ensemble la magnificence et l'avarice, l'infamie et la vanité. Il incommode toute la ville, qu'il met en grand mouvement dans une très-fâcheuse saison; et c'est pour lui une consolation que d'incommoder. Il dit qu'il veut se marier, et il le dit artificieusement, comme mille autres choses. Préparez-vous à apprendre au premier jour les noces d'un homme en deuil, les noces d'un vieillard; les unes trop tôt, les autres trop tard célébrées. Demandez-vous ce qui me le persuade? Ce n'est point sur ce qu'il l'assure très-affirmativement que j'en juge, car personne ne sait mieux mentir : mais c'est parce qu'il est infaillible que Régulus fera toujours ce que l'on ne doit pas faire. Adieu.

LETTRE III.

PLINE A ANTONIN.

Je ne suis point surpris, ni que vous ayez plusieurs fois rempli le consulat avec autant de gloire que les consuls de l'ancienne Rome, ni que vous vous soyez conduit dans le gouvernement d'Asie d'une manière qui n'a guère d'exemples; je dirais qui n'en a point, si votre modestie pouvait me le pardonner. Je ne m'étonne point, enfin, de ce que vous n'êtes pas moins le premier de Rome par votre intégrité et par votre autorité, que par votre âge : non que de si glorieux avantages ne méritent notre vénération; mais je vous admire bien plus dans la vie privée : car il est aussi beau que difficile d'assaisonner tant de sévérité avec tant d'agrément; de mêler tant de politesse avec tant de gravité. C'est ce que vous faites admirablement, et dans vos entretiens et dans vos ouvrages. On ne peut vous entendre, sans se représenter ce vieillard d'Homère, dont les discours

Avaient je ne sais quoi de plus doux que le miel;

ni lire ce que vous écrivez, sans s'imaginer que les abeilles y répandent le suc le plus pur des fleurs, et qu'elles en font le tissu. C'est ce qui m'est arrivé, quand j'ai lu vos épigrammes grecques et vos vers ïambes. Quelle naïveté, quelle élégance n'y ai-je pas trouvées! Que ces poésies sont tendres! qu'elles sont galantes! Quel goût de l'antiquité! quelle finesse! quelle justesse! Je croyais lire Callimaque, Hérode, ou d'autres plus délicats encore, s'il y en a; car certainement ces deux poëtes n'ont pas excellé dans ces deux sortes de poésies, et l'un même n'a composé qu'en un de ces genres. Est-il possible qu'un homme né à Rome parle si bien grec? En vérité, je ne crois pas que l'on parle si bien la langue attique dans Athènes. Vous dirai-je tout ce que je pense? Je ne pardonne point aux Grecs le choix que vous avez fait de leur langue préférablement à la nôtre : car il ne faut pas être devin pour savoir quelles beautés vos ouvrages eussent eues dans votre langue naturelle, si vous avez su leur en donner tant dans une langue étrangère. Adieu.

LETTRE IV.

PLINE A SOSSIUS.

J'ai toute la tendresse imaginable pour Cal-

---

gum trucidavit : nec dolor erat ille, sed ostentatio doloris. Convenitur ad eum mira celebritate; cuncti detestantur, oderunt, et quasi probent, quasi diligant, cursant, frequentant : utque breviter, quod sentio, enuntiem, in Regulo demerendo Regulum imitantur. Tenet se trans Tiberim in hortis, in quibus latissimum solum porticibus immensis, ripam statuis suis occupavit, ut est in summa avaritia sumptuosus, in summa infamia gloriosus. Vexat ergo civitatem insaluberrimo tempore : et quod vexat, solatium putat. Dicit se velle ducere uxorem : hoc quoque, sicut alia, perverse. Audies brevi nuptias lugentis, nuptias senis : quorum alterum, immaturum; alterum, serum est. Unde hoc augurer, quaeris? Non quia adfirmat ipse (quo mendacius nihil est), sed quia certum est, Regulum esse facturum, quidquid fieri non oportet. Vale.

III.
C. PLINIUS ANTONINO SUO S.

Quod semel atque iterum consul fuisti, similis antiquis; quod proconsul Asiæ, qualis ante te, qualis post te vix unus aut alter (non sinit enim me verecundia tua dicere, nemo), quod sanctitate, quod auctoritate, ætate quoque princeps civitatis, est quidem venerabile et pulchrum; ego tamen te vel magis in remissionibus miror : nam severitatem istam pari jucunditate condire, summæque gravitati tantum comitatis adjungere, non minus difficile, quam magnum est. Id tu quum incredibili quadam suavitate sermonum, tum vel præcipue stilo adsequeris : nam et loquenti tibi illa Homerici senis mella profluere, et quæ scribis, complere apes floribus et nectare videntur. Ita certe sum adfectus ipse, quum græca epigrammata tua, quum iambos proxime legerem. Quantum ibi humanitatis, venustatis! quam dulcia illa! quam antiqua! quam arguta! quam recta! Callimachum me, vel Herodem, vel si quid his melius, tenere credebam : quorum tamen neuter utrumque aut absolvit, aut attigit. Hominemne romanum tam græce loqui? non, medius fidius, ipsas Athenas tam Atticas dixerim. Quid multa? invideo Græcis, quod illorum lingua scribere maluisti : neque enim conjectura eget, quid sermone patrio exprimere possis, quum hoc insiticio et inducto tam præclara opera perfeceris. Vale.

IV.
C. PLINIUS SOSSIO SUO S.

Calvisium Nepotem validissime diligo, virum industrium,

visius Népos. Il a de l'habileté, de la droiture, de l'éloquence; qualités principales, selon moi. Il est proche parent de C. Calvisius qui demeure en même maison que moi, et qui est votre intime ami. C'est le fils de sa sœur; donnez-lui, je vous supplie, une charge de tribun sémestre, qui le relève à ses propres yeux et à ceux de son oncle. Vous m'obligerez; vous obligerez notre ami Calvisius; vous obligerez Népos lui-même, qui certainement n'est pas un débiteur moins solvable que nous pouvons vous le paraître. Vous avez souvent fait des grâces; mais j'ose vous assurer que vous n'en avez jamais mieux placé aucune, et à peine une ou deux aussi bien. Adieu.

LETTRE V.
PLINE A SPARSUS.

On dit qu'un jour Eschine lut sa harangue et celle de Démosthène aux Rhodiens qui l'en priaient, et que l'une et l'autre excitèrent de grandes acclamations. Les applaudissements que les pièces de ces excellents hommes ont reçus ne m'étonnent plus, depuis que dernièrement, à la lecture d'une des miennes, dans une assemblée de savants, j'ai trouvé la même attention, les mêmes empressements deux jours entiers. Cependant, pour réveiller leur curiosité, je n'avais pas le charme secret qui se rencontre dans la comparaison de deux pièces, et dans cette espèce de combat qu'elles forment entre elles, et qui attache l'auditeur. Outre les beautés qu'avaient les deux discours, les Rhodiens étaient piqués par le plaisir de les comparer. Le mien, quoique destitué de ce dernier attrait, a su plaire. Est-ce avec justice? Vous en jugerez quand vous aurez lu cet ouvrage, dont la longueur ne souffre pas une plus longue préface. Il faut au moins une courte lettre, pour faire mieux recevoir mon excuse d'avoir composé un si gros livre. Je ne crois pourtant pas avoir passé les bornes de mon sujet. Adieu.

LETTRE VI.
PLINE A NASON.

Mes terres de Toscane ont été grêlées. Celles d'au delà du Pô ont été plus heureuses : tout y abonde; mais aussi rien ne s'y vend. Je ne puis compter que sur le revenu de ma terre de Laurentin. Il est vrai que je n'y possède qu'une maison et un jardin : le reste n'est que sable. C'est pourtant le seul bien dont je tire un revenu. J'y compose sans distraction; et si je ne puis y cultiver des terres que je n'ai pas, j'y cultive au moins mon esprit. Ailleurs, je vous ferai voir des granges pleines; ici, des portefeuilles bien remplis. Si donc un revenu solide et certain vous tente, venez faire des acquisitions sur ce rivage. Adieu.

LETTRE VII.
PLINE A LÉPIDUS.

Je le répète souvent : Régulus a plus de constance que l'on ne s'imagine. C'est une chose étonnante que son ardeur pour tout ce qu'il entreprend. Il s'est mis en tête de pleurer son fils : il le pleure mieux qu'homme du monde. Il lui a pris en gré d'en avoir des statues et des portraits : vous ne voyez plus les sculpteurs et les peintres occupés d'autre chose. Couleur, cire, cuivre, argent, or, ivoire, marbre, on met tout en œuvre pour nous représenter le fils de Régulus. Ces jours passés, dans une nombreuse assemblée, il

---

disertum, rectum, quod apud me vel potissimum est. Idem C. Calvisium, contubernalem meum, amicum tuum, arcta propinquitate complectitur : est enim filius sororis. Hunc ergo rogo semestri tribunatu splendidiorem et sibi et avunculo suo facias. Obligabis me, obligabis Calvisium nostrum, obligabis ipsum, non minus idoneum debitorem, quam nos putas. Multa beneficia in multos contulisti : ausim contendere, nullum te melius, æque bene vix unum, aut alterum collocasse. Vale.

V.
C. PLINIUS SPARSO SUO S.

Æschinem aiunt petentibus Rhodiis legisse orationem suam, deinde Demosthenis, summis utramque clamoribus. Quod tantorum virorum contigisse scriptis non miror, quum orationem meam proxime doctissimi homines hoc studio, hoc adsensu, hoc etiam labore per biduum audierint : quamvis hanc intentionem eorum nulla hinc et inde collatio, nullum quasi certamen accenderet. Nam Rhodii quum ipsis orationum virtutibus, tum etiam comparationis aculeis excitabantur : nostra oratio sine æmulationis gratia probabatur. An merito, scies, quum legeris librum, cujus amplitudo non sinit me longiore epistola præloqui. Oporte enim nos in hac certe, in qua possumus, breves esse : quo sit excusatius, quod librum ipsum, non tamen ultra caussæ amplitudinem, extendimus. Vale.

VI.
C. PLINIUS NASONI SUO S.

Tusci grandine excussi; in regione Transpadana summa abundantia, sed par vilitas nuntiatur : solum mihi Laurentinum meum in reditu. Nihil quidem ibi possideo præter tectum et hortum, statimque arenas : solum tamen mihi in reditu. Ibi enim plurimum scribo : nec agrum (quem non habeo), sed ipsum me studiis excolo; ac jam possum tibi, ut aliis in locis horreum plenum, sic ibi scrinium ostendere. Igitur tu quoque, si certa et fructuosa prædia concupiscis, aliquid in hoc littore para Vale.

VII.
C. PLINIUS LEPIDO SUO S.

Sæpe tibi dico, inesse vim Regulo. Mirum est, quam efficiat, in quod incubuit. Placuit ei lugere filium : luget, ut nemo. Placuit statuas ei et imagines quam plurimas

lut la vie de son fils, et de son fils enfant. Peu content d'en avoir répandu mille copies dans l'Italie et dans toutes les provinces de l'empire, il a, par une espèce de lettre circulaire, convié la plupart des villes de choisir entre leurs décurions le meilleur déclamateur, pour la lire au peuple. On l'a lue. Que ne pouvait-on pas attendre de cet homme, s'il eût tourné vers de dignes objets cette constante ardeur, ou, si vous voulez, cet attachement opiniâtre pour tout ce qu'il désire? Ce n'est pas que les méchants n'aient toujours plus de fermeté que les bons. Comme l'ignorance inspire de la hardiesse, et que le savoir donne de la timidité, la modestie semble amollir l'honnête homme, pendant que l'audace affermit le scélérat. Régulus en est un exemple. Il a la poitrine faible, l'air embarrassé, la langue épaisse, l'imagination paresseuse; il n'a point de mémoire; enfin, il n'a pour tous talents qu'un esprit extravagant. Cependant, sans autre secours que son extravagance et son effronterie, il s'est acquis auprès de bien des gens la réputation d'orateur. C'est donc admirablement qu'Hérennius Sénécion, renversant la définition faite par Caton au livre de l'Orateur, et l'appliquant à Régulus, dit que *l'orateur est un méchant homme qui ignore l'art de parler.* En vérité, Caton n'a pas mieux défini son orateur que Sénécion a caractérisé Régulus. Avez-vous de quoi payer cette lettre en même monnaie? Votre payement est tout prêt, si vous me pouvez mander que cet ouvrage lamentable a été lu dans votre ville par quelqu'un de mes amis, ou par vous-même, monté comme un charlatan sur deux tréteaux dans la place publique; que vous avez fait à haute voix cette lecture, et l'avez soutenue par un ton de confiance et d'autorité, pour parler le langage de Démosthène. Cette pièce est d'une impertinence à vous faire plus rire que pleurer. Elle vous paraîtra plutôt faite par un enfant que pour un enfant. Adieu.

LETTRE VIII.

PLINE A ARRIEN.

Vous vous réjouissez avec moi de ma promotion à la dignité d'augure, et vous avez raison. Il est toujours glorieux d'obtenir, même dans les plus petites occasions, l'approbation d'un prince aussi sage que le nôtre. D'ailleurs ce sacerdoce est non-seulement vénérable par son antiquité, mais il a cet avantage sur les autres, qu'il ne se perd qu'avec la vie. Tous les sacerdoces, à peu près égaux dans leurs prérogatives, se peuvent ôter comme ils se donnent; mais l'empire de la fortune sur celui-ci se borne à le donner. Ce qui me le rend encore plus agréable, c'est d'avoir succédé à Julius Frontinus, homme d'un rare mérite. Sa constance depuis plusieurs années à m'honorer de son suffrage pour cette place, le jour que l'on déclarait ceux qu'on en jugeait les plus dignes, semblait me désigner son successeur. L'événement a été si bien d'accord avec ses vœux, qu'il ne paraît pas que le hasard s'en soit mêlé. Mais ce qui vous plaît davantage, si j'en crois votre lettre, c'est que Cicéron fut augure. Vous me voyez avec joie marcher, dans la carrière des honneurs, sur les traces d'un homme que je voudrais suivre dans celle des sciences. Et plût au ciel qu'après être parvenu beaucoup plus jeune que lui au consulat et

---

facere : hoc omnibus officinis agit. Illum coloribus, illum cera, illum ære, illum argento, illum auro, ebore, marmore effingit. Ipse vero et nuper, adhibito ingenti auditorio, librum de vita ejus recitavit : de vita pueri recitavit ; tamen eundem librum, in exemplaria transcriptum mille, per totam Italiam provinciasque dimisit. Scripsit publice, ut a decurionibus eligeretur vocalissimus aliquis ex ipsis, qui legeret cum populo : factum est. Hanc ille vim (seu quo alio nomine vocanda est intentio, quidquid velis, obtinendi) si ad potiora vertisset, quantum boni efficere potuisset! Quamquam minor vis bonis, quam malis, inest, ac sicut ἀμαθία μὲν θράσος, λογισμὸς δὲ ὄκνον φέρει, ita recta ingenia debilitat verecundia, perversa confirmat audacia. Exemplo est Regulus : imbecillum latus, os confusum, hæsitans lingua, tardissima inventio, memoria nulla : nihil denique præter ingenium insanum : et tamen eo impudentia ipsoque illo furore pervenit, ut a plurimis orator habeatur. Itaque Herennius Senecio mirifice Catonis illud de oratore in hunc e contrario vertit : *Orator est vir malus, dicendi imperitus.* Non, mehercule, Cato ipse tam bene verum oratorem, quam hic Regulum expressit. Habesne, quo tali epistolæ parem gratiam referas? Habes, si rescripseris, num aliquis in municipio vestro ex sodalibus meis, num etiam ipse tu nunc luctuosum Reguli librum, ut circulator, in foro legeris, scilicet, ut ait Demosthenes, ἐπάρας τὴν φωνήν, καὶ γεγηθώς, καὶ λαρυγγίζων. Est enim tam ineptus, ut risum magis possit exprimere, quam gemitum. Credas non de puero scriptum, sed a puero. Vale.

VIII.

C. PLINIUS ARRIANO SUO S.

Gratularis mihi, quod acceperim auguratum. Jure gratularis : primum, quod gravissimi principis judicium in minoribus etiam rebus consequi pulchrum est; deinde quod sacerdotium ipsum quum priscum et religiosum, tum hoc quoque sacrum plane et insigne est, quod non adimitur viventi. Nam cætera, quamquam dignitate propemodum paria, ut tribuuntur, sic auferuntur. In hoc fortunæ hactenus licet, ut dari possit. Mihi vero etiam illud gratulatione dignum videtur, quod successi Julio Frontino, principi viro : qui me nominationis die per hos continuos annos inter sacerdotes nominabat, tanquam in locum suum cooptaret : quo nunc eventus ita comprobavit, ut non fortuitum videatur. Te quidem, ut scribis, ob hoc maxime delectat auguratus meus, quod Marcus Tullius augur fuit; lætaris enim, quod honoribus ejus insistam, quem æmulari in studiis cupio. Sed utinam, ut sacerdotium idem et consulatum, multo etiam juvenior

au sacerdoce, je pusse, au moins dans ma vieillesse, posséder une partie de ses talents! Mais les grâces dont les hommes disposent peuvent bien venir jusqu'à moi et jusqu'à d'autres; celles qui dépendent des dieux, il y aurait trop de peine à les acquérir, et trop de présomption à se les promettre. Adieu.

LETTRE IX.

PLINE A URSUS.

Ces jours passés, on a plaidé la cause de Julius Bassus, homme illustre par les traverses et par les disgrâces qu'il a souffertes. Il fut accusé par deux particuliers, du temps de Vespasien. Renvoyé au sénat pour se justifier, il y vit son sort longtemps incertain : enfin, il se justifia pleinement, et fut absous. Il craignit Titus, parce qu'il était ami de Domitien; et Domitien lui-même le relégua. Rappelé par Nerva, il obtint le gouvernement de Bithynie. A son retour, il fut accusé de malversation. Vivement pressé, fidèlement défendu, il n'eut pas tous les juges favorables. Le plus grand nombre pourtant fut de l'avis le plus doux. Rufus, qui parle aisément et avec véhémence, l'accusa le premier, et il fut secondé par Théophane, l'un des députés, le chef et l'auteur de l'accusation. Je commençai la défense de Bassus. Il m'avait chargé de jeter les fondements de son apologie; de faire valoir toute la considération que lui donnaient sa naissance et ses malheurs; d'exagérer la conspiration des délateurs qui vivaient de cet indigne métier; de mettre au jour ce qui le rendait un objet de haine aux factieux, et particulièrement à Théophane. Mais il ne m'avait rien tant recommandé que de m'attacher à la réfutation du crime, dont il paraissait que les accusateurs faisaient leur capital ; car sur tous les autres chefs de l'accusation, c'était peu d'absoudre Bassus, il méritait des éloges. Ce qui le chargeait donc davantage, c'est que cet homme, d'une franchise ennemie de toute précaution, avait reçu, comme une marque d'amitié, ce qu'il avait plu aux gens de la province de lui envoyer. Il n'était pas extraordinaire qu'il y eût fait des amis; il y avait été questeur. Ses accusateurs appelaient cela des vols et des concussions : lui l'appelait des présents. Mais le point de la difficulté, c'est que la loi défend de recevoir même des présents. Que faire dans cet embarras? Nier le fait, c'était reconnaître tacitement pour vol ce que l'on n'osait avouer. Contester ce qui se trouvait manifestement prouvé, c'était aggraver le crime, loin de le détruire. D'ailleurs, Bassus n'en avait pas laissé la liberté aux avocats. Il avait dit à plusieurs personnes, et même au prince, qu'il avait reçu et envoyé quelques bagatelles le jour de sa naissance et aux Saturnales. Devais-je donc recourir à la clémence? Je mettais le poignard à la gorge de l'accusé. On est criminel dès que l'on a besoin de grâce. Fallait-il soutenir que son action était innocente? Sans le justifier, je me déshonorais. Je crus qu'il était nécessaire de prendre je ne sais quel milieu; et je m'imagine l'avoir trouvé. La nuit, qui d'ordinaire finit les combats, finit aussi mon discours. J'avais parlé pendant trois heures et demie. Il me restait encore une heure et demie à remplir; car, suivant la loi, l'accusateur avait six heures, et l'accusé neuf. Celui-ci avait par-

---

quam ille, sum consequutus, ita senex saltem ingenium ejus aliqua ex parte adsequi possim! Sed nimirum quæ sunt in manu hominum, et mihi et multis contigerunt : illud vero ut adipisci arduum, sic etiam sperare nimium est, quod dari nisi a diis non potest. Vale.

IX.

C. PLINIUS URSO SUO S.

Caussam per hos dies dixit Julius Bassus, homo laboriosus et adversis suis clarus. Accusatus est sub Vespasiano a privatis duobus : ad senatum remissus, diu pependit; tandemque absolutus vindicatusque est. Titum timuit, ut Domitiani amicus; a Domitiano relegatus est. Revocatus a Nerva, sortitusque Bithyniam, rediit reus, accusatus non minus acriter, quam fideliter defensus : varias sententias habuit, plures tamen, quasi mitiores. Egit contra eum Pomponius Rufus, vir paratus et vehemens. Rufo successit Theophanes, unus ex legatis, fax accusationis et origo. Respondi ego : nam mihi Bassus injunxerat, ut totius defensionis fundamenta jacerem; dicerem de ornamentis suis, quæ illi et ex generis claritate, et ex periculis ipsis magna erant ; dicerem de conspiratione delatorum, quam in quæstu habebant; dicerem caussas, quibus factiosissimum quemque, ut illum Theophanem, offendisset. Eundem me volucrat occurrere crimini, quo maxime premebatur : in aliis enim, quamvis auditu gravioribus, non absolutionem modo, verum etiam laudem merebatur. Hoc illum alias onerabat, quod homo simplex et incautus quædam a provincialibus, ut amicis, acceperat : nam fuerat in provincia eadem quæstor. Hæc accusatores furta ac rapinas; ipse munera vocabat : sed lex munera quoque accipi vetat. Hic ego quid agerem? quod iter defensionis ingrederer? Negarem? Verebar, ne plane furtum videretur, quod confiteri timerem. Præterea rem manifestam inficiari, augentis erat crimen, non diluentis : præsertim quum reus ipse nihil integrum advocatis reliquisset. Multis enim, atque etiam principi, dixerat, sola se munuscula, duntaxat natali suo, aut Saturnalibus, accepisse, et plerisque misisse. Veniam ergo peterem? Jugularem reum, quem ita deliquisse concederem, ut servari, nisi venia, non posset. Tanquam recte factum tuerer? Non illi profuissem, sed ipse impudens exstitissem. In hac difficultate placuit medium quiddam tenere : videor tenuisse. Actionem meam, ut prælia solet, nox diremit. Egeram horis tribus et dimidia; supererat sesquihora : nam quum e lege accusator sex horas, novem reus accepisset; ita diviserat tempus reus inter me, et eum, qui dicturus post erat, ut ego quinque horis, ille reliquis uteretur. Mihi successus actionis silentiumque suadebat; temerarium est enim, secundis non esse

tagé son temps de manière qu'il m'en avait donné cinq heures, et quatre à celui qui devait me relever. Le succès de mon discours m'invitait au silence; car il y a de la témérité à ne se pas contenter de ce qui nous a réussi. J'avais encore à craindre que, si je recommençais le jour suivant, les forces ne me manquassent. Il est plus difficile de se remettre au travail que de le continuer pendant que l'on est en haleine. Je courais même un autre risque : l'interruption pouvait rendre, ou languissant ce qui me restait à dire, ou ennuyeux ce qu'il fallait répéter. Comme un flambeau conserve tout son feu dans l'agitation continuelle, et se rallume difficilement quand une fois il est éteint, l'action aussi, lorsqu'elle est continuée, entretient à la fois et la vivacité de l'orateur et l'attention des auditeurs; mais si quelque intervalle coupe le discours, celui qui parle se refroidit, et refroidit ceux qui l'écoutent. Bassus cependant s'obstinait à me presser avec instance, et presque les larmes aux yeux, d'employer en sa faveur ce qui me restait de temps. J'obéis, et je préférai son intérêt au mien. Je fus agréablement trompé. Je trouvai dans les esprits une attention si neuve et si vive, qu'ils paraissaient bien plutôt mis en goût que rassasiés par le discours précédent. Lucius Albinus prit la parole après moi, et entra si bien dans ce que j'avais dit, que nos plaidoyers eurent les agréments de deux pièces différentes, et semblèrent n'en former qu'une. Hérennius Pollio répliqua avec autant de force que de gravité, et après lui, Théophane pour la seconde fois; car, pour comble de présomption, il voulut encore étaler son éloquence après deux hommes consulaires très-éloquents, et consumer la plus grande partie de l'audience. Il plaida non-seulement jusqu'à la nuit, mais bien avant dans la nuit. Le lendemain, Titius Homulus et Fronton parlèrent pour Bassus, et firent des prodiges. Le quatrième jour, les témoins furent examinés, et on opina. Bébius Macer, consul désigné, déclara Bassus convaincu de péculat. Cépion fut d'avis que, sans toucher à l'honneur de Bassus, on civilisât l'affaire, et qu'on la renvoyât devant les juges ordinaires. On ne peut douter qu'ils n'eussent tous deux raison. Comment cela se peut-il, dites-vous? C'est que Macer s'en tenait à la lettre de la loi, et que, suivant la rigueur de la loi, qui défend de recevoir des présents, on ne pouvait se dispenser de condamner celui qui en avait reçu. Cépion, au contraire, persuadé que le sénat peut étendre ou modérer la rigueur des lois, comme effectivement il le peut, croyait avoir droit de pardonner une prévarication autorisée par l'usage. L'avis de Cépion l'emporta. Il fut même prévenu, dès qu'il se leva pour opiner, par ces acclamations qui ne se donnent qu'à ceux qui, après avoir opiné, reprennent leur place. Jugez des applaudissements qui suivirent son discours, par ceux qui le précédèrent! Cependant sur cette affaire Rome n'est pas moins partagée que le sénat. Les uns accusent Macer d'une sévérité mal entendue ; les autres reprochent à Cépion un relâchement qui choque toutes les bienséances. Comment comprendre, disent-ils, que l'on renvoie un homme à des juges ordinaires pour lui faire son procès, et qu'en même temps on lui conserve sa place dans le sénat? Valérius Paulinus ouvrit un troisième avis. Ce fut d'ajouter à celui de Cépion, que l'on informerait contre Théophane, après qu'il aurait achevé sa commission. Paulinus soutenait que cet homme, dans le cours de l'accusation, avait lui-même, en plusieurs chefs, contrevenu à la loi sur laquelle il voulait faire condamner Bassus. Mais quoique ce dernier avis plût fort à la plus grande partie du sénat, les consuls le laissèrent

---

contentum. Ad hoc verebar, ne mox corporis vires iterato labore deficerent; quem difficilius est repetere, quam jungere; erat etiam periculum, ne reliqua actio mea et frigus, ut deposita, et tædium, ut resumpta, pateretur. Ut enim faces ignem assidua concussione custodiunt, dimissum ægerrime reparant; sic et dicentis calor et audientis intentio continuatione servatur, intercapedine et quasi remissione languescit. Sed Bassus multis precibus, pæne etiam lacrymis, obsecrabat, implerem meum tempus. Parui, utilitatemque ejus prætuli meæ. Bene cessit : inveni ita erectos animos senatus, ita recentes, ut priori actione incitati magis, quam satiati viderentur. Successit mihi Lucius Albinus tam apte, ut orationes nostræ varietatem duarum, contextum unius habuisse credantur. Respondit Herennius Pollio instanter et graviter : deinde Theophanes rursus. Fecit enim hoc quoque, ut cætera, impudentissime, quod post duos, et consulares et disertos, tempus sibi, et quidem laxius, vindicavit : dixit in noctem, atque etiam nocte, inlatis lucernis. Postero die egerunt pro Basso Titius Homullus, et Fronto, mirifice : quartum diem probationes occupaverunt. Censuit Bæbius Macer, consul designatus, lege repetundarum Bassum teneri : Cæpio Hispo, salva dignitate, judices dandos : uterque recte. Qui fieri potest, inquit, quum tam diversa censuerint? quia scilicet et Macro, legem intuenti, consentaneum fuit damnare eum, qui contra legem munera acceperat : et Cæpio, quum putaret licere senatui, sicut licet, et mitigare leges et intendere, non sine ratione veniam dedit facto, vetito quidem, non tamen inusitato. Prævaluit sententia Cæpionis : quin immo consurgenti ei ad censendum, acclamatum est, quod solet residentibus. Ex quo potes æstimare, quanto consensu sit exceptum, quum diceret, quod tam favorabile fuit, quum dicturus videretur. Sunt tamen, ut in senatu, ita in civitate, in duas partes hominum judicia divisa; nam quibus sententia Cæpionis placuit, sententiam Macri, ut duram rigidamque, reprehendunt : quibus Macri, illam alteram dissolutam atque etiam incongruentem vocant. Negant enim congruens esse, retinere in senatu, cui judices dederis. Fuit et tertia sententia : Valerius Paullinus adsensus Cæpioni, hoc amplius censuit, referen-

tomber. Il fit pourtant à Paulinus tout l'honneur qu'il pouvait attendre de sa justice et de sa fermeté. Le sénat s'étant séparé, Bassus se vit de toutes parts abordé, environné avec de grands cris, et avec toutes les démonstrations d'une joie extrême. Un nom fameux par ses malheurs, le souvenir de ses périls passés rappelé par le nouveau danger qu'il venait de courir, une vieillesse abattue et comme accablée, et en même temps un air noble et grand, lui avaient attiré les vœux de tout le monde. Cette lettre vous tiendra lieu de préface. Quant à la pièce entière, vous attendrez, s'il vous plaît, et vous ne vous lasserez pas d'attendre. Vous comprenez bien, par l'importance du sujet, qu'il ne suffit pas d'y retoucher légèrement, et de la repasser en courant. Adieu.

LETTRE X.

PLINE A SABINUS.

Vous me marquez que Sabine, qui nous a faits ses héritiers, ne paraît, par aucune disposition de son testament, avoir affranchi Modestus, son esclave ; et que cependant elle lui laisse un legs en ces termes : *Je lègue à Modestus, à qui j'ai déjà donné la liberté.* Vous me demandez mon avis. J'ai consulté nos maîtres. Tous prétendent que nous ne devons à cet esclave, ni la liberté qui ne lui a point été donnée, ni le legs dont l'esclave du testateur, et qui reste son esclave, est incapable. Mais moi, je ne doute pas que Sabine ne se soit trompée ; et je suis persuadé que nous ne devons pas hésiter à faire ce que nous ferions, si elle avait écrit ce qu'elle croyait écrire. Je m'assure que vous serez de mon sentiment, vous qui faites profession d'être religieux observateur de la volonté des morts. Elle tient lieu de toutes les lois du monde à de dignes héritiers, dès qu'ils la peuvent entrevoir. La bienséance n'a pas moins de pouvoir sur des personnes comme nous, que la nécessité sur les autres. Laissons donc Modestus jouir de la liberté ; laissons-le jouir de son legs, comme si la testatrice avait pris les précautions que la loi exige. C'est les prendre toutes, que de bien choisir ses héritiers. Adieu.

LETTRE XI.

PLINE A MINUTIEN.

Avez-vous ouï dire que Licinien enseigne la rhétorique en Sicile ? J'ai peine à croire que vous le sachiez ; car la nouvelle vient d'arriver. Il n'y a pas longtemps que cet homme, après avoir été préteur, paraissait dans le premier rang au barreau. Quelle chute ! Le voilà, de sénateur, devenu banni ; d'orateur, devenu rhéteur. Lui-même, dans le discours qu'il fit à l'ouverture de son école, en prit occasion de s'écrier, d'un ton aussi grave que lamentable : *Fortune ! ce sont là de tes jeux ! tu tires de l'école un pédant, pour en faire un sénateur ; et tu chasses du sénat un sénateur, pour en faire un pédant !* Je trouve tant de bile, tant d'aigreur dans cette pensée, que j'ai bien du penchant à croire qu'il n'a pris ce parti que pour la débiter. Lorsqu'il se mit en possession de sa chaire, il parut vêtu à la grecque, avec un manteau (car les bannis perdent le droit de porter la robe). Après s'être composé, après avoir jeté les yeux sur son habit : *Messieurs,*

---

dum de Theophane, quum legationem renuntiasset. Arguebat enim multa in accusatione fecisse, quæ illa ipsa lege, qua Bassum accusaverat, tenerentur. Sed hanc sententiam consules, quamquam maximæ parti senatus mire probatur, non sunt persequuti. Paullinus tamen et justitiæ famam et constantiæ tulit. Misso senatu, Bassus, magna hominum frequentia, magno clamore, magno gaudio exceptus est. Fecerat eum favorabilem renovata discriminum vetus fama, notumque periculis nomen, et in procero corpore mæsta et squalida senectus. Habebis hanc interim epistolam ut πρόδρομον ; exspectabis orationem plenam onustamque ; et exspectabis diu ; neque enim leviter et cursim, ut de re tanta, retractanda est. Vale.

X.

C. PLINIUS SABINO SUO S.

Scribis mihi, Sabinam, quæ nos reliquit heredes, Modestum servum suum nusquam liberum esse jussisse ; eidem tamen sic adscripsisse legatum, *Modesto, quem liberum esse jussi.* Quæris, quid sentiam? Contuli cum prudentibus : convenit inter omnes, nec libertatem deberi, quia non sit data ; nec legatum, quia servo suo dederit. Sed mihi manifestus error videtur ; ideoque puto nobis, quasi scripserit Sabina, faciendum, quod ipsa scripsisse se credidit. Confido, accessurum te sententiæ meæ, quum religiosissime soleas custodire defunctorum voluntatem, quam bonis heredibus intellexisse pro jure est. Neque enim minus apud nos honestas, quam apud alios necessitas valet. Moretur ergo in libertate, sinentibus nobis ; fruatur legato, quasi omnia diligentissime caverit : cavit enim, quæ heredes bene elegit. Vale.

XI.

C. PLINIUS MINUTIANO SUO S.

Audistine Valerium Licinianum in Sicilia profiteri? Nondum te puto audisse ; est enim recens nuntius. Prætorius hic modo inter eloquentissimos caussarum actores habebatur ; nunc eo decidit, ut exsul de senatore, rhetor de oratore fieret. Itaque ipse in præfatione dixit dolenter et graviter : « Quos tibi, Fortuna, ludos facis? Facis enim ex professoribus senatores, ex senatoribus professores. » Cui sententiæ tantum bilis, tantum amaritudinis inest, ut mihi videatur ideo professus, ut hoc diceret. Idem, quum græco pallio amictus intrasset (carent enim togæ jure, quibus aqua et igni interdictum est), postquam se composuit, circumspexitque habitum suum : *Latine,* inquit, *declamaturus sum.* Dices, tristia et miseranda : dignum tamen illum, quia hæc ipsa studia incesti scelere maculaverit. Confessus est quidem incestum : sed incertum, utrum quia verum erat, an quia graviora metuebat, si

dit-il, *je vais parler latin*; et mêla dans la suite de son discours les réflexions du monde les plus tristes et les plus touchantes. Doit-on croire qu'il ait déshonoré tant d'érudition par un inceste? Il est vrai qu'il a avoué ce crime; mais on ne sait encore si c'est la crainte ou la vérité qui lui arracha cet aveu. Domitien, au désespoir, haï, détesté de tout le monde, ne savait à qui recourir. Il s'était mis en tête de faire enterrer vive Cornélie la Grande vestale; et cela dans l'extravagante pensée d'illustrer son siècle par un tel exemple. Il joint toute la fureur d'un tyran à l'autorité d'un souverain pontife, pour convoquer les autres pontifes, non pas dans son palais, mais dans sa maison d'Albane. Là, sans aucune formalité, et par un crime plus grand que celui qu'il voulait punir, il déclare incestueuse cette malheureuse fille, sans la citer, sans l'entendre; lui qui, non content d'avoir débauché sa nièce, avait encore causé sa mort. Elle était veuve. Leur commerce eut les suites ordinaires du mariage; elle voulut les prévenir et les cacher : il lui en coûta la vie. Aussitôt après ce barbare arrêt contre Cornélie, les pontifes furent renvoyés pour le faire exécuter. Elle s'écrie, lève les mains au ciel, invoque tantôt Vesta, tantôt les autres dieux, et entre plusieurs exclamations répète souvent celle-ci : *Quoi! César me déclare incestueuse, moi dont les sacrifices l'ont fait vaincre, l'ont fait triompher!* On ne sait pas trop bien si, par ces paroles, elle voulut flatter ou insulter le prince; si le témoignage de sa conscience, ou son mépris pour l'empereur, les lui suggéraient. Ce qu'il y a de certain, c'est qu'elle ne cessa de les répéter jusqu'au lieu du supplice. Elle y arriva : innocente, je n'en sais rien; mais du moins conduite en criminelle. Comme il fallut l'enfermer dans le caveau, et qu'en y descendant sa robe se fut accrochée, elle se retourna, et la débarrassa. Le bourreau voulut alors lui présenter la main : elle en eut horreur, et rejeta l'offre, comme si elle n'eût pu l'accepter sans ternir la pureté dont elle faisait profession. Elle se souvint jusqu'à la fin de ce qu'exigeait d'elle la plus sévère bienséance :

Elle eut grand soin de faire une chute modeste.

D'ailleurs, lorsque Céler, chevalier romain, que l'on donnait pour galant à Cornélie, fut battu de verges dans la place publique où se font les assemblées, on ne lui put jamais faire dire autre chose, sinon : *Qu'ai-je fait? Je n'ai rien fait*. L'on reprochait donc hautement à Domitien l'injustice et la cruauté de son arrêt. Il se rabat sur Licinien, et le fait poursuivre, sous prétexte que, dans une de ses terres, il avait caché une affranchie de Cornélie. Des émissaires secrets prirent soin de l'avertir qu'il n'y avait qu'un aveu qui lui pût garantir et obtenir sa grâce. Il le fit. Sénécion porta la parole en son absence pour lui, à peu près dans ces termes d'Homère : *Patrocle est mort*. Car il ne dit autre chose, sinon : *D'avocat, je suis devenu courrier. Licinien s'est retiré*. Cela causa tant de plaisir à Domitien, que sa joie le trahit, et lui fit dire dans ses transports : *Licinien nous a pleinement absous. Il ne faut pas*, ajouta-t-il, *pousser à bout sa discrétion*. Il lui permit d'emporter tout ce qu'il pourrait de ses biens avant qu'ils fussent vendus à l'encan, et lui assigna, pour son exil, un lieu des plus commodes, comme le prix de sa complaisance. La bonté de Nerva l'a depuis transféré en Sicile. Là il tient école aujourd'hui, et se venge de la fortune dans les discours qui précèdent ses leçons. Vous voyez quelle est ma soumission à vos ordres. Je ne me contente pas de vous informer de ce qui se passe à Rome, mais encore des nouvelles étrangères, avec tant d'exactitude, que je les reprends dès leur origine. Comme

---

negasset. Fremebat enim Domitianus, æstuabatque ingenti invidia, destitutus. Nam quum Corneliam, maximam Vestalem, defodere vivam concupisset, ut qui illustrari sæculum suum ejusmodi exemplo arbitraretur, pontificis maximi jure, seu potius immanitate tyranni, licentia domini, reliquos pontifices non in Regiam, sed in Albanam villam convocavit. Nec minore scelere, quam quod ulcisci videbatur, absentem inauditamque damnavit incesti, quum ipse fratris filiam incesto non polluisset solum, verum etiam occidisset : nam vidua aborta periit. Missi statim pontifices, qui defodiendam necandamque curarent. Illa nunc ad Vestam, nunc ad cæteros deos manus tendens, multa, sed hoc frequentissime, clamitabat : « Me Cæsar incestam putat; qua sacra faciente, vicit, triumphavit. » Blandiens hæc, an irridens; ex fiducia sui, an ex contemptu principis dixerit, dubium est. Dixit, donec ad supplicium, nescio an innocens, certe tanquam innocens, ducta est. Quin etiam, quum in illud subterraneum cubiculum demitteretur, hæsissetque descendenti stola, vertit se ac recollegit; quumque ei carnifex manum daret, aversata est, et resiluit; fœdumque contagium, quasi plane a casto puroque corpore, novissima sanctitate rejecit; omnibusque numeris pudoris, πολλὴν πρόνοιαν εἶχεν εὐσχήμως πεσεῖν. Præterea Celer, eques romanus, cui Cornelia objiciebatur, quum in comitio virgis cæderetur, in hac voce perstiterat : *Quid feci? Nihil feci*. Ardebat ergo Domitianus et crudelitatis et iniquitatis infamia. Arripit Licinianum, quod in agris suis occultasset Corneliæ libertam : ille ab iis, quibus erat curæ, præmonetur, si comitium et virgas pati nollet, ad confessionem confugeret, quasi ad veniam; fecit. Loquutus est pro absente Herennius Senecio tale quiddam, quale est illud, Κεῖται Πάτροχλος. Ait'enim : *Ex advocato nuntius factus sum. Recessit Licinianus*. Gratum hoc Domitiano, adeo quidem, ut gaudio proderetur, diceretque, *Absolvit nos Licinianus*. Adjecit etiam, *non esse verecundiæ ejus instandum* : ipsi vero permisit, si qua posset, ex rebus suis raperet, antequam bona publicarentur; exsilium molle, velut præmium, dedit. Ex quo tamen postea clementia divi Nervæ translatus est in Siciliam, ubi nunc profitetur seque de fortuna præfationibus vindi

vous étiez absent dans le temps que cette affaire s'est passée, je me suis imaginé que vous auriez seulement appris qu'on avait banni Licinien pour inceste. La renommée rapporte bien les faits en gros ; rarement elle se charge du détail. Je mérite bien, ce me semble, qu'à votre tour vous preniez la peine de m'écrire ce qui se passe, soit dans votre ville, soit aux environs ; car il ne laisse pas d'y arriver quelquefois des événements remarquables. Enfin, écrivez tout ce qu'il vous plaira, pourvu que votre lettre soit aussi longue que la mienne. Je vous en avertis, je ne compterai pas seulement les pages, mais jusqu'aux syllabes. Adieu.

LETTRE XII.

PLINE A ARRIEN.

Vous aimez Egnace Marcellin, et vous me le recommandez souvent ; vous l'aimerez et vous me le recommanderez encore davantage quand vous saurez ce qu'il vient de faire. Il était allé exercer la charge de questeur dans une province. Son commis mourut avant que ses appointements fussent échus. Marcellin aussitôt se résolut à rendre ces appointements qui lui avaient été payés d'avance pour ce commis. A son retour, il supplie l'empereur, et ensuite, par ordre de l'empereur, le sénat, de lui marquer l'usage qu'il devait faire de ce fonds. La question était peu importante, mais c'était toujours une question. Les héritiers d'un côté, de l'autre les trésoriers publics, le réclamaient. La cause a été fort bien plaidée de part et d'autre. Strabon a opiné pour le fisc ; Bébius Macer, pour les héritiers. L'avis de Strabon a été suivi. Il ne vous reste qu'à donner à Marcellin les louanges qu'il mérite. Moi, je l'ai payé comptant. Quoique l'approbation publique du prince et du sénat ne lui laisse rien à désirer, je m'assure que la vôtre lui fera plaisir. C'est le caractère de tous ceux que possède l'amour de la véritable gloire : l'applaudissement, de quelque part qu'il vienne, a pour eux des charmes. Jugez de l'impression que vos éloges feront sur Marcellin, qui n'a pas moins de vénération pour votre personne que de confiance en votre discernement. Il ne pourra jamais apprendre que le bruit de son action ait pénétré jusque dans le pays où vous êtes, sans être ravi du chemin que sa réputation aura fait : car, je ne sais pourquoi, les hommes sont plus touchés d'une gloire étendue que d'une grande gloire. Adieu.

LETTRE XIII.

PLINE A CORNEILLE TACITE.

Je me réjouis que vous soyez de retour à Rome en bonne santé. Vous ne pouviez jamais arriver pour moi plus à propos. Je ne resterai que fort peu de jours dans ma maison de Tusculum, pour achever un petit ouvrage que j'y ai commencé. Je crains que si je l'interromps sur la fin, je n'aie beaucoup de peine à le reprendre. Cependant, afin que mon impatience n'y perde rien, je vous demande d'avance, par cette lettre, une grâce que je me promets de vous demander bientôt de vive voix. Mais, avant de vous exposer le sujet de ma prière, il faut vous dire ce qui m'engage à vous prier. Ces jours passés, comme j'étais à Côme, lieu de ma naissance, un jeune enfant,

cat. Vides, quam obsequenter paream tibi, qui non solum res urbanas, verum etiam peregrinas tam sedulo scribo, ut altius repetam. Et sane putabam te, quia tunc abfuisti, nihil aliud de Liciniano audisse, quam relegatum ob incestum. Summam enim rerum nuntiat fama, non ordinem. Mereor, ut vicissim, quid in oppido tuo, quid in finitimis agatur (solent enim notabilia quædam incidere) perscribas : denique quidquid voles, dummodo non minus longa epistola nunties. Ego non paginas tantum, sed etiam versus syllabasque numerabo. Vale.

XII.

C. PLINIUS ARRIANO SUO S.

Amas Egnatium Marcellinum, atque etiam mihi sæpe commendas : amabis magis commendabisque, si cognoveris recens ejus factum. Quum in provinciam quæstor exisset, scribamque, qui sorte obtigerat, ante legitimum salarii tempus amisisset, quod acceperat scribæ daturus, intellexit et statuit subsidere apud se non oportere. Itaque reversus, Cæsarem, deinde, Cæsare auctore, senatum consuluit, quid fieri de salario vellet. Parva, sed tamen quæstio. Heredes scribæ sibi ; præfecti ærario populo vindicabant. Acta caussa est : dixit heredum advocatus, deinde populi : uterque percommode. Cæcilius Strabo ærario censuit inferendum : Bæbius Macer heredibus dandum. Obtinuit Strabo. Tu lauda Marcellinum, ut ego statim feci. Quamvis enim abunde sufficiat illi, quod est et a principe et a senatu probatus, gaudebit tamen testimonio tuo. Omnes enim, qui gloria famaque ducuntur, mirum in modum adsensio et laus, a minoribus etiam profecta, delectat. Te vero Marcellinus ita reveretur, ut judicio tuo plurimum tribuat. Accedit his, quod, si cognoverit factum suum isto usque penetrasse, necesse est, laudis suæ spatio, et cursu, et peregrinatione lætetur. Etenim, nescio quo pacto, vel magis homines juvat gloria lata, quam magna. Vale.

XIII.

C. PLINIUS CORNELIO TACITO SUO S.

Salvum te in urbem venisse gaudeo. Venisti autem, si quando alias, nunc maxime mihi desideratus. Ipse paucullis adhuc diebus in Tusculano commorabor, ut opusculum, quod est in manibus, absolvam. Vereor enim, ne, si hanc intentionem jam in finem laxavero, ægre resumam. Interim ne quid festinationi meæ pereat, quod sum præsens petiturus, hac quasi præcursoria epistola rogo. Sed prius accipe caussas rogandi deinde ipsum, quod peto. Proxime quum in patria mea fui, venit ad me salutandum municipis mei filius prætextatus. Huic ego, *Studes ?* inquam. Respondit, *Etiam. Ubi ? Mediolani. Cur non*

fils d'un de mes compatriotes, vint me saluer. *Vous étudiez*, lui dis-je? Il me répond que *oui*. *En quel lieu? A Milan. Pourquoi n'est-ce pas dans ce lieu-ci?* Son père, qui l'accompagnait, et qui me l'avait présenté, prend la parole. *Nous n'avons point*, dit-il, *ici de maître. Et pourquoi n'en avez-vous point? Il vous était fort important à vous autres pères* (cela venait à propos, grand nombre de pères m'écoutaient) *de faire instruire ici vos enfants. Où leur trouver un séjour plus agréable que la patrie? où former leurs mœurs plus sûrement que sous les yeux de leurs parents? où les entretenir à moins de frais que chez vous? A combien croyez-vous que vous reviendrait le fonds nécessaire pour avoir ici des professeurs? Combien, pour établir ce fonds, vous faudrait-il ajouter à ce que vos enfants vous coûtent ailleurs, où il faut payer voyage, nourriture, logements, acheter toutes choses? car tout s'achète lorsqu'on n'est pas chez soi?* Moi qui n'ai point encore d'enfants, je suis tout prêt, en faveur de ma patrie, pour qui j'ai un cœur de fils et de père, à donner le tiers de la somme que vous voudrez mettre à cet établissement. J'offrirais le tout; mais je craindrais que cette dépense, qui ne serait à charge à personne, ne rendît tout le monde moins circonspect dans le choix des maîtres; que la brigue seule ne disposât de ces places, et que chacun de vous ne perdît tout le fruit de ma libéralité. C'est ce que je vois en divers lieux où il y a des chaires de professeurs fondées. Je ne sais qu'un moyen de prévenir ce désordre : c'est de ne confier qu'aux pères le soin du choix, et de les obliger à bien choisir, par la nécessité de la contribution, et par l'intérêt de placer utilement leur dépense. Car ceux qui peut-être ne seraient pas fort attentifs au bon usage du bien d'autrui le seront certainement à ne pas mal employer le leur, et n'oublieront rien pour mettre en bonnes mains le fonds que j'aurai fait, si le leur l'accompagne. Prenez donc une sage résolution à l'envi l'un de l'autre, et réglez vos efforts sur les miens. Je souhaite sincèrement que mon contingent soit considérable. Vous ne pouvez rien faire de plus avantageux à vos enfants, rien de plus agréable à votre patrie. Que vos enfants reçoivent l'éducation dans le même lieu où ils ont reçu la naissance. Accoutumez-les dès l'enfance à se plaire et à se fixer dans leur pays natal. Puissiez-vous choisir de si excellents maîtres, que leur réputation peuple vos écoles, et que, par une heureuse vicissitude, ceux qui voient venir vos enfants étudier chez eux, envoient à l'avenir les leurs étudier chez vous! Voilà ce que je leur dis; et j'ai cru que je ne pouvais mieux vous faire entendre combien je serais sensible au bon office que je vous demande, qu'en reprenant, dès la source, les raisons que j'ai de le désirer. Je vous supplie donc, dans cette foule de savants que la réputation de votre esprit attire de toutes parts auprès de vous, jetez les yeux sur ceux qui peuvent être les plus propres à l'emploi que je vous propose; mais ne m'engagez point. Mon intention est de laisser les pères maîtres absolus du choix. Je leur abandonne l'examen et la décision; je ne me réserve que la dépense et le soin de leur chercher des sujets. S'il s'en trouve donc quelqu'un qui se fie à ses talents jusqu'au point de s'embarquer dans ce voyage sans autre garantie, il peut l'entreprendre, et compter uniquement sur son mérite. Adieu.

---

hic? Et pater ejus, erat enim una, atque etiam ipse adduxerat puerum, *Quia nullos hic præceptores habemus. Quare nullos? Nam vehementer intererat vestra, qui patres estis* (et opportune complures patres audiebant), *liberos vestros hic potissimum discere. Ubi enim aut jucundius morarentur, quam in patria? aut pudicius continerentur, quam sub oculis parentum? aut minore sumptu, quam domi? Quantulum est ergo, collata pecunia, conducere præceptores? quodque nunc in habitationes, in viatica, in ea quæ peregre emuntur (omnia autem peregre emuntur), impenditis, adjicere mercedibus?* Atque adeo ego, qui nondum liberos habeo, paratus sum pro republica nostra, quasi pro filia vel parente, tertiam partem ejus, quod conferre vobis placebit, dare. Totum etiam pollicerer, nisi timerem, ne hoc munus meum quandoque ambitu corrumperetur, ut accidere multis in locis video, in quibus præceptores publice conducuntur. Huic vitio uno remedio occurri potest, si parentibus solis jus conducendi relinquatur, iisdemque religio recte judicandi necessitate collationis addatur. Nam qui fortasse de alieno negligentes, certe de suo diligentes erunt : dabuntque operam, ne a me pecuniam non nisi dignus accipiat, si accepturus et ab ipsis erit. Proinde consentite, conspirate, majoremque animum ex meo sumite, qui cupio esse quam plurimum, quod debeam conferre. Nihil honestius præstare liberis vestris, nihil gratius patriæ potestis. Edoceantur hic, qui hic nascuntur, statimque ab infantia natale solum amare, frequentare consuescant. Atque utinam tam claros præceptores inducatis, ut a finitimis oppidis studia hinc petantur, utque nunc liberi vestri aliena in loca, ita mox alieni in hunc locum confluant! Hæc putavi altius et quasi a fonte repetenda; quo magis scires, quam gratum mihi foret, si susciperes, quod injungo. Injungo autem, et pro rei magnitudine rogo, ut ex copia studiosorum, quæ ad te ex admiratione ingenii tui conveniat, circumspicias præceptores quos sollicitare possimus; sub ea tamen conditione, ne cui fidem meam obstringam. Omnia enim libera parentibus servo. Illi judicent, illi eligant : ego mihi curam tantum et impendium vindico. Proinde si quis fuerit repertus, qui ingenio suo fidat, eat illuc ea lege, ut hinc nihil aliud certum, quam fiduciam suam ferat. Vale.

LETTRE XIV.

PLINE A PATERNUS.

Vous avez bien l'air de me demander à votre ordinaire quelque plaidoyer, et de vous attendre à le recevoir; mais moi, je vous présente mes amusements comme des curiosités étrangères. Vous recevrez dans ce paquet de petits vers que j'ai faits en chaise, dans le bain, à table. Ces enfants de mon loisir me feront paraître tour à tour plaisant, badin, amant, chagrin, plaintif, colère. Tantôt mes descriptions sont plus simples, tantôt plus nobles. J'essaye de satisfaire par cette variété les différents goûts, et même de répandre dans mon ouvrage quelques beautés qui puissent plaire à tout le monde. Si par hasard vous trouvez des endroits un peu libres, il sera du devoir de votre érudition de vous rappeler que non-seulement les grands hommes et les plus austères qui ont écrit dans ce genre n'ont pas choisi leurs sujets au gré d'une Lucrèce, mais qu'ils ont même, sans scrupule, appelé chaque chose par son nom. C'est une liberté que je ne me donne pas : non que je me pique d'être plus sage (car de quel droit?), mais parce que je suis plus timide. Il me semble d'ailleurs que la véritable règle, pour cette espèce de poésie, est renfermée dans ces petits vers de Catulle :

> Le poëte doit être sage :
> Pour ses vers il n'importe peu :
> Ils n'auraient ni grâce ni feu,
> Sans un air de libertinage.

Le parti que je prends d'exposer l'ouvrage entier à votre censure, plutôt que de mendier vos louanges par des endroits détachés et choisis, doit vous apprendre l'opinion que j'ai de votre discernement. En effet, les morceaux d'une pièce qui, séparés, peuvent plaire, perdent souvent cet avantage, quand on les trouve en compagnie de plusieurs autres qui leur ressemblent trop. Le lecteur, pour peu qu'il soit habile et délicat, sait qu'il ne doit pas comparer ensemble des poésies de différents genres, mais les examiner chacune par rapport aux règles particulières à son espèce. Selon cette méthode, il se gardera bien de censurer, comme plus mauvais, ce qui a le point de perfection qui lui convient. Mais pourquoi tant discourir? Prétendre, par une longue préface, justifier ou faire valoir des badineries, c'est de toutes les badineries la plus ridicule. Je crois seulement vous devoir avertir que je me propose d'intituler ces bagatelles *Hendécasyllabes*, titre qui n'a de rapport qu'à la mesure des vers. Vous les pouvez donc appeler épigrammes, idylles, églogues, ou, comme plusieurs ont fait, poésies; enfin, de tel autre nom qu'il vous plaira : je ne m'engage, moi, qu'à vous donner des hendécasyllabes. J'exige seulement de votre sincérité que vous me disiez de mon livre tout ce que vous en direz aux autres. Ce que je vous demande ne vous doit rien coûter. Si ce petit ouvrage était le seul qui fût sorti de mes mains, ou qu'il fût le plus considérable, il y aurait peut-être de la dureté à me dire : Cherchez d'autres occupations. Mais vous pouvez, sans blesser la politesse, me dire : Eh ! vous avez tant d'autres occupations ! Adieu.

LETTRE XV.

PLINE A FUNDANUS.

Si mon discernement paraît en quelque chose, il se montre surtout dans mon amitié particulière

---

XIV.
C. PLINIUS PATERNO SUO S.

Tu fortasse orationem, ut soles, et flagitas et expectas : at ego, quasi ex aliqua peregrina delicataque merce, lusus meos tibi prodo. Accipies cum hac epistola hendecasyllabos nostros : quibus nos in vehiculo, inter cœnam oblectamus otium temporis. His jocamur, ludimus, amamus, dolemus, querimur, irascimur : describimus aliquid modo pressius, modo elatius : atque ipsa varietate tentamus efficere, ut alia aliis, quædam fortasse omnibus placeant. Ex quibus tamen si nonnulla tibi paullo petulantiora videbuntur, erit eruditionis tuæ cogitare, summos illos et gravissimos viros, qui talia scripserunt, non modo lascivia rerum, sed ne verbis quidem nudis abstinuisse. Quæ nos refugimus, non quia severiores (unde enim?), sed quia timidiores sumus. Scimus alioqui hujus opusculi illam esse verissimam legem, quam Catullus expressit,

> Nam castum esse decet pium poetam
> Ipsum, versiculos nihil necesse est :
> Qui tunc denique habent salem et leporem,
> Si sunt molliculi et parum pudici.

Ego quanti faciam judicium tuum, vel ex hoc potes æstimare, quod malui omnia a te pensitari, quam electa laudari. Et sane quæ sunt commodissima, desinunt videri, quum paria esse cœperunt. Præterea sapiens subtilisque lector debet non diversis conferre diversa, sed singula expendere, nec deterius alio putare, quod est in suo genere perfectum. Sed quid ego plura ? Nam longiore præfatione vel excusare, vel commendare ineptias, ineptissimum est. Unum illud prædicendum videtur, cogitare me has nugas meas ita inscribere, HENDECASYLLABI, qui titulus sola metri lege constringitur. Proinde sive *epigrammata*, sive *idyllia*, sive *eclogas*, sive (ut multi) *poematia*, seu quod aliud vocare malueris, licebit voces : ego tantum *hendecasyllabos* præsto. A simplicitate mea peto, ut, quod de libello meo dicturus es aliis, mihi dicas : neque est difficile, quod postulo : nam si hoc opusculum nostrum aut potissimum esset, aut solum, fortasse posset durum videri dicere, *Quære, quod agas*: molle et humanum est, *Habes, quod agas*. Vale.

XV.
C. PLINIUS FUNDANO SUO S.

Si quid omnino, hoc certe judicio facio, quod Asinium Rufum singulariter amo. Est homo eximius et bonorum amantissimus. Cur enim non me quoque inter bonos nu-

pour Asinius Rufus. C'est un homme rare, qui aime passionnément les gens de bien comme nous. Eh! pourquoi ne me mettrais-je pas du nombre? Il est aussi ami de Corneille Tacite. Quel homme! vous le savez. Si vous avez donc quelque estime pour lui et pour moi, vous ne pouvez en refuser à Rufus, puisque rien n'est plus propre à faire naître l'amitié que la ressemblance des mœurs. Il a plusieurs enfants; car il a compté entre les autres obligations d'un bon citoyen, celle de donner des sujets à l'État; et cela dans un siècle où les soins que l'on rend à ceux qui n'ont point d'enfants dégoûtent même d'un fils unique. Ces honteuses amorces l'ont si peu tenté, qu'il n'a pas craint d'être aïeul. Il a des petits-fils de Saturius Firmus, son gendre, homme que vous aimerez autant que je l'aime, quand vous le connaîtrez autant que je le connais. Voyez, je vous prie, quelle nombreuse famille vous obligerez à la fois par une seule grâce! Nous vous la demandons, parce que nos désirs, et d'heureux présages, nous persuadent que vous serez bientôt en état de l'accorder. Nous vous souhaitons le consulat, et nous prévoyons que, l'année prochaine, il ne vous peut manquer. Nos augures, nos garants sont vos vertus et le discernement du prince. Les mêmes raisons vous donnent pour questeurs Asinius Bassus, l'aîné des fils de Rufus. C'est un jeune homme... je ne sais ce que je dois dire. Le père veut que je dise et que je pense que son fils vaut mieux que lui; la modestie du fils me le défend. Vous qui n'hésitez jamais à me croire, lui croirez difficilement, sans le voir, l'habileté, la probité, l'érudition, l'esprit, l'application, la mémoire que l'expérience vous fera découvrir en lui. Je voudrais que notre siècle fût assez fécond en bons sujets pour vous en donner un digne d'être préféré à Bassus. Je serais le premier à vous avertir, à vous presser d'y regarder plus d'une fois, et de peser longtemps avant que de faire pencher la balance. Par malheur aujourd'hui... Mais je ne veux pas vous vanter trop mon ami. Je vous dirai seulement qu'il méritait que, selon la coutume de nos ancêtres, vous l'adoptassiez pour votre fils. Ceux qui, comme vous, se distinguent par une haute sagesse, devraient prendre dans le sein de la république leurs enfants tels qu'ils voudraient les avoir reçus de la nature. Ne vous sera-t-il pas honorable, lorsque vous serez consul, d'avoir pour questeur le fils d'un homme qui a exercé la préture, et le proche parent de plusieurs consulaires, à qui, tout jeune qu'il est, il donne, de leur propre aveu, autant d'éclat qu'il en reçoit d'eux. Ayez donc quelque égard à mes prières; ne négligez pas mes avis, et surtout pardonnez à une sollicitation prématurée. L'amitié ne sait point attendre; elle anticipe les temps par ses désirs. D'ailleurs, dans une ville où il semble que tout soit fait pour celui qui le premier s'en empare, on trouve que le temps d'agir est passé, si l'on attend qu'il soit venu. Enfin, il est doux de goûter par avance le plaisir des succès que l'on désire. Que déjà Bassus vous respecte comme son consul. Vous, aimez-le comme votre questeur. Pour moi, qui vous aime également l'un et l'autre, je commence à sentir une double joie : car, dans la tendre amitié qui m'attache à vous et à Bassus, je suis prêt à mettre tout en œuvre, soins, amis, crédit, pour élever aux charges, ou Bassus, quel que soit le consul dont il sera questeur, ou le questeur que vous aurez choisi, quel

---

merem? Idem Cornelium Tacitum (scis quem virum) arcta familiaritate complexus est. Proinde si utrumque nostrum probas, de Rufo quoque necesse esse idem sentias, quum sit ad connectendas amicitias vel tenacissimum vinculum morum similitudo. Sunt ei liberi plures. Nam in hoc quoque functus est optimi civis officio, quod fœcunditate uxoris large frui voluit eo sæculo, quo plerisque etiam singulos filios orbitatis præmia graves faciunt : quibus ille despectis, avi quoque nomen adsumpsit. Est enim avus, et quidem ex Saturio Firmo, quem diliges, ut ego, si, ut ego, propius inspexeris. Hæc eo pertinent, ut scias, quam copiosam, quam numerosam domum uno beneficio sis obligaturus: ad quod petendum, voto primum, deinde bono quodam omine adducimur. Optamus enim tibi ominamurque in proximum annum consulatum. Ita nos virtutes tuæ, ita judicia principis augurari volunt. Concurrit autem, ut sit eodem anno quæstor, maximus ex liberis Rufi, Asinius Bassus, juvenis (nescio an dicam, quod me pater et sentire et dicere cupit], adolescentis verecundia vetat), ipso patre melior. Difficile est, ut mihi de absente credas, quamquam credere soles omnia, tantum in illo industriæ, probitatis, eruditionis, ingenii, studii, memoriæ denique esse, quantum expertus invenies. Vellem tam ferax sæculum bonis artibus haberemus, ut aliquos Basso præferre deberes : tum ego te primus hortarer moneremque, circumferres oculos, ac diu pensitares, quem potissimum eligeres. Nunc vero... sed nihil volo de amico meo arrogantius : hoc solum dico, dignum esse juvenem, quem more majorum in filii locum adsumas. Debent autem sapientes viri, ut tu, tales quasi a republica liberos accipere, quales a natura solemus optare. Decorus erit tibi consuli quæstor patre prætorio, propinquis consularibus : quibus, judicio ipsorum, quamquam adolescentulus adhuc, jam tamen invicem ornamento est. Proinde indulge precibus meis, obsequere consilio, et ante omnia, si festinare videor, ignosce : primum, quia votis suis amor plerumque præcurrit : deinde, quod in ea civitate, in qua omnia quasi ob occupantibus aguntur, quæ legitimum tempus exspectant, non matura, sed sera sunt : deinde, quod rerum, quas assequi cupias, præsumptio ipsa jucunda est. Revereatur jam te Bassus, ut consulem : tu dilige eum, ut quæstorem : nos denique, utriusque vestrum amantissimi, duplici lætitia perfruamur. Etenim quum sic te, sic Bassum diligamus, ut et illum cujuscumque, et tuum quemcumque quæstorem in petendis honoribus omni opera, omni

qu'il puisse être. J'aurai un sensible plaisir si mon attachement aux intérêts de votre consulat, et mon amitié pour Bassus, rassemblent tous mes vœux en une même personne; si enfin je vous ai pour second dans mes sollicitations, vous dont les avis sont d'une si grande autorité et le témoignage d'un si grand poids dans le sénat. Adieu.

LETTRE XVI
PLINE A VALÉRIUS PAULINUS.

Réjouissez-vous pour vous, pour moi, pour notre siècle : on aime encore les sciences. Ces jours passés, je devais plaider devant les centumvirs. Je me présentai. Mais la foule était si grande, qu'il me fut impossible de me faire d'autre passage, pour aller au barreau, qu'au travers du tribunal même où les juges sont assis. Il se trouva un jeune homme de qualité dont une partie des habits fut déchirée, comme il arrive souvent dans la presse; il demeura pourtant couvert de sa tunique sept heures entières : car je parlai pendant tout ce temps avec beaucoup de fatigue, et avec plus de succès encore. Courage donc! appliquons-nous à l'étude, et n'excusons plus notre paresse sur celle des auditeurs et des lecteurs. L'on n'en manque point. Ayons soin seulement que l'on ne manque ni de bons discours, ni de bons livres. Adieu.

LETTRE XVII.
PLINE A GALLUS.

Vous m'avertissez que C. Cécilius, consul désigné, poursuit un jugement contre Corellia, qui n'est pas de cette ville, et vous me priez de la défendre. Je vous remercie de l'avis; mais je me plains de la prière. Je dois être averti pour savoir ce qui se passe; mais on ne doit pas me prier de faire ce qu'il me serait très-honteux de ne faire pas. Balancerais-je à me déclarer pour la fille de Corellius? Il est vrai que je suis dans des liaisons, non pas d'intime confiance, mais d'amitié ordinaire, avec celui contre qui vous voulez que je plaide. Il est vrai qu'on a pour lui une grande considération, et que la place où il est destiné me demande d'autant plus d'égards, que j'ai eu l'honneur de la remplir : car il est naturel d'augmenter, autant qu'on le peut, l'idée des dignités que l'on a possédées. Mais toutes ces raisons s'évanouissent, dès que je fais réflexion qu'il s'agit de la fille de Corellius. J'ai sans cesse devant les yeux ce grand homme, qui n'a cédé à personne de son siècle en autorité, en droiture et en esprit. L'admiration que son mérite m'avait inspirée fit naître mon attachement pour lui; et il arriva, contre l'ordinaire, que je ne l'admirai jamais tant que lorsque je le connus plus à fond; et on ne pouvait plus à fond le connaître. Il n'avait point de secret pour moi; il partageait avec moi ses amusements, ses affaires, ses joies, ses peines. J'étais encore tout jeune, et non-seulement il avait pour moi de l'honnêteté, mais, j'ose le dire, la même considération que pour un homme de son âge. Je n'ai point demandé de charge, qu'il n'ait été mon solliciteur et ma caution. Je n'ai pris possession d'aucune, qu'il ne m'ait conduit, qu'il ne m'ait accompagné; je n'en ai point exercé, que par ses avis et avec son secours. En un mot, toutes les fois qu'il a

---

labore, gratia simus juvaturi; perquam jucundum nobis erit, si in eundem juvenem studium nostrum, et amicitiæ meæ et consulatus tui ratio contulerit : si denique precibus meis tu potissimum adjutor accesseris, cujus senatus et suffragio libentissime indulgeat, et testimonio plurimum credat. Vale.

XVI.
C. PLINIUS VALERIO PAULLINO SUO S.

Gaude meo, gaude tuo, gaude etiam publico nomine : adhuc honor studiis durat. Proxime, quum dicturus apud centumviros essem, adeundi mihi locus, nisi a tribunali, nisi per ipsos judices, non fuit : tanta stipatione cætera tenebantur. Ad hoc quidam ornatus adolescens, scissis tunicis, ut in frequentia solet, sola velatus toga perstitit, et quidem horis septem. Nam tamdiu dixi, magno cum labore, sed majore cum fructu. Studeamus ergo, nec desidiæ nostræ prætendamus alienam. Sunt qui audiant, sunt qui legant : nos modo dignum aliquid auribus, dignum chartis elaboremus. Vale.

XVII.
C. PLINIUS GALLO SUO S.

Et admones, et rogas, ut suscipiam absentis Corelliæ caussam contra C. Cæcilium, consulem designatum. Quod admones gratias, ago : quod rogas, queror. Admoneri enim debeo, ut sciam : rogari non debeo, ut faciam, quod mihi non facere turpissimum est. An ego tueri Corellii filiam dubitem? Est quidem mihi cum isto, contra quem me advocas, non plane familiaris, sed tamen amicitia. Accedit huc dignitas hominis, atque hic ipse, cui destinatus est, honor : cujus nobis hoc major habenda reverentia est, quod jam illo functi sumus. Naturale est enim, ut ea, quæ quis adeptus est ipse, quam amplissima existimari velit. Sed mihi cogitanti, adfuturum me Corellii filiæ, omnia ista frigida et inania videntur. Obversatur oculis ille vir, quo neminem ætas nostra graviorem, sanctiorem, subtiliorem denique tulit : quem ego, quum ex admiratione diligere cœpissem, quod evenire contra solet, magis admiratus sum, postquam penitus inspexi. Inspexi enim penitus : nihil a me ille secretum, non joculare, non serium, non triste, non lætum. Adolescentulus eram, et jam mihi ab illo honor, atque etiam (audebo dicere) reverentia, ut æquali, habebatur. Ille meus in petendis honoribus suffragator et testis; ille in inchoandis deductor et comes; ille in gerendis consiliator et rector; ille denique in omnibus officiis nostris, quamquam et imbecillus et senior, quasi juvenis et validus conspiciebatur! Quantum ille famæ meæ domi, quantum in publico, quantum etiam apud principem adstruxit? Nam quum forte de bonis juvenibus

été question de mes intérêts, il a paru toujours à la tête de mes amis, tout cassé, tout infirme qu'il était. Quel soin ne prenait-il pas de me faire une réputation, soit en particulier, soit en public, soit à la cour? Un jour, chez l'empereur Nerva, la conversation tomba sur les jeunes gens de grande espérance. La plupart dirent mille biens de moi. Corellius, après avoir quelque temps gardé le silence, qui donnait un nouveau poids à ses paroles : *Pour moi*, dit-il de ce ton grave que vous lui connaissiez, *je suis obligé de louer Pline plus sobrement; car il ne fait rien que par mes conseils.* Par là, il me donnait plus de gloire que je n'en osais désirer. Il faisait entendre que toutes mes démarches, sous un aussi bon guide, ne pouvaient manquer d'être sûres. Enfin, mourant, il dit pour dernier adieu à sa fille, qui le répète souvent : *Je vous ai, dans le cours d'une longue vie, fait grand nombre d'amis; mais comptez sur Pline et sur Cornutus.* Je ne puis m'en souvenir, sans comprendre l'obligation où je suis d'agir de manière qu'il ne paraisse pas que j'aie en rien trompé la confiance d'un homme dont le jugement était si sûr. Je suis donc prêt à épouser avec toute l'ardeur imaginable les intérêts de Corellia, et à m'exposer pour son service aux plus vifs ressentiments. Lors même que, pour autoriser ma conduite, ou pour me faire honneur, j'aurai donné à tout ce que je viens de vous dire cette étendue que demande un plaidoyer, et que ne permet pas une lettre, peut-être Cécilius, qui, selon vous, ne hasarde ce procès que dans l'espérance de n'avoir affaire qu'à une femme, ne pourra se défendre, non-seulement de me le pardonner, mais encore de m'en louer. Adieu.

LETTRE XVIII.

PLINE A ANTONIN.

J'ai essayé de traduire en latin quelques-unes de vos épigrammes grecques. Puis-je mieux vous prouver à quel point j'en suis charmé? J'ai bien peur de les avoir gâtées, soit par la faiblesse de mon génie, soit par la stérilité, ou, pour parler comme Lucrèce, par la pauvreté de notre langue. Que si vous croyez apercevoir quelque agrément dans la traduction, qui est latine et de ma façon, imaginez-vous les grâces de l'original, qui est grec et de votre main. Adieu.

LETTRE XIX.

PLINE A HISPULLA.

Comme je suis persuadé que vous êtes d'un bon naturel; que vous aimiez autant votre frère qu'il vous aimait; que sa fille n'a pas seulement trouvé en vous une amitié de tante, mais toute la tendresse du père qu'elle a perdu; je vais vous dire des choses qui vous plairont infiniment. Votre nièce ne dégénère point : chaque jour elle se montre digne de son père, digne de son aïeul, digne de vous. Elle a beaucoup d'esprit, beaucoup de retenue, beaucoup de tendresse pour moi, ce qui est un gage bien sûr de sa vertu. D'ailleurs, elle aime les lettres; et c'est l'envie de me plaire qui a tourné ses inclinations de ce côté-là. Elle a continuellement mes ouvrages entre les mains; elle ne cesse de les lire, elle les apprend par cœur. Vous ne pouvez vous imaginer ni son inquiétude avant que je plaide, ni sa joie après que j'ai plaidé. Elle charge toujours quelqu'un de venir en diligence lui apprendre quels applaudissements j'ai reçus, quel succès a eu la cause. S'il m'arrive de lire quelque pièce en public, elle sait se ménager une place où, derrière un rideau, elle écoute

---

apud Nervam imperatorem sermo incidisset, et plerique me laudibus ferrent, paulisper se intra silentium tenuit, quod illi plurimum auctoritatis addebat; deinde gravitate, quam noras, *Necesse est*, inquit, *parcius laudem Secundum, quia nihil nisi ex consilio meo facit.* Qua voce tribuit mihi, quantum petere voto immodicum erat : nihil me facere non sapientissime, quum omnia ex consilio sapientissimi viri facerem. Quin etiam moriens, filiæ suæ (ut ipsa solet prædicare), *Multos quidem amicos*, inquit, *tibi in longiore vita paravi, præcipuos tamen, Secundum et Cornutum.* Quod dum recordor, intelligo mihi laborandum, ne qua parte videar hanc de me fiduciam providentissimi viri destituisse. Quare ego vero Corelliæ adero promptissime; nec subire offensas recusabo : quamquam non solum veniam me, verum etiam laudem apud istum ipsum, a quo, ut ais, nova lis, fortasse ut feminae, intenditur, arbitror consequuturum, si hæc eadem in actione, latius scilicet et uberius, quam epistolarum angustiæ sinunt, contigerit mihi vel in excusationem, vel etiam in commendationem meam dicere. Vale.

XVIII.

C. PLINIUS ANTONINO SUO S.

Quemadmodum magis approbare tibi possum, quanto-pere mirer epigrammata tua græca, quam quod quædam æmulari latine et exprimere tentavi? In deterius quidem. Accidit hoc primum imbecillitate ingenii mei; deinde inopia, vel potius, ut Lucretius ait, egestate patrii sermonis. Quod si hæc, quæ sunt et latina, et mea, habere tibi aliquid venustatis videbuntur, quantum putas inesse eis gratiæ. quæ et a te, et græce, proferuntur? Vale.

XIX.

C. PLINIUS HISPULLÆ SUÆ S.

Quum sis pietatis exemplum, fratremque optimum, et amantissimum tui, pari caritate dilexeris, filiamque ejus, ut tuam, diligas, nec tantum amitæ ejus, verum etiam patris amissi affectum repræsentes; non dubio, maximo tibi gaudio fore, quum cognoveris, dignam patre, dignam te, dignam avo evadere. Summum est acumen, summa frugalitas : amat me, quod castitatis indicium est. Acce-

avidement les louanges que l'on me donne. Elle chante mes vers; et, instruite par l'amour seul, le plus excellent de tous les maîtres, elle fait redire à sa lyre ce qu'exprime sa voix. J'ai donc raison de me promettre que le temps ne fera que cimenter de plus en plus notre union : car elle n'aime en moi ni la jeunesse, ni la figure, qui dépérissent chaque jour, mais la gloire, qui ne périt jamais. Eh! que pouvais-je attendre autre chose d'une personne élevée sous vos yeux, formée par vos leçons, qui n'a rien pris que de vertueux et d'honnête dans votre commerce, et dont les éloges perpétuels qu'elle vous entendait faire de moi ont fait naître l'amour? Vos sentiments pour ma mère, que vous respectiez comme la vôtre, et la part que vous preniez à mon éducation, vous ont accoutumée à me vanter dès ma plus tendre enfance, et dès lors à promettre de moi tout ce que ma femme s'en imagine aujourd'hui. Nous vous remercions à l'envi; moi, de ce qu'elle est ma femme; elle, de ce que je suis son mari : tous deux, de ce que vous avez uni deux personnes faites l'une pour l'autre. Adieu.

LETTRE XX.
PLINE A MAXIME.

A mesure que j'ai achevé de lire chaque partie de votre ouvrage, je vous en ai mandé mon sentiment : il faut vous dire aujourd'hui ce que je pense de l'ouvrage entier. Il m'a paru beau, solide, varié, délicat, élégant, poli, sublime, plein de figures agréables, et d'une étendue qui ne fait que contribuer à la gloire de l'auteur. Votre esprit et votre douleur ont ensemble déployé toute leur force, et se sont réciproquement soutenus. L'esprit y donne de la magnificence et de la majesté à la douleur; et la douleur donne de la vivacité et de la véhémence à l'esprit. Adieu.

LETTRE XXI.
PLINE A VÉLIUS CÉRÉALIS.

Que le sort des Helvidies est triste et funeste ! Ces deux sœurs sont mortes en couche, toutes deux après avoir mis au monde une fille. Je suis pénétré de douleur; et je ne puis l'être trop, tant il me paraît cruel de perdre, par une malheureuse fécondité, ces deux aimables personnes dans la fleur de leur âge. Je plains de pauvres enfants à qui le même moment donne le jour et ôte leur mère; je plains les maris; je me plains moi-même. J'aime le père des Helvidies, tout mort qu'il est ; et je l'aime avec une constance dont mes discours et mes livres sont de fidèles témoins. Je ne puis, sans un extrême chagrin, voir qu'il ne lui reste qu'un seul de ses trois enfants, et que sa maison, auparavant soutenue de tant d'appuis, n'en ait plus qu'un. Ce me sera pourtant une douce consolation, si la fortune nous conserve au moins ce fils, pour nous rendre en sa personne son aïeul et son père. Sa vie et ses mœurs me donnent d'autant plus d'inquiétude, qu'il est devenu unique. Vous qui connaissez ma faiblesse et mes alarmes pour les personnes que j'aime, vous ne serez pas surpris de me voir tant craindre pour un jeune homme de qui l'on a tant à espérer. Adieu.

---

dit his studium litterarum, quod ex mei caritate concepit. Meos libellos habet, lectitat, ediscit etiam. Qua illa sollicitudine, quum videor acturus, quanto, quum egi, gaudio afficitur? Disponit, qui nuntient sibi, quem assensum, quos clamores excitarim, quem eventum judicii tulerim. Eadem, si quando recito, in proximo, discreta velo, sedet, laudesque nostras avidissimis auribus excipit. Versus quidem meos cantat formatque cithara, non artifice aliquo docente, sed amore, qui magister est optimus. His ex caussis in spem certissimam adducor, perpetuam nobis majoremque in dies futuram esse concordiam. Non enim ætatem meam, aut corpus, quæ paullatim occidunt ac senescunt, sed gloriam diligit. Nec aliud decet tuis manibus educatam, tuis præceptis institutam : quæ nihil in contubernio tuo viderit, nisi sanctum honestumque : quæ denique amare me ex tua prædicatione consueverit. Nam quum matrem meam parentis loco venerarere, meque olim a pueritia statim formare, laudare, talemque, qualis nunc uxori meæ videor, ominari solebas. Certatim ergo tibi gratias agimus : ego, quod illam mihi; illa, quod me sibi dederis, quasi invicem elegeris. Vale.

XX.
C. PLINIUS MAXIMO SUO S.

Quid senserim de singulis libris tuis, notum tibi, ut quemque perlegeram, feci. Accipe nunc, quid de universis generaliter judicem. Est opus pulchrum, validum, acre, sublime, varium, elegans, purum, figuratum, spatiosum etiam, et cum magna tua laude diffusum. In quo tu ingenii simul dolorisque velis latissime vectus es, et horum utrumque invicem adjumento fuit. Nam dolori sublimitatem et magnificentiam ingenium ; ingenio vim et amaritudinem dolor addidit. Vale.

XXI.
C. PLINIUS VELIO CEREALI SUO S.

Tristem et acerbum casum Helvidiarum sororum ! Utraque a partu, utraque filiam enixa decessit. Afficior dolore, nec tamen supra modum doleo. Ita mihi luctuosum videtur, quod puellas honestissimas in flore primo fœcunditas abstulit : angor infantium sorte, quæ sunt parentibus statim, et dum nascuntur, orbatæ : angor optimorum maritorum, angor etiam meo nomine. Nam patrem illarum defunctum quoque perseverantissime diligo, ut actione mea, librisque testatum est, cui nunc unus ex tribus liberis superest, domumque, pluribus adminiculis paullo ante fundatam, desolatus fulcit ac sustinet. Magno tamen fomento dolor meus adquiescet, si hunc saltem fortem et incolumem, paremque illi patri, illi avo fortuna servaverit. Cujus ego pro salute, pro moribus, hoc sum magis anxius, quod unicus factus est. Nosti in amore mollitiem animi mei, nosti metus. Quo minus te mirari oportebit, quod plurimum timeam, de quo plurimum spero. Vale.

LETTRE XXII.

PLINE A SEMPRONIUS RUFUS.

J'ai été appelé au conseil de l'empereur, pour dire mon avis sur une question singulière. On célébrait à Vienne des jeux publics, fondés par le testament d'un particulier. Trébonius Rufinus, homme d'un rare mérite, et mon ami, les abolit pendant qu'il était duumvir. L'on soutenait qu'il n'avait pu s'attribuer cette autorité. Il plaida lui-même, avec autant de succès que d'éloquence. Ce qui donna plus d'éclat à son action, c'est que, dans sa propre cause, il parla en Romain, en bon citoyen, avec beaucoup de sagesse et de dignité. Lorsqu'on prit les voix, Junius Mauricus, dont la fermeté et la sincérité n'ont rien d'égal, ne se contenta pas de dire qu'il ne fallait pas rétablir ces spectacles à Vienne; il ajouta : *Je voudrais même qu'on les supprimât à Rome*. C'est, dites-vous, montrer beaucoup de hardiesse et de force; mais cela n'est pas surprenant dans Mauricus. Ce qu'il dit à la table de Nerva n'est pas moins hardi. Cet empereur soupait avec un petit nombre de ses amis. Vejento, célèbre adulateur, était le plus près de lui, et penché sur son sein. C'est tout vous dire que de vous nommer le personnage. La conversation tomba sur Catullus Messalinus, qui, cruel naturellement, avait, en perdant la vue, achevé de perdre tout sentiment d'humanité. Il ne connaissait ni l'honneur, ni la honte, ni la pitié. Il était, entre les mains de Domitien, comme un trait toujours prêt à être emporté par une impétuosité aveugle, et que cet empereur lançait souvent contre les plus gens de bien. Chacun, pendant le souper, s'entretenait de la scélératesse de Messalinus et de ses avis sanguinaires. Alors Nerva prenant la parole : *Que pensez-vous*, dit-il, *qu'il lui arrivât, s'il vivait encore? De souper avec nous*, répondit hardiment Mauricus. Je me suis trop écarté, mais non pas sans dessein. On prononça la suppression de ces jeux, qui n'avaient fait que corrompre les mœurs de Vienne, comme nos jeux corrompent les mœurs de l'univers : car les vices des Viennois sont renfermés dans leurs murailles; les nôtres se répandent par toute la terre. Et, dans le corps politique comme dans le corps humain, la plus dangereuse de toutes les maladies, c'est celle qui vient de la tête. Adieu.

LETTRE XXIII.

PLINE A POMPONIUS BASSUS.

J'apprends avec plaisir, par nos amis communs, que, dans un séjour délicieux, vous usez de votre loisir en homme sage; que souvent vous vous promenez sur terre et sur mer; que vous donnez beaucoup de temps aux dissertations, aux conférences, à la lecture, et qu'il n'est point de jour que vous n'ajoutiez quelque nouvelle connaissance à cette grande érudition que vous avez déjà. C'est ainsi que doit vieillir un homme non moins distingué dans les fonctions de la magistrature que dans le commandement des armées, et qui s'est tout dévoué au service de la république, tant que l'honneur l'a voulu. Nous devons à la patrie notre premier et notre second âge; mais nous nous devons le dernier à nous-mêmes. Les lois semblent nous le conseiller, lorsqu'à soixante ans elles nous rendent au repos. Quand aurai-je la liberté d'en jouir? Quand

XXII.

C. PLINIUS SEMPRONIO RUFO SUO S.

Interfui principis optimi cognitioni, in consilium adsumptus. Gymnicus agon apud Viennenses, ex cujusdam testamento, celebrabatur. Hunc Trebonius Rufinus, vir egregius nobisque amicus, in duumviratu suo tollendum abolendumque curavit. Negabatur ex auctoritate publica fecisse. Egit ipse caussam non minus feliciter, quam diserte. Commendabat actionem, quod tanquam homo romanus et bonus civis in negotio suo mature et graviter loquebatur. Quum sententiæ perrogarentur, dixit Junius Mauricus (quo viro nihil firmius, nihil verius) non esse restituendum Viennensibus agona : adjecit, *Vellem etiam Romæ tolli posset*. Constanter, inquis, et fortiter. Quidni? Sed hoc Maurico novum non est. Idem apud Nervam imperatorem non minus fortiter. Cœnabat Nerva cum paucis. Veiento proximus, atque etiam in sinu recumbebat. Dixi omnia, quum hominem nominavi. Incidit sermo de Catullo Messalino, qui, luminibus orbatus, ingenio sævo mala cæcitatis addiderat : non verebatur, non erubescebat, non miserebatur : quo sæpius a Domitiano non secus ac tela, quæ et ipsa cæca et improvida feruntur, in optimum quemque contorquebatur. De ejus nequitia sanguinariisque sententiis in commune omnes super cœnam loquebantur, quum ipse imperator, *Quod putamus passurum fuisse, si viveret?* et Mauricus, *Nobiscum cœnaret*. Longius abii, libens tamen. Placuit agona tolli, qui mores Viennensium infecerat, ut noster hic omnium. Nam Viennensium vitia intra ipsos residunt, nostra late vagantur : utque in corporibus, sic in imperio, gravissimus est morbus, qui a capite diffunditur. Vale.

XXIII.

C. PLINIUS POMPONIO BASSO SUO S.

Magnam cepi voluptatem, quum ex communibus amicis cognovi, te, ut sapientia tua dignum est, et disponere otium et ferre, habitare amœnissime, et nunc terra, nunc mari corpus agitare; multum disputare, multum audire, multum lectitare; quumque plurimum scias, quotidie tamen aliquid addiscere. Ita senescere oportet virum, qui magistratus amplissimos gesserit, exercitus rexerit, totumque se reipublicæ, quamdiu decebat, obtulerit. Nam et prima vitæ tempora et media patriæ, extrema nobis impertire debemus, ut ipsæ leges monent, quæ majorem annis LX otio reddunt. Quando mihi licebit? quando per ætatem honestum erit imitari istud pulcherrimæ quietis

l'âge me permettra-t-il d'imiter une retraite si honorable? Quand la mienne ne pourra-t-elle plus être appelée paresse, mais une glorieuse oisiveté? Adieu.

LETTRE XXIV.

PLINE A VALENS.

Ces jours passés, comme je plaidais devant les centumvirs, les quatre chambres assemblées, je me souvins que la même chose m'était arrivée dans ma jeunesse. Mes réflexions, à l'ordinaire, m'emportèrent plus loin. Je commençai à rappeler dans ma mémoire ceux qui, comme moi, suivaient le barreau dans le temps de la première cause, et ceux qui le suivaient dans le temps de celle-ci. Je m'aperçus que j'étais le seul qui se fût trouvé à l'une et à l'autre, tant les lois de la nature, tant les caprices de la fortune font de révolutions dans le monde! Les uns sont morts, les autres bannis. L'âge ou les infirmités ont condamné celui-ci au silence; la sagesse ménage à celui-là une heureuse tranquillité. L'un commande une armée; la faveur du prince dispense l'autre des emplois pénibles. Moi-même, à quelles vicissitudes n'ai-je point été sujet? Les belles-lettres m'ont élevé d'abord, abaissé dans la suite, enfin relevé. Mes liaisons avec les gens de bien m'ont été fort utiles, puis très-préjudiciables, à la fin très-avantageuses. Si vous supputez les années où sont arrivées tant de révolutions, le temps vous paraîtra court; si vous faites attention sur les événements, vous croirez parcourir un siècle. Tant de changements, si rapidement amenés, sont bien propres à nous apprendre qu'on ne doit désespérer de rien, ne compter sur rien. J'ai coutume de vous communiquer toutes mes pensées, de vous faire les mêmes leçons, de vous proposer les mêmes exemples qu'à moi-même. C'est l'intention que j'ai dans cette lettre. Adieu.

LETTRE XXV.

PLINE A MAXIME.

Je vous avais bien dit qu'il était à craindre que le scrutin n'amenât quelque désordre. C'est ce qui vient d'arriver à la dernière élection des magistrats. Dans plusieurs billets, on a trouvé des plaisanteries; en quelques-uns, des impertinences grossières; dans un entre autres, à la place du nom des candidats, le nom des protecteurs. Le sénat, plein d'indignation, fit grand bruit, et souhaita que toute la colère de l'empereur pût tomber sur l'auteur de cette insolence. Mais il a échappé à tous ces ressentiments; il est demeuré ignoré, et peut-être était-il un de ceux qui criaient le plus haut. Quelle liberté, à votre avis, ne se donne pas chez lui cet homme, qui dans une affaire sérieuse, en une occasion de cette importance, ose faire ainsi le farceur, et qui bouffonne et turlupine au milieu du sénat? Un tel homme se dit à lui-même : *Eh! qui le saura?* Cette pensée produit seule cette audace dans les âmes basses. Demander du papier, prendre la plume, baisser la tête pour écrire, ne craindre point le témoignage des autres, mépriser le sien propre : voilà quelle est la source d'où coulent ces bons mots, dignes du théâtre et des halles. De quel côté se tourner? Quelque remède que l'on emploie, le mal surmonte le remède. Mais ce soin regarde quelque autre puissance, au zèle et aux travaux de laquelle notre mollesse et notre licence préparent de jour en jour de nouveaux sujets de réforme. Adieu.

---

exemplum? quando secessus mei non desidiæ nome, sed tranquillitatis accipient? Vale.

XXIV.

C. PLINIUS VALENTI SUO S.

Proxime quum apud centumviros in quadruplici judicio dixissem, subiit recordatio, egisse me juvenem æque in quadruplici. Processit animus, ut solet, longius : cœpi reputare, quos in hoc judicio, quos in illo socios laboris habuissem. Solus eram, qui in utroque dixissem : tantas conversiones ut fragilitas mortalitatis, aut fortunæ mobilitas facit. Quidam ex iis, qui tunc egerant, decesserunt; exsulant alii : huic ætas et valetudo silentium suasit; hic sponte beatissimo otio fruitur; alius exercitum regit; illum civilibus officiis principis amicitia exemit. Circa nos ipsos quam multa mutata sunt! Studiis processimus : studiis periclitati sumus, rursusque processimus. Profuerunt nobis bonorum amicitiæ, et obfuerunt, iterumque prosunt. Si computes annos, exiguum tempus : si vices rerum, ævum putes. Quod potest esse documento, nihil desperare, nulli rei fidere, quum videamus tot varietates tam volubili orbe circumagi. Mihi autem familiare est, omnes cogitationes meas tecum communicare, iisdemque te vel præceptis vel exemplis monere, quibus ipse me moneo : quæ ratio hujus epistolæ fuit. Vale.

XXV.

C. PLINIUS MESSIO MAXIMO SUO S

Scripseram tibi, verendum esse, ne ex tacitis suffragiis vitium aliquod exsisteret : factum est. Proximis comitiis in quibusdam tabellis multa jocularia, atque etiam fœda dicta; in una vero pro candidatorum nominibus, suffragatorum nomina inventa sunt. Excanduit senatus, magnoque clamore ei, qui scripsisset, iratum principem est comprecatus. Ille tamen fefellit, et latuit, fortasse etiam inter indignantes fuit. Quid hunc putamus domi facere, qui in tanta re, tam serio tempore, tam scurriliter ludat? qui denique omnino in senatu dicax et urbanus et bellus est? Tantum licentiæ pravis ingeniis adjicit illa fiducia, *Quis enim sciet?* Poposcit tabellas, stilum, accepit, demisit caput, neminem veretur, se contemnit. Inde ista ludibria, scena et pulpito digna. Quo te vertas? quæ remedia conquiras? Ubique vitia remediis fortiora. Ἀλλὰ ταῦτα τῶν ὑπὲρ ἡμᾶς ἄλλῳ μελήσει, cui multum quotidie vigiliarum, multum laboris adjicit hæc nostra iners, sed tamen effrenata petulantia. Vale.

LETTRE XXVI.

PLINE A NÉPOS.

Vous voulez que je charge quelqu'un de relire et de corriger avec exactitude l'exemplaire de mes ouvrages que vous avez acheté. Je le ferai. Quel soin plus agréable pourrais-je prendre, principalement à votre prière? Lorsqu'un homme de votre importance, si savant, si éloquent, par-dessus tout cela si occupé, et qui va gouverner une grande province, a si bonne opinion de mes ouvrages que de les vouloir emporter avec lui, dans quelle obligation ne suis-je pas de mettre ordre que cette partie de son bagage ne l'embarrasse pas comme inutile? Je ferai donc en sorte que cette compagnie ne vous soit pas à charge, et je vous en préparerai une recrue à votre retour, car rien ne peut tant m'engager à de nouvelles compositions, qu'un lecteur tel que vous. Adieu.

LETTRE XXVII.

PLINE A FALCON.

Il y a trois jours que j'entendis avec beaucoup de plaisir, et même avec admiration, la lecture des ouvrages de Sentius Augurinus. Il les appelle petites poésies. Il y en a de délicates, de simples, de nobles, de galantes, de tendres, de douces, de piquantes. Si l'amitié que je lui porte, ou les louanges qu'il m'a données, ne m'ont point ébloui, il ne s'est rien fait de plus achevé dans ce genre depuis quelques années. Le sujet de la pièce qu'il a faite pour moi roule sur ce que je m'amuse quelquefois à faire des vers badins. Vous allez vous-même juger de mon jugement, si le second vers de cette pièce me revient; car je tiens les autres. Bon! le voilà revenu.

> Ma muse enjouée et badine
> Imite Catulle et Calvus;
> Mais je veux n'imiter que Pline:
> Lui seul les vaut tous deux, s'il ne vaut encor plus.
> Qui sait mieux, dans un tendre ouvrage,
> Parler un amoureux langage?
> Quoi! ce Pline si sérieux
> Et si grave?.... Oui, ce Pline, épris de deux beaux yeux,
> Fait quelquefois des vers où règne la tendresse:
> Il célèbre l'amour. Caton en fit autant.
> Vous qui vous piquez de sagesse,
> Refusez d'aimer maintenant!

Vous voyez quelle finesse, quelle justesse, quelle vivacité. Le livre entier est écrit dans ce goût. Je vous en promets un exemplaire dès qu'il aura vu le jour. Aimez toujours ce jeune homme par avance. Réjouissez-vous pour notre siècle, illustré par un esprit si rare, et à qui les vertus qui l'accompagnent donnent un nouveau prix. Il passe sa vie tantôt auprès de Spurinna, tantôt auprès d'Antonin, allié de l'un, intime ami de tous les deux. Jugez par là du mérite d'un jeune homme que des vieillards si vénérables aiment tant; car rien n'est plus vrai que cette maxime:

D'ordinaire on ressemble à ceux que l'on fréquente.

Adieu.

LETTRE XXVIII.

PLINE A SÉVÈRE.

Hérennius Sévérus, très-savant homme, se fait un grand honneur de placer dans sa bibliothèque les portraits de deux de vos compatriotes,

XXVI.
C. PLINIUS NEPOTI SUO S.

Petis, ut libellos meos, quos studiosissime comparasti, recognoscendos emendandosque curem. Faciam. Quid enim suscipere libentius debeo, te præsertim exigente? Nam quum vir gravissimus, doctissimus, disertissimus, super hæc occupatissimus, maximæ provinciæ præfuturus, tanti putes scripta nostra circumferre tecum; quanto opere mihi providendum est, ne hæc pars sarcinarum, tanquam supervacua, offendat? Adnitar ergo primum, ut comites istos quam commodissimos habeas; deinde, ut reversus invenias, quos istis addere velis. Neque enim mediocriter me ad nova opera tu lector hortaris. Vale.

XXVII.
C. PLINIUS FALCONI SUO S.

Tertius dies est, quod audivi recitantem Sentium Augurinum cum summa mea voluptate, immo etiam admiratione. Poematia appellat. Multa tenuiter, multa sublimiter, multa venuste, multa tenere, multa dulciter, multa cum bile. Aliquot annis, puto, nihil generis ejusdem absolutius scriptum, nisi forte me fallit aut amor ejus, aut quod me ipsum laudibus evexit: nam lemma sibi sumpsit, quod ego interdum versiculos ludo. Atque adeo judicii mei te judicem faciam, si mihi ex hoc ipso lemmate secundus versus occurrerit: nam cæteros teneo, et jam explicui.

> Canto carmina versibus minutis,
> His, olim quibus et meus Catullus,
> Et Calvus, veteresque. Sed quid ad me?
> Unus Plinius est mihi priores.
> Mavult versiculos, foro relicto.
> Et quærit, quod amet, putatque amari,
> Ille o Plinius, ille quot Catones!
> I nunc, quisquis amas, amare noli.

Vides, quam acuta omnia, quam apta, quam expressa? Ad hunc gustum totum librum repromitto; quem tibi, ut primum publicaverit, exhibebo. Interim ama juvenem et temporibus nostris gratulare pro ingenio tali, quod ille moribus adornat. Vivit cum Spurinna, vivit cum Antonino: quorum alteri adfinis, utrique contubernalis est. Possis ex hoc facere conjecturam, quam sit emendatus adolescens, qui a gravissimis senibus sic amatur. Est enim illud verissimum

> γιγνώσκων, ὅτι
> Τοιοῦτός ἐστιν ἕκαστος, οἷσπερ ἥδεται ξυνών.

Vale.

XXVIII.
C. PLINIUS SEVERO SUO S.

Herennius Severus, vir doctissimus, magni æstimat in bibliotheca sua ponere imagines municipum tuorum,

Cornélius Népos et Titus Cassius. Il me prie de lui en faire faire des copies, s'il se trouvent dans le lieu où vous êtes, comme il y a apparence qu'ils y sont. Trois raisons m'engagent à vous charger de ce soin. L'une, c'est que votre complaisance et votre amitié ne laissent jamais languir mes moindres désirs; l'autre, votre passion pour les belles-lettres, et votre amour pour ceux qui les cultivent. Enfin, votre dévouement aux intérêts de votre patrie et de toutes les personnes qui lui ont fait honneur, et pour qui vous n'avez guère moins de respect et de tendresse que pour elle. Je vous supplie donc de choisir le plus excellent peintre : car s'il est extrêmement difficile d'attraper la ressemblance dans un original, combien l'est-il davantage dans une copie? Faites, je vous prie, qu'elle ne s'en écarte en rien, pas même pour faire mieux. Adieu.

LETTRE XXIX.

PLINE A ROMANUS.

Holà, paresseux! ne manquez pas de vous ranger à votre devoir, et de venir faire votre métier de juge à la première audience qui se tiendra. Ne comptez pas que vous puissiez vous en reposer sur moi. On ne s'en dispense pas impunément. Licinius Népos, préteur, homme ferme et sévère, vient de condamner à l'amende un sénateur même. Le sénateur a plaidé sa cause dans le sénat; mais il a plaidé en homme qui demande grâce. Il a été déchargé; mais il en a eu la peur, mais il a prié, mais il a eu besoin de pardon. Tous les préteurs, dites-vous, ne sont pas si méchants. Vous vous trompez. Il faut de la sévérité pour établir ou pour ramener de tels exemples : mais quand ils sont une fois établis ou ramenés, l'esprit le plus doux peut aisément les suivre. Adieu.

LETTRE XXX.

PLINE A LICINIUS.

Je vous ai rapporté de mon pays, pour présent, de quoi exercer cette vaste érudition à qui rien n'échappe. Une fontaine prend sa source dans une montagne, coule entre des rochers, passe dans une petite salle à manger faite auprès, s'arrête quelque temps, et enfin tombe dans le lac de Côme. Ce qui rend cette fontaine merveilleuse, c'est qu'elle a un flux et un reflux; qu'elle hausse et baisse réglément trois fois le jour. Ce jeu de la nature est sensible aux yeux, et on ne le peut voir sans un extrême plaisir. Vous pouvez vous asseoir sur les bords de cette fontaine, y manger, boire même de son eau, car elle est très-fraîche; et vous voyez cependant, ou qu'elle monte peu à peu, ou qu'insensiblement elle se retire. Vous mettez un anneau, ou ce qu'il vous plaît, en un endroit de ses bords qui est à sec : l'eau, qui revient peu à peu, gagne l'anneau, le mouille, et le couvre tout à fait. Quelques moments après, l'eau, qui baisse peu à peu, découvre l'anneau, et à la fin l'abandonne. Si vous observez longtemps ces mouvements divers, vous verrez la même chose arriver jusqu'à deux et trois fois par jour. Quelque vent renfermé dans le sein de la terre ouvrirait-il ou fermerait-il quelquefois la source de cette fontaine, selon que ce vent ou revient plus tôt, ou qu'il a été plus avant poussé, à peu près comme il arrive dans une bouteille dont l'ouverture est un peu étroite?

Cornelii Nepotis et Titi Cassii : petitque, si sunt isthic, ut esse credibile est, exscribendas pingendasque delegem. Quam curam tibi potissimum injungo : primum, quia desideriis meis amicissime obsequeris : deinde, tibi studiorum summa reverentia, summus amor studiosorum : postremo, quod patriam tuam, omnesque qui nomen ejus auxerunt, ut patriam ipsam, veneraris ac diligis. Peto autem, ut pictorem quam diligentissimum adsumas. Nam quum est arduum similitudinem effingere ex vero, tum longe difficillima est imitationis imitatio. A qua, rogo, ut artificem, quem elegeris, ne in melius quidem, sinas aberrare. Vale.

XXIX.

C. PLINIUS ROMANO SUO S.

Eia tu, quum proxime res agentur, quoquo modo ad judicandum veni. Nihil est, quod in dextram aurem fiducia mei dormias : non impune cessatur. Ecce, Licinius Nepos, prætor, acer et fortis vir, multam dixit etiam senatori. Egit ille in senatu caussam suam : egit autem sic, ut deprecaretur. Remissa est multa : sed timuit, sed rogavit, sed opus venia fuit. Dices, *Non omnes prætores tam severi*. Falleris; nam vel instituere, vel reducere ejusmodi exemplum, non nisi severi; institutum, reductumve exercere, etiam lenissimi possunt. Vale.

XXX.

C. PLINIUS LICINIO SUO S.

Attuli tibi ex patria mea pro munusculo quæstionem, altissima ista eruditione dignissimam. Fons oritur in monte, per saxa decurrit, excipitur cœnatiuncula manu facta : ibi paullulum retentus in Larium lacum decidit. Hujus mira natura : ter in die, statis auctibus ac diminutionibus, crescit decrescitque. Cernitur id palam, et cum summa voluptate deprehenditur. Juxta recumbis et vesceris : atque etiam ex ipso fonte, nam est frigidissimus, potas : interim ille certis dimensisque momentis vel subtrahitur, vel adsurgit. Annulum, seu quid aliud, ponis in sicco, adluitur sensim, ac novissime operitur : detegitur rursus paullatimque deseritur : si diutius observes, utrumque iterum ac tertio videas. Spiritusne aliquis occultior os fontis et fauces modo laxat, modo includit, prout illatus occurrit, aut decessit expulsus? Quod in ampullis cæterisque generis ejusdem videmus accidere, quibus non hians, nec statim patens exitus. Nam illa quoque, quamquam prona et vergentia, per quasdam obluctantis animæ moras crebris quasi singultibus sistunt, quod effun-

Quoique vous la renversiez, l'eau qui en sort ne coule pas également; mais, comme si l'air qui fait effort pour entrer la retenait, elle ne tombe que par de fréquents élans, qui ne ressemblent pas mal à des sanglots. La même cause qui fait croître et décroître la mer si régulièrement ferait-elle le mouvement réglé de cette fontaine? Ne serait-ce point aussi que comme les fleuves, emportés par leur pente vers la mer, sont forcés quelquefois de remonter, par des vents ou par un reflux qui s'opposent à leurs cours; de même il se rencontre quelque obstacle interne, qui successivement arrête et renvoie l'eau de cette fontaine? N'y aurait-il point plutôt une certaine capacité dans les veines qui fournissent cette eau, et qui fait que lorsqu'elles se sont épuisées, et qu'elles en rassemblent de nouvelles, la fontaine, qui n'en reçoit plus, diminue, et coule plus lentement; qu'au contraire elle augmente, et coule plus vite, dès que ces mêmes veines remplies renvoient la nouvelle eau qu'elles ont ramassée? Enfin, se ferait-il quelque balancement secret dans le lieu qui renferme ces eaux, en sorte que, lorsqu'il est moins rempli, il en fasse un épanchement plus libre, et qu'au contraire, lorsqu'il est plus plein, il le fasse plus difficilement et par bouillons? C'est à vous à découvrir et à nous apprendre les véritables causes de ce prodige. Qui le pourrait mieux? Pour moi, je suis content si je vous ai bien exposé le fait. Adieu.

LIVRE CINQUIÈME.

LETTRE PREMIÈRE.

PLINE A SÉVÈRE.

On vient de me faire un petit legs, que j'estime plus qu'un legs considérable. Vous demandez pourquoi? Le voici. Pomponia Gratilla déshérita son fils Assudius Curianus, et m'institua héritier avec Sertorius Sévérus, qui a été préteur, et avec quelques autres qui sont distingués dans l'ordre des chevaliers romains. Curianus me pressa de vouloir bien lui donner ma part dans la succession, et d'établir par là un préjugé en sa faveur contre mes cohéritiers; mais en même temps il m'offrit de me laisser, par une contre-lettre, cette même portion que je lui donnerais. Je lui répondis que ce n'était pas mon caractère de feindre publiquement une chose, et de faire secrètement l'autre; que d'ailleurs je ne croyais pas qu'une donation faite à un homme riche et sans enfants eût un bon air; qu'enfin elle serait inutile à ses desseins; qu'au contraire, un désistement de mon droit les favoriserait beaucoup; et que j'étais prêt à me désister, s'il me pouvait prouver qu'il eût été déshérité injustement. J'y consens, reprit-il, et je ne veux point d'autre juge que vous. Après avoir hésité un moment : Je le veux bien, lui dis-je; car je ne vois pas pourquoi j'aurais de moi moins bonne opinion que vous ne l'avez : mais souvenez-vous que rien ne m'ébranlera, si la justice m'engage à décider pour votre mère. Comme vous voudrez, répondit-il; car vous ne voudrez jamais que ce qui sera le plus juste. Je choisis donc dans Rome, pour juger avec moi, deux hommes de la première considération, Corellius et Frontinus. Avec eux, je donne audience à Curianus dans ma chambre. Il dit tout ce qu'il crut pouvoir établir la justice de ses plaintes. Je répliquai en peu de mots; car personne n'était là pour défendre l'honneur de la testatrice. Après cela, je m'éloignai de lui pour délibérer; et ensuite, de l'avis de mon conseil,

dunt. An quæ Oceano natura, fonti quoque? quaque ille ratione aut impellitur, aut resorbetur, hac modicus hic humor vicibus alternis supprimitur, vel egeritur? An ut flumina, quæ in mare deferuntur, adversantibus ventis, obvioque æstu retorquentur, ita est aliquid, quod hujus fontis excursum per momenta repercutiat? An latentibus venis certa mensura, quæ dum colligit quod exhauserat, minor rivus est et pigrior; quum collegit, agilior majorque profertur? An, nescio quod, libramentum abditum et cæcum, quod quum exinanitum est, suscitat et elicit fontem : quum repletum, moratur et strangulat? Scrutare tu caussas (potes enim), quæ tantum miraculum efficiunt. Mihi abunde est, si satis expressi, quod efficitur. Vale

LIBER QUINTUS.

I.

C. PLINIUS SEVERO SUO S.

Legatum mihi obvenit modicum, sed amplissimo gratius. Cur amplissimo gratius? Pomponia Gratilla, exheredato filio Assudio Curiano, heredem reliquerat me : dederat coheredes Sertorium Severum, prætorium virum, aliosque equites romanos splendidos. Curianus filius orabat, ut sibi donarem portionem meam, seque præjudicio juvarem : eamdem tacita conventione salvam mihi pollicebatur. Respondebam, non convenire moribus meis aliud palam, aliud agere secreto : præterea non esse satis honestum dare et locupleti et orbo : in summa, non profuturum ei, si donassem : profuturum, si cessissem : esse autem me paratum cedere, si inique exheredatum mihi liqueret. Ad hoc ille, *Rogo cognoscas.* Cunctatus paululum : *Faciam*, inquam : *neque enim video, cur ipse me minorem putem, quam tibi videor. Sed jam nunc memento, non defuturam mihi constantiam, si ita fides duxerit, secundum matrem tuam pronuntiandi. Ut voles*, ait : *quod voles enim, quod æquissimum*. Adhibui in consilium duos, quos tunc civitas nostra spectatissimos habuit, Corellium et Frontinum. His circumdatus in cubiculo meo sedi. Dixit Curianus, quæ pro se putabat. Respondi paucis ego (neque enim aderat alius, qui defunctæ pudorem tueretur,) deinde secessi, et ex consilii

je lui dis : Il me paraît, Curianus, que le chagrin de votre mère contre vous était juste.

Quelque temps après, il fait assigner mes cohéritiers devant les centumvirs; il n'excepte que moi. Le jour que l'affaire se devait juger approchait. Ils souhaitaient tous un accommodement, non qu'ils se défiassent de leur cause, mais les temps leur faisaient peur. Ils appréhendaient (ce qu'ils avaient vu plus d'une fois arriver à d'autres) qu'au sortir d'un procès civil devant les centumvirs, ils ne tombassent dans un procès criminel et capital. Il y en avait parmi eux contre qui l'amitié de Gratilla et de Rusticus pouvait fournir un prétexte d'accusation. Ils me prient de pressentir Curianus. Je prends rendez-vous avec lui dans le temple de la Concorde. Là, je lui dis : Si votre mère vous eût institué héritier pour un quart, ou si même elle vous eût fait son unique héritier, mais que par des legs elle eût si fort chargé sa succession qu'il ne vous en restât que le quart de libre, auriez-vous droit de vous plaindre? Vous devez donc être content si, étant déshérité, ses héritiers vous abandonnent la quatrième partie de ce qui peut leur en revenir. J'y veux pourtant encore ajouter du mien. Vous savez que vous ne m'avez point assigné : ainsi la prescription qui m'est acquise par une possession publique et paisible pendant deux années, met ma portion héréditaire à couvert de vos prétentions. Cependant, pour vous obliger à faire meilleure composition à mes cohéritiers, et pour vous rendre tout ce que votre considération pour moi pourrait vous avoir coûté, je consens que votre quart se prenne sur ma portion, comme sur la leur. Le témoignage secret de ma conscience ne fut pas le seul fruit que je recueillis de cette action; elle me fit honneur. C'est donc ce même Curianus qui m'a laissé un legs, voulant reconnaître, par ce témoignage, un trait de désintéressement qui, si je ne me flatte pas trop, est digne de nos ancêtres. Je vous écris ce détail, parce que j'ai coutume de m'entretenir avec vous, aussi naïvement qu'avec moi-même, de tout ce qui me cause de la peine ou du plaisir. Je croirais qu'il serait injuste de garder pour soi toute sa joie, et de l'envier à son ami. Car enfin, je veux bien l'avouer, ma sagesse ne va pas jusqu'à ne compter pour rien cette espèce de récompense que la vertu trouve dans l'approbation de ceux qui l'estiment. Adieu.

LETTRE II.

PLINE A FLACCUS.

Les grives que vous m'avez envoyées sont si excellentes, que je ne puis, ni par terre, ni par mer, trouver au Laurentin de quoi vous le rendre. Attendez-vous donc à une lettre où la stérilité et l'ingratitude se laisseront voir à découvert : je ne veux pas seulement essayer de les cacher sous un échange, à la manière de Diomède. Mais voyez quel fond je fais sur votre générosité : je compte mon pardon d'autant plus sûr, que je m'en reconnais moins digne. Adieu.

LETTRE III.

PLINE A ARISTON.

Entre une infinité d'obligations que je vous ai, je compte pour une des plus grandes celle d'avoir bien voulu m'apprendre avec tant de franchise la longue dissertation que l'on a faite chez vous sur mes vers, et les différents jugements que l'on en porte. Je vois même qu'il se trouve des gens qui ne jugent pas les vers mauvais, mais qui, en amis sincères, ne trouvent pas bon,

---

sententia, *Videtur,* inquam, *Curiane, mater tua justas habuisse caussas irascendi tibi.* Post hoc ille cum cæteris subscripsit centumvirale judicium, mecum non subscripsit. Appetebat judicii dies : coheredes mei componere et transigere cupiebant : non diffidentia caussæ, sed metu temporum. Verebantur, quod videbant multis accidisse, ne ex centumvirali judicio capitis rei exirent. Et erant quidam in illis, quibus objici et Gratillæ amicitia et Rustici posset. Rogant me, ut cum Curiano loquar. Convenimus in ædem Concordiæ. Ibi ego, *Si mater,* inquam, *te ex parte quarta scripsisset heredem, num queri posses? Quid si heredem quidem instituisset ex asse, sed legatis ita exhausisset, ut non amplius apud te, quam quarta, remaneret? Igitur sufficere tibi debet, si, exheredatus a matre, quartam partem ab heredibus ejus accipias, quam tamen ego augebo. Scis te non subscripsisse mecum, et jam biennium transisse, omniaque me usucepisse. Sed ut te coheredes mei tractabiliorem experiantur, utque tibi nihil abstulerit reverentia mei; offero pro mea parte tantundem.* Tuli fructum non conscientiæ modo, verum etiam famæ. Ille ergo Curianus legatum mihi reliquit : et factum meum, nisi forte blandior mihi, antiquum nobili honore signavit. Hæc tibi scripsi, quia de omnibus, quæ me vel delectant, vel angunt, non aliter tecum, quam mecum, loqui soleo : deinde, quod durum existimabam, te amantissimum mei fraudare voluptate, quam ipse capiebam. Neque enim sum tam sapiens, ut nihil mea intersit, an iis, quæ honeste fecisse me credo, testificatio quædam, et quasi præmium accedat. Vale.

II.

C. PLINIUS FLACCO SUO S.

Accepi pulcherrimos turdos, cum quibus parem calculum ponere, nec ullis copiis ex Laurentino, nec maris tam turbidis tempestatibus possum. Recipies ergo epistolas steriles, et simpliciter ingratas, ac ne illam quidem solertiam Diomedis in permutando munere imitantes. Sed, quæ facilitas tua, hoc magis dabis veniam, quod se non mereri fatentur. Vale.

III.

C. PLINIUS ARISTONI SUO S.

Quum plurima officia tua mihi grata et jucunda sunt, tum vel maxime, quod me celandum non putasti, fuisse apud te de versiculis meis multum copiosumque sermo

ni que je les fasse, ni que je les lise à d'autres. Je leur répondrai d'une manière qui va me rendre encore bien plus coupable à leurs yeux. Je m'amuse quelquefois à faire des vers peu sérieux; je compose des comédies; je prends plaisir au théâtre; je lis volontiers les poésies lyriques; les satiriques me divertissent; je ne suis pas même fâché de rire, de plaisanter, de badiner. Enfin, pour rassembler en un mot tous les plaisirs innocents, je suis homme. Ceux qui ignorent que les plus savants personnages, les plus sages, les plus irrépréhensibles, ont écrit de ces bagatelles, me font honneur quand ils sont surpris de m'y voir donner quelques heures; mais j'ose me flatter que ceux qui connaissent mes garants et mes guides me pardonneront aisément, si je hasarde à m'égarer sur les pas de tant d'hommes illustres, qu'il n'est pas moins glorieux de suivre dans leurs amusements que dans leurs occupations. Aurais-je honte (je ne veux nommer personne entre les vivants, pour ne me pas rendre suspect de flatterie), aurais-je honte de faire ce qu'ont fait Cicéron, Calvus, Asinius, Messala, Hortensius, Brutus, Sylla, Catulle, Scévola, Sulpicius, Varron, Torquatus, ou plutôt les Torquatus, Memmius, Lentulus, Gétulicus, Sénèque, et de nos jours encore Virginius Rufus? Les exemples des particuliers ne suffisent-ils pas? Je citerai Jules César, Auguste, Nerva, Titus. Je ne parle point de Néron; je n'ignore pourtant pas que ce qui est honnête ne cesse pas de l'être parce que des scélérats le font quelquefois, mais que l'honnêteté demeure inséparablement attachée à ce qui est le plus souvent pratiqué par les gens de bien. Entre ceux-ci, on doit compter Virgile, Cornélius Népos, et plus anciennement Ennius et Accius. Il est vrai que ceux-ci n'ont pas été sénateurs; mais la probité n'admet ni distinction ni rang. J'avoue que je lis mes ouvrages dans des assemblées d'amis, et je ne sais s'ils ont lu les leurs; mais ils pouvaient s'en reposer sur eux, et moi je ne puis assez me fier à moi-même pour croire parfait ce qui me le paraît. Je lis donc à mes amis. Voici mes raisons. Un auteur qui compose redouble son application quand il songe aux auditeurs qu'il doit avoir. D'ailleurs, s'il a des doutes sur son ouvrage, il les résout comme à la pluralité des voix. Enfin, il reçoit différents avis de différentes personnes; et si on ne lui en donne point, les yeux, l'air, un geste, un signe, un bruit sourd, le silence même, parlent assez clairement à qui ne les confond pas avec le langage de la politesse. C'est pourquoi si quelqu'un de ceux qui m'ont écouté veut prendre la peine de lire ce qu'il a entendu, il trouvera que j'ai changé ou retranché des endroits qu'il avait peut-être lui-même critiqués, quoiqu'il ne m'en ait rien dit. Prenez garde que je vous dis toutes ces choses comme si pour m'entendre j'avais assemblé le peuple dans une salle publique, et non pas mes amis seulement, et dans ma chambre. Un grand nombre d'amis a souvent fait honneur, et n'a jamais attiré de reproches. Adieu.

LETTRE IV.

PLINE A VALÉRIANUS.

Je vais vous conter une chose peu importante, si vous ne remontez jusqu'au principe. Solers,

---

nem, cumque diversitate judiciorum longius processisse: exstitisse etiam quosdam, qui scripta quidem ipsa non improbarent, me tamen amice simpliciterque reprehenderent, quod hæc scriberem recitaremque. Quibus ego, ut augeam meam culpam, ita respondeo: Facio nonnunquam versiculos, severos parum; facio comœdias, et audio; et specto mimos, et lyricos lego, et Sotadicos intelligo; aliquando præterea rideo, jocor, ludo; atque omnia innoxiæ remissionis genera breviter amplectar, homo sum. Nec vero moleste fero, hanc esse de moribus meis existimationem, ut, qui nesciunt, talia doctissimos, gravissimos, sanctissimos homines scriptitasse, me scribere mirentur. Ab illis autem, quibus notum est, quos quantosque auctores sequar, facile impetrari posse confido, ut errare me, sed cum illis, sinant, quorum non seria modo, verum etiam lusus exprimere, laudabile est. An ego verear (neminem viventium, ne quam in speciem adulationis incidam, nominabo) sed ego verear, ne me non satis deceat, quod decuit M. Tullium, Caium Calvum, Asinium Pollionem, Marcum Messallam, Quintum Hortensium, M. Brutum, L. Sullam, Q. Catulum, Quintum Scævolam, Ser. Sulpicium, Varronem, Torquatum (immo Torquatos), C. Memmium, Lentulum, Gætulicum, Annæum Senecam, et proxime Verginium Rufum, et, si non sufficiunt exempla privata, divum Julium, divum Augustum, divum Nervam, T. Cæsarem? Neronem enim transeo, quamvis sciam, non corrumpi in deterius, quæ aliquando etiam a malis; sed honesta manere, quæ sæpius a bonis fiunt. Inter quos vel præcipue numerandus est P. Virgilius, Corn. Nepos, et prius Ennius, Acciusque. Non quidem hi senatores: sed sanctitas morum non distat ordinibus. Recito tamen: quod illi an fecerint, nescio. Etiam. Sed illi judicio suo poterant esse contenti: mihi modestior conscientia est, quam ut satis absolutum putem, quod a me probetur. Itaque has recitandi caussas sequor: primum, quod ipse, qui recitat, aliquanto acrius scriptis suis, auditorum reverentia, intendit: deinde, quod, de quibus dubitat, quasi ex consilii sententia statuit. Multa etiam a multis admonetur: et, si non admoneatur, quid quisque sentiat, perspicit ex vultu, oculis, nutu, manu, murmure, silentio; quæ satis apertis notis judicium ab humanitate discernunt. Atque adeo, si cui forte eorum, qui interfuerunt, curæ fuerit eadem illa legere, intelliget me quædam aut commutasse, aut præterisse, fortasse etiam ex suo judicio, quamvis ipse nihil dixerit mihi. Atque ita hoc disputo, quasi populum in auditorium, non in cubiculum amicos advocarim, quos plures habere, multis gloriosum, reprehensioni nemini fuit. Vale.

IV.

C. PLINIUS VALERIANO SUO S.

Res parva, sed initium non parvæ. Vir prætorius Solers a senatu petiit, ut sibi instituere in agris suis nundinas

ancien préteur, a demandé au sénat permission d'établir des foires dans ses terres. Les députés de Vicente s'y sont opposés ; et Thuscilius Nominatus s'est présenté pour les défendre. L'affaire fut remise. Les Vicentins revinrent au sénat un autre jour, mais sans avocat. Ils se plaignirent d'avoir été trompés, soit qu'ils le crussent ainsi, soit que ce mot leur eût échappé. Le préteur Népos leur demanda quel avocat ils avaient chargé de leur cause. Ils répondirent que c'était le même qui les avait accompagnés la première fois. Ce qu'ils lui avaient donné? Ils disent qu'il a reçu d'eux six mille sesterces. S'ils ne lui avaient rien donné depuis? Ils déclarent qu'ils lui ont encore payé mille deniers. Népos a requis que Nominatus fût mandé. C'est tout ce qui se passa ce jour-là. Mais, si je ne me trompe, cette affaire n'en demeurera pas là ; car il est des choses cachées qui ont de grandes suites, quand on vient à les remuer. Je vous ai inspiré toute la curiosité qu'il faut pour vous engager à me demander le reste, si pourtant, pour la satisfaire, vous n'aimez mieux venir à Rome, et être spectateur plutôt que lecteur. Adieu.

LETTRE V.

PLINE A MAXIMUS.

On me mande que C. Fannius est mort. Cette nouvelle m'afflige beaucoup. J'aimais sa politesse et son éloquence ; je prenais volontiers ses avis ; il était naturellement pénétrant, consommé dans les affaires par une longue expérience, fertile en expédients. Je le plains de n'avoir pas, avant que de mourir, révoqué un ancien testament où il oublie ses meilleurs amis, et où il comble de biens ses ennemis les plus déclarés ; mais encore cela peut être supportable. Ce qui doit nous désoler, c'est qu'il a laissé imparfait un ouvrage excellent. Quoique le barreau semblât l'occuper assez, il écrivait pourtant les tristes aventures de ceux que Néron avait bannis ou fait périr. Déjà trois livres de cet ouvrage, qui tient le milieu entre la simple relation et l'histoire, étaient achevés. Le style en est pur, le tour délicat, les faits exactement rassemblés. L'empressement qu'on témoignait à lire ces premiers livres redoublait la passion qu'il avait de finir les autres. Il me semble que la mort de ces grands hommes, qui consacrent leurs veilles à l'immortalité, est toujours cruelle, et vient toujours trop tôt : car ceux qui, enivrés des plaisirs, vivent au jour la journée, achèvent chaque jour de vivre. Mais ceux qui s'occupent de la postérité, et qui, à la faveur de leurs écrits, essayent de transmettre leur nom jusqu'à elle, sont toujours surpris par la mort, qui, en quelque temps qu'elle vienne, les empêche de finir quelque ouvrage commencé. Il est vrai que C. Fannius eut comme un présage de ce qui lui devait arriver. Il songea la nuit, en dormant, qu'il était couché dans la situation d'un homme qui étudie, et que, selon sa coutume, il avait près de lui la cassette où il enfermait ses papiers. Il s'imagina peu après voir entrer Néron, qui s'assit sur son lit, prit le premier livre, qui contenait les horreurs de son règne, et que Fannius avait rendu public, le lut d'un bout à l'autre ; prit ensuite et lut de même le second et le troisième, et se retira. Fannius, saisi de frayeur, donna cette interprétation à ce songe, qu'il ne pousserait pas plus loin son histoire que Néron

permitteretur : contradixerunt Vicentinorum legati : adfuit Tuscilius Nominatus : dilata caussa est. Alio senatu Vicentini sine advocato intraverunt : dixerunt, se deceptos. Lapsine verbo, an quia ita sentiebant? Interrogati a Nepote prætore, quem docuissent, responderunt, quem prius. Interrogati, an tunc gratis adfuisset, responderunt, sex millibus nummum : an rursus aliquid dedissent, dixerunt, mille denarios. Nepos postulavit, ut Nominatus induceretur. Hactenus illo die. Sed, quantum auguror, longius res procedet : Nam pleraque tacta tantum et omnino commota, latissime serpunt. Erexi aures tuas. Quam diu nunc oportet quam blande roges, ut reliqua cognoscas! si tamen non ante hæc ipsa veneris Romam, spectatorque malueris esse, quam lector. Vale.

V.

C. PLINIUS MAXIMO SUO S.

Nuntiatum mihi est, C. Fannium decessisse : qui nuntius gravi me dolore confudit ; primum, quod amavi hominem elegantem et disertum ; deinde, quod judicio ejus uti solebam. Erat enim natura acutus, usu exercitatus, varietate promptissimus. Angit me super ista, casus ipsius. Decessit veteri testamento : omisit, quos maxime diligebat : prosequutus est, quibus offensior erat. Sed hoc utcumque tolerabile : gravius illud, quod pulcherrimum opus imperfectum reliquit. Quamvis enim agendis caussis distringeretur, scribebat tamen exitus occisorum aut relegatorum a Nerone : et jam tres libros absolverat, subtiles, et diligentes, et Latinos, atque inter sermonem historiamque medios. Ac tanto magis reliquos perficere cupiebat, quanto frequentius hi lectitabantur. Mihi autem videtur acerba semper et immatura mors eorum, qui immortale aliquid parant. Nam qui voluptatibus dediti quasi in diem vivunt, vivendi caussas quotidie finiunt : qui vero posteros cogitant, et memoriam sui extendunt, his nulla mors non repentina est, ut quæ semper inchoatum aliquid abrumpat. Caius quidem Fannius, quod accidit, multo ante præsensit. Visus est sibi per nocturnam quietem jacere in lectulo suo composito in habitum studentis, habere ante se scrinium ita, ut solebat : mox imaginatus est venisse Neronem, in toro resedisse, promsisse primum librum, quem de sceleribus ejus ediderat, eumque ad extremum revolvisse, idem in secundo ac tertio fecisse, tunc abiisse. Expavit ; et sic interpretatus est, tanquam idem sibi futurus esset scribendi finis, qui fuisset illi legendi : et fuit idem. Quod me recordantem miseratio subit, quantum vigiliarum, quantum laboris exhauserit frustra. Occursant animo mea mortalitas, mea scrip-

avait poussé sa lecture. Et cela s'est trouvé vrai. Je ne puis y penser sans le plaindre d'avoir perdu tant de veilles et tant de travaux. L'incertitude de ma mort, et mes écrits, me reviennent dans l'esprit. Je ne doute pas que vous ne ressentiez mêmes alarmes pour les vôtres. Ainsi, pendant que nous jouissons de la vie, travaillons à ne laisser exposé au caprice de la mort que le moins d'ouvrages que nous pourrons. Adieu.

LETTRE VI.

PLINE A APOLLINAIRE.

J'ai été sensible à votre attention sur moi et à votre inquiétude, lorsqu'informé que je devais aller cet été à ma terre de Toscane, vous avez essayé de m'en détourner, parce que vous n'en croyez pas l'air sain. Il est vrai que le canton de Toscane, qui s'étend le long de la mer, est dangereux et empesté; mais ma terre en est fort éloignée. Elle est un peu au-dessous de l'Apennin, dont l'air est plus pur que d'aucune autre montagne. Et afin que vous soyez bien guéri de votre peur, voici quelle est la température du climat, la situation du pays, la beauté de la maison. Vous n'aurez guère moins de plaisir à lire ma description, que moi à vous la faire. En hiver, l'air y est froid, et il y gèle; il y est fort contraire aux myrtes, aux oliviers, et aux autres espèces d'arbres qui ne se plaisent que dans la chaleur. Cependant il y vient des lauriers, qui conservent toute leur verdure, malgré la rigueur de la saison. Véritablement elle en fait quelquefois mourir; mais ce n'est pas plus souvent qu'aux environs de Rome. L'été y est merveilleusement doux: vous y avez toujours de l'air; mais les vents y respirent plus qu'ils n'y soufflent. Aussi les vieillards y sont-ils nombreux. Rien n'est plus commun que d'y voir les aïeuls, les bisaïeuls de jeunes gens déjà formés, d'entendre raconter de vieilles histoires et rappeler les discours des ancêtres. Quand vous y êtes, vous croyez être né dans un autre siècle. La disposition du terrain est très-belle. Imaginez-vous un amphithéâtre immense, et tel que la nature le peut faire; une vaste plaine environnée de montagnes chargées sur leurs cimes de bois très-hauts et très-anciens. Là, le gibier de différente espèce est très-commun. De là descendent des taillis par la pente même des montagnes. Entre ces taillis se rencontrent des collines, d'un terroir si bon et si gras qu'il serait difficile d'y trouver une pierre, quand même on l'y chercherait. Leur fertilité ne le cède point à celle des pleines campagnes; et si les moissons y sont plus tardives, elles n'y mûrissent pas moins. Au pied de ces montagnes, on ne voit, tout le long du coteau, que des vignes, qui, comme si elles se touchaient, n'en paraissent qu'une seule. Ces vignes sont bordées par quantité d'arbrisseaux. Ensuite sont des prairies et des terres labourables, si fortes qu'à peine les meilleures charrues et les mieux attelées peuvent en faire l'ouverture. Alors même, comme la terre est très-liée, elles en enlèvent de si grandes mottes, que, pour les bien séparer, il y faut repasser le soc jusqu'à neuf fois. Les prés, émaillés de fleurs, y fournissent du trèfle et d'autres sortes d'herbes, toujours aussi tendres et aussi pleines de suc que si elles ne venaient que de naître. Ils tirent cette fertilité des ruisseaux qui les arrosent, et qui ne tarissent jamais. Cependant, en des lieux où l'on trouve tant d'eaux, l'on ne voit point de marécages, parce que la terre, disposée

---

ta. Nec dubito, te quoque eadem cogitatione terreri pro istis, quæ inter manus habes. Proinde, dum suppetit vita, enitamur, ut mors quam paucissima, quæ abolere possit, inveniat. Vale.

VI.

C. PLINIUS APOLLINARI SUO S.

Amavi curam et sollicitudinem tuam, quod, quum audisses me æstate Tuscos meos petiturum, ne facerem suasisti, dum putas insalubres. Et sane gravis et pestilens ora Tuscorum, quæ per litus extenditur. Sed hi procul a mari recesserunt: quin etiam Apennino, saluberrimo montium, subjacent. Atque adeo, ut omnem pro me metum ponas, accipe temperiem cæli, regionis situm, villæ amœnitatem: quæ et tibi auditu, et mihi relatu jucunda erunt. Cælum est hieme frigidum et gelidum: myrtos, oleas, quæque alia assiduo tepore lætantur, aspernatur ac respuit: laurum tamen patitur, atque etiam nitidissimam profert: interdum, sed non sæpius quam sub urbe nostra, necat. Æstatis mira clementia. Semper aer spiritu aliquo movetur; frequentius tamen auras, quam ventos habet. Hinc senes multos videas, avos proavosque jam juvenum; audias fabulas veteres, sermonesque majorum: quumque veneris illo, putes alio te sæculo natum. Regionis forma pulcherrima. Imaginare amphitheatrum aliquod immensum, et quale sola rerum natura possit effingere. Lata et diffusa planities montibus cingitur: montes summa sui parte procera nemora et antiqua habent. Frequens ibi et varia venatio: inde cæduæ silvæ cum ipso monte descendunt: has inter pingues terrenique colles (neque enim facile unquam saxum, etiam si quæratur, occurrit) planissimis campis fertilitate non cedunt, opimamque messem serius tantum, sed non minus percoquunt. Sub his per latus omne vineæ porriguntur, unamque faciem longe lateque contexunt; quarum a fine imoque quasi margine arbusta nascuntur. Prata inde, campique. Campi, quos non nisi ingentes boves et fortissima aratra perfringunt. Tantis glebis tenacissimum solum, quum primum prosecatur, adsurgit, ut nono demum sulco perdometur. Prata florida et gemmea, trifolium, aliasque herbas, teneras semper et molles,] et quasi novas alunt. Cuncta enim perennibus rivis nutriuntur: sed ubi aquæ plurimum, palus nulla; quia devexa terra, quidquid liquoris accepit, nec absorbuit, effundit in Tiberim. Medios ille agros secat, navium patiens, omnesque fruges devehit in urbem, hieme duntaxat et vere; æstate submittitur, immensique flu-

en pente, laisse couler dans le Tibre le reste des eaux dont elle ne s'est point abreuvée. Il passe tout au travers des campagnes, et porte des bateaux, sur lesquels, pendant l'hiver et le printemps, on peut charger toutes sortes de provisions pour Rome. En été il baisse si fort, que son lit, presque à sec, l'oblige à quitter son nom de grand fleuve, qu'il reprend en automne. Vous aurez un grand plaisir à regarder la situation de ce pays du haut d'une montagne. Vous ne croirez point voir des terres, mais un paysage peint exprès, tant vos yeux, de quelque côté qu'ils se tournent, seront charmés par l'arrangement et par la variété des objets. La maison, quoique bâtie au bas de la colline, a la même vue que si elle était placée au sommet. Cette colline s'élève par une pente si douce, que l'on s'aperçoit que l'on est monté, sans avoir senti que l'on montait. Derrière la maison est l'Apennin, mais assez éloigné. Dans les jours les plus calmes et les plus sereins, elle en reçoit des haleines de vent qui n'ont plus rien de violent et d'impétueux, pour avoir perdu toute leur force en chemin. Son exposition est presque entièrement au midi, et semble inviter le soleil, en été vers le milieu du jour, en hiver un peu plus tôt, à venir dans une galerie fort large et longue à proportion. La maison est composée de plusieurs pavillons. L'entrée est à la manière des anciens. Au-devant de la galerie on voit un parterre, dont les différentes figures sont tracées avec du buis. Ensuite est un lit de gazon peu élevé, et autour duquel le buis représente plusieurs animaux qui se regardent. Plus bas est une pièce toute couverte d'acanthes, si douces et si tendres sous les pieds, qu'on ne les sent presque pas. Cette pièce est enfermée dans une promenade environnée d'arbres, qui, pressés les uns contre les autres, et

diversement taillés, forment une palissade. Auprès est une allée tournante en forme de cirque, au dedans de laquelle on trouve du buis taillé de différentes façons, et des arbres que l'on a soin de tenir bas. Tout cela est fermé de murailles sèches, qu'un buis étagé couvre et cache à la vue. De l'autre côté est une prairie, qui ne plaît guère moins par ses beautés naturelles que toutes les choses dont je viens de parler, par les beautés qu'elles empruntent de l'art. Ensuite sont des pièces brutes, des prairies et des arbrisseaux. Au bout de la galerie est une salle à manger, dont la porte donne sur l'extrémité du parterre, et les fenêtres sur les prairies et sur une grande partie des pièces brutes. Par ces fenêtres on voit de côté le parterre, et ce qui, de la maison même, s'avance en saillie, avec le haut des arbres du manège. De l'un des côtés de la galerie et vers le milieu, on entre dans un appartement qui environne une petite cour ombragée de quatre platanes, au milieu desquels est un bassin de marbre, d'où l'eau, qui se dérobe, entretient, par un doux épanchement, la fraîcheur des platanes et des plantes qui sont au-dessous. Dans cet appartement est une chambre à coucher; la voix, le bruit ni le jour n'y pénètrent point : elle est accompagnée d'une salle où l'on mange d'ordinaire, et quand on veut être en particulier avec ses amis. Une autre galerie donne sur cette petite cour, et a toutes les mêmes vues que je viens de décrire. Il y a encore une chambre qui, pour être proche de l'un des platanes, jouit toujours de la verdure et de l'ombre. Elle est revêtue de marbre tout autour, à hauteur d'appui; et au défaut du marbre est une peinture qui représente des feuillages et des oiseaux sur des branches, mais si délicatement, qu'elle ne cède point à la beauté du marbre même. Au-dessous est une pe-

---

minis nomen arenti alveo deserit, auctumno resumit. Magnam capies voluptatem, si hunc regionis situm ex monte prospexeris. Neque enim terras tibi, sed formam aliquam, ad eximiam pulchritudinem pictam, videberis cernere. Ea varietate, ea descriptione, quocumque inclerint oculi, reficiuntur. Villa in colle imo sita prospicit quasi ex summo : ita leniter et sensim clivo fallente consurgit, ut, quum adscendere non putes, sentias adscendisse. A tergo Apenninum, sed longius habet. Accipit ab hoc auras quamlibet sereno et placido die, non tamen acres et immodicas, sed spatio ipso lassas et infractas. Magna sui parte meridiem spectat, æstivumque solem ab hora sexta, hibernum aliquanto maturius, quasi invitat in porticum latam, et pro modo longam. Multa in hac membra; atrium etiam ex more veterum. Ante porticum xystus concisus in plurimas species, distinctusque buxo; demissus inde pronusque pulvinus, cui bestiarum effigies invicem adversas buxus inscripsit. Acanthus in plano mollis, et, pæne dixerim, liquidus. Ambit hunc ambulatio pressis varieque tonsis viridibus inclusa : ab his gestatio in modum circi, quæ buxum multiformem, humilesque et

retentas manu arbusculas circumit. Omnia maceria muniuntur : hanc gradata buxus operit et subtrahit. Pratum inde non minus natura, quam superiora illa arte, visendum : campi deinde porro, multaque alia prata et arbusta. A capite porticus triclinium excurrit : valvis xystum desinentem, et protinus pratum, multumque ruris, videt fenestris. Hac latus xysti, et quod prosilit villæ, hac adjacentis hippodromi nemus comasque prospectat. Contra mediam fere porticum diæta paullum recedit; cingit areolam, quæ quatuor platanis inumbratur. Inter has marmoreo labro aqua exundat, circumjectasque platanos, et subjecta platanis leni adspergine fovet. Est in hac diæta dormitorium cubiculum, quod diem, clamorem sonumque excludit; junctaque quotidiana amicorum cœnatio. Areolam illam porticus alia, eademque omnia, quæ porticus, adspicit. Est et aliud cubiculum a proxima platano viride et umbrosum, marmore excultum podio tenus : nec cedit gratiæ marmoris, ramos, insidentesque ramis aves imitata pictura. Cui subest fonticulus. In hoc fonte crater, circa siphunculi plures miscent jucundissimum murmur. In cornu porticus amplissimum cubiculum a triclinio oc-

tite fontaine qui tombe dans un bassin, d'où l'eau, en s'écoulant par plusieurs petits tuyaux, forme un agréable murmure. D'un coin de la galerie on passe dans une grande chambre qui est vis-à-vis de la salle à manger : elle a ses fenêtres, d'un côté, sur le parterre, de l'autre sur la prairie, et immédiatement au-dessous de ses fenêtres est une pièce d'eau qui réjouit également les yeux et les oreilles; car l'eau, en y tombant de haut dans un grand bassin de marbre, paraît tout écumante, et forme je ne sais quel bruit qui fait plaisir. Cette chambre est fort chaude en hiver, parce que le soleil y donne de toutes parts. Tout auprès est un poêle qui supplée à la chaleur du soleil, quand les nuages le cachent. De l'autre côté est une salle où l'on se déshabille pour prendre le bain : elle est grande et fort gaie. Près de là on trouve la salle du bain d'eau froide, où est une baignoire très-spacieuse et assez sombre. Si vous voulez vous baigner plus au large et plus chaudement, il y a dans la cour un bain, et tout auprès un puits, d'où l'on peut avoir de l'eau froide quand la chaleur incommode. A côté de la salle du bain froid est celle du bain tiède, que le soleil échauffe beaucoup, mais moins que celle du bain chaud, parce que celle-ci sort en saillie. On descend dans cette dernière salle par trois escaliers, dont deux sont exposés au grand soleil; le troisième en est plus éloigné, et n'est pourtant pas plus obscur. Au-dessus de la chambre où l'on quitte ses habits pour le bain, est un jeu de paume, où l'on peut prendre différentes sortes d'exercices, et qui pour cela est partagé en plusieurs réduits. Non loin du bain est un escalier qui conduit dans une galerie fermée, et auparavant dans trois appartements, dont l'un voit sur la petite cour ombragée de platanes, l'autre sur la prairie, le troisième sur des vignes; en sorte que son exposition est aussi différente que ses vues. A l'extrémité de la galerie fermée, est une chambre prise dans la galerie même, et qui regarde le manége, les vignes, les montagnes. Près de cette chambre en est une autre fort exposée au soleil, surtout pendant l'hiver. De là on entre dans un appartement qui joint le manége à la maison : voilà sa façade et son aspect. A l'un des côtés, qui regarde le midi, s'élève une galerie fermée, d'où l'on ne voit pas seulement les vignes, mais d'où l'on croit les toucher. Au milieu de cette galerie on trouve une salle à manger, où les vents, qui viennent de l'Apennin, répandent un air fort sain. Elle a vue par de très-grandes fenêtres sur les vignes, et encore sur les mêmes vignes par des portes à deux battants, d'où l'œil traverse la galerie. Du côté où cette salle n'a point de fenêtres, est un escalier dérobé, par où l'on sert à manger. A l'extrémité est une chambre à qui la galerie ne fait pas un aspect moins agréable que les vignes. Au-dessous est une galerie presque souterraine, et si fraîche en été, que, contente de l'air qu'elle renferme, elle n'en donne et n'en reçoit point d'autre. Après ces deux galeries fermées est une salle à manger, suivie d'une galerie ouverte, froide avant midi, plus chaude quand le jour s'avance. Elle conduit à deux appartements : l'un est composé de quatre chambres; l'autre de trois, qui, selon que le soleil tourne, jouissent ou de ses rayons ou de l'ombre. Au devant de ces bâtiments, si bien entendus et si beaux, est un vaste manége; il est ouvert par le milieu, et s'offre d'abord tout entier à la vue de ceux qui entrent; il est entouré

currit; aliis fenestris xystum, aliis despicit pratum, sed ante piscinam, quæ fenestris servit ac subjacet, strepitu visuque jucunda. Nam ex edito desiliens aqua, suscepta marmore, albescit. Idem cubiculum hieme tepidissimum, quia plurimo sole perfunditur. Cohæret hypocauston, et, si dies nubilus, immisso vapore, solis vicem supplet. Inde apodyterium balinei laxum et hilare excipit cella frigidaria; in qua baptisterium amplum atque opacum. Si natare latius aut tepidius velis, in area piscina est, in proximo puteus, ex quo possis rursus adstringi, si pœniteat teporis. Frigidariæ cellæ connectitur media, cui sol benignissime præsto est; caldariæ magis : prominet enim. In hac tres descensiones : duæ in sole, tertia a sole longius, a luce non longius. Apodyterio superpositum est sphæristerium, quod plura genera exercitationis, pluresque circulos capit. Nec procul a balineo scalæ, quæ in cryptoporticum ferunt, prius ad diætas tres. Harum alia areolæ illi, in qua platani quatuor, alia prato, alia vineis imminet, diversasque cœli partes, ut prospectus, habet. In summa cryptoportici cubiculum, ex ipsa cryptoportico excisum, quod hyppodromum, vineas, montes, intuetur. Jungitur cubiculum obvium soli, maxime hiberno. Hinc oritur diæta, quæ villæ hippodromum adnectit. Hæc facies, hic visus a fronte. A latere æstiva cryptoporticus in edito posita; quæ non adspicere vineas, sed tangere videtur. In media triclinium saluberrimum adflatum ex Apenninis vallibus recipit : post latissimis fenestris vineas, valvis æque vineas, sed per cryptoporticum, quasi admittit. A latere triclinii, quod fenestris caret, scalæ convivio utilia secretiore ambitu suggerunt. In fine cubiculum; cui non minus jucundum prospectum cryptoporticus ipsa, quam vineæ præbent. Subest cryptoporticus, subterraneæ similis; æstate incluso frigore riget, contentaque aere suo, nec desiderat auras, nec admittit. Post utramque cryptoporticum, unde triclinium desinit, incipit porticus; ante medium diem, hiberna; inclinato die, æstiva. Hac adeuntur diætæ duæ, quarum in altera cubicula quatuor, altera tria, ut circuit sol, aut sole utuntur, aut umbra. Hanc dispositionem amœnitatemque tectorum longe præcedit hippodromus. Medius patescit, statimque intrantium oculis totus offertur, platanis circuitur. Illæ hedera vestiuntur, utque summæ suis, ita imæ alienis frondibus virent. Hedera truncum et ramos pererrat, vicinasque platanos transitu suo copulat. Has buxus, interjacet. Exteriores buxos circumvenit laurus, umbræque platanorum suam confert. Rectus hic hippodromi limes in extrema parte hemicyclo frangitur, mutatque faciem : cupressis ambitur et tegitur, densiore umbra opacior nigriorque; interiore

de platanes, et ces platanes sont revêtus de lierres. Ainsi le haut de ces arbres est vert de son propre feuillage; le bas est vert d'un feuillage étranger. Ce lierre court autour du tronc et des branches, et, passant d'un platane à l'autre, les lie ensemble. Entre ces platanes sont des buis; et ces buis sont par dehors environnés de lauriers qui mêlent leurs ombrages à celui des platanes. L'allée du manége est droite; mais à son extrémité elle change de figure, et se termine en demi-cercle. Ce manége est entouré et couvert de cyprès qui en rendent l'ombre et plus épaisse et plus noire. Les allées en rond qui sont au dedans (car il y en a plusieurs les unes dans les autres) reçoivent un jour très-pur et très-clair. Les roses s'y offrent partout, et un agréable soleil y corrige la trop grande fraîcheur de l'ombre. Au sortir de ces allées rondes et redoublées, on rentre dans l'allée droite, qui, des deux côtés, en a beaucoup d'autres, séparées par des buis. Là, est une petite prairie; ici, le buis même est taillé en mille figures différentes, quelquefois en lettres, qui expriment tantôt le nom du maître, tantôt celui de l'ouvrier. Entre ces buis, vous voyez successivement de petites pyramides et des pommiers; et cette beauté rustique d'un champ que l'on dirait avoir été tout à coup transporté dans un endroit si peigné, est rehaussée vers le milieu par des platanes que l'on tient fort bas des deux côtés. De là, vous entrez dans une pièce d'acanthe flexible et qui se répand, où l'on voit encore quantité de figures et de noms que les plantes expriment. A l'extrémité est un lit de repos de marbre blanc, couvert d'une treille soutenue par quatre colonnes de marbre de Cariste. On voit l'eau tomber de dessous ce lit, comme si le poids de ceux qui se couchent l'en faisait sortir; de petits tuyaux la conduisent dans une pierre creusée exprès; et de là, elle est reçue dans un bassin de marbre, d'où elle s'écoule si imperceptiblement et si à propos, qu'il est toujours plein, et pourtant ne déborde jamais. Quand on veut manger en ce lieu, on range les mets les plus solides sur les bords de ce bassin, et on met les plus légers dans des vases qui flottent sur l'eau tout autour de vous, et qui sont faits, les uns en navires, les autres en oiseaux. A l'un des côtés est une fontaine jaillissante qui reçoit dans sa source l'eau qu'elle en a jetée : car après avoir été poussée en haut, elle retombe sur elle-même, et, par deux ouvertures qui se joignent, elle descend et remonte sans cesse. Vis-à-vis du lit de repos est une chambre, qui lui donne autant d'agrément qu'elle en reçoit de lui. Elle est toute brillante de marbre; ses portes sont entourées et comme bordées de verdure. Au-dessus et au-dessous des fenêtres hautes et basses, on ne voit aussi que verdure de toutes parts. Auprès est un autre petit appartement qui semble comme s'enfoncer dans la même chambre, et qui en est pourtant séparé. On y trouve un lit; et quoique cet appartement soit percé de fenêtres partout, l'ombrage qui l'environne le rend sombre. Une agréable vigne l'embrasse de ses feuillages, et monte jusqu'au faîte. A la pluie près, que vous n'y sentez point, vous croyez être couché dans un bois. On y trouve aussi une fontaine qui se perd dans le lieu même de sa source. En différents endroits sont placés des siéges de marbre, propres (ainsi que la chambre) à délasser de la promenade. Près de ces siéges sont de petites fontaines; et par tout le manége vous entendez le doux murmure des ruisseaux, qui, dociles à la main de l'ouvrier, se laissent conduire par de petits canaux où il lui plaît. Ainsi on arrose tantôt certaines plantes, tantôt d'autres; quelquefois on les arrose toutes. J'aurais fini il y aurait longtemps, de peur de paraître entrer

bus circulis (sunt enim plures) purissimum diem recipit. Inde etiam rosas effert, umbrarumque frigus non ingrato sole distinguit. Finito vario illo multipliceque curvamine recto limiti redditur, nec huic uni. Nam viæ plures, intercedentibus buxis, dividuntur. Alibi pratulum, alibi ipsa buxus intervenit in formas mille descripta, litteris interdum, quæ modo nomen domini dicunt, modo artificis : alternis metulæ surgunt, alternis inserta sunt poma : et in opere urbanissimo subita velut illati ruris imitatio medium in spatium brevioribus utrinque platanis adornatur. Post has acanthus hinc inde lubricus et flexuosus, deinde plures figuræ, pluraque nomina. In capite stibadium candido marmore, vite protegitur. Vitem quatuor columellæ Carystiæ subeunt. E stibadio aqua, velut expressa cubantium pondere, siphunculis effluit; cavato lapide suscipitur, gracili marmore continetur, atque ita occulte temperatur, ut impleat, nec redundet. Gustatorium, graviorque cœnatio, margini imponitur; levior navicularum et avium figuris innatans circuit. Contra fons egerit aquam et recipit : nam expulsa in altum in se cadit, junctisque hiatibus et absorbetur et tollitur. E regione stibadii adversum cubiculum tantum stibadio reddit ornatus, quantum accipit ab illo. A marmore splendet, valvis in viridia prominet et exit : alia viridia superioribus inferioribusque fenestris suspicit despicitque. Mox zothecula refugit quasi in cubiculum idem atque aliud. Lectus hic, et undique fenestræ, et tamen lumen obscurum umbra premente. Nam lætissima vitis per omne tectum in culmen nititur et adscendit. Non secus ibi, quam in nemore, jaceas : imbrem tantum, tanquam in nemore, non sentias. Hic quoque fons nascitur, simulque subducitur. Sunt locis pluribus disposita sedilia e marmore, quæ ambulatione fessos, ut cubiculum ipsum, juvant. Fonticuli sedilibus adjacent, per totum hippodromum inductis fistulis strepunt rivi, et, qua manus duxit, sequuntur. His nunc illa viridia, nunc hæc, interdum simul omnia, juvantur. Vitassem jamdudum, ne viderer argutior, nisi proposuissem omnes angulos tecum epistola circumire. Neque enim verebar, ne laboriosum esset legenti tibi, quod visenti non fuisset; præsertim quum interquiescere, si liberet, depositaque epistola, qua-

dans un trop grand détail; mais j'avais résolu de visiter tous les coins et recoins de ma maison avec vous. Je me suis imaginé que ce qui ne vous serait point ennuyeux à voir ne vous le serait point à lire, surtout ayant la liberté de faire votre promenade à plusieurs reprises; de laisser là ma lettre, et de vous reposer autant de fois que vous le trouverez à propos. D'ailleurs, j'ai donné quelque chose à ma passion; et j'avoue que j'en ai beaucoup pour tout ce que j'ai commencé ou achevé. En un mot, (car pourquoi ne vous pas découvrir mon entêtement ou mon goût?) je crois que la première obligation de tout homme qui écrit, c'est de jeter les yeux de temps en temps sur son titre. Il doit plus d'une fois se demander quel est le sujet qu'il traite, et savoir que, s'il n'en sort point, il n'est jamais long; mais que, s'il s'en écarte, il est toujours très-long. Voyez combien de vers Homère et Virgile emploient à décrire, l'un les armes d'Achille, l'autre celles d'Énée. Ils sont courts pourtant, parce qu'ils ne font que ce qu'ils s'étaient proposé de faire. Voyez comment Aratus compte et rassemble les plus petites étoiles; il n'est point accusé cependant d'être trop étendu, car ce n'est point digression, c'est l'ouvrage même. Ainsi, du petit au grand, dans la description que je vous fais de ma maison, si je ne m'égare point en récits étrangers, ce n'est pas ma lettre, c'est la maison elle-même qui est grande. Je reviens à mon sujet, de peur que si je faisais cette digression trop longue, on ne me condamnât par mes propres règles. Vous voilà instruit des raisons que j'ai de préférer ma terre de Toscane à celles que j'ai à Tusculum, à Tibur, à Préneste. Outre tous les autres avantages dont je vous ai parlé, on y jouit d'un loisir d'autant plus doux qu'il est plus sûr et plus tranquille. Point de cérémonial à observer. Les fâcheux ne sont point à votre porte; tout y est calme, tout y est paisible : et comme la bonté du climat y rend le ciel plus serein et l'air plus pur, je m'y trouve aussi le corps plus sain et l'esprit plus libre. J'exerce l'un par la chasse, et l'autre par l'étude. Mes gens en font de même. Je n'ai jusqu'ici perdu aucun de ceux que j'ai amenés avec moi. Puissent les dieux me continuer toujours la même faveur, et conserver toujours à ce lieu les mêmes avantages! Adieu.

LETTRE VII.

PLINE A CALVISIUS.

Il est certain que l'on ne peut, ni instituer la république héritière, ni lui rien léguer. Cependant Saturninus, qui m'a fait son héritier, lègue à notre patrie un quart de sa succession, et ensuite fixe ce quart à quatre cent mille sesterces. Si l'on consulte la loi, le legs est nul. Si l'on s'en tient à la volonté du mort, le legs est valable : et la volonté du mort (je ne sais comment les jurisconsultes prendront ceci) est pour moi plus sacrée que la loi, surtout lorsqu'il s'agit de conserver à notre patrie le bien qu'on lui a fait. Quelle apparence qu'après lui avoir donné onze cent mille sesterces de mon propre bien, je voulusse lui disputer, sur un bien qui m'est en quelque sorte étranger, le tiers de cette somme, c'est-à-dire quatre cent mille sesterces? Persuadé de votre amour pour la patrie, toujours chère à un bon citoyen, je compte que vous approuverez ma décision. Je vous supplie donc de vouloir bien, à la première assemblée des décurions, expliquer la disposition du droit en peu de mots, et d'une manière simple. Vous ajouterez ensuite que je

---

si residere, sæpius posses. Præterea indulsi amori meo. Amo enim, quæ maxima ex parte ipse inchoavi, aut inchoata percolui. In summa (cur enim non aperiam tibi vel judicium meum vel errorem?) primum ego officium scriptoris existimo, ut titulum suum legat, atque identidem interroget se, quid cœperit scribere : sciatque, si materiæ immoratur, non esse longum; longissimum, si aliquid accersit atque adtrahit. Vides, quot versibus Homerus, quot Virgilius arma, hic Æneæ, Achillis ille, describat : brevis tamen uterque est, quia facit, quod instituit. Vides, ut Aratus minutissima etiam sidera consectetur et colligat : modum tamen servat. Non enim excursus hic ejus, sed opus ipsum est. Similiter nos, ut parva magnis, quam totam villam oculis tuis subjicere conamur, si nihil inductum, et quasi devium, loquimur, non epistola, quæ describit, sed villa, quæ describitur, magna est. Verum illuc, unde cœpi; ne secundum legem meam jure reprehendar, si longior fuero in hoc, in quod excessi. Habes caussas, cur ego Tuscos meos Tusculanis, Tiburtinis, Præstinisque meis præponam. Nam super illa, quæ retuli, altius ibi otium et pinguius, eoque securius, nulla necessitas togæ, nemo accessitor ex proximo.

Placida omnia et quiescentia, quod ipsum salubritati regionis, ut purius cælum, ut aer liquidior, accedit. Ibi animo, ibi corpore, maxime valeo. Nam studiis animum, venatu corpus exerceo. Mei quoque nusquam salubrius degunt; usque adhuc certe neminem ex iis, quos eduxeram mecum (venia sit dicto) ibi amisi. Dii modo in posterum hoc mihi gaudium, hanc gloriam loco servent. Vale.

VII.

C. PLINIUS CALVISIO SUO S.

Nec heredem institui, nec præcipere posse rempublicam, constat : Saturninus autem, qui nos reliquit heredes, quadrantem reipublicæ nostræ, deinde pro quadrante præceptionem quadringentorum millium dedit. Hoc, si jus adspicias, irritum; si defuncti voluntatem, ratum et firmum est. Mihi autem defuncti voluntas (vereor, quam in partem jurisconsulti, quod sum dicturus, accipiant) antiquior jure esto, utique in eo, quod ad communem patriam voluit pervenire. An, cui de meo sestertium undecies contuli, huic quadringentorum millium paullo amplius tertiam partem ex adventicio denegem? Scio te

suis prêt à payer les quatre cent mille sesterces que Saturninus a légués. Rendons à sa libéralité tout l'honneur qui lui est dû : ne nous réservons que le mérite de l'obéissance. Je n'ai pas voulu en écrire directement à l'assemblée. La confiance que j'ai en votre amitié et en votre sagesse m'a fait croire que vous pourriez parler pour moi dans cette occasion, comme vous feriez pour vous. J'ai même appréhendé que ma lettre ne parût s'écarter de ce juste milieu qu'il vous sera aisé de tenir dans le discours. L'air de la personne, le geste, le ton, fixent et déterminent le sens de ce qu'elle dit; mais la lettre, destituée de tous ces secours, n'a rien qui la défende contre les malignes interprétations. Adieu.

LETTRE VIII.

PLINE A CAPITON.

Vous me conseillez d'écrire l'histoire; vous n'êtes pas le seul: beaucoup d'autres m'ont donné ce conseil avant vous, et il est fort de mon goût. Ce n'est pas que je présume de m'en acquitter avec succès, car il y aurait de la témérité à se le promettre sans avoir essayé. Mais je ne vois rien de plus glorieux que d'assurer l'immortalité à ceux qui ne devraient jamais mourir, et d'éterniser son nom avec celui des autres. Pour moi, rien ne me touche autant que la gloire; rien ne me paraît plus digne d'un homme, surtout de celui qui, n'ayant rien à se reprocher, est tranquille sur les jugements de la postérité. Je songe donc jour et nuit par quelle voie aussi

Je pourrais m'élever de terre.

C'est assez pour moi ; car

De prendre mon vol vers les cieux,
D'attirer sur moi tous les yeux,

c'est ce qu'il ne m'appartient pas de souhaiter, quoique, hélas !... mais je suis assez content de ce que la seule histoire semble promettre. Les harangues, les poésies ont peu de charmes, si elles ne sont excellentes. L'histoire plaît, de quelque manière qu'elle soit écrite. Les hommes sont naturellement curieux ; ils sont toujours prêts à se repaître de nouvelles, et même de contes : la narration la plus sèche a droit de les divertir. Pour moi, l'exemple domestique m'invite encore à ce genre de composition. Mon oncle maternel, qui est aussi mon père par adoption, a composé des histoires avec une extrême exactitude; et les sages m'apprennent que rien n'est plus beau que de marcher sur les traces de ses ancêtres, quand ils ont pris un bon chemin. Qui m'arrête donc? Le voici. J'ai plaidé beaucoup de grandes causes : quoique je m'en promette bien peu de gloire, je me propose de les retoucher, de peur qu'en leur refusant ce dernier soin, je n'expose à périr avec moi un travail qui m'a tant coûté ; car, par rapport à la postérité, rien de ce qui n'est pas achevé n'est commencé. Vous pouvez, direz-vous, revoir vos plaidoyers, et en même temps travailler à l'histoire. Et plût à Dieu que cela fût ainsi ! Mais le moindre de ces ouvrages est si grand, que c'est faire assez que d'en faire un. J'ai plaidé ma première cause à dix-neuf ans ; et je ne commence qu'à peine à entrevoir, et même confusément, en quoi consiste la perfection d'un orateur. Que sera-ce, si je me charge d'une nouvelle étude? L'éloquence et l'histoire ont à la vérité de grands rapports ; mais, dans ces rapports mêmes, il se rencontre plus d'une différence. L'une et l'autre narrent, mais bien diversement. La première s'accommode souvent de faits communs, peu importants ou méprisables; la seconde aime tout ce qui est extraordinaire, brillant, sublime. Les os, les muscles, les nerfs, peuvent paraître dan

---

quoque a judicio meo non abhorrere, quum eamdem rempublicam ut civis optimus diligas. Velim ergo, quum proxime decuriones contrahantur, quid sit juris, indices, parce tamen et modeste; deinde subjungas, nos quadringenta millia offerre, sicut præcepit Saturninus. Illius hoc munus, illius liberalitas; nostrum tantum obsequium vocetur. Hæc ego scribere publice supersedi : primum, quod menueram, pro necessitudine amicitiæ nostræ, pro facultate prudentiæ tuæ, et debere te et posse perinde meis ac tuis partibus fungi : deinde, quia verebar, ne modum, quem tibi in sermone custodire facile est, tenuisse in epistola non viderer. Nam sermonem vultus, gestus, vox ipsa moderatur : epistola, omnibus commendationibus destituta, malignitati interpretantium exponitur. Vale.

VIII.

C. PLINIUS CAPITONI SUO S.

Suades, ut historiam scribam, et suades non solus : multi hoc me sæpius monuerunt, et ego volo, non quia commode facturum esse confido, (id enim temere credas, nisi expertus,) sed quia mihi pulchrum in primis videtur, non pati occidere, quibus æternitas debeatur, aliorumque famam cum sua extendere. Me autem nihil æque ac diuturnitatis amor et cupido sollicitat : res homine dignissima, præsertim qui nullius sibi conscius culpæ, posteritatis memoriam non reformidet. Itaque diebus ac noctibus cogito, si *qua me quoque possim tollere humo* : (id enim voto meo sufficit : illud supra votum) *victorque virum volitare per ora*. Quamquam o! Sed hoc satis est, quod prope sola historia polliceri videtur. Orationi enim et carmini parva gratia, nisi eloquentia sit summa : historia quoquo modo scripta delectat. Sunt enim homines natura curiosi, et quamlibet nuda rerum cognitione capiuntur, ut qui sermunculis etiam fabellisque ducantur. Me vero ad hoc studium impellit domesticum quoque exemplum. Avunculus meus, idemque per adoptionem pater, historias, et quidem religiosissime, scripsit. Invenio autem apud sapientes, honestissimum esse majorum vestigia sequi, si modo recto itinere præcesserint. Cur ego cunctor? Egi magnas et graves causas. Has (etiamsi mihi tenuis ex eis spes) destino retra-

celle-là; la fleur et l'embonpoint siéent bien à celle-ci. L'éloquence veut de l'énergie, du feu, de la rapidité; l'histoire demande de la majesté, de la beauté, de la douceur : l'expression, l'harmonie, la construction en sont toutes différentes; car il faut bien se conduire autrement, comme dit Thucydide, si l'on attend tout de son siècle, ou si l'on n'attend rien que des siècles à venir. L'orateur vise au premier de ces objets, l'historien au second : voilà ce qui m'empêche de mêler des ouvrages si peu semblables, et que leur étendue rend nécessairement différents. Je crains que, troublé par un mélange si extraordinaire, je n'aille mettre ici ce qui doit être placé là ; c'est pourquoi, pour parler le langage du barreau, je demande pour un temps dispense de plaider. Commencez à songer quel siècle nous choisirons. Si nous nous arrêtons aux siècles éloignés, et dont nous avons déjà l'histoire, nos matériaux sont tout prêts; mais la comparaison est fâcheuse à soutenir. Si nous prenons ces derniers siècles, et dont jusqu'ici l'on n'a rien écrit, nous risquons de nous faire peu d'amis et beaucoup d'ennemis. Outre que, dans une si effroyable corruption de mœurs, on trouve cent actions à condamner contre une à louer, il arrive encore qu'on vous condamne, de quelque façon que vous vous en acquittiez. Si vous louez, c'est trop peu; si vous blâmez, c'est trop : quoique vous ayez fait l'un avec toute la profusion, l'autre avec toute la retenue possible. Mais ce n'est pas ce qui m'arrête ; je me sens assez de courage pour me vouer à la vérité. Tout ce que je vous demande, c'est de me préparer la voie où vous me voulez faire entrer. Choisissez un sujet, afin que, prêt à écrire, nulle autre nouvelle raison ne puisse plus me retarder. Adieu.

LETTRE IX.

PLINE A SATURNIN.

Votre lettre a fait sur moi des impressions fort différentes, car elle m'annonçait tout à la fois d'agréables et de fâcheuses nouvelles. Les agréables sont que vous demeurez à Rome. Vous me dites que vous n'en êtes pas content; mais j'en suis charmé. Vous m'annoncez en outre que vous n'attendez que mon retour pour lire publiquement vos ouvrages; je suis aussi sensible que je le dois à cette marque de votre amitié. Les nouvelles fâcheuses sont que Julius Valens est fort malade, quoiqu'à regarder la maladie par rapport à lui, il n'est pas à plaindre. Il ne peut rien lui arriver de mieux, que d'être délivré au plus tôt d'un mal incurable. Mais ce qui me paraît triste, et même cruel, c'est que Julius Avitus soit mort en revenant de la province où il avait exercé la charge de trésorier, et soit mort dans un vaisseau, loin de son frère qui l'aimait tendrement, loin de sa mère et de ses sœurs. Cela ne touche plus le mort ; mais cela le touchait lorsqu'il était mourant, et touche encore ceux qui lui restent. Quel chagrin de voir enlever, dans la fleur de l'âge, un homme d'une si belle espérance, et que ses vertus eussent élevé au plus haut rang, si elles

ctare, ne tantus ille labor meus, ni hoc, quod reliquum est studii, addidero, mecum pariter intercidat. Nam si rationem posteritatis habeas, quidquid non est peractum, pro non inchoato est. Dices, *Potes simul et rescribere actiones, et componere historiam.* Utinam! sed utrumque tam magnum est, ut abunde sit alterum efficere. Undevicesimo ætatis anno dicere in foro cœpi, et nunc demum, quid præstare debeat orator, adhuc tamen per caliginem, video. Quid, si huic oneri novum accesserit? Habet quidem oratio et historia multa communia, sed plura diversa in his ipsis, quæ communia videntur. Narrat sane ipsa, narrat hæc : sed aliter. Huic pleraque humilia et sordida et ex medio petita; illi omnia recondita, splendida, excelsa conveniunt. Hanc sæpius ossa, musculi, nervi; illam tori quidam et quasi jubæ decent. Hæc vel maxime vi, amaritudine, instantia; illa tractu et suavitate, atque etiam dulcedine placet. Postremo alia verba, alius sonus, alia constructio. Nam plurimum refert, ut Thucydides ait, κτῆμα sit, an ἀγώνισμα : quorum alterum oratio, alterum historia est. His ex caussis non adducor, ut duo dissimilia, et hoc ipso diversa, quod maxima, misceam; ne tanta quasi colluvione turbatus ibi faciam, quod hic debeo : ideoque interim veniam (ne a meis verbis discedam) advocandi peto. Tu tamen jam nunc cogita, quæ potissimum tempora adgrediare. Vetera et scripta aliis? parata inquisitio, sed onerosa collatio : intacta et nova? graves offensæ, levis gratia. Nam præter id, quod in tantis vitiis hominum plura culpanda sunt, quam laudanda : tum si laudaveris, parcus; si culpaveris, nimius fuisse dicaris; quamvis illud plenissime, hoc restrictissime feceris. Sed hæc me non retardant : est enim mihi pro fide satis animi. Illud peto præstruas, ad quod hortaris, eligasque materiam, ne mihi, jam scribere parato, alia rursus cunctationis et moræ justa ratio nascatur. Vale.

IX.

C. PLINIUS SATURNINO SUO S.

Varie me adfecerunt litteræ tuæ : nam partim læta, partim tristia continebant. Læta, quod te in urbe teneri nuntiabant. Nollem, inquis : sed ego volo, propterea, quod recitaturum statim, ut ego venissem, pollicebantur. Ago gratias, quod exspector. Triste illud, quod Julius Valens graviter jacet; quamquam ne hoc quidem triste, si illius utilitatibus æstimetur, cujus interest quam maturissime inexplicabili morbo liberari. Illud plane non triste solum, verum etiam luctuosum, quod Julius Avitus decessit, dum ex quæstura redit : decessit autem in navi, procul a fratre amantissimo, procul a matre, a sororibus. Nihil ista ad mortuum pertinent; sed pertinuerunt, quum moreretur : pertinent ad hos, qui supersunt. Jam, quod in flore primo tantæ indolis juvenis exstinctus est, summa consequuturus, si virtutes ejus maturuissent. Quo ille studiorum amore flagrabat! quantum legit! quantum etiam scripsit! quæ nunc omnia cum ipso sine fructu posteritatis aruerunt. Sed quid ego indulgeo dolori? cui si frenos remittas, nulla materia non maxima est. Finem

cussent eu le loisir de mûrir! Quel amour n'avait-il point pour les lettres! Que n'a-t-il point lu! combien n'a-t-il point écrit! Que de biens perdus avec lui pour la postérité! Mais pourquoi me laisser aller à la douleur? Quand on s'y veut abandonner, peut-on manquer de sujets, de quelque côté qu'on se tourne? Il faut finir ma lettre, si je veux arrêter le cours des larmes qu'elle me fait répandre. Adieu.

LETTRE X.

PLINE A ANTONIN.

Je ne sens jamais mieux toute l'excellence de vos vers, que quand j'essaye de les imiter. Comme les peintres qui entreprennent de peindre un visage dont la beauté est parfaite conservent rarement toutes ses grâces dans leur tableau ; de même, lorsque je veux me former sur ce modèle, je m'aperçois que, malgré mes efforts, je demeure au-dessous. C'est ce qui m'oblige à vous conjurer de plus en plus de nous donner beaucoup de semblables ouvrages, où tout le monde désire d'atteindre, sans que personne, ou presque personne, le puisse faire. Adieu.

LETTRE XI.

PLINE A TRANQUILLE.

Acquittez enfin la promesse que mes vers ont faite de vos ouvrages à nos amis communs. On les souhaite, on les demande tous les jours avec tant d'empressement, que je crains qu'à la fin ils ne soient cités à comparaître. Vous savez que j'hésite autant qu'un autre, quand il s'agit de se donner au public. Mais, sur ce point, vous passez de bien loin ma lenteur et ma retenue. Ne différez donc plus à nous satisfaire, ou craignez que je n'arrache, par des vers aigres et piquants, ce que des vers doux et flatteurs n'ont pu obtenir. Votre ouvrage est venu à un point de perfection où la lime ne saurait plus le polir, mais seulement l'affaiblir. Donnez-moi le plaisir de voir votre nom à la tête d'un livre; d'entendre dire que l'on copie, que l'on entend lire, qu'on lit, qu'on achète les œuvres de mon cher Suétone. Il est bien juste que notre amitié réciproque vous engage à me rendre la même joie que je vous ai donnée. Adieu.

LETTRE XII.

PLINE A FABATUS, AÏEUL DE SA FEMME.

J'ai reçu votre lettre, qui m'apprend que vous avez embelli notre ville d'un somptueux portique sur lequel vous avez fait graver votre nom et celui de votre fils ; que, le lendemain de la fête célébrée à cette occasion, vous avez promis un fonds pour l'embellissement des portes ; qu'ainsi la fin d'un bienfait a été le commencement d'un autre. Je me rejouis premièrement de votre gloire, dont une partie rejaillit sur moi par notre alliance ; ensuite de ce que de si magnifiques monuments assurent la mémoire de mon beau-père; enfin de ce que notre patrie devient de plus en plus florissante. Tous les nouveaux ornements qu'elle reçoit, de quelque main qu'ils viennent, me font plaisir ; mais de la vôtre ils me comblent de joie. Il ne me reste qu'à prier les dieux de vous conserver dans cette disposition, et de ménager à cette disposition de longues années : car je compte qu'après avoir fini l'ouvrage que vous venez de promettre, vous en recommencerez un autre. La libéralité ne sait point s'arrêter quand une fois elle a pris son cours, et elle est toujours plus belle, plus elle se répand. Adieu.

---

epistolæ faciam, ut facere possim etiam lacrymis, quas epistola expressit. Vale.

X.

C. PLINIUS ANTONINO SUO S.

Quum versus tuos æmulor, tum maxime, quam sint boni, experior. Ut enim pictores pulchram absolutamque faciem raro, nisi in pejus, effingunt; ita ego ab hoc archetypo labor et decido. Quo magis hortor, ut quam plurima proferas, quæ imitari omnes concupiscant, nemo, aut paucissimi, possint. Vale.

XI.

C. PLINIUS TRANQUILLO SUO S.

Libera tandem hendecasyllaborum meorum fidem, qui scripta tua communibus amicis spoponderunt. Appellantur quotidie et flagitantur : ac jam periculum est, ne cogantur ad exhibendum formulam accipere. Sum et ipse in edendo hæsitator; tu mora tamen meam quoque cunctationem tarditatemque vicisti. Proinde aut rumpe jam moras, aut cave, ne eosdem illos libellos, quos tibi hendecasyllabi nostri blanditiis elicere non possunt, convicio scazontes extorqueant. Perfectum opus absolutumque est; nec jam splendescit lima, sed atteritur. Patere, me videre titulum tuum; patere audire, describi, legi, vænire volumina Tranquilli mei. Æquum est, nos in amore tam mutuo eamdem percipere ex te voluptatem, qua tu perfrueris ex nobis. Vale.

XII.

C. PLINIUS FABATO PROSOCERO SUO S.

Accepi litteras tuas, ex quibus cognovi speciosissimam te porticum sub tuo filiique tui nomine dedicasse; sequenti die in portarum ornatum pecuniam promisisse, ut initium novæ liberalitatis esset consummatio prioris. Gaudeo primum tua gloria, cujus ad me pars aliqua pro necessitudine nostra redundat : deinde, quod memoriam soceri mei pulcherrimis operibus video proferri : postremo, quod patria nostra florescit : quam mihi a quocumque excoli jucundum, a te vero lætissimum est. Quod superest, Deos precor, ut animum istum tibi, animo isti tempus quam longissimum tribuant. Nam liquet mihi futurum, ut peracto, quod proxime promisisti, inchoes aliud. Nescit enim semel incitata liberalitas stare, cujus pulchritudinem usus ipse commendat. Vale.

LETTRE XIII.

PLINE A SCAURUS.

Dans le dessein de lire une petite harangue de ma façon, que je veux donner au public, j'ai assemblé quelques amis. Ils étaient assez pour me donner lieu de craindre leur jugement, et assez peu pour me pouvoir flatter qu'il serait sincère; car j'avais deux vues dans cette lecture: la première, de redoubler mon attention par le désir de plaire; la seconde, de profiter de celle des autres, sur des défauts que ma prévention en ma faveur pouvait m'avoir cachés. J'ai réussi dans mon dessein: l'on m'a donné des avis, et moi-même j'ai fait mes remarques et me suis critiqué. J'ai donc corrigé l'ouvrage que je vous envoie: le titre vous en apprendra le sujet, et la pièce même vous expliquera le reste. Il est bon de l'accoutumer, dès aujourd'hui, à se passer de préface pour être entendue. Mandez-moi, je vous en supplie, ce que vous pensez, non-seulement du corps de l'ouvrage, mais encore de chacune de ses parties. Je serai ou plus disposé à le garder, ou plus hardi à le faire paraître, selon que vous m'y aurez déterminé. Adieu.

LETTRE XIV.

PLINE A VALÉRIANUS.

Vous me priez, et je vous l'ai promis, si vous m'en priez, de vous mander quel succès avait eu l'accusation intentée par Népos contre Tuscilius Nominatus. On le fit entrer. Il plaida lui-même sa cause, sans que personne parût contre lui; car les députés des Vicentins non-seulement ne le chargèrent point, mais ils le favorisèrent. Le précis de sa défense fut, *qu'il n'avait point manqué de fidélité, mais de courage; qu'il était* sorti *de chez lui résolu de plaider; qu'il avait même été à l'audience, mais qu'il s'était retiré, effrayé par les discours de ses amis; qu'on l'avait averti de ne pas s'opposer, principalement dans le sénat, au dessein qu'un sénateur avait si fort à cœur, qu'il ne le soutenait plus comme un simple établissement de foire, mais comme une affaire où il y allait de son crédit, de son honneur et de sa dignité; qu'à négliger cet avis, il n'y avait pour lui qu'un ressentiment inévitable à attendre.* Quoiqu'il dit vrai, cela ne fut écouté et reçu favorablement que de fort peu de personnes. Il passa de là aux excuses et aux supplications, qu'il accompagna de beaucoup de larmes. D'ailleurs, comme il est très-habile, il tourna tout son discours de manière qu'il paraissait plutôt demander grâce que justice: et cela était en effet et plus insinuant et plus sûr. Afranius Dexter, consul, fut d'avis de l'absoudre. *Il avoua que Nominatus eût mieux fait de soutenir la cause des Vicentins avec le même courage qu'il s'en était chargé; mais il prétendit que la faute de Nominatus étant exempte de fraude, que lui n'étant d'ailleurs convaincu de rien qui méritât punition, il fallait le renvoyer absous, sans autre condition que de rendre aux Vicentins ce qu'il en avait reçu.* Tout le monde fut de cette opinion, excepté Flavius Aper. Celui-ci opina à interdire Nominatus, pendant cinq ans, des fonctions d'avocat; et quoique son autorité n'eût pu entraîner personne dans son sentiment, il y demeura ferme. Il alla même en vertu du pouvoir que la loi en donne à celui qui peut convoquer le sénat, jusqu'à faire jurer à Afranius Dexter (le premier qui avait opiné à l'absolution) qu'il croyait cet avis salutaire à la république. Plusieurs se ré-

---

XIII.

C. PLINIUS SCAURO SUO S.

Recitaturus oratiunculam, quam publicare cogito, advocavi aliquos, ut vererer; paucos, ut verum audirem. Nam mihi duplex ratio recitandi: una, ut sollicitudine incendar; altera, ut admonear, si quid forte me, ut meum, fallat. Tuli, quod petebam: inveni, qui mihi copiam consilii sui facerent. Ipse praeterea quaedam emendanda adnotavi. Emendavi librum, quem misi tibi. Materiam ex titulo cognosces, caetera liber explicabit: quem jam nunc oportet ita consuescere, ut sine praefatione intelligatur. Tu velim, quid de universo, quid de partibus sentias, scribas mihi. Ero enim vel cautior in continendo, vel constantior in edendo, si huc vel illuc auctoritas tua accesserit. Vale.

XIV.

C. PLINIUS VALERIANO SUO S.

Et tu rogas, et ego promisi, si rogasses, scripturum me tibi, quem habuisset eventum postulatio Nepotis circa Tuscilium Nominatum. Inductus est Nominatus; egit ipse pro se, nullo accusante. Etenim legati Vicentinorum non modo non presserunt eum, verum etiam sublevaverunt. Summa defensionis, *Non fidem sibi in advocatione, sed constantiam defuisse; descendisse ut acturum, atque etiam in curia visum; deinde sermonibus amicorum perterritum recessisse; monitum enim, ne desiderio senatoris, non jam quasi de nundinis, sed quasi de gratia, fama, dignitate certantis, tam pertinaciter, praesertim in senatu, repugnaret, alioqui majorem invidiam, quam proxime, passurus.* Erat sane prius, tamen a paucis, acclamatum exeunti. Inde subjunxit preces multumque lacrymarum: quin etiam tota actione, homo in dicendo exercitatus, operam dedit, ut deprecari magis (id enim et favorabilius et tutius) quam defendi videretur. Absolutus est sententia designati consulis Afranii Dextri, cujus haec summa, *Melius quidem Nominatum fuisse facturum, si caussam Vicentinorum eodem animo, quo susceperat, pertulisset; quia tamen in hoc genus culpae non fraude incidisset, nihilque dignum animadversione admisisset convinceretur, liberandum: Vicentinis, quod acceperat, redderet.* Assenserunt omnes, praeter Flavium Aprum. Is, *Interdicendum ei advocationibus in quinquennium*, cen-

crièrent contre cette proposition, toute juste qu'elle était, parce qu'elle semblait taxer de corruption celui qui avait opiné. Mais avant que de recueillir les voix, Nigrinus, tribun du peuple, fit une remontrance pleine d'éloquence et de force, où il se plaignait que les avocats vendaient leur ministère, qu'ils vendaient leur prévarication; que l'on trafiquait des causes; et qu'à la gloire (autrefois le seul prix d'un si noble emploi) on avait substitué les dépouilles des plus riches citoyens, dont l'on s'était fait de grands et solides revenus. Il cita sommairement les lois faites sur ce sujet; il fit souvenir des décrets du sénat; et il conclut que puisque les lois et les décrets méprisés ne pouvaient arrêter le mal, il fallait supplier l'empereur de vouloir bien y remédier lui-même. Peu de jours après, le prince a fait publier un édit sévère et doux tout ensemble. Vous le lirez; il est dans les archives publiques. Que je suis content de ne m'être pas seulement abstenu de faire aucun traité pour les causes dont je me suis chargé, mais d'avoir toujours refusé toutes sortes de présents, et jusqu'à des étrennes! Il est vrai que tout ce qui n'a pas l'air honnête se doit éviter, non pas comme s'il était défendu, mais comme s'il était honteux. Il y a pourtant je ne sais quelle satisfaction à voir publiquement défendre ce que vous ne vous êtes jamais permis. Il y aura peut-être (et il n'en faut pas douter), il y aura moins d'honneur et moins de gloire dans mon procédé, lorsque tout le monde fera par force ce que je faisais volontairement. Je jouis cependant du plaisir d'entendre les uns m'appeler devin, les autres me reprocher, en badinant et en plaisantant, qu'on a voulu réprimer mon avarice et mes rapines. Adieu.

LETTRE XV.

PLINE A PONTIUS.

J'étais à Côme, quand j'ai reçu la nouvelle que Cornutus avait été commis pour faire travailler aux réparations de la voie Émilienne. Je ne puis vous exprimer combien j'en suis aise, et pour lui et pour moi : pour lui, parce que, bien qu'il soit véritablement sans ambition, un honneur qu'il n'a point recherché doit pourtant lui faire plaisir; pour moi, parce que je ressens plus de joie d'avoir été nommé à cette charge, depuis que je vois qu'on en donne une semblable à Cornutus : car il n'est pas plus agréable de se voir élever, que de se voir égaler aux gens de bien par les dignités. Et où trouver un plus honnête homme que Cornutus, un homme plus intègre, plus formé sur le modèle des anciennes mœurs, plus consommé en tout genre de vertus? Ce que j'en dis, ce n'est pas sur sa réputation, qui d'ailleurs est aussi bien établie que juste, mais sur la foi d'une très-longue expérience. Nous avons toujours eu pour amis, dans l'un et dans l'autre sexe, tous ceux que, de notre temps, le mérite a distingués. Cette société d'amitié nous a très-étroitement unis. Les charges ont achevé, par des engagements publics, de serrer les nœuds qui nous lient. Vous savez que je l'ai eu pour collègue, comme si l'on eût consulté mes vœux, et quand je fus surintendant de finances, et quand je fus consul. Alors je connus à fond quel homme et de quel prix il était. Je l'écoutais

suit : et quamvis neminem auctoritate traxisset, constanter in sententia mansit : quin etiam Dextrum, qui primus diversum censuerat, prolata lege de senatu habendo, jurare coegit, *E republica esse, quod censuisset.* Cui, quamquam legitimæ postulationi, a quibusdam reclamatum est. Exprobrare enim censeri ambitionem videbatur. Sed priusquam sententiæ dicerentur, Nigrinus, tribunus plebis, recitavit libellum disertum et gravem, quo questus est, *Vænire advocationes, vænire etiam prævaricationes; in lites coiri; et gloriæ loco poni ex spoliis civium magnos et statos reditus.* Recitavit capita legum, admonuit SCtorum : in fine dixit, *Petendum ab optimo principe, ut, quia leges, quia SCta contemnerentur, ipse tantis vitiis mederetur.* Pauci dies, et liber principis severus, et tamen moderatus. Leges ipsum; est in publicis actis. Quam me juvat, quod in caussis agendis non modo pactione, dono, munere, verum etiam xeniis semper abstinui! Oportet quidem, quæ sunt inhonesta, non quasi illicita, sed quasi pudenda, vitare : jucundum tamen, si prohiberi publice videas, quod nunquam tibi ipse permiseris. Erit fortasse, immo non dubie, hujus propositi mei et minor laus, et obscurior fama, quum omnes ex necessitate facient, quod ego sponte faciebam. Interim fruor voluptate, quum alii divinum me; alii, meis rapinis, meæ avaritiæ occursum, per ludum ac jocum dictitant. Vale.

XV.

C. PLINIUS PONTIO SUO S.

Secesseram in municipium, quum mihi nuntiatum est, Cornutum Tertullum accepisse Æmiliæ viæ curam. Exprimere non possum, quanto sim gaudio affectus et ipsius et meo nomine. Ipsius, quod, sit licet, sicut est, ab omni ambitione longe remotus, debeat tamen ei jucundus esse honor ultro datus; meo, quod aliquanto magis me delectat mandatum mihi officium, postquam par Cornuto datum video. Neque enim augeri dignitate, quam æquari bonis, gratius. Cornuto autem quid melius? quid sanctius? quid in omni genere laudis ad exemplar antiquitatis expressius? Quod mihi cognitum est non fama, qua alioqui optima et meritissima fruitur, sed longis magnisque experimentis. Una diligimus, una dileximus omnes fere, quos ætas nostra in utroque sexu æmulandos tulit : quæ societas amicitiarum arctissimis nos familiaritate conjunxit. Accessit vinculum necessitudinis publicæ. Idem enim mihi, ut scis, collega, quasi voto petitus, in præfectura ærarii fuit : fuit et in consulatu. Tum ego, qui vir, et quantus esset, altissime inspexi, quum sequerer ut magistrum, ut parentem vererer : quod non tam ætatis maturitate, quam vitæ, merebatur. His ex caussis ut illi, sic mihi gratulor : nec privatim magis, quam publice, quod tandem homines non ad pericula, ut prius, verum ad ho-

comme un maître, je le respectais comme un père; et en cela je donnais bien moins à l'âge qu'à la sagesse. Voilà ce qui m'engage à me réjouir autant pour moi que pour lui, autant en public qu'en particulier, de ce qu'enfin la vertu ne conduit plus comme auparavant au précipice, mais aux honneurs. Je ne finirais point, si je m'abandonnais à ma joie. Je passe à vous dire ce que je faisais quand votre lettre m'a été rendue. J'étais avec l'aïeul, avec la tante paternelle de ma femme, et avec des amis que je n'avais point vus depuis longtemps; je visitais mes terres; je recevais les plaintes des paysans; je lisais leurs mémoires et leurs comptes, en courant, et bien malgré moi : car je me suis destiné à d'autres lectures, à d'autres écrits. Je commençais même à me disposer au retour, pressé par mon congé près de finir, et averti de retourner à ma charge, par celle qu'on vient de donner à Cornutus. Je souhaite fort que vous quittiez votre Campanie dans le même temps, afin qu'après mon retour à Rome il n'y ait aucun jour de perdu pour notre commerce. Adieu.

LETTRE XVI.

PLINE A MARCELLIN.

Je vous écris, accablé de tristesse. La plus jeune fille de notre ami Fundanus vient de mourir. Je n'ai jamais vu une personne plus jolie, plus aimable, plus digne non-seulement de vivre longtemps, mais de vivre toujours. Elle n'avait pas encore quatorze ans accomplis, et déjà elle montrait toute la prudence de la vieillesse. On remarquait déjà dans son air toute la majesté d'une femme de condition; et tout cela ne lui ôtait rien de cette innocente pudeur, de ces grâces naïves qui plaisent si fort dans le premier âge. Avec quelle simplicité ne demeurait-elle pas attachée au cou de son père! Avec quelle douceur et avec quelle modestie ne recevait-elle pas ceux qu'il aimait! Avec quelle équité ne partageait-elle pas sa tendresse entre ses nourrices et les maîtres qui avaient cultivé ou ses mœurs ou son esprit! Pouvait-on étudier avec plus d'application et avec des dispositions plus heureuses? Pouvait-elle mettre moins de temps et plus de circonspection dans ses divertissements? Vous ne sauriez vous imaginer sa retenue, sa patience, sa fermeté même, dans sa dernière maladie. Docile aux médecins, attentive à consoler son père et sa sœur, après que toutes ses forces l'eurent abandonnée, elle se soutenait encore par son seul courage. Il l'a accompagnée jusqu'à la dernière extrémité, sans que ni la longueur de la maladie, ni la crainte de la mort, l'aient pu abattre; et c'est ce qui ne sert qu'à augmenter et notre douleur et nos regrets. Mort vraiment funeste et prématurée, mais conjoncture encore plus funeste et plus cruelle que la mort! Elle était sur le point d'épouser un jeune homme très-aimable. Le jour pour les noces était pris; nous y étions déja invités. Hélas! quel changement! quelle horreur succède à tant de joie! Je ne puis vous exprimer de quelle tristesse je me suis senti pénétré, quand j'ai appris que Fundanus, inspiré par la douleur, toujours féconde en tristes inventions, a donné ordre lui-même que tout ce qu'il avait destiné en bijoux, en perles, en diamants, fût employé en baumes, en essences, en parfums. C'est un homme savant et sage, et qui, dès sa plus tendre jeunesse, s'est formé la raison par les meilleures sciences et par les plus beaux arts; mais aujourd'hui il méprise tout ce qu'il a

---

nores virtute perveniunt. In infinitum epistolam extendam, si gaudio meo indulgeam. Prævertor ad ea, quæ me agentem hic nuntius deprehendit. Eram cum prosocero meo, eram cum amita uxoris, eram cum amicis diu desideratis; circumibam agellos; audiebam multum rusticarum querelarum : rationes legebam invitus et cursim (aliis enim chartis, aliis sum litteris initiatus) cœperam etiam itineri me præparare. Nam includor angustiis commeatus, eoque ipso, quod delegatum Cornuto audio officium, mei admoneor. Cupio te quoque sub idem tempus Campania tua remittat, ne quis, quum in urbem rediero, contubernio nostro dies pereat. Vale.

XVI.

C. PLINIUS MARCELLINO SUO S.

Tristissimus hæc tibi scribo. Fundani nostri filia minor est defuncta : qua puella nihil unquam festivius, amabilius, nec modo longiore vita, sed prope immortalitate, dignius vidi. Nondum annos quatuordecim impleverat, et jam illi anilis prudentia, matronalis gravitas erat : et tamen suavitas puellaris cum virginali verecundia. Ut illa patris cervicibus inhærebat! ut nos amicos paternos et amanter et modeste complectebatur! ut nutrices, ut pædagogos, ut præceptores, pro suo quemque officio, diligebat! Quam studiose, quam intelligenter lectitabat! ut parce custoditeque ludebat! Qua illa temperantia, qua patientia, qua etiam constantia novissimam valetudinem tulit! Medicis obsequebatur, sororem, patrem adhortabatur, ipsamque se destitutam corporis sui viribus, vigore animi sustinebat. Duravit hic illi usque ad extremum, nec aut spatio valetudinis, aut metu mortis infractus est; quo plures gravioresque nobis caussas relinqueret et desiderii et doloris. O triste plane acerbumque funus! o morte ipsa mortis tempus indignius! Jam destinata erat egregio juveni, jam electus nuptiarum dies, jam nos vocati. Quod gaudium quo mœrore mutatum est! Non possum exprimere verbis, quantum animo vulnus acceperim, quum audivi Fundanum ipsum (ut multa luctuosa dolor invenit) præcipientem, quod in vestes, margarita, gemmas, fuerat erogaturus, hoc in thura et unguenta et odores impenderetur. Est quidem ille eruditus et sapiens, ut qui se ab ineunte ætate altioribus studiis artibusque dediderit : sed nunc omnia, quæ audiit sæpe, quæ dixit, aspernatur :

ouï dire, et ce qu'il a souvent dit lui-même. Enfin, toutes ses vertus disparaissent, et l'abandonnent à sa seule tendresse. Vous ne vous en tiendrez pas à lui pardonner; vous le louerez quand vous songerez à ce qu'il a perdu. Il a perdu une fille qui n'avait pas seulement la manière, l'air, les traits de son père, mais que l'on pouvait appeler son portrait, tant elle lui ressemblait. Si donc vous lui écrivez sur un si juste chagrin, souvenez-vous de mettre moins de force et de raison que de compassion et de douceur dans vos consolations. Le temps ne contribuera pas peu à les lui faire goûter : car, de même qu'une plaie toute récente appréhende la main du chirurgien, et que dans la suite elle la souffre et la souhaite, ainsi la nouvelle affliction se révolte d'abord contre les consolations, et les écarte; mais peu après elle les cherche, et se rend à celles qui sont adroitement ménagées. Adieu.

LETTRE XVII.

PLINE A SPURINNA.

Je viens d'entendre Calpurnius Pison. J'ai d'autant plus d'empressement de vous le dire, que je vous connais partisan déclaré des belles-lettres, et que je sais quel plaisir vous avez de voir des jeunes gens marcher dignement sur les traces de leurs ancêtres. Le poëme qu'il a lu était intitulé *l'Amour dupé*, sujet riche et galant. Il l'a traité en vers élégiaques. Ils sont coulants, tendres, aisés, et ses expressions ont de la majesté quand il le faut. Vous le voyez, par une agréable variété, tantôt s'élever, tantôt descendre; mêler, avec un esprit qui ne se dément point, la noblesse à la simplicité, les grâces légères aux beautés plus marquées, l'enjouement au sérieux. Il répandait sur tout cela de nouveaux agréments par une prononciation charmante, et il accompagnait cette prononciation d'une modestie, d'une rougeur et d'un certain embarras très-propres à faire valoir ce qu'on lit; car je ne sais pourquoi la timidité sied mieux à un homme de lettres que la confiance. Il ne tiendrait qu'à moi de vous conter beaucoup d'autres particularités qui ne sont ni moins remarquables dans un homme de cet âge, ni moins rares dans un homme de cette condition; mais il faut retrancher ce détail. La lecture finie, j'embrassai Pison longtemps et à plusieurs reprises; et, persuadé qu'il n'y a pas de plus puissant aiguillon que la louange, *je l'exhortai fort à continuer comme il avait commencé, et à illustrer autant ses descendants qu'il avait été illustré par ses aïeux.* J'en fis mes compliments à sa mère et à son frère, qui, par son bon naturel, ne se fit pas moins d'honneur dans cette occasion que Calpurnius s'en est fait par son esprit, tant l'inquiétude et la joie parurent tour à tour intéresser le premier de ces deux frères pour le second. Fasse le ciel que j'aie souvent de semblables nouvelles à vous mander! J'affectionne mon siècle : je voudrais fort qu'il ne fût point sans éclat et sans vertu, et je souhaite avec passion que nos jeunes gens de qualité n'attachent pas toute leur noblesse aux images de leurs ancêtres. Celles que les Pisons voient chez eux semblent les louer et (ce qui seul doit suffire à la gloire de tous deux) les reconnaître. Adieu.

---

expulsisque virtutibus aliis, pietatis est totus. Ignosces, laudabis etiam, si cogitaveris, quid amiserit. Amisit enim filiam, quæ non minus mores ejus, quam os vultumque referebat, totumque patrem similitudine exscripserat. Proinde si quas ad eum de dolore tam justo litteras mittes, memento adhibere solatium, non quasi castigatorium et nimis forte, sed molle et humanum. Quod ut facilius admittat, multum faciet medii temporis spatium. Ut enim crudum adhuc vulnus medentium manus reformidat, deinde patitur, atque ultro requirit; sic recens animi dolor consolationes rejicit ac refugit, mox desiderat, et clementer admotis acquiescit. Vale.

XVII.

C. PLINIUS SPURINNÆ SUO S.

Scio, quantopere bonis artibus faveas, quantum gaudii capias, si nobiles juvenes dignum aliquid majoribus suis faciant : quo festinantius nuntio tibi, fuisse me hodie in auditorio Calpurnii Pisonis. Recitabat καταστερισμῶν eruditam sane luculentamque materiam. Scripta elegis erat fluentibus, et teneris, et enodibus, sublimibus etiam, ut poposcit locus. Apte enim et varie nunc attollebatur, nunc residebat : excelsa depressis, exilia plenis, severis jucunda mutabat; omnia ingenio pari. Commendabat hæc voce suavissima, vocem verecundia. Multum sanguinis, multum sollicitudinis in ore, magna ornamenta recitantis. Etenim, nescio quo pacto, magis in studiis homines timor, quam fiducia decet. Ne plura : (quamquam libet plura, quo sunt pulchriora de juvene, rariora de nobili,) recitatione finita, multum ac diu exosculatus adolescentem, qui est acerrimus stimulus monendi, laudibus incitavi, *Pergeret, qua cœpisset, lumenque, quod sibi majores sui prætulissent, posteris ipse præferret.* Gratulatus sum optimæ matri, gratulatus et fratri, qui ex auditorio illo non minorem pietatis gloriam, quam ille alter eloquentiæ tulit : tam notabiliter pro fratre recitante primum metus ejus, mox gaudium eminuit. Dii faciant, ut talia tibi sæpius nuntiem! Faveo enim sæculo, ne sit sterile et effœtum : mireque cupio, ne nobiles nostri nihil in domibus suis pulchrum, nisi imagines habeant : quæ nunc mihi hos adolescentes tacite laudare, adhortari, et, quod amborum gloriæ satis magnum est, agnoscere videntur. Vale.

LETTRE XVIII.

PLINE A MACER.

Il ne me manque rien, puisque vous êtes content. Vous avez avec vous votre femme et votre fils; vous jouissez de la mer, de la fraîcheur de vos fontaines, de la beauté de vos campagnes, des agréments d'une maison délicieuse. Car quelle autre opinion peut-on avoir d'une maison qu'avait choisie, pour sa retraite, un homme alors plus heureux encore que lorsqu'il fut parvenu au comble du bonheur? Pour moi, dans ma maison de Toscane, la chasse et l'étude m'amusent tour à tour, et quelquefois toutes deux ensemble. Cependant je ne puis jusqu'ici décider lequel est le plus difficile, de faire une bonne chasse ou un bon ouvrage. Adieu.

LETTRE XIX.

PLINE A PAULIN.

Je vous avouerai ma douceur pour mes gens, d'autant plus franchement que je sais avec quelle bonté vous traitez les vôtres. J'ai toujours dans l'esprit ce vers d'Homère :

Il avait pour ses gens une douceur de père.

Et je n'oublie point le nom de *père de famille* que parmi nous on donne aux maîtres. Mais quand je serais moins humain et plus dur, je me laisserais toucher par le pitoyable état où se trouve mon affranchi Zosime. Plus il a besoin de compassion, plus je lui en dois. C'est un homme de bien, officieux; il a des belles-lettres, et réussit parfaitement dans la représentation de la comédie, qui est sa profession, et pour ainsi dire sa charge. Sa déclamation a de la force, de la justesse, de la naïveté, de la grâce; et il joue de la lyre mieux qu'il n'appartient à un comédien. Ce n'est pas tout : il lit des harangues, des histoires et des vers, comme s'il n'avait jamais fait autre chose. Je vous mande tout ce détail, afin que vous sachiez combien de services, et de services agréables, cet homme seul me rend. Ajoutez-y une ancienne inclination que j'ai conçue pour lui, et que le péril où il est a redoublée : car la nature nous a faits de telle sorte, que rien ne donne plus d'ardeur et de vivacité à notre tendresse que la crainte de perdre ce que nous aimons. Et cette crainte, il ne me la cause pas pour la première fois. Il y a quelques années que, déclamant avec contention et véhémence, il vint tout à coup à cracher le sang. Je l'envoyai en Égypte pour se rétablir ; et, après y avoir fait un assez long séjour, il en est revenu depuis peu en assez bon état. Mais ayant voulu forcer sa voix plusieurs jours de suite, une petite toux le menaça d'abord de rechute; et, peu après, son crachement de sang le reprit. Pour essayer de le guérir, j'ai résolu de l'envoyer à votre terre de Frioul. Je me souviens de vous avoir souvent ouï dire que l'air y est fort sain, et le lait très-bon pour ces sortes de maladies. Je vous supplie donc de vouloir bien écrire à vos gens de le recevoir dans votre maison, et de lui donner tous les secours qui lui seront nécessaires. Il ne les étendra pas bien loin : car il est si sobre et si retenu, qu'il refuse non-seulement les douceurs que l'état d'un malade peut demander, mais même les choses que cet état semble exiger. Je lui donnerai pour faire son voyage ce qu'il faut et à un homme frugal et qui va chez vous. Adieu.

XVIII.

C. PLINIUS MACRO SUO S.

Bene est mihi, quia tibi bene est. Habes uxorem tecum, habes filium. Frueris mari, fontibus, viridibus, agro, villa amœnissima. Neque enim dubito esse amœnissimam, in qua se composuerat homo felicior, antequam felicissimus fieret. Ego in Tuscis et venor et studeo, quæ interdum alternis, et interdum simul facio : nec tamen adhuc possum pronuntiare, utrum sit difficilius capere aliquid, an scribere. Vale.

XIX.

C. PLINIUS PAULLINO SUO S.

Video, quam molliter tuos habeas : quo simplicius tibi confitebor, qua indulgentia meos tractem. Est mihi semper in animo et Homericum illud, πατὴρ δ' ὡς ἤπιος ἦεν, et hoc nostrum, *pater familias*. Quod si essem natura asperior et durior, frangeret me tamen infirmitas liberti mei Zosimi, cui tanto major humanitas exhibenda est, quanto nunc illa magis eget. Est homo probus, officiosus, litteratus, et ars quidem ejus, et quasi inscriptio, comœdus, in qua plurimum facit. Nam pronuntiat acriter, sapienter, apte, decenter etiam ; utitur et cithara perite, ultra quam comœdo necesse est. Idem tam commode orationes et historias et carmina legit, ut hoc solum didicisse videatur. Hæc tibi sedulo exposui, quo magis scires, quam multa unus mihi et quam jucunda ministeria præstaret. Accedit huc longa jam caritas hominis, quam ipsa pericula auxerunt. Est enim ita natura comparatum, ut nihil æque amorem incitet et accendat, quam carendi metus, quem ego pro hoc non semel patior. Nam ante aliquot annos, dum intente instanterque pronuntiat, sanguinem rejecit, atque ob hoc in Ægyptum missus a me, post longam peregrinationem confirmatus rediit nuper : deinde dum per continuos dies nimis imperat voci, veteris infirmitatis tussicula admonitus, rursus sanguinem reddidit. Qua ex caussa destinavi eum mittere in prædia tua, quæ Forojulii possides. Audivi enim te sæpe referentem, esse tibi et aera salubrem, et lac hujusmodi curationibus accommodatissimum. Rogo ergo, scribas tuis, ut illi villa, ut domus pateat; offerant etiam sumptibus ejus, si quid opus erit : erit autem opus modico. Est enim tam parcus et continens, ut non solum delicias, verum etiam necessitates valetudinis, frugalitate restringat. Ego proficiscenti tantum viatici dabo, quantum sufficiat eunti in tua. Vale.

LETTRE XX.

PLINE A URSUS.

Peu après que les Bithyniens eurent intenté leur accusation contre Julius Bassus, ils en formèrent une nouvelle contre Varénus, leur gouverneur; celui-là même qui, à leur prière, leur avait été donné pour avocat contre Bassus. Lorsqu'ils eurent été introduits dans le sénat, ils demandèrent permission d'informer; et Varénus, de son côté, demanda qu'il lui fût permis de faire entendre les témoins qui pouvaient servir à sa justification. Les Bithyniens s'étant opposés à la demande de Varénus, il fallut plaider. Je parlai pour lui avec quelque sorte de succès; mais si je parlai bien ou mal, c'est au plaidoyer même à vous l'apprendre. La fortune influe de manière ou d'autre sur l'événement d'une cause; la mémoire, le geste, la prononciation, la conjoncture même, enfin les préventions favorables ou contraires à l'accusé, vous donnent ou vous ôtent beaucoup. Au lieu que la pièce, dans une lecture, ne se ressent ni des égards, ni des animosités, ni des autres hasards heureux ou contraires qui se rencontrent dans une action publique. Fontéius Magnus, l'un des Bithyniens, me répliqua, et dit très-peu de choses en beaucoup de paroles. C'est la coutume de la plupart des Grecs: la volubilité leur tient lieu d'abondance dans le discours. Ils prononcent tout d'une haleine, et poussent avec une rapidité de torrent les périodes les plus longues et les plus embarrassées. Julius Candidus dit donc fort agréablement: *Autre chose est un discoureur, autre chose un orateur*: car l'éloquence n'a été donnée en partage qu'à un homme ou deux au plus, et même à personne, si nous en voulons croire Marc Antoine. Mais cette facilité de discourir, dont parle Candidus, est le talent de beaucoup de gens, et souvent des plus téméraires. Le jour suivant, Homullus plaida pour Varénus avec beaucoup d'adresse, de force, de justesse. Nigrinus répondit d'une manière serrée, pressante et fleurie. Acilius Rufus, consul désigné, fut d'avis de permettre aux Bithyniens d'informer. Il n'opina point sur la demande de Varénus; et, par ce silence, il fit assez entendre qu'il ne croyait pas qu'on y dût avoir égard. Cornélius Priscus, homme consulaire, voulait qu'on accordât également aux accusateurs et à l'accusé ce qu'ils demandaient; et son opinion prévalut. Nous avons ainsi obtenu ce qui n'était pas autorisé, ni par aucune loi, ni par aucun usage, quoique d'ailleurs cela fût fort juste. Demandez-vous pourquoi juste? ma lettre ne vous en dira rien; car s'il est vrai ce que dit Homère,

Les airs les plus nouveaux sont les plus agréables;

je ne puis prendre trop de soin qu'une lettre indiscrète n'enlève à mon discours cette grâce et cette fleur de la nouveauté, qui n'en font pas le moindre mérite. Adieu.

LETTRE XXI.

PLINE A RUFUS.

Je m'étais rendu dans la basilique Julienne, pour entendre les avocats à qui je devais répondre dans l'audience suivante. Les juges avaient pris place, les décemvirs étaient arrivés, tout le monde avait les yeux tournés sur les avocats, un profond silence régnait, lorsqu'il arriva un ordre du préteur de lever la séance. On nous renvoie, et avec une grande joie de ma part; car je ne suis jamais si bien préparé, qu'un délai ne me fasse plaisir. La cause de ce dérangement vient du préteur Népos, qui ramène la sévérité

XX.
C. PLINIUS URSO SUO S.

Iterum Bithyni, post breve tempus a Julio Basso, etiam Rufum Varenum proconsulem detulerunt: Varenum, quem nuper adversus Bassum advocatum et postulaverant et acceperant. Inducti in senatum, inquisitionem postulaverunt: tum Varenus petiit, ut sibi quoque defensionis caussa evocare testes liceret: recusantibus Bithynis, cognitio suscepta est. Egi ego pro Vareno, non sine eventu: nam bene an male, liber indicabit. In actionibus enim utramque in partem fortuna dominatur: multum commendationis et detrahit et affert memoria, vox, gestus, tempus ipsum; postremo vel amor vel odium rei: liber offensis, liber gratia, liber et secundis casibus, et adversis caret. Respondit mihi Fonteius Magnus, unus ex Bithynis, plurimis verbis, paucissimis rebus. Est plerisque Græcorum, ut illi, pro copia volubilitas: tam longas, tamque frigidas periodos uno spiritu, quasi torrente, contorquent. Itaque Julius Candidus non invenuste solet dicere, *aliud esse eloquentiam, aliud loquentiam*. Nam eloquentia vix uni aut alteri, immo, si Marco Antonio credimus, nemini; hæc vero, quam Candidus *loquentiam* appellat, multis, atque etiam impudentissimo cuique maxime contingit. Postero die dixit pro Vareno Homullus callide, acriter, culte; contra Nigrinus presse, graviter, ornate. Censuit Acilius Rufus, consul designatus, inquisitionem Bithynis dandam: postulationem Vareni silentio præteriit. Hæc forma negandi fuit. Cornelius Priscus consularis et accusatoribus, quæ petebant, et reo tribuit, vicitque numero. Impetravimus rem nec lege comprehensam, nec satis usitatam, justam tamen. Quare justam, non sum epistola exsequuturus, ut desideres actionem. Nam si verum est Homericum illud,

Τὴν γὰρ ἀοιδὴν μᾶλλον ἐπικλείουσ' ἄνθρωποι,
Ἥπερ ἀκουόντεσσι νεωτάτη ἀμφιπέληται,

apud te providendum est mihi, ne gratiam novitatis et florem, quæ oratiunculam meam vel maxime commendat, epistolæ loquacitate præcerpam. Vale.

XXI.
C. PLINIUS RUFO SUO S.

Descenderam in basilicam Juliam, auditurus, quibus proxima comperendinatione respondere debebam. Sede-

des lois dans ses édits. Il en avait publié un, par lequel il avertissait et les accusateurs et les accusés qu'il exécuterait à la lettre le décret du sénat, transcrit à la suite de son édit. Par ce décret, *il était ordonné à tous ceux qui avaient un procès, de quelque nature qu'il fût, de faire serment, avant que de plaider, qu'ils n'avaient rien donné, rien promis, rien fait promettre à celui qui s'était chargé de leur cause.* Par ces termes, et par une infinité d'autres, il était défendu aux avocats de vendre leur ministère, et aux parties de l'acheter. Cependant on permettait, après le procès terminé, de donner jusqu'à la concurrence de dix mille sesterces. Le préteur qui préside aux centumvirs, embarrassé par cette action de Népos, et incertain s'il en devait suivre l'exemple, a pris ce temps pour en délibérer, et nous a donné ce repos imprévu. Cependant vous n'entendez dans Rome que blâmer et louer cet édit de Népos. Les uns s'écrient : *Nous avons un réparateur des torts ; n'avons-nous donc point eu de préteurs avant lui? Et qui est donc cet austère réformateur?* Les autres disent : *Il a fort bien fait. Sur le point d'exercer la magistrature, il a parcouru le droit, il s'est rempli des lois; il a lu exactement les décrets du sénat; il abolit un trafic honteux, et ne peut souffrir que la chose du monde la plus glorieuse soit vénale.* Voilà les discours qui se tiennent dans les deux partis, et dont l'événement décidera. Rien n'est moins raisonnable, mais rien n'est plus commun, que de voir les entreprises honnêtes ou honteuses être approuvées ou blâmées, selon le succès. De là il arrive souvent qu'une même action est regardée tantôt comme une action de zèle ou d'ostentation, tantôt comme un trait de liberté ou de folie. Adieu.

LIVRE SIXIÈME.

LETTRE PREMIÈRE.

PLINE A TIRON.

Pendant que nous étions, vous dans la Marche d'Ancône, moi au delà du Pô, je supportais plus doucement votre absence ; mais depuis que je suis de retour, et que vous continuez à demeurer où vous êtes, elle me devient insupportable : soit que les lieux où nous avons coutume de passer la vie ensemble me fassent plus fortement penser à vous ; soit que rien ne redouble tant la passion de revoir les absents que d'en être plus près, et que plus l'espérance de jouir d'un bien est prochaine, plus l'impatience de le posséder est vive. Quoi qu'il en soit, délivrez-moi de cette peine. Venez à Rome, ou comptez que je m'en retourne d'où je suis trop indiscrètement et trop tôt revenu, quand ce ne serait que pour avoir le plaisir d'éprouver, lorsque vous vous trouverez à Rome sans moi, si vous m'écrirez du style dont je vous écris. Adieu.

LETTRE II.

PLINE A ARRIEN.

Je songe quelquefois à Régulus dans nos au-

bant judices, decemviri venerant, obversabantur advocati; silentium longum, tandem a praetore nuntius. Dimittuntur centumviri : eximitur dies, me gaudente, qui nunquam ita paratus sum, ut non mora lætér. Caussa dilationis, Nepos prætor, qui legibus quærit. Proposuerat breve edictum; admonebat accusatores, admonebat reos, exsequuturum se, quæ senatusconsulto continerentur. Suberat edicto senatusconsultum : hoc OMNES, QUIDQUID NEGOTII HABERENT, JURARE PRIUS, QUAM AGERENT, jubebantur, NIHIL SE OB ADVOCATIONEM CUIQUAM DEDISSE, PROMISISSE, CAVISSE. His enim verbis, ac mille præterea, et vænire advocationes et emi vetabantur. Peractis tamen negotiis permittebatur pecuniam duntaxat decem millium dare. Hoc facto Nepotis commotus prætor, qui centumviralibus præsidet, deliberatus an sequeretur exemplum inopinatum, nobis otium dedit. Interim tota civitate Nepotis edictum carpitur, laudatur. Multi : *Invenimus, qui curva corrigeret. Quid? ante hunc prætores non fuerunt? Quis autem hic est, qui emendet publicos mores?* Alii contra : *Rectissime fecit initurus magistratum: jura cognovit : senatusconsulta legit : reprimit fœdissimas pactiones : rem pulcherrimam turpissime vænire non patitur.* Tales ubique sermones : qui tamen alterutram in partem ex eventu prævalebunt. Est omnino iniquum, sed usu receptum, quod honesta consilia vel turpia, prout male aut prospere cedunt, ita vel probantur vel reprehenduntur. Inde plerumque eadem facta modo diligentiæ, modo vanitatis, modo libertatis, modo furoris nomen accipiunt. Vale.

LIBER SEXTUS.

I.

C. PLINIUS TIRONI SUO S.

Quamdiu ego trans Padum, tu in Piceno, minus te requirebam ; postquam ego in urbe, tu adhuc in Piceno, multo magis : seu quod ipsa loca, in quibus esse una solemus, acrius me tui commonent : seu quod magnum desiderium absentium nihil perinde ac vicinitas acuit : quoque propius accesseris ad spem fruendi, hoc impatientius careas. Quidquid in caussa, eripe me huic tormento. Veni, aut ego illuc, unde inconsulte properavi, revertar, vel ob hoc solum, ut experiar, an mihi, quum sine me Romæ cœperis esse, similes his epistolas mittas. Vale.

II.

C. PLINIUS ARRIANO SUO S.

Soleo nonnunquam in judiciis quærere Marcum Regu-

diences; car je ne veux pas dire que je l'y souhaite. Demandez-vous pourquoi j'y songe? Il rendait hommage à l'importance de notre profession; il tremblait, il pâlissait en parlant; il écrivait ses discours. Quoiqu'il n'eût pu se défaire de l'habitude de se défigurer le visage avec un bandeau blanc, qu'il attachait différemment, selon qu'il devait plaider pour le demandeur ou pour le défendeur; quoiqu'il ne pût s'empêcher, par une superstition ridicule, de consulter les sacrificateurs sur le succès de son plaidoyer, il faut avouer que tout cela ne partait que de la haute opinion qu'il avait de l'éloquence. Mais ce qu'il y avait d'agréable pour ceux qui devaient parler avec lui, c'est qu'il demandait la liberté de plaider aussi longtemps qu'il pouvait être nécessaire, et qu'il ramassait un grand nombre d'auditeurs : car quel plaisir de pouvoir, à la faveur de la haine qu'un autre s'attire, étendre son discours tant que l'on veut, et dans un auditoire assemblé pour lui, et qui se trouve comme à souhait pour vous? Quoi qu'il en soit, Régulus a fort bien fait de mourir, et eût fait encore mieux de mourir plus tôt. Toutefois sa vie aujourd'hui ne pourrait plus alarmer le public, sous un empereur qui ne lui laisserait pas le pouvoir de nuire. Voilà pourquoi il est permis de se souvenir quelquefois de Régulus. Depuis qu'il est mort, la coutume s'est partout établie de ne donner, et même de ne demander qu'une ou deux heures pour plaider, et souvent qu'une demi-heure : car ceux qui parlent aiment mieux avoir plaidé que de plaider, et ceux qui écoutent songent plus à expédier qu'à juger : tant la négligence, la paresse, le mépris des études, et l'indifférence pour les périls auxquels on expose les parties, ont fait de progrès. Quoi donc! sommes-nous plus sages que nos ancêtres, plus justes que les lois, qui accordent tant d'heures, tant de jours, tant de remises? Nos pères étaient sans doute des stupides, ou des esprits pesants; mais nous, qui savons nous expliquer bien plus nettement, comprendre bien plus vite, juger bien plus équitablement, nous expédions les causes en moins d'heures qu'ils n'y employaient de jours. Où êtes-vous, Régulus, vous qui, par vos brigues, obteniez de tous les juges ce que très-peu d'entre eux accordent aux obligations de leurs charges? Pour moi, toutes les fois que je suis juge (ce qui m'arrive plus souvent que d'être avocat), je donne libéralement tout le temps qu'on me demande. Je trouve qu'il y a de la témérité à deviner combien doit durer une cause que l'on n'a point entendue, à prescrire des bornes à l'explication d'une affaire qu'on ne sait pas; et je suis persuadé que la religion d'un bon juge lui fait compter la patience entre ses premiers devoirs, et pour une des plus importantes parties de la justice. Mais on dit beaucoup de choses inutiles. Soit; et ne vaut-il pas mieux les entendre, que de ne pas laisser dire toutes celles qui peuvent être nécessaires? D'ailleurs, par où connaître leur inutilité, quand elles n'ont point encore été dites? Il faut réserver pour nos conversations toutes ces choses, et plusieurs autres semblables vices du temps; car l'amour du bien public vous fait désirer, aussi bien qu'à moi, de voir réformer des usages qu'il serait fort difficile d'abolir tout à fait. Venons maintenant à nos familles. Tout va-t-il bien dans la vôtre? Il n'y a rien de nouveau dans la mienne. Mais, du caractère dont je suis, plus je jouis d'un bien, plus il me devient précieux; plus je souffre une peine, et plus elle me devient légère. Adieu.

lum, nolo enim dicere, desiderare. Cur ergo quaero? Habebat studiis honorem, timebat, pallebat, scribebat : quamvis non posset dediscere illud ipsum, quod oculum modo dextrum, modo sinistrum circumlinebat; dextrum, si a petitore, alterum, si a possessore esset acturus : quod candidum splenium in hoc aut in illud supercilium transferebat : quod semper aruspices consulebat de actionis eventu, anili superstitione, sed tamen et a magno studiorum honore veniebat. Jam illa perquam jucunda una dicentibus, quod libera tempora petebat, quod audituros corrogabat. Quid enim jucundius, quam sub alterius invidia, quamdiu velis, et in alieno auditorio quasi deprehensum commode dicere? Sed utcunque se habent ista, bene fecit Regulus, quod est mortuus; melius, si ante. Nunc enim sane poterat sine malo publico vivere sub eo principe, sub quo nocere non poterat. Ideo fas est, non nunquam eum quaerere. Nam postquam obiit ille, increbuit passim et invaluit consuetudo, binas vel singulas clepsydras, interdum et dimidias, et dandi et petendi. Nam et qui dicunt, egisse malunt quam agere; et qui audiunt, finire quam judicare. Tanta negligentia, tanta desidia, tanta denique irreverentia studiorum periculorumque est. An nos sapientiores majoribus nostris? nos legibus ipsis justiores, quae tot horas, tot dies, tot comperendinationes largiuntur? hebetes illi et supra modum tardi? nos apertius dicimus, celerius intelligimus, religiosius judicamus, qui paucioribus clepsydris praecipitamus caussas, quam diebus explicari solebant? O Regule, qui ambitione ab omnibus obtinebas, quod fidei paucissimi praestant! Equidem quoties judico, quod saepius facio quam dico, quantum quis plurimum postulat aquae do. Etenim temerarium existimo, divinare quam spatiosa sit caussa inaudita, tempusque negotio finire, cujus modum ignores : praesertim quum primam religioni suae judex patientiam debeat, quae pars magna justitiae est. At quaedam supervacua dicuntur. Etiam : sed satius est et haec dici, quam non dici necessaria. Praeterea, an sint supervacua, nisi quum audieris, scire non possis. Sed de his melius coram, ut de pluribus vitiis civitatis. Nam tu quoque in more communi soles emendari cupere, quae jam corrigere difficile est. Nunc respiciamus domos nostras. Ecquid omnia in tua recte? in mea novi nihil. Mihi autem et gratiora sunt bona, quod perseverant; et leviora incommoda, quod adsuevi. Vale.

LETTRE III.

PLINE A VÉRUS.

Je vous rends grâces de la bonté que vous avez de faire valoir la petite terre que j'ai autrefois donnée à ma nourrice. Lorsque je lui en fis don, elle valait cent mille sesterces : ensuite la diminution du revenu en avait diminué le fonds, qui reviendra par vos soins à son premier état. Souvenez-vous surtout que ce ne sont ni les arbres, ni la terre, que je vous recommande (quoiqu'ils entrent aussi dans ma recommandation), mais mon petit présent. Celle qui l'a reçu n'a pas plus d'intérêt qu'il produise beaucoup, que moi qui l'ai donné. Adieu.

LETTRE IV.

PLINE A CALPURNIE.

Jamais je ne me suis tant plaint de mes affaires que lorsqu'elles ne m'ont permis, ni de vous accompagner quand votre santé vous obligea de partir pour la Campanie, ni du moins de vous suivre peu de jours après que vous fûtes partie. C'était principalement dans ce temps que j'eusse désiré le plus d'être avec vous, pour juger par mes yeux si vos forces revenaient, si ce corps délicat se rétablissait, et comment votre tempérament s'accommodait, soit de la solitude, soit des douceurs et de l'abondance de ce séjour. Quand vous seriez dans la meilleure santé, je ne soutiendrais qu'avec chagrin votre absence ; car c'est un état fort triste et fort inquiet, que de passer quelquefois des heures sans savoir des nouvelles de ce qu'on aime le mieux. Mais, absente et malade, vous m'alarmez de plus d'une manière. Il n'est rien que je n'appréhende et que je ne m'imagine ; et selon la coutume de ceux que la crainte a saisis, tout ce qui me fait le plus trembler est ce que j'ai le plus de penchant à croire. C'est pourquoi je vous conjure, avec la dernière instance, de prévenir mon inquiétude par une et même par deux lettres chaque jour. Je me rassurerai du moins tant que je lirai ; mais je retomberai dans mes premières alarmes dès que j'aurai lu. Adieu.

LETTRE V.

PLINE A URSUS.

Je vous avais écrit que l'on avait accordé à Varénus la permission de faire entendre ses témoins. Ce décret a paru juste aux uns, injuste aux autres. Licinius Népos, préteur, a été de ce dernier avis, et il l'a soutenu avec plus d'opiniâtreté que personne. Dans la première assemblée du sénat, tenue depuis, et où il s'agissait de tout autre chose, il a fait un long discours sur ce sujet, et a traité de nouveau la question jugée. Il a même ajouté qu'il fallait prier les consuls de vouloir bien demander au sénat si son intention était qu'à l'avenir on en usât à l'égard du péculat comme à l'égard de la brigue, et que, dans l'une et l'autre accusation, il fût permis à l'accusé, aussi bien qu'à l'accusateur, de produire des témoins. Bien des gens n'ont pas goûté cette remontrance, qu'ils ont trouvée faite à contre-temps et après coup. Ils n'ont pu souffrir que Licinius, ayant laissé passer l'occasion naturelle de s'opposer au décret, revînt blâmer ce qui était fait, et ce qu'il avait pu prévenir. Jubentius Celsus, préteur, n'épargna ni les paroles, ni le ton, pour lui faire sentir qu'il ne lui appartenait pas de s'ériger en réformateur du sénat. Népos répondit ; Celsus répliqua : et ni l'un ni l'autre ne ménagea les injures. Je ne veux pas répéter ce que

III.

C. PLINIUS VERO SUO S.

Gratias ago, quod agellum, quem nutrici meæ donaveram, colendum suscepisti. Erat, quum donarem, centum millium nummum : postea, decrescente reditu, etiam pretium minuit, quod nunc, te curante, reparabit. Tu modo memineris, commendari tibi a me non arbores et terram (quamquam hæc quoque), sed munusculum meum ; quod esse quam fructuosissimum non illius magis interest, quæ accepit, quam mea, qui dedi. Vale.

IV.

C. PLINIUS CALPURNIÆ SUÆ S.

Nunquam sum magis de occupationibus meis questus, quæ me non sunt passæ aut proficiscentem te, valetudinis caussa, in Campaniam prosequi, aut profectam te vestigio subsequi. Nunc enim præcipue simul esse cupiebam, ut oculis meis crederem, quid viribus, quid corpusculo adquireres, ecquid denique secessus voluptates, regionisque abundantiam, inoffensa transmitteres. Equidem etiam fortem te non sine cura desiderarem. Est enim suspensum et anxium de eo, quem ardentissime diligas, interdum nihil scire. Nunc vero me quum absentis, tum infirmitatis tuæ ratio, incerta et varia sollicitudine exterret. Vereor omnia ; imaginor omnia ; quæque natura metuentium est, ea maxime mihi, quæ maxime abominor, fingo. Quo impensius rogo, ut timori meo quotidie singulis, vel etiam binis epistolis consulas. Ero enim securior, dum legam ; statimque timebo, quum legero. Vale.

V.

C. PLINIUS URSO SUO S.

Scripseram tenuisse Varenum, ut sibi evocare testes liceret : quod pluribus æquum, quibusdam iniquum, et quidem pertinaciter, visum ; maxime Licinio Nepoti, qui sequenti senatu, quum de rebus aliis referretur, de proximo senatusconsulto disseruit, finitamque caussam retractavit. Addidit etiam, petendum a consulibus, ut referrent, sub exemplo legis ambitus, de lege repetundarum, an placeret in futurum ad eam legem adjici, ut, sicut accusatoribus inquirendi, testibusque denuntiandi potestas ex ea lege esset, ita reis quoque fieret. Fuerunt quibus hæc ejus oratio, ut sera et intempestiva et præpostera, dis-

je n'ai pu sans chagrin leur ouïr dire. Jugez si je puis approuver la conduite de quelques-uns de nos sénateurs, que le plaisir de les entendre faisait courir tantôt du côté de Celsus, tantôt de celui de Népos, à mesure que l'un ou l'autre parlait; et qui tantôt les irritaient et les animaient, et tantôt semblaient les apaiser et les réconcilier; ou qui enfin réclamaient souvent la protection de Trajan pour l'un ou pour l'autre, et quelquefois pour tous les deux, comme si l'on eût été à un spectacle. Mais ce qui m'a semblé le plus indigne, c'est que l'un était instruit de ce que l'autre avait préparé; car Celsus tenait à la main sa réponse dans une grande feuille, et Népos avait sa réplique écrite sur ses tablettes. L'indiscrétion de leurs amis les a si bien servis, que ces deux hommes, qui se devaient quereller, savaient ce qu'ils se devaient dire comme s'ils se le fussent communiqué. Adieu.

LETTRE VI.

PLINE A FUNDANUS.

Jamais je ne vous ai tant souhaité à Rome que dans l'occasion présente; et vous ne pouvez me faire plus de plaisir que de vous y rendre. J'ai besoin d'un ami qui seconde mes desseins, et qui partage mes fatigues et mes inquiétudes. Jules Nason se met sur les rangs pour demander les dignités. Il a beaucoup de concurrents : il en a d'un mérite qui ne fera pas moins d'obstacle à ses prétentions que d'honneur à ses succès. Je me trouve donc suspendu entre la crainte et l'espérance, et j'oublie que j'ai été consul; car il me semble que je commence à solliciter les charges que j'ai remplies. Nason mérite bien ces sentiments par l'ancienne amitié qu'il a pour moi. Celle que j'ai pour lui n'est pas un bien qu'il ait hérité de son père; car son père et moi, nous étions d'âge trop différent pour avoir pu être amis; mais cependant c'est à son père que cette amitié doit sa naissance. On me le montrait, dans ma plus tendre jeunesse, comme un homme digne de vénération. Il n'aimait pas seulement les lettres, il chérissait ceux qui les cultivaient. On le voyait presque tous les jours venir aux leçons de Quintilien et de Nicètes, alors mes professeurs. C'était d'ailleurs un homme de poids, d'une grande distinction, et tel, que sa mémoire devrait aujourd'hui servir très-utilement son fils. Mais dans le sénat beaucoup de personnes ne l'ont pas connu, et beaucoup d'autres qui l'ont connu ne font cas que des vivants. Nason doit donc, sans trop compter sur la gloire de son père, qui lui donnera plus de lustre que de crédit, mettre tout en usage. Il semble qu'il s'y soit attendu, et qu'il ait prévu cette conjoncture. Il a fait des amis, et il les a cultivés; je suis un de ceux à qui il s'est le plus attaché, et qu'il semble avoir voulu prendre pour modèle, dès qu'il a été en état de pouvoir choisir. Je ne plaide point, qu'il ne coure à l'audience; je ne lis point d'ouvrages en public, qu'il ne soit assis à mes côtés; je n'en compose point, qu'il ne vienne des premiers me demander à les voir. Son frère avait pour moi le même attachement : il a perdu ce frère, et je dois le remplacer. Je regrette celui-là, que la mort nous a enlevé avant le temps; je plains celui-ci, à qui un frère si estimable man-

---

pliceret : quæ omisso contradicendi tempore castigaret peractum, cui potuisset occurrere. Jubentius quidem Celsus prætor, tanquam emendatorem senatus, et multis et vehementer increpuit. Respondit Nepos, rursusque Celsus : neuter contumeliis temperavit. Nolo referre, quæ dici ab ipsis moleste tuli : quo magis quosdam e numero nostro improbavi, qui modo ad Celsum, modo ad Nepotem, prout hic vel ille diceret, cupiditate audiendi cursitabant; et nunc, quasi stimularent et accenderent, nunc, quasi reconciliarent componerentque, frequentius singulis, ambobus interdum, propitium Cæsarem, ut in ludicro aliquo, precabantur. Mihi quidem illud etiam peracerbum fuit, quod sunt alter alteri, quid pararent, indicati. Nam et Celsus Nepoti ex libello respondit, et Celso Nepos ex pugillaribus. Tanta loquacitas amicorum fuit, ut homines jurgaturi id ipsum invicem scirent, tanquam convenissent. Vale.

VI.

C. PLINIUS FUNDANO SUO S.

Si quando, nunc præcipue cuperem esse te Romæ, et sis, rogo. Opus est mihi voti, laboris, sollicitudinis socio. Petit honores Julius Naso : petit cum multis, cum bonis; quos ut gloriosum, sic difficile superare. Pendeo ergo, et exerceor spe, atque adticior metu, et me consularem esse non sentio. Nam rursus mihi videor omnium, quæ decucurri, candidatus. Meretur hanc curam longa mei caritate. Est mihi cum illo non sane paterna amicitia; neque enim potuit esse per meam ætatem : solebat tamen vixdum adolescentulo mihi pater ejus cum magna laude monstrari. Erat non studiorum tantum, verum etiam studiosorum amantissimus : ac prope quotidie ad auditiones, quos tunc ego frequentabam, Quintilianum et Niceten Sacerdotem ventitabat : vir alioqui clarus et gravis, et qui prodesse filio memoria sui debeat. Sed multi nunc in senatu, quibus ignotus ille; multi, quibus notus; sed non nisi viventes reverentur : quo magis huic, omissa gloria patris, in qua magnum ornamentum, gratia infirma, ipsi enitendum et laborandum est. Quod quidem semper, quasi provideret hoc tempus, sedulo fecit; paravit amicos; quos paraverat, coluit : me certe, ut primum sibi judicare permisit, ad amorem imitationemque delegit. Dicenti mihi solicitus adsistit, adsidet recitanti : primus etiam et quum maxime nascentibus opusculis meis interest, nunc solus, ante cum fratre; cujus nuper amissi ego suscipere partes, ego vicem deheo implere. Doleo enim et illum immatura morte indignissime raptum, et hunc optimi fratris adjumento destitutum, solisque amicis relictum. Quibus ex caussis exigo, ut venias, et suffragio meo tuum jungas. Permultum interest mea, te ostentare, tecum circuire. Ea est auctoritas tua.

que au besoin, et qui se voit réduit à ne plus rien attendre que de ses seuls amis. J'exige donc de votre amitié que vous veniez au plus tôt fortifier ma sollicitation de la vôtre. J'ai grand intérêt de vous montrer partout, et d'aller partout avec vous. On a pour vous une telle considération, que je m'imagine que mes prières, si les vôtres les soutiennent, seront plus efficaces auprès de mes amis mêmes. Rompez toutes sortes d'engagements; vous vous devez à moi dans cette conjoncture. La confiance que j'ai en vous, mon crédit qui se trouve commis, vous en sollicitent. Je m'intéresse vivement pour ce magistrat futur, et tout le monde le sait. C'est moi qui poursuis la charge; c'est sur moi que tombe le risque du succès. En un mot, si on accorde à Nason ce qu'il demande, il en aura tout l'honneur; et moi toute la honte, si on le lui refuse. Adieu.

LETTRE VII.

PLINE A CALPURNIE.

Vous me mandez que mon absence vous cause beaucoup d'ennui, que vous ne trouvez de soulagement qu'à lire mes ouvrages, et souvent à les mettre à ma place auprès de vous. Je suis ravi que vous me désiriez si ardemment, et que ces sortes de consolations aient quelque pouvoir sur votre esprit. Pour moi, je lis, je relis vos lettres, et les reprends de temps en temps, comme si c'en était de nouvelles; mais elles ne servent qu'à rendre plus vif le chagrin que j'ai de ne vous point voir; car quelle douceur ne doit-on point trouver dans la conversation d'une personne dont les lettres ont tant de charmes? Ne laissez pas pourtant de m'écrire souvent, quoique cela me fasse une sorte de plaisir qui me tourmente. Adieu.

LETTRE VIII.

PLINE A PRISCUS.

Vous connaissez Attilius Crescens, vous l'aimez : y a-t-il dans Rome quelque personne de considération qui ne le connaisse et qui ne l'aime? Pour moi, je ne l'aime pas comme l'aiment la plupart des autres, mais de tout mon cœur. Les villes dont nous sommes originaires ne sont qu'à une journée l'une de l'autre. Notre amitié a commencé dès nos plus jeunes années, et cette sorte d'amitié est ordinairement la plus vive : le temps et la raison n'ont fait que l'augmenter. Tous ceux qui nous connaissent un peu le savent ; car il se vante partout de ma tendresse pour lui, et je ne laisse ignorer à personne combien son honneur, son repos et sa fortune m'intéressent. Jusquelà qu'un jour qu'il me marquait son inquiétude sur ce qu'un homme, dont il avait lieu de craindre quelque insulte, allait entrer en exercice de la charge de tribun du peuple, je ne pus m'empêcher de lui répondre :

Tant que je jouirai de la clarté du jour,
Jamais sur ces vaisseaux n'appréhendez d'outrages.

Pourquoi tout cela? Pour vous apprendre que, moi vivant, on ne peut offenser Attilius. Vous me direz encore : A quoi bon cela? Valérius Varus lui devait de l'argent, il est mort, et a fait Maxime son héritier. Quoique Maxime soit de mes amis, il est encore plus des vôtres. Je vous conjure donc, et j'exige de vous, au nom de notre amitié, que vous fassiez en sorte qu'Attilius soit entièrement remboursé de tout ce qui lui est dû, en principal et en intérêts échus depuis plusieurs années. C'est un homme très-éloigné d'envier le bien d'autrui; mais il ne néglige pas le sien, et n'exerce aucun emploi lucratif. Sa frugalité fait tout son revenu : car il ne s'attache aux belles-lettres, où il excelle, que pour son

---

ot putem me efficacius tecum etiam meos amicos rogaturum. Abrumpe, si qua te retinent. Hoc tempus meum, hoc fides, hoc etiam dignitas postulat. Suscepi candidatum, et suscepisse me notum est : ego ambio, ego periclitor. In summa, si datur Nasoni quod petit, illius honor; si negatur, mea repulsa est. Vale.

VII.

C. PLINIUS CALPURNIÆ SUÆ S.

Scribis, te absentia mea non mediocriter adfici, unumque habere solatium, quod pro me libellos meos teneas, sæpe etiam in vestigio meo colloces. Gratum est, quod nos requiris, quod his fomentis adquiescis : invicem ego epistolas tuas lectito, atque identidem in manus quasi novas sumo ; sed eo magis ad desiderium tui accendor. Nam cujus litteræ tantum habent suavitatis, hujus sermonibus quantum dulcedinis inest! Tu tamen frequentissime scribe, licet hoc ita me delectet, ut torqueat. Vale.

VIII.

C. PLINIUS PRISCO SUO S.

Attilium Crescentem et nosti et amas. Quis enim illum spectatior paullo aut non novit, aut non amat? Hunc ego non ut multi, sed arctissime diligo. Oppida nostra unius diei itinere dirimuntur : ipsi amare invicem, qui est flagrantissimus amor, adolescentuli cœpimus. Mansit hic postea, nec refrixit judicio, sed invaluit. Sciunt, qui alterutrum nostrum familiarius intuentur. Nam et ille amicitiam meam latissima prædicatione circumfert, et ego præ me fero, quam sit mihi curæ modestia, quies, securitas ejus. Quin etiam quum insolentiam cujusdam tribunatum plebis inituri vereretur, idque accidisset mihi, respondi :

Οὔτις, ἐμεῦ ζῶντος καὶ ἐπὶ χθονὶ δερκομένοιο,
Σοὶ κοίλης παρὰ νηυσὶ βαρείας χεῖρας ἐποίσει.

Quorsum hæc? Ut scias, non posse Attilium, me incolumi, injuriam accipere. Iterum dices, Quorsum hæc? Debuit ei pecuniam Valerius Varus : hujus est heres Maximus noster, quem et ipse amo, sed conjunctius tu. Rogo

plaisir ou pour sa gloire. La plus petite perte lui est d'autant plus onéreuse, qu'il lui est difficile de la réparer. Tirez-nous l'un et l'autre de cet embarras. Ne m'empêchez pas de jouir de la douceur et des agréments de sa conversation; car je ne puis voir mélancolique celui dont la gaieté fait toute la mienne. Enfin, vous connaissez son enjouement; prenez garde, je vous supplie, qu'une injustice ne le change en chagrin et en colère. Par la vivacité de sa tendresse, jugez quelle serait la vivacité de son ressentiment. Une âme aussi grande et aussi noble ne pardonnera pas une injustice qui lui serait si préjudiciable; et s'il pouvait la pardonner, je la regarderais, moi, comme si on me l'avait faite, ou plutôt j'en serais plus indigné que si je l'avais moi-même reçue. Après tout, pourquoi ces plaintes et ces menaces anticipées? Il est bien plus sûr de finir comme j'ai commencé, et de vous supplier de mettre tout en usage pour ne pas donner sujet de croire, ni à lui (ce que je crains plus qu'on ne peut dire) que j'aie négligé ses intérêts, ni à moi que vous ayez négligé les miens. Vous en viendrez à bout, si vous prenez l'un autant à cœur que je prends l'autre. Adieu.

LETTRE IX.

PLINE A TACITE.

Vous me recommandez d'appuyer Jules Nason, qui aspire aux charges. A moi me recommander Nason! c'est comme si vous me recommandiez à moi-même. Je vous excuse pourtant, et vous le pardonne; car je vous eusse fait la même recommandation, si je me fusse trouvé absent de Rome dans un temps où vous y auriez été. C'est le propre de la tendre amitié, de croire tout nécessaire. Je vous conseille de solliciter les autres, et je vous promets de seconder et de soutenir vos recommandations de toutes les miennes. Adieu.

LETTRE X.

PLINE A ALBIN.

J'ai été chez ma belle-mère à sa maison d'Alsium, qui était autrefois à Virginius Rufus. Ce lieu a renouvelé ma douleur, et les regrets que j'ai de la perte d'un grand homme. Il se plaisait dans cette retraite, et il avait coutume de l'appeler l'asile de sa vieillesse. De quelque côté que je me tournasse, mon esprit et mes yeux le cherchaient. J'ai eu envie même de voir son tombeau, et je me suis repenti de l'avoir vu; car il est encore imparfait; et il ne faut pas s'en prendre à l'importance de l'ouvrage, qui est très-peu de chose, ou plutôt qui n'est rien, mais à la négligence de celui à qui le soin en a été confié. J'entre dans une colère mêlée de compassion, quand je vois négliger tout ce qui nous reste d'un homme dont la gloire est répandue par toute la terre; quand je vois ses cendres, dix ans après sa mort, abandonnées, sans inscription et sans honneur. Il avait pourtant pris lui-même la précaution d'ordonner que l'on gravât sur son tombeau ces deux vers, où la plus belle action de sa vie, action véritablement immortelle et divine, est marquée :

Ci-gît qui, de Vindex réprimant l'attentat,
Voulut, non subjuguer, mais affranchir l'État.

Il y a si peu de fond à faire sur les amis, les

ergo, exigo etiam pro jure amicitiæ, cures, ut Attilio meo salva sit non sors modo, sed etiam usura plurium annorum. Homo est alieni abstinentissimus, sui diligens : nullis quæstibus sustinetur, nullus illi, nisi ex frugalitate reditus. Nam studia, quibus plurimum præstat, ad voluptatem tantum et gloriam exercet. Gravis est ei vel minima jactura, quia reparare, quod amiseris, gravius est. Exime hunc illi, exime hunc mihi scrupulum : sine me suavitate ejus, sine leporibus perfrui. Neque enim possum tristem videre, cujus hilaritas me tristem esse non patitur. In summa, nosti facetias hominis, quas velim attendas, ne in bilem et amaritudinem vertat injuria. Quam vim habeat offensus', crede ei, quam in amore habet. Non feret magnum et liberum ingenium cum contumelia damnum. Verum ut ferat ille, ego meum damnum, meam contumeliam vindicabo : sed non tanquam pro mea, hoc est, gravius, irascar. Quamquam quid denuntiationibus et quasi minis ago? Quin potius, ut cœperam, rogo, oro, des operam, ne ille se, quod validissime vereor, a me, ego me neglectum a te putem. Dabis autem, si hoc perinde curæ est tibi, quam illud mihi. Vale.

IX.

C. PLINIUS TACITO SUO S.

Commendas mihi Julium Nasonem candidatum. Nasonem mihi? quid si me ipsum? Fero tamen et ignosco. Eumdem enim commendassem tibi, si, te Romæ morante, ipse abfuissem. Habet hoc solicitudo, quod omnia necessaria putat. Tu tamen, censeo, alios roges; ego precum tuarum minister, adjutor, particeps ero. Vale.

X.

C. PLINIUS ALBINO SUO S.

Quum venissem in socrus meæ villam Alsiensem, quæ aliquando Rufi Verginii fuit, ipse mihi locus optimi illius et maximi viri desiderium non sine dolore renovavit. Hunc enim incolere secessum, atque etiam senectutis suæ nidulum vocare consueverat. Quocumque me contulissem, illum animus; illum oculi requirebant. Libuit etiam monimentum ejus videre, et vidisse pœnituit. Est enim adhuc imperfectum : nec difficultas operis in caussa, modici, ac potius exigui ; sed inertia ejus, cui cura mandata est. Subit indignatio cum miseratione, post decimum mortis annum reliquias, neglectumque cinerem, sine titulo, sine nomine jacere, cujus memoria orbem terrarum gloria pervagetur. At ille mandaverat caveratque, ut divinum illud et immortale factum versibus inscriberetur :

HIC SITUS EST RUFUS, PULSO QUI VINDICE QUONDAM
IMPERIUM ADSERUIT NON SIBI, SED PATRIÆ.

Tam rara in amicitiis fides, tam parata oblivio mortuorum, ut ipsi nobis debeamus etiam conditoria exstruere, omnia-

morts sont sitôt oubliés, que nous devons prendre sur nous le soin de notre tombeau, et prévenir les plus justes devoirs de nos héritiers. Car comment ne pas craindre ce que nous voyons être arrivé à Virginius, dont le mérite ne sert qu'à faire mieux connaître, et l'outrage, et toute son indignité? Adieu.

LETTRE XI.
PLINE A MAXIME.

O jour heureux! le préfet de la ville m'ayant choisi pour un de ses assesseurs, j'ai entendu plaider, l'un contre l'autre, deux jeunes hommes d'une grande espérance, et nés avec des dispositions excellentes, Fuscus Salinator et Numidius Quadratus. On ne peut trop les admirer; et ils ne feront pas seulement honneur à notre siècle, mais aux belles-lettres mêmes. Ils ont l'un et l'autre une probité surprenante, une fermeté judicieuse, un air noble : leur langage est pur, leur voix mâle, leur mémoire sûre; enfin, la délicatesse de leur discernement répond bien à l'étendue de leur esprit. Tout cela m'a causé un véritable plaisir; mais ce qui m'en a fait le plus, c'est qu'ils avaient tous deux les yeux attachés sur moi comme sur leur guide, comme sur leur maître, et que les auditeurs croyaient les voir marcher sur mes traces. O jour heureux! (car je ne puis m'empêcher de le répéter) ô jour que je dois compter entre les plus fortunés de ma vie! Qu'y a-t-il en effet de plus heureux pour le public, que de voir des jeunes gens d'une naissance illustre chercher à se faire une réputation et un nom par les lettres? Qu'y a-t-il de plus heureux pour moi, que de me voir choisi pour modèle par ceux qui veulent se former à la vertu? Mais, pour goûter éternellement cette joie, je prie les dieux, et je vous en prends à témoin, que tous ceux qui m'estimeront assez pour me vouloir suivre puissent me devancer. Adieu.

LETTRE XII.
PLINE A FABATUS, AÏEUL DE SA FEMME.

Vous ne devez pas me recommander avec ménagement ceux que vous jugez dignes de votre protection. Il vous sied aussi bien d'être utile à beaucoup de gens, qu'à moi d'acquitter toutes les obligations dont vous pouvez être chargé. Comptez que je rendrai à Vectius Priscus tous les services dont je serai capable, particulièrement dans ma sphère, c'est-à-dire dans le tribunal des centumvirs. Vous m'ordonnez d'oublier les lettres que vous m'avez, dites-vous, écrites à cœur ouvert; mais il n'en est point dont je conserve le souvenir si précieusement. Je leur dois le plaisir de sentir combien vous m'aimez, lorsque je vois que vous en usez avec moi comme vous aviez coutume de faire avec votre fils. Je ne feindrai pas même de vous avouer qu'elles me flattent d'autant plus, que je n'avais rien à me reprocher : car j'avais exactement satisfait à tout ce que vous m'aviez commandé. Je vous supplie donc et je vous conjure de vouloir bien me traiter avec la même franchise, et de ne m'épargner pas les reproches quand vous me soupçonnerez de vous avoir manqué : je dis quand vous me soupçonnerez, car je ne vous manquerai jamais. En effet, nous en retirerons tous deux la satisfaction de connaître, vous, que je ne les ai pas méritées; moi, qu'ils ne partent que de l'excès de votre tendresse. Adieu.

---

que heredum officia præsumere. Nam cui non est verendum, quod videmus accidisse Verginio? cujus injuriam ut indigniorem, sic etiam notiorem ipsius claritas facit. Vale.

XI.
C. PLINIUS MAXIMO SUO S.

O diem lætum! adhibitus in consilium a præfecto urbis; audivi ex diverso agentes summæ spei, summæ indolis juvenes duos, Fuscum Salinatorem et Numidium Quadratum, egregium par, nec modo temporibus nostris, sed litteris ipsis ornamento futurum. Mira utrique probitas, constantia salva, decorus habitus, os planum, vox virilis, tenax memoria, magnum ingenium, judicium æquale : quæ singula mihi voluptati fuerunt : atque inter hæc illud, quod et ipsi me, ut rectorem, ut magistrum intuebantur, et iis, qui audiebant, me æmulari, meis instare vestigiis videbantur. O diem (repetam enim) lætum, notandumque mihi candidissimo calculo! Quid enim aut publice lætius, quam clarissimos juvenes nomen et famam ex studiis petere, aut mihi optatius, quam me ad recta tendentibus quasi exemplar esse propositum? Quod gaudium ut perpetuo capiam, deos oro : ab iisdem, teste te, peto, ut omnes, qui me imitari tanti putabunt, meliores esse, quam me velint. Vale.

XII.
C. PLINIUS FABATO PROSOCERO SUO S.

Tu vero non debes suspensa manu commendare mihi, quos tuendos putas. Nam et te decet multis prodesse, et me suscipere quidquid ad curam tuam pertinet. Itaque Vectio Prisco quantum plurimum potuero, præstabo, præsertim in arena mea, hoc est, apud Centumviros. Epistolarum, quas mihi, ut ais, aperto pectore scripsisti, oblivisci me jubes : at ego nullarum libentius memini. Ex illis enim vel præcipue sentio, quantopere me diligas, quum sic exegeris mecum, ut solebas cum tuo filio. Nec dissimulo, hoc mihi jucundiores eas fuisse, quod habebam bonam caussam, quum summo studio curassem, quod tu curari volebas. Proinde etiam atque etiam rogo, ut mihi semper eadem simplicitate, quoties cessare videbor (nunquam enim cessabo) convicium facias : quod et ego intelligam a summo amore proficisci, et tu non meruisse me gaudeas. Vale.

LETTRE XIII.

PLINE A URSUS.

Avez-vous jamais vu personne plus persécuté que mon ami Varénus, qui a été obligé de soutenir, et, pour ainsi dire, de demander encore une fois ce qu'il avait déjà obtenu avec beaucoup de peine? Les Bithyniens ont eu l'audace non-seulement de porter aux consuls des plaintes contre le décret du sénat, mais encore d'en parler indignement à l'empereur, qui n'était pas présent quand ce décret fut rendu; et, après avoir été renvoyés au sénat, ils ne se sont pas rebutés. Claude Capiton parla le premier avec plus d'indiscrétion que de fermeté, en homme qui déclamait ouvertement contre un décret du sénat dans le sénat même. Fronto Catius répondit d'une manière sage et judicieuse. Le sénat lui-même s'est admirablement conduit; car ceux qui, avant le décret, avaient été d'avis de refuser à Varénus ce qu'il demandait, ont, après le décret, déclaré dans leurs opinions qu'on ne pouvait pas lui refuser ce qu'il avait obtenu. Ils ont cru que, lorsque l'affaire était indécise, chacun avait pu opiner selon ses lumières; mais qu'après la décision, l'avis qui avait prévalu devait être l'avis de tout le monde. Acilius Rufus seulement, et avec lui sept ou huit autres, si vous voulez que je parle juste, sept autres sont demeurés dans leur premier sentiment. Il y en avait dans ce petit nombre dont la gravité affectée, ou pour mieux dire contrefaite, excitait la risée. Jugez pourtant, par tout ce que nous coûte cette espèce d'escarmouche, quels assauts j'aurai à soutenir dans le véritable combat. Adieu.

LETTRE XIV.

PLINE A MAURICUS.

Vous me priez d'aller à votre maison de Formium. J'irai, à condition que vous ne vous dérangerez point pour moi, condition que je prétends bien être réciproque. Ce ne sont ni vos mers, ni vos rivages; c'est vous, c'est le loisir et la liberté, que je cherche. Sans cela, il vaudrait mieux demeurer à Rome. Il n'y a point de milieu; il faut tout faire, ou à son gré, ou au gré d'autrui. Tel est mon caractère; je ne veux rien à demi: je veux tout un, ou tout autre. Adieu.

LETTRE XV.

PLINE A ROMANUS.

Il est arrivé une fort plaisante chose pendant que nous étions tous deux absents; mais on m'en a fait le conte presque aussitôt. Passiénus Paulus, chevalier romain d'une grande considération, et très-savant, fait des vers élégiaques: il tient cela de famille. Il est du pays de Properce, et même il le compte entre ses ancêtres. Il lisait en public un ouvrage qui commençait par ces mots: *Priscus, vous ordonnez...* A cela, Javolénus Priscus, qui se trouva là présent comme intime ami de Paulus, se presse de répondre: *Moi! je n'ordonne rien.* Imaginez-vous les éclats de rire et les plaisanteries qui suivent. Aussi Javolénus n'a pas l'esprit fort sain. Cependant il remplit les devoirs publics: on le prend pour juge; ce qui rend encore et plus ridicule et plus remarquable ce qu'il fit alors. L'extravagance d'autrui ne laissa pas de répandre du froid sur la lecture de

XIII.

C. PLINIUS URSO SUO S.

Unquamne vidisti quemquam tam laboriosum et exercitum, quam Varenum meum? cui, quod summa contentione impetraverat, defendendum et quasi rursus petendum fuit. Bithyni senatusconsultum apud consules carpere et labefactare sunt ausi, atque etiam absenti principi criminari: ab illo ad senatum remissi, non destiterunt. Egit Claudius Capito irreverenter magis quam constanter, ut qui ipsum senatusconsultum apud senatum accusaret. Respondit Fronto Catius graviter et firme. Senatus ipse mirificus. Nam illi quoque, qui prius negarant Vareno, quæ petebat, eadem danda, postquam erant data, censuerunt. *Singulos enim, integra re, dissentire fas esse; peracta, quod pluribus placuisset, cunctis tuendum.* Acilius tantum Rufus, et cum eo septem an octo? (septem immo) in priore sententia perseverarunt. Erant in hac paucitate nonnulli, quorum temporaria gravitas, vel potius gravitatis imitatio ridebatur. Tu tamen æstima, quantum non in ipsa pugna certaminis maneat, cujus quasi prælusio atque præcursio has contentiones excitavit. Vale

XIV.

C. PLINIUS MAURICO SUO S.

Solicitas me in Formianum. Veniam ea conditione, ne quid contra commodum tuum facias: qua pactione invicem mihi caveo. Neque enim mare et litus, sed te, otium, libertatem sequor: alioqui satius est in urbe remanere. Oportet enim omnia aut ad alienum arbitrium, aut ad suum facere: mei certe stomachi hæc natura est, ut nihil nisi totum et merum velit. Vale.

XV.

C. PLINIUS ROMANO SUO S.

Mirificæ rei non interfuisti: ne ego quidem: sed me recens fabula excepit. Passienus Paullus, splendidus eques romanus, et inprimis eruditus, scribit elegos. Gentilicium hoc illi: est enim municeps Propertii, atque etiam inter majores suos Propertium numerat. Is quum recitaret, ita cœpit dicere, *Prisce, jubes?* Ad hoc Javolenus Priscus (aderat enim, ut Paullo amicissimus) *Ego vero non jubeo.* Cogita, qui risus hominum, qui joci. Est omnino Priscus dubiæ sanitatis: interest tamen officiis, adhibetur consiliis, atque etiam jus civile publice respondet: quo magis, quod tunc fecit et ridiculum et notabile fuit.

Paulus; tant il importe à ceux qui doivent lire des ouvrages en public, non-seulement d'être sensés, mais même de n'y inviter que des personnes qui le soient. Adieu.

LETTRE XVI.

PLINE A TACITE.

Vous me priez de vous apprendre au vrai comment mon oncle est mort, afin que vous en puissiez instruire la postérité. Je vous en remercie : car je conçois que sa mort sera suivie d'une gloire immortelle, si vous lui donnez place dans vos écrits. Quoiqu'il ait péri par une fatalité qui a désolé de très-beaux pays, et que sa perte, causée par un accident mémorable, et qui lui a été commun avec des villes et des peuples entiers, doive éterniser sa mémoire; quoiqu'il ait fait bien des ouvrages qui dureront toujours, je compte pourtant que l'immortalité des vôtres contribuera beaucoup à celle qu'il doit attendre. Pour moi, j'estime heureux ceux à qui les dieux ont accordé le don, ou de faire des choses dignes d'être écrites, ou d'en écrire de dignes d'être lues; et plus heureux encore ceux qu'ils ont favorisés de ce double avantage. Mon oncle tiendra son rang entre les derniers et par vos écrits et par les siens ; et c'est ce qui m'engage à exécuter plus volontiers des ordres que je vous aurais demandés.

Il était à Misène, où il commandait la flotte. Le 23ᵉ d'août, environ une heure après midi, ma mère l'avertit qu'il paraissait un nuage d'une grandeur et d'une figure extraordinaire. Après avoir été quelque temps couché au soleil, selon sa coutume, et avoir pris un bain d'eau froide, il s'était jeté sur un lit, où il étudiait. Il se lève, et monte en un lieu d'où il pouvait aisément observer ce prodige. Il était difficile de discerner de loin de quelle montagne ce nuage sortait. L'événement a découvert depuis que c'était du mont Vésuve. Sa figure approchait de celle d'un arbre, et d'un pin plus que d'aucun autre; car, après s'être élevé fort haut en forme de tronc, il étendait une espèce de branche. Je m'imagine qu'un vent souterrain le poussait d'abord avec impétuosité, et le soutenait. Mais, soit que l'impression diminuât peu à peu, soit que ce nuage fût affaissé par son propre poids, on le voyait se dilater et se répandre. Il paraissait tantôt blanc, tantôt noirâtre, et tantôt de diverses couleurs, selon qu'il était plus chargé ou de cendre ou de terre. Ce prodige surprit mon oncle, qui était très-savant; et il le crut digne d'être examiné de plus près. Il commande que l'on appareille sa frégate légère, et me laisse la liberté de le suivre. Je lui répondis que j'aimais mieux étudier ; et par hasard il m'avait lui-même donné quelque chose à écrire. Il sortait de chez lui, ses tablettes à la main, lorsque les troupes de la flotte qui étaient à Rétines, effrayées par la grandeur du danger (car ce bourg est précisément sur Misène, et on ne s'en pouvait sauver que par la mer), vinrent le conjurer de vouloir bien les garantir d'un si affreux péril. Il ne changea pas de dessein, et poursuivit avec un courage héroïque ce qu'il n'avait d'abord entrepris que par simple curiosité. Il fait venir des galères, monte lui-même dessus, et part dans le dessein de voir quel secours on pouvait donner non-seulement à Rétines, mais à tous les autres bourgs de cette côte, qui sont en grand nombre à cause de sa beauté. Il se presse d'arriver au lieu d'où tout le monde fuit, et où le péril paraissait plus grand ; mais avec une telle liberté d'esprit, qu'à mesure qu'il apercevait quelque mouvement ou quelque figure extraordinaire

Interim Paullo aliena deliratio aliquantum frigoris attulit. Tam solicite recitaturis providendum est, non solum ut sint ipsi sani, verum etiam ut sanos adhibeant. Vale.

XVI.
C. PLINIUS TACITO SUO S.

Petis, ut tibi avunculi mei exitum scribam, quo verius tradere posteris possis. Gratias ago. Nam video, morti ejus, si celebretur a te, immortalem gloriam esse propositam. Quamvis enim pulcherrimarum clade terrarum, ut populi, ut urbes, memorabili casu, quasi semper victurus, occiderit; quamvis ipse plurima opera et mansura condiderit, multum tamen perpetuitati ejus scriptorum tuorum æternitas addet. Equidem beatos puto, quibus deorum munere datum est aut facere scribenda, aut scribere legenda; beatissimos vero, quibus utrumque. Horum in numero avunculus meus et suis libris et tuis erit. Quo libentius suscipio, deposco etiam, quod injungis.

Erat Miseni, classemque imperio præsens regebat. Nonum Kalend. Septembres, hora fere septima, mater mea indicat ei, apparere nubem inusitata et magnitudine et specie. Usus ille sole, mox frigida, gustaverat jacens, studebatque; poscit soleas, adscendit locum, ex quo maxime miraculum illud conspici poterat. Nubes (incertum procul intuentibus, ex quo monte; Vesuvium fuisse postea cognitum est) oriebatur : cujus similitudinem et formam non alia magis arbor, quam pinus expresserit. Nam longissimo velut trunco elata in altum, quibusdam ramis diffundebatur : credo quia recenti spiritu evecta, deinde senescente eo destituta, aut etiam pondere suo victa, in latitudinem vanescebat : candida interdum, interdum sordida et maculosa, prout terram cineremve sustulerat. Magnum propiusque noscendum, ut eruditissimo viro, visum. Jubet Liburnicam aptari : mihi, si venire una vellem, facit copiam. Respondi, studere me malle : et forte ipse, quod scriberem, dederat. Egrediebatur domo, accipit codicillos. Retinæ classiarii imminenti periculo exterriti (nam villa ea subjacebat, nec ulla nisi navibus fuga) ut se tanto discrimini eriperet, orabant. Vertit ille consilium, et quod studioso animo inchoaverat, obit maximo. Deducit quadriremes ; adscendit ipse non Retinæ modo, sed multis (erat enim frequens amœnitas oræ) laturus auxilium. Properat illuc, unde alii fugiunt; rectumque

dans ce prodige, il faisait ses observations et les dictait. Déjà sur ces vaisseaux volait la cendre plus épaisse et plus chaude, à mesure qu'ils approchaient; déjà tombaient autour d'eux des pierres calcinées et des cailloux tout noirs, tout brûlés, tout pulvérisés par la violence du feu; déjà la mer semblait refluer, et le rivage devenir inaccessible par des morceaux entiers de montagnes dont il était couvert; lorsqu'après s'être arrêté quelques moments, incertain s'il retournerait, il dit à son pilote, qui lui conseillait de gagner la pleine mer : *La fortune favorise le courage. Tournez du côté de Pomponianus.* Pomponianus était à Stabie, en un endroit séparé par un petit golfe que forme insensiblement la mer sur ces rivages qui se courbent. Là, à la vue du péril, qui était encore éloigné, mais qui semblait s'approcher toujours, il avait retiré tous ses meubles dans ses vaisseaux, et n'attendait pour s'éloigner qu'un vent moins contraire. Mon oncle, à qui ce même vent avait été très-favorable, l'aborde, le trouve tout tremblant, l'embrasse, le rassure, l'encourage; et pour dissiper, par sa sécurité, la crainte de son ami, il se fait porter au bain. Après s'être baigné, il se met à table, et soupe avec toute sa gaieté, ou (ce qui n'est pas moins grand) avec toutes les apparences de sa gaieté ordinaire. Cependant on voyait luire, de plusieurs endroits du mont Vésuve, de grandes flammes et des embrasements dont les ténèbres augmentaient l'éclat. Mon oncle, pour rassurer ceux qui l'accompagnaient, leur dit que ce qu'ils voyaient brûler, c'étaient des villages que les paysans alarmés avaient abandonnés, et qui étaient demeurés sans secours. Ensuite il se coucha, et dormit d'un profond sommeil; car, comme il était puissant, on l'entendait ronfler de l'antichambre. Mais enfin la cour par où l'on entrait dans son appartement commençait à se remplir si fort de cendres, que, pour peu qu'il eût resté plus longtemps, il ne lui aurait plus été libre de sortir. On l'éveille; il sort, et va rejoindre Pomponianus et les autres qui avaient veillé. Ils tiennent conseil, et délibèrent s'ils se renfermeront dans la maison, ou s'ils tiendront la campagne : car les maisons étaient tellement ébranlées par les fréquents tremblements de terre, que l'on aurait dit qu'elles étaient arrachées de leurs fondements, et jetées tantôt d'un côté, tantôt de l'autre, et puis remises à leurs places. Hors de la ville, la chute des pierres, quoique légères et desséchées par le feu, était à craindre. Entre ces périls, on choisit la rase campagne. Chez ceux de sa suite, une crainte surmonta l'autre : chez lui, la raison la plus forte l'emporta sur la plus faible. Ils sortent donc, et se couvrent la tête d'oreillers attachés avec des mouchoirs; ce fut toute la précaution qu'ils prirent contre ce qui tombait d'en haut. Le jour recommençait ailleurs; mais dans le lieu où ils étaient continuait une nuit la plus sombre et la plus affreuse de toutes les nuits, et qui n'était un peu dissipée que par la lueur d'un grand nombre de flambeaux et d'autres lumières. On trouva bon de s'approcher du rivage, et d'examiner de près ce que la mer permettait de tenter; mais on la trouva encore fort grosse, et fort agitée d'un vent contraire. Là, mon oncle ayant demandé de l'eau et bu deux fois, se coucha sur un drap qu'il fit étendre. Ensuite des flammes qui parurent plus grandes, et une odeur de soufre qui annonçait leur approche, mirent tout le monde en fuite. Il se lève, appuyé sur deux valets, et dans le moment tombe mort. Je m'imagine qu'une fu-

cursum, recta gubernacula in periculum tenet, adeo solutus metu, ut omnes illius mali motus, omnes figuras, ut deprehenderat oculis, dictaret enotaretque. Jam navibus cinis inciderat, quo propius accederet, calidior et densior; jam pumices etiam, nigrique et ambusti et fracti igne lapides : jam vadum subitum, ruinaque montis litora obstantia. Cunctatus paullum, an retro flecteret, mox gubernatori ut ita faceret monenti, *Fortes,* inquit, *fortuna juvat, Pomponianum pete.* Stabiis erat, diremptus sinu medio : nam sensim circumactis curvatisque litoribus mare infunditur. Ibi, quamquam nondum periculo appropinquante, conspicuo tamen, et, quum cresceret, proximo, sarcinas contulerat in naves, certus fugæ, si contrarius ventus resedisset : quo tunc avunculus meus secundissimo invectus complectitur trepidan'em, consolatur, hortatur : utque timorem ejus sua securitate leniret, deferri se in balineum jubet; lotus accubat, cœnat, atque hilaris, aut, quod est æque magnum, similis hilari. Interim e Vesuvio monte pluribus locis latissimæ flammæ altaque incendia relucebant, quorum fulgor et claritas tenebris noctis excitabatur. Ille, agrestium trepidatione igni relictas desertasque villas per solitudinem ardere, in remedium formidinis dictitabat. Tum se quieti dedit, et quievit verissimo quidem somno. Nam meatus animæ, qui illi propter amplitudinem corporis gravior et sonantior erat, ab iis, qui limini obversabantur, audiebatur. Sed area, ex qua diæta adibatur, ita jam cinere, mixtisque pumicibus oppleta surrexerat, ut, si longior in cubiculo mora esset, exitus negaretur. Excitatus procedit, seque Pomponiano, cæterisque, qui pervigilarant, reddit. In commune consultant, intra tecta subsistant, an in aperto vagentur. Nam crebris vastisque tremoribus tecta nutabant, et quasi emota sedibus suis, nunc huc, nunc illuc abire aut referri videbantur. Sub dio rursus, quamquam levium exesorumque pumicum casus metuebatur. Quod tamen periculorum collatio elegit. Et apud illum quidem ratio rationem, apud alios timorem timor vicit. Cervicalia capitibus imposita linteis constringunt. Id munimentum adversus decidentia fuit. Jam dies alibi, illic nox omnibus noctibus nigrior densiorque : quam tamen faces multæ variæque lumina solvebant. Placuit egredi in litus, et e proximo adspicere, ecquid jam mare admitteret; quod adhuc vastum et adversum permanebat. Ibi super abjectum linteum recubans, semel atque iterum frigidam poposcit, hausitque. Deinde flammæ, flammarumque prænuntius odor sulfuris, alios in fugam vertunt, excitant illum. Innixus servis duobus adsurrexit, et statim concidit, ut ego conjecto, crassiore caligine spiritu obstructo, clau-

mée trop épaisse le suffoqua d'autant plus aisément, qu'il avait la poitrine faible, et souvent la respiration embarrassée. Lorsque l'on commença à revoir la lumière (ce qui n'arriva que trois jours après), on retrouva au même endroit son corps entier, couvert de la même robe qu'il portait quand il mourut, et dans la posture plutôt d'un homme qui repose que d'un homme qui est mort. Pendant ce temps, ma mère et moi nous étions à Misène. Mais cela ne regarde plus votre histoire : vous ne voulez être informé que de la mort de mon oncle. Je finis donc, et je n'ajoute plus qu'un mot : c'est que je ne vous ai rien dit, ou que je n'aie vu ou que je n'aie appris, dans ces moments où la vérité de l'action qui vient de se passer n'a pu encore être altérée. C'est à vous de choisir ce qui vous paraîtra plus important. Il y a bien de la différence entre écrire une lettre, ou une histoire; entre écrire pour un ami, ou pour la postérité. Adieu.

LETTRE XVII.

PLINE A RESTITUTUS.

Je ne puis m'empêcher de vous ouvrir mon cœur dans cette lettre, puisque je ne l'ai pu autrement, sur le petit chagrin que j'ai reçu dans une assemblée où un de mes amis m'avait invité. On y lisait un ouvrage excellent. Deux ou trois hommes éloquents, selon eux et selon un fort petit nombre de gens, écoutaient, comme s'ils eussent été sourds et muets: ils ne remuèrent pas les lèvres, ils ne firent point le moindre geste, ne se levèrent pas même pour se délasser d'être assis. Est-ce gravité? est-ce goût? ou plutôt est-ce paresse ou orgueil? Quel travers! et, pour dire encore mieux, quelle folie, de passer tout un jour à offenser un homme chez qui vous n'êtes venu que pour lui témoigner votre estime et votre amitié! Mais vous êtes plus éloquent que lui! Vous devez d'autant moins lui porter envie ; car envier, c'est se reconnaître inférieur. En un mot, soyez ou plus, ou moins, ou aussi habile, vous avez également intérêt à louer celui qui vous surpasse, que vous surpassez, ou qui vous égale : celui qui vous surpasse, puisque vous ne pouvez mériter de louanges, s'il n'en est pas digne; celui que vous surpassez ou qui vous égale, puisque la gloire qui lui revient rehausse nécessairement la vôtre. Pour moi, je ne refuse mon estime ni mon admiration à aucun de ceux qui s'efforcent de se distinguer par les belles-lettres. Je sais combien l'entreprise est difficile, pénible, rebutante; et que ceux qui n'en font point assez de cas n'y réussissent jamais. Peut-être serez-vous d'un autre avis, quoique je ne connaisse personne qui rende plus d'honneur aux lettres et plus de justice aux ouvrages d'autrui ; et c'est pourquoi je vous ai choisi pour vous confier un chagrin que vous voudrez bien partager avec moi. Adieu.

LETTRE XVIII.

PLINE A SABIN.

Vous me priez de plaider la cause des Firmiens; je le ferai, quoique je sois surchargé d'affaires. J'ai trop de passion de mettre au nombre de mes clients une aussi illustre colonie, et de vous rendre un service qui vous est agréable. Comment pourrais-je vous refuser quelque chose,

---

soque stomacho, qui illi natura invalidus et angustus et frequenter interæstuans erat. Ubi dies redditus (is ab eo, quem novissime viderat, tertius) corpus inventum est integrum, illæsum opertumque, ut fuerat indutus): habitus corporis quiescenti, quam defuncto, similior. Interim Miseni ego et mater. Sed nihil ad historiam, nec tu aliud, quam de exitu ejus, scire voluisti. Finem ergo faciam. Unum adjiciam, omnia me, quibus interfueram, quæque statim, quum maxime vera memorantur, audiveram, vere persequutum. Tu potissima excerpes. Aliud est enim epistolam, aliud historiam; aliud amico, aliud omnibus scribere. Vale.

XVII.

C. PLINIUS RESTITUTO SUO S.

Indignatiunculam, quam in cujusdam amici auditorio cepi, non possum mihi temperare, quo minus apud te, quia non contigit coram, per epistolam effundam. Recitabatur liber absolutissimus : hunc duo aut tres, ut sibi et paucis videntur, diserti, surdis mutisque similes audiebant. Non labra diduxerunt, non moverunt manum, non denique adsurrexerunt, saltem lassitudine sedendi. Quæ tanta gravitas? quæ tanta sapientia? quæ immo pigritia, arrogantia, sinisteritas ac potius amentia, in hoc totum diem impendere, ut offendas, ut inimicum relinquas, ad quem tanquam amicissimus veneris? Disertior ipse es? tanto magis ne invideris · nam qui invidet, minor est. Denique, sive plus, sive minus, sive idem præstas, lauda vel inferiorem, vel superiorem, vel parem. Superiorem, quia, nisi laudandus ille est, non potes ipse laudari; inferiorem aut parem, quia pertinet ad tuam gloriam quam maximum videri, quem præcedis vel exæquas. Equidem omnes, qui aliquid in studiis faciunt, venerari etiam mirarique soleo. Est enim res difficilis, ardua, fastidiosa, et quæ eos, a quibus contemnitur, dedignatur. Nisi forte aliud judicas tu : quamquam quis uno te reverentior hujus operis, quis benignior æstimator? Qua ratione ductus, tibi potissimum indignationem meam prodidi, quem habere socium maxime poteram. Vale.

XVIII.

C. PLINIUS SABINO SUO S.

Rogas, ut agam Firmanorum publicam caussam; quod ego, quamquam plurimis occupationibus distentus, adnitar. Cupio enim et ornatissimam coloniam advocationis officio, et te gratissimo tibi munere obstringere. Nam quum familiaritatem nostram, ut soles prædicare, ad præsidium ornamentumque tibi sumpseris, nihil est, quod negare debeam, præsertim pro patria petenti. Quid enim precibus aut honestius piis aut efficacius amantis? Proinde

surtout quand vous demandez pour votre patrie, vous qui (si l'on vous en veut croire) avez recherché dans mon amitié de l'honneur et de l'appui tout ensemble? Qu'y-a-t-il de plus honnête que les prières d'un bon citoyen, et de plus fort que celles d'un bon ami? Vous pouvez donc m'engager à vos Firmiens, ou plutôt aux nôtres. Quand la considération où est leur ville ne me les ferait pas juger dignes de mon attachement et de mes soins, je ne pourrais me défendre d'avoir une très-haute estime pour des gens à qui un homme si estimable doit sa naissance et son éducation. Adieu.

LETTRE XIX.

PLINE A NÉPOS.

Savez-vous que les terres ont augmenté de prix, particulièrement aux environs de Rome? La cause de cette augmentation subite est un désordre dont on a souvent parlé, et qui, dans la dernière assemblée pour l'élection des magistrats, donna lieu à un règlement qui fait grand honneur au sénat. *Il défend à ceux qui demandent des charges de donner des repas, d'envoyer des présents, de consigner de l'argent.* De ces abus, les deux premiers étaient venus à un excès que l'on ne prenait pas même la peine de déguiser; l'autre se cachait un peu plus, mais n'était pas moins connu. Homullus, notre ami, profitant de cette disposition du sénat, quand son tour d'opiner fut venu, supplia les consuls de vouloir bien informer l'empereur de ce que tout le monde souhaitait, et d'en obtenir qu'il remédiât à ces maux, comme il avait remédié aux autres. Il y a pourvu; son édit réprime les dépenses et les brigues honteuses. Il veut que ceux qui aspirent aux dignités aient au moins le tiers de leur bien en fonds de terre. Il a cru qu'il était indécent, comme il

l'est en effet, que ceux qui demandent les magistratures à Rome ne regardent Rome et l'Italie que comme un lieu de passage, ou plutôt que comme une hôtellerie où l'on se retire sur la route. C'est donc un concours général de ceux qui songent aux charges. Ils achètent tout ce qu'ils apprennent être à vendre; et, par l'empressement qu'ils ont d'acheter, ils donnent envie de vendre à ceux qui n'y songeaient pas. C'est pourquoi, si vous êtes degoûté des terres que vous avez en Italie, voici la saison de vous en défaire avantageusement, et d'en avoir à bon marché dans les autres provinces, où nos magistrats futurs vendent pour acheter ici. Adieu.

LETTRE XX.

PLINE A TACITE.

La lettre que je vous ai écrite sur la mort de mon oncle, dont vous aviez voulu être instruit, vous a, dites-vous, donné beaucoup d'envie de savoir quelles alarmes et quels dangers j'essuyai à Misène, où j'étais resté; car c'est là que j'ai quitté mon histoire.

Quoiqu'au seul souvenir je sois saisi d'horreur,
Je commence......

Après que mon oncle fut parti, je continuai l'étude qui m'avait empêché de le suivre. Je pris le bain, je soupai, je me couchai, et dormis peu, et d'un sommeil fort interrompu. Pendant plusieurs jours, un tremblement de terre s'était fait sentir, et nous avait d'autant moins étonnés, que les bourgades et même les villes de la Campanie y sont fort sujettes. Il redoubla pendant cette nuit avec tant de violence, qu'on eût dit que tout était, non pas agité, mais renversé. Ma mère entra brusquement dans ma chambre, et trouva que je me levais, dans le dessein de l'éveiller,

---

Firmanis tuis, ac jam potius nostris, obliga fidem meam; quos labore et studio meo dignos quum splendor ipsorum, tum hoc maxime pollicetur, quod credibile est optimos esse, inter quos tu talis exstiteris. Vale.

XIX.

C. PLINIUS NEPOTI SUO S.

Scis tu accessisse pretium agris, præcipue suburbanis? Caussa subitæ caritatis, res multis agitata sermonibus, proximis comitiis honestissimas voces senatui expressit: CANDIDATI NE CONVIVENTUR, NE MITTANT MUNERA, NE PECUNIAS DEPONANT. Ex quibus duo priora tam aperte, quam immodice fiebant: hoc tertium, quanquam occultaretur, pro comperto habebatur. Homullus deinde noster, usus vigilanter hoc consensu senatus, sententiæ loco postulavit, ut consules desiderium universorum notum principi facerent, peterentque, sicut aliis vitiis, huic quoque providentia sua occurreret. Occurrit. Nam sumptus candidatorum, fœdos illos et infames, ambitus lege restrinxit : eosdem patrimonii tertiam partem conferre jussit in ea, quæ solo continerentur, deforme arbitratus, ut erat, honorem petituros urbem Italiamque, non pro patria, sed pro hospitio aut stabulo quasi peregrinantes habere. Concursant ergo candidati certatim : quidquid venale audiunt, emptitant; ut sint quoque plura venalia, efficiunt. Proinde, si pœnitet te italicorum prædiorum, hoc vendendi tempus tam hercule, quam in provinciis comparandi : dum iidem candidati illic vendunt, ut hic emant. Vale.

XX.

C. PLINIUS CORNELIO TACITO SUO S.

Ais, te adductum litteris, quas exigenti tibi de morte avunculi mei scripsi, cupere cognoscere, quos ego Miseni relictus (id enim ingressus abruperam) non solum metus, verum etiam casus pertulerim.

Quamquam animus meminisse horret,....
Incipiam.

Profecto avunculo, ipse reliquum tempus studiis (ideo enim remanseram) impendi: mox balineum, cœna, somnus inquietus et brevis. Præcesserat per multos dies tremor terræ minus formidolosus, quia Campaniæ solitus : illa vero nocte ita invaluit, ut non moveri omnia, sed everti crederentur. Irrumpit cubiculum meum mater: surgebam,

si elle eût été endormie. Nous nous asseyons dans la cour, qui ne sépare le bâtiment d'avec la mer que par un fort petit espace. Comme je n'avais que dix-huit ans, je ne sais si je dois appeler fermeté ou imprudence ce que je fis : je demandai Tite-Live ; je me mis à le lire, et je continuai à l'extraire, ainsi que j'aurais pu faire dans le plus grand calme. Un ami de mon oncle survint ; il était nouvellement arrivé d'Espagne pour le voir. Dès qu'il nous aperçoit, ma mère et moi, assis, moi un livre à la main, il nous reproche, à elle sa tranquillité, à moi ma confiance. Je n'en levai pas les yeux de dessus mon livre. Il était déjà sept heures du matin, et il ne paraissait encore qu'une lumière faible, comme une espèce de crépuscule. Alors les bâtiments furent ébranlés avec de si fortes secousses, qu'il n'y eut plus de sûreté à demeurer dans un lieu à la vérité découvert, mais fort étroit. Nous prenons le parti de quitter la ville : le peuple épouvanté nous suit en foule, nous presse, nous pousse ; et ce qui, dans la frayeur, tient lieu de prudence, chacun ne croit rien de plus sûr que ce qu'il voit faire aux autres. Après que nous fûmes sortis de la ville, nous nous arrêtons ; et là, nouveaux prodiges, nouvelles frayeurs. Les voitures que nous avions emmenées avec nous étaient à tout moment si agitées, quoiqu'en pleine campagne, qu'on ne pouvait même, en les appuyant avec de grosses pierres, les arrêter en une place. La mer semblait se renverser sur elle-même, et être comme chassée du rivage par l'ébranlement de la terre. Le rivage en effet était devenu plus spacieux, et se trouvait rempli de différents poissons demeurés à sec sur le sable. A l'opposite, une nue noire et horrible, crevée par des feux qui s'élançaient en serpentant, s'ouvrait, et laissait échapper de longues fusées semblables à des éclairs, mais qui étaient beaucoup plus grandes. Alors l'ami dont je viens de parler revint une seconde fois, et plus vivement, à la charge. *Si votre frère, si votre oncle est vivant*, nous dit-il, *il souhaite sans doute que vous vous sauviez ; et s'il est mort, il a souhaité que vous lui surviviez. Qu'attendez-vous donc ? Pourquoi ne vous sauvez-vous pas ?* Nous lui répondîmes *que nous ne pouvions songer à notre sûreté, pendant que nous étions incertains du sort de mon oncle*. L'Espagnol part sans tarder davantage, et cherche son salut dans une fuite précipitée. Presque aussitôt la nue tombe à terre, et couvre les mers ; elle dérobait à nos yeux l'île de Caprée, qu'elle enveloppait, et nous faisait perdre de vue le promontoire de Misène. Ma mère me conjure, me presse, m'ordonne de *me sauver, de quelque manière que ce soit ; elle me remontre que cela est facile à mon âge ; et que pour elle, chargée d'années et d'embonpoint, elle ne le pouvait faire ; qu'elle mourrait contente, si elle n'était point cause de ma mort*. Je lui déclare qu'il n'y avait point de salut pour moi qu'avec elle ; je lui prends la main, et je la force de m'accompagner : elle le fait avec peine, et se reproche de me retarder. La cendre commençait à tomber sur nous, quoiqu'en petite quantité. Je tourne la tête, et j'aperçois derrière nous une épaisse fumée qui nous suivait, en se répandant sur la terre comme un torrent. *Pendant que nous voyons encore, quittons le grand chemin*, dis-je à ma mère, *de peur qu'en le suivant, la foule de ceux qui marchent sur nos pas ne nous étouffe dans les ténèbres*. A peine étions-nous écartés, qu'elles augmentèrent de telle sorte, qu'on eût cru être, non pas dans une de ces nuits noires et sans lune, mais dans une chambre où toutes les lumières auraient été éteintes. Vous n'eussiez entendu que plaintes de

---

invicem si quiesceret, excitaturus. Residimus in area domus, quæ mare a tectis modico spatio dividebat. Dubito constantiam vocare an imprudentiam debeam : agebam enim duodevicesimum annum. Posco librum Titi Livii, et quasi per otium lego, atque etiam, ut cœperam, excerpo. Ecce, amicus avunculi, qui nuper ad eum ex Hispania venerat, ut me et matrem sedentes, me vero etiam legentem videt, illius patientiam, securitatem meam corripit : nihilo segnius ego intentus in librum. Jam hora diei prima, et adhuc dubius et quasi languidus dies : jam quassatis circumjacentibus tectis, quamquam in aperto loco, angusto tamen, magnus et certus ruinæ metus. Tum demum excedere oppido visum. Sequitur vulgus attonitum, quodque in pavore simile prudentiæ, alienum consilium suo præfert, ingentique agmine abeuntes premit et impellit. Egressi tecta consistimus. Multa tibi miranda, multas formidines patimur. Nam vehicula, quæ produci jusseramus, quamquam in planissimo campo, in contrarias partes agebantur, ac ne lapidibus quidem fulta, in eodem vestigio quiescebant. Præterea mare in se resorberi, et tremore terræ quasi repelli videbatur. Certe processerat litus, multaque animalia maris in siccis arenis detinebat. Ab altero latere nubes atra et horrenda ignei spiritus tortis vibratisque discursibus rupta, in longas flammarum figuras dehiscebat : fulgoribus illæ et similes et majores erant. Tum vero ille idem ex Hispania amicus, acrius et instantius, *Si frater*, inquit, *tuus, si tuus avunculus vivit, vult esse vos salvos : si periit, superstites voluit : proinde quid cessatis evadere ?* Respondimus, non commissuros, ut de salute ejus incerti, nostræ consuleremus. Non moratus ultra, proripit se, effusoque cursu periculo aufertur : nec multo post illa nubes descendere in terras, operire maria. Cinxerat Capreas et absconderat : Miseni quod procurrit, abstulerat. Tum mater orare, hortari, jubere, quoquo modo fugerem ; posse enim juvenem : se et annis et corpore gravem bene morituram, si mihi caussa mortis non fuisset. Ego contra, salvum me, nisi una, non futurum : deinde manum ejus amplexus, addere gradum cogo : paret ægre, incusatque se, quod me moretur. Jam cinis, adhuc tamen rarus : respicio ; densa caligo tergis imminebat, quæ nos, torrentis modo infusa terræ, sequebatur. *Deflectamus*, inquam, *dum videmus, ne in via strati, comitantium turba in tenebris obteramur.* Vix consederamus, et nos,

femmes, que gémissements d'enfants, que cris d'hommes. L'un appelait son père, l'autre son fils, l'autre sa femme; ils ne se reconnaissent qu'à la voix. Celui-là déplorait son malheur, celui-ci le sort de ses proches. Il s'en trouvait à qui la crainte de la mort faisait invoquer la mort même. Plusieurs imploraient le secours des dieux ; plusieurs croyaient qu'il n'y en avait plus, et comptaient que cette nuit était la dernière et l'éternelle nuit, dans laquelle le monde devait être enseveli. On ne manquait pas même de gens qui augmentaient la crainte raisonnable et juste, par des terreurs imaginaires et chimériques. Ils disaient qu'à Misène ceci était tombé, que cela brûlait ; et la frayeur donnait du poids à leurs mensonges. Il parut une lueur qui nous annonçait, non le retour du jour, mais l'approche du feu qui nous menaçait ; il s'arrêta pourtant loin de nous. L'obscurité revient, et la pluie de cendres recommence, et plus forte et plus épaisse. Nous étions réduits à nous lever de temps en temps, pour secouer nos habits ; et, sans cela, elle nous eût accablés et engloutis. Je pourrais me vanter qu'au milieu de si affreux dangers, il ne m'échappa ni plainte, ni faiblesse ; mais j'étais soutenu par cette consolation peu raisonnable, quoique naturelle à l'homme, de croire que tout l'univers périssait avec moi. Enfin, cette épaisse et noire vapeur se dissipa peu à peu, et se perdit tout à fait, comme une fumée ou comme un nuage. Bientôt après parut le jour, et le soleil même, jaunâtre pourtant, et tel qu'il a coutume de luire dans une éclipse. Tout se montrait changé à nos yeux, troublés encore ; et nous ne trouvions rien qui ne fût caché sous des monceaux de cendre, comme sous de la neige. On retourne à Misène. Chacun s'y rétablit de son mieux : et nous y passons une nuit entre la crainte et l'espérance, mais où la crainte eut la meilleure part ; car le tremblement de terre continuait. On ne voyait que gens effrayés, entretenir leur crainte et celle des autres par de sinistres prédictions. Il ne nous vint pourtant aucune pensée de nous retirer, jusqu'à ce que nous eussions eu des nouvelles de mon oncle, quoique nous fussions encore dans l'attente d'un péril si effroyable, et que nous avions vu de si près. Vous ne lirez pas ceci pour l'écrire, car il ne mérite pas d'entrer dans votre histoire ; et vous n'imputerez qu'à vous-même, qui l'avez exigé, si vous n'y trouvez rien qui soit digne même d'une lettre. Adieu.

LETTRE XXI.

PLINE A CANINIUS.

J'admire les anciens ; mais je ne suis pas de ceux qui méprisent les modernes. Je ne puis croire que la nature, épuisée et devenue stérile, ne produise plus rien de bon. J'ai donc été entendre Virginius Romanus, qui a lu à une petite troupe d'amis choisis une comédie qu'il a faite sur le modèle de l'ancienne ; mais une comédie si achevée, qu'elle pourra quelque jour servir elle-même de modèle. Je ne sais si vous le connaissez, quoique vous deviez bien le connaître. Il est homme distingué par la pureté de ses mœurs, par la politesse de son esprit, par la variété de ses ouvrages. Il s'est amusé à composer de petites pièces comiques, en vers ïambes, et qui ont tant de légèreté, de finesse, de naïveté, qu'on peut dire qu'elles sont très-éloquemment écrites dans leur genre ; car il n'est point de genre qui, porté à un certain degré

---

non quasi illunis aut nubila, sed qualis in locis clausis lumine exstincto : audires ululatus feminarum, infantium quiritatus, clamores virorum : alii parentes, alii liberos, alii conjuges vocibus requirebant, vocibus noscitabant : hi suum casum, illi suorum miserebantur : erant qui metu mortis mortem precarentur. Multi ad deos manus tollere : plures, nusquam jam deos ullos, æternamque illam et novissimam noctem mundo interpretabantur. Nec defuerunt, qui fictis mentitisque terroribus vera pericula augerent. Aderant, qui Miseni fuisse, illud ruisse, illud ardere, falso, sed credentibus nuntiabant. Paullum reluxit ; quod non dies nobis, sed adventantis ignis indicium videbatur ; et ignis quidem longius substitit : tenebræ rursus, cinis rursus multus et gravis. Hunc identidem adsurgentes excutiebamus : operti alioqui, atque etiam oblisi pondere essemus. Possem gloriari, non gemitum mihi, non vocem parum fortem in tantis periculis excidisse, nisi me cum omnibus, omnia mecum perire, misero, magno tamen mortalitatis solatio credidissem. Tandem illa caligo tenuata quasi in fumum nebulamve decessit : mox dies vere, sol etiam effulsit, luridus tamen, qualis esse, quum deficit, solet. Occursabant trepidantibus adhuc oculis mutata omnia, altoque cinere, tanquam nive, obducta. Regressi Misenum, curatis utcunque corporibus, suspensam du-

biamque noctem spe ac metu exegimus : metus prævalebat. Nam et tremor terræ perseverabat, et plerique lymphati terrificis vaticinationibus et sua et aliena mala ludificabantur. Nobis tamen ne tunc quidem, quamquam et expertis periculum, et exspectantibus, abeundi consilium, donec de avunculo nuntius. Hæc, nequaquam historia digna, non scripturus leges, et tibi, scilicet qui requisisti, imputabis, si digna ne epistola quidem videbuntur. Vale.

XXI.

C. PLINIUS CANINIO SUO S.

Sum ex iis, qui mirer antiquos : non tamen, ut quidam, temporum nostrorum ingenia despicio. Neque enim quasi lassa et effœta natura, ut nihil jam laudabile pariat. Atque adeo nuper audii Verginium Romanum paucis legentem comœdiam, ad exemplar veteris comœdiæ scriptam, tam bene, ut esse quandoque possit exemplar. Nescio, an noris hominem, quamquam nosse debes. Est enim probitate morum, ingenii elegantia, operum varietate monstrabilis. Scripsit mimiïambos tenuiter, argute, venuste, atque in hoc genere eloquentissime. Nullum est enim genus, quod absolutum non possit elo-

de perfection, ne soit susceptible d'une grande éloquence. Il a écrit dans le goût de Ménandre et des autres poëtes de ce temps-là. Vous donnerez place à ses pièces entre celles de Térence et de Plaute. C'est ici la première fois qu'il a pris l'air et le style de l'ancienne comédie; mais on ne devinerait point que ce fût un coup d'essai. Force, grandeur, délicatesse, sel, douceur, grâce, rien ne lui manque. Il fait valoir la vertu et décrie le vice. Il est heureux dans le choix des noms qu'il invente, et il emploie fort à propos les noms véritables. Il ne pèche qu'en ce qui me regarde, et par un excès de prévention en ma faveur; mais il est permis aux poëtes de mentir. En un mot, je lui arracherai sa pièce, et je vous l'enverrai pour la lire, ou plutôt pour l'apprendre; car je suis sûr que vous ne pourrez plus la quitter, si vous la lisez une fois. Adieu.

LETTRE XXII.

PLINE A TIRON.

Il vient de se passer une chose qui intéresse infiniment et ceux qui sont destinés au gouvernement des provinces, et ceux qui se livrent trop aveuglément à leurs amis. Lustricus Bruttianus ayant trouvé Montanus Atticinus, son lieutenant, chargé de plusieurs crimes, en a informé l'empereur. Atticinus renchérit sur tout ce qu'il avait fait, et accuse l'ami que lui-même il avait trompé. Le procès a été instruit; j'ai été des juges : l'un et l'autre ont plaidé leur cause, mais d'une manière aussi serrée qu'on a coutume de le faire dans une récapitulation ; et c'est le moyen le plus court de découvrir la vérité. Bruttianus représenta son testament, qu'il disait écrit de la main d'Atticinus. Rien ne pouvait mieux prouver et l'étroite liaison qui était entre eux, et la nécessité qui forçait Bruttianus de se plaindre d'un homme qu'il avait tant aimé. Bruttianus exposa les chefs de cette accusation, qui parurent également honteux et certains. Atticinus, après d'inutiles efforts, se retira sans avoir pu se laver; on le regarda comme un infâme pendant qu'il se défendit, et comme un scélérat pendant qu'il accusa. Il avait corrompu l'esclave du secrétaire de Bruttianus; et après avoir, par cet artifice, surpris et altéré les registres, il osait bien porter sa lâcheté jusqu'à se servir contre son ami d'un crime que lui-même avait commis. On ne peut rien imaginer de plus sage que ce que fit l'empereur. Sans daigner rien prononcer pour absoudre Bruttianus, il passa tout d'un coup à Atticinus, le condamna, et le relégua dans une île. Bruttianus en est sorti couvert de gloire, non-seulement pour son intégrité, à laquelle on a fait justice, mais encore pour sa fermeté : car après s'être justifié en très-peu de mots, il a vivement soutenu l'accusation qu'il avait intentée; et, en montrant beaucoup de force, il a fait voir sa franchise et sa bonté. Je vous écris tout ceci pour vous avertir que, dans le gouvernement où vous êtes appelé, vous preniez sur vous le plus que vous pourrez, et que vous ne comptiez pas trop sur personne; et encore pour vous apprendre que, s'il arrive qu'on vous trompe (ce que je prie les dieux d'empêcher), vous avez ici une vengeance prête, dont vous devez pourtant éviter, avec la dernière attention, d'avoir besoin: car, après tout, il y a encore moins de douceur à être vengé, que de chagrin à être trompé. Adieu.

---

quentissimum dici. Scripsit comœdias, Menandrum aliosque ætatis ejusdem æmulatus. Licet has inter Plautinas, Terentianasque numeres. Nunc primum se in vetere comœdia, sed non tanquam inciperet, ostendit. Non illi vis, non granditas, non subtilitas, non amaritudo, non dulcedo, non lepos defuit. Ornavit virtutes, insectatus est vitia, fictis nominibus decenter, veris usus est apte. Circa me tantum benignitate nimia modum excessit; nisi quod tamen poetis mentiri licet. In summa, extorquebo ei librum, legendumque, immo ediscendum, mittam tibi. Neque enim dubito futurum, ut non deponas, si semel sumpseris. Vale.

XXII.

C. PLINIUS TIRONI SUO S.

Magna res acta est omnium, qui sunt provinciis præfuturi, magna omnium, qui se simpliciter credunt amicis. Lustricus Bruttianus quum Montanum Atticinum, comitem suum, in multis flagitiis deprehendisset, Cæsari scripsit. Atticinus flagitiis addidit, ut, quem deceperat, accusaret. Recepta cognitio est : fui in consilio : egit uterque pro se; egit autem carptim, et κατὰ κεφάλαια, quo genere veritas statim ostenditur. Protulit Bruttianus testamentum suum, quod Atticini manu scriptum esse dicebat. Hoc enim et arcana familiaritas, et querendi de eo, quem sic amasset, necessitas indicabatur. Enumeravit crimina fœda manifestaque. Ille, quum diluere non posset, ita regessit, ut, dum defenditur, turpis, dum accusat, sceleratus probaretur. Corrupto enim scribæ servo, interceperat commentarios, interciderat que, ac per summum nefas utebatur adversus amicum crimine suo. Fecit pulcherrime Cæsar. Non enim de Bruttiano, sed statim de Atticino perrogavit. Damnatus et in insulam relegatus : Bruttiano justissimum integritatis testimonium redditum, quem quidem etiam constantiæ gloria secuta est. Nam defensus expeditissime, accusavit vehementer; nec minus acer, quam bonus et sincerus apparuit. Quod tibi scripsi, ut te sortitum provinciam præmonerem, plurimum tibi credas, nec cuiquam satis fidas : deinde scias, si quis forte te, quod abominor, fallat, paratam ultionem : qua tamen ne sit opus, etiam atque etiam attende. Neque enim tam jucundum est vindicare, quam decipi miserum. Vale.

LETTRE XXIII.

PLINE A TRIARIUS.

Vous me priez, avec les dernières instances, de me charger d'une cause où vous prenez grand intérêt, et qui d'ailleurs est belle et célèbre. Je m'en chargerai; mais il vous en coûtera quelque chose. Quoi! direz-vous, se peut-il que Pline.... Oui, cela se peut. Vous demandez quelle en peut être la raison? C'est que j'ai à vous demander une récompense, qui me fera plus d'honneur qu'une plaidoirie gratuite. Je fais donc mon marché : j'exige de vous que Ruson plaide avec moi; c'est ma coutume. J'en ai déjà usé de même pour plusieurs de nos jeunes gens de condition. J'ai une passion extrême de pousser au barreau ceux qui s'y veulent avancer, et de commencer leur réputation. Si j'ai jamais dû ce service à quelqu'un, c'est plus à mon cher Ruson qu'à un autre. Sa naissance, et son attachement pour moi, veulent que je regarde comme un grand avantage de le faire paraître dans les mêmes occasions où je parais, de le faire plaider les mêmes causes que je plaide. Obligez-moi de bonne grâce; hâtez-vous de m'obliger avant qu'il plaide; car dès qu'il aura plaidé, vous ne pourrez plus que me remercier. Je vous garantis qu'il répondra parfaitement à vos désirs, à ma confiance, et à la grandeur de la cause. Il a de merveilleux talents; et dès que je l'aurai produit, il sera bientôt lui-même en état de produire les autres : car il ne faut pas s'attendre, quelque excellent que soit le génie d'un homme, qu'il puisse se tirer de la foule et se distinguer, s'il manque d'occasion, de matière, ou de patron. Adieu.

LETTRE XXIV.

PLINE A MACER.

Que la différence des personnes en met dans les actions! La même action est obscure ou illustre, selon qu'elle part d'une personne illustre ou obscure. Je me promenais dernièrement, sur le lac de Côme, avec un vieillard de mes amis. Il me montra une maison, et même une chambre, qui s'avance sur le lac. *De là*, me dit-il, *une femme de nos compatriotes se précipita autrefois avec son mari*. J'en demandai le sujet. Depuis longtemps le mari souffrait beaucoup, par des ulcères dans ces endroits que la pudeur oblige de cacher. Elle l'engagea de permettre qu'elle examinât son mal, l'assura que personne ne lui dirait plus sincèrement qu'elle s'il devait espérer de guérir. Elle ne l'eut pas plutôt vu, qu'elle en désespéra. Elle l'exhorte à se donner la mort; elle s'offre de l'accompagner, lui montre le chemin et l'exemple, et le met dans la nécessité de la suivre : car, après s'être étroitement liée avec lui, elle se jeta et l'entraîna dans le lac. C'est ce que je ne viens que d'apprendre, moi qui suis de la ville : non que cette action soit moins illustre que celle qu'on a tant vantée dans Arria, mais parce qu'Arria elle-même est plus illustre que cette femme. Adieu.

LETTRE XXV.

PLINE A HISPANUS.

Vous me mandez que Robustus, chevalier romain de distinction, a été jusqu'à Ocriculum, en la compagnie d'Attilius Scaurus, mon ami, et que depuis on n'a plus revu Robustus. Vous me priez de faire venir ici Scaurus, pour tirer de lui des éclaircissements qui puissent remettre sur

---

XXIII.
C. PLINIUS TRIARIO SUO S.

Impense petis, ut agam caussam pertinentem ad curam tuam, pulchram alioquin et famosam. Faciam, sed non gratis. *Qui fieri potest*, inquis, *ut non gratis tu?* potest. Exigam enim mercedem honestiorem gratuito patrocinio : peto, atque etiam paciscor, ut simul agat Cremutius Ruso. Solitum hoc mihi, et jam in pluribus claris adolescentibus factitatum : nam mire concupisco bonos juvenes ostendere foro, assignare famæ. Quod si cui, præstare Rusoni meo debeo, vel propter natales ipsius, vel propter eximiam mei caritatem : quem magni æstimo in iisdem judiciis, ex iisdem etiam partibus, conspici, audiri. Obliga me : obliga antequam dicat; nam quum dixerit, gratias ages. Spondeo, sollicitudini tuæ, spei meæ, magnitudini caussæ suffecturum. Est indolis optimæ, brevi producturus alios, si interim provectus fuerit a nobis. Neque enim cuiquam tam clarum statim ingenium est, ut possit emergere, nisi illi materia, occasio, fautor etiam commendatorque contingat. Vale.

XXIV.
C. PLINIUS MACRO SUO S.

Quam multum interest, quid a quo fiat! Eadem enim facta claritate vel obscuritate facientium aut tolluntur altissime, aut humillime deprimuntur. Navigabam per Larium nostrum, quum senior amicus ostendit mihi villam, atque etiam cubiculum, quod in lacum prominet. *Ex hoc*, inquit, *aliquando municeps nostra cum marito se præcipitavit*. Caussam requisivi. *Maritus ex diutino morbo circa velanda corporis ulceribus putrescebat : uxor, ut inspiceret, exegit : neque enim quemquam fidelius indicaturum, possetne sanari. Vidit, desperavit : hortata est, ut moreretur, comesque ipsa mortis, dux immo, et exemplum, et necessitas fuit. Nam se cum marito ligavit, abjecitque in lacum.* Quod factum ne mihi quidem, qui municeps, nisi proxime auditum est; non quia minus illo clarissimo Arriæ facto, sed quia minor est ipsa. Vale.

XXV.
C. PLINIUS HISPANO SUO S.

Scribis, Robustum, splendidum equitem romanum,

les voies. Je le ferai venir; mais je crains fort que ce ne soit inutilement. J'appréhende que Robustus n'ait eu la même aventure qui arriva à Métilius Crispus, mon compatriote. Je lui avais obtenu de l'emploi dans l'armée; je lui avais même donné à son départ quarante mille sesterces, pour se monter et s'équiper; et je n'ai reçu depuis aucune nouvelle, ni de lui, ni de ce qu'il est devenu. On ne sait s'il a été tué par ses gens, ou avec eux. Tout ce qu'on sait, c'est que depuis, ni lui, ni aucun d'eux, n'ont paru. Je souhaite de tout mon cœur qu'il n'en soit pas de même de Robustus. Cependant prions Scaurus de venir; donnons cela à vos prières, et aux louables instances d'un fils qui ne montre pas moins de naturel que d'application dans la recherche qu'il fait de son père. Puissent les dieux le lui faire retrouver, comme il a retrouvé déjà celui qui l'accompagnait! Adieu.

LETTRE XXVI.
PLINE A SERVIANUS.

Je suis ravi, et je me réjouis avec vous, de ce que vous mariez votre fille à Fuscus Salinator. Il descend de sénateurs; son père est un des plus honnêtes hommes du monde, et sa mère n'a pas moins de mérite : pour lui, il est fort appliqué à l'étude, très-versé dans les belles-lettres, et même éloquent; il a la simplicité d'un enfant, l'enjouement d'un jeune homme, la sagesse d'un vieillard; et ma tendresse pour lui ne m'impose point. A la vérité, je l'aime sans mesure, tant il a su m'y engager et par les soins qu'il a pris de me plaire, et par son attachement; mais mon amitié n'est point aveugle. J'en juge d'autant mieux que je l'aime davantage. C'est pour le connaître à fond que je vous garantis en lui un gendre tel, qu'il ne vous serait pas possible d'en choisir un plus accompli, quand vous pourriez vous le donner au gré de vos désirs. Il ne lui reste qu'à vous faire bientôt aïeul d'un petit-fils qui lui ressemble. Qu'heureux sera pour moi ce temps où je pourrai prendre d'entre vos bras ses enfants et vos petits-enfants, pour les tenir dans les miens avec la même tendresse que s'ils étaient à moi! Adieu.

LETTRE XXVII.
PLINE A SÉVÈRE.

Vous me priez d'examiner quels honneurs vous pourriez décerner à l'empereur lorsque vous prendrez possession du consulat. Il est aussi aisé de trouver, que difficile de bien choisir; car ses vertus fournissent une ample matière. Je vous dirai pourtant ce que je pense, après vous avoir expliqué le sujet de mon embarras. Je ne sais si je vous dois donner le conseil que je pris pour moi quand je fus nommé consul. Je crus que je devais m'abstenir de cette sorte de flatterie, qui certainement n'en était pas une dans cette occasion, mais qui en pouvait avoir l'apparence; et cela, je ne le fis pas en homme qui se piquait d'être libre et hardi, mais en homme qui paraissait connaître le prince, et savoir que la louange qu'il méritait le plus, c'était de n'en exiger aucune. Je me souvenais que l'on avait profané les plus grands honneurs en les décernant aux plus méchants princes, et qu'on ne pouvait mieux distinguer le nôtre qu'en

cum Attilio Scauro, amico meo, Ocriculum usque commune iter peregisse, deinde nusquam comparuisse : petis ut Scaurus veniat, nosque, si potest, in aliqua inquisitionis vestigia inducat. Veniet; vereor ne frustra. Suspicor enim tale nescio quid Robusto accidisse, quale aliquando Metilio Crispo, municipi meo. Huic ego ordines impetraveram, atque etiam proficiscenti quadraginta millia nummum ad instruendum se ornandumque donaveram ; nec postea aut epistolas ejus, aut aliquem de exitu nuntium accepi. Interceptusne sit a suis, an cum suis, dubium : certe non ipse, non quisquam ex servis ejus apparuit. Utinam ne in Robusto idem experiamur! Tamen arcessamus Scaurum. Demus hoc tuis, demus optimi adolescentis honestissimis precibus, qui pietate summa, mira etiam sagacitate, patrem quærit. Dii faveant, ut sic inveniat ipsum, quemadmodum jam, cum quo fuisset, invenit! Vale.

XXVI.
C. PLINIUS SERVIANO SUO S.

Gaudeo, et gratulor, quod Fusco Salinatori filiam tuam destinasti. Domus patricia; pater honestissimus; mater pari laude. Ipse est studiosus, litteratus, etiam disertus : puer simplicitate, comitate juvenis, senex gravitate : neque enim amore decipior. Amo quidem effuse (ita officiis, ita reverentia meruit), judico tamen, et quidem tanto acrius, quanto magis amo : tibique, ut qui exploraverim, spondeo, habiturum te generum, quo melior fingi, ne voto quidem, potuit. Superest, ut avum te quam maturissime similium sui faciat. Quam felix tempus illud, quo mihi liberos illius, nepotes tuos, ut meos vel liberos vel nepotes, ex vestro sinu sumere, et quasi pari jure tenere continget! Vale.

XXVII.
C. PLINIUS SEVERO SUO S.

Rogas, ut cogitem, quid designatus consul in honorem principis censeas. Facilis inventio, non facilis electio. Est enim ex virtutibus ejus larga materia. Scribam tamen, vel, quod malo, coram indicabo, si prius hæsitationem meam ostendero. Dubito, num idem tibi suadere, quod mihi, debeam. Designatus ego consul, omni hac, etsi non adulatione, specie tamen adulationis, abstinui : non tanquam liber et constans, sed tanquam intelligens principis nostri : cujus videbam hanc esse præcipuam laudem, si nihil quasi ex necessitate decernerem. Recordabar etiam plurimos honores pessimo cuique delatos; a quibus hic optimus separari non alio modo magis poterat, quam diversitate censendi : quod ipsum dissimulatione et silentio non præterii, ne forte non judicium illud meum, sed oblivio videretur. Hoc tunc ego : sed non omnibus eadem placent, nec conveniunt quidem. Præterea, faciendi aliquid

ne le traitant pas comme eux. Ce que je pensais, je le dis ouvertement, de peur que mon silence ne passât pour oubli plutôt que pour discrétion. Voilà ce que je trouvai alors de plus à propos; mais les mêmes choses ne plaisent pas et ne conviennent pas à tout le monde. D'ailleurs, les raisons de prendre un parti plutôt que l'autre dépendent du caractère des hommes, de la situation des affaires et des circonstances du temps ; car les nouveaux exploits de notre prince donnent occasion de lui déférer des honneurs aussi grands que justes et nouveaux. C'est pourquoi je finis où j'ai commencé. Je ne sais si je dois vous conseiller ce que j'ai fait ; mais je sais bien que j'ai dû faire entrer dans vos vues ce que j'ai suivi moi-même. Adieu.

LETTRE XXVIII.

PLINE A PONTIUS.

Je sais les raisons qui vous ont empêché d'arriver plus tôt que moi dans la Campanie; mais, tout absent que vous êtes, je vous y ai trouvé tout entier, tant vos gens m'ont accablé de toutes les provisions que peuvent fournir la ville et la campagne. Moi, en homme grossier, j'ai tout pris. D'un côté, ils m'en pressaient très-fort ; de l'autre, je craignais que si j'en usais autrement, vous ne fussiez fâché et contre eux et contre moi. Une autre fois mettez des bornes à votre profusion, si vous ne voulez que j'y en mette moi-même. J'ai par avance averti vos domestiques que si jamais ils m'apportaient tant de choses, ils remporteraient tout. Vous me direz que je ne dois pas user de mon propre bien plus librement que du vôtre. Non; mais je ne dois pas aussi ménager le vôtre moins que le mien. Adieu.

LETTRE XXIX.

PLINE A QUADRATUS.

Avidius Quiétus, qui m'aimait tendrement, et (ce qui ne me plaît pas moins) qui m'honorait de son estime, me racontait, entre plusieurs autres choses qu'il avait retenues de Thraséas, dont il avait été ami, que ce grand homme avait coutume de dire qu'on devait se charger de trois sortes de causes : de celles de ses amis, de celles qui manquent de protection, et enfin de celles qui doivent tirer à conséquence pour l'exemple. Pourquoi des causes de ses amis? Cela s'entend. Pourquoi des causes destituées de protection? C'est là que se montrent et la grandeur d'âme et la générosité d'un avocat. Pourquoi enfin des causes qui tirent à conséquence pour l'exemple? Parce qu'il importe infiniment à la république qu'il n'en soit introduit que de bons. J'ajouterai à ces trois genres, et peut-être en homme qui a de l'ambition, les causes grandes et fameuses : car il est juste de plaider quelquefois pour sa réputation et pour sa gloire, c'est-à-dire de plaider sa propre cause. Voilà, puisque vous m'en demandez mon avis, quelles bornes je voudrais marquer à un homme de votre rang et de votre modestie. Je n'ignore pas que l'usage passe pour être le meilleur de tous les maîtres d'éloquence, et il l'est en effet. Je vois même plusieurs personnes qui, sans littérature et avec un médiocre génie, à force de plaider, plaident bien. Mais j'éprouve en moi la vérité de ce que disait Pollion, ou de ce qu'on lui a fait dire : *Plaider aisément, m'a fait plaider souvent; plaider souvent, m'a fait plaider moins aisément.* Le fréquent usage donne plus de facilité que de justesse, plus de témérité que de confiance. La faiblesse de la voix, la timidité natu-

---

vel non faciendi vera ratio quum hominum ipsorum, tum rerum etiam ac temporum conditione mutatur. Nam recentia opera maximi principis præbent facultatem nova, magna, vera censendi : quibus ex caussis, ut supra scripsi, dubito, an idem nunc tibi, quod tunc mihi, suadeam. Illud non dubito, debuisse me in parte consilii tui ponere, quod ipse fecissem. Vale.

XXVIII.

C. PLINIUS PONTIO SUO S.

Scio, quæ tibi caussa fuerit impedimenti, quo minus præcurrere adventum meum in Campaniam posses : sed, quamquam absens, totus huc migrasti. Tantum mihi copiarum tam urbanarum quam rusticarum nomine tuo oblatum est, quas omnes improbe quidem, accepi tamen. Nam me tui, ut ita facerem, rogabant, et verebar, ne et mihi et illis irascereris, si non fecissem. In posterum, nisi adhibueris modum, ego adhibebo. Etiam tuis denuntiavi, si rursus tam multa adtulissent, omnia relaturos. Dices, oportere me tuis rebus ut meis uti : etiam; sed perinde illis ac meis parco. Vale.

XXIX.

C. PLINIUS QUADRATO SUO S.

Avidius Quietus, qui me unice dilexit, et, quo non minus gaudeo, probavit, ut multa alia Thraseæ (fuit enim familiaris) ita hoc sæpe referebat, præcipere solitum, suscipiendas esse caussas, aut amicorum, aut destitutas, aut ad exemplum pertinentes. Cur amicorum? Non eget interpretatione. Cur destitutas? Quod in illis maxime et constantia agentis et humanitas cerneretur. Cur pertinentes ad exemplum? Quia plurimum refert, bonum an malum induceretur. Ad hæc ego genera caussarum, ambitiose fortasse, addam tamen claras et illustres. Æquum enim est agere non nunquam gloriæ et famæ, id est, suam caussam. Hos terminos, quia me consuluisti, dignitati ac verecundiæ tuæ statuo. Nec me præterit, usum et esse et haberi optimum dicendi magistrum. Video etiam, multos parvo ingenio, litteris nullis, ut bene agerent, agendo consequutos. Sed et illud, quod vel Pollionis, vel tanquam Pollionis accepi, verissimum experior : *Commode agendo factum est, ut sæpe agerem : sæpe agendo, ut minus commode* : quia scilicet assiduitate nimia faci-

relle, ont bien pu empêcher Isocrate de paraître en public, mais non de passer pour un des plus excellents orateurs. Lisez donc, composez, retouchez, afin d'être en état de parler quand vous le voudrez, et vous parlerez quand vous le devrez. C'est la règle que j'ai suivie : j'ai quelquefois obéi à la nécessité, qui tient elle-même sa place entre les meilleures raisons. J'ai plaidé, par l'ordre du sénat, des causes qui véritablement sont renfermées dans la division de Thraséas ; car elles étaient importantes pour l'exemple. J'ai parlé pour les peuples de la Bétique contre Bébius Massa. Il s'agissait de savoir si on leur permettrait d'informer ; cela leur fut accordé. J'ai prêté mon ministère aux mêmes peuples dans l'accusation qu'ils ont intentée contre Cécilius Classicus. Il était question d'examiner si les officiers qu'il avait pris dans la province pourraient être recherchés et punis comme complices de ses crimes ; ils l'ont été. J'ai accusé Marius Priscus, qui prétendait qu'ayant une fois subi jugement sur la loi du péculat, avec laquelle l'énormité de ses crimes n'avait aucun rapport, on ne pouvait plus le juger une seconde fois ; il a été relégué. J'ai défendu Julius Bassus ; je fis voir qu'il avait été plus imprudent que méchant : on a civilisé son procès, et sa place lui a été conservée dans le sénat. Enfin, j'ai plaidé depuis peu pour Varénus, qui demandait permission de faire entendre des témoins de sa part ; on le lui a permis. Adieu.

LETTRE XXX.

PLINE A FABATUS.

Nous devons en vérité célébrer le jour de votre naissance comme celui de la nôtre même, puisque tout le bonheur de nos jours dépend des vôtres, et que nous vous sommes redevables de notre repos à Rome et de notre sûreté à Côme. Votre maison de campagne, qui vient de Camillius, est véritablement fort en désordre et fort caduque : les principales pièces du bâtiment sont pourtant entières, ou fort peu endommagées ; nous songeons donc à la faire parfaitement rétablir. Je crois avoir beaucoup d'amis ; mais de l'espèce dont vous les cherchez, et tels que l'affaire présente les demande, je n'en ai presque pas un seul. Ce sont tous gens de robe, que leurs emplois attachent à la ville ; et cette inspection sur des terres veut un campagnard endurci à cette sorte de travail, et qui ne trouve ni la fatigue pénible, ni le soin bas, ni la solitude ennuyeuse. Vous faites justice à Rufus de songer à lui. Il était ami de votre fils ; j'ignore quels services il pourra nous rendre dans cette occasion ; mais je suis persuadé qu'il nous voudra rendre tous ceux qu'il pourra. Adieu.

LETTRE XXXI.

PLINE A CORNÉLIEN.

L'empereur m'a fait l'honneur de m'appeler au conseil qu'il a tenu en sa maison des Cent Chambres ; c'est le nom du lieu. Je ne puis vous dire combien j'y ai eu de plaisir ; car qu'y a-t-il de plus agréable que de voir à découvert la justice, la majesté, l'affabilité du prince dans un séjour écarté, où elles se manifestent davantage ? On a jugé différents procès, propres à exercer de plus d'une manière la sagesse et la capacité du juge.

---

litas magis quam facultas, nec fiducia, sed temeritas, paratur. Nec vero Isocrati, quo minus haberetur summus orator, offecit, quod infirmitate vocis, mollitie frontis, ne in publico diceret, impediebatur. Proinde multum lege, scribe, meditare, ut possis, quum voles, dicere ; dices, quum velle debebis. Hoc fere temperamentum ipse servavi. Non nunquam necessitati, quæ pars rationis est, parui. Egi enim quasdam a senatu jussus, quæ tertio in numero fuerunt ex illa Thraseæ divisione, hoc est, ad exemplum pertinentes. Adfui Bæticis contra Bæbium Massam. Quæsitum est, an danda esset inquisitio : data est. Adfui rursus iisdem querentibus de Cæcilio Classico. Quæsitum est, an provinciales, ut socios ministrosque proconsulis, plecti oporteret : pœnas luerunt. Accusavi Marium Priscum ; qui lege repetundarum damnatus, utebatur clementia legis, cujus severitatem immanitate criminum excesserat : relegatus est. Tuitus sum Julium Bassum, ut incustoditum nimis et incautum, ita minime malum : judicibus acceptis in senatu remansit. Dixi proxime pro Vareno, postulante, ut sibi invicem vocare testes liceret : impetratum est. In posterum opto, ut ea potissimum jubear, quæ me deceat vel sponte fecisse. Vale.

XXX.
C. PLINIUS FABATO SUO S.

Debemus, me Hercule, natales tuos perinde ac nostros celebrare, quum lætitia nostrorum ex tuis pendeat, cujus diligentia et cura hic hilares, istic securi sumus. Villa Camilliana, quam in Campania possides, est quidem vetustate vexata ; ea tamen, quæ sunt pretiosiora, aut integra manent, aut levissime læsa sunt. Attendimus ergo ut quam saluberrime reficiantur. Ego videor habere multos amicos, sed hujus generis, cujus et tu quæris et res exigit, prope neminem. Sunt enim omnes togati et urbani : rusticorum autem prædiorum administratio poscit durum aliquem et agrestem, cui nec labor ille gravis, nec cura sordida, nec tristis solitudo videatur. Tu de Rufo honestissime cogitas : fuit enim filio tuo familiaris. Quid tamen nobis ibi præstare possit, ignoro ; velle plurimum, credo. Vale.

XXXI.
C. PLINIUS CORNELIANO SUO S.

Evocatus in consilium a Cæsare nostro ad Centum Cellas (hoc loco nomen) longe maximum cepi voluptatem. Quid enim jucundius, quam principis justitiam, gravitatem, comitatem in secessu quoque, ubi hæc maxime recluduntur, inspicere ? Fuerunt variæ cognitiones, et quæ virtutes judicis per plures species experirentur. Dixit caussam Claudius Ariston, princeps Ephesiorum, homo munificus, et innoxie popularis : inde invidia, et ab dissimillimis delator immissus : itaque absolutus vindicatusque est.

Claudius Ariston, le premier entre les Éphésiens, homme qui, sans être intrigant, est bienfaisant et populaire, s'est attiré des envieux. Un délateur, d'un caractère bien différent, et suscité par des gens de même espèce, est venu l'accuser. Ariston a été absous et vengé. Le jour suivant, on a jugé Galitta, accusée d'adultère. Après avoir épousé un colonel qui se disposait à demander les charges à Rome, elle avait déshonoré le rang de son mari et le sien, par le commerce qu'elle avait eu avec un centurion. Le mari en avait écrit au lieutenant du gouverneur, et celui-ci en avait informé le prince, qui, après avoir pesé toutes les preuves, cassa le centurion, et le relégua. Il restait encore à punir la moitié du crime, qui, de sa nature, est nécessairement le crime de deux. Mais l'amour retenait le mari, non sans quelque soupçon de connivence; car il avait gardé sa femme depuis qu'il l'avait accusée, et comme s'il eût été content d'avoir éloigné son rival. On l'avertit qu'il devait achever d'instruire le procès : il le fit malgré lui; mais, malgré lui, il fallut la condamner aux peines portées par la loi Julia. L'empereur voulut que, dans le jugement, on fît mention, et du nom du centurion, et de la discipline militaire, de peur qu'il ne semblât évoquer à lui toutes les affaires de cette espèce. Le troisième jour, on examina les codiciles de Tiron, dont il avait été tant et si diversement parlé, et que l'on soutenait aussi faux dans une partie qu'ils étaient véritables dans l'autre. Sempronius Sénécion, chevalier romain, et Eurythmus, affranchi de l'empereur, et l'un de ses procureurs, étaient accusés. Les héritiers, par une lettre écrite en commun, avaient supplié le prince, pendant qu'il était à son expédition contre les Daces, de vouloir bien se réserver la connaissance de cette affaire; il se l'était réservée. De retour à Rome, il leur avait donné jour pour les entendre. Quelques-uns des héritiers ayant voulu, comme par respect, se désister de l'accusation contre Eurythmus, il dit ce beau mot : *Nous ne sommes, ni lui Polyclète, ni moi Néron.* Il avait pourtant accordé un délai aux accusateurs, après lequel il voulut prononcer. Il parut seulement deux héritiers, qui demandèrent que tous ensemble ayant intenté l'accusation, tous fussent obligés de la soutenir, ou qu'il leur fût permis, comme aux autres, de l'abandonner. L'empereur parla avec beaucoup de douceur et de majesté; et l'avocat de Sénécion et d'Eurythmus ayant dit que l'on ne pouvait refuser d'entendre les accusés, sans les livrer à toute la malignité des soupçons : *Ce qui m'embarrasse*, dit-il, *ce n'est pas qu'ils y soient livrés; c'est de m'y voir livré moi-même.* Après cela, se tournant vers nous : *C'est à vous*, continua-t-il, *à me dire ce que nous devons faire : vous entendez.* Ensuite, de l'avis du conseil, il prononça, ou que tous les héritiers seraient tenus de poursuivre en commun l'accusation, ou que chacun d'eux serait tenu de justifier les raisons qu'il avait eues de l'abandonner; sinon qu'il les condamnerait comme calomniateurs. Vous voyez combien ces jours ont été honnêtement et utilement employés. Ils étaient mêlés de divertissements très-agréables. Tous les jours l'empereur nous admettait à sa table, très-frugale, par rapport à un si puissant prince. Quelquefois il faisait jouer des comédies; d'autres fois une partie de la nuit se passait en conversations charmantes. Le dernier jour, et avant notre départ, il prit soin (tant sa bonté descend dans le détail) de nous envoyer à chacun des présents. Pour moi, la majesté qui règne dans ces jugements, l'honneur d'avoir assisté à ce conseil, la douce et familière communication du prince, m'ont enchanté; mais je n'ai pas laissé d'être touché de la beauté du lieu même. La

---

Sequenti die audita est Galitta, adulterii rea. Nupta hæc tribuno militum, honores petituro, et suam et mariti dignitatem centurionis amore maculaverat : maritus legato consulari, ille Cæsari scripserat. Cæsar, excussis probationibus, centurionem exauctoravit, atque etiam relegavit. Supererat crimini, quod nisi duorum esse non poterat, reliqua pars ultionis : sed maritum, non sine aliqua reprehensione patientiæ, amor uxoris retardabat; quam quidem, etiam post delatum adulterium, domi habuerat, quasi contentus æmulum removisse. Admonitus, ut peragaret accusationem, peregit invitus. Sed illam damnari, etiam invito accusatore, necesse erat : damnata, et Juliæ legis pœnis relicta est. Cæsar et nomen centurionis, et commemorationem disciplinæ militaris sententiæ adjecit, ne omnes ejusmodi caussas revocaret ad se videretur. Tertio die inducta cognitio est, multis sermonibus et vario rumore jactata, de Julii Tironis codicillis, quos ex parte veros esse constabat, ex parte falsi dicebantur. Substituebantur crimini Sempronius Senecio, eques romanus, et Eurythmus, Cæsaris libertus et procurator. Heredes, quum Cæsar esset in Dacia, communiter epistola scripta, petierant, ut susciperet cognitionem : susceperat. Reversus diem dixerat : et, quum ex heredibus quidam, quasi reverentia Eurythmi, remitterent accusationem, pulcherrime dixerat, *Nec ille Polycletus est, nec ego Nero.* Indulserat tamen petentibus dilationem; cujus tempore exacto, consederat auditurus. A parte heredum intraverunt duo : omnino postularunt, ut omnes heredes agere cogerentur, quum detulissent omnes, aut sibi quoque desistere permitteretur. Loquutus est Cæsar summa gravitate, summa moderatione : quumque advocatus Senecionis et Eurythmi dixisset, suspicionibus relinqui reos, nisi audirentur; *Non curo*, inquit, *an isti suspicionibus relinquantur : ego relinquor.* Dein, conversus ad nos : 'Ἐπίστασθε, *quid facere debeamus? Isti enim queri volunt, quod sibi licuerit non accusare.* Tum ex consilii sententia jussit denuntiari heredibus omnibus, aut agerent, aut singuli approbarent caussas non agendi, alioqui se vel de calumnia pronuntiaturum. Vides, quam honesti, quam severi dies : quos jucundis-

maison, qui est magnifique, se trouve environnée de vertes campagnes; elle commande la mer, dont le rivage ouvre, en cet endroit, un très-grand port en forme d'amphithéâtre. Le côté gauche de ce port est soutenu d'un ouvrage fort solide : on travaille actuellement au côté droit. Au-devant est une île qui rompt l'impétuosité des flots que les vents pourraient y pousser avec trop de violence, et qui des deux côtés assure et facilite l'entrée aux vaisseaux. C'est une merveille que cette île : on l'élève d'une manière surprenante. De grands bâtiments transportent en cet endroit des rochers presque entiers : on en jette continuellement les uns sur les autres, et leur propre poids, qui les affermit et les lie, en fait une espèce de digue. Déjà l'île paraît à l'entrée du port. Elle brise et jette fort haut les vagues qui la viennent heurter : cela ne se fait pas sans un grand bruit, et sans couvrir toute la mer d'écume. On ajoute à ces rochers des monceaux de pierres qui, par la suite des temps, feront assez ressembler cet ouvrage à une île naturelle. Ce port s'appellera du nom de celui qui l'a construit, et il sera infiniment commode; car c'est une retraite sur une côte qui s'étend fort loin, et dans laquelle il n'y en avait aucune. Adieu.

LETTRE XXXII.

PLINE A QUINTILIEN.

Quoique vous soyez très-modeste, et que vous ayez élevé votre fille dans les vertus convenables à la fille de Quintilien et à la petite-fille de Tutilius, cependant aujourd'hui qu'elle épouse Nonius Céler, homme de distinction, et à qui ses emplois et ses charges imposent une certaine nécessité de vivre dans l'éclat, il faut qu'elle règle son train et ses habits sur le rang de son mari. Ces dehors n'augmentent pas notre dignité, mais ils lui donnent plus de relief. Je sais que vous êtes très-riche des biens de l'âme, et beaucoup moins de ceux de la fortune que vous ne le devriez être. Je prends donc sur moi une partie de vos obligations; et, comme un second père, je donne à notre chère fille cinquante mille sesterces. Je ne me bornerais pas là, si je n'étais persuadé que la médiocrité du petit présent pourra seule obtenir de vous que vous le receviez. Adieu.

LETTRE XXXIII.

PLINE A ROMANUS.

Soit que vous composiez, soit que vous lisiez, abandonnez tout pour prendre mon plaidoyer, comme les Cyclopes pour forger les armes que Vulcain leur demandait. Pouvais-je plus fièrement débuter? Aussi s'agit-il du meilleur de mes plaidoyers; car c'est bien assez pour moi que de combattre avec moi-même. Il a été fait pour Accia Variola. Le rang de la personne, la singularité de la cause, et la majesté de l'audience, l'ont rendu célèbre. Cette femme, d'une naissance illustre, mariée à un homme qui a été préteur, et déshéritée par un père octogénaire, le onzième jour qu'une folle passion l'avait engagée dans de secondes noces, revendiquait sa succession devant les quatre chambres des centumvirs

---

simæ remissiones sequebantur. Adhibebamur quotidie cœnæ : erat modica, si principem cogitares. Interdum ἀκροάματα audiebamus : interdum jucundissimis sermonibus nox ducebatur. Summo die abeuntibus nobis (quam diligens in Cæsare humanitas!) xenia sunt missa. Sed mihi, ut gravitas cognitionum, consilii honor, suavitas simplicitasque convictus, ita locus ipse perjucundus fuit. Villa pulcherrima cingitur viridissimis agris : imminet litori, cujus in sinu fit quum maxime portus. Hujus sinistrum brachium firmissimo opere munitum est; dextrum elaboratur. In ore portus insula adsurgit, quæ illatum vento mare objacens frangat, tutumque ab utroque latere decursum navibus præstet. Adsurgit autem arte visenda. Ingentia saxa latissima navis provehit : contra, hæc alia super alia dejecta ipso pondere manent, ac sensim quodam velut aggere construuntur. Eminet jam et apparet saxeum dorsum : impactosque fluctus in immensum elidit et tollit. Vastus illic fragor, canumque circa mare. Saxis deinde pilæ adjiciuntur, quæ procedenti tempore enatam insulam imitentur. Habebit hic portus etiam nomen auctoris, eritque vel maxime salutaris. Nam per longissimum spatium litus importuosum hoc receptaculo utetur. Vale.

XXXII.

C. PLINIUS QUINTILIANO SUO S.

Quamvis et ipse sis continentissimus, et filiam tuam ita institueris, ut decebat filiam tuam, Tutilii neptem; quum tamen sit nuptura honestissimo viro, Nonio Celeri, cui ratio civilium officiorum necessitatem quamdam nitoris imponit ; debet, secundum conditiones mariti, veste, comitatu (quibus non quidem augetur dignitas, ornatur tamen) instrui. Te porro animo beatissimum, modicum facultatibus scio. Itaque partem oneris tui mihi vindico, et tanquam parens alter puellæ nostræ confero quinquaginta millia nummum : plus collaturus, nisi a verecundia tua sola mediocritate munusculi impetrari posse confiderem, ne recusares. Vale.

XXXIII.

C. PLINIUS ROMANO SUO S.

Tollite cuncta, inquit, cœptosque auferte labores. Seu scribis aliquid, seu legis, tolli, auferri jube, et accipe orationem meam, ut illi arma, divinam. Num superbius potui? Revera, ut inter meas, pulchram : nam mihi satis est certare mecum. Est hæc pro Accia Variola, et dignitate personæ, et exempli raritate, et judicii magnitudine insignis. Nam femina splendide nata, nupta prætorio viro, exheredata ab octogenario patre, intra undecim dies, quam ille novercam ei, amore captus, induxerat, quadruplici judicio bona paterna repetebat. Sedebant judices centum et octoginta : tot enim quatuor consiliis conscribuntur : ingens utrinque advocatio, et numerosa subsellia : præterea densa circumstantium corona latissimum

assemblés. Nous avions cent quatre-vingts juges : c'est le nombre que les quatre chambres renferment. Beaucoup d'avocats de part et d'autre, une infinité de siéges, et une foule extraordinaire d'auditeurs, formaient dans la salle de l'audience plusieurs cercles qui environnaient nos juges de tous côtés. Le tribunal même où ils étaient assis en était comme assiégé ; et les galeries hautes du palais étaient remplies, les unes de femmes, les autres d'hommes, qui s'empressaient, ou de regarder, et cela n'était pas difficile ; ou d'entendre, et cela était moins aisé. Les pères, les belles-mères, les filles étaient dans une grande attente. Les avis ont été partagés : car deux chambres ont été pour nous, les deux autres contre. Il est sans doute remarquable et merveilleux qu'une même cause plaidée par les mêmes avocats, entendue par les mêmes juges, ait été, dans le même temps, jugée par hasard si diversement, qu'il semblerait que le hasard ne s'en serait point mêlé. Enfin, la belle-mère a perdu son procès ; elle était instituée héritière pour un sixième. Subérinus n'a pas eu un meilleur succès, lui qui, après avoir été déshérité par son propre père, sans avoir jamais osé se plaindre, avait l'impudence de venir demander la succession du père d'un autre. Je vous ai fait ce détail, d'abord pour vous apprendre par cette lettre ce que vous ne pourrez apprendre par mon plaidoyer, et puis (car je vous avouerai mon artifice) pour vous mettre en état de lire mon discours avec plus de plaisir, quand vous croirez, en le lisant, être à l'audience et l'entendre. Tout long qu'il est, je ne désespère pas qu'il ne vous plaise autant qu'un plus court ; car l'abondance des choses, l'ordre dans lequel elles sont placées, les courtes narrations dont il est semé, et la variété de l'expression, semblent le rendre toujours nouveau. Vous y trouverez (je n'aurais pas le front de le dire à d'autres) des endroits élevés ; vous y en trouverez de véhéments, quelques-uns de secs ; car j'ai été obligé de mêler à cette force et à ce sublime des supputations si détaillées, qu'on eût dit qu'il n'y eût plus qu'à demander le registre et à prendre des jetons, et que le tribunal des centumvirs s'était changé en un tribunal domestique. Nous avons déployé toutes les voiles de l'indignation, de la colère, de la douleur ; et dans une si grande cause nous avons ménagé, comme en pleine mer, plusieurs vents différents. En un mot, la plupart de mes amis regardent ce plaidoyer (je le dirai encore une fois) comme le meilleur que j'aie jamais fait. C'est mon chef-d'œuvre, c'est ma harangue pour Ctésiphon. Personne n'en jugera mieux que vous, qui savez si bien tous mes autres plaidoyers, qu'il vous sera très-facile, en lisant celui-ci, d'en faire la comparaison. Adieu.

LETTRE XXXIV.

PLINE A MAXIME.

Vous avez fort bien fait de promettre un combat de gladiateurs au peuple de Vérone, qui depuis longtemps vous aime, vous honore et vous respecte. Vous deviez à la mémoire d'une femme qui vous était chère, que vous estimiez, et que vous avez prise en cette ville, quelque monument public, ou quelque spectacle. Et quel autre spectacle pouviez-vous choisir, qui fût plus convenable à des funérailles ? D'ailleurs, on vous le demandait si unanimement, qu'il y aurait eu plus de dureté que de gravité à le refuser. Ce qui relève le plus votre présent, c'est que vous vous en soyez acquitté de si bonne grâce

judicium multiplici circulo ambibat. Ad hoc, stipatum tribunal, atque etiam ex superiore basilicæ parte, qua feminæ, qua viri, et audiendi, quod erat difficile, et, quod facile, visendi studio imminebant. Magna exspectatio patrum, magna filiarum, magna etiam novercarum. Sequutus est varius eventus. Nam duobus consiliis vicimus, totidem victi sumus. Notabilis prorsus res et mira : eadem in caussa, iisdem judicibus, iisdem advocatis, eodem tempore tanta diversitas accidit casu quidem, sed non ut casus videretur. Victa est noverca : ipsa heres ex parte sexta. Victus Suberinus ; qui exheredatus a patre singulari impudentia alieni patris bona vindicabat, non ausus sui petere. Hæc tibi exposui, primum, ut ex epistola scires, quæ ex oratione non poteras : deinde, (nam detegam artes) ut orationem libentius legeres, si non legere tibi, sed interesse judicio videreris : quam, sit licet magna, non despero gratiam brevissime impetraturam. Nam et copia rerum, et arguta divisione, et narratiunculis pluribus, et eloquendi varietate, renovatur. Sunt multa (non auderem nisi tibi dicere) elata, multa pugnantia, multa subtilia. Intervenit enim acribus illis et erectis frequens necessitas computandi, ac pæne calculos tabulamque poscendi, ut repente in privati judicii formam centumvirale vertatur. Dedimus vela indignationi, dedimus iræ, dedimus dolori ; et in amplissima caussa, quasi magno mari, pluribus ventis sumus vecti. In summa, solent quidam ex contubernalibus nostris existimare hanc orationem (iterum dicam) præcipuam, ut inter meas, ὡς ὑπὲρ Κτησιφῶντος esse. An vere, tu facillime judicabis, quia tam memoriter tenes omnes, ut conferre cum hac, dum hanc solam legis, possis. Vale.

XXXIV.

C. PLINIUS MAXIMO SUO S.

Recte fecisti, quod gladiatorium munus Veronensibus nostris promisisti ; a quibus olim amaris, suspiceris, ornaris. Inde etiam uxorem carissimam tibi et probatissimam habuisti ; cujus memoriæ aut opus aliquod, aut spectaculum, atque hoc potissimum, quod maxime funeri, debebatur. Præterea, tanto consensu rogabaris, ut negare non constans, sed durum videretur. Illud quoque egregium, quod tam facilis, tam liberalis in edendo fuisti. Nam per hæc etiam magnus animus ostenditur. Velim Africanæ, quas coemeras plurimas, ad præfinitum diem occurrissent ; sed licet cessaverint illæ, tempestate detentæ, tu tamen

et avec tant de magnificence; car la noblesse de l'âme paraît même dans ces choses. J'aurais fort souhaité que les panthères, que vous aviez achetées en Afrique, fussent arrivées à point nommé. Mais quoique la tempête, qui les a retenues, les ait fait manquer à la fête, vous méritez pourtant qu'on vous en ait toute l'obligation, puisqu'il n'a pas tenu à vous qu'elles n'y aient paru. Adieu.

LIVRE SEPTIÈME.

LETTRE PREMIÈRE.
PLINE A RESTITUTUS.

L'opiniâtreté de votre maladie m'épouvante; et quoique je vous connaisse très-sobre, je crains qu'elle ne vous permette pas d'être toujours assez maître de vous. Je vous exhorte donc à résister avec courage. Les hommes n'ont point de remède ni plus honnête, ni plus salutaire, que la tempérance. Ce que je vous conseille, c'est ce que j'ai coutume de dire dans mes entretiens avec mes gens, quand je me porte bien. Je me flatte, leur dis-je, que, s'il m'arrive d'être malade, je ne voudrai rien qui me puisse être reproché, rien dont je me puisse repentir. Mais si la force du mal venait à l'emporter sur ma résolution, j'avertis, par avance, qu'on ne me donne rien que par la permission des médecins; et je veux bien qu'on sache que j'aurai, contre ceux qui, dans cette occasion, pourraient avoir pour moi de la complaisance, le même ressentiment que font paraître les autres malades contre ceux qui les refusent. Je me souviens même qu'un jour, après un accès de fièvre qui m'avait consumé, lorsque sur son déclin je me trouvai moite, le médecin m'offrit à boire : je lui tendis la main pour lui faire sentir la moiteur, et dans le moment je rendis la coupe où j'avais déjà les lèvres. Dans la suite, comme j'étais près d'entrer au bain, le vingtième jour de ma maladie, je m'aperçus tout à coup que les médecins parlaient bas entre eux. Je demandai ce qu'ils disaient : ils me répondirent que véritablement je pouvais me baigner sans risque, mais non pas sans quelque inquiétude de leur part. Quelle nécessité y a-t-il de se presser? leur dis-je. Et aussitôt je quitte tranquillement l'espérance du bain, où déjà l'on me portait, et je reprends le régime et l'abstinence, du même air dont je m'étais disposé au bain. Je vous mande tout ceci pour soutenir mes conseils par mes exemples, et pour m'obliger moi-même par cette lettre à la retenue, que je prescris, s'il m'arrivait jamais de l'oublier. Adieu.

LETTRE II.
PLINE A JUSTUS.

Comment se peut-il que vous soyez, comme vous le mandez, accablé d'affaires, et qu'en même temps vous me pressiez de vous envoyer mes ouvrages, qui obtiennent à peine de ceux qui ne sont point occupés quelques moments d'un temps inutile? Je laisserai donc passer l'été, où nous sommes trop occupés; et lorsque l'hiver, de retour, me donnera lieu de croire que vous avez du moins quelques heures de la nuit à vous, je chercherai dans mes amusements ce que je puis vous offrir. Cependant, je serai assez con-

meruisti, ut acceptum tibi fieret, quod quo minus exhiberes, non per te stetit. Vale.

LIBER SEPTIMUS.

I.
C. PLINIUS RESTITUTO SUO S.

Terret me hæc tua pertinax valetudo, et quamquam te temperantissimum noverim, vereor tamen, ne quid illi etiam in mores tuos liceat. Proinde moneo, patienter resistas : hoc laudabile, hoc salutare. Admittit humana natura, quod suadeo. Ipse certe sic agere sanus cum meis soleo : « Spero quidem, si forte in adversam valetudinem incidero, nihil me desideraturum vel pudore vel pœnitentia dignum : si tamen superaverit morbus, denuntio, ne quid mihi detur, nisi permittentibus medicis; sciantque, si dederint, ita vindicaturum, ut solent alii, quæ negantur. » Quin etiam quum perustus ardentissima febri, tandem remissus unctusque acciperem a medico potionem, porrexi manum, atque me tangeret, dixi, admotumque jam labris poculum reddidi. Postea quum vicesimo valetudinis die balineo præparari, mussantesque medicos repente vidissem, caussam requisivi. Responderunt, « posse me tuto lavari, non tamen omnino sine aliqua suspicione. » *Quid*, inquam, *necesse est?* Atque ita spe balinei, cui jam videbar inferri, placide leniterque dimissa, ad abstinentiam rursus non secus, ac modo ad balineum, animum vultumque composui. Quæ tibi scripsi, primum ut te non sine exemplo monerem, deinde ut in posterum ipse ad eamdem temperantiam adstringerer, quum me hac epistola quasi pignore obligavissem. Vale.

II.
C. PLINIUS JUSTO SUO S.

Quemadmodum congruit, ut simul et adfirmes, te assiduis occupationibus impediri, et scripta nostra desideres, quæ vix ab otiosis impetrare aliquid perituri temporis possunt? Patiar ergo œstatem inquietam vobis exercitamque transcurrere, et hieme demum, quum credibile erit, noctibus saltem vacare te posse, quæram quid potissimum ex nugis meis tibi exhibeam. Interim abunde est, si epistolæ non sunt molestæ. Sunt autem et ideo breviores erunt. Vale.

LETTRE III.

PLINE A PRÉSENS.

Voulez-vous donc demeurer éternellement, tantôt dans la Lucanie, tantôt dans la Campanie? Vous me direz que vous êtes né dans la première de ces provinces, et que votre femme est née dans la seconde. C'est une raison d'y séjourner plus longtemps, mais non pas d'y demeurer toujours. Que ne revenez-vous donc à Rome, où votre rang, votre gloire, vos amis, grands et petits, vous appellent? Jusqu'à quand ferez-vous le roi où vous êtes? Prétendez-vous toujours veiller, dormir à votre gré? Quoi! les jours entiers sur un livre? Ne quitterez-vous point l'habit de campagne, et laisserez-vous votre robe toujours oisive? Il est temps de reprendre ici vos travaux, quand ce ne serait que pour ne vous pas dégoûter de vos plaisirs en vous en rassasiant. Venez faire des révérences, pour recevoir plus agréablement celles qu'on vous fera. Venez vous faire presser dans la foule, afin de mieux goûter ensuite la douceur de la solitude. Mais quelle est mon indiscrétion d'arrêter celui que je rappelle? car peut-être ne vous dis-je rien qui ne vous invite à vous plonger de plus en plus dans une aimable oisiveté. Je ne prétends pas que vous y renonciez, mais seulement que vous l'interrompiez. Comme dans un repas je joindrais à des mets doux d'autres mets piquants, afin que ceux-ci réveillassent le palais, que ceux-là auraient comme assoupi; ainsi je vous conseille d'assaisonner les amusements d'une vie unie et tranquille, avec des occupations plus pénibles, et qui puissent, pour ainsi dire, en relever le goût. Adieu.

LETTRE IV.

PLINE A PONTIUS.

Vous dites que vous avez lu mes hendécasyllabes, et vous demandez comment un homme si austère selon vous, et selon moi-même si peu frivole, s'est avisé d'écrire dans ce genre? Jamais (car il faut reprendre les choses de plus haut) je ne me suis senti d'éloignement pour la poésie. Je fis même une tragédie grecque à quatorze ans. Vous êtes curieux de savoir comment on l'appelait; je n'en sais rien. On l'appelait une tragédie. Peu après, comme je revenais de l'armée, retenu par les vents contraires dans l'île d'Icarie, je m'amusai à faire des vers élégiaques et contre la mer et contre l'île. J'ai aussi essayé quelquefois de composer en vers héroïques; et ce sont ici les premiers hendécasyllabes qui m'aient échappé. Voici ce qui m'en fit naître l'envie : j'étais au Laurentin ; on m'y lisait les livres d'Asinius Gallus sur la comparaison de son père et de Cicéron. Je tombai sur une épigramme de ce dernier pour son cher Tiron. Ensuite m'étant retiré à midi pour dormir (car c'était l'été), et ne pouvant fermer l'œil, je me mis à penser que les plus grands orateurs avaient estimé la poésie, et s'y étaient amusés. Je m'appliquai; et, contre mon attente, il arriva qu'après une fort longue interruption de la poésie, et en moins de temps que je ne puis dire, j'eus tracé en vers les réflexions qui m'avaient invité à les écrire :

Un jour, lisant l'ouvrage où Gallus sans façon
Ose bien préférer son père à Cicéron,
Je vis que ce grand personnage,
Ce Cicéron si grave aimait le badinage,

III.

C. PLINIUS PRÆSENTI SUO S.

Tantane perseverantia tu modo in Lucania, modo in Campania? *Ipse enim*, inquis, *Lucanus; uxor Campana*. Justa caussa longioris absentiæ, non perpetuæ tamen. Quin ergo aliquando in urbem redis? ubi dignitas, honor, amicitiæ tam superiores quam minores. Quousque regnabis? quousque vigilabis, quousque voles? dormies quamdiu voles? quousque calcei nusquam? toga feriata? liber totus dies? Tempus est, te revisere molestias nostras, vel ob hoc solum, ne voluptates istæ satietate languescant. Saluta paullisper, quo sit tibi jucundius salutari : terere in hac turba, ut te solitudo delectet. Sed quid imprudens, quem revocare conor, retardo? Fortasse enim his ipsis admoneris, ut te magis ac magis otio involvas; quod ego non abrumpi, sed intermitti volo. Ut enim, si cœnam tibi facerem, dulcibus cibis acres acutosque miscerem, ut obtusus illis et oblitus stomachus his excitaretur; ita nunc hortor, ut jucundissimum genus vitæ nonnullis interdum quasi acoribus condias. Vale.

V.

C. PLINIUS PONTIO SUO S.

Ais legisse te hendecasyllabos meos; requiris etiam, quemadmodum cœperim scribere, homo ut tibi videor, severus, ut ipse fateor, non ineptus. Nunquam a poetice (altius enim repetam) fui; quin etiam quatuordecim natus annos græcam tragœdiam scripsi. Qualem? inquis. Nescio : tragœdia vocabatur. Mox quum e militia rediens, in Icaria insula ventis detinerer, latinos elegos in illud ipsum mare ipsamque insulam feci. Expertus sum me aliquando et heroico : hendecasyllabis nunc primum, quorum hic natalis, hæ caussæ. Legebantur in Laurentino mihi libri Asinii Galli de comparatione patris et Ciceronis : incidit epigramma Ciceronis in Tironem suum. Dein, quum meridie (erat enim æstas) dormiturus me recepissem, nec obreperet somnus, cœpi reputare, maximos oratores hoc studii genus, et in oblectationibus habuisse, et in laude posuisse. Intendi animum, contraque opinionem meam, post longam desuetudinem, perquam exiguo temporis momento id ipsum, quod me ad scribendum sollicitaverat, his versibus exaravi :

Et riait quelquefois avec son cher Tiron.
Dans des vers de galanterie,
Il se plaint d'une tromperie
De ce jeune affranchi sur des baisers promis.
Qui doute, dis-je alors, que d'un peu de tendresse,
Après un tel exemple, il ne nous soit permis
D'égayer la triste sagesse?
Imitons Cicéron; montrons, à notre tour,
Que nous savons les vols et les ruses d'amour.

De là je passai à des vers élégiaques, et je ne demeurai pas plus longtemps à les faire. J'en ajoutai d'autres, séduit par la facilité que j'y trouvais. De retour à Rome, je les lus à mes amis, et ils les approuvèrent. Après cela, dans mes heures de loisir, particulièrement sur les chemins, j'ai fait des vers de toute sorte de mesures. Enfin, je me suis résolu, à l'exemple de plusieurs autres, à donner un volume séparé d'hendécasyllabes, et je n'ai pas lieu de m'en repentir. On les lit, on les transcrit, on les chante. Les Grecs mêmes, à qui ces vers ont donné du goût pour notre langue, les marient au son de leurs lyres et de leurs guitares. Mais je suis fou de parler ainsi. Que voulez-vous? Un peu de folie se pardonne aux poëtes. Après tout, je ne parle point ici de l'opinion que j'ai de mes vers, mais de celle qu'en ont les autres, qui, soit qu'ils jugent bien, soit qu'ils jugent mal, me font plaisir. Tout ce que je souhaite, c'est que la postérité, bien ou mal, en juge de même. Adieu.

LETTRE V.

PLINE A CALPURNIE.

Il n'est pas croyable à quel point je sens votre absence. Il y en a deux raisons : la première, l'amour; la seconde, l'habitude où nous sommes de vivre toujours ensemble. De là vient que je passe une grande partie des nuits à penser à vous; que, pendant le jour et aux heures où j'avais coutume de vous voir, mes pieds, comme on dit, me portent d'eux-mêmes à votre appartement; et qu'enfin, ne vous y trouvant pas, je m'en retourne aussi triste et aussi honteux que si l'on m'avait refusé la porte. Le seul temps où je suis un peu moins tourmenté, c'est celui que je donne aux affaires de mes amis et dans le barreau. Jugez quelle est la vie d'un homme qui ne trouve de repos que dans le travail, de soulagement que dans les fatigues et dans l'embarras! Adieu.

LETTRE VI.

PLINE A MACRINUS.

Il vient d'arriver à Varénus une aventure remarquable, bien qu'elle ne soit pas entièrement finie. On dit que les Bithyniens se sont désistés de l'accusation qu'ils avaient intentée contre lui, et qu'ils la reconnaissent mal fondée. Il paraît ici un député de ces peuples, qui rapporte à l'empereur un décret de leur assemblée, et dont il a remis une expédition à plusieurs personnes de la première condition, et même une entre nos mains, de nous avocats de Varénus. Magnus persiste pourtant toujours, et donne par son opiniâtreté beaucoup d'exercice à Nigrinus, homme d'une probité reconnue. Il l'a engagé à demander aux

Quum libros Galli legerem, quibus ille parenti
Ausus de Cicerone dare est palmamque decusque,
Lascivum inveni lusum Ciceronis, et illo
Spectandum ingenio, quo seria condidit, et quo
Humanis salibus, multo varioque lepore
Magnorum ostendit mentes gaudere virorum.
Nam queritur, quod fraude mala frustratus amantem
Paucula cœnato sibi debita suavia Tiro
Tempore nocturno substraxerit. His ego lectis,
Cur post hæc, inquam, nostros celamus amores?
Nullumque in medium timidi damus? atque fatemur
Tironisque dolos, Tironis nosse fugaces
Blanditias, et furta novàs addentia flammas?

Transii ad elegos; hos quoque non minus celeriter explicui : addidi alios facilitate corruptus. Deinde in urbem reversus, sodalibus legi. Probaverunt. Dein plura metra, si quid otii, maxime in itinere, tentavi. Postremò placuit exemplo multorum unum separatim hendecasyllaborum volumen absolvere : nec pœnitet. Legitur, describitur, cantatur etiam; a Græcis quoque, quos latine hujus libelli amor docuit, nunc cithara, nunc lyra personatur. Sed quid ego tam gloriose! Quamquam poetis furere concessum est : et tamen non de meo, sed de aliorum judicio loquor; qui sive judicant, sive errant, me delectant. Unum precor, ut posteri quoque aut errent similiter, aut judicent. Vale.

V.

C. PLINIUS CALPURNIÆ SUÆ S.

Incredibile est, quanto desiderio tui tenear. In caussa amor primum; deinde, quod non consuevimus abesse. Inde est, quod magnam partem noctium in imagine tua vigil exigo : inde, quod interdiu, quibus horis te visere solebam, ad diætam tuam ipsi me, ut verissime dicitur, pedes ducunt : quod denique æger et mœstus, et similis excluso, a vacuo limine recedo. Unum tempus his tormentis caret, quo in foro et amicorum litibus conteror. Æstima tu, quæ vita mea sit, cui requies in labore, in miseria curisque solatium est. Vale.

VI.

C. PLINIUS MACRINO SUO S.

Rara et notabilis res contigit Vareno, sit licet adhuc dubia. Bithyni accusationem ejus, ut temere inchoatam, omisisse narrantur. Narrantur dico? Adest provinciæ legatus : attulit decretum consilii ad Cæsarem, attulit ad multos principes viros, attulit etiam ad nos, Vareni advocatos. Perstat tamen idem ille Magnus : quin etiam Nigrinum, optimum virum, pertinacissime exercet. Per hunc a consulibus postulabat, ut Varenus exhibere rationes cogeretur. Adsistebam Vareno jam tantum ut amicus, et tacere decreveram. Nihil enim tam contrarium, quam si advocatus a senatu datus defenderem ut reum, cui opus esset, ne reus videretur. Quum tamen, finita postulatione Nigrini, consules ad me oculos retulissent, *Scietis*, inquam, *constare nobis silentii nostri rationem, quum veros legatos provinciæ audieritis*. Contra Nigrinus,

consuls que Varénus eût à représenter ses registres. J'accompagnais Varénus seulement comme ami, et j'avais résolu de me taire. Je n'imaginais rien de plus contraire à nos vues, après avoir été nommés avocats par le sénat, que de défendre comme accusé celui que nous soutenions ne l'être pas. Cependant, lorsque Nigrinus eut fini, les consuls ayant tourné les yeux sur moi : *Messieurs*, dis-je, *vous saurez que j'ai raison de garder le silence, quand il vous aura plu d'entendre contre Nigrinus les véritables députés que les Bithyniens lui ont envoyés. J'ai moi-même entre les mains un décret que la province m'adresse. Vous pouvez*, repartit Nigrinus, *être éclairci. Si vous avez*, lui répliquai-je, *des instructions contraires, je puis bien m'en tenir, moi, à celles qui paraissent mieux convenir à ma cause.* Alors le député Polyénus prit la parole, expliqua le sujet du désistement des Bithyniens, et supplia le sénat de vouloir bien ne point faire de préjugé dans une cause portée à la propre personne de l'empereur. Magnus répondit, Polyénus répliqua ; j'entremêlai quelques mots dans leurs discours ; et pendant le reste du temps je demurai dans un profond silence. J'ai appris que souvent il n'y avait pas moins d'éloquence à se taire qu'à parler. Aussi je me souviens qu'il s'est trouvé des personnes chargées d'accusations capitales, à qui j'ai rendu plus de services par un judicieux silence, que je n'aurais pu faire par le plaidoyer le plus correct et le plus achevé. Je ne puis m'empêcher de toucher dans cette lettre un point qui paraît étranger, mais qui a du rapport à notre profession, et qui se présente. Une mère, après avoir perdu son fils, avait accusé de poison et de fausseté, devant le prince, les affranchis de son fils, qui les avait faits ses héritiers avec elle. Julius Servianus lui est donné pour juge. J'avais défendu les accusés dans une très-nombreuse audience : car la cause était célèbre, et devait être plaidée par des personnes de la plus haute réputation. On ordonna que les esclaves du mort seraient appliqués à la question, et ils déchargèrent les accusés. La mère retourne à l'empereur, et dit qu'elle a recouvré de nouvelles preuves. Servianus a ordre de revoir le procès déjà fini, et d'examiner si cette femme, qui le renouvelait, n'apportait rien de nouveau. Julius Africanus plaidait pour la mère ; c'était le petit-fils de ce Julius l'orateur, à qui Crispus Passiénus, après qu'il l'eut entendu plaider très-éloquemment une très-petite cause, dit : Cela est bien, en vérité, et très-bien ; mais pourquoi si bien ? Julius, jeune homme de beaucoup d'esprit, mais peu fin, après avoir parlé beaucoup, et avoir rempli toute la mesure du temps qui lui avait été marqué, s'adressant à Servianus : *Permettez-moi, je vous en supplie*, dit-il, *d'ajouter un mot.* Tout le monde aussitôt jeta les yeux sur moi ; et comme on s'attendait à une très-longue réplique : *J'eusse répondu*, repartis-je, *si Julius eût ajouté cet unique mot, qui sans doute eût renfermé tout ce qu'il avait promis de nouveau.* Je ne me souviens point d'avoir jamais reçu tant d'applaudissements en plaidant, que j'en reçus alors en ne plaidant pas. Aujourd'hui mon silence dans l'affaire de Varénus a eu un même succès. Les consuls, comme le demandait Polyénus, ont réservé l'entière connaissance de la cause au prince ; et j'attends sa décision avec une extrême inquiétude, car ce jour, ou me mettra en repos et en sûreté pour Varénus, ou me rejettera dans mes premiers travaux et dans mes premières alarmes. Adieu.

Ad quem misi sunt? Ego, *Ad me quoque habeo decretum provinciæ.* Rursus ille, *Potest tibi liquere.* Ad hoc ego, *Si tibi ex diverso liquet, potest et mihi, quod est melius in caussa, liquere.* Tum legatus Polyænus caussas abolitæ accusationis exposuit, postulavitque, ne cognitioni Cæsaris præjudicium fieret. Respondit Magnus, iterumque Polyænus. Ipse raro et breviter interloquutus, multum me intra silentium tenui. Accepi enim, non minus interdum oratorium esse tacere, quam dicere : atque adeo repeto, quibusdam me capitis reis, vel magis silentio, quam oratione accuratissima profuisse. Mater, amisso filio (quid enim prohibet, quamquam alia ratio scribendæ epistolæ fuerit, de studiis disputare?) libertos ejus, eosdemque coheredes suos falsi et veneficii reos detulerat ad principem, judicemque impetraverat Julium Servianum. Defenderam reos ingenti quidem cœtu : erat enim caussa notissima, præterea utrinque ingenia clarissima. Finem cognitioni quæstio imposuit ; quæ secundum reos dedit. Postea mater adiit principem : adfirmavit se novas probationes invenisse. Præceptum est Serviano, ut vacaret fi- nitam caussam retractanti, si quid novi adferret. Aderat matri Julius Africanus, nepos Julii oratoris, (quo audito, Passienus Crispus dixit, *Bene, me hercule, bene: sed quo tam bene?*) hujus nepos, juvenis ingeniosus, sed parum callidus, quum multa dixisset, adsignatumque tempus implesset, *Rogo*, inquit, *Serviane, permittas mihi unum versum adjicere.* Tum ego, quum omnes me, ut diu responsurum, intuerentur; *Respondissem*, inquam, *si unum illum versum Africanus adjecisset, in quo non dubito omnia nova fuisse.* Non facile me repeto tantum consequutum adsensum agendo, quantum tunc non agendo. Similiter nunc et probatum et exceptum est, quod pro Vareno hactenus non tacui. Consules, ut Polyænus postulabat, omnia integra principi servaverunt ; cujus cognitionem suspensus exspecto. Nam dies ille nobis pro Vareno aut securitatem et otium dabit, aut inter missum laborem renovata sollicitudine injunget. Vale.

LETTRE VII.

PLINE A SATURNINUS.

Je ne me suis pas contenté d'avoir fait ces jours passés mes remercîments à Priscus; je les lui ai réitérés, comme vous me l'avez ordonné. C'est en vérité de fort bon cœur. Je suis ravi que deux hommes de ce mérite, et que j'aime tant, soient si étroitement unis, qu'ils croient tous deux m'avoir de très-grandes obligations de ce qu'ils le sont. Car, de son côté, il publie partout que votre amitié le charme, et il entre avec vous dans un combat de tendresse réciproque, et que le temps ne fera qu'échauffer davantage. Votre absence, causée par des procès, me chagrine d'autant plus, que vous ne pouvez vous livrer à vos amis. Cependant si vous en accommodez un, et que vous fassiez bientôt juger l'autre comme vous me le mandez, vous pouvez jouir d'abord, dans le lieu où vous êtes, des douceurs du repos, et, après vous en être rassasié, revenir ici. Adieu.

LETTRE VIII.

PLINE A PRISCUS.

Je ne puis vous exprimer avec quel plaisir je vois Saturninus m'écrire lettre sur lettre, pour me charger de vous faire des remercîments infinis de sa part. Continuez comme vous avez commencé : aimez tendrement un fort honnête homme, dont l'amitié vous fera beaucoup de plaisir, et longtemps. Il a toutes les bonnes qualités qu'on peut désirer; mais la meilleure, c'est que lorsqu'il a une fois aimé, il aime toujours. Adieu.

LETTRE IX.

PLINE A CORNÉLIUS FUSCUS.

Vous me demandez comment je vous conseillerais d'étudier à votre maison de campagne, où vous êtes déjà depuis longtemps. L'une des meilleures manières, selon l'avis de beaucoup de gens, c'est de traduire du grec en latin, ou du latin en grec. Par là vous acquérez la justesse et la beauté de l'expression, la richesse des figures, la facilité de vous expliquer; et, dans cette imitation des auteurs les plus excellents, vous prenez insensiblement des tours et des pensées semblables aux leurs. Mille choses qui échappent à un homme qui lit n'échappent point à un homme qui traduit. La traduction ouvre l'esprit, forme le goût. Vous pouvez encore, après avoir lu quelque chose, seulement pour en prendre le sujet, le traiter vous-même, résolu de ne pas céder à votre auteur; ensuite conférer vos écrits avec les siens, et soigneusement examiner ce qu'il a dit mieux que vous, ce que vous avez dit mieux que lui. Quelle joie, si l'on s'aperçoit que l'on prend quelquefois le dessus! Quel redoublement d'émulation, si l'on voit que l'on demeure toujours au-dessous! Il ne sera pas inutile aussi de choisir les plus beaux endroits, et de jouter contre eux. Comme ce combat se hasarde en secret, il est hardi sans être téméraire. Ce n'est pas que nous n'ayons vu beaucoup de personnes à qui ces sortes de combats ont si bien réussi, qu'entrées en lice dans le dessein seulement de suivre ceux qu'elles ne désespéraient pas d'atteindre, elles les ont enfin glorieusement devancés. Souvenez-vous encore, quand vous aurez

VII.

C. PLINIUS SATURNINO SUO S.

Et proxime Prisco nostro, et rursus, quia ita jussisti, gratias egi, libentissime quidem. Est enim mihi perjucundum, quod viri optimi mihique amicissimi adeo cohæsistis, ut invicem vos obligari putetis. Nam ille quoque præcipuam se voluptatem ex amicitia tua capere profitetur, certatque tecum honestissimo certamine mutuæ caritatis, quam ipsum tempus augebit. Te negotiis distineri ob hoc moleste fero, quod deservire studiis non potes. Si tamen alteram litem per judicem, alteram, ut ais, ipse finieris, incipies primum illic otio frui, deinde satiatus ad nos reverti. Vale.

VIII.

C. PLINIUS PRISCO SUO S.

Exprimere non possum, quam jucundum sit mihi, quod Saturninus noster summas tibi apud me gratias aliis super alias epistolis agit. Perge, ut cœpisti, virumque optimum quam familiarissime dilige, magnam voluptatem ex amicitia ejus percepturus, nec ad breve tempus. Nam quum omnibus virtutibus abundat, tum hac præcipue, quod habet maximam in amore constantiam. Vale.

IX.

C. PLINIUS FUSCO SUO S.

Quæris, quemadmodum in secessu, quo jamdiu frueris, putem te studere oportere. Utile in primis, et multi præcipiunt, vel ex græco in latinum, vel ex latino vertere in græcum : quo genere exercitationis proprietas splendorque verborum, copia figurarum, vis explicandi, præterea imitatione optimorum similia inveniendi facultas paratur : simul quæ legentem fefellissent, transferentem fugere non possunt. Intelligentia ex hoc et judicium adquiritur. Nihil obfuerit, quæ legeris hactenus, ut rem argumentumque teneas, quasi æmulum scribere, lectisque conferre, ac sedulo pensitare, quid tu, quid ille commodius : magna gratulatio, si non nulla tu; magnus pudor, si cuncta ille melius. Licebit interdum et notissima eligere, et certare cum electis. Audax hæc, non tamen improba, quia secreta, contentio : quamquam multos videmus ejusmodi certamina sibi cum multa laude sumpsisse, quosque subsequi satis habebant, dum non desperant, antecessisse. Poteris et, quæ dixeris, post oblivionem retractare, multa retinere, plura transire, alia interscribere, alia rescribere. Laboriosum istud et tædio plenum, sed difficultate ipsa fructuosum, recalescere ex integro,

perdu les idées de votre ouvrage, de le reprendre, d'en conserver une partie, de retrancher l'autre, d'y ajouter, d'y changer. Rien, je l'avoue, n'est plus pénible, plus ennuyeux; mais cette peine a son utilité. Vous rendez à votre esprit son premier feu, et vous revenez avec des forces nouvelles. Enfin, vous ajoutez de nouveaux membres à un corps qui semblait auparavant achevé, et vous ne faites point de tort à ceux qu'il avait déjà. Je sais que votre étude présente est l'éloquence du barreau; mais pour cela, je ne vous conseillerais pas de ne point quitter quelquefois ce style de dispute, et, pour ainsi dire, de guerre. Comme les champs se plaisent à changer de différentes semences, nos esprits aussi veulent être exercés par différentes études. Je voudrais tantôt qu'un beau morceau d'histoire vous occupât, tantôt que vous prissiez soin de bien écrire une lettre, quelquefois que vous fissiez des vers. Souvent, dans les plaidoyers mêmes, il se présente des occasions où l'on est obligé de placer des descriptions qui ne sont pas seulement historiques, mais presque poétiques. En écrivant des lettres, on se fait un style concis et châtié; en faisant des vers, je ne dis pas dans ces ouvrages de longue haleine (qu'il n'est permis d'entreprendre qu'à ceux qui jouissent d'un plein loisir), mais dans ces petites pièces galantes et délicates, propres à délasser des plus importantes occupations, on s'amuse. Cela s'appelle des jeux; mais ces jeux quelquefois ne nous attirent pas moins de gloire que des écrits plus sérieux. C'est pourquoi je vous dirai (pour vous donner le goût des vers par des vers mêmes) :

> Comme on voit un morceau de cire,
> Entre les mains de l'ouvrier,
> Se laisser si bien manier,
> Qu'à son ordre aussitôt elle est ce qu'il désire;
> Qu'elle devient et Mars et Pallas tour à tour,
> Ou Vénus, ou son fils l'Amour :
> Comme l'eau répandue éteint les incendies,
> Ou va par différents canaux,
> Coulant à travers les roseaux,
> Porter l'émail dans les prairies :
> Il faut de même que l'esprit
> Se prête à différent caprice,
> Et que, docile, il obéisse
> Aux règles que l'art lui prescrit.

C'est ainsi que les plus grands orateurs, et même que les plus grands hommes, s'exerçaient ou se délassaient; ou plutôt, c'est ainsi qu'ils se délassaient et s'exerçaient tout ensemble. Il est surprenant combien ces petits ouvrages éveillent l'esprit et le réjouissent. L'amour, la haine, la colère, la pitié, la politesse, enfin tout ce qui se présente le plus ordinairement dans la vie, dans le barreau, dans les affaires, peut être le sujet de ces sortes de pièces. Outre que de cette poésie, comme des autres, nous tirons cet avantage, qu'après avoir été enchaînés par la mesure des vers, la liberté de la prose nous met à l'aise, et que nous écrivons plus gaîment dans un genre dont nous sentons la facilité, par la comparaison que nous en venons de faire. En voilà peut-être sur ce sujet plus que vous n'en demandiez. J'ai pourtant oublié un point essentiel : je n'ai point dit ce qu'il fallait lire, quoique ce soit l'avoir assez dit, que d'avoir marqué ce qu'il fallait écrire. Souvenez-vous seulement de bien choisir les meilleurs livres dans chaque genre; car on a fort bien dit *qu'il fallait beaucoup lire, mais non beaucoup de choses*. Je ne vous marque point ces livres; ils sont si universellement connus, qu'il n'est pas nécessaire de les indiquer; d'ailleurs, je me suis si fort étendu dans cette lettre, qu'en voulant vous donner des avis sur la manière d'étudier, j'ai dérobé un temps considérable à vos études. Reprenez donc au plus tôt vos tablettes. Commencez quelqu'un des ouvrages que

---

et resumere impetum fractum omissumque : postremo, nova velut membra peracto corpori intexere, nec tamen priora turbare. Scio nunc tibi esse præcipuum studium orandi; sed non ideo semper pugnacem hunc et quasi bellatorium stilum suaserim. Ut enim terræ variis mutatisque seminibus, ita ingenia nostra nunc hac, nunc illa meditatione recoluntur. Volo interdum aliquem ex historia locum apprehendas : volo epistolam diligentius scribas : volo carmina. Nam sæpe in orationes quoque non historicæ modo, sed prope poeticæ descriptionis necessitas incidit; et pressus sermo purusque ex epistolis petitur. Fas est et carmine remitti, non dico continuo et longo, (id enim perfici nisi in otio non potest) sed hoc arguto et brevi, quod apte quantaslibet occupationes curasque distinguit. Lusus vocantur; sed hi lusus non minorem interdum gloriam, quam seria consequuntur : atque adeo, (cur enim te ad versus non versibus adhortor?)

> Ut laus est ceræ, mollis cedensque sequatur
> Si doctos digitos, jussaque fiat opus,
> Et nunc informet Martem, castamque Minervam,
> Nunc Venerem effingat, nunc Veneris puerum;
> Utque sacri fontes non sola incendia sistunt
> Sæpe etiam flores vernaque prata juvant :
> Sic hominum ingenium flecti ducique per artes
> Non rigidas docta mobilitate decet.

Itaque summi oratores, summi etiam viri sic se aut exercebant aut delectabant, immo delectabant exercebantque. Nam mirum est, ut his opusculis animus intenduatur remittaturque; recipiunt enim amores, odia, iras, misericordiam, urbanitatem, omnia denique, quæ in vita, atque etiam in foro caussisque versantur. Inest his quoque eadem quæ aliis carminibus utilitas, quod metri necessitate devincti, soluta oratione lætamur, et quod facilius esse comparatio ostendit, libentius scribimus. Habes plura etiam fortasse, quam requirebas; unum tamen omisi. Non enim dixi quæ legenda arbitrarer : quamquam dixi, quum dicerem, quæ scribenda. Tu memineris sui cujusque generis auctores diligenter eligere : aiunt enim, MULTUM LEGENDUM ESSE, NON MULTA. Qui sint hi, adeo notum provocatumque est, ut demonstratione non egeant : et alioqui tam immodice epistola me extendi, ut, dum tibi, quemadmodum studere debeas, suadeo,

je vous ai proposés, ou continuez ce que vous avez commencé. Adieu.

LETTRE X.
PLINE A MACRINUS.

Comme je suis d'humeur à vouloir apprendre la fin d'une histoire quand une fois j'en ai su le commencement, je me suis imaginé que vous seriez bien aise de savoir la suite du procès de Varénus et des Bithyniens. La cause a été plaidée devant l'empereur, d'un côté par Polyénus, et de l'autre par Magnus. Quand ils eurent fini : *Aucune des parties*, dit l'empereur, *n'aura lieu de se plaindre du retardement. J'aurai soin d'être informé par moi-même des véritables intentions de la province.* Cependant Varénus ne remporte pas un petit avantage ; car enfin combien doit-il être incertain s'il est accusé justement, lorsqu'on doute même s'il est accusé ! Il reste que la province ne reprenne pas des sentiments qu'elle a condamnés, et qu'elle ne se repente pas de s'être repentie. Adieu.

LETTRE XI.
PLINE A FABATUS.

Vous êtes surpris que mon affranchi Hermès ait vendu les héritages qui m'étaient échus par succession, et pour cinq douzièmes, sans les avoir mis à l'enchère, comme je l'avais ordonné, et qu'il les ait laissés pour sept cent mille sesterces à Corellia. Vous ajoutez qu'on les pourrait vendre neuf cent mille. Cela redouble l'empressement que vous avez de savoir si je tiens ce marché. Oui, je le tiens; et voici mes raisons; car je désire que vous m'approuviez, et que mes cohéritiers m'excusent, si un devoir plus puissant que celui qui m'unissait avec eux m'en a séparé. J'ai pour Corellia tout le respect et tout l'attachement possible. Elle est sœur de Corellius Rufus, dont la mémoire m'est sacrée : elle était amie intime de ma mère. Je suis dans des liaisons très-anciennes et très-étroites avec Minucius Fuscus, son mari, homme d'une probité à toute épreuve. Enfin, son fils a été mon ami particulier ; jusque-là que, lorsque je fus préteur, je lui donnai l'intendance des jeux que je devais au peuple. Le dernier voyage que je fis en ce pays, elle me témoigna qu'elle souhaiterait fort avoir quelques terres aux environs de notre lac de Côme. Je lui dis que tout ce que j'en possédais était à son service, et qu'elle pouvait choisir et y mettre le prix, à la réserve seulement de celles qui me venaient de mon père ou de ma mère; car pour celles-là, je ne puis m'en détacher, même en faveur de Corellia. Les terres dont il s'agit m'étant donc échues, je lui écrivis que je voulais m'en défaire. Hermès lui rendit ma lettre ; aussitôt elle le pria de les lui vendre. Il le fit : vous voyez si je puis hésiter à ratifier ce que mon affranchi n'a fait que d'après mes sentiments. Je n'ai plus qu'à prier mes cohéritiers de trouver bon que j'aie séparément vendu ce qu'absolument j'ai eu droit de vendre ; et il ne faut pas qu'ils croient que mon exemple fasse une loi pour eux. Comme ils n'ont pas avec Corellia les mêmes engagements que moi, rien n'empêche qu'ils ne cherchent les avantages que l'amitié m'a suffisamment remplacés. Adieu.

---

studendi tempus abstulerim. Quin ergo pugillares resumis, et aliquid ex his, vel istud ipsum quod cœperas, scribis. Vale.

X.
C. PLINIUS MACRINO SUO S.

Quia ipse, quum prima cognovi, jungere extrema, quasi avulsa, cupio, te quoque existimo velle de Vareno et Bithynis reliqua cognoscere. Acta caussa hinc a Polyæno, inde a Magno. Finitis actionibus Cæsar, *Neutra*, inquit, *pars de mora queretur. Erit mihi curæ, explorare provinciæ voluntatem.* Multum interim Varenus tulit. Etenim quam dubium est an merito accusetur, qui an omnino accusetur incertum est? Superest, ne rursus provinciæ, quod damnasse dicitur, placeat, agatque pœnitentiam pœnitentiæ suæ. Vale.

XI.
C. PLINIUS FABATO SUO S.

Miraris, quod Hermes libertus meus hereditarios agros, quos ego jusseram proscribi, non exspectata auctione, pro meo quincunce ex septingentis millibus Corelliæ addixerit. Adjicis, posse eos nongentis millibus venire, ac tanto magis quæris, an, quod gessit, ratum servem. Ego vero servo : quibus ex caussis, accipe. Cupio enim et tibi probatum, et coheredibus meis excusatum esse, quod me ab illis, majore officio jubente, secerno. Corelliam cum summa reverentia diligo; primum, ut sororem Corellii Rufi, cujus mihi memoria sacrosancta est; deinde, ut matri meæ familiarissimam. Sunt mihi et cum marito ejus, Minucio Fusco, optimo viro, vetera jura : fuerunt et cum filio maxima : adeo quidem, ut prætore me ludis meis præsederit. Hæc, quum proxime istic fui, indicavit mihi, cupere se aliquid circa Larium nostrum possidere. Ego illi ex prædiis meis, quod vellet, et quanti vellet, obtuli, exceptis paternis maternisque : his enim cedere ne Corelliæ quidem possum. Igitur quum obvenisset mihi hereditas, in qua prædia ista, scripsi ei venalia futura. Has epistolas Hermes tulit, exigentique, ut statim portionem meam sibi addiceret, paruit. Vides, quam ratum habere debeam, quod libertus meus meis moribus gessit? Superest, ut coheredes æquo animo ferant, separatim me vendidisse, quod mihi licuit omnino vendere. Nec vero coguntur imitari meum exemplum. Non enim illis eadem cum Corellia jura sunt. Possunt ergo intueri utilitatem suam, pro qua mihi fuit amicitia. Vale.

LETTRE XII.

PLINE A MINUCIUS.

Je vous envoie, pour vous en servir dans le besoin, la requête que j'ai faite pour votre ami, ou plutôt pour le nôtre (car qu'avons-nous qui ne nous soit pas commun?) Et je vous l'envoie plus tard que je ne vous l'avais promise, afin que vous n'ayez pas le temps de la corriger, ou, pour mieux dire, de la gâter. Après tout, si vous n'en avez pas assez pour la corriger, vous en aurez toujours de reste pour la gâter, au cas que vous suiviez votre penchant ordinaire; car vous autres mauvais critiques, vous prenez la peine de retrancher tout ce qu'il y a de meilleur. Si cela vous arrive, j'en saurai faire mon profit; je m'en servirai comme de mon bien dans une autre occasion, et j'en retirerai des louanges, dont j'aurai obligation à votre dégoût. C'est ce que j'attends des endroits que j'ai marqués à la marge, et que j'ai mis en interligne, autrement qu'ils ne le sont dans le corps de l'ouvrage. Comme je me défiais que vous pourriez bien prendre pour pompeux et guindé ce qui n'est que sublime et harmonieux, j'ai cru qu'il ne serait pas hors de propos de vous épargner la torture que vous vous donneriez pour le refondre, et que je ferais bien d'ajouter, au même lieu, quelque chose de plus simple et de plus uni, ou, à dire vrai, de plus bas et de plus mauvais, mais bien meilleur à votre goût; car je ne puis me défendre de faire partout la guerre à votre timide bassesse. Jusqu'ici j'ai voulu rire, et vous faire oublier un moment vos occupations; voici du sérieux. Songez à me rembourser les frais de la course d'un exprès que je vous ai dépêché. Vous avez bien l'air, après avoir lu ceci, de trouver, non pas quelque partie de la requête, mais toute la requête mauvaise, et de soutenir que je ne puis vous demander la valeur d'une chose qui n'en a aucune. Adieu.

LETTRE XIII.

PLINE A FÉROX.

Votre lettre m'assure en même temps que vous étudiez et que vous n'étudiez pas. Je vous parle énigme, et j'en conviens, jusqu'à ce que je m'explique plus clairement. Elle dit que vous n'étudiez point; et elle est si poliment écrite, qu'elle ne peut l'avoir été que par une personne qui étudie. S'il en est autrement, vous êtes le plus heureux homme du monde d'écrire de ces choses en vous jouant, sans étude. Adieu.

LETTRE XIV.

PLINE A CORELLIA.

C'est à vous un excès d'honnêteté, que de me prier et de me presser avec tant d'instance de recevoir le prix de la terre que mon affranchi vous a vendue, et de le recevoir, non sur le pied de sept cent mille sesterces, suivant votre marché avec lui, mais sur le pied de neuf cent mille, en se réglant sur la vente que le fisc vous a faite du vingtième qui lui en appartenait. Vous voulez bien qu'à mon tour je vous supplie et vous conjure de faire un peu d'attention, non-seulement sur ce qui est digne de vous, mais aussi sur ce qui est digne de moi; et de souffrir qu'ici mon aveugle soumission pour vous se démente par les mêmes raisons qui partout ailleurs lui servent de principe. Adieu.

LETTRE XV.

PLINE A SATURNINUS.

Vous demandez ce que je fais. Vous le savez: je m'occupe à mon ordinaire; je m'emploie pour

---

XII.
C. PLINIUS MINUCIO SUO S.

Libellum formatum a me, sicut exegeras, quo amicus tuus, immo noster, (quid enim non commune nobis?) si res posceret, uteretur, misi tibi ideo tardius, ne tempus emendandi eum, id est, disperdendi, haberes. Habebis tamen, an emendandi, nescio; utique disperdendi (ὑμεῖς γὰρ κακόζηλοι), optima quæque si detraxeris. Quod si feceris, boni consulam. Postea enim illis ex aliqua occasione, ut meis, utar, et beneficio fastidii tui ipse laudabor, ut in eo quod adnotatum invenies, et supraserpto aliter explicitum. Nam, quum suspicarer, futurum, ut tibi tumidius videretur, quod est sonantius et elatius; non alienum existimavi, ne te torqueres, addere statim pressius quiddam et exilius, vel potius humilius et pejus, vestro tamen judicio rectius. Cur enim non usquequaque tenuitatem vestram insequar et exagitem? Hæc, ut inter istas occupationes aliquid aliquando rideres : illud serio. Vide, ut mihi viaticum reddas, quod impendi, data opera cursore dimisso. Nœ tu, quum hoc legeris, non partes libelli, sed totum libellum improbabis, negabisque ullius pretii esse, cujus pretium reposceris. Vale.

XIII.
C. PLINIUS FEROCI SUO S.

Eadem epistola et studere te et non studere significat. Ænigmata loquor. Ita plane, donec distinctius, quod sentio, enuntiem. Negat enim te studere, sed est tam polita, quæ nisi a studente, non potest scribi : aut es tu super omnes beatus, si talia per desidiam et otium perficis. Vale.

XIV.
C. PLINIUS CORELLIÆ SUÆ S.

Tu quidem honestissime, quod tam impense et rogas et exigis, ut accipi jubeam a te pretium agrorum non ex septingentis millibus, quanti illos a liberto meo, sed ex nongentis, quanti a publicanis partem vicesimam emisti. Invicem ego et rogo et exigo, ut non solum quid te, verum etiam quid me deceat, adspicias, patiarisque, me in hoc uno tibi eodem animo repugnare, quo in omnibus obsequi soleo. Vale.

le service de mes amis; je donne quelques heures à l'étude. Je n'ose dire qu'il serait mieux, mais je dirai bien qu'il serait beaucoup plus doux de les lui donner toutes. Je souffrirais avec peine de vous voir livré à toute autre chose qu'à ce que vous voudriez faire, si je ne savais que vos occupations sont très-glorieuses; car, selon moi, rien ne mérite plus de louanges que de soutenir les intérêts de notre patrie, et de conserver la paix entre nos amis. Je m'étais bien promis que le commerce de Priscus vous accommoderait. Je connais sa droiture et sa politesse : quand vous m'assurez qu'il se souvient avec tant de plaisir des bons offices qu'il croit avoir reçus de moi, vous m'apprenez encore ce qui m'était moins connu, qu'il est l'homme du monde le plus reconnaissant. Adieu.

LETTRE XVI.

PLINE A FABATUS, AÏEUL DE SA FEMME.

Calestrius Tiro est de mes plus intimes amis, et nous tenons l'un à l'autre par tous les engagements publics et particuliers. Nous avons servi à l'armée ensemble. Nous avons été collègues dans la charge de trésorier de l'empereur. Il me devança dans la charge de tribun du peuple, par le privilége que donne le nombre des enfants. Je l'atteignis dans celle de préteur, le prince m'ayant accordé dispense d'un an qui me manquait. Je me suis souvent retiré dans ses terres; souvent il est venu rétablir sa santé dans les miennes. Il va, en qualité de proconsul, prendre possession du gouvernement de la Bétique, et doit passer par Ticinum. Je me flatte, ou plutôt je compte qu'il se détournera sans peine, à ma prière, si vous avez envie d'affranchir, avec les cérémonies ordinaires, et en présence du magistrat, les esclaves à qui ces jours passés vous avez déjà, en présence de vos amis, donné la liberté. N'appréhendez point d'incommoder un homme à qui il ne coûterait rien de faire le tour du monde pour mon service. Défaites-vous donc de cette excessive discrétion que je vous connais, et ne consultez que votre plaisir; il ne prend pas moins de plaisir à me satisfaire que j'en prends à vous obéir. Adieu.

LETTRE XVII.

PLINE A CÉLER.

Chacun a ses raisons pour lire ses ouvrages à ses amis : les miennes sont, comme je l'ai dit souvent, que si je manque, ce qui n'arrive que trop, on me redresse. C'est pourquoi je ne puis m'étonner assez de ce que vous me mandez qu'il y a des gens qui ne trouvent pas bon que je lise mes plaidoyers dans une assemblée d'amis, si ce n'est qu'ils s'imaginent que ces sortes d'ouvrages doivent seuls jouir du privilége de n'être point corrigés. Je leur demanderais volontiers pourquoi ils permettent, si pourtant ils le permettent, qu'on lise une histoire qui n'est point faite pour établir la réputation de l'auteur, mais pour établir la vérité; une tragédie, qui demande, non un auditoire, mais un théâtre et des acteurs; des vers lyriques, qui veulent, non un lecteur, mais un chœur de musiciens et des instruments. L'usage, dit-on, de lire ces ouvrages est introduit. Eh bien! faut-il condamner celui qui commença de l'introduire? Ce n'est pas que nos Romains, et même les Grecs, n'aient souvent lu des plai-

XV.

C. PLINIUS SATURNINO SUO S.

Requiris, quid agam. Quo nosti, distringor officio : amicis deservio : studeo interdum; quod non interdum, sed solum semperque facere, non audeo dicere rectius, certe beatius erat. Te alia omnia, quam quæ velis, agere, moleste ferrem, nisi ea, quæ agis, essent honestissima. Nam et reipublicæ servire negotiis, et disceptare inter amicos laude dignissimum est. Prisci nostri contubernium jucundum tibi futurum sciebam. Noveram simplicitatem ejus, noveram comitatem : eumdem esse, quod minus noram, gratissimum experior, quum tam jucunde officiorum nostrorum meminisse cum scribas. Vale.

XVI.

C. PLINIUS FABATO PROSOCERO SUO S.

Calestrium Tironem familiarissime diligo, et privatis mihi et publicis necessitudinibus implicitum. Simul militavimus, simul quæstores Cæsaris fuimus. Ille me in tribunatu liberorum jure præcessit; ego illum in prætura sum consequutus, quum mihi Cæsar annuum remisisset. Ego in villas ejus sæpe secessi; ille in domo mea sæpe convaluit. Hic nunc proconsul provinciam Bæticam per Ticinum est petiturus. Spero, immo confido, facile me impetraturum, ut ex itinere deflectat ad te. Si voles vindicta liberare, quos proxime inter amicos manumisisti, nihil est quod verearis, ne sit hoc illi molestum, cui orbem terrarum circumire non erit longum mea caussa. Proinde nimiam verecundiam pone, teque, quid velis, consule. Illi tam jucundum, quod ego, quam mihi, quod tu jubes. Vale.

XVII.

C. PLINIUS CELERI SUO S.

Sua cuique ratio recitandi; mihi, quod sæpe jam dixi, ut, si quid me fugit, ut certe fugit, admonear. Quo magis miror, quod scribis fuisse quosdam, qui reprehenderent, quod orationes omnino recitarem : nisi vero has solas non putant emendandas. A quibus libenter requisierim, cur tragœdiam, quæ non ostentationi, sed fidei veritatique componitur; cur tragœdiam, quæ non auditorium, sed scenam et actores; cur lyrica, quæ non lectorem, sed chorum et lyram poscunt, recitare permittant. At horum recitatio usu jam recepta est. Num ergo culpandus est ille, qui cœpit? Quamquam orationes quoque et nostri quidam et Græci lectitaverunt. Supervacuum tamen et reritare, quæ dixeris. Etiam, si eadem

doyers. Mais, dira-t-on, il est inutile de lire ce que vous avez publiquement prononcé. Cela serait vrai, si vous lisiez les mêmes choses aux mêmes personnes, si vous lisiez en sortant de l'audience; mais si vous ajoutez en un endroit, si vous changez l'autre, si la plupart de vos auditeurs ne vous ont point entendu plaider; si quelques-uns vous ont entendu, mais depuis longtemps : je voudrais bien savoir pourquoi il n'y a pas autant de raison de lire ce que vous avez prononcé, que de le donner au public? Si un plaidoyer ne conserve guère ses grâces dans une lecture, c'est un surcroît de peine pour celui qui lit, et non une raison pour ne point lire. Je ne cherche pas à être loué quand je lis, mais à être loué quand je suis lu. Je ne néglige donc aucune manière de critique. D'abord, je repasse seul sur ce que j'ai composé. Après cela, je le lis à deux ou trois personnes; ensuite, je le donne à d'autres pour y faire leurs remarques; et ces remarques, si elles me laissent quelque scrupule, je les communique encore à un ou deux de mes amis, avec qui j'en décide. Enfin, je lis dans une assemblée plus nombreuse, et jamais, si vous m'en croyez, je ne corrige tant. Je suis alors d'autant plus appliqué et plus recueilli, que je suis plus inquiet. Le respect, la retenue, la crainte, sont de très-judicieux censeurs. Car faites, je vous prié, cette réflexion : N'est-il pas vrai que si vous parlez devant un homme seul, quelque savant qu'il soit, vous êtes moins troublé que si vous parliez devant plusieurs, quoique ignorants? N'est-il pas vrai que jamais vous ne vous défiez davantage de vous que quand vous vous levez pour plaider? qu'alors vous voudriez avoir changé une partie de votre discours, souvent le discours entier, surtout si l'audience est grande et bien remplie? Vous redoutez alors jusqu'aux plus vils et aux plus grossiers. N'avouerez-vous pas que si votre début paraît ne plaire point, vous perdez courage, vous êtes consterné? La raison de cela, selon moi, c'est que le concours et le nombre forment je ne sais quel avis universel ; et que le goût, qui peut être médiocre dans chacun en particulier, se trouve exquis dans tout le monde ensemble. C'est pourquoi Pomponius Secundus, le tragique, avait coutume de dire, lorsque sur quelque endroit de ses pièces il n'était pas d'accord avec un ami de confiance, *J'en appelle au peuple* ; et, selon que l'endroit contesté plaisait ou déplaisait au peuple, il suivait l'avis de son ami ou le sien, tant il donnait au jugement de la multitude. Était-ce bien ou mal? ce n'est pas mon affaire ; car moi, je ne lis pas au peuple, mais dans une assemblée de personnes choisies, pour qui j'ai de la considération, en qui je prends confiance, enfin que j'estime autant séparément que je les crains ensemble. Ce que Cicéron disait de la plume, je le dis du respect qu'on a pour le public. Ce respect est le plus sûr de tous les censeurs. Songer que l'on doit lire, entrer dans le lieu de l'assemblée, regarder autour de soi, pâlir, trembler, tout cela corrige et perfectionne un ouvrage. Je ne puis donc me repentir d'une coutume dont j'éprouve si sensiblement l'utilité. Et les discours frivoles de ces gens-là font sur moi si peu d'impression, que je vous supplie de m'indiquer quelque nouveau secret pour rendre mes écrits encore plus corrects; car mon exactitude n'est jamais satisfaite. Je songe combien il est périlleux de donner un ouvrage au public ; et je ne puis me persuader que l'on ne doive pas retoucher, et souvent et avec plusieurs, ce que l'on veut qui plaise, et toujours, et à tout le monde. Adieu.

---

omnia, lisdem omnibus, si statim recites : si vero multa inseras, multa commutes, si quosdam novos, quosdam eosdem, sed post tempus, assumas, cur minus probabilis sit caussa recitandi quæ dixeris, quam edendi? Sed difficile est, ut oratio, dum recitatur, satisfaciat : jam hoc ad laborem recitantis pertinet, non ad rationem non recitandi : nec vero ego, dum recito, laudari, sed dum legor, cupio. Itaque nullum emendandi genus omitto : ac primum quæ scripsi, mecum ipse pertracto; deinde duobus aut tribus lego; mox aliis trado adnotanda, notasque eorum, si dubito, cum uno rursus aut altero pensito ; novissime pluribus recito; ac, si quid mihi credis, tunc acerrime emendo : nam tanto diligentius, quanto sollicitius, intendo. Optime autem reverentia, pudor, metus judicant : idque adeo sic habe. Nonne, si loquuturus es cum aliquo, quamlibet docto, uno tamen, minus commoveris, quam si cum multis vel indoctis? Nonne, quum surgis ad agendum, tum maxime tibi ipse diffidis, tum commutata, non dico plurima, sed omnia cupis? Utique si latior scena, et corona diffusior : nam illos quoque sordidos pullatosque reveremur. Nonne, si prima quæque improbari putas, debilitaris et concidis? Opinor, quia in numero ipso est quoddam magnum collatumque consilium; quibusque singulis judicii parum, omnibus plurimum. Itaque Pomponius Secundus (hic scriptor tragœdiarum) si quid forte familiarior amicus tollendum, ipse retinendum arbitraretur, dicere solebat, AD POPULUM PROVOCO : itaque ita ex populi vel silentio vel assensu aut suam aut amici sententiam sequebatur. Tantum ille populo dabat! recte an secus, nihil ad me. Ego enim non populum advocare, sed certos electosque soleo, quos intuear, quibus credam, quos denique et tanquam singulos observem, et tanquam non singulos timeam. Nam quod M. Cicero de stilo, ego de metu sentio. Timor est emendator acerrimus : hoc ipsum, quod nos recitaturos cogitamus, emendat : quod auditorium ingredimur, emendat : quod pallemus, horrescimus, circumspicimus, emendat. Proinde non pœnitet me consuetudinis meæ, quam utilissimam experior : adeoque non deterreor sermunculis istorum, ut ultro te rogem, monstres aliquid, quod his addam. Nihil enim curæ meæ satis est. Cogito, quam sit magnum, dare aliquid in manus hominum : nec persuadere mihi possum, non, et cum

LETTRE XVIII.

PLINE A CANINIUS.

Vous me demandez comment on peut assurer une somme que vous avez promise à nos compatriotes pour un festin annuel et public, et le moyen que la destination de cette somme se perpétue et s'exécute après vous. Il ne se peut rien de plus honnête que votre demande, mais le conseil n'est pas aisé. Il est à craindre, si vous donnez de l'argent, qu'on ne le dissipe; si vous donnez des héritages, qu'on ne les néglige comme publics. Pour moi, je n'ai trouvé rien de plus sûr que ce que j'ai pratiqué. J'avais promis cinq cent mille sesterces pour fonder des aliments à des personnes libres de l'un et de l'autre sexe ; je fis au procureur de la république une vente simulée d'une terre, qui valait beaucoup plus que le prix que je la vendis. Je repris ensuite cette terre, chargée d'une rente annuelle et perpétuelle de trente mille sesterces. Par là, le fonds est en sûreté, le revenu n'est point incertain, et l'héritage ne court aucun risque d'être abandonné, parce que, rendant beaucoup plus que la rente dont il est chargé, jamais il ne manquera de maître qui prenne soin de le faire valoir. Je n'ignore pas que j'ai donné plus qu'il ne paraît, puisque la charge de cette rente diminue beaucoup la valeur d'une très-belle terre ; mais il est trop juste de donner la préférence à l'utilité publique sur l'utilité particulière, à l'éternité sur le temps, et de prendre plus de soin de son bienfait que de son bien. Adieu.

LETTRE XIX.

PLINE A PRISCUS.

La maladie de Fannia me désole; elle l'a contractée par ses assiduités auprès de Junia, vestale, qui était malade. Fannia lui a rendu toute sorte de secours, d'abord volontairement, comme une bonne parente, et dans la suite par l'ordre même des pontifes : car lorsqu'un mal pressant force les vestales de sortir du temple de Vesta, on les confie aux soins et à la garde de quelque dame, et c'est en remplissant ces devoirs que Fannia est tombée malade elle-même. Elle a une fièvre continue, une toux qui augmente à toute heure : elle est d'une maigreur extrême, et dans un accablement qui ne se peut dire. Tout ce qu'elle conserve de bon, c'est l'esprit et le courage, qu'elle a toujours dignes d'Helvidius, son mari, et de Thraséas, son père. Le reste l'abandonne, et me jette non-seulement dans une frayeur, mais dans une douleur mortelle. Je suis inconsolable de voir une si illustre femme disparaître de Rome, où l'on ne verra peut-être jamais rien qui lui ressemble. Que de modestie ! que de probité! que de sagesse ! que de fermeté ! Elle a suivi deux fois son mari en exil, et elle y a été une troisième fois pour l'amour de lui. Car Sénécion, accusé d'avoir écrit la vie d'Helvidius, dit, pour sa justification, qu'il ne l'avait fait qu'à la prière de Fannia. Métius Carus, l'accusateur, demanda d'un air menaçant à Fannia, *si elle l'en avait prié* : elle répondit, sans s'émouvoir : *Je l'en ai prié. Si elle avait donné les mémoires : J'en ai donné. Si sa mère le savait : Elle n'en sait rien.* Enfin elle ne laissa pas échapper une parole qui

---

multis, et sæpe tractandum, quod placere et semper et omnibus cupias. Vale.

XVIII.
C. PLINIUS CANINIO SUO S.

Deliberas mecum, quemadmodum pecunia, quam municipibus nostris in epulum obtulisti, post te quoque salva sit. Honesta consultatio, non expedita sententia. Numeres reipublicæ summam? verendum est, ne dilabatur. Des agros? ut publici, negligentur. Equidem nihil commodius invenio, quam quod ipse feci : nam pro quingentis millibus nummum, quæ in alimenta ingenuorum promiseram, agrum ex meis, longe pluris, auctori publico mancipavi : eumdem vectigali imposito recepi, tricena millia annua daturus. Per hoc enim et reipublicæ sors in tuto, nec reditus incertus, et ager ipse propter id, quod vectigali large supercurrit, semper dominum, a quo exerceatur, inveniet. Nec ignoro, me plus aliquanto, quam donasse videor, erogavisse, quum pulcherrimi agri pretium necessitas vectigalis infregerit. Sed oportet privatis utilitatibus publicas, mortalibus æternas anteferre; multoque diligentius muneri suo consulere, quam facultatibus. Vale.

XIX.
C. PLINIUS PRISCO SUO S.

Angit me Fanniæ valetudo. Contraxit hanc, dum assidet Juniæ virgini, sponte primum (est enim affinis); deinde etiam ex auctoritate pontificum. Nam Virgines, quum vi morbi atrio Vestæ coguntur excedere, matronarum curæ custodiæque mandantur. Quo munere Fannia dum sedulo fungitur, hoc discrimine implicita est. Insident febres, tussis increscit, summa macies, summa defectio : animus tantum et spiritus viget, Helvidio marito, Thrasea patre dignissimus : reliqua labuntur, meque non metu tantum, verum etiam dolore conficiunt. Doleo enim, maximam feminam eripi oculis civitatis, nescio an aliquid simile visuris. Quæ castitas illius, quæ sanctitas ! quanta gravitas! quanta constantia! Bis maritum sequuta in exsilium est, tertio ipsa propter maritum relegata. Nam, quum Senecio reus esset, quod de vita Helvidii libros composuisset, rogatumque se a Fannia in defensione dixisset : quærente minaciter Metio Caro, an rogasset, respondit, *Rogavi :* an commentarios scripturo dedisset, *Dedi :* an sciente matre, *Nesciente.* Postremo nullam vocem cedentem periculo emisit. Quin etiam illos ipsos libros, quamquam ex necessitate et metu temporum abolitos SC. publicatis bonis, servavit, habuit, tulitque in exsilium exsilii

ressentit la personne troublée du péril qu'elle courait. Un décret du sénat, donné au malheur et à la nécessité des temps, supprima cet ouvrage, la relégua, et confisqua ses biens; et lorsqu'elle perdait tout, elle conserva soigneusement ces livres, et porta dans son exil, avec elle, la cause même de son exil. Qu'elle était agréable, polie, aimable! et, ce qu'il est très-rare de trouver ensemble, qu'elle était en même temps respectable! Certainement nous pourrons dans la suite la proposer à nos femmes pour modèle, et trouver nous-mêmes, dans sa vie, de grands exemples de courage. Dès maintenant qu'il nous est encore permis de la voir et de l'entendre, nous n'avons pas pour elle moins d'admiration que pour ces femmes héroïques qui ont mérité place dans l'histoire. Pour moi, il me semble que cette maison est ébranlée jusque dans les fondements, et toute prête à tomber. Quoique Fannia ait des descendants, par quelles actions, par quelles vertus pourront-ils parvenir à faire croire que leur maison n'a pas été ensevelie avec cette illustre femme? Un surcroît de douleur pour moi, c'est qu'il me semble que je perds encore une fois sa mère, la mère, dis-je, d'une si admirable femme; car cet éloge renferme tout. Comme elle la représente et la fait revivre, elle nous l'enlèvera, et la fera mourir une seconde fois avec elle; et, en me faisant une nouvelle plaie, elle rouvrira les anciennes. J'ai eu pour l'une et pour l'autre toute la vénération, toute la tendresse possibles : je ne sais pour laquelle j'en avais davantage, et elles ne voulaient pas que je le susse. Je leur ai donné dans leur prospérité tous les témoignages que j'ai pu de mon dévouement; je les leur ai continués dans leur adversité; j'ai pris soin de les consoler pendant leur exil, de les venger à leur retour. Je ne leur ai pourtant pas rendu tout ce que je leur dois; et je souhaite d'autant plus de conserver celle qui nous reste, pour avoir le temps de m'acquitter. Voilà les inquiétudes où je suis en vous écrivant. Je ne m'en plaindrai pas, si quelque divinité favorable les change en joie. Adieu.

LETTRE XX.

PLINE A TACITE.

J'ai lu votre livre, et j'ai marqué, avec le plus d'exactitude qu'il m'a été possible, ce que je crois y devoir être changé et en devoir être retranché; car je n'aime pas moins à dire la vérité que vous à l'entendre; et d'ailleurs l'on ne trouve point de gens plus dociles à la censure que ceux qui méritent le plus de louanges. Je m'attends qu'à votre tour, vous me renverrez mon livre avec vos critiques. O l'agréable, ô le charmant échange! Que j'ai de plaisir à penser que si jamais la postérité fait quelque cas de nous, elle ne cessera de publier avec quelle union, quelle franchise, quelle amitié nous avons vécu ensemble! Il sera rare et remarquable que deux hommes à peu près de même âge, de même rang, de quelque nom dans l'empire des lettres (car il faut bien que je parle modestement de vous, puisque je parle en même temps de moi), se soient si fidèlement aidés dans leurs études. Pour moi, dès ma plus tendre jeunesse, la réputation, la gloire que vous aviez acquise, me faisaient déjà désirer de vous suivre, de marcher et de paraître marcher sur vos traces, *non pas de près, mais de plus près qu'un autre*. Ce n'est pas qu'alors nous n'eussions à Rome beaucoup d'esprits du premier ordre; mais, entre tous les autres, le rapport de nos inclinations vous montrait à moi comme le plus propre à être imité, comme le plus digne de l'être. C'est ce qui redouble ma joie, quand j'entends dire que, si la conversation tombe sur les belles-lettres, on nous nomme ensemble; que si l'on parle de vous, aussitôt l'on pense à moi. Je sais bien qu'il y a des gens que

---

caussam. Eadem quam jucunda, quam comis, quam denique (quod paucis datum est) non minus amabilis, quam veneranda! Erit sane, quam postea uxoribus nostris ostentare possimus : erit, a qua viri quoque fortitudinis exempla sumamus; quam sic cernentes audientesque miramur, ut illas, quæ leguntur. Ac mihi domus ipsa nutare, convulsaque sedibus suis ruitura supra videtur, licet adhuc posteros habeat. Quantis enim virtutibus quantisque factis adsequentur, ut hæc non novissima occiderit? Me quidem illud etiam affligit et torquet, quod matrem ejus, illam (nihil possum illustrius dicere) tantæ feminæ matrem, rursus videor amittere, quam hæc, ut reddit ac refert nobis, sic auferet secum, meque et novo pariter et rescisso vulnere afficiet. Utramque colui; utramque dilexi : utram magis, nescio; nec discerni volebant. Habuerunt officia mea in secundis, habuerunt in adversis. Ego solatium relegatarum, ego ultor reversarum : non feci tamen paria, atque eo magis hanc cupio servari, ut mihi solvendi tempora supersint. In his eram curis, quum scriberem ad te; quas si deus aliquis in gaudium verterit, de metu non querar. Vale.

XX.

C. PLINIUS TACITO SUO S.

Librum tuum legi, et quam diligentissime potui, adnotavi, quæ commutanda, quæ eximenda arbitrarer : nam et ego verum dicere assuevi, et tu libenter audire. Neque enim ulli patientius reprehenduntur, quam qui maxime laudari merentur. Nunc a te librum meum cum adnotationibus tuis exspecto. O jucundas, o pulchras vices! Quam me delectat, quod, si qua posteris cura nostri, usquequaque narrabitur, qua concordia, simplicitate, fide, viximus! Erit rarum et insigne, duos homines, ætate propemodum æquales, non nullius in litteris nominis (cogor enim de te quoque parcius dicere, quia de me simul dico), alterum alterius studia fovisse. Equidem adolescentulus, quum jam tu fama gloriaque floreres, te sequi, tibi *longo, sed proximus, intervallo* et esse et haberi concupisce-

l'on nous préfère à l'un et à l'autre; mais pourvu que l'on nous place tous deux ensemble, il ne m'importe en quel rang; car c'est tenir le premier rang que venir après vous. Vous avez pu même remarquer que dans les testaments, excepté ceux de quelques amis particuliers, on ne laisse point de legs à l'un de nous, qu'on n'en laisse un semblable à l'autre. La conclusion de tout ce discours, c'est que nous ne pouvons trop nous aimer, nous que les études, les mœurs, la réputation, les dernières volontés des hommes, unissent par tant de nœuds. Adieu.

LETTRE XXI.

PLINE A CORNUTUS.

J'obéis, mon cher collègue, et je prends soin de mes yeux autant que vous me l'ordonnez. Je suis arrivé ici dans une chaise fermée, où j'ai été comme dans ma chambre. Non-seulement je n'écris point, mais je m'abstiens même de lire : il m'en coûte beaucoup, à la vérité, mais je m'en abstiens, et je n'étudie plus que des oreilles. Je rends avec des rideaux mon appartement sombre, sans le rendre tout à fait obscur. Je trouve même le moyen, en fermant les fenêtres basses de ma galerie, d'y faire entrer autant d'ombre que de lumière, et par là peu à peu j'apprends à supporter le jour. J'use du bain, parce qu'il m'est bon; du vin, parce qu'il ne m'est pas mauvais, sobrement pourtant; c'est ma coutume; et d'ailleurs j'ai quelqu'un qui m'observe. J'ai reçu, comme venant de vous, la poularde que vous m'avez envoyée; et j'ai eu les yeux assez bons, quoique encore faibles, pour m'apercevoir qu'elle est fort grasse. Adieu.

LETTRE XXII.

PLINE A FALCON.

Vous serez moins surpris que je vous aie demandé avec tant d'instance la charge de colonel pour un de mes amis, quand vous saurez le nom de cet ami, et quel est son mérite. Je puis bien vous le dire, et vous en faire le portrait, aujourd'hui que vous m'avez accordé ma demande : c'est Cornélius Minucianus. Quoiqu'il ne donne pas moins de lustre par ses mœurs que par sa naissance au pays dont je tire mon origine, qu'il soit d'une illustre maison, et qu'il ait de grands biens, il aime l'étude avec la même ardeur que l'aiment ordinairement ceux qui manquent de tout. On ne peut trouver un juge plus intègre, un avocat plus zélé, un plus fidèle ami. Vous croirez que c'est vous qui m'avez une très-grande obligation, quand vous connaîtrez à fond cet homme, qui n'est au-dessous d'aucuns honneurs, d'aucunes charges; et c'est pour m'accommoder à sa modestie que je me contente de ces termes. Adieu.

LETTRE XXIII.

PLINE A FABATUS, AIEUL DE SA FEMME.

Je me réjouis que vous ayez assez de santé pour pouvoir aller au-devant de Tiron jusqu'à Milan. Mais, afin que vous la conserviez plus longtemps, je vous supplie de vouloir bien vous épargner cette fatigue, si contraire à un homme de votre

---

bam. Et erant multa clarissima ingenia : sed tu mihi (ita similitudo naturæ ferebat) maxime imitabilis, maxime imitandus videbaris. Quo magis gaudeo, quod, si quis de studiis sermo, una nominamur; quod de te loquentibus statim occurro. Nec desunt, qui utrique nostrum præferantur : sed nihil interest mea, quo loco jungimur : nam mihi primus, qui a te proximus. Quin etiam in testamentis debes adnotasse : nisi quis forte alterutri nostrum amicissimus, eadem legata, et quidem pariter, accipimus. Quæ omnia huc spectant, ut invicem ardentius diligamus, quum tot vinculis nos studia, mores, fama, suprema denique hominum judicia constringant. Vale.

XXI.

C. PLINIUS CORNUTO SUO S.

Pareo, collega carissime, et infirmitati oculorum, ut jubes, consulo. Nam et huc, tecto vehiculo undique inclusus, quasi in cubiculo, perveni, et non stilo modo, verum etiam lectionibus difficulter, sed abstineo, solisque auribus studeo. Cubicula obductis velis opaca, nec tamen obscura, facio. Cryptoporticus quoque, adopertis inferioribus fenestris, tantum umbræ, quantum luminis, habet. Sic paullatim lucem ferre condisco. Balineum assumo, quia prodest : vinum, quia non nocet; parcissime tamen. Ita assuevi, et nunc custos adest. Gallinam, ut a te missam, libenter accepi; quam satis acribus oculis, quamquam adhuc lippus, pinguissimam vidi. Vale.

XXII.

C. PLINIUS FALCONI SUO S.

Minus miraberis, me tam instanter petisse, ut in amicum meum conferres tribunatum, quum scieris, quis ille qualisque : possum autem jam tibi et nomen indicare, et describere ipsum, postquam polliceris. Est Cornelius Minucianus, ornamentum regionis meæ, seu dignitate, seu moribus : natus splendide, abundat facultatibus, amat studia, ut solent pauperes : idem rectissimus judex, fortissimus advocatus, fidelissimus amicus. Accepisse te beneficium credes, quum propius inspexeris hominem, omnibus honoribus, omnibus titulis (nihil volo elatius de modestissimo viro dicere) parem. Vale.

XXIII.

C. PLINIUS FABATO PROSOCERO SUO S.

Gaudeo quidem esse te tam fortem, ut Mediolani occurrere Tironi possis : sed, ut perseveres esse tam fortis, rogo, ne tibi contra rationem ætatis tantum laboris injungas. Quin immo denuntio, ut illum et domi, et intra domum, atque etiam intra cubiculi limen, expectes. Etenim quum a me ut frater diligatur, non debet ab eo, quem ego parentis loco observo, exigere officium, quod parenti suo remisisset. Vale.

âge. Je vous conseille même de l'attendre chez vous dans votre maison, dans votre chambre. Je l'aime en frère; il ne serait pas juste qu'il exigeât, d'une personne que je respecte comme mon père, des devoirs qu'il n'eût pas exigés du sien. Adieu.

LETTRE XXIV.

PLINE A GÉMINIUS.

Numidia Quadratilla vient de mourir, âgée d'un peu moins de quatre-vingts ans. Dans un corps plus robuste que son sexe et sa condition ne semblaient le permettre, elle a joui d'une parfaite santé jusqu'à sa dernière maladie. Son testament a été fort sage. Elle a institué héritiers son petit-fils pour deux tiers, sa petite-fille pour l'autre tiers. Je connais peu la petite-fille; mais le petit-fils est de mes intimes amis. C'est un jeune homme d'un rare mérite, et qui n'est pas seulement aimable pour ceux à qui les liens du sang l'attachent. Il a été d'une beauté singulière, sans avoir jamais fait parler de lui, ni pendant son enfance, ni pendant sa jeunesse. A vingt-quatre ans il fut marié; mais il n'eut pas la satisfaction de se voir des enfants. Il a vécu d'une manière fort austère, et pourtant fort soumise, auprès d'une aïeule très-voluptueuse. Elle avait de ces sortes de bouffons qui s'appliquent à tout contrefaire, et elle aimait cet amusement plus qu'il ne convenait à une femme de qualité. Quadratus ne les regardait jamais jouer, non-seulement au théâtre, mais même dans la maison, et elle n'exigeait point de lui cette complaisance. Quelquefois, lorsqu'elle me priait d'avoir l'œil sur les études de son petit-fils, elle me disait que, pour s'amuser au milieu de cette profonde oisiveté où sont plongées les femmes, elle avait coutume, ou de jouer aux échecs, ou de faire venir ces bouffons; mais elle ajoutait que, dans ces temps, elle prenait toujours la précaution de renvoyer son petit-fils à ses études, soit que ce fût par tendresse, ou (ce qui me paraissait plus vraisemblable) par une espèce de respect pour ce jeune homme. Je fus surpris, et vous ne le serez pas moins que moi, de ce qu'il me dit aux derniers jeux sacrés, où les bouffons montent sur le théâtre. Comme nous en sortions ensemble: *Savez-vous bien*, me dit-il, *qu'aujourd'hui, pour la première fois, j'ai vu danser le bouffon de mon aïeule?* Mais pendant que le petit-fils en usait ainsi, des personnes étrangères, pour faire honneur à Quadratilla (j'ai honte d'avoir si mal placé le mot d'honneur), pour lui plaire par les plus basses flatteries, couraient par tout le théâtre, s'écriaient, battaient des mains, admiraient, et s'empressaient de venir chanter devant elle, et faire les mêmes grimaces que les bouffons. Pour prix de ces talents, si dignement étalés sur le théâtre, ils auront de très-petits legs, payés par un héritier qui n'assistait jamais à leurs farces. Je vous écris ceci, parce que vous n'êtes pas fâché d'apprendre ce qui se passe de nouveau; et encore, parce qu'en vous mandant le plaisir que j'ai eu une première fois, j'ai celui de le goûter une seconde. Je me réjouis donc de ce que Quadratilla a fait justice à un jeune homme si sage; je me réjouis de voir que la maison de Caïus Cassius, ce fondateur et ce père de l'école Cassienne, soit habitée par un maître qui ne le cède point au premier. Quadratus la remplira dignement; il lui rendra toute sa réputation, sa splendeur et sa gloire, lorsqu'à la place d'un célèbre jurisconsulte on trouvera un excellent orateur. Adieu.

XXIV.

C. PLINIUS GEMINIO SUO S.

Numidia Quadratilla paullo minus octogesimo ætatis anno decessit, usque ad novissimam valetudinem viridis, atque etiam ultra matronalem modum compacto corpore et robusto. Decessit honestissimo testamento: reliquit heredes, ex besse nepotem, ex tertia parte neptem: neptem parum novi: nepotem familiarissime diligo; adolescentem singularem, nec iis tantum, quos sanguine attingit, inter propinquos amandum. Ac primum, conspicuus forma, omnes sermones malignorum et puer et juvenis evasit: intra quartum et vicesimum annum maritus, et, si deus annuisset, pater: vixit in contubernio aviæ delicatæ severissime, et tamen obsequentissime. Habebat illa pantomimos fovebatque effusius, quam principi feminæ conveniret. Hos Quadratus non in theatro, non domi spectabat; nec illa exigebat. Audii ipsam, quum mihi commendaret nepotis sui studia, solere se, ut feminam in illo otio sexus, laxare animum lusu calculorum, solere spectare pantomimos suos; sed quum factura esset alterutrum, semper se nepoti suo præcepisse, abiret, studeretque: quod mihi non amore ejus magis facere, quam reverentia videbatur. Miraberis, et ego miratus sum. Proximis sacerdotalibus ludis, productis in commissione pantomimis, quum simul theatro ego et Quadratus egrederemur, ait mihi: *Scis, me hodie primum vidisse saltantem aviæ meæ libertum?* Hoc nepos. At, hercule, alienissimi homines in honorem Quadratillæ (pudet me dixisse honorem), per adulationis officium, in theatrum cursitabant, exsultabant, plaudebant, mirabantur: ac deinde singulos gestus dominæ cum canticis reddebant; qui nunc exiguissima legata, theatralis operæ corollarium, accipient ab herede, qui non spectabat. Quorsum hæc? Quia soles, si quid incidit novi, non invitus audire: deinde, quia jucundum est mihi, quod ceperim gaudium, scribendo retractare. Gaudeo enim pietate defunctæ, honore optimi juvenis: lætor etiam, quod domus aliquando C. Cassii, hujus qui Cassianæ scholæ princeps et parens fuit, serviet domino non minori. Implebit enim illam Quadratus meus, et decebit, rursusque ei pristinam dignitatem, celebritatem, gloriamque reddet, quum tantus orator inde procedet, quantus juris ille consultus. Vale.

LETTRE XXV.

PLINE A RUFUS.

O combien la modestie et l'amour du repos cachent-ils de savants! combien en dérobent-ils à la renommée! Cependant avons-nous à parler ou à lire en public, nous ne craignons que ceux qui font ouvertement profession des lettres, bien que ceux qui les cultivent en secret soient d'autant plus estimables qu'ils marquent, par leur silence, la haute idée qu'ils ont d'un excellent ouvrage : ce que je vous en écris, c'est pour l'avoir éprouvé. Térentius Junior, après avoir servi dans la cavalerie, et s'être acquitté très-dignement de la charge de procureur de l'empereur dans la Gaule Narbonnaise, se retira dans ses terres, et préféra un honnête loisir à tous les honneurs qui l'attendaient. Un jour il m'invita à séjourner chez lui; j'y consentis; et, le regardant comme un bon père de famille, comme un honnête laboureur, je me disposais à l'entretenir de tout ce que je croyais faire son occupation ordinaire. J'avais déjà commencé, lorsque, par un discours très-savant, il tourna la conversation sur les belles-lettres. Il ne se peut rien de plus poli, de plus délicat, que tout ce qu'il me dit : on ne peut mieux s'exprimer en latin ni en grec; car il parle si parfaitement l'un et l'autre, qu'il semble toujours que la langue qu'il parle est celle qu'il sait le mieux. Que vous dirai-je de ses lectures, de sa mémoire? Vous croiriez que cet homme vit au milieu d'Athènes, et non pas au village. En un mot, il a redoublé mes inquiétudes, et il fera que je n'appréhenderai pas moins, à l'avenir, le jugement de ces campagnards inconnus, que des plus savants hommes que je connaisse. Je vous conseille d'en user de même. Lorsque vous y regarderez de près, vous trouverez beaucoup de gens dans l'empire des lettres, comme dans les armées, qui, sous un habit grossier, cachent les plus hautes vertus et les plus rares talents. Adieu.

LETTRE XXVI.

PLINE A MAXIMUS.

Ces jours passés, la maladie d'un de mes amis me fit faire cette réflexion, que nous sommes fort gens de bien quand nous sommes malades; car quel est le malade que l'avarice ou l'ambition tourmente? Il n'est plus enivré d'amour, entêté d'honneurs; il néglige le bien, et compte toujours avoir assez du peu qu'il se voit sur le point de quitter. Il croit des dieux, et il se souvient qu'il est homme; il n'envie, il n'admire, il ne méprise la fortune de personne. Les médisances ne lui font ni impression ni plaisir; toute son imagination n'est occupée que de bains et de fontaines; tout ce qu'il se propose, s'il en peut échapper, c'est de mener, à l'avenir, une vie douce et tranquille, une vie innocente et heureuse. Je puis donc nous faire ici à tous deux, en peu de mots, une leçon dont les philosophes font des volumes entiers. Persévérons à être tels, pendant la santé, que nous nous proposons de devenir quand nous sommes malades. Adieu.

LETTRE XXVII.

PLINE A SURA.

Le loisir dont nous jouissons vous permet d'enseigner, et me permet d'apprendre. Je voudrais donc bien savoir si les fantômes ont quelque chose de réel, s'ils ont une vraie figure, si ce sont des génies, ou si ce ne sont que de vaines

---

XXV.
C. PLINIUS RUFO SUO S.

O quantum eruditorum, aut modestia ipsorum, aut quies operit et subtrahit famæ! At nos eos tantum dicturi aliquid aut lecturi timemus, qui studia sua proferunt; quum illi, qui tacent, hoc amplius præstent, quod maximum opus silentio reverentur. Expertus scribo, quod scribo. Terentius Junior, equestribus militiis, atque etiam procuratione Narbonensis provinciæ integerrime functus, recepit se in agros suos, paratisque honoribus tranquillissimum otium prætulit. Hunc ego, invitatus hospitio, ut bonum patrem familiæ, ut diligentem agricolam intuebar, de his loquuturus, in quibus illum versari putabam : et cœperam, quum ille me doctissimo sermone revocavit ad studia. Quam tersa omnia! quam latina! quam græca! Nam tantum utraque lingua valet, ut ea magis videatur excellere, quam quum maxime loquitur. Quantum ille legit! quantum tenet! Athenis vivere hominem, non in villa, putes. Quid multa? Auxit sollicitudinem meam, effecitque, ut illis, quos doctissimos novi, non minus hos seductos et quasi rusticos verear. Idem suadeo tibi. Sunt enim, ut in castris, sic etiam in litteris nostris plures cultu pagano, quos cinctos et armatos, et quidem ardentissimo ingenio, diligentius scrutatus invenies. Vale.

XXVI.
C. PLINIUS MAXIMO SUO S.

Nuper me cujusdam amici languor admonuit, optimos esse nos, dum infirmi sumus. Quem enim infirmum aut avaritia, aut libido sollicitat? Non amoribus servit, non appetit honores, opes negligit, et quantulumcunque, ut relicturus, satis habet. Tunc deos, tunc hominem esse se meminit : invidet nemini, neminem miratur, neminem despicit, ac ne sermonibus quidem malignis aut attendit, aut alitur : balinea imaginatur et fontes. Hæc summa curarum, summa votorum; mollemque in posterum et pinguem, si contingat evadere, hoc est, innoxiam beatamque destinat vitam. Possum ergo, quod pluribus verbis, pluribus etiam voluminibus philosophi docere conantur, ipse breviter tibi mihique præcipere, ut tales esse sani perseveremus, quales nos futuros profitemur infirmi. Vale.

XXVII.
C. PLINIUS SURÆ SUO S.

Et mihi discendi, et tibi docendi facultatem otium præ-

images qui se tracent dans une imagination troublée par la crainte. Ce qui me ferait pencher à croire qu'il y a de véritables spectres, c'est ce qu'on m'a dit être arrivé à Curtius Rufus. Dans le temps qu'il était encore sans fortune et sans nom, il avait suivi en Afrique celui à qui le gouvernement en était échu. Sur le déclin du jour, il se promenait sous un portique, lorsqu'une femme, d'une taille et d'une beauté plus qu'humaine, se présente à lui; la peur le saisit : *Je suis,* dit-elle, *l'Afrique; je viens te prédire ce qui doit t'arriver. Tu iras à Rome; tu rempliras les plus grandes charges; et tu reviendras ensuite gouverner cette province, où tu mourras.* Tout arriva comme elle l'avait prédit : on conte même qu'abordant à Carthage, et sortant de son vaisseau, la même figure se présenta devant lui, et vint à sa rencontre sur le rivage. Ce qu'il y a de plus vrai, c'est qu'il tomba malade, et que, jugeant de l'avenir par le passé, du malheur qui le menaçait par la bonne fortune qu'il avait éprouvée, il désespéra d'abord de sa guérison, malgré la bonne opinion que tous les siens en avaient conçue. Mais voici une autre histoire qui ne vous paraîtra pas moins surprenante, et qui est bien plus horrible. Je vous la donnerai telle que je l'ai reçue. Il y avait à Athènes une maison fort grande et fort logeable, mais décriée et déserte. Dans le plus profond silence de la nuit, on entendait un bruit de fer qui se choquait contre du fer; et si l'on prêtait l'oreille avec plus d'attention, un bruit de chaînes qui paraissait d'abord venir de loin, et ensuite s'approcher. Bientôt on voyait un spectre fait comme un vieillard très-maigre, très-abattu, qui avait une longue barbe, des cheveux hérissés, des fers aux pieds et aux mains, qu'il secouait horriblement. De là, des nuits affreuses et sans sommeil pour ceux qui habitaient cette maison : l'insomnie à la longue amenait la maladie, et la maladie, en redoublant la frayeur, était suivie de la mort; car pendant le jour, quoique le spectre ne parût plus, l'impression qu'il avait faite le remettait toujours devant les yeux, et la crainte passée en donnait une nouvelle. A la fin, la maison fut abandonnée, et laissée tout entière au fantôme. On y mit pourtant un écriteau, pour avertir qu'elle était à louer ou à vendre, dans la pensée que quelqu'un peu instruit d'une incommodité si terrible pourrait y être trompé. Le philosophe Athénodore vint à Athènes; il aperçut l'écriteau; il demande le prix. La modicité le met en défiance : il s'informe; on lui dit l'histoire; et, loin de lui faire rompre son marché, elle l'engage à le conclure sans remise. Il s'y loge; et, sur le soir, il ordonne qu'on lui dresse son lit dans l'appartement sur le devant; qu'on lui apporte ses tablettes, sa plume et de la lumière, et que ses gens se retirent au fond de la maison. Lui, de peur que son imagination libre n'allât, au gré d'une crainte frivole, se figurer des fantômes, il applique son esprit, ses yeux et sa main à l'écriture. Au commencement de la nuit, un profond silence règne dans cette maison, comme partout ailleurs. Ensuite il entendit des fers s'entre-choquer, des chaînes qui se heurtaient. Il ne lève pas les yeux, il ne quitte point sa plume, se rassure, et s'efforce d'imposer à ses oreilles. Le bruit s'augmente, s'approche; il semble qu'il se fasse près de la porte de la chambre, et enfin dans la chambre même. Il regarde, il aperçoit le spectre tel qu'on le lui avait dépeint. Ce spectre était debout, et

---

bet. Igitur perquam velim scire, esse aliquid phantasmata, et habere propriam figuram numenque aliquod putes, an inania et vana ex metu nostro imaginem accipere. Ego ut esse credam, in primis eo ducor, quod audio accidisse Curtio Rufo. Tenuis adhuc et obscurus obtinenti Africam comes hæserat: inclinato die spatiabatur in porticu : offertur ei mulieris figura humana grandior pulchriorque; perterrito, « Africam es, futurorum prænuntiam, dixit : iturum enim Romam, honoresque gesturum : atque etiam cum summo imperio in eamdem provinciam reversurum, ibique moriturum. » Facta sunt omnia. Præterea accedenti Carthaginem, egredientique navem, eadem figura in litore occurrisse narratur. Ipse certe implicitus morbo, futura præteritis, adversa secundis auguratus, spem salutis, nullo suorum desperante, projecit. Jam illud, nonne et magis terribile, et non minus mirum est? quod exponam, ut accepi. Erat Athenis spatiosa et capax domus, sed infamis et pestilens. Per silentium noctis sonus ferri, et, si attenderes acrius, strepitus vinculorum longius primo, deinde e proximo reddebatur : mox apparebat idolon, senex macie et squalore confectus, promissa barba, horrenti capillo; cruribus compedes, manibus catenas gerebat quatiebatque. Inde inhabitantibus tristes diræque noctes per metum vigilabantur : vigiliam morbus, et, crescente formidine, mors sequebatur : nam interdiu quoque, quamquam abscesserat imago, memoria imaginis oculis inerrabat, longiorque caussis timoris timor erat. Deserta inde et damnata solitudine domus, totaque illi monstro relicta ; proscribebatur tamen, seu quis emere, seu quis conducere, ignarus tanti mali, vellet. Venit Athenas philosophus Athenodorus, legit titulum; auditoque pretio, quia suspecta vilitas, percunctatus, omnia docetur, ac nihilominus, immo tanto magis conducit. Ubi cœpit advesperascere, jubet sterni sibi in prima domus parte, poscit pugillares, stilum, lumen : suos omnes in interiora dimittit; ipse ad scribendum, animum, oculos, manum intendit, ne vacua mens audita simulacra et inanes sibi metus fingeret. Initio, quale ubique, silentium noctis; deinde concuti ferrum, vincula moveri : ille non tollere oculos, non remittere stilum, sed obfirmare animum, auribusque prætendere : tum crebrescere fragor, adventare etiam, ac jam ut in limine, jam ut intra limen audiri : respicit, videt, agnoscitque narratam sibi effigiem. Stabat innuebatque digito, similis vocanti : hic contra, ut paullum exspectaret, manu significat, rursusque ceris et stilo incumbit : illa scribentis

l'appelait du doigt. Athénodore lui fait signe de la main d'attendre un peu, et continue à écrire comme si de rien n'était. Le spectre recommence son fracas avec ses chaînes, qu'il fait sonner aux oreilles du philosophe. Celui-ci regarde encore une fois, et voit que l'on continue à l'appeler du doigt : alors, sans tarder davantage, il se lève, prend la lumière, et suit ; le fantôme marche d'un pas lent, comme si le poids des chaînes l'eût accablé. Après qu'il fut arrivé dans la cour de la maison, il disparaît tout à coup, et laisse là notre philosophe, qui ramasse des herbes et des feuilles, et les place à l'endroit où il avait été quitté, pour le pouvoir reconnaître. Le lendemain, il va trouver les magistrats, et les supplie d'ordonner que l'on fouille en cet endroit. On le fait : on y trouve des os encore enlacés dans des chaînes ; le temps avait consumé les chairs. Après qu'on les eut soigneusement rassemblés, on les ensevelit publiquement ; et, depuis que l'on eut rendu au mort les derniers devoirs, il ne troubla plus le repos de cette maison. Ceci, je le crois sur la foi d'autrui ; mais voici ce que je puis assurer aux autres sur la mienne. J'ai un affranchi nommé Marcus, qui n'est point sans savoir : il était couché avec son jeune frère ; il lui sembla voir quelqu'un assis sur son lit, et qui approchait des ciseaux de sa tête, et même lui coupait des cheveux au-dessus du front. Quand il fut jour, on aperçut qu'il avait le haut de la tête rasé, et ses cheveux furent trouvés répandus près de lui. Peu après, pareille aventure, arrivée à un de mes gens, ne permit plus de douter de la vérité de l'autre. Un de mes jeunes esclaves dormait, avec ses compagnons, dans le lieu qui leur est destiné ; deux hommes vêtus de blanc (c'est ainsi qu'il le racontait) vinrent par les fenêtres, lui rasèrent la tête pendant qu'il était couché, et s'en retournèrent comme ils étaient venus. Le lendemain, lorsque le jour parut, on le trouva rasé comme on avait trouvé l'autre, et les cheveux qu'on lui avait coupés, épars sur le plancher. Ces aventures n'eurent aucune suite, si ce n'est que je ne fus point accusé devant Domitien, sous l'empire de qui elles arrivèrent. Je ne l'eusse pas échappé s'il eût vécu ; car on trouva dans son portefeuille une requête donnée contre moi par Carus. De là on peut conjecturer que, comme la coutume des accusés est de négliger leurs cheveux et de les laisser croître, ceux que l'on avait coupés à mes gens marquaient que j'étais hors de danger. Je vous supplie donc de mettre ici toute votre érudition en œuvre. Le sujet est digne d'une profonde méditation, et peut-être ne suis-je pas indigne que vous me fassiez part de vos lumières. Si, selon votre coutume, vous balancez les deux opinions contraires, faites pourtant que la balance penche de quelque côté, pour me tirer de l'inquiétude où je suis ; car je ne vous consulte que pour n'y plus être. Adieu.

LETTRE XXVIII.

PLINE A SEPTICIUS.

Vous dites que quelques gens me reprochent de louer en toute occasion, avec excès, mes amis : j'avoue mon crime, et j'en fais gloire ; car qu'y a-t-il de plus honnête que de pécher par indulgence ? Qui sont pourtant ces personnes qui croient connaître mes amis mieux que je ne les connais ? Mais soit, je veux qu'ils les connaissent mieux : pourquoi m'envier une erreur si flatteuse ? Car, supposons que mes amis ne soient pas

---

capiti catenis insonabat : respicit rursus idem, quod prius, innuentem : nec moratus, tollit lumen, et sequitur. Ibat illa lento gradu, quasi gravis vinculis : postquam deflexit in aream domus, repente dilapsa deserit comitem : desertus herbas et folia concerpta signum loco ponit. Postero die adit magistratus, monet, ut illum locum effodi jubeant. Inveniuntur ossa inserta catenis et implicita, quæ corpus ævo terraque putrefactum nuda et exesa reliquerat vinculis : collecta publice sepeliuntur : domus postea rite conditis manibus caruit. Et hæc quidem affirmantibus credo : illud affirmare aliis possum. Est libertus mihi Marcus, non illiteratus. Cum hoc minor frater eodem lecto quiescebat. Is visus est sibi cernere quemdam in toro residentem ; admoventemque capiti suo cultros, atque etiam ex ipso vertice amputantem capillos. Ubi illuxit, ipse circa verticem tonsus, capilli jacentes reperiuntur. Exiguum temporis medium, et rursus simile aliud priori fidem fecit. Puer in pædagogio mistus pluribus dormiebat : venerunt per fenestras (ita narrat) in tunicis albis duo, cubantemque detonderunt ; et qua venerant, recesserunt. Hunc quoque tonsum, sparsosque circa capillos dies ostendit. Nihil notabile sequutum, nisi forte, quod non fui reus ; futurus, si Domitianus, sub quo hæc acciderunt, diutius vixisset. Nam in scrinio ejus datus a Caro de me libellus inventus est ; ex quo conjectari potest, quia reis moris est submittere capillum, recisos meorum capillos depulsi, quod imminebat, periculi signum fuisse. Proinde rogo, eruditionem tuam intendas. Digna res est, quam diu multumque consideres : ne ego quidem indignus, cui copiam scientiæ tuæ facias. Licet etiam utramque in partem, ut soles, disputes : ex altera tamen fortius, ne me suspensum incertumque dimittas, quum mihi consulendi caussa fuerit, ut dubitare desinerem. Vale.

XXVIII.

C. PLINIUS SEPTICIO SUO S.

Ais, quosdam apud te reprehendisse, tanquam amicos meos ex omni occasione ultra modum laudem. Agnosco crimen, amplector etiam : quid enim honestius culpa benignitatis ? Qui sunt tamen isti, qui amicos meos melius me norint ? sed ut norint, quid invident mihi felicissimo errore ? Ut enim non sint tales, quales a me prædicantur, ego tamen beatus, quod mihi videntur. Igitur ad alios hanc sinistram diligentiam conferant (nec sunt parum multi) qui carpere amicos suos judicium vocant : mihi

tels que je le dis, je suis toujours infiniment heureux de le croire. Je conseille donc à ces critiques de porter ailleurs leur maligne délicatesse. Assez d'autres traiteront d'équité la facilité qu'ils ont à blâmer leurs amis. Pour moi, l'on ne me persuadera jamais que j'aime trop les miens. Adieu.

LETTRE XXIX.

PLINE A MONTANUS.

Vous rirez, vous entrerez en colère, et puis vous recommencerez à rire, si vous lisez ce que vous ne pourrez croire sans l'avoir lu. On voit sur le grand chemin de Tibur, à un mille de la ville, un tombeau de Pallas, avec cette inscription; j'en ai fait depuis peu la remarque : *Pour récompenser son attachement et sa fidélité envers ses patrons, le sénat lui a décerné les marques de distinction dont jouissent les préteurs, avec quinze millions de sesterces, et il s'est contenté du seul honneur.* Je ne m'étonne pas ordinairement de ces élévations, où la fortune a souvent plus de part que le mérite. Je l'avoue pourtant, à la vue de cette épitaphe, j'ai fait réflexion combien il y avait de momerie et d'impertinence dans ces inscriptions, que l'on prostitue quelquefois à des infâmes et à des malheureux. Quel cas doit-on faire des choses qu'un tel misérable ose accepter, ose refuser, et même sur lesquelles il ose se proposer à la postérité pour un exemple de modération? Mais pourquoi me fâcher? Il vaut bien mieux rire, afin que ceux que le caprice de la fortune élève ainsi ne s'applaudissent pas d'être montés fort haut, lorsqu'elle n'a fait que les exposer à la risée publique. Adieu.

LETTRE XXX.

PLINE A GÉNITOR.

Je suis fort affligé de la perte que vous avez faite d'un disciple qui, selon que vous m'en écrivez, était d'une très-belle espérance; mais connaissant avec quelle exactitude vous remplissez tous vos devoirs, et quel attachement vous avez pour ceux que vous estimez, je ne m'étonne point que sa maladie et sa mort aient dérangé vos études. Croiriez-vous que les miennes sont dérangées, même dans ma retraite, et que les embarras de la ville me poursuivent jusqu'ici? L'un me fait son juge, l'autre son arbitre; les plaintes des paysans m'étourdissent, et ils usent bien du droit qu'ils ont d'être importuns. D'ailleurs, le soin de chercher des fermiers m'occupe, et il est très-rare d'en trouver de bons. Je ne puis donc étudier qu'à la dérobée : j'étudie pourtant, car je lis et je compose; mais lorsque je lis, la comparaison me fait sentir combien je compose mal. Il ne tient pas à vous que vous ne me consoliez, quand vous comparez l'ouvrage que j'ai fait pour venger la mémoire d'Helvidius, à la harangue de Démosthène contre Midias. Véritablement, lorsque je le composai, je lisais continuellement cette harangue, non pour l'égaler (car il y aurait de la témérité, peut-être même de la folie à y prétendre), mais pour l'imiter et le suivre, autant que le pouvait permettre la différence infinie qui se trouve, soit entre un esprit du premier ordre et un du dernier, soit entre les sujets que nous avons traités. Adieu.

LETTRE XXXI.

PLINE A CORNUTUS.

Claude Pollion souhaite fort d'être de vos amis,

---

nunquam persuadebunt, ut meos amari a me nimium putem. Vale

XXIX

C. PLINIUS MONTANO SUO S.

Ridebis, deinde indignaberis, deinde ridebis, si legeris; quod nisi legeris, non potes credere. Est via Tiburtina, intra primum lapidem (proxime adnotavi), monimentum Pallantis, ita inscriptum : HUIC SENATUS, OB FLDEM PIETATEMQUE ERGA PATRONOS, ORNAMENTA PRÆTORIA DECREVIT, ET SESTERTIUM CENTIES QUINQUAGIES, CUJUS HONORE CONTENTUS FUIT. Equidem nunquam sum miratus, quæ sæpius a fortuna, quam a judicio proficiscerentur : maxime tamen hic me titulus admonuit, quam essent mimica et inepta, quæ in hoc cœnum, in has sordes abjicerentur : quæ denique ille furcifer et recipere ausus est, et recusare, atque etiam, ut moderationis exemplum, posteris prodere. Sed quid indignor? Ridere satius est, ne se magnum aliquod adeptos putent, qui huc felicitate perveniunt, ut rideantur. Vale.

XXX

C. PLINIUS GENITORI SUO S.

Torqueor, quod discipulum, ut scribis, optimæ spei amisisti, cujus et valetudine et morte impedita studia tua quidni sciam, quum sis omnium officiorum observantissimus, quumque omnes, quos probas, effusissime diligas? Me huc quoque urbana negotia persequuntur : non desunt enim, qui me judicem, aut arbitrum faciant. Accedunt querelæ rusticorum, qui auribus meis post longum tempus suo jure abutuntur. Instat et necessitas agrorum locandorum perquam molesta : adeo rarum est invenire idoneos conductores! Quibus ex caussis precario studeo : studeo tamen : nam et scribo aliquid et lego : sed quum lego, ex comparatione sentio, quam male scribam; licet tu mihi bonum animum facias, qui libellos meos de ultione Helvidii orationi Demosthenis κατὰ Μειδίου confers; quam sane, quum componerem illos, habui in manibus, non ut æmularer (improbum enim ac pæne furiosum) sed tamen imitarer et sequerer, quantum aut diversitas ingeniorum, maximi aut minimi, aut caussæ dissimilitudo pateretur. Vale.

XXXI.

C. PLINIUS CORNUTO SUO S.

Claudius Pollio amari a te cupit : dignus hoc ipso, quod

Il m'en paraît digne dès qu'il le souhaite, et plus encore parce que lui-même il vous aime; car il n'arrive presque point que l'on demande l'amitié de quelqu'un, qu'on ne lui ait donné la sienne. C'est d'ailleurs un homme droit, intègre, doux, modeste à l'excès, s'il est vrai qu'il se puisse trouver de l'excès dans la modestie. Pendant que j'ai servi, il commandait dans la cavalerie; et je l'ai connu, non pas simplement comme on connaît ceux avec qui l'on sert, mais à fond. Je fus chargé par le lieutenant du consul d'examiner le compte des troupes. J'avoue que je trouvai autant d'exactitude et de netteté dans les siens, que d'avarice et de désordre dans ceux de beaucoup d'autres. Élevé ensuite aux plus grands emplois, il n'a dans nulle occasion démenti sa modération naturelle. Jamais on ne l'a vu enivré de la bonne fortune, ou, étourdi par la diversité de ses charges, manquer à rien de ce que la politesse voulait; et il a soutenu les plus grands travaux avec la même force d'esprit qu'il a montrée dans la retraite : il en sortit pour un temps, et la quitta fort honorablement. Corellius le nomma son collègue dans la commission dont l'avait chargé l'empereur Nerva, pour l'achat et le partage des terres. Quelle gloire n'est-ce pas d'avoir mérité qu'un si grand homme, et qui avait tant à choisir, lui donnât la préférence? Si vous voulez savoir quelle est sa fidélité, sa tendresse pour ses amis, consultez les testaments de quelques-uns d'entre eux, et particulièrement celui de Musonius Bassus, si distingué par son mérite. Pollion ne se contente pas d'en vanter sans cesse la mémoire, et de publier partout ce qu'il lui doit : il en a même fait la vie; car il n'a pas moins cultivé les lettres que tous les autres beaux-arts. Ce procédé me paraît d'autant plus louable, qu'il est plus rare dans un temps où il semble que la plupart ne se souviennent des morts que pour s'en plaindre. Croyez-moi donc, accordez votre amitié à un homme de ce caractère, et qui la désire si passionnément. Recevez-le, ou plutôt allez au-devant de lui, et l'aimez comme si la reconnaissance vous y engageait. Dans le commerce de l'amitié, c'est peu de rendre; on doit du retour à celui qui a commencé le premier. Adieu.

LETTRE XXXII.
PLINE A FABATUS, AÏEUL DE SA FEMME.

Je suis bien aise que la visite de mon cher Tiron vous ait fait plaisir; mais j'ai surtout une joie singulière de ce que vous me mandez que la présence de ce gouverneur a donné lieu d'affranchir plusieurs esclaves : je souhaite de voir multiplier les autres biens de notre patrie, et plus encore le nombre de ses citoyens. C'est, à mon sens, toute la force et toute la beauté d'une ville. Je suis touché, non par un sentiment de vanité, mais pourtant je suis touché de ce que vous ajoutez que l'on nous a comblés de remercîments et d'éloges. Xénophon l'a fort bien dit, la louange sonne toujours bien aux oreilles, particulièrement quand on croit n'en être pas indigne. Adieu.

LETTRE XXXIII.
PLINE A TACITE.

J'ai un pressentiment, et mon pressentiment ne me trompe pas, que vos histoires seront immortelles; c'est, je l'avoue ingénument, ce qui redouble ma passion d'y trouver une place. Si nous avons coutume de prendre tant de soin que notre portrait soit de la main d'un bon ouvrier,

---

cupit; deinde, quod pse te diligit : neque enim fere quisquam exigit illud, nisi qui facit. Vir alioqui rectus, integer, quietus, ac pæne ultra modum (si quis tamen ultra modum) verecundus. Hunc, quum simul militaremus, non solum ut commilito inspexi. Præerat alæ milliariæ : ego jussus a legato consulari rationem alarum et cohortium excutere, ut magnam quorumdam fœdamque avaritiam, et negligentiam parem, ita hujus summam integritatem, sollicitam diligentiam inveni. Postea promotus ad amplissimas procurationes, nulla occasione corruptus ab insito abstinentiæ amore deflexit : nunquam secundis rebus intumuit; nunquam officiorum varietate continuam laudem humanitatis infregit; eademque firmitate animi laboribus suffecit, qua nunc otium patitur. Quod quidem paullisper cum magna sua laude intermisit et posuit, a Corellio nostro ex liberalitate imperatoris Nervæ emendis dividendisque agris adjutor adsumptus. Etenim qua gloria dignum est, summo viro in tanta eligendi facultate præcipue placuisse? Idem quam reverenter, quam fideliter amicos colat, multorum supremis judiciis, in his Musonii Bassi, gravissimi civis, credere potes, cujus memoriam tam grata prædicatione prorogat et extendit, ut librum de vita ejus (nam studia quoque, sicut alias artes bonas, veneratur) ediderit. Pulchrum istud, et raritate ipsa probandum, quum plerique hactenus defunctorum meminerint, ut querantur. Hunc hominem, appetentissimum tui (mihi crede) complectere, apprehende, immo et invita, ac sic ama, tanquam gratiam referas. Neque enim obligandus, sed remunerandus est in amoris officio, qui prior cœpit. Vale.

XXXII.
C. PLINIUS FABATO PROSOCERO SUO S.

Delector, jucundum tibi fuisse Tironis mei adventum : quod vero scribis, oblata occasione proconsulis, plurimos manumissos, unice lætor. Cupio enim patriam nostram omnibus quidem rebus augeri, maxime tamen civium numero : id enim oppidis firmissimum ornamentum. Illud etiam me, non ut ambitiosum, sed tamen juvat, quod adjicis, me teque et gratiarum actione et laude celebratos. Est enim, ut Xenophon ait, ἥδιστον ἄκουσμα ἔπαινος, utique si te mereri putes. Vale.

XXXIII.
C. PLINIUS TACITO SUO S.

Auguror, nec me fallit augurium, historias tuas immortales futuras : quo magis illis (ingenue fatebor) inseri

pouvons-nous trop souhaiter qu'un pinceau comme le vôtre daigne peindre nos actions et leur donner du relief? Je vous indique donc un fait qui ne peut échapper à votre attention, parce qu'il est dans les registres publics; mais je ne laisse pas de vous l'indiquer, afin que vous soyez plus persuadé quel plaisir j'aurai, si une action d'autant plus périlleuse qu'elle fut plus favorablement regardée, reçoit de votre esprit et de votre approbation un nouveau lustre. Le sénat m'avait donné pour avocat, avec Hérennius Sénécion, à la province Bétique, contre Bébius Massa. Il fut condamné, et ses biens furent mis à la garde des officiers préposés à ces emplois. Peu après, Sénécion apprit que les consuls devaient donner audience sur les requêtes qui leur étaient présentées. Il vient me trouver : *Cette union parfaite*, dit-il, *avec laquelle nous nous sommes acquittés de l'accusation dont nous avions été chargés, exige aujourd'hui de nous que nous demandions que ceux à qui l'on a confié la garde des biens ne souffrent pas qu'on les dissipe. Faites attention*, lui répondis-je, *que nous avons été nommés avocats par le sénat, qu'il a prononcé, et que, par son jugement, toute la mesure de notre obligation paraît remplie. Vous pouvez*, reprit-il, *donner à vos devoirs telles bornes qu'il vous plaira, vous qui n'avez aucune autre liaison avec cette province que par le service que vous venez de lui rendre. Je ne puis en faire autant, moi qu'elle a vu naître, moi qu'elle a vu questeur. Si votre parti est pris*, lui répliquai-je, *je vous suivrai, résolu de partager avec vous tout ce qu'on en pourra dire.* Nous nous adressons aux consuls : Sénécion dit ce qui convenait; j'ajoutai peu de mots. A peine avions-nous cessé de parler, que Massa se plaint que Sénécion ne remplissait plus le ministère d'un avocat, mais qu'il faisait éclater toute la fureur d'un ennemi, et en même temps l'accuse de cruauté. Cette plainte indigna tout le monde. Alors je pris la parole : *Je crains, messieurs*, leur dis-je, *que Massa, qui m'épargne, ne m'accuse de prévarication par son silence.* Ces paroles parurent dignes d'être recueillies, et furent bientôt après dans la bouche de tout le monde. Nerva, quoique alors encore homme privé, mais déjà plein d'attention pour ce qui se faisait de bien dans le public, m'en écrivit une très-belle lettre, où il ne me congratulait pas seulement, mais le siècle aussi, d'avoir (car c'est ainsi qu'il en parle) un exemple comparable aux anciens. Tout ceci, tel qu'il est, deviendra par vous plus brillant, plus célèbre, plus grand. Je n'exige pourtant pas que vous exagériez. Je sais que l'histoire ne doit jamais s'écarter de la vérité, et que la vérité honore assez les bonnes actions. Adieu.

LIVRE HUITIÈME.

LETTRE PREMIÈRE.

PLINE A SEPTICIUS.

Mon voyage a été assez heureux, à la réserve que le grand chaud a rendu quelques-uns de mes gens malades. Encolpius, mon lecteur, qui m'est d'un si grand secours, soit dans mes occupations, soit dans mes amusements, s'est ulcéré

---

cupio. Nam, si esse nobis curæ solet, ut facies nostra ab optimo quoque artifice exprimatur, nonne debemus optare, ut operibus nostris similis tui scriptor prædicatorque contingat? Demonstro itaque, quanquam diligentiam tuam fugere non possit, quum sit in publicis actis, demonstro tamen, quo magis credas, jucundum mihi futurum, si factum meum, cujus gratia periculo crevit, tuo ingenio, tuo testimonio ornaveris. Dederat me senatus cum Herennio Senecione advocatum provinciæ Bæticæ contra Bæbium Massam; damnatoque Massa, censuerat, ut bona ejus publice custodirentur. Senecio, quum explorasset, consules postulationibus vacaturos, convenit me, et, *Qua concordia*, inquit, *injunctam nobis accusationem exsequuti sumus, hac adeamus consules, petamusque, ne bona dissipari sinant, quorum esse in custodia debent.* Respondi, *Quum simus advocati a senatu dati, dispice, num peractas putes partes nostras, senatus cognitione finita.* Et ille, *Tu, quem voles, tibi terminum statues, cui nulla cum provincia necessitudo, nisi ex beneficio tuo, et hoc recenti : ipse et natus ibi, et quæstor in ea fui.* Tum ego, *Si fixum tibi istud ac deliberatum, sequar te, ut, si qua ex hoc invidia erit, non tua tantum sit.* Venimus ad consules, dicit Senecio, quæ res ferebat : aliqua subjungo. Vixdum conticueramus, et Massa questus, *Senecionem non advocati fidem, sed inimici amaritudinem implesse,* impietatis reum postulat. Horror omnium : ego autem, *Vereor,* inquam, *clarissimi consules, ne mihi Massa silentio suo prævaricationem objecerit, quod non et me reum postulavit.* Quæ vox et statim excepta, et postea multo sermone celebrata est. Divus quidem Nerva (nam privatus quoque attendebat his, quæ recte in publico fierent) missis ad me gravissimis literis, non mihi solum, verum etiam sæculo est gratulatus, cui exemplum (sic enim scripsit) simile antiquis contigisset. Hæc, utcunque se habent, notiora, clariora, majora tu facies : quanquam non exigo, ut excedas actæ rei modum : nam nec historia debet egredi veritatem, et honeste factis veritas sufficit. Vale.

LIBER OCTAVUS

I.

C. PLINIUS SEPTICIO SUO S.

Iter commode explicui, excepto quod quidam ex meis adversam valetudinem fervescentibus æstibus contraxerunt. Encolpius quidem lector, ille seria nostra, ille deli-

la gorge, pour avoir trop avalé de poussière, et a craché le sang. Quoi de plus cruel pour lui! quoi de plus chagrinant pour moi, s'il faut que cet homme devienne inutile aux belles-lettres, dont il tire tout son mérite! Où trouverai-je, après lui, quelqu'un qui lise si bien mes ouvrages, qui les aime autant, qui se fasse si bien entendre? Mais les dieux me donnent de meilleures espérances. Le crachement de sang a cessé, la douleur s'est apaisée; d'ailleurs, il est sobre, je suis attentif, les médecins sont affectionnés; et ce qui ne vaut pas moins, la campagne, la retraite, le repos, l'éloignement de toutes affaires, lui promettent autant de santé que de loisir pour la rétablir. Adieu.

LETTRE II.

PLINE A CALVISIUS.

Les autres ne vont à leurs terres que pour en revenir plus riches; moi, je ne vais aux miennes que pour en revenir plus pauvre. J'avais vendu mes vendanges à des marchands qui avaient enchéri à l'envi, excités par le bon marché qu'ils croyaient trouver, et par l'espérance du gain qu'ils se promettaient d'y faire : leur attente a été trompée. Le plus court était de leur faire à tous une égale remise; mais il n'y avait pas assez de justice. Je ne trouve pas moins glorieux de la rendre dans la maison que dans les tribunaux, dans les petites affaires que dans les grandes, dans les siennes que dans celles d'autrui : car si l'on prétend que toutes fautes sont égales, il faudra dire aussi que toutes les bonnes actions le sont. Je leur ai donc remis à tous la huitième partie du prix dont nous étions convenus, afin qu'il n'y en eût aucun qui ne remportât des marques de ma libéralité. Après cela,

j'ai eu des égards particuliers pour ceux qui m'avaient avancé de très-grandes sommes; j'en avais reçu plus de secours, et eux plus de préjudice. Outre la remise commune du huitième, je leur ai fait encore celle d'un dixième de tout ce qu'ils étaient obligés de payer au delà de dix mille sesterces. Je ne sais si je m'explique : je vais rendre ce calcul plus sensible. Celui qui avait acheté quinze mille sesterces, je lui remettais, outre son huitième de cette somme, la dixième partie de cinq mille sesterces. J'ai considéré d'ailleurs que, sur leur marché, les uns avaient plus payé, les autres moins, quelques-uns rien; et je n'ai pas cru raisonnable de traiter avec une égale bonté, dans la remise, ceux qui ne m'avaient pas traité avec une égale exactitude dans le payement. J'ai donc encore remis à ceux qui m'avaient avancé leurs deniers, le dixième de ce qu'ils m'avaient avancé. Par là j'ai prétendu satisfaire, pour le passé, à ce que chacun, selon son mérite, pouvait attendre de moi, et les obliger tous, de plus en plus, à l'avenir, soit d'acheter, soit de me payer. Cette facilité, ou, si vous voulez, cette équité, me coûte beaucoup; mais elle vaut bien ce qu'elle me coûte. On ne parle, dans tout le pays, que de la nouveauté de cette remise, et de la manière dont elle a été faite; tout le monde la loue. Entre ceux même que je n'avais pas mesurés, comme l'on dit, à la même aune, mais avec la distinction et la proportion convenables, celui qui a le plus de probité témoigne me savoir plus de gré d'avoir éprouvé qu'il n'est pas vrai chez moi que

Le méchant et le bon soient mis au même rang :

Adieu.

ciæ, exasperatis faucibus pulvere, sanguinem rejecit. Quam triste hoc ipsi, quam acerbum mihi, si is, cui omnis ex studiis gratia, inhabilis studiis fuerit! Quis deinde libellos meos sic leget? sic amabit? quem aures meæ sic sequentur? Sed dii lætiora promittunt. Stetit sanguis, resedit dolor. Præterea continens ipse, nos solliciti, medici diligentes. Ad hoc salubritas cæli, secessus, quies, tantum salutis quantum otii, pollicentur. Vale.

II

C. PLINIUS CALVISIO SUO S.

Alii in prædia sua proficiscuntur, ut locupletiores revertantur; ego, ut pauperior. Vendideram vindemias certatim negotiatoribus ementibus : invitabat pretium, et quod tunc, et quod fore videbatur. Spes fefellit : erat expeditum omnibus remittere æqualiter, sed non satis æquum. Mihi autem egregium imprimis videtur, ut foris, ita domi, ut in magnis, ita in parvis, ut in alienis, ita in suis, agitare justitiam : nam si paria peccata, pares etiam laudes. Itaque omnibus quidem, ne quis mihi non donatus abiret, partem octavam pretii, quo quis emerat, concessi : deinde iis, qui amplissimas summas emptionibus occupaverant, separatim consului : nam et me magis juverant, et majus ipsi fecerant damnum. Igitur iis, qui pluris, quam decem millibus emerant, ad illam communem, et quasi publicam octavam, addidi decimam ejus summæ, quæ decem millia excesserat. Vereor, ne parum expresserim; apertius calculos ostendam. Si qui forte quindecim millibus emerant, hi et quindecim millium octavam, et quinque millium decimam tulerunt. Præter ea, quum reputarem quosdam ex debito aliquantum, quosdam aliquid, quosdam nihil reposuisse, nequaquam verum arbitrabar, quos non æquasset fides solutionis, hos benignitate remissionis æquari. Rursus ergo iis, qui solverant, ejus, quod solverant, decimam remisi : per hoc enim aptissime et in præteritum singulis, pro cujusque merito, gratia referri, et in futurum omnes quum ad emendum, tum etiam ad solvendum allici videbantur. Magno mihi seu ratio hæc, seu facilitas stetit : sed fuit tanti : nam regione tota et novitas remissionis et forma laudatur. Ex ipsis etiam, quos non una, ut dicitur, pertica, sed distincte gradatimque tractavi, quanto quis melior et probior, tanto mihi obligatior abit, expertus non esse apud me, Ἐν δὲ ἰῇ τιμῇ ἠμὲν κακὸς, ἠδὲ καὶ ἐσθλός.

LETTRE III.

PLINE A SPARSUS.

Vous me mandez que, de tous mes ouvrages, le dernier que je vous ai envoyé est celui qui vous plaît davantage. C'est aussi le goût d'une autre personne très-éclairée. J'en ai d'autant plus de penchant à croire que vous ne vous trompez ni l'un ni l'autre, soit parce qu'il n'est pas vraisemblable que vous vous trompiez tous deux, soit parce que j'aime à me flatter. Je veux toujours que ma dernière pièce soit la plus achevée. Par cette raison, je me déclare aujourd'hui contre celle-ci même, en faveur d'une harangue que je viens de donner au public, et que je ne manquerai pas de vous faire tenir par la première voie sûre qui se présentera. C'est trop vous promettre, et je crains bien qu'après cela, quand vous la lirez, elle ne remplisse pas toute votre attente. Cependant attendez-la comme si elle vous devait plaire, et peut-être qu'elle vous plaira. Adieu.

LETTRE IV.

PLINE A CANINIUS.

Vous ne pourriez mieux faire que d'écrire la guerre contre les Daces : où trouver un sujet plus nouveau, plus riche, plus étendu, plus susceptible de tous les ornements de la poésie, et où les plus constantes vérités aient plus l'air de fables? Vous nous représenterez des fleuves au milieu de campagnes auparavant sèches et arides; des ponts bâtis sur des rivières où l'on n'en avait point encore vu; des armées campées sur la cime de montagnes inaccessibles; un roi, toujours plein de confiance, forcé d'abandonner sa capitale et la vie. Vous nous peindrez deux triomphes, dont l'un a été le premier que l'on eût remporté sur une nation jusque-là invincible; l'autre sera le dernier. Il n'y a qu'une difficulté, mais elle est très-grande : c'est d'égaler votre style à ces exploits. C'est un effort qui me paraît terrible, même pour votre esprit, à qui l'élévation est si naturelle, que les plus grandes entreprises semblent lui donner de nouvelles forces. Ce ne sera pas même un petit embarras que de faire entrer dans les vers grecs des noms barbares, et particulièrement celui du roi. Mais il n'est rien que le travail et l'art ne viennent à bout de surmonter, ou du moins d'adoucir. D'ailleurs, si l'on permet à Homère, pour rendre le vers plus coulant, d'abréger, d'étendre, de changer des noms grecs, naturellement doux à l'oreille, pourquoi vous défendrait-on une pareille licence, principalement sur des noms que vous n'avez pas choisis, mais dont vous êtes obligé de vous servir? Après donc que, suivant la coutume des poëtes, vous aurez invoqué les dieux, sans oublier celui dont vous allez nous raconter les desseins, les exploits, les succès, lâchez les cordages, déployez toutes les voiles, et voguez, il en est temps plus que jamais, avec toute la force de votre génie. Car pourquoi ne prendrais-je pas le style poétique avec un poëte? Toute la grâce que je vous demande aujourd'hui, c'est que vous m'envoyiez les premiers essais de votre ouvrage à mesure qu'ils seront achevés, ou plutôt avant qu'ils le soient, dès qu'ils auront reçu leur première forme, et qu'ils ne seront encore que crayonnés et ébauchés. Vous ne manquerez pas de me dire qu'il n'est pas possible que des morceaux déta-

---

III.

C. PLINIUS SPARSO SUO S.

Librum, quem novissime tibi misi, ex omnibus meis vel maxime placere significas. Est eadem opinio cujusdam eruditissimi. Quo magis adducor, ut neutrum falli putem; quia non est credibile, utrumque falli, et quia tantum blandior mihi. Volo enim, proxima quæque absolutissima videri : et ideo jam nunc contra istum librum faveo orationi, quam nuper in publicum dedi : communicaturus tecum, ut primum diligentem tabellarium invenero. Erexi exspectationem tuam? quam vereor, ne destituat oratio in manus sumpta. Interim tamen tanquam placituram (et fortasse placebit,) exspecta. Vale.

IV.

C. PLINIUS CANINIO SUO S.

Optime facis, quod bellum Dacicum scribere paras : nam quæ tam recens, tam copiosa, tam lata, quæ denique tam poetica, et (quamquam in verissimis rebus) tam fabulosa materia? Dices immissa terris nova flumina, novos pontes fluminibus injectos, insessa castris montium abrupta, pulsum regia, pulsum etiam vita, regem nihil desperantem. Super hæc, actos bis triumphos : quorum alter ex invicta gente primus, alter novissimus fuit. Una, sed maxima, difficultas, quod hæc æquare dicendo, arduum, immensum, est, etiam tuo ingenio, quamquam altissime adsurgat et amplissimis operibus increscat. Nonnullus et in illo labor, ut barbara et fera nomina, in primis regis ipsius, græcis versibus non resultent. Sed nihil est, quod non arte curaque, si non potest vinci, mitigetur. Præterea, si datur Homero, et mollia vocabula et græca ad lenitatem versus contrahere, extendere, inflectere, cur tibi similis audentia, præsertim non delicata, sed necessaria, negetur? Proinde jure vatum, invocatis diis, et inter deos ipso, cujus res, opera, consilia dicturus es, immitte rudentes, pande vela, ac, si quando alias, toto ingenio vehere. Cur enim non ego quoque poetice cum poeta? Illud jam nunc paciscor : prima quæque ut absolveris, mitte, immo etiam, antequam absolvas; sic ut erunt recentia, et rudia, et adhuc similia nascentibus. Respondebis, non posse perinde carptim, ut contexta, perinde inchoata placere, ut effecta. Scio. Itaque et a me æstimabuntur ut cœpta, spectabuntur ut membra, extremaque limam tuam opperientur in scrinio nostro. Patere hoc me super cetera habere amoris tui pignus, ut ea quoque no-

chés aient l'agrément d'une pièce suivie, ni l'ouvrage commencé, les grâces d'un ouvrage fini. Je le sais; je les regarderai donc comme des ébauches, comme des morceaux, et ils attendront leur dernière perfection dans mon portefeuille. A tant de témoignages d'une amitié singulière, dont vous m'avez déjà comblé, ajoutez encore celui de vouloir bien me confier ce que vous ne voudriez confier à personne. En un mot, je pourrai bien louer, aimer davantage vos écrits, si vous me les envoyez plus tard, et avec plus de circonspection ; mais je vous louerai vous-même, je vous aimerai beaucoup plus, quand vous apporterez moins de retardement et de précaution à me les envoyer. Adieu.

LETTRE V.
PLINE A GÉMINIUS.

Notre ami Macrinus vient de recevoir un rude coup : il a perdu sa femme, dont la vertu aurait pu se faire admirer de l'antiquité. Pendant trente-neuf ans, ils ont vécu ensemble sans dispute, sans démêlé. Pourrait-on dire à quel point elle respectait son mari, elle qui méritait tant d'être respectée? Ne la voyait-on pas réunir en sa personne toutes les vertus qui sont propres aux différents âges? Véritablement il semble que c'est une grande consolation pour Macrinus que d'avoir possédé si longtemps un bien si estimable ; mais il sent d'autant mieux le prix de ce qu'il a perdu. Plus la possession a eu de charmes, plus la perte cause d'horreur. Je ne puis donc m'empêcher de souffrir avec un homme que j'aime tant, et de craindre pour lui, jusqu'à ce que sa blessure soit en état de supporter les remèdes, et de se fermer. C'est ce que rien ne fera mieux que le pouvoir de la nécessité, le secours du temps, les dégoûts de la douleur même. Adieu.

LETTRE VI.
PLINE A MONTANUS.

Ma dernière lettre doit vous avoir appris que j'ai remarqué, ces jours passés, une inscription sur le tombeau de Pallas, conçue en ces termes : *Pour récompenser son attachement et sa fidélité envers ses patrons, le sénat lui a décerné les marques de distinction dont jouissent les préteurs, avec quinze millions de sesterces ; et il s'est contenté du seul honneur.* Cela me fit croire que le décret même ne pouvait qu'être curieux à voir. Je l'ai découvert ; il est si ample et si flatteur, que cette superbe et insolente épitaphe me parut modeste et humble. Que nos plus illustres Romains viennent, je ne dis pas ceux des siècles plus éloignés, les Africains, les Numantins, les Achaïques ; mais ceux de ces derniers temps, les Marius, les Sylla, les Pompée (je ne veux pas descendre plus bas); qu'ils viennent aujourd'hui faire comparaison avec Pallas. Tous les éloges qu'on leur a donnés se trouveront fort au-dessous de ceux qu'il a reçus. Appellerai-je railleurs ou malheureux les auteurs d'un tel décret? Je les nommerais railleurs, si la plaisanterie convenait à la gravité du sénat ; il faut donc les reconnaître malheureux. Mais personne ne le peut-il être jamais jusqu'au point d'être forcé à de pareilles indignités? C'était peut-être ambition et passion de s'avancer : serait-il possible qu'il y eût quelqu'un assez fou pour désirer de s'avancer aux dépens de son propre honneur et de celui de la république, dans une ville où l'avantage de la première place était de pouvoir donner les premières louanges à Pallas ? Je ne dis rien de ce qu'on offre les honneurs, les prérogatives de la préture à Pallas, à un esclave ; ce sont des esclaves qui les offrent. Je ne relève point qu'ils sont d'avis *que l'on ne doit pas seulement ex-*

---

rim, quæ nosse neminem velles. In summa, potero fortasse scripta tua magis probare, laudare, quanto illa tardius cautiusque ; sed ipsum te magis amabo, magisque laudabo, quanto celerius et incautius miseris. Vale.

V.
C. PLINIUS GEMINIO SUO S.

Grave vulnus Macrinus noster accepit : amisit uxorem singularis exempli, etiam si olim fuisset : vixit cum hac triginta novem annis, sine jurgio, sine offensa. Quam illa reverentiam marito suo præstitit, cum ipsa summam mereretur ! Quot quantasque virtutes, ex diversis ætatibus sumptas, collegit et miscuit! Habet quidem Macrinus grande solatium, quod tantum bonum tam diu tenuit : sed hoc magis exacerbatur, quod amisit : nam fruendis voluptatibus crescit carendi dolor. Ero ergo suspensus pro homine amicissimo, dum admittere avocamenta, et cicatricem pati possit ; quam nihil æque ac necessitas ipsa, et dies longa, et satietas doloris inducit. Vale.

VI.
C. PLINIUS MONTANO SUO S.

Cognovisse jam ex epistola mea debes, adnotasse me nuper monimentum Pallantis sub hac inscriptione : HVIC SENATVS, OB FIDEM PIETATEMQVE ERGA PATRONOS, ORNAMENTA PRÆTORIA DECREVIT ET SESTERTIVM CENTIES QVINQVACIES, CVIVS HONORE CONTENTVS FVIT. Postea mihi visum est pretium curæ, ipsum SC. quærere. Inveni tam copiosum et effusum, ut ille superbissimus titulus, modicus atque etiam demissus videretur. Conferant se, non dico illi veteres Africani, Achaici, Numantini, sed hi proximi Marii, Syllæ, Pompeii (nolo progredi longius); infra Pallantis laudes jacebunt. Urbanos, qui illa censuerunt, putem, an miseros? Dicerem urbanos, si senatum deceret urbanitas. Miseros ergo? Sed nemo tam miser est, ut ad illa cogatur. Ambitio ergo, et procedendi libido? Sed quis adeo demens, ut per suum, per publicum dedecus procedere velit in ea civitate, in qua hic esset usus florentis-

horter, mais même contraindre Pallas à porter les anneaux d'or. Il eût été contre la majesté du sénat qu'un homme, revêtu des ornements de préteur, eût porté des anneaux de fer. Ce ne sont là que des bagatelles qui ne méritent pas que l'on s'y arrête. Voici des faits bien plus dignes d'attention : *Le sénat, pour Pallas....* (et le palais où il s'assemble n'a point été depuis purifié.) *Pour Pallas, le sénat remercie l'empereur de ce que ce prince a fait un éloge magnifique de son affranchi, et a bien voulu permettre au sénat de combler un tel homme d'honneurs.* Que pouvait-il arriver de plus glorieux au sénat, que de ne paraître pas ingrat envers Pallas? On ajoute dans ce décret : *Qu'afin que Pallas, à qui chacun en particulier reconnaît avoir les dernières obligations, puisse recevoir les justes récompenses de ses travaux et de sa fidélité....* Ne croiriez-vous pas qu'il a reculé les frontières de l'empire, ou sauvé les armées de l'État? On continue... *Le sénat et le peuple romain, ne pouvant trouver une plus agréable occasion d'exercer leurs libéralités qu'en les répandant sur un si fidèle et si désintéressé gardien des finances du prince.* Voilà où se bornaient alors tous les désirs du sénat et toute la joie du peuple; voilà l'occasion la plus précieuse d'ouvrir le trésor public. Il faut l'épuiser pour enrichir Pallas. Ce qui suit n'est guère moins remarquable : *Que le sénat ordonnait qu'on retirerait de l'épargne quinze millions de sesterces, pour les donner à cet homme; et que plus il avait l'âme élevée au-dessus de la passion de s'enrichir, plus il fallait redoubler ses instances auprès du père commun, pour en obtenir qu'il obligeât Pallas de déférer au sénat.* Il ne manquait plus, en effet, que de traiter, au nom du public, avec Pallas, que de le supplier de céder aux empressements du sénat, que d'interposer la médiation de l'empereur pour surmonter cette insolente modération, et pour faire en sorte que Pallas ne dédaignât pas quinze millions de sesterces. Il les dédaigna pourtant; c'était le seul parti qu'il pouvait prendre par rapport à de si grandes sommes. Il y avait bien plus d'orgueil à les refuser qu'à les accepter. Le sénat cependant semble se plaindre de ce refus, et le comble en même temps d'éloges en ces termes: *Mais l'empereur et le père commun ayant voulu, à la prière de Pallas, que le sénat lui remît l'obligation de satisfaire à cette partie du décret qui lui ordonnait de prendre, dans le trésor public, quinze millions de sesterces, le sénat déclare que c'est avec beaucoup de plaisir et de justice qu'entre les honneurs qu'il avait commencé de décerner à Pallas, il avait mêlé cette somme, pour reconnaître son zèle et sa fidélité; que cependant le sénat, pour marquer sa soumission aux ordres de l'empereur, à qui il ne croyait pas permis de résister en rien, obéissait.* Imaginez-vous Pallas qui s'oppose à un décret du sénat, qui modère lui-même ses propres honneurs, qui refuse quinze millions de sesterces comme si c'était trop, et qui accepte les marques de la dignité des préteurs, comme si c'était moins. Représentez-vous l'empereur qui, à la face du sénat, obéit aux prières, ou plutôt aux

---

simæ dignitatis, ut primus in senatu laudare Pallantem posset? Omitto, quod Pallanti servo prætoria ornamenta offeruntur; quippe offeruntur a servis : mitto, quod censent, NON EXHORTANDVM MODO, VERVM ETIAM COMPELLENDVM AD VSVM AVREORVM ANNVLORVM; erat enim contra majestatem senatus, si ferreis prætorius uteretur. Levia hæc et transeunda; illa memoranda, quod NOMINE PALLANTIS SENATVS, (nec expiata postea curia est?) PALLANTIS NOMINE SENATVS GRATIAS AGIT CÆSARI, QVOD ET IPSE CVM SVMMO HONORE MENTIONEM EIVS PROSEQVVTVS ESSET, ET SENATVI FACVLTATEM FECISSET TESTANDI ERGA EVM BENEVOLENTIAM SVAM. Quid enim senatui pulchrius, quam ut erga Pallantem satis gratus videretur: Additvr, VT PALLAS, cui se omnes pro virili parte obligatos fatentur, SINGVLARIS FIDEI, SINGVLARIS INDVSTRIÆ FRVCTVM MERITISSIMO FERAT. Prolatos imperii fines, redditos exercitus reipublicæ credas. Astruitur his, QVVM SENATVI POPVLOQVE ROMANO LIBERALITATIS GRATIOR REPRÆSENTARI NULLA MATERIA POSSET, QVAM SI ABSTINENTISSIMI FIDELISSIMIQVE CVSTODIS PRINCIPALIVM OPVM FACVLTATES ADIVVARE CONTIGISSET. Hoc tunc votum senatus; hoc præcipuum gaudium populi; hæc liberalitatis materia gratissima, si Pallantis facultates adjuvare publicarum opum egestione contingeret. Jam quæ sequuntur, VOLVISSE QVIDEM SENATVM CENSERE, DANDVM EX ÆRARIO SESTERTIVM CENTIES QVINQVAGIES; ET QVANTO AB EIVSMODI CVPIDITATIBVS REMOTIOR EIVS ANIMVS ESSET, TANTO IMPENSIVS PETERE A PVBLICO PARENTE, VT EVM COMPELLERET AD CEDENDVM SENATVI. Id vero deerat, ut cum Pallante auctoritate publica ageretur: Pallas rogaretur, ut senatui cederet : ut illi superbissimæ abstinentiæ Cæsar ipse patronus advocaretur, ne sestertium centies quinquagies sperneret. Sprevit quod solum potuit, tantis opibus publice oblatis : arrogantius fecit, quam si accepisset. Senatus tamen id quoque, similis quærenti, laudibus tulit, his quidem verbis : SED QVVM PRINCEPS OPTIMVS, PARENSQVE PVBLICVS, ROGATVS A PALLANTE, EAM PARTEM SENTENTIÆ QVÆ PERTINEBAT AD DANDVM EI EX ÆRARIO CENTIES QVINQVAGIES SESTERTIVM, REMITTI VOLVISSET; TESTARI SENATVM, ET SE LIBENTER AC MERITO HANC SVMMAM INTER RELIQVOS HONORES, OB FIDEM DILIGENTIAMQVE PALLANTIS, DECERNERE COEPISSE; VOLVNTATI TAMEN PRINCIPIS SVI, CVI IN NVLLA RE FAS PVTARET REPVGNARE, IN HAC QVOQVE RE OBSEQVI. Imaginare Pallantem velut intercedentem senatus consulto, moderantemque honores suos, et sestertium centies quinquagies, ut nimium, recusantem, quum prætoria ornamenta, tanquam minus, recepisset. Imaginare Cæsarem, liberti precibus, vel potius imperio, coram senatu obtemperantem. Imperat enim libertas patrono, quem in senatu rogat. Imaginare senatum, usquequaque testantem, merito libenterque se hanc summam, inter reliquos honores, Pallanti cœpisse decernere; et perseveraturum fuisse se, nisi obsequeretur principis voluntati, cui non esset fas

commandements de son affranchi; car un affranchi qui, dans le sénat, se donne la liberté de prier son patron, lui commande. Figurez-vous le sénat qui, jusqu'à l'extrémité, déclare qu'il a commencé, avec autant de plaisir que de justice, à décerner cette somme et de tels honneurs à Pallas ; et qu'il persisterait encore, s'il n'était obligé de se soumettre aux volontés du prince, qu'il n'est permis de contredire en aucune chose. Ainsi donc, pour ne point forcer Pallas de prendre quinze millions de sesterces dans le trésor public, on a eu besoin de sa modération et de l'obéissance du sénat, qui n'aurait pas obéi, s'il lui eût été permis de résister en rien aux volontés de l'empereur. Vous croyez être à la fin ; attendez, et écoutez le meilleur : *C'est pourquoi, comme il est très-avantageux de mettre au jour les faveurs dont le prince a honoré et récompensé ceux qui les méritaient, et particulièrement dans les lieux où l'on peut engager à l'imitation les personnes chargées du soin de ses affaires ; et que l'éclatante fidélité et probité de Pallas sont les modèles les plus propres à exciter une honnête émulation ; il a été résolu que le discours prononcé dans le sénat par l'empereur, le vingt-huit janvier dernier, et le décret du sénat à ce sujet, seraient gravés sur une table d'airain, qui sera appliquée près de la statue qui représente Jules César en habit de guerre.* On a compté pour peu que le sénat eût été témoin de ces honteuses bassesses. On a choisi le lieu le plus exposé, pour les mettre devant les yeux des hommes de ce siècle et des siècles futurs. On a pris soin de graver sur l'airain tous les honneurs d'un insolent esclave, ceux même qu'il avait refusés, mais qu'autant qu'il dépendait des auteurs du décret, il avait possédés. On a écrit dans les registres publics, pour en conserver à jamais le souvenir, qu'on lui avait déféré les marques de distinction que portent les préteurs, comme on y écrivait autrefois les anciens traités d'alliance, les lois sacrées. L'empereur, le sénat, Pallas lui-même, ont eu assez (je ne sais que dire) pour vouloir qu'on étalât aux yeux de l'univers : Pallas, son insolence ; l'empereur, sa faiblesse ; le sénat, sa misère. Est-il possible que le sénat n'ait pas eu honte de chercher des prétextes à son infamie ? La belle, l'admirable raison que l'envie d'exciter une noble émulation dans les esprits, par l'exemple des grandes récompenses dont était comblé Pallas ! Voyez par là dans quel avilissement tombaient les honneurs, je dis ceux même que Pallas ne refusait pas. On trouvait pourtant des personnes de naissance qui désiraient, qui recherchaient avec ardeur ce qu'elles voyaient être accordé à un affranchi, être promis à des esclaves. Que j'ai de joie de n'être point né dans ces temps qui me font rougir, comme si j'y avais vécu ! Je ne doute point que vous ne pensiez de même. Je connais votre délicatesse, votre grandeur d'âme. Je suis donc persuadé que, bien qu'en quelques endroits l'indignation m'ait emporté au delà des justes bornes d'une lettre, vous aurez plus de penchant à croire que je ne me plains pas assez, qu'à penser que je me plains trop. Adieu.

LETTRE VII.

PLINE A TACITE.

Ce n'est ni comme de maître à maître, ni comme de disciple à disciple, ainsi que vous me le mandez, mais comme de maître à disciple, que vous m'avez envoyé votre livre ; car vous

---

in ulla re repugnare. Ita, ne sestertium centies quinquagies Pallas ex ærario referret, verecundia ipsius, obsequio senatus opus fuit? in hoc præcipue non obsequuturi, si in ulla re putasset fas esse non obsequi. Finem existimas? Mane dum, et majora accipe. VTIQVE, QVVM SIT VTILE, PRINCIPIS BENIGNITATEM PROMPTISSIMAM AC LAVDEM PRÆMIAQVE MERENTIVM ILLVSTRARI VBIQVE, ET MAXIME IIS LOCIS, QVIBVS INCITARI AD IMITATIONEM PRÆPOSITI, RERVM EIVS CVRÆ POSSENT, ET PALLANTIS SPECTATISSIMA FIDES, ATQVE INNOCENTIA EXEMPLO PROVOCARE STVDIVM TAM HONESTÆ ÆMVLATIONIS POSSET, EA QVÆ IIII CALEND. FEBRVARIAS, QVÆ PROXIMÆ FVISSENT, IN AMPLISSIMO ORDINE OPTIMVS PRINCEPS RECITASSET, SENATVSQVE CONSVLTA DE IIS REBVS FACTA IN ÆS INCIDERENTVR, IDQVE ÆS FIGERETVR AD STATVAM LORICATAM DIVI IVLII. Parum visum tantorum dedecorum esse curiam testem : delectus est celeberrimus locus, quo legenda præsentibus, legenda futuris proderentur. Placuit ære signari omnes honores fastidiosissimi mancipii : quosque repudiasset, quosque, quantum ad decernentes pertinet, gessisset. Incisa et insculpta sunt publicis æternisque monumentis prætoria ; sic quasi fœdera antiqua ; sic quasi sacræ leges. Tanta principis, tanta senatus, tanta Pallantis ipsius,... quid dicam, nescio, ut vellent in oculis omnium figi, Pallas insolentiam suam, patientiam Cæsar, humilitatem senatus. Nec puduit rationem turpitudini obtendere : egregiam quidem pulchramque rationem, VT EXEMPLO PALLANTIS PRÆMIORVM AD STVDIVM ÆMVLATIONIS CETERI PROVOCARENTVR. Ea honorum vilitas erat, illorum etiam, quos Pallas non dedignabatur. Inveniebantur tamen honesto loco nati, qui peterent cuperentque, quod dari liberto, promitti servis videbant. Quam juvat, quod in tempora illa non incidi, quorum sic me, tanquam illis vixerim, pudet! Non dubito, similiter affici te. Scio, quam sit tibi vivus et ingenuus animus : ideoque facilius est, ut me, quanquam indignationem quibusdam in locis fortasse ultra epistolæ modum extulerim, parum doluisse, quam nimis credas. Vale.

VII.

C. PLINIUS TACITO SUO S.

Neque ut magistro magister, neque ut discipulo discipulus (sic enim scribis) sed ut discipulo magister (nam tu

êtes le maître, moi le disciple. Aussi me rappelez-vous à mon devoir, quand je prolonge encore la licence des Saturnales. Je ne pouvais, ce me semble, vous faire un compliment plus embarrassé, ni en même temps vous mieux prouver que, loin de pouvoir passer pour votre maître, je ne suis pas digne d'être appelé votre disciple. Je ferai pourtant le personnage de maître, et j'exercerai sur votre livre tout le droit que vous m'avez donné : j'en userai avec d'autant moins de retenue, que j'ai bien résolu de ne vous rien envoyer pendant ce temps sur quoi vous puissiez vous venger. Adieu.

LETTRE VIII.

PLINE A ROMANUS.

N'avez-vous jamais vu la source du Clitumne? Je ne le crois pas, car vous m'en auriez parlé. Si donc vous ne l'avez point encore vue, voyez-la. Je viens de la voir, et j'ai regret de ne l'avoir pas vue plus tôt. Du pied d'une petite colline, chargée d'un bois de cyprès fort touffu, sort une fontaine dont les eaux, répandues par plusieurs veines inégales, forment un grand bassin si pur et si clair, que l'on y peut compter les pièces d'argent que l'on y jette, et les cailloux que l'on y voit reluire. De là elle se précipite, moins par la pente qu'elle trouve que par sa propre abondance et comme par son propre poids. A peine est-elle sortie de sa source, qu'elle devient un fort grand fleuve qui porte des bateaux, et qui donne un passage libre et à ceux qui montent, et à ceux qui en même temps descendent. Il se précipite par une pente si unie, que, pour le descendre, on peut se passer du secours des rames, et qu'avec des rames et des perches on a beaucoup de peine à le remonter. L'une et l'autre de ces choses donnent beaucoup de plaisir à ceux qui ne s'y embarquent que pour se divertir. Selon qu'ils vont contre le fil de l'eau, ou qu'ils le suivent, ils font succéder le repos au travail, et le travail au repos. Les rivages sont chargés de frênes et de peupliers, que vous voyez se multiplier au fond du canal, mais si distinctement, qu'on les pourrait compter. Le froid de ses eaux le dispute à la neige, et elles ne lui cèdent point pour la couleur. Près de là est un temple aussi respecté qu'ancien. Le dieu du fleuve lui-même y paraît vêtu d'une robe. C'est un dieu fort secourable, et qui prédit l'avenir, ainsi que le témoigne tout l'appareil qu'on y voit, et qui est propre à rendre les oracles. Autour de ce temple sont répandues des chapelles en grand nombre : chacune a son dieu, chacune est célèbre, chacune est distinguée par quelque dévotion particulière. Quelques-unes même ont leurs fontaines ; car, outre la principale, et qui est comme la mère des autres, il s'en trouve encore plusieurs dont la source est différente, mais qui se perdent dans le fleuve. On le passe sur un pont qui sépare les lieux sacrés des profanes. Au-dessus du pont, l'on ne peut se passer de bateau. Au-dessous, on peut se baigner. Les Hispellates, à qui Auguste a donné cette contrée, fournissent gratuitement toutes les choses nécessaires pour le bain, et le gîte même. Le long du fleuve, vous rencontrez quantité de maisons que la beauté du fleuve a invité d'y bâtir. En un mot, vous n'y trouverez rien qui ne vous fasse plaisir. Vous y pourrez même étudier ; vous y lirez une infinité d'inscriptions gravées sur toutes les colonnes, par toutes sortes de per-

---

magister, ego contra; atque ideo tu in scholam revocas, ego adhuc Saturnalia extendo) librum misisti. Num potui longius hyperbaton facere, atque hoc ipso probare, cum me esse, qui non modo magister tuus, sed ne discipulus quidem debeam dici? Sumam tamen personam magistri, exseramque in librum tuum jus, quod dedisti; eo liberius, quo nihil ex meis interim missurus sum tibi, in quo te ulciscaris. Vale.

III.

C. PLINIUS ROMANO SUO S.

Vidistine aliquando Clitumnum fontem? Si nondum (et puto nondum : alioqui narrasses mihi), vide; quem ego (pœnitet tarditatis) proxime vidi. Modicus collis assurgit, antiqua cupressu nemorosus et opacus. Hunc subter fons exit, et exprimitur pluribus venis, sed imparibus; eluctatusque facit gurgitem, qui lato gremio patescit purus et vitreus, ut numerare jactas stipes et relucentes calculos possis. Inde non loci devexitate, sed ipsa sui copia et quasi pondere impellitur. Fons adhuc, et jam amplissimum flumen atque etiam navium patiens; quas, obvias quoque et contrario nisu in diversa tendentes, transmittit et perfert: adeo validus, ut illa, qua properat ipse, quanquam per solum planum, remis non adjuvetur; idem ægerrime remis contisque superetur adversus. Jucundum utrumque per jocum ludumque fluitantibus, ut flexerint cursum, laborem otio, otium labore variare. Ripæ fraxino multa, multa populo vestiuntur: quas perspicuus amnis, velut mersas, viridi imagine adnumerat. Rigor aquæ certaverit nivibus; nec color cedit. Adjacet templum, priscum et religiosum. Stat Clitumnus ipse, amictus ornatusque prætexta. Præsens numen, atque etiam fatidicum, indicant sortes. Sparsa sunt circa sacella complura, totidemque dei. Sua cuique veneratio, suum nomen: quibusdam vero etiam fontes. Nam præter illum, quasi parentem cæterorum, sunt minores capite discreti; sed flumini miscentur, quod ponte transmittitur. Is terminus sacri profanique. In superiore parte navigare tantum, infra etiam natare concessum. Balineum Hispellates, quibus illum locum divus Augustus dono dedit, publice præbent, præbent et hospitium : nec desunt villæ, quæ sequutæ fluminis amœnitatem, margini insistunt. In summa, nihil erit, ex quo non capias voluptatem : nam studebis quoque, et leges multa multorum omnibus columnis, omnibus parietibus inscripta, quibus fons ille deus-

sonnes, à l'honneur de la fontaine et de la divinité. Vous louerez les unes, vous vous moquerez des autres; ou plutôt, selon que je connais votre bonté naturelle, vous ne vous moquerez d'aucune. Adieu.

LETTRE IX.

PLINE A URSUS.

Depuis longtemps je n'ai rien lu, je n'ai rien écrit. Depuis longtemps je ne connais plus le loisir, ni enfin le bonheur de ne rien faire, de ne rien être; bonheur peut-être trop uni, mais délicieux pourtant. La multitude d'affaires dont je suis chargé pour mes amis m'éloigne de la retraite et de l'étude. Car il n'y a point d'étude, quelque précieuse qu'elle soit, qu'on ne doive sacrifier aux devoirs de l'amitié, que les études elles-mêmes comptent entre les plus sacrés. Adieu.

LETTRE X.

PLINE A FABATUS, AÏEUL DE SA FEMME.

Plus vous avez d'impatience que nous vous donnions des arrière-petits-fils, plus vous aurez de chagrin d'apprendre que votre petite-fille a eu une fausse couche. L'ignorance où sont les jeunes personnes l'a fait tomber dans cet accident, pour avoir négligé les précautions que les femmes doivent prendre pendant leur grossesse, et pour s'être permis des choses qu'elles se doivent défendre. C'est une faute qu'elle a bien expiée par sa maladie, qui l'a réduite à la dernière extrémité. Si vous devez donc vous affliger de voir votre vieillesse frustrée d'une postérité dont elle semblait déjà jouir, vous devez aussi rendre grâces aux dieux de ce qu'en vous ôtant aujourd'hui des arrière-petits-fils, ils paraissent vouloir vous en donner d'autres, en vous conservant une petite-fille. C'est une espérance qui me paraît d'autant mieux fondée, que cette couche, toute malheureuse qu'elle est, vous promet de la fécondité. Je vous écris pour vous consoler, et pour vous soutenir ce que je me dis à moi-même : vous ne désirez pas des arrière-petits-fils avec plus de passion que je désire des enfants. Je me flatte que, soit de votre côté, soit du mien, ils trouveront une route facile aux honneurs. Les noms qui les attendent ne sont point inconnus, et leur noblesse ne sera point l'ouvrage d'un soudain caprice de la fortune. Puissent-ils naître seulement, et changer ainsi notre tristesse en joie! Adieu.

LETTRE XI.

PLINE A HISPULLA.

Quand je fais réflexion sur la tendresse que vous avez pour votre nièce, et qui passe celle que pourrait avoir une mère pour sa fille, je crois que je ferai bien de vous écrire l'état où nous sommes avant que de vous mander l'état où nous avons été, afin que la joie qui remplira votre cœur n'y laisse plus de place au chagrin. Encore, avec cette précaution, je ne laisserai pas de craindre que de la joie vous ne retombiez dans la crainte, et qu'en vous réjouissant de savoir votre nièce hors de danger, vous ne trembliez au récit de celui qu'elle a couru. Déjà son premier enjouement revient; déjà, rendue à elle-même et à moi, elle reprend ses forces; et, en rétrogradant vers la vie et la santé, elle fait le même chemin qu'elle avait fait vers la maladie et la mort. On ne peut pas être plus mal qu'elle

que celebratur. Plura laudabis, nonnulla ridebis; quanquam tu vero, quæ tua humanitas, nulla ridebis. Vale.

IX.

C. PLINIUS URSO SUO S.

Olim non librum in manus, non stilum sumpsi. Olim nescio, quid sit otium, quid quies, quid denique illud iners quidem, jucundum tamen, nihil agere, nihil esse : adeo multa me negotia amicorum nec secedere nec studere patiuntur. Nulla enim studia tanti sunt, ut amicitiæ officium deseratur : quod religiosissime custodiendum, studia ipsa præcipiunt. Vale.

X.

C. PLINIUS FABATO PROSOCERO SUO S.

Quo magis cupis ex nobis pronepotes videre, hoc tristior audies, neptem tuam abortum fecisse, dum se prægnantem esse puellariter nescit, ac per hoc quædam custodienda prægnantibus omittit, facit omittenda. Quem errorem magnis documentis expiavit, in summum periculum adducta. Igitur, ut necesse est, graviter accipias senectutem tuam quasi paratis posteris destitutam; sic debes agere diis gratias, quod ita tibi in præsentia pronepotes negaverint, ut servarint neptem, illos reddituri, quorum nobis spem certiorem hæc ipsa, quanquam parum prospere explorata, fœcunditas facit. Iisdem nunc ego te, quibus ipsum me, hortor, moneo, confirmo : neque enim ardentius tu pronepotes, quam ego liberos cupio : quibus videor a meo tuoque latere pronum ad honores iter, et audita latius nomina, et non subitas imagines relicturus. Nascantur modo, et hunc nostrum dolorem gaudio mutent. Vale.

XI.

C. PLINIUS HISPULLÆ SUÆ S.

Quum affectum tuum erga fratris filiam cogito, etiam materna indulgentia molliorem, intelligo prius tibi, quod est posterius, nuntiandum, ut præsumpta lætitia sollicitudini locum non relinquat. Quanquam vereor, ne post gratulationem quoque in metum redeas; atque ita gaudeas periculo liberatam, ut simul, quod periclitata sit, perhorrescas. Jam hilaris, jam sibi, jam mihi reddita, incipit refici, transmissumque discrimen convalescendo remetiri. Fuit alioqui in summo discrimine (impune dixisse liceat), fuit nulla sua culpa, ætatis aliqua. Inde abortus,

a été. S'il m'est permis de le dire, il n'y a pas eu de sa faute; mais il y en a eu un peu de son âge. De là viennent et sa fausse-couche, et les fâcheuses suites d'une grossesse dont elle ignorait les conséquences. Ainsi, quoique vous n'ayez pas eu la satisfaction de voir adoucir la perte de votre frère par un petit-neveu ou par une petite-nièce, souvenez-vous que c'est un bien qui n'est que différé, et non pas perdu, puisque la personne dont nous avons droit d'en attendre nous reste encore. Excusez donc, auprès de votre père, un malheur que les femmes savent toujours plus aisément pardonner. Adieu.

LETTRE XII.

PLINE A MINUCIANUS.

Je ne vous demande quartier que pour aujourd'hui. Titinius Capito lit en public un de ses ouvrages, et je ne sais si je n'ai pas encore plus d'envie que d'obligation de l'entendre. C'est un parfaitement honnête homme, et que l'on peut compter pour un des premiers ornements de notre siècle. Il cultive les sciences; il aime les gens de lettres; il les protége, les avance, et se plaît à les récompenser; il est la ressource, l'asile de la plupart de nos auteurs, et l'exemple de tous; il est l'appui, le restaurateur des lettres, qui commencent à tomber. Sa maison est la maison de tous ceux qui ont quelque pièce à lire. Personne ne vient entendre plus régulièrement ceux qui lisent, soit chez lui, soit ailleurs. Pour moi, tant qu'il s'est trouvé à Rome, il ne m'a jamais manqué. Le défaut de reconnaissance serait donc d'autant plus honteux, que le sujet qui la demande est plus honnête. Quoi! si j'avais un procès, je me croirais infiniment redevable à ceux qui m'accompagneraient à l'audience; et aujourd'hui que je fais mon unique affaire de mes études, que j'y donne toute mon application, je croirai devoir moins à une personne qui se plaît tant à faire honneur à ces choses, dans lesquelles on m'oblige beaucoup, pour ne pas dire dans lesquelles on m'oblige ordinairement le plus! D'ailleurs, quand sur les devoirs réciproques il ne serait pas en avance avec moi, quand je ne lui devrais aucun retour, je ne serais pas moins engagé à l'aller entendre, par la beauté, par la grandeur, par la force, par la douceur de son esprit, et par la noblesse du sujet qu'il a choisi. Il écrit la mort des hommes illustres, dont plusieurs ont été de mes plus intimes amis. Il me semble donc que je m'acquitte d'un devoir de religion, lorsque je vais entendre les éloges funèbres de ceux dont il ne m'a pas été permis d'honorer les obsèques; éloges qui doivent être d'autant moins suspects, qu'ils viennent plus tard. Adieu.

LETTRE XIII.

PLINE A GÉNIALIS.

J'approuve fort que vous ayez lu mes ouvrages avec votre père. Vous ne pouvez manquer de profiter beaucoup, quand vous apprendrez, d'un aussi habile homme, ce qu'il faut louer, ce qu'il faut blâmer; et que, formé par ses leçons, vous vous serez accoutumé à dire la vérité. Vous avez qui suivre, sur les traces de qui marcher. Que vous êtes heureux de rencontrer un modèle parfait dans l'objet de vos plus justes affections! de trouver tout à imiter dans celui à qui la nature a voulu que vous ressembliez! Adieu.

et ignorati uteri triste experimentum. Proinde, etsi non contigit tibi desiderium fratris amissi aut nepote ejus aut nepte solari, memento tamen, dilatum magis istud, quam negatum, quum salva sit, ex qua sperari potest. Simul excusa patri tuo casum, cui paratior apud feminas venia est. Vale.

XII.

C. PLINIUS MINUTIANO SUO S.

Hunc solum diem excuso. Recitaturus est Titinius Capito; quem ego audire, nescio magis debeam, an cupiam. Vir est optimus, et inter præcipua seculi ornamenta numerandus: colit studia, studiosos amat, fovet, provehit, multorumque, qui aliqua componunt, portus, sinus, præmium; omnium exemplum; ipsarum denique litterarum jam senescentium reductor ac reformator. Domum suam recitantibus præbet: auditoria, non apud se tantum, benignitate mira frequentat; mihi certe, si modo in urbe est, defuit nunquam. Porro, tanto turpius gratiam non referre, quanto honestior caussa referendæ. An, si litibus tererer, obstrictum esse me crederem obeunti vadimonia mea; nunc, quia mihi omne negotium, omnis in studiis cura, minus obligor tanta sedulitate celebranti, in quo obligari ego, ne dicam solo, certe maxime possum? Quod si illi nullam vicem, nulla quasi mutua officia deberem, sollicitarer tamen vel ingenio hominis pulcherrimo et maximo, et in summa severitate dulcissimo, vel honestate materiæ. Scribit exitus illustrium virorum, in iis quorumdam mihi carissimorum. Videor ergo fungi pio munere, quorumque exsequias celebrare non licuit, horum quasi funebribus laudationibus, seris quidem, sed tanto magis veris, interesse. Vale.

XIII.

C. PLINIUS GENIALI SUO.

Probo, quod libellos meos cum patre legisti. Pertinet ad profectum tuum, a disertissimo viro discere, quid laudandum, quid reprehendendum; simul ita institui, ut verum dicere assuescas. Vides, quem sequi, cujus debeas implere vestigia. O te beatum! cui contigit vivum, atque idem optimum et conjunctissimum exemplar qui denique eum potissimum imitandum habes, cui natura esse te simillimum voluit. Vale.

LETTRE XIV.

PLINE A ARISTON.

Comme je sais que vous n'êtes pas moins versé dans la connaissance du droit public, dont le droit des sénateurs fait partie, que dans celle du droit particulier, je souhaite fort d'apprendre de vous si je me suis trompé le dernier jour dans le sénat; et je le souhaite, non par rapport au passé, ce serait trop tard, mais pour être instruit, si à l'avenir il se présentait quelque chose de semblable. Vous me direz : *Pourquoi demander ce que vous devriez savoir?* La servitude des derniers temps nous a amené, non-seulement l'ignorance et l'oubli des beaux-arts, mais aussi des droits et des coutumes du sénat. Qui est l'homme assez patient pour vouloir apprendre ce qui ne lui doit être d'aucun usage? D'ailleurs, comment retenir ce qu'on apprend, si l'on ne le pratique jamais quand on l'a appris? La liberté, de retour, nous a donc trouvés novices et malhabiles; et l'impatience de goûter les douceurs qu'elle offre, nous force d'agir avant que d'apprendre. L'ancienne institution voulait que nous vissions faire, que nous entendissions dire à ceux qui nous devançaient en âge, ce que bientôt nous-mêmes nous avions à faire et à dire, et ce que nous devions, à notre tour, transmettre à ceux qui viendraient après nous. De là cette coutume d'engager les jeunes gens à servir dans l'armée dès leur plus tendre jeunesse, afin qu'en obéissant ils apprissent à commander; qu'en suivant les autres, ils se rendissent capables de marcher à leur tête. De là vient que ceux qui songeaient à s'élever aux charges demeuraient debout à la porte du sénat, obligés d'être spectateurs avant que d'être acteurs dans le conseil public. Chacun avait son père pour maître; ou s'il n'avait point de père, c'était le plus illustre et le plus ancien sénateur qui lui en servait. C'est ainsi qu'ils apprenaient par l'exemple, le plus sûr de tous les maîtres, quel était le pouvoir de celui qui proposait, le droit de celui qui opinait; l'autorité de chaque magistrat, la liberté de tous les autres; quand il fallait céder, résister, se taire; quand et comment il fallait parler; comment se faisait la distinction des avis contraires; comment il était permis d'ajouter quelque chose à ce qu'on avait déjà dit; enfin, tout l'ordre qu'on devait garder au sénat. Pour nous, il est vrai que nous avons servi dans les armées pendant notre jeunesse, mais alors la vertu était suspecte, le vice honoré; alors nulle autorité dans les chefs, nulle modération dans les soldats; alors on ne connaissait plus ni commandement, ni obéissance : la licence, le désordre régnaient partout; on ne voyait rien qui ne fût renversé, rien enfin qui ne méritât bien plutôt d'être oublié que d'être retenu. Nous sommes aussi entrés tout jeunes au sénat; mais en un sénat toujours tremblant, toujours muet, où l'on ne pouvait sans péril dire ce qu'on pensait, et sans infamie, ce qu'on ne pensait pas. Que pouvait-on avoir appris? que pouvait-on apprendre qui fît plaisir, dans un temps où l'on ne voyait assembler le sénat, ou que pour ne rien faire, ou que pour faire quelque grand crime; dans un temps où l'on ne le convoquait que pour s'en moquer, ou pour l'affliger; où ce qu'on mettait en délibération n'avait jamais rien de sérieux, et où pourtant ce qu'on jugeait était presque toujours funeste? Nous avons vu les mêmes maux se perpétuer pendant plusieurs années, depuis que, devenus sénateurs, nous en avons pris et ressenti notre part d'une si cruelle manière, que nos esprits en ont été émoussés, éteints, hébétés. Il n'y a que fort peu de temps (car plus les temps

XIV.

C. PLINIUS ARISTONI SUO.

Quum sis peritissimus et privati juris et publici, cujus pars senatorium est, cupio ex te potissimum audire, erraverim in senatu proxime, necne : non ut in præteritum, (serum enim) verum ut in futurum, si quid simile inciderit, erudiar. Dices, *Cur quæris, quod nosse debebas?* Priorum temporum servitus, ut aliarum optimarum artium, sic etiam juris senatorii oblivionem quamdam et ignorationem induxit. Quotus enim quisque tam patiens, ut velit discere, quod in usu non sit habiturus? Adde, quod difficile est tenere, quæ acceperis, nisi exerceas. Itaque reducta libertas rudes nos et imperitos deprehendit : cujus dulcedine accensi cogimur quædam facere ante, quam nosse. Erat autem antiquitus institutum, ut a majoribus natu, non auribus modo, verum etiam oculis disceremus, quæ facienda mox ipsi, ac per vices quasdam tradenda minoribus haberemus. Inde adolescentuli statim castrensibus stipendiis imbuebantur, ut imperare, parendo, duces agere, dum sequuntur, assuescerent : inde honores petituri assistebant curiæ foribus, et consilii publici spectatores ante, quam consortes erant. Suus cuique parens pro magistro, aut cui parens non erat, maximus quisque et vetustissimus pro parente. Quæ potestas referentibus, quod censentibus jus, quæ vis magistratibus, quæ ceteris libertas; ubi cedendum, ubi resistendum; quod silentii tempus, quis dicendi modus, quæ distinctio pugnantium sententiarum, quæ executio priorum aliquid addentium, omnem denique senatorium morem, quod fidelissimum præcipiendi genus, exemplis docebantur. At nos juvenes fuimus quidem in castris; sed quum suspecta virtus, inertia in pretio, quum ducibus auctoritas nulla, nulla militibus verecundia, nusquam imperium, nusquam obsequium, omnia soluta, turbata, atque etiam in contrarium versa, postremo obliviscenda magis, quam tenenda. Iidem prospeximus curiam trepidam et elinguem, quum dicere quod velles periculosum; quod nolles, miserum esset. Quid tunc disci potuit? quid didicisse juvit? quum senatus aut ad otium summum, aut ad summum nefas vocaretur; et modo ludibrio, modo dolori retentus, nunquam seria, tristia sæpe censeret. Eadem mala jam senatores, jam participes malorum, multos per annos vidimus, tulimusque : quibus ingenia nostra in posterum quoque ne-

sont heureux, plus ils sont courts) qu'il nous est permis de savoir, qu'il nous est permis d'être ce que nous sommes. Je vous demande donc, avec d'autant plus de raison, d'abord, d'excuser mon erreur (si j'y suis), ensuite de m'en tirer par votre savoir. Je sais qu'il ne s'étend pas moins à ce qui est du droit public, qu'à ce qui est du droit particulier; à l'histoire ancienne, qu'à la moderne; aux événements les plus singuliers, qu'aux plus communs. Je suis même persuadé que le fait sur lequel je vous consulte est si extraordinaire, que ceux à qui une longue expérience, soutenue d'une grande application, ne laisse rien ignorer, pourraient bien, ou n'en être pas instruits, ou ne l'être pas assez. Nous en serons d'autant plus dignes, moi de pardon, si j'ai erré, et vous de louanges, si vous pouvez enseigner ce que vous ne pouvez guère avoir appris que par vous-même. Le sénat traitait l'affaire des affranchis d'Afranius Dexter, consul. On l'a trouvé tué chez lui, et l'on ignore si sa main ou celle des siens, si leur crime ou leur obéissance, l'ont fait périr. L'un (demandez-vous qui? Moi; mais il n'importe) a été d'avis qu'après avoir souffert la question, il les fallait renvoyer absous? l'autre, qu'il fallait les reléguer dans une île; un troisième, qu'ils devaient être punis de mort. Ces avis étaient si opposés, qu'il n'était pas possible de les faire compatir ensemble. Car que peuvent avoir de commun la mort et le bannissement? Rien de plus, sans doute, que le bannissement et l'absolution : encore l'avis de l'absolution approche plus de celui du bannissement, que l'avis de la mort; car les deux premiers s'accordent à laisser la vie, et le dernier l'ôte. Cependant, et ceux qui opinaient à la mort, et ceux qui opinaient au bannissement, suspendant pour quelque moment leur discorde, feignirent de s'unir, et se rangèrent du même côté. Je soutenais que chacun des trois avis devait être séparément compté; qu'on ne devait point souffrir que deux des trois se joignissent à la faveur d'une trève de quelques moments. Je prétendais donc que ceux dont les voix allaient à la mort fussent séparés de ceux qui se contentaient de bannir, et que, tout prêts à se contredire, ils ne formassent pas cependant ensemble un même parti contre ceux qui voulaient absoudre; parce qu'au fond il importait peu qu'ils rejetassent tous l'absolution, s'ils n'admettaient pas tous la même condamnation. Je trouvais étrange que celui qui avait opiné à punir de mort les esclaves, et à reléguer les affranchis, fût obligé de couper son avis en deux parties, et que cependant on réunît, dans un même avis, celui qui voulait que les affranchis fussent relégués, et celui qui voulait qu'on les fît mourir. S'il fallait couper l'avis d'une même personne parce qu'il renfermait deux choses, je ne concevais pas comment on pouvait unir les avis de deux personnes, qui, sur la même chose, pensaient d'une manière si contraire. Permettez-moi donc, je vous supplie, aujourd'hui que l'affaire est décidée, de vous rendre raison de mon sentiment comme si elle était encore indécise, et de vous dire de suite, à loisir, ce que je fus obligé de dire alors avec beaucoup d'interruption et de contradiction. Supposons que l'on eût nommé seulement trois juges pour prononcer sur cette affaire, que l'un d'eux eût été d'avis de condamner les affranchis au dernier supplice; l'autre, de les reléguer; le troisième, de les absoudre : les deux premières opi-

betata, fracta, contusa sunt. Breve tempus (quam tanto brevius omne, quanto felicius tempus) quo libet scire, quid simus; libet exercere, quod sumus. Quo justius peto, primum, ut errori (si quis est error) tribuas veniam; deinde, medearis scientia tua, cui semper fuit curæ, sic jura publica, ut privata; sic antiqua, ut recentia; sic rara, ut assidua, tractare. Atque ego arbitror illis etiam, quibus plurimarum rerum agitatio frequens nihil esse ignotum patiebatur, genus quæstionis, quod affero ad te, aut non satis tritum, aut etiam inexpertum fuisse. Hoc et ego excusatior, si forte sum lapsus, et tu dignior laude, si potes id quoque docere, quod in obscuro est, an didiceris. Referebatur de libertis Afranii Dextri consulis, incertum sua an suorum manu, scelere an obsequio, perempti. Hos alius, (Quis? Ego; sed nihil refert) post quæstionem supplicio liberandos, alius in insulam relegandos, alius morte puniendos arbitrabatur. Quarum sententiarum tanta diversitas erat, ut non possent esse, nisi singulæ. Quid enim commune habet, occidere et relegare? Non hercule magis, quam relegare et absolvere : quanquam propior aliquanto est sententiæ relegantis, quæ absolverit, quam quæ occiderit; utraque enim ex illis vitam relinquit, hæc adimit : quum interim et qui morte puniebant, et qui relegabant, una sedebant, et temporaria simulatione concordiæ discordiam differebant. Ego postulabam, ut tribus sententiis constaret suus numerus, nec se brevibus induciis duæ jungerent. Exigebam ergo, ut, qui capitali supplicio afficiendos putabant, discederent a relegante, nec interim contra absolventes mox dissensuri congregarentur, quia parvulum referret, an idem displiceret, quibus non idem placuisset. Illud etiam mihi permirum videbatur, eum quidem, qui libertos relegandos, servos supplicio afficiendos censuisset, coactum esse dividere sententiam; hunc autem, qui libertos morte multaret, cum relegante numerari. Nam si oportuisset dividi sententiam unius, quia res duas comprehendebat, non reperiebam, quemadmodum posset jungi sententia duorum tam diversa censentium. Atque adeo permitte mihi, sic apud te tanquam ibi; sic peracta re, tanquam adhuc integra, rationem judicii mei reddere : quæque tunc carptim, multis obstrepentibus, dixi, per otium jungere. Fingamus tres omnino judices in hanc caussam datos esse : horum uni placuisse, perire libertos; alteri, relegari; tertio, absolvi : utrumne sententiæ duæ, collatis viribus, novissimam perimerent? an separatim unaquæque tantumdem, quantum altera, valebit? nec magis poterit cum secunda prima connecti, quam secunda cum tertia? Igitur in senatu quoque sententia, tanquam contrariæ, debent,

nions, réunissant leurs forces, l'emporteront-elles sur la dernière? ou plutôt chacune des trois ne vaudra-t-elle pas séparément autant que l'autre, sans que l'on puisse joindre plutôt la première à la seconde, que la seconde à la dernière? Il faut donc de même, dans le sénat, compter comme contraires les avis que l'on y a dits comme différents. Que si un même homme opinait tout à la fois et au bannissement et à la mort, pourrait-on, selon cet avis, les bannir et leur ôter la vie? Enfin, regarderait-on comme une seule et même opinion celle qui rassemblerait des choses si manifestement incompatibles? Comment donc est-il possible qu'on regarde comme un seul avis les avis de deux personnes, dont l'une veut que les affranchis perdent la vie, l'autre qu'ils aillent passer leur vie dans une île, lorsqu'il faudrait les regarder comme deux avis différents, si une seule personne en était l'auteur? Qu'ordonne la loi? Ne nous enseigne-t-elle pas clairement qu'il faut absolument distinguer l'avis du bannissement et celui de la mort, lorsqu'elle veut que, pour recueillir les voix, on se serve de ces termes : *Vous qui êtes d'une telle opinion, passez de ce côté; vous qui êtes de toute autre, rangez-vous du côté de celui dont vous suivez l'avis?* Examinez, je vous prie, et pesez chaque mot : *Vous qui êtes d'un tel avis,* c'est-à-dire vous qui pensez qu'on doit reléguer les affranchis, passez de ce côté-là, c'est-à-dire du côté où est assis l'auteur de cet avis. Par où il est évident que ceux qui opinent à la mort ne peuvent pas demeurer du même côté. *Vous qui êtes de tout autre avis :* vous voyez que la loi ne s'est pas contentée de dire *d'un autre,* mais *de tout autre.* Or, peut-on douter que celui qui ne veut que reléguer est de tout autre avis que celui qui veut que l'on fasse mourir? *Rangez-vous du côté de celui dont vous suivez l'avis :* ne vous semble-t-il pas que la loi appelle, qu'elle pousse, qu'elle place en différents endroits ceux qui sont d'avis différent? Ne la voyez-vous pas montrer, non pas seulement par une formule authentique, mais comme du geste et de la main, où chacun doit demeurer, où chacun est obligé de passer? Mais, dit-on, si l'on sépare les voix qui vont au bannissement, de celles qui vont au dernier supplice, il arrivera que l'avis de l'absolution l'emportera. Qu'importe aux opinants, à qui certainement il ne peut jamais être convenable de mettre tout en usage pour empêcher l'opinion la plus douce de prévaloir? Il faut pourtant, ajoute-t-on, que ceux qui condamnent à la peine capitale, et ceux qui bannissent, soient d'abord comparés ensemble avec ceux qui veulent absoudre, et qu'ensuite on les compare eux-mêmes entre eux. Sera-ce donc comme dans certains spectacles, où le sort sépare et réserve quelqu'un qui doit combattre contre le vainqueur? Ainsi y aura-t-il dans le sénat des premiers combats, et ensuite des seconds? et l'avis qui l'emporte sur un autre devra-t-il encore soutenir les efforts d'un troisième qui l'attend? Mais quoi! lorsqu'un avis a prévalu, tous les autres ne tombent-ils pas d'eux-mêmes? Le moyen donc de compter pour un seul avis deux avis qui ne doivent plus être comptés pour rien? Je m'explique plus clairement. Si ceux qui opinent à la mort ne passent du côté de celui qui opine au bannissement, pendant qu'il dit son avis, il ne leur doit plus être permis de se détacher, dans la suite, d'un parti auquel ils ont voulu s'attacher au commencement. Mais j'ai bonne grâce de m'ériger ici en maître, moi qui ne désire que d'apprendre! Dites-moi donc s'il fallait partager ces opinions de sorte qu'elles n'en fissent que deux, ou s'il fallait les compter sur le pied de trois opinions différentes. Véritablement j'ai obtenu ce que

---

quæ tanquam diversæ dicuntur. Quod si unus atque idem et perdendos censeret et relegandos, num ex sententia unius et perire possent et relegari? num denique omnino una sententia putaretur, quæ tam diversa conjungeret? Quemadmodum igitur, quum alter puniendos, alter censeat relegandos, videri potest una sententia, quæ dicitur a duobus, quæ non videretur una, si ab uno diceretur? Quid? lex non aperte docet, dirimi debere sententias occidentis et relegantis, quum ita discessionem fieri jubet : QUI HÆC SENTITIS, IN HANC PARTEM; QUI ALIA OMNIA, IN ILLAM PARTEM ITE, QUA SENTITIS. Examina singula verba et expende : QUI HÆC CENSETIS, hoc est, qui relegandos putatis, IN HANC PARTEM, id est, in eam, in qua sedet, qui censuit relegandos. Ex quo manifestum est, non posse in eadem parte remanere eos, qui interficiendos arbitrantur. QUI ALIA OMNIA · animadvertis, ut non contenta lex dicere ALIA, addiderit OMNIA. Num ergo dubium est, alia omnia sentire eos, qui occidunt, quam qui relegant? IN ILLAM PARTEM ITE, QUA SENTITIS : nonne videtur ipsa lex eos, qui dissentiunt, in contrariam partem vocare, cogere, impellere? non consul etiam, ubi quisque remanere, quo transgredi debeat, non tantum solemnibus verbis, sed manu gestuque demonstrat? At enim futurum est, ut, si dividantur sententiæ interficientis et relegantis, prævaleat illa, quæ absolvit. Quid istud ad censentes? quos certe non decet omnibus artibus, omni ratione pugnare, ne fiat, quod est mitius. Oportet tamen eos, qui puniunt, et qui relegant, absolventibus primum, mox inter se comparari. Scilicet ut in spectaculis quibusdam sors aliquem seponit ac servat, qui cum victore contendat : sic in senatu sunt aliqua prima, sunt secunda certamina; et ex duabus sententiis eam, quæ superior exierit, tertia ex spectat. Quid, quod, prima sententia comprobata, cæteræ perimuntur? Qua ergo ratione potest esse non unus atque idem locus sententiarum, quarum nullus est postea? Planius repetam. Nisi, dicente sententiam eo, qui relegat, illi, qui puniunt capite, initio statim in alia discedunt, frustra postea dissentient ab eo, cui paullo ante consenserint. Sed quid ego similis docenti, quum discere velim, an sententias dividi, an iri in singulas, oportuerit? Obtinui

je demandais; mais je voudrais bien savoir si j'ai dû le demander, ou si je devais plutôt passer à l'un des deux autres avis, comme a fait l'auteur de l'avis à la mort. Vaincu par mes raisons, il a quitté son premier avis (et cela, j'ignore s'il l'a pu faire) et a pris le parti du bannissement, dans la crainte que si l'on séparait les trois avis, comme il prévoyait qu'il allait arriver, celui d'absoudre ne vînt à l'emporter; car il y avait bien plus de suffrages pour cet avis, que pour chacun des deux autres séparément. Alors tous ceux qui, entraînés par son autorité, s'étaient attachés à son opinion, voyant qu'il les abandonnait, quittèrent un avis que son auteur quittait lui-même, et suivirent, comme transfuge, celui qu'ils suivaient auparavant comme capitaine. Ainsi les trois avis ont été réduits à deux; et de ces deux, l'un a prévalu. Le troisième, qui a été rejeté, n'ayant pu seul se faire céder par les deux premiers, a choisi du moins auquel des deux il céderait lui-même. Adieu.

LETTRE XV.

PLINE A JUNIOR.

Je vous ai sans doute accablé, en vous envoyant tant de volumes à la fois; mais je vous en ai accablé, parce que vous me les avez demandés. Et d'ailleurs, vous m'avez écrit que vos vendanges étaient si modiques, qu'il m'a été facile de comprendre que vous aviez du loisir de reste, comme on dit communément, pour lire un livre. Je reçois semblables nouvelles de mes terres: j'aurai donc le temps d'écrire des ouvrages que vous puissiez lire, si pourtant j'ai de quoi acheter du papier. Mais s'il est trop gros, ou s'il boit, il faudra se résoudre à ne point écrire, ou à écrire des choses qui, bonnes ou mauvaises, s'effaceront à mesure que je les écrirai. Adieu.

LETTRE XVI.

PLINE A PATERNUS.

La maladie de mes gens, et la mort même de quelques-uns dans la fleur de leur âge, m'ont accablé de tristesse. J'ai deux sujets de consolation, tous trop faibles pour un tel chagrin, mais sujets de consolation pourtant. L'un, la complaisance que j'ai eue de les affranchir; car il me semble qu'en quelque façon je n'ai pas perdu trop tôt ceux que j'ai perdus libres; l'autre, la permission que je donne aux esclaves mêmes de faire une espèce de testament, que j'observe aussi religieusement que s'il était légitime. Ils disposent, ils me prient de ce qui leur plaît; j'exécute sans hésiter. Ils partagent entre leurs camarades ce qu'ils ont; ils donnent, ils laissent à qui ils veulent, pourvu que ce soit à quelqu'un de la maison; car la maison est comme la république et la patrie des esclaves. Cependant, quoique cette conduite me soulage, la même humanité qui me la fait tenir m'abat et m'accable. Je ne voudrais pas toutefois devenir moins sensible: non que j'ignore que beaucoup d'autres ne traitent de pareilles disgrâces que d'une simple perte de biens, et qu'avec de tels sentiments, ils se croient de grands hommes et forts sages. Pour moi, je ne sais s'ils sont aussi grands et aussi sages qu'ils le pensent; mais je sais bien qu'ils ne sont point hommes. L'homme doit être accessible à la douleur, la sentir, la combattre

---

quidem, quod postulabam: nihilominus tamen quæro, an postulare debuerim, an abstinere. Quemadmodum obtinui? Is, qui ultimum supplicium sumendum esse censebat, nescio, an jure, certe æqualitate postulationis meæ victus, omissa sententia sua, accessit releganti: veritus scilicet, ne, si dividerentur sententiæ (quod alioqui fore videbatur), ea, quæ absolvendos esse censebat, numero prævaleret. Etenim longe plures in hac una, quam in duabus singulis, erant. Tum illi quoque, qui auctoritate ejus trahebantur, transeunte illo, destituti, reliquerunt sententiam ab ipso auctore desertam, secutique sunt quasi transfugam, quem ducem sequebantur. Sic ex tribus sententiis duæ factæ; tenuitque ex duabus altera, tertia expulsa, quæ quum ambas non posset, elegit, ab utra vinceretur. Vale.

XV.

C. PLINIUS JUNIORI SUO S.

Oneravi te tot pariter missis voluminibus. Sed oneravi primum, quia exegeras; deinde, quia scripseras tam graciles istic vindemias esse, ut plane scirem tibi vacaturum (quod vulgo dicitur) librum legere. Eadem ex meis agellis nuntiantur. Igitur mihi quoque licebit scribere, quæ legas, sit modo, unde chartæ emi possint: quæ si scabræ bibulæve sint, aut non scribendum, aut non necessario, quidquid scripserimus boni malive, delebimus. Vale.

XVI.

C. PLINIUS PATERNO SUO S.

Confecerunt me infirmitates meorum, mortes etiam, et quidem juvenum. Solatia duo, nequaquam paria tanto dolori, solatia tamen: unum facilitas manumittendi (videor enim non omnino immaturos perdidisse, quos jam liberos perdidi), alterum, quum permitto servis quoque quasi testamenta facere, eaque, ut legitima, custodio. Mandant rogantque, quod visum: pareo ut jussus. Dividunt, donant, relinquunt, duntaxat intra domum: nam servis respublica quædam et quasi civitas domus est. Sed quamquam his solatiis acquiescam, debilitor et frangor eadem illa humanitate, quæ me, ut hoc ipsum permitterem, induxit. Nec ideo tamen velim durior fieri. Nec ignoro, alios hujusmodi casus nihil amplius vocare, quam damnum; eoque sibi magnos homines et sapientes videri. Qui an magni sapientesque sint, nescio: homines non sunt. Hominis est enim affici dolore, sentire, resistere tamen, et solatia admittere; non, solatiis non egere. Verum de his plura fortasse, quam debui, sed pauciora, quam volui. Est enim quædam etiam dolendi voluptas:

pourtant, être capable de consolation, et non n'en avoir pas besoin. Peut-être me suis-je étendu sur cela plus que je ne devais; mais c'est encore moins que je n'aurais voulu. Il y a je ne sais quelle sorte de plaisir à se plaindre, surtout si vous répandez vos larmes dans le sein d'un ami prêt à les louer ou à les excuser. Adieu.

LETTRE XVII.

PLINE A MACRINUS.

Le climat que vous habitez est-il aussi dérangé que celui-ci? L'on ne voit à Rome qu'orages, qu'inondations. Le Tibre s'est débordé et répandu fort loin. Quoique le canal que la sage prévoyance de l'empereur a fait faire en ait reçu une partie, il remplit les vallées il coule par les campagnes: partout où il trouve des plaines, il ne laisse rien à découvert. De là il arrive qu'allant au-devant des fleuves qu'il a coutume de recevoir et d'emmener confondus avec lui, il les force à rebrousser, et couvre ainsi d'eaux étrangères les terres qu'il n'inonde pas de ses propres eaux. L'Anion, le plus doux des fleuves, et qui semble comme invité et retenu par les belles maisons bâties sur ses bords, déracine et entraîne les arbres qui lui donnaient de l'ombre. Il a renversé des montagnes, et, se trouvant arrêté par leur chute en plusieurs endroits, il cherche le passage qu'il s'est fermé, abat les maisons, et s'élève sur leurs ruines. Ceux qui demeurent en des lieux où le débordement n'est point parvenu rapportent qu'ils ont vu flotter sur l'eau, ici, des équipages de gens riches et des meubles précieux; là, des ustensiles de campagne; d'un côté, des charrues attachées de bœufs attelés, et ceux qui les conduisaient; de l'autre, des troupeaux entiers abandonnés à eux-mêmes; et, au milieu de tout cela, des troncs d'arbres, des poutres et des toits. Les lieux où la rivière n'a pu monter n'ont pas été exempts de cette désolation. Une pluie continuelle, et des tourbillons qui semblaient lancés des nues, n'ont fait guère moins de ravages que le fleuve en aurait pu faire. Les clôtures, qui renfermaient les héritages que l'on affectionne le plus, ont été ruinées, et les tombeaux ébranlés; plusieurs personnes ont été noyées, estropiées, écrasées; et le deuil, dont tout est rempli, multiplie tant de pertes. Plus ce malheur est grand, plus je crains que vous en ayez essuyé quelque semblable où vous êtes. S'il n'en est rien, soulagez mon inquiétude au plus tôt, je vous en supplie; et si cela est, mandez-le-moi toujours. Car c'est presque la même chose pour moi, d'avoir à craindre une disgrâce, ou à la souffrir; si ce n'est que le mal a ses bornes, et que la crainte n'en a point. L'on ne s'afflige qu'à proportion de ce qui est arrivé; mais on craint tout ce qui peut arriver. Adieu.

LETTRE XVIII.

PLINE A RUFIN.

Il n'est pas vrai, comme on a coutume de le dire, que le testament des hommes soit le tableau de leurs mœurs, puisque Domitius Tullus vient de paraître, en mourant, beaucoup plus honnête homme qu'il n'avait fait pendant sa vie. Après s'être livré à toutes les amorces de ceux qui briguaient sa succession, il a institué son héritière une fille de son frère, qu'il avait adoptée. Il a fait plusieurs legs, et très-considérables, à ses petits-enfants, et même à un arrière-petit-fils. En un mot, la tendresse paternelle règne par-

præsertim si in amici sinu defleas, apud quem lacrimis tuis vel laus sit parata, vel venia. Vale.

XVII.

C. PLINIUS MACRINO SUO S.

Num istic quoque immite et turbidum cælum? Hic assiduæ tempestates, et crebra diluvia. Tiberis alveum excessit, et demissioribus ripis alte superfunditur. Quamquam fossa, quam providentissimus imperator fecit, exhaustus, premit valles, innatat campis; quaque planum solum, pro solo cernitur. Inde, quæ solet flumina accipere, et permissa devehere, velut obvius retro cogit; atque ita alienis aquis operit agros, quos ipse non tangit. Anio, delicatissimus amnium, ideoque adjacentibus villis velut invitatus retentusque, magna ex parte nemora, quibus inumbratur, fregit et rapuit: subruit montes, et decidentium mole pluribus locis clausus, dum amissum iter quærit, impulit tecta, ac se super ruinas evexit atque extulit. Viderunt hi, quos excelsioribus terris illa tempestas non deprehendit, alibi divitum apparatus, et gravem suppellectilem, alibi instrumenta ruris; ibi boves, aratra, rectores, hic soluta et libera armenta; atque inter hæc arborum truncos, aut villarum trabes atque culmina varie lateque fluitantia. Ac ne illa quidem loca malo vacaverunt, ad quæ non ascendit amnis. Nam pro amne imber assiduus, et dejecti nubibus turbines: proruta opera, quibus pretiosa rura cinguntur: quassata atque etiam decussa monimenta. Multi ejusmodi casibus debilitati, obruti, obtriti, et aucta luctibus damna. Ne quid simile istic, pro mensura periculi, vereor: teque rogo, si nihil tale est, quam maturissime solicitudini meæ consulas: sed et, si tale, id quoque nunties. Nam parvulum differt, patiaris adversa, an exspectes: nisi quod tamen est dolendi modus, non est timendi. Doleas enim, quantum scias accidisse; timeas, quantum possit accidere. Vale.

XVIII.

C. PLINIUS RUFINO SUO S.

Falsum est nimirum, quod creditur vulgo, testamenta hominum speculum esse morum, quum Domitius Tullus longe melior apparuerit morte, quam vita. Nam, quum se captandum præbuisset, reliquit filiam heredem, quæ illi cum fratre communis, quia genitam fratre adoptaverat. Prosequutus est nepotes plurimis jucundissimisque legatis; prosequutus etiam pronepotem. In summa, omnia pietate plenissima; ac tanto magis, quoniam inex-

tout dans son testament, et surprend d'autant plus qu'on s'y attendait moins. On en parle donc fort diversement à Rome. Les uns le traitent de fourbe, d'ingrat, de perfide, et ne prennent pas garde qu'ils ne peuvent se déchaîner contre lui sans se trahir eux-mêmes par un honteux aveu, lorsqu'ils se plaignent d'avoir été déshérités par cet homme, comme s'il était leur père, leur aïeul ou leur bisaïeul. Les autres l'élèvent jusqu'au ciel, pour avoir frustré les sordides espérances de cette engeance d'hommes, et prétendent que, dans un siècle aussi corrompu, les tromper, c'est prudence. Ils ajoutent qu'il ne lui était pas libre de faire un nouveau testament; qu'il était redevable de ces grands biens à sa fille, et qu'il les lui a moins donnés que rendus. Car Curtilius Mancia, prévenu d'aversion contre Domitius Lucanus son gendre (c'est le frère de Tullus), avait institué héritière sa fille, petite-fille de Curtilius, à condition que son père l'émanciperait. Domitius l'avait émancipée, et aussitôt Tullus, son oncle, l'avait adoptée. Ainsi Domitius, qui avait eu communauté de biens avec son frère, avait, par une émancipation artificieuse, éludé l'intention du testateur, et remis sa fille, avec de très-grandes richesses, sous sa puissance, après l'avoir émancipée. Il semble d'ailleurs que la destinée de ces deux frères ait été de s'enrichir, malgré ceux qui les ont enrichis; car Domitius Afer, qui les adopta, est mort sans autre testament que celui qu'il avait fait de vive voix dix-huit ans auparavant, et sur lequel il avait depuis si fort changé de sentiment, qu'il avait poursuivi la confiscation des biens de leur père. Sa disgrâce est aussi surprenante que leur bonheur : sa disgrâce, d'avoir adopté et d'avoir eu pour héritiers les enfants de son ennemi capital, qu'il avait fait retrancher du nombre des citoyens; leur bonheur, d'avoir retrouvé un père dans celui qui leur avait ôté le leur. Mais il était juste qu'après avoir été institué héritier par son frère, au préjudice de sa propre fille, il remit à cette même fille, pour se réconcilier avec elle, la succession d'Afer, ainsi que les autres biens que les deux frères avaient acquis ensemble. Ce testament mérite d'autant plus de louanges, que la nature, la fidélité, l'honneur l'ont dicté; que chacun, selon son degré d'affinité, selon ses services, y a trouvé des marques d'affection et de reconnaissance, la femme de Tullus comme les autres. Cette femme, d'une vertu et d'une patience singulière, et qui devait être d'autant plus chère à son mari que, par son mariage, elle s'était attiré des reproches, a eu pour sa part de très-belles maisons de campagne, et une somme d'argent considérable. Il semblait qu'avec de la naissance et de bonnes mœurs, sur le déclin de l'âge, après une longue viduité, après avoir été mère autrefois, elle se fût oubliée, en prenant pour mari un riche vieillard, si chargé d'infirmités qu'il aurait pu dégoûter une femme même qui l'aurait épousé lorsqu'il était et jeune et plein de santé. Perclus et paralytique de tout son corps, il ne jouissait de tant de bien que par les yeux, et ne se remuait même dans son lit que par le secours d'autrui. Il fallait (ce qui est aussi triste à souffrir que désagréable à dire) qu'il donnât sa bouche à laver et ses dents à nettoyer. On l'a plus d'une fois entendu déplorer le misérable état où il était réduit, et se plaindre que plusieurs fois le jour il souffrait dans sa bouche les doigts de ses esclaves. Il vivait pourtant, et voulait vivre, soutenu principalement par la vertu de sa femme, qui

---

spectata sunt. Ergo varii tota civitate sermones : alii fictum, ingratum, immemorem loquuntur, seque ipsos, dum insectantur illum, turpissimis confessionibus produnt, ut qui de patre, avo, proavo, quasi de orbo, querantur : alii contra hoc ipsum laudibus ferunt, quod sit frustratus improbas spes hominum; quos sic decipere, pro moribus temporum, prudentia est. Addunt etiam, non fuisse ei liberum, alio testamento mori; neque enim reliquisse opes filiæ, sed reddidisse, quibus auctus per filiam fuerat. Nam Curtilius Mancia, perosus generum suum Domitium Lucanum (frater est Tulli) sub ea conditione filiam ejus, neptem suam, instituerat heredem, si esset manu patris emissa. Emiserat pater, adoptaverat patruus : atque ita circumscripto testamento, consors frater in patris potestatem emancipatam filiam adoptionis fraude revocaverat, et quidem cum opibus amplissimis. Fuit alioqui fratribus illis quasi fato datum, ut divites fierent invitissimis, a quibus facti sunt. Quin etiam Domitius Afer, qui illos in nomen assumpsit, reliquit testamentum ante octo et decem annos nuncupatum, adeoque postea improbatum sibi, ut patris eorum bona proscribenda curaverit. Mira illius asperitas, mira felicitas horum : illius asperitas, qui numero civium excidit, quem socium etiam in liberis habuit; felicitas horum, quibus successit in locum patris, qui patrem abstulerat. Sed hæc quoque hereditas Afri, ut reliqua cum' fratre quæsita, transmittenda erant filiæ fratris, a quo Tullus ex asse heres institutus, prælatusque filiæ fuerat, ut conciliaretur. Quo laudabilius testamentum est, quod pietas, fides, pudor, scripsit : in quo denique omnibus adfinitatibus, pro cujusque officio, gratia relata est; relata et uxori. Accepit amœnissimas villas, accepit magnam pecuniam uxor optima et patientissima : ac tanto melius de viro merita, quanto magis est reprehensa, quod nupsit. Nam mulier natalibus clara, moribus proba, ætate declivis, diu vidua, mater olim, parum decore sequuta matrimonium videbatur divitis senis, ita perditi morbo, ut esse tædio posset uxori, quam juvenis sanusque duxisset. Quippe omnibus membris extortus et fractus tantas opes solis oculis obibat : ac ne in lectulo quidem, nisi ab aliis, movebatur. Quin etiam (fœdum miserandumque dictu) dentes lavandos fricandosque præbebat. Auditum est frequenter ab ipso, quum quereretur de contumeliis debilitatis suæ, *se digitos servorum suorum quotidie lingere.* Vivebat ta-

avait trouvé le secret, par sa constance, de tirer de la gloire d'un mariage dont les commencements lui avaient été honteux. Voilà tout ce qu'il y a de nouveau à Rome. Les tableaux de Tullus sont à vendre; on n'attend que le jour des enchères. Il était si curieux de ces raretés, et il en avait tant qu'on négligeait dans ses garde-meubles, que le même jour qu'il acheta de très-grands jardins, il y plaça un nombre extraordinaire de fort belles et fort anciennes statues. A votre tour, si vous savez quelque chose digne d'une lettre, prenez la peine de me l'écrire; car outre que les nouvelles font plaisir, rien d'ailleurs ne forme tant que les exemples. Adieu.

LETTRE XIX.

PLINE A MAXIME.

Les belles-lettres me divertissent et me consolent, et je ne sais rien de si agréable qui le soit plus qu'elles, rien de si fâcheux qu'elles n'adoucissent. Dans le trouble que me cause l'indisposition de ma femme, la maladie de mes gens, la mort même de quelques-uns, je ne trouve d'autre remède que l'étude. Véritablement elle me fait mieux comprendre toute la grandeur du mal; mais elle me le rend aussi plus supportable. D'ailleurs, c'est ma coutume, quand je destine quelque ouvrage au public, de vouloir qu'il passe auparavant par la critique de mes amis, et particulièrement par la vôtre. Si vous avez donc jamais donné quelque application à la lecture de mes livres, redoublez-la pour celui que je vous envoie; car je crains fort qu'étant aussi triste que je l'étais quand je le fis, je ne me sois relâché de mon application ordinaire. J'ai bien pu prendre assez sur ma douleur pour écrire, mais non pour écrire d'un esprit libre et content. Au reste, si l'étude répand de la gaieté dans l'esprit, la gaieté, à son tour, répand de nouvelles grâces sur l'étude. Adieu.

LETTRE XX.

PLINE A GALLUS.

Nous avons coutume d'entreprendre de longs voyages, de passer les mers, pour voir des choses que nous négligeons lorsqu'elles sont sous nos yeux; soit que naturellement nous soyons froids pour tout ce qui nous environne, et ardents pour tout ce qui est fort loin de nous; soit que toutes les passions qu'il est aisé de satisfaire soient toujours tièdes; soit enfin que nous remettions à voir ce que nous nous promettions de voir quand il nous plaira. Quoi qu'il en soit, il y a à Rome, il y a près de Rome beaucoup de choses que non-seulement nous n'avons jamais vues, mais dont nous n'avons même jamais entendu parler; que nous aurions vues, dont nous parlerions, que nous irions voir de près, si elles étaient en Grèce, en Égypte, en Asie, ou dans quelqu'un de ces pays qui sont fertiles en miracles, et qui aiment à les débiter. Ce qu'il y a de vrai, c'est que je viens d'apprendre une chose qui m'était inconnue, de voir ce que je n'avais point encore vu. L'aïeul de ma femme m'avait invité d'aller chez lui, à une terre qu'il a dans l'Amérie. En m'y promenant, on me montra un lac qui est dans un fond, qu'on nomme Vadimont, et dont l'on me conta des prodiges. Je m'en approche. La figure de ce lac est celle d'une roue couchée. Il est partout égal, sans aucun

---

men, et vivere volebat, sustentante maxime uxore; quæ culpam inchoati matrimonii in gloriam perseverantia verterat. Habes omnes fabulas urbis. Jam sunt venales tabulæ Tulli : exspectatur auctio. Fuit enim tam copiosus, ut amplissimos hortos eodem, quo emerat, die instruxerit plurimis et antiquissimis statuis. Tantum illi pulcherrimorum operum in horreis, quæ negligebantur. Invicem tu, si quid istic epistola dignum, ne gravare scribere. Nam quum aures hominum novitate lætentur, tum ad rationem vitæ exemplis erudimur. Vale.

XIX.

C. PLINIUS MAXIMO SUO S.

Et gaudium mihi et solatium in litteris; nihilque tam lætum, quod his lætius; nihil tam triste, quod non per has sit minus triste. Itaque et infirmitate uxoris, et meorum periculo, quorumdam vero etiam morte turbatus, ad unicum doloris levamentum studia confugio; quæ præstant, ut adversa magis intelligam, sed patientius feram. Est autem mihi moris, quod sum daturus in manus hominum, ante amicorum vero judicio examinare, in primis tuo. Proinde, si quando, nunc intende libro, quem cum hac epistola accipies; quia vereor, ne ipse, ut tristis, parum intenderim. Imperare enim dolori, ut scriberem, potui; ut vacuo animo lætoque, non potui. Porro, ut ex studiis gaudium, sic studia hilaritate proveniunt. Vale.

XX.

C. PLINIUS GALLO SUO S.

Ad quæ noscenda iter ingredi, transmittere mare solemus, ea sub oculis posita negligimus; seu quia ita natura comparatum, ut proximorum incuriosi, longinqua sectemur; seu quod omnium rerum cupido languescit, quum facilis occasio est; seu quod differimus tanquam sæpe visuri, quod datur videre, quoties velis cernere. Quacumque de caussa, permulta in urbe nostra, juxtaque urbem, non oculis modo, sed ne auribus quidem novimus : quæ si tulisset Achaia, Ægyptus, Asia, aliave quælibet miraculorum ferax commendatrixque terra, audita, perlecta, lustrata haberemus. Ipse certe nuper, quod nec audieram ante, nec videram, audivi pariter et vidi. Excegerat prosocer meus, ut Amerina prædia sua inspicerem. Hæc perambulanti mihi ostenditur subjacens lacus, nomine Vadimonis; simul quædam incredibilia narrantur : perveni ad ipsum. Lacus est in similitudinem jacentis rotæ circumscriptus, et undique æqualis : nullus sinus, obliquitas nulla, omnia dimensa paria, et quasi artificis

recoin, sans aucun angle; tout y est uni, compassé, et comme tiré au cordeau : sa couleur approche du bleu, mais tire plus sur le blanc et sur le vert, et est moins claire. Ses eaux sentent le soufre : elles ont un goût d'eaux minérales, et sont fort propres à consolider les fractures. Il n'est pas fort grand, mais il l'est assez pour être agité et gonflé de vagues quand les vents soufflent. On n'y trouve point de bateaux, parce qu'il est consacré : mais, au lieu de bateaux, vous y voyez flotter, au gré de l'eau, plusieurs îles chargées d'herbages, couvertes de roseaux, de jonc, et de tout ce que l'on a coutume de trouver dans les meilleurs marais, et aux extrémités du lac. Chacune a sa figure et son mouvement particulier; chacune a ses bords ras, parce que souvent elles se heurtent l'une l'autre, ou heurtent le rivage. Elles ont toutes une égale légèreté, une égale profondeur; car elles sont taillées par-dessus à peu près comme la quille d'un vaisseau. Quelquefois détachées, elles se montrent également de tous côtés ; les mêmes nagent sur l'eau, et s'y plongent également. Quelquefois elles se rassemblent et se joignent toutes, et forment une espèce de continent. Tantôt des vents opposés les dispersent ; tantôt, quoique le calme soit revenu, elles ne laissent pas de flotter séparément. Souvent les plus petites suivent les plus grandes, et s'y attachent comme de petites barques aux vaisseaux de charge. Quelquefois vous diriez que les grandes et les petites luttent ensemble, et se livrent combat. Une autre fois, poussées toutes au même rivage, elles se réunissent et l'accroissent ; tantôt elles chassent le lac d'un endroit, tantôt l'y ramènent, sans lui rien ôter quand elles reviennent au milieu. Il est certain que les bestiaux,

suivant les pâturages, entrent dans ces îles comme si elles faisaient partie de la rive, et qu'ils ne s'aperçoivent que le terrain est mouvant que lorsque, le rivage s'éloignant d'eux, la frayeur de se voir comme emportés et enlevés dans l'eau, qu'ils voient autour d'eux, les saisit. Peu après ils abordent où il plaît au vent de les porter, et ne sentent pas plus qu'ils reprennent terre, qu'ils avaient senti qu'ils la quittaient. Ce même lac se décharge dans un fleuve qui, après s'être montré quelque temps, se précipite dans un profond abîme. Il continue son cours sous terre, mais avec tant de liberté, que si, avant qu'il y entre, vous y jetez quelque chose, il la conserve et la rend quand il en sort. Je vous écris tout ceci, parce que je suis persuadé qu'il ne vous est ni moins nouveau ni moins agréable qu'à moi; car nous prenons tous deux un extrême plaisir à connaître les ouvrages de la nature. Adieu.

LETTRE XXI.

PLINE A ARRIEN.

Je suis persuadé que, dans les études comme dans la vie, rien n'est si beau, rien ne convient tant à l'humanité, que de mêler l'enjouement avec le sérieux, de peur que l'un ne dégénère en tristesse, et l'autre en joie folle. Par cette raison, après avoir travaillé aux ouvrages les plus importants, je m'amuse toujours à quelques bagatelles. J'ai choisi, pour les faire paraître, et le temps et le lieu propres. Dans le dessein d'accoutumer les oisifs à les entendre, même à table, j'ai choisi le mois de juillet, où l'on est en pleines vacations, et j'ai rangé mes amis auprès des différentes tables, sur des chaises. Il est arrivé par hasard, ce jour-là, qu'on m'est venu prier,

---

manu, cavata et excisa. Color cæruleo albidior ; viridior et pressior sulphuris : odor saporque medicatus : vis, qua fracta solidantur. Spatium modicum, quod tamen sentiat ventos, et fluctibus intumescat. Nulla in hoc navis (sacer enim est), sed innatant insulæ herbidæ, omnes arundine et junco tectæ, quæque alia fœcundior palus, ipsaque illa extremitas lacus effert. Sua cuique figura, ut modus : cunctis margo derasus, quia frequenter vel litori vel sibi illisæ terunt terunturque. Par omnibus altitudo, par levitas : quippe in speciem carinæ humili radice descendunt. Hæc ab omni latere perspicitur : eadem aqua pariter suspensa et mersa. Interdum junctæ copulatæque et continenti similes sunt; interdum discordantibus ventis diferuntur : nonnunquam destitutæ, tranquillitate, singulæ fluitant. Sæpe minores majoribus, velut cymbulæ onerariis, adhærescunt; sæpe inter se majores minoresque quasi cursum certamenque desumunt; rursus omnes in eumdem locum appulsæ, qua steterunt, promovent terram, et modo hac, modo illac, lacum reddunt auferuntque; ac tum demum, quum medium tenuere, non contrahunt. Constat, pecora herbas sequuta, sic in insulas, ut in extremam ripam, procedere solere, nec prius intelligere mobile solum, quam litore abrepta, quasi illata et imposita, circumfusum undique lacum pavent ; mox quo tulerit ventus

egressa, non magis se descendisse sentire, quam senserint ascendisse. Idem lacus in flumen egeritur; quod ubi se paullisper oculis dedit, specu mergitur, alteque conditum meat : ac, si quid, ante quam subduceretur, accepit, servat et profert. Hæc tibi scripsi, quia nec minus ignota, quam mihi nec minus grata credebam. Nam te quoque, ut me, nihil æque ac naturæ opera delectant. Vale.

XXI.

C. PLINIUS ARRIANO SUO S.

Ut in vita, sic in studiis pulcherrimum et humanissimum existimo, severitatem comitatemque miscere, ne illa in tristitiam, hæc in petulantiam procedat. Qua ratione ductus, graviora opera lusibus jocisque distinguo. Ad hos proferendos et tempus et locum opportunissimum elegi; utque jam nunc adsuescerent et ab otiosis et in triclinio audiri, Julio mense, quo maxime lites interquiescunt, positis ante lectos cathedris, amicos collocavi. Forte accidit, ut eo die mane in advocationem subitam rogarer : quod mihi caussam præloquendi dedit. Sum enim deprecatus, ne quis ut irreverentem operis argueret, quod recitaturus, quamquam et amicis, et paucis, idem iterum amicis, foro et negotiis non abstinuissem. Addidi,

dès le matin, d'aller plaider une cause, lorsque j'y pensais le moins : j'en ai pris occasion de leur adresser un petit compliment. Je leur fis mes excuses de ce qu'après les avoir invités en petit nombre pour assister à la lecture d'un ouvrage, je la quittais moi-même comme peu importante, pour courir au barreau, où d'autres amis m'appelaient. Je les assurai que je gardais le même ordre dans mes compositions; que j'y donnais toujours la préférence aux affaires sur les plaisirs, au solide sur l'agréable, à mes amis sur moi-même. Au reste, l'ouvrage dont je leur ai fait part est diversifié, non-seulement par les sujets, mais encore par la mesure des vers. C'est ainsi que, dans la défiance où je suis de mon esprit, j'ai coutume de me précautionner contre le dégoût. J'ai lu pendant deux jours, pour satisfaire à l'empressement des auditeurs; cependant, quoique les autres passent ou retranchent beaucoup d'endroits, moi je ne passe, je ne retranche rien, et j'en avertis ceux qui m'écoutent. Je lis tout pour être en état de tout corriger; ce que ne peuvent faire ceux qui ne lisent que des morceaux choisis. Peut-être marquent-ils en cela plus de défiance d'eux-mêmes et plus de respect pour leurs auditeurs, mais du moins je montre plus de franchise et plus de confiance en leur amitié. Il faut en effet bien aimer, pour croire qu'on ne doit pas craindre d'ennuyer ceux qu'on aime. D'ailleurs, quelle obligation a-t-on à ses amis, s'ils ne s'assemblent que pour se divertir? Je regarde comme un indifférent, et même comme un inconnu, tout homme qui aime mieux trouver dans l'ouvrage de ses amis la dernière perfection, que de la lui donner. Votre amitié pour moi ne me permet pas de douter que vous ne souhaitiez de lire au plus tôt cette pièce dans sa nouveauté. Vous la lirez, mais retouchée; car c'est pour la retoucher que je l'ai lue.

Vous en connaissez déjà pourtant une bonne partie. Ces endroits, soit qu'ils aient été perfectionnés, soit, comme il arrive souvent, qu'à force de les repasser, ils aient été gâtés, vous seront nouveaux; car, lorsque la plupart des endroits d'un livre sont changés, ceux même qui ne le sont pas le paraissent. Adieu.

LETTRE XXII.
PLINE A GÉMINIUS.

Ne connaissez-vous point de ces gens qui, esclaves de toutes leurs passions, s'élèvent contre les vices des autres comme s'ils en étaient jaloux? Ils ne punissent rien si sévèrement que ce qu'ils ne cessent point d'imiter, quoique rien ne fasse tant d'honneur que l'indulgence à ceux même qui peuvent dispenser tout le monde d'en avoir pour eux. Le plus honnête homme, le plus parfait, selon moi, c'est celui qui pardonne avec autant de bonté que si chaque jour il tombait dans quelques fautes, et qui les évite avec autant de soin que s'il ne pardonnait à personne. Ce que nous devons donc avoir le plus à cœur dans le particulier et en public, et dans toute la conduite de notre vie, c'est d'être inexorables pour nous, indulgents pour les autres, même pour ceux qui ne savent excuser qu'eux. Nous ne devons jamais oublier ce que disait souvent Thraséas, qui n'était pas moins grand par son humanité que par ses autres vertus : *Celui qui hait les vices hait les hommes.* Vous demandez à qui j'en veux quand j'écris ceci ? Certain homme, ces jours passés... Mais il sera mieux de vous le conter de vive voix, ou plutôt de me taire. Je crains que leur déclarer la guerre, les blâmer, redire ce qu'ils font, ne soit précisément faire ce que je désapprouve, et démentir mes préceptes par mes actions. Quel que soit donc cet homme, cachons-le, ne le nom-

hunc ordinem me in scribendo sequi, ut necessitates voluptatibus, seria jucundis anteferrem, ac primum amicis, tum mihi scriberem. Liber fuit et opusculis varius et metris. Ita solemus, qui ingenio parum fidimus, satietatis periculum fugere. Recitavi biduo : hoc assensus audientium exegit : et tamen ut alii transeant quædam, imputantque, quod transeant; sic ego nihil prætereo, atque etiam non prætereri me, testor. Lego enim omnia, ut omnia emendem. Quod contingere non potest electa recitantibus. At illud modestius, et fortasse reverentius : sed hoc simplicius et amantius; amat enim, qui se sic amari putat, ut tædium non pertimescat. Alioqui quid præstant sodales, si conveniunt voluptatis suæ caussa? Delicatus ac similis ignoto est, qui amici librum bonum mavult audire, quam facere. Non dubito, cupere te, pro cætera mei caritate, quam maturissime legere hunc adhuc musteum librum. Leges, sed retractatum; quæ caussa recitandi fuit; et tamen non nulla jam ex eo nosti. Hæc vel emendata postea, vel (quod interdum longiore mora solet) deteriora facta, quasi nova rursus, et rescripta cognosces. Nam, plerisque mutatis, ea quoque mutata videntur, quæ manent. Vale.

XXII.
C. PLINIUS GEMINIO SUO S.

Nostine hos, qui omnium libidinum servi sic aliorum vitiis irascuntur, quasi invideant, et gravissime puniunt, quos maxime imitantur? quum eos etiam, qui non indigent clementia ullius, nihil magis quam lenitas deceat. Atqui ego optimum et emendatissimum existimo, qui cæteris ita ignoscit, tanquam ipse quotidie peccet; ita peccatis abstinet, tanquam nemini ignoscat. Proinde hoc domi, hoc foris, hoc in omne vitæ genere teneamus, ut nobis implacabiles simus; exorabiles istis etiam, qui dare veniam, nisi sibi, nesciunt; mandemusque memoriæ, quod vir mitissimus, et ob hoc quoque maximus, Thrasea, crebro dicere solebat : *Qui vitia odit, homines odit.* Fortasse quæris, quo commotus hæc scribam. Quidam nuper... Sed melius coram; quamquam ne tunc quidem. Vereor enim,

mons point. Il y a peu de profit à le noter, et beaucoup d'humanité à ne le noter pas. Adieu.

LETTRE XXIII.

PLINE A MARCELLIN.

L'extrême douleur que me cause la mort de Junius Avitus m'ôte, m'enlève, m'arrache études, soins, amusements. Il avait pris chez moi la robe de sénateur. Ma recommandation l'avait aidé dans la poursuite des charges. Il m'aimait, il me respectait comme le guide de ses mœurs, il m'écoutait comme son maître. Qu'y a-t-il de plus rare dans nos jeunes gens? Où en trouver qui se reconnaissent inférieurs, et qui veulent bien déférer, ou à l'âge, ou à l'autorité? Dès qu'ils entrent dans le monde, ils sont parfaits, ils savent tout; ils ne respectent, ils n'imitent personne, et se suffisent à eux-mêmes pour exemple et pour règle. Avitus était bien éloigné de ces sentiments. Sa prudence ne paraissait en rien tant qu'à croire toujours les autres plus prudents que lui. Sa principale science, c'était la passion qu'il avait de s'instruire. Sans cesse il proposait quelque question, ou sur les belles-lettres, ou sur les devoirs de la vie. Il ne vous quittait jamais sans s'applaudir d'avoir profité dans votre entretien; et il était devenu meilleur, ou parce qu'il avait appris, ou par ce qu'il avait voulu apprendre. Quel attachement n'a-t-il pas marqué pour Servianus, l'un des hommes les plus accomplis de ce siècle? Comme celui-ci passait de l'Allemagne dans la Pannonie, où il allait en qualité de lieutenant du proconsul, Avitus, alors colonel, le reçut chez lui, et en connut si bien tout le mérite, qu'il l'y suivit, non pas comme officier, mais comme un ami de sa suite. Avec quelle sagesse, avec quelle modération ne s'est-il point conduit sous les consuls dont il a été questeur (car il l'a été de plusieurs)? Quel agrément, quelle satisfaction, quel avantage n'ont-ils point tiré de ses services? Cette édilité même dont une mort imprévue l'empêche de jouir, quels pas n'a-t-il point faits, quelle attention n'a-t-il point apportée pour l'obtenir? Et c'est ce qui aigrit le plus ma douleur. J'ai toujours présents à l'esprit tant de soins qu'il a pris, tant de prières qu'il a faites inutilement, une dignité dont il ne peut jouir, qui lui échappe après qu'il l'a si bien méritée. Je ne puis m'empêcher de songer que c'est chez moi qu'il a pris la robe de sénateur. Je me rappelle mes premières, mes dernières sollicitations en sa faveur, les discours qu'il avait coutume de tenir, les conseils qu'il me demandait. Je suis touché de sa jeunesse, de la chute d'une maison, de la perte irréparable que fait une famille. Sa mère était fort âgée. Il avait épousé, depuis près d'un an, sa femme toute jeune encore, et il venait d'en avoir une fille. Quel changement un seul jour apporte à tant d'espérances, à tant de joie! Édile nouveau, nouveau mari, nouveau père, il laisse une charge sans l'avoir exercée, une mère sans appui, une femme veuve, une fille dans l'enfance, qui n'a jamais connu ni son aïeul, ni son père. Pour comble de chagrin, je l'ai perdu pendant mon absence. J'ai appris sa maladie et sa mort dans un même moment, et lorsque je m'y attendais le moins, comme si on eût appréhendé que la crainte ne me familiarisât avec une si cruelle douleur. Voilà quelle peine je souffre à l'heure que je vous écris. Ne vous étonnez pas si je ne vous parle que de cela. En l'état où je suis, je ne puis ni m'occuper ni parler d'autre chose. Adieu.

ne id, quod improbo, insectari, carpere, referre, huic, quod quum maxime præcipimus, repugnet. Quisquis ille, qualiscumque, sileatur; quem insignire, exempli non nihil; non insignire, humanitatis plurimum refert. Vale.

XXIII.

C. PLINIUS MARCELLINO SUO S.

Omnia mihi studia, omnes curas, omnia avocamenta exemit, excussit, eripuit dolor, quem ex morte Junii Aviti gravissimum cepi. Latum clavum in domo mea induerat : suffragio meo adjutus in petendis honoribus fuerat : ad hoc, ita me diligebat, ita verebatur, ut me formatore morum, me quasi magistro uteretur. Rarum hoc adolescentibus nostris : nam quotusquisque vel ætati alterius, vel auctoritati, ut minor, cedit? Statim sapiunt, statim sciunt omnia : neminem verentur, imitantur neminem, atque ipsi sibi exempla sunt. Sed non Avitus : cujus hæc præcipua prudentia, quod alios prudentiores arbitrabatur; hæc præcipua eruditio, quod discere volebat. Semper ille aut de studiis aliquid, aut de officiis vitæ consulebat : semper ita recedebat, ut melior factus; et erat factus vel eo, quod audierat, vel quod omnino quæsierat. Quod ille obsequium Serviano, exactissimo viro, præstitit! quem legatum tribunus ita et intellexit, et cepit, ut ex Germania in Pannoniam transeuntem, non ut commilito, sed ut comes assectatorque sequeretur. Qua industria, qua modestia quæstor consulibus suis (et plures habuit) non minus jucundus et gratus, quam usui fuit! Quo discursu, qua vigilantia, hanc ipsam ædilitatem, cui præreptus est, petiit! Quod vel maxime dolorem meum exulcerat. Obversantur oculis cassi labores, et infructuosæ preces, et honor quem meruit tantum. Redit animo ille latus clavus in penatibus meis sumptus; redeunt illa prima, illa postrema suffragia mea; illi sermones, illæ consultationes. Afficior adolescentia ipsius, afficior necessitudinum casu. Erat illi grandis natu parens; erat uxor, quam ante annum virginem acceperat; erat filia, quam paullo ante sustulerat. Tot spes, tot gaudia dies unus in diversa convertit. Modo designatus ædilis, recens maritus, recens pater, intactum honorem, orbam matrem, viduam uxorem, filiam pupillam, ignaramque patris, reliquit. Accedit lacrimis meis, quod absens, et impendentis mali nescius, pariter ægrum, pariter decessisse, cognovi, ne gravissimo dolori timore consuescerem. In tantis tormentis eram, quum scriberem hæc, scriberem sola. Neque enim nunc aliud aut cogitare, aut loqui possum. Vale.

LETTRE XXIV.

PLINE A MAXIME.

L'amitié que je vous ai vouée m'oblige, non pas à vous instruire (car vous n'avez pas besoin de maître), mais à vous avertir de ne pas oublier ce que vous savez déjà, de le pratiquer, ou même de le savoir encore mieux. Songez que l'on vous envoie dans l'Achaïe, c'est-à-dire dans la véritable Grèce, dans la Grèce toute pure, où la politesse, les lettres, l'agriculture même, ont, selon l'opinion commune, pris naissance; que vous allez gouverner des villes, des hommes libres, dont les vertus, les actions, les alliances, les traités, la religion, ont eu pour principal objet la conservation du plus beau droit que nous tenions de la nature. Respectez les dieux leurs fondateurs, le nom de ces dieux; respectez l'ancienne gloire de cette nation, et la vieillesse, sacrée dans les villes, comme elle est vénérable dans les hommes; faites honneur à leur antiquité, à leurs exploits fameux, à leurs fables même. N'entreprenez rien sur la dignité, sur la liberté, ni même sur la vanité de personne. Ayez continuellement devant les yeux que nous avons puisé notre droit dans ce pays; que nous n'avons pas imposé des lois à ce peuple après l'avoir vaincu, mais qu'il nous a donné les siennes après l'en avoir prié. C'est à Athènes où vous allez; c'est à Lacédémone que vous devez commander. Il y aurait de l'inhumanité, de la cruauté, de la barbarie à leur ôter l'ombre et le nom de liberté qui leur restent. Voyez comment en usent les médecins. Quoique, par rapport à la maladie, il n'y ait point de différence entre les hommes libres et les esclaves, ils traitent pourtant les premiers plus doucement et plus humainement que les autres. Souvenez-vous de ce que fut autrefois chaque ville, mais non pour mépriser ce qu'elle est aujourd'hui. N'appréhendez point que, si vous n'êtes dur et sec, vous ne tombiez dans le mépris. Peut-on concevoir du mépris pour celui qui est revêtu de toute l'autorité, de toute la puissance, s'il ne montre une âme sordide et basse, et s'il ne se méprise pas le premier? Un magistrat éprouve mal son pouvoir en insultant aux autres. La terreur est un moyen mal sûr pour s'attirer la vénération, et l'on obtient ce qu'on veut beaucoup plus aisément par amour que par crainte. Car, pour peu que vous vous éloigniez, la crainte s'éloigne avec vous, mais l'amour reste; et comme la première se change en haine, le second se tourne en respect. Vous devez donc sans cesse rappeler dans votre esprit le titre de votre charge; car (je ne puis trop le répéter) songez ce que c'est que de faire des règlements pour des villes libres. Qu'y a-t-il qui exige plus d'humanité que le gouvernement? Qu'y a-t-il de plus précieux que la liberté? Quelle honte serait-ce d'ailleurs, si l'on substituait à la règle le désordre, à la liberté la servitude? Ajoutez que vous avez à vous mesurer avec vous-même. Vous avez à soutenir cette haute réputation que vous vous êtes acquise dans la charge de trésorier de Bithynie, l'estime et le choix du prince, l'honneur que vous ont fait les charges de tribun, de préteur; et enfin le poids de ce gouvernement même qui est la récompense de tant de travaux. Prenez donc garde qu'on ne dise que vous paraissiez plus humain, plus intègre et plus habile dans une province éloignée

XXIV.

C. PLINIUS MAXIMO SUO S.

Amor in te meus cogit, non ut præcipiam (neque enim præceptore eges), admoneam tamen, ut, quæ, scis, teneas et observes, aut scias melius. Cogita, te missum in provinciam Achaiam, illam veram et meram Græciam, in qua primum humanitas, litteræ, etiam fruges inventæ esse creduntur; missum ad ordinandum statum liberarum civitatum, id est, ad homines maxime homines, ad liberos maxime liberos, qui jus a natura datum virtute, meritis, amicitia, fœdere denique, et religione tenuerunt. Reverere conditores deos, nomina deorum : reverere gloriam veterem, et hanc ipsam senectutem, quæ in homine venerabilis, in urbibus sacra est. Sit apud te honor antiquitati, sit ingentibus factis, sit fabulis quoque. Nihil ex cujusquam dignitate, nihil ex libertate, nihil etiam ex jactatione decerpseris. Habe ante oculos, hanc esse terram, quæ nobis miserit jura, quæ leges non victa acceperit, sed petentibus dederit; Athenas esse, quas adeas; Lacedæmonem esse quam regas : quibus reliquam umbram, et residuum libertatis nomen eripere, durum, ferum, barbarumque est. Vides a medicis, quamquam in adversa valetudine nihil servi ac liberi differant, mollius tamen liberos clementiusque tractari. Recordare, quid quæque civitas fuerit; non ut despicias, quod esse desierit. Absit superbia, asperitas. Nec timueris contemtum. An contemnitur, qui imperium, qui fasces habet, nisi qui humilis, et sordidus, et qui se primus ipse contemnit? Male vim suam potestas aliorum contumeliis experitur : male terrore veneratio adquiritur; longeque valentior amor ad obtinendum quod velis, quam timor. Nam timor abit, si recedas; manet amor : ac sicut ille in odium, hic in reverentiam vertitur. Te vero etiam atque etiam (repetam enim) meminisse oportet officii tui titulum, ac tibi ipsi interpretari, quale quantumque sit ordinare statum liberarum civitatum. Nam quid ordinatione civilius? quid libertate pretiosius? Porro quam turpe, si ordinatio eversione, libertas servitute mutetur? Accedit, quod tibi certamen est tecum : onerat te quæsturæ tuæ fama, quam ex Bithynia optimam revexisti : onerat testimonium principis : onerat tribunatus, prætura, atque hæc ipsa legatio, quasi præmium, data. Quo magis nitendum est, ne in longinqua provincia, quam suburbana; ne inter servientes, quam liberos; ne sorte, quam judicio missus; ne rudis et incognitus, quam exploratus probatusque, humanior, melior, peritior fuisse videaris : quum sit alioqui, ut sæpe audisti, sæpe legisti, multo deformius amittere, quam non adsequi laudem. Hæc velim credas (quod initio dixi), scripsisse me admonentem, non præcipientem, quamquam

de Rome, que dans une province voisine; au milieu des nations assujetties, qu'au milieu des nations libres; envoyé selon le caprice du sort, que choisi par préférence; inconnu et sans expérience, qu'expérimenté et qu'éprouvé. D'ailleurs, n'oubliez pas ce que souvent vous avez lu, ce que vous avez souvent entendu dire, qu'il est plus honteux de perdre l'approbation acquise, que de n'en pas acquérir. Je vous supplie de prendre tout ceci pour ce que je vous l'ai donné d'abord : ce ne sont pas des leçons, mais des conseils. Quoiqu'après tout, quand ce seraient des leçons, je ne craindrais pas qu'on me reprochât d'avoir porté l'amitié à l'excès; car on ne doit point appréhender qu'il y ait de l'excès dans ce qui doit être excessif. Adieu.

LIVRE NEUVIÈME.

LETTRE PREMIÈRE.

PLINE A MAXIME.

Je vous ai souvent conseillé de publier au plus tôt les ouvrages que vous avez faits, ou pour votre défense, ou contre Planta, ou tout à la fois et pour vous et contre lui; mais aujourd'hui que je viens d'apprendre sa mort, je vous avertis qu'il ne vous est plus permis de différer davantage. Quoique vous les ayez lus, et que vous les ayez donnés à lire à beaucoup de personnes, je serais bien fâché qu'après les avoir achevés pendant qu'il vivait, il y eût quelqu'un qui pût soupçonner que vous ne les eussiez entrepris que depuis qu'il est mort. Soutenez l'opinion qu'on a conçue de votre courage. Vous la conserverez tout entière, si vous donnez à connaître aux gens équitables, et à ceux qui ne le sont pas, que sa mort ne vous a pas fait naître le dessein d'écrire; mais qu'elle a seulement prévenu la publication déjà toute prête de ce que vous aviez écrit. Par là, vous éviterez ce reproche :

C'est une impiété que d'insulter aux morts.

Car ce que l'on a composé, ce que l'on a lu contre un homme vivant, quand on le publie dans le moment qu'il vient de mourir, on le publie comme s'il vivait encore. Quittez donc tout ce que vous faites, si vous faites quelque autre ouvrage, et mettez la dernière main à celui-ci. Il me parut achevé dès le temps que vous m'en fîtes la lecture; mais aujourd'hui il doit vous le paraître à vous-même, qui ne devez plus différer, par rapport au sujet de cette pièce, et qui ne le pouvez plus par rapport à la conjoncture. Adieu.

LETTRE II.

PLINE A SABIN.

Vous me faites plaisir de me presser si fort, non-seulement de vous écrire souvent, mais encore de vous écrire de très-longues lettres. Je les ai jusqu'ici ménagées, en partie pour ne vous pas détourner de vos importantes occupations, en partie détourné moi-même par les miennes, qui, toutes frivoles qu'elles sont, ne laissent pas que d'embarrasser l'esprit et de le fatiguer. D'ailleurs, je manquais de matière; car je n'ai pas les avantages qu'avait Cicéron, dont vous me proposez l'exemple. Son génie était très-fertile, et le temps où il vivait ne l'était pas moins, soit par la diversité, soit par la grandeur des événements qu'il fournissait en abondance. Pour moi, vous savez assez, sans que je vous le dise, dans quelles bornes je me trouve resserré, si je ne veux pas vous envoyer des lettres de gens oiseux, et qui s'exercent à écrire. Mais je n'imagine rien de moins convenable quand je vous vois dans un camp, dans le tumulte et dans le bruit des armes, au milieu des batail-

---

præcipientem quoque. Quippe non vereor, in amore ne modum excesserim. Neque enim periculum est, ne sit nimium, quod esse maximum debet. Vale.

LIBER NONUS.

I.

C. PLINIUS MAXIMO SUO S.

Sæpe te monui, ut libros, quos vel pro te, vel in Plantam, immo et pro te et in illum (ita enim materia cogebat) composuisti, quam maturissime emitteres : quod nunc præcipue, morte ejus audita, et hortor, et moneo. Quamvis enim legeris multis, legendosque dederis, nolo tamen quemquam opinari, defuncto demum inchoatos, quos incolumi eo peregisti. Salva sit tibi constantiæ fama. Erit autem, si notum æquis iniquisque fuerit, non post inimici mortem scribendi tibi natam esse fiduciam, sed jam paratam editionem morte præventam. Simul vitabis illud,

Οὐχ ὁσίη φθιμένοισιν.

Nam quod de vivente scriptum, de vivente recitatum est, in defunctum quoque, tanquam viventem adhuc, editur, si editur statim. Igitur, si quid aliud in manibus, interim differ : hoc perfice, quod nobis, qui legimus olim, absolutum videtur. Sed jam videatur et tibi ; cujus cunctationem nec res ipsa desiderat, et temporis ratio præcidit. Vale.

II.

C. PLINIUS SABINO SUO S.

Facis jucunde, quod non solum plurimas epistolas meas, verum etiam longissimas, flagitas : in quibus parcior fui, partim quia tuas occupationes verebar, partim quia ipse multum distringebar, plerumque frigidis negotiis, quæ

lons, des trompettes, couvert de sueur et de poussière, et tout brûlé du soleil. Voilà mes excuses. Je ne sais pas trop si je voudrais que vous les trouvassiez bonnes; car la tendre amitié ne sait point pardonner les courtes lettres, quelque juste raison que l'on ait eue de ne les pas faire plus longues. Adieu.

LETTRE III.

PLINE A PAULIN.

Chacun juge différemment du bonheur des hommes. Pour moi, je n'en estime point de plus heureux que celui qui jouit d'une grande et solide réputation, et qui, sûr des suffrages de la postérité, goûte par avance toute la gloire qu'elle lui destine. Je l'avoue, si je n'avais sans cesse un tel prix devant les yeux, je n'aimerais rien tant qu'une douce et parfaite oisiveté. Car enfin je crois que tous les hommes doivent avoir en vue, ou l'immortalité, ou la mort. Ceux qui prétendent à la première ne peuvent trop s'appliquer, travailler trop. Ceux qui sont résignés à la seconde ne peuvent trop se divertir, trop se reposer. Ils ne doivent rien tant éviter que d'user, par d'inutiles travaux, une vie déjà très-courte; ce que je vois tous les jours arriver à bien des gens que trompe une ingrate et malheureuse apparence de talents. Ils courent, par un chemin rude et pénible, se plonger dans un éternel oubli. Je vous communique des réflexions que je fais tous les jours, pour cesser de les faire, si elles ne sont pas de votre goût; mais j'ai peine à le croire de vous, dont l'esprit n'est jamais occupé de rien que de grand et d'immortel. Adieu.

LETTRE IV.

PLINE A MACRIN.

Je craindrais fort que le plaidoyer qui accompagne cette lettre ne vous parût trop long, s'il n'était de telle espèce qu'il semble commencer et finir plus d'une fois; car chaque accusation renferme en quelque sorte une cause. Vous pourrez donc, par quelque endroit que vous commenciez, et en quelque endroit que vous en demeuriez, reprendre votre lecture, ou comme si vous la commenciez, ou comme si vous la continuiez, et me trouver long dans le cours de l'ouvrage, et très-court dans chaque partie. Adieu.

LETTRE V.

PLINE A TIRON.

Vous faites bien de rendre la justice aux peuples de votre gouvernement avec tant de douceur et de bonté. (Je m'en informe, et très-exactement.) La première partie de cette justice, c'est d'honorer les personnes de condition, et de vous faire tellement aimer des petits, qu'en même temps les grands vous chérissent. La plupart de ceux qui sont en place, dans la crainte qu'ils ont qu'on ne les soupçonne de donner à la faveur et au crédit des plus puissants, passent pour malins, ou pour avoir l'esprit de travers. Je sais combien vous êtes éloigné de ce défaut; mais je ne puis m'empêcher de joindre le conseil

---

simul et avocant animum et comminuunt. Præterea nec materia plura scribendi dabatur. Neque enim eadem nostra condilio, quæ M. Tullii, ad cujus exemplum nos vocas. Illi enim et copiosissimum ingenium, et ingenio qua varietas rerum, qua magnitudo, largissime suppetebat! Nos quam angustis terminis claudamur, etiam tacente me, perspicis : nisi forte volumus scholasticas tibi, atque, ut ita dicam, umbraticas litteras mittere. Sed nihil minus aptum arbitramur, quum arma vestra, quum castra, quum denique cornua, tubas, sudorem, pulverem, soles cogitamus. Habes, ut puto, justam excusationem : quam tamen dubito, an tibi probari velim. Est enim summi amoris, negare veniam brevibus epistolis amicorum, quamvis scias illis constare rationem. Vale.

III.

C. PLINIUS PAULLINO SUO S.

Alius alium, ego beatissimum existimo, qui bonæ mansuræque famæ præsumtione perfruitur, certusque posteritatis cum futura gloria vivit. Ac mihi nisi præmium æternitatis ante oculos, pingue illud altumque otium placeat. Etenim omnes homines arbitror oportere aut immortalitatem suam aut mortalitatem cogitare; et illos quidem contendere, eniti; hos quiescere, remitti, nec brevem vitam caducis laboribus fatigare : ut video multos, misera simul et ingrata imagine industriæ, ad vilitatem sui pervenire. Hæc ego tecum, quæ quotidie mecum, ut desinam mecum, si dissenties tu : quamquam non dissenties, ut qui semper clarum aliquid et immortale mediteris. Vale.

IV.

C. PLINIUS MACRINO SUO S.

Vererer, ne immodicam orationem putares, quam cum hac epistola accipies, nisi esset generis ejus, ut sæpe incipere, sæpe desinere videatur. Nam singulis criminibus singulæ velut caussæ continentur. Poteris ergo, undecumque inceperis, ubicumque desieris, quæ deinceps sequentur, et quasi incipientia legere, et quasi cohærentia; meque in universitate longissimum, brevissimum in partibus judicare. Vale.

V.

C. PLINIUS TIRONI SUO S.

Egregie facis (inquiro enim, et persevere) quod justitiam tuam provincialibus multa humanitate commendas cujus præcipua pars est, honestissimum quemque complecti, atque ita a minoribus amari, et simul a principibus diligare. Plerique autem, dum verentur, ne gratiæ potentium nimium impertiri videantur, sinisteritatis atque etiam malignitatis famam consequuntur. A quo vitio tu longe recessisti, scio; sed temperare mihi non possum, quo minus laudem, similis monenti, quod eum modum tenes, ut discrimina ordinum dignitatumque custodias : quæ si con-

à la louange, et de vous exhorter à vous conduire de telle sorte que vous conserviez à chaque ordre ce qui lui est dû. On ne peut les égaler, les mêler et les confondre, sans tomber, par cette égalité même, dans une injustice énorme. Adieu.

LETTRE VI.

PLINE A CALVISIUS.

J'ai passé tous ces derniers jours à composer, à lire dans la plus grande tranquillité du monde. *Vous demandez comment cela se peut au milieu de Rome?* C'était le temps des spectacles du cirque, qui ne me touchent pas, même légèrement. Je n'y trouve rien de nouveau, rien de varié, rien qu'il ne suffise d'avoir vu une fois. C'est ce qui redouble l'étonnement où je suis, que tant de milliers d'hommes aient la puérile passion de revoir de temps en temps des chevaux qui courent, et des hommes qui conduisent des chariots. Encore s'ils prenaient plaisir à la vitesse des chevaux ou à l'adresse des hommes, il y aurait quelque raison. Mais on ne s'attache aujourd'hui qu'à la couleur des habits de ceux qui combattent; on ne regarde, on n'aime que cette couleur. Si, dans le milieu de la course ou du combat, on faisait passer d'un côté la même couleur qui est de l'autre, on verrait, dans le moment, leur inclination et leurs vœux suivre cette même couleur, et abandonner les hommes et les chevaux qu'ils connaissaient de loin, qu'ils appelaient par leurs noms; tant une vile casaque fait d'impression, je ne dis pas sur le petit peuple, plus vil encore que ces casaques; je dis même sur de fort honnêtes gens. Quand je songe qu'ils ne se lassent point de revoir, avec tant de goût et d'assiduité, des choses si vaines, si froides, et qui reviennent si souvent, je trouve un plaisir secret à n'être point sensible à ces bagatelles, et j'emploie volontiers aux belles-lettres un loisir que les autres perdent dans de si frivoles amusements. Adieu.

LETTRE VII.

PLINE A ROMANUS.

Vous me mandez que vous bâtissez : j'en suis ravi. Mon apologie est toute prête. Je bâtis aussi, et c'est être sans doute fort raisonnable que de faire ce que vous faites. Je vous ressemble même en ce point, que vous bâtissez près de la mer, moi près du lac de Côme. J'ai sur ses bords plusieurs maisons; mais deux, entre autres, me donnent plus de plaisir, et par une suite nécessaire, plus d'embarras. L'une, bâtie à la façon de celles qu'on voit du côté de Baïes, s'élève sur des rochers, et domine le lac; l'autre, bâtie de la même manière, le touche. J'appelle donc ordinairement celle-là Tragédie, et celle-ci Comédie. La première, parce qu'elle a comme chaussé le cothurne; la seconde, parce qu'elle n'a qu'une chaussure plate. Elles ont chacune leurs agréments, et leur diversité même en augmente la beauté pour celui qui les possède toutes deux. L'une jouit du lac de plus près; l'autre en a la vue plus étendue. Celle-là, bâtie comme en demi-cercle, embrasse une espèce de golfe; celle-ci, par sa hauteur, qui s'avance dans le lac, semble le partager, et en former deux. Là, vous avez une promenade droite, qui, par une longue allée, s'étend le long du rivage; ici, la promenade d'une très-spacieuse allée tourne un peu. Les flots n'approchent point de la première de ces maisons, ils viennent se briser contre la seconde.

---

fusa, turbata, permista sint, nihil est ipsa æqualitate inæqualius. Vale.

VI.

C. PLINIUS CALVISIO SUO S.

Omne hoc tempus inter pugillares ac libellos jucundissima quiete transmisi. *Quemadmodum,* inquis, *in urbe potuisti?* Circenses erant: quo genere spectaculi ne levissime quidem teneor. Nihil novum, nihil varium, nihil quod non semel spectasse sufficiat. Quo magis miror, tot millia virorum tam pueriliter identidem cupere currentes equos, insistentes curribus homines videre. Si tamen aut velocitate equorum, aut hominum arte traherentur, esset ratio non nulla : nunc favent panno, pannum amant : et si in ipso cursu, medioque certamine, hic color illuc, ille huc transferatur; studium favorque transibit; et repente agitatores illos, equos illos, quos procul noscitant, quorum clamitant nomina, relinquent. Tanta gratia, tanta auctoritas in una vilissima tunica! Mitto apud vulgus, quod vilius tunica est; sed apud quosdam graves homines : quos ego quum recordor, in re inani, frigida, assidua, tam insatiabiliter desidere, capio aliquam voluptatem, quod hac voluptate non capiar. Ac per hos dies libentissime otium meum in litteris colloco, quos alii otiosissimis occupationibus perdunt. Vale.

VII.

C. PLINIUS ROMANO SUO S.

Ædificare te scribis. Bene est : inveni patrocinium. Ædifico enim jam ratione, quia tecum. Nam hoc quoque non dissimile, quod ad mare tu, ego ad Larium lacum. Hujus in litore plures villæ meæ, sed duæ ut maxime delectant, ita exercent. Altera imposita saxis, more Baiano, lacum prospicit : altera, æque more Baiano, lacum tangit. Itaque illam, Tragœdiam; hanc, appellare Comœdiam soleo : illam, quod quasi cothurnis, hanc, quod quasi socculis sustinetur. Sua utrique amœnitas, et utramque possidenti ipsa diversitate jucundior. Hæc lacu propius, illa latius utitur : hæc unum sinum molli curvamine amplectitur, illa editissimo dorso duos dirimit : illic recta gestatio longo limite super litus extenditur, hic spatiosissimo xysto leviter inflectitur : illa fluctus non sentit, hæc frangit : ex illa possis despicere piscantes, ex hac ipse piscari, hamumque e cubiculo, ac pæne etiam lectulo, ut e navicula, jacere. Hæ mihi causæ utrique, quæ desunt, adstruendi, ob ea quæ supersunt. Etsi quid ego rationem

De celle-là, vous voyez pêcher; de celle-ci, vous pouvez pêcher vous-même, sans sortir de votre chambre, et presque sans sortir de votre lit, d'où vous jetez vos hameçons comme d'un bateau. Voilà ce qui m'oblige à donner à chacune d'elles ce qui leur manque, en faveur de ce qu'elles ont. Mais pourquoi vous expliquer les raisons de ma conduite? La vôtre vous les dira de reste. Adieu.

LETTRE VIII.

PLINE A AUGURINUS.

Je crains que si je commence à vous louer, après avoir reçu de vous tant de louanges, il ne semble que je songe plus à vous rendre grâces que justice. Mais, quand on en devrait juger ainsi, tous vos ouvrages me paraissent admirables, particulièrement ceux que vous avez composés pour moi. Une même raison fait, et que cela est, et que cela me paraît de la sorte : c'est que vous n'écrivez rien, en faveur de vos amis, qu'avec le dernier soin, et que je ne lis rien de ce qui est écrit en ma faveur qu'avec la dernière prévention. Adieu.

LETTRE IX.

PLINE A COLON.

J'approuve fort que vous soyez si vivement touché de la mort de Pompéius Quintianus. Vos regrets font bien connaître que votre amitié lui survit. Vous n'êtes pas comme la plupart des hommes qui n'aiment que les vivants, ou plutôt qui feignent de les aimer, et qui même ne se contraignent à cette feinte que pour ceux qu'ils voient dans la prospérité; car ils ne donnent guère plus de place, dans la mémoire, aux malheureux qu'aux morts. Mais pour vous, votre attachement est à l'épreuve du temps, et votre constance en amitié est si forte, qu'elle ne peut jamais finir qu'avec vous. Aussi Quintianus était tel, qu'il méritait d'être aimé comme il aimait lui-même. Il aimait ses amis dans la bonne fortune, il les soutenait dans la mauvaise, il les regrettait dans le tombeau. D'ailleurs, que sa physionomie était honnête! Que son entretien était plein de discrétion! Quel mélange judicieux de sagesse et d'enjouement! Quel amour, quel goût pour les lettres! Quel respect et quel attachement pour un père qui lui ressemblait si peu et qui pourtant n'a point empêché Quintianus d'être toujours aussi homme de bien qu'il a été bon fils! Mais pourquoi aigrir votre douleur? Quoiqu'après tout, de la manière dont vous l'aimiez pendant qu'il vivait, ce discours vous doit plaire plus que mon silence, principalement dans la pensée où vous êtes que mes éloges peuvent illustrer sa vie, étendre sa mémoire, et lui rendre, en quelque sorte, cette même fleur d'âge à laquelle il vient de vous être enlevé. Adieu.

LETTRE X.

TACITE A PLINE.

J'aurais grande envie de suivre vos leçons; mais les sangliers sont si rares ici, qu'il n'est pas possible d'accorder Minerve avec Diane, quoique, selon vous, on les doive servir toutes deux ensemble. Il faut donc se contenter de rendre ses hommages à Minerve, et cela même avec ménagement, comme il convient à la campagne, et pendant l'été. J'ai composé sur la route quelques bagatelles, et qui ne sont bonnes qu'à effacer : aussi n'y ai-je donné d'autre application que celle qu'on donne en chemin aux conversations ordinaires. Depuis que je suis à ma terre, j'y ai

---

tibi? apud quem pro ratione erit, idem facere. Vale.

VIII.

C. PLINIUS AUGURINO SUO S.

Si laudatus a te laudare te cœpero, vereor, ne non tam proferre judicium meum, quam referre gratiam videar. Sed, licet videar, omnia scripta tua pulcherrima existimo; maxime tamen illa, quæ de nobis. Accidit hoc una eademque de caussa. Nam et tu, quæ de amicis, optime scribis; et ego, quæ de me, ut optima lego. Vale.

IX.

C. PLINIUS COLONI SUO S.

Unice probo, quod Pompeii Quinctiani morte tam dolenter adiiceris, ut amissi caritatem desiderio extendas; non ut plerique, qui tantum viventes amant, seu potius amare se simulant, ac ne simulant quidem, nisi quos florentes vident. Nam miserorum, non secus ac defunctorum, obliviscuntur. Sed tibi perennis fides, tantaque in amore constantia, ut finiri nisi tua morte, non possit. Et, Hercule, is fuit Quinctianus, quem diligi deceat exemplo ipsius. Felices amabat, miseros tuebatur, desiderabat amissos. Jam illi quanta probitas in ore! quanta in sermone cunctatio! quam pari libra gravitas comitasque! quod studium litterarum! quod judicium! qua pietate cum dissimillimo patre vivebat! quam non obstabat illi, quo minus vir optimus videretur, quod erat optimus filius! Sed quid dolorem tuum exulcero? Quamquam sic amasti viventem, ut hæc audire potius, quam de illo sileri velis : a me præsertim, cujus prædicatione putas vitam ejus ornari, memoriam prorogari, ipsamque illam, qua est raptus, ætatem posse restitui. Vale.

X.

C. PLINIUS TACITO SUO S.

Cupio præceptis tuis parere; sed aprorum tanta penuria est, ut Minervæ et Dianæ, quas ais pariter colendas, convenire non possit. Itaque Minervæ tantum serviendum est; delicate tamen, ut in secessu, et æstate. In via plane nonnulla leviora, statimque delenda, ea garrulitate, qua sermones in vehiculo seruntur, extendi. His

ajouté quelque chose, n'ayant pas trouvé à propos de m'attacher à d'autre ouvrage. Je laisse donc reposer les poésies, que vous croyez ne pouvoir jamais être plus heureusement achevées qu'au milieu des forêts et des bois. J'ai retouché une ou deux petites harangues, quoique ce genre de travail soit désagréable, rude, et tienne plus des fatigues que des plaisirs de la vie champêtre. Adieu.

LETTRE XI.
PLINE A GÉMINIUS.

J'ai reçu de vous une lettre d'autant plus charmante, qu'elle m'apprend que vous souhaiteriez fort quelque ouvrage de ma façon, qu'on pût insérer dans vos livres. Il se présentera un sujet, soit celui que vous m'indiquez, soit un autre plus propre. Il y a, dans celui dont vous me parlez, des inconvénients. Regardez-y bien, et vous les découvrirez. Je ne savais pas qu'il y eût des libraires à Lyon, et j'en ai eu d'autant plus de plaisir d'apprendre que mes ouvrages s'y vendent. Je suis bien aise qu'ils conservent dans ces pays étrangers la même faveur qu'ils se sont attirée ici : car je commence à concevoir quelque opinion d'un ouvrage sur lequel des hommes de climats si différents sont de même avis. Adieu.

LETTRE XII.
PLINE A JUNIOR.

Un père reprenait aigrement son fils de ce qu'il faisait trop de dépense en chevaux et en chiens. Le fils étant sorti, je demandai au père : *Dites-moi, je vous prie, n'avez-vous jamais rien fait dont votre père eût lieu de vous reprendre?* *Plus d'une fois, sans doute. Ne vous échappe-t-il pas souvent telle chose sur quoi votre fils, s'il était votre père, vous pourrait faire la réprimande à aussi bon titre? Tous les hommes n'ont-ils pas leur faible? tel ne se pardonne-t-il pas une chose? Tel ne s'en pardonne-t-il pas une autre?* L'amitié qui nous lie m'engage à vous écrire cette petite histoire, pour vous communiquer, avec cet exemple, mes réflexions sur la trop grande sévérité, afin que vous preniez garde à ne la pas outrer avec votre fils. Songez qu'il est enfant, et que vous l'avez été ; et usez de l'autorité paternelle de telle sorte que vous n'oubliiez pas que vous êtes homme, et le père d'un homme. Adieu.

LETTRE XIII.
PLINE A QUADRATUS.

Le plaisir et l'application avec lesquels vous avez lu les livres que j'ai faits sur la vengeance d'Helvidius vous engagent, dites-vous, à me prier, avec d'autant plus d'instances, de vous mander toutes les particularités qui ne se trouvent pas dans mon ouvrage ou qui le regardent, et toute la conduite de cette affaire, dont vous n'avez pu avoir connaissance, parce que vous étiez alors encore trop jeune. Aussitôt que Domitien eut été tué, je jugeai, après y avoir sérieusement pensé, que l'occasion était grande et belle de poursuivre les scélérats, de venger les innocents opprimés, et d'acquérir beaucoup de gloire. Entre grand nombre de crimes de différentes personnes, je n'en connaissais point de plus atroce que celui d'un sénateur qui, dans le sénat même, avait poursuivi la mort d'un sénateur; qui, après

---

quædam addidi in villa, quum aliud non liberet. Itaque poemata quiescunt, quæ tu inter nemora et lucos commodissime perfici putas. Oratiunculam unam et alteram retractavi; quamquam id genus operis inamabile, inamœnum, magisque laboribus ruris, quam voluptatibus simile. Vale.

XI.
C. PLINIUS GEMINIO SUO S.

Epistolam tuam jucundissimam recepi; eo maxime, quod aliquid ad te scribi volebas, quod libris inseri posset. Obveniet materia, vel hæc ipsa quam monstras, vel potior alia. Sunt enim in hac offendicula nonnulla : circumfer oculos, et occurrent. Bibliopolas Lugduni esse non putabam : ac tanto libentius ex litteris tuis cognovi venditari libellos meos, quibus peregre manere gratiam, quam in urbe collegerint, delector. Incipio enim satis absolutum existimare, de quo tanta diversitate regionum discreta hominum judicia consentiunt. Vale.

XII.
C. PLINIUS JUNIORI SUO S.

Castigabat quidam filium suum, quod paullo sumtuosius equos et canes emeret. Huic ego, juvene digresso, « Heus tu, nunquamne fecisti, quod a patre corripi posset? Fecisti? dico. Non interdum facis, quod filius tuus, si repente pater ille, tu filius, pari gravitate reprehendat? Non omnes homines aliquo errore ducuntur? Non hic in illo sibi, in hoc alius, indulget? » Hæc tibi admonitus immodicæ severitatis exemplo, pro amore mutuo, scripsi, ne quando tu quoque filium tuum acerbius duriusque tractares. Cogita et illum puerum esse, et te fuisse : atque ita hoc, quod es pater, utere, ut memineris, et hominem esse te, et hominis patrem. Vale.

XIII.
C. PLINIUS QUADRATO SUO S.

Quanto studiosius intentiusque legisti libros, quos de Helvidii ultione composui; tanto impensius postulas, ut perscribam tibi, quæque extra libros, quæque circa libros, totum denique ordinem rei, cui per ætatem non interfuisti. Occiso Domitiano statui mecum ac deliberavi, esse magnam pulchramque materiam insectandi nocentes, miseros vindicandi, se proferendi. Porro, inter multa scelera multorum, nullum atrocius videbatur, quam quod in senatu senator senatori, prætorius consulari, reo judex, manus intulisset. Fuerat alioqui mihi cum Helvidio amicitia, quanta potuerat esse cum eo, qui metu temporum nomen ingens, paresque virtutes, secessu tegebat. Fuerat

avoir été préteur, s'était attaqué à un consulaire; qui, lors même qu'il était juge, avait trempé ses mains dans le sang d'un accusé. J'avais d'ailleurs été lié avec Helvidius d'une amitié aussi étroite qu'on le pouvait être avec un homme que la crainte des temps obligeait à cacher dans la retraite un grand nom et de grandes vertus. J'avais toujours été des amis d'Arria et de Fannia, dont l'une était la belle-mère d'Helvidius, pour avoir épousé son père; l'autre était la mère de sa belle-mère. Mais, après tout, les droits de l'amitié me déterminaient beaucoup moins que l'intérêt public, l'indignité du fait, et l'importance de faire un exemple. Dans les premiers jours de la liberté recouvrée, chacun, par des cris tumultueux et confus, avait aussitôt accablé qu'accusé ses ennemis d'une moindre considération. Pour moi, je crus qu'il y aurait et plus de sagesse et plus de courage à faire succomber un criminel si redoutable sous le poids, non de la haine commune, mais de son propre crime. Lorsque le premier feu fut un peu ralenti, et que la colère, qui se dissipait de jour en jour, eut fait place à la justice, bien qu'alors je fusse dans le dernier accablement par la perte que j'avais faite de ma femme depuis quelques jours, j'envoie chez Antéia (veuve d'Helvidius), et je la supplie de vouloir bien me venir voir, parce que mon deuil, tout récent, ne me permettait pas de sortir. Dès qu'elle fut entrée chez moi : *J'ai résolu, lui dis-je, de venger la mort de votre mari; portez-en la nouvelle à Arria et à Fannia* (elles avaient été rappelées de leur exil); *consultez-vous, consultez-les, et voyez si vous voulez me seconder dans mes entreprises. Je n'ai pas besoin d'y avoir de second; mais je ne suis pas assez jaloux de ma gloire pour refuser de vous en faire part.* Antéia leur rapporte ce que je lui avais dit, et elles n'hésitent pas. Le sénat devait fort à propos s'assembler trois jours après. Je n'ai jamais rien fait sans en prendre l'avis de Corellius, que j'ai toujours regardé comme le plus sage et le plus habile homme du siècle. En cette occasion, je pris mon parti de mon chef, dans la crainte qu'il ne me détournât; car il ne se déterminait pas aisément, et ne voulait rien hasarder. Mais je ne pus gagner sur moi de ne lui pas communiquer mon dessein le jour même de l'exécution, sans lui demander pourtant ce que j'en ferais; car je sais par expérience que, sur ce que vous avez bien résolu de faire, il ne faut point consulter les personnes dont les conseils deviennent pour vous des ordres. Je me rends au sénat; je demande permission de parler. Je commence avec beaucoup d'applaudissement; mais dès que j'eus tracé le premier plan de l'accusation, que j'eus laissé entrevoir le coupable, sans pourtant le nommer encore, on s'élève contre moi de tous côtés. L'un se récrie : *Sachons qui est celui contre qui vous prétendez faire cette poursuite extraordinaire. Qui est-ce donc que l'on accuse ainsi, avant que le sénat l'ait permis?* Un autre : *Laissez en sûreté ceux qui ont échappé.* J'écoute sans me troubler, sans m'étonner; tant la justice de l'entreprise a de force pour vous soutenir dans l'exécution, tant il y a de différence, pour vous donner de la confiance ou de la crainte, que les hommes ne veuillent pas que vous fassiez ce que vous faites, ou qu'ils ne l'approuvent pas. Il faudrait trop de temps pour vous raconter tout ce qui fut dit, sur ce sujet, de part et d'autre. Enfin, le consul m'adressant la parole : *Pline*, me dit-il, *vous direz ce qu'il vous plaira, quand votre tour d'opiner sera venu. Vous ne me permettrez*, lui répondis-je, *que ce que jusqu'ici vous n'avez refusé à personne.* Je m'assieds, et on traite d'autres affaires. Un consulaire de mes amis m'avertit tout

cum Arria et Fannia : quarum altera, Helvidii noverca, altera, mater novercæ. Sed non ita me jura privata, ut publicum fas, et indignitas facti, et exempli ratio, incitabat. Ac primis quidem diebus redditæ libertatis pro se quisque inimicos suos, dumtaxat minores, incondito turbidoque clamore postulaverant simul et oppresserant. Ego et modestius et constantius arbitratus immanissimum reum non communi temporum invidia, sed proprio crimine urgere : quum jam satis ille primus impetus defervisset, et languidior in dies ira ad justitiam redisset, quamquam tum maxime tristis, amissa nuper uxore, mitto ad Anteiam (nupta hæc Helvidio fuerat), rogo ut veniat, quia me recens adhuc luctus limine contineret. Ut venit, « Destinatum est, inquam, mihi maritum tuum non inultum pati. Nuntia Arriæ et Fanniæ (ab exsilio enim redierant) : consule te, consule illas, an velitis adseribi facto, in quo ego comite non egeo : sed non ita gloriæ meæ faverim, ut vobis societatem ejus invideam. » Perfert Antea mandata; nec illæ morantur : opportune senatus intra diem tertium. Omnia ego semper ad Corellium retuli, quem providentissimum ætatis nostræ sapientissimumque cognovi. In hoc tamen contentus consilio meo fui, veritus, ne vetaret : erat enim cunctantior cautiorque. Sed non sustinui inducere in animum, quo minus illi eodem die facturum me indicarem, quod an facerem non deliberabam : expertus usu, de eo, quod destinaveris, non esse consulendos, quibus consultis obsequi debeas. Venio in senatum : jus dicendi peto : dico paullisper maximo adsensu. Ubi cœpi crimen attingere, reum destinare (adhuc tamen sine nomine) undique mihi reclamari, alius, « Sciamus, qui sit, de quo extra ordinem referas; » alius, « Quis est ante relationem reus? » alius, « Salvi simus, qui supersumus. » Audio imperturbatus, interritus : tantum susceptæ rei honestas valet, tantumque ad fiduciam vel metum differt, nolint homines, quod facias, an non probent. Longum est omnia, quæ tunc hinc inde jactata sunt, recensere. Novissime consul : « Secunde, sententiæ loco dices, si quid volueris. — Permiseris, inquam, quod usque adhuc omnibus permisisti. » Resido : aguntur alia. Interea me quidam ex consularibus amicis secreto accuratoque

bas, mais en termes fort pressants, que je m'étais exposé avec trop de courage et trop peu de prudence : il s'efforce de me détourner ; il me gronde, il me presse de me désister ; il ajoute même que je me rendrais par là redoutable aux empereurs à venir. *Tant mieux*, lui dis-je, *pourvu que ce soit aux méchants empereurs.* A peine celui-là m'a-t-il quitté, qu'un autre revient à la charge. *Qu'osez-vous entreprendre ? Pourquoi vous perdre ? A quels périls vous livrez-vous ? Incertain de l'avenir, pouvez-vous vous fier au présent ? Vous offensez un trésorier de l'épargne, et qui dans peu sera consul. D'ailleurs, de quel crédit, de quels amis n'est-il point appuyé ?* Il m'en nomme un dont les vues et la fidélité étaient fort suspectes, et qui, dans ce même temps, commandait en Orient une armée fort puissante, et d'une grande réputation. A tout cela je répondais :

J'ai longtemps tout pesé, j'ai réfléchi sur tout. *Et si la fortune l'ordonne ainsi, en poursuivant la punition d'une action infâme, je suis tout prêt à porter la peine d'une action toute glorieuse.* Enfin, on commença à opiner. Domitius Apollinaris, consul désigné, parle ; après lui, Fabricius Véjento, Fabius Postbumius, Vectius Proculus, qui avait épousé la mère de ma femme que je venais de perdre, et qui était collègue de Publicius Certus, duquel il s'agissait ; ensuite Ammius Flaccus. Tous font l'apologie de Certus, comme si je l'avais nommé, quoique je n'eusse point encore prononcé son nom. Tous entreprennent de le justifier d'une accusation générale, et qui ne tombait encore sur personne. Il n'est pas nécessaire de vous raconter ce qu'ils dirent. Vous le trouverez dans mes livres ; j'y ai rapporté leurs propres termes. Avidius Quiétus et Tertullus Cornutus furent d'un sentiment contraire. *Quiétus représenta que rien n'était plus injuste que de ne vouloir pas écouter les plaintes de ceux qui se prétendent offensés ; qu'il ne fallait donc pas priver Arria et Fannia du droit de se plaindre, ni s'embarrasser du rang de la personne, mais examiner la cause. Cornutus remontra que les consuls l'avaient donné pour tuteur à la fille d'Helvidius, sur la demande que leur en firent sa mère et le mari de sa mère ; qu'il ne pouvait, en cette occasion, manquer aux devoirs de sa charge ; mais qu'en les remplissant il saurait régler sa douleur, et s'accommoder à la modération de ces vertueuses femmes, qui se contentaient de faire souvenir le sénat de la cruelle flatterie de Certus, et de demander que si on lui remettait la peine due à son crime, il demeurât au moins noté par le sénat, comme s'il l'avait été par le censeur.* Alors Satrius Rufus, tenant je ne sais quel milieu par des discours ambigus : *Sénateurs,* dit-il, *je crois Publicius Certus déshonoré, s'il n'est pas absous. Il a été nommé par les amis d'Arria et de Fannia, il a été nommé par les siens propres ; et nous ne devons point avoir d'inquiétude du succès, puisque nous, qui sommes prévenus avantageusement pour lui, nous serons ses juges ; et s'il est innocent, comme je veux le présumer, et comme je le crois, jusqu'à ce qu'il y ait quelque charge contre lui, vous pourrez, ce me semble, l'absoudre.* Chacun parla de cette sorte à son tour. Le mien arrive. J'entre en matière de la façon que je l'ai dit dans mon livre : je réponds à tout ce qu'on avait avancé. Il n'est pas concevable avec quelle attention, avec quels applaudissements ceux même qui peu auparavant s'élevaient contre moi re-

---

sermone, quasi nimis fortiter incauteque progressum, corripit, revocat, monet, ut desistam. Adjecit etiam : « Notabilem te futuris principibus fecisti. — Esto, inquam, dum malis. » Vix ille discesserat, rursus alter : « Quid audes ? cur ruis ? quibus te periculis objicis ? Quid præsentibus confidis, incertus futurorum ? Lacessis hominem jam præfectum ærarii, et brevi consulem ? præterea qua gratia, quibus amicitiis fultum ? » Nominat quemdam, qui tunc ad Orientem amplissimum exercitum, non sine magnis dubiisque rumoribus, obtinebat. Ad hæc ego : « Præcepi, atque omnibus mecum ante peregi : nec recuso, si ita casus attulerit, lucro pœnas ob honestissimum factum, dum flagitiosissimum ulciscor. » Jam censendi tempus. Dicit Domitius Apollinaris, consul designatus ; dicit Fabricius Veiento, Fabius Postumius, Vectius Proculus, collega Publicii Certi, de quo agebatur, uxoris autem meæ, quàm amiseram, vitricus : post hos Ammius Flaccus. Omnes Certum, nondum a me nominatum, ut nominatum, defendunt, crimenque quasi in medio relictum defensione suscipiunt. Quæ præterea dixerint, non est necesse narrare ; in libris habes. Sum enim cuncta ipsorum verbis persequutus. Dicunt contra Avidius Quietus, Cornutus Tertullus. Quietus : « Iniquissimum esse, querelas dolentium excludi : ideoque Arriæ et Fanniæ jus querendi non auferendum : nec interesse, cujus ordinis quis sit, sed quam caussam habeat. » Cornutus : « Datum se a consulibus tutorem Helvidii filiæ, petentibus matre ejus et vitrico : nunc quoque non sustinere deserere officii sui partes ; in quo tamen, et suo dolori modum imponere, et optimarum feminarum perferre modestissimum adfectum : quas contentas esse, admonere senatum Publicii Certi cruentæ adulationis, et petere, si pœna flagitii manifestissimi remittatur, nota Certo quasi censoria inuratur. » Tum Satrius Rufus medio ambiguoque sermone : « Puto, inquit, injuriam factam Publicio Certo, si non absolvitur : nominatus est ab amicis Arriæ et Fanniæ, nominatus ab amicis suis : nec debemus sollicti esse : idem enim nos, qui bene sentimus de homine, judicaturi sumus : si innocens est, sicuti et spero, et malo, donec aliquid probetur, credo, poteritis absolvere. » Hæc illi, quo quisque ordine citabantur. Venitur ad me : consurgo : utor initio, quod in libro est : respondeo singulis. Mirum qua intentione, quibus clamoribus omnia exceperint, qui modo reclamabant. Tanta conversio vel negotii dignita-

çurent tout ce que je dis; tant fut subit le changement que produisit, ou l'importance de la cause, ou la force du discours, ou le courage de l'accusateur. Je finis. Vejento commence à répondre. Personne ne le veut souffrir; on le trouble, on l'interrompt, jusque-là qu'il s'écria : *Je vous supplie, messieurs, de ne me pas forcer à implorer le secours des tribuns.* Aussitôt Muréna, tribun, prenant la parole, dit *qu'il lui permettait de parler;* mais on ne s'en éleva pas moins contre lui. Cependant le consul ayant achevé d'appeler chacun par son nom, et de prendre les voix, congédie le sénat, et laisse Véjento debout, et s'efforçant encore de haranguer. Il fit de grandes plaintes de ce traitement, qu'il appelait injure, et s'appliquait, à cette occasion, ce vers d'Homère :

Ces jeunes combattants insultent ta vieillesse.

Il n'y eut presque personne dans le sénat qui ne vînt m'embrasser, me baiser, et me louer à l'envi de ce que, à mes risques et périls, j'avais eu la fermeté de rétablir la coutume, si longtemps interrompue, de proposer au sénat ce qu'on pensait, et de le laver du reproche que lui faisaient les autres hommes, que sa sévérité n'était que pour eux, et que les sénateurs savaient bien, par une complaisance réciproque, dissimuler et se pardonner leurs prévarications. Tout ceci se passa en l'absence de Certus; car, soit qu'il se défiât de quelque chose, soit, comme on le disait pour l'excuser, qu'il fût indisposé, il ne se trouva pas au sénat. L'empereur n'ordonna point que le sénat achevât l'instruction du procès; j'obtins cependant ce que je m'étais proposé. Le collègue de Certus parvint au consulat auquel il avait été destiné; mais un autre fut nommé à la place de Certus. Ainsi arriva l'accomplissement du vœu par lequel j'avais fini mon discours : *Qu'il rende, sous un très-bon prince, la récompense qu'il obtint sous un très-méchant.* Depuis j'ai recueilli dans mes livres, le mieux que j'ai pu, tout ce que j'avais dit, et j'y ai ajouté beaucoup de choses nouvelles. Il est survenu, par hasard, un événement (qui semble ne rien tenir du hasard) : peu de jours après que cet ouvrage fut devenu public, Certus tomba malade, et mourut. J'ai ouï dire que, pendant sa maladie, son imagination me représentait sans cesse à lui; sans cesse il croyait me voir le poursuivant l'épée à la main. Je n'ose pas assurer que cela soit vrai; mais il importe, pour l'exemple, que cela le paraisse. Voilà une lettre qui, si vous songez ce que c'est qu'une lettre, ne vous paraîtra pas moins longue que l'histoire de ce fait que vous avez lu dans mes livres. Mais vous ne vous en prendrez qu'à vous, qui ne vous êtes pas contenté des livres. Adieu.

LETTRE XIV.

PLINE A TACITE.

Vous n'êtes pas homme à vous en faire accroire, et moi je n'écris rien avec tant de sincérité que ce que j'écris de vous. Je ne sais si la postérité aura pour nous quelque considération; mais, en vérité, nous en méritons un peu; je ne dis pas par notre esprit (il y aurait une sotte présomption à le prétendre), mais par notre application, par notre travail, par notre respect pour elle. Continuons notre route. Si par là peu de gens sont arrivés au comble de la gloire et à l'immortalité, par là du moins beaucoup sont parvenus à se tirer de l'obscurité et de l'oubli. Adieu.

---

tem, vel proventum orationis, vel actoris constantiam subsequuta est. Finio. Incipit respondere Veiento : nemo patitur : obturbatur, obstrepitur; adeo quidem, ut diceret : « Rogo, Patres C., ne me cogatis implorare auxilium tribunorum. » Et statim Murena tribunus : « Permitto tibi, vir clarissime Veiento, dicere. » Tunc quoque reclamatur. Inter moras consul, citatis nominibus et peracta discessione, mittit senatum : ac pæne adhuc stantem tentantemque dicere Veientonem relinquit. Multum ille de hac (ita vocitabat) contumelia questus est homerico versu :

Ὦ γέρον, ἦ μάλα δή σε νέοι τείρουσι μαχηταί.

Non fere quisquam in senatu fuit, qui non me complecteretur, exoscularetur, certatimque laude cumularet, quod intermissum tamdiu morem in publicum consulendi, susceptis propriis simultatibus, reduxissem : quod denique senatum invidia liberassem, qua flagrabat apud ordines alios, quod severus in cæteros, senatoribus solis, dissimulatione quasi mutua, parceret. Hæc acta sunt absente Certo. Abfuit enim, seu tale aliquid suspicatus, sive, ut excusabatur, infirmus. Et relationem quidem de eo Cæsar ad senatum non remisit : obtinui tamen, quod intenderam. Nam collega Certi consulatum, successorem Certus accepit : planeque factum est, quod dixeram in fine : « Reddat præmium sub optimo principe, quod a pessimo accepit. » Postea actionem meam, utcunque potui, recollegi : addidi multa. Accidit fortuitum (sed non tanquam fortuitum) quod, editis libris, Certus intra paucissimos dies implicitus morbo decessit. Audivi referentes, hanc imaginem menti ejus, hanc oculis oberrasse, tanquam videret me sibi cum ferro imminere. Verane hæc, adfirmare non ausim : interest tamen exempli, ut vera videantur. Habes epistolam, si modum epistolæ cogitas, libris, quos legisti, non minorem. Sed imputabis tibi, qui contentus libris non fuisti. Vale.

XIV.

C. PLINIUS TACITO SUO S.

Nec ipse tibi plaudis, et ego nihil magis ex fide, quam de te scribo. Posteris an aliqua cura nostri, nescio : nos certe meremur, ut sit aliqua, non dico ingenio (id enim superbum), sed studio, sed labore, et reverentia posterorum. Pergamus modo itinere instituto : quod ut paucos in lucem famamque provexit, ita multos e tenebris et silentio protulit. Vale.

LETTRE XV.

PLINE A FALCON.

Je m'étais réfugié dans ma terre de Toscane pour être en liberté; mais je ne puis y parvenir même en Toscane, tant je suis persécuté, de tous côtés, par les plaintes et par les requêtes des paysans, que je lis avec plus de répugnance encore que mes ouvrages; car je ne lis pas mes propres ouvrages trop volontiers. Je retouche quelques petits plaidoyers, travail qui, après un certain temps, est froid et désagréable. Cependant on ne se presse pas plus de me rendre compte que si j'étais absent. Je monte pourtant quelquefois à cheval; je fais le père de famille, et je visite partie de mes héritages, par forme de promenade, et comme en courant. Pour vous, conservez, je vous prie, votre bonne coutume, et daignez informer un pauvre campagnard de ce qui se passe à la ville. Adieu.

LETTRE XVI.

PLINE A MAMILIEN.

Je ne suis pas surpris que vous ayez pris tant de plaisir à cette manière de chasse si extraordinairement abondante, que, vous servant du style historique, vous me mandez qu'on ne peut compter le nombre des pièces de gibier que vous avez tuées. Pour moi, je n'ai ni le loisir ni l'envie de chasser : le loisir, parce que nous faisons vendanges; l'envie, parce que ces vendanges sont trop modiques. Mais je vous ferai voiturer, en guise de vin nouveau, de petits vers nouveaux de ma façon. Vous me les demandez de si bonne grâce, que je n'attendrai, pour vous les envoyer, que le premier moment où ils me paraîtront un peu épurés. Adieu.

LETTRE XVII.

PLINE A GÉNITOR.

J'ai reçu la lettre où vous vous plaignez du mortel ennui que vous avez eu à un repas, d'ailleurs très-somptueux, parce que des bouffons, des fous, et des hommes voués à la débauche, voltigeaient sans cesse autour des tables. Ne voulez-vous donc jamais vous dérider le front? A la vérité, je n'ai point de ces sortes de gens à mon service; je tolère pourtant ceux qui en ont. Pourquoi donc n'en ai-je point? C'est que s'il échappe à un prostitué quelque équivoque grossière, à un bouffon quelque mauvaise plaisanterie, à un fou quelque extravagance, cela ne me fait aucun plaisir, parce que cela ne me cause aucune surprise. Je vous dis un goût, et non pas une raison. Aussi combien croyez-vous qu'il y ait de personnes qui regardent comme impertinentes et comme insupportables beaucoup de choses qui nous plaisent et qui nous enchantent? Combien s'en trouve-t-il qui, dès qu'un lecteur, dès qu'un joueur d'instruments ou un comédien paraît, prennent congé de la compagnie; ou qui, s'ils demeurent à table, n'ont pas moins d'ennui que vous en ont fait souffrir ces monstres (car c'est le nom que vous leur donnez)? Ayons donc de la complaisance pour les plaisirs d'autrui, afin que l'on en ait pour les nôtres. Adieu.

LETTRE XVIII.

PLINE A SABIN.

Je comprends par votre lettre, avec quel soin, quelle attention, quel effort de mémoire vous avez lu mes ouvrages. C'est donc vous-même qui

---

XV.
C. PLINIUS FALCONI SUO S.

Refugeram in Tuscos, ut omnia ad arbitrium meum facerem : at hoc ne in Tuscis quidem : tam multis undique rusticorum libellis, et tam querulis, inquietor; quos aliquanto magis invitus, quam meos, lego : nam et meos invitus. Retracto enim actiunculas quasdam; quod, post intercapedinem temporis, et frigidum et acerbum est. Rationes, quasi absente me, negliguntur. Interdum tamen equum conscendo, et patrem familiæ hactenus ago, quod aliquam partem prædiorum, sed pro gestatione, percurro. Tu consuetudinem serva, nobisque sic rusticis urbana acta perscribe. Vale.

XVI.
C. PLINIUS MAMILIANO SUO S.

Summam te voluptatem percepisse ex isto copiosissimo genere venandi non miror, quum historicorum more scribas, numerum iniri non potuisse. Nobis venari nec vacat, nec libet : vacat quia vindemiæ in manibus; non libet, quia exiguæ. Devehemus tamen pro novo musto novos versiculos tibi, quos jucundissime exigenti, ut primum videbuntur defervisse, mittemus. Vale.

XVII.
C. PLINIUS GENITORI SUO S.

Accepi tuas litteras, quibus quereris, tædio tibi fuisse quamvis lautissimam cœnam, quia scurræ, cinædi, moriones mensis inerrabant. Vis tu remittere aliquid ex rugis? Equidem nihil tale habeo, habentes tamen fero. Cur ergo non habeo? quia nequaquam me, ut inexspectatum festivumve delectat, si quid molle a cinædo, petulans a scurra, stultum a morione proferatur. Non rationem, sed stomachum tibi narro. Atque adeo quam multos putas esse, quos æque ea, quibus ego et tu capimur et ducimur, partim ut inepta, partim ut molestissima offendant? Quam multi, quum lector aut lyristes aut comœdus inductus est, calceos poscunt, aut non minore cum tædio recubant, quam tu ista (sic enim appellas) prodigia perpessus es? Demus igitur alienis oblectationibus veniam, ut nostris impetremus. Vale.

XVIII.
C. PLINIUS SABINO SUO S.

Qua intentione, quo studio, qua denique memoria, legeris libellos meos, epistola tua ostendit. Ipse igitur

vous attirez un embarras, lorsque vous m'invitez et m'engagez à vous en communiquer le plus grand nombre que je pourrai. Je le ferai volontiers, mais successivement et avec ordre. Je dois craindre de fatiguer par un travail trop assidu, et par la multitude des choses, une mémoire à laquelle je dois déjà tant; et qu'après l'avoir surchargée et comme accablée, je ne la force à laisser échapper chaque ouvrage, en voulant les lui faire embrasser tous, et à quitter les premiers pour courir après les derniers. Adieu.

LETTRE XIX.

PLINE A RUFON.

Vous me mandez que, dans une de mes lettres, vous avez lu que Virginius Rufus ordonna qu'on gravât ces deux vers sur son tombeau :

Ci-gît qui, de Vindex réprimant l'attentat,
Voulut, non subjuguer, mais affranchir l'État.

Vous le reprenez de l'avoir ordonné. Vous ajoutez que Frontinus fit et bien mieux et bien plus sagement, lorsqu'il défendit qu'on lui élevât aucun tombeau. Vous finissez par me prier de vous dire ce que je pense de tous les deux. J'ai parfaitement aimé l'un et l'autre, et j'ai plus admiré celui que vous reprenez; mais je l'admire jusqu'au point de ne pas croire que personne pût jamais approcher de sa gloire; et me voilà pourtant réduit à le justifier. Je vous avoue que tous ceux qui ont fait quelque chose de grand et de mémorable me paraissent dignes non-seulement de pardon, mais même de louanges, lorsqu'ils courent après l'immortalité, qu'ils s'efforcent d'éterniser, par des épitaphes, un nom qui ne doit jamais périr. On aura peut-être peine à trouver un autre que Virginius qui, après avoir tout fait pour la gloire, ait parlé si peu de ce qu'il a fait. J'en suis un bon témoin. Quoique je fusse très-avant dans son amitié et dans sa confidence, je ne l'ai jamais entendu s'échapper à parler de soi qu'une seule fois. Il racontait que Cluvius lui avait un jour tenu ce discours : *Vous savez, Virginius, quelle fidélité l'on doit à l'histoire. Pardonnez-moi donc, je vous en supplie, si vous lisez, dans celle que j'écris, quelque chose que vous ne voudriez pas y lire.* A cela Virginius lui répondit : *Vous ne savez pas, Cluvius, que, dans ce que j'ai fait, une de mes vues a été de vous assurer, à vous autres historiens, la liberté d'écrire tout ce qu'il vous plairait.* Mais revenons. Comparons-lui Frontinus, en cela même en quoi celui-ci vous paraît plus modeste et plus retenu. Il a défendu de lui élever un tombeau; mais en quels termes a-t-il fait cette défense? *La dépense d'un tombeau est inutile; mon nom ne périra point, si ma vie est digne de mémoire.* Croyez-vous donc qu'il soit plus modeste de donner à lire à tout l'univers que la mémoire de notre nom durera, que de marquer par deux vers, dans un petit coin du monde, une action que l'on a faite? Ce n'est pourtant pas mon dessein de blâmer le premier, mais de défendre le second: et comment le faire plus solidement, qu'en lui comparant celui que vous lui avez préféré? Si l'on s'en rapporte à moi, aucun des deux ne mérite de reproches. Tous deux, avec une égale ardeur, mais par différentes routes, ont été à la gloire : l'un, lorsqu'il montre sa passion pour des inscriptions qui lui étaient dues; l'autre, lorsqu'il aime mieux montrer qu'il les a méprisées. Adieu.

exhibes negotium tibi, qui elicis et invitas, ut quamplurima communicare tecum velim. Faciam ; per partes tamen, et quasi digesta, ne istam ipsam memoriam, cui gratias ago, assiduitate et copia turbem, oneratamque, et quasi oppressam, cogam pluribus singula, posterioribus priora dimittere. Vale.

XIX.

C. PLINIUS RUFONI SUO S.

Significas, legisse te in quadam epistola mea, jussisse Verginium Rufum inscribi sepulcro suo.

HIC SITVS EST RVFVS, PVLSO QVI VINDICE QVONDAM
IMPERIVM ADSERVIT NON SIBI, SED PATRIÆ.

Reprehendis, quod jusserit; addis etiam, melius rectiusque Frontinum, quod vetuerit omnino monimentum sibi fieri; neque ad extremum, quid de utroque sentiam, consulis. Utrumque dilexi; miratus sum magis, quem tu reprehendis, atque ita miratus, ut non putarem satis unquam laudari posse, cujus nunc mihi subeunda defensio est. Omnes ego, qui magnum aliquod memorandumque fecerunt, non modo venia, verum etiam laude dignissimos judico, si immortalitatem, quam meruere, sectantur, victurique nominis famam supremis etiam titulis prorogare nituntur. Nec facile quemquam nisi Verginium invenio, cujus tanta in prædicando verecundia, quanta gloria ex facto. Ipse sum testis, familiariter ab eo dilectus probatusque, semel omnino, me audiente, provectum, ut de rebus suis hoc unum referret, ita secum aliquando Cluvium loquutum: « Scis, Vergini, quæ historiæ fides debeatur : proinde si quid in historiis meis legis aliter ac velles, rogo ignoscas. » Ad hoc sic illum: « Tune, Cluvi, ignoras, ideo me fecisse, quod feci, ut esset liberum vobis scribere, quæ libuisset? » Agedum, hunc ipsum Frontinum in hoc ipso, in quo tibi parcior videtur et pressior, comparemus. Vetuit exstrui monimentum : sed quibus verbis? « Impensa monimenti supervacua est; memoria nostri durabit, si vita meruimus. » An restrictius arbitraris per orbem terrarum legendum dare, duraturam memoriam sui, quam uno in loco duobus versiculis signare, quod feceris? Quamquam non habeo propositum illum reprehendendi, sed hunc tuendi : cujus quæ potest apud te justior esse defensio, quam ex collatione ejus, quem prætulisti? Meo quidem judicio neuter culpandus, quorum uterque ad gloriam pari cupiditate, diverso itinere, contendit : alter, dum expetit debitos titulos; alter, dum mavult videri contempsisse. Vale.

LETTRE XX.

PLINE A VÉNATOR.

Votre lettre m'a fait d'autant plus de plaisir qu'elle était plus longue, et qu'elle ne parlait que de mes ouvrages. Je ne suis point surpris qu'ils vous plaisent, puisque vous n'aimez pas moins tout ce qui vient de moi que vous m'aimez moi-même. Je suis ici principalement occupé à faire mes vendanges, modiques à la vérité, mais plus abondantes pourtant que je ne l'espérais : si toutefois c'est faire vendange que de s'amuser à cueillir un raisin, que de faire un tour à mon pressoir, de goûter le vin doux dans la cuve, et d'embarrasser mes domestiques de ville, qui, pour avoir l'œil sur les campagnards, m'abandonnent à mes lecteurs et à mes secrétaires.

LETTRE XXI.

PLINE A SABINIEN.

Votre affranchi, contre qui vous m'aviez dit que vous étiez en colère, m'est venu trouver; et, prosterné à mes pieds, il y est demeuré collé comme si c'eût été sur les vôtres. Il a beaucoup pleuré, beaucoup prié; il s'est tû longtemps; en un mot, il m'a persuadé de son repentir. Je le crois véritablement corrigé, parce qu'il reconnaît sa faute. Je sais que vous êtes irrité, je sais que vous l'êtes avec raison; mais jamais la modération n'est plus louable que quand l'indignation est plus juste. Vous avez aimé cet homme, et j'espère que vous lui rendrez un jour votre bienveillance; en attendant, il me suffit que vous m'accordiez son pardon. Vous pourrez, s'il y retourne, reprendre votre colère. Après s'être laissé désarmer une fois, elle sera bien plus excusable. Donnez quelque chose à sa jeunesse, à ses larmes, à votre douceur naturelle. Ne le tourmentez pas davantage, ne vous tourmentez plus vous-même; car, doux et humain comme vous êtes, c'est vous tourmenter que de vous fâcher. Je crains que je ne paraisse pas supplier, mais exiger, si je joins mes supplications aux siennes. Je les joindrai pourtant, avec d'autant plus d'instance que les réprimandes qu'il a reçues de moi, ont été plus sévères. Je l'ai menacé très-affirmativement de ne me plus jamais mêler de lui; mais cela, je ne l'ai dit que pour cet homme qu'il fallait intimider, et non pas pour vous. Car peut-être serai-je encore une autre fois obligé de vous demander grâce, et vous de me l'accorder, si la faute est telle que nous puissions honnêtement, moi intercéder, et vous pardonner. Adieu.

LETTRE XXII.

PLINE A SÉVÈRE.

La maladie de Passiénus Paulus m'a donné de grandes alarmes, et par plus d'une raison. C'est un très-honnête homme, plein de probité et d'amitié pour moi. D'ailleurs, dans ses écrits il imite les anciens, il attrape leur air, il rend leurs beautés, et surtout celles de Properce, dont il descend. C'est véritablement son sang, et il lui ressemble parfaitement dans ce qui l'a le plus distingué. Si ses vers élégiaques vous tombent dans les mains, vous lirez des vers polis, tendres, agréables, et vraiment sortis de la maison de Properce. Depuis peu il s'est amusé à la poésie lyrique, et il a, dans ce genre, copié Horace aussi heureusement qu'il a rendu parfaitement

---

XX.
C. PLINIUS VENATORI SUO S.

Tua vero epistola tanto mihi jucundior fuit, quanto longior erat, præsertim quum de libellis meis tota loqueretur; quos tibi voluptati esse non miror, quum omnia nostra perinde ac nos ames. Ipse quum maxime vindemias, graciles quidem, uberiores tamen quam exspectaveram, colligo; si colligere est, non unquam decerpere uvam, torculum invisere, gustare de lacu mustum, obrepere urbanis, qui nunc rusticis præsunt, meque notariis et lectoribus reliquerunt. Vale.

XXI.
C. PLINIUS SABINIANO SUO S.

Libertus tuus, cui succensere te dixeras, venit ad me, advolutusque pedibus meis, tanquam tuis, hæsit. Flevit multum, multumque rogavit; multum etiam tacuit : in summa, fecit mihi fidem pœnitentiæ. Vere credo emendatum, quia deliquisse se sentit. Irasceris, scio : et irasceris merito, id quoque scio : sed tunc præcipua mansuetudinis laus, quum iræ caussa justissima est. Amasti hominem, et, spero, amabis : interim sufficit, ut exorari te sinas. Licebit rursus irasci, si meruerit : quod exoratus excusatius facies. Remitte aliquid adolescentiæ ipsius, remitte lacrymis, remitte indulgentiæ tuæ : ne torseris illum, ne torseris etiam te. Torqueris enim, quum tam lenis irasceris. Vereor, ne videar non rogare, sed cogere, si precibus ejus meas junxero. Jungam tamen tanto plenius et effusius, quanto ipsum acrius severiusque corripui, destricte minatus, nunquam me postea rogaturum. Hoc illi, quem terreri oportebat, tibi non idem. Nam fortasse iterum rogabo, iterum impetrabo : sit modo tale, ut rogare me, ut præstare te deceat. Vale.

XXII.
C. PLINIUS SEVERO SUO S.

Magna me solicitudine adfecit Passieni Paulli valetudo, et quidem plurimis justissimisque de caussis. Vir est optimus, honestissimus, nostri amantissimus; præterea in litteris veteres æmulatur, exprimit, reddit : Propertium in primis, a quo genus ducit, vera soboles, eoque simillima illi, in quo ille præcipuus. Si elegos ejus in manum sumseris, leges opus tersum, molle, jucundum, et plane in Propertii domo scriptum. Nuper ad lyrica deflexit, in quibus ita Horatium, ut in illis illum alterum, effingit.

Properce dans l'autre. Ainsi vous pourrez encore le prendre pour son parent, si tant est que la parenté influe en quelque chose sur les études. Rien n'approche des grâces légères et de la variété dont ses écrits sont pleins. Il aime comme s'il était pénétré d'amour. Il se plaint en homme désolé ; il loue avec une bonté charmante ; il badine avec l'enjouement le plus délicat ; en un mot, il est aussi parfait dans tous les genres que s'il n'excellait que dans un seul. Un tel ami, d'un si rare génie, ne m'avait pas moins rendu malade d'esprit qu'il l'était de corps. Enfin, nous sommes guéris tous deux. Réjouissez-vous avec moi, avec les lettres mêmes, qui n'ont pas couru moins de danger pendant sa maladie qu'elles tireront de gloire de sa santé. Adieu.

LETTRE XXIII.
PLINE A MAXIME.

Il m'est souvent arrivé, quand j'ai plaidé, que les centumvirs, après avoir gardé longtemps cet air de gravité et d'autorité qui convient aux juges, se sont subitement levés tous ensemble, comme s'ils eussent été transportés et forcés de me louer. J'ai souvent remporté du sénat toute la gloire que je pouvais désirer ; mais jamais rien ne m'a tant fait de plaisir que ce que me dit Corneille Tacite ces jours passés. Il me contait qu'il s'était trouvé aux spectacles du Cirque, assis auprès d'un chevalier romain ; qu'après une conversation savante et assez diversifiée, le chevalier lui avait demandé : *Étes-vous d'Italie, ou de quelque autre province?* Qu'à cela Tacite avait répondu : *Vous me connaissez, et j'en ai l'obligation aux belles-lettres.* Qu'aussitôt celui-ci reprit : *Étes-vous Tacite ou Pline?* Je ne puis vous exprimer combien je suis touché que les belles-lettres rappellent le souvenir de son nom et du mien, comme si ce n'étaient pas des noms d'hommes, mais les noms des belles-lettres mêmes, et de ce que par elles nous sommes tous deux connus de gens qui d'ailleurs ne nous connaissent point. Il m'arriva dernièrement quelque chose d'assez semblable. J'étais à table auprès de Fabius Rufinus, très-distingué par son mérite. Au-dessus de lui était un de ses compatriotes, qui venait d'arriver à Rome pour la première fois. Rufinus, me montrant du doigt, lui dit : *Voyez-vous cet homme?* Et ensuite il l'entretint de mon attachement aux belles-lettres. A quoi l'autre répondit : *Serait-ce Pline?* J'avoue que je trouve en cela une grande récompense de mes travaux. Si Démosthène eut raison de marquer tant de joie de ce qu'une vieille femme d'Athènes l'avait montré du doigt, en disant : *Voilà Démosthène,* ne m'est-il pas permis de me réjouir du bruit que fait mon nom? Je m'en réjouis donc, et je ne m'en cache point ; car je ne crains pas de paraître vain, lorsque je raconte, non ce que je pense de moi, mais ce qu'en pensent les autres, surtout à vous, qui ne portez envie à la gloire de personne, et qui êtes zélé pour la mienne. Adieu.

LETTRE XXIV.
PLINE A SABINIEN.

Vous m'avez fait plaisir d'avoir, à ma recommandation, reçu dans votre maison un affranchi que vous aimiez autrefois, et de lui avoir rendu vos bonnes grâces. Vous en aurez de la satisfaction. Pour moi, j'en ai une grande de vous voir traitable dans la colère, et de reconnaître que

---

Putes, si quid in studiis cognatio valet, et hujus propinquum. Magna varietas, magna mobilitas. Amat, ut qui verissime ; dolet, ut qui impatientissime ; laudat, ut qui benignissime ; ludit, ut qui facetissime : omnia denique tanquam singula absolvit. Pro hoc ego amico, pro hoc ingenio, non minus æger animo, quam corpore ille, tandem illum, tandem me recepi. Gratulare mihi ; gratulare etiam litteris ipsis, quæ ex periculo ejus tantum discrimen adierunt, quantum ex salute gloriæ consequentur. Vale.

XXIII.
C. PLINIUS MAXIMO SUO S.

Frequenter agenti mihi evenit, ut centumviri, quum diu se intra judicum auctoritatem gravitatemque tenuissent, omnes repente quasi victi coactique consurgerent laudarentque. Frequenter e senatu famam, qualem maxime optaveram, retuli : nunquam tamen majorem cepi voluptatem, quam nuper ex sermone Cornelii Taciti. Narrabat, sedisse secum Circensibus proximis equitem romanum : hunc post varios eruditosque sermones requisisse, *Italicus es, an provincialis?* se respondisse, *Nosti me, et quidem ex studiis.* Ad hoc illum, *Tacitus es, an Plinius?* Exprimere non possum, quam sit jucundum mihi, quod nomina nostra, quasi litterarum propria, non hominum, litteris redduntur ; quod uterque nostrum his etiam ex studiis notus, quibus aliter ignotus est. Accidit aliud ante paucolos dies simile. Recumbebat mecum vir egregius, Fabius Rufinus : super eum municeps ipsius, qui illo die primum in urbem venerat ; cui Rufinus, demonstrans me, *Vides hunc?* Multa deinde de studiis nostris. Et ille, *Plinius est,* inquit. Verum fatebor, capio magnum laboris mei fructum. An, si Demosthenes jure lætatus est, quod illum anus Attica ita noscitavit, Οὗτός ἐστι Δημοσθένης ; ego celebritate nominis mei gaudere non debeo? Ego vero et gaudeo, et gaudere me dico. Neque enim vereor, ne jactantior videar, quum de me aliorum judicium, non meum, profero : præsertim apud te, qui nec ullius invides laudibus, et faves nostris. Vale.

XXIV.
C. PLINIUS SABINIANO SUO S.

Bene fecisti, quod libertum, aliquando tibi carum, reducentibus epistolis meis, in domum, in animum recepisti. Juvabit hoc te : me certe juvat ; primum, quod te talem video, ut in ira regi possis ; deinde quod tantum mihi tribuis, ut vel auctoritati meæ pareas, vel precibus

vous avez, ou tant de déférence pour mes sentiments, ou tant d'égard pour mes prières. Je vous loue donc et vous remercie ; mais en même temps je vous conseille d'avoir, à l'avenir, de l'indulgence pour les fautes de vos gens, quand même ils manqueraient d'intercesseur auprès de vous. Adieu.

LETTRE XXV.

PLINE A MAMILIEN.

Vous vous plaignez d'être accablé des occupations que vous avez à l'armée ; et comme si vous jouissiez d'un profond loisir, vous lisez mes amusements et mes folies. Vous les aimez, vous les demandez, et vous ne me donnez pas peu d'envie de m'en tenir là. Car depuis que ces petits ouvrages ont l'approbation d'un homme aussi savant, aussi sage et surtout aussi vrai que vous, je commence à croire qu'ils peuvent me procurer non-seulement du plaisir, mais même de la gloire. Je suis maintenant chargé de quelques causes qui véritablement ne m'embarrassent pas beaucoup, mais toujours assez. Dès que j'en serai quitte, ma muse retournera verser ses plus douces pensées dans le sein d'un homme si prévenu pour elle. Vous ferez voler nos moineaux et nos colombes parmi vos aigles, si la bonne opinion que vous en avez conçue répond à leur confiance. Que si leur confiance les trompe, vous les renfermerez dans la cage et dans le nid. Adieu.

LETTRE XXVI.

PLINE A LUPERCUS.

Je crois n'avoir pas mal rencontré, quand j'ai dit d'un orateur de notre temps, qui a beaucoup de justesse et d'exactitude, mais peu d'élévation et de feu : *Il n'a qu'un défaut, c'est de n'en avoir point*. L'orateur doit s'élever, prendre l'essor, quelquefois entrer en fureur et s'abandonner, souvent même côtoyer le précipice. Il n'est ordinairement rien de haut et d'élevé qui ne soit tout près d'un abîme. Le chemin est plus sûr par les plaines, mais il est plus bas et plus obscur. Ceux qui rampent ne risquent point de tomber comme ceux qui courent, mais il n'y a pour ceux là nulle gloire à ne tomber pas : ceux-ci en acquièrent même en tombant. Les écueils entre lesquels il faut prendre sa route dans l'éloquence en font tout le prix, ainsi que de beaucoup d'autres arts. Voyez quelles acclamations reçoivent nos danseurs de corde, lorsque leur chute paraît inévitable. Nous donnons notre admiration principalement à ce qui arrive contre notre attente, à ce qui a été heureusement hasardé ; et, pour s'exprimer encore mieux avec les Grecs, à ce qui étonne et est accompagné de grandes difficultés. C'est pourquoi l'adresse du pilote n'est point remarquée dans la bonace comme dans la tempête. Dans la bonace, il entre au port sans que personne l'admire, le loue, y prenne garde ; mais quand les cordages tendus font des sifflements, que le mât plie, que le gouvernail gémit, c'est alors qu'on s'écrie sur l'habileté du pilote, et qu'on le compare aux dieux de la mer. Pourquoi ce discours ? C'est qu'il me semble que vous avez remarqué, dans mes écrits, quelques endroits que vous croyez enflés, et que je croyais sublimes ; qui vous paraissent téméraires, et à moi hardis ; que vous traitez de superflus, et moi de pleins. Il y a bien de la différence que vos notes tombent sur des choses remarquables, ou

---

indulgeas : igitur et laudo et gratias ago. Simul in posterum moneo, ut te erroribus tuorum, etsi non fuerit, qui deprecetur, placabilem præstes. Vale.

XXV.

C. PLINIUS MAMILIANO SUO S.

Quereris de turba castrensium negotiorum, et, tanquam summo otio perfruare, lusus et ineptias nostras legis, amas, flagitas, meque ad similia condenda non mediocriter incitas. Incipio enim ex hoc genere studiorum non solum oblectationem, verum etiam gloriam petere, post judicium tuum, viri gravissimi, eruditissimi, ac super ista verissimi. Nunc me rerum actus modice, sed tamen distringit : quo finito aliquid earumdem, Camœnarum in istum benignissimum sinum mittam. Tu passerculis et columbulis nostris inter aquilas vestras dabis pennas, si tamen et sibi et tibi placebunt : si tantum sibi, continuendos cavea nidove curabis. Vale.

XXVI.

C. PLINIUS LUPERCO SUO S.

Dixi de quodam oratore seculi nostri, recto quidem et sano, sed parum grandi et ornato, ut opinor apte : *Nihil peccat, nisi quod nihil peccat*. Debet enim orator erigi, attolli, interdum etiam effervescere, efferri, ac sæpe accedere ad præceps. Nam plerumque altis et excelsis adjacent abrupta : tutius per plana, sed humilius et depressius iter : frequentior currentibus, quam reptantibus, lapsus ; sed his non labentibus nulla, illis non nulla laus, etiamsi labantur. Nam ut quasdam artes, ita eloquentiam nihil magis quam ancipitia commendant. Vides, qui per funem in summa nituntur, quantos soleant excitare clamores, quum jam jamque casuri videntur. Sunt enim maxime mirabilia, quæ maxime insperata, maxime periculosa, utque Græci magis exprimunt, παράβολα. Ideo nequaquam par gubernatoris est virtus, quum placido et quum turbato mari vehitur : tunc admirante nullo illaudatus, inglorius subit portum ; at quum stridunt funes, curvatur arbor, gubernacula gemunt, tunc ille clarus et diis maris proximus. Cur hæc ? quia visus es mihi in scriptis meis adnotasse quædam ut tumida, quæ ego sublimia ; ut improba, quæ ego audentia ; ut nimia, quæ ego plena arbitrabar. Plurimum autem refert, reprehendenda adnotes, an insignia. Omnis enim advertit, quod eminet et exstat ; sed acri intentione dijudicandum est, immodicum sit an,

sur des choses défectueuses. Chacun est frappé de tout ce qui a de l'élévation ou de la saillie; mais on a besoin d'un discernement délicat pour juger si c'est magnificence ou fausse grandeur, hauteur régulière ou hauteur monstrueuse. Et pour consulter d'abord Homère, qui peut ignorer comment il sait prendre un style tantôt noble, tantôt simple?

La terre s'en ébranle, et l'Olympe en mugit.

Dans un autre endroit :

Et, comme des torrents qui tombent des montagnes,
Remplissent les vallons, inondent les campagnes.

Mais il faut une balance et un poids bien justes pour connaître si ces choses sont énormes et incroyables, ou magnifiques et divines. Ce n'est pas que je m'imagine avoir dit ou pouvoir dire rien de semblable; je ne suis pas si extravagant : je veux seulement faire entendre qu'il faut s'abandonner quelquefois à l'éloquence, et ne pas renfermer, dans un trop petit cercle, les mouvements impétueux d'un grand génie. Mais, dit-on, il y a une grande différence entre les poëtes et les orateurs. Comme si effectivement Cicéron était moins hardi ! Je ne m'arrête point à en rapporter de preuves, car, à son égard, il n'y a pas à douter; mais Démosthène lui-même, cette règle et ce modèle du parfait orateur, se contraint-il et se modère-t-il beaucoup, lorsqu'il dit ce qui est si connu : *O hommes perfides, adulateurs et pestes publiques!* Et encore : *Car je n'ai pas fortifié cette ville avec de la pierre ou de la brique...* Et peu après : *J'ai proposé tout ceci pour la défense de l'Attique, et je vous ai indiqué toutes les ressources que pouvait suggérer la prudence.* Et ailleurs : *Pour moi, messieurs, je crois, et je le jure par les dieux immortels,* que ces heureux succès l'ont enivré. Mais qu'y a-t-il de plus hardi que cet emportement si beau et si long? *Car une cruelle maladie désole la Grèce..... Que dire de cet endroit plus court, mais où il n'a pas moins de hardiesse? Alors les sifflements du superbe Python, qui vous menaçait, ne m'effrayèrent point.* Ce que je vais rapporter est du même caractère : *Mais quand le brigandage et le crime élèvent quelqu'un comme Philippe, le premier échec, le premier choc le renversent et le brisent.* Cet endroit est à peu près semblable : *Retranché de la société par tous les tribunaux de la ville..... Et ensuite : Vous avez renfermé dans votre cœur la pitié que l'on a d'eux ordinairement. Que dis-je! vous l'avez tout à fait étouffée. Ne vous flattez donc pas de trouver une retraite dans des ports que vous avez fermés, et que vous avez remplis d'écueils.* Il avait déjà dit : *Je crains qu'il ne semble à quelques-uns que vous prenez plaisir à fortifier le méchant citoyen; car tout méchant homme est toujours faible de lui-même.* Et plus bas : *Je ne vois pour lui aucune de ces ressources, aucun asile ouvert : je n'aperçois que précipices, que gouffres, qu'abîmes.* Ce n'est pas encore assez : *Car je ne pense pas, messieurs, que nos ancêtres aient établi cet ordre dans les jugements, afin de donner moyen aux gens d'un tel caractère de s'y maintenir florissants; mais afin de les contenir, de les punir, d'empêcher que personne ne les imitât et n'eût envie de se porter au crime.* Et encore : *Si donc c'est un artisan de toute sorte de méchancetés, s'il en tient boutique ouverte et s'il en trafique....* Et mille autres pareils, pour passer ceux qu'Eschine appelle des monstres, et non des

---

grande, altum an enorme. Atque ut Homerum potissimum attingam, quem tandem alterutram in partem potest fugere,

—— βράχε δ' εὐρεῖα χθών,
Ἀμφὶ δὲ σάλπιγξεν μέγας οὐρανός.

et

—— ἠέρι δ' ἔγχος ἐκέκλιτο ——

et totum illud,

ὅς δ᾽ ὅτε χείμαρροι ποταμοὶ κατ᾽ ὄρεσφι ῥέοντες,
Ἐς μισγάγκειαν συμβάλλετον ὄμβριμον ὕδωρ.

Sed opus est examine et libra, incredibilia sint hæc et immania, an magnifica et cœlestia : nec nunc ego me his similia aut dixisse aut posse dicere puto. Non ita insanio : sed hoc intelligi volo, laxandos esse eloquentiæ frenos, nec angustissimo gyro ingeniorum impetus refringendos. At enim alia conditio oratorum, alia poetarum : quasi vero M. Tullius minus audeat. Quamquam hunc omitto : neque enim ambigi puto. Sed Demosthenes ipse, illa norma oratoris et regula, num se cohibet et comprimit, quum dicit illa notissima ? Ἄνθρωποι μιαροὶ καὶ κόλακες καὶ ἀλάστορες. Et rursus : Οὐ γὰρ λίθοις ἐτείχισα τὴν πόλιν, οὐδὲ πλίνθοις ἐγώ. Et statim : Οὐκ ἐκ μὲν θαλάττης τὴν Εὔβοιαν προυβαλόμην

ἐγὼ πρὸ τῆς Ἀττικῆς; (ὅσον ἦν ἀνθρωπίνῳ λογισμῷ δυνατόν). Et alibi : Ἐγὼ δὲ οἴμαι μὲν, ὦ ἄνδρες Ἀθηναῖοι, νὴ τοὺς θεοὺς, ἐκεῖνον μεθύειν τῷ μεγέθει τῶν πεπραγμένων. Jam quid audentius illo pulcherrimo ac longissimo excessu ? Νόσημα γάρ. Quid hæc, breviora superioribus, sed audacia paria? Τότε ἐγὼ μὲν τῷ Πύθωνι θρασυνομένῳ καὶ πολλῷ ῥέοντι καθ᾽ ὑμῶν. Ex eadem nota : Ὅταν δὲ ἐκ πλεονεξίας καὶ πονηρίας τις, ὥσπερ οὗτος, ἰσχύσῃ, ἡ πρώτη πρόφασις καὶ μικρὸν πταῖσμα ἅπαντα ἀνεχαίτισε καὶ διέλυσε. Simile his : Ἀπεσχοινισμένος ἅπασι τοῖς ἐν τῇ πόλει δικαίοις, γνώσεσι τριῶν δικαστηρίων. Et ibidem : Σὺ τὸν εἰς ταῦτα ἔλεον προύδωκας, Ἀριστόγειτον, μᾶλλον δὲ ἀνήρηκας ὅλως μὴ δή, πρὸς οὓς ἑάλωκας λιμένας, καὶ προσβολῶν ἐνέπλησας, πρὸς τούτους ὁρμίζου. Et dixerat : Δέδοικα, μὴ δόξητέ τισι τὸ :άει βουλόμενον εἶναι πονηρὸν τῶν ἐν τῇ πόλει παιδοτριβεῖν· ἀσθενὴς μὲν γάρ ἐστι πᾶς ὁ πονηρὸς καθ᾽ ἑαυτόν. Et deinceps : Τούτῳ δ᾽ οὐδένα ὁρῶ τῶν τόπων τούτων βάσιμον ὄντα, ἀλλὰ πάντα ἀπόκρημνα, φάραγγας, βάραθρα. Nec satis : Οὐδὲ γὰρ τοὺς προγόνους ὑπολαμβάνω τὰ δικαστήρια ταῦτα οἰκοδομῆσαι, ἵνα τοὺς τοιούτους ἐν αὐτοῖς μοσχεύητε, ἀλλὰ τοὐναντίον, ἵν' ἀνείργητε, καὶ κολάζητε, καὶ μηδεὶς ζηλοῖ, μηδ' ἐπιθυμῇ κακίας. Adhuc : Εἰ δὲ κάπηλός ἐστι πονηρίας, καὶ παλιγκάπηλος,

paroles. Je parle contre moi quand j'observe que ces expressions même lui ont été reprochées ; mais voyez, je vous prie, de combien celui qui est critiqué est au-dessus de son censeur, et au-dessus précisément par ces mêmes endroits! car dans les autres paraît sa force, dans ceux-ci sa grandeur. Mais Eschine lui-même a-t-il évité ce qu'il reprend dans Démosthène? *Car il faut, messieurs, que l'orateur et la loi tiennent le même langage; mais quand la loi parle d'une manière et l'orateur de l'autre, on doit donner son suffrage à l'équité de la loi, et non à l'impudence de l'orateur.* Ailleurs : *Il explique ensuite tout le dessein de cacher son vol à la faveur du décret, lorsqu'il y exprime que les députés d'Orée avaient donné les cinq talents, non à vous, mais à Gallias ; et afin que vous soyez persuadés que je dis vrai, laissant à part la vaine parade des galères à trois rangs de rames, et toute la pompe de ce décret, lisez.* Et dans un autre endroit : *Et ne souffrez pas qu'il vous égare dans de vains discours contre le prévaricateur....* Ce qu'il a si fort approuvé, qu'il le répète : *Mais, vous tenant fermes sur ce point, écartez tous ces malins discours, et soyez attentifs à l'observer quand il sort de la question.* Est-il plus simple et plus modeste, quand il dit : *Mais chaque jour vous nous faites de nouvelles plaies, et prenez bien plus de soin du succès de vos harangues que du salut de la république.* Il le prend ici sur un bien plus haut ton : *Ne chasserez-vous point cette peste commune de la Grèce? et ne vous saisirez-vous point de lui comme d'un pirate qui va en course sur la république flottante?* Et beaucoup d'autres. Je m'attends que vous allez lancer sur quelques endroits de cette lettre les mêmes traits que vous avez lancés sur les ouvrages de ma façon, que j'essaye de justifier. Par exemple, vous n'approuverez point *le gouvernail qui gémit, le pilote comparé aux dieux de la mer;* car je m'aperçois qu'en voulant excuser ce que vous aviez critiqué, j'y suis retombé. Mais faites main-basse tant qu'il vous plaira, pourvu que, dès maintenant, vous me donniez un jour où nous puissions traiter de vive voix la question tant de vos anciennes que de vos nouvelles critiques : car, ou vous me rendrez moins téméraire, ou je vous rendrai plus hardi. Adieu.

LETTRE XXVII.

PLINE A LATÉRANUS.

J'ai souvent senti, mais jamais tant que ces jours passés, la force, la grandeur, la majesté, la divinité de l'histoire. Quelqu'un avait lu en public une relation très-sincère, et en avait réservé une partie pour un autre jour. Plusieurs de ses amis se détachent et viennent le supplier, le conjurer de ne point lire le reste, tant ceux qui n'avaient pas rougi de faire ce qu'ils entendaient rougissaient d'entendre ce qu'ils avaient fait. Il accorda ce qu'on lui demandait, et il le pouvait sans trahir la vérité. Cependant l'histoire demeure aussi bien que l'action, et elle demeurera, et sera lue avec d'autant plus d'empressement, que ce ne sera pas sitôt qu'on le voudrait ; car rien ne pique tant la curiosité des hommes que de la suspendre. Adieu.

καὶ μεταβολεύς. Et mille talia ; ut præteream quæ ab Æschine θαύματα, non ῥήματα, vocantur. In contrarium incidi. Dices, hunc quoque ob ista culpari. Sed vide, quanto major sit, qui reprehenditur, ipso reprehendente ; et major ob hæc quoque. In aliis enim vis, in his granditas ejus elucet. Num autem Æschines ipse iis, quæ ab Demosthene carpebat, abstinuit? Χρὴ γάρ, ὦ ἄνδρες Ἀθηναῖοι, τὸ αὐτὸ φθέγγεσθαι τὸν ῥήτορα καὶ τὸν νόμον· ὅταν δ' ἑτέραν μὲν φωνὴν ἀφιῇ ὁ νόμος, ἑτέραν δὲ ὁ ῥήτωρ, τῷ τοῦ νόμου δικαίῳ χρὴ διδόναι τὴν ψῆφον, οὐ τῇ τοῦ λέγοντος ἀναισχυντίᾳ. Alio loco : Ἔπειτα ἀναφαίνεται περὶ πάντων ἐν τῷ ψηφίσματι πρὸς τῷ κλέμματι γράψας, τὰ πέντε τάλαντα τοὺς πρέσβεις ἀξιῶν τοὺς Ὠρείτας μὴ ἡμῖν, ἀλλὰ Καλλίᾳ διδόναι. Ὅτι δὲ ἀληθῆ λέγω, ἀφελὼν τὸν κόμπον, καὶ τὰς τριήρεις, καὶ τὴν ἀλαζονείαν ἐκ τοῦ ψηφίσματος, ἀνάγνωθι. Iterum alio : Καὶ μὴ ἐάτε αὐτὸν εἰς τοὺς τοῦ παρανόμου λόγους περιΐστασθαι. Quod adeo probavit, ut repetat : Ἀλλὰ ἐγκαθήμενοι καὶ ἐνεδρεύοντες ἐν τῇ ἐκκλησίᾳ εἰσελαύνετε αὐτὸν εἰς τοὺς τοῦ παρανόμου λόγους, καὶ τὰς ἐκτροπὰς αὐτοῦ τῶν λόγων ἐπιτηρεῖτε. An illa custoditius pressiusque? Σὺ δὲ ἑλκοποιεῖς, καὶ μᾶλλόν σοι μέλει τῶν αὐθημέρων λόγων, ἢ τῆς σωτηρίας τῆς πόλεως. Altius illa : Οὐκ ἀποπέμψεσθε τὸν ἄνθρωπον ὡς κοινὴν τῶν Ἑλλήνων συμφοράν, ἢ συλλαβόντες ὡς λῃστὴν τῶν πραγμάτων διὰ τῆς πολιτείας πλέοντα τιμωρήσεσθε, et alia. Exspecto, ut quædam ex hac epistola, ut illud, *gubernacula gemunt*, et *diis maris proximus*, iisdem notis, quibus ea, de quibus scribo, confodias. Intelligo enim me, dum veniam priorum peto, in illa ipsa, quæ adnotaveras, incidisse. Sed confodias licet, dummodo jam nunc destines diem, quo et de illis et de his coram exigere possimus. Aut enim tu me timidum, aut ego te temerarium faciam. Vale.

XXVII.

C. PLINIUS LATERANO SUO S.

Quanta potestas, quanta dignitas, quanta majestas, quantum denique numen sit historiæ, quum frequenter alias, tum proxime sensi. Recitaverat quidam verissimum librum, partemque ejus in alium diem reservaverat : ecce amici cujusdam orantes obsecrantesque, ne reliqua recitaret. Tantus audiendi quæ fecerint, pudor, quibus nullus faciendi, quæ audire erubescunt. Et ille quidem præstitit, quod rogabatur : sinebat fides. Liber tamen, ut factum ipsum, manet, manebit, legeturque semper, tanto magis, quia non statim. Incitantur enim homines ad agnoscenda, quæ differuntur. Vale.

LETTRE XXVIII.

PLINE A ROMANUS.

Enfin j'ai reçu trois de vos lettres à la fois, toutes très-polies, pleines d'amitié, et telles que je les devais espérer de vous, surtout après les avoir si longtemps attendues. Par l'une, vous me chargez d'une fort agréable commission, de faire porter vos lettres à Plotine, cette femme si respectable par ses vertus. Vous serez obéi. Ensuite vous me recommandez Popilius Artémisius. J'ai satisfait dans le moment à ce qu'il souhaitait. Vous me marquez aussi que vos vendanges n'ont pas été heureuses. Notre sort de ce côté-là, quoique nos climats soient fort différents, a été semblable. Par la seconde vous me mandez que tantôt vous dictez, tantôt vous écrivez beaucoup de choses qui me rendent présent à votre esprit. Je vous en remercie, et je vous en remercierais davantage, si vous aviez bien voulu me communiquer ce que vous dictez, ou ce que vous écrivez. Et il y avait de la justice que comme je vous ai fait part de mes écrits, vous me fissiez part des vôtres, même de ceux qui n'ont pas été écrits pour moi. Vous me promettez, en finissant, qu'aussitôt que vous aurez appris le plan de vie que je me suis proposé, vous vous déroberez à toutes vos affaires domestiques pour vous rendre ici. Regardez-vous donc déjà comme engagé et comme lié avec des nœuds qu'il n'est pas possible de rompre. Enfin, dans la dernière, vous m'écrivez que vous avez reçu mon plaidoyer pour Clarius, et qu'il vous a paru plus ample que quand vous me l'avez entendu prononcer. Il est vrai qu'il est plus ample; je l'ai depuis beaucoup augmenté. Vous ajoutez que vous m'avez écrit d'autres lettres un peu plus travaillées. Vous demandez si je les ai reçues : non, je meurs d'envie de les recevoir. Ne manquez donc pas de me les envoyer à la première occasion, avec les intérêts du retardement. Je ne vous les compterai (et je ne le puis à moins) que sur le pied de douze pour cent. Adieu.

LETTRE XXIX.

PLINE A RUSTICUS.

Comme il vaut mieux exceller en une chose que d'être médiocre dans plusieurs, aussi vaut-il mieux être médiocre dans plusieurs, lorsqu'on ne peut être excellent dans une seule. C'est ce que j'éprouve; car, dans cette vue, je me suis appliqué à différents genres d'étude, n'osant faire assez de fond sur le progrès que j'ai fait dans aucune en particulier. Quand donc vous lirez divers ouvrages de ma façon, ayez pour chacun l'indulgence que leur nombre vous demande. Est-il juste que, dans les autres arts, le nombre d'ouvrages serve d'excuse; et que pour les lettres, où il est bien plus difficile d'arriver à la perfection, nous établissions une loi plus dure? Mais ne dois-je point vous paraître ingrat, lorsque je vous prie d'excuser? Car si vous recevez les derniers ouvrages avec la même bonté que les premiers, je dois attendre des éloges, plutôt que de demander grâce. Il me suffit pourtant qu'on me fasse grâce. Adieu.

LETTRE XXX.

PLINE A GEMINIUS.

Vous louez souvent dans vos conversations, et aujourd'hui dans vos lettres, votre ami No-

---

XXVIII.
C. PLINIUS ROMANO SUO S.

Post longum tempus epistolas tuas, sed tres pariter recepi, omnes elegantissimas, amantissimas, et quales a te venire, præsertim desideratas, oportebat : quarum una injungis mihi jucundissimum ministerium, ut ad Plotinam, sanctissimam feminam, litteræ tuæ perferantur. Eadem commendas Popilium Artemisium : statim præstiti, quod petebat. Indicas etiam, modicas te vindemias collegisse. Communis hæc mihi tecum, quamquam in diversissima parte terrarum, querela est. Altera epistola nuntias, multa te nunc dictare, nunc scribere, quibus nos tibi repræsentes. Gratias ago : agerem magis, si me illa ipsa, quæ scribis aut dictas, legere voluisses. Et erat æquum, ut te mea, ita me tua scripta cognoscere, etiamsi ad alium, quam ad me pertinerent. Polliceris in fine, quum certius de vitæ nostræ ordinatione aliquid audieris, futurum te fugitivum rei familiaris, statimque ad nos evolaturum, qui jam tibi compedes nectimus, quas perfringere nullo modo possis. Tertia epistola continebat, esse tibi redditam orationem pro Clario, eamque visam uberiorem, quam dicente me, audiente te, fuerit. Est uberior : multa enim postea inserui. Adjicis, alias te litteras curiosius scriptas misisse : an acceperim, quæris : non accepi, et accipere gestio. Proinde prima quaque occasione mitte, appositis quidem usuris, quas ego (num parcius possum?) centesimas computabo. Vale.

XXIX.
C. PLINIUS RUSTICO SUO S.

Ut satius, unum aliquid insigniter, quam facere plurima mediocriter; ita plurima mediocriter, si non possis unum aliquid insigniter. Quod intuens ego, variis me studiorum generibus, nulli satis confisus, experior. Proinde quum hoc vel illud leges, ita singulis veniam, ut non singulis, dabis. An cæteris artibus excusatio in numero, litteris durior lex, in quibus difficilior effectus est? Quid autem ego de venia quasi ingratus? Nam si ea facilitate hæc proxima acceperis, qua priora, laus potius speranda, quam venia obsecranda est. Mihi tamen venia sufficit. Vale.

XXX.
C. PLINIUS GEMINIO SUO S.

Laudas mihi, et frequenter præsens, et nunc per epistolas, Nonium tuum, quod sit liberalis in quosdam

nius, pour sa libéralité envers certaines personnes. Je le loue aussi, pourvu qu'il ne la renferme pas dans ces personnes. Je veux qu'un homme vraiment libéral donne à sa patrie, à ses proches, à ses alliés, à ses amis; mais à ses amis qui sont dans le besoin, et non comme ces gens qui ne donnent jamais tant qu'à ceux qui peuvent donner le plus. Ce n'est pas là, selon moi, répandre son bien : c'est, avec des présents qui cachent l'hameçon et la glu, dérober le bien d'autrui. Il y a des personnes d'un caractère semblable, qui ne donnent à l'un que ce qu'ils enlèvent à l'autre, et qui vont à la réputation de libéralité par l'avarice. La première règle, c'est d'être content de ce que l'on a; après cela d'embrasser, comme dans un cercle, selon l'ordre que la société prescrit, tous ceux qui ont besoin de protection et d'assistance. Si votre ami suit ces règles, on ne peut trop le louer. S'il en observe seulement quelques-unes, il mérite moins d'éloges, mais il en mérite toujours. Un modèle de libéralité, même imparfait, est aujourd'hui si rare, la fureur d'amasser a tellement saisi les hommes, qu'on dirait qu'ils ne possèdent pas leurs richesses, mais qu'ils en sont possédés. Adieu.

LETTRE XXXI.

PLINE A SARDUS.

Depuis que je vous ai quitté, je n'en ai pas moins été avec vous. J'ai lu votre livre, et, pour ne vous point mentir, j'ai lu particulièrement les endroits où vous parlez de moi, et dans lesquels vous vous êtes infiniment étendu. Quelle abondance! quelle variété! Combien, sur un même sujet, de choses qui, sans être les mêmes, ne sont pourtant pas différentes? Mêlerai-je mes éloges à mes remercîments? Je ne puis assez dignement m'acquitter ni de l'un, ni de l'autre; et si je le pouvais, je craindrais qu'il n'y eût de la vanité à vous louer d'un ouvrage dont je vous remercierais. J'ajouterai seulement que tout m'a paru d'autant plus parfait, qu'il m'était plus agréable; et qu'il m'a été d'autant plus agréable, qu'il était plus parfait. Adieu.

LETTRE XXXII.

PLINE A TITIEN.

Que faites-vous? Que prétendez-vous faire dans la suite? Pour moi, je mène une vie très-délicieuse, c'est-à-dire très-oisive. De là vient que je ne veux point écrire de longues lettres, mais que j'aime fort à en lire. Je donne l'un à mon indolence, l'autre à mon oisiveté; car rien n'est si paresseux qu'un homme indolent, et rien de si curieux qu'un homme oisif. Adieu.

LETTRE XXXIII.

PLINE A CANINIUS.

J'ai découvert un sujet de poëme. C'est une histoire, mais qui a tout l'air d'une fable. Il mérite d'être traité par un homme comme vous, qui ait l'esprit agréable, élevé, poétique. J'en ai fait la découverte à table, où chacun contait à l'envi son prodige. L'auteur passe pour très-fidèle, quoiqu'à vrai dire, qu'importe la fidélité à un poëte? Cependant c'est un auteur tel, que vous ne refuseriez pas de lui ajouter foi, si vous écriviez l'histoire. Près de la colonie d'Hippone, qui est en Afrique sur le bord de la mer, on voit

---

et ipse laudo, si tamen non in hos solos. Volo enim eum, qui sit vere liberalis, tribuere patriæ, propinquis, adfinibus, amicis, sed amicis dico pauperibus : non ut isti, qui iis potissimum donant, qui donare maxime possunt. Hos ego viscatis hamatisque muneribus non sua promere puto, sed aliena corripere. Sunt ingenio simili, qui quod huic donant, auferunt illi, famamque liberalitatis avaritia petunt. Primum est autem, suo esse contentum : deinde, quos præcipue scias indigere, sustentantem foventemque, orbe quodam societatis ambire. Quæ cuncta si facit iste, usquequaque laudandus est : si unum aliquod, minus quidem, laudandus tamen. Tam rarum est etiam imperfectæ liberalitatis exemplar. Ea invasit homines habendi cupido, ut possideri magis, quam possidere videantur. Vale.

XXXI.

C. PLINIUS SARDO SUO S.

Postquam a te recessi, non minus tecum, quam quum apud te, fui. Legi enim librum tuum, identidem repetens maxime illa (non enim mentiar) quæ de me scripsisti : in quibus quidem percopiosus fuisti. Quam multa, quam varia, quam non eadem de eodem, nec tamen diversa, dixisti! Laudem pariter et gratias agam? Neutrum satis possum, et, si possem, timerem, ne arrogans esset, ob ea laudare, ob quæ gratias agerem. Unum illud addam, omnia mihi tanto laudabiliora visa, quanto jucundiora; et tanto jucundiora, quanto laudabiliora erant. Vale.

XXXII.

C. PLINIUS TITIANO SUO S.

Quid agis? quid acturus es? Ipse vitam jucundissimam, id est otiosissimam, vivo. Quo fit, ut scribere longiores epistolas nolim, velim legere : illud, tanquam delicatus; hoc, tanquam otiosus. Nihil est enim aut pigrius delicatis, aut curiosius otiosis. Vale.

XXXIII.

C. PLINIUS CANINIO SUO S.

Incidi in materiam veram, sed simillimam fictæ, dignamque isto lætissimo, altissimo, planeque poetico ingenio. Incidi autem, dum super cœnam varia miracula hinc inde referuntur. Magna auctoris fides : tametsi quid poetæ cum fide? Is tamen auctor, cui bene vel historiam scripturus credidisses. Est in Africa hipponensis colonia, mari proxima : adjacet ei navigabile stagnum, ex quo, in modum fluminis, æstuarium emergit, quod vice alterna, prout æstus aut repressit, aut impulit, nunc in

un étang navigable, d'où sort un canal qui, comme un fleuve, entre dans la mer, ou retourne à l'étang même, selon que le flux l'entraîne ou que le reflux le repousse. La pêche, la navigation, le bain, y sont des plaisirs de tous les âges, surtout des enfants, que leur inclination porte au divertissement et à l'oisiveté. Entre eux, ils mettent l'honneur et le mérite à quitter de plus loin le rivage ; et celui qui s'en éloigne le plus, et qui devance tous les autres, en est le vainqueur. Dans cette sorte de combat, un enfant plus hardi que ses compagnons s'étant fort avancé, un dauphin se présente, et tantôt le précède, tantôt le suit, tantôt tourne autour de lui ; enfin, charge l'enfant sur son dos, puis le remet à l'eau ; une autre fois le reprend, et l'emporte tout tremblant, d'abord en pleine mer ; mais peu après il revient à terre, et le rend au rivage et à ses compagnons. Le bruit s'en répand dans la colonie. Chacun y court, chacun regarde cet enfant comme une merveille ; on ne peut se lasser de l'interroger, de l'entendre, de raconter ce qui s'est passé. Le lendemain, tout le peuple court au rivage. Ils ont tous les yeux sur la mer, ou sur ce qu'ils prennent pour elle ; les enfants se mettent à la nage, et parmi eux celui dont je vous parle, mais avec plus de retenue. Le dauphin revient à la même heure, et s'adresse au même enfant. Celui-ci prend la fuite avec les autres. Le dauphin, comme s'il voulait le rappeler et l'inviter, saute, plonge, et fait cent tours différents. Le jour suivant, celui d'après, et plusieurs autres de suite, même chose arrive, jusqu'à ce que ces gens, nourris sur la mer, se font une honte de leur crainte. Ils approchent le dauphin, ils l'appellent, ils se jouent avec lui, ils le touchent, il se laisse manier. Cette épreuve les encourage, surtout l'enfant qui le premier en avait couru le risque ; il nage auprès du dauphin, et saute sur son dos. Il est porté et rapporté ; il se croit reconnu et aimé, il aime aussi ; ni l'un ni l'autre n'a de peur, ni n'en donne. La confiance de celui-là augmente, et en même temps la docilité de celui-ci ; les autres enfants même l'accompagnent en nageant, et l'animent par leurs cris et par leurs discours. Avec ce dauphin en était un autre (et ceci n'est pas moins merveilleux), qui ne servait que de compagnon et de spectateur. Il ne faisait, il ne souffrait rien de semblable ; mais il menait et ramenait l'autre, comme les enfants menaient et ramenaient leur camarade. Il est incroyable (mais pourtant il n'est pas moins vrai que tout ce qui vient d'être dit) que ce dauphin, qui jouait avec cet enfant, et qui le portait, avait coutume de venir à terre, et qu'après s'être séché sur le sable, lorsqu'il venait à sentir la chaleur, il se rejetait à la mer. Il est certain qu'Octavius Avitus, lieutenant du proconsul, emporté par une vaine superstition, prit le temps que le dauphin était sur le rivage, pour faire répandre sur lui des parfums, et que la nouveauté de cette odeur le mit en fuite et le fit sauver dans la mer. Plusieurs jours s'écoulèrent depuis sans qu'il parût. Enfin il revint, d'abord languissant et triste ; et peu après, ayant repris ses premières forces, il recommença ses jeux et ses tours ordinaires. Tous les magistrats des lieux circonvoisins s'empressaient d'accourir à ce spectacle. Leur arrivée et leur séjour engageaient cette ville, qui n'est pas déjà trop riche, à de nouvelles dépenses, qui achevaient de l'épuiser. Ce concours de monde y troublait d'ailleurs et y dérangeait tout. On prit donc le parti de tuer secrètement le dauphin qu'on venait voir. Avec quels sentiments ne pleurerez-vous point son sort ! avec quelles expressions, avec quelles figures n'enrichirez-vous point, ne relèverez-vous point cette his-

---

fertur mari, nunc redditur stagno. Omnis hic ætas piscandi, navigandi, atque etiam natandi studio tenetur : maxime pueri, quos otium ludusque solicitat. His gloria et virtus altissime provehi : victor ille, qui longissime, ut litus, ita simul nantes, reliquit. Hoc certamine puer quidam, audentior cæteris, in ulteriora tendebat. Delphinus occurrit, et nunc sequi, nunc circuire, postremo subire, deponere, iterum subire, trepidantemque perferre primum in altum : mox flectit ad litus, redditque terræ et æqualibus. Serpit per coloniam fama : concurrere omnes, ipsum puerum tanquam miraculum adspicere, interrogare, audire, narrare. Postero die obsident litus, prospectant mare, et si quid est mari simile. Natant pueri : inter hos ille, sed cautius. Delphinus rursus ad tempus, rursus ad puerum venit. Fugit ille cum cæteris. Delphinus, quasi invitet, revocet, exsilit, mergitur, variosque orbes implicitat expeditque. Hoc altero die, hoc tertio, hoc pluribus, donec homines, innutritos mari subiret timendi pudor. Accedunt, et adludunt, et appellant : tangunt etiam, pertrectantque præbentem. Crescit audacia experimento.

Maxime puer, qui primus expertus est, adnatat natanti, insilit tergo ; fertur referturque : agnosci se, amari putat, amat ipse : neuter timet, neuter timetur ; hujus fiducia, mansuetudo illius augetur. Nec non alii pueri dextra lavaque simul eunt hortantes monentesque. Ibat una (id quoque mirum) delphinus alius, tantum spectator et comes. Nihil enim simile aut faciebat, aut patiebatur ; sed alterum illum ducebat, reducebat, ut puerum cæteri pueri. Incredibile (tam verum tamen quam priora) delphinum gestatorem collusoremque puerorum in terram quoque extrahi solitum, arenisque siccatum, ubi incaluisset, in mare revolvi. Constat Octavium Avitum, legatum proconsulis, in litus educto religione prava superfudisse unguentum, cujus illum novitatem odoremque in altum refugisse : nec nisi post multos dies visum languidum et mœstum ; mox, redditis viribus, priorem lasciviam et solita ministeria repetisse. Confluebant ad spectaculum omnes magistratus, quorum adventu, et mora, modica res publica novis sumptibus atterebatur. Postremo locus ipse quietem suam secretumque perdebat. Placuit occulte

toire, quoiqu'il ne soit pas besoin de votre art pour l'augmenter ou l'embellir, et qu'il suffise de ne rien ôter à la vérité? Adieu.

LETTRE XXXIV.
PLINE A TRANQUILLE.

Tirez-moi d'un embarras. J'apprends que je lis mal les vers. Pour les harangues, je les lis assez bien, et de là vient que je réussis moins à la lecture des poésies. J'ai donc envie d'essayer d'en faire lire par mon affranchi quelques-unes dont je veux donner la lecture à mes amis; ce que j'ai choisi lui est même familier. Je sais qu'il ne lira pas parfaitement, mais ce sera toujours beaucoup mieux que moi, pourvu qu'il ne se trouble pas; car il est aussi nouveau lecteur que moi nouveau poëte. Ce qui m'embarrasse, c'est le personnage qu'il me faudra faire pendant qu'il lira. Dois-je demeurer assis, les yeux baissés, muet, et comme un homme qui n'est là que pour entendre? ou bien dois-je, comme font quelques-uns, accompagner de l'œil, de la main, d'un petit bruit, ce qu'il lira? Mais je ne sais pas mieux battre la mesure que lire. Je vous le répète donc, tirez-moi d'embarras, et m'écrivez sincèrement s'il vaut encore mieux lire très-mal, que de faire ou ne pas faire ce que je vous dis. Adieu.

LETTRE XXXV.
PLINE A APPIUS.

J'ai reçu le livre que vous m'avez envoyé; je vous en remercie. Il m'a trouvé dans une conjoncture où je suis accablé d'affaires, et, par cette raison, je ne l'ai pas encore lu, quoique d'ailleurs on ne puisse en avoir plus d'envie. Mais je dois ce respect aux belles-lettres et à vos écrits, de croire que je ne pourrais, sans une espèce d'irréligion, en approcher avec un esprit qui ne serait pas entièrement dégagé. J'approuve fort votre application à retoucher vos écrits : cette exactitude a pourtant ses bornes. Trop polir, c'est plutôt affaiblir que perfectionner une pièce. D'ailleurs, cela détourne de ceux qu'on entreprendrait. Ainsi, cette délicatesse excessive n'achève point nos anciens ouvrages, et nous empêche d'en commencer de nouveaux. Adieu.

LETTRE XXXVI.
PLINE A FUSCUS.

Vous demandez comment je règle ma journée en été dans ma terre de Toscane? Je m'éveille quand je puis, d'ordinaire à sept heures, quelquefois auparavant, et rarement plus tard. Je tiens mes fenêtres fermées, car le silence et les ténèbres soutiennent l'esprit, qui, n'étant point dissipé par des objets qui le peuvent emporter, demeure libre et tout entier. Je ne veux pas assujettir mon esprit à mes yeux, j'assujettis mes yeux à mon esprit; car ils ne voient que ce qu'il voit, tant qu'ils ne sont pas distraits par autre chose. Si j'ai quelque ouvrage commencé, je m'en occupe; je range jusqu'aux paroles, comme si j'écrivais et corrigeais, tantôt plus, tantôt moins, selon que je me trouve plus ou moins de facilité à composer et à retenir. J'appelle un secrétaire, je fais ouvrir les fenêtres, et je dicte ce que j'ai

interfici, ad quod coibatur. Hæc tu qua miseratione, qua copia deflebis, ornabis, attolles! Quanquam non est opus adfingas aliquid, aut adstruas : sufficit, ne ea, quæ sunt vera, minuantur. Vale.

XXXIV.
C. PLINIUS TRANQUILLO SUO S.

Explica æstum meum. Audio, me male legere, dumtaxat versus : orationes enim commodius, sed tanto minus versus. Cogito ergo, recitaturus familiaribus amicis, experiri libertum meum. Hoc quoque familiare, quod elegi, non bene, sed melius lecturus : si tamen non fuerit perturbatus. Est enim tam novus lector, quam ego poeta. Ipse nescio quid illo legente interim faciam, sedeam defixus, et mutus, et similis otioso, an (ut quidam) quæ pronuntiabit, murmure, oculis, manu prosequar. Sed puto, me non minus male saltare, quam legere. Iterum dicam, explica æstum meum, vereque rescribe, num sit melius, pessime legere, quam ista vel non facere, vel facere. Vale.

XXXV.
C. PLINIUS APPIO SUO S.

Librum, quem misisti, recepi, et gratias ago. sum tamen hoc tempore occupatissimus Ideo nondum eum legi, quum alioqui validissime cupiam : sed eam reverentiam quum litteris ipsis, tum scriptis tuis debeo, ut sumere illa, nisi vacuo animo, irreligiosum putem. Diligentiam tuam in retractandis operibus valde probo. Est tamen aliquis modus, primum, quod nimia cura deterit magis, quam emendat; deinde, quod nos a recentioribus revocat, simulque nec absolvit priora, et inchoare posteriora non patitur. Vale.

XXXVI.
C. PLINIUS FUSCO SUO S.

Quæris, quemadmodum in Tuscis diem æstate disponam. Evigilo quum libuit, plerumque circa horam primam sæpe ante, tardius raro : clausæ fenestræ manent : mire enim silentio et tenebris animus alitur. Ab iis, quæ avocant, abductus, et liber, et mihi relictus, non oculos animo, sed animum oculis sequor, qui eadem, quæ mens, vident, quoties non vident alia. Cogito si quid in manibus, cogito ad verbum scribenti emendantique similis : nunc pauciora, nunc plura, ut vel difficile vel facile componi tenerive potuerunt. Notarium voco, et, die admisso, quæ formaveram dicto : abit, rursusque revocatur, rursusque remittitur. Ubi hora quarta vel quinta (neque enim certum dimensumque tempus), ut dies suasit, in xystum me vel cryptoporticum confero; reliqua meditor et dicto. Vehiculum ascendo : ibi quoque idem,

composé. Il s'en retourne, je le rappelle encore une fois, et je le renvoie. Dix ou onze heures venues (car cela n'est pas toujours si juste et si réglé), je me lève; et, selon le temps qu'il fait, je me promène dans une allée ou dans une galerie, et j'achève ou je dicte le reste de ce que je me suis proposé. Ensuite je monte dans une chaise; et là, mon attention s'étant ranimée par le changement, je continue à faire ce que j'avais commencé pendant que j'étais couché ou que je me promenais. Ensuite je dors un peu, puis je me promène : après je lis à haute voix quelque harangue grecque ou latine, non tant pour me fortifier la voix que la poitrine, quoique la voix elle-même ne laisse pas d'y gagner. Je me promène encore une fois; on me frotte d'huile, je fais quelque exercice; je me baigne. Pendant le repas, si je mange avec ma femme ou avec un petit nombre d'amis, on lit un livre. Au sortir de la table vient quelque comédien, ou quelque joueur de lyre. Après quoi je me promène avec mes gens, parmi lesquels il y en a de fort savants. On passe ainsi, jusqu'au soir, à parler de choses différentes, et le jour le plus long se trouve tout d'un coup fini. Quelquefois je dérange un peu cet ordre. Car si j'ai demeuré au lit, ou si je me suis promené longtemps, après mon sommeil et ma lecture, je ne me sers point de ma chaise; et, pour en être plus tôt quitte, je monte à cheval, et je vais plus vite. Mes amis me viennent voir des lieux voisins, me prennent une partie du jour, et quelquefois me délassent par une diversion faite à propos. Je chasse en d'autres temps, mais jamais sans mes tablettes, afin que si je ne prends rien, je ne laisse pas de remporter quelque chose. Je donne aussi quelques heures à mes fermiers, trop peu à leur avis; mais leurs plaintes rustiques ne servent qu'à me donner plus de goût pour les lettres et pour les occupations de la ville. Adieu.

LETTRE XXXVII.

PLINE A PAULIN.

Vous n'êtes pas de caractère à exiger de vos amis, et contre leurs intérêts, ces sortes de devoirs qui ne sont que de cérémonie; et je ne vous aime pas assez peu pour craindre que vous ne jugiez mal de moi, si je manque à vous rendre visite dès le premier jour de votre consulat. Je suis ici retenu par la nécessité de trouver des fermiers; il s'agit de mettre des terres en valeur pour longtemps, et de changer tout le plan de leur régie : car, les cinq dernières années, mes fermiers sont demeurés fort en reste, malgré les grandes remises que je leur ai faites. De là vient que la plupart négligent de payer à compte, dans le désespoir de se pouvoir entièrement acquitter. Ils arrachent même et consument tout ce qui est déjà sur terre, persuadés que ce ne serait pas pour eux qu'ils épargneraient. Il faut donc aller au-devant d'un désordre qui augmente tous les jours, et y remédier. Le seul moyen de le faire, c'est de ne point affermer en argent, mais en espèces à partager dans la récolte avec le fermier, et de préposer quelques-uns de mes gens pour avoir l'œil sur la culture des terres, pour exiger ma part dans les fruits, et pour les garder. D'ailleurs, il n'est nul genre de revenu plus juste que celui qui nous vient de la fertilité de la terre, de la température de l'air et de l'ordre des saisons. Cela demande des gens sûrs, vigilants, et en nombre. Je veux pourtant essayer et tenter, comme dans une maladie invétérée, tous les secours que le changement de remèdes nous pourra donner. Vous voyez que ce n'est pas pour mon plaisir que je m'abstiens

---

quod ambulans aut jacens. Durat intentio, mutatione ipsa refecta : paullum redormio, dein ambulo, mox orationem græcam latinamve clare et intente, non tam vocis caussa, quam stomachi, lego : pariter tamen et illa firmatur. Iterum ambulo, ungor, exerceor, lavor. Cœnanti mihi, si cum uxore, vel paucis, liber legitur : post cœnam, comœdi aut lyristes, mox cum meis ambulo, quorum in numero sunt eruditi. Ita variis sermonibus vespera extenditur, et, quanquam longissimus, dies cito conditur. Non nunquam ex hoc ordine aliqua mutantur : nam si diu tacui, vel ambulavi, post somnum demum lectioncumque, non vehiculo, sed (quod brevius, quia velocius) equo gestor. Interveniunt amici ex proximis oppidis, partemque diei ad se trahunt, interdumque lassato mihi opportuna interpellatione subveniunt. Venor aliquando; sed non sine pugillaribus, ut, quamvis nihil ceperim, nonnihil referam. Datur et colonis, ut videtur ipsis, non satis temporis, quorum mihi agrestes querelæ litteras nostras et isthæc urbana opera commendant. Vale.

XXXVII.

C. PLINIUS PAULLINO SUO S.

Nec tuæ naturæ est, translaticia hæc et quasi publica officia a familiaribus amicis contra ipsorum commodum exigere : et ego te constantius amo, quam ut verear, ne aliter ac velim accipias, nisi te Calendis statim consulem videro : præsertim quum me necessitas locandorum prædiorum plures annos ordinatura detineat; in qua mihi nova consilia sumenda sunt. Nam priore lustro, quanquam post magnas remissiones, reliqua creverunt : inde plerisque nulla jam cura minuendi æris alieni, quod desperant posse persolvi; rapiunt etiam, consumuntque, quod natum est, ut qui jam putent se non sibi parcere. Occurrendum ergo augescentibus vitiis, et medendum est. Medendi una ratio, si non nummo, sed partibus locem, ac deinde ex meis aliquos ordinatura operi, custodes fructibus ponam : et alioqui nullum justius genus redituum, quam quod terra, cælum, annus refert. Ad hoc, magnam fidem, acres oculos, numerosas manus poscit : experiendum tamen, et, quasi in veteri morbo, quæli-

d'assister à votre installation dans le consulat. Je vous promets pourtant d'en célébrer le jour par mes vœux, par ma joie, par tous les sentiments que je vous dois, et comme si j'étais présent. Adieu.

LETTRE XXXVIII.

PLINE A SATURNIN.

Si je loue notre ami Rufus, ce n'est point pour vous plaire, mais parce qu'il en est très-digne. J'ai lu son livre, qui m'a paru excellent et achevé. Ma tendresse pour l'auteur m'a fait trouver de nouveaux agréments dans l'ouvrage. J'en ai pourtant fait un jugement sain ; car il ne faut pas croire que ceux-là seuls jugent bien, qui ne lisent qu'avec des intentions malignes. Adieu.

LETTRE XXXIX.

PLINE A MUSTIUS.

Je me vois obligé, par l'avis des aruspices, de rétablir et d'augmenter un temple de Cérès qui se trouve dans mes terres. Il est vieux et petit, d'ailleurs très-fréquenté un certain jour de l'année ; car le treizième de septembre, il s'y rend, de tous les pays d'alentour, un très-grand peuple. On y traite beaucoup d'affaires, on y acquitte beaucoup de vœux. Mais, près de là, l'on ne trouve aucun abri contre le soleil ou contre la pluie. Je m'imagine donc que je ne montrerai pas moins de piété que de magnificence, si j'ajoute de grandes galeries au somptueux temple que je ferai bâtir ; l'une à l'honneur de la déesse, les autres à l'usage des hommes. Je vous prie donc de m'acheter quatre colonnes de marbre, de telle espèce qu'il vous plaira, et tout le marbre qui peut être nécessaire pour paver le temple et en incruster les murs. Il faut aussi avoir une statue de la déesse. Le temps a mutilé celle de bois que l'on y avait anciennement placée. Quant aux galeries, je n'imagine rien que nous devions faire venir des lieux où vous êtes, si ce n'est un dessein convenable à la situation du lieu. Il n'est pas possible de les bâtir autour du temple, car il est environné d'un côté par le fleuve, dont les rives sont fort escarpées, de l'autre par le grand chemin. Au delà du chemin est une très-vaste prairie, où il me semble qu'on pourrait fort bien élever les galeries à l'opposite du temple, si ce n'est que vous ayez à me proposer quelque chose de mieux, vous dont l'art sait si bien surmonter les obstacles que lui oppose la nature. Adieu.

LETTRE XL.

PLINE A FUSCUS.

Vous me mandez que la lettre où je vous écris de quelle manière je règle ma journée en été dans ma maison de Toscane, vous a fait beaucoup de plaisir. Vous souhaitez savoir ce que je change à cet ordre en hiver, quand je suis en Laurentin? Rien, si ce n'est que je me retranche le sommeil de midi, et que je prends beaucoup sur la nuit, soit avant que le jour commence, soit après qu'il est fini. S'il survient quelque affaire pressante, comme il arrive souvent pendant l'hiver, je congédie, après le repas, le comédien et le joueur de lyre ; mais je revois ce que j'ai dicté ; et en corrigeant souvent, sans rien écrire, j'exerce d'autant ma mémoire. Vous

---

bet mutationis auxilia tentanda sunt. Vides, quam non delicata me caussa obire primum consulatus tui diem non sinat : quem tamen hic ut præsens votis, gaudio, gratulatione celebrabo. Vale.

XXXVIII.
C. PLINIUS SATURNINO SUO S.

Ego vero Rufum nostrum laudo : non quia tu, ut ita facerem, petiisti, sed quia est ille dignissimus. Legi enim librum omnibus numeris absolutum, cui multum apud me gratiæ amor ipsius adjecit. Judicavi tamen : neque enim soli judicant, qui maligne legunt. Vale.

XXXIX.
C. PLINIUS MUSTIO SUO S.

Aruspicum monitu reficienda est mihi ædes Cereris in prædiis in melius et in majus. Vetus sane et angusta, quum sit alioqui stato die frequentissima. Nam Idibus Septembribus magnus e regione tota coit populus, multæ res aguntur, multa vota suscipiuntur, multa reddunter ; sed nullum in proximo suffugium aut imbris aut solis. Videor ergo munifice simul religioseque facturus, si ædem quam pulcherrimam exstruxero, addidero porticus : illam ad usum deæ, has ad hominum. Velim ergo emas quatuor marmoreas columnas, cujus tibi videbitur generis : emas marmora, quibus solum, quibus parietes excolantur. Erit etiam vel faciendum vel emendum ipsius deæ signum : quia antiquum illud e ligno quibusdam sui partibus vetustate truncatum est. Quantum ad porticus, nihil interim occurrit, quod videatur istinc esse repetendum ; nisi tamen, ut formam secundum rationem loci scribas : neque enim possunt circumdari templo ; nam solum templi hinc flumine et abruptissimis ripis, hinc via cingitur. Est ultra viam latissimum pratum, in quo satis apte contra templum ipsum porticus explicabuntur : nisi quid tu melius inveneris, qui soles locorum difficultates arte superare. Vale.

XL.
C. PLINIUS FUSCO SUO S.

Scribis, pergratas tibi fuisse litteras meas, quibus cognovisti, quemadmodum in Tuscis otium æstatis exigerem : requiris, quid ex hoc in Laurentino hieme permutem. Nihil, nisi quod meridianus somnus eximitur, multumque de nocte vel ante vel post diem sumitur : et, si agendi necessitas instat, quæ frequens hieme, non jam comœdo vel lyristæ post cœnam locus ; sed illa, quæ dictavi, identidem retractantur, ac simul memoriæ frequenti emendatione proficitur. Habes æstate, hieme consuetudinem ; addas huc, licet, auctumnum, quæque inter hiemem

voilà instruit de mon régime d'hiver et d'été ; vous y pouvez ajouter encore de l'automne et du printemps. Comme dans ces saisons je ne perds rien du jour, aussi je ne gagne rien sur la nuit. Adieu.

LIVRE DIXIÈME.

LETTRE PREMIÈRE.

PLINE A L'EMPEREUR TRAJAN.

Votre tendresse pour votre auguste père vous avait fait désirer, seigneur, de ne lui succéder de longtemps ; mais les dieux immortels se sont hâtés de remettre entre vos mains les rênes d'un empire dont la conduite vous avait été déjà confiée. Je vous souhaite donc, et au genre humain, par vous, toutes sortes de prospérités, c'est-à-dire tout ce qui est de plus digne de votre règne. Je fais des vœux continuels, et en public et en particulier, pour le bonheur et la santé de votre personne sacrée.

LETTRE II.

PLINE A L'EMPEREUR TRAJAN.

Je ne puis, seigneur, trouver de paroles pour exprimer de quelle joie vous m'avez comblé, en me jugeant digne du privilége dont jouissent ceux qui ont trois enfants. Quoique vous ayez accordé cette grâce à la supplication de Julius Servianus, homme d'une rare probité, et qui vous est fidèlement dévoué, je conçois pourtant, par les termes du brevet, que vous vous y êtes porté d'autant plus volontiers, que c'était pour moi qu'il vous la demandait. Il me semble donc que je n'ai plus rien à désirer, quand je vois que vous avez témoigné, dès le premier jour de votre heureux avénement à l'empire, que je n'étais pas indigne de votre attention particulière. Cette faveur redoublera la passion que j'ai d'avoir des enfants. J'en ai souhaité, même sous le plus malheureux de tous les règnes, comme vous le pouvez croire, sur la foi de deux différents mariages que j'ai contractés. Mais les dieux en ont mieux ordonné, lorsqu'ils ont réservé à vos bontés de me faire jouir de cet avantage. Je serai plus content d'être père aujourd'hui, que je puis me promettre de vivre et tranquille et heureux.

LETTRE III.

PLINE A L'EMPEREUR TRAJAN.

La bienveillance dont vous m'honorez, seigneur, et dont je reçois tant de preuves, me donne la hardiesse de vous demander des grâces même pour mes amis, entre lesquels Voconius Romanus tient l'un des premiers rangs. Nous avons été élevés et nous avons toujours demeuré ensemble. Ces raisons m'avaient engagé à supplier votre auguste père de vouloir bien lui donner place dans le sénat ; mais il a été réservé à votre bonté de me faire cette faveur, parce que la mère de Romanus n'avait pas encore achevé parfaitement, et avec les solennités requises, les quatre millions de sesterces qu'elle avait déclaré lui donner, dans les lettres par elle écrites à l'empereur votre père. C'est ce que, par mes conseils, elle a fait depuis ; car elle lui a cédé des fonds, et, dans cette cession, elle a observé toutes les formalités nécessaires. Ainsi, aujourd'hui

---

æstatemque media, ut nihil de die perdunt, ita de nocte parvulum adquirunt. Vale.

LIBER DECIMUS.

I.

C. PLINIUS TRAJANO.

Tua quidem pietas, Imperator sanctissime, optaverat, ut quam tardissime succederes patri : sed dii immortales festinaverunt virtutes tuas ad gubernacula reipublicæ, quam susceperas, admovere. Precor ergo, ut tibi, et per te generi humano, prospera omnia, id est, digna sæculo tuo, contingant. Fortem te et hilarem, Imperator optime, et privatim et publice opto.

II.

C. PLINIUS TRAJANO.

Exprimere, Domine, verbis non possum, quantum mihi gaudium attuleris, quod me dignum putasti jure trium liberorum. Quamvis enim Julii Serviani, optimi viri, unique amantissimi, precibus indulseris : tamen etiam ex rescripto intelligo, libentius hoc ei te præstitisse, quia pro me rogabat. Videor ergo summam voti mei consequutus, quum inter initia felicissimi principatus tui probaveris, me ad peculiarem indulgentiam tuam pertinere : eoque magis liberos concupisco ; quos habere etiam illo tristissimo sæculo volui, sicut potes duobus matrimoniis meis credere. Sed dii melius, qui omnia integra bonitati tuæ reservarunt. Malui hoc potius tempore me patrem fieri, quo futurus essem et securus et felix.

III.

C. PLINIUS TRAJANO.

Indulgentia tua, Imperator optime, quam plenissimam experior, hortatur me, ut audeam tibi etiam pro amicis obligari ; inter quos sibi vel præcipuum locum vindicat Voconius Romanus, ab ineunte ætate condiscipulus et contubernalis meus. Quibus ex caussis et a divo patre tuo petieram, ut illum in amplissimum ordinem promoveret : sed hoc votum meum bonitati tuæ reservatum est, quia mater Romani liberalitatem sestertii quadringenties, quod conferre se filio codicillis ad patrem tuum scriptis professa fuerat, nondum satis legitime peregerat. Quod postea fecit, admonita a nobis. Nam et fundos emancipavit, et cætera, quæ in emancipatione implenda solent exigi, consumma-

que l'obstacle qui retardait nos espérances est levé, ce n'est pas sans une grande confiance que je sollicite pour lui. Ce qui la soutient et l'augmente, ce sont les mœurs de mon ami, c'est son attachement aux belles-lettres, sa tendresse pour ses parents. C'est à cette tendresse qu'il doit la succession de son père, qu'il recueillit aussitôt après sa mort; la libéralité de sa mère, l'adoption que le mari de sa mère a faite de lui. Tout cela reçoit un nouvel éclat, et par sa naissance, et par les richesses qu'il tient de sa maison. J'espère que mes très-humbles supplications ne diminueront point à vos yeux le prix de toutes ces choses. Je vous en conjure donc, seigneur, donnez-moi lieu de le congratuler sur ce que je crois juste; donnez-moi la satisfaction de me pouvoir glorifier de votre approbation, non-seulement pour moi, mais encore pour mes amis.

LETTRE IV.

PLINE A L'EMPEREUR TRAJAN.

Une cruelle maladie, seigneur, pensa m'emporter l'année dernière. J'eus recours à un médecin, dont je ne puis dignement reconnaître l'affection et les services, si vos bontés ne m'aident à m'acquitter : c'est ce qui m'engage à vous supplier de vouloir bien lui accorder le droit de bourgeoisie romaine; car ayant été affranchi par une étrangère, il est lui-même étranger. Il s'appelle Harpocras. Celle qui lui a donné la liberté s'appelait Thermutis, femme de Théon, morte il y a longtemps. J'ajouterai encore une très-humble supplication en faveur d'Antonia Maximilla, femme illustre et de mérite : c'est de vouloir donner à deux de ses affranchies, Hélia et Antonia Harméride, le plein droit de bourgeoisie; ce que je ne vous demande qu'à la prière de la maîtresse même.

LETTRE V.

PLINE A L'EMPEREUR TRAJAN.

Je ne puis vous dire, seigneur, quel plaisir j'ai eu d'apprendre, par la lettre dont vous m'avez honoré, qu'à ma supplication vous aviez accordé le droit de bourgeoisie d'Alexandrie à mon médecin Harpocras, quoiqu'à l'exemple de vos prédécesseurs, vous vous soyez fait une loi de ne l'accorder qu'avec de grandes précautions. Harpocras est du canton de Memphis. Je vous supplie donc, seigneur, de vouloir bien m'envoyer, comme vous me l'avez promis, une lettre pour Planta, gouverneur d'Égypte. Je compte aller au-devant de vous, pour jouir plus tôt des douceurs d'une arrivée si désirée de tout le monde. Permettez-moi donc, seigneur, d'y aller tout le plus loin qu'il est possible.

LETTRE VI.

PLINE A L'EMPEREUR TRAJAN.

Le médecin Posthumius Marinus, seigneur, m'a tiré de ma dernière maladie. Je ne puis m'acquitter envers lui que par le secours des grâces que votre bonté ne refuse guère à mes très-humbles prières. Je vous supplie donc de vouloir bien accorder le droit de bourgeoisie romaine à ses proches parents, Chrysippe, fils de Mithridate, et à sa femme Stratonice, fille d'Épigonus ; de faire aussi la même faveur à Épigonus et à Mithridate, enfants de Chrysippe, de manière qu'ils soient en la puissance de leur père, et qu'ils conservent leur droit sur leurs affranchis.

J'ajoute une dernière supplication : c'est de

---

vit. Quum sit ergo finitum, quod spes nostras morabatur, non sine magna fiducia subsigno apud te fidem pro moribus Romani mei, quos et liberalia studia exornant, et eximia pietas, quæ hanc ipsam matris liberalitatem, et statim patris hereditatem, et adoptionem a vitrico meruit. Auget hæc et natalium et paternarum facultatum splendor; quibus singulis multum commendationis accessurum etiam ex meis precibus, indulgentiæ tuæ credo. Rogo ergo, Domine, ut me exoptatissimæ mihi gratulationis compotem facias, et honestis (ut spero) affectibus meis præstes, ut non in me tantum, verum et in amico gloriari judiciis tuis possim.

IV.

C. PLINIUS TRAJANO.

Proximo anno, Domine, gravissima valetudine usque ad periculum vitæ vexatus iatralipten adsumpsi : cujus solicitudini et studio, tuæ tantum indulgentiæ beneficio referre gratiam possum. Quare rogo, des ei civitatem romanam. Est enim peregrinæ conditionis, manumissus a peregrina. Vocatur ipse Harpocras : patronam habuit Thermuthin Theonis, quæ jampridem defuncta est. Idem rogo, des jus Quiritium libertis Antoniæ Maximillæ, ornatissimæ feminæ, Heliæ et Antoniæ Harmeridi. Quod a te, petente patrona, peto.

V.

C. PLINIUS TRAJANO.

Exprimere, Domine, verbis non possum, quanto me gaudio affecerint epistolæ tuæ, ex quibus cognovi te Harpocrati, iatraliptæ meo, etiam Alexandrinam civitatem tribuisse, quamvis secundum institutionem principum non temere eam dare proposuisses. Esse autem Harpocran voμοῦ Μεμφιτικοῦ indico tibi. Rogo ergo, indulgentissime Imperator, ut mihi ad Pompeium Plantam, præfectum Ægypti, amicum tuum, sic, ut promisisti, epistolam mittas. Obviam iturus, quo maturius, Domine, exoptatissimi adventus tui gaudio frui possim, rogo, permittas mihi, quam longissime occurrere tibi.

VI.

C. PLINIUS TRAJANO.

Proxima infirmitas mea, Domine, obligavit me Postumio Marino medico : cui parem gratiam referre beneficio tuo possum, si precibus meis, ex consuetudine bonitatis

donner le plein droit de bourgeoisie romaine à Lucius Satrius Abascantius, et à Publius Cæsius Phosphorus, et à Pancharite Sotéride. C'est du consentement de leurs patrons que je vous le demande.

LETTRE VII.
PLINE A L'EMPEREUR TRAJAN.

Je sais bien, seigneur, que ma très-humble supplication n'aura point échappé à votre mémoire, toujours si présente quand il s'agit de faire du bien. J'ose pourtant, parce que vous me l'avez plus d'une fois pardonné, vous faire souvenir et en même temps vous supplier de nouveau d'accorder la charge de préteur à Accius Sura. Elle est vacante. Quoiqu'il soit sans impatience sur cela, l'éclat de sa naissance, une vertu entière dans une fortune moins que médiocre, mais, plus que tout le reste, ces temps heureux où la bonne conscience enfle le courage de vos citoyens, et leur paraît un titre pour attendre de vous des grâces, lui donnent quelque espérance d'obtenir celle-ci.

LETTRE VIII.
PLINE A L'EMPEREUR TRAJAN.

Persuadé, Seigneur, que rien ne peut donner une si haute opinion de mes mœurs, que les témoignages d'estime dont m'aura honoré un si bon prince, je vous supplie très-humblement de vouloir bien ajouter la dignité ou d'augure, ou de septemvir (car elles sont toutes deux vacantes) à celle où votre faveur m'a élevé. J'aurai, par le droit du sacerdoce, la satisfaction de faire en public aux dieux les vœux que je leur adresse sans cesse en particulier pour votre prospérité.

LETTRE IX.
PLINE A L'EMPEREUR TRAJAN.

Je me réjouis, seigneur, et pour vous et pour la république, de cette victoire si grande, si belle, si mémorable, que vous venez de remporter. Je prie les Dieux immortels de donner un si heureux succès à toutes vos entreprises, que tant et de si rares vertus rendent à cet empire sa première gloire, et l'augmentent.

LETTRE X.
PLINE A L'EMPEREUR TRAJAN.

Servilius Pudens, que vous m'aviez dépêché, seigneur, est arrivé à Nicomédie le 24 novembre, et m'a enfin délivré de l'inquiétude d'une longue attente.

LETTRE XI.
PLINE A L'EMPEREUR TRAJAN.

Vos bienfaits, seigneur, m'ont très-étroitement lié à Rosianus Géminus. Je l'ai eu pour trésorier pendant mon consulat, et je lui ai, pendant ce temps, toujours trouvé toute sorte de considération pour moi. Il continue, depuis que je suis sorti de charge, à me donner tant de marques d'estime et de déférence, que son attachement particulier met le comble aux preuves pu-

---

tuæ, indulseris. Rogo ergo, ut propinquis ejus des civitatem, Chrysippo Mithridatis, uxorique Chrysippi Stratonicæ Epigoni, item liberis ejusdem Chrysippi, Epigono et Mithridati, ita ut sint in patris potestate, utque iis in libertos servetur jus patronorum. Item rogo, indulgeas jus Quiritium L. Sutrio Abascantio, et P. Cæsio Phosphoro, et Panchariæ Soteridi. Quod a te, volentibus patronis, peto.

VII.
C. PLINIUS TRAJANO.

Scio, Domine, memoriæ tuæ, quæ est benefaciendi tenacissima, preces nostras inhærere : quia tamen in hoc quoque sæpe indulsisti, admoneo simul et impense rogo, ut Accium Suram præturæ exornare digneris, quum locus vacet. Ad quam spem alioqui quietissimum hortatur et natalium splendor, et summa integritas in paupertate, et ante omnia, felicitas temporum, quæ bonam conscientiam civium tuorum ad usum indulgentiæ tuæ provocat et attollit.

VIII.
C. PLINIUS TRAJANO.

Quum sciam, Domine, ad testimonium laudemque morum meorum pertinere, tam boni principis judicio exornari; rogo, dignitati, ad quam me provexit indulgentia tua, vel auguratum, vel septemviratum, quia vacant, adjicere digneris, ut jure sacerdotii precari deos pro te publice possim, quos nunc precor pietate privata.

IX.
C. PLINIUS TRAJANO.

Victoriæ tuæ, optime Imperator, maximæ, pulcherrimæ, antiquissimæ, et tuo nomine et reipublicæ gratulor, deosque immortales precor, ut omnes cogitationes tuas tam lætus sequatur eventus, ut virtutibus tantis gloria imperii et novetur et augeatur.

X.
C. PLINIUS TRAJANO.

Servilius Pudens legatus, Domine, VIII Calend. Decemb. Nicomediam venit, meque longæ exsoectationis solicitudine liberavit.

XI.
C. PLINIUS TRAJANO.

Rosianum Geminum, Domine, arctissimo vinculo mecum tua in me beneficia junxerunt. Habui enim illum quæstorem in consulatu, mei summe observantissimum expertus. Tantam mihi post consulatum reverentiam præstat, ut publicæ necessitudinis pignora privatis cumulet officiis. Rogo ergo, ut ipse apud te pro dignitate ejus precibus meis faveas : cui et, si quid mihi credis, indul-

bliques que j'avais déjà de son amitié. Je vous supplie donc de vouloir accorder son élévation à mes prières. Si vous voulez vous en fier à moi, vous lui accorderez même votre bienveillance. Il saura bien, par son exactitude à s'acquitter des moindres choses dont vous le chargerez, se montrer digne des plus grandes. Si je m'étends moins sur ses louanges, c'est que je m'imagine que son intégrité, sa probité, sa prudence, vous sont connues par les charges qu'il a exercées sous vos yeux à Rome, et encore par l'honneur qu'il a eu de servir dans les mêmes armées que vous. Mais ce que je ne crois pas avoir assez fait, par rapport à ma tendresse pour lui, c'est de vous supplier, seigneur, avec les dernières instances, de me donner la joie de voir incessamment croître la dignité de mon trésorier, c'est-à-dire la mienne, en sa personne.

LETTRE XII.

PLINE A L'EMPEREUR TRAJAN.

Il serait bien difficile, seigneur, de vous exprimer toute la joie que j'ai eue, qu'à la très-humble supplication de ma belle-mère et à la mienne, vous ayez bien voulu accorder le gouvernement de cette province à Cécilius Clémens, lorsqu'il sera sorti du consulat. Quand je reçois de vous, avec toute ma maison, des témoignages d'une bienveillance si complète, je conçois quelle est l'étendue de la faveur dont vous m'honorez. Quoique je sente bien à quelles actions de grâces elle m'oblige, je n'ose m'engager à les rendre. C'est donc aux vœux que j'ai recours, et je prie les dieux qu'on ne me trouve jamais indigne des grâces dont vous me comblez chaque jour.

LETTRE XIII.

PLINE A L'EMPEREUR TRAJAN.

Lycormas, votre affranchi, m'a mandé, seigneur, que s'il passait par ici quelques ambassadeurs du Bosphore pour aller à Rome, je les retinsse jusqu'à son arrivée. Il n'est point encore venu, au moins dans la ville où je suis, aucun ambassadeur de ce pays-là ; mais il est arrivé un coursier dépêché par le roi de Sarmatie. J'ai cru devoir profiter de cette occasion pour le faire partir avec celui que Lycormas a envoyé, et qui a pris les devants, afin que vous sachiez, et par les lettres de Lycormas et par celles de ce roi, ce qu'il vous importe peut-être de savoir tout à la fois.

LETTRE XIV.

PLINE A L'EMPEREUR TRAJAN.

Le roi des Sarmates m'a écrit qu'il vous mandait certaines choses dont il était très-important que vous fussiez instruit au plus tôt. Par cette raison, et pour lever tous les obstacles qu'aurait pu trouver sur la route le courrier qui vous porte ses dépêches, je lui ai donné un passe-port.

LETTRE XV.

PLINE A L'EMPEREUR TRAJAN.

L'ambassadeur du roi de Sarmatie, seigneur, ayant volontairement séjourné deux jours entiers à Nicée, je n'ai pas cru devoir l'y arrêter davantage : premièrement, parce qu'il était incertain quand votre affranchi Lycormas arriverait, et puis parce que moi-même je ne pouvais demeurer plus longtemps à Nicée, appelé par des affaires indispensables en d'autres endroits de la province. Je me crois obligé de vous mander ceci,

gentiam tuam dabis. Dabit ipse operam, ut in his, quæ ei mandaveris, majora mereatur. Parciorem me in laudando facit, quod spero, tibi et integritatem ejus, et probitatem et industriam non solum ex ejus honoribus, quos in urbe sub oculis tuis gessit, verum etiam ex commilitio, esse notissimam. Illud unum, quod propter caritatem ejus nondum mihi videor satis plene fecisse, etiam atque etiam facio ; teque, Domine, rogo, gaudere me exornata questoris mei dignitate, id est, per illum mea, quam maturissime velis.

XII.

C. PLINIUS TRAJANO.

Difficile est, Domine, exprimere verbis, quantam perceperim lætitiam, quod et mihi et socrui meæ præstitisti, ut ad finem consulatus Cœlium Clementem in hanc provinciam transferres. Ex illo enim mensuram beneficii tui penitus intelligo, quum tam plenam indulgentiam cum tota domo mea experiar : cui referre gratiam parem ne audeo quidem, quamvis maxime debeam. Itaque ad vota confugio, deosque precor, ut iis, quæ in me assidue confers, non indignus existimer.

XIII.

C. PLINIUS TRAJANO.

Scripsit mihi, Domine, Lycormas, libertus tuus, ut, si qua legatio a Bosporo venisset, urbem petitura, usque in adventum suum retineretur. Et legatio quidem, dumtaxat in eam civitatem, in qua ipse sum, nulla adhuc venit ; sed venit tabellarius Sauromata, quem ego, usus opportunitate, quam mihi casus obtulerat, cum tabellario, qui Lycormam ex itinere præcessit, mittendum putavi, ut possis ex Lycormæ et ex regis epistolis pariter cognoscere, quæ fortasse pariter scire deberes.

XIV.

C. PLINIUS TRAJANO.

Rex Sauromates scripsit mihi, esse quædam, quæ deberes quam maturissime scire : qua ex caussa festinationem tabellarii, quem ad te cum epistolis misit, diplomate adjuvi.

XV.

C. PLINIUS TRAJANO.

Legato Sauromatæ regis duum sua sponte Niceæ, ubi

parce que je vous avais écrit, par ma dernière lettre, que Lycormas m'avait prié que s'il passait ici quelques ambassadeurs de Sarmatie, je les retinsse jusqu'à son arrivée. Je ne vois aucune raison plausible de le retenir plus longtemps, surtout parce que les lettres de ce prince, dont je n'ai pas voulu retarder le courrier, ainsi que je vous l'ai déjà mandé, auront devancé de plusieurs jours son ambassadeur.

LETTRE XVI.
PLINE A L'EMPEREUR TRAJAN.

Apuléius, soldat de la garnison de Nicomédie, m'a écrit, seigneur, qu'un nommé Callidrome, arrêté par Maxime et Denys, boulangers, au service desquels il s'était engagé, avait cherché un asile aux pieds de votre statue; qu'il avait été mené devant le magistrat, où il avait déclaré qu'autrefois, et pendant qu'il était esclave de Labérius Maximus, il avait été pris par Susagus, dans la Mœsie, et donné par Décébale à Pacore, roi des Parthes; qu'il l'avait servi plusieurs années; qu'ensuite il s'était échappé, et s'était sauvé à Nicomédie. Après que lui-même, amené devant moi, m'a réitéré cette déclaration, j'ai cru vous le devoir envoyer. J'ai un peu différé, parce que je faisais faire recherche d'une pierre précieuse où était gravée l'image du roi Pacore, revêtu de ses habits royaux, et qu'on lui avait, disait-il, volée. Je voulais, si on eût pu la trouver, vous l'envoyer, comme je vous ai envoyé un lingot de métal du pays, et qu'il dit en avoir rapporté. Je l'ai scellé de mon cachet, dont l'empreinte est un chariot à quatre chevaux.

LETTRE XVII.
PLINE A L'EMPEREUR TRAJAN.

Pendant tout le temps, seigneur, que j'ai demeuré avec Maxime, votre affranchi et votre procureur, je l'ai toujours trouvé homme de bien, habile, appliqué, et aussi attaché à vos intérêts qu'à la discipline; c'est un témoignage que je lui rends avec plaisir, et avec toute la fidélité que je vous dois.

LETTRE XVIII.
PLINE A L'EMPEREUR TRAJAN.

Après avoir trouvé, seigneur, dans Gabius Bassus, commandant sur la côte Pontique, toute l'intégrité, la probité, les lumières possibles, accompagnées de beaucoup de déférence pour moi, je ne puis lui refuser mes vœux et mon suffrage; je les lui accorde avec toute la fidélité que je vous dois. J'ai bien reconnu qu'il s'était formé en servant sous vous, et qu'il était redevable à la sévérité de votre discipline de tout ce qui lui a fait mériter votre bienveillance. Les soldats et les bourgeois sont si pénétrés de sa justice, qu'ils se sont empressés, à l'envi, de s'en louer, et en public et en particulier; c'est ce que je vous certifie avec toute la fidélité que je vous ai vouée.

me invenerat, biduo substitisset, longiorem moram faciendam, Domine, non putavi : primum quod incertum adhuc erat, quando libertus tuus Lycormas venturus esset; deinde quod ipse proficiscebar in diversam provinciæ partem, ita officii necessitate exigente. Hæc in notitiam tuam perferenda existimavi, quia proxime scripseram, petiisse Lycormam, ut legationem, si qua venisset a Bosporo, usque in adventum suum retinerem. Quod diutius faciendi nulla mihi probabilis ratio occurrit; præsertim quum epistolæ Lycormæ, quas detinere; ut ante prædixi, nolui, aliquot diebus hunc legatum antecessuræ viderentur.

XVI.
C. PLINIUS TRAJANO.

Apuleius, Domine, miles, qui est in statione Nicomedensi, scripsit mihi, quemdam nomine Callidromum, quum detineretur a Maximo et Dionysio pistoribus, quibus operas suas locaverat, confugisse ad tuam statuam, perductumque ad magistratus indicasse, servisse aliquando Laberio Maximo, captumque a Susago in Mœsia, et a Decebalo muneri missum Pacoro, Parthiæ regi, pluribusque annis in ministerio ejus fuisse; deinde fugisse, atque ita in Nicomediam pervenisse. Quem ego perductum ad me, quum eadem narrasset, mittendum ad te putavi. Quod paullo tardius feci, dum requiro gemmam, quam sibi, habentem imaginem Pacori, et quibus insignibus ornatus fuisset, subtractam indicabat. Volui enim hanc quoque, si inveniri potuisset, simul mittere, sicut glebulam misi, quam se ex parthico metallo attulisse dicebat. Signata est annulo meo, cujus aposphragisma quadriga.

XVII.
C. PLINIUS TRAJANO.

Maximum, libertum et procuratorem tuum, Domine, per omne tempus, quo fuimus una, probum, et industrium, et diligentem, ac, sicut rei tuæ amantissimum, ita disciplinæ tenacissimum expertus, libenter apud te testimonio prosequor ea fide, quam tibi debeo.

XVIII.
C. PLINIUS TRAJANO.

Gabium Bassum, Domine, præfectum oræ Ponticæ, integrum, probum, industrium, atque inter ista reverentissimum mei expertus, voto pariter et suffragio prosequor, ea fide, quam tibi debeo : quem abunde conspexi instructum commilitio tuo, cujus disciplinæ debet, quod indulgentia tua dignus est. Apud me et milites et pagani, a quibus justitia ejus et humanitas penitus inspecta est, certatim ei, qua privatim, qua publica, testimonium retribuerunt. Quod in notitiam tuam perferre ea fide, quam tibi debeo.

LETTRE XIX.

PLINE A L'EMPEREUR TRAJAN.

Nous avons, seigneur, servi ensemble, Nymphidius Lupus le centenier et moi. Pendant que j'étais à la tête d'une légion, il commandait une cohorte. L'amitié qui nous unit prit de là sa naissance, et le temps en a serré les nœuds. Je l'ai donc tiré du sein de la retraite, et je l'ai engagé à m'assister de ses conseils en Bithynie. C'est ce qu'il a fait d'une manière très-obligeante; c'est ce qu'il continuera de faire, sans écouter ce que la vieillesse et l'amour du repos lui peuvent demander. Ces raisons m'engagent à compter ses parents au nombre des miens, et surtout son fils Nymphidius Lupus. C'est un jeune homme plein de droiture, de capacité, et fort digne d'un père très-accompli. Ses premières actions, dans la place de capitaine d'une compagnie de cinq cents hommes, vous feront juger qu'il peut soutenir vos plus grandes grâces. Les témoignages qu'ont rendus en sa faveur ces hommes illustres, Julius Férox et Fuscus Salinator, seront ses garants. Je trouverais, seigneur, dans l'élévation du fils un très-grand sujet de joie et de nouvelle reconnaissance.

LETTRE XX.

PLINE A L'EMPEREUR TRAJAN.

Aussitôt que, par votre bienveillance, seigneur, j'ai été élevé à la place d'intendant des finances du temple de Saturne, j'ai tout à fait renoncé à la plaidoirie, dont je ne m'étais pas d'ailleurs indistinctement chargé ; et j'y ai renoncé pour remplir, avec plus de liberté, tous les devoirs de mon nouvel emploi. Par cette raison, lorsque les peuples d'Afrique me demandèrent au sénat pour avocat contre Marius Priscus, je m'en excusai, et mon excuse fut reçue. Mais depuis que, désigné consul, vous eûtes déclaré que de même qu'il ne fallait point contraindre ceux qui, comme moi, avaient été excusés, ils devaient souffrir aussi que le sénat usât du pouvoir qu'il a sur eux, et mît leur nom dans l'urne pour être tirés au sort avec les autres : j'ai cru qu'on ne pouvait faire moins sous un empire si doux, que de ne pas résister principalement à de si justes décrets de cette illustre compagnie. Je souhaite que vous approuviez les raisons de mon obéissance ; car je ne veux rien faire, ni rien dire, que des mœurs aussi épurées que les vôtres puissent condamner.

LETTRE XXI.

TRAJAN A PLINE.

Vous avez rempli tous les devoirs d'un bon citoyen et d'un bon sénateur, en déférant à ce que le sénat désirait justement de vous. Je ne doute pas que vous ne remplissiez avec fidélité le ministère dont vous avez été chargé.

LETTRE XXII.

PLINE A L'EMPEREUR TRAJAN.

Je vous rends de très-humbles grâces, seigneur, d'avoir bien voulu si promptement accorder le droit de bourgeoisie romaine aux affranchis d'une dame de mes amies, et à Harpocras, mon médecin. Mais lorsque j'ai voulu faire enregistrer son âge et ses facultés, ainsi que vous me l'aviez ordonné, des gens habiles m'ont averti qu'avant

---

XIX.
C. PLINIUS TRAJANO.

Nymphidium Lupum, Domine, primipilarem, commilitonem habui; quum ipse tribunus essem, ille præfectus: inde familiariter diligere cœpi. Crevit postea caritas ipsa mutuæ vetustate amicitiæ. Itaque et quieti ejus injeci manum, et exegi, ut me in Bithynia consilio instrueret. Quod ille amicissime, et otii et senectutis ratione postposita, et jam fecit, et facturus est. Quibus ex caussis necessitudines ejus inter meas numero, et filium in primis, Nymphidium Lupum, juvenem probum, industrium, et egregio patre dignissimum, suffecturum indulgentiæ tuæ : sicut primis ejus experimentis cognoscere potes, quum præfectus cohortis plenissimum testimonium meruerit Julii Ferocis et Fusci Salinatoris, clarissimorum virorum. Meum gaudium, Domine, meam gratulationem filii honores continuent.

XX.
C. PLINIUS TRAJANO IMP. S.

Ut primum me, Domine, indulgentia vestra promovit ad præfecturam ærarii Saturni, omnibus advocationibus, quibus alioqui nunquam eram promiscue functus, renuntiavi, ut toto animo, delegato mihi officio vacarem. Qua ex caussa, quum patronum me provinciales optassent contra Marium Priscum, et petii veniam hujus muneris, et impetravi; sed quum postea consul designatus censuisset, agendum nobiscum, quorum erat excusatio recepta, ut essemus in senatus potestate, paterentur que nomina nostra in urnam conjici, convenientissimum esse tranquillitati sæculi putavi, præsertim tam moderatæ voluntati amplissimi ordinis non repugnare. Cui obsequio meo, opto, ut existimes constare rationem, quum omnia facta dictaque mea probare sanctissimis moribus tuis cupiam.

XXI.
TRAJANUS PLINIO S.

Et civis et senatoris boni partibus functus es, obsequium amplissimi ordinis, quod justissime exigebat, præstando. Quas partes impleturum te secundum susceptam fidem confido.

XXII.
C. PLINIUS TRAJANO.

Ago gratias, Domine, quod et jus Quiritium libertis necessariæ mihi feminæ, et civitatem romanam Harpocrati, iatraliptæ meo, sine mora indulsisti. Sed quum

que de lui obtenir la bourgeoisie romaine, je devais lui obtenir celle d'Alexandrie, parce qu'il est Égyptien. Comme je ne croyais pas qu'il y eût de différence entre les Égyptiens et ceux des autres nations, je m'étais contenté de vous mander qu'il avait été affranchi par une étrangère, et que cette étrangère était morte il y avait déjà longtemps. Je ne me plains pas pourtant de mon ignorance, puisqu'elle me donne lieu de recevoir de vous plus d'une grâce pour un même homme. Je vous supplie donc, afin que je puisse jouir de votre bienfait selon les lois, de lui accorder le droit de bourgeoisie d'Alexandrie et de Rome. Pour ne rien laisser qui pût retarder le cours de vos bontés, j'ai envoyé son âge et l'état de ses biens à vos affranchis comme vous me l'aviez commandé.

LETTRE XXIII.

TRAJAN A PLINE.

J'ai résolu, en suivant la coutume de mes prédécesseurs, de n'accorder qu'avec beaucoup de circonspection le droit de bourgeoisie d'Alexandrie; mais après vous avoir déjà donné, pour Harpocras, votre médecin, le droit de bourgeoisie romaine, je ne puis me résoudre à vous refuser ce que vous me demandez encore pour lui. Faites-moi donc savoir de quel canton de l'Égypte il est, afin que je vous envoie une lettre pour Pompéius Planta, gouverneur d'Égypte, mon ami.

LETTRE XXIV.

PLINE A L'EMPEREUR TRAJAN.

Après que votre auguste père eut, et par un très-beau discours et par de glorieux exemples, incité tous les citoyens à la libéralité, je lui demandai permission de transporter, dans le lieu de mon origine, les statues des empereurs qui m'étaient venues par différentes successions, et que je gardais telles que je les avais reçues dans des terres éloignées; et je le suppliai de trouver bon que j'y ajoutasse la sienne. Dès qu'il me l'eut accordé, avec beaucoup de témoignages de satisfaction, j'en écrivis aux décurions, afin qu'ils marquassent le lieu où je pourrais bâtir un temple à mes dépens. Ils crurent me devoir ce retour d'honnêteté, de me laisser le choix du lieu. Mais ce que je n'ai pu encore entreprendre, retenu d'abord par ma maladie, ensuite par celle de votre auguste père, et enfin par les devoirs de la charge que vous m'avez donnée, je crois pouvoir aisément l'exécuter aujourd'hui; car mon mois de service finit au 1er septembre, et il y a beaucoup de fêtes dans le mois suivant. Je vous supplie donc, avant toute autre chose, de souffrir que votre statue ait sa place dans le temple que je vais bâtir; ensuite, pour me mettre en état d'y travailler au plus tôt, de m'accorder un congé : mais il ne convient pas à ma franchise de vous dissimuler qu'en m'accordant cette grâce, vous accommoderez beaucoup mes affaires particulières. Je suis si peu en état de différer le bail des terres que j'ai de ces côtés-là, et qui d'ailleurs passe quatre cent mille sester-

---

annos ejus et censum, sicut præceperas, ederem, admonitus sum a peritioribus, debuisse me ante ei alexandrinam civitatem impetrare, deinde romanam, quoniam esset Ægyptius. Ego autem, quia inter Ægyptios cæterosque peregrinos nihil interesse credebam, contentus fueram hoc solum scribere tibi, eum scilicet a peregrina manumissum, patronamque ejus jam pridem decessisse. De qua ignorantia mea non queror, per quam stetit, ut tibi pro eodem homine sæpius obligarer. Rogo itaque, ut beneficio tuo legitime frui possim, tribuas ei et alexandrinam civitatem, et romanam. Annos ejus et censum (ne quid rursus indulgentiam tuam moraretur) libertis tuis, quibus jusseras, misi.

XXIII.

TRAJANUS PLINIO S.

Civitatem alexandrinam secundum institutionem principum non temere dare proposui : sed quum Harpocrati, iatraliptæ tuo, jam civitatem romanam impetraveris, huic quoque petitioni tuæ negare non sustineo. Tu ex quo nomo sit, notum mihi facere debebis, ut epistolam tibi ad Pompeium Plantam, præfectum Ægypti, amicum meum, mittam.

XXIV.

C. PLINIUS TRAJANO IMP. S.

Quum divus pater tuus, Domine, et oratione pulcherrima, et honestissimo exemplo, omnes cives ad munificentiam esset cohortatus; petii ab eo, ut statuas principum, quas in longinquis agris per plures successiones traditas mihi, quales acceperam, custodiebam, permitteret in municipium transferre, adjecta sua statua. Quodque ille mihi cum plenissimo testimonio indulserat, ego statim decurionibus scripseram, in assignarent solum, in quo templum pecunia mea exstruerem : illi in honorem operis ipsius electionem loci mihi obtulerunt. Sed primum mea, deinde patris tui valetudine, postea curis delegati a vobis officii retentus, nunc videor commodissime posse in rem præsentem excurrere. Nam et menstruum meum Calend. Septembris finitur, et sequens mensis complures dies feriatos habet. Rogo ergo, ante omnia permittas mihi, opus quod inchoaturus sum, exornare et tua statua : deinde, ut hoc facere quam maturissime possim, indulgeas commeatum. Non est autem simplicitatis meæ dissimulare apud bonitatem tuam, obiter te plurimum collaturum utilitatibus rei familiaris meæ. Agrorum enim, quos in eadem regione possideo, locatio quum alioqui CCCC excedat, adeo non potest differri, ut proximam putationem novus colonus facere debeat. Præterea

ces, que le fermier qui entrera en jouissance, doit tailler les vignes aussitôt après la prochaine vendange. Les continuelles stérilités m'obligent même de songer à des remises, que je ne puis bien régler si je ne suis présent. Je devrai donc, seigneur, à vos bontés, et le prompt accomplissement du religieux devoir que je me suis imposé, et la satisfaction de placer mes statues, si vous voulez bien m'accorder un congé de trente jours ; car un plus court ne me serait d'aucun usage, puisque le lieu de mon origine, et les terres dont je parle, sont à plus de cent cinquante milles de Rome.

LETTRE XXV.

TRAJAN A PLINE.

Vous m'avez expliqué, pour obtenir votre congé, toutes les raisons tirées, et de l'utilité publique, et de votre intérêt particulier; mais une seule suffisait : c'est que vous le désiriez. Car je ne doute point que, dès qu'il vous sera permis, vous ne vous rendiez à un emploi qui exige tant d'assiduité. Je n'empêche point que vous ne mettiez ma statue dans le lieu que vous lui avez destiné, bien que j'aie résolu d'être fort réservé sur ces honneurs. Je ne veux pas qu'il paraisse que j'aie traversé le cours de votre tendresse pour moi.

LETTRE XXVI.

PLINE A L'EMPEREUR TRAJAN.

Je suis arrivé à Éphèse, seigneur, après avoir, malgré les vents contraires, passé avec toute ma suite le cap de Malée. La pensée où je suis qu'il peut être important à votre service que vous en soyez informé, m'oblige à vous en donner avis. Je me prépare à passer dans mon gouvernement, partie sur des chariots, partie sur de petits bâtiments. Comme les chaleurs excessives sont fort incommodes par terre, aussi les vents qui soufflent dans cette saison ne permettent pas de faire toute la route par mer.

LETTRE XXVII.

TRAJAN A PLINE.

Votre avis m'a fait plaisir, mon cher Pline. Il importe à ma tendresse pour vous de savoir par quel chemin vous allez en votre gouvernement. Vous avez pris fort sagement votre parti, d'user tantôt de chariots, tantôt de barques, selon que les lieux vous y paraîtront plus commodément disposés.

LETTRE XXVIII.

PLINE A L'EMPEREUR TRAJAN.

Si ma navigation, seigneur, avait été très-heureuse jusqu'a Ephèse, il s'en faut bien que je sois aussi content de la route que j'ai faite depuis par terre. Le grand chaud et quelques accès de fièvre m'ont si fort tourmenté, que j'ai été obligé d'arrêter à Pergame. Dans la suite, m'étant embarqué, les vents contraires m'ont retenu. Ainsi, je suis arrivé dans la Bithynie plus tard que je n'avais compté, c'est-à-dire le 17 septembre. Je ne puis pourtant me plaindre de ce retardement, puisque je suis entré dans mon gouvernement assez tôt pour y célébrer le jour de votre naissance; ce qui est pour moi le plus favorable de tous les présages. J'examine actuellement l'état des affaires publiques des

continuæ sterilitates cogunt me de remissionibus cogitare : quarum rationem, nisi præsens, inire non possum. Debebo ergo, Domine, indulgentiæ tuæ et pietatis meæ celeritatem, et status ordinationem, si mihi ob utraque hæc dederis commeatum XXX dierum. Neque enim angustius tempus præfinire possum, quum et municipium et agri, de quibus loquor, sint ultra centesimum et quinquagesimum lapidem.

XXV.

TRAJANUS PLINIO S.

Et privatas multas et omnes publicas caussas petendi commeatus reddidisti : mihi autem vel sola voluntas tua suffecisset. Neque enim dubito te, ut primum potueris, ad tam districtum officium reversurum. Statuam poni mihi a te eo, quo desideras loco, quanquam ejusmodi honorum parcissimus, tamen patior, ne impedisse cursum erga me pietatis tuæ videar.

XXVI.

C. PLINIUS TRAJANO IMP. S.

Quia confido, Domine, ad curam tuam pertinere, nuntio tibi, me Ephesum cum omnibus meis ὑπὲρ Μαλέαν navigasse. Quamvis contrariis ventis retentus, nunc destino partim orariis navibus, partim vehiculis, provinciam petere. Nam sicut itineri graves æstus, ita continuæ navigationi etesiæ reluctantur.

XXVII.

TRAJANUS PLINIO S.

Recte renuntiasti mihi, Secunde carissime. Pertinet enim ad animum meum, quali itinere in provinciam pervenias. Prudenter autem constituis interim navibus, interim vehiculis uti, prout loca suaserint.

XXVIII.

C. PLINIUS TRAJANO IMP. S.

Sicut saluberrimam navigationem, Domine, usque Ephesum expertus, ita inde, postquam vehiculis iter facere cœpi, gravissimis æstibus, atque etiam febriculis vexatus, Pergami substiti. Rursus, quum transissem in orarias naviculas, contrariis ventis retentus, aliquanto tardius, quam speraveram, id est, XV Calend. Octobres, Bithyniam intravi. Non possum tamen de mora queri, quum mihi contigerit, quod erat auspicatissimum, natalem tuum in provincia celebrare. Nunc rei publicæ Prusensium impendia, reditus, debitores excutio : quod ex ipso tractu magis ac magis necessarium intelligo. Multæ

Prusiens, leurs charges, leurs revenus, leurs dettes. Plus j'avance dans cette discussion, plus j'en reconnais la nécessité; car je trouve d'un côté que, sous divers prétextes, plusieurs particuliers retiennent ce qu'ils doivent à cette république; et de l'autre, qu'on la surcharge par des dépenses qui ne sont guère légitimes. Je vous ai écrit tout ceci, seigneur, presque en arrivant. Je suis entré dans la province le 17 septembre. Je l'ai trouvée dans les sentiments de soumission et de dévouement pour vous, que vous méritez de tout le genre humain. Voyez, seigneur, s'il serait à propos que vous envoyassiez ici un arpenteur. Il me semble que si les ouvrages publics sont fidèlement toisés, on pourra obliger les entrepreneurs de rapporter des sommes considérables; au moins cela me paraît ainsi, par l'examen que je fais avec Maxime des comptes de cette république.

LETTRE XXIX.

TRAJAN A PLINE.

Je souhaiterais fort, mon très-cher Pline, que vous fussiez arrivé en Bithynie avec vos gens sans que votre faible santé en eût été altérée, et que votre route depuis Éphèse vous eût été aussi commode que votre navigation avait été heureuse. Votre lettre m'apprend quel jour vous êtes entré dans la Bithynie. Je ne doute pas que ces peuples ne demeurent par là bien persuadés de mon attention à leurs avantages; car je suis sûr que vous n'oublierez rien de ce qui pourra faire sentir qu'en vous choisissant, j'ai choisi le plus propre à tenir ma place chez eux. Vous devez commencer par examiner les comptes des affaires publiques; elles sont certainement dans un grand désordre. Quant aux arpenteurs, à peine en ai-je ici ce qu'il en faut pour les ouvrages publics qui se font à Rome et aux environs. Mais il n'y a point de province où il ne s'en trouve en qui l'on peut prendre confiance. Vous n'en manquerez donc pas, si vous vous attachez sérieusement à en trouver.

LETTRE XXX.

PLINE A L'EMPEREUR TRAJAN.

Je vous supplie, seigneur, de m'expliquer vos intentions sur un doute qui m'est venu dans l'esprit. Je ne sais si je dois faire garder les prisons, ou par des soldats, ou, comme on l'a pratiqué jusqu'ici, par des esclaves publics. Je crains qu'elles ne soient pas assez sûrement gardées par des esclaves, et que ce soin n'embarrasse un assez grand nombre de soldats. Cependant j'ai renforcé de quelques soldats la garde ordinaire des esclaves publics; mais je m'aperçois que cette précaution a ses inconvénients; qu'elle leur peut être une occasion de se négliger tous, dans l'espérance que les uns auront pouvoir de rejeter sur les autres une faute commune.

LETTRE XXXI.

TRAJAN A PLINE.

Il n'est pas nécessaire d'employer les soldats à la garde des prisons. Tenons-nous-en à l'usage toujours observé dans cette province, d'en confier le soin à des esclaves publics. C'est à votre prudence et à votre sévérité à faire en sorte qu'ils s'en acquittent fidèlement : car il est

enim pecuniæ variis ex caussis a privatis detineantur : præterea quædam minime legitimis sumptibus erogantur. Hæc tibi, Domine, in ipso ingressu meo scripsi. Quinto decimo Calend. Octobres, Domine, provinciam intravi, quam in eo obsequio, in ea erga te fide, quam de genere humano mereris, inveni. Dispice, Domine, an necessarium putes, mittere huc mensorem. Videntur enim non mediocres pecuniæ posse revocari a curatoribus operum, si mensuræ fideliter aguntur. Ita certe prospicio ex ratione Prusensium, quam cum Maximo tracto.

XXIX.

TRAJANUS PLINIO S.

Cuperem sine querela corpusculi tui, et tuorum, pervenire in Bithyniam potuisses, ac simile tibi iter ab Epheso ei navigationi fuisset, quam expertus usque illo eras. Quo autem die pervenisses in Bithyniam, cognovi, Secunde carissime, litteris tuis. Provinciales, credo, prospectum sibi a me, intelligent. Nam et tu dabis operam, ut manifestum sit illis, electum te esse, qui ad eosdem mei loco mittereris. Rationes autem in primis tibi rerum publicarum excutiendæ sunt. Nam et esse eas vexatas satis constat. Mensores vix etiam iis operibus, quæ aut Romæ, aut in proximo, fiunt, sufficientes habeo : sed in omni provincia inveniuntur, quibus credi possit, et ideo non deerunt tibi, modo velis diligenter excutere.

XXX.

C. PLINIUS TRAJANO S.

Rogo, Domine, consilio me regas hæsitantem, utrum per publicos civitatum servos (quod usque adhuc factum) per milites, asservare custodias debeam. Vereor enim, ne et per servos publicos parum fideliter custodiantur, et non exiguum militum numerum hæc cura distringat. Interim publicis servis paucos milites addidi. Video tamen periculum esse, ne id ipsum utrisque negligentiæ caussa sit; dum communem culpam hi in illos, illi in hos regerere posse confidant.

XXXI.

TRAJANUS PLINIO S.

Nihil opus est, mi Secunde carissime, ad continendas custodias, plures commilitones converti. Perseveremus in ea consuetudine, quæ isti provinciæ est, ut per publicos servos custodiantur. Etenim, ut fideliter hoc faciant, in tua severitate ac diligentia positum est. In primis enim, sicut scribis, verendum est, ne, si permisceantur servis publicis milites, mutua inter se fiducia negligentiores sint:

surtout à craindre, comme vous me le mandez, que si on les mêle ensemble, ils ne s'en reposent les uns sur les autres, et n'en deviennent plus négligents. Mais souvenons-nous encore que le moins de soldats qu'on peut éloigner de leurs drapeaux est le mieux.

LETTRE XXXII.
PLINE A L'EMPEREUR TRAJAN.

Gabius Bassus, qui commande sur la côte Pontique, très-soumise et très-dévouée à votre service, seigneur, m'est venu trouver, et est demeuré plusieurs jours avec moi. C'est, autant que je l'ai pu connaître, un très-honnête homme, et digne de votre bienveillance. Je lui ai communiqué l'ordre que j'avais de ne lui laisser, de toutes les troupes dont il vous a plu me donner le commandement, que dix fantassins, deux cavaliers et un capitaine. Il m'a répondu que ce nombre ne lui suffisait pas, et qu'il vous en écrirait : cela m'a empêché jusqu'ici de rappeler ceux qu'il a de plus.

LETTRE XXXIII.
TRAJAN A PLINE.

Gabius Bassus m'a écrit aussi que le nombre de soldats que je lui avais destiné ne lui suffisait pas. Vous demandez quelle a été ma réponse. Afin que vous en soyez bien informé, je la fais transcrire ici. Il faut faire une grande différence entre ce que demande la conjoncture, ou l'ambition qu'ont toujours les hommes d'étendre leur commandement ; mais pour nous, l'utilité publique doit être notre seule règle, et nous devons surtout prendre garde que les soldats ne quittent point leurs enseignes.

LETTRE XXXIV.
PLINE A L'EMPEREUR TRAJAN.

Les Prusiens, seigneur, ont un bain vieux et fort vilain. Ils voudraient le rétablir, si vous le permettez. Mais moi, qui ai bien examiné toutes choses, je crois que vous pouvez leur permettre d'en faire un neuf. Il se trouvera un fonds suffisant pour cela : premièrement de l'argent que l'on retirera, et que déjà, par mes ordres, on a commencé à retirer des particuliers ; et puis des deniers qu'ils avaient coutume d'employer à l'huile du bain, et qu'ils ont résolu de mettre à la construction. C'est ce que d'ailleurs semble demander et la beauté de la ville, et l'éclat de votre siècle.

LETTRE XXXV.
TRAJAN A PLINE.

Si la construction d'un nouveau bain n'est point à charge aux Prusiens, nous pouvons leur accorder ce qu'ils souhaitent, pourvu qu'ils ne fassent aucune contribution pour cet ouvrage, et qu'ils ne prennent rien sur leurs besoins ordinaires.

LETTRE XXXVI.
PLINE A L'EMPEREUR TRAJAN.

Maximus, votre affranchi et votre intendant, m'assure qu'outre les dix soldats que, par votre ordre, j'ai donnés à Gémellinus, il en a besoin aussi pour lui. J'ai cru lui devoir laisser ceux qui

---

sed et illud hæreat nobis, quam paucissimos milites a signis avocandos esse.

XXXII.
C. PLINIUS TRAJANO IMP. S.

Gabius Bassus, præfectus oræ Ponticæ, et reverentissime et officiosissime, Domine, venit ad me, et compluribus diebus fuit mecum. Quantum perspicere potui, vir egregius, et indulgentia tua dignus : cui ego notum feci, præcepisse te, ut ex cohortibus, quibus me præesse voluisti, contentus esset beneficiariis decem, equitibus duobus, centurione uno. Respondit, non sufficere sibi hunc numerum, idque se scripturum tibi. Hoc in caussa fuit, quo minus statim revocandos putarem, quos habet supra numerum.

XXXIII.
TRAJANUS PLINIO S.

Et mihi scribit Gabius Bassus, non sufficere sibi eum militum numerum, qui ut daretur illi, mandatis meis complexus sum. Quod quæris, scripsisse me, ut notum haberes, his litteris subjici jussi. Multum interest, res poscat, an homines imperare latius velint. Nobis autem utilitas demum spectanda est : et quantum fieri potest, curandum, ne milites a signis absint.

XXXIV.
C. PLINIUS TRAJANO IMP. S.

Prusenses, Domine, balineum habent et sordidum et vetus. Id itaque, indulgentia tua, restituere desiderant : ego tamen æstimans novum fieri debere, videris mihi desiderio eorum indulgere posse. Erit enim pecunia, ex qua fiat : primum ea, quam revocare a privatis et exigere jam cœpi : deinde, quam ipsi erogare in oleum soliti, parati sunt in opus balinei conferre. Quod alioqui et dignitas civitatis, et sæculi tui nitor postulat.

XXXV.
TRAJANUS PLINIO S.

Si instructio novi balinei oneratura vires Prusensium non est, possumus desiderio eorum indulgere : modo ne quid ideo aut intribuant, aut minus illis in posterum fiat ad necessarias erogationes.

XXXVI.
C. PLINIUS TRAJANO IMP. S.

Maximus, libertus et procurator tuus, Domine, præter decem beneficiarios, quos assignari a me Gemellino, optimo viro, jussisti, sibi quoque confirmat necessarios esse milites. Ex his interim, sicut inveneram, in ministe-

étaient déjà attachés à sa commission, surtout le voyant partir pour faire venir des blés de Paphlagonie. J'y ai même ajouté deux cavaliers qu'il m'a demandés pour sa garde. Je vous supplie de m'apprendre ce que vous voulez dans la suite que je fasse.

LETTRE XXXVII.

TRAJAN A PLINE.

Vous avez bien fait de donner des soldats à Maxime, qui partait pour aller acheter des blés; car il s'acquittait en cela d'une commission extraordinaire. Quand il sera revenu à son premier emploi, il aura assez des deux soldats que vous lui avez envoyés, et des deux qu'il a reçus de Virbius Gémellinus, mon intendant, à qui il sert de second.

LETTRE XXXVIII.

PLINE A L'EMPEREUR TRAJAN.

Sempronius Célianus, jeune homme de mérite, m'a envoyé des esclaves qu'il a trouvés entre les soldats de recrue. J'ai différé leur supplice, pour avoir le loisir de vous consulter sur le genre de leur peine, vous que je regarde comme le restaurateur et le conservateur de la discipline militaire. Pour moi, j'ai quelque scrupule, parce que, bien qu'ils eussent fait leur serment, cependant ils n'étaient point encore enrôlés dans aucune légion. Ayez donc la bonté, seigneur, de me prescrire vos intentions dans une occasion qui doit faire un exemple.

LETTRE XXXIX.

TRAJAN A PLINE.

Sempronius Célianus a exécuté mes ordres, quand il vous a envoyé des gens dont il fallait juger le crime en connaissance de cause, pour savoir s'il était capital. Mais il faut bien distinguer s'ils ont été choisis par celui qui était chargé des levées, ou si d'eux-mêmes ils ont été volontairement se présenter, ou enfin s'ils ont été donnés pour servir à la place d'autres. S'ils ont été choisis, c'est la faute de l'officier chargé des levées; s'ils ont été donnés pour servir à la place d'autres, il faut s'en prendre à ceux qui les ont donnés. Que si, quoiqu'instruits de leur état, ils sont venus volontairement s'offrir, il faut les punir. Il importe peu qu'ils n'aient point été encore distribués dans aucune légion; car du jour qu'ils ont été reçus au service, ils ont dû répondre de la vérité de leur état.

LETTRE XL.

PLINE A L'EMPEREUR TRAJAN.

La permission que vous m'avez donnée, seigneur, de vous informer de mes doutes, me fait espérer que vous ne croirez point trop vous abaisser, si je vous supplie de descendre jusqu'à mes petits embarras. Dans la plupart des villes, particulièrement à Nicomédie et à Nicée, quelques gens, quoique condamnés, soit aux mines, soit à servir de gladiateurs, soit à d'autres peines semblables, non-seulement servent comme esclaves publics, mais en reçoivent même les gages. En ayant été averti, j'ai beaucoup hésité sur ce que je devais faire. D'un côté, je trouvais trop rigoureux de renvoyer au supplice, après un long temps, des hommes dont la plupart sont vieux, et qui mènent une vie fort sage et fort réglée, ainsi qu'on me l'assure; de l'autre,

---

rio ejus relinquendos existimavi : præsertim quum ad frumentum comparandum iret in Paphlagoniam. Quin etiam tutelæ caussa, quia desiderabat, addidi duos equites. In futurum quid servari velis, rogo rescribas.

XXXVII.
TRAJANUS PLINIO S.

Nunc quidem proficiscentem, ad comparationem frumentorum, Maximum, libertum meum, recte militibus instruxisti. Fungebatur enim et ipse extraordinario munere. Quum ad pristinum actum reversus fuerit, sufficient illi duo a te dati milites, et totidem a Virbio Gemellino, procuratore meo, quem adjuvat.

XXXVIII.
C. PLINIUS TRAJANO IMP. S.

Sempronius Cælianus, egregius juvenis, repertos inter tirones, duos servos misit ad me : quorum ego supplicium distuli, ut te, conditorem disciplinæ militaris firmatoremque, consulerem de modo pœnæ. Ipse enim dubito ob hæc maxime, quod, ut jam dixerant, sacramento militari nondum distributi in numeros erant. Quid ergo debeam sequi, rogo, Domine, scribas, præsertim quum pertineat ad exemplum.

XXXIX.
TRAJANUS PLINIO S.

Secundum mandata mea fecit Sempronius Cælianus, mittendo ad te eos, de quibus cognosci oportebat, an capitale supplicium meruisse videantur. Refert autem, voluntarii se obtulerint, an lecti sint, vel etiam vicarii dati. Lecti si sunt, inquisitor peccavit : si vicarii dati, penes eos culpa est, qui dederunt : si ipsi, quum haberent conditionis suæ conscientiam, venerunt, animadvertendum in illos erit. Neque enim multum interest, quod nondum per numeros distributi sunt. Ille enim dies, quo primum probati sunt, veritatem ab his originis suæ exigit.

XL.
C. PLINIUS TRAJANO IMP. S.

Salva magnitudine tua, Domine, descendas oportet ad meas curas, quum jus mihi dederis referendi ad te, de quibus dubito. In plerisque civitatibus, maxime Nicomediæ et Niceæ, quidam vel in opus damnati, vel in ludum, similiaque his genera pœnarum, publicorum servorum officio ministerioque funguntur, atque etiam, ut publici servi, annua accipiunt. Quod ego quum au-

je ne croyais pas honnête de retenir au service de la république des criminels condamnés; mais aussi je jugeais qu'il lui serait onéreux de les nourrir oisifs, et dangereux de ne les nourrir pas. J'ai donc été contraint de suspendre ma décision jusqu'à la vôtre. Vous demanderez peut-être comment il a pu se faire qu'ils se soient dérobés à leur condamnation. Je m'en suis informé, sans en avoir pu rien découvrir; c'est ce que je puis vous certifier. Les décrets de leur condamnation m'ont été représentés; mais je n'ai vu nul acte par lequel il paraisse que la peine leur ait été remise. Il y en a pourtant quelques-uns qui m'ont dit qu'à leurs très-instantes supplications, les gouverneurs ou leurs lieutenants les avaient fait mettre en liberté : ce qui pourrait donner lieu de le penser, c'est qu'il n'est pas croyable que personne eût osé l'entreprendre sans y être autorisé.

LETTRE XLI.

TRAJAN A PLINE.

Souvenez-vous que vous avez été envoyé dans cette province, principalement parce qu'il y avait beaucoup d'abus à réformer. C'est un des plus grands qui se puisse imaginer, que des criminels, condamnés à des peines capitales, non-seulement en aient été affranchis, sans qu'aucune puissance légitime s'en soit mêlée, mais qu'ils aient encore été constitués dans des emplois qui ne doivent être remplis que par des esclaves exempts de tous reproches. Il faut donc faire subir leur condamnation à ceux qui ont été jugés pendant ces dix années dernières, et qui n'en ont pas été valablement déchargés. Que s'il s'en trouve de condamnés avant dix ans, qui soient vieux et caduques, il faut les employer à des usages qui approchent le plus de leurs peines. Ordinairement on charge ces sortes de gens de soigner les bains, de nettoyer les égouts, de travailler aux réparations des grands chemins et des rues.

LETTRE XLII.

PLINE A L'EMPEREUR TRAJAN.

Pendant que je visitais ma province, un incendie affreux a consumé à Nicomédie, non-seulement plusieurs maisons particulières, mais même deux édifices publics, la Maison-de-ville et le temple d'Isis, quoique la rue fût entre deux. Ce qui a porté le feu si loin, c'est la violence du vent et la paresse du peuple, qui certainement, dans un si grand désastre, est demeuré spectateur oisif et immobile. D'ailleurs, il n'y a dans la ville, ni pistons publics, ni crocs, enfin nul autre des instruments nécessaires pour éteindre les embrasements. On aura soin qu'il y en ait à l'avenir : j'en ai donné l'ordre. C'est à vous, seigneur, à examiner s'il serait bon d'y établir une communauté de cent cinquante artisans; j'aurai soin que l'on n'en reçoive point qui ne soit de la qualité nécessaire et que l'on n'abuse point de cette institution; et il ne sera pas en effet difficile de contenir un aussi petit nombre.

LETTRE XLIII.

TRAJAN A PLINE.

Il vous est venu dans l'esprit qu'on pouvait

---

dissem, diu multumque hæsitavi, quid facere deberem. Nam et reddere pœnæ post longum tempus plerosque jam senes, et, quantum adfirmatur, frugaliter modesteque viventes, nimis severum arbitrabar; et in publicis officiis retinere damnatos, non satis honestum putabam : eosdem rursus a republica pasci otiosos, inutile ; non pasci, etiam periculosum existimabam. Necessario ergo rem totam, dum te consulerem, in suspenso reliqui. Quæres fortasse, quemadmodum. evenerit, ut pœnis', in quas damnati erant, exsolverentur : et ego quæsivi, sed nihil comperi, quod affirmare tibi possum. Ut decreta, quibus damnati erant,' proferebantur; ita nulla monimenta, quibus liberati probarentur. Erant tamen, qui dicerent deprecantes, jussu proconsulum fegatorumve dimissos. Addebat fidem, quod credibile erat, neminem hoc ausum sine auctore.

XLI.

TRAJANUS PLINIO S.

Memineris, idcirco te in istam provinciam missum, quoniam multa in ea emendanda appareuerint. Erit autem vel hoc maxime corrigendum, quod qui damnati ad pœnam erant, non modo ea sine auctore, ut scribis, liberati sunt, sed etiam in conditiones proborum ministrorum retrahuntur. Qui igitur intra hos proximos decem annos damnati, nec ullo idoneo auctore liberati sunt, hos oportebit pœnæ suæ reddi : si qui vetustiores invenientur, et senes, ante annos decem damnati, distribuamus illos in ea ministeria, quæ non longe a pœna sint. Solent enim ejusmodi, ad balineum, ad purgationes cloacarum, item munitiones viarum et vicorum, dari.

XLII.

C. PLINIUS TRAJANO IMP. S.

Quum diversam partem provinciæ circumirem, Nicomediæ vastissimum incendium multas privatorum domos, et duo publica opera, quamquam via interjacente, Gerusian et Isson, absumpsit. Est autem latius sparsum ; primum violentia venti, deinde inertia hominum, quod satis constat otiosos et immobiles tanti mali spectatores perstitisse : et alioqui nullus usquam in publico sipho, nulla hama, nullum denique instrumentum ad incendia compescenda. Et hæc quidem, ut jam præcepi, parabuntur. Tu, Domine, dispice, an instituendum putes collegium fabrorum, dumtaxat hominum CL; ego attendam, ne quis, nisi faber, recipiatur, neve jure concesso in aliud utatur. Nec erit difficile custodire tam paucos.

XLIII.

TRAJANUS PLINIO S.

Tibi quidem, secundum exempla complurium, in-

établir une communauté à Nicomédie, à l'exemple de plusieurs autres villes. Mais n'oublions pas que cette province, et principalement les villes, ont été fort troublées par ces sortes de communautés. Quelque nom que nous leur donnions, quelque raison que nous ayons de former un corps de plusieurs personnes, il se fera des assemblées, quelque courtes qu'elles soient. Il est donc plus à propos de se munir de tout ce qui est nécessaire pour éteindre le feu, d'avertir les maîtres de maison d'y prendre soigneusement garde, et de se servir des premiers qui se présenteront, quand le besoin le demandera.

LETTRE XLIV.

PLINE A L'EMPEREUR TRAJAN.

Nous nous sommes acquittés, seigneur, des vœux solennels que nous avions faits pour votre conservation, à laquelle est attaché le salut de l'empire, et nous en avons fait de nouveaux. Nous avons prié les dieux de nous permettre d'acquitter toujours les vœux que nous ferons pour vous, et de les renouveler toujours.

LETTRE XLV.

TRAJAN A PLINE.

J'ai appris avec plaisir, par votre lettre, que vous aviez acquitté, avec les peuples de votre gouvernement, les vœux faits aux dieux immortels pour ma santé, et que vous en aviez fait de nouveaux.

LETTRE XLVI.

PLINE A L'EMPEREUR TRAJAN.

Les habitants de Nicomédie, seigneur, ont dépensé, pour se faire un aqueduc, trois millions trois cent vingt-neuf mille sesterces, et cet ouvrage a été laissé imparfait, et même est détruit. On en a depuis commencé un autre, et on y a mis deux millions de sesterces. Il a été encore abandonné; et il faut que ces gens, qui ont si mal employé leur argent, fassent une nouvelle dépense s'ils veulent avoir de l'eau. J'ai trouvé une source très-pure, d'où il semble que l'on en pourra tirer, ainsi que l'on avait d'abord tenté de le faire, par un ouvrage en forme d'arc, afin que l'eau ne soit pas seulement portée aux lieux bas de la ville. Il nous reste encore quelques arcades de cet ouvrage. On peut en élever d'autres, les unes avec de la pierre carrée, tirée du premier édifice; les autres, à mon avis, pourront être bâties de briques; et cela sera plus aisé et à meilleur marché. Mais il est surtout important que vous vouliez bien nous envoyer un fontainier ou un architecte, de peur qu'il n'arrive de cette entreprise comme des précédentes. Je puis seulement vous répondre que, par son utilité et par sa beauté, elle est très-digne de votre empire.

LETTRE XLVII.

TRAJAN A PLINE.

Il faut avoir soin que l'on conduise de l'eau à Nicomédie. Je suis très-persuadé que vous y ferez travailler avec toute l'application que vous devez. Mais en vérité, vous n'en devez

---

mentem venit, posse collegium fabrorum apud Nicomedenses constitui. Sed meminerimus, provinciam istam, et præcipue eas civitates, ab ejusmodi factionibus esse vexatas. Quodcunque nomen ex quacunque caussa dederimus iis, qui in idem contracti fuerint, hetæriæ, quamvis breves, fient. Satius itaque est comparari ea, quæ ad coercendos ignes auxilio esse possint, admonerique dominos prædiorum, ut et ipsi inhibeant; ac, si res poposcerit, accursu populi ad hoc uti.

XLIV.

C. PLINIUS TRAJANO IMP. S.

Solennia vota pro incolumitate tua, qua publica salus continetur, et suscipimus, Domine, pariter et solvimus, precati deos, ut velint ea semper solvi, semperque signari.

XLV.

TRAJANUS PLINIO S.

Et solvisse vos cum provincialibus, diis immortalibus vota pro mea salute et incolumitate, et nuncupasse, libenter, mi Secunde carissime, cognovi ex litteris tuis.

XLVI.

C. PLINIUS TRAJANO IMP. S.

In aquæductum, Domine, Nicomedenses impenderunt HS. XXX CCC XXIX, qui imperfectus adhuc relictus, ac etiam destructus est : rursus in alium ductum erogata sunt CC. Hoc quoque relicto, novo impendio est opus, ut aquam habeant, qui tantam pecuniam male perdiderunt. Ipse perveni ad fontem purissimum, ex quo videtur aqua debere perduci, sicut initio tentatum erat, arcuato opere, ne tantum ad plana civitatis et humilia perveniat. Manent adhuc paucissimi arcus : possunt et erigi quidam lapide quadrato, qui ex superiore opere detractus est : aliqua pars, ut mihi videtur, testaceo opere agenda erit; id enim et facilius et vilius. Et in primis necessarium est, mitti a te vel aquilegem vel architectum, ne rursus eveniat, quod accidit. Ego illud unum affirmo, et utilitatem operis et pulchritudinem sæculo tuo esse dignissimam.

XLVII.

TRAJANUS PLINIO S.

Curandum est, ut aqua in Nicomedensem civitatem perducatur. Vere credo, te ea, qua debebis, diligentia

pas moins apporter à découvrir par la faute de qui les habitants de Nicomédie ont perdu de si grandes sommes, et si ces ouvrages commencés et laissés ne leur ont point servi de prétexte à se faire des gratifications mutuelles. Vous me ferez savoir ce que vous en aurez appris.

LETTRE XLVIII.
PLINE A L'EMPEREUR TRAJAN.

On a commencé à Nicée, seigneur, un théâtre très-grand. Quoique bâti en partie, il est encore imparfait, et coûte déjà plus de dix millions de sesterces, ainsi que je l'ai entendu dire; car je n'ai pas approfondi le fait. Je crains que cette dépense ne soit inutile. Il s'affaisse et s'entr'ouvre déjà, soit par la faute du terrain mou et humide, soit par la faute de la pierre fragile et tendre. Il y a lieu de délibérer si on l'achèvera, si on l'abandonnera, ou s'il le faut même détruire; car les ouvrages faits pour l'appuyer et pour le soutenir me paraissent peu solides, et engagent à une grande dépense. Pour les accompagnements de ce théâtre, plusieurs particuliers sont entrés en différents engagements. Les uns ont promis de bâtir autour de magnifiques maisons; les autres, des galeries qui le domineraient; mais tout cela demeure imparfait avec le théâtre, qui doit être auparavant achevé. Les mêmes habitants de Nicée ont commencé, avant mon arrivée, à rétablir un lieu d'exercice que le feu a détruit; mais ils le font beaucoup plus ample et plus grand qu'il n'était. Cela leur coûte encore, et il est à craindre que ce ne soit inutilement; car il est vaste, et le dessein en est mal entendu. Outre cela, un architecte (à la vérité, c'est le rival de l'entrepreneur) assure que les murs, quoiqu'ils aient vingt-deux pieds de large, ne peuvent soutenir la charge qu'on leur destine, parce qu'ils ne sont point liés avec du ciment et par des chaînes de brique. Les habitants de Claudiopolis creusent aussi, plutôt qu'ils ne bâtissent, un fort grand bain, dans un lieu très-bas, et commandé par une montagne. Ils y emploient l'argent que les sénateurs surnuméraires qui, par votre bonté, sont agrégés à leur sénat, ou ont déjà offert pour leur entrée, ou payeront dès que je leur en ferai la demande. Comme je crains que dans l'une de ces entreprises les deniers publics, et que dans l'autre (ce qui est plus précieux que tout l'argent du monde) vos bienfaits ne soient mal placés, je me vois obligé de vous supplier d'envoyer ici un architecte, pour résoudre quel parti on doit prendre, soit pour ce théâtre, soit pour les bains. Il examinera s'il est plus avantageux, après la dépense qui a été faite, d'achever ces ouvrages d'après le plan sur lequel ils ont été commencés, ou bien de les réformer, et d'y changer ce qui doit y être changé; de peur qu'en voulant conserver ce que nous avons déjà dépensé, nous ne perdions ce que nous dépenserons encore.

LETTRE XLIX.
TRAJAN A PLINE.

Vous examinerez et réglerez mieux que personne, vous qui êtes sur les lieux, quel parti on doit prendre sur le théâtre de Nicée; il me

---

hoc opus adgressurum. Sed, me Dius fidius, ad eamdem diligentiam tuam pertinet, inquirere, quorum vitio ad hoc opus tantam pecuniam Nicomedenses perdiderint, ne, quum inter se gratificantur, et inchoaverint aquæductus, et reliquerint. Quid itaque compereris, perfer in notitiam meam.

XLVIII.
C. PLINIUS TRAJANO IMP. S.

Theatrum, Domine, Nicææ maxima jam parte constructum, imperfectum tamen, sestertium, ut audio (neque enim ratio plus excussa est), amplius centies hausit : vereor ne frustra. Ingentibus enim rimis descendit et hiat, sive in caussa solum humidum et molle, sive lapis ipse gracilis et putris : dignum est certe deliberatione, sitne faciendum, an sit relinquendum, an etiam destruendum. Nam fulturæ ac substructiones, quibus subinde suscipitur, non tam firmæ mihi quam sumptuosæ videntur. Huic theatro ex privatorum pollicitationibus multa debentur, ut basilicæ circa, ut porticus supra caveam : quæ nunc omnia differuntur cessante eo, quod ante peragendum est. Iidem Nicenses gymnasium, incendio amissum, ante adventum meum restituere cœperunt longe numerosius laxiusque, quam fuerat. Etiam aliquantum erogaverunt : periculum est, ne parum utiliter. Incompositum enim et sparsum est. Præterea architectus, sane æmulus ejus, a quo opus inchoatum est, adfirmat, parietes (quamquam viginti et duos pedes latos) imposita onera sustinere non posse, quia sine cæmento medio farti, nec testaceo opere præcincti. Claudiopolitani quoque in depresso loco, imminente etiam monte, ingens balineum defodiunt magis, quam ædificant, et quidem ex ea pecunia, quam buleutæ addunt beneficio tuo, aut jam obtulerunt ob introitum, aut nobis exigentibus conferent. Ergo quum timeam, ne illic publica pecunia, hic, quod est omni pecunia pretiosius, munus tuum male collocetur, cogor petere a te, non solum ob theatrum, verum etiam ob hæc balinea, mittas architectum, dispecturum, utrum sit utilius post sumptum, qui factus est, quoquo modo consummare opera, ut inchoata sunt : an, quæ videntur emendanda, corrigere; quæ transferenda, transferre; ne, dum servare volumus, quod impensum est, male impendamus, quod addendum est.

XLIX.
TRAJANUS PLINIO S.

Quid oporteat fieri circa theatrum, quod inchoatum apud Nicenses est, in re præsenti optime deliberabis et constitues. Mihi sufficiet indicari, cui sententiæ accesseris. Tunc autem e privatis exigi opera tibi curæ sit, quum theatrum

suffira de savoir quel sera votre avis. Quand l'ouvrage sera fini, vous ne manquerez pas d'exiger ceux qui ont été promis pour son accompagnement, par les particuliers qui s'y sont engagés. Les Grecs ont de la passion pour les lieux d'exercice, et cela pourrait bien leur avoir fait entreprendre indiscrètement celui-ci; mais il faut qu'ils se contentent d'en avoir un suffisant. Quant aux habitants de Claudiopolis, vous leur ordonnerez ce que vous jugerez le plus à propos sur le bain qu'ils placent si mal. Vous ne pouvez manquer d'architectes. Il n'est point de pays où l'on ne trouve des gens entendus et habiles; si ce n'est que vous pensiez qu'il soit plus court de vous en envoyer d'ici, où nous avons coutume de les faire venir de Grèce.

LETTRE L.

PLINE A L'EMPEREUR TRAJAN.

Quand je songe à l'étendue de votre empire, et plus encore à la grandeur de votre âme, je conçois qu'il est très-convenable de vous proposer des ouvrages dignes de votre gloire, dignes de durer autant qu'elle, et qui ne soient pas moins recommandables par leur utilité qu'admirables par leur magnificence. Sur les confins du territoire de Nicomédie, est un lac très-grand. Par ce lac, on transporte dans des bateaux, à peu de frais et sans beaucoup de peine, le marbre, les fruits, le bois, et toute autre chose, jusqu'au grand chemin. De là, on est obligé de se servir de charrois pour les voiturer jusqu'à la mer, et cela est d'une grande fatigue et d'une grande dépense. L'ouvrage qui pourrait y remédier demande beaucoup d'ouvriers; mais on n'en manque pas; car la campagne et la ville sont fort peuplées, et on peut compter que tout le monde s'empressera de travailler à un ouvrage utile à tout le monde. Il faudrait seulement, au cas que vous le trouviez à propos, envoyer ici un niveleur ou un architecte, qui examinât de près si le lac est plus haut que la mer. Les experts de ce pays soutiennent qu'il est plus élevé de quarante coudées. J'ai trouvé près de là un très-vaste bassin, creusé autrefois par un roi; mais on ne sait pas trop si c'était pour recevoir les eaux des champs d'alentour, ou pour joindre le lac à un fleuve voisin; car ce bassin est demeuré imparfait. On ne sait pas mieux si cet ouvrage a été abandonné, ou parce que ce roi fut prévenu de la mort, ou parce qu'il désespéra du succès. Mais j'en ai une passion d'autant plus vive (pardonnez à mon ambition) de vous voir achever ce que des rois ont pu seulement commencer.

LETTRE LI.

TRAJAN A PLINE.

La jonction de ce lac à la mer peut me tenter; mais il faut bien prendre garde qu'en l'y joignant, il ne s'y écoule tout entier. Assurez-vous de la quantité d'eau qu'il reçoit, et d'où elle lui vient. Vous pourrez demander à Calpurnius Macer un niveleur; et moi je vous enverrai d'ici quelqu'un versé dans la connaissance de ces sortes d'ouvrages.

LETTRE LII.

PLINE A L'EMPEREUR TRAJAN.

En examinant les dépenses qui se font par les Byzantins, et qui sont très-grandes, j'ai trouvé,

---

(propter quod illa promissa sunt) factum erit. Gymnasiis indulgent Græculi; ideo forsitan Nicenses majore animo constructionem ejus adgressi sunt : sed oportet illos eo contentos esse, quod possit illis sufficere. Quod Claudiopolitanis circa balineum, quod parum (ut scribis) idoneo loco inchoaverunt, suadendum sit, tu constitues. Architecti tibi deesse non possunt. Nulla provincia est, quæ non peritos et ingeniosos homines habeat : modo ne existimes, brevius esse, ab Urbe mitti, quum ex Græcia etiam ad nos venire soliti sunt.

L.

C. PLINIUS TRAJANO IMP. S.

Intuenti mihi et fortunæ tuæ et animi magnitudinem, convenientissimum videtur, demonstrare opera non minus æternitate tua, quam gloria digna, quantumque pulchritudinis, tantum utilitatis habitura. Est in Nicomedensium finibus amplissimus lacus : per hunc marmora, fructus, ligna, materiæ, et sumptu modico et labore usque ad viam navibus, inde magno labore, majore impendio, vehiculis ad mare devehuntur. Sed hoc opus multas manus poscit. At hæ pro re non desunt : nam et in agris magna copia est hominum, et maxima in civitate; certaque spes, omnes libentissime adgressuros opus omnibus fructuosum. Superest, ut tu libratorem vel architectum, si tibi videbitur, mittas, qui diligenter exploret, sitne lacus altior mari, quem artifices regionis hujus quadraginta cubitis altiorem esse contendunt. Ego per eadem loca invenio fossam a rege percussam : sed incertum, utrum ad colligendum humorem circumjacentium agrorum, an ad committendum flumini lacum; est enim imperfecta : hoc quoque dubium, intercepto rege mortalitate, an desperato operis effectu. Sed hoc ipso (feres enim me ambitiosum) pro tua gloria incitor et accendor, ut cupiam peragi a te, quæ tantum cœperant reges.

LI.

TRAJANUS PLINIO S.

Potest nos solicitare lacus iste, ut committere illum mari velimus : sed plane explorandum est diligenter, ne, si immissus in mare fuerit, totus effluat; certe, quantum aquarum, et unde accipiat. Poteris a Calpurnio Macro petere libratorem, et ego hinc aliquem tibi, peritum ejusmodi operum, mittam.

LII.

C. PLINIUS TRAJANO IMP. S.

Requirenti mihi Byzantiorum reipublicæ impendia, quæ

seigneur, qu'ils vous envoyaient tous les ans un député pour vous rendre leurs hommages, et vous en porter le décret, et qu'ils lui donnaient douze mille sesterces. Attentif à l'exécution de vos desseins, j'ai retenu le député, et je vous envoie le décret. Par là, je les soulage des frais de ce député, et laisse le cours libre aux devoirs publics. La même ville est chargée de trois mille sesterces, qu'elle paye tous les ans, pour frais de voyage, à celui qui va de sa part saluer le gouverneur de Mœsie. J'ai cru qu'il fallait retrancher ces dépenses à l'avenir. Je vous supplie, seigneur, de vouloir bien m'apprendre sur cela vos intentions, afin que la connaissance que j'en aurai, ou me confirme dans ma pensée, ou me tire d'erreur.

LETTRE LIII.

TRAJAN A PLINE.

Vous avez bien fait, mon très-cher Pline, d'avoir épargné aux Byzantins les douze mille sesterces qu'ils donnent au député qu'ils m'envoient tous les ans pour me renouveler les assurances de leur soumission. Leur décret seul, que vous m'envoyez, y suppléera suffisamment. Le gouverneur de Mœsie voudra bien aussi leur pardonner, s'ils ne lui font pas leur cour à si grands frais.

LETTRE LIV.

PLINE A L'EMPEREUR TRAJAN.

Je vous supplie, seigneur, de me marquer vos intentions sur les priviléges dont le temps est expiré; si c'est votre volonté qu'ils continuent, et pour combien de temps. Dans l'incertitude où je suis, je crains de manquer également des deux côtés, soit que j'autorise des choses défendues, soit que j'en défende de permises.

LETTRE LV.

TRAJAN A PLINE.

Les priviléges, dont le terme est expiré, ne doivent plus avoir d'autorité : c'est pourquoi je me suis fait une loi très-particulière d'en envoyer dans toutes les provinces, avant qu'elles pussent en avoir besoin.

LETTRE LVI.

PLINE A L'EMPEREUR TRAJAN.

Lorsque j'ai voulu, seigneur, entrer en connaissance des revenus, des effets et des dépenses des habitants d'Apamée, on m'a représenté qu'ils souhaitaient tous que je discutasse les comptes de leur ville; que cependant aucun des gouverneurs ne l'avait fait avant moi, et qu'ils étaient dans une ancienne possession du privilége d'administrer leurs affaires publiques comme il leur plaisait. J'ai voulu qu'ils expliquassent, dans une requête, tout ce qu'ils me disaient, et je vous l'ai envoyée telle que je l'ai reçue, quoique j'aie bien compris qu'ils y ont inséré beaucoup de choses qui n'ont point de rapport à la question. Je vous supplie de vouloir bien me prescrire ce que je dois faire; car j'ai peur, ou d'avoir passé les bornes, ou de n'avoir pas rempli toute l'étendue de mon devoir.

LETTRE LVII.

TRAJAN A PLINE.

La requête des habitants d'Apamée, qui était

---

maxima fecit, indicatum est, Domine, legatum ad te salutandum annis omnibus cum psephismate mitti, eique dari nummorum duodena millia. Memor ergo propositi tui, legatum quidem retinendum, psephisma autem mittendum putavi, ut simul et sumptus levaretur, et impleretur publicum officium. Eidem civitati imputata sunt terna millia, quæ, viatici nomine, annua dabantur legato eunti ad eum, qui Mœsiæ præest, publice salutandum. Hæc ego in posterum circumcidenda existimavi. Te, Domine, rogo, ut, quid sentias, rescribendo, aut consilium meum confirmare, aut errorem emendare digneris.

LIII.

TRAJANUS PLINIO S.

Optime fecisti, Secunde carissime, duodena ista Byzantiis, quæ ad salutandum me in legatum impendebantur, remittendo. Fungetur his partibus, etsi solum eorum psephisma per te missum fuerit. Ignoscet illis et Mœsiæ præses, si minus illum sumptuose coluerint.

LIV.

C. PLINIUS TRAJANO IMP. S.

Diplomata, Domine, quorum dies præterita, an omnino observari, et quamdiu velis, rogo scribas, meque hæsitatione liberes. Vereor enim, ne in alterutram partem ignorantia lapsus, aut illicita confirmem, aut necessaria impediam.

LV.

TRAJANUS PLINIO S.

Diplomata, quorum præteritus est dies, in usu esse non debent. Ideo inter prima injungo mihi, ut per omnes provincias ante mittam nova diplomata, quam desiderari possint.

LVI.

C. PLINIUS TRAJANO IMP. S.

Quum vellem Apameæ, Domine, cognoscere publicos debitores, et reditum, et impendia, responsum est mihi cupere quidem universos, ut a me rationes coloniæ legerentur : nunquam tamen esse lectas ab ullo proconsulum; habuisse privilegium et vetustissimum morem, arbitrio suo rempublicam administrare. Exegi, ut, quæ dicebant, quæque recitabant, libello complecterentur : quem tibi, qualem acceperam, misi, quamvis intelligerem, pleraque ex illo ad id, de quo quæritur, non pertinere. Te rogo, ut mihi præcipere digneris, quid me putes observare debere. Vereor enim, ne aut excessisse, aut non implesse officii mei partes videar.

jointe à votre lettre, m'a dispensé de l'obligation d'examiner les raisons qu'ils prétendent avoir empêché les précédents gouverneurs de prendre connaissance de leurs comptes, puisqu'ils ne refusent pas de vous la donner. Je veux donc récompenser leur droiture, et qu'ils sachent que l'examen que vous en ferez par mon ordre ne dérogera ni ne préjudiciera point à leurs priviléges.

LETTRE LVIII.
PLINE A L'EMPEREUR TRAJAN.

Avant mon arrivée, les habitants de Nicomédie avaient commencé à faire bâtir une nouvelle place publique auprès de l'ancienne. Dans un angle se trouve un temple de Cybèle qu'il faut ou rétablir ou transférer, principalement parce qu'il est aujourd'hui trop bas auprès de ce nouvel ouvrage, qui s'élève beaucoup. Je me suis informé s'il y en avait eu quelque acte de consécration, et j'ai appris qu'elle se faisait là autrement qu'à Rome. Je vous supplie donc, seigneur, d'examiner si un temple qui n'a point été solennellement consacré peut être transferé sans intéresser la religion. D'ailleurs, si elle n'y met point d'obstacles, cela se peut faire très-commodément.

LETTRE LIX.
TRAJAN A PLINE

Vous pouvez sans scrupule, mon très-cher Pline, si la situation des lieux le demande, transporter le temple de Cybèle de l'endroit où il est, en un autre qui vous paraîtra plus commode. Ne vous embarrassez pas de ce que l'acte de consécration ne se trouve point. Le terrain d'une ville étrangère n'est point capable d'être consacré avec les solennités propres aux Romains.

LETTRE LX.
PLINE A L'EMPEREUR TRAJAN.

Nous avons célébré, seigneur, avec toute la joie que vous méritez, ce jour où, en vous chargeant de l'empire, vous l'avez sauvé. Nous avons prié les dieux de conserver votre personne sacrée et vos vertus au genre humain, dont elles font tout le repos et la sûreté. Vos troupes et tout le peuple ont renouvelé, entre mes mains, leur serment de fidélité, dont je leur ai dicté la formule en la manière ordinaire, et tous ont signalé leur zèle à l'envi.

LETTRE LXI.
TRAJAN A PLINE.

Je suis fort satisfait, mon très-cher Pline, d'avoir appris par votre lettre que vous ayez, à la tête des troupes et du peuple, célébré avec tant de joie et de zèle le jour de mon avénement à l'empire.

LETTRE LXII.
PLINE A L'EMPEREUR TRAJAN.

Je crains, seigneur, que les deniers publics que j'ai déjà fait recouvrer par vos ordres, et que l'on

LVII.
TRAJANUS PLINIO S.

Libellus Apameorum, quem epistolæ tuæ junxeras, remisit mihi necessitatem perpendendi, qualia essent, propter quæ videri volunt eos, qui pro consulibus hanc provinciam obtinuerunt, abstinuisse inspectione rationum suarum, quum ipsum te, ut eas inspiceres, non recusaverint. Remuneranda est igitur probitas eorum, ut jam nunc sciant, hoc, quod inspecturus es, ex mea voluntate, salvis, quæ habent, privilegiis, esse facturum.

LVIII.
C. PLINIUS TRAJANO IMP. S.

Ante adventum meum, Domine, Nicomedenses prior foro novum adjicere cœperunt, cujus in angulo est ædes vetustissima Matris Magnæ, aut reficienda, aut transferenda : ob hoc præcipue, quod est multo depressior opere eo, quod nunc maxime surgit. Ego, quum quærerem, num esset aliqua lex dicta templo, cognovi alium hic, alium apud nos esse morem dedicationis. Dispice ergo, Domine, an putes ædem, cui nulla lex dicta est, salva religione posse transferri : alioqui commodissimum est, si religio non impedit.

LIX.
TRAJANUS PLINIO S.

Potes, mi Secunde carissime, sine solicitudine religionis, si loci positio videtur hoc desiderare, ædem Matris Deum transferre in eam, quæ est accommodatior : nec te moveat, quod lex dedicationis nulla reperitur, quum solum peregrinæ civitatis capax non sit dedicationis, quæ fit nostro jure.

LX.
C. PLINIUS TRAJANO IMP. S.

Diem, Domine, quo servasti imperium, dum suscipis, quanta mereris lætitia, celebravimus, precati deos, ut te generi humano, cujus tutela et securitas saluti tuæ innisa est, incolumem florentemque præstarent. Præivimus, et commilitonibus jusjurandum more solemni præstantibus. et provincialibus, qui eadem certarunt pietate, juranti bus.

LXI.
TRAJANUS PLINIO S.

Quanta religione ac lætitia commilitones cum provincialibus, te præeunte, diem imperii mei celebraverint, libenter, mi Secunde carissime, cognovi ex litteris tuis.

LXII.
C. PLINIUS TRAJANO IMP. S.

Pecuniæ publicæ, Domine, providentia tua et ministerio nostro etiam exactæ sunt et exiguntur : quæ vereor ne otiosæ jaceant. Nam et prædiorum comparandorum aut

recouvre encore actuellement, ne demeurent oisifs. On ne trouve pas d'occasion d'acheter des héritages, et l'on trouve encore moins de personnes qui veuillent devoir à une république, principalement pour lui payer des intérêts à douze pour cent par an, et sur le même pied qu'aux particuliers. Examinez donc, Seigneur, s'il serait à propos de les prêter à un intérêt plus bas, et d'inviter par là des débiteurs solvables à les prendre ; ou si, au cas qu'avec cette facilité même on ne puisse en trouver, il ne faudrait point obliger les décurions à s'en charger chacun pour leur part, sous bonne et suffisante caution. Quelque fâcheux qu'il soit de les contraindre, il le sera toujours moins quand l'intérêt sera plus modique.

LETTRE LXIII.
TRAJAN A PLINE.

Je ne vois non plus que vous, mon très-cher Pline, d'autre remède que de baisser les intérêts, pour trouver à placer plus aisément les deniers publics. Vous en réglerez le cours sur le nombre de ceux qui se présenteront pour les demander. Mais il ne convient pas à la justice de mes maximes que l'on force quelqu'un d'emprunter ce qui lui sera peut-être inutile.

LETTRE LXIV.
PLINE A L'EMPEREUR TRAJAN.

Je vous rends très-humbles grâces, seigneur, de ce qu'au milieu de tant d'importantes affaires, vous avez daigné m'éclairer dans celles où j'ai eu recours à vos lumières. Je vous demande encore aujourd'hui la même faveur. Un homme m'a dénoncé que ses parties qu'il avait fait condamner par l'illustre Servilius Calvus à un bannissement hors de la province pendant trois ans, y séjournaient encore. Les autres ont soutenu au contraire qu'ils avaient été remis dans leur premier état par le même Servilius Calvus, et m'en ont lu le décret. C'est ce qui m'oblige de laisser la cause indécise, pour vous en faire mon rapport : car je trouve bien dans ma commission que je ne dois pas relever de leur condamnation ceux qui auront été condamnés, soit par moi, soit par un autre ; mais il n'y est rien dit de ceux qu'un autre aura condamnés et rétablis. J'ai donc cru, seigneur, qu'il fallait savoir de vous ce qu'il vous plaisait que je fisse, non-seulement de ces gens, mais même de ceux qui, après avoir été bannis à perpétuité hors de la province, y sont toujours demeurés, quoiqu'ils n'aient point été relevés de la condamnation ; car j'ai à décider aussi sur cette espèce. On m'a amené un homme banni à perpétuité par Julius Bassus. Comme je sais que tout ce qui a été fait par Bassus a été cassé, et que le sénat a donné, à tous ceux que Bassus avait condamnés, le droit de réclamer et de demander un nouveau jugement dans les deux ans, je me suis informé du banni si dans les deux ans il s'était adressé au gouverneur, et l'avait instruit de l'affaire. Il m'a répondu que non. Voilà sur quoi je me vois engagé de prendre vos ordres. C'est à eux à m'apprendre si je dois lui faire subir la peine à laquelle il a été condamné, ou une plus grande ; et quelle sera celle que l'on imposera, soit à cet homme, soit à ceux qui se trouveront dans un cas semblable. Je joins à cette lettre le jugement rendu par Calvus, et l'acte qui l'annule. Vous y trouverez aussi le jugement prononcé par Bassus.

---

nulla aut rarissima occasio est : nec inveniuntur, qui velint debere, reipublicæ præsertim, duodenis assibus, quanti a privatis mutuantur. Dispice ergo, Domine, numquid minuendam usuram, ac per hoc idoneos debitores invitandos, putes ; et, si ne sic quidem reperiuntur, distribuendum inter decuriones pecuniam, ita ut recte reipublicæ caveant : quod, quamquam invitis et recusantibus, minus acerbum erit, leviore usura constituta.

LXIII.
TRAJANUS PLINIO S.

Et ipse non aliud remedium dispicio, mi Secunde carissime, quam ut quantitas usurarum minuatur, quo facilius pecuniæ publicæ collocentur. Modum ejus ex copia eorum, qui mutuabuntur, tu constitues. Invitos ad accipiendum compellere, quod fortassis ipsis otiosum futurum sit, non est ex justitia nostrorum temporum.

LXIV.
C. PLINIUS TRAJANO IMP. S.

Summas, Domine, gratias ago, quod inter maximas occupationes iis, de quibus te consului, me quoque regere dignatus es : quod nunc quoque facias rogo. Adiit enim me quidam, indicavitque, adversarios suos a Servilio Calvo, clarissimo viro, in triennium relegatos, in provincia morari : illi contra, ab eodem se restitutos adfirmaverunt, edictumque recitaverunt : qua caussa necessarium credidi, rem integram ad te referre. Nam sicut mandatis tuis cautum est, ne restituam ab alio, aut a me relegatos, ita de iis, quos alius relegaverit, et restituerit, nihil comprehensum est. Ideo tu, Domine, consulendus fuisti, quid observare me velles, tam, Hercule, de his, quam de illis, qui in perpetuum relegati, nec restituti, in provincia deprehenduntur. Nam hæc quoque species incidit in cognitionem meam. Est enim adductus ad me in perpetuum relegatus a Julio Basso proconsule. Ego, quia sciebam acta Bassi rescissa, datumque a senatu ius omnibus, de quibus ille aliquid constituisset, ex integro agendi dumtaxat per biennium, interrogavi hunc, quem relegaverat, an adiisset, docuissetque proconsulem : negavit. Per quod effectum est, ut te consulerem, reddendum eum pœnæ suæ, an gravius aliquid ; et quid potissimum constituendum putares et in hunc, et in eos, si qui forte in simili conditione invenirentur. Decretum Calvi et edictum, item decretum Bassi his litteris subjeci.

LETTRE LXV.

TRAJAN A PLINE.

Je vous manderai incessamment ce qu'il faut faire de ceux qui ont été bannis pour trois ans par P. Servilius Calvus, et qui, après avoir été par lui rétablis, ont continué de demeurer dans la province. Je veux apprendre auparavant de Calvus même les raisons qu'il a eues d'en user ainsi. Quant à celui qui, banni à perpétuité par Julius Bassus, pouvait, s'il se croyait injustement condamné, réclamer pendant deux ans, et qui, sans l'avoir fait, est toujours demeuré dans la province, vous l'enverrez lié aux préfets du prétoire; car ce n'est pas assez d'exécuter, contre un criminel, une condamnation que, par sa désobéissance, il a méprisée.

LETTRE LXVI.

PLINE A L'EMPEREUR TRAJAN.

Comme je convoquais des juges pour tenir ma séance, Flavius Archippus a demandé d'en être dispensé en qualité de philosophe. Il s'est trouvé des gens qui ont représenté que non-seulement il fallait l'exempter de juger, mais même le retrancher tout à fait du nombre des juges, et le renvoyer au supplice auquel il s'était dérobé, en se sauvant de prison. On rapportait la sentence de Vélius Paulus, qui le condamne aux mines comme faussaire. Archippus ne représentait aucun acte qui l'eût rétabli; mais il prétendait y suppléer, et par une requête qu'il avait présentée à Domitien, et par des lettres honorables que ce prince avait écrites en sa faveur, et par une délibération des habitants de Pruse. Il joignait à tout cela des lettres que vous lui aviez écrites, un édit de votre auguste père, et une de ses lettres, par laquelle il confirmait toutes les grâces que Domitien avait accordées. Ainsi, quoiqu'on lui imputât de tels crimes, je n'ai pas cru devoir rien résoudre, sans avoir su vos intentions sur une affaire qui me paraît digne d'être décidée par vous-même. Je renferme dans ce paquet tout ce qui a été dit de part et d'autre.

Lettre de Domitien à Térence Maxime.

« Flavius Archippus, philosophe, a obtenu de
« moi qu'on lui achetât, aux environs de Pruse,
« une terre de six cent mille sesterces, dont il pût
« nourrir sa famille. Je vous ordonne de lui faire
« payer cette somme, et de la porter en dépense
« dans le compte de mes libéralités. »

Lettre du même à Lucius Appius Maximus.

« Je vous recommande Archippus, philoso-
« phe, homme de bien, et dont les mœurs ne dé-
« mentent point la profession. Accordez-lui une
« entière protection dans tout ce qu'il pourra dési-
« rer honnêtement de vous. »

Édit de Nerva.

« La douceur de notre empire, messieurs, or-
« donne d'elle-même certaines choses, et ce n'est
« pas par cet endroit que me devaient regarder
« comme un bon prince ceux à qui il doit suffire
« de me connaître. Il n'y a pas un de mes citoyens
« qui ne se puisse répondre que j'ai préféré le re-
« pos public à mon repos particulier, pour être
« en état de répandre à pleines mains de nouvel-
« les grâces, et de maintenir celles qui ont été
« déjà faites. Cependant, pour ne pas suspendre
« le cours de la joie publique, ou par la crainte de

LXV.

TRAJANUS PLINIO S.

Quid in personam eorum statuendum sit, qui a Publio Servilio Calvo proconsule in triennium relegati, et mox ejusdem edicto restituti in provincia remanserunt, proxime tibi rescribam, quum caussas hujus facti a Calvo requisiero. Qui a Julio Basso in perpetuum relegatus est, quum per biennium agendi facultatem habuerit, si existimabat se injuria relegatum, neque id fecerit, atque in provincia morari perseveraverit, vinctus mitti ad praefectos praetorii mei debet. Neque enim sufficit, cum poenae suae restitui, quem contumacia elusit.

LXVI.

C. PLINIUS TRAJANO IMP. S.

Quum citarem judices, Domine, conventum inchoaturus, Flavius Archippus vacationem petere coepit, ut philosophus. Fuerunt qui dicerent, non modo liberandum eum judicandi necessitate, sed omnino tollendum de judicum numero, reddendumque poenae, quam fractis vinculis evasisset. Recitata est sententia Velii Paulli proconsulis, qua probatur Archippus crimine falsi damnatus in metallum: ille nihil proferebat, quo restitutum se doceret. Allegabat tamen pro restitutione et libellum a se Domitiano datum, et epistolas ejus ad honorem suum pertinentes, et decretum Prusensium. Addebat his et litteras tuas scriptas sibi: addebat et patris tui edictum, et epistolam, quibus confirmasset beneficia a Domitiano data. Itaque, quamvis eidem talia crimina applicarentur, nihil decernendum putavi, donec te consulerem de eo, quod mihi constitutione tua dignum videbatur. Ea, quae sunt utrimque recitata, his litteris subjeci.

EPISTOLA DOMITIANI AD TERENTIUM MAXIMUM.

Flavius Archippus philosophus impetravit a me, ut agrum ei DC circa Prusiadem, patriam suam, emi juberem, cujus reditu suos alere posset. Quod ei praestari volo: summam expensam liberalitati meae feres.

EJUSDEM AD L. APPIUM MAXIMUM.

Archippum philosophum, bonum virum, et professioni suae, etiam majoribus respondentem, commendatum habeas velim, mi Maxime, et plenam ei humanitatem tuam praestes in iis, quae verecunde a te desideraverit.

EDICTUM DIVI NERVAE.

QVÆDAM SINE DVBIO, QVIRITES, IPSA FELICITAS TEMPORVM EDICIT, NEC SPECTANDVS EST IN IIS BONVS PRINCEPS, QVIBVS ILLVM INTELLIGI SATIS EST, QVVM HOC SIBI QVISQVE CIVIVM

« ceux qui les ont obtenues, ou par la mémoire
« de celui qui les a données, j'ai cru aussi né-
« cessaire qu'avantageux de prévenir tous ces
« doutes par une explication publique de ma
« volonté. Je ne veux pas que personne pense
« que, s'il a obtenu quelque privilége, ou public
« ou particulier, de mes prédécesseurs, je ne
« l'annulle qu'afin qu'en le rétablissant, ou le
« confirmant, celui qui l'aura ne le tienne que
« de moi. Il ne faudra point renouveler des re-
« merciments pour des grâces faites ; et à l'égard
« de celles qui n'ont point encore été accordées,
« ceux à qui elles sont nécessaires souffriront
« bien qu'elles soient dispensées par nous, que la
« fortune de l'empire a regardé d'un meilleur œil :
« mais qu'ils se souviennent de ne rien demander
« de ce qu'ils ont obtenu. »

Lettre du même à Tullius Justus.

« La résolution que j'ai prise de ne toucher à
« rien de ce qui a été fait par mes prédécesseurs
« veut que l'on défère aussi aux lettres de Do-
« mitien. »

LETTRE LXVII.

PLINE A L'EMPEREUR TRAJAN.

Flavius Archippus m'a conjuré, par vos jours
sacrés et par votre immortalité, de vous envoyer
la requête qu'il m'a présentée. J'ai cru ne lui
devoir accorder ce qu'il demandait qu'après en
avoir averti celle qui l'accuse. De son côté, elle
m'a donné une requête, que j'ai pareillement reçue. Je les ai jointes toutes deux à cette lettre,
afin que vous puissiez prononcer et décider,
comme si vous aviez entendu les deux parties.

LETTRE LXVIII.

TRAJAN A PLINE.

Domitien a bien pu ignorer le véritable état
d'Archippus, lorsqu'il écrivait tant de choses
si honorables à cet homme ; mais il est plus
conforme à mon caractère de croire que ce
prince, par ces marques d'estime, a voulu le
rétablir. Ce qui me confirme dans cette opinion,
c'est de voir que l'honneur des statues lui ait
été tant de fois décerné par ceux qui n'igno-
raient pas le jugement que Paulus, leur gouverneur, avait rendu. Ce que je vous écris ne
doit pourtant pas vous empêcher de lui faire
son procès, si on l'accuse de quelque nouveau
crime. J'ai lu les requêtes de Furia Prima, accusatrice, et d'Archippus, que vous aviez jointes à votre lettre. »

LETTRE LXIX.

PLINE A L'EMPEREUR TRAJAN.

C'est avec beaucoup de prudence, seigneur,
que vous avez appréhendé que le lac, une fois
entré dans le fleuve, et par une suite nécessaire
dans la mer, ne s'écoulât tout entier. Mais moi
qui suis sur le lieu, je crois avoir trouvé un remède à ce mal. On peut conduire, par un canal,
le lac jusqu'au fleuve, mais sans l'y faire entrer.
Au contraire, on l'en séparera par une rive qui en
même temps en contiendra les eaux. Par là, sans

MEORVM SPONDERE POSSIT, ME SECVRITATEM OMNIVM QVIETI
MEÆ PRÆTVLISSE, VT ET LIBENTER NOVA BENEFICIA CONFER-
REM, ET ANTE ME CONCESSA SERVAREM. NE TAMEN ALIQVAM
GAVDIIS PVBLICIS ADFERAT HÆSITATIONEM VEL EORVM QVI IM-
PETRAVERVNT DIFFIDENTIA, VEL EIVS MEMORIA QVI PRÆSTITIT,
NECESSARIVM PARITER CREDIDI AC LÆTVM, OBVIAM DVBITAN-
TIBVS INDVLGENTIAM MEAM MITTERE. NOLO EXISTIMET QVIS-
QVAM, QVÆ ALIO PRINCIPE VEL PRIVATIM VEL PVBLICE CONSE-
QVVTVS, IDEO SALTEM A ME RESCINDI, VT POTIVS MIHI DEBEAT,
SI ILLA RATA ET CERTA FECERO : NEC GRATVLATIO VLLIVS
INSTAVRATIS EGET PRECIBVS, ET QVI NON HABENT, ME, QVEM
FORTVNA IMPERII VVLTV MELIORE RESPEXIT. ME NOVIS BE-
NEFICIIS VACARE PATIANTVR : ET EA DEMVM SCIANT ROGANDA
ESSE, QVÆ NON HABENT.

EPISTOLA EJUSDEM AD TULLIUM JUSTUM.

Quum rerum omnium ordinatio, quæ priorihus temporibus inchoatæ consummatæ sunt, observanda sit, tum
epistolis etiam Domitiani standum est.

LXVII.

C. PLINIUS TRAJANO IMP. S.

Flavius Archippus per salutem tuam æternitatemque
petit a me, ut libellum, quem mihi dedit, mitterem tibi.
Quod ego sic roganti præstandum putavi ; ita tamen, ut
missurum me, notum accusatrici ejus facerem, a qua et
ipsa acceptum libellum his epistolis junxi, quo facilius,
velut audita utraque parte, dispiceres, quid statuendum
putares.

LXVIII.

TRAJANUS PLINIO S.

Potuit quidem ignorasse Domitianus, in quo statu esset
Archippus, quum tam multa ad honorem ejus pertinentia
scriberet ; sed meæ naturæ accommodatius est credere,
etiam statui ejus subventum interventu principis : præsertim quum etiam statuarum ei honor toties decretus sit ab
iis, qui ignorabant, quid de illo Paullus proconsul pronuntiasset. Quæ tamen, mi Secunde carissime, non eo
pertinent, ut, si quid illi novi criminis objiciatur, minus
de eo audiendum putes. Libellos Furiæ Primæ accusatri-
cis, item ipsius Archippi, quos alteri epistolæ tuæ junxeras, legi.

LXIX.

C. PLINIUS TRAJANO IMP. S.

Tu quidem, Domine, providentissime vereris, ne com-
missus flumini, atque ita mari, lacus effluat : sed ego in
re præsenti invenisse videor, quemadmodum huic periculo
occurrerem. Potest enim lacus fossa usque ad flumen adduci, nec tamen in flumen emitti, sed relicto quasi margine contineri pariter et dirimi : sic consequemur, ut neo

le mêler au fleuve, nous jouirons du même avantage que s'il y était mêlé; car il sera très-aisé de transporter dans le fleuve, par cette petite langue de terre, tout ce qui aura été chargé sur le canal. C'est à quoi il s'en faudra tenir si la nécessité nous y contraint; mais je ne crois pas qu'elle le fasse. Le lac de lui-même est assez profond, et, de l'extrémité opposée à celle dont nous voulons nous servir, sort un fleuve. Si l'on en arrête le cours de ce côté-là, pour le détourner où nous avons besoin, le lac nous fournira toute l'eau qui nous est nécessaire, sans rien perdre de celle qu'il renferme aujourd'hui. D'ailleurs, dans les endroits par où il faut faire passer le canal, tombent beaucoup de petits ruisseaux, qui, ramassés avec soin, augmenteront encore ce que l'on tirera du lac. Que si vous aimez mieux faire le canal plus long et plus étroit, et le mettre au niveau de la mer, dans laquelle il se viendra rendre directement, sans passer par le fleuve, le reflux de la mer fera rebrousser les eaux du lac, et les lui conservera. Mais si la situation du lieu ne nous permettait pas d'user d'aucun de tous ces expédients, il nous en resterait un dernier infaillible : ce serait de nous rendre maître du cours des eaux par des écluses. Toutes ces choses seront infiniment mieux entendues et digérées par le niveleur que vous me devez envoyer, seigneur, comme vous me l'avez promis; car c'est une entreprise digne de votre magnificence et de votre application. J'ai cependant écrit, suivant votre ordre, à l'illustre Calpurnius Macer de m'envoyer un niveleur le plus tôt qu'il le pourrait trouver.

LETTRE LXX.

TRAJAN A PLINE.

Il paraît bien, mon cher Pline, que vous n'avez manqué ni de prudence ni d'application pour le succès de l'entreprise du lac, puisque vous avez tant rassemblé d'expédients pour éviter qu'il ne s'épuise, et pour nous le rendre d'un usage plus commode. Choisissez donc ce qu'à l'inspection de la chose vous jugerez le plus convenable. Je compte que Calpurnius Macer vous fournira un niveleur; car ces provinces ne manquent pas de ces sortes d'ouvriers.

LETTRE LXXI.

PLINE A L'EMPEREUR TRAJAN.

L'état des enfants que l'on appelle exposés fait ici, seigneur, la matière d'une grande question, qui regarde toute la province. Comme je n'ai trouvé, dans les constitutions de vos prédécesseurs, aucune décision sur ce sujet, ni particulière pour la Bithynie, ni même générale, j'ai cru la devoir chercher dans vos ordres; car je ne pense point qu'il me soit permis de me régler, par des exemples, dans ce qui ne doit être réglé que par votre autorité. On m'a représenté un édit que l'on disait être d'Auguste pour Annia; des lettres de Vespasien aux Lacédémoniens, de Titus aux mêmes et aux Achéens; et enfin de Domitien à Avidius Nigrinus, à Arménius Brocchus, gouverneurs de cette province, et aux Lacédémoniens. Je ne vous les envoie pas, tant parce que ces pièces ne me paraissent pas en assez bonne forme, et que quelques-unes même me sont suspectes, que parce que je sais que

vicino videatur flumini mistus, et sit perinde ac si misceatur. Erit enim facile per illam brevissimam terram, quæ interjacebit, advecta fossa onera transponere in flumen. Quod ita fiet, si necessitas coget ; et, spero, non coget. Est enim et lacus ipse satis altus, et nunc in contrariam partem flumen emittit; quod interclusum inde, et quo volumus aversum, sine ullo detrimento, lacui tantum aquæ, quantum nunc portat, adfundet. Præterea per id spatium, per quod fossa facienda est, incidunt rivi : qui si diligenter colligantur, augebunt illud, quod lacus dederit. Enimvero si placeat fossam longius ducere, et arctius pressam mari æquare, nec in flumen, sed in ipsum mare emittere, repercussus maris servabit et reprimet quidquid e lacu veniet. Quorum si nihil nobis loci natura præstaret, expeditum tamen erat, cataractis aquæ cursum temperare. Verum et hæc et alia multo sagacius conquiret explorabitque librator, quem plane, Domine, debes mittere, ut polliceris. Est enim res digna et magnitudine tua et cura. Ego interim Calpurnio Macro, clarissimo viro, auctore te, scripsi, ut libratorem quam maxime idoneum mitteret.

LXX.

TRAJANUS PLINIO S.

Manifestum est, mi Secunde carissime, nec prudentiam nec diligentiam tibi defuisse circa istum lacum, quum tam multa provisa habeas, per quæ nec periclitetur exhauriri, et magis in usus nobis futurus sit. Elige igitur id, quod præcipue res ipsa suaserit. Calpurnium Macrum credo facturum, ut te libratore instruat : neque enim provinciæ istæ his artificibus carent.

LXXI.

C. PLINIUS TRAJANO IMP. S.

Magna, Domine, et ad totam provinciam pertinens quæstio est de conditione et alimentis eorum, quos vocant Θρεπτούς. In qua ego, auditis constitutionibus principum, quia nihil inveniebam aut proprium, aut universale, quod ad Bithynos ferretur, consulendum te existimavi, quid observari velles. Neque enim putavi, posse me in eo, quod auctoritatem tuam posceret, exemplis esse contentum. Recitabatur autem apud me edictum, quod dicebatur divi Augusti, ad Anniam pertinens : recitatæ et epistolæ divi Vespasiani ad Lacedæmonios; et divi

les vrais originaux sont en bon état dans vos archives.

LETTRE LXXII.

TRAJAN A PLINE.

On a souvent traité la question qui regarde ceux qui, nés libres, ont été exposés, et ensuite élevés par quelques gens et nourris dans la servitude. Mais parmi les constitutions de mes prédécesseurs, il ne s'en trouve aucune sur ce sujet qui soit générale pour toutes les provinces. Il est vrai que l'on voit des lettres de Domitien à Avidius Nigrinus et à Arménius Brocchus, sur lesquelles on pouvait peut-être se régler; mais entre les provinces dont elles parlent, il n'est point fait mention de la Bithynie. Je ne crois donc pas, ni que l'on doive refuser la liberté à ceux qui la réclameront sur un tel fondement, ni qu'on les puisse obliger à la racheter par le remboursement des aliments qu'on leur aura fournis.

LETTRE LXXIII.

PLINE A L'EMPEREUR TRAJAN.

Plusieurs personnes m'ont demandé permission de transporter d'un lieu dans un autre les cendres de leurs parents, dont les tombeaux ont été renversés, ou par l'injure des temps, ou par des inondations, ou par d'autres accidents; et ils se sont fondés sur les exemples de mes prédécesseurs. Mais comme je sais qu'à Rome on n'entreprend rien de semblable, sans en avoir consulté le collége des pontifes, j'ai cru, Seigneur, que je devais apprendre de vous, qui êtes le souverain pontife, ce que je devais faire.

LETTRE LXXIV.

TRAJAN A PLINE.

Il y aurait de la dureté à contraindre ceux qui demeurent dans les provinces de s'adresser aux pontifes, lorsque, par de justes raisons, ils désireront transporter, d'un lieu dans un autre, les cendres de leurs proches. Vous ferez donc mieux de suivre l'exemple de vos prédécesseurs, et d'accorder ou refuser cette permission, selon que vous y verrez de la justice.

LETTRE LXXV.

PLINE A L'EMPEREUR TRAJAN.

Comme je cherchais à Pruse, seigneur, une place où je pusse commodément élever le bain que vous avez permis à ses habitants de bâtir, j'en ai trouvé une qui me plaît fort. J'entends dire qu'il y avait autrefois une très-belle maison qui n'est plus aujourd'hui qu'une horrible masure. Nous gagnerons à cela d'embellir la ville, que ces ruines rendent difforme, de l'augmenter, et de ne démolir aucuns bâtiments, mais de rétablir ceux que le temps a démolis. Voici ce que j'ai appris de cette maison. Claudius Polyénus l'avait léguée à l'empereur Claude, auquel il voulut que l'on dressât un temple dans une cour qui est environnée de colonnes, et que le reste fût loué. La ville en a reçu quelque temps les revenus. Ensuite cette maison, avec le péristyle, est entièrement tombée, partie pour avoir été pil-

Titi ad eosdem, dein ad Achæos, et Domitiani ad Avidium Nigrinum et Armenium Brocchum, proconsules; item ad Lacedæmonios : quæ ideo tibi non misi, quia et parum emendata, et quædam non certæ fidei videbantur, et quia vera et emendata in scriniis tuis esse credebam.

LXXII.

TRAJANUS PLINIO S.

Quæstio ista, quæ pertinet ad eos, qui liberi nati, expositi, deinde sublati a quibusdam, et in servitute educati sunt, sæpe tractata est : nec quidquam invenitur in commentariis eorum principum, qui ante me fuerunt, quod ad omnes provincias sit constitutum. Epistolæ sane sunt Domitiani ad Avidium Nigrinum et Armenium Brocchum, quæ fortasse debeant observari : sed inter eas provincias, de quibus rescripsit, non est Bithynia : et ideo nec assertionem denegandam iis, qui ex ejusmodi caussa in libertatem vindicabuntur, puto, neque ipsam libertatem redimendam pretio alimentorum.

LXXIII.

C. PLINIUS TRAJANO IMP. S.

Petentibus quibusdam, ut sibi reliquias suorum, aut propter injuriam vetustatis, aut propter fluminis incursum, aliaque his similia quæcunque, secundum exemplum proconsulum, transferre permitterem, quia sciebam in urbe nostra ex ejusmodi caussis collegium pontificum adiri solere, te, Domine, maximum pontificem, consulendum putavi, quid observare me velis.

LXXIV.

TRAJANUS PLINIO S.

Durum est injungere necessitatem provincialibus pontificum adeundorum, si reliquias suorum propter aliquas justas caussas transferre ex loco in alium locum velint. Sequenda ergo potius tibi exempla sunt eorum, qui isti provinciæ præfuerunt, et ex caussa cuique ita aut permittendum, aut negandum.

LXXV.

C. PLINIUS TRAJANO IMP. S.

Quærenti mihi, Domine, Prusæ ubi posset balineum, quod indulsisti, fieri, placuit locus, in quo fuit aliquando domus, ut audio, pulchra, nunc deformis ruinis. Per hoc enim consequemur, ut fœdissima facies civitatis ornetur, atque etiam, ut ipsa civitas amplietur, nec ulla ædificia tollantur, sed quæ sunt vetustate sublapsa, reparentur in melius. Est autem hujus domus conditio talis. Legaverat eam Claudius Polyænus Claudio Cæsari, jusseratque in peristylio templum ei fieri, reliqua ex domo locari, ex quo reditu aliquamdiu civitas percepit : deinde paullatim partim spoliata, partim neglecta, cum peristylio domus tota collapsa est : ac jam pæne nihil ex ea, nisi solum

lée, partie pour avoir été négligée; de sorte qu'il n'en reste presque plus rien que la place. Si vous voulez, seigneur, ou la donner, ou la faire vendre aux Prusiens, à qui ce lieu serait très-commode, ils recevront cette grâce comme un très-grand bienfait. Au cas que vous le leur accordiez, je me propose de mettre le bain dans cette même cour qui se trouve vide, d'entourer de galeries et de siéges les lieux où étaient autrefois les bâtiments, et de vous consacrer cet ouvrage, dont la ville sera redevable à vos bontés, et que l'on prendra soin de rendre magnifique et digne de votre nom. Je vous envoie une copie du testament : quoiqu'elle soit peu correcte, vous verrez que Polyénus, outre la maison, avait laissé, pour l'embellir, bien des choses qui ont péri comme elle. J'en ferai pourtant la plus exacte recherche que je pourrai.

LETTRE LXXVI.

TRAJAN A PLINE.

On peut se servir, pour bâtir le bain des Prusiens, de cette maison tombée en ruine, et que vous me mandez être vide. Mais vous ne me marquez point assez nettement si on a élevé dans la cour, qui est environnée de colonnes, le temple de Claude; car s'il a été élevé, quoiqu'il soit tombé dans la suite, la place demeure toujours consacrée.

LETTRE LXXVII.

PLINE A L'EMPEREUR TRAJAN.

Plusieurs personnes m'ont pressé de prononcer sur les questions d'état, pour la reconnaissance des enfants, et pour leur rétablissement dans tous les droits de leur naissance, suivant une lettre de Domitien à Minutius Rufus, et conformément à l'exemple de mes prédécesseurs. Mais ayant examiné le décret du sénat sur cette matière, j'ai trouvé qu'il ne parle que des provinces qui sont gouvernées par des proconsuls. Par cette raison, j'ai tout suspendu, jusqu'à ce qu'il vous ait plu, seigneur, de me faire savoir vos intentions.

LETTRE LXXVIII.

TRAJAN A PLINE.

Quand vous m'aurez envoyé le décret du sénat, qui vous fait douter s'il vous appartient de prononcer sur ce qui regarde les reconnaissances des enfants, et leur rétablissement dans tous les droits de leur naissance, je vous expliquerai ce que j'en pense.

LETTRE LXXIX.

PLINE A L'EMPEREUR TRAJAN.

Julius Largus, de la province de Pont, que je n'avais jamais vu, dont je n'avais même jamais ouï parler, estimant en moi votre choix, seigneur, m'a chargé, en mourant, des derniers hommages qu'il a voulu rendre à votre personne sacrée. Il m'a prié, par son testament, d'accepter sa succession, d'en faire le partage; et qu'après en avoir retiré pour moi cinquante mille sesterces, je rendisse le surplus aux villes d'Héraclée et de Thiane, pour y être employé, selon que je le trouverais plus à propos, ou à des ouvrages qui vous seraient consacrés, ou à des jeux publics que l'on célébrerait tous les cinq ans, et que l'on appellerait *les jeux de Trajan*. J'ai cru,

---

superest : quod tu, Domine, sive donaveris civitati, sive venire jusseris, propter opportunitatem loci pro summo munere accipiet. Ego, si permiseris „cogito in area vacua balineum collocare; eum autem locum, in quod ædificia fuerunt, exhedra et porticibus amplecti, atque tibi consecrare, cujus beneficio elegans opus dignumque nomine tuo fiet. Exemplar testamenti, quamquam mendosum, misi tibi; ex quo cognosces, multa Polyænum in ejusdem domus ornatum reliquisse, quæ, ut domus ipsa, perierunt, a me tamen, in quantum potuerit, requirentur.

LXXVI.

TRAJANUS PLINIO S.

Possumus apud Prusenses area ista cum domo collapsa, quam vacare scribis, ad exstructionem balinei uti. Illud tamen parum expressisti, an ædes in peristylio Claudio facta esset. Nam si facta ædes esset, licet collapsa sit, religio ejus occupavit solum.

LXXVII.

C. PLINIUS TRAJANO IMP. S.

Postulantibus quibusdam, ut de agnoscendis liberis restituendisque natalibus et secundum epistolam Domitiani scriptam Minucio Rufo, et secundum exempla proconsulum, ipse cognoscerem, respexi ad SC. pertinens ad eadem genera caussarum, quod de his tantum provinciis loquitur, quibus proconsules præsunt : ideoque rem integram distuli, dum tu, Domine, præceperis, quid observare me velis.

LXXVIII.

TRAJANUS PLINIO S.

Si mihi SC. miseris, quod hæsitationem tibi fecit, æstimabo, an debeas cognoscere de agnoscendis liberis, et natalibus suis restituendis.

LXXIX.

C. PLINIUS TRAJANO IMP. S.

Julius, Domine, Largus, ex Ponto, nondum mihi visus, ac ne auditus quidem, sed judicio tuo credens, dispensationem quandam mihi erga te pietatis suæ ministeriumque mandavit. Rogavit enim testamento, ut hereditatem suam adirem, cerneremque : ac deinde, perceptis quinquaginta millibus nummum, reliquum omne Heracleotarum et Tianorum civitatibus redderem, ita ut esset arbitrii mei, utrum opera facienda, quæ honori tuo con-

seigneur, vous en devoir informer, pour savoir ce que je pourrai choisir.

LETTRE LXXX.

TRAJAN A PLINE.

Julius Largus vous a choisi pour placer en vous sa confiance, comme s'il vous eût parfaitement connu. C'est donc à vous, pour éterniser sa mémoire, à examiner ce qui conviendra le mieux, selon les mœurs du pays, et à vous y conformer.

LETTRE LXXXI.

PLINE A L'EMPEREUR TRAJAN.

C'est un effet de votre prévoyance ordinaire, seigneur, d'avoir ordonné à Calpurnius Macer d'envoyer un centurion légionnaire à Byzance. Songez, s'il vous plaît, si les habitants de Juliopolis ne mériteraient point une pareille grâce. C'est une très-petite ville, qui porte pourtant de très-grandes charges, et qui est d'autant plus foulée qu'elle est plus faible. D'ailleurs le bien que vous ferez aux habitants de Juliopolis, vous le ferez à toute la province; car ils sont à l'entrée de la Bithynie, et fournissent le passage à une infinité de gens qui trafiquent dans cette province.

LETTRE LXXXII.

TRAJAN A PLINE.

La ville de Byzance est si considérable, par le concours de ceux qui y abordent de toutes parts, que nous n'avons pu nous dispenser, à l'exemple de nos prédécesseurs, de lui accorder un centurion légionnaire, pour veiller à la conservation des priviléges de ses habitants. Si nous faisons même grâce à ceux de Juliopolis, nous nous chargerons d'un exemple. Plusieurs autres nous demanderont la même faveur, avec d'autant plus d'instance qu'elles seront plus faibles. J'ai tant de confiance dans vos soins, que je suis persuadé que vous n'oublierez rien pour empêcher qu'il ne soit fait aucun dommage aux habitants de Juliopolis; mais si quelqu'un contrevient à mes ordonnances, il faut l'envoyer en prison; ou, si l'action demande quelque chose de plus, il faut le punir. Si ce sont des soldats, informez leurs capitaines de ce qui se sera passé; s'il est nécessaire de les faire venir à Rome, vous m'en donnerez avis.

LETTRE LXXXIII.

PLINE A L'EMPEREUR TRAJAN.

La loi Pompéia, observée dans la Bithynie, défend d'exercer aucune magistrature, et d'entrer au sénat avant trente ans. La même loi veut que ceux qui auront été magistrats soient de plein droit sénateurs. Auguste a fait depuis un édit qui permet, à vingt-deux ans accomplis, d'exercer les petites magistratures. On demande donc si les censeurs peuvent donner place au sé-

secrarentur, putarem, an instituendos quinquennales agonas, qui Trajani appellentur. Quod in notitiam tuam perferendum existimavi, ob hoc maxime, ut dispiceres, quid eligere debeam.

LXXX.

TRAJANUS PLINIO S.

Julius Largus fidem tuam, quasi te bene nosset, elegit. Quid ergo potissimum ad perpetuitatem memoriæ ejus faciat, secundum cujusque loci conditionem ipse dispice, et quod optimum existimaveris, sequere.

LXXXI.

C. PLINIUS TRAJANO IMP. S.

Providentissime, Domine, fecisti, quod præcepisti Calpurnio Macro, clarissimo viro, ut legionarium centurionem Byzantium mitteret. Dispice, an etiam Juliopolitanis simili ratione consulendum putes: quorum civitas, quum sit perexigua, onera maxima sustinet, tantoque graviores injurias, quanto est infirmior, patitur. Quidquid autem Juliopolitanis præstiteris, id etiam toti provinciæ proderit. Sunt enim in capite Bithyniæ, plurimisque per eam commeantibus transitum præbent.

LXXXII.

TRAJANUS PLINIO S.

Ea conditio est civitatis Byzantiorum, confluente undique in eam commeantium turba, ut, secundum consuetudinem præcedentium temporum, honoribus ejus præsidio centurionis legionarii consulendum habuerimus: si Juliopolitanis succurrendum eodem modo putaverimus, onerabimus nos exemplo. Plures enim tanto magis eadem requirent, quanto infirmiores erunt: tibi eam fiduciam diligentiæ habeo, ut credam, te omni ratione id acturum, ne sint obnoxii injuriis. Si qui autem se contra disciplinam meam gesserint, statim coerceantur: aut, si plus admiserint, quam ut in re præsenti satis puniantur: si milites erunt, legatis eorum, quæ deprehenderis, notum facies: aut, si in Urbem versus venturi erunt, mihi scribes.

LXXXIII.

C. PLINIUS TRAJANO IMP. S.

Cautum est, Domine, Pompeia lege, quæ Bithynis data est, ne quis capiat magistratum, neve sit in senatu minor annorum XXX; eadem lege comprehensum est, ut, qui ceperint magistratum, sint in senatu. Sequutum est dein edictum divi Augusti, quo permisit minores magistratus ab annis duobus et viginti capere. Quæritur ergo, an qui minor XXX annorum gessit magistratus, possit a censoribus in senatum legi : et, si potest, an ii quoque, qui non gesserint, possint per eamdem interpretationem ab ea ætate senatores legi, a qua illis magistratum gerere permissum est. Quod alioqui factitatum adhuc, et esse necessarium dicitur, quia sit aliquanto melius, honestorum hominum liberos, quam e plebe in

nat à celui qui a été magistrat avant trente ans; et, au cas qu'ils le puissent, si, par une suite naturelle de la même interprétation, il ne leur est pas permis d'y donner entrée à ceux qui ont atteint l'âge auquel ils pourraient avoir été faits magistrats. C'est ce qu'on prétend être autorisé par l'usage, et même par la nécessité, puisqu'il est plus honnête de remplir le sénat de jeunes gens de bonnes maisons, que de personnes d'une naissance obscure. Les censeurs m'ont demandé ce que j'en pensais. Je leur ai dit qu'il me semblait que, selon l'édit d'Auguste et la loi Pompéia, rien n'empêchait ceux qui avant trente ans avaient été magistrats, d'avoir entrée au sénat avant leur trentième année, parce qu'Auguste permettait d'exercer la magistrature avant trente ans, et que la loi Pompéia voulait que ceux qui avaient exercé la magistrature, fussent sénateurs. Mais j'ai plus longtemps hésité sur ceux qui ont atteint l'âge où les autres ont été magistrats, sans pourtant qu'eux-mêmes l'aient été. C'est ce qui m'oblige de vous supplier, seigneur, d'en décider. J'enferme dans ce paquet les chefs de la loi et l'édit d'Auguste.

LETTRE LXXXIV.

TRAJAN A PLINE.

J'entre dans votre sens, mon très-cher Pline. Je crois que l'édit d'Auguste a dérogé à la loi Pompéia, en ce qu'il a permis à ceux qui ont vingt-deux ans accomplis, d'exercer la magistrature; et à ceux qui l'auraient exercée, d'entrer dans le sénat de chaque ville; mais je ne crois pas que ceux qui sont au-dessous de trente ans, et qui n'ont point été magistrats, puissent, sous prétexte qu'ils pourraient l'avoir été, demander entrée dans le sénat.

LETTRE LXXXV.

PLINE A L'EMPEREUR TRAJAN.

Pendant que j'étais à Pruse, qui est située près du mont Olympe, seigneur, et que j'y expédiais quelques affaires dans ma maison, résolu de partir ce jour-là, Asclépiade, magistrat, m'a rapporté que Claude Eumolpe avait appelé devant moi, sur la demande faite par Coccéianus Dion dans le sénat de cette ville, à ce que l'ouvrage qu'il avait entrepris pour elle, fût reçu. Alors Eumolpe, plaidant pour Flavius Archippus, dit qu'il fallait faire rendre compte à Dion de l'ouvrage avant que de le recevoir, parce qu'il l'avait fait autrement qu'il ne le devait. Il ajouta que dans le même lieu on avait élevé votre statue, et enterré les corps de la femme et des fils de Dion, et demanda que je voulusse bien décider la cause dans l'audience publique. Je déclarai que j'étais tout prêt, et que je différerais mon départ. Alors il me pria de remettre à en juger dans un autre temps et dans une autre ville. Je marquai Nicée. Comme j'y eus pris ma séance, disposé à les écouter, Eumolpe, sous prétexte de n'être pas encore instruit, me supplia d'accorder un nouveau délai. Dion, au contraire, insista pour être jugé. On dit de part et d'autre beaucoup de choses qui regardaient même le fond. Mais comme je pensai qu'il ne fallait rien précipiter, et qu'il était à propos de vous consulter dans une affaire qui tire à conséquence, je dis aux parties de me remettre entre les mains leurs requêtes. Je voulais que vous fussiez instruit, par eux-mêmes, de leurs prétentions et de leurs raisons. Dion déclara qu'il me donnerait la sienne, et Eumolpe dit qu'il expliquerait ce qu'il demandait pour la république; et il ajouta, quant à ce qui

---

curiam admitti. Ego a destinatis censoribus, quid sentirem, interrogatus, eos quidem, qui minores XXX annis gessissent magistratum, putabam posse in senatum et secundum edictum Augusti, et secundum legem Pompeiam, legi; quoniam Augustus gerere magistratus minoribus annis XXX permisisset; lex senatorem esse voluisset, qui gessisset magistratum : de his autem, qui non gessissent, quamvis essent ætatis ejusdem, cujus illi, quibus gerere permissum est, hæsitabam. Per quod effectum est, ut te, Domine, consulerem, quid observari velles. Capita legis, tum edictum Augusti, litteris subjeci.

LXXXIV.

TRAJANUS PLINIO S.

Interpretationi tuæ, mi Secunde carissime, idem existimo : hactenus edicto divi Augusti novatam esse legem Pompeiam, ut magistratum quidem capere possint ii, qui non minores duorum et viginti annorum essent; et qui accepissent, in senatum cujusque civitatis pervenirent. Cæterum, non capto magistratu, eos, qui minores XXX annorum sint, quia magistratum capere possint, in curiam etiam loci cujusque non existimo legi posse.

LXXXV.

C. PLINIUS TRAJANO IMP. S.

Quum Prusæ ad Olympum, Domine, publicis negotiis intra hospitium, eodem die exiturus, vacarem, Asclepiades magistratus indicavit, appellatum me a Claudio Eumolpo, quum Cocceianus Dion in bule adsignari civitati opus, cujus curam egerat, vellet : tum Eumolpus adsistens Flavio Archippo dixit, exigendam esse a Dione rationem operis, antequam reipublicæ traderetur, quod aliter fecisset ac debuisset. Adjecit etiam, esse in eodem opere positam tuam statuam, et corpora sepultorum, uxoris Dionis, et filii : postulavitque, ut cognoscerem pro tribunali. Quod quum ego me protinus facturum dilaturumque profectionem dixissem; ut longiorem diem ad instruendam caussam darem, utque in alia civitate cognoscerem, petiit. Ego me auditurum Nicææ, respondi : ubi quum sedissem cogniturus, idem Eumolpus, tanquam adhuc parum instructus, dilationem petere cœpit : contra Dion, ut audiretur, exigere : dicta sunt utrimque multa etiam de caussa. Ego quum dandam dilationem et consulendum existimarem in re ad exemplum pertinenti, dixi utrique parti, ut postulationum suarum libellos darent. Volebam

concernait les sépultures, qu'il n'était point l'accusateur de Dion, mais l'avocat de Flavius Archippus, auquel il avait, sur ce qui regardait l'ouvrage seulement, prêté son ministère. Archippus, pour qui Eumolpe plaidait aussi bien que pour la ville de Pruse, dit qu'il me remettrait ses mémoires. Cependant, quoiqu'un temps considérable se soit écoulé depuis, je n'ai encore rien vu de la part d'Eumolpe, ni d'Archippus. Dion seul m'a remis son mémoire, joint à cette lettre. Je me suis transporté sur le lieu : on m'y a montré votre statue dans une bibliothèque. Quant à l'endroit où la femme et les fils de Dion sont enterrés, c'est une grande cour, enfermée de galeries. Je vous supplie, seigneur, de vouloir bien m'éclairer dans le jugement de cette espèce d'affaire. Sa décision tient ici tout le monde en suspens ; elle est d'ailleurs nécessaire, soit parce que le fait est certain et publiquement reconnu, soit parce qu'il est soutenu de plus d'un exemple.

LETTRE LXXXVI.
TRAJAN A PLINE.

Vous ne deviez pas hésiter, mon très-cher Pline, sur la question que vous me proposez. Vous savez fort bien que ce n'est pas mon intention de m'attirer le respect par la crainte et par la terreur, ou par des accusations du crime de lèse-majesté. Laissez donc là cette accusation, que je ne permettrais pas de recevoir, quand il y en aurait des exemples. Mais prenez connaissance de ce qui regarde l'ouvrage entrepris par Coccéianus Dion, et réglez les contestations formées sur cela, puisque l'utilité de la ville le demande, et que Dion s'y soumet, ou s'y doit soumettre.

LETTRE LXXXVII.
PLINE A L'EMPEREUR TRAJAN.

Les Nicéens, seigneur, m'ont conjuré, par tout ce qui m'est et me doit être plus sacré, c'est-à-dire par vos jours et par votre gloire immortelle, de vous envoyer leurs très-humbles supplications ; et je n'ai pas cru qu'il me fût permis de le leur refuser. J'ai joint à cette lettre la requête qu'ils m'ont remise.

LETTRE LXXXVIII.
TRAJAN A PLINE.

Les Nicéens prétendent avoir reçu d'Auguste le privilége de recueillir la succession de ceux de leurs citoyens qui meurent sans avoir fait de testament. Examinez cette affaire en présence des parties intéressées, et avec Gémellinus et Épimachus mon affranchi, tous deux mes procureurs ; et, après avoir pesé toutes les raisons de part et d'autre, ordonnez ce qui vous paraîtra le plus juste.

LETTRE LXXXIX.
PLINE A L'EMPEREUR TRAJAN.

Je souhaite, seigneur, que ce jour, où nous célébrons votre naissance, soit heureux pour vous, et suivi d'une infinité d'autres plus heureux encore ; que vous jouissiez, dans une longue et parfaite santé, de cette immortelle gloire que vous ont méritée vos vertus ; qu'elle puisse croître

enim te ipsorum potissimum verbis ea, quæ erant proposita, cognoscere. Et Dion quidem se daturum dixit : et Eumolpus respondit, complexurum se libello, quæ reipublicæ peteret. Cæterum, quod ad sepultos pertinet, non accusatorem se, sed advocatum Flavii Archippi, cujus mandata pertulisset. Archippus, cui Eumolpus, sicut Prusæ, adsistebat, dixit se libellum daturum. Ita nec Eumolpus, nec Archippus, quam plurimis diebus exspectati, adhuc mihi libellos dederunt : Dion dedit, quem huic epistolæ junxi. Ipse in re præsenti fui, et vidi tuam quoque statuam in bibliotheca positam : id autem, in quo dicuntur sepulti filius et uxor Dionis, in area collocatum, quæ porticibus includitur. Te, Domine, rogo, ut me in hoc præcipue genere cognitionis regere digneris, quum alioqui magna sit exspectatio ; ut necesse sit, in ea re, quæ et in confessum venit, et exemplis defenditur, deliberare.

LXXXVI.
TRAJANUS PLINIO S.

Potuisti non hærere, mi Secunde carissime, circa id, de quo me consulendum existimasti, quum propositum meum optime nosses, non ex metu nec terrore hominum, aut criminibus majestatis, reverentiam nomini meo adquiri. Omissa ergo ea quæstione, quam non admitterem, etiamsi exemplis adjuvaretur, ratio totius operis effecti sub cura tua Cocceiano Dioni excutiatur, quum et utilitas civitatis exigat, nec aut recuset Dion, aut debeat recusare.

LXXXVII.
C. PLINIUS TRAJANO IMP. S.

Rogatus, Domine, a Nicensibus publice per ea, quæ mihi et sunt et debent esse sanctissima, id est, per æternitatem tuam salutemque, ut preces suas ad te perferrem, fas non putavi negare ; acceptumque ab his libellum, huic epistolæ junxi.

LXXXVIII.
TRAJANUS PLINIO S.

Nicensibus, qui intestatorum civium suorum concessam vindicationem bonorum a divo Augusto adfirmant, debebis vacare, contractis omnibus personis ad idem negotium pertinentibus, adhibitis Virbio Gemellino, et Epimacho, liberto meo, procuratoribus ; ut, æstimatis etiam iis, quæ contra dicuntur, quod optimum credideritis, statuatis.

LXXXIX.
C. PLINIUS TRAJANO IMP. S.

Opto, Domine, et hunc natalem, et plurimos alios,

de plus en plus par des exploits accumulés sans nombre.

LETTRE XC.
TRAJAN A PLINE.

Je suis sensible, mon très-cher Pline, aux vœux que vous faites le jour de ma naissance, pour m'en obtenir une longue suite d'autres, au milieu de la gloire et du bonheur de la république.

LETTRE XCI.
PLINE A L'EMPEREUR TRAJAN.

Les habitants de Sinope, seigneur, manquent d'eau. Il y en a de fort bonne et en grande abondance, environ à seize milles de là, que l'on y pourrait conduire. Il se trouve cependant, dès la source, un endroit d'un peu plus de mille pas de long, dont le terrain est mou et suspect. J'ai donné ordre (et cela ne coûtera guère) que l'on sondât s'il peut soutenir un ouvrage solide. J'ai eu soin de ramasser l'argent nécessaire ; il ne nous manquera pas, si vous approuvez, seigneur, ce dessein en faveur de l'embellissement et de la commodité d'une colonie qui a très-grand besoin d'eau.

LETTRE XCII.
TRAJAN A PLINE.

Examinez avec soin, comme vous avez commencé, mon très-cher Pline, si ce lieu qui vous est suspect, peut porter l'ouvrage d'un aqueduc ; car je ne doute point que l'on ne doive donner de l'eau à la colonie de Sinope, si tant est que, par ses propres forces, elle puisse se procurer un avantage qui contribuera si fort à la rendre saine et agréable.

LETTRE XCIII.
PLINE A L'EMPEREUR TRAJAN.

La ville d'Amise, libre et alliée de Rome, se gouverne, sous votre bon plaisir, par ses lois. J'y ai reçu une requête qui regarde les collecteurs des impositions qu'ils font. Je l'ai jointe à cette lettre, afin que vous vissiez, seigneur, ce que l'on pouvait sur cela tolérer ou défendre.

LETTRE XCIV.
TRAJAN A PLINE.

Si les habitants d'Amise peuvent avoir des collecteurs aux termes de leurs lois, selon lesquelles, par le traité d'alliance, il leur est permis de vivre, nous ne devons pas les empêcher d'en avoir, et moins encore s'ils employaient les impositions qu'ils font, non à former des cabales et à faire des assemblées illicites, mais à soulager les pauvres. Dans toutes les autres villes sujettes à notre obéissance, il ne le faut point souffrir.

LETTRE XCV.
PLINE A L'EMPEREUR TRAJAN.

Il y a longtemps, seigneur, que, charmé des mœurs et de l'érudition de Suétone, je l'ai retiré

---

quam felicissimos agas; æternaque laude florentem virtutis tuæ gloriam, incolumis et fortis, aliis super alia operibus augeas.

XC.
TRAJANUS PLINIO S.

Agnosco vota tua, mi Secunde carissime, quibus precaris, ut plurimos et felicissimos natales florente statu reipublicæ nostræ agam.

XCI.
C. PLINIUS TRAJANO IMP. S.

Sinopenses, Domine, aqua deficiuntur; quæ videtur et bona et copiosa ab sextodecimo milliario posse perduci. Est tamen statim ab capite paullo amplius mille passibus locus suspectus et mollis; quem ego interim explorari modico impendio jussi, an recipere et sustinere opus possit. Pecunia, curantibus nobis, contracta non deerit, si tu, Domine, hoc genus operis et salubritati et amœnitati valde sitientis coloniæ indulseris.

XCII.
TRAJANUS PLINIO S.

Ut cœpisti, Secunde carissime, explora diligenter, an locus ille, quem suspectum habes, sustinere opus aquæductus possit. Neque enim dubitandum puto, quin aqua perducenda sit in coloniam Sinopensem, si modo et viribus suis ipsa id adsequi potest, quum plurimum ea res et salubritati et voluptati ejus collatura sit.

XCIII.
C. PLINIUS TRAJANO IMP. S.

Amisenorum civitas et libera et fœderata beneficio indulgentiæ tuæ legibus suis utitur. In hac datum mihi publice libellum, ad eranos pertinentem, his litteris subjeci, ut tu, Domine, dispiceres, quid et quatenus aut permittendum aut prohibendum putares.

XCIV.
TRAJANUS PLINIO S.

Amisenos, quorum libellum epistolæ tuæ junxeras, si legibus istorum, quibus de officio fœderis utuntur, concessum est eranos habere, possumus, quo minus habeant, non impedire, eo facilius, si tali collatione, non ad turbas et illicitos cœtus, sed ad sustinendam tenuiorum inopiam utuntur. In cæteris civitatibus, quæ nostro jure obstrictæ sunt, res hujusmodi prohibenda est.

XCV.
C. PLINIUS TRAJANO IMP. S.

Suetonium Tranquillum, probissimum, honestissimum, eruditissimum virum, et mores ejus sequutus et studia,

chez moi. Plus je l'ai vu de près, plus je l'ai aimé. Deux raisons sollicitent en sa faveur le privilége dont jouissent ceux qui ont trois enfants. L'une, il mérite que ses amis s'intéressent pour lui; l'autre, son mariage n'a pas été heureux, et il faut qu'à ma très-humble supplication, il obtienne de votre bonté ce que la malignité de la fortune lui a refusé. Je sais, seigneur, de quelle importance est la grâce que je vous demande; mais je ne vous la demande que parce que vous avez toujours très-favorablement exaucé mes vœux. Vous pouvez juger à quel point je souhaite cette faveur, puisque je ne prendrais pas un temps où je suis éloigné de vous pour vous la demander, si je ne la souhaitais que médiocrement.

LETTRE XCVI.

TRAJAN A PLINE.

Vous savez, mon très-cher Pline, combien je suis réservé sur ces sortes de grâces, puisque j'ai coutume d'assurer le sénat que je n'ai point encore passé le nombre dont je lui ai déclaré que je me contenterais. Je vous ai pourtant accordé ce que vous désiriez. Et afin que vous ne puissiez douter que vous n'ayez obtenu pour Suétone le privilége de ceux qui ont trois enfants, et sous la condition accoutumée, j'ai ordonné que le brevet en fût enregistré.

LETTRE XCVII.

PLINE A L'EMPEREUR TRAJAN.

Je me fais une religion, seigneur, de vous exposer tous mes scrupules; car qui peut mieux, ou me déterminer, ou m'instruire? Je n'ai jamais assisté à l'instruction et au jugement du procès d'aucun chrétien. Ainsi je ne sais sur quoi tombe l'information que l'on fait contre eux, ni jusqu'où l'on doit porter leur punition. J'hésite beaucoup sur la différence des âges. Faut-il les assujettir tous à la peine, sans distinguer les plus jeunes des plus âgés? Doit-on pardonner à celui qui se repent? ou est-il inutile de renoncer au christianisme quand une fois on l'a embrassé? Est-ce le nom seul que l'on punit en eux? ou sont-ce les crimes attachés à ce nom? Cependant voici la règle que j'ai suivie dans les accusations intentées devant moi contre les chrétiens. Je les ai interrogés s'ils étaient chrétiens. Ceux qui l'ont avoué, je les ai interrogés une seconde et une troisième fois, et je les ai menacés du supplice. Quand ils ont persisté, je les y ai envoyés. Car, de quelque nature que fût ce qu'ils confessaient, j'ai cru que l'on ne pouvait manquer à punir en eux leur désobéissance et leur invincible opiniâtreté. Il y en a eu d'autres, entêtés de la même folie, que j'ai réservés pour envoyer à Rome, parce qu'ils sont citoyens romains. Dans la suite, ce crime venant à se répandre, comme il arrive ordinairement, il s'en est présenté de plusieurs espèces. On m'a remis entre les mains un mémoire sans nom d'auteur, où l'on accuse d'être chrétiens différentes personnes qui nient de l'être et de l'avoir jamais été. Elles ont, en ma présence, et dans les termes que je leur prescrivais, invoqué les dieux, et offert de

jampridem, Domine, in contubernium adsumpsi, tantoque magis diligere cœpi, quanto hunc propius inspexi. Huic jus trium liberorum necessarium faciunt duæ caussæ. Nam et judicia amicorum promereretur, et parum felix matrimonium expertus est : impetrandumque a bonitate tua per nos habet, quod illi fortunæ malignitas denegavit. Scio, Domine, quantum beneficium petam. Sed peto a te, cujus in omnibus desideriis meis plenissimam indulgentiam experior. Potes autem colligere, quantopere cupiam, quod non rogarem absens, si mediocriter cuperem.

XCVI.

TRAJANUS PLINIO S.

Quam parce hæc beneficia tribuam, utique, mi Secunde carissime, hæret tibi, quum etiam in senatu adfirmare soleam, non excessisse me numerum, quem apud amplissimum ordinem suffecturum mihi professus sum : tuo tamen desiderio subscripsi; et ut scias dedisse me jus trium liberorum Suetonio Tranquillo ea conditione, qua adsuevi, referri in commentarios meos jussi.

XCVII.

C. PLINIUS TRAJANO IMP. S.

Solenne est mihi, Domine, omnia, de quibus dubito, ad te referre. Quis enim potest melius vel cunctationem meam regere, vel ignorantiam instruere? Cognitionibus de christianis interfui nunquam : ideo nescio, quid et quatenus aut puniri soleat, aut quæri. Nec mediocriter hæsitavi, sitne aliquod discrimen ætatum, an quamlibet teneri nihil a robustioribus differant; detur pœnitentiæ venia, an ei, qui omnino christianus fuit, desisse non prosit; nomen ipsum, etiamsi flagitiis careat, an flagitia cohærentia nomini, puniantur. Interim in iis, qui ad me tanquam christiani deferebantur, hunc sum sequutus modum. Interrogavi ipsos, an essent christiani : confitentes iterum ac tertio interrogavi, supplicium minatus : perseverantes duci jussi. Neque enim dubitabam, qualecumque esset, quod faterentur, pervicaciam certe, et inflexibilem obstinationem debere puniri. Fuerunt alii similis amentiæ : quos, quia cives romani erant, adnotavi in urbem remittendos. Mox ipso tractatu, ut fieri solet, diffundente se crimine, plures species inciderunt. Propositus est libellus sine auctore, multorum nomina continens, qui negarent se esse christianos, aut fuisse, quum, præeunte me, deos appellarent, et imagini tuæ, quam propter hoc jusseram cum simulacris numinum adferri, thure ac vino supplicarent, præterea maledicerent Christo : quorum nihil cogi posse dicuntur, qui sunt revera christiani : ergo dimittendos putavi. Alii ab indice nominati, esse se christianos dixerunt, et mox negaverunt; fuisse quidem, sed desisse : quidam ante triennium, quidam ante plures annos, nemo etiam ante viginti quoque. Omnes et

l'encens et du vin à votre image, que j'avais fait apporter exprès avec les statues de nos divinités; elles se sont même emportées en imprécations contre Christ. C'est à quoi, dit-on, l'on ne peut jamais forcer ceux qui sont véritablement chrétiens. J'ai donc cru qu'il les fallait absoudre. D'autres, déférés par un dénonciateur, ont d'abord reconnu qu'ils étaient chrétiens; et aussitôt après ils l'ont nié, déclarant que véritablement ils l'avaient été, mais qu'ils ont cessé de l'être, les uns, il y avait plus de trois ans, les autres depuis un plus grand nombre d'années; quelques-uns, depuis plus de vingt. Tous ces gens-là ont adoré votre image et les statues des dieux; tous ont chargé Christ de malédictions. Ils assuraient que toute leur erreur ou leur faute avait été renfermée dans ces points : qu'à un jour marqué, ils s'assemblaient avant le lever du soleil, et chantaient tour à tour des vers à la louange de Christ, comme s'il eût été dieu; qu'ils s'engageaient par serment, non à quelque crime, mais à ne point commettre de vol, ni d'adultère; à ne point manquer à leur promesse; à ne point nier un dépôt : qu'après cela ils avaient coutume de se séparer, et ensuite de se rassembler pour manger en commun des mets innocents; qu'ils avaient cessé de le faire depuis mon édit, par lequel, selon vos ordres, j'avais défendu toutes sortes d'assemblées. Cela m'a fait juger d'autant plus nécessaire d'arracher la vérité par la force des tourments à deux filles esclaves qu'ils disaient être dans le ministère de leur culte; mais je n'y ai découvert qu'une mauvaise superstition portée à l'excès; et, par cette raison, j'ai tout suspendu pour vous demander vos ordres. L'affaire m'a paru digne de vos réflexions, par la multitude de ceux qui sont enveloppés dans ce péril : car un très-grand nombre de personnes de tout âge, de tout ordre, de tout sexe, sont et seront tous les jours impliquées dans cette accusation. Ce mal contagieux n'a pas seulement infecté les villes, il a gagné les villages et les campagnes. Je crois pourtant que l'on y peut remédier, et qu'il peut être arrêté. Ce qu'il y a de certain, c'est que les temples, qui étaient presque déserts, sont fréquentés, et que les sacrifices, longtemps négligés, recommencent. On vend partout des victimes, qui trouvaient auparavant peu d'acheteurs. De là, on peut juger quelle quantité de gens peuvent être ramenés de leur égarement, si l'on fait grâce au repentir.

LETTRE XCVIII.

TRAJAN A PLINE.

Vous avez, mon très-cher Pline, suivi la voie que vous deviez dans l'instruction du procès des chrétiens qui vous ont été déférés; car il n'est pas possible d'établir une forme certaine et générale dans cette sorte d'affaires. Il ne faut pas en faire perquisition : s'ils sont accusés et convaincus, il les faut punir. Si pourtant l'accusé nie qu'il soit chrétien, et qu'il le prouve par sa conduite, je veux dire en invoquant les dieux, il faut pardonner à son repentir, de quelque soupçon qu'il ait été auparavant chargé. Au reste, dans nul genre de crime l'on ne doit recevoir des dénonciations qui ne soient souscrites de personne; car cela est d'un pernicieux exemple, et très-éloigné de nos maximes.

LETTRE XCIX.

PLINE A L'EMPEREUR TRAJAN.

La ville d'Amastris, seigneur, qui est fort

---

imaginem tuam, deorumque simulacra venerati sunt : ii et Christo maledixerunt. Adfirmabant autem, hanc fuisse summam vel culpæ suæ, vel erroris, quod essent soliti stato die ante lucem convenire; carmenque Christo, quasi deo, dicere secum invicem, seque sacramento non in scelus aliquod obstringere, sed ne furta, ne latrocinia, ne adulteria committerent, ne fidem fallerent, ne depositum appellati abnegarent : quibus peractis morem sibi discedendi fuisse, rursusque coeundi ad capiendum cibum, promiscuum tamen, et innoxium : quod ipsum facere desisse post edictum meum, quo secundum mandata tua hetærias esse vetueram. Quo magis necessarium credidi, ex duabus ancillis, quæ ministræ dicebantur, quid esset veri, et per tormenta quærere. Sed nihil aliud inveni, quam superstitionem pravam et immodicam, ideoque, dilata cognitione, ad consulendum te decurri. Visa est enim mihi res digna consultatione, maxime propter periclitantium numerum. Multi enim omnis ætatis, omnis ordinis, utriusque sexus etiam, vocantur in periculum, et vocabuntur. Neque enim civitates tantum, sed vicos etiam atque agros superstitionis istius contagio pervagata est : quæ videtur sisti et corrigi posse. Certe satis constat, prope jam desolata templa cœpisse celebrari, et sacra sollennia diu intermissa repeti, passimque venire victimas, quarum adhuc rarissimus emptor inveniebatur. Ex quo facile est opinari, quæ turba hominum emendari possit, si fiat pœnitentiæ locus.

XCVIII.

TRAJANUS PLINIO S.

Actum, quem debuisti, mi Secunde, in excutiendis caussis eorum, qui christiani ad te delati fuerant, sequutus es. Neque enim in universum aliquid, quod quasi certam formam habeat, constitui potest. Conquirendi non sunt : si deferantur et arguantur, puniendi sunt : ita tamen, ut, qui negaverit se christianum esse, idque re ipsa manifestum fecerit, id est, supplicando diis nostris, quamvis suspectus in præteritum fuerit, veniam ex pœnitentia impetret. Sine auctore vero propositi libelli, nullo crimine locum habere debent : nam et pessimi exempli, nec nostri sæculi est.

XCIX.

C. PLINIUS TRAJANO IMP. S.

Amastrianorum civitas, Domine, et elegans et ornata,

propre et fort riante, a une très-belle et très-grande place, le long de laquelle est un courant d'eau que l'on nomme rivière, mais qui, dans la vérité, n'est qu'un vilain cloaque, dont la vue est aussi choquante que son odeur est empestée. Il n'importe donc pas moins à la santé des habitants qu'à la décoration de leur ville, de le couvrir d'une voûte : c'est ce que l'on fera, si vous le permettez. J'aurai soin que l'argent ne manque pas pour un ouvrage si grand et si nécessaire.

LETTRE C.

TRAJAN A PLINE.

Il est raisonnable, mon très-cher Pline, de couvrir d'une voûte ce courant d'eau, dont les exhalaisons sont préjudiciables à la santé des habitants d'Amastris. Je suis très-persuadé que votre application ordinaire ne laissera pas manquer l'argent nécessaire à cet ouvrage.

LETTRE CI.

PLINE A L'EMPEREUR TRAJAN.

Nous nous sommes acquittés, seigneur, avec beaucoup d'ardeur et de joie, des vœux que nous avions faits pour vous l'année précédente, et nous en avons fait de nouveaux. Les troupes et les peuples y ont également signalé leur zèle. Nous avons prié les dieux pour votre santé et pour la prospérité de votre empire; et nous les avons conjurés de veiller à votre conservation, avec cette bonté que vous avez méritée d'eux par les plus grandes et les plus excellentes vertus, mais particulièrement par votre piété, et par le culte religieux que vous leur rendez.

LETTRE CII.

TRAJAN A PLINE.

J'apprends avec plaisir, mon très-cher Pline, qu'à la tête des troupes et des peuples, vous avez acquitté vos anciens vœux, et que vous en avez fait de nouveaux pour ma santé.

LETTRE CIII.

PLINE A L'EMPERETR TRAJAN.

Nous avons solennisé, avec beaucoup de zèle, le jour où une heureuse succession vous a chargé de la tutelle du genre humain; et nous avons recommandé aux dieux, qui vous ont donné l'empire, l'accomplissement des vœux publics et l'objet de toute notre joie.

LETTRE CIV.

TRAJAN A PLINE.

J'ai eu beaucoup de satisfaction, mon très-cher Pline, de ce qu'à la tête des troupes et des peuples, vous avez célébré le jour de mon avénement à l'empire, avec tout le zèle et toute la joie possibles.

LETTRE CV.

PLINE A L'EMPEREUR TRAJAN.

Valérius Paulinus, seigneur, m'a laissé le droit de patronage qu'il avait sur ses affranchis, et n'en a excepté qu'un seul. Je vous supplie aujourd'hui de vouloir bien accorder le droit de bourgeoisie seulement à trois d'entre eux; car

---

habet inter præcipua opera pulcherrimam, eamdemque longissimam, plateam : cujus a latere per spatium omne porrigitur nomine quidem flumen, re vero cloaca fœdissima : quæ sicut turpis et immundissima adspectu, ita pestilens est odore teterrimo. Quibus ex caussis, non minus salubritatis quam decoris interest, eam contegi : quod fiet, si permiseris, curantibus nobis, ne desit quoque pecunia operi tam magno, quam necessario.

C.

TRAJANUS PLINIO S.

Rationis est, mi Secunde carissime, contegi aquam istam, quæ per civitatem Amastrianorum fluit, si intecta salubritati obest. Pecunia ne huic operi desit, curaturum te secundum diligentiam tuam, certum habeo.

CI.

C. PLINIUS TRAJANO IMP. S.

Vota, Domine, priorum annorum nuncupata alacres lætique persolvimus, novaque rursus, curante commilitonum et provincialium pietate, suscepimus : precati deos, ut te remque publicam florentem et incolumem ea benignitate servarent, quam super magnas plurimasque virtutes, præcipue sanctitate consequi, deorum honore meruisti.

CII.

TRAJANUS PLINIO S.

Solvisse vota diis immortalibus, te præeunte, pro mea incolumitate, commilitones cum provincialibus lætissimo consensu, in futurumque nuncupasse, libenter, mi Secunde carissime, cognovi litteris tuis.

CIII.

C. PLINIUS TRAJANO IMP. S.

Diem, in quem tutela generis humani felicissima successione translata est, debita religione celebravimus, commendantes diis, imperii tui auctoribus, et vota publica et gaudia.

CIV.

TRAJANUS PLINIO S.

Diem imperii mei debita lætitia et religione a commilitonibus et provincialibus, præeunte te, celebratum, libenter, mi Secunde carissime, cognovi litteris tuis.

CV.

C. PLINIUS TRAJANO IMP. S.

Valerius, Domine, Paullinus, excepto uno, jus Lati-

Je craindrais qu'il n'y eût trop d'indiscrétion à demander à la fois la même grâce pour tous. Plus vous me prodiguez votre bienveillance, plus je dois la ménager. Ceux pour qui je vous adresse mes très-humbles prières sont C. Valérius Æstius, C. Valérius Dyonisius, C. Valérius Aper.

LETTRE CVI.

TRAJAN A PLINE.

La prière que vous me faites en faveur de ceux que Valérius Paulinus a confiés à votre foi est si pleine d'honneur, qu'afin que vous sachiez que j'ai donné le plein droit de bourgeoisie romaine à ceux pour qui vous me l'avez demandé, j'en ai fait à l'instant enregistrer le don, prêt à l'accorder à tous les autres pour qui vous souhaiterez une même grâce.

LETTRE CVII.

PLINE A L'EMPEREUR TRAJAN.

Publius Accius Aquila, capitaine de la sixième cohorte à cheval, m'a prié de vous envoyer sa requête, par laquelle il vous supplie d'accorder le droit de bourgeoisie romaine à sa fille. J'ai cru qu'il y aurait de la dureté à le refuser, connaissant avec quelle douceur et avec quelle bonté vous écoutez les prières des soldats.

LETTRE CVIII.

TRAJAN A PLINE.

J'ai lu la requête que vous m'avez envoyée au nom de Publius Accius Aquila, capitaine de la sixième cohorte à cheval. J'ai accordé, à sa prière, le droit de bourgeoisie romaine pour sa fille, et je vous en ai envoyé le brevet, pour le lui rendre.

LETTRE CIX.

PLINE A L'EMPEREUR TRAJAN.

Je vous supplie, seigneur, de m'apprendre quel droit il vous plaît que l'on accorde aux villes de Bithynie et de Pont sur les biens de leurs débiteurs, et pour les sommes dont elles sont créancières, soit pour loyers et pour prix de ventes, soit pour d'autres causes. Je trouve que la plupart des gouverneurs leur ont accordé la préférence sur tous les créanciers chirographaires, et que cela s'est établi comme une loi. Je crois pourtant qu'il serait à propos que vous voulussiez bien faire sur cela quelque règlement certain, qui assurât à l'avenir leur état. Car ce que d'autres ont ordonné, quoique avec sagesse, ne se soutiendra pas, si votre autorité ne le confirme.

LETTRE CX.

TRAJAN A PLINE.

Le droit dont doivent user les villes de Bithynie et de Pont sur les biens de leurs débiteurs se doit prendre dans les lois particulières à chacune d'elles; car si elles ont un privilége de préférence à tous les autres créanciers, il le leur faut conserver. Que si elles ne l'ont pas, je ne dois pas le leur donner au préjudice des particuliers.

---

norum suorum mihi reliquit : ex quibus rogo tribus interim jus Quiritium des. Vereor enim, ne sit immodicum, pro omnibus pariter invocare indulgentiam tuam ; qua debeo tanto modestius uti, quanto pleniorem experior. Sunt autem, pro quibus peto, C. Valerius Æstiæus, C. Valerius Dionysius, C. Valerius Aper.

CVI.

TRAJANUS PLINIO S.

Quum honestissime iis, qui apud fidem tuam a Valerio Paullino depositi sunt, consultum velis mature per me; iis interim, quibus nunc petisti, ut scias dedisse me jus Quiritium, referri in commentarios meos jussi, idem facturus in cæteris, pro quibus petieris.

CVII.

C. PLINIUS TRAJANO IMP. S.

Rogatus, Domine, a P. Accio Aquila, centurione cohortis sextæ equestris, ut mitterem tibi libellum, per quem indulgentiam pro statu filiæ suæ implorat, durum putavi negare, quum scirem, quantam soleres militum precibus patientiam humanitatemque præstare.

CVIII.

TRAJANUS PLINIO S.

Libellum P. Accii Aquilæ, centurionis cohortis sextæ equestris, quem mihi misisti, legi : cujus precibus motus dedi filiæ ejus civitatem romanam. Libellum rescripti, quem illi redderes, misi tibi.

CIX.

C. PLINIUS TRAJANO IMP. S.

Quid habere juris velis et Bithynas et Ponticas civitates in exigendis pecuniis, quæ illis vel ex locationibus, vel ex venditionibus aliisve caussis debeantur, rogo, Domine, rescribas. Ego inveni, a plerisque proconsulibus concessam eis protopraxian, eamque pro lege valuisse. Existimo tamen tua providentia constituendum aliquid et sanciendum, per quod utilitatibus eorum in perpetuum consulatur. Nam quæ sunt ab aliis instituta, sint licet sapienter induita, brevia tamen et infirma sunt, nisi illis tua contingat auctoritas.

CX.

TRAJANUS PLINIO S.

Quo jure uti debeant Bithynæ vel Ponticæ civitates in iis pecuniis, quæ ex quaque caussa reipublicæ debebuntur, ex lege cujusque animadvertendum est. Nam sive habent privilegium, quo cæteris creditoribus anteponantur, custodiendum est; sive non habent, in injuriam privatorum id dari a me non oportebit.

LETTRE CXI.

PLINE A L'EMPEREUR TRAJAN.

Le procureur-syndic de la ville des Amiséniens a poursuivi devant moi Jules Pison, pour la restitution de quarante mille deniers qui lui ont été donnés par la ville, du consentement de leur sénat, et s'est fondé sur vos édits, qui défendent ces sortes de donations. Pison a soutenu, au contraire, qu'il avait fait beaucoup de largesses à la ville, et qu'il avait presque épuisé tout son bien pour elle. Il s'est retranché d'ailleurs dans l'espace de temps qui s'est écoulé depuis, et a demandé qu'on ne lui arrachât pas, avec l'honneur, ce qui lui avait été donné depuis tant d'années, et qui lui avait tant coûté. J'ai cru, par ces raisons, que je devais suspendre mon jugement jusqu'à ce que j'eusse appris, seigneur, vos intentions.

LETTRE CXII.

TRAJAN A PLINE.

Comme mes édits défendent les largesses qui se font des deniers publics, aussi la sûreté du grand nombre de particuliers dont la fortune serait renversée, si l'on révoquait toutes les donations de cette espèce, faites depuis un certain temps, demande que l'on n'y touche pas. Laissons donc subsister les actes de cette nature, faits il y a plus de vingt ans. Car je ne veux pas avoir moins d'attention au repos des habitants de chaque ville, qu'à la conservation des deniers publics.

LETTRE CXIII.

PLINE A L'EMPEREUR TRAJAN.

La loi Pompéia, seigneur, qui s'observe dans la Bithynie et dans le royaume de Pont, n'assujettit point ceux qui sont choisis par les censeurs pour avoir entrée au sénat, à donner de l'argent; mais ceux qui n'y sont entrés que par votre faveur, et par la permission que vous avez donnée à quelques villes d'ajouter de nouveaux sénateurs aux anciens, ont payé au trésor public, les uns mille deniers, les autres deux mille. Dans la suite, Anicius Maximus, gouverneur, a voulu que ceux même qui seraient choisis par les censeurs payassent en quelques villes seulement, les uns une somme, les autres une autre. C'est à vous, seigneur, à régler si à l'avenir tous ceux qui seront choisis pour sénateurs payeront également par toutes les villes une somme fixe et certaine pour leur entrée. Car les lois qui doivent éternellement subsister, il n'appartient qu'à vous de les faire, vous, seigneur, aux actions, aux discours de qui l'éternité est si justement due.

LETTRE CXIV.

TRAJAN A PLINE.

Je ne puis faire de loi générale pour toutes les villes de Bithynie, et qui règle si ceux qui sont admis dans leur sénat payeront ou non un droit d'entrée, et combien. Il me semble donc que, pour tenir à ce qui est toujours le plus sûr, il faut suivre la coutume de chaque ville. Je crois seulement qu'il serait juste d'exiger moins de ceux que l'on fait sénateurs malgré eux.

CXI.

C. PLINIUS TRAJANO IMP. S.

Ecdicus, Domine, Amisenorum civitatis petebat apud me ab Julio Pisone denariorum circiter XL millia, donata ei publice ante XX annos et bule et ecclesia consentiente: nitebaturque mandatis tuis, quibus ejusmodi donationes vetantur. Piso contra, plurima se in rempublicam contulisse, ac prope totas facultates erogasse, dicebat. Addebat etiam temporis spatium, postulabatque, ne id, quod pro multis et olim accepisset, cum eversione reliquæ dignitatis reddere cogeretur. Quibus ex caussis integram cognitionem differendam existimavi, ut te, Domine, consulerem, quid sequendum putares.

CXII.

TRAJANUS PLINIO S.

Sicut largitiones ex publico fieri mandata prohibent, ita, ne multorum securitas subruatur, factas ante aliquantum temporis retractari atque in irritum vindicari non oportet. Quidquid ergo ex hac caussa actum ante viginti annos erit, omittamus. Non minus enim hominibus cujusque loci, quam pecuniæ publicæ consultum volo.

CXIII.

C. PLINIUS TRAJANO IMP. S.

Lex Pompeia, Domine, qua Bithyni et Pontici utuntur, eos, qui in bulen a censoribus leguntur, dare pecuniam non jubet : sed ii, quos indulgentia tua quibusdam civitatibus super legitimum numerum adjicere permisit, et singula millia denariorum et bina intulerunt. Anicius deinde Maximus proconsul eos etiam, qui a censoribus legerentur, duntaxat in paucissimis civitatibus, aliud aliis, jussit inferre. Superest ergo, ut ipse dispicias, an in omnibus civitatibus certum aliquid omnes, qui deinde buleutæ leguntur, debeant pro introitu dare. Nam quod in perpetuum mansurum est, a te constitui decet, cujus factis dictisque debetur æternitas.

CXIV.

TRAJANUS PLINIO S.

Honorarium decurionatus omnes, qui in quaque civitate Bithyniæ decuriones fiunt, inferre debeant, necne, in universum ad me non potest statui. Id ergo quod semper tutissimum est, sequendum cujusque civitatis legem, puto, scilicet adversus eos, qui inviti fiunt decuriones. Existimo id acturos, ut erogatio cæteris præferatur.

LETTRE CXV.

PLINE A L'EMPEREUR TRAJAN.

La loi Pompéia, seigneur, permet aux villes de Bithynie de donner le droit de bourgeoisie à qui bon leur semble, pourvu que ce soient des citoyens, non d'une ville étrangère, mais de quelque autre ville de la province. La même loi énonce les raisons qui autorisent les censeurs à chasser quelqu'un du sénat, et il n'y est point fait mention de celui qui n'est pas citoyen du lieu. Quelques censeurs ont pris de là occasion de demander s'ils devaient chasser un homme qui était citoyen d'une autre ville que de la province. J'ai cru, seigneur, qu'il fallait savoir vos intentions sur cette affaire; parce que si la loi défend d'agréger un citoyen qui n'est pas d'une ville de la province, aussi elle n'ordonne pas que l'on chasse du sénat celui qui n'est pas citoyen. D'ailleurs, plusieurs personnes m'ont assuré qu'il n'y avait point de ville où il ne se trouvât grand nombre de sénateurs dans ce cas, et que l'on troublerait beaucoup de villes et de familles, sous prétexte d'une loi qui, dans ce chef, semblerait depuis longtemps abolie par un consentement tacite.

LETTRE CXVI.

TRAJAN A PLINE.

C'est avec raison, mon très-cher Pline, que vous avez balancé sur la décision de la question qui vous a été proposée par les censeurs, s'ils pouvaient choisir, pour sénateurs, des citoyens d'autres villes que de la leur, mais de la même province. Car vous pouviez être entraîné d'un côté par l'autorité de la loi, et de l'autre par l'ancienne coutume qui avait prévalu. Voici le tempérament que je crois devoir être pris. Ne touchons point au passé, laissons dans leur état ceux qui ont été faits sénateurs, quoique contre la disposition de la loi, et de quelque ville qu'ils soient. Mais suivons exactement, à l'avenir, la loi Pompéia, dont nous ne pourrions faire remonter l'observation aux temps passés, sans causer beaucoup de troubles.

LETTRE CXVII.

PLINE A L'EMPEREUR TRAJAN.

Ceux qui prennent la robe virile, qui font des noces, qui entrent en exercice d'une charge, ou qui consacrent quelque ouvrage public, ont coutume d'y inviter tout le sénat de la ville, même un grand nombre de personnes du peuple, et de leur donner à chacun un ou deux deniers. Je vous supplie de m'apprendre si vous approuvez ces cérémonies, et jusqu'où l'on doit les souffrir. Pour moi, comme j'ai cru, et peut-être avec raison, qu'il fallait permettre d'inviter, principalement en ces occasions de fêtes de famille, je crains aussi que ceux qui invitent quelquefois jusqu'à mille hommes et plus ne passent toutes les bornes permises, et ne tombent dans une espèce d'attroupement défendu.

LETTRE CXVIII.

TRAJAN A PLINE.

Vous n'avez pas tort, mon très-cher Pline, de craindre que cette manière de convier, ex-

CXV.
C. PLINIUS TRAJANO IMP. S.

Lege, Domine, Pompeia permissum bithynicis civitatibus adscribere sibi, quos vellent cives, dum civitatis non sint alienæ, sed suarum quisque civitatium, quæ sunt in Bithynia. Eadem lege sancitur, quibus de caussis senatu a censoribus ejiciantur : inter quas nihil de cive alicuio cavetur. Inde me quidam ex censoribus consulendum putaverunt, an ejicere deberent eum, qui esset alterius civitatis. Ego, quia lex, sicut adscribi civem alienum vetabat, ita ejici a senatu ob hanc caussam non jubebat : præterea quia ab aliquibus adfirmabatur mihi, in omni civitate plurimos esse buleutas ex aliis civitatibus, futurumque, ut multi homines multæque civitates concuterentur ea parte legis, quæ jampridem consensu quodam exolevisset; necessarium existimavi consulere te, quid servandum putares. Capita legis his litteris subjeci.

CXVI.
TRAJANUS PLINIO S.

Merito hæsisti, Secunde carissime, quid a te rescribi oporteret censoribus consulentibus, an legerent in senatum aliarum civitatium, ejusdem tamen provinciæ, cives. Nam et legis auctoritas, et longa consuetudo usurpata contra legem, in diversum movere te potuit. Mihi hoc temperamentum ejus placuit, ut ex præterito nihil novaremus, sed manerent, quamvis contra legem, adsciti quarumcunque civitatium cives, in futurum autem lex Pompeia observaretur : cujus vim si retro quoque velimus custodire, multa necesse est perturbari.

CXVII.
C. PLINIUS TRAJANO IMP. S.

Qui virilem togam sumunt, vel nuptias faciunt, vel ineunt magistratum, vel opus publicum dedicant, solent totam bulen, atque etiam e plebe non exiguum numerum vocare, binosque denarios vel singulos dare : quod an celebrandum, et quatenus, putes, rogo scribas. Ipse enim, sicut arbitror, non imprudenter, præsertim ex solennibus caussis concedendum jussi invitationes; ita vereor, ne ii, qui mille homines, interdum etiam plures, vocant, modum excedere, et in speciem dianomes incidere videantur.

CXVIII.
TRAJANUS PLINIO S.

Merito vereris, ne in speciem dianomes incidat invitatio, quæ et in numero modum excedit, et quasi per corpora, non viritim singulos ex notitia, ad solennes sportu-

cessive dans le nombre, et qui rassemble, pour des rétributions publiques, les corps entiers, et non les personnes de la connaissance particulière de ceux qui invitent, ne dégénère en attroupement. Mais moi, j'ai fait choix de votre prudence, dans la vue que vous réformeriez les abus de cette province, et que vous y feriez les règlements nécessaires pour lui procurer une perpétuelle tranquillité.

LETTRE CXIX.
PLINE A L'EMPEREUR TRAJAN.

Les athlètes, seigneur, prétendent que le prix que vous avez établi pour les vainqueurs, dans les combats isélastiques, leur est dû dès le jour qu'ils ont reçu leur couronne; qu'il importe peu quel jour ils font leur entrée solennelle dans leur patrie; qu'il ne faut regarder que de quel jour ils ont vaincu, et de quel jour par conséquent ils ont pu la faire. Au contraire, je suis de l'avis de ceux qui président à ces combats, et je crois (non pourtant sans douter bien fort) qu'il ne faut compter que du temps qu'ils ont fait leur entrée. Ces athlètes demandent encore leur rétribution pour le combat que vous avez depuis rendu isélastique, quoiqu'il ne le fût pas encore au temps qu'ils ont emporté la victoire. Ils disent, pour raison, que de même qu'on ne leur donne rien pour ces combats, qui ont cessé d'être isélastiques depuis qu'ils ont vaincu, aussi est-il juste de leur donner pour ceux qui le sont devenus. Je me trouve encore fort embarrassé sur cela, et je doute fort que l'on doive faire remonter les prix avant leur établissement, et les donner à ceux à qui ils n'avaient point été proposés, quand ils ont vaincu. Je vous supplie donc, Seigneur, de résoudre mes doutes, ou plutôt de vouloir bien interpréter vos grâces.

LETTRE CXX.
TRAJAN A PLINE.

La récompense assignée au vainqueur, dans les combats isélastiques, ne me paraît due que du jour qu'il a fait son entrée dans sa ville. Les rétributions pour les combats, qui, avant que je les eusse rendus isélastiques, ne l'étaient point, ne peuvent remonter au temps où elles n'étaient point établies. Et les changements survenus, soit dans les combats qui ont commencé à être isélastiques, soit dans ceux qui ont cessé de l'être, ne décident rien en faveur des athlètes; car, quoique la nature de ces combats change, on ne leur fait point rendre ce qu'ils ont une fois reçu.

LETTRE CXXI.
PLINE A L'EMPEREUR TRAJAN.

Jusqu'ici, seigneur, je n'ai donné de route à personne, ni pour d'autres affaires que pour les vôtres. Une nécessité imprévue m'a forcé de rompre cette loi que je m'étais faite. Sur la nouvelle que ma femme a reçue de la mort de son aïeul, elle a souhaité de se rendre au plus tôt auprès de sa grand'tante. Comme le plus grand mérite d'un si juste devoir consiste dans l'empressement, et que je savais que vous ne désapprouveriez pas un voyage où la tendresse pour ses proches l'engageait, j'ai cru qu'il y avait de la dureté à lui refuser cette route. Je vous mande ce détail, seigneur, parce que je me serais reproché de l'ingratitude, si, parmi tant de grâces dont vous m'avez comblé, je vous avais dissimulé celle-ci seule, que je n'ignorais pas ne tenir que de votre bonté pour moi. C'est la confiance que j'ai en elle qui m'a fait faire, comme si vous me l'aviez per-

---

las contrahit. Sed ego ideo prudentiam tuam elegi, ut formandis istius provinciæ moribus ipse moderareris, et ea constituas, quæ ad perpetuam ejus provinciæ quietem essent profutura.

CXIX.
C. PLINIUS TRAJANO IMP. S.

Athletæ, Domine, ea, quæ pro iselasticis certaminibus constituisti, deberi sibi putant statim ex eo die, quo sunt coronati. Nihil enim referre, quando sint patriam invecti, sed quando certamine vicerint, ex quo invehi possint. Ego contra scripto iselastici nomine itaque eorum vehementer addubitem, an sit potius id tempus, quo εἰσήλασαν, intuendum. Iidem obsonia petunt pro eo agone, qui a te iselasticus factus est, quamvis vicerint ante, quam fieret. Aiunt enim congruens esse, sicut non datur sibi pro his certaminibus, quæ esse iselastica, postquam vicerint, desierunt, ita pro iis dari, quæ esse cœperunt. Hic quoque non mediocriter hæreo, ne cujusquam retro habeatur ratio, dandumque, quod tunc, quum vincerent, non debebatur. Rogo ergo, ut dubitationem meam regere, id est, beneficia tua interpretari ipse digneris.

CXX.
TRAJANUS PLINIO S.

Iselasticum tunc primum mihi videtur incipere deberi, quum quis in civitatem suam ipse εἰσήλασεν. Obsonia eorum certaminum, quæ iselastica esse placuit mihi, si ante iselastica non fuerunt, retro non debentur. Nec proficere pro desiderio athletarum potest, tam eorum, quæ postea iselastica lege constitui, quam, quum vincerent, esse desierunt. Mutata enim conditione certaminum, nihilominus, quæ ante perceperant, non revocantur.

CXXI.
C. PLINIUS TRAJANO IMP. S.

Usque in hoc tempus, Domine, neque cuiquam diplomata commodavi, neque in rem ullam, nisi tuam, misi: quam perpetuam servationem meam quædam necessitas rupit. Uxori enim meæ, audita morte avi, volenti ad amitam suam excurrere, usum eorum negare durum putavi, quum talis officii gratia in celeritate consisteret, sciremque, te rationem itineris probaturum, cujus caussa erat pietas. Hæc scripsi, quia mihi parum gratus tibi fore videbar, si dissimulassem inter alia beneficia hoc unum,

mis, ce que j'eusse fait trop tard, si j'eusse attendu votre permission.

LETTRE CXXII.

TRAJAN A PLINE.

Votre confiance en mon affection pour vous a été juste, mon très-cher Pline. Il n'y avait point à douter que la route que vous eussiez pu donner à votre femme lui eût été inutile, si vous aviez attendu à la lui remettre, que vous en eussiez reçu de moi la permission. Car sa diligence devait augmenter de beaucoup le plaisir que son arrivée devait faire à sa grand'-tante. »

quod me debere sciebam indulgentiæ tuæ, quod fiducia ejus, quasi consulto te, non dubitavi facere ; quem si consuluissem, sero fecissem.

CXXII.

TRAJANUS PLINIO S.

Merito habuisti, Secunde carissime, fiduciam animi mei. Nec dubitandum fuisset, si exspectasses, donec me consuleres, an iter uxoris tuæ diplomatibus, quæ officio tuo dedi, adjuvandum esset, usum eorum intentioni non profuisse, quum apud amitam suam uxor tua deberet etiam celeritate gratiam adventus sui augere.

NOTES

SUR LES LETTRES DE PLINE.

LIVRE I.

Lett. 1. *Septicio suo.* « A son ami Septicius. » Ce Septicius fut créé préfet du prétoire sous Adrien, et destitué bientôt après.

Lett. 2. *Ariano suo.* On prétend que c'est le même dont Pline fait l'éloge, liv. III, lett. 2.

Ζήλῳ. J'ai préféré ici la leçon qui dit Ζήλῳ, à celle qui porte *Stilo*, comme plus liée à ce qui suit. (D. S.)

Ἀηκύθους. Arculas pigmentarias. (D. S.)

Calvum, Calvus, orateur célèbre du temps de Cicéron. Ses ouvrages sont perdus.

Lett. 3. Πλατανῶν. Locus platanis consitus. (D. S.)

Lett. 5. *Marco Regulo.* Marcus Régulus, avocat sans clients, qui s'était déshonoré par ses délations sous le règne de Néron.

Rustici Aruleni. Rusticus Arulénus, l'un des citoyens les plus considérés de Rome. Il vivait sous Domitien, qui le fit mourir à cause de sa réputation.

Herennium Senecionem. Hérennius Sénécion, l'un des plus infâmes délateurs de cette époque, condamné à mort par Domitien, sur la déposition d'un autre misérable de son espèce, appelé Métius Carus.

Apud centumviros. Le tribunal des centumvirs, d'abord composé de cent juges, ensuite de cinq, et de cent quatre-vingts sous les empereurs.

Δυσκαθαίρετον. Eversu difficilem. (D. S.)

Lett. 7. Τῷ δ' ἑτερον μὲν ἔδωκε, etc. Huic autem alterum quidem dedit pater, alterum vero abnuit. Il. XVI, 250. (D.S.)

Ἡ, καὶ κυανέῃσιν, etc. Dixit, et nigris superciliis annuit Saturnius. Il. 1, 528. (D. S.)

Lett. 9. Μουσεῖον. Locus studiis destinatus. (D. S.)

Quum adolescentulus militarem. Pline avait à peu près vingt ans lorsqu'il fit sa première campagne en Syrie.

Nam distringor officio, etc. Pline parle de l'emploi de garde du trésor, auquel il fut appelé à l'âge d'environ trente-six ans.

Lett. 12. Κέκρικα. Statui. decrevi : scilicet mori. (D. S.)

Nonianum. Nonianus, historien célèbre dont les ouvrages sont perdus. Quintilien a parlé de lui.

Lett. 15. *Vel vulvas.* « Des viandes exquises. » Le texte dit des fressures de porc. (D. S.)

Lett. 18. Καὶ γάρ τ' ὄναρ, etc. Etenim somnium ab Jove est. (D. S.)

Λογισάμενος illud, εἷς οἰωνὸς ἄριστος, etc. Quum reputassem *illud*, unum augurium optimum, decertare pro patria. Il. XII, 243. (D. S.)

Lett. 20. Ἀρχέτυπον. Formam primigeniam retinens. (D. S.)

Πάντα denique λίθον κινῶ. Omnem *denique* lapidem moveo. (D. S.)

Πρὸς δὲ γ' αὐτοῦ, etc. Præter illius concitationem, suadela quædam insidebat labris, adeo delectabat, et solus rhetorum aculeum relinquebat in animis audientium. (D. S.)

Πειθώ. Suadela. (D. S.)

Ἔκηλει. Delectabat. (D. S.)

Ἤστραπτ', ἐβρόντα. Fulgurabat, tonabat, permiscebat Græciam. *Aristoph.* (D. S.)

Ἀμετροεπῆ. Immodice loquentem. *De Thersite.* Il. II, 212. (D. S.)

Καὶ τ' ἔπεα, etc. Et verba nivibus similia hibernis. Il. III, 252, *de Ulysse.* (D. S.)

Παῦρα μὲν, etc. Pauca quidem, sed valde argute. Il. III, 214, *de Menelao.* (D. S.)

Lett. 22. *Habitu corporis.* Tous ces stoïciens et ces prétendus philosophes, dont Horace s'est si bien moqué, se faisaient remarquer par leur extérieur singulier. Ils avaient la barbe longue, et cherchaient à en imposer par un air austère. Leur manteau était d'une forme particulière. Ils portaient une besace, et s'appuyaient en marchant sur un bâton. C'étaient là les insignes sinon de la sagesse, au moins de la philosophie.

Lett. 23. *Quid esse tribunatum putes.* Depuis l'avénement des empereurs, le tribunat n'avait plus ni autorité ni considération. Cette puissance, autrefois si redoutable, avait succombé avec la république.

LIVRE II.

Lett. 1. *Virginii Ruf.* Virginius Rufus, citoyen digne des anciens temps de la république. Tacite en fait un grand

éloge. Deux fois les soldats lui offrirent l'empire, après la mort de Néron et après celle d'Othon, et deux fois il le refusa, au risque d'être massacré.

Reservatum. J'ai suivi la leçon qui porte *reservatum*, et non celle qui porte *reservatus*, et qui ne m'a pas paru si belle. (D. S.)

Lett. 2. Μικραίτιος. In rebus parvulis querulus. (D S.)
Lett. 3. Νοήματα. Sententiæ. (D. S.)
Ἕξιν. Facultatem. (D. S.)
Ἀφιλόκαλον. Alienum ab homine rerum honestarum studioso. (D. S.)
Τί δέ, εἰ αὐτοῦ, etc. Quid si illam ipsam belluam audivissetis. (D. S.)
Λαμπροφωνότατος. Clarissima vero præditus (D. S.)
Lett. 11. Σεμνῶς. Graviter, et quadam cum majestate. (D. S.)
Λειτούργιον. Negotium publicum. (D. S.)
Lett. 12. Λειτούργιον. Même note que la précédente.

Lett. 14. *Istas majores natu solebant dicere*. Je hasarde ici la correction d'un mot du texte qui me paraît altéré. Je lis *istas solebant dicere*, qui fait un sens parfait, au lieu de *ista*, qui le gâte. (D. S.)

Ubi tam palam sportulæ. Les gens riches faisaient distribuer du pain et de la viande à ceux de leurs clients qui étaient misérables. C'était proprement une aumône. Beaucoup de poëtes médiocres n'avaient pas d'autres ressources pour vivre.

Σοφοκλεῖς. Acclamantes sapienter. (D. S.)
Ternis denariis. Le texte dit trois deniers, qui en valent environ vingt-quatre de notre monnaie. (D. S.)
Μεσόχορος. Qui medio in choro consistit.
Lett. 17. *Laurentinum*, etc. Laurente, petite ville à six lieues de Rome.
Lett. 20. *Signatum testamentum*. Invité à la signature. C'était une action de cérémonie chez les Romains. (D. S.)
Ἀλλά τι διατείνομαι, etc. Sed quid pluribus verbis contendo? (D. S.)

LIVRE III.

Lett. 5. *A Vulcanalibus*. Les fêtes de Vulcain se célébraient ordinairement au mois d'août. (D. S.)
Lett. 7. Φιλόκαλος. Rerum pulchrarum cupidus. (D. S.)
Ἀγαθῇ δ' ἔρις. Bona autem concertatio *hæc mortalibus*. Hésiod. (D. S.)
Lett. 8. *Tranquillo suo*. C'est Suétone l'historien. (D. S.)
Bætica. La Bétique, partie de l'Andalousie. (D. S.)
Ἀκοινώνητον. Incommunicabile, impatiens consortis. (D. S.)
Lett. 11. *Quum essent philosophi ab urbe summoti*. Les philosophes furent chassés de Rome et de l'Italie par Domitien, parce que Junius Rusticus, l'un d'eux, avait fait l'éloge de Thraséas et d'Helvidius, tous deux haïs du prince à cause de leur grande réputation et de leurs sentiments républicains. Junius Rusticus fut condamné à mort.
Lett. 16. *Ac sicut olim theatro, male musicos*, etc. C'est une allusion au règne de Néron, qui se piquait de chanter, et qui chantait mal. Il fallait former son chant sur le sien, et l'approuver. (D. S.)

LIVRE IV.

Lett. 1. *Tifernum*. Aujourd'hui *Città di Castello*. (D. S.)
Lett. 2. *Regulus emancipavit ut heres matris*. Elle avait institué héritier son fils, au cas qu'il fût émancipé par son père. (D. S.)
Lett. 3. *Homerici senis*. Vide Il. 1, 249. (D. S.)
Lett. 4. *Semestri tribunatu*. Une charge de tribun semestre, c'est-à-dire pour six mois. Les fonctions de tribun expiraient au bout de ce temps.
Lett. 7. Ἀμαθία μὲν θράσος, etc. Inscitia quidem audaciam, consideratio autem larditatem affert (*Thucydides*). (D. S.)
Ἐπάρας τὴν φωνὴν, etc. Adtollens vocem, et exsultabundus, et verba ex gutture promens (De corona). (D. S.)
Lett. 9. Πρόδρομον. Præcursoris officium fungentem. (D. S.)
Lett. 10. *Sic adscripsisse legatum*. La loi romaine ne reconnaissait pas les legs faits à des esclaves.
Lett. 11. *Declamaturus sum*. M. de Sacy a lu *dicens tristia*, etc., et il lie ces mots avec ce qui précède.
Albanam villam. Aujourd'hui Albano. (D. S.)
Nescio an innocens. M. de Sacy lit *nocens*. (D. S.)
Πολλὴν πρόνοιαν, etc. Magnam cautionem adhibuit ut decenter caderet (Ex Euripidis Hecuba). (D. S.)
Κεῖται Πάτροκλος. Jacet Patroclus. (Il. xviii, 20). (D. S.)
Lett. 13. *In Tusculum*. Tusculum, aujourd'hui Frascati. (D. S.)
Lett. 25. Ἀλλὰ ταῦτα τῶν. etc. Sed hæc supra nos; alii curæ erunt. *Nimirum Trajano, optimo principi*. (D. S.)
Lett. 27. Γιγνώσκων ὅτι etc. Sciens, quod talis sit, quales ii, quibuscum versari delectatur (Ex Euripidis Phœnice). (D. S.)

LIVRE V.

Lett. 2. *Solertiam Diomedis*. Diomède avait échangé des armes de fer contre des armes d'or, avec Glaucus. (D. S.)
Lett. 3. *Sotadicos intelligo*. Le vers sotadique, d'un poëte appelé Sotadès, qui s'en servit le premier. Ce vers n'était employé que dans le genre licencieux.
Lett. 4. *Res parva*, etc. « Je vais vous raconter une « chose peu importante, si vous ne remontez jusqu'au « principe. » Cela n'est pas bien clair, mais la phrase de Pline ne l'est pas davantage.
Lett. 6. *Acanthus*. Branche ursine. (D. S.)
Tusculanis, Tiburtinis, Prænestis. Aujourd'hui Frascati, Rivoli, Palestrine. (D. S.)
Lett. 8. *Si qua me quoque possim tollere humo*. Virg., Georg. 3. (D. S.)
Victorque virum volitare per ora. Virg., ibid. (D. S.)
Quanquam o. Æneid. v, 195. (D. S.)
Κτῆμα. Monumentum. (D. S.)
Ἀγώνισμα. Certamen. (D. S.)
Lett. 11. *Libera tandem*, etc. « Acquittez enfin la pro- « messe que mes vers... » Le texte porte hendécasyllabes. (D. S.)
Aut, cave ne eosdem illos libellos, etc. « Ne diffé- « rez donc plus à nous satisfaire, ou craignez que je n'ar- « rache par des vers aigres et piquants... » Le texte dit « que « je n'arrache par des scazons ce que les hendécasylla- « bes n'ont pu obtenir. » (D. S.)
Lett. 14. *Quum alii divinum me*. Allusion à la dignité d'augure dont il était revêtu. (D. S.)
Lett. 17. Ἐρωτοπαίγνιον. Joculare de rebus amatoriis carmen.
De Sacy donne à cet ouvrage le titre de *L'amour dupé*. On prétend que ce n'était pas le sujet du poëme de Pison. Quelques éditions portent καταστερισμῶν, qu'on traduit ainsi : *Les métamorphoses en astres*.

On a fait observer qu'il serait assez singulier que Pline, si connu par la pureté de ses mœurs, se montrât satisfait d'un poëme dont le sujet était celui-ci : *joculare de rebus amatoriis*, et qu'à propos de ce poëme il félicitât l'auteur de marcher sur les traces de ses ancêtres.

Cette remarque est peut-être fondée. Toutefois, s'il s'était rencontré un descendant de Tibulle ou de Properce qui se distinguât dans le même genre qu'eux, il nous semble que Pline lui-même aurait pu le féliciter de marcher sur les traces de ses ancêtres, sans qu'il y eût là-dedans rien d'extraordinaire.

Quant à ce titre : *Les métamorphoses en astres*, nous sommes obligés d'avouer que nous ne savons pas ce que cela veut dire.

Lett. 18. *Felicior antequam felicissimus fieret.* Pline parle ici de Nerva, à qui cette maison appartenait avant qu'il fût empereur. (D. S.)

Πατήρ δ' ὥς, etc. Erat mitis, ut pater (Odys. ιι, 47. (D. S.)

Lett. 20. Τὴν γὰρ ἀοιδήν, etc. Illam enim cantilenam magis celebrant homines quæ audientibus recentissima est (Odyss. ι, 351). (D. S.)

LIVRE VI.

Lett. 2. *Quod oculum modo dextrum, modo sinistrum.*

Le texte ajoute qu'il se frottait l'œil droit quand il plaidait pour le demandeur; l'œil gauche, quand il parlait pour le défenseur; et que, suivant cette règle, il transportait de l'un à l'autre sourcil le bandeau blanc dont il le cachait. Mais j'ai cru que ce détail présentait une image peu agréable aux lecteurs, et je donne cette note à la fidélité que je dois à l'auteur. (D. S.)

Binas vel singulas clepsydras. De Sacy a traduit : *une ou deux heures.* La clepsydre ne représentait pas exactement la durée d'une heure : c'était un peu plus ou un peu moins.

Lett. 4. *Calpurniæ suæ.* Calpurnie, seconde femme de Pline. Elle était fille de Pompéia Célérina. On prétend que Pline était âgé de 36 ans lorsqu'il l'épousa.

Voluptates regionisque abundantiam. Le texte ne dit pas en quoi consistait cette abondance, mais on ne peut guère l'entendre que du gibier et des fruits. (D. S.)

Lett. 5. *Jubentius Celsus.* Célèbre jurisconsulte sous Adrien. Il fut deux fois consul.

Ut in ludicro aliquo precabantur. Dans les combats de gladiateurs, le peuple demandait quelquefois grâce pour l'un des combattants. (D. S.)

Lett. 8. *Prisco suo.* On croit que c'est Nesiatius Priscus, consul sous Trajan. C'était un jurisconsulte célèbre. Adrien en fit un de ses conseillers.

Οὔτις ἐμεῦ ζῶντος, etc. Nullus, me vivente et super terram lucem intuente, tibi cavas apud naves manus afferet. Il. ι, 88. (D. S.)

Lett. 10. *Hic situs est Rufus*, etc. Virginius Rufus commandait les légions de Germanie. Ses soldats voulurent le forcer à accepter l'empire, qu'il refusa. Il leur résista au péril de sa vie.

Lett. 11. *Adhibitus in consilium.* Dans les affaires difficiles le juge prenait des assesseurs, comme font aujourd'hui les magistrats lorsqu'ils ne sont pas en nombre.

Os latinum. D'autres éditions portent *os planum;* ce qui a été traduit par une *prononciation nette*, au lieu de un *langage pur*, comme le dit de Sacy, d'après la leçon qu'il a adoptée, et qu'il a eu raison de suivre, à notre avis. Le *vox virilis*, à la suite de cet *os planum*, pris dans le sens de une *prononciation nette*, est une sorte de redondance, tandis que l'*os latinum* exprime une qualité toute particulière, et si nécessaire à l'orateur, que Pline n'a pas dû l'oublier dans l'éloge qu'il fait de ces deux jeunes gens.

Lett. 15. *Javolenus Priscus.* Jabolenus, suivant quelques-uns; jurisconsulte célèbre, du temps de Trajan. Son nom est cité avec éloge dans les Pandectes. Il avait été préteur, et chargé du gouvernement de l'Afrique et de la Syrie.

Stabiis. Stabie, ville de la Campanie, détruite pendant la guerre sociale.

Et statim concidit. Suétone raconte cette mort diféremment; voici la version : *Quum Misenensi classi præesset, et flagrante Vesuvio, ad explorandas propius causas liburnica pertendisset, neque adversantibus ventis remeare posset, vi pulveris ac favillæ oppressus est : vel, ut quidam existimant, a servo suo occisus, quem deficiens æstu, ut necem sibi maturaret, oraverat.*

Lett. 21. *Scripsit mimiambos.* Les mimiambes, petites pièces comiques qui se rapprochaient de nos vaudevilles.

Lett. 25. *Ocriculum.* Aujourd'hui Otricoli.

Lett. 27. *Nam recentia opera maxima principis.* Les dernières victoires remportées sur les Daces par Trajan, l'an 106.

Lett. 31. *Ad centum cellas.* Le palais des cent chambres. Ce palais était construit sur l'emplacement occupé aujourd'hui par la petite ville de *Cività-Vecchia*.

Damnata Julia legis. La loi Julia, destinée à réprimer la corruption des mœurs. D'après cette loi, une femme convaincue d'adultère était reléguée dans une île. La moitié de sa dot était confisquée, et on la privait du tiers de son bien.

Lett. 31. *Nec ille Polycletus.* Polyclète, affranchi de Néron, et l'un des compagnons de ses débauches.

Ἀκροάματα. Festivæ auditiones. (D. S.)

Lett. 33. *Tollite cuncta, inquit*, etc. Æneid. VIII, 439. (D. S.)

Revera, ut inter meas, pulchram. C'est de ce plaidoyer que Sidonius Apollinaris, dans sa lettre à Rusticus, dit que Pline remporta plus de gloire que de son panégyrique de Trajan. (D. S.)

Lett. 33. Ὡς ὑπὲρ Κτησιφῶντος. Harangue de Démosthène estimée la plus belle. (D. S.)

Lett. 34. *Veronensibus nostris.* Pline l'ancien était né à Vérone, ce qui explique le *nostris*.

Africanæ quas coemeras. Pantheræ, quas *Africanas* vocari solitas testis est Plinius major, VIII, c. 18 (D. S.)

LIVRE VII.

Lett. 1. *Udusque.* Le texte dit *unclusque*, qui ne forme aucun sens. Je substitue *udusque*, qui en forme un parfait. (D. S.)

Lett. 3. *Præsenti suo.* On ne sait précisément quel est ce Présens. On suppose qu'il était fils d'Antonin le philosophe.

Lett. 4. *In Icaria insula.* L'île d'Icarie, une des Sporades.

Asinii Galli. Asinius Gallus, orateur célèbre, fils d'Asinius Pollion. Il fit un parallèle de son père et de Cicéron. Dans cette pièce, il accusait Cicéron d'avoir aimé Tiron, son affranchi, comme une femme, s'autorisant d'une épigramme citée par Pline.

Lett. 5. *Calpurniæ suæ.* C'était sa femme. (D. S.)

Unum tempus his tormentis caret, quod in foro, etc. Je crois que le texte en cet endroit a été altéré, et qu'il faut *quod in foro et amicorum litibus contero*, au lieu de *quo in foro et amicorum litibus conteror*. La

premier est très-latin ; le second ne l'est pas. (D. S.) Toutes les éditions sont contraires à l'avis de M. Sacy.

Lett. 6. *Quo audito Passienus Crispus*, etc. J'ai ajouté ici : *très-éloquemment une très-petite cause* : ce qui n'est point dans le texte, parce que la plaisanterie, qui était encore présente du temps de Pline, ne pouvait être sans cela entendue. (D. S.)

Tacui. M. de Sacy lit *tacui*, d'autres lisent *non tacui*.

Lett. 14. *Partem vicesimam emisti.* La vingtième partie des héritages était acquise au fisc, en vertu de la loi Julia, rendue par Auguste en 759.

Lett. 16. *Liberorum jure.* Le citoyen qui avait trois enfants était affranchi des soins de tutelle. On le préférait aux autres candidats pour la nomination aux emplois. En outre, il avait droit à une triple portion de blé.

Annum remisisset. On ne pouvait pas remplir un emploi sans avoir l'âge fixé par la loi. L'âge avait été déterminé d'après la nature des fonctions, 31 ans pour la questure, 36 pour l'édilité, 40 pour la préture, 43 pour le consulat ; mais on accordait souvent des dispenses.

Ticenum, aujourd'hui Pavie. (D. S.)

Si vales vindicta liberare. Le texte dit *avec la baguette* : c'était la manière ordinaire d'affranchir un esclave ; on lui donnait un coup de baguette en présence du magistrat. (D. S.)

Lett. 18. *Tricena millia daturus.* C'était l'intérêt du principal pour lequel la vente avait été faite. (D. S.)

Lett. 24. *C. Cassii.* C. Cassius Longinus, célèbre jurisconsulte. Il avait été consul sous Tibère ; il fonda une école de droit, connue sous le nom d'école Cassienne.

Lett. 27. *Athenodorus.* Stoïcien, précepteur d'Auguste.

Lett. 29. *Monumentum Pallantis.* Pallas, ce célèbre affranchi de Claude, l'amant et le complice d'Agrippine, qu'il seconda dans toutes ses intrigues lorsqu'elle cherchait à élever son fils à l'empire.

LIVRE VIII.

Lett. 4. *Dacium*. La Dacie, aujourd'hui la Transylvanie.

Lett. 8. *Hispellatis.* Les Hispellates, habitants d'une petite colonie romaine établie dans l'Ombrie.

Lett. 14. *Potest esse unus atque idem*... M. de Sacy lit cette phrase ainsi; d'autres lisent *potest esse non unus atque idem.*

Lett. 17. *Anio.* L'Anio, aujourd'hui le Teverone. (D. S.)

Atque culmina. Les mots *atque culmina* ne sont pas dans quelques manuscrits. (D. S.)

Lett. 18. *Nam Curtius Mancia.* Casaubon, sur la foi de Tacite, veut qu'on le nomme *Curtilius Mantia*. (D. S.)

Lett. 24. *Aut nescire melius.* M. de Sacy a lu *aut scias melius.*

LIVRE IX.

Lett. 10. *Tacitus Plinio suo.* Cette lettre est une réponse de Tacite à la lettre 6e du 1er livre. Les éditeurs de la précédente édition de Sacy ne sont pas de cet avis, comme on le voit par cette petite note, que nous reproduisons ici :

« Ce sentiment n'est pas général, et les éditeurs ne font « aucune difficulté de croire que cette lettre est de Pline à « Tacite. »

Lett. 13. 'Ὦ γέρον, etc. O senex, sane multum te juvenes premunt bellatores (Il. viii, 102). (D. S.)

Lett. 23. Οὗτος ἐστι, etc. Hic est Demosthenes. (D. S.)

Lett. 25. *Inter aquilas.* Les aigles étaient les enseignes des armées romaines. (D. S.)

Lett. 26. Παράβολα. Audentia, temeraria. (D. S.)

Βράχε δ' εὑρεῖα, etc. Sonuit lata terra, circumque buccinavit magnum cœlum (Il. xxi, 387). (D. S.)

Ἥρι δ' ἔγχος, etc. In aere hasta reclinata. (Il. v, 356). (Ce passage ne se trouve point dans toutes les édit. M. de Sacy ne l'a point traduit.)

Ὡς δ' ὅτε χείμαρροι, etc. Ut autem quando torrentes fluvii, de montibus ruentes, in convallem conferunt impetuosam aquam (Il. iv, 452). (D. S.)

Ἄνθρωποι μιαροὶ, etc. Homines scelesti, et adulatores, et pestilentes (De corona). (D. S.)

Οὐ γὰρ λίθοις, etc. Non enim lapidibus struxi civitatem, neque lateribus ego (De corona). (D. S.)

Ταῦτα προὐβαλόμην, etc. Haec ego objiciebam ad defensionem Atticae, quantum erat humana consideratione possibile (de Corona). (D. S.)

Ἐγὼ δὲ οἶμαι μὲν, etc. Ego quidem opinor, viri Athenienses, illum ebrium esse profecto magnitudine rerum gestarum (Philipp. I). (D. S.)

Νόσημα γὰρ, etc. Morbus enim (De falsa legatione). (D. S.)

Τότε ἐγὼ μὲν, etc. Tunc ego quidem Pythoni audaci, et multum strepenti contra nos (De corona). (D. S.)

Ὅταν δὲ ἐκ, etc. Quum autem ex nimia habendi cupidate et pravitate quis, ut iste, potens fit, prima occasio, et vel levissimus casus, omnia inhibet et dissolvit (Olynt. I). (D. S.)

Ἀπεσχοινισμένος, etc. Quasi fune sejunctus et abstractus ab omnibus civitatis juribus et institutis cognitionibus trium judiciorum (Contra Aristogitona). (D. S.)

Σὺ τὸν εἰς ταῦτα, etc. Tu solitam pueris tribui misericordiam prodidisti, Aristogiton, potius vero sustulisti omnino. Ne sane ad eos portus, quos ipse prodidisti, et scopulis implevisti, confuge (Contra Aristogitona). (D. S.)

Δέδοικα μή, etc. Metuo ne videamini quibusdam, eum, qui semper velit esse malus, his, quae sunt in civitate, instruere : infirmus enim est omnis malus per se (Contra Aristogitona). (D. S.)

Τούτῳ δ' οὐδένα ὁρῶ, etc. Huic autem video nullum locorum istorum pervium esse, sed omnia praecipitia, confragosa loca, barathra (Contra Aristogitona). (D. S.)

Οὐδὲ γὰρ τοὺς, etc. Non enim majores existimo tribunalia haec construxisse, ut tales in his propagaretis ; sed contra ut arceretis, et puniretis, et nemo ambiret, neque concupisceret malignitatem (Contra Aristogitona). (D. S.)

Εἰ δὲ κάπηλός, etc. Si vero institor est malignitatis, et summus institor, et permutator (Contra Aristogitona). (D. S.)

Χρὴ γὰρ, ὦ ἄνδρες, etc. Oportet enim, viri Athenienses, idem loqui oratorem et legem ; quum autem aliam vocem emittit lex, aliam vero orator, legis aequitati oportet dare suffragium, non oratoris impudentiae. (Contra Ctesiphontem). (D. S.)

Ἔπειτα, ἀναφαίνεται, etc. Deinde convincitur omnia in decreto ad furtum scripsisse, decernens quinque talenta legatos Oritanos non nobis, sed Calliae dare. Quod autem vera dicam, auferens verborum ampullas, triremes, et jactantiam, ex ipso decreto lege (Contra Ctesiph.). (D. S.)

Καὶ μὴ ἐᾶτε, etc. Et ne sinatis ipsum in hos iniquitatis sermones inoiti et compellistere. (D. S.)

Ἀλλὰ ἐγκαθήμενοι, etc. Sed permanentes et considentes in concione, compellite ipsum, et concludite intra vos iniquitatis sermones, et ejus verborum observate, et cavete (Contra Ctesiph.). (D. S.)

46.

Σὺ δὲ ἑλκοποιεῖς, etc. Tu vero vulnera ingeris, et major tibi cura est quotidianarum orationum, quam salutis civitatis (Contra Ctesiph.). (D. S.)

Οὐκ ἀποπέμψετε τὸν ἄνθρωπον, etc. Non ejicietis hominem, tanquam communem Græcorum calamitatem? Aut comprehendentes tanquam rerum communium piratam, per ipsam rempublicam navigantem, pœna afficietis? (Contra Ctesiph.). (D. S.)

Lett. 33. *Hipponensis colonia.* Il y avait deux villes de ce nom en Afrique. Celle-ci était située près de Tunis.

Lett. 34. *Tranquillo suo.* A son ami Tranquillus; c'est Suétone l'historien. (D. S.)

Lett. 37. *Nisi te Kalendis.* C'était le jour où les consuls prenaient possession de leur charge. (D. S.)

LIVRE X.

Lett. 1. On a suivi, dans l'ordre des lettres de ce livre, la dernière édition faite par Boxhornius. (D. S.)

Lett. 2. *Imperator sanctissime.* Le texte dit *très-pieux empereur.* J'ai cru devoir rendre cette expression, et plusieurs semblables qui se trouvent dans d'autres lettres, par celle de *seigneur*, dont on se sert plus ordinairement. (D. S.)

Lett. 3. *A divo patre.* Le texte porte divin, parce qu'on déifiait les empereurs après leur mort. (D. S.)

Lett. 5. Νομοῦ Μεμφιτικοῦ. Præfecturæ Memphiticæ. (D. S.)

Lett. 6. *Posthumio Maximo.* M. de Sacy lit Maximus au lieu de Marinus. (Note de la précédente édition de la traduction de Sacy.)

Volentibus patronis. On appelait patron le maître qui avait donné la liberté à son esclave. (D. S.)

Lett. 8. *Vel septemviratum.* C'était un des sept prêtres de Jupiter, qui avait soin des festins qu'on lui faisait. (D. S.)

Lett. 10. *Nicomediam.* Nicomédie, capitale de la Bithynie. Pline était préfet de la province.

Lett. 15. *Epistolæ Lycormæ.* M. de Sacy traduit : les lettres de ce prince. C'est une erreur. Il s'agit des lettres de Lycormas. On voit que ce Lycormas était un affranchi de Trajan.

Lett. 23. *Ex qua nomo sit...* Le texte se sert du mot *nomo*, qui répond assez bien à nos petits gouvernements, dépendant des grands dans lesquels ils sont enfermés. (D. S.)

Ad Pompeium Plantam. Le texte dit, *mon ami Pompeius Planta.* (D. S.)

Lett. 26. Ὑπὲρ Μαλέαν. Supra, vel ultra Maleam, *Peloponnesi promontorium.* (D. S.)

Ita continua navigatione Etesiæ. Le texte dit Étésiens, c'est-à-dire de nord-est. (D. S.)

Lett. 32. *Reverentissime et officiosissime.* M. de Sacy a lu reverentissimæ et officiosissimæ. (Note de la précédente édition de Sacy.)

Lett. 34. *Prusenses.* Les habitants de Prusa, ville de Bithynie, située au pied du mont Olympe. (D. S.)

Lett. 42. *Sipho.* Pistons. Sorte de pompe propre à jeter l'eau en quantité dans l'endroit où il est nécessaire. (D. S.)

Collegium fabrorum. C'était une communauté de gens destinés à donner des secours dans les incendies. (D. S.)

Lett. 51. *Peritum ejus modi operum,* etc. Cette traduction est conforme au texte de Gronovius, suivi par M. Lallemand. M. de Sacy avait traduit d'après un autre texte : « Vous saurez de Calpurnius Macer ce qu'il contient « d'eau, et d'où elle lui vient; et moi je vous enverrai « d'ici un niveleur versé, etc. » (Note de la précéd. édit. de Sacy.)

Lett. 58. *Ædes vetustissima.* Un temple de Cybèle. Le texte dit de la grande mère. (D. S.)

Lett. 71. Θρεπτούς. Nutritos. (D. S.)

Lett. 82. *Aut si in urbem versus venturi erunt, mihi scribes.* « Si ce sont des personnes qui reviennent à Rome, vous m'en donnerez avis. » De Sacy n'a pas bien entendu. Il s'agit de soldats qu'on doit punir, dans le cas où ils contreviendraient à l'ordonnance. Mais il arrivait souvent qu'on ne pouvait pas punir sur-le-champ, même un simple soldat, lorsque ce soldat était citoyen romain. Il fallait certaines informations, et les chefs, au lieu de sévir immédiatement, aimaient mieux envoyer le coupable à Rome pour le faire juger, tant on avait peur de porter atteinte aux droits d'un citoyen romain. Trajan dit donc à Pline que, s'il juge à propos d'envoyer à Rome les soldats qui auront désobéi, il devra l'en informer.

Lett. 119. *Iselasticis.* Combats d'où celui qui sortait vainqueur était conduit dans sa ville, et y entrait par une brèche, couronné et monté sur un cheval blanc. (D. S.)

Εἰσήλασαν. Invecti sunt. (D. S.)

Lett. 120. Εἰσήλασεν. Invectus est. (D. S.)

PRÉFACE
DU PANÉGYRIQUE DE TRAJAN.

Dans le cours de mes études sur Tacite, j'ai eu trop souvent besoin de consulter Pline le jeune, pour ne pas reconnaître combien une lecture attentive de cet écrivain peut contribuer à l'intelligence du grand historien dont il fut l'ami. Il n'est pas rare qu'une lettre de Pline éclaircisse des faits et des usages que Tacite se contente d'indiquer ; et l'on trouve dans le Panégyrique de Trajan des détails que l'on chercherait vainement ailleurs, et sans lesquels nous aurions une idée moins complète des formes du gouvernement impérial. Il est intéressant aussi de connaître au moins les premières années d'un prince dont l'auteur des Annales s'était proposé d'écrire l'histoire ; et le Panégyrique est le monument le plus étendu et le plus instructif qui nous soit resté de cette époque mémorable. Ces considérations m'ont engagé à donner au public une nouvelle traduction de cet ouvrage, avec des notes destinées, soit à en expliquer le sens, soit à en faire comprendre l'importance historique.

Pline nous apprend lui-même, dans une de ses Lettres (III, 18), à quelle occasion et dans quel esprit fut composé le discours auquel on a donné plus tard le nom de Panégyrique. « Le consulat, « dit-il, m'a imposé le devoir d'adresser au prince « des actions de grâces au nom de la république. « Après m'en être acquitté, dans le sénat, d'une « manière appropriée au temps, au lieu, à la cou- « tume, j'ai pensé que rien ne convenait mieux à « un bon citoyen que de reprendre une si riche ma- « tière, et de la traiter par écrit avec plus d'étendue. « J'ai voulu d'abord que des louanges sincères fis- « sent aimer à César ses propres vertus, ensuite « que les princes à venir apprissent, non par les « leçons d'un maître, mais par l'enseignement de « l'exemple, quelle route peut les conduire à la « même gloire. Car, s'il est beau d'instruire les « princes de leurs devoirs, cette entreprise est dé- « licate, et annonce presque de l'orgueil ; mais louer « un excellent prince, et par là montrer, comme du « haut d'un phare, à ceux qui lui succéderont, une « lumière qui les guide, c'est rendre un aussi « grand service avec plus de modestie. » Ainsi le consul et l'empereur se trouvent justifiés du reproche, l'un d'avoir prêté à des éloges sans mesure et sans fin une oreille trop patiente, l'autre d'avoir prodigué l'adulation à un prince digne d'être loué avec plus de noblesse. Il est certain, d'un côté, que Trajan n'entendit pas ce long panégyrique, et de l'autre, que si la flatterie est quelquefois dans les paroles de Pline, elle n'est jamais dans son intention.

Du reste, je ne prétends nullement dissimuler les défauts de l'auteur que je traduis ; et il m'est arrivé souvent, dans les Notes, de critiquer, avec le respect dû à un beau génie, des passages où se révèle trop l'homme accoutumé, sous la longue tyrannie de Domitien, au langage de la servitude. Des censeurs, qui n'ont peut-être pas assez tenu compte de cette circonstance, l'ont jugé avec une extrême rigueur. Un des plus célèbres écrivains de l'Italie moderne, Alfieri, comme pour témoigner le peu de cas qu'il faisait du Panégyrique de Pline, a pris la peine d'en composer un tout différent, qu'il suppose avoir traduit d'un manuscrit latin récemment découvert. Le consul, dans l'écrit du sévère Italien, conseille sans détour à l'empereur de licencier toutes les armées, d'abdiquer son pouvoir, et de rétablir la république. Les moyens d'accomplir une œuvre si grande, il promet plusieurs fois de les exposer, et il ne les expose pas. Mais l'âge d'or n'a rien de comparable aux félicités dont Rome et le monde jouiront, et jouiront à jamais, dès que cette merveilleuse révolution sera opérée. Une sécurité inaltérable régnera dans tout l'empire dès qu'il n'y aura plus de légions ni de cohortes prétoriennes. Déjà les bonnes mœurs refleurissent, et les temps des Fabricius et des Cincinnatus renaissent comme par enchantement ; car la vertu républicaine (c'est Alfieri qui le dit) est fille plutôt que mère de la liberté.

Pline, sans faire de si hautes promesses, enseigne au prince comment il faut user, dans l'intérêt public, d'une puissance illimitée. Il lui montre son bonheur attaché au bonheur des citoyens ; il lui fait haïr la tyrannie, en opposant continuellement, aux vertus qui lui concilient l'amour et l'admiration des hommes, les vices et les forfaits qui attirèrent à Domitien l'exécration du genre humain. Pline ne rêve point le retour impossible des institutions qui ne sont plus : il sait qu'on ne remonte pas le torrent des âges ; mais il remercie des dieux d'avoir accordé aux Romains un prince accompli ; il les prie d'ajouter à un si beau présent le bienfait de la durée ; et lui-même il travaille à le perpétuer autant que cela est en lui, en laissant aux empereurs futurs de grandes leçons appuyées d'un grand exemple. Pline comprenait, avec regret sans doute, mais il comprenait enfin que Rome, telle que le temps, ses conquêtes et ses vices l'avaient faite, n'avait plus rien à souhaiter de mieux qu'un bon despote : Alfieri, écrivant en 1787, était préoccupé des idées républicaines qui fermentaient alors dans toutes les têtes, et qui ouvraient aux illusions généreuses une carrière sans bornes. Au reste, ce qui me por-

terait à croire que son éloquente déclamation n'est pas aussi sérieuse qu'elle affecte de le paraître, c'est la réflexion par laquelle il la termine. « On rap-
« porte, dit-il, que Trajan et le sénat furent atten-
« dris jusqu'aux larmes; mais l'empire n'en resta
« pas moins à Trajan, et la servitude à Rome, au
« sénat, et à Pline lui-même. »

Parlerai-je à présent du style du Panégyrique? Pline admirait Cicéron, il lui faisait même quelquefois des emprunts; mais sa manière était différente. Les formes de l'éloquence n'étaient pas moins changées que celles du gouvernement; ou plutôt il ne restait qu'une image et une ombre de l'ancienne éloquence. Au lieu de ce Forum orageux et passionné où se discutaient, sous la république, les droits ou les prétentions des grands, du peuple et des provinces, l'orateur n'avait pour théâtre que le tribunal des centumvirs, ou un auditoire composé d'amis bienveillants, venus pour entendre réciter une œuvre purement littéraire. C'est dans une de ces réunions, si fréquentes à Rome depuis que la tribune était muette, que Pline lut son Panégyrique. La lecture ne fut achevée que le troisième jour, et elle eut un succès éclatant. Pline, dans la même lettre où je puise ces détails, remarque avec satisfaction que les endroits les plus sévèrement écrits n'obtinrent pas moins d'applaudissements que les passages où il avait semé le plus de fleurs. Mais en même temps il compte sur l'effet de ces derniers auprès du public qui lira son ouvrage, et il confesse naïvement qu'il s'est abandonné à sa verve, et qu'il ne s'est pas interdit les agréments et les parures de la diction. Le lecteur, en effet, parmi une foule de pensées neuves, justes et finement exprimées, en trouvera d'autres dont la recherche et la subtilité ne soutiennent pas le regard de la critique, et ne peuvent être avouées par le bon goût. J'en ai fait remarquer plusieurs dans les Notes, afin de prémunir les jeunes gens contre la contagion de ces vices agréables.

Mais si l'on est en droit de blâmer des antithèses peu naturelles, de trop longs développements, des traits d'esprit semés jusqu'à la profusion, au moins le style est pur, l'expression élégante, et la langue maniée avec une délicatesse digne du meilleur siècle. Il y a aussi des morceaux pleins de mouvement de force et d'énergie, où la diction s'élève avec la pensée, et où l'auteur, inspiré par son sujet, rencontre la véritable éloquence. C'est alors qu'il intéresse d'autant plus qu'il paraît moins occupé de plaire.

La plus ancienne traduction française du Panégyrique de Trajan est celle de Jacques Bouchart, qui parut en 1632 : elle suit le texte d'assez près; et le langage, un peu vieux, a une naïveté qui plaît quelquefois. L'année suivante, Pilet de la Mesnardière en publia une nouvelle. Il déclare, dans sa préface, qu'il a pris la liberté de mêler souvent ses pensées à celles de l'auteur, et d'ajouter *quelques grâces qu'il a tirées du sujet*, aux grâces diverses dont brillait partout le discours : aussi son ouvrage est-il une paraphrase qui n'a de commun avec l'original que le titre et la matière.

L'abbé Esprit jugea donc avec raison que le Panégyrique était encore à traduire, et sa version, qui porte la date de 1677, est rédigée d'après un système tout différent, et dans un style qui ne manque pas de naturel. Mais l'abbé Esprit ne savait pas assez le latin : je ne citerai qu'un seul de ses contresens. Pline, en parlant des spectacles de gladiateurs donnés par Trajan, dit : *Quam deinde in edendo liberalitatem exhibuit!* ce que le traducteur rend par ces mots : « Quelle magnificence ne fit il pas voir « dans les festins dont il régala les gladiateurs ? »

Enfin parut en 1709 la traduction de Louis de Sacy, qui a effacé toutes les autres, et qui est la seule qu'on lise encore de nos jours. Le comte Coardi de Quart en fit cependant imprimer une à Turin, en 1724. Il l'avait composée, dit-il, avant de connaître celle de Sacy; mais il la corrigea depuis, et il avoue qu'il a beaucoup profité de cette dernière. Le comte Coardi, écrivant dans une langue qui n'était pas la sienne, a néanmoins des phrases assez heureuses, et quelquefois il a été plus fidèle au sens que l'académicien français.

La traduction de Sacy jouit, depuis plus d'un siècle, d'une réputation qu'elle doit surtout au naturel, à l'élégance et à la facilité du style. La version du Panégyrique est loin de mériter les mêmes éloges. Beaucoup plus inexacte que celle des Lettres, elle est écrite d'un style lourd, diffus et languissant. Les formes oratoires convenaient moins au talent du traducteur que le genre épistolaire, plus simple, moins périodique, et plus libre dans sa marche. M. Jules Pierrot a donné en 1829 une édition, revue et corrigée, de cette traduction. Il a effacé beaucoup de contresens, et rendu plus heureusement un grand nombre de passages; mais son intention n'a pas été de faire une traduction entièrement nouvelle, et c'est là ce que j'ai voulu essayer, puisqu'il s'en était abstenu. J'ai cru que le Panégyrique valait la peine d'être traduit avec cette fidélité rigoureuse dont M. Gueroult l'aîné, mon maître et mon ami, a offert le premier exemple dans ses Extraits de Pline l'ancien. C'est surtout dans un ouvrage où l'auteur a donné à la forme des soins infinis, que le traducteur doit reproduire avec exactitude, non-seulement le fond, mais la forme elle-même. Je ne me flatte pas d'y avoir toujours réussi, et je prie le lecteur d'excuser les fautes, en considération de la difficulté.

Le lecteur s'apercevra que mon texte diffère en certains endroits de celui de Schæfer, reproduit par M. Lemaire dans sa *Bibliothèque classique latine*. J'en ai exposé les raisons dans deux éditions spéciales du Panégyrique, publiées chez Delalain, l'une en 1834, l'autre en 1842, et accompagnées d'un commentaire où j'ai pris soin de justifier toutes mes leçons, et d'en indiquer les sources.

PANÉGYRIQUE

DE L'EMPEREUR TRAJAN.

I. C'est une belle et sage institution de nos ancêtres, pères conscrits, de préluder par des prières non-seulement aux actions, mais aux simples discours; puisque l'homme ne peut rien entreprendre sous de bons auspices et avec une pensée intelligente, si les dieux, honorés d'un juste hommage, ne le soutiennent et ne l'inspirent. Qui doit être, plus qu'un consul, fidèle à cet usage? et quand sera-t-il religieusement observé, si ce n'est lorsque nous sommes appelés, par l'ordre du sénat et par le vœu de la république, à rendre au meilleur des princes de solennelles actions de grâce? Eh! le plus beau, le plus magnifique présent des dieux immortels, n'est-ce pas un prince dont l'âme pure et vertueuse offre d'eux une vivante image? Oui, quand on aurait pu douter jusqu'à ce jour si c'est le hasard ou le ciel qui donne des chefs à la terre, il n'en serait pas moins évident que le nôtre fut établi dans ce haut rang par une main divine. Car ce n'est pas le pouvoir inaperçu de la destinée, c'est Jupiter lui-même qui a visiblement désigné ce grand homme, élu, vous le savez, devant les autels et dans ce temple auguste, où la présence du dieu n'est pas moins sensible ni moins réelle que parmi les astres et au sein des célestes demeures. C'est donc pour moi un pieux devoir de t'invoquer, ô le meilleur et le plus grand des dieux, Jupiter, fondateur et soutien de cet empire, afin que tu me fasses trouver un langage digne d'un consul, digne du sénat, digne du prince; afin que l'indépendance, la vérité, la candeur, éclatent dans toutes mes paroles, et que mes actions de grâces ne paraissent pas plus exagérées par la flatterie, qu'elles ne sont commandées par la nécessité.

II. Il est une chose que doit observer, je ne dis pas tout consul, mais tout citoyen qui parle de notre prince : c'est de n'en rien dire qui puisse avoir été dit de quelque autre avant lui. Bannissons donc et rejetons bien loin ces expressions que la tyrannie arrachait à la crainte. Ne disons rien comme autrefois; les maux d'autrefois ne pèsent plus sur nous. Que nos discours publics soient différents, quand nos secrets entretiens ne sont plus les mêmes. Que la diversité des époques se reconnaisse à celle du langage; et que le ton seul des remercîments annonce en

C. PLINII CÆCILII SECUNDI
PANEGYRICUS.

I. Bene ac sapienter, Patres conscripti, majores instituerunt, ut rerum agendarum, ita dicendi initium a precationibus capere : quod nihil rite, nihilque providenter homines, sine deorum immortalium ope, consilio, honore, auspicarentur. Qui moris cui potius, quam consuli? aut quando magis usurpandus colendusque est, quam quum imperio senatus, auctoritate reipublicæ, ad agendas optimo principi gratias excitamur? Quod enim præstabilius est, aut pulchrius munus deorum, quam castus et sanctus, et diis simillimus princeps? Ac si adhuc dubium fuisset, forte casuque rectores terris, an aliquo numine darentur, principem tamen nostrum liqueret divinitus constitutum. Non enim occulta potestate fatorum, sed ab Jove ipso coram ac palam repertus est, electus quippe inter aras et altaria, eodemque loci, quem deus ille tam manifestus ac præsens, quam cælum ac sidera insedit. Quo magis aptum piumque est, te, Jupiter Optime Maxime, antea conditorem, nunc conservatorem imperii nostri, precari, ut mihi digna consule, digna senatu, digna principe contingat oratio : utque omnibus, quæ dicentur a me, libertas, fides, veritas constet; tantumque a specie adulationis absit gratiarum actio mea, quantum abest a necessitate.

II. Equidem non consuli modo, sed omnibus civibus enitendum reor, ne quid de principe nostro ita dicant, ut idem illud de alio dici potuisse videatur. Quare abeant ac recedant voces illæ, quas metus exprimebat : nihil, quale ante, dicamus; nihil enim, quale antea, patimur : nec eadem de principe palam, quæ prius, prædicemus; neque enim eadem secreto loquimur, quæ prius. Discernatur orationibus nostris diversitas temporum, et ex ipso genere gratiarum agendarum intelligatur, cui, quando sint actæ. Nusquam ut deo, nusquam ut numini blandiamur : non enim de tyranno, sed de cive; non de domino, sed de parente loquimur. Unum ille se ex nobis, et hoc magis excellit atque eminet, quod unum ex nobis putat; nec minus hominem se, quam hominibus præesse meminit. Intelligamus ergo bona nostra, dignosque nos illis usu probemus, atque identidem cogitemus, quam sit indi-

quel temps et à qui les grâces furent rendues. Ne nous faisons point un dieu pour le flatter : ce n'est pas un tyran, mais un citoyen; ce n'est pas un maître, mais un père, qui est le sujet de ce discours. Il se croit l'un de nous, et rien ne le distingue et ne le relève autant que de se confondre avec nous, et de ne pas oublier qu'il est homme, comme il n'oublie pas qu'il commande à des hommes. Comprenons donc notre bonheur; et, par la manière d'en user, montrons que nous en sommes dignes. Ayons souvent à la pensée combien il serait odieux de prodiguer plus d'hommages aux maîtres qui nous veulent esclaves, qu'aux princes amis de notre liberté. Le peuple romain, pour sa part, sait faire entre ses chefs une juste différence; et si naguère il en proclamait un le plus beau des hommes, il proclame celui-ci le plus brave; si ses acclamations exaltèrent dans un autre le geste et la voix, elles louent en celui-ci la piété, le désintéressement, la douceur. Nous-mêmes, est-ce la divinité de notre prince, ou son humanité, sa tempérance, sa bonté, que, dans les élans de l'amour et de la joie, nous célébrons à l'envi? Et quoi de plus conforme à l'esprit d'une cité et d'un sénat libres, que ce surnom de Très-Bon qu'il a reçu de nous, et que l'orgueil de ses prédécesseurs lui a rendu propre et personnel? Enfin, quel sentiment d'égalité respire et dans nos cris d'allégresse, « Heureux empire, heureux empereur! » et dans ces vœux où nous demandons tour à tour « qu'il fasse toujours ainsi, que toujours il soit ainsi loué! » comme si nous mettions nos éloges au prix de ses vertus. Et, à ces paroles, ses yeux s'emplissent de larmes, et son visage se couvre d'une modeste rougeur; il reconnaît, il sent que c'est à lui-même et non au prince qu'elles sont adressées.

III. Cette mesure que nous avons gardée tous ensemble dans la soudaine expression de notre enthousiasme, essayons de la conserver individuellement dans nos discours préparés; et sachons que la plus agréable et la plus sincère action de grâces est celle qui ressemble le plus à ces acclamations qui n'ont pas le temps d'être feintes. Quant à moi, je me ferai une étude d'accorder le ton de mes éloges à la généreuse modestie du prince; et, sans oublier ce qui est dû à ses vertus, je considérerai ce que peuvent souffrir ses oreilles. Rare et glorieuse destinée d'un empereur, auquel son panégyriste redoute moins de paraître avare que prodigue de ses louanges! Voilà l'unique souci, la seule difficulté que j'éprouve en ce jour; car il est facile, pères conscrits, d'exprimer la reconnaissance, quand elle est méritée. Nommer la douceur, ne sera jamais, pour celui que je loue, un reproche d'orgueil; l'économie, de luxe; la clémence, de cruauté; la libéralité, d'avarice; la bonté, de malveillance; la continence, de débauche; l'activité, de paresse; le courage, de lâcheté. Je ne crains pas même de plaire ou de déplaire, selon que j'aurai assez ou trop peu dit. Je regarde les dieux, et je vois que des prières éloquentes les touchent moins que l'innocence et la sainteté de leurs adorateurs; et que, pour trouver grâce devant eux, il vaut mieux apporter dans leurs temples une âme chaste et pure, que des hymnes ingénieusement composés.

IV. Mais il faut obéir au décret du sénat, qui, attentif au bien public, a voulu que, sous le titre d'actions de grâces, les bons princes entendissent la voix du consul proclamer ce qu'ils font; les mauvais, ce qu'ils devraient faire. Ce devoir est aujourd'hui d'autant plus solennel et plus obligatoire, que le père des Romains impose silence

---

gnum, si majus principibus præstemus obsequium, qui servitute civium, quam qui libertate lætantur. Et populus quidem romanus dilectum principum servat, quantoque paulo ante concentu formosum alium, hunc fortissimum personat; quibusque aliquando clamoribus gestum alterius et vocem, hujus pietatem, abstinentiam, mansuetudinem laudat. Quid? nos ipsi divinitatem principis nostri, an humanitatem, temperantiam, facilitatem, ut amor et gaudium tulit, celebrare universi solemus? Jam quid tam civile, tam senatorium, quam illud additum a nobis optimi cognomen, quod peculiare hujus et proprium arrogantia priorum principum fecit? Enimvero quam commune, quam ex æquo, quod FELICES NOS, FELICEM ILLUM prædicamus, alternisque votis, HÆC FACIAT, HÆC AUDIAT, quasi non dicturi, nisi fecerit, comprecamur? Ad quas ille voces lacrymis etiam ac multo pudore suffunditur. Agnoscit enim sentitque sibi, non principi, dici.

III. Igitur quod temperamentum omnes in illo subito pietatis calore servavimus, hoc singuli quoque meditatique teneamus; sciamusque nullum esse neque sincerius, neque acceptius genus gratiarum, quam quod illas acclamationes æmuletur, quæ fingendi non habent tempus. Quantum ad me pertinet, laborabo ut orationem meam ad modestiam principis moderationemque submittam; nec minus considerabo quid aures ejus pati possint, quam quid virtutibus debeatur. Magna et inusitata principis gloria, cui gratias acturus non tam vereor ne me in laudibus suis parcum, quam ne nimium putet. Hæc me cura, hæc difficultas sola circumstat; nam merenti gratias agere facile est, patres conscripti. Non enim periculum est, ne, quum loquar de humanitate, exprobrari sibi superbiam credat; quum de frugalitate, luxuriam; quum de clementia, crudelitatem; quum de liberalitate, avaritiam; quum de benignitate, livorem; quum de continentia, libidinem; quum de labore, inertiam; quum de fortitudine, timorem. Ac ne illud quidem vereor, ne gratus ingratusve videar, prout satis aut parum dixero. Animadverto enim etiam deos ipsos, non tam accuratis, adorantium precibus, quam innocentia et sanctitate lætari; gratioremque existimari, qui delubris eorum puram ca-

aux remerciments particuliers, et ferait taire aussi la reconnaissance publique, s'il se permettait de défendre ce qu'ordonne le sénat. Modération doublement généreuse, d'interdire ailleurs les actions de grâces, et de les autoriser ici! Car ce n'est pas vous-même, César, qui vous déférez cet honneur : il vous est librement offert, vous cédez aux vœux de notre amour; nous ne sommes pas forcés de oublier vos bienfaits, c'est vous qui êtes forcé de les entendre. Souvent, pères conscrits, je me suis représenté en moi-même combien de grandes qualités sont nécessaires à celui dont la main souveraine doit régir les mers, les continents, les guerres et la paix; et, tout en créant, au gré de mon imagination, le modèle d'un prince qui pût dignement soutenir une puissance comparable à celle des dieux, il ne m'est jamais arrivé d'en souhaiter, encore moins d'en concevoir un qui ressemblât au grand homme que nous voyons. Tel a brillé dans la guerre, qui s'est éclipsé dans la paix; tel a porté avec honneur la toge, mais non les armes. L'un a pris la crainte pour le respect, l'autre a cherché l'amour par l'abaissement. Celui-ci a perdu en public une estime acquise dans sa maison; cet autre a terni dans sa maison l'éclat d'une gloire publique. Enfin nul ne s'est rencontré jusqu'ici, dont les vertus ne touchassent à quelque vice et n'en fussent altérées. Mais, dans le prince qui nous gouverne, quelle heureuse alliance de toutes les belles qualités! quel harmonieux accord de toutes les gloires! comme, chez lui, l'enjouement n'ôte rien à la gravité, la simplicité à la noblesse, la bonté à la grandeur! Et sa vigueur, sa taille, son port majestueux, la dignité de son visage, même cet âge mûr sans décadence, et ces marques d'une vieillesse prématurée, dont les dieux semblent avoir paré sa tête pour la rendre plus vénérable, tant de signes n'annoncent-ils pas à tous les regards que l'on voit un prince?

V. Tel devait être celui que n'ont fait empereur ni les guerres civiles, ni la république opprimée par les armes; mais la paix, l'adoption, et le ciel enfin réconcilié avec la terre. Eh! se pouvait-il qu'il n'y eût aucune différence entre l'ouvrage des hommes et celui des dieux? Leur faveur se déclara sur vous, César Auguste, à l'instant même de votre départ pour l'armée; et leur volonté se manifesta dès lors par un signe extraordinaire. Le sang des victimes abondamment répandu, ou des oiseaux volant à gauche, ont présagé l'élévation des autres princes; vous, César, vous montiez, selon l'usage, au Capitole, lorsque le cri des citoyens, interprètes, sans le savoir, des décrets du ciel, vous accueillit comme un prince déjà reconnu. La foule était rassemblée sur le parvis du temple; et quand les portes s'ouvrirent devant vos pas, « Salut à l'empereur ! » s'écria-t-elle tout entière, croyant s'adresser au dieu : l'événement a prouvé qu'elle s'adressait à vous. C'est ainsi que tout le monde entendit ce présage; vous seul ne le vouliez pas comprendre. Vous refusiez l'empire; vous le refusiez, et par là même vous en étiez digne. Il a donc fallu que vous fussiez contraint; or, vous ne pouviez l'être que par la vue de la patrie en danger et de

stamque mentem, quam qui meditatum carmen intulerit.

IV. Sed parendum est senatus consulto, quod ex utilitate publica placuit, ut consulis voce, sub titulo gratiarum agendarum, boni principes quæ facerent recognoscerent; mali, quæ facere deberent. Id nunc eo magis solemne ac necessarium est, quod parens noster privatas gratiarum actiones cohibet et comprimit; intercessurus etiam publicis, si permitteret sibi vetare quod senatus juberet. Utrumque, Cæsar Auguste, moderate, et quod alibi tibi gratias agi non sinis, et quod hic sinis. Non enim a te ipso tibi honor iste, sed ab agentibus habetur. Cedis affectibus nostris; nec nobis munera tua prædicare, sed audire tibi necesse est.

Sæpe ego mecum, P. C., tacitus agitavi, qualem quantumque esse oporteret, cujus ditione nutuque maria, terræ, pax, bella, regerentur; quum interea fingenti formantique mihi principem, quem æquata diis immortalibus potestas deceret, nunquam voto saltem concipere succurrit similem huic quem videmus. Enituit aliquis in bello, sed obsolevit in pace; alium toga, sed non et arma honestarunt; reverentiam ille terrore, alius amorem humilitate captavit; ille quæsitam domi gloriam in publico, hic in publico partam domi perdidit; postremo adhuc nemo exstitit, cujus virtutes nullo vitiorum confinio læderentur. At principi nostro quanta concordia quantusque concentus omnium laudum omnisque gloriæ contigit! Ut nihil severitati ejus hilaritate, nihil gravitati simplicitate, nihil majestati humanitate detrahitur! Jam firmitas, jam proceritas corporis, jam honor capitis et dignitas oris, ad hoc, ætatis indeflexa maturitas, nec sine quodam munere deum festinatis senectutis insignibus ad augendam majestatem ornata cæsaries, nonne longe lateque principem ostentant?

V. Talem esse oportuit, quem non bella civilia, nec armis oppressa respublica, sed pax, et adoptio, et tandem exorata terris numina, dedissent. An fas erat nihil differre inter imperatorem, quem homines, et quem dii fecissent? quorum quidem in te, Cæsar Auguste, judicium et favor, tunc statim quum ad exercitum proficiscereris, et quidem inusitato indicio enotuit. Nam ceteros principes aut largus cruor hostiarum, aut sinister volatus avium consulentibus nunciavit: tibi ascendenti de more Capitolium, quamquam non id agentium civium clamor, ut jam principi, occurrit. Siquidem omnis turba quæ limen insederat, ad ingressum tuum foribus reclusis, illa quidem, ut tunc arbitrabatur, deum; ceterum, ut docuit eventus, te consalutavit imperatorem. Nec aliter a cunctis omen acceptum est. Nam ipse intelligere nolebas; recusabas enim imperare; recusabas, quod bene erat imperaturi. Igitur cogendus fuisti. Cogi porro non poteras, nisi periculo patriæ et nutatione reipublicæ. Obstinatum enim tibi non

la république chancelante. Vous étiez résolu à n'accepter l'empire que pour le sauver. Aussi l'esprit de vertige qui a remué si violemment le camp n'y fut-il envoyé, je pense, que parce qu'il fallait une grande force et une grande terreur pour triompher de votre modestie. Et si le calme de la mer et du ciel est embelli par le contraste des ouragans et des tempêtes, ne serait-ce pas aussi pour ajouter aux charmes de la paix qui règne par vous, qu'une si terrible agitation l'a précédée? Tel est le cercle où roulent les choses humaines : les prospérités naissent des disgrâces, et les disgrâces des prospérités. Dieu nous dérobe la source des unes et des autres, et souvent les causes des biens et des maux sont cachées sous l'apparence de leurs contraires.

VI. Un grand scandale a, j'en conviens, déshonoré le siècle; une grande plaie a frappé l'État : l'empereur et le père du genre humain assiégé, captif, emprisonné! le plus clément des vieillards privé du pouvoir de sauver des hommes! un prince dépouillé du plus beau privilége de son rang, je veux dire que sa volonté ne puisse être forcée! Toutefois, si la fortune n'avait que ce moyen de vous placer au gouvernail de la république, j'oserais presque m'écrier que nous fûmes trop heureux. La discipline des camps a été corrompue, afin que vous la fissiez renaître et refleurir; un pernicieux exemple a été donné, afin que vous pussiez y opposer un exemple admirable; un prince a été contraint de faire mourir des hommes contre sa volonté, afin qu'il nous donnât un prince invincible à la contrainte. Dès longtemps vous méritiez une auguste adoption; mais nous n'aurions pas su combien vous devait l'empire, si cette adoption était venue plus tôt.

Une époque a été choisie, où il fût évident que vous receviez moins encore que vous ne donniez. La république s'est réfugiée dans vos bras : l'empire s'écroulait sur l'empereur; la voix de l'empereur vous en a remis le fardeau. L'adoption fut un recours à votre assistance, un appel à votre courage, comme autrefois les grands généraux, occupés à des guerres étrangères et lointaines, en étaient rappelés pour secourir la patrie. Ainsi, dans un seul et même instant, le père et le fils se sont fait l'un à l'autre le présent le plus magnifique : il vous a donné l'empire, vous le lui avez rendu. Seul donc jusqu'à ce jour vous avez, en recevant un si grand don, égalé la reconnaissance au bienfait; que dis-je? le bienfaiteur est lui-même votre redevable : le partage de la puissance ne fit qu'apporter, à vous plus de soucis, à lui plus de repos.

VII. O route nouvelle et inouïe vers le rang suprême! ce n'est point l'ambition du pouvoir, ni une crainte personnelle; c'est l'intérêt d'autrui et un péril étranger qui vous ont fait empereur. Qu'on dise, je le veux, que vous avez atteint ce qu'il y a de plus grand parmi les hommes; plus grand encore était le bonheur que vous avez quitté : vous avez renoncé, sous un bon prince, à la condition privée. Vous êtes entré dans une société de travaux et de soucis; et ce ne sont pas les joies et les prospérités de ce haut rang, ce sont ses épines et ses charges qui vous l'ont fait accepter. Vous avez consenti à recevoir l'empire, quand un autre se repentait de l'avoir reçu. Nulle parenté, nulle liaison ne recommandait le fils adoptif à celui qui devenait son père; rien, si ce n'est une communauté de vertus qui rendait l'un digne d'être choisi, et l'autre de le choisir. Aussi

---

suscipere imperium, nisi servandum fuisset. Quare ego illum ipsum furorem motumque castrensem reor exstitisse, quia magna vi magnoque terrore modestia tua vincenda erat. Ac sicut maris cœlique temperiem turbines tempestatesque commendant; ita ad augendam pacis tuæ gratiam illum tumultum præcessisse crediderim. Habet has vices conditio mortalium, ut adversa ex secundis, ex adversis secunda nascantur. Occultat utrorumque semina deus, et plerumque bonorum malorumque causæ sub diversa specie latent.

VI. Magnum quidem illud seculo dedecus, magnum reipublicæ vulnus impressum est. Imperator et parens generis humani, obsessus, captus, inclusus; ablata mitissimo seni servandorum hominum potestas; ereptumque principi illud in principatu beatissimum, quod nihil cogitur. Si tamen hæc sola erat ratio quæ te publicæ salutis gubernaculis admoveret; prope est ut exclamem, tanti fuisse. Corrupta est disciplina castrorum, ut tu corrector emendatorque contingeres; inductum pessimum exemplum, ut optimum opponeretur; postremo coactus princeps, quos nolebat, occidere, ut daret principem qui cogi non posset. Olim tu quidem adoptari merebare; sed ne-

scissemus, quantum tibi deberet imperium, si ante adoptatus esses. Exspectatum est tempus, in quo liqueret non tam accepisse te beneficium, quam dedisse. Confugit in sinum tuum concussa respublica, ruensque imperium super imperatorem imperatoris tibi voce delatum est. Imploratus adoptione et accitus es, ut olim duces magni a peregrinis externisque bellis ad opem patriæ ferendam revocari solebant. Ita filius ac parens uno eodemque momento rem maximam invicem præstitistis : ille tibi imperium dedit, tu illi reddidisti. Solus ergo ad hoc ævi pro munere tanto paria accipiendo fecisti, immo ultro dantem obligasti : communicato enim imperio, sollicitior tu, ille securior factus est.

VII. O novum atque inauditum ad principatum iter! Non te propria cupiditas, proprius metus, sed aliena utilitas, alienus timor principem fecit. Videaris licet quod est amplissimum consecutus inter homines; felicius tamen erat illud, quod reliquisti : sub bono principe privatus esse desiisti. Assumptus es in laborum curarumque consortium, nec te læta et prospera stationis istius, sed aspera et dura ad capessendam eam compulerunt. Suscepisti imperium, postquam alium suscepti pœnitebat.

ne fûtes-vous pas adopté, comme plusieurs avant vous, par complaisance pour une femme : ce n'est pas l'époux d'une mère, c'est un prince qui a fait de vous son fils; Nerva est devenu votre père, dans le même esprit qu'il était le père des Romains. Et c'est ainsi qu'un fils doit être choisi, lorsqu'il l'est par un prince. Eh quoi! vous allez transmettre à un seul homme le sénat et le peuple romain, les armées, les provinces, les alliés; et cet homme, vous le prendriez dans les bras d'une épouse! vous ne chercheriez l'héritier de la souveraine puissance que dans votre maison, au lieu de promener vos regards sur toute la république, et de tenir pour le premier et le plus proche de vos parents celui que vous trouverez le meilleur et le plus semblable aux dieux! C'est entre tous qu'il faut choisir celui qui doit commander à tous. Il ne s'agit pas de donner un maître à vos esclaves, pour que vous puissiez vous contenter, pour ainsi dire, de l'héritier nécessaire : empereur, vous devez un prince à des citoyens. Ce serait orgueil et tyrannie de ne pas adopter celui que la voix publique élèverait à l'empire, quand même on ne l'adopterait pas. C'est cette règle que suivit Nerva : il ne voyait aucune différence de la naissance à l'adoption, si l'une n'était pas plus éclairée par le jugement que l'autre; si ce n'est toutefois que les peuples supportent plus facilement les chances malheureuses de la nature, que les mauvais choix du prince.

VIII. Il a donc évité soigneusement cet écueil, et il a pris conseil, non des hommes seulement, mais des dieux. Aussi n'est-ce pas dans le fond du palais, mais dans un temple; devant la couche impériale, mais devant le coussin sacré de Jupiter très-bon et très-grand, que s'est consommée une adoption qui ne fondait pas non plus notre esclavage, mais notre liberté, notre bonheur, notre sécurité. Les dieux se sont réservé la gloire de cet acte; cette œuvre fut la leur, c'est leur volonté qui s'accomplit; Nerva n'en fut que le ministre : en vous adoptant, il obéit, comme vous qui étiez adopté. Des lauriers arrivaient de Pannonie, par une attention du ciel qui voulait que le symbole de la victoire décorât l'avénement d'un empereur invincible. Empereur lui-même, Nerva venait de les déposer sur les genoux de Jupiter, lorsque tout à coup, plus auguste encore et plus majestueux que de coutume, appelant autour de lui l'assemblée des hommes et des dieux, il vous déclare son fils, c'est-à-dire l'unique soutien de sa fortune ébranlée. Alors, comme s'il eût déposé l'empire (car le déposer et le partager sont choses peu différentes, si ce n'est que la dernière est la plus difficile), alors on le vit, plein d'assurance et rayonnant de gloire, appuyé sur vous comme si vous aviez été présent, reposant sur vos épaules secourables ses destins et ceux de la patrie, rajeunir de votre jeunesse et se fortifier de votre vigueur. Aussitôt s'apaisa toute la fureur de la tempête. Ce ne fut pas l'ouvrage de l'adoption, mais de celui qui en était l'objet : la résolution de Nerva eût été vaine, s'il eût fait choix d'un autre fils. Avons-nous oublié comment naguère, après une adoption, la révolte éclata, au lieu de se calmer? celle-ci n'eût été qu'un aiguillon de colère et un flambeau de discorde, si elle fût tombée sur un

---

Nulla adoptati cum eo qui adoptabat cognatio, nulla necessitudo; nisi quod uterque optimus erat, dignusque alter eligi, alter eligere. Itaque adoptatus es, non, ut prius alius atque alius, in gratiam uxoris. Adscivit enim te filium, non vitricus, sed princeps, eodemque animo divus Nerva pater tuus factus est, quo erat omnium. Nec decet aliter filium assumi, si assumatur a principe. An senatum populumque romanum, exercitus, provincias, socios, transmissurus uni, successorem e sinu uxoris accipias? summæque potestatis heredem tantum intra domum tuam quæras? non per totam civitatem circumferas oculos? et hunc tibi proximum, hunc conjunctissimum existimes, quem optimum, quem diis simillimum inveneris? Imperaturus omnibus eligi debet ex omnibus. Non enim servulis tuis dominum, ut possis esse contentus quasi necessario herede, sed principem civibus daturus es imperator. Superbum istud et regium, nisi adoptes eum quem constet imperaturum fuisse, etiamsi non adoptasses. Fecit hoc Nerva, nihil arbitratus interesse genueris an elegeris, si perinde sine judicio adopterentur liberi, ac nascuntur; nisi tamen quod æquiore animo ferunt homines quem princeps parum feliciter genuit, quam quem male elegit.

VIII. Sedulo ergo vitavit hunc casum, nec judicia hominum, sed deorum etiam in consilium assumpsit. Itaque non tua in cubiculo, sed in templo, nec ante genialem torum, sed ante pulvinar Jovis optimi maximi, adoptio peracta est; qua tandem non servitus nostra, sed libertas, et salus, et securitas fundabatur. Sibi enim vindicaverunt dii gloriam illam : horum opus, horum illud imperium; Nerva tantum minister fuit : utique qui adoptaret tam paruit, quam tu qui adoptabaris. Allata erat ex Pannonia laurea, id agentibus diis ut invicti imperatoris exortum victoriæ insigne decoraret. Hanc imperator Nerva in gremio Jovis collocarat : quum repente solito major et augustior, advocata hominum concione deorumque, te filium sibi, hoc est, unicum auxilium fessis rebus assumpsit. Inde quasi deposito imperio, qua securitate, qua gloria lætus (nam quantulum refert, deponas an partiaris imperium, nisi quod difficilius hoc est), non secus ac præsenti tibi innixus, tuis humeris se patriamque sustentans, tua juventa, tuo robore invaluit! Statim consedit omnis tumultus. Non adoptionis opus istud fuit, sed adoptati; atque adeo temere fecerat Nerva, si adoptasset alium. Oblitine sumus, ut nuper post adoptionem non desierit seditio, sed cœperit? Irritamentum istud irarum et fax tumultus fuisset, nisi incidisset in te. An dubium est, ut dare posset imperium imperator, qui reverentiam amiserat, auctoritate ejus effectum esse cui dabatur? Simul filius, simul Cæsar, mox imperator, et consors tribuniciæ potestatis, et omnia pariter, et statim factus es, quæ

autre que vous. Comment un prince dont le pouvoir n'était plus respecté aurait-il pu donner l'empire, si le nom du donataire n'eût consacré ce grand acte? Déclaré tout ensemble fils du prince, César, empereur, associé à la puissance tribunitienne, vous avez dès le premier instant reçu tous les titres que naguère un père véritable ne conféra qu'à un seul de ses enfants.

IX. C'est un témoignage éclatant de votre modération, qu'un prince vous ait désiré, je ne dis pas seulement pour successeur, mais pour collègue et pour associé. Car un successeur, on n'est pas maître de ne point en avoir; on est maître de n'avoir pas de collègue. La postérité croira-t-elle que le fils d'un patricien, d'un consulaire, d'un triomphateur, à la tête d'une armée courageuse, puissante, et dévouée à sa personne, ait été fait empereur autrement que par cette armée? que, commandant en Germanie, ce soit d'ici qu'il a reçu le nom de Germanique? qu'il n'ait rien projeté, rien fait pour devenir empereur, si ce n'est de le mériter et d'obéir? Car vous avez obéi, César, et c'est par soumission que vous êtes monté à ce haut rang. Jamais les sentiments d'un sujet n'éclatèrent plus vivement en vous que le jour où vous cessâtes de l'être. Déjà empereur, et César, et Germanicus, absent vous ignoriez vos grandeurs, et avec ces titres pompeux vous étiez encore, autant qu'il était en vous, un simple citoyen. Ce serait beaucoup si je disais : « Vous n'avez pas su que vous seriez empereur; » vous l'étiez, et vous ne le saviez pas. Quand votre élévation vous fut annoncée, vous eussiez voulu garder votre ancienne fortune; mais la liberté vous en était ravie. Le moyen qu'un citoyen n'obéît pas à un prince, un lieutenant à son général, un fils à son père? Où serait la discipline? où serait le principe établi par nos ancêtres, d'accepter avec une âme soumise et empressée toutes les charges que nos chefs nous imposent? Et si l'empereur vous avait fait passer d'une province dans une autre, d'une guerre à une autre guerre? Pensez qu'il vous rappelle pour gouverner l'empire, du même droit qu'il vous envoya commander une armée; et que c'est chose indifférente qu'il vous ordonne de partir lieutenant ou de revenir prince, si ce n'est que l'obéissance est plus glorieuse quand l'ordre nous est moins agréable.

X. L'autorité du commandement s'accroissait à vos yeux de tous les périls qu'elle courait ailleurs, et ce que les autres lui refusaient de soumission vous semblait un motif de redoubler la vôtre. Ajoutez les acclamations du sénat et du peuple, qui vous étaient répétées. Ce n'est pas la voix seule de Nerva qui a prononcé votre élection : le monde entier l'appelait de ses vœux. Le prince a seulement usé de l'initiative attachée à son rang; il a fait le premier ce que tous n'auraient pas manqué de faire. Non, une approbation si générale ne suivrait pas une action que le désir général n'aurait pas précédée. Mais par quels ménagements, grands dieux, vous avez tempéré l'éclat de votre puissance et de votre fortune! Inscriptions, images, étendards, tout vous proclamait empereur; modestie, travail, vigilance, tout vous montrait général, lieutenant, soldat; alors que vous marchiez d'un pas infatigable devant des drapeaux et des aigles qui déjà étaient les vôtres, et que, vous réservant, pour tout privilège d'une illustre adoption, les pieux sentiments et la respectueuse tendresse d'un fils, vous faisiez des vœux pour en porter le nom pendant de longues et glorieuses années.

---

proxime parens verus tantum in alterum filium contulit.

IX. Magnum hoc tuæ moderationis indicium, quod non solum successor imperii, sed particeps etiam sociusque placuisti. Nam successor, etiamsi nolis, habendus est; non est habendus socius, nisi velis. Credentne posteri, patricio, et consulari, et triumphali patre genitum, quum fortissimum, amplissimum, amantissimum sui exercitum regeret, imperatorem non ab exercitu factum? eidem, quum Germaniæ præsideret, Germanici nomen hinc missum? nihil ipsum, ut imperator fieret, agitasse, nihil fecisse, nisi quod meruit et paruit? Paruisti enim, Cæsar, et ad principatum obsequio pervenisti : nihilque magis a te subjecti animo factum est, quam quod imperare cœpisti. Jam Cæsar, jam imperator, jam Germanicus, absens et ignarus, et post tanta nomina, quantum ad te pertinet, privatus. Magnum videretur, si dicerem, Nescisti te imperatorem futurum : eras imperator, et esse te nesciebas. Ut vero ad te fortunæ tuæ nuncius venit, malebas quidem hoc esse quod fueras, sed non erat liberum. Annon obsequereris principi civis, legatus imperatori, filius patri? Ubi deinde disciplina, ubi mos a majoribus traditus, quodcunque imperator munus injungeret, æquo animo paratoque subeundi? Quid enim, si provincias ex provinciis, ex bellis bella mandaret? Eodem illum uti jure posse putes, quum ad imperium revocet, quo sit usus, quum ad exercitum miserit; nihilque interesse, ire legatum, an redire principem jubeat, nisi quod major sit obsequii gloria in eo quod quis minus velit.

X. Augebat auctoritatem jubentis in summum discrimen auctoritas ejus adducta; utque magis parendum imperanti putares, efficiebatur eo, quod ab aliis minus parebatur. Ad hoc audiebas senatus populique consensum. Non unius Nervæ judicium illud, illa electio fuit. Nam qui ubique sunt homines, hoc idem votis expetebant; ille tantum jure principis occupavit, primusque fecit quod omnes facturi erant. Nec hercule tantopere cunctis factum placeret, nisi placuisset antequam fieret. At quo, dii boni, temperamento potestatem tuam fortunamque moderatus es? Imperator tu titulis, et imaginibus, et signis, ceterum modestia, labore, vigilantia, dux, et legatus et miles; quum jam tua vexilla, tuas aquilas magno gradu anteires; neque aliud tibi ex illa adoptione, quam filii pietatem, filii obsequium assereres, longamque huic nomini ætatem, longam gloriam precarere. Jam te provi-

La providence des dieux vous avait élevé à la première place : vous souhaitiez de rester, de vieillir à la seconde; vous vous regardiez comme un homme privé, tant qu'un autre serait empereur avec vous. Vos prières ont été exaucées, mais dans la mesure qui convenait aux intérêts du meilleur et du plus saint des vieillards. Le ciel l'a redemandé à la terre, afin qu'après cette œuvre immortelle et divine, aucune œuvre mortelle ne sortît plus de ses mains. Cet honneur était dû en effet à la plus grande des actions, qu'elle fût aussi la dernière; et il fallait que l'apothéose en consacrât immédiatement l'auteur, pour que la postérité mît un jour en question s'il n'était pas déjà dieu à l'heure où il la fit. Ainsi, le père des Romains, et leur père à ce titre surtout qu'il était le vôtre, Nerva, plein de gloire et brillant de renommée, après avoir éprouvé au gré de son désir combien l'État reposait solidement appuyé sur vous, a laissé en héritage le monde à vous, et vous au monde; prince cher à nos souvenirs, et à jamais regrettable par les mesures mêmes qu'il avait prises pour n'être pas regretté.

XI. Vous l'avez pleuré d'abord, comme un fils devait le faire; ensuite vous lui avez élevé des temples, sans imiter ceux qui, dans des vues différentes, tinrent la même conduite. Tibère dressa des autels à Auguste, mais pour donner lieu à des accusations de lèse-majesté; Néron à Claude, mais par dérision; Titus à Vespasien, et Domitien à Titus, mais au dépit de paraître celui-là le fils, et celui-ci le frère d'un dieu. Vous, César, quand vous placez votre père au céleste séjour, ce n'est ni pour inquiéter les citoyens, ni pour braver le ciel, ni par vanité : c'est que vous le croyez dieu. L'apothéose perd de son prix, décernée par des hommes qui se la donnent à eux-mêmes. Du reste, quoiqu'il ait reçu de vous des autels, des coussins sacrés, un flamine, rien n'en fait plus sûrement et plus visiblement un dieu, que vos qualités personnelles : car, pour un prince qui a payé tribut à la nature après avoir disposé de l'empire, il n'est qu'une preuve, mais une preuve infaillible de divinité : ce sont les vertus de son successeur. L'immortalité d'un père vous a-t-elle inspiré le moindre sentiment d'arrogance? Lesquels imitez-vous, de ces derniers princes dont la mollesse se reposait orgueilleusement sur la divinité paternelle, ou des vieux et antiques héros, fondateurs de cet empire, naguère, hélas! en butte aux incursions et aux mépris de ses ennemis? Nous avons vu le temps où nos défaites n'étaient jamais plus certaines que quand on étalait des pompes triomphales. Aussi les barbares avaient-ils relevé la tête et secoué le joug; ce n'était plus pour être libres, c'était pour nous asservir, qu'ils nous faisaient la guerre; les trêves même, ils ne les concluaient que d'égal à égal; et, pour leur donner des lois, il fallait en recevoir d'eux.

XII. Mais aujourd'hui, avec la terreur et la crainte, l'esprit de soumission est rentré dans leurs âmes. Ils voient à la tête des Romains un de ces guerriers des vieux âges, auxquels des champs couverts de morts et la mer rougie du sang de l'ennemi conféraient le nom glorieux d'*imperator*. Nous recevons donc des otages, nous ne les achetons plus. Nous ne négocions plus, au prix d'énormes sacrifices et d'immenses

---

dentia deorum primum in locum provexerat; tu adhuc in secundo resistere, atque etiam senescere optabas; privatus tibi videbaris, quandiu imperator et alius esset. Audita sunt vota tua, sed in quantum optimo illi et sanctissimo seni utile fuit, quem dii cœlo vindicaverunt, ne quid, post illud divinum et immortale factum, mortale faceret : deberi quippe maximo operi hanc venerationem, ut novissimum esset, auctoremque ejus statim consecrandum, ut quandoque inter posteros quæreretur, an illud jam deus fecisset. Ita ille, nullo magis nomine publicus parens, quam quia tuus, ingens gloria, ingensque fama, quum abunde expertus esset quam bene humeris tuis sederet imperium, tibi terras, te terris reliquit; eo ipso carus omnibus ac desiderandus, quod prospexerat ne desideraretur.

XI. Quem tu lacrymis primum, ita ut filium decuit, mox templis honestasti, non imitatus illos qui hoc idem, sed alia mente, fecerunt. Dicavit cœlo Tiberius Augustum, sed ut majestatis crimen induceret; Claudium Nero, sed ut irrideret; Vespasianum Titus, Domitianus Titum; sed ille, ut dei filius, hic, ut frater videretur. Tu sideribus patrem intulisti, non ad metum civium, non in contumeliam numinum, non in honorem tuum, sed quia deum credis. Minus est hoc, quum fit ab his qui et sese deos putant. Sed licet illum aris, pulvinaribus, flamine colas; non alio magis tamen deum et facis et probas, quam quod ipse talis es. In principe enim, qui electo successore fato concessit, una eademque certissima divinitatis fides est, bonus successor. Num ergo tibi ex immortalitate patris aliquid arrogantiæ accessit? num hos proximos divinitate parentum desides ac superbos potius, quam illos veteres et antiquos æmularis, qui hoc ipsum imperium peperere? quod modo hostes invaserant contempserantque; cujus pulsi fugatique non aliud majus habebatur indicium, quam si triumpharetur. Ergo sustulerant animos, et jugum excusserant; nec jam nobiscum de sua libertate, sed de nostra servitute certabant; ac ne inducias quidem, nisi æquis conditionibus, inibant, legesque ut acciperent, dabant.

XII. At nunc rediit omnibus terror et metus, et votum imperata faciendi. Vident enim romanum ducem, unum ex illis veteribus et priscis, quibus imperatorium nomen addebant contecti cædibus campi et infecta victoriis maria. Accipimus obsides ergo, non emimus : nec ingentibus damnis immensisque muneribus paciscimur ut vicerimus. Rogant, supplicant; largimur, negamus, utrumque ex imperii majestate. Agunt gratias, qui impetraverunt; non audent queri, quibus negatum est. An audeant, qui sciant te adsedisse ferocissimis populis eo ipso tempore quod amicissimum illis, difficillimum nobis; quum Danubius ripas gelu jungit, duratusque glacie ingentia tergo bella

présents, des victoires imaginaires. Les ennemis demandent, supplient; nous accordons, nous refusons, et toujours comme l'exige la majesté de l'empire. Ceux qui obtiennent nous rendent grâce; ceux qui n'obtiennent pas n'osent se plaindre. Comment l'oseraient-ils, quand ils savent que vos camps furent assis en face des nations les plus belliqueuses, dans la saison la plus favorable pour elles, la plus difficile pour nous; lorsque l'hiver unit les deux rives du Danube, et que le fleuve, durci par la glace, ouvre à la guerre de vastes chemins; lorsque ces populations féroces sont moins armées de fer, qu'elles ne sont armées de leur ciel et de leur climat? Mais vous approchez, et le cours des saisons paraît interverti : l'ennemi se cache, emprisonné dans ses repaires; nos légions parcourent les rives dégarnies, prêtes, si vous le permettiez, à s'emparer des avantages d'autrui, et à prendre l'hiver des barbares pour allié contre les barbares.

XIII. Voilà quel respect votre nom imprime aux ennemis. Dirai-je l'admiration des soldats, et par quel art vous sûtes l'acquérir; lorsque vous supportiez avec eux et la faim et la soif; lorsque, dans ces exercices qui sont une étude de la guerre, le simple légionnaire voyait son général, couvert ainsi que lui de poussière et de sueur, ne différer des autres que par la vigueur et l'adresse; lorsque, bannissant toute contrainte de ces jeux guerriers, vous lanciez tour à tour et attendiez les javelots, applaudissant à la bravoure des soldats, et joyeux toutes les fois qu'un coup un peu rude heurtait votre casque ou votre bouclier (car en frappant on s'attirait vos éloges; vous vouliez qu'on osât, et on finissait par oser); lorsqu'enfin, témoin des combats et arbitre des braves, vous aimiez, avant la lutte, à égaler leurs armes, à essayer leurs traits, et, si une javeline leur semblait trop pesante, à la darder vous-même? Que dirai-je encore? on trouvait auprès de vous consolation dans les fatigues, secours dans les maladies. Jamais on ne vous vit entrer dans votre tente sans avoir visité celles de vos compagnons d'armes, ni donner du repos à votre corps, si ce n'est après tout le monde. Moins d'admiration me paraîtrait due à de si belles qualités, si le général qui les possède vivait parmi les Fabricius, les Scipions, les Camilles. Une noble émulation, sans cesse réveillée par quelque vertu plus grande, enflammerait son ardeur. Mais depuis que l'art de manier les armes, dégagé de peine et de travail, est devenu un spectacle et un amusement; depuis que ce n'est plus quelque vétéran décoré de la couronne civique ou murale, mais je ne sais quel maître venu de Grèce, qui préside à nos exercices; honneur à celui qui est resté seul attaché aux mœurs et aux vertus antiques; qui, sans émule et sans modèle, ne dispute qu'avec lui-même de mérite et de gloire, et qui, dans un empire où il commande seul, a seul au commandement des droits incontestables!

XIV. Votre berceau, César, votre première école, ne furent-ils pas les travaux guerriers? Encore enfant, vous cueilliez chez les Parthes des lauriers qui ajoutaient à la gloire de votre père, et dès cette même époque vous acquériez des titres au nom de Germanique; le bruit de votre approche mettait à l'insolence et à l'orgueil des Parthes le frein de la terreur, et bientôt vous réunissiez dans une commune admiration le Rhin avec l'Euphrate; enfin vous portiez vos pas, ou plutôt votre gloire, d'un bout de l'univers à l'autre, toujours plus grand et plus illustre pour le peuple qui vous recevait le dernier : et alors

---

transportat, quum feræ gentes non telis magis, quam suo cœlo, suo sidere armantur? Sed ubi in proximo tu, non secus ac si mutatæ temporum vices essent, illi quidem latibulis suis clausi tenebantur; nostra agmina percursare ripas, et aliena occasione, si permitteres, uti, ultroque hiemem suam barbaris inferre, gaudebant.

XIII. Hæc tibi apud hostes veneratio. Quid apud milites? quam admirationem, quemadmodum comparasti? quum tecum inediam, tecum ferrent sitim; quum in illa meditatione campestri militaribus turmis imperatorium pulverem sudoremque misceres, nihil a ceteris, nisi robore ac præstantia differens; quum libero Marte, nunc cominus tela vibrares, nunc vibrata susciperes, alacer virtute militum, et lætus quoties aut cassidi tuæ, aut clypeo gravior ictus incideret (laudabas quippe ferientes, hortabarisque ut auderent, et audebant jam); quum spectator moderatorque ineuntium certamina virorum, arma componeres, tela tentares, ac si quod durius accipienti videretur, ipse vibrares. Quid quum solatium fessis, ægris opem ferres? Non tibi moris tua inire tentoria, nisi commilitonum ante lustrasses; nec requiem corpori, nisi post omnes dare. Hac mihi admiratione dignus imperator non videretur, si inter Fabricios, et Scipiones, et Camillos talis esset. Tunc enim illum imitationis ardor, semperque melior aliquis accenderet. Postquam vero studium armorum a manibus ad oculos, ad voluptatem a labore translatum est; postquam exercitationibus nostris non veteranorum aliquis, cui decus muralis aut civica, sed græculus magister adsistit; quam magnum est unum ex omnibus patrio more, patria virtute lætari, et sine æmulo ac sine exemplo secum certare, secum contendere, ac sicut imperat solus, solum ita esse qui debeat imperare!

XIV. Nonne incunabula hæc tibi, Cæsar, et rudimenta, quum puer admodum Parthica lauro gloriam patris augeres, nomenque Germanici jam tum mererere; quum ferociam superbiamque Parthorum ex proximo auditus magno terrore cohiberes, Rhenumque et Euphraten admirationis tuæ societate conjungeres; quum orbem terrarum non pedibus magis quam laudibus peragrares, apud eos semper major et clarior, quibus postea contigisses? et necdum imperator, necdum dei filius eras. Germaniam quidem quum plurimæ gentes, ac prope infinita vastitas in-

vous n'étiez encore ni empereur ni fils d'un dieu! Des nations nombreuses, des contrées dont l'étendue est presque sans limites, les Pyrénées, les Alpes, et d'autres montagnes d'une hauteur prodigieuse, si on ne les comparait aux Alpes et aux Pyrénées, vous séparaient de la Germanie et lui servaient de rempart. Pendant tout le temps qu'il vous fallut pour conduire, disons mieux (car telle était votre vitesse), pour enlever vos légions au delà de cet espace immense, jamais la pensée de monter à cheval ou sur un char ne vous fit jeter les yeux en arrière. Destiné à la représentation plutôt qu'à vous épargner des fatigues, votre cheval, exempt de fardeau, marchait avec les autres à la suite de l'armée ; il ne vous servait qu'aux jours du repos, lorsque, ardent et bondissant sous son maître, il soulevait autour des retranchements des tourbillons de poussière. Admirerai-je le commencement ou la fin de pareils travaux? C'est beaucoup d'avoir persévéré ; c'est plus encore de n'avoir pas désespéré de votre persévérance. Oui, sans doute, celui qui, du fond de l'Espagne, vous avait appelé, comme le plus puissant auxiliaire, aux guerres de Germanie, cet empereur fainéant, qui était jaloux des vertus d'autrui à l'heure même qu'il en avait besoin, dut, non sans éprouver de secrètes alarmes, concevoir pour vous toute l'admiration que ce fils de Jupiter donnait à son roi, en revenant toujours indompté, toujours infatigable, des périlleux travaux où l'engageaient ses ordres tyranniques ; lorsque, dans des expéditions chaque jour renaissantes, vous renouveliez les prodiges de cette marche glorieuse.

XV. Tribun dans un âge encore tendre, vous avez parcouru tour à tour les régions les plus éloignées avec la vigueur d'un homme fait. La fortune vous avertissait dès lors d'étudier à fond et longtemps ce que bientôt vous deviez prescrire. Sans vous contenter de voir un camp en perspective, et de traverser rapidement les grades subalternes, vous avez exercé le tribunat de manière à pouvoir en sortir général, et à n'avoir plus de leçons à recevoir à l'époque où il faudrait en donner. Dix campagnes vous ont appris à connaître les mœurs des peuples, la situation des pays, les avantages des lieux, et à supporter toutes les eaux et toutes les températures, comme les fontaines de votre patrie et le climat natal. Combien de fois vous avez remplacé vos chevaux, renouvelé vos armes usées par la victoire ! Un temps viendra où nos neveux aimeront à visiter, et à penser que leurs descendants visiteront à leur tour, les champs qui furent arrosés de vos sueurs, les arbres qui prêtèrent leur ombre à vos repas militaires, les rochers qui abritèrent votre sommeil, enfin les maisons qu'un si grand hôte remplit de sa présence, ainsi que dans les mêmes lieux on vous montrait à vous-même les traces vénérables des plus fameux capitaines. Je parle de l'avenir ! dès maintenant un soldat, pour peu qu'il soit ancien, n'a pas de plus beau titre que d'avoir fait la guerre avec vous. Combien s'en trouve-t-il, en effet, dont vous n'ayez été le compagnon d'armes avant d'être leur empereur ! De là vient que vous les appelez presque tous par leur nom, que vous citez à chacun ses traits de bravoure, et que nul n'a besoin de vous nombrer les blessures qu'il reçut pour la république, puisqu'elles eurent en vous un témoin qui ne fit pas attendre ses éloges.

XVI. Mais votre modération est d'autant plus admirable, que, nourri dans la gloire des armes, vous aimez la paix. Ni le triomphe mérité par votre père, ni les lauriers dédiés le jour de votre adoption au dieu du Capitole, ne vous sollicitent à

---

terjacentis soli, tum Pyrenæus, Alpes, immensique alii montes, nisi his comparentur, muniunt dirimuntque. Per hoc omne spatium quum legiones duceres, seu potius (tanta velocitas erat!) raperes, non vehiculum unquam, non equum respexisti. Levis hic, non subsidium itineris, sed decus et cum ceteris subsequebatur; ut cujus nullus tibi usus, nisi quum die stativorum proximum campum alacritate, discursu, pulvere attolleres. Initium laboris mirer, an finem? multum est, quod perseverasti; plus tamen, quod non timuisti ne perseverare non posses. Nec dubito quin ille, qui te inter illa Germaniæ bella ab Hispania usque, ut validissimum præsidium, exciverat, iners ipse alienisque virtutibus tunc quoque invidus imperator, quum ope earum indigeret, tantam admirationem tui non sine quodam timore conceperit, quantam ille genitus Jove, post sævos labores duraque imperia, regi suo indomitus semper indefessusque referebat; quum aliis super alias expeditionibus itinere illo dignus invenireris.

XV. Tribunus vero disjunctissimas terras, teneris adhuc annis, viri firmitate lustrasti; jam tunc præmonente fortuna ut diu penitusque perdisceres, quæ mox præcipere deberes. Neque enim prospexisse castra, brevemque militiam quasi transisse contentus, ita egisti tribunum, ut esse statim dux posses, nihilque discendum haberes tempore docendi. Cognovisti per stipendia decem mores gentium, regionum situs, opportunitates locorum; et diversam aquarum cœlique temperiem, ut patrios fontes patriumque sidus, ferre consuevisti. Quoties equos, quoties emerita arma mutasti! Veniet ergo tempus, quo posteri visere, visendumque tradere minoribus suis gestient, qui sudores tuos hauserit campus, quæ refectiones tuas arbores, quæ somnum saxa prætexerint, quod denique tectum magnus hospes impleveris; ut tunc ipsi tibi ingentium ducum sacra vestigia, iisdem in locis, monstrabantur. Verum hæc olim; in præsentia quidem, quisquis paullo vetustior miles, hic te commilitone censetur. Quotus enim quisque, cujus tu non ante commilito, quam imperator? Inde est quod prope omnes nomine appellas, quod singulorum fortia facta commemoras, nec habent adnumeranda tibi pro republica vulnera, quibus statim laudator et testis contigisti.

XVI. Sed magis prædicanda moderatio tua, quod innu-

chercher sans cesse l'occasion de triompher. Vous ne craignez ni ne provoquez la guerre. Il est beau, César Auguste, il est beau de rester sur le bord du Danube, quand il suffirait de le passer pour vaincre ; de ne pas désirer de combattre, quand l'ennemi refuse le combat. En cela je vois une preuve tout ensemble de courage et de modération : car, de ne pas vouloir combattre, c'est l'honneur de votre modération ; que l'ennemi ne le veuille pas non plus, c'est l'effet de votre courage. Le Capitole verra donc autre chose que des pompes théâtrales et les vains simulacres d'une victoire supposée ; il verra un empereur rapportant avec lui une gloire solide et véritable, la paix, la tranquillité, et l'aveu le plus éclatant de la soumission des ennemis, puisqu'il n'aura eu personne à vaincre. N'est-ce pas là quelque chose de plus grand que tous les triomphes? car enfin, toutes les fois que nous avons vaincu, c'est parce qu'on avait bravé notre empire. Que si quelque roi barbare pousse jamais l'insolence et la folie jusqu'à mériter votre colère et votre indignation, malheur à lui ! de vastes mers, des fleuves immenses, des montagnes escarpées le défendront en vain : à la facilité avec laquelle il verra tomber devant vous ces barrières impuissantes, il pourra croire les montagnes aplanies, les fleuves desséchés, la mer retirée de son lit, et, au lieu de flottes, Rome elle-même transportée sur ses rivages.

XVII. Il me semble déjà contempler un triomphe dont la pompe n'est plus chargée du butin des provinces et de l'or ravi aux alliés, mais des armes ennemies et des chaînes des rois prisonniers. J'aperçois les grands noms des chefs de guerre, et des corps dont l'aspect ne dément pas ces noms. Je reconnais, sur d'effrayantes peintures, les faits audacieux des barbares, et je vois chacun des captifs suivre, les mains liées, l'image de ses actions ; enfin je vous vois vous-même, du haut de votre char glorieux, pousser devant vous les nations vaincues, et, devant ce char, je vois porter les boucliers que vos coups traversèrent. Les dépouilles opimes ne vous manqueraient pas, s'il était un roi qui osât se mesurer avec vous, et que vos armes, que dis-je? le feu seul de vos regards et les menaces de votre front ne fissent pas trembler, fût-il éloigné de vous de toute la largeur du champ de bataille, et couvert par toute son armée. Vous devrez à votre dernier trait de modération un précieux avantage : quelque guerre que l'honneur de l'empire vous force de déclarer ou de repousser, jamais vous ne paraîtrez avoir vaincu en vue du triomphe ; on saura que vous triomphez à cause de la victoire.

XVIII. Une merveille m'en rappelle une autre. Qu'il est beau d'avoir rétabli dans les camps la discipline détruite et abolie, en bannissant ces fléaux du siècle précédent, la fainéantise, l'indocilité, le mépris du devoir ! On peut sans péril imposer le respect ou s'attirer les cœurs. Un général ne craint plus ou de n'être pas aimé des soldats, ou d'en être aimé. Sans s'inquiéter s'il déplaira, il presse les travaux, assiste aux exercices, veille à ce que tout soit en bon ordre, armes, retranchements, soldats. C'est que nous vivons sous un prince qui ne se croit pas menacé des attaques préparées contre l'ennemi. Cette faiblesse était bonne pour ceux qui, ennemis eux-mêmes, craignaient des représailles. De tels prin-

---

tritus bellicis laudibus pacem amas : nec quia vel pater tibi triumphalis, vel adoptionis tuæ die dicata Capitolino Jovi laurus, idcirco ex occasione omni quæris triumphos. Non times bella, nec provocas. Magnum est, imperator Auguste, magnum est stare in Danubii ripa, si transeas, certum triumphi ; nec decertare cupere cum recusantibus : quorum alterum fortitudine, alterum moderatione efficitur. Nam ut ipse nolis pugnare, moderatio ; fortitudo tua præstat, ut neque hostes tui velint. Accipiet ego aliquando Capitolium non mimicos currus, nec falsæ simulacra victoriæ, sed imperatorem veram ac solidam gloriam reportantem, pacem, tranquillitatem, et tam confessa hostium obsequia, ut vincendus nemo fuerit. Pulchrius hoc omnibus triumphis ; neque enim unquam, nisi ex contemptu imperii nostri, factum est ut vinceremus. Quod si quis barbarus rex eo insolentiæ furorisque processerit, ut iram tuam indignationemque mereatur, næ ille, sive interfuso mari, seu fluminibus immensis, seu præcipiti monte defenditur, omnia hæc tam prona, tamque cedentia virtutibus tuis sentiet, ut subsedisse montes, flumina exaruisse, interceptum mare, illatasque sibi non esse classes nostras, sed terras ipsas arbitretur.

XVII. Videor jam cernere non spoliis provinciarum, et extorto sociis auro, sed hostilibus armis captorumque regum catenis triumphum gravem. Videor ingentia ducum nomina, nec indecora nominibus corpora noscitare. Videor intueri immanibus ausis barbarorum onusta fercula, et sua quemque facta vinctis manibus sequentem; mox ipsum te sublimem instantemque curru domitarum gentium tergo ; ante currum autem clypeos, quos ipse perfoderis. Nec tibi opima defuerint, si quis regum venire in manus audeat, nec non modo telorum tuorum, sed etiam oculorum minarumque conjectum, toto campo totoque exercitu opposito, perhorrescat. Meruisti proxima moderatione, ut, quandocunque te vel inferre, vel propulsare bellum coegerit imperii dignitas, non ideo vicisse videaris ut triumphares, sed triumphare quia viceris.

XVIII. Aliud ex alio mihi occurrit. Quam speciosum est enim, quod disciplinam castrorum lapsam exstinctamque refovisti, depulso prioris seculi malo, inertia et contumacia et dedignatione parendi ? Tutum est reverentiam, tutum caritatem mereri ; nec ducum quisquam aut non amari a militibus, aut amari timet ; et inde, offensæ gratiæque pariter securi, instant operibus, adsunt exercitationibus, arma, mœnia, viros aptant. Quippe non is princeps, qui sibi imminere, sibi intendi putet, quod in hostes paretur ; quæ persuasio fuit illorum, qui hostilia quum facerent, timebant. Iidem ergo torpere militaria studia, nec animos modo, sed et corpora ipsa languescere, gladios etiam incuria hebetari retundique gaudebant. Du-

ces aimaient à voir toute ardeur militaire s'éteindre, les corps languir aussi bien que les âmes, et jusqu'aux glaives oubliés s'émousser et se couvrir de rouille. Alors nos généraux redoutaient moins les embûches des étrangers que celles de leurs princes, le fer des barbares que le bras et l'épée de leurs compagnons d'armes.

XIX. Dans le ciel, le lever des grands astres efface les clartés moins vives et moins puissantes; ainsi l'arrivée du prince éclipse la dignité de ses lieutenants. Vous, cependant, vous étiez plus grand que tous les autres, mais sans rien ôter à leur grandeur personnelle. Chacun des chefs retenait, vous présent, l'autorité qu'il avait en votre absence; plusieurs même virent croître pour eux un respect dont vous étiez le premier à leur donner des marques. Ainsi, également cher aux petits et aux grands, l'empereur et le soldat se confondaient en vous; et si vos ordres animaient puissamment le zèle et le travail, votre exemple et votre empressement à les partager en diminuaient la fatigue. Heureux ceux qui servaient sous vos enseignes! leur dévouement et leur capacité ne vous étaient pas connus par le récit de bouches étrangères; vous en jugiez vous-même sur le témoignage, non de vos oreilles, mais de vos yeux. Ils y ont gagné cet avantage, que, même absent, vous n'en croyez personne plus que vous sur le mérite des absents.

XX. Déjà les vœux des citoyens vous rappelaient, et l'attrait des camps le cédait à l'amour de la patrie. Votre marche est paisible et modeste; on s'aperçoit que vous revenez d'une œuvre de paix. N'attendez pas que je vous loue de ce que ni un mari ni un père n'ont tremblé à votre approche : cette pureté de mœurs, affectée par d'autres, est chez vous un don de la nature ; c'est un de ces mérites dont vous ne pouvez vous prévaloir. Les voitures qui vous sont dues sont réclamées sans désordre; aucun logement n'est dédaigné par vous ; vos vivres sont ceux de tout le monde. Ajoutez une suite obéissante et disciplinée : on eût dit quelque grand capitaine (vous, par exemple) allant aux armées; tant il y avait peu de différence de l'empereur nommé à l'empereur futur ! Oh ! combien dissemblable fut naguère le passage d'un autre prince (si toutefois le nom de pillage ne convient pas mieux), alors qu'il chassait devant lui ses hôtes effrayés, et que tout, à droite et à gauche, était brûlé, dévoré, comme si quelque fléau eût passé sur le pays, ou que les barbares, devant qui fuyait ce lâche, s'en fussent rendus maîtres! Il fallait convaincre les provinces que ce n'était pas l'empereur, mais Domitien, qui voyageait de la sorte. Vous avez donc moins fait pour votre gloire que pour l'intérêt général, en déclarant par un édit ce qui avait été dépensé pour chacun de vous deux. Qu'ainsi l'empereur s'accoutume à calculer avec l'empire; qu'il parte, qu'il revienne, comme devant un jour rendre compte; qu'il publie ses dépenses, c'est le moyen de n'en pas faire qu'il rougisse de publier. Il importe d'ailleurs que les princes à venir sachent, bon gré, mal gré, combien coûtent leurs voyages; et qu'ayant sous les yeux deux exemples contraires, ils se souviennent que l'opinion qu'on aura de leurs mœurs dépend du choix qu'ils auront fait ou de l'un ou de l'autre.

XXI. Des mérites si éclatants ne vous donnaient-ils pas des droits à quelques honneurs, à quelques titres nouveaux? Et cependant vous

ces porro nostri, non tam regum exterorum quam suorum principum insidias, nec tam hostium quam commilitonum manus ferrumque metuebant.

XIX. Est hæc natura sideribus, ut parva et exilia validiorum exortus obscuret : similiter imperatoris adventu legatorum dignitas inumbratur. Tu tamen major omnibus quidem eras, sed sine ullius deminutione major. Eamdem auctoritatem præsente te quisque, quam absente, retinebat; quin etiam plerisque ex eo reverentia accesserat, quod tu quoque illos reverebare. Itaque perinde summis atque infimis carus, sic imperatorem commilitonemque miscueras, ut studium omnium laboremque et tanquam exactor intenderes, et tanquam particeps sociusque relevares. Felices illos, quorum fides et industria non per internuncios et interpretes, sed ab ipso te, nec auribus tuis, sed oculis probabantur! consecuti sunt, ut absens quoque de absentibus nemini magis quam tibi crederes.

XX. Jam te civium desideria revocabant, amoremque castrorum superabat caritas patriæ. Iter inde placidum ac modestum, ut plane a pace redeuntis. Nec vero ego in laudibus tuis ponam, quod adventum tuum non pater quisquam, non maritus expavit : affectata aliis castitas, tibi ingenita et innata, interque ea quæ imputare non possis. Nullus in exigendis vehiculis tumultus, nullum circa hospitia fastidium; annona, quæ cæteris; ad hoc, comitatus accinctus et parens : diceres magnum aliquem ducem, ac te potissimum, ad exercitus ire; adeo nihil, aut certe parum intererat inter imperatorem factum, et futurum. Quam dissimilis nuper alterius principis transitus, si tamen transitus ille, non populatio fuit! quum abactus hospitum exerceret, omniaque dextra lævaque perusta et attrita, ut si vis aliqua, vel ipsi illi barbari, quos fugiebat, inciderent. Persuadendum provinciis erat, illud iter Domitiani fuisse, non principis. Itaque non tam pro tua gloria, quam pro utilitate communi, edicto subjecisti quid in utrumque vestrum esset impensum. Assuescat imperator cum imperio calculum ponere : sic exeat, sic redeat, tanquam rationem redditurus; edicat quid absumpserit : ita fiet ut non absumat, quod pudeat edicere. Præterea futuri principes (velint nolint) sciant : tanti tuum constat; propositisque duobus exemplis meminerint perinde conjecturam de moribus suis homines esse facturos, prout hoc vel illud elegerint.

XXI. Nonne his tot tantisque meritis novos aliquos honores, novos titulos merebare? At tu etiam nomen Patris

refusiez jusqu'au nom de Père de la patrie. Quel long combat il nous a fallu livrer à votre modestie ! combien tardive a été notre victoire ! Ce nom, que d'autres ont reçu le jour même de leur avénement avec ceux d'empereur et de César, vous l'avez remis pour le temps où votre voix, toujours prête à diminuer le prix des biens dont vous êtes l'auteur, avouerait enfin que vous le méritez. C'est ainsi que, seul de tous les hommes, il vous fut donné d'être le père de la patrie avant de le devenir. Vous l'étiez dans nos cœurs, dans notre estime; et peu importait à la piété publique comment vous seriez appelé, s'il n'y eût eu de l'ingratitude à vous traiter simplement d'empereur et de César, quand c'était un père qu'elle trouvait en vous. Et par quelle bonté, par quelle douceur vous justifiez ce nom! oui, vous vivez avec vos concitoyens comme un père avec sa famille. Revenu empereur après être parti homme privé, comme vous aimez à nous reconnaître, à vous voir reconnu de nous! Nous sommes les mêmes à vos yeux ; et vous aussi vous croyez être le même : vous vous faites l'égal de tous, plus grand uniquement parce que vous êtes meilleur.

XXII. Quel jour que celui où vous entrâtes, longtemps attendu et vivement désiré, dans la capitale de votre empire! et la simplicité même de cette entrée, quels sujets elle offrit d'admiration et de joie! Les autres princes s'avançaient, je ne dis pas montés sur un char superbe et traînés par quatre chevaux blancs, mais (ce qui est plus insultant) portés sur les épaules des hommes. Vous, César, la majesté seule de votre taille vous élevait au-dessus de la foule : c'était aussi un triomphe ; mais c'est de l'orgueil des princes, et non de la patience des peuples, que vous triomphiez. Aussi ni l'âge, ni la mauvaise santé, ni le sexe, n'arrêtèrent personne, et chacun voulut repaître ses yeux d'un spectacle si nouveau. Les enfants s'empressaient de vous connaître, les jeunes gens de vous montrer, les vieillards de vous admirer ; les malades même, oubliant les ordres de leurs médecins, se traînaient sur votre passage, comme s'ils eussent dû y trouver la guérison et la vie. Les uns, contents de vous avoir vu, de vous posséder, s'écriaient qu'ils avaient assez vécu ; les autres, que c'était maintenant qu'il était doux de vivre. Les femmes même se réjouirent plus que jamais de leur fécondité, en voyant à quel prince elles avaient donné des citoyens, à quel général elles avaient donné des soldats. Les toits couverts de spectateurs pliaient sous le faix, et nulle place n'était vide, pas même celles où le pied suspendu et mal affermi trouvait à peine à se poser. Les rues envahies ne vous offraient plus qu'un étroit sentier, bordé des deux côtés par un peuple dans l'ivresse. C'était partout mêmes transports, mêmes acclamations. Il était juste que tous ressentissent également la joie de votre arrivée, puisque vous étiez également venu pour tous; et cependant l'allégresse redoublait à mesure que vous avanciez, et croissait presque à chacun de vos pas.

XXIII. On aimait à vous voir embrasser les sénateurs à votre retour, comme ils vous avaient embrassé à votre départ; on aimait à vous entendre appeler par leur nom les plus honorables chevaliers, sans qu'une voix étrangère aidât votre mémoire; on aimait ces marques d'une familiarité bienveillante que vous donniez encore à vos clients après avoir, peu s'en faut, prévenu leur salut;

patriæ recusabas. Quam longa nobis cum modestia tua pugna! quam tarde vicimus! Nomen illud, quod alii primo statim principatus die, ut imperatoris et Cæsaris, receperunt, tu usque eo distulisti, donec tu quoque, beneficiorum tuorum parcissimus æstimator, jam te mereri fatereris. Itaque soli omnium contigit tibi, ut pater patriæ esses ante quam fieres. Eras enim in animis, in judiciis nostris; nec publicæ pietatis intererat quid vocarere; nisi quod ingrata sibi videbatur, si te imperatorem potius vocaret et Cæsarem, quum patrem experiretur. Quod quidem nomen qua benignitate, qua indulgentia exerces! ut cum civibus tuis, quasi cum liberis parens, vivis! ut reversus imperator, qui privatus exieras, agnoscis, agnosceris! eosdem nos, eumdem te putas : par omnibus, et hoc tantum ceteris major, quo melior.

XXII. Ac primum, qui dies ille, quo exspectatus desideratusque urbem tuam ingressus es! Jam hoc ipsum, quod ingressus es, quam mirum lætumque! Nam priores invehi et importari solebant, non dico quadrijugo curru, et albentibus equis, sed humeris hominum, quod arrogantius erat. Tu sola corporis proceritate elatior aliis et excelsior, non de patientia nostra quemdam triumphum, sed de superbia principum egisti. Ergo non ætas quemquam, non valetudo, non sexus retardavit, quominus oculos insolito spectaculo impleret. Te parvuli noscere, ostentare juvenes, mirari senes, ægri quoque, neglecto medentium imperio, ad conspectum tui, quasi ad salutem sanitatemque prorepere. Inde alii, se satis vixisse te viso, te recepto; alii, nunc magis esse vivendum, prædicabant. Feminas etiam tunc fœcunditatis suæ maxima voluptas subiit, quum cernerent cui principi cives, cui imperatori milites peperissent. Videres referta tecta ac laborantia, ac ne cum quidem vacantem locum, qui non nisi suspensum et instabile vestigium caperet; oppletas undique vias, angustumque tramitem relictum tibi; alacrem hinc atque inde populum; ubique per gaudium paremque clamorem. Tam æqualis ab omnibus ex adventu tuo lætitia percepta est, quam omnibus venisti : quæ tamen ipsa cum ingressu tuo crevit, ac prope in singulos gradus adaucta est.

XXIII. Gratum erat cunctis, quod senatum osculo exciperes, ut dimissus osculo fueras; gratum, quod equestris ordinis decora honore nominum sine monitore signares; gratum, quod tantum non ultro clientibus salutatis quasdam familiaritatis notas adderes; gratius tamen, quod sensim et placide, et quantum respectantium turba pateretur, incederes; quod occursantium populus te quoque,

mais on aimait surtout cette lenteur majestueuse avec laquelle vous vous avanciez, autant que le permettait l'empressement de la foule; on aimait que ce peuple curieux vous approchât aussi, ou plutôt approchât principalement de vous, et que dès le premier jour vous eussiez commis à la foi publique votre flanc désarmé. Car vous ne marchiez point escorté de satellites, mais environné de citoyens : tantôt c'était l'élite du sénat, tantôt la fleur de l'ordre équestre, qui se pressait à vos côtés, et vos licteurs vous précédaient tranquilles et silencieux : quant aux soldats, pour la contenance, le calme, la retenue, ils ne différaient aucunement du peuple. Vous montez enfin au Capitole; alors se réveille (et combien agréable!) le souvenir de votre adoption. Quelle jouissance intime pour ceux-là surtout qui les premiers en ce lieu vous avaient salué empereur! Oui, le dieu même dut, à cette heure plus que jamais, se complaire dans son ouvrage. Mais lorsque vos pas foulèrent le sacré parvis d'où votre père avait révélé ce grand secret des dieux, quels transports universels! quel redoublement d'acclamations! que ce jour ressemblait au jour dont il était l'heureuse conséquence! quelle place n'était remplie d'autels, encombrée de victimes? combien de vœux offerts pour un seul, et offerts par tous, parce que tous comprenaient qu'appeler sur vous les faveurs du ciel, c'était les appeler sur eux-mêmes et sur leurs enfants! Du Capitole vous marchez au palais, mais avec le même visage et la même modestie que vers une habitation privée; les autres regagnent leurs foyers, et chacun va témoigner de nouveau la sincérité de sa joie dans cet asile où aucune nécessité n'oblige de se réjouir.

XXIV. Soutenir un si noble début aurait été pour tout autre une tâche difficile : vous, meilleur et plus admirable chaque jour, vous tenez ce que tant de princes se contentent de promettre. Pour vous seul, le temps ajoute de l'éclat et du prix au mérite; tant vous joignez heureusement deux choses opposées, la sécurité d'un long pouvoir et la pudeur d'une élévation récente! On ne vous voit pas renvoyer à vos pieds les embrassements du citoyen humilié, ni présenter à sa bouche une main superbe. Votre visage auguste reçoit son baiser avec la même politesse qu'autrefois, et votre main n'a rien perdu de sa modeste réserve. Vous marchiez à pied, c'est à pied que vous marchez; vous aimiez le travail, vous l'aimez encore; la fortune, qui autour de vous a tout changé, n'a rien changé en vous. Le prince paraît-il en public, on est libre de s'arrêter, d'aller vers lui, de l'accompagner, de le dépasser. Vous vous promenez au milieu de nous, sans penser que ce soit pour nous un grand événement; vous vous communiquez, sans en exiger de reconnaissance. Quiconque vous aborde peut rester à vos côtés aussi longtemps qu'il veut; c'est sa discrétion, et non votre orgueil, qui met fin à l'entretien. Vous nous gouvernez sans doute, et nous vous sommes soumis, mais comme nous le sommes aux lois. Elles aussi répriment nos passions et nos désirs injustes; cependant elles sont avec nous, nous vivons avec elles. Vous êtes dans une position élevée, dominante, comme les dignités et la puissance, qui, placées au-dessus des hommes, appartiennent cependant à des hommes. Les autres princes, par dédain pour nous, et par une secrète horreur de l'égalité, avaient perdu l'usage de leurs pieds. Des esclaves, les épaules courbées sous le faix, les portaient au-dessus de nos têtes : vous, la renommée, la gloire, l'amour des

te immo maxime, adstaret; quod primo statim die latus tuum crederes omnibus. Neque enim stipatus satellitum manu, sed circumfusus undique nunc senatus, nunc equestris ordinis flore, prout alterutrum frequentiæ genus invaluisset, silentes quietosque lictores tuos subsequebare; nam milites nihil a plebe habitu, tranquillitate, modestia, differebant. Ubi vero cœpisti Capitolium adscendere, quam læta omnibus adoptionis tuæ recordatio! quam peculiare gaudium eorum, qui te primi eodem loco salutaverant imperatorem! Quin etiam deum ipsum tunc præcipuam voluptatem operis sui percepisse crediderim. Ut quidem iisdem vestigiis institisti, quibus parens tuus ingens illud deorum prolaturus arcanum, quæ circumstantium gaudia! quam recens clamor! quam similis illi dies, qui hunc genuit diem! ut plena altaribus, angusta victimis cuncta! ut in unius salutem collata omnium vota! quum sibi se ac liberis suis intelligerent precari, quæ pro te precarentur! Inde tu in palatium quidem, sed eo vultu, sed ea moderatione, ut si privatam domum peteres; ceteri ad penates suos quisque, iteraturus gaudii fidem, ubi nulla necessitas gaudendi est.

XXIV. Onerasset alium ejusmodi introitus; tu quotidie admirabilior et melior, talis denique, quales alii principes futuros se tantum pollicentur. Solum ergo te commendat augetque temporis spatium : junxisti enim ac miscuisti res diversissimas, securitatem olim imperantis, et incipientis pudorem. Non tu civium amplexus ad pedes tuos deprimis nec osculum manu reddis : manet imperatori, quæ prior oris humanitas, dexteræ verecundia. Incedebas pedibus, incedis; lætabaris labore, lætaris; eadem, quæ omnia illa circa te, nihil in ipso te fortuna mutavit. Liberum est, ingrediente per publicum principe, subsistere, occurrere, comitari, præterire : ambulas inter nos, non quasi contingas; et copiam tui, non ut imputes, facis. Hæret lateri tuo, quisquis accessit, finemque sermoni suus cuique pudor, non tua superbia, facit. Regimur quidem a te, et subjecti tibi, sed quemadmodum legibus, sumus : nam et illæ cupiditates nostras libidinesque moderantur, nobiscum tamen et inter nos versantur. Eminens, excellis, ut honor, ut potestas, quæ super homines quidem, hominum sunt tamen. Ante tu principes, fastidio nostri, et quodam æqualitatis metu, usum pedum amiserant. Illos ergo humeri cervicesque servorum super ora nostra; te fama, te gloria, te civium pietas, te libertas,

citoyens, la liberté, vous portent au-dessus des princes eux-mêmes. Cette humble terre, où vos pas se confondent avec ceux du peuple, vous élève jusqu'au ciel.

XXV. Je ne crains pas, pères conscrits, de paraître trop long, puisque les bienfaits dont on rend grâce au prince ne sauraient être trop nombreux. Toutefois, il serait plus respectueux sans doute de les abandonner tout entiers à vos pensées, que de les toucher rapidement, et d'effleurer en passant une si noble matière; car le silence a du moins un avantage, celui de ne rien ôter à la vérité. Et comment dire en peu de mots les tribus enrichies, le *congiarium* donné au peuple, et donné sans réserve, tandis que les soldats n'avaient reçu qu'une partie du don militaire? Est-ce l'ouvrage d'une âme commune, de satisfaire de préférence ceux à qui on pourrait plus facilement refuser? Du reste, un esprit d'égalité s'est reconnu même en ce traitement inégal : les soldats ont été mis de pair avec le peuple en recevant une partie, mais les premiers; le peuple avec les soldats, en recevant le dernier, mais le tout à la fois. Et quelle générosité dans la répartition! quelle attention vigilante à ce que nul ne fût excepté de vos largesses! Elles se sont étendues aux personnes inscrites, depuis votre édit, en remplacement des noms effacés; et ceux même à qui rien n'était promis ont eu leur part aussi bien que les autres. Les affaires, les infirmités, la mer, les fleuves, retenaient-ils quelqu'un ; on l'attendait. Vous avez pourvu à ce que personne ne fût ni malade, ni occupé, ni absent : libre à chacun de venir quand il voulait, de venir quand il pouvait. C'était une œuvre grande, César, et digne de vous, de rapprocher par le génie de la munificence les terres les plus éloignées, d'abréger par le bienfait les plus longues distances, de corriger le hasard, d'aller au-devant de la fortune, de tout faire en un mot pour que nul Romain, pendant la distribution de vos dons, ne sentît qu'il était homme, sans s'apercevoir aussi qu'il était citoyen.

XXVI. Autrefois, lorsque approchait le jour des largesses, on voyait des essaims d'enfants, et cette foule qui sera le peuple un jour, attendre la sortie du prince et remplir les rues sur son passage. Les pères, empressés de les montrer à sa vue, élevaient les plus petits au-dessus de leurs têtes, et leur apprenaient à bégayer des compliments flatteurs et des paroles adulatrices. Ceux-ci répétaient la prière qui leur était dictée, et la plupart en fatiguaient vainement les oreilles du prince : ignorant ce qu'ils avaient demandé, ce qu'ils n'avaient pas obtenu, ils étaient renvoyés jusqu'au temps où ils ne le sauraient que trop. Vous, César, vous n'avez pas voulu même qu'on vous priât; et, tout agréable qu'eût été à vos regards le spectacle de cette naissante génération de Romains, tous cependant, avant de vous voir ou de vous implorer, ont été reçus et inscrits par vos ordres. Ainsi, élevés à l'aide de vos bienfaits, ils éprouvent dès l'enfance que vous êtes le père commun; ainsi, croissant pour vous, ils croissent aux dépens de vos trésors; ils reçoivent des aliments de vos mains, avant d'en recevoir une solde; et tous ils doivent à vous seul autant que chacun doit aux auteurs de ses jours. Il est beau, César, de soutenir à vos frais l'espérance du nom romain. Pour un prince généreux, et qui marche a

---

super ipsos principes vehunt; te ad sidera tollit humus ista communis, et confusa principis vestigia.

XXV. Nec vereor, P. C., ne longior videar, quum sit maxime optandum, ut ea, pro quibus aguntur principi gratiæ, multa sint : quæ quidem reverentius fuerit integra illibataque cogitationibus vestris reservari, quam carptim breviterque perstringi; quia fere sequitur, ut illa quidem, de quibus taceas, tanta, quanta sunt, esse videantur. Nisi vero leviter attingi placet locupletatas tribus, datumque congiarium populo, et datum totum, quum donativi partem milites accepissent. An mediocris animi est his potius repræsentare, quibus magis negari potest? quamquam in hac quoque diversitate æqualitatis ratio servata est : æquati sunt enim populo milites, eo quod partem, sed priores; populus militibus, quod posterior, sed totum statim accepit. Enimvero qua benignitate divisum est! quantæ curæ tibi fuit, ne quis expers liberalitatis tuæ fieret! Datum est his, qui post edictum tuum in locum erasorum subditi fuerant; æquatique sunt ceteris illi etiam, quibus non erat promissum. Negotiis aliquis, valetudine alius, hic mari, ille fluminibus distinebatur : exspectatus est; provisumque ne quis æger, ne quis occupatus, ne quis denique longe fuisset : veniret quisque, quum vellet; veniret quisque, quum posset. Magnificum, Cæsar, et tuum, disjunctissimas terras munificentiæ ingenio velut admovere, immensaque spatia liberalitate contrahere, intercedere casibus, occursare fortunæ, atque omni ope adniti, ne quis e plebe romana, dante congiarium te, hominem magis sentiret se fuisse, quam civem.

XXVI. Adventante congiarii die, observare principis egressum in publicum, insidere vias examina infantium futurusque populus solebat. Labor parentibus erat ostentare parvulos, impositosque cervicibus adulantia verba blandasque voces edocere. Reddebant illi, quæ monebantur; ac plerique irritis precibus surdas principis aures adstrepebant; ignarique quid rogassent, quid non impetrassent, donec plane scirent, differebantur. Tu ne rogari quidem sustinuisti, et quamquam lætissimum oculis tuis esset conspectu romanæ sobolis impleri, omnes tamen, antequam te viderent adirentve, recipi, incidi jussisti; ut jam inde ab infantia parentem publicum munere educationis experirentur; crescerent de tuo, qui crescunt tibi, alimentisque tuis ad stipendia tua pervenirent, tantumque omnes uni tibi, quantum parentibus suis quisque deberet. Recte, Cæsar, quod spem romani nominis sumptibus tuis suscipis : nullum est enim magno principe, immortalitatemque merituro, impendii genus dignius, quam quod erogatur in posteros. Locupletes ad tollendos liberos ingentia præmia et pares pœnæ cohor-

l'immortalité, il n'est pas de plus noble dépense que celle qui est faite au profit de l'avenir. De grandes récompenses et des peines proportionnées engagent doublement les riches à devenir pères. Les pauvres n'ont qu'un motif d'élever des enfants, la bonté du prince. Si celui-ci n'entretient d'une main libérale, s'il n'adopte ceux qui sont nés sur la foi de son humanité, c'en est fait de l'empire, c'en est fait de la république : il en hâte la chute, et vainement alors il protégera les grands; la noblesse sans le peuple est une tête sans corps, qui tombera faute de soutien et d'équilibre. Il est aisé de comprendre quelle joie vous avez ressentie, en vous voyant accueilli par les acclamations des pères et des fils, des vieillards et des enfants. Le cri de la reconnaissance est le premier qu'aient fait entendre à vos oreilles ces futurs citoyens, à qui vous avez donné plus encore que la nourriture, l'avantage de ne pas la demander. Mettons néanmoins au-dessus de tout que sous votre empire on ait goût, on ait intérêt à voir croître sa famille.

XXVII. Aucun père ne redoute plus pour son fils d'autres chances que celles de la fragilité humaine ; et la colère du prince n'est plus mise au nombre des maux dont on ne guérit pas. C'est un grand encouragement à élever des enfants, que de compter pour leurs besoins sur la générosité impériale; c'en est un plus grand, de compter pour leurs personnes sur l'indépendance et la sécurité. Disons-le même : que le prince ne donne rien, pourvu qu'il n'ôte rien; qu'il ne nourrisse pas, pourvu qu'il ne tue point, et l'État ne manquera jamais de citoyens qui désirent d'être pères. Au contraire, qu'il donne et qu'il ôte, qu'il nourrisse et qu'il tue, certes il aura bientôt réduit tout homme vivant à gémir non seulement sur sa postérité, mais sur soi-même et sur ceux dont il naquit. Il est donc une chose en votre munificence que je louerai plus que le reste : c'est que, largesses au peuple, aliments à l'enfance, ce que vous donnez est à vous. Vous ne nourrissez point les fils des citoyens, comme les bêtes féroces nourrissent leurs petits, de sang et de carnage. Le plaisir de recevoir est doublé par la certitude qu'on ne reçoit pas la dépouille d'autrui, et que si beaucoup sont plus riches qu'auparavant, le prince seul est plus pauvre : encore ne l'est-il pas véritablement; car celui qui peut disposer à son gré de tout ce qu'ont les autres possède autant, lui seul, que tous les autres réunis.

XXVIII. La multitude de vos mérites m'appelle à de nouveaux objets. Nouveaux, ai-je dit, comme si ma respectueuse admiration n'avait pas encore à proclamer ici que votre générosité n'est point celle d'une conscience coupable, qui répand les trésors pour détourner les censures, et qui veut offrir aux discours tristes et chagrins de la renommée une plus riante matière. L'argent donné au peuple, la nourriture assurée aux enfants, ne furent point la réparation d'une faute, ni d'une cruauté : le bien que vous faites n'est pas le prix de l'impunité pour le mal que vous auriez fait; c'est l'amour que vous achetez, et non le pardon. En quittant votre tribunal, le peuple romain se retire votre obligé; ce n'est pas lui qui vient de faire grâce. Oui, César, vos largesses ont été distribuées et reçues avec une égale joie, une égale sécurité; et ce que les autres princes jetaient à la multitude mécontente pour désarmer sa haine, vous l'avez offert au peuple avec des mains aussi pures que l'esprit du peuple était fidèle. Il ne va guère à moins

tantur; pauperibus, educandi una ratio est, bonus princeps. Hic fiducia sui procreatos nisi larga manu fovet, auget, amplectitur, occasum imperii, occasum reipublicæ accelerat; frustraque proceres, plebe neglecta, ut defectum corpore caput, nutaturumque instabili pondere, tuetur. Facile est conjectari, quod perceperis gaudium, quum te parentum, liberorum, senum, infantium, puerorum clamor exciperet. Hæc prima parvulorum civium vox aures tuas imbuit, quibus tu daturus alimenta hoc maximum præstitisti, ne rogarent. Super omnia est tamen, quod talis es, ut sub te liberos tollere libeat, expediat.

XXVII. Nemo jam parens filio nisi fragilitatis humanæ vices horret; nec inter insanabiles morbos principis ira numeratur. Magnum quidem est educandi incitamentum, tollere liberos in spem alimentorum, in spem congiariorum ; majus tamen in spem libertatis, in spem securitatis. Atque adeo nihil largiatur princeps, dum nihil auferat; non alat, dum non occidat, nec deerunt qui filios concupiscant. Contra largiatur et auferat, alat et occidat, næ ille jam brevi tempore effecerit ut omnes non posterorum modo, sed sui parentumque pœniteat. Quocirca nihil magis in tua tota liberalitate laudaverim, quam quod congiarium das de tuo, alimenta de tuo ; neque a te liberi civium, ut ferarum catuli, sanguine et cædibus nutriuntur; quodque gratissimum est accipientibus, sciunt dari sibi quod nemini est ereptum, locupletatisque tam multis, pauperiorem esse factum principem tantum; quamquam ne hunc quidem; nam cujus est quidquid est omnium, tantum ipse quantum omnes habet.

XXVIII. Alio me vocat numerosa gloria tua : alio autem ? quasi vero jam satis veneratus miratusque sim quod tantam pecuniam profudisti, non ut, flagitii tibi conscius, ab insectatione ejus averteres famam; nec ut tristes hominum mœstosque sermones lætiore materia detineres. Nullum congiario culpam, nullam alimentis crudelitatem redemisti; nec tibi benefaciendi fuit causa, ut, quæ male feceras, impune fecisses : amor impendio isto, non venia quæsita est ; populusque romanus obligatus a tribunali tuo, non exoratus recessit. Obtulisti enim congiarium gaudentibus gaudens, securusque securis; quodque antea principes, ad odium sui leniendum, tumentibus plebis animis objectabant, id tu tam innocens populo dedisti, quam populus accepit. Paullo minus, patres conscripti, quinque millia ingenuorum fuerunt, quæ liberalitas prin-

de cinq mille, pères conscrits, le nombre des enfants de condition libre que la munificence de notre prince a recherchés, découverts, adoptés. Ils sont élevés aux frais de l'État, pour en être l'appui dans la guerre, l'ornement dans la paix; et ils apprennent à aimer la patrie, non comme la patrie seulement, mais comme la mère qui nourrit leur jeune âge. C'est d'eux que les camps, d'eux que les tribus se peupleront un jour; d'eux naîtront à leur tour des rejetons auxquels ce secours public ne sera plus nécessaire. Puissent les dieux vous accorder, César, ce que vous méritez de vie, et vous conserver les sentiments qu'ils ont mis dans votre âme! combien vous verrez se présenter à chaque distribution de vos grâces une plus grande foule d'enfants! Car cette jeune population s'accroît et se multiplie sans cesse; non que les fils soient mieux aimés de leurs pères, mais parce que les citoyens sont plus chéris du prince. Vous ferez des largesses, si tel est votre plaisir ; vous assurerez, si tel est votre plaisir, la subsistance de ceux qui seront nés : c'est toujours vous qui aurez été la cause de leur naissance.

XXIX. Il est une chose que je regarde comme une libéralité perpétuelle : c'est l'abondance des vivres. Ramenée jadis par Pompée, elle ne lui fit pas moins d'honneur que la brigue chassée des comices, la mer purgée de pirates, l'Orient et l'Occident parcourus par la victoire. Et Pompée ne déploya pas alors plus de vertus civiles que n'a fait depuis le père de la patrie, lorsque, par l'ascendant de son caractère, par sa bonne foi, il a ôté comme lui les barrières des routes, ouvert les ports, rendu à la terre ses chemins, aux rivages leur mer, à la mer ses rivages, uni enfin les différentes nations par un commerce si actif, que les productions d'un lieu semblent nées dans tous les autres. Ne voyons-nous pas toutes les années être pour nous des années d'abondance? et personne cependant n'éprouve aucun dommage. Le temps n'est plus où, arrachées comme une dépouille ennemie aux alliés qui réclamaient en vain, les moissons venaient périr dans nos greniers. Les alliés apportent eux-mêmes les richesses annuelles que leur sol a produites, que leur soleil a nourries; on ne les voit plus, écrasés par des charges nouvelles, manquer de forces pour acquitter les anciens tributs. Le fisc achète tout ce qu'il paraît acheter. De là viennent ces inépuisables provisions, dont le prix est fixé dans de libres enchères ; de là vient qu'on regorge ici, et que nulle part on n'est affamé.

XXX. L'Égypte, glorieuse de sa fécondité, s'est vantée de n'en rien devoir au ciel ni à la pluie; et en effet, toujours arrosée par son fleuve, et accoutumée à s'engraisser uniquement des eaux qu'il lui apporte, elle se couvrait de si riches moissons, qu'elle semblait le disputer, sans crainte d'être jamais vaincue, aux plus fertiles contrées. Une sécheresse inattendue l'a rabaissée tout à coup au rang des plus stériles : le Nil paresseux n'avait épanché hors de son lit qu'une onde tardive et languissante; c'était donc un fleuve immense, mais ce n'était qu'un fleuve. Aussi une grande partie des campagnes, ordinairement baignées par ses flots réparateurs, se chargèrent d'une poussière épaisse et brûlante. Vainement alors l'Égypte souhaita des nuages et leva ses regards vers le ciel, quand le père même de sa fécondité, contraint et resserré dans son cours, avait circonscrit les dons de cette année en d'aussi étroites limites que sa propre abondance. Ce fleuve, si vaste en ses débordements, s'était arrêté avant d'atteindre les collines qu'il a cou-

cipis nostri conquisivit, invenit, adscivit. Hi, subsidium bellorum, ornamentum pacis, publicis sumptibus aluntur, patriamque, non ut patriam tantum, verum ut altricem, amare condiscunt. Ex his castra, ex his tribus replebuntur; ex his quandoque nascentur quibus alimentis opus non sit. Dent tibi, Cæsar, ætatem dii quam mereris, serventque animum quem dederunt; et quanto majorem infantium turbam iterum atque iterum videbis incidi! Augetur enim quotidie et crescit, non quia cariores parentibus liberi, sed quia principi cives. Dabis congiaria si voles, præstabis alimenta si voles; illi tamen propter te nascuntur.

XXIX. Instar ego perpetui congiarii reor affluentiam annonæ. Hujus aliquando cura Pompeio non minus addidit gloriæ, quam pulsus ambitus campo, exactus hostis mari, Oriens triumphis Occidensque lustratus. Nec vero ille civilius quam parens noster, auctoritate, consilio, fide reclusit vias; portus patefecit; itinera terris, littoribus mare, littora mari reddidit; diversasque gentes ita commercio miscuit, ut quod genitum esset usquam, id apud omnes natum esse videretur. Nonne cernere datur, ut sine ullius injuria omnis usibus nostris annus exuberet? Quippe non, ut ex hostico raptæ, periturææque in horreis, messes nequidquam quiritantibus sociis auferuntur. Devehunt ipsi quod terra genuit, quod sidus aluit, quod annus tulit; nec, novis indictionibus pressi, ad vetera tributa deficiunt. Emit fiscus quidquid videtur emere; inde copiæ, inde annona, de qua inter licentem vendentemque conveniat; inde hic satietas, nec fames usquam.

XXX. Ægyptus alendis augendisque seminibus ita gloriata est, ut nihil imbribus cœloque deberet : siquidem proprio semper amne perfusa, nec alio genere aquarum solita pinguescere, quam quas ipse devexerat, tantis segetibus induebatur, ut cum feracissimis terris, quasi nunquam cessura, certaret. Hæc inopina siccitate usque ad injuriam sterilitatis exaruit, quia piger Nilus cunctanter alveo sese ac languide extulerat, ingentibus quidem tunc quoque ille, fluminibus tamen conferendus. Hinc pars magna terrarum, mergi reparariqæ palanti amne consueta, alto pulvere incanduit. Frustra tunc Ægyptus nubila optavit, cœlumque respexit, quum ipse fecunditatis parens contractior et exilior iisdem ubertatem ejus anni angustiis, quibus abundantiam suam, cohibuisset. Neque enim solum vagus ille, quum expandi-

tume d'envahir; même les plaines basses ou doucement inclinées ne l'avaient reçu qu'un instant, et, au lieu de s'en retirer d'un pas lent et paisible, il s'était hâté de fuir, et de rendre à l'aridité commune des terres trop peu rafraîchies. Le pays, privé de l'inondation qui le fertilise, adressa donc à César les vœux qu'il adresse d'ordinaire à son fleuve, et ses maux ne durèrent que le temps qu'il fallut pour les lui annoncer. Votre puissance agit si promptement, César, votre bonté toujours attentive, toujours prête, pourvoit si bien à tout, que si dans votre siècle il est des malheureux, il leur suffit, pour être secourus et soulagés, que vous connaissiez leurs besoins.

XXXI. Je souhaite à toutes les nations des années abondantes et des terres fertiles; je suis tenté de croire cependant que la fortune, en affamant l'Égypte, a voulu mesurer vos forces et faire l'essai de votre vigilance; car lorsque vous méritez que tout seconde vos désirs, n'est-il pas évident que si quelque chose les traverse, c'est un champ que le ciel ouvre à vos vertus, une matière qu'il prépare à votre gloire, puisque la prospérité est le partage des heureux, l'adversité l'épreuve des grandes âmes? C'était une opinion reçue, que Rome ne pouvait vivre et subsister sans le secours de l'Égypte. Cette nation vaine et insolente s'enorgueillissait de nourrir ses vainqueurs, et de nous donner, à la faveur de son fleuve et de ses vaisseaux, l'abondance ou la famine. Nous avons rendu au Nil ses richesses : il a repris les grains qu'il avait envoyés; les moissons qu'il avait portées à la mer ont remonté son cours. Que l'Égypte, avertie par l'expérience, apprenne qu'au lieu de nous nourrir, elle nous paye tribut; qu'elle sache qu'elle n'est point nécessaire au peuple romain, et que cependant elle lui soit soumise. Le Nil peut à l'avenir être fidèle à ses rives, et rester modestement un fleuve : cet événement n'aura aucune suite pour Rome, aucune même pour l'Égypte; si ce n'est que les navires partiront de ce pays légers et vides, comme ils y retournaient, tandis que Rome les enverra pleins et chargés, comme elle a coutume de les recevoir. L'office qu'on demande à la mer aura changé d'objet; et c'est pour les flottes qui vogueront du Tibre au Nil qu'on implorera des vents favorables et une course rapide. Ce serait déjà, César, une merveille, que les marchés de Rome n'eussent pas ressenti la stérilité de l'Égypte et la paresse du Nil. Par vos secours et vos soins prévoyants, ils ont versé jusqu'en cette contrée le surplus de leur abondance; et deux choses ont été prouvées tout ensemble, que nous pouvons nous passer de l'Égypte, et que l'Égypte ne peut se passer de nous. C'en était fait de la province la plus féconde, si elle eût été libre. Honteuse d'une impuissance de produire qu'elle ne se connaissait pas, elle ne rougissait pas moins qu'elle ne souffrait de la faim : vous avez soulagé tout à la fois ses besoins et sa honte. En voyant regorger des greniers qu'il n'avait pas remplis, le laboureur étonné se demandait de quels champs était venue cette moisson, et quelle partie de l'Égypte était arrosée d'un autre fleuve. Ainsi, grâce à vous, la terre n'est plus avare; et le Nil, toujours officieux, souvent a coulé plus abondant pour l'Égypte, jamais pour notre gloire.

XXXII. C'est maintenant que toutes les provinces se trouvent heureuses d'être soumises à un empire dont le chef, disposant de la fécondité des

---

tur, amnis intra usurpata semper collium substiterat atque hæserat, sed supino etiam ac clementi solo, non placido se mollique lapsu refugum abstulerat; et necdum satis humentes terras addiderat arentibus. Igitur inundatione, id est, ubertate regio fraudata, sic opem Cæsaris invocavit, ut solet amnem suum; nec longius illi adversorum fuit spatium, quam dum nunciat. Tam velox, Cæsar, potentia tua est, tamque in omnia pariter intenta bonitas et accincta, ut tristius aliquid seculo tuo passis ad remedium salutemque sufficiat, ut scias.

XXXI. Omnibus equidem gentibus fertiles annos gratasque terras precor; crediderim tamen per hunc Ægypti statum tuas fortunam vires experiri, tuamque vigilantiam spectare voluisse. Nam, quum omnia ubique secunda merearis, nonne manifestum est, si quid adversi cadat, tuis laudibus tuisque virtutibus materiem campumque præsterni, quum secunda felices, adversa magnos probent! Percrebuerat antiquitus, urbem nostram nisi opibus Ægypti ali sustentarique non posse. Superbiebat ventosa et insolens natio, quod victorem quidem populum pasceret tamen, quodque in suo flumine, in suis navibus, vel abundantia nostra vel fames esset. Refudimus Nilo suas copias; recepit frumenta quæ miserat, deportatasque messes revexit. Discat igitur Ægyptus, credatque experimento, non alimenta se nobis, sed tributa præstare : sciat se non esse populo romano necessariam, et tamen serviat. Post hæc, si volet Nilus, amet alveum suum, et fluminis modum servet : nihil hoc ad urbem, ac ne ad Ægyptum quidem, nisi ut inde navigia inania et vacua, et similia redeuntibus, hinc plena et onusta, et qualia solent venire, mittantur, conversoque munere maris, hinc potius venti ferentes et brevis cursus optentur. Mirum, Cæsar, videretur, si desidem Ægyptum cessantemque Nilum non sensisset urbis annona; quæ tuis opibus, tua cura usque illuc redundavit, ut simul probaretur, et nos Ægypto posse, et nobis Ægyptum carere non posse. Actum erat de fœcundissima gente, si libera fuisset : pudebat sterilitatis insolitæ, nec minus erubescebat fame quam torquebatur, quum pariter a te necessitatibus ejus pudorique subventum est. Stupebant agricolæ plena horrea quæ non ipsi refersissent, quibusque de campis illa subvecta messis, quave in Ægypti parte alius amnis. Ita beneficio tuo nec maligna tellus; et obsequens Nilus Ægypto quidem sæpe, sed gloriæ nostræ nunquam largior fluxit.

XXXII. Quam nunc juvat provincias omnes in fidem nostram ditionemque venisse, postquam contigit princeps.

terres, la transporte d'un lieu à l'autre, selon les temps et les besoins, et nourrit une nation séparée par la mer, comme si c'était une partie du peuple et des tribus de Rome. Le ciel n'est jamais assez prodigue de ses dons pour dispenser à tous les pays à la fois une égale abondance : le prince bannit à la fois de tous, non la stérilité sans doute, mais les maux qu'elle entraîne ; il y porte, sinon la fécondité, au moins les biens qu'elle procure ; il unit par de mutuels échanges l'Orient et l'Occident ; et les nations, recevant l'une de l'autre tout ce qui peut être produit ou désiré quelque part, apprennent combien les sujets de l'empire sont plus heureux sous les lois d'un seul maître que parmi les luttes qu'enfante l'indépendance. Car, tant que les biens de tous restent séparés, chacun porte séparément le poids de ses maux ; quand ils sont confondus et mis en commun, les maux individuels ne sont ressentis de personne, les biens de tous deviennent la propriété de tous. Mais, soit que chaque terre ait sa divinité particulière, ou chaque fleuve son génie protecteur, je prie la terre d'Égypte, et le Nil qui l'arrose, de se contenter de cet exemple de la libéralité impériale, et de faire qu'un sol fécondant reçoive les semences et les rende multipliées. Nous ne réclamons point d'arrérages ; peut-être cependant croiront-ils en devoir ; et, d'autant plus généreux que nous exigeons moins, ils absoudront par des années, par des siècles d'abondance, la foi trompeuse d'une seule année.

XXXIII. Vous aviez pourvu aux besoins des citoyens, aux besoins des alliés. Des spectacles ont été vus ensuite, non de mollesse et de corruption, faits pour énerver et dégrader les âmes ; mais de ceux qui encouragent aux nobles blessures et au mépris de la mort, en montrant jusqu'en des esclaves et des criminels l'amour de la gloire et le désir de vaincre. Mais quelle magnificence le prince a déployée dans ces jeux ! avec quelle justice il y a présidé, inaccessible ou supérieur à toute prévention ! Il n'a rien refusé de ce qu'on demandait ; il a offert ce qu'on ne demandait pas ; il a fait plus : il nous a invités à désirer, et, quoique avertis, nos désirs ont été devancés par plus d'une surprise. Et quelle liberté dans les suffrages publics ! quelle sécurité dans les préférences ! Personne ne fut, comme autrefois, déclaré impie pour n'avoir pas approuvé un gladiateur. Pas un spectateur, devenu spectacle à son tour, n'expia par le croc ou par les flammes de funestes plaisirs. O délire ! ô ignorance du véritable honneur ! un prince ramassait dans l'arène des accusations de lèse-majesté ; il se croyait méprisé, avili, si ses gladiateurs ne recevaient nos hommages ; il prenait pour lui le mal qu'on disait d'eux, et sa divinité lui semblait violée en leur personne : insensé, qui, s'égalant aux dieux, égalait à lui-même de misérables esclaves !

XXXIV. Mais vous, César, quel beau spectacle vous nous avez offert à la place de ces horribles scènes ! Nous avons vu amener dans l'amphithéâtre, comme des assassins et des brigands, une troupe de délateurs. Et ces brigands n'attendaient point le voyageur dans la solitude : c'est un temple, c'est le forum qu'ils avaient envahi. Plus de testaments respectés, plus d'état certain ; qu'on eût des enfants, qu'on n'en eût pas, le danger était le même. L'avarice des princes avait aggravé ce fléau. Vous avez ouvert les yeux, César, et, déjà

qui terrarum fœcunditatem nunc huc nunc illuc, ut tempus et necessitas posceret, transferret referretque ; qui diremptam mari gentem, ut partem aliquam populi plebisque romanæ, aleret ac tueretur ! Et cœlo quidem nunquam benignitas tanta, ut omnes simul terras ubertate foveatque : hic omnibus pariter, si non sterilitatem, at mala sterilitatis exturbat ; hic, si non fœcunditatem, at bona fœcunditatis importat : hic alternis commeatibus Orientem Occidentemque connectit ; ut, quæ ubique feruntur, quæque expetuntur, omnes gentes invicem capiant, et discant quanto libertate discordi servientibus sit utilius, unum esse cui serviant. Quippe, discretis quidem bonis omnium, sua cujusque ad singulos mala ; sociatis autem atque permixtis, singulorum mala ad neminem, ad omnes omnium bona pertinent. Sed, sive terris divinitas quædam, sive aliquis amnibus genius ; et solum illud et flumen ipsum precor, ut, hac principis benignitate contentum, molli gremio semina recondat, multiplicata restituat. Non quidem reposcimus fœnus : putet tamen esse solvendum ; fallacemque unius anni fidem omnibus annis, omnibusque postea seculis, tanto magis, quia non exigimus, excuset.

XXXIII. Satisfactum qua civium, qua sociorum utilitatibus. Visum est spectaculum inde non enerve, nec fluxum, nec quod animos virorum molliret et frangeret, sed quod ad pulchra vulnera contemptumque mortis accenderet ; quum in servorum etiam noxiorumque corporibus amor laudis et cupido victoriæ cerneretur. Quam deinde in edendo liberalitatem, quam justitiam exhibuit, omni affectione aut intactus, aut major ! Impetratum est, quod postulabatur ; oblatum, quod non postulabatur. Instituit ultro, et ut concupisceremus admonuit ; ac sic quoque plura inopinata, plura subita. Jam quam libera spectantium studia ! quam securus favor ! Nemini impietas, ut solebat, objecta, quod odisset gladiatorem : nemo e spectatore spectaculum factus miseras voluptates unco et ignibus expiavit. Demens ille, verique honoris ignarus, qui crimina majestatis in arena colligebat, ac se despici et contemni, nisi etiam gladiatores ejus veneraremur, sibi maledici in illis, suam divinitatem, suum numen violari interpretabatur, quumque se idem quod deos, idem gladiatores quod se putabat.

XXXIV. At tu, Cæsar, quam pulchrum spectaculum pro illo nobis exsecrabili reddidisti ! Vidimus delatorum agmen inductum, quasi grassatorum, quasi latronum. Non solitudinem illi, non iter, sed templum, sed forum insederant. Nulla jam testamenta secura, nullius status certus : non orbitas, non liberi proderant. Auxerat hoc malum principum avaritia. Advertisti oculos, atque ut ante castris, ita postea pacem fore reddidisti : exscidisti intesti-

pacificateur du camp, vous avez aussi pacifié le forum. Vous avez extirpé ce mal domestique, et votre sévérité prévoyante a empêché qu'une république dont les lois sont le fondement ne fût détruite au nom des lois. Ainsi, quoique votre fortune, d'accord avec votre munificence, nous ait fait admirer des forces d'hommes prodigieuses et des courages qui répondaient à ces forces, et dans les bêtes une férocité monstrueuse ou une douceur inconnue; quoique vous ayez étalé publiquement ces merveilles cachées, ces richesses du palais, interdites jusqu'à vous aux regards du vulgaire; rien cependant n'a été plus agréable, rien n'a été plus digne du siècle, que de voir du haut de nos siéges les délateurs, le cou renversé et la tête en arrière, montrer leur face hideuse. Nous reconnaissions leurs traits; nous jouissions, lorsque ces pervers, victimes expiatoires des publiques alarmes, marchaient, sur le sang des criminels, à des supplices plus lents et à des peines plus affreuses. Jetés sur des navires réunis à la hâte, ils ont été livrés à la merci des tempêtes. Qu'ils partent! qu'ils fuient ces terres désolées par leurs calomnies! et si les flots et les orages en laissent arriver jusqu'aux rochers de l'exil, qu'ils y habitent d'âpres solitudes et des côtes inhospitalières; qu'ils y traînent une vie dure et tourmentée de soucis; qu'ils pleurent en voyant derrière eux le genre humain tranquille et rassuré!

XXXV. Spectacle mémorable! une flotte chargée de délateurs est abandonnée aux vents; elle est forcée de déployer ses voiles aux tempêtes, et de suivre les flots irrités sur tous les écueils où ils la porteront. On aime à contempler ces navires dispersés dès la sortie du port, et à remercier le prince, au bord même de la mer, d'avoir concilié la justice avec sa clémence, en confiant aux dieux de la mer la vengeance de la terre et des hommes. On connut alors ce que peut la différence des temps, quand on vit le crime enchaîné sur ces mêmes rochers où autrefois languissait l'innocence, et ces îles, naguère peuplées de sénateurs bannis, se remplir maintenant de délateurs. Et ce n'est pas pour un jour seulement, c'est pour toujours, que vous avez réprimé leur audace, en l'enveloppant comme d'un réseau inévitable de châtiments. Ils veulent ravir un bien qui n'est pas à eux; qu'ils perdent celui qu'ils ont! Ils brûlent de chasser autrui de ses pénates; qu'ils soient arrachés des leurs. Qu'on ne les voie plus offrir à des stigmates impuissants leur front de marbre et d'airain, et rire eux-mêmes de leurs flétrissures; qu'ils redoutent des pertes égales à leurs profits; que leurs espérances cessent d'être plus grandes que leurs craintes, et qu'ils ressentent autant de frayeur qu'ils en inspiraient! Déjà Titus avait pourvu courageusement à la vengeance et à la sécurité publique, et ce bienfait l'a placé entre les dieux. Combien vous mériterez encore mieux le ciel, vous qui avez tant ajouté à ce qui lui a valu des autels! Y ajouter était cependant difficile, après que l'empereur Nerva, si digne de vous avoir pour fils et pour successeur, avait fait à l'édit de Titus de si importantes additions, qu'il semblait que personne ne pût faire davantage; personne, excepté vous, qui avez imaginé autant de sages règlements que si avant vous l'œuvre n'eût pas été commencée. Que de droits à notre reconnaissance, quand vous auriez dispensé un à un tous ces biens! Vous les avez versés tous en-

num malum; et provida severitate cavisti, ne fundata legibus civitas eversa legibus videretur. Licet ergo quum fortuna, tum liberalitas tua visenda nobis præbuerit, ut præbuit, nunc ingentia robora virorum et pares animos, nunc immanitatem ferarum, nunc mansuetudinem incognitam, nunc secretas illas et arcanas, ac sub te primum communes opes; nihil tamen gratius, nihil seculo dignius, quam quod contigit desuper intueri delatorum supina ora retortasque cervices. Agnoscebamus et fruebamur, quum, velut piaculares publicæ sollicitudinis victimæ, supra sanguinem noxiorum ad lenta supplicia gravioresque pœnas ducerentur. Congesti sunt in navigia raptim conquisita, ac tempestatibus dediti : abirent, fugerent vastatas delationibus terras : ac, si quem fluctus ac procellæ scopulis reservassent, hic nulla saxa et inhospitale littus incoleret; ageret duram et anxiam vitam, relictaque post tergum totius generis humani securitate mœreret.

XXXV. Memoranda facies! delatorum classis permissa omnibus ventis, coactaque vela tempestatibus pandere, iratosque fluctus sequi, quoscunque in scopulos detulissent. Juvabat prospectare statim a portu sparsa navigia, et apud illud ipsum mare agere principi gratias, qui clementia sua salva, ultionem terrarumque diis maris commendasset. Quantum diversitas temporum possset, tum maxime cognitum est, quum iisdem quibus antea cautibus innocentissimus quisque, tunc nocentissimus affigeretur; quumque insulas omnes, quas modo senatorum, jam delatorum turba compleret; quos quidem non in præsens tantum, sed in æternum repressisti, in illa pœnarum indagine inclusos. Ereptum alienas pecunias eunt; perdant quas habent. Expellere penatibus gestiunt; suis exturbentur : neque, ut antea, exsanguem illam et ferream frontem nequicquam convulnerandam præbeant punctis, et notas suas rideant; sed exspectent paria præmio damna, nec majores spes quam metus habeant, timeantque quantum timebantur. Ingenti quidem animo divus Titus securitati nostræ ultionique prospexerat, ideoque numinibus æquatus est : sed quanto tu quandoque dignior cælo, qui tot res illis adjecisti propter quas illum deum fecimus! Id hoc magis arduum fuit, quod imperator Nerva, te filio, te successore dignissimus, perquam magna quædam edicto Titi abstruxerat, nihilque reliquisse, nisi tibi, videbatur, qui tam multa excogitasti, ut si ante te nihil esset inventum. Quæ singula quantum tibi gratias dispensata adjecissent! At tu simul omnia profudisti, ut sol, ut dies non parte aliqua, sed statim totus, nec uni aut alteri, sed omnibus in commune profertur.

XXXVI. Quam juvat cernere ærarium silens et quie-

semble, comme le soleil, comme le jour, qui ne divise point sa clarté, mais la répand tout entière; qui ne se lève point pour une partie des hommes, mais pour tous à la fois.

XXXVI. Quel plaisir de voir le trésor public silencieux, paisible, et tel qu'il était avant les délateurs! Maintenant c'est vraiment un temple, c'est le séjour d'un dieu; ce n'est plus l'antre où l'on dépouillait les citoyens, le réceptacle affreux de sanglantes rapines, le seul lieu dans l'univers où, sous un bon prince, les gens de bien le cédassent encore aux méchants. Cependant force est maintenue aux lois; aucune atteinte n'est portée à l'intérêt public, aucune peine n'est remise; mais l'innocence est vengée, et le seul changement survenu, c'est que l'on craint les lois, au lieu de craindre les délateurs. Mais peut-être ne réprimez-vous pas l'avidité du fisc avec autant de sévérité que celle de l'épargne? Eh ! vous la réprimez plus sévèrement encore, parce que vous vous croyez plus de droits sur votre bien que sur celui de l'État. On dit à l'agent de vos affaires, on dit même à votre procurateur : Viens en justice; suis-moi devant le tribunal. Car un tribunal aussi a été créé pour les procès de l'empereur; tribunal pareil aux autres, si on ne le mesure par la grandeur de celui qui est en cause. L'urne et le sort nomment au fisc son juge; on peut le rejeter, on peut s'écrier : Je ne veux pas de cet homme; il est timide, il comprend mal les avantages de son siècle : je veux cet autre, il aime César d'un amour sans faiblesse. Le pouvoir et la liberté plaident au même forum. Honneur à vous ! c'est le fisc qui est le plus souvent condamné ; le fisc, dont la cause n'est jamais mauvaise que sous un bon prince. Voilà certes un grand titre à nos éloges; un plus grand, c'est que vous avez des procurateurs tels, que très-souvent les citoyens ne veulent pas d'autres juges. Toutefois le plaideur est libre de dire : Ce juge ne me convient pas. Car vous n'imposez point despotiquement vos dons ; vous savez que le premier mérite des bienfaits d'un prince, c'est que l'on puisse aussi ne pas en user.

XXXVII. Les besoins de l'empire ont donné lieu à plusieurs impôts réclamés par l'utilité publique, mais onéreux aux particuliers. De ce nombre est le droit du vingtième, tribut léger et tolérable pour les héritiers étrangers, mais pesant pour ceux de la famille. On l'a donc exigé des premiers, remis aux seconds. On a senti que les hommes souffriraient avec une peine extrême, ou plutôt ne pourraient souffrir, qu'on entamât et qu'on réduisît des biens que leur garantissent le sang, la naissance, la communauté du culte domestique; des biens qu'ils ne regardèrent jamais comme une propriété étrangère et en espérance, mais comme une possession qu'ils avaient toujours eue, et qu'ils devaient transmettre un jour à leur parent le plus proche. Cette faveur de la loi s'appliquait encore aux anciens citoyens : quant aux nouveaux, soit qu'ils fussent arrivés au droit de cité par les priviléges du Latium, ou qu'ils l'eussent reçu de la bonté du prince, s'ils n'avaient reçu en même temps les droits de famille, on les traitait comme étrangers à ceux auxquels ils avaient tenu de plus près. Ainsi le plus grand des bienfaits devenait la plus cruelle des injustices; et le titre de citoyen romain équivalait à la haine, à la discorde, à la privation de parents ou d'enfants, puisqu'ils divisaient, en dépit de leur tendresse, les personnes les plus chères l'une à l'autre. Il s'en trouvait cependant qui attachaient au nom romain un as-

---

tum, et quale ante delatores erat! Nunc templum illud, nunc vere deus, non spoliarium civium, cruentarumque prædarum sævum receptaculum, ac toto in orbe terrarum adhuc locus unus, in quo, optimo principe, boni malis impares essent. Manet tamen honor legum, nihilque ex publica utilitate convulsum ; nec pœna cuiquam remissa, sed addita est ultio, solumque mutatum quod jam non delatores, sed leges timentur. At fortasse non eadem severitate fiscum, qua ærarium, cohibes : immo tanto majore, quanto plus tibi licere de tuo quam de publico credis. Dicitur actori atque etiam procuratori tuo : In jus veni, sequere ad tribunal. Nam tribunal quoque excogitatum principatui est, par ceteris, nisi illud litigatoris amplitudine metiaris. Sors et urna fisco judicem assignat : licet rejicere, licet exclamare : Hunc nolo, timidus est, et bona seculi parum intelligit. Illum volo, quia Cæsarem fortiter amat. Eodem foro utuntur principatus et libertas. Quæ præcipua tua gloria est, sæpius vincitur fiscus; cujus mala causa nunquam est, nisi sub bono principe. Ingens hoc meritum; majus illud, quod eos procuratores habes, ut plerumque cives tui non alios judices malint. Liberum est autem disceptanti dicere : Nolo eum eligere.

Neque enim ullam necessitatem muneribus tuis addis, ut qui scias hanc esse beneficiorum principalium summam, si illis et non uti licet.

XXXVII. Onera imperii pleraque vectigalia institui, ut pro utilitate communi, ita singulorum injuriis, coegerunt. His vicesima reperta est, tributum tolerabile et facile heredibus duntaxat extraneis, domesticis grave. Itaque illis irrogatum est, his remissum : videlicet quod manifestum erat quanto cum dolore laturi, seu potius non laturi homines essent, destringi aliquid et abradi bonis quæ sanguine, gentilitate, sacrorum denique societate meruissent, quæque nunquam ut aliena et speranda, sed ut sua semperque possessa, ac deinceps proximo cuique transmittenda, cepissent. Hæc mansuetudo legis veteribus civibus servabatur. Novi, seu per Latium in civitatem, seu beneficio principis venissent, nisi simul cognationis jura impetrassent, alienissimi habebantur, quibus conjunctissimi fuerant. Ita maximum beneficium vertebatur in gravissimam injuriam, civitasque romana instar erat odii, et discordiæ, et orbitatis, quum carissima pignora, salva ipsorum pietate, distraheret. Inveniebantur tamen quibus tantus amor nominis nostri inesset, ut romanam civitatem

sez grand prix pour croire ne le pas payer trop du vingtième de leur fortune, et même du sacrifice de leurs affections. Mais ceux-là surtout méritaient de jouir gratuitement de ce titre, qui le tenaient en si haute estime. Votre père a donc réglé que les biens qui passeraient de la mère aux enfants et des enfants à la mère, quand même ceux-ci n'auraient pas reçu les droits de la famille avec ceux de la cité, ne seraient pas sujets au payement du vingtième. Il a garanti la même immunité au fils héritant de son père, pourvu qu'il fût placé sous la puissance paternelle; persuadé sans doute qu'il y avait injustice, outrage, presque impiété, à ce que le nom d'un publicain se mêlât à ces noms respectables; qu'un impôt ne pouvait, sans une sorte de sacrilége, s'interposer, pour les rompre, dans les relations les plus sacrées; enfin qu'aucun revenu ne valait la peine qu'on rendît un père et un fils étrangers l'un à l'autre.

XXXVIII. Tel fut l'édit de Nerva; édit moins généreux peut-être qu'il ne convenait à un si bon prince, mais digne toutefois d'un bon père qui, sur le point d'adopter un excellent fils, a voulu faire d'avance un acte de tendresse paternelle, et, content d'effleurer, pour ainsi dire, ou plutôt d'indiquer certaines réformes, a laissé à la bienfaisance de ce fils un ample exercice et une matière encore neuve. Votre libéralité a donc aussitôt couronné l'œuvre de la sienne, en réglant que le père héritier de son fils serait, comme le fils héritier de son père, affranchi du vingtième, afin qu'au moment où il cesserait d'être père, il ne perdît pas jusqu'à l'avantage de l'avoir été. Il est beau, César, de ne pas souffrir qu'un impôt soit levé sur les larmes paternelles. Vous voulez que le père possède sans diminution les biens de son fils, qu'il ne reçoive pas un compagnon de son héritage quand il n'en a pas eu de son deuil; que personne n'appelle à compter sa douleur récente et son cœur encore brisé, et qu'on ne force pas un père à savoir ce qu'a laissé le fils qu'il vient de perdre. J'honore, pères conscrits, le bienfait du prince, quand je montre la justice dans la bienfaisance. J'appelle en effet politique, ostentation, prodigalité, tout plutôt que munificence, un présent que la raison ne justifierait pas. C'était donc, César, une chose digne de votre humanité d'adoucir les chagrins paternels, et de ne pas souffrir que l'amertume de n'avoir plus de fils fût aigrie par une autre amertume. Ah! trop malheureux déjà le père qui, même seul, hérite de son fils! que sera-ce s'il reçoit un cohéritier que ce fils ne lui ait pas donné? Ajoutez que, Nerva ayant exempté du vingtième la succession des pères dévolue aux enfants, il était juste que la succession des enfants retournant aux pères en fût aussi déchargée. A quel titre en effet les descendants seraient-ils mieux traités que ceux dont ils descendent? et pourquoi la justice ne remonterait-elle pas? Vous avez, César, retranché l'exception qui bornait l'immunité au cas où le fils en mourant serait sous la puissance paternelle; rendant, je pense, hommage à cette loi de la nature qui a voulu que les enfants fussent toujours dans la dépendance des pères, et qui n'a pas entre les hommes, comme entre les bêtes, donné au plus fort la domination et l'empire.

XXXIX. Non content d'avoir soustrait le premier degré de parenté à l'impôt du vingtième, le prince en a aussi délivré le second; et, grâce à lui, le frère et la sœur succédant l'un à l'autre,

---

non vicesimæ modo, verum etiam affinitatum damno bene compensari putarent; sed his maxime debebat gratuita contingere, a quibus tam magno æstimabatur. Igitur pater tuus sanxit, ut quod ex matris ad liberos, ex liberorum bonis pervenisset ad matrem, etiamsi cognationum jura non recepissent, quum civitatem adipiscerentur, ejus vicesimam ne darent. Eamdem immunitatem in paternis bonis filio tribuit, si modo reductus esset in patris potestatem : ratus improbe, et insolenter ac pene impie his nominibus inseri publicanum; nec sine piaculo quodam sanctissimas necessitudines velut intercedente vicesima scindi; nullum esse tanti vectigal, quod liberos ac parentes faceret extraneos.

XXXVIII. Hactenus ille : parcius fortasse quam decuit optimum principem, sed non parcius quam optimum patrem, qui, optimum adoptaturus, hoc quoque parentis indulgentissimi fecit, quod, delibasse quædam seu potius demonstrasse contentus, largam ac prope intactam beneficiendi materiam filio reservavit. Statim ergo muneri ejus liberalitas tua adstruxit, ut quemadmodum in patris filius, sic in hereditate filii pater esset immunis, nec, eodem momento quo pater esse desisset, hoc quoque amitteret quod fuisset. Egregie, Cæsar, quod lacrymas parentum vectigales esse non pateris. Bona filii pater sine diminutione possideat, nec socium hereditatis accipiat, qui non habet luctus : nemo recentem et attonitam orbitatem ad computationem vocet, cogatque patrem quid reliquerit filius scire. Augeo, patres conscripti, principis munus, quum ostendo liberalitati ejus inesse rationem. Ambitio enim, et jactantia, et effusio, et quidvis potius quam liberalitas existimanda est, cui ratio non constat. Dignum ergo, imperator, mansuetudine tua, minuere orbitatis injurias, nec pati quemquam filio amisso insuper affici alio dolore. Sic quoque abunde misera res est, pater filio solus heres : quid si coheredem non a filio accipiat? Adde quod, quum divus Nerva sanxisset ut in paternis bonis liberi necessitate vicesimæ solverentur, congruens erat eamdem immunitatem parentes in liberorum bonis obtinere. Cur enim posteris amplior honor quam majoribus haberetur? curve non retro quoque recurreret æquitas eadem? Tu quidem, Cæsar, illam exceptionem removisti, « si modo filius in potestate patris fuisset, » intuitus, opinor, vim legemque naturæ, quæ semper in ditione parentum esse liberos jussit, nec, uti inter pecudes, sic inter homines potestatem et imperium valentioribus dedit.

XXXIX. Nec vero contentus primum cognationis gradum abstulisse vicesimæ, secundum quoque exemit, cavitque ut in sororis bonis frater, et contra in fratris soror,

l'aïeul ou la grand'mère héritiers de leurs petits-enfants, le petit-fils ou la petite-fille héritiers de l'aïeul ou de la grand'mère, jouissent d'une entière immunité. Il a étendu cette faveur à ceux auxquels les priviléges du Latium ont ouvert l'accès à la cité romaine; et il a donné à tous à la fois, à tous également, comme les donne la nature, ces droits réciproques de parenté, que les autres empereurs aimaient qu'on sollicitât individuellement, moins afin d'accueillir la demande, que pour avoir le plaisir de la repousser. Combien en doit paraître plus généreux et plus grand celui qui rassemble, renoue, et fait comme revivre des relations pour ainsi dire éparses et brisées; qui offre ce qu'on refusait d'accorder; qui prodigue à tous ce que chacun n'aurait pas obtenu ; enfin qui s'ôte à lui-même la matière de tant de bienfaits, et l'occasion d'enchaîner tant de cœurs par la reconnaissance! Sans doute il lui semblait révoltant qu'on implorât d'un homme ce que les dieux ont donné. Vous êtes frère et sœur, aïeul et petit-fils : pourquoi donc demanderiez-vous à le devenir? votre qualité réside en vous-mêmes. Qu'ajouterai-je encore? un prince si modeste ne croit pas moins odieux de donner l'héritage d'autrui que de l'ôter. Réjouissez-vous donc d'arriver aux honneurs, recevez avec empressement le droit de cité. Ce nouvel engagement ne laissera plus le père de famille seul, et pareil au tronc dépouillé de ses rameaux : chacun jouira de tout ce qui lui fut cher ; seulement il en jouira dans une situation plus brillante.

XL. La parenté même la plus éloignée, et ces degrés où l'alliance s'éteint, ne seront plus, pour toute succession indistinctement, assujettis au vingtième. Le père commun des Romains a fixé la somme à laquelle pourrait toucher la main du receveur. Un héritage pauvre sera déchargé de l'impôt. La reconnaissance de l'héritier pourra, si elle veut, tout dépenser en frais de tombeau et de funérailles : personne ne sera là qui l'épie ou la réprime. Quiconque est appelé à une modique succession peut la recevoir sans inquiétude, la posséder sans trouble. La condition est imposée au vingtième de n'atteindre que celui qui devient riche. Une rigueur est changée en un sujet de se réjouir, un sacrifice en une chose désirable; tout héritier souhaite maintenant d'être soumis au vingtième. L'édit va plus loin, il remet les sommes dues et non acquittées sur les petits héritages, jusqu'au jour où il fut publié. Pourvoir au passé n'est pas en la puissance des dieux mêmes, et cependant vous y avez pourvu : vous avez voulu qu'il cessât de rien devoir sur un impôt que l'avenir ne devra pas; c'est faire en sorte que nous n'ayons pas eu de mauvais princes. Avec ce caractère, combien vous auriez volontiers, si la nature le permettait, rendu le sang et les biens à tant de malheureux dépouillés ou mis à mort! Vous avez défendu qu'on exigeât les dettes d'un siècle qui n'était pas le vôtre. Qu'un autre s'irrite d'un retard de payement comme d'une révolte, et le punisse de l'amende du double ou du quadruple : à vos yeux, c'est une égale iniquité d'exiger une dette injustement créée, ou de la créer pour l'exiger ensuite.

XLI. Vous porterez, César, tout le poids des sollicitudes consulaires; car, lorsque je pense que vous avez tout ensemble fait remise des offrandes volontaires, comblé de largesses les soldats et le peuple, chassé les délateurs, modéré les impôts,

utque avus, avia, in neptis nepotisque, et invicem illi, servarentur immunes. His quoque, quibus per Latium civitas romana patuisset, idem indulsit; omnibusque inter se cognationum jura commisit simul et pariter, et more naturæ, quæ priores principes a singulis rogari gestiebant, non tam præstandi animo quam negandi. Ex quo intelligi potest quantæ benignitatis, quanti spiritus fuerit, sparsas atque, ut ita dicam, laceras gentilitates colligere atque connectere, et quasi renasci jubere; deferre quod negabatur, atque id præstare cunctis quod sæpe singuli non impetrassent; postremo ipsum sibi eripere tot beneficiorum occasiones, tam numerosam obligandi imputandique materiam. Indignum credo ei visum, ab homine peti quod dii dedissent. Soror estis et frater, avus et nepotes : quid est ergo cur rogetis ut sitis? vobis estis. Quid ? pro cetera sua moderatione, non minus invidiosum putat dare hereditatem quam auferre. Læti ergo adite honores, capessite civitatem : neminem hoc necessitudinis abruptum velut truncum amputatumque destituet; iisdem omnes quibus ante pignoribus, sed honestiores perfruentur.

XL. Ac ne remotus quidem, jamque deficientis affinitatis gradus a qualibet quantitate vicesimam inferre cogetur; statuit enim communis omnium parens summam quæ publicanum pati possit. Carebit onere vicesimæ parva et exilis hereditas; et, si ita gratus heres volet, tota sepulcro, tota funeri serviet : nemo observator, nemo castigator adsistet. Cuicunque modica pecunia ex hereditate alicujus obvenerit, securus habeat quietusque possideat. Ea lex vicesimæ dicta est, ut ad periculum ejus perveniri, nisi opibus, non possit. Conversa est iniquitas in gratulationem, injuria in votum; optat heres ut vicesimam debeat. Additum est ut, qui ejusmodi ex causis in diem edicti vicesimam deberent, nondum tamen intulissent, non inferrent. At in præteritum subvenire ne dii quidem possunt : tu tamen subvenisti, cavistique ut desineret quisque debere, quod non esset postea debiturus, id est, effecisti ne malos principes habuissemus : quo ingenio, si natura pateretur, quam libenter tot spoliatis, tot trucidatis, sanguinem et bona refudisses! Vetuisti exigi quod deberi non tuo seculo cœperat. Alius ut contumacibus irasceretur, tarditatemque solventi dupli vel et quadrupli irrogatione mulctaret : tu nihil referre iniquitatis existimas, exigas quod deberi non oportuerit, an constituas ut debeatur.

XLI. Feres, Cæsar, curam et sollicitudinem consularem. Nam mihi cogitanti eumdem te collationes remisisse, donativum reddidisse, congiarium obtulisse, delatores abegisse, vectigalia temperasse, interrogandus vide-

Il me semble qu'on pourrait vous demander si vous avez calculé assez exactement les revenus de l'empire, et si l'économie du prince a en elle-même d'assez grandes ressources pour suffire à tant de dépenses, à tant de libéralités. Comment se fait-il que d'autres princes, qui ravissaient tout et gardaient toutes leurs rapines, fussent aussi dépourvus que s'ils n'avaient rien pris ni rien gardé; tandis que vous, qui donnez tant et ne prenez à personne, vous avez des trésors qui ne s'épuisent jamais? En aucun temps il ne manqua chez les princes de ces hommes à la mine austère et au front sourcilleux, toujours prêts à défendre avec dureté les intérêts du fisc. Trop de princes d'ailleurs eurent d'eux-mêmes l'âme assez avide et les mains assez ravissantes pour se passer de maîtres; c'est de nous cependant qu'ils ont toujours le plus appris contre nous-mêmes. Pour vous, César, toutes les adulations, mais surtout celles de l'avarice, trouvent vos oreilles fermées. Les flatteurs se taisent, ils demeurent en repos; et, depuis qu'il n'y a personne pour écouter les conseils, il n'y a personne qui songe à en donner. Il s'ensuit que, si nous vous devons beaucoup pour vos mœurs, nous vous devons davantage pour les nôtres.

XLII. Les lois Voconia et Julia enrichissaient encore moins le fisc et le trésor que les accusations de lèse-majesté, ce crime unique et spécial de quiconque était sans crime. Vous avez banni des esprits la crainte de ce fléau, content d'une grandeur dont nul ne manqua plus que ceux qui avaient des prétentions à la majesté. Vous avez rendu aux amis la fidélité, aux enfants la tendresse, aux esclaves la soumission. Ceux-ci craignent, ils obéissent, ils ont des maîtres. Ce ne sont plus nos serviteurs, c'est nous qui sommes les amis du prince; et le père de la patrie ne se croit pas plus cher aux esclaves d'autrui qu'à ses propres citoyens. Vous nous avez tous délivrés d'un accusateur domestique; et par ce seul acte, heureux signal du salut public, vous avez éteint, pour ainsi dire, une autre guerre servile. Et en cela vous n'avez pas moins fait pour les serviteurs que pour les maîtres : nous sommes devenus plus tranquilles, eux meilleurs. Vous ne voulez pas cependant qu'on vous loue de ce bienfait; et peut-être aussi n'est-ce pas un sujet d'éloge. Mais au moins est-il agréable d'en parler, quand on se souvient de ce prince qui, subornant les esclaves contre la vie des maîtres, leur montrait les crimes qu'il voulait punir, et leur dictait ce qu'ils semblaient révéler : affreuse et inévitable calamité, que chacun devait subir autant de fois qu'il aurait des esclaves semblables à l'empereur.

XLIII. A côté de ce bienfait, plaçons la sécurité de nos testaments. Le prince n'est plus, tantôt parce qu'on l'a nommé, tantôt parce qu'on l'a omis, le seul héritier de tout le monde. Des titres faux ou iniques ne vous appellent pas aux successions; aucun testateur, ou colère, ou dénaturé, ou furieux, ne vous prend pour complice; ce n'est point en haine d'autrui qu'on fait mention de vous, c'est parce que vous l'avez mérité. Vous êtes nommé par vos amis, oublié par les inconnus : rien de changé depuis que vous êtes prince, si ce n'est que plus de personnes vous aiment maintenant; vous-même aussi en aimez un plus grand nombre. Continuez, César, à marcher dans cette route; l'expérience fera voir lequel vaut mieux pour augmenter, je ne dis pas seulement la renommée du prince, mais ses tré-

---

ris, satisne computaveris imperii reditus; an tantas vires habeat frugalitas principis, ut tot impendiis, tot erogationibus sola sufficiat. Nam quid est causæ cur aliis quidem, quum omnia raperent et rapta retinerent, ut si nihil rapuissent, nihil retinuissent, defuerint omnia; tibi, quum tam multa largiaris, nec auferas quidquam, omnia supersint? Nunquam principibus defuerunt, qui fronte gravi et tristi supercilio utilitatibus fisci contumaciter adessent; et erant principes ipsi sua sponte avidi et rapaces, et qui magistris non egerent; plura tamen semper a nobis contra nos didicerunt : sed ad tuas aures quum ceteris omnibus, tum vel maxime avaris adulationibus obstructus est aditus. Silent ergo et quiescunt, et, postquam non est cui suadeatur, qui suadeant non sunt. Quo evenit ut tibi, quum plurimum pro tuis, plus tamen pro nostris moribus debeamus.

XLII. Locupletabant et fiscum et ærarium non tam Voconiæ et Juliæ leges, quam majestatis singulare et unicum crimen eorum qui crimine vacarent. Hujus tu metum penitus sustulisti, contentus magnitudine, qua nulli magis caruerunt, quam qui sibi majestatem vindicabant. Reddita est amicis fides, liberis pietas, obsequium servis : verentur, et parent, et dominos habent. Non enim jam servi nostri principis amici, sed nos sumus; nec pater patriæ alienis se mancipiis cariorem quam civibus suis credit. Omnes accusatore domestico liberasti, unoque salutis publicæ signo illud, ut sic dixerim, servile bellum sustulisti : in quo non minus servis quam dominis præstitisti; hos enim securos, illos bonos fecisti. Non vis interea laudari, nec fortasse laudanda sint; grata sunt tamen recordantibus principem illum in capita dominorum servos subornantem, monstrantemque crimina, quæ tanquam delata puniret : magnum et inevitabile, ac toties cuique experiendum malum, quoties quisque similes principi servos haberet.

XLIII. In eodem genere ponendum est, quod testamenta nostra secura sunt; nec unus omnium, nunc quia scriptus, nunc quia non scriptus, heres es. Non tu falsis, non tu iniquis tabulis advocaris. Nullius ad te iracundia, nullius impietas, nullius furor confugit; nec quia offendit alius nuncuparis, sed quia ipse meruisti. Scriberis ab amicis, ab ignotis præteriris : nihilque inter privatum et principem interest, nisi quod nunc a pluribus amaris; nam et plures amas. Tene, Cæsar, hunc cursum, et probabitur experimento, sitne feracius et uberius, non ad laudem modo, sed ad pecuniam principi, si herede illo mori

sors, que les citoyens éprouvent le désir ou subissent la nécessité de l'avoir pour héritier. Beaucoup de bienfaits ont été répandus par votre père, beaucoup par vous-même : il peut mourir un ingrat, quelqu'un reste pour jouir de ses biens; tout ce qui vous en revient à vous, c'est de la gloire : car si la reconnaissance rend la générosité plus agréable, l'ingratitude en rehausse l'éclat. Mais quel prince avant vous a mis cette gloire au-dessus des richesses? quel est celui qui dans nos patrimoines, n'a pas regardé comme à lui le bien même qui nous venait de lui? Les présents des Césars n'étaient-ils pas, comme ceux des rois, des hameçons cachés sous l'appât, des piéges recouverts d'une amorce trompeuse, lorsque, saisis, pour ainsi dire, par les fortunes privées, ils s'enlaçaient avec elles, et entraînaient en se retirant tout ce qu'ils avaient touché?

XLIV. Oh, qu'il est utile d'arriver à la prospérité à travers les disgrâces! vous avez vécu parmi nous; comme nous, vous avez connu les périls, ressenti les alarmes; c'était alors toute la vie des gens de bien. Vous savez par expérience combien les mauvais princes sont en horreur à ceux même qui les rendent mauvais. Vous vous rappelez encore ce que vous désiriez, ce que vous déploriez avec nous. Chez vous, le jugement de l'homme privé dirige les actions du prince; que dis-je? vous vous montrez meilleur pour les autres que vous ne souhaitiez qu'un autre fût pour vous. Quel changement s'est fait ainsi dans nos esprits! le comble de nos vœux était d'avoir un prince qui valût mieux que le plus méchant des hommes; aujourd'hui nous souffririons avec peine celui qui n'en serait pas le meilleur. Aussi personne n'est-il assez mauvais juge et de vous et de soi, pour convoiter après vous le rang où vous êtes : il est plus facile qu'on puisse vous succéder, qu'il n'est plus facile qu'on le veuille. Eh! qui se chargerait volontairement du fardeau que vous portez? qui ne redouterait pas un dangereux parallèle? Vous avez éprouvé vous-même combien c'est une pénible tâche de remplacer un bon prince; et vous aviez l'adoption pour excuse. Est-ce l'objet d'une facile et commune émulation, qu'un gouvernement où nul n'achète la sûreté aux dépens de l'honneur? La vie est assurée à tous, et en même temps la dignité de la vie. Ce n'est plus être sage et avisé que de couler obscurément ses jours : la vertu jouit, sous le pouvoir d'un seul, des mêmes récompenses que sous le règne de la liberté. Le témoignage de la conscience n'est plus l'unique salaire des bonnes actions. Vous aimez le courage dans les citoyens, et, loin de réprimer et d'abattre les caractères fermes et vigoureux, vous vous plaisez à les soutenir, à les élever. On se trouve bien de la probité, quand c'est beaucoup déjà qu'on ne s'en trouve plus mal : c'est à elle que vous offrez les dignités, les sacerdoces, les provinces; elle fleurit sous l'abri de votre amitié, de votre estime. Ce prix, assuré aux hommes d'honneur et de talent, aiguillonne ceux qui leur ressemblent, attire ceux qui ne leur ressemblent pas : car ce qui fait les bons et les méchants, c'est le profit qu'on trouve être l'un ou l'autre. Peu d'esprits sont assez forts pour fuir ou pour rechercher l'honnête et le honteux, indépendamment de leurs résultats. Le reste des hommes, voyant donner les récompenses du travail à la paresse, de la vigilance au sommeil, de la frugalité à la débauche, emploient, pour les obtenir à leur tour, les moyens que le succès recommande. Ils veulent être et paraître tels que ceux dont ils envient le sort, et, en le voulant, ils y réussissent.

XLV. Avant vous, les princes (si l'on en

---

homines velint, quam si cogantur. Donavit pater tuus multa, et ipse donasti : cesserit parum gratus; manent tamen ii qui bonis ejus fruantur, nihilque ex illis ad te nisi gloria redit : nam liberalitatem jucundiorem debitor gratus, clariorem ingratus facit. Sed quis ante te laudem istam pecuniæ prætulit? quotusquisque principum ne id quidem in patrimoniis nostris suum duxit, quod esset de suo? Nonne ut regum, ita Cæsarum munera illitos cibis hamos, opertos prædæ laqueos æmulabantur, quum, privatis facultatibus velut hausta et implicata, retro secum quidquid attigerant referrent?

XLIV. Quam utile est ad usum secundorum per adversa venisse! Vixisti nobiscum, periclitatus es, timuisti, quæ tunc erat innocentium vita. Scis et expertus es quantopere detestentur malos principes etiam qui malos faciunt. Meministi quæ optare nobiscum, quæ sis queri solitus. Nam privato judicio principem geris, meliorem immo te præstas quam tibi alium precabaris. Itaque sic imbuti sumus, ut, quibus erat summa votorum melior pessimo princeps, jam non possumus nisi optimum ferre. Nemo est ergo tam tui, tam ignarus sui, ut locum istum post te concupiscat. Facilius est ut esse aliquis successor tuus possit, quam ut velit. Quis enim curæ tuæ molem sponte subeat? quis comparari tibi non reformidet? Expertus et ipse es quam sit onerosum succedere bono principi, et afferebas excusationem adoptati. An prona parvaque sunt ad æmulandum, quod nemo incolumitatem turpitudine rependit? Salva est omnibus vita, et dignitas vitæ; nec jam consideratus ac sapiens, qui ætatem in tenebris agit. Eadem quippe sub principe virtutibus præmia, quæ in libertate; nec benefactis tantum ex conscientia merces. Amas constantiam civium, rectosque ac vividos animos non, ut alii, contundis ac deprimis, sed foves et attollis. Prodest bonos esse, quum sit satis abundeque si non nocet : his honores, his sacerdotia, his provincias offers; hi amicitia tua, hi judicio florent. Acuuntur isto integritatis et industriæ pretio similes, dissimiles alliciuntur. Nam præmia bonorum malorumque bonos ac malos faciunt. Pauci adeo ingenio valent, ut non turpe honestumque, prout bene ac secus cessit, expetant fugiantve : ceteri, ubi laboris inertiæ, vigilantiæ somno, frugalitatis luxuriæ merces datur, eadem ista, quibus alios artibus

excepte votre père, et peut-être un ou deux autres, encore est-ce trop dire) préféraient dans les citoyens le vice à la vertu : d'abord, parce qu'on aime à se retrouver dans autrui; ensuite, parce qu'ils attendaient une obéissance plus servile d'hommes qui ne seraient bons qu'à faire des esclaves. C'est sur ceux-là qu'ils accumulaient toutes les grâces : quant aux gens de bien, plongés et comme ensevelis dans la retraite et l'obscurité, s'ils les en tiraient quelquefois pour les produire au jour, c'était par la délation et les persécutions. Vous, au contraire, vous choisissez vos amis parmi les plus vertueux ; et c'est bien justice en effet, que ceux-là soient les plus chéris d'un bon prince, qui ont été les plus haïs d'un mauvais. Vous savez que si la nature a mis entre un maître et un prince une différence profonde, le gouvernement d'un prince n'agrée à personne plus qu'à ceux qui abhorrent davantage le pouvoir d'un maître. Aussi vous élevez ceux qui pensent ainsi ; vous les montrez comme autant d'exemples qui apprennent au monde quels principes et quels hommes obtiennent votre estime ; et si vous n'avez accepté jusqu'ici ni la censure ni la préfecture des mœurs, c'est que vous aimez mieux éprouver nos cœurs par des bienfaits que par des sévérités. Et peut-être aussi le prince sert-il mieux la morale en souffrant les bonnes mœurs qu'en les imposant. Nous nous plions, dociles imitateurs, à tous les mouvements du prince, et nous le suivons partout où il nous mène : car nous voulons en être aimés, en être estimés ; et on l'espérerait vainement, si on ne lui ressemblait pas. Une longue et continuelle attention à plaire nous a conduits au point de vivre presque tous selon les mœurs d'un seul ; or, nous ne sommes pas si malheureusement nés que, pouvant imiter les mauvais princes, nous ne puissions imiter les bons. Continuez donc, César, et vos maximes, vos actes auront toute la force et tout l'effet de la censure. Car la vie du prince est une censure véritable, perpétuelle ; c'est sur elle que nous nous réglons, sur elle que nous fixons nos regards ; et nous avons moins besoin de commandements que d'exemples. La crainte enseigne mal le devoir ; les leçons de l'exemple sont plus efficaces : leur premier avantage est de prouver la possibilité de ce qu'elles prescrivent.

XLVI. Et quelle terreur eût pu faire ce qu'a fait le seul respect de votre nom ? Un prince a obtenu que le peuple romain souffrît l'abolition du spectacle des pantomimes, mais non qu'il la voulût : et voilà qu'on implore de vous ce qu'un autre imposait ; qu'on reçoit comme une grâce ce qu'on subissait comme une nécessité. Oui, le même concert de vœux qui avait arraché à votre père le rétablissement de ces histrions vous a porté à les bannir du théâtre. Et ce fut une double justice : il convenait de rappeler ceux qu'un mauvais prince avait bannis, et de les bannir après les avoir rappelés ; car, à l'occasion du bien que font les méchants, il faut agir de telle sorte qu'il soit évident que l'auteur a déplu, et non l'œuvre. On voit donc ce même peuple, qui applaudissait autrefois un empereur comédien, réprouver maintenant et condamner, jusqu'en des pantomimes, les arts efféminés et les talents indignes de ce beau siècle : preuve évidente que le vulgaire s'instruit à l'école des princes, puisque une réforme qui, ordonnée par un seul, serait très-sévère, a été faite par le concours de tous.

assecutos vident, consectantur ; qualesque sunt illi, tales esse et videri volunt, et, dum volunt, fiunt.

XLV. Et priores quidem principes, excepto patre tuo, præterea uno aut altero, et nimis dixi, vitiis potius civium quam virtutibus lætabantur : primum quod in alio sua quemque natura delectat; deinde quod patientiores servitutis arbitrabantur, quos non deceret esse nisi servos. Horum in sinum omnia congerebant; bonos autem, otio aut situ abstrusos et quasi sepultos, non nisi delationibus et periculis in lucem ac diem proferebant. Tu amicos ex optimis legis ; et hercule æquum est esse eos carissimos bono principi, qui invisi malo fuerint. Scis, ut sunt diversa natura dominatio et principatus, ita non aliis esse principem gratiorem, quam qui maxime dominum graventur. Hos ergo provehis et ostentas quasi specimen et exemplar, quæ tibi secta vitæ, quod hominum genus placeat ; et ideo non censuram adhuc, non præfecturam morum recepisti, quia tibi beneficiis potius quam remediis ingenia nostra experiri placet. Et alioquin nescio an plus moribus conferat princeps qui bonos esse patitur, quam qui cogit. Flexibiles quamcunque in partem ducimur a principe, atque, ut ita dicam, sequaces sumus. Huic enim cari, huic probati esse cupimus; quod frustra speraverint dissimiles : eoque obsequii continuatione perveni-mus, ut prope omnes homines unius moribus vivamus. Porro non tam sinistre constitutum est, ut, qui malum principem possumus, bonum non possimus imitari. Perge modo, Cæsar, et vim effectumque censuræ tuum propositum, tui actus obtinebunt. Nam vita principis censura est, eaque perpetua : ad hanc dirigimur, ad hanc convertimur; nec tam imperio nobis opus est quam exemplo. Quippe infidelis recti magister est metus. Melius homines exemplis docentur, quæ in primis hoc in se boni habent, quod approbant, quæ præcipiunt, fieri posse.

XLVI. Et quis terror valuisset efficere, quod reverentia tui effecit? Obtinuit aliquis ut spectaculum pantomimorum populus romanus tolli pateretur ; sed non obtinuit ut vellet. Rogatus es tu quod cogebat alius, cœpitque esse beneficium quod necessitas fuerat. Neque enim a te minore concentu ut tolleres pantomimos, quam a patre tuo ut restitueret, exactum est. Utrumque recte : nam et restitui oportebat quos sustulerat malus princeps, et tolli restitutos. In his enim quæ a malis bene fiunt, hic tenendus est modus, ut appareat auctorem displicuisse, non factum. Idem ergo populus ille, aliquando scenici imperatoris spectator et applausor, nunc in pantomimis quoque aversatur et damnat effeminatas artes, et indecora seculo studia. Ex quo manifestum est principum disciplinam capere etiam

Persistez, César, dans cet esprit de sagesse et de conduite, par l'influence duquel une privation qui paraissait dure et arbitraire est passée dans les mœurs. Ceux qui avaient besoin qu'on les réprimât ont les premiers corrigé leurs vices, et ceux qu'il fallait réformer ont été leurs propres réformateurs. Aussi personne n'accuse-t-il votre sévérité, quoiqu'il soit libre à chacun de le faire; mais telle est la nature des choses, que nul prince n'est l'objet de moins de plaintes que celui sous lequel toute plainte est permise; et tels sont les actes de votre gouvernement, qu'il n'est pas une classe d'hommes qui n'ait lieu d'y applaudir et de s'en féliciter. Les bons reçoivent le prix du mérite; les méchants (indice certain d'une société parfaitement tranquille) ne craignent ni ne sont craints. Vous redressez les erreurs, mais quand elles vous implorent; et vous ménagez à ceux que vous rendez meilleurs cette gloire de plus, qu'ils ne paraissent pas le devenir par force.

XLVII. Et les mœurs, et l'esprit de la jeunesse, avec quelle sollicitude de prince vous les formez! en quel honneur sont auprès de vous les maîtres d'éloquence! de quelle considération vous environnez les philosophes! comme vous avez ranimé, vivifié, rendu à leur patrie ces nobles études que la barbarie des derniers temps punissait de l'exil, alors qu'un prince dont la conscience était souillée de tous les vices bannissait, moins peut-être par aversion que par honte, des sciences ennemies du vice! Ces mêmes sciences, vos bras leur sont ouverts; vos yeux, vos oreilles en font leurs délices; ce qu'elles recommandent, vous le pratiquez; vous les chérissez autant qu'elles vous honorent. Quel est l'ami des lettres qui, parmi tant d'autres sujets de louanges, ne loue surtout la facilité avec laquelle on est admis auprès de vous? Ce fut une grande pensée de la part de votre père, d'inscrire sur cette demeure, qui, sous vos prédécesseurs et les siens, était une forteresse, le titre de palais public : inscription vaine cependant, s'il ne s'était donné un fils qui pût y habiter comme en un lieu public. Que ce titre s'accorde bien avec vos mœurs! et comme on croirait, par tout ce que vous faites, qu'il n'eut pas un autre auteur que vous-même! Quel forum, quels temples, sont aussi ouverts que votre palais? Non, le Capitole, ce théâtre auguste de votre adoption, n'est pas d'un abord plus commun, plus accessible à tous. Point de barrières à forcer : ce n'est pas chez vous qu'après avoir passé d'humiliation en humiliation, et franchi le seuil de mille portes, on trouve toujours devant soi quelque chose qui résiste et qui fait obstacle. Devant vous, derrière vous, mais surtout près de vous, règne un majestueux repos. Partout le silence est si profond, la décence si religieusement gardée, que de la maison du prince on rapporte, sous les toits les moins riches et aux plus humbles foyers, des exemples de modestie et de tranquillité.

XLVIII. Vous-même, avec quelle bonté vous recevez, vous attendez tout le monde! que de loisirs vous savez trouver chaque jour, parmi les soins infinis du rang suprême! Ainsi nous n'arrivons plus à l'audience impériale la frayeur dans l'âme, et frappés de la crainte qu'un instant de retard mette notre tête en péril. Nous y venons pleins de confiance et de joie, à l'heure qui nous est commode; et, au moment d'être reçus chez le prince, il est telle affaire qui peut nous retenir à la maison comme plus indispensable. Auprès

---

vulgus; quum rem, si ab uno fiat severissimam, fecerint omnes. Macte hac gravitatis gloria, Cæsar, qua consecutus es ut, quod antea vis et imperium, nunc mores vocarentur. Castigaverunt vitia sua ipsi qui castigari merebantur; iidemque emendatores, qui emendandi fuerunt. Itaque nemo de severitate tua queritur, et liberum est queri. Sed quum ita comparatum sit, ut de nullo minus principe querantur homines, quam de quo maxime licet; tum tuo seculo nihil est, quo non omne hominum genus lætetur et gaudeat. Boni provehuntur; mali, qui est tranquillissimus status civitatis, nec timent, nec timentur. Mederis erroribus, sed implorantibus; omnibusque quos bonos facis hunc adstruis laudem, ne coegisse videaris.

XLVII. Quid vitam, quid mores juventutis, quam principaliter formas! quem honorem dicendi magistris, quam dignationem sapientiæ doctoribus habes! ut sub te spiritum, et sanguinem, et patriam receperunt studia, quæ priorum temporum immanitas exsiliis puniebat; quum sibi vitiorum omnium conscius princeps inimicas vitiis artes, non odio magis quam reverentia, relegaret! At tu easdem artes in complexu, oculis, auribus habes. Præstas enim quæcunque præcipiunt; tantumque eas diligis, quantum ab illis probaris. An quisquam studia humanitatis professus non, quum omnia tua, tum vel imprimis laudibus ferat admissionum tuarum facilitatem? Magno quidem animo parens tuus hanc, ante vos principes, arcem publicarum ædium nomine inscripserat; frustra tamen, nisi adoptasset qui habitare ut in publicis posset. Quam bene cum titulo isto moribus tuis convenit! quamque omnia sic facis, tanquam non alius inscripserit! Quod enim forum, quæ templa tam reserata? Non Capitolium, ipsaque illa adoptionis tuæ sedes magis publica, magis omnium. Nullæ obices, nulli contumeliarum gradus, superatisque jam mille liminibus, ultra semper aliqua dura et obstantia. Magna ante te, magna post te, juxta te tamen maxima quies; tantum ubique silentium, tam altus pudor, ut ad parvos penates et larem angustum ex domo principis modestiæ et tranquillitatis exempla referantur.

XLVIII. Ipse autem ut excipis omnes! ut exspectas! ut magnam partem dierum inter tot imperii curas quasi per otium transigis! Itaque non ut alias attoniti, nec ut periculum capitis adituri tarditate, sed securi et hilares, quum commodum est, convenimus; et, admittente principe, interdum est aliquid quod nos domi, quasi magis necessarium, teneat. Excusati semper tibi, nec unquam excusandi sumus. Scis enim sibi quemque præstare quod te videat, quod te frequentet, ac tanto liberalius ac diutius voluptatis hujus copiam præbes. Nec salutationes tuas fuga et vastitas

de vous, nul besoin d'excuse; nous sommes d'avance excusés. Vous savez que c'est soi-même qu'on satisfait, en cherchant le bonheur de vous voir, de grossir votre cour; aussi vous communiquez-vous et généreusement, et longtemps. La fuite et la solitude ne succèdent point à vos réceptions : nous demeurons, nous nous arrêtons, comme en notre commun domicile, dans ce palais que naguère le plus affreux des monstres avait environné d'un rempart de terreur; tantôt s'y renfermant comme dans un antre, pour boire à loisir le sang de ses proches; tantôt s'élançant de son repaire, pour porter le carnage et la mort dans les rangs les plus illustres. L'horreur et la menace en gardaient les portes; admis ou repoussé, on tremblait également. Ajoutez d'abord terrible de cet homme et sa vue effrayante, l'orgueil de son front, la colère de ses yeux, la pâleur efféminée de son corps, et, sur son visage, l'impudence toute couverte d'une trompeuse rougeur. On n'osait adresser la parole à celui qui cherchait toujours les ténèbres et le silence, et qui ne sortait de la solitude que pour répandre autour de lui la désolation.

XLIX. Entre ces murailles, cependant, où le tyran croyait sa vie si bien assurée, il avait renfermé avec lui la trahison, les embûches, un dieu vengeur des crimes. Le châtiment s'est fait jour à travers les satellites; et, malgré les obstacles qui rétrécissaient toutes les avenues, il a pénétré non moins facilement que si l'entrée eût été libre et les portes ouvertes. Où était alors la divinité du prince? et que lui servirent ces appartements secrets et ces réduits cruels, où la crainte, et l'orgueil, et la haine des hommes, le tenaient confiné? Combien plus sûr et plus tranquille est ce même palais, depuis que ce n'est plus la cruauté, mais l'amour, qui veille à sa garde; depuis qu'il n'est plus défendu par une enceinte de solitude et par une multitude de barrières, mais par l'affluence des citoyens! L'expérience nous apprend donc que la garde la plus fidèle d'un prince est l'innocence de sa vie! C'est une forteresse inaccessible, un rempart inexpugnable, que de n'avoir pas besoin de rempart. Vainement il s'entourera d'épouvante, celui que l'affection ne protégera pas; car les armes provoquent les armes. Mais ce ne sont pas seulement les heures sérieuses de la journée que vous passez sous nos yeux et au milieu de nous. Ne voit-on pas la même foule assister à vos délassements et partager vos plaisirs? Ne peut-on pas dire que vos repas sont publics et votre table commune? Quelle part vous prenez aux délices que nous y goûtons! quel empressement à nous entendre, à nous répondre! et, quand votre frugalité abrége la durée des festins, combien votre bonté la prolonge! Qu'un autre, l'estomac tendu, avant le milieu du jour, par les excès d'un repas solitaire, promène sur ses convives des regards observateurs; que, plein de nourriture et gorgé de bonne chère, il jette à des hommes à jeun, plutôt qu'il ne leur sert, des mets auxquels lui-même dédaigne de toucher; que, sorti enfin de cette gênante et orgueilleuse représentation qu'il appelle un banquet, il retourne à ses orgies clandestines et à ses débauches secrètes; cet usage n'est point le vôtre. Aussi n'est-ce pas la vaisselle d'or et d'argent, ni l'ingénieuse ordonnance de vos festins, que nous admirons; c'est la douceur et l'agrément de votre commerce, douceur dont on ne se rassasie jamais, parce que tout y est vrai, tout y est sincère, tout y est plein d'une noble décence. Ce n'est plus le temps où les mystères d'une superstition étran-

---

sequitur : remoramur, resistimus, ut in communi domo, quam nuper illa immanissima bellua plurimo terrore munierat, quum, velut quodam specu inclusa, nunc propinquorum sanguinem lamberet, nunc se ad clarissimorum civium strages cædesque proferret. Obversabantur foribus horror et minæ, et par metus admissis et exclusis. Ad hæc, ipse occursu quoque visuque terribilis, superbia in fronte, ira in oculis, femineus pallor in corpore, in ore impudentia multo rubore suffusa. Non adire quisquam, non alloqui audebat, tenebras semper secretumque captantem, nec unquam ex solitudine sua prodeuntem, nisi ut solitudinem faceret.

XLIX. Ille tamen, quibus sibi parietibus et muris salutem suam tueri videbatur, dolum secum, et insidias, et ultorem scelerum deum inclusit. Dimovit perfregitque custodias pœna, angustosque per aditus et obstructos, non secus ac per apertas fores et invitantia limina irrupit; longeque tunc illi divinitas sua, longe arcana illa cubilia sævitque secessus, in quos timore, et superbia, et odio hominum agebatur. Quanto nunc tutior, quanto securior eadem domus, postquam non crudelitatis, sed amoris excubiis, non solitudine et claustris, sed civium celebritate defenditur! Ecquid ergo discimus experimento fidissimam esse custodiam principis, ipsius innocentiam? Hæc arx inaccessa, hoc inexpugnabile munimentum, munimento non egere. Frustra se terrore succinxerit, qui septus caritate non fuerit; armis enim arma irritantur. Num autem serias tantum partes dierum in oculis nostris cœtuque consumis? non remissionibus tuis eadem frequentia, eademque illa socialitas interest? non tibi semper in medio cibus, semperque mensa communis? non ex convictu nostro mutua voluptas? non provocas reddisque sermones? non ipsum tempus epularum tuarum, quum frugalitas contrahat, extendit humanitas? Non enim, ante medium diem distentus solitaria cœna, spectator adnotatorque convivis tuis immines; nec jejunis et inanibus, plenus ipse et ructans, non tam apponis quam objicis cibos quos dedigneris attingere, ægreque perpessus superbam illam convictus simulationem, rursus te ad clandestinam ganeam occultumque luxum refers. Ergo non aurum, nec argentum, nec exquisita ingenia cœnarum, sed suavitatem tuam jucunditatemque miramur; quibus nulla satietas adest, quando sincera omnia, et vera, et ornata gravitate. Neque enim aut peregrinæ superstitionis mysteria, aut

PLINE LE JEUNE. 48

gère et d'obscènes bouffonneries entouraient la table du prince; une politesse engageante, un honnête enjouement et de savants entretiens les ont remplacés. Après le repas, vous donnez au sommeil quelques instants, mesurés avec épargne; et votre amour pour nous resserre dans les plus étroites limites le temps que vous passez loin de nous.

L. Mais si nous sommes associés à la jouissance de vos biens, avec quelle inviolable sûreté nous possédons les nôtres! On ne vous voit pas, chassant les anciens maîtres, envelopper le dernier étang, le dernier lac, la dernière forêt, dans l'immensité de vos domaines. Les fleuves, les fontaines, les mers, ne servent plus de spectacle à un seul homme : l'œil de César peut voir quelque chose qui ne soit pas à César, et le patrimoine du prince est enfin moins grand que son empire; car il rend à l'empire beaucoup de richesses dont ses prédécesseurs grossissaient leur patrimoine, non pour en jouir eux-mêmes, mais afin que nul autre n'en jouît. Aussi les demeures illustres s'ouvrent à des maîtres dignes de fouler des traces illustres, et l'asile de la gloire n'est plus souillé par un propriétaire esclave, ou condamné, par un hideux abandon, à tomber en ruine. Nous pouvons contempler les plus beaux édifices, réparés, agrandis, dépouillés de la rouille du temps: signalé service que vous rendez non-seulement aux hommes, mais encore aux habitations des hommes, d'en arrêter la chute, d'en bannir la solitude, et de prévenir, dans le même esprit qui les fit élever, la destruction de ces grands monuments. Tout muets et inanimés qu'ils sont, ils me paraissent ressentir votre bienfait, se ré-

jouir d'avoir repris leur éclat, d'être habités, et d'appartenir enfin à des maîtres qui savent ce qu'ils possèdent. Un immense tableau circule au nom de César, contenant le détail de tout ce qu'il veut vendre; comme pour faire détester l'avarice d'un tyran qui avait tant de désirs parmi tant de superflu. Alors était mortelle auprès du prince, à celui-ci une maison un peu vaste, à celui-là une campagne agréable. Le prince aujourd'hui est le premier à chercher, à donner de sa main, des maîtres à ces mêmes biens. Ces jardins qui appartinrent jadis à un grand général, ce palais aux portes de Rome qui n'appartint jamais qu'à un César, nous y mettons l'enchère, nous les achetons, nous les occupons. Telle est la générosité du prince, qu'il nous croit dignes de posséder ce que possédèrent des empereurs; telle est la sécurité des temps, qu'aucun de nous ne s'effraye d'en être jugé digne. Mais c'est peu d'offrir à vos citoyens le moyen d'acheter ce qui leur plaît : vous leur donnez libéralement les plus beaux domaines, vous leur donnez ce qu'un choix auguste, ce que l'adoption a rendu vôtre; vous leur transmettez ce que vous avez reçu d'une volonté libre; et il n'est pas de bien que vous regardiez comme plus à vous, que celui que vous possédez par les mains de vos amis.

LI. Vous ne mettez pas moins de réserve à bâtir que de soin à conserver. Aussi ne voit-on plus d'énormes pierres, transportées par la ville, en ébranler les édifices; les maisons ne craignent plus de secousses, et les faîtes des temples ont cessé de trembler. Vous croyez avoir assez et trop de biens : successeur du plus désintéressé des princes, il est beau de trouver du superflu à

obscœna petulantia mensis principis oberrat; sed benigna invitatio, et liberales joci, et studiorum honor. Inde tibi parcus et brevis somnus, nullumque amore nostri angustius tempus, quam quod sine nobis agis.

L. Sed, quum rebus tuis ut participes perfruamur, quæ habemus ipsi, quam propria, quam nostra sunt! Non enim, exturbatis prioribus dominis, omne stagnum, omnem lacum, omnem etiam saltum, immensa possessione circumvenis; nec unius oculis flumina, fontes, maria deserviunt. Est quod Cæsar non suum videat, tandemque imperium principis quam patrimonium majus est. Multa enim ex patrimonio refert in imperium, quæ priores principes occupabant, non ut ipsi fruerentur, sed ne quis alius. Ergo in vestigia sedesque nobilium immigrant pares domini; nec jam clarissimorum virorum receptacula habitatore servo teruntur, aut fœda vastitate procumbunt. Datur intueri pulcherrimas ædes, deterso situ, auctas ac vigentes. Magnum hoc tuum non erga homines modo, sed erga tecta ipsa meritum, sistere ruinas, solitudinem pellere, ingentia opera eodem quo exstructa sunt animo ab interitu vindicare. Muta quidem illa et anima carentia; sentire tamen et lætari videntur quod niteant, quod frequententur, quod aliquando cœperint esse domini scientis. Circumfertur sub nomine Cæsaris tabula ingens rerum venalium; quo sit detestanda avaritia illius qui tam multa

concupiscebat, quum haberet supervacua tam multa. Tum exitialis erat apud principem huic laxior domus, illi amœnior villa. Nunc princeps in hæc eadem dominos quærit, ipse inducit : ipsos illos magni aliquando imperatoris hortos, illud nunquam nisi Cæsaris suburbanum, licemur, emimus, implemus. Tanta benignitas principis, tanta securitas temporum est, ut ille nos principalibus rebus existimet dignos; nos, non timeamus quod digni esse videmur. Nec vero emendi tantum civibus tuis copiam præbes; sed amœnissima quæque largiris et donas : ista, in quam, donas, in quæ electus, in quæ adoptatus es; transfers quod judicio accepisti, ac nihil magis tuum credis, quam quod per amicos habes.

LI. Idem tam parcus in ædificando, quam diligens in tuendo. Itaque non, ut ante, immanium transvectione saxorum urbis texta quatiuntur; stant securæ domus, nec jam templa nutantia. Satis est tibi nimiumque : quum successeris frugalissimo principi, magnum recidere aliquid et amputare ex his quæ princeps tanquam necessaria reliquit. Præterea pater tuus usibus suis detrahebat quæ fortuna imperii dederat; tu tuis, quæ pater. At quam magnificus in publicum es! Hinc porticus, inde delubra occulta celeritate properantur, ut non consummata, sed tantum commutata videantur. Hinc immensum latus Circi templorum pulchritudinem provocat : digna populo

retrancher sur ce qu'un tel prince vous a laissé comme nécessaire : ajoutons que, si votre père dérobait à ses jouissances ce que lui avait donné le rang suprême, vous dérobez aux vôtres ce que vous a donné votre père. Mais combien vous êtes magnifique dans les ouvrages publics! Ici des portiques, là des édifices sacrés s'élèvent comme par enchantement, et de si grandes constructions ressemblent à de rapides métamorphoses. Ailleurs, l'immense pourtour du cirque défie la beauté des plus superbes temples : cirque vraiment digne de recevoir les vainqueurs du monde, et qui ne mérite pas moins d'être vu que les spectacles qu'on y viendra regarder. Il le mérite et par toutes ses beautés, et par cette égalité de places qui semble confondre le prince avec le peuple. Partout le même aspect; rien ne rompt la continuité des siéges, rien ne sort du niveau; point de tribune qui soit plus exclusivement destinée à César que le spectacle même. Ainsi vos citoyens pourront vous voir comme vous les verrez. Il leur sera permis de contempler, non plus la chambre du prince, mais le prince en personne, assis au milieu du peuple, de ce peuple auquel vous avez donné cinq mille places de plus. Aussi bien vos généreuses largesses avaient accru le nombre de ceux qui le composent; et vous avez voulu qu'il s'accrût encore sur la foi de votre libéralité.

LII. Si un autre avait un seul de ces titres glorieux, depuis longtemps on le verrait, la tête couronnée de rayons, briller en or ou en ivoire parmi les immortels; et il n'y aurait pour lui ni autels trop augustes, ni victimes trop grandes. Vous, César, vous n'approchez des dieux que pour les adorer; vous tenez à honneur que vos statues fassent la garde devant les temples et en bordent l'entrée. Ainsi les dieux conservent sur la terre les honneurs souverains, puisque vous n'ambitionnez point les honneurs des dieux. Votre image se voit, une ou deux fois seulement, dans le vestibule de Jupiter très-bon et très-grand; encore n'êtes-vous représenté qu'en bronze; tandis que naguère toutes les avenues, tous les degrés, tout le parvis du temple, étincelaient d'or et d'argent, ou plutôt en étaient souillés; alors que, mêlés parmi les statues d'un prince impur, les simulacres des dieux avaient perdu leur majesté. Aussi ces simples bronzes, si peu nombreux, subsistent et subsisteront tant que durera le temple; au lieu que ces innombrables statues d'or ont servi, en tombant, de victimes à la joie publique. On aimait à briser contre terre ces visages superbes, à courir dessus le fer à la main, à les rompre avec la hache, comme si cette matière eût été sensible, et que chaque coup eût fait jaillir le sang. Personne ne fut assez maître de ses transports et de sa tardive allégresse pour ne pas goûter une sorte de vengeance à contempler ces corps mutilés, ces membres mis en pièces; à voir ces menaçantes et horribles images jetées dans les flammes et réduites en fusion, afin que le feu tournât à l'usage et au plaisir des hommes ce qui les fit si longtemps frissonner d'épouvante. C'est aussi par respect pour les dieux que vous ne souffrez pas, César, que nos actions de grâces soient adressées à votre bonté en présence de votre génie tutélaire; vous voulez qu'elles le soient à la face de Jupiter très-bon et très-grand; comme si nous tenions de lui tout ce que nous tenons de vous, comme si tous vos bienfaits étaient l'œuvre du dieu à qui nous vous devons. Ce n'est plus le temps où l'on voyait, sur le chemin du Capitole, d'immenses troupeaux de victimes, interceptés, pour ainsi dire, et détournés de leur route, aller tomber en grande partie devant la plus affreuse image du plus féroce tyran, pour laquelle le sang des animaux coulait aussi abondamment que lui-même versait le sang des hommes.

---

victore gentium sedes, nec minus ipsa visenda, quam quæ ex illa spectabuntur; visenda autem quum cetera specie, tum quod æquatus plebis ac principis locus. Siquidem per omne spatium una facies, omnia continua et paria, nec magis proprius spectandi Cæsaris suggestus, quam propria quæ spectet. Licebit ergo civibus tuis invicem contueri : dabitur non cubiculum principis, sed ipsum principem cernere in publico, in populo sedentem; populo, cui locorum quinque millia adjecisti. Auxeras enim numerum ejus congiarii facilitate, majoremque in posterum suscipi liberalitatis tuæ fide jusseras.

LII. Horum unum si præstitisset alius, illi jamdudum radiatum caput, et media inter deos sedes auro staret aut ebore, augustioribusque aris et grandioribus victimis invocaretur. Tu delubra non nisi adoraturus intras; tibi maximus honor excubare pro templis, postibusque prætexi. Sic fit ut dei summum inter homines fastigium servent, quum deorum ipse non appetas. Itaque tuam statuam in vestibulo Jovis optimi maximi unam alteramve, et hanc æream, cernimus : at paullo ante aditus omnes, omnes gradus, totaque area hinc auro, hinc argento, relucebat, seu potius polluebatur, quum incesti principis statuis permixta deorum simulacra sorderent. Ergo istæ quidem æreæ et paucæ manent, manebuntque quamdiu templum ipsum; illæ autem aureæ et innumerabiles strage et ruina publico gaudio litaverunt. Juvabat illidere solo superbissimos vultus, instare ferro, sævire securibus, ut si singulos ictus sanguis dolorque sequeretur. Nemo tam temperans gaudii sereæque lætitiæ, quin instar ultionis videretur cernere laceros artus, truncata membra, postremo truces horrendasque imagines abjectas excoctasque flammis, ut ex illo terrore et minis in usum hominum ac voluptates ignibus mutarentur. Simili reverentia, Cæsar, non apud genium tum bonitati tuæ gratias agi, sed apud numen Jovis optimi maximi pateris : illi debere nos quidquid tibi debeamus, illius, quod bene facias, muneris esse qui te dedit. Ante quidem ingentes hostiarum greges, per Capitolinum iter magna sui parte velut intercepti, devertere

LIII. Tout ce que je dis en ce moment, pères conscrits, et tout ce que j'ai dit sur les autres princes, a pour but de montrer quelle longue et funeste habitude avait dépravé et corrompu le pouvoir, quand le père de la patrie est venu le réformer et en redresser les voies ; d'ailleurs la louange ne reçoit tout son prix que de la comparaison. Et c'est aussi le premier devoir de la reconnaissance envers un excellent empereur, de condamner sévèrement ceux qui ne lui ressemblent pas. Ce serait aimer trop peu les bons princes, que de ne pas haïr assez les mauvais. Ajoutez que, de tous les mérites de notre empereur, il n'en est pas de plus grand ni de plus populaire que la liberté qu'il laisse de faire le procès aux tyrans. Notre douleur a-t-elle oublié que Néron a eu récemment un vengeur? Eût-il permis qu'on attaquât la mémoire et la vie de ce prince, celui qui vengeait sa mort? et eût-il manqué de s'appliquer à lui-même le mal qu'on eût dit de son pareil? Aussi, César, j'estime à l'égal de tous vos autres bienfaits, au-dessus même de plusieurs, le droit que nous pouvons exercer chaque jour de faire justice, au nom du passé, des tyrans qui ne sont plus, et d'avertir par cet exemple les tyrans à venir, qu'il n'est aucun lieu, aucun temps qui puisse donner le repos à leurs mânes, et soustraire les fléaux de la patrie à l'exécration de la postérité. Ne craignons donc pas, pères conscrits, de faire éclater nos douleurs et nos joies : réjouissons-nous des biens présents, gémissons des maux passés. On doit faire l'un et l'autre à la fois sous un bon prince. Que ce soit là le fond de nos pensées, de nos entretiens, de nos actions de grâces même, et souvenons-nous que le plus bel éloge qu'on puisse faire de l'empereur vivant, c'est de censurer ceux d'avant lui qui méritèrent le blâme : car le silence de la postérité sur un mauvais prince est le signe assuré qu'il a un imitateur dans le prince qui gouverne.

LIV. Quel était le lieu où n'eût pénétré un malheureux esprit d'adulation? Les jeux même et les spectacles s'emparaient du nom des empereurs ; on dansait leur éloge ; des voix, des airs, des gestes efféminés le pliaient à toutes les formes d'une avilissante bouffonnerie. Honteux rapprochement! le prince était loué à la même heure dans le sénat et sur la scène, par un histrion et par un consul ! Vous avez repoussé loin de vous ces hommages de théâtre. Aussi des muses sérieuses et l'éternel témoignage de nos annales célébreront votre gloire, bien mieux que ces louanges d'un moment et ces ignobles flatteries. Que dis-je? le théâtre entier se lèvera par vénération pour vous, avec un empressement d'autant plus unanime que la scène gardera sur vous un plus profond silence. Mais à quels objets s'arrête mon admiration, lorsque vous touchez avec tant de réserve aux honneurs même qui vous sont offerts par nous, et que souvent vous les refusez tout à fait? Avant vous, il ne se traitait pas dans le sénat une affaire si vulgaire, si petite, que tout sénateur appelé à dire son avis ne fît une digression à la louange du prince. Il s'agissait d'augmenter le nombre des gladiateurs, ou d'instituer un collège d'artisans ; et, comme si les limites de l'empire eussent été reculées, tantôt nous votions des arcs de triomphe

---

via cogebantur ; quum sævissimi domini atrocissima effigies tanto victimarum cruore coleretur, quantum ipse humani sanguinis profundebat.

LIII. Omnia, patres conscripti, quæ de aliis principibus a me aut dicuntur aut dicta sunt, eo pertinent ut ostendam quam longa consuetudine corruptos depravatosque mores principatus parens noster reformet et corrigat : alioquin nihil non parum grate sine comparatione laudatur. Præterea hoc primum erga optimum imperatorem piorum civium officium est, insequi dissimiles. Neque enim satis amarint bonos principes, qui malos satis non oderint. Adjice quod imperatoris nostri non aliud amplius ac diffusius meritum est, quam quod insectari malos principes tutum est. An excidit dolori nostro modo vindicatus Nero? permitteret, credo, famam vitamque ejus carpi, qui mortem ulciscebatur ; nec ut in se dicta interpretaretur, quæ de simillimo dicerentur. Quare ego, Cæsar, muneribus tuis omnibus comparo, multis antepono, quod licet nobis, et in præteritum, de malis imperatoribus quotidie vindicari, et futuros sub exemplo præmonere ; nullum locum, nullum esse tempus quo funestorum principum manes a posterorum exsecrationibus conquiescant. Quo constantius, patres conscripti, et dolores nostros et gaudia proferamus : lætemur his quibus fruimur, ingemiscamus illis quæ patiebamur. Simul utrumque faciendum est sub bono principe. Hoc secreta nostra, hoc sermones, hoc ipsæ gratiarum actiones agant ; meminerintque sic maxime laudari incolumem imperatorem, si priores secus meriti reprehendantur. Nam quum de malo principe posteri tacent, manifestum est eadem facere præsentem.

LIV. Et quis jam locus miseræ adulationis manebat ignarus, quum laudes imperatorum ludis etiam et commissionibus celebrarentur, saltarentur, atque in omne ludibrium effeminatis vocibus, modis, gestibus frangerentur? Sed illud indignum, quod eodem tempore in senatu et in scena, ab histrione et a consule laudabantur. Tu procul a tui cultu ludicras artes removisti. Seria ergo te carmina, honorque æternus annalium, his hæc brevis et pudenda prædicatio colit : quin etiam tanto majore consensu in venerationem tui theatra ipsa consurgent, quanto magis de te scenæ silebunt. Sed quid ego istud admiror, quum eos quoque honores qui tibi a nobis offeruntur, aut delibare parcissime, aut omnino soleas recusare? Nihil ante tam vulgare, tam parvum in senatu agebatur, ut non laudibus principum immorarentur, quibuscumque censendi necessitas accidisset. De ampliando numero gladiatorum, aut de instituendo collegio fabrorum consulebamur ; et, quasi prolatis imperii finibus, nunc ingentes arcus excessurosque templorum fastigia titulos, nunc menses etiam, nec hos singulos, nomini Cæsarum dicabamus. Patiebantur illi, et, quasi meruissent, lætabantur. At nunc quis nostrum,

d'une grandeur prodigieuse, et des inscriptions auxquelles ne suffisait pas le frontispice des temples, tantôt nous imposions aux mois de l'année, et à plus d'un à la fois, le nom des Césars : et ceux-ci le souffraient, ils s'en réjouissaient, comme s'ils l'eussent mérité. Maintenant qui de nous, oubliant l'objet de la délibération, acquitte en éloges pour le prince ce qu'il doit en conseils? Notre indépendance est l'œuvre de votre modération; c'est afin de vous plaire que nous venons au sénat, non pour disputer entre nous de flatterie, mais pour faire et recevoir justice, prêts à payer à votre franchise et à votre générosité cette reconnaissance bien légitime, de croire que vous voulez ce que vous voulez, que vous ne voulez pas ce que vous ne voulez pas. Nous commençons, nous finissons par où l'on ne pouvait ni commencer ni finir sous un autre prince. Car si plus d'un s'est refusé, comme vous, à des honneurs qui lui étaient décernés, aucun jusqu'à vous n'a été assez grand pour qu'on les crût décernés malgré lui. Cette modestie est, selon moi, plus belle que toutes les inscriptions, puisque, au lieu d'être gravé sur la pierre et sur le marbre, votre nom est inscrit dans les monuments impérissables de l'histoire.

LV. Les siècles rediront qu'il fut un prince comblé de gloire et de puissance, auquel ses contemporains ne déférèrent jamais que des honneurs médiocres, et souvent n'en déférèrent aucun. Il est vrai que, si nous voulions lutter avec le dévouement forcé des âges précédents, nous serions vaincus. Le mensonge est plus fertile en inventions que la vérité, la servitude que l'indépendance, la crainte que l'amour. Et d'ailleurs, quand l'adulation a tari depuis longtemps les sources de la nouveauté, quel hommage nou-

veau nous reste-t-il à vous offrir, si ce n'est d'oser quelquefois nous taire sur vos bienfaits? S'il arrive que notre reconnaissance rompe le silence et triomphe de votre modestie, rappelons-nous quels honneurs nous vous décernons, et quels honneurs vous ne refusez pas : on verra que ce n'est point par orgueil et par dédain que vous rejetez les plus grands, puisque vous ne dédaignez pas les moindres. Accepter ces derniers, César, est plus beau que de les refuser tous : les refuser tous serait vanité; c'est discrétion de choisir les plus modestes. Par ce sage tempérament, vous servez nos intérêts et ceux du trésor : les nôtres, en nous mettant à l'abri de tout soupçon, ceux du trésor, en ménageant ses fonds, que vous ne sauriez pas remplacer par les biens des innocents. Des statues vous sont donc dressées, telles qu'on en dressait jadis aux simples particuliers pour de grands services rendus à l'État. Les images de César sont de la même matière que celles des Brutus, que celles des Camilles. Et le motif de les ériger n'est pas différent : ces grands hommes chassèrent de nos murailles les rois et l'ennemi vainqueur; César en chasse et en éloigne la royauté même et tous les maux qu'éprouvent les cités captives : s'il y garde le rang de prince, c'est pour qu'il ne reste point de place à un maître. Et certes, en considérant votre sagesse, je suis moins surpris que vous repoussiez ou que vous n'acceptiez qu'avec mesure ces titres mortels et périssables. Vous savez où est la véritable gloire, la gloire éternelle d'un prince; où sont les honneurs contre lesquels ne peuvent rien, ni les flammes, ni les ans, ni un successeur. Car les arcs de triomphe, les statues, les autels même et les temples, l'oubli les renverse, et en efface la mémoire; la postérité les néglige, ou en fait un objet de censure. Mais

---

tanquam oblitus ejus de quo refertur, censendi officium principis honore consumpta? Tuæ moderationis laus hæc constantia nostra : tibi obsequimur, quod in curiam, non ad certamen adulationum, sed ad usum munusque justitiæ convenimus; hanc simplicitati tuæ veritatique gratiam relaturi, ut te, quæ velis velle, quæ nolis nolle credamus. Incipimus inde, desinimus ibi a quo incipi, in quo desini sub alio principe non posset. Nam plerosque ex decretis honoribus et alii non receperunt; nemo ante tantus fuit, ut crederetur, noluisse decerni. Quod ego titulis omnibus speciosius reor, quando non trabibus aut saxis nomen tuum, sed monumentis æternæ laudis inciditur.

LV. Ibit in secula fuisse principem cui florenti et incolumi nunquam nisi modici honores, sæpius nulli decernerentur. Et sane, si velimus cum priorum temporum necessitate certare, vincemur; ingeniosior est enim ad excogitandum simulatio veritate, servitus libertate, metus amore. Simul, quum jampridem novitas omnis adulatione consumpta sit, non alius erga te novus honor superest, quam si aliquando de te tacere audeamus. Age, si quando pietas nostra silentium rupit et verecundiam tuam vicit,

quæ qualiaque aut decernimus nos, aut tu non recusas! ut appareat non superbia et fastidio te amplissimos honores repudiare, qui minores non dedigneris. Pulchrius hoc, Cæsar, quam si recusares omnes; nam recusare omnes, ambitionis; moderationis est, eligere parcissimos. Quo temperamento et nobis et ærario consulis : nobis quidem, quod omni liberas suspicione; ærario autem, quod sumptibus ejus adhibes modum, ut qui exhaustum non sis innocentium bonis repleturus. Stant igitur effigies tuæ, quales olim ob egregia in rempublicam merita privatis dicabantur. Visuntur eadem et materia Cæsaris statuæ, qua Brutorum, qua Camillorum. Nec discrepat causa : illi enim reges hostemque victorem mœnibus depulerunt; hic regnum ipsum, quæque alia captivitas gignit, arcet ac submovet, sedemque obtinet principis, ne sit domino locus. Ac mihi, intuenti sapientiam tuam, minus mirum videtur quod mortales istos caducosque titulos aut depreceris, aut temperes. Scis enim ubi vera principis, ubi sempiterna sit gloria, ubi sint honores in quos nihil flammis, nihil senectuti, nihil successoribus liceat. Arcus enim et statuas, aras etiam templaque demolitur et obscurat oblivio, negli-

une âme qui méprise l'ambition, qui sait dompter et soumettre au frein un pouvoir sans limites, acquiert une gloire que le temps même rajeunit, et n'a pas de plus zélés panégyristes que ceux à qui l'éloge est le moins commandé. D'ailleurs, aussitôt qu'un prince est assis au rang suprême, bonne ou mauvaise, sa réputation ne peut manquer d'être immortelle. Ce n'est donc pas une éternelle renommée qu'il doit ambitionner (il l'aura malgré lui), c'en est une bonne. Or il ne faut la demander ni aux statues ni aux images, mais au mérite et à la vertu. Enfin, ne croyons pas que la figure et les traits du prince, cette moindre partie de son être, se gravent et se conservent mieux sur l'or et sur l'argent que dans le cœur des hommes. Vous en êtes un heureux et mémorable exemple, vous dont le front serein et le visage gracieux reviennent dans tous les entretiens, sont devant tous les yeux, au fond de toutes les pensées.

LVI. Vous avez remarqué sans doute, pères conscrits, que depuis longtemps je ne choisis plus les traits que je rapporte. C'est le prince, en effet, que je veux louer, non les actions du prince. Des actions louables, le plus méchant peut en faire; un éloge personnel, l'homme vertueux peut seul le mériter. C'est donc le comble de votre gloire, auguste empereur, qu'en vous adressant des remercîments nous n'ayons rien à déguiser, rien à omettre. Quel est l'acte de votre gouvernement que la voix d'un panégyriste soit obligé de passer sous silence ou de toucher avec précaution? Est-il une heure, est-il un moment de votre vie qui soit stérile pour la bienfaisance ou perdu pour la gloire? tout n'y est-il pas si accompli, que rien ne peut mieux vous louer que la simplicité d'un récit fidèle? C'est ce qui fait que mon discours s'étend presque sans mesure, et ce n'est pas encore l'histoire de deux années. Que de choses j'ai dites de votre modération, et combien plus il m'en reste à dire! Ainsi vous reçûtes un second consulat, parce qu'un prince et un père vous le déférait; mais quand les dieux, en laissant dans vos seules mains le pouvoir suprême, vous eurent rendu maître de vous comme du monde, vous en refusâtes un troisième, que vous pouviez si dignement remplir. C'est beaucoup d'ajourner un honneur; c'est plus encore d'ajourner la gloire. Lequel admirerai-je du consulat que vous avez exercé, ou de celui que vous n'avez pas reçu? Vous n'avez pas exercé le premier dans le repos de la ville, au sein d'une paix profonde, mais en face des nations barbares, comme faisaient autrefois ces grands hommes qui changeaient la robe prétexte pour le manteau de général, et marchaient avec la victoire à la découverte de terres inconnues. Il était honorable pour l'empire, il était glorieux pour vous, de voir nos amis et nos alliés paraître à vos audiences dans leur patrie, au milieu de leurs propres foyers : scène imposante, où l'on revoyait après plusieurs siècles le consul assis sur un tribunal de gazon, et, pour décoration, non-seulement les faisceaux, mais une enceinte de lances et d'étendards. Tout relevait la majesté du juge, les costumes variés de ceux qui l'imploraient, et ces voix étrangères, et ces discours si rarement compris sans l'aide d'un interprète. Il est grand, il est beau de rendre la justice aux citoyens; combien plus de la rendre aux ennemis! de siéger dans la paix inaltérable du Forum; combien plus d'asseoir sa chaise curule et d'imprimer les pas d'un vainqueur dans des campagnes sauvages! de sur-

git carpitque posteritas : contra contemptor ambitionis, et infinitæ potestatis domitor ac frenator animus ipsa vetustate florescit; nec ab ullis magis laudatur, quam quibus minime necesse est. Præterea, ut quisque factus est princeps, exemplo fama ejus, incertum bona an mala, ceterum æterna est. Non ergo perpetua principi fama, quæ invitum manet, sed bona concupiscenda est. Ea porro non imaginibus et statuis, sed virtute ac meritis prorogatur. Quinetiam leviora hæc, formam principis figuramque, non aurum melius vel argentum, quam favor hominum exprimat teneatque. Quod quidem prolixe tibi cumulateque contingit, cujus lætissima facies et amabilis vultus in omnium civium ore, oculis, animo sedet.

LVI. Adnotasse vos credo, patres conscripti, jamdudum me non eligere quæ referam. Propositum est enim mihi principem laudare, non principis facta. Nam laudabilia multa etiam mali faciunt; ipse laudari, nisi optimus, non potest. Quare non alia major, imperator auguste, gloria tua, quam quod agentibus tibi gratias nihil velandum est, nihil omittendum est. Quid est enim in principatu tuo, quod cujusquam prædicatio vel transilire vel prætervehi debeat? quod momentum, quod immo temporis punctum aut beneficio sterile, aut vacuum laude? Non omnia ejusmodi, ut is optime te laudasse videatur, qui narraverit fidelissime? Quo fit ut prope in immensum diffundatur oratio mea, et necdum de biennio loquor. Quam multa dixi de moderatione, et quanto plura adhuc restant! ut illud, quod secundum consulatum recepisti, quia princeps et pater deferebat; at, postquam ad te imperii summam, et quum omnium rerum, tum etiam tui potestatem dii transtulerunt, tertium consulatum recusasti, quum agere tam bonum consulem posses. Magnum est differre honorem; gloriam, majus. Gestum consulatum mirer, an non receptum? gestum non in hoc urbis otio et intimo sinu pacis, sed juxta barbaras gentes, ut illi solebant quibus erat moris paludamento mutare prætextam, ignotasque terras victoria sequi. Pulchrum imperio, gloriosum tibi, quum te socii atque amici sua in patria, suis in sedibus adierunt. Decora facies! consulis, multa post secula, tribunal viridi cespite exstructum, nec fascium tantum, sed pilorum signorumque honore circumdatum. Augebant majestatem præsidentis diversi postulantium habitus, ac dissonæ voces, raraque sine interprete oratio. Magnificum est civibus jura, quid hostibus reddere? speciosum certam

veiller, exempt de périls et d'inquiétude, des rives menaçantes; combien plus de braver les frémissements du barbare, et de renvoyer la terreur chez l'ennemi, moins par l'appareil de la guerre que par le spectacle majestueux de la toge! Aussi n'était-ce pas devant vos images, c'était en votre présence, en parlant à vous-même, qu'on vous saluait *imperator*; et ce nom, que d'autres ont obtenu pour avoir subjugué les ennemis, vous le méritiez en les méprisant.

LVII. Telle est la gloire du consulat que vous avez rempli; venons à celui que vous avez différé. Vous arriviez à peine au rang suprême, et, comme si la mesure de vos honneurs était comblée, et que vous eussiez déjà un motif d'excuse, vous refusez une dignité que de nouveaux empereurs enlevaient à des consuls désignés. On a vu même un prince, à la veille de sa chute, reprendre ce qu'il avait donné, et arracher à son possesseur un consulat dont le temps était presque fini. Ainsi donc cette magistrature, que des hommes nouvellement parvenus à l'empire, ou près de le quitter, convoitent assez pour la ravir à d'autres, vous la cédez à de simples particuliers, quoiqu'elle soit libre et vacante. Était-ce trop ou d'un troisième consulat pour vous, ou d'un premier pour le prince? car si vous êtes entré au second déjà empereur, c'était sous un empereur aussi; et, soit comme honneur, soit comme exemple, on ne peut vous compter de celui-là que votre obéissance. Oui, une cité qui a vu des consuls cinq ou six fois réélus (et je ne parle pas de ceux que faisaient la violence et le tumulte dans les derniers temps de la liberté expirante; je parle de ces illustres laboureurs auxquels on allait porter les consulats au fond de leurs campagnes), cette même cité a vu le prince du genre humain refuser, comme trop ambitieux, un troisième consulat : tant vous surpassez en modestie les Papyrius et les Quintius, vous Auguste, vous César, et Père de la patrie! Mais ces vieux Romains, c'est la république qui les appelait : et vous n'est-ce donc pas aussi la république? n'est-ce pas le sénat? n'est-ce pas le consulat lui-même, qui, porté par vos nobles épaules, croit en quelque sorte s'élever et grandir?

LVIII. Je ne vous mettrai pas en parallèle avec celui qui, par une suite non interrompue de consulats, avait fait de tant d'années comme une seule et longue année. Je vous compare à ceux dont on peut dire qu'ils ne se sont jamais donné les consulats qu'ils ont eus. Le sénat voyait un de ses membres consul pour la troisième fois, quand vous refusiez un troisième consulat. Nos suffrages imposaient donc à votre délicatesse un bien pénible sacrifice, en voulant que, prince, vous fussiez autant de fois consul que l'un de vos sénateurs! Homme privé, c'eût été déjà trop de modestie que de vous en défendre. Pour le fils d'un consulaire, d'un triomphateur, est-ce s'élever que de devenir une troisième fois consul? cet honneur ne lui est-il pas dû? n'est-il pas mérité par le seul éclat de sa naissance? De simples citoyens ont donc eu le privilége d'inaugurer l'année et d'ouvrir les fastes! et ce fut un nouveau signe du retour de la liberté, que Rome eût pour consul un autre que César. Ainsi à l'expulsion des rois commença une année libre; ainsi la servitude bannie fit entrer dans les fastes des noms étrangers aux grandeurs. Que je plains l'ambition de ceux qui étaient toujours consuls, comme ils étaient toujours princes! Peut-être, au reste, était-ce moins de l'ambition qu'une maligne et basse jalousie, d'envahir ainsi toutes les années, et de

---

fori pacem, quid immanes campos sella curuli victorisque vestigio premere? imminere minacibus ripis tutum quietumque; quid spernere barbaros fremitus, hostilemque terrorem non armorum magis, quam togarum ostentatione compescere? Itaque non te apud imagines, sed ipsum præsentem audientemque consalutabant imperatorem, nomenque, quod alii domitis hostibus, tu contemptis merebare.

LVII. Hæc laus acti consulatus; illa dilati, quod adhuc initio principatus, ut jam excusatus honoribus et expletus, consulatum recusasti, quem novi imperatores destinatum aliis in se transferebant. Fuit etiam qui, in principatus sui fine, consulatum, quem dederat ipse, magna ex parte jam gestum extorqueret et raperet. Hoc ergo honore, quem et incipientes principes et desinentes adeo concupiscunt ut auferant, tu, otioso ac vacante, privatis cessisti. Invidiosusne erat aut tibi tertius consulatus, aut principi primus? Nam secundum imperator quidem, sub imperatore tamen inisti; nihilque imputari in eo vel honori potest vel exemplo, nisi obsequium. Ita vero quæ civitas quinquies, atque etiam sexies consules vidit, non illos qui, exspirante jam libertate, per vim ac tumultum creabantur, sed quibus sepositis et absentibus in rura sua consulatus ferebantur, in hac civitate tertium consulatum princeps generis humani, ut prægravem, recusasti? Tantone Papyriis etiam et Quintiis moderatior Augustus, et Cæsar, et Pater patriæ? At illos respublica ciebat : quid? te non eadem respublica? non senatus? non consulatus ipse, qui sibi tuis humeris attolli et augescere videtur?

LVIII. Non te ad exemplar ejus voco, qui continuis consulatibus fecerat longum quemdam et sine discrimine annum : his te confero, quos certum est, quoties consules fuerunt, non sibi præstitisse. Erat in senatu ter consul, quum tu tertium consulatum recusabas. Onerosum nescio quid verecundiæ tuæ consensus noster indixerat, ut princeps toties consul esses, quoties senator tuus! Nimia modestia istud, etiam privatus, recusasses. An consularis viri triumphalisque filius, quum tertio consul creatur, adscendit? non debitum hoc illi, non vel sola generis claritate promeritum? Contigit ergo privatis aperire annuum, fastosque reserare; et hoc quoque redditæ libertatis indicium fuit, quod consul alius quam Cæsar esset. Sic exactis regibus cœpit liber annus : sic olim servitus pulsa privata fastis nomina induxit. Miseros ambitionis, qui ita consules semper, ut semper principes erant! Quanquam non ambitio magis quam livor et malignitas videri potest,

ne transmettre que flétri et privé de son premier lustre cet honneur suprême de la pourpre consulaire. Mais, en vous, que dois-je admirer d'abord, ou de la grandeur d'âme, ou de la modestie, ou de la générosité? Ce fut grandeur d'âme de refuser un honneur que tout le monde désire, modestie de le céder, générosité d'en jouir par autrui.

LIX. Mais il est temps de vous rendre, afin que le consulat, accepté, exercé par vous, en devienne plus auguste. On ne saurait que penser d'un refus trop constant; ou plutôt on penserait que vous trouvez cet honneur indigne de vous. Sans doute vous l'avez refusé comme infiniment grand; mais c'est une chose que vous ne persuaderez à personne, si vous ne finissez par l'accepter un jour. Lorsque vous priez qu'on ne vous érige ni arcs de triomphe, ni trophées, ni statues, votre réserve est excusable : c'est à vous-même que ces monuments sont offerts; ici, au contraire, nous vous supplions d'apprendre aux futurs empereurs à renoncer à l'inaction, à suspendre un peu leurs jouissances; à se réveiller pour quelques instants, aussi courts qu'ils voudront, du sommeil où s'endort leur félicité; à revêtir cette robe prétexte qu'ils ont prise pour eux quand ils pouvaient la donner à d'autres; à s'asseoir sur cette chaise curule qu'ils s'obstinent à garder; à être, en un mot, ce qu'ils ont souhaité d'être, et à ne plus vouloir devenir consuls seulement pour l'avoir été. Vous avez exercé, je le sais, un second consulat; vous pouvez le compter aux armées, aux provinces, aux nations étrangères; à nous, vous ne le pouvez. Nous avons appris que vous aviez rempli dans toute leur étendue les devoirs d'un consul; mais nous n'avons fait que l'apprendre. On dit que vous fûtes le plus juste, le plus humain, le plus patient des hommes; mais on ne fait que le dire. L'équité veut que nous en jugions une fois par nous-mêmes et sur le témoignage de nos yeux, au lieu d'en croire toujours les bruits publics et la renommée. Jusques à quand applaudirons-nous de loin à des vertus absentes? Qu'il nous soit permis d'essayer si ce second consulat ne vous aurait pas donné quelque orgueil. L'espace d'une année peut apporter de grands changements dans les mœurs des hommes, de plus grands dans celles des princes. L'école nous enseigne que quiconque possède une vertu les réunit toutes : nous désirons cependant savoir par expérience si c'est encore aujourd'hui la même chose qu'un bon consul et un bon prince. Car, outre la difficulté d'embrasser à la fois deux pouvoirs également souverains, il y a entre le consul et le prince une sorte d'opposition : ils doivent s'attacher autant qu'il est possible, le prince à ressembler à un simple citoyen, le consul à n'y pas ressembler.

LX. Je vois d'ailleurs que la principale raison qui vous fit l'an dernier refuser le consulat, c'est que, absent, vous ne pouviez en remplir les fonctions. Aujourd'hui que vous êtes rendu à Rome et aux vœux publics, pouvez-vous, mieux qu'en l'acceptant, montrer à tous combien étaient grands les biens dont nous regrettions de ne pas jouir? C'est peu que vous veniez au sénat, si vous ne le convoquez; que vous assistiez aux séances, si vous ne les présidez; que vous entendiez les votes, si vous ne les recueillez. Voulez-vous rendre à cet auguste tribunal des consuls son antique majesté, montez-y. Voulez-vous établir solidement le respect des magistrats, l'autorité

omnes annos possidere, summumque illud purpuræ decus non nisi præcerptum præfloratumque transmittere. Tuam vero magnanimitatem, an modestiam, an benignitatem prius mirer? Magnanimitatis fuit expetito semper honore abstinere, modestia cedere, benignitas per alios frui.

LIX. Sed jam tempus est te ipsi consulatui præstare, ut majorem eum suscipiendo gerendoque facias. Nam sæpius recusare, ambiguam, ac potius illam interpretationem habet, tanquam minorem putes. Tu quidem ut maximum recusasti; sed hoc persuadere nemini poteris, nisi aliquando et non recusaveris. Quum arcus, quum tropæa, quum statuas deprecaris, tribuenda est verecundiæ tuæ venia; illa enim sane tibi dicantur. Nunc vero postulamus ut futuros principes doceas inertiæ renunciare, paullisper deliciis differre, paullisper et saltem ad brevissimum tempus, ex illo felicitatis somno velut excitatos, induere prætextam, quam, quum dare possent, occuparint; adscendere curulem quam detineant; esse denique quod concupierint, nec ideo tantum velle consules fieri, ut fuerint. Gessisti alterum consulatum, scio : illum exercitibus, illum provinciis, illum etiam exteris gentibus poteris imputare; non potes nobis. Audivimus quidem te omne munus consulis obiisse; sed audivimus. Diceris justissimus, humanissimus, patientissimus fuisse; sed diceris. Æquum est aliquando nos judicio nostro, nostris oculis, non famæ semper et rumoribus, credere. Quousque absentes de absente gaudebimus? Liceat experiri an aliquid superbiæ tibi ille ipse secundus consulatus attulerit. Multum in commutandis moribus hominum medius annus valet; in principum, plus. Didicimus quidem, cui virtus aliqua contingat, omnes inesse; cupimus tamen experiri an nunc quoque una eademque res sit, bonus consul et bonus princeps. Nam præter id quod est arduum, duas, easque summas, simul capere potestates, tum inest utrique nonnulla diversitas, quum principem quam simillimum esse privato, consulem quam dissimillimum deceat.

LX. Atque ego video proximo anno consulatus recusandi hanc præcipuam fuisse rationem, quod eum absens gerere non poteras; sed, jam urbi votisque publicis redditus, quid est in quo magis sis approbaturus, quæ quantaque fuerint quæ desiderabamus? Parum est ut in curiam venias, nisi et convoces; ut intersis senatui, nisi et præsideas; ut censentes audias, nisi et perroges. Vis illud augustissimum consulum aliquando tribunal majestati suæ reddere? adscende. Vis constare reverentiam magistratibus, legibus auctoritatem, modestiam postulantibus? adi. Quod enim interesset reipublicæ, si privatus esses, consulem te haberet tantum, an et senatorem; hoc nunc scito

des lois, le ton mesuré des requêtes ; donnez audience. Autant la république trouverait de différence, si vous étiez homme privé, à vous avoir pour consul seulement, ou pour consul et sénateur à la fois ; autant elle en trouve maintenant à vous avoir seulement pour prince, ou pour prince et consul tout ensemble. Vaincue par tant et de si fortes raisons, la délicatesse de notre prince, après une longue résistance, a cédé cependant ; mais comment a-t-elle cédé ? Il ne s'est pas fait l'égal des particuliers, ce sont eux qu'il a faits ses égaux. Il a reçu un troisième consulat, pour en donner un troisième. Il savait que la modestie, que la bienséance ne permettraient à personne d'être trois fois consul, si lui-même ne l'était une troisième fois. Cet honneur, que les princes accordaient jadis (encore bien rarement) aux compagnons de leurs guerres et de leurs périls, vous l'avez déféré à des hommes distingués sans doute, et qui avaient bien mérité de vous, mais seulement dans la paix. Le zèle de tous deux et leur vigilance vous imposaient des obligations, César ; mais il est rare, il est presque inouï qu'un prince se croie lié par les services reçus, ou, s'il croit l'être, qu'il en aime l'auteur. Vous, César, vous devez, et vous payez votre dette. Mais, en donnant des troisièmes consulats, vous pensez moins faire l'action d'un grand prince, que celle d'un ami qui n'est pas ingrat. Bien plus, en mesurant la récompense à votre fortune, vous agrandissez les services les plus médiocres : il semble que vous ayez reçu autant que vous rendez. Que vous souhaiterai-je pour prix de cette bonté, si ce n'est de mériter et de devoir toujours de la reconnaissance, en sorte que l'on doute quel est le plus désirable pour vos citoyens, d'être les débiteurs ou les créanciers de votre générosité ?

LXI. Je me croyais transporté au sein de l'antique sénat, lorsque je vous voyais, à côté d'un collègue trois fois consul, prendre l'avis d'un consul une troisième fois désigné. Que ces deux hommes étaient grands alors, et que vous étiez grand vous-même ! La hauteur des corps, à quelque degré qu'elle s'élève, décroît à côté de corps qui les surpassent ; de même aussi les plus sublimes dignités s'abaissent auprès du rang où vous êtes assis, et, plus elles sont près d'atteindre à votre grandeur, plus elles semblent déchoir de celle qui leur est propre. Vous n'avez pu sans doute, malgré votre désir, élever jusqu'à vous ces nobles magistrats ; toutefois vous les avez placés si haut, qu'ils paraissaient au-dessus des autres autant que vous-même étiez au-dessus d'eux. Quand vous n'auriez donné qu'un troisième consulat pour l'année où vous reçûtes le vôtre, ce serait encore la preuve d'une grande âme : Car si c'est le privilége des heureux de pouvoir tout ce qu'ils veulent, c'est le propre des magnanimes de vouloir tout ce qu'ils peuvent. Honneur au citoyen qui a mérité d'être une troisième fois consul ! deux fois honneur au prince sous lequel il l'a mérité ! grand et mémorable est le nom de qui reçut une telle récompense ; plus grande est la gloire du rémunérateur ! Que sera-ce si, par le double présent d'un troisième consulat, vous communiquez à deux collègues à la fois la sainteté qui vous consacre ? car l'on ne peut douter qu'en prolongeant votre consulat vous n'ayez voulu surtout en embrasser deux autres, afin que plus d'un magistrat vous eût pour collègue. Ces deux consuls avaient reçu naguère cette dignité de votre père, ce qui était presque la recevoir de vous ; l'un et l'autre voyait encore devant ses yeux l'image des faisceaux qu'il venait de renvoyer ; l'un et l'autre croyait entendre résonner

---

interesse, principem te habeat tantum, an et consulem. His tot tantisque rationibus, quanquam multum reluctata, verecundia principis nostri tandem cessit At quemadmodum cessit ? Non se ut privatis, sed ut privatos sibi pares faceret. Recepit enim tertium consulatum, ut daret. Noverat moderationem hominum, noverat pudorem, qui non sustinerent tertio consules esse, nisi cum ter consule. Bellorum istud sociis olim, principum consortibus parce tamen tribuebatur, quod in singularibus viris, ac de te quidem bene ac fortiter meritis præstitisti, sed in toga meritis. Utriusque cura, utriusque vigilantia obstrictus es, Cæsar. Sed in principe rarum ac prope insolitum est, ut se putet obligatum ; aut, si putet, amet. Debes ergo, Cæsar, et solvis. Sed, quum ter consules facis, non tibi magnus princeps, sed non ingratus amicus videris. Quin etiam perquam modica quædam civium merita fortunæ tuæ viribus in majus extollis. Efficis enim ut tantum tibi quisque præstitisse videatur, quantum a te recipit. Quid isti benignitati precer, nisi ut semper obliges, obligeris ; incertumque facias utrum magis expediat civibus tuis debere tibi, an præstitisse ?

LXI. Equidem illum antiquum senatum contueri videbar, quum, ter consule assidente, tertio consulem designatum rogari sententiam cernerem. Quanti tunc illi ! quantusque tu ! Accidit quidem ut corpora quamlibet ardua et excelsa procerioribus admota decrescant ; item ut altissimæ civium dignitates collatione fastigii tui quasi deprimantur, quantoque propius ad magnitudinem tuam adscenderint, tantum etiam a sua descendisse videantur. Illos tamen tu, quanquam non potuisti tibi æquare, quum velles, adeo in edito collocasti, ut tantum super ceteros, quantum infra te, cernerentur. Si unius tertium consulatum eumdem in annum, in quem tuum, contulisses, ingentis animi specimen haberetur. Ut enim felicitatis est, quantum velis, posse ; sic magnitudinis, velle quantum possis. Laudandus quidem et ille qui tertium consulatum meruit ; sed magis, sub quo meruit : magnus memorandusque qui tantum præmium cepit ; sed major, qui capienti dedit. Quid, quod duos pariter tertio consulatu collegas tui sanctitate decorasti ? ut sit nemini dubium, hanc tibi præcipuam causam fuisse extendendi consulatus tui, ut duorum consulatus amplecteretur, et collegam te non

ner encore à ses oreilles le cri solennel du licteur annonçant sa présence; et voilà de nouveau la chaise curule, de nouveau la pourpre consulaire. Ainsi autrefois, lorsque l'ennemi était aux portes, et que la république en péril demandait un défenseur éprouvé par les dignités, on rendait, non pas le consulat aux mêmes hommes, mais les mêmes hommes au consulat. Admirable vertu de votre munificence, dont les grâces produisent les mêmes effets que la nécessité! Deux sénateurs viennent de dépouiller la robe prétexte; qu'ils la reprennent : de renvoyer leurs licteurs; qu'ils les rappellent : de recevoir les félicitations de leurs amis; que ces amis, à peine congédiés, se hâtent de revenir. Est-ce bien le conseil d'une volonté humaine, est-ce l'œuvre d'un pouvoir humain, de renouveler les joies, de recommencer l'allégresse, de ne donner aucun relâche aux félicitations, et de ne laisser entre deux consulats que l'intervalle nécessaire pour que le premier soit fini? Agissez toujours de la sorte; et puissent dans ce dessein votre cœur ou votre fortune ne se lasser jamais! Donnez à beaucoup de citoyens des troisièmes consulats; et, lorsque beaucoup en auront reçu, puisse-t-il en rester davantage qui en méritent encore!

LXII. Une faveur accordée à l'homme qui en est digne cause toujours à ceux qui lui ressemblent autant de joie qu'à lui-même. Mais telle est l'impression particulière produite par le choix de ces deux consuls, non sur quelques membres seulement, mais sur le corps entier du sénat, qu'il n'est pas un sénateur qui, dans l'illusion de son enthousiasme, ne croie avoir personnellement donné ou reçu le même honneur. Ces deux consuls sont en effet les hommes que le sénat choisit les premiers, lorsqu'il chercha les meilleurs citoyens pour les charger de la réduction des dépenses publiques. C'est là, oui, c'est là ce qui les a placés si avant dans l'estime de César. N'avons-nous pas assez éprouvé que toujours la faveur du sénat est, auprès du prince, ou utile ou nuisible? Avons-nous oublié que naguère il n'était pas d'arrêt de mort plus certain que cette pensée de l'empereur : « Cet homme est estimé, cet homme est chéri du sénat? » Le prince haïssait ceux que nous aimions, et nous ceux qu'il aimait. Maintenant le prince et le sénat disputent de tendresse pour le plus digne; ils se l'indiquent mutuellement, ils l'adoptent sur la foi l'un de l'autre; et, ce qui est la meilleure preuve d'un amour réciproque, ils aiment les mêmes personnes. Vous pouvez donc, pères conscrits, favoriser sans déguisement, chérir sans contrainte. Il n'est plus besoin de cacher l'amour, de peur qu'il ne nuise; de dissimuler la haine, de peur qu'elle ne serve. César approuve ce que le sénat approuve, condamne ce qu'il condamne; présents, absents, vous êtes toujours ses conseils. Il a fait une troisième fois consuls ceux que vous aviez élus, et dans l'ordre où vous les aviez élus : acte mémorable, qui vous honore également, soit que vos affections s'accordent avec celles du prince, soit qu'il donne la préférence aux vôtres sur les siennes. Des récompenses sont proposées aux vieillards; aux jeunes gens, des exemples : qu'ils visitent, qu'ils fréquentent les maisons illustres; elles sont ouvertes, on y entre sans péril. La dé-

uni daret. Uterque nuper consulatum alterum gesserat, a patre tuo, id est, quanto minus quam a te! datum; utriusque adhuc oculis paullo ante dimissi fasces oberrabant; utriusque solemnis ille lictorum et prænuncius clamor auribus insedebat; quum rursus curulis, rursusque purpura : ut olim, quum hostis in proximo, et in summum discrimen adducta respublica expertum honoribus virum posceret, non consulatus hominibus iisdem, sed iidem homines consulatibus reddebantur. Tanta tibi beneficiendi vis, ut indulgentia tua necessitates æmuletur. Modo prætextas exuerant; resumant : modo lictores abire jusserant; revocent : modo gratulantes amici recesserant; revertantur. Hominisne istud ingenium est, hominis potestas, renovare gaudia, redintegrare lætitiam, nullam requiem gratulationibus dare, neque alia repetendis consulatibus intervalla permittere, nisi dum finiuntur? Facias ista semper, nec unquam in hoc opere aut animus tuus aut fortuna lassetur : des quam plurimis tertios consulatus; et, quum plurimis tertios consulatus dederis, semper tamen plures, quibus debeas dare, supersint.

LXII. Omnium quidem beneficiorum, quæ merentibus tribuuntur, non ad ipsos gaudium majus, quam ad similes redundat; præcipue tamen ex horum consulatu, non ad partem aliquam senatus, sed ad totum senatum, tanta lætitia pervenit, ut eundem honorem omnes sibi et dedisse et accepisse videantur. Nempe enim hi sunt quos senatus, quum publicis sumptibus minuendis optimum quemque præficeret, elegit, et quidem primos. Hoc est igitur, hoc est quod penitus illos animo Cæsaris insinuavit. An parum sæpe experti sumus hanc esse rerum conditionem, ut senatus favor apud principem aut prosit aut noceat? Nonne paullo ante nihil magis exitiale erat, quam illa principis cogitatio, « Hunc senatus probat; hic senatui carus est? » Oderat quos nos amaremus; sed et nos, quos ille. Nunc inter principem senatumque dignissimi cujusque caritate certatur; demonstramus invicem, credimus invicem, quodque maximum amoris mutui signum est, eosdem amamus. Proinde, patres conscripti, favete aperte, diligite constanter. Non jam dissimulandus est amor, ne noceat; non premendum odium, ne prosit. Eadem Cæsar, quæ senatus, probat improbatque; vos ille præsentes, vos etiam absentes in consilio habet. Tertio consules fecit quos vos elegeratis, et fecit hoc ordine quo electi a vobis erant. Magnus uterque honor vester, sive eosdem maxime diligit quos scit vobis esse carissimos, sive illis neminem præfert, quamvis aliquem magis amet. Proposita sunt senioribus præmia, juvenibus exempla; adeant, frequentent securas tandem ac patentes domos. Quisquis probatos senatui viros suspicit, hic maxime principem promeretur. Sibi enim accrescere putat quod cuique adstruatur; nullamque in eo gloriam ponit, quod sit omnibus major, nisi maximi fuerint quibus major est. Persta, Cæsar, in ista

férence pour ceux qu'estime le sénat est le plus sûr moyen de se concilier le prince. Sa grandeur lui paraît s'accroître de ce que chacun acquiert de grandeur; et il ne met aucune gloire à être au-dessus de tous, si ceux au-dessus desquels il est ne sont placés très-haut. Persistez, César, dans ce généreux système, et jugez-nous sur le témoignage de notre renommée. N'ayez d'oreilles, n'ayez d'yeux que pour elle. Repoussez les jugements clandestins, et ces insinuations secrètes, dangereuses surtout pour qui les écoute. Il vaut mieux s'en rapporter à tous qu'à un seul. Un seul peut surprendre ou être surpris; jamais personne n'a trompé tout le monde, ni tout le monde, personne.

LXIII. Je reviens maintenant à votre consulat, sans omettre toutefois des circonstances qui se rapportent à ce consulat, quoiqu'elles l'aient précédé. Je vous louerai donc, avant tout, d'avoir assisté en personne à votre élection, candidat non de la dignité consulaire seulement, mais de l'immortalité et de la gloire, et auteur d'un exemple fait pour être suivi des bons princes, admiré des mauvais. Vous avez paru devant le peuple romain sur l'ancien théâtre de sa souveraineté; vous avez essuyé jusqu'au bout la longue formule des comices, et toute cette cérémonie qui n'était plus une vaine dérision; vous avez été fait consul, comme un de ceux que vous prenez parmi nous pour les faire consuls. Quel est celui de vos prédécesseurs qui a rendu cet honneur ou au consulat, ou au peuple? Les uns, languissamment assoupis, et gorgés encore du repas de la veille, attendaient les nouvelles de leurs comices : les autres ne dormaient pas sans doute; ils veillaient, mais c'était pour concerter, au fond de leur appartement, l'assassinat ou l'exil des consuls, par lesquels eux-mêmes étaient proclamés consuls. O ambition perverse et ignorante de la véritable grandeur! désirer un honneur que l'on dédaigne, dédaigner un honneur que l'on désire! et, lorsqu'on voit de ses jardins le champ de Mars et les comices, en être aussi absent que si on en était séparé par le Danube et le Rhin! Le prince fuira donc les suffrages qu'il espère, et, content d'avoir ordonné qu'on le déclare consul, il n'observera pas même ces formes qui retracent l'image d'une cité libre! il se cachera, il se dérobera aux comices, comme s'ils ôtaient l'empire, au lieu de donner le consulat! Voilà l'idée dont se prévenaient des maîtres superbes; ils croyaient cesser d'être princes, s'ils agissaient en sénateurs. Toutefois c'est moins par orgueil que par crainte que la plupart se tenaient à l'écart. Avec les adultères et les nuits impures dont leur conscience était chargée, auraient-ils osé souiller les auspices, et fouler de leurs pas impies et profanateurs un champ consacré? Non, ils ne méprisaient pas assez les dieux et les hommes pour affronter et soutenir, sur ce théâtre éclatant, les regards indignés du ciel et de la terre. Vous, au contraire, votre modération et la sainteté de vos mœurs vous ont engagé à vous offrir à la présence auguste des dieux et aux jugements des mortels.

LXIV. D'autres ont mérité le consulat avant de le recevoir; vous, César, vous le méritez de nouveau en le recevant. La solennité des comices était achevée, à ne considérer que le prince; et déjà la foule du peuple commençait à s'ébranler, lorsqu'on vous vit, avec un étonnement général, vous avancer vers le siége du consul, et vous présenter à un serment dont les termes n'é-

---

ratione propositi, talesque nos crede, qualis fama cujusque est; huic aures, huic oculos intende. Ne respexeris clandestinas existimationes, nullisque magis quam audientibus insidiantes susurros. Melius omnibus quam singulis creditur. Singuli enim decipere et decipi possunt; nemo omnes, neminem omnes fefellerunt.

LXIII. Revertor jam ad consulatum tuum, etsi sunt quædam ad consulatum quidem pertinentia, ante consulatum tamen; in primis quod comitiis tuis interfuisti, candidatus non consulatus tantum, sed immortalitatis et gloriæ, et exempli quod sequerentur boni principes, mali mirarentur. Vidit te populus romanus in illa vetere potestatis suæ sede: perpessus es longum illud carmen comitiorum, nec jam irridendam moram; consulque sic factus es, ut unus ex nobis, quos facis consules. Quotusquisque principum antecedentium honorem istum aut consulatui habuit, aut populo? Non alii, marcidi somno, hesternaque coena redundantes, comitiorum suorum nuncios opperiebantur? Alii sane pervigiles et insomnes, sed intra cubilia sua illis ipsis consulibus, a quibus consules renunciabantur, exsilia et cædem machinabantur. O prava et inscia veræ majestatis ambitio, concupiscere honorem quem dedigneris; dedignari quem concupieris; quumque ex proximis hortis campum et comitia prospectes, sic ab illis abesse, tanquam Danubio Rhenoque dirimare! Averseris tu honori tuo sperata suffragia, renunciarique te consulem jussisse contentus, liberæ civitatis ne simulationem quidem serves? Abstineas denique comitiis abstrusus atque abditis, quasi illic tibi non consulatus detur, sed abrogetur imperium? Hæc persuasio superbissimis dominis erat, ut sibi viderentur principes esse desinere, si quid facerent tanquam senatores. Plerique tamen non tam superbia quam metu quodam submovebantur. An, stuprorum sibi incestarumque noctium conscii, auspicia polluere, sacratumque campum nefario auderent contaminare vestigio? Non adeo deos hominesque contempserant, ut in illa speciosissima sede hominum deorumque conjectos in se oculos ferre ac perpeti possent. Tibi contra et moderatio tua suasit et sanctitas, ut te et religioni deorum et judiciis hominum exhiberes.

LXIV. Alii consulatum, ante quam acciperent, tu, et dum accipis, meruisti. Peracta erant solemnia comitiorum, si principem cogitares; jamque se omnis turba commoverat, quum tu, mirantibus cunctis, accedis ad consulis sellam; adigendumque te præbes in verba principibus ignota, nisi quum jurare cogerent alios. Vides quam necessarium fuerit consulatum non recusare? Non putassemus istud facturum te fuisse, si recusasses. Stupeo,

taient connus de vos prédécesseurs que quand ils forçaient les autres de le prêter. Vous voyez combien il importait que le consulat fût accepté par vous : si vous l'eussiez refusé, nous n'aurions jamais pensé que vous feriez ce grand acte. Je reste confondu, pères conscrits, et j'en crois à peine mes yeux ou mes oreilles ; je me demande quelquefois si j'ai bien vu, si j'ai bien entendu. Ainsi donc un empereur, ainsi un César, un Auguste, un grand pontife s'est tenu debout en face du consul ; le consul est demeuré assis, tandis que le prince était debout devant lui, et il est demeuré assis sans trouble, sans crainte, comme si c'était un usage reçu. Le consul assis a dicté au prince debout la formule du serment ; et le prince a juré ; il a prononcé, articulé distinctement les paroles par lesquelles il dévouait sa tête et sa maison à la colère des dieux, s'il trahissait sa foi. Vous avez acquis, César, une gloire également grande, que les princes à venir imitent ou n'imitent pas cette conduite. Quel panégyrique pourrait vous louer dignement d'avoir fait la même chose dans un troisième que dans un premier consulat, prince que particulier, empereur que sujet? Je ne sais pas, non, je ne sais pas ce qu'il faut admirer le plus dans ce serment, de ce que nul autre ne vous en a donné l'exemple, ou de ce qu'un autre vous en a dicté la formule.

LXV. A la tribune aussi, vous vous êtes soumis religieusement aux lois, à des lois, César, que personne n'a faites pour le prince. Mais vous ne voulez pas avoir plus de priviléges que nous ; et c'est pour cela qu'à notre gré vous n'en sauriez avoir trop. Voilà donc une parole que j'entends aujourd'hui pour la première fois, un fait nouveau que j'apprends : le prince n'est pas au-dessus des lois ; les lois sont au-dessus du prince, et l'autorité consulaire a les mêmes limites pour César

que pour tout autre consul. Il jure sur la loi, à la face des dieux attentifs (car à qui les dieux donneraient-ils plus d'attention qu'à César?) ; il jure en présence de ceux qui doivent jurer la même chose que lui ; il jure, plein de l'idée que nul ne doit tenir ses serments avec plus de scrupule que celui qui est le plus intéressé à ce qu'il n'y ait point de parjures. Aussi, en sortant du consulat, avez-vous affirmé par un nouveau serment que vous n'aviez rien fait contre les lois. Ce fut un beau moment quand vous en fîtes la promesse, un plus beau après qu'elle fut accomplie. Mais paraître tant de fois à la tribune, user de vos pas ces degrés où craint tant de monter l'orgueil impérial, y recevoir, y déposer les magistratures, combien c'est vous montrer digne de vous-même ! combien c'est être différent de ces princes qui, après avoir, ou plutôt n'avoir pas exercé le consulat l'espace de quelques jours, s'en déchargeaient par édit ! Et cet édit leur tenait lieu d'assemblée, de harangue, de serment : ils voulaient apparemment que la fin répondit au début, et qu'une seule chose annonçât qu'ils avaient été consuls, c'est que d'autres ne l'eussent pas été.

LXVI. Je n'ai pas eu dessein, pères conscrits, de passer sous silence ce qu'a fait le prince dans son consulat : j'ai voulu réunir en un seul lieu ce que j'avais à dire du serment ; car je n'ai pas à traiter une matière stérile et pauvre, où il faille étendre et diviser un même genre de mérite, pour en faire à plusieurs fois l'éloge. Rome avait vu luire le premier jour de votre consulat, César, ce jour où, étant entré dans l'assemblée des sénateurs, vous les exhortâtes tous ensemble, et chacun en particulier, à ressaisir la liberté, à partager avec lui les soins de l'empire, à veiller aux intérêts publics, à se lever enfin dans leur

---

patres conscripti, necdum satis aut oculis meis aut auribus credo; atque identidem me an audierim, an viderim, interrogo. Imperator ergo, et Cæsar, et Augustus, pontifex maximus, stetit ante gremium consulis ; seditque consul, principe ante se stante ; et sedit inturbatus, interritus, et tanquam ita fieri soleret. Quin etiam sedens stanti præivit jusjurandum ; et ille juravit, expressit explanavitque verba quibus caput suum, domum suam, si sciens fefellisset, deorum iræ consecraret. Ingens, Cæsar, et par gloria tua, sive fecerint istud postea principes, sive non fecerint. Ullane satis prædicatio digna est, idem tertio consulem fecisse quod primo, idem principem quod privatum, idem imperatorem quod sub imperatore? Nescio jam, nescio pulchriusne sit istud, quod præeunte nullo, an hoc, quod alio præeunte jurasti.

LXV. In rostris quoque simili religione ipse te legibus subjecisti ; legibus, Cæsar, quas nemo principi scripsit. Sed tu nihil amplius vis tibi licere quam nobis ; sic fit ut nos tibi plus velimus. Quod ego nunc primum audio, nunc primum disco, non est princeps super leges, sed leges super principem ; idemque Cæsari consuli, quod

ceteris, non licet. Jurat in legem attendentibus diis (nam cui magis quam Cæsari attendant?) ; jurat observantibus his quibus idem jurandum est : non ignarus alioqui nemini religiosius quod juraverit custodiendum, quam cujus maxime interest non pejerari. Itaque et abiturus consulatu jurasti te nihil contra leges fecisse. Magnum hoc erat quum promitteres ; majus, postquam præstitisti. Jam toties procedere in rostra, inadscensumque illum superbiæ principum locum terere, hic suscipere, hic ponere magistratus, quam dignum te, quamque diversum consuetudine illorum qui paucalis diebus gestum consulatum, immo non gestum, abjiciebant per edictum ! Hoc pro concione, pro rostris, pro jurejurando ; scilicet ut primis extrema congruerent, utque hoc solo intelligeretur ipsi consules fuisse, quod alii non fuissent.

LXVI. Non transilivi, patres conscripti, principis nostri consulatum, sed eumdem in locum contuli, quidquid de jurejurando dicendum erat. Neque enim, ut in sterili jejunaque materia, eamdem speciem laudis diducere ac spargere, atque identidem tractare debemus. Illuxerat primus consulatus tui dies, quo tu curiam ingressus,

force. Tous les princes avant vous ont tenu le même langage; aucun avant vous n'a trouvé créance. On avait sous les yeux les naufrages de tant d'infortunés qui, voguant sur la foi d'un calme trompeur, furent abîmés par une tempête imprévue. Eh! quelle mer est aussi perfide que les caresses de ces princes dont l'inconstance et la mauvaise foi sont telles, que leur courroux serait moins à redouter que leurs bonnes grâces? Avec vous, César, nous marchons, pleins de sécurité et de joie, où vous nous appelez. Vous voulez que nous soyons libres, nous le serons; vous ordonnez que nous exprimions hautement nos pensées, nous les exprimerons. Le silence que nous gardions n'était point lâcheté; notre inertie n'était pas en nous. La terreur, la crainte, une malheureuse prudence, fille du danger, nous avertissait de détourner de la république (et la république existait-elle alors?) nos yeux, nos oreilles, nos esprits. Maintenant la foi de vos serments, la garantie de vos promesses, ouvrent nos bouches fermées par une longue servitude, délient nos langues enchaînées par tant de maux. Vous voulez en effet que nous soyons tels que vous nous ordonnez d'être. Il n'y a dans vos encouragements ni feinte, ni artifice, ni aucun de ces pièges préparés à la crédulité, non sans péril pour celui qui les dresse; car jamais prince ne fut trompé, qui lui-même n'eût trompé le premier.

LXVII. Oui, tels furent les sentiments du père de la patrie; j'en juge et par son discours, et par la manière dont il le prononça. Que de force dans les pensées! que de naturel et de vérité dans les paroles! quelle fermeté de voix! quelle expression de physionomie! combien les yeux, le port, le geste, toute la personne, annonçaient de franchise! Il gardera donc la mémoire de ce qu'il a recommandé; et, quand nous userons de la liberté qu'il nous a donnée, il saura que nous lui obéissons. Et ne craignons pas qu'il nous trouve imprudents de nous confier hardiment à la loyauté du siècle : il se souvient que nous agissions autrement sous un mauvais prince. Nous prononcions des vœux pour l'éternité de l'empire et pour le salut des princes.... je me trompe, pour le salut des princes, et, à cause d'eux, pour l'éternité de l'empire. Ces mêmes vœux ont été prononcés pour l'empire sous lequel nous vivons, et les termes en sont dignes de remarque : « A condition que « vous gouvernerez avec justice et dans l'intérêt « de tous. » Vœux dignes d'être toujours formés, d'être toujours entendus! Autorisée par vous, César, la république a demandé aux dieux qu'ils assurassent votre conservation, si vous assuriez celle des autres : sinon, les dieux aussi pouvaient détourner de vous leurs regards protecteurs, et abandonner votre tête à ces autres vœux qui ne se font pas à haute voix. Vos prédécesseurs désiraient de survivre à la république, et en prenaient les moyens; vous, César, votre salut vous est odieux, si celui de la république ne s'y trouve attaché. Vous ne souffrez pas qu'on vous souhaite un bien qui ne soit utile à ceux qui vous l'ont souhaité. Une fois par an, vous appelez sur vous le jugement du ciel, et vous exigez qu'il vous retire ses faveurs, si vous cessez d'être ce que vous étiez au jour de votre élection. C'est du reste avec une conscience bien sûre d'elle-même, César, que vous traitez avec les dieux pour votre conservation, sous la réserve que

nunc singulos, nunc universos adhortatus es resumere libertatem, capessere quasi communis imperii curas, invigilare publicis utilitatibus, et insurgere. Omnes ante te eadem ista dixerunt, nemini tamen ante te creditum est. Erant sub oculis naufragia multorum, quos insidiosa tranquillitate provectos improvisus turbo perculerat. Quod enim tam infidum mare, quam blanditiæ principum illorum, quibus tanta levitas, tanta fraus, ut facilius esset iratos quam propitios habere? Te vero securi et alacres, quo vocas, sequimur. Jubes esse liberos; erimus. Jubes quæ sentimus promere in medium; proferemus. Neque enim adhuc ignavia quadam et insito torpore cessavimus. Terror, et metus, et misera illa ex periculis facta prudentia monebat, ut a republica (erat autem omnino nulla respublica) oculos, aures, animos averteremus. At nunc, tua dextera tuisque promissis freti et innixi, obsepta diutina servitute ora reseramus, frenatamque tot malis linguam resolvimus. Vis enim tales esse nos, quales jubes; nihilque exhortationibus tuis fucatum, nihil subdolum, nihil denique quod credentem fallere paret, non sine periculo fallentis. Neque enim unquam deceptus est princeps, nisi qui prius ipse decepit.

LXVII. Equidem hunc parentis publici sensum quum ex oratione ejus, tum pronunciatione ipsa perspexisse videor. Quæ enim illa gravitas sententiarum! quam inaffectata veritas verborum! quæ asseveratio in voce! quæ affirmatio in vultu! quanta in oculis, habitu, gestu, toto denique corpore fides! Tenebit ergo semper quod suaserit, scietque nos, quoties libertatem quam dedit experiemur, sibi parere. Nec verendum est ne incautos putet, si fidelitate temporum constanter utamur, quos meminit sub malo principe aliter vixisse. Nuncupare vota et pro æternitate imperii, et pro salute principum, immo pro salute principum, ac, propter illos, pro æternitate imperii solebamus. Hæc pro imperio nostro in quæ sint verba susceptaoperæ pretium est adnotare : « Si bene rempublicam « et ex utilitate omnium rexeris. » Digna vota quæ semper suscipiantur, semperque solvantur! Egit cum diis, ipso te auctore, Cæsar, respublica, ut te sospitem incolumemque præstarent, si tu ceteros præstitisses; si contra, illi quoque a custodia tui capitis oculos dimoverent, teque relinquerent votis quæ non palam susciperentur. Alii se superstites reipublicæ optabant faciebantque; tibi salus tua invisa est, si non sit cum reipublicæ salute conjuncta. Nihil pro te pateris optari, nisi expediat optantibus, omnibusque annis in consilium de te deos mittis, exigisque ut sententiam suam mutent, si talis esse desieris, qualis electus es. Sed ingenti con-

vous en serez digne : vous savez que les dieux connaissent mieux que personne si vous l'êtes en effet. Ne vous semble-t-il pas, pères conscrits, que le prince se dise nuit et jour : Oui, j'ai armé contre moi, si l'intérêt public le demandait, jusqu'à la main du préfet de mes gardes ; bien plus, je ne prie pas même les dieux de m'épargner ou leur courroux ou leur abandon; je les supplie au contraire, je les conjure de faire que la république ne forme jamais pour moi de vœux qui lui répugnent, ou que, si elle venait à en former de pareils, elle ne fût pas tenue à leur accomplissement?

LXVIII. Vous trouvez donc, César, le fruit le plus glorieux de votre conservation dans l'assentiment des dieux immortels : car, lorsque vous les priez de vous conserver, à la condition expresse que vous gouvernerez avec justice et dans l'intérêt général, vous êtes certain de bien gouverner, puisqu'ils vous conservent. Aussi s'écoule-t-il pour vous dans l'allégresse et la sécurité ce jour qui tenait les autres princes en crainte et en alarmes, lorsque, tremblants, interdits, se confiant peu dans notre patience, ils attendaient les courriers qui devaient leur apporter, d'une province ou d'une autre, l'assurance de la servitude publique. Si les torrents, les neiges, les tempêtes en retardaient quelqu'un, aussitôt ils croyaient arrivé tout ce qu'ils méritaient. Et leur frayeur plaçait partout le danger : car un mauvais prince voit son successeur dans quiconque est plus digne que lui du rang suprême ; et comme il n'est personne qui n'en soit plus digne, il n'est personne qu'il ne craigne. Pour vous, ni la lenteur des courriers, ni le retardement des lettres, n'ajourne votre sécurité ; vous savez qu'en tous lieux on vous fait serment, puisque vous avez fait serment à tout le monde ; c'est un plaisir que personne ne se refuse. Nous vous aimons sans doute autant que vous le méritez ; mais ce n'est pas à cause de vous, c'est à cause de nous-mêmes que nous vous aimons : et puisse ne jamais luire le jour où ce ne serait plus notre intérêt, mais notre devoir qui dicterait les vœux que nous formons pour vous ! Honte aux princes auprès de qui l'on peut se faire un mérite de la foi qu'on leur garde ! Pourquoi ceux que nous haïssons cherchent-ils seuls à pénétrer dans le secret de nos familles ? Ah ! si les bons prenaient cette peine aussi bien que les méchants, quelle admiration pour vos vertus, quelle joie, quels transports vous surprendriez partout ! quels entretiens avec nos femmes et nos enfants ! quelles prières à l'autel domestique et aux dieux du foyer ! Vous sauriez que nous ménageons ici la délicatesse de vos oreilles. Et, après tout, la haine et l'amour, si opposés d'ailleurs, ont cela de commun, que nous aimons les bons princes avec plus d'effusion, dans les lieux où nous haïssons les mauvais avec plus de liberté.

LXIX. Il est un jour cependant où vous vîtes éclater, autant qu'elles peuvent éclater en votre présence, notre tendresse et notre estime : c'est celui où vous ménageâtes si bien les sollicitudes et l'amour-propre des candidats, que le chagrin des uns ne troubla point la satisfaction des autres. Ceux-ci se retirèrent pleins de joie, ceux-là pleins d'espoir : il y en eut beaucoup à féliciter, il n'y en eut aucun à consoler. Vous n'en fîtes pas moins à nos jeunes nobles une vive exhortation d'implorer l'appui des sénateurs, de

scientia, Cæsar, pacisceris cum diis, ut te, si mereberis, servent, quum scias, an merearis, neminem magis quam deos scire. Nonne vobis, patres conscripti, hæc diebus ac noctibus agitare secum videtur : Ego quidem in me, si omnium utilitas ita posceret, etiam præfecti manum armavi : sed ne deorum quidem aut iram aut negligentiam deprecor; quæso immo et obtestor, ne unquam pro me vota respublica invita suscipiat, aut, si susceperit invita, ne debeat?

LXVIII. Capis ergo, Cæsar, salutis tuæ gloriosissimum fructum ex consensu deorum. Nam quum excipias, ut ita demum te dii servent, si bene rempublicam et ex utilitate omnium rexeris, certus es bene te rempublicam gerere, quum servent. Itaque securus tibi et lætus dies exit, qui principes alios cura et metu distinebat, quum suspensi et attoniti, parumque confisi patientia nostra, hinc atque inde publicæ servitutis nuncios exspectarent. Ac, si forte aliquos flumina, nives, venti præpedissent, statim hoc illud esse credebant quod merebantur : nec erat discrimen ullum pavoris, propterea quod, quum a malo principe tanquam successor timeatur quisquis est dignior, quum sit nemo non dignior omnes timentur. Tuam securitatem non mora nunciorum, non litterarum tarditas differt; scis tibi ubique jurari, quum ipse juraveris omnibus : nemo hoc sibi non præstat. Amamus quidem te in quantum mereris : istud tamen non tui facimus amore, sed nostri ; nec unquam illucescat dies, quo pro te nuncupet vota non utilitas nostra, sed fides, Cæsar! Turpis tutela principis, cui potest imputari. Queri libet quod in secreta nostra non inquirant principes, nisi quos odimus. Nam si eadem cura bonis quæ et malis esset, quam ubique admirationem tui, quod gaudium exsultationemque deprehenderes! quos omnium cum conjugibus ac liberis, quos etiam cum domesticis aris focisque sermones! Scires mollissimis istis auribus parci. Et alioqui, quum sint odium amorque contraria, hoc perquam simile habent, quod ibi intemperantius amamus bonos principes, ubi liberius malos odimus.

LXIX. Cepisti tamen et affectus nostri et judicii experimentum, quantum maximum præsens capere potuisti, illo die quo sollicitudini pudorique candidatorum ita consuluisti, ne ullius gaudium alterius tristitia turbaret. Alii cum lætitia, alii cum spe recesserunt; multis gratulandum, nemo consolandus fuit. Nec ideo segnius juvenes nostros exhortatus es, senatum circumirent, senatui supplicarent, atque ita a principe sperarent honores, si a senatu petissent. Quo quidem in loco, si quibus opus exemplo, adjecisti ut te imitarentur. Arduum, Cæsar,

solliciter leurs suffrages, de n'espérer du prince que les honneurs qu'ils auraient demandés au sénat. A ce sujet, vous ajoutâtes que ceux qui avaient besoin d'un exemple pouvaient se régler sur le vôtre. Exemple difficile à imiter, César, et qui n'est pas plus accessible à tout candidat qu'à tout prince! Quel candidat pourrait un seul jour montrer au sénat plus de respect que vous ne lui en témoignez durant toute votre vie, et particulièrement à l'époque où vous prononcez sur le sort des candidats eux-mêmes? N'est-ce pas en effet par déférence pour le sénat que vous avez offert à de jeunes hommes de la plus illustre origine une dignité due sans doute à leur naissance, mais qui ne l'était pas encore à leur âge? Le temps est donc venu où la noblesse, au lieu d'être éclipsée par le prince, reçoit de lui un nouvel éclat! Enfin ces descendants des héros, ces derniers fils de la liberté, César ne les effraye ni ne les redoute. Que dis-je? il avance pour eux le temps des honneurs, il rehausse leur dignité, il les rend à leurs ancêtres. Partout où il trouve quelque reste d'une ancienne lignée, quelque débris d'une vieille illustration, il le recueille, il le ranime, il le fait valoir au profit de la république. Les grands noms sont en honneur auprès des hommes, auprès de la renommée, arrachés aux ténèbres de l'oubli par la générosité de César, dont le mérite singulier est de conserver des nobles aussi bien que d'en faire.

LXX. Un des candidats avait exercé dans une province l'autorité de questeur, et fondé par d'admirables règlements les revenus d'une cité importante. Vous avez cru devoir lui en faire un titre auprès du sénat. Et pourquoi, sous un prince dont la vertu a surpassé la naissance, ceux qui ont mérité d'anoblir leurs descendants seraient-ils moins favorisés que ceux dont les pères étaient déjà nobles? O que vous êtes digne de rendre toujours le même témoignage à nos magistrats, et d'engager au bien par la vue non des méchants punis, mais des bons récompensés! La jeunesse a senti l'aiguillon de la gloire, et conçu le désir d'imiter ce qu'on louait devant elle; c'est une pensée qui a pénétré dans tous les esprits, quand on a vu que rien de ce qui se fait de bien dans les provinces n'échappait à votre connaissance. Il est utile, César, il est salutaire à ceux qui les gouvernent, d'avoir l'assurance que leur intégrité et leurs talents obtiendront le plus noble salaire, l'estime du prince, le suffrage du prince. Jusqu'ici les âmes les plus pures et les plus droites, sans être détournées du devoir, étaient découragées cependant par une réflexion malheureuse, mais vraie : Voyez, disait-on; si je fais quelque bien, César le saura-t-il? ou, s'il le sait, me rendra-t-il justice? Ainsi cette indifférence ou cette jalousie des princes, en promettant l'impunité aux mauvaises actions, et en privant les bonnes de récompenses, n'éloignait pas du crime, et dégoûtait de la vertu. Aujourd'hui, si quelqu'un a sagement administré une province, la dignité qu'il a méritée lui est offerte. Le champ de l'honneur et de la gloire est ouvert à tout le monde; chacun peut y venir chercher la palme qu'il ambitionne, et, l'ayant obtenue, n'en savoir gré qu'à lui-même. Les provinces aussi vous devront de n'avoir plus ni injustices à craindre, ni coupables à poursuivre. Quand leurs remerciments profiteront à ceux qui les reçoivent, personne ne leur donnera lieu de se plaindre. Il convient d'ailleurs que le plus beau titre aux charges que l'on demande soient les charges que l'on a remplies : rien ne sollicite mieux les magistratures et les honneurs, que les honneurs et les magistratures. Je veux que le gou-

---

exemplum, et quod imitari non magis quisque candidatorum quam principum possit. Quis enim, vel uno die, reverentior senatus candidatus quam tu, quum omni vita, tum illo ipso tempore quo judicas de candidatis? An aliud a te quam senatus reverentia obtinuit, ut juvenibus clarissimæ gentis debitum generi honorem, sed antequam deberetur, offerres? Tandem ergo nobilitas non obscuratur, sed illustratur a principe; tandem illos ingenium virorum nepotes, illos posteros libertatis nec terret Cæsar, nec pavet; quin immo festinatis honoribus amplificat atque auget, et majoribus suis reddit. Si quid usquam stirpis antiquæ, si quid residuæ claritatis, hoc amplexatur et refovet, et in usum reipublicæ promit. Sunt in honore hominum, et in honore famæ magna nomina ex tenebris oblivionis, indulgentia Cæsaris, cujus est ut nobiles et conservet et efficiat.

LXX. Præfuerat provinciæ quæstor unus ex candidatis, inque ea civitatis amplissimæ reditus egregia constitutione fundaverat. Hoc senatui allegandum putasti. Cur enim, te principe, qui generis tui claritatem virtute superasti, deterior esset conditio eorum qui posteros habere nobiles mererentur, quam eorum qui parentes habuissent? O te dignum qui de magistratibus nostris semper hæc nuncies, nec pœnis malorum, sed bonorum præmiis bonos facias! Accensa est juventus, crevitque animos ad æmulandum quod laudari videbat; nec fuit quisquam quem non hæc cogitatio solicitet, quum sciret, quidquid a quoque in provinciis bene fieret, omnia te scire. Utile est, Cæsar, et salutare præsidibus provinciarum, hanc habere fiduciam, paratum esse sanctitati et industriæ suæ maximum præmium, judicium principis, suffragium principis. Adhuc autem quamlibet sincera rectaque ingenia, etsi non detorquebat, hebetabat tamen misera, sed vera reputatio : Vides enim; si quid bene fecero, sciet Cæsar? aut si scierit, testimonium reddet? Ita eadem illa seu negligentia seu malignitas principum, quum male consultis impunitatem, recte factis nullum præmium polliceretur, nec illos a crimine, et hos deterrebat a laude. At nunc, si bene aliquis provinciam rexerit, huic quæsita virtute dignitas offertur. Patet enim omnibus honoris et gloriæ campus; ex hoc quisque quod cupit petat, et assecutus sibi debeat. Provinciis quoque in posterum et injuriarum

verneur d'une province allègue en sa faveur, non les seules lettres de ses amis, et des prières qu'une intrigue partie de Rome aura dictées à la complaisance, mais les décrets des colonies, les éloges des cités. Il est beau de voir, mêlés aux suffrages des hommes consulaires, des noms de villes, de peuples, de nations. La brigue la plus efficace est celle des actions de grâces.

LXXI. Dirai-je maintenant quels furent l'enthousiasme et la joie des sénateurs, lorsque, après avoir prononcé le nom d'un candidat, vous descendiez de votre siége pour l'embrasser, et alliez au-devant de lui, comme le dernier de ceux qui le félicitaient? Devons-nous admirer cette conduite, ou condamner ces princes qui l'ont rendue admirable, eux qui, attachés pour ainsi dire à leurs chaises curules, présentaient leur main seule à baiser, et cela avec des façons dédaigneuses et un air de reproche? Nos yeux ont donc pu contempler un spectacle nouveau, un prince et un candidat égaux pour cette fois, et debout l'un devant l'autre; on a vu celui qui donnait le consulat se mettre au niveau de ceux qui le recevaient. Ah! combien à cet aspect le sénat s'est justement écrié : « Il en est d'autant plus grand, d'autant plus auguste! » En effet, celui qui est parvenu au plus haut rang où l'homme puisse monter n'a qu'un moyen de s'élever encore : c'est de savoir en descendre, comme sûr de sa propre grandeur; car le danger de se rabaisser est celui de tous auquel la fortune des princes est le moins exposée. Pour moi, si j'admirais vos procédés généreux, j'en admirais encore plus les formes délicates. A voir quelle expression vos yeux, votre voix, vos mains prê-

taient à vos paroles, on eût dit que les rôles étaient changés, tant vous prodiguiez les attentions de la politesse. Même, quand on accueillait avec l'approbation accoutumée les noms de ceux qui appuyaient les candidats, vous mêliez votre voix à celle de l'assemblée; le chef de l'empire donnait son adhésion comme un simple sénateur; et ce témoignage que nous nous plaisions à rendre au mérite, en présence du prince, lui était rendu par le prince lui-même. Aussi vous faisiez des hommes accomplis de ceux que vous déclariez tels. Et ce n'était pas seulement leur vie qui recevait la sanction de votre suffrage, c'était encore le jugement du sénat; et cet ordre avait la joie d'être, autant qu'eux-mêmes, honoré par vos louanges.

LXXII. Vous avez demandé aux dieux que les actes de ces comices eussent pour nous, pour la république, pour vous-même, un heureux et favorable succès. Ne devrions-nous pas changer l'ordre de ces vœux, et conjurer le ciel de faire que toutes vos actions présentes et futures soient pour vous, pour la république, pour nous enfin, une source d'avantages, ou, par un souhait plus brièvement exprimé, qu'elles en soient une pour vous seul, en qui nous existons, et nous et la république? Il fut un temps, hélas! beaucoup trop long, où les prospérités et les revers étaient autres pour le prince, autres pour le sénat: maintenant tout est commun entre César et nous, les joies comme les douleurs; et nous ne pourrions pas plus être heureux sans vous, que vous-même ne le seriez sans nous. Eh! si vous pouviez l'être, auriez-vous ajouté à la fin de vos vœux que vous n'en demandiez l'accomplissement au ciel

metum et accusandi necessitatem remisisti. Nam si profuerint quibus gratias egerunt, de nullo queri cogentur. Decet alioqui nihil magis prodesse candidato ad sequentes honores, quam peractos. Optime magistratu magistratu, honore honor petitur. Volo ego, qui provinciam rexerit, non tantum codicillos amicorum, nec urbana conjuratione eblanditas preces, sed decreta coloniarum, decreta civitatum alleget : bene suffragiis consularium virorum urbes, populi, gentes inserantur. Efficacissimum pro candidato genus est rogandi, gratias agere.

LXXI. Jam quo assensu senatus, quo gaudio exceptum est, quum candidatis, ut quemque nominaveras, osculo occurreres, devexus quidem in planum, et quasi unus ex gratulantibus! Te mirer magis, an improbem illos qui effecerunt ut istud magnum videretur, quum, velut affixi curulibus suis, manum tantum, et hanc cunctanter et pigre, et imputantibus similes, promerent? Contigit ergo oculis nostris insolita ante facies, princeps et candidatus aequi tum et simul stantes; intueri parem accipientibus honorem qui dabat. Quod factum tuum a cuncto senatu quam vera acclamatione celebratum est! « Tanto major! tanto augustior! » Nam, cui nihil ad augendum fastigium superest, hic uno modo crescere potest, si se ipse submittat, securus magnitudinis suae. Neque enim ab ullo periculo fortuna

principum longius abest, quam ab humilitatis. Mihi quidem non tam humanitas tua, quam intentio ejus admirabilis videbatur. Quippe, quum orationi oculos, vocem, manum commodares, ut si alii eadem ista mandasses, omnes comitatis numeros obibas. Atque etiam, quum suffragatorum nomina honore quo solent exciperentur, tu quoque inter excipientes eras, et ex ore principis ille senatorius assensus audiebatur; quodque apud principem perhibere testimonium merentibus gaudebamus, perhibebatur a principe. Faciebas ergo, quum diceres, optimos; nec ipsorum modo vita a te, sed judicium senatus comprobabatur, ornarique se, non illos magis quos laudabas, laetabatur.

LXXII. Nam, quod precatus es, ut illa ipsa ordinatio comitiorum bene ac feliciter eveniret nobis, reipublicae, tibi, nonne tale est ut nos hunc ordinem votorum convertere debeamus : deos denique obsecrare, ut omnia quae facis, quaeque facies, prospere cedant tibi, reipublicae, nobis; vel, si brevius sit optandum, ut uni tibi, in quo et respublica et nos sumus? Fuit tempus, ac nimium diu fuit, quo alia adversa, alia secunda principi et nobis : nunc communia tibi nobiscum tam laeta quam tristia; nec magis sine te nos esse felices, quam tu sine nobis potes. An, si posses, in fine votorum adjecisses, ut ita precibus tuis dii annuerent, si judicium nostrum mereri perseverasses?

qu'autant que vous continueriez à mériter notre affection? Il est donc vrai, César, que vous ne mettez rien avant l'amour des citoyens, puisque vous voulez être aimé de nous premièrement, des dieux ensuite ; renonçant à l'être des dieux, si vous ne l'êtes de nous. Aussi bien, la fin des autres princes a montré que les dieux ne chérissent guère ceux que haïssent les hommes. Il était difficile d'égaler par nos louanges des prières si généreuses : nous les avons égalées cependant. Quelle vivacité d'amour, quel feu, quel enthousiasme dans nos acclamations! Ce n'est pas notre esprit, César, c'est votre vertu, ce sont vos bienfaits, qui nous suggérèrent ces paroles que l'adulation ne trouva jamais, que jamais n'arracha la terreur. Quel prince avons-nous assez redouté pour feindre de pareils transports, assez chéri pour avouer de pareils sentiments? Vous savez à quoi force la servitude : quand avez-vous entendu, quand avez-vous dit rien de semblable ? La crainte est fertile en inventions, mais ce qu'elle invente porte le caractère de la contrainte : l'inquiétude n'a pas les mêmes inspirations que la sécurité; la tristesse ne trouve pas les mêmes accents que la joie : elles ne sauraient mutuellement se contrefaire. Les heureux ont leur langage comme les malheureux; et, quand les uns et les autres diraient les mêmes choses, ils les diraient d'une manière différente.

LXXIII. Vous pouvez attester vous-même quelle allégresse se peignit sur tous les visages : elle parut jusque dans le désordre de nos toges et de notre extérieur. De là ces voix dont retentirent les lambris de ce palais, et ces acclamations qu'aucunes murailles n'auraient pu renfermer. Qui de nous ne s'élança pas de sa place? qui de nous s'aperçut qu'il en était sorti? Beaucoup de mouvements furent libres; plus encore furent, pour ainsi dire, involontaires et commandés; car la joie aussi possède une force qui se fait obéir. Votre modestie put-elle au moins mettre une borne à nos transports? Non, César, et vos efforts pour les modérer les firent éclater davantage : ce n'était point esprit de désobéissance ; s'il est en votre pouvoir de nous donner de la joie, il n'est pas au nôtre d'en régler la mesure. Vous-même avez rendu justice à la sincérité de nos acclamations par la vérité de vos larmes. Nous avons vu vos yeux devenir humides, une douce joie abaisser vos paupières, et la rougeur de votre visage réfléchir la modestie de votre âme. Alors, avec un redoublement d'ardeur, nous avons prié les dieux que la source de ces larmes ne se tarît jamais, et que jamais ne s'effaçât la rougeur de votre front. Supposons que cette enceinte et ces lieux sacrés aient une voix pour nous répondre, et demandons-leur s'ils ont vu quelquefois les larmes d'un prince : ah! trop souvent ils ont vu celles du sénat. Votre exemple sera un péril pour vos successeurs, mais pour les nôtres aussi : les nôtres exigeront que leurs princes méritent les mêmes bénédictions que vous ; les princes s'indigneront de ne pas les recevoir.

LXXIV. Je ne peux rien dire de plus vrai que ce qui a été dit par le sénat tout entier : « O que vous êtes heureux ! » Et quand nous parlions de la sorte, ce n'était point votre fortune que nous admirions, c'était votre âme. C'est en effet le bonheur véritable, que d'être jugé digne du bonheur. Beaucoup de paroles ont été prononcées ce jour-là, pleines de sagesse et de dignité ;

Adeo nihil tibi amore civium antiquius, ut ante a nobis, deinde a diis, atque ita ab illis amari velis, si a nobis ameris! Et sane priorum principum exitus docuit, ne a diis quidem amari, nisi quos homines ament. Arduum erat has precationes tuas laudibus adæquare ; adæquavimus tamen. Qui amoris ardor, qui stimuli, quæ faces, illas nobis acclamationes subjecerunt! Non nostri, Cæsar, ingenii, sed tuæ virtutis tuorumque meritorum voces fuerunt, quas nulla unquam adulatio invenit, nullus cujusquam terror expressit. Quem sic timuimus, ut hæc fingeremus? quem sic amavimus, ut hæc fateremur? Nosti necessitatem servitutis : ecquando simile aliquid audisti ? ecquando dixisti? Multa quidem excogitat metus, sed quæ appareant quasi ab invitis : aliud sollicitudinis, aliud securitatis ingenium est; alia tristium inventio, alia gaudentium : neutrum simulationes expresserint. Habent sua verba miseri, sua verba felices; utque jam maxime eadem ab utrisque dicantur, aliter dicuntur.

LXXIII. Testis ipse es quæ in omnium ore lætitia : non amictus cuiquam, non habitus quem modo extulerat; inde resultantia vocibus tecta, nihilque tantis clamoribus satis clausum. Quis tunc non e vestigio suo exsiluit? quis exsiluisse sensit? Multa fecimus sponte, plura instinctu quodam et imperio; nam gaudio quoque cogendi vis inest. Num ergo modum ei tua saltem modestia imposuit? Non, quanto magis a te reprimebatur, exarsimus? non contumacia, Cæsar; sed, ut in tua potestate est an gaudeamus, ita in quantum nec in nostra. Comprobasti et ipse acclamationum nostrarum fidem lacrymarum tuarum veritate. Vidimus humescentes oculos tuos, demissumque gaudio vultum, tantumque sanguinis in ore, quantum in animo pudoris. Atque hoc magis incensi sumus ut precaremur, ne quando tibi non eadem causa lacrymarum, utque nunquam frontem tuam abstergeres. Hoc ipsum templum, has sedes nobis quasi responsuras interrogemus, viderintne unquam principis lacrymas : at senatus sæpe viderunt. Onerasti futuros principes; sed et posteros nostros : nam et hi a principibus suis exigent ut eadem audire mereantur; et illi, quod non audiant, indignabuntur.

LXXIV. Nihil magis possum proprie dicere, quam quod dictum est a cuncto senatu : « O te felicem ! » Quod quum diceremus, non opes tuas, sed animum mirabamur. Est enim demum vera felicitas, felicitate dignum videri. Sed quum multa illo die dicta sunt sapienter et graviter, tum vel in primis hoc : « Crede nobis, crede tibi. » Magna hæc fiducia nostri, majore tamen tui diximus. Alius enim for-

aucune cependant n'est plus frappante que celle-ci : « Croyez-en nos discours, croyez-en votre « conscience. » Il fallait avoir une grande foi en nous-mêmes, une plus grande en vous, pour tenir ce langage : un homme peut en tromper un autre ; personne ne se trompera soi-même ; il suffit d'examiner sa propre vie et de se demander quelle estime elle mérite. Ainsi nos paroles trouvaient créance auprès d'un bon prince, par la raison même qui les décréditait auprès des mauvais : en vain nous faisions pour eux ce qu'on fait quand on aime : leur conscience leur disait qu'ils n'étaient pas aimés. A nos cris de joie nous avons ajouté une prière : « Puissent les dieux « vous chérir autant que vous nous chérissez ! » Qui parlerait ainsi de soi à un prince qui n'aimerait qu'à demi ? Quant aux vœux que nous fîmes pour nous-mêmes, un seul vœu les renferme : Être aimés des dieux comme de vous. Est-ce avec assez de vérité que, parmi de tels souhaits, nous nous sommes écriés : « O que nous sommes heureux ? » N'est-ce pas l'être en effet au plus haut degré, que d'avoir à désirer pour tout bien, non plus que le prince nous aime, mais que les dieux nous aiment comme le prince ? Cette cité religieuse, et qui de tout temps mérita par sa piété les faveurs du ciel, ne conçoit qu'une chose capable d'accroître sa félicité : c'est que les dieux suivent l'exemple de César.

LXXV. Mais pourquoi rappeler chaque circonstance et les recueillir une à une, comme si mon discours pouvait embrasser, ou ma mémoire retrouver tous ces traits que vous avez voulu, pères conscrits, sauver à jamais de l'oubli, en ordonnant qu'ils fussent consignés dans les actes publics et gravés sur l'airain ? Jusqu'ici les monuments de ce genre n'éternisaient que les discours des princes ; nos acclamations restaient enfermées dans les murs de ce palais : elles n'avaient rien alors dont pussent se glorifier ni le prince ni le sénat. Celles-ci au contraire devaient, pour l'honneur autant que pour l'intérêt de l'empire, éclater en public et passer à la postérité : d'abord, afin que l'univers devînt le témoin et le confident de nos pieux sentiments ; ensuite, pour apprendre à tous que ce n'est pas seulement après la mort des princes que nous osons distinguer les bons des mauvais ; enfin, pour que l'expérience fît connaître qu'autrefois aussi nous étions reconnaissants, mais malheureux, et que l'occasion seule nous manquait d'exprimer notre gratitude. Avec quelle vivacité, quelles instances, quels cris, l'on vous a supplié de ne pas étouffer la mémoire de notre affection et de vos bienfaits, et de ne pas laisser perdre un exemple qui fera loi pour l'avenir ! Il faut que les princes apprennent aussi à discerner les acclamations vraies d'avec les fausses, et qu'ils tiennent de vous l'avantage de ne pouvoir plus être trompés. Ils n'ont pas besoin désormais de se frayer le chemin à l'estime publique, il leur suffit de ne pas l'abandonner ; ni de bannir l'adulation, c'est assez de ne pas lui rouvrir la porte. Ils savent et ce qu'ils doivent faire, et, s'ils le font, ce qu'ils doivent entendre. Quels vœux formerai-je maintenant au nom du sénat, après ceux que j'ai formés avec le sénat tout entier ? Puisse habiter à jamais dans votre cœur cette joie qui alors brilla dans vos yeux ! Puissiez-vous aimer et pourtant surpasser ce beau jour, mériter et entendre de nouvelles bénédictions ! car les mêmes actes peuvent seuls donner lieu aux mêmes éloges.

LXXVI. Mais l'ancien consulat ne sembla-t-il pas revivre, lorsque le sénat, prenant exemple

---

tasse alium, ipsum se nemo deceperit ; introspiciat modo vitam, seque quid mereatur interroget. Proinde dabat vocibus nostris fidem apud optimum principem, quod apud malos detrahebat. Quamvis enim faceremus quæ amantes solent, illi tamen non amari se credebant sibi. Super hæc precati sumus, ut sic te amarent dii, quemadmodum tu nos. Quis hoc aut de se, aut principi diceret mediocriter amanti ? Pro nobis ipsis quidem hæc fuit summa votorum, ut nos sic amarent dii, quomodo tu. Estne verum quod inter ista clamavimus ? « O nos felices! » Quid enim felicius nobis, quibus non jam illud optandum est, ut nos diligat princeps, sed dii quemadmodum princeps ? Civitas religionibus dedita, semperque deorum indulgentiam pietate merita, nihil felicitati suæ putat adstrui posse, nisi ut dii Cæsarem imitentur.

LXXV. Sed quid singula consector et colligo, quasi vero aut oratione complecti, aut memoria consequi possim, quæ vos, patres conscripti, ne qua interciperet oblivio, et in publica acta mittenda, et incidenda in ære censuistis ? Ante orationes principum tantum, ejusmodi genere monumentorum, mandari æternitati solebant ; acclamationes quidem nostræ parietibus curiæ claudebantur : erant enim quibus nec senatus gloriari, nec principes possent. Has vero et in vulgus exire, et posteris prodi, quum ex utilitate, tum ex dignitate publica fuit : primum, ut orbis terrarum pietatis nostræ adhiberetur testis et conscius ; deinde, ut manifestum esset audere nos de bonis malisque principibus, non tantum post ipsos, judicare ; postremo, ut experimento cognosceretur, et ante nos gratos, sed miseros fuisse, quibus esse nos gratos probare antea non licuit. At qua contentione, quo nisu, quibus clamoribus expostulatum est, ne affectus nostros, ne tua merita supprimeres, denique ut in posterum exemplo providres ! Discant et principes acclamationes veras falsasque discernere, habeantque muneris tui quod jam decipi non poterunt. Non instruendum illis iter ad bonam famam, sed non deserendum ; non submovenda adulatio, sed non reducenda est. Certum est et quæ facere, et quæ debeant audire, si faciant. Quid nunc ego, super ea quæ sum cum toto senatu precatus, pro senatu precer, nisi ut hæreat animo tuo gaudium quod tunc oculis protulisti ; ames illum diem, et tamen vincas, nova merearis, nova audias ? eadem enim dici nisi ob eadem facta non possunt.

LXXVI. Jam quam antiquum, quam consulare, quod

de vous, tint séance trois jours entiers, pendant lesquels on ne vous vit pas un instant sortir du rôle d'un simple consul? Chacun fit les questions qu'il voulut; on put sans péril combattre une opinion, se ranger à une autre, offrir à la république le tribut de ses lumières. Nous fûmes tous consultés; on compta les voix, et l'on adopta, non le premier avis, mais le meilleur. Auparavant, qui eût osé parler, qui eût osé ouvrir la bouche, excepté les malheureux qu'on interrogeait les premiers? Les autres, interdits, frappés de stupeur, subissaient (avec quelle douleur dans l'âme! avec quel tremblement de tout le corps!) cette nécessité même d'un immobile et muet assentiment. Un seul ouvrait un avis, que tous suivaient, que tous désapprouvaient, à commencer par celui qui venait de l'ouvrir : tant il est vrai que rien ne déplaît aussi unanimement que ces actes qui semblent avoir pour eux l'unanimité! Peut-être l'empereur, en face du sénat, marquait-il à ce corps une déférence étudiée; mais, à peine sorti, il se réfugiait dans son rang de prince, éloignant de sa pensée, négligeant, méprisant tous les devoirs consulaires. César, au contraire, a été consul comme s'il n'était pas autre chose; il ne croyait rien au-dessous de lui que ce qui était au-dessous d'un consul. Et d'abord, quand il sortait de sa demeure, il ne voulait pas que la pompe orgueilleuse du pouvoir suprême, ni les tumultueux apprêts d'une foule d'avant-coureurs, retardassent ses pas. Il ne s'arrêtait un moment sur le seuil du palais, que pour consulter les auspices, et recevoir avec respect les avertissements du ciel. Nul n'était chassé devant lui, écarté de son passage. Telle était la contenance paisible de ses appariteurs, la retenue de ses faisceaux, que souvent un cortége étranger le força, tout consul et prince qu'il était, de s'arrêter en chemin. Son cortége à lui était si modeste, si réservé, que l'on croyait voir s'avancer quelque grand consul des vieux âges, revenu au monde sous un bon prince.

LXXVII. Il allait souvent au Forum, souvent aussi au Champ de Mars; car il assistait en personne aux comices consulaires; et il éprouvait autant de plaisir à entendre proclamer les nouveaux consuls, qu'il en avait pris à les voir désigner. Les candidats se tenaient debout devant la chaise curule du prince, comme lui-même s'était tenu debout devant les consuls, et ils prononçaient, sous sa dictée, la formule sur laquelle avait juré naguère un empereur qui attache assez d'importance au serment pour l'exiger aussi des autres. Il donnait à son tribunal le reste de la journée : là, quelle religieuse équité! quel respect pour les lois! On l'abordait comme prince : il répondait qu'il était consul. Jamais il ne diminua les droits, jamais il n'affaiblit l'autorité d'aucun magistrat : il les augmentait même, puisqu'il renvoyait beaucoup d'affaires aux préteurs, et cela en les appelant ses collègues; non pour se populariser et plaire à ceux qui l'entendaient, mais parce qu'il pensait ainsi. La préture en elle-même tenait un si haut rang dans son estime, qu'à ses yeux l'honneur d'être appelé collègue par le prince n'ajoutait rien à celui d'être préteur. Du reste, il était si assidu à donner audience, que le travail semblait le délasser et lui rendre des forces. Qui de nous s'impose tant de soins et de labeurs? qui do

---

triduum totum senatus sub exemplo tui sedit, quum interea nihil præter consulem ageres! Interrogavit quisque quod placuit; dissentire, discedere, et copiam judicii sui reipublicæ facere tutum fuit. Consulti omnes, atque etiam dinumerati sumus, vicitque sententia non prima, sed melior. At quis antea loqui, quis hiscere audebat, præter miseros illos qui primi interrogabantur? ceteri quidem defixi et attoniti, ipsam illam mutam ac sedentariam assentiendi necessitatem, quo cum dolore animi, quo cum totius corporis horrore, perpetiebantur! Unus solusque censebat quod sequerentur omnes, et omnes improbarent, in primis ipse qui censuerat : adeo nulla magis omnibus displicent, quam quæ sic fiunt tanquam omnibus placeant. Fortasse imperator in senatu ad reverentiam ejus componebatur; ceterum egressus statim se recipiebat in principem, omniaque consularia officia abigere, negligere, contemnere solebat. Ille vero ita consul, ut si tantum consul foret, nihil infra se putabat, nisi quod infra consulem esset. Ac primum ita domo progrediebatur, ut illum nullus apparatus arrogantiæ principalis, nullus præcursorum tumultus detineret. Una erat in limine mora, consultare aves, revereri que numinum monitus. Nemo proturbabatur, nemo submovebatur. Tanta viatoribus quies, tantus pudor fascibus, ut plerumque aliena turba subsistere et consulem et principem cogeret. Ipsius quidem officium tam modicum, tam temperatum, ut antiquus aliquis magnusque consul sub bono principe incedere videretur.

LXXVII. Iter illi sæpius in forum, frequenter tamen et in campum. Nam comitia consulum obibat ipse; et tantum ex renunciatione eorum voluptatis, quantum prius ex destinatione capiebat. Stabant candidati ante curulem principis, ut ipse ante consules steterat, adigebanturque in verba, in quæ paullo ante ipse juraverat princeps, qui tantum putat esse in jurejurando, ut id et ab aliis exigat. Reliqua pars diei tribunali dabatur : ibi vero quanta religio æquitatis! quanta legum reverentia! Adibat aliquis ut principem : respondebat se consulem esse. Nullius ab eo magistratus jus, nullius auctoritas imminuta est; aucta etiam : siquidem pleraque ad prætores remittebat; atque ita ut collegas vocaret, non quia populare gratumque audientibus, sed quia ita sentiebat. Tantum dignationis in ipso honore ponebat, ut non amplius esse censeret, quod aliquis collega appellaretur a principe, quam quod prætor esset. Ad hæc tam assiduus in tribunali, ut labore refici ac reparari videretur. Quis nostrum idem curæ, idem sudoris insumit? quis adeo expetitis honoribus aut deservit, aut sufficit? Et sane æquum est tantum ceteris præstare consulibus, ipsum qui consules facit; quippe etiam fortunæ videbatur indignum, si posset honores dare, qui gerere non posset. Facturus consules doceat, accepturisque

49.

nous se dévoue ainsi, suffit ainsi aux honneurs qu'il a désirés? Et sans doute c'est justice que celui qui fait les consuls ait cette supériorité sur les consuls qu'il a faits : la fortune elle-même s'indignerait que celui-là conférât les magistratures, qui ne pourrait les remplir. Il faut que celui qui va créer des consuls leur enseigne à l'être, et qu'il persuade à ceux qui recevront cette dignité suprême, qu'il sait parfaitement ce qu'il se propose de donner : c'est le moyen qu'ils sachent eux-mêmes ce qu'ils auront reçu.

LXXVIII. Aussi est-ce à juste titre que le sénat vous a prié, vous a ordonné même, d'accepter un quatrième consulat. Ordonner est ici une parole de commandement, non de flatterie; croyez-en votre déférence pour cet ordre, déférence que le sénat ne peut exiger de vous, et que vous ne pouvez accorder au sénat plus légitimement qu'en cette occasion. Car il en est des princes comme des autres hommes : ceux même qui se croient des dieux n'ont qu'une existence passagère et fragile; les bons doivent faire tous leurs efforts pour être, encore après eux, utiles à la république, en laissant des monuments de justice et de modération ; et ces monuments, c'est un consul surtout qui peut les fonder. Votre dessein, nous le savons, est de rappeler et de ramener parmi nous la liberté : quelle magistrature doit vous plaire davantage, et quel nom devez-vous adopter plus souvent, que la magistrature et le nom qui furent les premières créations de la liberté reconquise? Il n'est pas moins digne d'un citoyen d'être à la fois consul et prince, que d'être simplement consul. Ayez aussi quelque ménagement pour la délicatesse de vos collègues : oui, de vos collègues ; c'est ainsi que vous parlez, et vous voulez que nous parlions ainsi. Le souvenir de leur troisième consulat pèsera toujours à leur modestie, jusqu'à ce qu'ils vous voient encore une fois consul. Comment ce qui est assez pour un prince ne serait-il pas trop pour des particuliers? Rendez-vous à nos vœux, César ; et, vous qui êtes notre intercesseur auprès des dieux, daignez, en ce qui dépend de vous seul, exaucer nos prières !

LXXIX. Votre troisième consulat suffit peut-être à vos désirs, mais il en suffit d'autant moins aux nôtres. Il nous a appris, il nous a engagés à désirer de vous avoir de nouveau et souvent pour consul. Nos instances seraient moins vives, si nous ne savions pas encore quel magistrat vous devez être. Mieux eût valu pour nous ne pas faire l'essai de vos vertus, que d'être privés d'en jouir. Nous sera-t-il donné de revoir ce grand homme consul? entendra-t-il, prononcera-t-il ces paroles qu'on a ouïes naguère? répandra-t-il autour de lui cette joie qui n'aura d'égale que la sienne? verrons-nous présider à l'allégresse publique l'auteur et l'objet de cette allégresse? le verrons-nous, selon sa coutume, essayer de retenir l'élan de nos cœurs, et l'essayer en vain? nobles et heureux combats, quel qu'en soit le succès, entre l'amour des sénateurs et la modestie du prince ! Oui, je vois déjà en idée éclater une joie inconnue, et plus grande que la dernière. Quel est en effet l'esprit assez faible pour ne pas juger que César sera d'autant meilleur consul qu'il l'aura été plus souvent? Un autre, s'il ne se fût pas abandonné, en sortant de charge, au plaisir et à l'inaction, se serait au moins délassé du travail par quelques instants de repos : César, à peine délivré des soins consulaires, a repris les occupations impériales, si attentif à respecter les limites qui les séparent, que jamais le prince n'a usurpé sur le consul, ni le consul sur le prince. Nous voyons comme il prévient les désirs des

---

amplissimum honorem persuadeat, scire se quid sit quod daturus sit : sic fit ut illi quoque sciant quid acceperint.

LXXVIII. Quo justius senatus, ut susciperes quartum consulatum, et rogavit et jussit. Imperii hoc verbum, non adulationis esse, obsequio tuo crede; quod non alia in re magis aut senatus exigere a te, aut tu præstare senatui debes. Ut enim ceterorum hominum, ita principum, illorum etiam qui dii sibi videntur, ævum omne breve et fragile est. Itaque optimum quemque niti et contendere decet, ut post se quoque reipublicæ prosit, moderationis scilicet justitiæque monumentis, quæ prima statuere consul potest. Hæc nempe intentio tua, ut libertatem revoces ac reducas. Quem ergo honorem magis amare, quod nomen usurpare sæpius debes, quam quod primum invenit recuperata libertas? Non est minus civile, et principem esse pariter et consulem, quam tantum consulem. Habe etiam rationem verecundiæ collegarum tuorum : collegarum, inquam ; ita enim et ipse loqueris, et nos loqui vis. Onerosa erit modestiæ illorum tertii consulatus sui recordatio, donec te consulem videant. Neque enim potest non nimium esse privatis, quod principi satis est. Annuas, Cæsar, optantibus; quibusque apud deos adesse consuesti, quorum potes ipse, votorum compotes facias.

LXXIX. Fortasse sufficiat tibi tertius consulatus; sed nobis tanto minus sufficit. Ille nos instituit et induxit, ut te iterum iterumque consulem habere cupiamus. Remissius istud contenderemus, si adhuc non sciremus qualis esses futurus. Tolerabilius fuit experimentum tui nobis quam usum negari. Dabiturne rursus videre consulem illum? audiet, reddet, quas proxime, voces; præstabitque gaudium, quantum ipse percipiet? præsidebit lætitiæ publicæ auctor ejus et causa? lentabitque affectus nostros, ut solet, cohibere, nec poterit? pietati senatus cum modestia principis felix speciosumque certamen, seu fuerit victa, seu vicerit! Equidem incognitam quamdam proximaque majorem præsumo lætitiam. Quis enim est tam imbecilli ingenio, qui non tanto meliorem consulem speret, quanto sæpius fuerit? Alius labores, si non continuo se desidiæ ac voluptati dedisset, otio tamen et quiete recreasset; hic, consularibus curis exsolutus, principales resumpsit, tam diligens temperamento, ut nec consulis officium princeps, nec principis consul appeteret. Videmus ut provin-

provinces, les prières des moindres cités. Nulle difficulté pour obtenir audience, nul délai pour avoir réponse : on est aussitôt reçu, aussitôt congédié; et le temps n'est plus où les députations repoussées assiégeaient par troupes les portes du palais.

LXXX. Et, dans tous vos jugements, quelle sévérité mêlée de douceur! quelle clémence exempte de faiblesse! Vous ne vous asseyez pas sur le tribunal pour enrichir le fisc; et le seul profit que vous tiriez de vos arrêts, c'est d'avoir bien jugé. Debout devant vous, les plaideurs songent moins à leur fortune qu'à votre estime; ils ne craignent pas ce que vous prononcerez sur leur cause, mais ce que vous penserez de leurs mœurs. Œuvre vraiment digne d'un prince et digne aussi d'un consul, de réconcilier les cités rivales; d'apaiser, moins par l'autorité que par la raison, les peuples mécontents; d'arrêter les injustices des magistrats, et de rendre aussi nulle que si elle n'avait pas été toute chose qui aurait dû ne pas être; enfin, pareil au plus vite d'entre les astres, de tout voir, de tout entendre, et, en quelque lieu qu'on vous invoque, d'y faire sentir à l'instant même, comme un dieu tutélaire, votre présence et votre appui! Sans doute, c'est ainsi que le père du monde en règle l'économie d'un signe de sa tête, lorsque, abaissant ses regards sur la terre, il daigne compter les destinées des hommes parmi les soins de sa divinité; car, libre et dispensé maintenant d'une telle sollicitude, il ne s'occupe que du ciel, depuis qu'il vous a chargé de le représenter auprès du genre humain tout entier. Vous le représentez en effet, et vous êtes son digne mandataire, puisque toutes vos journées sont remplies par des actions qui mettent le comble à notre bonheur et ajoutent à votre gloire.

LXXXI. S'il arrive que vos actes souverains soient au pair avec l'immense courant des affaires, vous regardez le changement de travaux comme un délassement. Quelles récréations connaissez-vous en effet, sinon de parcourir les forêts, de lancer des bêtes fauves, de franchir le sommet des plus hautes montagnes, de marcher sur les pointes hérissées des rocs, sans que personne vous soutienne ou vous trace le chemin, et, au milieu de ces courses, d'aller avec une âme pieuse visiter les bois sacrés, et porter aux dieux vos hommages? Voilà quels étaient jadis l'apprentissage et l'amusement de la jeunesse ; voilà dans quels exercices on élevait les futurs chefs de guerre : lutter de vitesse avec les animaux les plus légers à la fuite, de force avec les plus hardis, d'adresse avec les plus rusés. Et l'on ne croyait pas la paix sans honneur, lorsqu'on avait repoussé des campagnes l'irruption des bêtes farouches, et délivré comme d'un siége les travaux rustiques. Ils prétendaient à cette gloire les princes même qui ne savaient pas la mériter; mais de quelle manière y prétendaient-ils? des animaux domptés, abâtardis par la captivité, étaient lâchés devant ces ridicules chasseurs, qui signalaient sur cette proie facile leur adresse menteuse. César joint la peine de chercher la proie à celle de la prendre; et son plus grand travail, qui est aussi le plus agréable, c'est de la trouver. Que s'il lui plaît quelquefois de déployer sur les mers cette même vigueur de corps, on ne le voit pas suivre des

---

ciarum desideriis, ut singularum etiam civitatum precibus occurrat. Nulla in audiendo difficultas, nulla in respondendo mora. Adeunt statim, dimittuntur statim; tandemque principis fores exclusa legationum turba non obsidet.

LXXX. Quid? in omnibus cognitionibus quam mitis severitas, quam non dissoluta clementia! Non locupletando fisco sedes; nec aliud tibi sententiæ tuæ pretium, quam bene judicasse. Stant ante te litigatores, non de fortunis suis, sed de tua existimatione solliciti; nec tam verentur quid de causa sua, quam quid de moribus sentias. O vere principis, atque etiam consulis, reconciliare æmulas civitates, tumentesque populos non imperio magis quam ratione compescere; intercedere iniquitatibus magistratuum, infectumque reddere quidquid fieri non oportuerit; postremo, velocissimi sideris more, omnia invisere, omnia audire, et undecunque invocatum statim velut numen adesse et adsistere! Talia esse crediderim quæ ipse mundi parens temperat nutu, si quando oculos demisit in terras, et fata mortalium inter divina opera numerare dignatus est : qua nunc parte liber solutusque, cœlo tantum vacat, postquam te dedit, qui erga omne hominum genus vice sua fungereris. Fungeris enim, sufficisque mandanti, quum tibi dies omnis summa cum utilitate nostra, summa cum tua laude condatur.

LXXXI. Quod si quando cum influentibus negotiis paria fecisti, instar refectionis existimas mutationem laboris. Quæ enim remissio tibi, nisi lustrare saltus, excutere cubilibus feras, superare immensa montium juga, et horrentibus scopulis gradum inferre, nullius manu, nullius vestigio adjutum; atque inter hæc pia mente adire lucos, et occursare numinibus? Olim hæc experientia juventutis, hæc voluptas erat : his artibus futuri duces imbuebantur, certare cum fugacibus feris cursu, cum audacibus robore, cum callidis astu; nec mediocre pacis decus habebatur submota campis irruptio ferarum, et obsidione quadam liberatus agrestium labor. Usurpabant gloriam istam illi quoque principes qui obire non poterant : usurpabant autem ita, ut domitas fractasque claustris feras, ac deinde in ipsorum quidem ludibrium emissas, mentita sagacitate colligerent. Huic par capiendi quærendique sudor, summusque et idem gratissimus labor invenire. Enimvero, si quando placuit idem corporis robur in maria proferre, non ille fluitantia vela aut oculis sequitur aut manibus; sed nunc gubernaculis assidet; nunc cum valentissimo quoque sodalium certat frangere fluctus, domitare ventos reluctantes, remisque transferre obstantia freta.

LXXXII. Quantum dissimilis illi, qui non Albani lacus otium, Baianique torporem et silentium ferre, non pulsum saltem fragoremque remorum perpeti poterat, quin ad

yeux ou du geste les mouvements de la voile flottante; mais il s'assied au gouvernail, et dispute aux plus robustes de ses amis l'honneur de briser les flots, de dompter les vents mutinés, de surmonter à force de rames les plus rapides courants.

LXXXII. Combien il diffère de cet autre prince qui ne pouvait supporter le repos même du lac d'Albe ou l'eau dormante et silencieuse de Baïes, ni souffrir l'impulsion et le bruit de la rame, sans tressaillir, à chaque coup, d'une honteuse frayeur! Aussi, loin de tout ce qui frappe l'oreille ou donne quelque secousse, immobile sur un navire attaché à la poupe d'un autre, cet empereur était traîné comme une victime chargée de la colère céleste. Spectacle humiliant! le chef suprême du peuple romain suivait, comme sur un vaisseau captif, une course qu'il ne dirigeait pas, un pilote qui n'était pas le sien. Et les fleuves mêmes, les simples rivières, furent aussi témoins de cette indignité. Le Danube et le Rhin se réjouissaient de promener sur leurs eaux cette grande ignominie de l'empire, étalée en spectacle aux aigles romaines, à nos enseignes, à notre rive, et, pour comble de déshonneur, à la rive des ennemis, de ces ennemis qui tous les jours sillonnent de leurs barques ou traversent à la nage ces mêmes fleuves, hérissés de glaçons ou débordés sur les campagnes, aussi hardiment que lorsqu'ils coulent tranquilles et navigables. Ce n'est pas que je prise beaucoup par eux-mêmes un corps robuste et des bras nerveux; mais si une âme plus forte que tout le reste est maîtresse de ce corps, une âme que n'amollissent point les caresses de la fortune, que l'opulence du rang suprême n'entraîne point au luxe et à la paresse : alors la vigueur peut faire montre d'elle-même sur la mer ou sur les montagnes; j'admirerai un tempérament qui se plaît à l'action, des membres qui se développent dans les travaux. Je vois en effet que, dans les siècles reculés, ce fut par de tels moyens, autant que par l'éclat de leurs alliances, que s'illustrèrent les époux des déesses et les enfants des dieux. Et quand je pense que ce sont là les jeux et les amusements de César, je me demande quelles doivent être les heures sérieuses et appliquées dont il se délasse par ces nobles passe-temps : car le choix des plaisirs est souvent le plus sûr témoignage de la tempérance, de la gravité, de la sainteté des mœurs. Quel homme est si dissolu, qu'à ses occupations ne se mêle quelque apparence de solidité? c'est le loisir qui nous décèle. Et n'a-t-on pas vu la plupart des princes employer ce temps de repos aux jeux de hasard, aux voluptés impures, à la débauche, remplissant par l'activité des vices les moments de relâche que donnent les affaires?

LXXXIII. Le propre des grandes fortunes est qu'elles ne laissent rien de caché, rien d'impénétrable aux regards : mais celle des princes n'ouvre pas seulement leurs maisons, elle éclaire jusqu'à la chambre où ils reposent, jusqu'à leur plus secret asile; et elle en offre, elle en étale les mystères à la curiosité publique. Pour vous, César, votre gloire a tout à gagner à ce qu'on voie le fond de votre vie. Rien de plus beau que vos actes extérieurs; mais ce qui ne franchit pas le seuil de votre palais est admirable aussi. Il est glorieux de vous défendre et de vous préserver de la contagion du vice, plus glorieux d'en garantir les vôtres. Car s'il est plus difficile de répondre d'autrui que de soi-même, comment vous louer assez de ce que, étant très-bon, vous rendez semblable à vous tout ce qui vous envi-

---

singulos ictus turpi formidine horresceret! Itaque procul ab omni sono, inconcussus ipse et immotus, religato revinctoque navigio, non secus ac piaculum aliquod trahebatur. Fœda facies, quum populi romani imperator alienum cursum alienumque rectorem, velut capta nave, sequeretur! Nec deformitate ista saltem flumina carebant atque amnes. Danubius ac Rhenus tantum illud nostri dedecoris vehere gaudebant, non minore cum pudore imperii, quod hæc romanæ aquilæ, romana signa, romana denique ripa, quam quod hostium prospectaret; hostium, quibus moris est eadem illa nunc rigentia gelu flumina, aut campis superfusa, nunc liquida ac deferentia, lustrare navigiis, nandoque superare. Nec vero laudaverim per se magnopere duritiam corporis ac lacertorum : sed, si his validior toto corpore animus imperitet, quem non fortunæ indulgentiæ molliant, non copiæ principales ad segnitiem luxumque detorqueant; tunc ego, seu montibus seu mari exerceatur, et lætum opere corpus, et crescentia laboribus membra mirabor. Video enim jam inde antiquitus maritos dearum, ac deorum liberos, nec dignitate nuptiarum magis quam his artibus inclaruisse. Simul cogito, quum sint ista ludus et avocamenta hujus, quæ quantæque sint illæ seriæ et intentæ, et a quibus se in tale otium recipit, voluptates. Sunt enim voluptates, quibus optime de cujusque gravitate, sanctitate, temperantia creditur. Nam quis adeo dissolutus, cujus non occupationibus aliqua species severitatis insideat? otio prodimur. An non plerique principes hoc idem tempus in aleam, stupra, luxum conferebant, quum seriarum laxamenta curarum vitiorum contentione supplerent?

LXXXIII. Habet hoc primum magna fortuna, quod nihil tectum, nihil occultum esse patitur; principum vero non modo domos, sed cubicula ipsa intimosque secessus recludit, omniaque arcana noscenda famæ proponit atque explicat. Sed tibi, Cæsar, nihil accommodatius fuerit ad gloriam, quam penitus inspici. Sunt quidem præclara quæ in publicum profers, sed non minora ea quæ limine tenes. Est magnificum, quod te ab omni contagione vitiorum reprimis ac revocas; sed magnificentius, quod tuos. Quanto enim magis arduum est alios præstare quam se, tanto laudabilius quod, quum ipse sis optimus, omnes circa te similes tui effecisti. Multis illustribus dedecori fuit aut inconsultius uxor assumpta, aut retenta patientius : ita foris claros domestica destruebat infamia; et, ne maximi

ronne? D'éminents personnages ont vu leur nom terni, à cause d'une femme trop légèrement choisie ou trop patiemment gardée : leur honte domestique ruinait l'ouvrage public de leur réputation; et ils auraient passé pour de très-grands citoyens, s'ils n'avaient pas été de trop faibles maris. Votre épouse est pour vous un ornement et une gloire de plus. Quelle vertu plus antique et plus sainte que la sienne? N'est-il pas vrai que si le grand pontife avait à se choisir une compagne, c'est elle qu'il préférerait, elle ou une pareille? Mais où pourrait-il en trouver une pareille? Quelle attention à ne vouloir d'autre part en votre fortune que la joie qu'elle en ressent! quel respect inviolable, non pour votre puissance, mais pour votre personne! Vous êtes l'un envers l'autre ce que vous fûtes toujours : votre estime réciproque reste la même; et vous ne devez qu'une chose à vos grandeurs nouvelles, c'est de savoir combien chacun de vous deux est au-dessus des grandeurs. Comme elle est simple dans sa parure, modeste dans son train, sans fierté dans sa démarche! C'est l'ouvrage de son époux, qui l'a ainsi formée, ainsi habituée; car la gloire de la déférence suffit à une épouse. Lorsqu'elle voit combien peu la terreur et le faste accompagnent vos pas, comment ne marcherait-elle point avec un égal silence? et son époux allant à pied, pourrait-elle n'y pas aller comme lui, autant que le permet la faiblesse de son sexe? Il lui siérait de faire ainsi, quand même vous feriez le contraire ; mais, sous cet enseignement domestique de modestie, à quelle réserve une épouse n'est-elle pas obligée envers son mari, une femme envers elle-même?

LXXXIV. Et votre sœur, comme elle se souvient qu'elle est votre sœur! Comme votre simplicité, votre franchise, votre candeur, se reconnaissent en elle! Oui, si on la compare à votre épouse, on doutera lequel est plus efficace pour bien vivre, de recevoir de bonnes leçons, ou d'être heureusement né. Rien ne mène plus facilement aux querelles que l'émulation, surtout entre des femmes : or, elle naît principalement de l'alliance, se nourrit de l'égalité, s'enflamme par l'envie, dont le terme est la haine. Nous en devons admirer davantage que deux femmes, dans une même demeure et dans une fortune égale, ne connaissent ni disputes ni rivalités. Elles s'estiment mutuellement, se cèdent l'une à l'autre; et, quoique toutes deux aient pour vous une tendresse sans bornes, elles ne pensent pas qu'il leur importe laquelle des deux sera plus aimée de vous. Les mêmes vues, le même esprit, dirigent leur conduite, et rien chez elles ne vous fait apercevoir qu'elles sont deux. Elles s'étudient à vous imiter, à marcher sur vos traces ; aussi toutes deux ont-elles les mêmes mœurs, parce qu'elles ont les vôtres. De là une constante modération ; de là encore une sécurité inaltérable : elles ne risqueront jamais de redevenir de simples femmes; elles n'ont jamais cessé de l'être. Le sénat avait offert à chacune d'elles le surnom d'Augusta : elles se sont défendues à l'envi de l'accepter, tant que vous refuseriez le titre de Père de la patrie; peut-être aussi trouvaient-elles plus grand d'être nommées votre épouse ou votre sœur, que d'être appelées augustes. Mais, quelle que soit la raison qui leur a inspiré une telle modestie, elles sont augustes dans nos âmes; elles le sont et elles le paraissent avec d'autant plus de justice, qu'elles n'en portent pas le nom. Qu'y a-t-il en effet de plus louable pour des femmes, que de placer le véritable honneur, non dans l'éclat des titres, mais dans l'approbation

cives haberentur, hoc efficiebat, quod mariti minores erant. Tibi uxor in decus et gloriam cedit. Quid enim illa sanctius? quid antiquius? Nonne, si pontifici maximo deligenda sit conjux, aut hanc aut similem (ubi est autem similis?) elegerit? Quam illa nihil sibi ex fortuna tua nisi gaudium vindicat! quam constanter non potentiam tuam, sed ipsum te reveretur! Idem estis invicem quod fuistis : probatis ex æquo, nihilque vobis felicitas addidit, nisi quod scire cœpistis quam bene uterque vestrum felicitatem ferat. Eadem quam modica cultu! quam parca comitatu! quam civilis incessu! Mariti hoc opus, qui ita imbuit, ita instituit; nam uxori sufficit obsequii gloria. An, quum videat quam te nullus terror, nulla comitatio ambitio, non et ipsa cum silentio incedat, ingredientemque pedibus maritum, in quantum patitur sexus, imitetur? Decuerit hoc illam, etiamsi diversa tu facias; sub hac vero modestia viri, quantum debet verecundiam uxor marito, femina sibi!

LXXXIV. Soror autem tua, ut se sororem esse meminit! ut in illa tua simplicitas, tua veritas, tuus candor agnoscitur! ut, si quis eam uxori tuæ conferat, dubitare cogatur, utrum sit efficacius ad recte vivendum, bene institui, an feliciter nasci. Nihil est tam pronum ad simultates quam æmulatio, in feminis præsertim; ea porro maxime nascitur ex conjunctione, alitur æqualitate, exardescit invidia, cujus finis est odium. Quo quidem admirabilius existimandum est, quod mulieribus duabus, in una domo parique fortuna, nullum certamen, nulla contentio est. Suspiciunt invicem, invicem cedunt; quumque te utraque effusissime diligat, nihil sua putant interesse utram tu magis ames. Idem utrique propositum, idem tenor vitæ, nihilque ex quo sentias duas esse. Te enim imitari, te subsequi student. Ideo utraque mores eosdem, quia utraque tuos, habet. Inde moderatio, inde etiam perpetua securitas; neque enim unquam periclitabuntur esse privatæ, quæ non desierunt. Obtulerat illis senatus cognomen Augustarum, quod certatim deprecatæ sunt, quamdiu appellationem Patris patriæ tu recusasses : seu quod plus esse in eo judicabant, si uxor et soror tua, quam si augustæ dicerentur. Sed quæcumque illis ratio tantam modestiam suasit, hoc magis dignæ sunt quæ in animis nostris et sint et habeantur augustæ, quia non vocantur. Quid enim laudabilius feminis, quam si verum honorem non in splendore titulorum, sed in judiciis hominum reponant; magnisque nominibus pares se faciant, etiam dum recusant?

LXXXV. Jam et in privatorum animis exoleverat pris-

publique, et de se rendre dignes des distinctions les plus hautes par le refus même qu'elles en font?

LXXXV. Déjà s'était évanouie, du cœur même des particuliers, l'amitié, cet ancien charme de la vie; et à sa place régnaient l'adulation, les caresses, et un mal pire que la haine, l'hypocrisie de l'amour. Quant au palais des princes, il n'y restait de l'amitié qu'un vain nom, que personne ne prenait au sérieux : pouvait-elle exister réellement entre des hommes dont les uns se croyaient maîtres, et les autres esclaves? Elle était errante et bannie; vous l'avez rappelée. Vous avez des amis, parce que vous savez être ami : car l'amour ne se commande pas, comme le reste, à titre de devoir; il n'est pas de sentiment aussi fier, aussi libre, aussi impatient du joug, ni qui exige plus impérieusement la réciprocité. Un prince peut, injustement sans doute, mais il peut enfin être haï de plusieurs, quoiqu'il ne haïsse personne; il ne peut être aimé, s'il n'aime lui-même. Vous aimez donc, puisqu'on vous aime; et, dans ce commerce si honorable pour les deux parties, la gloire est tout entière à vous, qui, du haut rang où vous êtes, descendez à tous les égards de la familiarité, et abaissez l'empereur au personnage d'ami; plus empereur toutefois que jamais, lorsque vous mettez l'ami à la place de l'empereur. En effet, la fortune des princes ne pouvant se passer de nombreuses amitiés, le chef-d'œuvre de leur sagesse est de se faire des amis. Puissent ces principes vous plaire toujours! puissiez-vous, parmi vos autres vertus, conserver surtout l'amitié, et ne vous laisser jamais persuader qu'il y ait pour un prince autre chose de bas que la haine! Si rien au monde n'est plus doux que d'être aimé, aimer est un plaisir non moins doux : vous jouissez si pleinement de ce double bonheur, que, tout en aimant avec une ardeur extrême, vous êtes encore plus ardemment aimé; d'abord parce qu'il est plus facile de chérir une seule personne que plusieurs; ensuite parce que vous avez de si grands moyens de bien mériter de vos amis, qu'il est impossible, à moins de les supposer ingrats, que leur tendresse ne soit pas la plus vive.

LXXXVI. Il n'est pas hors de propos de rappeler quelle violence vous vous êtes faite pour épargner à un ami le chagrin d'un refus. Vous avez congédié malgré vous, avec tristesse, et comme si vous ne pouviez le retenir, un homme vertueux et que vous chérissiez, avec quelle tendresse? vous l'avez compris à la douleur qui déchira, qui brisa votre âme, au moment où vous cédâtes, vaincu par ses prières. Ainsi, ce que le monde n'avait pas encore vu, le prince et l'ami du prince ayant deux volontés contraires, il a été fait selon la volonté de l'ami. Action mémorable, et digne de l'histoire! choisir un préfet du prétoire, non parmi les hommes qui s'imposent, mais parmi ceux qui se refusent! après l'avoir choisi, le rendre à ce loisir qu'il aime avec obstination; et, tout occupé vous-même des soins infinis de l'empire, n'envier à personne la gloire de la retraite! Nous comprenons, César, combien nous vous sommes redevables pour votre vie, toute d'action, de labeur et de veilles, puisque le repos est demandé et reçu de vous comme le premier des biens. Que n'ai-je pas ouï dire de l'émotion profonde que vous avez ressentie en accompagnant votre ami à son départ? Car vous l'avez accompagné, César; et vous n'avez pu vous empêcher de le serrer dans vos bras et de

---

cum mortalium bonum, amicitia; cujus in locum migraverant assentationes, blanditiæ, et pejor odio amoris simulatio. Etenim in principum domo nomen tantum amicitiæ, inane scilicet irrisumque remanebat; nam quæ poterat esse inter eos amicitia, quorum sibi alii domini, alii servi videbantur? Tu hanc pulsam et errantem reduxisti. Habes amicos, quia amicus ipse es : neque enim, ut alia subjectis, ita amor imperatur; neque est ullus affectus tam erectus, et liber, et dominationis impatiens, nec qui magis vices exigat. Potest fortasse princeps inique, potest tamen odio esse nonnullis, etiamsi ipse non oderit; amari, nisi ipse amet, non potest. Diligis ergo, quum diligaris; et in eo, quod utrinque honestissimum est, tota gloria tua est, qui, ita superior factus, descendis in omnia familiaritatis officia, et in amicum ex imperatore submitteris, immo tunc maxime imperator, quum amicum ex imperatore agis. Etenim, quum plurimis amicitiis fortuna principum indigeat, præcipuum est principis opus, amicos parare. Placeat tibi semper hæc secta, et quum alias virtutes tuas, tum hanc constantissime teneas, nec unquam persuadeatur humile esse principi, nisi odisse. Jucundissimum est in rebus humanis amari, sed non minus amare : quorum utroque ita frueris, ut, quum ipse ardentissime diligas, adhuc tamen ardentius diligaris : primum, quia facilius est unum amare quam multos; deinde, quia tibi amicos tuos obligandi adest facultas tanta, ut nemo possit te, nisi ingratus, non magis amare.

LXXXVI. Operæ pretium est referre quod tormentum tibi injunxeris, ne quid amico negares. Dimisisti optimum virum tibique carissimum, invitus et tristis, et quasi retinere non posses. Quantum amares eum, desiderio expertus es, distractus separatusque, dum cedis et vinceris. Ita, quod fando inauditum, quum princeps et principis amicus diversa velletis, id potius factum est quod amicus volebat. O rem memoria litterisque mandandam! præfectum prætorii non ex ingerentibus, sed ex subtrahentibus legere, eumdemque otio, quod pertinaciter amet, reddere; quumque sis ipse distentus imperii curis, non quietis gloriam cuiquam invidere. Intelligimus, Cæsar, quantum tibi pro laboriosa ista statione et exercita debeamus, quum otium a te, tanquam res optima, et petatur, et detur. Quam ego audio confusionem tuam fuisse, quum digredientem prosequereris! Prosecutus enim, nec temperasti tibi, quominus exeunti in littore amplexus osculum ferres. Stetit Cæ-

lui donner, sur le rivage, un baiser d'adieu. Le prince est resté debout sur la plage ; et, de cet observatoire de l'amitié, il a imploré pour son ami une mer favorable et un prompt retour, si toutefois il voulait revenir ; il n'a pu le voir s'éloigner, sans le suivre longtemps de ses vœux, de ses larmes. Je ne parle pas de vos libéralités : quels dons pourraient valoir ce tendre intérêt d'un prince, et cette résignation par laquelle vous avez mérité que votre ami se reprochât la force, j'ai presque dit la dureté de son âme? Je ne doute pas qu'il n'ait délibéré en lui-même s'il ne retournerait point la proue vers la terre ; et il l'aurait fait, s'il n'y avait pas un bonheur plus doux peut-être que d'habiter avec le prince, celui de regretter un prince qui nous regrette. Il jouit donc tout à la fois du plus beau fruit de son élévation, et de la gloire plus belle encore d'y avoir renoncé ; et vous, César, votre condescendance vous aura mis à l'abri du soupçon de retenir jamais personne contre son gré.

LXXXVII. Il convenait à un prince citoyen, au père de la patrie, de n'imposer aucune contrainte, et de se souvenir toujours qu'on ne peut donner à qui que ce soit un pouvoir si grand, que la douceur de la liberté ne soit plus grande encore. Vous êtes digne, César, de confier les emplois à qui désire les quitter ; d'accorder, avec regret sans doute, mais d'accorder pourtant, la retraite à qui la demande ; de ne pas vous croire abandonné d'un ami, parce qu'il implore de vous le repos ; enfin de trouver toujours des hommes à enlever et à rendre à la vie privée. Et vous aussi, vous, que notre père commun daigne honorer de ses regards familiers, entretenez religieusement la bonne opinion qu'il a prise de vous ; cette tâche est la vôtre ; car le prince ayant une fois prouvé qu'il sait beaucoup aimer, il est exempt de reproche envers ceux qu'il n'aimerait pas autant. Quant à lui, qui pourrait le chérir médiocrement, lorsque en amitié, au lieu de prescrire des lois, il en reçoit? L'un veut être aimé présent, l'autre absent : que chacun d'eux soit aimé comme il le préfère! ni la présence n'attirera le dégoût du prince, ni l'absence son oubli. On garde auprès de lui la place qu'on a une fois méritée ; et ses yeux oublieraient plutôt les traits d'un absent, que son cœur ne cesserait de l'aimer.

LXXXVIII. La plupart des princes étaient à la fois les maîtres des citoyens et les esclaves de leurs affranchis : ils se gouvernaient par les conseils, par les caprices de ces hommes ; ils n'entendaient, ne parlaient que par eux ; c'était par leur entremise, ou plutôt c'était à eux que l'on demandait les prétures, les sacerdoces, les consulats. Vous, César, vous marquez à vos affranchis beaucoup de considération, mais comme à des affranchis ; et vous croyez que c'est pour eux assez d'honneur, s'ils sont réputés gens probes et de bonne conduite. Vous savez en effet que rien ne témoigne plus hautement contre la grandeur des princes, que la grandeur des affranchis. Et d'abord vous n'employez que ceux qui se sont acquis votre estime, ou celle de votre père, ou celle de nos meilleurs princes ; et ceux-là mêmes, vous les formez dès le premier jour, vous les formez tous les jours, à se mesurer, non sur votre fortune, mais sur la leur : aussi sont-ils d'autant plus dignes de tous nos égards, que rien ne nous force à leur en prodiguer. Est-ce pour de justes motifs que le sénat et le peuple romain vous ont décerné le surnom de Très-Bon? ce titre était facile à trouver, j'en conviens ; il est vulgaire,

---

sar in illa amicitiæ specula, precatusque maria, celeremque (si tamen ipse voluisset) recursum ; nec sustinuit recedentem non etiam atque etiam votis, lacrymis sequi. Nam de liberalitate taceo ; quibus enim muneribus æquari hæc cura principis, hæc patientia potest, qua meruisti ut ille sibi nimium fortis ac prope durus videretur? Nec dubito, quin agitaverit secum an gubernacula retorqueret ; et fecisset, nisi quod esse ipso contubernio principis felicius jucundiusque est desiderare principem desiderantem. Et ille quidem ut maximo fructu suscepti, ita majore depositi officii gloria fruitur : tu autem facilitate ista consecutus es, de quem retinere videaris invitum. .

LXXXVII. Civile hoc erat et parenti publico convenientissimum, nihil cogere, semperque meminisse nullam tantam potestatem cuiquam dari posse, ut non sit gratior potestate libertas. Dignus es, Cæsar, qui officia mandes deponere optantibus ; qui petentibus vacationem, invitus quidem, sed tamen tribuas ; qui ab amicis orantibus requiem non te relinqui putes ; qui semper invenias et quos ex otio revoces, et quos otio reddas. Vos quoque, quos parens noster familiariter inspicere dignatur, fovete sancte judicium ejus quod de vobis habet : hic vester labor est.

Princeps enim quum in uno probavit amare se scire, vacat culpa, si alios minus amat. Ipsum quidem quis mediocriter diligat, quum leges amandi non det, sed accipiat? Hic præsens, ille mavult absens amari : uterque ametur ut mavult ; nemo in tædium præsentia, nemo in oblivionem absentia veniat. Tenet quisque locum quem semel meruit ; faciliusque est ut oculis ejus vultus absentis, quam ut animo caritas excidat.

LXXXVIII. Plerique principes, quum essent civium domini, libertorum erant servi : horum consiliis, horum nutu regebantur ; per hos audiebant, per hos loquebantur, per hos præturæ etiam et sacerdotia et consulatus, immo et ab his petebantur. Tu libertis tuis summum quidem honorem, sed tanquam libertis, habes ; abundeque sufficere his credis, si probi et frugi existimentur. Scis enim præcipuum esse judicium in magni principis, magnos libertos. Ac primum neminem in usu habes, nisi aut tibi, aut patri tuo, aut optimo cuique principum dilectum : statimque hos ipsos, quotidie deinde, ita formas, ut se non tua fortuna, sed sua metiantur ; et tanto magis dignī quibus honor omnis præstetur a nobis, quia non est necesse. Justisne de causis senatus populus-

et cependant il est nouveau. La preuve que nul jusqu'ici ne l'avait mérité, c'est qu'il venait de lui-même à la pensée, si quelqu'un en eût été digne. Fallait-il préférer le nom d'Heureux? c'est l'éloge de la fortune, et non des mœurs : de Grand? il s'y attache plus d'envie que d'éclat. L'adoption d'un très-bon prince vous a donné le nom de ce prince; l'adoption du sénat, celui de Très-Bon. Ce dernier vous est aussi propre que le nom paternel; et l'on ne vous désigne pas plus clairement et plus spécialement en vous appelant Trajan, qu'en vous nommant le Très-Bon. Ainsi la frugalité désignait jadis les Pisons, la sagesse les Lélius, la piété les Métellus : or ces vertus, votre seul nom les embrasse toutes; et l'on ne peut être tenu pour très-bon, si l'on ne surpasse les meilleurs en tout genre, par l'endroit même où chacun d'eux excelle. C'est donc avec raison que ce titre a été ajouté, comme plus grand, à tous vos titres. Car c'est un moindre mérite d'être empereur, et César, et Auguste, que d'être meilleur que tous les empereurs, tous les Césars, tous les Augustes. Aussi le père des hommes et des dieux est-il révéré comme très-bon d'abord, ensuite comme très-grand; rapprochement glorieux pour vous, de qui la bonté n'éclate pas moins vivement que la grandeur. Vous avez mérité un nom qui ne peut passer à un autre sans paraître emprunté dans un bon prince, faux dans un mauvais. Dussent tous les empereurs s'en décorer par la suite, toujours cependant il sera reconnu comme vôtre. De même en effet que le nom d'Auguste nous rappelle le premier auquel il fut consacré, de même ce titre de Très-Bon ne reviendra jamais sans vous à la mémoire des hommes; et, autant de fois que nos neveux seront obligés de nommer un prince Très-Bon, autant de fois ils se souviendront qui mérita d'être ainsi appelé.

LXXXIX. Quel contentement vous goûtez aujourd'hui, divin Nerva, en voyant celui que vous avez adopté comme très-bon, l'être en effet, et en recevoir le nom! Combien vous vous réjouissez de ce que, comparé à votre fils, c'est vous qui êtes vaincu! car si quelque chose manifeste surtout la grandeur de votre âme, c'est que, très-bon vous-même, vous n'ayez pas craint de choisir un fils encore meilleur. Et vous, Trajan, père du héros que je loue, vous dont la place, si elle n'est pas dans le ciel, est si près néanmoins du céleste séjour, avec quel plaisir ineffable vous voyez votre ancien tribun, votre ancien soldat, devenu maintenant un si grand empereur, un si grand prince! avec quelle vivacité pleine d'amitié vous et son père adoptif disputez s'il est plus beau d'avoir engendré que choisi un tel fils! Applaudissez-vous tous deux, grands bienfaiteurs de la république, de lui avoir fait cet inestimable présent. Quoique la vertu d'un fils ait donné à l'un de vous les décorations triomphales, à l'autre l'apothéose, votre gloire n'est pas moindre, honorés à cause d'un fils, que si vous aviez mérité ces honneurs par vous-mêmes.

XC. Je sais, pères conscrits, que tous les citoyens, et principalement les consuls, doivent se croire liés par les bienfaits plutôt comme membres de l'État que comme particuliers. Car si les injustices publiques sont une cause plus légitime et plus honorable de haïr les mauvais

que romanus Optimi tibi cognomen adjecit? Paratum id quidem et in medio positum, novum tamen. Scias neminem ante meruisse, quod non erat excogitandum, si quis meruisset. An satius fuit Felicem vocare; quod non moribus, sed fortunæ datum est? satius Magnum; cui plus invidiæ quam pulchritudinis inest? Adoptavit te optimus princeps in suum, senatus in Optimi nomen. Hoc tibi tam proprium quam paternum, nec magis definite distincteque designat qui Trajanum, quam qui Optimum appellat; ut olim frugalitate Pisones, sapientia Lælii, pietate Metelli monstrabantur, quæ simul omnia uno isto nomine continentur : nec videri potest optimus, nisi qui est omnibus optimis in sua cujusque laude præstantior. Merito tibi ergo post ceteras appellationes hæc est addita, ut major. Minus es enim imperatorem, et Cæsarem, et Augustum, quam omnibus imperatoribus, et Cæsaribus, et Augustis esse meliorem. Ideoque ille parens hominum deorumque, Optimi prius, deinde Maximi nomine colitur : quo præclarior laus tua, quem non minus constat optimum esse quam maximum. Assecutus es nomen, quod ad alium transire non possit, nisi ut appareat in bono principe alienum, in malo falsum; quod, licet omnes postea usurpent, semper tamen agnoscetur ut tuum. Etenim, ut nomine Augusti admonemur ejus cui primum dicatum est; ita hæc Optimi appellatio nunquam memoriæ hominum

sine te recurret; quotiesque posteri nostri Optimum aliquem vocare cogentur, toties recordabuntur quis meruerit vocari.

LXXXIX. Quanto nunc, dive Nerva, gaudio frueris, quum vides et esse optimum et dici, quem tanquam optimum elegisti! quam lætum tibi, quod comparatus filio tuo vinceris! Neque enim alio magis approbatur animi tui magnitudo, quam quod optimus ipse non timuisti eligere meliorem. Sed et tu, pater Trajane (nam tu quoque, si non sidera, proximam tamen sideribus obtines sedem), quantam percipis voluptatem, quum illum tribunum, illum militem tuum, tantum imperatorem, tantum principem cernis; cumque eo qui adoptavit amicissime contendis, pulchrius fuisse genuisse talem, an elegisse! Macte uterque ingenti in rempublicam merito, cui hoc tantum boni contulistis. Licet alteri vestrum filii virtus triumphalia, cœlum alteri dederit, non minor tamen vestra laus, quod ista per filium, quam si ipsi meruissetis.

XC. Scio, patres conscripti, quum ceteros cives, tum præcipue consules oportere sic affici, ut se publice magis quam privatim obligatos putent. Ut enim malos principes rectius judicaverit is ex communibus injuriis odisse quam propriis, ita boni speciosius amantur ob ea quæ generi humano, quam quæ hominibus præstant. Quia tamen in consuetudinem vertit, ut consules, publica gratiarum

princes que les offenses personnelles, les bons princes sont aussi plus noblement aimés pour le bien qu'ils font au genre humain, que pour les grâces versées sur quelques hommes. Cependant, comme c'est une coutume établie, que les consuls, après avoir exprimé la reconnaissance publique, témoignent aussi en leur propre nom ce qu'ils doivent au prince, permettez-moi de m'acquitter de ce devoir, non pour moi seulement, mais pour un illustre magistrat, mon collègue Cornutus Tertullus. Pourquoi en effet ne ferais-je pas pour lui des remercîments que je dois également à cause de lui; surtout quand la bonté de l'empereur a fait à deux amis aussi étroitement liés un présent qui, reçu par un seul, n'en eût pas moins mérité la reconnaissance et de l'un et de l'autre? Le spoliateur et le bourreau des gens de bien nous avait tous deux frappés dans nos amis, et souvent la foudre avait éclaté près de nous. Nous faisions gloire des mêmes amitiés, nous pleurions les mêmes pertes; les craintes et les douleurs nous étaient communes alors, comme aujourd'hui l'espérance et la joie. Le divin Nerva, honorant nos périls, si ce n'est notre mérite, avait daigné songer à notre élévation, parce que c'était encore un signe du changement des temps, que la prospérité des hommes dont le premier vœu avait été jusqu'alors d'être oubliés du prince.

XCI. Nous n'avions pas encore achevé deux années dans un office laborieux et important, lorsque vous, le meilleur des princes et le plus vaillant des empereurs, vous nous avez offert le consulat, afin qu'un si grand honneur reçût de cette promptitude même un lustre nouveau : tant vous différez de ces princes qui, pour faire valoir leurs bienfaits, les mettaient au prix de mille difficultés, et croyaient les honneurs plus agréables à recevoir, si le désespoir de les obtenir, l'ennui de les attendre, et des retardements semblables à un refus, y attachaient d'abord une sorte de flétrissure et d'humiliation ! La bienséance ne nous permet pas de redire les éloges dont vous nous avez comblés l'un et l'autre, ni comment vous nous avez égalés, pour notre amour du bien, pour notre amour de la république, aux illustres consuls des temps passés. Était-ce ou non avec justice? nous n'oserions le décider : le respect défend de contester une chose affirmée par vous; et notre modestie souffrirait de reconnaître pour nous-mêmes un si magnifique témoignage. Vous toutefois, César, vous êtes digne de faire des consuls auxquels vous puissiez le rendre. Pardonnez-nous si, parmi tous vos bienfaits, le plus agréable à nos yeux, c'est qu'il vous ait plu que nous fussions encore une fois collègues. Ainsi le demandaient notre tendresse mutuelle, la conformité de nos habitudes, l'accord parfait de nos vues; accord dont la force est telle, que la ressemblance de nos mœurs diminue la gloire de notre union, et qu'il serait aussi étonnant de voir l'un de nous en opposition avec son collègue, que de le voir opposé à lui-même. Ce n'est donc pas un sentiment éphémère et subit qui fait que nous nous réjouissons du consulat l'un de l'autre, comme si c'était pour chacun de nous un consulat de plus : il y a pourtant cette différence, que ceux qui redeviennent consuls après l'avoir été sont honorés deux fois, mais en des temps divers; tandis que nous recevons, que nous exerçons deux consulats en même temps, et que chacun de nous, étant consul dans son ami, l'est une première et une seconde fois tout ensemble.

actione perlata, suo quoque nomine, quantum debeant principi, profiteantur, concedite, me non pro me magis munere isto, quam pro collega meo Cornuto Tertullo, clarissimo viro, fungi. Cur enim non pro illo quoque gratias agam, pro quo non minus debeo? præsertim quum indulgentissimus imperator in concordia nostra ea præstiterit ambobus, quæ si tantum in alterum contulisset, ambos tamen æqualiter obligasset. Utrumque nostrum ille optimi cujusque spoliator et carnifex stragibus amicorum, et in proximum jacto fulmine afflaverat. Iisdem enim amicis gloriabamur; eosdem amissos lugebamus; ac, sicut nunc spes gaudiumque, ita tunc communis nobis dolor et metus erat. Habuerat hunc honorem periculis nostris divus Nerva, ut nos, etsi minus ut bonos, promovere vellet, quia mutati seculi signum et hoc esset, quod florerent, quorum præcipuum votum ante fuerat, ut memoriæ principis elaborerentur.

XCI. Nondum biennium compleveramus in officio laboriosissimo et maximo, quum tu nobis, optime principum, fortissime imperatorum, consulatum obtulisti, ut ad summum honorem gloria celeritatis accederet : tantum inter te et illos principes interest, qui beneficiis suis commendationem ex difficultate captabant, gratioresque accipientibus honores arbitrabantur, si prius illos desperatio, et tædium, et similis repulsæ mora, in notam quamdam pudoremque vertissent! Obstat verecundia, quominus percenseamus quo utrumque nostrum testimonio ornaris, ut amore recti, amore reipublicæ, priscis illis consulibus æquaveris. Merito, necne; neutram in partem decernere audeamus : quia nec fas est affirmationi tuæ derogare, et onerosum confiteri vera esse quæ de nobis, præsertim tam magnifica, dixisti. Tu tamen dignus es qui eos consules facias, de quibus possis ista prædicare. Tribuas veniam, quod inter hæc beneficia tua gratissimum est nobis, quod nos rursus collegas esse voluisti. Ita caritas mutua, ita congruens tenor vitæ, ita una eademque ratio propositi postulabat; cujus ea vis, ut morum similitudo concordiæ nostræ gloriam minuat, ac perinde sit mirum si alter nostrum a collega, ac si a se ipse, dissentiat. Non ergo temporarium et subitum est, quod uterque collega consulatu, tanquam iterum suo gaudet : nisi quod tamen qui rursus consules fiunt, bis quidem, sed temporibus diversis obligantur; nos duos consulatus accipimus simul, simul gerimus; alterque in altero consul, sed iterum et pariter sumus.

XCII. Illud vero quam insigne, quod nobis, præfectis

XCII. Faveur non moins signalée! nous étions préfets du trésor, et c'est avant de nous donner un successeur que vous nous avez donné le consulat. Un honneur s'est accru d'un honneur nouveau : notre dignité n'a pas été continuée seulement, mais doublée; et un pouvoir a prévenu la fin de l'autre, comme si c'eût été peu qu'il la suivît. Vous avez compté assez fermement sur notre intégrité, pour ne pas craindre de manquer à votre amour de l'ordre, en ne nous laissant point dans la condition privée après l'exercice d'une charge importante. Que dirai-je de ce que vous avez placé notre consulat dans la même année que le vôtre? Ainsi nous serons inscrits sur la même page que vous parmi les consuls, et nos noms seront ajoutés aux fastes, à la suite de votre nom. Vous avez daigné présider à nos comices, nous dicter la sainte formule du serment. Nous avons été créés consuls par votre choix, déclarés consuls par votre bouche, afin que, après avoir été notre appui dans le sénat en soutenant notre brigue, vous le fussiez encore au champ de Mars en proclamant nos honneurs. Et quand je pense que vous nous avez assigné précisément le mois embelli par votre naissance, combien je trouve honorable pour nous d'avoir à célébrer par un édit et par des jeux publics ce jour trois fois heureux qui ôta un prince détestable, en donna un très-bon, en vit naître un meilleur! C'est donc nous que recevra sous vos yeux un char plus auguste que dans les fêtes ordinaires; c'est nous qui, à travers mille cris de favorable augure, et un concert de vœux offerts pour vous et animés par votre présence, nous avancerons pleins d'allégresse, et incertains de quel côté arrivent à nos oreilles les plus vives acclamations.

XCIII. Mais voici le plus beau de tous les éloges : vous permettez à ceux que vous faites consuls d'être consuls en effet. Aucun danger ne les menace, et la crainte du prince ne vient point affaiblir et abattre en eux les sentiments consulaires. Nous n'entendrons aucune parole que nous voulussions ne pas entendre; nous n'aurons à rendre aucune décision commandée. Le consulat jouit et jouira toujours du respect qui lui est dû, et l'autorité pour nous ne sera pas un péril. Si cette haute dignité souffrait quelque abaissement, ce serait notre faute, et non pas celle du siècle ; car il ne tient pas au prince que les consuls ne soient aujourd'hui ce qu'ils étaient avant qu'il y eût des princes. De quel prix assez grand notre reconnaissance payera-t-elle vos bienfaits? nous n'en avons qu'un seul à vous offrir : c'est de n'oublier jamais que nous fûmes consuls, et que nous le fûmes par vous; c'est de penser, c'est de parler comme il sied à des consulaires; c'est de nous conduire dans la république en hommes qui croient à la république; c'est de ne la priver ni de nos conseils ni de nos services; de regarder le consulat, non comme le terme et la fin de nos travaux, mais comme un lien qui nous engage de plus en plus envers la patrie, et d'acquitter en zèle et en dévouement ce que nous recevons en respect et en considération.

XCIV. Je finis mon discours en invoquant, à titre de consul et au nom du genre humain, les dieux protecteurs et gardiens de cet empire. C'est toi surtout que j'implore, Jupiter Capitolin : daigne regarder avec faveur tes propres dons, et ajoute à de si grands présents le bienfait de la durée! Tu as entendu ce que nous souhaitions à un mauvais prince; entends ce que nous désirons pour un prince tout différent. Nous ne te

ærario, consulatum ante quam successorem dedisti! Aucta est dignitas dignitate; neque continuatus tantum, sed geminatus est honor; finemque potestatis alterius, tanquam parum esset excipere, prævenit. Tanta tibi integritatis nostræ fiducia fuit, ut non dubitares te salva diligentiæ tuæ ratione esse facturum, si nos post maximum officium privatos esse non sineres. Quid, quod eumdem in annum consulatum nostrum contulisti? Ergo non alia nos pagina, quam te consulem accipiet; et nostra quoque nomina addentur fastis, quibus ipse præscriberis. Tu comitiis nostris præsidere, tu nobis sanctissimum illud carmen præire dignatus es : tuo judicio consules facti, tua voce renunciati sumus, ut idem honoribus nostris suffragator in curia, in campo declarator exsisteres. Nam quod cum potissimum mensem attribuisti, quem tuus natalis exornat, quam pulchrum nobis, quibus edicto, quibus spectaculo celebrare contingit diem illum triplici gaudio lætum, qui principem abstulit pessimum, dedit optimum, meliorem optimo genuit! Nos sub oculis tuis augustior solito currus accipiet, nos, inter secunda omina et vota certantia, quæ præsenti tibi conferentur, vehemur alacres, et incerti ex utra parte major auribus nostris accidat clamor.

XCIII. Super omnia tamen prædicandum videtur, quod pateris consules esse quos fecisti. Quippe nullum periculum, nullus ex principe metus consulares animos debilitat et frangit; nihil invitis audiendum, nihil coactis decernendum erit. Manet manebitque honori veneratio sua; nec securitatem auctoritate perdemus. Ac, si quid forte ex consulatus fastigio fuerit deminutum, nostra hæc erit culpa, non seculi. Licet enim quantum ad principem, licet tales consules agere, quales ante principes erant. Ullamne tibi pro beneficiis referre gratiam parem possumus? nisi tamen illam, ut semper nos meminerimus consules fuisse, et consules tuos; ea sentiamus, ea censeamus quæ consularibus digna sunt; ita versemur in republica, ut credamus esse rempublicam; non consilium nostrum, non operam subtrahamus; nec disjunctos nos et quasi dimissos consulatu, sed quasi adstrictos et devinctos putemus; eumdemque locum laboris et curæ, quem reverentiæ dignitatisque teneamus.

XCIV. In fine orationis, præsides custodesque imperii deos ego consul pro rebus humanis, ac te præcipue, Capitoline Jupiter, precor, ut beneficiis tuis faveas, tantisque muneribus addas perpetuitatem. Audisti quæ malo principi precabamur; exaudi quæ pro dissimillimo optamus.

fatiguons point par la multitude de nos vœux. Ce n'est ni la paix, ni la concorde, ni la sécurité, ni les richesses ou les honneurs, que nous te demandons : un vœu simple et unique, où sont compris tous les autres, s'échappe de tous les cœurs ; ce vœu, c'est le salut du prince. Et nous ne t'imposons pas une tâche nouvelle : tu l'as pris sous ta garde puissante, dès le moment où tu l'as sauvé de la fureur d'un brigand insatiable de meurtres. Non, ce n'est pas sans ton appui que, lorsque toutes les hauteurs étaient foudroyées, l'homme qui était placé le plus haut est demeuré sans atteinte, oublié par un tyran, lui qui n'a pu l'être par le meilleur des princes. Tu as manifesté ton jugement par des signes éclatants, lorsque, à son départ pour l'armée, tu lui as cédé ton nom et tes honneurs. C'est toi qui, déclarant ta volonté par la bouche de l'empereur, as donné un fils à Nerva, aux Romains un père, à toi-même un grand pontife. Je t'adresse donc, avec une pleine confiance, ces mêmes vœux que César nous ordonne de former pour lui : je te prie d'abord, s'il gouverne la république avec justice et dans l'intérêt général, de le conserver à nos neveux et à nos arrière-neveux ; ensuite, de lui accorder, quand l'heure sera venue, un successeur qui soit né de son sang, qu'il ait formé, qu'il ait rendu semblable au fils de l'adoption ; ou, si les destins s'y opposent, je te conjure de diriger son choix, et de lui montrer quelque citoyen digne aussi d'être adopté dans le Capitole.

XCV. Quant à vous, pères conscrits, vos titres à ma reconnaissance sont consignés jusque dans les actes publics. Vous avez tous rendu témoignage à la paix de mon tribunat, à l'équité de ma préture ; et, chaque fois que vous m'avez enjoint de consacrer les fruits de mes études à la défense des alliés, j'ai reçu de vous le plus précieux des éloges, celui de la fermeté. Dernièrement encore vous avez ratifié le choix qui m'a désigné consul, avec de telles acclamations, que j'éprouve le besoin de faire sans cesse de nouveaux efforts pour justifier votre estime, pour la conserver, pour l'accroître de jour en jour; car je sais que l'on ne connaît jamais mieux si un honneur fut mérité, que lorsqu'il est obtenu. Vous, pères conscrits, recevez avec faveur, avec confiance, l'engagement que je prends. S'il est vrai que, soutenu dans un premier essor par le plus insidieux des princes, avant qu'il affichât la haine des gens de bien, je me suis arrêté aussitôt que cette haine s'est déclarée ; si, tout en voyant quelle était pour arriver aux honneurs la voie la plus courte, j'ai préféré le chemin le plus long ; si, après avoir été compté, dans des temps malheureux, parmi ceux qui gémissaient et tremblaient, je le suis, dans des jours meilleurs, parmi les cœurs satisfaits et tranquilles ; si enfin j'aime un excellent prince autant que je fus haï d'un tyran détestable : oui, je professerai toujours pour votre dignité une aussi grande vénération que si, au lieu d'être consul et bientôt consulaire, je briguais encore vos suffrages pour le consulat.

Non te distringimus votis : non enim pacem, non concordiam, non securitatem, non opes oramus, non honores; simplex cunctaque ista complexum unum omnium votum est, salus principis. Nec vero tibi nova injungimus. Tu enim jam tunc illum in tutelam recepisti, quum prædonis avidissimi faucibus eripuisti. Neque enim sine auxilio tuo, quum altissima quæque quaterentur, hic, qui omnibus excelsior erat, inconcussus stetit; præteritus est a pessimo principe, qui præteriri ab optimo non potuit. Tu clara judicii tui signa misisti, quum proficiscenti ad exercitum tuo nomine, tuo honore cessisti. Tu voce imperatoris quid sentires locutus, filium illi, nobis parentem, tibi pontificem maximum elegisti. Quo majore fiducia iisdem illis votis, quæ ipse pro se nuncupari jubet, oro et obtestor, si bene rempublicam, si ex utilitate omnium regit, primum, ut illum nepotibus nostris ac pronepotibus serves; deinde, ut quandoque successorem ei tribuas, quem genuerit, quem formaverit similemque fecerit adoptato : aut, si hoc fato negatur, in consilio sis eligenti, monstresque aliquem quem adoptari in Capitolio deceat.

XCV. Vobis, patres conscripti, quantum debeam, publicis etiam monumentis continetur. Vos mihi in tribunatu quietis, in præturâ modestiæ ; vos in istis officiis etiam, quæ e studiis nostris circa tuendos socios injunxeratis, cuncti constantiæ antiquissimum testimonium perhibuistis : vos proxime destinationem consulatus mei his acclamationibus approbavistis, ut intelligam etiam atque etiam enitendum mihi, ut hunc consensum vestrum complectar, et teneam, et in dies augeam. Etenim memini tunc verissime judicari, meruerit quis honorem necne, quum adeptus est. Vos modo favete huic proposito et credite : si cursu quodam provectus ab illo insidiosissimo principe, antequam profiteretur odium bonorum, postquam professus est, substiti ; quum viderem quæ ad honores compendia paterent, longius iter malui ; si malis temporibus inter mœstos et parentes, bonis inter securos gaudentesque numeror ; si denique in tantum diligo optimum principem, in quantum invisus pessimo fui : ego reverentiæ vestræ sic semper inserviam, non ut me consulem, et mox consularem, sed ut candidatum consulatus putem.

NOTES
SUR LE PANÉGYRIQUE DE TRAJAN.

I. *Bene ac sapienter, etc.* Nous remarquons, dès les premières lignes, un usage dont la mention revient souvent dans les auteurs, celui de commencer par des prières non-seulement les actions, mais les discours. Servius, sur le vers de Virg., Énéid. XI, 301, « *Præfatus divos, solio sic infit ab alto,* » fait l'observation suivante : *More antiquo; nam majores nullam orationem, nisi invocatis numinibus, inchoabant : sicut sunt omnes orationes Catonis et Gracchi; nam generale caput in omnibus legimus.* A cette citation nous en ajouterons une seule de Tite-Live, XXXIX, 15 : *Ad hæc officia dimissis magistratibus, consules in rostra escenderunt, et, concione advocata, quum solemne carmen precationis, quod præfari, priusquam populum alloquantur, magistratus solent, peregisset consul, ita cœpit, etc.*

Non enim occulta potestate fatorum. Ces mots ne signifient pas « l'ordre impénétrable des destins, » dans le sens où nous disons, « les desseins de Dieu sont impénétrables. » *Occulta*, étant opposé à *coram ac palam*, donne l'idée d'un pouvoir dont l'action est cachée, invisible, inaperçue. C'est absolument dans la même acception qu'Horace emploie ce participe, Od. I, 12 : *Crescit occulto, velut arbor, ævo, Fama Marcelli;* et Pline lui-même, *inf.* LI, 3 : *Hinc porticus, inde delubra occulta celeritate proveniuntur.*

Coram ac palam repertus est; electus quippe, etc. Le verbe *reperire* ne signifie pas seulement *trouver*, mais *trouver en cherchant* et, par extension, *découvrir*, *mettre en évidence, montrer, désigner.* — J'ai suivi la leçon de Schwartz et de Schæfer. Le ms. de la bibl. du Roi, n° 7840, porte *repertus electusque est. Quippe...* Les deux autres, *repertus electus est quippe*.

Inter aras et altaria. Dans le Capitole, où étaient les autels de Jupiter, de Junon et de Minerve. Les mots *altare* et *ara* se trouvent quelquefois réunis pour exprimer une seule et même chose, et je crois qu'ici tous deux s'appliquent indistinctement aux trois divinités. Servius, sur Virg., Égl. V, 66, les distingue en disant que *altare* ne s'entend que des autels élevés aux dieux du ciel, tandis que *ara* désigne également les autels de tous les dieux. Mais cette distinction ne peut avoir lieu ici ; la seule qu'on puisse y voir, c'est que *altare* donne l'idée de quelque chose de plus majestueux encore et de plus auguste que *ara*, ce qui explique pourquoi Pline a employé ces deux mots à la fois. Cf. Tacite, Ann. XVI, 31, et la note, t. III, p. 567 de ma Traduction.

Libertas, fides, veritas. L'indépendance d'un homme qui dit tout ce qu'il pense, et qui ne dit rien que ce qu'il pense, *libertas;* la bonne foi d'un homme convaincu, et qui parle avec candeur et sincérité, *fides;* enfin la vérité, effet naturel de la bonne foi et de l'indépendance, *veritas.*

II. *Nihil quale ante dicamus.* Schwartz lit *quale antea*, sans doute à cause d'un autre *antea* qui vient ensuite. Nos 3 mss. et l'ancienne éd. de la bibl. de Ste.-Geneviève portent *ante dicamus;... antea patimur.* — Un peu plus bas, les 3 mss. *neque enim eadem quæ prius secreto loquimur.* J'ai suivi le texte de Schæfer.

Dignosque nos illis usu probemus. Je ne dois pas laisser ignorer que tous les mss. portent *illius usu.* Schwartz défend cette leçon par des raisons longuement déduites, et qui ne sont pas concluantes : il veut que l'on construise *dignos illius*, dignes de lui, de Trajan. Il serait plus naturel de construire *dignos usu illius*, dignes de jouir d'un tel prince. Avec cette explication, le texte des mss. pourrait se soutenir ; *usu illius* serait même justifié en quelque sorte par une phrase du ch. 77 : *Tolerabilius fuit experimentum tui nobis, quam usum, negari.* Il faut convenir cependant que *bona nostra* semble appeler nécessairement *illis*, et que, sous la plume des copistes, qui souvent écrivaient en abrégé, la confusion était facile entre *illis usu* et *illius usu*.

Formosum alium. Domitien, dit Suétone, 18, était *pulcher ac decens, maxime in juventa, et quidem toto corpore.* Il perdit ses cheveux de bonne heure ; et il fut si sensible à cette disgrâce, que nulle part on ne pouvait rire d'une personne chauve sans que l'empereur se crût offensé. Il n'est pas étonnant qu'un prince qui tenait si fort à ses avantages naturels fût bien aise d'entendre le peuple, dans ses acclamations, l'appeler le plus beau des hommes, et l'adulation ne pouvait négliger ce moyen de lui plaire.

Gestum alterius et vocem. Néron était joueur de lyre, chanteur, tragédien. Voyez Tacite, Ann. XIV, 14, 15 ; XV, 33 ; XVI, 4, 5 ; Suétone, Nér., 20 sqq.

Quid? nos ipsi divinitatem, etc. Domitien poussait l'orgueil et l'impiété jusqu'à se décerner l'apothéose, même de son vivant. Il voulait que les lettres officielles de ses procurateurs commençassent : par cette formule : *Dominus ac deus noster hoc fieri jubet;* et nul ne pouvait lui écrire ni lui parler sans lui donner ces mêmes titres de seigneur et de dieu (Suétone, Dom., 13 ; Dion, LXVII, 13).

Quam commune, quam ex æquo, etc. Ces mots ne signifient pas, comme traduit de Sacy, « Pourrait-on se « récrier plus unanimement que nous le faisons sur son « bonheur et sur le nôtre ? » Ils veulent dire que le sénat, en s'écriant, *felices nos! felicem illum!* a traité le prince comme un simple membre de la communauté sénatoriale, et qu'il a agi avec lui sur le pied d'une égalité parfaite. Déjà le contre-sens de l'ancien traducteur a été relevé avec beaucoup de justesse par M. Pierrot, dans l'éd. Panckoucke.

III. *Ne gratus ingratusve videar.* On pourrait demander si ces mots *gratus ingratusve* ne signifieraient pas *reconnaissant ou ingrat.* Ce qui me semble décider la question en faveur du sens que j'ai adopté, c'est le *gratiorem* qui vient trois lignes plus bas, et qui signifie évidemment *plus agréable aux dieux.*

IV. *Quod ex utilitate publica placuit.* Les mss. et les imprimés étant partagés entre *quod* et *quo*, j'ai suivi le plus grand nombre des autorités. Je regarde *quod* comme une conjonction, et j'explique littéralement, « en « ce qu'il a plu [au sénat] que, sous le titre d'actions de « grâces, les bons princes entendissent la voix du consul « proclamer ce qu'ils font ; les mauvais ce qu'ils devraient « faire. » Cette phrase, pour le dire en passant, justifie toutes les louanges que Pline donne à Trajan, et absout l'orateur du reproche de flatterie. Ce discours est encore moins l'éloge d'un bon prince, qu'une leçon et un encouragement pour ses successeurs.

Non enim a te ipso tibi honor iste, sed ab agen-

tibus habetur. Avant Gesner, on lisait, comme nous le faisons, *sed ab agentibus habetur*, dont le sens littéral est clair et satisfaisant : « Cet honneur d'un éloge solennel « ne vous est pas déféré par vous-même, mais par ceux « qui vous le rendent; » en d'autres termes, vous ne l'imposez pas au sénat, vous l'acceptez de lui : explication qui se lie parfaitement à ce qui suit et à ce qui précède. Gesner, sur l'autorité d'un ms. de Schwartz, a retranché *ab*, et il en résulte la phrase suivante : *Non enim a te ipso tibi honor iste, sed agentibus habetur :* « Ce n'est « pas un honneur que vous vous décernez à vous-même, « c'est une marque de déférence que vous donnez à ceux « qui vous le rendent. » Cette pensée est juste aussi; elle est même plus fine que la précédente : mais, pour que les deux membres fussent exactement balancés, il faudrait *a te, ipsi tibi....,* et non, *a te ipso, tibi.....* Gesner et Schwartz l'ont bien senti; tous deux disent qu'ils préféreraient *ipsi.* M. Pierrot l'a reçu dans le texte, et a traduit d'après cette nouvelle leçon. Il est certain que la suppression de *ab* entraîne nécessairement le changement de *ipso* en *ipsi;* mais, si l'on garde *ipso*, dont le changement n'est pas suffisamment autorisé, il faut aussi conserver *ab*, qui d'ailleurs n'est omis que dans le seul ms. de Schwartz.

Enituit aliquis in bello, etc. Il serait intéressant de comparer ce morceau avec les conseils que Polydamas donne à Hector, Iliad., XIII, 729, et avec un passage de Claudien, *de Laud. Stilich.*, I, 25, où le poëte semble n'avoir fait que développer la pensée de l'orateur.

Ætatis indeflexa maturitas. Trajan était dans sa quarante-deuxième, ou, selon d'autres, dans sa quarante-quatrième année, lorsqu'il parvint à l'empire. Voyez Tillemont, Hist. des Emp., note 3 sur Trajan.

Festinatis senectutis insignibus. Ceci a encore été imité par Claudien, *de Nuptiis Honor. et Mar.* 324 :

Vultusque auctura verendos
Canities festina venit.

Nonne longe lateque principem ostentant. Ces signes vénérables, qui, d'aussi loin qu'on apercevait Trajan, annonçaient sa grandeur, pensèrent lui être funestes dans un combat contre les Arabes. Il avait dépouillé son manteau de général, pour n'être pas reconnu : il le fut cependant, à sa chevelure blanche et à son air majestueux, et dès lors tous les traits furent dirigés sur lui. Un de ses cavaliers fut tué à ses côtés. Dion, LXVIII, 31.

V. *Quem non bella civilia dedissent.* Allusion aux guerres civiles qui avaient porté au rang suprême Jules César, Auguste, Othon, Vitellius, Vespasien.

Cæsar Auguste. Nous remarquerons que Pline, en adressant la parole au prince, lui donne toujours les noms de César, ou de César Auguste, titres caractéristiques de la dignité impériale. Il ne le désigne qu'une seule fois dans tout ce discours (c. 88) par son nom paternel, encore est-ce pour dire que le nom d'*Optimus* ne lui est pas moins propre que celui de *Trajanus.*

Largus cruor hostiarum. Ceci ne se rapporte pas, comme l'ont pensé quelques-uns, aux cent soixante mille victimes immolées pour Caligula (Suét. 14) dans les trois premiers mois de son règne. Il ne peut être question que des sacrifices offerts par les prétendants à l'empire, pour savoir si les dieux favorisaient leurs desseins. Juste-Lipse pense que Pline fait particulièrement allusion aux présages favorables obtenus par Auguste dans son premier consulat, et que Suétone raconte dans la vie de ce prince, ch. 95.

Sinister volatus avium. Cicéron, *de Divin.*, II, 39, remarque que les Romains considéraient comme heureux les présages qui venaient de la gauche; les Grecs et les barbares, ceux qui partaient de la droite : *Ita nobis sinistra videntur, Graiis et barbaris dextra, meliora.*

Adscendenti de more Capitolium. Les généraux, avant de partir pour l'armée, allaient offrir leurs vœux au dieu du Capitole. Or, il s'agit ici, selon J. Lipse, du départ de Trajan pour la Germanie, où il était envoyé par Domitien comme lieutenant consulaire, ou, plus probablement, de son départ pour l'Espagne, où nous verrons plus bas qu'il se trouvait avant d'aller en Germanie. Cf. *infra*, XIV.

Consalutavit imperatorem. C'est dans le mot *imperator* que se trouve l'équivoque, et par conséquent le présage. Il existait dans le Capitole une statue de Jupiter *Imperator*, rapportée, selon Tite-Live, VI, 29, de Préneste par le dictateur T. Quintius, et, selon Cicéron, *in Verr.*, IV, 58, de la Macédoine par Flaminius. Quand les portes du temple s'ouvrirent, le peuple, sans songer à autre chose qu'à saluer le dieu, s'écria : *Salve, imperator.* Après l'élévation de Trajan, il ne manqua pas de flatteurs ou de gens superstitieux qui lui appliquèrent ces paroles. Peut-être même, dès le moment où elles furent prononcées, plus d'un Romain, fatigué de la tyrannie de Domitien, détourna-t-il en secret sur le nouveau gouverneur de Germanie la salutation adressée à Jupiter. Tout est oracle pour les malheureux ; et, quand on songe au rôle que jouent dans la religion romaine les présages de toute espèce, on est moins tenté de s'indigner, avec Gesner, qu'un consul osât, en plein sénat, dire sérieusement à l'empereur qu'un hommage destiné au dieu s'adressait réellement à lui. Que, même sous Domitien, quelques personnes, au moins par leurs vœux et leurs pressentiments, appelassent Trajan à l'empire, c'est ce qu'on ne peut révoquer en doute, après avoir lu Tacite, Agric., 44.

Quare ego illum ipsum furorem motumque castrensem, etc. Il s'agit ici du camp des prétoriens, situé aux portes de Rome. Cette milice avait vu avec colère le meurtre de Domitien, et elle l'aurait immédiatement vengé, si elle eût trouvé des chefs (Suét., Dom., 23; Aurél. Vict., *de Cæs.*, 11). Il s'en présenta enfin ; et les soldats, conduits par Élianus Caspérius, préfet du prétoire sous Domitien, et qui avait conservé cette charge sous Nerva, assiégèrent ce prince dans son palais, et tuèrent, malgré sa résistance, ou après avoir arraché son consentement, Pétronius Secundus et Parthénius, qui avaient pris part à la conjuration contre Domitien. Ils contraignirent même le prince à remercier les soldats devant le peuple, de ce qu'ils avaient ôté la vie aux plus méchants des hommes. Ce fut alors que Nerva, qui voyait sa vieillesse impuissante et méprisée, monta au Capitole et adopta publiquement Trajan (Dion, LXVIII, 3; Aur. Vict., *Epitom.*, 12). Cette adoption, comme nous le verrons ch. 8, rétablit aussitôt le calme, et rendit les soldats à l'obéissance.

Ex adversis secunda nascantur. Lallemand a lu *noscantur*, et c'est en effet ce que portent nos quatre expl. Mais Gesner et Schæfer ont bien prouvé qu'il fallait lire *nascantur*, avec Cuspinien et d'autres ; et le mot *semina*, qui vient après, ne laisse pas de doute à cet égard.

VI. *Prope est ut exclamem tanti fuisse.* Pline est ici beaucoup plus mesuré que Lucain, lequel, en s'adressant à Néron, lui dit, Phars. I, 37-45 :

Quod si non aliam venturo fata Neroni
Invenere viam........,
Jam nihil, o superi, querimur; scelera ipsa nefasque
Hac mercede placent; diros Pharsalia campos
Impleat, et Pœni saturentur sanguine manes;
....
Multum Roma tamen debet civilibus armis,
Quod tibi res acta est.

Les traits que j'ai omis, pour abréger, ne sont pas d'une flatterie moins révoltante. Le lecteur trouvera plus de plaisir à rapprocher de la pensée de Pline les beaux vers que

Corneille, act. II, sc. 1, met dans la bouche de Cinna parlant à Auguste.

C'est un ordre des dieux, qui jamais ne se rompt,
De nous vendre bien cher les grands biens qu'ils nous font.
L'exil des Tarquins même ensanglanta nos terres,
Et nos premiers consuls nous ont coûté des guerres.
....
Votre Rome à genoux vous parle par ma bouche.
Considérez le prix que vous avez coûté :
Non pas qu'elle vous croie avoir trop acheté;
Des maux qu'elle a soufferts elle est trop bien payée.

Coactus princeps, quos nolebat, occidere. Je ne sais pourquoi Gesner et Schæf. ont préféré *quos nollet.* Nos trois mss. et tous ceux de Schwartz portent *nolebat;* et comme il s'agit d'un fait positif, l'indicatif est le mode qui convient.

Ultro dantem obligasti. C'est à *obligasti* et non à *dantem* qu'il faut rapporter *ultro* : « Vous avez fait plus, « vous avez obligé le donateur. » *Ultro*, analogue à *ultra*, marque progression, mouvement en avant ; de là l'idée d'addition, *insuper*; celle d'initiative, *prius*; celle de volonté libre, *sponte*. Il est évident qu'ici c'est de *insuper* que *ultro* est synonyme. Nous avons dû préférer cet adverbe à *ultra*, qui du reste est dans nos trois mss., si ce n'est que le n° 7840 a un *o* au-dessus de l'*a*, et, à ce qu'il paraît ; de la même main. L'éd. de S.-G. a *ultra.*

VII. *Non, ut prius alius atque alius, in gratiam uxoris.* Allusion à l'adoption de Tibère par Auguste, et de Néron par Claude. La nég. *non* est dans le ms. 7840 : elle manque dans les deux autres.

Intra domum tuam quæras. Tacite, Hist. I, 15, prête à peu près le même langage à Galba lorsqu'il adopte Pison : *Augustus in domo successorem quæsivit, ego in republica.* Les deux morceaux ne seront pas comparés sans quelque intérêt.

Necessario herede. On nomme, en droit romain, héritiers siens et nécessaires les descendants que le père de famille a sous sa puissance immédiate à l'époque de sa mort, *qui modo in potestate morientis fuerint,* par opposition aux héritiers qui ne seraient pas sous cette puissance, et que l'on nomme externes, *extranei.* L'héritier de la première espèce s'appelle *suus*, parce qu'il fait partie de la famille ; *necessarius*, parce que l'hérédité lui est acquise de plein droit, indépendamment de toute volonté, de tout consentement, et de toute autorisation. Voyez, pour plus de détails, Gaïus, *Inst. Comment.* III, § 1 *sqq.*; Instit. II, 19, *de Hered. qualitate et differentia,* § 2 ; enfin M. Ducaurroy, Institutes expliquées, § 664, 666, 821 *sqq.*

Superbum istud et regium, etc. Pline ne semble pas s'apercevoir qu'il diminue le mérite de Nerva, en taxant d'orgueil et de tyrannie tout choix qui ne serait pas tombé sur Trajan. Pour ne pas critiquer sévèrement cet abus de l'amplification, il faut se rappeler quelle idée préoccupait l'orateur. L'empire, qu'aucune loi ne déclarait héréditaire, tendait néanmoins à le devenir. Déjà six princes de la famille des Césars l'avaient possédé successivement, et plusieurs ne l'avaient reçu que par adoption. C'est encore par adoption que Trajan le tenait de Nerva, et ce dernier exemple était heureux. Pline désirait qu'il fît loi pour l'avenir, et c'est pour cela qu'il s'étend si longuement sur la nécessité d'un bon choix. Ceux qui regrettaient l'ancienne liberté comptaient principalement sur l'adoption pour leur donner des maîtres supportables. Tacite le montre bien dans le discours de Galba, déjà cité : *Loco libertatis erit quod eligi cœpimus.... Optimum quemque adoptio inveniet. Nam generari et nasci a principibus, fortuitum, nec ultra æstimatur: adoptandi judicium integrum; et, si velis eligere, consensu monstratur.*

VIII. *Nec judicia hominum.* Deux de nos mss. ont *judicio*; le n° 7840, *judicia*, parfaitement écrit. — *Sed deorum etiam in consilium assumpsit. Itaque non tua in cubiculo.* Tous ces mots sont omis dans le ms. 7805, qui semblerait être celui dont Schwartz a eu la collation, puisque ce critique dit : *hæ voces omnes desunt codici ms. parisiensi.* Le même savant préférerait *tui*, génitif du pron., à *tua.* Le ms. 7840 porte en effet *tui*, comme celui de Wolfenbüttel, que cite Schwartz. *Tui* paraît avoir quelque chose de plus précis et, pour ainsi dire, de plus personnel que *tua*. Schæfer voudrait, *Itaque tui, non in cubiculo......, adoptio peracta est.*

Utique qui adoptaret tam paruit, quam tu, etc. L'imparfait du subjonctif a paru offrir quelque difficulté ; aussi a-t-on proposé de lire *qui adoptabat*, ou *quum adoptaret;* et notre ms. 7840 porte *qui adoptavit*. Ernesti est d'opinion que *adoptaret* peut se justifier par sa relation avec *paruit.* Sans penser, comme lui, que le premier de ces verbes dépende du second, je crois que Nerva n'étant que le ministre des dieux, l'auteur peut très-bien le représenter, non comme prononçant l'adoption, auquel cas il faudrait dire *qui adoptabat*, mais comme chargé de la prononcer, ce qui paraît assez exprimé par *qui adoptaret* (celui qui avait mission d'adopter, qui devait adopter). Quoi qu'il en soit, cette leçon, si elle est exacte, a quelque chose d'insolite, et elle s'explique moins par les règles ordinaires de la syntaxe, que par le point de vue où se place l'orateur.

Allata erat ex Pannonia laurea. Cédrénus, compilateur du onzième siècle, dit que ces lauriers avaient été envoyés par Trajan. Mais, selon Eutrope, VIII, 2, et Aurélius Victor, *Epitom.* 13, ce général était à Cologne quand il devint empereur. Schwartz suppose que Trajan pouvait fort bien faire la guerre en Pannonie au moment de son adoption, et se trouver à Cologne lorsque, à la mort de Nerva, il prit véritablement l'empire. Mais comment croire qu'avant son adoption, et n'étant que gouverneur de la basse Germanie, il commandait l'armée de Pannonie, qui devait avoir un général d'un rang égal au sien ? Au reste, Pline nous apprend ici un fait que Dion n'a pas mentionné (voyez ci-dessus, V, 7) : c'est que Nerva saisit, pour monter au Capitole et y déclarer l'adoption de Trajan, l'occasion de ces lauriers, dont la dédicace devait amener au temple un grand concours de peuple.

Hanc.... in gremio Jovis collocarat. Ce n'est pas sans raison que j'ai traduit « sur les genoux de Jupiter. » Dion, LIV, 25, racontant un fait semblable, dit : ἐς τὰ τοῦ Διὸς γόνατα κατέθετο. C'est que la statue était assise. — Sur cet usage de déposer des lauriers dans le Capitole après une victoire, voyez la note de ma traduction de Tacite, Hist. III, 77.

Nuper post adoptionem. Après l'adoption de Pison par Galba. Voy. Tac. Hist. I, 19 *sqq.*

Consors tribunitiæ potestatis. Tacite, Ann. III, 56, dit qu'Auguste avait fait de la puissance tribunitienne un des attributs du rang suprême, parce que, sans prendre le titre de roi ni celui de dictateur, il en voulait un cependant par lequel il dominât tous les autres pouvoirs. Sur l'étendue et les prérogatives de cette puissance, voyez Notes sur Tac. Ann. I, 2, t. 1, p. 390.

In alterum filium contulit. Vespasien avait deux fils, Titus et Domitien : il associa le premier au pouvoir de la censure, à la puissance tribunitienne, au consulat, où il le prit sept fois pour collègue. Voyez Suétone, Tit. 6.

IX. *Non solum successor imperii, sed particeps etiam sociusque placuisti.* On comprendra mieux la valeur de cet éloge en le rapprochant du langage que tient la reine Élisabeth à l'ambassadeur de Marie Stuart (Révolut. d'Angl. du P. d'Orléans) : « Savoir qui me succé-
« dera, c'est au Seigneur à y pourvoir ; savoir qui a droit
« de me succéder, c'est ce que je n'ai pas encore eu la cu-

« riosité d'examiner... C'est une erreur de s'imaginer
« que, si la reine votre maîtresse était déclarée mon héri-
« tière, nous en vécussions plus en paix.... Je ne vou-
« drais pas bien répondre que j'aimasse mon héritier....
« Il me semble que se pourvoir d'un héritier et d'un tom-
« beau est à peu près la même chose ; et je ne me sens
« pas d'humeur à faire mes funérailles par avance. »
Successor, etiamsi nolis, habendus est. De là le célèbre axiome : Jamais prince n'a tué son successeur ; *Successorem suum nullus occidit* (Vulcatius, *in Avidio
Cassio*, 2). Quoi que tu fasses, disait Sénèque à Néron,
οὐ δύνασαι τὸν διάδοχόν σου ἀποκτεῖναι (Dion, LXI, 18).

Patricio, et consulari, et triumphali patre genitum. Trajan était né dans la colonie romaine d'Italica,
près de Séville. Son père, originaire de cette même colonie, ne pouvait être patricien, dans l'ancienne acception
de ce mot; mais un empereur, Vespasien peut-être, l'avait
sans doute mis au nombre des patriciens, comme nous lisons dans Tacite (Agr. 9) que ce prince y mit Agricola, dont
l'aïeul n'était que chevalier. — *Consulari.* La seule mention que le père de Trajan ait été consul se trouve dans
Eutrope, VIII, 2. — *Triumphali.* On sait que, depuis
qu'Agrippa eut refusé un triomphe qui lui était offert par
Auguste, les particuliers ne triomphaient plus : on leur
donnait, comme dédommagement, les décorations triomphales (voy. not. sur Tac., t. I, p. 439). Pline est le seul
auteur qui nous apprenne que Trajan le père les avait obtenues, et il le répète plusieurs fois. Il las mérita dans
cette guerre contre les Parthes, où son fils, qui commandait sous lui, contint l'audace des barbares, et les empêcha de passer l'Euphrate. Cf. *inf.* XIV, et LXXXIX.

Subjecti animo. Nous remarquerons, en passant,
l'emploi de ce participe dans un sens nouveau, sur lequel
l'opposition de *subjecti* avec *imperare* ne laisse pas le
moindre doute. Les Romains d'alors avaient donc l'idée
de *sujet*, corrélative à celle de *prince* ; et *subjectus* tendait à devenir un véritable substantif. L'autre Pline en
fournit un exemple non moins frappant, lorsqu'il parle
des immenses recherches de Mithridate sur la médecine,
XXV, 3 (2) : *Is ergo.... medicinæ peculiariter curiosus, et ab omnibus subjectis, qui fuere pars magna
terrarum, singula exquirens*, etc.

Nescisti te imperatorem futurum. Et comment
pouvait-il le savoir, si Nerva ne lui avait pas communiqué ses intentions ? mais au moins ce choix inopiné prouve
que Nerva, en appelant Trajan à l'empire, était sûr de
l'approbation publique : que dire de la remarque suivante, *eras imperator, et esse te nesciebas?* Singulier
mérite, en effet, d'ignorer à Cologne ce qui se passe à
Rome. O Pline! donne à ton héros des vertus que l'arrivée
d'un courrier ne fasse pas évanouir.

Eodem illum uti jure posse putes. Les mss. portent *illo*; Juste-Lipse y a substitué *illum*, qui est plus
clair. *Posse putes* manque dans nos mss. et dans l'éd. de
S.-G. De très anciens éditeurs ont rétabli ces deux mots ;
s'ils ne les ont pas trouvés dans quelque ms., j'oserai dire
que *posse* est inutile.

Quum ad exercitum miserit. Nous avons vu que c'était Domitien, et non Nerva, qui avait envoyé Trajan à
l'armée : cette phrase doit donc être prise dans un sens
général.

X. *Titulis, et imaginibus, et signis.* Le nom de l'empereur était inscrit en lettres très apparentes sur le drapeau
de la cohorte, appelé *vexillum* : c'est à cela principalement que se rapporte *titulis.* Quant aux images (*imaginibus*), c'étaient des médaillons où l'empereur était représenté en buste, et qui garnissaient le bois de la pique au
haut de laquelle on portait le *signum*, enseigne de la

centurie. Voyez notes sur Tacite, Hist. III, 13, t. V, p.
364.

Audita sunt vota tua, sed in quantum, etc. Nerva
mourut le 21 ou le 27 janvier de l'an 98. Aurélius Victor,
Epit. 12, dit qu'il vécut trois mois après avoir adopté
Trajan. Ce nombre peut n'être qu'approximatif; car il règne beaucoup d'incertitude sur la date de l'adoption de ce
prince, les uns la plaçant au 18 septembre 97, d'autres la
reculant jusqu'à la fin d'octobre, et même jusqu'en novembre. On peut voir là-dessus de longues et savantes
notes de Tillemont, Hist. des Emper., t. II, p. 542 et 547.

*Ne quid, post illud divinum et immortale factum,
jusqu'à an illud jam deus fecisset.* Le père Bouhours (Manière de bien penser, etc., 3ᵉ Dial.) trouvait
un peu trop de subtilité dans ces réflexions; et l'on ne
peut nier que la dernière au moins ne soit un pur jeu
d'esprit. Un empereur n'était dieu qu'après sa mort ; et
comment, étant mort, pouvait-il adopter quelqu'un?
Pline cependant ne se moquait pas de ses auditeurs : il
parlait suivant le goût du siècle, et il est probable que ce
trait fut couvert d'applaudissements. Quant à la première
pensée, *ne quid... mortale faceret*, Fléchier en a fait
assez de cas pour se l'approprier, et il l'a répétée deux
fois : « Pourquoi, mon Dieu, » dit-il en parlant de Turenne, « pourquoi le perdons-nous... au milieu de ses
« grands exploits, au plus haut point de sa valeur, dans
« la maturité de sa sagesse? Est-ce qu'après tant d'ac
« tions dignes de l'immortalité, il n'avait plus rien de
« mortel à faire? » La seconde fois que l'orateur chrétien
imite le panégyriste, c'est en parlant d'un acte auquel la
postérité n'a pas donné les mêmes éloges qu'aux victoires
de Turenne et à l'adoption de Trajan : il s'agit de la révocation de l'édit de Nantes, scellée par le chancelier le Tellier, peu de temps avant sa mort : « On vit, » dit Fléchier, « tomber de leur propre poids ces mains fatales à
« l'erreur, qui ne devaient plus servir désormais à aucun
« office humain et terrestre. »

XI. *Ut majestatis crimen induceret.* Schwartz
discute longuement s'il faut lire *crimen*, ou *numen*, ou
nomen. L'éd. de S.-G. a *numen* ; nos trois mss. ont *crimen.* La divinité d'Auguste était en effet le prétexte d'une
foule d'accusations de lèse-majesté. L'action la plus indifférente, interprétée par les délateurs, était une offense
au nouveau dieu, et causait la perte de son auteur. Voyez
Tacite, Ann. I, 73, 74, *et passim.*

Sed ut irrideret. Néron aimait à répéter que les champignons étaient un manger des dieux. C'était en effet un
plat de champignons qui avait, comme dit Juvénal, précipité Claude dans le ciel, *descendere jussit in cœlum.*
Néron disait aussi que Claude avait cessé *morari inter
homines*, allongeant la première de *morari*, afin que ce
verbe signifiât *délirer*, au lieu de *demeurer.* V. Suét.
Nér. 33 ; Dion, LX, 35.

Potius quam illos veteres, etc., jusqu'à *quam si
triumpharetur.* Le texte de cette phrase est celui que
Gesner a suivi dans sa seconde édit., et que Schæfer a reproduit. Les mss. sont fort altérés en cet endroit ; le nº
7805 porte... *æmuleris: qui hoc ipsum imperium,
quoniam Imp.* (sic) *cujus pulsi fugatique non aliud
majus habebatur indicium, quam si triumpharet;*
leçon absolument identique avec celle que Schwartz cite
comme tirée du ms. de Paris. Les deux autres donnent
exactement les mêmes mots, excepté qu'au lieu de *quoniam*, ils portent *qm* (avec un signe d'abréviation), et
que le nº 7840 a *magis* à la place de *majus.* Le texte
reçu provient des édd. de Cattanéo (*Cataneus*), 1506,
1510, 1519. S'il y reste quelque difficulté, elle tient uniquement à ce qu'il faut rapporter *cujus pulsi fugatique*
à *imperii* sous-entendu : or, *imperium pulsum fuga-*

tumque, paraît une locution un peu insolite; cependant Gesner ne la condamne pas, et j'avoue que, pour ma part, je la trouve fort intelligible. Je pourrais même l'appuyer d'une phrase de Tacite, Ann. IV, 24, où la puissance romaine est aussi représentée comme se retirant devant un ennemi vainqueur : *Igitur Tacfarinas, disperso rumore rem romanam ab aliis quoque nationibus lacerari, eoque paullatim Africa decedere*. Du reste, Schwartz ne pense pas de même; aussi, après *contempserantque*, il lit *quoniam Imperator is, cujus pulsi, etc*. Je n'oserais pas dire que cette leçon n'est point la véritable : elle semble indiquée par le *quoniam Imp*. de notre ms.. et plus encore par *quoniam Imperatoris*, que Schwartz a lu dans celui de Saltzbourg ; et elle va parfaitement avec l'actif *triumpharet*, qui alors devrait être préféré à *triumpharetur*. J'ajouterai que l'allusion aux faux et ridicules triomphes de Domitien devient ainsi plus visible, et que la censure tombe plus directement sur la lâcheté de ce prince.

Ergo sustulerant animos. Les Daces, les Sarmates, les Marcomans, firent éprouver à l'empire, mal gouverné et mal défendu par Domitien, des revers sanglants, depuis l'an 86 jusqu'à l'an 91 de notre ère. Cf. Tacite, Agr. 41 ; Suétone, Domitien, 6 ; Dion, LXVII, 6, 7 ; Orose, VII, 10.

Legesque ut acciperent, dabant. Dion, *l. c.*, raconte que Domitien, battu par les Marcomans, entama une négociation avec Décébale, roi des Daces, qui, fatigué lui-même de la guerre, n'en sut pas moins profiter de la position que son ennemi lui avait faite. L'empereur fut contraint de lui payer une forte somme, de lui promettre pour l'avenir une espèce de tribut, et de lui fournir un grand nombre d'ouvriers pour tous les arts de la guerre et de la paix. A ces conditions, le rusé barbare consentit à envoyer en ambassade Dégis, son frère, qui rendit à Domitien quelques armes, quelques prisonniers, et qui reçut de lui le diadème, au nom du roi des Daces.

XII. *Imperatorium nomen*. Sur cette expression et sur les trois emplois différents du mot *imperator*, voyez notes sur Tacite, Ann. I, 3, t. I, p. 392.

Adsedisse ferocissimis populis.... quum Danubius ripas gelu jungit. Ces faits se rapportent, comme le prouvent ce chapitre tout entier et le suivant, au temps que Trajan passa aux armées entre son élévation à l'empire et son retour à Rome. La mention du Danube montre que, une fois empereur (et il fut empereur, sinon Auguste, dès le moment de son adoption), il prit le commandement en chef des troupes qui, de la rive droite du Danube, observaient les Marcomans, les Quades et même les Daces. Cf. XVI, 2 ; XIX, *per totum*.

Aliena occasione.... uti. Passer le Danube sur la glace.

XIII. *In illa meditatione campestri*. Les exercices et les jeux militaires auxquels les soldats se livraient dans leurs camps, et qui étaient comme l'apprentissage et le prélude des combats. Tacite, Hist. IV, 20, les comprend dans ce qu'il nomme *belli meditamenta*. C'est aussi d'un exercice corporel que parle Végèce, I, 19, dans cette phrase : *Nihil enim est quod non assidua meditatio facillimum reddat. Meditatio* est le grec μελέτη. Pline donne ici à ses jeux guerriers l'épithète de *campestris*, à cause de leur ressemblance avec ceux par lesquels les jeunes Romains développaient dans le champ de Mars leur vigueur et leur adresse.

Nihil a ceteris.... differens, quum, etc. Les deux mots, *differens, quum*, manquent dans les mss. 7805 et 8556. Le ms. 7840, au lieu de *differens*, a *dispar*, et omet aussi *quum*. J'ai suivi le texte généralement reçu. *Dispar* serait bon ; mais, comme le remarque Schwartz, il faudrait *ceteris* et non *a ceteris*; car on dit *dispar alicui* et non *ab aliquo*. — Au lieu de *cominus*, Schæfer préférerait *eminus*; mais *cominus*, pris dans un sens un peu large, peut aussi se soutenir : il y a plus de courage à attendre un javelot de près que de loin.

Studium armorum a manibus ad oculos.... translatum est. Gesner, après Juste-Lipse, pense à tort que ces mots s'appliquent aux combats de gladiateurs, dont les yeux des Romains étaient si avides. Il n'est question ici, comme dans le membre de phrase suivant, que des jeux de la palestre et du gymnase, qui avaient remplacé les mâles exercices du champ de Mars, et qui, au lieu de fortifier les corps, ne faisaient qu'efféminer les âmes.

XIV. *Parthica lauro*. La date des avantages que Trajan le père, si bien secondé par son fils, remporta sur les Parthes, et qui lui valurent les ornements du triomphe, serait tout à fait inconnue, sans une médaille d'Antioche, expliquée par l'abbé Belley (Mém. de l'Académie des Inscr., t. XXX, p. 271). Ce savant établit, d'après cette médaille, que Trajan le père était gouverneur de Syrie dans les années 75 et 76 de notre ère, sous le règne de Vespasien. Il remarque de plus qu'à cette époque Vologèse menaça les provinces romaines d'une invasion, et marcha vers l'Euphrate, qui bornait à l'orient le gouvernement de Syrie. Trajan le fils pouvait avoir alors vingt et un ans (*puer admodum*), et il était tribun, comme l'étaient tous les jeunes nobles qui faisaient leurs premières armes (cf. Tac. Agr. 5, et la note, t. VI, p. 374). Nous pouvons conclure de notre texte que son père lui donna un commandement dans l'expédition qu'il fit contre les Parthes; et Aurél. Vict., *Epit*. 9, nous apprend que la terreur seule des armes romaines força Vologèse à faire la paix : *rex Parthorum Vologesus metu solo in pacem coactus est*. Cette dernière circonstance explique parfaitement les expressions qui vont suivre : *quum ferociam superbiamque Parthorum*, ex proximo auditus, magno terrore *cohiberes*. Elle justifie aussi les éclaircissements que nous allons donner dans la note suivante.

Nomenque Germanici jam tum mereretre. A défaut de tout autre renseignement, ces mots suffisent pour nous apprendre que Trajan, fort jeune encore, après avoir contribué aux succès de son père contre les Parthes, passa aux légions de Germanie, où il se distingua pareillement. *Jam tum* veut dire que, dès cette même époque, dès l'époque où il venait de s'illustrer en Orient, il acquit sur le Rhin des titres à ce surnom de Germanique, que Nerva, bien longtemps après, lui envoya de Rome. L'idée principale est donc que Trajan, dès sa première jeunesse, remplit également de sa gloire l'Orient et l'Occident. Le reste de la période n'est que le développement de cette idée, qui est présentée sous une autre face dans le membre suivant : *quum ferociam superbiamque Parthorum... cohiberes, Rhenumque et Euphratem admirationis tuæ societate conjungeres* ; et qui enfin est résumée et exprimée en termes plus généraux dans le dernier membre : *quum orbem terrarum non pedibus magis quam laudibus peragrares*. La ponctuation que j'ai adoptée, et la traduction très-littérale que je donne en regard du texte, ne laissent, je pense, aucune obscurité. Il n'y a point tautologie dans *ferociam Parthorum*, si rapproché de *parthica lauro* ; il n'y a que développement oratoire. Mais que font les Parthes, demande Gesner, pour le surnom de Germanique ? Rien assurément; car ce n'est pas chez eux, c'est en Germanie que le jeune Trajan acquiert des droits à recevoir un jour ce surnom. Je ne m'arrêterai pas plus longtemps à réfuter Schwartz et Gesner, qui, en dépit de tous les mss. et de toutes les anciennes édd., remplacent *Parthorum* par *barbarorum*, mot qu'il applique aux Germains, détruisant ainsi l'unité de la période et le balancement des différents membres.

Le devoir de la critique est d'expliquer les textes, quand cela est possible, et non de les changer.

Admirationis tuœ societale. Telle est la leçon de nos trois mss. et de tous ceux de Schwartz, excepté un seul. Ce critique a cependant préféré *admir. tuœ fama*, qui est en effet dans l'édition de S.-G., et dans d'autres également anciennes. *Societate* va beaucoup mieux au sens de toute la phrase. Quant à *tuœ*, il faut le prendre passivement : l'admiration qu'on avait pour vous.

Germaniam quidem... muniunt dirimuntque. Il est facile de voir que, dans ce chapitre, Pline passe rapidement en revue toute la vie militaire de Trajan jusqu'à son avénement à l'empire. Il vient de nous le montrer faisant, comme tribun, l'apprentissage de la guerre en Orient et sur le Rhin. Il nous transporte maintenant à l'époque où, après avoir été consul en 91, Trajan fut rappelé de l'Espagne, où il se trouvait (sans doute comme lieutenant du prince), et fut envoyé avec ses légions pour commander en Germanie. Les mss. offrent ici quelque altération : tous portent *Germaniamque*. Schwartz, observant que *que* et *quidem*, écrits en abrégé, sont très-faciles à confondre, a lu *Germaniam quidem*, et cette correction est maintenant adoptée. J. de la Baune pense qu'il faudrait lire *Hispaniam Germaniamque*, et Lallemand a reçu cette conjecture dans son texte. Celle de Schwartz se rapproche davantage des mss.

Immensique alii montes. Des commentateurs nous parlent ici des monts Carpathes et Sarmatiques. Il s'agit tout simplement des Cévennes, du Jura et des Vosges. Mais si Trajan traversa ces montagnes pour aller d'Espagne à Cologne, chef-lieu de son gouvernement, il ne passa pas les Alpes. Cette difficulté sera levée, si l'on admet, avec Schwartz, qu'avant de faire venir Trajan d'Espagne en Germanie, Domitien l'avait d'abord envoyé avec des légions d'Italie en Espagne : mais alors il pourrait y avoir dans le texte une lacune plus grande qu'on ne le suppose. Peut-être aussi cette énumération de montagnes n'est-elle qu'une figure oratoire, où il ne faut pas chercher une exactitude rigoureuse.

Comparentur. Telle est la leçon du mss. 7840, et elle est parfaitement conforme aux règles de la grammaire. Schwartz lit *compararentur*, ainsi que nos deux autres mss.

5. *Ille genitus Jove.* Hercule. — *Regi suo.* Eurysthée, roi de Mycènes.

Itinere illo dignus invenireris. J'avais lu, dans la première édition de ce travail, *munere alio*, que j'essayais d'expliquer par la note suivante :

« *Munere alio dignus invenireris.* Schwartz lit *itinere illo*, et entend que, par la constance infatigable qu'il avait montrée dans cette marche d'Espagne en Germanie, Trajan parut digne d'être chargé sans cesse de nouvelles expéditions, *dignus aliis super alias expeditionibus*. La leçon *munere alio* vient de l'éd. de Cattanéo, et elle est généralement admise. On ne peut nier qu'elle ne présente un sens plus satisfaisant : Trajan, par ses expéditions successives, accomplissait, comme Hercule, travaux sur travaux, et paraissait toujours digne de quelque fonction nouvelle, *dignus munere alio*. Je dois avouer cependant que Schwartz a pour lui tous les mss. qu'il a consultés, ainsi que les trois nôtres et l'édition de S.-G. »

Mais dans une note additionnelle, placée à la fin du volume, j'étais revenu à l'ancienne et véritable leçon, *itinere illo*. Voici cette note, qui lèvera, je crois, toute espèce de doute sur un passage qui n'aurait jamais dû embarrasser personne : « En suivant la leçon généralement reçue, *munere alio*, j'ai averti que les mss. portaient *itinere illo*. On pourrait, avec Schwartz, revenir à ce texte, si, à l'explication inadmissible qu'il en donne, on substituait la suivante : Lorsque, dans des expéditions chaque jour renaissantes, vous renouveliez les prodiges de cette marche glorieuse. Au lieu de construire, comme Schwartz, *dignus aliis... expeditionibus*, je construis, *dignus itinere illo*, et j'entends, par *dignus*, un homme qui se montre digne de ses actions passées en en faisant de pareilles. Ce sens, tout à fait nouveau, paraît tellement simple, que sans doute plus d'un lecteur l'aurait trouvé sans moi. »

XV. *Tribunus vero, etc.* Cette phrase, et tout ce qui suit, n'annonce point de nouveaux faits : ce sont des réflexions qui s'appliquent aux dix ans de tribunat militaire pendant lesquels Trajan acquit toutes les connaissances nécessaires à un général d'armée. — *Disjunctissimas terras.* La Syrie et la Germanie : je n'ajoute pas l'Espagne ; car il n'était plus tribun quand Domitien l'en tira pour lui donner le gouvernement de la basse Germanie.

Veniet ergo tempus, etc. Bossuet, Oraison fun. du prince de Condé, semble avoir emprunté quelques traits à ce passage : « Les campements de César firent son « étude. Je me souviens qu'il nous ravissait en nous racon-« tant comme, en Catalogne, dans les lieux où ce fameux « capitaine, par l'avantage des postes, contraignit cinq « légions romaines et deux chefs expérimentés à poser les « armes sans combat, lui-même il avait été reconnaître « les rivières et les montagnes qui servirent à ce grand « dessein ; et jamais un si digne maître n'avait expliqué « par de si doctes leçons les Commentaires de César. Les « capitaines des siècles futurs lui rendront un honneur « semblable. On viendra étudier sur les lieux ce que l'his-« toire racontera du campement de Piéton et des merveilles « dont il fut suivi. On remarquera, dans celui de Chate-« noy, l'éminence qu'occupa ce grand capitaine, et le « ruisseau dont il se couvrit sous le canon du retranche-« ment de Schelestadt. »

Qui sudores tuos hauserit campus. J'écris *qui* et non *quis*, d'après une remarque d'Ernesti. Je ne dois pas dissimuler cependant que nos trois mss. ont *quis*. Sur la valeur et la différence de ces deux formes, que je crois ici également admissibles, on peut voir ma Méthode latine, §§ 284 et 291.

Hic te commilitone censetur. Cette idée se retrouve encore dans Bossuet, mais embellie et développée : « C'est par de semblables coups, dont sa vie est pleine, « qu'il a porté si haut sa réputation, que ce sera dans « nos jours s'être fait un nom parmi les hommes, et s'être « acquis un mérite dans les troupes, d'avoir servi sous le « prince de Condé, et comme un titre pour commander, « de l'avoir vu faire. »

XVI. *Magnum est stare in Danubii ripa.* Comparez ci-dessus la dernière moitié du chapitre XII, et la note 3, *Adsedisse ferocissimis populis.*

Non mimicos currus nec falsœ simulacra victoriœ. Allusion à ces triomphes ridicules où Domitien faisait figurer, comme prisonniers de guerre, des esclaves travestis en Germains. Outre celui dont parle Tacite, Ag. 39, et que Domitien se décerna pour une prétendue victoire sur les Cattes, Pline a certainement eu en vue un triomphe aussi digne de risée, et plus récent, que ce prince orgueilleux et lâche ne rougit pas de célébrer pour s'être fait battre par les Marcomans et les Quades, et avoir acheté la paix du roi des Daces. Cf. *supra* XI.

Quod si quis barbarus rex. Décébale, auquel Trajan fit la guerre en l'an 101. Pline prononça le Panégyrique en l'an 100. Il le travailla, l'amplifia, le polit pendant longtemps, après l'avoir prononcé. Il est très-possible que la guerre fût déjà commencée quand il le publia. Qui sait même s'il n'y a pas ajouté, après l'événement, la magnifique prédiction du triomphe de Trajan, qui remplit la

ch. .7, et qui ressemble si bien à la description d'une pompe qu'aurait vue l'auteur?

XVII. *Fercula.* Les brancards sur lesquels on portait, devant le char du triomphateur, non-seulement les dépouilles et les armes enlevées aux vaincus, mais encore de vastes tableaux où étaient représentées les batailles, les actions d'éclat, les villes prises, les montagnes et les rivières du pays conquis. Cf. Tac. Ann. II, 41; Ovide, *Trist.* IV, 2; *de Ponto*, II, 1. — L'éd. de S.-G. réduit toute la phrase à ces seuls mots : *Videor intueri in manibus sequentem; mox ipsum te, etc.* Schwartz remarque la même lacune dans beaucoup d'autres édd. et dans quelques mss. Les trois nôtres présentent la phrase complète, telle que nous l'avons donnée.

Nec non modo telorum tuorum. Il est nécessaire d'avertir le lecteur que le *non* qui suit *nec*, et qui paraît nécessaire au sens, a été ajouté par les commentateurs; il ne se trouve dans aucun ms. Est-ce une ellipse autorisée par l'usage? Schwartz le croit et, dans ses Suppléments, il regrette de n'avoir pas rejeté ce mot, qu'il juge inutile. Gesner et Ernesti pensent le contraire; et le premier remarque, avec beaucoup de vraisemblance, que *non* ne peut se sous-entendre au premier membre que lorsque *ne quidem* se trouve au second, comme dans un ex. de Pline lui-même, Ép. VIII, 7.

Proxima moderatione. La modération qui avait retenu Trajan sur le bord du Danube, quand il n'avait qu'à le passer pour vaincre. Cf. *supra* XII et XVI.

XIX. *Eamdem auctoritatem præsente te, etc.* Ceci a évidemment rapport aux voyages que Trajan fit aux armées qui gardaient la rive du Danube contre les Marcomans, les Quades et les Daces, soit depuis son adoption, soit depuis la mort de Nerva, mais toujours avant son retour à Rome (cf. *sup.* XII et XVI). Pline le loue d'avoir laissé aux lieutenants (*legati*) qui commandaient ces armées toute l'autorité qui leur appartenait, quoique lui-même, comme empereur, eût le commandement suprême partout où il était présent.

XX. *Quæ imputare non possis.* Sur le sens d'*imputare*, voy. not. sur Tacite, t. IV, p. 336.

Inter imperatorem factum et futurum. Trajan, depuis son adoption par Nerva, était empereur romain, empereur de fait; quand il allait commander les armées comme lieutenant, il était empereur futur; or il ne montrait pas plus de faste dans une condition que dans l'autre. Le fond de la pensée est donc : « Tant il y avait peu de « différence de Trajan empereur à Trajan simple général! » La finesse consiste dans cette opposition d'un homme déjà empereur, au même homme devant l'être un jour. A la vérité, il ignore qu'il le sera; mais les destins le savent, et ils lui ont donné les qualités propres à ce haut rang. Dans le langage du panégyriste, il fut donc toujours empereur, par son mérite avant d'être adopté, par son pouvoir après son adoption. Schwartz est loin du sens, lorsque, pour expliquer *imperatorem futurum*, il parle de la modestie d'un homme qui aspire aux honneurs, et qui se montre humble, réservé, actif, vigilant, jusqu'à ce qu'il y soit parvenu. On voit aussi combien le *brevi*, que l'on avait introduit dans le texte malgré les mss., et que nous avons rejeté, dénaturait la pensée. A présent que dire de cette pensée elle-même, sinon qu'elle est juste dans le fond, subtile et recherchée dans la forme?

Alterius principis. Domitien fit plusieurs voyages tant en Germanie qu'en Pannonie. Le mot *nuper*, qui précède, fait voir qu'il est ici question de la dernière expédition sur le Danube, d'où Domitien revint après avoir payé fort cher à Décébale une paix déshonorante (cf. *sup.* XI. C'est donc aussi de Pannonie que Trajan partit pour revenir à Rome.

Edicto subjecisti. Selon Juste-Lipse, Pline veut dire qu'au bas de l'édit où Trajan rendait compte des opérations de la campagne, ou plutôt de la paix maintenue sur les frontières, il ajouta (*subjecit*) l'état des dépenses de son voyage et de celui de Domitien.

Sciant « tanti tuum constat. » Telle est la leçon de nos 3 mss. Schwartz la croit altérée, et il est possible qu'elle le soit. Il cite un ms. de Padoue, qui, au lieu de *tanti tuum*, porte seulement *tm*, que Schwartz lit *tamen*. Il constitue ainsi la phrase dans ses notes : *Futuri principes, velint, nolint, sciant tamen, propositisque duobus exemplis meminerint, etc.*, c'est-à-dire, *sciant et meminerint*. Il met dans son texte : *sciant : Tanti constat! propositisque, etc.* L'éd. de S.-G. lit *sciant tantum constat*. Sans m'arrêter aux diverses conjectures, qui sont nombreuses, j'ai dû expliquer le texte, tel qu'il est dans nos mss. et dans Gesner et Schæfer. Je fais rapporter *tuum*, non à Trajan, mais aux princes qui voyageront par la suite. L'auteur veut que chacun d'eux s'entende dire : « Voilà ce que coûte ton voyage. » Je ne crois pas forcer beaucoup le sens de *sciant* : « qu'ils sa-« chent, qu'ils apprennent de leur intendant; qu'ils lui « entendent dire, *tanti tuum* (sc. *iter*) *constat*. » C'est d'ailleurs le seul moyen de tirer de la leçon reçue, et que je ne garantis pas, un sens raisonnable.

XXI. *Ut pater patriæ esses ante quam fleres.* On a blâmé cette pensée comme trop subtile. Le P. Bouhours, et après lui Rollin, la donnent comme un bel exemple de ce qu'ils appellent des pensées délicates. « Le cardinal Ben-« tivoglio, » ajoute Bouhours, « a eu presque la même « idée sur la dignité de grand d'Espagne, en parlant du « marquis de Spinola : sa naissance illustre et son grand « mérite l'avaient fait grand d'Espagne avant qu'il le fût : « *E per nobiltà di sangue, e per eminenza di merito,* « *portò seco in Ispagna il grandato, anche prima di* « *conseguirlo.* » Mais voici une autorité plus grave encore : Bossuet, Or. fun. du P. Bourgoing, s'exprime ainsi : « Saint Grégoire de Nazianze a dit ce beau mot du grand « saint Bazile : Il était prêtre, dit-il, avant même que d'être « prêtre; c'est-à-dire, si je ne me trompe, il en avait les « vertus avant que d'en avoir le degré : il était prêtre par « son zèle, par la gravité de ses mœurs, par l'innocence « de sa vie, avant que de l'être par son caractère. » Le développement que Bossuet ajoute aux paroles de saint Grégoire indique la manière dont celles de Pline pourraient être commentées.

XXII. *Jam hoc ipsum, quod ingressus es.* Le verbe *ingredi*, dans la phrase qui précède, signifie *entrer* : ici il veut dire, conformément à l'étymologie, *marcher à pied*, et il est opposé à *invehi et importari* de la phrase suivante; Pline joue donc sur le double sens d'*ingredi*. Cette allusion périt nécessairement dans la traduction, et au fond la perte est peu regrettable.

Humeris hominum, quod arrogantius erat. L'orateur paraît oublier que si les princes allaient en litière, les particuliers en faisaient autant. Mais il est préoccupé de la modestie de Trajan, qui marche à pied; et il veut la relever à tout prix. Il nous montre pour cela ses prédécesseurs traînés sur des chars superbes, ou portés sur les épaules des hommes. Il a grand soin de ne pas dire sur les épaules de leurs esclaves ; la chose eût paru toute simple ; il emploie le terme générique *hominum*, et il l'oppose à *equis*. L'insulte à la dignité humaine consiste à se servir d'hommes, au lieu de chevaux, pour se faire porter. Du reste, l'usage d'une litière n'annonçait pas plus d'orgueil que celui d'un char, attelé surtout de quatre chevaux blancs : mais la valeur d'une pensée dépend souvent de la forme qu'on lui donne; et rien n'autorise à supposer, avec Gruter et Schwartz, que les mots *quod arrogantius erat* soient une glose.

XXIII. *Tantum non.* Cette locution répond au grec

μόνον οὐ et ὅσον οὐ, au français *presque*. On trouvera peut-être un peu familière l'expression *peu s'en faut*, dont je me suis servi dans la traduction : Racine l'a ennoblie dans ces beaux vers de Phèdre, act. III, sc. 1 :

Avec quels yeux cruels sa rigueur obstinée
Vous laissait à ses pieds, peu s'en faut, prosternée !

Qui te primi... salutaverant imperatorem. En croyant saluer Jupiter *Imperator.* Cf. *sup.* V, et la note.

XXIV. *Non tu civium amplexus ad pedes tuos deprimis.* Dion, L. IX, 27, remarque que l'empereur Caius (Caligula) n'embrassait guère que les danseurs et les histrions. Quant aux sénateurs, il leur donnait sa main ou son pied à baiser. Cf. Sénèque, *de Benef.* II, 12.

Usum pedum amiserant. Domitien, selon Suét. 19 n'allait presque jamais à pied dans la ville. Même à l'armée il se faisait porter en litière, et rarement on le vit à cheval.

XXV. *Quæ quidem reverentius, etc.* On peut rapprocher de ce passage quelques phrases de Bossuet, au commencement de l'Or. fun. du prince de Condé.

Congiarium. Ce mot désigne les largesses faites au peuple. Il vient de *congius*, mesure qui servait aux anciennes distributions d'huile et de vin; quand on y eut substitué les dons en argent, le même terme continua d'être employé. *Donativum* était le mot consacré pour exprimer les gratifications accordées aux soldats.

Quibus magis negari potest. Il était plus facile de faire attendre un peuple désarmé, que des légions qui avaient déjà plus d'une fois ôté ou donné l'empire.

Erasorum. Ceux qui étaient morts ou qui avaient perdu la qualité de citoyen romain entre l'édit et la distribution.

XXVI. *Locupletes ad tollendos liberos.... cohortantur.* Les lois Julia et Papia Poppéa accordaient certains priviléges civils et politiques aux citoyens mariés ayant des enfants, et privaient les célibataires de plusieurs avantages, entre autres du droit de recevoir des legs. Voy. Tacite, Ann. III, 25, 28; XV, 19, et les notes; Heineccius, *Antiquit. rom. Syntagma*, I, 25, 3 *sqq*.

Super omnia tamen est, etc. Gesner et Schæfer, tout en laissant ces deux lignes à la fin du présent chapitre, avertissent que, selon eux, elles appartiennent naturellement au chapitre suivant. Il est possible qu'ils aient raison, et Schwartz a divisé de cette manière.

XXVII. *In spem alimentorum, in spem congiariorum.* Pline distingue nettement ici le *congiarium* des *alimenta.* Schwartz cite en effet des médailles où il n'est question que d'aliments accordés aux enfants des deux sexes. On appelait ces enfants *pueri puellæque Ulpiani*, d'*Ulpius*, nom de famille de Trajan. On les appelait aussi *alimentarii.* Adrien continua, augmenta même ces libéralités de son prédécesseur (Spartian, 7). Elles furent supprimées par Pertinax (Capitolinus, 9). Dion, LXVIII, 5, nous apprend que la générosité de Trajan s'étendait jusque sur les provinces et les villes d'Italie.

Næ ille jam brevi tempore. J'ai suivi la leçon de Gesn. et Schæfer. Nos 3 mss. et l'éd. de S.-G. *in tam brevi tempore.* Ni *jam*, ni *in tam* ne sont nécessaires à la pensée, et le dernier est obscur.

XXIX. *Hujus aliquando cura Pompeio, etc.* Au moment où Cicéron revint de l'exil, l'an de Rome 696, il trouva le peuple fort agité par la crainte d'une disette. À la sollicitation de ses amis, il proposa un sénatus-consulte qui donnait à Pompée pour cinq ans, et dans tout l'empire, la surintendance du commerce et du transport des blés. Voy. Cicéron, *ad Attic. Ep.* IV, 1.

Pulsus ambitus campo. Pompée, dans son troisième consulat, en 702, porta des lois sévères contre la brigue. Voy. not. sur Tacite, t. I, p. 518.

Exactus hostis mari. Allusion à la guerre contre les pirates ciliciens, commencée et achevée en moins de trois mois par Pompée, en 686. Voy. Florus, III, 6; Rollin, Hist. rom. liv. 36.

Periturœque in horreis messes. Les Romains avaient, dans les provinces, des greniers où ils entassaient les récoltes du pays, pendant que souvent les habitants manquaient de subsistances. Germanicus, dans son voyage en Égypte, fut obligé d'ouvrir ces greniers pour faire cesser une disette. Tac., Ann., II, 59; Suétone, Tib., 52.

Nequicquam quiritantibus sociis. On distingue *querilari*, fréquentatif de *queror*, et *quiritare* (ou *quiritari*), qui, selon Varron, *de Ling. lat.*, V, 7, signifie *Quiritium fidem implorare.* Comme l'idée de plainte est attachée à l'un et à l'autre de ces verbes, ils ont pu souvent se confondre dans l'usage. On peut croire aussi que l'*e* du premier aura été quelquefois changé en *i* par les copistes. Ici deux de nos mss. portent en toutes lettres *quiritantibus.* Le n° 7840 écrit la première syllabe en abrégé, mais avec le signe de l'*e*.

XXX. *Clementi solo.* Schwartz et Schæfer lisent *detinenti.* On ne peut balancer entre ces deux leçons, quand on voit dans Tacite, G. 1, *molli et clementer edito jugo;* Ann., XIII, 38, *colles clementer assurgentes* ; Hist., III, 52, *si qua... juga clementer adirentur* (voy. la not., t. V, p. 399). Le mot *clementi*, adopté déjà par Arntzénius, nous est fourni par l'excellent mss. 7840, et il est, dans cette acception, d'un emploi trop rare et trop recherché pour être de l'invention d'un copiste. La seule objection qu'on puisse faire, c'est que, dans les exemples cités, *clementer* s'applique à *jugum* ou à *collis*, et non à *solum.*

XXXI. *Quum secunda felices, adversa magnos probent.* Le verbe *probent* est employé ici dans deux sens différents. *Adversa magnos probant* signifie que « l'adversité est la pierre de touche des grandes âmes; » et *secunda felices probant* veut dire simplement, « la prospérité prouve que l'on est heureux. » Ou, si l'on aime mieux, ce sera *secunda* et *adversa* dont il faudra compléter le sens : « la prospérité *obtenue* prouve que l'on est heureux; l'adversité *courageusement supportée* prouve que l'on est grand. »

Discat igitur Ægyptus, etc. Tout le reste de ce chapitre est plein d'une exagération qui va jusqu'à la fausseté. Eh quoi! Rome peut se passer de l'Égypte, l'Égypte ne peut se passer de Rome ! Ce n'est pas ainsi que parle Tacite, quand il dit que l'Italie dépend de secours étrangers, et que la vie du peuple romain flotte chaque jour à la merci des vents et des tempêtes (Ann. III, 54; XII, 43; et les not., t. II, p. 412 et 538.) La seule excuse de Pline, c'est que Rome avait d'autres provinces encore d'où elle tirait des blés; mais l'Égypte n'en était pas moins le principal grenier de l'empire.

Nec maligna tellus; et obsequens Nilus, etc. C'est-à-dire, *et non maligna tellus est; et obsequens Nilus sæpe fluxit largior Ægypto, nunquam fluxit largior gloriæ nostræ.* Rollin, d'après le P. Bouhours, cite ce trait pour en faire remarquer la délicatesse.

XXXII. *Quanto libertate discordi servientibus, sit utilius, etc.* Dans la première édition, j'écrivais *libertati* (au datif), et je traduisais : « Les nations... apprennent combien les hommes esclaves d'une liberté qui les divise, gagnent à être réunis sous les lois d'un seul maître. » La note suivante, à laquelle je ne change rien, montrera pourquoi je lis aujourd'hui *libertate :* « Je ne dois pas cacher que les mss. portent *libertate*, et que j'emprunte *libertati* à Gesner et à Schæfer. Schwartz défend l'ancienne leçon, mais il l'explique d'une manière peu satisfaisante. Selon lui, *libertate discordi* est un ablatif ab-

solu, qui équivaut à *libera sed discordi republica*; et la phrase signifie : « pour des hommes qui, vivant dans des « républiques agitées par la discorde, sont esclaves tout « en se croyant libres, l'esclavage sous un seul maître est « infiniment préférable. » Ce sens n'est pas différent de celui que j'ai suivi ; mais il m'en vient un autre, que je crois tout nouveau, et qui pourrait bien être le véritable : il a d'ailleurs l'avantage de conserver *libertale*, et de le construire avec le comp. *utilius* : « Les nations, recevant « l'une de l'autre tout ce qui peut être produit ou désiré « quelque part, apprennent combien les sujets de l'empire « sont plus heureux sous les lois d'un seul maître, que « parmi les divisions qu'enfante la liberté. » Remarquons que, par la liberté, il faut entendre surtout l'indépendance nationale ; et qu'il s'agit des divisions des peuples entre eux, plutôt que des querelles civiles et domestiques. Or, on ne peut nier que l'empire, en confondant tous les États dans sa grande unité, n'eût fait cesser les luttes de peuple à peuple. En expliquant *servientibus* par *les sujets de l'empire*, on ne trouve plus de contradiction dans les termes, et on ne se demande plus, avec Juste-Lipse, *si in libertate, quomodo servirent ?* Je regrette maintenant d'avoir cédé à l'autorité de deux habiles critiques, et de n'avoir pas rétabli *libertate* dans le texte. » — Voilà ce que j'écrivais sur ce passage en 1834. J'ajouterai seulement aujourd'hui que *servientes*, dans le sens que je lui donne, n'est pas plus extraordinaire que *parentes* dans Salluste, Jug. 102 (*parentes abunde habemus*). La chose est la même ; l'expression seule est différente. Au temps de Pline, les idées monarchiques avaient fait des progrès ; et ce que sous la république on appelait *obéir*, il n'est pas étonnant que sous le quatorzième empereur on l'appelât *servir*. N'avons-nous pas vu déjà ch. IX le mot *subjectus* employé exactement comme le français *sujet ?*

XXXIII. *Omni affectione*, etc. J'ai traduit, « inac- « cessible ou supérieur à toute prévention ; » peut-être aurais-je dû dire, « à tout sentiment de partialité. » L'empereur, comme le peuple, favorisait souvent tel gladiateur au préjudice de tel autre. Suétone, Tit. 8, nous apprend même que Titus ne cachait pas sa préférence pour ceux qu'on appelait Thraces, *Studium armaturæ Threcum præ se ferens*, mais que cette faveur n'allait jamais jusqu'à blesser la justice.

Nemo e spectatore spectaculum factus. Caligula (Suét., 35) força un spectateur, Ésius Proculus, à descendre, dans l'arène et à combattre successivement contre deux gladiateurs. Le malheureux Proculus, après être sorti vainqueur de cette lutte affreuse, fut revêtu de haillons, promené par la ville, puis égorgé par l'ordre du tyran. Domitien (Suét. 10) arracha de sa place un autre spectateur, coupable d'une plaisanterie innocente, et le fit déchirer par des chiens au milieu de l'arène.

Unco et ignibus. Quand un gladiateur était mort, on le traînait avec un croc dans un lieu pratiqué sous les galeries de l'amphithéâtre, et appelé *spoliarium*. On y traînait de la même manière et on y achevait ceux qui étaient grièvement blessés. — *Ignibus* semble avoir rapport à ces malheureux que Néron faisait envelopper de matières inflammables, et qui brûlaient comme des flambeaux pour l'amusement du peuple et du tyran (Tac., Ann., XV, 44, et la note. Peut-être s'était-il passé quelque fait semblable sous Domitien.

Demens ille, etc. Tout ce qui suit se rapporte à Domitien. — Plus bas, je lis avec nos trois mss. *quumque se idem, etc.*, en faisant précéder [ces mots d'une simple virgule. La construction est, *et [qui] idem gladiatores quod se putabat, quum se idem quod deos [putaret]*. L'absence de la conjonction rendrait la phrase décousue.

XXXIV. *Vidimus delatorum agmen inductum.* Le mot *agmen* manque dans nos trois mss. Le n° 7840, au lieu de *inductum*, a *judicium*. J'ai suivi le texte de Schwartz. Il est certain qu'il ne s'agit pas ici de procès ni de jugement. Il est certain aussi, par ce qui va suivre, que Trajan fit passer sous les yeux du peuple, à travers l'amphithéâtre, les délateurs qu'il avait condamnés à la déportation. Titus (Suét. 8) avait déjà donné un exemple pareil.

Sed templum, sed forum insederant. Les délateurs avaient pris pour théâtre de leurs brigandages le Forum, où l'on rendait la justice, et le temple de Saturne, où était déposé le trésor public. C'était en effet par des poursuites judiciaires qu'ils dépouillaient les citoyens, et la plupart de ces poursuites avaient lieu sous prétexte de faire rentrer au trésor des héritages illégalement recueillis. La source principale de ces délations était la loi Papia Poppéa, dont nous avons parlé ci-dessus, ch. XXVI. Dès le temps de Tibère, cette loi donnait lieu à une multitude de procès, qui bouleversaient les maisons les plus riches et les plus illustres. Alors, dit Tacite, Ann., III, 25, les lois étaient devenues un fléau, comme autrefois les vices.

Nulla jam testamenta secura. Indépendamment des moyens de spoliation qu'on trouvait dans l'abus de la loi, il en existait beaucoup d'autres. Ainsi Domitien s'emparait, sous tous les prétextes, des biens des vivants et des morts. Il suffisait que le premier venu déclarât qu'il avait entendu dire au défunt que César serait son héritier, pour que tout testament contraire fût cassé et les biens confisqués (Suét., Dom., 12).

Nullius status certus. Tac., Ann., III, 28 : *Multorumque excisi status, et terror omnibus intentabatur*. J'ai lu *nullius*, avec Schæfer et Ernesti. Nos trois mss. ont *nullus*.

Secretas illas et arcanas... opes. Trajan exposa dans les théâtres et dans les temples une grande quantité d'ornements et de meubles précieux du palais, comme l'atteste une épigramme de Martial, XII, 15, citée par Gesner, d'après J. Lipse.

Supra sanguinem noxiorum. Sur le sang des criminels qui avaient combattu parmi les gladiateurs ou contre les bêtes féroces.

Abirent, fugerent vastatas, etc. Schwartz et Schæfer, *fugerentque*. J'ai ôté le *que*, d'après nos trois mss. Le non en est plus vif.

Scopulis reservassent. Les îles sauvages de Sériphe et de Gyare, dans la mer Égée, où les délateurs avaient fait déporter tant d'innocents. Tacite, Hist., I, 2, les appelle aussi des rochers : *infecti cœdibus scopuli*.

XXXV. *Jam delatorum turba compleret.* Racine, Britann., act. I, sc. 2 :

Les déserts, autrefois peuplés de sénateurs,
Ne sont plus habités que par leurs délateurs.

Punctis. La loi Remmia voulait qu'on imprimât sur le front du calomniateur la lettre K, ancienne initiale du mot *calumnia*. Cf. Cic. *Pro Roscio Amer.*, 19 et 20.

Divus Titus. Voy. le passage de Suétone déjà cité, Titus, 8.

Perquam magna quædam, etc. Schæfer, d'après Gesner, présente ainsi cette phrase : *Postquam magna quædam edicto Titi adstruxerat, nihil reliquisse tibi videbatur*, etc. J'ai mieux aimé, avec Schwartz, garder le texte des mss., sans autre changement que celui de *per quem* en *perquam*. L'expression *perquam*, avec un adjectif, est familière à Pline. Cf. *infra* LX ; *perquam modica quædam civium merita* ; LXVIII, *hoc perquam simile habent*. Quant à *nisi tibi*, qui choque Gesner, je ne peux pas en donner de commentaire plus clair que ma traduction.

Ut sol, ut dies. Telle est la leçon du ms. 7840, qu'on trouvera sans doute préférable à *ut sol et dies.*

XXXVI. *Spoliarium civium.* Allusion à ce lieu de l'amphithéâtre dont nous avons parlé dans une des notes précédentes. Il était ainsi nommé, parce qu'on y dépouillait les gladiateurs morts. Mais, comme on y achevait aussi les blessés (cf. Sénèq., *Ép.* 93), le mot *spoliarium* a été employé par extension pour *repaire d'assassins*, *coupe-gorge*; et peut-être ce dernier sens était-il, aussi bien que l'autre, dans la pensée de Pline.

Adhuc locus unus, etc. Pline veut dire que, après les sages règlements par lesquels Nerva s'était efforcé de remédier aux maux de l'empire, il restait encore cependant un lieu où les bons pouvaient être vaincus par les méchants. Ce lieu, c'était le trésor public, où les poursuites continuaient en vertu des lois, et où la ruse et le mensonge devaient l'emporter quelquefois sur le bon droit. Or, par l'édit qui amplifiait et complétait, comme on l'a vu dans le chapitre précédent, les ordonnances de Nerva, Trajan avait fermé aux abus la dernière porte qui leur fût encore ouverte. L'imparf. *essent* se rapporte au temps qui avait précédé l'édit de Trajan, et c'est bien à tort que Schæfer voudrait y substituer *sint*. Le sens que je viens d'exposer est trop évident, pour qu'il soit nécessaire de réfuter les explications toutes différentes que donnent de Sacy et Gesner.

Fiscum... ærarium. Ici est bien marquée la différence de ces deux mots : *fiscus* est le trésor du prince; *ærarium*, le trésor de l'État.

Actori... procuratori. Pour le sens de ces mots, voy. not. sur Tacite, t. I, p. 465; t. II, p. 547.

Tribunal quoque excogitatum principatui est. Pomponius, *de Orig. juris*, *Dig.*, 1, 2, § 32 : *Adjecit divus Nerva* (sc. *prætorem*) *qui inter fiscum et privatos jus diceret.* Schwartz pense que l'institution de ce tribunal est due à Trajan, et qu'il faudrait lire dans le Digeste, *Nerva Tr.*

XXXVII. *Vectigalia.* Voy. une note développée sur Tac., Ann. XIII, 50, t. III, p. 434.

Vicesima reperta est. Auguste, en l'an de R. 759, établit un impôt du vingtième sur les legs et les héritages. Il n'en exempta que les parents très-proches et les pauvres, πλὴν τῶν πάνυ συγγενῶν, ἢ καὶ πενήτων (Dion, LV, 25). Burmann, *de Vestig. pop. rom.*, entend par πάνυ συγγενῶν tous ceux qui auraient eu droit d'hériter *ab intestat*; et cela semble en effet résulter de ce qui va suivre.

Seu per Latium in civitatem... venissent. On appelait *jus Latii* certains droits propres aux cités du Latium, et que l'on avait étendus à beaucoup de municipes et de colonies des autres parties de l'empire. Dans les villes qui jouissaient de ces priviléges, les magistrats prenaient, à l'expiration de leur office, la qualité de citoyen romain; et, comme les charges étaient annuelles, les principales familles se trouvaient en peu de temps revêtues de cette dignité. Voyez, pour plus de détails, Heinecc., *Antiq. rom. Syntagm. Append.*, I, 74 sqq. Cf. not. sur Tac., t. III, 519; t. V, 402.

Affinitatum damno. Quand un étranger devenait citoyen romain, tous ses liens de famille étaient rompus. Ses parents naturels cessaient, aux yeux de la loi, d'être ses parents, et il fallait qu'un privilége vînt à son secours pour qu'il pût recueillir leur succession ou leur transmettre la sienne. Voy. Beaufort, Rép. rom., liv. VI, ch. 7, *extrem.* — Le mot *affinitas*, qui signifie ordinairement *alliance*, est pris ici pour *parenté* en général, même au degré le plus proche.

In patris potestatem. La puissance paternelle était une partie du droit quiritaire : un fils né avant que son père fût citoyen romain ne pouvait donc être sous sa puissance,

s'il n'y était rangé (*reductus*) par une concession du prince.

XXXVIII. *Non parcius quam optimum patrem*, etc. Cette pensée, qui sert uniquement de transition, est plus ingénieuse que solide. L'orateur prête à Nerva une intention qu'il n'avait pas, qu'il ne pouvait pas avoir.

Hoc quoque amitteret quod fuisset. Ceci est encore un peu subtil dans la forme, mais plus juste dans le fond. L'avantage d'avoir été père consistait à hériter de son fils sans payer le vingtième. Cette faveur de la loi, dont les anciens citoyens jouissaient depuis Auguste, Trajan l'étend aux nouveaux.

Quid si coheredem... accipiat. Ce cohéritier, c'est le publicain qui perçoit le vingtième.

Vim legemque naturæ. On a trouvé que Pline s'étendait longuement sur cette matière des successions : c'est peut-être ne pas comprendre assez l'importance historique de tout ce morceau. Indépendamment des détails qu'il contient sur les destinées d'un impôt qui, à la différence des tributs levés sur le revenu, s'attaque directement au capital même, il est intéressant de voir un consul romain protester, au nom des sentiments naturels, contre la dureté des lois fiscales. On doit remarquer surtout cette opposition entre la loi de la nature, qui unit le père et le fils par des liens indissolubles, et le droit civil, qui, dans certains cas, les rendait complétement étrangers l'un à l'autre. La vieille constitution de la famille romaine, avec ses fictions et ses règles inflexibles, commence à céder aux principes d'une équité plus générale, et plus en harmonie avec le droit des gens et la conscience du genre humain. Le langage du consul et les ordonnances du prince constatent, sans qu'ils s'en doutent eux-mêmes, un changement notable dans les mœurs et dans les idées. Les doctrines du christianisme, qui commençaient à se répandre dans l'empire, n'avaient-elles pas, à cette révolution sociale, une part considérable, quoique inaperçue?

XXXIX. *Soror estis et frater, avus et nepotes.* Schwartz lit, *sorores estis et fratres, avi et nepotes*, ce qui est exactement la leçon du ms. 7840. Les deux autres (et Schæfer), *sorores estis et frater, avus et nepotes.* J'ai suivi Gierig et Lallemand. La finale de *sorores* est la première syllabe du verbe, qu'un copiste inattentif aura liée à *soror* : un autre copiste, trouvant *tis* isolé, aura rétabli *estis.*

Vobis estis. Schwartz entend, « vous l'êtes pour vous-« mêmes, et non pour le fisc. » Ce n'est pas là ce que demande la suite des idées. Il faut absolument que *vobis* revienne pour le sens à *per vos*, soit qu'on le suppose à l'ablatif sans préposition, ce qui semble irrégulier, soit qu'on l'explique par le datif de rapport, *pour vous*, *relativement à vous*, *et sans que cela regarde personne*, *si ce n'est vous.*

Dare hereditatem. Ici « donner l'héritage d'autrui, » c'est permettre à un homme de jouir de ce qui lui appartient par la nature, et lui concéder cette jouissance comme un don.

Adite honores. Ces paroles s'adressent aux habitants des villes de droit latin, auxquels l'exercice des magistratures dans leurs municipes donnait la qualité de citoyen romain.

Hoc necessitudinis. C'est-à-dire *hæc necessitudo*, le nouveau lien où l'on s'engage en devenant citoyen romain. Ce nouveau lien ne constitue *neminem destituet velut truncum abruptum amputatumque*, ne laissera plus un père seul et sans famille, en détruisant pour lui tous les rapports de parenté. Schwartz construit, *hoc necessitudinis abruptum*, c.-à-d., *hæc necessitudo abrupta*, « les liens de famille rompus. » Mais comment *hoc* pourrait-il se rapporter à une idée dont il n'est pas question dans la phrase précédente, surtout lorsque *hoc necessitudinis* rappelle

si *naturellement capessite civitatem?* Il est inutile aussi de prendre, avec Schwartz, *truncum* pour un adjectif.

XL. *Ac ne remotus quidem*, etc. Gesner a fort judicieusement remarqué que le chapitre devait commencer ici, et non à *Carebit onere vicesimæ.*

Cuicunque modica pecunia ex hereditate alicujus obvenerit. Telle est exactement la leçon du ms. 7840. Les deux autres ont *cujuscunque modi ea pecunia...* Lallemand lit : *cujuscunque modica pecunia ex hereditate alicui obvenerit;* et en note : *ita recte regius codex vetus.* Ce cod. vet. ne peut être que le 7840, et je viens de dire ce qui s'y trouve réellement : on voit par-là combien Lallemand a mal lu. Schwartz et Gesner ont déjà donné la véritable leçon.

Ne dii quidem possunt. Que venait de faire Trajan? il venait de remettre une dette. Tout créancier peut en faire autant, et Pline ose dire que les dieux ne le peuvent! Car il a beau donner à l'acte de Trajan une apparence de merveilleux, en disant que ce prince a pourvu au passé : *in præteritum subvenire*, réduit à sa juste valeur, ne signifiera toujours que faire grâce d'une dette arriérée. Comment un homme de bon sens a-t-il poussé si loin l'abus de l'esprit? Je donnerais de l'or, dit Gesner, pour que Pline n'eût pas écrit cette phrase.

Id est, effecisti ne, etc. J'ai écrit, avec Lallemand, *id est* au lieu de *idem*. Déjà cette leçon était recommandée par Livinéius, J. Lipse et Gruter, et elle donne beaucoup plus d'unité à la période. Recommencer une phrase par *Idem effecisti*, c'est annoncer un nouveau fait, tandis qu'il est toujours question du même. Cependant Lallemand se trompe quand il dit avoir lu *id est* dans le *vetus codex.* Ce ms. porte réellement *idem* : il est vrai que *em* y est constamment représenté par la même abréviation que *est;* et, si le mot n'était pas précédé d'un point et écrit avec une capitale, on pourrait croire que c'est en effet *id est.* C'est cette confusion si facile qui m'a fait préférer cette dernière leçon.

XLI. *Collationes.* On appelait ainsi les contributions extraordinaires que les villes et les particuliers offraient au prince, soit au commencement de son règne, soit à l'occasion d'une victoire, ou de quelque autre événement, heureux ou malheureux. Ces dons, qui d'abord étaient volontaires, devinrent, avec le temps, un véritable impôt, aussi forcé que tout autre. Caligula (Suét. 42) se fit payer tribut à la naissance de sa fille, sous prétexte qu'il n'avait pas le moyen de la nourrir. Néron (Suet. 38) épuisa les provinces, à force d'en recevoir et d'en exiger des dons de cette espèce après l'incendie de Rome. Titus au contraire (Suét. 7) refusa même ce que l'usage et les convenances lui permettaient d'accepter, *ne concessas quidem ac solitas collationes recepit.* Déjà Auguste (comme lui-même le déclare dans le Monument d'Ancyre) avait refusé plusieurs fois l'*aurum coronarium*, que, dès le temps de la république, les peuples offraient aux généraux vainqueurs.

Donativum reddidisse, congiarium obtulisse. Schwartz pense qu'ici *reddidisse* a le même sens que le simple *dedisse.* L'opposition de ce verbe avec *obtulisse* me fait croire plutôt qu'il signifie *payer;* car le don militaire était une dette que la coutume, sinon la loi, imposait aux princes à leur avénement.

Nihil retinuissent. Ces deux mots ne sont dans aucun de nos mss. Schwartz les a empruntés aux anc. édd. Schæfer a imprimé *detinuissent;* mais il déclare en note qu'il préfère *retinuissent.*

Nec auferas quidquam. Cette leçon est celle du ms. 7840. Comme Schwartz l'avait déjà vue dans celui de Wolfenbuttel, et qu'il la trouve bonne, je l'ai admise, au lieu de *et nihil auferas.* A la suite de ces derniers mots, le n° 7805 porte, *ut si nihil largiaris et auferas omnia*

supersint. Schwartz, qui note cette addition, écrit.... *et auferas omnia, supersint omnia :* c'est une erreur, si son cod. paris. est le nôtre; *omnia* ne s'y trouve qu'une fois. Il est probable au reste que l'incise ajoutée est une glose : elle rendrait la période lente et ennuyeuse à force de symétrie. Le n° 7840 n'en offre pas la moindre trace, non plus que 8556. Celui-ci manque même d'une négation indispensable : il porte, *tibi cum tam multa largiaris et auferas omnia supersint.*

XLII. *Voconiæ et Juliæ leges.* La loi des Douze Tables appelait à la succession du père tous les enfants et petits-enfants qui étaient en sa puissance, et cela sans distinction de sexe (Instit. III, 1, § 1). Mais on trouva que cette loi, ne restreignant pas assez les richesses des femmes, aussi leur porte ouverte au luxe, qui est inséparable de ces richesses. En l'an 584, le tribun T. Voconius en fit rendre une autre, qui ôtait le droit d'hérédité, soit testamentaire, soit *ab intestat*, aux filles de tout citoyen possédant une certaine fortune, que Gaïus, *Instit.* II, § 274, fixe à cent mille sesterces. Un père pouvait seulement laisser à sa fille des legs d'une quotité déterminée. Comme cette rigueur du droit était contraire aux sentiments naturels, on l'éludait par le moyen des fidéicommis, sans parler des autres contraventions que sans doute on ne manquait pas de se permettre. C'était une riche matière pour les délateurs, intéressés par des récompenses à faire rentrer au fisc ou au trésor les legs illicites et les héritages caducs. Le liv. 27 de l'Esprit des Lois de Montesq. fait parfaitement comprendre cette loi Voconia. Elle fut adoucie, dans quelques-unes de ses dispositions, par la loi Papia Poppéa, dont nous avons parlé plus haut, et qui elle-même était destinée à compléter la loi Julia, *de Maritandis ordinibus.* Pline parle de ces lois au pluriel, à cause du grand nombre de titres dont elles étaient composées.

Majestatis... crimen. Voyez, sur la loi de majesté, Tacite, Ann. I, 72, et *passim;* Montesq. *Grand. et décad. des Rom.* 14.

Reddita est amicis fides, etc. Tac. Hist. I, 2 : *Odio et terrore corrupti in dominos servi, in patronos liberti; et, quibus deerat inimicus, per amicos oppressi.*

Servile bellum. Allusion aux révoltes d'esclaves, qui avaient mis plus d'une fois la république en péril. Voyez not. sur Tacite, t. II, p. 412.

Principem illum. Domitien.

XLIII. *Nunc quia scriptus*, *nunc quia non scriptus.* Sous les Caligula, les Néron, les Domitien, il fallait qu'un père de famille léguât une partie de sa fortune à l'empereur, s'il voulait conserver l'autre partie à ses enfants ou à l'héritier de son choix. C'est ainsi qu'Agricola nomma Domitien cohéritier de sa femme et de sa fille. Ce tyran, aveuglé par la flatterie, ne voyait pas, dit Tacite, que les bons pères de famille ont les héritiers que les mauvais princes. Caligula (Suét. 38) cassa, sous prétexte d'ingratitude envers César, les testaments de tous les centurions primipilaires qui, depuis le commencement du règne de Tibère, n'avaient rien légué, soit à ce prince, soit à lui-même. Et en général il annulait tout testament où il n'était pas nommé, pour peu qu'un délateur vînt dire que le défunt avait manifesté quelquefois l'intention de tester en faveur de César. Voyez d'autres exemples pareils dans Suétone, Nér. 32; Domit. 12. — Quant au texte de cette phrase, il était fort altéré dans les anciennes édd. Schwartz l'a définitivement constitué tel que nous le donnons, et tel qu'il se trouve dans nos trois mss.

Falsis... iniquis tabulis. Des testaments supposés ou injustes. — Plus bas, *furor* n'est pas la folie proprement dite, qui rend incapable de tester; c'est la folie momentanée qui naît de la colère : *Ira furor brevis est.*

Cesserit parum gratus. L'ingratitude était la cause la plus ordinaire de la rescision des testaments.

Hausta et implicata. Telle est la leçon adoptée par Gesner et par Schwartz. Ce dernier dit avoir trouvé *implicata* dans le ms. de Venise; et ce mot répond en effet à *laqueis,* comme *hausta* répond à *hamos.* Nos trois mss. ont *hausta et multiplicata.* Cette variété de leçons vient, selon Gesner, de ce que quelque copiste ayant écrit *aucta* pour *hausta,* un second aura changé *implicata* en *multiplicata,* pour que les deux participes fussent mieux en rapport l'un avec l'autre. Mais *hausta* me semble inattaquable, à cause de la justesse de la métaphore et de l'accord des mss. Lucien, dans un sujet semblable, se sert de la même figure, *Dialog. Mort.* 8 : Καὶ νῦν Ἑρμόλαος ἔχει τἄμὰ, ὥσπερ τις λάβραξ καὶ τὸ ἄγκιστρον τῷ δελέατι συγκαταπάσας.

XLIV. *Et afferebas excusationem adoptati.* Cette leçon, qui est celle des mss. 7805 et 8556, et de l'éd. de S.-G., fait un sens excellent. Pline dit à Trajan que, si lui-même a éprouvé que c'était une tâche pénible de succéder à Nerva, personne cependant n'aurait eu le droit de lui demander pourquoi il s'en était chargé : il n'avait pas désiré l'empire; c'est l'adoption qui le lui avait donné, et il l'avait reçu par obéissance. Schwartz et Gesner, qui préfèrent *adoptanti,* et qui expliquent, « vous alléguiez cette excuse à Nerva quand il vous adoptait, » semblent oublier que ni Dion ni Pline ne disent que Nerva eût consulté Trajan avant de l'adopter, et que d'ailleurs l'un était à Rome et l'autre en Germanie. En supposant que Trajan, dans sa réponse à Nerva, ait employé des formules de modestie, ce n'est pas à cela que peut faire allusion le mot *excusationem,* puisque l'imparfait *afferebas,* en relation avec *expertus et ipse es,* se rapporte évidemment au temps où déjà Trajan était empereur. Comp. tout le chapitre 9, ci-dessus.

An prona parvaque sunt, etc. Pline parle trop comme un esclave récemment délivré : on dirait que le joug de Domitien pèse encore sur sa tête. Ne pas faire acheter la sûreté aux dépens de l'honneur est le premier devoir de tout gouvernement : ce n'est pas là un éloge.

Acuuntur isto integritatis et industriæ pretio similes, dissimiles alliciuntur. Avant Schwartz on lisait *isti,* que ce critique, d'après une conject. de J. Lipse, a changé en *isto :* cette leçon, parfaitement claire, est aujourd'hui reçue. L'éd. de J. de la Baune porte, *acuuntur isti integritatis et industriæ pretio: similes, dissimiles alliciuntur,* ce qui est le texte de nos trois mss. et de l'éd. de S.-G., sauf la ponctuation, et l'altération du premier mot, écrit dans l'édit. *accuuntur,* dans le ms. 7840 *acciuntur,* dans les deux autres *accuntur.* « Malgré l'heureuse correction due à J. Lipse, dit Gesner, « Arntzénius a pourtant mieux aimé *manger du gland,* « βαλανηφαγεῖν, » c'est-à-dire qu'il a préféré l'ancien texte. La critique de Gesner n'est pas polie, et de plus elle n'est pas juste. On peut, sans mériter d'être *renvoyé au gland* primitif, soutenir une leçon donnée par tous les mss., et même en tirer un sens qui est tout à fait dans le goût de Pline; le voici : « Les prix de l'intégrité et du talent sont « un aiguillon pour l'homme qui les reçoit, un attrait « pour ceux qui lui ressemblent; ajoutons même pour « ceux qui ne lui ressemblent pas. »

XLV. *Præfecturam morum.* Depuis la chute de la république, la censure n'existait plus. César (Suét. 76) s'en fit donner les pouvoirs sous le titre de *præfectura morum.* Auguste prit comme lui la surveillance perpétuelle des mœurs, sans accepter le nom de censeur : toutefois, en 732, il nomma deux censeurs, L. Munatius Plancus et Paulus Æmilius Lépidus (Dion, LIV, 2), et ce furent les deux derniers particuliers qu'on vit revêtus ensemble de cette dignité. Claude (Suét. 16) se nomma censeur, et s'associa L. Vitellius. Enfin Domitien joignit à ses autres titres celui de censeur perpétuel, qui se trouve sur plusieurs de ses médailles. Pline nous apprend ici que Trajan ne voulut être ni censeur ni préfet des mœurs. Cf. Beaufort, Rép. rom., t. III.

Flexibiles... ducimur a principe. Comparez Massillon, *Petit carême,* Exemples des grands. Claudien, *Cons. Honor.* 299, a dit aussi :

*Componitur orbis
Regis ad exemplum; nec sic inflectere sensus
Humanos edicta valent, quam vita regentis.
Mobile mutatur semper cum principe vulgus.*

XLVI. *Obtinuit aliquis, etc.* Domitien (Suét. 7) avait interdit la scène aux histrions ou pantomimes, en leur laissant toutefois le droit d'exercer leurs talents dans leurs maisons. Déjà, sous Néron, ces baladins avaient été chassés d'Italie et rappelés ensuite. Voyez Tacite, Ann. XIII, 25, XIV, 21, et la note, t. III, p. 400; de plus, Suétone, Nér. 16.

Utrumque recte. Pline veut louer également Trajan et Nerva, qui avaient fait tout le contraire l'un de l'autre. Il était difficile qu'il trouvât pour cela un argument bien solide. Si un mauvais prince a fait quelque chose de bien, pourquoi donc le défaire? Mais Nerva était un prince faible, qui avait cédé aux clameurs populaires : Trajan, plus fort et en même temps plus adroit, impose au peuple sa propre volonté.

Scenici imperatoris. Néron. Voyez Suétone, 20 *sqq.;* Tacite, Ann. XVI, 4, et *passim.*

Tum tuo seculo nihil est, etc. Schæfer, d'après Gesner, lit *tuo in seculo,* sans *tum.* D'abord *tum* est nécessaire pour répondre à *quum,* qui commence la période : ensuite il est dans nos trois mss. ; seulement ils ont *tum in seculo;* le 7840 a un petit *o* sur la finale de *tum.* Peut-être faudrait-il lire, avec Schwartz, *tum tuo in seculo,* ou s'en tenir à la leçon des mss. *tum in seculo;* ce chapitre même offre déjà un exemple de *seculum* employé sans déterminatif, et le Panégyrique en renferme plusieurs autres. Quant à *quum ita comparatum sit,* le ms. 8556 porte *cum ita comparatum est sit ut, etc.;* d'où je conclus que le mieux serait de lire, *quum ita comp. est,... tum, etc. Sit* peut avoir été introduit après la disparition de *tum,* ou à cause de l'habitude où l'on est de joindre *quum* au subjonctif, mode qui n'est point admis dans la formule *quum...tum,* signifiant *d'un côté... d'un autre côté.* Cependant, comme le subjonctif peut subsister sans trop altérer le sens, j'ai cru ne devoir rien changer. Voyez Méth. latine, § 480, et la Rem.

Qui est tranquillissimus status. Je ne sais pourquoi Schæfer supprime *est.* Ce verbe est dans tous nos mss. — Quant au fond de la pensée, on pourrait se demander s'il est vrai que les honnêtes gens puissent vivre tranquilles, quand les méchants ne craignent rien; au moins faudrait-il que ces derniers eussent la crainte des lois. Il est fâcheux, disait le consul Fronton, en parlant de Nerva, d'avoir un prince sous qui rien n'est permis, plus fâcheux d'en avoir un sous qui tout est permis (Dion, LXVIII, 1).

XLVII. *Dicendi magistris.* Trajan aimait les savants, quoique lui-même n'eût qu'un savoir borné et une éloquence médiocre. Aurél. Vict. *Epitome,* 13.

Sapientiæ doctoribus. Trajan était peu versé dans l'étude spéculative de la philosophie; mais il en pratiquait les œuvres, et sa philosophie était en action. Dion, LXVIII, 7.

Exsiliis puniebat. Domitien chassa tous les philosophes de Rome et de l'Italie (Tacite, Agr. 2; Suétone, Dom. 10). Aulu-Gelle, XV, 11, nous apprend que ce fut à

cette occasion qu'Épictète se retira de Rome à Nicopolis.

Publicarum ædium nomine. L'empereur était en même temps grand pontife ; et, comme l'a remarqué J. Lipse, la loi voulait que le grand pontife habitât *in publico.* Auguste, au lieu de se loger dans un édifice public, avait ouvert au public une partie de son palais (Dion, LIV, 27). Nerva et Trajan ne faisaient que renouveler cet ancien usage, tombé en désuétude sous des princes qui se renfermaient chez eux comme dans une forteresse.

Juxta te tamen. Telle est la leçon de Schwartz et de nos trois mss. Schæfer omet *te.*

XLVIII. *Multo rubore suffusa.* Voyez Tacite, Ag. 45, et la note, t. VI, p. 428.

Secretumque captantem. Domitien (Suét. 3) avait l'habitude de se renfermer des heures entières dans son cabinet, pour y méditer ses vengeances. Cf. Tacite, Agr. 39.

XLIX. *Non solitudine.* Ce mot est opposé à *civium celebritate.* Au lieu de *solitudine,* Schæfer imprime encore *altitudine,* quoique Gesner déclare qu'il ne sait d'où vient cette leçon. Tous les mss. ont *solitudine.*

Num autem serias, etc. Ici *num* convient, parce que la réponse doit être négative : aussi la leçon n'est-elle pas contestée.

Non remissionibus tuis, etc. Cette question et toutes les suivantes doivent commencer par *non,* pour *nonne,* parce qu'elles supposent des réponses affirmatives : aussi deux de nos mss. et l'éd. de S.-G. ont-ils uniformément *non.* Le n° 7840 varie entre *non* et *num.* Schæfer lit, *num remissionibus tuis*; aux autres interrogations, il met *non.*

Ante medium diem. Suétone, 21, rapporte que Domitien faisait, au milieu du jour, un repas abondant, et qu'au repas du soir, appelé *cœna,* qui était le principal chez les Romains, il ne prenait presque rien.

Plenus ipse et ructans. Ce tableau de Domitien à table, que l'orateur applique négativement à Trajan, est rempli de détails qui répugnent à notre délicatesse. Je doute que personne, prince ou particulier, fût flatté d'un éloge qui, suivant l'expression d'un commentateur, se réduit à dire : *Tu non es porcus.* Pline même aurait-il adressé en face de tels compliments à l'empereur ? Il les lut devant un auditoire bienveillant, réuni pour entendre une composition ingénieuse et savamment étudiée : là il était plus libre que devant le sénat et le prince. Du reste, j'ai affaibli le moins qu'il m'a été possible les traits de cette peinture : mais je les ai rendus à Domitien, en substituant la troisième personne à la seconde. Le sens n'y perd rien, et les convenances de notre langue sont mieux observées.

Peregrinæ superstitionis mysteria. Juste-Lipse entend ces mots des prêtres d'Isis, de Bellone et de Cybèle, qui, venus d'Égypte, de Cappadoce ou de Syrie, affluaient à Rome, et promenaient par les bourgs et par les maisons leur charlatanisme, leurs danses bizarres et leur mendicité, prédisant l'avenir ou égayant les festins pour de bonnes rétributions. Voyez Juvénal, Sat. VI, 511, et Apulée, liv. 8, et liv. 9 *initio.* Quant au texte, j'ai gardé la leçon *mysteria,* que défend Schwartz, et qui est généralement reçue. Deux de nos mss. ont *ministeria,* le n° 7840 *ministeria,* et l'éd. de S.-G. *misteria.* Schwartz convient que *ministeria* se trouve encore dans d'autres mss. qu'il ne désigne pas. Il pourrait se faire que ce fût la véritable leçon, dans le sens de *ministri,* ce qui ne changerait en rien la pensée de l'auteur.

Inde tibi parcus et brevis somnus. Pline ne veut pas dire que Trajan dort peu, à cause de la sobriété de ses repas : Dion, LXVIII, 7, nous apprend que Trajan aimait le vin. *Inde* ne marque pas conclusion, il marque succession : l'auteur a parlé des heures consacrées au travail et aux audiences, ensuite des heures du délassement et de la table ; il arrive enfin à celles du sommeil ; et il a montré ainsi tout l'emploi de la journée.

L. *Nec unius oculis...* jusqu'à *majus est.* Ce passage est un de ceux que le P. Bouhours cite avec éloge, ainsi que la phrase qui commence par *Tanta benignitas,* à la page suivante.

Nec jam clarissimorum virorum, etc. Comparez les plaintes éloquentes de Cicéron, *Philipp.* II, 26 *sqq.,* au sujet de la maison de Pompée envahie par Antoine.

Domini scientis. La leçon *scientis,* appuyée par tous les mss., défendue par Gronovius, par Gesner, par Schwartz, et par Ernesti, est inattaquable. C'est donc à tort que Lallemand a gardé la vieille conjecture *non servientis.* Cependant les critiques que je viens de citer expliquent mal *domini scientis.* Ces mots ne se rapportent pas à Trajan ; il ne s'agit pas non plus d'un propriétaire qui, possédant un nombre borné de domaines, peut les connaître tous. Pline veut dire que les maisons des grands citoyens de l'ancienne Rome appartiennent maintenant à des maîtres qui connaissent tout le prix d'une telle possession, et qui savent quels souvenirs de gloire s'attachent à ces demeures illustres, à ces demeures qui, comme dit Pline, *Hist. Nat.* XXXV, 2, reprochaient chaque jour à un propriétaire sans vertu qu'il entrait dans le triomphe d'autrui, *exprobrantibus tectis quotidie imbellem dominum intrare in alienum triumphum.* C'est à ces indignes détenteurs d'héritages usurpés que le panégyriste oppose des maîtres capables d'apprécier les biens qu'ils possèdent : *domini scientis.*

Illos magni aliquando imperatoris hortos. Les Romains appelaient *horti* ce que les Italiens nomment aujourd'hui une *villa,* c.-à-d. une maison de plaisance avec ses jardins, son parc, ses viviers, ses chasses et toutes ses dépendances. Il est évident qu'il s'agit ici des *villa* de Lucullus, ou de Pompée, ou de quelque autre grand capitaine de Rome libre. — Schwartz remarque que *aliquando* manque dans son ms. Il est dans les trois nôtres.

Quod judicio accepisti. Trajan devait ses biens à la volonté libre, au jugement éclairé de son père adoptif, et non, comme tant d'autres, au hasard, ou à la spoliation des citoyens.

LI. *Immanium transvectione saxorum.* Pline semble avoir emprunté à son oncle cette déclamation contre les masses de pierre, dont le transport ébranle les maisons et fait osciller le faîte des temples. Celui-ci, *Hist. Nat.* XXXVI, 2, remarque, avec une sorte d'indignation, que M. Scaurus, beau-fils de Sylla, décora sa maison, sur le mont Palatin, de colonnes de marbre hautes de trente-huit pieds, et que, lorsqu'on les y transporta, l'entrepreneur des égouts se fit donner caution pour le dommage qu'elles pourraient causer. « Et ces masses énormes, « ajoute-t-il, étaient traînées au domicile d'un particulier ! » Apparemment celles qui servaient à construire les édifices publics n'ébranlaient pas moins, sur leur passage, les voûtes et les murailles : or Pline le jeune va louer Trajan de ce qu'il élève des portiques, des temples, un cirque digne du peuple roi. Le fait est que Trajan aimait à bâtir, et qu'il remplit Rome et les provinces de monuments de toute espèce. Aurél. Vict. *Epitom.* 41, rapporte que Constantin le comparait à la pariétaire, à cause du grand nombre d'édifices sur lesquels son nom était inscrit (cf. Amm. Marc. XXVII, 3). Mais Trajan bâtissait pour le public, et Domitien pour lui-même ; et c'est ce contraste que l'orateur a voulu signaler. On peut voir, au sujet du palais de Domitien, les adulations emphatiques de Stace, *Silv.* IV, 2, et les justes censures de Plutarque, Vie de Publicola, 15.

Satis est tibi nimiumque, etc. Je lis cette phrase comme elle se trouve dans nos trois mss. L'édition de S.-G. et beaucoup d'autres, au lieu de *magnum*, portent *magis*, dont on a fait par conjecture *mavis*, qu'ont adopté Gesner et Schæfer. Pourquoi n'en avoir pas fait plutôt *majus*? — J'avais ponctué ainsi dans la première édition : *Satis est tibi nimiumque, quam successeris frugalissimo principi; magnum*, etc., et j'avais traduit : « C'é-« tait beaucoup de succéder à l'économie de Nerva; c'est « plus encore de trouver du superflu à retrancher sur ce « qu'il vous a laissé comme nécessaire. » Ce sens, pris en lui-même, est d'une justesse incontestable ; mais est-il facile de le trouver dans le texte latin, sans en forcer un peu la construction? Il s'en présentait un autre, qui pourrait séduire au premier abord : « Succédant à un prince « très-économe, vous avez plus de biens qu'il ne vous en « faut. » Mais comment lier cette pensée à la suivante : « C'est une grande action de retrancher quelque chose à ce « qu'un tel prince vous a laissé comme nécessaire? » car enfin ce prince a dû laisser d'autant plus de biens qu'il était plus économe, et alors il y a peu de mérite à trouver du superflu dans son héritage. Aussi peu satisfait de mon commentaire que de ceux des autres, j'ai proposé, dans une note additionnelle placée à la fin du volume, une nouvelle explication à laquelle je m'en tiens, et que je crois la véritable. Elle consiste à entendre par *frugalissimo* un homme qui retranche non-seulement sur ses dépenses, mais encore sur ses possessions. Or, Dion, LXVIII, 2, nous apprend que Nerva rendit tout ce qui existait encore dans le trésor des confiscations de Domitien, qu'il fit au peuple de grandes distributions de terres, qu'il vendit, pour subvenir aux besoins de l'État, beaucoup de meubles et d'effets précieux du palais, ainsi que des domaines et des maisons qui lui appartenaient en propre. D'un autre côté, nul doute que *homo frugi* ne signifie un homme *désintéressé*, aussi bien qu'un homme *économe* : selon Cicéron, *Tuscul*. III, 8, *frugalitas* contient toutes les vertus; et, entre autres vices auxquels le philosophe oppose cette qualité, il nomme spécialement l'avarice. Je mets donc deux points après *nimiumque*, et je traduis ainsi : « Vous croyez avoir assez et trop de biens : suc-« cesseur du plus désintéressé des princes, il est beau de « trouver du superflu à retrancher sur ce qu'un tel prince « vous a laissé comme nécessaire. » Une traduction italienne de M. l'abbé Imbimbo, publiée à Naples en 1830, mais dont je n'ai eu connaissance qu'en faisant imprimer ma seconde édition, ponctue le latin exactement comme je le fais, et le rend ainsi : « Abbastanza tu reputi possedere, ed anche troppo : ed essendo ad un *parcissimo* principe succeduto, gran fatto è rifiutare alcuna delle cose che quegli come necessarie lasciò. » Cette traduction ne diffère de la mienne que par la manière de rendre *frugalissimo*; là, je crois, est tout le nœud de la difficulté.

Recidere. Ici j'ai cédé, peut-être à tort, à l'autorité des critiques. Nos trois mss. et l'anc. éd. portent *rejicere*. Il est vrai que *amputare* semble appeler *recidere* : et le sens général est d'ailleurs le même.

Occulta celeritate. Une célérité qui échappe aux regards, qui est telle qu'on voit la fin de l'ouvrage sans en avoir remarqué les progrès ; une vitesse, pour ainsi dire, occulte, magique; un enchantement enfin. Ces mots fixent le sens de *commutata* : en voyant ces grands édifices achevés en si peu de temps, on dirait que le terrain qu'ils occupent, ou les bâtiments qu'ils ont remplacés, n'ont fait que subir un changement de forme, une rapide métamorphose. Comparez ci-dessus, ch. I.

Hinc immensum, etc. Schæfer, *hic*. J'ai suivi Schwartz et les mss. 7840 et 8556.

Proprius spectandi Cæsaris suggestus. Telle est la leçon des mss., et rien n'autorisait Schwartz à substituer *spectanti Cæsari*, à *spectandi Cæsaris*. Il ne faut cependant pas entendre, comme Gesner, *in quo Cæsar spectandus proponeretur* : il ne s'agit nullement de cela. *Spectandi* est un gérondif génitif, qui détermine *suggestus*. Ces deux mots doivent être réunis par la pensée en une sorte de composé, analogue aux composés allemands de même signification, schaustuhl et schauzimmer. *Spectandi-suggestus* forme ainsi une expression complexe, qui signifie tribune pour regarder, loge, et qui est déterminée par *Cæsaris* (loge de César). Rien n'est mieux constaté que cet emploi simultané du gérondif en *di* et d'un autre génitif. Sanctius, *Minerve*, III, 8, l'explique d'une manière peu satisfaisante, et il en cite un grand nombre d'exemples. Je ne lui emprunterai que le suivant, tiré de Cicéron, *de Invent*. II, 2 : *Ex majore enim copia nobis, quam illi, fuit exemplorum eligendi potestas ;* où *eligendi potestas* forme une idée unique, de laquelle dépend l'autre génitif, comme si l'on disait *optio exemplorum*, et en français : « nous avons *le choix* (le pouvoir « de choisir) parmi de plus nombreux exemples. » Il n'y a donc rien à changer au texte de Pline, et la correction que propose Schæfer, *proprius spectandi Cæsari suggestus*, n'est pas plus nécessaire que celle de Schwartz. Je ne dois pas laisser ignorer que M. Imbimbo, qui explique fort bien *spectandi suggestus*, fait dépendre *Cæsaris*, non de ce terme synthétique, mais de *proprius*. Cette solution, fort plausible au premier coup d'œil, le serait encore davantage, si *Cæsaris* était placé immédiatement à côté de cet adjectif, et si l'autre explication, fondée sur une analogie générale, et rendant compte de toutes les constructions semblables, ne devait par là même être préférée.

Cubiculum principis. Cette tribune de l'empereur était placée parmi les siéges des sénateurs. Pline l'appelle *icubiculum*, parce que le prince y était renfermé comme dans une véritable chambre, tandis que, le cirque et les théâtres n'ayant pas de toit, le reste des spectateurs était exposé aux injures de l'air. C'est Jules César qui le premier se fit construire une tribune particulière au théâtre ; et Suétone, 76, compte cet acte parmi ceux qui lui attirèrent le plus de haine.

Locorum quinque millia. Juste-Lipse et Gesner trouvent que cette addition de cinq mille places est bien peu de chose, quand le cirque contenait, dès le temps de Jules César, deux cent soixante mille spectateurs (Pline, XXXVI, 24). Peut-être un copiste aura-t-il fait erreur dans le nombre.

LII. *Sic fit ut dei... servent*. La forme *dei* pour *dii* est rare, mais elle n'est pas sans exemple. Plaute, *Trinum*., II, 4, 89, *dei divites sunt*. Ce mot va donc très-bien avec *servent*. Mais Schwartz cite un ms. de Padoue, qui a *serves*; alors *dei* serait au génitif, et Pline dirait à Trajan : « Vous êtes un dieu pour les hommes, parce que vous n'u-« surpez point les honneurs des dieux, » à peu près comme Horace dit à Auguste, *dis te minorem quod geris, imperas*. Mais un seul ms. ne peut prévaloir contre tous les autres. D'ailleurs, que l'on examine la phrase, et l'on verra que *ipse*, sujet du second verbe, est nécessairement opposé au sujet du premier; ce qui ne pourrait être si tous deux se rapportaient à Trajan.

Quum deorum ipse non appetas. J'ai suivi le texte de Gesner, *appetas*, au lieu d'*adeptus*. Quelques mss. seulement portent *sis adeptus*; et il est très-probable que *sis* aura été introduit par quelque copiste, que choquait avec raison *adeptus* isolé et sans verbe. Mais cet isolement même d'*adeptus* me porte à croire que ce participe aura pris la place du verbe *adpetas* ou *appetas* (Juste-Lipse avait conjecturé *adoptes*). Toutefois Schwartz aimerait beaucoup mieux la phrase lue de cette manière : *Sic fit ut summum inter homines fastigium serves, quum deorum ipse non sis adeptus*. Mais la suppression de *dei* est

trop arbitraire ; et *ipse*, n'étant plus opposé à rien, devient inutile. Ce critique entend d'ailleurs, par *non sis adeptus*, vous n'avez pas pris, *non capessieris*; ce qui est peut-être forcer un peu le sens d'*adipisci* (obtenir, atteindre).

Atrocissima effigies. Il s'agit sans doute de cette statue équestre de Domitien, que Stace, *Silv.* I, 1, célèbre avec une emphase qui montre jusqu'où pouvait aller, dans ces temps de tyrannie et de bassesse, le génie de l'adulation.

LIII. *Vindicatus Nero.* Domitien, pendant la dernière année de son règne, était préoccupé de l'idée qu'il périrait victime d'une conjuration. Pour apprendre à ses serviteurs qu'il est toujours dangereux d'attenter à la vie d'un maître, il fit mourir l'affranchi Épaphrodite, qui avait aidé Néron à s'enfoncer le poignard dans la gorge. Suétone, *Dom.* 14.

LIV. *Commissionibus.* Les jeux de la scène, et entre autres, ces combats où les orateurs et les poëtes se disputaient le prix de leur art. Auguste (Suét. 89) ne voulait pas non plus que son nom y fût prononcé : *Admonebat prætores ne paterentur nomen suum commissionibus obsolefieri.* Cf. Suét. 43, *commissione ludorum*. Gesner et Ernesti soutiennent avec raison la leçon *commissionibus*, admise à la place de *commessationibus*, qui du reste est dans nos mss.

Saltarentur. Cette expression, d'une ironie si neuve et si mordante, se retrouve dans le Dial. de Tac. sur les Orat., ch. 26 : *Jactant cantari saltarique commentarios suos* : On chante, disent-ils, on danse leurs plaidoyers.

Menses etiam.. nomini Cæsarum dicabamus. Deux mois de l'année portaient déjà et portent encore les noms de deux Césars, Jules et Auguste; et sans doute ce n'est pas de ceux-là que l'orateur veut parler : mais Domitien (Suét. 13), après avoir usurpé le surnom de Germanique, appela le mois de septembre Germanicus, celui d'octobre Domitianus. Avant lui, Néron (Suét. 55 ; Tac., Ann. XV, 74) avait donné son nom au mois d'avril, et, comme Néron s'appelait aussi Claudius Germanicus, on avait voulu que mai devînt Claudius, et juin Germanicus (Tac., Ann. XVI, 12). Plus anciennement encore, ce nom de Germanicus avait été appliqué à septembre par Caligula (Suét. 15). Ces honteuses innovations ne survivaient pas aux princes qui les avaient ordonnées; et le sénat se hâtait d'en purger le calendrier, dès qu'il était délivré de la crainte du tyran. Cf. Macrobe, Saturn. I, 12, *extremo*.

Ad usum munusque justitiæ. Pour l'usage de la justice, c.-à-d. afin d'user, de jouir de ce qui est juste; pour une fonction de justice, c.-à-d. afin d'être les ministres de la justice et d'en faire jouir les autres.

Trabibus aut saxis. Par le mot *trabibus* il faut entendre, non des poutres de bois, mais ces pierres transversales qui sont posées sur les colonnes d'un édifice et forment l'architrave. Horace, Od. II, 18, les désigne de la même manière : *Non trabes Hymettiæ premunt columnas ultima recisas Africa*.

LV. *Aut decernimus nos, aut tu non recusas.* Schwartz et Gesner rejettent les deux *aut*, qui sont pourtant dans nos trois mss. et dans beaucoup d'autres. Ils semblent même nécessaires pour appeler davantage l'attention du lecteur sur la modestie de Trajan, qui, parmi les honneurs que lui offre le sénat, n'excepte de son refus que les moins éclatants.

Quod omni liberas suspicione. Si Trajan refusait tous les honneurs que le sénat lui décerne, on pourrait supposer que le sénat ne sait pas en choisir qui soient dignes du prince, ou que le prince ne les trouve pas offerts avec les sentiments d'une assez pieuse reconnaissance. Voilà le soupçon à l'abri duquel Trajan met le sénat en acceptant quelques honneurs, mais seulement les plus modestes. — Schwartz est le premier qui ait fait connaître le texte complet de cette phrase, et Gesner l'a donné d'après l'indication fournie par ce critique : notre ms. 7840 vient à l'appui de ceux dont Schwartz s'autorise. Du reste, tous ont *quod omni*, qui paraît appelé par *quod sumptibus*; cependant Schwartz a imprimé, par conjecture, *quos omni*, qui est peut-être meilleur. Avec *quod* il faut sous-entendre *nos*.

LVI. *Necdum de biennio loquor.* Pline prit possession du consulat le premier septembre de l'an 100 de notre ère, et c'est alors que dut être prononcé devant le sénat le discours dont ce Panégyrique n'est que le développement. Près de trois ans s'étaient écoulés depuis l'adoption de Trajan, qui avait eu lieu vers la fin de 97. L'orateur remarque ici qu'il n'a pas encore fait l'histoire de deux années. Et en effet il n'a pas encore parlé du troisième consulat de Trajan, qui commença le premier janvier de l'an 100, ni des comices où Trajan fut nommé à ce consulat, ni du refus qu'il en avait fait avant son retour à Rome, ni même (si ce n'est par allusion, *sup.* XII) du deuxième consulat qu'il avait exercé sur les bords du Danube. Le *biennium* du texte ne désigne donc pas le temps qui s'écoula entre l'avénement de Trajan et les actions de grâces que Pline lui adressa étant consul.

Secundum consulatum recepisti. Trajan fut consul pour la seconde fois le premier janvier 98, quelques semaines après son adoption, lorsque Nerva vivait encore.

Gestum non in hoc, etc. Ces mots sont une apposition à la phrase précédente; voilà pourquoi *gestum* est à l'accusatif. Avant Gesner on lisait *gestus*. Le ms. 7840 confirme la leçon *gestum*, que Schwartz avait déjà trouvée dans plusieurs autres.

Decora facies! consulis... tribunal, etc. C'est à tort que quelques-uns construisent, *Decora facies consulis*. Comp. sup. XXXV, *Memoranda facies! delatorum classis, etc.*; et inf. LXXXII, *Fœda facies!, quum...*

Tribunal viridi cespite exstructum. Le tribunal ou tertre de gazon sur lequel le général se plaçait pour haranguer son armée, écouter les plaintes et rendre la justice. Ce tribunal était élevé à la tête du camp, où étaient aussi les aigles et les étendards.

Certam fori pacem. Cette leçon, donnée par tous les mss., est inattaquable. Elle s'oppose parfaitement à *campos immanes*, c.-à-d. *infestos, hostiles, barbaros* (cf. Cic. pro Marc. 3 : *gentes immanitate barbaras*). Quant au peu de convenance de *victoris vestigia premere* avec *fori pacem*, qui ne sait que très-souvent en latin le verbe ne convient qu'à celui des régimes dont il est le plus près, et que la phrase n'en est pas moins claire? C'est donc sans aucun fondement qu'à *pacem* la plupart des édd. ont substitué *partem*.

Imminere minacibus ripis. Comme ceux qui gardaient les rives du Rhin, à l'abri de bons retranchements, et occupaient ces camps fortifiés dont Tacite parle si souvent dans les Ann., et surtout dans les Histoires.

Spernere barbaros fremitus. Comme Trajan, sur les bords du Danube, en face de Décébale et des Daces.

Apud imagines. Sur le tribunal de gazon dont nous venons de parler, on plaçait, dans les occasions solennelles, l'image du prince, afin qu'il reçût, comme s'il était présent, les hommages de l'armée ou des nations étrangères (cf. Tacite, Ann. XV, 29; Dion, LXII, 23). C'était devant cette effigie qu'on le saluait *imperator*, lorsqu'un de ses lieutenants avait remporté quelque victoire.

LVII. *Excusatus honoribus.* Lallemand lit *exsatiatus*, leçon introduite par Cuspinien, et qui n'est dans aucun ms. *Excusatus*, avec le datif, est bon. Tacite, Ann. I, 12 : *Nequaquam decorum pudori suo legere aliquid aut evitare ex eo cui in universum excusari mallet.*

Dialog. sur les Or. 5 : *Faciam quod probi et modesti judices solent*, *ut his cognitionibus se excusent*, etc. Avec *expletus*, il faut sous-entendre de nouveau *honoribus*, mais à l'ablatif.

In se transferebant. Othon, après avoir usurpé l'empire au commencement de janvier, se nomma consul avec son frère Titianus pour le premier mars, quoique l'année entière eût déjà été réglée par Galba ou par Néron. Tacite, Hist. I, 77, et la note.

Principatus sui fine. A la nouvelle des mouvements de Vindex et de Galba, Néron, sous prétexte que les Gaules ne pouvaient être vaincues que par un consul, destitua ceux qui étaient en exercice, et se subrogea seul à leur place. Suétone, Nér. 43.

Nihilque imputari in eo, etc. J'ai dû reproduire exactement cette phrase, un peu obscure à force de finesse. Pline veut dire : « Ceux qui trouveraient que le nombre de « vos honneurs est trop grand ne peuvent vous porter en « compte ce consulat, vous le reprocher, puisque vous l'a- « vez reçu par obéissance ; par la même raison, il ne peut « non plus servir d'exemple et d'excuse à l'ambition d'un « autre. » Voilà une face de la pensée ; en voici une seconde : « L'honneur que vous fait votre obéissance, et l'exemple de « soumission qu'elle donne à autrui, sont les seules choses « dans ce consulat dont on puisse vous tenir compte, vous « remercier. » Cette double interprétation était-elle présente à l'esprit de l'auteur ? ou résulte-t-elle uniquement, mais nécessairement, de la double acception d'*honor* (magistrature et gloire) et de la grande généralité du mot *exemplum* ? La dernière hypothèse me paraît la plus probable. Beaucoup d'équivoques apparentes tiennent à la plus ou moins grande compréhension des mots latins, et pouvaient fort bien n'être aperçues à Rome ni de l'écrivain ni du lecteur.

Non illos, etc. Marius et Jules César, qui furent consuls l'un sept fois, l'autre cinq.

Sepositis et absentibus. Atilius Régulus Séranus, Quintius Cincinnatus, et d'autres. Pline, Hist. Nat. XVIII, 4 (3); Denys d'Halic., liv. X, p. 644.

Ut prægravem. Ces mots ne signifient pas que Trajan a refusé le consulat comme trop pesant pour lui, mais comme pouvant être à charge aux autres, impopulaire, *invidiosus* enfin, comme Pline vient de le dire. La leçon *prægravem*, déjà rétablie par Schwartz, au lieu de *pergravem*, est confirmée par nos trois mss.

Papyrius... et Quintius. L. Papyrius (ou Papirius) Cursor, qui fut cinq fois consul, de l'an de R. 421 à l'an 441; et T. Quintius Capitolinus, qui l'avait été six fois, de l'an 283 à l'an 315.

LVIII. *Continuis consulatibus*. Domitien se donna sept consulats de suite. Il fut en tout dix-sept fois consul. Suétone, Dom. 13.

Ter consul. Cette partie des Fastes est si obscure, à cause du grand nombre des consuls subrogés, qu'on ne peut savoir de qui Pline veut parler ici (voy. Schwartz *ad h. l.*). Cette incertitude m'a décidé à traduire dans le sens le plus littéral. Il serait possible cependant que *ter consul* signifiât un homme qui avait été trois fois consul, sans l'être encore à l'époque dont il s'agit.

Consularis viri triumphalisque filius. Voy. ci-dessus, not. sur le ch. IX. Ces mots ne sont pas opposés à *etiam privatus*. Tout citoyen, excepté le prince, était *privatus*; mais le fils d'un consulaire et d'un triomphateur, quoique homme privé, avait droit aux plus hautes distinctions.

Aperire annum. Les consuls ordinaires entraient en charge le premier janvier, et y restaient un certain nombre de mois, qui a varié suivant les époques. Les consuls du reste de l'année s'appelaient *suffecti* ; et, quoiqu'ils fussent inscrits dans les Fastes, les événements de l'année entière étaient datés par le nom de ceux qui l'avaient ouverte (Dion, XLVIII, 35). Quand l'empereur se faisait consul, il ne manquait jamais de s'attribuer le consulat ordinaire.

LIX. *Ut majorem eum*, etc. Aprèst *gerendoque*, Gesner ajoute *augustiorem*. Schwartz, tout en rejetant *augustiorem*, dit qu'il se trouve dans le ms. de Paris. Cependant aucun des trois mss. de la bibliothèque du Roi ne porte ce mot; et puisqu'il n'est point non plus dans les autres, il doit être définitivement banni du texte. Nos trois mss. ont aussi *gerendoque*, et non *gerendo*, que Schwartz attribue, comme *augustiorem*, au *cod. parisiensis*.

Nunc vero postulamus, etc. Tous les mss. portent *cum vero...* Schwartz a pensé qu'il y avait une lacune, et il restitue ainsi : *Cum vero postulamus ut suscipias gerasque consulatum, postulamus ut futuros principes doceas*, etc. La correction de J. Lipse, généralement adoptée, est moins hardie, puisqu'elle se borne à changer *cum* en *nunc*. Cependant, comme les mss. du Panégyrique offrent plus d'un exemple d'omissions graves, la restitution de Schwartz n'est pas à mépriser.

Velut excitatos. Lallemand lit *velut excitari*, d'après les mss. du Roi, dit-il. La vérité est que le n° 7840 a *excitatos*, et les deux autres *excitati*.

Exteris gentibus. Schæfer a conservé *ceteris gentibus*. Nos trois mss. portent *exteris*, que Schwartz avait déjà trouvé dans les siens.

Liceat experiri an aliquid superbiæ, etc. A force de raffiner sur les compliments, Pline finit par en adresser à son héros qui sont à peine civils. Pour mieux louer Trajan, il va jusqu'à mettre en doute sa vertu. Peu de princes s'accommoderaient d'un pareil éloge, et peu de lecteurs approuveront cet abus de l'esprit et ces longueurs infinies. J'aperçois l'écrivain qui veut plaire au public; je ne vois pas le consul parlant au maître du monde en présence du sénat.

Quum principem.... deceat. Pline veut dire que le prince, sûr de sa grandeur, doit adoucir par sa simplicité l'éclat du rang suprême, tandis que le consul a besoin de faire respecter des citoyens et du prince la dignité de sa charge. Mais quand le prince et le consul sont un seul et même homme, que devient l'ingénieuse distinction du panégyriste ?

LX. *Proximo anno*. Le troisième consulat que refusa Trajan devait tomber sous l'an de notre ère 99 : il lui fut donc offert en 98, pendant qu'il était encore absent; et il n'espérait pas être revenu à Rome pour en prendre possession aux calendes de janvier 99. L'époque précise de son retour est inconnue; mais ce chapitre prouve que son absence fut assez prolongée.

Jam urbi... redditus. Ces mots ne se rapportent pas au temps où l'orateur prononce dans le sénat l'éloge de Trajan : ils se rapportent à celui où, pendant l'année 99, le sénat pressait de nouveau Trajan d'accepter enfin ce troisième consulat qu'il avait refusé l'année précédente (*proximo anno*). Car toutes les prières, tous les conseils que Pline adresse ici au prince sont une fiction oratoire. C'est le résumé de ce que l'on pouvait dire pour vaincre sa modestie. Cette observation s'applique également au chapitre 59 tout entier.

Adi. Juste-Lipse et J.-A. Ernesti préféreraient *audi*. *Adi* n'est en effet qu'une répétition d'*adscende*; et de plus il n'est ni dans les mss. de Schwartz, ni dans les nôtres, ni dans l'éd. de S.-G. Tous portent unanimement *adire*, et Ernesti suppose que ce mot pourrait bien être un impératif passif. Il aurait pu citer, à l'appui de son hypothèse, quelques formes analogues, par ex. Cic. ad Q. Fr. I, 2, § 15 : *neque prætores... adiri possent*; Tite-Live, XXXVII, 6 : *aditus consul idem illud responsum*

retulit; Sénèque, *Herc. fur.* 733 : *aditur illo gnossius Minos foro.* Je choisis à dessein des phrases où il s'agit de magistrats et de tribunal. Peut-être faudra-t-il finir par rendre au texte de Pline l'*adire* des mss.

Singularibus viris. Schwartz examine longuement quels pouvaient être ces hommes éminents auxquels Trajan donne des troisièmes consulats. Il s'arrête à croire que c'étaient M. Julius Fronto pour janvier et février, Acutius Nerva pour mars et avril. A cette époque les consulats duraient ordinairement deux mois. Nous verrons, LXI, 6, que Trajan prolongea le sien davantage, afin que plus d'un consul pût s'honorer d'avoir eu l'empereur pour collègue.

Aut, si putet, amet, Cf. Tacite, Ann. IV, 18, et la note, t. II, p. 405.

LXI. *Ter consule assidente.* M. Julius Fronto, si la conjecture de Schwartz est juste. — *Tertio consulem designatum.* Acutius Nerva.

Ut enim felicitatis est, etc. Cette phrase a une analogie remarquable avec le bel éloge que Cicéron adresse à César, *pro Ligar.* 12 : *Nihil habet nec fortuna tua majus, quam ut possis; nec natura melius, quam ut velis servare quam plurimos.*

Quid, quod duos pariter tertio consulatu collegas tui sanctitate decorasti? Ce texte est celui de Gesner, de l'éd. de S.-G. et d'un ms. de Venise, cité par Schwartz. *Tui* est le génitif du pronom personnel, et il semble plus élégant que le pronom possessif *tua*. Pline dit plus bas, LXXVI, *sub exemplo tui;* Tacite, Ann. II, 13, *fruitur fama sui.* Cependant tous les mss., excepté celui de Venise, répètent *duos* avant *collegas*. On lit dans les trois nôtres : *Quid, quod duos pariter tertio consulatu, duos collegas tui sanctitate decorasti?* leçon fort intelligible, et à laquelle on aurait peut-être dû s'en tenir : « Vous « avez décoré deux sénateurs à la fois d'un troisième con- « sulat, vous avez communiqué à deux collègues la sain- « teté qui vous consacre. » Juste-Lipse propose de remplacer *collegas* par *collegii*, en prenant ce mot dans le sens de *societas muneris;* et Gerig a imprimé, d'après cette conjecture : *Quid? quod duos pariter tertio consulatu, duos collegii tui sanctitate decorasti.* Schwartz va plus loin : il suppose une lacune et la remplit ainsi, toutefois avec les signes du doute critique : *Quid? quod duos pariter tertio consulatu, duos collegas tertii consulatus tui sanctitate, decorasti.* Cette restitution est arbitraire, et de plus elle est inutile. On ne peut choisir qu'entre la leçon que j'ai suivie avec Schæfer, et celle que donnent le plus grand nombre de mss.

Nisi dum finiuntur. Juste-Lipse remarque avec raison qu'il s'était écoulé plus d'un an entre le deuxième et le troisième consulat des sénateurs dont il s'agit. Il y a donc ici, comme dans tout le morceau, un peu d'exagération oratoire.

LXII. *Omnium quidem..... accepisse videantur.* Voilà encore une pensée que Pline semble avoir empruntée, en la développant, à Cicéron, *pro Marc.* 1 : *Est vero fortunatus ille, cujus ex salute non minor pene ad omnes, quam ad illum ventura sit, lætitia pervenerit.* Nous venons d'en remarquer une visiblement imitée du *Pro Ligario.* Argument contre les sceptiques qui dénient à Cicéron deux de ses chefs-d'œuvre.

Publicis sumptibus minuendis. Cinq commissaires avaient été nommés sous Nerva pour réduire les dépenses publiques (Pline, *Ep.* II, 1). Dion, LXVIII, 2, parle aussi des nombreuses économies opérées par ce prince. Elles portaient principalement sur les sacrifices, sur les jeux du cirque et les autres spectacles.

Probatos senatui viros suspicit. Au lieu de *suspicit,* leçon reçue par J. Lipse, Gesner, Lallemand, Schæfer et beaucoup d'autres, Schwartz lit *suscipit*, qu'il ex-

plique par *consilio, et opera, et commendatione adjuvat ac tuetur.* Je dois dire que *suscipit* est en effet dans nos trois mss. et dans l'éd. de S.-G. La confusion est très-facile entre ces deux mots.

LXIII. *Comitiis tuis interfuisti.* Ce chapitre et ceux qui suivent sont intéressants pour l'histoire des élections sous les empereurs. Tibère, comme dit Tacite, Ann. I, 15, avait transporté les comices, c.-à-d. l'élection des magistrats, du champ de Mars au sénat. C'était le prince qui désignait les candidats; c'était le sénat qui faisait les nominations. Pline, *Ep.* III, 20, IV, 25, VI, 19, nous fait en quelque sorte assister aux séances de cet ordre, et nous apprend avec quelle vivacité l'on s'y disputait des honneurs qui ne donnaient plus guère dans Rome qu'un vain éclat, mais qui assuraient aux titulaires des droits au gouvernement des provinces. Nous voyons ici qu'après l'élection faite au sénat, on allait la confirmer au champ de Mars : on y convoquait le peuple pour la forme, et là on accomplissait toutes les cérémonies usitées sous la république. C'est à ce simulacre de comices que Trajan assiste en personne, pour s'y entendre proclamer consul devant le peuple, après avoir été élu par le sénat. Mais au moins il y assiste, ce que ne faisaient pas ses prédécesseurs; et si par là il ne rend pas la vie à des institutions qui ne peuvent plus renaître, il fait preuve de respect pour les anciennes coutumes. Cf. Tacite, *l. c.,* et les notes, t. I, p. 413, et t. IV, p. 412.

Liberæ civitatis ne simulationem quidem serves. Dans la première édition, j'avais lu *civitati*, que j'essayais de justifier par la note suivante : « Les leçons *civitati* et *civitatis* sont également autorisées par les mss. Avec le datif, j'explique littéralement : « A l'égard d'une cité li- « bre, vous ne conserverez pas même une simple appa- « rence, une fiction, un faux semblant de ce qui devrait « être! » En ce sens, *simulationem* offre une idée complète, et n'a pas plus besoin d'être déterminé par un génitif que la locution française *garder* ou *sauver les apparences* n'a besoin d'un complément. Si l'on préfère *civitatis,* avec Schwartz et Gesner, on expliquera : « Vous « ne conserverez pas même les apparences d'une cité libre, « l'image de l'ancienne liberté! » Le lecteur choisira. » — Je suis convaincu aujourd'hui que *civitatis* est préférable, et j'ai traduit en ce sens.

LXIV. *Si sciens fefellisset.* Cette leçon est défendue par Ernesti, adoptée par Lallemand et Schæfer; et Schwartz prouve, par beaucoup d'exemples, que la formule ordinaire était *si sciens fallo.* Cependant Schwartz lui-même lit *scienter,* qui est en effet dans nos trois mss. et dans tous les autres. Si cet adverbe est de Pline, c'est le seul exemple connu où il signifie *sciemment* : partout ailleurs il est synonyme de *scite, perite, intelligenter.* Je laisse à la critique le soin de juger s'il devra, ou non, être rétabli dans le texte.

LXV. *Quas nemo principi scripsit.* Les lois qui obligeaient les consuls à monter à la tribune en prenant possession de leur charge, et à jurer devant le peuple qu'ils useraient du pouvoir dans l'intérêt de l'État, n'avaient pas été faites pour les princes, puisqu'elles existaient du temps de la république. De plus, le décret d'investiture que le sénat rendait à l'avénement de chaque empereur (voy. not. sur Tacite, t. V, p. 436 *sqq.*) dispensait celui-ci de certaines lois, et l'on était accoutumé à voir les empereurs se dispenser eux-mêmes de toutes les lois. Trajan faisait donc une action digne d'éloges en se soumettant à celle des institutions républicaines dont la violation eût été la moins remarquable.

Quod ego nunc primum audio. Gesner lit *quod ergo,* et Schwartz *quid ergo,* avec interrogation. Est-ce par erreur que ce dernier attribue *ergo* au *cod. paris.?* Nos trois mss. ont uniformément *quod ego.* Je pouvais d'au-

tant moins me dispenser de rétablir une leçon si bien appuyée, que Schwartz n'a trouvé *quid* que dans deux mss. Ce qui semble avoir causé l'hésitation des critiques, c'est cette incise qui se trouve à la tête de la phrase, au lieu d'être placée après les mots auxquels elle se rattache; mais cette position insolite elle-même attire plus fortement l'attention, et donne plus de solennité aux paroles de l'orateur : un prince soumis aux lois! c'était alors une chose inouïe, un fait prodigieux.

Non pejerari. Schwartz lit *pejerare*, qui est en effet dans les mss. Juste-Lipse a donné *pejerari*, malheureusement sans dire d'après quelle autorité. Arntzénius soutient *pejerare*, en disant que Trajan avait intérêt à ne pas se parjurer, parce que son parjure eût autorisé celui des autres. Mais que devient l'opposition entre les deux membres de la phrase? et que devient le rapport de la phrase entière avec les mots qui la précèdent, *jurat observantibus his quibus idem jurandum est?* Il suffit qu'un très-ancien copiste ait mis un *e* à la place d'un *i*, pour que tous l'aient imité.

Pauculis diebus. Domitien (Suét. 13) ne resta jamais consul au delà du premier mai; plusieurs fois il abdiqua dès les ides de janvier, et presque toujours il se contenta de posséder le titre, sans remplir de fonctions.

LXVI. *Quidquid de jurejurando dicendum erat*. Pline a parlé du serment que fit le prince en prenant possession du consulat, et de celui qu'il fit, selon l'usage, en quittant cette magistrature. Il va parler maintenant des actes de ce même consulat, le troisième de Trajan. Nous sommes donc arrivés au premier janvier de l'an 100 de notre ère.

Insurgere. Gardons-nous de joindre ce verbe, comme fait Gesner, à *publicis utilitatibus*, et de le comparer au *nunc insurgite remis* de Virgile. *Insurgere* est pris absolument, comme dans Tacite, G. 39 : *Si forte prolapsus est, attolli et insurgere haud licitum*. Le sénat, courbé par la tyrannie, était à genoux : qu'il se lève!

Ut facilius esset iratos quam propitios habere. Le délateur Marcellus, dans Tacite, Hist. IV, 8, se plaint que l'amitié de Néron n'a pas été pour lui moins pleine d'alarmes, *minus anxiam*, que pour d'autres l'exil. *Minus anxiam* nous donne, par opposition, le sens de *facilius*. Nous disons en français : « Il est des hommes avec « lesquels les relations ne sont pas *faciles*, qui n'ont pas « le caractère *aisé*, qu'il n'est pas *commode* d'avoir pour « amis. » Le latin *facilis* se prête aux mêmes acceptions. Cicéron, *pro Cæl.* 12, l'emploie même avec *tolerabilis*, dont il devient presque synonyme : *Adolescentiæ cupiditates... si ita erumpunt ut nullius vitam labefactent, nullius domum evertant*, faciles et tolerabiles *videri solent*. C'est donc à tort que, sur une simple conjecture, Arntzénius a remplacé *facilius* par *felicius*, qui s'entendrait assurément, mais qui n'aurait pas à beaucoup près la même finesse.

Nihil subdolum, nihil denique, quod, etc. Schæfer, d'après Gesner, lit : *nihil subdolum denique, quod...*; et Schwartz, *nihil subdolum, denique nihil, quod...*, ce qui est confirmé par le mss. 7840. La variation des mss. en cet endroit, et des traces de lettres grattées dans le n° 8556, entre *subdolum* et *denique*, m'ont autorisé à remettre *nihil* à sa place naturelle.

LXVII. *Tenebit ergo semper quod suaserit*. Schwartz lit *quid suaserit*. Les mss. sont en effet partagés : le n° 7840 porte *quidquid*; 8556, *quid*; 7805 et l'édition de S.-G., *quod*. Avec le subjonctif, *quid* conviendrait sans doute; mais je regarde *suaserit* comme un futur antérieur, et alors *quod* me semble préférable : *avant* de promettre, César est décidé à se rappeler toujours ce qu'il *aura* promis. Il ne faut pas oublier que Pline explique ici la disposition d'esprit où était le prince en parlant au sénat : *Equidem hunc parentis publici sensum*, etc.

Et pro salute principum. J'ai suivi la leçon que Schwartz a préférée, et qu'il assure être dans un ms. du Vatican. Les trois nôtres portent : *Nuncupare vota et pro æternitate imperii, et pro salute principum, ac propter illos pro æternitate imperii solebamus*. On voit que les mots *pro salute principum, immo* sont omis, ce qui vient évidemment de la répétition des mêmes termes dans une même ligne. Un copiste n'aura fait attention qu'au second *principum*. Le n° 7840 restitue en marge, d'une plus grosse écriture (je n'ose pas assurer que ce soit d'une autre main), *pro salute civium, immo*. Mais, sous les despotes qui précédèrent Trajan, il ne pouvait être question des citoyens dans les vœux solennels. Et la formule de correction *immo* ne tombe que sur l'ordre de ces vœux : les premiers n'étaient pas pour l'éternité de l'empire, ils étaient pour le salut du prince; et si l'on parlait ensuite de l'empire, c'était uniquement dans l'intérêt de l'empereur. Du reste, Gesner lit ainsi toute la phrase : *Nuncupare vota et pro æternitate imperii, et pro salute civium? immo pro salute principum, ac propter illos pro æternitate imperii solebamus*. — Pour ce qui regarde ces vœux, lesquels avaient lieu le 3 janvier de chaque année, voy. J. Lipse, *Excurs.* B sur Tacite, Ann. XVI, 2.

Hæc pro imperio nostro. Gesner voudrait qu'on lût *imperatore nostro*. Cette correction est inutile : j'attache à *imperio nostro* le même sens; *nostro* marque l'opposition du temps présent au temps passé, de l'empire sous Trajan à l'empire sous Domitien.

Tui capitis. Cette leçon a été rétablie par Schwartz, au lieu de *corporis*. Nos trois mss. la confirment.

An merearis. Schwartz dit que le *cod. paris*. porte *quod merearis*. Serait-ce une erreur de la collation communiquée à ce savant? *an* est dans nos trois mss., et parfaitement lisible.

Manum armavi. Lorsque Trajan remit au préfet du prétoire Saburanus l'épée du commandement, il la tira du fourreau, et, la présentant à cet officier, il lui dit : Prends ce glaive, afin de t'en servir pour moi, si je fais mon devoir; contre moi, si je ne le fais pas. Aurél. Vict., *de Cæs.*, 13; Dion, LXVIII, 16.

Si susceperit invita, ne debeat. Trajan désire que, si la république fait pour lui des vœux qu'elle aimât mieux ne point faire, elle ne soit jamais tenue de les acquitter; en d'autres termes, il désire que ces vœux ne soient pas exaucés. Car on doit l'accomplissement d'un vœu, *debemus votum*, lorsque l'objet demandé est obtenu. C'est dans le même sens que nous avons vu plus haut, *digna vota quæ semper solvantur;* vœux dignes d'être toujours acquittés par ceux qui les ont faits, c'est-à-dire d'être toujours exaucés par les dieux. Quand on a obtenu l'effet d'un vœu, on est *voti reus, voti* ou *voto damnatus*. Cf. Virg., *Ecl.* V, 80, *damnabis tu quoque votis*.

LXVIII. *Securus tibi et lætus dies exit*. Nous venons de dire que le 3 janvier on offrait pour l'empereur des vœux solennels. Le premier du même mois, on lui renouvelait le serment à Rome et aux armées. Ce qui prouve qu'il s'agit de cette dernière cérémonie, c'est ce qu'on va lire un peu plus bas : *scis tibi ubique jurari, quum ipse juraveris omnibus*.

Istud tamen non tui facimus amore. Il peut se faire qu'on aime le prince à cause de soi, et non à cause de lui. Mais le lui dire avec si peu de ménagement, n'est-ce pas, sous l'apparence de la franchise, une flatterie au fond peu délicate? Valérius Messala disait à Tibère (Tac., Ann. I, 8) qu'il ne prendrait jamais conseil de lui quand il s'agirait du bien public. Il faut laisser aux flatteurs des tyrans cette affectation d'indépendance.

Istis auribus. Telle est la leçon de nos trois mss. Schwartz et Schæfer, *illis. Istis* convient mieux pour désigner la seconde personne.

LXIX. *Illo die.* Il s'agit, dans ce chapitre et dans les suivants, des élections auxquelles Trajan présida pendant qu'il était consul.

Sunt in honore hominum, in honore famæ. Le mot *honore*, aux deux endroits, est suspect à Schwartz. Il est certain que *in ore hominum, in ore famæ*, serait d'une latinité mieux autorisée. Mais de ce qu'une locution se trouve rarement, ou peut-être une seule fois, ce n'est pas une raison pour la rejeter, quand les mss. sont unanimes.

Ex tenebris oblivionis. Le sens est clair, mais l'ellipse est trop forte pour ne pas être remarquée. Juste-Lipse soupçonne qu'un copiste a omis *extracta* ou quelque autre participe semblable. Observons cependant que la préposition *ex* suffit, à la rigueur, pour indiquer cette idée.

Cujus est ut nobiles et conservet et efficiat. Cette leçon est claire, si l'on sous-entend *proprium* avec *est;* mais il n'est pas certain qu'elle soit la véritable. Schwartz ne la trouve que dans le ms. de Padoue; encore y manque-t-il le premier *et.* La plupart des autres ont *cujus hæc ut nobiles...* deux *cujus hoc...;* d'où Schwartz a fait, par conjecture, *cujus hoc est...* Enfin beaucoup d'éditeurs, depuis Cuspinien jusqu'à Lallemand, ont lu *cujus hæc intentio est, ut...* Là du moins le sens est plein, si, par *intentio*, l'on entend, non pas *intention*, *dessein*, mais, comme dit Schwartz, *summum studium*, *nisus*, et qu'on rapporte *cujus*, non à Trajan, mais à *indulgentia.* C'est ainsi que Pline dit plus bas, ch. LXXI : *Mihi quidem non tam humanitas tua, quam intentio ejus admirabilis videbatur.* Certes, si l'on était sûr que *hæc intentio est* vînt d'un ms. ou d'une éd. pr., il faudrait le préférer. Dans le doute, je m'en suis tenu, avec Schæfer, à la leçon du ms. de Padoue et de la très-ancienne éd. de S.-G.

LXX. *Inque ea civitatis, etc.* Lallemand conserve la leçon des mss., qui n'offre pas de sens raisonnable : *in quem ea civitas amplissima reditus egregia constitutione fundaverat.* Supposerons-nous, avec Arntzénius, que la province avait *fait des rentes* à son questeur, en reconnaissance de sa bonne administration ? Je doute que c'eût été pour lui un titre à l'estime du sénat et du prince : et d'ailleurs il faudrait prouver que *fundare reditus in aliquem* signifie *constituer un revenu à quelqu'un*, et que *ea civitas* est synonyme de *ea provincia.* La correction de cette phrase est due à J.-Lipse.

Nam si profuerint. Ce verbe a pour sujet *provinciæ.* Schwartz lit *præfuerint* et sous-entend *magistratus.* Le critique dit que le *cod. paris.* a *præfuerint* en toutes lettres (*distinctis literis*). La vérité est que les mss. 7805 et 8556 ont *profuerint* en toutes lettres, et le 7840 en abrégé, mais avec le signe constamment employé pour la syllabe *pro.*

Decet alioqui nihil magis prodesse. Tous les mss. *Et alioqui nihil magis prodesse*, sans verbe. Juste-Lipse proposait de lire, *Et liquebit*, en supprimant *alioqui.* Schwartz garde l'adverbe, et lit *Et alioqui liquet.* Il est évident qu'il faut une restitution : la plus simple et la plus conforme à la liaison des idées est certainement *Decet alioqui*, que Lallemand avait déjà proposé.

Bene... inseruntur. Deux de nos mss. *ne... inserantur*; le n° 7840, *ne... inserantur. Bene*, proposé par J.-Lipse, admis par Gesner, me semble inattaquable. C'est encore un mot dont quelque copiste aura omis la première syllabe. Toutefois Schwartz a préféré *Næ... inserantur. Næ* est déjà dans l'éd. de S. G., mais avec l'indicatif.

LXXI. *Princeps et candidatus æqui tum et simul stantes.* Telle est la leçon d'Arntzénius et de Lallemand, et elle se rapproche beaucoup des mss., qui sont tous altérés en cet endroit : Gesner l'approuve dans sa Lettre à Ernesti. Cependant Schæfer a préféré, *principis æquati candidatis et simul stantis*, faisant rapporter ces génitifs à *facies.* Schwartz a mis dans son texte, *princeps æquatus candidatis et simul stans.* Avant *intueri*, Schwartz et Schæfer répètent *contigit*, qu'il faut au moins sous-entendre, mais qui n'est pas dans les mss.

Securus magnitudinis suæ. On trouve dans Bossuet, Or. fun. de Henriette d'Orléans, une pensée analogue à celle-là : « On ne l'eût point vue s'attirer la gloire « avec une ardeur inquiète et précipitée : elle l'eût attendue « sans impatience, comme sûre de la posséder. »

Quam ab humilitatis. Sous-ent. *periculo.* J'ai suivi le texte adopté par Schæfer et par beaucoup d'autres. *Ab* n'est dans aucun de nos mss., et Schwartz le rejette. Quant au sens, Pline veut dire que l'homme placé au rang suprême n'est que trop disposé à s'élever encore, et que cette haute fortune offre moins d'occasions que toute autre de se rabaisser par un excès de modestie.

Quam intentio ejus. Le verbe *intendere* signifie également *tendre quelque chose avec force*, et *tendre vers un objet.* De là deux séries d'acceptions pour le substantif : 1° intensité, effort, chaleur d'action ; 2° direction, tendance, et (dans un sens plus moderne) intention. Il s'agit ici de la vivacité, de la politesse franche et empressée avec laquelle Trajan offrait aux candidats ses félicitations. Cf. *inf.* LXXVIII.

Ut si alii eadem ista mandasses. Trajan employait avec les candidats des formes si polies, il mettait dans ses paroles tant d'action et de feu, que les rôles semblaient changés. On aurait cru, dit l'orateur, qu'au lieu d'adresser un compliment au candidat, vous le chargiez d'une commission. Vous lui parliez comme à un homme auquel vous auriez recommandé l'objet même dont il s'agissait entre vous, *eadem ista.* Voilà, je crois, le sens véritable d'une phrase que je ne trouve expliquée nulle part d'une manière satisfaisante. *Orationi* désigne, non pas le discours du prince au sénat (il ne faisait pas de discours en ce moment), mais les compliments qu'il adressait aux candidats. *Eadem ista* se rapporte aux choses qu'il leur disait, et non à *oculos, vocem, manum.*

Quum suffragatorum nomina honore quo solent exciperentur. Après que le consul qui présidait à l'élection (ici ce consul était le prince lui-même) avait présenté un candidat, celui-ci nommait les sénateurs qui appuyaient sa candidature, *suffragatores* (Pline, Ep. III, 20). Comme ce ne pouvait être que des hommes distingués, leurs noms étaient accueillis avec un murmure favorable, *honore exciperentur.* Cela paraît tout simple, et je ne conçois rien à l'opinion des commentateurs qui prétendent *non suffragatorum nomina plausu excipi, sed candidatorum.* C'est pourtant sur un motif aussi léger que Schwartz, ordinairement si réservé, bouleverse toute la phrase, à laquelle même il ajoute un mot : *Atque etiam quum suffragatores candidatorum nomina, honore quo solent, exciperent.* Pourquoi changer les textes, quand ils offrent un sens clair, simple, évident?

Perhibere testimonium merentibus. Ceci s'applique, aussi bien que ce qui précède, aux *suffragatores :* c'est la suite naturelle et nécessaire des idées.

Ornarique se, non illos magis quos laudabas, lætabatur. Le sujet de *lætabatur* est *senatus*, et *se* est à l'accusatif : je m'abstiendrais de cette observation, si Gesner ne faisait de *se* un ablatif dépendant de *magis.* Schwartz lit *ornari qui se :* tous nos mss. ont *ornarique.*

LXXII. *Quod precatus es.* La formule de cette prière, que le président des comices adressait aux dieux avant de proclamer le nom des nouveaux consuls, se trouve dans Cicéron, *pro Muræna*, 1. Le magistrat qui la prononçait

s'y nommait le premier : *Ut ea res mihi, magistratuique meo, populo plebique romanæ, bene atque feliciter eveniret.* Trajan, au contraire, ne s'est nommé qu'après le sénat et la république.

Ordinatio comitiorum. Il faut entendre par ces mots la tenue même des comices et la distribution des magistratures entre les candidats. Cf. Suétone, Dom., 4.

Acclamationes. Schwartz ne cite que deux mss. qui aient ce mot ; tous les autres, y compris ceux de Paris et l'éd. de S.-G., ont *exclamationes*, qui mériterait peut-être d'autant mieux d'être rétabli dans le texte, que Cicéron, *de Orat.*, III, 26, emploie *exclamatio* absolument dans le même sens. Du reste, *acclamationes* va se rencontrer plusieurs fois encore ; voilà pourquoi je l'ai également conservé ici.

Ecquando... audisti? ecquando dixisti? Nos trois mss. ont *et quando* à l'une et à l'autre place. Il est évident que les copistes ont ainsi altéré *ecquando*. Schwartz et Schæfer, *quando audisti, et quando dixisti?* la forme *ecquando* est la plus convenable quand la réponse doit être négative.

Sed quæ appareant quæsita ab invitis. Schæf., *sed quæ appareat.* J'ai conservé le pluriel avec Schwartz et nos trois mss.

Utque jam maxime eadem ab utrisque dicantur, aliter dicuntur. Cette phrase est altérée dans beaucoup d'éd. Celle de S.-G. omet *aliter dicuntur.* J'ai suivi le texte de Schwartz, qui est exactement celui de nos trois mss. Gesner supprime *jam.* Cet adv. paraît cependant utile pour compléter le sens : « *Utque jam maxime... dican-« tur...* » en supposant que l'on arrive une fois à dire... »

LXXIII. *Non amictus cuiquam, etc.* Ce passage trouve son commentaire le plus naturel dans Mamertinus, *Gratiar. act. Juliano*, 29 : *Vidimus attonitos admirantium vultus, multiformes lætantium status, varios corporum motus... Illa jactatio togarum, illa exsultatio corporum nescientibus pæne hominibus excitabatur. Omnem modestiam populi, omnem verecundiam tui gaudia effrena superaverant.*

Quem modo extulerat. J.-Lipse suppose qu'il faudrait lire *domo* au lieu de *modo*, et qq. édd. ont introduit cette conjecture dans le texte. Entre ces deux mots la confusion était facile ; mais la correction n'est pas nécessaire : *modo* s'entend très-bien, et *domo* peut se sous-entendre.

Resultantia vocibus tecta. Il s'agit non des maisons voisines, mais de la salle même du sénat, où venaient de se faire les élections.

Quis tunc non e vestigio suo exsiluit? Ernesti trouve ces détails mesquins, et peu dignes du beau morceau qui précède. Je trouverais plutôt l'enthousiasme impétueux et désordonné des sénateurs peu digne de cette grave assemblée. Mais Pline retrace ce qu'il a vu, devant des auditeurs qui l'ont vu comme lui : c'est une peinture des mœurs romaines, une scène de la vie réelle ; il serait à regretter que nous n'eussions pas ce tableau.

Quis exsiluisse sensit? Le pronom *se* est-il omis? est-il sous-entendu? Tacite le supprime souvent dans des phrases pareilles. Au reste, Schwartz dit qu'il se trouve dans un des mss. de Venise.

Abstergeres. Ce verbe, depuis longtemps admis dans le texte, ne se trouve dans aucun ms. Tous laissent la phrase incomplète. Mais si l'origine en est incertaine, le sens en est clair : Pline souhaite que Trajan n'essuie jamais la rougeur de son front, c'est-à-dire qu'il ait toujours des occasions de rougir ainsi.

Hoc ipsum templum, has sedes... interrogemus. J'ai suivi le texte de Gesner, reproduit par Schæfer ; du reste, *templum* n'est dans aucun de nos mss. Les n°˚ 7805 et 8556 portent, *hoc ipsum has sedes nos quasi responsuras interrogemus* ; et c'est ainsi qu'a lu Schwartz. J.-Lipse, qui le premier a proposé *templum*, a remarqué ensuite que l'on pouvait entendre *hoc ipsum* (nempe quod dico de lacrymis) *nos interrogemus has sedes.* Cette observation ôte à la leçon *templum* son principal appui, et cependant j'ai peine à croire qu'elle ne soit pas bonne : Pline aurait-il écrit *hoc ipsum has sedes*, en prenant *hoc* dans un sens et *has* dans un autre? Quant à *nos*, Schwartz convient qu'il préférerait *nobis.* Notre ms. 7840 est fort altéré en cet endroit : *hoc ipsum sedes tua nos quasi responsuras interrogemus.*

LXXIV. *O te felicem!* Dans ce chapitre, Pline commente fort ingénieusement les acclamations du sénat en l'honneur du prince. Mais on demandera peut-être à quoi servent tous ces développements, et ce que nous dirions d'un orateur qui viendrait, après huit mois, faire une amplification sur les cris de joie qui ordinairement naissent et meurent avec la circonstance. C'est que, chez les Romains, le souvenir en était plus durable. Un vœu, un compliment, un mot échappé à l'enthousiasme, étaient recueillis et consignés au procès-verbal. Il y avait même dans les acclamations quelque chose d'officiel, dans le désordre de la joie quelque chose de réglé. Plusieurs de ces paroles, qui n'étaient pas toutes improvisées, se répétaient dix, vingt, trente fois. A l'élection de l'empereur Tacite, les sénateurs lui dirent vingt fois : *Tacite Auguste, dii te servent!* On peut voir dans Vopiscus, ch. 5, dix autres acclamations adressées au nouveau prince, dont la plus remarquable, *Animum tuum, non corpus eligimus*, fut répétée trente fois. Nous ne pouvons donc blâmer Pline d'avoir insisté sur des détails auxquels les Romains attachaient de l'importance, et qui, pour ainsi dire, faisaient partie du cérémonial public. Ce morceau du Panégyrique est encore une page d'histoire.

Pietate merita. Schwartz a conservé le *pie* des mss. Mais il est presque évident que cet adverbe est l'abréviation altérée de *pietate.* En effet, le ms. de Wolfenbüttel, au rapport du même critique, porte *prae* : or, le copiste n'a pas eu intention d'écrire *præ*; car il représente toujours la diphth. *æ* par un *e* simple. C'est donc *ptae*, abréviation assez naturelle de *pietate*, qu'il voulait écrire.

Nisi ut dii Cæsarem imitentur. On a vivement reproché cette phrase à Pline : il est vrai qu'elle a quelque chose de paradoxal dans la forme ; mais, au fond, l'orateur ne met pas César au-dessus des dieux ; il désire seulement que les dieux aient pour les Romains les mêmes sentiments que César, et cet vœu n'a rien d'impie.

LXXV. *Publica acta.* Sur ce qu'il faut entendre par ces mots, voy. not. sur Tacite, Ann. V, 4, et XIII, 31.

Nec principes possent. Telle est la leçon du ms. 7840 ; et, comme Schwartz l'a trouvée dans plusieurs autres, je n'ai pas hésité à l'admettre. Schwartz attribue la même leçon au *cod. paris.*, qui, si c'est un de ceux que nous possédons, ne peut être que le n° 7805 ; cependant ce ms. porte, *quibus nec senatus gloriari nec princeps possent*; et le n° 8556, *nec princeps posset.* Les trois manières sont avouées par la grammaire ; la seconde, *nec senatus, nec princeps possent*, est la moins bonne.

De bonis malisque principibus. Le sénat sans doute avait prodigué autant d'hommages aux plus mauvais princes qu'à Trajan lui-même. La distinction de l'orateur tombe donc uniquement sur les termes dans lesquels étaient conçues les acclamations, termes qui, toujours respectueux, souvent même adulateurs, n'en révélaient pas moins des sentiments tout autres pour un tyran que pour un bon prince. Cette différence est bien marquée dans la seconde moitié du chapitre II.

Decipi non poterunt. Schwartz dit ici : *cod. paris. habet* possint. La Bibl. royale ne possède que trois mss.; et tous les trois ont *poterunt.*

Quod tunc oculis protulisti. Ici encore le *cod. paris.*

aurait, selon Schwartz, *quod nunc*, tandis que tous les trois ont réellement *quod tunc*.

LXXVI. *Triduum totum senatus... sedit*. Il s'agit du procès de Marius Priscus, proconsul d'Afrique, accusé par la province d'avoir vendu la condamnation et la vie de plusieurs innocents. La cause fut plaidée au commencement de janvier, époque où les assemblées du sénat étaient le plus nombreuses, et en présence de l'empereur, qui présidait en qualité de consul. Pline et Tacite, désignés par le sénat pour avocats de la province, s'acquittèrent glorieusement de cette importante mission. Pline, *Ep.* II, 11.

Sedentarium. Ce mot est opposé à *discedere*, qui est un peu plus haut. Quand on adoptait un avis, on allait se ranger du côté de celui qui l'avait proposé, d'où l'expression *pedibus ire in sententiam*; cette manière de voter s'appelait *discessio*, division, partage : ou bien il y avait ce que nous nommons un appel nominal, et chaque sénateur était consulté individuellement ; ou bien enfin on donnait son assentiment de sa place, par un mot un par un simple signe. Voyez Aulu-Gelle, XIV, 7 ; Festus, *verb. Numera senatum*; Vopiscus, *in Aureliano*, 20.

Tanta viatoribus quies. On appelait *viatores* des appariteurs dont la fonction principale était d'accompagner les magistrats (Tite-Live, II, 56 ; XXX, 39.) Originairement ils convoquaient pour les assemblées les sénateurs, qui presque tous habitaient la campagne; et c'est de là que leur vient le nom par lequel on les désigne : *ex quo qui eos arcessebant viatores nominati sunt* (Cic., *de Senect.*, 16).

LXXVII. *Comitia consulum*. Les comices du champ de Mars, où l'on allait proclamer les nouveaux consuls après qu'ils avaient été désignés dans le sénat. Cf. sup. ch. 63, et la note.

Et tantum. Schæfer omet *et*, qui en effet ne se trouve pas dans nos mss., ni dans l'éd. de S.-G. Mais celle-ci porte, à la ligne suivante, *et quantum*. La conjonction a été évidemment déplacée, et elle est nécessaire. Schwartz l'a rétablie dans son texte.

Ut collegas vocaret. Trajan se conformait aux usages de l'ancienne république en appelant les préteurs ses collègues. Ces magistrats étaient nommés, comme les consuls, dans les comices par centuries, et les auspices étaient pris de la même manière pour l'élection des uns que pour celle des autres. C'est à cause de cette similitude des auspices que les préteurs et les consuls étaient collègues entre eux, quoique le préteur eût une autorité inférieure à celle du consul. Cicéron, *ad Attic.*, IX, 9 ; Tite-Live, VII, 1 ; Aulu-Gelle, XIII, 15:

LXXVIII. *Quartum consulatum*. Trajan fut en effet consul pour la quatrième fois l'année suivante, 101 de notre ère.

Obsequio tuo crede. Ernesti interprète ainsi ces trois mots : *id credere te, ostende obsequio tuo*. La pensée de l'auteur me paraît bien plus simple ; la voici : « Le sénat vous a ordonné d'accepter un quatrième consulat. Et ne croyez pas que ce mot *ordonner* soit une flatterie déguisée : vous avez assez prouvé au sénat votre déférence, pour qu'il ose vous donner un ordre. »

Hæc nempe intentio tua. J'ai déjà fait remarquer, ch. LXXI, les deux sens du mot *intentio*. Ils peuvent se résumer ainsi, 1° efforts ; 2° but de ces efforts : « Le but de « vos efforts est de ramener la liberté. » Mais de cette idée il n'y a pas loin à celle d'*intention, dessein*, surtout dans la construction *intentio tua, si analogue à intentionem defuncti* de Papinien, *Dig.*, XXXIV, 1, 10. Dès le temps de Pline, *intentio* commençait donc à prendre le sens que lui ont donné les langues modernes. Cicéron eût dit *mens, animus, consilium, voluntas*, tout, plutôt que *intentio*.

LXXX. *In omnibus cognitionibus*. Le prince, même quand il n'était pas consul, connaissait personnellement de certaines affaires, et, entre autres, de celles qui intéressaient les provinces et les armées. Pline, *Ep.* VI, 31, parle de plusieurs procès qui furent jugés par Trajan à sa campagne de *Centum-Cellæ* (Cività-Vecchia). Claude jugeait dans sa chambre les accusations même de lèse-majesté (Tac., Ann. XI, 2, et la note).

Atque etiam consulis. Nouveau motif pour que Trajan accepte un quatrième consulat : comme prince, il réconcilie les cités rivales ; un tel emploi est digne aussi d'un consul.

Velocissimi sideris more... omnia audire. Pline, *Hist. nat.*, II, 4 (6), dit du soleil : « Brillant, radieux, sans « égal, il voit tout, il entend tout : *Præclarus, eximius, « omnia intuens, omnia etiam exaudiens*. » Et Homère, *Iliad.*, III, 277 : Ἡέλιός θ', ὃς πάντ' ἐφορᾷς καὶ πάντ' ἐπακούεις.

Qua nunc parte liber. Telle est la leçon de nos trois mss. L'éd. de S.-G., au lieu de *parte*, a *per te*, erreur qui s'explique facilement. Cuspinien conserve cette faute de copiste, et lit, *Qui nunc per te curarum liber* ; d'où Schwartz a fait, *qua nunc parte curarum liber*. Mais n'est-il pas probable que Cuspinien aura introduit *curarum* pour donner un complément à l'adjectif ? J'ai repoussé ce mot parfaitement inutile, trainant même, et dont aucun ms. n'offre la moindre trace. — Quant à la pensée, il est à peine nécessaire d'en faire remarquer l'exagération.

Summa cum tua laude. Gesner et après lui Schæfer ont omis *summa*. Comme ce mot est dans nos trois mss., je l'ai rétabli avec Schwartz.

LXXXI. *Usurpabant autem ita, ut*, etc. J'ai mis *ita*, avec Lallemand, et cet adverbe est approuvé par Schæfer ; j'avoue cependant qu'il n'est dans aucun de nos mss.

Fractasque claustris feras. Lallemand lit *clathris*, et Gesner, dans sa Lettre à Ernesti, approuve aussi cette leçon. *Claustris* est dans nos trois mss. et dans l'éd. de S.-G., et ce mot me paraît préférable, parce que la signification en est plus générale.

Mentita sagacitate colligerent. Suétone, 19, rapporte qu'on vit souvent Domitien, à sa maison du mont Albain, tuer dans une seule chasse cent animaux de toute espèce. Le récit du biographe fait assez comprendre que ces animaux étaient rassemblés et tenus en réserve pour les chasses du prince, qui du reste tirait de l'arc avec une adresse singulière, puisqu'il faisait passer une flèche entre les doigts d'un esclave placé à distance, et dont la main lui servait de but.

Transferre obstantia freta. Gesner lit *transire*, Schwartz *transfretare*. Ces mots ne se trouvent dans aucun ms., et *transferre* se trouve dans tous. Je ne vois pas pourquoi on repousserait ce verbe, quand on lit, ch. 60, *de Bell. Alex.*, *Marcellus castra Bœlim transfert*. L'accusatif *freta* soutient ici avec le verbe exactement le même rapport que *Bœlim*. Il est vrai que, dans la phrase précitée, l'objet que l'on transporte est exprimé ; mais combien n'est-il pas facile de sous-entendre *navem*, qui est aussi présent à la pensée du lecteur qu'à celle de Pline ? L'esprit ne peut-il pas admettre, dans ce passage tout poétique, la même ellipse, ou, si l'on veut, la même hypallage qui est vulgaire dans *trajicere* et dans *transmittere* ? Virgile, Énéide, VI, 327, fait d'ailleurs un emploi semblable de *transportare*, dont l'analogie avec *trans ferre* ne sera pas contestée :

Nec ripas datur horrendas et rauca fluenta
Transportare prius, quam sedibus ossa quierunt.

Si Schwartz avait songé du moins à ce dernier rapproche-

ment, il n'aurait pas dit que *transferre* ne faisait aucun sens raisonnable. Combien *transfretare* est lourd et technique! Combien *transire* est froid et inanimé! Avec *obstantia freta*, c'est *transferre* qui est le mot propre: il faut *transporter* le vaisseau au-dessus de *l'obstacle* que la mer, gonflée par les vents, élève devant lui. Le lecteur voudra bien excuser la longueur de cette note; il s'agissait de restituer à Pline une belle expression, et d'effacer de son texte une tache qui le déparait.

LXXXII. *Quantum dissimilis illi.* Sur la mollesse de Domitien et sur le goût de ce prince pour sa retraite d'Albe, voy. Suétone, 4 et 19. C'est cette *villa* près d'Albe, que Tacite et Juvénal appellent *albanam arcem*. C'est dans cette forteresse de sa tyrannie que Domitien recevait les délations, et qu'il préparait la *ruine des plus illustres familles*. Voy. Tacite, Agr., 45, et la note.

Non secus ac piaculum aliquod trahebatur. Le mot *piaculum* est employé ici pour *victima piacularis*. Chez les Juifs, le *bouc émissaire*, chargé des iniquités du peuple, et poursuivi de ses malédictions, était chassé dans le désert. Chez les païens, la victime expiatoire était le plus souvent un homme, que l'on dévouait pour le salut commun, et sur la tête duquel on appelait tous les malheurs dont la république était menacée. Cet homme, que l'on croyait chargé de la colère céleste, était *sacer*, c'est-à-dire *anathème*; tout contact avec lui eût été une souillure; et, en le traînant à la mort, soit qu'il dût être jeté dans un précipice ou noyé dans la mer, on avait le plus grand soin de se tenir éloigné de sa personne. La victime était, ou un grand coupable, que la société rejetait de son sein pour échapper à la solidarité du crime, ou même un innocent qui consentait à s'offrir en sacrifice pour faire cesser quelque fléau (Servius, *ad Virg.*, Æneid., III, 57).

Campis superfusa. Je lis ainsi avec nos trois mss. Quelques autres ont *superflua*, que Gesner a préféré.

Quem non fortunæ indulgentiæ molliant. Schwartz lit *indulgentia molliat*, et il allègue parmi ses autorités le *cod. paris.* Voici les leçons non d'un *codex*, mais de trois: n° 7805, *fortunæ indulgentiæ molliat*; 7840 et 8556, *fortuna indulgentiæ molliat*. Du reste, Schwartz remarque, à l'appui de sa correction, que nulle part ailleurs Pline n'emploie *indulgentia* au pluriel. L'éd. de S.-G. porte *indulgentiæ molliant*.

Nec dignitate nuptiarum. Juste-Lipse a pensé qu'il manquait ici quelques mots, qui répondraient à *deorum liberos*. Schæfer voudrait qu'on lût, *maritos dearum, ac deorum liberos, nec generis præstantia, nec dignitate nuptiarum*, etc. Il est assez probable que la répétition de *nec* aura trompé les copistes; mais aucun éditeur n'a osé introduire dans le texte un supplément qui ne pourrait être qu'arbitraire.

Illæ seriæ et intentæ... voluptates. Sunt enim voluptates, etc. Gesner conjecture, avec assez de vraisemblance, qu'à la place du premier *voluptates* il faudrait lire *occupationes*; car Pline a dû opposer quelque chose à *ludus et avocamentum*. Si l'on objecte que *seriæ et intentæ voluptates* peut désigner aussi des occupations, je répondrai que le second *voluptates* signifie alors tout autre chose que le premier, ce qui n'est pas naturel. Juste-Lipse a proposé, *Simul cogito... quæ quantaque sint illa seria et intenta, et a quibus se in tale otium recipit. Voluptates sunt enim, voluptates quibus*, etc. Le second *voluptates* lui paraît oratoire. Je crois au contraire qu'il faudrait retrancher l'un des deux, et que, pour le reste, Juste-Lipse a deviné la véritable leçon. Plus on approche de la fin de l'ouvrage, plus les mss. sont altérés. Il manquerait à cette phrase *quæ quantæque sint*, si ces mots ne se trouvaient pas dans l'éd. de Cuspinien.

LXXXIII. *Retenta patientius.* Il ne faut pas oublier que le divorce était autorisé par les lois romaines.

Tibi uxor in decus et gloriam cedit. Lorsque Pompéia Plotina, femme de Trajan, monta pour la première fois les degrés du palais, elle se retourna vers le peuple, et s'écria: J'entre ici telle que j'en veux sortir. Et en effet, pendant tout le règne de son époux elle ne fit pas une seule action qui méritât le plus léger reproche (Dion, LXVIII, 5). Les procurateurs de Trajan commettaient dans les provinces d'odieuses exactions: il en fut averti par sa femme, qui l'engagea fortement à les réprimer, et lui acquit ainsi une gloire moins brillante peut-être, mais plus solide, que celle des conquêtes (Aurél. Vict., *Epitom.*, 42).

' *Pontifici maximo.* Le grand pontife avait plus d'intérêt que personne à choisir une épouse vertueuse, à cause de la sainteté de son sacerdoce, que le contact du vice aurait profanée. Or c'est Trajan lui-même qui était revêtu de cette dignité, toujours attachée à celle de prince. Pline veut donc lui dire: Quand même votre choix serait encore à faire, et que vous le feriez, non plus comme simple citoyen, mais comme grand pontife, c'est encore à Plotine que vous donneriez la préférence.

Probatis ex æquo. Ernesti a tort de chercher ici une difficulté; et rien n'autorisait Schwartz à changer *probatis* en *probati*. Qui ne voit l'origine de cette pensée avec celle de Tacite, Agr., 6: *Vixeruntque mira concordia, per mutuam caritatem, et invicem se anteponendo?* Il s'agit, dans l'un et dans l'autre écrivain, de l'estime mutuelle d'un mari et de sa femme. On désirerait *vos* pour régime à *probatis*; mais ce n'est pas le seul exemple, dans le Panégyrique, d'un pronom sous-entendu: *suscipiunt invicem*, du chapitre suivant, offre la même ellipse. Peut-être faut-il en dire autant de *licebit ergo civibus tuis invicem contueri*, du ch. 51, ci-dessus.

LXXXIV. *Soror autem tua.* La sœur de Trajan s'appelait Marciana. Elle eut une fille nommée Matidia, qui fut la mère de Julia Sabina, femme de l'empereur Adrien. Trajan fonda en Mœsie une ville, qu'il appela, du nom de sa sœur, Marcianopolis (Amm. Marc., XXVII, 4.) Marciana était morte avant le sixième consulat de son frère, qui tombe sous l'an 112; car Schwartz cite, d'après Gruter, une inscription de cette époque, où elle a le titre de *Diva*, ce qui prouve aussi qu'elle avait reçu les honneurs de l'apothéose.

An felicitate nasci. J'ai mis *an*, avec Schwartz, au lieu de *aut*, quoique sur l'autorité d'un seul ms. La règle de grammaire qui exige *an* est donnée par Quintilien, I, 5, § 49: *Nam et* an *et* aut *conjunctiones sunt; male tamen interroges,* hic, aut ille, sit. Du reste, l'observation même de Quintilien prouve que, dès ce temps-là, quelques personnes s'y trompaient; mais Pline, disciple de Quintilien, pouvait-il être de ce nombre?

Suspiciunt invicem. La logique et l'exemple de Tacite (Agr., 6) sembleraient demander *suspiciunt se invicem*; j'explique l'absence du pronom par l'analogie apparente d'*invicem* avec *inter se*; or Cicéron, *de Nat. deor.*, I, 44, dit, en parlant des Dieux, *inter se diligunt* (ils s'aiment entre eux): phrase parfaitement claire, quoique le régime appartienne à la préposition, et non au verbe.

Sed quæcunque illis ratio, etc. On a conclu de ce passage qu'au moment où Pline était consul, Marciana et Plotine n'avaient pas encore accepté le titre d'Augustes, qui leur est donné sur les médailles. Cependant Trajan avait déjà reçu celui de Père de la patrie; et, d'après ce qui précède, la modestie des deux princesses aurait dû céder en même temps que celle de l'empereur. La solution de cette difficulté tient, je crois, à la manière d'entendre toute la phrase. Si l'on suppose que l'orateur re-

monte par la pensée à un temps déjà écoulé, comme il le fait ci-dessus, ch. 60 (voy. la sec. note), *quia non vocantur* ne se rapportera plus au temps où il parle, mais à celui où la femme et la sœur du prince refusaient encore le surnom d'Augustes. Or cette explication est suffisamment autorisée par les verbes *obtulerat, recusasses, judicabant*, qui tous reportent l'esprit du lecteur vers un temps passé.

LXXXV. *Jam et in privatorum animis.* On lit *jam etiam et...* dans les mêmes mss., qui, à la ligne précédente, portent *et dum*, au lieu de *etiam dum*. Il me semble évident qu'il y a eu confusion, et que les copistes, après avoir abrégé *etiam* en *et* à la première place, l'ont reporté par erreur à la seconde. Je l'en ai rejeté d'après l'observation très-juste de Schæfer, qui pourtant l'a laissé dans le texte. L'éd. de S.-G. porte *etiam dum recusant*. *Jam etiam et...* Assurément l'un de ces deux *etiam* est une addition maladroite.

Nam quæ poterat, etc. Schwartz a lu *qui*, dans le sens de *quomodo*. Les mss. sont partagés.

Ce chapitre et les deux suivants, consacrés tout entiers à l'éloge d'une seule des vertus de Trajan, sembleront un peu longs. Mais si l'on considère combien cette vertu, dans un prince, en suppose d'autres, et combien elle avait été inconnue à la plupart des prédécesseurs de Trajan, on excusera l'orateur de s'être complu dans la peinture d'une si belle qualité. Le panégyriste n'est d'ailleurs qu'un historien fidèle, et quelques phrases de Dion, L XVIII, 7, et d'Eutrope, VIII, 4, confirment pleinement le témoignage de Pline.

LXXXVI. *Non ex ingerentibus, sed ex subtrahentibus legere.* Plusieurs critiques ont déjà remarqué que peut-être *se* a été omis par un ancien copiste après *ingerentibus*, omission que le voisinage de *sed* rendait très-facile. Il est certain que ce pronom est réclamé par la logique.

Pro laboriosa ista statione et exercita. Le mot *statione* est une métaphore empruntée au langage militaire : le rang suprême est un poste d'où le prince, comme une sentinelle dévouée, veille aux intérêts de l'empire (cf. Tac., *Dial. de Or.*, 17). Quant aux expressions *laboriosa* et *exercita*, elles paraissent tirées de cette phrase de Cicéron, *pro Milone*, 2 : *Quid enim nobis duobus, judices, laboriosius? Quid magis sollicitum, magis exercitum dici aut fingi potest?* Ce rapprochement a déjà frappé plusieurs critiques.

Prosecutus enim. Il y a ici ellipse ou omission du verbe *es*; à moins qu'on ne lise, comme dans l'éd. de Schæfer, *Prosecutus enim nec temperasti tibi*, en supprimant la virgule, et en prenant *nec* dans le sens de *ne quidem*.

Exeunti.... amplexus osculum ferres. *Amplexus* est un participe, avec lequel il faut sous-entendre *eum*. Je n'en ferais pas la remarque, si Schwartz ne l'avait pris pour un nom au génitif : *osculum amplexus!* Schæfer a justement relevé cette faute.

Precatusque maria. Ernesti croit que *precatus maria* n'offre pas un sens déterminé, et qu'il manque, par exemple, *pacata* ou *tranquilla*. Sans doute ces épithètes ne gâteraient rien ; mais pourquoi ne dirait-on pas absolument *precari maria*, comme on dit *precari deos* (Cic. de Nat. deor., I, 44)? La mer, pour les anciens, était une divinité, à laquelle on offrait des prières, des libations et des sacrifices.

Desiderare principem desiderantem. Le dernier mot était omis dans la plupart des édd. Schwartz l'a rétabli d'après les mss. Quant au sens, il ne présente aucune difficulté ; mais il y a là, pour ainsi dire, un mysticisme d'amitié et de regrets que peu de lecteurs, je crois, trouveront naturel.

LXXXVII. *Nemo in oblivionem absentia veniat.* Schwartz dit avoir lu *venit* dans deux mss., et il le substitue à *veniat*, sous prétexte que l'indicatif va mieux au sens. Il est certain que ce n'est pas un commandement qu'il faut ici, comme dans la proposition précédente ; mais on peut très-bien rendre compte du subjonctif par le sens conditionnel attaché à ce mode. *Nemo veniat*, personne ne viendrait, ne pourrait venir. On l'expliquerait encore, au besoin, par une ellipse d'idée : *Non fiet ut quisquam... veniat*.

LXXXVIII. *Libertorum erant servi.* Les Calliste, les Pallas, les Narcisse sous Claude, les Polyclète, les Hélius sous Néron, les Icélus sous Galba, les Asiaticus sous Vitellius, sont trop fameux pour qu'il soit nécessaire d'entrer dans aucun détail. On peut consulter, entre autres passages, Tacite, Ann. XI, 29, 33, 38; XII, 1, 2; XIII, 1; XIV, 39; Hist., I, 13, 37; II, 95; Suétone, Claud., 28; Galb., 14; Pline, *Ep.* VII, 29; VIII, 6.

Aut optimo cuique principum dilectum. Gesner omet *principum*, en disant que Schwartz repousse ce mot, *nec sine suffragio ms.* Schwartz conseille en effet de supprimer le mot ; mais il ne cite pas de ms. qui autorise à le faire. *Principum* doit donc rester dans le texte, et il peut très-bien désigner Vespasien et Titus. L'objection de Schwartz, que Pline n'aurait pas qualifié ces princes d'*optimi* en face de Trajan, auquel le sénat venait de conférer spécialement le titre d'*Optimus*, se réfute d'elle-même : est-ce que, pour être devenu le surnom de Trajan, l'adj. *optimus* avait perdu sa signification, et ne pouvait plus s'appliquer à personne? Les critiques dont je combats l'opinion entendent par *optimo cuique*, « les meilleurs citoyens. » On pourrait être tenté de donner le même sens à *optimo cuique principum*, « les meilleurs d'entre les principaux citoyens. » Mais, après les mots *aut tibi*, *aut patri tuo*, le troisième terme de l'énumération ne peut se rapporter qu'à des hommes du même rang que Nerva et Trajan.

Statimque hos ipsos, quotidie deinde, ita formas. Ces trois adv. de temps l'un sur l'autre ont embarrassé les commentateurs, parce qu'ils ne les ont séparés par aucune ponctuation. Je m'abstiendrai de rapporter leurs conjectures ; le sens est clair : *statim* indique le moment où Trajan commence à employer les services d'un affranchi et à l'approcher de sa personne. Dès ce premier moment, il lui apprend à ne pas sortir des bornes de sa condition, et chaque jour dans la suite (*quotidie deinde*) il s'attache à le maintenir dans les mêmes sentiments.

Felicem vocare. Comme Sylla.

Magnum. Comme Pompée.

Frugalitate Pisones. Allusion au surnom de *Frugi*, que portait une branche de la maison Calpurnia, depuis L. Calpurnius Piso, qui fut consul l'an de R. 620, et qui, dès l'an 604, étant tribun du peuple, avait fait rendre la première loi contre la concussion. Voyez Cicéron, *pro Font.*, 16; *Brut.*, 27 ; Valère-Max., IV, 3, 10; Pline, *Hist. nat.*, XXXIII, 11 (2).

Sapientia Lælii. C. Lélius, disciple de Diogène le stoïcien et de Panétius, ami et lieutenant du second Africain, reçut le surnom de *Sapiens*, pour avoir renoncé à une loi agraire qu'il avait eu l'intention de proposer, et qui ne tarda pas à être reprise par Tib. Gracchus. Il fut consul en 612, non sans avoir échoué dans une première candidature. Il avait fait la guerre au Lusitanien Viriate, et remporté sur lui de grands avantages. Lélius est le principal interlocuteur du Dialogue de Cicéron sur l'Amitié. Cic., *de Fin.*, II, 8; *Tuscul.*, V, 19; *de Offic.*, II, 11 ; *Brut.*, 21, 58; Plutarque, *Tib. Gracch.*, 8.

Pietate Metelli. Q. Métellus tira le surnom de Pius au zèle avec lequel il sollicita du peuple et des tribuns le retour de son père Q. Métellus Numidicus, exilé, l'an de R. 652, par les intrigues et la violence de Saturninus. Cic., *ad Quir. p. Red.*, 3; Val. Max., V, 2, 7.

LXXXIX. *Non timuisti eligere meliorem.* Ceci, comme l'a remarqué Gesner, est probablement une allusion aux bruits, d'ailleurs peu vraisemblables, qui accusèrent Auguste de n'avoir laissé l'empire à Tibère que pour se faire regretter. Voy. Tacite, Ann., I, 10, et la note.

Proximam... sideribus obtines sedem. Les hommes déifiés avaient, selon la superstition païenne, leur séjour avec les dieux, dans la région des astres. Les héros qui n'avaient pas reçu l'apothéose habitaient une sphère moins élevée, entre la terre et le ciel. C'est là que Lucain, *Phar.*, IX, 5, place l'âme de Pompée :

Qua niger astriferis connectitur axibus aer,
Quodque patet terras inter lunæque meatus,
Semidei manes habitant.

Cicéron, *de Rep.*, VI, 9, et Manilius, *Astron.*, I, 755-809, assignent pour demeure aux héros et aux grands hommes la voie lactée, immédiatement au-dessous du cercle de l'éther, où résident les dieux. — Des médailles frappées sous le sixième consulat de Trajan, où son père est appelé *Divus*, prouvent qu'il lui décerna plus tard les honneurs de l'apothéose. Voyez Schwartz, *ad h. l.*

Contendis, pulchrius fuisse genuisse talem, an elegisse. On désirerait (en prenant *contendis* dans le sens de disputer) *pulchriusne fuerit*, ou *pulchrius fuisse videatur*; ou bien (en interprétant *contendis* par *vous soutenez*), *pulchrius fuisse genuisse talem, quam elegisse.* Mais aucun ms. n'autorise ces changements; et, si la phrase est irrégulière, la pensée est claire. La critique doit donc se borner à exposer ses doutes.

Alteri... triumphalia, cœlum alteri. Voyez ci-dessus, ch. 11 et 14.

XC. *Stragibus amicorum.* Pline, *Ep.* III, 11, nomme sept de ses amis parmi les victimes de la tyrannie. Trois avaient été tués, Sénécion, Rusticus, Helvidius : quatre étaient bannis, Mauricus, Gratilla, Arria, Fannia. Pline ajoute dans la même Lettre que des indices certains lui annonçaient à lui-même une ruine prochaine. Il raconte en effet, *Ep.* VII, 27, que, après la mort de Domitien, une dénonciation contre lui fut trouvée dans les papiers de ce prince.

Ut nos, etsi minus ut bonos, promovere vellet. J'ai suivi exactement les trois mss. de la Bibl. royale, et l'éd. de S.-G. Schwartz lit : *ut nos, etsi minus, ut bonos tamen.* Gesner et Schæfer, d'après la conjecture de J.-Lipse, *ut nos, etsi minus notos, ut bonos tamen.* Le mot *tamen*, que ces éditeurs mettent après *bonos*, manque dans nos trois mss. et dans beaucoup d'autres, et cet adv. est complétement inutile. Avec la ponctuation que j'ai adoptée, la leçon des mss. est parfaitement claire. Pline veut dire, *ut vellet nos promovere ob pericula, si minus quia nos bonos haberet* : « Le prince a voulu nous élever « à cause des périls que nous avions courus, si ce n'est à « cause du mérite plus ou moins grand que nous pouvions « avoir. » Ce sens est très-bien exposé par Arntzénius, et je l'avais trouvé de mon côté avant d'avoir vu la note de ce savant. Je ne conçois pas comment Schwartz, Gesner et Ernesti ont pu se refuser à l'évidence qu'une telle explication porte avec elle.

XCI. *In officio laboriosissimo.* La charge de préfet du trésor, que Pline occupait encore en janvier de l'an 100, lorsqu'il plaida contre Marius Priscus pour la province d'Afrique (vôy. *Ep.* I, 10; V, 15; X, 20). Le trésor public n'avait pas toujours été confié à des préfets : Tacite, Ann. XIII, 29 (avec la note), expose rapidement les vicissitudes que cette administration avait subies depuis Auguste.

XCII. *Salva diligentiæ tuæ ratione esse facturum.*

Il eût été naturel qu'un prince économe et ami de l'ordre, comme Trajan, fît rendre compte aux préfets du trésor avant de les revêtir d'une nouvelle magistrature. Il leur donna donc une grande preuve d'estime en les créant consuls même avant l'expiration de leur charge. Ce fait tôt plus à la gloire de Pline et de Cornutus que tous les éloges possibles. — *Esse* n'est pas dans nos mss., et Schwartz l'a retranché du texte.

Eumdem in annum consulatum nostrum contulisti. Peut-être manque-t-il ici quelque mot. Il faut entendre *nostrum et tuum.* Schwartz observe qu'Onuphre Panvinio, dans les Fastes, cite ainsi ce passage : *Quid ? quod eumdem in annum consulatus tui consulatum nostrum contulisti.* On ignore si cette leçon est tirée d'un ms.

Non alia nos pagina, quam te consulem accipiet. Schwartz lit *quam quæ te*, leçon qui, dit-il, n'existe que dans le seul cod. paris. La vérité est que *quæ* ne se trouve dans aucun de nos trois mss. Il en est de même de *præscriberis*, qui est suffisamment autorisé, mais pour lequel tous nos mss. ont *perscriberis*.

Comitiis nostris præsidere. Cf. sup. LXIII, et la note. On demande à quelle époque Pline et Cornutus furent désignés consuls. Ils l'étaient déjà dans le mois de janvier de l'an 100, lorsqu'on jugea Marius Priscus; car Pline, *Ep.* II, 11, appelle Cornutus *consul designatus.* Il est probable que c'est en janvier même qu'ils avaient été nommés, aux élections dont Pline parle avec détail, ch. 69—77, et auxquelles Trajan présida, comme consul, tant dans le sénat qu'au champ de Mars. Nous avons déjà dit qu'ils ne prirent possession du consulat que le premier septembre.

Quem tuus natalis exornat. L'ensemble de cette phrase, et la Lettre 28 du liv. X, prouvent que Pline désigne le 18 septembre, jour où périt Domitien (Suét., 17), et où Nerva fut élevé à l'empire. Trajan était-il aussi né ce jour-là? Cette coïncidence n'est pas impossible, mais elle est au moins fort remarquable. Aussi Schwartz essaye-t-il de prouver que ce n'est pas de la naissance de Trajan qu'il s'agit, mais de son adoption. Les mots *natalis dies* peuvent évidemment s'employer dans ce sens, et *natalis imperii* peut signifier même l'anniversaire de l'avénement d'un prince : les exemples cités par Schwartz ne laissent aucun doute sur ce point, non plus que sur le sens figuré que *genuit* est susceptible de recevoir. Cependant les arguments de ce critique, à défaut de preuves directes, devraient établir deux impossibilités, l'une que Trajan soit né le 18 septembre, l'autre qu'il ait été adopté un autre jour que le 18 septembre, et c'est ce qu'ils ne font pas. Tillemont discute la même question, et, sans rien prononcer, il ne nie pas que *natalis* ne puisse s'entendre du jour de l'adoption. J'ai traduit les mots latins dans leur sens le plus naturel, me réservant d'avertir le lecteur d'une difficulté qui a partagé les plus habiles critiques.

Augustior solito currus. Les magistrats qui donnaient les jeux paraissaient dans le cirque en robe triomphale, et montés sur un char magnifique (Juvén., X, 36). Comme la fête de l'empereur était la plus solennelle de toutes, le soin de l'annoncer par un édit et de la célébrer appartenaient aux consuls (Suét. Cal., 26), et l'on peut croire qu'ils y figuraient sur des chars plus brillants que dans les jeux ordinaires. Au reste, des lecteurs sérieux trouveront peut-être, oserai-je le dire? quelque chose de puéril dans cet enthousiasme apprêté d'un consul qui s'extasie à l'idée seule d'une vaine cérémonie dont il sera le coryphée, et qui jouit d'avance d'un triomphe sans victoire. C'est attacher beaucoup d'importance à ce que Tacite, Agr., 6, appelle *inania honoris.*

XCIII. *Ea sentiamus, ea censeamus.* Le premier de ces deux verbes se rapporte aux sentiments intérieurs, le second aux votes exprimés dans le sénat. — Schwartz dit

que le *cod. paris.* a *teneamus*, au lieu de *censeamus* : aucun de nos trois mss. ne présente cette variante.

Nec disjunctos nos et quasi dimissos consulatu. J'ai adopté, avec Schwartz et Schæfer, *disjunctos*, qui est dans toutes les anciennes édd., et qui vient sans doute de quelque ms. Schwartz l'attribue au *codex paris*. Est-ce une erreur? ou ce *cod*. est-il perdu? Les trois nôtres ont *defunctos*. Je crois que *disjunctos* convient mieux : d'abord ? s'oppose à *adstrictos*, comme *dimissos* à *devinctos*. Ensuite *defunctos consulatu* signifierait *quittes du consulat*, tandis que l'auteur veut dire, *disjunctos et dimissos a republica per consulatum* ; « ne croyons pas « être dégagés pour l'avenir de tout devoir public, parce « que nous aurons exercé le consulat, qui est le dernier « terme des honneurs. » La métaphore est tirée d'un attelage que l'on détache et que l'on renvoie, quand le travail est fini.

XCIV. *Inconcussus stetit; præteritus est*. La liaison des idées demande *præteritusque est*, ou *præteritus* sans *est*.

Tuo honore cessisti. Cf. *sup*. V, et la note.

Si hoc fato negatur. Trajan mourut en effet sans laisser d'enfants.

XCV. *In tribunatu*. Les tribuns du peuple n'étaient pas privés sous les empereurs de toute espèce de juridiction. On voit dans Tacite, XIII, 28, qu'ils citaient devant eux, qu'ils prononçaient des amendes, qu'ils usurpaient même quelquefois sur les attributions des préteurs et des consuls. Il est vrai que c'était pendant les premières années de Néron, où il subsistait encore un fantôme de république. Pline, *Ep*. I, 23, raconte à un de ses amis comment il envisageait le tribunat dont il fut revêtu sous Domitien, et comment il crut devoir se conduire dans cette magistrature. C'est aussi sous Domitien, l'an 93 de notre ère, que Pline fut préteur.

Circa tuendos socios. Comme dans le procès de Marius Priscus (cf. *sup*. 76 et la note), dans celui de Cécilius Classicus, accusé par la province de Bétique (*Ep*. III, 9), dans celui de Bébius Massa, où Pline avait déjà défendu la cause de la même province (*Ep*. III, 4 ; VI, 29 ; VII, 33).

Quum viderem.... malui. Il est évident que les copistes ont omis *si*, ou peut-être *et* ou *ac*, avant ce membre de phrase : *si, quum viderem....malui*. Il faut nécessairement traduire comme s'il y avait une conjonction.

DESCRIPTION
DES TROIS MANUSCRITS
DE LA BIBLIOTHÈQUE ROYALE.

Le n° 7805 contient les XII Panégyriques anciens. Celui de Trajan est le premier : les onze autres sont placés dans un ordre inverse de celui de l'éd. de Jacques de la Baune, *ad usum Delphini*, Paris, 1676, excepté que le neuvième de l'éd. est le douzième du ms. Le ms. est sur parchemin ; il a 139 feuillets, remplis des deux côtés, excepté le dernier. Au commencement sont deux feuillets, sur l'un desquels se trouve la table des douze discours ; l'autre est blanc, ainsi que trois feuillets à la fin : je ne compte pas les *gardes* en papier.

Le n° 8556 est aussi sur parchemin ; il contient, en 131 feuillets, les XII Panég. rangés comme dans le précédent. Le XII° est incomplet ; il s'arrête aux mots du chap. 18, *Tu Romæ tuæ altor copiis subvehendis*. Avant les Panégyriques, se trouvent les Lettres de Pline, mais tronquées. Elles occupent 98 feuillets (le ms. en ayant en tout 229) ; le premier commence par ces mots : *lentius (intentius) tui me quam mei excipiunt*, du liv. I, *Ep*. 4, et le dernier finit par quatre lignes fort altérées du livre XI, *Ep*. 39. Au commencement du volume est un feuillet blanc, qui contient une table fort incomplète des matières.

Ces deux mss. sont in-f°, en fort beaux caractères romains, surtout le premier. Les diphthongues æ et œ y sont écrites par un *e* simple.

Le n° 7840 paraît copié avec plus d'intelligence du latin que les deux autres ; mais l'écriture, quoique très-nette, est moins belle, et les abréviations infiniment plus nombreuses et plus arbitraires ; c'est presque une sténographie. L'*œ* est ordinairement indiqué par un trait oblique, tiré sous l'*e* simple ; quant à l'*œ*, il est écrit fort distinctement : *cœpisti, fœcunditatem*. Le ms. est sur papier, format *in*-8°, couverture de bois. Il contient, en 103 feuillets, dont le dernier n'est écrit que d'un seul côté, les XII Panégyriques disposés comme dans les précédents, à une seule exception près. Deux feuillets blancs sont au commencement, cinq à la fin.

Le Catalogue indique ces trois exemplaires comme écrits probablement dans le cours du XV° siècle.

TABLE DES MATIÈRES

CONTENUES

DANS CE VOLUME.

	Pages.
Avertissement des éditeurs............	

QUINTILIEN.

Notice sur Quintilien..........................
DE L'INSTITUTION ORATOIRE. Traduction nouvelle, par M. Louis Baudet.................. 1

LIVRE Ier.

Quintilien à Tryphon. — Introduction à Marcellus Victorius.— Chap. Ier. Des précautions que réclame l'enfant dans les commencements de son éducation. Des nourrices et des précepteurs. — II. L'éducation privée est-elle préférable à l'éducation publique?—III. Comment on parvient à connaître l'esprit des enfants, et comment il faut le manier. — IV. De la grammaire. — V. Des qualités et des vices du discours. — VI. Des mots propres et métaphoriques, usités et nouveaux. Des quatre choses qui constituent le langage.—VII. De l'orthographe. —VIII. De la lecture de l'enfant.—IX. Des devoirs du grammairien.—X. La connaissance de plusieurs arts est-elle nécessaire à l'orateur?—XI. De la prononciation et du geste.—XII. Les enfants sont-ils capables d'apprendre plusieurs choses en même temps?................................... ib.

LIVRE II.

Chap. I. En quel temps l'enfant doit être mis entre les mains du rhéteur. — II. Des mœurs et des devoirs du professeur.—III. Si l'on doit immédiatement prendre le meilleur maître.—IV. Par quels exercices doit commencer le rhéteur.— V. De la lecture des orateurs et des historiens sous le rhéteur. — VI. De la division. — VII. Des leçons de mémoire.—VIII. S'il faut enseigner chaque élève selon la nature de son esprit.—IX. Des devoirs des enfants envers leurs maîtres.— X. De l'utilité des déclamations, et de la manière de les traiter. — XI. Si la connaissance de la rhétorique est nécessaire.—XII. Pourquoi les hommes sans instruction passent pour avoir plus d'esprit que les autres.— XIII. Dans quelles bornes doit se renfermer l'art.

— XIV. Étymologie du mot rhétorique, et division de cet ouvrage.—XV. Qu'est-ce que la rhétorique et quelle est sa fin?— XVI. Si la rhétorique sert à quelque chose. — XVII. Si la rhétorique est un art.—XVIII. Division générale des arts. A quelle classe appartient la rhétorique.—XIX. Qui de l'art ou de la nature contribue le plus à l'éloquence.— XX. Si la rhétorique est une vertu.—XXI. Quelle est la matière de la rhétorique................ 48

LIVRE III.

Chap. Ier. Des auteurs qui ont traité de la rhétorique. — II. De l'origine de la rhétorique. — III. Que la rhétorique a cinq parties.—IV. Qu'il y a trois genres de causes.—V. Des parties qui composent toute espèce de discours. — VI. Ce que c'est que l'état de la cause; d'où il se tire; si c'est le défenseur ou le demandeur qui le détermine; combien il y en a, et quels ils sont.—VII. Du genre démonstratif, lequel consiste dans la louange et le blâme.— VIII. Du genre délibératif et de la prosopopée.—IX. Des parties d'une cause judiciaire. — X. Des différents genres de causes judiciaires.—XI. Ce que c'est que question, moyen de défense, point à juger, point fondamental de la cause, et jusqu'à quel point tout cela est nécessaire........................... 85

LIVRE IV.

Introduction.—Chap. Ier. De l'exorde. — II. De la narration.—III. De la digression ou de l'excursion. —IV. De la proposition.—V. De la partition..... 125

LIVRE V.

Introduction —Chap. Ier. De la division des preuves — II. Des préjugés.— III. Des bruits publics et de la renommée.—IV. Des tortures.—V. Des pièces. — VI. Du serment.— VII. Des témoins.—VIII. De la preuve artificielle. — IX. Des signes.— X. Des arguments.—XI. Des exemples.—XII. De l'usage des arguments.—XIII. De la réfutation.—XIV. Ce que c'est que l'enthymème, et combien il y en a

de sortes; en quoi consiste l'épichérème, et de la manière de le réfuter................ 158

LIVRE VI.

AVANT-PROPOS. — CHAP. Ier. De la péroraison.— II. Des différentes sortes de sentiments, et comment on peut les exciter.—III. Du rire.— IV. De l'altercation.— V. Du jugement et du dessein......... 207

LIVRE VII.

PRÉFACE. De l'utilité de la disposition.—CHAP. Ier. Des règles de la disposition. — II. De la conjecture.— III. De la définition.—IV. De la qualité.—V. De la question d'action.—VI. De l'état qui naît de la lettre et de l'esprit.—VII. De l'antinomie.—VIII. Du syllogisme ou raisonnement.—IX. De l'ambiguïté ou amphibologie.— X. De l'affinité des états et de leurs différences................. 241

LIVRE VIII.

INTRODUCTION. — CHAP. Ier. Ce qu'il faut considérer dans l'élocution.—II. De la clarté.—III. De l'ornement.—IV. De l'amplification.—V. Des genres de pensées.—VI. Des tropes................... 278

LIVRE IX

CHAP. Ier. En quoi les figures diffèrent des tropes.— II. Des figures de pensées. — III. Des figures de mots.— IV. De la composition................ 316

LIVRE X.

CHAP. Ier. De l'abondance des mots.—II. De l'imitation.— III. Comment il faut s'exercer à écrire.— IV. De la manière de corriger.—V. Sur quoi l'on doit principalement s'exercer à écrire.—VI. De la méditation.—VII. Comment s'acquiert et se conserve la faculté d'improviser................ 368

LIVRE XI.

PRÉFACE. — CHAP. Ier. Des convenances oratoires. —II. De la mémoire.— III. De la prononciation. 402

LIVRE XII.

AVANT-PROPOS. — CHAP. Ier. Qu'on ne peut être orateur, si l'on n'est homme de bien.—II. Que l'étude de la philosophie est indispensable à l'orateur.— III. Que la connaissance du droit civil est indispensable à l'orateur.—IV. Que la connaissance de l'histoire est indispensable à l'orateur.—V. Quels sont les instruments de l'orateur.—VI. Dans quel temps l'orateur doit commencer à plaider.—VII. Ce que l'orateur doit observer dans les causes qu'il entreprend.—VIII. Ce que l'orateur doit observer dans les causes qu'il étudie.—IX. Ce que l'orateur doit observer en plaidant. — X. Du genre d'éloquence qui convient à l'orateur.—XI. Des occupations de l'orateur dans sa retraite........... 446
Notes du Quintilien........................ 483

PLINE LE JEUNE.

Notice sur Pline le Jeune..................... 501
LES LETTRES de Pline le Jeune, traduction par SACY............................. 508
LIVRE Ier........................... ib.
LIVRE II............................ 527
LIVRE III............................ 546
LIVRE IV............................ 567
LIVRE V............................. 586
LIVRE VI............................ 604
LIVRE VII........................... 626
LIVRE VIII.......................... 645
LIVRE IX........................... 665
LIVRE X............................ 686
Notes des LETTRES..................... 720
PRÉFACE du Panégyrique de Trajan.......... 725
PANÉGYRIQUE DE TRAJAN, traduit par M. BURNOUF, membre de l'Institut................... 727
Notes du Panégyrique................... 780

www.ingramcontent.com/pod-product-compliance
Lightning Source LLC
Chambersburg PA
CBHW061726300426
44115CB00009B/1115